Südamerika
für wenig Geld

Regis St. Louis

Sandra Bao, Gregor Clark, Aimée Dowl, Beth Kohn, Carolyn McCarthy,
Anja Mutić, Mike Power, Kevin Raub, Paul Smith, Andy Symington, Lucas Vidgen

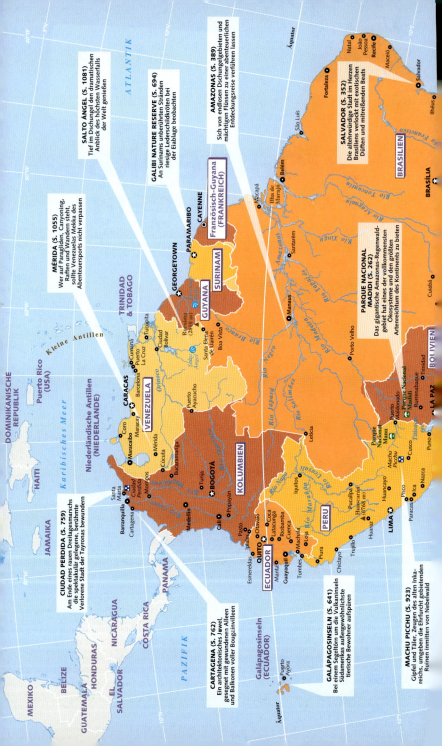

Verantwortungsbewusstes Reisen

Reisen gehört zu den befreiendsten, lohnendsten Erfahrungen im Leben – und wer verantwortungsbewusst reist, kann die Welt dabei auch noch positiv verändern. Man sollte sich daher ein paar Gedanken darüber machen, wo man seine Zeit und sein Geld investiert.

Sofern vorhanden, empfehlen wir in diesem Band Angebote von Ökoveranstaltern und Gemeinden vor Ort. Kommunal organisierte Touren sind vor allem für Besuche bei indigenen Gemeinden wichtig – andere Anbieter beuten diese Gemeinschaften oft aus, indem sie ihnen z. B. nur einen kleinen Teil der Gewinne zukommen lassen.

Exzessives Feilschen und das Buchen nur der günstigsten Touren sind keine guten Strategien: Niedrige Preise haben oft Abstriche in puncto Umweltschutz und Nachhaltigkeit zur Folge (besonders im Amazonasbecken und am Salar de Uyuni). Und Dumpingpreise auf Märkten schädigen letztlich die um ihre Existenz kämpfenden Verkäufer.

Ratschläge für das korrekte Verhalten vor Ort bekommt man auf S. 24 und in den Abschnitten „Allgemeine Informationen" der einzelnen Länderkapitel. Der GreenDex (S. 1182) listet Veranstalter auf, die nachhaltigen Tourismus betreiben.

BITTE IMMER DARAN DENKEN

- **Wasserfilter oder Wasserreiniger mitbringen** Den Riesenberg ausrangierter Plastikwasserflaschen sollte man nicht vergrößern.
- **Keinen Müll wegwerfen** Klar, viele Einheimische tun es, aber mindestens genauso viele ärgern sich tierisch darüber.
- **Verantwortungsbewusste Führer engagieren** Wichtige Kriterien sind ein guter Ruf und Respekt vor der Natur und den Gemeinden, die besucht werden.
- **Die Sprache lernen** Einen Spanisch- oder Portugiesischkurs machen, sich vielleicht bei einer einheimischen Familie einquartieren – die Menschen schätzen die Mühe.
- **Möglichst viel Trinkgeld geben** Portiers, Führer und Köche sind oft unterbezahlt.
- **Regionale Bräuche respektieren** Wer Kirchen, Heiligtümer und traditionelle Gemeinden besucht, sollte sich angemessen kleiden.
- **Augen auf beim Shoppen** Produkte aus Korallen oder anderen tierischen Materialien sind ein No-Go; Kunsthandwerk sollte man stets direkt bei den Künstlern kaufen.
- **Gemeinden unterstützen** Kommunal organisierte Angebote nutzen, dann bleibt das Geld im Ort; fragen, wo der Touranbieter ansässig ist und wo das Geld hinfließt.
- **Nicht um jeden Cent feilschen** Wer übertrieben handelt, wirft ein schlechtes Licht auf ausländische Reisende.

INFOS IM INTERNET

www.ecotourism.org Links zu Unternehmen, die sich dem Ökotourismus verschrieben haben
www.mongabay.com Website rund um die Tierwelt und deren Schutz
www.nature.org Tolle Artikel über Ökotourismus und nachhaltige Entwicklung
www.planeta.com Ron Maders hervorragende Website zum Ökotourismus
www.tourismconcern.org.uk In Großbritannien ansässige Organisation, die ethischen Tourismus fördert
www.transitionsabroad.com Schwerpunkte: intensive Reisevorbereitung, verantwortungsbewusstes Reisen

Highlights

Wer Südamerika noch nicht gesehen hat, war noch nicht wirklich auf Reisen. Dieser Kontinent beheimatet in seinen 13 Ländern so beeindruckende Kultur- und Naturwunder wie die schneebedeckten Gipfel der Anden, Tausende Kilometer wunderschöner weißer Sandstrände, faszinierende kolonialzeitliche Städte, indigene Dörfer und den Amazonasregenwald, in dem mehr Pflanzen- und Tierarten zu Hause sind als irgendwo sonst auf dieser Erde.

Das Schwierigste wird sein, sich für einen Startpunkt zu entscheiden. Auf den folgenden Seiten stellen einige Autoren und Mitarbeiter von Lonely Planet und Traveller ihre beeindruckendsten Südamerika-Erlebnisse vor. Seine ganz persönlichen Highlights kann man auf www.lonelyplanet.com/south-america weiterempfehlen.

1 MACHU PICCHU, PERU

Seit Tagen waren wir auf dem Inkatrail unterwegs. Die Wanderung selbst war schon so unglaublich, dass wir beinahe vergessen hatten, wohin uns der Pfad führte. Am letzten Tag stiefelten wir im Morgengrauen los, um den Sonnenaufgang nicht zu verpassen. Und da lag es vor uns: Machu Picchu (S. 923). Ich hatte schon Hunderte Fotos von dieser Stadt gesehen, aber keines wurde ihr wirklich gerecht – Machu Picchu mit eigenen Augen zu sehen, das war reinste Magie!

Karlee Palms, Traveller, USA

NACHTLEBEN IN BUENOS AIRES, ARGENTINIEN

Um 22 Uhr Abendessen, um Mitternacht Cocktails, um 2 Uhr ab in die Clubs … Hier heißt es bis in die frühen Morgenstunden essen, trinken und tanzen! Buenos Aires (S. 50) reißt einen mit, ob mit seinen heißen Clubs in Palermo, den unerwartet schicken Lounges im *microcentro* (Stadtzentrum) oder den authentischen Steakhouses in San Telmo.

Mary Polizzotti, Lonely Planet Mitarbeiterin, USA

AUF DEM MARKT IN OTAVALO, ECUADOR

Auf dem samstäglichen Markt in Otavalo (S. 587) dreht sich alles um andines Kunsthandwerk, das wirkliche Highlight sind jedoch die Menschen hier. Ich liebe es, mit den Einheimischen zu reden, die erbauliche und traurige Geschichten zu erzählen haben und gerne ihr Leben teilen mit denen, die neugierig genug sind, sie danach zu fragen.

Regis St. Louis, Lonely Planet Autor

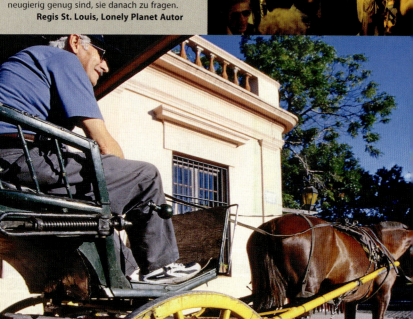

COLONIA DEL SACRAMENTO, URUGUAY

Die Unesco-Weltkulturerbestätte Barrio Histórico (S. 994) lädt mit ihrer Basilika, einem Leuchtturm und der Zugbrücke Puerta de Campo zu Erkundungsspaziergängen ein. Die historischen Häuser an den mit Kopfstein gepflasterten Straßen geben tolle Fotomotive ab, ganz besonders dann, wenn die Ceiba-Bäume in voller Blüte stehen.

Debra Herrmann, Lonely Planet Mitarbeiterin, Australien

SALAR DE UYUNI, BOLIVIEN

Das Strahlen des Salar de Uyuni (S. 230) ist einmalig! Den größten Salzsee der Welt auf dem surreal wirkenden *altiplano* besucht man am besten auf einer mehrtägigen Tour durch den imposanten Südwesten des Landes. Man wird kaum seinen Augen trauen – garantiert!

Annelies Mertens, Lonely Planet Mitarbeiterin, Australien

BRASILIANISCHE STRÄNDE

Ich war kein großer Strandfan, bis ich die prächtige Küste Brasiliens (S. 307) erforschte: Tausende Kilometer perfekter weißer Sandstrand, von gnadenlos überfüllt bis einsam und idyllisch. Hier wird mit Sicherheit jeder sein ganz persönliches Paradies finden!

Lou LaGrange, Lonely Planet Mitarbeiterin, USA

DIE „W"-ROUTE, TORRES DEL PAINE, CHILE

Alles, was über das Wetter in Patagonien gesagt wird, stimmt! Wir kämpften gegen horizontal fallenden Schnee, heulende Winde und Schneeregen und wurden immer wieder belohnt von atemberaubenden Bergen, Gletscherseen und einem unglaublichen Himmel. Das „W" (S. 539) bietet eine wirklich einmalige Erfahrung! Zum Glück baute mein anscheinend kälteresistenter Begleiter unter den wahnsinnigen Bedingungen das Zelt auf und kochte, solange ich meine Gliedmaßen wieder zum Leben erweckte. Ein fantastisches Abenteuer!

Emma Cashen, Traveller, Australien

CENTRAL SURINAME NATURE RESERVE, SURINAM

Nach einer Fahrt in einem klapprigen Bus und einigen Stunden in einem Einbaum erreichte ich die zerklüftete, üppig grüne Insel Foengoe (S. 693). Ich kletterte, beobachtete Vögel und Affen und genoss den Blick vom Voltzberg. Abends dämpfte das Moskitonetz ein wenig den Lärm der Brüllaffen, die mich in den Schlaf sangen.

Emily K. Wolman, Lonely Planet Mitarbeiterin, USA

8

SALTO ÁNGEL (ANGEL-WASSERFÄLLE), VENEZUELA

Nach elf Stunden im Flieger, zehn Stunden im Bus, sechs Stunden im Motorboot und vier Stunden zu Fuß saßen wir am Fuß des Wasserfalls (S. 1081), als sich die Wolken teilten – die ganze Gruppe rang nach Luft bei dem Ehrfurcht gebietenden Anblick, der uns buchstäblich den Atem raubte. Allein dieser kurze Moment entschädigte für alle Mühen!

James Andrews, Traveller, GB

10

9

CIUDAD PERDIDA, KOLUMBIEN

Bevor einen 2000 Stufen zu der überwucherten verlorenen Stadt (S. 759) hinaufführen, watet man durch kristallklares Wasser, besucht indigene Dörfer und spricht mit de Einheimischen – einmalig!

Jennifer Mullins, Lonely Plane Mitarbeiterin, Australie

11 ## TRINIDAD, PARAGUAY

Wer in Paraguay unterwegs ist, sollte unbedingt die *reducciones* (Siedlungen) der Jesuiten in Trinidad und Jesús (S. 840) erkunden Die aus Trümmern wieder auferstandenen, schön erhaltenen religiösen Stätten werden nur wenig besucht – vielleicht hat man sie sogar für sich allein …

Paul Smith, Lonely Planet Auto

Inhalt

Verantwortungs-bewusstes Reisen	**4**
Highlights	**5**
Die Autoren	**11**
Reiserouten	**15**
Bevor es losgeht	**21**
Überblick	**27**

Argentinien 38

Verkehrsmittel & -wege	48
Buenos Aires	50
Rund um Buenos Aires	75
Nordost-Argentinien	75
Nordwest-Argentinien	96
Atlantikküste	119
Zentral-Argentinien	126
Argentinisches Seengebiet	137
Patagonien	151
Feuerland (Tierra del Fuego)	165
Allgemeine Informationen	171

Bolivien 181

Verkehrsmittel & -wege	191
La Paz	193
Rund um La Paz	209
Die Cordilleras & Die Yungas	210
Titicacasee	215
Der Südwesten	222
Der Südosten	250
Das Amazonasbecken	257
Allgemeine Informationen	264

Brasilien 273

Verkehrsmittel & -wege	284
Rio de Janeiro	288
Der Südosten	307
Der Süden	327
Der zentrale Westen	341
Der Nordosten	352
Der Norden	389
Allgemeine Informationen	409

Chile 419

Verkehrsmittel & -wege	427
Santiago	429
Rund um Santiago	443
Nördliches Chile	454
Zentrales Chile	484
Das Seengebiet	491
Chiloé	516
Nördliches Patagonien	521
Südliches Patagonien	530
Isla Robinson Crusoe	542
Rapa Nui (Osterinsel)	544
Allgemeine Informationen	547

Ecuador 555

Verkehrsmittel & -wege	565
Quito	567
Rund um Quito	585
Nördliches Hochland	587
Zentrales Hochland	592
Südliches Hochland	604
El Oriente	614
Pazifikküste & Tiefland	624
Die Galápagosinseln	641
Allgemeine Informationen	650

Die Guyanas 659

Französisch-Guyana	663
Surinam	683
Guyana	699

Kolumbien 717

Verkehrsmittel- & wege	728
Bogotá	730
Rund um Bogotá	740
Nördlich von Bogotá	741
Karibikküste	751
Nordwestliches Kolumbien	775

Südwestliches Kolumbien	789	
Amazonasbecken	806	
Allgemeine Informationen	812	

Paraguay 821

Verkehrsmittel & -wege	828
Asunción	829
Rund um Asunción	836
Südliches Paraguay	837
Östliches Paraguay	841
Nördliches Paraguay	845
Der Chaco	847
Allgemeine Informationen	850

Peru 855

Verkehrsmittel & -wege	864
Lima	867
Südküste	883
Arequipa & Das Canyonland	893
Titicacasee	901
Cusco & Das Heilige Tal	907
Zentrales Hochland	929
Nordküste	936
Huaraz & Die Kordilleren	947

Nördliches Hochland	954
Amazonasbecken	960
Allgemeine Informationen	972

Uruguay 981

Verkehrsmittel & -wege	986
Montevideo	987
Westliches Uruguay	994
Östliches Uruguay	1001
Allgemeine Informationen	1009

Venezuela 1016

Verkehrsmittel & -Wege	1026
Caracas	1028
Rund um Caracas	1044
Der Nordwesten	1046
Die Anden	1055
Der Nordosten	1062
Isla de Margarita	1071
Guyana	1076
Gran Sabana	1084
Amazonas	1088
Allgemeine Informationen	1091

Allgemeine Informationen 1100

Verkehrsmittel & -wege 1117

Gesundheit 1129

Sprache 1140

Glossar 1153

Hinter den Kulissen 1158

Register 1162

GreenDex 1182

Die Autoren

REGIS ST. LOUIS
Hauptautor, Ecuador

Nach seiner ersten Anden-Reise 1999 kehrte Regis nach Hause zurück, verkaufte seinen Besitz und startete zu einer klassischen Rundreise durch Südamerika. Seither ist er mehrmals zurückgekehrt, um den Kontinent zu bereisen. Dabei hat er Tausende von Kilometern auf armseligen Dschungel- und Bergstraßen zurückgelegt – und er hat gelernt, Spanisch und Portugiesisch zu sprechen. Regis ist der Hauptautor der Lonely Planet Führer *Ecuador*, *Brasilien* und *Rio de Janeiro*. Darüber hinaus hat er Beiträge zu mehr als zwei Dutzend Lonely Planet Titeln verfasst. Seine Texte sind u. a. in der *Chicago Tribune* und der *Los Angeles Times* erschienen. Er arbeitet in New York City.

SANDRA BAO
Argentinien

Sandra wurde in Buenos Aires geboren und ist somit lebenslang eine *porteña* (Bürgerin von Buenos Aires). Sie hat Argentinien im Alter von neun Jahren verlassen und ist in die USA eingereist. Damals hielt sie „Midnight Special" und „Yellow Submarine" für Werke argentinischer Musiker. Nun kennt sie zwar die Wahrheit, ist aber immer noch stolz auf die Steaks, den *fútbol* und den Tango ihres Heimatlandes. Sandra ist in der ganzen Welt herumgekommen, liebt aber besonders die Bergketten der Anden in Patagonien. Sie ist Autorin des Lonely Planet Führers *Buenos Aires*. Außerdem hat sie Beiträge für die Lonely Planet Titel *Argentinien*, *Mexiko*, *Venezuela* und für andere Bände verfasst.

GREGOR CLARK
Brasilien

Seit er 1990 zum ersten Mal den Äquator überquert hat, ist Gregor vom Reisen in Südamerika völlig begeistert. In den letzten beiden Jahrzehnten ist er überall herumgekommen, von Caracas bis Feuerland, von den Galápagosinseln bis Machu Picchu und zur Osterinsel. Brasilien bleibt jedoch sein Lieblingsland wegen der Wärme, der Lebensfreude und der Liebenswürdigkeit seiner Bewohner, wegen der lyrischen Schönheit der portugiesischen Sprache, wegen der Musik und des Essens sowie wegen der großen Zahl naturbelassener, schöner Orte, die es zu bieten hat. Gregor hat Beiträge zu den Lonely Planet Führern *Brasilien* und *Argentinien* verfasst.

DIE AUTOREN VON LONELY PLANET

Warum unsere Reiseführer die besten der Welt sind? Ganz einfach: Unsere Autoren sind unabhängige und leidenschaftliche Globetrotter. Sie recherchieren nicht einfach nur übers Internet oder Telefon und sie lassen sich nicht mit Werbegeschenken für positive Berichterstattung schmieren. Sie reisen weit – zu touristischen Highlights und entlegenen Orten. Sie schauen sich Tausende von Hotels, Restaurants, Cafés, Bars, Galerien, Schlössern und Museen höchstpersönlich an und beschreiben alles genau so, wie sie es vorfinden. Weitere Infos über die Arbeit der Autoren gibt's auf **www.lonelyplanet.com**.

AIMÉE DOWL
Die Guyanas

Aimée machte sich nicht viele Gedanken über Guyana, bis Gerüchte über eine fremdartige Flora und Fauna sie dazu brachten, Surinam zu besuchen (ihre Freunde fragten oft: „Liegt das in Afrika?"). Ihre Abenteuer in den Guyanas brachten noch mehr kulturelle Überraschungen und Dschungelkreaturen zutage. Sie hofft auf jeden Fall, ein paar Reisende mit kleinem Budget dorthin zu locken. Wenn Aimée nicht in derart abgelegenen Orten unterwegs ist, lebt sie auf kühlen 2850 m Höhe in Quito, Ecuador, als freie Autorin. Ihre Beiträge sind in der *New York Times, Viajes, Ms. Magazine* und *BBC History* sowie in vier Lonely Planet Bänden erschienen.

BETH KOHN
Venezuela

Seit ihrer Kindheit in Miami ist Beth eine *aficionada* von lateinamerikanischen Rhythmen und lateinamerikanischer Kultur und hat daher in der ganzen spanischsprachigen Welt in Bussen dauerhaft Fensterplätze beansprucht. Sie lebt schon lange in San Francisco, wo sie mit dem Fahrrad durch die Hügel ihrer Wahlheimat fährt und viel zuviel Zeit damit verbringt, sommerliche Rucksackreisen zu planen. Sie arbeitet auch als Fotografin und war Autorin der Lonely Planet Führer *Venezuela, Mexiko* und *Kalifornien*. Mehr Informationen über ihre Arbeit sind auf www.bethkohn.com zu finden.

CAROLYN MCCARTHY
Chile

Carolyn kam zuerst als Touristin nach Chile, kehrte saisonal als Trekkingführerin zurück und zog 2003 mit einem Fulbright-Stipendium nach Chile, um eine Dokumentation über das Patagonien der Pioniere zu machen. Auf dieser Reise fand sie heraus, was mit unversicherten Mietwagen passiert, freundete sich mit Straßenhunden an und erlitt einen schweren Anfall von *soroche* (Höhenkrankheit). Ihre Texte erschienen in *National Geographic, Boston Globe, Salt Lake Tribune*, auf www.lonelyplanet.com und in anderen Publikationen. Für Lonely Planet schrieb sie zuletzt an den Bänden *Trekking in the Patagonian Andes, Central America, Chile, Südamerika* und *Yellowstone & Grand Teton National Parks*. Ihren Blog findet man auf www.carolynswildblueyonder.blogspot.com.

ANJA MUTIĆ
Bolivien

Die in Kroatien aufgewachsene und in New York lebende Anja ist tief fasziniert von den alten Zivilisationen und den geheimnisvollen Regenwäldern Südamerikas. 2002 reiste sie sechs Wochen durch Bolivien und war sofort verzaubert von den einsamen Landstrichen und der Kultur des Staates. Sie stieg in die Minen von Potosí hinab, schwamm in den heißen Quellen der Inka, geriet in eine Straßensperre von Coca-Bauern und verirrte sich im Amazonasgebiet. Bei der Recherche für dieses Buch wurde sie wiederholt im Karneval mit Wasserbomben beworfen. Dennoch würde sie sofort wieder zurückkehren.

MIKE POWER
Kolumbien

Der Engländer Mike arbeitet als freier Journalist und hat sich auf das Zeitgeschehen in Lateinamerika spezialisiert. Seine Faszination für Kolumbien entstand während eines ausgedehnten Aufenthalts hier als freier Journalist in den Jahren 2007 bis 2008. Während seiner Recherche für dieses Buch war er geblendet von der Schönheit Salentos, betäubt von der rauen Natur La Guajiras und beeindruckt von den unendlichen Dimensionen des Amazonas. Er hat für Reuters aus Panama berichtet, für CBC aus Haiti sowie für den Glasgower *Sunday Herald*, www.thefirstpost.co.uk und den Londoner *Guardian* aus Kolumbien. Bei seinen zukünftigen Reisen wird er mehr Teebeutel einpacken.

KEVIN RAUB
Brasilien, Peru

Kevin wuchs in Atlanta auf und begann seine Karriere als Musikjournalist in New York. Dort arbeitete er für *Men's Journal* und *Rolling Stone*. Aber der Rock-'n'-Roll-Lebensstil forderte seinen Tribut. Daher genehmigte er sich eine längere Auszeit und fing an, als Reiseschriftsteller zu arbeiten. Bei seiner ersten Reise nach Peru aß er Palmenmaden und Dschungelratten, während er auf dem Amazonas kreuzte. Außerdem wurde er von den Nachbeben des fürchterlichen Erdbebens von 2007 ordentlich durchgeschüttelt. Er lebt in São Paulo und möchte möglichst viele Menschen für diese Stadt begeistern.

PAUL SMITH
Paraguay

Bereits seit seiner Kindheit hatte Paul – mit einem vagen und naiven Ehrgeiz, der nächste David Attenborough zu werden – den Traum, die Flora und Fauna der abgelegensten Regionen Südamerikas zu erkunden. Nachdem er zwei Monate in Bolivien als Student verbracht hatte, erfüllte sich dieser Traum, aber da David Attenborough noch immer gut in Form war, änderte Paul seine Pläne, wurde Reiseschriftsteller und zog 2003 nach Paraguay. Während seiner Recherchen zu diesem Band begegnete er in Enciso einem Puma, fiel nahe Asunción in ein Röhricht und beklagte sich darüber, dass im Buch nicht genug Platz vorhanden war, um noch mehr Orte aufzunehmen.

ANDY SYMINGTON
Brasilien

Andy besuchte Brasilien erstmals im letzten Jahrtausend und sah den neuen Stil an der Copacabana in Rio. Zwar hat er seinen Hauptwohnsitz in Nordspanien, er kehrt aber häufig nach Brasilien zurück, um die im Amazonasgebiet typischen Säfte zu trinken, ins Nachtleben einzutauchen und *moquecas* (Meeresfrüchteeintopf) zu essen. Natürlich kommt er auch wegen der Leute, ganz besonders aber wegen des frischen, kühlen Geschmacks einer mit einer Machete geöffneten grünen Kokosnuss – das beste Frühstück der Welt!

LUCAS VIDGEN
Argentinien, Uruguay

Lucas hielt sich in den letzten 20 Jahren immer wieder in Südamerika auf – er reiste herum, blieb dann wieder einige Zeit an einem Ort, arbeitete und faulenzte, alles schön abwechselnd. Er hat Beiträge für die Lonely Planet Titel *Central America*, *Südamerika* und *Argentinien* verfasst. Lucas liebt das weite, offene Land von Argentinien und Uruguay (am besten erlebt man es von der Ladefläche eines Pickups aus), das einen starken Kontrast zu den kosmopolitischen Städten bildet. Wenn er gerade nicht unterwegs ist, lebt er in Quetzaltenango, Guatemala, wo er das Szene- und Kulturmagazin *XelaWho* herausgibt.

Reiserouten

DIE GROSSE RUNDE

So sieht die Reise aus, wenn Zeit keine Rolle spielt: In **Buenos Aires** (S. 50) taucht man in die lateinamerikanische Kultur ein. Dann geht's gen Osten nach **Bariloche** (S. 142) und auf der Südroute (S. 17) zurück nach Buenos Aires. Weiter nach **Córdoba** (S. 98) und **Salta** (S. 111), dann hinüber in Chiles Wüstenoase **San Pedro de Atacama** (S. 468) und nach Bolivien, zum **Salar de Uyuni** (S. 230). Nun erkundet man **La Paz** (S. 193) in Peru den **Titicacasee** (S. 901), gefolgt von **Cusco** (S. 907) und **Machu Picchu** (S. 923), bevor man nach **Lima** (S. 867), **Huaraz** (S. 947) und weiter nach Ecuador reist. Nach **Cuenca** (S. 605) und **Quito** (S. 567) geht's nach Kolumbien, um **Medellín** (S. 776) und die **Zona Cafetera** (S. 783) zu erleben. In **Cartagena** (S. 762) relaxt man am Meer. Nach Besuchen im **Parque Nacional Tayrona** (S. 757) und der **Ciudad Perdida** (S. 759) reist man per Bus von **Santa Marta** (S. 752) nach **Maracaibo** (S. 1053), Venezuela. Es folgt eine Pause in **Mérida** (S. 1055), bevor der **Salto Ángel** (S. 1081) und der **Roraima** (S. 1084) dran sind. Bei **Santa Elena de Uairén** (S. 1085) nach Brasilien wechseln, **Manaus** (S. 400) besuchen und auf dem Amazonas nach **Belém** (S. 390) schippern. Nach dem **Parque Nacional dos Lençóis Maranhenses** (S. 389), **Jericoacoara** (S. 383), **Olinda** (S. 373) und **Salvador** (S. 352) **Rio de Janeiro** (S. 288) beehren und in **Campo Grande** (S. 349) das **Pantanal** (S. 345) erleben, in Paraguay den **Chaco** (S. 847) bestaunen und **Asunción** erkunden (S. 829). Der **Itaipú-Damm** (S. 843) und die **Iguazú-Fälle** (S. 95) sind die nächsten Highlights. Bevor es per Schiff nach Buenos Aires zurück geht, ist noch **Montevideo** (S. 987) dran.

Wie lange?
5–8 Monate

Wann?
Ganzjährig; eventuell zur Karnevalszeit im Feb./März. Patagonien ist besonders von Dez.–März empfehlenswert

Wie viel?
25–35 € pro Tag, wenn man ein bisschen spart.

Von der argentinischen Pampa bis zum kühlen *páramo* (Grasland) der Anden, von der Karibik zum Amazonas und weiter zu den himmelblauen Stränden Brasiliens windet sich die 26 000 km lange Große Runde – diese Reise durch zehn südamerikanische Länder liefert dem Reisenden jede Menge Erzählstoff.

ANDENTOUR

Wer unvergleichliche alpine Aussichten, die reiche Kultur der Einheimischen, und einige der tollsten und buntesten Märkte des Kontinents erleben möchte, reist durch die Anden von Kolumbien bis Argentinien.

In **Bogotá** (S. 730) genießt man ein altes historisches Zentrum und aufregendes Nachtleben. Auf Tagesausflügen erlebt man dann die unterirdische Saltzkathedrale bei **Zipaquirá** (S. 740) und das kleine **Suesca** (S. 741). Nun geht's weiter in die Kolonialstadt **Popayán** (S. 795) nahe dem **Parque Nacional Puracé** (S. 799), von wo fantastische Wanderungen in die Anden möglich sind. Dann besucht man **Pasto** (S. 805) und die schön gelegene **Laguna de la Cocha** (S. 805). Die Grenze zu Ecuador wird bei Ipiales überquert, weiter geht's nach **Quito** (S. 567), wo man in den Straßen der kolonialen Altstadt spazieren gehen kann, bevor man durch die vulkanübersäten Anden nach Süden reist. Nach Absolvierung des **Quilotoa-Loop** (S. 595) und einem Stopp bei den heißen Quellen in **Baños** (S. 596) wartet das koloniale **Cuenca** (S. 605). Anschließend geht's nach Peru und nach **Huaraz** (S. 947), einem tollen Ausgangspunkt zum Wandern und Bergsteigen. Genug Zeit für **Cusco** (S. 907) einplanen, dem Tor zu Perus größter Sehenswürdigkeit, **Machu Picchu** (S. 923). Dort sollte man aber den überlaufenen Inkapfad meiden und lieber einen alternativen **Wanderweg** wählen (S. 931). Von dort geht's nach Süden zum **Titicacasee** (S. 901) und nach Bolivien, um in der **Cordillera Real und den Yungas** (S. 210) weitere Touren zu unternehmen. Weiter Richtung Süden in die seltsamen Landschaften um den **Salar de Uyuni** (S. 230) eintauchen und über **La Quiaca** (S. 119) und die spektakuläre **Quebrada de Humahuaca** (S. 117) nach Argentinien wechseln. Durch die Anden geht's nun bis **Mendoza** (S. 128) nahe dem gewaltigen **Cerro Aconcagua** (S. 133), dem höchsten Gipfel der westlichen Hemisphäre.

Wie lange? 2 Monate

Wann? Ganzjährig

Wie viel? 15–25 € pro Tag

Die Andentour führt durch mehr als 5000 km wildes Gebirgsland, vorbei an schneebedeckten Vulkanen, dem windgepeitschten *páramo*, urtümlichen Dörfern, unglaublichen Aussichten und einigen der höchsten Gipfel der westlichen Hemisphäre. Hauptverkehrsmittel ist der Bus, ein südamerikanisches Abenteuer ganz eigener Art.

DER TIEFE SÜDEN

Das geheimnisvolle Patagonien ist eines der faszinierendsten Ziele Südamerikas – ein Traum für Camper, Outdoor-Besessene, Bergsteiger und Wanderer. Patagonien und Tierra del Fuego besucht man am besten zwischen November und März. Manchmal geht's hier nur laaangsam voran.
Los geht's im geschäftigen **Bariloche** (S. 142) im argentinischen Seengebiet. Hier sind die Anden dicht bewaldet und mit azurblauen Seen gespickt. Unbedingt den **Parque Nacional Nahuel Huapi** (S. 146) oder den **Parque Nacional Lanín** (S. 140) besuchen! Von Bariloche aus geht's Richtung Süden nach **Esquel** (S. 149) und dann Richtung Westen nach Chile zum Andendörfchen **Futaleufú** (S. 522), einem tollen Ort zum Raften. Auf der Carretera Austral fährt man nach **Coyhaique** (S. 524) und zum grünblauen **Lago General Carrera** (S. 528). Weiter geht's zum windgepeitschten **Chile Chico** (S. 529) und nach **Los Antiguos** (S. 158) in Argentinien. Nun holpert man die RN 40 nach **El Chaltén** (S. 159) im **Parque Nacional Los Glaciares** (S. 163) hinab. Hier kann man ausgiebig wandern und klettern, bevor man sich vom **Glaciar Perito Moreno** (S. 163) nahe **El Calafate** (S. 161) begeistern lässt. Wieder in Chile, wandert man unter den Granitgipfeln der **Torres del Paine** (S. 538) und rastet in **Puerto Natales** (S. 534). Nun geht's nach **Punta Arenas** (S. 530), dann nach Süden ins argentinische **Tierra del Fuego** (S. 165) und schließlich nach **Ushuaia** (S. 165). Nachdem der Süden erkundet ist, arbeitet man sich am Atlantik in den Norden zurück – unterwegs bei den Pinguinen in der **Reserva Provincial Punta Tombo** (S. 157) und bei den Walen in der **Reserva Faunística Península Valdés** (S. 155) stoppen. Nach all der Wildnis bietet **Buenos Aires** (S. 50) ein Kontrastprogramm. Eine andere (teure) Reisemöglichkeit in den Süden ist die Fahrt mit der chilenischen **Navimag-Fähre** (S. 429), die einen von Puerto Montt nach Puerto Natales bringt.

Wie lange?
1–2 Monate

Wann?
Mitte Nov.–Mitte April

Wie viel?
30–38 € pro Tag (weniger für Camper)

Wer dieses Abenteuer bewältigt hat, ist über 5000 km gereist und hat Patagonien von seiner schönsten Seite erlebt. Am billigsten geht das mit dem Bus oder per Anhalter, aber man kann auch Seen mit Schiffen überqueren, und mit dem Flugzeug geht's schneller voran. Auf der argentinischen RN 40 fahren jede Menge privater Minivans.

AUF DEM MÄCHTIGEN AMAZONAS …

Schon mal von einer Schiffsreise auf dem Amazonas geträumt? Das muss kein Traum bleiben! Aber es gibt auch Gründe dafür, warum viele alles, was westlich von **Manaus** (S. 400) liegt, lieber auslassen: Reisen auf dem Amazonas können öde, langweilig und unbequem sein – und echte Sehenswürdigkeiten gibt's auch nicht. Es kann also ein recht hartes Unterfangen werden.

Damit die Reise möglichst lang dauert, startet man am besten in **Yurimaguas** (S. 970) in Peru. Zum Aufwärmen eignet sich eine zehnstündige Schifffahrt nach **Lagunas** (S. 970) mit einem Besuch der **Reserva Nacional Pacaya-Samiria** (S. 970). Dann geht's auf dem Río Marañón (der in den Amazonas mündet) nach **Iquitos** (S. 967). Von Iquitos (nicht per Straße erreichbar) führt eine dreitägige Schifffahrt (oder ein Rennboot in acht Stunden) ins Dreiländereck Peru–Kolumbien–Brasilien; dort macht man eine Pause und eine Dschungelexkursion ins kolumbianische **Leticia** (S. 806). Eine anstrengende dreitägige Tour führt weiter nach Manaus – viel schöner, wenn man die Reise in einer Dschungel-Lodge in der **Reserva de Desenvolvimento Sustentável Mamirauá** (S. 406) unterbricht. Ab Manaus ist man in touristisch gut erschlossenem Gebiet unterwegs. Die Reise ist aber erst in **Belém** (S. 390) am Atlantik zu Ende, das man in dreieinhalb Tagen erreicht. Unterwegs sollte man in **Santarém** (S. 397) halten, um das schöne **Alter do Chão** (S. 399) zu besuchen.

Wer eine Herausforderung sucht, kann auch in der ecuadorianischen Ölstadt **Coca** (S. 616) am Río Napo starten. Von hier führt eine 12- bis 15-tägige Reise nach **Nuevo Rocafuerte** (S. 618) an der Grenze zu Peru, wo man die Nacht (oder wenn man die Abfahrt des Frachtschiffes verpasst, auch ein paar Wochen) verbringen kann, bevor man zu einer sechstägigen Schifffahrt nach Iquitos aufbricht. Von dort geht's weiter wie oben beschrieben.

Wie lange?
3–4 Wochen

Wann?
Ganzjährig

Wie viel?
22–35 € pro Tag

Am Ende dieser verrückten Tour hat man über 4000 km zurückgelegt, Hunderte von Moskitos erschlagen, massenhaft miserables Essen verdrückt, einige echte Originale getroffen und jede Menge Wasser gesehen. Vor allem aber hat man den Amazonas von seinem Quellgebiet in Peru bis zum Atlantik befahren.

UNTERWEGS IN DEN GUYANAS

Sie sind teuer, schwer zu erreichen und weitgehend unbewohnt, aber auch sehr, sehr faszinierend – und abseits vom Touristenrummel! Wo man startet, hängt davon ab, woher man kommt: Guyana ist über New York zu erreichen, Cayenne über Paris und Paramaribo über Amsterdam. Hier gehen wir davon aus, dass man über den Landweg aus Brasilien kommt.

In **Oiapoque** (S. 396) in Brasilien mietet man einen Einbaum über den Rio Oiapoque nach Französisch-Guyana (es sei denn, die Brücke ist inzwischen fertig). Nun geht's mit dem Bus durch die fruchtbare, vergessene Landschaft mit den ausgebrannten Autos entlang der Straße nach **Cacao** (S. 671). Dort beginnt die zweitägige Wanderung auf dem **Sentier Molokoï de Cacao** (S. 672), um die Flora und Fauna zu erkunden. Beim Weltraumbahnhof **Kourou** (S. 673) lässt sich danach vielleicht ein Raketenstart bewundern. Mit der Fähre oder einem bequemeren Katamaran fährt man durch die von Haien wimmelnden Gewässer zu den **Îles du Salut** (S. 675), die früher ein Gefängnis beherbergten und wo man in den alten Gefängnisschlafsälen eine Hängematte aufspannen kann. Zurück auf dem Festland, geht's die Küste entlang bis **Awala-Yalimapo** (S. 679), um brütende Schildkröten (nur April–Juli) zu beobachten, bevor man nach Surinam kommt. Hier lädt **Paramaribo** (S. 686) zu ein paar Tagen Pause ein, inklusive einer Tour ins **Central Suriname Nature Reserve** (S. 693), bevor **Nieuw Nickerie** (S. 694) und Guyana auf dem Programm stehen. Von **Georgetown** (S. 703) macht man per Schiff einen Abstecher zum **Shell Beach** (S. 709) oder zu den spektakulären **Kaieteur-Fällen** (S. 710). Zurück in Georgetown fährt man per Bus nach Süden durch die majestätische Rupununi-Savanne. Bei Zwischenstopps in **Annai** (S. 711) und **Lethem** (S. 713) lassen sich die Weite und die Einsamkeit so richtig genießen.

Wie lange?
3–5 Wochen

Wann?
Ganzjährig, am besten Juli–Dez.

Wie viel?
45 € pro Tag in Französisch-Guyana; 22–30 € pro Tag in Surinam und Guyana

Wenn man die Guyanas erkundet, lässt man die ausgetretenen Pfade hinter sich und bereist auf einer Strecke von etwa 2500 km faszinierende Hauptstädte, tropischen Dschungel, urtümliches Cowboyland und einige der unberührtesten Strände des Kontinents.

PARTYTOUR

Südamerika bietet unglaublich viele Möglichkeiten für schlaflose Nächte. In einigen Städten geht es jede Nacht hoch her, an anderen Orten ist nur zu Festen oder im Sommer richtig was los.

In **Rio de Janeiro** (S. 288) geht's gleich richtig los – die Sambaszene in Lapa nicht versäumen! Danach macht man mit der brasilianischen *festa* in **Porto Seguro** (S. 364), **Salvador** (S. 352) und **Jericoacoara** (S. 383) weiter. Von dort feiert man sich Richtung Norden bis zu den Guyanas. Glaubt man den Einheimischen, findet in der Sheriff St in **Georgetown** (S. 707) die beste Party der Karibik statt. Weiter geht's nach **Caracas** (S. 1028), wo in den Nachtklubs zu heißen Salsarhythmen getanzt wird, nach **Porlamar** (S. 1073), um das Inselleben zu genießen, und nach **Mérida** (S. 1055), um in die nächtliche Musikszene einzutauchen. Die Party geht in Kolumbien in **Cartagena** (S. 762) und im noch lebhafteren **Cali** (S. 790) weiter. In Ecuador ist die Kleinstadt-Strandszene von **Montañita** (S. 633) ein netter Kontrast zum Bar- und Klubleben im Mariscal-Bezirk von **Quito** (S. 582). In Peru kann man durch das Barranco-Viertel in **Lima** (S. 880) schlendern, bevor der Bär in **Arequipa** (S. 893) steppt. Nun ist Bolivien mit seiner Partyszene in **La Paz** (S. 193) an der Reihe, gefolgt von der Küstenstadt **Valparaíso** (S. 445) in Chile. Dann taucht man in die Szene von **Córdoba** (S. 98) in Argentinien ein, und testet danach das Nachtleben von **Buenos Aires** (S. 50). Mit der Fähre geht's zu den Bars und Diskos in der Altstadt von **Montevideo** (S. 992). Die den ganzen Sommer dauernde Party in **Punta del Este** (S. 1005) in Uruguay darf man auch nicht verpassen. Weiter geht's nach Brasilien, um auf der **Ilha de Santa Catarina** (S. 331) abzutanzen. Die Reise beendet man mit ein paar Nächten in der unübertroffenen Klubszene von São Paulo (S. 314).

Wie lange?
6–12 Wochen

Wann?
Ganzjährig

Wie viel?
25–38 € pro Tag

Bei dieser großen Tour durch das Nachtleben des Kontinents bereist man zehn Länder und legt etwa 17 000 km zurück. Man schnuppert dabei viel Großstadtflair, kommt aber auch in den Genuss einiger Pausen an lebhaften Badestränden und in alten Kolonialstädten.

Bevor es losgeht

Der Spaß geht schon mit dem Planen der großen Reise los, und dieses Kapitel soll dabei ein bisschen helfen: Wann reist man am besten, wie viel Geld will (oder muss) man ausgeben, welche guten Filme und Bücher gibt's, um sich einzustimmen? Ab S. 1100 werden zudem Themen wie Aktivitäten oder Freiwilligenarbeit behandelt, und ab S. 1117 gibt's einen Überblick darüber, wie der Kontinent am besten zu bereisen ist – per Bus, Schiff, Zug oder Flugzeug.

REISEZEIT

Südamerika erstreckt sich von den Tropen, wo das in glühender Hitze liegende Flachland nur wenige Stunden vom Hochland der Anden entfernt ist, fast bis zur Antarktis. Die beste Reisezeit hängt also immer vom jeweiligen Ziel ab.

In den Anden von Ecuador, Peru und Bolivien ist Bergsteigen und Trekking zwar ganzjährig möglich, es empfehlen sich aber die trockeneren Monate von Mai bis September. Reisen im Amazonasgebiet sind ebenso das ganze Jahr über möglich, die regionalen Regenzeiten im Amazonasgebiet erleichtern jedoch eine Flussreise. (Die Trockenzeit dauert im Allgemeinen von Juli bis November). Die Skisaison dauert in Argentinien und Chile von Juni bis September. Patagonien besucht man am besten in den Sommermonaten der Region (Dez.–April), Hotels und Campingplätze sind aber zur Hochsaison (Jan./Feb.) gut belegt und verlangen dann Höchstpreise.

> Klimatabellen gibt's auf S. 1110, zudem informiert in den Länderkapitel jeweils eine gesonderte Rubrik über das Klima.

Die vielen bunten Feste des Kontinents (s. S. 1103) sind ebenfalls gute Anhaltspunkte bei der Planung. Karneval, das berühmteste von ihnen, findet zwischen Ende Februar und Anfang März statt. Es ist durchaus sehenswert, aber man bezahlt in dieser Zeit etwa dreimal so viel wie sonst.

Bei der Wahl des Ziels sind auch die unterschiedlichen Preise für Haupt- und Nebensaison zu berücksichtigen. In Brasilien z. B. wird's von Dezember

---

AN ALLES GEDACHT?

Immer daran denken: So ziemlich alles, was man braucht, gibt's auch in Südamerika. Manches lässt sich allerdings nicht so einfach auftreiben. Noch mehr Tipps, was man nicht vergessen sollte, finden sich ab S. 1100. Folgendes sollte auf jeden Fall in den Koffer:

- Wecker – um frühmorgens rechtzeitig den Bus zu erreichen
- Insektenschutzmittel (mit 30 % DEET) – nützlich, egal wohin man geht
- Kopien wichtiger Dokumente, zusätzlich gescannte Kopien im E-Mail-Account als Backup
- Universalklebeband – eine provisorische Minirolle, um einen Bleistiftstummel oder ein Feuerzeug herum, ist sehr zu empfehlen
- USB-Stick – zur Datenspeicherung
- Ohrstöpsel – unverzichtbar zum Schutz vor schnarchenden Bettnachbarn, erbarmungslos lautem Verkehr und übermütigen Betrunkenen
- Schweizer Armeemesser oder Multifunktionswerkzeug (mit Korkenzieher)
- Erste-Hilfe-Set – um auf alles vorbereitet zu sein
- Universalwaschbeckenstöpsel – um unterwegs Wäsche zu waschen
- Taschen- oder Stirnlampe – wegen der unzuverlässigen Stromversorgung unerlässlich

bis Karneval teuer, aber sofort in der Woche nach Karneval sinken die Preise wieder. Die Südamerikaner verreisen gerne in den zwei, drei Wochen rund um die Semana Santa (Karwoche/Ostern) und während der Ferien zwischen Weihnachten und Neujahr. Im Juli und August sind sowohl einheimische als auch ausländische Touristen in Scharen unterwegs. Während dieser touristischen Hochsaisons reist man am teuersten, die Hotels sind ausgebucht und die öffentlichen Verkehrsmittel platzen aus allen Nähten – dafür herrscht aber auch eine fröhliche Feriensstimmung, die ziemlich ansteckend sein kann.

PREISE

Brasilien ist bei Weitem das teuerste Land Südamerikas. Die Preise hängen allerdings stark vom Reiseziel ab: Rio, der Süden und der Südosten sind teurer als der Nordosten. Auch in Chile haben Traveller verglichen mit dem übrigen Südamerika höhere Kosten, ebenso in Argentinien, das in den letzten Jahren unter einer galoppierenden Inflation leidet. Uruguay ist ein etwas günstigeres Ziel als Argentinien, in den Guyanas ist die Situation sehr durchwachsen, aber im Allgemeinen ist dort eher mit hohen Preisen zu rechnen (Französisch-Guyana hat immerhin den Euro als Nationalwährung). Am billigsten kommt man in Bolivien, Paraguay, Ecuador und Kolumbien weg. In Venezuela kann das Reisen kostspielig sein (die heftig schwankenden Wechselkurse auf dem Schwarzmarkt sind viel günstiger als der offizielle Kurs, aber natürlich ist das illegal und es besteht ein größeres Risiko, über den Tisch gezogen zu werden); weitere Details s. Kasten S. 1094.

Zu Beginn jedes Länderkapitels gibt's eine kleine Kostenaufstellung. Im Allgemeinen spart, wer zu zweit oder zu dritt reist, wenig Zeit in großen Städten verbringt, langsam unterwegs ist und selbst kocht oder auf Märkten isst. Die Kosten summieren sich, wenn man Wert auf Komfort wie Klima-

WAS KOSTET DIE WELT?

Um die Kosten einmal grob zu kalkulieren, nehmen wir an, man ist zu zweit unterwegs, nimmt vorwiegend den Bus, steigt in billigen, aber sauberen Hotels ab, speist in lokalen Restaurants oder Imbissbuden und gönnt sich gelegentlich den Luxus, eine Sightseeingtour zu machen oder abends tanzen zu gehen. Ohne kostspielige Umwege oder Touren, die weit ins Landesinnere hineinführen, ist dann pro Tag und Person mindestens folgendes Budget anzusetzen:

- in Argentinien: 25–30 €
- in Bolivien: 10–18 €
- in Brasilien: 32–37 €
- in Chile: 50–75 €
- in Ecuador: 15–20 €
- in Französisch-Guyana: 35–45 €
- in Guyana: 30–37 €
- in Kolumbien: 15–20 €
- in Paraguay: 15–30 €
- in Peru: 15–25 €
- in Surinam: 22–30 €
- in Uruguay: 25–35 €
- in Venezuela: 45–88 € (zu offiziellen Wechselkursen)

SPARTIPPS

Mit den Einheimischen bis zum Äußersten zu feilschen, ist kaum nötig, wenn man ein paar altbewährte Methoden kennt, um zu sparen. Hier ein paar Empfehlungen:

- Möglichst in der Nebensaison reisen (soweit es das Wetter erlaubt), um von den günstigeren Preisen für Unterkunft und Flug zu profitieren.
- Kostenlose Aktivitäten einplanen, z. B. die Besichtigung von Stadtvierteln und Parks, Besuche von Gratiskonzerten und -shows oder einfach Faulenzen am Strand.
- In den Unterkünften immer nach Rabatten in der Nebensaison oder für mehrere Übernachtungen fragen.
- Das *almuerzo, menú* oder *prato do dia* (Tagesmenü) nutzen.
- Sich bei Ausflügen mit anderen zusammentun, um einen Gruppenrabatt zu bekommen.
- Auf einem Markt einkaufen und/oder in der Unterkunft selbst kochen, anstatt essen zu gehen.
- In Ländern wie Argentinien, Brasilien oder Chile den Nachtbus nutzen, um sich die Übernachtungen im Hotel zu sparen.
- Möglichst oft campen (aber nur, wo es sicher ist, z. B. in Hostel-Hinterhöfen), insbesondere in Patagonien.
- Die Klamotten (soweit erlaubt) in den Hotelwaschbecken waschen.
- Langsam reisen.

anlagen und Zimmer mit Bad legt und teure Touren an Orte wie den Galápagos-Inseln oder Aktivitäten wie Skifahren und Discobesuche mag.

EC- bzw. Bankomatkarten sind die bequemste Möglichkeit, unterwegs an Bargeld zu kommen. In den meisten größeren Städten gibt's Geldautomaten, doch bevor es in abgelegene Regionen geht, sollte man sich mit genug Bargeld eindecken. Viele Automaten akzeptieren nur vierstellige PIN-Nummern; vor dem Start checken, ob dies für das eigene Reiseziele zutrifft. Reiseschecks (am besten in US-Dollar) sind weniger günstig: Man steht in der Regel während der normalen Banköffnungszeiten lange in der Schlange, und viele Banken lösen sie nicht einmal ein.

Die Kosten in diesem Führer sind in den lokalen Währungen angegeben. Aufgrund häufig schwankender Wechselkurse sind vor und während der Reise die aktuellen Kurse immer im Auge zu behalten, vor allem in von der Inflation betroffenen Ländern wie Venezuela und Argentinien (im wirtschaftlich stabileren Chile ist das weniger wichtig).

Genauere Infos sind im gesonderten Abschnitt „Allgemeine Informationen" in jedem Länderkapitel und ab S. 1108 zu finden.

ERLEBNIS STRASSE

Egal ob man per Anhalter durch das chilenische Patagonien reist, am Straßenrand in den ecuadorianischen Anden auf einen Milchlaster wartet oder bei einer haarsträubenden Fahrt durch das bolivianische *altiplano* (Andenhochebene) auf die Luftbremsen lauscht – Südamerikas Straßen bieten unvergessliche Erlebnisse. In der Tat behaupten manche, die Straße *sei* das Erlebnis.

Und dann ist da noch das *Leben* auf der Straße. Das ist in Südamerika immer eine Herausforderung. Aber das macht ja gerade den Reiz des Kontinents aus. Hier geht es beim Reisen darum, sich für eine Abfahrt im Morgengrauen wachzukämpfen, nachdem man die ganze Nacht von einem plärrenden Fernseher vom Schlaf abgehalten wurde. Darum, auf einer langen

Busfahrt viel Staub einzuatmen, während man panisch versucht zu erraten, welche der vor den Fenstern vorbeifliegenden Ortschaften die ist, die man besuchen wollte. Darum, die große Erleichterung zu spüren, wenn man endlich ankommt und feststellt, dass der Rucksack noch auf dem Busdach ist. Hier geht es um den Anblick der bettelnden Kinder, die anstrengende Strecke zum Hotel, eine schmerzhafte Blase und den Reiz eines neuen Ortes – all die Dinge, die den Verstand von einem Gefühlsextrem ins nächste katapultieren.

Der Hotelmanager sagt, die Duschen seien warm, aber das Wasser, das aus dem Duschkopf geschossen kommt, ist so kalt wie ein patagonischer Gletscher. Es gibt keinen Toilettensitz. (Aber wenigstens verhalten sich die Eingeweide ruhig.) Das soll ein Ventilator sein? Klingt wie ein Hubschrauber! O.k. – essen. Dann Rucksack abstellen, Karte raus, Markt suchen, Pass einstecken (oder dalassen?) und los geht's. Die Sonne fühlt sich toll an. Dann verläuft man sich, der Blutzuckerspiegel fällt und die Stimmung auch, man erreicht endlich den Markt, riecht den Duft der Mangos, versucht zu handeln, hat aber keine Ahnung, was der Obstverkäufer sagt, bezahlt schließlich – wird vielleicht übers Ohr gehauen (?) und geht weiter, um einen Platz zu finden, wo man essen kann. Und dann ist plötzlich alles eine reine, unvergleichliche Wonne.

VERHALTENSTIPPS
Vorstellung

Südamerikaner sind im Allgemeinen gesellig, überhaupt nicht schnell beleidigt und sie möchten vor Beginn einer Unterhaltung Höflichkeiten austauschen. Diesen Teil des sozialen Umgangs auszulassen wird als rüde und sehr taktlos empfunden. Das Verhalten in der Öffentlichkeit ist oft sehr förmlich, besonders unter Regierungsbeamten, die Respekt und Ehrerbietung erwarten. Informelle Vorstellungen sind andererseits entspannt und freundlich. In Ländern wie Argentinien, Chile und Französisch-Guyana begrüßen Männer und Frauen andere Frauen mit einem Wangenkuss statt per Handschlag – in Brasilien sind es zwei Wangenküsse (die linke Wange zuerst). Männer begrüßen andere Männer normalerweise per Handschlag – es sei denn, sie sind gut befreundet. Dann begrüßen sie sich mit einer Umarmung. Im Zweifelsfalle sollte man abwarten und es dem Gegenüber gleichtun.

Indigene Bevölkerung

Das Wort *indígenas* bezeichnet indigene Bevölkerung, die vor allem in den Anden und im Amazonasbecken heimisch ist. Hin und wieder hört man auch den Begriff *indio/a*, mit dem *mestizos* (Menschen gemischter, also indigener und europäischer Abstammung) um sich werfen, aber er wird als sehr abwertend betrachtet.

ETIKETTE

- 10% Trinkgeld geben, falls der *servicio* (Service) nicht in der Rechnung enthalten ist.
- Mit Respekt feilschen.
- Mit Abenteuerlust essen.
- Nicht ohne Erlaubnis Menschen fotografieren.
- Sich nicht unwohl fühlen, wenn man von Bewohnern der Anden (Bolivien, Ecuador und Peru) angestarrt wird.
- Nicht zögern, Essen oder Getränke von Fremden abzulehnen.

TOP 10

UNBEDINGT ANSCHAUEN!

1 *Central Station* (1998); Schauplatz: Brasilien; Regie: Walter Salles
2 *The Mission* (1987); Paraguay; Roland Joffé
3 *Nine Queens* (2002); Argentinien; Fabián Bielinsky
4 *Die offizielle Geschichte* (1985); Argentinien; Luis Puenzo
5 *Maria voll der Gnade* (2004); Kolumbien; Joshua Marston
6 *Das Wunder der Anden* (2008); Uruguay, Chile; Gonzalo Arijón
7 *Die Reise des jungen Che* (2004); Südamerika; Walter Salles
8 *Orfeu Negro* (1959); Brasilien; Marcel Camus
9 *City of God* (2003); Brasilien; Fernando Meirelles
10 *Chavez: Inside The Coup* (2003); Venezuela; Kim Bartley, Donnacha O'Briain

UNBEDINGT LESEN!

1 *Dona Flor und ihre zwei Ehemänner*, Jorge Amado (2008)
2 *Fiktionen*, Jorge Luis Borges (1992)
3 *Die offenen Adern Lateinamerikas. Die Geschichte eines Kontinents*, Eduardo Galeano (1982)
4 *Der Geschichtenerzähler*, Mario Vargas Llosa (2009)
5 *Huasipungo*, Jorge Icaza (1955)
6 *In Patagonien: Reise in ein fernes Land*, Bruce Chatwin (1990)
7 *Hopscotch*, Julio Cortázar (1963)
8 *Die versunkene Stadt Z: Expedition ohne Wiederkehr – das Geheimnis des Amazonas*, David Grann (2010)
9 *Hundert Jahre Einsamkeit*, Gabriel García Márquez (1967)
10 *Das Geisterhaus*, Isabel Allende (2007)

Der Zugang zu vielen entlegenen Amazonasgebieten, in denen die Menschen die traditionellsten Lebensformen beibehalten haben, unterliegt harten Beschränkungen, und diese Beschränkungen müssen unbedingt respektiert werden. Sie helfen, unerwünschte äußere Einflüsse zu verhindern und die Gemeinden vor Krankheiten zu schützen, gegen die sie wenig immun sind.

Andere indigene Gruppen oder Untergruppen haben ihre Türen für Touristen geöffnet, die ihre Kultur kennenlernen möchten. Ausflüge zu indigenen Gemeinschaften sind Highlights bei Reisen durch Südamerika. Traveller sollten aber nicht vergessen, Zeremonien und Rituale auch dann ernst zu nehmen, wenn sie speziell für Besucher organisiert werden – schließlich haben sie trotzdem einen gewichtigen Ursprung. Ayahuasca und andere psychoaktive Drogen spielen eine wichtige Rolle im religiösen Leben einiger Gemeinschaften des Regenwalds. Ausländischen Besuchern ist es aber per Gesetz verboten, solche Drogen zu konsumieren, obwohl einige Gesinnungslumpen Trips auf der Straße der Schamanen anbieten. Auf jeden Fall sollte man sich gut informieren.

Kleidung

Legere Kleidung wird im Allgemeinen akzeptiert, aber die meisten Südamerikaner legen ziemlich viel Wert auf ihr Äußeres, besonders am Abend. Um den örtlichen Gepflogenheiten zu entsprechen, sollten ausländische Gäste zumindest sauber gewaschen und ordentlich gekleidet sein – nur dann kann man auch erwarten, dass Amtspersonen, Geschäftsleute und Akademiker einem mit Respekt begegnen. Wer abends in typischer Backpackerkluft ausgeht, wird in fast allen Lokalen auffallen, abgesehen von einigen wenigen Etablissements, die nur von Touristen bevölkert werden. Man sollte also zumindest ein passendes Outfit zum Ausgehen dabei haben, und auch beim Grenzübergang empfiehlt es sich, ordentlich auszusehen, denn das Risiko, von Polizei oder Militär aufgehalten zu werden, ist damit geringer.

In den Augen armer Leute besitzen selbst Rucksacktouristen beträchtliche Reichtümer. Wer z. B. MP3-Player, teuer aussehende Uhren und Schmuck zur Schau stellt, lockt schnell Diebe an. Man sollte also nicht nur die Markenartikel zu Hause lassen, sondern am besten gleich nach der Ankunft auf dem örtlichen Markt neue Klamotten kaufen, um besser ins Umfeld zu passen.

Sex

Sexuelle Kontakte zwischen Einheimischen und Touristen – Männer und Frauen, hetero- und homosexuell – sind nichts Ungewöhnliches, und einige Gebiete könnte man durchaus als Sextourismus-Ziele bezeichnen. Prostitution gibt's überall, an einigen Orten offensichtlicher (z. B. in bestimmten Teilen der Copacabana in Rio, Brasilien) als an anderen. Kinderprostitution ist zwar nicht weit verbreitet, existiert aber leider; hier ist für Beteiligte mit harten Strafen zu rechnen, teilweise werden auch Interessenten angelockt, um sie anschließend der Polizei zu übergeben. Aids ist sowohl unter Schwulen als auch unter Heteros häufig zu finden: Etwa 1,3 Mio. Südamerikaner sind momentan HIV-infiziert oder haben Aids, und Brasilien hat mit 700 000 Erkrankten die höchste Infektionsrate – also immer schützen.

Fotografieren

Personen, insbesondere aus der indigenen Bevölkerung, ohne deren Einverständnis zu fotografieren, ist ein absolutes No-go. Bei einer öffentlichen Veranstaltung muss man einen Straßenmusikanten oder einen Tänzer aber normalerweise nicht um Erlaubnis fragen, und auch nicht, wenn jemand z. B. beim Fotografieren einer Stadtansicht zufällig mit aufs Bild gerät. Im Zweifelsfall gilt: nachfragen oder aufs Fotografieren verzichten. Wer Straßenkünstler oder -musikanten fotografiert, sollte auf jeden Fall ein kleines Trinkgeld geben. Weitere Infos dazu gibt's auf S. 1104.

Überblick

AKTUELLE ENTWICKLUNGEN

In ganz Südamerika finden aktuell tiefgreifende Veränderungen statt, von denen manche Frieden und Wohlstand, andere hingegen Spannungen und Ungewissheit mit sich bringen. Die größte Erfolgsgeschichte des Kontinents ist Kolumbien, das bedeutende Entwicklungen zu verzeichnen hat, bis hin zum Ende der seit 40 Jahren andauernden internen Auseinandersetzungen. Auch wenn der Konflikt noch nicht ganz beigelegt ist, erlebt Kolumbien gerade eine nie für möglich gehaltene Phase der Stabilität und der finanziellen Festigung. Da überrascht es nicht, dass Präsident Álvaro Uribes Beliebtheitsgrad hoch ist – eine kürzlich durchgeführte Umfrage ergab, dass er gar einer der populärsten Präsidenten in Kolumbiens Geschichte ist.

Auch Brasilien hat Grund zum Optimismus. Nachdem es dem IWF schon vor dem vereinbarten Termin alle Schulden zurückbezahlt hatte, wurde 2007 vor seiner Küste ein riesiges Ölfeld entdeckt, das der ohnehin schon energieautarken Nation noch mehr Reichtum verspricht. Für die meisten Brasilianer ist der größte Erfolg jedoch, dass ihr Land sowohl die Fußball-WM 2014 als auch die Olympischen Spiele im Jahr 2016 (in Rio de Janeiro) ausrichten darf. Beide Ereignisse sind Meilensteine, nicht nur für Brasilien, sondern für ganz Südamerika: Zum ersten Mal wird die Olympiade auf südamerikanischem Boden ausgetragen. Trotz einiger Skandale erfreut sich der brasilianische Präsident Lula immenser Beliebtheit dank seiner wirtschaftlichen und sozialen Errungenschaften, insbesondere der Verbesserung des Lebensstandards der ärmsten Schichten Brasiliens. Es wird sogar gemunkelt, man werde die Verfassung ändern, um ihm die Möglichkeit zu geben, sich ein drittes Mal als Präsidentschaftskandidat aufstellen zu lassen ...

Apropos Verfassung ändern: Daran wurde in den letzten Jahren in Südamerika viel gearbeitet. Sowohl in Ecuador (2008) als auch in Bolivien (2009) sprach sich die Mehrheit der Bevölkerung für eine Neuauflage der Verfassung aus. Beide Länder haben sich ehrgeizige Ziele zur Bekämpfung der sozialen Ungerechtigkeit (durch kostenlose Gesundheitsversorgung, Bildung und Basisleistungen für alle Bürger) und sogar zum Schutz der Umwelt gesteckt. Zum Vorteil der Machthabenden wurde die Begrenzung der Amtszeit aufgehoben, wodurch regulär gewählte Präsidenten nun unbegrenzt regieren können. Doch nicht jeder war damit einverstanden: In Bolivien brachen gewalttätige Proteste aus unter der Führung derer, die in der Verfassungsänderung einen weiteren Schritt hin zum antikapitalistischen Bolivarismus des venezolanischen Präsidenten Hugo Chávez sahen.

Chávez, Südamerikas umstrittenster politischer Führer, hat ebenfalls schon an der venezolanischen Verfassung gebastelt. Obwohl sein anfängliches Bestreben, Präsident auf Lebenszeit zu werden, scheiterte, hat die Bevölkerung im Jahr 2009 doch einem Verfassungszusatz zugestimmt, in dem die Begrenzungen der präsidialen Amtszeit aufgehoben wurden und der sicherstellte, dass das Ende seiner Macht vorerst in weite Ferne rückte. Seit dem Amtsantritt des US-Präsidenten Obama sind Chávez' anti-amerikanische Seitenhiebe etwas zurückgegangen, wozu nicht zuletzt die vielen internen Probleme – der landesweite Anstieg der Kriminalität und die wirtschaftlichen Herausforderungen angesichts fallender Ölpreise – beigetragen haben, die andere Anliegen erst einmal in den Hintergrund drängen.

Auf dem gesamten Kontinent fand in den letzten Jahren eine politische Umstrukturierung statt. Nachdem in Paraguay 2008 die Colorado-Partei nach über 60 Jahren an der Regierung abgewählt wurde und der ehemalige Bischof

Im Vertrag der vor Kurzem gegründeten Union Südamerikanischer Nationen (Unasur) ist Quito in Ecuador als Sitz des Hauptsekretariats der Union festgelegt, das Südamerikanische Parlament kommt in Cochabamba (Bolivien) zusammen und die Bank des Südens befindet sich in Caracas (Venezuela).

Fernando Lugo das Amt des Präsidenten übernahm, ist in dem Binnenstaat eine neue Ära der Hoffnung angebrochen (leicht getrübt von den Anschuldigungen, Lugo habe drei uneheliche Kinder von drei verschiedenen Frauen). Argentinien hatte in der Zwischenzeit eine Führungskrise zu bewältigen, nachdem die Präsidentin Cristina Fernández de Kirchner bei den Zwischenwahlen die Unterstützung des Kongresses verloren hatte; ihre Popularität fiel ins Bodenlose, als die Wirtschaft Argentiniens ins Wanken geriet, während sie mit der Anhebung der Ausfuhrzölle für landwirtschaftliche Erzeugnisse beschäftigt war. Noch ernstzunehmender waren die Probleme in Peru. Präsident Alan García, der eine Kampagne für die Freigabe traditionellen indigenen Landbesitzes für die Gas- und Mineralienförderung auf den Weg gebracht hatte, stieß auf den erbitterten Widerstand der Völker des Amazonasgebiets. Der Konflikt stand 2009 kurz vor der Eskalation, als bei einem blutigen Aufeinandertreffen von Polizei und Demonstranten Dutzende Menschen starben. Garcías Regierung hat zwar durch ihr Streben nach Entwicklung und freiem Handel eine nachhaltige wirtschaftliche Entwicklung vorangetrieben, wurde aber auch von Korruptionsskandalen gebeutelt.

Die Ausbeutung des Landes zum Wohle der wirtschaftlichen Entwicklung ist nichts Neues in Südamerika. Das Schicksal des chilenischen Teils von Patagonien bleibt ungewiss – es gibt Pläne für nahezu ein Dutzend Projekte zur Nutzung von Wasserkraft, deren Umsetzung aus einer der unberührtesten Naturgebiete der Welt einen weiteren industriellen Motor machen könnte. Die Guyanas hingegen streben in die andere Richtung: Ökotourismus ist hier angesagt, und Surinam und Guyana bewerben ihren Regenwald als Kulisse einer Safari à la Afrika, aber für einen Bruchteil von deren Preis.

Trotz vieler langjähriger Grenzstreitigkeiten zwischen einigen südamerikanischen Staaten ist der Kontinent auf dem besten Weg zu einer aufstrebenden neuen Union. 2008 trafen sich die Staats- und Regierungschefs zwölf südamerikanischer Nationen (außer Französisch-Guyana) in Brasilien, um den Vertrag der Union Südamerikanischer Nationen (Unasur) zu unterzeichnen. Nach dem Vorbild der EU will dieser regionale Zusammenschluss die wirtschaftliche und politische Integration in der Region vorantreiben, Handelsbedingungen verbessern und womöglich eine gemeinsame Währung schaffen. Im Vertrag sind eine rotierende Präsidentschaft und halbjährliche Treffen der nationalen Vertreter vorgesehen. Im Jahr 2009 waren die Vertreter immer noch damit beschäftigt, die Details für die Gründung einer regionalen Entwicklungsbank, der Bank des Südens, zu klären. Bis zum Jahr 2014 soll die Unasur die Zölle für die meisten Produkte abgeschafft haben – ein gewaltiger Schritt hin zu einem gemeinsamen Binnenmarkt.

GESCHICHTE
Die ersten Südamerikaner
Vor langer Zeit (irgendwann vor 12 500 bis 70 000 Jahren) zogen Menschen von Asien über eine Landbrücke über die Beringstraße nach Alaska. Als Jäger und Sammler bahnten sie sich langsam ihren Weg gen Süden. Zwischen 5000 und 2500 v. Chr. entwickelte sich Siedlungslandwirtschaft in und um das heutige Peru. Aus den entstehenden Gesellschaften wurden schließlich große Zivilisationen, von denen das Inkareich die am weitesten entwickelte war.

Die Spanier kommen
Zur Zeit der spanischen Invasion (frühes 16. Jh.) hatte das Inkareich den Höhepunkt seiner Macht erreicht. Es herrschte über Millionen Menschen von Nordecuador bis Zentralchile und Nordargentinien, wo sich die indigenen Einwohner, die zu araukanischen Sprachgruppen gehörten, heftig gegen die Eindringlinge aus dem Norden wehrten.

In ihrer Blütezeit herrschten die Inkas über mindestens 12 Mio. Menschen aus 100 verschiedenen Kulturen und 20 unterschiedlichen Sprachengruppen. Ihr Straßensystem von über 8000 km Länge erstreckte sich über die gesamte Andenregion.

Die Spanier erreichten Lateinamerika erstmals im Jahr 1492, als Kolumbus zufällig auf die karibischen Inseln stieß – er war von der spanischen Königin Isabella beauftragt worden, einen neuen Weg zu den Gewürzinseln in Asien zu finden. Der Portugiese Vasco da Gama hatte inzwischen den neuen Seeweg nach Asien gefunden. Diese spektakulären Entdeckungen verschärften die Rivalität zwischen Spanien und Portugal. Um ihre jeweiligen Ansprüche bezüglich der neu entdeckten Länder zu klären, beschlossen sie, dass es an der Zeit war, sich für Verhandlungen an einen Tisch zu setzen.

Teilen & Herrschen

1494 trafen sich spanische und portugiesische Abgesandte, um eine Linie 48° westlich von Greenwich zu ziehen: Portugal erhielt Afrika und Asien, Spanien die gesamte Neue Welt. Ziemlich bedeutsam war, dass die brasilianische Küste (die erst sechs Jahre später entdeckt wurde) durch das Abkommen Portugal zufiel – so erhielt es ebenfalls Zugang zum neuen Kontinent.

Von 1496 bis 1526 war Panama das Basislager für zahlreiche spanische Entdeckungsreisen. Gerüchte über ein goldenes Königreich südlich von Panama bewegten Francisco Pizarro dazu, die spanischen Behörden zu überzeugen, dass sie eine 200 Mann starke Expedition finanzierten.

Zu der Zeit, als Pizarro auf die Inkas traf, wurde das Reich von einem Bürgerkrieg heimgesucht und konnte durch die Invasion dieser kleinen spanischen Truppe leicht verwundet werden. Pizarros gut bewaffnete und berittene Soldaten versetzten die Einheimischen in Angst und Schrecken, aber seine tödlichste Waffe waren Infektionskrankheiten, gegen die die indigene Bevölkerung nicht immun war. Der Inkaherrscher Huayna Capác starb um 1525, wahrscheinlich an den Pocken.

Lima, das im Jahr 1535 als Hauptstadt des neuen Vizekönigreichs Peru gegründet wurde, bildete die Ausgangsbasis für nachfolgende Erkundungen und Eroberungen und wurde zum Machtzentrum der Spanier in Südamerika. Bis 1572 hatten die Spanier zwei aufeinanderfolgende Inkaherrscher – Manco Inca und Túpac Amaru – besiegt und getötet, und so Spaniens Vorherrschaft über den größten Teil des Kontinents gefestigt.

Silber, Sklaverei & Separation

Der Eroberung durch die Spanier, die vor allem auf Gold und Silber aus waren, folgte die erbarmungslose Ausbeutung der indigenen Bevölkerung durch harte Minen- und Feldarbeit. Die einheimische Bevölkerung ging, vor allem aufgrund eingeschleppter Krankheiten, rapide zurück. Um den Mangel an indigenen Arbeitskräften auszugleichen, der vor allem auf den Plantagen Brasiliens und in den Minen Boliviens herrschte, wurden unzählige afrikanische Sklaven in viele Teile des Kontinents verschleppt.

Die Unabhängigkeitsbewegung der Kolonien begann gegen Ende des 18. Jhs., als die Spanier ihre Energie auf die Probleme zu Hause richteten und ihr Interesse an den Kolonien nachließ. Der Napoleonische Krieg, der 1807 ausbrach und in dem Spanien und Portugal gegen die Invasion der Franzosen auf der iberischen Halbinsel zu kämpfen hatten, zog sogar noch mehr Ressourcen ab. An seinem Ende (1814) hatten Venezuela und Argentinien schon wirksam ihre Unabhängigkeit von Spanien erklärt, im Laufe der folgenden sieben Jahre taten es ihnen die anderen spanischen Kolonien gleich. Brasilien wurde 1807 autonom und 1822 unabhängig.

Unabhängigkeit & Abhängigkeit

Nach der Unabhängigkeit der ehemaligen spanischen Kolonien füllten konservative Landbesitzer (bekannt als *caudillos*) das durch den Abzug des Kolonialregimes entstandene Machtvakuum. Seither prägen die meisten

---

Bartolomé de las Casas' leidenschaftliches Buch *Brevísima relación de la destrucción de las Indias* (Kurz gefasster Bericht von der Verwüstung der westindischen Länder) wurde 1552 veröffentlicht und ist das einzige während der spanischen Eroberung verfasste Werk, das sich auf die Seite der indigenen Bevölkerung der Neuen Welt stellt.

Im Zuge der langen, unrühmlichen Epoche der Sklaverei wurden über 6 Mio. Afrikaner gefangen genommen und nach Südamerika gebracht. Die Mehrheit von ihnen (rund 3,6 Mio.) landete in Brasilien, andere strandeten im heutigen Venezuela, in Kolumbien, in den Küstenregionen Perus und Ecuadors und im Nordwesten Argentiniens.

Länder Südamerikas Diktaturen, Zeiten der Instabilität und die große Ungleichheit zwischen den machthabenden Eliten und der entrechteten Masse.

Nach dem Zweiten Weltkrieg, der den Beginn der Industrialisierung des Kontinents markierte, nutzten die meisten südamerikanischen Länder aus Mangel an Kapital die angebotenen Kredite und Anlagen aus dem Ausland. Dies bereitete den Weg für die massive Schuldenkrise der 1970er- und 1980er-Jahre: Die Regierungen Südamerikas liehen sich immer mehr Geld, und der industrielle und landwirtschaftliche Gewinn floss entweder in ausländische Banken oder in die Taschen einer kleinen südamerikanischen Elite. Aufstrebende Diktaturen brachten einen Anflug von Stabilität, wobei jedoch Unterdrückung, Armut und Korruption in vielen Ländern, insbesondere und recht aktuell in Peru und Kolumbien, eine gewaltsame Guerilla-Bewegung aufkommen ließen. Ein Großteil der Probleme, mit denen Südamerika heute zu kämpfen hat, sind direkte Folgen der Auslandsverschuldung und des Systems von Korruption und Ungleichheit, dessen Ursprung in der Kolonialzeit und in den Jahren nach der Unabhängigkeit zu suchen ist. Der Aufstieg populistischer und nationalistischer politischer Führer zu Beginn des 21. Jhs. und die Wahl linksgerichteter Politiker an die Spitzen der Regierungen mehrerer südamerikanischer Länder waren die demokratische Antwort auf Jahre der Korruption und Inkompetenz unter finanzpolitisch konservativen Parteien, die oft enge Verbindungen zum Militär pflegten.

> Einer der großen Helden Südamerikas ist Simón Bolívar („Der Befreier"): Er war maßgeblich an der Verteidigung der Unabhängigkeit der heutigen Staaten Venezuela, Kolumbien, Ecuador, Peru und Bolivien beteiligt. Gabriel García Márquez schrieb einen fiktiven Bericht über die letzten Tage seines Lebens *(Der General in seinem Labyrinth)* und Hugo Chávez hat ihm zu Ehren sogar den amtlichen Namen Venezuelas in „Bolivarische Republik Venezuela" geändert.

KULTUR
Bevölkerung & Menschen

Über drei Viertel aller Südamerikaner leben in Städten, während große Gebiete, z. B. das Amazonasbecken und die Atacamawüste, fast unbewohnt sind. Bevölkerungswachstum und interne Migration haben Superstädte hervorgebracht wie São Paulo, Buenos Aires, Rio de Janeiro, Lima und Bogotá.

Die Kindersterblichkeit ist in einigen Ländern schockierend hoch, vor allem in Bolivien, Peru und Paraguay. Ein großer Teil der südamerikanischen Bevölkerung ist unter 15 Jahre alt (27 %), in einigen Ländern (besonders in Bolivien, Kolumbien, Ecuador, Peru und Venezuela) sogar noch jünger.

Die meisten Südamerikaner sind *mestizos*, doch viele Einwohner Boliviens (55 %), Perus (45 %) und Ecuadors (25 %) zählen sich zu den *indígenos*. Brasilien gehört aufgrund seiner Einwanderungsgeschichte zu den lateinamerikanischen Ländern mit der ethnisch gesehen vielfältigsten Bevölkerung, von der sich ein beträchtlicher Anteil (39 %) auf afrikanische Wurzeln beruft. Die Guyanas bilden ein Mosaik aus Indern, Indonesiern, Afrikanern, Kreolen und Chinesen sowie deren Nachfahren, aber selbst in den Ländern mit einer relativ homogenen Bevölkerung (z. B. Argentinien, Chile, Paraguay) finden sich Syrer, Chinesen, Japaner und andere Einwanderer bzw. deren Nachkommen.

> Die Vielfältigkeit Brasiliens ist erstaunlich: Es hat nach Nigeria die größte dunkelhäutige Bevölkerung der Welt, und in São Paulo lebt die größte japanische Gemeinde außerhalb Japans.

Die indigene Kultur

Wer an indigene Einwohner Südamerikas denkt, dem kommen wahrscheinlich zuerst die farbenfroh gekleideten *indígenas* (indigene Völker) des Andenhochlands oder die der Amazonasregenwälder in den Sinn. Die Quechua und andere Sprachgruppen im Hochland von Bolivien, Ecuador und Peru leben seit Jahrhunderten Seite an Seite mit den zahlenmäßig überlegenen *mestizos* (Menschen gemischter, also indigener und europäischer Abstammung) – wenn auch nicht völlig konfliktfrei. Ihre starken, unabhängigen Kulturen haben dem Wandel der Zeit getrotzt und das Land (etwa durch Musik, Essen und Sprache) stark geprägt. Traveller kommen einfach mit diesen Kulturen in Kontakt, z. B. im Bus, auf dem Markt oder beim Besuch eines Dorfes. Viele indigene Völker begegnen Ausländern freundlich, viele aber auch misstrauisch, weil Fremde ihre Völker über Jahrhunderte brutal unterdrückt haben.

DER SOUNDTRACK SÜDAMERIKAS

Es war nicht leicht, diese Liste auf 25 Platten zu beschränken. Hier eine, natürlich sehr subjektive, Auswahl der besten Alben, nach Ländern geordnet.

Argentinien
- *Sur o no sur* – Kevin Johansen
- *Tres cosas* – Juana Molina
- *Chaco* – Illya Kuryaki and the Valderramas
- *Gracias a la vida* – Mercedes Sosa

Bolivien
- *Charangos famosos* – Celestino Campos et al.

Brasilien
- *África Brasil* – Jorge Benjor
- *Tropicália ou Panis et Circensis* – Caetano Veloso, Gilberto Gil et al.
- *Chega de Saudade* – João Gilberto
- *Elis & Tom* – Antonio Carlos Jobim und Elis Regina
- *Cartola* – Cartola

Chile
- *Miedo escénico* – Beto Cuevas
- *Leyenda* – Inti Illimani
- *Gran Santiago* – Teleradio Donoso

Ecuador
- *Ecuafornia* – Esto es Eso
- *Mis mejores pasillos* – Julio Jaramillo

Die Guyanas
- *Is We Ting* – Roy Geddes et al.

Kolumbien
- *La vida es un ratico* – Juanes
- *La candela viva* – Totó La Momposina
- *¿Dónde están los ladrones?* – Shakira

Paraguay
- *Kchiporros* – Kchiporros

Peru
- *Eco de sombras* – Susana Baca

Uruguay
- *Eco* – Jorge Drexler
- *Aunque cueste ver el sol* – No Te Va Gustar

Venezuela
- *The Venezuelan Zinga Son* – Los Amigos Invisibles
- *El rey de los soneros* – Oscar D'León

LA VIDA MUSICAL

Willkommen in einer der großartigsten Musikregionen der Welt! Der Soundtrack zu diesem gewaltigen Kontinent mit schneebedeckten Bergen, üppigem Regenwald und seiner glitzernden Küste ist ebenso abwechslungsreich wie seine Geografie. Die bekanntesten Musikstile Südamerikas sind der brasilianische Samba, die kolumbianische Salsa, der argentinische Tango und die *música folklórica* (traditionelle Musik) der Anden: Sie alle werden von den Radiostationen überall auf der Welt gespielt. Es gibt aber noch unzählige andere erwähnenswerte Musikformen, von denen einige außerhalb einer bestimmten Region kaum bekannt sind.

Argentinien

Der berühmte Tango entstand in den harschen Immigrantenvierteln im Buenos Aires des späten 19. Jhs. Er ist das Ergebnis des Aufeinandertreffens mehrerer Musikstile und erlebte unter internationalen Legenden wie Carlos Gardel und Astor Piazzolla seine Blüte. Tangogrößen der heutigen Zeit sind z. b. Susana Rinaldi und Adriana Varela und innovative Bands wie Gotan Project und BajoFondo, die akustische und elektronische Elemente zum Electrotango verbinden.

Argentinien, Chile und Uruguay sind die Wiege der *nueva canción*, einer Volksmusik mit politischem Unterton, die sich in den 1950ern und 1960ern herausgebildet hat. Mercedes Sosa ist und bleibt (mit Atahualpa Yupanqui und León Gieco) einer ihrer wichtigsten Repräsentanten.

Der bekannteste nationale Rocker ist Charly García, und aktuelle argentinische Bands, die hohe (Schall-)Wellen schlagen, sind Bersuit Vergarabat, Catupecu Machu, Gazpacho und das US-argentinische Multitalent Kevin Johansen.

Brasilien

Dieses großartige musikalische Zentrum brachte eine schier endlose Zahl talentierter Künstler hervor. Der Samba, der sich Anfang des 20. Jhs. in Rio entwickelte, zeigt sich stark afrikanisch beeinflusst und ist untrennbar mit dem Karneval verbunden. Große *sambistas* sind u. a. Dorival Caymmi, Ary Barroso und Noel Rosa, die später Cartola, Nelson Cavaquinho und Clementina de Jesus ablösten. Teresa Cristina, Diogo Nogueira und Maria Rita sind zeitgenössische Interpreten.

Der Bossa Nova entstand im Rio der 1950er-Jahre und erreichte mit Klassikern wie „Garota de Ipanema" von Jobim und Vinícius de Moraes die breite Weltöffentlichkeit. Sein Gründervater, der Gitarrist João Gilberto, tritt immer noch auf, genau wie seine Tochter Bebel Gilberto, die geschmeidige Sambaklänge mit elektronischen Rhythmen kombiniert.

Der Tropicalismo (auch Tropicália) kam in den späten 1960ern auf. Er vereint brasilianischen Samba und Bossa Nova mit nordamerikanischem Rock und britischen psychedelischen Klängen. Schlüsselfiguren des Tropicália sind etwa Gilberto Gil, Gal Costa, Os Mutantes und Caetano Veloso.

Die Música Popular Brasileira (MPB) vereint mehrere Stile und umfasst sowohl vom Bossa Nova beeinflusste Stücke als auch Mainstream-Pop. Talente wie Milton Nascimento, Elis Regina und Djavan brachten die MPB in den 1970ern groß raus. Zwei große MPB-Stars treten immer noch auf: Jorge Benjor (Mix aus Funk, Samba und afrikanischen Rhythmen) und der Spitzen-Songwriter Chico Buarque.

Brasilianischer Hip-Hop wird durch Künstler wie Marcelo D2 und der Schauspieler und Musiker Seu Jorge immer beliebter. Regionale Musikstile sind z. B. der *forró*, ein lebhafter, synkopierter Sound aus dem Nordosten, und der aus Salvador stammende Mix aus Samba, Pop, Rock, Reggae, Funk und Musik der Karibik namens *axé*, dessen große Vertreter Daniela Mercury und Ivete Sangalo sind.

Chile

Die zeitgenössische Musikszene Chiles reicht von der revolutionären Volksmusik der 1960er bis zu modernem Alternative Rock. La Nueva Canción Chilena lässt die chilenische Volksmusik mit sozialen und politischen Themen wieder aufleben. Wichtige Namen sind u. a. Violeta Parra, Victor Jara (vom Militär ermordet) und die immer noch Konzerte gebenden Inti-Illimani.

Ins Exil verbannte Gruppen feierten im Ausland Erfolge, z. B. Los Jaivas, Los Prisioneros und La Ley. Joe Vasconcellos ist Gründer der energiegeladenen Latin Fusion. Derzeit erobern Bands wie Lucybell, Tiro de Gracia, Los Bunkers, Javiera y Los Imposibles, Mamma Soul und der frühere Frontmann von La Ley, Beto Cuevas, die nationale Szene. Teleradio Donoso und Chico Trujillo klingen ein wenig wie The Strokes und verbinden *cumbia chilombiana* mit eingängigen Sounds von Manu Chaos.

Ecuador, Peru & Bolivien

Música folklórica (traditionelle Musik der Anden) hat eine markante, eindringliche Melodie, der man auf der Hochebene nicht entkommt. Untrennbar damit verbunden sind das ukuleleartige, zehnsaitige *charango*, die *quena* (Rohrflöte) und die *zampoña* (Panflöte). Live-Aufführungen bieten die *peñas* (folkloristische Musikclubs). Die Jugend liebt den allgegenwärtigen karibischen Reggaeton.

Ecuador hat zwar eine lange *música-folklórica*-Tradition, der eigentliche Stil des Landes ist aber der durch Julio Jaramillo berühmt gewordene gefühlvolle *pasillo*. Im Nordwesten ist die afro-ecuadorianische Marimbamusik zuhause, und auch die ursprünglich aus Kolumbien stammende Cumbia lässt sich finden. Daneben gibt's einige Rock-, Metal- und Alternative-Bands. Das US-ecuadorianische Duo Esto es Eso mixt Hip-Hop, Pop, Rock, *pasillo* und traditionelle Melodien, Sudakaya ist für Reggae bekannt, und RoCola Bacalao spielen eine Mischung aus Ska, Punk und Merengue.

Neben der gefühlsbetonten präkolumbischen *música folklórica* ist Peru auch für seine in den Küstenregionen verbreitete *música criolla* bekannt. Deren Wurzeln und die des bluesartigen *landó*, der oft komplexe soziale Themen aufgreift, liegen in Afrika und Spanien. Sowohl die karibische Salsa als auch die Cumbia und die *chicha* (die letzten beiden haben ihren Ursprung in Kolumbien) sind allgegenwärtig. *Chicha* ist eine heitere, andine Mischung aus traditionellen Panflöten, Elektrobeats und Gitarren. Zu den Topkünstlern auf diesem Gebiet gehören Euforia und Rosy War neben etwas neueren Bands wie Agua Marina und Armonía 10, die eine Art peruanische Techno-Cumbia spielen.

In Bolivien gibt's beides: eindringliche andine Melodien und lebhafte Musik aus dem Tiefland, z. B. aus Tarija. Hier sind vor allem Celestino Campos, die Meister des *charango*, Ernesto Cavour und Mauro Núñez zu nennen, aber auch auf Atiplano, Savia Andina und Yanapakuna sollte man achten.

Die Guyanas

Obwohl Reggae in den Guyanas hoch im Kurs steht, hört man in der Stadt Guyana selbst überall schnell geschlagene Steel-Pans-Rhythmen. Der Ursprung dieser Musik liegt in der Karibik. Eine Einführung zur Steel Pan liefert Roy Geddes' Steel Pan Museum (S. 706) in Georgetown.

Kolumbien

Entlang der karibischen Küste erklingen überall afrikanisch inspirierte Rhythmen wie Cumbia, *mapalé* und *porro*. Dort entstand auch der auf dem Akkordeon gespielte *vallenato*, der beliebteste Stil in Kolumbien. Die bekanntesten Mainstream-Künstler sind u. a. Shakira, Carlos Vives (Latin Pop), Totó La Momposina (traditionelle afro-karibische Musik) und Juanes (Latin Rock).

Zu den erwähnenswerten aktuellen Bands zählen Pernett & The Caribbean Ravers (vielseitige Cumbia), Bomba Estéreos Spacerock-Cumbia und die von der Pazifikküste stammende Gruppe Choc Quib Town, die Hip-Hop und Funk spielen. Von LA 33 aus Bogotá gibt's Salsa auf die Ohren.

Paraguay & Uruguay

Paraguay ist bekannt für Harfenmusik. Dazu gehört auch das (oft auf der Gitarre gespielte) Lied „Pajaro Campana", dessen tragender Rhythmus der bizarre Ruf des Glockenvogels (Paraguays Nationalvogel) ist. Zu den traditionellen Tänzen gehören u. a. die schwungvollen *galopadas*-Polkas und die *danza de la botella*, bei der die Tänzer Flaschen auf den Köpfen balancieren.

In Uruguay dominiert ein stark vom Nachbarland Argentinien beeinflusster Tango. *Candombe*, ein Rhythmus aus Afrika, ist vor allem beim Karneval in Montevideo zu hören. Uruguays Spitzenmusiker sind Jorge Drexler, die Hardrock-Band La Trampa und No Te Va Gustar.

Venezuela

Venezuela steht auf Salsa, vor allem auf die des angebeteten Oscar D'León. Aber auch Merengue, Reggaeton und *vallenato* aus Kolumbien haben in den Playlists der Radiosender ihren festen Platz. Der bekannteste folkloristische Rhythmus ist der *joropó* (*música llanera*), ein Gesang, der meist auf der Harfe, dem *cuatro* (kleine, viersaitige Gitarre) und dem Maracas begleitet wird.

Caracas ist die Hauptstadt des Latin Pop und des *rock en español* (spanischsprachige Rockmusik), der lateinamerikanische Rhythmen mit rockigen Klängen vermischt. Die bekannteste Band der Szene sind die mit einem Grammy ausgezeichneten Los Amigos Invisibles.

Das Leben der Regenwaldvölker ist ganz anders als das, was einige Reiseführer beschreiben. Traveller werden normalerweise keine indigenen Regenwaldbewohner in traditioneller Kleidung treffen, es sei denn, sie sind für touristische Zwecke so gekleidet – was an sich nicht schlimm ist, aber man sollte sich dessen bewusst sein. Die meisten Regenwaldgemeinschaften sind erst vor Kurzem zum ersten Mal mit der westlichen Welt konfrontiert worden. Viele erleben die vollständige Umwälzung – und mögliche Vernichtung – ihrer Kulturen und Lebensweisen. Und die Kultur, auf die die Traveller treffen, befindet sich inmitten eines dramatischen Wandels.

In Bolivien, Peru und Ecuador leben prozentual gesehen die meisten *indígenas*, vor allem im Hochland. Andere bedeutende Gruppen sind die Tikuna, die Yanomami und die Guaraní in Brasilien, die Mapuche in Nordpatagonien, die Aymara im *altiplano* (Andenhochebene von Peru, Bolivien, Chile und Argentinien) und die Atacameños in Chile.

> Die beste Linksammlung zum Thema Musik findet man auf der Website des lateinamerikanischen Netzwerks Lanic (Latin American Network Information Center; www.lanic.utexas.edu) unter der Rubrik „Humanities" (Geisteswissenschaften): Hier gibt's Dutzende einschlägige Links zu allen Ländern Südamerikas (außer den Guyanas).

Musik

Musik spielt im südamerikanischen Alltag eine wichtige Rolle – würde der Regler heruntergedreht, käme der ganze Kontinent zum Stillstand. Die Musiklandschaft ist unglaublich vielfältig, was nicht überrascht, wenn man bedenkt, wie weit verstreut sich ihre Wurzeln finden. Zum großartigen Soundtrack Südamerikas und der Gestaltung der Musikszene haben zahlreiche Einflüsse aus aller Welt beigetragen: afrikanische Rhythmen, nordamerikanischer Jazz, indigene Klänge, spanischer Flamenco, kubanische und italienische Gesangstile und sogar die osteuropäische Polka und Mazurka. Für einen nach Ländern geordneten, kurzen Komplettüberblick über die Musikszene, s. Kasten S. 32; ein paar tolle Alben sind auf S. 31 genannt.

Religion

Rund 300 Mio. Südamerikaner (81 % der Bevölkerung) sind zumindest offiziell römisch-katholisch, wobei die Zahl derer, die ihren Glauben aktiv praktizieren, weit kleiner ist (in Argentinien z. B. nur 20 %). Der Katholizismus ist aber noch immer sehr präsent: So gut wie jedes Dorf und jede Stadt des Kontinents haben eine zentrale Kirche oder Kathedrale, und die katholischen Fest- und Feiertage haben einen festen Platz im Kalender.

Den indigenen Völkern Südamerikas diente das Bekenntnis zum Katholizismus oft als Tarnung für religiöse Überzeugungen, die von der Kirche verboten wurden. Ebenso gaben schwarze Sklaven in Brasilien ihren afrikanischen Göttern, die sie nur unter erschwerten Bedingungen oder gar nicht anbeten durften, christliche Namen und Formen. Synkretische religiöse Überzeugungen und Praktiken, beispielsweise Candomblé in Brasilien, nehmen noch immer zu, schließen aber einen christlichen Glauben nicht aus – es ist kein Widerspruch, heute an einer Messe teilzunehmen und morgen Rat bei einer *mãe de santo* (Candomblé-Priesterin) zu suchen.

In den letzten Jahrzehnten haben verschiedene protestantische Religionsgemeinschaften die traditionell katholische Bevölkerungsstruktur aufgelockert. Daneben sind überall jüdische und muslimische Minderheiten zu finden.

> Wer sich über Fußballspiele und -turniere in Südamerika und der Welt auf dem Laufenden halten will, ist auf www.latinamericanfootball.com richtig.

Sport

Volleyball, Baseball, Autorennen, Hahnenkämpfe und selbst Rodeo haben einen (wenngleich oft winzigen) Platz im Olymp des südamerikanischen Sports. Und dennoch: Nichts verbindet (oder spaltet) die Südamerikaner derart wie ein spannendes Fußballspiel (*fútbol*). In nahezu jedem Land ist Fußball eine nationale Leidenschaft und kann, sobald Wettbewerbe anstehen, Quelle unendlichen Stolzes oder äußerster Entrüstung werden. A propos Wettbewerbe: Brasilien wurde 2002 zum fünften Mal Weltmeister und hält damit den Weltrekord als Land mit den meisten Titeln (zudem ist es das einzige Land, das bisher bei jeder WM dabei war). Nachdem die WM 1950 zum letzten Mal in Brasilien stattfand, wird es 2014 wieder stolzer Ausrichter des Turniers sein, und schon jetzt herrscht im Land hysterische Begeisterung. Ein weiterer wichtiger Wettbewerb ist die jährlich stattfindende südamerikanische Team-Meisterschaft, die Copa Libertadores, bei der meist die brasilianischen und argentinischen Vereine, die Erfolgsschmieden des Kontinents sozusagen, den Sieg unter sich ausmachen. Aber auch hier gibt's manchmal einen Aufreger, z. B. 2008, als LDU Quito aus Ecuador den brasilianischen Verein Fluminense im Finale schlug. Bei der Copa América treten in ungeraden Jahren Mannschaften aus Südamerika gegeneinander an; auch zwei Gastmannschaften werden jedes Mal dazu eingeladen.

Volleyball ist in ganz Südamerika sehr beliebt, vor allem in Brasilien, wo auch eine Variante davon gespielt wird, die *futevôlei*: Dabei spielen die Spieler mit den Füßen statt mit den Händen. *Béisbol* (Baseball) ist nicht sehr weit verbreitet, in Venezuela dafür umso beliebter.

Rallyes sind in Chile, Argentinien, Bolivien und Brasilien der Renner. Argentinien ist zudem bekannt für Polo, das man sich live am besten in Buenos Aires anschauen kann.

NATUR & UMWELT
Das Land

Die längste zusammenhängende Bergkette der Welt, die Cordillera de los Andes, bahnt sich ihren Weg fast 8000 km von Venezuela nach Südpatagonien und bildet den westlichen Rand des südamerikanischen Kontinents. Die von Vulkanen durchsetzten Anden sind Teil des vulkanischen Feuerrings, der von Asien und Alaska nach Feuerland verläuft. Östlich der Anden bedeckt das Amazonasbecken – das größte Flussbecken der Welt – Teile Boliviens, Venezuelas, Kolumbiens, Perus, Ecuadors, der Guyanas und Brasiliens. Im Zentrum des Kontinents (in Teilen Brasiliens, Boliviens und Paraguays) erstreckt sich das riesige Pantanal, das größte Feuchtgebiet der Erde auf dem Festland.

Weitere geophysische Besonderheiten sind das Orinocobecken, das Venezuelas *llanos* (Ebenen) entwässert, der Chaco in Südbolivien, Nordwestparaguay und Nordargentinien, das Paraná-Paraguay-Flusssystem, die Pampa in Argentinien und Uruguay und das mystische Patagonien im tiefsten Süden.

Tiere & Pflanzen

Die zahlreichen Habitate Südamerikas zeichnen sich im Allgemeinen durch ihre spezifische Flora und Fauna aus. Hier die wichtigsten:

REGENWÄLDER IM AMAZONASBECKEN

Der Ausdruck „Artenvielfalt" kann die 7 Mio. km² des Amazonasgebietes nicht ausreichend in Worte fassen. Im größten und großartigsten Regenwald der Welt leben mehr Tier- und Pflanzenarten als an jedem anderen Ort der Erde. Jede zehnte bekannte Tier- bzw. Pflanzenart der Welt ist hier zu finden, im Einzelnen mehr als 40 000 Pflanzen-, 1300 Vogel-, über 400 Säugetier-, 4000 Fisch- und 2,5 Mio. Insektenspezies (Mückenspray nicht vergessen!). Teilweise findet man hier auf 2 ha über 500 Baumarten – ein vergleichbares Waldstück in den mittleren Breiten hat oft nur vier oder fünf. Bei einer Untersuchung wurden in fünf kleinen Parzellen 3000 Käferarten gefunden, was wahrscheinlich macht, dass jede Baumart Vertreter von über 400 einzigartigen kleinen Tierarten beherbergt. Das Blätterdach des Regenwaldes ist allerdings so dicht, dass nur wenig oder gar kein Sonnenlicht bis auf den Waldboden dringen kann, wodurch Leben fast nur in den Bäumen zu finden ist.

> Von seiner unscheinbaren Quelle im peruanischen Hochland bis zu seiner Mündung nahe dem brasilianischen Belém misst der Amazonas 6275 km. Die Wassermassen, die er transportiert, übersteigen die der nächsten acht größten Flüsse zusammen, und er führt zudem ein Fünftel des Süßwasserbestands weltweit.

Im Amazonasgebiet leben u. a. über 75 Affenarten, Faultiere, Ameisenbären, Gürteltiere, Tapire, Kaimane, Amazonasdelfine, Amazonas-Manatis und Jaguare.

TROPISCHE NEBELWÄLDER

In abgelegenen Tälern in höheren Lagen fangen sich Wolken in tropischen Wolkenwäldern, die den Wald in feinen Nebel hüllen und so wunderbar zarten Pflanzen das Überleben ermöglichen. Nebelwaldbäume haben in der Regel einen niedrigen, knorrigen Wuchs, ein dichtes, kleinblättriges Blätterdach und moosbewachsene Äste, die Orchideen, Farne und andere Epiphyten (Pflanzen, die Feuchtigkeit und Nährstoffe ohne Bodenwurzeln sammeln) stützen. Sie beheimaten sehr seltene Tiere wie den Wolltapir, den Andenbär und den Puma. In einigen Nebelwaldgebieten leben über 400 Vogelarten.

HÖHENGRASLÄNDER

Noch höher als der Nebelwald liegt der *páramo* (feuchtes, hochgelegenes Weideland der nördlichen Anden), der Naturschwamm der Anden. Das sehr spezielle, weltweit einzigartige Habitat mit rauem Klima, hoher UV-Strahlung und nassen, torfigen Böden erstreckt sich vom Hochland Costa Ricas zum Hochland Nordperus. Seine Flora umfasst vorwiegend Hartgräser, Polsterpflanzen, Kräuter und *queñoa*-Bäume (neben Himalajakiefern die höchsten Bäume der Welt). Zu seiner Fauna gehören Andenfüchse, Hirsche und Vikunjas (ein wilder, goldfarbener Verwandter des Lamas).

ZENTRALANDEN

Ein weiteres einzigartiges Ökosystem erstreckt sich zwischen der Küste und der *cordillera*, von Nordchile bis Nordperu. Die Atacamawüste, die trockenste Wüste der Welt, liegt an der Küste im Regenschatten der Anden und ist fast völlig unfruchtbar. Der kalte peruanische Strom (der Humboldtstrom) sorgt in diesen tropischen Breitengraden für eine gemäßigte Temperatur und erzeugt konvektive Nebel *(garúa* oder *camanchaca)*, die die *lomas* (Hangvegetation) in den Küstengebieten unterstützen.

SAVANNEN

Diese riesigen, tropischen und halbtropischen Grasländer liegen eher niedrig und sind in der Regel fast baumlos und offen, sodass sich die lokale Flora und Fauna hier toll beobachten lässt. Die berühmteste Savanne Südamerikas ist das brasilianische Pantanal. Außerdem gibt's z. B. die *llanos* in Venezuela und die Pampa in Südbrasilien und Argentinien.

TROPISCHE TROCKENWÄLDER

Heiße Gebiete mit wohldefinierten Regen- und Trockenzeiten fördern das Wachstum von Trockenwäldern. In Südamerika findet man diese Klimabedingungen vor allem in Küstennähe im Norden des Kontinents. Da die Bevölkerung in vielen dieser Küstenregionen dicht ist und schnell wächst, schwindet das Habitat des tropischen Trockenwalds rasch – nur rund 1 % ist noch unberührt. Der majestätische *c eiba* (Kapokbaum) ist die dominante Spezies des Waldes. Er hat einen riesigen, dicken Stamm und jahreszeitlich bedingte weiße Blüten, die wie Glühbirnen von den ansonsten kahlen Ästen hängen. In diesen Wäldern leben Papageien, Sperlingspapageien, Affen und viele verschiedene Arten von faszinierenden Reptilien.

MANGROVEN

In den Küstengebieten Brasiliens, Kolumbiens, Ecuadors, Venezuelas und der Guyanas wachsen Mangroven – Bäume, die im Salzwasser leben können. Ein weitverzweigtes System aus verschlungenen Stelzenwurzeln stützt die Bäume in instabilen Sand- oder Schlammböden. Mangrovenwälder sammeln Sedimente und fördern so die Entstehung eines fruchtbaren organischen Bodens, der wiederum andere Pflanzen versorgt. Ihre Wurzeln bieten vielen Fischarten, Weich- und Krustentieren Schutz und in ihren Ästen nisten oft Seevögel.

Nationalparks & Naturschutzgebiete

In Südamerika gibt's über 200 Nationalparks und unzählige Provinzparks und Privatreservate. Sie alle sind zweifellos Highlights des Kontinents und umfassen jedes erdenkliche Gelände, von tropischem Regenwald und Nebelwald über den *páramo* der Anden bis zu tropischen und gemäßigten Küstenregionen. Die beliebtesten Parks haben gut entwickelte touristische Infrastrukturen, sind leicht zu erreichen und ziehen so in den Hauptsaison die Massen an. Einige Parks haben nur einfache Campingeinrichtungen oder Unterkünfte und schwer erkennbare Pfade und, falls man Glück hat, beantwortet einem ein Parkranger die wichtigsten Fragen. Andere Parks sind ohne Vierradantrieb oder Privatboot gar nicht erreichbar, und Karten gibt's kaum. Trekker sollten sich vorab informieren und in größeren Städten topografische Karten besorgen. Ab S. 1110 finden sich ein paar Karten, und die einzelnen Länderkapitel geben Infos darüber, wo man entsprechende Karten bekommt.

Umweltprobleme

Eine der schlimmsten Umweltbedrohungen Südamerikas ist wohl bekannt: Jeden Tag werden überall auf dem Kontinent in alarmierender Geschwindigkeit breite Schneisen in die Wälder geschlagen. Die Abholzung betrifft den Regenwald des Amazonas, die temperierten Wälder Chiles und Argentiniens, den Atlantischen Regenwald in Brasilien, Argentinien und Paraguay, die Küstenmangroven und Nebelwälder Ecuadors und die Chocó-Darién-Ökoregion an der Pazifikküste in Panama, Kolumbien und Ecuador.

Die Zerstörung der Wälder hat viele Gründe. Landwirtschaft (vor allem der Anbau von Sojabohnen, eine der am schnellsten wachsenden Agrarwirtschaftszweige Südamerikas), Ölbohrungen und Viehzucht sind nur einige davon. Aufgrund der Ölförderung wurden nicht nur unberührte Gebiete des amazonischen Regenwalds für die Besiedlung freigegeben, sondern auch das Auslaufen von Öl und die Vergiftung von Gewässern konnte nicht verhindert werden. Die Zersiedlung, bei der sich Städte und Slums unkontrolliert in Nationalparks und sensible Naturgebiete ausdehnen, hat verheerende Folgen für das Ökosystem des Gebiets. Aber auch Zellstofffabriken, die die Flüsse verschmutzen, und die Urangewinnung tragen ihren Teil bei.

Weitere Faktoren, die die Umweltzerstörung beschleunigen, sind die Überbebauung mancher Gebiete (hier vor allem der nordöstlichen Küste Brasiliens) und nicht nachhaltige Fischerei und Landwirtschaft. Pläne zum Bau von Wasserkraftdämmen in Chile bedrohen massiv die Natur Patagoniens, das sich zudem mit der Wüstenbildung konfrontiert sieht, nachdem der Klimawandel die Gletscher noch schneller schmelzen lässt als bisher angenommen.

Mehr Infos über Naturschutz und die Bedrohung der Umwelt in Südamerika sind auf den folgenden Websites nachzulesen:

Amazon Watch (www.amazonwatch.org)
Ancient Forests International (www.ancientforests.org)
Birdlife International (www.birdlife.org)
Conservation International (CI; www.conservation.org)
International Rivers (www.internationalrivers.org)
Rainforest Action Network (RAN; www.ran.org)
World Land Trust (www.worldlandtrust.org)
World Wildlife Fund (WWF; www.wwf.de)

Kaum zu glauben: Es gibt im Amazonasgebiet immer noch Stämme, die noch nie Kontakt zur Außenwelt hatten. Survival International schätzt, dass allein im tiefsten Amazonasgebiet Perus noch 15 solcher Gruppen leben. Die meisten Amazonasstämme haben, teils gewaltsam, alle Versuche einer Kontaktaufnahme seitens der Außenwelt abgeblockt.

Infos über die Probleme der indigenen Bevölkerung in Südamerika und der Welt liefert die Website von Survival International (www.survival-international.org).

Argentinien

HIGHLIGHTS

- **Buenos Aires** (S. 50) Die elegante Hauptstadt ist voller Leben und Schönheit. Hier kann man gut essen, shoppen, Tango tanzen und die ganze Nacht feiern.
- **Das argentinische Seengebiet** (S. 137) Prächtige Berge und Seen prägen das argentinische Seengebiet – für Outdoorfans ein Paradies: Angeltouren, Wanderungen und Rafting.
- **Córdoba** (S. 98) Argentiniens zweitgrößte Stadt bietet eine attraktive Mischung: historische Gebäude und eine jugendliche Alternativkultur prägen das Bild, und drum herum liegen idyllische Bergdörfer.
- **Iguazú-Fälle** (S. 95) Die wunderbarsten Wasserfälle der Welt erstrecken sich über fast 3 km Länge und 70 m Höhe – man muss sie einfach gesehen haben!
- **Abseits ausgetretener Pfade** (S. 111) Auf der einsamen Straße von Cachi nach Cafayate erlebt man raue Landschaften, malerische Adobe-Dörfer und Weinberge, in denen *torrontés* (ein Weißwein) angebaut wird.
- **Besonders empfehlenswert** (S. 117) Nördlich von Jujuy liegt die wunderschöne Quebrada de Humahuaca, eine Unesco-Welterbestätte mit schroffen, aber belebten Hängen, auf denen Cardòn-Kandelaberkakteen wachsen.

KURZINFOS

- **Beste Reisezeit:** Patagonien (Nov.–Feb.), Skifahren (Juni–Sept.), Buenos Aires (März–Mai & Sept.–Nov.)
- **Bevölkerung:** 40 Mio.
- **Fläche:** 2,8 Mio km² (ungefähr so groß wie Indien)
- **Geld:** 1 € = 5,28 AR$ (argentinische Pesos), 1 SFr = 3,59 AR$
- **Hauptstadt:** Buenos Aires
- **Landesvorwahl:** ☎ 54
- **Preise:** Hostel 7 €, Steak zum Abendessen 7 €, fünfstündige Busfahrt 12 €
- **Reisekosten:** 25 € pro Tag
- **Sprachen:** Spanisch; in den nordwestlichen Anden Quechua
- **Zeit:** MEZ –4 Std.

TIPPS FÜR UNTERWEGS

Leichtes Gepäck reicht aus, für Patagonien muss man allerdings wetterfeste Kleidung mitnehmen. Familienfotos erleichtern die Kontaktaufnahme zu Einheimischen, MP3-Player sind gut für lange Busfahrten.

VON LAND ZU LAND

Argentinien hat je drei Grenzübergänge nach Bolivien, Paraguay, Brasilien und Uruguay und sehr, sehr viele hinüber nach Chile.

Es ist kein Geheimnis mehr: Mit seinen wunderschönen Landschaften, kosmopolitischen Städten und seiner munteren Kultur ist Argentinien ein Paradies für Traveller. Das Land hat fast die Größe Indiens: Es erstreckt sich über beinahe 3500 km von Bolivien bis zur Südspitze des südamerikanischen Kontinents und umfasst zahlreiche Landschaftsformen und Klimazonen. Naturbegeisterte können die patagonische Steppe durchqueren, den höchsten Berg Südamerikas erklimmen, inmitten Tausender Pinguine wandern und die wunderbarsten Wasserfälle der Welt kennenlernen. Wanderer genießen den Blick auf die schönen Seen und verschneiten Berggipfel der atemberaubenden Landschaft im argentinischen Seengebiet und schwärmen von der von Gletschern geformten Landschaft Patagoniens und den farbenfrohen Wüsten in den Anden. Stadtschwärmer zieht es in das sagenhafte Buenos Aires, wo man gut Spanisch lernen, Fußballspiele anschauen, leidenschaftliche Tangos tanzen und mit den dynamischen und gut aussehenden *porteños* (den Menschen aus Buenos Aires) ins Gespräch kommen kann. Man findet hier Designerklamotten zu erschwinglichen Preisen, isst die besten Steaks der ganzen Welt und kann die ganze Nacht lang in den Nachtclubs feiern.

Argentinien ist ein sicheres, freundliches und – verglichen mit europäischen Ländern oder den USA – auch sehr günstiges Reiseland. Also los! Wenn einen das Reisefieber packt, erwarten einen hier unvergessliche Erlebnisse.

AKTUELLE ENTWICKLUNGEN

Nach Jahren des Booms ist die Inflationsrate immer noch hoch und die wirtschaftliche Entwicklung gerät ins Stottern. Das Land taumelt am Rand einer Rezession, aber für Traveller bedeutet der schwache Peso, dass man mit harter Währung sehr günstig fährt.

Cristina Kirchner, Argentiniens erstes gewähltes weibliches Staatsoberhaupt, verlor bei den Parlamentswahlen vom Juni 2009 einen großen Teil ihrer Macht. Ihr Mann, Ex-Präsident Néstor Kirchner, trat später als Vorsitzender der Peronisten (Partido Justicialista) zurück, womit alle Träume von einer längeren andauernden Familiendynastie endeten.

2010 feiert Argentinien den 200. Jahrestag seiner Unabhängigkeit von Spanien. Anlässlich dieses Ereignisses wurden manche Museen und historischen Gebäude restauriert. Auch das berühmte Teatro Colón, das wegen Renovierungsarbeiten über zwei Jahre lang geschlossen war, ist dann wieder für Besucher zugänglich.

GESCHICHTE
Die „gute alte Zeit"

Vor der Ankunft der Spanier durchstreiften nomadische Jäger und Sammler die Wildnis des alten Argentiniens. Die Yámana (oder Yahgan) in Patagonien sammelten Schalentiere. In den Pampas erlegten die Querandí mithilfe von *boleadoras* (Gewichte an Schnüren) Nandus (straußenähnliche Vögel) und Guanacos (Verwandte der Lamas). Bei den Guaraní oben im subtropischen Nordosten hatte der Maisanbau Tradition, während die Diaguita im trockenen Nordwesten ein landwirtschaftliches Bewässerungssystem entwickelten.

1536 stießen die Querandí unglücklicherweise auf aggressive Spanier, die auf der Suche nach Silber waren. Sie vertrieben die Eindringlinge schließlich ins etwas gastlichere Paraguay. Zurück blieben jedoch Rinder und Pferde; sie vermehrten sich munter und wurden zur Lebensgrundlage der legendären *gauchos* (Cowboys). Die hartnäckigen Spanier kehrten 1580 zurück und errichteten schließlich Buenos Aires. Zwar begrenzten Handelsschranken aus Spanien das Wachstum der neuen Siedlung. Die nördlichen Kolonien Tucumán, Córdoba und Salta blühten dennoch auf, indem sie Maultiere, Stoffe und Lebensmittel an die boomenden Silberminen Boliviens lieferten. Unterdessen rückten Spanier von Chile aus in die Andenregion Cuyo ein, in der damals Wein und Getreide produziert wurde.

Weg in die Unabhängigkeit

1776 ernannte Spanien die Schmugglersiedlung Buenos Aires zur Hauptstadt des neuen Vizekönigreichs des Río de la Plata – ein Indiz für die strategisch günstige Lage des Hafens. 1806 hoffte eine verbrecherisch gesinnte britische Streitmacht auf ein Stück vom Handelskuchen und startete einen Invasionsversuch. Die Siedler taten sich jedoch zusammen und verscheuchten die Eindringlinge nach kurzer Zeit. Wenig später erhoben sich die selbstbewussten Kolonisten gegen Spanien und die ungeliebten Handelsschranken. 1816 wurden ihre Mühen mit der vollständigen Unabhängigkeit belohnt.

Doch die Einheit währte nicht lange. Einige Provinzen widersetzten sich schon bald der Autorität von Buenos Aires. Argentinien zerfiel in zwei verschiedene Lager: den Einwohnern von Buenos Aires (Unitaristen) und der Landbevölkerung (Föderalisten). Ein Bürgerkrieg brach aus – die blutigen und rachsüchtigen Konflikte zwischen den beiden Parteien brachten das Land an den Rand des Zusammenbruchs.

1829 kam Juan Manuel de Rosas an die Macht. Obwohl Föderalist, installierte er seine eigenen unitaristischen Prinzipien und konzentrierte die Macht auf Buenos Aires. De Rosas stellte eine große Armee auf, erschuf die *mazorca*, eine grausame Geheimpolizei, und führte die Folter ein. Der Überseehandel musste fortan über die Hafenstadt abgewickelt werden. Erst 1852 stürzte Justo José de Urquiza (einst Rosas Anhänger) an der Spitze einer unitaristischen Armee den Diktator. Als erster Präsident Argentiniens setzte Urquiza eine Verfassung in Kraft.

Anfang und Ende der Goldenen Jahre

Argentiniens neue Gesetze öffneten das Land für ausländische Investitionen, den Handel und die Einwanderung. In den folgenden Jahrzehnten wurden Schafe, Rinder und Getreide ohne Beschränkungen exportiert. Einwanderer aus Spanien, Italien, Frankreich und anderen Ländern Europas kamen nach Argentinien, um sich hier ein besseres Leben aufzubauen. Der Wohlstand hielt Einzug, und Argentinien wurde zu einem der reichsten Länder der damaligen Zeit.

Der Wohlstand war allerdings sehr ungleich verteilt. Schwankungen der Weltwirtschaft führten zu Restriktionen im Außenhandel, von denen hauptsächlich die reichen Weizen-, Wein- und Zuckerbarone profitierten. Nach 1890 strömten immer weitere arme Einwanderer nach Buenos Aires, dessen Bevölkerung sich auf beinahe 1 Mio. Einwohner verdoppelte. Das Gesicht der Stadt veränderte sich: Alte Gebäude aus der Kolonialzeit wurden niedergerissen, die wichtigen Straßen verbreitert und die öffentlichen Versorgungseinrichtungen ausgebaut. Aber die Industrie konnte nicht alle Einwanderer aufnehmen und ihre Bedürfnisse stillen: Der Graben zwischen Reich und Arm vertiefte sich. 1929 setzte das Militär eine unfähige Zivilregierung ab und übernahm die Macht. Aber erst ein zuvor unbekannter Oberst namens Juan Domingo Perón versuchte, der drohenden sozialen Krise entgegenzutreten.

Die Peróns – geliebt und gehasst

An den Peróns scheiden sich bis heute die Geister – sie sind die am meisten verehrten und zugleich die am meisten gehassten Politiker Argentiniens. Viele Bürger glauben gar, dass sich das Land seit Peróns erster Präsidentschaft nie wieder ganz erholt hat, und zwar weder wirtschaftlich noch intellektuell.

Juan Perón bekleidete ursprünglich einen unbedeutenden Posten im Arbeitsministerium. 1946 schaffte er es mithilfe seiner charismatischen späteren Ehefrau Eva Duarte (genannt Evita) in das Präsidentenamt. Seine Sozialprogramme und neuen Wirtschaftserlasse kamen der Arbeiterklasse zugute. Sie profitierte von höheren Löhnen, sicheren Stellen und verbesserten Arbeitsbedingungen. Die eiserne Kontrolle über das Land trug jedoch faschistische Züge: Perón missbrauchte seine Macht als Präsident für umfangreiche Einschüchterungen und um die Pressefreiheit zu ersticken. Unterdessen kochte die dynamische Evita ihr eigenes (und manchmal rachsüchtiges) politisches Süppchen, wenngleich sie vor allem für ihre karitative Arbeit und ihren Kampf für die Frauenrechte verehrt wurde.

Steigende Inflation und Wirtschaftsprobleme, die vor allem durch den Kapitalmangel im Nachkriegseuropa verursacht wurden, schwächten 1952 Perón während seiner zweiten Amtszeit. Evitas Tod im selben Jahr war ein weiterer Nackenschlag. Nach einer Verschwörung floh Perón 1955 nach Spanien, um dort sein Comeback zu planen. Fast zwei Jahrzehnte später witterte er seine große Chance, als Héctor Cámpora 1973 als Präsident zurücktrat – Perón gewann die Wahl im Handumdrehen. Doch schon Mitte 1974 starb er, und Argentinien versank abermals in Chaos und Regierungsintrigen, die das Land seit Peróns Aufbruch ins Exil heimgesucht hatten. 1976 ergriff das Militär erneut die Macht – die düstersten Jahre Argentiniens begannen.

Schmutziger Krieg (1976–83)

Ende der 1960er-Jahre herrschte eine stark regierungsfeindliche Stimmung. Eine linksgerichtete peronistische Guerillatruppe namens „Montoneros" bildete sich. Perfekt organisiert, verübten die größtenteils gebildeten Jugendlichen aus der Mittelschicht Bombenanschläge auf ausländische Geschäfte und

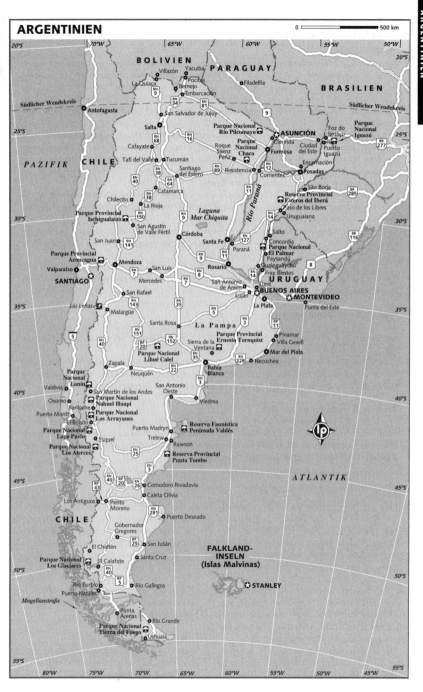

FALKLANDINSELN (MALWINEN)

☎ 500 / 3100 Ew.

Die Schafzucht in Feuerland und Patagonien nahm auf den Falklandinseln (auf Englisch „Falkland Islands") oder Malwinen (auf Spanisch „Islas Malvinas") ihren Anfang. Während des Wollbooms, der Mitte des 19. Jhs. in Europa herrschte, wurde die Falkland Islands Company zum größten Grundbesitzer der Inseln. Mit der Ankunft englischer und schottischer Einwanderer nahm die Bevölkerung, die ursprünglich aus gestrandeten Seeleuten und *gauchos* bestanden hatte, sehr schnell zu.

Argentinien hatte die Inseln seit 1833 beansprucht, aber erst 1982 unternahm der argentinische Präsident Leopoldo Galtieri den Versuch, das Gebiet zu besetzen und damit das in Schwierigkeiten geratene Militärregime zu festigen. Aber Englands Premierministerin Margaret Thatcher schlug erbarmungslos zurück und verpasste Argentinien eine demütigende Niederlage. Noch heute sind die Beziehungen zwischen beiden Ländern frostig.

Buchten, Meeresarme und Strände bilden eine schroffe, attraktive Küstenlandschaft, in der viele Vögel leben, darunter auch jede Menge Pinguine. An Säugetieren gibt es See-Elefanten, Seelöwen, Pelzrobben, Orcas und mehrere Delfinarten.

Stanley, die Hauptstadt, besteht aus bunt bemalten, metallverkleideten Häusern. Der Rest der Insel heißt schlicht das „Camp". Hier gibt es Siedlungen, wo man übernachten und unberührte Natur und Wildtiere nach Herzenslust erleben kann.

Die beste Reisezeit sind die Monate Oktober bis März, wenn die Tiere an die Strände und Landzungen zurückgekehrt sind. Allgemeine Infos finden sich im englischsprachigen Lonely Planet Führer *Antarctica*.

Praktische Informationwn

Wer die Falklandinseln besuchen möchte, muss neben einem Rückreiseticket auch ausreichende Geldmittel und eine vorher gebuchte Unterkunft nachweisen. Stanleys **Besucherzentrum** (☎ 22215) befindet sich an der offiziellen Landungsbrücke.

Britische Pfund und US-Dollar werden in bar oder als Reiseschecks weithin akzeptiert, aber der Umtauschkurs für US-Dollar ist schlecht. Mit Visa und MasterCard kommt man gut weiter. Die einzige Bank ist die Standard Chartered Bank in Stanley; Geldautomaten gibt es nicht.

Anreise & Unterwegs vor Ort

Wer nicht mit einem Kreuzfahrtschiff an Land geht, kommt per Flugzeug. LANChile fliegt einmal wöchentlich von Santiago de Chile über Punta Arenas nach Mt. Pleasant in der Nähe von Stanley. Einmal im Monat geht der Flug über Río Gallegos in Argentinien. Die chilenische Fluggesellschaft **Aerovías DAP** (www.dap.cl) veranstaltet Charterflüge.

---

verlangten Lösegeld für entführte Beamte. Mit Banküberfällen finanzierten sie ihren bewaffneten Kampf und die Verbreitung sozialer Botschaften. Am 24. März 1976 führte General Jorge Videla einen unblutigen Militärputsch an und übernahm die argentinischen Regierungsgeschäfte. Es folgte eine Zeit des Terrors und der Brutalität: Was beschönigend als „Prozess der Nationalen Reorganisation" (oder „El Processo") bezeichnet wurde, war in Wirklichkeit eine Orgie staatlich unterstützter Gewalt und Anarchie, die sich vor allem gegen die Montoneros richtete.

Die berüchtigte „Guerra Sucia" („Schmutziger Krieg") kostete schätzungsweise bis zu 30 000 Menschen das Leben. Nulltoleranz lautete das Prinzip, mit dem sich die Diktatur an die Verfolgung Andersdenkender machte – ob nun revolutionäre Guerillas oder einfache Bürger, die nur die unverhohlene Brutalität des Regimes ablehnten: „Verschwundene" wurden ohne rechtsmäßigen Prozess verhaftet, gefoltert und umgebracht. Zynischerweise endete der Schmutzige Krieg erst, als sich das Regime auf eine echte Militäroperation einließ: die Rückgewinnung der Islas Malvinas (Falklandinseln)

Falklandkrieg

Während der Militärdiktatur ging Argentiniens Wirtschaft immer weiter den Bach hinunter und versandete schließlich im Chaos.

„El Proceso" war langsam, aber sicher ans Ende gekommen.

Im Dezember 1981 übernahm General Leopoldo Galtieri den „Heißen Stuhl" des Präsidenten. Um vor dem Hintergrund einer stagnierenden Wirtschaft an der Macht zu bleiben, spielte der verzweifelte Galtieri einen nationalistischen Trumpf aus und startete im April 1982 eine Invasion, um die Briten von den Islas Malvinas (Falklandinseln) zu vertreiben. Diese beanspruchte Argentinien seit 150 Jahren für sich.

Die kurze Besetzung der Malvinas löste eine Welle der nationalistischen Euphorie aus, die rund eine Woche lang anhielt. Dann begriffen die Argentinier, dass Großbritanniens „Eiserne Lady" – Premierministerin Margaret Thatcher – alles andere als ein Mauerblümchen war. Besonders, da sie selbst ums politische Überleben kämpfte. Großbritannien schlug zurück und schickte ein Flottenkontingent, um die Inseln zurückzuerobern. Nach 47 Tagen mussten sich Argentiniens junge, schlecht ausgebildete und kaum motivierte Soldaten geschlagen geben. Aufgrund dieses Gesichtsverlustes zog sich das Militär schließlich aus der Regierung zurück. 1983 wurde Raúl Alfonsín neuer argentinischer Präsident.

Argentinien heute

Alfonsín brachte Argentinien die Demokratie zurück und löste ein paar territoriale Konflikte mit Chile. Zwar konnte er auch die Inflation etwas eindämmen, dem schwer geprüften Land jedoch letztlich nicht ganz wieder auf die Beine helfen.

Unter Carlos Menem, Präsident von 1989 bis 1999, erfuhr Argentinien eine kurze Wohlstandphase. Er privatisierte ganze Wirtschaftszweige und nahm umfangreiche Kredite auf. Zudem stoppte Menem die Inflation, indem er den Argentinischen Peso an den amerikanischen Dollar koppelte. Die Stabilisierung war jedoch nur von kurzer Dauer. Nach ein paar Jahren wurde der Peso so hoch dotiert, dass argentinische Produkte auf dem Weltmarkt nicht mehr konkurrenzfähig waren. Am Ende von Menems Amtszeit zeigte die Arbeitslosenspirale wieder steil nach oben.

Im Jahr 1999 trat Fernando de la Rúa das Präsidentenamt an. Er erbte einen fast bankrotten Staatshaushalt. Gleichzeitig ging es mit der Wirtschaft noch weiter bergab: Die Arbeitslosigkeit stieg weiter, und das öffentliche Vertrauen schwand immer mehr. 2001 taumelte die Wirtschaft am Rande des Zusammenbruchs, im Dezember trat Fernando de la Rúa zurück. In vierzehn Tagen erlebte das Land drei Übergangspräsidenten, ehe schließlich Eduardo Duhalde ins Amt gewählt wurde. Duhalde wertete im Januar 2002 den Peso (AR$) ab, während die Verschuldung 140 Mrd. AR$ erreichte.

Nach heftigen Schwankungen pendelte sich der Kurs des frei gegebenen Peso bei rund 3 : 1 gegenüber dem US-Dollar ein. Die plötzlich stark verbilligten Exporte Argentiniens sorgten für einen Wirtschaftsboom. Im Jahr 2003 wurde der linksgerichtete Peronist Néstor Kirchner zum Präsidenten gewählt und erreichte eine große Popularität. Kirchner hielt die Wirtschaft in Gang, bediente den Schuldendienst gegenüber dem IWF und beschnitt die Korruption ein wenig. Argentinien erholte sich etwas, und die Stimmung war endlich wieder optimistisch.

Nach dem Ende seiner Amtszeit im Jahr 2007 wollte sich Kirchner nicht aus der Politik zurückziehen. Seine Frau Cristina Fernández de Kirchner errang einen leichten Sieg bei den Präsidentschaftswahlen und wurde die erste gewählte Frau in Argentiniens höchstem Staatsamt. Doch in ihrer Amtszeit mehrten sich die Probleme: Neben diversen Korruptionsskandalen gab es große Auseinandersetzungen wegen Steuererhöhungen, wachsende Inflation und einen Rückgang im Wirtschaftswachstum. Noch ist Fernández im Amt. In Argentinien kann man zur Zeit wie so oft nur hoffen, dass die gegenwärtigen Probleme nur Stolpersteine auf dem Weg zu einer nachhaltigen Erholung sind.

KULTUR
Mentalität

Argentinier sind weltweit als verzogen und hochnäsig verschrien, man sagt ihnen einen hohen Geltungsdrang nach. Sie neigen dazu, sich für etwas Besseres zu halten und sehen sich eher Europa als den Drittwelt- bzw. Schwellenländern Südamerikas zugewandt. Schönheits-OPs und Psychoanalysen sind hier stärker vertreten als im Rest der Welt. Kein Wunder, dass Argentinier überall belächelt werden.

Doch tatsächlich treffen diese Klischees auf die meisten Argentinier überhaupt nicht zu. Sie beziehen sich normalerweise auf die *porteños*, die Einwohner von Buenos Aires. Knapp ein Drittel der Argentinier, rund

11,5 Mio. Menschen, leben in der Hauptstadt und ihren Vororten. Der Rest verteilt sich auf das übrige Land, wo Gesinnung und Ego etwas zahmer daherkommen. Tatsächlich mögen viele Menschen außerhalb der Hauptstadt die *porteños* ganz und gar nicht. Und selbst die sollte man nicht über einen Kamm scheren. Nicht alle *porteños* sind eingebildete Möchtegern-Aristrokraten – im Gegenteil: Wie man sehr bald feststellen wird, interessieren sich zahlreiche freundliche und hilfsbereite Menschen für die Herkunftsländer ihrer Besucher.

Dass die Argentinier in den Ruf geraten sind, besonders stolz sein, ist leicht verständlich. Sie leben in einem sagenhaften Land mit gewaltigen natürlichen Ressourcen, einer wunderbaren Hauptstadt und einer reichen Kultur. Dennoch mussten sie erleben, dass ihr Land, das einst zu den reichsten der Welt zählte, fast auf den Status eines Drittweltlandes absank und um finanzielle Hilfe betteln musste. Nach Jahren einer instabilen wirtschaftlichen Entwicklung, rapider Inflation und unfähiger Regierungen hilft es den Argentiniern gewiss, sich zumindest ihren Stolz zu bewahren.

Lebensart
Über ein Drittel der Argentinier lebt unterhalb der Armutsgrenze. Um Geld zu sparen und die Familienbande zu stärken, wohnen oft mehrere Generationen zusammen unter einem Dach.

Familien halten fest zusammen – Sonntage sind oft dem gemeinsamen *asado* (Barbecue) vorbehalten. Auch Freundschaften stehen hoch im Kurs; Argentinier gehen bevorzugt in großen Gruppen aus. Man begrüßt sich traditionell mit Küsschen auf die Wange – selbst Fremde und natürlich Männlein wie Weiblein gleichermaßen.

Argentinier sind am liebsten *richtig* lange unterwegs. Das Abendessen kommt häufig erst um 22 Uhr auf den Tisch, und an Wochenenden muss man sich gar bis Mitternacht gedulden, bis endlich der Nachtisch verspeist werden kann. Bars und Discos haben oft bis 6 Uhr morgens geöffnet (sogar in kleineren Städten).

Im ganzen Land genießt der Kult rund um den Mate-Tee einen hohen Stellenwert. Die Leute schlürfen das bittere Kräuterbräu zuhause, bei Arbeit, Sport und Spiel. Auch auf Reisen und bei Picknicks sind die Schalen und Thermoskannen mit heißem Wasser immer mit von der Partie. Wer zu einem Mate-Ritual eingeladen wird, kann sich geehrt fühlen.

Bevölkerung
Rund 90 % der Argentinier leben in städtischen Ballungsräumen; die Alphabetisierungsrate liegt bei über 97 %.

Die meisten Bewohner des Landes haben Ahnen, die im 19. Jh. aus Italien, Spanien und vielen anderen Ländern Europas einwanderten. In neuerer Zeit kamen auch Japaner, Koreaner und Chinesen (außerhalb der Städte weniger) sowie Menschen aus anderen südamerikanischen Staaten wie Peru, Bolivien, Paraguay und Uruguay hinzu.

Ureinwohner stellen weniger als 1 % der argentinischen Gesamtbevölkerung; die größte Gruppe sind die Mapuche Patagoniens. Kleinere Gruppen, u. a. von Guaraní, Tobas, Wichi und Tehuelche leben in kleinen Gebieten im Norden des Landes. Rund 15 % der Einwohner sind *mestizos* (Menschen gemischt indianisch-europäischer Abkunft); sie leben meist im Norden.

SPORT
Rugby, Tennis, Basketball, Polo, Golf, Motorsport, Skifahren und Radfahren sind beliebte Sportarten, aber im Mittelpunkt der nationalen Sportbegeisterung steht der Fußball. Die Nationalmannschaft errang zweimal die Weltmeisterschaft, 1978 und 1986, als Diego Armando Maradona (Argentiniens Bad Boy, der es gewissermaßen vom Tellerwäscher zum Millionär schaffte) mit einem legendären Handtor den Sieg gegen England im Viertelfinale sicherte. Lionel Messi ist heute der größte Fußballstar Argentiniens.

Ein absoluter Klassiker sind die Begegnungen zwischen River Plate und den Boca Juniors, denn die Rivalität zwischen beiden Vereinen ist immens (s. S. 72).

RELIGION
Der Katholizismus ist die offizielle Staatsreligion, und die meisten Argentinier sind auch römisch-katholisch. Den zweiten Platz nehmen die protestantischen Glaubensgemeinschaften ein. Außerdem existiert in Buenos Aires eine der größten jüdischen Gemeinden außerhalb Israels, und hier steht auch die wohl größte Moschee in ganz Südamerika.

Spiritismus und Totenverehrung werden weithin praktiziert: Auf den Friedhöfen Recoleta und Chacarita erweisen Pilger Volksidolen wie Juan und Evita Perón, Carlos Gardel oder dem Medium Madre María ihre Reverenz. Glaubenskulte wie der um die Difunta Correa („die verstorbene Correa") in der Provinz San Juan verfügen ebenfalls über Hunderttausende von Anhängern.

KUNST
Literatur
Argentiniens berühmtester Literat ist Jorge Luis Borges, bekannt für seine Kurzgeschichten und Gedichte. Im lebendigen und fantasievollen Stil erschuf Borges alternative Realitäten und raffinierte Zeitzyklen. Tipp: Seine surrealen Werke *Labyrinthe* und *Fiktionen*. Ein anderer Autor, Julio Cortázar, brachte es zu internationaler Anerkennung, indem er über scheinbar normale Leute schrieb – dabei bediente er sich seltsamer Metaphern und skurriler Beschreibungen unsichtbarer Realitäten. Sein großer Roman *Himmel und Hölle* erfordert jedenfalls sicherlich mehr als einen Lesedurchgang.

Ernesto Sábato bereicherte die Literaturwelt mit intellektuell angehauchten Romanen und Essays. Viele davon erkunden die Kluft zwischen Gut und Böse. Zu Sábatos wichtigsten Werken zählt *Sobre héroes y tumbas* (*Über Helden und Gräber*), das in den 1960er-Jahren bei der argentinischen Jugend hoch im Kurs stand. Sein aufrüttelnder Aufsatz *Nunca más* beschreibt die Grausamkeiten des Schmutzigen Krieges. Weitere bekannte Schriftsteller aus Argentinien sind z. B. Manuel Puig *(Kuss der Spinnenfrau)*, Adolfo Bioy Casares *(Morels Erfindung)*, Osvaldo Soriano *(Schatten)*, Roberto Arlt *(Die sieben Irren)* und Silvina Ocampo, die Gedichte und Geschichten für Kinder verfasst.

Ein zeitgenössischer Schriftsteller ist Juan José Saer (1937–2005), der Kurzgeschichten und komplexe Kriminalromane veröffentlicht hat. Vom Romanautor Rodrigo Frésan stammen die Bestseller *Geschichte Argentiniens* und die psychedelischen *Kensington Gardens*.

Kino
Mit Regisseuren wie Luis Puenzo (*Die offizielle Geschichte;* 1984) und Héctor Babenco *(Kuss der Spinnenfrau;* 1985) hat das argentinische Kino in der Vergangenheit internationales Format erreicht.

Unter den neueren bemerkenswerten Streifen aus Argentinien sind z. B. Fabián Bielinskys geistreich-unterhaltsame *Nueve reinas* (*Neun Königinnen;* 2000), Lucrecia Martels Familiensaga *La ciénaga* (*Morast;* 2001) und Pablo Traperos gewagter *El bonaerense* (2002). Carlos Soríns *Historias mínimas* (*Geschichten aus dem Nirgendwo;* 2002) stehen für eine vielfältige, aber minimalistische Charakterstudie.

Juan José Campanellas *El hijo de la novia* (*Der Sohn der Braut*) erhielt 2002 eine Oscar-Nominierung für den besten fremdsprachigen Film, und Martels *La niña santa* (2004) wurde von Kritikern wegen seiner Darstellung des Themas des sexuellen Erwachsenwerdens gerühmt. Soríns *El perro* (2004) ist eine mitreißende Geschichte über den besten Freund des Menschen und die Wechselfälle des Schicksals. Tristán Bauers preisgekrönter Film *Illuminados por el fuego* (2005) folgt den Spuren eines Soldaten des Falklandkriegs. Ebenfalls 2005 gewann Juan Diego Solanas den ersten Preis beim Stockholmer Filmfestival für seinen gut inszenierten und reifen Film *Nordeste,* der ernsthafte soziale Probleme wie den Kinderhandel aufgreift.

Zu weiteren wichtigen argentinischen Filmen der letzten Jahre zählen Damián Szifrons ausgelassener *Tiempo de valientes* (2005), Israel Adriáns *Crónica de una fuga* (2006), der die Flucht aus einem Folterlager in den Jahren des „Schmutzigen Krieges" behandelt, sowie Lucía Puenzo's *XXY* (2007), die Geschichte eines transsexuellen Jugendlichen.

Musik
Legenden wie Carlos Gardel und Astor Piazzolla machten die Tangomusik populär. Heutzutage führen z. B. Susana Rinaldi, Adriana Varela und Osvaldo Pugliese die Tradition fort. Aktuelle Tango-„Fusionbands" sind etwa das Gotan Project oder der BajoFondo Tango Club.

Ebenfalls schwer angesagt sind die Folklorekünstler Mercedes Sosa, Leon Gieco, Atahualpa Yupanqui und Los Chalchaleros

Argentiniens bekanntester Musiker ist derzeit allerdings der Rockstar Charly García. In der Vergangenheit machten auch Fito Páez, Sumo, Los Pericos, Babasónicos, die Divididos und Los Fabulosos Cadillacs von sich reden. Letztere gewannen 1998 einen Grammy als beste Latino-Alternative-Rockband.

In der heutigen argentinischen Musiklandschaft tummeln sich außerdem Bands wie die exzentrischen Bersuit Vergarabat, die alternativ angehauchten Catupecu Machu, die vielseitigen Gazpacho – ganz zu schweigen vom Multitalent Kevin Johansen.

Córdobas rhythmischer *cuarteto* ist Argentiniens ureigene Popmusik, die in den Arbeiterkneipen im ganzen Land gespielt wird. Der gröbere *cumbia villera* kommt aus den Slums. Er kombiniert den Cumbia mit Gangsta Rap, Reggae und Punk. Und der *murga* ist eine Art artistisches Musiktheater mit Schauspielern und Trommlern, das oft beim Karneval aufgeführt wird.

Bildende Kunst

Zu den bekannten Malern zählt Xul Solar, der im Geiste Klees lebhafte Traumlandschaften erschuf. Guillermo Kuitca experimentierte mit kartografischen Illustrationen. Víctor Hugo Quiroga konzentrierte sich dagegen auf ländliche Motive. Benito Quinquela Martín porträtierte die zähen Dockarbeiter im La-Boca-Viertel von Buenos Aires. Jorge de la Vega war Maler, Dichter, Songwirter und Sixties-Ikone in einer Person; seine vielen Gesichter zeigte er mit einem Mix aus verschiedenen Medien und geometrischen Abstraktionen.

Bekannte Objektkünstler gibt es auch: Graciela Sacco verwendete neben Audio- und Videoelementen auch Alltagsgegenstände. Rogelio Yrurtias Kunst dokumentiert das harte Leben der Arbeiterklasse. Und Alberto Heredia zog pathetische Staatskunst durch den Kakao.

In Buenos Aires zeigt die Galerías Pacífico an der Av Florida restaurierte Deckengemälde von Antonio Berni und Lino Spilimbergo. Die beiden Künstler mit italienisch-argentinischen Vorfahren waren europäisch beeinflusst und widmeten sich politischen Themen. In puncto Straßenkunst sollten Besucher Ausschau nach Schablonen- (www.bsasstencil.com.ar) und herkömmlichen Graffitis (www.bagraff.com) halten.

Theater & Tanz

Das monumentale Teatro Colón in Buenos Aires zeichnet sich durch eine wunderbare Akustik aus. Hier stehen u. a. klassische Musik und Ballettaufführungen auf dem Programm. Die Hauptstadt besitzt eine lebendige Theaterszene, aber auch in den Provinzen wird Theater gespielt.

Der Tango ist Argentiniens erotischer Tanz. Entstanden ist er angeblich in den 1880er-Jahren in den Bordellen von Buenos Aires, doch nimmt auch die uruguayische Hauptstadt Montevideo diese Ehre für sich in Anspruch. Der Tango war aber bis zu seinem Durchbruch in Europa eine verfemte Randerscheinung. Richtig populär wurde er in Argentinien erst um 1913. Der berühmteste Tangosänger war Carlos Gardel.

NATUR & UMWELT

In Argentinien gibt es keine großen, von Zerstörung bedrohten Regenwälder, dennoch hat das Land einige Umweltprobleme. Das rapide Wachstum mancher Städte (man denke an El Calafate), das dem Tourismusboom geschuldet ist, wird selten sinnvoll gesteuert. In Buenos Aires und anderen Großstädten sind Lärm und Luftverschmutzung ein ständiges Ärgernis. Manche ländlichen Gebiete leiden unter Bodenerosion als Folge falscher Bewirtschaftung oder fehlender Hochwasserschutzmaßnahmen. Und Pestizide und Düngemittelrückstände verschmutzen die Flüsse.

Im vergangenen Jahrhundert gingen in Argentinien rund zwei Drittel der Wälder verloren. Fast die gesamte Pampa dient nun als Weideland für Rinder. Die patagonische Steppe leidet unter Überweidung und Wüstenbildung. Einige Prominente, darunter Kristine Tompkins (die Ex-Chefin des Bekleidungsunternehmens Patagonia) und Ted Turner, haben große Landstriche in Patagonien gekauft, um diese zu schützen. Weitere Informationen dazu findet man unter www.conservacionpatagonica.org oder www.vidasilvestre.org.ar.

Ein aktuelles Umweltproblem ist die Gold- und Silbermine Pascua Lama, die in Kürze an der chilenischen Grenze in Betrieb gehen soll. Zwar soll das Erz überwiegend in Chile abgebaut werden, aber in Argentinien ist eine riesige Abraumhalde vorgesehen.

Geografie

Argentinien ist riesig! Es belegt Rang acht in der Liste der größten Länder des Planeten. Es erstreckt sich von Norden nach Süden auf etwa 3500 km Länge und umfasst viele verschiedene Landschafts- und Geländeformen.

Die Anden säumen den Nordwestrand Argentiniens. Hier überleben nur zähe Kakteen und struppige Vegetation. Die hohen Gipfel und Salzseen grenzen an die subtropischen Flachlandprovinzen Salta und Santiago del

Estero. In den heißen und malerischen Provinzen Tucumán, Catamarca und La Rioja im Süden werden landwirtschaftliche Produkte und Wein angebaut.

Die trockenere Buschlandschaft der westlichen Vorberge der Anden geht in die zickzackförmigen Flusstäler und heißen Niederungen der Provinzen Chaco und Formosa über. Die meisten Niederschläge fallen im Nordosten – darum sind hier Sumpfwälder und subtropische Savannen zu finden. Zur dicht bewaldeten Provinz Misiones gehören die unglaublichen Iguazú-Fälle. Die Flüsse, deren Wassermassen über gigantische Stufen in die Tiefe stürzen, führen zu den grasbewachsenen Schwemmlandschaften der Provinzen Corrientes und Entre Ríos. Die Sommer hier sind sehr heiß und feucht.

Aus der Region Cuyo im zentralen Westen (Provinzen Mendoza, San Juan und San Luis) kommen die meisten argentinischen Spitzenweine. Zentralargentinien umfasst das bergige Córdoba und die stark landwirtschaftlich geprägte Provinz Santa Fe. Die Pampas bestehen aus einer flachen bewachsenen Ebene voller Anbauflächen und Viehherden. Entlang der Atlantikküste gibt's viele beliebte und attraktive Strände.

Patagonien nimmt das untere Drittel Argentiniens in Beschlag. Ein Großteil der Region ist flach und trocken. In Richtung der Anden fällt aber jede Menge Regen, der das argentinische Seengebiet mit seiner üppigen Vegetation nährt. Während die südlichen Anden gigantische Gletscher besitzen, grasen auf den kühlen Steppen der Ebenen darunter riesige Schafherden.

Die Inselgruppe Feuerland gehört hauptsächlich zu Chile. Die Nordhälfte ähnelt der patagonischen Steppe, dagegen überziehen dichte Wälder und Gletscher die bergige Südhälfte. Das Klima kann relativ mild sein – selbst im Winter –, wenngleich man immer mit Temperaturen unter dem Gefrierpunkt rechnen muss. In dieser Region ist das Wetter ganzjährig sehr wechselhaft.

Wie einige andere Länder erhebt Argentinien Anspruch auf einen Teil der Antarktis.

Tiere & Pflanzen

Die berühmten Pampas bestehen vor allem aus weitläufigen Grassteppen. Sie sind die Heimat vieler Raubvögel und importierter Pflanzenarten. Ein Großteil der noch vorhandenen natürlichen Vegetation hat weiter nördlich entlang des Río Paraná überlebt. Ebenfalls im nördlichen Sumpfland leben die bizarr aussehenden Capybaras (auch Wasserschweine genannt), die größten Nagetiere der Welt. Außerdem tummeln sich hier Sumpfhirsche, alligatorähnliche Kaimane und viele große Zugvögel.

Die großen Waldgebiete Argentiniens befinden sich in der subtropischen Provinz Misiones und an den östlichen Andenhängen südlich der Provinz Neuquén. Dort wachsen vor allem südliche Buchenarten und Nadelhölzer. Im Seengebiet in Südargentinien sollte man Ausschau halten nach der seltsamen Andentanne (auch unter dem Namen Chilenische Araukarie bzw. *Araucaria araucana* bekannt). In den Höhenlagen der Anden und im Großteil Patagoniens sind Weideflächen eher selten. Über den Salzseen der nördlichen Anden kreisen Rosaflamingos. Auf den Steppen Patagoniens bekommt man mit etwas Glück Guanacos, Nandus und Maras (patagonische Hasen) zu Gesicht, aber auch Gürteltiere, Schopfkarakaras und Graufüchse. Pumas und Kondore leben in den Vorbergen der südlichen Anden, lassen sich jedoch eher selten blicken.

An der Küste Patagoniens, vor allem rund um die Península Valdés, können Naturliebhaber zahlreiche Meeresbewohner beobachten. In den Fluten tummeln sich u. a. Südkaper, Seelöwen, Südliche See-Elefanten, Magellanpinguine und Killerwale.

Nationalparks

Argentinien besitzt eine ganze Reihe von Nationalparks. Sie umfassen viele verschiedene Landschaftsformen wie Sümpfe, Wüsten und Regenwälder und haben u. a. gigantische Bäume, Wasserfälle und Gletscher zu bieten.

In einigen Städten gibt es eigene Nationalpark-Infobüros; in Buenos Aires kann man sich an die **Administración de Parques Nacionales** (Nationalparkverwaltung; Karte S. 54 f.; ☎ 011-4311-6633; www.parquesnacionales.gov.ar; Av Santa Fe 690) wenden.

Zu den besten Nationalparks in Argentinien zählen:

Parque Nacional Iguazú (S. 95) Der Park ist berühmt wegen seiner Wasserfälle.

Parque Nacional Los Alerces (S. 150) Hier finden sich uralte Wälder mit *alerce* (Patagonischen Zypressen).

Parque Nacional Los Glaciares (S. 163) Beeindruckende Gletscher und hohe Berggipfel.

Parque Nacional Nahuel Huapi (S. 146) Dieser Park zeichnet sich durch eine schöne Berglandschaft aus.

Parque Nacional Tierra del Fuego (S. 171) Hier gibt es außergewöhnliche Buchenwälder und eine reiche Tierwelt.
Parque Provincial Aconcagua (S. 133) Hier erhebt sich der höchste Gipfel des Kontinents.
Reserva Faunística Península Valdés (S. 155) Ist für seine Küstenfauna berühmt.
Reserva Provincial Esteros del Iberá (S. 86) Der Park bietet eine Sumpflandschaft mit reichem Leben.

VERKEHRSMITTEL & -WEGE

AN- & WEITERREISE
Bus
Von Bolivien, Paraguay, Brasilien, Uruguay und Chile aus ist Argentinien mit dem Bus erreichbar.

Flugzeug
Das kosmopolitische Buenos Aires ist mit den meisten südamerikanischen Hauptstädten verbunden.

Argentiniens größter internationaler Flughafen ist der Aeropuerto Internacional Ministro Pistarini (oder Ezeiza) in Buenos Aires. Der Aeroparque Jorge Newbery (oder einfach Aeroparque), ebenfalls in der Hauptstadt, ist für landesweite Flüge zuständig. Informationen zu Transportmitteln, die einen von den Flughäfen in die Stadt bringen, stehen auf S. 51. Auch ein paar weitere argentinische Städte haben Flughäfen, die sich zwar „international" nennen, aber nur Ziele im Landesinneren bedienen. Die nationale Fluglinie ist Aerolíneas Argentinas.

Schiff/Fähre
Fähren verbinden Buenos Aires mit verschiedenen Häfen in Uruguay (Details s. S. 73).

UNTERWEGS VOR ORT
Auto
In Argentinien ein Auto zu mieten, ist nicht ganz billig. Aber dafür hat man die Chance, ausgetretene Pfade zu verlassen und ein Abenteuer auf eigene Faust zu erleben. Günstige Modelle mit einigen Freikilometern schlagen durchschnittlich mit 250 AR$ pro Tag zu Buche. Das Mindestalter für Autofahrer beträgt in Argentinien eigentlich 18 Jahre, um ein Auto zu mieten, muss man aber mindestens 21 sein.

FLUGHAFENSTEUER

Bei internationalen Flügen ab Ezeiza müssen Passagiere eine Flughafensteuer von 18 US$ bezahlen (in Pesos, Euros, US-Dollar oder mit Kreditkarte). Andere Flughäfen wie El Calafate oder Ushuaia erheben ebenfalls Gebühren.

In Buenos Aires sollte man unbedingt auf ein Auto verzichten: Der Verkehr ist mörderisch und die Parkplatzsuche ein Albtraum, während der öffentliche Nahverkehr bestens ausgebaut ist. Tipps zum Umgang mit der Polizei stehen im Kapitel „Rechtsfragen" (S. 177).

In den größeren Städten unterhält der **Automobile Club Argentina** (ACA; Karte S. 62 f.; ☎ 011-4802-6061; www.aca.org.ar; Av del Libertador 1850, Palermo) Filialen, Servicestationen und Werkstätten. Mitglieder ausländischer Partnerorganisationen (z. B. des deutschen ADAC) können nach ihren Fahrzeugen sehen lassen und bekommen bei Straßenkarten Ermäßigung (Mitgliedsausweis vorzeigen). Die Zentrale des ACA befindet sich in Buenos Aires.

Bus
Moderne, schnelle und komfortable Fernverkehrsbusse sind in der Regel der günstigste Weg, um in Argentinien herumzukommen (zumal man bei Nachtfahrten Übernachtungskosten spart). Bei Fahrten von mehr als sechs Stunden werden Erfrischungspausen eingelegt oder im Bus Getränke, süße Snacks oder manchmal auch einfache Mahlzeiten angeboten. Alle Reisebusse verfügen über Toiletten, die allerdings oft verdreckt sind, kein Wasser haben (Toilettenpapier mitbringen) und sich nur für „kleine Geschäfte" eignen. Die luxuriöseste Option, die einige Unternehmen anbieten, sind die teureren *coche-cama* (wörtlich „Bettenbus") mit Liegesesseln *(ejecutivo* oder *suite)*, in denen man sich meist richtig hinlegen kann. Aber auch die normalen Busse sind in der Regel selbst für lange Fahrten bequem.

An den Busbahnhöfen gibt es meistens Kioske, Toiletten, billige Restaurants und eine Gepäckaufbewahrung. In kleinen Städten sollte man den Fahrplan genau studieren (und möglichst auch gleich das Busticket kaufen), da einige Strecken nur unregelmäßig bedient werden. Im Sommer sind viel mehr Busse

EINREISE NACH CHILE

Die meisten Traveller können relativ schnell und problemlos von Argentinien nach Chile reisen. Normalerweise transportieren die Busse, die zur Grenze gefahren sind, ihre Passagiere auch ins Nachbarland. Gebühren werden keine fällig. Die Grenzposten haben tagsüber geöffnet, Dorotea bei Puerto Natales im Sommer sogar rund um die Uhr. Wer alle erforderlichen Papiere mitführt und nichts Illegales (inkl. frischen Lebensmitteln) dabei hat, bekommt so gut wie nie Probleme. Tickets sollten so früh wie möglich gekauft werden, da Busse in Richtung Chile oft schnell ausgebucht sind. Informationen zum Grenzübertritt von Chile aus stehen auf S. 429.

---

unterwegs. In Ferienmonaten wie Januar, Februar oder Juli sollte man sein Ticket vorab kaufen. Falls man die genauen Fahrtzeiten kennt, kann man oft ein Ticket von einem beliebigen Abfahrtspunkt zu einem beliebigen Zielpunkt erwerben, aber die Art der Regelung unterscheidet sich von Busunternehmen zu Busunternehmen.

Fahrrad

Radtouren quer durchs Land sind bei Reisenden mittlerweile sehr beliebt. Zu den schönen Strecken im Norden zählen die Fernstraße von Tucumán nach Tafí del Valle sowie die Quebrada de Cafayate. Rund um Mendoza kann man Radtouren unternehmen und dabei Weingüter besuchen. Auch im Seengebiet gibt es malerische Strecken, darunter die „Siete Lagos"-Route. Probleme bereiten der Wind (der in Patagonien so heftig blasen kann, dass man nur mühsam vorankommt) und rücksichtslose Autofahrer. Insofern sind weniger befahrene Nebenstraßen immer eine gute Alternative. Fahrräder können in touristischen Gebieten vielerorts ausgeliehen werden und sind prima zur Erkundung der näheren Umgebung geeignet.

Allgemeine Infos zum Fahrradfahren in Südamerika stehen auf S. 1123.

Flugzeug

Das argentinische Fluglinienangebot ändert sich ständig. Kleinere Gesellschaften kommen und gehen. Die Flugpreise lassen sich schlecht prognostizieren, sind aber in der Ferienzeit (Juli & Ende Dez.–Feb.) stets am höchsten. Angesichts der beträchtlichen Zeitersparnis sind bestimmte Flüge im riesigen Patagonien oft insgesamt nicht teurer als die entsprechenden Busreisen.

Die wichtigsten Fluglinien Argentiniens sind **Aerolíneas Argentinas** (AR; www.aerolineasargentinas.com), **Austral** (www.austral.com.ar) – die Inlands-Partnerlinie von AR – sowie **LAN** (www.lan.com). Eine Liste der Büros der wichtigsten internationalen und nationalen Fluglinien findet sich auf S. 73. Die Adressen der regionalen Vertretungen sind in den Abschnitten zu den einzelnen Städten zu finden.

Für die Reiseplanung könnten spezielle Flugpässe für Argentinien interessant sein. Man wendet sich dafür am besten an ein Reisebüro, das auf Südamerika spezialisiert ist, denn solche Angebote kommen und gehen. Manche dieser Flugpässe können nur im Ausland gekauft werden (manchmal zusammen mit einem internationalen Flugticket). Oft ist ihre Gültigkeit auch auf einen bestimmten Zeitraum beschränkt.

Weiter Infos findet man auf S. 1124.

Nahverkehr

Selbst kleine Städte verfügen über ein gutes Busnetz. In einigen Städten werden Magnetkarten als Fahrscheine benutzt, die man in der Regel an Kiosks erhält. Auch in Buenos Aires soll dieses System eingeführt werden, aber bisher bleibt dort alles beim Alten. Es empfiehlt sich, immer genau auf die Zielangabe des Schildes am Bus zu achten, weil Busse mit gleicher Nummer teilweise leicht abweichende Strecken bedienen können.

Taxis haben Taxameter mit Digitalanzeige. Trinkgeld wird nicht erwartet, Fahrgäste können aber aufs Wechselgeld verzichten. *Remises* sind Taxis oder normale Autos ohne Taxameter, die telefonisch bestellt werden können – nahezu alle Hotels und Restaurants übernehmen dies gern für ihre Gäste. Solche Fahrzeuge sind allgemein verlässlicher als Taxis, da sie von renommierten Firmen betrieben werden; vor dem Einsteigen der Fahrtpreis erfragen.

Buenos Aires ist die einzige argentinische Stadt mit einem U-Bahn-System („Subte").

Trampen

Gute Stellen zum Trampen sind Tankstellen in den Randzonen großer Städte, wo Lastwagenfahrer ihre Trucks betanken. In Patagonien sind die Entfernungen weit und Transportmittel rar – Snacks sowie warme und winddichte Kleidung gestalten die oft langen Wartezeiten etwas angenehmer. Außerdem braucht man oft eine extra Ration Trinkwasser (vor allem im staubtrockenen Norden). Viele Autos sind allerdings schon komplett mit Familien besetzt.

Haciendo dedo (Trampen) ist für Frauen in Argentinien relativ sicher. Dennoch gilt: Nie alleine trampen, nicht in Autos mit zwei Männern einsteigen – und schon gar nicht bei Nacht. Wer im ländlichen Raum den Daumen ausstreckt, geht kein allzu hohes Sicherheitsrisiko ein – in Buenos Aires ist Trampen jedoch nicht zu empfehlen.

Ein Schild vergrößert die Chancen, mitgenommen zu werden, besonders wenn so etwas draufsteht wie *visitando Argentina de Alemania* (besuche Argentinien, komme aus Deutschland), denn Argentinier interessieren sich sehr fürs Ausland.

Weitere Infos finden sich auf der Website www.autostopargentina.com.ar.

Zug

Das von Briten angelegte Bahnnetz ist nicht mehr so groß, wie es einst war. Heute sind Busfahrten schneller, flexibler und zuverlässiger. Fernverkehrszüge fahren von Buenos Aires nach Rosario, Córdoba, Tucumán, Posadas, Santiago del Estero, Bahía Blanca und zu einigen Strandorten am Atlantik. Außerdem gibt es eine Verbindung von Viedma nach Bariloche.

Der ausgesprochen pittoreske und berühmte, aber teure Tren a las Nubes (www.ecotren.com) tuckert von Salta im Norden in Richtung Chile. Dieser Zug ist allerdings notorisch unzuverlässig, deswegen unbedingt erst die Lage genau checken, ehe man sich zu sehr auf ein tolles Bahnerlebnis eingestellt hat.

In Patagonien gibt es ein paar kurze Bahnstrecken (alles Schmalspur) für Touristen, z. B. La Trochita, der in Esquel oder El Maitén startet, oder den Tren del Fin del Mundo in Ushuaia.

BUENOS AIRES

☎ 011 / 13 Mio. Ew. (Großraum B. A.)

Alle Gerüchte sind wahr: Buenos Aires ist eine der spannendsten Städte Südamerikas voller europäisch geprägter Bauten, stimmungsvol-

AUF JEDEN FALL …

- in Palermo Viejo essen und auf Shoppingtour gehen (S. 59)
- sonntags auf dem munteren Trödelmarkt von San Telmo herumstöbern (S. 58)
- den sehenswerten Friedhof Recoleta erkunden (S. 58)
- die Leidenschaften eines argentinischen Fußballspiels erleben (S. 72)
- die knisternde Erotik einer Tangoshow bewundern (S. 69)
- das einmalige Nachtleben von Buenos Aires mitmachen (S. 69)

ler Viertel und mit einem tobenden Nachtleben. Die Stadt hat den Charme eines unrasierten Casanovas, den Geist eines Überspannten und die Attitüde eines berühmten Supermodels. Die leidenschaftlichen Einwohner der Stadt sind stolz und manchmal auch hochmütig, aber hat man sie erst einmal kennengelernt, erweisen sie sich als sehr hilfsbereit.

Nach Argentiniens wirtschaftlichem Kollaps im Jahr 2002 rappelte sich Buenos Aires schnell wieder auf und leitete eine Renaissance ein, die heute noch anhält. Da das Ausland mit einem Mal viel zu teuer war, richteten die Argentinier ihre Energie aufs eigene Land – mit eindrucksvollen Resultaten. Neue Restaurants, Boutiquen und Geschäfte schießen aus dem Boden. Sie zielen nicht nur auf die Einheimischen und ihre Pesos ab, sondern auch auf den Zustrom ausländischer Touristen, die harte Währung ins Land bringen, weil durch den günstigen Kurs für sie Schnäppchenpreise winken.

Doch jede große Metropole hat auch ihre Schattenseiten. Sanierungsbedürftige Bürgersteige, allgegenwärtige Graffitis und dunkle Ecken noch in den wohlhabendsten Vierteln lassen ahnen, wie es in der Stadt zugeht. Hier gibt es Armut und Bettelei, und nachts machen sich die *cartoneros* (Wertstoffsammler) auf die Suche. Tiefe Melancholie liegt in der Luft, genährt von dem Reichtum und dem Wissen, dass er nicht adäquat genutzt wird.

Also hinein in den verwirrenden Rummel dieser berauschenden Stadt, in die sich sehr viele Besucher verlieben. Da wäre man weder der erste, noch der letzte.

DER WEG INS ZENTRUM

Wer aus dem Ausland kommend in Buenos Aires landet, findet sich wahrscheinlich auf dem **Ezeiza Airport** (abseits der Karte S. 53; ☎ 5480-6111; www.aa2000.com.ar), rund 35 km südlich vom Stadtzentrum wieder. Der Flughafen ist sauber und modern. Vor Ort gibt es Restaurants, (teure) Läden, Internetzugang und eine Gepäckaufbewahrung sowie einen durchgängig geöffneten Informationsschalter (☎ 5480-6111).

Am einfachsten kommt man mit dem komfortablen, häufig fahrenden Shuttleservice von **Manuel Tienda León** (MTL; 45 AR$, 40 Min.) in die Stadt; der Stand befindet sich gleich vor der Zollabfertigung. Eine weitere Option ist das **Hostel Shuttle** (☎ 4331-4041; shuttle@hostelsuites.com), das fünfmal täglich vom Flughafen aus zu bestimmten Hostels in der Innenstadt fährt (35 AR$). Hier muss man seinen Platz aber 48 Stunden im Voraus reservieren.

Will man ein Taxi nehmen, vermeidet man die gesalzenen Preise der Shuttledienste, wenn man an den Ständen der Shuttleanbieter vorbei den Stand der städtischen Taxis ansteuert, deren Preis bei rund 98 AR$ (inkl. Mautgebühren) liegt. Sich auf keinen Fall einem Schlepper anvertrauen, sondern den Stand aufsuchen und den Preis im Voraus bezahlen. Eingefleischte Pfennigfuchser nehmen Bus 8 (2 AR$, 1½–2 Std.), der vor dem Inlandsterminal von Aerolíneas Argentinas hält. Bis dahin muss man ein kurzes Stück laufen. Vor dem Einsteigen in den Bus muss man sich in einer Bank mit argentinischem Kleingeld versorgen.

Wenn man Geld wechseln muss, sollte man die *cambios* (Wechselstuben) mit ihren schlechten Kursen meiden. Besser sucht man die nahe Banco de la Nación auf, die faire Kurse hat und rund um die Uhr geöffnet sein sollte. Außerdem gibt's mehrere Geldautomaten im Flughafen – daran denken, einen ungeraden Betrag, also etwa nicht 300, sondern 290 AR$ abzuheben, um an Kleingeld zu kommen.

Die meisten Inlandsflüge landen auf dem **Aeroparque Jorge Newbery** (Karte S. 53; ☎ 5480-3000; www.aa2000.com.ar) nur ein paar Kilometer nördlich vom Stadtzentrum. Auch hier fahren Shuttles von Manuel Tienda León (15 AR$, 15 Min.). Auch Bus 45 (1,10 AR$) fährt ins Stadtzentrum. Darauf achten, dass man in den Bus Richtung Süden (beim Verlassen des Flughafens rechts) einsteigt. Die Taxifahrt kostet rund 20 AR$.

Shuttles vom Flughafen Ezeiza zum Aeroparque kosten 45 AR$.

Der Busbahnhof Retiro (Karte S. 54 f.) liegt ungefähr 1 km nördlich vom Stadtzentrum. Hier gibt's Läden, Cafés, Telefon- und Internetstuben und eine Gepäckaufbewahrung (Gepäck nicht unbeaufsichtigt lassen). Dutzende Buslinien des örtlichen Nahverkehrs kommen hier zusammen. Nach einer 14-stündigen Busfahrt wird man sich in der brodelnden Masse kaum zurechtfinden. Man kann aber die Subte nehmen, wenn das Ziel nahe an einem U-Bahnhof liegt, und außerdem sind Taxis billig; möglichst eines nehmen, an dessen Türen „Radio Taxi" steht. Die Touristeninformation unterhalb von Busschalter 105 hat kurze Öffnungszeiten (Mo–Fr & So 7.30–13 Uhr).

ORIENTIERUNG

Buenos Aires ist zwar eine sehr große Stadt, aber die meisten Sehenswürdigkeiten liegen im kompakten Innenstadtbereich. Die interessanten *barrios* (Viertel) drum herum sind leicht mit öffentlichen Verkehrsmitteln zu erreichen. Die wichtigste Verkehrsader ist die breite Av 9 de Julio; alle Nord-Süd-Straßen (mit Ausnahme der Av 9 de Julio) wechseln an der Av Rivadavia den Namen.

Das *microcentro* (inneres Stadtzentrum ungefähr zwischen Av Córdoba, Av 9 de Julio und Av de Mayo) ist das eigentliche Herz der wimmelnden Downtown von Buenos Aires. Im Norden liegen die schicken Viertel Retiro, Barrio Norte, Recoleta und Palermo, im Süden die Arbeiterviertel San Telmo und La Boca. Östlich vom Zentrum liegt am Ufer das *barrio* Puerto Madero mit modernisierten Lagerhäusern aus Backsteinen und Promenaden.

PRAKTISCHE INFORMATIONEN
Buchläden

El Ateneo (Karte S. 54 f.; Av Florida 340) Hat einige Bücher in englischer Sprache, darunter auch Titel von Lonely Planet. Die zweite Filiale in der Av Santa Fe 1860 hat ihren Sitz in einem prachtvollen Gebäude.

Walrus Books (Karte S. 54 f.; ☎ 4300-7135; Estados Unidos 617; ⌚ Di–So 12–20 Uhr) Das von einem US-Amerikaner geführte Geschäft verkauft gebrauchte englischsprachige Bücher und kauft Bücher an, wenn sie in einwandfreiem Zustand sind.

Einreisestelle

Einreisestelle (Karte S. 54 f.; ☎ 4317-0200; www.migraciones.gov.ar; Av Antártida Argentina 1355; ◐ Mo–Fr 7.30–13.30 Uhr)

Geld

Für US-Dollar existiert ein grauer Markt. In der verkehrsberuhigten Av Florida kann man durchaus den Ruf „cambio, cambio" vernehmen. Es ist aber allemal klüger, sein Geld bei einer Bank oder einem offiziellen *cambio* (Wechselstube) zu tauschen, da Abzocke und Falschgeld keine Seltenheit sind.

Bei manchen Banken muss man mindestens 100 AR$ tauschen und sich vielleicht auch ausweisen, außerdem kann es lange Warteschlangen geben. *Cambios* bieten etwas schlechtere Kurse, sind aber schneller und legen weniger Beschränkungen auf. In vielen Läden werden US-Dollar zu einem gar nicht schlechten Kurs angenommen.

Reiseschecks lassen sich am ehesten noch in Wechselstuben, aber nicht in Banken und nur zu sehr schlechten Kursen eintauschen. Eine Ausnahme ist das Büro von **American Express** (Karte S. 54 f.; Arenales 707). Geldautomaten sind weit verbreitet, es kann aber Abhebebeschränkungen (von 300 AR$ aufwärts) geben – das hängt vom System der eigenen Bank ab. Inhaber von Visa und MasterCards können vielleicht auch abheben, man sollte sich aber bei seiner Bank vor Reiseantritt erkundigen

Internetzugang

Internetzugang gibt es überall und die Verbindungen sind in der Regel schnell. Die Preise liegen bei rund 3 AR$ pro Stunde.

Kulturzentren

Biblioteca Lincoln (Karte S. 54 f.; ☎ 5382-1528; www.bcl.edu.ar; Maipú 672) Englischsprachige Bücher und Zeitschriften. Wer lesen will, muss Mitglied werden (80 AR$/Jahr).

British Arts Centre (Karte S. 54 f.; ☎ 4393-6941; www.britishartscentre.org.ar; Suipacha 1333) Workshops, Bibliothek und Kino.

Centro Cultural Borges (Karte S. 54 f.; ☎ 5555-5358; www.ccborges.org.ar; Viamonte 525) Tangovorführungen, Kunstausstellungen und vieles mehr.

Centro Cultural Recoleta (Karte S. 54 f.; ☎ 4807-6340; www.centroculturalrecoleta.org; Junín 1930) Preisgünstige Ausstellungen, Theater, Kurse etc.

Centro Cultural Ricardo Rojas (Karte S. 54 f.; ☎ 4954-5521; www.rojas.uba.ar; Av Corrientes 2038) Jede Menge preisgünstige Kurse, meistens im künstlerischen Bereich.

Medizinische Versorgung

Die meisten Krankenhäuser in Buenos Aires beschäftigen englischsprachiges Personal. Termin telefonisch vereinbaren.

British Hospital (www.hospitalbritanico.org.ar) Perdriel (Karte S. 53; ☎ 4304-1081; Perdriel 74); Marcello T de Alvear (Karte S. 54 f. ☎ 4812-0040; Marcello T de Alvear 1573)

Dental Argentina (Karte S. 62 f.; ☎ 4828-0821; www.dental-argentina.com; Laprida 1621, 2B) Englischsprachige Zahnärzte.

Hospital Municipal Juan Fernández (Karte S. 62 f.; ☎ 4808-2600; Av Cerviño 3356)

Notfall

Ambulanz ☎ 107

Polizei ☎ 911

Touristenpolizei (Karte S. 54 f.; ☎ 4346-5748, 0800-999-5000; Av Corrientes 436; ◐ 24 Std.) Stellt Dolmetscher, wenn man ein Verbrechen melden muss.

Post

Filialen der nationalen Post gibt es in der gesamten Stadt.

Correo Postal Internacional (Karte S. 54 f.; ☎ 4891-9191; www.correoargentino.com.ar; Av Antártida Argentina) Verschickt Pakete (2–20 kg) ins Ausland; die Preise stehen auf der Website. Der Inhalt wird kontrolliert. Versandkartons werden hier verkauft.

FedEx (Karte S. 54 f.; ☎ 0810-333-3339; www.fedex.com; Maipú 753) Hat mehrere Filialen in der Stadt.

Reisebüros

Say Hueque (www.sayhueque.com) Downtown (Karte S. 54 f.; ☎ 5199-2517; Viamonte 749, 6. Stock); Palermo Viejo (☎ 4775-7862; Guatemala 4845, Suite 4, 1. Stock) Bucht vor allem Abenteuertrips durch Argentinien, bietet aber auch Aktivitäten in Buenos Aires, beispielsweise Tangoshows.

Tangol (Karte S. 54 f.; ☎ 4312-7276; www.tangol.com; Av Florida 971, Suite 31) Organisiert Abenteueraktivitäten wie Fallschirmspringen, Besuche auf *estancias* (Ranchs), Hubschrauberflüge und nächtliche Touren durch Buenos Aires. Außerdem werden die üblichen Leistungen eines Reisebüros abgedeckt.

Telefon

Telefonieren kann man am einfachsten in einem *locutorio* (kleines Telefonbüro). Kunden setzen sich in eine Kabine und plaudern in sicherer und ruhiger Umgebung. Die Preise entsprechen denen von öffentlichen Telefonzellen; Münzgeld ist jedoch nicht er-

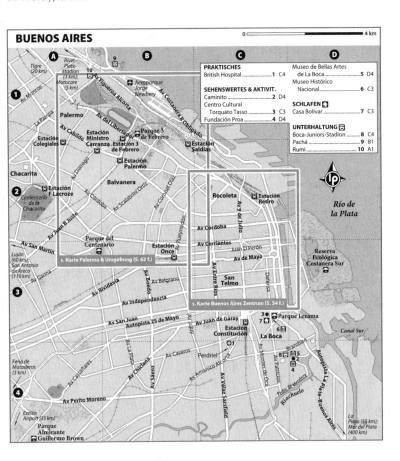

forderlich. Die meisten *locutorios* bieten auch Fax- und Internetdienste zu bezahlbaren Preisen an.

Die zahlreichen Telefonzellen in der Stadt lassen sich mit Münzen oder Magnetkarten (sind an jedem Kiosk erhältlich) benutzen.

Touristeninformationen

Die vielen kleinen Touristeninformationen in Buenos Aires (www.bue.gov.ar) sind über die wichtigsten touristischen Zonen der Stadt verteilt. Die Öffnungszeiten variieren je nach Jahreszeit.

Touristeninformation Florida (Infokiosk; Karte S. 54 f.; Ecke Av Florida & Diagonal Roque Sáenz Peña); Puerto Madero (Infokiosk; Karte S. 54 f.; Av Alicia Moreau de Justo, Dique 4); Recoleta (Infokiosk; Karte S. 54 f.; Ecke Av Quintana & Ortiz); Busbahnhof Retiro (Karte S. 54 f.; Suite L83, unterhalb von Busschalter 105; Mo–Fr & So 7.30–13 Uhr)

Secretaría de Turismo de la Nación (Karte S. 54 f.; ☎ 4312-2232, 0800-555-0016; www.turismo.gov.ar; Av Santa Fe 883; Mo–Fr 9–17 Uhr) Erteilt hauptsächlich landesweite Auskünfte, kann aber auch Tipps zu Buenos Aires geben.

South American Explorers (Karte S. 54 f.; ☎ 5275-0137; www.saexplorers.org; Roque Sáenz Peña 1142, 7. Stock, Suite A; Mo–Fr 10–17, Sa bis 13 Uhr) Hier muss man Mitglied sein, um die Dienstleistungen nutzen zu können. Die Organisation bietet ausgezeichnete Reiseinfos zu Südamerika. Außerdem gibt es eine Gepäckaufbewahrung, Postannahme, Internet- und WLAN-Zugang, eine Bibliothek mit Büchertausch, diverse Veranstaltungen und ein Schwarzes Brett.

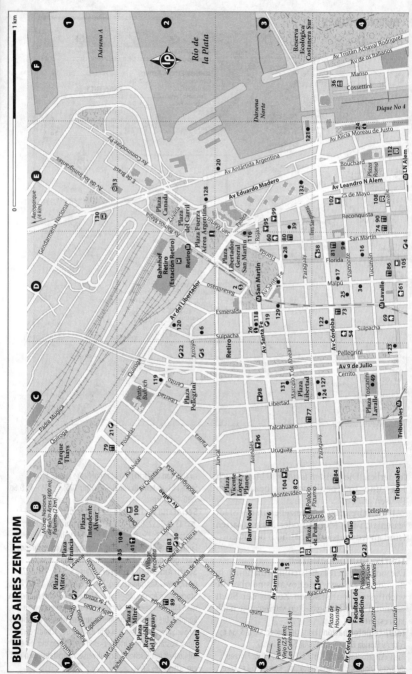

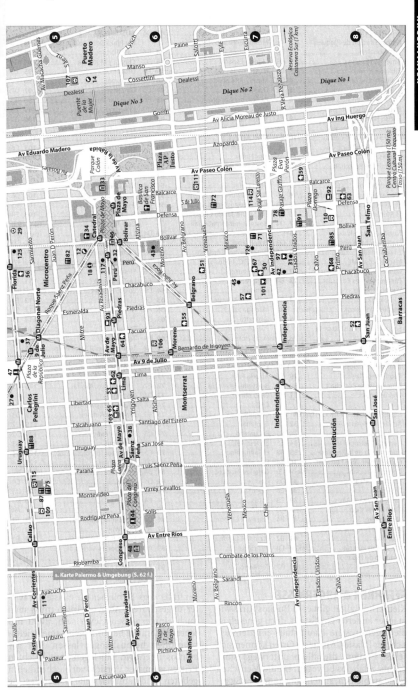

PRAKTISCHES

Administración de Parques Nacionales	**1**	D3
American Express	**2**	D3
Biblioteca Lincoln	**3**	D4
Bolivianische Botschaft	**4**	D4
Brasilianisches Konsulat	**5**	C2
British Arts Centre	**6**	D2
Britische Botschaft	**7**	A1
British Hospital	**8**	B3
Centro Cultural Borges	**9**	D4
Centro Cultural Recoleta	**10**	B2
Centro Cultural Ricardo Rojas	**11**	A5
Chilenische Botschaft	**12**	D5
Correo Postal Internacional	**13**	E1
Niederländische Botschaft	**14**	F5
El Ateneo	**15**	A3
El Ateneo	**16**	D4
FedEx	**17**	D4
Florida Infokiosk	**18**	D5
Französisches Konsulat	**19**	D3
Einreisestelle	**20**	E3
Irische Botschaft	**21**	C1
Neuseeländische Botschaft	**22**	C2
Paraguayisches Konsulat	**23**	B4
Puerto Madero Infokiosk	**24**	E4
Recoleta Infokiosk	(siehe 100)	
Say Hueque	**25**	D4
Secretaría de Turismo de la Nación	**26**	D3
South American Explorers	**27**	C5
Tangol	**28**	D3
Touristeninfokiosk	(siehe 130)	
Touristenpolizei	**29**	E5
Uruguayische Botschaft	**30**	B2
Walrus Books	**31**	D7

SEHENSWERTES & AKTIVITÄTEN

Academia Buenos Aires	**32**	D6
Casa Rosada	**33**	E5
Catedral Metropolitana	**34**	E5
Cementerio de la Recoleta	**35**	B2
Colección de Arte Fortabat	**36**	F4
Colegio Nacional	(siehe 43)	
Confitería Ideal	**37**	D5
ELEBaires	**38**	C6
Estudio Buenos Aires	**39**	E3
Galerías Pacifico	(siehe 81)	
Hispan Aires	**40**	B4
Iglesia de Nuestra Señora de Pilar	**41**	B2
Iglesia San Ignacio	(siehe 43)	
Instituto de Español Rayuela	**42**	D7
Manzana de las Luces	**43**	D6
Monumento a los Dos Congresos	**44**	B6
Mundo Español	**45**	D7
Museo de la Casa Rosada	(siehe 33)	
Museo del Cabildo	**46**	E6
Obelisco	**47**	C5
Palacio del Congreso	**48**	B6
Tangol	(siehe 28)	
Teatro Colón	**49**	C4

SCHLAFEN

América del Sur	**50**	D7
Axel Hotel	**51**	D6
Ayres de San Telmo	**52**	D8
BA Stop	**53**	C6
Goya Hotel	**54**	D4
Hostel Rayuela	**55**	D6
Hostel Suites Florida	**56**	D5
Hostel-Inn Tango City	**57**	D7
Hostelling-International-Büro	**58**	D4
Hotel Babel	**59**	E7
Hotel Central Córdoba	**60**	D3
Hotel El Cabildo	**61**	D4
Lime House	**62**	C6
Lugar Gay	**63**	E8
Milhouse	**64**	D6
Milhouse Avenue	**65**	C6
Milonga	**66**	A4
Ostinatto	**67**	D7
Puerto Limón	**68**	D8
Regis Hotel	**69**	D4
Trip Recoleta Hostel	**70**	A2

ESSEN

Abuela Pan	**71**	E7
Brasserie Petanque	**72**	E7
Broccolino	**73**	D4
CBC	**74**	E4
Chiquilín	**75**	B5
Cumaná	**76**	B3
El Cuartito	**77**	C3
El Desnivel	**78**	E7
El Sanjuanino	**79**	C1
Filo	**80**	D3
Galerías Pacifico	**81**	D5
Granix	**82**	D5
Grant's	**83**	B3
Lotos	**84**	B4
Origen	**85**	E8
Parrilla al Carbón	**86**	D4
Pippo	**87**	B5
Pizzería Güerrín	**88**	C5
Pura Vida	**89**	A2
Pura Vida	**90**	E4
Territorio	**91**	E7

AUSGEHEN

Bar Plaza Dorrego	**92**	E8
Café Tortoni	**93**	D6
Clásica y Moderna	**94**	B4
Druid In	**95**	E3
El Alamo	**96**	C3
Gibraltar	**97**	D7
Gran Bar Danzón	**98**	C3
Kilkenny	**99**	E3
La Biela	**100**	B2
La Puerta Roja	**101**	D7
Le Cigale	**102**	E4
Los 36 Billares	**103**	C6
Milión	**104**	B3
Richmond	**105**	D4

UNTERHALTUNG

Alsina	**106**	D6
Asia de Cuba	**107**	F5
Bahrein	**108**	E4
Café Tortoni	(siehe 93)	
Cartelera Baires	(siehe 88)	
Cartelera de Espectáculos	(siehe 61)	
Cartelera Vea Más	**109**	B5
Confitería Ideal	(siehe 37)	
El Balcón	**110**	E8
La Trastienda	**111**	E6
Los 36 Billares	(siehe 103)	
Luna Park	**112**	E4
Notorious	**113**	B3
Taconeando	**114**	E7
Tangol	(siehe 28)	
Teatro Colón	(siehe 49)	
Teatro General San Martín	**115**	B5

TRANSPORT

Aerolíneas Argentinas/Austral	**116**	D3
Aerolíneas Argentinas/Austral	**117**	D5
American Airlines	**118**	D3
Avis	**119**	C2
British Airways	**120**	D2
Buquebus	**121**	E3
Buquebus (Büro)	**122**	D4
Continental	**123**	C4
Delta	(siehe 26)	
Hertz	**124**	C4
KLM	**125**	D5
LADE	**126**	D7
Lan	**127**	C4
Manuel Tienda León	**128**	E2
New Way	**129**	D3
Retiro-Busbahnhof	**130**	E1
Transportes Aéreos de Mercosur	**131**	C3
United Airlines	**132**	E3

GEFAHREN & ÄRGERNISSE

Kleinkriminalität gibt es in Buenos Aires wie in jeder anderen Großstadt, doch generell ist die argentinische Hauptstadt ein ziemlich sicheres Pflaster. An vielen Orten können sich selbst Frauen, die allein unterwegs sind, nachts gefahrlos bewegen. Da die Menschen lange aufbleiben, sind häufig andere Fußgänger unterwegs. So bleiben die meisten Traveller ungeschoren. Aber natürlich muss man auch einigermaßen clever sein, nicht mit teurem Schmuck herumlaufen, seine Brieftasche offen heraushängen lassen oder gar achtlos irgendwo hin legen. Auf belebten Plätzen ist immer Vorsicht vor Taschendieben geboten. Und natürlich sollte man auch seine

Umgebung im Auge behalten und zumindest so tun, als fände man sich zurecht.

Wenn überhaupt, stören in Buenos Aires eher kleine Ärgernisse. Beim Kauf immer das Wechselgeld nachzählen und, vor allem an dunklen Orten wie Taxis oder Nachtclubs, aufpassen, dass einem keine Blüten angedreht werden. Echte Scheine haben ein scharfes Druckbild und vor allem ein Wasserzeichen. Beim Überqueren von Straßen immer den Verkehr im Auge haben und auf dem Bürgersteig Hundehäufchen aus dem Weg gehen. Frische Luft ist oft Mangelware: Dafür sorgen draußen die Luftverschmutzung und drinnen der Zigarettenqualm. Eine Sache für sich ist das Taxifahren; Tipps dazu stehen auf S. 74.

Jede Stadt hat ihre finsteren Ecken. Hierzu zählen in Buenos Aires der Bahnhof Constitución Estación sowie der östliche Rand von San Telmo und La Boca. Dort ist außerhalb der Touristenzonen selbst tagsüber Vorsicht angebracht. Die Av Florida ist allenfalls mitten in der Nacht ein problematisches Pflaster. Die Kontaktdaten der Touristenpolizei stehen unter „Notfall" auf S. 52.

SEHENSWERTES

Mitten in Buenos Aires befindet sich das *microcentro* mit vielen historischen Gebäuden und Museen. Nördlich davon liegen das wohlhabende Recoleta mit seinem berühmten Friedhof und Palermo mit zahlreichen Parks, tollen Restaurants und Bars. Weiter im Süden lebt die Arbeiterklasse, z. B. im Tangomekka San Telmo oder im kunterbunten „Raubein" La Boca. B. A. ist so vielseitig, dass es einen Tag und Nacht auf Trab halten kann.

Stadtzentrum

Im *microcentro* von Buenos Aires stehen viele europäische Gebäude aus dem 19. Jh. Reisende, die etwas mehr Lateinamerika erwartet haben, wird das zunächst überraschen. Am meisten ist auf der verkehrsberuhigten **Av Florida** los, auf der sich gestresste Geschäftsleute, neugierige Touristen, Lederhändler auf Kundenfang und dubiose Geldwechsler tummeln. Immer einen Besuch wert sind die **Galerías Pacífico** (Karte S. 54 f.), eines der großartigsten Einkaufszentren in Buenos Aires – Hingucker: seine Deckengemälde. Südlich der Av Florida verläuft die geschäftige Av Corrientes. Wer dieser Durchgangsstraße nach Westen folgt, überquert dabei die ultrabreite Av 9 de Julio (rennen!). Hier sticht der unglaubliche, phallusartige **Obelisco** (Karte S. 54 f.) ins Auge, ein Wahrzeichen von Buenos Aires. Gleich dahinter liegt das traditionelle Theaterviertel der Stadt, in dem viele günstige Buchläden aufzustöbern sind.

Das aus dem 18. Jh. stammende Gebäude des **Museo del Cabildo** (Karte S. 54 f.; Eintritt 1 AR$; Di–Fr 10.30–17, So 11.30–18 Uhr) ist das letzte erhaltene der mit Arkaden versehenen Häuser aus der Kolonialzeit, die einst die Plaza de Mayo umstanden haben. In der Nähe befindet sich die 1827 fertiggestellte klassizistische **Catedral Metropolitana** (Karte S. 54 f.) mit dem Grabmal des Freiheitshelden José de San Martín, der in ganz Argentinien verehrt wird. Einen Block weiter erhebt sich der rosafarbene Präsidentenpalast, die **Casa Rosada** (Karte S. 54 f.), mit dem berühmten Balkon, von dem aus die leidenschaftliche Evita in den 1940er-Jahren die begeisterten Massen hochpreiste. An der Südseite des Palastes befindet sich das **Museo de la Casa Rosada** (Karte S. 54 f.; 4344-3804; www.museo.gov.ar), dessen Highlight die Katakomben des Fuerte Viejo, einer Ruine aus dem 18. Jh. sind. Zur Zeit der Recherche wurde das Museum gerade renoviert, es sollte aber mittlerweile wieder eröffnet sein.

Einen Block südlich der Plaza de Mayo steht die **Manzana de las Luces** („Häuserblock der Aufklärung"; Karte S. 54 f.), ein massiver Komplex von Gebäuden aus dem 18. Jh., zu denen die **Iglesia San Ignacio**, die älteste Kirche von Buenos Aires, sowie das **Colegio Nacional**, ein Elitegymnasium, gehören. Den Boden durchziehen alte Tunnels, die einst der militärischen Verteidigung dienten.

Im Westen am anderen Ende der Av de Mayo erhebt sich an der von unzähligen Tauben bevölkerten Plaza del Congreso die grüne Kuppel des 1906 nach dem Vorbild des Kapitols in Washington fertiggestellten **Palacio del Congreso** (Karte S. 54 f.). Auf dem Platz steht das **Monumento a los Dos Congresos**, dessen Granitstufen die Anden symbolisieren.

Seit seiner Eröffnung 1908 ruft das prachtvolle **Teatro Colón** (Karte S. 54 f.; 4378-7100; www.teatrocolon.org.ar; Cerrito 618), ein luxuriöses siebenstöckiges Gebäude, Erstaunen hervor. Der Zuschauerraum mit roten Samtstühlen und vergoldeten Balkonen fasst 2500 Besucher. Das weltberühmte Haus für Oper, Ballett und klassische Musik wird auch zur 200-Jahr-Feier renoviert. Die Wiedereröffnung ist für den Unabhängigkeitstag am 25. Mai 2010 angekündigt, danach sollten auch die täglichen Führungen durch das Haus wieder aufgenommen werden.

Östlich vom Stadtzentrum liegt **Puerto Madero** (Karte S. 54 f.), das jüngste *barrio* von Buenos Aires. Das renovierte Hafenviertel besitzt hübsche Fußgängerpromenaden, kostspielige Lofts, trendige Restaurants und Bars sowie einige der teuersten Hotels der Stadt. Kunstfreunde sollten der **Colección de Arte Fortabat** (Karte S. 53; ☎ 4310-6600; www.coleccionfortabat. org.ar; Cossettini 141; Eintritt 15 AR$; ☼ Di–Fr 12–21, Sa & So 10–21 Uhr) einen Besuch abstatten. In dem schicken Museum ist die Gemäldesammlung der Multimillionärin Amalia Lacroze de Fortabat ausgestellt.

Weiter im Osten kann man in die ganz andere Welt der **Reserva Ecológica Costanera Sur** (Karte S. 53; ☼ Nov.–März 8–19 Uhr, April–Okt. bis 18 Uhr) eintauchen. In dem großen Naturschutzgebiet führen unbefestigte Pfade durch eine unberührte Sumpflandschaft. Der Eingang befindet sich östlich von San Telmo, zu erreichen über die R Vera Peñaloza.

San Telmo

Sechs Blocks südlich der Plaza de Mayo liegt San Telmo, das Zentrum der hiesigen Tangokultur. In diesem Viertel mit Kopfsteingassen und alternden Häusern wohnten früher dank niedriger Mieten viele Künstler, doch heute findet man hier mehr Boutiquen als Ateliers. Bis 1870 war San Telmo ein elegantes Viertel, doch nach einer Reihe von Epidemien im Verlauf von zwanzig Jahren zogen die Wohlhabenden weiter nach Norden. Anschließend wurden viele der Häuser in kleinere Wohnungen aufgeteilt und verwandelten sich in überfüllte Zinskasernen für Einwanderer.

Sonntags strömen die Massen auf die **Plaza Dorrego** (Karte S. 54 f.) mit ihrem berühmten **Antiquitätenmarkt**. Hordenweise stöbern Touristen nach rostigen Taschenuhren, alten Kleidern, antiken Kristallgläsern, feinem Porzellan und alten Münzen. Tangoshows sorgen auf der Straße für zusätzliche Unterhaltung und gute Fotomotive, da sollte man ruhig schon etwas Kleingeld in den Hut werfen. Rund um die Plaza gibt es angenehme Cafés, wo man gut die Leute beobachten und dabei an seinem Cognac oder *cortado* (Kaffee mit Milch) nippen kann. Danach bummelt man durch die malerischen Straßen und guckt sich die Schaufenster an. Vielleicht sieht man ja gerade das alte Grammofon, nach dem man so lange gesucht hatte. (Stellt sich nur die Frage nach dem Heimtransport.) Abends veranstalten die Clubs ihre berühmten Tangoshows.

Vier Block weiter südlich befindet sich an der Kreuzung Defensa und Brasil der grüne **Parque Lezama** (Karte S. 53), wo Buenos Aires gegründet wurde. Man kann sich unter die Schach spielenden Einheimischen mischen und das gut gemachte **Museo Histórico Nacional** (Karte S. 53; ☎ 4307-1182; ☼ Mi & Fr–So 11–18, Do bis 21 Uhr) besuchen.

La Boca

Das muntere Arbeiterviertel La Boca liegt am alten Hafen und an der *boca* (Mündung) des Río Riachuelo und wurde einst von italienischen Einwanderern aus Genua gegründet. Seine Hauptattraktion ist der farbenfrohe **Caminito**, ein kurzer Fußgängerweg, der von Gebäuden aus Wellblech gesäumt wird. Einheimische Künstler stellen hier ihre grellbunten Malereien aus, was dem Ambiente noch mehr Schwung gibt. In dem Viertel ist außerdem der Fußballclub Boca Juniors zu Hause (S. 72).

Seinen Ruf als Künstlerenklave hat Boca dem Maler Benito Quinquela Martín zu verdanken; sein altes Wohnhaus und Atelier beherbergt heute das **Museo de Bellas Artes de La Boca** (Karte S. 53; Pedro de Mendoza 1835; Eintritt 5 AR$; ☼ Di–Fr 10–18, Sa & So 11–19 Uhr). Nicht versäumen sollte man auch die ausgezeichnete **Fundación Proa** (Karte S. 53; ☎ 4104-1000; www.proa.org; Pedro de Mendoza 1929; Eintritt 10 AR$; ☼ Di–So 11–19 Uhr), die avantgardistische zeitgenössische Kunst ausstellt und von deren Dachterrasse man eine wunderbare Aussicht hat.

Achtung: La Boca ist eines der ärmeren *barrios* von Buenos Aires. Hier sollte man nachts, aber auch tagsüber, die ausgetretenen Touristenpfade lieber nicht verlassen! Nach La Boca fahren die Busse 29, 130 und 152.

Recoleta

In diesem schicken Stadtviertel, dem stinkvornehmen Recoleta, liegt der **Cementerio de la Recoleta** (Karte S. 54 f.; ☼ 7–18 Uhr), eine der wichtigsten Touristenattraktionen der Stadt. Hohe Mauern umgeben den Friedhof, auf dem die Angehörigen der Oberschicht so prunkvoll ruhen, wie sie einst lebten. Ein Spaziergang durch diese Miniaturstadt mit hohen Statuen, aufwendigen Marmorfassaden und nach Erde riechenden Sarkophagen ist wirklich ein faszinierendes Erlebnis. Um Evitas Grab zu finden, braucht man bloß dem Strom der Massen zu folgen.

Neben dem Friedhof steht die 1732 errichtete **Iglesia de Nuestra Señora de Pilar** (Karte S. 54 f.), vor der an den meisten Tagen (an den Wochenenden geht's am muntersten zu) ein Hippie-Markt stattfindet, bei dem Straßenkünstler und Heerscharen von Touristen mit von der Partie sind. Von einem Café aus kann man die attraktive Grünfläche der **Plaza Intendente Alvear** auf sich wirken lassen; sehenswert sind besonders die mächtigen Ombubäume. Vielleicht sieht man auch einen *paseaperros* (berufsmäßigen Hundeausführer), der mit zwei Dutzend Vierbeinern aller Größen und Rassen seine Runde dreht.

Das **Museo Nacional de Bellas Artes** (abseits der Karte S. 54 f.; ☎ 5288-9900; Av del Libertador 1473; ☼ Di–Fr 12.30–19.30, Sa & So 9.30–19.30 Uhr) zeigt Werke französischer Impressionisten und argentinischer Künstler und ist einen Besuch wert.

Palermo

Mit seinen vielen grünen Parkanlagen, imposanten Statuen und eleganten Botschaften wirkt Palermo an einem sonnigen Wochenende wie der Yuppie-Traum der *porteños*. Der **Jardín Botánico Carlos Thays** (Botanical Gardens; Karte S. 62 f.; ☼ Sonnenaufgang–Sonnenuntergang) lädt zu einem Spaziergang ein. Im **Jardín Zoológico** (Karte S. 62 f.; ☎ 4011-9900; Ecke Avs Las Heras & Sarmiento; Eintritt 9–16 AR$; ☼ Di–So 10–18 Uhr) gibt es neben überwiegend artgerechten Tiergehegen auch einige attraktive klassische Bauwerke zu bewundern. Schön sind auch der **Jardín Japonés** (Japanischer Park; Karte S. 62 f.; ☎ 4804-4922; Ecke Av Casares & Berro; Eintritt 5 AR$; ☼ 10–18 Uhr) und das **Rosedal** (Rosengarten; Karte S. 62 f.). An den Wochenenden kann man sich ein Fahrrad leihen und um die Seen im **Parque 3 de Febrero** (Karte S. 62 f.) herumkurven.

Nicht allzu weit entfernt von diesen Parks zeigt das hochmoderne **Museo de Arte Latinoamericano de Buenos Aires** (Malba; Karte S. 62 f.; ☎ 4808-6511; www.malba.org.ar; Av Presidente Figuero Alcorta 3415; Eintritt 15 AR$, Mi 5 AR$; ☼ Do–Mo 12–20, Mi bis 21 Uhr) Ausstellungen von Werken lateinamerikanischer Künstler. Ein weiterer interessanter Ort ist das **Museo Evita** (Karte S. 62 f.; ☎ 4807-9433; www.museoevita.org; Lafinur 2988; Eintritt 12 AR$; ☼ Di–So 11–19 Uhr), das Leben und Leistungen dieser legendären, temperamentvollen Frau nachzeichnet. In Palermo befinden sich außerdem der **Campo de Polo** (Poloplatz; Karte S. 62 f.), auf dem Matches ausgetragen werden, das **Hipódromo** (Rennbahn; Karte S. 62 f.) für Pferderennen sowie das **Planetario** (☎ 4771-9393; www.planetario.gov.ar; Ecke Av Sarmiento & Belisario Roldán; Veranstaltungen 4 AR$).

Auch ein Spaziergang durch das Viertel **Palermo Viejo** (Karte S. 62 f.), gleich südlich des Parks, sollte unbedingt auf der Agenda stehen. Dieses Viertel wird weiter in die Bezirke Palermo Soho und Palermo Hollywood unterteilt. Hier finden sich entsprechend die angesagtesten Restaurants von Buenos Aires, die trendigsten Boutiquen und ein munteres Nachtleben. Ein Stadtspaziergang hier lohnt sich besonders wegen der wunderschönen alten Gebäude.

AKTIVITÄTEN

Die *porteños* füllen ihre Freizeit mit Spaziergängen, Shoppen und Tangotanzen. Liebhaber von Grünflächen zieht es in die Parks von Palermo, wo Jogger zwischen den umherschlendernden Familien Slalom laufen. Wer ein *fútbol*-Match mitmachen möchte, muss allerdings ordentlich was draufhaben.

In B. A. kann auch ohne großes Risiko in die Pedale getreten werden – allerdings nicht überall. In aller Ruhe kann man z. B. in den Parks von Palermo (s. linke Spalte), in Puerto Madero und in der nahen Reserva Ecológica Costanera Sur (s. S. 58) radeln. Leihräder gibt's bei den Veranstaltern von (geführten) Radtouren (s. S. 60).

Tennisplätze und Swimmingpools findet man außer in bestimmten größeren Hotels und Fitnesszentren auch im **Club de Amigos** (Karte S. 62 f.; ☎ 4801-1213; www.clubdeamigos.org.ar; Av Figueroa Alcorta 3885) in Palermo.

Einige Anbieter, u. a. **Tangol** (Karte S. 54 f.; ☎ 4312-7276; www.tangol.com; Av Florida 971, Suite 31) haben Aktivitäten wie Fallschirmspringen, Hubschraubertouren und Besuche auf *estancias* (oft mit Ausritten) im Programm.

KURSE
Sprache

Buenos Aires ist ein beliebtes Ziel für Leute, die Spanisch lernen möchten. Es gibt viele Sprachschulen und noch mehr Privatlehrer, deswegen sollte man sich nach Empfehlungen umhören. Alle Einrichtungen veranstalten gesellige Ausflüge und können bei der Unterkunftssuche helfen; bei einigen kann man auch Freiwilligenarbeit leisten.

Gruppenunterricht kostet pro Woche (20 Std.) zwischen 525 und 775 AR$ (manchmal kommen noch Materialkosten dazu); Privatunterricht gibt es für 53 bis 70 AR$ pro Stunde. Die Einzelheiten sind den jeweiligen Websites zu entnehmen. Hilfreich kann auch www.123teachme.com sein, eine Seite, auf der Schüler die verschiedenen Sprachschulen bewerten.

Etwas anderes und Lustiges bietet www.spanglishba.com – das ist eine Art Kontaktbörse, aber mit Sprachunterricht. Im Speed-Dating-Stil unterhält man sich fünf Minuten auf Englisch, dann fünf Minuten auf Spanisch und wechselt danach Tisch und Konversationspartner.

Academia Buenos Aires (Karte S. 54 f.; ☎ 4345-5954; www.academiabuenosaires.com; Yrigoyen 571, 4. Stock)

ELEBaires (Karte S. 54 f.; ☎ 4383-7706; www.elebaires.com.ar; Av de Mayo 1370, 3. Stock, Suite 10)

Estudio Buenos Aires (Karte S. 54 f.; ☎ 4312-8936; www.ebatrust.com.ar; Reconquista 962, 3. Stock)

Hispanaires (Karte S. 54 f.; ☎ 4815-6953; www.hispanaires.com; Montevideo 744)

Instituto de Español Rayuela (Karte S. 54 f.; ☎ 4300-2010; www.spanish-argentina.com.ar; Chacabuco 852, 1. Stock, Suite 11)

Mundo Español (Karte S. 54 f.; ☎ 4362-4647; www.mundo-espanol.com; Chacabuco 649)

Tango

Tangokurse werden überall angeboten, vielleicht sogar in dem Hostel, in dem man übernachtet. Alle *milongas* (Tanzsäle oder auch die Tänze) haben preisgünstige Kurse im Programm. Sie vermitteln auch Privatlehrer, von denen einige Englisch sprechen. Günstige Tangokurse gibt's oft auch in Kulturzentren (s. S. 52). Tango-Events in der gesamten Stadt sind unter www.tangobuenosaires.gob.ar aufgelistet. Eine Liste der Stätten mit Tangoshows steht auf S. 69.

Centro Cultural Torquato Tasso (Karte S. 53; ☎ 4307-6506; www.torquatotasso.com.ar; Defensa 1575) Tangokurse am Nachmittag.

Confitería Ideal (Karte S. 54 f.; ☎ 5265-8069; www.confiteriaideal.com; Suipacha 380) Eines der Tangomekkas von Buenos Aires. Hier gibt es regelmäßige Kurse (einige in englischer Sprache), viele *milongas* und abends Shows.

GEFÜHRTE TOUREN

Bei einem straffen Zeitplan sind geführte Touren eine brauchbare Möglichkeit. Aber man sollte die großen Sightseeing-Busse meiden, in denen sich träge Touristen lümmeln. Es gibt nämlich wesentlich kreativere Alternativen.

Cultur (☎ 15-6575-4593; www.cultour.com.ar) Gute Stadtspaziergänge ab 55 AR$. Auch private Führungen sind im Angebot.

Cicerones (☎ 4431-9892; www.cicerones.org.ar) Die gemeinnützige Organisation setzt auf Freiwillige, die Besuchern interessante Orte in Buenos Aires zeigen. Auch kostenlose Führungen sind im Angebot.

Eternautas (☎ 5031-9916; www.eternautas.com) Günstige Stadtspaziergänge am Wochenende. Die Führer sprechen Spanisch (10 AR$) und Englisch (55 AR$). Geboten werden auch Touren mit den Schwerpunkten Politik, Kunst, Soziales und Geschichte (ab 515 AR$). Die Führer sprechen verschiedene Sprachen und sind Historiker mit Universitätsabschluss.

Gobierno de la Cuidad de Buenos Aires (☎ 0800-999-2727; www.bue.gov.ar/recorridos) Kostenlose Stadtführungen und Material für Touren auf eigene Faust. Nach englischsprachigen Führern fragen.

Urban Biking (☎ 4568-4321; www.urbanbiking.com) Fahrradtouren durch Buenos Aires und Tigre.

FESTIVALS & EVENTS

Zu den größten Festivals & Events von Buenos Aires gehören:

Tangofestival (www.festivaldetango.gob.ar) Ende Februar bis Anfang März.

Fashion Buenos Aires (www.buenosairesmoda.com) März und September.

Festival Internacional de Cine Independiente (www.bafici.gov.ar) Mitte bis Ende April.

Arte Buenos Aires (www.arteba.com) Mitte Mai.

La Rural (www.ruralarg.org.ar) Landwirtschafts- und Nutzviehausstellung; Juli bis August.

SCHLAFEN

Das *microcentro* von Buenos Aires liegt zentral und in der Nähe vieler Sehenswürdigkeiten und Dienstleistungen, allerdings ist es hier tagsüber voll und laut. San Telmo liegt ungefähr 15 Gehminuten weiter südlich und bietet sich für alle an, die ein altes, koloniales Ambiente mit Kopfsteingassen, vielen Tangostätten und die etwas rauere Atmosphäre eines Arbeiterviertels zu schätzen wissen. Palermo Viejo liegt nordwestlich vom Zentrum und ist mit dem Taxi in ungefähr zehn Minuten zu erreichen. Es ist ein hübsches Viertel mit vielen wunderschönen alten Gebäuden; hier finden sich auch die besten länderspezifischen Restaurants, die trendigsten Boutiquen und muntersten Bars vor Ort.

Die Privatzimmer in einigen Hostels haben nicht unbedingt ein eigenes Bad und sind zuweilen auch teurer als die Zimmer in einem günstigen Hotel. Alle hier aufgelisteten Hostels bieten Küchenbenutzung, ein kleines Frühstück und kostenlosen Internetzugang; die meisten haben auch kostenloses WLAN und Spinde (Vorhängeschloss mitbringen). Die größeren bieten mehr Dienstleistungen und Aktivitäten, und viele akzeptieren auch Kreditkarten. Ausweise von Hostelling International (55 AR$) sind in allen HI-Hostels und in Buenos Aires' **Hostelling-International-Büro** (Karte S. 54 f.; ☎ 4511-8723; www.hostels.org.ar; Av Florida 835) erhältlich.

In der argentinischen Hauptstadt gibt es auch einige gute Budgethotels. Die meisten bieten ein einfaches Frühstück und Kabelfernsehen. Einige akzeptieren Kreditkarten, allerdings manchmal gegen einen Preisaufschlag von bis zu 10 % – besser vorher fragen. Die meisten unten aufgeführten Hotels haben auch Internet- oder WLAN-Zugang für ihre Gäste.

Stadtzentrum

Lime House (Karte S. 54 f.; ☎ 4383-4561; www.limehouse.com.ar; Lima 11; B 28–40 AR$, DZ 120–160 AR$) Das kleine, schrille und rustikale Hostel liegt zentral, aber direkt neben der stark frequentierten 9 de Julio – ganz ruhig ist es hier also nicht. Es gibt ein großartiges Billardzimmer und oben eine riesige Dachterrasse mit Aussicht.

Hostel Suites Florida (Karte S. 54 f.; ☎ 4325-0969; www.hostelsuites.com; Av Florida 328; B/DZ 36/160 AR$; 🖥) Argentinines größtes Hostel hat mehr als 300 Betten und liegt prachtvoll an der Fußgängerzone Florida. Im Angebot sind viele Dienstleistungen, es gibt große Gemeinschaftsbereiche, gute Schlafsäle und nette, moderne Doppelzimmer. Eine Kellerbar/Nachtclub sowie zwei Whirlpools sind im Bau. Rabatt für HI-Mitglieder.

Milhouse Avenue (Karte S. 54 f.; ☎ 4343-9383; www.milhousehostel.com; Av de Mayo 1245; B/DZ 38/175 AR$; 🖥) Das große, schicke Hostel residiert in einem renovierten alten Stadthaus. Hier gibt es alle erdenklichen Dienstleistungen: eine Bar mit Zapfanlage, eine Dachterrasse, einen Bereich mit Fernsehzimmer und Küche im Untergeschoss sowie DJ-Partys. Die Schlafsäle sind gut und die Doppelzimmer schön – einige bieten sogar Badewannen mit Klauenfüßen. Rollstuhlfahrergerechter Zugang; Rabatt für HI-Mitglieder.

Trip Recoleta Hostel (Karte S. 54 f.; ☎ 4807-8726; www.triprecoletahostel.com.ar; López 2180; B 45–63 AR$, EZ/DZ 140/210 AR$) Ein kleines Hostel in einem hohen Gebäude: Da muss man Treppen steigen.

> **DAS ZWEIGETEILTE PREISSYSTEM IN ARGENTINIEN**
>
> Einige Hotels, manche Museen, die meisten Nationalparks und eine große Fluglinie haben ein zweigeteiltes Preissystem eingeführt. Ausländer zahlen das Doppelte (oder sogar mehr) als argentinische Kunden. Während es recht sinnfrei ist, diesbezüglich bei Angestellten staatlicher Einrichtungen herumzumeckern, hat man bei Hotels die Wahl, sich eines auszusuchen, das keine Unterschiede macht – einfach nachfragen.

Das Hostel hat große, nach Geschlechtern getrennte Schlafsäle, kleine Bäder und einen winzigen Küchen-/Essbereich. Der einzige Grund, hier zu wohnen, ist die großartige Lage in Recoleta und der tolle Blick auf den Friedhof von der kleinen Terrasse aus.

Goya Hotel (Karte S. 54 f.; ☎ 4322-9269; www.goyahotel.com.ar; Suipacha 748; EZ/DZ ab 105/150 AR$; 🖥) Ein gutes Budgethotel mit vierzig modernen, komfortablen, mit Teppichböden ausgestatteten Zimmern. Die „klassischen" Zimmer sind älter und haben offene Duschen; die „besseren" (superior) sind mit Badewannen versehen. Zur „Präsidentensuite" (210 AR$) gehört eine Badewanne mit Luftdüsen.

Regis Hotel (Karte S. 54 f.; ☎ 4327-2605; www.orlo-hoteles.com.ar; Lavalle 813; EZ/DZ 322/385 AR$; 🖥) Ruhiges, zentral gelegenes Mittelklassehotel an der verkehrsberuhigten Lavalle. Die Zimmer sind gut, komfortabel und mit Teppichböden ausgelegt, der Service ist aufmerksam, es herrscht ein altmodisches Flair.

Außerdem empfehlenswert:

Milonga (Karte S. 54 f.; ☎ 4815-1827; www.milongahostel.com.ar; Ayacucho 921; B 35 AR$, DZ 118–155 AR$) Altes Haus mit einfachen Zimmern, die über Laubengänge erschlossen sind. Das Billardzimmer ist mit „Graffitikunst" verziert. Schöner ist der Ableger Milonga B&B (Karte S. 62 f.) in der Agüero 1389.

B. A. Stop (Karte S. 54 f.; ☎ 4382-7406; www.bastop.com; Av Rivadavia 1194; B 35–40 AR$, EZ/DZ 100/140 AR$) Ein gutes kleines Hostel in einem alten Gebäude. Kunstvolle Wandmalereien und nach hinten hinaus ein ruhiges Zimmer mit Tischtennisplatten.

Milhouse (Karte S. 54 f.; ☎ 4345-9604; www.milhousehostel.com; Yrigoyen 959; B/DZ 38/175 AR$; 🖥) Das große und zentral gelegene Milhouse ist das ursprüngliche „Partyhostel" von Buenos Aires. Hier gibt's großartige Einrichtungen und jede Menge Aktivitäten und Angebote. Rabatt für HI-Mitglieder.

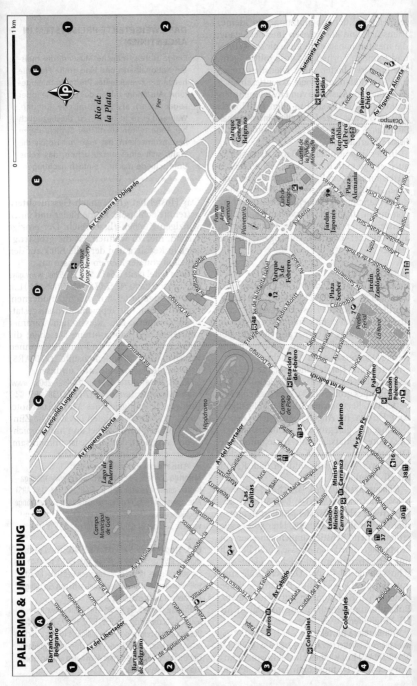

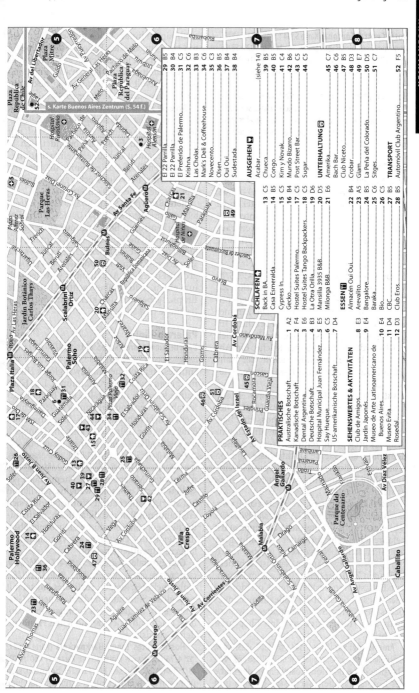

Hotel Central Córdoba (Karte S. 54 f.; ☎ 4311-1175; www.hotelcentralcordoba.com.ar; San Martín 1021; EZ/DZ ab 140/160 AR$; ❄) Zimmer mit gutem Preis-Leistungs-Verhältnis. Das Haus liegt gleich neben zwei beliebten Bars der Innenstadt.

Hotel El Cabildo (Karte S. 54 f.; ☎ 4322-6745; Lavalle 748; EZ/DZ ab 170/195 AR$; ❄) Überraschend schöne Zimmer und eine unschlagbare Lage an der verkehrsberuhigten Lavalle. Am besten sind die „Superior"-Doppelzimmer. Kein Frühstück.

San Telmo

Puerto Limón (Karte S. 54 f.; ☎ 4361-9649; www.puertolimonhostel.com; Chacabuco 1080; B 36 AR$, DZ 160–190 AR$; ❄) In diesem sehr entspannten Hostel findet man einige schrille Züge, einen bunten Gemeinschaftsbereich und nach hinten raus einen angenehmen offenen Patio. Die Zimmer sind sehr unterschiedlich: das beste ist Zimmer 2, der beste Schlafsaal trägt die Nr. 9.

Hostel-Inn Tango City (Karte S. 54 f.; ☎ 4300-5776; www.hostel-inn.com; Piedras 680; B/DZ 38/139 AR$; ❄) Das große Hostel befindet sich in einem hohen, ziemlich engen Gebäude. Die Zimmer sind zwar etwas klein, aber ordentlich. Im Untergeschoss gibt es einen guten Barbereich mit Billardtisch und kleiner Küche. Ein Ableger des Hostels befindet sich in der Nähe (Humberto Primo 820). HI-Mitglieder kriegen Rabatt.

Ostinatto (Karte S. 54 f.; ☎ 4362-9639; www.ostinatto.com.ar; Chile 680; B 38–52 AR$, DZ 170–185 AR$; ❄) Dies schicke Hostel hat im Erdgeschoss eine Barlounge. Offene Laufgänge (nur für Schwindelfreie) prägen die zentrale Treppe. Außerdem gibt's eine kleine Dachterrasse und ein schickes Penthouse. Im Zimmerpreis ist eine kostenlose Tango- und Spanischstunde inbegriffen.

Hostel Rayuela (Karte S. 54 f.; ☎ 4342-5951; www.rayuelahostel.com; Av Belgrano 887, 1. Stock; B/DZ 39/160 AR$; ❄) Das intime Hostel liegt an einer stark befahrenen Straße mit guter Anbindung an den öffentlichen Nahverkehr, ist aber innen ruhig. Die Atmosphäre im Haus ist recht nett. Die guten Zimmer gehen von einem langen, mit Backsteinen verkleideten Korridor ab, allerdings ist die Zahl der Badezimmer angesichts der vielen Schlafsaalplätze etwas zu klein. Das Hostel wird von drei Ehepaaren geführt.

America del Sur (Karte S. 54 f.; ☎ 4300-5525; www.americahostel.com.ar; Chacabuco 718; B/DZ 50/180 AR$; ❄) Das prächtige Boutiquehostel hat in der Nähe des Empfangs einen Bar-Bistro-Bereich und nach hinten hinaus einen großen, eleganten, mit Holz eingefassten Patio. Zu den sauberen Schlafsälen mit je vier Betten gehören jeweils gut gestaltete Bäder. Die Privatzimmer sind geschmackvoll eingerichtet. Man bekommt auch billiges *asado*-Abendessen.

Ayres de San Telmo (Karte S. 54 f.; ☎ 4362-0131; www.ayresdesantelmo.com.ar; Av San Juan 907; B 63 AR$, DZ 145–160 AR$; ❄) Das gute, saubere Hostel mit künstlerischem Einschlag befindet sich in einem eleganten Gebäude an einer stark frequentierten Straße. Die Lounge im obersten Stock verfügt über eine Küche, gleich daneben gibt es eine gefliesste Dachterrasse.

Hotel Babel (Karte S. 54 f.; ☎ 4300-8300; www.hotelbabel.com.ar; Balcarce 946; DZ 350–420 AR$; ❄) In diesem farbenfrohen Boutiquehotel gibt es gerade einmal neun schöne Zimmer; die Standardzimmer haben ein recht großes, die „Superior"-Zimmer ein Doppel- oder ein sehr großes Einzelbett. Alle Zimmer verteilen sich um einen hellen, überdachten Patio. Der Empfangsbereich ist klein und hat eine Bartheke und Sessel.

Palermo Viejo

Back in Buenos Aires (Karte S. 62 f.; ☎ 4774-2859; www.backinba.com; El Salvador 5115; B 35 AR$, DZ 110–145 AR$) Intimes, freundliches und zwangloses Hostel mit *buena onda* (guter Stimmung). Das Haus wurde kürzlich umgestaltet und bietet komfortable Betten und farbenfroh angestrichene Gemeinschaftsbereiche. Als Empfang dient eine Bartheke. Für die *asados* am Donnerstagabend gibt es einen kleinen Innenhof.

Gecko (Karte S. 62 f.; ☎ 4771-0910; www.geckohostel.com.ar; Bonpland 2233; B 35 AR$, DZ 112–162 AR$; ❄) Das mit bunten Malereien zum Thema Boca gestaltete Hostel gibt sich zwanglos, schrill und künstlerisch angehaucht. Vorne befindet sich ein Raum mit Bar und Billardtisch, nach hinten liegt ein von Korridoren umgebener überdachter Patio. Das Haus ist vor allem für längere Aufenthalte beliebt.

Casa Esmeralda (Karte S. 62 f.; ☎ 4772-2446; www.casaesmeralda.com.ar; Honduras 5765; B/DZ 42/130 AR$) Anheimelndes, kleines, rustikales Hostel mit zwangloser Stimmung und einem netten Gartenbereich. Es gibt einen sonnigen Patio auf dem Dach und einen freundlichen Hund auf dem Grundstück.

Hostel Suites Tango Backpackers (Karte S. 62 f.; ☎ 4776-6871; www.tangobp.com; Paraguay 4601; B/DZ 43/150 AR$; ❄) Dieses HI-Hostel befindet sich in einem alten umgebauten Haus und hat eine sonnige Dachterrasse sowie einen netten Empfangsbereich mit Barlounge. Bis zur Plaza Italia (U-Bahn- und Busanschluss) sind es drei Blocks. Rabatt für HI-Mitglieder.

Hostel Suites Palermo (Karte S. 62 f.; ☎ 4773-0806; www.hostelsuites.com; Charcas 4752; B/DZ 46/190 AR$; ✻) Dieses etwas teurere Hostel residiert in einem renovierten schönen alten Gebäude mit hohen Decken, einem hübschen Innenhof und einer großartigen Dachterrasse. Am besten sind die beiden Doppelzimmer mit Balkon. Abends gibt es Veranstaltungen; HI-Mitglieder erhalten Rabatt.

Mansilla 3935 B&B (Karte S. 62 f.; ☎ 4833-3821; www.mansilla3935.com.ar; Mansilla 3935; EZ/DZ 158/210 AR$; ✻) Das von einer Familie geführte B&B ist eine tolle und preisgünstige Alternative. Jedes der sechs einfachen, aber hübschen Zimmer mit hohen Decken hat ein eigenes Bad. Sehr charmant sind auch die paar kleinen Innenhöfe. Im Haus gibt's eine Sauna.

La Otra Orilla (Karte S. 62 f.; ☎ 4867-4070; www.otraorilla.com.ar; Álvarez 1779; Zi. 170–590 AR$; ✻) In dieser hübschen Pension abseits der ausgetretenen Pfade in Palermo Viejo gibt es gerade einmal sieben luxuriöse, romantische Zimmer, von denen fünf ein eigenes Bad haben. Es gibt einen netten Gartenhof und der Service ist freundlich.

Cypress In (Karte S. 62 f.; ☎ 4833-5834; www.cypressin.com; Costa Rica 4828; DZ 230–315 AR$; ✻) Die moderne Pension besitzt einen schicken Lounge-/Lobbybereich. Die dreizehn kleinen Zimmer sind gut, wenn auch vergleichsweise schlicht. Auf der Dachterrasse kann man gut abhängen. Dort oben befindet sich auch das beste Zimmer.

ESSEN

Buenos Aires besitzt ausgezeichnete Restaurants für jeden Geldbeutel. Die meisten Restaurants servieren als Standard *parrilla* (Grillfleisch), Pasta und/oder *minutas* (Schnellgerichte). Sucht man etwas Besonderes, sollte man sich nach Palermo Viejo oder Cañitas aufmachen, wo es internationale und länderspezifische Lokale in großer Zahl gibt. Ein weiteres Viertel mit vielen Restaurants ist Puerto Madero; allerdings sind die meisten sehr nobel, vergleichsweise teuer und haben eher Steaks als Pfannengerichte im Angebot.

Für Vegetarier erfreulich: Anders als überall sonst in Argentinien gibt es in Buenos Aires eine ganze Menge Restaurants, in denen auf Fleisch verzichtet wird – man muss nur wissen, wo man sie finden kann. In den meisten nichtvegetarischen Restaurants stehen zwar ein paar Pastagerichte, Salate und Pizzas auf der Karte, aber damit hat es sich auch schon in Sachen fleischloser Küche.

Stadtzentrum

Pizzería Güerrín (Karte S. 54 f.; Av Corrientes 1368; Stück 4 AR$) Großartig für ein gutes, schnelles und billiges Stück Pizza. Man kann, wie die eiligen Einheimischen, im Stehen essen. Wer eine Ruhepause braucht, darf sich aber auch hinsetzen.

El Cuartito (Karte S. 54 f.; Talcahuano 937; Stück 4–5 AR$) Auch in dieser ausgezeichneten und preisgünstigen Pizzeria, die eine Institution in Buenos Aires ist, kann man sich hinsetzen oder im Stehen essen. Am Wochenende reicht die Schlange abends bis vor die Tür.

Pura Vida (Karte S. 54 f.; Reconquista 516; Säfte 10–14 AR$) Diese Saftbar nach US-amerikanischem Vorbild bietet eine große Auswahl (z. B. Säfte mit Karotten, Ingwer und Orange oder Banane, Ananas und Kokosnuss). Außerdem bekommt man hier auch einige Sandwiches, Salate und Wraps. Eine zweite Filiale befindet sich in Recoleta (Uriburu 1489).

Lotos (Karte S. 54 f.; Av Córdoba 1577; Hauptgerichte 10–15 AR$; ☺ Mo–Fr 11.30–18 Uhr) Die schnelle und effiziente vegetarische Cafeteria serviert frische, gesunde Gerichte. Man wählt sich aus, was einem gefällt, und zahlt an der Kasse am Ende der Theke. Unten befindet sich der zugehörige Laden, in dem man Tofu, Vollkornweizenbrot und Öko-Tee bekommt.

Parrilla al Carbón (Karte S. 54 f.; Lavalle 663; Hauptgerichte 16–30 AR$) Wer im Stadtzentrum auf die Schnelle billiges und schmackhaftes Grillfleisch genießen möchte, ist in diesem kleinen Ladenlokal genau richtig. Einfach ein Menü (bestehend aus Steak, Fritten und Cola) für 4,25 AR$ bestellen oder sich ein *choripan* (Würstchensandwich) für lächerliche 5 AR$ schnappen.

Cumaná (Karte S. 54 f.; Rodríguez Peña 1149; Hauptgerichte 17–24 AR$) Die preisgünstigen Pizzas, Empanadas und *cazuelas* (herzhaften Eintöpfe) sorgen für Massenandrang. Es herrscht eine tolle rustikale Atmosphäre. Früh kommen, um längere Wartezeiten zu vermeiden.

CBC (California Burrito Company; Karte S. 54 f.; Lavalle 441; Burritos 19 AR$; ☺ Mo–Fr 8–23 Uhr) Dieses Lokal ist ungeheuer beliebt wegen seiner kalifornischen Burritos. Man wählt eine Füllung, während man in der Schlange wartet. Auch Margaritas sind im Angebot. Es gibt eine weitere Filiale in der Godoy Cruz 1781 in Palermo Viejo.

Filo (Karte S. 54 f.; San Martín 975; Hauptgerichte 25–40 AR$) Das hippe und künstlerisch angehauchte Restaurant bietet eine tolle Auswahl an Salaten, Pizzas und Desserts, und alles ist gut.

Chiquilín (Karte S. 54 f.; Sarmiento 1599; Hauptgerichte 25–45 AR$) Das beliebte und seit Langem bestehende *parrilla*-Restaurant hat eine stilvolle Atmosphäre. An der Wand hängen Schinken zur Dekoration; die befrackten Kellner sorgen für guten Service.

Außerdem zu empfehlen:

Pippo (Karte S. 54 f.; Montevideo 341; Hauptgerichte 15–26 AR$) Mit seinen preisgünstigen Gerichten, der zwanglosen Atmosphäre und den langen Öffnungszeiten ist dieses Lokal eine Institution in Buenos Aires.

El Sanjuanino (Karte S. 54 f.; Posadas 1515; Hauptgerichte 20–35 AR$) Billige Gerichte aus Recoleta, *locro* (traditioneller, herzhafter Eintopf), Tamales und Empanadas.

Grant's (Karte S. 54 f.; Av General Las Heras 1925; Menüs 22–33 AR$) Eines der besseren All-You-Can-Eat-Lokale in der Stadt.

Galerías Pacífico (Karte S. 54 f.; Ecke Av Florida & Córdoba; Gerichte unter 25 AR$) Foodcourt im Erdgeschoss einer schicken Mall.

Broccolino (Karte S. 54 f.; Esmeralda 776; Hauptgerichte 25–40 AR$) Ausgezeichnete Pastagerichte, sehr große Auswahl.

Granix (Karte S. 54 f.; Av Florida 165; Gerichte 33 AR$; ☺ Mo–Fr mittags) Große und beliebte vegetarische Cafeteria im 1. Stock der Galería Güemes.

San Telmo

Origen (Karte S. 54 f.; Primo 599; Hauptgerichte 10–30 AR$; ☺ So–Di 8.30–22, Mi–Sa bis 0.30 Uhr) Smartes Eckcafé mit einer kleinen Speisekarte, auf der vor allem leckere Sandwiches, Salate und Pizzas stehen. Außerdem gibt's hier *licuados* (Fruchtshakes) und viele Desserts. Von den Tischen auf dem Bürgersteig kann man prima die Leute beobachten.

El Desnivel (Karte S. 54 f.; Defensa 855; Hauptgerichte 15–22 AR$; ☺ Mo mittags geschl.) Das Lokal ist bei Einheimischen und Touristen gleichermaßen sehr beliebt. Am besten einen Tisch im alten Speisesaal vorne wählen, denn von dort aus sieht man den Grill, auf dem leckeres *bife de lomos* (Filetsteaks) und *vacío* (Flankensteaks) brutzeln.

Territorio (Karte S. 54 f.; Estados Unidos 500; Hauptgerichte 15–27 AR$) Zwangloses Lokal mit dem Schwerpunkt auf *tablas* (Fleisch- und Käseplatten) und *picadas* (Fleisch-/Käseplatten und Vorspeisen). Außerdem bekommt man Sandwiches, sogar mit Reh oder Wildschwein. Und zum Runterspülen gibt's Spezialbiere und Wein.

Abuela Pan (Karte S. 54 f.; Bolívar 707; Tagesgerichte 18 AR$; ☺ Mo–Fr 8–19 Uhr) Das winzige, aber stimmungsvolle Lokal hat nur ein paar Tische. Das vegetarische Sonderangebot wechselt täglich und besteht beispielsweise aus panierten Auberginen, gefüllten Cannelloni oder Gemüseeintopf.

Brasserie Petanque (Karte S. 54 f.; Defensa 596; Hauptgerichte 35–50 AR$; ☺ Mo abends & Sa mittags geschl.) Das sagenhafte Bistro serviert alle französischen Klassiker: Escargot, Tatar und Gänseleberpastete, außerdem auch exotischere Gerichte wie *estofado de conejo* (Kanincheneintopf). Preisgünstig ist das *menú del día* (Tagesgericht; 25–33 AR$).

Palermo Viejo

El 22 Parrilla (Karte S. 62 f.; Carranza 1950; Hauptgerichte 12–42 AR$) Das wunderbar unprätentiöse Steakhaus mit freundlicher, nachbarschaftlicher Atmosphäre serviert große Portionen aller beliebten Fleischprodukte. Für Vegetarier gibt's Pastagerichte und für alle günstigen Wein. Eine weitere Filiale befindet sich an der Ecke Gorriti und Godoy Cruz.

El Preferido de Palermo (Karte S. 62 f.; Ecke Borges & Guatemala; Hauptgerichte 15–22 AR$) Erinnert atmosphärisch an einen alten Gemischtwarenladen: In den Fenstern stehen Gläser mit Oliven, und die hohen Tische sind nicht der Gemütlichkeit wegen da. Die Speisekarte ist lang und vielseitig: Es gibt hausgemachte Pasta, kubanischen Reis, spanisches Kalbfleisch, Meeresfrüchteeintöpfe und Kutteln.

Krishna (Karte S. 62 f.; Malabia 1833; Hauptgerichte 16–25 AR$; ☺ Mo ganztägig & Di abends geschl.) Das winzige, im Hippiestil gehaltene Restaurant hat indische Wandbehänge und niedrige, bunte Tische mit Mosaikmuster. Zu den Thalis, zum Tofu und Seitan trinkt man einen Lassi oder einen indischen Tee.

Baraka (Karte S. 62 f.; Gurruchaga 1450; Hauptgerichte 16–28 AR$; ☺ Mo–Sa 9–21, So 10–20 Uhr) Das trendige, zwanglose Café hat eine kreative Karte mit einigen exotischen Angeboten: *ceviche* (marinierte rohe Meeresfrüchte), Gemüsegerichte aus der Pfanne und Hähnchencurry auf thailändische Art. Großartige Extras sind das hausgemachte Gebäck, die *licuados* und die vielen exotischen Tees.

Arevalito (Karte S. 62 f.; Arévalo 1478; Hauptgerichte 20 AR$; ☺ Mo–Sa 9–24 Uhr) Die Speisekarte in diesem winzigen Lokal ist zwar nicht gerade umfangreich, aber alles ist gut und sehr gesund. Es gibt hausgemachten Joghurt, und der Kaffee ist ausgezeichnet.

Mark's Deli & Coffeehouse (Karte S. 62 f.; El Salvador 4701; Hauptgerichte 20–30 AR$) Das sehr beliebte Café und Deli serviert in einem modernen Ambiente mit einem hübschen Sitzbereich im Freien ausgezeichnete Suppen, Salate und Sandwiches, an heißen Tagen auch Eiskaffee. An sonnigen Wochenenden bilden sich Warteschlangen.

Oui Oui (Karte S. 62 f.; Nicaragua 6068; Hauptgerichte 25 AR$; Di–Fr 8–20, Sa & So 10–20 Uhr) Das pfiffige, kleine französische Bistro serviert überwiegend Gourmetsalate und ausgezeichnete Sandwiches. Der Wochenend-Brunch ist wunderbar, man sollte aber früh kommen, um einen Tisch zu ergattern. Ein Anbau, das Almacén Oui Oui (Karte S. 62 f.), befindet sich an der Ecke der Nicaragua 6099.

Bio (Karte S. 62 f.; Humboldt 2199; Hauptgerichte 25–35 AR$; So & Mo abends geschl.) Das kleine Eckbistro zaubert aus Bio-Zutaten schmackhafte und kreative vegetarische Gerichte wie Seitancurry, Quinoa-Risotto und tolle Salate. An einem heißen Tag sollte man auf jeden Fall eine Ingwer-Limonade trinken.

Sudestada (Karte S. 62 f.; 4776-3777; Guatemala 5602; Hauptgerichte 25–65 AR$; So geschl.) Elegantes Eckrestaurant, das großartige Gerichte aus Thailand, Vietnam, Malaysia und Singapur auf den Tisch bringt. Eine erfrischende Abwechslung ist, dass hier wirklich gut gewürzt wird. Werktags ist das Mittagsmenü ein preisgünstiges Angebot (27 AR$). Zum Abendessen sollte man reservieren.

Bangalore (Karte S. 62 f.; 4779-2621; Humboldt 1416; Hauptgerichte 30–45 AR$) Im EG residiert ein beliebter britischer Pub, aber oben gibt es nur einen kleinen Raum mit ein paar Tischen. Indische Gerichte stehen im Mittelpunkt. Die Karte wechselt jeden Monat, aber die Gerichte sind immer gut. Vorab reservieren.

Außerdem zu empfehlen:

Club Eros (Karte S. 62 f.; Uriarte 1609; Hauptgerichte 10–15 AR$) In dem supergünstigen Lokal essen viele Leute aus der Nachbarschaft.

Las Cholas (Karte S. 62 f.; Arce 306; Hauptgerichte 16–28 AR$) Das Lokal im schicken Las Cañitas bietet preisgünstige nordargentinische Gerichte. Es ist elegant-rustikal und sehr beliebt, obwohl man bei den Gerichten hier dem Salz allzu sehr zuspricht.

Novecento (Karte S. 62 f.; 4778-1900; Av Báez 199; Hauptgerichte 30–45 AR$) Dieses modische italienische Bistro in Las Cañitas serviert Gourmetpasta, Fleisch- und Fischgerichte sowie Salate. Am Wochenende gibt's einen tollen Brunch.

Olsen (Karte S. 62 f.; 4776-7677; Gorriti 5870; Hauptgerichte 35–55 AR$; Mo geschl.) Prachtvoller Speisesaal, üppiges Essen, hohe Preise. Der Sonntagsbrunch ist beliebt.

AUSGEHEN

In Buenos Aires steht Partymachen hoch im Kurs, und es gibt viele Cafés, Bars und Locations mit Livemusik, in denen man die Nacht zum Tage machen kann. Die Cafés sind extrem lange geöffnet: in der Regel vom frühen Morgen bis spät in die Nacht. Die Bars und Livemusiktreffs öffnen spät und bleiben noch länger auf, am Wochenende sogar oft bis gegen 6 Uhr.

Wer einmal mächtig einen drauf machen will, kann sich dem von Expats geführten **Pub Crawl** (15-5115-9053; www.pubcrawlba.com) anschließen. Für 60 AR$ gibt's was zu essen und zu trinken und den Transport zu verschiedenen Bars und einem Nachtclub.

Cafés

Buenos Aires besitzt eine reiche Kaffeekultur – kein Wunder angesichts der Menge an Cafés in der Stadt. Manche von ihnen sind berühmte Institutionen voller Atmosphäre, Geschichte und Eleganz; die meisten aber sind modern und trendig. Die *porteños* verbringen hier gerne viele Stunden und diskutieren bei *medialunas* (Croissants) und einem *cortado* (Kaffee mit etwas Milch) die Probleme der Welt. Viele Cafés servieren auch komplette Mahlzeiten.

Bar Plaza Dorrego (Karte S. 54 f.; Defensa 1098) Das Lokal an der Ecke der Plaza Dorrego gehört zu den Cafés in San Telmo mit der meisten Atmosphäre. Das altmodische Ambiente aus dunklem Holz und die interessanten Graffiti sind nicht zu überbieten. Von einem Fensterplatz aus kann man prima die Passanten beobachten. Die Speisekarte ist umfangreich.

Café Tortoni (Karte S. 54 f.; Av de Mayo 829) Der Cadillac unter den Cafés von Buenos Aires ist beliebter, als ihm gut tut: Der Laden ist voll, die Kellner sind als missmutig und ruppig verschrieen, und im Café gibt es sogar einen Souvenirstand. Aber es hat eben sein elegantes, altmodisches Flair. Abends gibt's Tangoshows (60–70 AR$; s. S. 70).

Richmond (Karte S. 54 f.; Av Florida 468; So geschl.) Bei einem Bummel im Gewühl der Av Florida kann man sich in diesem eleganten Café, das auch viele Snacks, Gerichte und Cocktails serviert, eine Kaffeepause gönnen. Das Richmond war ein beliebter Treffpunkt der Literaten von Buenos Aires; auch Jorge Luis Borges verkehrte hier. Die Atmosphäre versetzt einen in jene Tage zurück.

La Biela (Karte S. 54 f.; Av Quintana 600) In diesem hocheleganten Café in Recoleta vertrödeln die oberen Zehntausend ihre Zeit. Die Preise sind relativ hoch, und wenn man draußen an den Tischen etwas isst, wird's noch teurer. An einem warmen, sonnigen Tag, vor allem am Wochenende, wirkt die Atmosphäre aber einfach unwiderstehlich.

Clásica y Moderna (Karte S. 54 f.; Av Callao 892) In dem klassischen, gemütlichen Bohèmecafé mit Backsteinwänden verkehrten berühmte Dichter, Philosophen und Sänger. Heute finden hier intime Musikveranstaltungen statt. Drinnen gibt's auch einen kleinen Buchladen, und ein paar spanischsprachige Zeitungen liegen aus.

Los 36 Billares (Karte S. 54 f.; Av de Mayo 1265) Das traditionsreiche Lokal mit Holzverkleidung und klassischem Ambiente ist ein beliebter Billardsalon mit vielen Tischen und gelegentlichen Wettbewerben. Abends finden hier Tangoshows statt (s. S. 70).

Bars

In Palermo Viejo befinden sich die meisten trendigen, eleganten Bars von Buenos Aires, aber auch in der Innenstadt und in San Telmo gibt es einige. Die *porteños* trinken im Allgemeinen nur mäßig; es ist verpönt, sich volllaufen zu lassen. Richtig was los ist am Wochenende abends auf der Plaza Serrano in Palermo Viejo. Hier gibt es viele Bars mit Tischen im Freien, wo die Menschenmassen die Woche ausklingen lassen.

Gibraltar (Karte S. 54 f.; Perú 895) Dieser Pub gehört zu den beliebtesten Expat-Treffs in Buenos Aires, aber auch Backpacker und Einheimische kommen gerne hierher. Es herrscht eine nette, zwanglose Atmosphäre, in der man sich leckere internationale Gerichte wie Roastbeef mit Bratensoße oder grünes Thai-Curry schmecken lässt. Die Auswahl an Whiskeys ist groß, und hinten steht auch ein Billardtisch.

Milión (Karte S. 54 f.; Paraná 1048) Das Barrestaurant residiert in einem umfassend renovierten alten Gebäude. Der eigentliche Barbereich befindet sich im 2. und 3. Stock (Happy Hour 18–21 Uhr). Er ist sehr beliebt und hat eine hübsche Terrasse mit Ausblick auf einen grünen Garten.

Gran Bar Danzón (Karte S. 54 f.; Libertad 1161) Vornehme Restaurant und zugleich eine Weinbar mit guter Auswahl an Weinen, die man glasweise bestellen kann. Außerdem gibt's frische Fruchtcocktails, exotische Martinis und zum Abendessen asiatisch angehauchte Gerichte. Da das Lokal sehr beliebt ist, sollte man zur Happy Hour früh erscheinen, um sich ein gemütliches Sofaplätzchen zu ergattern.

Acabar (Karte S. 62 f.; Honduras 5733) Mit seinem bunt zusammengewürfelten, blumigen Dekor gehört das Acabar zu den zwanglosesten Barrestaurants von Buenos Aires. Brettspiele und gute Musik sorgen dafür, dass das große Lokal immer voll von Leuten ist, die Spaß haben wollen. Man bekommt auch schon sehr früh etwas zu essen.

Mundo Bizarro (Karte S. 62 f.; Serrano 1222) Das Mundo Bizarro ist eine sehr coole, ausgelassene Kneipe im Retrolook mit einer Jukebox, einem Videoschirm, auf dem Cartoons oder Filme gezeigt werden, und sogar einer Stange, an der getanzt werden kann. Das Lokal in Palermo Viejo bietet außerdem internationale Gerichte, darunter Sushi, und dazu leckere Cocktails.

La Puerta Roja (Karte S. 54 f.; Chacabuco 733) Dieser von Expats geführte Treff in San Telmo hat kein Schild; um Einlass zu finden, auf den Klingelknopf drücken. Im Obergeschoss gibt es einen guten Barbereich, nach hinten hinaus einen Billardtisch sowie einen Raucherraum mit Blick auf die Straße. Wenn man in Ruhe etwas essen will – die Gerichte sind gut und preisgünstig – früh kommen, denn später am Abend wird es hektischer.

Sugar (Karte S. 62 f.; Costa Rica 4619; ✆ Mo geschl.) Happy Hour in dieser ultrapopulären Bar in Palermo Viejo ist von 20 bis 24 Uhr, dann kosten die Drinks nur 5 AR$. Einer der Besitzer ist US-Amerikaner, und alle Kellner sprechen zumindest ein bisschen Englisch. Mittwochs ist Single-Tag, und am Wochenende bilden sich Schlangen (Getränkekonsum mindestens 20 AR$). Der Laden ist sehr laut und feuchtfröhlich.

Congo (Karte S. 62 f.; Honduras 5329; ✆ So & Mo geschl.) Die großartige Bar in Palermo Viejo erlebt man am besten an einem warmen Abend, wenn man sich hinten in einem der schönsten Hofgärten von Buenos Aires entspannen kann. Das Lokal ist cool, äußerst angesagt und teuer. Am Wochenende muss man sich auf längere Wartezeiten einstellen. Dann legen DJs auf und man muss einen Mindestbetrag an Getränken umsetzen, um Einlass zu finden.

Kilkenny (Karte S. 54 f.; Marcelo T de Alvear 399) Der berühmteste irische Pub von Buenos Aires ist werktags ein beliebter Treff von Geschäftsleuten, die nach der Arbeit einen heben, und am Wochenende immer gerammelt voll. Die Stimmung in der Kneipe ist gut, das Ambiente angenehm düster, aber an den Wochenenden kann man sich drinnen beengt fühlen und sollte versuchen, einen Tisch draußen zu ergattern.

Druid In (Karte S. 54 f.; Reconquista 1040) Das einen halben Block vom Kilkenny entfernte Druid ist ein viel gemütlicherer irischer Pub mit klassischen Gerichten wie Steak-Nieren-Pastete, irischen Stews und Currys. Freitags und samstags, manchmal auch donnerstags gibt es live Jazz, Rock oder keltische Musik.

Le Cigale (Karte S. 54 f.; 25 de Mayo 722) Die düsterhippe Lounge in der Innenstadt bietet europäisches Retro-Flair und ausgezeichnete Cocktails. Besonders beliebt sind die „französischen" DJ-Abende am Dienstag. Unter der Woche ist es abends prima Partystimmung und kaum ein freier Tisch zu finden.

El Alamo (Karte S. 54 f.; Uruguay 1175) Diese von einem US-Amerikaner geführte Bar ist bei Expats aus den Staaten sehr beliebt. Auf den Fernsehschirmen gibt's jede Menge US-Sport zu sehen. Während der Happy Hour (werktags bis 22 Uhr) kostet das große Bier 40 AR$. Von Montag bis Freitag trinken Frauen ihr Bier umsonst.

Post Street Bar (Karte S. 62 f.; Thames 1885) Die zwanglose, schrille Bar ist von unten bis oben mit bunten Schablonenmustern dekoriert. Ein bisschen fühlt man sich wie in einem Künstlerghetto. An Musik gibt's Rock, Reggae und Blues. Im Obergeschoss befindet sich hinten eine kleine Kunstgalerie.

UNTERHALTUNG

Da Buenos Aires nie zur Ruhe kommt, kann man jeden Abend irgendetwas erleben. Ständig gibt es Theateraufführungen, Konzerte und allüberall Tangoshows. An den Wochenenden (und manchmal sogar unter der Woche) ist in den Nachtclubs immer viel los.

Zu jedem modernen Einkaufszentrum gehört ein Multiscreen-Kinokomplex; die meisten Filme werden in Originalsprache mit spanischen Untertiteln gezeigt. Einen Kinokalender findet man in den englischsprachigen Zeitungen *Buenos Aires Herald* oder *Argentimes* (www.theargentimes.com). Allgemeine Infos zu Events in Buenos Aires gibt's unter www.whatsupbuenosaires.com.

Ermäßigte Tickets für bestimmte Theateraufführungen, Tangoshows und Filmvorführungen erhält man u. a. bei **Cartelera Vea Más** (Karte S. 54 f.; ☎ 6320-5319; www.veamasdigital.com.ar; Av Corrientes 1660, Suite 2), **Cartelera Baires** (Karte S. 54 f.; ☎ 4372-5058; www.cartelerabaires.com; Av Corrientes 1382) und **Cartelera de Espectáculos** (Karte S. 54 f.; ☎ 4322-1559; www.123info.com.ar; Lavalle 742).

Ticketek (☎ 5237-7200; www.ticketek.com.ar) hat Filialen überall in der Stadt. Hier erhält man Eintrittskarten für große Veranstaltungen.

Tangoshows

Die meisten Traveller werden sich in Buenos Aires eine Tangoshow anschauen wollen, und damit haben sie Recht. Hier nach „nichttouristischen" Veranstaltungen zu suchen, ist allerdings ziemlich sinnlos, da der Tango nun einmal ein Gesellschaftstanz ist, bei dem das Zuschauen einfach mit dazu gehört. Wer weniger auf Effekte Wert legt, sollte sich einfach an die billigeren Shows halten, denn sie geben sich im Allgemeinen traditioneller. In den *milongas* üben die Tänzer ihre Schritte; Zuschauer haben hier eigentlich nichts verloren.

Es gibt viele Tangoshows mit Abendessen, die auf wohlhabende Touristen ausgerichtet sind. Manche sind wie Las-Vegas-Shows aufgemacht, inklusive Kostümwechsel, Trockeneis und hohen Schwüngen. Das sieht dann zwar sehr spektakulär und körperbetont aus, entspricht aber nicht dem authentischen (viel subtileren) Tango. Für solche Shows sind in der Regel Reservierungen erforderlich.

Sonntags gibt es auf dem Antiquitätenmarkt (S. 58) in San Telmo sowie vor den Galerías Pacífico (S. 57) im Microcentro „kostenlose" Tangodarbietungen (Spende erwartet). Dergleichen kann man an den Wochenenden auch am Caminito in La Boca erleben. Die Termine sind reine Glückssache. Einige Restaurants in Buenos Aires (insbesondere in San Telmo und La Boca) bieten zum Essen kostenlose Tangovorführungen. Auch die Kulturzentren haben Tangodarbietungen im Programm, vor allem das Centro Cultural Borges (S. 52).

Centro Cultural Torquato Tasso (Karte S. 53; ☎ 4307-6506; www.tangotasso.com; Defensa 1575) In dem ausgezeichneten Kulturtreff in San Telmo steht nur Tangomusik (aber keine Tanzdarbietungen) auf dem Programm, zu dem noch viele weitere Angebote und Kurse (s. S. 60) gehören. Die Preise der Veranstaltungen variieren.

Los 36 Billares (Karte S. 54 f.; ☎ 4381-5696; www.los36billares.co.ar; Av de Mayo 1265; Eintritt 40 AR$) Das altmodische Barrestaurant mit viel historischem Lokalkolorit hat hinten und unten etliche Billardtische. Tangoshows gibt es dienstags bis sonntags um 21 Uhr. Man kann hier auch zu Abend essen.

El Balcón (Karte S. 54 f.; ☎ 4362-2354; Primo 461) Das kleine Restaurant in San Telmo bietet sonntags zwischen 13 und 19 Uhr Tangoshows als Unterhaltung beim Essen. Die Shows sind kostenlos, man muss aber natürlich etwas essen und trinken.

Café Tortoni (Karte S. 54 f.; ☎ 4342-4328; www.cafetortoni.com.ar; Av de Mayo 829; Eintritt 60–70 AR$) In diesem historischen, eleganten Café (S. 67) gibt es im hinteren Bereich zweimal pro Abend Tangoshows. Bei der billigeren wird mehr gesungen, bei der teureren mehr getanzt. Vorab reservieren.

Taconeando (Karte S. 54 f.; ☎ 4307-6696; www.taconeando.com; Balcarce 725; Abendessen & Show 180 AR$, nur Show 140 AR$) Von den besseren Shows gehört diese zu den kleineren und preisgünstigen.

Confitería Ideal (Karte S. 54 f.; ☎ 5265-8069; www.confiteriaideal.com; Suipacha 384; Abendessen & Show 190 AR$) In der Mutter aller Tangotreffs gibt es mittwochs bis sonntags Shows, außerdem viele Kurse (s. S. 60) und täglich *milongas*.

Klassische Musik & Theater

Die Av Corrientes liegt zwischen der 9 de Julio und der Av Callao und ist Buenos Aires' Antwort auf den Broadway.

Teatro Colón (Karte S. 54 f.; ☎ 4378-7133; www.teatrocolon.org.ar; Ecke Tucumán & Cerrito) Die angesehenste Spielstätte der argentinischen Hauptstadt ist eine prachtvolle Kulisse für Opern-, Ballett- und Theateraufführungen sowie für Konzerte mit klassischer Musik.

Teatro General San Martín (Karte S. 54 f.; ☎ 0800-333-5254; www.teatrosanmartin.com.ar; Av Corrientes 1530) In mehreren Sälen und Galerien finden hier preisgünstige Shows und Veranstaltungen statt, die aber fast ausschließlich auf Spanisch sind. Mittwochs zahlt man nur den halben Preis.

Luna Park (Karte S. 54 f.; ☎ 5279-5279; www.lunapark.com.ar; Ecke Av Corrientes & Bouchard) Der Luna Park nimmt einen ganzen Straßenblock ein und dient als Spielstätte für Opernaufführungen, Tanzdarbietungen, Rockkonzerte, Sportveranstaltungen und andere Großereignisse. Die Website informiert über das aktuelle Programm.

Nachtclubs

In Buenos Aires ist abends immer viel los, und das gilt auch für die Clubszene. Richtig ab geht es erst nach 2 Uhr morgens – je später, je besser. Gewiefte Nachtschwärmer machen vor dem Abendessen ein Nickerchen, dann kann man gut und gern bis zum Morgen oder selbst bis zum nächsten Mittag aufbleiben.

Die *porteños* sind launisch, daher wechseln die angesagten Orte schnell. Am besten erkundigt man sich direkt während des Aufenthalts, was gerade in ist. Auf alle Fälle aber Öffnungstage und -zeiten vorher abchecken!

Asia de Cuba (Karte S. 54 f.; ☎ 4894-1328; Dealessi 750) Tagsüber ist das Asia de Cuba ein gehobenes Restaurant, aber nachts wird daraus einer der schicksten Clubs von Buenos Aires. Die Atmosphäre ist überaus romantisch, da tun auch die exotischen Hafen-Lounges nicht mehr weh. Aufbrezeln ist aber wichtig machen!

Bahrein (Karte S. 54 f.; ☎ 4315-2403; Lavalle 345) Am Dienstag erlebt man in dem beliebten Innenstadt-Treff den besten Drum-and-Bass der Stadt. Die Chill-Out-Zonen und das bunt zusammengewürfelte Dekor steigern nur noch das coole Flair. Auf jeder Tanzfläche herrscht ein anderer Beat. Sehenswert ist das alte Kellergewölbe: Das Gebäude war früher mal eine Bank.

Club Niceto (Karte S. 62 f.; ☎ 4779-9396; Vega 5510) Einer der Clubs in Buenos Aires, der die Massen anzieht. Am meisten los ist hier am Donnerstagabend, wenn die Theatertruppe Club 69 das Zepter übernimmt und eine derbe Transvestitenshow hinlegt, die bei Schwulen und Heteros gleichermaßen beliebt ist. Im Club treten außerdem auch häufig kreative Musikgruppen aus dem Ausland während ihres Buenos-Aires-Aufenthalts auf.

Crobar (Karte S. 62 f.; ☎ 4778-1500; Ecke Av de la Infanta Isabel & Freyre) Mitten in den Parks von Palermo liegt dieser modische, mehrstöckige Nachtclub mit mehreren verschiedenen Räumen, in denen House, Rock, Salsa und 80er-Jahre-Remixe angesagt sind. Der Club ist weniger elitär als die meisten der anderen teureren Treffs, aber trotzdem interessant und sehr beliebt.

Rumi (Karte S. 53; ☎ 4782-1307; Av Figueroa Alcorta 6442) Das Rumi ist ein Wunderland von Elec-

SCHWULEN- & LESBENSZENE IN BUENOS AIRES

Buenos Aires ist eines der Top-Reiseziele in Südamerika für Schwule und besitzt eine muntere Menge an Bars, Cafés und Clubs für Schwule. Man muss jedoch wissen, wo man sich umzuschauen hat: Obwohl Homosexualität allgemein toleriert wird – in San Fran oder Sydney ist man hier nicht. Zweifellos gibt es auch eine Lesbenszene in Buenos Aires. Sie hält sich aber, wie eigentlich überall, wesentlich bedeckter.

Was gerade angesagt ist, steht in kostenlosen Broschüren wie **La Otra Guía** (www.laotraguiaweb.com.ar), **The Ronda** (www.theronda.com.ar) und **Gay Map** (www.gaymapbuenosaires.com), die in Touristen- und Schwulentreffs ausliegen. Eine gute Website mit allgemeinen Informationen ist www.thegayguide.com.ar.

San Telmo ist ein Viertel mit vielen Hotels und B&Bs für Schwule. Dazu zählen **Axel Hotel** (www.axelhotels.com/buenosaires), **Casa Bolivar** (www.casabolivar.com) und **Lugar Gay** (www.lugargay.org).

Im November gibt's ein schwul-lesbisches **Filmfestival** (www.diversafilms.com.ar) und eine **Schwulenparade** (www.marchadelorgullo.org.ar), im Dezember sogar ein schwules **Tangofestival** (www.festivaltangoqueer.com.ar). Die offene Schwulenszene hat sich in Buenos Aires eingerichtet und wird sich nicht vertreiben lassen.

Beliebte Nachtlokale für Schwule:

Alsina (Karte S. 54 f.; ☎ 4334-0097; Alsina 940) Ein Palast wie aus einem Märchen mit heißen Tänzern und voller Tanzfläche.

Amerika (Karte S. 62 f.; ☎ 4865-4416; Gascón 1040) Drinks bis zum Umfallen; riesige Menschenmassen, dunkle Ecken und dröhnende Rhythmen.

Bach Bar (Karte S. 62 f.; Cabrera 4390) Ausgelassener Spaß, vor allem für Lesben. Intim und voll, gelegentliche Stripshows.

Chueca (Karte S. 54 f.; ☎ 4834-6373; Honduras 5255) Gehobenes Barrestaurant in Palermo Viejo, in der es fast jeden Abend Travestieshows gibt.

Glam (Karte S. 62 f.; Cabrera 3046) Ein munterer, voller Schwulenclub in einem großen alten Haus. Viele Lounges, Bars und hübsche Jungs.

Kim y Novak (Karte S. 62 f.; ☎ 4773-7521; Guemes 4900) Kleine, trendige Eckbar mit netter, zwangloser Atmosphäre. Stripshows an der Stange, Tanzfläche im Untergeschoss.

Sitges (Karte S. 62 f.; ☎ 4861-3763; Av Córdoba 4119) Laute Bar/Club, wo Schwule und Lesben gleichermaßen auf Tuchfühlung gehen. An der Wand gibt's Telefone, um Kontakt mit Unbekannten aufzunehmen.

---

tronica, Hip-Hop und House, wo freitags in der „Glamour Night" berühmte DJs auflegen. Will man den ziemlich heftigen Eintrittspreis vermeiden und sich außerdem noch eine Sitzecke sichern, kommt man am besten früh und isst hier zu Abend. Der Club ist bei den Reichen und Jungen, bei Promis und Models beliebt, also heißt es richtig aufbrezeln und posen was das Zeug hält.

Pachá (Karte S. 53; ☎ 4788-4280; Av Costanera R Obligado) Berühmte ausländische Gast-DJs legen in diesem riesigen Club am Fluss für ein geschniegeltes und hochnäsiges Publikum auf Die ausgezeichnete Anlage spuckt Electronica aus, während die Lasershow die Massen schwindlig macht. Am meisten los ist samstags, man sollte aber nicht vor 4 Uhr kommen. Die Warteschlangen sind lang – am besten lässt man sich, wenn möglich, auf der VIP-Gästeliste eintragen.

Livemusik

Auch in einigen Bars gibt es Livemusik. Spezielle Musik-Locations sind:

Notorious (Karte S. 54 f.; ☎ 4813-6888; www.notorious.com.ar; Av Callao 966) Der kleine Laden hat eine tolle, intime Stimmung und ist eine der besten Locations in Buenos Aires für Livejazz. Aber auch brasilianische Rhythmen, Klaviermusik und Tango werden geboten. Man bekommt hier auch ein Abendessen. Vorne befindet sich ein CD-Laden, wo man vor dem Kauf in die Platten reinhören kann.

La Trastienda (Karte S. 54 f.; ☎ 4345-0411; www.latrastienda.com; Balcarce 460) In dieser großen Spielstätte (600 Sitz- und 150 Stehplätze) geben internationale Künstler Salsa, Merengue, Blues, Latino-Pop und Tango zum Besten, vor allem aber ist Rock angesagt. Das Programm ist der Website zu entnehmen. Vorne befindet sich ein Restaurant.

La Peña del Colorado (Karte S. 62 f.; ☎ 4822-1038; www.lapeniadelcolorado.com.ar; Güemes 3657; Eintritt 20–25 AR$) Wundervoll bodenständiger Musiktreff, in dem es abends Folkshows gibt; nach Mitternacht greifen die Gäste auch schon mal selbst zur Gitarre. Außerdem erhält man hier nordargentinische Spezialitäten wie würzige Empanadas, *locro* und *humitas de Chala* (etwas Ähnliches wie Tamales). Zu trinken gibt's Mate.

Zuschauersport

Beim Fußball kochen hier die Leidenschaften richtig hoch. Die beliebtesten Clubs sind **Boca Juniors** (Karte S. 53; ☎ 4362-2260; www.bocajuniors.com.ar; Brandsen 805) in La Boca und **River Plate** (abseits der Karte S. 53; ☎ 4789-1200; www.carp.org.ar; Alcorta 7597) aus Belgrano, das nordwestlich vom Aeroparque Jorge Newberry liegt.

Die Preise für Tickets sind davon abhängig, welche Mannschaften antreten und wie die Nachfrage ist. Im Allgemeinen sind *entradas populares* (Stehplätze auf der Tribüne) am billigsten. Da befindet man sich dann mitten unter den eingefleischten Fans; allerdings sollte man teure Uhren, Halstücher oder Kameras und andere Kennzeichen des wohlhabenden Mannes auf der Tribüne auf keinen Fall zur Schau tragen. Mit *plateas* (Sitzplätzen) fährt man allemal sicherer. Man kann ein Spiel auch im Rahmen einer Tour sehen, **Tangol** (Karte S. 54 f.; ☎ 4312-7276; www.tangol.com; Av Florida 971, Suite 31) beispielsweise hat solche Angebote im Programm.

Polo wird in Buenos Aires vor allem von Oktober bis Dezember gespielt. Die Spiele werden im Campo de Polo in Palermo ausgetragen. Weitere Sportarten mit großem Besucherzuspruch sind Rugby, Pferderennen und *pato* (eine traditionelle argentinische Reitsportart).

SHOPPEN

Wer nicht jeden Cent umdrehen muss, kann in Buenos Aires nach Herzenslust shoppen. Die Stadt hat zahlreiche moderne Einkaufszentren. Dazu kommen noble Shoppingmeilen wie die Av Florida und Av Santa Fe. Im Angebot sind Klamotten von hoher Qualität, Lederwaren, Accessoires und Elektronikartikel, aber auch Tonträger und Haushaltswaren. Alle Importwaren (z. B. Elektronikartikel) kosten jedoch eine ganze Menge.

Palermo Viejo ist das beste Viertel für Boutiquen und kreative Mode. Die Av Alvear in Richtung Recoleta-Friedhof steht im Zeichen von Gucci und Armani. Die Defensa in San Telmo säumen kostspielige Antiquitätenläden. An den Wochenenden finden diverse Kunsthandwerks-Märkte statt, etwa der abgefahrene *feria artesanal* vor dem Recoleta-Friedhof (S. 58). Sonntags kann man z. B. auf dem berühmten Antiquitätenmarkt von San Telmo (S. 58) auf Schnäppchenjagd gehen. Alle möglichen Importartikel aus der Dritten Welt gibt's für kleines Geld in der Av Pueyrredón nahe Estación Once (Karte S. 53).

Feria de Mataderos (Karte S. 53; ☎ 4342-9629, 4687-5602; www.feriademataderos.com.ar; Ecke Av de los Corrales & Lisandro de la Torre; ☼ Jan.-März Sa 18-24 Uhr, April-Dez. So 11-20 Uhr) Das *barrio* Mataderos weit draußen im Westen ist die Heimat dieses außergewöhnlichen Straßenmarkts. Die Kundschaft liebt das günstige *asado*, das tolle Angebot an Kunsthandwerks-Erzeugnissen und die traditionellen Folkloretänze. Auch *gauchos* hoch zu Ross lassen sich blicken (genaue Termine telefonisch erfragen). Der Markt ist mit den Buslinien 180 und 155 zu erreichen, Fahrtzeit ungefähr eine Stunde.

AN- & WEITERREISE

Bus

Der gigantische, dreistöckige Busbahnhof **Retiro** (Karte S. 54 f.; ☎ 4310-0700; Ecke Av Antártida Argentina & Ramos Mejía) besitzt 75 Bussteige. Im Gebäude befinden sich Cafeterien, Läden, Toiletten, eine Gepäckaufbewahrung, Filialen der Telefongesellschaft mit Internetzugang, Geldautomaten und ein rund um die Uhr geöffneter Informationskiosk, der helfen kann, wenn man sich nicht zurechtfindet. Außerdem befindet sich unterhalb von Busschalter 103 eine **Touristeninformation** (Suite L83; ☼ Mo–Fr & So 7.30–13 Uhr).

Auf der Seite gegenüber findet sich ein kurzer Auszug aus dem sehr umfangreichen Streckenangebot. Die Preise sind sehr unterschiedlich und hängen von Jahreszeit, Anbieter und Wirtschaftslage ab. Während der Ferienzeit steigen die Preise; man sollte sich Fahrkarte vorab kaufen.

Flugzeug

Die meisten Auslandsflüge starten am **Ezeiza Airport** (Karte S. 53; ☎ 5480-6111; www.aa2000.com.ar). Shuttlebusse von **Manuel Tienda León** (MTL; Karte S. 54 f.; ☎ 4314-3636; www.tiendaleon.com; Ecke Av Eduardo Madero & San Martín) fahren häufig zum/vom Flughafen Ezeiza (45 AR$, 40 Min.). Es gibt

BUSVERBINDUNGEN INNERHALB ARGENTINIENS		
Ziel	Preis (AR$)	Dauer (Std.)
Bariloche	250	21
Comodoro Rivadavia	320	24
Córdoba	125	10
Mar del Plata	79	6
Mendoza	150	15
Puerto Iguazú	180	19
Puerto Madryn	250	20
Rosario	50	5
Salta	250	21
Tucumán	250	16

BUSVERBINDUNGEN INS AUSLAND		
Ziel	Preis (AR$)	Dauer (Std.)
Asunción, Paraguay	140	18
Foz do Iguazú, Brasilien	145	19
Montevideo, Uruguay	140	10
Rio de Janeiro, Brasilien	460	42
Santiago de Chile	250	20
São Paulo, Brasilien	415	34

auch noch ein **Hostel Shuttle** (☎ 4331-4041; shuttle@hostelsuites.com), das fünfmal täglich vom Ezeiza zu bestimmten Hostels in der Innenstadt (35 AR$) und wieder zurück fährt, doch muss man hier 48 Stunden im Voraus reservieren.

Pfennigfuchser nehmen Bus 8 (2 AR$, 1½–2 Std.). Die Taxifahrt kostet inklusive Maut rund 98 AR$.

MTL verlangt 15 AR$ für die viertelstündige Fahrt zum **Aeroparque Jorge Newbery** (Karte S. 53; ☎ 5480-3000; www.aa2000.com.ar). Man kann aber auch den Stadtbus 45 von der Plaza San Martín (1,10 AR$) oder ein Taxi (rund 20 AR$) nehmen.

Argentiniens Flughafensteuer für Auslandsflüge beträgt 18 US$ (rund 60 AR$), zahlbar in Pesos, Euro, US-Dollars oder per Kreditkarte. Für Inlandsflüge beträgt sie 8 US$.

Büros einiger Fluglinien in Buenos Aires:
Aerolíneas Argentinas/Austral (Karte S. 54 f.; ☎ 0810-222-86527; Av Leandro N Alem 1134) Eine weitere Filiale in der Perú 2.
American Airlines (Karte S. 54 f.; ☎ 4318-1111; Av Santa Fe 881)
British Airways (Karte S. 54 f.; ☎ 0800-222-0075; Pellegrini 1141, 12. Stock)
Continental (Karte S. 54 f.; ☎ 0800-333-0425; Pellegrini 529)
Delta (Karte S. 54 f.; ☎ 0800-666-0133; Av Santa Fe 895)
KLM (Karte S. 54 f.; ☎ 4317-4711; San Martín 344, 23. Stock)
LADE (Karte S. 54 f.; ☎ 0810-810-5233; Perú 714)
LAN (Karte S. 54 f.; ☎ 0810-999-9526; Cerrito 866)
Transportes Aéreos de Mercosur (TAM; Karte S. 54 f.; ☎ 0810-333-3333; Cerrito 1026)
United Airlines (Karte S. 54 f.; ☎ 0810-777-8648; Av Eduardo Madero 9000)

Schiff/Fähre

Mehrmals täglich fährt **Buquebus** (Karte S. 54 f.; ☎ 4316-6500; www.buquebus.com; Ecke Av Antártida Argentina & Córdoba) mit Schnellbooten (130 AR$, 1 Std.) oder langsameren Booten (93 AR$, 3 Std.) nach Colonia. Ein Schiff pro Tag fährt auch direkt nach Montevideo (240 AR$, 3 Std.), allerdings ist es billiger, mit dem Schiff nur nach Colonia zu fahren und von dort einen Bus zu nehmen. In der Saison gibt es auch kombinierte Boots- und Busreisen nach Punta del Este, Uruguays wichtigstem Strandresort. Buquebus unterhält außerdem noch Filialen in der Av Córdoba 867 (Karte S. 54 f.) sowie in der Mall Patio Bullrich in Recoleta. Im Sommer fahren mehr Schiffe. Dann gelten aber auch höhere Preise, und es empfiehlt sich, seine Fahrkarte ein oder zwei Stunden vor Fahrtantritt zu kaufen. Deutsche, österreichische und Schweizer Staatsbürger benötigen derzeit für die Einreise nach Uruguay kein Visum (s. S. 1015).

Zug

Mit ganz wenigen Ausnahmen beschränken sich Zugreisen in Argentinien auf die Vorstädte von Buenos Aires und einige Provinzstädte. Die Bahnfahrt ist zwar billiger, doch mit den häufiger fahrenden Bussen kommt man schneller und bequemer ans Ziel.

Alle Bahnhöfe in Buenos Aires haben auch einen Anschluss an das U-Bahnnetz. Nützliche Bahnhöfe mit den dort verfügbaren Verbindungen:

Estación Constitución (Karte S. 53) Züge von Metropolitano (☎ 0800-122-358736) und Ferrobaires (☎ 4306-7919, www.ferrobaires.gba.gov.ar) fahren nach Bahía Blanca und zu Strandorten am Atlantik.

Estación Once (Karte S. 53) Züge von Trenes de Buenos Aires (☎ 0800-333-3822; www.tbanet.com.ar) nach Luján, Bahía Blanca und Strandorten am Atlantik.

Estación Retiro (Karte S. 54 f.; ☎ 4317-4400) Züge von Trenes de Buenos Aires, Metropolitano und Ferrovias (☎ 0800-777-3377; www.ferrovias.com.ar) fahren nach Tigre und Rosario.

UNTERWEGS VOR ORT
Auto & Motorrad

In Buenos Aires mit einem Mietauto herumzufahren, ist keine gute Idee. Die *porteños* drehen hinterm Lenkrad richtig durch, und dabei sollte man lieber nicht mitmachen. Außerdem ist der öffentliche Nahverkehr ausgezeichnet. Autos bieten sich allerdings an, wenn man das Land erkunden will. Gute Adressen für Mietwagen sind u. a. **Avis** (Karte S. 54 f.; ☎ 4326-5542; www.avis.com; Cerrito 1527), **New Way** (Karte S. 54 f.; ☎ 4515-0331; www.new-wayrentacar.com.ar; Marcello T de Alvear 773) und **Hertz** (Karte S. 54 f.; ☎ 4816-8001; www.hertz.com.ar; Paraguay 1138). Der Preis beträgt rund 260 AR$ inklusive 200 Freikilometer.

Weitere Informationen zum Mieten eines Autos stehen auf S. 174.

Motorräder (rund 100 US$/Tag) vermietet **Motocare** (anschl. an Karte S. 53; ☎ 4761-2696; www.motocare.com.ar/rental; Echeverría 738) im *barrio* Vicente Lopez.

Bus

An vielen Kiosks wird die Guía T (Taschenausgabe 6 AR$) verkauft, die die rund 200 Buslinien im Detail beschreibt. Der Preis bei Busfahrten ist entfernungsabhängig, beträgt aber für die meisten Strecken 1,25 AR$; zum Fahrer *„uno veinte cinco"* sagen, dann die Münzen in den Automaten hinter ihm einwerfen (Wechselgeld wird ausgegeben). Die vorderen Sitzplätze sollten für ältere Leute oder Familien mit Kindern freigehalten werden.

Wer Spanisch versteht und eine gute Karte von Buenos Aires hat, kann sich unter www.xcolectivo.com.ar über die Routen der Busse informieren.

Informationen zum Kleingeldmangel in Buenos Aires stehen im Kasten auf S. 175.

Fahrrad

In Buenos Aires haben diverse Anbieter geführte Radtouren zu ausgewählten Zielen im Programm, beispielsweise Urban Biking (s. S. 60). Sie verleihen auch Drahtesel, doch Vorsicht: In der Innenstadt betrachten Autofahrer Radler als Freiwild – dementsprechend rangieren sie in der Verkehrshierarchie ganz unten. Wer's trotzdem nicht lassen will, sollte die Radtouren auf etwas ruhigere Gebiete wie die Pflasterstraßen von San Telmo und Palermo beschränken. Geeignete Viertel sind auch Puerto Madero und die nahe Reserva Ecológica Costanera Sur. Wer auch am nächsten Tag noch herzhaft in ein Steak beißen möchte, sollte unbedingt defensiv fahren!

Taxi & Remise

Schwarzgelbe Taxis sind überall unterwegs und relativ preisgünstig. Anfang 2009 lag der Einstiegspreis bei 3,80 AR$; Trinkgelder sind nicht üblich, es wird aber gern gesehen, wenn man dem Fahrer das Wechselgeld überlässt. Wer vom Flughafen Ezeiza mit dem Taxi in die Stadt fahren möchte, sollte sich zum städtischen Taxistand (mit aushängender Preisliste) gleich hinter der ersten Reihe der Verkehrsschalter begeben. Nicht einfach in irgendein Taxi einsteigen!

Viele Stimmen warnen, dass es gefährlich sei, in Buenos Aires ein Taxi anzuhalten: Man könnte Opfer eines Raubüberfalls werden. Natürlich kann man Pech haben, aber in der Regel kann man – auch als Frau, die allein unterwegs ist, durchaus Taxis anhalten. Ein größeres Risiko besteht darin, dass der Fahrer versucht, einen übers Ohr zu hauen. Man sollte darauf bestehen, dass das Taxameter angestellt wird und nicht zu schnell läuft (regulär schaltet es nur ungefähr alle drei Blocks weiter). Hilfreich ist, wenn man weiß, wie man zu seinem Ziel kommt. Außerdem sollte man auf Blüten achten: Sie fühlen sich anders an und haben ein schlechtes oder gar kein Wasserzeichen. Schließlich empfiehlt es sich noch, möglichst passend oder aber zumindest in kleinen Scheinen zu zahlen, weil manche Fahrer sich darauf verstehen, große Scheine gegen kleine zu vertauschen oder statt des echten Geldscheins, den man ihnen gegeben hat, eine Blüte hervorzuzaubern. Allerdings darf man bei allem Misstrauen nie außer Acht lassen, dass die meisten *taxistas* ehrliche Leute sind, die schwer für ihren Lebensunterhalt arbeiten.

Wer ganz sicher gehen will, bestellt sich ein *remise* (Ruftaxi). Sie gelten als sicherer als normale Taxis, weil die Fahrer für renommierte Unternehmen fahren. Jedes Geschäft ist gern bereit, für die Kunden per Telefon ein *remise* zu rufen.

U-Bahn

Die **Subte** (www.subte.com.ar) von Buenos Aires ist ein schnelles und effizientes Verkehrsmittel. Eine Fahrt kostet nur 1,10 AR$. Für Traveller am wichtigsten sind die Líneas A, B, D und E, die vom *microcentro* in die westlichen und nördlichen Stadtbezirke fahren, außerdem die Línea C, die die Bahnhöfe Retiro und Constitución miteinander verbindet.

Die U-Bahn fährt täglich ungefähr zwischen 5 und 22.30 Uhr (sonntags und an Feiertagen zwischen 8 und 22 Uhr), werktags in dichter Zugfolge, am Wochenende mit ausgedünntem Angebot.

RUND UM BUENOS AIRES

TIGRE
Rund eine Stunde nördlich von Buenos Aires liegt dieses beliebte Ausflugsziel der *porteños*. Man kann hier am Flussufer entlangschlendern, eine entspannende Bootsfahrt im Delta des Rio Paraná machen und auf dem **Mercado de Frutos** herumstöbern. Dieser Kunsthandwerksmarkt findet täglich statt, hat aber am Wochenende am meisten zu bieten.

Tigres **Touristeninformation** (☎ 011-4512-4497; Mitre 305) befindet sich gleich neben McDonald's. In der Nähe gibt es Schalter, die Tickets für die Pendlerboote verkaufen, die auf den Wasserwegen umherschippern. Die Touristeninformation ist gut und kann einem lohnende Ziele empfehlen.

Am schnellsten und preisgünstigsten ist Tigre mit der Mitre-Linie vom Bahnhof Retiro aus (1,35 AR$, 50 Min.) zu erreichen. Mehr von der Fahrt hat man allerdings, wenn man mit dem Bus 59, 60 oder 152 bis zum Tren de la Costa fährt und dann mit dieser netten elektrischen Bahn bis nach Tigre hineingondelt.

SAN ANTONIO DE ARECO
☎ 02326 / 22 000 Ew.
Das im frühen 18. Jh. gegründete gelassene Städtchen nordwestlich von Buenos Aires ist das symbolische Zentrum der aussterbenden argentinischen Gaucho-Kultur. Hier findet auch das landesweit größte Gaucho-Fest statt, der **Día de la Tradición** alljährlich am 10. November. Historische Gebäude säumen die niedliche Plaza. Die Handwerker der Kleinstadt sind bekannt für Mate-Utensilien, *rastras* (mit Silber beschlagene Gürtel) und *facones* (Messer mit langen Klingen). Regelmäßig fahren Busse vom Busbahnhof Retiro in Buenos Aires nach San Antonio de Areco (15 AR$, 2 Std.).

URUGUAY
Sehr beliebt sind Tagesausflüge ins Nachbarland zum kleinen charmanten **Colonia del Sacramento** mit seinen Pflasterstraßen. Auch mehrtägige Trips ins nahe **Montevideo**, der Hauptstadt Uruguays, stellen kein Problem dar. Ein klasse Ziel im Sommer ist der Strandort **Punta del Este**, nur ein paar Stunden von Buenos Aires entfernt. Details zu diesen Orten stehen im Kapitel „Uruguay".

NORDOST-ARGENTINIEN

Im Nordosten wartet eine der abwechslungsreichsten Regionen Argentiniens auf die Besucher. Die Palette reicht von der dramatischen Ungezähmtheit der Iguazú-Fälle im Norden bis zum schick-kultivierten Rosario im Süden. Das Gebiet liegt zwischen dem Río Paraná und dem Río Uruguay – daher der Spitzname „Zweistromland". Spaßfaktor und Lebensunterhalt dieses Flecken Erde hängen stark von den beiden Flüssen ab. Der dünn besiedelte Chaco im Westen der Region wird dagegen oft als Argentiniens „Leeres Viertel" bezeichnet.

GESCHICHTE
Ursprünglich lebten hier die Guaraní. Der halb sesshafte Stamm pflanzte Süßkartoffeln, Mais, Maniok und Bohnen an, Flussfische ergänzten den Speiseplan. 1570 trafen die Spanier aus dem nördlichen Paraguay ein. Santa Fe wurde 1573 gegründet, Corrientes ein paar Jahre später. Kurz darauf kamen die Jesuiten und pferchten die Guaraní in 30 *reducciones* (Siedlungen) am Oberlauf des Paraná. Der Orden hoffte, die Eingeborenen durch Gebete und harte Arbeit bekehren zu können. Die *reducciones* betrieben unterdessen einen schwunghaften Handel mit selbst produzierter Yerba-Mate. Das Aus für die Jesuiten kam 1767. Karl III., der damit beschäftigt war, die Verhältnisse zu Hause in Spanien neu zu ordnen, war die wachsende Macht der Jesuiten ein Dorn im Auge: Kurzerhand wurden die Brüder aus den Americas vertrieben.

In den nebligen Dornenwäldern von Chaco und Formosa leisteten ein paar Guaraní den Neuankömmlingen weiterhin Widerstand. Die Indianer konnten sich bis 1850 halten. Dann kamen Holzfäller aus Corrientes. Sie waren auf der Suche nach dem *quebracho*-Holz der „axtbrechenden Bäume" und

NORDOST-ARGENTINIEN

ABGELEGENE NATIONALPARKS IM NORDÖSTLICHEN ARGENTINIEN

Im nordöstlichen Argentinien gibt es einige einzigartige Parks, zu denen die Anreise etwas schwierig ist, deren Besuch sich aber lohnt. Hier sind nur ein paar aufgelistet. Mehr Infos gibt's unter www.parquesnacionales.gov.ar.

- **Parque Nacional El Palmar** (☎ 03447-493053; elpalmar@apn.gov.ar; RN 14, Km 199; Eintritt 20 AR$) In dem 8500 ha großen Park, der die bedrohten Bestände der Yatay-Palme schützt, finden sich Capybaras, Nandus und giftige Grubenottern. Im Park gibt es billige Möglichkeiten zum Campen, gute Wanderwege und Schwimmstellen. Er liegt mitten zwischen Colón und Concordia an der uruguayischen Grenze, beide Orte sind von Gualeguaychú (S. 84) aus leicht zu erreichen.

- **Parque Nacional Chaco** (☎ 03725-499161; chaco@apn.gov.ar) Das Schutzgebiet umfasst 15 000 ha an Sümpfen, Palmsavannen und Beständen des verschwindenden Quebrachoholzbaums (*quebracho colorado*). Hier leben weit mehr Vögel als Säugetiere, u. a. Nandus, Jabirus, Rosalöffler, Kormorane und Karakaras – aber noch viel mehr Moskitos. Auf keinen Fall Insektenschutzmittel vergessen! Campen ist kostenlos, es gibt aber nur ganz einfache Einrichtungen. Die nächstgelegene Ortschaft ist das 5 km vom Parkeingang entfernte Capitán Solari, das von Resistencia (S. 89) aus leicht zu erreichen ist.

- **Parque Nacional Río Pilcomayo** (☎ 03718-47-0045; riopilcomayo@apn.gov.ar) In diesem 600 km² großen Park leben Kaimane, Tapire, Ameisenbären, Mähnenwölfe und jede Menge Vögel. Man findet sie vor allem rund um das Zentrum, die Laguna Blanca, in der man wegen der Piranhas allerdings nicht schwimmen kann. Hin kommt man über die kleine Ortschaft Laguna Blanca, die 9 km östlich der gleichnamigen Lagune liegt. Die Ortschaft ist von Formosa (S. 90) aus zu erreichen.

---

ihrem Tannin. Nachdem sie in der Region ordentlich aufgeräumt – oder besser gesagt, gewütet – hatten, waren nur noch wenige Guaraní übrig. Sie wurden damit beschäftigt, die neu eingeführte Baumwolle zu pflücken und Rinder zu züchten.

Mitte des 19. Jhs. war Entre Ríos für kurze Zeit eine unabhängige Republik, bis es sich der unitaristischen Koalition unter Rosas mit Sitz in Buenos Aires anschloss. Der lokale *caudillo* (Befehlshaber) Justo José Urquiza entmachtete Rosas 1852 und verpasste Argentinien schließlich eine moderne Verfassung. Danach machte der Tripel-Allianz-Krieg (1865–70) den Besitzansprüchen ein Ende, die Brasilien und Paraguay auf das Gebiet angemeldet hatten.

Ende des 19. Jhs. spielte Rosario die erste Geige in der Region und beanspruchte sogar zeitweilig den Titel als Hauptstadt. Im Hafen blühte der Handel. In der Hoffnung auf ein besseres Leben ließen sich Tausende von ehemaligen Landbewohnern hier nieder.

ROSARIO
☎ 0341 / 1 235 500 Ew.

Auch wer das Flair von Buenos Aires schätzt, wird vielleicht doch von der schieren Größe der Hauptstadt überwältigt sein. Als Therapiemaßnahme empfiehlt sich ein Besuch im nur ein paar Stunden weiter nördlich gelegenen Rosario.

In vielerlei Hinsicht – kulturell, finanziell und ästhetisch – ist die Stadt die Nummer zwei in Argentinien, allerdings nicht von der Einwohnerzahl her. Die Backpackerszene wächst langsam, aber kontinuierlich, gestützt durch die große Universität und das mit ihr verbundene Völkchen der Studenten, Künstler und Musiker.

Abends erwachen die Straßen zum Leben, und in den Bars und Clubs herrscht Hochbetrieb. Wenn am nächsten Tag dann alle aus den Federn gekrochen sind, trödelt man erst einmal zum Fluss hinunter, um mit noch mehr Musik zu relaxen.

Aber es dreht sich doch nicht alles um Spiel und Spaß. Kulturbegeisterte finden hier viele Museen und Galerien, und wer sich für Che Guevara interessiert, wird sich sein Geburtshaus nicht entgehen lassen.

Orientierung & Praktische Informationen

Der **Fernbusbahnhof** (☎ 437-2384; Cafferata 702) liegt 4 km westlich vom Stadtzentrum. Viele Regionalbusse fahren ins Zentrum. Vor dem Einsteigen holt man sich für 1,75 AR$ eine Magnetkarte bei einem Kiosk. Bus 138 macht sich am Bahnhof auf den Weg.

Die nützliche **Touristeninformation** (☎ 480-2230; Av del Huerto) befindet sich am Ufer.

Die *cambios* in der San Martín und Córdoba lösen Reiseschecks ein. Entlang der Santa Fe zwischen Mitre und Entre Ríos gibt's viele Banken und Geldautomaten.

Sehenswertes

Das ganze Jahr über gelten verschiedene Preise, Öffnungstage und -zeiten. Genaueres weiß die Touristeninformation.

Das gigantische **Monumento Nacional a la Bandera** (Flaggendenkmal; Mo 14–19 Uhr, Di–So 9–19 Uhr) hinter der Plaza 25 de Mayo beherbergt die Gruft von General Manuel Belgrano, der seinerzeit die argentinische Nationalflagge entwarf. Ein Aufzug (1 AR$) bringt Besucher bis ganz nach oben. Von hier aus ist der Blick auf Fluss und Umgebung schlicht fantastisch.

Das **Museo Histórico Provincial Dr Julio Marc** (Di–Fr 9–19, Sa & So 14–18 Uhr, Jan. geschl.) zeigt ausgezeichnete Zeugnisse von indigenen Kulturen aus ganz Lateinamerika, kolonialzeitliche und kirchliche Kunstgegenstände sowie die wohl prachtvollste Sammlung von Mate-Utensilien überhaupt. Den Schwerpunkt des **Museo Municipal de Bellas Artes Juan B Castagnino** (Ecke Av Carlos Pellegrini & Blvd Oroño; Eintritt 1 AR$; Di–Fr 9–18, Sa & So 14–20 Uhr) bilden Beispiele europäischer und argentinischer Kunst.

Der angesehene Architekt Alejandro Bustillo entwarf das Apartmentgebäude in der **Entre Ríos 480**, in dem Ernesto Guevara Lynch und Celia de la Serna 1928 nach der Geburt ihres Sohnes Ernesto Guevara de la Serna, des späteren El Che, lebten.

Wer Lust hat, an den Strand zu gehen und dabei eine entspannte, familienorientierte Atmosphäre bevorzugt, sollte den roten Bus 153 an der Ecke Corrientes und Córdoba nehmen und 6 km nordwärts bis zur Av Puccio fahren (wo der Bus landeinwärts abbiegt). Danach geht es zu Fuß auf dem Plankenweg den **Catalunya-Strand** entlang, bis man ein nettes Plätzchen gefunden hat, um sein Badetuch auszubreiten. In der Gegend gibt es auch viele Restaurants. Geht man weiter, erreicht man in 20 Minuten den Privatstrand an der **Av

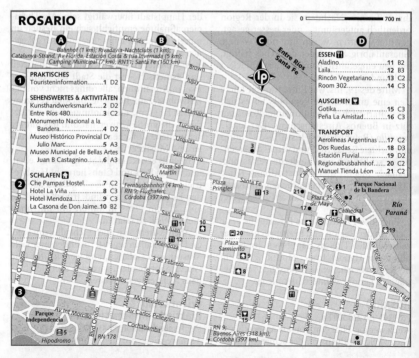

Florida (Eintritt 3 AR$), der einen breiten Sandstreifen bietet. Dahinter folgt die **Estación Costa Alta** (Schiffsanlegestelle), von der aus man per Boot in 15 Minuten über den Rio Paraná zur **Isla Invernada** übersetzen kann (hin & zurück 3 AR$). Hier findet man bewaldetere, mehr naturbelassene Strände, an denen man auch campen kann. Will man sich den Spaziergang sparen, kann man die Bootsanlegestelle auch mit Bus 103 vom Regionalbusbahnhof an der San Luis erreichen, der ganz in ihrer Nähe hält.

Wer es am Strand aktiver und lauter mag, nimmt die Fähre (einfache Strecke 7 AR$) von der Estación Fluvial (Fährhafen) zur **Isla Espinillo**. Dort gibt's eine Reihe Restaurants und Bars, Musik, Plätze, um seine Hängematte aufzuhängen, und Wassersportangebote wie Wasserski (40 AR$/Std.), Jetski (80 AR$/Std.) und Windsurfen (30 AR$/Std.).

Draußen am Flugplatz hat **Paracaidismo Rosario** (☎ 15-641-7799; www.paracaidismorosario.com.ar) einmalige Tandemsprünge und längere Kurse fürs Zertifikat im Programm.

Am Wochenende findet im Ort ein **Kunsthandswerksmarkt** in der Av Belgrano statt, südlich von der Touristeninformation.

Festivals & Events

Jedes Jahr feiert Rosario im Juni die **Semana de la Bandera** (Flaggenwoche), deren Höhepunkt am 20. Juni die Feierlichkeiten anlässlich des Todestags von Manuel Belgrano sind, dem Freiheitshelden, der die Flagge entwarf. Anfang Oktober gibt es während der **Semana del Arte** ein Poesiefestival, Theater und Comedy sowie Tanzdarbietungen. Von Mitte Oktober bis Anfang November findet an verschiedenen Orten überall in der Stadt das **Festival de Jazz** statt. Ebenfalls im November wird beim nationalen **Encuentro de las Colectividades** den verschiedenen Einwanderergruppen mit Kostümierungen, Musik und Imbissständen Tribut gezollt.

Schlafen

La Casona de Don Jaime (☎ 527-9964; www.youthhostelrosario.com.ar; Roca 1051; B/DZ 32/110 AR$) Rosarios erstes (und bestes) Hostel bietet so ziemlich das, was man von einer tollen Herberge erwartet. Es gibt gemütliche Sitzbereiche und eine Bar, eine kleine, saubere Küche, Schließfächer und jede Menge Aktivitäten.

Che Pampas Hostel (☎ 424-5202; www.chepampas.com; Rioja 812; B/EZ/DZ 40/130/140 AR$; 🖳) Das zentral gelegene, tiefrot gehaltene und mit niedrigen Möbeln ausgestattete Haus gehört zu den besseren Motels vor Ort.

Hotel La Viña (☎ 421-4549; 3 de Febrero 1244; EZ/DZ 70/100 AR$) Das verlässliche Budgethotel hat dunkle, aber pieksaubere Zimmer mit Fernseher. Die Größe der Zimmer ist sehr unterschiedlich, deswegen sollte man sich erst ein paar zeigen lassen.

Hotel Mendoza (☎ 424-6544; mendoza@arnet.com.ar; Mendoza 1246; EZ 120–200 AR$, DZ 150–220 AR$; ❄) Ausgezeichnet in der Innenstadt gelegen. Die Zimmer sind kühl und groß, die billigeren haben Ventilatoren und sind nicht renoviert.

Die naturbelassensten Campingstellen findet man auf der **Isla Invernada** (☎ 455-0285; 4 AR$/Pers.); Details zur Anreise s. S. 79. Auf dem Festland liegt 9 km nördlich der Stadt der Campingplatz **Camping Municipal** (☎ 471-4381; Stellplatz 4 AR$/Pers.), zu erreichen mit Bus 35 vom Stadtzentrum zur Barra 9.

Essen

Wer auf Entdeckungsreise gehen will, macht einfach einen Bummel auf der Av Carlos Pelligrini zwischen Maipú und Moreno. Das ist Rosarios Restaurantmeile. Zehn Straßenblocks sind hier den Grundpfeilern der argentinischen Küche gewidmet: Pizza, *parrilla*, Pasta, *tenedores libres* (All-You-Can-Eat-Buffets) und Eis. Viele Restaurants haben gleich alles im Angebot. Außerdem gibt es fast an jeder Straßenecke eine *confitería* (Café/Snackbar).

Rincón Vegetariano (Mitre 720; Buffet 13 AR$) Unter den All-You-Can-Eat-Läden ist dieser mit einer Auswahl von mehr als 50 Gerichten und etwas mehr Atmosphäre als üblich der beste für alle, die kein Fleisch essen mögen.

Aladino (Italia 969; Mittagsmenü 25 AR$) Hier isst man authentisch nahöstlich. An den Wochenenden gibt es zum Abendessen eine Show (Bauchtanz) komplett für 65 AR$. Eine billigeres und einfacheres Restaurant mit nahöstlicher Küche ist das Laila (Italia 1075; Hauptgerichte 5 AR$) einen Block weiter südlich.

Room 302 (3 de Febrero 893; Hauptgerichte 30–50 AR$; ❄ Di–Sa abends) Hier gibt's überraschend gute thailändische Gerichte und eine ausgezeichnete Auswahl an Cocktails. Fein machen, aber dabei im Rahmen bleiben.

Ausgehen & Unterhaltung

Alle Infos zur örtlichen Tangoszene stehen im kostenlosen **Rosario de Tango** (www.rosariodetango.

com). Das monatlich erscheinende Magazin listet die Kurse, *milongas* und alles auf, was sonst noch zum Tango gehört. Über allgemeine Kulturereignisse informiert die ebenfalls monatlich erscheinende Agenda Cultural. Beide Zeitschriften sind in den Hostels und der Touristeninformation erhältlich.

Gotika (Mitre 1539; Eintritt 8–20 AR$; Do–Sa 24 Std.) Der beste Danceclub in Rosarios Innenstadt befindet sich in einer renovierten Kirche. Die Musik variiert, aber Breakbeat und Drum and Bass stehen im Vordergrund.

LP Tipp Peña La Amistad (Maipú 1111; Fr & Sa 22 Uhr–open end) *Peñas* (Clubs/Bars, in denen sich die Leute zwanglos zu Fokloremusik treffen) sind neuerdings bei jungen Argentiniern wieder schwer angesagt. Diese *peña* ist als eine der ältesten und angesehensten in Rosario sehr zu empfehlen.

Die Megadisco-Szene findet sich nordwestlich der Innenstadt an der Rivadavia. Die Clubs öffnen zwar schon kurz nach Mitternacht, aber bleiben gähnend leer. Die Schlangen bilden sich erst nach 2 Uhr. Taxifahrer wissen, wohin man will; der Preis für die Taxifahrt vom Zentrum aus beträgt ungefähr 20 AR$.

Anreise & Unterwegs vor Ort

Aerolíneas Argentinas (420-8138; Córdoba 852) fliegt viermal wöchentlich nach Buenos Aires (220 AR$). **Sol** (0810-444-4765; www.sol.com.ar) fliegt täglich nach Buenos Aires (230 AR$) und Córdoba (280 AR$). Die Fahrt mit einem *remise* zum Flughafen, der 8 km außerhalb liegt, kostet rund 30 AR$.

Von Rosarios **Busbahnhof** (437-3030; www.terminalrosario.com.ar; Ecke Cafferata & Santa Fe), 4 km westlich der Stadt, fahren Busse u. a. nach Buenos Aires (58 AR$, 4 Std.), Córdoba (66 AR$, 6 Std.), Santa Fe (28 AR$, 2½ Std.), Mendoza (100 AR$, 12 Std.) und Montevideo in Uruguay (184 AR$, 10 Std.).

Manuel Tienda Léon (409-8000; www.miguelcanton.com.ar; San Lorenzo 935) bietet einen praktischen Tür-zu-Tür Shuttleservice zu den Hotels und Flughäfen von Buenos Aires (135 AR$, 4 Std.).

Vom **Bahnhof** (436-1661; Av del Valle 2700) 3 km nordwestlich vom Zentrum fahren Züge nach Buenos Aires (Mo, Do & So, 19–39 AR$, 6½ Std.), Tucumán (Mo & Fr, 31–243 AR$, 18 Std.) und Córdoba (Mo & Sa, 19–51 AR$, 8 Std.). Wegen des schlechten Zustands von Gleisen und Wagenpark sowie häufiger Verspätungen ist Zugfahren hier aber nur etwas für echte Bahnfans.

Dos Ruedas (15-571-3812; www.bikesrosario.com.ar; Zeballos 327) verleiht Fahrräder (30/45 AR$ pro Std./Tag) und veranstaltet Fahrrad- und Kajaktouren.

SANTA FE
 0342 / 506 300 Ew.

Ohne die vielen Studenten wäre Santa Fe wohl ziemlich langweilig. Ihnen verdankt die Stadt ihre gesunde Bar- und Clubszene. Und auch tagsüber gibt's immer was zu unternehmen.

Mitte des 17. Jhs. wurde die Stadt als Kopie des ursprünglichen Santa Fe La Vieja (Alt-Santa-Fe) angelegt. Gründe für die Verlegung waren u. a. feindliche indigene Stämme, Flutkatastrophen und die isolierte Lage. Im 19. Jh. fegte ein Bauboom im Pariser Stil durch Santa Fe; dazu kamen zahlreiche Gebäude neueren Datums. So haben leider nur ein paar einsame Bauten aus der Kolonialzeit überlebt, die sich vor allem in der Nähe der Plaza 25 de Mayo finden.

Orientierung

In der Av San Martín nördlich der Plaza spielt sich der Großteil des Geschäftslebens von Santa Fe ab. Der Flughafen liegt 15 km südlich der Stadt. Mit einem „A" (wie „Aeropurto") gekennzeichnete Busse fahren über San Luis und Yrigoyen (1,50 AR$, 45 Min.) dorthin. Passagiere sollten am Busbahnhof nach dem Express-Shuttlebussen von Tata Rápido oder Río Coronda zum Flughafen fragen (1,50 AR$). Taxis kosten rund 20 AR$.

Praktische Informationen

An der *peatonal* (Fußgängerzone) San Martín gibt es mehrere Geldautomaten.

Städtische Touristeninformation (457-4123; www.santafe-turistica.com.ar; Belgrano 2910) Im Busbahnhof.

Post (Av 27 de Febrero 2331)

Tourfe (Av San Martín 2500) Löst Reiseschecks gegen 3 % Bearbeitungsgebühr ein.

Sehenswertes & Aktivitäten

Manche Gebäude aus der Kolonialzeit sind mittlerweile Museen. In den Kirchen finden allerdings immer noch Gottesdienste statt, z. B. im **Templo de Santo Domingo** (Ecke 3 de Febrero & 9 de Julio) aus der Mitte des 17. Jhs. Hinter der schlichten Fassade der Jesuitenkirche **Iglesia de la Compañía** (Plaza 25 de Mayo) von 1696 verbirgt

NORDOST-ARGENTINIEN •• Santa Fe

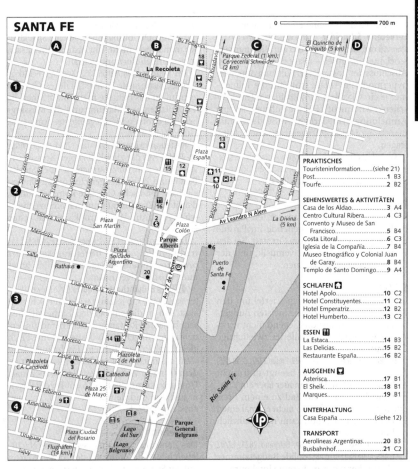

SANTA FE

PRAKTISCHES
Touristeninformation.......(siehe 21)
Post...1 B3
Tourfe...2 B2

SEHENSWERTES & AKTIVITÄTEN
Casa de los Aldao...........................3 A4
Centro Cultural Ribera....................4 C3
Convento y Museo de San
 Francisco..5 B4
Costa Litoral....................................6 C3
Iglesia de la Compañía...................7 B4
Museo Etnográfico y Colonial Juan
 de Garay...8 B4
Templo de Santo Domingo............9 A4

SCHLAFEN
Hotel Apolo....................................10 C2
Hotel Constituyentes....................11 C2
Hotel Emperatriz...........................12 B2
Hotel Humberto............................13 C2

ESSEN
La Estaca.......................................14 B3
Las Delicias...................................15 B2
Restaurante España.....................16 B2

AUSGEHEN
Asterisca..17 B1
El Sheik..18 B1
Marques..19 B1

UNTERHALTUNG
Casa España ....(siehe 12)

TRANSPORT
Aerolíneas Argentinas..................20 B3
Busbahnhof..................................21 C2

sich eine prächtige Inneneinrichtung. Die restaurierte zweistöckige **Casa de los Aldao** (Buenos Aires 2861) stammt aus dem frühen 18. Jh.

Der **Convento y Museo de San Francisco** (Amenábar 2257; Mo–Fr 8–12 & 15.30–19, Sa & So 15.30–17 Uhr) von 1680 steht südlich der Plaza 25 de Mayo. Die meterdicken Mauern von Santa Fes bekanntestem Wahrzeichen stützen ein Dach aus paraguayischem Zedernholz und Hartholzbalken. Statt Nägeln halten Holzkeile die Konstruktion zusammen. Bei den Türen handelt es sich um handgefertigte Originale, Blattgold überzieht die barocke Kanzel. Das hiesige Museum zeigt weltliche und religiöse Gegenstände aus Kolonialzeit und Republik.

Im **Museo Etnográfico y Colonial Juan de Garay** (25 de Mayo 1470; Mo–Fr 8.30–12 & 16–19, Sa & So 16.30–19 Uhr) gibt es ein maßstabsgetreues Modell von Santa Fe La Vieja. Der Clou ist jedoch der *gaucho*-„Campingstuhl": Er besteht komplett aus Rinderknochen und Leder – gruselig, aber bequem! Ausgestellt sind auch Artefakte aus der Kolonialzeit, indigene Korbflechtereien, spanisches Porzellan und ein ausgestopftes Pferd.

In der Stadt hält man große Stücke auf das neuerdings renovierte Hafenviertel mit u. a. einem Kasino, modischen Restaurants, einem Multiplex-Kino, einem Foodcourt, einer Shopping-Mall. Der Hauptgrund für einen Besuch dieses Viertels ist jedoch das **Centro Cultural Ribera** (9–21 Uhr), ein umgebauter Speicherkomplex, in dem Werke regionaler, zeitgenössischer Künstler ausgestellt werden.

Santa Fe besitzt eine eigene Brauerei, die **Cervecería Schneider** (☎ 450-2237; www.cervezaschneider.com; Calchines 1401), die ein Bier namens – originell, originell – „Santa Fe" braut. Zum Abschluss der kostenlosen Führung durch die hypermoderne Anlage gibt's für die Teilnehmer je ein Glas Bier zum Probieren (nachgeschenkt wird nicht). Für die Führung ist eine Anmeldung erforderlich. Außerdem muss man lange Hosen und geschlossene Schuhe tragen.

Costa Litoral (☎ 456-4381; www.costalitoral.net; Puerto Santa Fe) veranstaltet zweistündige Bootstouren auf dem Fluss (27 AR$/Pers.).

Festivals & Events

Santa Fes **Bierfest** findet am letzten Januar- und ersten Februarwochenende im Parque Federal, gleich nördlich vom Ort statt. Bei den Festivitäten gibt es viel Livemusik, und der Gerstensaft fließt in Strömen.

Schlafen

Im überraschend schäbigen Viertel um den Busbahnhof finden sich die meisten Budgethotels. Gefährlich ist die Gegend nicht wirklich, doch werden hier allerlei zwielichtige Geschäfte abgewickelt.

Hotel Humberto (☎ 455-0409; Crespo 2222; Zi. 50 AR$) Die Zimmer sind etwas beengt und nicht mehr die jüngsten. Da man hier aber ein Zimmer mit Fernseher und Bad zu einem Preis erhält, für den es anderswo nicht einmal einen Platz im Schlafsaal gibt, kann man wahrlich nicht meckern.

Hotel Apolo (☎ 452-7984; Belgrano 2821; EZ/DZ 70/90 AR$, ohne Bad 50/70 AR$) Solide Budgetzimmer mit Fernseher gibt's in diesem Hotel nur wenige Schritte vom Busbahnhof entfernt.

Hotel Constituyentes (☎ 452-1586; San Luis 2862; EZ/DZ 80/110 AR$) Das einen Block vom Busbahnhof entfernte Hotel hat große Zimmer mit Teppich und Fernseher. Man sollte einen Raum nach hinten nehmen, um nicht vom Straßenlärm gestört zu werden.

Hotel Emperatriz (☎ 453-0061; emperatrizhotelsf@hotmail.com; Freyre 2440; EZ/DZ 100/120 AR$, mit Klimaanlage 130/150 AR$; ❄) Die Lobby weckt mit ihren sagenhaften maurischen Fliesen Erwartungen, die die Zimmer nicht wirklich erfüllen. Sie sind aber durchaus in Ordnung.

Essen

In der Belgrano gegenüber vom Busbahnhof servieren mehrere Restaurants typisch argentinische Gerichte wie Empanadas, Pizza und *parrillada*. Der Busbahnhof hat eine Snackbar, wo man rund um die Uhr ordentliches Essen in gewaltigen Portionen erhält.

Las Delicias (San Martín 2882; Kuchen & Gebäck ab 1,50 AR$, Hauptgerichte 10–24 AR$) Dieses Café ist zwar nicht das billigste in der Stadt, aber die Tischplatten aus Marmor und die Messingbeschläge sorgen für ein gepflegtes Ambiente. Gute Backwaren.

Restaurante España (San Martín 2644; Hauptgerichte 14–25 AR$) Auf der ziemlich langen Speisekarte steht alles von Meeresfrüchten über Steaks, Pasta, und Hähnchengerichte bis zu Crepes; ein paar spanische Gerichte kommen hinzu, damit das Restaurant seinem Namen gerecht wird. Auch die Weinkarte kann sich sehen lassen.

La Estaca (Corrientes 2633; Hauptgerichte 24 AR$) Das traditionelle *parrilla* bietet angesichts der protzigen Innenstadtlage erstaunlich gutes und preisgünstiges Essen.

LP Tipp El Quincho de Chiquito (Ecke Brown & Vieytes; Menü 39 AR$) Ob jemand wirklich Fisch mag, lässt sich in diesem bei den Einheimischen sehr beliebten Restaurant leicht herausfinden, denn hier folgen auf Vorspeisen mit Fisch gleich sieben verschiedene Fischgänge. Und wem das noch nicht reicht, der kann von jedem Gang so viel nachbestellen, wie er mag. Um hinzukommen, Bus 16 am Blvd Pellegrini nehmen und dem Fahrer sagen, wo man aussteigen möchte.

Ausgehen

Das Zentrum von Santa Fes solidem Nachtleben bildet die Kreuzung der Av San Martín mit der Santiago del Estero. Die Gegend drum herum ist als La Recoleta bekannt. Hier kommen und gehen die verschiedenen Bars; man sollte sich ein bisschen umschauen, um herauszufinden, welche gerade angesagt ist. Hier ein paar Anregungen:

Marques (Ecke 25 de Mayo & Gelabert; ⏰ Mi–Sa 18 Uhr–open end) Eine der vielen Bars in der Gegend, die man vor dem Tanzen besucht. Gute Musik, schöne Menschen und Tische auf dem Bürgersteig.

El Sheik (25 de Mayo 3452; ⏰ Di–Sa 19–1 Uhr) Billige Drinks und gute Musik locken ein junges Publikum an.

Asterisca (Rivadavia 3237; ⏰ Do–Sa 18 Uhr–open end) Minimales Styling, entspannte Musik. Gut geeignet für ein paar ruhige Drinks fern der Massen und des Gedränges.

Unterhaltung

La Divina (Costanera Este s/n; Di–Sa 13 Uhr–open end; Eintritt frei–30 AR$) Die angesagte Sommerdisco der Stadt. Gespielt wird alles von Cumbia und *marcha español* (aggressive Beats, Piepsgeräusche und Sprechgesang) bis zu Mainstream-House und Techno.

Das beste Kulturzentrum der Stadt ist die **Casa España** (456-6538; www.ate.org.ar; Rivadavia 2871), in der es Theateraufführungen, Ausstellungen und Konzerte gibt.

Anreise & Unterwegs vor Ort

Aerolíneas Argentinas (452-5959; 25 de Mayo 2287) fliegt regelmäßig nach Buenos Aires (250 AR$). **Sol** (0810-444-4765; www.sol.com.ar) fliegt täglich nach Rosario (260 AR$).

Am **Informationsbüro** (457-2490; www.terminalsantafe.com) im Busbahnhof hängen die Preise für sämtliche Fahrtziele aus.

Busse fahren u. a. nach Paraná (4 AR$, 1 Std., stündl.), Rosario (28 AR$, 2½ Std.), Buenos Aires (74 AR$, 6 Std.), Corrientes (100 AR$, 9 Std.) und Posadas (149 AR$, 10 Std.).

Fernbusse fahren über Argentinien hinaus nach Rio de Janeiro in Brasilien (465 AR$, 39 Std.), Asunción in Paraguay (150 AR$, 13 Std.) und Montevideo in Uruguay (160 AR$, 11 Std.).

PARANÁ

 0343 / 279 900 Ew.

Paraná ist weniger bekannt als seine Schwesterstadt auf der anderen Seite des Flusses, dafür aber in vielerlei Hinsicht wesentlich attraktiver.

Das historische Zentrum am hügeligen Ufer des gleichnamigen Stroms ist größtenteils im Originalzustand erhalten. Die Stadt hat auch ein paar majestätische Plazas. Wie in dieser Ecke der Welt üblich, tummeln sich Nachtschwärmer am Flussufer – denn hier stehen zahlreiche Restaurants, Clubs und Bars zur Auswahl.

Orientierung

Paranás unregelmäßiger Grundriss besteht aus diversen Diagonalen, kurvigen Prachtstraßen und gewaltigen Kreuzungen. Von der Plaza Primero de Mayo (Stadtzentrum) erstreckt sich die San Martín als *zona peatonal* (Fußgängerzone) über sechs Blocks. Bus 1 fährt vom Busbahnhof quer durchs Zentrum zum Fluss.

Praktische Informationen

In der *zona peatonal* San Martín gibt's mehrere Geldautomaten.

Post (Ecke 25 de Mayo & Monte Caseros)
Städtische Touristeninformation (423-0183; Buenos Aires 132) Paranás städtische Touristeninformation unterhält Filialen am Busbahnhof und im Oficina Parque am Flussufer. Über eine sehr praktische Servicehotline (0800-555-9575) können sich die Besucher direkt vor Ort informieren.
Touristeninformation der Provinz (422-3384; Laprida 5)

Sehenswertes & Aktivitäten

Seit 1730 steht eine **Kathedrale** an der Plaza Primero de Mayo, aber das heutige Gebäude wurde erst 1885 errichtet. Als Paraná die Hauptstadt der Konföderation war, tagte der Senat im **Colegio del Huerto** an der Kreuzung 9 de Julio und 25 de Mayo.

Am westlichen Ende der Fußgängerzone San Martín sprüht das **Museo Histórico de Entre Ríos Martín Leguizamón** (Mo–Fr 9–12 & 16–20, Sa 9–12 Uhr) an der Plaza Alvear geradezu vor provinziellem Stolz. Wortgewaltig streichen die kundigen Führer die Bedeutung örtlicher *caudillos* für die argentinische Geschichte heraus. Das angrenzende, unterirdische **Museo de Bellas Artes Pedro E Martínez** (Mo–Fr 9–12 & 16–21, Sa 10.30–12.30 & 17.30–20, So 10.30–12.30 Uhr) zeigt Werke von Künstlern aus der Provinz. Beide Museen freuen sich über eine Spende in Höhe von 1 AR$.

Das moderne **Museo de la Ciudad** (Parque Urquiza; Mo–Fr 8–12 & 16–20 Uhr) widmet sich der Geschichte der Stadt und des Umlands. Im Winter hat das Museum leicht verkürzte Öffnungszeiten.

Baqueanos del Río (423-4893; Touren ab 25 AR$/Std.) organisiert wirklich faszinierende Touren auf dem Fluss und hinaus zu den Inseln. Den Schwerpunkt bilden dabei die Fauna der Gegend und der traditionelle Lebensstil der Bewohner der Inseln. Die Fahrten starten regelmäßig an der Touristeninformation am Flussufer, und zwar von Donnerstag bis Samstag zwischen 13 und 20.30 Uhr. Nach Vereinbarung sind aber auch zusätzliche Touren an anderen Tagen möglich.

Costanera 241 (423-4385; www.costanera241.com.ar; Buenos Aires 212) bietet Bootstouren auf dem Fluss, Angel- und Kajakausflüge.

Medano's Bikes (15-4290-016; medanosbikes@hotmail.com) verleiht Fahrräder und veranstaltet Fahrradtouren durch die Stadt.

Schlafen

Camping Balneario Thompson (☎ 420-1583; Bravard s/n; Stellplatz 12 AR$/Pers.) Der komfortabelste Campingplatz vor Ort ist mit den Bussen 1 und 6 („Thompson") von der Innenstadt aus gut zu erreichen.

Paraná Hostel (☎ 422-8233; www.paranahostel.com.ar; Pazos 159; B 36 AR$, DZ ohne Bad 80 AR$; 🖥) In seiner neuen, besseren Lage bietet Paranás einziges Hostel viel Klasse. Es liegt zentral, ist sauber, geräumig und gut ausgestattet.

Hotel Itatí (☎ 423-1500; hoteles_itati@hotmail.com; Belgrano 135; EZ/DZ 55/80 AR$; 🅿) Unter den Budgethotels der Innenstadt ist dieses das beste.

Paraná Hotel (☎ 423-1700; www.hotelesparana.com.ar; 9 de Julio 60; EZ/DZ 115/146 AR$; 🅿) Das Hotel hat eine schöne, stimmungsvolle Lobby und ein paar ordentliche Zimmer. Für 60 AR$ Aufpreis erhält man ein größeres und moderneres „Superior"-Zimmer.

Essen

Mit Lebensmitteln kann man sich gut auf dem **Mercado Central** (Ecke Pellegrini & Bavio) eindecken.

Bauci's Beach (Costanera s/n; Hauptgerichte 15–35 AR$) Unten am Ufer liegt dieses entspannte Lokal mit einer Terrasse, von der aus man den Fluss und ein gutes Stück des Sandstrands überblickt. Auf der Speisekarte stehen die üblichen *parrilla*-Gerichte. Hier kann man toll zum Sonnenuntergang einen Drink nehmen.

Bugatti (☎ 15-504-0770; Portside; Hauptgerichte 25–40 AR$) Auf der Karte stehen zwar keine Überraschungen – es gibt Fleisch, Hähnchen, Pasta und Fisch –, aber der Besuch lohnt sich wegen des eleganten Speisesaals in diesem umgebauten früheren Postamt. Auch wenn man nicht hungrig ist, kann man doch auf dem Balkon der Bar prima eine Verschnaufpause einlegen.

El Viejo Marino II (Av Laurencina 341; Hauptgerichte 30 AR$) Nach fünf Minuten in der Stadt erzählen einem die Leute, man solle hier unbedingt mal Fisch essen. Und bald darauf empfehlen sie einem dieses Restaurant. Und damit haben sie recht: Es geht hier laut und lustig zu, die Portionen sind gewaltig, und die Spezialitäten wie *surubí milanesa* (panierter Flussfisch, 32 AR$) sorgen dafür, dass die einheimischen Stammgäste gern wiederkommen.

Ausgehen & Unterhaltung

Am Wochenende steigt die Party in Paraná. Am meisten los ist am östlichen Ende der Uferzone in der Nähe des Hafens. Im **Kravitz** (Figueroa s/n; 🕑 Fr & Sa 22 Uhr–open end) gibt's den üblichen Mainstream-Mix aus *marcha*, House und Salsa. Auch das **Anderson** (Lineal 334; 🕑 Do–Sa) ist ein guter Ort für einen Drink und zum Tanzen, man muss aber mindestens 25 Jahre alt sein. In der Gegend gibt es noch viele weitere Bars und Discos.

Anreise & Unterwegs vor Ort

Der **Busbahnhof** (☎ 422-1282) liegt an der Ramírez zwischen der Posadas und der Moreno. Busse fahren stündlich nach Santa Fe (4 AR$, 1 Std.). Das sonstige Busangebot und auch die Preise sind ähnlich wie in Santa Fe.

GUALEGUAYCHÚ

☎ 03446 / 83 500 Ew.

Gualeguaychú ist im Sommer ein Ferienort für Familien. Dementsprechend sieht man am Fluss Männer mit nacktem Oberkörper herumlaufen, die darauf lieber verzichten sollten. Andererseits findet hier im Februar eine der ausgelassensten Karnevalsfeiern des Landes statt, wo dann junge Leute mit nacktem Oberkörper herumlaufen, die sich wirklich sehen lassen können.

Orientierung & Praktische Informationen

Die Plaza San Martín bildet das Stadtzentrum. Die **Touristeninformation** (☎ 42-2900) ist an der Plazoleta de los Artesanos zu finden. Es gibt mehrere Banken mit Geldautomaten.

Sehenswertes & Aktivitäten

An der früheren Estación Ferrocarril Urquiza am südlichen Ende der Maipú zeigt das **Museo Ferroviario** unter freiem Himmel kostenlos alte Lokomotiven, Speisewagen und eine Dampfmaschine. Der **Corsódromo** (Blvd Irazusta) neben dem Bahnhof ist der Ort, wo sich in Gualeguaychú das Karnevalsgeschehen hauptsächlich abspielt.

Überquert man den Fluss und folgt jenseits der Brücke 2 km lang der Ausschilderung, erreicht man die **Termas de Gualeguaychú** (☎ 49-9167; www.gualeguaychutermal.com.ar; RP 42, Km 2,5; Eintritt 20 AR$; 🕑 8–24 Uhr), einen beliebten Komplex mit flachen Thermalbecken, deren Wasser unterschiedliche Temperaturen hat.

Schlafen & Essen

Confiterías und Snackbars reihen sich an der Av 25 de Mayo aneinander, während sich an der *costanera* (Uferpromenade) zwischen der

> **EINREISE NACH BRASILIEN**
>
> Die kleine, recht uninteressante Ortschaft **Paso de los Libres** (area code ☎ 03722) ist das Tor zur brasilianischen Stadt Uruguaiana. Der Grenzübergang ist die zehn Blocks südwestlich der zentralen Plaza Independencia gelegene Brücke. Taxis nehmen rund 4 AR$ für die Fahrt vom Ortszentrum zum Grenzübergang, dürfen allerdings die Brücke nicht überqueren. Die Grenze ist durchgängig geöffnet. Die nächstgelegene Stadt, die im Brasilien-Kapitel vorgestellt wird, ist Porto Alegre (S. 336).
>
> Zwischen Pasos Busbahnhof und dem Zentrum liegen ein paar sehr schäbige Viertel, deswegen sollte man für die Strecke den Bus (1,25 AR$) oder ein Taxi (8 AR$) nehmen.
>
> Wenn man im Ort übernachten muss, weil der Anschlussbus erst morgen geht, empfiehlt sich das **Hotel Capri** (☎ 42-1260; Llanes s/n; EZ/DZ 50/80 AR$) gegenüber vom Busbahnhof. Zentraler gelegen und viel komfortabler ist das **Hotel Las Vegas** (☎ 42-3490; Sarmiento 554; EZ/DZ 80/120 AR$;). Barrestaurants finden sich in der Colón zwischen der Mitre und der Sitja Nia. Das beste Restaurant vor Ort ist das **Casaredo** (Madariaga 950; Hauptgerichte 20–45 AR$).
>
> Von Paso de los Libres fahren regelmäßig Busse nach Mercedes (12 AR$, 2 Std.), Buenos Aires (110 AR$, 9 Std.), Corrientes (40 AR$, 5 Std.), Santa Fe (54 AR$, 8 Std.) und zu vielen anderen Orten.

Bolívar und der Concordia die *parrillas* drängen.

Camping Costa Azul (☎ 42-3984; Stellplatz 15 AR$/Pers.) Der Platz mit Blick über den Río Gualeguaychú liegt 200 m nördlich des Puente Méndez Casariego und bietet gute Einrichtungen.

Hostel Gualeguaychú (☎ 42-4371; www.hostelgualeguaychu.com.ar; Méndez 290; B mit Frühstück 25 AR$) Das mit weitem, weitem Abstand beste der drei Hostels in der Stadt.

Hotel Alemán (☎ 42-6153; Bolívar 535; EZ/DZ 100/115 AR$;) Dieses solide Budgethotel liegt ein paar Blocks vom Fluss entfernt. Im selben Block gibt es noch weitere, ähnliche Hotels.

Aguay Hotel (☎ 42-2099; www.hotelaguay.com.ar; Av Costanera 130; EZ/DZ 230/290 AR$;) Das schönste (und am besten gelegene) Hotel der Stadt senkt seine Preise in der Nebensaison dramatisch.

Punta Obeliscos (Ecke Costanera & Bolivar; Hauptgerichte 15–30 AR$) Das Restaurant liegt direkt am Ufer und hat eine schöne, erhöhte Außenterrasse. Leider ist das Lokal meist nur im Sommer geöffnet.

Campo Alto (Ecke Costanera Nte & Concordia; Hauptgerichte 20–40 AR$) Mit seiner unter Bäumen liegenden Terrasse und gelegentlicher Livemusik hat dieses zwanglose Restaurant eine nettere Atmosphäre als die meisten.

Anreise & Unterwegs vor Ort

Der **Busbahnhof** (☎ 44-0688; Ecke Blvd Jurado & Artigas) liegt 1 km südwestlich der Innenstadt. Von hier fahren Busse u. a. nach Buenos Aires (35 AR$, 3 Std.), Paraná (39 AR$, 4 Std.) und Corrientes (100 AR$, 10 Std.). Achtung: Der Grenzübergang hinüber ins uruguayische Fray Bentos war zum Zeitpunkt unserer Recherche auf unabsehbare Zeit geschlossen.

Bicitour (Caballería 871) verleiht Fahrräder (5/40 AR$ pro Std./Tag).

YAPEYÚ

☎ 03772 / 2200 Ew.

Das entspannte Nest Yapeyú, 72 km nördlich von Paso de los Libres, hat genau zwei Attraktionen: Das Geburtshaus des Nationalhelden General José de San Martín und die Überreste einer alten Jesuitenmission. Einst hüteten hier 8000 Guaraní bis zu 80 000 Rinder. Nach der Ausweisung der Jesuiten zerstreuten sich die Indios in alle Winde, während die Mission sich allmählich in eine Ruinenlandschaft verwandelte. Das winzige Yapeyú gibt dennoch sein Bestes: Die wenigen Sehenswürdigkeiten sind wirklich erstklassig beschildert (auf Spanisch, Englisch, Portugiesisch und Guaraní).

Das **Museo de Cultura Jesuítica** neben den Missionsruinen besteht aus diversen neueren Baracken. Neben einer Sonnenuhr und ein paar Relikten aus der Missionszeit sind auch interessante Fotos ausgestellt.

Die **Casa de San Martín** beweist, wie sehr die Argentinier ihren Befreier schätzen. Das Gebäude schützt die Überreste seines Geburtshauses, von dem kaum mehr als Fundamente übrig sind.

Nahe dem Fluss finden die Gäste bei **Camping Paraíso** (☎ 49-3056; www.termasdeyapeyu.com.ar; Ecke Paso de los Patos & San Martín; Stellplatz 12 AR$/Pers.,

Bungalows EZ/DZ 70/100 AR$) gute Duschen mit Warmwasser und ein paar ausgezeichnete Bungalows. Auf dem Platz sind allerdings die Insekten ziemlich lästig, und tiefer gelegene Stellplätze können bei starkem Regen überschwemmt werden. Das **Hotel San Martín** (☎ 49-3120; Cabral 712; EZ/DZ 60/90 AR$) hat freundliche Zimmer mit Blick auf einen Innenhof.

Comedor El Paraíso (Matorras s/n; Hauptgerichte 20–35 AR$) liefert passable Gerichte. Vom Lokal aus hat man einen wunderbaren Blick auf den Fluss. Es liegt gleich neben der Casa de San Martín.

Die Busse, die von Paso de los Libres nach Posada fahren, halten dreimal täglich an dem kleinen **Busbahnhof** (Ecke Av del Libertador & Chacabuco).

RESERVA PROVINCIAL ESTEROS DEL IBERÁ

Das Naturparadies Esteros del Iberá ist durchaus mit dem Pantanal do Mato Grosso in Brasilien vergleichbar. Wasserpflanzen und Gräser, darunter auch „schwimmende Inseln" bestimmen das Erscheinungsbild des 13 000 km² großen unberührten Feuchtgebiets. An Wildtieren leben hier Reptilien, u. a. Kaimane und Anakondas, außerdem an Säugetieren Mähnenwölfe, Brüllaffen, Südamerikanische Fischotter, Pampas- und Südamerikanische Sumpfhirsche sowie Capybaras. Hinzu kommen noch mehr als 350 Vogelarten.

Vogelbeobachter und Naturfreunde aus aller Welt treffen sich im Dorf Colonia Pellegrini, 120 km nordöstlich von Mercedes, das innerhalb des Parks liegt und daher ein perfekter Ausgangspunkt für Erkundungstouren ist. Colonia Pellegrini ist mit seinen unbefestigten Straßen, wenig Verkehr und vielen Bäumen schon alleine ein nettes Ziel. Von Colonia Pellegrini aus jenseits des Damms befindet sich ein **Besucherzentrum**, wo man Informationen übers Reservat und kurze Wanderwege erhält, die man auf eigene Faust erkunden kann. Am Eingang des Dorfs gibt es eine hilfreiche **Touristeninformation** (☼ 8–13 & 14–19 Uhr), die auch Fahrräder verleiht (25/90 AR$ pro Std./Tag). Die zweistündigen **Barkassentouren** (70 AR$), die überall angeboten werden, sind ihr Geld wert. Es gibt übrigens auch nette Ausritte (20 AR$/Std.), aber vom Boot aus hat man bessere Chancen, wilde Tiere zu sehen.

Viele Hoteliers in Mercedes (der nächsten größeren Stadt) versuchen, ihren Gästen Pauschaltouren zu verkaufen, indem sie behaupten, der Ort sei ausgebucht, Hotels seien geschlossen und dergleichen. Wenn man vorab buchen und alles inklusive haben will, kann man sich darauf einlassen. Aber in Panik braucht man wahrlich nicht zu verfallen: Es sind stets mehr Betten verfügbar als Touristen vor Ort sind, und es ist leicht (und viel billiger), sich sein Zimmer, seine Verpflegung und die Touren vor Ort zu organisieren. Die Touristeninformation in Colonia Pellegrini hat eine komplette Liste der Unterkünfte und Restaurants im Ort. Und ausgezeichnete Infos findet man auch online unter www.camaraturismoibera.com.

Campen kann man auf dem **städtischen Campingplatz** (20 AR$/Pers.) in Colonia Pellegrini, der ausgezeichnete, grasbewachsene Stellplätze am Wasser bietet.

Eine Reihe von *hospedajes* (einfachen Hotels) vermieten Zimmer mit eigenem Bad für rund 50 AR$ pro Person. Am besten ist wahrscheinlich die unten am Ufer gelegene **Posada de la Luna** (☎ 03773-15628-823; Ecke Capivára & Ysypá).

Am Ende des Dorfs liegt die **Rancho Ibera** (☎ 03773-1541-2040; www.posadaranchoibera.com.ar; Zi. mit Vollpension 480 AR$/Pers.). In dem schönen Haus gibt es einfache, angenehme Zimmer. Im Preis inbegriffen sind drei ausgezeichnete Mahlzeiten und eine Exkursion pro Tag.

Von Corrientes und Paso de los Libres fahren Busse nach Mercedes. Von dort aus fahren montags bis samstags um 12 Uhr *combis* (Kleinbusse) nach Colonia Pellegrini (25 AR$, 4 Std.), die montags bis freitags um 5 und Samstags um 11 Uhr nach Mercedes zurückfahren. In Richtung Norden fährt samstags um 17 Uhr ein Bus nach Ituzaingó (50 AR$, 3 Std.), wo man Anschluss an die Busse hat, die zwischen Posadas und Corrientes fahren. Man kann sich auch zu mehreren zusammentun und eine Privatfahrt nach Virasoro (450 AR$, 3 Std.) organisieren, wo man ebenfalls Anschluss an Busse nach Posadas hat.

CORRIENTES
☎ 03783 / 360 300 Ew.

Es fällt schwer, Corrientes zu mögen, aber man kann es ja mal versuchen. Die Stadt ist groß und ernst. Sie hat ein paar ordentliche Museen und gilt als ausgesprochen teuer. Wenn die Sonne sinkt, fühlt man sich bei einem Spaziergang am Ufer vielleicht doch ganz wohl. Der einst in den letzten Zügen liegende **Carnaval Correntino** (www.carnavales

correntinos.com) ist zu neuem Leben erwacht und zieht nun bis zu 80 000 Besucher an.

Orientierung

Die Plaza 25 de Mayo bildet das Zentrum im extrem regelmäßigen Rasterplan von Corrientes. Das Wirtschaftszentrum ist die Fußgängerzone Junín zwischen Salta und Catamarca, aber das attraktivste Gebiet ist das schattige Flussufer an der Av Costanera General San Martín. Bus 106 verkehrt zwischen San Lorenzo in der Innenstadt und dem Busbahnhof.

Praktische Informationen

Rund um die 9 de Julio gibt es mehrere Banken mit Geldautomaten.

Cambio El Dorado (9 de Julio 1341) Tauscht Bargeld und löst Reiseschecks ein.

Post (Ecke San Juan & San Martín)

Städtische Touristeninformation (☎ 42-8845; Plaza JB Cabral) Liegt zentraler als die Touristeninformation der Provinz, ist aber hoffnungslos unorganisiert.

Touristeninformation der Provinz (☎ 42-7200; 25 de Mayo) Die beste Touristeninformation vor Ort.

Sehenswertes

Das Gebiet östlich der San Juan zwischen der Plácido Martínez und der Quintana ist schattig und hübsch. Das dortige **Monumento a la Gloria** ehrt die hiesige italienische Gemeinde; eine Reihe eindrucksvoller **Wandmalereien** stellen Ereignisse aus der Lokalgeschichte seit der Kolonialzeit dar.

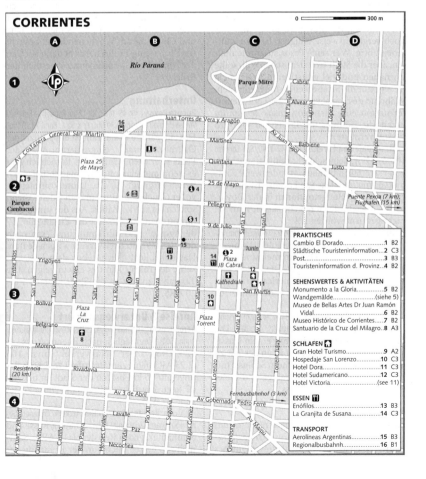

Den Schwerpunkt des **Museo de Bellas Artes Dr Juan Ramón Vidal** (San Juan 634; www.cultura corrientes.gov.ar; Di–Sa 9–12 & 18–21 Uhr) bilden Skulpturen und Ölgemälde einheimischer Künstler. Außerdem gibt es ab und an internationale Sonderausstellungen zu sehen.

Das **Museo Histórico de Corrientes** (9 de Julio 1044; Mo–Fr 8–12 & 16–20 Uhr) zeigt Waffen, Münzen und antike Möbel sowie Zeugnisse zur religiösen und weltlichen Geschichte der Stadt.

Sehenswert ist auch das **Santuario de la Cruz del Milagro** an der Belgrano zwischen der Buenos Aires und der Salta. Nach einer lokalen Legende widerstand das wundertätige Kreuz aus dem 16. Jh. Versuchen von Indios, es zu verbrennen.

Schlafen

Corrientes ist kein Spaß für Budgettraveller: Die Unterkünfte sind nicht billig, und was noch vergleichsweise billig ist, lässt zu wünschen übrig. Wer seine Pesos zusammenhalten, aber die Stadt trotzdem sehen will, sollte im nahen und viel günstigeren Resistencia (S. 89), nur die Straße weiter, unterkommen. Während des Karnevals hält die Touristeninformation eine Liste von *casas de familia* bereit, die Zimmer für 35 bis 100 AR$ pro Person vermieten.

Hospedaje San Lorenzo (42-1740; San Lorenzo 1136; Zi. 90 AR$) Klein, schlecht gelüftet, angeblich von Kakerlaken befallen, stundenweise Zimmervermietung: Das San Lorenzo ist eine der ganz wenigen Budgetoptionen in der Downtown. Aber hinterher nicht sagen, man sei nicht gewarnt worden …!

Hotel Dora (42-1053; hoteldora@hotmail.com; España 1050; Zi. 120 AR$;) Dieses Hotel ist einigermaßen akzeptabel. Die Zimmer sind recht sauber, und die Lage ist gut. Die Hotels Victoria (nebenan) und Sudamericana (um die Ecke) sind ähnliche, wenig verlockende Alternativen.

Gran Hotel Turismo (43-3174; www.ghturismo. com.ar; Entre Ríos 650; EZ/DZ 180/210 AR$;) Die Lobby empfängt die Gäste mit einem klassischen Ambiente, aber damit ist an der Tür zu den etwas verwohnten Zimmern Schluss. Immerhin hat das Haus Charakter und bietet einen Ausblick auf den Fluss.

Essen & Ausgehen

Ausschau halten sollte man nach *chipas* (knusprigem Käsegebäck) und *sopa paraguaya* (eine Pastete mit Mehl, die an Quiches erinnert). Man findet diese Spezialitäten zwar gelegentlich auch auf den Speisekarten der Restaurants, bekommt sie aber vor allem bei den diversen Straßenhändlern rund um den Busbahnhof.

La Granjita de Susana (Ecke San Lorenzo & Yrigoyen; Hauptgerichte 12–20 AR$) Das gute, preisgünstige Lokal serviert Empanadas, Burger und Steaks. Man isst an Tischen, die auf dem Bürgersteig gegenüber der Plaza JB Cabral stehen.

Enófilos (43-9271; Junín 1260; Gerichte 18–44 AR$) Manche betrachten dieses ausgezeichnete Restaurant als den einzigen Lichtblick in Corrientes. Das Essen wird sorgsam zubereitet, und es gibt einen tollen Weinkeller. Die Mittagsmenüs an Werktagen (40 AR$) sind ein Schnäppchen.

Das Nachtleben spielt sich hauptsächlich rund um die Kreuzung der Junín und der Buenos Aires ab. Dort gibt es mehrere Bars und Clubs, die am Wochenende gut besucht sind. Ein wenig Trubel herrscht dann auch an der *costanera* (Uferpromenade) westlich der Brücke.

Unterhaltung

Puente Pexoa (45-1687; RN 12 am Rondell La Rotonda Virgen de Itatí; ab 20.30 Uhr, Fr & Sa 1. Band 23.30 Uhr) Das entspannte Restaurant ist ein großartiger Ort, um *chamamé*, eine Guaraní-Abart der Polka zu erleben. Langweilig? Tatsächlich geht es sehr ausgelassen und manchmal auch heiter-vergnügt zu. Die Leute kommen in voller Gaucho-Montur, und an jedem Abend spielen bis zu vier Bands. Aus der Innenstadt nimmt man Bus 102 mit der Zielangabe „17 de Agosto" und fährt mit ihm 7 km nach draußen bis zum Kreisverkehr Virgen de Itatí. Das Lokal liegt gleich neben dem Kreisverkehr; der Fahrer kann es einem zeigen. Die Taxifahrt zurück in die Stadt kostet 15 bis 20 AR$.

Anreise & Unterwegs vor Ort

Aerolíneas Argentinas (42-3918; www.aerolineas.com; Junín 1301) fliegt täglich nach Buenos Aires (ab 430 AR$). Der Nahverkehrsbus 105 (1,25 AR$) fährt zum **Flughafen** (45-8358), der ungefähr 15 km östlich der Stadt an der RN 12 liegt. Die Fahrt mit einem *remise* kostet rund 15 AR$.

Vom **Regionalbusbahnhof** (Ecke Av Costanera General San Martín & La Rioja) fahren häufig Busse und Sammeltaxis nach Resistencia (3 AR$). Sammeltaxis fahren auch von der Kreuzung der

Santa Fe und der 3 de Abril. Vom **Fernverkehrsbusbahnhof** (☎ 47-7600; Av Maipú) fahren Busse nach Paso de los Libres (40 AR$, 5 Std.) über Mercedes (31 AR$, 3½ Std.), wo man Anschluss zum Naturschutzgebiet Esteros del Iberá hat, nach Posadas (40 AR$, 4 Std.), Formosa (20 AR$, 3 Std.), Puerto Iguazú (65 AR$, 9 Std.), Buenos Aires (90 AR$, 11 Std.) und Asunción in Paraguay (40 AR$, 6 Std.).

RESISTENCIA
☎ 03722 / 403 000 Ew.

Liebhaber der Bildhauerei fühlen sich in Resistencia sauwohl. Dank eines Gemeinschaftsprojekts der Stadtverwaltung und verschiedener Kunstorganisationen wurden in den Straßen und Parks der Stadt mehr als 500 Skulpturen aufgestellt, die sich nun jeder kostenlos anschauen kann. Das Stadtzentrum bildet die hübsche Plaza 25 de Mayo, die zahllose hohe Palmen und skurrile *palo borracho* (Florettseidenbäume) schmücken.

Orientierung
Resistencias Flughafen liegt 6 km südlich der Stadt an der RN 11; die Buslinie 3 (Zielangabe „Aeroperto/Centro") fährt zur Plaza 25 de Mayo. Die Taxifahrt kostet rund 15 AR$.

Die Buslinien 3 und 10 fahren vom Busbahnhof zur Plaza 25 de Mayo (1,50 AR$).

Praktische Informationen
Geldautomaten finden sich in der Nähe der Plaza 25 de Mayo.
Cambio El Dorado (Paz 36) Löst Reiseschecks zu vernünftigen Kursen ein.
Post (Ecke Sarmiento & Yrigoyen) An der Plaza.
Touristeninformation (☎ 42-3547; Santa Fe 178) Gut bestückt.
Touristenkiosk (☎ 45-8289; Plaza 25 de Mayo) Rund 450 m von der Touristeninformation entfernt. Bequem und praktisch.

Sehenswertes
Alle **Skulpturen** aufzuzählen, die in den Straßen und städtischen Parks stehen, würde den Rahmen dieses Führers sprengen. In der Touristeninformation erhält man eine Karte, auf der die Standorte der Werke verzeichnet sind – eine prima Gelegenheit für einen ersten Kontakt mit der Stadt. Der beste Ausgangspunkt ist das **Museo de Escultura** (Mo–Sa 8–12 & 15–20 Uhr), ein Freiluftatelier an der Nordseite des Parque 2 de Febrero. Hier sind mehrere der eindrucksvollsten Skulpturen aufgestellt, und hier kann man während der **Bienal de Escultura** (www.bienaldelchaco.com), die in jedem Jahr mit gerader Zahl in der dritten Juliwoche stattfindet, Bildhauer bei ihrer Arbeit beobachten.

El Fogón de los Arrieros (Brown 350; Eintritt 5 AR$; Mo–Sa 8–12 Uhr) ist die treibende Kraft hinter der fortschrittlichen Politik in Sachen öffentliche Kunst. Die Einrichtung ist berühmt für ihre bunt zusammengewürfelte Sammlung von Kunstobjekten aus der Provinz Chaco, dem übrigen Argentinien und der ganzen Welt.

Das **Museo del Hombre Chaqueño** (Justo 150; Mo–Fr 8–12 & 16–20, Sa 10–13 Uhr) behandelt die Kolonisierung des Chaco und bietet Exponate und Informationen zu den regionalen indigenen Kulturen der Guaraní, Mocoví, Komlek und Mataco.

Schlafen
Camping Parque 2 de Febrero (Avalos 1100; Stellplatz 10 AR$) Der Campingplatz hat ausgezeichnete Einrichtungen.

Hotel Alfil (☎ 42-0882; Santa María de Oro 495; EZ/DZ 50/80 AR$) Angesichts des Preises ist dieses Hotel erstaunlich gut. Es bietet natürlich keine besonderen Extras, ist aber durchaus charmant.

Residencial Bariloche (☎ 42-1412; Obligado 239; EZ/DZ 70/90 AR$;) Das Haus ist eine gute Option: Die Zimmer sind geräumig, sauber und ruhig und bieten Kabelfernsehen. Für 10 AR$ zusätzlich bekommt man ein Zimmer mit Klimaanlage. In den übrigen wirbeln riesige Deckenventilatoren.

Hotel Colón (☎ 42-2861; hotelcolon@gigared.com.ar; Santa María de Oro 143; EZ/DZ 100/150 AR$;) Durch die überaus schicke Lobby gelangt man zu großen, unrenovierten Zimmern. Das Haus ist einen halben Block von der Hauptplaza entfernt.

Essen
Fenix Bar (Don Bosco 133; Gerichte 12–25 AR$) Die Speisekarte bietet die üblichen Pizzas, Fleisch- und Pastagerichte, aber das Essen wird sehr nett angerichtet, und der Dekor ist stimmungsvoll und die Auswahl an Weinen wirklich ausgezeichnet.

Pizza Party (Ecke Obligado & San Martín; Pizza ab 20 AR$) Trotz des Namens ist sie die beliebteste Pizzeria vor Ort. Die Pizzas haben eine schön dünne Kruste, und man kann gemütlich in einem schattigen Hof sitzen.

Charly (Güemes 213; Gerichte rund 25 AR$) Der eigentliche Pluspunkt sind die sorgfältig zubereiteten Fleisch- und Fischgerichte, es gibt hier aber auch ausgezeichnete Salate und Weine. Wer es billiger haben will, bekommt die gleichen Gerichte zu niedrigeren Preisen in der *rotisería* des Restaurants gleich um die Ecke (Brown 71).

Mehrere attraktive *confiterías* und Eisdielen haben für eine Wiederbelebung des Gebiets nördlich und nordwestlich der Plaza 25 de Mayo gesorgt. Einen Besuch lohnt beispielsweise das **Café de la Ciudad** (Pellegrini 109; Hauptgerichte 15–30 AR$), früher eine anrüchige Bar und heute ein Bohèmecafe, in dem man etwas teure Sandwiches, Burger und Bier erhält.

Ausgehen & Unterhaltung

Bei gutem Wetter gibt es am Sonntagabend oft kostenlose, folkloristische Konzerte auf der Plaza 25 de Mayo. Im **Centro Cultural Guido Mirada** (Colón 146) werden anspruchsvolle Filme gezeigt, außerdem finden Theateraufführungen und Tanzvorführungen statt.

Clover (Ecke French & Ayucucho) Jede Stadt hat einen irischen Pub, selbst hier draußen im Chaco.

Zingara (Güemes; Mi–Sa 18 Uhr–open end) Die hippe Bar mit minimalistischem Dekor wäre auch in Mailand oder Paris nicht fehl am Platz. Auf der Getränkekarte stehen viele Cocktails.

An- & Weiterreise

Aerolíneas Argentinas (44-5550; www.aerolineas.com; Justo 184) fliegt täglich nach Buenos Aires (ab 430 AR$). Kürzlich hat **Aero Chaco** (0810-345-2422; www.aerochaco.net; Sarmiento 1685) den Flugbetrieb nach Buenos Aires, Puerto Iguazú und Cordoba aufgenommen.

Vom **Busbahnhof** (46-1098; Ecke MacLean & Islas Malvinas) pendelt ein Stadtbus (Zielangabe „Chaco–Corrientes") zwischen Resistencia und Corrientes (1 AR$). Man kann in den Bus auch vor dem Postamt an der Plaza 25 de Mayo einsteigen.

Um sich die Fahrt zum Busbahnhof zu sparen, kauft man Bustickets am besten im Vorverkauf im **telecentro** (Ecke Brown & López y Planes).

Busse von La Estrella fahren viermal täglich nach Capitán Solari nahe beim Parque Nacional Chaco (14,50 AR$, 2½ Std.). Busse fahren außerdem u. a. nach Buenos Aires (160 AR$, 13 Std.), Santa Fe (80 AR$, 7 Std.), Rosario (115 AR$, 9 Std.), Córdoba (125 AR$, 12 Std.), Salta (87 AR$, 10 Std.), Formosa (14 AR$, 2½ Std.), Posadas (40 AR$, 5 Std.), Puerto Iguazú (65 AR$, 10 Std.) und Asunción in Paraguay (40 AR$, 5 Std.).

FORMOSA

03717 / 239 800 Ew.

Die Stadt draußen am Río Paraguay erinnert viel stärker an Paraguay als die anderen Städte in der Region. Das Uferviertel wurde geschmackvoll restauriert und bietet sich bei Sonnenuntergang zu einem wunderschönen Spaziergang an. Im November wird eine Woche lang die **Fiesta del Río** gefeiert. Höhepunkt ist eine nächtliche Bootsprozession, bei der 150 Boote von Corrientes aus den Río Paraguay hinauffahren.

Hotel San Martín (42-6769; 25 de Mayo 380; EZ/DZ 90/120 AR$;) Dieses Hotel ist zwar nicht weiter interessant, aber für den Preis gut und trotz der zentralen Lage erstaunlich ruhig. Die Qualität der Zimmer ist sehr unterschiedlich, deswegen sollte man sich möglichst erst einmal im Haus umschauen.

Busse von **Mercotur** (43-1469; Lelong 899) fahren täglich um 5 und um 12 Uhr nach Clorinda, zur Laguna Naick-Neck und zur Laguna Blanca (Parque Nacional Río Pilcomayo). **Minibus Fede** (42-4430; Lelong 875) bedient die gleiche Strecke um 5, 10 und 16 Uhr (20 AR$, 2½ Std.).

POSADAS

03752 / 339 000 Ew.

Auf der Fahrt in Richtung Norden wird das Klima allmählich tropisch. Langsam aber sicher kommt der Urwald in Sicht. Posadas ist zwar hauptsächlich als Knotenpunkt von Bedeutung: Von hier aus geht's nach Paraguay und zu den Jesuitenmissionen im Norden. Dennoch ist die coole eigenständige Stadt mit ihren reizenden Plazas auch so eine Stippvisite wert. Unten am Flussufer gibt's viele Restaurants, Bars und Clubs.

Orientierung

Die Plaza 9 de Julio bildet das Zentrum des regelmäßig angelegten Rasterplans von Posadas. Vor ein paar Jahren wurden die Straßen neu nummeriert, aber da die Einwohner gelegentlich die alten verwenden, kann leicht Verwirrung entstehen. In diesem Führer sind durchgängig die neuen Adressen angegeben. Der Busbahnhof liegt fast 6 km außerhalb der Innenstadt. Zwischen Busbahnhof

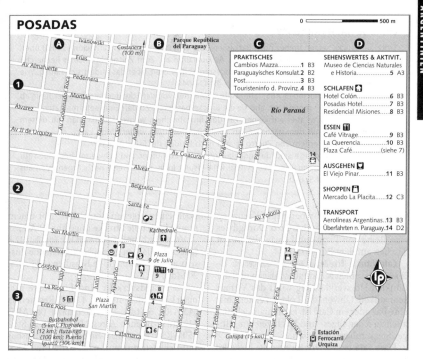

und Innenstadt sind die Busse 8, 15 und 24 unterwegs (1,40 AR$). Die Taxifahrt kostet rund 10 AR$.

Praktische Informationen

In der Innenstadt gibt's mehrere Geldautomaten.

Cambios Mazza (Bolívar 1932) Löst Reiseschecks ein.
Post (Ecke Bolívar & Ayacucho)
Touristeninformation der Provinz (☎ 555-0297; turismo@misiones.gov.ar; Colón 1985) Hat viele Broschüren vorrätig.

Sehenswertes & Aktivitäten

Die naturgeschichtliche Abteilung des **Museo de Ciencias Naturales e Historia** (San Luis 384) konzentriert sich auf Fauna, Geologie und Mineralogie der Provinz, war aber zum Zeitpunkt unserer Recherche leider geschlossen. Zum Museum gehören außerdem ein ausgezeichnetes Schlangenhaus, eine Vogelvoliere und ein Aquarium. In der geschichtlichen Abteilung liegen die Schwerpunkte auf der Vor- und Frühgeschichte, außerdem auf den Jesuitenmissionen sowie auf der modernen Kolonisierung.

In der Kühle des Nachmittags erwacht die **Costanera** zum Leben. Man sieht Jogger, Radfahrer und Leute, die ihre Hunde ausführen, während andere entspannt Mate trinken. Würstchenverkäufer preisen ihre Ware an, und Liebespaare stehen am Flussufer und blicken verträumt nach Paraguay hinüber.

Schlafen

Residencial Misiones (☎ 43-0133; Av Azara 1960; EZ/DZ 40/60 AR$) Das verfallene, einfache Hotel ist die beste Budgetoption vor Ort.

Hotel Colón (☎ 42-5085; Colón 2169; EZ/DZ 70/80 AR$) Dieses Hotel in recht guter Lage gleich an der Plaza bietet Zimmer von ordentlicher Größe. Man sollte wegen der besseren Belüftung eins im Obergeschoss nehmen.

Posadas Hotel (☎ 44-0888; www.hotelposadas.com.ar; Bolívar 1949; EZ/DZ 50/170 AR$;) Von der Inneneinrichtung her das mit weitem Abstand schönste Hotel in der Stadt. Die Zimmer sind groß, komfortabel und schön dekoriert.

Essen & Ausgehen

Will man etwas Preisgünstiges essen, ohne sich auf Überraschungen einzulassen, emp-

EINREISE NACH PARAGUAY

Trotz der Brücke setzen immer noch Barkassen über den Paraná nach Encarnación (3 AR$) über. Sie legen am Dock am östlichen Ende der Av Guacurarí ab. Zum Zeitpunkt unserer Recherche wurden die Einreiseformalitäten am Landungssteg abgewickelt, aber das ändert sich häufig. Wie es aktuell ist, erfährt man telefonisch unter ☎ 42-5044.

Busse nach Encarnación (3 AR$) fahren alle 20 Minuten von der Ecke der Mitre und der Junín ab und durchqueren die Innenstadt, ehe sie die Brücke passieren. Zu den Einreiseformalitäten muss man aussteigen, sollte aber auf keinen Fall den Busfahrschein wegwerfen, da man mit diesem nach der Kontrolle mit dem nächsten Bus in gleicher Richtung weiterfahren kann.

Busse fahren außerdem von Puerto Iguazú nach Ciudad del Este (3 AR$).

Beide Grenzübergänge sind durchgängig geöffnet. EU-Bürger und Schweizer benötigen für die Einreise nach Paraguay normalerweise kein Visum. Infos zur Einreise nach Argentinien aus Paraguay stehen auf S. 840.

---

fiehlt sich die verkehrsberuhigte Kreuzung der Bolívar mit der San Lorenzo. Dort gibt es eine Reihe von Pizza- und Pastalokalen mit Tischen auf dem Bürgersteig.

Café Vitrage (Ecke Bolívar & Colón; Hauptgerichte 12–35 AR$) Mit seinen Messingbeschlägen und der dunklen Holzverkleidung wirkt das Vitrage sehr stilvoll. Obwohl das Lokal in erster Linie eine Bar oder ein Café ist, kann man sich hier auch zu jeder Tages- und Nachtzeit ein saftiges Steak zubereiten lassen.

Plaza Café (Bolívar 1979; Hauptgerichte 20–40 AR$) Dieses Café hat die ausgefallenste Speisekarte vor Ort. Darauf stehen Tempura, Risotto und einige gute Meeresfrüchtegerichte.

La Querencia (Bolívar 322; Hauptgerichte 25–40 AR$) Das schickste *parrilla* von Posadas hat eine umfangreiche Speise- und eine sehr gute Weinkarte.

Die Balkonbar im **El Viejo Pinar** (San Lorenzo 1782) ist ein nettes Plätzchen für einen Drink unter der Woche. Am Wochenende ist unten am Ufer mehr los.

Shoppen

Der **Mercado La Placita** (Ecke Sarmiento & Av Roque Sánez Peña) bietet für jeden etwas. In der Markthalle bekommt man u. a. nachgemachte Markenschuhe, paraguayisches Kunsthandwerk und handgerollte Zigarren.

Anreise & Unterwegs vor Ort

Aerolíneas Argentinas (☎ 42-2036; www.aerolineas.com; Ecke Ayacucho & San Martín) fliegt täglich nach Buenos Aires (460 AR$).

Bus 8 fährt von der San Lorenzo (zwischen der La Rioja und der Entre Ríos) zum 12 km südwestlich der Stadt gelegenen Flughafen. Aerolíneas Argentinas betreibt außerdem noch einen eigenen Shuttlebus. Mit einem *remise* kostet die Strecke ungefähr 20 AR$.

Vom **Busbahnhof** (☎ 45-26106; Ecke Ruta 12 & Santa Catalina) fahren grenzüberschreitende Busse u. a. nach São Paulo in Brasilien (285 AR$, 20 Std.).

Im Inlandsverkehr sind Fernbusse u. a. nach Corrientes (40 AR$, 4 Std.), Resistencia (43 AR$, 5 Std.), Puerto Iguazú (45 AR$, 5½ Std.), Buenos Aires (125 AR$, 13 Std.; 150 AR$ in einer *coche-cama*, einem Luxusbus mit Schlafsitzen) und nach Salta (160 AR$, 17 Std.) unterwegs. Im Regionalverkehr fahren regelmäßig Busse nach San Ignacio Miní (8 AR$, 1 Std.).

Vom nahegelegenen Garupá fahren mittwochs und samstags Züge nach Buenos Aires (65–223 AR$, 24 Std.). 15 Minuten vor Abfahrt der Züge fährt ein Shuttlebus dorthin vom **Bahnhof** (☎ 43-6076; Ecke Madariaga & Estación) in Posadas ab.

SAN IGNACIO MINÍ

☎ 03752 / 11 200 Ew.

Die meisten Traveller besuchen San Ignacio, die liebliche Kleinstadt zwischen Posadas und Puerto Iguazú, in erster Linie wegen der großen, gut erhaltenen Ruinen der Jesuitenmission, der die Stadt ihren Namen verdankt. Wer sich hier länger aufhält, sollte sich auch die Casa de Quiroga anschauen. Wer nur einen Zwischenhalt einlegt, kann sein Gepäck während der Besichtigung der Ruinen in dem Laden an der Bushaltestelle im Ort für 4 AR$ zur Aufbewahrung geben.

Sehenswertes

In ihrer Blütezeit um das Jahr 1733 lebten in der **Jesuitenmission San Ignacio Miní** (Eintritt 25 AR$;

⊙ 7–20 Uhr) fast 4500 amerikanische Ureinwohner. Die mit Basreliefs verzierte und aus rotem Sandstein errichtete riesige Kirche ist ein Beispiel des „Guaraní-Barock", der Mischung des spanischen Barockstils mit indigenen Motiven. Neben der mit Fliesen eingedeckten Kirche befanden sich der Kirchhof sowie Kreuzgänge. Im gleichen Komplex gab es noch Unterrichtsräume, eine Küche, ein Gefängnis und Werkstätten. Rund um die Plaza de Armas erstreckten sich die Wohnquartiere. Jeden Abend um 19 Uhr gibt es eine Sound-and-Light-Show. Beim Betreten des Museums erblickt man ein paar recht bizarre Ausstellungsstücke. Achtung: Um Einlass zu finden, muss man seinen Pass vorzeigen.

Von der **Casa de Quiroga** (Quiroga s/n; Eintritt 3 AR$) am südlichen Ortsende hat man einen großartigen Blick auf den Río Paraná. Das kleine Museum zeigt Fotos, einige persönliche Besitztümer und Erstausgaben von Werken des berühmten uruguayischen Schriftstellers.

Schlafen & Essen

LP Tipp Adventure Hostel (☎ 47-0955; www.sihostel.com; Independencia 469; B/EZ/DZ 34/100/140 AR$; ✕ 💻 🐕) Das schön angelegte Hostel bietet Schlafsäle mit Klimaanlage, einen tollen Poolbereich und relaxte Hängemattenatmosphäre. Da hätte man gerne mehr davon.

Hotel San Ignacio (☎ 47-0422; Ecke Sarmiento & San Martín; EZ/DZ/Hütte 60/90/160 AR$; ✕ 💻) Dafür, dass dieses Haus ein Mix aus Hotel, Bar, Restaurant, Internetcafe, Billardsalon und Jugendtreff ist, geht's im San Ignacio doch noch recht gemächlich zu. Die Zimmer im Hauptgebäude sind makellos. In den *cabañas* (Nurdachhütten) hinter dem Haus kommen vier Personen unter; sie sind ein günstiges Angebot.

An der Rivadavia zwischen der Bushaltestelle und den Ruinen gibt es viele kleine Restaurants, die *milanesas*, Pizzas und Ähnliches servieren. Die Speisekarte des **La Aldea** (Los Jesuitas s/n; Hauptgerichte 15–25 AR$, Menüs 15 AR$) hält wenig Überraschungen bereit, aber die hintere Terrasse ist schön und außerdem ist dies eines der wenigen Lokale, in dem man hier spätabends noch etwas zu essen bekommt.

An- & Weiterreise

Der **Busbahnhof** (Av Sarmiento) befindet sich am westlichen Ortsrand, man sollte aber im Zentrum aussteigen, um sich den Weg zu ersparen. Es bestehen regelmäßige Busverbindungen nach Posadas (8 AR$, 1 Std.) bzw.

Puerto Iguazú (40 AR$, 4½ Std.), man kann aber auch den 1 km bis zur Fernstraße laufen oder mit dem Taxi fahren und dort einen Bus anhalten.

PUERTO IGUAZÚ
☎ 03757 / 34 000 Ew.

Mit der Weltklasseattraktion gleich vor der Haustür sollte Puerto Iguazú eigentlich überlaufen wirken, tatsächlich aber schluckt das Städtchen die Massen und hat sich seine entspannte, kleinstädtische Atmosphäre zumindest teilweise bewahren können. Die Wasserfälle sind natürlich das Highlight. Manche fahren direkt aus Buenos Aires hierher und kehren dann gleich wieder zurück. Wegen des ständigen Backpacker-Zustroms ist die Hostel- und Restaurantszene ausgesprochen munter.

Orientierung
Puerto Iguazús Grundriss ist zwar unregelmäßig, aber die Stadt ist so klein, dass man sich problemlos orientieren kann. Die Hauptstraße ist die diagonal verlaufende Av Victoria Aguirre.

Praktische Informationen
Banco de Misiones (Geldautomat) (Av Victoria Aguirre 330)
Post (Av San Martín 780)
Touristeninformation (☎ 42-0800; Av Victoria Aguirre 311) Unter dieser Adresse ist die Zentrale zu finden. Es gibt noch einen Touristenkiosk unten im Busbahnhof.

Schlafen
Camping El Pindó (☎ 42-1795; Stellplatz 12 AR$ zzgl. 12 AR$/Pers.) Dieser Campingplatz bei Km 3,5 der RN 12 am Stadtrand bietet gute Einrichtungen und ist mit den Nahverkehrsbussen erreichbar.

Hostel Guembe (☎ 42-1035; www.elguembehostel house.com.ar; Av Guaraní s/n; B/Zi. 35/110 AR$; ✕) Hostel mit angenehmerer Atmosphäre als die meisten anderen hier. Die Schlafsäle sind o. k. und es gibt einen hübschen Gartenbereich.

Hostel Sweet Hostel (☎ 42-4336; www.hostel sweethostel.com.ar; El Mensú 38; B/Zi. 35/120 AR$; ✕ 🐕) Hier findet man geräumige Schlafsäle, einen ausgezeichneten Pool- und Barbereich, freundliches Personal und stilvolle Doppelzimmer.

Residencial Lola (☎ 42-3954; Av Córdoba 255, EZ/DZ 50/80 AR$) Die schlichten Budgetzimmer sind wohl die günstigsten vor Ort.

Los Troncos (42-4337; www.hotellostroncosiguazu. com; San Lorenzo 154; Zi. 200 AR$;) Die Anlage in kurzer Gehentfernung vom Busbahnhof bietet ausgezeichnete Zimmer für zwei bis fünf Personen. Die schöne, grüne Umgebung und der ausgezeichnete Pool- und Terrassenbereich entschädigen für den etwas abgelegenen Standort.

Einige weitere gute Alternativen:
Marco Polo (42-5559; www.marcopoloinniguazu. com; Av Córdoba 559; B/DZ 40/140 AR$;) Großer Komplex mit gutem Pool und Bar. Im Voraus reservieren.
Residencial Los Ríos (42-5465; Av Misiones 70; EZ/DZ 80/120 AR$;) Große moderne Zimmer beim Busbahnhof. Ein preisgünstiges Angebot.
Colonial Iguazú (42-2898; Av Guaraní 57; EZ/DZ 80/120 AR$;) Hübsche, einfache Zimmer mit Blick auf einen großen Hof. Außerdem gibt's einen ziemlich großen Swimmingpool.

Essen & Ausgehen

El Andariego (Moreno 229; Hauptgerichte 15–24 AR$) Diese schlichte Nachbarschafts-*parrilla* macht gute, billige Fleisch- und Pastagerichte.

Plaza Pueblo (Av Victoria Aguirre s/n; Hauptgerichte 15–30 AR$) Das nette Freiluftlokal hat eine umfangreiche Speisekarte und serviert fußballgroße Calzone.

Terra (Av Misiones 145; Hauptgerichte 20–35 AR$) In diesem coolen kleinen Café/Restaurant erhält man ordentliche Pasta, ausgezeichnete Pfannengerichte sowie diverse asiatische Gerichte.

Ausgehen macht in Puerto Iguazú so viel Laune, dass sogar Brasilianer deswegen herkommen. Das muss man sich mal vorstellen. Besonders viel los ist an der Sechs-Straßen-Kreuzung der Av Brazil und der Av San Martín. Lohnend sind das **Cuba Libre** (Ecke Av Brasil & Paraguay) mit langer Happy Hour und gelegentlicher Livemusik sowie die alles bietende Megadisco **La Barranca** (Moreno s/n).

Anreise & Unterwegs vor Ort
BUS
Vom **Busbahnhof** (42-3006; Ecke Av Córdoba & Misiones) fahren Busse nach Posadas (45 AR$, 5½ Std.), Salta (221 AR$, 23 Std.), Buenos Aires (175 AR$, 20 Std.) und zu Orten, die auf diesen Strecken liegen. Im Nahverkehr fahren häufig Busse zum Parque Nacional Iguazú (10 AR$, 30 Min.). Grenzüberschreitend sind Busse nach Foz do Iguaçu in Brasilien (3 AR$,

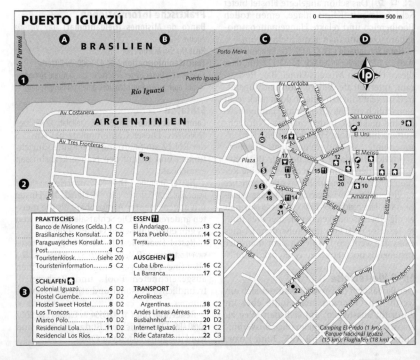

PUERTO IGUAZÚ

PRAKTISCHES		ESSEN	
Banco de Misiones (Gelda..1	C2	El Andariego...............13	C2
Brasilianisches Konsulat....2	D2	Plaza Pueblo................14	C2
Paraguayisches Konsulat...3	D1	Terra..............................15	D2
Post...................................4	C2		
Touristenkiosk...........(siehe 20)		**AUSGEHEN**	
Touristeninformation........5	C2	Cuba Libre....................16	C2
		La Barranca.................17	C2
SCHLAFEN			
Colonial Iguazú.................6	D2	**TRANSPORT**	
Hostel Guembe.................7	D2	Aerolineas	
Hostel Sweet Hostel.........8	D2	Argentinas...............18	C2
Los Troncos......................9	D1	Andes Lineas Aéreas...19	B2
Marco Polo.....................10	D2	Busbahnhof.................20	D2
Residencial Lola.............11	D2	Internet Iguazú...........21	C2
Residencial Los Ríos......12	D2	Ride Cataratas.............22	C3

> **EINREISE NACH BRASILIEN & PARAGUAY**
>
> Regelmäßig fahren Busse vom Busbahnhof in Puerto Iguazú nach Foz do Iguaçu in Brasilien (3 ARG$). Die Fahrzeuge warten, während die Passagiere die Einreiseformalitäten erledigen. Die Grenze ist rund um die Uhr geöffnet; Busse fahren jedoch nur tagsüber. Details zum Grenzübertritt von Brasilien nach Argentinien erfährt man auf S. 341.
>
> Vom Busbahnhof in Puerto Iguazú besteht auch eine regelmäßige Verbindung nach Ciudad del Este in Paraguay (3ARG$, 1 Std.). Auch in diesem Fall warten die Fahrzeuge an der Grenze, solange man sich um die Einreiseformalitäten kümmert. Informationen für Ankommende aus Paraguay s. Kasten S. 843.

35 Min.) und Ciudad del Este in Paraguay (3 AR$, 1 Std.) unterwegs.

FLUGZEUG

Aerolíneas Argentinas (☎ 42-0168; www.aerolineas.com; Av Victoria Aguirre 295) fliegt täglich nach Buenos Aires (530 AR$).

Andes Líneas Aéreas (☎ 42-2681; www.andesonline.com; Av Tres Fronteras 499, Loc 3) fliegt nach Buenos Aires (505 AR$), Córdoba (533 AR$) und Salta (533 AR$).

Neuerdings bietet **Aero Chaco** (☎ 0810-345-2422; www.aerochaco.net) Flüge nach Resistencia an, Details zu den Preisen gibt's auf der Website der Fluglinie.

Remises zum Flughafen kosten ungefähr 70 AR$. Verschiedene Unternehmen bieten Shuttlefahrten für 15 AR$ an. Im Hotel nachfragen!

Ride Cataratas (☎ 42-2815; Av Argentina 184) vermietet 105-ccm-Motorräder für 12,50/120 AR$ pro Stunde/Tag. **Internet Iguazú** (Aguirre 552) verleiht Mountainbikes für 7/40 AR$ pro Stunde/Tag.

TAXI

Für Gruppen von drei oder mehr Personen, die beide Seiten der Fälle, die Stadt Ciudad del Este und das Wasserkraftwerk Itaipú sehen wollen, kann es sich lohnen, ein Sammeltaxi oder ein *remise* zu nehmen. Für eine ganztägige Sightseeingtour kann man rund 200 AR$ veranschlagen, wobei allerdings die Visakosten nicht mitgerechnet sind. Bei Interesse Kontakt mit der **Asociación de Trabajadores de Taxis** (☎ 42-0282) aufnehmen oder einfach einen Taxifahrer ansprechen.

PARQUE NACIONAL IGUAZÚ

Wasserfälle, so meinen manche, sollen negative Ionen und damit Glücksgefühle erzeugen. Klingt unglaubwürdig? Dann ab zu den **Iguazú-Fällen** – vielleicht wird man ja dort eines Besseren belehrt: Je näher man an die Fälle herankommt, desto besser wird offensichtlich die Stimmung. Schließlich brechen alle in hemmungsloses Kichern und Quietschen aus – Erwachsene, wohlgemerkt!

Glücksgefühle sind nicht das einzige Argument für einen Besuch. Die Kraft, Größe und brachiale Geräuschkulisse der Fälle werden nur durch persönliches Erleben wirklich glaubhaft. Selbst wer tierisch früh kommt oder später am Tag (Reisegruppen gehen meistens gegen 15 Uhr), wird das Spektakel sicher nicht mutterseelenallein bestaunen können. Im **Park** (☎ 03757-49-1445; Eintritt 60 AR$; ⓥ 8–17 Uhr) tummeln sich stets zahlreiche Argentinier, Backpacker, Familien und Reisegruppen – wen interessiert's? Schaut man einmal in die „Garganta del Diablo" („Teufelsrachen"), vergisst man die Welt um sich herum sowieso.

Glaubt man einer Legende der Guaraní, sind die Iguazú-Fälle wie folgt entstanden: Ein eifersüchtiger Waldgott zürnte einem Krieger, der zusammen mit einem jungen Mädchen in einem Kanu flussabwärts flüchtete. Direkt vor dem Paar riss der Gott das Flussbett auf und schuf so die steilwandigen Wasserfälle. Das Mädchen stürzte in die Tiefe und verwandelte sich unten angekommen in einen Felsen. Von oben muss der Krieger, seitdem in der Gestalt eines Baumes gefangen, tagein tagaus auf seine gefallene Geliebte herabblicken.

Die geologische Entstehungsgeschichte der Fälle klingt dagegen schon etwas nüchterner. Im südlichen Brasilien fließt der Río Iguazú über ein Basaltplateau, das abrupt vor dem Zusammenfluss mit dem Paraná endet. Unmittelbar vor der Kante teilt sich das Wasser in etliche Kanäle, die für die diversen, ganz eigentümlichen *cataratas* (Katarakte) verantwortlich sind.

Am meisten Eindruck hinterlässt die halbkreisförmige Garganta del Diablo. Mittels Barkasse und über eine Reihe von *pasarelas* (Laufstege) erreichen Besucher den lautesten und aufregendsten Teil des Abenteuers. Ohne Zweifel unglaublich spektakulär – bleibt nur noch die Frage: Wo ist das Bungeeseil?

Trotz der Beeinträchtigung durch Entwicklungsmaßnahmen ist der 550 km² große Park ein echtes Naturwunder. In dem subtropischen Regenwald wurden bis heute über 2000 Pflanzenarten gezählt. Er ist die Heimat von unzähligen Insekten, 400 Vogelarten sowie etlichen Säugetieren und Reptilien.

Ausreichend Zeit vorausgesetzt, lohnt sich ein Abstecher auf die brasilianische Seite der Fälle. So kann man das ganze Spektakel noch mal aus einem anderen Blickwinkel genießen und sich einen tollen Gesamtüberblick verschaffen (Details s. S. 338).

Praktische Informationen

Busse machen sich in Puerto Iguazú auf den Weg und setzen Fahrgäste unterwegs am Centro de Informes ab. Neben einem kleinen Naturkundemuseum gibt's hier auch ein Fotolabor, einen Andenkenladen und viele weitere Einrichtungen. Ums leibliche Wohl kümmern sich eine Bar sowie verschiedene Restaurants und Snackbars.

Gefahren & Ärgernisse

Die Strömung des Río Iguazú ist schnell und stark. Mehr als einmal sind Touristen mitgerissen worden und vor der Isla San Martín ertrunken.

Auch die Tierwelt ist nicht ganz ohne: 1997 fiel der kleine Sohn eines Parkrangers einem Jaguar zum Opfer. Besucher sollten gebührenden Abstand zu den Großkatzen einhalten. Macht man dennoch einmal Bekanntschaft mit einem Jaguar, ist es besonders wichtig, nicht in Panik auszubrechen. Stattdessen laut, aber beruhigend auf das Tier einreden und auf keinen Fall wegrennen bzw. ihm den Rücken zukehren. Um sich größer als das Tier zu machen und es dadurch einzuschüchtern, kann man auch mit den Armen rudern oder mit Kleidungsstücken schwenken.

Sehenswertes

Bevor das eigentliche Highlight, die Iguazú-Fälle, besichtigt wird, kann man sich eine Karte schnappen und einen Blick ins Museum werfen. Vom nahen Turm hat man einen tollen Panoramablick. Wenn am fortgeschrittenen Morgen unzählige Tagesbesucher in Bussen herangekarrt werden, sollte man sich schon auf den Weg gemacht haben. Unterhalb vom Besucherzentrum legen kostenlose Barkassen zur **Isla Grande San Martín** ab, auf der man eine einzigartige Aussicht auf sich wirken lassen kann. Außerdem bietet sie eine willkommene Zuflucht vor den Menschenmassen auf dem Festland.

Von diversen *pasarelas* ist der Ausblick auf kleinere Stromschnellen und der etwas weiter entfernten **Garganta del Diablo** gigantisch. Regelmäßig klappert ein Zug vom Besucherzentrum aus die verschiedenen Attraktionen ab. An der letzten Haltestelle führt ein Fußweg zu einer Aussichtsplattform, die sich direkt am Abgrund der mächtigen Fälle befindet.

Aktivitäten

Eine Erkundung des Naturlehrpfads Sendero Macuco lohnt sich vor allem frühmorgens. Der Weg führt durch dichten Regenwald. Mittendrin zweigt ein steiler Seitenpfad zum Fuß eines verschwiegenen Wasserfalls ab. Ein weiterer Weg führt zum *bañado,* einem Sumpf voller Vögel. Für die gesamte Schleife des Sendero Macuco (6 km) braucht man ungefähr zweieinhalb Stunden.

Um andere Ziele im Wald zu erreichen, fährt man per Anhalter oder mit einem Mietwagen auf der RN 101 in Richtung des Dorfs Bernardo de Irigoyen. Diesen Teil des Parks erkunden nur wenige Besucher, man trifft hier noch auf nahezu vollständig unberührten Urwald. **Iguazú Jungle Explorer** (☎ 03757-42-1696; www.iguazujunglexpolrer.com) mit Sitz im Besucherzentrum bietet aufregende, zwölfminütige Speedboat-Fahrten unterhalb der Fälle (75 AR$) sowie Geländewagentouren auf dem Yacaratía-Trail nach Puerto Macuco.

Moonlight Walks (☎ 03757-49-1469; www.iguazu argentina.com; geführte Touren mit/ohne Abendessen 130/80 AR$) veranstaltet in den fünf Nächten rund um Vollmond Wanderungen zu den Fällen (20, 20.45 & 21.30 Uhr). Vorab telefonisch reservieren.

An- & Weiterreise

Regelmäßig fahren Busse nach Puerto Iguazú (10 AR$, 30 Min.).

NORDWEST-ARGENTINIEN

Im Nordwesten wird Argentiniens Geschichte besonders greifbar. Durch ihre Sehenswür-

NORDWEST-ARGENTINIEN

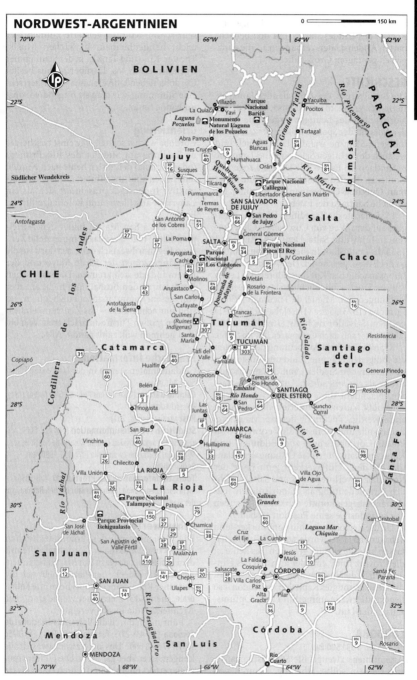

digkeiten und Einwohner ist die „indigenste" Region des Landes stärker mit den benachbarten Andenstaaten verbunden als die europäisch geprägten Großstädte.

GESCHICHTE

Die Bevölkerung der Zentralanden konzentrierte sich schon immer hauptsächlich auf den Nordwesten des heutigen Argentinien. Vor der Ankunft der Spanier lebten hier zahlreiche indigene Stämme wie die Lule südlich und westlich des heutigen Salta oder die Tonocote in Santiago del Estero. Die Diaguita zogen als Nomaden durch die Lande. Noch heute findet man Quechua-Gemeinden bis hinunter ins südliche Santiago del Estero.

1535 machte die Expedition Diego de Amagros auf dem Weg von Cusco nach Chile Station in Jujuy und Salta. Dennoch wurde erst 1553 die erste Stadt in dieser Region, Santiago del Estero, gegründet. Der Widerstand der Indios machte den Konquistadoren das Leben schwer. Doch schließlich entstanden weitere Siedlungen: San Miguel de Tucumán (1565), Córdoba (1573), Salta (1582), La Rioja (1591) und San Salvador de Jujuy (1593). Erst 100 Jahre später saß auch Catamarca fest im Sattel.

Krankheiten und Ausbeutung dezimierten die indigenen Stämme. Land und Eingeborene wurden den Siedlern von der spanischen Krone als *encomiendas* („Aufträge") überlassen. Nachdem diese ihre Wirtschaftskraft eingebüßt hatten, orientierte sich die Region anderweitig. Tucumán lieferte Maultiere, Baumwolle und Stoffe an die Bergwerke von Potosí, Córdoba wurde zum Bildungs- und Kunstzentrum. Durch die Öffnung des Atlantiks für den Schiffsverkehr zum Ende der Kolonialzeit verloren Jujuy und Salta allmählich ihre Bedeutung als Handelsposten. Tucumán dagegen konnte dank der blühenden Zuckerindustrie seine Position ausbauen.

Da die Region weiterhin vom Zucker- und Tabakanbau lebte, wurde sie von Wirtschaftskrisen besonders stark getroffen. Bis heute ist die Provinz Jujuy eine der ärmsten des Landes. Durch den boomenden Tourismus fließt dringend benötigtes Kapital in die Region – so liegt mittlerweile immerhin etwas Optimismus in der Luft.

CÓRDOBA

☎ 0351 / 1 531 500 Ew.

Argentiniens zweitgrößte Stadt ist genauso, wie sie sein sollte: lebendig, munter, von überschaubarer Größe und (teilweise) einfach sehr schön. Kulturbegeisterte können hier leicht hängenbleiben. In Sachen Musik, Theater, Kino und Tanz ist in der Stadt immer irgendwo etwas los. Darüber hinaus besitzt Córdoba sieben Universitäten – hier herrscht eine Stimmung, wie man sie nirgendwo sonst im Lande findet.

Orientierung

Córdoba wächst schnell: Die einst bescheidene Siedlung am Südufer des Río Primero (oder Sequoia) dehnt sich heute nach Norden und Süden und ins Hinterland aus. Die attraktive Innenstadt präsentiert sich als ein Labyrinth aus Plazas und kolonialzeitlichen Bauten.

Die Plaza San Martín bildet den Mittelpunkt der Stadt, aber das kommerzielle Zentrum liegt nordwestlich der Plaza dort, wo die Fußgängerzonen des 25 de Mayo und der Rivera Indarte sich kreuzen. Die städtischen Busse fahren den Busbahnhof nicht an, aber von diesem kommt man zu Fuß bequem – es sind nur acht Blocks – ins Zentrum: einfach auf den großen Turm zumarschieren. Wer ein Taxi nehmen will, zahlt rund 8 AR$.

Praktische Informationen

Geldautomaten stehen in der Nähe der Plaza San Martín.
Cambio Barujel (Ecke Buenos Aires & 25 de Mayo) Löst Reiseschecks ein.
Post (Av General Paz 201)
Städtische Touristeninformation (☎ 428-5600; www.visitecordobaciudad.com.ar; Rosario de Santa Fe 39) Es gibt noch eine Zweigstelle (☎ 433-1980) am Busbahnhof.
Touristeninformation der Provinz (☎ 428-5856) Im historischen *cabildo* (dem kolonialzeitlichen Rathaus) an der Plaza San Martín.

Sehenswertes

Die Besichtigung der kolonialzeitlichen Bauten und Denkmäler Córdobas sollte mit dem **Cabildo** an der Plaza San Martín beginnen. An der Südwestecke der Plaza erhebt sich die von einer Renaissancekuppel bekrönte **Kathedrale**, die ab 1577 errichtet wurde und viele Architekturstile in sich vereint.

Führungen durch die **Universidad Nacional de Córdoba** (☎ 433-2075; Führung 10 AR$/Pers.; ☿ Di–So 10, 11, 17 & 18 Uhr)? Das mag zwar etwas dröge klingen, ist es aber gar nicht. Die Führer sprechen perfekt Englisch und führen einen rasant

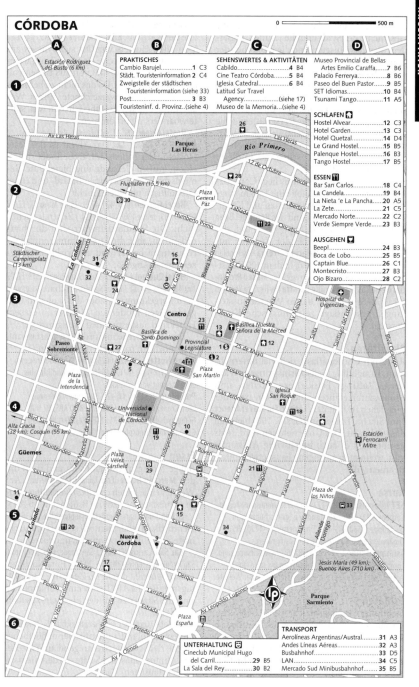

durch die Zeiten. Man erfährt viel über die Geschichte der Stadt und die Jesuiten, außerdem über das Museum und die Bibliothek der Universität.

Das **Museo de la Memoria** (San Jerónimo s/n; ☼ Di-Sa 9–12 & 14–20 Uhr) ist schaurig. Und das kann gar nicht anders sein. Das in einem früheren Internierungs- und Folterlager untergebrachte Museum dokumentiert erschütternd die Scheußlichkeiten der argentinischen Militärdiktatur, auch anhand von Fotos der oft erschreckend jungen Menschen, die in dieser Ära „verschwanden".

Südlich des Stadtzentrums liegt Córdobas **Milla Cultural** (Kulturmeile): eine 1,6 km lange Zone mit Theatern, Kunstgalerien und Kunstschulen. Die Highlights sind das **Paseo del Buen Pastor** (Av Hipólito Yrigoyen 325; ☼ 10–22 Uhr), das Werke junger, aufstrebender Künstler aus Córdoba zeigt, der **Palacio Ferrerya** (Av Hipólito Yrigoyen 551; ☼ Di–So 8–19 Uhr), in dem 400 Kunstwerke ausgestellt sind, sowie das **Museo Provincial de Bellas Artes Emilio Caraffa** (Av Hipólito Yrigoyen 651; ☼ Di–So 11–19 Uhr), das in Wechselausstellungen erstklassige zeitgenössische Kunst vorstellt.

Aktivitäten

Rund um Córdoba lässt sich viel unternehmen. Paragliding, Fallschirmspringen, Wandern, Rafting, Felsklettern, Reiten und Mountainbikefahren sind nur ein paar der möglichen Aktivitäten. **Latitud Sur Travel Agency** (mit Sitz im Tango Hostel; s. S. 100) bietet all das und mehr. Das Unternehmen wird dafür gelobt, dass es auch bereitwillig Auskünfte gibt, wenn man auf eigene Faust etwas unternehmen will.

Kurse

SET Idiomas (☎ 421-1719; www.learningspanish.com; Corrientes 21) Bietet 20-stündigen Spanischunterricht für Gruppen (560 AR$) und Einzelpersonen (1120 AR$). Organisiert auch Unterkünfte bei Gastfamilien.

Tsunami Tango (☎ 15-313-8746; www.tsunamitango. com; Lapidra 453) Hier gibt's dienstags bis samstags Tangokurse und *milongas*. Die Termine stehen auf der Website.

Schlafen

Städtischer Campingplatz (☎ 433-8012; 6 AR$/Pers.) Große, aber einfache Anlage im Parque General San Martín 13 km westlich der Innenstadt. Bus 1 fährt von der Plaza San Martín bis zum Complejo Ferial, der ungefähr 1 km vom Park entfernt ist.

Le Grand Hostel (☎ 422-7115; www.legrandshostel. com; Buenos Aires 547; B 39–50 AR$, DZ 100 AR$; ❄ 🖳) Von allen Hostels vor Ort sieht dieses am besten aus. Aber es wäre eine Irrenhaus, wenn es jemals seine Kapazität von 108 Betten voll ausschöpfen würde. Da das nicht zu befürchten ist, ist es eine ausgezeichnete Option. Wer allerdings einfach in Ruhe schlafen will, sollte woanders unterkommen.

Hostel Alvear (☎ 421-6502; www.alvearhostel.com.ar; Alvear 158; B 40 AR$; 🖳) Das Alvear ist das beste Hostel in der Innenstadt. Es befindet sich in einem großen Gebäude und bietet gute Gemeinschaftsbereiche, einen Billard- und einen Fußballtisch und vieles mehr.

Hotel Garden (☎ 421-4729; 25 de Mayo 35; EZ/DZ 80/110 AR$, deluxe 130/160 AR$; 🖳) Zentraler geht's nicht. Die Standardzimmer sind durchaus ordentlich, aber die Luxuszimmer um mehrere Stufen besser und ein wirklich ausgezeichnetes Angebot.

Hotel Quetzal (☎ 422-9106; San Jerónimo 579; EZ/DZ 100/150 AR$; ❄ 🖳) Die Nachbarschaft ist etwas heruntergekommen, aber die sauberen und geräumigen modernen Zimmer in diesem Hotel sind ausgesprochen preisgünstig.

Die Hostelszene in Córdoba wächst rasant. Hier noch ein paar gute Alternativen:

Tango Hostel (☎ 425-6023; www.latitudsurtrek.com. ar; Rivera 70; B/DZ 36/100 AR$; 🖳) Freundlich, aber etwas beengt und recht laut.

Palenque Hostel (☎ 423-7588; www.palenque hostel.com.ar; Av General Paz 371; B 40 AR$, DZ mit Gemeinschaftsbad 100 AR$; 🖳) Residiert in einem alten Gebäude mit Atmosphäre und Klasse.

Essen

Billige Mittagsmenüs gibt's im und rund um den **Mercado Norte** (Ecke Tablada & San Martín). Am Wochenende bieten *choripan*-Verkäufer saftige spanische Chorizos im Brötchen für 6 AR$.

La Candela (Duarte Quirós 69; Hauptgerichte 12–15 AR$) Der rustikale Studententreff serviert schmackhafte und billige Empanadas und *locro*.

Bar San Carlos (Plazoleta San Roque, Ecke Salgüero & San Jerónimo; Hauptgerichte 12–20 AR$) Eine Nachbarschafts-*parrilla* direkt im Zentrum. Die Mittagsmenüs (12 AR$) sind ein Schnäppchen, und die Sitzplätze auf der Plaza ein zusätzliches Plus.

La Zete (Corrientes 455; Hauptgerichte 15–25 AR$) In diesem Lokal mit authentischer nahöstlicher Küche riecht es appetitanregend, und die Kebabs, Empanadas und Salate werden niemanden enttäuschen.

Verde Siempre Verde (9 de Julio 36; Hauptgerichte 15–25 AR$) Hier gibt's frisch zubereitete köstliche, überwiegend vegetarische Gerichte, hausgebackenes Brot und Vollkornpasta.

La Nieta 'e La Pancha (☎ 468-1920; Belgrano 783; Hauptgerichte 25–35 AR$; abends) Die Karte dieses ausgezeichneten Restaurants bietet leckere regionale Spezialitäten, kreative Pastagerichte und Spezialitäten des Hauses. Am besten schnappt man sich einen Tisch auf der schönen Terrasse im Obergeschoss.

Ausgehen

Córdobas Lieblingsdrink ist der Fernet, der starke, bittere italienische Kräuterschnaps. Fast immer mixt man ihn hier mit Cola.

Für einen Kneipenbummel bietet sich die Calle Rondeau zwischen der Independencia und der Ituzaingo an: In diesen beiden Blocks gibt's jede Menge Bars. Einen guten Start in den Abend verspricht das **Boca de Lobo** (Rondeau 157), wenn man dort einen Platz bekommt.

Etwas kantiger geht's im **Ojo Bizaro** (Igualdad 176; Mi–Sa 23 Uhr–open end) zu, wo in vier abgefahren herausgeputzten Räumen DJs diversen Electrotrash der 1980er-Jahre und alle möglichen anderen Underground-Richtungen auflegen.

Die meisten Discos liegen nördlich vom Zentrum in der Av Las Heras. Die Musik ist sehr unterschiedlich; man sucht sich einfach einen Laden, wo sie einem gefällt. Außerdem auf Leute achten, die Freikarten ausgeben. Im **Captain Blue** (Las Heras 124) wird es oft richtig voll, vor allem wenn Bands auftreten; es gibt aber noch viele andere Clubs in der Gegend.

Die beste Disco in der Innenstadt ist das **Montecristo** (27 de Abril 350; Eintritt 10–25 AR$); spät kommen und schick anziehen. Das nahe gelegene **Beep!** (Sucre 171; Eintritt inkl. Getränk 10 AR$) ist ein empfehlenswerter Schwulenclub.

Unterhaltung

Am Freitagabend steigt (bei gutem Wetter) die Patio del Tango (Eintritt 3 AR$, mit Tanzkurs 6 AR$) im historischen *cabildo*. Den Anfang machen zweistündige Tangokurse.

Kein Wunder, dass man hier vielerorts live *cuarteto* hört: Diese Form der argentinischen Popmusik stammt schließlich aus Córdoba. Allerdings ist es der Gangsta-Rap der argentinischen Musikszene und zieht auch entsprechend unerfreuliche Zeitgenossen an. **La Sala del Rey** (Primero 439) ist eine respektable Veranstaltungsstätte und der beste Ort, um eine *cuarteto*-Show zu erleben. Sonntags tritt hier die ultrapopuläre Band La Barra auf.

Künstlerisch anspruchsvolle Filme für ganz wenig Geld gibt's im **Cineclub Municipal Hugo del Carril** (www.ccmunicipal.org.ar; Blvd San Juan 49; Eintritt 10 AR$; Kasse 9 Uhr–open end).

An- & Weiterreise

BUS

Von Córdobas **Busbahnhof** (☎ 433-1988; Blvd Perón 380) fahren Busse nach Tucumán (96 AR$, 11 Std.), Buenos Aires (95 AR$, 10 Std.), Mendoza (100 AR$, 10 Std.), Posadas (180 AR$, 15 Std.) und Salta (165 AR$, 13 Std.) sowie grenzüberschreitend u. a. nach Florianópolis in Brasilien (421 AR$, 32 Std.), Montevideo in Uruguay (210 AR$, 16 Std.) und nach Santiago de Chile (185 AR$, 16 Std.).

FLUGZEUG

Aerolíneas Argentinas/Austral (☎ 482-1025; www.aerolineas.com; Av Colón 520) fliegt regelmäßig nach Buenos Aires (ab 415 AR$). **LAN** (☎ 0810-999-9526; www.lan.com.ar; San Lorenzo 309) bedient die gleiche Strecke für 360 AR$.

Sol (☎ 0810-444-4765; www.sol.com.ar) fliegt nach Rosario (280 AR$) und Mendoza (268 AR$).

Andes Líneas Aéreas (☎ 426-5809; www.andesonline.com; Av Colón 532) fliegt nach Salta (355 AR$), Buenos Aires (398 AR$) und Puerto Iguazú (533 AR$).

Neuerdings fliegt **Aero Chaco** (☎ 0810-345-2422; www.aerochaco.net) nach Resistencia. Die Preise standen aber bei Redaktionsschluss noch nicht fest.

Der **Flughafen** (☎ 465-0392) liegt ungefähr 15 km nördlich der Stadt. Dorthin fährt der Bus A5 (Zielangabe „Aeropuerto") von der Plaza San Martín. Vor Fahrtantritt am Kiosk einen *cospel* (Wertmarke) für 1,25 AR$ kaufen. Die Taxifahrt zum Flughafen kostet ungefähr 20 AR$.

ZUG

Von Córdobas **Estación Ferrocarril Mitre** (☎ 426-3565; Blvd Perón s/n) fahren Züge nach Buenos Aires (41–240 AR$, 15 Std.) über Rosario. Tickets weit im Voraus buchen.

Die Züge nach Cosquín (6 AR$, 2 Std., tgl. 10.25 & 16.25 Uhr) fahren von der **Estación Rodriguez del Busto** (☎ 568-8979) am nordwestlichen Stadtrand. Dorthin fahren von der Plaza im Zentrum die Busse A4 und A7; die Taxifahrt zu diesem Bahnhof kostet 15 AR$.

ABSTECHER: COSQUÍN

Der verschlafene kleine Ort hoch in den Hügeln, 55 km von Córdoba entfernt, erwacht einmal im Jahr während des weltberühmten, neuntägigen **Festival Nacional del Folklore** (www.aquicosquin.org) zu vollem Leben. Seit 1961 findet das Festival alljährlich im Januar statt. Abgesehen davon ist hier nicht gerade etwas los; immerhin aber gibt's den **aerosilla** (Sessellift; 18 AR$) auf den 1260 m hohen Cerro Pan de Azúcar, 15 km außerhalb des Ortes. Von der Spitze des Berges hat man einen großartigen Blick ins Tal. Die Taxifahrt kostet einschließlich Wartezeit 65 AR$.

Zu den Hotels vor Ort zählen die einfache **Hospedaje Remanso** (☎ 03541-45-2681; Paz 38; EZ/DZ 60/100 AR$) und die komfortablere **Hospedaje Siempreverde** (☎ 03541-45-0093; www.cosquinturismo.com.ar; Santa Fe 525; EZ/DZ 100/120 AR$). Während des Festivals eine Unterkunft zu bekommen, kann schwierig werden: Entweder man bucht früh oder muss gegebenenfalls von Córdoba aus pendeln.

Die San Martín ist zwischen der Plaza und dem Stadion voller Cafés, Restaurants und *parrillas* gesäumt. **La Casona** (Ecke Corrientes & San Martín; Hauptgerichte 12–25 AR$) hat gute hausgemachte Pasta und die üblichen *parrilla*-Speisen. **Mama Rosa** (Ecke Perón & Catamarca; Hauptgerichte 25–35 AR$) ist das wohl beste Restaurant im Ort.

Nach Córdoba fahren häufig Busse (8 AR$, 1½ Std.).

RUND UM CÓRDOBA

Vom **Mercado Sud Minibusbahnhof** (Blvd Illia), nahe der Buenos Aires, fahren häufig Minibusse nach Cosquín, Jesús María und Alta Gracia.

Jesús María
☎ 03525 / 27 500 Ew.

Nachdem sie ihr Betriebskapital vor der Küste Brasiliens an Piraten verloren hatten, bauten die Jesuiten zur Kolonialzeit in Jesús María Wein an und verkauften ihn, um damit ihre Universität in Córdoba zu finanzieren. Die kleine Stadt liegt 51 km nördlich von Córdoba und ist über die RN 9 bequem zu erreichen.

Wer sich nur eine Jesuitenmission anschauen möchte, ist mit dem **Museo Jesuítico Nacional de Jesús María** (Eintritt 5 AR$) bestens bedient. Obwohl leicht zu erreichen, befindet sich die Anlage in einer friedvollen, ländlichen Umgebung. Sie ist wunderbar restauriert und steckt voller Artefakte. Aus irgendeinem Grund gibt es im Obergeschoss eine Ausstellung mit zeitgenössischer Kunst. Hinter dem Haus können Besucher interessante antike Kelterwerkzeuge in Augenschein nehmen.

Busse fahren zwischen Córdoba und Jesús María (7 AR$, 1 Std.).

Alta Gracia
☎ 03547 / 43 000 Ew.

Das in der Kolonialzeit gegründete Alta Gracia liegt nur 35 km südwestlich von Córdoba. Die Bergstadt ist äußerst geschichtsträchtig: Die Liste der berühmten Einwohner reicht von jesuitischen Pionieren bis zum Vizekönig Santiago Liniers, vom spanischen Komponisten Manuel de Falla bis zum Revolutionär Ernesto „Che" Guevara. Die Touristeninformation befindet sich im Uhrenturm gegenüber vom Museum Virrey Liniers. Hier ist auch ein guter Stadtplan erhältlich.

Zwischen 1643 und 1762 errichteten die Jesuiten die **Iglesia Parroquial Nuestra Señora de la Merced** am Westrand der zentralen Plaza Manuel Solares. Die ehemaligen Jesuiten-Werkstätten **El Obraje** aus dem Jahr 1643 beherbergen heute eine öffentliche Schule. Liniers war einer der letzten Vizekönige von Río de la Plata. Er residierte im Gebäude des heutigen **Museo Histórico Nacional del Virrey Liniers** (www.museoliniers.org; Eintritt 15AR$; Di–Fr 9–13 Uhr & 16–20 Uhr, Sa, So & Feiertage 9.30–12.30 & 17–20 Uhr) neben der Kirche.

Die Familie Guevara wohnte in den 1930er-Jahren in mehreren Häusern, aber ihr wichtigstes Domizil war die **Villa Beatriz**, die jetzt das **Museo Casa Ernest „Che" Guevara** (Avellaneda 501; Eintritt 5 AR$, Mi frei; ⏲ tgl. 9–19 Uhr, im Winter Mo 14–19 Uhr) beherbergt. Das Museum konzentriert sich stark auf die Jugendjahre der Revolutionsikone. Nach den Fotos zu urteilen, war Che schon mit sechzehn ein ziemlich engagierter junger Mann und sah mit zwanzig schon sehr eindrucksvoll aus. Anrührend sind die Briefe, die Che gegen Ende seines Lebens an seine Eltern und Kinder schrieb.

Ausritte ins Umland kann man mit **Turismo Ecuestro** (☎ 43-2067; Liniers 158) unternehmen. **Rent-a-bike** (☎ 43-2116; www.altagraciabike.com.ar; Sarmiento 406) verleiht, wie man wohl leicht vom

Namen schließen kann, Fahrräder (5/40 AR$ pro Std./Tag).

Das **Altagracia Hostel** (☎ 42-8810; Paraguay 218; B 35 AR$) bietet geräumige, saubere Schlafsäle. Das Hostel steht ein paar Blocks bergab vom Uhrenturm.

Die langen, schmalen Zimmer im **Hostal Hispania** (☎ 42-6555; Vélez Sársfield 57; EZ/DZ 70/100 AR$; ⌘) sind supermodern und liegen um einen hübschen Gartenbereich mit einem schön gefliesten Swimmingpool. Viele der Zimmer haben Balkone.

Parrillas und Straßencafés säumen die Av Belgrano ein paar Blocks unterhalb der Estancia. Draußen bei Ches Haus serviert das **Sol de Polen** (☎ 42-7332; www.hectorcelano.com.ar; Avellenada 529; Hauptgerichte 20–30 AR$) gute, kubanisch angehauchte Mittagsmenüs. Nach hinten hinaus gibt es auch ein paar einfache Zimmer (DZ 100 AR$).

Vom/zum **Busbahnhof** (Ecke Perón & Butori) fahren alle 15 Minuten Busse nach/von Córdoba (6 AR$, 1 Std.). Man kann sie aber auch bei ihrem Weg durch die Stadt herbeiwinken.

LA RIOJA

☎ 03822 / 181 400 Ew.

Die Siesta ist hier heilig: Zwischen 12 und 17 Uhr ist *überall* der Rollladen unten – nur Buchläden haben offen, warum auch immer. Sobald die Sonne langsam hinter den Bergen der Umgebung verschwindet, verlassen die Einwohner ihre Häuser. Dann verbreitet die Stadt mit ihren drei herrlichen Plazas im Zentrum eine lebendige und erfrischende Atmosphäre.

Am Fuß der Sierra del Velasco gründete Juan Ramírez de Velasco im Jahr 1591 Todos los Santos de la Nueva Rioja (154 km südlich von Catamarca). 1894 machte ein Erdbeben viele Gebäude dem Erdboden gleich. Der Ladenbezirk im Umkreis der Plaza 25 de Mayo wurde jedoch im Stil der Kolonialzeit wieder aufgebaut.

Praktische Informationen

La Riojas **Touristeninformation** (☎ 42-6345; www.larioja.gov.ar/turismo; Luna 345; 8–21 Uhr) bietet einen ordentlichen Stadtplan, gute Infos zu Unterkünften und kiloweise Broschüren über andere Ziele in der Provinz.

Wechselstuben zum Geld umtauschen gibt es in La Rioja nicht, aber mehrere Banken haben Geldautomaten. Die **Post** ist in der Perón 764 zu finden.

Sehenswertes

Das **Museo Folklórico** (Luna 811; Mo–Sa 8–13 & 17.30–21 Uhr) befindet sich in einem wunderschönen Haus aus dem 19. Jh. Es zeigt Keramikfiguren mythologischer Gestalten der örtlichen Folklore, Gaucho-Utensilien und farbenfrohe Webereien. Das **Museo Inca Huasi** (Alberdi 650; Mo–Sa 8–13 & 17.30–21 Uhr) birgt über 12 000 Exponate, von Werkzeugen und Artefakten bis zu Keramiken und Webereien der Diaguita. Beide Museen erbitten eine Spende von 5 AR$.

Der **Convento de San Francisco** (Ecke 25 de Mayo & Bazán y Bustos) beherbergt das „Niño Alcalde": Diese Ikone des Jesuskinds amtiert symbolisch als Bürgermeister der Stadt. In der **Kathedrale** (Ecke San Nicolás & 25 de Mayo) findet sich das ebenfalls hochverehrte Bildnis des Schutzheiligen der Stadt, des hl. Nikolaus von Bari.

Festivals & Events

Die Zeremonie **El Tinkunako** stellt am 31. Dezember die Vermittlung San Francisco Solanos zwischen den Diaguita und den Spaniern nach. Unter zwei Bedingungen erklärte sich der Stamm 1593 bereit, Frieden zu schließen: Der spanische Bürgermeister sollte abtreten und durch das Niño Alcalde („kindlicher Bürgermeister"; s. oben) ersetzt werden.

Schlafen

Die Unterkünfte in La Rioja kranken an zwei Problemen: Sie sind zu teuer und häufig ausgebucht. Die Touristeninformation führt eine Liste von Familien, bei denen man ein ordentliches Zimmer mit eigenem Bad bekommt (EZ/DZ 50/70 AR$).

Country Las Vegas (Stellplatz 10 AR$/Pers.) Der Campingplatz liegt bei Km 8 an der RN 75 westlich der Stadt, zu erreichen mit dem Stadtbus 1, der auf der Perón in Richtung Süden fährt.

Hotel Mirasol (☎ 42-0760; Rivadavia 941; EZ/DZ 50/90 AR$) Nicht berauschend, aber eine durchaus gute Budgetoption in ausgezeichneter Innenstadtlage.

Gran Hotel Embajador (☎ 43-8580; www.granhotelembajador.com.ar; San Martín 250; EZ/DZ 65/85 AR$; ⌘) Die vom Preis-Leistungs-Verhältnis beste Mittelklasseunterkunft vor Ort. Einige Zimmer im Obergeschoss haben Balkone.

Pensión 9 de Julio (☎ 42-6955; Ecke Copiapó & Vélez Sársfield; EZ/DZ 70/100 AR$) Große Zimmer mit eigenem Bad und ein hübscher schattiger Hof mit Blick auf die Plaza 9 de Julio.

Essen

Cafés, Restaurants und *parrillas* säumen die Rivadavia östlich der Plaza 9 de Julio.

Café del Paseo (Ecke Luna & 25 de Mayo; Snacks 6–10 AR$) In dem gemütlichsten Café vor Ort hat man prima Gelegenheit, die Menschen zu beobachten.

La Aldea de la Virgen de Lujan (Rivadavia 756; Hauptgerichte 15–25 AR$) Serviert ausgezeichnete hausgemachte Pasta und ganz selten einmal auch regionale Spezialitäten.

Stanzza (Dorrego 160; Hauptgerichte 25–40 AR$) Wohl La Riojas feinstes Speiselokal. Die Steaks und Pastagerichte sind gut, kreativ und sorgsam zubereitet, ganz herausragend sind aber die Meeresfrüchte.

Unterhaltung

New Milenium (San Martín 62; Do–Sa) Wer Lust auf Abtanzen in einer Megadisco hat, ist hier an der richtigen Adresse.

An- & Weiterreise

Aerolíneas Argentinas (42-6307; www.aerolineas.com; Belgrano 63) fliegt montags bis samstags nach Buenos Aires (510 AR$).

La Riojas neuer **Busbahnhof** (42-5453; Perón s/n) liegt 5 km außerhalb des Stadtzentrums und ist an dieses durch Bus 8 (1,50 AR$) angebunden. Die Taxifahrt zum Busbahnhof kostet rund 10 AR$. Dort fahren Busse nach Chilecito (22 AR$, 3 Std.), Catamarca (23 AR$, 2 Std.), Tucumán (60 AR$, 5 Std.), Córdoba (66 AR$, 6½ Std.), San Luis (45 AR$, 8 Std.), San Juan (66 AR$, 6 Std.), Mendoza (90 AR$, 8 Std.), Salta (135 AR$, 10 Std.) und Buenos Aires (160 AR$, 16 Std.).

CATAMARCA

03833 / 208 200 Ew.

Der schöne Ort Catamarca ist von Bergen umgeben, sein Zentrum ist die schattige Plaza 25 de Mayo. Das einzige Problem ist, dass es hier kaum was zu tun gibt. Einmal im Jahr fallen Hardcore-Katholiken, die Anhänger der Virgen del Valle, in den Ort ein. Danach kehrt schnell wieder Ruhe ein.

Orientierung

Der Busbahnhof liegt fünf Bocks südlich vom Stadtzentrum: nach dem Verlassen des Busbahnhofs rechts abbiegen, der Güemes bis zur Plaza 25 de Agosto folgen, diese überqueren, dann rechts in die Fußgängerzone Rivadavia bis zur Plaza 25 de Mayo gehen.

Praktische Informationen

Mehrere Banken in der Innenstadt verfügen über Geldautomaten.

Banco Catamarca (Plaza 25 de Mayo) Löst Reiseschecks in 24 Stunden ein.

Post (San Martín 753)

Städtische Touristeninformation (43-7743; turismocatamarca@cedeconet.com.ar; República 446) Die gute Touristeninformation hat jede Menge Material zur Stadt und ihrer Umgebung.

Sehenswertes

In der **Iglesia y Convento de San Francisco** (Ecke Esquiú & Rivadavia), einem Komplex im Neokolonialstil, ist die Zelle von Fray Mamerto Esquiú zu sehen, der durch seine wortgewaltige Verteidigung der Verfassung von 1853 berühmt wurde. Vor Jahren wurde der Kristallbehälter mit seinem Herzen gestohlen und auf dem Dach zurückgelassen. Heute ist die Reliquie in der Kirche ausgestellt.

Das **Museo Arqueológico Adán Quiroga** (Sarmiento; Eintritt 3 AR$; Mo–Fr 7–13 & 14.30–20.30, Sa & So 10–19 Uhr) zwischen der Esquiú und der Prado ist ein Klassiker: Das Museum ist vollgestopft mit präkolumbischer Keramik, Mumien, Schädeln, Metallarbeiten sowie kolonialzeitlichen und sakralen Artefakten. Schön ist es nicht, aber interessant.

Festivals & Events

Am Sonntag nach Ostern ehren Tausende von Pilgern aus ganz Argentinien der Virgen del Valle bei der **Fiesta de Nuestra Señora del Valle**. Am 8. Dezember wird das Marienbild in einer farbenfrohen Prozession durch die Stadt getragen.

Die **Fiesta del Poncho** ist ein provinzielles Fest. Es findet jedes Jahr zwei Wochen lang im Juli statt.

Schlafen

Autocamping Municipal (Stellplatz 10/5 AR$ pro Zelt/Pers.) An Wochenenden und Feiertagen wird es hier richtig voll. Außerdem gibt's üble Moskitos. Der Platz liegt ungefähr 4 km außerhalb der Innenstadt. Um hinzukommen, am Convento de San Francisco an der Esquiú in Bus 10 (Zielangabe „Camping") steigen.

San Pedro Hostel (45-4708; www.hostelsanpedro.com; Sarmiento 341; B 30 AR$, DZ mit Gemeinschaftsbad 80 AR$;) Das kleine Hostel gleich hinter der Plaza ist erstaunlich hip. Der Anbau um die Ecke ist ruhiger; dort gibt es die Doppelzimmer. Kostenlose Fahrradausleihe.

Residencial Tucumán (☎ 42-2209; Tucumán 1040; EZ/DZ 60/90 AR$; 🞮) Die beste der vielen Unterkünfte rund um den Busbahnhof.

Hotel Colonial (☎ 42-3502; República 802; EZ/DZ 100/130 AR$) Mit den schmiedeeisernen Geländern und den schönen Fliesen in der Lobby präsentiert sich dieses Hotel als die einzige stilvolle Unterkunft im Ort. Die Zimmer sind zwar wesentlich nüchterner, aber durchaus komfortabel.

Essen & Ausgehen

An der Nordseite der Plaza gibt es eine Reihe von Restaurants, Cafés und Bars. In einigen dieser Lokale erhält man gute Mittagsmenüs.

Los Troncos (Mota Botello 37; Hauptgerichte 15–27 AR$) Diese Nachbarschafts-*parrilla* wird von den Taxifahrern in Catamarca sehr gelobt. Und die kennen sich aus.

Sociedad Española (Virgen del Valle 725; Hauptgerichte 20–35 AR$) Ein Besuch in der „Spanischen Gesellschaft" lohnt sich wegen der traditionellen spanischen Gerichte, inklusive der Meeresfrüchte.

Bars und Discos findet man in der Av Galindez (der westlichen Verlängerung der Prado) einigermaßen nahe beim Stadtzentrum; die Fahrt mit dem Taxi dorthin kostet ungefähr 5 AR$.

An- & Weiterreise

Aerolíneas Argentinas (☎ 42-4460; www.aerolineas.com; Sarmiento 589, 8. Stockl) fliegt nach Buenos Aires (510 AR$, Mo–Sa).

Von Catamarcas **Busbahnhof** (☎ 42-3415; Güemes 850) fahren Busse nach La Rioja (23 AR$, 2 Std.), Tucumán (32 AR$, 3½ Std.), Santiago del Estero (28 AR$, 4 Std.), Córdoba (66 AR$, 5½ Std.), Salta (106 AR$, 8 Std.), San Juan (89 AR$, 8 Std.), Mendoza (114 AR$, 10 Std.) und Buenos Aires (150 AR$, 16 Std.).

SANTIAGO DEL ESTERO

☎ 0385 / 370 100 Ew.

Wegen seiner zentralen Lage ist Santiago ein wichtiger Verkehrsknotenpunkt, aber leider hat die älteste Stadt des „modernen" Argentiniens sonst weiter gar nichts zu bieten. Falls man am Sonntag hier ist, sollte man den Patio del Indio anschauen, aber davon abgesehen, weiß selbst die Touristeninformation nicht, was man hier tun könnte.

Die **Touristeninformation der Provinz** (☎ 421-3253; Libertad 417) befindet sich an der Plaza. Es gibt mehrere Banken mit Geldautomaten. Das Postamt liegt an der Ecke Buenos Aires und Urquiza.

Das **Museo Wagner de Ciencias Antropológicas y Naturales** (Avellaneda 355; ⌚ Mo–Fr 8–20, Sa & So 10–21 Uhr) zeigt Fossilien, Urnen, ethnografische Exponate zum Chaco und Dinosaurierknochen. Es gibt kostenlose Führungen.

Am Sonntag bietet sich ein Besuch des **Patio del Indio** (☎ 431-1227; www.indiofroilan.desantiago.net.ar; Av del Libertador s/n, Barrio del Tigre) an. Unter freiem Himmel gibt's hier ab Mittag Konzerte mit folkloristischer Musik. Erdacht hat das Ganze José Froilan Gonzalez, ein international anerkannter Schlagzeughersteller, der u. a. für den Cirque du Soleil und Shakiras Schlagzeuger Instrumente geliefert hat. Unter der Woche kann man ihn auch bei der Arbeit sehen. Um hinzukommen, ein Taxi (6 AR$) nehmen, denn das Gebiet zwischen der Innenstadt und hier ist eindeutig heruntergekommen.

Schlafen & Essen

Campamento Las Casuarinas (Parque Aguirre; Stellplatz 5 AR$) Der Platz mit schattigen Stellplätzen liegt weniger als 1 km von der Plaza Libertad entfernt.

Residencial El Sauce (☎ 421-5893; Misiones 75; EZ/DZ 50/70 AR$) Die beste Budgetunterkunft vor Ort. Die geräumigen, piekssauberen Zimmer gehen nach hinten hinaus und haben Gemeinschaftsbalkone.

Hotel Savoy (☎ 421-1234; www.savoysantiago.com.ar; Tucumán 39; EZ/DZ ab 125/180 AR$; 🞮) Die Zimmer sind recht durchschnittlich, aber Fassade und Lobby beeindrucken durch ihre Pracht. Für 30 AR$ zusätzlich gibt's ein Zimmer mit Balkon und WLAN.

Mia Mamma (24 de Septiembre 15; Hauptgerichte 15–25 AR$) Santiagos Restaurant für jede Gelegenheit liefert gute Pastagerichte, preisgünstige *parrilla* (*bife de chorizo* 21 AR$) und einige leckere, hausgemachte Nachspeisen.

An- & Weiterreise

Aerolíneas Argentinas (☎ 422-4335; www.aerolineas.com; 24 de Septiembre 547) fliegt täglich nach Buenos Aires (702 AR$).

Vom **Busbahnhof** (☎ 422-7091; Ecke Chacabuco & Perú) fahren häufig Busse nach Tucumán (20 AR$, 2 Std.), Catamarca (28 AR$, 4 Std.) und Buenos Aires (90 AR$, 12 Std.).

Züge fahren von der **Estación La Banda** (☎ 427-3918), die 7 km außerhalb der Stadt liegt, nach Tucumán (12–29 AR$, 3½ Std., Di

& Sa 7 Uhr) und Buenos Aires (41–366 AR$, 21 Std., Mi 21.30 Uhr & So 0.15 Uhr).

TUCUMÁN
☎ 0381 / 830 300 Ew.

Tucumán ist eine Metropole mit Kleinstadtfeeling, in der so langsam Schwung in die Backpacker-Szene kommt: Verantwortlich dafür sind z. B. tolle Hostels und ein pulsierendes Nachtleben. Außerdem warten in den Hügeln der Umgebung ein paar großartige Abenteuer. Den Unabhängigkeitstag am 9. Juli feiert Tucumán im besonders großen Stil. Hintergrund: Hier tagte der Kongress, der 1816 Argentiniens Unabhängigkeit von Spanien erklärte.

Orientierung
Der Busbahnhof liegt ein paar Blocks vom Stadtzentrum entfernt. Wenn man sich die 6 AR$ für ein Taxi sparen will, kann man die Strecke auch gut laufen. Tucumáns **Flughafen** (☎ 426-4906) liegt 8 km östlich der Innenstadt. Hin kommt man mit Bus 121 vom Stadtzentrum oder dem Busbahnhof aus (2 AR$) oder mit einem Taxi (15 AR$).

Praktische Informationen
In der Stadt gibt's zahlreiche Geldautomaten.
Maguitur (San Martín 765) Löst Reisechecks ein (2 % Bearbeitungsgebühr).
Post (Ecke 25 de Mayo & Córdoba)
Touristeninformation (☎ 430-3644; Av 24 de Septiembre 484) An der Plaza Independencia. Unterhält zusätzlich einen Stand im Busbahnhof.

Sehenswertes & Aktivitäten
Tucumáns imposantestes Wahrzeichen ist die nachts spektakulär angestrahlte **Casa de Gobierno**, die 1912 anstelle des kolonialzeitlichen *cabildo* an der Plaza Independencia errichtet wurde.

Im **Museo Folklórico Manuel Belgrano** (Av 24 de Septiembre 565; ☼ Di–Fr 9–13 Uhr) sind Pferdegeschirre, Musikinstrumente der Ureinwohner, Webereien, Holzschnitzereien und Töpferwaren der Quilmes ausgestellt.

Die **Casa del Obispo Colombres** (Parque 9 de Julio; ☼ 8–13 & 14–20 Uhr) ist ein aus dem 18. Jh. stammendes Gebäude, in dem sich die älteste, von Ochsen gezogene *trapiche* (Zuckerpresse) Tucumáns aus der Zeit der Industrialisierung nach der erlangten Unabhängigkeit befindet. Führungen in spanischer Sprache erläutern den Mechanismus des Geräts.

Montañas Tucumanas (☎ 467-1860; www.montanas tucumanas.com; Laprida 196, 1. Stock) veranstaltet regelmäßig Ein- und Mehrtagestrips inklusive Abseilen, Wandern, Mountainbikefahren, Reiten, Rafting und vielem mehr.

Kurse
Pampas Argentinas (☎ 497-6125; www.ltargentina.com.ar; San Martín 980, 6. Stock) Bietet individuell zugeschnittene Spanischkurse für 52 AR$. Kann nach vorheriger Vereinbarung Unterkünfte oder Familienaufenthalte organisieren.

Schlafen
Hostel Oh! (430-8849; www.hosteloh.com; Santa Fe 930; B 30 AR$, DZ mit Gemeinschaftsbad 80 AR$; 🖳 🐾) Das Hostel ist geräumig, freundlich und hat Atmosphäre, ist also in fast jeder Hinsicht wundervoll. Nur: Das zahlenmäßige Verhältnis von Schlafzimmern zu Bädern sorgt für lange Wartezeiten.

Pasiones Argentinas (☎ 421-8131; www.pasiones argentinas.com.ar; Paz 336; B/DZ 30/80 AR$; 🖳) Das einfache Hostel macht Punkte, weil es von einer Gruppe junger, enthusiastischer Traveller geführt wird.

Backpackers Tucumán (☎ 420-2716; www.back packerstucuman.com; Laprida 456; B/DZ 33/85 AR$; 🖳) Dieses Haus hat eine ausgezeichnete Lage in der Innenstadt, eine gute Atmosphäre und geräumige Schlafsäle. Es gibt Infos für Touristen und billige Mahlzeiten.

Tucumán Hostel (☎ 420-1584; www.tucumanhostel.com; Buenos Aires 669; B/DZ 33/90 AR$; 🖳 🐾) Trotz der vielen neuen Konkurrenten ist dieses Hostel immer noch eines der besten. In dem schönen alten Gebäude gibt's geräumige Schlafsäle, gute Doppelzimmer und großartige Gemeinschaftsbereiche; ein grüner Garten gehört auch noch dazu.

Hotel La Vasca (☎ 421-1288; Mendoza 289; EZ/DZ 69/90 AR$, mit Gemeinschaftsbad 55/72 AR$) Das La Vasca ist eine gute Budgetoption. Die Zimmer blicken auf einen hübschen Hof und haben schöne Möbel aus Hartholz. Die Bäder sind zwar betagt, aber gepflegt.

Hotel Versailles (☎ 422-9760; www.hotelversaillestuc.com.ar; Alvarez 481; EZ/DZ 120/150 AR$; 🐾) Tucumáns Hotels sind in der Regel nicht besonders stilvoll, aber dieses hier hat eine gewisse Klasse. Außerdem ist es gut gelegen.

Essen & Ausgehen
Die Stände im **Mercado del Norte**, dessen Eingang sich an der Ecke Mendoza und Maipú

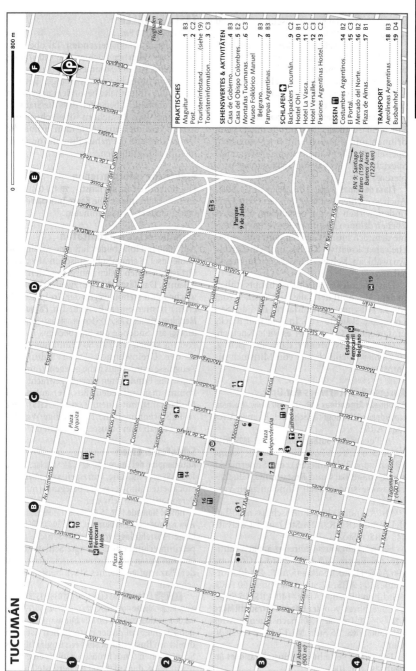

befindet, servieren gutes preisgünstiges Essen und großartige Pizzas.

Costumbres Argentinos (San Juan 666; Hauptgerichte 10–24 AR$) Das Essen hier ist zwar auch recht ordentlich, aber hauptsächlich kommt man wegen der Atmosphäre her: Hinten gibt es einen netten Biergarten und donnerstags bis sonntags abends Livemusik.

El Portal (Av 24 de Septiembre; Hauptgerichte 15–25 AR$) Ein recht rustikales Restaurant mit Plätzen drinnen und draußen und einer einfachen Speisekarte. Hier kann man prima regionale Spezialitäten wie *humitas* (Maisklöße) probieren.

Plaza de Almas (Maipú 791; Hauptgerichte 15–25 AR$) Auch wenn hier weit über hundert Gäste Platz finden, wirken die gut gestalteten, über drei Ebenen drinnen und im Freien verteilten Räume dennoch intim. Geboten wird eine einfache, aber kreative Küche, u. a. eine große Auswahl an Kebabs, Fleischgerichten und Salaten.

Das Nachtleben spielt sich hauptsächlich in dem Abschnitt der Calle Lillo westlich vom Markt zwischen der La Madrid und den San Lorenzo („**El Abasto**") ab. In dem fünf Blocks umfassenden Gebiet gibt es viele Kneipen, Discos und Bars. Munter, dann aber richtig, ist es hier eigentlich nur von Mittwoch bis Samstag.

Anreise & Unterwegs vor Ort

Aerolíneas Argentinas (☎ 431-1030; www.aerolineas.com; 9 de Julio 110) fliegt täglich nach Buenos Aires (586 AR$).

In Tucumáns **Busbahnhof** (☎ 430-4895; Terán 350) finden sich ein Postamt, *locutorios* (kleine Läden zum Telefonieren), ein Supermarkt sowie einige Bars und Restaurants. Glücklicherweise sind überall Klimaanlagen vorhanden.

Mit Aconquija besteht Anschluss nach Tafí del Valle (18 AR$, 2½ Std.) und Cafayate (45 AR$, 6 Std.).

Fernverkehrsbusse fahren u. a. nach Santiago del Estero (20 AR$, 2 Std.), Córdoba (96 AR$, 11 Std.), Salta (45 AR$, 4 Std.), Corrientes (94 AR$, 12 Std..), La Rioja (60 AR$, 6 Std.) und Buenos Aires (140 AR$, 15 Std.).

Züge fahren von der **Estación Ferrocarril Mitre** (☎ 430-9220; Corrientes 1000) nach Buenos Aires (39–300 AR$, 25 Std., Mi 17.40 & Sa 20.30 Uhr).

Fahrräder verleiht das Hostel **Pasiones Argentinas** (s. S. 106).

TAFÍ DEL VALLE
☎ 03867 / 4200 Ew.

Tafí liegt in einem reizenden Tal oberhalb eines Sees. Hierher flüchten die Einwohner Tucumáns vor der Sommerhitze. In der Nebensaison herrscht weitaus weniger Betrieb; dann sind Aufenthalte besonders angenehm (was jedoch nicht bedeutet, dass die Stadt im Sommer von Besuchern überschwemmt wird). Von hier aus kann man prima die Umgebung und die nahen Ruinen von Quilmes (S. 111) erkunden.

Praktische Informationen

Die nützliche **Casa del Turista** (☎ 421-084) steht an Tafís Hauptplaza. Die **Banco Tucumán** (Miguel Critto) hat einen Geldautomaten.

Sehenswertes & Aktivitäten

Auf 2000 m Höhe bildet Tafí eine wohltuend kühle Insel in einem subtropischen Meer. Der Ort ist für seinen tollen hausgemachten Käse bekannt. Das **Käsefest** in der zweiten Februarwoche lohnt (schon wegen der Probierhäppchen) immer einen Besuch. Im **Parque Los Menhires** (Eintritt 3 AR$; ☼ Sonnenaufgang–Sonnenuntergang) am Südende des Staubeckens La Angostura, stehen mehr als 80 Granitmonumente der Ureinwohner. Diese kulturellen Zeugnisse wurden aus nahe gelegenen archäologischen Fundstätten hierher gebracht. Hin kommt man mit jedem Bus, der auf der El Mollar fährt, mit einem Taxi (15 AR$) oder zu Fuß, wenn man die 12 km lange Wanderung bergab zum Stausee nicht scheut.

Schlafen & Essen

Autocamping del Sauce (☎ 42-1084; Stellplatz/Cabaña 10/35 AR$ pro Pers.) Die winzigen *cabañas* mit Stockbetten sind bei voller Belegung (mit vier Personen) schon sehr eng.

Hostel Nomade (☎ 15-440-0299; Las Palenques s/n; www.naomadehostel.unlugar.com; B/DZ 30/80 AR$) Die beste Hostelanlage vor Ort hat schicke Doppelzimmer und etwas beengte Schlafsäle um eine mit Rasen bewachsene Gartenfläche. Von der Plaza auf ein kleines Stück bergauf marschieren.

LP Tipp Estancia Los Cuartos (☎ 0381-1558-74230; www.estancialoscuartos.com; Critto s/n; EZ/DZ 150/190 AR$, mit Gemeinschaftsbad 100/120 AR$) Die wunderschönen Zimmer auf dieser historischen Estancia direkt am Busbahnhof sind ein unglaubliches Schnäppchen. Zum Frühstück gibt's eine Platte mit Käse, der auf dem Hof hergestellt wird.

> **AUF EIGENE FAUST: VON HIER AUS GEHT'S ABWÄRTS**
>
> Für einen der schönsten Tagesausflüge ab Tafi braucht man keinen Führer. Man leiht sich ein Fahrrad aus, und mit dem geht es bergab, am See vorbei, hinaus auf die Straße Richtung Tucumán. Die 40 km lange Fahrt geht fast beständig nach unten und folgt dem Lauf des Río Los Sosa. Unterwegs kommt man an buchstäblich Hunderten von tollen Schwimmstellen und Picknickplätzchen vorbei, die direkt am Weg liegen.
>
> Sobald man den Fluss aus den Augen verliert und die ersten Häuser in Sicht kommen, liegt der schönste Teil der Fahrt hinter einem. Nun kann man jeden Bus Richtung Tafi anhalten (an einer sicheren Stelle natürlich), verstaut sein Fahrrad und gondelt gemütlich in den Ort zurück.
>
> An der Strecke findet man weder Verpflegung noch Wasser, also beides mitnehmen. Unbedingt vor Fahrtantritt auch die Bremsen des Rades prüfen – ohne die kommt man hier nicht aus.

Parrillas säumen die Av Perón; ihre Spezialitäten sind *lechón* (Ferkel) und *chivito* (Ziegenfleisch). Das **Don Pepino** (Av Perón s/n; Hauptgerichte 20–40 AR$) ist das gemütlichste dieser Lokale und bietet zu den Essenszeiten Liveunterhaltung. Es gibt aber noch viele weitere Restaurants hier.

Anreise & Unterwegs vor Ort

Tafís **Busbahnhof** (☎ 42-1031; Critto s/n) liegt in bequemer Gehentfernung vom Ortszentrum. Busse fahren u. a. nach Cafayate (37 AR$, 4 Std.) und Tucumán (18 AR$, 2½ Std.). Das **Hostel Nomade** (s. S. 108) verleiht Mountainbikes für 5/40 AR$ pro Stunde/Tag.

CAFAYATE

☎ 03868 / 12 600 Ew.

Auf 1600 m liegt Cafayate am Eingang zur Quebrada de Cafayate. Auf die Umgebung verteilen sich ein paar der besten Weinberge Argentiniens. Besucher haben hier die Möglichkeit, zwei der angenehmsten Dinge des Lebens zu genießen: Wein trinken und durch die Natur wandern. Bei einem straffen Reiseplan kann man beides kombinieren und eine Flasche mit hinaus in die Quebrada nehmen. In diesem Fall empfehlen wir einen der einheimischen *torrontés* – vorausgesetzt, man kann den guten Tropfen ausreichend kühlen.

Im Februar zieht das Musikfestival **La Serenata** zahlreiche Zuschauer an.

Praktische Informationen

Einen Touristeninfokiosk (☎ 42-2442) gibt's am nordöstlichen Rand der Plaza San Martín.

Sehenswertes

In der Nähe der Colón widmet sich das **Museo de Vitivinicultura** (Güemes; Eintritt 2 AR$; Mo–Fr 9–14 & 16–19 Uhr) der Geschichte des örtlichen Weinanbaus. 14 Weingüter in und um Cafayate bieten Besichtigungen und Verkostungen an – eine Liste der Öffnungszeiten und Preise gibt's im Besucherzentrum. Probieren sollte man den fruchtigen weißen *torrontés*.

Von der 25 de Mayo führt ein 5 km langer Weg in südwestlicher Richtung zum Río Colorado. Folgt man dem Fluss ungefähr zwei Stunden lang stromaufwärts, gelangt man zu einem 10 m hohen **Wasserfall** mit einer Schwimmstelle. Unterwegs kann man versteckte Felszeichnungen bewundern; für ein paar Pesos zeigen einem Kinder aus der Gegend den Weg.

Mehrere Veranstalter mit Sitz rund um die Plaza bieten Touren in die Quebrada an (50 AR$/Pers.). Am besten geht man am späten Nachmittag, wenn es kühler ist, die Farben intensiver und die Fotomotive dieser sind.

Puna Turismo (☎ 42-2038; www.punaturismo.com; San Martín 80) veranstaltet Quad-Touren (1–4 Std. 80–450 AR$) und verleiht Mountainbikes (30/40 AR$ pro halbem/ganzen Tag).

Schlafen & Essen

Camping Lorahuasi (☎ 42-1051; RN 40 s/n; 7 AR$ pro Auto, Pers. & Zelt;) Der Platz liegt 1 km südlich der Stadt. Es gibt hier Duschen mit Warmwasser, einen Swimmingpool und einen Lebensmittelladen.

Hostel Rusty-k (☎ 42-2031; rustykhostal@gmail.com; Rivadavia 281; B 25 AR$, DZ mit/ohne Bad 70/60 AR$;) Das Hostel hat eine tolle Atmosphäre, einige gute Gemeinschaftsbereiche und einen großen Hinterhof.

El Portal de las Viñas (☎ 42-1098; www.portalvinias.com.ar; Nuestra Señora del Rosario 153; EZ/DZ 50/100 AR$) Eine ausgezeichnete Budgetoption gleich an der Plaza. Die Zimmer haben Böden aus Terrakottafliesen und geräumige Bäder. Sie liegen um einen von Weinranken beschatteten Hof.

Hostal del Valle (☎ 42-1039; hostaldelvalle@norte virtual.com; San Martín 243; EZ/DZ 100/120 AR$; 🕮) Die superkomfortablen Zimmer liegen um einen grünen Patio und Garten. Wegen der größeren Intimität und der besseren Belüftung sollte man eines nach hinten nehmen.

Heladería Miranda (Güemes zw. Córdoba & Almagro; Kugel ab 3,50 AR$) Der Laden verkauft Eis mit Weingeschmack und einem gehörigen Schuss Alkohol.

Baco (Ecke Güemes & Rivadavia; Gerichte 15–28 AR$) Das rustikal dekorierte Restaurant wird von allen Lokalitäten der Stadt am wärmsten empfohlen. Es bereitet interessante Variationen typischer argentinischer Gerichte und hat eine gute Auswahl an Weinen der Region.

El Patio (Ecke Mitre & Rivadavia; Hauptgerichte 15–30 AR$) Abends gibt's hier Shows mit folkloristischer Musik und ein saftiges *chivito a la parrilla* (Ziege vom Grill; 25 AR$).

Preisgünstig essen kann man bei den verschiedenen *comedores* (Imbissen) im **Mercado Central** (Ecke San Martín & 11 de Noviembre). Die Restaurants rund um die Plaza servieren gute regionale Gerichte zu vernünftigen Preisen.

Anreise & Unterwegs vor Ort

Busse von **El Indio** (Belgrano btwn Güemes & Salta) fahren nach Salta (35 AR$, 4 Std.), San Carlos (5 AR$, 40 Min.), ins Valle Calchaquíes und nach Angastaco (14 AR$, 2 Std.).

El Aconquija (Ecke Güemes & Alvarado) betreibt Busse nach Tucumán (45 AR$, 6 Std.) über Tafí del Valle (25 AR$, 5 Std.). Zum Besuch der Ruinen von Quilmes (S. 111) in der Provinz Tucumán (8 AR$, 1 Std.) einen der täglichen Busse nach Santa María nehmen.

Infos zu der schwierigen, aber lohnenden Nebenstraßentour zwischen Cafayate und Cachi, die ins Valles Calchaquíes führt, finden sich im Kasten gegenüber.

RUND UM CAFAYATE
Quebrada de Cafayate

Auf dem Weg von Cafayate nach Salta windet sich die RN 68 durch die „Marslandschaft" der Quebrada de Cafayate. Rund 50 km nördlich von Cafayate bildet die östliche Sierra de Carhuasi die Kulisse für markante Sandsteinformationen, etwa die Garganta del Diablo (Teufelsschlund), El Anfiteatro (Amphitheater), El Sapo (Kröte), El Fraile (Pater), El Obelisco (Obelisk) oder Los Castillos (Burgen).

Anstatt per Mietwagen oder in einer geführten Tour erkundet man die Quebrada am besten zu Fuß oder mit dem Fahrrad. Wanderer sollten immer genügend Trinkwasser dabeihaben und sich gleich morgens auf den Weg machen – nachmittags bläst meistens ein unangenehm heftiger Wind. In Cafayate können Radler ihre Drahtesel in einen der El-Indio-Busse packen, die in Richtung Salta fahren. Ausgestiegen wird an der Garganta del Diablo (Teufelsschlund), einer beeindruckenden Schlucht. Mit dem Fahrrad dauert der Rückweg nach Cafayate je nach Kondition rund vier Stunden – zum Laufen sind die ungefähr 50 km allerdings sicher zu weit. Wer die Nase voll vom Wandern hat, fährt einfach mit einem anderen El-Indio-Bus zurück in die Stadt.

Valles Calchaquíes

Durch diese Täler nördlich und südlich von Cafayate verlief früher eine Hauptroute über die Anden. Die Calchaquí widersetzten sich den spanischen Versuchen, sie zu Zwangsarbeitern zu machen. Schließlich waren es die Spanier leid, ständig ihre Packtiere verteidigen zu müssen. Daher deportierten sie viele Calchaquí nach Buenos Aires, rissen sich das Land unter den Nagel und legten so den Grundstein für große Landgüter.

CACHI
☎ 03868 / 5600 Ew.

Cachi ist ein wunderschönes Städtchen und mit Abstand die malerischste Siedlung in den Valles Calchaquíes. Viel tun kann man hier zwar nicht, aber das trägt noch zum Charme des Ortes bei. Die **Touristeninformation** (☎ 0800-444-0317; Güemes s/n) befindet sich im Gebäude der Stadtverwaltung an der Plaza. Man erhält dort einen scheußlichen Stadtplan, aber gute Infos zu den Hotels und Attraktionen.

Während des Aufenthalts sollte man unbedingt im **Museo Arqueológico** (🕘 Mo–Sa 8.30–18, So 10–12.30 Uhr) vorbeischauen. Hier sind archäologische Funde aus der Gegend, insbesondere eine stolze Reihe von Felszeichnungen, auf sehr geschickte Weise präsentiert.

Todo Aventura (☎ 0387-020-4466; www.todoaventura.com.ar) hat seinen Sitz im Restaurant Nevada de Cachi an der Bushaltestelle und ist der örtliche Anbieter von Aktivtouren. Organisiert werden diverse Wanderungen, Ausritte und Touren mit dem Fahrrad oder dem Quad. Das Unternehmen verleiht auch Fahrräder (10/50 AR$ pro Std./Tag) und Quads (60 AR$/Std.).

> **NEBENSTRASSEN: VON CACHI NACH CAFAYATE**
>
> Wer in Cachi ist und Richtung Cafayate will, kommt mit dem Bus bis Molinos. Der nächste startet dann erst wieder in Angastaco. Auf der 42 km langen, einsamen und prachtvollen Strecke zwischen den beiden Ortschaften gibt es keinen Busverkehr. Trampen ist in diesen Landstrichen verbreitet, aber der Verkehr ist dünn, und selbst in den Ortschaften, wo Busse fahren, tun sie das selten.
>
> Hier voranzukommen ist schwierig, aber nicht unmöglich. Sich an die Straße stellen und den Daumen auszustrecken, ist sicher keine besonders gute Idee. Viel besser ist es, im Ort herumzufragen und zwar überall – auf der Polizeiwache, im Hospital, an *kioskos* –, um herauszufinden, ob irgendwer irgendwen kennt, der gerade in die gleiche Richtung fahren will. Irgendwie wird man jemanden finden und gar nicht so lange bleiben müssen. Und falls es doch einmal länger dauert, gibt es in Molinos, Angastaco und San Carlos ordentliche, preisgünstige Unterkünfte und Restaurants.
>
> Vielleicht landet man schließlich auf der offenen Ladefläche eines Pickups, wo einem der Wind das Haar zerzaust. Aber schließlich wollte man ja ein Abenteuer erleben.
>
> Und wem das *zu* abenteuerlich wird, der kann immer noch in der *remisería* (Taxibüro) vor Cachis Busbahnhof nachfragen, ob da gerade eine Gruppe ist, der man sich anschließen könnte. In einen *remise* passen vier Fahrgäste. Die Fahrt von Cachi nach Cafayate kostet 480 AR$. Für die Strecke von Molinos nach Angastaco müsste man ungefähr 100 AR$ berappen.

An Unterkünften bieten sich der **Gemeinde-Campingplatz & Hostel** (Stellplatz/B 5/20 AR$) oder das **Hostel Inkeñan** (☎ 49-1135; luisreicolque@hotmail.com; Güemes s/n; B 25 AR$, DZ mit/ohne Bad 80/60 AR$) an, ein charmantes kleines Hostel mit guten und preisgünstigen Doppelzimmern. Das beste Hotel vor Ort ist die **Hostería Cachi** (☎ 49-1105; www.soldelvalle.com.ar; EZ/DZ 156/184 AR$; 📶 📺), die eine ausgezeichnete Lage auf einer Hügelspitze und stilvolle, moderne Zimmer hat. Einige billige Restaurants finden sich rund um die Plaza. Das interessanteste Restaurant vor Ort ist das **Ashpamanta** (Hauptgerichte 20–35 AR$; ✓ abends) gleich neben der Plaza, wo man ausschließlich Zutaten aus regionaler Produktion verwendet.

Direkt von Cachi nach Cafayate zu gelangen, ist schwierig, aber nicht unmöglich (Details stehen im Kasten oben). Einfacher ist es, mit dem Bus zuerst zurück nach Salta (38 AR$, 4½ Std.) zu fahren. Unterwegs geht es auf der malerischen Cuesta-del-Obispo-Straße am Parque Nacional Los Cardones vorbei.

QUILMES

Die prähispanische **pucará** (Indio-Andenfestung; Eintritt 5 AR$) liegt 50 km südlich von Cafayate in der Provinz Tucumán. Argentiniens größte erhaltene Ruinenanlage wurde um 1000 errichtet. In der verzwegten Stadtsiedlung lebten auf einer Fläche von rund 30 ha schätzungsweise 5000 Menschen. Die Bewohner von Quilmes pflegten Kontakte mit den Inka und mussten sich erst den Spaniern geschlagen geben. 1667 deportierten die Besatzer die letzten 2000 Indios nach Buenos Aires.

Die dicken Mauern von Quilmes unterstreichen die Wehrhaftigkeit der Festung. Nördlich und südlich vom Zentrum wurden die Überreste zahlreicher Wohnquartiere entdeckt.

Zum Hotel **Parador Ruinas de Quilmes** (☎ 03892-42-1075; EZ/DZ 130/160AR$) gehört auch ein Restaurant.

Auf dem Weg von Cafayate nach Santa María halten Busse an der Abzweigung nach Quilmes. Die letzten 5 km zu den Ruinen muss man dann zu Fuß oder per Anhalter zurücklegen.

SALTA
☎ 0387 / 551 300 Ew.

Seit ein paar Jahren ist Salta in der Backpacker-Szene schwer angesagt. Kein Wunder: In herrlicher Lage warten hier attraktive Hostels und ein pulsierendes Nachtleben. In und um Salta herum kann man eine ganze Menge unternehmen.

Orientierung

Saltas kommerzielles Zentrum liegt südwestlich der zentralen Plaza 9 de Julio. Die Fußgängerzonen Alberdi und Florida verlaufen zwischen der Caseros und der Av San Martín. Bus 5 verbindet Bahnhof, Innenstadt und Busbahnhof miteinander.

SALTA

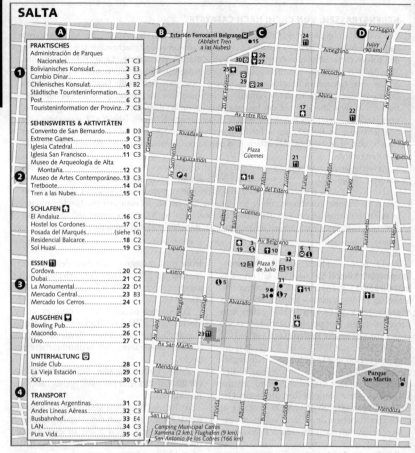

PRAKTISCHES
Administración de Parques Nacionales............................1	C3
Bolivianisches Konsulat..................2	E3
Cambio Dinar..................................3	C3
Chilenisches Konsulat.....................4	B2
Städtische Touristeninformation......5	C3
Post..6	C3
Touristeninformation der Provinz....7	C3

SEHENSWERTES & AKTIVITÄTEN
Convento de San Bernardo..............8	D3
Extreme Games................................9	C3
Iglesia Catedral..............................10	C3
Iglesia San Francisco.....................11	C3
Museo de Arqueología de Alta Montaña...................................12	C3
Museo de Artes Contemporáneo...13	C3
Tretboote......................................14	D4
Tren a las Nubes...........................15	C1

SCHLAFEN
El Andaluz......................................16	C3
Hostel los Cordones.......................17	C1
Posada del Marqués................(siehe 16)	
Residencial Balcarce......................18	C2
Sol Huasi.......................................19	C3

ESSEN
Cordova...20	C2
Dubai..21	C2
La Monumental.............................22	D1
Mercado Central...........................23	B3
Mercado los Cerros.......................24	C1

AUSGEHEN
Bowling Pub..................................25	C1
Macondo.......................................26	C1
Uno...27	C1

UNTERHALTUNG
Inside Club....................................28	C1
La Vieja Estación..........................29	C1
XXJ..30	C1

TRANSPORT
Aerolíneas Argentinas...................31	C3
Andes Lineas Aéreas.....................32	C3
Busbahnhof...................................33	E4
LAN...34	C3
Pura Vida......................................35	C4

Praktische Informationen

Im Stadtzentrum gibt's Geldautomaten.

Administración de Parques Nacionales (APN; ☎ 431-2686; España 366, 3. Stock) Nationalpark-Infos.

Cambio Dinar (Mitre 101) Wechselt Bargeld und löst Reiseschecks ein.

Post (Deán Funes 140)

Städtische Touristeninformation (☎ 0800-777-0300; Caseros 711) Betreibt in der Hauptsaison einen Informationskiosk am Busbahnhof.

Touristeninformation der Provinz (☎ 431-0950; Buenos Aires 93) Liegt sehr zentral.

Sehenswertes

CERRO SAN BERNARDO

Für eine herrliche Aussicht auf Salta und das Lerma-Tal empfiehlt sich eine Fahrt mit dem **teleférico** (Seilbahn; 320AR$ hin & zurück; ⏰ 10–18.30 Uhr) ab dem Parque San Martín. Ausdauersportler steigen stattdessen die steilen Stufen hinter dem Güemes-Denkmal hinauf.

MUSEEN IM STADTZENTRUM

Das **Museo de Arqueología de Alta Montaña** (Mitre 77; Eintritt 30 AR$; ⏰ Di–So 11–20 Uhr) dokumentiert die erstaunliche Entdeckung dreier Mumien, die auf einer Höhe von 6700 m am Vulkan Llullailaco gefunden wurden. In dem dortigen Klima blieben die Körper, die Textilien und Sakralobjekte, die man ihnen beigegeben hatte, fast vollständig erhalten.

Das **Museo de Artes Contemporáneo** (Zuviría 90; Eintritt 2 AR$; ⏰ Di–Sa 9–20, So 16–20 Uhr) zeigt Arbeiten zeitgenössischer Künstler aus der Stadt

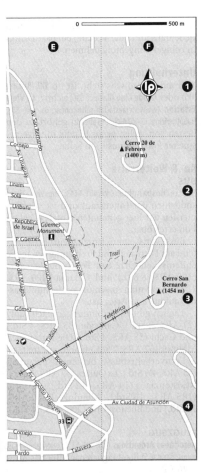

aus *algarrobo* (Johannisbrotbaum) bewundern oder während der Messe (tgl. 8 Uhr) einen Blick in die Kapelle werfen.

EL TREN A LAS NUBES
Von Salta aus tuckert der Tren a las Nubes (Zug in die Wolken) über zahlreiche Serpentinen und Kurven durch die Quebrada del Toro bis zur *puna* (dem Andenplateau) hinauf. Das La-Polvorilla-Viadukt, das auf 4220 m Höhe einen breiten ausgetrockneten Canyon überspannt, ist eine Meisterleistung der Ingenieurskunst. In den letzten Jahren wurde die Wartung vernachlässigt, sodass es keine Garantie gibt, dass der Zug überhaupt fährt. Wenn überhaupt, finden die meisten Fahrten samstags und zwar nur zwischen April und November statt. Häufigere Fahrten gibt es allenfalls während der Ferien im Juli. Im Fahrpreis von 600 AR$ ist die Verpflegung inbegriffen. Aktuelle Infos gibt's bei **Tren a las Nubes** (☎ 422-3033; www.ecotren.com; Ecke Ameghino & Balcarce).

Aktivitäten
Verschiedene Unternehmen mit Sitz an der Buenos Aires in der Nähe der Plaza bieten Raftingtouren an. **Extreme Games** (☎ 421-6780; www.extremegamesalta.com.ar; Buenos Aires 68, Loc 1) befriedigt sämtliche Gelüste nach Bungeespringen (78 AR$), Jet-Skifahren (85 AR$), Ausritten (ab 170 AR$) und Wildwassertouren (140 AR$). Für den Transport werden zusätzlich 48 AR$ berechnet. Wem das alles zu heftig ist, der kann auf einem See im Parque San Martín mit dem **Tretboot** (8 AR$/20 Min.) herumgondeln.

sowie Werke argentinischer und ausländischer Künstler. Erstklassig ist der gut ausgeleuchtete und hervorragend organisierte Ausstellungsraum. Da die Ausstellungen schnell wechseln, sollte man einfach vor Ort schauen, was gerade gezeigt wird.

KIRCHEN
In der **Kathedrale** (España 596) aus dem 19. Jh. ruht die Asche des Unabhängigkeitshelden General Martín Miguel de Güemes. Die **Iglesia San Francisco** (Ecke Caseros & Córdoba) ist ein Wahrzeichen Saltas – ihr Prunk wirkt schon beinahe übertrieben. Nur Karmeliterinnen dürfen das Lehmziegelgebäude des **Convento de San Bernardo** (Ecke Caseros & Santa Fe) betreten. Besucher können aber jederzeit das geschnitzte Portal

Schlafen
Camping Municipal Carlos Xamena (☎ 423-1341; Libano; Stellplatz 5/5 AR$ pro Pers./Zelt; 🖳) Der Platz besitzt einen riesigen Swimmingpool. Man erreicht ihn mit Bus 3B ab der Ecke Mendoza und Lerma in der Nähe des Parque San Martín.

Sol Huasi (☎ 422-2508; www.abaco.ya.com/solhuasi web; Av Belgrano 671; B/DZ 25/70 AR$; 🖳) Das einfache Hostel befindet sich in einem coolen alten Haus. Die gute Stimmung der Traveller und die absolut zentrale Lage sind Pluspunkte.

El Andaluz (☎ 422-9414; www.hostelandaluz.com.ar; Córdoba 191; B 28 AR$, DZ ohne Bad 70 AR$; 🖳) Das Hostel in zentraler Lage befindet sich in einem alten Haus mit Atmosphäre. Verschlissen, aber freundlich.

Hostel los Cordones (☎ 431-4026; www.loscordones.todowebsalta.com.ar; Av Entre Ríos; B 30 AR$, DZ mit/ohne Bad 80/100 AR$; 🖵) Das nette kleine Hostel bietet eine gute Auswahl an Zimmern. Die Nähe zum Ausgehviertel Balcarce ist ein Pluspunkt für Partylustige.

Residencial Balcarce (☎ 431-8135; www.residencialbalcarce.com.ar; Balcarce 460; EZ/DZ 60/80 AR$, ohne Bad 35/50 AR$) Ein ehrliches kleines Budgethotel in guter Lage. Die Betten sind nicht so toll, alles Übrige schon.

Posada del Marqués (☎ 431-7741; www.posadadelmarques.com.ar; Córdoba 195; EZ/DZ 159/169 AR$; 🍴 🖵) Der gediegene kleine Gasthof liegt ein paar Blocks von der Plaza entfernt und hat einige liebenswerte Details. Die Zimmer sind nichts Besonderes, aber die Gemeinschaftsbereiche sind ansprechend.

Essen & Ausgehen

An der Westseite der Plaza 9 de Julio haben viele Cafés und Bars draußen Tische aufgestellt. Hier kann man gut Kaffee trinken, eine Kleinigkeit essen oder auch ein paar Drinks nehmen.

Mercado Central (Florida & Av San Martín) Auf diesem großen und munteren Markt gibt's billige Pizzas, Empanadas und *humitas* mit frischem Obst und Gemüse.

Dubai (Leguizamón 474; Hauptgerichte 10–15 AR$) Das Lokal bietet eine kleine, aber ausgezeichnete Auswahl authentisch nahöstlicher Gerichte. Für den Nachtisch Platz lassen!

La Monumental (Ecke Av Entre Ríos & López; Hauptgerichte 20–30 AR$) In der einfachen Nachbarschafts-*parrilla* bekommt man ausgezeichnete Fleischgerichte zu günstigen Preisen. Die Hausweine sind durchschnittlich.

Cordova (Balcarce 653; Menüs 25 AR$) In dem herrschaftlichen Speisesaal der „Spanischen Gesellschaft" tischt dieses Restaurant einige regionale Spezialitäten sowie ausgezeichnete Meeresfrüchte und Paella auf.

Der **Mercado los Cerros** (Ecke Ameghino & Zuviría) wurde renoviert und in einen Foodcourt umgewandelt, in dem man regionale Lebensmittel und einige gehobene *parrillas* findet. An den Wochenendabenden gibt es hier auch Livemusik.

Die Balcarce südlich vom Bahnhof ist die sehr muntere Partyzone von Salta: vier Blocks voller Restaurants, Bars und Clubs.

Zu den kleineren Bars gehört das **Uno** (Balcarce 996), der **Bowling Pub** (Ecke Necochea & 20 de Febrero) ist eine große Bar mit acht Bowlingbahnen. Im **Macondo** (Balcarce 980) kann man (jedenfalls unter der Woche) ein paar Drinks in ruhiger Umgebung nehmen.

Unterhaltung

Wer auf Megadiscos steht, ist im **XXJ** (Balcarce 915) oder **Inside Club** (Balcarce 836) richtig. **La Vieja Estación** (www.viejaestacion-salta.com.ar; Balcarce 885; Hauptgerichte 15–40 AR$; 🕒 abends) gehört zu den besten von vielen *peñas* (Treffs mit live gespielter Folkloremusik) in Salta.

An- & Weiterreise

BUS

Saltas **Busbahnhof** (☎ 401-1143; Yrigoyen) liegt südöstlich der Innenstadt und ist von den meisten der hier genannten Hotels leicht zu Fuß erreichbar.

Busse von Géminis fahren grenzüberschreitend am Dienstag- und Freitagmorgen in die chilenischen Orte San Pedro de Atacama (190 AR$, 8 Std.) und Calama (200 AR$, 12 Std.), wo man Anschluss nach Antofagasta, Iquique und Arica hat.

Täglich gibt es Verbindungen nach Jujuy (21 AR$, 2 Std.), Cafayate (35 AR$, 4 Std.) und Cachi (38 AR$, 4 Std.). Die Busse nach Molinos (52 AR$, 7 Std.) fahren nur freitags.

Fernverkehrsbusse bedienen Tucumán (45 AR$, 4½ Std.), La Quiaca (57 AR$, 7 Std.), Resistencia (114 AR$, 12 Std.), Rosario (185 AR$, 16 Std.), Mendoza (250 AR$, 18 Std.) und Buenos Aires (200 AR$, 21 Std.).

FLUGZEUG

Aerolíneas Argentinas (☎ 431-1331; www.aerolineas.com; Caseros 475) fliegt täglich nach Buenos Aires (626 AR$).

Andes Líneas Aéreas (☎ 437-3514; www.andesonline.com; España 478) fliegt nach Buenos Aires (611 AR$), Córdoba (355 AR$) und Puerto Iguazú (533 AR$). **LAN** (☎ 0810-999-9526; www.lan.com.ar; Buenos Aires 92, Loc 1) fliegt regelmäßig nach Buenos Aires (565 AR$).

Shuttles fahren von den Büros der Fluggesellschaften ungefähr eineinhalb Stunden vor dem Abflug zum **Flughafen** (☎ 423-1648) von Salta (8 AR$), der 9 km südwestlich der Stadt an der RP 51 liegt.

Unterwegs vor Ort

Bus 5 fährt zwischen dem Busbahnhof, der Innenstadt und dem Bahnhof. **Pura Vida** (☎ 431-7022; Mendoza 443) verleiht Fahrräder für 10/50 AR$ pro Stunde/Tag.

SAN SALVADOR DE JUJUY

☎ 0388 / 333 000 Ew.

Auf der Fahrt in Richtung Norden spürt man in Jujuy so langsam die Nähe zu Bolivien. Anzeichen sind u. a. die Gesichter der Menschen und das chaotische Straßenbild, ebenso die Märkte auf den Bürgersteigen und die Speisekarten der Restaurants. Anstelle von „regionalen Spezialitäten" stehen darauf selbstverständlich *locro*, *humitas* und *sopa de maní* (scharfe Erdnusssuppe).

In der Kolonialzeit war Jujuy eine wichtige Zwischenstation für Maultierhändler auf dem Weg nach Potosí. Auch im Unabhängigkeitskrieg spielte die Stadt eine bedeutende Rolle: General Manuel Belgrano befahl die Evakuierung aller Einwohner, um ihre Gefangennahme durch die Royalisten zu verhindern. Jedes Jahr im August findet deshalb hier die einwöchige Semana de Jujuy statt. Mit ihrem größten Fest feiert die Stadt dabei den **éxodo jujeño** (Auszug aus Jujuy).

Orientierung

Das koloniale Herz der Stadt ist die Plaza Belgrano. Das Geschäftsleben spielt sich größtenteils entlang der Belgrano ab (teilweise Fußgängerzone). Um vom Stadtzentrum zum Busbahnhof zu kommen, marschiert man mit dem Hügel im Rücken die Av Dorrego nordwärts entlang und überquert anschließend den Fluss.

Praktische Informationen

In der Belgrano gibt's viele Geldautomaten. Die Banken sollten Reiseschecks einlösen können. Die **Post** befindet sich an der Ecke Lamadrid und Independencia.

Die Mitarbeiter der **städtischen Touristeninformation** (☎ 422-1326; Av Urquiza 354; ⌚ 8–22 Uhr) im alten Bahnhof sind hilfsbereit und haben viele Stadtpläne und Broschüren vorrätig. Direkt vor dem Busbahnhof gibt's noch einen Infokiosk. Die **Touristeninformation der Provinz** (☎ 402-0254; www.turismo.jujuy.gov.ar; Gorriti 295; ⌚ 7–20 Uhr) befindet sich an der Plaza.

Noroeste (☎ 423-7565; www.noroestevirtual.com.ar; San Martín 134) ist ein empfohlener Veranstalter, der Trips zu den Highlights der Provinz, aber auch ausgefallenere Dinge wie Paragliden, Snowboarden und von der Gemeinde organisierten Tourismus im Programm hat.

SAN SALVADOR DE JUJUY

PRAKTISCHES
- Bolivianisches Konsulat........1 B2
- Städt. Touristeninformation..2 D1
- Post........3 C2
- Touristeninfor. d. Provinz....4 D2
- Touristeninfokiosk..........(siehe 23)

SEHENSWERTES & AKTIVITÄTEN
- Cabildo........5 D2
- Casa de Gobierno........6 D2
- Iglesia Catedral........7 D2
- Museo Arqueológico Provincial........8 C1
- Museo Histórico Provincial..9 C2
- Museo Policial..........(siehe 5)
- Paseo de los Artesanos......10 D2
- Mercado Municipal..........16 C1
- Viracocha........17 C2
- Zorba........18 C2

SCHLAFEN
- Posada El Arribo........11 B2
- Residencial Alvear........12 C1
- Yok Wahi........13 B2

ESSEN
- La Quebrada........14 C2
- Madre Tierra........15 C2

AUSGEHEN
- Carena........19 C2
- La Peluquería........20 D1

TRANSPORT
- Aerolíneas Argentinas........21 B2
- Andes Líneas Aéreas........22 B2
- Busbahnhof........23 C3

Sehenswertes & Aktivitäten

Gegenüber der Plaza Belgrano birgt Jujuys **Kathedrale** (1763) eine mit Blattgold verzierte spanische Barockkanzel, die einheimische Künstler unter der Leitung eines europäischen Meisters schufen. Auf einem kleinen Platz neben der Kirche wird der **Paseo de los Artesanos** (9–12.30 & 15–18 Uhr), ein farbenfroher Kunstmarkt, abgehalten. An der Südseite der Plaza Belgrano steht die im Stil eines französischen Palais errichtete, sehr imposante **Casa de Gobierno**, in der Argentiniens erste Nationalfahne verwahrt wird. An der Nordseite der Plaza verdient das kolonialzeitliche **Cabildo** größere Beachtung als das in ihm untergebrachte **Museo Policial** (Mo–Fr 8.30–13 & 15–21, Sa & So 9–12 & 18–20 Uhr).

Die Ausstellungssäle im **Museo Histórico Provincial** (Lavalle 256; Eintritt 3 AR$; 8–20 Uhr) sind verschiedenen Aspekten der Geschichte der Provinz gewidmet.

Mit geringen Spanischkenntnissen ist das **Museo Arqueológico Provincial** (Lavalle 434; Eintritt 3 AR$; Mo–Fr 8–20, Sa & So 8–12 & 16–20 Uhr) lohnend: Die angebotene Führung ist ausgezeichnet, und die ausführlichen Beschreibungen des regionalen Schamanismus sind faszinierend. Wer gar kein Spanisch versteht, wird mit den spärlich beschilderten Exponaten keine allzu große Freude haben.

Bei einem Aufenthalt in Jujuy sollte man unbedingt dem **Thermalbad** (Eintritt 5 AR$; 9–19 Uhr) in der **Hostería Termas de Reyes** einen Besuch abstatten. Es liegt 20 km nordwestlich der Innenstadt. Hier hat man einen Ausblick in den malerischen Canyon des Río Reyes. Zu erreichen ist das Bad mit dem Bus (2 AR$, 1 Std., Zielangabe „Termas de Reyes") von der Urquiza aus. Etwas zu essen mitnehmen, denn das Restaurant der *hostería* ist teuer.

Schlafen

Camping El Refugio (490-9344; RN 9, km 14; 4 AR$/ Zelt & 4 AR$/Pers.) Der Platz liegt rund 3 km westlich der Innenstadt, zu erreichen ist er mit Bus 9 ab der Innenstadt oder dem Busbahnhof.

Club Hostel (423-7565; www.noroestevirtual.com.ar; San Martín 134; B/DZ 35/120 AR$;) Das Hotel hat eine akzeptable Lage, ausgezeichnete Zimmer und freundliches Personal. Hier hat auch der Reiseveranstalter Noroeste (s. S. 115) seinen Sitz.

Yok Wahi (422-9608; www.yokwahi.com; Lamadrid 168; B/DZ 30/90 AR$;) Das nette kleine Hostel

> **IN DIE VOLLEN!**
>
> **Posada El Arribo** (422-2539; www.posadaelarribo.com.ar; Belgrano 1263; EZ/DZ 210/230 AR$;) Eine Oase im Herzen von Jujuy: Diese von einer Familie geführte Herberge ist schon optisch eine Pracht. Das renovierte Herrenhaus aus dem 19. Jh. besticht mit seinen hohen Decken und Holzböden, dem großen Patio und einem riesigen Garten. Der dahinter stehende moderne Anbau ist zwar auch gar nicht schlecht, aber man sollte doch möglichst ein Zimmer im Altbau nehmen.

in bequemer Lage wird mit dem Alter erstaunlicherweise besser und bietet jetzt gute, preisgünstige Betten und Doppelzimmer.

Residencial Alvear (422-2982; Alvear 627; EZ/DZ 70/90 AR$, ohne Bad 50/70 AR$) Das beste Budgethotel in der Nähe des Stadtzentrums. Aber unbedingt ein Zimmer nach hinten hinaus nehmen, entfernt von dem lauten Restaurant im Erdgeschoss.

Essen & Ausgehen

Mercado Municipal (Ecke Alvear & Balcarce) Oben servieren mehrere Lokale preisgünstige regionale Spezialitäten, die generell stärker gewürzt sind als sonstwo in Argentinien; probieren sollte man *chicharrón con mote* (kurz gebratenes Schweinefleisch mit gekochtem Mais).

La Quebrada (Lavalle 289; Hauptgerichte 12–20 AR$) Dieses sehr preisgünstige Lokal tischt eine stark gewürzte *sopa de mani* und ein noch stärker gewürztes *picante de pollo* (Hähnchen mit Chili, Reis und Gemüse) auf.

Viracocha (Ecke Independencia & Lamadrid; Hauptgerichte 18–28 AR$) Einige Lokale behaupten nur, regionale Gerichte zu bieten, aber dieses hier tut das wirklich, mit viel Quinoa, Lama und würzigen Spezialitäten. Zusätzlich gibt es aber auch allerlei Steaks und Fischgerichte.

Zorba (Ecke Necochea & Belgrano; Hauptgerichte 25–35 AR$; morgens, mittags & abends) Zwar wurden alle griechischen Gerichte von der Karte gestrichen (schade!), aber das üppige „Americano"-Frühstück ist geblieben (toll!). Die Karte ist auch so noch die interessanteste in der Stadt.

Madre Tierra (Belgrano 619; Mittagsmenü 30 AR$; morgens, mittags & abends) Das vegetarische Essen ist hier ausgezeichnet. Zu den Salaten,

Crêpes und Suppen trinkt man einen Karotten- oder Apfelsaft.

In Sachen Ausgehen hat man in Jujuy zwei Alternativen: das hippe, minimalistische **Carena** (Ecke Balcarce & Belgrano; ✆ Di–Sa mittags & abends) oder das bodenständige und derbe **La Peluquería** (Alvear 546; ✆ Mi–Sa), wo es mittwochs und donnerstags live folkloristische Musik und am Wochenende das übliche Kneipen- und Clubleben gibt.

Anreise & Unterwegs vor Ort

BUS

Jujuys heruntergekommener **Busbahnhof** (☎ 422-1375; Ecke Av Dorrego & Iguazú) hängt mit dem Mercado del Sur zusammen. Hier fahren Busse des Fern- und Nahverkehrs, allerdings ist das Angebot in Salta größer.

Die Busse von Salta ins chilenische Calama (190 AR$, 13 Std.) halten dienstags, donnerstags und sonntags in Jujuy. Die Plätze vorab beim Andesmar-Büro im Busbahnhof reservieren!

Busse von El Quiaqueño fahren nach La Quiaca (35 AR$, 5 Std.), Humahuaca (16 AR$, 2½ Std.) und Tilcara (16 AR$, 1½ Std.). Cota Norte fährt täglich nach Libertador General San Martín (13 AR$, 2 Std.), von wo aus man zum Parque Nacional Calilegua kommt.

Im Fernverkehr fahren Busse u. a. nach Salta (21 AR$, 2 Std.), Tucumán (57 AR$, 5½ Std.), Córdoba (151 AR$, 12 Std.), Mendoza (201 AR$, 16 Std.), Resistencia (114 AR$, 14 Std.) und Buenos Aires (266 AR$, 24 Std.).

FLUGZEUG

Aerolíneas Argentinas (☎ 422-2575; www.aerolineas.com; Av Pérez 341) fliegt nach Buenos Aires (645 AR$, Di–Fr).

Andes Líneas Aéreas (☎ 431-0279; www.andesonline.com; San Martín 1283) fliegt nach Buenos Aires über Salta.

Jujuys **Flughafen** (☎ 491-1103) liegt 32 km südöstlich der Stadt. Die Fluglinien unterhalten Shuttles zum Flughafen.

QUEBRADA DE HUMAHUACA

Nördlich von Jujuy schlängelt sich die RN 9 durch die Quebrada de Humahuaca. Die malerische Landschaft besteht aus farbenprächtigen kahlen Hügeln und winzigen Dörfern. Die Quechua-Bauern bestreiten ihren kärglichen Lebensunterhalt, indem sie Mais anbauen und magere Rinder züchten. Entlang der kolonialen Postroute nach Potosí erinnern die Architektur und andere kulturelle Elemente an Peru und Bolivien.

Erdbeben zerstörten zahlreiche Lehmziegelkirchen, die im 17. und 18. Jh. vielerorts wieder aufgebaut wurden. Sie haben stabile Mauern, schlichte Glockentürme und großartige Türen. Das Holz der Vertäfelungen stammt vom *cardón*-Kaktus.

Tilcara
☎ 0388 / 6800 Ew.

Tilcara ist nicht nur die angenehmste Quebrada-Stadt, sondern auch eine der schmucksten. Hier gibt's ein paar tolle Restaurants und Unterkünfte.

Tilcaras Hauptattraktion ist die *pucará* oben auf dem Hügel. Die prähispanische Festung begeistert mit einer unverstellten Aussicht. Doch auch seine Museen und sein Ruf als Künstlerkolonie machen das Dorf zu einem reizvollen Zwischenstopp. Bei der Touristeninformation in der Gemeindeverwaltung ist eine nützliche Karte erhältlich. Die Banco Macro an der Plaza hat einen Geldautomaten.

In Tilcara gibt es viele Wander- und Tourveranstalter; ihre Flyer findet man in der Touristeninformation. **Caravana de Llamas** (☎ 15-408-8000; www.caravanadellamas.com) bietet Touren mit Lamas (sie tragen das Gepäck, nicht die Teilnehmer); die Touren haben unterschiedliche Länge und unterscheiden sich auch im Schwierigkeitsgrad (ab 160 AR$).

SEHENSWERTES

Die Universidad de Buenos Aires betreibt das gut gegliederte **Museo Arqueológico Dr. Eduardo Casanova** (Belgrano 445; Eintritt 10 AR$, Mo frei; ✆ 9–18 Uhr), in dem einige Artefakte aus dem *pucará* zu sehen sind. Besonders eindrucksvoll ist der Saal, der sich den Zeremonialmasken und ihrer Herstellung widmet. Das Museum residiert in einem wundervollen kolonialzeitlichen Gebäude an der Südseite der Plaza Prado. Die Eintrittskarte gilt auch für die Festung (El Pucará).

Das **Museo José Antonio Terry** (Rivadavia 459; Eintritt 2 AR$; ✆ Di–So) zeigt Werke des Malers aus Buenos Aires, der hauptsächlich ländliche Szenen und Darstellungen aus dem Leben der Indios schuf. Seine Ölbilder zeigen Weber bei der Arbeit sowie Markt- und Straßenszenen; außerdem malte er auch Porträts. In dem Museum werden darüber hinaus noch Werke regionaler Künstler ausgestellt.

Aus den Sedimentschichten des Río-Grande-Tals ragt 1 km südlich des Zentrums von Tilcara der einsame Hügel von **El Pucará** (Eintritt 10 AR$; ☼ Sonnenaufgang–Sonnenuntergang) auf. Von der Spitze der Festung, von der einzelne Teile brillant rekonstruiert wurden, hat man einen herrlichen Blick über das Tal. Die Eintrittskarte gilt auch für das Museo Arqueológico Dr. Eduardo Casanova.

Nur ein paar Kilometer südlich von Tilcara bietet der an einem Hügel gelegene Friedhof von **Maimará** Fotomotive, die man keinesfalls auslassen sollte.

SCHLAFEN & ESSEN

Autocamping El Jardín (☎ 495-5128; Stellplatz 10 AR$/Pers.) Der Platz liegt am westlichen Ende der Belgrano in der Nähe des Flusses. Er hat Duschen mit Warmwasser und schöne Gemüse- und Blumengärten.

Casa los Molles (☎ 495-5410; www.casalosmolles.com.ar; Belgrano 155; B/Hütte 30/90 AR$) Das Hostel befindet sich in einem wunderschönen alten Gebäude gleich oberhalb der Plaza und bietet geräumige, einfache Schlafsäle. Die Hütten hinten in dem hübschen Garten sind ein echtes Schnäppchen.

Uwa Wasi (☎ 495-5368; www.uwawasi.com.ar; Lavalle 564; EZ/DZ 120/170 AR$, ohne Bad 60/120 AR$) Hier gibt's schöne, mittelgroße Zimmer, die rund um einen Hof gruppiert sind. Dort spenden Weinranken Schatten. Der Blick, den man nach hinten hinaus in die Berge hat, ist allein schon den Preis wert.

La Chacana (Belgrano 472; Hauptgerichte 18–30 AR$) In einem niedlichen kleinen Hof serviert dieses Lokal moderne Gerichte der Andenküche mit Quinoa, Wildpilzen und Kräutern aus der Region.

Billige Esslokale finden sich an der Belgrano zwischen Busbahnhof und Plaza. **El Cafecito** (Ecke Belgrano & Rivadavia) ist die beste Adresse für Kaffee und Croissants. Auch die hausgemachten Kuchen (5 AR$) beachten!

UNTERHALTUNG

Das Nachtleben hält sich in Tilcara in Grenzen, aber es gibt in der Gegend viele *peñas*, in denen allabendlich live folkloristische Musik zu hören ist. **La Peña de Carlitos** (Ecke Rivadavia & Lavalle) ist wohl die zuverlässigste Adresse.

ANREISE & UNTERWEGS VOR ORT

Die Busse Richtung Norden und Süden fahren vom Busbahnhof an der Exodo, drei Blocks westlich der Plaza Prado. Verbindungen gibt es u. a. nach Jujuy (11 AR$, 1½ Std.), Humahuaca (6 AR$, 40 Min.) und La Quiaca (20 AR$, 4 Std.).

Tilcara Mountain Bike (Belgrano s/n) verleiht gegenüber vom Busbahnhof Fahrräder für 8/40 AR$ pro Stunde/Tag. Hier gibt's auch gute Geländekarten für Tagesausflüge.

Humahuaca
☎ 03887 / 12 200 Ew.

Humahuaca ist ein beliebtes Zwischenziel auf dem Weg von Salta nach Bolivien. Das überwiegend von Quechua bewohnte Dorf besteht aus Lehmziegelhäusern und schmalen Kopfsteingassen. Im Land ringsum kann man viel unternehmen, und der Ort selbst liefert ideale Fotomotive. Die **Touristeninformation** (Ecke Tucumán & Buenos Aires) unter dem Uhrenturm hat unregelmäßige Öffnungszeiten, aber ausgezeichnete Informationen über die Unterkünfte und Attraktionen vor Ort.

Hasta las Manos Expeditions (☎ 42-1075; www.hlmexpeditions.com.ar; Barrio Milagrosa s/n) ist der ortsansässige Spezialist für Abenteuertouren. Angeboten werden u. a. Sandboarding in Abra Pampa (120 AR$/ganzer Tag) und Wanderungen zu abgelegenen Zielen.

SEHENSWERTES

Täglich erscheint zur Mittagsstunde die lebensgroße Figur des hl. Francisco Solano im Uhrenturm des **Cabildo**. Wer sie sehen will, sollte früh hingehen, denn die Uhr geht ungenau, und die Figur ist immer nur sehr kurz zu sehen.

Humahuacas Schutzpatronin, die Jungfrau von Candelaria, residiert in der kolonialzeitlichen **Iglesia de la Candelaria**, die mit Ölgemälden des aus Cuzco stammenden Malers Marcos Sapaca (18. Jh.) geschmückt ist. Über der Stadt thront das von Ernesto Soto Avendaño geschaffene **Monumento a la Independencia**. Der Bildhauer stammt aus Tilcara.

Das **Museo Arqueológico Torres Aparicio** (Córdoba 249; Eintritt 2 AR$; ☼ Do–Sa 11–14 Uhr) besitzt eine kleine, aber interessante Sammlung archäologischer Funde aus der Region.

10 km nördlich von Humahuaca und von dort über eine unbefestigte Piste zu erreichen, liegen östlich der Brücke über den Río Grande die präkolumbischen **Ruinen** von **Coctaca**, die mit 40 ha die größte Ruinenanlage Nordwestargentiniens sind. Bei den meisten Überresten scheint es sich um Terrassenfelder auf

> **EINREISE NACH BOLIVIEN**
>
> Das kalte, windige **La Quiaca** ist ein wichtiger Einreisepunkt nach Bolivien. Im Ort gibt es zwar ganz ordentliche Unterkünfte und Restaurants, aber wenig, was für Traveller interessant sein könnte. Wer aber spätabends ankommt, sollte hier übernachten, denn die Einrichtungen sind wesentlich besser als jenseits der Grenze in Villazón. La Quiaca verfügt zwar über keine Touristeninformation, aber Karten findet man in der ACA-Tankstelle an der RN 9. Die beste Unterkunft vor Ort ist das **Hotel de Turismo** (☎ 42-2243; Ecke Av San Martín & República de Árabe Siria; EZ/DZ 70/120 AR$), aber wer knapp bei Kasse ist, wird es auch eine Nacht im **Hotel Frontera** (☎ 42-2269; Ecke Belgrano & República de Árabe Siria; EZ/DZ ohne Bad 30/40 AR$) aushalten. In beiden Hotels bekommt man auch etwas zu essen. Vom **Busbahnhof** (Ecke Belgrano & Av España) fahren häufig Busse nach Jujuy (35 AR$, 5 Std.), Salta (57 AR$, 7 Std.) und zu den dazwischen liegenden Ortschaften, außerdem gibt es auch Fernverbindungen.
>
> Die Grenze liegt 1 km vom Busbahnhof entfernt. Man muss laufen, weil es keine öffentlichen Verkehrsmittel dahin gibt. Falls ein Taxi aufzutreiben ist, sollte die Fahrt zur Grenze etwa 5 AR$ kosten. Die Grenze ist täglich von 6 bis 20 Uhr geöffnet. Infos über die Einreise nach Argentinien aus Bolivien stehen auf S. 233.

Schwemmland zu handeln, es sind aber auch die Umrisse von Gebäudekomplexen zu erkennen.

FESTIVALS & EVENTS

Der **Karneval** wird hier besonders ausgelassen gefeiert. Am 2. Februar ehrt das Dorf seine Schutzpatronin, die Jungfrau von Candelaria, mit einem **Fest**.

SCHLAFEN & ESSEN

Hostal La Antigua (☎ 0388-15587-8969; www.hostal antigua.com.ar; La Pampa 81; B 25 AR$, DZ ohne Bad 80 AR$) Die besten Schlafstellen im Ortszentrum befinden sich in diesem geräumigen Hostel mit freundlichen Betreibern.

Posada del Sol (☎ 42-1466; www.posadadelsol.com.ar; Barrio Milagrosa s/n; B 30 AR$, DZ ohne Bad 90 AR$) Diese Posada, nur 1 km hinter der Brücke gelegen, gehört zu den Unterkünften mit der meisten Atmosphäre im Ort. Von den Doppelzimmern im Obergeschoss aus hat man eine tolle Aussicht, und die Schlafsäle sind zwar schlicht, aber bequem. Anrufen, wenn man kostenlos vom Busbahnhof abgeholt werden will.

Casa Vieja (Ecke Buenos Aires & Salta; Hauptgerichte 15–25 AR$) Eines der ansprechenderen Restaurants im Ort. Hier gibt's regionale und argentinische Standardgerichte.

Quinoa (Buenos Aires 457; Hauptgerichte AR$24-28) Dieses Restaurant ist auf „Anden-Gourmetküche" spezialisiert, Dinge wie Ziegenkäse-Provoleta oder Mousse mit Cocablättern.

In vielen Restaurants gibt's an den meisten Abenden live folkloristische Musik.

AN- & WEITERREISE

Vom **Busbahnhof** (Ecke Belgrano & Entre Ríos) fahren mehrere Busse nach Salta (45 AR$, 5 Std.) und Jujuy (16 AR$, 2 Std.) sowie nordwärts nach La Quiaca (16 AR$, 2 Std.).

ATLANTIKKÜSTE

Die Strände an der Atlantikküste bilden den „Hinterhof" von Buenos Aires. Auf der Suche nach „Sun & Fun" strömen im Sommer Millionen von *porteños* in Städte wie Mar del Plata und Pinamar. Den Rest des Jahres – und in kleineren Städten sowieso – geht's allerdings deutlich weniger hektisch zu.

MAR DEL PLATA

☎ 0223 / 589 300 Ew.

An Sommerwochenenden sieht man am Strand von Mar del Plata („Mardel") vor lauter Fleisch keinen Sand mehr. Urlauber stehen praktisch Schulter an Schulter im knietiefen Wasser. Außerhalb des Sommers und an Wochentagen herrscht dagegen weniger Betrieb: Die Hotelpreise purzeln und die Stadt verbreitet ein entspannteres Feeling.

Argentiniens beliebtester Strandort wurde 1874 gegründet. Das ehemalige Handels- und Industriezentrum Mardel verwandelte sich später in einen Ferienort für betuchte *porteños*. Heute stranden hier hauptsächlich Urlauber aus der Mittelschicht.

Im November stößt das **Mar del Plata Film Festival** (www.mardelplatafilmfest.com) auf großes Interesse im In- und Ausland, einmal wegen

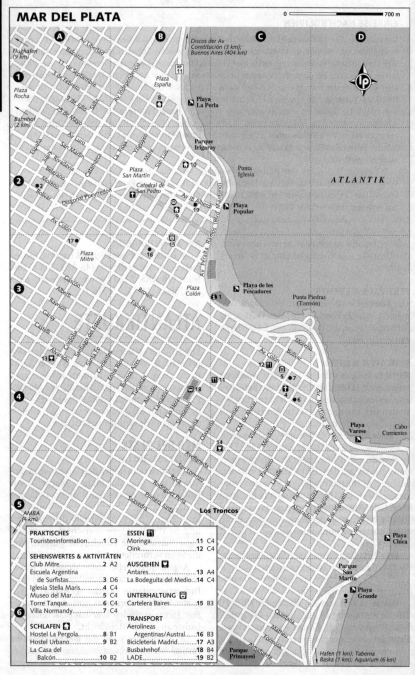

der Filme, die hier ihr Debüt erleben, zum anderen wegen der angereisten Stars.

Orientierung

Der Flughafen liegt 9 km nordwestlich der Stadt, zu erreichen ist er mit Bus 542 oder einem Taxi (22 AR$, im Sommer teurer). Vom Busbahnhof zum Stadtzentrum nimmt man Bus 511, ein Taxi (6 AR$6) oder man geht einfach zu Fuß (20 Min.).

Praktische Informationen

Die **Touristeninformation** (☎ 495-1777; Blvd Marítimo 2240) befindet sich in der Nähe der Plaza Colón. Die meisten Wechselstuben, Banken und Geldautomaten gibt es in der Nähe der Kreuzungen San Martín und Córdoba sowie der Av Independencia und der Av Luro. Kostenlose **Stadtspaziergänge** (mit Erläuterungen auf Spanisch) starten mittwochs und samstags jeweils um 17 Uhr vor der Kathedrale. Führungen in englischer Sprache kann man unter ☎ 15-686-4333 vereinbaren.

Sehenswertes

Die 1919 errichtete **Villa Normandy** (Viamonte 2216), in der heute das italienische Konsulat residiert, ist eines der wenigen erhaltenen Beispiele des französischen Architekturstils, der seinerzeit en vogue war. Einen Block weiter steht nahe dem Gipfel des Hügels die **Iglesia Stella Maris** mit einem eindrucksvollen Marmoraltar; das hiesige Marienbild ist die Schutzpatronin der örtlichen Fischer. Vom **Torre Tanque** ganz oben auf dem Gipfel hat man einen überwältigenden Ausblick.

Das **Museo del Mar** (Av Colón 1114; Eintritt 18 AR$; 10–21 Uhr) ist wohl das größte Muschelmuseum, das man irgendwo zu sehen bekommt. Auf zwei Stockwerken liegen ein kleines Gezeitenbecken und ein Aquarium rund um die Cafés in der Mitte. Hier kann man bei einem Tee gut eine Verschnaufpause machen.

Mardels ausgezeichnetes neues **Aquarium** (Illia 5600; Eintritt 55 AR$; 10–19 Uhr) liegt 6 km südlich der Stadt und bietet alle üblichen Fisch-Attraktionen, darüber hinaus Delfinshows, Schwimmen mit Haien (130 AR$) sowie Wasserski- und Wakeboard-Kurse (ab 100 AR$). Vom Zentrum fährt Bus 221 hin.

Aktivitäten

AMBA (☎ 474-2320; Justo 3680) organisiert Tauchtouren (ab 150 AR$/Tauchgang, inklusive Ausrüstung).

Arcangél (☎ 463-1167) bietet Tandemsprünge (ab 120 AR$, zzgl. 70 AR$ für eine Videoaufnahme).

Die **Escuela Argentina de Surfistas** (☎ 15-400-2072; Yacht Club, Playa Grande) erteilt Surfunterricht an der Playa Grande (50 AR$/Std., inklusive Ausrüstung).

Im **Club Mitre** (www.josecordobatango.com.ar; Bolívar 3367) gibt's Tangounterricht in der Gruppe (15 AR$) und anschließend montags, mittwochs und freitags um 21 Uhr eine *milonga*.

Schlafen

Im Januar und Februar liegen die Preise um rund 30 % höher, dann empfiehlt es sich, zu reservieren.

Hostel Urbano (☎ 491-9083; www.hostelurbano.com.ar; San Martín 2445; B/EZ/DZ 50/130/150 AR$; 🖥) Das makellose neue Hostel ist trotz zentraler Lage erstaunlich ruhig. Mit Küchenbenutzung.

Hostel La Pergola (☎ 493-3695; www.lapergolahostel.com.ar; Yrigoyen 1093; B/DZ 50/150 AR$; 🖥) Dieses Hostel befindet sich in einem schönen Steingebäude von 1929 einen Block weit vom Strand entfernt und gehört zu den ansehnlicheren Unterkünften vor Ort.

La Casa del Balcón (☎ 491-5609; www.lacasadelbalcon.com.ar; 3 de Febrero 2538; B 50 AR$, DZ ohne Bad 150 AR$; 🖥) Dieses Haus wirkt mit seinen antiken Möbeln und der zeitgenössischen Kunst an den Wänden eher wie ein Boutiquehotel und nicht wie ein Hostel.

Die Preise auf Mardels überfüllten Campingplätzen, die sich zum größeren Teil südlich der Stadt befinden, liegen bei rund 10 AR$ pro Person; Infos zu den dort vorhandenen Einrichtungen gibt's in der Touristeninformation.

Essen

Die vielen *tenedores libres* im Stadtzentrum verlangen für ein Essen (ohne Getränke) zwischen 20 und 30 AR$. Wer viel Hunger mitbringt, macht dabei ein Schnäppchen.

Moringa (Alsina 2561; Hauptgerichte 25–40 AR$) Das nahöstliche Restaurant der gehobenen Sorte serviert eine ausgezeichnete Auswahl authentischer Gerichte, darunter natürlich auch Falafel, *kebbe* und Schisch Kebab.

Taberna Baska (12 de Octubre 3301; Hauptgerichte 30–50 AR$) Die überteuerten Touristenschuppen am Hafen kann man getrost vergessen: Die besten Meeresfrüchte vor Ort gibt's in diesem authentischen baskischen Restaurant ein paar Blocks weiter.

Oink (☎ 486-5251; Güemes 2364; Hauptgerichte 50–70 AR$; ☾ Di–Sa) Ein etwas irreführender Name für eines der landesweit besten Restaurants mit neuer argentinischer Küche. Hier gibt's viele *juses* (Säfte). Ein Festmahl ist das sieben Stunden geschmorte patagonische Lamm (58 AR$).

Ausgehen

La Bodeguita del Medio (Castelli 1252) Diese Bar setzt auf Kubanisches. Zur Happy Hour gibt's zwei Mojitos zum Preis von einem. Auf den Tisch kommen eine Reihe kubanischer Gerichte.

Antares (Córdoba 3025) Diese Kleinbrauerei serviert sieben Biere aus eigener Produktion, außerdem deutsch beeinflusste Gerichte und eine Reihe von Eintöpfen mit Fleisch und Bier.

Am Wochenende tobt das Leben in der Calle Alem, einem Streifen mit Bars, Discos und Restaurants in der Nähe der Playa Grande.

In den Discos an der Av Constitución kommt man am Wochenende erst spätabends in Fahrt. Zu empfehlen sind das **Chocolate** oder das **Sobremonte** (Eintritt jeweils 20–40 AR$. Bus 551 fährt vom Zentrum aus die ganze Nacht hin.

Über Kulturereignisse informiert monatlich der *Guía de Actividades* (erhältlich bei der Touristeninformation).

An- & Weiterreise

BUS

Von Mardels geschäftigem **Busbahnhof** (☎ 451-4506; Alberti 1602) fahren Busse nach Buenos Aires (80 AR$, 5½ Std.), Pinamar (23 AR$, 2½ Std.), Villa Gesell (19 AR$, 2 Std.), La Plata (75 AR$, 5 Std.) und Bahía Blanca (95 AR$, 7 Std.).

FLUGZEUG

Aerolíneas Argentinas (☎ 496-0101; www.aerolineas.com; Moreno 2442) und **Austral** (☎ 496-0101; Moreno 2442) fliegen nach Buenos Aires (293 AR$). Billiger (239 AR$) geht's mit **LADE** (☎ 491-1484; www.lade.com.ar; Corrientes 1537). Diese Fluggesellschaft hat auch Flüge nach Patagonien im Programm.

ZUG

Der **Bahnhof** (☎ 475-6076; Ecke Av Luro & Italia) liegt ungefähr 20 Blocks vom Strand entfernt, es gibt aber ein **Ticketbüro** (☎ 451-2501) im Busbahnhof. Im Sommer fahren siebenmal täglich Züge nach Buenos Aires (*turista/primera* 52/69 AR$). Personen unter 25 Jahren bekommen in der Nebensaison Rabatt. Der Zug braucht ungefähr sieben Stunden.

Unterwegs vor Ort

Fahrräder verleiht die **Bicicletería Madrid** (Yrigoyen 2249; 8/40 AR$ pro Std./Tag) an der Plaza Mitre.

VILLA GESELL

☎ 02255 / 25 800 Ew.

Die entspannte Strandgemeinde ist in der Nebensaison verschlafen, doch im Sommer wird der Ort zu einer Spielwiese für junge *porteños*, die hier in den warmen Nächten Party machen. Der Ort ist eines der schönsten Küstenstädtchen mit gewundenen, sandigen Straßen, bezaubernden Sommerhäusern (und größeren Ferienanlagen).

Orientierung & Praktische Informationen

Am meisten los ist auf der belebten Hauptstraße, der Av 3, die im Sommer teilweise eine Fußgängerzone ist. Hier findet man auch Banken und Geldautomaten.

Im Zentrum gibt's eine **Touristeninformation** (www.gesell.gov.ar; Av 3; ☾ Nov.–Feb.) in der Nähe der Paseo 108; eine weitere **Touristeninformation** (☎ 45-8596; Buenos Aires) liegt ungefähr 20 Gehminuten nordwestlich der Stadt und ist ganzjährig geöffnet.

Der **Hauptbusbahnhof** (Ecke Av 3 & Paseo 140) befindet sich südlich der Stadt; ins Zentrum kommt man mit Bus 504 oder einem Taxi (15 AR$).

Sehenswertes & Aktivitäten

Schwimmer, Sonnenhungrige und Reiter tummeln sich auf Gesells langem **Strand** und seiner Uferpromenade. Das ganze Jahr über wird am Pier geangelt. Surfkurse gibt es bei **Windy** (Paseo 104; 300 AR$/3 Std.) am Strand. Man kann sich auch nach Kitesurfing-Kursen erkundigen, aber die Ausrüstung wird nur an erfahrene Kiesurfer ausgeliehen. Fahrräder verleiht **Rodados Luis** (Paseo 107; 7/50 AR$ pro Std./Tag) zwischen den Avs 4 und 5.

El Ultimo Querandi (☎ 46-8989; Ecke Av 3 & Paseo 132) veranstaltet vierstündige Geländewagentouren zum nahe gelegenen Leuchtturm (50 AR$/Pers.), eine Kombination aus halsbrecherischer Dünenfahrt und Fotosafari mit tollen Motiven.

Die **Feria Artesanal** (Regional y Artística; Av 3) zwischen den Paseos 112 und 113 ist ein ausgezeichneter Kunsthandwerksmarkt, der von

Mitte Dezember bis Mitte März allabendlich stattfindet. In den übrigen Monaten ist hier nur am Wochenende geöffnet.

Schlafen

Die günstigsten *hospedajes* liegen nördlich der Av 3. Im Sommer sollte man unbedingt reservieren, vor allem in der zweiten Januarhälfte, wenn die Preise nach oben schnellen.

La Deseada (☎ 47-3276; www.ladeseadahostel.com.ar; Ecke Paseo 119 & Av 6; B 50 AR$; 🖳) Das Hostel gehört zu den schönsten an der Küste. Es liegt sechs Blocks vom Strand und 15 Gehminuten vom Zentrum entfernt.

Surf Hostel (☎ 47-3277; www.danubiohostel.com.ar; Paseo 105 zw. Avs 2 & 3; B 50 AR$; 🖳) Das Hostel sieht zwar nicht toll aus, hat aber eine ausgezeichnete Lage ein paar Blocks vom Strand entfernt.

Hotel Walkirias (☎ 46-8862; Paseo 102 zw. Av 2 & Buenos Aires; EZ/DZ 100/150 AR$) Von außen eine Scheußlichkeit, aber innen ist das Walkirias mit seinen freiliegenden Balken und geräumigen, modernen Zimmern richtig nett und gemütlich.

Die meisten Campingplätze in Gesell (10–20 AR$/Pers.) schließen in der Nebensaison, das ganze Jahr geöffnet sind die Plätze **Casablanca** (☎ 47-0771) und **Monte Bubi** (☎ 47-0732), die sich am südlichen Ende der Stadt an der Av 3 drängen.

Essen & Ausgehen

Die Av 3 ist die richtige Adresse für Pizza, Sandwiches, Eis und *parrilla*.

Sutton 212 (Ecke Av 2 & Paseo 105; Hauptgerichte 25–40 AR$; ☼ morgens, mittags & abends) Mit seinen stoffbezogenen Decken und den Lampenschirmen aus Rajasthan gehört das Lokal zu den schicksten an der Küste. Erstaunlicherweise sind die Preise für das Essen, das Importbier und die Cocktails trotzdem noch moderat.

Rias Baixes (Paseo 105 No 335; Gerichte 30–40 AR$) Mit seinen Leuchtstoffröhren und Plastikstühlen gewinnt diese *marisquería* (Meeresfrüchterestaurant) sicher keinen Preis für Innenarchitektur, dafür gibt's hier aber die frischesten, besten und preisgünstigsten Meeresfrüchte vor Ort.

Bars drängen sich vor allem an der Paseo 105 zwischen den Avs 2 und 3. Die Strandrestaurants sind prima geeignet für ein paar Drinks bei Sonnenuntergang und eine Kleinigkeit zu essen. Eine richtige Mahlzeit sollte man sich hier nur gönnen, wenn die Brieftasche gut gefüllt ist.

Unterhaltung

Anfiteatro del Pinar (☎ 46-7123; Ecke Av 10 & Paseo 102) Veranstaltungen gibt's hier im Januar, Februar und während der Semana Santa. Gesells Chormusikfestival Encuentros Corales findet ebenfalls alljährlich in diesem hübschen Amphitheater statt.

Cine Teatro Atlas (☎ 46-2969; Paseo 108 zw. Avs 3 & 4) Rock'n'Roll-Größen wie Charly García oder Los Pericos sind in diesem kleinen Theater schon aufgetreten, das in der Nebensaison als Kino fungiert.

Pueblo Límite (☎ 45-2845; www.pueblolimite.com; Buenos Aires 2600; Eintritt inkl. Getränk 20 AR$) Dieser kleinstädtische Megadiscokomplex umfasst im Sommer drei Danceclubs, zwei Bars und ein Restaurant. In der Nebensaison gibt's hier gerade mal zwei Discos: In der einen dudelt dann lateinamerikanischer Pop, in der anderen Electronica.

An- & Weiterreise

Busse fahren u. a. nach Buenos Aires (78 AR$, 5 Std.), Mar del Plata (20 AR$, 2 Std.) und Pinamar (5 AR$, 1 Std.).

PINAMAR

☎ 02254 / 23 200 Ew.

Pinamar und die umliegenden Ortschaften sind fast genauso angesagt wie Punta del Este in Uruguay. Auch hier verbringen wohlhabende argentinische Familien bevorzugt ihre Sommerferien.

Orientierung & Praktische Informationen

Die Hauptstraßen sind die Libertador, die ungefähr parallel zum Strand verläuft, und die senkrecht zu ihr verlaufende Av Bunge, von der die Nebenstraßen fächerförmig ausgreifen. Die **Touristeninformation** (☎ 491-680; Av Shaw 18) hat einen guten Stadtplan. Der **Busbahnhof** (Ecke Shaw & Calle del Pejerrey) ist zwölf Blocks vom Strand und sieben vom Ortszentrum entfernt. Der Bahnhof liegt ein paar Kilometer nördlich der Stadt in der Nähe der Bunge.

Sehenswertes & Aktivitäten

Viele Unterkünfte und Restaurants sind nur an den Wochenenden und im Sommer geöffnet. Zu anderen Zeiten kann man friedlich durch die Küsten-Kiefernwälder und an dem weiten, attraktiven **Strand** entlangschlendern, ohne von anderen Erholungssuchenden überrannt zu werden.

Fallschirmspringen und Flüge mit Segelflugzeugen oder Ballons lassen sich bei **Aerodromo Pinamar** (☎ 49-3953) organisieren. Windsurfen bietet **Kuyen** (☎ 011-3561-8358 www.windsurf-kuyen.com) an. Fahrräder verleiht der **Bike Store** (☎ 48-8855; Bunge 1111; 5 AR$/Std.), Quads **ATV house** (☎ 40-1279; www.atvhouse.com.ar; Cangrejo 1575), und Strandbuggys gibt's bei **Buguilar** (☎ 49-2809; Av del Cazón 1354).

Jedes Jahr Anfang März strömt das Publikum zum Filmfestival **Pantalla Pinamar** (www.pantallapinamar.com).

Schlafen

Mehrere Campingplätze (15 AR$/2 Pers.) liegen an der Küste zwischen Ostende und Pinamar.

Albergue Bruno Valente (☎ 48-2908; Ecke Mitre & Nuestras Malvinas, Ostende; B 50 AR$) Die quälend langsamen Renovierungsarbeiten an diesem früheren Hotel dauern noch an, aber das Haus ist immer noch eine gute, billige Unterkunft im Sommer und im Winter eine kalte und trübselige Bleibe. Das Haus liegt nahe dem Stadt, aber fern dem Zentrum. Einige der vorderen Zimmer haben Balkone mit Meerblick.

Hotel La Gaviota (☎ 48-2079; Calle del Cangrejo 1332; EZ/DZ 100/200 AR$) Das Hotel hat pieksaubere, aber recht kleine Zimmer und nach hinten hinaus einen gemütlichen Patio. Im gleichen Block gibt es noch weitere Hotels mit ähnlichen Preisen.

Essen & Ausgehen

Restaurants, Snackbars und Eisdielen säumen die Av Bunge.

Con Estilo Criollo (Ecke Av Bunge & Marco Polo; Hauptgerichte 20–30 AR$) Ganz normale, altmodische *parrillada* – aber gut zubereitet. Das Menü für 30 AR$ ist ein Schnäppchen.

Cantina Tulumei (Av Bunge 64; Hauptgerichte 30–40 AR$) Pinamars bestes Meeresfrüchterestaurant bietet immer noch starken Zuspruch. Zu empfehlen ist die Meeresfrüchte-*parrilla* für zwei Personen (68 AR$).

Tavóla (Av Bunge 64; Pizzas 30–40 AR$) Hier gibt's Steinofenpizza in einem traditionell italienischen Ambiente. Die gute Weinkarte legt nochmal eins drauf.

Im Sommer verwandeln sich die Restaurants am Strand in Bars und Discos (keine Sorge: sie sind nicht zu überhören) und bleiben in der Regel bis zur Morgendämmerung geöffnet. In der Nebensaison spielt sich das Nachtleben aber hauptsächlich in dem Gebiet ab, das von den Avs Bunge, Libertador und de las Artes umgrenzt wird. Solide Eckpfeiler sind dann die **Antiek Bar** (Av Libertador 27) und das **Paco** (Ecke Avs de las Gaviotas & de las Artes). Nicht cool genug? Da bleiben immer noch das **Black Cream** (Ecke Jones & Av Libertador), wohl der einzige spezielle Funk-Club an der (argentinischen) Atlantikküste, oder **La Luna** (Av Bunge 1429), eine unglaublich hippe Bar, in der Electronica und Reggaeton angesagt sind.

An- & Weiterreise

Das Busangebot ist ähnlich wie in Villa Gesell. Im Sommer fahren sonntags Züge nach Buenos Aires (70 AR$, 6 Std.). Die Tickets am Busbahnhof kaufen!

BAHÍA BLANCA

☎ 0291 / 292 600 Ew.

Angesichts der Größe ist Bahía Blanca überraschend kosmopolitisch. Die meisten Traveller legen hier dennoch lediglich einen Zwischenstopp ein und machen sich schnell wieder auf den Weg. Ihnen entgeht dadurch das Museum mit der wohl schlechtesten Beschilderung in ganz Argentinien.

Praktische Informationen

Der Eventkalender *Agenda Cultural* informiert über Konzerte, Kunstausstellungen und Theateraufführungen. Er ist in der Touristeninformation, Restaurants und Bars erhältlich.

Post (Moreno 34)
Pullman Cambio (San Martín 171) Löst Reisechecks ein.
Touristeninformation (☎ 459-4007; Alsina 45) Schon beinahe übertrieben hilfsbereit.

Sehenswertes

Die lohnendste Attraktion ist das **Museo del Puerto** (Torres 4180, Puerto Ingeniero White; ⌚ Mo–Fr 8–23 Uhr), ein skurriles Denkmal für die verschiedenen Zuwanderergruppen in Bahía Blanca. Von der Innenstadt bringen einen die Busse 500 und 501 in die Nähe; die letzten Blocks muss man sich durchfragen.

Am Wochenende gibt's eine **Feria artesanal** (Handwerksmarkt) auf der Plaza Rivadavia.

Schlafen

Balneario Maldonado (☎ 452-9511; Stellplatz 8 AR$/ Pers.) Der Campingplatz liegt 4 km südwestlich der Innenstadt, zu erreichen mit Bus 514.

Bahía Blanca Hostel (☎ 452-6802; www.bahiablancahostel.com; Soler 701; B/EZ/DZ 35/55/80 AR$; 🖥) Das neue Hostel vertraut auf alte Werte: Es ist nicht besonders schön, aber bietet eine gute Qualität.

Hotel Victoria (☎ 452-0522; www.hotelvictoriabb.com.ar; Paz 84; EZ/DZ 90/130 AR$, mit Gemeinschaftsbad 40/80 AR$) Hier findet man eine gute Auswahl an Zimmern in einem alten Gebäude mit Klasse. Die einfachen, komfortablen Räume im gepflegten Haus liegen um einen grünen Innenhof.

Essen & Ausgehen

Piazza (Ecke O'Higgins & Chiclana; Hauptgerichte 12–25 AR$) Das beliebte Mittagslokal direkt an der Plaza bietet eine einfallsreiche Karte und eine gut bestückte Bar. Schokofans sollten sich die Mousse nicht entgehen lassen (8 AR$).

Unter der Woche hält man sich beim Ausgehen am besten an die Bars an der Alsina zwischen der Mitre und der Alvarado. Am Wochenende ist die **Fuerte Argentina** angesagt, der Bar- und Discokomplex am nördlichen Ende der Salta. Man erreicht ihn leicht zu Fuß; die Taxifahrt vom Stadtzentrum kostet ungefähr 6 AR$.

Anreise & Unterwegs vor Ort

Der Flughafen liegt 15 km östlich der Stadt.
Aerolíneas Argentinas/Austral (☎ 456-0561; www.aerolineas.com; San Martín 298) fliegt nach Buenos Aires (120 AR$).

Der **Busbahnhof** (☎ 481-9615) liegt rund 2 km östlich der Plaza Rivadavia; von dort fahren viele Nahverkehrsbusse in die Stadt (1 AR$; die Magnetkarten gibt's am Kiosk). Um die Anfahrt zum Busbahnhof zu sparen, kann man Bustickets auch bequem in dem **Büro** (Ecke Chiclana & Alsina) in der Innenstadt direkt an der Plaza kaufen. Busse fahren u. a. nach Sierra de la Ventana (20 AR$, 2 Std.), Buenos Aires (94 AR$, 9 Std.), Santa Rosa (55 AR$, 6 Std.), Mar del Plata (95 AR$, 7 Std.) und Neuquén (70 AR$, 7 Std.).

Vom **Bahnhof** (☎ 452-9196; Cerri 750) fahren dienstags bis freitags und sonntags Züge nach Buenos Aires (*turista*/Pullman 39/63 AR$).

SIERRA DE LA VENTANA

☎ 0291 / 3400 Ew.

Nach Sierra de la Ventana strömen die *porteños*, um der Hitze des Sommers zu entkommen. Man wandert ein wenig und kühlt sich in den nahe gelegenen Schwimmstellen ab. Wanderer und Bergsteiger zieht es in die nahe, gleichnamige Gebirgskette im Parque Provincial Ernesto Tornquist, deren zerklüftete Gipfel über 1300 m in die Höhe ragen.

In der Nähe des Bahnhofs befindet sich die **Touristeninformation** (☎ 491-5303; www.sierradelaventana.org.ar; Av del Golf s/n).

Wer eine hübsche Wanderung unternehmen will, überquert zunächst den kleinen Damm am Ende der Calle Tornquist (dort gibt's eine **Badestelle**). Auf der anderen Seite kommt dann der **Cerro del Amor** in Sicht. Für den Aufstieg zum Gipfel wird man mit einem schönen Blick auf den Ort und die Pampa belohnt.

El Tornillo (Roca 142) verleiht Fahrräder für 5/30 AR$ pro Stunde/Tag.

Schlafen & Essen

Es gibt mehrere kostenlose Campingstellen am Fluss. Sanitäre Anlagen findet man ganz in der Nähe auf dem grasbewachsenen, hübschen Gelände des Gemeindeschwimmbads (4 AR$).

Camping El Paraíso (☎ 491-5299; Diego Meyer; 7 AR$/Pers.) Dieser Campingplatz mit allen Einrichtungen liegt gegenüber vom Gemeindeschwimmbad und ist eine der besten Anlagen im Ort.

Hostería Maiten (☎ 491-5073; Iguazú 73; EZ/DZ 60/100 AR$) Die pieksauberen, altmodischen Zimmer liegen um einen üppig begrünten Hof. Eine gute Budgetoption.

Hotel Atero (☎ 491-5002; Ecke San Martín & Güemes; EZ/DZ 80/150 AR$; ❄) Das Hotel ist eine der komfortabelsten Unterkünfte vor Ort. Es liegt direkt an der Hauptstraße und vermietet große, gemütliche Zimmer.

Sol y Luna (Ecke San Martín & Tornquist; Hauptgerichte 20–40 AR$) Die Gerichte auf der ausgezeichneten Karte werden sorgsam zubereitet. Sehr zu empfehlen ist die Forelle mit Mandelsoße (36 AR$).

Sher (Güemes s/n; Hauptgerichte 25–40 AR$) Unter den zahlreichen *parrilla*-Restaurants vor Ort zeichnet sich dieses durch Atmosphäre und guten Service aus.

An- & Weiterreise

Expresso Cabildo (San Martín 141) und **El Condor** (Ecke San Martín & Namuncura) fahren zweimal täglich nach Bahía Blanca (20 AR$, 2½ Std.), La Plata (107 AR$, 13 Std.) und Buenos Aires (99 AR$, 9 Std.). Wem die Abfahrtszeiten nicht passen, kann auf zahlreiche Kleinbusbetreiber zurückgreifen, darunter **Ventana Bus** (☎ 15-468-5101) und **Combi Dido** (☎ 456-4400), die zu ähnlichen Preisen in etwas kürzerer Zeit nach Bahía Blanca fahren.

Der Bahnhof befindet sich in der Nähe der Touristeninformation. Dienstags bis samstags fahren von hier oder ab dem nahen Tornquist Züge nach Bahía Blanca (10 AR$, 3 Std.) und zur Plaza Constitución in Buenos Aires (41 AR$, 11 Std.).

RUND UM SIERRA DE LA VENTANA

Der 6700 ha große **Parque Provincial Ernesto Tornquist** (Eintritt 10 AR$) ist ein beliebtes Gebiet für geführte Touren und Wanderungen in Eigenregie und außerdem der Ausgangspunkt für Touren zum Gipfel des 1136 m hohen **Cerro de la Ventana**. Der Aufstieg zu dem wohl meistbestiegenen Gipfel Argentiniens dauert ungefähr zwei Stunden und ist für alle – außer vielleicht für nikotinsüchtige *porteños* – leicht zu bewältigen. Früh aufbrechen: Nach 11 Uhr im Winter und 12 Uhr im Sommer ist der Aufstieg nicht mehr möglich.

Die freundliche **Campamento Base** (☎ 0291-494-0999; RP 76, Km 224; Stellplatz 10 AR$/Pers., B 30 AR$) bietet schattige Stellplätze, saubere Badezimmer und ausgezeichnete Duschen mit Warmwasser.

Die Busse, die zwischen Bahía Blanca und Sierra de la Ventana unterwegs sind, können einen am Parkeingang absetzen, außerdem fahren vom Dorf aus Busse direkt zum Park (5 AR$, 1 Std.).

ZENTRAL-ARGENTINIEN

Zentral-Argentiniens Hauptattraktion ist zweifellos der Rebensaft. In der Region Cuyo liegen die Weinbauzentren Mendoza, San Luis und San Juan. Doch auch nach dem Genuss von ein paar Flaschen gibt's keinen Grund zum Däumchendrehen: Argentiniens „Abenteuerspielplatz" begeistert mit schier unendlichen Möglichkeiten zum Wandern, Skifahren und Klettern. Auch Raftingfans kommen auf ihre Kosten.

GESCHICHTE

Im 16. Jh. gelangten die Spanier über den Uspallata-Pass vom Pazifik nach Mendoza und zwangen die Indios zur Arbeit in *encomiendas*. Cuyo war politisch und wirtschaftlich an den Sitz des Vizekönigs in Lima im Norden gebunden. Dennoch förderte die Abgeschiedenheit der Gegend neben einem starken Unabhängigkeitswillen auch noch andere politische Aktivitäten, denen Cuyo heute seine regionale Identität verdankt.

In der späteren Kolonialzeit gewannen bewässerte Weinberge an Bedeutung. Doch weiterhin hinderte die isolierte Lage Cuyo daran, aus seinem Dornröschenschlaf zu erwachen. Erst als sich die Eisenbahn 1884 in die Region vorgekämpft hatte, konnte richtig durchgestartet werden. Verbesserte Bewässerungssysteme ermöglichten es, Weinberge und Olivenhaine zu erweitern, zusätzlich wurde nun die Futterpflanze Luzerne (Alfalfa) angebaut. Zwischen 1890 und 1980 wuchs die Weinbaufläche von 64 auf 2400 km^2 an. Bis heute sind viele Weingüter relativ klein und werden von ihren Besitzern persönlich bewirtschaftet.

SAN LUIS
☎ 02652 / 212 400 Ew.

San Luis wird langsam zu einem Backpackerziel, hat aber noch einen langen Weg vor sich. Die meisten Besucher kommen wegen des nahe gelegenen Parque Nacional Sierra de las Quijadas hierher. Das Geschäftszentrum bilden die beiden Parallelstraßen San Martín und Rivadavia zwischen der Plaza Pringles im Norden und der Plaza Independencia im Süden.

In der ersten Novemberwoche findet hier das **Internationale Filmfestival San Luis** (www.festival sanluiscine.com) statt.

Es gibt mehrere Banken mit Geldautomaten, die meisten rund um die Plaza Pringles. In der **Touristeninformation** (☎ 42-3957; www.turis mo.sanluis.gov.ar; Ecke Av Illia & Junín) findet man eine nahezu überwältigende Menge an Informationen über das Umland von San Luis.

Die großen, mit Betten vollgestopften Schlafsäle im **San Luis Hostel** (☎ 42-4188; www. sanluishostel.com.ar; Falucho 646; B 35 AR$) sind nicht gerade anregend, ansonsten ist das Hostel aber recht schön. Das Personal organisiert Trips in die Sierra de las Quijadas und Touren zu den örtlichen Goldminen.

Die Av Illia, die von der hübschen Plaza Pringles in nordwestlicher Richtung abgeht, ist das Zentrum der einigermaßen munteren Barszene in San Luis. An dieser Straße finden sich auch viele Fast-Food-Lokale. **Las Pircas** (Pringles 1417; Hauptgerichte 15–30 AR$) ist da schon ein besseres Restaurant/*parrilla*. Die Karte ist

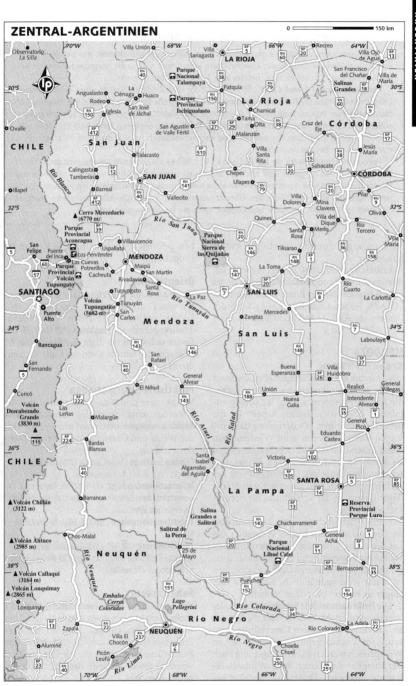

ABGELEGENE NATIONALPARKS IN ZENTRAL-ARGENTINIEN

Zentral-Argentinien besitzt eine große Fülle an verschiedenen Landschaften, was sich auch in seinen Nationalparks widerspiegelt. Ausführlichere Infos findet man unter www.parquesnacionales. gov.ar. Hier zwei schwer zu erreichende, aber lohnende Nationalparks:

Parque Nacional Lihué Calel (☎ 029-5243-6595; lihuecalel@apn.gov.ar) In einer wüstenartigen Landschaft inmitten der Pampa besitzt dieser 32 000 ha große Park eine erstaunliche Artenvielfalt. Man findet hier Pumas, Jaguarundis, Gürteltiere und viele Greifvögel wie den Schopfkarakara, außerdem blühende Kakteen und Petroglyphen. Das 226 km entfernte Santa Rosa (S. 136) ist die nächstgelegene Stadt, von der aus der Weg aber umständlich ist. Will man den Park besuchen, mietet man am besten ein Auto.

Parque Nacional Sierra de las Quijadas (☎ 02652-44-5141; usopublicoquijadas@apn.gov.ar; Eintritt 8 AR$) Der 150 000 ha große Park zeichnet sich durch spektakuläre, bizarre Felsformationen und Dinosaurierspuren und -fossilien aus. Man kann hier ausgezeichnet wandern und kostenlos campen, muss sich aber vor plötzlichen Überschwemmungen hüten. Die nächstgelegene Stadt ist San Juan (S. 134); bei Transport und Logistik kann die Parkverwaltung helfen.

---

recht umfangreich, und zum Salat gibt's sogar Balsamico.

Austral (☎ 45-2671; Illia 472) fliegt täglich nach Buenos Aires. Vom **Busbahnhof** (España zw. San Martín & Rivadavia) fahren Busse nach Mendoza (42 AR$, 3½ Std.), San Juan (50 AR$, 5 Std.), Rosario (86 AR$, 11 Std.) und Buenos Aires (125 AR$, 12 Std.).

MENDOZA
☎ 0261 / 929 000 Ew.

1861 machte ein schweres Erdbeben die Stadt Mendoza dem Erdboden gleich. Diese Tragödie für die *mendocinos* hatte langfristig zumindest einen vorteilhaften Aspekt: Da Behörden für einen Wiederholungsfall vorsorgen wollten, wurden beim Wiederaufbau breite Alleen (um möglichen Schutt beseitigen zu können) und weitläufige Plazas (als Schutzräume) angelegt. So entstand eine der verführerischsten und malerischsten Städte Argentiniens, in der sich wunderbar herumspazieren lässt.

Nimmt man noch die Tatsache hinzu, dass im Umland viele der besten Weingüter des Landes liegen (die 70 % der argentinischen Weine produzieren) und dass die Stadt Ausgangslager für jede Menge Outdooraktivitäten ist, wird gern verständlich, dass viele hier länger als nur ein paar Tage bleiben.

Die **Fiesta Nacional de la Vendimia** (Nationales Weinlesefest) zieht Anfang März die Massen an – in dieser Zeit sollten Unterkünfte rechtzeitig im Voraus gebucht werden. Neben Weinproben werden in der Umgebung auch Bergsteigen, Radtouren und Wildwasser-Rafting angeboten. Diverse Veranstalter haben geführte Touren durch die Region im Programm.

Orientierung
Der Busbahnhof liegt ungefähr 15 Gehminuten vom Zentrum entfernt; wer nicht so weit laufen möchte, nimmt den Villa-Nueva-Trolley. Mendozas **Flughafen** (☎ 448-7128) befindet sich 6 km nördlich der Stadt. Bus 60 (Aeropuerto) fährt ihn von der Calle Salta aus direkt an.

Praktische Informationen
Weinkenner und Neugierige sollten sich die kostenlose, englischsprachige Zeitschrift **Wine Republic** (www.wine-republic.com) greifen, die sich der Wein- und Gastronomieszene von Mendoza widmet.

Cambio Santiago (Av San Martín 1199) Löst Reiseschecks ein (2 % Bearbeitungsgebühr).

Informationsstand (☎ 431-5000) Im Busbahnhof. Ein weiterer Infostand befindet sich an der Kreuzung der Avs Las Heras und Mitre.

Touristeninformation (☎ 420-2800; Av San Martín 1143)

Touristenkiosk (☎ 420-1333; Garibaldi) Dieser hilfreiche Kiosk nahe der Av San Martín ist die bequemste Informationsquelle vor Ort.

Sehenswertes
Das großzügige **Museo Fundacional** (Ecke Alberdi & Castillo; Eintritt 5 AR$; ☼ Mo–Sa 8–20, So 15–22 Uhr) bewahrt die Fundamente des 1861 bei dem Erdbeben zerstörten *cabildo*. Außerdem sind Fundstücke ausgestellt, die vor Ort gesichert wurden, sowie Modelle des alten und des neuen Mendoza.

Die Virgen de Cuyo in der **Iglesia, Convento y Basílica de San Francisco** (Necochea 201) war die Schutzpatronin von San Martíns Andenarmee. Das einmalige **Museo Popular Callejero** befindet sich an der Ecke Av Las Heras und 25 de Mayo entlang des Gehwegs. Die Dioramen in den Schaukästen zeigen die Geschichte einer der großen Prachtstraßen Mendozas.

Zu der bewaldeten, 420 ha großen Grünfläche des **Parque General San Martín**, 2 km westlich der Stadt, gehören u. a. der **Cerro de la Gloria** (tolle Aussicht!), mehrere Museen und ein See. Vorsicht: In dem Park ist es schon zu Raubüberfällen gekommen. Daher nicht allein oder bei anbrechender Dunkelheit durchlaufen und keine Wertsachen mitnehmen. Zu erreichen ist der Park mit Bus 110 ab der Plaza Independencia.

Von Donnerstag bis Sonntag findet abends auf der Plaza Independencia ein **Kunsthandwerksmarkt** statt. Auf der Plaza Pellegrini gibt es am Wochenende einen **Flohmarkt** mit Musik und Tanz. Sehr sehenswert sind die wunderbaren Fliesenmuster auf der Plaza España.

WEINGÜTER

Argentiniens Weine werden immer besser und sind mittlerweile auch im Ausland auf dem Vormarsch. Die Weinproben in den vielen Winzereien der Gegend sind sehr beliebt. Mit Bus 173 kommt man von der La Rioja (zwischen der Garibaldi und der Catamarca) zu den beiden hier angeführten Weingütern. Aber erst anrufen, um sicherzustellen, dass wirklich geöffnet ist.

Ungefähr 17 km südöstlich der Innenstadt liegt in Maipú **Di Tomasso** (☎ 499-0673; Urquiza 8136; Führungen 10 AR$), ein schönes historisches Weingut, dessen Anfänge bis in die 1830er-Jahre zurückreichen. Bei der Führung kann man auch einen kurzen Einblick in den alten Weinkeller tun.

Ebenfalls in Maipú befindet sich das Weingut **Bodega La Rural** (☎ 497-2013; www.bodegalarural.com.ar; Montecaseros 2625; Führung 10 AR$). In dem zugehörigen Museum sind Keltergerätschaften der Pioniere des 19. Jhs. sowie kolonialzeitliche Sakralskulpturen aus der Region von Cuyo zu sehen. Führungen finden werktags halbstündlich und am Wochenende stündlich statt, allerdings seltener in englischer Sprache.

Mit dem Fahrrad kann man einen 40 km langen Rundkurs absolvieren und dabei diese und andere Weingüter besuchen. Eine Landkarte der Gegend bekommt man in der Touristeninformation in Mendoza. Mehr Details zum Besuch der Weingüter stehen im Kasten unten.

Aktivitäten

Der Aufstieg auf den nahegelegenen Aconcagua (s. S. 133) gehört zu den beliebtesten Aktivitäten hier, aber viele Veranstalter bieten auch Rafting-, Kletter-, Mountainbike-, Wandertouren und anderes an. Alle im Abschnitt „Schlafen" genannten Hostels können solche Touren organisieren.

Inka Expediciones (☎ 425-0871; www.inka.com.ar; Justo 345) bietet geführte Touren mit Rundumservice auf den Gipfel des Aconcagua an und

---

WEINTOUREN IN MENDOZA

Es wäre schade, nach Mendoza zu kommen und sich nicht zumindest ein Weingut anzuschauen. Nein, es wäre eine Sünde. Hier ein paar Optionen, je nach Zeit und Geldbeutel:

- Man kann sich mit Bussen im Umkreis von Maipú und Luján bewegen (s. oben)
- Man fährt mit dem Bus nach Maipú, leiht dort ein Fahrrad/Moped (40/60 AR$) und geht auf eigene Faust auf Tour. Zu den etablierten Anbietern in Maipú zählen **Bikes & Wines** (☎ 410-6686; www.bikesandwines.com; Urquiza 1606) und **Coco Bikes** (☎ 481-0862; Urquiza 1781). Sie stellen einfache Karten und ordentliche Fahrzeuge zur Verfügung, die man aber trotzdem checken sollte (Bremsen, Sitz etc.).
- Alle Hostels und Veranstalter bieten günstige Touren (rund 70 AR$) an. Sie sind gar nicht so schlecht, können aber viele Teilnehmer umfassen und sehr hurtig vorgehen. Bei den Weinproben wird einem auch nicht wirklich Gutes vorgesetzt.
- Veranstalter wie **Trout & Wine** (☎ 425-5613; www.troutandwine.com; Espejo 266, Loc 12) oder **Ampora Wine Tours** (☎ 429-2931; www.mendozawinetours.com; Av Sarmiento 647) bieten höherwertige Touren ab etwa 400 AR$ an. Dabei besucht man in einer kleinen Gruppe ausgewählte Weingüter und kann dann einige der besten Weine kosten, die die Region zu bieten hat.

MENDOZA

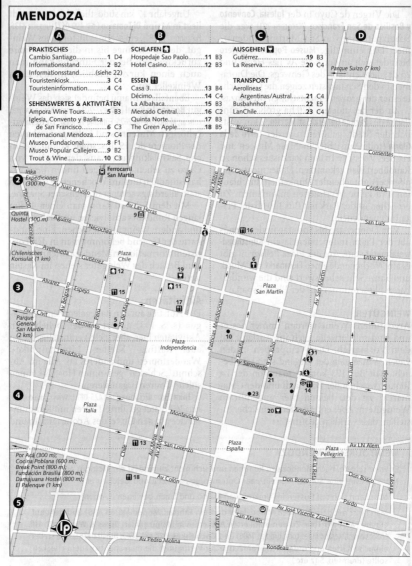

PRAKTISCHES
Cambio Santiago.................1 D4
Informationsstand................2 B2
Informationsstand..........(siehe 22)
Touristenkiosk.....................3 C4
Touristeninformation...........4 C4

SEHENSWERTES & AKTIVITÄTEN
Ampora Wine Tours..............5 B3
Iglesia, Convento y Basílica
  de San Francisco................6 C3
Internacional Mendoza.........7 C4
Museo Fundacional..............8 F1
Museo Popular Callejero......9 B2
Trout & Wine......................10 C3

SCHLAFEN
Hospedaje Sao Paolo..........11 B3
Hotel Casino......................12 B3

ESSEN
Casa 3...............................13 B4
Décimo.............................14 C4
La Albahaca......................15 B3
Mercado Central...............16 C2
Quinta Norte.....................17 B3
The Green Apple...............18 B5

AUSGEHEN
Gutiérrez..........................19 B3
La Reserva........................20 C4

TRANSPORT
Aerolíneas
  Argentinas/Austral.........21 C4
Busbahnhof......................22 E5
LanChile...........................23 C4

leistet unabhängigen Bergsteigern wertvolle logistische Hilfe.

Internacional Mendoza (☎ 423-2103; www.internacionalmendoza.com; Av San Martín 1020, Loc 3) hat Rafting (85 AR$), Parasailing (200 AR$), Felsklettern (150 AR$) und Ausritte (100 AR$) im Programm und verleiht Fahrräder (40 AR$/6 Std. inkl. MP3-Audio-Stadtführung).

Im Winter kann man in der Av Las Heras an mehreren Orten Skier ausleihen.

Kurse

Fundación Brasilia (☎ 423-6917; www.fundacionbrasilia.org; Villanueva 251) Das Institut bietet Einzelunterricht in Spanisch (432/816 AR$ für 10/20 Std.).

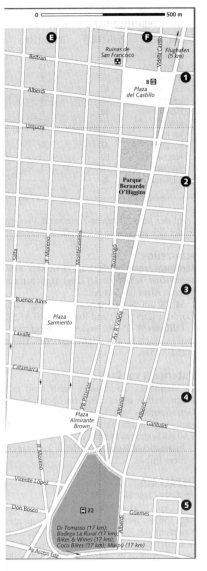

Parque Suizo (☎ 444-1991; Stellplatz 15 AR$/2 Pers.) Dieser Campingplatz liegt auf bewaldetem Gelände rund 6 km nordwestlich der Stadt in El Challao und bietet Duschen mit Warmwasser, Möglichkeiten zum Wäschewaschen und einen Lebensmittelladen. Zu erreichen ist der Platz mit Bus 110, den man ab der Av Alem gleich östlich der Av San Martín und ab der Av Sarmiento nehmen kann.

Quinta Hostel (☎ 420-4478; Olascoaga 1323; B 35 AR$, DZ ohne Bad 90 AR$; 🖥) Das niedliche kleine Hostel beschränkt sich aufs Wesentliche. Hier gibt's keine Extras, aber wenn man nichts weiter als ein Bett haben möchte, kommt man hier gut und günstig unter.

Break Point (☎ 423-9514; www.breakpointhostel.com.ar; Villanueva 241; B/DZ 50/150 AR$; 🖥 🏊) Hier gibt's große Schlafsäle (für 8 Pers.) in einem großen alten Haus. Der Pool und die Loungebereiche sind ausgezeichnet, allerdings gibt es zu wenig Badezimmer und im Erdgeschoss sorgt eine Bar für Lärm.

Damajuana Hostel (☎ 425-5858; www.damajuanahostel.com.ar; Villanueva 282; B/DZ 60/150 AR$; 🖥 🏊) Mendozas schönstes Hostel bietet Klasse: großartige Loungebereiche, schnellen, kostenlosen Internetzugang und einen schönen, grasbewachsenen Hinterhof mit einem Pool von ordentlicher Größe.

Hospedaje Sao Paolo (☎ 423-1763; Gutiérrez 490; Zi. 80 AR$) Ein seriöses Budgethotel: keine Extras, aber angesichts der Lage geht der Preis in Ordnung.

Hotel Casino (☎ 425-6666; Gutiérrez 668; EZ/DZ 100/120 AR$; 🏊) Hier gibt es einige gute, große und einige recht kleine, durchschnittliche Zimmer. Alle sind sauber und komfortabel, aber man sollte sich erst ein paar anschauen, bevor man sich einquartiert.

Essen

In den Straßenrestaurants in der verkehrsberuhigten Av Sarmiento kann man prima Leute beobachten. Die Restaurants in den Avs Las Heras und San Martín servieren gute, preisgünstige Mittagsmenüs; was es gibt, steht angeschlagen. Im renovierten **Mercado Central** (Ecke Av Las Heras & Mendocinas) findet man gute, billige Pizzas, Empanadas und Sandwiches.

Quinta Norte (Ecke Espejo & Av Mitre; Hauptgerichte 20–30 AR$) Das Restaurant überzeugt durch eine gute Auswahl an Tagesgerichten und schattige Plätze auf dem Bürgersteig.

El Palenque (☎ 15-454-8023; Villanueva 287; Hauptgerichte 20–40 AR$) Das gemütliche Barrestaurant ist schon seit Jahren beliebt für gute Standardgerichte mit ein paar Überraschungen. Früh hingehen oder reservieren.

La Albahaca (Espejo 659; Hauptgerichte 22–35 AR$) In einem Land, wo oft enttäuschende „italienische" Küche geboten wird, ist dieses Restaurant eine rühmliche Ausnahme. Die *fettucine puttanesca* (26 AR$) sind genau, wie sie sein sollten.

Décimo (Ecke Av San Martín & Garibaldi, 10. Stock; Hauptgerichte 25–40 AR$) Ein Besuch dieses Restaurants lohnt sich allein schon wegen des Ausblicks, das Lokal bietet aber auch eine kleine, kreative Speisekarte. Auf Straßenniveau hat es kein Schild: Vom Eingang an der Garibaldi muss man einen Aufzug nehmen.

The Green Apple (Av Colón 460; Buffet 30 AR$; Mo–Sa) Viele vegetarische Restaurants gibt's hier nicht, aber dieses ist schon Jahre mit guten Salaten, Aufläufen und Desserts im Geschäft.

Und überhaupt hat Mendoza Dutzende ausgezeichnete Restaurants zu bieten. Hier noch zwei Tipps:

Casa 3 (San Lorenzo 490; Hauptgerichte 15–20 AR$) Ein hippes kleines Barrestaurant mit guter Musik, leckerem Essen und vielen Cocktails.

Cocina Poblana (Villanueva 217; Hauptgerichte 15–25 AR$) Gute und günstige Gerichte aus dem Nahen Osten sind eine nette Abwechslung zu den ewigen Steaks.

Ausgehen

Die Av Villanueva westlich vom Zentrum ist der harte Kern der munteren Barszene. Am besten schaut man sich selber um; als Ausgangspunkte für eine Bartour eignen sich:

Por Acá (Villanueva 557) Diese Barlounge zeigt sich außen in Violett und Gelb und innen gepunktet. Nach 2 Uhr morgens füllt sich der Laden, und am Ende der Nacht wird gerne mal auf den Tischen getanzt. Gute Retro-Musik zum Tanzen.

La Reserva (Rivadavia 34; Eintritt frei–15 AR$) Der kleine Schuppen ist eigentlich ein Schwulenclub, zieht aber mit seiner Drag-Show um Mitternacht und anschließendem Hardcore-Techno ein gemischtes Publikum an.

Gutiérrez (Gutiérrez 435; Eintritt 10–30 AR$) Der beste Danceclub der Innenstadt veranstaltet diverse Themenabende, darunter dienstags die „Hostel-Night".

An- & Weiterreise

BUS

Der **Busbahnhof** (☎ 431-1299) liegt ungefähr zehn Blocks östlich vom Stadtzentrum. Eine Auswahl der angefahrenen Ziele samt Preisen findet sich im Kasten oben.

BUSVERBINDUNGEN AB MENDOZA

Ziel	Preis (AR$)	Dauer (Std.)
Aconcagua	30	3½
Buenos Aires	170	14
Córdoba	100	9
Las Leñas	80	7
Los Penitentes	48	4
Malargüe	50	6
Neuquén	120	12
San Juan	20	2
San Luis	42	3½
Tucumán	165	14
Uspallata	20	2
Valparaíso	85	8

FLUGZEUG

Aerolíneas Argentinas/Austral (☎ 420-4185; www.aerolineas.com; Av Sarmiento 82) fliegt täglich nach Buenos Aires (ab 514 AR$).

Sol (☎ 0810-4444-765; www.sol.com.ar) fliegt nach Córdoba (268 AR$) und Rosario (410 AR$).

LANChile (☎ 425-7900; Rivadavia 135) fliegt zweimal täglich nach Santiago de Chile (1152 AR$).

Unterwegs vor Ort

In Mendozas Stadtbussen zahlt man mit Magnetkarten, die es in Mehrfachbeträgen des Grundpreises von 1,10 AR$ in Kiosks zu kaufen gibt. Im Trolley zahlt man auch 1,10 AR$, aber in Münzen.

Internacional Mendoza verleiht Fahrräder; weitere Infos s. S. 130.

USPALLATA

☎ 02624 / 3800 Ew.

Das Dorf 1751 m über dem Meeresspiegel liegt 150 km westlich von Mendoza an einer Kreuzung der RN 7 in einem ausgesprochen malerischen Tal. Umgeben von farbenprächtigen Bergen ist es ein toller Ausgangspunkt für die Erkundung der Umgebung. Und Filmfreaks dürfte möglicherweise interessieren, dass hier auch Szenen des Brad-Pitt-Epos *Sieben Jahre in Tibet* gedreht wurden.

Sehenswertes

1 km nördlich der Highwayabzweigung nach Villavicencio führt eine ausgeschilderte Nebenstraße zu den Ruinen und dem Museum

von **Bóvedas Históricas Uspallata**, einer Stätte, wo schon in präkolumbischer Zeit Erz verhüttet wurde. Ungefähr 4 km nördlich von Uspallata finden sich an einem vulkanischen Felsvorsprung in der Nähe eines kleinen Denkmals für den seligen Ceferino Namuncurá eine Reihe verblasster, aber noch erkennbarer **Felszeichnungen**. Die **Touristeninformation** (☎ 42-0009; RN 7 s/n; 9–20 Uhr) liegt gegenüber vom YPF-Bahnhof.

Schlafen & Essen

Camping Municipal (Stellplatz 8 AR$;) Auf Uspallatas Campingplatz 500 m nördlich der Abzweigung nach Villavicencio spenden Pappeln Schatten.

Hostel International Uspallata (☎ 15-466-7240; www.hosteluspallata.com.ar; RN 7 s/n; B/DZ 40/140 AR$) Das schöne, geräumige Hostel liegt in atemberaubender Landschaft 5 km außerhalb von Uspallata mitten im Nirgendwo. Man kann einen Bus aus Mendoza oder Uspallata nehmen und dem Fahrer sagen, wo man aussteigen will. Ansonsten bleibt die Fahrt mit einem *remise* aus dem Ort (12 AR$).

El Portico del Valle (☎ 42-0103; porticodelvalle@hotmail.com; Ecke Las Heras & RN 7; EZ/DZ 110/150 AR$;) Das Hotel an der Fernstraßenkreuzung bietet bequeme und luftige Zimmer. Weiter die Las Heras hinauf gibt es ein paar gute, billigere Hotels.

El Rancho (Ecke RN 7 & Cerro Chacay; Hauptgerichte 20–30 AR$) Die gemütlichste *parrilla* im Ort tischt die üblichen Gerichte auf, darunter ein gutes gebratenes *chivo* (Zicklein).

An- & Weiterreise

Der Busbahnhof liegt versteckt hinter dem neuen, ausnehmend hässlichen Kasino an der Hauptstraße. Hier fahren Busse nach Mendoza (15 AR$, 2½ Std.), Puente del Inca (10 AR$, 1 Std.) und zu den dazwischen liegenden Ortschaften. Die grenzüberschreitenden Busse nach Santiago sind oft voll; im Winter kann der Pass wochenlang für den Verkehr gesperrt sein.

RUND UM USPALLATA
Los Penitentes

Los Penitentes (☎ 02624-42-0229) liegt zwei Stunden südwestlich von Uspallata auf einer Höhe von 2580 m. Das Gelände und die Schneedecke eignen sich bei genügend Schnee ausgezeichnet für Abfahrts- und Skilanglauf; der maximale Höhenunterschied der 21 Hänge liegt bei über 700 m. Die Skilifte und Unterkünfte sind sehr modern. Der Skipass kostet je nach Jahreszeit zwischen 75 und 115 AR$ pro Tag. Die Skisaison dauert von Juni bis September.

In der gemütlichen Hütte des **Hostel Los Penitentes** (in Mendoza ☎ 0261-438-1166; www.penitentes.com.ar; dm AR$70) kommen 38 Besucher in sehr kleinen Zimmerchen unter. Es gibt eine Küche, einen mit Holz beheizten Kamin und drei Gemeinschaftsbäder. Mahlzeiten kosten 15 AR$; im Sommer zahlt man für die Schlafplätze nur die Hälfte. Im Winter veranstaltet das Hostel Skilanglauf- und Abfahrtstouren, im Sommer Wanderungen auf den Aconcagua und diverse Ausflüge.

Mehrere Busse aus Mendoza fahren täglich auf dem Weg nach Uspallata (48 AR$, 4 Std.) durch Los Penitentes.

Puente del Inca

Wer in Richtung chilenische Grenze fährt, stößt ca. 8 km westlich von Los Penitentes in 2720 m Höhe auf eines der großartigsten Naturwunder Argentiniens. In der Nähe der Abzweigung zum Aconcagua überspannt die Puente del Inca, eine von den Naturgewalten geschaffene Steinbrücke, den Río Mendoza. Darunter befinden sich Felsmauern und die Ruinen einer alten Badeanlage, die das warme Schwefelwasser der Thermalquellen im Lauf der Zeit gelb gefärbt hat. Von hier aus kann man in den Parque Provincial Aconcagua wandern.

Das kleine und schlichte Hostel **La Vieja Estación** (in Mendoza ☎ 0261-452-1103; www.incahostel.com.ar; Stellplatz 8AR$/Pers., B 35AR$) organisiert Bergsteigen, Gletschertouren und Schneeschuhausflüge. Zum Haus gehören auch ein günstiges Restaurant und eine Bar.

Mit schnuckeligen holzverkleideten Zimmern und einem riesigen Speisesaal wirkt die **Hostería Puente del Inca** (☎ 02624-42-0222; EZ/DZ 120/140AR$) wie eine echte Skihütte.

Täglich besteht eine Busverbindung nach Mendoza (52AR$, 4 Std.).

PARQUE PROVINCIAL ACONCAGUA

Der Parque Provincial Aconcagua an der chilenischen Grenze umfasst 71 000 ha Hochland rund um den höchsten Gipfel der westlichen Hemisphäre, den 6962 m hohen Cerro Aconcagua. Wanderer finden Basislager und Unterstände unterhalb der Schneegrenze.

Für den Aufstieg zum Gipfel des Aconcagua braucht man mindestens 13 bis 15 Tage, vor allem auch einige Zeit für die Akklimatisierung. Wer sich an den Aufstieg wagen will, sollte sich R. J. Secors Wanderführer *Aconcagua* besorgen und sich die Websites www.aconcagua.com.ar und www.aconcagua.mendoza.gov.ar anschauen.

Von Mitte November bis Mitte März braucht man fürs Wandern und Bergsteigen eine Genehmigung. Wanderer zahlen 60 bis 600 AR$, Bergsteiger 500 bis 2000 AR$, je nach Termin. Die eigentliche Hochsaison dauert von Mitte Dezember bis Ende Januar. Die Genehmigungen kann man in der Zentrale der **Touristeninformation** (☎ 0261-420-2800; Av San Martín 1143) in Mendoza kaufen.

Viele Adventuretourveranstalter in und rund um Mendoza organisieren Ausflüge in das Hochgebirge. Einzelheiten finden sich im Abschnitt „Aktivitäten" des Mendoza-Kapitels (S. 129).

SAN JUAN

☎ 0264 / 486 600 Ew.

Wenn es hier nach Kerosin riecht, dann weil die stolzen Bürger von San Juan ihre Bürgersteige polieren. Ein bisschen seltsam (zumindest für Nichtschwaben). San Juan ist tatsächlich recht schön, aber vor allem lohnend wegen der nahe gelegenen Weingüter und als Tor zum Parque Provincial Ischigualasto.

Anders als in den meisten argentinischen Städten ändern die Straßen nach der Kreuzung mit der zentralen Plaza ihren Namen nicht, sondern nur den Namenszusatz nach der Himmelsrichtung. Die Zählung der Hausnummern beginnt an der Plaza und setzt sich nach auswärts fort. So gibt es etwa eine Laprida 150 Este und eine Laprida 150 Oeste.

Die **Touristeninformation** (☎ 422-2431; www.turismo.sanjuan.gov.ar; Sarmiento 24 Sur) unterhält noch eine kleinere Zweigstelle am Busbahnhof. Die **Cambio Santiago** ist in der Gral Acha 52 Sur zu finden. Es gibt mehrere Geldautomaten vor Ort. Die **Post** befindet sich in der Roza nahe der Tucumán.

Sehenswertes

Das **Museo de Ciencias Naturales** (Ecke España & Maipú; ◷ 9–13 Uhr) ist jetzt im alten Bahnhof untergebracht. Es zeigt Stücke von Dinosaurierskeletten aus der Trias, die in der Gegend gefunden wurden. Besucher erhalten auch einen Einblick in die Präparationslabore.

Das **Museo de Vino Santiago Graffigna** (Colón 1342 Nte; ◷ Mo–Sa 9–17.30, So 10–16 Uhr) lohnt einen Besuch vor allem dann, wenn man nicht plant, eines der Weingüter in der Gegend zu besuchen. Zu erreichen ist es mit Bus 12A, der vor der Touristeninformation in der Sarmiento (1,50 AR$, 15 Min.) hält.

Schlafen & Essen

Camping El Pinar (RP 113, km 14; Stellplatz 2 AR$/Pers., Zelt 5 AR$) Der bewaldete städtische Campingplatz an der Benavídez Oeste ungefähr 6 km westlich der Innenstadt ist mit Bussen zu erreichen.

San Juan Hostel (☎ 420-1835; www.sanjuanhostel.com; Córdoba 317 Este; B/EZ/DZ 35/80/100 AR$; 🖵) Das einfache, geräumige und freundliche Hostel steht in guter Lage zwischen Busbahnhof und Stadtzentrum. Gute Infos zu Touren und Attraktionen in der Gegend.

Zonda Hostel (☎ 420-1009; www.zondahostel.com.ar; Caseros 486 Este; B/DZ 40/100 AR$; 🖵) Das gemütlichste Hotel vor Ort residiert in einem großen Haus ein paar Blocks vom Busbahnhof entfernt. Gute Einrichtungen, mittelmäßig engagiertes Personal.

Hotel Alhambra (☎ 421-4780; www.alhambrahotel.com.ar; Acha 180 Sur; EZ/DZ 120/150 AR$; ❄) Das Hotel vermietet gemütliche, etwas vollgestellte Zimmer in ausgezeichneter Lage gleich neben der Plaza.

Remolacha (Ecke de la Roza & Sarmiento; Hauptgerichte 15–30 AR$) Die beste *parrilla* der Stadt hat vorne einen hübschen Gartenbereich.

Soychú (Roza 223 Oeste; Büffet 12 AR$) Dieses freundliche vegetarische Restaurant tischt eine richtig gute Auswahl an Speisen und frischen Säften auf.

Straßencafés und Fast-Food-Lokale säumen den Fußgängerbereich der Rivadavia.

An- & Weiterreise

Aerolíneas Argentinas/Austral (☎ 421-4158; San Martín 215 Oeste) fliegt täglich nach Buenos Aires (528 AR$).

Vom **Busbahnhof** (☎ 422-1604; Estados Unidos 492 Sur) fahren Busse nach Mendoza (23 AR$, 3 Std.), Córdoba (72 AR$, 9 Std.), San Agustín de Valle Fértil (32 AR$, 4 Std.), La Rioja (66 AR$, 6 Std.) und Buenos Aires (150 AR$, 15 Std.).

Autos vermietet **Classic** (☎ 422-4622; Av San Martín 163 Oeste). Wenn man zum Ischigualasto möchte, ist eine der billigsten Möglichkeiten, im Hostel eine Gruppe zusammenzutrommeln und sich gemeinsam ein Auto für einen Tag zu mieten.

RUND UM SAN JUAN
San Agustín de Valle Fértil
Das relaxte, grüne Nest liegt 250 km nordöstlich von San Juan inmitten von farbenprächtigen Hügeln und Flüssen. Die Einwohner leben von Landwirtschaft, Viehzucht, Bergbau und vom Tourismus. San Agustín dient als Ausgangspunkt für Abstecher in die Nationalparks Ischigualasto und Talampaya. Außerdem kann man sich in der Umgebung **Felsgravuren** ansehen und den Río Seco erkunden.

Die Touristeninformation an der Plaza hilft bei der Planung von Touren durch die Umgebung. Vor Ort gibt's auch einen Campingplatz, günstige Unterkünfte und ein paar prima *parrillas*. Geld sollte man allerdings schon vor der Anreise wechseln.

Jeden Tag pendeln Busse zwischen San Juan und San Agustín (32AR$, 4 Std.).

Parque Provincial Ischigualasto
Der Parque Provincial Ischigualasto erstreckt sich über ein Wüstental, das zwischen Bergketten aus Sedimentgestein liegt. An jeder Biegung des Canyons haben die wechselnden Pegel des Río Ischigualasto unzählige Fossilien und Dinosaurierknochen aus der Trias freigelegt, die bis zu 180 Mio. Jahre alt sind. Das Wasser hat zudem eigentümliche Formen in den einfarbigen Mergel, den roten Sandstein und die Vulkanasche gegraben. In der öden „Mondlandschaft" wachsen Wüstenpflanzen wie *algarrobo*-Bäume, Büsche und Kakteen. Dazwischen tummeln sich Guanakos, Kondore, Pampashasen und Füchse.

Inoffiziell ist neben dem Besucherzentrum in der Nähe des Eingangs campen erlaubt. Neben einer *confitería* mit einfachen Mahlzeiten und kalten Getränken gibt's hier auch Toiletten und Duschen. Allerdings ist Wasser oft Mangelware – und Schatten sucht man ohnehin vergeblich.

Ischigualasto liegt ungefähr 80 km nördlich von San Agustín. Aufgrund seiner Größe und Abgeschiedenheit ist eine Erkundung des Parks eigentlich nur mit einem Fahrzeug sinnvoll. Nachdem man das Eintrittsgelds bezahlt hat (40AR$), begleitet ein Ranger Besucherfahrzeuge auf einem zwei- oder dreistündigen Rundkurs über die unbefestigten Pisten, die nach Regenschauern eventuell nicht mehr zu passieren sind.

Wer kein eigenes Transportmittel hat, kann sich bei der Touristeninformation in San Agustín nach Touren oder einem Wagen mit Fahrer erkundigen oder sich an die **Parkverwaltung** (☎ 0264-49-1100) wenden. Veranstalter in San Juan bieten Touren zum Park an, es kommt aber erheblich billiger, wenn man auf eigene Faust nach San Agustín fährt und sich dort etwas organisiert. Einige Touren sind gleich mit einem Besuch im **Parque Nacional Talampaya** verbunden, der fast 100 km nordöstlich vom Ischigualasto liegt.

MALARGÜE
☎ 02627 / 25 200 Ew.

Zu präkolumbischer Zeit jagten und sammelten die Pehuenche im Malargüe-Tal, aber mit der Ankunft europäischer Kolonisten, die hier Ackerbau betrieben, verloren sie ihr Land. Heute ist die Ölgewinnung ein Hauptgewerbezweig, außerdem ist Malargüe, das 400 km südlich von Mendoza liegt, das ganze Jahr über ein Zentrum von Outdoor-Aktivitäten: Las Leñas (s. S. 136) ist das beste **Skigebiet** Argentiniens, außerdem gibt's in der Nähe archäologische Stätten und Tierreservate sowie geführte **Höhlentouren**. Während der Skisaison steigen die Hotelpreise. Die hier aufgelisteten Hotels bieten ihren Gästen 50 % Rabatt auf Skitickets für Las Leñas. Vor dem Einchecken an der Rezeption nachfragen!

Die **Touristeninformation** (☎ 47-1659; www.malargue.gov.ar; RN 40, Parque del Ayer) befindet sich am nördlichen Ende der Stadt direkt an der Fernstraße.

Am nördlichen Ende der Stadt liegt auch der das ganze Jahr geöffnete **Camping Municipal Malargüe** (☎ 47-0691; Alfonso Capdevila; Stellplatz 8 AR$).

Das **Hostel Nord Patagonia** (☎ 47-2276; www.vallesuraventura.com.ar; Inalican 52 Oeste; B/EZ/DZ 55/130/160 AR$; 💻) gegenüber dem Park ist das gemütlichste Hostel vor Ort. Hier gibt es auch ein Reisebüro. Zum Sommerangebot zählen Wanderungen auf den Vulkan, Raftingtouren und Ausritte. Im Winter werden Transporte nach Las Leñas angeboten (25 AR$/Pers.).

Einen halben Block von der Plaza bietet das heimelige kleine **Kathmandú Hostel** (☎ 15-41-4899; www.hostel-kathmandu.com.ar; Torres 121; B 35 AR$) nette Extras wie Hängematten, eine Tischtennisplatte und einen offenen Kamin.

Von der schäbigen Fassade des **Hotel Theis** (☎ 47-0136; San Martín 938; EZ/DZ 130/150 AR$) sollte man sich nicht täuschen lassen: Die Zimmer gehören zu den hübschesten in der Stadt.

Restaurants säumen die fünf Blocks der San Martín südlich der Plaza. **El Quincho de María** (San Martín 440; Hauptgerichte 20–30 AR$) hat wohl das beste Essen vor Ort. **Don Gauderio** (Ecke San Martín & Torres; Hauptgerichte 15–25 AR$) ist noch am ehesten als hip zu bezeichnen. Das Lokal ist eine gute Bar mit gelegentlicher Livemusik, das Restaurant ist nicht so berauschend, bietet aber immerhin ein paar interessante Pizza- und Sandwich-Variationen.

Vom **Busbahnhof** (Ecke Roca & Aldao) gibt's regelmäßige Verbindungen nach Mendoza (50 AR$, 6 Std.) und Las Leñas (25 AR$, 1½ Std.). Im Sommer fährt einmal pro Woche ein Bus über den 2500 m hohen Paso Pehuenche und hinunter in den gewaltigen Canyon des Río Maule nach Talca in Chile.

Südwärts gibt es täglich einen Bus nach Buta Ranquil (60 AR$, 5 Std.) in der Provinz Neuquén, wo man Anschluss nach Orten tiefer im Süden hat. Das Busticket mindestens einen Tag im Voraus bei **Transportes Leader** (☎ 47-0519; Ecke San Martín & Roca) buchen.

LAS LEÑAS

Reiche Argentinier und Touristen zieht es gleichermaßen nach Las Leñas. Im nobelsten Skiort des Landes wedeln sie in voller Pracht die Pisten hinunter. Anschließend wird auf den Putz gehauen, bis die Sonne wieder über die schneebedeckten Gipfel schaut. Im Sommer kann man das Tagesprogramm dagegen mit Wanderungen, Ausritten und Mountainbiketouren füllen. Trotz seines St.-Moritz-Images ist der Ort auch durchaus etwas für Traveller mit kleinem Geldbeutel.

Las Leñas liegt nur 70 km von Malargüe entfernt. Betrieb herrscht ungefähr von Juli bis Oktober. Auf 33 Pisten brettern Skifahrer aus bis zu 3430 m Höhe ins Tal (max. Höhenunterschied: 1230 m). Je nach Saison kosten Liftpässe für einen ganzen Tag im Schnee zwischen 136 und 209 AR$ – der **Ticketschalter** (☎ 011-4819-6000; www.laslenas.com; ☼ Mitte Juni–Ende Sept.) weiß Näheres.

Budgetreisende können in Malargüe wesentlich günstiger übernachten – nach Las Leñas geht's dann mit einem regelmäßigen Shuttlebus. Busfahrten von Mendoza aus kosten 70 AR$ und dauern sieben Stunden.

SANTA ROSA

☎ 02954 / 124 100 Ew.

Santa Rosa ist eine der wenigen etwas größeren Städte in den Pampas. Das Angebot für den Otto Normaltraveller ist nicht sonderlich groß, sieht man einmal von dem nahen Parque Nacional Lihué Calel ab. Der abgelegene, aber hübsche Park ist die Heimat einer überraschend vielfältigen Flora und Fauna.

Praktische Informationen

Es gibt mehrere Geldautomaten in der Nähe der Plaza San Martín.

Post (Lagos 258)

Touristeninformation (☎ 43-6555; www.santarosa.gov.ar; Ecke Luro & San Martín) Gegenüber vom Busbahnhof.

Touristeninformationszentrum (☼ 24 Std.) Im Busbahnhof.

Sehenswertes

Das **Museo de Bellas Artes** (Ecke 9 de Julio & Villegas; ☼ Di–Fr 7–13.30 & 14–20, Sa & So 18.30–21.30 Uhr) ist eine überraschend moderne Galerie mit Werken regionaler und landesweit bekannter Künstler.

An die **Laguna Don Tomás** gehen die Einheimischen zum Bootsfahren und Schwimmen, um Sport zu treiben oder spazieren zu gehen. Im März und April bietet die Touristeninformation Touren in das **Reserva Provincial Parque Luro** (☎ 02954-49-9000; www.parqueluro.gov.ar) 35 km südlich der Stadt, wo man dann Hirsche beobachten kann.

Schlafen & Essen

Restaurants und Cafés liegen rund um die Hauptplaza.

Centro Recreativo Municipal Don Tomás (☎ 45-5358; Stellplatz 5 AR$/Pers.) Auf diesem Platz am westlichen Ende der Av Uruguay findet man ordentliche Stellplätze. Vom Busbahnhof den Bus El Indio nehmen.

Hostería Santa Rosa (☎ 42-3868; Yrigoyen 696; EZ/DZ 75/85 AR$, ohne Bad 65/75 AB$) Ein einfaches Budgethotel einen Block vom Busbahnhof weg.

Hotel San Martín (☎ 42-2549; www.hsanmatin.com.ar; Ecke Alsina & Pelligrini; EZ/DZ 100/160 AR$; ❀) Das Hotel bietet komfortable, wenn auch wenig interessante Zimmer zu vernünftigen Preisen in der Nähe des alten Bahnhofs.

Abarca (Urquiza 336; Hauptgerichte 25–35 AR$) Mit der großen Salatbar und dem freundlichen Service ist diese ansonsten durchschnittliche Nachbarschafts-*parrilla* eine gute Wahl.

Anreise & Unterwegs vor Ort

Aerolíneas Argentinas (☎ 43-3076; Ecke Lagos & Moreno) fliegt nach Buenos Aires (ab 360 AR$). Die

Taxifahrt zum Flughafen, der 3 km außerhalb der Stadt liegt, kostet rund 8 AR$.

Vom **Busbahnhof** (☎ 42-2952; Luro 365) fahren Busse nach Bahía Blanca (100 AR$, 6 Std.), Puerto Madryn (150 AR$, 10 Std.), Buenos Aires (100 AR$, 7½ Std.), Mendoza (150 AR$, 8 Std.), Neuquén (87 AR$, 7 Std.) und Bariloche (175 AR$, 12 Std.).

Rent Auto (☎ 43-5770; Ecke Luro & Harris) ist einer der empfohlenen Autovermieter vor Ort.

ARGENTINISCHES SEENGEBIET

Das argentinische Seengebiet erstreckt sich von Neuquén bis hinunter nach Esquel und ist ein tolles Reiseziel, wo jede Menge Abenteueraktivitäten locken. Man findet hohe Berge zum Klettern oder Skifahren, rauschende Ströme für Wildwasserfahrten, klare Seen zum Bootsfahren und Angeln sowie wunderschöne Nationalparks für Entdeckungstouren. Von der Metropole Bariloche bis zur Hippiekommune El Bolsón haben die Städte und Ortschaften des Seengebiets ihr je eigenes landschaftliches, architektonisches und kulturelles Flair. Da es das ganze Jahr über interessante Aktivitäten gibt, sollte man sich diese Region mit ihren vielen Facetten auf keinen Fall entgehen lassen.

Die Ureinwohner des Seengebiets waren die Puelche und die Pehuenchen, die so genannt wurden, weil sie sich von den Kernen des *pehuén*-Baumes, also der Andentanne, nährten. Auch wenn die Spanier das Gebiet schon im späten 16. Jh. erkundeten, blieb hier das einheimische Volk der Mapuche vorherrschend, bis im 19. Jh. die europäischen Siedler einrückten. Trotzdem leben auch heute noch Mapuche in der Gegend, vor allem auf dem Gelände von Nationalparks.

NEUQUÉN

☎ 0299 / 250 000 Ew.

Ob von vorne oder hinten gelesen, Neuquén bleibt Neuquén. Die Provinzhauptstadt schmiegt sich in die Biegung des Zusammenflusses des Limay und des Neuquén. Sie bildet das Tor nach Patagonien und ins Seengebiet, ist aber gleichzeitig ein wichtiges Zentrum für Handel und Landwirtschaft. Auch wenn Neuquén nicht gerade ein Touristenmagnet ist, ist die Stadt doch nett. Für Dinofans interessant: Ganz in der Nähe wurden die Knochen der weltweit größten Dinosaurier ausgebuddelt.

Praktische Informationen

Es gibt mehrere Banken mit Geldautomaten.
Cambio Pullman (Alcorta 144) Löst Reisescheks ein.
Chilenisches Konsulat (☎ 442-2727; La Rioja 241).
Post (Ecke Rivadavia & Santa Fe)
Touristeninformation der Provinz (☎ 442-4089; www.neuquentur.gov.ar; San Martín 182) Verkauft Angellizenzen.

Sehenswertes

Das **Museo Nacional de Bellas Artes** (Ecke Mitre & Santa Cruz; ⌚ Di–Fr 10–21, Sa 10–14 & 18–22, So 18–22 Uhr) stellt Werke argentinischer und ausländischer Künstler aus. Das kleine **Museo de la Cuidad** (Ecke Independencia & Córdoba; ⌚ Mo–Fr 8–21, Sa & So 18–22 Uhr) erzählt die Geschichte Neuquéns.

Schlafen

Punto Patagónico Hostel (☎ 447-9940; Roca 1694; B 45 AR$, EZ 65–100 AR$, DZ 100–130 AR$) Neuquéns einziges Hostel ist ordentlich, liegt aber nicht im Zentrum; die Taxifahrt in die Innenstadt kostet 12 AR$. Insgesamt gibt es fünf Zimmer; die mit eigenen Bad sind großzügig. Es gibt eine Tischtennisplatte und einen hübschen Patio.

Hospedaje Alberdi (☎ 448-1943; Alberdi 176; EZ/DZ/3BZ 70/120/140 AR$) In dem Haus werden sieben gute, einfache Zimmer vermietet. Wer hier übernachtet, erhält im Restaurant (s. Restaurant Alberdi, unten) auf die Speisen einen Rabatt von 10 %.

Hotel Alcorta (☎ 442-2652; alcortahotel@infovia.com.ar; Alcorta 84; EZ/DZ 85/125 AR$) Ein anheimelndes Labyrinth aus ordentlichen, größtenteils mit Teppichboden ausgelegten Zimmern. Es gibt auch Drei- und Vierbettzimmer, diese sollte man vorab reservieren.

Hostería Belgrano (☎ 442-4311; Rivadavia 283; EZ/DZ 100/130 AR$) Zentral gelegene, attraktive Unterkunft. Die Zimmer sind dunkel gehalten. Nichtraucher.

Hotel Ideal (☎ 442-2431; www.interpatagonia.com/hotelideal; Olascoaga 243; EZ/DZ 150/200 AR$; ❄) Ein gut gelegenes, größeres Hotel mit komfortablen Mittelklassezimmern mit Kabelfernsehen. Die Zimmer nach hinten hinaus sind ruhiger.

Essen & Ausgehen

Restaurant Alberdi (Alberdi 176; Hauptgerichte 10–25 AR$) Das preiswerte und beliebte Nachbarschaftslokal existiert schon seit dreißig Jahren. Gute Fleischgerichte und hausgemachte Pasta.

Cabildo (Rivadavia 68; Hauptgerichte 10–30 AR$) Familienfreundliches Lokal, in dem man Sandwiches, Waffeln, Omelettes und 27 Pizza-Varianten erhält.

Club 32 (Ecke Roca & Av Argentina; Hauptgerichte 26–38 AR$) Ein gehobenes Restaurant mit relaxter Lounge-Atmosphäre. Auf der umfangreichen Speisekarte stehen Salate, Pfannengerichte und sogar Sushi – wenn man sich denn dranwagen will. Es gibt auch viele alkoholische Getränke.

Mit Nahrungsmitteln kann man sich im Supermarkt **El Norte** (Ecke Olascoaga & Moreno) versorgen.

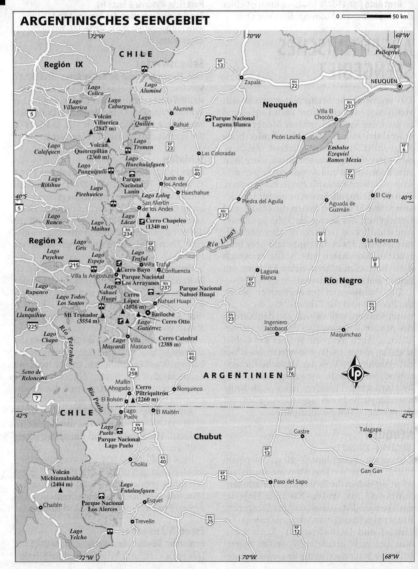

Anreise & Unterwegs vor Ort
Der Flughafen liegt 6 km außerhalb (Busfahrt ab der Innenstadt 1,60 AR$, Taxi 20 AR$). **Aerolíneas Argentinas** (☎ 442-2409; Santa Fe 52), **LADE** (☎ 443-1153; Brown 163) und **LAN** (☎ 444-1210; Flughafen) fliegen von hier.

Neuquéns moderner Busbahnhof liegt 4 km westlich vom Zentrum; drinnen gibt's auch eine Touristeninformation. Für die Fahrt in die Innenstadt den „Pehueche"-Bus (1,50 AR$; Ticketverkauf Schalter 41) oder ein Taxi (15 AR$) nehmen. Busse fahren u. a. nach Bariloche (68 AR$, 6 Std.), Bahía Blanca (90 AR$, 8 Std.), Buenos Aires (180 AR$, 16 Std.), Junín de los Andes (55 AR$, 6 Std.), Mendoza (135 AR$, 12 Std.), Viedma (55 AR$, 10 Std.) und Temuco in Chile (90 AR$, 10 Std.). In den meisten Nahverkehrsbussen fährt man mit Magnettickets, die an Kiosks erhältlich sind.

JUNÍN DE LOS ANDES
☎ 02972 / 12 000 Ew.

Das niedliche und nette Junín bezeichnet sich selbst als die „Forellenhauptstadt" Argentiniens, und tatsächlich gibt es hier in der Gegend ein paar schöne Flüsse, in denen Forellen schwimmen. Das ruhige und bedächtige Kleinstädtchen liegt am malerischen Río Chimehuín, 42 km nördlich von San Martín de los Andes. Hier kann man nicht viel tun außer wandern, den Fluss und die Berge erkunden sowie den prächtigen Parque Nacional Lanín (S. 140) besuchen.

Praktische Informationen
An der Plaza gibt es eine Bank mit Geldautomat.

Büro der Nationalparkverwaltung (☎ 492-748) An der Plaza, neben der Touristeninformation.
Touristeninformation (☎ 491-160; junindelosandes.gov.ar; Milanesio 596; ☼ 8–21 Uhr) Stellt Angelscheine aus.

Sehenswertes & Aktivitäten
15 Gehminuten jenseits des westlichen Ortsrands gelangt man zum hügeligen, von Kiefern bestandenen **Parque Vía Christi** (Eintritt 5 AR$), wo man 19 Kreuzwegstationen abwandern kann (geöffnet bei Tageslicht). Die Anlage verbindet auf kreative und durchdachte Weise christliche Motive mit den Leiden und Kämpfen der Mapuche. Artefakte der Ureinwohner sind im **Museo Mapuche** (Ponte 540; ☼ Mo–Fr 9–14.30 & 16.30–19 Uhr) ausgestellt.

> **AUF EIGENE FAUST**
>
> In der Provinz Neuquén gibt es eines der weltweit größten Vorkommen von Dinosaurierfossilien. Ein paar Empfehlungen: Plaza Huincul, Villa El Chocón, das Centro Paleontológico Lago Barreales – all diese Ziele liegen im Umkreis einiger Autostunden. Der Großraum hat außerdem Seen, Thermalquellen, ein paar *bodegas* (Weingüter), ein bemerkenswertes Vogelschutzgebiet und einige Angelstellen von Weltklasse zu bieten. Um das alles zu erkunden, ist ein eigenes Auto am praktischsten. Infos und Karten gibt's in der Touristeninformation.

Schlafen & Essen
Laura Vicuña (☎ 491-149; mallinlaura@gmail.com; Ponte 867; Stellplatz 20 AR/Pers., Hütte 120–140 AR$) Die angenehme Anlage bietet sonnige Stellplätze am Fluss und ist das ganze Jahr geöffnet. Gleich dahinter liegt ein weiterer Campingplatz, der aber nicht im mindesten so schön ist.

La Casa de Marita y Aldo (☎ 491-042; casademaritayaldo@hotmail.com; Ecke 25 de Mayo & Olavarría; B 34 AR$, mit Schlafsack 30 AR$) Das gemütliche kleine Haus hat zwei Schlafsäle zu fünf Betten mit knarrenden Holzböden.

Hostería Rüpú Calel (☎ 491-569; www.rupucalel.com.ar; Suárez 560; EZ/DZ/3BZ 100/150/190 AR$) Zehn komfortable Zimmer im großen Wohnhaus einer Familie.

Centro de Turismo (Milanesio 590; Hauptgerichte 10–30 AR$) Das moderne, bequeme Restaurant hat einen sonderbaren Namen, tischt aber gutes und preisgünstiges Essen auf. Es liegt neben der Touristeninformation.

Ruca Hueney (Ecke Milanesio & Suárez; Hauptgerichte 20–45 AR$) Juníns Restaurant mit der meisten Klasse serviert Fleisch-, Pasta- und Forellengerichte. Sparfüchse und Romantiker holen sich etwas zu essen von der Mitnahmetheke gleich nebenan und picknicken auf der anderen Straßenseite im Park.

An- & Weiterreise
Der Flughafen liegt 19 km südlich der Ortschaft in Richtung San Martín de los Andes.

Der Busbahnhof befindet sich drei Blocks westlich der Plaza. Busse fahren beispielsweise nach San Martín de los Andes (6 AR$, 45 Min.), Bariloche (30 AR$, 3 Std.) und Neuquén (55 AR$, 6 Std.) sowie grenzüberschreitend nach Pucón (70 AR$, 4 Std.) und Temuco (70 AR$, 7 Std.) in Chile.

PARQUE NACIONAL LANÍN

Mit 3776 m Höhe ist der schneebedeckte Gipfel des Volcán Lanín die Hauptattraktion in diesem ruhigen **Nationalpark** (Eintritt 30 AR$), in dem große Wälder mit Lenga-Südbuchen und Chilenischen Araukarien gedeihen. Die Gletscher des Pleistozän hinterließen blaue, langgestreckte Seen, die sich wunderbar zum Campen und Angeln eignen. Karten und weitere Infos haben die Büros der Nationalparkverwaltung in Junín (S. 139) oder San Martín (s. rechte Spalte).

Im Sommer ist der **Lago Huechulafquen** von Junín aus leicht zu erreichen. Dort findet man mehrere lohnende Wanderwege und hat einen ausgezeichneten Blick auf den Volcán Lanín. Die Mapuche betreiben u. a. die Campingplätze Raquithue, Piedra Mala und Bahía Cañicul (jeweils 8–15 AR$/Pers.). Man findet aber auch kostenlose Stellplätze. Seine Vorräte muss man aus der Stadt selber mitbringen. Gute Campingstellen und Wanderwege gibt es auch am bewaldeten **Lago Tromen**.

Von San Martín geht es mit dem Boot westwärts auf dem **Lago Lácar** nach Paso Hua Hum, wo eine Straße hinüber ins chilenische Puerto Pirehueico führt; es gibt hier auch Busverbindungen. Hua Hum hat ebenfalls Campingstellen und Wanderwege zu bieten. Der beschauliche **Lago Lolog**, 15 km nördlich von San Martín gelegen, hat Campingplätze und gute Angelstellen.

Im Sommer fahren Vans vom Busbahnhof in Junín am Lago Huechulafquen entlang bis nach Puerto Canoas (15 AR$, im Sommer 3-mal tgl.). Die Busse, die über die Pässe Hua Hum und Tromen nach Chile fahren, können einen unterwegs absetzen, sie sind aber oft überfüllt.

SAN MARTÍN DE LOS ANDES

☎ 02972 / 28 000 Ew.

Das hübsche San Martín ist ein kleines, schickes Ferienziel, das im Sommer von ausgelassenen Argentiniern überrannt wird. Das Städtchen schmiegt sich an den Ufern des Lago Lácar zwischen zwei grüne Berge und besitzt viele Holz- und Steingebäude, die als Berghütten gestaltet sind und in denen häufig so nette Dinge wie Schokoladengeschäfte, Eisdielen und Souvenirläden untergebracht sind. Hinter den Touristenstraßen liegen dann aber hübsche Wohnviertel mit schönen Rosengärten. Im Umland gibt es wunderbare Waldwege, die ideal sind zum Wandern oder Fahrradfahren.

Praktische Informationen

Im Ort gibt es mehrere Geldautomaten.
Andina Internacional (Capitán Drury 876) Löst Reiseschecks ein.
Büro der Nationalparkverwaltung (☎ 427-233; Frey 479) Verkauft Angelscheine.
Post (Ecke Pérez & Roca)
Touristeninformation (☎ 427-347; www.sanmartin delosandes.gov.ar; Ecke San Martín & Rosas) In der Nähe der Plaza.

Sehenswertes

Am Ende der 2,5 km langen steilen und staubigen Wanderung zum **Mirador Bandurrias** (Eintritt 2 AR$) wartet ein prachtvoller Blick auf den Lago Lácar; man sollte sich aber unbedingt ein Mittagessen einpacken. Geübte Querfeldeinfahrer leihen sich ein Fahrrad bei **Rodados** (San Martín 1061) und erreichen den *mirador* (Aussichtspunkt) in ungefähr einer Stunde über unbefestigte Wege.

Zu Fuß, mit dem Fahrrad oder als Anhalter (im Sommer fährt auch dreimal täglich ein Bus) gelangt man zur **Playa Catrite**, einem geschützten Felsstrand, der 4 km vom Ort entfernt an der RN 234 liegt. Dort gibt es ein entspanntes Restaurant mit einer netten Terrasse. In der Nähe kann man auch zelten. Das 20 km entfernte Cerro Chapelco ist ein Zentrum für Skifahrer.

Vom Pier legen täglich Boote nach Paso Hua Hum (hin & zurück 140 AR$) ab. Dort kann man wandern und sich einen Wasserfall anschauen. Boote fahren auch nach Quila Quina (hin & zurück 40 AR$), wo es Strände und Wassersportmöglichkeiten gibt.

Schlafen & Essen

In der Hochsaison (Jan.–März & Juli–Aug.) sollten Unterkünfte vorab reserviert werden.

Camping ACA (☎ 429-430; servicioaca@smandes.com.ar; Koessler 2176; Stellplatz 30 AR$, Hütte 200–460 AR$) Dieser große Campingplatz liegt 15 Gehminuten östlich vom Zentrum und bietet schattige Stellplätze auf unbefestigtem Gelände (die Nähe zur Straße besser meiden). Mehr Komfort bietet eine *cabaña*. Einen guten Campingplatz gibt es auch an der Playa Catrite (Stellplatz 35 AR$/Pers.), 4 km südlich vom Ort gelegen.

Secuoya Hostel (☎ 424-485; www.hostelsecuoya.com.ar; Rivadavia 411; B 55 AR$, DZ/3BZ 140/180 AR$) Kleines Hostel in einem einfachen Haus mit dunkler Küche und rustikalem Essbereich.

Bike Hostel (☎ 424-101; www.bikehostel.com.ar; Koessler 1531; B 60 AR$) Interessantes Hostel in einem attraktiven, geräumigen Haus mit hohen Balkendecken. Gute, große Schlafsäle (einige mit Balkon); der Speisesaal ist antik möbliert.

Puma Youth Hostel (☎ 422-443; www.pumahostel.com.ar; Fosbery 535; B/DZ 60/175 AR$) Das gute, saubere HI-Hostel bietet eine tolle Küche und geräumige Schlafsäle. Fast alle Zimmer haben ein eigenes Bad. Rabatt für HI-Mitglieder.

Hostería Cumelen (☎ 427-304; www.interpatagonia.com/cumelen; Elordi 931; DZ/3BZ 160/220 AR$) Das zentral gelegene Haus hat 18 nette, ältere Zimmer, von denen einige freundlicher als die anderen sind. Die Betreiber sind manchmal unwirsch.

Las Lucarnas Hostería (☎ 427-085; hosterialas lucarnas@hotmail.com; Pérez 632; Zi. 200 AR$) Zehn schöne, komfortable Zimmer, einige mit Badewannen. Die Zimmer im OG haben schräge Decken. Es gibt auch ein Apartment mit eingeschränkter Küchenbenutzung (370 AR$).

Dublin Pub (San Martín 599; Hauptgerichte 15–25 AR$) Der beliebte moderne Pub hat vorne einen großartigen Patio und im Obergeschoss einen Balkon. Hauptsächlich gibt's hier Sandwiches, außerdem auch ein paar Pastagerichte und Salate, dazu trinkt man Cocktails und Biere aus der Region.

Pulgarcito (San Martín 461; Hauptgerichte 20–40 AR$) Großartige, vielfältige Pastagerichte mit 30 verschiedenen Soßen. Und auch viele Fleisch- und Fischgerichte, Suppen, Salate und Omelettes kommen auf den Tisch.

Ku (San Martín 1053; Hauptgerichte 25–60 AR$) Das elegante Restaurant serviert Fleischgerichte, hausgemachte Pasta und regionale Spezialitäten.

An- & Weiterreise

Der **Flughafen** liegt 23 km nördlich vom Ort. An Fluglinien starten hier u. a. **Aerolíneas Argentinas** (☎ 410-588; Belgrano 949, Loc 2) und **LADE** (☎ 427-672) mit einem Büro im Busbahnhof.

Der Busbahnhof liegt fünf Blocks westlich der Plaza San Martín. Busse fahren u. a. nach Junín de los Andes (6 AR$, 45 Min.), Villa La Angostura (23 AR$, 2½ Std.), Bariloche (35 AR$, 4 Std.) sowie grenzüberschreitend nach Pucon (75 AR$, 5 Std.) und Temuco (75 AR$, 7 Std.) in Chile.

VILLA LA ANGOSTURA
☎ 02944 / 11 000 Ew.

Die Kleinstadt Villa La Angostura ist ein echtes Juwel. Der Name stammt von dem spanischen Wort *angosta* (eng) und bezieht sich auf die 91 m breite Landenge, die die Stadt mit der herrlichen Península Quetrihué verbindet. Villa ist unzweifelhaft touristisch geprägt, hat dabei aber glücklicherweise seinen Charme nicht verloren: Die Hauptstraße verläuft über drei Blocks und wird von für diese Region typischen „Berghütten" aus Holz und Stein gesäumt. Im Winter zieht es Skifahrer zum nahen Cerro Bayo.

Im Stadtzentrum El Cruce finden sich neben dem Busbahnhof auch die meisten Hotels und Geschäfte. Die Hauptstraße heißt Arrayanes. Im bewaldeten La Villa gibt's ein paar Restaurants, Hotels und einen netten Strand. Es liegt 3 km weiter südwestlich am Ufer des Lago Nahuel Huapi.

Praktische Informationen

Überall im Ort gibt's Geldautomaten.

Andina (Arrayanes 256) Löst Reisechecks ein.

Büro der Nationalparkverwaltung (☎ 494-152; La Villa)

Post (Las Fuschias 121) In einer Einkaufspassage hinter dem Busbahnhof

Touristeninformation (☎ 494-124; Ecke Arrayanes & Av Siete Lagos)

Sehenswertes & Aktivitäten

Auf der Halbinsel Quetrihué wächst der Arrayán, ein Myrtengewächs mit zimtfarbener Rinde. Der kleine, aber schöne **Parque Nacional Los Arrayanes** (Eintritt 30 AR$) schützt diesen Baumbestand. Der größte *bosque* (Wald) liegt an der Südspitze der Halbinsel; man erreicht ihn auf einer 40-minütigen Bootsfahrt (einfache Strecke/hin & zurück 70/120 AR$), oder man nimmt von La Villa aus den recht leichten, 12 km langen Wanderweg über die Landenge.

Geübte Radler leihen sich ein Fahrrad aus, um den Arrayán-Wald zu erreichen. Hin oder zurück kann man das Boot nehmen und die andere Strecke wandern oder radeln (Bootstickets für die Rückfahrt vorab kaufen). Essen und Wasser mitnehmen; gegen Ende des Wegs findet sich eine ideale Picknickstelle an einem See.

Am Anfang des Wegs führt in der Nähe des Strands ein steiler Seitenpfad (30 Min.) zu Aussichtspunkten hinauf, die einen tollen

Rundblick über den Lago Nahuel Huapi gewähren.

Vom Stadtteil El Cruce gelangt man auf einer 3 km langen Wanderung nach Norden zum Trailhead **Mirador Belvedere**, von wo aus man nach weiteren 30 Gehminuten zu schönen Aussichtspunkten kommt. Ungefähr drei Minuten hinter dem Mirador führt ein unmarkierter Seitenpfad nach rechts. Nach 20 Minuten erreicht man einen Weg, von dem aus man einen Blick auf die **Cascada Inayacal**, einen 50 m hohen Wasserfall, hat. Man sollte sich in der Touristeninformation eine Karte holen, denn die Wege in der Gegend sind ganz schön verwirrend.

Schlafen & Essen

Die folgenden Unterkünfte und Restaurants liegen alle in oder um El Cruce. Im Januar und Februar ist Reservieren angesagt.

Camping Unquehué (☎ 494-103; www.camping unquehue.com.ar; Av Siete Lagos 727; Stellplatz 26 AR$/Pers., Zelt 10 AR$) Das schöne und gut geführte Campinggelände befindet sich 500 m westlich vom Busbahnhof. Hier gibt's große, grasbewachsene Stellplätze, ausgezeichnete Einrichtungen und in der Nähe einen Supermarkt. Zelte und Matratzen können ausgeliehen werden.

Hostel El Hongo (☎ 495-043; www.hostelelhongo.com.ar; Pehuenches 872; B 50 AR$) Dieses gemütliche und sehr intime Hostel befindet sich in einem alten Haus rund zehn Blocks nordwestlich von Zentrum. Die Schlafsäle sind geräumig und mit Teppichboden ausgelegt, aber für die 19 Betten gibt es gerade mal zwei Badezimmer.

Italian Hostel (☎ 494-376; www.italianhostel.com.ar; Los Marquis 215; B/DZ 50/140 AR$; ☻ Mitte Okt.–Mitte April) Im Hostel mit nettem Garten herrscht eine großartige Stimmung. Die freundlichen Betreiber unternehmen in ihrer Freizeit Fahrradtouren. Die Schlafsäle sind zwar sehr groß (6–10 Betten), aber gut. Im Obergeschoss gibt es auch drei gemütliche Privatzimmer mit Gemeinschaftsbad.

Hostel La Angostura (☎ 494-834; www.hostellaangostura.com.ar; Barbagelata 157; B/DZ 55/170 AR$) Das wunderbare, zentral gelegene Hostel hat gemütliche, an eine Skihütte erinnernde Räume und saubere, moderne Zimmer. Vorne gibt es eine nette Terrasse für Raucher. Fahrräder werden ausgeliehen, und HI-Mitglieder erhalten Rabatt.

Hostal Bajo Cero (☎ 495-454; www.bajocerohostel.com; Av Siete Lagos 1200; B/DZ 65/230 AR$) Rund 1200 m westlich vom Busbahnhof liegt dieses tolle Hostel mit großen, gut gestalteten Schlafsälen und freundlichen Doppelzimmern. Es gibt einen netten Garten und eine Küche sowie luftige Gemeinschaftsbereiche.

Las Cumbres (☎ 494-945; www.hosterialascumbres.com; Confluencia 944; DZ/3BZ 230/270 AR$) Hübsche, intime Pension mit acht schönen, gemütlichen Zimmern. Der helle, entspannende Gemeinschaftsraum hat eine Terrasse und ist mit schönen Naturholzdetails geschmückt. Das Haus befindet sich 1 km östlich vom Zentrum gleich neben der Fernstraße.

Gran Nevada (Arrayanes 106; Hauptgerichte 15–25 AR$) Das familienfreundliche Lokal ist wegen seiner preisgünstigen und reichhaltigen Fleisch- und Pastagerichte sowie Pizzas ungeheuer beliebt. Wer nicht früh kommt, muss auf einen Tisch warten.

La Buena Vida (Arrayanes 167; Hauptgerichte 35–50 AR$) Dieses moderne Restaurant serviert gute traditionelle Gerichte, aber auch „exotischere" Speisen wie ungarisches Gulasch, Crêpes, Risotto oder Borschtsch.

Tinto Bistro (☎ 494-924; Huapi 34; Hauptgerichte 50–65 AR$) Das gehobene Restaurant serviert Gerichte wie thailändische Shrimp-Cakes oder Lamm in Weinsoße. Das Restaurant gehört dem argentinischen Bruder der niederländischen Kronprinzessin.

Anreise & Unterwegs vor Ort

Vom **Busbahnhof** fahren Busse nach Bariloche (14 AR$, 1¼ Std.) und San Martín de los Andes (23 AR$, 2½ Std.). Wer nach Chile fahren will, muss einen Platz für die durchfahrenden Busse vorab reservieren. Busse nach La Villa (wo die Boote anlegen und sich der Parkeingang befindet) fahren alle zwei Stunden.

In der Stadt gibt es mindestens ein halbes Dutzend Fahrradverleihe.

BARILOCHE

☎ 02944 / 100 000 Ew.

San Carlos de Bariloche, die größte Stadt im argentinischen Seengebiet, zieht sommers wie winters Heerscharen von Travellern an. Die Stadt liegt wunderbar an den Ufern des schönen Lago Nahuel Huapi, und drum herum ragen hohe Gipfel in den Himmel. Das Zentrum Bariloches ist immer voller Touristen, die in den unzähligen Schokoladengeschäften, Souvenirläden und trendigen Boutiquen einkaufen, aber die wirklichen Attraktionen liegen außerhalb: Der Parque

Nacional Nahuel Huapi lockt mit spektakulären Wanderwegen, und außerdem gibt es in der Gegend großartige Möglichkeiten zum Campen, für Wandertouren, Rafting, zum Angeln und Skifahren. Trotz seines touristischen Charakters eignet sich Bariloche prima als Zwischenstopp. Hier kann man gemütlich ausruhen, Besorgungen erledigen und natürlich auch Spaß haben.

Praktische Informationen

An Internetcafés und Geldautomaten herrscht in Bariloche kein Mangel.

Büro der Nationalparkverwaltung (☎ 423-111; San Martín 24)
Cambio Sudamérica (Av Bartolomé Mitre 63) Löst Reisechecks ein.
Club Andino (☎ 527-966; 20 de Febrero 30) Topografische Karten und Infos über *refugios* (rustikale Unterkünfte in Nationalparks oder abgelegenen Gebieten).
Einreisebehörde (☎ 423-043; Libertad 191)
Hospital Privado Regional (☎ 525-000; Ecke 24 de Septiembre & 20 de Febrero)
Informationskiosk (Ecke Moreno & Villegas)
Librería Cultura (Elflein 78) Hier gibt's auch Lonely Planet Führer.
Post (Moreno 175)
Städtische Touristeninformation (☎ 429-850; www.barilochepatagonia.info; Centro Cívico).

Sehenswertes & Aktivitäten

Das Herz der Stadt ist das Centro Cívico, eine Gruppe gepflegter öffentlicher Gebäude aus Holz und Stein. Der Architekt Ezequiel Bus-

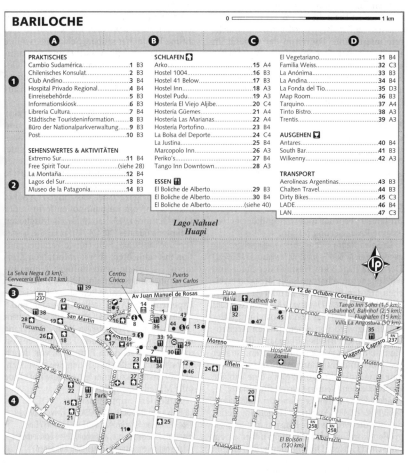

tillo lehnte sich dabei an mitteleuropäische Stile an und schuf eine Architektur, die heute für das Seengebiet als typisch gilt. Hier liegt auch das **Museo de la Patagonia** (Eintritt 5 AR$; Di–Fr 10–12.30 & 14–19, Sa 10–17 Uhr), das über die Geschichte der Region informiert und viele ausgestopfte Tiere und archäologische Fundstücke zeigt.

Rafting- und Kajaktrips auf dem Río Limay (leicht; Klasse II) oder Río Manso (Klasse III–IV) sind sehr beliebt; **Extremo Sur** (☎ 427-301; www.extremosur.com; Morales 765) hat gute Touren und Führer zu bieten. Weitere mögliche Aktivitäten sind u. a. Wandern, Felsklettern, Radfahren, Paragliding, Reiten, Angeln und Skifahren.

Zahlreiche Veranstalter und Hostels bieten Touren an. Ein auf Backpacker ausgerichteter Anbieter ist **Lagos del Sur** (☎ 458-410; www.lagos delsurvt.com.ar; Rolando 287, 1. Stock, Oficina 2), der mehrere interessante Touren in der Gegend im Programm hat. **Free Spirit Tour** (☎ 15-584-927; www.freespirittour.com), mit Sitz im Tango Inn (s. S. 144) bringt seine Kunden zu einem Hostel an einem nahe gelegenen See, wo zahlreiche Outdoor-Aktivitäten geboten werden.

Kurse

La Montaña (☎ 524-212; www.lamontana.com; Elflein 251) ist eine gute Spanisch-Sprachschule, die neben dem Unterricht auch Unterkünfte, Freiwilligenarbeit und Exkursionen mit sozialem Schwerpunkt organisiert.

Schlafen

Im Januar, Februar und während der Ferien ist eine Reservierung ratsam.

La Selva Negra (☎ 441-013; campingselvanegra@ speedy.com.ar; Av Bustillo km 2950; Stellplatz 33 AR$/Pers.) Der Platz liegt 3 km westlich der Stadt und hat angenehm schattige Stellplätze. Zu erreichen mit den Bussen 10, 20 oder 21.

Hostel Pudu (☎ 429-738; www.hostelpudu.com; Salta 459; B/DZ 40/130 AR$) Das coole Hostel mit toller Stimmung wird von einem jungen Argentinier und einem irischen Ehepaar geführt. Das Haus hat etwas von einem Irrgarten, ist aber gemütlich und entspannt. Alle Zimmer haben eine gute Aussicht. Unten gibt's eine winzige Bar und einen kleinen Garten für *asados*.

Arko (☎ 423-109; www.eco-family.com/hostel; Güemes 685; B/DZ 45/150 AR$) An einem Hügelhang befindet sich diese renovierte Pension mit ein paar großen, komfortablen Zimmern neben einem hübschen Garten. Die Zimmer in den älteren Gebäuden kosten weniger; Küchenbenutzung ist möglich.

Hostel 1004 (☎ 432-228; www.penthouse1004.com. ar; San Martín 127, 10. Stock, Suite 1004; B/DZ 45/120 AR$) Von den Zimmern und der tollen Terrasse hat man eine absolut erstklassige Aussicht. Großartige Gemeinschaftsbereiche, freundlicher Service und gute Stimmung inklusive. Man sollte sich auch nach dem am Berg gelegenen Hostel La Morada erkundigen, das ein tolles Refugium ist.

Periko's (☎ 522-326; www.perikos.com; Morales 555; B/DZ 45/140 AR$) Ein schönes, wirklich gut geführtes Hostel mit angenehmer Atmosphäre, einem grasbewachsenen Hof und einem tollen Küchen-/Essbereich. Überlegt gestaltete Schlafsäle und vier ausgezeichnete Doppelzimmer.

Hostel 41 Below (☎ 436-433; www.hostel41below. com; Juramento 94; B 50 AR$, DZ ohne Bad 150 AR$) Das intime Hostel hat saubere Schlafsäle, schöne Doppelzimmer (mit Aussicht) und eine ruhige Atmosphäre. In dem wundervollen Gemeinschaftsraum lernt man leicht andere Traveller kennen. Die Betreiber kommen aus Neuseeland.

Tango Inn Downtown (☎ 430-707; www.tangoinn. com; Salta 514; B 55 AR$, DZ 200 AR$) Am besten sind die Doppelzimmer oben, die eine unschlagbare Aussicht auf den See bieten. Es gibt gute, große Schlafsäle und ein in Purpur gehaltenes Gesellschaftszimmer mit einem Billardtisch. Sogar ein Whirlpool ist im Haus vorhanden. Ein zugehöriges Hostel, das Tango Inn Soho, liegt 500 m vom Busbahnhof entfernt in der 12 de Octubre 1915. Rabatt für HI-Mitglieder.

Hostería Güemes (☎ 424-785; Fax 435-616; Güemes 715; EZ/DZ 100/150 AR$) Eine ruhige Familienpension mit schlichten, aber komfortablen Zimmern. Es gibt ein nettes, luftiges Wohnzimmer mit einem Kamin und Blick auf die Stadt. Der spanischsprachige Betreiber Cholo ist ein Experte für die Angelstellen in der Gegend.

Hostería Las Marianas (☎ 439-876; www.hosteria lasmarianas.com.ar; 24 de Septiembre 218; Zi. 260 AR$) Eine freundliche, anheimelnde Familienpension mit sechzehn schönen Zimmern, von denen manche eine Teilsicht auf den See gewähren. Das Frühstückszimmer ist eingewölbt. Eine tolle Mittelklasseoption.

Außerdem empfehlenswert:

La Bolsa del Deporte (☎ 423-529; www.labolsadel deporte.com.ar; Palacios 405; B/DZ 40/130 AR$) Eine künstlerisch angehauchte, an Hobbithöhlen erinnernde Anlage mit einem lustigen Garten zum Abhängen.

La Justina (☎ 524-064; www.lajustinahostel.com.
ar; Quaglia 726; B 50 AR$, Zi. 130–160 AR$) Ein kleines,
freundliches Hostel mit guten Küchen- und Essbereichen.

Hostel Inn (☎ 400-105; www.hibariloche.com; Salta
308; B/DZ 55/200 AR$) Großartiges modernes Hostel mit
wundervoller Aussicht und kostenlosem Abendessen. Noch
ein Hotel gehört dazu, nämlich das Marcopolo Inn. Es
befindet sich in der Salta 422. Rabatt für HI-Mitglieder.

Hostería Portofino (☎ 422-795; Morales 435; EZ/
DZ/3BZ 100/150/180 AR$) Saubere, ruhige und gut geführ-
te Pension mit acht kleinen Zimmern.

Hostería El Viejo Aljibe (☎ 423-316; nsegat@infovia.
com.ar; Frey 571; DZ/3BZ/4BZ 200/250/320 AR$) Gemütli-
ches Haus mit hübschem Garten und einfachen Zimmern.

Essen

Zu den regionalen Spezialitäten zählen *jabalí*
(Wildschwein), *ciervo* (Reh) und *trucha*
(Forelle). Der Supermarkt **La Anónima** ist in der
Quaglia nahe dem Moreno.

La Fonda del Tío (Av Bartolomé Mitre 1130; Hauptgerichte 20–35 AR$) Die Einheimischen kommen
gerne wegen der guten, preisgünstigen Gerichte, die in großen Portionen serviert werden. Früh da sein, wenn man nicht auf einen
Tisch warten will.

El Vegetariano (20 de Febrero 730; Menüs 25 AR$; ☯ So
geschl.) Hier gibt es einfache, gesunde, täglich
wechselnde Fünf-Gänge-Menüs für Vegetarier. Auch für Veganer ist was dabei. Die Portion zum Mitnehmen kostet 17 AR$.

Familia Weiss (Palacios 167; Hauptgerichte 25–45 AR$)
Das Familienrestaurant ist stets gut besucht.
Man genießt hier Spezialitäten wie Reh, Forelle oder Gulasch. Die Gerichte sind bequemerweise auf der Karte abgebildet. Die Stimmung ist gut, abends gibt's Livemusik.

Map Room (Urquiza 248; Hauptgerichte 25–40 AR$)
Verräucherte Bar mit Gourmetpizza, großen
Salattellern und guten Sandwiches. Fleisch-
und Pastagerichte sowie die üblichen Kneipengerichte gibt's auch, und der Kaffee ist gut.

Trentis (Av Juan Manuel de Rosas 435; Hauptgerichte
25–40 AR$ ☯ Mo geschl.) Sehr gute Lage am See,
direkt über dem Wasser. In zwangloser Atmosphäre werden hier Pizzas, Pastagerichte
und Sandwiches serviert.

La Andina (Quaglia 95; Pizza 30 AR$) Das freundli-
che, schon lange bestehende einfache Ecklokal
bietet gute und preisgünstige Pizzas und Empanadas.

El Boliche de Alberto (Villegas 347; Hauptgerichte
30–45 AR$) Bariloches berühmteste *parrilla*
tischt ausgezeichnete Fleischgerichte auf. Es
gibt eine weitere Filiale um die Ecke (Elflein
158) und ein gleichermaßen gutes Pastares-
taurant (Elflein 49).

Tarquino (Ecke 24 de Septiembre & Saavedra; Hauptgerichte 38–45 AR$) Dieses Lokal hat leckere Fleisch-
gerichte, hausgemachte Pasta und eine gute
Weinkarte. Schon allein der tolle, höhlenartige Innenraum lohnt einen Besuch. Der Service ist ausgezeichnet.

Tinto Bistro (San Martín 570; Hauptgerichte 47–60 AR$;
☯ So abends geschl.) Elegantes Restaurant mit gut
zubereiteten, exotischen Gerichten wie Forel-
len-Teriyaki mit Wasabi-Dressing. Was als
„spicy" bezeichnet wird, ist es auch wirklich!
Der Laden gehört wie die Filiale in Villa La
Angostura dem argentinischen Bruder der
niederländischen Kronprinzessin.

Ausgehen

Das **Trentis** (s. linke Spalte) und der **Map
Room** (gleich darüber aufgeführt) sind auch
großartige Bars.

Wilkenny (San Martín 435) Bariloches größte und
lauteste Ausgehattraktion ist diese beliebte
Kneipe mit einer Rundumtheke.

South Bar (Juramento 30) Intime, entspannte Bar
mit schummriger Beleuchtung und Dartschei-
be. Großartige Musik und ein zu Gesprächen
aufgelegter Barkeeper.

Cervecería Blest (☎ 461-026; Bustillo km 11) Tou-
ristisches Brauereirestaurant mit dennoch
netter Atmosphäre. Es gibt Pilsner, Lager,
Bockbier und sogar Bier mit Himbeere. Das
Lokal befindet sich 11 km westlich der Stadt,
zu erreichen mit Bus 20.

Antares (Elflein 47) Sehr beliebte moderne Bar.
Setzt man sich an einen der erhöht stehenden
Tische, kann man gut Leute beobachten. Aus
den kupfernen Hähnen zischen Spezialbiere;
donnerstags bis samstags spielen abends Co-
verbands.

Anreise & Unterwegs vor Ort

AUTO

In der Stadt gibt's viele Autovermietungen.
Ein Auto kostet rund 200 AR$ pro Tag (mit
200 Freikilometern).

BUS

Der Busbahnhof befindet sich 2,5 km östlich
vom Zentrum; die Fahrt dorthin kostet
1,60 AR$ mit dem Bus oder 15 AR$ mit dem
Taxi.

Chalten Travel (☎ 423-809; www.chaltentravel.com;
Moreno 126) bietet einen zweitägigen Pau-
schaltransport nach El Calafate für 480 AR$.

BUSVERBINDUNGEN AB BARILOCHE		
Ziel	Preis (AR$)	Dauer (Std.)
Buenos Aires	265	20
Comodoro Rivadavia	145	15
El Bolsón	18	2½
Osorno, Chile	80	5
Puerto Madryn	175	13
Puerto Montt, Chile	80	7
San Martín de los Andes	35	4
Villa La Angostura	12	1¼

FAHRRAD
Dirty Bikes (☎ 425-616; O'Connor 681) verleiht Fahrräder und organisiert Fahrradtouren. Infos zu Fahrradtouren auf dem Circuito Chico stehen in der rechten Spalte.

FLUGZEUG
Der **Flughafen** (☎ 405-016) liegt 15 km östlich der Stadt; vom Stadtzentrum nimmt man Bus 72 (2,50 AR$) oder ein Taxi (50 AR$).

Aerolíneas Argentinas (☎ 422-144; Av Bartolomé Mitre 185), **LAN** (☎ 431-077; Av Bartolomé Mitre 500) und **LADE** (☎ 424-812; Villegas 480) haben Flüge von und nach Bariloche.

ZUG
Der **Bahnhof** (☎ 423-172) liegt gleich neben dem Busbahnhof. Zweimal wöchentlich fährt ein Zug nach Viedma (*turista*/Pullman 44/102 AR$, 17 Std.).

PARQUE NACIONAL NAHUEL HUAPI
Der Lago Nahuel Huapi, ein Gletschersee von mehr als 100 km Länge, bildet das Kernstück dieses prächtigen Nationalparks (Eintritt 30 AR$ für den Tronador und die Bootstouren nach Puerto Pañuelo). Im Westen markiert der 3554 m hohe Monte Tronador den Scheitel der Anden und die Grenze nach Chile. Feuchte Valdivia-Wälder bedecken die unteren Hänge, während im Sommer Wildblumen auf den Bergwiesen wachsen.

Eine beliebte Wanderroute ist der 60 km lange **Circuito Chico**. Alle 20 Minuten fährt Bus 20 (von der Ecke San Martín und Morales in Bariloche) am Lago Nahuel Huapi entlang bis nach Puerto Pañuelos, wo einige Male täglich Bootstouren zum schönen **Puerto Blest**, der touristischen **Isla Victoria** und der hübschen **Península Quetrihué** (s. S. 141) starten. Bus 10 rollt in der anderen Richtung ins Binnenland über die **Colonia Suiza** (eine kleine Schweizer Waldgemeinde) bis nach Bahía López, wo man eine kurze Wanderung zur Spitze der Halbinsel Brazo de la Tristeza unternehmen kann. Im Sommer fährt Bus 11 den gesamten Circuito ab und verbindet Puerto Pañuelos mit Bahía López. Im Winter kann man den 6 km langen Abschnitt an der wenig befahrenen Fernstraße entlangmarschieren und kommt dabei durch herrliche Waldgebiete. Eine schöne, zweistündige Nebenstrecke führt nach Villa Tacul an den Gestaden des Lago Nahuel Huapi. Am besten wandert man von Bahía López nach Puerto Pañuelos und nicht umgekehrt, da wesentlich mehr Busse von Pañuelos aus nach Bariloche zurückfahren. Daran denken, die Busabfahrtszeiten in Bariloches Touristeninformation zu checken!

Radler fahren mit dem Bus bis zu Km 18 600 vor und leihen sich ein Fahrrad bei **Bike Cordillera** (☎ 02944-524-828; www.cordillerabike.com). So radelt man zwar nicht die ganze Strecke, geht aber der verkehrsreichen Av Bustillo aus dem Weg und konzentriert sich auf die landschaftlich schöneren Abschnitte des Rundkurses. Vorher anrufen, um ein Rad zu reservieren.

Skifahren ist im Winter zwischen Mitte Juni und Oktober angesagt. **Cerro Catedral** (☎ 409-000; www.catedralaltapatagonia.com), etwa 20 km westlich der Stadt gelegen, ist eines der größten Skizentren in Südamerika. Man findet hier Dutzende von Skihängen, eine Standseilbahn und eine Gondelbahn sowie zahlreiche weitere Einrichtungen (inkl. Verleiher). Das Beste aber ist die Aussicht: Die Gipfel rund um die Seen sind einfach ein prachtvoller Anblick.

Wer hier wandern will, kann den Cerro Otto, den Cerro Catedral und den Cerro Campanario hinaufkraxeln; auf alle diese Gipfel führen aber auch Sessellifte. Bei der sechsstündigen Wanderung an den Hängen des Monte Tronador nach Refugio Meiling muss man in der Regel einmal übernachten, da man von Bariloche aus eine dreistündige Anfahrt bis zum Startpunkt (Pampa Linda) hat. Den Gipfel des Tronador bewältigen nur geübte Bergsteiger.

Wanderer sollten sich beim Club Andino (S. 143) oder im Büro der Nationalparkverwaltung (S. 143), beide in Bariloche, nach dem Wegezustand erkundigen, da Wege auch im Sommer durch Schneefälle unpassierbar sein können. Im Club Andino gibt's Infos zu *refugios*, während man im Büro der Nationalparkverwaltung über die Zeltplätze in der Gegend Bescheid weiß.

EL BOLSÓN
☎ 02944 / 27 000 Ew.

Hippies können jubeln: Es gibt zumindest ein unverzichtbares Reiseziel für sie in Argentinien, und das ist El Bolsón. In dieser liberalen Künstlergemeinde leben Leute mit alternativem Lebensstil, die ihren Ort zu einer „nuklearfreien Zone" und einer „Öko-Gemeinde" erklärt haben. Das unscheinbare El Bolsón liegt ungefähr 120 km südlich von Bariloche und ist von dramatisch zerklüfteten Berggipfeln umgeben. Seinen wirtschaftlichen Wohlstand verdankt der Ort seinem milden Klima und dem fruchtbaren Boden, der eine Reihe von Bio-Farmen ernährt. Sie produzieren hier Hopfen, Käse, Beerenfrüchte wie Himbeeren und allerlei sonstiges Obst. All diese Erzeugnisse kann man auf der berühmten **feria artesanal** (Kunsthandwerksmarkt) kaufen, die einen Eindruck vom Geist der Gemeinde vermittelt. Neben Öko-Nahrungsmitteln wird hier auch kreatives Kunsthandwerk angeboten. Der Markt findet dienstags, donnerstags und am Wochenende auf der Plaza Pagano statt; am meisten los ist am Samstag.

Die **Touristeninformation** (☎ 492-604; www.elbolson.gov.ar) liegt gleich neben der Plaza Pagano. Landkarten und Infos zu *refugios* hat der **Club Andino** (☎ 492-600; Av Sarmiento) nahe der Roca. Es gibt im Ort nur zwei Geldautomaten, weshalb sich lange Schlangen bilden können. Die Post befindet sich gegenüber der Touristeninformation.

Für Outdooraktivitäten in der Gegend, beispielsweise Rafting auf dem Río Azul, Paragliding oder Ausreiten, wendet man sich bei **Grado 42** (☎ 493-124; www.grado42.com; Av Belgrano 406) oder an **Huara** (☎ 455-000; www.huaraviajesyturismo.com.ar; Dorrego 410).

Schlafen
In den umliegenden Bergen gibt es viele Möglichkeiten zum Zelten, beispielsweise auch bei *refugios* (Stellplatz 10 AR$, Koje 35 AR$).

Camping Refugio Patagónico (☎ 483-888; Islas Malvinas s/n; Stellplatz 20 AR$/Pers.) Erstklassiger Platz mit sonnigen und schattigen Stellplätzen, Blick in die Berge und über die weiten Felder.

La Casa del Viajero (☎ 493-092; aporro@elbolson.com; near Libertad & Las Flores, Barrio Usina; B/DZ 35/80 AR$) Total entspannt, rustikal und kunstorientiert: Luxuriös ist diese Unterkunft nicht, soll sie aber auch nicht sein. Man geht über die Hauptbrücke und dann 200 m nordwärts, wo es ein Schild und einen buschbewachsenen Eingang gibt. Wer vorher anruft, wird auch abgeholt.

Hospedaje Salinas (☎ 492-396; Roca 641; EZ/DZ ohne Bad 40/80 AR$; Ecke Roca & Feliciano) Hier gibt's fünf schlichte ältere Zimmer (mit je zwei Einzelbetten), winzige Kochgelegenheiten und einen hübschen Gartenpatio zum Entspannen.

Albergue El Pueblito (☎ 493-560; www.elpueblitohostel.com.ar; B/DZ 43/150 AR$) Ruhiges, rustikalländliches Hostel mit urig knarrenden Holzböden in den Schlafsälen und drei *cabañas*. Es gibt einen gemütlichen Bereich zum Abhängen, Fahrräder werden ausgeliehen. In einem separaten Gebäude findet sich ein nicht dazupassender, aber cooler Barbereich. HI-Mitglieder erhalten Rabatt. Zu der Unterkunft, die 4 km nördlich der Ortschaft an einer unmarkierten, unbefestigten Straße liegt, gelangt man mit dem Bus oder einem *remise* (8 AR$).

Posada Pehuenia (☎ 483-010; www.hospedajepehuenia.com; Azcuenaga 140; B/DZ 45/120 AR$, Hütte 150 AR$) Das freundliche Hostel versprüht eine nette, intime Stimmung. Die kleine Schlafsäle sind recht klein. Hinten finden sich die *cabañas*. Fahrräder werden ausgeliehen, und zweimal wöchentlich gibt es *asados*.

Refugio Patagónico (☎ 483-628; www.refugiopatagonico.com; Islas Malvinas s/n; B/DZ 45/110 AR$) Wunderbares Hostel in einem ländlichen Ambiente. Jeder Schlafsaal hat ein zugehöriges Bad. Die Gemeinschaftsbereiche sind schön, groß und luftig.

Altos del Sur (☎ 498-730; www.altosdelsur.bolsonweb.com; Tres Cipreses 1237; B/DZ 50/150 AR$) Neues, modernes und liebenswertes Hostel mit angenehmen Gemeinschaftsbereichen und guten Schlafsälen. Gelegentlich gibt es Pizzaabende; einfache Nahrungsmittel werden verkauft. Allerdings liegt das Haus etwas isoliert: Von der Stadt aus geht es 4 km hügelauf, und Busse fahren nicht dorthin (*remise* 12 AR$). Rabatt für HI-Mitglieder.

Residencial Los Helechos (☎ 492-262; San Martín 3248; EZ/DZ/Apt. 100/150/200 AR$) Die von einer Familie geführte Pension bietet sechs moderne Zimmer und zwei Apartments, einen Blumengarten und Küchenbenutzung. Ein richtiges Schnäppchen; nach dem „Kioscón"-Schild Ausschau halten!

La Posada de Hamelin (☎ 492-030; www.posadadehamelin.com.ar; Granollers 2179; EZ/DZ/3BZ 120/170/200 AR$) Die Posada vermietet nur eine Handvoll wunderbar gemütlicher Zimmer in einem niedlichen, freundlichen, von Wein überranktem Familienwohnhaus. Ausgezeichnetes Frühstück (15 AR$).

La Casona de Odile (☎ 492-753; www.welcomeargentina.com/odile; EZ/DZ 140/280 AR$) 5 km nördlich vom Zentrum liegt die 2 ha große, parkartige Oase der Französin Odile. Es gibt hier vier gemütliche Zimmer, und man erhält auch ein ausgezeichnetes Abendessen (85 AR$). Vorab reservieren.

Essen & Ausgehen

Das Essen auf der *feria artesanal* ist lecker, gesund und preisgünstig.

Jauja (San Martín 2867; Eiscreme 6–9 AR$) Das Beste ist die legendäre Eistheke. Das Essen im Restaurant ist nur mittelprächtig.

Apunto (Sarmiento 2434; Hauptgerichte 20–35 AR$) In der geschätzten *parrilla* gibt's auch ein paar Angebote für Vegetarier.

Patio Venzano (Ecke Sarmiento & Hube; Hauptgerichte 25–40 AR$) Die tolle gemütliche Atmosphäre und der schöne Patio sind willkommene Zugaben zu den schmackhaften *parrillada* und Pastagerichten.

Otto Tipp (Ecke Islas Malvinas & Roca; Hauptgerichte 27–36 AR$; ☾ nur abends) Das große Brauereirestaurant serviert viele Pizzavarianten und einige hausgemachte Pastagerichte.

Pasiones (Ecke Belgrano & Beruti; Hauptgerichte 30–40 AR$) Zu den gut zubereiten Speisen zählen Gourmetpizzas, Pasta- und Fischgerichte. Nicht besonders schick, aber es gibt Plätze draußen und Liveunterhaltung.

Cervecería El Bolsón (☎ 492-595; Ruta 258) Entspannter Laden 2 km nördlich der Stadt mit einem Dutzend selbstgebrauter Biere. Zu essen gibt's auch was.

Boulevard (Ecke San Martín & Hube) Hier herrscht die Atmosphäre eines irischen Pubs. Naturbelassenes Holz bestimmt das Bild, es gibt ein Dutzend Cocktails und ohne Zusatzstoffe gebrautes Bier. Der frischen Luft wegen sollte man lieber einen Platz draußen wählen.

Anreise & Unterwegs vor Ort

LADE (☎ 492-206; Sarmiento 3238) fliegt gelegentlich nach El Bolsón.

Einen zentralen Busbahnhof gibt es nicht. Mehrere Busgesellschaften verteilen sich über den Ort. Via Bariloche fährt am häufigsten von und nach Bariloche. Busse fahren u. a. nach Bariloche (18 AR$, 2½ Std.), Esquel (27 AR$, 2½ Std.), Puerto Madryn (150 AR$, 12 Std.) und Buenos Aires (ab 305 AR$, 22 Std.).

Fahrräder (halber/ganzer Tag 40/50 AR$) kann man bei Peuman im **Club Andino** (☎ 492-600; Ecke Roca & Sarmiento) ausleihen, allerdings nur im Sommer.

RUND UM EL BOLSÓN

Der spektakuläre Granitkamm des 2260 m hohen **Cerro Piltriquitrón** lagert im Osten wie das Rückgrat eines prähistorischen Tiers. *Remises* bringen einen bis in eine Höhe von 1100 m (hin & zurück 120 AR$; Preis für die Wartezeit Verhandlungssache). Von dort führt eine 30- bis 40-minütige Wanderung zum **Bosque Tallado** (Eintritt 8 AR$), einem schattigen Hain mit rund vierzig aus Baumstämmen geschnitzten Figuren. Ein 20-minütiger Aufstieg führt dann von dort zum Refugio Piltriquitrón, wo man etwas trinken oder auch übernachten kann (Koje 25 AR$, Schlafsack mitbringen; Zelten ist kostenlos). Von dieser Unterkunft sind's noch zweieinhalb Stunden bis zum Gipfel. Das Wetter ist sehr launisch, man muss also für alle Temperaturen ausgerüstet sein.

Auf einem Kamm 6 km westlich der Stadt befindet sich der **Cabeza del Indio** (Eintritt 2 AR$), ein Felsvorsprung, der an das Profil eines Menschen erinnert; auf dem Weg hat man einen großartigen Blick auf den Río Azul und den Lago Puelo. Ungefähr 10 km nördlich der Stadt gibt es ein paar **Wasserfälle** (Eintritt je 2 AR$).

Auf einer gut dreistündigen Wanderung erreicht man die enge Schlucht des **Cajón del Azul**, wo es einige tolle Schwimmstellen gibt. Am Ende der Schlucht steht ein freundliches *refugio*, in dem man etwas essen oder auch übernachten kann. Von dem Punkt, an dem einen die städtischen Busse (6 AR$) absetzen, sind es 15 steile und staubige Minuten bis zum Ausgangspunkt des Wegs zum Cajón del Azul.

Rund 18 km südlich von El Bolsón befindet sich der windige **Parque Nacional Lago Puelo**. Hier kann man zelten, schwimmen, angeln, wandern oder eine Bootstour zur chilenischen Grenze (90 AR$) unternehmen. Im Sommer fahren regelmäßig Busse aus El Bolsón (4,25 AR$, 15 Min.) hierher. Infos zu Touren zu den Eisenbahnwerkstätten von El Maitén stehen auf S. 149.

ESQUEL

☎ 02945 / 30 000 Ew.

Das schnuckelige Esquel sieht auf den ersten Blick nicht nach viel aus, liegt aber prachtvoll im Westen der Provinz Chubut an den Bergausläufern, wo die Andenwälder in die patagonische Steppe übergehen. Das Städtchen ist der Ausgangspunkt des Alten Patagonienexpresses und das Tor zum Parque Nacional Los Alerces. In dem Gebiet herrschen gute Bedingungen für Wanderungen, Rafting, Kajakfahren, zum Ausreiten und Skifahren. Einen guten Tagestrip entfernt liegt die nette walisische Hochburg Trevelin.

Praktische Informationen

Banken mit Geldautomaten finden sich an der Alvear und an der 25 de Mayo in der Nähe der Alvear.

Club Andino (☎ 453-248; Pellegrini 787)
Post (Alvear 1192) Neben der Touristeninformation.
Touristeninformation (☎ 451-927; www.esquel.gov.ar; Ecke Alvear & Sarmiento)

Sehenswertes & Aktivitäten

La Trochita (Alter Patagonienexpress; ☎ 451-403; www.latrochita.org.ar) heißt Argentiniens berühmter Schmalspur-Dampfzug, der Touristen vom Bahnhof nahe der Kreuzung Brown und Roggero in kurzer Fahrt bis zum 20 km weiter östlich gelegenen Nahuel Pan bringt (50 AR$, 1¼ Std.). Am anderen Ende der Strecke liegt in 140 km Entfernung El Maitén. Dort befinden sich die Bahnwerkstätten und ein Museum. El Maitén ist von El Bolsón aus zu erreichen; von Esquel aus gibt es keine regelmäßige Zugverbindung. Aktuelle Fahrpläne gibt's auf der Website oder in der Touristeninformation.

Outdoor-Aktivitäten und Touren bieten **EPA** (☎ 454-366; www.grupoepa.com; Rivadavia 484) und **Patagonia Verde** (☎ 454-396; www.patagonia-verde.com.ar; 9 de Julio 926) an. Lohnenswerte Wanderungen führen zur Laguna La Zeta (2 Std.), zum Cerro La Cruz (4 Std.) und zum Cerro Nahuel Pan (6 Std.). Bergführer als Begleiter vermittelt **Cholila Mountain Explorers** (☎ 456-296; www.cholilaexplorers.com).

Schlafen

El Hogar del Mochilero (☎ 452-166; cveron@ar.inter.net; Roca 1028; Stellplatz 15 AR$/Pers., B 20 AR$) Ein schattiges kleines Campingparadies mit einer Küche. Es gibt hier auch einen großen Schlafsaal für 31 Personen; auf jeden Fall Ohrenstöpsel und Schlafsack mitbringen! Der Bau von Doppelzimmern ist geplant. Wenn Carlos gerade nicht da ist, im Haus auf der anderen Straßenseite fragen.

Planeta Hostel (☎ 456-846; www.planetahostel.com; Alvear 2833; B 35 AR$) Das kleine, intime Hostel bietet ein paar Extras und ein kleines Doppelzimmer (90 AR$). Hinten gibt es eine Mini-Kletterwand zum Bouldern, auch Parkplätze für Motorräder sind vorhanden. Das Haus befindet sich rund zehn Blocks westlich vom Busbahnhof.

Casa de Familia Rowlands (☎ 452-578; Rivadavia 330; EZ/DZ 40/80 AR$) Das freundliche, von einer Familie geführte Haus steht ungefähr sieben Blocks vom Zentrum entfernt und bietet drei heimelige, einfache Zimmer (zwei davon teilen sich das Bad).

Anochecer Andino (☎ 450-321; www.anochecerandino.com.ar; Ameghino 482; B/DZ 45/120 AR$) Das schlichte, neue und saubere Hostel hat einen freundlichen Betreiber, der sich mit den Outdoor-Attraktionen in der Region bestens auskennt. Ein preisgünstiges Abendessen ist erhältlich. Außerdem gibt es ein Apartment (180 AR$).

Casa del Pueblo (☎ 450-581; www.esquelcasadelpueblo.com.ar; San Martín 661; B/DZ 46/130 AR$) Dieses etwas verwirrende, aber gute Hostel hat gemütliche Gemeinschaftsbereiche, eine gute Küche und einen grasbewachsenen Garten mit Hängematte. In der Bar im vorderen Gebäude steht eine Tischtennisplatte. Fahrräder werden verliehen, und HI-Mitglieder erhalten Rabatt.

Parador Lago Verde (☎ 452-251; Volta 1081; EZ/DZ/3BZ 70/90/120 AR$) Das Haus bietet sechs winzige und düstere Zimmer, aber es gibt hier auch eine kleine Rasenfläche und einige Rosenbüsche. Es ist ungefähr sechs Blocks vom Zentrum entfernt.

Essen & Ausgehen

La Anónima (Ecke Roca & 9 de Julio) In dem Supermarkt gibt es eine Theke mit billigem Essen zum Mitnehmen.

Mirasoles (Pellegrini 643; Hauptgerichte 20–30 AR$; ☾ Di–Sa abends) Das intime Restaurant der besseren Art bietet wenige, aber gute Gerichte, darunter hausgemachte Pasta, Salate und Fischgerichte.

María Castaña (Ecke 25 de Mayo & Rivadavia; Hauptgerichte 25–35 AR$) Das beliebte Straßencafé hat eine große Auswahl u. a. an Sandwiches, Pastagerichten und Käseplatten.

La Luna (Fontana 656; Hauptgerichte 25–40 AR$) Toll sind hier die Außenterrasse und die Pizzas; außerdem werden ohne Zusätze gebraute Biere ausgeschenkt.

Hotel Argentino (25 de Mayo 862) Eine altmodische Wildwestbar mit Billardtischen. Der Besuch lohnt sich schon allein wegen der abgefahrenen Atmosphäre.

Killarney's Irish Pub (Sarmiento 793) Dieser Möchtegern-Irish-Pub serviert die typischen Kneipengerichte und hat gutes Bier im Angebot. Am Donnerstagabend legt ein DJ auf, zweimal die Woche wird (typisch irisch …) Tango getanzt.

Anreise & Unterwegs vor Ort

Der Flughafen liegt 20 km östlich der Stadt (Taxi 50 AR$) und wird von **Aerolíneas Argentinas** (☎ 453-614; Fontana 408) und **LADE** (☎ 452-124; Alvear 1085) angeflogen.

Esquels moderner Busbahnhof befindet sich sechs Blocks nördlich des Zentrums an der Kreuzung der Alvear und der Brun. Busse fahren u. a. nach El Bolsón (26 AR$, 2 Std.), Bariloche (50 AR$, 4¼ Std.), Puerto Madryn (150 AR$, 10 Std.) und Comodoro Rivadavia (80 AR$, 9 Std.). Die Busse nach Trevelin (5 AR$, 25 Min.) fahren hier ab und halten auf ihrem Weg Richtung Süden in der Av Alvear.

TREVELIN

☎ 02945 / 9500 Ew.

Das historische Trevelin ist eine ruhige, entspannte und sonnige Gemeinde nur 24 km südlich von Esquel gelegen. Die **Touristeninformation** (☎ 480-120) befindet sich an der Plaza Fontana.

Zu den Wahrzeichen gehören das historische, in einer restaurierten Mühle aus Backstein untergebrachte **Museo Regional** (Eintritt 4 AR$; ☻ 9–21 Uhr) und die **Capilla Bethel**, eine walisische Kapelle von 1910. Die **Tumba de Malacara** (Eintritt 10 AR$; ☻ 10–12 & 15–20 Uhr), zwei Blocks nordöstlich der Plaza, ist ein Denkmal für ein Pferd: Es hat einst den Gründer von Trevelin, John Evans, das Leben gerettet.

Die beste Budgetunterkunft vor Ort ist das freundliche und ruhige **Hostel Casaverde** (☎ 480-091; www.casaverdehostel.com.ar; Los Alerces s/n; B/DZ 40/145 AR$, Hütte 220–340 AR$) auf der Spitze eines kleinen Hügels. Die Zimmer, die Küche, die Stimmung und der Ausblick sind so einladend, dass man versucht ist, seinen Aufenthalt zu verlängern. HI-Mitglieder erhalten Rabatt.

Zum Nachmittagsteee (15.30–19 Uhr) gibt's Gebäck bei **Nain Maggie** (☎ 480-232; Perito Moreno 179) oder **Las Mutisias** (☎ 480-165; San Martín 170). Während des Knabberns die Ohren spitzen, ob sich Einheimische gar auf Walisisch (Kymrisch) unterhalten.

Alle halbe Stunde fahren Busse von Esquel nach Trevelin (5 AR$).

PARQUE NACIONAL LOS ALERCES

Nur 33 km westlich von Esquel schützt der große **Parque Nacional Los Alerces** (Eintritt 30 AR$) ausgedehnte Stände der Patagonischen Zypresse oder *alerce (Fitzroya cupressoides)*, einen hohen, langlebigen, aber extrem seltenen Baum der Valdivianischen Regenwälder. Verbreitet sind hier auch Zypressen, Weihrauchzedern, Scheinbuchen und Arrayán-Bäume. Der Unterwuchs aus *colihue*-Büschen, einer bambusartigen Pflanze, ist nahezu undurchdringlich.

Die zurückweichenden Gletscher der Andengipfel im Los Alerces, die kaum 2300 m Höhe erreichen, haben nahezu unberührte Seen und Bäche hinterlassen. In dieser wunderschönen Landschaft lässt es sich hervorragend angeln. Stürme aus Westen sorgen zwar für einen jährlichen Niederschlag von fast 3000 mm, aber die Sommer sind wirklich mild, und im Osten des Parks ist es auch wesentlich trockener. Bei der Planung von Exkursionen ist das **Informationszentrum** (☎ 471-015) hilfreich.

Eine sehr beliebte Bootstour (110 AR$) führt von Puerto Chucao (am Lago Menéndez) nach **El Alerzal**, einem verhältnismäßig leicht zugänglichen Standort der seltenen *alerces*. Während des zweistündigen Aufenthalts steht eine Rundwanderung an, die am Lago Cisne sowie einem schönen Wasserfall und schließlich an **El Abuelo**, dem „Großvater", vorbeiführt: einer 17 m hohen und 2600 Jahre alten *alerce*.

Innerhalb des Parks gibt es organisierte **Campingplätze** (Stellplatz 10–30 AR$/Pers.), aber man findet auch einige kostenlose Möglichkeiten, sein Zelt aufzustellen. Am Lago Krüger, erreichbar zu Fuß (12 Std.) oder per Wassertaxi von Villa Futalaufquen aus, gibt es einen Campingplatz, ein Restaurant und eine teure *hostería*. Eine komplette Liste der verfügbaren Unterkünfte im Park hat die Touristeninformation in Esquel.

Von Esquel aus fahren häufig Busse zum Park (15 AR$, 25 Min.).

PATAGONIEN

Wenige Orte auf der Welt regen die Fantasie dermaßen an wie das sagenhafte Patagonien. Man kann über die öde RN 40 (Südamerikas Route 66) fahren, zuschauen, wie ein Gletscher hausgroße Eisberge kalbt und in einer der fantastischsten Gebirgslandschaften der Erde wandern. Hier gibt es walisische Teestuben, versteinerte Wälder, urige Vorposten, Pinguinkolonien, riesige Schaffarmen und Forellen, die zu den größten überhaupt zählen. Der Himmel ist weit. An ihm ziehen zerrissene Wolken, und die späten Sonnenuntergänge haben fast etwas Mystisches.

Den Namen verdankt Patagonien angeblich den Mokassins der Tehuelche, die den Anschein erweckten, sie hätten sehr große Füße: *pata* bedeutet „Fuß" auf Spanisch. Geografisch ist die Region hauptsächlich eine windige, kahle und flache Einöde. Nur an der Ostküste gibt es ein reiches Tierleben, während sich im Westen die Anden türmen. Eine ganze Reihe berühmter Menschen zog es dennoch hierher, von Charles Darwin über Ted Turner bis zu Bruce Chatwin; und auch Butch Cassidy und Sundance Kid trieben sich hier herum. Das ändert aber nichts daran, dass Patagonien zu den am dünnsten besiedelten Weltgegenden überhaupt zählt.

VIEDMA
☎ 02920 / 52 000 Ew.

Das östliche Tor nach Patagonien ist diese unscheinbare Provinzhauptstadt. Im Januar endet hier die **Regata del Río Negro**, eines der längsten Kajakrennen der Welt, das 600 km entfernt in Neuquén startet. Zu den weiteren Attraktionen zählen ein paar Museen und ein malerischer Weg am Flussufer. Größeren Charme besitzt das nahe gelegene Carmen de Patagones (S. 153).

Die **Touristeninformation** (☎ 427-171; www.viedma.gov.ar; Ecke Costanera & Colón) liegt am Fluss. Es gibt ein **Postamt** (Rivadavia zw. Mitre & Tucumán), Geldautomaten und zahlreiche Möglichkeiten, online zu gehen.

Sehenswertes & Aktivitäten

Das **Museo Antropológico Histórico** (San Martín 263; ⌚ Mo-Fr 9-18, Sa 10.30-12.30 & 16.30-18.30 Uhr) informiert über die Kulturen der indigenen Völker der Region. Im **Museo Salesiano** (Rivadavia 34; ⌚ Mo 8-12, Di-Do 8-12.30 & 19-21 Uhr) finden sich einige sehenswerte Deckenmalereien und ein Spazierstock aus Fischwirbeln.

Zu den Aktivitäten im Sommer gehört das **Kajakfahren**; am Wochenende geht es auch mit **Katamaranen** aufs Wasser (in den Lokalen am Flussufer nachfragen). Am Ufer entlang kann man wunderschöne Spaziergänge machen.

30 km südöstlich von Viedma liegen die Atlantikküste mit dem ältesten Leuchtturm in Patagonien und der Ortschaft **Balneario El Cóndor**; täglich fahren Busse dorthin, Abfahrt ist an der Plaza Alsina (4 AR$). Weitere 30 km südlich folgt **Punta Bermeja**, eine Seelöwenkolonie. Im Sommer setzen Busse aus Viedma Seelöwenfans 3 km vor der Kolonie ab (15 AR$).

Schlafen & Essen

Camping Municipal (☎ 15-524-786; Stellplatz 4 AR$/Pers.) Der Platz liegt 1 km nordwestlich vom Zentrum und bietet kahle, mit Kieseln übersäte Stellplätze am Fluss. Die Taxifahrt kostet 10 AR$.

Hotel El Vasco (☎ 430-459; hotelelvasco@yahoo.com.ar; 25 de Mayo 174; EZ/DZ 100/120 AR$) Eine gute, preisgünstige Option mit kleinen, attraktiven Zimmern und einem hübschen Patio. Das Haus ist beliebt, daher vorab reservieren!

Residencial Tosca (☎ 428-508; residencialtosca@hotmail.com; Alsina 349; EZ/DZ 110/150 AR$; ⌘) Das labyrinthische Haus bietet einfache, nicht luxuriöse, aber durchaus ordentliche Zimmer mit Kabelfernsehen.

Camila's Café (Ecke Saavedra & Buenos Aires; Snacks 10-20 AR$) Ein gutes Lokal für Sandwiches, *cazuelas* (Eintöpfe) und Drinks.

Sal y Fuego (Villarino 55; Hauptgerichte 30-40 AR$) Das gehobene Uferrestaurant hat Tische im Freien. Zum Lokal gehört auch ein Café, wo es weniger teuer, aber die Aussicht genauso gut ist.

Anreise & Unterwegs vor Ort

Der Flughafen liegt 4 km südwestlich der Stadt (Taxi 15 AR$) und wird von **LADE** (☎ 424-420; Saavedra 576) und **Aerolíneas Argentinas** (☎ 422-018; Colón 246) angeflogen.

Viedmas Busbahnhof liegt 13 Blocks südlich vom Zentrum an der Kreuzung der Guido und der Perón. Die Fahrt in die Innenstadt kostet 1,50 AR$ mit dem Bus oder 10 AR$ mit dem Taxi. Busse fahren u. a. nach Bahía Blanca (40 AR$, 3½ Std.), Puerto Madryn (75 AR$, 7 Std.), Comodoro Rivadavia (150 AR$, 13 Std.), Bariloche (116 AR$, 15 Std.) und Buenos Aires (170 AR$, 13 Std.).

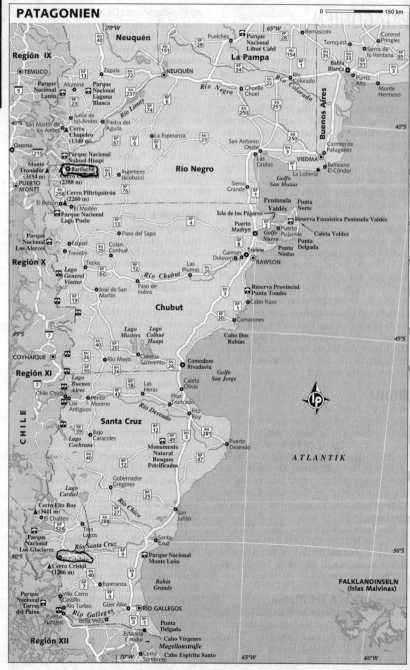

Der **Bahnhof** (☎ 422-130) befindet sich am südöstlichen Stadtrand. Freitags fährt ein Zug nach Bariloche (ab 40 AR$, 15 Std.).

CARMEN DE PATAGONES
☎ 02920 / 24 500 Ew.

Gleich jenseits des Río Negro liegt das malerische „Patagones" mit seinen historischen Kopfsteinstraßen und hübschen kolonialzeitlichen Gebäuden. Hier kann man nicht viel mehr tun als herumzuspazieren und die entspannte Atmosphäre zu genießen, aber man ist ja auch nur eine kurze Bootsfahrt vom geschäftigen Viedma entfernt. Wanderkarten hat die **Touristeninformation** (☎ 461-777, App. 253; Bynon 186).

Gegenüber der Bootsanlegestelle befindet sich das gute **Museo Histórico** (☎ Mo–Fr 10–12.30 & 20–22, Sa 19–21 Uhr); sehenswert ist der Spazierstock mit der verborgenen Klinge. Salesianer errichteten die **Iglesia Parroquial Nuestra Señora del Carmen** (1883); das hier verwahrte Madonnenbild von 1780 ist das älteste in Südargentinien. Bemerkenswert sind die Flaggen, die 1827 beim Sieg über die Brasilianer erbeutet wurden.

Die **Residencial Reggiani** (☎ 461-065; Bynon 422; EZ/DZ 70/110 AR$) hat kleine, ordentliche Zimmer (die im Obergeschoss sind heller). Besser ist allerdings das **Hotel Percaz** (☎ 464-104; reservas@hotelpercaz.com.ar; Rivadavia 384; EZ/DZ 100/150 AR$) mit guten Budgetzimmern und abgewetzten Teppichen.

Vom **Busbahnhof** (Ecke Barbieri & Méjico) fahren Busse u. a. nach Buenos Aires und Puerto Madryn, aber in Viedma gibt es häufigere Fernverbindungen.

Zahlreiche Busse fahren zwischen Patagones und Viedma, aber die Fahrt mit der balsa (dem Passagierboot) ist malerischer. Dieses Boot überquert den Fluss alle paar Minuten (1,75 AR$, 2 Min.).

PUERTO MADRYN
☎ 02965 / 66 000 Ew.

Die geschützte Hafenstadt wurde 1886 von walisischen Siedlern gegründet. Ein Großteil ihrer heutigen Popularität verdankt sie dem nahe gelegenen Naturschutzgebiet Península Valdés. Ansonsten ist Puerto Madryn ein mittelmäßig gefragter Strandort mit lebendigen Touristenzonen und einer beliebten Uferpromenade. Von Juni bis Mitte Dezember dreht sich alles um die vorbeischwimmenden Glattwale.

Praktische Informationen
Die **Touristeninformation** (☎ 453-504; www.madryn.gov.ar/turismo; Av Roca 223) hat Filialen im Stadzentrum und am Busbahnhof. Es gibt viele Internetcafés und Banken mit Geldautomaten; **Cambio Thaler** (Av Roca 493) löst Reiseschecks ein.

Sehenswertes & Aktivitäten
Das **Museo Provincial del Hombre y el Mar** (Ecke García & Menéndez; Eintritt 6 AR$; ☺ wechselnde Öffnungszeiten) hat einige interessante naturkundliche Exponate, vor allem zu Orcas. Das gut aufgemachte **EcoCentro** (☎ 457-470; Julio Verne 3784; Eintritt 25 AR$) informiert mit ausgezeichneten Ausstellungen über die Meeresbewohner der Region; zu den Attraktionen gehören ein Streichelbecken und ein hoher Glasturm. Man fährt mit der Buslinie 2 bis zur Endstation und läuft den letzten Kilometer. Die Öffnungszeiten wechseln, deswegen vorher anrufen.

Zu den Aktivitäten in der Region zählen Kajakfahren, Windsurfen, Tauchen und Reiten. Mit Fahrrad oder Taxi erreicht man die 17 km südöstlich gelegene Seelöwenkolonie **Punta Loma** (Eintritt 25 AR$; ☺ Sonnenaufgang–Sonnenuntergang) oder das 19 km nordwestlich gelegene **Playa El Doradillo**, wo man in der entsprechenden Saison Wale aus der Nähe beobachten kann. Infos zu Fahrradverleihs gibt's auf S. 155.

Geführte Touren
Zahlreiche Veranstalter bieten geführte Touren zur Península Valdés (S. 155) und nach Punta Tombo (S. 157) an. Die Preise liegen zwischen 150 und 180 AR$. Auch die meisten Hotels und Hostels organisieren Touren.

Bei der Auswahl des Anbieters sollte man die Empfehlungen anderer Traveller berücksichtigen. Sie können einem sagen, wie groß die Gruppe war und ob der Führer auch Englisch konnte. Nicht vergessen, Trinkwasser mitzunehmen, denn die Anfahrt zu beiden Reservaten ist sehr lang.

Schlafen
Die aufgelisteten Preise gelten für die Hauptsaison, ungefähr zwischen Oktober und März. Im Januar sollte man vorab reservieren.

ACA Camping (☎ 452-952; Stellplatz 43 AR$/2 Pers., DZ 75 AR$) Hier gibt's schattige Stellplätze auf sandigem Boden und auch einfache Doppelzimmer mit Schlafkojen. Einige Nahrungsmittel sind zwar vorhanden, am Besten bringt man

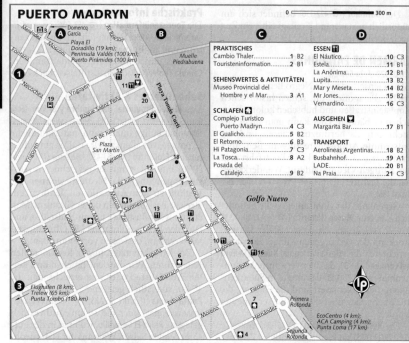

aber sein eigenes Essen mit. Der Campingplatz liegt 4 km südlich vom Zentrum. Zu erreichen ist er mit der Buslinie 2 bis zur Endhaltestelle und dann die letzten 800 m zu Fuß oder per Taxi (15 AR$).

La Tosca (☎ 456-133; www.latoscahostel.com; Sarmiento 437; B 40–45 AR$, DZ 120–130 AR$) Freundliches Hostel mit großartigem Gemeinschaftsbereich. Die kleinen, recht dunklen Zimmer verteilen sich um einen hübschen, grasbewachsenen Platz, der ausgezeichnet zum Relaxen geeignet ist. Man erhält auch Abendessen (25–35 AR$).

Posada del Catalejo (☎ 475-224; www.posadadelcatalejo.com.ar; Mitre 446; B/DZ/3BZ 40/170/200 AR$) Kleine, friedliche Unterkunft mit einem winzigen Patio und einer rustikalen Küche im hinteren Bereich. Es gibt nur einen Schlafsaal (acht Betten).

El Gualicho (☎ 454-163; www.elgualicho.com.ar; Zar 480; B 45 AR$, DZ 150–170 AR$) Prima Hostel mit sauberen Schlafsälen, einem netten Wohnzimmer, geräumiger Küche und einem grasbewachsenen Garten. Die Doppelzimmer haben Hotelqualität. Fahrradverleih; Rabatt für HI-Mitglieder.

El Retorno (☎ 456-044; www.elretornohostel.com.ar; Mitre 798; B/DZ 45/150 AR$) Schlichtes, labyrinthisches Hostel, in dem die Betreiber sich persönlich um die Gäste kümmern. Es gibt zwar keinen großen Gemeinschaftsbereich, aber mehrere kleine verteilen sich über die Anlage.

Hi Patagonia (☎ 450-155; www.hipatagonia.com; Av Roca 1040; B/DZ 45/150 AR$) Das Beste an dem einfachen Hostel ist der Patio mit Bar im Hinterhof, wo man prima Kontakte knüpfen kann. Es gibt eine Boulderwand; Fahrräder werden verliehen.

Complejo Turístico Puerto Madryn (☎ 474-426; www.advance.com.ar/usuarious/hi-pm; 25 de Mayo 1136; DZ/3BZ 180/220 AR$, Apt. 300 AR$) Der große Komplex bietet gute, saubere und moderne Zimmer sowie elf großzügige Apartments mit Küchen. Küchenbenutzung haben auch die Gäste der Doppel- und Dreibettzimmer. Es gibt einen grasbewachsenen Hinterhof.

Essen & Ausgehen

La Anónima (Ecke Yrigoyen & 25 de Mayo) hat Essen zum Mitnehmen.

Lupita (Av Gales 191; Hauptgerichte 10–38 AR$) Mal was anderes: Dieses mexikanische Restaurant serviert Tacos, Burritos, Fajitas, Nachos und Quesadillas.

Mr Jones (9 de Julio 116; Hauptgerichte 15–34 AR$; ab 19 Uhr) Das beliebte Lokal bietet relativ exotische Gerichte (Gulasch, Aufläufe, Satay mit Wildfleisch), außerdem 30 Sorten Pizza und Importbiere wie Negro Modela, Guinness und Budweiser.

El Náutico (Av Roca 790; Hauptgerichte 22–45 AR$) Das schon lange existierende Meeresfrüchterestaurant hat einen guten Service und eine nette, nachbarschaftliche Atmosphäre. Auf der umfangreichen Karte findet sich für jeden etwas; empfehlenswert ist das Drei-Gänge-Menü für 35 AR$.

Estela (Roque Sáenz Peña 27; Hauptgerichte 25–45 AR$; nur abends, Mo geschl.) In der ausgezeichneten, beliebten und lauschigen *parrillada* gibt's auch Meeresfrüchte und hausgemachte Pastagerichte.

Vernardino (Blvd Brown 860; Hauptgerichte 25–50 AR$) Das Schönste hier ist die luftige Holzterrasse über dem Strand – man kann sich aber auch an die Tische setzen, die direkt auf dem Sand stehen. Auf der Karte stehen die üblichen Fleisch- und Pastagerichte, Pizzas und Sandwiches.

Mar y Meseta (Av Gales 32; Hauptgerichte 25–50 AR$) Das feine Restaurant tischt leckere, kreative Gerichte wie Blauschimmelkäse-*ñoqui* (Gnocchi) mit Lachs und Champagnercreme auf.

Margarita Bar (Roque Sáenz Peña 15) Ein hipper Pub mit Backsteinwänden, Essen, internationalen Cocktails und toller Stimmung.

Anreise & Unterwegs vor Ort

Madryn hat zwar einen Flughafen, aber die meisten Flüge landen 65 km weiter südlich in Trelew (Shuttlebus mit Haustürservice 25 AR$/Pers., Taxi 150 AR$). **Aerolíneas Argentinas** (451-998; Av Roca 427) und **LADE** (451-256; Av Roca 119) bieten Flüge an.

Der Busbahnhof befindet sich an der Ecke Yrigoyen und San Martín. Busse fahren u. a. nach Puerto Pirámide (16,50 AR$, 1½ Std.), Trelew (11 AR$, 1 Std.), Comodoro Rivadavia (90 AR$, 6 Std.), Viedma (75 AR$, 7 Std.), Esquel (150 AR$, 10 Std.), Bariloche (240 AR$, 14 Std.) und Buenos Aires (260 AR$, 18 Std.).

Mietwagen bekommt man leicht, sie kosten rund 300 AR$ pro Tag (ohne Kilometerbegrenzung). Fahrräder verleiht **Na Praia** 455-633; Blvd Brown 860); sie verleihen auch Kajaks und veranstalten Windsurfing-Kurse.

RESERVA FAUNÍSTICA PENÍNSULA VALDÉS
 02965

Die von zwei großen Buchten zusammengequetschte, seltsam geformte Halbinsel ist überwiegend flach, öde und trocken, bewachsen mit anspruchslosen, niedrigen Sträuchern und bevölkert nur von dem einen oder anderen Guanako und Nandu. Die wirklich interessanten Tiere tummeln sich an der Küste: Seelöwen, See-Elefanten, Südliche Glattwale, Commerson-Delfine, Magellan-Pinguine und – wenn man viel Glück hat – sogar Orcas (die hier gefilmt wurden, wie sie direkt am Strand Jagd auf Robben machten). Von Juni bis Mitte Dezember ist Walbeobachtungssaison, Pinguine watscheln von Oktober bis März herum, während See-Elefanten und Seelöwen das ganze Jahr zu finden sind. Die beste Gelegenheit, Commerson-Delfine zu sehen, hat man zwischen September und November, Schwarzdelfine werden das ganze Jahr über gesichtet. Orcas tauchen am ehesten zwischen Februar und April bei Flut auf.

Beim Betreten des **Reserva Faunística Península Valdés** (Eintritt 45 AR$; tgl. 8–20 Uhr) durchquert man zunächst den schmalen, 5 km langen Hals der Halbinsel. Ist man mit einer Bustour hier, wird zunächst an dem guten Informationszentrum mit Aussichtspunkt Halt gemacht. Im Norden kann man einen Blick auf die **Isla de los Pájaros** erhaschen, deren Form Antoine de Saint-Exupéry an einen Hut oder an eine „Boa, die einen Elefanten verschlungen hat" erinnerte, wie seinem Klassiker *Der kleine Prinz* zu entnehmen ist. Von 1929 bis 1931 flog der Autor als Betriebsleiter einer Luftpostlinie durch die Gegend. Einen Blick lohnen auch die Salzebenen **Salina Grande** und **Salina Chico**, die 42 m unter dem Meeresspiegel Südamerikas tiefstgelegene Landstriche sind.

Die Bucht **Caleta Valdés** wird von einer langen Landzunge aus Kies abgeschirmt und ist ein beliebter Tummelplatz der See-Elefanten. Gleich nördlich hat sich eine große Kolonie von Magellan-Pinguinen ihre Bruthöhlen gebuddelt. Bei **Punta Norte** dösen Seelöwen und See-Elefantan vor sich hin, während ab und an eine Herde von Orcas draußen auf Beute lauert.

In **Puerto Pirámide**, einer sonnigen, sandigen, mit Sträuchern bewachsenen Siedlung mit nur einer Straße, leben gerade einmal 500 Seelen. In der einzig nennenswerten Siedlung auf der

Halbinsel kann man auch übernachten, wenn man die Ruhe genießen und den Naturattraktionen näher sein möchte. Allerdings ist das Serviceangebot hier wesentlich geringer als in Puerto Madryn, beispielsweise gibt es nur einen Geldautomaten (der vielleicht gerade kaputt ist) und gar keine Autovermietungen. Es werden aber einige geführte Touren und Tauchtrips organisiert. Bootsfahrten (100 AR$) lohnen sich außerhalb der Walbeobachtungssaison nur, wenn man ein echter Fan von Strandvögeln und Seelöwen ist; vielleicht lässt sich immerhin ein Delfin blicken. Infos gibt's in der **Touristeninformation** (☎ 495-048; www.puertopiramides.gov.ar).

Schlafen & Essen

In Puerto Pirámide gibt's mehrere Unterkünfte; doch im Sommer sollte man besser reservieren.

Camping Puerto Pirámides (☎ 15-200-521; Stellplatz 15 AR$/Pers.) Die Stellplätze auf Kies werden von Sträuchern und Dünen beschirmt; Strandzugang ist möglich.

Hostel Bahía Ballenas (☎ 15-567-104; www.bahiaballenas.com.ar; B 50 AR$) Das recht moderne Hostel hat zwei große Zwölf-Bett-Zimmer, die nach Geschlechtern getrennt sind. Es gibt eine gute Küche und einen Gemeinschaftsbereich.

Posada Pirámides (☎ 495-040; www.posadapiramides.com; B/DZ 60/180 AR$) Schlichtes Hostel mit elf einfachen Zimmern und Schlafsälen. Es gibt ein gutes Restaurant vor Ort.

Eine weitere Option ist **La Estación** gegenüber der YPF-Tankstelle, das eine hübsche Terrasse und eine nette Atmosphäre hat. Am Ufer finden sich viele Restaurants; einfach am Ortseingang die erste Straße rechts nehmen. Eine gute, preisgünstige Option ist **La Posta**, das eine hübsche Holzterrasse besitzt.

An- & Weiterreise

Im Sommer fahren zweimal täglich Busse von Puerto Madryn nach Puerto Pirámide (16,50 AR$, 1½ Std.), in der Nebensaison sind sie seltener unterwegs.

TRELEW

☎ 02965 / 96 000 Ew.

Trelew ist keine sonderlich spannende Stadt, hat aber ein nettes belebtes Zentrum mit einer schattigen Plaza und ein paar historischen Gebäuden. Ein tolles Museum widmet sich hauptsächlich Dinosauriern. Trelew ist ein praktischer Ausgangspunkt für Abstecher zu den nahen walisischen Dörfern Gaiman und Dovalon oder zum lärmigen Pinguin-Schutzgebiet Punta Tombo. Größtes Kulturevent ist das **Eisteddfod de Chubut** Ende Oktober, bei dem walisische Traditionen gepflegt werden.

Praktische Informationen

Die **Touristeninformation** (☎ 420-139; Ecke San Martín & Mitre) steht an der Plaza. Dort gibt's neben vielen Banken (mit Geldautomat) auch eine **Post** (Ecke Av 25 de Mayo & Mitre).

Sehenswertes

Im ehemaligen Bahnhof zeigt das hübsch gestaltete **Museo Pueblo de Luis** (Ecke Fontana & 9 de Julio; Eintritt 2 AR$; ☼ Mo–Fr 8–3, Sa & So 14–20 Uhr) interessante Artefakte der Waliser; sehenswert ist der deformierte Schädel. In der Nähe sind im ausgezeichneten **Museo Paleontológico Egidio Feruglio** (Eintritt 25 AR$; ☼ 9–20 Uhr) realistisch wirkende Dinosaurier und versteinerte Dino-Eier zu sehen.

Geführte Touren

Mehrere Veranstalter organisieren Touren zur Península Valdés (S. 155) und nach Punta Tombo (S. 157). Die Preise der Touren sind ähnlich wie in Puerto Madryn: zwischen 150 und 180 AR$. Es gibt auch Touren zur Beobachtung der schwarzweißen Commerson-Delfine (100 AR$), die sich vornehmlich zwischen September und November blicken lassen.

Schlafen & Essen

Hostel El Ágora (☎ 426-899; hostelagora@hotmail.com; Roberts 33; B/DZ 40/80 AR$) Fünf Blocks nordwestlich vom Busbahnhof liegt dieses schlichte Hostel mit sechzehn Betten und gerade einmal zwei Bädern. Es gibt noch einen kleinen Patio für *asados*.

Hostel Soñadores (☎ 436-505; hosteltrelew@speedy.com.ar; Lamadrid 1312; B 40 AR$) Fünfzehn Blocks südlich vom Busbahnhof liegt dieses seltsame Hostel mit merkwürdiger Atmosphäre. Oben gibt's ein 14-Bett-Zimmer, unten ein sogenanntes „Privatzimmer" mit vier Betten, das aber eigentlich Teil eines größeren Raumes ist, und eine winzige Küche. Die Gäste teilen sich zweieinhalb Badezimmer.

Residencial Rivadavia (☎ 434-472; www.cpatagonia.com/rivadavia; Rivadavia 55; EZ/DZ mit Gemeinschaftsbad ab 90/105 AR$) In dieser einfachen Pension besser ein Zimmer im Obergeschoss nehmen, denn die sind neuer und heller. Unten teilen sich je zwei Zimmer ein Bad.

Hotel Touring Club (☎ 433-997; www.touringpatagonia.com.ar; Fontana 240; EZ/DZ 120/190 AR$) Das Hotel ist eine Institution. Das Café im Erdgeschoss strahlt altmodisch-klassische Atmosphäre aus. Die Zimmer oben sind schlicht, düster und klein, die nach innen liegenden sogar etwas deprimierend.

La Bodeguita (Belgrano 374; Hauptgerichte 15–30 AR$) Dieses beliebte moderne Lokal macht tolle Pizzas, tischt aber auch Fleischgerichte, Pasta und Meeresfrüchte auf. Der Service ist aufmerksam, die Stimmung familiär und die Karte umfangreich.

Confitería Touring Club (Fontana 240; Hauptgerichte 10–30 AR$) Toll ist die altmodische Atmosphäre, zu der ernsthafte, befrackte Kellner gehören. Man bekommt Frühstück, Sandwiches und auch viele alkoholische Getränke; die verstaubten Flaschen hinter der Theke lohnen einen Blick.

El Viejo Molino (Gales 250; Hauptgerichte 25–50 AR$) In der schön renovierten alten Mühle verstecken sich hohe, künstlerisch angehauchte Räume. An einem Fenster gibt's Leckeres vom Grill, außerdem auch Fischgerichte, Pasta und fesche Salate. Im Obergeschoss finden Tangokurse statt.

Anreise & Unterwegs vor Ort

Der Flughafen liegt 6 km nördlich der Stadt. Man nimmt den Bus nach Puerto Madryn und muss dann noch 300 m laufen; die Fahrt mit dem Taxi kostet 18 AR$. **Aerolíneas Argentinas** (☎ 421-257; 25 de Mayo 33) und **LADE** (☎ 435-740) bieten Flüge an; beide haben Büros am Busbahnhof.

Trelews Busbahnhof liegt sechs Blocks nordöstlich der Innenstadt. Von hier fahren Busse u. a. nach Puerto Madryn (10 AR$, 1 Std.), Gaiman (3,80 AR$, 30 Min.), Comodoro Rivadavia (75 AR$, 5 Std.), Bariloche (200 AR$, 14 Std.) und Buenos Aires (270 AR$, 18 Std.).

Stände von Autovermietern gibt es am Flughafen und in der Stadt (ab ca. 170 AR$; mit 200 Freikilometern).

RUND UM TRELEW
Gaiman

☎ 02965 / 5700 Ew.

Wer ein Stück Wales in Patagonien erleben will, fährt von Trelew 17 km westwärts nach Gaiman. Die Straßen sind ruhig und breit, die Häuser ruhig und niedrig; an heißen Tagen kühlt sich die Dorfjugend in dem nahen Fluss ab. Die meisten Traveller kommen nach Gaiman, um sich eine Ladung Gebäck in einer der guten **walisischen Teestuben** zu genehmigen. Sie öffnen in der Regel gegen 15 Uhr und bieten hausgemachtes süßes Gebäck und Tee, so viel man will, für 35 bis 40 AR$ – da sollte man beim Mittagessen gehörig Platz lassen. Bei der Orientierung hilft die **Touristeninformation** (☎ 491-570; www.gaiman.gov.ar; Ecke Rivadavia & Belgrano).

Im kleinen **Museo Histórico Regional Gales** (Ecke Sarmiento & 28 de Julio; Eintritt 2 AR$; ☼ 15–19 Uhr) wird anhand von Haushaltsgegenständen und alten Fotos der Pioniere die Geschichte der walisischen Siedler lebendig. Der exzentrische Joaquín Alonso hat im **Parque El Desafío** (Eintritt 10 AR$; ☼ Sonnenaufgang–Sonnenuntergang) ein bewaldetes Gartengelände mit systematisch verteilten Flaschen, Dosen und ausgedienten Fernsehern künstlerisch umgestaltet.

Gaiman ist von Trelew aus bequem als Tagestrip zu bewältigen, wer aber hier übernachten will, kann das in dem heimeligen **Dyffryn Gwirdd** (☎ 491-777; www.dwhosteria.com.ar; Tello 103; EZ/DZ 90/140 AR$), wo in angenehmer Atmosphäre sieben einfache, aber gute Zimmer zur Verfügung stehen. Gleich außerhalb des Ortes befindet sich die **Hostería Gwesty Tywi** (☎ 491-292; www.hosteria-gwestytywi.com.ar; Chacra 202; EZ/DZ 150/180 AR$) auf einem parkähnlichen Gelände, das von Farmtieren bevölkert wird. Die sechs Zimmer sind schön und komfortabel.

Zahlreiche Busse fahren nach/von Trelew (3,80 AR$, 30 Min.).

Reserva Provincial Punta Tombo

Von September bis April brüten mehr als eine halbe Million Magellan-Pinguine im Naturschutzgebiet **Punta Tombo** (Eintritt 35 AR$; ☼ Aug.–April Sonnenaufgang–Sonnenuntergang) 120 km südlich von Trelew, das von dort per Auto in eineinhalb Stunden zu erreichen ist. Diese Pinguinkolonie ist die größte außerhalb der Antarktis. Zu den weiteren in diesem Gebiet vertretenen Vögeln zählen Nandus, Kormorane, Riesensturmvögel, Dominikanermöwen und Austernfischer. Bei der Anreise bekommt man vielleicht auch einige Säugetiere wie Füchse, Gürteltiere oder Guanakos zu Gesicht.

Die Pinguine können aus nächster Nähe fotografiert werden, aber anfassen sollte man sie nicht – dann hacken sie zu. Man erreicht das Schutzgebiet mit Touren ab Trelew oder Puerto Madryn (120–180 AR$) oder per Taxi (hin & zurück 400 AR$; der Preis für die Wartezeit ist Verhandlungssache). In Puerto Madryn oder Trelew kann man auch ein Auto mieten.

COMODORO RIVADAVIA
☎ 0297 / 144 000 Ew.

Das erdölreiche Comodoro Rivadavia ist für Traveller nur ein praktischer Zwischenstopp an der langen Ostküste Argentiniens. Die unansehnliche Stadt hat geschäftige Straßen und eine ausgesprochen hässliche Kathedrale. Wer hier strandet und sich langweilt, kann sich immerhin noch das 3 km nördlich gelegene **Museo del Petróleo** (Erdölmuseum, Ecke San Lorenzo & Calvo; Eintritt 10 AR$; ☉ Di–Sa 9–17 Uhr) ansehen.

Praktische Informationen
In der San Martín gibt's Geldautomaten und Internetcafés.
Cambio Thaler (Mitre 943)
Post (Ecke San Martín & Moreno)
Touristeninformation (☎ 446-2376; www.comodoro.gov.ar; Rivadavia 430)

Schlafen & Essen
Weil Comodoro ein Verkehrsknotenpunkt ist, kann es in den Hotels voll werden. Vielerorts bekommt man auch für weniger Geld Zimmer mit Gemeinschaftsbad.

25 de Mayo (☎ 447-2350; 25 de Mayo 989; Zi. ab 85 AR$) Sehr einfache Unterkunft. Die meisten Zimmer blicken auf einen kleinen Außenkorridor. Küchenbenutzung möglich.

Hostería Rua Marina (☎ 446-8777; Belgrano 738; EZ/DZ ab 100/140 AR$) Verwohnte, dunkle Zimmer, in denen es bei Hitze stickig ist. Die meisten blicken auf einen Innenkorridor. Am besten sind die Zimmer 18, 19 und 20: Sie liegen im Obergeschoss hinten und haben Fenster nach draußen.

Cari-Hue (☎ 447-2946; Belgrano 563; EZ/DZ ab 120/150 AR$) Die Budgetzimmer hier sind langweilig und düster, aber recht ordentlich und haben Kabelfernsehen.

Hotel El Español (☎ 446-0116; hotelespanol_patagonico@hotmail.com; 9 de Julio 940; Zi. ab 130 AR$) Ordentliche, einfache Zimmer mit Kabelfernsehen, einige auch mit Badewannen. Die oberen Zimmer sind heller.

Patio de Comidas (Ecke Güemes & San Martín; Gerichte unter 5 AR$) Gut und preisgünstig. Gleich neben dem Supermarkt La Anónima.

Molly Malone (San Martín 292; Hauptgerichte 15–35 AR$) Das kleine, schrille Barrestaurant serviert, Frühstück Sandwiches, Burger und Pastagerichte. WLAN vorhanden.

La Barra (San Martín 686; Hauptgerichte 25–50 AR$) In diesem sehr beliebten Café kommen Pasta, Salate und Sandwiches auf den Tisch. Außerdem gibt es viele Cocktails.

Anreise & Unterwegs vor Ort
Der **Flughafen** befindet sich 8 km östlich vom Zentrum (Bus 1,10 AR$, Taxi 25 AR$) und wird von **Aerolíneas Argentinas** (☎ 454-8126; Rivadavia 156) und **LADE** (☎ 447-0585; Rivadavia 360) angeflogen.

Der Busbahnhof liegt im Stadtzentrum. Busse fahren u. a. nach Trelew (60 AR$, 5½ Std.), Los Antiguos (82 AR$, 7½ Std.), Esquel (80 AR$, 9 Std.), Bariloche (170 AR$, 14 Std.), Río Gallegos (150 AR$, 11 Std.) und Buenos Aires (310 AR$, 24 Std.). Die Busse nach El Calafate fahren über Río Gallegos.

LOS ANTIGUOS
☎ 02963 / 2500 Ew.

An den Gestaden des Lago Buenos Aires liegt die ruhige Kleinstadt Los Antiguos. Pappelalleen beschirmen die *chacras* (kleine, selbstständige Farmen), in denen Kirschen, Erdbeeren, Äpfel, Aprikosen und Pfirsiche angebaut werden. Die meisten Traveller kommen hier auf dem Weg nach Chile durch, aber die Fahrt hierher auf der RN 40 ist selber schon ein Abenteuer.

Am ersten oder zweiten Januarwochenende findet in Los Antiguos die **Fiesta de la Cereza** (Kirschenfest) statt. Im Umland gibt es prima Gelegenheiten zum **Wandern** und **Angeln**. Infos hat die **Touristeninformation** (☎ 491-261; www.losantiguos.gov.ar; 11 de Julio 446). Im Ort gibt es eine Bank mit einem Geldautomaten.

20 Gehminuten östlich vom Zentrum liegt der von Zypressen beschirmte **Camping Municipal** (☎ 491-265; Stellplatz 5 AR$/Pers., Zelt 15 AR$, Hütte 80–120 AR$). Die von einer Familie geführte **Albergue Padilla** (☎ 491-140; San Martín 44 Sur; B 35–40 AR$, DZ/3BZ 120/150 AR$) steht direkt neben der Stelle, wo die Busse von Chaltén Travel halten. Mehr Komfort findet man im **Hotel Los Antiguos Cerezos** (☎ 491-132; hotel_losantigoscerezos@hotmail.com; EZ/DZ 120/160 AR$). Ein gutes Restaurant ist das an ein Chalet erinnernde **Viva El Viento** (Hauptgerichte 23–40 AR$) an der Hauptdurchfahrtsstraße. Alle genannten Orte liegen im Umkreis dieser Verkehrsader.

Busse passieren mehrmals täglich die Grenze nach Chile Chico. Von November bis März fährt **Chaltén Travel** (www.chaltentravel.com) an Tagen mit gerader Zahl nach El Chaltén (190 AR$, 12–16 Std.). Busse fahren außerdem u. a. nach Perito Moreno (19 AR$, 1 Std.), Río Gallegos (155 AR$, 16 Std.) und Comodoro Rivadavia (82 AR$, 6 Std.). Dreimal wöchentlich fahren Busse von Tacsa nach Esquel (154 AR$, 12 Std.) und El Chaltén (150 AR$, 14 Std.). Die fortschreitende Asphaltierung der RN 40 und die schwankende Nachfrage sorgen für ständige Änderungen; die aktuelle Infos gibt's in der Touristeninformation.

EL CHALTÉN

☎ 02962 / Winter 600, Sommer 1800 Ew.

Das kleine, aber wachsende Dorf ist Argentiniens Wanderhauptstadt und eines der Top-Ziele in Patagonien. Es liegt in einem hübschen Flusstal. Traveller kommen wegen der eindrucksvollen, schneebedeckten Gipfel des **Fitz-Roy-Massivs**, wo man in atemberaubender Berglandschaft erstklassige Möglichkeiten zum Wandern und Campen hat. Kletterer aus aller Welt mühen sich ab, den 3441 m hohen **Cerro Fitz Roy** und die anderen Gipfel zu bezwingen. Doch selbst im Sommer muss man sich auf Wind, Regen und Kälte einstellen, und auch die Gipfel können von Wolken und Nebel verhangen sein. Wenn die Sonne scheint, ist El Chaltén aber ein Paradies. Nur schnell herkommen, denn die Straße nach El Calafate wird asphaltiert, womit sich manches ändern wird.

Achtung: El Chaltén liegt innerhalb der Grenzen des Nationalparks – die Regeln über den Umgang mit offenem Feuer und das Einhalten eines Sicherheitsabstands zu Flussläufen müssen eingehalten werden. Zwischen April und Oktober sind die meisten Einrichtungen in El Chaltén geschlossen.

Praktische Informationen

Die **Parkverwaltung** (☎ 493-004) hat Karten und Wanderinfos. Sie liegt gleich links vor der Brücke in den Ort; tagsüber halten alle Busse hier an. Wer länger als nur für eine Tageswanderung kommt, muss sich registrieren. Die **Touristeninformation** (☎ 493-270) befindet sich nach dem Überqueren der Brücke in den Ort gleich links.

Für einen Aufenthalt in El Chaltén muss man genügend argentinische Pesos mitbringen: Es gibt hier keine Banken oder Wechselstuben und nur einen unzuverlässigen Geldautomaten. Nur wenige Einrichtungen akzeptieren Reiseschecks oder Kreditkarten, und wenn, dann zu schlechten Kursen. Schon viele Traveller mussten vorzeitig abziehen, weil ihnen das Bargeld ausgegangen ist.

Immerhin gibt es *locutorios* und ein paar Internetcafés mit langsamen und teuren Verbindungen. In den kleinen Supermärkten vor Ort findet man eine ordentliche Auswahl an Lebensmitteln und Vorräten. Ausrüstung wie Campingkocher, Benzin, Schlafsäcke, Zelte und warme Kleidung verkaufen oder verleihen Camping Center, Eolia und Viento Oeste, die alle in der San Martín, der Hauptverkehrsstraße, zu finden sind.

Wer einen Führer fürs Begsteigen, Felsklettern oder Eiswandern sucht, wendet sich an **Casa de Guías** (www.casadeguias.com.ar) in der San Martín.

Wandern

Eine beliebte Wanderung führt zur **Laguna Torre** und dem Basislager, von dem aus geübte Kletterer den Aufstieg zum Gipfel des 3128 m hohen **Cerro Torre** in Angriff nehmen (einfache Strecke 3 Std.).

Eine weitere Route führt vom Ortsende hinauf zu einer ausgeschilderten Kreuzung. Hier zweigt ein Seitenpfad zu Campingstellen im Hinterland an der Laguna Capri ab. Der Hauptweg führt zunächst gemütlich nach Río Blanco, dem Basislager für den Aufstieg zum Cerro Fitz Roy, und dann sehr steil weiter zur **Laguna de los Tres** (einfache Strecke 4–5 Std.).

Die Wanderung zum **Lago Toro** dauert sieben Stunden (einfache Strecke). Die meisten, die sich an diese Route wagen, legen deshalb eine Übernachtung im Zelt ein.

Schlafen

Die aufgelisteten Preise gelten im Januar und Februar. In diesen Monaten sollte man reservieren. Nicht alle Unterkünfte bieten auch ein Frühstück an.

Confluencia heißt der kostenlose Campingplatz (höchsten sieben Übernachtungen) direkt am Ortseingang; in der Nähe findet man ein Plumpsklo und trinkbares Flusswasser. Lagerfeuer sind verboten, und beim Waschen ist ein Mindestabstand von 100 Schritten zum Fluss einzuhalten. Wenn man duschen möchte, kann man in den nahe gelegenen Hostels nachfragen.

EINREISE NACH CHILE:
VON EL CHALTÉN (ARGENTINIEN) NACH VILLA O'HIGGINS (CHILE)

Dieser zweitägige Trip lässt sich zwischen November und März absolvieren. Proviant und (wenn möglich) chilenische Pesos mitnehmen und die Bootsfahrpläne vorab checken!

Von El Chaltén geht's mit dem morgendlichen Shuttle zum Lago del Desierto (80 AR$, 1½ Std.). Dort nimmt man entweder das Boot von **Patagonia Aventura** (☎ 02962-493110; www.patagonia-aventura.com.ar; 90 AR$) oder wandert am Ostufer des Sees entlang (15 km, 4½ Std.). Am nördlichen Ende des Sees liegt die argentinische Einreisestelle. Von dort sind es fünf Wegstunden bis Candelario Mansilla (wo es einfache Unterkünfte, Stellplätze und Mahlzeiten gibt) und zur chilenischen Einreisestelle. Das chilenische Boot Hielo Sur (www.hielosur.com) fährt dreimal wöchentlich von Candelario Mansilla nach Villa O'Higgins (33 000 CH$).

Rancho Grande Hostel (☎ 493-005; www.ranchograndehostel.com; San Martín 724; B/DZ/3BZ/4BZ 50/200/230/260 AR$) Das große Hostel hat geräumige, moderne Schlafsäle und Gemeinschaftsbereiche. Der Service ist gut und die Stimmung geschäftig. Die tollen Doppelzimmer verfügen alle über eigene Bäder. Kreditkarten und Reiseschecks werden akzeptiert. HI-Mitglieder erhalten Rabatt.

Albergue Patagonia (☎ 493-019; patagoniahostel@yahoo.com; San Martín 392; B 50 AR$, DZ 140–230 AR$) Das gemütliche Hostel mutet mit kleinen Schlafsälen und engen Bädern intim an. In dem neueren Flügel gibt es größere, komfortablere Doppelzimmer. Fahrradverleih.

Condor de los Andes (☎ 493-101; www.condordelosandes.com; Ecke Río de las Vueltas & Halvorsen; B 50–60 AR$, DZ 220 AR$) Das kleine Hostel hat gute Gemeinschaftsbereiche und spricht Backpacker an. Jeder Schlafsaal hat ein eigenes Bad. HI-Mitglieder erhalten Rabatt.

Posada La Base (☎ 493-031; Hensen 16; DZ 200–300 AR$) Die freundliche Herberge bietet geräumige Zimmer mit Blick ins Freie; Küchenbenutzung ist möglich. Zwei Zimmer teilen sich einen Küchen-/Essbereich; toll für große Gruppen. Im Empfangsbereich gibt's ein Videozimmer.

Außerdem empfehlenswert:

El Relincho (☎ 493-007; www.elchalten.com/elrelincho; San Martín s/n; Stellplatz 20 AR$/Pers.) Der große, grasbewachsene Komplex bietet angenehme Stellplätze in der Nähe des Flusses und einen rustikalen Bereich zum Entspannen. Außerdem gibt es drei große, komfortable *cabañas*.

Albergue del Lago (☎ 493-245; hosteldellago_elchalten@yahoo.com; Lago del Desierto 135; Stellplatz 20 AR$/Pers., B 40 AR$) Sehr einfache Unterkunft mit einem ziemlich kahlen Essbereich und kleinen Schlafsälen. Die Zimmer nach hinten hinaus sind besser. Das Haus ist bei Kletterern sehr beliebt.

Nothofagus B&B (☎ 493-087; www.nothofagusbb.com.ar; Ecke Hensen & Riquelme; EZ/DZ 200/210 AR$, mit Gemeinschaftsbad 140/150 AR$) Wunderbar heimelige, freundliche und gemütliche Pension. Die makellosen Zimmer sind mit Teppichboden ausgelegt.

Inlandsis (☎ 493-276; www.inlandsis.com.ar; Lago del Desierto 480; DZ 160–210 AR$) In der freundlichen, intimen Herberge gibt's acht tolle Zimmer mit Teppichboden und Ausblick.

Hostería Lago Viedma (☎ 493-089; www.elchalten.com/lagoviedma; Arbilla 71; DZ 260 AR$) Diese kleine Pension hat gerade mal vier ordentliche, sparsam dekorierte Zimmer.

Essen & Ausgehen

Die meisten Hostels/Hotels und einige Restaurants verkaufen Lunchpakete.

Patagonicus (Ecke Güemes & Madsen; Pizzen 20–50 AR$) Die beliebte Pizzeria tischt zwanzig Sorten Pies, außerdem Pastagerichte, Salate und Sandwiches auf.

El Bodegón Cervecería (San Martín s/n; Hauptgerichte 30–42 AR$) Wundervoll gemütliche Kneipe mit kreativem Treibholzdekor, guten hausgemachten Bieren und einem kratzbürstigen Barmann. Serviert werden auch Pizzas, Pastagerichte und *locro*.

El Muro (San Martín 948; Hauptgerichte 30–50 AR$) Hier gibt's gute Fleischgerichte und hausgemachte Pastagerichte, beispielsweise Lamm-Lasagne, außerdem Pizzas mit Reh- oder Wildschweinbelag. Das Lokal mit sehr netter Atmosphäre liegt zentral weit am Ortsende.

Fuegia Bistro (San Martín 493; Hauptgerichte 30–50 AR$; ⊙ nur morgens & abends) Gehobenes Restaurant mit großartigem Service und feiner Küche. Der Schwerpunkt liegt eindeutig auf Fleischgerichten.

Estepa (Ecke Cerro Solo & Rojo; Hauptgerichte 40–60 AR$; ⊙ Mo geschl.) Gut zubereitete, leckere Gerichte wie Lamm mit Berberitzensoße oder Lachsravioli. Auch viele Pizzas sind im Angebot. Außerdem gibt's Lunchpakete.

An- & Weiterreise
Die folgenden Transporthinweise gelten für Dezember bis Februar; in den übrigen Monaten sind die Verbindungen seltener oder werden gar nicht bedient. Sobald die Straße nach El Calafate asphaltiert ist, wird die Reisezeit deutlich kürzer sein.

Chalténs erster Busbahnhof sollte inzwischen fertiggestellt sein. Mehrmals täglich gondeln Busse nach El Calafate (70 AR$, 4 Std.). **Chalten Travel** (☎ 493-005; Ecke Guemes & Lago del Desierto; www.chaltentravel.com) stellt Transportmittel zum Lago del Desierto (80 AR$, 1½ Std.), von wo aus man per Boot und auf einer Wanderung bis nach Chile kommt. Zwischen Mitte November und Mitte April fahren Busse des Unternehmens auch noch Los Antiguos (150 AR$, 13 Std.) und zu weiteren Orten im Norden, aber nur an den ungeraden Tagen.

EL CALAFATE
☎ 02902 / 20 000 Ew.

Das schnell wachsende El Calafate ist inzwischen zu einem Publikumsmagneten geworden, aber trotz der touristischen Fassade ist es durchaus ein recht angenehmer Zwischenstopp für ein paar Tage. Die erstklassige Lage zwischen El Chaltén und Torres del Paine (Chile) führt dazu, dass die meisten Patagonienreisenden hier durchkommen. Glücklicherweise gibt es in der Gegend ja auch eine unverzichtbare Attraktion: den Eisstrom des Perito-Moreno-Gletscher im 80 km entfernten Parque Nacional Los Glaciares (S. 163).

Praktische Informationen
Im Ort gibt es mehrere Banken mit Geldautomaten (wer anschließend El Chaltén besuchen will, sollte hier in El Calafate genügend Geld abheben).
Büro der Nationalparkverwaltung (☎ 491-545; Libertador 1302) Stellt Genehmigungen für Wanderungen und Angelscheine aus und gibt Wanderern Informationen.
Cambio Thaler (Libertador 963, Local 2) Löst Reiseschecks ein.
La Cueva (☎ 492-417; Moyano 839; jorgelemos322@hotmail.com; ⓒ Sept.–Mai) Einfaches Bergsteiger-*refugio*, das auch Touren in der Gegend organisiert.
Post (Libertador 1133)
Touristeninformation (☎ 491-090; www.elcalafate.gov.ar; Ecke Libertador & Rosales) Auch am Busbahnhof.

Sehenswertes & Aktivitäten
Innerhalb der Ortschaft kann man außer Souvenirs kaufen und Leute beobachten wenig tun, aber ein paar Möglichkeiten zur Ablenkung gibt es schon. Im **Centro de Interpretación Histórica** (☎ 492-799; Ecke Brown & Bonarelli; Eintritt 19 AR$; ⓒ 10–20 Uhr) gleich nördlich vom Ortszentrum wird die Geschichte Patagoniens mit Fotos, Schaubildern und einem Video erläutert. Die **Laguna Nimez**, ein geschütztes Sumpfgebiet, liegt 15 Gehminuten außerhalb des Ortes. Man geht auf der Alem nach Norden, überquert die kleine weiße Brücke, biegt am Restaurant rechts und dann gleich wieder links ab. Möglicherweise wird eine kleine Eintrittsgebühr erhoben. Außerdem sind in der Gegend schöne Ausritte möglich.

Schlafen
Im Januar und Februar sollte man reservieren.
Camping El Ovejero (☎ 493-422; www.campingelovejero.com.ar; Pantín 64; Stellplatz 15–20 AR$/Pers., B 35–45 AR$) Relativ angenehmer, aber stark belegter Campingplatz mit schattigen Stellplätzen am Bach, Picknicktischen und Feuergruben. Wer in den Hostelbetten übernachtet, kann die Küche benutzen.
Hospedaje Jorgito (☎ 491-323; Moyano 943; Stellplatz 15 AR$/Pers., DZ mit/ohne Bad 120/80 AR$) In dem großen Familienwohnhaus stehen zwölf helle, warme, altmodische Zimmer (mit Küchenbenutzung) zur Verfügung. Hinten gibt es angenehme Stellplätze in einem Obstgarten.
Hostel del Glaciar Pioneros (☎ 491-243; www.glaciar.com; Los Pioneros 255; B 42 AR$, DZ 156–203 AR$) Das gute, schon lange bestehende Hostel hat geräumige Gemeinschaftsbereiche und ein cooles Kneipenrestaurant zum Abhängen. Die Schlafsäle sind sauber; die besseren Doppelzimmer (*superior*) ausgezeichnet. HI-Mitglieder erhalten Rabatt.
Che Lagarto (☎ 496-670; www.chelagarto.com; 25 de Mayo 311; B/DZ 45/238 AR$) Schickes Hostel mit Billardtisch, modernen Sofas und Flachbildfernsehern im Empfangs-/Barbereich und einer hölzernen Vorderterrasse. Die Schlafsäle sind klein, aber ordentlich. Es gibt ein geselliges Atrium mit Kamin, preisgünstige *asados*, und abends werden Filme gezeigt.
America del Sur (☎ 493-525; www.americahostel.com.ar; Puerto Deseado 153; B/DZ 60/240 AR$) Das Hostel ist eines der besten in El Calafate. Es bietet einen großartigen Ausblick, einen wohnzimmerartigen Gemeinschaftsbereich, geräumige moderne Schlafsäle (mit jeweils eigenem Bad)

162 PATAGONIEN •• El Calafate

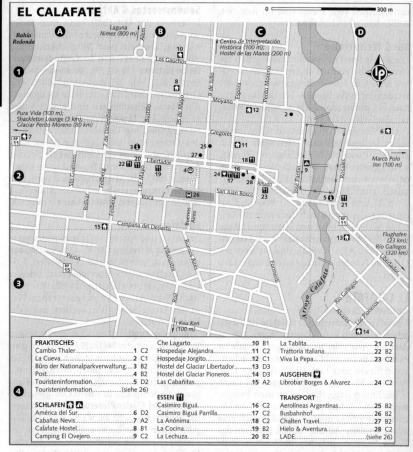

EL CALAFATE

PRAKTISCHES		
Cambio Thaler	1	C2
La Cueva	2	C1
Büro der Nationalparkverwaltung	3	B2
Post	4	B2
Touristeninformation	5	D2
Touristeninformation	(siehe 26)	
SCHLAFEN		
América del Sur	6	D2
Cabañas Nevis	7	A2
Calafate Hostel	8	B1
Camping El Ovejero	9	C2
Che Lagarto	10	B1
Hospedaje Alejandra	11	C2
Hospedaje Jorgito	12	C1
Hostel del Glaciar Libertador	13	D3
Hostel del Glaciar Pioneros	14	D3
Las Cabañitas	15	A2
ESSEN		
Casimiro Biguá	16	C2
Casimiro Biguá Parrilla	17	C2
La Anónima	18	C2
La Cocina	19	B2
La Lechuza	20	B2
La Tablita	21	D2
Trattoria Italiana	22	B2
Viva la Pepa	23	C2
AUSGEHEN		
Librobar Borges & Alvarez	24	C2
TRANSPORT		
Aerolíneas Argentinas	25	B2
Busbahnhof	26	B2
Chalten Travel	27	B2
Hielo & Aventura	28	C2
LADE	(siehe 26)	

und guten Service. Das saubere und ordentliche Haus hat eine Fußbodenheizung. Es gibt preisgünstige *asados*.

Hospedaje Alejandra (☎ 491-328; Espora 60; DZ 90 AR$, Hütte 300 AR$) In dem kleinen Familienwohnhaus werden sieben schlichte Zimmer mit Gemeinschaftsbad vermietet, die an einem langen Korridor liegen. Die drei *cabañas* (für jeweils bis zu 5 Pers.) hinter dem Haus sind viel besser und haben auch eigene Küchen.

Las Cabañitas (☎ 491-118; lascabanitas@cotecal.com.ar; Feilberg 218; Zi. & Hütte 180–315 AR$) Zu dieser freundlichen Anlage gehören nur fünf kleine und dunkle, aber niedliche *cabañas* mit winzigen Bädern. Hinzu kommen noch ein paar größere, modernere Zimmer.

Außerdem empfehlenswert:

Hostel de las Manos (☎ 492-996; www.hosteldelasmanos.com.ar; Feruglio 59; B 40–45 AR$, DZ 180 AR$) Liebenswertes kleines Hostel mit einem freundlichen Gemeinschaftsbereich. Die Schlafsäle im neuen Flügel sind viel größer. Das Hostel liegt 300 m nördlich vom Ortszentrum.

Calafate Hostel (☎ 492-450; www.calafatehostels.com; Moyano 1226; B 43–50 AR$, DZ 180 AR$) Großes Blockhaus-Hostel, das innen und außen mit Balkonen umgeben ist. Zwar unpersönlich, aber für große Gruppen geeignet. Es gibt vor Ort ein kleines Restaurant und Rabatt für HI-Mitglieder.

Marco Polo Inn (☎ 493-899; www.marcopoloinncalafate.com; Calle 405 No 82; B/DZ 45/200 AR$) Das große Hostel hat gute Schlafsäle und einen Gemeinschaftsbereich. Es gibt einen Billardtisch und abends finden allerlei Veranstaltungen statt. Das Hostel liegt 15 Gehminuten westlich vom Ortszentrum. HI-Mitglieder erhalten Rabatt.

i Keu Ken (☎ 495-175; www.patagoniaikeuken.com.ar; Pontoriero 171; B/DZ 45/210 AR$) Das angenehm intime Hostel liegt ungefähr zehn Gehminuten vom Busbahnhof aus bergauf. Geboten werden entspannte Atmosphäre, toller Ausblick und gute Schlafsäle.

Hostel del Glaciar Libertador (☎ 492-492; www.glaciar.com; Libertador 587; B/DZ 49/253 AR$) Ein großes modernes Hostel mit geräumigen Küchen- und Essbereichen. Die Schlafsäle sind sauber und überlegt gestaltet, die Doppelzimmer hübsch. Rabatt für HI-Mitglieder.

Cabañas Nevis (☎ 493-180; www.cabanasnevis.com.ar; Libertador 1696; Hütte 380–590 AR$) Zu dieser Anlage gehören 14 komfortable, doppelgeschossige Nurdachhütten mit vier bis acht Betten und Küche. Eine tolle Option für größere Gruppen. Man versteht hier auch Englisch.

Essen & Ausgehen

Viva la Pepa (Amado 833; Hauptgerichte 25–40 AR$) Hier gibt's köstliche, kreative, gut zubereitete Gerichte, u. a. herzhafte oder süße Crêpes, wunderbare Salate und leckere Riesensandwiches.

La Tablita (☎ 491-065; Rosales 28; Hauptgerichte 25–60 AR$; ✆ Mi mittags geschl.) Das Lokal ist sehr beliebt wegen seiner großartigen Fleischgerichte mit vielen Beilagen und Dessert. Man sollte reservieren.

La Cocina (Libertador 1245; Hauptgerichte 30–50 AR$; ✆ Di geschl.) Das intime Lokal serviert ausgezeichnete Pastagerichte und Salate.

La Lechuza (Libertador 1301; Pizzas 30–65 AR$) In dem beliebten Lokal kommen Dutzende ausgezeichneter Pizzavariationen auf den Tisch, neben den üblichen auch eher exotische (empfehlenswert ist die mit gebratenem Gemüse und in Whiskey marinierten Krabben).

Pura Vida (Libertador 1876; Hauptgerichte 40–60 AR$; ✆ Mi abends geschl.) Kreatives, gesundes Essen in großen Portionen. Empfehlenswert sind der Fleischeintopf im Speisekürbis oder die Auberginen-Tarte mit Stampfkartoffeln. Zum Nachtisch gibt's sogar Apfelkuchen mit Eiscreme.

Casimiro Biguá (☎ 492-590; Libertador 963; Hauptgerichte 50–70 AR$) Das feine Restaurant hat das beste Essen und den besten Wein in Calafate. Zum Restaurant gehören die nahe gelegene *parrilla* (Libertador 993) und die Trattoria Italiana (Libertador 1359). In allen drei Lokalen gibt's ausgezeichnete Küche, eine gute Atmosphäre und ausgezeichneten Service.

Librobar Borges & Alvarez (Libertador 1015) Calafates bestes Barcafé zum Abhängen; vom Loft im zweiten Stock kann man prima die Leute beobachten. Neben einer großen Getränkeauswahl gibt's auch ein paar Snacks und Livemusik. An sonnigen Tagen kann man auch unten auf dem vorderen Patio sitzen.

Shackleton Lounge (☎ 493-516; Libertador 3287) Die 3 km östlich vom Ortszentrum gelegene Lounge war bei unserem Besuch geschlossen, lohnt sich aber, wenn sie wieder geöffnet sein sollte. Einfach mal anrufen.

La Anónima (Ecke Libertador & Perito Moreno) Der Supermarkt hat preisgünstiges Essen zum Mitnehmen.

Anreise & Unterwegs vor Ort

Flüge von und nach El Calafate weit im Voraus buchen! Der **Flughafen** liegt 23 km östlich vom Ort; die Flughafengebühr beträgt 20 AR$.

Ves Patagonia (☎ 494-355) bietet einen Haustürshuttleservice für 26 AR$; die Taxifahrt kostet 80 AR$ (wenn man verhandelt, vielleicht auch etwas weniger). **Aerolíneas Argentinas** (☎ 0870-222-86527; 9 de Julio 57) und **LADE** (☎ 491-262; im Busbahnhof) haben Flüge.

Busse fahren u. a. nach Río Gallegos (45 AR$, 4½ Std.), El Chaltén (70 AR$, 3½ Std.) und Puerto Natales in Chile (50 AR$, 5 Std.).

Im Sommer bietet **Chalten Travel** (www.chaltentravel.com; Libertador 1174) die mehrtägige Fahrt von El Calafate nach Bariloche über die abenteuerliche Ruta 40 (480 AR$). Die Autovermieter in El Calafate verlangen für ein Auto ab 250 AR$ pro Tag (inkl. 200 Freikilometer).

PARQUE NACIONAL LOS GLACIARES

Wenige Gletscher auf Erden sind so aufregend wie der bläulich schimmernde **Perito-Moreno-Gletscher**. Die 60 m hohen, gezackten Gipfel brechen knallend ab und krachen zu Tal, lösen kleine Flutwellen aus und schwimmen dann als Eisberge im Wasser – ein Erlebnis, bei dem einem die Haare zu Berge stehen. Der Gletscher ist das Highlight im **Parque Nacional Los Glaciares** (Eintritt 60 AR$). Er ist 35 km lang, 5 km breit und 60 m hoch. Was ihn so außergewöhnlich macht, ist seine schnelle Fortbewegung: Er kommt pro Tag bis zu 2 m voran und „kalbt" an seiner Gletscherzunge ständig neue Eisberge. Während weltweit die meisten Gletscher zurückgehen, gilt der Perito-Moreno-Gletscher als stabil. Und immer wieder einmal rückt er so weit vor, dass er die Península de Magallanes erreicht und den Brazo-

Rico-Arm des Lago Argentino blockiert. Dann baut sich ein gewaltiger Druck auf, bis sich schließlich nach einigen Jahren das Wasser einen Weg bahnt und den Eisdamm zum Einsturz bringt – ein spektakuläres Ereignis.

Der Perito-Moreno-Gletscher ist eine geradezu ideale Touristenattraktion. Die Península de Magallanes ist dem Gletscher nah genug, dass man einen großartigen Panoramablick auf ihn hat, aber noch weit genug weg, um nicht in Gefahr zu kommen. Zahlreiche Laufstege und Aussichtsplattformen gewähren beste Sicht. Einfach ein paar Stunden schauen und darauf warten, dass der nächste große Eisberg abbricht, kann ein wunderbares Erlebnis sein.

Die meisten Touren aus El Calafate beinhalten den Transport, einen Führer und ein paar Stunden Aufenthalt am Gletscher (110 AR$); das Hostel del Glaciar Pioneros (S. 161) und das Hostel del Glaciar Libertador (S. 163) bieten eine „alternative" Tour an, bei der eine kurze Wanderung und eine Bootsfahrt inbegriffen sind (175 AR$). Wer lieber auf eigene Faust unterwegs ist, geht zu El Calafates Busbahnhof. Die Fahrt kostet hin und zurück 80 AR$ und man hat so mehrere Stunden Zeit, sich den Gletscher anzuschauen. Gruppen von bis zu vier Personen können auch ein *remise* chartern (rund 300 AR$; Preis aushandeln!). Es lohnt sich, den Gletscher am späten Nachmittag aufzusuchen, denn dann sind die meisten Touristen weg – und nach der Hitze des Tages brechen auch mehr Eisberge ab.

Vor Ort gibt's es zwar eine Cafeteria, es empfiehlt sich aber (wegen Auswahl und Preis), sich ein Lunchpaket aus El Calafate mitzunehmen.

Es gibt auch noch Bootstouren zu anderen Gletschern und als etwas abenteuerlichere Option eine Wanderung mit Steigeisen auf dem Moreno-Gletscher (400–530 AR$, inkl. Transport, aber ohne die Eintrittsgebühr für den Park). Diese Tour wird in zwei Versionen von **Hielo & Aventura** (☎ 492-205; www.hieloyaventura.com; Libertador 935) in El Calafate angeboten und lohnt sich wirklich.

RÍO GALLEGOS
☎ 02966 / 90 000 Ew.

Río Gallegos ist kein besonders interessantes Reiseziel, aber auch nicht gerade langweilig. Die Innenstadt ist lebendig, der Tidenhub gewaltig (unglaubliche 14 m geht es bei Ebbe runter), und in der Nähe finden Fliegenfischer einige der besten Angelstellen des gesamten Kontinents. Man kann sogar Pinguine beobachten – jedenfalls wenn man den 140 km langen Trip zum südöstlich gelegenen Cabo Vírgenes nicht scheut. Die meisten Traveller allerdings schlagen hier nur die Zeit beim Warten auf den nächsten Bus nach El Calafate, Puerto Natales oder Ushuaia tot.

Praktische Informationen
Die meisten Banken mit Geldautomaten sind in oder nahe der Av Roca.
Post (Ecke Avs Roca & San Martín)
Städtische Touristeninformation (☎ 436-920; www.turismo.mrg.gov.ar; Ecke Av Roca & Córdoba)
Thaler Cambio (Ecke Av San Martín & Alcorta)
Touristeninformation (☎ 442-159) Am Busbahnhof.
Touristeninformation der Provinz (☎ 438-725; Av Roca 863)

Schlafen & Essen
Polideportivo Atsa (☎ 442-310; Ecke Asturias & Yugoslavia; Stellplatz 10 AR$/Pers., Zelt 10 AR$) Der Platz liegt ungefähr 500 m südwestlich vom Busbahnhof und wurde zur Zeit unserer Recherche gerade umgestaltet.

Casa de Familia Elcira Contreras (☎ 429-856; Zuccarrino 431; B/DZ 80/120 AR$) Die von einer älteren Frau geführte einfache Unterkunft bietet saubere Zimmer mit Küchenbenutzung. Es gibt außerdem ein Apartment mit acht Betten. Das Haus befindet sich ungefähr zehn Blocks vom Stadtzentrum und 15 Gehminuten vom Busbahnhof (Taxi 9 AR$) entfernt.

Hotel Covadonga (☎ 420-190; hotelcovadongargl@hotmail.com; Av Roca 1244; Zi. mit/ohne Bad 160/130 AR$) Hotel mit Retro-Charme, ohne dass man sich extra um Stil bemüht. Die Zimmer drinnen haben Gemeinschaftsbäder.

Hotel Sehuen (☎ 425-683; www.hotelsehuen.com; Rawson 160; Zi. ab 134 AR$) Das schöne, moderne Hotel hat eine helle Lobby und geräumige, komfortable Zimmer.

El Viejo Miramar (☎ 430-401; hotelviejomiramar@yahoo.com.ar; Av Roca 1630; EZ/DZ 150/180 AR$) Freundliche Unterkunft mit zehn ordentlichen Zimmern, in denen Teppichboden ausgelegt ist. Dass gleich daneben eine Tankstelle ist, sollte einen nicht abschrecken.

Restaurante Chino (9 de Julio 27; Buffet 38 AR$) Die schlechte Nachricht: So toll ist das Essen nicht. Die gute: Man kann davon so viel essen, wie man verdrücken kann.

Restaurant RoCo (Av Roca 1157; Hauptgerichte 20–60 AR$) Schick und modern, jedenfalls für Río-Gallegos-Verhältnisse. Auf der Karte stehen viele typische Gerichte.

Lagunacazul (Ecke Lista & Sarmiento; Hauptgerichte 30–70 AR$; Mo geschl.) Río Gallegos' bestes Restaurant liegt nahe am Strand und hat einen aufmerksamen Service.

An- & Weiterreise

Der Flughafen (442-340) liegt 7 km außerhalb des Zentrums (Taxi 27 AR$) und wird von **Aerolíneas Argentinas** (0810-222-86527; Av San Martín 545), **LAN** (457-189; am Flughafen) und **LADE** (423-775; Fagnano 53) angeflogen.

Der Busbahnhof liegt rund 2 km außerhalb an der RN 3 (Buslinie B 1,75 AR$, Taxi 13 AR$). Busse fahren u. a. nach El Calafate (45 AR$, 4 Std.), Ushuaia (180 AR$, 12 Std.), Comodoro Rivadavia (90 AR$, 11 Std.), Río Grande (120 AR$, 8 Std.) und Buenos Aires (330 AR$, 36 Std.). Busse nach Punta Arenas (40 AR$, 5 Std.) verkehren nur zweimal wöchentlich, Tickets vorab kaufen! Bei der Fahrt nach Puerto Natales (45 AR$, 6 Std.) muss man oft in Río Turbio umsteigen und auf den Anschluss warten.

FEUERLAND (TIERRA DEL FUEGO)

Feuerland liegt wahrlich am Ende der Welt. Nur widerwillig teilen sich Argentinien und Chile den Archipel, der vom stürmischen Südatlantik und der Magellanstraße eingefasst wird. Hier locken viele Naturschönheiten: malerische Gletscher, üppige Wälder, atemberaubende Berge, klare Wasserläufe und eine spektakuläre Küste. Die größte Stadt, Ushuaia, schmückt sich mit dem Titel der „südlichsten Stadt" der Erde und ist das Haupttor in die Antarktis. Feuerland ist abgelegen und schwer zu erreichen, aber für echte Abenteuerurlauber ein Muss.

Die Besatzungen vorbeifahrender Schiffe gaben Feuerland seinen Namen, weil sie an der fernen Küste die Lagerfeuer der Yámana (oder Yagan) erspähten. 1520 kam Magellan auf der Suche nach der Durchfahrt zu den asiatischen Gewürzinseln vorbei. Zu jener Zeit lebten die einheimischen Ona (oder Selk'nam) und Haush von der Jagd auf Landtiere, während die Yámana und Kawesqar (oder Alakaluf) Fische fingen und Meeressäuger erlegten. Im frühen 19. Jh. begann die europäische Besiedlung und damit einhergehend die Vernichtung der Urbevölkerung.

RÍO GRANDE

02964 / 68 000 Ew.

Das windgepeitschte Río Grande ist für die meisten Traveller nur ein öder Zwischenstopp. Eine Ausnahme machen nur die Angler, die aus aller Welt kommen, um im Umland auf die Jagd nach Riesenforellen zu gehen. Infos gibt's in der freundlichen **Touristeninformation** (431-324; www.riogrande.gov.ar) an der Hauptplaza.

Einem Hostel am nächsten kommt das gemütliche **Albergue Hotel Argentino** (422-546; San Martín 64; Stellplatz 20 AR$/Pers., B/DZ 40/80 AR$), das in einem alten Haus einfache Einrichtungen bietet.

Río Grandes Flughafen liegt 4 km westlich der Stadt und wird von **Aerolíneas Argentinas** (424-467; San Martín 607) und **LADE** (422-968; Lasserre 445) angeflogen. Der Busbahnhof befindet sich an der Finocchio 1149; hier fahren u. a. Busse nach Ushuaia (60 AR$, 3½ Std.), Rio Gallegos (120 AR$, 8 Std.) und Punta Arenas (120 AR$, 8 Std.).

USHUAIA

02901 / 60 000 Ew.

Das charismatische Ushuaia schmiegt sich an das Ufer des Beagle-Kanals vor der spektakulären Kulisse der 1500 m hohen Andengipfel. Hier endet die Straße nach Süden. Alle möglichen Traveller kommen in diesen touristischen, aber netten Ort: unabhängig reisende Backpacker, Kreuzfahrtteilnehmer, Menschen, die auf dem Weg in die Antarktis sind oder andere, die hier das Ziel ihrer Fahrrad-, Motorrad- oder Autotour durch Südamerika erreichen – sie alle zieht es in die südlichste Stadt der Welt. Aber nicht nur dieser Rekord lockt: Abenteurer finden hier in der Nähe unberührte Berge, Seen und Gletscher, die zu allen möglichen Outdoor-Aktivitäten einladen.

Das ursprünglich als Sträflingskolonie gegründete Ushuaia wurde 1950 zu einem wichtigen Flottenstützpunkt. Gold, Bauholz, Wolle und Fischfang sorgten jahrelang für Einkünfte, aber heute ist der Tourismus der Motor für die Wirtschaft der schnell wachsenden Stadt. Während der sommerlichen Hochsaison (Dez.–März) legen fast täglich

FEUERLAND (TIERRA DEL FUEGO)

Kreuzfahrtschiffe an, und die Hauptstraße, die Av San Martín, füllt sich mit Touristen in Gore-Tex-Klamotten. Die Antarktis ist zu einem wichtigen Ziel für entdeckungslustige Traveller geworden, und Ushuaia ist das beste Zugangstor zum weißen Kontinent. So populär wie Ushuaia heute ist, wird es noch lange bleiben.

Praktische Informationen
Internetcafés gibt's viele. Die meisten Banken in der Stadt haben Geldautomaten.
Boutique del Libro (25 de Mayo 62 & Av San Martín 1120) Hat Lonely Planet Führer vorrätig.
Cambio Thaler (Av San Martín 209) Löst Reisescheks ein.
Club Andino (☎ 422-335; www.clubandinoushuaia.com.ar; Juana Fadul 50) Wanderkarten und Reiseführer.
Einreisebehörde (☎ 437-718; Fuegia Basket 187)
Nationalparkverwaltung (☎ 421-315; Av San Martín 1395).
Städtische Touristeninformation (☎ 424-550; www.turismoushuaia.com; Av San Martín 674) Es gibt auch eine Touristeninformation am Pier.

Sehenswertes & Aktivitäten
Das kleine, aber gute **Museo del Fin del Mundo** (Av Maipú 175; Eintritt 20 AR$; ⏰ Sommer 9–20 Uhr) erläutert die Geschichte der Ureinwohner sowie die Naturgeschichte der Region; sehenswert sind die Werkzeuge aus Knochen und der Raum, in dem Vogelbälge präpariert werden. Zum Museum gehört auch das in der Maipú 465 gelegene historische Gebäude. Das ausgezeichnete **Museo Marítimo** (Ecke Yaganes & Paz; Eintritt

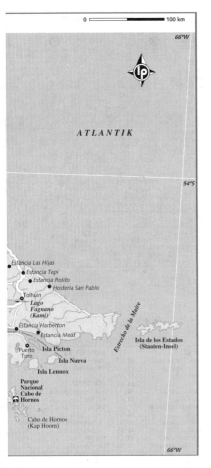

45 AR$; 9–20 Uhr) ist in einem alten Gefängnis untergebracht, in dessen 380 kleinen Zellen einst bis zu 700 Insassen untergebracht waren. Man findet hier interessante Exponate zu Antarktis-Expeditionen und eine Kunstgalerie. Im winzigen **Museo Yámana** (Rivadavia 56; Eintritt 15AR$; Sommer 10–20 Uhr) wird einiges historische Material über die Ureinwohner der Region ausgestellt.

Nach dem Anblick des Perito-Moreno-Gletschers in El Calafate wirkt der **Glaciar Martial** zwar nur wie ein x-beliebiger Eisklumpen, aber immerhin befindet er sich in einem schönen Tal mit einer großartigen Aussicht auf Ushuaia und den Beagle-Kanal. Zu Fuß oder mit dem Taxi (20 AR$) geht es zu einem kurzen Sessellift (hin & zurück 35 AR$) 7 km nordwestlich der Stadt. Von hier aus hat man noch einen zweistündigen Weg bis zum Gletscher vor sich (mit dem Sessellift geht es etwas schneller).

Bootstouren führen zu *estancias*, zu einem Leuchtturm, nach Puerto Williams, zu einer Vogelinsel und zu Seelöwen- und Pinguinkolonien. Man sollte sich nach der Größe des Bootes erkundigen (mit kleineren kommt man näher an die Tiere heran), ob die Führer auch Englisch sprechen und ob Landgänge vorgesehen sind (nur Pira Tour landet bei der Pinguinkolonie, die von Oktober bis März bevölkert ist). Der Preis der Touren liegt zwischen 50 und 240 AR$; Tickets erhält man am Pier, bei Tourveranstaltern und in Hotels.

Die von dem Missionar Thomas Bridges gegründete, 85 km östlich von Ushuaia gelegene **Estancia Harberton** (422-742; Eintritt 25 AR$; Mitte Okt.–Mitte April) war die erste *estancia* in Feuerland. Die 200 km² große Ranch liegt in einer tollen Landschaft und hat eine spannende Geschichte. Es gibt hier ein gutes Museum, und auch eine Bootsfahrt zu der Pinguinkolonie in der Gegend ist möglich. Die Busfahrt nach Harberton (hin & zurück 140 AR$/Pers.) dauert eineinhalb Stunden; Abfahrt ist nahe der Av Maipú und der 25 de Mayo.

Die Wandermöglichkeiten beschränken sich nicht auf den Nationalpark: Der gesamte Gebirgszug hinter Ushuaia ist mit seinen Seen und Wasserläufen ein Paradies für Outdoorfans. Viele Wege sind aber schlecht markiert, deswegen sollte man bei **Compañía de Guías** (437-753; www.companiadeguias.com.ar; Av San Martín 628) einen Führer fürs Wandern, Bergsteigen, Eis-/Felsklettern, Kajakfahren, Segeln oder Angeln engagieren.

In den höher gelegenen Bergen gibt es viele Skiresorts, in denen Abfahrten und Skilanglauf möglich sind. Das größte Resort ist **Cerro Castor** (499-302; www.cerrocastor.com), ungefähr 27 km von Ushuaia entfernt, mit fast zwanzig Abfahrtshängen. Die Skisaison dauert von Juni bis Oktober.

Geführte Touren

Viele Veranstalter bieten Touren in der Region an. Man kann reiten, Kanu- oder Mountainbikefahren, nahe gelegene Seen besuchen, Vögel und Biber beobachten und sich im Winter sogar von Hundeschlitten ziehen lassen. **Canal Fun** (437-395; www.canalfun.com; 9 de Julio 118) ist einer der besseren Anbieter von Abenteuertouren mit entsprechenden Preisen.

168 FEUERLAND (TIERRA DEL FUEGO) •• Ushuaia

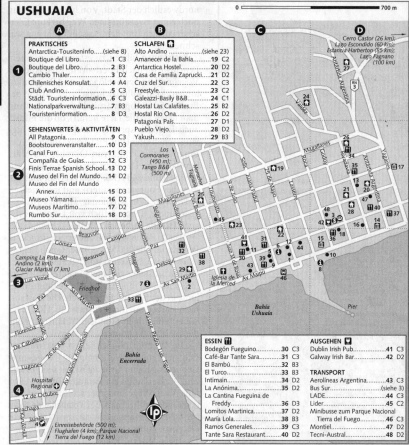

Kurse

Spanisch lernen kann man in der **Finis Terrae Spanish School** (☎ 433-871; www.spanishpatagonia.com; Rivadavia 263). Das Unternehmen bietet diverse nachschulische Aktivitäten an und hilft auch bei der Suche nach einer Unterkunft.

Schlafen

Im Dezember und Januar reservieren!

Camping La Pista del Andino (☎ 435-890; www.lapistadelandino.com.ar; Alem 2873; Stellplatz für Zelt & Wohnmobil 18 AR$/Pers.; ⊙ Okt.–April) Die rund 2 km hügelauf vom Zentrum gelegene Anlage (Taxi 10 AR$) bietet angenehme Stellplätze mit Ausblick. Außerdem gibt's Kocheinrichtungen, gute Gemeinschaftsbereiche und einen Snackservice. Kostenlose Abholung.

Amanecer de la Bahía (☎ 424-405; www.ushuaiahostel.com; Magallanes 594; B 46 AR$, DZ ohne Bad 140 AR$) Ein kurzes Stück bergauf liegt dieses freundliche, gemütliche Hostel mit knarrenden Dielen und kleinen Schlafsälen. Einige Zimmer haben Ausblick. Zwei Hunde leben auf dem Gelände.

Antarctica Hostel (☎ 435-774; www.antarcticahostel.com; Antártida Argentina 270; B 50 AR$, DZ ohne Bad 170 AR$) Beliebtes Hostel mit guter Stimmung, einem relaxten Rezeptions-/Loungebereich, Küchen-/Essbereich im Dachgeschoss und einem grasbewachsenen Hinterhof.

Freestyle (☎ 432-874; www.ushuaiafreestyle.com; Paz 866; B 50–60 AR$) Modernes Fünf-Sterne-Hostel mit schönen, geräumigen Schlafsälen und allen Einrichtungen. Von der Lounge im obersten Stockwerk hat man einen wundervollen Blick auf Berge und Wasserläufe. Es gibt Kunstledersofas zum Abhängen und einen Billardtisch.

Galeazzi-Basily B&B (☎ 423-213; www.avesdelsur.com.ar; Valdéz 323; EZ/DZ mit Gemeinschaftsbad 115/150 AR$, Hütte 210–280 AR$) Ein wunderbares B&B mit freundlichen, vielsprachigen Betreibern. Die neueren *cabañas* hinten auf dem Gelände haben eigenes Bad und Küche. Es leben zwei Hunde auf dem Gelände.

Hostal Los Calafates (☎ 435-515; www.loscalafateshostal.com.ar; Fagnano 456; EZ/DZ/3BZ/4BZ 170/190/210/240 AR$) In dieser sauberen, freundlichen, von einer Familie geführten Pension gibt es nur sieben heimelige, warme Zimmer. Küchenbenutzung ist möglich.

Casa de Familia Zaprucki (☎ 421-316; zaprucki@hotmail.com; Deloquí 271; Apt. 190–400 AR$; ❤ Okt.–April) Dieser kleine Garten Eden wird von einer älteren Frau geführt. Es gibt vier saubere, gemütliche Privatapartments (mit Küche) für jeweils bis zu sechs Personen. Eines der Apartments hat drei Schlafzimmer.

Tango B&B (☎ 422-895; www.tangobyb.com.ar; Valdéz 950; Zi. 270 AR$) Dieses gemütliche Wohnhaus mit Blick über die Stadt bietet vier Zimmer mit eigenem Bad. Gastgeber Raúl veranstaltet zweimal wöchentlich eine Tangoshow.

Alto Andino (☎ 430-920; www.altoandinohotel.com; Paz 868; DZ 420 AR$) Das Hotel vermietet 18 luxuriöse Zimmer und Suiten (mit Einbauküchen) in schickem, minimalistischem Design. Vom Frühstücks-/Loungebereich im obersten Stock hat man eine prima Aussicht. Die Ausgabe lohnt sich.

Außerdem empfehlenswert:

Cruz del Sur (☎ 434-099; www.xdelsur.com.ar; Deloquí 636; B 50 AR$) Intimes, zwangloses, von einer Familie geführtes Hostel mit schrillem Dekor und kleinen Schlafsälen mit vier bis acht Betten. Angenehmes Bibliothekszimmer.

Los Cormoranes (☎ 423-459; www.loscormoranes.com; Kamshen 788; B/DZ 50/200 AR$) Das am Hügel gelegene Hostel hat kleine Schlafsäle mit sechs bis acht Betten, die auf aus Plankenbrettern errichtete Laubengänge blicken. Das beste Doppelzimmer ist Nummer 10. HI-Mitglieder erhalten Rabatt.

Patagonia Pais (☎ 431886; www.hostelpatagoniapais.com.ar; Alem 152; B 50–55 AR$) Ein kleines, intimes, ganz zwangloses Hostel gleich nördlich vom Zentrum.

Yakush (☎ 435-807; www.hostelyakush.com.ar; Piedrabuena 118; B 50–55 AR$, DZ 160–200 AR$) Das farbenfrohe, saubere Hostel hat gute Schlafsäle, einen tollen Aufenthaltsraum oben und einen attraktiven Küchen-/Essbereich.

Pueblo Viejo (☎ 432-098; www.puebloviejo.info; Deloquí 242; EZ/DZ 140/160 AR$) Die Pension bietet acht kleine, saubere und ordentliche Zimmer mit Gemeinschaftsbad.

Hostal Río Ona (☎ 421-327; www.rioona.com.ar; Magallanes 196; EZ/DZ 155/175 AR$) Zehn komfortable Zimmer, davon vier mit Einbauküche. Alle haben Kühlschrank und Kaffeemaschine.

Essen & Ausgehen

Café-Bar Tante Sara (Av San Martín 701; Hauptgerichte 3–5,50 AR$) Das beliebte Eckbistro hat eine umfangreiche Karte. Man erhält Frühstück, Pastagerichte, Sandwiches, Salate, Snacks und Cocktails. Dazu gehört noch ein Restaurant in der Av San Martín 175.

Ramos Generales (Av Maipú 749; Hauptgerichte 17–31 AR$) Das wunderbar altmodische Lokal erinnert an einen alten Gemischtwarenladen. Es gibt großartiges Brot, Gebäck und Panini und eine Auswahl exotischer Kaffees und Tees.

Intimain (Rivadavia 451; Hauptgerichte 18–28 AR$; ❤ So geschl.) Künstlerisch angehauchtes, vegetarierfreundliches Lokal, in dem gelegentlich gesellige Events stattfinden. Auf der einfachen Karte stehen Salate und Sandwiches.

Bodegón Fueguino (Av San Martín 859; Hauptgerichte 20–45 AR$; ❤ So & Mo geschl.) Das in einem niedlichen gelben Haus untergebrachte Lokal serviert großartige, hausgemachte Pasta und Pizza sowie zwölf verschiedene Lammgerichte (*cordero*).

María Lola (Deloquí 1048; Hauptgerichte 40–76 AR$; ❤ So geschl.) Das elegante Restaurant tischt u. a. Meeresfrüchterisotto und *cordero fueguino* (patagonisches Lamm) auf. Guter Service und großartige Aussicht.

Galway Irish Bar (Ecke Av San Martín & Roca) Beliebte Kneipe mit semi-authentischem Dekor. Es gibt Beagle-Bier (aus Ushuaia) vom Fass.

Dublin Irish Pub (9 de Julio 168) Lauschiger Pub mit guter Stimmung und schummeriger Beleuchtung. Ein beliebter Treff von Ausländern (nicht nur Iren).

Außerdem empfehlenswert:

El Turco (Av San Martín 1040; Hauptgerichte 13–33 AR$; ❤ So geschl.) Beliebt für seine guten Fleischgerichte, Pizzas und Pastagerichte.

Lomitos Martinica (Av San Martín 68; Hauptgerichte 14–22 AR$) Preisgünstige *parrilla* mit riesigen Sandwiches.

El Bambú (Piedra Buena 276; 22 AR$/kg; ❤ Sa & So geschl.) Guter vegetarischer Imbiss mit Essen zum Mitnehmen.

La Anónima (Ecke Paz & Rivadavia) Supermarkt.

Anreise & Unterwegs vor Ort

Im Januar und Februar sollte man die Hin- und Weiterreise nach/von Ushuaia im Voraus buchen.

Ushuaias Flughafen liegt 4 km südlich vom Zentrum (Taxi 18 AR$); die Flughafengebühr beträgt 13 AR$. **Aeroliíneas Argentinas** (☎ 0810-222-86527; Ecke Av Maipú & 9 de Julio), **LADE** (☎ 421-123; Av San Martín 542) und **Aerovías DAP** (www.dap.cl; am Flughafen) haben Flüge.

Ushuaia besitzt keinen Busbahnhof, aber die Touristeninformation kann in Sachen Transportmittel weiterhelfen. **Tecni-Austral** (☎ 431-412; Roca 157), im Reisebüro Tolkar zu finden, fährt fast täglich nach Río Grande (60 AR$, 3 Std.) und Río Gallegos (180 AR$, 12 Std.). **Lider** (☎ 442-264; Paz 921) und **Montiel** (☎ 421-366; Deloquí 110) fahren bis zu achtmal täglich nach Río Grande (60 AR$, 3 Std.). **Bus Sur** (☎ 430-727, Av San Martín 245) fährt dreimal wöchentlich nach Punta Arenas (190 AR$, 12 Std.) und samstags nach Puerto Natales (210 AR$, 15 Std.). Nach Puerto Natales kommt man auch über Río Gallegos.

Mit dem Taxi in der Stadt herumzufahren ist recht günstig. Für Mietwagen muss man mit rund 260 AR$ pro Tag (inklusive 200 Freikilometer) rechnen. Transportmöglichkeiten zum Parque Nacional Tierra del Fuego stehen auf S. 171.

Infos über Verkehrsverbindungen nach Puerto Williams (Chile) gibt's auf S. 167.

AM ENDE DER WELT UND NOCH EIN BISSCHEN WEITER – DIE ANTARKTIS

Eine Reise in die atemberaubende Antarktis ist ein einmaliges Abenteuer: kostspielig, aber jeden Cent wert. Hier geht es um mehr, als noch einen Kontinent abzuhaken. Das Land und die Eismassen türmen sich Hunderte von Metern hoch. Kilometerweit legt sich der unberührte Schnee wellenförmig über die Ebenen, während sich unzählige Gletscher über die Berghänge wälzen. Haushohe Eisberge nehmen Formen an, die man nicht im Traum für möglich gehalten hat: Dreiecke, Silhouetten von Drachen oder anmutige Gestalten mit kreisrunden Bögen. Die Tierwelt ist wunderbar. Man erblickt Tausende lustige Pinguine und eine große Vielfalt von flugfähigen Vögeln, von Robben und Walen. Die Antarktis ist ein erstaunliches Land, und der Tourismus wächst schnell, weil immer mehr Menschen kommen. Man kann nur hoffen, dass alles getan wird, damit der Kontinent seine Schönheit nicht verliert.

Für den Otto Normalbürger ist eine Kreuzfahrt der leichteste und beste Weg, um den weißen Kontinent zu besuchen. Die Saison dauert von November bis Mitte März; in der Hochsaison sind die Fahrten oft ausgebucht. Gegen Saisonende kann man mit Glück Last-Minute-Tickets erwischen, aber die Fahrt auf einem nicht zu großen Boot kostet dann immer noch rund 2500 €. Reguläre Tickets gibt's es ab etwa 3700 €. Man sollte sich erkundigen, wie viele Tage man tatsächlich in der Antarktis zubringen wird, weil die Durchquerung des Südpolarmeers hin und zurück jeweils bis zu zwei Tage in Anspruch nimmt, und wie viele Landgänge vorgesehen sind. Je kleiner das Schiff, umso mehr Landgänge gibt es pro Passagier (wenn das Wetter mitspielt).

Wegen der relativ geringen Entfernung zur Antarktischen Halbinsel (1000 km) starten die meisten Kreuzfahrten in Ushuaia. Reiseagenturen wie **Rumbo Sur** (☎ 422-275; www.rumbosur.com.ar; Av San Martín 350), **All Patagonia** (☎ 433-622; www.allpatagonia.com; Fadul 40) und **Canal Fun** (☎ 437-395; www.canalfun.com; 9 de Julio 118) haben Last-Minute-Pauschalangebote, es gibt aber noch viele andere Unternehmen. Die Antarktis-Spezialistin **Alicia Petiet** (www.antarcticatravels.com) berät Traveller bei Kreuzfahrten in die Antarktis.

Wer in seinem Heimatland bucht, sollte sicherstellen, dass die gewählte Firma zur **IAATO** (www.iaato.org) gehört. Die Mitglieder sind zur Einhaltung strenger Regeln eines verantwortungsbewussten Reisens in der Antarktis verpflichtet. Grundlegende Infos gibt's im **Antarctica Tourist Office** (☎ 421-423) am Pier von Ushuaia.

Ein unverzichtbarer Begleiter mit Infos über die Geschichte und Tiere des Kontinents ist der Lonely Planet Führer *Antarctica* (englisch). Er enthält auch einen Abschnitt über die diversen Möglichkeiten, den Eiskontinent zu erreichen. Der Lonely Planet Band *The Falklands & South Georgia Island* (ebenfalls nur auf Englisch erschienen) ist für alle nützlich, die eine Kreuzfahrt gebucht haben, die neben der Antarktis auch diese Inselgruppen anläuft.

Noch ein Tipp: Immer mehr Filme und Speicherkarten mitnehmen, als geplant. Wer sich dran hält, wird uns später dankbar sein!

PARQUE NACIONAL TIERRA DEL FUEGO

12 km westlich von Ushuaia liegt der wunderschöne **Parque Nacional Tierra del Fuego** (Eintritt 50 AR$; ⓥ Sonnenaufgang–Sonnenuntergang), der sich vom Beagle-Kanal im Süden nach Norden bis über den Lago Fagnano hinaus erstreckt. Nur ein kleiner Teil des Parks ist für die Öffentlichkeit zugänglich, aber es gibt ein paar kurze Wege. Der Anblick der Buchten, Flüsse und Wälder ist jedenfalls malerisch. Um sich über die Wege im Park zu informieren, kann man sich eine Karte bei der Touristeninformation oder der Nationalparkverwaltung in Ushuaia holen.

Augen offen halten und Ausschau halten nach *cauquén* (Magellangänsen), Kormoranen und Lappentauchern! Die verbreitetsten Säugetiere sind europäische Kaninchen und nordamerikanische Biber – eingeführte Arten, die das Ökosystem bedrohen. Ab und zu bekommt man auch Füchse oder Guanakos zu Gesicht. Meeressäuger findet man hauptsächlich auf den der Küste vorgelagerten Inseln.

Der einzige organisierte Campingplatz ist **Lago Roca** (☎ 02901-433-313; ⓥ Okt.–April, Stellplatz 12 AR$/Pers.). In der Nähe gibt es ein Restaurant und einen winzigen Lebensmittelladen (teuer und nicht immer geöffnet). Anderswo kann man auch kostenlos campen.

Die Minibusse zum Park fahren nahe der Kreuzung der Av Maipú und der 25 de Mayo ab (50 AR$/Pers., tgl. 9–20 Uhr, ca. alle 30 Min.); eine Taxifahrt zum Park kostet 120 AR$.

ALLGEMEINE INFORMATIONEN

AKTIVITÄTEN

Argentinien ist eine tolle Spielwiese für abenteuerlustige Traveller. In den vielen herrlichen Nationalparks kann man im Sommer hervorragend wandern und klettern, vor allem in der Gegend rund um Bariloche (S. 146) und das patagonische Fitz-Roy-Massiv (S. 159). Und dann wäre da noch der höchste Gipfel außerhalb Asiens, der majestätische, 6962 m hohe Aconcagua (S. 133).

Skifahrer finden traumhafte Bedingungen in den großen Wintersportzentren wie Cerro Catedral (Bariloche, S. 146), Las Leñas (Malargüe, S. 135), Los Penitentes (S. 133) oder Chapelco (San Martín de los Andes, S. 140). Die Skisaison dauert grob von Mitte Juni bis Mitte Oktober, während sich im Sommer zahlreiche Mountainbiker in den Bergregionen austoben.

Radfahrer zieht es beispielsweise auch nach Mendoza (S. 129), in die nordwestlichen Anden, ins argentinische Seengebiet und nach Patagonien (Vorsicht: starke Winde!). Die mitunter abgelegenen und schlechten Straßen sind oft nur Schotterpisten, die man am besten mit Mountainbikes bewältigt. In den meisten Touristenzentren können Drahtesel auch ausgeliehen werden – allerdings entspricht die Qualität der Fahrräder häufig nicht dem, was man von zu Hause gewohnt ist.

Im Seengebiet und in Patagonien finden Fliegenfischer ein paar der besten Angelreviere der Welt. An den Haken gehen hier u. a. eingeführte Forellen und Atlantische Binnenlachse von gewaltigen Ausmaßen. Die Saison dauert hier von November bis Mitte April. Gefangene Flossenträger werden größtenteils wieder in die Freiheit entlassen.

Wildwasser-Rafting wird im Umkreis von Mendoza und im Seengebiet angeboten. In vielen Touristengegenden kann man sich auch bei Ausritten und Gleitschirmflügen vergnügen.

ARBEITEN IN ARGENTINIEN

Argentiniens Wirtschaft erlebt gegenwärtig eine Flaute, viele Argentinier sind arbeitslos oder unterbeschäftigt. Jobs sind Mangelware – ganz besonders für Ausländer.

Am ehesten gibt es noch Möglichkeiten, Englischunterricht zu geben. In Buenos Aires und anderen Großstädten werden gelegentlich Englischlehrer gesucht, aber die meisten verdienen gerade gut genug, um auszukommen: etwa 25 AR$ pro Stunde (ohne Vorbereitungszeit und Anfahrt). TESOL- oder TESL-Zertifikate können die Jobsuche erleichtern.

Viele Lehrer arbeiten illegal mit einem Touristenvisum, das alle drei Monate erneuert werden muss – wer in Buenos Aires lebt, macht in der Regel deswegen mehrmals im Jahr eine Stippvisite in Uruguay. In den Ferienmonaten Januar und Februar gibt's für Lehrkräfte kaum Arbeit.

Stellenangebote findet man unter www.craigslist.com oder www.olx.com.ar sowie in den Rubriken der englischsprachigen Tageszeitungen **Buenos Aires Herald** (www.buenosaires

herald.com) und **The Argentimes** (www.theargentimes.com). Auch ein Blick in Expat-Foren wie www.baexpats.org kann sich lohnen.

BOTSCHAFTEN & KONSULATE

Auf den einzelnen Stadtplänen sind viele Konsulate eingetragen.

Bolivien Buenos Aires (Karte S. 54 f.; ☎ 011-4394-1463; Corrientes 545, 2. Stock); La Quiaca (☎ 03885-422-283; Ecke San Juan & Árabe Siria); Salta (Karte S. 112 f.; ☎ 0387-421-1040; Boedo 34); San Salvador de Jujuy (Karte S. 115; ☎ 0388-424-0501; Independencia 1098)

Brasilien Buenos Aires (Karte S. 54 f.; ☎ 011-4515-6500; Pellegrini 1363, 5. Stock); Paso de Los Libres (☎ 03772-425-444; Mitre 842); Puerto Iguazú (Karte S. 94; ☎ 03757-421-348; Ecke Córdoba & El Mensu)

Chile Bariloche (Karte S. 143; ☎ 02944-523-050; Av Juan Manuel de Rosas 180); Buenos Aires (Karte S. 54 f.; ☎ 011-4331-6228; Diagonal Roque Sáenz Peña 547, 2. Stock); Esquel (☎ 451-189; Molinari 754); Mendoza (Karte S. 130 f.; ☎ 0261-425-4844; Paso de los Andes 1147); Neuquén (☎ 0299-442-2727; La Rioja 241); Río Gallegos (☎ 02966-422-364; Moreno 148); Salta (Karte S. 112 f.; ☎ 0387-431-1857; Santiago del Estero 965); Ushuaia (Karte S. 168; ☎ 02901-430-909; Jainén 50)

Deutschland (Karte S. 62 f.; ☎ 011-4778-2500; Villanueva 1055, Buenos Aires)

Österreich (☎ 011-4807-9185; French 3671, Buenos Aires)

Paraguay Buenos Aires (Karte S. 54 f.; ☎ 011-4814-4803; Viamonte 1851); Posadas (Karte S. 91; ☎ 03752-423-858; San Lorenzo 179); Puerto Iguazú (Karte S. 94; ☎ 03757-424-230; Córdoba 370)

Schweiz (Karte S. 54 f.; ☎ 011-4311-6491; Av Santa Fe 846, 10. Stock, Buenos Aires)

Uruguay Buenos Aires (Karte S. 54 f.; ☎ 011-4807-3040; Av General Las Heras 1915); Gualeguaychú (☎ 03446-426-168; Rivadavia 510)

BÜCHER

Wer Argentinien intensiver erkunden will, führt sich am besten den Reiseführer *Argentinien*, den Cityguide *Buenos Aires* (bislang nur auf Englisch erhältlich) und die Ausgabe *Buenos Aires Encounter* von Lonely Planet zu Gemüte.

Zu den Reiseberichten über Argentinien zählen z. B. *Die Fahrt der Beagle* (Darwin über das Leben der *gauchos*), *The Uttermost Part of the Earth* (Lucas Bridges über die indigenen Völker Feuerlands) und Bruce Chatwins Klassiker *In Patagonien. Reise in ein fernes Land.* In *Die Reise des jungen Che* beschreibt Che Guevara seine abenteuerliche Reise auf einem klapprigen Motorrad.

In W. H. Hudsons *Idle Days in Patagonia* berichtet der Naturkundler von seinen Abenteuern beim Erforschen der einheimischen Tierwelt; auch seine Kurzgeschichten-Sammlung *Tales of the Pampas* ist unterhaltsam. Bergsteiger und solche, die es werden wollen, erfahren aus Gregory Crouchs Buch *Enduring Patagonia* alles über seinen Aufstieg am Cerro Torre. In *Gauchos and the Vanishing Frontier* befasst sich Richard W. Slatta mit dem Leben der argentinischen Ikonen in der Wildnis.

Höchst unterhaltsam sind Miranda Frances' zeitloser Roman *Bad Times in Buenos Aires* oder Marina Palmers heißblütiges Werk *Kiss and Tango*. Und wer noch mehr über den argentinischen Tanz schlechthin erfahren möchte, für den ist vielleicht *Tango. Geschichte und Geschichten* von Arne Birkenstock und Helena Rüegg das richtige Buch.

ESSEN & TRINKEN

Die Restauranttipps im Argentinien-Kapitel sind nach Preisen gestaffelt, die preisgünstigeren Optionen kommen zuerst.

Argentinische Küche

Insgesamt ist die argentinische Küche nicht besonders abwechslungsreich: Die meisten Leute scheinen sich mit Fleisch, Pasta und Pizza zu begnügen. Dafür ist aber das berühmte Rindfleisch oft wirklich erstklassig. In einer *parrilla* (Steakhaus) oder bei einem *asado* (private Grillparty) sollte man *bife de chorizo* (dickes Roastbeef), *bife de lomo* (Filet) oder eine *parrillada* (gemischter Grillteller) probieren. Dazu passt *chimichurri*, eine würzige Soße aus Knoblauch, Petersilie und Olivenöl. Steaks werden in der Regel medium (*a punto*) serviert, wer es lieber ganz blutig mag, bestellt es *jugoso*. Gut durchgebraten ist hierzulande nicht üblich.

Der italienische Einfluss ist bei Gerichten wie Pizza, Spaghetti, Ravioli oder den bissfesten *ñoquis* (Gnocchi) unübersehbar. Vegetarisches Essen findet man in Buenos Aires und anderen Großstädten. *Tenedores libres* (All-You-Can-Eat-Buffets) sind überall beliebt und haben oft ein gutes Preis-Leistungs-Verhältnis. Nahöstliche Gerichte sind im Norden verbreitet, während es im Nordwesten ähnlich würzige Gerichte wie in Bolivien oder Peru gibt. In Patagonien steht Lammfleisch ganz oben auf der Karte, während Spezialitäten wie Forelle, Wildschwein oder Reh im Seengebiet angesagt sind.

Confiterías werfen in der Regel *lomitos* (Steaks), *milanesas* (panierte dünne Steaks) und Hamburger für Sandwiches auf den Grill. *Restaurantes* haben ein umfangreicheres Speisenangebot und professionelle Kellner. Cafés sind wichtige Orte des gesellschaftlichen Austauschs: Hier werden Heiratsanträge gemacht oder Revolutionen angezettelt. Viele schenken auch Alkohol aus und servieren einfache Gerichte.

Große Supermärkte haben häufig eine Theke mit gutem, preisgünstigen Essen zum Mitnehmen. Westliche Fast-Food-Ketten sind in den größeren Städten vertreten.

Das einfache Frühstück besteht aus Kaffee, Tee oder Mate mit *tostadas* (Toast), *manteca* (Butter) und *mermelada* (Marmelade). *Medialunas* (Croissants) gibt es gesüßt oder ungesüßt. Mittagszeit ist gegen 13 Uhr, die Teestunde gegen 17 Uhr. Das Abendessen findet in der Regel nach 20 Uhr statt (nur wenige Restaurants machen schon früher auf).

Empanadas sind gebackene oder frittierte Teigtaschen mit Gemüse, Rindfleisch, Käse oder anderen Füllungen. *Sandwichitos de miga* (dünne Sandwiches ohne Kruste mit Schinken oder Käse) passen gut zum Nachmittagstee. An vielen Kiosks erhält man leckere *alfajores*, Keks-Sandwiches mit *dulce de leche* (einer dicken Milch-Karamellsoße) oder *mermelada*, die mit Schokolade überzogen sind.

Zu den *postres* (Nachspeisen) zählen *ensaladas de fruta* (Obstsalate), Pasteten und Kuchen. *Facturas* (Gebäck) und Törtchen werden gerne mit *crema* (Schlagsahne) oder *dulce de leche* serviert. Das argentinische *helado* (Speiseeis) folgt italienischen Vorbildern und zählt zum besten in Südamerika.

Die übliche *propina* (Trinkgeld) in Restaurants beträgt 10 % der Rechnungssumme. In eleganteren Restaurants wird der Rechnung oft, unabhängig vom Trinkgeld, ein *cubierto* von einigen Peso für das Brot und die „Geschirrbenutzung" hinzugefügt.

Getränke
ALKOHOLISCHE GETRÄNKE
Argentinier trinken gerne mal ein Glas, aber in Maßen. Viele Cafés, Restaurants und Bars haben ein gutes Angebot an Bier, Wein, Whiskey und Gin. Beliebte Biermarken sind Quilmes und Isenbeck; nach *chopp* (Bier vom Fass oder Lager) fragen. Im Seengebiet gibt's viele regionale Kleinbrauereien.

Manche argentinische Weine haben internationales Format, sowohl die roten *(tintos)* als auch die weißen *(blancos)* sind ausgezeichnet, den besten Ruf haben die roten Malbecs. Die größten Weinbaugebiete finden sich in der Nähe von Mendoza, San Juan, La Rioja und Salta.

Das gesetzlich Alter für den Genuss alkoholischer Getränke liegt in Argentinien bei 18 Jahren.

NICHTALKOHOLISCHE GETRÄNKE
Softdrinks sind überall erhältlich. Mineralwasser gibt's in den Varianten *con gas* (mit Kohlensäure) oder *sin gas* (ohne Kohlensäure). Oder man bestellt einfach das gute alte *agua de canilla* (Leitungswasser), das in Argentinien normalerweise bedenkenlos getrunken werden kann. Wer einen frisch gepressten Orangensaft möchte, fragt nach *jugo de naranja exprimido*. *Licuados* sind eine Mischung aus Fruchtsäften und Wasser (oder Milch).

Sogar im kleinsten Nest kommt Kaffee in Form von Espresso auf den Tisch. *Café chico* nennt man einen dickflüssigen und rabenschwarzen Kaffee, serviert in einer Minitasse (ein *ristretto* enthält noch weniger Wasser). Ein *café cortado* ist ein kleiner Kaffee mit einem Schuss Milch; *cortado doble* heißt die größere Variante. *Café con leche* (Latte Macchiato) wird ausschließlich zum Frühstück getrunken. Nach Mittag- oder Abendessen folgt stattdessen ein *cortado*.

Auch Tee ist an der Tagesordnung. Eine Einladung zum Matetrinken sollten Traveller keinesfalls ausschlagen – allerdings ist das Gebräu aus grasartigen Kräutern nicht jedermanns Sache.

FEIERTAGE & FERIEN
Behörden und Geschäfte haben an den meisten offiziellen Feiertagen geschlossen. Um das Wochenende zu verlängern, werden Feiertage oft auf den nächsten Montag oder Freitag verlegt. Regionalspezifische Feiertage sind nicht aufgeführt.

Año Nuevo (Neujahrstag) 1. Januar
Semana Santa (Osterwoche März/April)
Día de la Memoria (Gedenktag des Militärputschs von 1976) 24. März
Día de las Malvinas (Malvinas-Tag) 2. April
Día del Trabajador (Tag der Arbeit) 1. Mai
Revolución de Mayo (Jahrestag der Mairevolution von 1810) 25. Mai

Día de la Bandera (Nationalflaggentag) 20. Juni
Día de la Independencia (Unabhängigkeitstag) 9. Juli
Día de San Martín (Todestag des hl. Martíns)
17. August
Día de la Raza (Kolumbus-Tag) 12. Oktober
Día de la Concepción Inmaculada (Tag der Unbefleckten Empfängnis) 8. Dezember.
Navidad (1. Weihnachtstag) 25. Dezember

FESTIVALS & EVENTS

Hier nur ein kurzer Gesamtüberblick; mehr steht in den jeweiligen Stadtkapiteln. Die argentinischen Feiertage und Ferien sind im vorangehenden Abschnitt aufgeführt.
Festival Nacional del Folklore (www.aquicosquin.org) Cosquíns neuntägiges Folklorefestival (S. 102).
Karneval Ende Februar/Anfang März. Besonders ausgelassen gefeiert wird in Gualeguaychú (S. 84) und Corrientes (S. 86).
Fiesta Nacional de La Vendimia (www.vendimia.mendoza.gov.ar) Ende Februar/Anfang März. Mendozas (S. 129) berühmtes Winzerfest anlässlich der Weinernte.
Día de la Tradición 10. November. Das Gaucho-Fest wird vor allem in San Antonio de Areco (S. 75) gefeiert.

FRAUEN UNTERWEGS

Auch alleinreisende Frauen kommen in Argentinien gut zurecht. Teilweise ist Argentinien für Frauen sogar sicherer als Europa, die USA und die meisten anderen Länder Lateinamerikas. Dennoch regiert in Argentinien der *machismo* – diverse Männer verspüren das Bedürfnis, die Attraktivität einer Frau umgehend zu kommentieren. Mit Schnalzen, Nachpfeifen oder *piropos* (anzüglichen Bemerkungen) versuchen sie, das Objekt der Begierde auf sich aufmerksam zu machen. Anstatt ihnen gleich in ihre Kronjuwelen zu treten, sollten Frauen solche Lümmel einfach ignorieren – und es damit ihren argentinischen Leidensgenossinnen gleichtun. Denn die meisten Männer meinen es im Grunde nicht böse. Ja, einheimische Frauen betrachten *piropos* mitunter sogar als Komplimente.

Der *machismo* hat auch seine Gutes: Die Herren halten den Damen der Schöpfung die Tür auf und lassen ihnen den Vortritt. Beim Einsteigen in Busse ist dies von Vorteil – wenn frau sich sputet, ergattert sie leichter einen freien Platz.

FREIWILLIGENARBEIT

Beispielsweise folgende Organisationen bieten Plätze für ehrenamtliche Arbeit in Argentinien an:

Buenos Aires Volunteer (www.bavolunteer.org.ar)
Foundation for Sustainable Development (www.fsinternational.org) Vernetzt Freiwillige mit weltweit tätigen NGOs.
Fundación Banco de Alimentos (www.bancodealimentos.org.ar)
Help Argentina (www.helpargentina.org)
La Montaña (www.lamontana.com/volunteer-work)
Parque Nacional Los Glaciares (☎ 02962-430-004) Hier kann man im Sommer die Parkranger in El Chaltén unterstützen. Spanischkenntnisse sollte man haben.
Patagonia Volunteer (www.patagoniavolunteer.org)
South American Explorers (www.saexplorers.org) Ausführliche Infos gibt's im Clubhaus in Buenos Aires (S. 53).
WWOOF Argentina (www.wwoofargentina.com) Ökologischer Landbau in Argentinien.

FÜHRERSCHEIN

Wer in Argentinien ein Auto mieten will, muss mindestens 21 Jahre alt sein und eine Kreditkarte sowie einen gültigen Führerschein seines Heimatlands besitzen. Ein internationaler Führerschein ist nützlich, wird aber nicht immer verlangt.

GEFAHREN & ÄRGERNISSE

Trotz der Unzufriedenheit mit der Politik und einer daniederliegenden Wirtschaft, die gelegentlich zu Wellen von Verbrechen führt, ist Argentinien eines der sichersten Länder in Lateinamerika. Die meisten Traveller verlassen Buenos Aires zufrieden und unversehrt. Außerhalb der Großstädte sind schwere Straftaten nicht häufig. In Hostels sollte man natürlich seine Wertsachen einschließen, denn gelegentlich machen andere Traveller lange Finger.

Die größte Gefahr geht in Argentinien von Rasern am Steuer von Autos und Bussen aus. Beim Überqueren der Straße ist Vorsicht geboten; niemals davon ausgehen, auf Fußgänger werde Rücksicht genommen! Nikotinhasser müssen sich darauf einstellen, dass die meisten Argentinier echt süchtig sind und sich die Glimmstängel auch in Banken, Postämtern, Restaurants oder Cafés anstecken. Weitere kleinere Ärgernisse sind die Luftverschmutzung (in den Großstädten), Risse im Gehweg, überall herumliegende Hundehäufchen und gelegentliche Löcher im Boden. Streunende Hunde gibt's viele, sie beißen aber in der Regel nicht. Infos zum Kleingeldmangel stehen im Kasten auf S. 175.

Verhaltensregeln für Großstädte gibt's im Kapitel „Buenos Aires" (S. 56). Allgemeine

Tipps zur Sicherheit auf Reisen stehen im Kapitel „Allgemeine Informationen" (S. 1105).

GELD

Mit einer Kombination aus US-Dollars, argentinischen Pesos (AR$) und Geld-/Kreditkarten fährt man am Besten.

Bargeld

Banknoten gibt's im Wert von 2, 5, 10, 20, 50 und 100 AR$. Ein Peso hat 100 Centavos. Münzen gibt es im Wert von 5, 10, 25 und 50 Centavos sowie 1 Peso. Man sollte stets etwas Kleingeld in der Tasche haben.

US-Dollar lassen sich am leichtesten tauschen, aber auch Euro werden in vielen *cambios* (Wechselstuben) problemlos gewechselt. Viele argentinische Einrichtungen nehmen US-Dollar, aber keineswegs alle. Das gilt besonders für viele kleine Läden, patriotische Händler und staatliche Behörden. Vor allem in Buenos Aires muss man vor Blüten auf der Hut sein: Sie fassen sich etwas „falsch" an und sehen auch so aus, und das Wasserzeichen ist schlecht oder fehlt ganz. Gerade an dunklen Orten, z. B. in Bars oder Taxis, kann man schnell einen falschen Schein angedreht bekommen.

Feilschen

Im Nordwesten und auf Kunsthandwerksmärkten landesweit kann man feilschen, besonders wenn man mehrere Sachen kauft. Aber so verbreitet wie in anderen südamerikanischen Ländern ist das Feilschen nicht.

WECHSELKURSE		
Land	**Währung**	**AR$**
Eurozone	1 €	5,28
Schweiz	1 SFr	3,59

Wenn man mehrere Tage in einem Hotel übernachtet, kann man oft einen Preisnachlass aushandeln. Viele bessere Hotels gewähren auch einen Rabatt bei Barzahlung.

Geld wechseln

Die meisten Banken und *cambios* (Wechselstuben) tauschen US-Dollar, Euro und Schweizer Franken in Argentinische Peso um. Manche Banken wechseln jedoch nur ab einer bestimmten Mindestsumme (z. B. 100 AR$) – daher Erkundigungen einholen, bevor man sich anstellt. *Cambios* haben zwar meistens schlechtere Kurse, dafür aber weniger Einschränkungen.

Seit der umfassenden Währungsabwertung 2002 treiben sich an der Av Florida in Buenos Aires jede Menge zwielichtige Gestalten herum. Mit dem Ruf „cambio, cambio, cambio" versuchen sie vorbeikommende Passanten zu ködern. Vom inoffiziellen Geldwechseln auf der Straße lässt man besser die Finger – schließlich sind einige Blüten im Umlauf.

Selbst bei Banken lassen sich Reiseschecks nur sehr schwer einlösen – und das auch noch zu miesen Konditionen. Als Basis der Reisekasse sind sie daher ungeeignet.

Wechselkurse (Änderungen vorbehalten) stehen im Kasten oben.

DIE LAST MIT DEM KLEINGELD

Sehr schnell stellt sich die Erkenntnis ein, dass kleine Scheine und vor allem Münzen in Argentinien und ganz besonders in Buenos Aires Mangelware sind. Einige Händler werden kleine, billige Sachen gar nicht verkaufen wollen, wenn sie dafür die kostbaren *monedas* als Wechselgeld ausgeben müssten. Es gibt diverse Theorien, wie es zu dieser Lage gekommen ist, aber es ist klar, dass die Busgesellschaften das Problem verschärfen. Busse nehmen nur Münzen, und die kommen nicht von den Banken, sondern werden gegen einen Aufschlag von 5 bis 10 % auf dem Schwarzmarkt verkauft. In Buenos Aires soll ein Magnetkartensystem in Vorbereitung sein, dessen Einführung diese lächerliche Situation entschärfen könnte.

Einstweilen sollte man große Scheine zur Bezahlung größerer Rechnungen verwenden. So kommt man an Wechselgeld. Kleine Scheine und Münzen für kleine Besorgungen sparen. Niemals Münzen herausrücken, außer man wird dringlich dazu aufgefordert – und genau das wird einem passieren. Manche Leute reihen sich extra in besonderen Warteschlangen an den Bahnhöfen Retiro und Constitución ein, wo man bis zu 20 AR$ in Münzen ohne „Gebühr" erhält. Banken rücken nur Münzen im Wert von einigen Pesos heraus. Kurz: Man kann in Argentinien gar nicht genug Münzen in der Tasche haben.

Man sollte den Wechselkurs genau nachprüfen, da der Argentinische Peso ziemlich unbeständig ist.

Geldautomaten

In großen Städten, aber auch in kleinen Ortschaften, hebt man Geld am besten an *cajeros automáticos* (Geldautomaten) ab. Fast jede Bank hat einen. Die Transaktion ist schnell abgewickelt, und die Umtauschkurse sind ordentlich. Die meisten Geldautomaten haben englischsprachige Bedienungshinweise. Vorsichtige Traveller haben für alle Fälle mehr als eine Karte dabei.

Ein großes Problem bei Geldautomaten ist, dass die Geldmenge, die auf einmal abgehoben werden kann, begrenzt ist. Das Limit ist je nach System verschieden und liegt irgendwo zwischen 100 und 1000, meistens bei 300 AR$. Man kann zwar häufig öfter als nur einmal pro Tag Geld abheben, vielleicht wird dafür aber eine zusätzliche Gebühr fällig. Das klärt man am besten vorab mit seiner eigenen Bank ab.

Beim Abheben sollte man besser einen ungeraden Betrag wählen, also nicht etwa 300, sondern 290 AR$. So bekommt man auch kleine Scheine: Schon wenn man versucht, einen Einkauf von 10 AR$ mit einem 100-Peso-Schein zu bezahlen, sind böse Blicke garantiert.

Kreditkarten

Je größer ein Hotel, desto eher akzeptiert es Kreditkarten. Die Faustregel gilt auch für Läden oder beim Kauf eines Bustickets. Einige Geschäfte schlagen bei Kreditkartenzahlung einen *recargo* von bis zu 10 % auf – besser erst einmal fragen. Trinkgelder gibt man direkt in bar; sie können nicht auf die Rechnung draufgesetzt werden.

Am verbreitetsten sind MasterCard und Visa, aber auch American Express wird in der Regel akzeptiert. Man sollte sein Kreditkartenunternehmen wissen lassen, dass man die Karte im Ausland zu benutzen gedenkt. Begrenzte Bargeldauszahlungen sind möglich (am besten bei der Banco de la Nación), aber schwierig, weil mit Papierkram und Gebühren verbunden.

GESUNDHEIT

Für Argentinien sind keine Impfungen erforderlich. 2009 gab es in einigen Teilen Nordargentiniens einen Ausbruch von Denguefieber, und Malaria ist immer ein gewisses Risiko in den ländlichen Tieflandgebieten der Provinzen Salta, Jujuy, Corrientes und Misiones. In den Hochanden sollte man auf zusätzlichen Sonnenschutz und etwaige Anzeichen von Höhenkrankheit achten. Weitere Infos findet man unter wwwn.cdc.gov/travel/destinations/argentina.aspx.

Das Leitungswasser in den Städten ist üblicherweise trinkbar, durch Salate und Eiscreme besteht also kein Gesundheitsrisiko. Viele verschreibungspflichtige Medikamente sind in Argentinien frei erhältlich. Wer im Notfall medizinische Behandlung westlichen Standards benötigt, kann von seiner Botschaft entsprechende Empfehlungen einholen. Weitere Informationen stehen im Kapitel „Gesundheit" auf S. 1129.

INFOS IM INTERNET

Argentina Turística (www.argentinaturistica.com) Alles über Argentinien.

Budget Buenos Aires (www.budgetba.blogspot.com) Tipps für Budgettraveller in Buenos Aires.

Buenos Aires Expatriates Group (www.baexpats.org) Empfehlungen für Traveller.

Bloggers in Argentina (http://bloggersinargentina.blogspot.com) Erfahrungsberichte.

Expose: Buenos Aires (www.exposebenosaires.com) Tolle Infos zu Buenos Aires.

Lanic (http://lanic.utexas.edu/la/argentina) Eine umfangreiche Liste argentinischer Websites.

Lonely Planet (www.lonelyplanet.com) Sowieso die beste Website im ganzen Internet ... Noch dazu mit prima Forum!

Sectur (www.turismo.gov.ar) Argentiniens offizielle Tourismus-Website.

The Argentine Post (www.argentinepost.com) Aktuelle Nachrichten aus Argentinien.

INTERNETZUGANG

Argentinien ist online: noch in der kleinsten Ortschaft gibt's Internetcafés, in der Innenstadt von Buenos Aires praktisch an jeder Straßenecke. Die meisten *locutorios* (Telefonstuben) bieten ebenfalls Internetzugang. Die Preise sind günstig; sie liegen je nach Stadt zwischen 3 und 5 AR$ pro Stunde.

Um auf argentinischen Tastaturen das @-Zeichen *(arroba)* zu erhalten, muss man die Alt-Taste gedrückt halten und (im Nummernblock!) „64" eingeben. Falls das nicht funktioniert, schauen, ob die Num-Taste gedrückt ist, und dann den Betreiber fragen: *„¿Cómo se hace la arroba?"*.

KARTEN & STADTPLÄNE

Bei sämtlichen Touristeninformationen gibt's ordentliche Karten mit allen wichtigen Sehenswürdigkeiten. In vielen Städten sind brauchbare Karten auch bei Zeitungskiosks und Buchläden erhältlich. Detaillierte Wanderkarten bekommt man bei den örtlichen Ablegern des Club Andino oder bei den Nationalparkverwaltungen. Sie unterhalten Büros in Städten mit Outdoor-Angebot.

Die Zentrale des **Automóvil Club Argentino** (ACA; www.aca.org.ar) in Buenos Aires (Karte S. 62 f.; ☎ 011-4802-6061; Av del Libertador 1850) gibt ein paar hervorragende Stadtpläne und Provinzkarten heraus. Mitglieder ausländischer ACA-Partnerorganisationen bezahlen oft weniger, wenn sie ihren Ausweis vorlegen.

KLIMA

Im Januar und Februar ist es in Buenos Aires und im subtropischen Norden, zu dem auch die Iguazú-Fälle gehören, extrem heiß und feucht. Aber dies sind die besten Monate für Trips ins Anden-Hochland und ins südliche Patagonien, wo das ganze Jahr über warme Bekleidung nötig ist. Frühling und Herbst eignen sich dagegen am besten für Aufenthalte in Buenos Aires, während es Skifahrer im Winter (Juni–Sept.) in die Anden zieht. Weitere Informationen und Klimatabellen stehen auf S. 1110.

KURSE

Seit der Abwertung des Peso ist Argentinien ein brandheißes Ziel für alle, die Spanisch lernen wollen. Einige Schulen, die in Buenos Aires Spanischunterricht anbieten, sind auf S. 60 aufgeführt. Auch in anderen Großstädten wie Bariloche, Mendoza oder Córdoba gibt es Sprachschulen.

MEDIEN

Die englischsprachige Tageszeitung *Buenos Aires Herald* (www.buenosairesherald.com) bringt Nachrichten aus aller Welt. Vom Expat-Blatt *Traveller's Guru* (www.travellersguru.com) gibt es eine Buenos-Aires- und die Patagonien-Ausgabe, ein weiteres gutes englischsprachiges Expat-Blatt ist *Argentimes* (www.theargentimes.com).

Die wichtigsten spanischsprachigen Tageszeitungen sind die anspruchsvolle *La Nación* und das amüsante Boulevardblatt *Clarín*. *Página 12* hat eine erfrischend linke Perspektive und stößt häufig wichtige Debatten an. *Ámbito Financiero* ist die Stimme der Geschäftswelt, hat aber auch ein gutes Feuilleton.

Argentinien hat Dutzende Kabelkanäle, und landesweit gibt es auch viele Rundfunkstationen.

ÖFFNUNGSZEITEN

Normalerweise haben Geschäfte in Argentinien besonders in den Provinzen von 9 bis 13 Uhr und von 16 bis 20 oder 21 Uhr geöffnet. In Buenos Aires empfangen Behörden und viele Geschäfte ihre Kunden dagegen von 9 bis 18 Uhr.

In den meisten Restaurants bekommt man von 12 bis 15 Uhr Mittagessen und von 20 bis 24 Uhr Abendessen (am Wochenende hat man eventuell auch noch später Glück). Cafés haben den ganzen Tag über geöffnet, Bars machen dagegen recht spät auf, meistens erst um 21 oder 22 Uhr.

In den Einzelbeschreibungen sind Öffnungszeiten nur aufgeführt, falls sie deutlich von den genannten Standards abweichen.

POST

Briefe und Postkarten bis 20 g kosten nach Europa ca. 5 AR$. Alle Postämter verschicken auch Pakete unter 2 kg; schwerere Sendungen müssen einen Umweg über eine *aduana* (Zollstelle) nehmen.

Der – mittlerweile privatisierte – Postservice **Correo Argentino** (www.correoargentino.com.ar) ist seit ein paar Jahren wesentlich zuverlässiger. Wichtige Sendungen sollten jedoch stets als *certificado* (Einschreiben) verschickt werden. Private Kurierdienste (z. B. OCA oder FedEx) gibt's in manchen größeren Städten; sie sind allerdings wesentlich teurer.

RECHTSFRAGEN

Argentiniens Polizei ist für Korruption und Amtsmissbrauch bekannt. Daher halten sich Traveller am besten strikt an die Gesetze. Marihuana und andere Drogen sind fast überall verboten – so auch hier. Per Gesetz gelten Verdächtige bis zum Nachweis ihrer Schuld zwar als unschuldig, doch nicht selten sitzen Menschen ohne Gerichtsprozess jahrelang hinter Gittern. Wer verhaftet wird, darf sich offiziell einen Anwalt nehmen, telefonieren und die Aussage verweigern.

Wenn man sich vernünftig verhält, wird man in aller Regel keine Probleme mit der Polizei bekommen. Falls doch, sollte man höflich erwähnen, dass man Kontakt mit seiner Botschaft aufnehmen wird. Autofahrer könnten mit den Worten *„¿Cómo podemos arreglar esto más rapido?"* (Lässt sich das irgendwie schneller regeln?) einer Lösung näherkommen. Auf alle Fälle sollte man seine Ausweispapiere (oder zur Not auch Kopien) bei sich haben und sich im Umgang mit Polizisten und anderen Beamten höflich und kooperativ verhalten.

REISEN MIT BEHINDERUNG

Traveller mit Mobilitätseinschränkungen haben es in Argentinien schwer: Die Bürgersteige sind oft überfüllt, eng und noch dazu ramponiert. Rampen gibt es nicht an jeder Ecke, und in kleineren Ortschaften sind die Seitenstraßen oft bloße Schotterpisten. Die besseren Hotels haben am ehesten rollstuhlfahrergerechte Zugänge; bei Restaurants und Sehenswürdigkeiten ist es empfehlenswert, sich vorab telefonisch über die Situation zu erkundigen.

In Buenos Aires sind ein paar absenkbare Busse unterwegs, die Subte ist auf Behinderte nicht eingestellt. Taxis sind so verbreitet und preisgünstig, dass man am besten auf sie zurückgreift. Bei der Bestellung eines Funktaxis oder eines *remise* muss man erwähnen, dass man ein Fahrzeug braucht, in das ein Rollstuhl eingeladen werden kann.

Die Websites www.natko.de, www.sath.org und www.access-able.com geben gute allgemeine Reisehinweise, wenn auch keine speziellen Tipps für Argentinien.

SCHWULE & LESBEN

Argentinien ist zwar ein erzkatholisches Land, aber es gibt durchaus tolerante Enklaven für Schwule und Lesben. Das gilt vor allem für Buenos Aires, das ein Top-Reiseziel für Schwule ist. Buenos Aires war die erste lateinamerikanische Stadt, in der gleichgeschlechtliche Lebenspartnerschaften anerkannt wurden (2002).

Argentinische Hetero-Männer agieren körperbetonter, als man das vielleicht gewohnt ist: Wangenküsse oder stürmische Umarmungen sind üblich. Hand in Hand durch die Straßen spazieren wäre für Lesben kein auffälliges Verhalten, da auch heterosexuelle Frauen das gerne tun, aber schwule Männer sollten das Händchenhalten unterlassen, wenn sie keine unerwünschte Aufmerksamkeit erregen wollen. Eine gewisse Diskretion kann jedenfalls nicht schaden.

Weitere Infos zur Schwulen- und Lesbenszene in Buenos Aires stehen im Kasten auf S. 71.

SPRACHE

Abgesehen von der Tendenz zu großtönenden Worten sind Argentinier in Lateinamerika und anderswo unschwer an ihrer italienisch getönten Aussprache des *castellano* (Spanischen) zu erkennen. In Buenos Aires wird man *lunfardo*, den blumigen Slang der Hauptstadt, vernehmen.

Einige Einwanderer behalten ihre Sprache als Identitätsmerkmal bei. Im Nordwesten trifft man auf viele Quechua-Sprecher, die aber meistens auch Spanisch können. In den südlichen Anden sprechen viele Menschen Mapuche, Guaraní hört man überwiegend im Nordosten. Viele Argentinier, die im Tourismus arbeiten, können auch Englisch.

Weitere Infos stehen im Sprachkapitel (S. 1140), der Spanisch-Sprachführer oder das *Latin American Spanish Phrasebook* von Lonely Planet sind hilfreich, um sich durchzuschlagen.

STROM

Die argentinische Netzspannung beträgt 220 V bei 50 Hz. Die meisten Stecker haben entweder zwei Rundstifte (wie in Europa) oder drei gewinkelte Flachstifte (wie in Australien).

TELEFON

Die größten Telefongesellschaften Argentiniens sind Telecom und Telefónica. *Locutorios* (kleine Telefonstuben) gibt's in jeder Ortschaft gleich vielfach: Man betritt eine Kabine, macht seinen Anruf und zahlt vorne am Schalter. Das kostet vielleicht etwas mehr als in einer Telefonzelle draußen, aber man ist geschützter, hat mehr Ruhe und das Kleingeld geht einem beim Telefonieren nicht aus.

Von *locutorios* aus in europäische Länder zu telefonieren, ist abends und an den Wochenenden am günstigsten. Am günstigsten ist es, eine Prepaid-Telefonkarte am Kiosk zu kaufen oder Internettelefondienste wie Skype zu nutzen.

Handynummern beginnen in Argentinien mit ☎ 15, gebührenfreie Hotlines mit ☎ 0800.

Will man aus dem Ausland einen argentinischen Anschluss erreichen, wählt man zunächst den Zugangscode für Auslandsgespräche (☎ 00), dann die Argentinien-Vorwahl

(☎ 54), anschließend die Ortsvorwahl (die erste Null weglassen) und schließlich die Rufnummer. Wer ein argentinisches Handy anruft, wählt wie gehabt die ☎ 0054, dann aber eine ☎ 9, dann die Ortsvorwahl ohne die erste Null und schließlich die Handynummer – unter Weglassung der ☎ 15 am Anfang.

Argentinien operiert hauptsächlich im GSM 850/1900-Netz. Wer über ein Triband-GSM-Handy ohne Sperre verfügt, fährt günstig, wenn er sich in Argentinien eine Prepaid-SIM-Karte zulegt. Man kann in Argentinien aber natürlich auch Handys kaufen oder ausleihen. Der Markt ist hier sehr launisch, über den aktuellen Stand informiert z. B. www.kropla.com.

TOILETTEN

Verglichen mit anderen südamerikanischen Ländern sind Argentiniens öffentliche Toiletten meistens in einem besseren Zustand, reichen jedoch nicht an westliche Standards heran. Die saubersten sanitären Anlagen gibt's in Restaurants, Fast-Food-Lokalen, Einkaufszentren und großen Hotels. Für den Fall der Fälle sollte man immer eine Rolle Toilettenpapier dabeihaben. Heißes Wasser, Seifenspender und Papierhandtücher sucht man oft vergeblich. In kleineren Städten muss man für die Benutzung von öffentlichen Toiletten eine kleine Gebühr bezahlen.

TOURISTENINFORMATION

In allen touristisch geprägten Städten Argentiniens finden sich in günstiger Lage Touristeninformationen. Die Angestellten sprechen häufig Englisch.

Alle argentinischen Provinzen unterhalten jeweils eine eigene Touristeninformation in Buenos Aires. Ebenfalls in B. A. liefert das erstklassige **Secretaría de Turismo de la Nación** (Karte S. 54 f.; ☎ 011-4312-2232; 0800-555-0016; www.turismo.gov.ar; Av Santa Fe 883; ⏰ Mo-Fr 9-17 Uhr) allgemeine Infos zum ganzen Land.

UNTERKUNFT

Überall in Argentinien gibt es eine ausgezeichnete Auswahl an günstigen Hostels. Die meisten sind freundlich und bieten auch Touren und Dienstleistungen an. Bei allen sind Küchenbenutzung und Bettzeug im Preis inbegriffen; meistens gibt es auch einen Handtuchverleih, Internetzugang, kostenloses WLAN, eine Gepäckaufbewahrung, ein kleines Frühstück sowie Doppelzimmer (diese vorab reservieren). Die Preise für ein Bett im Schlafsaal liegen in der Regel zwischen 45 und 50 AR$, die für ein Doppelzimmer zwischen 150 und 200 AR$. Man muss nicht Mitglied bei **Hostelling International** (www.hostels.org.ar), **Minihostels** (www.minihostels.com) oder **HoLa** (www.holahostels.com) sein, um in einem Hostel dieser Organisationen unterzukommen, aber Mitglieder erhalten dort einen Rabatt.

Residenciales sind kleine Hotels. Unter *hospedajes* oder *casas de familia* versteht man normalerweise Familienwohnhäuser mit zusätzlichen Gästezimmern und Gemeinschaftsbädern. Hotels sind mit bis zu fünf Sternen gekennzeichnet; die Zimmer sind meistens mit Bad, ein kleines Frühstück – Kaffee oder Tee und Brot oder Croissants mit Marmelade – ist im Preis inbegriffen. Manche Hotels in Buenos Aires und anderen Touristenhochburgen haben ein Zweiklassensystem und knöpfen Ausländern wesentlich mehr Geld ab als Einheimischen. Die in diesem Kapitel aufgeführten Unterkünfte gehören – soweit wir wissen – nicht dazu.

Campen ist in Argentinien recht günstig und sehr beliebt. Campingplätze liegen jedoch häufig ziemlich weit vom Stadtzentrum entfernt. Auch Nationalparks haben meistens Campingplätze mit Einrichtungen, teilweise auch einsame *refugios* (einfache Schutzhütten für Wanderer).

Im Juli, August und von November bis Januar ist in Buenos Aires Hochsaison – dann sind Unterkünfte am teuersten. In Patagonien ist während des Sommers (Nov.–Feb.) am meisten los, im Juli und August füllen sich die Skiorte sehr schnell. Im Dezember und Januar verzeichnen Reiseziele im Norden und die Strandorte am Atlantik die meisten Besucher (letztere sind das restliche Jahr über quasi Geisterstädte). In der Hauptsaison ist es ratsam die Unterkünfte auf jeden Fall rechtzeitig zu reservieren.

Aufgeführt sind die Durchschnittspreise für die Hauptsaison. Zu den absoluten Spitzenzeiten (Osterwoche oder Weihnachten) ziehen die Preise nochmal deutlich an. In der Nebensaison und bei längeren Aufenthalten lassen sich durchaus Rabatte herausschlagen.

VERANTWORTUNGSBEWUSSTES REISEN

Anders als in Bolivien oder Peru gibt's im modernen Argentinien nicht besonders viele indigene Völker mit sensiblen Kulturen.

Verantwortungsbewusstes Reisen bedeutet hier hauptsächlich, dass man sich in nahezu naturbelassenen Regionen angemessen verhält. Dies gilt z. B. für Dörfer wie El Chaltén, das innerhalb eines Nationalparks liegt. Ansonsten wie immer den gesunden Menschenverstand einsetzen: Trinkwasserquellen bleiben sauber, wenn man sich oder seine Kleidung in mindestens 100 Schritten Entfernung zu Flüssen oder Seen wäscht. Auch Müll (inkl. Zigarettenstummel!) hat in der Natur nichts verloren. Wanderer sollten außerdem auf den Wegen bleiben.

VISA

Deutsche, Österreicher und Schweizer benötigen für die Einreise nach Argentinien kein Visum. Bei der Ankunft erhält der Reisepass automatisch einen Stempel, der für einen 90-tägigen Aufenthalt berechtigt. Änderungen sind aber jederzeit möglich, man sollte sich daher vor der Reise beispielsweise bei der Argentinischen Botschaft oder dem Auswärtigen Amt informieren.

Eine Verlängerung der Aufenthaltsgenehmigung (90 Tage, 300 AR$) bis zu einem halben Jahr ist möglich, ohne dass man allerdings einen Anspruch darauf hat. Hierfür sind die *migraciones* (Einreisebehörden) in den Provinzhauptstädten sowie in Buenos Aires (s. S. 52) zuständig. Wer seinen Wohnsitz nach Argentinien verlegen möchte, informiert sich im Internet unter www.argentinaresidency.com.

Weitere Infos stehen auf www.lonelyplanet.com/argentina/practical-information/visas.

Bolivien

HIGHLIGHTS

- **Salar de Uyuni** (S. 230) Sich in die surreale Salzwüste wagen und sprudelnde Geysire, hoch aufragende Vulkane und farbige Lagunen auf sich wirken lassen.
- **Karneval** (S. 222) Es der ausgelassenen Menge in Oruro gleichtun und bei La Diablada und anderen wilden Tänzen abfeiern.
- **Titicacasee** (S. 219) Die Isla del Sol, gelegen im tiefblauen Wasser eines der höchstgelegenen großen Seen der Welt, entlangwandern.
- **Trips in das Amazonasbecken** (S. 257) Auf einem Flussboot tief in die üppige Vegetation und die Regenwälder des Amazonastieflands vordringen.
- **Tupiza** (S. 231) Zu Pferd, zu Fuß oder mit dem Rad die rote Felslandschaft rund um den hübschen Ort Tupiza erkunden.
- **Abseits ausgetretener Pfade** (S. 262) Einen Zwischenstopp in einer der abgelegenen, von Einheimischen betriebenen Öko-Lodges im Parque Nacional Madidi einlegen und Tiere beobachten.

KURZINFOS

- **Bevölkerung:** 9,8 Mio.
- **Fläche:** 1 098 580 km² (etwa so groß wie Frankreich und Spanien zusammen)
- **Geld:** 1 € = 9,42 Bs (Bolivianos), 1 SFr = 6,42 Bs
- **Hauptstädte:** Sucre (laut Verfassung), La Paz (Regierungssitz)
- **Landesvorwahl:** ☎ 591
- **Preise:** Bett in La Paz 2–3,50 €, 1 l heimisches Flaschenbier 0,70 €, 4-stündige Busfahrt 1,80 €
- **Reisekosten:** 10–18 € am Tag
- **Reisezeit:** Hochsaison (Juni–Sept.), Nebensaison (Okt.–Mai), Regenzeit (Nov.–April)
- **Sprachen:** Spanisch, Quechua, Aymara, Guaraní
- **Zeit:** MEZ –4 Std.

TIPPS FÜR UNTERWEGS

In der Höhenluft alles etwas ruhiger angehen lassen; vor dem Einsteigen in den Bus noch mal schnell „wohin" gehen; den Touranbieter sehr sorgfältig auswählen.

VON LAND ZU LAND

Zu Boliviens Grenzübergängen gehören Guajará-Mirim und Corumbá (Brasilien), La Quiaca und Pocitos (Argentinien), Tambo Quemado und Hito Cajón bei San Pedro de Atacama (Chile), Yunguyo und Desaguadero (Peru) und Fortín Infante Rivarola (Paraguay).

Das von Land umschlossene, umwerfende Bolivien ist ein Ort der Superlative und hat es ganz schön in sich. Die am höchsten gelegene, am schwersten zugängliche und rauste Nation der südlichen Hemisphäre besitzt zugleich die kältesten, wärmsten und windigsten Fleckchen Erde – nebst einigen der trockensten, salzigsten und sumpfigsten natürlichen Landschaftsformen der Welt. Bolivien ist ein Land der Gegensätze: Als Südamerikas ärmstes Land nennt es dennoch den größten Ressourcenreichtum auf dem gesamten Kontinent sein Eigen. Aber das scheint dem Land noch nicht genug der Superlative: Über 60 % der Bevölkerung machen indigene Wurzeln geltend, darunter die Aymara, die Quechua und die Guaraní, was Bolivien zum Land mit der anteilsmäßig größten indigenen Bevölkerung Südamerikas macht.

Zu den vielen, großartigen Naturschätzen, die Bolivien zu bieten hat, gehören hoch aufragende Gipfel und unwirklich erscheinende Salzebenen, dunstige Dschungel und Graslandschaften, die die Heimat zahlreicher wild lebender Tiere sind. Mit den dynamischen und altertümlichen Traditionen und den bis heute erhaltenen Städten aus der Kolonialzeit bietet das Land auch kulturell gesehen ein unvergleichliches Erlebnis. Die meisten Besucher bleiben auf den ausgetretenen Pfaden des *altiplano*, doch auch anderswo gibt es jede Menge zu sehen und zu erleben, z. B. dichte Regenwälder oder die schneebedeckte Andenkordillere.

Bolivien ist schon lange kein Geheimtipp für Traveller mehr, aber es blieb trotzdem weitgehend rau und wenig erschlossen. Für den unerschrockenen Reisenden mag dies ein Geschenk sein – für die Bolivianer allerdings ist es der Ursprung ewig neuer Probleme. Seit einigen Jahren allerdings wird die wunderbare Landschaft Boliviens merklich vom Wandel eingeholt.

AKTUELLE ENTWICKLUNGEN

Seit 2005 erlebt Bolivien eine Art Revolution, die Evo Morales, ehemaliger *cocalero* (Kokabauern) und erster indigener Präsident Boliviens, gleichsam symbolisiert. Im Januar 2009 pochte er auf eine bahnbrechende neue Verfassung, die der indigenen Mehrheit im Land beispiellose Rechte zusprach und es dem Präsidenten ermöglichte, ein zweites Mal für die fünfjährige Amtsperiode zu kandidieren. Sie wurde in einem landesweiten Referendum von 67 % der Bevölkerung angenommen.

Für die Arbeiterklasse und die indigene Bevölkerung der Hochebene im Westen waren dies hervorragende Nachrichten, doch längst nicht für alle Bolivianer. Tatsächlich stehen vor allem in den ressourcenreichen Provinzen im Osten viele Angehörige der Mittel- und Oberschicht dem antikapitalistischen Gebaren und den sozialistischen Ideologien Morales' unverhohlen kritisch gegenüber. Ihr Widerstand führte im auf Autonomie hoffenden Santa Cruz im September 2008 zu gewalttätigen Protesten, bei denen elf Menschen ums Leben kamen, und zu einem mutmaßlichen versuchten Mordanschlag auf den Präsidenten im April 2009.

Ein weiterer strittiger Punkt ist das Gerichtsverfahren gegen den ehemaligen Präsidenten „Goni" Sánchez de Lozada, der mit 16 weiteren Mitgliedern seines Kabinetts für den Tod von 67 Menschen während der Unruhen in La Paz 2003 verantwortlich zu sein. Das Verfahren wurde im Mai 2009 unter Abwesenheit Gonis wiedereröffnet. Dieser lebt immer noch in Maryland und der von den USA unbeachtet bleibende Antrag auf Auslieferung ist nur einer der vielen wunden Punkte (neben dem umstrittenen Anbau der Kokapflanze, s. S. 186) im Verhältnis zwischen Bolivien und den USA. Seit den diplomatischen Gesprächen im Frühjahr 2009 beginnen sich die strapazierten Bande aber ganz allmählich wieder zu erholen.

Neben Boliviens innerem Unfrieden sieht sich Morales weiteren kritischen Angelegenheiten gegenüber, beispielsweise dem Umgang mit Boliviens bisher nicht angerührten Lithium-Reserven (den größten der Welt) und den Wahlen im Dezember 2009. Mit seinen immer noch hohen Umfragewerten hat er sich ein zweites Mal für die Präsidentschaftswahl aufstellen lassen. Ob es ihm gelingt, sein polarisiertes Land unter Kontrolle zu halten, wird sich noch zeigen. Wie die Bolivianer sagen: *vamos a ver* …

GESCHICHTE
Präkolumbische Zeit

Gegen 1500 v. Chr. drangen die Aymara, möglicherweise aus den Bergen des heutigen Zentralperu stammend, über die bolivianischen Anden in den *altiplano* vor (die Hochebene, die zu Peru, Bolivien, Chile und Argentinien gehört). Die Jahre zwischen 500 und 900 n. Chr. waren von der imperialen

Ausdehnung sowie wachsender Macht und Einfluss der Tiwanaku- (Tiahuanaco-)Kultur geprägt. Das zeremonielle Zentrum der Gesellschaft nahe des Titicacasees stieg schnell auch zum religiösen und politischen Mittelpunkt des Hochlands auf. Im 9. Jh. zerfiel dann aber die Macht von Tiwanaku. Aktuelle archäologische Forschungen am Titicacasee sollen helfen, die Ursache für den Niedergang Tiwanakus herauszufinden.

Vor der spanischen Eroberung war der bolivianische altiplano als Südprovinz Kollasuyo Teil des Inkareichs. Die heutigen Quechua-sprachigen Einwohner um den Titicacasee stammen von Inka-Einwanderern ab, die – ganz im Sinne der Ansiedlungspolitik der Inka – mit den Eroberern ins heutige Bolivien kamen. Und nach wie vor kursieren beachtenswerte Spekulationen darüber, dass Ruinen vom Ausmaß Machu Picchus, ja vielleicht sogar die verlorene Inkastadt Paititi, überwuchert irgendwo inmitten des bolivianischen Regenwalds schlummern.

Die Konquistadoren

In den späten 1520er-Jahren ließen mörderische Kämpfe das Inkareich auseinanderbersten. Doch erst die Ankunft der Spanier – die anfangs für Abgesandte des Sonnengotts der Inka gehalten wurden – besiegelte das Schicksal des Reiches. Der Inkaherrscher Atahualpa wurde 1532 gefangen gesetzt, bis 1537 hatten die Spanier ihre militärische Stellung in Peru konsolidiert und waren unumstrittene Herrscher in Cusco.

Nach dem Untergang des Inkareichs fiel Alto Perú, wie die Spanier Bolivien nannten, kurz in die Hände des Konquistadoren Diego de Almagro. Wenig später schickte Francisco Pizarro seinen Bruder Gonzalo los, um die abgelegene, an Silber reiche Südprovinz zu unterwerfen. 1538 gründete Pedro de Anzures die Ortschaft La Plata (später in Chuquisaca und danach in Sucre umbenannt), die zum politischen Zentrum in den östlichen Territorien des spanischen Kolonialreichs wurde.

1545 wurden in Potosí gewaltige Vorkommen hochwertigen Silbers entdeckt. Die Siedlung entwickelte sich zu einer der reichsten und höchstgelegenen Städte der Welt – geschaffen durch Sklavenarbeit: Schätzungen zufolge starben bis zu 8 Mio. afrikanische und indianische Sklaven an den menschenunwürdigen Bedingungen in den Minen. 1548 gründete Alonso de Mendoza La Paz als Verpflegungsstation an der wichtigsten Straße, auf der das Silber an die Pazifikküste transportiert wurde.

1574 gründeten die Spanier die Kornkammern Cochabamba und Tarija, um das rebellische Volk der Chiriguano zu kontrollieren. Dann schufen Kolonialisierung und Missionierung der Jesuiten jene Siedlungsmuster, die die geschichtliche Entwicklung der bolivianischen Gesellschaft bestimmten.

Rebellionen, Staatsstreiche & politische Umbrüche

1781 wurde ein erfolgloser Versuch unternommen, die Spanier aus dem Land zu treiben und das Inkareich wiederherzustellen. 30 Jahre später wurde in Chuquisaca (Sucre), einer Hochburg der Unabhängigkeitsbewegung, eine lokale Regierung eingesetzt. Die liberalen politischen Ideen Chuquisacas strahlten bald nach ganz Lateinamerika aus.

Nach 15 blutigen Jahren wurde Peru schließlich 1824 von der spanischen Herrschaft befreit. In Alto Perú hielt sich jedoch noch der royalistische General Pedro Antonio de Olañeta gegen die Befreiungsstreitkräfte. Nachdem Verhandlungsangebote zu keinem Erfolg geführt hatten, entsandte Simón Bolívar 1825 unter der Führung von General Antonio José de Sucre ein Expeditionsheer nach Alto Perú. Am 6. August 1825 war es dann soweit. Alto Perú proklamierte seine Unabhängigkeit und nannte sich in Republik Bolivien um. Bolívar und Sucre wurden nacheinander die ersten beiden Präsidenten.

Im Jahr 1828 kam der Mestize (ein Nachkomme eines indigenen und eines spanischen Elternteils) Andrés de Santa Cruz an die Macht und bildete eine Konföderation mit Peru. Das löste Proteste in Chile aus, von dessen Armee Santa Cruz 1839 geschlagen wurde: Die Konföderation zerbrach und Bolivien wurde in ein politisches Chaos gestürzt, das seinen Höhepunkt 1841 erreichte, als drei Regierungen gleichzeitig die Macht beanspruchten.

Derart unorganisierte und unbestrafte Umstürze blieben in Form von Staatsstreichen und Militärputschen bis in die 1980er das Markenzeichen der bolivianischen Politik. In den 181 Jahren als unabhängige Republik hat Bolivien mehr als 200 Regierungswechsel erlebt!

Chronische Gebietsverluste

Mitte des 19. Jhs. wurden in der Atacamawüste reiche Guano- und Nitratvorkommen

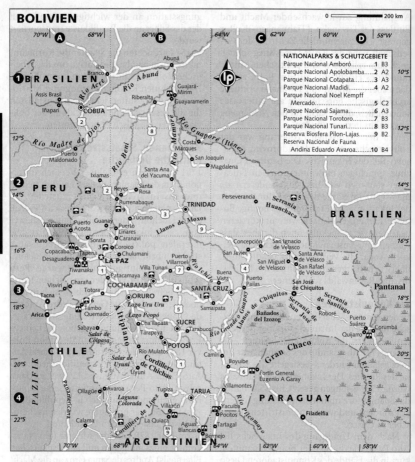

entdeckt. Aus der Einöde wurde auf einmal ein ökonomisch begehrtes Gebiet. Da Bolivien die Mittel fehlten, um die Atacama auszubeuten, wurden chilenische Unternehmen angeheuert. Als die bolivianische Regierung 1879 Steuern auf die Bodenschätze erheben wollte, besetzte Chile Boliviens Küstenprovinz, woraufhin Bolivien und Peru Chile den Krieg erklärten.

Während des Salpeterkriegs (1879–1883) annektierte Chile 350 km Küstenlinie und schnitt Bolivien so vom Meer ab. Wenngleich Chile zur Entschädigung Bolivien eine Eisenbahnverbindung zwischen Antofagasta und Oruro sowie zollfreien Transport anbot, akzeptierten die Bolivianer den *enclaustramiento* (Einschließung) nicht. Nach wie vor erhebt die bolivianische Regierung einen Anspruch auf den Zugang zum Meer. Immerhin scheinen sich aber die diplomatischen Beziehungen mit Santiago zu bessern, seitdem der erste indigene Staatschef, Präsident Morales, die Regierung übernahm. 2006 traf er erstmals mit der chilenischen Präsidentin Michelle Bachelet zusammen.

Boliviens Gebietsverluste setzten sich auch nach dem Salpeterkrieg fort. 1903 annektierte Brasilien ein großes Stück der gummireichen Region Acre, die sich von Boliviens derzeitiger Amazonasgrenze nordwärts bis auf halbe Höhe der peruanischen Ostgrenze erstreckte.

Nach seiner Niederlage im Salpeterkrieg versuchte Bolivien verzweifelt, den Chaco, eine unwirtliche Gegend, neben der große Ölfelder vermutet wurden, als Zugang zum Atlantik über den Río Paraguay an sich zu reißen. Zwischen 1932 und 1935 wütete ein besonders brutaler Krieg zwischen Bolivien und Paraguay um das heiß umstrittene Gebiet – über 80 000 Menschen verloren dabei ihr Leben. Obwohl kein eindeutiger Sieg errungen werden konnte, waren beide Nationen müde zu kämpfen und nahmen 1938 gemeinsame Friedensverhandlungen auf, bei denen der Großteil des Territoriums Paraguay zugesprochen wurde. Bis zum heutigen Tag wurde in der Gegend noch kein Tropfen Öl gefunden, die Bohrungen werden aber dennoch fortgesetzt.

Revolution & Konterrevolution

Nach dem Chacokrieg eskalierten die Spannungen zwischen den rechtlosen Bergleuten und ihren Bossen im Ausland. Radikale Kräfte sammelten sich, insbesondere in Oruro, unter dem Banner des Movimiento Nacional Revolucionario (MNR). Die von Unruhen überschatteten Präsidentschaftswahlen von 1951 endeten mit dem Sieg Victor Paz Estenssoros von MNR, ein Militärputsch vereitelte allerdings seinen Amtsantritt. Doch die blutige Revolution von 1952 zwang die Militärs zur Kapitulation – und Paz Estenssoro wurde doch noch Präsident.

Die neue Regierung setzte Reformen in Gang, die allen sozialen Schichten eine Teilnahme am politischen und gesellschaftlichen Leben ermöglichen sollten. Die Bergwerksunternehmen wurden verstaatlicht und der Staat erhielt das alleinige Recht, Bodenschätze zu exportieren. Die Regierung führte das allgemeine Wahlrecht ein und unternahm beispiellose Reformen in der Landwirtschaft und im Bildungswesen, u. a. eine Landverteilung an *campesinos* (Bauern) und die Einführung einer Grundschulbildung für alle Kinder. Zum ersten Mal seit der Eroberung durch die Spanier hatten die Menschen indigener Herkunft das Gefühl, dass sie von der Regierung ernst genommen werden.

So konnte sich die MNR-Regierung beispiellos lange – nämlich zwölf Jahre – an der Macht halten. Dennoch tat sie sich schwer damit, den Lebensstandard zu heben. Paz Estenssoro regierte immer autokratischer, als sich die Spannungen in seinen eigenen Reihen verschärften. Kurz nach seiner zweiten Wiederwahl im Jahr 1964 wurde er von seinem Vizepräsidenten General René Barrientos Ortuños gestürzt, womit für die politische Instabilität Boliviens eine neue Runde eingeläutet wurde.

Es folgte eine Reihe repressiver Militärregierungen, als erste die des rechtsgerichteten Generals Hugo Banzer Suárez (1971–78). 1982 kehrte unter Hernán Siles Zuazo vom linksgerichteten Movimiento de la Izquierda Revolucionaria (MIR) eine Zivilregierung an die Macht zurück, doch das Land litt weiter unter Streiks, Geldentwertung und galoppierender Inflation.

Gemäß der bolivianischen Verfassung benötigt ein Präsidentschaftskandidat 50 % der Stimmen für eine Direktwahl. Erreicht kein Kandidat dieses Quorum, wählt der Kongress den Präsidenten, meistens durch eine Absprache zwischen den bestplatzierten Kandidaten. 1989 traf die rechtsgerichtete Acción Democrática Nacionalista (ADN) eine solche Absprache mit dem MIR, woraufhin der Vorsitzende des MIR, Jaime Paz Zamora, zum Präsidenten ernannt wurde. 1993 erzielte der MNR-Vorsitzende Gonzalo Sánchez de Lozada („Goni"; der Gringo) die meisten Wählerstimmen, musste sich aber mit einer *campesino*-Partei verbünden, um Präsident zu werden. Er startete ein ehrgeiziges und bemerkenswertes Privatisierungsprogramm, bei dem ein großer Teil der Gewinne in einen öffentlichen Pensionsfond floss. Die neue Wirtschaftspolitik rief Proteste und Streiks hervor, Projekte zur Drogenbekämpfung sorgten für weitere Unruhe.

Bei den Wahlen von 1997 gelang Hugo Banzer Suárez ein Comeback, und das obwohl er mit seiner rechten ADN auf gerade einmal 23 % der Stimmen kam. Auf Druck des Internationalen Währungsfonds (IWF) wurden neoliberale Wirtschaftsreformen eingeleitet, die Geldstabilität wiederhergestellt und viele wichtige Industriezweige privatisiert. Im August 2001 trat Banzer wegen einer Krebserkrankung zurück und übertrug die Macht auf seinen Vizepräsidenten Jorge Quiroga Ramirez. Mit starker Unterstützung aus den USA kehrte in den Wahlen von 2002 Sánchez de Lozada an die Spitze der Regierung zurück, sah sich aber schon im Februar 2003 wegen der Privatisierung der Gasindustrie mit einem Volksaufstand konfrontiert. Er musste seinen Hut nehmen und in die USA ins Exil gehen. Sein Stellvertreter und Nachfolger Carlos Mesa setzte eine Volksabstimmung durch, um

Bolivien den Export seines Erdgases über Chile zu ermöglichen. Doch die Probleme waren damit nicht gelöst, scheiterte doch eine parlamentarische Umsetzung des Abstimmungsergebnisses. Angesichts der Krise und der Unruhen bot Mesa seinen Rücktritt an, den der Kongress zunächst ablehnte. Doch die Protestmärsche und Unruhen eskalierten. Und als im Juni 2005 Tausende nach La Paz marschierten, wurde der Rücktritt schließlich angenommen.

Bis zu den Wahlen im Dezember 2005 wurde der ehemalige Staatsführer Eduardo Rodríguez zum Übergangspräsidenten ernannt, die Wahlen gewann Evo Morales in einem Erdrutschsieg. Er hatte zuvor versprochen, die traditionelle politische Klasse zu verändern und der armen Mehrheit des Landes mehr Macht zu geben. Tatsächlich handelte er sehr schnell, indem er 2006 die Gasreserven des Landes verstaatlichte. Morales setzte auch der US-amerikanischen Vernichtung der Kokapflanzen ein Ende, die ein wichtiger Teil des US-amerikanischen Kampfs gegen Drogen gewesen war: Er schmiss die Drug Enforcement Agency (DEA, Drogenbekämpfungsbehörde) 2008 einfach aus seinem Land. Die radikalsten Veränderungen für Bolivien bescherte allerdings der Januar 2009, als 67 % der Bevölkerung – trotz der mächtigen Opposition von Seiten reicher Eliten der ressourcenreichen östlichen Provinzen – die neue Verfassung annahmen, die der indigenen Mehrheit in der Bevölkerung mehr Rechte zuspricht.

Obwohl das BIP in den 1990ern ständig anstieg, blieb Bolivien Südamerikas ärmstes Land, denn die Auslandsverschuldung (4,6 Mrd. US$), Mängel in der Infrastruktur und die hohe Arbeitslosenquote machen ihm weiterhin zu schaffen.

Das Koka-Dilemma

Koka gehört seit jeher zur bolivianischen Kultur: Bereits die Liebesgöttin der Inka wurde mit Kokablättern in den Händen dargestellt. Das Kauen der bitteren Blätter steigert die Wachsamkeit und verringert die Wahrnehmung von Hunger, Kälte und Schmerz (s. Kasten S. 187). Es wird angenommen, dass sich die spanischen Konquistadoren die Einkünfte aus dem lukrativen regionalen Handel mit Koka sicherten. Die berühmt-berüchtigte Coca Cola Company nahm Koka-Auszüge in ihr Geheimrezept auf und auch einige Patentarzneien des 19. Jhs. basierten auf Koka. Das unbehandelte Blatt ist weder schädlich noch Sucht auslösend und soll Kalzium, Eisen und Vitamine enthalten.

Doch als das Derivat Kokain vor allem in den USA zu einer der beliebtesten Drogen wurde, schnellte die Nachfrage nach bolivianischen Kokablättern in die Höhe. Seit 1988 gab ein bolivianisches Gesetz 12 000 ha mit Kokapflanzen zur Kultivierung für den lokalen (nicht den Drogen-) Gebrauch frei – aber Experten vermuten, dass die tatsächlich kultivierten Flächen diese Grenze sprengen.

In einem verzweifelten Versuch, Boliviens Status als Hauptproduzent der Kokapflanze zu brechen, entsandten die USA in den 1980er-Jahren Einsatzkräfte der DEA in die Haupt-Koka-Anbaugebiete von Chapare und Beni, um bei der Vernichtung von Koka zu helfen. Ebenfalls wurden Millionen Dollar „Entwicklungshilfe" in diese Regionen gepumpt, um den Anbau anderer Nutzpflanzen zu fördern. Doch das Programm erwies sich größtenteils als Fehlschlag: Die anderen Pflanzen wachsen langsam, Gewinne ließen sich kaum erwirtschaften, und als die Armut unter den *cocaleros* (Kokabauern) wuchs, verlagerten sie den Koka-Anbau eben in andere Gebiete. Berichte über brutale Übergriffe und Menschenrechtsverletzungen der DEA gegenüber den *cocaleros* taten ihr Übriges.

In Chapare führte der ehemalige Kokabauer und Gewerkschaftsführer Evo Morales den Widerstand gegen die Koka-Vernichtungspolitik. Schon bald nach seiner Wahl zum Präsidenten brachte Morales den Slogan „*coca sí, cocaína no*" („Koka ja, Kokain nein") auf den Weg und bekräftigte damit den Ansatz, die Lösung des Kokainproblems beim Konsumenten, nicht beim Produzenten zu suchen. Er beendete auch die Koka-Vernichtungsprogramme, indem er die DEA 2008 aus Bolivien verbannte. Nun strebt er eine Intensivierung des Anbaus und eine Exportplattform für alternative Koka-Produkte an. Bei einem Treffen der UN im März 2009 kündigte er an, Bolivien werde sich dafür einsetzen, dass das Kokablatt vom Index des Einheitsabkommens von 1961 gestrichen wird, welches das traditionelle Kauen von Kokablättern verbietet. Manche sehen Morales' letzte Aktionen als ein Ausklinken aus dem Krieg gegen die Drogen, während andere sie als einen Vorstoß zur Etablierung eines neuen Marktes für legale Koka-Produkte betrachten.

DAS KOKA-RITUAL

Das Zerkauen von Kokablättern zu einem *akullico* – einem feuchten, golfballgroßen Kloß – ist ein wichtiges Ritual in den Kulturen der Anden. Es soll gegen Müdigkeit, Hunger und Kälte sowie gegen die Auswirkungen der Höhenkrankheit helfen. Die meisten Traveller versuchen es, wenigstens einmal. Hier ein paar Hinweise für Koka-Neulinge:

- Man kauft Blätter von guter Qualität (*elegida* oder *seleccionada*). Die Blätter sollten feucht, grün und gesund aussehen.
- Die Blätter nacheinander von den Rippen lösen und sie in die Backentasche stecken. Danach beginnen, sie gut einzuspeicheln – nicht kauen! (Die Bolivianer sagen dazu *pijchar*.) Das Prozedere kann 45 Minuten oder länger dauern.
- Gegebenenfalls dem Verlangen widerstehen, die bitter schmeckende Masse auszuspucken!
- Wenn die Blätter gut durchfeuchtet sind und die Masse einem Ball gleicht, einen Hauch der alkalischen Substanz *llipta* (auch *lejía* genannt; Pflanzenasche, normalerweise von der *quinua*) oder Sodiumbikarbonat (Backpulver) hinzufügen. Das einfachste Verfahren ist, die *llipta* zu Pulver zu zerstampfen und dem Blatt schon hinzuzufügen, wenn man es in den Mund steckt. Die alkalische Substanz hilft, die Alkaloide des Kokablatts freizusetzen.
- Bei der ganzen Geschichte verspürt man vielleicht ein starkes Kribbeln oder ein taubes Gefühl in der Backe. Aber nicht der Versuchung nachgeben, sich auf die Backe zu schlagen und zu jammern – die Erscheinung klingt wie bei jedem anderen Betäubungsmittel irgendwann wieder ab.
- Nun verspürt man eine leicht gesteigerte Aufmerksamkeit, eine Appetitverminderung und größere Belastbarkeit gegenüber Temperaturschwankungen. (Kokablätter erzeugen keinen Rausch und machen nicht „high".)
- Ausspucken, wenn man genug davon hat und nicht will, dass sich der Mund schwarzbraun verfärbt. Wer lieber schlucken will, kann auch einen Tee aus Kokablättern trinken.

KULTUR
Mentalität

Die Gesinnung der Bolivianer unterscheidet sich beträchtlich nach Klima und Höhenlage. *Kollas* (Hochlandbewohner) und *cambas* (Flachländler) lieben es, sich jeweils für die „besseren" Bolivianer zu erklären. Die Flachländler sind angeblich warmherziger, aufgeschlossener und Fremden gegenüber großzügiger. Die Hochlandbewohner arbeiten dagegen angeblich mehr, gelten aber als engstirniger. Die Wahrheit ist, dass fast jeder *camba* einen netten *kolla*-Verwandten hat, der in La Paz wohnt – und der Rest ist eben auch viel freundschaftliches Sticheln.

Für alle Bolivianer haben freundliche Begrüßungen und Höflichkeiten einen hohen Stellenwert. Ein Gespräch beginnt mit dem üblichen *buen(os) día(s)* (Guten Tag) und einem *¿Cómo está?* oder *¿Qué tal?* (Wie geht's?). Das bolivianische Spanisch verwendet gerne nette Diminutive wie *sopita* (ein Süppchen) und *pesitos* (kleine Pesos, also etwa: „Kostet nur zehn Pesochen").

Lebensart

Wie sich das Alltagsleben der Bolivianer gestaltet, hängt davon ab, ob sie auf dem Land oder in der Stadt wohnen, welcher Klasse sie angehören und welchen kulturellen Hintergrund sie haben. Viele *campesinos* leben ein weitgehend althergebrachtes Leben in kleinen Dörfern, oft ohne fließendes Wasser, Heizung und Strom, während die Städter modernen Komfort haben und sich stärker am westlichen Way of Life orientieren. Auch die Bekleidung variiert dramatisch: von den Frauen (Cholitas) des *altiplano* in ihren Faltenröcken und Hüten bis zu jenen in den Städten, die dem jeweils neuesten Designertrend folgen.

Von rituellen Opfergaben an Pachamama (Mutter Erde) bis zur Gewohnheit, Kokablätter zu kauen – Bolivien ist stark in Traditionen verwurzelt. Ein ganzes Heer an Göttern und Geistern ist für reiche Ernten verantwortlich, für sicheres Reisen und für gute Ehen. Eine besonders sonderbare Tradition ist der *tinku*, ein ritueller Faustkampf, der eine Hackordnung festlegt. Der Brauch wird während der Feste (im Mai) im nördlichen Landesteil Potosí praktiziert. Die blutigen Kämpfe der Betrunkenen – einige enden sogar tödlich – ziehen sich tagelang hin, auch Steine oder andere Waffen werden eingesetzt und Frauen bleiben nicht verschont.

Bevölkerung

Dank seiner vielfältigen Geografie ist Boliviens Bevölkerung alles andere als einheitlich. Rund 60 % der Einwohner berufen sich auf eine indigene Identität. Viele *campesinos* sprechen Quechua oder Aymara als Muttersprache und einige leben immer noch nach einem traditionellen Mondkalender. Und wie durch ein Wunder leben fast 70 % der Bevölkerung in der kalten *altiplano*-Region.

Der Lebensstandard der meisten Bolivianer ist alarmierend niedrig: Schlechte Wohnbedingungen, unzureichende Ernährung, wenig Aussichten auf eine gute Bildung und mangelhafte sanitäre und Hygienebedingungen bestimmen vielerorts den Alltag. Das Land verzeichnet eine hohe Kindersterblichkeit (45 Tote bis zum fünften Lebensjahr auf 1000 Lebendgeburten), eine Geburtenrate von 3,17 Kindern pro Frau und einen Alphabetisierungsgrad von 86,7 %.

Boliviens Wirtschaftslage ist zwar recht düster, aber nicht vollkommen hoffnungslos. Dies ist den Ölexporten nach Brasilien und Argentinien, einem blühenden informellen Straßenverkauf sowie Schmugglern und den Kokaexporten zu verdanken.

SPORT

Wie in den meisten lateinamerikanischen Ländern ist *fútbol* (Fußball) der Nationalsport, besonders bei Weltmeisterschaften in *futsal* oder *fútbol de salón* (Hallenfußball mit fünf gegen fünf Spielern) behauptet sich das Nationalteam in der Regel recht gut. Profispiele gibt es in den Großstädten an jedem Wochenende, während in den Straßen fast rund um die Uhr Fußball gespielt wird. Auf dem *altiplano* treten in letzter Zeit auch immer mehr emanzipierte Frauen gegen das runde Leder – und zwar in Röcken. Ja sogar *lucha libre* (Wrestling) ist bei einer kleinen, aber wachsenden Zahl von abgehärteten *altiplano*-Frauen beliebt. Sehr populär sind zudem Schlagball, Billard, Schach und *cacho* (Würfeln). Der inoffizielle Nationalsport ist und bleibt aber das Feiern – der Wettkampf der Tänzer und Trinker kennt keine Grenzen.

RELIGION

Etwa 95 % der bolivianischen Bevölkerung gehören der römisch-katholischen Kirche an, die Frömmigkeit ist jedoch sehr unterschiedlich. Vor allem in den ländlichen Regionen vermischen die Einheimischen ihre traditionellen oder Inkaglaubensvorstellungen mit christlichen zu einem eigenartigen Synkretismus, einem Mix aus katholischen Lehrsätzen und abergläubischen Vorstellungen.

Naturgötter und Geister bestimmen den Glauben der indigenen Religionen, wobei Pachamama, die Mutter Erde, im Mittelpunkt der Opferspenden steht. Die Aymara glauben an Berggötter, die *achachilas* und *apus* sind Geister des Hochgebirges.

Talismane sollen gegen Unheil schützen oder Glück verheißen. Weit verbreitet ist z. B. der Ekeko – die kleine elfenartige Figur repräsentiert den Aymara-Gott des Wohlstands. Bemerkenswert ist auch die *cha'lla* (Segnung) von Autos in der Kathedrale von Copacabana.

KUNST
Musik

Trotz zahlreicher kunterbunter Einflüsse hat jede Region Boliviens ihren eigenen musikalischen Stil samt den dazugehörigen Musikinstrumenten entwickelt. Die andine Musik des kalten, öden *altiplano* klingt besonders sehnsüchtig und traurig. Musik aus wärmeren Flachlandregionen wie der Tarija ist lebhafter und bunter. *Peñas* (Volksmusikfeste), die dem Volk zurzeit der Militärregime als Protestventil dienten, sind heutzutage in den Städten beheimatet.

Zu den Meistern des *charango* (Zupfinstrument), nach denen man Ausschau halten sollte, gehören Celestino Campos, Ernesto Cavour und Mauro Núñez (die Aufnahme heißt *Charangos Famosos*). Hörenswert sind auch Altiplano, Savia Andina, Chullpa Ñan, K'Ala Marka, Rumillajta, Los Quipus, Wara, Los Masis und Yanapakuna.

Das ukuleleartige *charango* bestand ursprünglich aus fünf Saitenpaaren aus Lamadarm und einem Klangkörper aus *quiruincho* (Gürteltierpanzer), mit dem die pentatonische Tonleiter gespielt werden konnte. Da Gürteltiere mittlerweile zu den geschützten Arten gehören, werden die modernen *charangos* für gewöhnlich aus Holz hergestellt.

Vor der Erfindung des *charango* wurden Melodien ausschließlich auf Holzblasinstrumenten gespielt. Traditionelle Musikgruppen verwenden die *quena* (Rohrflöte) und die *zampoña* (Panflöte). Die *bajón*, eine sehr große Panflöte mit separaten Mundstücken in jeder Rohrpfeife, wird bei Festen in den Moxos-Gemeinschaften des Beni-Tieflands gespielt.

Aber auch Bolivien hat seine Popgruppen. Azul Azul ist schon lange im Geschäft, daneben sind Octavia und Los Kjarkas sehr bekannt. Letztere sind die Schöpfer von „Llorando se fue", das (ohne Genehmigung) zum Megahit „Lambada" umgemodelt und aufgepeppt wurde. Zwangsläufig ist auch die Rap-Musik bis hierher vorgedrungen und findet bei jungen Leuten in El Alto großen Anklang.

Tänze

Bei den traditionellen Tänzen des *altiplano* werden Krieg, Fruchtbarkeit, Tapferkeit bei der Jagd, Heirat und Arbeit zelebriert. Die europäischen Tänze der Spanier vermischten sich mit denen der afrikanischen Sklaven und entwickelten sich so zu den hybriden Festtänzen des heutigen Boliviens.

Der eigentliche Nationaltanz Boliviens ist die vom chilenischen Original abstammende *cueca*, die vor allem während Fiestas von mit Taschentüchern wedelnden Paaren getanzt wird. Die farbenprächtigsten Tänze sind bei den Festivals auf dem *altiplano* zu sehen, vor allem während des Karnevals: Oruros La Diablada (Teufelstanz) zieht riesige Massen aus allen Ecken der Welt an.

Architektur

Tiwanakus verfallene Bauwerke und eine Handvoll Überreste aus der Inkazeit sind alles, was an präkolumbianischer Architektur in Bolivien übrig ist. Die klassischen, mehrkantigen Steine der Inka, die so typisch für Peru sind, findet man in Bolivien nur selten, nämlich auf der Isla del Sol und auf der Isla de la Luna (Titicacasee).

Die Kirchen aus der Renaissance (1550–1650) wurden vor allem aus Lehmziegeln gebaut, mit Innenhöfen und einem massiven Strebewerk, das dem in Tiwanaku gleicht.

Die Barockkirchen (1630–1770) sind in der Form eines Kreuzes und mit einer kunstvollen Kuppel gebaut, beispielsweise die der Compañía in Oruro, die San Agustín in Potosí und die Santa Bárbara in Sucre.

Der *Mestizo*-Stil (1690–1790) zeichnet sich durch skurrile Deko-Schnitzarbeiten aus, die u. a. tropische Flora und Fauna, Inkagötter und Wasserspeier darstellen. Die abgefahrenen Resultate können in San Francisco (La Paz), San Lorenzo, Santa Teresa und in der Compañía (Potosí) besichtigt werden. Mitte des 18. Jhs. entdeckten die Jesuiten im Beni- und im Santa-Cruz-Tiefland den Neoklassizismus für sich und bauten Kirchen mit Elementen aus dem bayrischen Rokoko und der Gotik. Das ungewöhnlichste Werk war die Missionskirche San José de Chiquitos.

Seit den 1950ern wurden in den Städten viele Hochhäuser gebaut. Darunter finden sich einige Juwele in Form von Giebeldreiecken, neuen Variationen spanischer Balkons und Harthölzern in verschiedenen Farbtönen.

Webkunst

Die Webkunst hat sich in Bolivien seit Jahrhunderten kaum verändert. In ländlichen Gebieten lernen Mädchen schon in jungen Jahren zu weben, Frauen verbringen nahezu ihre gesamte Freizeit mit der Spindel oder am Handwebstuhl. Vor der Kolonialisierung benutzten die Weberinnen Lama- oder Alpakawolle, heute sind Schafwolle oder synthetische Fasern eine billigere Alternative.

Bolivianische Textilien zeichnen sich durch geniale vielfältige Muster aus. Zu den gebräuchlichsten Artikeln gehören die *manta* oder *aguayo*, ein rechteckiger Schal, der aus zwei von Hand gewebten Streifen besteht, die *chuspa* (Beutel für Kokablätter) sowie die *falda* (Rock) mit einem Webmuster an einem Saum und gewebten Gürteln.

Jede Region hat ihren eigenen Webstil, eigene Motive und eigene Formen der Anwendung. Muster mit Tiersymbolen sind die Markenzeichen der Webereien aus Charazani (in der Nähe des Titicacasees) und aus einigen Gebieten des *altiplano* abseits von La Paz (Lique und Calamarka). Potolo, in der Nähe von Sucre, hat sich wegen seiner auffälligen rot-schwarzen Muster einen Namen gemacht. Feinere Gewebe stammen aus Sica Sica, einem staubigen und unscheinbaren Dorf zwischen La Paz und Oruro, während aus Calcha, südöstlich von Potosí, ein extrem festes Gewebe kommt (die Webekünstlerinnen dort produzieren einige der besten Textilien Boliviens).

NATUR & UMWELT

In den 1990er-Jahren ist das nationale und internationale Interesse für die Umweltbelange des Amazonasgebiets enorm gestiegen. Obwohl Umweltorganisationen auf innovative Weise (u. a. durch Gelder aus dem Ausland) einige ausgewählte Orte schützen konnten, schreitet in manchen Gebieten die Entwicklung rasend voran. Dies geschieht häufig – zumindest in der Vergangenheit – mit Unterstützung der Regierung. Wie die Morales-Regierung das Thema Umweltschutz angehen wird, bleibt abzuwarten. Infos zu landesweiten Schutzmaßnahmen gibt es bei folgenden gemeinnützigen Gruppen:

Asociación Armonía (www.armonia-bo.org; www.bird bolivia.com) Alles Wissenswerte über Vogelschutz und -beobachtung in Bolivien.

Conservación Internacional (CI; www.conservation.org.bo) Unterstützt den von den Gemeinden getragenen Ökotourismus und setzt sich für den Erhalt der Artenvielfalt ein.

Fundación Amigos de la Naturaleza (FAN; www.fanbo.org) In den Parques Nacionales Amboró und Noel Kempff Mercado aktiv.

Servicio Nacional de Áreas Protegidas (SERNAP; www.sernap.gov.bo; Bedregal 2904, Sopocachi) Der Nationalparkservice Boliviens verwaltet alle Reservate und Schutzgebiete.

Wildlife Conservation Society (WCS; www.wcs.org) Arbeitet im Rahmen von Schutzprogrammen mit lokalen Einrichtungen und Gemeinschaften in den Regionen Madidi und Kaa-Iya zusammen.

Geografie

Obwohl Bolivien durch Kriege und Konzessionen gewaltige Landmassen verloren hat, ist es – rundherum von anderen Staaten eingeschlossen – noch immer das fünftgrößte Land Südamerikas. Zwei Gebirgszüge der Anden prägen den Westen, etliche Gipfel ragen mehr als 6000 m in die Höhe. Die westliche Cordillera Occidental erhebt sich zwischen Bolivien und der Pazifikküste. Die östliche Cordillera Real verläuft in südöstlicher Richtung am Titicacasee vorbei, wendet sich dann gen Süden durch Zentralbolivien und vereint sich mit der anderen Gebirgskette zur südlichen Cordillera Central.

Der gespenstische *altiplano* – zwischen 3500 und 4000 m über dem Meer gelegen – wird von diesen beiden riesigen *cordilleras* eingeschlossen. In der gewaltigen, fast baumlosen Hochebene erheben sich Berge und hier und da vereinzelte Vulkangipfel. Am nördlichen Rand des *altiplano* liegt auf der Grenze zu Peru der Titicacasee, der oft als höchster schiffbarer Binnensee der Erde bezeichnet wird. Im tiefer gelegenen Südwesten Boliviens ist das Land trockener und weniger dicht bevölkert. Hier finden sich die Überreste zweier alter Seen, des Salar de Uyuni und des Salar de Coipasa, die riesige, blendend weiße Wüstenflächen bilden, wenn sie ausgetrocknet sind, und halluzinatorische Spiegelungen erzeugen, wenn sie von Wasser bedeckt werden.

Östlich der Cordillera Central liegt das zentrale Hochland, eine mit Büschen bedeckte Hügellandschaft, die von Tälern und fruchtbaren Becken durchzogen wird. In ihrem mediterranen Klima werden Oliven, Nüsse, Weizen, Mais und sogar Wein angebaut.

Nördlich der Cordillera Real, wo die Anden an das Amazonasbecken grenzen, bilden die Yungas eine Übergangszone zwischen dem trockenen Hochland und dem feuchten Tiefland. Mehr als die Hälfte der Gesamtfläche Boliviens liegt im Amazonasbecken. Das nördliche und östliche Tiefland ist dünn besiedelt, topfeben und geprägt von Sümpfen, Savannen, Buschland und Regenwald.

Im südöstlichen Landesteil schließlich erstreckt sich das flache, fast unzugängliche Buschland des Gran Chaco, der ins nördliche Paraguay hinüberreicht.

Tiere & Pflanzen

18 % des bolivianischen Staatsgebiets werden von Nationalparks und Schutzgebieten bedeckt, in denen unzählige Tierarten leben. Mehrere dieser Anlagen (z. B. der Parque Nacional Amboró) können stolz darauf verweisen, zu denen mit der weltweit größten Artenvielfalt zu gehören. Der *altiplano* ist Heimat für Neuweltkamele, Flamingos und Kondore. Im unwirtlichen Chaco streunen Jaguare, Tapire und *javeli* (Pekkaris; kleine Wildschweine) umher. Das Amazonasbecken bevölkert eine große Vielfalt an Eidechsen, Papageien, Schlangen, Insekten, Fischen und Affen. Zudem sind in Bolivien mehrere seltene und bedrohte Tierarten beheimatet, darunter der Große Ameisenbär und der Brillenbär. Am Fluss können Reisende *capybaras* (Wasserschweine, eine Nagetierart), Schildkröten, Kaimane und Flussdelphine erspähen. Und in der Beni-Region tummeln sich Anakondas, Gürteltiere, Faultiere, Nandus und *jochis* (Agutis).

Nationalparks

In Bolivien gibt's 22 offiziell ausgewiesene Parks, Reservate und Naturschutzgebiete, die der Nationalparkverwaltung (Sernap) unterstehen. Zu den für Besucher (wenn auch

häufig nicht ganz einfach) zugänglichen Gebieten gehören:
Amboró (S. 256) Heimat für seltene Brillenbären, Jaguare und eine erstaunliche Vielfalt von Vogelspezies in der Nähe von Santa Cruz.
Apolobamba Diese entlegene Bergkette an der peruanischen Grenze hat die dichteste Population von Kondoren und bietet ausgezeichnete Wandermöglichkeiten.
Cotapata Der größte Teil des Choro-Treks führt durch dieses Gebiet in den Yungas (S. 213), das auf halber Strecke zwischen La Paz und Coroico liegt.
Madidi (S. 262) Das Gebiet dient dem Schutz des Lebensraums vieler Tierarten; insbesondere leben hier mehr als 100 Vogelarten.
Noel Kempff Mercado (S. 257) Der abgelegene Park an der brasilianischen Grenze bietet einer Vielzahl von Tierarten ein Zuhause. Landschaftlich sehr reizvoll.
Reserva Nacional de Fauna Andina Eduardo Avaroa (S. 230) Ein Highlight der Rundtour durch den Südwesten, u. a. mit artenreinen Lagunen.
Sajama Schließt an den prachtvollen chilenischen Parque Nacional Lauca an; in dem Reservat liegt der Volcán Sajama (6542 m), Boliviens höchst gelegener Gipfel.
Torotoro Hier finden sich riesige Felsformationen mit Dinosaurierspuren aus der Kreidezeit, außerdem Höhlen und antike Ruinen.
Tunari Auf einer Wanderung von Cochabamba aus erreichbar. Erwähnenswert: die hübschen naturbelassenen Wanderwege durch die Gebirgslandschaft.

VERKEHRSMITTEL & -WEGE

AN- & WEITERREISE
Auto & Motorrad

Wer in Bolivien mit dem Auto oder dem Motorrad unterwegs ist, braucht eine gesunde Portion Geduld (und Geschick als Mechaniker!), doch dann erwartet ihn ein unvergesslicher Trip. Die meisten Autovermietungen akzeptieren nationale Führerscheine, aber wenn man viel fahren möchte, sollte man einen internationalen Führerschein mitbringen. Um Motorräder oder Mopeds auszuleihen, genügt für gewöhnlich der Reisepass (s. auch S. 1120).

Bus

Täglich fahrende *flotas* (Fernverkehrsbusse) verbinden La Paz mit Buenos Aires (Argentinien) via Bermejo oder Yacuiba, mit Salta (Argentinien) via Tupiza/Villazón, mit Corumbá (Brasilien) via Quijarro sowie mit Arica und Iquique (Chile) via Tambo Quemado. Zunehmend beliebt als Abstecher bei Fahrten zum Salar de Uyuni (s. S. 229) ist der Grenzübergang nach San Pedro de Atacama (Chile).

Die beliebteste Landroute nach oder von Puno und Cusco (Peru) aus, führt über Copacabana (s. Kasten S. 219), etwas schneller geht es via Desaguadero. Täglich fahren mehrere Busse von Santa Cruz über Villamontes nach Asunción in Paraguay. Achtung: Die Zollformalitäten für Bolivien werden in Ibibobo abgewickelt, etwa eine Stunde vor Infante Rivarola, dem Grenzübergang nach Paraguay. Die Zollstelle ist am Ende der Straße in Mariscal Estigarribia. Dieser Grenzübergang ist bei Schmugglern sehr beliebt, darum sollte man sich auf lange Schlangen gefasst machen und auf Zollbeamte mit Spürhunden, die im Gepäck herumschnüffeln.

Flugzeug

Nur wenige Fluggesellschaften bieten Direktflüge zum Aeropuerto El Alto (LPB) in La Paz an, wodurch die Preise immens hoch sind. Es gibt Direktflüge zu den meisten wichtigen südamerikanischen Städten; Flüge nach bzw. ab Chile und Peru sind am günstigsten. Bei Travellern aus Westeuropa wird Santa Cruz als Zielflughafen immer beliebter.

Von La Paz und/oder Santa Cruz aus werden Iquique, Arica und Santiago (Chile), Asunción (Paraguay), Bogotá (Kolumbien) über Lima, Buenos Aires, Cordoba und Salta (Argentinien), Caracas (Venezuela) über Lima, Cusco und Lima (Peru) sowie Manaus, Río de Janeiro und São Paulo (Brasilien) angeflogen.

Schiff/Fähre

Auf unregelmäßig verkehrenden Flussbooten sind die Amazonasgrenzen mit Brasilien und Peru erreichbar. Ein stark frequentierter Übergang ist der Río Mamoré, wo zahlreiche Fähren aus Guajará-Mirim (Brasilien) nach Guayaramerín (s. S. 263) übersetzen. Von dort aus geht es über Land weiter über Riberalta nach Cobija oder Rurrenabaque und La Paz.

Zug

Boliviens einzige verbliebene internationale Bahnstrecke zweigt bei Uyuni von der Strecke Villazón–Oruro in Richtung Westen ab. Sie führt über die Anden zur chilenischen Grenze bei Avaroa/Ollagüe und schießt dann nach Calama in Chile hinab (s. S. 229). Weitere atemberaubende Strecken enden an der argentinischen Grenze bei Villazón/La Quiaca (s. Kasten S. 233) und Yacuiba/Pocitos sowie im brasilianischen Pantanal bei Quijarro/Corumbá (s. Kasten S. 255).

UNTERWEGS VOR ORT

Per Bus, als Anhalter oder mit einem *camión* (Lastwagen) gelangt man günstig überall hin. Die üblichste und vor Ort beliebteste Option sind die Busse, die es in allen Varianten und Größen gibt (das gilt auch für ihre Räder) – aber auch in jeder Qualität. Man sollte sich die ganze Sache gut überlegen, bevor man sich für das billigste Ticket entscheidet, es sei denn, man ist auf einen 24-stündigen oder gar längeren Horrortrip in den Urwald scharf, womöglich noch am Ende der Regenzeit (viele Busse fahren während der Regenzeit erst gar nicht). Boot, Flugzeug und Bahn sind die viel besseren Alternativen, wenn die Flussübergänge überspült sind und sich unbefestigte Straßen in Schlamm verwandeln. Züge sind im äußersten Süden und im Norden immer die beste Option, während in jeder Stadt der Beni-Region einen Moto-Taxis billig in der Gegend herumkutschieren. Doch egal, für welches Transportmittel man sich entscheidet: immer ausreichend Proviant, warme Kleidung, Trinkwasser und Toilettenpapier mitnehmen!

Bus, Camión & Trampen

Glücklicherweise verbessert sich das bolivianische Straßennetzwerk mit jeder Straße, die asphaltiert wird. Das Spektrum der unbefestigten Straßen reicht von festgefahrenem Dreck bis zu Schlamm, Sand, Schotter und der Kategorie „Auf eigene Gefahr". Die neuen Busse benutzen die besseren Straßen, aber ältere Fahrzeuge verkehren noch auf den kleineren Nebenstrecken.

Langstreckenbusse werden *flotas* genannt, größere Busse sind *buses* und die kleinen heißen *micros*. Ein Busbahnhof ist hier ein *terminal terrestre*. In den Bahnhöfen muss eine kleine Gebühr entrichtet werden, entweder beim Einsteigen in den Bus oder direkt beim Ticketkauf am Schalter.

Um auf Nummer sicher zu gehen, am besten schon mehrere Stunden vor Abfahrt das Ticket reservieren. Wer auf ein Schnäppchen aus ist, kauft seine Fahrkarte erst, wenn der Motor schon gestartet wurde. Viele Busse starten nachmittags oder abends, um ihr Ziel in den frühen Morgenstunden zu erreichen, auf den meisten Hauptstrecken aber fahren auch viele Busse tagsüber ab. Letzteres ist viel sicherer, außerdem bekommt man auch was von der schönen Landschaft mit. Alkohol am Steuer ist zwar verboten, es gibt jedoch immer wieder Fahrer, die während der langen Nächte hinter dem Lenkrad zur Flasche greifen.

Man hört immer wieder, dass Dinge von den Gepäckablagen über den Sitzen verschwinden, darum sollte man im Bus die Rucksäcke und Taschen stets direkt bei sich haben. Sachen im Gepäckfach unter dem Bus sind normalerweise sicher, dennoch beim Einladen genau hinsehen! Die Gepäckmarke, die man bekommt, ist bei der Gepäckausgabe am Zielort vorzuzeigen.

Auf vielen Strecken kann ein *camión* (Lastwagen) eine Alternative sein, denn die Fahrt kostet für gewöhnlich nur die Hälfte von einem Busticket. Allerdings haben die *campesinos* ihr eigenes Tempo und die Fahrt kann unerträglich langsam und holprig sein (also am besten erst mal auf kürzeren Strecken ausprobieren). Die Landschaft der Umgebung lässt sich aus den *camiones* heraus am besten beobachten. In jedem Ort gibt es Plätze, an denen *camiones* auf Fahrgäste warten, manche fahren sogar zu festen Zeiten; ansonsten ist der beste Zustiegsort eine *tranca*, der Polizeikontrollpunkt am Ausgang jeder Ortschaft. Vor dem Einsteigen sollte man immer den Fahrpreis erfragen – geschenkt wird einem auch hier nichts.

Wer mit dem Bus oder dem *camión* auf der Hochebene unterwegs ist, sollte sowohl bei Tag als auch bei Nacht kleidungstechnisch auf die eisigen Nächte vorbereitet sein und genug Verpflegung dabei haben. Während der Regenzeit, wenn die Straßen nur schwer oder gar nicht passierbar sind, muss immer mit längeren Fahrtzeiten oder Ausfällen gerechnet werden.

Flugzeug

Boliviens nationale Fluggesellschaft **Lloyd Aéreo Boliviano** ist im Februar 2008 Bankrott gegangen. Damit ist nun **AeroSur** (☎ 3-336-7400; www.aerosur.com) der wichtigste Anbieter für Inlandsflüge; die Airline fliegt neben sieben Zielen innerhalb Boliviens aber unter anderem auch Miami, Madrid, Cusco und Buenos Aires an.

Transporte Aéreo Boliviano (☎ 2-268-1111), die als TAM bekannte, mehr schlechte als rechte Fluggesellschaft des Militärs, bietet oft günstige Flüge zu und ab kleineren Orten in Bolivien an. Leider ist sie bekannt für ihre Un-

> **AUSREISEGEBÜHR**
>
> Die internationale Ausreisegebühr beträgt 25 US$ (31 US$ für alle, die sich länger als drei Monate in Bolivien aufgehalten haben) und kann nur bar am Flughafen entrichtet werden. Für internationale, in Bolivien gekaufte Flugtickets wird zusätzlich eine Steuer von 15 % fällig.

pünktlichkeit und häufige Flugausfälle (und die unerbittliche Durchsetzung der 15-kg-Obergrenze für Gepäck). **Amazonas** (☎ 2-222-0848; www.amazonas.com) fliegt mit kleinen Maschinen von La Paz nach Rurrenabaque (da es hier aufgrund widriger Wetterverhältnisse oft zu Verspätungen oder Streichungen kommt, ist es ratsam, für die Ankunft oder die Abreise zwei Tage einzuplanen), Trinidad, Santa Cruz und zu anderen Zielen im Tiefland. Die kleine Fluggesellschaft **Aerocon** (☎ 3-351-1200; www.aerocon.bo) verbindet die größeren Städte des Landes untereinander und bringt Passagiere auch in abgelegenere Ecken. **BOA** (☎ 2-211-7993; www.boa.bo) ist die neue Fluggesellschaft Boliviens – noch günstiger als die TAM – und hat zur Zeit der Recherche gerade (wenngleich noch sehr unzuverlässig) begonnen, zwischen den größeren Städten zu verkehren.

Zu beachten ist, dass die Regierungsbehörde Aasana, die für die Flughäfen und den Flugverkehr im Lande zuständig ist, eine Ausreisegebühr von 11 bis 16 Bs erhebt, zu bezahlen nach dem Check-In am Aasana-Schalter.

Schiff/Fähre

Die Hälfte des bolivianischen Territoriums liegt im Amazonasbecken. Hier sind Flüsse die Hauptverkehrsverbindungen – und während der Regenzeit sogar häufig die einzigen überhaupt. Zu den Hauptwasserwegen der Region gehören der Beni, der Guaporé (Iténez), der Madre de Dios und der Mamoré, allesamt Nebenflüsse des Amazonas. Die meisten Lastkähne bieten einfache Unterkünfte – billige Hängematten und Moskitonetze bekommt man in allen Häfen – und befördern alles von Vieh bis zu Fahrzeugen. Um diese wenig alltägliche Art des Reisens zu genießen, braucht man Geduld und viel Zeit.

Taxi & Mototaxi

Taxis sind günstig, die wenigsten davon allerdings benutzen ein Taxameter. Vor der Abfahrt immer einen Festpreis ausmachen, sonst bezahlt man leicht zu viel. In großen Städten kosten Fahrten innerhalb der Stadt selten mehr als 15 Bs (außer vom bzw. zum Flughafen), für Kurzstrecken in kleineren Orten löhnt man unter 8 Bs; die Preise für Nachtfahrten und für Leute mit viel Gepäck können höher sein, und wenn es bergauf geht, zahlt man auch immer mehr. Wer einen ganzen Tag unterwegs sein will, fährt billiger mit einem Taxi als mit einem Mietwagen. Im milden Klima der Beni-Region werden auch Mototaxis oft stundenweise gemietet oder für kurze Ausflüge genutzt.

Zug

Seit der Privatisierung ist der Passagierbetrieb ordentlich beschnitten worden. Das westliche Netz führt von Oruro nach Uyuni und Villazón (an der argentinischen Grenze), eine Zweigstrecke südwestlich von Uyuni endet in Avaroa an der chilenischen Grenze. Zwischen Oruro, Tupiza und Uyuni verkehren zweimal wöchentlich die bequemen *Expreso del Sur*-Züge. Der billigere *Wara Wara del Sur* fährt ebenso zweimal wöchentlich zwischen Oruro und Villazón. Online-Fahrpläne gibt es auf www.fca.com.bo.

Im Osten führt eine Strecke von Santa Cruz zur Grenze bei Quijarro, wo es bei Corumbá (Brasilien) ins Pantanal hinübergeht. Eine selten bediente Strecke führt zweimal in der Woche in südlicher Richtung von Santa Cruz nach Yacuiba an der argentinischen Grenze.

Bahnfahren in Bolivien erfordert viel Geduld und Entschlossenheit – nur nicht aufgeben! Die meisten Bahnhöfe verfügen zwar inzwischen über gedruckte Fahrpläne, auf die sollte man sich aber nicht unbedingt verlassen. Auf älteren Bahnhöfen werden die Abfahrtszeiten immer noch mit Kreide auf Schiefertafeln gekrakelt. Wer eine Fahrkarte kaufen will, muss seinen Reisepass vorzeigen. Und für die meisten Züge gibt's die Tickets erst am Abfahrtstag. Immerhin ist es gegen eine kleine Gebühr möglich, über ein Reisebüro vor Ort einen Sitzplatz für die besseren Züge zu reservieren – in der Hochsaison eine clevere Idee.

LA PAZ

☎ 02 / 1,5 Mio. Ew. (inkl. El Alto)

La Paz macht einen schwindeln! In jeder Hinsicht – nicht nur wegen seiner Höhenlage

(3660 m), sondern auch wegen seiner eigenwilligen Schönheit. Alle Besucher kommen über die flache, öde Ebene, die das auswuchernde El Alto einnimmt, in die Stadt. Die Anreise birgt einige Überraschungen – der erste Anblick von La Paz ist atemberaubend! Die Bauwerke der Stadt schmiegen sich an einen Abhang und scheinen auf spektakuläre Weise abwärts zu fließen, während sich an klaren Tagen im Hintergrund die imposante Kulisse des schneebedeckten Illimani (6402 m) erhebt.

Die ruhigeren, tiefer gelegenen Bereiche der Stadt bilden die schickeren Vororte, die von Wolkenkratzern, kolonialzeitlichen Wohnhäusern und modernen Glaskonstruktionen geprägt sind. Das Leben aber spielt sich weiter oben ab, wo eine Unzahl planlos verlaufender Straßen und Wege sich himmelwärts schrauben. Hier verbringen die Einheimischen ihren hektischen Alltag. Frauen mit langen, schwarzen Zöpfen und Rundhüten, gehüllt in bunte *mantas*, passen auf brodelnde Kochtöpfe auf oder verkaufen alles mögliche, von getrockneten Lamaföten bis zu Designerschuhen, während die Männer mitten im starken Verkehr und seiner Abgase überladene Handwagen ziehen.

La Paz kann man nicht nur wegen der Höhe nicht in einem Atemzug in sich aufsaugen: Die Stadt hat viele Gesichter. Man schlendert gemütlich durch Alleen und über Märkte, erkundet viele interessante Museen, schwatzt in einem *comedor* (einer einfachen Cafeteria) mit Einheimischen oder entspannt sich mit Kaffee und Zeitung in einem der vielen trendigen Cafés. Und schließlich warten ein munteres Nachtleben und einige interessante Tagesausflüge ins Umland.

Nachdem im Río Choqueyapu Gold entdeckt worden war, gründete Alonso de Mendoza 1548 La Paz. Das Goldfieber ebbte zwar schnell ab, doch die Lage der Stadt an der wichtigsten Silberroute von Potosí zur Pazifikküste sorgte für ihr stetiges Wachstum. Mitte des 20. Jhs. nahm die Bevölkerung von La Paz gewaltig zu, Tausende von *campesinos* strömten von Land in die Stadt. Heute ist La Paz der Regierungssitz Boliviens (die offizielle Hauptstadt ist Sucre).

In der Höhe von La Paz sind warme Kleidung, Sonnencreme und Sonnenbrille unerlässlich. Im Sommer (Nov.–April) wird das raue Klima nachmittags mit Regengüssen garniert, die die steilen Straßen in reißende Wildbäche verwandeln. Im Winter (Mai–Okt.) sind die Temperaturen ganz schön frisch. Bei Sonnenschein klettern sie tagsüber noch über die 15 °C, nachts sinken sie oft unter den Gefrierpunkt. Ratschläge zum richtigen Umgang mit der Höhenkrankheit gibt's auf S. 1136.

ORIENTIERUNG

In La Paz läuft man eher Gefahr, außer Atem zu kommen als sich zu verirren. Es gibt nur eine größere Verkehrsachse. Sie folgt dem Canyon des Río Choqueyapu und wird im Volksmund oft El Prado genannt. Mehrmals wechselt sie den Namen. Von oben nach unten heißt sie: Autopista El Alto, Av Ismael Montes, Av Mariscal Santa Cruz, Av 16 de Julio (El Prado) und Av Villazón. Am unteren Ende teilt sie sich in die Av 6 de Agosto und die Av Aniceto Arce. Verliert man die Orientierung und möchte zu dieser Hauptstraße zurückfinden, sollte man einfach bergab gehen. Von der Hauptstraße aus führen Nebenstraßen steil bergauf, von denen viele nur mit Kopfsteinen oder gar nicht gepflastert sind.

Zu den Stadtbezirken gehören die Zona Central (die Blocks um und unterhalb der Plaza Pedro D Murillo), Sopocachi (das teure Kommerz- und Wohnviertel um die Av 6 de Agosto), Miraflores (auf dem Abhang östlich der Zona Central) und die Zona Sur (das teuerste Wohnviertel, weiter unten im Tal). In einigen Vororten der Zona Sur, darunter in Obrajes, Calacoto und Cotacota gibt es Kliniken, Regierungsstellen und weitere für Touristen interessante Einrichtungen. An den Informationskiosken ist ein kostenloser Stadtplan von La Paz erhältlich (Karte S. 196 f.).

Das **Instituto Geográfico Militar** (IGM; Karte S. 200 f.; ☎ 237-0118; Juan XXIII 100, Oficina 5) hat topografische Karten im Maßstab 1 : 50 000 (im Original 40 Bs, als Kopie, wenn eine Karte gerade nicht erhältlich ist, 35 Bs). Eine weitere Verkaufsstelle befindet sich in Saavedra, Estadio Mayor, Miraflores.

PRAKTISCHE INFORMATIONEN
Buchläden
Andean Base Camp (ehemals Etnic; Karte S. 200 f.; ☎ 246-3782; www.andeanbasecamp.com; Illampu 863) Hilfreicher Laden mit einer großen Auswahl von Lonely Planet Reiseführern und hervorragenden Karten.
SpeakEasy Institute (Karte S. 200 f.; ☎ 244-1779; www.speakeasyinstitute.com; Arce 2047) Hier gibt's Hunderte fantastische Bücher. Die Hälfte des Gewinns

> **DER WEG INS ZENTRUM**
>
> Der Hauptbusbahnhof liegt vom Stadtzentrum 1 km entfernt den Berg hinauf. *Micros* und Minibusse (1 Bs) mit den Zielangaben „Prado" und „Av Arce" führen an den Haupttouristengegenden vorbei, sind aber meist so rappelvoll, dass es hoffnungslos ist, hier mit vollem Rucksack einsteigen zu wollen. Wer zu Fuß unterwegs ist, marschiert hinunter zur Hauptverkehrsader, der Av Ismael Montes, und von dort 15 Minuten weiter bergab. Erblickt man zur Rechten die Kirche San Francisco, hat man die Sagárnaga erreicht: Die wichtigste Touristenstraße führt wieder bergauf.
>
> Für den Weg vom Flughafen El Alto (10 km außerhalb des Stadtzentrums) steht zwischen 7 und 20 Uhr der *micro* 212 zur Verfügung. Er hält direkt außerhalb des Terminals und setzt einen überall entlang des Prado ab. Eines der Taxis, die in einer Schlange auf Fahrgäste warten, sollte für bis zu vier Personen ins Stadtzentrum nicht mehr als 50 Bs kosten. Wer mit dem Bus in Villa Fátima oder im Friedhofsbezirk ankommt, sollte besonders vorsichtig sein. Nachts ein Taxi die bessere Wahl (ca. 8 Bs), aber nur ein reguläres oder ein Funktaxi. Und *niemals* den Wagen mit unbekannten Mitfahrern teilen! Tagsüber fahren häufig *micros* von beiden Orten aus ins Stadtzentrum.

kommt der lokalen Webervereinigung zugute, die damit die Hausaufgabenbetreuung der Kinder ihrer Mitglieder bezahlt.

The Spitting Llama Bookstore & Outfitter (Karte S. 200 f.; ☎ 7039-8720; www.thespittingllama.com; Linares 947) Dieser Laden in der Posada de la Abuela verkauft neue und gebrauchte Reiseführer.

Bücher tauschen kann man am besten in Oliver's Travels Bar (S. 207). Eine gute Auswahl haben zudem Gravity Assisted Mountain Biking (S. 202) und das Café Sol y Luna (S. 207).

Einreisestellen

Für Infos zu Botschaften und Konsulaten in La Paz, s. S. 264.

Einreisestelle (Migración; Karte S. 200 f.; ☎ 211-0960; Av Camacho 1468; Mo–Fr 8.30–16 Uhr) Verlängerung von Aufenthaltsgenehmigungen.

Geld

Achtung vor falschen US-Dollar, vor allem bei den *cambistas* (Geldwechsler auf der Straße) an den Kreuzungen der Colón, Av Camacho und Av Mariscal Santa Cruz. Außerhalb von La Paz sind Schecks zwischen 3 % und 10 % weniger wert als Bargeld.

Casas de cambio (autorisierte Wechselstuben) sind im Stadtzentrum zu finden und eine schnellere, bequemere Alternative zum Gang zur Bank. Die meisten Wechselstuben haben werktags von 8.30 bis 12 und von 14 bis 18 Uhr und samstags morgens offen. Außerhalb dieser Zeiten wechselt auch das Hotel Gloria (S. 204).

Für 2 bis 3 % Kommission können an diesen Orten Reiseschecks getauscht werden:

Cambios América (Karte S. 200 f.; Camacho 1223)

Casa de Cambio Sudamer (Karte S. 200 f.; Ecke Colón 206 & Camacho; Mo–Fr 8.30–18.30, Sa 9.30–12.30 Uhr) Bietet auch MoneyGram-Service für Geldtransfers.

US-Dollar und Bolivianos können an Geldautomaten an allen Hauptverkehrskreuzungen abgehoben werden. Bargeld (nur Bolivianos) gegen Visa oder MasterCard ohne Kommission und viel Aufwand gibt's bei:

Banco Mercantil (Karte S. 200 f.; Ecke Mercado & Ayacucho)

Banco Nacional de Bolivia (Karte S. 200 f.; Ecke Colón & Camacho)

DHL/Western Union (Karte S. 200 f.; ☎ 233-5567; Perez 268) Für dringende internationale Überweisungen. Filialen sind in der ganzen Stadt zu finden.

Gepäckaufbewahrung

Die meisten der hier empfohlenen Übernachtungsmöglichkeiten bieten auch eine günstige oder kostenlose Gepäckaufbewahrung an, vor allem, wenn man gleich ein Zimmer für die Rückkehr bucht. Trotzdem sollte man nie Wertsachen zurücklassen, auch nicht bei kurzer Abwesenheit. Immer wieder gehen Gegenstände und Bargeld verloren. Möglichst die Sachen immer mit einem Schloss sichern.

Infos im Internet

Bolivia Travel Guide (www.gbtbolivia.com, deutsch) Private hervorragende Site, die ganz La Paz abdeckt.

La Paz (www.lapaz.bo) Die Seite der Stadtverwaltung von La Paz hat gute Unterseiten zu Kultur und Tourismus.

Internetzugang

La Paz hat beinahe so viele Internetcafés wie Schuhputzer; die Preise liegen zwischen 1 und

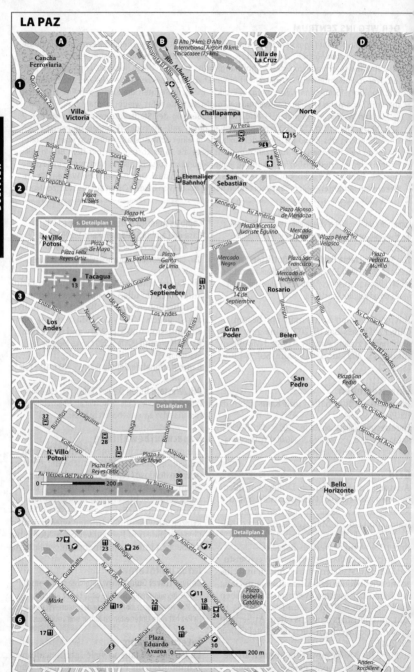

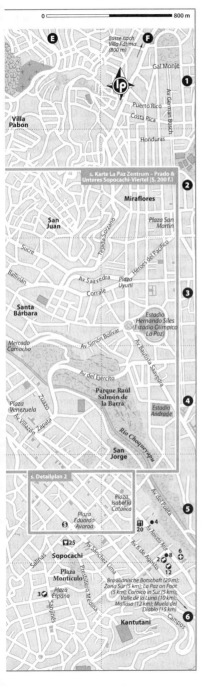

3 Bs pro Stunde. Auch in vielen Hostels gibt's Internet und angesagte Cafés haben WLAN.
Internet Alley (Karte S. 200 f.; Pasaje Iturralde) Abseits der Av Villazón in der Nähe der Plaza del Estudiante. Schnellste und günstigste Internetverbindung der Stadt.

Kulturzentren

Centro Boliviano-Americano (Karte S. 196 f.; ☎ 234-2582; www.cba.com.bo; Parque Zenón Iturralde 121) Sprachkurse.
Goethe Institut (Karte S. 196 f.; ☎ 243-1916; www.goethe.de; Av Aniceto Arce 2708) Filme und eine gute deutschsprachige Bibliothek.

Medien

La Razón (www.la-razon.com), **El Diario** (www.eldiario.net) und **La Prensa** (www.laprensa.com.bo) sind die

PRAKTISCHES	
Australisches Konsulat	**1** A5
Britische Botschaft	**2** F5
Kanadisches Konsulat	**3** E6
Centro Boliviano-Americano	**4** F5
Centro Epidemiológico Departamental La Paz	**5** B1
Dr. Jorge Jaime Aguirre	**6** F5
Deutsche Botschaft	**7** B5
Goethe-Institut	**8** F5
Informationskiosk	**9** C2
Paraguayische Botschaft	**10** C6
Peruanische Botschaft	**11** B6
US-Botschaft	**12** F6

SEHENSWERTES & AKTIVITÄTEN	
Friedhof	**13** A3

SCHLAFEN	
Adventure Brew Hostal	**14** C2
Hostal Tambo del Oro	**15** C2

ESSEN	
Alexander Coffee & Pub	**16** B6
Armonía	**17** A6
Fridolin	**18** B6
Hipermaxi	**19** B6
Ketal Hipermercado	**20** F5
Kuchen Stube	(siehe 19)
Mercado Uruguay	**21** B3
Paceña La Salteña	**22** B6
Restaurant Paladar	**23** A5

AUSGEHEN	
Mongo's	**24** C6
RamJam	**25** E5
Reineke Fuchs	**26** B5
Thelonius Jazz Bar	**27** A5

TRANSPORT	
Autolíneas Ingavi	**28** A4
Hauptbusbahnhof	**29** C2
Micros ins Zentrum	**30** B5
Trans Manco Capac	**31** B4
TransTurs 2 de Febrero	(siehe 31)
Trans-Unificado Sorata	**32** A4

wichtigsten Tageszeitungen in La Paz. Die nationalen Medienhäuser **ATB** (www.bolivia.com) und **Grupo Fides** (www.radiofides.com) veröffentlichen online die aktuellsten Nachrichten.

Medizinische Versorgung

Apotheken mit Nacht- und Wochenenddienst (*farmacias de turno*) sind in den Tageszeitungen angegeben.

24-Stunden-Apotheke (Karte S. 200 f.; Ecke Av 16 de Julio & Bueno) Eine gute Apotheke auf El Prado.

Centro Epidemiológico Departamental La Paz (Centro Pilote; Karte S. 196 f.; ☎ 245-0166; Ecke Vásquez 122 & Peru; ☻ Mo–Fr 8.30–11.30 Uhr) Abseits des oberen Abschnitts der Av Ismael Montes, nahe der Brauerei; günstige Medikamente gegen Malaria sowie Tollwut- und Gelbfieberimpfungen – eine sterile Nadel aus der Apotheke besorgen!

Dr. Elbert Orellana Jordan (☎ 242-2692, 7065-9743; asistmedbolivia@hotmail.com) Freundlicher, fürsorglicher Arzt mit Englischkenntnissen, macht in Notfällen rund um die Uhr (auch an Wochenenden und Feiertagen) Hausbesuche.

Dr. Fernando Patiño (☎ 7722-5625; curare27@gmail.com) Englisch sprechender Hausarzt, ausgebildet in den USA.

Dr. Jorge Jaime Aguirre (Karte S. 196 f.; ☎ 243-2682; Edificio Illimani, Arce 2707, 1. Stock) Häufig empfohlener Zahnarzt für alle Fälle, von der normalen Zahnreinigung bis zur Wurzelbehandlung.

High Altitude Pathology Institute (☎ 224-5394; www.altitudeclinic.com; Saavedra 2302, Miraflores) Bietet computergestützte medizinische Kontrolluntersuchungen zur Höhenkrankheit an und weiß generell bei klimatisch bedingten Problemen weiter, außerdem spricht er Englisch.

Notfall

Touristenpolizei (Policía Turistica; Karte S. 200 f.; ☎ 222-5016; Plaza del Estadio, Puerta 22, Miraflores) Um ein Verbrechen zu melden oder eine *denuncia* (Anzeige) zu machen, kann man sich an die Englisch sprechende Touristenpolizei wenden.

Post

Ángelo Colonial (Karte S. 200 f.; Linares 922; ☻ Mo–Fr 8.30–19.30, Sa 8.30–18, So 9–12 Uhr) Praktische, ausländerfreundliche Filiale. Nur zum Verschicken von Sendungen.

Hauptpostamt (Ecobol; Karte S. 200 f.; Ecke Santa Cruz & Oruro; ☻ Mo–Fr 8–20, Sa 8.30–18, So 9–12 Uhr) Bewahrt *lista de correos* (postlagernde Sendungen) zwei Monate lang auf; Reisepass mitbringen.

Reisebüros

America Tours (Karte S. 200 f.; ☎ 237-4204; www.america-ecotours.com; 16 de Julio 1490 No 9) Dieses Reisebüro mit Englisch sprechendem Personal ist wärmstens zu empfehlen. Es ist auf Ökotourismus mit Schwerpunkt auf den indigenen Gemeinschaften in Madidi, Sajama, Rurrenabaque und der Salar de Uyuni spezialisiert. Die Besitzer, selbst Umweltschützer, kennen sich vor allem mit neuen Routen sehr gut aus.

Andean Summits (außerhalb der Karte S. 196 f.; ☎ 242-2106; www.andeansummits.com; Ecke Muñoz Cornejo 1009 & Sotomayor, Sopocachi) Bergsteigen und Wandern in ganz Bolivien, dazu Abenteuertouren, Kajakausflüge, Jeepsafaris und archäologische Trips. Die Besitzer sind professionelle Bergführer der Internationalen Vereinigung der Bergführerverbände (UIAGM/IFMGA).

Bolivia Milenaria (☎ 2-291-1275; www.millenariantours.com; Av Sanchez Lima 2193, Sopocachi) Dieses Reisebüro verwaltet die hochgelobte, von Einheimischen geführte Tomarapi Lodge in Sajama und bietet außerdem eine Reihe kulturorientierter Touren im ganzen Land an.

Bolivian Journeys (Karte S. 200 f.; ☎ 2-235-7848; www.bolivianjourneys.org; Sagárnaga 363) Die Spezialisten für Klettern, Bergsteigen und Wandern. Organisiert werden geführte Kletter-Tagestouren zum Huayna Potosí zu erschwinglichen Preisen.

Fremen Tours (☎ 2-244-0242; www.andes-amazonia.com; Oficina 6-C, Edificio V Centenario, Ecke Av 6 de Agosto & Perez) Qualitativ hochwertiger Anbieter mit Schwerpunkt auf rücksichtsvollen Trips ins Amazonasgebiet und die Region Chapare; ein zweites Büro befindet sich in Cochabamba (s. S. 237).

La Paz on Foot (außerhalb der Karte S. 196 f.; ☎ 211-8442, 7154-3918; www.lapazonfoot.com; Moreno, E22, Calacoto, Zona Sur) Von einem passionierten englischsprachigen Ökologen, Stephen Taranto, geführt. Es werden eine Reihe von Aktivitäten angeboten, darunter Spaziergänge und Wanderungen in und um La Paz, die Yungas, Chulumani und Titicaca.

Travel Tracks (Karte S. 200 f.; ☎ 2-231-6934; www.travel-tracks.com; Sagárnaga 213 & Sagárnaga 366) Reisebüro mit Englisch sprechendem Personal, ideal für geführte Wanderungen und individuell zugeschnittene Touren durch das Land.

Telefon

Punto Entels sind in der ganzen Stadt strategisch gut platziert. Zu den konkurrierenden Telekommunikationsunternehmen zählen Cotel, Tigo und Viva. An fast jeder Ecke bieten Straßenkiosks kurze Ortsgespräche für 1 Bs pro Minute an. Bei Straßenhändlern mit angeketteten Mobiltelefonen kann man Handygespräche für 1 Bs pro Minute führen. SIM-Karten *(chips)* für Handys gibt's für etwa 10 Bs von Entel (s. S. 199) oder bei jeder Filiale der Handyanbieter.

In den **Internationalen Call-Centern** (Karte S. 200 f.; Galería Chuquiago, Ecke Sagárnaga & Murillo;

8.30–20 Uhr) kann man internationale Telefongespräche zu günstigen Tarifen führen. Die beste Adresse, um Telefonanrufe oder Faxe zu empfangen, ist das **Entel-Büro** (Karte S. 200 f.; Ayacucho 267; Mo–Fr 8.30–21, Sa 8.30–20.30, So 9–16 Uhr).

Touristeninformation

Informationskiosks Hauptbusbahnhof (Karte S. 196 f.); Casa de la Cultura (Karte S. 200 f.; Ecke Mariscal Santa Cruz & Potosí)

InfoTur (Karte S. 200 f.; ☎ 265-1778; Ecke Mariscal Santa Cruz & Colombia; Mo–Fr 8.30–12.30 & 15–19, Sa 9–13 Uhr) Ganz praktisch auf El Prado gelegen. Freundliches Personal, begrenzte Infos über La Paz und Bolivien.

Touristeninformation (Karte S. 200 f.; ☎ 237-1044; Plaza del Estudiante; Mo–Fr 8.30–12.30 & 15–19 Uhr) Dies ist die offizielle Touristeninformation mit Englisch sprechenden Angestellten und einigen informativen Broschüren, darunter Stadtpläne. Nach *Jiwaki* fragen: Es listet die Ereignisse und Aktivitäten des Monats auf.

Wäschereien

Lavanderías sind die günstigsten und effizientesten Möglichkeiten, wenn man in La Paz saubere (und trockene) Wäsche braucht.

Wäschereien säumen Illampu, am oberen Ende der Sagárnaga. Die meisten *residenciales* (günstige Unterkünfte) bieten Wäschewaschen von Hand zu guten Preisen an. Wegen des schnellen, zuverlässigen Services und für noch am gleichen Tag gewaschene und getrocknete Kleidung (5–10 Bs pro kg) empfiehlt sich **Limpieza Express** (Karte S. 200 f.; Aroma 720).

GEFAHREN & ÄRGERNISSE

Beim „High Life" in La Paz ist es wichtig, es easy angehen zu lassen – ganz egal, wie gut man sich fast 4 km über dem Meeresspiegel auch fühlen mag. Um die *soroche* (Höhenkrankheit) zu vermeiden, ist es nicht das dümmste, den Ratschlag der Einheimischen zu beherzigen – *camina lentito, come poquito … y duerme solito* (geh langsam, iss nicht zu viel … und schlafe allein) –, besonders an den ersten Tagen. Eher lästig als bedrohlich sind die mit Skimasken verkleideten *lustrabotes* (Schuhputzer), die alles belagern, was Schuhe trägt und nicht bei drei auf einem Baum ist, die man aber mit 3 Bs zufriedenstellt.

BETRUG UND ABZOCKE

Leider scheint La Paz in puncto Tricks und Betrügereien zum südamerikanischen Standard aufzuschließen. Falsche Polizisten und Touristenbeamten sind auf dem Vormarsch, also Vorsicht: Echte Polizeibeamte sind immer uniformiert (Polizisten in Zivil haben strikte Anweisungen, Ausländer nicht zu belästigen) und werden niemals verlangen, dass man ihnen den Reisepass vorzeigt oder mit ihnen in ein Taxi steigt; auch würden sie nie Leibesvisitationen in der Öffentlichkeit durchführen. Wer sich einem Betrüger gegenüber sieht, sollte auf keinen Fall seine Wertsachen (Portemonnaie, Reisepass, Geld etc.) zeigen bzw. darauf bestehen, zu Fuß zur nächsten Polizeistation zu gehen. Wenn man jedoch mit körperlicher Gewalt bedroht wird, tut man gut daran, die Sachen widerstandslos herauszurücken!

Ein weiterer verbreiteter Trick in Bolivien ist der falsche südamerikanische Tourist, der einen in ein Gespräch auf Englisch verwickelt und dann von den schon erwähnten falschen Polizisten angegangen wird. Der Schauspieler gehorcht der Aufforderung, dem Polizisten seine Tasche, seine Papiere oder seinen Pass zu zeigen, und übersetzt dem echten Touristen die Aufforderung, dasselbe zu tun. Während der Durchsuchung packen die Komplizen das Bargeld und andere Wertsachen des Geprellten ein.

Falsche Taxifahrer arbeiten mit Gangs zusammen, die arglose Traveller berauben, sie – was leider auch schon vorgekommen ist – bedrohen und handgreiflich werden oder sie gar entführen (um an die PINs ihrer Geldkarten zu kommen). Darum nicht mit Fremden zusammen in ein Taxi steigen oder ein Taxi nehmen, dessen Fahrer seine Dienste zu aufdringlich anbietet (das gilt vor allem in zwielichtigen Gegenden rund um Busbahnhöfe).

Und schließlich noch ein beliebter Trick, bei dem Vorsicht geboten ist: Ein Gauner hustet oder spuckt das Opfer mit Schleim an. Während der Bespuckte oder der Verursacher die Schweinerei wegwischen will, klaut ein anderer die Brieftasche oder schlitzt die Tasche auf. Potenzieller Täter ist hier jeder, auch eine unschuldig aussehende Oma oder ein kleines Mädchen! Ebenso sollte man niemals Wertsachen aufheben, die jemand „verloren" hat – man kann sonst entweder des Diebstahls bezichtigt werden oder das Opfer von Taschendieben werden.

LA PAZ ZENTRUM – PRADO & UNTERES SOPOCACHI-VIERTEL

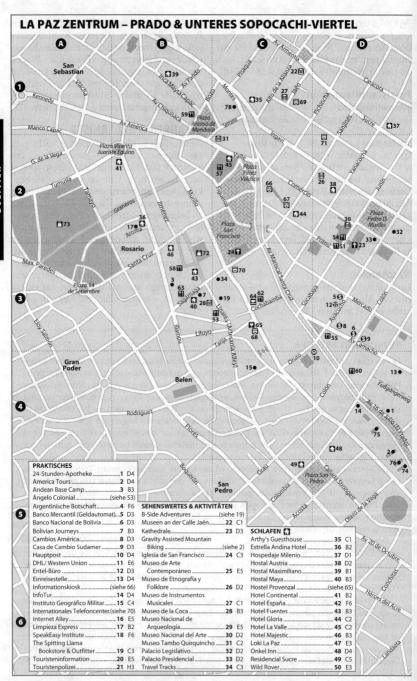

PRAKTISCHES
24-Stunden-Apotheke 1 D4
America Tours 2 D4
Andean Base Camp 3 B3
Ángelo Colonial .... (siehe 53)
Argentinische Botschaft 4 F6
Banco Mercantil (Geldautomat) 5 D3
Banco Nacional de Bolivia 6 D3
Bolivian Journeys 7 B3
Cambios América 8 D3
Casa de Cambio Sudamer 9 D3
Hauptpost 10 D4
DHL/ Western Union 11 E6
Entel-Büro 12 D3
Einreisestelle 13 D4
Informationskiosk .... (siehe 66)
InfoTur 14 D4
Instituto Geográfico Militar 15 C4
Internationales Telefoncenter (siehe 70)
Internet Alley 16 E5
Limpieza Express 17 A2
SpeakEasy Institute 18 F6
The Spitting Llama
 Bookstore & Outfitter 19 C3
Touristeninformation 20 E5
Touristenpolizei 21 H3

SEHENSWERTES & AKTIVITÄTEN
B-Side Adventures .... (siehe 19)
Museen an der Calle Jaén 22 C1
Kathedrale 23 D3
Gravity Assisted Mountain
 Biking .... (siehe 2)
Iglesia de San Francisco 24 C3
Museo de Arte
 Contemporáneo 25 E5
Museo de Etnografía y
 Folklore 26 D2
Museo de Instrumentos
 Musicales 27 C1
Museo de la Coca 28 B3
Museo Nacional de
 Arqueología 29 E5
Museo Nacional del Arte 30 D2
Museo Tambo Quirquincho 31 C2
Palacio Legislativo 32 D2
Palacio Presidencial 33 D2
Travel Tracks 34 C3

SCHLAFEN
Arthy's Guesthouse 35 C1
Estrella Andina Hotel 36 B2
Hospedaje Milenio 37 D1
Hostal Austria 38 D2
Hostal Maximiliano 39 B1
Hostal Maya 40 B3
Hostel Provenzal .... (siehe 65)
Hotel Continental 41 B2
Hotel España 42 F6
Hotel Fuentes 43 B3
Hotel Gloria 44 C2
Hotel La Valle 45 C2
Hotel Majestic 46 B3
Loki La Paz 47 E3
Onkel Inn 48 D4
Residencial Sucre 49 C5
Wild Rover 50 E3

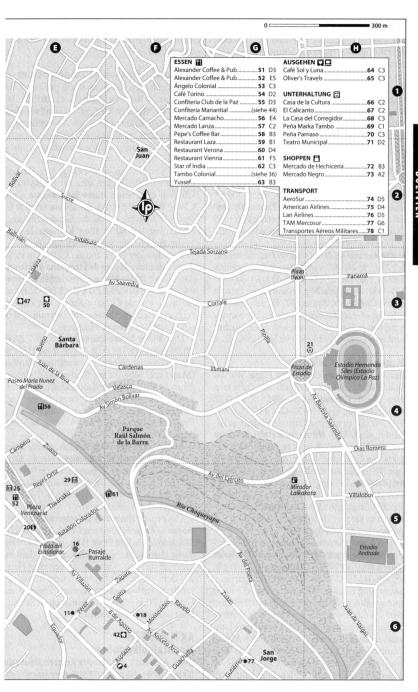

SEHENSWERTES

Die abschüssige Stadt ist schon für sich eine Attraktion, vor allem bei Sonnenschein. Die bunten und munteren Märkte der Stadt leben im Rhythmus der indigenen Kulturen. Zuflucht vor der Hektik des Straßenlebens gewähren Museen oder Spaziergänge auf den Kopfsteinwegen zwischen kolonialzeitlichen Bauten. Und zwischen den höchsten Wolkenkratzern bieten sich phantastische Ausblicke auf den Illimani.

Rund um die Plaza Murillo

Die Plaza mit diversen Denkmälern, dem imposanten **Palacio Legislativo** (Karte S. 200 f.), dem von Kugeln durchsiebten **Palacio Presidencial** (Karte S. 200 f.) und der **Kathedrale** von 1835 (Karte S. 200 f.) ist das offizielle Stadtzentrum.

Direkt westlich der Plaza befindet sich das **Museo Nacional del Arte** (Staatliches Kunstmuseum; Karte S. 200 f.; ☎ 240-8600; www.mna.org.bo; Ecke Comercio & Socabaya; Eintritt 10 Bs; Di–Sa 9.30–12.30 & 15.30–19, So 9.30–12.30 Uhr) im prächtig restaurierten Palacio de los Condes de Arana (1775), den eine rosafarbene Granitfassade schmückt. Die Sammlung von präkolumbischer, kolonialzeitlicher und zeitgenössischer Kunst ist klein, aber fein.

Museen in der Calle Jaén

Fünf Blocks nordwestlich der Plaza Murillo finden sich in der kolonialzeitlichen Calle Jaén vier kleine **Museen** (Karte S. 200 f.; ☎ 228-0758; Kombi-Eintritt 4 Bs; Di–Fr 9.30–12.30 & 15–19, Sa & So 9–13 Uhr), die in ein paar Stunden leicht abzuhaken sind. Das **Museo de Metales Preciosos Precolombinos** (Jaén 777) zeigt erstaunliche Artefakte aus Gold und Silber, das **Casa de Murillo** (Jaén 790) Stücke aus der Kolonialzeit. Das **Museo del Litoral** (Jaén 798) singt das Lamento des Kriegs von 1884, bei dem Bolivien den Zugang zur Pazifikküste verlor. Und das **Museo Costumbrista Juan de Vargas** (Ecke Jaén & Sucre) stellt gute Exponate zur Kolonialzeit aus.

Ein Muss für Musikliebhaber ist das eindrucksvolle **Museo de Instrumentos Musicales** (Karte S. 200 f.; ☎ 240-8177; Calle Jaén 711; Eintritt 5 Bs; 9.30–13 & 14–18.30 Uhr) mit einer einzigartigen Sammlung von Musikinstrumenten, die nicht nur aus Bolivien stammen und zum Teil „mit den Händen angeschaut" werden dürfen. Wenn man nicht gerade zufällig auf eine Jamsession trifft, hat man bei der Peña Marka Tambo (S. 207) des Museumsgründers und *charango*-Meisters Ernesto Cavours gleich gegenüber sicher mehr Glück. Hier kann man außerdem Lektionen im *charango*- und Blasinstrumente-Spielen für rund 50 Bs pro Stunde nehmen.

Noch mehr Museen im Stadtzentrum

Traveller lieben das etwas schäbige, aber sehr interessante **Museo de la Coca** (Karte S. 200 f.; ☎ 231-1998; Linares 906; Eintritt 10 Bs; 10–19 Uhr), welches das heilige Kraut und seine Anwendungen pädagogisch, provokant und ausgewogen vorstellt. Fremdsprachige Broschüren gibt's auch.

Die Kreuzgänge und Zellen, der Garten und das Dach (wegen des Ausblicks!) des kürzlich eröffneten **Museo San Francisco** (Karte S. 200 f.; ☎ 231-8472; Plaza de San Francisco; Eintritt 20 Bs; Mo–Sa 9–18 Uhr) lassen die Geschichte und Kunst der 460 Jahre alten Kathedrale, des Wahrzeichens der Stadt, lebendig werden.

Zwischen der Plaza und der Calle Jaén stellt das kostenlose **Museo de Etnografía y Folklore** (Karte S. 200 f.; ☎ 240-8640; www.musef.org.bo; Ecke Ingavi & Sanjinés; Mo–Sa 9–12.30 & 15–19, So 9–12.30 Uhr) die faszinierende Chipaya-Kultur vor. Zudem zeigt es eine bemerkenswerte Sammlung der schönsten Textilien des Landes.

Das **Museo Tambo Quirquincho** (Karte S. 200 f.; ☎ 239-0969; Eintritt 3 Bs; Di–Fr 9.30–12.30 & 15–19, Sa & So 9–13 Uhr) ist in einem ehemaligen Tambo (Markt und Schenke am Straßenrand) untergebracht. Zu sehen gibt's altmodische Kleider, Tafelsilber, Fotos, Kunstgewerbliches und Karnevalsmasken. Das Museum ist abseits der Evaristo Valle an der Plaza Alonzo de Mendoza zu finden.

In der Nähe der Plaza del Estudiante zeigt das **Museo Nacional de Arqueología** (Karte S. 200 f.; ☎ 231-1621; Tiahuanacu 93; Eintritt 10 Bs; Mo–Fr 12.30 & 15–19, Sa 9–12) eine interessante Sammlung mit Töpferwaren, Skulpturen, Textilien und anderen Artefakten aus Tiwanaku.

Das private **Museo de Arte Contemporáneo** (MAC, Museum für Zeitgenössische Kunst; Karte S. 200 f.; ☎ 233-5905; Av 16 de Julio 1698; Eintritt 15 Bs; 9–21 Uhr) verdient eher wegen des Gebäudes, in dem es untergebracht ist, Aufmerksamkeit. Das Haus aus dem 19. Jh. mit Glasdach und Buntglasfenstern, entworfen von keinem anderen als Gustave Eiffel, dient als Heimat einer Sammlung bolivianischer Kunst.

AKTIVITÄTEN
Mountainbike fahren

Eine Ausfahrt mit **Gravity Assisted Mountain Biking** (Karte S. 200 f.; ☎ 231-3849; www.gravitybolivia.

> **TÖDLICHE ABFAHRT**
>
> Viele Veranstalter, die das Mountainbike-Abenteuer von La Cumbre nach Coroico anbieten, statten Traveller mit T-Shirts aus, die stolz verkünden, man habe „The World's Most Dangerous Road" (WMDR) überlebt. Die Schotterstraße ist tatsächlich sehr schmal (gerade mal knapp über 3,20 m breit) und führt vorbei an steilen, bis zu 600 m in die Tiefe abfallenden Felswänden mit nur wenigen Sicherheitsabsperrungen.
>
> Im März 2007 wurde eine neue Straße als Ersatzstrecke geöffnet. Somit wird die alte Straße, die WMDR, nun fast ausschließlich von Radfahrern, Sicherheitsfahrzeugen und vereinzelt von Touristenbussen genutzt. Bis dahin trug die Straße ihren Beinamen aber nicht umsonst: Pro Jahr verschwanden im Durchschnitt 26 Fahrzeuge im Nichts neben der Straße.
>
> Etwa 15 Radfahrer haben auf der 64 km langen Strecke, die eine Höhendifferenz von 3600 m überwindet, schon ihr Leben verloren und Leser berichten von lebensgefährlichen Situationen und schlimmen Unfällen. Ironischerweise kann die Straße ohne Verkehr für Radfahrer noch gefährlicher sein, vor allem für Kamikazefahrer, die meinen, freihändig fahren zu müssen, oder zu selbstsichere Freaks, die nicht an entgegenkommende Fahrzeuge denken (während der Recherche für diese Auflage passierte solch ein tödlicher Unfall). Andere Unfälle sind auf zu wenige oder überhaupt keine Anweisungen und Vorbereitungen zurückzuführen. Mountainbikes von schlechter Qualität tun ihr Übriges – Hände weg von gefälschten Markenfahrrädern und „erneuerten" Bremsbelägen.
>
> Unglücklicherweise gibt es für Veranstalter, die diese Tour anbieten, kein einzuhaltendes Mindestmaß an Sicherheit, (irreführende) Lockangebote werden nicht kontrolliert und auch Sicherheitsmängel in der Durchführung bleiben unbestraft. Kurz gesagt sind viele Veranstalter alles andere als empfehlenswert. Bei dieser Tour ist es noch wichtiger als sonst, sich vor Schnäppchen in Acht zu nehmen, denn geringe Kosten bringen oft abgenutzte Bremsen und schlechte Ersatzteile mit sich – eine tödliche Kombination. Wenn dazu noch unerfahrene Führer kommen und Rettungs- sowie Erste-Hilfe-Ausrüstung fast gänzlich fehlen, darf man sich wirklich fürchten auf der WMDR.

com; Edificio Av, Av 16 de Julio 1490 No 10) sorgt mit Sicherheit für einen Adrenalinausstoß auf hohem Niveau. Zwei der beliebtesten Ganztagestouren sind die Fahrt von Chacaltaya hinunter nach La Paz oder von La Cumbre über die „World's Most Dangerous Road" (die gefährlichste Straße der Welt) nach Coroico (600 Bs/Pers.). Auf der Sagárnaga wird die La-Cumbre–Coroico-Tour von vielen für ein paar Bolivianos weniger angeboten, man sollte sich allerdings im Klaren darüber sein, an welchen Ecken hier gespart wird, bevor man zuschlägt. Bei Anbietern, die diese Touren auch während der Regenzeit (Jan./Feb.) anbieten, ist grundsätzlich Vorsicht geboten– s. auch den Kasten oben. Für den Coroico-Trip ebenfalls sehr empfehlenswert ist **B-Side Adventures** (Karte S. 200 f.; ☎ 211-4225; www.bside-adventures.com; Linares 943).

Wandern & Bergsteigen

Von der Höhe mal abgesehen, eignen sich La Paz und seine Umgebung perfekt zum Wandern. Viele Reisebüros in La Paz bieten täglich „Wandertouren" zum Chacaltaya an, der holprige 35 km nördlich von La Paz liegt. Mit diesem Weg lässt sich der hohe Gipfel ganz einfach bezwingen. Früher war hier die höchstgelegene Abfahrtspiste der Welt (von 5320 m auf 4900 m). Manche Reisebüros setzen Schwerpunkte auf Kultur, Umweltschutz oder Natur (s. S. 198). Für Wandern und Bergsteigen in den Cordilleras rund um La Paz s. S. 213.

GEFÜHRTE TOUREN

In La Paz werden überall Touren en masse angeboten. Reisebüros findet man auf der Sagárnaga (s. S. 198) und in größeren Hotels, wo es Touren für Einzelpersonen und Gruppen zu buchen gibt; viele sind allerdings nicht offiziell registriert. Darum ist beim „Touren-Shoppen" auf der Sagárnaga ein sorgfältiger Vergleich nötig. Die meisten Anbieter sind auf besondere Gebiete oder Interessen spezialisiert. Fast alle bieten Tagestouren (10–60 US$/Pers.) in und um La Paz, zum Titicasee, nach Tiwanaku und Chacaltaya oder zu anderen Zielen an. Tipps hierzu holt man sich am besten von anderen Travellern.

FESTIVALS & EVENTS

Die für Besucher interessantesten großen Festivals und Feiertage im Jahr sind Alasitas

(24. Jan.; das Festival des Überflusses) und El Gran Poder (Ende Mai/Anfang Juni). Die Fiestas Universitarias in der ersten Dezemberwoche werden begleitet von zügelloser Freude und genügend Wasserbomben, um die gesamte chilenische Marine zu versenken.

SCHLAFEN

Auf der Suche nach einer Unterkunft gehen die meisten Backpacker schnurstracks ins Zentrum von La Paz. Das Dreieck in der City zwischen den Plazas Mendoza, Murillo und 14 de Septiembre ist voller beliebter, günstiger Hostels, *residenciales* und Mittelklassehotels. Der Großteil liegt um die Sagárnaga herum sowie östlich der oberen Montes.

Das Gebiet um den Hexenmarkt (zwischen Illampu, Santa Cruz und Sagárnaga) ist Boliviens Travellerviertel Nummer Eins. Wer es nicht weit haben will zu Kinos, Restaurants und der einen oder anderen Bar, sollte sich überlegen, näher an der Sopocachi an der Plaza San Pedro zu übernachten.

Die billigsten Unterkünfte zeichnen meist Gemeinschaftsbäder, kalte Duschen, fehlende Heizung und ein ausschweifendes Partyleben aus; Letzterem wird in manchen Häusern allerdings ein Riegel vorgeschoben. Wer seinen Schlaf braucht, sollte bereit sein, ein bisschen mehr für sein Bett zu bezahlen.

Westlich vom Prado & Mariscal Santa Cruz

Hotel Continental (Karte S. 200 f.; ☎ 245-1176; hotel continental626@hotmail.com; Illampu 626; Zi. pro Pers. mit/ohne Bad 60/50 Bs) Diese schon etwas ältere 2-Sterne-Unterkunft gehört dem internationalen Jugendherbergsverband an und ist sauber, gut gelegen und bei budgetbewussten Tourgruppen sehr beliebt.

Hostal Maya (Karte S. 200 f.; ☎ 231-1970; mayahost_in@hotmail.com; Sagárnaga 339; EZ/DZ/3BZ 80/140/180 Bs, ohne Bad 55/110/150 Bs; 🖳) Sehr einfache, aber freundliche Unterkunft. Die schönsten Zimmer haben Fenster (nicht selbstverständlich hier), die zur Straße hin können recht laut sein.

Hostel Provenzal (Karte S. 200 f.; ☎ 231-0479; Murillo 1014; EZ 90 Bs, DZ 160–165 Bs) Die Zimmer hier sind schön hell, frisch und in einer schönen Umgebung gelegen und bieten gute Möglichkeiten zur Gepäckaufbewahrung. Wegen der Nähe zu Oliver's Travels (s. S. 207) kann es schon mal etwas lauter werden.

Hotel Majestic (Karte S. 200 f.; ☎ 245-1628; Santa Cruz 359; EZ/3BZ 100/220 Bs, DZ 145–160 Bs) Rosafarbene Zimmer, hübsche Parkettböden und Kabelfernsehen peppen das unauffällige, aber saubere Drumrum auf. Sehr zentral.

Hotel Fuentes (Karte S. 200 f.; ☎ 231-3966; www.hotelfuentesbolivia.com; Linares 888; EZ/DZ/3BZ 140/195/250 Bs; 🖳) Im Herzen des Touristen-Mekkas liegt dieses Hotel mit freundlichem, hilfsbereitem Management und einfachen, aber hübschen Zimmern (manche der oberen Zimmer bieten einen einmaligen Ausblick).

Estrella Andina Hotel (Karte S. 200 f.; ☎ 245-6421; www.estrellaandina.com; Illampu 716; EZ/DZ inkl. Frühstück 24/34/45 US$) Sauberes Hotel mit gutem Management und zentraler Lage. Die Zimmer zieren Wandgemälde mit andinen Motiven und Inka-Krimskrams und haben Kabelfernsehen.

Östlich vom Prado & Mariscal Santa Cruz

Hospedaje Milenio (Karte S. 200 f.; ☎ 228-1263; hospedajemilenio@hotmail.com; Yanacocha 860; Zi. 27 Bs/Pers.) Einfache Unterkunft in entspannter Atmosphäre mit freundlichem Personal. Die besten Zimmer sind im Obergeschoss und gehen nach außen (Hinweis: die meisten Einzelzimmer haben nur Fenster nach innen).

Hostal Austria (Karte S. 200 f.; ☎ 240-8540; Yanacocha 531; B/EZ/DZ/3BZ 35/45/70/105 Bs; 🖳) Etwas schäbiges, aber großes und freundliches Hostal mit kurzen Betten (einige davon in fensterlosen Zellen), grenzwertigen Gemeinschaftsbädern, warmen Duschen und Kochgelegenheit.

Hotel La Valle (Karte S. 200 f.; ☎ 245-6085, Anbau 245-6053; www.lavallehotel.com; Valle 139 & 153; EZ/DZ/3BZ 75/120/150 Bs, Anbau 50/80/110 Bs) Der sauberen Zimmer (alle mit Bad) und der fairen Preise wegen vor allem bei Einheimischen sehr beliebt. Der ältere Anbau ist sehr einfach, hat aber zweckdienliche Zimmer; die neueren, schickeren nebenan gibt's mit Kabelfernsehen und Frühstück.

Hotel Gloria (Karte S. 200 f.; ☎ 240-7070; www.hotelgloria.com.bo; Potosí 909; EZ/DZ/3BZ 320/420/490 Bs) Über dem regen Verkehr von El Prado liegt dieses Mittelklassehotel mit einer etwas eigenwilligen Einrichtung, aber auch hilfsbereitem und freundlichem Personal.

Nur der Vollständigkeit halber erwähnt:

Wild Rover (Karte S. 200 f.; ☎ 211-6903; www.wildroverhostel.com; Comercio 1476; B 40–56 Bs, DZ mit/ohne Bad 75/70 Bs)

Loki La Paz (Karte S. 200 f.; ☎ 211-9034; www.lokihostel.com; Loayza 420; B 45–55 Bs) Selbstläufer, Partygarant und Massenmagnet: In diesem Hostel ist Schlafen ein Fremdwort. Ein Wort der Warnung: Auch wenn man es noch nicht kennt, sollte man sich vielleicht dennoch direkt für eine andere Unterkunft entscheiden.

San Pedro & Sopocachi

Residencial Sucre (Karte S. 200 f.; ☎ 249-2038; Colombia 340; Zi. 40 Bs/Pers., EZ/DZ 80/120 Bs) Das Management ist hilfsbereit und die tadellosen Zimmer umgeben einen sicheren und schönen Innenhof im Kolonialstil (optimal, um das Fahrrad abzustellen).

Onkel Inn (Karte S. 200 f.; ☎ 249-0456; www.onkel-inn-highlanders.com; Colombia 257; Zi. pro Pers. 60–200 Bs, DZ 160–250 Bs; 🖳) Im internationalen Jugendherbergsverband. In super Lage zwischen San Pedro und El Prado wohnt man hier im Allgemeinen ruhig, wenngleich einige Zimmer in unmittelbarer Nähe zur hauseigenen Bar liegen. Neben Einzel- und Doppelzimmern gibt's zwei Schlafsäle, von denen der im oberen Stockwerk weniger stickig ist.

Hotel España (Karte S. 200 f.; ☎ 244-2643; 6 de Agosto 2074; EZ/DZ/3BZ 190/270/360 Bs; 🖳) Dieses Hotel im Kolonialstil erinnert ein wenig an die gute alte Großtante – ein freundliches, farbenfrohes Wesen, immer ein wenig angeschlagen. Zum Hotel gehören ein netter, sonniger Innenhof und ein günstiges Restaurant.

Rund um den Hauptbusbahnhof

Einige der besten Optionen der Stadt liegen ganz praktisch in der Nähe des Hauptbusbahnhofs.

Hostal Maximiliano (Karte S. 200 f.; ☎ 246-2318; hostalmaximiliano@yahoo.com; Inca Mayta Kapac 531; EZ ohne Bad 35 Bs, DZ 90 Bs) Eine sehr einfache, aber sichere Unterkunft, sehr praktisch nahe der Plaza San Francisco gelegen. Wer hierher kommt, verzichtet bewusst auf Action.

Hostal Tambo del Oro (Karte S. 196 f.; ☎ 228-1565; Armentia 367; EZ/DZ 70/100 Bs, ohne Bad 40/70 Bs) Das angenehm ruhige, gemütliche, im Kolonialstil gehaltene Hostal ist ein guter Deal. Die tapezierten Zimmer sind etwas heruntergekommen. Es gibt warme Duschen.

Adventure Brew Hostel (Karte S. 196 f.; ☎ 246-1614; www.theadventurebrewhostel.com; Montes 533 & 641; B 46–60 Bs, DZ/3BZ 160/210 Bs) In dieser populären Bleibe gibt's Designer-Zimmer, coole Gemeinschaftsräume, Pancakes zum Frühstück (inkl.), Grill-Sessions, eine hauseigene kleine Brauerei sowie Aktivitäten und Spaß am laufenden, ähm, Zapfhahn. Die Besitzer haben in derselben Straße ein zweites Hostel mit dem passenden Namen Adventure Brew Hostel Too eröffnet. Immer vorab reservieren!

Arthy's Guesthouse (Karte S. 200 f.; ☎ 228-1439; www.arthyshouse.tripod.com; Montes 693; Zi. 70 Bs/Pers.) Hinter einer Tür in knalligem Orange verbirgt sich diese saubere, gemütliche Unterkunft, die als „geruhsame Oase" zu Recht massenweise positives Feedback bekommt. Die freundlichen, Englisch sprechenden Besitzer tun alles, damit man sich hier wohl fühlt. Es gibt Einzel-, Doppel- und Viererzimmer mit Küchenbenutzung. Sperrstunde ist Mitternacht.

ESSEN

La Paz bietet eine Riesenauswahl an günstigen Essgelegenheiten. Von ortstypischen Gerichten bis zu Speisen im Western-Stil ist für jeden Geschmack etwas zu haben. Wer lokale Spezialitäten probieren möchte, fährt am billigsten mit den *almuerzos* (Mittagsgerichte à la carte) in den zahllosen Minirestaurants, deren Angebot auf draußen angebrachten Schiefertafeln steht. Zu den typischen Mahlzeiten gehören *lomo* (Lendenstück), *churrasco* (Steak), *milanesa* (panierte und gebratene Rinder- oder Hähnchenkoteletts) und *silpancho* (Rinderschnitzel). Die Straßenstände verkaufen ebenfalls herzhafte Bissen, und auch vegetarische Restaurants sucht man nicht vergeblich. Die Calle Sagárnaga säumen zudem eine Unmenge Cafés, die Qualität zu anständigen Preisen bieten.

Restaurants

Restaurant Laza (Karte S. 200 f.; Bozo 244; almuerzo 8 Bs) Zur Mittagszeit ist dieser Mini-Imbiss der Renner.

Coroico in Sur (außerhalb der Karte S. 196 f.; Patino 1526; almuerzo 15 Bs; ⊗ Mo–Sa mittags & abends, So nur mittags) Toll: im beschaulichen Garten gemeinsam mit Einheimischen ein typisches bolivianisches Mittagessen mit *plato paceño* verdrücken.

Paceña La Salteña (Karte S. 196 f.; 20 de Octubre 2379, Sopocachi; ⊗ 8.30–14 Uhr) Pfirsichfarbene Wände, glänzende, wachsüberzogene Vorhänge und goldfarbene Besätze geben den Mahlzeiten in dieser preisgekrönten *saltenería* einen außergewöhnlichen Touch. Vegetarische *salteñas* (gefüllte Teigtaschen) gibt's nur am Wochenende.

Restaurant Verona (Karte S. 200 f.; Colón nahe Santa Cruz; Hauptgerichte 15–20 Bs) Täglich Sandwiches, Pizzen und *almuerzos*.

Yussef (Karte S. 200 f.; Sagárnaga 380; Hauptgerichte 20–45 Bs; ⊗ mittags & abends) Billig, fröhlich und nahöstlich. Hummus, Kebabs und dergleichen bestellt man hier portionsweise.

Restaurant Paladar (Karte S. 196 f.; Guachalla 359; almuerzo Di–Fr 20 Bs, Hauptgerichte 40–60 Bs; Di–So mittags) Das hiesige brasilianische Essen, z. B. die *feijoada*, ist wärmstens zu empfehlen. Schwere Vorhänge, Kellner mit Fliege und schick gekleidete einheimische Gäste verleihen dem riesigen Restaurant einen exklusiven Charakter.

Ángelo Colonial (Karte S. 200 f.; 236-0199; Linares 922; Hauptgerichte 2,50–5 US$) In diesem sonderbaren Restaurant im Kolonialstil werden inmitten einer etwas maroden Sammlung antiquarischer Pistolen, Schwerter und Porträts hervorragende Suppen, Salate und vegetarische Lasagne serviert. Der Service ist etwas langsam.

Armonía (Karte S. 196 f.; Ecuador 2284; Buffet 25 Bs; Mo–Sa mittags) Empfehlenswertes vegetarisches All-you-can-eat-Mittagsbuffet mit vorwiegend organischen Zutaten. Über der Libería Armonia in Sopocachi gelegen.

Star of India (Karte S. 200 f.; Hauptgerichte 30–40 Bs; Mo–Fr 9–23, Sa & So 16–23 Uhr) Mit seinem britischen Besitzer könnte dieses scharfe Curry-House genauso gut in London stehen. Hier lebende Ausländer und Traveller äußern sich gleichermaßen positiv über die große Auswahl von leckerem indischem Essen und über die Lassi-Frühstücksangebote.

Restaurant Vienna (Karte S. 200 f.; 244-1660; www.restaurantvienna.com; Zuazo 1905; Hauptgerichte 30–65 Bs; Mo–Fr mittags & abends, Sa geschl., So nur mittags) Für den etwas höheren Preis bekommt man auch etwas geboten: Das Vienna hat Klasse und ist wohl das beste internationale Restaurant in La Paz.

Cafés & Auf die Schnelle

Tambo Colonial (Karte S. 200 f.; Hotel Rosario, Illampu 704; Hauptgerichte 3–6 US$; morgens & abends) Morgens gibt's ein hervorragendes fruchtlastiges Frühstücksbuffet, abends klasse Salate, Suppen und fantastisches Mousse au Chocolat.

Café Torino (Karte S. 200 f.; Hotel Torino, Socabaya 457; Snacks 5–30 Bs, almuerzo 20–30 Bs; Mo–Fr 7–23, So bis 15 Uhr;) Etwas eigenwilliges, altertümliches Café mit einer guten Auswahl von Snacks, die man zu Musik aus den 1980ern verdrückt.

Kuchen Stube (Karte S. 196 f.; Gutiérrez 461; Kuchen 8–20 Bs) Espresso, deutsche Kuchen und andere dekadente hausgemachte Leckereien.

Pepe's Coffee Bar (Karte S. 200 f.; Jimenez 894; Snacks 10–25 Bs) Zuerst dem Zauber des Hexenmarkts verfallen, dann in diesem kunstvollen Café Kaffee oder einen Fruchtsalat genießen.

Confitería Club de La Paz (Karte S. 200 f.; Ecke Camacho & Mariscal Santa Cruz; Hauptgerichte 10–30 Bs) Dieser Ort war früher als Literaten-Café und Treffpunkt der Politiker bekannt; heute überzeugt es eher mit starkem Espresso und Kuchen. Super für einen schnellen Kaffee oder eine Empanada.

Alexander Coffee & Pub (Hauptgerichte 10–40 Bs; bis 1 Uhr) Prado (Karte S. 200 f.; 16 de Julio 1832); Prado (Karte S. 200 f.; Ecke Potosí & Socabaya); Sopocachi (Karte S. 196 f.; 20 de Octubre 2463) Beliebte Cafékette mit allen möglichen Java-Kaffees, Sandwiches und Gebäck. Die Quinoa-Torte ist ein Muss!

Fridolin (Karte S. 196 f.; Av 6 de Agosto 2415; Snacks 18–60 Bs) Hier geht's österreichisch zu! Das Fridolin hat mehrere Filialen in der ganzen Stadt und ist bekannt für seine große Auswahl von *tortas* (Torten), *pastelitos* und allem, was sonst so dazugehört, vom Frühstück bis Salat.

Confitería Manantial (Karte S. 200 f.; Potosí 909; Buffet 25 Bs; Mo–Sa mittags) Im Hotel Gloria findet man diese *confitería* mit einem guten Preis-Leistungs-Verhältnis. Das vegetarische Buffet ist beliebt – auf keinen Fall später als 12.30 Uhr herkommen!

Märkte & Straßenstände

Günstige Sattmacher gibt's auf den Märkten: Hier kann man sich aus Brot und vielen landwirtschaftlichen Erzeugnissen einfach selbst ein klasse Essen zusammenstellen.

Mercado Camacho (Karte S. 200 f.; Ecke Av Simon Bolivar & Bueno) An den Ständen werden Empanadas und Hähnchen-Sandwiches verkauft, die *comedores* servieren verschiedene Tagesessen.

Der **Mercado Lanza** (Karte S. 200 f.) befindet sich in den Straßen rund um Evaristo Valle und Figueroa. Hier gibt es wahrlich alles zu kaufen. Die Hygienebedingungen im *comedor* sind eher fragwürdig, aber die vielen Fruchtsaftstände am Eingang bei Figueroa sollte man unbedingt beehren.

Der *comedor* auf dem **Mercado Uruguay** (Karte S. 196 f.) bei Max Paredes hat fertige Menüs von unterschiedlicher Qualität, aufgetischt in sehr schlichter Umgebung. Innereien und *ispi* (ähnlich wie Sardinen) gibt's für unter 8 Bs.

Selbstversorger

Für ein Picknick kann man sich im **Ketal Hipermercado** (Karte S. 196 f.; Arce nahe Pinilla, Sopocachi) eindecken, von Oliven über Käse bis zu Crackern und Bier. Ebenfalls o. k., aber viel kleiner, ist der **Ketal Express** (Plaza España). In derselben Straße wie die Kuchen Stube findet man den gut sortierten Supermarkt **Hipermaxi**.

AUSGEHEN

Es gibt unzählige günstige Kneipen, in denen die Einheimischen *singani* (destillierter Branntwein aus Trauben) trinken, *cacho* (Würfel) spielen und irgendwann umfallen. Frauen sollten sich von diesen Lokalitäten fernhalten: Selbst in Begleitung kann es Probleme geben.

Einige großartige Bars begrüßen ein gemischtes Publikum aus Travellern und Bolivianern.

Café Sol y Luna (Karte S. 200 f.; Ecke Murillo & Cochabamba) Relaxter, von einem Holländer betriebener Treff mit Cocktails, Kaffee, gelegentlicher Livemusik und Salsa-Abenden.

Mongo's (Karte S. 196 f.; Hermanos Manchego 2444; 18–3 Uhr) Ein angesagter, heißer und actiongeladener Laden, der sich hier schon jahrelang hält. Ab und an wird's hier ganz schön voll. Nach dem Essen gibt's hier Musik, dienstags ist Salsa live angesagt.

Oliver's Travels (Karte S. 200 f.; Murillo 1014) Ausländische Feierwütige, Bier, Fußball, typisches englisches Essen (auch Curry) und aktuelle Musik machen dieses Pub zur übelsten – oder besten? – Kulturerfahrung in ganz La Paz.

RamJam (Karte S. 196 f.; Medina 2421; 18–3 Uhr) In diesem trendigen Laden ist für alles gesorgt: tolles Essen und Trinken, stimmungsvolle Beleuchtung, Livemusik ... Auch vegetarische Gerichte, englisches Frühstück und Bier aus Kleinbrauereien sind zu haben. Auf ihren Ruf ist das RamJam stolz: „Kurz zum Essen kommen und viel zu lange bleiben ..."

Reineke Fuchs (Karte S. 196 f.; Jáuregui 2241; Mo–Sa ab 18 Uhr) Brauhaus in Sopocachi mit importiertem deutschem Bier, Schnaps und herzhaften Würstel-Gerichten.

Thelonious Jazz Bar (Karte S. 196 f.; 20 de Octubre 2172; Eintritt ca. 25 Bs; Mo–Sa 19–3 Uhr) Bebop-Fans lieben diese charmante, einfach gehaltene Jazz Bar wegen ihrer oft improvisierten Livemusik-Performances und der tollen Atmosphäre.

Abends treffen sich einheimische Junge und Reiche und anspruchsvolle Einwanderer in den trendigen Bars und Clubs an der 20 de Octubre in Sopocachi und weiter unten in der Zona Sur, wo an der Av Ballivián und Calle 21 Bars und Diskos im US-Stil zu finden sind. Das übliche Backpacker-Outfit (und das entsprechende Budget) reichen hier nicht aus ...

UNTERHALTUNG

Im kostenlosen, monatlich erscheinenden *Kaos* (gibt's in Bars und Cafés) sind alle Veranstaltungen in La Paz aufgelistet. Die Touristeninformationen (S. 199) und die **Casa de la Cultura** (Karte S. 200 f.; Mariscal Santa Cruz & Potosí) veröffentlichen einen kostenlosen monatlichen Kunst- und Kulturfahrplan. Das **Teatro Municipal** (Karte S. 200 f.; Ecke Sanjinés & Indaburo) wartet mit einem anspruchsvollen Programm aus Theater und folkloristischer Musik auf.

Peñas

Die so genannten *peñas*, Feste mit folkloristischer Musik, sind typisch für La Paz. Bei den meisten wird traditionelle Andenmusik vorgetragen, oft sind aber auch aufwendige Gitarren- und Gesangsstücke darunter gemischt. Tickets kosten zwischen 30 und 80 Bs und beinhalten für gewöhnlich das erste Getränk, nicht aber das Essen. In den Zeitungen finden sich Ankündigungen für kleinere *peñas* und andere Musikveranstaltungen.

El Calicanto (Karte S. 200 f.; 240-8008; Sanjinés 467; Hauptgerichte 25–50 Bs, Buffet abends 30 Bs)

Peña Parnaso (Karte S. 200 f.; 231-6827; Sagárnaga 189; Hauptgerichte 35–40 Bs, Eintritt 80 Bs; Show 20.30 Uhr)

Peña Marka Tambo (Karte S. 200 f.; 228-0041; Jaén 710; Hauptgerichte 40 Bs, Eintritt 30 Bs; Do–Sa ab 20 Uhr)

La Casa del Corregidor (Karte S. 200 f.; 236-3633; Murillo 1040; Essen & Show 80 Bs, Eintritt 25 Bs; Mo–Sa 19 Uhr–open end)

SHOPPEN

An den Straßenständen gibt es so gut wie alles billig zu kaufen, von Batterien und Filmen bis zu schwarz gebrannten Musik-CDs.

Traveller mit sehr kleinem Budget können am **Mercado Negro** (Karte S. 200 f.), einem überfüllten Labyrinth aus provisorischen Verkaufsständen, das sich über mehrere Straßenblöcke zieht, gute Schnäppchen machen. Vorsicht allerdings vor Taschendieben und seit neuestem auch vor Spuckattacken (s. Kasten S. 199)!

Die Calle Sagárnaga ist der Ort schlechthin für sowohl geschmackvolle als auch kitschige Souvenirs und CD-Läden. Auf dem nahe gelegenen **Mercado de Hechicería** (Hexenmarkt; Karte S. 200 f.) findet sich mit Sicherheit irgendwas total Abgefahrenes, z. B. verschrumpelte Lamaföten, die die Einheimischen als Glücksbringer unter den Türschwellen ihrer neuen Häuser vergraben. Mit etwas Glück bringt man einen *yatiri* (Aymara Heiler) dazu, einem aus Kokablättern die Zukunft zu lesen, meist weisen sie Ausländer allerdings zurück. Immer höflich fragen, bevor man ein Foto macht! Pullover aus Lama- und Alpakawolle, Filzhüte und andere Kleidungsstücke, die nicht nur Touristen kaufen, findet man zum kleinen Preis auf der Graneros und der Max Paredes.

Viele Künstler in La Paz haben sich neben anderen traditionellen Holzblasinstrumenten auf *quenas, zampoñas, tarkas* und *pinquillos* spezialisiert. Es gibt jede Menge Touristenschund zu kaufen, der weder qualitativ hochwertig noch schön ist. In seriösen Werkstätten bezahlt man einen Bruchteil dessen, was die Souvenirläden verlangen, und das Geld kommt direkt den Künstlern zugute. Einige Werkstätten sind mit ihren Instrumenten auch in den Läden entlang der Sagárnaga, der Linares und der Illampu vertreten.

AN- & WEITERREISE
Bus
In La Paz gibt's drei Punkte, an denen die *flotas* abfahren: den Hauptbusbahnhof, den Friedhofsbezirk und Villa Fátima. Die Fahrkartenpreise unterscheiden sich zwischen den Unternehmen kaum, der Wettbewerb sorgt aber für niedrige Preise. Während der Regenzeit kann sich die Reisezeit verlängern, wenn nicht verdoppeln, oft fällt der Bus sogar ganz aus.

HAUPTBUSBAHNHOF
Busse nach Süden, nach Osten und zu internationalen Zielen starten am Hauptbusbahnhof (Karte S. 196 f.; ☎ 228-0551; Plaza Antofagasta; Bahnhofsgebühr 2 Bs) nördlich des Stadtzentrums. Er ist zu Fuß in 15 Minuten (bergaufwärts) zu erreichen. Die Ticketpreise zwischen den Busunternehmen unterscheiden sich kaum.

Der Kasten rechts gibt annähernde Ticketpreise (einfache Fahrt) und die Fahrtdauer ab dem Busbahnhof an. Mehrmals täglich gibt's Verbindungen zwischen den großen Städten, die teureren *bus-cama* (Schlafbusse) sind für längere Nachtfahrten verfügbar.

FRIEDHOFSBEZIRK
Micros und Minibusse pendeln ständig zwischen Zentrum und *cementerio* (Friedhof). Sie fahren entweder entlang der Av Mariscal Santa Cruz oder der Av Yanacocha (*micro* 2). Tagsüber kommt man vom Friedhof am besten mit den *micros* auf der Av Baptista ins Zentrum. Nachts immer ein Taxi nehmen!

Mehrere Busunternehmen, u. a. **Trans Manco Capac** (Karte S. 196 f.; ☎ 245-9045) und **TransTurs 2 de Febrero** (Karte S. 196 f.; ☎ 245-3035) fahren zwischen 5 und 20 Uhr regelmäßig ab der José María Aliaga bei der Plaza Felix Reyes Ortíz (Plaza Tupac Katari) nach Copacabana (15–20 Bs, 3–3½ Std.). Für 25 bis 30 Bs lohnt es sich, einen komfortableren Touristenbus zu nehmen, der die Fahrgäste am Hotel abholt. Von Copacabana aus fahren viele *micros* und Minibusse nach Puno (30 Bs, 3–4 Std.).

Zwischen 5 und 18 Uhr fährt **Autolíneas Ingavi** (Karte S. 196 f.; José María Asín) alle 30 Minuten über Tiwanaku (10 Bs, 30 Min.) nach Desaguadero (10 Bs, 2 Std.). Ganz in der Nähe befindet sich **Trans-Unificado Sorata** (Karte S. 196 f.; ☎ 238-1693; Ecke Kollasuyo & Bustillos), das täglich zwei Busse nach Sorata (20 Bs, 4½ Std.) schickt. Am Wochenende ist in den Bussen eine Reservierung nötig, Tickets also früh buchen. Eine schöne Aussicht hat man von den Plätzen auf der linken Seite.

VILLA FÁTIMA
Villa Fátima erreicht man am besten mit einem *micro* oder einem Minibus ab dem Prado oder der Av Camacho. Die Minibusse von **Flota Yungueña** (☎ 221-3513) nach Coroico (15–25 Bs, 3 Std.) fahren an der ehemaligen Tankstelle *ex-surtidor* ab. Diese *flota* hat ein zweites Büro an der Las Américas 341, gleich nördlich der einstigen Tankstelle, wo auch Busse nach Rurrenabaque (50–80 Bs, 18–20 Std.) starten. Die nahe gelegenen **Trans Totaí** (San Borja) und **Trans San Bartolomé** (☎ 221-1674) fahren Chulumani (15–20 Bs, 4 Std.) an – in der Regenzeit ein Horrortrip. Es gibt auch

BUSPREISE

Ziel	Preis (Bs)	Dauer (Std.)
Arica, Chile	100–150	8
Cochabamba	45–90	7–8
Cuzco, Peru	100–150	12–17
Iquique, Chile	150–200	11–13
Oruro	15–45	3–4
Potosí	52–80	11
Puno, Peru	50–80	8
Santa Cruz	170	16
Sucre	70–135	14
Tarija	90–180	24
Tupiza	115	20
Uyuni	90	13
Villazón	115–140	23

Busse nach Guayaramerín (160–180 Bs, 35–60 Std.), Riberalta (140 Bs, 35–60 Std.) und Cobija (180 Bs, 50–80 Std.).

Flugzeug

Der **El Alto International Airport** (LPB; ☎ 281-0240) gibt telefonisch Auskunft zu allen Flügen. Fluggesellschaften mit Büros in La Paz sind z. B.:

AeroSur (Karte S. 200 f.; ☎ 244-4930; www.aerosur.com; Edificio Petrolero, Av 16 de Julio 1616)
Amaszonas (☎ 222-0848; Saavedra 1649, Miraflores)
American Airlines (Karte S. 200 f.; ☎ 237-2009; www.aa.com; Edificio Hernann, Plaza Venezuela 1440)
LAN Airlines (Karte S. 200 f.; ☎ 235-8377; www.lan.com; Edificio Ayacucho, Av 16 de Julio 1566, Suite 104)
Taca (Karte S. 200 f.; ☎ 215-8202; www.taca.com; Edificio Petrolero, Av 16 de Julio 1616)
TAM Mercosur (☎ 244-3442; Gutiérrez 2323)
Transportes Aéreos Militares (TAM; Karte S. 200 f.; ☎ 268-111, 277-5222; Montes 738)

Die Preise für Inlandsflüge variieren zwischen den verschiedenen Airlines kaum, TAM ist manchmal billiger. Die meisten Reisebüros verkaufen die Tickets für Inlandsflüge zum gleichen Preis wie die Fluggesellschaften. Die Preise im folgenden Flugplan (Änderungen vorbehalten) gelten jeweils nur für den Hinflug. Viele Flüge innerhalb des Landes sind keine Direktflüge, sondern legen oft gleich mehrere Zwischenstopps ein, um neue Passagiere einzusammeln, und viele Teilstrecken sind kürzer als eine Stunde. Manche Ziele, vor allem die Beni-Region, können während der Regenzeit nicht angeflogen werden.

Cobija 956 Bs, 2-mal tgl. mit Aerocon (via Trinidad), 3-mal wöchentl. mit AeroSur, 4-mal wöchentl. mit TAM.
Cochabamba 340–386 Bs, 3-mal tgl. mit AeroSur und 3-mal wöchentl. mit TAM.
Guayaramerín 1174 Bs, 2-mal tgl. mit AeroSur, 2-mal tgl. mit Aerocon (über Trinidad), 1 Direktflug tgl. mit Aerocon.
Puerto Suarez 814–1373 Bs, tgl. Flüge mit Aerocon (über Santa Cruz), 2-mal wöchentl. mit AeroSur (via Trinidad) und 3-mal tgl. mit TAM (über Cochabamba und Santa Cruz).
Riberalta 949–1174 Bs, 3-mal tgl. mit AeroSur (über Trinidad), 6-mal wöchentl. mit Amaszonas (über Trinidad), 5-mal wöchentl. mit TAM (über Cochabamba und Trinidad) und 2-mal tgl. mit Aerocon (über Cochabamba und Trinidad).
Rurrenabaque 420–525 Bs, 4-mal tgl. mit Amaszonas und 5-mal wöchentl. mit TAM.
San Borja 645–856 Bs, 2-mal tgl. über Rurrenabaque und 2-mal tgl. über Trinidad mit Amaszonas, 6-mal wöchentl. über Rurre mit Aerocon.
Santa Cruz 699–856 Bs, 2- bis 4-mal tgl. mit AeroSur, 5-mal wöchentl. mit TAM (über Cochabamba) und 2-mal tgl. mit Aerocon (über Trinidad).
Sucre 420–553 Bs, tgl. Direktflüge mit AeroSur, 5-mal wöchentl. mit TAM.
Tarija 783–863 Bs, tgl. mit AeroSur (manche mit Zwischenstopp), 2 Direktflüge wöchentl. mit TAM.
Trinidad 469–535 Bs, 4-mal tgl. mit Amazonas/Aerocon und 5-mal wöchentl. mit TAM.
Yacuiba 868 Bs, 2-mal wöchentl. mit TAM (über Cochabamba und Tarija).

UNTERWEGS VOR ORT

Das System der öffentlichen Verkehrsmittel in La Paz ist sehr gut. Fahrten mit den großen Bussen und *micros* kosten im Zentrum 1 Bs. Busse, *micros* und Minibusse haben an der Windschutzscheibe Schilder, auf denen die Route steht, die Fahrer der Minibusse rufen die Ziele außerdem unaufhörlich, nervtötend und sehr laut aus. *Trufis* sind Sammeltaxis, die eine bestimmte Route fahren; pro Person kostet das im Zentrum 3 Bs und zur Zona Sur 4 Bs. Alle diese Fahrzeuge halten auf Handzeichen hin überall an, außer in den von der Polizei abgesperrten Zonen.

Radiotaxis, die telefonisch bestellt oder auf der Straße angehalten werden können, kosten im Zentrum etwa 4 Bs, von Sagárnaga nach Sopocachi oder von Sopocachi zum Friedhofsbezirk 8 bis 10 Bs (zu Stoßzeiten mehr) und zur Zona Sur 15 bis 20 Bs. Die Preise gelten für bis zu vier Fahrgäste, Abholung (wenn nötig) inbegriffen. Nach 23 Uhr steigen die Preise geringfügig.

RUND UM LA PAZ

TIWANAKU

Tiwanaku ist Boliviens bedeutendste archäologische Stätte. Sie liegt 72 km westlich von La Paz an der Straße zum peruanischen Grenzübergang in Desaguadero.

Über das Volk, das dieses großartige Zeremonialzentrum am Südufer des Titicacasees erbaut hat, ist wenig bekannt. Archäologen sind sich gemeinhin einig, dass der Aufstieg der Zivilisation, die Tiwanaku hervorbrachte, um etwa 600 v. Chr. anzusiedeln ist. Nach 1200 n. Chr. verlieren sich die Spuren dieser Kultur, Belege für ihren Einfluss gibt's jedoch im gesamten Gebiet des späteren Inkareichs.

Über die Stätte verstreut liegen einige über 130 t schwere Megalithen, die Ruine einer

Pyramide und die Überreste einer Plattform, die für Rituale benutzt wurde. Vieles hier wurde nicht immer ganz authentisch wieder aufgebaut, und Traveller, die gerade aus Peru kommen, könnten enttäuscht sein. Zu den Highlights gehören das neue **Museo Litico Monumental** (Eintritt 10 Bs; 9–17 Uhr), das Funde aus der frühesten Epoche der Tiwanaku und die laufenden Ausgrabungen am **Puma Punku** (Tor des Pumas) zeigt. Um die Geschichte Tiwanakus besser verstehen und wertschätzen zu können, sollte man sich einen Führer nehmen. Derzeit findet ein großes Forschungs- und Ausgrabungsprojekt statt, daher sind einige der wichtigsten Abschnitte zeitweise nicht zugänglich.

Tiwanaku liegt auf dem Weg zwischen La Paz und dem peruanischen Puno (über Desaguadero), die meisten Traveller ziehen es aber vor, von La Paz aus über den Titicacasee (S. 219) nach Puno zu fahren und Tiwanaku im Rahmen eines Tagesausflugs von La Paz zu besichtigen. **Autolíneas Ingavi** (Karte S. 196 f.; José María Asín, La Paz) schickt acht Busse täglich nach Tiwanaku (10 Bs, 1½ Std.), gleiches gilt für **Trans Tiwanaku** auf der José Aliago (10 Bs, 2 Std.); für den Rückweg nach La Paz einen Bus an der Straße anhalten (vermutlich gibt's dann nur noch Stehplätze). An der Plaza des Dorfes fahren auch Minibusse ab. Wenn diese noch nicht voll sind, sammeln sie manchmal auch am Eingang des Museums noch Passagiere ein. Mehrere Reisebüros in La Paz (S. 198) bieten für 10 bis 20 US$ geführte Touren nach Tiwanaku mit Transport und zweisprachigem Führer an.

DIE CORDILLERAS & DIE YUNGAS

Zwei Sinnbilder Südamerikas treffen in dieser großartig vielfältigen Gegend aufeinander: der Regenwald im Amazonasgebiet und die Gipfel der Anden. Die Yungas – wunderschöne subtropische Täler mit steilen, von Wäldern bewachsenen Berghängen, die in feuchte, wolkenverhangene Schluchten abfallen – bilden eine natürliche Grenze zwischen dem *altiplano* und dem Amazonas. Hier befindet sich auch eine Reihe afro-bolivianischer Siedlungen. Es werden tropische Früchte, Kaffee und Koka angebaut und das Klima ist das ganze Jahr über mild; zu jeder Jahreszeit können dunstige Wolken Regen bringen. Aus diesen nebelverhangenen Tiefen erheben sich die beinahe vertikal aufsteigenden Hänge der Cordillera Real nordöstlich von La Paz und der Cordillera Quimsa Cruz im Süden.

COROICO

02 / 4500 Ew.

Auf einer Höhe von 1500 bis 1750 m schmiegt sich Coroico, Boliviens Garten Eden, an die Hänge des Cerro Uchumachi (2548 m). Der im Tiefland gelegene Ort ist Rückzugsort für *paceños* (Einwohner von La Paz) aus der Mittelschicht, Enklave einiger weniger europäischer Einwanderer und beliebter Ausgangspunkt für kurze Wanderungen in die Umgebung. Viele, die hier gestrandet sind, fanden es hier so idyllisch, dass sie sich nicht wieder loseisen konnten.

Orientierung & Praktische Informationen

Coroico ist vom Verkehrsknotenpunkt Yolosa 7 km entfernt, einen Hügel hinauf. Auf der Plaza befindet sich eine **Touristeninformation** (7401-5825; 8–20 Uhr) und am Busbahnhof gibt's einen kleinen Infostand. Die Touristeninformation kann auch Führer für Wanderungen in der Umgebung besorgen. Im Internet ist www.coroi.co.cc eine gute Quelle.

Únete (Plaza García Lanza; 10–22 Uhr) bietet für 3 Bs pro Stunde die zuverlässigste Internetverbindung im Ort.

Geldautomaten für ausländische Karten sucht man in Coroico vergeblich. **Prodem** (Plaza García Lanza; Di–Fr 8.30–12 & 14.30–18, Sa & So 8.30–16 Uhr) tauscht US-Dollar zu einem fairen Kurs und verlangt für eine Barauszahlung 5 % Kommission.

Sehenswertes & Aktivitäten

Ein einfacher, 20-minütiger Fußmarsch führt einen hoch nach **El Calvario**, von wo aus man eine schöne Aussicht hat, und ein Pilgerweg führt zu einem Grashügel und einer **Kapelle** (bergaufwärts in Richtung des Hotels Esmeralda gehen). Bei El Calvario liegen die startpunkte für zwei gute Wanderungen: Der Weg linkerhand führt zu den **Cascadas**, drei Wasserfälle 5 km (2 Std.) hinter der Kapelle, rechts geht's hoch zum **Cerro Uchumachi** (hin & zurück 5 Std.), der einen atemberaubenden Blick über das Tal eröffnet.

Bei **El Relincho** (7192-3814), zwischen den Hotels Esmeralda und Sol y Luna gelegen und vom Ort aus zu Fuß in zehn Minuten bergauf zu erreichen, können Pferde geliehen werden für 50 Bs pro Stunde (mit Führer). Eine zweitägige Campingtour um den Uchumachi inklusive Führer kostet 700 Bs.

Das freundliche **Cross Country Coroico** (☎ 7127-3015; www.mtbcoroico.co.cc; Pacheco 2058) bietet Tagestouren mit dem Mountainbike für alle Schwierigkeitsstufen an. Die Preise beginnen bei 280 Bs pro Person (inklusive Führer und Lunchpaket). Leser haben berichtet, dass die Touren zwar teilweise etwas unorganisiert im Statten gehen, die Atmosphäre dafür aber sehr angenehm ist. **Gravity Assisted Mountain Biking** (S. 202) aus La Paz war zur Zeit der Recherche dabei, in Yolosa in der Umgebung von Coroica eine Filiale zu eröffnen. Mehr Infos gibt's auf der Website www.ziplinebolivia.com. **Siria León** (☎ 7195-5431; siria_leon@yahoo.com; Manning s/n) hat gute Spanischkurse (35 Bs/Std.) im Angebot.

Schlafen

An den Wochenenden um die Feiertage herum verdoppeln sich die Preise schon mal und die Hotels sind an den Wochenenden zwischen Juni und August oft ausgebucht. Unter der Woche und bei längerem Aufenthalt kann man gute Angebote aushandeln. Es gibt noch viel mehr Unterkünfte als die hier aufgeführten, die meisten von ihnen haben auch ein Restaurant.

Hostal Sol y Luna (☎ 7156-1626, in La Paz 244-0588; www.solyluna-bolivia.com; Camping 20 Bs, EZ/DZ 110/160 Bs, ohne Bad 70/120 Bs, Apt. od. Cabaña EZ/DZ 110/160 Bs; 🏊) An einem dicht bewachsenen Hügel östlich des Ortes liegt dieses wunderschöne, ausländerfreundliche Juwel, das zu Fuß in 20 Minuten zu erreichen ist (Taxi 12 Bs). Es gibt malerische Zeltplätze, *cabañas* (Hütten) für Selbstversorger, Appartements und gemütliche Zimmer mit Gemeinschaftsbad. Weitere Pluspunkte sind das Restaurant mit einer Auswahl vegetarischer Gerichte, die Möglichkeit zum Büchertausch, Shiatsu-Massagen, zwei Pools und der Whirlpool aus Schiefer.

Hostal de la Torre (☎ 289-5542; Cuenca s/n; Zi. 25 Bs/Pers.) Coroicos günstigste annehmbare Unterkunft ist sonnig und sauber. Zur Zeit der Recherche sollte bald ein moderner Block von Mini-Appartements fertig gestellt werden (für bis zu 5 Pers. 250 Bs).

Hostal El Cafetal (☎ 7193-3979; danycafetal@hotmail.com; Miranda s/n; Zi. 35 Bs/Pers.; 🏊) Eine Unterkunft der Superlative mit tollem Ausblick, dem angeblich besten Essen Boliviens und einem Pool in einem grünen Garten. Von der Plaza aus immer der Nase (und den Schildern) nach!

Hostal 1866 (☎ 7159-5607; Cuenca s/n; Zi. pro Pers. mit/ohne Bad 60/35 Bs) Der Stil dieses interessanten Gebäudes ist eine Mischung aus mittelalterlich und maurisch. Die innen liegenden Zimmer haben keine Fenster und wirken etwas schäbig, die Zimmer mit Bad sind allerdings geräumig, hell und luftig.

Hotel Esmeralda (☎ 213-6017; www.hotel-esmeralda.com; Suazo s/n; Zi. 100 Bs/Pers., mit Balkon 90 Bs, ohne Bad 50 Bs, Suite 150 Bs; 💻 🏊) Hier kann man aus zahlreichen Zimmern wählen. Die billigsten sind winzig und dunkel und haben Gemeinschaftsbäder, die schöneren Suiten bieten Balkons mit Hängematten. Es gibt Billard, eine Wäscherei und ein Restaurant mit Buffet. Ein paar Leser haben berichtet, dass der Service in letzter Zeit nachlässt.

Hostal Kory (☎ 7156-4050; Kennedy s/n; EZ/DZ 60/100 Bs; 🏊) Schon seit Längerem begrüßt dieses einfache, günstige Hostal südwestlich der Plaza Gäste. Der Ausblick ist fabelhaft, der Pool groß und das Essen im Restaurant annehmbar (wenn auch immer etwas wenig).

Hotel Don Quijote (☎ 213-6007; Iturralde s/n; EZ/DZ 80/150 Bs; 🏊) In zehn Minuten ist man von der Plaza ganz locker an dieser sympathischen Unterkunft, in der wegen des schönen Pools auch viele bolivianische Familien anzutreffen sind. Kostenloser Abholservice von der Plaza.

Essen & Ausgehen

In Coroico ist die Auswahl von Essensoptionen ganz passabel. Man vergisst manchmal, in welchem Land man sich gerade befindet. Rund um die Plaza gibt's einige günstige Möglichkeiten mit einheimischem Publikum sowie Pizzerien. Die hier lebenden freiwilligen Helfer schwören auf die **Pizzeria Italia** auf der Ortíz, die unter den vielen mittelmäßigen Optionen die beste sein soll.

La Senda Verde (Ortíz; Snacks 5 Bs) In einem Hinterhof gelegenes Café mit echtem bolivianischem Kaffee aus dem nahe gelegenen Yolosa und gutem Frühstück.

Villa Bonita (Héroes del Chaco s/n; Hauptgerichte 12–30 Bs; ⏰ 10–18 Uhr) Das reizende Gartencafé serviert 600 m außerhalb des Ortes leckeres hausgemachtes Eis, Sorbets und eine riesige Auswahl vegetarischer Gerichte.

Luna Llena (Hauptgerichte 15–35 Bs) Doña María führt dieses kleine, zum Hostal Sol y Luna gehörende Restaurant unter freiem Himmel mit mütterlicher Fürsorge. Für das indonesische Buffet (35 Bs/Pers., für 8–20 Pers.) muss einen Tag im Voraus reserviert werden.

El Cafetal (Miranda s/n; Hauptgerichte 15–40 Bs) Eine kulinarische Goldmedaille verdient dieses von Franzosen geführte Restaurant. Die phänomenalen Salate, Crêpes und Currygerichte sowie die fröhliche Atmosphäre belohnen für die Strapazen des 15-minütigen Fußmarschs von der Plaza den Hügel hinauf.

Back-Stube Konditorei (Kennedy s/n; Hauptgerichte 22–40 Bs) Ausgezeichnetes Frühstück, verführerische Kuchen und Backwaren und ein denkwürdiger Sauerbraten mit Spätzle.

Einen oder zwei Drinks bei Kerzenschein gönnt man sich in **Bamboo's Café** (Iturralde 1047; Hauptgerichte 20–40 Bs), das auch preiswertes mexikanisches Essen – Achtung: scharf! – serviert.

Für Billard- und Happy-Hour-Fans ist die **Bar Mosquito** (Sagárnaga s/n; ab 18 Uhr) die richtige Adresse.

An- & Weiterreise

Einst war die „World's Most Dangerous Road" (s. S. 203) die Verbindungsstraße zwischen La Paz und Coroico. Mittlerweile wurde sie durch eine neue, komplett asphaltierte Straße ersetzt, die allerdings schon von mehreren Erdrutschen teilweise verschüttet und beschädigt wurde. Aus Fátima in La Paz fahren stündlich (7.30–20.30 Uhr) Busse und Minibusse (20 Bs, 3½ Std.) nach Coroico. Sie machen Halt in Yolosita, wo es Anschlussbusse und *camiones* in das nördlich gelegene Rurrenabaque (100 Bs, 15–18 Std.) und weiter in den bolivianischen Teil Amazoniens gibt.

In Coroico fahren die Busse vom Busbahnhof in der Av Manning ab. Entweder geht man den steilen Weg von der Plaza zu Fuß nach oben oder man nimmt sich für 5 Bs ein Taxi.

Turbus Totaí bietet vom Busbahnhof aus einen bequemen Taxiservice nach La Paz an; Abfahrt, sobald das Taxi voll ist (20 Bs, 2 Std.).

Der schnellste Weg nach Chulumani führt zurück über La Paz, denn in Unduavi, wo die Straße nach Chulumani kreuzt, haben nur wenige der durchfahrenden Minibusse noch Plätze frei.

CHULUMANI

☎ 02 / 3000 Ew.

In diesem beschaulichen Ort, der von den üblichen Touristenpfaden weit entfernt ist, endet der Yunga-Cruz-Trek (S. 213). Die Hauptstadt der Provinz Sud Yungas befindet sich inmitten eines Kokaanbaugebiets.

Das hiesige Touristenbüro befindet sich in einem Stand auf der Plaza, die Öffnungszeiten sind jedoch undurchschaubar. Es gibt keine Geldautomaten, aber die Banco Unión tauscht Reiseschecks gegen eine Kommission von 5 % und Prodem tauscht US-Dollar und ermöglicht (gegen eine Gebühr von 5 %) Kontoabhebungen mit Kreditkarte. Das Cotel-Büro auf der Plaza Libertad ist einer von vielen Telefonläden. Die Internetverbindung in Chulumani ist unzuverlässig; wenn sie gerade funktioniert, ist **Enternet** (Sucre s/n) eine gute Wahl.

Eine tolle Aussicht gibt's vom **Mirador**, zwei Häuserblöcke südlich der Plaza gelegen. Der Englisch sprechende Besitzer des Country House (S. 212) ist voller guter Ideen zum Thema Wandern, Radfahren, Tubing (Rafting in einem Gummireifen) und Campen außerhalb des Ortes. Ein interessanter Tagesausflug führt in die **Apa-Apa Reserva Ecológica** (☎ 213-6106; apapayungas@hotmail.com; Zi. 50 Bs/Pers., Camping Grundgebühr 70 Bs, pro Pers. & Nacht 15 Bs;), ein Nebelwald 8 km außerhalb des Ortes mit vielen Vögeln und einer abwechslungsreichen Flora. Übernachten kann man in der schönen, historischen Hacienda oder auf dem gut ausgestatteten Campingplatz darüber. Das Management des Schutzgebiets veranstaltet vierstündige, geführte Waldwanderungen (50 Bs/Pers., insgesamt mind. 200 Bs) und betreibt ein Café. Ein Taxifahrt von Chulumani hierher kostet 15 Bs.

Schlafen & Essen

Hostal Dion (☎ 213-6070; Bolívar s/n; Zi. 70 Bs/Pers., ohne Bad 50 Bs) In den Übernachtungspreisen dieses freundlichen, sauberen und gut geführten Hostal gleich abseits der Plaza ist ein einfaches Frühstück inbegriffen.

LP Tipp Country House (Tolopata 13; Zi. 70 Bs/Pers.;) Am Schönsten ist eine Übernachtung in Javier Sarabias uriger Pension, zu Fuß in zehn Minuten von der Plaza aus erreichbar. Es gibt einen Pool mit mineralienreichem Wasser, großartige Frühstücksangebote, eine gemütliche Bar und (auf Anfrage) leckere Gerichte. Die Besitzer können Ausflüge jeglicher Art in die Umgebung organisieren.

El Castillo (☎ 235-9881; www.hotelcastilloloro.com; Zi. 150 Bs/Pers.;) Auf 1934 m Höhe liegt dieses einzigartige, zum Hotel und Restaurant umfunktionierte Schloss an der Straße nach Chulumani, direkt am Fluss. Der Pool, die Wasserfälle und das subtropische Klima hier laden zu einem Wochenendausflug ein.

Günstig essen kann man bei **Snack San Bartolomé** auf der Plaza (z. B. gebratenes Hähnchen) oder in den einfachen *comedores* bei der *tranca*. Die besten *almuerzos* für nur 10 Bs gibt's bei **El Mesón** (Plaza Libertad s/n) und bei **Conny** (Sucre s/n), wo man in einem hübschen Speiseraum mit schönem Ausblick sitzen kann, auch abends. Das **Restaurant Chulumani** findet sich ebenfalls an der Plaza; hier speist man auf einer Terrasse oben.

An- & Weiterreise

Von Villa Fátima in La Paz, um die Ecke von San Borja und der 15 de Abril, bringen einen zwischen 8 und 16 Uhr mehrere Anbieter nach Chulumani (25 Bs, 4 Std.; Abfahrt, sobald das Fahrzeug voll ist). In Chulumani warten die Busse Richtung La Paz an der *tranca*. Offiziell gibt's vor 10 und nach 16 Uhr mehrere Fahrten, diese werden aber häufig gestrichen. Tickets vorab kaufen – wenn das Unternehmen, das die Fahrkarte ausgestellt hat, nicht fährt, kann man sie für die anderen Busse verwenden.

Um nach Coroico zu kommen, ist auch der Weg über Coripata eine Möglichkeit: den Bus nach La Paz nehmen und gleich an der Kreuzung hinter Puente Villa, bei Km 93, aussteigen. Ab hier fahren Busse oder *camiones* nach Coripata, und von dort geht's weiter nach Coroico (auf eine laaangen, staubigen Weg).

WANDERN IN DEN CORDILLERAS

Zwischen dem *altiplano* und den Yungas gibt's gleich mehrere lohnende Wanderstrecken, von denen der **Choro** (von La Cumbre nach Coroico, 70 km), der **Takesi** (Taquesi; 45 km) und der **Yunga Cruz** (114 km) mit die beliebtesten sind. Die zwei- bis viertägigen Wanderungen beginnen alle mit einem kurzen Anstieg und führen dann von spektakulären Hochgebirgslandschaften talwärts, hinein in die üppige Vegetation der Yungas. In dieser Region befindet sich auch der **Huayna Potosí** (6088 m), der beliebteste der größeren, bezwingbaren Berge; diesen Gipfelsturm bieten viele Reisebüros in La Paz an (s. S. 198).

In der Trockenzeit (Mai–Sept.) lassen sich die Wanderungen am besten realisieren. Sicherheit ist jedoch immer ein Problem und es gibt Berichte über unschöne Vorkommnisse. Am besten vor dem Start die Situation vor Ort überprüfen und lieber nicht alleine wandern. Viele Touranbieter in La Paz haben die genannten Treks als Zwei- bis Dreitagestouren für etwa 60 bis 190 US$ im Programm. Wer die Preise zu drücken versucht, verschlechtert oft die Servicequalität und muss Parkeintritt, Träger und den Transport selbst bezahlen. Wanderer sollten die *Alpenvereinskarte Cordillera Real Nord* (Illampu) 1 : 50 000 bei sich tragen; man bekommt sie in Buho's Internet Café in Sorata (am Südende der Plaza).

SORATA

☎ 02 / 2500 Ew.

Sorata ist einer der Orte, die auch den hartgesottensten Hooligan dazu bringen, Yogaübungen zu machen. Der Ort liegt umgeben von grünen Bergen am Zusammenfluss des Río San Cristobal und des Río Challa Suya. Seine bezaubernde Schönheit und Ruhe locken Touristen an, die ihre Ruhe haben wollen, aber auch Bergsteiger und Wanderer, die auf den nahegelegenen, schneebedeckten Gipfeln des Illampu (6362 m) und Ancohuma (6427 m) auf Abenteuer aus sind. Sonntags bringen Jeeps und Busse Scharen von Einheimischen zum Markt. Am Dienstag bleiben viele Geschäfte geschlossen.

Aktivitäten

SPAZIERGÄNGE

Interessanter als die **Gruta de San Pedro** (Eintritt 5 Bs; ⊗ 8–17 Uhr) selbst ist die 12 km lange Wanderung dorthin, ein vierstündiger Rundweg von Sorata aus (Taxi 30 Bs); Wasser und Snacks nicht vergessen! Die Gemeinde San Pedro (☎ 238-1695) organisiert Höhlenbesichtigungen und kann unter Umständen auch den Transport veranlassen. Außerdem betreibt sie zwei schlichte *albergues*, in denen man übernachten kann.

WANDERN

Hochsaison für Gipfelstürmer ist von Mai bis September. Ehrgeizige Abenteurer können sich an den siebentägigen **El-Camino-del-Oro-Trek** wagen, der auf einer ehemaligen Handelsroute zwischen dem *altiplano* und den Goldfeldern des Río Tipuani verläuft. Ein paar Alternativen: der steile Anstieg zur **Laguna Chillata**, eine lange Tageswanderung auf mehreren möglichen Strecken (am besten engagiert man dafür einen Führer, denn der See ist erst zu sehen, wenn man direkt davor steht); die zwei- bis dreitägiger Wanderung in großer Höhe zur **Laguna Glacial** (5100 m); die anspruchsvolle fünftägige **Mapiri-Route** oder der siebentägige **Illampu-Rundweg**, einer der besten Treks überhaupt, auf dem es allerdings in letzter Zeit immer wieder Zwischenfälle gegeben hat – man sollte diese Wanderung daher nur mit einem gut informierten Führer wagen.

Die **Sorata Guides & Porters Association** (☎ /Fax 213-6672; guiasorata@hotmail.com; Sucre 302) hilft bei der Organisation vieler verschiedener Wanderungen und verleiht auch die Ausrüstung dazu. Pro Tag ist mit etwa 200 Bs pro Führer zu rechnen, hinzu kommt die Verpflegung für sich selbst und ihn. Für weitere 40 Bs kann man noch ein Maultier mitnehmen.

MOUNTAINBIKE FAHREN

Andean Epics Ride Company (☎ 7127-6685; www.andeanepics.com; im Lagunas) bietet zwischen April und Dezember eine Reihe richtig guter Touren sowohl für Anfänger als auch für Fortgeschrittene rund um Sorata an. Wo sonst auf der Welt kann man auf Wegen aus der Zeit von den Inka fahren, bis auf 6000 m Höhe hinaufstrampeln und dann Tausende Meter talwärts rasen? Für längere Fahrten müssen mindestens vier Personen zusammenkommen, die Preise liegen zwischen 350 und 500 Bs pro Fahrt. Das Topevent ist eine Bike-Boot-Tour der Extravaganz, in fünf Tagen von Sorata nach Rurrenabaque: Zwei Tage wird Rad gefahren, drei Tage verbringt man, unterbrochen von kleinen Wanderausflügen an Land, auf dem Boot (1400 Bs, alles inkl., Abfahrt Mo). Mountainbike-Guru und Firmeninhaber Travis baut immer neue Downhill-Strecken und sucht nach neuen Routen.

Schlafen

Altai Oasis (☎ 7151-9856; www.altaioasis.lobopages.com; Camping 12 Bs; EZ/DZ 70/100 Bs, ohne Bad 40/70 Bs, Hütte für 2–5 Pers. 300–420 Bs; 🐾) Wunderschöner, an einem Fluss gelegener Rückzugsort mit üppiggrünem Garten, Hängematten, Aras in Käfigen, Café-Restaurant auf dem Balkon und mehreren Unterbringungsoptionen. Den Pfad hinunter zum Fluss, vorbei am Fußballfeld nehmen, hoch zur Straße und noch vor dem Café Illampu wieder links abbiegen.

Residencial Sorata (☎ 279-3459; Zi. pro Pers. 30–70 Bs) In diesem weitläufigen kolonialzeitlichen Gebäude am nordöstlichen Ende der Plaza geht es sehr freundlich zu. Die neuen Zimmer haben eigene Bäder und der Garten ist natur-belassen. Der Manager Louis gibt wunderbare Wandertipps.

Hotel Santa Lucia (☎ 213-6686; Zi. pro Pers. mit/ohne Bad 70/40 Bs) Der freundliche Besitzer dieses sympathischen, hellgelben Hotels mit tapezierten Zimmern tut alles, damit sich seine Gäste wohl fühlen. Es stehen Waschbecken für Handwäsche zur Verfügung.

Hostal Panchita (☎ 213-4242; EZ/DZ 50/70 Bs) An der Südseite der Plaza findet man einen sauberen Hof und großzügige Zimmer mit eigenem oder Gemeinschaftsbad. Das Café-Restaurant dieser angenehmen Unterkunft tischt die wohl beste Pizza im Ort auf.

Hostal Mirador (☎ 289-5008; hostellingbolivia@yahoo.com; Muñecas 400; EZ/DZ 50/80 Bs) Zu den Vorzügen des Mirador gehören eine Sonnenterrasse, ein Café, annehmbare Zimmer und ein wunderschöner Ausblick hinunter ins Tal. HI-Mitglieder schlafen 10 % günstiger.

Hostal Las Piedras (☎ 7191-6341; Ascarrunz s/n; Zi. 50 Bs/Pers., EZ/DZ 100/140 Bs) Das schönste Hostal in Sorata! Die schönen Zimmer tragen die Namen von Edelsteinen, manche davon blicken aufs Tal. Der 10-minütige Fußmarsch dorthin führt von der Plaza aus über die unbefestigte Ascarrunz vorbei am Fußballfeld.

Hotel Paraíso (☎ 213-6671; Villavicencio s/n; Zi. 60 Bs/Pers.) Sehr zentral gelegen mit einem hellen Hof voller Blumen, mehreren Dachterrassen mit schöner Aussicht und guten Zimmern mit Bädern.

Essen & Ausgehen

Kleine, günstige Restaurants rund um den Markt und die Plaza verkaufen günstige und sättigende *almuerzos*.

Die zentrale Plaza sollte eigentlich in Plaza Italia umbenannt werden, so viele (fast identische) Pizzerien gibt's dort – ach ja, und einen Mexikaner.

Café Illampu (Snacks 10–20 Bs; ⊙ Di geschl.) Das ruhige, von einem Schweizer Meisterbäcker betriebene Café liegt an der Straße nach San Pedro. Es zaubert guten Kaffee, Sandwiches mit hausgemachtem Brot und klasse Kuchen.

El Ceibo (Muñecas 339; Hauptgerichte 15–25 Bs) Eines von vielen einfachen bolivianischen Lokalen, die typische einheimische Gerichte in ordentlichen Portionen auftischen.

Pete's Place (Esquivel s/n; almuerzo 15 Bs, Hauptgerichte 15–40 Bs) Hier gibt's aktuelle Wandertipps zum großartigen Essen, u. a. eine leckere Auswahl von Gemüse und internationalen Gerichten. Den Schildern an der Plaza folgen.

Altai Oasis (Hauptgerichte 20–50 Bs) Das Restaurant auf dem Balkon des Altai Oasis Hotel serviert Kaffee, Getränke, Steaks (sein Markenzeichen), vegetarische Leckereien und Osteuropäisches wie Borscht und Gulasch. Als Beilage gibt's immer einen schönen Blick aufs Tal.

Im **Lagunas** bekommt man in kosmopolitischer Atmosphäre Bier, Cocktails, selbstgemachten Likör und vegetarische Gerichte.

An- & Weiterreise

Sorata liegt weit entfernt von den anderen Ortschaften der Yungas und es gibt keine direkten Verbindungen nach Coroico.

An der Ecke Manuel Bustillos/Angel Babaia in La Paz starten **Trans Unificado Sorata** (☎ 238-1693) und **Perla del Illampu** stündlich zwischen 4 und 17.30 Uhr (15 Bs, 3 Std.). Von Sorata aus fahren *micros*, sobald sie voll sind, nach La Paz, *flotas* verkehren zwischen 4 und 17 Uhr jeweils zur vollen Stunde; Startpunkt ist die Plaza.

Um nach Copacabana zu kommen, steigt man am Verkehrsknotenpunkt Huarina aus und wartet auf einen Anschlussbus.

TITICACASEE

Der Titicacasee hat sich die Begeisterung, die er allerorten auslöst, redlich verdient. Er ist der größte See der Welt in diesen Höhenlagen und sein leuchtendes Saphirblau kontrastiert wunderbar mit den kargen Hochebenen des *altiplano*. Seinen Ruf als eine der herrlichsten Attraktionen in der Region hat er zu Recht.

Der See liegt 3808 m Höhe und ist ein Überrest des Lago Ballivían, eines uralten Binnenmeers. Mit einer Fläche von 8400 km² erstreckt er sich in Peru und Bolivien. Die traditionellen Aymara-Dörfer am Ufer, antike Legenden und die schneebedeckten Gipfel der Cordillera Real im Hintergrund prägen das Gesicht dieser magischen Landschaft, die jeden in ihren Bann schlägt.

COPACABANA

☎ 02 / 54 300 Ew.

Zwischen zwei Hügeln am Südufer des Titicacasees eingebettet, liegt die kleine, bunte, bezaubernde Siedlung Copacabana (Copa). Jahrhundertelang war sie das Ziel religiöser

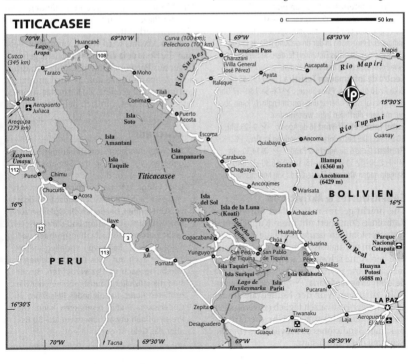

Pilger, heute sind es Partygänger, die zu ihren Fiestas hierher strömen.

Der Ort wirkt zwar etwas touristisch, aber es ist nett, durch seine Straßen zu schlendern. Die Cafés sind ausgezeichnet, das Seeufer und die Landschaft laden zu Spaziergängen ein. Copacabana bildet den Ausgangspunkt für Ausflüge zur Isla del Sol und einen netten Zwischenstopp zwischen La Paz und Puno oder Cusco (Peru). Auf 3800 m Höhe sind die Tage angenehm und sonnig (außer in der Regenzeit im Dez. und Jan.), nachts hingegen wird es fast das ganze Jahr über ausgesprochen kalt.

Praktische Informationen

Die beste Büchertauschbörse findet sich im **Hotel La Cúpula** (Pérez 1-3; www.hotelcupula.com). Traveller sollten beachten, dass es im ganzen Ort keinen Geldautomaten gibt. Die Calle 6 de Agosto mit ihren vielen Wechselstuben ist die Wall Street Copacabanas.

Es gibt auffallend wenige *lavanderías*, aber man kann in vielen Hotels seine Wäsche waschen lassen (pro kg 10–20 Bs). Entlang der 6 de Agosto wird dieser Service auch noch günstiger angeboten.

Centro de Información de Comunitario (Plaza Sucre; 9–13 & 15–19 Uhr) Von einer NRO unterstütztes Projekt, das den Tourismus in Kooperation mit drei indigenen Gemeinden in der Umgebung (Isla de la Luna, Cha'llapampa, Las Islas Flotantes) fördert. Außerdem gibt's eine Fotoausstellung und einen Laden.

Centro de Información Turística (7191-5544; Ecke Av 16 de Julio & Plaza Sucre; Di–Sa 9.30–17 Uhr) Das Personal ist hilfsbereit und spricht Englisch, kann aber nur mit sehr dürftigen Infos weiterhelfen.

Entel Internet alf@net (6 de Agosto; 9–23 Uhr; 10 Bs/Std.) Die beste Internetverbindung im Ort.

Prodem (Ecke 6 de Agosto & Pando; Di 14.30–18, Mi–Fr 8.30–12.30 & 14.30–18, Sa & So 8.30–15 Uhr) Bargeld gegen Visa und MasterCard (5 % Kommission).

Sehenswertes & Aktivitäten

Die prächtige, im maurischen Stil erbaute **Kathedrale** dominiert mit ihren Kuppeln und farbenprächtigen *azulejos* (blaue Keramikkacheln in portugiesischem Stil) das Stadtbild. Die berühmte schwarze Skulptur der Virgen de Candelaria ist im Obergeschoss der **Camarín de la Virgen de Candelaria** (ganztägig, aber unzuverlässig) zu sehen. Vor der Kathedrale findet während der Festivalzeit täglich (zuverlässiger am Wochenende) um 10 Uhr die farbenprächtige Bendiciones de Movilidades (*cha'lla*; Segnung der Autos) statt.

Der Hügel nördlich der Stadt, der **Cerro Calvario**, ist in 30 Minuten zu erreichen und seine Erklimmung lohnt sich vor allem bei Sonnenuntergang. Der Weg zum Gipfel beginnt bei der **Kirche** am Ende des Destacamento 211 und passiert die 14 Stationen des Kreuzwegs. Weitere Sehenswürdigkeiten in der Umgebung (mit ungeregelten Öffnungszeiten) sind die Sternwarte aus der Zeit vor den Inka in **Horca del Inca** (Eintritt 5 Bs), das vernachlässigte **Tribunal del Inca** (Eintritt 5 Bs) nördlich des Friedhofs und die Gemeinde **Kusijata** (Eintritt 5 Bs) mit ihrer kleinen archäologischen Ausstellung, 3 km nordöstlich des Ortes gelegen. Gleich in der Nähe befindet sich das **Baño del Inca**.

Am Ufer kann man jegliche Arten von Wasserfahrzeugen sowie Drahtesel (70 Bs/Tag) und Motorräder (50 Bs/Std.) ausleihen.

Festivals & Events

Eine bolivianische Tradition ist die Segnung von Miniaturgegenständen, z. B. kleinen Autos oder Häusern, während des **Alasitas-Festivals** (24. Jan.): Man hofft, durch die gesprochenen Gebete im kommenden Jahr in den Besitz dieser Gegenstände zu gelangen. Die Modelle dafür werden an Ständen rund um die Plaza und auf dem Gipfel des Cerro Calvario verkauft.

Nach Alasitas wird vom 2. bis zum 4. Februar die **Fiesta de la Virgen de Candelaria** gefeiert. Pilger aus Peru und Bolivien führen traditionelle Aymara-Tänze auf, es wird musiziert, getrunken und gefeiert. Zu **Karfreitag** strömen Pilger in den Ort, um sich bei Einbruch der

> **ACHTUNG!**
>
> Besondere Vorsicht ist während der Fiestas geboten, vor allem in der Semana Santa (Osterwoche) und in der Woche des Unabhängigkeitstags. Taschendiebstahl ist keine Seltenheit, Leser berichten sogar von Übergriffen, bei denen die Opfer bis zur Bewusstlosigkeit gewürgt und dann ausgeraubt wurden. Aus Sicherheitsgründen und aufgrund einer Reihe von Vorfällen sollten Traveller auch auf Taxis und die kleineren Minibusse nach La Paz verzichten. Besser sind die offiziellen Touristenbusse oder die größeren *flotas*, für die jedes Reisebüro in Copacabana Plätze reservieren kann. Die Preise mögen etwas höher sein (25–30 Bs), aber das Geld ist gut angelegt.

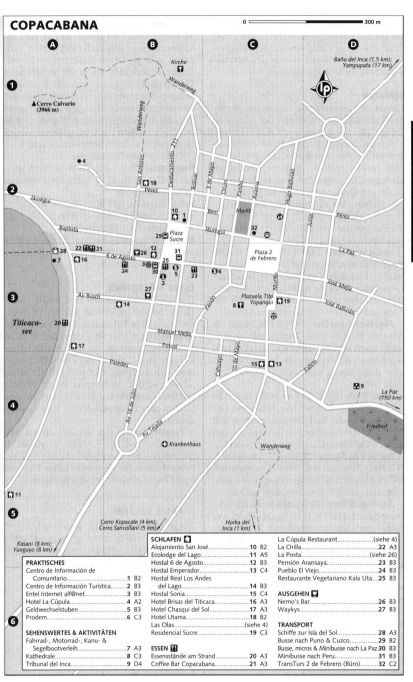# COPACABANA

PRAKTISCHES
Centro de Información de Comunitario	**1** B2
Centro de Información Turística	**2** B3
Entel Internet alf@net	**3** B3
Hotel La Cúpula	**4** A2
Geldwechselstuben	**5** B3
Prodem	**6** C3

SEHENSWERTES & AKTIVITÄTEN
Fahrrad-, Motorrad-, Kanu- & Segelbootverleih	**7** A3
Kathedrale	**8** C3
Tribunal del Inca	**9** D4

SCHLAFEN
Alojamiento San José	**10** B2
Ecolodge del Lago	**11** A5
Hostal 6 de Agosto	**12** B3
Hostal Emperador	**13** C4
Hostal Real Los Andes del Lago	**14** B3
Hostal Sonia	**15** C4
Hotel Brisas del Titicaca	**16** A3
Hotel Chasqui del Sol	**17** A3
Hotel Utama	**18** B2
Las Olas	(siehe 4)
Residencial Sucre	**19** C3

ESSEN
Essensstände am Strand	**20** A3
Coffee Bar Copacabana	**21** A3
La Cúpula Restaurant	(siehe 4)
La Orilla	**22** A3
La Posta	(siehe 26)
Pensión Aransaya	**23** B3
Pueblo El Viejo	**24** B3
Restaurante Vegetariano Kala Uta	**25** B3

AUSGEHEN
Nemo's Bar	**26** B3
Waykys	**27** B3

TRANSPORT
Schiffe zur Isla del Sol	**28** A3
Busse nach Puno & Cuzco	**29** B2
Busse, micros & Minibusse nach La Paz	**30** B3
Minibusse nach Peru	**31** B3
TransTurs 2 de Febrero (Büro)	**32** C2

Abenddämmerung einer feierlichen Lichterprozession anzuschließen. Die größte Fiesta feiert eine Woche lang mit Paraden, Blasmusik, Feuerwerk und viel Alkohol den **Unabhängigkeitstag** (erste Augustwoche).

Schlafen

Es gibt eine unglaubliche Vielfalt von günstigen Unterkünften. Während der Fiestas ist jedoch alles rasch ausgebucht und die Preise können sich verdreifachen. Die meisten Unterkünfte verwahren Rucksäcke, z. B. bei einem mehrtägigen Ausflug zur Isla del Sol kostenlos. Im Folgenden sind die besten der günstigen Optionen im Ort aufgeführt; bei den meisten, vor allem entlang der Jáuregui, liegt der Preis bei etwa 25 Bs pro Person (in der Hauptsaison und während der Festivalzeit bedeutend höher).

Hostal Emperador (☎ 862-2083, La Paz 242–4264; Murillo 235; Zi. 25 Bs/Pers., ohne Bad 20 Bs) Fröhlich und bunt mit warmen Duschen, Wäscheservice, Gemeinschaftsküche und Gepäckaufbewahrung. Im neueren Teil sind Zimmer mit Bädern und eine sonnige Terrasse zu finden.

Alojamiento San José (☎ 7150-3760; Jáuregui 146; Zi. pro Pers. 20–25 Bs) Diese Unterkunft ist vielleicht etwas einfach, dafür aber tadellos sauber. Kleiner Kritikpunkt: die Behauptung, es gäbe durchgängig warmes Wasser, ist nicht ganz korrekt.

Hostal Sonia (☎ 862-2019; Murillo 256; Zi. ab 25 Bs/Pers.) Die hellen Zimmer hier heben das Gemüt, und Küche und Terrasse machen den lebhaften Ort zu einer prima Wahl für den kleinen Geldbeutel. 2009 wurde renoviert.

Hostal 6 de Agosto (☎ 862-2292; 6 de Agosto; Zi. 25 Bs/Pers.) Rosenrot und zentral gelegen mit tollem Blick in den sonnigen Garten. Die Zimmer sind nichts Besonderes, aber sauber.

Residencial Sucre (☎ 862-2080; Murillo 228; Zi. pro Pers. mit/ohne Bad 35/25 Bs, FZ 140 Bs) Das Hotel war früher eine elegante Unterkunft. Es hat abgebaut, ist aber noch immer zufriedenstellend. Es gibt TV, zuverlässig warmes Wasser, einen Hof und ein Restaurant.

Hostal Brisas del Titicaca (☎ 862-2178, La Paz 245-3022; www.hostellingbolivia.org; Ecke 6 de Agosto & Costañera; Zi. 50 Bs/Pers.; 🖵) Direkt am See liegt dieses dem internationalen Jugendherbergsverband angehörende Hostal mit ansprechenden (Retro-)Zimmern im Stil der 1970er-Jahre. Die Zimmer mit Bad haben eigene Terrassen mit Blick auf den See und sind sehr empfehlenswert.

Ecolodge del Lago (☎ 862-2500, La Paz 245-1138; Zi. 100 Bs/Pers.) Nach 20 Minuten zu Fuß die Costanera entlang (oder nach einer kurzen Taxifahrt), gelangt man zu dieser umweltfreundlichen Unterkunft mit ihrem weitläufigen Garten direkt am See. Man nächtigt in eigenwilligen Zimmern (aus wärmespeichernden Lehmziegeln) oder voll ausgestatteten Appartements mit solarbeheiztem Wasser. (Nachteil: Die günstigen Einführungspreise werden mittlerweile sicher erhöht worden sein.)

Optionen der Mittelklasse:

Hotel Utama (☎ 862-2013; Ecke Michel Peréz & San Antonio; EZ 10–15 US$; DZ 10–20 US$) Sauber, sicher und bei Gruppen sehr beliebt.

Hotel Chasqui del Sol (☎ 862-2343; www.chasquidelsol.com; Costañera 55; EZ/DZ 20/35 US$) Genialer Blick über den See und freundliches Personal.

Hostal Real Los Andes del Lago (☎ 862-2103; Busch s/n; EZ/DZ/3BZ 100/120/180 Bs) Gutes Preis-Leistungs-Verhältnis, sauber, freundlich.

Essen & Ausgehen

Die lokalen Spezialitäten sind *trucha criolla* (Regenbogenforelle) und *pejerrey* (Königsfisch) aus dem Titicacasee, beides an den **Essensständen** am Ufer für gerade mal 20 Bs zu haben. Der *comedor* auf dem Markt ist ein sicherer Tipp für günstiges Essen. Hier kann man sich morgens oder nachmittags einen „Zuckerschock" in Form eines *api morado* (heißes Maisgetränk; 2 Bs) und eines *buñuelo* (Donut oder Fettgebackenes; 1 Bs) mit Sirup abholen.

Pensión Aransaya (6 de Agosto 121; almuerzo 15 Bs, Hauptgerichte 25–40 Bs; ⌧ mittags) Unglaublich freundliche, bei den Einheimischen sehr beliebte Adresse für ein großes kaltes Bier und eine Forelle mit haufenweise Beilagen.

IN DIE VOLLEN!

Las Olas (☎ 862-2112; www.hostallasolas.com; Pérez 1–3; EZ 30 US$, DZ 36–38 US$, 3BZ 48–53 US$) Man sollte über diesen Ort nicht zu viel verraten, sonst ist die Überraschung dahin. Darum nur soviel: abgefahren, kreativ, stylish, individuell, umweltfreundlich, Kochnischen, Blumen, Außen-Whirlpools, Hängematten, 1a-Ausblick. Das muss genügen. Ein Aufenthalt hier ist etwas, das man sich kaum zweimal im Leben gönnt – und er lohnt sich! Man muss vorab buchen. Eingang über das Gelände von La Cúpula.

> **EINREISE NACH PERU**
>
> Zwei Wege führen hier nach Peru: Die erste Route geht über Copacabana und den Grenzübergang Kasani–Yunguyo, die schnellere, dafür aber weniger interessante Variante verläuft über Desaguadero (8.30–20.30 Uhr) am Südufer des Titicacasees. Wer direkt aus La Paz anreist, nimmt am einfachsten einen Reisebus nach Puno (Peru). Der Bus startet in Copacabana in der Av 6 de Agosto (30 Bs, 3–4 Std.) und legt wegen der Einreiseformalitäten in Yunguyo einen Zwischenstopp ein. Ähnliche Busse fahren auch direkt bis nach Cusco (85–150 Bs, 15 Std.), allerdings muss man dann in Puno umsteigen Günstiger ist die Fahrt mit dem Minibus von Copacabana (Abfahrt an der Plaza Sucre) zum Grenzübergang Kasani–Yunguyo (3 Bs, 15 Min.). Auf der peruanischen Seite fahren *micros* und Taxis nach Yunguyo (15 Min.; etwa 6 S/). Von hier fahren Busse bis Puno.
>
> Infos zur Einreise von Peru nach Bolivien findet man auf S. 905. Nicht vergessen: bei der Einreise von Bolivien nach Peru die Uhr um eine Stunde zurückstellen!

Restaurante Vegetariano Kala Uta (Ecke 6 de Agosto & 16 de Julio; Hauptgerichte 20–30 Bs) In diesem Restaurant, das etwas fade vegetarische Gerichte auftischt, herrscht eine kunstvolle, andine Atmosphäre. Das Frühstück *poder Andino* (Kraft der Anden) ist super.

La Cúpula Restaurant (Peréz 1-3; Hauptgerichte 20–50 Bs; Di mittags geschl.) Das Hotelrestaurant bereitet aus einheimischen Zutaten unzählige einfallsreiche bolivianische und internationale Gerichte zu, darunter großartige vegetarische Speisen. Dazu gibt's eine tolle Aussicht.

Pueblo El Viejo (6 de Agosto 684; Hauptgerichte 20–50 Bs) Ein Liebling unserer Leser. Die rustikale, gemütliche Café-Bar, die bis spät in die Nacht geöffnet hat, bietet eine entspannte Atmosphäre und folkloristisches Dekor. Die Burger und Pizzen sind gut.

Coffee Bar Copacabana (6 de Agosto s/n; Hauptgerichte 25–45 Bs) Hier geht's gemütlich zu und das *almuerzo* (15 Bs) ist ein super Deal. Auch sonst findet sich in der Speisekarte alles, von zahlreichen Teesorten und gutem Kaffee (echter Espresso!) über Frühstück und Pasta bis hin zu Nachos.

Ebenfalls empfehlenswert:

La Posta (6 de Agosto s/n; abends) Leckere Pizzen, gemütliche Tango-Atmosphäre.

La Orilla (6 de Agosto; Hauptgerichte 25–45 Bs; 10–22 Uhr, So geschl.) Gute einheimische und internationale Gerichte.

Waykys (Ecke 16 de Julio & Busch) Gemütlicher Laden mit Graffiti an den Wänden und der Decke, einem Billiardtisch, Büchertausch und abwechslungsreicher Musik.

Nemo's Bar (6 de Agosto 684) Spärlich beleuchtete, „nachtaktive" Kneipe, in der Alkohol nicht verachtet wird.

An- & Weiterreise

Trans Manco Capac (862-2234) und **TransTurs 2 de Febrero** (862-2233) haben in der Nähe der Plaza 2 de Febrero ein Büro, das Tickets nach La Paz verkauft, die Busse kommen aber manchmal in der Nähe der Plaza Sucre an und fahren dort ab. Die Tourenbusse von La Paz nach Copacabana – dazu gehören auch Milton Tours und Combi Tours – sind sehr bequem, fahren nonstop durch und kosten zwischen 25 und 30 Bs. Diese Investition lohnt sich (s. Kasten S. 218). Abfahrt in La Paz ist gegen 8 Uhr, in Copacabana um 13.30 Uhr (3½ Std.). Zur Zeit der Recherche starteten die Tourenbusse am Ende der 16 de Julio, einige Blocks südlich der Plaza Sucre. Fahrkarten gibt's bei den Reisebüros.

ISLA DEL SOL

Die Isla del Sol (Insel der Sonne) ist der legendäre Ort, an dem die Inka erschaffen worden sein sollen, und der Mythologie zufolge außerdem der Geburtsort der Sonne. Hier sind der bärtige weiße Gott Viracocha und die ersten Inka, Manco Capac und seine Schwester und Gemahlin Mama Ocllo, zum ersten Mal erschienen.

Auf der Isla del Sol leben rund 2500 Menschen in mehreren kleinen Dörfern, von denen **Yumani**, **Cha'lla** und **Cha'llapampa** die größten sind. Zu den Inkaruinen auf der Insel gehören **Pilko Kaina** und **Escalera del Inca** (Eintritt für die beiden & Yumani 5 Bs) am Südende und der **Chincana-Komplex** (Eintritt 10 Bs) im Norden. In Letzterem befindet sich der heilige Fels, wo die Schöpfungslegende der Inka ihren Ursprung hat. In Cha'llapampa gibt's ein **Museum** (Eintritt 10 Bs) mit Artefakten aus Marka Pampa, die von den Einheimischen La Ciudad Submergida (Die versunkene Stadt) genannt wird. Die Eintrittskarte gilt sowohl für das Museum als auch für den Chincana-Komplex (jeweils mit Führer).

220 TITICACASEE •• Isla del Sol

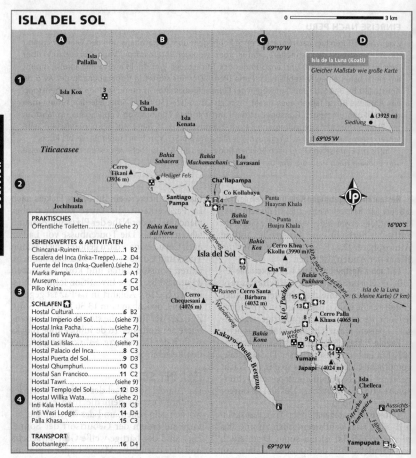

ISLA DEL SOL

PRAKTISCHES
Öffentliche Toiletten.............(siehe 2)

SEHENSWERTES & AKTIVITÄTEN
Chincana-Ruinen..................1 B2
Escalera del Inca (Inka-Treppe)....2 D4
Fuente del Inca (Inka-Quellen).(siehe 2)
Marka Pampa......................3 A1
Museum...........................4 C2
Pilko Kaina......................5 D4

SCHLAFEN
Hostal Cultural..................6 B2
Hostal Imperio del Sol.......(siehe 7)
Hostal Inka Pacha............(siehe 7)
Hostal Inti Wayra................7 D4
Hostal Las Islas.............(siehe 7)
Hostal Palacio del Inca..........8 C3
Hostal Puerta del Sol............9 D3
Hostal Qhumphuri................10 C3
Hostal San Francisco............11 C2
Hostal Tawri.................(siehe 9)
Hostal Templo del Sol...........12 D3
Hostal Willka Wata...........(siehe 2)
Inti Kala Hostal................13 D3
Inti Wasi Lodge.................14 D4
Palla Khasa.....................15 C3

TRANSPORT
Bootsanleger....................16 D4

Dank eines Netzes von **Wanderwegen** lässt sich die Insel ganz leicht erkunden. Die Sonne und die 4000 Höhenmeter können einen aber ganz schön schlauchen. Die wichtigsten archäologischen Stätten der Insel kann man durchaus innerhalb eines langen Tages abklappern, entspannter ist es aber, eine Übernachtung einzuplanen – so unterstützt man zudem die lokale Wirtschaft. Verpflegung, Wasser und Sonnencreme nicht vergessen!

Schlafen

Die Infrastruktur auf der Isla del Sol ist in den letzten Jahren förmlich explodiert und mittlerweile gibt's hier Restaurants und Unterkünfte wie Sand am Meer. Allerdings sind Läden für Selbstversorger noch immer Mangelware. Wer campen will, sollte sich bei den Behörden vor Ort die Erlaubnis holen, abseits der Dörfer und Anbauflächen sein Lager aufzuschlagen.

Auf der Insel sind noch keine Wasserleitungen verlegt, darum ist Wasser ein besonders kostbares Gut; es muss von Trägern oder Eseln herangeschafft werden. Daran sollte man vor jeder Dusche denken. Die hier aufgeführten Preise können sich in der Hochsaison (Juni–Aug. und während der Festivals) verdoppeln.

Am schönsten schläft es sich in Yumani hoch oben auf dem Hügel, wo die Unterkünfte schneller aus dem Boden schießen als Kokablätter wachsen. Ch'allapampa und Ch'alla bieten ebenfalls einfache Schlafgelegenheiten.

Hostal Qhumphuri (☎ 7152-1188, La Paz 284-3534; hostalqhumphuri@hotmail.com; EZ/DZ 20/40 Bs) Dieses einfache Hostal in Familienbesitz nimmt ein dunkelgelbes Gebäude auf einem Hügel hinter dem Strand bei Cha'lla ein und hat sehr saubere Zimmer.

Hostal Cultural (☎ 7190-0272; Zi. 35 Bs/Pers., ohne Bad 20 Bs) Ch'allapampas einzige Unterkunft mit Zimmern, die eigene Bäder haben, befindet sich gleich hinter dem Strand.

Hostal San Francisco (Zi. 25 Bs) Unter den sehr einfachen Unterkünften in Ch'allapampa ist dies die reinlichste, ein blumiges Plätzchen, links neben dem Landeplatz gelegen.

Inti Wasi Lodge (☎ 7196-0223; museo_templodelsol@yahoo.es; B 25 Bs/Pers., Hütte mit Bad & Frühstück 70 Bs/Pers.) Die vier einfachen, aber sehr gemütlichen Hütten in Yumani bieten einen atemberaubenden Ausblick. Ein empfehlenswertes Restaurant (Palacio de la Trucha) gehört ebenfalls dazu.

Hostal Imperio del Sol (☎ 7196-1863; Zi. pro Pers. mit/ohne Bad 100/35 Bs) Zentral gelegen, modern ausgestattet und pfirsichfarben – die Zimmer dieser Unterkunft in Yumani sind tadellos sauber. Die Duschen werden aufgrund beschränkter Wasserreserven selten in Betrieb genommen.

Hostal Inti Wayra (☎ 7194-2015, La Paz 246-1765; Zi. ab 45 Bs/Pers.) Die meisten Zimmer des freundlichen und weitläufigen Inti Wayra haben eine tolle Aussicht, variieren aber stark in Größe und Aufteilung.

Im Folgenden sind, von Süd nach Nord, weitere einfache Optionen aufgeführt, die alle zwischen 25 und 30 Bs (in der Hochsaison mehr) kosten.

Hostal Inka Pacha (☎ 289-9160)
Hostal Willka Wata (☎ 7325-0242)
Hostal Las Islas (☎ 7193-9047)
Hostal Tawri (☎ 7352-7194)
Hostal Puerta del Sol (☎ 7195-5181)
Hostal Templo del Sol (☎ 7122-7616)
Hostal Palacio del Inca (☎ 7151-1046)

Die Liste ist beliebig erweiterbar, denn in dieser Preiskategorie sind die Standards (also einfach) und die Preise (also faires Preis-Leistungs-Verhältnis) fast überall gleich. Am besten schaut man sich ein bisschen um.

Es gibt zwei Mittelklasseoptionen, die erwähnt werden sollten, beide mit Zimmern mit eigenen Bädern und Frühstück inklusive:

Palla Khasa (☎ 7622-9180; palla-khasa@hotmail.com; Zi. 80 Bs/Pers.) Etwa 400 m den Hügel hinauf, außerhalb von Yumani gelegen; spektakuläre Aussicht, angenehme Atmosphäre, komfortable Zimmer, wunderbares Restaurant.

Inti Kala Hostal (☎ 7194-4013; javierintikala@hotmail.com; Zi. 80 Bs/Pers.) Riesige Terrasse, kleine, hübsche Zimmer. Zur Zeit der Recherche wurde es gerade erweitert.

Essen

In Yumani gibt's mehr Cafés als Forellen im Titicacasee. Hier lautet das Motto: immer der Nase, den Geschmacksnerven und den Empfehlungen anderer Traveller nach! Je nachdem, wie weit einen die Füße tragen, hat man die Qual der Wahl. Ein Großteil der Mittel- und Spitzenklasseunterkünfte bietet gute Essensoptionen. Die meisten Restaurants können sich mit einem schönen Ausblick rühmen, die oben am Hügel sind bei Sonnenuntergang ein Highlight. Die Speisekarten sind meist identisch: Mittags- und Abendmenüs kosten zwischen 25 und 30 Bs. Pizzen sind hier in – die Isla del Sol hat bald mehr Pizzerien pro Einwohner als Rom.

An- & Weiterreise

Die Boote von Copacabana zur Isla del Sol fahren täglich gegen 8.30 und 13.30 Uhr ab. Tickets gibt's an den Ständen am Strand oder bei den Reisebüros im Ort. Je nach Jahreszeit und Betreiber kann man an der Nord- oder der Südseite der Insel aussteigen (mit dem Reisebüro klären). Die meisten Ganztagestouren (hin & zurück ca. 25 Bs) fahren direkt nach Cha'llapampa im Norden (2–2½ Std.). Die Boote ankern nur eineinhalb Stunden – das reicht gerade, um zu den Chincana-Ruinen hinaufzuwandern und das Boot um 13 Uhr zu erwischen, das einen in den Süden der Insel bringt. Hier hat man dann noch einmal zwei Stunden Aufenthalt, bevor es zurück nach Copa geht (Ankunft zw. 17 & 18 Uhr). Wer die komplette Insel erwandern möchte, nimmt morgens ein Boot nach Cha'llapampa und zieht gen Süden nach Yumani, von wo am Nachmittag das Boot wieder zurückfährt. Der Weg über den Hügel ist mäßig anstrengend und nimmt drei bis vier Stunden in Anspruch.

Halbtagestouren in den Süden der Insel sind für 15 bis 20 Bs zwar buchbar, lohnen sich aber kaum. Es empfiehlt sich eher, eine Nacht oder länger auf der Insel zu bleiben, denn so kann man sie intensiver erleben und auch den hiesigen Gemeinden etwas zurückgeben. Die Rückfahrt nach Copacabana (15–20 Bs) kann mit jeder Bootsgesellschaft ab Yumani oder Cha'llapampa gebucht werden.

DER SÜDWESTEN

Es gibt kaum etwas, das die Sinne mehr entzücken könnte, als der Südwesten Boliviens mit seinen windzerzausten Talbecken, den schneebedeckten Vulkangipfeln und den blendend weißen Salzwüsten. Unendliche Weiten. Roter Staub. Weiter östlich herrscht Stille, dort wo der *altiplano* in spektakuläre, wunderbare Felsformationen übergeht. Und wieder in tieferen Lagen angekommen, verzaubern einen die verführerischen Düfte der Obstgärten und Weinberge der Region.

ORURO

☎ 02 / 260 000 Ew.

Die Stadt auf 3706 m liegt in der staubigen und trockenen Ebene des *altiplano*. Eingebettet in eine Reihe mineralreicher Hügel besitzt sie einen ganz eigenen Charakter.

Während Festivals und Events wie vor allem des Carnaval sind Unterkünfte und Transportmöglichkeiten Mangelware – ohne Reservierung geht dann nichts, während Preissprünge an der Tagesordnung sind.

Die Stadt liegt südlich von La Paz und ist über eine ganz passable befestigte Straße von dort in ungefähr drei Stunden zu erreichen. Zugleich bildet sie die nördliche Endstation des überschaubaren bolivianischen Eisenbahnnetzes. Das ganze Jahr über herrscht eine grimmige, windige Kälte, gegen die man sich entsprechend wappnen sollte.

Praktische Informationen

An der Plaza gibt's eine Reihe von Geldautomaten. Immer gut aufpassen – die Langfinger und Taschenschlitzer verstehen ihr Handwerk und üben es besonders während der Festivals aus, wenn reichlich Alkohol fließt.

Banco Bisa (Plaza 10 de Febrero) Amex-Reiseschecks können hier ohne Kommission in Bolivianos getauscht werden (Gebühr: 6 US$).

Einreisestelle (☎ 527-0239; Soria Galvarro zw. Ayacucho & Cochabamba; ⊙ Mo–Fr 8.30–12.30 & 14.30–18.30 Uhr) Verlängerung der Aufenthaltsgenehmigung (letzte Tür links).

Lavandería (Ecke Sucre 240 & Pagador) Ein Kilo kostet 10 Bs; 24-Std.-Service.

Mundo Internet (Bolívar 573; 3 Bs/Std.) Das beste von mehreren Internetcafés.

Städtische Touristeninformation (☎ 525-0144; Plaza 10 de Febrero; ⊙ Mo–Fr 8–12 & 14.30–18.30 Uhr) Im obersten Stock des Cine Palais Concert. Das Büro scheint nicht darauf ausgelegt, spontan Informationen zu erteilen, aber es kann trotzdem hilfreich sein und gibt auch Stadtpläne aus.

Touristenpolizei (☎ 528-7774) Ist am Busbahnhof rund um die Uhr erreichbar und teilt sich einen Stand mit der Touristeninformation, die auch Stadtpläne hat.

Sehenswertes & Aktivitäten

Das **Museo Patiño** (☎ 525-4015; Soria Galvarro 5755; Eintritt 8 Bs; ⊙ Mo–Fr 8.30–11.30 & 14.30–18, Sa 9–2.30 Uhr) ist im früheren Haus des Zinnbarons Simon Patiño untergebracht. Ausgestellt und nur im Rahmen einer Führung zu besichtigen sind Möbel seiner Zeit, Gemälde, Fotos und ein paar schöne Spielsachen.

Neben dem **Santuario de la Virgen del Socavón** befindet sich das **Museo Sacro, Folklórico, Arqueológico y Minero** (☎ 525-0616; Plaza del Folklore s/n; Eintritt für beide Museen 10 Bs, Fotografieren 3 Bs, Filmen 20 Bs, ⊙ 9–11.15 & 15.15–17.30 Uhr), das seinen eigenen Bergwerksstollen hat. Es zeigt Exponate über den Bergbau, Kumpels und El Tío, den teuflischen Gott der Bergleute.

Am Südende der Stadt präsentiert das **Museo Antropológico Eduardo López Rivas** (☎ 527-4020; España s/n; Eintritt 3 Bs; ⊙ Mo–Fr 8–12 & 14–18, Sa & So 10–18 Uhr) Artefakte der frühen Chipaya- und Uru-Stämme. Hin bringt einen ein *micro* mit Fahrtziel „Sud"; Haltestellen befinden sich an der nordwestlichen Ecke der Plaza und gegenüber vom Bahnhof. Gleich hinter der Zinngießerei aussteigen!

Das skurrile Heim und Studio einer siebenköpfigen Künstlerfamilie, das **Museo Casa Arte Taller Cardozo Velasquez** (☎ 527-5245; juegueoruro@hotmail.com; Junín 738; Eintritt 8 Bs), lohnt den weiten Weg zum Stadtrand. Es gibt keine festen Öffnungszeiten, also vorher anrufen.

Die **heißen Quellen von Obrajes** (Eintritt 10 Bs), 25 km nordöstlich der Stadt, sind die beste der vielen Optionen für ein heißes Mineralbad in der Gegend. Von der Kreuzung Caro und Av 6 de Agosto einen *micro* nach „Obrajes" nehmen (5 Bs, 30 Min.); sie fahren täglich zwischen 7.30 und 17 Uhr. An den Wochenenden strömen einheimische Kletterfreaks in das Gebiet von **Rumi Campana**, 2 km nordwestlich der Stadt. Infos erteilt der **Club de Montañismo Halcones** (www.geocities.com/msivila).

Festivals & Events

Während des spektakulären **Karnevals**, der am Samstag vor Aschermittwoch beginnt, verwandelt sich die Stadt in einen Treffpunkt für Partylöwen. Die „Jecken", darunter stolze Einheimische, von denen sich 90 % als *quir-*

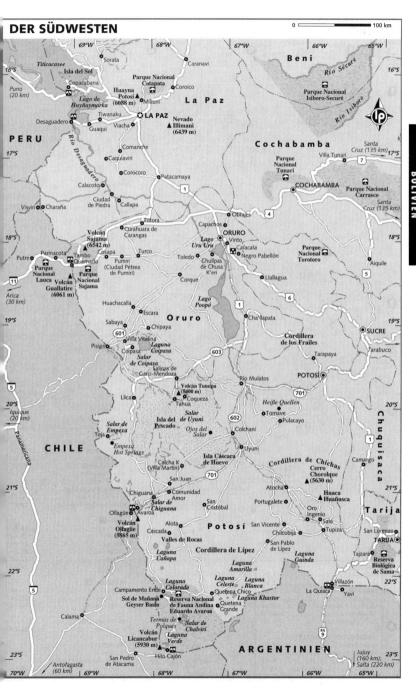

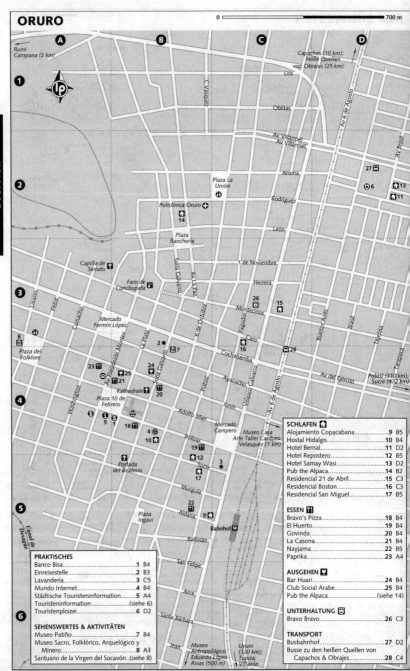

quinchos (Gürteltiere) bezeichnen, spritzen sich gegenseitig mit Wasser nass (was ehrlich gesagt mit der Zeit unglaublich langweilig werden kann). Bei den unterschiedlichen Umzügen (darunter die **Entrada** und **La Diablada**) treten Tänzer mit aufwendigen grellen Masken und Kostümen auf.

Schlafen

In der Nähe des Bahnhofs an der Velasco Galvarro gibt's eine ganze Reihe gut gelegener, wenn auch nicht gerade erstklassiger *alojamientos* (Unterkünfte).

Residencial San Miguel (☎ 527-2132; Sucre 331; EZ/DZ 40/60 Bs, ohne Bad 30/50 Bs) Praktische Lage zwischen Bahnhof und Zentrum, der Komfort ist allerdings hart an der Grenze.

Pub the Alpaca (☎ 527-5715, 523-2707; wcamargo_gallegos@yahoo.com; La Paz 690; Zi. 40 Bs/Pers.) Drei einfache, sonnige und großzügig angelegte Zimmer teilen sich hier eine Küche; das Wohnzimmer ist das beste Pub der Stadt! Vorher per E-Mail anfragen.

Hotel Bernal (☎ 527-9468; Brasil 701; EZ/DZ 70/100 Bs, ohne Bad 40/70 Bs) Sympathischer Ort mit guten Preisen. Die Zimmer sind hübsch und haben rückenfreundliche Betten, warme Duschen und sogar Kabelfernsehen.

Residencial 21 de Abril (☎ 527-9205; simon21deabril@bolivia.com; Montecinos 198; EZ 50 Bs, DZ mit/ohne Bad 120/80 Bs) Diese *residencial* in Familienbesitz befindet sich nur einen kurzen Fußmarsch vom Zentrum entfernt und hat saubere, helle Zimmer mit TV und warmem Wasser.

Alojamiento Copacabana (☎ 525-4184; Velasco Galvarro 6352; aloj.copacabana@hotmail.com; DZ 70 Bs) Hell, sauber, freundlich und sicher – unter all den günstigen Unterkünften gegenüber dem Bahnhof ist diese die beste.

Andere dauerhaft zuverlässige Optionen:

Hostal Hidalgo (☎ 525-7516; 6 de Octubre 1616; EZ/DZ/3BZ 50/100/150 Bs) Auf modern getrimmte, zentral gelegene Unterkunft mit sauberen Zimmern ohne Fenster. Die neueren Zimmer sind teurer (EZ/DZ/3BZ 100/180/250 Bs).

Residencial Boston (☎ 527-4708; Pagador zw. Caro & Cochabamba; DZ mit/ohne Bad 100/80 Bs) Eine Klasse besser als die meisten *residenciales* in Oruro.

Hotel Repostero (☎ /Fax 525-8001; Sucre 370; EZ/DZ/3BZ 100/135/155 Bs) Der Aufpreis für ein Zimmer mit Teppich im renovierten Flügel (EZ/DZ/3BZ 145/150/195 Bs) lohnt sich.

Hotel Samay Wasi (☎ 527-6737; samaywasioruro@hotmail.com; Brasil 232; EZ/DZ/3BZ 150/210/270 Bs;) Sehr schönes Hotel im europäischen Stil gleich beim Busbahnhof.

Essen

Vor 11 Uhr kommt hier das Leben nicht so recht in Schwung. Der Mercado Campero und der Mercado Fermín López sind deshalb die besten Optionen für ein frühes Frühstück: Morgens wird hier vor allem *api* und Gebäck serviert, *thimpu de cordero* (Gemüse und Hammelfleisch in *llajhua*, einer scharfen Tomatensauce) und *charquekan* (sonnengetrocknetes Lamafleisch mit Mais, Kartoffeln, Eiern und Käse) sind aber auch lecker. Billige Mittagsangebote findet man an den kleinen Essensständen rund um den Bahnhof.

Govinda (Junín zw. 6 de Octubre & Soria Galvarro; almuerzo 9–16 Bs, Hauptgerichte 11–13 Bs; ✓ So geschl.) Vegetarische Verköstigungen à la Hare Krishna sind das Lockmittel dieses ruhigen Ortes.

El Huerto (Bolívar nahe Pagador; almuerzo 10 Bs; ✓ Sa geschl.) Freundlicher Mini-Imbiss mit vegetarischem Mittagessen, leckeren Kuchen und Snacks.

Paprika (Junín 821; Hauptgerichte 18–40 Bs) Hier kann man mit Einheimischen ein Pläuschchen halten und sich von Kellnern mit Schlips und Kragen(!) ein Essen für 15 Bs servieren lassen.

Bravo's Pizza (Ecke Bolívar & Soria Galvarro; Pizza 19–30 Bs, Pasta 28–45 Bs) Die scharfe Pizza mit getrocknetem Lamafleisch ist eine der 20 Pizzavariationen hier.

La Casona (Montes 5969; Pizza ab 20 Bs) Ofenfrische *salteñas* tagsüber, schnelle Sandwiches zum Mittagessen, Pizza und Pasta am Abend.

Nayjama (Ecke Aldana & Pagador; Hauptgerichte 30–55 Bs; ✓ So abends geschl.) Traditionelles und qualitativ hochwertiges Essen aus der Region mit innovativem Touch. Die Spezialität ist Lamm. Die Preise der englischen Speisekarte sind etwas höher, nach Möglichkeit also nach der spanischen fragen.

Ausgehen

Pub the Alpaca (La Paz 690; ✓ Do–Sa 20–1 Uhr) In diesem gemütlichen Pub mit schwedisch-bolivianischen Besitzern wird der guten Stimmung noch mit gut gemixten Drinks nachgeholfen.

Bar Huari (Ecke Junín 608 & Soria Galvarro) Seit den 1930ern scheint sich hier nicht viel verändert zu haben: In mehreren Räumen mit hohen Decken trinken Einheimische ihr Bierchen.

Club Social Árabe (Junín 729; ✓ So geschl.) Hier im zweiten Stock lebt das alte Oruro. Am Wochenende wird ab und zu Livemusik gespielt.

Bravo Bravo (Ecke Montecinos & Pagador) Für Karaoke-Fans die beste Wahl der Stadt.

An- & Weiterreise

BUS

Der gesamte Busverkehr läuft über den **Busbahnhof** (☎ 527-9535; Bahnhofsgebühr 1,50 Bs) nordöstlich des Zentrums, der in 15 Minuten zu Fuß oder schneller mit dem Taxi zu erreichen ist. Etwa alle 30 Minuten fahren Busse nach La Paz (20 Bs, 3 Std.), täglich gibt's Verbindungen nach Cochabamba (25 Bs, 4 Std.), Potosí (20 Bs, 5 Std.), Sucre (40 Bs, 8 Std.), Tupiza (86 Bs, 14 Std.) und Villazón (86 Bs, 16 Std.) sowie mehrere Nachtbusse nach Uyuni (40 Bs, 8 Std.). Auf dieser holprigen Strecke ist der Zug allerdings die bessere Wahl. Wer nach Santa Cruz will, muss in Cochabamba umsteigen; von dort fahren die Busse samstags.

Jeden Tag düsen außerdem Busse nach Arica in Chile (100 Bs, 10 Std.) über Tambo Quemado und Chungará (Parque Nacional Lauca). Dort hat man Anschluss an eine Reihe von Bussen nach Iquique (80 Bs, 8 Std.) über den Pisiga-Grenzübergang. Die meisten Traveller ziehen es aber vor, weiter südlich bei San Pedro de Atacama über Uyuni nach Chile einzureisen und noch die Tour durch den Salar (s. S. 229) mitzunehmen

ZUG

Oruro hat sich dank der Bergwerke zu einem Eisenbahnzentrum entwickelt. Die einzige Passagierverbindung, die es heute noch gibt, ist die Strecke nach Uyuni und weiter in den Süden. Am **Ticketschalter** (☎ 527-4605; ⌚ Mo & Do 8.15–11.30 & 14.30–18, Di & Fr 8.15–18, Mi 8.15–12 & 14.30–19, So 8.15–11 & 15–19 Uhr) muss man seinen Pass vorzeigen. Am besten früh kommen und die Fahrkarte einen Tag im Voraus lösen, um lange Warteschlangen zu umgehen.

Die Bahnlinie wird von **Empresa Ferroviaria Andina** (FCA; www.fca.com.bo) betrieben und bietet zwei Züge an. Der Topzug ist der *Expreso del Sur* mit zwei Klassen: die ganz ordentliche Salonklasse und eine mehr als erstklassige 1. Klasse mit Verpflegung, Videos, Heizung und einem Speisewagen. Der Zug fährt dienstags und freitags um 15.30 Uhr nach Uyuni (Salon/1. Klasse 52/101 Bs, 7 Std.), Tupiza (92/202 Bs, 13 Std.) und Villazón (109/236 Bs, 16 Std.). Bis Uyuni ist es eine herrliche Fahrt durch wunderbare Landschaft, die Strecke nach Tupiza verläuft leider durch Dunkelheit.

Der *Wara Wara del Sur*, ein 2.-Klasse-Zug, startet mittwochs und sonntags um 19 Uhr in Oruro und fährt Uyuni (*popular*/Salon/1. Klasse 31/40/86 Bs, 7½ Std.), Tupiza (54/69/153 Bs, 13½ Std.) und Villazón (65/86/185 Bs, 17 Std.) an. Für die *popular*-Klasse braucht man kampferprobte Ellenbogen. Einen Speisewagen gibt's nicht, aber an jedem Bahnhof kommen Händler mit Snacks an den Zug.

UYUNI

☎ 02 / 20 000 Ew.

Es scheint, als existiere diese weltfremde, isolierte Gemeinde auf 3669 m Höhe mit ihren besonderen klimatischen Herausforderungen nur noch für die Touristenmassen, die zu den außergewöhnlichen *salares* strömen. Die Stadt selbst bietet zwei nette Sehenswürdigkeiten: das Archäologiemuseum und den mit Abfall übersäten Cementerio de Trenes, die letzte Ruhestätte für rostende Loks, 2 km südwestlich der Stadt zu finden.

Praktische Informationen

Banco de Crédito (Potosí zw. Arce & Bolívar) Der einsame (da einzige) Geldautomat der Stadt steht hier und ist oft außer Betrieb, vor allem an Wochenenden. Die Bank tauscht Devisen und wechselt große Bolivianos-Scheine. Das machen auch die Straßenwechsler in der Nähe der Bank, die größeren Tourveranstalter und beliebte Restaurants. Mehrere Stellen an der Potosí wechseln chilenische und argentinische Pesos.

Einreisestelle (Ferroviaria zw. Arce & Sucre; ⌚ Mo–Fr 8.30–12 & 14.30–18, Sa & So 8.30–12 Uhr) Für die Weiterreise nach Chile holt man sich seinen Ausreisestempel am besten hier ab (21 Bs).

Lavarap (Ecke Ferroviaria & Sucre; ⌚ 7–22 Uhr) Wäschereiservice für 10 Bs pro Kilogramm. Manche Hostels und Hotels bieten denselben Dienst an.

Reserva Nacional de Fauna Andina Eduardo Avaroa (REA; ☎ /Fax 693-2400; www.bolivia-rea.com; Ecke Colón & Avaroa; ⌚ Mo–Fr 8.30–12.30 & 14.30–18.30 Uhr) Wer den Park auf eigene Faust erkundet, kann sich sein Eintrittsticket (30 Bs) in der Verwaltung holen.

Rowl@and (Potosí zw. Bolívar & Arce) Eines der verlässlichsten und günstigsten Internetcafés (4 Bs/Std.), gegenüber dem Geldautomaten gelegen. Minuteman Pizza im Hotel Toñito hat WLAN.

Touristeninformation (Ecke Potosí & Arce; ⌚ Mo–Fr 8.30–12 & 14–18.30 Uhr) Im Uhrenturm untergebracht. Die Öffnungszeiten sind unzuverlässig und gedrucktes Infomaterial ist rar.

Sehenswertes

Das **Museo Arqueología y Antropológico de los Andes Meridionales** (Ecke Arce & Colón; Eintritt 5 Bs; ⌚ Mo–Fr 8.30–12 & 14–18.30 Uhr) stellt Mumien und viele Schädel aus und informiert auf spanischsprachigen Tafeln über die Praktiken der Mumifizierung und Schädelverformung.

Geführte Touren

Eine Fahrt durch den *salar* und seine Umgebung ist eine surreale Erfahrung und auf jeden Fall ein Muss: Heiße Quellen, Geysire, Lagunen, Vulkane und Flamingos sind die Highlights einer Tour. Während der Regenzeit sind manche Gebiete nicht erreichbar.

STANDARDTRIPS

Am beliebtesten sind die Jeeptouren. Diese sind dreitägige Rundfahrten zum Salar de Uyuni, der Laguna Colorada, nach Sol de Mañana und zur Laguna Verde. Wer nach Chile weiterreisen will, kann nach drei Tagen bei der Laguna Verde aussteigen und in ein Fahrzeug nach Pedro de Atacama umsteigen (vom Preis her macht das oft keinen Unterschied; vorab klären, ob der Transfer inbegriffen ist, s. S. 229). An der Laguna Verde gibt's zwar einen Grenzposten, den Ausreisestempel aus Bolivien holt man sich aber besser schon in Uyuni. Die besseren Touranbieter können diese Formalität häufig außerhalb der offiziellen Öffnungszeiten erledigen.

MASSGESCHNEIDERTE TRIPS

Kürzere Trips von einem bis zwei Tagen führen durch den nördlichen sichelförmigen Teil des Salar de Uyuni. Die Einheimischen mögen diese Art von Touren aber nicht besonders, da den lokalen Gemeinden nicht viel davon zugute kommt. Saisonabhängig und meist zu einem höheren Preis (aber immer noch jeden *peso* wert) können auch längere maßgeschneiderte Touren zu den weniger besuchten Attraktionen der abgelegenen, wunderschönen Region Los López, zum Salar de Coipasa und weiter nach Tupiza arrangiert werden. Man kann auch noch einen Tag dranhängen und einen der Vulkane in der Umgebung besteigen.

DEN RICHTIGEN VERANSTALTER WÄHLEN

Touranbieter gibt's in Uyuni zuhauf. Aktuell bieten 80 Unternehmen Touren zum *salar* (Salztonebene) an, die einen jeweils mit spanischsprachigen Fahrern auf die immer exakt gleiche dreitägige Tour schicken. Wettbewerb bedeutet zwar größere Auswahl, kann aber auch die Qualität senken, da viele zwielichtige Eintagsfliegen versuchen, das schnelle Geld zu machen. Natürlich hat jeder das Recht zu feilschen, dabei ist allerdings zu bedenken, dass bei geringeren Preisen der Veranstalter an anderer Stelle spart: Vergünstigungen gehen auf Kosten von Sicherheit und Umwelt. Oft wird versucht, eine zusätzliche Person in den Jeep zu quetschen (mehr als 6 Leute sollten es auf keinen Fall sein), oder zwei Veranstalter schließen sich zusammen, um ein Fahrzeug voll zu bekommen.

Auch hier kam es schon zu tödlichen Unglücken. Seit Mai 2008 verloren bei Jeepunfällen auf der Salztonebene Salar de Uyuni mindestens 16 Menschen ihr Leben, darunter 13 Touristen. Es gibt alarmierende Berichte über schlecht gewartete Jeeps, zu schnell fahrende und betrunkene Fahrer, fehlende Sicherheitsausrüstung, Pannen, miese Verpflegung, schlechten Service und einen gleichgültigen Umgang mit der einst unberührten Natur der Salztonebene. Zu den ökologischen Todsünden gehören:

- die Einrichtungen des Salzhotels Playa Blanca nutzen (s. S. 230)
- Flamingos aufscheuchen, um ein gutes Foto der Tiere im Flug zu machen
- Abfall zurücklassen – einschließlich Toilettenpapier

Die besten Anbieter haben schriftliche Ablaufpläne, in denen Mahlzeiten (vegetarische Verpflegung möglich, wenn angegeben), Unterkünfte und Einzelheiten des Trips beschrieben sind. Tagestouren gibt's ab 150 Bs (nicht zu empfehlen), für zwei Tage werden zwischen 200 und 400 Bs fällig, eine Drei-Tages-Tour kostet durchschnittlich zwischen 600 und 850 Bs. Die meisten Vier-Tages-Rundreisen (800–1000 Bs) haben Tupiza zum Ziel. Meist ist der Preis ein Indiz für die Qualität. Wer mit vier bis sechs anderen bucht, bezahlt bei den Touren meist etwas weniger.

Es ist unmöglich, guten Gewissens hier einen Anbieter zu empfehlen, denn die Branche ist sehr schnelllebig. Am besten befragt man andere Traveller, wenn man sich einen aussucht, informiert sich vor Ort und spricht mit mehreren Veranstaltern, bevor man bucht.

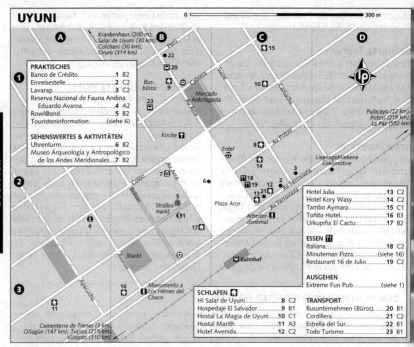

Schlafen

Der Tourismusboom in Uyuni hat zur Folge, dass ständig neue Hotels eröffnen und die alten renoviert werden, um mithalten zu können. Während der Hochsaison sind die guten Unterkünfte schnell ausgebucht und es ist ratsam, im Voraus zu reservieren.

Da die meisten Züge zu unchristlichen Zeiten ankommen oder abfahren, sind die günstigen Optionen in der Nähe des Bahnhofs ganz praktisch. Achtung: Nur die besseren Hotels haben eine Heizung und das Wasser in Uyuni ist das ganze Jahr über rationiert.

Hostal Marith (☎ 693-2096; Potosí 61; Zi. pro Pers. mit/ohne Bad 50/30 Bs) Ein echter Liebling unter den Backpackern und oft ausgebucht. Heißes Wasser gibt's nur manchmal. Zu den Extras gehören Waschbecken für Handwäsche und ein Hof, in dem man ganz schnell andere Traveller kennenlernt.

Hotel Avenida (☎ 693-2078; Ferroviaria 11; EZ/DZ 60/120 Bs, EZ/DZ/3BZ ohne Bad 30/60/90 Bs) Diese beliebte, saubere Unterkunft in der Nähe des Bahnhofs ist super für alle, die spät ankommen oder früh abfahren. Es gibt Waschbecken für Handwäsche, Duschen mit Warmwasser stehen (theoretisch) zwischen 7 und 21 Uhr zur Verfügung.

Hospedaje El Salvador (☎ 693-2407; Arce 346; EZ/DZ 50/90 Bs, EZ/DZ/3BZ ohne Bad 40/70/100 Bs) Praktisch, wenn man spät nachts mit dem Bus hier ankommt. Das Personal ist freundlich, die Zimmer sind sauber und einfach (mit TV) und es gibt eine Cafeteria.

HI Salar de Uyuni (☎ 693-2228; Ecke Potosí & Sucre; B 45–50 Bs, DZ 120–150 Bs) Ein richtiggehendes Labyrinth aus unterschiedlichen Räumen, alles etwas dunkel, aber sauber.

Hotel Julia (☎ /Fax 693-2134; juliahotel5@hotmail.com; Ecke Ferroviaria & Arce; EZ/DZ 80/150 Bs, ohne Bad 60/100 Bs; ⌨) Zentral gelegen und sehr schlicht, aber mit annehmbaren Zimmern und einem Raum mit Internet gleich neben der Lobby (5 Bs/Std.).

Hotel Kory Wasy (☎ /Fax 693-2670; Potosí 350; Zi. 80 Bs/Pers.) Die Zimmer sind winzig und dunkel, haben aber alle eigene Bäder (manche davon außerhalb des Zimmers). Das Management ist freundlich.

Hostal La Magia de Uyuni (☎ /Fax 693-2541; www.hostalmagiauyuni.com; Colón 432; EZ/DZ/3BZ 190/280/415 Bs) Die gut gepflegten Zimmer im Obergeschoss kosten etwas mehr, die Backpacker-Zimmer

(DZ 130 Bs), die einen Innenhof säumen, sind etwas dunkler.

Weitere Optionen:

Urkupiña El Cactu (☎ 693-2032; Arce 46; Zi. 55 Bs/ Pers.) Praktische Unterkunft nahe dem Bahnhof mit Warmwasser und jeder Menge Decken.

Toñito Hotel (☎ 693-2094; www.bolivianexpeditions. com; Ferroviaria 60; EZ/DZ/3BZ 200/280/420 Bs; 🖳) Die Zimmer im alten Teil sind sehr schön und eine klasse Wahl (im neuen Flügel bezahlt man mehr). Es gibt einen Wäscheservice, kostenloses WLAN und das beste Frühstück in ganz Uyuni.

Tambo Aymara (☎ /Fax 693-2227; www.tambo aymara.com; Camacho s/n; EZ/DZ/3BZ/Suite 220/350/ 500/380 Bs) Die stylishste Option der Stadt mit folkloristischem Dekor und erdfarbenen Zimmern, die um einen schönen grünen Innenhof angeordnet sind.

Essen

Einen schnellen Happen für wenig Geld gibt's beim *comedor* auf dem Markt und (wenn man einen unempfindlichen Magen hat) bei den nahe gelegenen Essensständen. Der **Fast-Food-Imbiss** neben dem Uhrenturm hat ein paar Tische auf der Straße stehen und günstige Snacks (8–35 Bs) im Angebot, z. B. Sandwiches und Hamburger.

Restaurant 16 de Julio (Arce 35; almuerzo 18 Bs, Hauptgerichte 18–45 Bs) In diesem sehr schlichten Restaurant kann man den anderen Touristen entkommen und nebenbei noch aus einer umfassenden Auswahl von internationalen und bolivianischen Gerichten wählen.

Italiana (Arce zw. Potosí & Ferroviaria; Hauptgerichte 24–33 Bs) Der Laden, ein Treffpunkt für Backpacker, brummt. Hier gibt's Bambus-Dekor und eine mexikanisch- und italienischlastige Speisekarte.

LP Tipp Minuteman Pizza (Ferroviaria 60; Pizza für 1 Pers. 30–40 Bs; ✎ morgens & abends) Als Chris aus Boston diese zweckorientierte Pizzabäckerei erbauen ließ, hatte er vor, ein Riesengeschäft zu machen. Und das ist ihm gelungen. Uyunis bestes Allroundlokal serviert Gourmetpizzen, Budweiser, Weine aus Tarija und eine unglaublich große Frühstücksauswahl.

Extreme Fun Pub (Potosí 9; Hauptgerichte 35–45 Bs) Coole Atmosphäre, Cocktails, gutes Essen, Büchertauschbörse, gelegentliche Konzerte, Würfelspiele und Trinkwettbewerbe.

An- & Weiterreise

Wer über Tupiza und das Ödland anreist, entgeht den Massen. In der Hochsaison kann es schwierig werden, aus dem abgelegenen Uyuni herauszukommen. Man sollte Busticket einen Tag vor der Abreise kau bzw. sich bei einem Reiseveranstalter erku digen, wieviel er für die Besorgung von Bahntickets verlangt (alternativ kauft ma sein eigenes mehrere Tage im Voraus). Di Warteschlangen sind lang und um die wenigen Plätze gibt's oft ein riesiges Gerangel – es gewinnt, wer *más macho*, also der Stärkere ist.

BUS & JEEP

Alle Busse starten am westlichen Ende der Av Arce, zu Fuß in ein paar Minuten von der Plaza aus erreichbar. Die meisten Ziele bedienen mehrere Anbieter, deshalb empfiehlt es sich herumzufragen, wer den besten Preis und den besten Service hat.

Jeden Abend fahren mehrere Busunternehmen nach Oruro (40 Bs, 7 Std.), wo man nach La Paz umsteigen kann. Die Fahrt ist ganz schön eisig und rau, deshalb ist **Todo Turismo** (☎ 693-3337; www.touringbolivia.com; Cabrera 158 zw. Bolívar & Arce) wärmstens zu empfehlen: Der Service beinhaltet beheizte Busse, freundliches Personal und ein Essen (230 Bs, 10 Std.), die Fahrt geht über Oruro (außer Mi & So tgl. 20 Uhr). Günstiger, trotzdem zuverlässig und mit guten Fahrern hinterm Steuer ist **Omar**, gleich neben der Post, das täglich Busse nach La Paz (Abfahrt 20 Uhr, 100–130 Bs; 11 Std.) schickt. Auch nach Potosí (40 Bs, 5–6 Std.), wo es Anschlussmöglichkeit nach Sucre (60 Bs, 9 Std.) gibt, kommt man jeden Tag. Direktbusse starten von Sucre wiederum täglich nach Tupiza (60 Bs, 7–8 Std.) und Villazón (80 Bs, 10 Std.), wo man in Fahrzeuge nach Salta umsteigen kann.

Montags und donnerstags um 3.30 Uhr und sonntags und mittwochs um 5 Uhr starten Busse nach Calama (100 Bs, 9 Std.) in Chile, allerdings muss man in Avaroa an der chilenischen Grenze umsteigen. Alternativ kommt man auch im Rahmen einer geführten Tour nach Chile, die in San Pedro de Atacama endet. Die besten Unternehmen sind **Estrella del Sur** (☎ 693-3132; toursestrelladelsur@hotmail.com; Arce am Busbahnhof) und **Cordillera** (☎ 693-3304; cordillera travel_927@hotmail.com; Ferroviaria 314).

ZUG

Uyuni hat einen modernen, gut organisierten **Bahnhof** (☎ 693-2320). Die Züge sind oft ausgebucht, deshalb sollte man seine Fahrkarte mehrere Tage vorab kaufen oder ein Reisebüro damit beauftragen. Die Abfahrtszeiten

> **ACHTUNG!**
>
> In den letzten Jahren hat die Zahl der Diebstähle unmittelbar vor der Abreise zugenommen: Die Übeltäter steigen in den Zug, um sich „von Freunden zu verabschieden", und erleichtern andere Reisende dabei um ihren Besitz. Das Gepäck deshalb besser nicht in den Gepäcknetzen über den Sitzen verstauen!

sind drinnen am Anschlagbrett zu überprüfen, da es (vor allem in der Regenzeit) oft zu Verspätungen kommt.

Der komfortable *Expreso del Sur* fährt mittwochs und samstags um 0.05 Uhr nach Oruro (Salon/1. Klasse 52/101 Bs, 7 Std.) ab, Ankunft ist am nächsten Morgen, also Donnerstag oder Sonntag. Dienstags und freitags tuckert er um 22.40 Uhr gen Südosten nach Tupiza (41/101 Bs, 5½ Std.) und Villazón (63/152 Bs, 8½ Std.).

Wara-Wara-del-Sur-Züge machen sich montags und donnerstags nachts um 1.45 Uhr auf den Weg nach Oruro (*popular*/Salon/1. Klasse 31/40/86 Bs, 7½ Std.), sonntags und mittwochs nachts um 2.50 Uhr geht's nach Tupiza (24/33/64 Bs, 6 Std.) und Villazón (36/48/99 Bs, 10 Std.).

Je nach Größe von Rucksack bzw. Koffer muss das Gepäck unter Umständen im Gepäckwagen untergebracht werden. Kurz vor der Abfahrt auf Langfinger achten, die versuchen, im Hinausgehen noch etwas mitgehen zu lassen!

Montags um 3.30 Uhr rollt ein Zug ins westlich gelegene Avaroa (32 Bs, 5 Std.) an der chilenischen Grenze, wo es nach Ollagüe hinübergeht und man auf der chilenischen Seite manchmal mehrere Stunden auf seine Zollabfertigung warten muss. Ein anderer Zug bringt einen weiter nach Calama (91 Bs ab Uyuni, 6 Std. ab Ollagüe). Die gesamte Fahrt kann bis zu 24 Stunden dauern und ist einfach spektakulär (wenn auch etwas unbequem). Busse nach Calama sind auf jedem Fall verlässlicher.

DER SÜDWESTLICHE RUNDKURS

Die Erfahrung fällt je nach Jahreszeit völlig unterschiedlich aus: Zwischen April und September sind die *salares* ausgetrocknet und erstrahlen in blendendem Weiß, in der Regenzeit stehen sie hingegen unter Wasser und spiegeln Wolken, Himmel und Landschaftsformen wider, soweit das Auge reicht. Dann verwandeln sich die Straßen zu Sümpfen, was ein Durchkommen schwierig und mitunter gefährlich machen kann. Außerdem muss immer mit Hagel und Schnee gerechnet werden.

Salar de Uyuni

Die größte Salzwüste der Welt liegt hoch oben auf 3653 m und bedeckt eine unglaubliche Fläche von 12 106 km². Sie war einst Teil des prähistorischen Salzsees Lago Minchín, der den größten Teil Südwestboliviens bedeckte. Als er austrocknete, blieben eine Reihe von je nach Jahreszeit unterschiedlich großen Pfützen zurück sowie mehrere Salzebenen, u. a. der **Salar de Uyuni** und der **Salar de Coipasa**.

In **Colchani** am östlichen Ende wird Salz gefördert und hier ist gleichzeitig der beste Ausgangspunkt, um in die riesige Salzebene einzutauchen. Auch wer nur mal einen Blick darauf werfen möchte, ohne gleich eine Tour zu buchen, ist hier richtig. Ein Labyrinth aus Wegen führt kreuz und quer durch den *salar* und verbindet die Siedlungen in der Gegend und mehrere Inseln, die aus dieser blendend weißen Wüste emporragen. Im Herzen des *salar* liegt die **Isla del Pescado** (auch als Isla Incahuasi bekannt), eine abgelegene, hügelige Insel, bedeckt von Trichoreus-Kakteen und umgeben von einem flachen, weißen Meer aus achteckigen Salzplättchen.

Auf dem *salar* selbst ist es verboten, Gebäude zu errichten, und das Salzhotel Playa Blanca, das auf vielen Touren am Morgen angefahren wird, wurde illegal erbaut: Sein Abwassersystem verschmutzt die Salzebene. Einheimische Umweltschützer raten dringend, das Hotel nicht zu unterstützen. Am Rand des *salar* gibt's eine Reihe legaler Salzhotels; das gemütliche, von einer Aymara-Familie betriebene **Maya Hostal** (Zi. 35 Bs/Pers.) in der Ortschaft **Coqueza**, direkt unter dem Tunupavulkan, ist eine gute Option.

Der tiefe Südwesten

Manch Sehenswertes von überraschender Schönheit verbirgt sich in diesem abgelegenen Winkel des Landes. Die surreale Landschaft ist fast baumlos, nahe der chilenischen Grenze erheben sich sanfte Hügel und Vulkane. Zur Fauna gehören u. a. drei Flamingoarten, darunter die bemerkenswerten, sehr seltenen Jamesflamingos, außerdem viele Lamas (Vikunjas), Emus und Eulen.

Die folgenden Punkte sind die wichtigsten Ziele, die von den meisten Touren angefahren werden. Die **Laguna Colorada**, ein in Ziegelrot leuchtender See, eingefasst von mattweißem Mineralgestein, liegt 25 km östlich der chilenischen Grenze. Das auf 4950 m Höhe gelegene **Geysirbecken Sol de Mañana** besteht aus brodelnden Schlamm- und dampfenden Schwefellöchern. Hier ist Vorsicht geboten: Feuchte Stellen oder ein lockerer Untergrund stellen mögliche Gefahren dar. Die nahegelegenen heißen Quellen, die **Termas de Polques**, ermöglichen ein relaxtes morgendliches Bad im schwefelhaltigen Wasser bei angenehmen 30 °C – und das auf 4200 m Höhe.

Die **Laguna Verde**, ein herrlicher aquamarinblauer See, liegt in der äußersten südwestlichen Ecke Boliviens auf 5000 m Höhe. Hinter dem See erhebt sich der beeindruckende Kegel des **Volcán Licancabur** (5930 m), der am besten in Begleitung eines einheimischen Führers erklommen werden kann.

ANREISE & UNTERWEGS VOR ORT

Den tiefen Südwesten erkundet man am einfachsten mit einer Gruppe von Uyuni aus (s. S. 227). Auf den dreitägigen Standardtouren werden alle oben genannten Attraktionen angefahren. Alternativ kann auch in Tupiza (s. S. 231) gestartet werden mit Uyuni als Endpunkt, ebenfalls eine sehr gute Option.

TUPIZA
☎ 02 / 22 300 Ew.

Wenn es einen Ort auf der Welt gibt, wo man sich in den Sattel schwingen, seinem Pferd die Sporen geben und „hüh" rufen will, dann ist es Tupiza. Die ruhige Siedlung erinnert an den Wilden Westen, ist aber spektakulärer, liegt sie doch auf 2950 m Höhe inmitten der Cordillera de Chichas, einer erstaunlichen Landschaft aus in allen Regenbogenfarben schillernden Felsen, Hügeln, Bergen und Schluchten. Die richtige Kulisse für das Ende von Butch Cassidy und dem Sundance Kid: Nachdem sie die Lohngelder von Aramayo in Huaca Huañusca rund 40 km nördlich von Tupiza geraubt hatten, soll das Gaunerduo 1908 angeblich in der Bergarbeitersiedlung San Vicente sein Schicksal ereilt haben.

Möglichkeiten zum Wandern, Radfahren und Reiten gibt es in Hülle und Fülle. Die Szenerie aus bizarren geologischen Formationen, tiefen Schluchten und Kakteenwäldern bildet dafür eine dramatische Kulisse. Kein Wunder, dass schließlich auch Traveller den Weg nach Tupiza gefunden haben und sich hier inzwischen schon viele Gringos herumtreiben. So mancher, der eigentlich nur für einen Tag kommen wollte, ist schließlich eine ganze Woche geblieben, um die Ruhe und den Frieden zu genießen.

Praktische Informationen

Auf der Plaza gibt's mehrere Internetcafés mit extrem langsamer Verbindung, die alle 3 Bs pro Stunde verlangen.

Die meisten Unterkünfte bieten einen Wäscheservice an. Auf der Florida gibt's eine **Wäscherei** (10 Bs/kg; Mo–Sa).

Viele Reisebüros geben kleine Stadtpläne und Landkarten der Umgebung heraus.

Tupiza Tours (☎ 694-3003; www.tupizatours.com; Hotel Mitru, Chichas 187) hat eine Fülle von Informationen parat, bietet eine Büchertauschbörse an und zahlt gegen Kreditkarte Bargeld aus. Geldwechsel und Barauszahlungen gibt's außerdem bei der **Banco de Crédito** oder bei **Prodem** auf der Plaza.

Sehenswertes & Aktivitäten

Tupizas wichtigste Attraktion ist die spektakuläre Landschaft der Umgebung, die man am besten zu Fuß oder vom Rücken eines Pferdes aus bewundert. Empfehlenswerte Ziele in der näheren Umgebung sind die folgenden Schluchten und Felsformationen, alle weniger als 32 km entfernt: **Quebrada de Palala**, **Quebrada de Palmira**, **El Cañon del Duende**, **Quebrada Seca** und **El Sillar**.

Ein kurzer Fußmarsch auf den **Cerro Corazón de Jesús** wird, vor allem bei Sonnenuntergang, mit einem schönen Ausblick über den Ort belohnt. Donnerstag- und samstagmorgens finden in der Nähe des Bahnhofs lebhafte **Straßenmärkte** statt. Das Hotel Mitru ist ganz stolz auf seinen solarbeheizten **Pool** (halber Tag 20 Bs).

Geführte Touren

In Tupiza schießen die Touranbieter wie Pilze aus dem Boden. Die besten Empfehlungen diesbezüglich bekommt man von anderen Travellern. Alle Reisebüros haben den „Triathlon" im Angebot, eine actionreiche Tagestour in der Umgebung mit dem Jeep, zu Pferd und auf dem Mountainbike (bei 4 Teilnehmern 200–300 Bs, Mittagessen inkl.). Gute Anbieter erkennt man an der Sicherheitsausrüstung: Helme und Jacken für die Biketour, Schalenhelme zum Reiten.

Pferdefans können sowohl kürzere Ausritte (25–30 Bs pro Std.) als auch längere Touren (bis zu 4 Tagen) buchen.

Alle Anbieter organisieren Tagestouren zum Salar. In der Hochsaison kostet hier eine Standardtour für Vierergruppen in einem Jeep pro Person zwischen 1200 und 1350 Bs. Folgende Reisebüros bieten alles hier Genannte an:

Alexandro Adventure Travel (☎ 694-4752; aleadventure4x4@hotmail.com; Arraya s/n) Ein freundliches Reisebüro, das in der Umgebung Tupizas Ausflüge fernab der ausgetretenen Pfade anbietet. Sein Spezialgebiet ist die Besteigung abgelegener Vulkane (Tunupa, Uturuncu oder Licancabur).

El Grano de Oro Tours (☎ 694-4763; elgranodeorotours@hotmail.com; Arraya 492) Der Vater des Betreibers hat 12 km von Tupiza entfernt einen Hof, auf dem im Rahmen eines zweitägigen Ausritts für 40 Bs übernachtet werden kann.

La Torre Tours (☎ 694-2633; www.latorretours-tupiza.com; Hotel La Torre, Chichas 220) Ein freundliches Paar vermietet hier während der Trockenzeit Fahrräder für 70 Bs pro Tag. Außerdem haben sie alle Standardtouren Tupizas im Programm.

Tupiza Tours (☎ 694-3003, La Paz 2-224-4282; www.tupizatours.com; Hotel Mitru, Chichas 187) Bei vielen Touren in der Umgebung Tupizas hat dieser Veranstalter, der größte der Stadt, die Vorreiterrolle übernommen. Mittlerweile hat die Konkurrenz nachgezogen. Es gibt tägliche Touren zum Salar, das Feedback über deren Qualität ist allerdings gemischt.

Schlafen

Die billigsten Optionen sind einige einfache *residenciales* gegenüber dem Bahnhof.

El Refugio del Turista (☎ 694-4811; Santa Cruz 244; Zi. 40 Bs/Pers.) Zur Zeit der Recherche war das Hotel Mitru gerade dabei, diese neue, budgetfreundliche Unterkunft zu eröffnen. Sie liegt fünf Häuserblocks vom Bahnhof entfernt und hat sechs Zimmer mit Gemeinschaftsbad, eine Küche und einen Barbecue-tauglichen Garten zu bieten.

Hostal Tupiza (☎ 694-5240; Florida 10; Zi. 25 Bs/Pers.) Familienbetrieb mit kleinen, aber passablen Zimmern im zweiten Stock, die um einen Hof mit riesigen Feigenbäumen angeordnet sind.

Alexandro Hostal (☎ 694-4752; aleadventure4x4@hotmail.com; Arraya s/n; Zi. pro Pers. mit/ohne Bad 40/35 Bs) Freundliche Atmosphäre mit drei sauberen Zimmern oberhalb des Reisebüros. Die Zimmer sind um eine innen liegende Terrasse herum angeordnet und teilen sich eine Küche, ein Waschbecken für Handwäsche und ein Fernsehzimmer.

Hostal El Grano de Oro (☎ 694-4763; elgranodeorotours@hotmail.com; Arraya 492; Zi. 40 Bs/Pers.) Hier findet man vier einfache, sonnige Zimmer mit großen, komfortablen Matratzen, einer Einrichtung unter dem Motto „Kakteen" und einem Gemeinschaftsbad – die familiäre Atmosphäre ist inklusive.

La Torre Hotel (☎ 694-2633; latorrehotel@yahoo.es; Chichas 220; Zi. 40 Bs/Pers., EZ/DZ 60/120 Bs) In diesem großen Haus mit sauberen Zimmern trifft man immer auf andere Traveller. Für die Gäste gibt's eine Küche, einen Safe, eine Dachterrasse und eine TV-Lounge.

Hostal Valle Hermoso (☎ 694-2370; www.bolivia.freehosting.net; Arraya 478 & Arraya 505; Zi. 40 Bs/Pers., EZ/DZ 60/120 Bs) HI-Hostel mit Büchertauschbörse und Wäscheservice, Frühstück kann dazugebucht werden. Am Schwarzen Brett werden Gruppentouren mit dem hoteleigenen Reisebüro angeboten. Die gleiche Familie betreibt den hellen, neueren Ableger in derselben Straße, nahe dem Busbahnhof.

Hotel Mitru (☎ 694-3003; www.tupizatours.com; Chichas 187; Zi. 40 Bs/Pers., EZ 80–160 Bs, DZ 140–200 Bs, Suite 320 Bs; ☺) Das helle, luftige Mitru ist das beste und solideste Hotel der Stadt und mit seinem Pool genau das Richtige nach einem staubigen Tag im Sattel. Sein Ableger (☎ 694-3002; Avaroa at Serrano; Zi. 40 Bs/Pers., EZ/DZ 70/120 Bs) in der Nähe des Bahnhofs hat sehr faire Preise.

Essen

Günstiges Essen gibt's an den Straßenständen und bei den *comedores* rund um den Markt.

LP Tipp Alamos (Ecke Avaroa & Santa Cruz; Hauptgerichte 9–15 Bs) Dank des grünen Lichts erkennt man diesen Laden im Saloon-Style schon von der Straße aus. Bei mexikanischem Vibe treffen sich hier auf zwei abgefahren designten Ebenen Einheimische und Touristen, die sich über riesige Fleischportionen freuen.

Il Bambino (Ecke Florida & Santa Cruz; almuerzo 12 Bs) Die ausgezeichneten *salteñas* (3 Bs) zum Frühstück und der große *almuerzo* zum Mittagessen sind die Highlights des freundlichen Restaurants an der Ecke.

Rinconcito Quilmes (Suipacha 14; almuerzo 10 Bs, Hauptgerichte 16–30 Bs) In diesem kleinen Laden mit dem großen Speisesaal kommen mittags große Portionen mit Fleisch auf den Tisch. Man trifft nur wenige Gringos an.

Sede Social Ferroviaria (Ecke Avaroa & Chichas; Hauptgerichte 15–30 Bs; ☺ So geschl.) Hier geht's ganz einfach zu: Bahnarbeiter und andere Einheimische strömen in Scharen hierher, und zwar wegen der *parrilladas* (60 Bs für 2 Pers.).

Tú Pizza (Plaza Independencia s/n; Hauptgerichte 18–30 Bs) Stylishe kleine Option auf der Hauptplaza, die unzählige Pizza-, Pasta- und Lasagnevariationen und Hauptgerichte mit Ziegenkäse aus der Region und Quinoa serviert.

Italiana (Florida nahe Plaza Independencia; Hauptgerichte 18–35 Bs) Wohl die beste von mehreren Touristenhochburgen der Stadt, die alle beinahe identisch eingerichtet sind und eine umfang- und abwechslungsreiche Speisekarte haben.

An- & Weiterreise

BUS

Die Obergrenze der aufgeführten Preisspannen gilt für die Hochsaison. Mehrere *flotas* fahren morgens und abends vom **Busbahnhof** (Bahnhofsgebühr 4 Bs) nach Potosí (50–100 Bs, 7–8 Std.). Wenn die Straße nach Potosí, die gerade asphaltiert wird, fertig ist, soll sie die Reisezeit um ein paar Stunden verkürzen. Viele Unternehmen fahren täglich nach Villazón (15–25 Bs, 3 Std.), hinter der argentinischen Grenze bei La Quiaca kann man einen Bus nach Salta nehmen, der fünfmal täglich fährt (18 US$). Abends gibt's einige Busse, die nach Tarija (60 Bs, 8 Std.) fahren, mit Anschluss nach Villamontes und Santa Cruz. Auch nach La Paz (90–180 Bs, 15 Std.) bringen einen jeden Abend mehrere Busse via Oruro (70 Bs, 11 Std.). Daneben gibt's Busse nach Sucre (80 Bs, 10½ Std.) und Cochabamba (100 Bs, 18 Std.) und regelmäßig Verbindungen morgens nach Uyuni (50–80 Bs, 6 Std.).

ZUG

Auf der Strecke nach Uyuni verpasst man im Zug einen Großteil der atemberaubenden Landschaft, darum ist ein weniger komfortabler Bus vielleicht doch die bessere Alternative. Der **Ticketschalter** (☎ 694-2527) am Bahnhof hat nur an Tagen geöffnet, an denen Züge fahren, und auch dann nur zu unregelmäßigen Zeiten. Einfacher ist es, sich das Ticket gegen einen geringen Aufpreis von einem Reisebüro besorgen zu lassen.

Der *Expreso del Sur* rollt mittwochs und samstags um 18.40 Uhr gen Norden nach Uyuni (Salon/1. Klasse 60/101 Bs, 5 Std.) und Oruro (101/202 Bs, 12 Std.). Dienstags und freitags fährt er um 3.30 Uhr südwärts nach Villazón (22/51 Bs, 3 Std.) und kommt dort am Mittwoch- bzw. Samstagmorgen an.

Der sich oft verspätende *Wara Wara del Sur* startet montag- und donnerstagabends um 18.50 Uhr nach Uyuni (*popular*/Salon/1. Klasse 24/33/64 Bs, 6 Std.) und Oruro (54/73/150 Bs, 13½ Std.) und montags und donnerstags um 8.40 Uhr nach Villazón (13/17/38 Bs, 3½ Std.).

EINREISE NACH ARGENTINIEN

Die bolivianische Seite des wichtigsten Grenzübergangs nach Argentinien ist unüberschaubar, staubig und chaotisch. Betrüger en masse wenden um die Grenzen herum gerne die bekannten Tricks an, falsche Geldscheine und Taschendiebstahl sind hier keine Seltenheit. Es ist also besondere Vorsicht geboten.

Alle Busse gen Norden fahren vom **Villazón-Busbahnhof** (Bahnhofsgebühr 2 Bs) ab. Es gibt regelmäßig Busse nach Tupiza (15 Bs, 2½ Std.), La Paz (140–170 Bs, 21 Std., über Potosí, 80–120 Bs, 11 Std.), Oruro (140–160 Bs, 17 Std.) und Tarija (40 Bs, 7–8 Std.).

Der Bahnhof von Villazón liegt 1,5 km nördlich des Grenzübergangs – ein Taxi hin kostet 5 Bs. Der *Expreso del Sur* startet mittwochs und samstags um 15.30 Uhr nach Tupiza (Salon/1. Klasse 22/51 Bs, 2¾ Std.), Uyuni (63/152 Bs, 8½ Std.) und Oruro (109/236 Bs, 16½ Std.), Abfahrt der weniger komfortablen *Wara-Wara-del-Sur*-Busse nach Tupiza (*popular*/Salon/1. Klasse 13/17/38 Bs, 3 Std.), Uyuni (24/48/99 Bs, 11 Std.) und Oruro (30/86/185 Bs, 18 Std.) ist jeweils montags und donnerstags um 15.30 Uhr.

Ein- und Ausreisestempel (erstere meist nur für 30 Tage) gibt's – offiziell ohne Gebühr – an der Nordseite der Grenzbrücke bei der **bolivianischen Zoll- & Einwanderungsstelle** (🕐 24 Std.). Die argentinische Zollstelle hat von 7 bis 23 Uhr geöffnet. Der Papierkram ist schnell erledigt, die Wartezeiten und die äußerst gründlichen Durchsuchungen können sich aber hinziehen. Zusätzlich kann es sein, dass in Richtung Argentinien Reisende an mehreren Kontrollpunkten südlich der Grenze erneut für Kontrollen angehalten werden. Für Infos zur Einreise von Argentinien nach Bolivien, s. S. 119.

TARIJA

☎ 04 / 132 000 Ew.

Passend für eine Weinbaustadt: Tarija ist wie ein Rotwein – unaufdringlich, hat einen guten Charakter und wird mit der Zeit immer besser. In Aussehen und Anlage wirkt die Stadt fast mediterran. Prachtvolle Dattelpalmen säumen die schöne Plaza, Häuser aus der Kolonialzeit gibt's im Überfluss und der zentrale Markt pulsiert vor lauter Leben und Gerüchen. Die zahlreichen Cafés, Plazas und Museen sind nette Orte, um ein wenig zu relaxen, während die vielen Studenten in der Stadt für etwas Pepp sorgen.

Die Umgebung bietet eine Menge Sehenswertes und viele Möglichkeiten, die müden Knochen in Schwung zu halten – wie für Traveller gemacht. Weinberge, alte Inkastraßen und "versteinerte" Gegenden finden sich in sehr unterschiedlichen Lebensräumen, von üppig-fruchtbaren Tälern bis zu wüstenartigen Ebenen (mit denen der Chaco beginnt). Mit etwas Planung können diese Gebiete erwandert werden. Oder man schließt sich einer der Touren an, die von einer wachsenden Zahl von Veranstaltern angeboten werden. Das Tal hat ein frühlingshaftes, idyllisches Klima. Die *chapacos* (wie die *tarijeños* sich selber bezeichnen) wirken in vieler Hinsicht eher spanisch oder argentinisch als bolivianisch. Sie sind stolz auf ihre Fiestas, ihre einzigartigen Musikinstrumente und ihre kulinarischen Produkte, darunter der *singani* (Tresterbrand), der alles andere als schwach auf der Brust ist.

Orientierung

Adressen westlich der Colón haben ein O *(oeste)* vor der Hausnummer, jene östlich der Colón ein E *(este)*. Die Adressen nördlich der Av Las Américas (Av Victor Paz Estenssoro) sind mit einem N versehen.

Praktische Informationen

Internetcafés gibt's hier zuhauf, meistens haben sie auch Telefonkabinen. Eine gute Verbindung bekommt man auf der Bolívar (Std. 3–4 Bs). Rund um die Plaza sind zahlreiche Geldautomaten zu finden.

Casas de cambio (Bolívar) Tauscht US-Dollar und argentinische Pesos. Banco Bisa und Banco Nacional, beide auf der Sucre, lösen Reiseschecks ein.

Touristeninformation des Departements (☎ 663-1100; Ecke 15 de Abril & Trigo; ☾ Mo–Fr 8.30–12 & 15–18 Uhr) Bietet einfache Stadtpläne und beantwortet Fragen über Sehenswertes in der Stadt und der Umgebung.

Einreisestelle (☎ 664-3594; Ingavi 789) Sehr freundliche Dienststelle; hilfreich bei der Visumsverlängerung und bei Fragen zu Grenzübergängen.

Lavandería La Esmeralda (☎ 664-2043; La Madrid 0-157) Schneller Service mit Waschmaschine und Trockner, 12 Bs pro Kilo.

Städtische Touristeninformation (☎ 663-3581; Ecke Bolívar & Sucre; ☾ Mo–Fr 8.30–12 & 15–18 Uhr) Sehr freundliches Personal, das aber selten mit Infomaterial oder mündlicher Auskunft weiterhelfen kann.

Sehenswertes & Aktivitäten

Ein Spaziergang durchs Zentrum lohnt sich, um zu sehen, wie viel von der kolonialzeitlichen Atmosphäre übriggeblieben ist. Fossilienfans bekommen im kostenlosen, universitären **Archäologie- & Paläontologiemuseum** (Ecke Lema & Trigo; ☾ Mo–Sa 8–12 & 15–18 Uhr) einen guten Überblick über die Geologie und die prähistorischen Tiere der Region.

Aus dem Nachlass des reichen Landbesitzers Moisés Navajas aus Tarija stammt die **Casa Dorada** (☎ 664-4606; Ingavi 0-370; ☾ Mo–Fr 8–12 & 14.30–18.30 Uhr). Sie wurde inzwischen teilweise restauriert und stellt nun als **Casa de la Cultura** eine extravagante Sammlung europäischer Möbel aus, die ein spanisches Ehepaar 1903 importiert hatte.

Ein beliebtes Ausflugsziel am Wochenende ist **San Lorenzo**, 15 km nordwestlich von Tarija, wo man das frühere Wohnhaus des *chapaco*-Helden Moto Méndez besichtigen kann. Die *micros* und *trufis* (3 Bs, 30 Min.) hierher fahren alle 20 Minuten von der Kreuzung Domingo Paz und Saracho ab. Auch das 5 km nordwestlich gelegene **Tomatitas** lohnt einen Besuch: Hier kann man in einen natürlichen Badeteich eintauchen oder zu den 60 m hohen **Coimata-Wasserfällen** wandern. *Micros* nach Tomatitas starten in regelmäßigen Abständen an der Kreuzung Av Domingo Paz/Saracho in Tarija (1,50 Bs). Um zu den Coimata-Fällen zu gelangen, wandert oder trampt man die 5 km bis nach Coimata, wo es dann noch 40 Minuten stromaufwärts geht.

Als Weinbauzentrum der Region, in dem sowohl Wein als auch *singani* hergestellt wird, ist Tarija genau das Richtige für alle, die einen guten Tropfen zu schätzen wissen. Zu den empfehlenswerten *bodegas* (Weingüter) zählen die Bodega La Concepción, die Bodega Casa Vieja, Campos de Solana/Casa und Kohlberg. Gut zu wissen: Viele dieser Weingüter haben ihre eigenen Verkaufsstellen in der Stadt, wo man den Wein günstiger als in den normalen Läden bekommt. Auch **Viva Tours** (☎/Fax 663-8325; Ecke 15 de Abril & Delgadillo) weiß den Durst zu stillen und bietet ausgezeichnete, günstige Touren zu den Weingütern an (Halbbzw. Ganztagestour 80–150 Bs pro Pers.). Bei den ganztägigen Trips sieht man auch etwas von der Umgebung, z. B. die eindrucksvolle **La Reserva Biológica de Sama**, die Inkastraße, ländliche Dörfer aus der Kolonialzeit und das abwechslungsreiche Gran-Chaco-Hinterland.

Zu den empfehlenswerten Veranstaltern mit ähnlichen Touren gehören:

Sur Bike (☎ 7619-4200; Ballivian 601) Rad- und Wandertouren in der Umgebung.

VTB Tours (☎ 664-3372; Ingavi 0-784)

Schlafen

Residencial El Rosario (☎ 664-2942; Ingavi 777; EZ mit/ohne Bad 70/35 Bs, DZ 70 Bs) Gut geführte, günstige Unterkunft mit Waschbecken für Handwäsche, einem Fernsehzimmer und warmen Duschen (gasbeheizt). Die Zimmer umgeben einen ruhigen Hof.

Hostería España (☎ 664-1790; Corrado 0-546; EZ/DZ 60/120 Bs, ohne Bad 40/80 Bs) Warme Duschen, ein Innenhof voll Blumen und eine Rezeption mit massenweise Infos für Traveller. In den etwas überteuerten Zimmern wird's im Winter ganz schön kalt.

Residencial Zeballos (☎ 664-2068; Sucre N-966; EZ/DZ 80/140 Bs, ohne Bad 40/80 Bs) Dutzende Topf- und Kletterpflanzen verleihen diesem Haus eine frische, frühlingshafte Atmosphäre. Nach einem Zimmer im Erdgeschoss fragen – die im Keller sind dunkel und trostlos.

Hostal Libertador (☎ 664-4580; Bolívar 0-649; EZ/DZ 100/180 Bs) Das zentral gelegene, einladende Hostal bringt seine Gäste in etwas veralteten Zimmern mit Bad, Telefon und TV unter. Es gibt weder Ventilatoren noch eine Klimaanlage.

Victoria Plaza Hotel (☎ 664-2600; hot_vi@entelnet.bo; Ecke La Madrid & Sucre; EZ/DZ 170/250 Bs; 🖵) Einnehmende Unterkunft mit Zimmern wie aus den 1950er-Jahren mit blankem Holzboden, bequemen Betten und Retro-Einrichtung.

Hotel Luz Palace (☎ 664-2741; Sucre N-921; EZ/DZ 180/250 Bs) In diesem restaurierten, kolonialzeitlichen Hotel bekommt man was für sein Geld. Man nächtigt in modernen, geräumigen Zimmern. Das dazugehörende Reisebüro hilft gerne bei der Reiseplanung.

Weitere gute Optionen:

Grand Hotel Tarija (☎ 664-2684; Sucre N-770; EZ/DZ 160/300 Bs) Bequemer, zentral gelegener Oldtimer unter den Unterkünften der Stadt.

Hostal Costanera (☎ 664-2851; Ecke Estenssoro & Saracho; EZ/DZ 180/280 Bs; 🕵 🖵) In den eleganten Zimmern kann man es sich so richtig gut gehen lassen: Sie bieten geräumige Badezimmer, tolle Duschen und andere Extras.

Essen

An der nordöstlichen Ecke des Marktes bieten Straßenverkäufer Snacks und Gebäck feil, das man in anderen Teilen Boliviens nicht bekommt, z. B. köstliche crêpeartige *panqueques*. Frühstück findet man auf der Rückseite des Marktes, weiteres billiges Essen im Obergeschoss und frische Säfte in der Obstabteilung. Nicht verpassen: die riesige Back- und Süßwarenabteilung hinter der Bolívar.

Café Campero (Campero nahe Bolívar; Hauptgerichte 10–30 Bs; 🕑 Di–So abends) Hier kann man eintauchen in eine fabelhafte Welt aus Broten, Kuchen und Gebäck, z. B. *cuñapes* (Maniok-Käseröllchen).

Club Social Tarija (15 de Abril E-271; almuerzo 15 Bs; 🕑 Mo–Fr mittags) Dieser Laden hat eine treue Kundschaft, die den monatlich wechselnden Speiseplan zu schätzen weiß. Am beliebtesten ist der traditionelle *almuerzo*.

Serenata (Trigo; almuerzo 15 Bs) Restaurant mit Strohdach und netter Atmosphäre. Hier kann man sich an einem guten, günstigen *almuerzo* gütlich tun.

Café Mokka (☎ 665-0505; Plaza Sucre; Hauptgerichte 16–38 Bs) Kaffee, leckere Cocktails oder leichten Happen zu essen: Dieses stylishe Café hat alles – inklusive eines Blickes über die ganze Plaza.

Chingo's (Plaza Sucre; Gerichte 20–45 Bs) Hier dreht sich alles um saftige Steaks. Die deftige *parrillada* aus argentinischem Rind ist der Hit!

Bufalo (Plaza Luis Fuentes; Hauptgerichte 26–55 Bs) Schon der Ranch-Stil lässt vermuten, dass es hier vor allem Fleisch zu essen gibt, u. a. so Herkömmliches wie *medallones de lomito con salsa de mariscos* (Rindermedaillons in einer Sauce aus Meeresfrüchten).

Taberna Gattopardo (Plaza Luis Fuentes; Hauptgerichte 26–58 Bs) Von Europäern betriebene Taverne mit gutem Espresso und Cappuccino, schön angerichteten Salaten und *ceviche* und herrlichen Hähnchenfilets.

Heladería Napoli (Campero N-630; 36 Bs/kg) Das Eis, das man hier bis 20 Uhr erstehen kann, ist einfach göttlich.

Chifa Hong Kong (Sucre N-235; Hauptgerichte 40 Bs) Günstige Cocktails, riesige Portionen zu Mittag und eine umfangreiche Speisekarte mit chinesischen Gerichten sind die Highlights.

Ausgehen

La Candela (Plaza Sucre; Mo–Fr 9–24, Sa & So 9–2 Uhr) Das Geschäft in dieser kleinen, unkonventionellen Café-Bar mit ihrem französischen Besitzer floriert. An den Wochenenden wird Livemusik gespielt.

Thai Kaffe (Plaza Sucre; Mo–Fr 9–24, Sa & So 10–2 Uhr) Trendige Mittzwanziger treffen sich hier, um nachmittags bei einem Milchshake zu plaudern oder abends *singanis* zu kippen.

Man sollte die Augen offen halten nach Flyern, die *peñas* ankündigen; diese werden für gewöhnlich am Wochenende in den Restaurants abgehalten. Nach 18 Uhr können Schachfans in der **Asociación Tarijeña de Ajedrez** (Campero) kostenlos eine Partie spielen, vorausgesetzt, sie respektieren die dort geltenden Regeln: nicht rauchen und Klappe halten.

Anreise & Unterwegs vor Ort

BUS

Der **Busbahnhof** (☎ 663-6508) liegt am östlichen Stadtrand und ist vom Stadtzentrumaus zu Fuß in 20 Minuten erreichbar, über die Av Victor Paz Estenssoro. Auf der anderen Straßenseite der Bushaltestelle fährt der *micro* A (2,50 Bs) in Richtung Zentrum ab.

Täglich verbinden mehrere Busse mit Potosí (70 Bs, 12–15 Std.), Oruro (90 Bs, 20 Std.), Cochabamba (100 Bs, 26 Std.) und Sucre (90 Bs, 18 Std.). Der *Expreso Tarija* fährt jeden Morgen nach La Paz; Tickets im Voraus kaufen. Auf der Route nach Santa Cruz (100 Bs, 24 Std.) liegt auch Villamontes (50 Bs, 7 Std.), wo man Anschluss nach Asunción hat (mit langen Wartezeiten rechnen). Busse nach Yacuiba (40 Bs, 9 Std.) verlassen den Bahnhof zwischen 18.30 und 19.30 Uhr.

FLUGZEUG

Der Flughafen (abseits der Av Victor Paz Estenssoro) liegt 3 km östlich der Stadt. **TAM** (☎ 664-2734; La Madrid 0-470) fliegt montags und freitags nach Santa Cruz (558 Bs), Abflug nach La Paz (783 Bs) über Sucre (477 Bs) ist dienstags, mittwochs, freitags und sonntags. Der kurze Flug nach Yacuiba (308 Bs) startet mittwochs und samstags. **AeroSur** (☎ 901-1015555; 15 de Abril) fliegt jede Woche dreimal nach La Paz (850 Bs) und täglich einmal nach Santa Cruz (661 Bs).

Taxis in die Stadt (20 Bs) kosten vom Terminal aus fast doppelt so viel wie von der 100 m entfernt gelegenen Straße. Weitere Möglichkeit: auf der anderen Seite der Hauptstraße den *micro* A oder ein *trufi* nehmen, beide fahren am Busbahnhof und am Mercado Central vorbei.

COCHABAMBA

☎ 04 / 608 200 Ew.

Das geschäftige Cochabamba gehört zu den wirtschaftlich erfolgreichsten Städten Boliviens. Die gewaltige Christusstatue, die über der Metropole thront, blickt auf eine besondere, fast schon mediterrane Lebendigkeit mit teilweise greifbarem Wohlstand. Im alten Stadtzentrum begegnen einem wunderschöne koloniale Häuser, Balkons, überhängende Dachtraufen und große Innenhöfe, das moderne Gebiet im Norden wird dagegen von herkömmlichen Wolkenkratzern und schicken Cafés geprägt.

Eindeutiger Pluspunkt ist das Wetter – es ist warm, trocken und sonnig mit sporadischen Niederschlägen und bietet nach dem frostigen *altiplano* eine willkommene Erholung. Neben einer schönen, von Bäumen gesäumten Plaza, lebhaften Märkten und einigen interessanten Museen erwartet den Besucher ein aktives Nachtleben, das die Stadt ihrer Universität und deren Studenten verdankt. Probieren sollte man unbedingt eine *chicha cochabambina*, ein traditionelles Maisbier, das in der gesamten Region mit Begeisterung getrunken wird.

Die Stadt wurde 1574 gegründet und entwickelte sich dank des fruchtbaren Bodens und des milden Klimas schnell zur wichtigsten Kornkammer des Landes.

Orientierung

Die Adressen nördlich der Av de las Heroínas beinhalten ein N, die südlich davon ein S; östlich der Av Ayacucho führen sie ein E und westlich davon ein O. An der Zahl unmittelbar nach dem Buchstaben kann man erkennen, wie viele Blocks sich die Adresse von der entsprechenden Trennlinie befindet. Gute Stadtpläne gibt es bei der Touristeninformation oder im gut sortierten Los Amigos del Libro, wo auch Reiseführer erhältlich sind.

Praktische Informationen

Internetcafés verlangen 3–4 Bs pro Stunde und sind, genau wie die *empanadas*, überall zu finden Die Banken und *casas de cambio* tauschen Reiseschecks, in der ganzen Stadt gibt's Geldautomaten. Auf der Av Heroínas kann man Geld wechseln, aber nur US-Dollar.

Brillante (Ayacucho 923) Wäscherei.
Einwanderungsstelle (☎ 453-3331; Ecke Galindo & Torrez; ✢ Mo–Fr 8.30–16 Uhr) Für Visa und Verlängerung der Aufenthaltsgenehmigung. Einfach an der Schlange vorbeigehen, die gehört zu einer anderen Abteilung.
Los Amigos del Libro (mehrere Zweigstellen, darunter an der España nahe Bolívar) Eine ausgezeichnete Auswahl von Taschenbüchern nebst bolivianischer Literatur und Reiseführern.
Touristeninformation (☎ 425-8030; Plaza 14 de Septiembre; ✢ Mo–Fr 8–12 & 14.30–18.30 Uhr) Hat gute Infos über die Stadt. Es gibt mehrere Infostände, die auch samstagmorgens geöffnet sind, darunter einen am Busbahnhof und am Flughafen.
Touristenpolizei (☎ 120 od. 451-0023; Achá 0-142)

Gefahren & Ärgernisse

Die Straßen südlich der Av Aroma in der Nähe des Busbahnhofs sollten gemieden werden und bei Nacht sind sie ernsthaft gefährlich – man sollte auf keinen Fall der Versuchung der günstigeren Unterkünfte in der Gegend erliegen. Taschen- und Gelegenheitsdiebe sind auf den Märkten keine Seltenheit und auch am Hügel San Sebastian ist es schon zu Überfällen gekommen.

Sehenswertes & Aktivitäten

Das **Museo Arqueológico** (☎ 425-0010; Ecke Jordán E-199 & Aguirre; Eintritt 10 Bs; ✢ Mo–Fr 8.30–17.30, Sa 8.30–14.30 Uhr) präsentiert eine gute Sammlung aus bolivianischen Mumien und Artefakten, die sich auf drei Abteilungen verteilt: Paläontologie, Fossilien und Archäologie.

Der Zinnbaron Simón Patiño lebte eigentlich nie wirklich im **Palacio Portales** (☎ 424-3137; Potosí 1450; Eintritt inkl. Führung 10 Bs; ✢ Gärten Di–Fr 15–18.30, Sa & So 9–12 Uhr; ✢ Führungen Spanisch/Englisch halbstündl. Di–Fr 15.30–18, Sa 9.30–11.30, So 11–11.30 Uhr), einem herrschaftlichen Wohnhaus im französischen Stil im *barrio* von Queru Queru, nördlich des Zentrums. Es wurde zwischen 1915 und 1927 erbaut und bis auf die Ziegelsteine wurde sämtliches Material dafür aus Europa angekarrt. Heute wird es als Kunst- und Kulturkomplex und als Bildungszentrum genutzt, weshalb der Zutritt auch nur im Rahmen einer Führung möglich ist. Von der östlichen Seite der Av San Martín mit dem *micro* E gen Norden fahren.

Zur Statue **Cristo de la Concordia**, die von Osten aus die Stadt überblickt, kommt man mit dem Taxi (30 Bs hin & zurück, inkl. Wartezeit) oder, bis ganz nach oben zur Spitze, mit dem **teleférico** (Seilbahn; hin & zurück 6 Bs; ✢ Mo geschl.).

Kurse

Cochabamba ist ein guter Ort, um Spanisch oder Quechua zu lernen. Im Folgenden sind Kulturzentren aufgelistet, die auch Kurse (35 Bs/Std.) anbieten und Infos zu Privatlehrern geben.
Centro Boliviano-Americano (☎ 422-1288; info@cbacoch.org; 25 de Mayo N-365)
Instituto Cultural Boliviano-Alemán (Deutsch-bolivianisches Kulturinstitut; ☎ 412-2323; www.icbacbba.com; Lanza 727)
Volunteer Bolivia (☎ 452-6028; www.volunteerbolivia.org; Ecuador 342) Kann kurz- und längerfristige Freiwilligenarbeit, Studienprogramme und Unterkünfte in Gastfamilien in ganz Bolivien arrangieren.

Geführte Touren

Wer die nahegelegenen Nationalparks und Schutzgebiete besuchen möchte, ist bei **Bolivia Cultura** (☎ 452-7272; www.boliviacultura.com; España 301) oder **Fremen Tours** (☎ 425-9392; www.andes-amazonia.com; Tumusla N-245) an der richtigen Adresse.

Schlafen

Man sollte sich auf gar keinen Fall von den Tiefstpreisen der Unterkünfte in der Umgebung des Marktes und des Busbahnhofs blenden lassen. Der niedrige Preis hat seinen Grund: Nachts ist es hier sehr gefährlich.

Hostal México (☎ 452-5069; México nahe Ayacucho; Zi. pro Pers. mit/ohne Bad 25/20 Bs) Sehr einfach, aber sauber und zentral gelegen.

Residencial Familiar (☎ 422-7988; Sucre E-554; Zi. 30 Bs, EZ/DZ 50/80 Bs) In einem reizenden alten Gebäude und um einen ruhigen Innenhof verteilen sich Zimmer mit eigenen Bädern. Das Haus wurde gerade frisch renoviert und verströmt viel Charakter.

Residencial Familiar Anexo (☎ 422-7986; 25 de Mayo N-234; Zi. pro Pers. mit/ohne Bad 60/35 Bs) Dem Residencial Familiar (s. oben) sehr ähnlich; weniger Charme, dafür zentraler gelegen.

Hostal Jardín (☎ 424-7844; Hamiraya N-248; EZ/DZ 50/80 Bs) In einem ruhigen Teil der Stadt findet sich diese immer schon beliebte Location, angelegt um einen liebenswert-chaotischen Garten mit gigantischem Sternfruchtbaum herum. Die Zimmer bieten eigene Badezimmer und warmes Wasser.

LP Tipp **Hotel Gina´s** (☎ 422-2295; www.ginashotel.web.bo; México 346 nahe España; Zi. pro Pers. mit/ohne Bad 90/80 Bs, Suite 250–280 Bs) Modernes, helles und neu eingerichtetes Hotel. Die Suiten mit Küchen und Wohnzimmern sind ihr Geld wirklich wert.

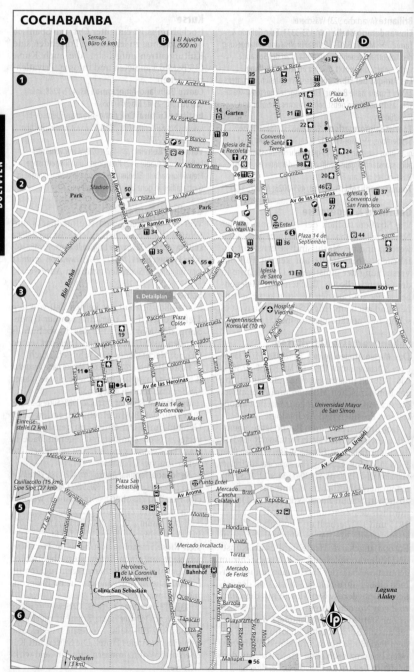

Hostal La Fontaine (☎ 425-2838; hostalfontaine@hotmail.com; Hamiraya 181; EZ/DZ 95/160 Bs; 🖳) Etwas eigenartige religiöse Bilder schmücken den Treppenaufgang des kleinen Hotels. Die großen Zimmer mit Kabelfernsehen, Minibar und das im Preis inbegriffene Frühstück machen es zu einer guten Wahl.

City Hotel (☎ 422-2993; www.cityhotelbolivia.com; Jordán E-341; EZ/DZ/FZ 100/140/180 Bs; 🖳) Tadellos sauberes, freundliches Hotel, helle, gut ausgestattete Zimmer mit schönen harten Betten, inklusive Wäscheservice, Kabelfernsehen und Frühstück.

Hotel Boston (☎ 422-4421; hboston@supernet.com.bo; 25 de Mayo N-167; EZ/DZ 145/220 Bs) Zwar sind die besten Tage des alten Boston vorüber, doch an der Lage – sehr zentral – hat das natürlich nichts geändert, und es gibt Kabelfernsehen, Frühstück und einen herzlichen Empfang.

Monserrat Hotel (☎ 452-1011; www.hotelmonserrat.com; España N-342; EZ/DZ 160/200 Bs; 🖳) In einem historischen Gebäude im Herzen der angesagten Restaurantszene gelegen. Die Zimmer sind elegant und komfortabel, aus dem zweiten Stock hat man einen tollen Blick auf den *Cristo*.

Essen

Einfache, aber abwechslungsreiche und leckere Gerichte für wenig Geld gibt's auf den Märkten. Vorsicht jedoch ob der hygienischen Zustände und der Wertsachen! Die großartigen *salteñas* und Empanadas bekommt man an jeder Straßenecke; Letztere sind bei **Los Castores** (Ballivián 790; 2,50 Bs) besonders gut. Die besten *papas rellenas* (mit Fleisch oder Käse gefüllte Kartoffeln) gibt's an der Ecke Achá/Villazón.

Uno's (Ecke Heroínas & San Martín; almuerzo 7 Bs; Mo–Sa 8–13 Uhr) Schmackhaftes, günstiges vegetarisches Buffet; das Plastikgeschirr erinnert ein bisschen an eine Gefängniskantine.

Dumbo (Heroínas E-345; 10–40 Bs) Dieser riesige Laden (auch in der Ballivián 55 zu finden) hat den ganzen Tag über verschiedenste Gerichte im Angebot, von Crêpes bis Burger. Besonders am späten Nachmittag strömen die Gäste zu *helado* (Eis) und Kaffee hierher.

Kabbab (Potosí N-1392; Hauptgerichte 15–25 Bs; nur abends) In heimeliger Atmosphäre werden hier 1001 verschiedene Varianten persischen Kebabs und türkischen Kaffees serviert.

Páprika (Ecke Rivero & Lanza; Hauptgerichte 20–35 Bs) Die sowohl bolivianische als auch internationale Küche hier ist sehr beliebt und macht das ruhige, mit viel Grün eingerichtete Restaurant zu einem angesagten Treffpunkt.

La Mora (Ecke Hamiraya & Heroínas; Hauptgerichte 20–40 Bs) Eine von Hand geschriebene Speisekarte, bizarr gestrichene Möbel, italienisches Essen und *singani*-Früchtecocktails.

HWA (Salamanca 868; Hauptgerichte 20–40 Bs) Wer die asiatische Küche mag, ist hier genau richtig – serviert werden leckere koreanische und japanische Gerichte.

Sole Mio (América E-826; Pizza 25–50 Bs; Mo–Fr nur abends, Sa & So mittags & abends) Die besten Pizzen der Stadt werden im Holzofen gebacken und von den Inhabern aus Neapel standesgemäß knusprig serviert.

Casa de Campo (Pasaje Boulevar 618; Hauptgerichte 25–50 Bs) Der Klassiker in Cochabamba. Hier geht es in traditioneller Atmosphäre laut zu: Man trifft Leute, verzehrt gegrilltes Fleisch und spielt *cacho* (Würfel).

La Cantonata (Ecke España & Rocha; Hauptgerichte 35–60 Bs; Mo geschl.) Dies ist eines der besten Restaurants der Stadt und eine der besten italienischen Optionen in ganz Bolivien.

Búfalo's Rodizio (Torres Sofer, Oquendo N-654; Buffet 40 Bs; So nur mittags, Mo nur abends) Das tolle All-you-can-eat-Grillrestaurant im brasilianischen Stil ist ein Muss für Fleischliebhaber.

Ausgehen
CAFÉS

Das helles, luftige **Mosoj Yan** (Ecke Bolívar & Plaza Busch; Buffet 40 Bs; Mo–Fr nur mittags) ist eine Anlaufstelle für Straßenkinder, und die Bolivianos für den Kaffee sind für einen guten Zweck.

Den besten Kaffee der Stadt gibt's zweifellos in der **Espresso Café Bar** (Arce 340).

BARS

Der Prado (Av Ballivián) ist bekannt für sein feucht-fröhliches Nachtleben, das sich u. a. in dem typischen bolivianischen Bierschuppen **Top Chopp** abspielt. Auch auf der Calle España, wo sich ständig wechselnde, unkonventionelle Café-Bars aneinanderreihen, steppt ordentlich der Bär. Empfehlenswert sind das etwas schäbige **Cerebritos** (España N-251; 20 Uhr–open end), das künstlerisch angehauchte **Dali** (Plazuela Barba de Padilla, Reza E-242) und das gemütliche, von Kerzen erleuchtete **Prikafé** (Ecke España & Rocha).

Unterhaltung

Deep (Pando) und **Levoa** (Paseo de la Recoleta) sind angesagte Klubs, bei denen man schon für den Eintritt mindestens 30 Bs berappen muss. Günstiger tanzt es sich in **Lujo's Discoteca y Karaoke** (Beni E-330; Mi–So 20 Uhr–open end).

Zu den Kinos in der Stadt gehören das **Cine Center** mit mehreren Sälen (Ramón Rivero s/n), das tolle **Cine Heroínas** (Heroínas s/n) und das kleinere **Cine Astor** (Ecke Sucre & 25 de Mayo).

Anreise & Unterwegs vor Ort
BUS

An Cochabambas **Hauptbusbahnhof** (422-0550; Ayacucho nahe Aroma; Bahnhofsgebühr 4 Bs) gibt's einen Informationsstand, eine Gepäckaufbewahrung und Geldautomaten. Auf allen Hauptverbindungen verkehren auch bequeme *bus-cama*-Busse, die jedoch rund das Doppelte des Normalpreises kosten. Zahlreiche Busse fahren nach La Paz (45 Bs, 7 Std.) und Oruro (25 Bs, 4 Std.). Die meisten Abfahrten nach Santa Cruz (54–66 Bs, 10–13 Std.) sind vor 9 und nach 18 Uhr. Nach Sucre (40 Bs, 10 Std.) starten am Nachmittag einige Busse, von denen ein paar weiterfahren nach Potosí (52 Bs, 15 Std.).

Micros und Busse nach Villa Tunari (20 Bs, 3 Std.) in der Kokaanbauregion Chapare fahren von 8 bis 19 Uhr fast stündlich an der Kreuzung Oquendo und República ab.

FLUGZEUG

Den **Jorge Wilsterman Airport** (CBB; Flughafengebühr national/international 14/170 Bs) erreicht man von der Hauptplaza mit dem *micro* B (2 Bs) oder einem Taxi (ca. 20 Bs). Der Flughafen wird regelmäßig von **AeroSur** (440-0912; Villarroel 105), **TAM** (441-1545; Hamiraya N-122) und **Aerocon** (448-7665; Büro am Flughafen) bedient. Man gelangt täglich nach La Paz, Santa Cruz, Sucre und Trinidad. **TAM Mercosur** (452-0118; Plazuela Constitución) fliegt jeden Tag (außer sonntags) Asunción, Buenos Aires und via Santa Cruz São Paulo an.

RUND UM COCHABAMBA

Eine 2½-stündige Wanderung durch das (gut ausgeschilderte) Gelände führt von dem Ort **Sipe Sipe**, 27 km südwestlich von Cochabamba gelegen, zu den Ruinen von **Inca-Rakay**. Landschaftlich gesehen ist dies ein schöner Abstecher, archäologische Höhepunkte sucht man allerdings vergebens. Achtung: Es gibt mehrere ernstzunehmende Berichte von Campern, die hier angegriffen wurden. Sonntags ist in Sipe Sipe Markttag. Direkte *micros* fahren mittwochs und samstags, sonst muss man den

Umweg über **Quillacollo** machen, das von Cochabamba aus mit einem *micro* zu erreichen ist.

Ungefähr 160 km nordöstlich von Cochabamba liegen die dampfende, entspannte Chapare-Siedlung **Villa Tunari** und **Inti Wara Yassi** (Parque Machía; www.intiwarayassi.org), ein Tierschutzgebiet und ein lauschiges Plätzchen, um sich nach der Kälte auf dem *altiplano* etwas aufzuwärmen. Freiwillige Mitarbeiter sind willkommen (Mindestaufenthalt 15 Tage). Sein Lager aufschlagen darf man für 10 Bs pro Tag. In der Ortschaft gibt's zahlreiche Unterkünfte und Restaurants, aber keinen Geldautomaten.

SUCRE

☎ 04 / 215 800 Ew.

Strahlend weiß getünchte Gebäude, prunkvolle Torbögen, reichlich Terrakotta und herrliche Aussichten von den Dächern der Stadt – das erstaunliche Sucre besitzt ein reiches koloniales Erbe, das sich in seinen Gebäuden, der Straßenlandschaft und den zahlreichen Kirchen zeigt. 1991 erklärte die Unesco Sucre zum Weltkulturerbe. Doch obwohl die Stadt in den letzten Jahren sprunghaft gewachsen ist, hat das Zentrum eine gemütliche und behagliche Atmosphäre bewahrt. Hier finden sich farbenprächtige indigene Märkte, Läden des gehobenen Bedarfs und diverse Restaurants. Die mit Blumen geschmückten Plazas sind der Mittelpunkt des geselligen Lebens und spiegeln die pulsierenden Farben der Stadt und ihrer Einwohner wider, von denen viele indigener Herkunft sind.

Die Einwohner Sucres sind stolze Leute, die davon überzeugt sind, dass in ihrer Stadt das Herz Boliviens schlägt. Da verkümmert die Tatsache, dass La Paz der Hauptstadt Sucre den Rang als Regierungssitz und Staatskasse entrissen hat, zur Nebensache. Offiziell ist Sucre ja auch immer noch die Hauptstadt, in der auch weiterhin der oberste Gerichtshof des Landes tagt.

1538 gründeten die Spanier Sucre unter dem Namen La Plata als Hauptstadt ihres Verwaltungsgebietes Charcas. Als sie 1776 die Verwaltungsgebiete neu aufteilten, wurde die Stadt in Chuquisaca umbenannt, das damals das wichtigste Zentrum in den östlichen spanischen Territorien war und die bolivianische Geschichte nachhaltig prägte. Hier wurde am 6. August 1825 die Unabhängigkeit ausgerufen und die neue Republik geschaffen, die nach ihrem Befreier Simón Bolívar benannt wurde. Mehrere Jahre später wurde die Stadt zu Ehren Antonio José de Sucres, eines Generals im Unabhängigkeitskampf, umbenannt – aber es kann niemandem übel genommen werden, wenn er bei dem Namen an Zucker denkt: Die Stadt ist einfach zuckersüß.

Praktische Informationen

Sucre hat eine Vielzahl von Internetcafés; außerdem kann man in den Läden von Entel und Punto Viva online gehen. Die Preise liegen pro Stunde bei 3 bis 4 Bs.

Im Stadtzentrum gibt's jede Menge Geldautomaten, nicht jedoch am Busbahnhof oder am Flughafen. Die Geldwechsler vor dem Markt entlang der Av Hernando Siles sind an Wochenenden eine praktische Anlaufstelle, man sollte aber immer den aktuellen Wechselkurs im Kopf haben.

Einwanderungsstelle (☎ 645-3647; Bustillos 284; ⓥ Mo–Fr 8.30–16.30 Uhr) Verlängert Visa und Aufenthaltsgenehmigungen.

Limpecable (☎ Pérez 331; ⓥ tgl.) Wäschereiservice im Supermercado SAS, 12 Bs pro Kilo.

Oficina Universitaria de Turismo (☎ 644-7644; Estudiantes 49; ⓥ Mo–Fr 8–11 & 15–17 Uhr) Hier geben Studenten Auskunft; manchmal lassen sich auch Führer für Stadtspaziergänge buchen.

Post (Ecke Estudiantes & Junín) Die Hauptpost hat für *encomiendas* (Pakete) ein *aduana* (Zoll-)Büro im oberen Stock; durchgehend geöffnet.

Städtische Touristeninformation (☎ 643-5240; Argentina 65) Im ersten Stock der Casa de la Cultura bekommt man Infos zur Stadt und gute Karten. Es gibt auch einen Stand am Flughafen und einen am Busbahnhof.

Touristenpolizei (☎ 648-0467; Plazuela Zudáñez)

Sehenswertes

Mit dem Dino Bus erreicht man den 5 km nördlich des Zentrums liegenden Zementsteinbruch, in dem sich der **Cretaceous Park** (www.parquecretacicosucre.com; Eintritt 30 Bs, ⓥ Mo–Fr 7–19, Sa & So 10–15 Uhr) befindet. Dieser raffinierte Freizeitpark präsentiert etwa 5000 Dinoaurierspuren von mindestens acht verschiedenen Dinosaurierarten. Der Bus fährt täglich um 9.30, 12 und 14.30 Uhr an der Plaza ab.

Eine Dosis bolivianische Geschichte gibt's in der **Casa de la Libertad** (☎ 645-4200; www.casadelalibertad.org.bo; Plaza 25 de Mayo 11; Eintritt inkl. Führung (optional) 15 Bs; ⓥ Di–Sa 9–12 & 14.30–19, So 9–12 Uhr), einem kunstvoll verzierten Museum, in dem 1825 die bolivianische Unabhängigkeitserklä-

SUCRE

0 — 400 m

PRAKTISCHES
Brasilianisches Konsulat	1	B4
Deutsches Konsulat	2	A3
Einreisestelle	3	A5
Limpecable	4	A6
Städtische Touristeninformation	5	B4
Oficina Universitario de Turismo	6	B4
Peruanisches Konsulat	7	C5
Post	8	B4
Touristenpolizei	9	B5

SEHENSWERTES & AKTIVITÄTEN
Academia Latinoamericana de Español	10	B5
Bolivia Specialist	11	B5
Candelaria Tours	12	B5
Capilla de la Virgen de Guadalupe	(siehe 20)	
Casa de la Libertad	13	B4
Kathedrale	14	B4
Convento de San Felipe Neri	15	B5
Fox Language Academy	16	C4
Iglesia de la Recoleta & Museo de la Recoleta	17	D6
Instituto Cultural Boliviano-Alemán	18	C5
Joy Ride Bolivia	(siehe 47)	
Locot's Aventura	(siehe 43)	
Museo de Etnografía y Folklore	19	C4
Museo de la Catedral	20	B5
Museo Textil Indígena (ASUR)	21	D5
Museo y Convento de Santa Clara	22	C5

SCHLAFEN
Alojamiento San Marcos	23	C3
Grand Hotel	24	C4
Hostal Charcas	25	B4
Hostal Colonial	26	B4
Hostal de Su Merced	27	B5
Hostal Las Torres	28	C4
Hostal Sucre	29	B5
Hostal Veracruz	30	B3
Hostel Amigo	31	B5
La Posada	32	C5
San Francisco	33	C4

ESSEN
Café Tertulias	34	C4
Chifa New Hong Kong	35	C4
El Germén	36	C4
El Paso de los Abuelos	37	B5
El Patio	38	C4
Florín	39	C5
Freya	40	A4
Kultur Café Berlin	(siehe 18)	
La Taverna	41	B4
Las Bajos	42	A4
Locot's	43	C4
Markt	44	C3
Pastelería Amanecer	45	B5

AUSGEHEN
Bibliocafé	46	B5
Joy Ride Café	47	B5
Salfari	48	A5

UNTERHALTUNG
Centro Cultural los Masis	49	C5

TRANSPORT
AeroSur	50	B5

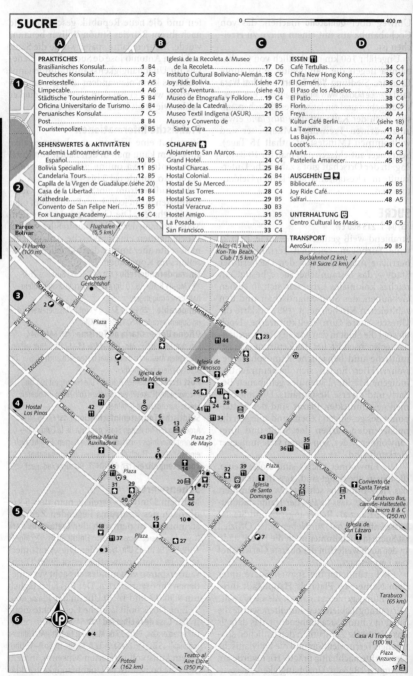

rung unterschrieben wurde. Auch die hier ausgestellten Artefakte stammen aus dieser Zeit.

Im ausgezeichneten **Museo Textil Indígena** (ASUR; ☎ 645-3841; www.bolivianet.com/asur; San Alberto 413; Eintritt 16 Bs; Mo–Fr 9.30–12 & 14.30–18 Uhr) kann man feine Webkunst der Jalq'a und der Tarabuco (Candelaria) begutachten. Nach einer englischen Übersetzung der Beschriftungen fragen! Das Museum ist Teil eines erfolgreichen Projekts zur Wiederbelebung der Handwebkunst und man kann Weber bei ihrer Arbeit beobachten; ihre wunderbaren Produkte können käuflich erworben werden.

Das neue **Museo de Etnografía y Folklore** (☎ 645-5293; www.musef.org.bo; España 74; Mo–Fr 9.30–12.30 & 14.30–18.30, Sa 9.30–12.30 Uhr), hier einfach kurz MUSEF genannt, zeigt eine Reihe faszinierender Exponate, die die große Vielfalt der ethnischen Kulturen Boliviens lebhaft widerspiegeln, u. a. anhand von Masken und Artefakten der Uru-Chipaya-Kultur.

In Sucre gibt's mehrere hübsche Kirchen aus der Kolonialzeit, deren Öffnungszeiten allerdings unberechenbar sind. Die **Kathedrale** (Plaza 25 de Mayo) wurde im 16. Jh. erbaut, wichtige Erweiterungen stammen aber aus dem frühen 17. Jh. Geht man die Straße etwas hinunter, kommt man zum **Museo de la Catedral** (Ortíz 31; Eintritt 20 Bs; Mo–Fr 10–12 & 15–17, Sa 10–12 Uhr), in dem eine der besten Reliquiensammlungen Boliviens zu sehen ist.

Vom Dach des schönen **Convento de San Felipe Neri** (Ortíz 165; Eintritt 10 Bs; Mo–Sa 16–18 Uhr, Zugang über die Schule) bietet sich ein sagenhafter Ausblick. Wer sich für Sakralkunst oder antike Musikinstrumente interessiert, kommt bei der namhaften Sammlung im **Museo y Convento de Santa Clara** (Calvo 212; Eintritt 10 Bs; Mo–Fr 9–12 & 15–18, Sa 9–12 Uhr) auf seine Kosten. Es ist in einem Konvent aus dem 17. Jh. untergebracht.

Der kurze Anstieg zum **Museo de la Recoleta** (Plaza Pedro Anzures; Eintritt 10 Bs; Mo–Fr 9–11.30 & 14.30–16.30, Sa 15–17 Uhr) wird mit einem spektakulären Blick über die Stadt belohnt. In dem franziskanischen Kloster von 1601 werden heute religiöse Malereien und Skulpturen ausgestellt und der Garten im Innenhof erstrahlt in einer wunderschönen Farbenvielfalt.

Aktivitäten

Die Täler um Sucre sind der perfekte Schauplatz für actionreiche Abenteuer. Von Wandern über Mountainbiken und Tubing (Rafting mit einem Gummireifen) bis hin zu Reiten, hier ist für jeden etwas dabei. Der neueste Nervenkitzel ist Paragliding. Zu den beliebtesten Zielen gehören die prähispanische Chataquila-(Inka-)Straße, die sieben Wasserfälle (die man mit dem Rad oder zu Fuß abklappern kann), Felsenmalereien, die Dörfer Yotala, Ñuccchu und Q'atalla sowie die kombinierte Jeep-Wander-Tour zum Krater von Maragua.

Die Kosten sind so unterschiedlich wie die Touren. Bei Vierergruppen beginnt der Preis für Halbtageswanderungen bei etwas 180 Bs, für Mountainbike-Touren bei 155 Bs pro Person und bei Reitausflügen bei 190 Bs.

Empfehlenswerte Veranstalter sind:
Bolivia Specialist (☎ 643-7389; www.boliviaspecialist.com; Ortiz 30)
Candelaria Tours (☎ 646-1661; www.candelariatours.com; Audiencia 1)
Joy Ride Bolivia (☎ 642-5544; www.joyridebol.com; Ortiz 14)
Locot's Aventura (☎ 691-5958; www.locotsadventure.com; Bolívar 465)

Kurse

In den letzten Jahren hat sich die Zahl der hier angebotenen Sprachkurse deutlich erhöht. Verlässliche Anbieter sind:

Academia Latinoamericana de Español (☎ 646-0537; www.latinoschools.com; Dalence 109) Bietet ein umfassendes Programm mit Kulturkursen und Unterkünften in Gastfamilien.

Fox Language Academy (☎ 644-0688; www.foxacademysucre.com; San Alberto 30) Kann auch Freiwilligenarbeit vermitteln. Wer hier Spanisch oder Quechua lernt, unterstützt damit Englischkurse für sozial benachteiligte Kinder aus der Umgebung.

Instituto Cultural Boliviano-Alemán (Deutsch-bolivianisches Kulturinstitut; ☎ 645-2091; www.icba-sucre.edu.bo; Avaroa 326) Die hiesigen Spanisch- und Quechuakurse mit der Option auf Unterbringung in einer Gastfamilie sind eine gute Wahl.

Festivals & Events

Sucre ist jede Ausrede zum Feiern recht. Es lohnt sich, bei der Touristeninformation einen Blick auf die Liste der unzähligen religiösen Feste zu werfen. An dem Wochenende, das dem 8. September am nächsten liegt, strömen Menschen aus dem ganzen Land in die Stadt, um mit den einheimischen *campesinos* mit traditionellen Gesängen und Tänzen die Feierlichkeiten der **Fiesta de la Virgen de Guadalupe** zu begehen.

Schlafen

Sucres Unterkünfte gehören zu den teuersten in ganz Bolivien, aber es finden sich auch viele Budgetoptionen rund um den Markt und entlang der Ravelo und der San Alberto. Daneben kann man sich hier auch gut mal etwas Extravaganteres gönnen. Unterkünfte in Gastfamilien lassen sich über Candelaria Tours (S. 243) organisieren (ab 85 Bs/Nacht, mind. 5 Nächte).

Alojamiento San Marcos (☎ 646-2087; Arce 233; Zi. 30 Bs/Pers.) Die Besitzer sind freundlich und die Zimmer sauber und ruhig. Es gibt ein Gemeinschaftsbad (zur Zeit der Recherche wurden gerade neue Zimmer mit eigenem Bad gebaut) und eine Küche, und auch die Waschküche kann mitbenutzt werden.

Hostel Amigo (☎ 646-1706; www.hostelsucre.com; Colón 125; B 30 Bs, EZ/DZ 70/80 Bs, ohne Bad 35/40 Bs; 🖳) Backpacker-Treffpunkt mit gut ausgestatteter Küche und einer Terrasse mit Grillmöglichkeit; das einfache Frühstück ist im Preis inbegriffen. Es werden auch Spanischstunden angeboten.

Hostal Charcas (☎ 645-3972; Ravelo 62; EZ/DZ 60/100 Bs, ohne Bad 40/60 Bs) Dieses Hostal ist bei Travellern sehr beliebt: zentrale Lage, Wäscheservice, warmes Wasser rund um die Uhr und einfache, aber saubere und schöne Zimmer.

HI Sucre (☎ 644-0471; www.hostellingbolivia.org; Loayza 119; B 40 Bs, EZ/DZ 90/150 Bs, ohne Bad 50/80 Bs; 🖳) Dem internationalen Jugendherbergsverband angeschlossenes, sehr sauberes und freundliches Hostal in einem schönen Gebäude. Einige der Zimmer haben Whirlpools und Kabelfernsehen, zudem gibt's eine Gemeinschaftsküche und man wohnt in günstiger Lage nahe dem Busbahnhof.

Hostal Veracruz (☎ 645-1560; Ravelo 158; EZ/DZ 45/70 Bs; 🖳) In dieser nach wie vor sehr beliebten Bleibe gibt's eine breite Auswahl von Zimmern: Einige sind schön und sonnig, andere liegen direkt am Eingangsbereich und sind deshalb etwas laut. Frühstück und Wäscheservice auf Wunsch.

San Francisco (☎ 645-2117; Arce 191; EZ/DZ 60/120 Bs) Wunderschöner Eingangsbereich mit hübschem Treppenaufgang als Blickfänger. Die Zimmer sind eher schlicht, aber annehmbar.

Grand Hotel (☎ 645-2461; Arce 61; EZ/DZ 100/140 Bs) Zentrale Lage, ausgezeichnetes Personal, geschmackvoll eingerichtete Zimmer, ein beliebtes Restaurant und ein grüner Innenhof: Dieses Haus ist Everybody's Darling und noch dazu auch etwas für den schmalen Geldbeutel.

Hostal Las Torres (☎ 644-2888; www.lastorreshostal.com; San Alberto 19; EZ/DZ 110/170 Bs) Dieses helle, angenehme Hotel erreicht man über eine kleine Seitengasse. Die Zimmer sind mit bequemen Betten, TV und schönen Bädern ausgestattet, das Frühstück ist im Preis inbegriffen.

Hostal Sucre (☎ 646-1928; Bustillos 113; EZ/DZ 135/180 Bs; 🖳) Ebenfalls ein Mitglied des internationalen Jugendherbergsverbands. Das in typischem weiß gestrichene Hotel bietet einen wunderschönen, großen Hof, zu dem sogar eine Quelle und ein Springbrunnen gehören. Die Zimmer sind ein bisschen schäbig, aber noch akzeptabel.

LP Tipp Casa Al Tronco (☎ 642-3195; Topater 57; Zi. 140 Bs) Reizendes neues Gästehaus in Recoleta mit drei Zimmern, zwei Terrassen mit traumhaftem Blick auf die Stadt und einer Küche. Wer länger als fünf Nächte bleibt, schläft günstiger; im Voraus buchen.

La Posada (☎ 646-0101; www.laposadahostal.com; Audiencia 92; EZ/DZ 250/350 Bs; 🖳) Diese Unterkunft hat Stil. Neben den großzügigen Zimmern mit kolonialzeitlicher Atmosphäre rechtfertigen nicht zuletzt der Ausblick über die Stadt, das familiäre Flair und das empfehlenswerte Restaurant im Hof den etwas höheren Preis.

Weitere empfehlenswerte, gehobenere Optionen:

Hostal Colonial (☎ 644-0309; www.hostalcolonial-bo.com; Plaza 25 de Mayo 3; EZ/DZ/3BZ/Suite 210/280/350/490 Bs) Schönes Hotel im Kolonialstil.

Hostal de Su Merced (☎ 645-1355; www.boliviaweb.com/companies/sumerced; Azurduy 16; EZ/DZ 240/360 Bs) Charmant und schön mit 1a-Ausblick von der Dachterrasse.

Essen

Mit vielen sehr guten Restaurants ist Sucre der ideale Ort, um zu chillen und in den Cafés den studentischen Alltag in Bolivien zu beobachten.

Auf dem **Hauptmarkt** (☼ Mo–Sa 7–19.30 Uhr, So nur morgens) gibt's köstliche Snacks, fantastische frische Säfte und ebensolchen Obstsalat.

Zu den guten *salteñerías* gehören das **El Patio** (San Alberto 18; ☼ 10–12.30 Uhr) und das **El Paso de los Abuelos** (Bustillos 224); so früh wie möglich hingehen, da sie schnell ausverkauft sind.

Pastelería Amanecer (abseits der Junín zw. Colón & Olañeta) Kleine, gemeinnützige Bäckerei mit herrlichen, hausgemachten Köstlichkeiten. Der Erlös kommt Projekten für die Kinder aus der Umgebung zugute.

Kultur Café Berlin (Avaroa 334; Hauptgerichte 12–30 Bs; ☼ So geschl.; 🖳) Auf deutsch getrimmter Laden mit sättigenden Gerichten wie *papas rellenas* (scharfe gefüllte Kartoffeln) und eine gute Adresse für ein Bier am Abend.

Café Tertulias (Plaza 25 de Mayo; Hauptgerichte 15–25 Bs) Das unkonventionelle Café bietet sich an für ein gemütliches Schwätzchen bei Kaffee, Bier oder einem Happen zu essen, z. B. Pizza, Salat oder Pasta.

Freya (Loa 751; almuerzo 15 Bs; ☿ Mo–Sa 12–14 Uhr) Liebenswerter Laden mit leckeren vegetarischen *almuerzos*.

Las Bajos (Loa 759; Hauptgerichte 15–35 Bs) Diese *choricería* gehört zu den ältesten und typischsten in Sucre. Chorizo sucht man auf der Speisekarte allerdings vergebens.

Florín (Bolívar 567; Hauptgerichte 15–35 Bs) In diesem Bar-Restaurant ist das Motto „Sehen und gesehen werden". Serviert wird eine Mischung aus *comida típica* und internationalen Gerichten, darunter ein „echt englisches" Frühstück. Auch zur Happy Hour zu empfehlen.

Locot's (Bolívar 465; Hauptgerichte 15–40 Bs; ☿ 7 Uhr–open end; 🖥) Entspannter, ansprechender Treff mit Kerzen auf den Tischen, Original-Kunstwerken, einer tourifreundlichen Atmosphäre und einer kleinen Speisekarte mit bolivianischen, mexikanischen und internationalen Gerichten.

Chifa New Hong Kong (San Alberto 242; Hauptgerichte 20–35 Bs) Hier bekommt man für sein Geld gutes chinesisches Essen, aufgetischt in riesigen Portionen. Im oberen Stock Kopf einziehen!

La Taverne (Arce 35; Hauptgerichte 20–40 Bs) In niveauvoller Atmosphäre kann man sich aus einer französisch angehauchten Speisekarte hervorragende Tages-Specials aussuchen. Jeden Freitagabend gibt's Livemusik und regelmäßig werden Filme gezeigt.

El Germen (San Alberto 237; Hauptgerichte 25–40 Bs) Zum guten Service gehört hier auch ein freundliches Lächeln! Das El Germen ist bekannt für seine leckeren vegetarischen Gerichte, das Fleisch kann mit den Currys und dem Kuchen aber locker mithalten.

El Huerto (Cabrera 86; Hauptgerichte 25–40 Bs) Unter den Einheimischen ein Insidertipp. Das nette Fleckchen in einem abgeschirmten Garten bringt in klassischem Flair stylish angerichtete traditionelle Gerichte auf den Tisch.

Ausgehen

Einige der Bars und Restaurants an oder nahe der Plaza bieten Livemusik und *peña*-Abende.

Salfari (Bustillos 237; ☿ 20–3 Uhr) Kleines Juwel unter den Pubs: freundlicher Service, starke hausgemachte Fruchtliköre und eine treue Kundschaft aus Einheimischen, die hier voller Leidenschaft Poker oder *cacho* spielen.

Joy Ride Café (Ortiz 14; Hauptgerichte 20–40 Bs; ☿ Mo–Fr 7.30–2, Sa & So 9–2 Uhr) Sehr beliebtes, travellerlastiges Café mit Restaurant und Bar. Hier gibt's alles, was das Herz begehrt, z. B. zu vorgerückter Stunde Wodka und jeden Abend Filmvorführungen. Am Wochenende kann man hier tanzen.

Bibliocafé (Ortiz 80; Hauptgerichte 15–25 Bs; ☿ Mo geschl.) Schlichter Laden mit zwei Locations, die eine dunkel und gemütlich, die andere etwas aufgeregter. Drinks gibt's bis spät in die Nacht und regelmäßig spielt eine Liveband.

Unterhaltung

Discotecas (die nur am Wochenende geöffnet haben) findet man beispielsweise im Keller des **Mitos** (Cerro s/n; Eintritt Frauen/Männer 5/10 Bs) oder im studentenfreundlichen **Kon-Tiki Beach Club** (Junín 71; Eintritt Frauen/Männer 5/10 Bs). Das **Centro Cultural los Masis** (☎ 645-3403; Bolívar 561; ☿ Mo–Fr 10–12 & 15.30–21 Uhr) ist eine Bühne für Konzerte und andere kulturelle Events. Südöstlich des Stadtkerns befindet sich das **Teatro al Aire Libre**, das Musicals und andere Aufführungen unter freiem Himmel präsentiert.

An- & Weiterreise

BUS & SAMMELTAXI

Der Busbahnhof ist zu Fuß vom Zentrum aus 15 Minuten (bergauf) entfernt, aber auch mit den *micros* A oder 3 von der España aus zu erreichen. Für viel Gepäck sind die winzigen *micros* allerdings nicht geeignet. Täglich fahren zahlreiche Busse nach Cochabamba (80 Bs, 12 Std.), Abfahrt ist zwischen 18 und 20 Uhr. Direkte Verbindung nach Santa Cruz (70–120 Bs, 15–20 Std.) hat man jeden Nachmittag. Viele Gesellschaften schicken täglich Busse nach Potosí (20 Bs, 3 Std.), von wo aus man Anschluss nach Tarija, Villazón und Uyuni hat. Als Alternative können die meisten Hotels Sammeltaxis nach Potosí (30 Bs für bis zu 4 Pers.) organisieren. Viele *flotas* haben auch Fahrten nach La Paz (70–120 Bs, 14–16 Std.) via Oruro (50–70 Bs, 10 Std.) im Angebot.

FLUGZEUG

Der Flughafen liegt 9 km nordwestlich des Stadtzentrums. **AeroSur** (☎ 646-2141; Arenales 31) und **TAM** (☎ 645-1310; Flughafen) fliegen von hier aus die meisten großen Städte an.

Unterwegs vor Ort

Die örtlichen *micros* (2 Bs) verkehren auf Rundkursen durch Sucres Einbahnstraßen. Die meisten Linien treffen sich am oder in der Nähe des Marktes, man kann sie aber praktisch überall heranwinken. Zum Busbahnhof kommt man mit dem *micro* A, zum Flughafen nimmt man die *micros* F oder 1 (ca. 1 Std.) oder man fährt Taxi (25 Bs).

RUND UM SUCRE

Das kleine Dorf **Tarabuco** hat eine vorwiegend indigene Bevölkerung, liegt 65 km südöstlich von Sucre und ist bekannt für seine wunderbare Webkunst, den farbenfrohen, munteren **Sonntagsmarkt** und das Pujllay-Festival am dritten Sonntag im März, zu dem Hunderte Indios aus den umliegenden Dörfern in lokalen traditionellen Kostümen den Ort fluten.

Der Sonntagsmarkt ist zwar sehr touristisch, aber auch ein schöner Ort, um ein paar Fotos zu schießen – immer erst fragen, bevor man auf den Auslöser drückt, und immer auf die Wertsachen achten! Die Masche mit dem Spucken wird leider immer verbreiteter (s. S. 199). Zu kaufen gibt's beeindruckende gewebte Ponchos, Taschen und Gürtel, sowie *charangos* (aus Rücksicht auf die vom Aussterben bedrohten Gürteltiere bitte nur Instrumente aus Holz kaufen). Ein Großteil der angebotenen Ware wird allerdings nicht vor Ort hergestellt, sondern von Händlern von außerhalb hergebracht, so dass man sich keine Hoffnungen auf ein Schnäppchen machen sollte.

Tarabuco erreicht man von Sucre aus mit einem Charterbus (35 Bs hin & zurück, 2 Std. pro Strecke), der morgens gegen 8.30 Uhr vor dem Hostal Charcas auf der Ravelo abfährt und zwischen 13 und 15 Uhr zurückkommt. Tickets dafür gibt's in größeren Hotels und in Reisebüros. Alternativ fahren sonntags zwischen 6.30 und 9.30 Uhr *micros* (10 Bs, 2 Std.), sobald sie voll sind, von der Av de las Américas ab und kommen gegen 15.30 Uhr zurück.

Die spektakuläre **Cordillera de los Frailes** verläuft durch den Westen des Departamento Chuquisaca und den Norden des Departamento Potosí und birgt reizvolle Wanderwege mit tollen Ausblicken. Die Heimat des quechuasprachigen Jalq'a-Volkes beherbergt eine Reihe interessanter Stätten, die einen Besuch wert sind. Dazu gehören die Felsmalereien von **Pumamachay** und **Incamachay**, das Weberdorf **Potolo**, der dramatische **Maraguakrater** und die **heißen Quellen von Talula**. Es gibt viele Wanderrouten, die durch wenig besuchte Gebiete führen. Um die Kultur der Region möglichst wenig zu beeinflussen – und um nicht hoffnungslos vom Weg abzukommen –, organisiert man sich am besten einen lizenzierten Führer (ca. 150 Bs/Tag, plus Verpflegung), entweder in Sucre oder, mit ein paar Tagen Vorlauf, bei **Maragua Entel** (☎ 693-8088). Mehrere Agenturen in Sucre bieten Ausflüge an (s. S. 243); von den Tagestrips ist allerdings abzuraten: Um die Gemeinden vor Ort zu unterstützen, sollte man in dem besuchten Gebiet mindestens eine Nacht verbringen.

POTOSÍ

☎ 02 / 149 200 Ew.

Potosí schockiert. Ein Besuch in der höchstgelegenen Stadt der Welt (4070 m), die zudem zum UNESCO-Weltkulturerbe gehört, offenbart früheren und heutigen Glanz genauso wie früheren und heutigen Schrecken. Reichtum und Elend sind untrennbar verbunden mit einem Edelmetall: Silber. Potosí steht vor der Kulisse eines in Regenbogenfarben schillernden Bergs, des Cerro Rico. Nachdem Erzvorkommen in dem Berg entdeckt worden waren, gründeten die Spanier 1545 die Stadt, deren Flözen sich als die lukrativsten weltweit entpuppten. Am Ende des 18. Jhs. waren die Straßen mit Silber „gepflastert". Potosí wuchs zur größten und reichsten Stadt Lateinamerikas, mehr als 200 Jahre lang bildete sie eine wichtige Stütze der spanischen Wirtschaft.

Millionen Sklaven aus Südamerika und Afrika wurden unter furchtbaren Bedingungen zur Arbeit in den Minen gezwungen, Millionen von ihnen starben. Heute arbeiten immer noch Tausende in den Minen: Zwar sind die Silbervorkommen erschöpft, dafür schürfen die Kumpel nun in harter Knochenarbeit nach anderen Mineralien. Zum Schutz ihres Lebens in der Hölle untertage beten die Arbeiter den als *tió* bezeichneten Teufel an. Bei Tag ist in den engen Straßen, an den mit Balkonen versehenen Stadthäusern und den prunkvollen Kirchen noch manches vom Glanz der einst prachtvollen Kolonialstadt zu spüren. Die Stadt sollte in keiner Reiseroute fehlen. Doch wie gesagt, nicht nur wegen des harschen Klimas – langsam gehen – kann man sich auf einen Schock vorbereiten.

Praktische Informationen

Internetzugang gibt's en masse, meistens kostet eine Stunde 2 bis 4 Bs. Im **Café Internet**

Candelaria (Ayacucho 5) gibt's zum Frühstück die ersten 15 Minuten gratis.
Geldautomaten sind im Zentrum häufig zu finden. Viele Läden entlang der Bolívar und der Sucre und auf dem Markt tauschen US-Dollar zu akzeptablen Kursen. An den Ständen entlang der Héroes del Chaco kann man auch Euro und chilenische und argentinische Pesos wechseln lassen.

Die hilfsbereite **Touristeninformation** (☎ 622-7477; Ayacucho nahe Bustillos; ✆ 8.30–12, 14–18 Uhr) ist in dem kunstvollen Torre de la Compañía de Jesús untergebracht.

Sehenswertes

Das Zentrum von Potosí ist übersät mit Zeugnissen kolonialer Architektur. Zur Zeit der Recherche war die **Kathedrale** aufgrund einer Grundsanierung für längere Zeit geschlossen, der **Glockenturm** (Eintritt 7 Bs; ✆ Mo–Fr 11–12.30 & 14.30–18 Uhr), der einen schönen Blick auf die Stadt bietet, kann aber erklommen werden.

Die **Casa Nacional de la Moneda** (Nationale Münzprägeanstalt; ☎ 622-2777; Ecke Ayacucho & Bustillos; Eintritt inkl. 2- bis 3-stünd. obligatorischer Führung 20 Bs; ✆ Di–Sa 9–12 & 14.30–18.30, So 9–12 Uhr; Führungen auf Englisch um 9, 10.30, 14.30 & 16.30 Uhr) ist ihren Eintrittspreis wert: Das Museum gehört zu den besten in Südamerika. Das mittlerweile restaurierte Gebäude wurde zwischen 1753 und 1773 zur Überwachung der Münzprägung in der Kolonie gebaut und beherbergt heute religiöse Kunstwerke, alte Münzen und hölzerne Prägemaschinen.

Das Highlight des **Museo & Convento de San Francisco** (Ecke Tarija & Nogales; Eintritt 15 Bs, Fotografieren 10 Bs, Filmen 20 Bs; ✆ Mo–Fr 9–12 & 14.30–18.30 Uhr), Boliviens ältestem Kloster, ist der Blick vom Dach. Das **Museo & Convento de Santa Teresa** (Ecke Santa Teresa & Ayacucho; Eintritt inkl. obligatorischer Führung 21 Bs, Fotografieren 10 Bs; ✆ Mo–Sa 9–12.30 & 14.30–18.30 Uhr, letzte Führungen 11 & 17 Uhr, So 9–11 & 15–17 Uhr) dokumentiert das Leben der Töchter wohlhabender Familien hier im Kloster. Es wird immer noch von Karmelitinnen bewohnt.

Aktivitäten

Ein Besuch in den **Minen der Bergwerkskooperative** ist anstrengend und schockierend – ein unvergessliches Erlebnis, das allerdings auch Gefahren birgt (s. Kasten unten). Bei den entsprechenden Touren kriechen die Teilnehmer normalerweise durch niedrige, enge, dreckige Schächte und erklimmen wackelige Leitern; die feinen Klamotten also besser zuhause lassen. Die Arbeitsbedingungen in den Minen sind mittelalterlich, Sicherheitsvorkehrungen gibt's nahezu keine und die meisten Schächte sind nicht belüftet. Einzig das Kauen von Kokablättern (s. S. 187) hilft, diese Bedingungen zu ertragen. Die Arbeit wird größtenteils per Hand und mit einfachen Werkzeugen verrichtet und die Temperaturen unter der Erde schwanken zwischen unter 0 °C und stickigen 45 °C. Die Bergarbeiter, die unglaublich vielen schädlichen Chemikalien ausgesetzt sind, sterben häufig nach weniger als zehn Jahren Arbeit in der Mine an einer Quarzstaublunge. Die Mine ist als Kooperative organisiert, in der jeder Kumpel seinen eigenen Claim bewirtschaftet und das von ihm geschürfte Erz über die Kooperative an eine Schmelze verkauft. (Der mehrfach preisge-

---

ACHTUNG!

Die Kooperativenminen sind keine Museen, sondern echte Minen, in denen gearbeitet wird. Sie können beklemmende Gefühle auslösen, und wer sich einer solchen Tour anschließt, muss sich darüber im Klaren sein, dass auch ein gewisses gesundheitliches Risiko besteht. Wenn man sich bei dem Gedanken nicht wohlfühlt oder medizinische Bedenken hat – vor allem bezüglich Klaustrophobie, Asthma oder anderen Atemwegserkrankungen –, sollte man sich diese Führungen nicht antun. Mediziner und Gesundheitsbehörden bestätigen, dass ein paar Stunden unter Tage sehr wahrscheinlich keine bleibenden Gesundheitsschäden hinterlassen, aber wem schon allein der Gedanke an Asbest und Quarzstaub einen Schauer über den Rücken jagt, der sollte die Minen erst gar nicht betreten. Auch Unfälle durch Explosionen, Steinschlag oder führerlose Transportkarren können nicht ausgeschlossen werden; darum lassen alle Touranbieter die Besucher im Vorfeld eine Erklärung unterschreiben, die den Veranstalter von jeglicher Haftung für Verletzungen, Krankheit oder Tod entbindet – wenn das nicht verlangt wird, sollte man den Anbieter sofort wechseln. Ein Besuch in den Minen ist also eine ernste Sache, doch wenn man sich von all dem nicht abschrecken lässt, kann man dabei einiges lernen und wird um eine unvergessliche Erfahrung reicher sein.

POTOSÍ

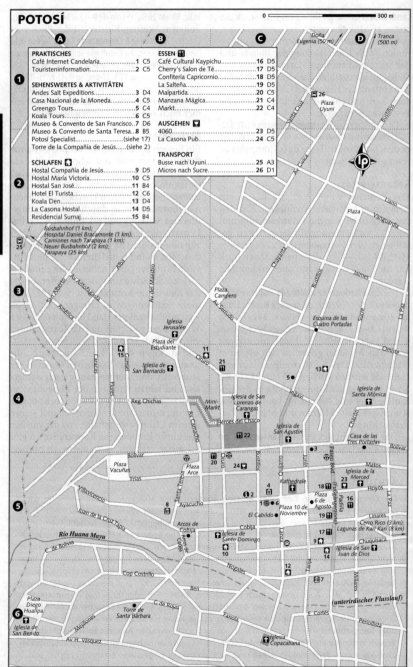

PRAKTISCHES
Café Internet Candelaria	1 C5
Touristeninformation	2 C5

SEHENSWERTES & AKTIVITÄTEN
Andes Salt Expeditions	3 D4
Casa Nacional de la Moneda	4 C5
Greengo Tours	5 C4
Koala Tours	6 C5
Museo & Convento de San Francisco	7 D6
Museo & Convento de Santa Teresa	8 B5
Potosí Specialist	(siehe 17)
Torre de la Compañía de Jesús	(siehe 2)

SCHLAFEN
Hostal Compañía de Jesús	9 D5
Hostal María Victoria	10 C5
Hostal San José	11 B4
Hotel El Turista	12 C6
Koala Den	13 D4
La Casona Hostal	14 D5
Residencial Sumaj	15 B4

ESSEN
Café Cultural Kaypichu	16 D5
Cherry's Salon de Té	17 D5
Confitería Capricornio	18 D5
La Salteña	19 D5
Malpartida	20 C5
Manzana Mágica	21 C4
Markt	22 C4

AUSGEHEN
4060	23 D5
La Casona Pub	24 C5

TRANSPORT
Busse nach Uyuni	25 A3
Micros nach Sucre	26 D1

krönte US-amerikanische Film *Devil's Miner – Der Berg des Teufels* von 2005 gibt einen guten Einblick in diese Welt.)

Die meisten Touren beginnen auf dem **Straßenmarkt der Bergarbeiter**, wo man, um das Eis zu brechen, Geschenke für diese kauft: Kokablätter, Alkohol, Zigaretten … Manchmal wird die **Mineralraffinerie** besichtigt, bevor es hoch zum **Cerro Rico** geht, wo die Führer gerne mal eine **Demonstrationssprengung** veranstalten. Dies kann nicht nur gefährlich sein, sondern hat auch negative Auswirkungen auf Umgebung und Umwelt, deshalb sollte man sich nur Führungen anschließen, die keine Dynamitexplosion beinhalten bzw. sich bestimmt dagegen aussprechen. Ausgestattet mit Schutzweste und -helm kann die Kletterpartie dann beginnen. Man kann sich mit den Bergleuten unterhalten, Fotos schießen (den Blitz nicht vergessen) und seine Geschenke an den Mann bringen.

Alle Führer arbeiten für Reiseveranstalter und müssen lizenziert sein. Einige der Guides sind selbst ehemalige Kumpels. Wer eine englischsprachige Führung möchte, muss sich bei den Reisebüros durchfragen. Für eine vier- bis fünfstündige Tour in einer Gruppe (am besten aus maximal 10 Pers.) ist pro Person mit ungefähr 80 bis 100 Bs zu rechnen; während der Nebensaison bezahlt man mitunter weniger. Im Preis inbegriffen sind ein Führer, der Transport aus der Stadt und die Ausrüstung, also Jacke, Helm, Stiefel und Lampen. Touranbieter gibt's zuhauf (alle bieten auch Wandertouren und Tagesausflüge zu den nahe gelegenen heißen Quellen von Tarapaya an), Traveller haben u. a. folgende empfohlen:

Andes Salt Expeditions (☎ 622-5175; www.bolivia-travel.com.bo; Ecke Bolívar & Junín) Vom ehemaligen Kumpel Raul Braulio Mamani betrieben, der für den Film *Devil's Miner – Der Berg des Teufels* als Guide fungiert hat.

Greengo Tours (☎ 623-1362; www.greengotours.com.bo; Quijarro 42) Dieser umweltbewusste Anbieter setzt sich vehement gegen die Dynamitsprengungen ein.

Koala Tours (☎ 622-4708; ktourspotosi@hotmail.com; Ayacucho 3) Gehören zu den besten Minentour-Anbietern überhaupt. Efrain Mamani wird als Führer wärmstens empfohlen.

Potosí Specialist (☎ 622-5320; jhonnybolivia@hotmail.com; Padilla 10) Der äußerst kompetente Jhonny Montes betreibt dieses äußerst freundliche Reisebüro.

Schlafen

Nur Spitzenklassehotels haben Heizungen, in den Billigunterkünften können sogar Decken Mangelware sein, darum besser einen Schlafsack mitbringen. Die billigsten der Billigen lassen sich zudem möglicherweise die warme Dusche extra bezahlen.

Residencial Sumaj (☎ 622-3336; hoteljer@entelnet.bo; Gumiel 12; EZ/DZ/3BZ 30/60/90 Bs) Sehr günstige Option mit schönem, hellem, sonnigem oberen Stockwerk. Für 15 Bs pro Tag kann man die Küche mitbenutzen und wer Mitglied im internationalen Jugendherbergsverein ist, bekommt 10 % Ermäßigung.

La Casona Hostal (☎ 623-0523; www.hotelpotosi.com; Chuquisaca 460; B 30 Bs, EZ/DZ/3BZ 81/122/183 Bs, ohne Bad 45/70/105 Bs) Dieses restaurierte kolonialzeitliche Haus wurde erst kürzlich eröffnet, bekommt aber schon jetzt nur allerbeste Kritiken. Hier kann Geld getauscht werden, außerdem gibt's eine Gemeinschaftsküche, kostenloses Frühstück, ein kleines Kino (3 Bs/Film) und Internetterminals (2 Bs/Std.).

Koala Den (☎ 622-6467; ktourspotosi@hotmail.com; Junín 56; B 35–50 Bs, DZ 130–150 Bs) Beliebt wegen seines Backpacker-Vibes und der sauberen Einrichtung. In der bunten Unterkunft erwarten die Gäste eine Küche, ein Fernsehraum mit DVDs, eine Büchertauschbörse, kostenloses Internet, warme Duschen, nachts eine Heizung und ein Lounge-Bereich. Ein kleines Frühstück ist dabei.

Hostal María Victoria (☎ 622-2132; Chuquisaca 148; EZ/DZ 70/90 Bs, ohne Bad 40/70 Bs) Das weiß getünchte, kolonialzeitliche Haus hat einen Hinterhof mit schattenspendenden Bäumen, eine Dachterrasse und vor Ort ein Reisebüro. Ein kleines Frühstück ist inklusive. Achtung: Es gibt eine „Duschzeitbeschränkung" – acht Minuten!

Hostel Compañía de Jesús (☎ 622-3173; Chuquisaca 445; EZ/DZ/3BZ 70/110/140 Bs, ohne Bad 50/80/110 Bs) Das alte, aber frisch gestrichene Karmelitinnenkloster hat einen schönen, grünen Innenhof und zwei Patios, und die Gäste kommen in sauberen Zimmern mit nicht zu weichen Matratzen in den Betten und einer Menge Decken unter. Die Atmosphäre ist freundlich.

Hostal San José (☎ 622-4394; Oruro 171; EZ/DZ 60/20 Bs, DZ mit Bad 160 Bs) Günstiges, fröhliches Hostal in Toplage. Zur Zeit der Recherche wurde gerade ein zweites Stockwerk angebaut.

Hotel El Turista (☎ 622-2492; hotelturistapotosi@hotmail.com; Lanza 19; EZ/3BZ/Suite 140/280/300 Bs, DZ 200–220 Bs; 🖵) Das kürzlich erst aufgemöbelte Mittelklassehotel hat einen farbenfrohen Innenhof und geräumige und komfortable Zimmer mit Heizung, elektrischer Dusche und TV zu bieten.

Essen & Ausgehen

Morgens hat der *comedor* auf dem Markt billiges Frühstück mit Brot, Gebäck und Kaffee im Angebot. Saftige *salteñas* (3,50 Bs) gibt's gar nicht weit entfernt bei **La Salteña** (Padilla 6) oder bei **Malpartida** (Bolívar 644). Empanadas mit Fleisch und Käse findet man bis am frühen Nachmittag rund um den Markt, abends versorgen einen die Straßenverkäufer mit Maismehl-*humitas* mit Käse.

Confitería Capricornio (Pasaje Blvd 11; Hauptgerichte 6–17 Bs; 9–22 Uhr) Hier gibt's auf die Schnelle und in Old-School-Atmosphäre günstige Gerichte und Snacks.

Manzana Mágica (Oruro 239; Hauptgerichte 8–20 Bs; Mo–So 8.30–15, 17.30–22 Uhr) Die streng vegetarische Küche serviert ultragesunde Gerichte.

Doña Eugenia (Ecke Santa Cruz & Ortega; Gerichte 10–40 Bs; 9.30–12.30 Uhr, Mi geschl.) Am nördlichen Ende der Stadt liegt dieser bei den Einheimischen sehr beliebte, gesellige Laden, in dem man sich um spätestens 22 Uhr blicken lassen sollte, wenn man noch eine Tasse von der legendären *kala purca* (dickflüssige Maissuppe, erhitzt mittels heißer Steine in der Suppe) haben möchte.

Cherry's Salon de Té (622-5320; Padilla 8; Hauptgerichte 12–25 Bs; 8–22 Uhr) Optimal für Apfelstrudel sowie Schoko- und Zitronenkuchen.

Café Cultural Kaypichu (Millares 14; Hauptgerichte 17–30 Bs; Di–So 7.30–14 & 17–23 Uhr) An diesem friedlichen, entspannten Ort gibt's gesundes Frühstück und hauptsächlich Vegetarisches. Am Wochenende wird folkloristische Musik gespielt.

4060 (Hoyos 1; Hauptgerichte 18–60 Bs; 16–24 Uhr) Neue, angesagte Café-Bar, die für ihre Pizzen, Burger und mexikanischen Gerichte bekannt ist. Auch nur auf einen Drink ganz nett.

La Casona Pub (Frías 41; Mo–Sa 18–24 Uhr) Ein unvergesslicher Ort, um in freundlicher Atmosphäre seinen Durst zu stillen. Im Angebot sind typisches Kneipenessen, gute Cocktails und jeden Freitag Livemusik.

Anreise & Unterwegs vor Ort

Der Busbahnhof liegt 1 km nordwestlich der Stadt, vom Zentrum aus zu Fuß 15 Minuten bergab. Man kommt auch mit einem der vielen *micros* (1 Bs; Abfahrt westlich der Kathedrale) oder einem Taxi (4 Bs/Pers.) dorthin. Täglich gegen 20 Uhr fahren mehrere Unternehmen nach La Paz (40–60 Bs, 8 Std.) via Oruro (25 Bs, 5 Std.); wer es sich leisten kann, nimmt einen *bus-cama* (60–80 Bs).

Die meisten Busse nach Sucre (20 Bs, 3 Std.) starten täglich zwischen 7 und 17 Uhr. Für Eilige stehen auch Sammeltaxis nach Sucre zur Verfügung (30 Bs für bis zu 4 Pers., 2½ Std.). Günstiger sind die *micros* (15–20 Bs, 5 Std.), die den ganzen Tag über an der *tranca* 500 m nördlich der Plaza Uyuni abfahren.

Jeden Abend fahren Busse nach Tupiza (60–100 Bs, 7 Std.) und Villazón (60–100 Bs, 9 Std.). Tarija (50–70 Bs, 12 Std.) wird täglich zweimal bedient, nämlich früh am Morgen und abends, auch von einem *bus-cama* (70–100 Bs). Über Nacht bringen einen zudem Busse nach Cochabamba (40–60 Bs, 8 Std.).

Busse nach Uyuni (30–40 Bs, 6 Std.) brechen täglich um 11, 12 und 18.30 Uhr gleich an der Bahnstrecke an der Kreuzung Av Antofagasta/Av Tinkuy zu ihrer malerischen Fahrt auf.

DER SÜDOSTEN

Das riesige Tiefland des bolivianischen Oriente, in dem viele natürlichen Ressourcen Boliviens lagern, ist reich und vielgesichtig. Zu den zahlreichen kulturellen Highlights gehören eindrucksvolle Jesuitenmissionen und Naturwunder, die etwa im Parque Nacional Amboró oder im abgelegeneren Parque Nacional Noel Kempff Mercado entdeckt werden wollen. Fans von Che Guevara können seinen Spuren folgen, robuste Traveller können sich durch den wilden Chaco nach Paraguay aufmachen und auch Brasilien ist mit dem Zug nur einen Katzensprung entfernt.

SANTA CRUZ

03 / 1,54 Mio. Ew.

Santa Cruz de la Sierra (Höhe 417 m) rühmt sich stolz, mehr brasilianisch als bolivianisch zu sein. Tatsächlich wirken dank des warmen und tropischen Ambientes die *cambas*, wie sich die Einheimischen nennen, relaxter als die *kolla*, ihre Landsleute in den Anden.

Die Stadt wurde 1561 vom Spanier Ñuflo de Chaves 220 km östlich ihrer heutigen Position gegründet, dann aber, gegen Angriffe durch indigene Bevölkerung schlecht geschützt, in die Nähe der Ausläufer der Cordillera Oriental verlegt. Danach entwickelte sich Santa Cruz von einem abgelegenen Provinznest zu Boliviens größter Stadt. Einst ein berüchtigtes Zentrum des Kokainhandels, macht die Stadt heute eher Schlagzeilen, indem es Zentrum des umstrittenen Energiesektors ist und mit Feuereifer die Unabhängigkeit vom Rest Boliviens wünscht.

Noch wurde das kolonialzeitliche Stadtzentrum von der Moderne im Norden, geprägt durch stylishe Läden und smarten Cafés, noch nicht erobert. Die gefliesten und mit Balkonen verzierten Gebäude haben – vor allem im Umkreis der mit Bäumen bepflanzten Plaza – ihren Charme bewahrt. (Mit etwas Glück sieht man ein Faultier. Die wurden zwar umgesiedelt, aber ab und an taucht eines auf.)

Santa Cruz eignet sich als perfektes Basislager für Erkundungen eines noch immer urtümlichen Regenwaldgebietes, für die Suche nach Spuren Che Guevaras und für Besichtigungen von Jesuitenmissionen des 18. Jhs.

Orientierung

Das Stadtzentrum besitzt einen schachbrettartigen Grundriss. Zehn nummerierte *anillos* (Ringstraßen) lagern sich konzentrisch um das kompakte Stadtzentrum und begrenzen separate Vorstädte oder Regionen; *radiales* ("Speichenstraßen") verbinden die Ringstraßen miteinander. Die billigeren Optionen für Kost und Logis liegen im Zentrum, innerhalb des ersten *anillo*. Die smarteren Restaurants und Hotels sind im Norden an der Av San Martin, die auch als Equipetrol bekannt ist.

Praktische Informationen

BUCHLÄDEN

Los Amigos del Libro (Ingavi 114) und **Lewy Libros** (Junín 229) in der Nähe der Plaza haben einige englisch- und deutschsprachige Bücher zum Kaufen oder Tauschen.

EINREISESTELLEN

Die **Einreisestelle** (☎ 333-2136; ☯ Mo–Fr 8.30–16.30 Uhr) befindet sich nördlich des Stadtzentrums gegenüber dem Zooeingang. Visa können hier verlängert werden. Einfacher zu erreichen ist das Büro am **Bahnhof** (☯ offiziell 10–12 & 13.30–19 Uhr), allerdings gibt's viele Berichte über betrügerische Beamte. Am verlässlichsten ist das Büro am Flughafen.

Für Infos zu Konsulaten in Santa Cruz, s. S. 264.

GELD

Bei den meisten der großen Banken sind Kontoabhebungen möglich und entlang der Junín und an den großen Kreuzungen gibt's Geldautomaten.

Casa de Cambio Alemán (Ostseite der Plaza 24 de Septiembre) Unproblematischer Tausch von Bargeld und Reiseschecks (2–3 % Kommission).

Magri Turismo (☎ 334-4559; Ecke Warnes & Potosí) American-Express-Agent; kein Einlösen von Reiseschecks.

INTERNETZUGANG

Entlang der Junín gibt's jede Menge Möglichkeiten zu Surfen, u. a. im **Punto Entel** (Junín 140; 3 Bs/Std.; ☯ 8–23 Uhr).

NOTFALL

Touristenpolizei (☎ 322-5016; Nordseite der Plaza 24 de Septiembre)

TELEFON

Von den Callshops entlang der Bolívar kann man via Internet billig ins Ausland telefonieren.

Punto Entel (Junín 284) Nahe der Plaza; Festnetzverbindungen.

TOURISTENINFORMATION

Departamental de Turismo (☎ 333-3248; Plaza 24 de Septiembre) Im Palacio Prefectural an der Nordseite der Plaza.

Fundación Amigos de la Naturaleza (FAN; ☎ 355-6800; www.fan-bo.org; Km 7,5 auf der Straße nach Samaipata) Erteilt Auskünfte zu den Nationalparks Amboró und Noel Kempff Mercado. Westlich der Stadt gelegen (*micro* 44).

Haupttouristeninformation (☎ 334-5500; Plaza 24 de Septiembre) Im Erdgeschoss der Casa de la Cultura an der Westseite der Plaza.

WÄSCHEREI

Zentral gelegene, gut organisierte Optionen, die sowohl waschen als auch trocknen und das alles an einem Tag (bei Abgabe vor 12 Uhr, etwa 12 Bs/kg), sind:

España Lavandería (España 160)
Lavandería La Paz (La Paz 42)

Sehenswertes

Santa Cruz selbst hat kaum Attraktionen zu bieten. Die schattige **Plaza 24 de Septiembre** mit der **Kathedrale** ist tagsüber wie abends ein netter Ort, um ein wenig zu relaxen. Vom **Glockenturm** (Eintritt 3 Bs; ☯ Di, Do, Sa & So 10–12 & 16–18 Uhr) hat man eine schöne Aussicht. Einen Häuserblock von hier befindet sich das kleine **Museo de Historia Nacional** (☯ Mo–Fr 8–12 & 15.30–18 Uhr), das eine Dauerausstellung von Chiquitania-Kunstwerken und Fotoausstellungen zeigt, mit der den Besuchern die Bräuche

SANTA CRUZ

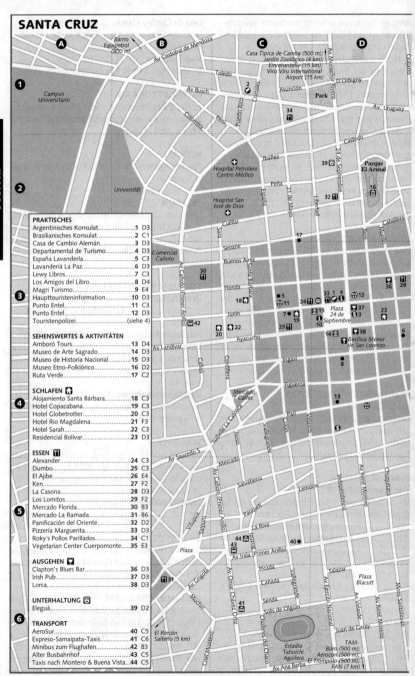

PRAKTISCHES
Argentinisches Konsulat...............**1**	D3
Brasilianisches Konsulat................**2**	C1
Casa de Cambio Alemán................**3**	D3
Departamental de Turismo............**4**	D3
España Lavandería.........................**5**	C3
Lavandería La Paz.........................**6**	D3
Lewy Libros...................................**7**	C3
Los Amigos del Libro.....................**8**	D4
Magri Turismo...............................**9**	E4
Haupttouristeninformation..........**10**	D3
Punto Entel.................................**11**	C3
Punto Entel.................................**12**	D3
Touristenpolizei....................(siehe 4)	

SEHENSWERTES & AKTIVITÄTEN
Amboró Tours.............................**13**	D4
Museo de Arte Sagrado...............**14**	D3
Museo de Historia Nacional.........**15**	D3
Museo Etno-Folklórico.................**16**	D2
Ruta Verde..................................**17**	C2

SCHLAFEN
Alojamiento Santa Bárbara..........**18**	C3
Hotel Copacabana.......................**19**	C3
Hotel Globetrotter.......................**20**	C3
Hotel Rio Magdalena...................**21**	F3
Hotel Sarah.................................**22**	C3
Residencial Bolívar......................**23**	D3

ESSEN
Alexander...................................**24**	C3
Dumbo..**25**	C3
El Ajibe.......................................**26**	E4
Ken...**27**	F2
La Casona...................................**28**	D3
Los Lomitos................................**29**	F2
Mercado Florida..........................**30**	B3
Mercado La Ramada....................**31**	B6
Panificación del Oriente..............**32**	D2
Pizzería Marguerita....................**33**	D3
Roky's Pollos Parillados...............**34**	C1
Vegetarian Center Cuerpomonte..**35**	E3

AUSGEHEN
Clapton's Blues Bar.....................**36**	D3
Irish Pub.....................................**37**	D3
Lorca..**38**	D3

UNTERHALTUNG
Eleguá..**39**	D2

TRANSPORT
AeroSur......................................**40**	C5
Expreso-Samaipata-Taxis............**41**	C6
Minibus zum Flughafen...............**42**	B3
Alter Busbahnhof........................**43**	C5
Taxis nach Montero & Buena Vista..**44**	C5

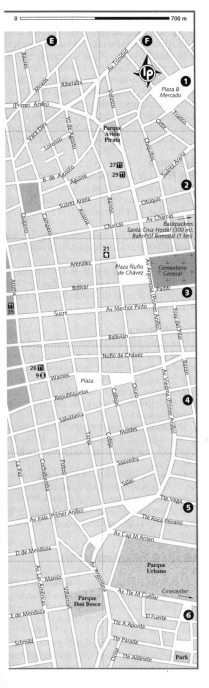

dieser wenig bekannten indigenen Volksgruppierung näher gebracht werden.

Die Einheimischen suchen zum Entspannen den See im **Parque El Arenal** nördlich des Stadtzentrums auf, wo sich ein Markt mit Kunsthandwerk befindet und Tretboote ausgeliehen werden können. Das **Museo Etno-Folklórico** (Mo–Fr 8–12 & 14.30–18.30 Uhr) blickt über den See und hat eine kleine Sammlung anthropologischer Fundstücke aus der Region ausgestellt. Von dieser Gegend sollte man sich bei Nacht fernhalten.

Es lohnt sich allemal, den Bewohnern des **Jardín Zoológico** (342-9939; Erw./Kind 10/5 Bs; 9–18.30 Uhr) einen Besuch abzustatten. Hier leben südamerikanische Vögel, Säugetiere und Reptilien; die Faultiere sind der Hit! Vom Stadtzentrum aus bringt einen jeder mit „Zoológico" beschilderter *micro* hierher.

Die Faszination von Pailletten, großen Hüten und Goldtressen erschließt sich einem im klimatisierten **Museo de Arte Sagrado** (Plaza 24 de Septiembre; Eintritt 10 Bs; Di, Do & So 8.30–12 & 14.30–18 Uhr) mit seiner beeindruckenden Sammlung aus Gewändern, Juwelen sowie goldenen und silbernen Reliquien.

Schlafen

Mehrere sehr günstige, fast identische Unterkünfte drängen sich gegenüber vom Bahnhof Bimodal, ansonsten gibt's nur wenige akzeptable Budgetoptionen.

Backpackers Santa Cruz Hostel (334-0025; Irala 696; B 20–30 Bs) Einfache Backpacker-Unterkunft in der Nähe des alten Busbahnhofs.

Alojamiento Santa Bárbara (332-1817; Santa Bárbara 151; EZ/DZ 35/50 Bs) Günstig, sehr einfach und zentral gelegen; es gibt einen Hof und kahle Zimmer mit an ein Krankenhaus erinnernden Betten.

Hotel Rio Magdalena (339-3011; Arenales 653; B/EZ/DZ 50/110/120 Bs;) Diese erstklassige Unterkunft wurde früher vom US-amerikanischen Friedenskorps benutzt. Die Zimmer sind komfortabel, der Pool verlockt und von der Dachterasse aus hat man einen tollen Blick über die Stadt.

LP Tipp Hotel Sarah (332-2425; Sara 85; EZ/DZ 70/120 Bs;) Neues Hotel in großartiger Lage mit Wänden im Regenwaldlook und tadellos sauberen Zimmern mit Kabelfernsehen.

Residencial Bolívar (334-2500; Sucre 131; EZ/DZ 75/130 Bs) Die Hängematten in den mit Pflanzen begrünten Patios gehören genauso dazu wie der auf einem Ast dösende Tukan. Die Zimmer sind etwas klein, aber sauber. Frühstück ist im Preis inbegriffen. Auf Anfrage wird Spanischunterricht erteilt.

Weitere empfehlenswerte Mittelklasse-Optionen:

Hotel Copacabana (☎ 336-2770; Junín 217; EZ 139–213 Bs, DZ 196–251 Bs)
Hotel Globetrotter (☎ 337-2754; Sara 49; EZ/DZ 160/200 Bs; 😊)

Essen

Einfaches, günstiges Essen gibt's auf dem **Mercado La Ramada**, wobei man sich vor dem Schlemmen über die herrschenden (oder besser gesagt nicht herrschenden) Hygienestandards im Klaren sein sollte. Auf dem **Mercado Florida** reihen sich die Stände mit hervorragenden gemixten Fruchtsäften und Obstsalaten dicht aneinander, Kostenpunkt: 5 Bs.

Panificación del Oriente (24 de Septiembre 501; Backwaren ab 3 Bs) Bei dieser Auswahl von Kuchen, Brötchen, Gebäck und Torten läuft einem das Wasser im Mund zusammen.

Dumbo (Ayacucho 247; Eis 5–15 Bs, Hauptgerichte 20–50 Bs) Riesige Portionen und traumhaftes Joghurt-Eis.

Alexander (Junín s/n; Hauptgerichte 10–30 Bs) Ein Paradies für Liebhaber von leckerem Frühstück und gutem Kaffee (u. a. bekommt man hier die einheimische Madidi-Sorte).

Vegetarian Center Cuerpomonte (Aroma 54; Buffet 15 Bs/kg; 😊 Mo–Sa 9–19 Uhr) Himmlisches Buffet mit gesunden Köstlichkeiten wie z. B. einem Quinoa-Kuchen, Kartoffelbrei (aus Süßkartoffeln) und Gemüsesuppen.

Los Lomitos (Uruguay 758; Hauptgerichte 15–70 Bs) Diese *churrasquería* bietet genau das, was man als Rinder-Wahnsinniger braucht: leckeres Rind nach argentinischer Art.

Roky's Pollos Parrillados (Cañoto 50; Hähnchen 20–30 Bs) Die auf Holzkohle gegrillten Hähnchen sind hervorragend.

Ken (Uruguay 730; Hauptgerichte 20–35 Bs; 😊 Mi geschl.) Allseits beliebtes japanisches Restaurant.

El Aljibe (Ñuflo de Chavez; Hauptgerichte 25–40 Bs) Kleine Restaurants wie dieses, mit Atmosphäre und *comida típica*, sind im globalisierten Santa Cruz immer seltener zu finden.

Pizzería Marguerita (Plaza 24 de Septiembre; Hauptgerichte 25–50 Bs) Bewährte Pizzeria, bekannt für qualitativ hochwertige Pizzen, Pastagerichte und Salate.

Casa Típica de Camba (www.casadelcamba.com; Mendoza 539; Hauptgerichte 25–55 Bs) Das *cruceña/camba*-Erlebnis schlechthin: Kellner mit Strohhüten servieren saftiges Fleisch direkt vom Grill, daneben trällert ein Schlagersänger traditionelle Melodien. Vom Stadtzentrum aus bringen einen die *micros* 35 und 75 hierher.

La Casona (www.bistrolacasona.com; Arenales 222; Hauptgerichte 35–80 Bs; 😊 So geschl.) Dieses von Deutschen betriebene, kalifornisch angehauchte Gourmetrestaurant ist eine der besten Optionen in Santa Cruz und tischt in einem schattigen Hof die unterschiedlichsten Gerichte auf.

Ausgehen

Irish Pub (Plaza 24 de Septiembre) Traveller fühlen sich in diesem nicht ganz preiswerten Pub wie zu Hause, wo man hervorragend das Treiben auf der darunter liegenden Plaza beobachten kann.

Lorca (Moreno 20; Eintritt bei Livemusik 20 Bs; 😊 8 Uhropen end) Treffpunkt für die künstlerisch Interessierten der Stadt.

Clapton's Blues Bar (Ecke Murillo & Arenales; Eintritt 20 Bs; 😊 Sa & So) In dieser winzigen, dunklen Bar kann man bis tief in die Nacht hinein lokalen Bands lauschen.

Unterhaltung

Entlang der Av San Martin im Barrio Equipetrol, nordwestlich des Stadtzentrums zwischen dem zweiten und dritten *anillo*, reihen sich zahlreiche *boliches* (Nachtklubs) aneinander. Ohne Taxi geht da nichts (ca. 10 Bs). Der Eintritt kostet meist um die 20 Bs, die Getränke sind teuer.

Cinecenter (☎ kostenlos 900-770077; 2. anillo; Eintritt 30–50 Bs) In zwölf Kinosälen im US-Stil kann man sich die neuesten Hollywoodstreifen reinziehen.

Eleguá (24 de Septiembre) Groovige Latino-Disko, in der am Wochenende zu aktuellen Sambarhythmen mit den Hüften gewackelt wird.

El Rincón Salteño (Ecke 26 de Enero & Charagua; 😊 Fr, Sa & So ab 22 Uhr) Die beste traditionelle *peña* der Stadt.

Anreise & Unterwegs vor Ort
BUS

Der vollständig ausgestattete **Bahnhof Bimodal** (☎ 334-0772; Bahnhofsgebühr 3 Bs), eine Mischung aus Fernbusbahnhof und Bahnhof, liegt 1,5 km östlich des Stadtzentrums, kurz vor dem dritten *anillo* am Ende der Av Brasil.

Von hier aus geht's regelmäßig nach Cochabamba (30 Bs, 8–10 Std.), wo man Anschluss nach La Paz, Oruro, Sucre, Potosí und Tarija

EINREISE NACH BRASILIEN

Von Quijarro bringen Shuttletaxis (5 Bs) die Grenzgänger zum 2 km entfernten brasilianischen Grenzort Corumbá. Man kann seine Dollars oder Bolivianos auf der bolivianischen Seite in *reais* tauschen, der Wechselkurs für Bolivianos ist allerdings mies. Achtung: In Quijarro gibt's kein brasilianisches Konsulat; wer ein Visum braucht, holt es sich am besten in Santa Cruz. Auf beiden Seiten der Brücke sind **Zollstationen** (8–12 & 14–17.30 Uhr). Es wird berichtet, dass bolivische Beamte versuchen, für einen Ausreisestempel ein Bestechungsgeld zu kassieren – höflich, aber bestimmt verweigern. Von Corumbá aus gibt's gute Busverbindungen in den Süden Brasiliens, aber es fahren keine Personenzüge.

Ohne Nachweis über eine Gelbfieberschutzimpfung wird einem die Einreise nach Brasilien verwehrt: An der Grenze steht dafür ein Sanitätslaster bereit. Einreisestempel nach Brasilien bekommt man entweder an der Grenze oder bei der Polícia Federal am *rodoviária* (Busbahnhof), der bis 17 Uhr geöffnet hat. Um Probleme zu vermeiden, sollte man den Stempel möglichst umgehend holen.

Für Infos zur Einreise von Brasilien nach Bolivien, s. S. 351.

---

hat. Direkte Nachtbusse fahren nach Sucre (80 Bs, 15–25 Std.), von wo es nach Potosí geht. Täglich gegen 17 Uhr gibt's direkte Verbindungen nach La Paz (130 Bs, 15–23 Std.).

Am späten Nachmittag fahren Busse gen Süden nach Yacuiba; dort kann man nach Salta umsteigen. Die Büros für internationale Verbindungen befinden sich vom Eingang aus gesehen am linken, hinteren Ende des Bahnhofs. Zwischen Santa Cruz und Buenos Aires (500 Bs, 36 Std.) pendeln täglich Busse, die komfortabelsten Verbindungen nach Asunción in Paraguay (320 Bs, 24 Std.) bieten sich von Yacyreta aus. Busse nach Vallegrande (35 Bs, 6–7 Std.) machen sich morgens und nachmittags auf den Weg.

Die *flotas* zu den Jesuitenmissionen und nach Chiquitanía bringen einen am Morgen und am frühen Abend (19–21 Uhr) von Santa Cruz nach San Xavier (40 Bs, 5 Std.) und nach Concepción (40 Bs, 6 Std.). Die Busse, die den Bahnhof um 20 Uhr verlassen, fahren weiter nach San Ignacio de Velasco (50 Bs, 10 Std.), *micros* fahren den ganzen Tag über etwa alle zwei Stunden, allerdings mit Endstation in Concepción (35 Bs, 5 Std.).

Jeden Abend machen sich mehrere Busse auf nach Trinidad (50–120 Bs, mind. 9 Std.) und von dort noch weiter (eine sehr holprige Reise in der Regenzeit).

FLUGZEUG

Auf dem modernen **Viru Viru International Airport** (VVI; ☎ 338-5000) 15 km nördlich des Stadtzentrums landen sowohl nationale als auch internationale Flüge.

AeroSur (☎ 336-4446; Ecke Irala & Colón) fliegt täglich nach Cochabamba, La Paz und Sucre, mit Anschlussflügen zu anderen Städten in Bolivien. **TAM** (☎ 353-2639) hat jeden Morgen einen Direktflug nach La Paz und wöchentlich zwei Flüge nach Puerto Suárez. Trinidad wird mehrmals täglich von **Aerocon** (☎ 351-1200; Aeropuerto El Trompillo) bedient, die Maschinen heben vom Flughafen El Trompillo, gleich südlich des Zentrums, ab.

Taxis zum Flughafen kosten einheitlich 50 Bs. Minibusse fahren, je nach Bedarf, vom Viru Viru aus ins Zentrum (3 Bs, 30 Min.).

ZUG

Es gibt drei Möglichkeiten, um an die brasilianische Grenze zu kommen: den effizienten und recht teuren *Ferrobus*, den *Expreso Oriental* und den *Regional* (oder *mixto*), der eigentlich ein Güterzug ist, aber auch einige wenige Plätze für Passagiere hat. Damit einem der Zugang zum Bahngleis gewährt wird, muss man dem Ordner am Gleis eine Bahnsteigkarte und seinen Pass vorzeigen.

Die bequemste und effizienteste Option ist der *Ferrobus*, der dienstags, donnerstags und samstags um 19 Uhr (*semi-cama*/*cama* 222/257 Bs) an der brasilianischen Grenze nach Quijarro abfährt und montags, mittwochs und freitags um 19 Uhr zurückkehrt. (Achtung: Die Fahrpläne werden immer wieder geändert.)

Eine Qualitätsstufe unter dem *Ferrobus* liegt der *Expreso Oriental*, der nur die komfortable Super-Pullman-Klasse anbietet. Abfahrt in Santa Cruz ist montags, mittwochs und freitags um 16.30 Uhr, Ankunft in Quijarro (127 Bs) ist um 8.45 Uhr am folgenden Tag. In die andere Richtung fährt der Zug dienstags, donnerstags und sonntags um 16.30

Uhr in Quijarro ab und erreicht Santa Cruz um 8.40 Uhr.

Der langsamste, aber am häufigsten verkehrende Zug ist der *Tren Regional*. Er verlässt Santa Cruz montags bis samstags um 12 Uhr und kommt in Quijarro (*semi-cama/cama* 52/115 Bs) um 7.10 Uhr am folgenden Tag an. In die andere Richtung fährt der Zug um 12.45 Uhr in Quijarro los und erreicht Santa Cruz um 9.25 Uhr.

Yacuiba (an der argentinischen Grenze) ist mit dem recht schnellen und komfortablen *Ferrobus* (*semi-cama/cama* 120/135 Bs, 11 Std.) über Villamontes (für Anschlussbusse nach Paraguay) zu erreichen. Dieser fährt donnerstags und sonntags um 18 Uhr los und kommt auf dem Rückweg freitags und montags um 18 Uhr wieder in Santa Cruz an.

RUND UM SANTA CRUZ

Samaipata

Das wunderschöne Dorf Samaipata (1650 m) liegt gebettet in die atemberaubende Wildnis am Fuße der Cordillera Oriental. In Bolivien ist es einer der wichtigsten Stopps auf dem „Gringo-Trail" und ein beliebtes Wochenend-Ausflugsziel der *cruceños* (Bewohner von Santa Cruz). Man findet hier von Ausländern betriebene, stylishe Hotels und Restaurants zuhauf, außerdem ist Samaipata das perfekte Basislager zum Ausspannen, Wandern oder Erkunden der zahlreichen Sehenswürdigkeiten. Hierzu gehören die mystische Stätte El Furte etwas oberhalb des Dorfes, die noch aus der Zeit vor den Inkas stammt, der Weg des Che Guevara (der von vielen verehrte Anführer wurde in der Nähe des Dorfes La Higuera umgebracht) und der Parque Nacional Amboró etwas weiter außerhalb.

Samaipata ist übersichtlich genug, um es mithilfe von ein paar Hintergrundinfos selbst zu erkunden. Auf www.samaipata.info oder www.samaipataturistica.com kann man sich vorab ausführlich über den Ort informieren, und wer einmal angekommen ist, erfährt alles Nötige bei **Michael Blendinger Nature Tours** (☎ 944-6227; www.discoveringbolivia.com; Bolívar s/n), einer großartigen Anlaufstelle für Vogelbeobachtungen, Orchideenkunde und Touren bei Vollmond, bei **Jucumari Tours** (☎ 7262-7202; Bolívar), das Pauschalangebote zur Ruta del Ché und Rundfahrten zu den Missionen im Programm hat, und bei **Roadrunners** (☎ 944-6294; www.the-roadrunners.info; Bolívar), das bei der Organisation GPS-gestützter Wanderungen auf eigene Faust hilft und geführte Ausflüge zu den Wasserfällen und in den Nebelwald des Amboró-Nationalparks anbietet.

Die Viersitzer des **Sindicato El Fuerte** (☎ in Santa Cruz 359-8958, in Samaipata 944-6336) fahren, je nach Bedarf, in Santa Cruz von der Calle Aruma nahe der Grigota nach Samaipata ab (wochentags/Wochenende 25/30 Bs, 3 Std.). Zurück nach Santa Cruz geht es von der Hauptplaza in Samaipata. In der Nähe der Plaza fahren täglich gegen 4.30 Uhr und an Sonntagen zwischen 12 und 17 Uhr *micros* Richtung Santa Cruz.

Parque Nacional Amboró

Dieser ungewöhnliche Park erstreckt sich über zwei Klimazonen: die wärmere amazonische Zone im Norden und die kühlere, den Yungas ähnelnde Zone (nur mit weniger Moskitos!) im Süden. Das Dorf Buena Vista, zwei Stunden (100 km) nordwestlich von Santa Cruz, eignet sich als Ausgangspunkt für Trips in die spektakuläre, bewaldete Tieflandebene des Parque Nacional Amboró.

Eine Zugangserlaubnis für den Park und Hüttenreservierungen gibt's beim **SERNAP-Büro** (☎ 932-2055; 7–19 Uhr) in Buena Vista, einen Block südlich der Plaza zu finden. **Amboró Tours** (☎ 314-5858; www.amborotours.com; Pari 81, Santa Cruz) veranstaltet mit Englisch sprechenden Führern Abenteuertrips durch den Park.

Rundtrip zu den Jesuitenmissionen

Ab dem späten 17. Jh. gründeten Jesuiten im östlichen Tiefland Boliviens Siedlungen, die so genannten *reducciones*. Sie erbauten Kirchen, errichteten Farmen und unterrichteten die indigene Bevölkerung in Religion, Landwirtschaft, Musik und Handwerk, quasi als Gegenleistung für deren Glaubensübertritt und ihre körperliche Arbeit. Ein Rundtrip nördlich und östlich von Santa Cruz führt zu einigen Missionen, deren Gebäude sich in unterschiedlichen Stadien des Verfalls oder Wiederaufbaus befinden. (Schnell hin, bevor sie vom Massentourismus überrollt werden!) Veranstalter in Santa Cruz und Samaipata organisieren Touren, man kann die Orte aber auch auf eigene Faust (und mit höherem Zeitaufwand) erkunden. Einfache Kost und Logis gibt's in den meisten Ortschaften. Von Santa Cruz aus liegen, im Uhrzeigersinn, folgende Stationen auf dem Weg:

San Xavier Die älteste der Missionen (1691 gegründet) und ein beliebtes Ausflugsziel für reiche *cruceños*.

Concepción Der attraktive Ort hat eine knallbunte Kirche von 1709 und Werkstätten für die Restaurationsarbeit zu bieten.
San Ignacio de Velasco Das kommerzielle Zentrum des Gebiets rund um die Jesuitenmissionen.
San Miguel de Velasco Ein verschlafenes Örtchen mit einer herrlichen, sorgsam restaurierten Kirche von 1721.
Santa Ana de Velasco Winziges Dorf, urige Kirche aus dem Jahr 1755.
San Rafael de Velasco Die Kirche aus den 1740er-Jahren hat einen bemerkenswert schönen Innenraum.
San José de Chiquitos Der Grenzort nennt die einzige aus Stein erbaute Kirche der Region sein Eigen (zur Zeit der Recherche war der Restaurationsprozess nahezu abgeschlossen).

Für den Rundtrip empfiehlt es sich, mit der Zuglinie Santa Cruz–Quijarro bis San José zu fahren und sich von dort aus entgegen dem Uhrzeigersinn vorzuarbeiten; dann passen auch die Busfahrzeiten besser. Eine weitere Option ist es, sich in Santa Cruz ein Auto zu mieten, was mit mehreren Personen zusammen durchaus bezahlbar ist.

Parque Nacional Noel Kempff Mercado

Der abgelegene Parque Nacional Noel Kempff Mercado liegt in den nördlichsten Winkeln des Departamentos Santa Cruz. Er ist nicht nur einer der spektakulärsten Nationalparks Südamerikas, sondern umfasst auch eine ganze Reihe schwindender Lebensräume von weltweit höchster ökologischer Bedeutung. Auf 1,5 Mio. ha befinden sich Flüsse, Wasserfälle, Regenwälder, Plateaus und zerklüftete, bis zu 500 m tief abfallende Steilhänge, noch ergänzt von einer atemberaubenden Vielfalt amazonischer Flora und Fauna. **Ruta Verde** (☎ 339-6470; www.rutaverdebolivia.com; 21 de Mayo 332) in Santa Cruz weiß, wie man am besten in den Park kommt.

DAS AMAZONASBECKEN

Boliviens Anteil am magischen Amazonasbecken umfasst mehr als die Hälfte des gesamten Staatsgebiets und ist ein prima Ort, um urtümlichen Regenwald und Savannenlandschaften kennenzulernen. Im Amazonasgebiet liegen einige der namhaftesten Nationalparks und Reservate, z. B. der unglaublich eindrucksvolle Parque Nacional Madidi (S. 262). Aber das Paradies ist gefährdet. Ein großer Teil des Areals ist dicht bevölkert oder durch Holzfällerei und Bergbau geschädigt: Siedler aus dem Hochland strömten in die Region, die auf Brandrodung basierende Landwirtschaft weitete sich aus und in den Tieflandgebieten um Trinidad wird großflächig Viehzucht und Weidewirtschaft betrieben.

Bootstrips sind eine großartige Möglichkeit, das Leben hier vom Wasser aus kennenzulernen. Allerdings haben die Handelsboote, die die Flüsse des Nordens befahren, keinen festen Fahrplan und bieten keinerlei Komfort – monotone Verpflegung, Wasserentnahme aus dem Fluss und fehlende Kabinen sind keine Seltenheit. Eine Hängematte oder einen Schlafsack muss man selbst dabeihaben. Das gleiche gilt für Essensrationen, einen Wasserbehälter, Tabletten zur Wasserreinigung und Mittel gegen Malaria und Moskitos. Die beliebtesten Flussfahrten führen auf dem Río Ichilo von Puerto Villarroel nach Trinidad und auf dem Río Mamoré von Trinidad nach Guayaramerín. Touranbieter haben komfortable Flusstrips im Angebot, in deren Mit-

---

PIRANHAS – BITTE NICHT STREICHELN!

„Umweltbewusste" Veranstalter von Pampa- und Urwaldtouren entwickeln sich schneller als Moskitolarven. Leider unterbieten sie sich gegenseitig in ihren offiziellen Preisen – sehr zum Nachteil des Etiketts „umweltbewusst": Tatsächlich lassen viele nämlich ein Umweltbewusstsein vermissen, vor allem wenn es darum geht, anorganischen Müll von Zeltplätzen korrekt zu entsorgen und wilde Tiere zu schützen. So großartig es ist, die Tiere Amazoniens zu sehen, man sollte stets bedenken, dass es ein Privileg und kein „Recht" ist, Kaimane, Anakondas, Piranhas und dergleichen zu Gesicht zu bekommen. Veranstalter und Führer sollten keine Tiersichtungen versprechen (das ermutigt nämlich dazu, sie gegen jede Umweltethik einzufangen). Sie sollten nicht gezielt die Tiere aufstöbern und sie unter keinen Umständen füttern oder gar anfassen. Unglücklicherweise werden diese Regeln aber nicht immer beherzigt.

Forderungen von Travellern können dazu beitragen, für einen schonenden Umgang mit der Natur zu sorgen. Nicht zuletzt von ihnen hängt es ab, dass Naturgebiete nachhaltig geschützt werden.

258 DAS AMAZONASBECKEN

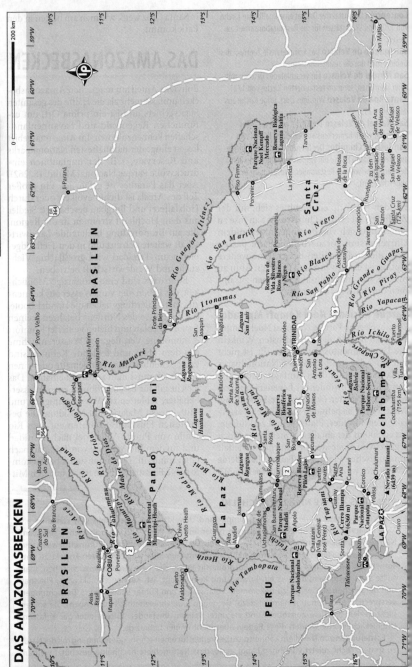

telpunkt die Beobachtung von wilden Tieren steht.

Städte mit Flugplätzen sind u. a. Cobija, Guayaramerín, Reyes, Riberalta, Rurrenabaque, San Borja und Trinidad. Die Flüge haben allerdings häufig Verspätung oder werden gar gestrichen, besonders in der Regenzeit.

RURRENABAQUE
☎ 03 / 15 000 Ew.

Die muntere und freundliche Grenzstadt „Rurre" (105 m) ist Boliviens schönste Siedlung im Tiefland. Der Ort lebt vom Tourismus: Traveller kommen den Río Beni hinauf, um den üppigen Urwald und das savannenartige Grasland der Umgebung zu besuchen oder um in den einzigartigen Parque Nacional Madidi mit seinen Ökolodges zu gelangen. Zu einer solchen Reise gehört, entspannt in einer Hängematte das Leben zu genießen, genauso aber auch die Hitze, Feuchtigkeit und (gelegentliche) Moskitoplagen.

Praktische Informationen
Geldautomaten sucht man in der ganzen Stadt vergebens. Touren können meist mit Kreditkarte bezahlt werden und die **Prodem Bank** zahlt gegen Vorlage von Visa- oder MasterCard Bargeld aus, genau wie manche hilfsbereiten Bars, Agenturen und Hotels mit nettem Personal.

Mit ungefähr 8 Bs pro Stunde ist der Internetzugang hier beträchtlich teurer als im Rest des Landes. **Internet** (Comercio) ist eine gute Option.

Einreisestelle (Arce zw. Busch & Bolívar; Mo–Fr 8.30–16.30 Uhr) Aufenthaltsberechtigungen können hier verlängert werden.

Laundry Service Number One (Avaroa) Wäschereiservice (Abholung am gleichen Tag); 12 Bs pro Kilo.

Parque Nacional Madidi/SERNAP- Büro (☎ 892-2540) In San Buenaventura auf der gegenüberliegenden Seite des Flusses. Hat Informationen über den Park; Besucher, die auf eigene Faust kommen, müssen eine Eintrittsgebühr von 95 Bs entrichten.

Städtische Touristeninformation (Ecke Vaca Diez & Avaroa; Mo–Sa 8–12 & 14.30–18 Uhr) Große Hilfsbereitschaft, aber wenig Infomaterial.

Sehenswertes & Aktivitäten
Im Hotel El Ambaibo auf der Santa Cruz können sich Nicht-Gäste für 20 Bs im Pool entspannen. Gleich südlich der Stadt erreicht man nach einem kurzen Anstieg einen **mirador** (Aussichtspunkt).

Geführte Touren
URWALD- & PAMPATOUREN
Touren im Urwald und in der Pampa ernähren Rurre. Tourveranstalter schwirren hier so zahlreich herum wie Moskitos. Um den richtigen auszuwählen, empfiehlt es sich, mit Travellern zu sprechen, die von Touren zurückkehren. Billiger bedeutet nicht gleich besser – im Kasten auf S. 257 stehen mehr Infos.

Bei Urwaldtouren geht's typischerweise mit dem Motorkanu den Beni und Tuichi hinauf, unterwegs wird gezeltet und im Regenwald gewandert. Die meisten Unterkünfte sind einfache Hütten oder bestehen sogar nur aus Schutzdächern mit Moskitonetzen. Achtung: Einige Urwaldtouren sind während der Regenzeit – insbesondere zwischen Januar und März – wegen Regen, Schlamm und Insekten nicht gerade vergnügungssteuerpflichtig.

Wer eher wilde Tiere beobachten will, sollte eine Tour durch die Pampa machen, die in die Feuchtsavannen nordöstlich der Stadt führt. Zu den Programmpunkten gehören tolle geführte Wanderungen und Bootsausflüge, bei denen tagsüber und abends Tiere beobachtet werden können.

Die Touren durch Urwald und Pampa sind normalerweise unvergessliche Erfahrungen – doch wie die Führer mit den Tieren umgehen, hängt weitgehend von den Forderungen der Traveller ab. Man sollte darauf achten, dass Tiere nicht gefüttert, aufgeschreckt oder angefasst werden. Insektenschutzmittel und Feldflaschen mit Wasser mitnehmen. Außerdem sollte man sich die *autorización* (Lizenz) des Führers zeigen lassen. Die besten vermitteln Einsichten in die Flora und Fauna, das Leben der indigenen Bevölkerung und die Folklore der Waldbewohner, ohne Grenzen zu überschreiten. Die meisten Veranstalter haben ihre Büros in der Avaroa. Empfehlenswert sind u. a. folgende:

Bala Tours (☎ 892-2527; www.balatours.com; Ecke Santa Cruz & Comercio) Hat ein eigenes Urwaldcamp und eine Lodge in der Pampa.

Fluvial Tours/Amazonia Adventures (☎ 892-2372; Avaroa s/n) Im Hotel Tuichi. Ist am längsten im Geschäft.

KOMMUNAL ORGANISIERTER ÖKOTOURISMUS
Eine ausgezeichnete Alternative sind die ethno-ökologischen Tourismusprojekte, die von Gemeinden getragen und kommunal organisiert werden. Die meisten dieser Ge-

260 DAS AMAZONASBECKEN •• Rurrenabaque

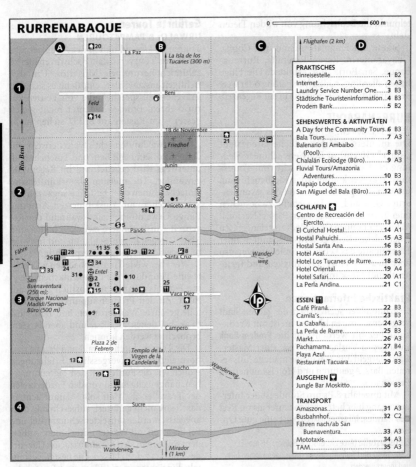

RURRENABAQUE

PRAKTISCHES
Einreisestelle................................1	B2
Internet......................................2	A3
Laundry Service Number One...3	B3
Städtische Touristeninformation...4	B3
Prodem Bank............................5	B2

SEHENSWERTES & AKTIVITÄTEN
A Day for the Community Tours.6	B3
Bala Tours................................7	A3
Balenario El Ambaibo (Pool)......................................8	B3
Chalalán Ecolodge (Büro)...........9	A3
Fluvial Tours/Amazonia Adventures.............................10	B3
Mapajo Lodge.........................11	A3
San Miguel del Bala (Büro)........12	A3

SCHLAFEN
Centro de Recreación del Ejercito..................................13	A4
El Curichal Hostal....................14	A1
Hostal Pahuichi.......................15	A3
Hostal Santa Ana....................16	B3
Hotel Asaí..............................17	B3
Hotel Los Tucanes de Rurre.....18	B2
Hotel Oriental........................19	A4
Hotel Safari............................20	A1
La Perla Andina......................21	C1

ESSEN
Café Piraná............................22	B3
Camila's.................................23	B3
La Cabaña..............................24	A3
La Perla de Rurre....................25	B3
Markt.....................................26	A3
Pachamama............................27	B4
Playa Azul..............................28	A3
Restaurant Tacuara.................29	B3

AUSGEHEN
Jungle Bar Moskitto................30	B3

TRANSPORT
Amazonas..............................31	A3
Busbahnhof............................32	C2
Fähren nach/ab San Buenaventura.......................33	A3
Mototaxis..............................34	A3
TAM.......................................35	A3

meinden liegen einige Stunden flussaufwärts und bieten vor Ort ein All-Inclusive-Paket mit Übernachtung (in eigenen komfortablen *cabañas* mit Essen und *simpático* Führern) an, zudem kann man sich im Fischen mit Pfeil und Bogen versuchen und durch den Regenwald wandern.

A Day for the Communities Tours (☎ 7128-9884; turismoecologicosocial@hotmail.com; Ecke Santa Cruz & Avaroa) organisiert einen faszinierenden Tagesausflug (200 Bs/Pers., 21 % davon kommt den Gemeinden zugute) zu den einzigartigen Zuwanderergemeinden des *altiplano* und vermittelt einen Einblick in alternative, nachhaltige Entwicklungsprojekte in puncto Agro-Forstwirtschaft, Biolandwirtschaft und *artesanía* (Kunsthandwerk).

Ein tolles Beispiel für ein von Gemeinden getragenes Tourismusprojekt ist die **Mapajo Lodge** (☎ 892-2317; www.mapajo.com; Santa Cruz zw. Comercio & Avaroa). Hier sind Komplettpakete für Besuche mit Übernachtung (500 Bs/Tag) in den Gemeinden von Mosetén Chimáns, drei Stunden flussaufwärts von Rurre, zu haben.

Die Ökolodge **San Miguel del Bala** (☎ 892-2394; www.sanmigueldelbala.com; Comercio zw. Vaca Diez & Santa Cruz), ein Projekt der Macana-Gemeinde, ist von Rurre aus in 40 Minuten mit dem Boot flussaufwärts zu erreichen. Man bezahlt hier pro Tag 450 Bs.

Schlafen

La Perla Andina (☎ 7283-5792; 18 de Noviembre s/n; Zi. 15 Bs/Pers.) Einen Häuserblock vom Busbahnhof entfernt, findet sich diese spottbillige Unterkunft, die ganz praktisch ist, wenn man einen frühen Bus erwischen muss.

LP Tipp El Curichal Hostal (☎ 892-2647; elcurichal@hotmail.com; Comercio 1490; EZ/DZ 30/50 Bs, Zi. 70 Bs) Saubere Zimmer in Dschungel-Atmosphäre, eine Terrasse zum Grillen, eine Gemeinschaftsküche und mehrere Hängematten.

Hotel Pahuichi (☎ 892-2558; Comercio; Zi. pro Pers. mit/ohne Bad 70/30 Bs) Ein Hotel mit zwei Gesichtern: Mit den älteren Zimmern mit Gemeinschaftsbad gewinnt es keinen Blumentopf, doch die neueren mit eigenen Bädern sind jeden Boliviano wert.

Hostal Santa Ana (☎ 892-2614; Avaroa nahe Vaca Diez; EZ/DZ 70/80 Bs, ohne Bad 35/60 Bs) Das Preis-Leistungs-Verhältnis hier ist okay. Im Garten sind Hängematten zu finden.

Centro de Recreación del Ejército (☎ 892-2375; Plaza 2 de Febrero; EZ/DZ 40/60 Bs) Gute, moderne Budgetoption in einem Gebäude, in dem ehemals Armeebaracken untergebracht waren. Es gibt eine Terrasse zum Fluss hin und ein chinesisches Restaurant.

Hotel los Tucanes de Rurre (☎ 892-2039; www.hotel-tucanes.com; Ecke Bolivar & Aniceto Arce; EZ/DZ 60/90 Bs, ohne Bad 50/70 Bs) Das Strohdach dieses Hotels birgt schicke Zimmer, außerdem gibt's einen wuchernden Garten mit Hängematten, eine Dachterrasse und tolle Blicke auf den Fluss.

Hotel Asaí (☎ 892-2439; Diez nahe Busch; EZ/DZ 50/80 Bs) In strahlendem Weiß gehaltene Zimmer mit eigenen Bädern säumen einen schattigen Hof mit Hängematten und einer *palapa* (Sonnenschirm aus Palmwedeln).

Hotel Oriental (☎ 892-2401; Plaza 2 de Febrero; EZ/DZ 70/90 Bs) Ausgezeichnete Unterkunft gleich an der Plaza mit komfortablen Zimmern, super Duschen, Hängematten im Garten und einem großen Frühstück – alles im Preis inbegriffen.

Weitere Mittelklasseoptionen sind die **La Isla de los Tucanes** (☎ 892-2127; Bolívar; www.islatucanes.com; Hütte 550–900 Bs; 🏊 🍴), ein ökologischer Komplex mit mehreren Hütten nördlich des Stadtzentrums, und das **Hotel Safari** (☎/Fax 892-2210; Comercio Final; EZ/DZ 220/300 Bs; 🏊), Rurres nobelste Option direkt am Fluss.

Essen & Ausgehen

Auf dem Mercado Municipal gibt's viele gute *comedores* und Saftstände.

Entlang des Flussufers findet man mehrere Fischrestaurants. **La Cabaña** und **Playa Azul** z. B. grillen und frittieren fangfrische Leckereien (20–30 Bs).

Camila's (Ecke Campero & Avaroa; Frühstück 10–15 Bs; Hauptgerichte 25–45 Bs) Die beste Option der Stadt für ein Frühstück. Die Wände sind im Regenwaldlook gehalten und jeden Abend gibt's eine Happy Hour für Flaschenbier.

Restaurant Tacuara (Ecke Santa Cruz & Avaroa; Hauptgerichte 18–35 Bs) Die allseits beliebte Lasagne und die großen Sandwiches werden hier an schattigen Plätzchen im Freien serviert.

Pachamama (☎ 892-2620; Avaroa; Hauptgerichte 20–30 Bs; ⏱ nur mittags & abends, So geschl.) Restaurant und kultureller Treffpunkt mit gutem Essen, einem Lounge-Bereich, einem Billardtisch im Obergeschoss und einer Bücher- und Musiktauschbörse. Außerdem wird Kunstunterricht angeboten und es finden Filmvorführungen und Aufführungen statt.

Café Piraña (Santa Cruz nahe Avaroa; Hauptgerichte 25–40 Bs) Hervorragende Gerichte sowohl mit als auch ohne Fleisch, leckeres Frühstück, frisch gepresste Säfte, eine Bibliothek und abendliche Filmvorführungen im Garten.

La Perla de Rurre (Ecke Bolívar & Diez; Hauptgerichte 30–45 Bs) In bescheidener Atmosphäre serviert diese Perle, der klare Favorit in Rurre, frische Fischgerichte (wenn auch in kleinen Portionen).

Jungle Bar Moskkito (www.moskkito.com; Vaca Diez s/n) Keine Frage: Dies ist die Lieblingslocation aller Backpacker. Zwischen 19 und 21 Uhr ist hier Happy Hour, außerdem gibt's Billardtische, Dartscheiben und gute Musik. Hier ist man richtig, wenn man Leute für gemeinsame Touren kennenlernen möchte.

Anreise & Unterwegs vor Ort

BUS

Bei trockenen Straßen verkehren täglich Busse zwischen Rurrenabaque und La Paz (90 Bs, 18–24 Std.). Allerdings bietet es sich an, die Reise in Coroico zu unterbrechen (bis dahin sind es "nur" 14 Stunden von Rurre aus); dazu in Yolosita (75 Bs) aussteigen und von dort weiter nach Coroico fahren.

Die täglichen Busse nach Trinidad (normal/Sleeper, 120/150 Bs, 17–30 Std.) passieren Yucumo, San Borja und San Ignacio de Moxos, aber nur in der Trockenzeit, da diese Strecke eine der schlechtesten in ganz Bolivien ist. Auch nach Guayaramerín (120 Bs, 18 Std.–3 Tage) fahren täglich Busse.

FLUGZEUG

Es gibt immer mehr Flüge nach Rurre, die aber oft schon ausverkauft sind oder (vor allem in der Regenzeit) gestrichen werden. Am besten kauft man das Rückflugticket schon im Voraus über ein Reisebüro. Der bescheidene Flughafen ist eine mit Gras bewachsene Landebahn, ein paar Kilometer nördlich der Stadt gelegen. Mit einem *micro* kommt man für 5 Bs ins Zentrum. Wer nur wenig Gepäck hat, kann sich auch für 3 Bs ein Mototaxi nehmen.

Amazonas (☎ 892-2472; Comercio nahe Santa Cruz) schickt jeden Tag vier Maschinen nach La Paz (525 Bs); eine Rückbestätigung des Flugtickets am Vortag wird empfohlen. **TAM** (☎ 892-2398; Santa Cruz) fliegt mindestens einmal täglich die Strecke La Paz–Rurre (480 Bs). In der Regenzeit werden die Flüge manchmal zum nächsten Flughafen in Reyes umgeleitet.

SCHIFF/FÄHRE
Den ganzen Tag über verkehren regelmäßig Taxifähren nach San Buenaventura (1 Bs).

RUND UM RURRENABAQUE
Parque Nacional Madidi
Die bemerkenswerte Wasserscheide des Río Madidi beherbergt die größte Artenvielfalt aller Schutzgebiete der Welt. Den Teil, der ökologisch gesehen am wertvollsten ist, schützt der Parque Nacional Madidi (Eintritt 95 Bs), der einen riesigen Lebensraum für wilde Tiere umfasst, vom tropischen Regenwald bis zu den Gletschern der Anden auf 6000 m. Forscher haben hier mehr als 1000 Vogelarten und mehr geschützte Arten als irgendwo sonst auf der Welt gesichtet.

Die von Menschen bewohnten Teile des Parks entlang des Río Tuichi wurden von der UNESCO mit einem speziellen Titel versehen, welcher es der indigenen Bevölkerung erlaubt, den Wald auf traditionelle Weise zu nutzen. In der Vergangenheit wurde aber auch schon über Ölförderung und den Bau einer Wasserkraftanlage in großem Stil nachgedacht; hinzu kommt, dass Teile des Randgebiets des Parks das Opfer illegaler Abholzung geworden sind und der Bau einer neuen Straße zwischen Apolo und Ixiamas im Gespräch ist, was den Park zwangsweise zweiteilen würde. Auch wenn das Thema Wasserkraftwerk nun vom Tisch ist, gehen die Debatten um den Straßenbau und die Ölförderung weiter, und viele sind davon überzeugt, dass illegale Holzfäller die Möglichkeit nutzen und von diesen Projekten profitieren werden.

AN- & WEITERREISE
Rurre ist der am einfachsten erreichbare und auch beliebteste Zugang zum Park. Ein Ausflug zur Chalalán Ecolodge (s. Kasten linke Spalte) oder der Besuch eines Ökotourismus-Projekts (s. S. 259) sind die besten Möglichkeiten, um einen Eindruck vom Park zu gewinnen. Wer auf ein Abenteuer aus ist, kann das Randgebiet des Parks auf eigene Faust erkunden, muss aber in Begleitung eines zugelassenen Führers sein und sich beim SERNAP-Büro in San Buenaventura (s. S. 259) registrieren. Einen kleinen Vorgeschmack darauf, was alles schief gehen kann, gibt Yossi Ghinsbergs Buch *Amazonas. Vier Männer in der Falle*.

TRINIDAD
☎ 03 / 86 500 Ew,

Hinter „Trini" (235 m), der Hauptstadt des Departamentos Beni, steckt mehr, als es anfangs den Anschein haben mag. Trinidad ist der perfekte Ausgangspunkt für eine Fahrt auf dem sehr langen, sehr tiefen Río Mamoré und eine Station auf dem Weg zwischen Santa Cruz und Rurrenabaque. Die tropische Hauptplaza ist das Zentrum der wundervoll entspannten, modernen Stadt. Hier kann man ohne viel Aufwand jede Menge unternehmen, z. B. Ausflüge zu den Missionen, oder man

---

IN DIE VOLLEN!

Das bemerkenswerteste kommunal organisierrte Ökotourismus-Projekt im bolivianischen Amazonien ist die **Chalalán Ecolodge**. Sie liegt an einem von allerlei Arten bevölkerten See, von Rurre sechs Stunden den Río Tuichi flussaufwärts gelegen. Seit 1995 verschafft es der Tacana-Bevölkerung des Dorfes San José de Uchupiamonas Arbeit und wird oft als Beispiel für nachhaltigen Tourismus genannt. Die Einnahmen fließen unmittelbar zurück an die Gemeinde. Die Ökolodge ist eine tolle Anlage mit einem gut ausgebauten Wegenetz, ausgezeichnetem Essensangebot und Nachtwanderungen. Vier Tage (3 Übernachtungen, all inclusive) kosten rund 320 US$ pro Person. Auskünfte erteilen auch das Büro in **Rurrenabaque** (☎ 892-2419; Comercio nahe Campero; www.chalalan.com) oder das Büro in **La Paz** (☎ 2-231-1451; Sagárnaga 189).

EINREISE NACH BRASILIEN

Am Ufer des Río Mamoré liegt das fröhliche Örtchen **Guayaramerín** (auf 130 m Höhe), Boliviens Hintereingang nach Brasilien. Der Handel mit dem auf der anderen Flussseite gelegenen brasilianischen Nachbarort Guajará-Mirim, legal wie auch illegal, blüht.

Täglich fahren Busse vom Busbahnhof am südlichen Ende des Ortes nach Trinidad (140 Bs, 22 Std.). Nur (hin)fliegen ist schöner, z. B. täglich mit **Aerocon** (☎ 855-5025) und **TAM** (☎ 855-3924). Letztere bedient auch täglich La Paz sowie mehrmals wöchentlich Cochabamba und Santa Cruz.

Das relativ effiziente **brasilianische Konsulat** (☎ 855-3766; Ecke Beni & 24 de Septiembre; Mo–Fr 8–17 Uhr), einen Block östlich der Plaza, kann innerhalb von drei Tagen Visa ausstellen. Die Geldwechsler am Hafen haben US-Dollar, brasilianische Reais und Bolivianos.

Ein Kurzbesuch in Guajará-Mirim ist sehr einfach: Tagesbesucher brauchen nicht einmal ein Visum. Zwischen 6 und 18 Uhr überqueren jede halbe Stunde Motorboote (10 Bs) vom Hafen aus den Fluss (nach 18 Uhr nur noch unregelmäßig). Wer weiter ins Inland Brasiliens oder nach Bolivien möchte, braucht einen Ein- bzw. Ausreisestempel, Stempel für die Ausreise aus Bolivien gibt's bei der **bolivianischen Einreisestelle** (Mo–Fr 9–17 Uhr) im Prefectura-Gebäude an der Hauptplaza oder bei der anderen Zweigstelle am Flughafen. Für die Einreise nach Brasilien ist ein Nachweis über eine Gelbfieberschutzimpfung Voraussetzung, man sollte ihn für den Fall einer „Blitz-(Touristen-)Kontrolle" bereithalten.

Für Infos zur Einreise von Brasilien nach Bolivien, s. S. 351.

---

nimmt die prähispanische Route in Angriff, um das einzigartige Wasserkanalsystem der *Moxeñas* zu bestaunen.

Das von spanischer Seite finanzierte **ethnoarchäologische Museum** (Eintritt 5 Bs; 8–12 & 15–18 Uhr) in der Universität, 1,5 km außerhalb der Stadt, stellt Artefakte wie traditionelle Instrumente und Stammeskleidung aus. Motorräder sind hier nicht nur Fortbewegungsmittel, sondern auch eine Freizeitbeschäftigung. Für 12 Bs pro Stunde (80 Bs/Tag) kann man sich eines mieten und wie die Einheimischen damit um die Plaza herum düsen.

Praktische Informationen

Die hilfsbereite **Touristeninformation** (☎ 462-4831) versteckt sich im Prefectura-Gebäude und gibt gute Broschüren über die Attraktionen in der Umgebung und Stadtpläne aus. Geldautomaten gibt's in der Nähe der Plaza.

Infos zu Touren und Aktivitäten in der Umgebung – Reitausflüge, Flussstrips, Wanderungen, Besuche bei indigenen Gemeinden, Vogelbeobachtung – hat z. B. **Turismo Moxos** (☎ 462-1141; turmoxos@entelnet.bo; 6 de Agosto 114).

Schlafen

Residencial Patujú (☎ 462-1963; Villavicencio 473; EZ/DZ 50/100 Bs) Heimelige, günstige Option mit einem hellen, kühlen Hof.

Residencial Santa Cruz (☎ 462-0711; Santa Cruz 537; EZ/DZ 80/140 Bs, EZ ohne Bad 60 Bs) Die Zimmer im 1. Stock dieser Unterkunft mit fröhlicher Atmosphäre sind etwas luftiger, was den kleinen Aufpreis wert ist.

Hotel Copacabana (☎ 462-2811; Villavicencio 627; EZ/DZ mit Ventilator 80/140 Bs, mit Klimaanlage 140/210 Bs;) Freundliches Hotel mit sauberen, gekachelten Zimmern.

Hostal El Tajibo (☎ 462-2324; Ecke Santa Cruz 423 & 6 de Agosto; EZ/DZ mit Ventilator 100/150 Bs, mit Klimaanlage 200/250 Bs;) Unter den günstigen Unterkünften in Trini ist dies die beste Option. Manche der schicken Zimmer haben Balkone, der Preis für die Zimmer mit Klimaanlage beinhaltet das Frühstück.

Essen & Ausgehen

Trinidad ist die Hochburg der Viehzucht und so gibt es hier Rindfleisch im Überfluss. Wer aufs Geld achten muss, schlägt sich den Bauch im Mercado Municipal voll, wo man geradezu lächerlich günstige *arroz con queso* (Reis mit Käse) mit Schaschlik, *yuca* (Maniok), Kochbananen und Salat, die lokale Spezialität, bekommt. Um die Plaza herum gibt's mehrere akzeptable Optionen.

Club Social (Suárez; almuerzo & abends 20 Bs) Der liebenswürdige Club befindet sich in einem schattigen Hof etwas abseits der Hauptplaza und ist bei einheimischen Familien sehr beliebt. Die Portionen sind großzügig bemessen.

El Tabano (Villavicencio nahe Mamoré; Hauptgerichte 25–40 Bs) In dieser Bar mit Pub, dem Jugendtreff Trinis, wird so einiges geboten: kühles Bier, Cocktails, hervorragendes Essen …

La Fonda Mojeña (18 de Noviembre; Hauptgerichte 25–40 Bs) Dieses kleine Restaurant ist für seine einheimischen Spezialitäten bekannt, und so steht natürlich Landestypisches auf der Karte.

Anreise & Unterwegs vor Ort

BUS

Der geschäftige Busbahnhof liegt östlich des Stadtzentrums, in zehn Minuten zu Fuß. Wenn es die Straßenverhältnisse zulassen, fahren jeden Abend *flotas* nach Santa Cruz (normal/ *bus-cama* 50/80 Bs, 8–10 Std.). Mehrere Unternehmen fahren täglich Rurrenabaque (70 Bs, 12 Std.) an via San Borja. *Camionetas* bedienen San Ignacio de Moxos (3–4 Std.); sie starten, sobald sie voll sind, von den *paradas* (Haltestellen) an der Kreuzung Santa Cruz und Mamoré und auf der 1 de Mayo nahe Velarde. Unregelmäßig starten um 9 Uhr auch Busse am Bahnhof. In der Trockenzeit gibt's täglich Verbindungen nach Guayaramerín.

FLUGZEUG

Der Flughafen (Terminalgebühr 7 Bs) liegt nordwestlich der Stadt. Hin kommt man in einer halben Stunde zu Fuß oder für 15 Bs mit dem Taxi (Mototaxi 10 Bs). **Amazonas** (☎ 462-2426; 18 de Noviembre 267) pendelt jeden Tag zwischen La Paz und San Borja. **Aerocon** (☎ 462-4442; Vaca Diez nahe 18 de Noviembre) fliegt mehrmals täglich nach Santa Cruz, Riberalta und Cobija. **TAM** (☎ 462-2363; Ecke Bolívar & Santa Cruz) bedient ein paar Mal die Woche Cochabamba und La Paz.

SCHIFF/FÄHRE

Bei der *Capitanía* in Puerto Almacén, 8 km südwestlich der Stadt, gibt's Infos für Fahrten mit dem Boot auf dem Mamoré nach Norden bis Guayaramerín oder auf dem Mamoré und dem Ichilo nach Süden bis Puerto Villarroel. Bis Guayaramerín dauert es bis zu einer Woche – größere Schiffe schaffen es in 3–4 Tagen – und man bezahlt ca. 250 Bs mit Verpflegung (200 Bs ohne). Nach Puerto Villarroel dauert die Fahrt mit einem kleineren Boot fünf Tage und kostet mit Verpflegung ca. 100 Bs.

ALLGEMEINE INFORMATIONEN

AKTIVITÄTEN

Wandern und Bergsteigen in der Andenregion führen die To-Do-Liste für Bolivien an. Wer's etwas gemütlicher mag, geht campen oder angeln. Die beliebtesten Treks (s. S. 213) beginnen in der Nähe von La Paz, überqueren auf alten Inkarouten die Cordilleras und enden in den Yungas. Dschungeltreks (s. S. 259) liegen vor allem in der Gegend von Rurrenabaque voll im Trend.

Eine wachsende Zahl von Veranstaltern in La Paz bietet technisch anspruchsvolle Bergsteigertouren und Expeditionen in die Cordillera Real und zum Volcán Sajama (6542 m), dem höchsten Gipfel Boliviens; s. S. 198.

Die Möglichkeiten zum Mountainbiken rund um La Paz (S. 202 & S. 214) sind schier endlos. Kajak- und Raftingtouren und Kanuausflüge in die Wildnis werden in der Nähe von Coroico, in der Chapare-Region (dem Tiefland um Cochabamba) und im Parque Nacional Noel Kempff Mercado immer beliebter, Reiten ist rund um Tupiza (S. 231) angesagt.

ARBEITEN IN BOLIVIEN

In Bolivien gibt's eine Reihe von Freiwilligen- und Nichtregierungsorganisationen. Wer sich allerdings nach bezahlter Arbeit sucht, sollte sich nicht allzu große Hoffnungen machen. Qualifizierte Englischlehrer können ihr Glück beim **Centro Boliviano-Americano** (CBA; ☎ 243-0107; www.cba.edu.bo; Parque Zenón Iturralde 121) in La Paz versuchen; auch in anderen Städten gibt's Zweigstellen. Neue, unqualifizierte Lehrer bestreiten ihre Ausbildung mit zwei Monatsgehältern. Mehr verdienen Mathe-, Naturwissenschafts- oder Sozialwissenschaftslehrer an privaten Schulen. Zugelassene Pädagogen mit Vollzeitstelle bekommen bis zu 500 US$ im Monat.

BOTSCHAFTEN & KONSULATE

Argentinien La Paz (Karte S. 200 f.; ☎ 2-241-7737, Fax 2-242-2727; Aspiazu 497); Cochabamba (☎ 4-425-5859, Fax 4-422-9347; Blanco 929); Villazón (☎ 2-596-5253; Saavedra 311); Santa Cruz (Karte S. 252 f.; ☎ 3-334-7133, Fax 3-334-8200; Junín 22)

Brasilien La Paz (☎ 2-216-6400, Fax 2-244-0043; www.brasil.org.bo; Av Aniceto Arce, Edificio Multicentro); Cochabamba (Karte S. 238 f.; ☎ 4-425-5860, Fax 4-411-7084; Av Oquendo N-1080); Guayaramerín (☎ 3-855-3766, Fax 3-855-4695; 24 de Septiembre 28); Santa Cruz (Karte S. 252 f.; ☎ 3-334-4400, Fax 3-335-0488; Busch 330); Sucre (Karte S. 242; ☎ 4-645-2661; Arenales 212)

Chile La Paz (☎ 2-279-7331, Fax 2-212-6491; www.cgchilelapaz.com.bo; Calle 14 N 8024, Calacoto); Santa Cruz (☎ 3-343-4272; www.consulado-chile.scz.com; Edificio Torre Equipetrol, 9. St.)

Deutschland La Paz (Karte S. 196 f.; ☎ 2-244-0066, Fax 2-244-1441; Av Aniceto Arce 2395); Cochabamba (Karte S. 238 f.; ☎ 4-425-4024, Fax 4-425-4023; Edificio La Promontora, Ecke España & Heroínas, 6. Stock); Sucre (Karte S. 242; ☎ 4-645-2091; Avaroa 326)
Österreich La Paz (☎ 2-244-2094, Fax 2-244 2035; Calle Montevideo 130, Edificio Requima); Santa Cruz (☎ 3-334-4402; Calle Taperas 27)
Paraguay La Paz (Karte S. 196 f.; ☎ 2-243-3176; Edificio Illimani, Salazar 351)
Peru La Paz (Karte S. 196 f.; ☎ 2-244-0631, Fax 2-244-4199; www.conperlapaz.org; Edificio Hilda, Av 6 de Agosto 2455); Cochabamba (Karte S. 238 f.; ☎ 4-448-6556; Edificio Continental, Blanco N-1344); Santa Cruz (☎ 3-341-9091; Viador Pinto 84); Sucre (Karte S. 242; ☎ 4-645-5592; Avaroa 472)
Schweiz Cochabamba (☎ /Fax 4-448-6868; www.eda. admin.ch/lapaz; Av Santa Cruz 1274 Edificio Comercial Center, Oficina 12-3); La Paz (☎ 2-275-1225; Calle 13, No. 455, Ecke 14 de Septiembre), Santa Cruz (☎ 3-343-5540; Calle Los Gomeros 98, Barrio Sirari)

BÜCHER

Ausführlichere Infos rund um Bolivien liefert der englischsprachige Lonely Planet *Bolivia*.

Wer viel wandern möchte, sollte sich zusätzlich *Trekking in Bolivia* von Yossi Brain besorgen. Alain Mesilis *The Andes of Bolivia* gehört zur Pflichtlektüre für Bergsteigerfans.

Einen guten Überblick über die bolivianische Geschichte, Politik und Kultur gibt *Bolivia in Focus* von Robert Werner. Wer einen längeren Aufenthalt im Lande plant, sollte sich zusätzlich *Culture Shock! Bolivia* von Mark Cramer holen. *The Fat Man from La Paz: Contemporary Fiction from Bolivia*, eine Sammlung von 20 Kurzgeschichten, herausgegeben von Rosario Santos, ist guter Lesestoff für unterwegs.

Deutsch- und englischsprachige Publikationen gibt's bei Los Amigos del Libro in La Paz, Cochabamba und Santa Cruz. Die Läden führen eine gute Auswahl von beliebten Romanen, lateinamerikanischer Literatur, Wörterbüchern und Bildbänden.

Bibliophilen wird das Herz aufgehen angesichts der Second-Hand-Buchläden und den Büchertauschbörsen mit ihren eselsohrigen Schmökern, die überall in Bolivien zu finden sind.

ESSEN & TRINKEN

Die Restaurantempfehlungen in diesem Kapitel sind nach Preisen sortiert, wobei die günstigste Option als erste genannt wird.

Die bolivianische Küche

Generell ist bolivianisches Essen lecker, sättigend – und etwas langweilig. Eine große Rolle spielen Kartoffeln, von denen es Dutzende Sorten gibt, die meisten klein und bunt. *Chuño* oder *tunta* (gefriergetrocknete Kartoffeln), eine beliebte Beilage, sehen knorrig aus und sind Geschmackssache. Im Tiefland verdrängt die *yuca* (Maniok) die Kartoffel.

Rindfleisch, Hühnchen und Fisch sind die gängigen Proteinlieferanten. Campesinos essen *cordero* (Schaffleisch), *cabrito* (Ziege), Lama- und Alpakafleisch und, zu besonderen Gelegenheiten, *carne de chancho* (Schweinefleisch). Der am weitesten verbreitete Fisch auf dem *altiplano* ist die *trucha* (Forelle), die im Titicacasee gezüchtet wird. Im Tiefland gibt es eine große Vielfalt an Süßwasserfischen, u. a. den köstlich schmeckenden *surubí* (Wels). Pizzas, gebratene Hähnchen, Hamburger und das in *chifas* (Chinarestaurants) zubereitete Asiafood bieten etwas Abwechslung.

Der beste bolivianische Snack ist die *salteña*. Die köstlichen Fleisch- und Gemüsepasteten stammen aus Salta in Argentinien, wurden aber in Bolivien perfektioniert. Gefüllt werden sie mit Rind- oder Hühnerfleisch, Oliven, Eiern, Kartoffeln, Zwiebeln, Erbsen, Möhren und anderen Überraschungen – Vorsicht beim Reinbeißen: gern spritzen regelrechte Saftfontänen heraus. *Empanadas*, frittierte Teigtaschen mit Käse, sind leckere Happen, die es schon früh auf dem Markt gibt.

Die üblichen Mahlzeiten sind das *desayuno* (Frühstück), das *almuerzo* (Mittagessen; üblicherweise ein Mittagsmenü) und die *cena* (Abendessen). Als *almuerzo* servieren die Restaurants – von kleinen Kabuffs in Seitengassen bis hin zu Adressen mit Klasse – preisgünstige Menüs, bestehend aus einer Suppe, einem Hauptgericht und Kaffee oder Tee. In manchen Restaurants kommen noch ein Salat oder eine einfache Nachspeise dazu. *Almuerzos* kosten ungefähr die Hälfte von dem, was man für die Gerichte à la carte hinblättert: von weniger als 8 bis zu 35 Bs, abhängig von der Klasse des Restaurants. Vertrauenswürdige *comedores* (Imbisse) auf dem Markt und Straßenstände sind immer die günstigste Option.

Zu den beliebtesten bolivianischen Standards gehören:

chairo (*tschai-*ro) Rinder- oder Hammelsuppe mit Kartoffeln, *chuño* und anderem Gemüse.

milanesa (mi·la·*ne*·sa) Panierte und gebratene Rinder- oder Hähnchenschnitzel.

pacumutu (pa·ku·*mu*·tu) Gegrillter Rinderspieß mit Gemüse.
pique a lo macho (*pi*·ke a lo *ma*·tscho) Ein Berg Rindergeschnetzeltes, Hot Dogs und Pommes frites mit Zwiebeln, Kopfsalat, Tomaten und *locoto*-Chilischoten zugedeckt.
silpancho (sil·*pan*·tscho) Dünn geschnittenes Rinderschnitzel.

Getränke
ALKOHOLISCHE GETRÄNKE
In der Gegend um Tarija wird Wein angebaut, der beste dürfte der Cepas de Altura von La Concepción sein. Die Trauben wachsen an den Hängen der höchstgelegenen Weinberge des Planeten. Die gleiche Kellerei produziert auch *singani*, einen starken Tresterschnaps. Der beliebteste Cocktail ist der *chuflay*, eine erfrischende Mischung aus *singani*, 7-Up (oder Gingerale), Eis und Zitronensaft.

Die bolivianischen Biere sind durchaus trinkbar. Beliebte Marken sind u. a. Huari, Paceña, Sureña und Potosina. In den höheren Landesteilen ist das Bier lächerlich schaumig – man kommt kaum noch an das Gebräu unter dem Schaum heran.

Das beliebteste alkoholische Getränk der Massen ist *chicha cochabambina*, ein Gebräu aus vergorenem Weizen. Es wird in ganz Bolivien hergestellt, verstärkt aber in der Region um Cochabamba. Andere *chicha*-Varianten, häufig auch nichtalkoholische, werden aus Süßkartoffeln, Erdnüssen, Maniok und anderen Früchten und Gemüsesorten gebraut.

NICHTALKOHOLISCHE GETRÄNKE
Neben den Klassikern Kaffee, Schwarztee und Heiße Schokolade ist *maté de coca* (Kokablätter-Tee) das beliebteste Heißgetränk. *Api*, ein supersüßes Heißgetränk aus Mais, Zitrone und Zimt, gibt's auf den Märkten. Daneben sind die bekannten Cola-Marken sehr verbreitet. Unbedingt probieren: *licuados*, süchtig machende Fruchtshakes, verdünnt mit Milch oder Wasser. *Mocachinchi* gibt's auch auf jedem Markt. Hergestellt wird es aus getrockneten Pfirsichen und mit mehr Zucker als Wasser.

FEIERTAGE
An den bedeutendsten Feiertagen haben Banken, Büros und andere Dienstleister geschlossen und das öffentliche Transportwesen platzt aus allen Nähten; möglichst vorab reservieren.

Nuevo Año (Neujahr) 1. Januar
Semana Santa (Osterwoche) März/April
Día del Trabajo (Tag der Arbeit) 1. Mai
Día de la Independencia (Unabhängigkeitstag) 6. August
Día de Colón (Kolumbus-Tag) 12. Oktober
Día de los Muertos (Allerseelen) 2. November
Navidad (Weihnachten) 25. Dezember

Um sich gegenüber ihren Nachbarn zu behaupten, feiert jedes Departamento seinen eigenen Feiertag: Oruro – 10. Februar, Potosí – 10. November, Tarija – 15. April, Chuquisaca – 25. Mai, La Paz – 16. Juli, Cochabamba – 14. September, Santa Cruz und Pando – 24. September, Beni – 18. November.

FESTIVALS & EVENTS
Die bolivianischen Fiestas haben allesamt religiöse oder politische Wurzeln. Typischerweise werden sie mit viel Musik, Alkohol, Essen, Tanzen, Umzügen und Ritualen in der Regel recht hemmungslos gefeiert. Wassergefüllte Luftballons – Touris sind beliebte Wurfziele! – und Feuerwerk (allzu oft auf Augenhöhe) dürfen da meistens nicht fehlen.

Alasitas („Erntedankfest") 24. Januar; am tollsten in La Paz oder Copacabana.
Fiesta de la Virgen de Candelaria (Fest der Jungfrau von Candelaria) 1. Februarwoche; besonders toll in Copacabana.
Karneval An wechselnden Terminen im Februar oder März; in Oruro ist während der Diablada die Hölle los.
Semana Santa (Osterwoche) März oder April.
Fiesta de la Cruz (Fest des Kreuzes) 3. Mai; hat vielleicht mit dem Kreuz zu tun, an dem Jesus hing, vielleicht aber auch nicht.
Feiern zum Unabhängigkeitstag 6. August; das äußerst geschichtsträchtige Ereignis wird landesweit leidenschaftlich gefeiert.

FRAUEN UNTERWEGS
Die Gleichberechtigung nähert sich in Bolivien so langsam den modernen Standards an. Das soll aber nicht heißen, frau sollte das gleich im Minirock allein in der erstbesten Bar auf die Probe stellen – ein konservativer Kleidungsstil und sicheres Auftreten, ohne dabei arrogant zu wirken, sind für ausländische Frauen Pflicht. Im Tiefland sind die Männer generell etwas dreister und eher auf einen Flirt aus als die des *altiplano*.

FREIWILLIGENARBEIT
Ein paar Freiwilligenorganisationen im Land:
Parque Machía (☎ 4-413-6572; www.intiwarayassi.org; Parque Machía, Villa Tunari, Chapare) Von Freiwilli-

gen betriebene Zufluchtstätte für wildeTiere. Man muss mindestens 15 Tage bleiben, braucht aber keine Erfahrung im Umgang mit Tieren.
Sustainable Bolivia (☎ 4-423-3786; www.sustainable bolivia.org; Julio Arauco Prado 230, Cochabamba) NRO mit vielen kurz- und längerfristigen Freiwilligenprojekten in Zusammenarbeit mit 22 lokalen Organisationen.
Volunteer Bolivia (Karte S. 238 f.; ☎ 4-452-6028; www.volunteerbolivia.org; Ecuador 0342, Cochabamba) Vermittelt Freiwilligenarbeit, Sprachkurse und Unterkünfte in Gastfamilien in ganz Bolivien für kurze und längere Zeiträume.

FÜHRERSCHEIN

Die meisten Autovermietungen akzeptieren nationale Führerscheine, ein internationaler Führerschein kann aber nie schaden.

GEFAHREN & ÄRGERNISSE

Touristen werden immer öfter Opfer von Verbrechen, vor allem in La Paz und – in etwas geringerem Maße – in Cochabamba, Copacabana und Oruro (vor allem während der Fiestas). Betrug ist mittlerweile an der Tagesordnung und man trifft auf immer mehr angebliche Polizisten, eine falsche Touristenpolizei und „hilfsbereite" Urlauber. Achtung auch vor falschen Geldscheinen. Für ausführliche Tipps, wie man die in Mode gekommenen Tricks der Betrüger abwendet, s. S. 199.

Bürgerproteste haben in Bolivien eine lange Tradition: Demonstrationen sind keine Seltenheit, was auch Traveller zu spüren bekommen. Es geht zwar in der Regel friedlich zu, aber gelegentlich setzt die Polizei Gewalt und Tränengas ein, um die Menge zu zerstreuen. *Bloqueos* (Straßenblockaden) und Streiks der Beschäftigten im Transportwesen bringen zudem oft Verspätungen mit sich.

Keine Regenzeit ohne Überflutungen, Erdrutsche und unterspülte Straßen – und noch mehr Verspätungen. Es kann durchaus passieren, dass man aufgrund eines Erdrutsches eine Nacht im Bus festsitzt. Dieses „Camping" wird erträglicher, wenn man genügend zu essen, Getränke und warme Kleidung dabei hat.

Man sollte im Hinterkopf behalten, dass wegen der wachsenden Beliebtheit der Minenführungen in Potosi (s. Kasten S. 247) und der Jeep-Safaris auf den Salzebenen Uyunis (s. S. 227) mittlerweile vielen Anbietern das schnelle Geld wichtiger ist als die Einhaltung von Sicherheitsstandards. Hier liegt es in der Verantwortung des Travellers, sich vor einem Ausflug genau zu informieren.

GEFÜHRTE TOUREN

Geführte Touren sind die beste Lösung für alle, die wenig Zeit haben oder einfach bequem sind, und oft die einfachste Möglichkeit, abgelegene Gebiete zu erkunden. Sie sind außerdem vergleichsweise billig, wenngleich der Preis von der Zahl der Teilnehmer einer Tour abhängt. Zu beliebten Zielen organisierter Trips gehören Tiwanaku, Uyuni und abgelegenere Highlights wie die Cordillera Apolobamba. Solche Ausflüge bucht man am besten in La Paz oder der Ortschaft, die dem gewünschten Ziel am nächsten liegt.

Es gibt unzählige Veranstalter, die Komplettpakete für Wanderer und Bergsteiger sowie Abenteuertrips durch den Regenwald anbieten. Für Bergwanderungen in den Cordilleras gibt's maßgeschneiderte Expeditionen inklusive Führer, Transport, Trägern, Köchen und Ausrüstung. Auch Kletterausrüstung zum Leihen ist bei vielen Veranstaltern zu haben. Auf S. 198 stehen empfehlenswerte Adressen.

GELD

Die Währung Boliviens ist der Boliviano (Bs), der in 100 Centavos unterteilt ist. Es gibt Banknoten zu 10, 20, 50, 100 und 200 Bs und Münzen im Wert von 5, 2 und 1 Bs bzw. 10, 20 und 50 Centavos. Die Bolivianos werden oft noch Pesos genannt, da die Währung erst 1987 umbenannt wurde; außerhalb des Landes wird man sie kaum los (s. auch S. 22).

Bargeld

Wechselgeld für größere Banknoten (über 10 Bs) aufzutreiben, ist in Bolivien ein Volkssport, denn dieses ist landesweit Mangelware. Wer Geld umtauscht oder große Einkäufe tätigt, sollte sich immer kleine Scheine und Münzen zurückgeben lassen. Die meisten Banken wechseln große Scheine zwar, Schlange stehen lässt sich hier aber kaum vermeiden.

Devisen tauschen

Besucher fahren in der Regel mit US-Dollar am besten. Devisen können in den *casas de cambio*, bei einigen Banken in größeren Städten und häufig auch bei Reiseveranstaltern getauscht werden. *Cambistas* (Straßengeldwechsler) gibt's in den meisten Städten, doch sie tauschen nur US-Dollar (zu ungefähr dem gleichen Kurs wie *casas de cambio*). Nach Geschäftsschluss sind sie praktisch, aber man muss sich vor Betrügern hüten. Die Kurse unterscheiden sich von Ort zu Ort kaum, einen Devisenschwarzmarkt gibt's nicht. Die Währungen der Nachbarstaaten kann man in den Grenzgebieten und bei *casas de cambio* in La Paz umtauschen. Vorsicht vor beschädigten Scheinen: Wenn die Hälften eines zusammengeklebten Scheins nicht die gleiche Seriennummer haben, ist der Schein wertlos.

Bei Drucklegung galten folgende Kurse:

WECHSELKURSE		
Land	Währung	B$
Eurozone	1 €	9,35
Schweiz	1 SFr	6,39
USA	1 US$	6,97

Geldautomaten

Jeder größere Ort hat einen *cajero automático* (Geldautomaten), auf Ausnahmen wird hier hingewiesen. An den Automaten bekommt man mit Visa-, MasterCard-, Plus- und Cirrus-Karten Bolivianos in Scheinen zu 50 und 100 Bs und manchmal auch US-Dollar. Allerdings haben Traveller von Zugangsproblemen außerhalb der Großstädte berichtet.

Internationale Überweisungen

Am schnellsten lässt sich Geld aus dem Ausland mit **Western Union** (www.westernunion.com) verschicken, alternativ auch mit **Money Gram** (www.moneygram.com). Letzterer hat Büros in allen großen Städten, berechnet allerdings eine deftige Gebühr. Auch die eigene Bank kann gegen eine geringere Gebühr Geld an eine mit ihr kooperierende bolivianische Bank schicken, was aber einige Werktage dauern kann.

Kreditkarten

Bekannte Kreditkarten wie Visa, MasterCard und (seltener) American Express werden in den besseren Hotels der Großstädte, in Restaurants und Reisebüros teilweise akzeptiert. Bargeld bekommt man (je nachdem, wie hoch das Limit zu Hause ist) gegen Vorlage von Visa- oder – seltener – MasterCard. Die meisten Banken nehmen dafür keine Gebühren. Tourveranstalter in Orten ohne Geldautomat zahlen oft Bargeld gegen eine Kommission von 3 bis 6 % aus.

Reiseschecks

Reiseschecks in kleineren Städten einzutauschen ist oft unmöglich, und wenn, wird eine Kommission von bis zu 5 % erhoben (am günstigsten ist es in La Paz), oder man bezahlt eine Pauschalgebühr von 6 US$. Reiseschecks von American Express werden am häufigsten akzeptiert. Den Reisepass nicht vergessen.

GESUNDHEIT

Sauberkeit und Hygiene gehören nicht zu den Stärken Boliviens. Darum sollte man immer genau hinschauen, was man da zu sich nimmt. Leitungswasser ist in der Regel kein Trinkwasser – also möglichst nur Mineralwasser trinken (dem Magen zuliebe) und auf Wanderungen Jodtabletten mitnehmen.

Der *altiplano* liegt auf einer Höhe zwischen 3000 und 4000 m. Viele Besucher von La Paz, Copacabana und Potosí leiden deshalb unter der Höhenkrankheit und extreme Komplikationen wie Hirnödeme haben schon den Tod ansonsten fitter, gesunder Personen verursacht. Diabetiker sollten außerdem berücksichtigen, dass nicht alle Instrumente zur Messung des Blutzuckerspiegels in Höhen über 2000 m korrekt funktionieren.

Bolivien liegt offiziell in der Gelbfieberzone, eine Impfung wird daher empfohlen. Wer in andere Länder weiterreist, kann ohnehin gesetzlich dazu gezwungen werden, eine Impfung vorzuweisen (Brasilien z. B. verlangt bei der Einreise eine Bescheinigung). Umgekehrt müssen alle, die aus einem Gelbfiebergebiet nach Bolivien einreisen, einen Impfnachweis vorlegen. Im Tiefland sind vorbeugende Maßnahmen gegen Malaria erforderlich.

Die medizinischen Einrichtungen mögen nicht dem Standard entsprechen, den man von zu Hause gewohnt ist, aber es gibt ordentliche Krankenhäuser in den größten Städten und annehmbare Kliniken in den meisten Ortschaften (nicht jedoch in abgelegenen Landesteilen). Weitere Infos über die Höhenkrankheit und andere eventuelle Gesundheitsbeeinträchtigungen gibt's ab S. 1129.

INFOS IM INTERNET

Bolivia.com (www.bolivia.com) Aktuelle News und kulturelle Informationen auf Spanisch.
Bolivia web (www.boliviaweb.com) Gutes, englisches Portal mit vielen Links, z. B. zu Kunst und Kultur.
Boliviacontact.com (www.boliviacontact.com) Umfassender, durchsuchbarer Index bolivianischer Internetseiten.

INTERNETZUGANG

Internetcafés gibt's in Bolivien nahezu überall. Pro Stunde bezahlt man zwischen 1 und 12 Bs.

Bedenken, dass kleinere Ortschaften oft nur sehr langsame Dial-up-Verbindungen haben.

KARTEN & STADTPLÄNE

Staatliche Topographie- und Spezialkarten sind beim Instituto Geográfico Militar (IGM; s. S. 194) erhältlich. Als Wanderkarten für die Cordillera Real und Sajama sind die Höhenlinienkarten von Walter Guzmán Córdova empfehlenswert. Freddy Ortiz' fast überall erhältliche, günstige Kartenserie *Journey Routes* deckt die wichtigsten Touristenziele ab. Die hervorragende *New Map of the Cordillera Real*, herausgegeben von O'Brien Cartographics, gibt's in den Traveller-Hochburgen. Die ebenfalls von O'Brien verlegte *Travel Map of Bolivia* ist die wohl beste Landkarte. Der **South American Explorers Club** (www.saexplorers.org) hat Stadtpläne der größeren Städte.

KLIMA

Bolivien erstreckt sich aufgrund der großen Höhenunterschiede über mehrere Klimazonen. Hier gibt's von der stickigen Hitze des Regenwalds bis zum arktischen Frost fast alles.

Abenteurer werden sicher jede der Zonen besuchen, zu welcher Jahreszeit sie auch unterwegs sind. Während des Sommers (Nov.–April) ist hier Regenzeit. Die beliebteste und komfortabelste Reisezeit sind die trockenen Wintermonate (Mai–Sept.).

Die Hochsaison dauert von Ende Mai bis Anfang September, wobei der August bei Touristen am beliebtesten ist.

Die Regenzeit dauert von November bis März oder April. Was die großen Städte angeht, ist Potosí der einzige Ort, der regelmäßig Schnee hat (Feb.–April), doch auch in Oruro und La Paz fallen gegen Ende der Regenzeit schon mal Schneeflocken vom Himmel. Auf dem *altiplano* und im Hochland sinken die Temperaturen nachts nicht selten unter Null.

Der Winter in Cochabamba, Sucre und Tarija bringt klaren Himmel und optimale Temperaturen. Im Amazonasbecken herrscht dagegen das ganze Jahr über ein heißes, feuchtes Klima, etwas trockener ist es allenfalls von Mai bis Oktober. In den Yungas ist es zwar kühler, aber ganzjährig recht feucht.

Für weitere Infos und Klimatabellen, s. S. 1110.

KURSE

In Sucre, Cochabamba und La Paz gibt's etliche Sprachschulen, in kleineren Orten wie Sorata und Samaipata sind Privatlehrer immer häufiger zu finden. In größeren Städten lassen sich sogar Privatlehrer für Musik-, Web- und andere Kunsthandwerkskurse auftreiben für 40 bis 60 Bs pro Stunde.

MEDIEN
Radio

Bolivien hat unzählige Rundfunkstationen, die auf Spanisch, Quechua und Aymara senden. In La Paz spielt das werbefreie Radio Top (96.5 FM) Folkloremusik, auf 100.5 FM gibt's eingängige spanisch- und englischsprachige Popmusik auf die Ohren. Im **Bolivia Web Radio** (www.boliviaweb.com/radio) kann man rund um die Uhr andine Melodien hören. **Radio Panamericana** (www.panamericana-bolivia.com) ist in ganz Bolivien beliebt.

TV

Stärkster Konkurrent des staatlichen Senders Canal 7 ist UNITEL in Santa Cruz. Es gibt auch mehrere private Fernsehsender; Kabelfernsehen (mit CNN und BBC) bieten die meisten besseren Hotels.

Zeitungen & Zeitschriften

Die wichtigsten internationalen deutsch- und englischsprachigen Nachrichtenmagazine gibt's bei Amigos del Libro zu kaufen. In Cochabamba, La Paz, Potosí und Sucre bekommt man außerdem Tageszeitungen.

NOTFALL

Die Notfallnummern in den Großstädten:
Ambulanz (☎ 118)
Feuerwehr (☎ 119)
Polizei (Funkstreife; ☎ 110)
Touristenpolizei (☎ 02-222-5016)

ÖFFNUNGSZEITEN

Wenige Geschäfte öffnen vor 9 Uhr, die Märkte erwachen schon gegen 6 Uhr zum Leben. In den Städten macht zwischen 12 und 14 Uhr praktisch alles komplett dicht außer der Märkte und Restaurants, die in der Mittagspause hungrige Mäuler stopfen. Die meisten Geschäfte bleiben bis 20 Uhr offen. Wer dringend etwas braucht, sollte das vor dem Wochenende besorgen, da die meisten Büros und Geschäfte dann geschlossen haben. Wenn nicht anders angegeben, servieren die angeführten Restaurants meist zwischen 8 und 10 Uhr Frühstück, von 12 bis 14.30 Uhr Mittag- und von 18 bis 23 Uhr Abendessen.

POST

Selbst kleinere Ortschaften haben Postämter, oft ausgeschildert als Ecobol (Empresa Correos de Bolivia). In großen Städten ist die Post meist zuverlässig, bei wichtigen Sendungen empfiehlt es sich allerdings, den kleinen Aufschlag für ein Einschreiben zu bezahlen.

Zuverlässige und kostenlose *lista de correos* (postlagernde Sendungen) sind in größeren Städten möglich; die notwendigen Angaben sind: Name des Empfängers, c/o Lista de Correos (postlagernd), Correo Central, Name der Stadt, Bolivien. Am eindeutigsten ist es, wenn die Sendung mit den Initialen des Vornamens und dem kompletten Nachnamen in Großbuchstaben versehen ist. Die Post wird oft nach Bolivianern und Ausländern geordnet, wer einen spanisch klingenden Namen hat, sollte also auch den Stapel für Einheimische prüfen.

Postales (Postkarten) via Luftpost kosten je nach Ziel zwischen 7,50 und 10,50 Bs. Für ein Paket von 1 kg muss man mit Luftpost mindestens 150 Bs berappen. Mit dem Schiff geht es laaangsam, ist aber bedeutend billiger.

RECHTSFRAGEN

Trotz seines Rufs als Land mit dem größten Kokaanbau, sind in Bolivien Drogen – auch Kokain – strikt illegal, Besitz und Konsum haben Freiheitsstrafen zur Folge. Hier können ausländische Botschaften oft nichts ausrichten (oder wollen davon nichts wissen!). Mit anderen Worten: schnell abhaken!

REISEN MIT BEHINDERUNGEN

Traurig, aber wahr: Boliviens Infrastruktur ist auf Reisende mit Behinderungen schlecht vorbereitet. Man kann allerdings von Einheimischen mit Handicap lernen, die Hindernisse und Herausforderungen des Alltags zu meistern. Und wer als Behinderter auf Schwierigkeiten stößt, wird immer auf Bolivianer treffen, die hilfreich zur Seite stehen.

SCHWULE UND LESBISCHE REISENDE

Homosexualität ist in Bolivien zwar legal, aber noch nicht allgemein akzeptiert. 2004 versuchte das Parlament (ohne Erfolg) das Gesetz 810 einzuführen, um es homosexuellen Paaren zu erlauben, zu heiraten und Pflegekinder bei sich aufzunehmen.

Schwulen- und Lesbenbars und andere Lokalitäten finden sich nur in größeren Städten, vor allem in Santa Cruz und La Paz, und haben immer noch Untergrund-Charakter. In Hotels kann man sich problemlos ein Zimmer teilen, sollte sich aber diskret verhalten.

Gruppierungen, die für die Rechte von Schwulen und Lesben eintreten, sind in La Paz (MGLP Libertad), Cochabamba (Dignidad) und am sichtbarsten im fortschrittlichen Santa Cruz aktiv, das 2001 die erste Gay Pride Boliviens organisierte. La Paz ist bekannt für La Familia Galan, die großartigsten Transvestie-Queens der Hauptstadt, welche die Bolivianer mit Theateraufführungen über Themen wie Sexualität und Geschlechtsidentität aufklären möchten. Die feministische Aktivistengruppe Mujeres Creando sitzt in La Paz und setzt sich für die Rechte unterdrückter Gruppen ein.

SHOPPEN

CDs und MCs mit *peñas* und Folklore- oder Popmusik sind tolle Souvenirs. Kassetten können aber schlechte Raubkopien sein. Höherwertige CDs kosten rund 75 Bs. Die beste Auswahl gibt's in La Paz.

Traditionelle Musikinstrumente (z. B. *charangos, zampoñas*) gibt's im ganzen Land. Keine kaufen, die aus den vom Aussterben bedrohten Gürteltieren hergestellt sind!

Auch bolivianische Webarbeiten eignen sich als Mitbringsel. Touristische Orte wie die Calle Sagárnaga (La Paz) und Tarabuco (bei Sucre) bieten die größte Auswahl, doch kann es teurer sein, als wenn man die Sachen direkt vom Erzeuger kauft. Die Preise variieren stark je nach Alter, Qualität, Farbe und Größe der Weberei: Eine neue, einfache *manta* sollte etwa 150 Bs kosten, die schönsten antiken Stücke sind mehrere hundert Dollar wert. Auch Produkte aus unbehandelter oder verarbeiteter Alpakawolle sind klasse.

STROM

Ein Großteil des Stromnetzes arbeitet mit 220 V bei 50 Hz. In die meisten Steckdosen passen die Stecker mit zwei runden Polen, es gibt aber Ausnahmen. Auch US-amerikanische Steckdosen mit zwei parallelen, flachen Polen sind teilweise zu finden.

TELEFON

Entel, die Empresa Nacional de Telecomunicaciones, hat Filialen in fast jeder Ortschaft (dies gilt zunehmend auch für Cotel, Viva, Tigo und andere Konkurrenten), die üblicherweise montags bis freitags von 9 bis 12 Uhr und von 14 bis 17.30 Uhr und samstagmorgens geöffnet sind. Ortsgespräche kosten hier nur ein paar Bolivianos. *Puntos* sind kleine, privatbetriebene Callshops, die ähnliche Dienste anbieten. Straßenkioske haben oft Telefone, von denen kurze Ortsgespräche 1 Bs kosten.

Die Regionalvorwahlen sind einstellig und gelten jeweils für mehrere Departamentos: ☎ 2 für La Paz, Oruro und Potosí; ☎ 3 für Santa Cruz, Beni und Pando; ☎ 4 für Cochabamba, Sucre und Tarija. Bei Ferngesprächen von öffentlichen Telefonen aus muss vor der Vorwahl eine 0 gewählt werden. Die vollständige, zweistellige Vorwahl einer Ortschaft findet sich in diesem Kapitel immer direkt unter der Überschrift des entsprechenden Abschnitts. Bei Telefonaten innerhalb der Provinz entfällt die Vorwahl, bei Anrufen aus dem Ausland fällt die 0 weg. Ein Handy in derselben Stadt erreicht man über die achtstellige Rufnummer; wenn das Handy in eine andere Stadt gehört, ist die 0 und dann die zweistellige Betreibernummer (10–21) zu wählen.

Die Landesvorwahl ist die ☎ 591. Für internationale Gespräche von Bolivien aus ist die ☎ 00 vorzuwählen. Einige Entel-Filialen akzeptieren R-Gespräche, andere nennen einem die Nummer des Dienstes und erlauben einen Rückruf an ihrer Stelle. Bei R-Gesprächen von privaten Telefonen aus muss der internationale Anbieter angerufen werden. Solche Anrufe können allerdings ganz schön ins Geld gehen.

Telefonate von den Filialen der Telefonanbieter aus werden günstiger; man bezahlt zwischen 1,50 und 8 Bs pro Minute. Deutlich bessere Tarife haben die Net2Phone-Internetcall-Filialen in den größeren Städten. Hier kostet eine Minute ins Festnetz im Ausland nur 0,20 Bs, aber die Verbindung ist manchmal schlecht. Die meisten Internetcafés haben Skype installiert, womit man nur die Kosten für die Internetnutzung tragen muss.

TOILETTEN

Am besten einfach damit abfinden: Stinkende *baños públicos* (öffentliche Toiletten) gibt's en masse, viele Busse haben kein WC an Bord und man sollte immer Toilettenpapier dabei haben und üben, die Luft anzuhalten! In abgelegenen Gebieten können für die Toilettenbenutzung 5 Bs anfallen.

TOURISTENINFORMATION

Die nationale Tourismusbehörde, das Viceministerio de Turismo, hat ihren Hauptsitz in La Paz. Sie unterstützt die Touristeninformationen der Städte und Departamentos, die – haben sie mal geöffnet – nur die nötigsten Auskünfte parat haben. Auf gedruckte Informationen hofft man meist vergeblich.

UNTERKUNFT

Die Unterkünfte in Bolivien gehören zu den billigsten in Südamerika – auch wenn das Preis-Leistungs-Verhältnis sehr unterschiedlich ist. Die in diesem Kapitel angegebenen Preise gelten für die Hochsaison (Ende Mai–Anfang Sept.), können sich während der Fiestas aber noch mal verdoppeln. Wenn weniger los ist, lohnt es sich zu feilschen. Bei drei Übernachtungen kann man auf ein Schnäppchen hoffen. Die Zimmer werden höchstens während der Fiestas (vor allem beim Karneval in Oruro) und in beliebten Wochenendausflugszielen wie Coroico knapp.

Das bolivianische Hotelkategorisierungssystem unterscheidet zwischen *posadas, alojamientos, residenciales, casas de huéspedes, hostales* und *hoteles*. Es spiegelt die Preise und in gewissem Grad die Qualität wider.

Am billigsten nächtigt man in einer *posada*. Hier übernachten vor allem *campesinos*, die in der Stadt zu tun haben. Man bezahlt pro Person zwischen 8 und 15 Bs für minimale Sauberkeit und Komfort: Die Gemeinschaftsbäder stinken, manche haben keine Duschen, und warmes Wasser ist ein Fremdwort.

Die meisten *alojamientos* (15–35 Bs pro Pers.) – von sauber und ordentlich bis zu ekelhaft vergammelt – haben Gemeinschaftsbäder mit elektrischen Duschen (zum Schutz vor einem Schlag die Duschen nicht berühren, wenn das Wasser läuft, und immer Badeschlappen mit Gummisohle tragen). Die meisten Traveller entscheiden sich für *residenciales*, die pro Nacht im Doppelzimmer und mit eigenem Bad 60 bis 140 Bs kosten (ohne Bad etwa ein Drittel weniger). *Casas de huéspedes* (Pensionen in Familienbesitz) wirken oft wie etwas gehobenere B&Bs.

Wenn nicht anders angegeben, wird in diesem Kapitel immer angenommen, dass *residenciales* und *casas de huéspedes* (und je nach Stadt auch einige *hostales*) Gemeinschaftsbäder haben, während Hotelzimmer immer eigene Bäder und Frühstück inklusive bieten.

Achtung: Mehrere Leser haben auf den falschen Umgang mit Propangasheizern hingewiesen. Diese sind nicht in geschlossenen Räumen zu verwenden und können gefährlich sein. Also besser die Finger davon lassen!

Zum internationalen Jugendherbergsverband **Hostelling International** (HI; www.hostelling bolivia.org) gehören 16 Unterkünfte in ganz Bolivien. Im Gegensatz zu anderen „Herbergsverbänden" findet man hier alles, vom 2-Sterne-Hotel bis zum Campingplatz, doch nur selten die übliche Ausstattung wie Schlafsäle oder Gemeinschaftsküchen. HI-Mitgliedsausweise können teilweise im Vorzeigehostel in Sucre (S. 244) erworben werden. Es wird allerdings berichtet, dass die Bolivianer erst noch lernen müssen, die 10 % Rabatt auch wirklich abzuziehen.

In Bolivien gibt's auch ausgezeichnete Möglichkeiten zum Campen, vor allem entlang der Trekkingrouten und in abgelegeneren Bergregionen. Ausrüstung (unterschiedlicher Qualität) kann in La Paz und beliebten Trekkingstädten wie Sorata problemlos ausgeliehen werden. Es gibt nur wenige organisierte Campingplätze, außerhalb der besiedelten Gebiete kann man sein Zelt aber praktisch überall aufschlagen. Nicht vergessen: Die Nächte auf der Hochebene können empfindlich kalt werden. Teilweise wurde von Diebstählen und Überfällen berichtet – sich vor Ort nach der Sicherheitslage erkundigen.

VERANTWORTUNGSBEWUSSTES REISEN

Verantwortungsbewusstes Reisen ist in Bolivien ein ständiger Kampf. Abfalleimer oder gar Mülltrennung haben Seltenheitswert, Umweltbewusstsein ist eine relativ neue – wenn auch zunehmend beherzigte – Einstellung. Fast jeder Tourveranstalter im Land behauptet, „Ökotourismus" zu praktizieren, doch verlassen sollte man sich darauf nicht. Am besten fragt man den Veranstaltern über ihre Praktiken Löcher in den Bauch und überprüft anhand von Berichten anderer Traveller, ob die Antworten auch wahr sind.

Was das eigene Verhalten angeht, kann man einiges tun, um nicht nur möglichst wenig negative, sondern vielleicht sogar ein paar positive Einflüsse im Land zu hinterlassen. Bei einer Tour durch den Urwald oder die Pampa rund um Rurrenabaque sollte man vom Führer verlangen, keine wilden Tiere zu fangen oder zu füttern, nur damit die Teilnehmer hübsche Fotos von ihnen schießen können.

Vor dem Besuch einer indigenen Gemeinde sollte man sich erkundigen, ob der Führer aus dieser Gemeinde stammt bzw. sicherstellen, dass der Veranstalter die Erlaubnis zu einem Besuch hat. Im Salar de Uyuni sollte man die Fahrer auffordern, den Abfall mitzunehmen und vorhandenen Reifenspuren zu folgen, um den Schaden auf der empfindlichen Salzfläche zu minimieren. Am Beni sollte man außerhalb der Jagdzeit keinen Fisch essen und dem Drang widerstehen, kunsthandwerkliche Erzeugnisse zu kaufen, die aus bedrohten Arten des Regenwalds hergestellt sind.

Gegenüber Bettlern sollte man es sich zweimal überlegen, ob man willkürlich Süßigkeiten, Zigaretten oder Bargeld verteilt oder es nicht besser ist, einer Hilfsorganisation, die sich z. B. im Gesundheits- oder Bildungswesen engagiert, eine Spende zukommen zu lassen (diese kann auch aus medizinischem Equipment oder Schreibutensilien bestehen). Auch der persönliche Kontakt kann eine Menge wert sein. Wird man zu jemandem zum Essen nach Hause eingeladen, sollte man etwas mitbringen, was nicht die einheimische Kultur untergräbt, z. B. Früchte oder Kokablätter.

VISA

Reisepässe müssen bei der Einreise noch mindestens ein halbes Jahr gültig sein. Die Ein- und Ausreisestempel sind kostenlos. Werden doch Gebühren verlangt, sollte man diese höflich zurückweisen; wird die Aufforderung dringlicher, sollte man sich eine Quittung geben lassen. Es ist sinnvoll, stets eine Kopie vom Pass griffbereit zu haben und seine Wertsachen – falls man sich gerade ein- oder ausreist – sicher im Gepäck zu verstauen.

Die bolivianischen Einreisebedingungen lassen sich beliebig auslegen. Jedes bolivianische Konsulat und jede Grenzstelle hat eigene Regeln und Verfahren.

Bürger der meisten südamerikanischen und westeuropäischen Länder bekommen bei der Einreise eine Touristenkarte, die bis zu 90 Tage gilt. Wer länger bleiben will, muss diese verlängern lassen (was bei den Migrationsbehörden in jeder größeren Stadt einfach gemacht werden kann; Staatsangehörige mancher Länder bezahlen dafür 198 Bs). Reisende können maximal 180 Tage pro Jahr im Land bleiben.

Bei längerem ungenehmigten Aufenthalt werden Strafen von 14 Bs pro Tag (oder mehr) verhängt, zu bezahlen bei der Migrationsbehörde oder am Flughafen, zudem kann man an der Grenze oder am Flughafen bei der Ausreise Probleme bekommen.

Auf www.lonelyplanet.de gibt's nähere Infos zu aktuellen Visabestimmungen.

Brasilien

HIGHLIGHTS

- **Rio de Janeiro** (S. 288) Dem Zauber der *cidade maravilhosa* (traumhafte Stadt) erliegen: wilde Samba-Clubs, heiße Strände, himmelhohe Gipfel und phänomenale Sonnenuntergänge.
- **Salvador** (S. 352) Unterschiedlichste Gerüche, betörende Trommelschläge und eine blühende afro-brasilianische Kultur – das ist die Strandhauptstadt Bahias.
- **Ouro Prêto** (S. 323) Über geschichtsträchtiges Kopfsteinpflaster und Hügel mit genialen Barockkirchen schlendern und eine der schönsten Kolonialstädte Südamerikas erkunden.
- **Pantanal** (S. 345) Sich in Amerikas größtem Feuchtgebiet mit Kaimanen anfreunden, Tukane und Aras am Himmel beobachten und Jaguare im Verborgenen aufspüren.
- **Abseits ausgetretener Pfade** (S. 408) Tief ins Landesinnere und in die am Fluss gelegene Hauptstadt von Acre, Rio Branco, eintauchen – genau der richtige Ausgangspunkt für einen Besuch des Hauses des Umwelthelden Chico Mendes.
- **Besonders empfehlenswert** (s. Kasten S. 389) Im Geländewagen über die Piste entlang der Küste zwischen Tutoía und dem Parque Nacional dos Lençóis Maranhenses rumpeln und die großartigen Dünen bewundern.

KURZINFOS

- **Bevölkerung:** 199 Mio.
- **Fläche:** 8 456 510 km² (entspricht etwa den USA ohne Alaska)
- **Geld:** 1 € = 2,44 R$ (*reais* od. Real), 1 SFr = 1,66 R$
- **Hauptstadt:** Brasília
- **Landesvorwahl:** ☎ 55
- **Preise:** Doppelzimmer in einer gemütlichen *pousada* (Hotel) 30–45 €, Mittagessen 4,40–6 €/kg, Busfahrt Rio de Janeiro–Ouro Prêto 35 €
- **Reisekosten:** 32–37 € pro Tag
- **Reisezeit:** Hauptsaison (Dez.–Karneval, Juli–Aug.), Nebensaison (April–Mai)
- **Sprachen:** Portugiesisch und 180 indigene Sprachen
- **Zeit:** MEZ −4 bis −6 Std., je nach Region

TIPPS FÜR UNTERWEGS

Besser und günstiger als in einem der unzähligen brasilianischen Restaurants, die ihre Preise pro Kilogramm berechnen, kann man wohl nirgendwo satt werden.

VON LAND ZU LAND

Zu Brasiliens zahlreichen Grenzübergängen gehören: Oiapoque (Französisch-Guyana); Bonfim (Guyana); Boa Vista (Venezuela); Tabatinga (Kolumbien & Peru); Brasiléia, Guajará-Mirim, Cáceres und Corumbá (Bolivien); Ponta Porã (Paraguay); Foz do Iguaçu (Paraguay & Argentinien); Chuí (Uruguay).

Brasilien ist ein Land der Gegensätze – Traum und Albtraum zugleich. Himmelblaue Küstenstreifen und weiße Strände, faszinierende Kolonialstädte und zerklüftete Landschaften, unberührte Regenwälder und dichter Dschungel verzaubern Besucher seit Jahrzehnten. Doch leider wird dabei nur allzu selten an die Brasilianer gedacht, von denen viele auf der Schattenseite des Lebens stehen. Für Touristen hat das Land Attraktionen im Überfluss zu bieten: 7500 km weiße Sandstrände vor einem tiefblauen Atlantik, verschlafene Kolonialstädte, von Musik erfüllte Metropolen und idyllische tropische Inseln, majestätische Wasserfälle, kristallklare Flüsse, zerklüftete Berge, rote Canyons und unberührter Dschungel. Wo soll man nur mit der Reise anfangen?

Auch Abenteurer kommen auf ihre Kosten – man kann Kajak fahren, raften, wandern, trekken, schnorcheln und surfen, um nur einige der unzähligen Unternehmungen zu nennen, mit denen man fast überall in Brasilien einen sonnigen Nachmittag verbringen kann. Sonnenanbeter werden dagegen den warmen Sand unter ihren Füßen genießen und dabei an einem Caipirinha, Brasiliens berühmtem Nationalcocktail, nippen.

Einmal im Jahr herrscht in Brasilien der Ausnahmezustand: Der Karneval stürmt mit hüftschwingender Samba, umwerfenden Kostümen und sorgloser Ausgelassenheit durch die großen und kleinen Städte. Doch die Brasilianer beschränken ihre Partylaune nicht auf ein paar Wochen im Jahr – schließlich ist in Brasilien der Strand nicht einfach nur ein Strand, sondern ein Stück nationales Lebensgefühl! Schon nach einem kurzen Aufenthalt zieht der brasilianische Way of Life – *O Jeito Brasileiro* – jeden in seinen Bann.

AKTUELLE ENTWICKLUNGEN

Nachdem Brasilien 2006 seine Schulden bei den Vereinten Nationen und dem IWF *vorzeitig* beglichen hat, blüht und gedeiht die Mittelschicht. Aber das reichte den wohlhabenden Newcomern der achtgrößten Wirtschaft der Welt nicht und flugs entdeckte das staatliche Unternehmen Petrobras 2007 ein riesiges Ölfeld vor der Küste, wodurch das Land quasi über Nacht zu einem der größten Ölexporteure der Welt aufstieg. Nur zwei Jahre, nachdem Brasilien von den globalen Energiemärkten unabhängig und der weltweit größte Verbraucher von Biokraftstoff wurde – ein seit den 1970er-Jahren lang gehegter Traum –, hatte das Land urplötzlich Zutritt zur weltweiten Ölmafia.

Auch wenn Brasilien die neuerliche Wirtschaftsflaute besser zu überstehen scheint als andere Schwellenländer, so gibt es doch noch immer zwei große Probleme: die landesweit enorme wirtschaftliche Kluft zwischen Arm und Reich und die noch immer die Schlagzeilen beherrschende Kriminalität (obwohl aktuelle Statistiken besagen, dass die brasilianische Kriminalitätsrate dem Niveau in den USA und Japan entspricht). 2007 brach dann eine Luftfahrtkrise aus. Die Öffentlichkeit war in Aufruhr versetzt, als innerhalb von zehn Monaten zwei Flugzeuge abstürzten und die Sicherheit des brasilianischen Luftraums die Medien beherrschte. Als Ergebnis wurde der für die zivile Luftfahrt zuständige Verteidigungsminister seines Amtes enthoben.

Die brasilianische Fußballmannschaft hat zwar die Erwartungen der Menschen in den letzten Jahren nicht erfüllt – 2006 bei der WM in Deutschland schied die *seleção* im Viertelfinale aus! –, doch wurde der Gewinn des Confederations Cup 2009 zumindest als kleine Wiedergutmachung angesehen. Und schon rüstet sich Brasilien für zwei gigantische Sportereignisse. Wenn das Land 2014 die Fußballweltmeisterschaft ausrichten wird, ist der Titel Pflicht, wenn es für die *seleção* nicht äußerst ungemütlich werden soll. Nur zwei Jahre drauf finden in Rio de Janeiro die Olympischen Sommerspiele 2016 statt. Die Party kann beginnen!

GESCHICHTE
Die indigene Bevölkerung

Über die ersten Bewohner Brasiliens weiß man wenig. Aus den ältesten Fundstücken (hauptsächlich Keramik, Abfallhügel und Skelette) schließen Archäologen, dass die ersten Menschen vor etwa 50 000 Jahren in die Region gewandert sind, früher als in andere Gebiete des amerikanischen Kontinents.

Auch ist nicht bekannt, wie viele Menschen um 1500 hier lebten, als die Portugiesen an Land gingen. Schätzungen bewegen sich zwischen 2 und 6 Mio. Vermutlich gab es mehr als 1000 Stämme, die als nomadische Jäger und Sammler oder als sesshafte Ackerbauern lebten. Es kam immer wieder zu Kriegen zwischen den Stämmen. Manchmal wurden gefangene Feinde nach einer Schlacht rituell getötet und verspeist.

Am Anfang interessierten sich die Portugiesen wenig für die Eingeborenen, die sie als Steinzeitmenschen betrachteten. Und das dicht bewaldete Land bot wenig für den europäischen Markt. Doch das änderte sich, als portugiesische Händler Interesse am Rotholz (Brasilholz) entwickelten, das der Kolonie später ihren Namen gab, und Kolonisten kamen, um es abzubauen.

Natürlich lieferte die indigene Bevölkerung die benötigten Arbeitskräfte. Zunächst hatte sie die merkwürdigen, stinkenden Fremden freundlich empfangen und ihre Arbeitskraft, ihre Nahrung und ihre Frauen im Tausch gegen die Ehrfurcht gebietenden Metallwerkzeuge und den faszinierenden portugiesischen Schnaps angeboten. Aber schon bald nutzten die Neuankömmlinge die Bräuche der Einheimischen aus, nahmen ihnen das beste Land weg – und versklavten sie am Ende.

Die indigene Bevölkerung schlug zurück und gewann viele Schlachten, letztendlich zog sie aber doch den Kürzeren. Als die Kolonisten entdeckten, dass Zuckerrohr in der Kolonie gut gedieh, wurde die Arbeitskraft der Einheimischen wertvoller denn je und der Verkauf von einheimischen Sklaven entwickelte sich bald zu Brasiliens zweitgrößtem Handelszweig. Die Branche wurde von *bandeirantes* beherrscht, brutalen Männern, die die Indianer im Landesinneren jagten und gefangen nahmen oder töteten. Ihre Taten stellten mehr als jeder Vertrag sicher, dass ein großer Teil des südamerikanischen Landesinneren an das portugiesische Brasilien fiel.

Jesuitenpater bemühten sich sehr um den Schutz der indigenen Bevölkerung, letztendlich aber waren sie zu schwach, um den Angriffen etwas entgegenzusetzen (1759 wurden die Jesuiten dann aus Brasilien ausgewiesen). Einheimische, die nicht von Kolonisten getötet wurden, fielen nicht selten Krankheiten zum Opfer, die die Europäer eingeschleppt hatten.

Die Afrikaner

Im 17. Jh. ersetzten afrikanische Sklaven die indigenen Gefangenen auf den Plantagen. Zwischen 1550 und 1888 wurden rund 3,5 Mio. Sklaven nach Brasilien verschifft – das sind fast 40 % aller Sklaven, die in die Neue Welt kamen. Die Afrikaner galten als bessere Arbeiter und waren gegen die europäischen Krankheiten resistenter, leisteten aber auch energischen Widerstand. Während der gesamten Kolonialzeit bildeten sich *quilombos*, Gemeinden geflohener Sklaven. Sie reichten von *mocambos*, kleinen Gruppen, die sich in den Wäldern versteckten, bis zur großen Republik Palmares, die sich über weite Strecken im 17. Jh. behaupten konnte. Unter der Führung des afrikanischen Königs Zumbí hatte Palmares in seiner Blütezeit 20 000 Einwohner.

Noch heute gibt es mehr als 700 Dörfer in Brasilien, die als *quilombos* entstanden sind. Ihr ständiges Wachstum wurde erst durch die Abschaffung der Sklaverei 1888 gestoppt.

Wer auf den Plantagen überlebte, suchte in afrikanischen Religionen und Kulturen Trost, oft in Form von Tanz und Gesang. Die Sklaven erhielten eine oberflächliche Unterweisung im Katholizismus, sodass bald ein synkretistischer Glauben entstand (s. „Religion", S. 280). Spirituelle Elemente vieler afrikanischer Stämme, beispielsweise der Yorubá, blieben erhalten und wurden den Sklavenhaltern durch eine katholische Fassade schmackhaft gemacht. Hier liegen die Wurzeln der modernen Religionen Candomblé und Macumba, die noch bis vor Kurzem gesetzlich verboten waren.

Das Leben auf den Plantagen war zwar schon elend, aber auf viele Sklaven wartete ein noch schlimmeres Schicksal. In den 1690er-Jahren wurde im heutigen Minas Gerais Gold entdeckt – und der Goldrausch ließ nicht lange auf sich warten. In den Bergtälern schossen chaotische Städte wie Vila Rica de Ouro Prêto (Reiche Stadt des schwarzen Goldes) aus dem Boden. Einwanderer überschwemmten die Region, und zahllose Sklaven wurden aus Afrika importiert, um in Minas zu arbeiten – und zu sterben.

Die Portugiesen

Jahrelang sahen die Machthaber Portugals in der brasilianischen Kolonie nicht viel mehr als ein einträgliches Geschäft. Diese Einstellung änderte sich, als Napoleon 1807 in Lissabon einmarschierte. Der Prinzregent – später unter dem Namen Dom João VI. bzw. Johann VI. bekannt – verlegte seinen Hof umgehend nach Brasilien. Er blieb dort noch nach Napoleons Niederlage bei Waterloo 1815. Als er 1816 König wurde, erklärte er Rio de Janeiro zur Hauptstadt eines vereinten Königreiches aus Brasilien und Portugal. Damit machte er Brasilien zur einzigen Kolonie der Neuen Welt, die einem europäischen

Monarchen als Sitz diente. 1821 kehrte Dom João nach Portugal zurück und setzte seinen Sohn Pedro als Regenten von Brasilien ein.

Im darauffolgenden Jahr versuchte das portugiesische Parlament, Brasilien wieder den Status einer Kolonie aufzuzwingen. Der Legende zufolge zog Pedro daraufhin sein Schwert und rief „Independência ou morte!" (Freiheit oder Tod) und krönte sich kurzerhand selbst zum Kaiser – Dom Pedro I. (Peter I.). Portugal war zu schwach, um gegen seine Lieblingskolonie in die Schlacht zu ziehen. Deshalb erlangte Brasilien ohne Blutvergießen die Unabhängigkeit.

Dom Pedro I. regierte neun Jahre lang. Er brachte das ganze Land gegen sich auf, indem er ein uneheliches Kind nach dem anderen zeugte, und musste schließlich zugunsten seines fünfjährigen Sohnes, Dom Pedro II., abdanken. Bis zur Volljährigkeit des künftigen Kaisers litt Brasilien unter einem Bürgerkrieg. 1840 bestieg Dom Pedro II. mit großem Rückhalt in der Bevölkerung den Thron. Während seiner 50 Jahre währenden Herrschaft förderte er ein mächtiges parlamentarisches System, führte Krieg gegen Paraguay, mischte sich in die Angelegenheiten von Argentinien und Uruguay ein, sorgte für eine große Einwanderungswelle, schaffte die Sklaverei ab – und schuf einen Staat, der die Monarchie nicht mehr benötigte.

Die Brasilianer

Im 19. Jh. löste der Kaffee den Zucker als wichtigstes Exportgut Brasiliens ab. Brasilien lieferte bis zu 75% der Weltproduktion. Infolge der Mechanisierung und des Eisenbahnbaus schnellten die Profite in die Höhe und die Kaffeebarone wurden sehr einflussreich.

1889 wurde das antiquierte Kaisertum durch einen von den Kaffeebaronen unterstützten Putsch gestürzt. Der Kaiser musste ins Exil gehen. Die neue brasilianische Republik erhielt eine Verfassung nach dem Vorbild der USA. Fast 40 Jahre lang wechselten zivile und militärische Präsidenten einander ab, de facto aber lag die Macht immer in der Hand des Militärs.

Eine der ersten Bedrohungen für die junge Republik stellte eine kleine religiöse Gemeinschaft im Nordosten dar. Ein selbsternannter Heiliger namens António Conselheiro war jahrelang durch das verarmte Hinterland gewandert und hatte die Erscheinung des Antichristen und das Ende der Welt prophezeit. Er schimpfte auf die neue Regierung und versammelte 1893 in Canudos seine Anhänger um sich. Die Regierung vermutete dahinter einen Versuch, die portugiesische Monarchie zu restaurieren und wollte den Aufstand niederschlagen. Das gelang freilich erst im vierten Versuch. Alle Männer, Frauen und Kinder wurden getötet, der Ort wurde niedergebrannt.

Der Kaffee behielt seine immense Bedeutung, bis der Markt in der Weltwirtschaftskrise 1929 zusammenbrach. Die geschwächten Kaffeebarone von São Paulo, die die Regierung kontrollierten, schlossen sich mit einer Allianz der Opposition und nationalistischen Offizieren zusammen. Als ihr Präsidentschaftskandidat Getúlio Vargas die Wahlen von 1930 verlor, ergriff das Militär die Macht und übergab ihm die Führung.

Vargas, der sich als guter Taktierer erwies, beherrschte 20 Jahre lang die politische Bühne. Zeitweise lehnte sich seine Regierung an die faschistischen Staaten von Mussolini in Italien und Salazar in Portugal an. Vargas verbot politische Parteien, inhaftierte seine Gegner und zensierte die Presse. Bis 1954 war er immer wieder an der Macht, bis das Militär seinen Rücktritt erzwang. Vargas reagierte, indem er einen Brief an das brasilianische Volk schrieb und sich dann ins Herz schoss.

Juscelino Kubitschek, der 1956 zum Präsidenten gewählt wurde, war der erste, der Brasiliens Gelder mit vollen Händen ausgab. Sein Motto lautete: „Der Fortschritt von 50 Jahren in fünf Jahren." Seine Kritiker entgegneten: „Die Inflation von 40 Jahren in vier Jahren." In Anbetracht des riesigen Schuldenbergs, den Kubitschek durch die Errichtung von Brasília anhäufte, kommen die Kritiker der Wahrheit näher. Anfang der 1960er-Jahre hatte die Inflation die brasilianische Wirtschaft fest im Würgegriff. Der Sieg Castros in Kuba verschärfte die Angst vor dem Gespenst namens Kommunismus. 1964 strauchelte Brasiliens instabile Demokratie durch einen Militärputsch ihrem Ende entgegen.

Das autoritäre Militärregime herrschte fast 20 Jahre. Die meiste Zeit boomte die Wirtschaft, wenngleich sie teilweise stark von internationalen Banken abhängig war. Generell forderte das Wachstum große Opfer von der Bevölkerung: Die vernachlässigten sozialen Probleme spitzten sich zu, Millionen von Menschen strömten in die Städte und die *favelas* (Slums) wuchsen fast ins Unermessliche.

Die jüngste Vergangenheit

Die letzten 20 Jahre waren für Brasilien eine Blütezeit. 1992 wurde der nach 30 Jahren erste demokratisch gewählte Präsident, Fernando Collor de Mello, wegen Bestechlichkeit seines Amts enthoben – er und seine Mitstreiter sollen mehr als 1 Mrd. R$ aus der Wirtschaft abgezwackt haben. Danach stabilisierte sich das brasilianische Wirtschaftswachstum und dem südamerikanischen Zugpferd ging es prächtig.

Itamar Franco, der an Collors Stelle trat, führte den Real ein, Brasiliens aktuelle Währung, und löste damit einen bis in die heutige Zeit anhaltenden Boom aus. Doch eigentlich darf sich sein Nachfolger, der ehemalige Finanzminister Fernando Henrique Cardoso, als Vater des Aufschwungs feiern lassen. Mitte der 1990er-Jahre zeichnete er sich für eine wachsende Wirtschaft und Auslandsinvestitionen in Rekordhöhe verantwortlich. Ihm wird zugutegehalten, den Grundstein für die Bekämpfung von Brasiliens Hyperinflation gelegt zu haben, wobei aber nur allzu oft die sozialen Probleme vernachlässigt wurden.

So verwundert es nicht, dass ein Präsidentschaftskandidat seine Wahlkampagne allein auf soziale Reformen ausrichtete. 2002 gewann der Sozialist Luíz da Silva („Lula") in seinem vierten Anlauf die Wahlen. Er stammt aus einer einfachen Arbeiterfamilie und stieg Anfang der 1980er-Jahre zu einem Streik- und Gewerkschaftsführer auf. Später gründete er die Arbeiterpartei PT (Partido dos Trabalhadores), die alle Verfechter von sozialen Reformen unter einem Dach vereinte.

Investoren verschreckte die Wahl zunächst, weil sie befürchteten, ein linker Außenseiter könne die Wirtschaft zerstören. Er hat aber Freunde wie Feinde überrascht und führt heute eine der finanziell umsichtigsten Regierungen der jüngsten Vergangenheit. Gleichzeitig hat er sich der riesigen sozialen Probleme Brasiliens angenommen. Lulas Programm gegen die Armut heißt *Fome Zero* (Null Hunger), ist aber aufgrund schlechter Führung gescheitert. Das Nachfolgeprogramm *Bolsa Familia* (Familienbörse) hat dann aber mehr als 8 Mio. Menschen geholfen. Für Lula ist Beschäftigung das oberste Ziel, rund 3 Mio. Jobs wurden seit seinem Regierungsantritt geschaffen. Außerdem hat er den Mindestlohn um 25 % angehoben, was sich in vielen Familien sofort bemerkbar gemacht hat.

Doch leider erlitt auch Lulas Präsidentschaft einige Rückschläge, u. a. durch einen weitreichenden Bestechungsskandal 2005, durch den zahlreiche Mitglieder der PT in Ungnade fielen und zurücktreten mussten. Dem Präsidenten konnte der Skandal jedoch nichts anhaben – bei einer Umfrage stand er bei 90 % der Bevölkerung auf der Beliebtheitsskala ganz oben.

Lulas zweite Amtsperiode bescherte dem Land in dem Augenblick mehr wirtschaftlichen Wohlstand, als Brasilien 2008 erstmals Nettoauslandsgläubiger wurde und das Land die Wirtschaftsrezession am Ende des Jahrzehnts besser als jedes andere Schwellenland abfedern konnte. Im Jahre 2020 wird São Paulo wahrscheinlich die dreizehnreichste Stadt der Welt sein. Ungeachtet der guten wirtschaftlichen Lage sind viele Angehörige der Mittelklasse und zahlreiche Intellektuelle unbeirrt der Meinung, dass Lula nur von der rühmlichen Politik und den Erfolgen seines Vorgängers Cardoso profitiert. Bei den nächsten Präsidentschaftswahlen im Oktober 2010 wird die Zukunft Brasiliens von der Regierungspartei noch rosiger gezeichnet werden. Die Geschichte jedenfalls hat gezeigt, dass ein Regierungswechsel die *brasileiros* im Ungewissen lässt.

KULTUR
Mentalität

Brasilianer sind sehr stolz auf ihr Land. Ein Lieblingsthema ist die großartige Landschaft. Auch wenn jeder Brasilianer andere Vorstellungen vom Paradies auf Erden hat – es liegt auf jeden Fall in Brasilien. Eine weitere Quelle des Nationalstolzes ist der Fußball. Der Sport ist hier weniger eine Freizeitbeschäftigung als eine landesweit verbreitete Droge, der alle Brasilianer verfallen zu sein scheinen.

Brasilien ist zwar berühmt für seinen Karneval, doch Brasilianer feiern liebend gerne das ganze Jahr über. Dennoch, in dem tropischen Land gibt's nicht nur Partys, Samba und Strände – manchmal leiden Brasilianer auch an *saudade*, einem nostalgischen, oft sehr melancholischen Weltschmerz und undefinierbarem Verlangen. Dieses Gefühl drückt sich in vielen Werken von Jobim, Moraes und anderen großen Liedermachern aus und offenbart sich in vielen Formen – vom unbestimmten Heimweh bis zum tiefen Bedauern begangener Fehler.

Wenn Brasilianer nicht gerade Samba tanzen oder in Traurigkeit versinken, helfen sie

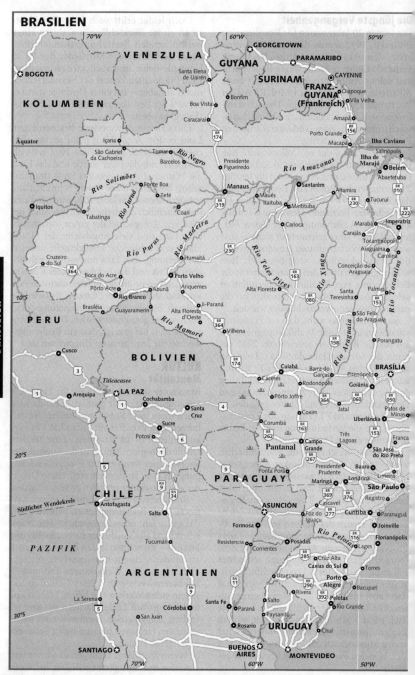

einander gerne. Liebenswürdigkeit ist weit verbreitet und wird auch erwartet. Der Altruismus ist sehr nützlich in einem Land, das für seine Bürokratie und lange Warteschlangen berüchtigt ist. Für alles gibt es einen offiziellen Weg und den *jeitinho*, den kleinen Umweg. Ein wenig Freundlichkeit – und ein paar Freunde – helfen sehr oft weiter. Man braucht nur etwas Geduld. Und davon scheinen Brasilianer reichlich zu haben.

Lebensart

Brasilien hat zwar die achtgrößte Wirtschaft der Welt, reichlich Ressourcen und eine gut entwickelte Infrastruktur, doch der Lebensstandard variiert sehr. Die Schere zwischen arm und reich geht – im weltweiten Vergleich – mit am weitesten auseinander.

Seit der massenhaften Landflucht Mitte des 19. Jhs. leben die Ärmsten der Armen in *favelas*, die jede Stadt umgeben. Viele Unterkünfte bestehen hier aus kaum mehr als ein paar zusammengenagelten Brettern. In nur wenigen *favelas* gibt es sauberes Wasser, ein Abwassersystem oder eine Gesundheitsversorgung. Die Straßen werden von Drogenbossen beherrscht und das Verbrechen ist allgegenwärtig.

Die Reichen leben oft nur einen Steinwurf entfernt, manchmal nur durch eine Autobahn abgetrennt. Oft wohnen sie in modernen Festungen, die von Mauern und bewaffneten Wächtern geschützt werden. Und ihr Lebensstil gleicht dem der Oberschichten in Europa und Nordamerika.

Bevölkerung

In Brasilien sind die Menschen so vielfältig wie die Landschaft, die sie bewohnen. Offiziellen Angaben zufolge sind 55 % der Bevölkerung weiß, 6 % schwarz, 38 % gemischt und 1 % andersfarbig – aber die Zahlen sagen wenig aus über die vielen Schattierungen, die in Brasiliens großem Schmelztiegel zu finden sind. Bis Ende des 19. Jhs. bestand die Bevölkerung aus indigenen Gruppen, Portugiesen, Afrikanern (die als Sklaven nach Brasilien gebracht worden waren) und ihren durchmischten Nachkommen. Seither gab es Einwanderungswellen u. a. aus Italien, Spanien, Deutschland, Japan, Russland, dem Libanon.

SPORT

Futebol (Fußball) ist die große Leidenschaft aller Brasilianer. Fast auf der ganzen Welt ist man der Meinung, dass die Brasilianer den kreativsten, kunstvollsten und spannendsten Fußball überhaupt spielen – Brasilien ist schließlich das einzige Land, das fünfmal Weltmeister wurde (1958, 1962, 1970, 1994 und 2002) und bei allen Weltmeisterschaften vertreten war. Aber dennoch war die Nationalelf bei der WM 2006 und bei den Olympischen Spielen früh aus dem Rennen. Die Öffentlichkeit machte Superstars wie Ronaldo und Ronaldinho dafür verantwortlich, die sich mehr um Sponsoren und einen verschwenderischen Lebensstil kümmerten, als sich als Teil der Mannschaft zu fühlen. Doch das sollte sich ändern, wenn Brasilien 2014 die Fußballweltmeisterschaft ausrichten wird. Das ganze Land wird in Ekstase sein und einen starken Druck auf die Nationalelf ausüben. Alles andere als der Titel auf heimischem Boden – wie schon 1950 – würde als eine riesengroße Enttäuschung empfunden werden.

Ein Fußballspiel ist hier ein fantastisches Spektakel und eine der wahrscheinlich farbenfrohesten Veranstaltungen, die man je zu Gesicht bekommen wird. Tickets kosten in der Regel zwischen 20 und 30 R$. Saison ist so ziemlich das ganze Jahr über, die nationalen Meisterschaften werden von Anfang Mai bis Mitte Dezember ausgetragen. Die bedeutendsten Vereine sind: Botafogo, Flamengo, Fluminense und Vasco da Gama (alle in Rio de Janeiro ansässig); Corinthians, Palmeiras und São Paulo FC (alle in São Paulo beheimatet); Santos FC (Santos), EC Vitória (Salvador da Bahia), Sport Recife und Cruzeiro EC (Belo Horizonte).

RELIGION

Brasiliens katholische Gemeinde ist die größte weltweit, in dem Land sind jedoch Vielfalt und Synkretismus willkommen. Problemlos findet man hier katholische Kirchgänger, die an spirituellen Sitzungen teilnehmen oder in einem *terreiro* (dem Haus einer afro-brasilianischen religiösen Gemeinschaft) um Hilfe beten.

Brasilien hat seine wichtigsten religiösen Wurzeln im Animismus der indigenen Bevölkerung und in den katholischen und afrikanischen Religionen, die von den Sklaven eingeführt wurden. Als letztes kam das evangelische Christentum hinzu, das sich über ganz Brasilien ausdehnte, besonders in den ärmeren Gegenden.

Die afro-brasilianischen Religionen entstanden, als die Kolonisten den Sklaven die Ausübung ihrer ursprünglichen Religionen verboten. Die Sklaven ließen sich aber nichts so leicht verbieten, verpassten ihren afrikanischen Göttern einfach katholische Namen und beteten sie weiterhin an. Die konventionellste der so entstandenen Religionen ist Candomblé: Die Rituale werden in der Yoruba-Sprache abgehalten und in einer *casa de santo* oder einem *terreiro* von einem *pai de santo* bzw. einer *mãe de santo* durchgeführt (wortwörtlich vom „Vater oder der Mutter eines Heiligen" – den Candomblé-Priestern). Die Gottheiten des Candomblé werden *orixás* genannt und jeder Mensch soll von einer dieser Gottheiten beschützt werden.

In Bahia und Rio versammeln sich riesige Massen von Anhängern der afro-brasilianischen Kulte, um an den Festivals am Ende des Jahres teilzunehmen – besonders an denen, die am Abend des 31. Dezembers und am Neujahrstag stattfinden. Millionen Brasilianer pilgern dann an den Strand, um *Iemanjá*, die Meeresgöttin, zu ehren. Ihr Alter Ego ist die Jungfrau Maria.

KUNST

Die brasilianische Kultur ist von den Portugiesen geprägt, die dem Land ihre Sprache und ihre Religion gaben, aber auch von der indigenen Bevölkerung, von Immigranten und Afrikanern.

Der afrikanische Einfluss ist vielerorts deutlich zu spüren, besonders stark aber im Nordosten, wo Religion, Musik und Küche aus Afrika die brasilianische Identität stark beeinflusst haben.

Literatur

Joaquim Maria Machado de Assis (1839–1908), Sohn eines freigelassenen Sklaven, ist einer der großen, frühen Schriftsteller Brasiliens. Assis hatte einen herrlichen Sinn für Humor und nahm in menschlichen Angelegenheiten eine einfühlsame – wenn auch zynische – Haltung ein. Zu seinen wichtigsten Romanen zählen *Quincas Borba*, *Die nachträglichen Memoiren des Bras Cubas* und *Dom Casmurro*.

Jorge Amado (1912–2001), Brasiliens berühmtester zeitgenössischer Autor, schuf Porträts der Menschen und Orte Bahias. Bekannt sind vor allem *Gabriela wie Zimt und Nelken* und *Dona Flor und ihre zwei Ehemänner*.

Paulo Coelho ist der Romanschriftsteller Lateinamerikas, der nach Gabriel García Márquez am häufigsten gelesen wird. Seine New-Age-Legenden *Der Alchimist* und *Auf dem Jakobsweg* begründeten Mitte der 1990er-Jahre seinen Ruhm.

In *A Death in Brazil* strickt Peter Robb aus Mordanschlägen, Politik, Geschichte und Reisen einen faszinierenden zeitgenössischen Kommentar zu Brasiliens nationaler Psyche.

Chico Buarque ist zwar eher bekannt als Liedermacher, hat aber auch etliche Bücher geschrieben. *Budapest*, sein bester und neuester Roman, ist ein ideenreiches Porträt seiner Heimatstadt Rio de Janeiro – und Budapests. Ein anderer berühmter brasilianischer Musiker, Caetano Veloso, beleuchtet die Musik zur Zeit der brasilianischen Militärdiktatur – der Titel seines interessanten Buches: *Tropical Truth. A Story of Music and Revolution in Brazil*.

Kino

Die brasilianische Filmindustrie hat im Laufe der Jahre einige gute Filme produziert. Einer der neuesten Renner ist *Tropa do Elite* (2007), eine mutige Darstellung der in Rio herrschenden Kriminalität und Korruption aus der Sicht eines Angehörigen der BOPE (Batalhão de Operações Policiais Especiais), einer Elitetruppe der Militärpolizei.

Der gleiche Regisseur, José Padilha, machte bereits 2002 mit seinem Streifen *Ônibus 174 (Bus 174)* auf sich aufmerksam. Auf schockierende Weise porträtiert er die Unfähigkeit der brasilianischen Polizei wie auch die brutale Realität der sozialen Schieflage Brasiliens. Der Film handelt von einem einsamen Gangster, der im Jahre 2000 einen Bus in Rio entführte und die Fahrgäste als Geiseln nahm. Das Ganze wurde stundenlang live im staatlichen Fernsehen übertragen. Eine dramatische Version der Ereignisse kam dann 2008 mit *Última Parada 174 (Last Stop 174)* in die Kinos.

Einer der Topregisseure Brasiliens ist Fernando Meirelles. Er machte sich einen Namen mit dem Film *Cidade de Deus (City of God)*, der die Brutalität in einer *favela* in Rio zeigt. Nach diesem Erfolg ging Meirelles nach Hollywood und drehte in Afrika den fantastischen, von einer Verschwörung handelnden Film *Der ewige Gärtner* (2004). Sein letzter Film ist der erst vor Kurzem teilweise in São Paulo gedrehte Thriller *Die Stadt der Blinden* (2008).

Walter Salles gehört zu Brasiliens bekanntesten Regisseuren. Sein hoch gelobter und mit einem Oskar prämierter Film *Central do Brasil (Central Station;* 1998) erzählt die Geschichte einer einsamen Frau, die einen obdachlosen Jungen auf der Suche nach seinem Vater begleitet.

Einblicke in die Zeit der Diktatur bietet Bruno Barretos Film *O Que É Isso Companheiro,* der 1997 in Deutschland unter dem Titel *Vier Tage im September* herauskam. Er erzählt die Entführung des US-Botschafters in Brasilien durch linke Guerillas 1969.

Ein weiterer Meilenstein in der Geschichte des brasilianischen Films ist *Asphalt-Haie* (1981), der das Leben in Rio durch die Augen eines Straßenjungens beschreibt und der brasilianischen Gesellschaft ein Armutszeugnis ausstellt.

Musik & Tanz

Der Samba, eine durch und durch brasilianische Erfindung, ist stark von afrikanischen Einflüssen geprägt und eng mit dem Karneval verbunden. Der heute bekannteste Sambastil ist *pagode*, eine zwanglose Variante, zu deren herausragendsten Vertretern die Sänger Beth Carvalho, Jorge Aragão und Zeca Pagodinho gehören.

Ein weiteres brasilianisches Markenzeichen ist der Bossa Nova, der in den 1950er-Jahren aufkam und mit dem von António Carlos Jobim und Vinícius de Moraes komponierten Klassiker *The Girl from Ipanema* Weltruhm erlangte. Der Begründer des Bossa Nova, der Gitarrist João Gilberto, tritt immer noch auf, ebenso seine Tochter Bebel Gilberto. Sie hat durch ihren Mix aus weichem Bossa-Sound und elektronischem Groove das Interesse an diesem Musikstil neu entfacht.

Der *tropicalismo*, eine Mischung aus verschiedenen brasilianischen Musikrichtungen mit nordamerikanischem Rock und Pop, eroberte Ende der 1960er-Jahre die Bühnen. Die Protagonisten wie Gilberto Gil und Caetano Veloso sind immer noch aktuell – Gil war 2003 bis 2008 sogar Brasiliens Kulturminister.

Der nebulöse Begriff Música Popular Brasileira (MPB) deckt eine Reihe von Stilvariationen ab, von vom originalen Bossa beeinflusster Musik bis hin zu Popmusik. MPB tauchte erstmals in den 1970er-Jahren auf und wurde von talentierten Musikern wie Edu Lobo, Milton Nascimento, Elis Regina und Djavan gespielt.

Die Liste neuer Talente wird mit jedem Tag länger. Der brasilianische Hip-Hop kommt in Fahrt mit Musikern wie Marcelo D2 (früher bei Planet Hemp), dessen Album *A Procura da Batida Perfeita* (2005) richtig Eindruck gemacht hat. Und der Schauspieler und Musiker Seu Jorge, der in *City of God* die Hauptrolle spielt, ist für die Veröffentlichung von *Cru* (2005) ausgezeichnet worden, einem einfallsreichen Hip-Hop-Album mit politischer Botschaft. Auch seine 2007 erschienene Scheibe *America Brasil O Disco* fand den Zuspruch der Fans.

Brasilianischer Rock („hock" ausgesprochen) ist ebenfalls sehr beliebt. Gruppen und Künstler wie Zeca Baleiro, Kid Abelha, Jota Quest, Ed Motta und die vom Punk beeinflusste Band Legião Urbana verdienen das Prädikat „hörenswert".

Wo auch immer man in Brasilien hinkommt, man trifft mit Sicherheit auf regionale Musikstile. Am bekanntesten ist der *forró* (foh-*hoh*), eine lebendige, synkopische Musik aus dem Nordosten – ein Mix aus den Klängen der *zabumba* (afrikanische Trommel) und des Akkordeons. *Axé* steht für eine Samba-Pop-Rock-Reggae-Funk-Karibik-Mischung, die in den 1990er-Jahren in Salvador aufkam und vor allem von der grandiosen Daniela Mercury populär gemacht wurde. Heutzutage füllt die sexy Sängerin Ivete Sangalo ganze Stadien. Im Amazonasgebiet trifft man auf *carimbo*-Rhythmen und den sinnlichen Tanz, der mit diesen Rhythmen verbunden ist.

Architektur

Brasiliens beeindruckende kolonialzeitliche Architektur kann man in Städten wie Salvador, Olinda, São Luís, Ouro Prêto und Tiradentes bewundern. Über die Jahrhunderte machten sich besonders zwei Architekten einen Namen: Aleijadinho, der im 18. Jh. die meisterhaften Barockbauten in den Bergbaustädten von Minas Gerais schuf, und Oscar Niemeyer, der Modernist und Funktionalist des 20. Jhs. Er zeichnete sich in den 1950er-Jahren für die neue Hauptstadt Brasília verantwortlich und entwarf viele andere großartige Gebäude im ganzen Land.

NATUR & UMWELT

Leider ist Brasilien für seine Wälder genauso berühmt wie für deren Vernichtung. Letzte Zählungen ergaben, dass ein Fünftel des brasilianischen Regenwaldes am Amazonas vollständig zerstört ist. Das gesamte Ökosystem ist gefährdet, über 70 Säugetierarten sind vom Aussterben bedroht.

Nachdem zwischen 2000 und 2006 ein breiter Urwaldstreifen in der Größe Griechenlands vernichtet wurde, konnte der schnellen Entwaldung des Amazonasbeckens etwas Einhalt geboten werden. Doch schon 2008 kam es für die Umweltschützer zu einem neuen Rückschlag: Laut Brasiliens Nationalem Institut für Raumforschung wurden zusätzlich zu den abrasierten 12000 km² noch 25000 km² durch Brände und Abholzung dem Erdboden gleich gemacht. Die in letzter Zeit steigende Rohstoffnachfrage, die vor allem durch Chinas boomende Wirtschaft angeheizt wird, und das weltweit zunehmende Interesse an Biokraftstoffen sorgen dafür, dass der Amazonas auch weiterhin bedroht bleibt. Auch die Verabschiedung eines umstrittenen Straßenbaugesetzes, das den lange umstrittenen Ausbau der 765 km langen BR-319 zwischen Manaus und Porto Velho genehmigt, macht die Arbeit der Umweltschützer nicht gerade einfacher.

In Brasilien begann die großangelegte Abholzung in den 1970er-Jahren, als die Regierung Straßen durch den Dschungel bauen ließ, um den von der Dürre gebeutelten Menschen aus dem Nordosten auf neuem Ackerland im Amazonasbecken die Chance auf ein besseres Leben zu geben. Im Schlepptau der Neuankömmlingen drangen Holzarbeiter und Viehzüchter tief in den Regenwald vor, die die grüne Lunge unseres Planeten weiter abholzten. Die wenigen Siedler, die blieben – die meisten gaben auf und zogen in die *favelas* der wachsenden Städte im Amazonasbecken –, rodeten dann im großen Stil. Mit verheerende Folgen.

Die Regierung setzt ihre Entwicklungsprojekte im Amazonasbecken trotz der in den letzten Jahren zunehmenden Proteste unbeirrt fort. 2005 trat ein katholischer Bischof in den Hungerstreik, um gegen die 2 Mrd. R$ teuren Plan der Regierung zu protestieren, Wasser vom Rio São Francisco abzuleiten, um großen landwirtschaftlichen Unternehmen unter die Arme zu greifen. Präsident Lula verhängte zwar im gleichen Jahr einen zeitweisen Baustopp, nachdem aber die Wahlen gewonnen waren, ging alles nach Plan weiter. 2007 begann die Armee mit der Arbeit an dem Projekt – und trotz anhaltender Proteste und Petitionen bleibt ein gerichtlich verordneter Baustopp in weiter Ferne.

Geografie

Als fünftgrößtes Land hinter Russland, Kanada, China und den USA grenzt Brasilien mit Ausnahme Chiles und Ecuadors an jedes südamerikanische Land. Der 8,5 Mio. km² große Staat bedeckt fast den halben Kontinent.

In Brasilien gibt es vier wichtige geografische Regionen: die Küste, der Planalto Brasileiro (Brasilianisches Bergland), das Amazonasbecken und das Paraná-Paraguai-Becken.

Der schmale, 7400 km lange Küstenstreifen erstreckt sich zwischen dem Atlantik und den Gebirgszügen der Küste. An der Grenze zwischen Uruguay und dem Bundesstaat Bahia fallen die Berge oft steil zur Küste ab. Nördlich von Bahia sind die Küstengebiete flacher.

Der Planalto Brasileiro erstreckt sich über den größten Teil des südlichen Hinterlands des Amazonasbeckens. Er ist von etlichen großen Flüssen durchzogen und wird von Gebirgszügen unterbrochen, von denen keiner höher als 300 m ist.

Das dünn besiedelte Amazonasbecken macht 42 % Brasiliens aus und wird im Süden von Gewässern des Planalto Brasileiro gespeist, während sich im Westen die Anden und im Norden das Hochland von Guyana (auch Guyana-Schild genannt) erheben. Im Westen ist das Becken 1300 km breit, im Osten verengt es sich zwischen dem Hochland von Guyana und dem Planalto auf 100 km. Mehr als die Hälfte des 6275 km langen Amazonas verläuft nicht durch Brasilien, sondern durch Peru, wo er auch entspringt. Der Amazonas und seine 1100 Nebenflüsse führen schätzungsweise 20 % des Süßwasservorkommens der Erde. Der Pico da Neblina (3014 m) an der Grenze zu Venezuela ist der höchste Gipfel Brasiliens.

Das Paraná-Paraguai-Becken im Süden Brasiliens erstreckt sich bis zu den Nachbarländern Paraguay und Argentinien. Hier liegt ein großes Feuchtgebiet, das als Pantanal bekannt ist.

Tiere & Pflanzen

In Brasilien sind mehr bekannte Arten von Pflanzen (55 000), Süßwasserfischen (3000) und Säugetieren (etwa 520) beheimatet als in jedem anderen Land der Erde. Bei den Vogelarten (1622) steht Brasilien an dritter, bei den Reptilienarten (468) an fünfter Stelle. Viele Arten leben im Amazonischen Regenwald, der in Brasilien 3,6 Mio. km² und in den Nachbarländern 2,4 Mio. km² bedeckt. Er ist der größte tropische Wald und das artenreichste Ökosystem der Welt. 20 % aller Vogel- und Pflanzenarten und 10 % aller Säugetiere sind hier zu Hause.

Weitere Arten leben über das ganze Land verstreut. Die größte Katze Brasiliens, der Jaguar, streift durch den Amazonischen und den Atlantischen Regenwald, den *cerrado* (Savanne) und das Pantanal.

In den vielfältigen Lebensräumen lassen sich noch viele andere brasilianische Säugetiere entdecken, beispielsweise fünf weitere Großkatzen (Puma, Ozelot, Langschwanzkatze, Tigerkatze und Jaguarundi), der Große Ameisenbär und 75 Primatenarten, darunter verschiedene Brüllaffenarten und Kapuzineräffchen, die Totenkopfaffen (die am häufigsten vorkommenden Affen im Amazonasbecken) und etwa 20 kleinere Marmosetten- und Tamerinarten. Dann gibt es noch den haarigen und langnasigen Nasenbär (eine Art Waschbär), den Riesenflussotter, den Mähnenwolf, den Tapir, Pekaris (wie das Wildschwein), Sumpf- und Pampashirsche, das Wasserschwein (mit 1 m Länge das größte Nagetier der Welt), den Amazonasdelfin, der oft im Amazonas und seinen Nebenflüssen gesichtet wird, und – last, not least – den Amazonasmanati (Seekuh), einen noch größeren Flussbewohner.

Ein Großteil der Wildtiere, die man sieht, sind Vögel. Der größte ist der flugunfähige, 1,4 m große Nandu, der im *cerrado* (Savanne) und im Pantanal lebt. Dutzende Arten von Papageien in prächtigen Farben, Aras, Tukane und Trogone sind hier ebenfalls anzutreffen. Im Amazonasbecken oder im Pantanal kann man sogar hellrote Aras und – mit etwas Glück – blau-gelbe sehen. Leider sind sie aufgrund ihres wunderschönen Federkleids die Hauptbeute von Wilderern.

Alligatoren sind im Amazonasbecken und im Pantanal nicht zu übersehen. Eine der fünf Arten Brasiliens, der Mohrenkaiman, wird bis zu 6 m lang. Zu den Wasserbewohnern zählt auch der *pirarucú*, der 3 m erreichen kann. Seine roten und silberbraunen Schuppen erinnern an ein chinesisches Gemälde. Vom berüchtigten Piranha gibt es etwa 50 Arten, sie leben im Amazonasbecken in den Flüssen Orinoco, Paraguai, São Francisco und in den Flüssen Guyanas. Aber nur eine Handvoll dieser Arten ist wirklich gefährlich; glaubhafte Berichte, dass Menschen von Piranhas getötet wurden, sind *extrem* selten.

Nationalparks
Mehr als 350 Gebiete sind zu Nationalparks, bundesstaatlichen Parks oder Reservaten erklärt worden. Sie eignen sich allesamt gut dazu, um Flora, Fauna und/oder beeindruckende Landschaften zu erkunden:

Parque Nacional da Chapada Diamantina (S. 360) Diese Gebirgsregion im Nordosten mit ihren Flüssen, Wasserfällen, Höhlen und Naturbecken eignet sich hervorragend zum Wandern.

Parque Nacional da Chapada dos Guimarães (S. 349) Das felsige Hochplateau nordöstlich von Cuiabá bietet mit seinen Schluchten atemberaubende Aussichten und beeindruckende Felsformationen.

Parque Nacional da Chapada dos Veadeiros (S. 344) Der 200 km nördlich von Brasília, zwischen Wasserfällen und natürlichen Schwimmbecken gelegene hügelige Nationalpark hat reichlich seltene Flora und Fauna zu bieten.

Parque Nacional da Serra dos Órgãos (S. 308) Der im hügeligen Südosten gelegene Park ist ein Mekka für Kletterer und Bergsteiger.

Parque Nacional de Aparados da Serra (S. 335) Der Park im Südosten ist für seine enge Schlucht mit einem 700 m in die Tiefe abfallenden Steilhang bekannt und bietet Wanderwege mit ausgezeichneten Aussichtspunkten.

Parque Nacional dos Lençóis Maranhenses (S. 389) Die Landschaft dieses Parks besteht aus spektakulären Stränden, Mangroven, Dünen und Lagunen.

VERKEHRSMITTEL & -WEGE

AN- & WEITERREISE
Brasilien hat etliche internationale Flughäfen und grenzt mit Ausnahme Chiles und Ecuadors an alle südamerikanischen Länder.

Bus
ARGENTINIEN
Der wichtigste Grenzübergang für Traveller ist Puerto Iguazú–Foz do Iguaçu, 20 Busstunden von Buenos Aires entfernt. Weiter südlich kann man von Uruguaiana (Brasilien) nach Paso de los Libres (Argentinien) und von dort per Bus weiter nach Buenos Aires gelangen. Weitere Grenzorte sind San Javier/Porto Xavier und Santo Tomé/São Borja am Rio Uruguai.

Direktbusse fahren zwischen Buenos Aires und Porto Alegre (195 R$, 18 Std.) bzw. Rio de Janeiro (325 R$, 42 Std.). Außerdem kann man nach Florianópolis (216 R$, 25 Std.), Curitiba (230 R$, 34 Std.) und São Paulo (285 R$, 36 Std.) fahren.

BOLIVIEN
Die längste Grenze Brasiliens verläuft durch Feuchtgebiete und Wälder und wird gerne von Schmugglern überquert.

Der meistfrequentierte Grenzübergang ist zwischen Quijarro (Bolivien) und Corumbá (Brasilien), einer günstigen Ausgangsstation für Reisen in das Pantanal. Von Quijarro fährt täglich ein Zug nach Santa Cruz in Bolivien. Von Corumbá aus gibt's Busverbindungen nach Bonito, Campo Grande, São Paulo, Rio de Janeiro und in den Süden Brasiliens.

Von Cáceres in Mato Grosso (Brasilien) fahren täglich Busse über die bolivianische Grenzstadt San Matías nach Santa Cruz (Bolivien).

Guajará-Mirim (Brasilien) liegt am Fluss gegenüber von Guayaramerín (Bolivien). Beide Städte sind an das Busnetz ihres Landes angeschlossen, in der Regenzeit von Ende Dezember bis Ende Februar sind die Straßen in Nordbolivien allerdings in einem sehr schlechten Zustand.

Brasiléia (Brasilien) in der Nähe von Cobija (Bolivien) liegt viereinhalb Busstunden von Rio Branco entfernt, von dort kann man bolivianische Busse nehmen. Diese Route ist weniger direkt als über Guayaramerín und Guajará-Mirim und in Bolivien gibt es während der Regenzeit die gleichen Probleme.

CHILE
Brasilien hat zwar keine gemeinsame Grenze mit Chile, jedoch gibt es Direktverbindungen zwischen Santiago und brasilianischen Städten, etwa Porto Alegre (312 R$, 36 Std.), Curitiba (312 R$, 54 Std.), São Paulo (330 R$, 54 Std.) und Rio de Janeiro (362 R$, 62 Std.).

FRANZÖSISCH-GUYANA
Die brasilianische Stadt Oiapoque, die 560 km holprige Buskilometer oder einen kurzen Flug von Macapá entfernt ist, liegt am Ufer des Rio Oiapoque gegenüber von St. Georges (Französisch-Guyana). Minibusse verkehren über die Straße zwischen St. Georges und Cayenne, der Hauptstadt von Französisch-Guyana (früh am Morgen kommen!). Eine andere Möglichkeit ist der Direktflug von Belém nach Cayenne, der billiger als eine Fahrt sein kann, wenn man rechtzeitig genug bucht (s. S. 285).

GUYANA
Lethem (südwestliches Guyana) liegt eine kurze Bootsfahrt von Bonfim (Roraima,

Brasilien) entfernt. Von hier sind es zwei Busstunden nach Boa Vista.

KOLUMBIEN
Leticia am Amazonas im äußersten Südosten Kolumbiens grenzt an Tabatinga (Brasilien). Man kann die Grenze zu Fuß, per *combi* oder Taxi überqueren, beide Städte sind ansonsten aber nur auf dem Wasser- oder Luftweg zu erreichen.

PARAGUAY
Die beiden wichtigsten Grenzübergänge sind Ciudad del Este/Foz do Iguaçu und Pedro Juan Caballero/Ponta Porã. Von letzterem kommt man besser ins Pantanal. Direktbusse verkehren zwischen Asunción und brasilianischen Städten wie Florianópolis (158 R$, 22 Std.), Curitiba (108 R$, 14 Std.), São Paulo (145 R$, 20 Std.) und Rio de Janeiro (201 R$, 26 Std.).

PERU
Der einzige Landweg nach Peru führt über Iñapari, per *combi* oder Lkw fünf Stunden nördlich von Puerto Maldonado (Peru) gelegen. Die Straße ist nur in der Trockenzeit befahrbar. Das Flüsschen Rio Acre zwischen Iñapari und der brasilianischen Kleinstadt Assis Brasil kann man zu Fuß überqueren. Von hier fährt ein Bus oder Geländefahrzeug in drei bis vier Stunden nach Brasiléia.

SURINAM
Die Überlandverbindung zwischen Surinam und Brasilien führt durch Französisch-Guyana oder Guyana.

URUGUAY
Von Reisenden am häufigsten genutzt wird der Grenzübergang zwischen Chuy (Uruguay) und Chuí (Brasilien). Andere Übergänge sind Río Branco/Jaguarão, Isidoro Noblia/Aceguá, Rivera/Santana do Livramento, Artigas/Quaraí und Bella Unión/Barra do Quaraí. Busse verkehren u. a. zwischen Montevideo und Porto Alegre (150 R$, 12 Std.), Florianópolis (209 R$, 18 Std.) und São Paulo (285 R$, 30 Std.) in Brasilien.

VENEZUELA
Von Manaus fahren täglich vier Busse nach Boa Vista (90–110 R$, 12 Std.). Ein täglich verkehrender Direktbus nach Caracas (250 R$, 36 Std.) hält in Santa Elena de Uairén und Puerto La Cruz.

Flugzeug
Die verkehrsreichsten internationalen Flughäfen sind der Aeroporto Galeão (offiziell bekannt unter Aeroporto Internacional António Carlos Jobim) in Rio de Janeiro (S. 288) und der Aeroporto Guarulhos (S. 321) in São Paulo. **Varig**, die einst wichtigste Fluggesellschaft Brasiliens, wurde nach dem Konkurs 2005 von der Billigfluglinie **Gol Airlines** (www.voegol.com.br) aufgekauft. Zum Zeitpunkt der Recherchen wurde allmählich mit der vollständigen Abwicklung begonnen. Eine weitere große Fluggesellschaft ist **TAM** (www.tam.com.br).

ARGENTINIEN
Varig/Gol, TAM, British Airways und Aerolíneas Argentinas bieten Verbindungen zwischen Buenos Aires und Rio oder São Paulo an. Außerdem gibt's Flüge von Buenos Aires nach Porto Alegre, Curitiba, Florianópolis und Puerto Iguazú in Argentinien, das direkt an der Grenze gegenüber von Foz do Iguaçu liegt.

BOLIVIEN
Varig/Gol unterhält Flüge von Santa Cruz nach Campo Grande (und von dort weiter nach São Paulo). Innerhalb Boliviens fliegen Aerosur und Aerocon von mehreren bolivianischen Städten nach Cobija, Guayaramerin und Puerto Suárez, die an der Grenze in der Nähe der brasilianischen Städte Brasiléia, Guajará-Mirim und Corumbá liegen.

CHILE
Varig/Gol, TAM und LANChile fliegen von Santiago nach Rio und São Paulo.

ECUADOR
Zwischen Quito oder Guayaquil und Brasilien gibt es keine Direktflüge. Am günstigsten kommt man wahrscheinlich mit Taca und LAN nach Rio oder São Paulo. Die Flüge gehen meist über Lima.

DIE GUYANAS
Meta, eine brasilianische regionale Fluggesellschaft, fliegt von Georgetown (Guyana), Pa-

---

FLUGHAFENSTEUER

Die Flughafensteuer ist im Ticketpreis enthalten.

ramaribo (Surinam) und Cayenne (Französisch-Guyana) nach Belém und Boa Vista. Air Caraïbes, die Fluggesellschaft von Französisch-Guyana, verkehrt ebenfalls zwischen Belém und Cayenne. Die brasilianische Fluglinie Puma hat Flüge von Macapá nach Oiapoque, das an der Grenze ganz in der Nähe von St. Georges in Französisch-Guyana liegt.

KOLUMBIEN
Aero República und Satena bieten Flüge von Bogotá nach Leticia. Von hier kann man die Grenze zu Fuß, im Taxi oder *combi* (Minibus) nach Tabatinga auf der brasilianischen Seite überqueren. Avianca und Varig/Gol fliegen von Bogotá direkt nach São Paulo. Flüge nach Rio legen meistens in São Paulo einen Zwischenstopp ein.

PARAGUAY
TAM verkehrt direkt zwischen Asunción und Rio oder São Paulo. Varig/Gol fliegt von Asunción nach Curitiba. Es gibt auch Flüge von Asunción nach Ciudad del Este an der Grenze unweit von Foz do Iguaçu in Brasilien.

PERU
TAM, LAN, Taca und Varig/Gol fliegen von Lima nach Rio oder São Paulo.

URUGUAY
TAM, Varig/Gol und Pluna haben Direktflüge von Montevideo nach São Paulo. Pluna fliegt nach Rio, Varig/Gol auch von Montevideo nach Porto Alegre.

VENEZUELA
TAM und Varig/Gol fliegen von Caracas über Manaus nach São Paulo und Rio.

Schiff/Fähre
Von Trinidad in Bolivien fahren Schiffe in etwa fünf Tagen den Río Mamoré nach Guayaramerín (Bolivien) hinunter, das gegenüber von Guajará-Mirim in Brasilien liegt.

Von Peru legen schnelle Passagierschiffe auf dem Amazonas die 400 km zwischen Iquitos (Peru) und Tabatinga (Brasilien) in acht bis zehn Stunden zurück. Von Tabatinga kann man weiter nach Manaus und Belém fahren.

UNTERWEGS VOR ORT
Auto
Brasilianische Straßen sind gefährlich, vor allem vielbefahrene Autobahnen wie die von Rio nach São Paulo. Jedes Jahr gibt es Verkehrstote im fünfstelligen Bereich. Nachts zu fahren, ist besonders riskant, da oft Betrunkene unterwegs und Gefahrenstellen nur schlecht zu erkennen sind.

Trotzdem kann das Auto ein gutes, wenn auch nicht ganz billiges Verkehrsmittel sein, um Brasilien zu erkunden. Ein kleiner Mietwagen für vier Personen kostet ohne Kilometerbegrenzung und mit Basisversicherung zwischen 100 und 120 R$ pro Tag (mit Klimaanlage 140-160 R$). Ein Liter Normalbenzin kostet zwischen 2,20 und 2,50 R$, aus Zuckerrohr hergestelltes Äthanol (bekannt als *álcool*,) kostet ca. 50 % weniger; die meisten Autos fahren mit beiden Kraftstoffen.

Wer sich ein Auto mieten will, sollte einen internationalen Führerschein dabei haben.

Bus
Busse sind das Rückgrat des brasilianischen Fernverkehrs. Sie sind im Allgemeinen zuverlässig und bequem und verkehren häufig. Doch das Privileg hat leider seinen Preis – die Buspreise in Brasilien gehören zu den höchsten in ganz Südamerika. **Itapemirim** (www.itape mirim.com.br) und **Cometa** (www.viacaocometa.com.br) sind zwei der besten Busgesellschaften. Auf der Website von **ANTT** (www.antt.gov.br; portugiesisch), der Behörde für Straßenverkehrswesen, finden sich die Busfahrpläne ganz Brasiliens.

Fernbusse werden in drei Klassen unterteilt. Die billigste, *convencional*, ist recht bequem, hat Sitze mit nach hinten klappbaren Rückenlehnen, meistens eine Bordtoilette und manchmal Klimaanlage. Die *executivo*-Klasse hat breitere Sitze, kostet etwa 25 % mehr und hält seltener an. Die Luxusklasse *leitos* kostet bis zu doppelt so viel wie *comums* (Taxis), bietet dafür aber breite Liegesitze mit Kissen und Klimaanlage; manchmal serviert eine Hostess sogar Sandwiches und Getränke. Nachtbusse aller Klassen machen oft weniger Zwischenstopps.

In den meisten Städten gibt's einen zentralen Busbahnhof (*rodoviária*, sprich „ho-do-vi-*ah*-ri-ja"). Im Prinzip kann man dort einfach ein Ticket für den nächsten Bus kaufen, an Wochenenden und in den Ferienzeit (vor allem Dez.–Feb.) sollte man allerdings im Voraus buchen.

Flugzeug
INLANDSFLÜGE
Brasiliens wichtigste Gesellschaften für Inlandsflüge sind TAM und Varig/Gol. Die

Billigflieger von **Azul** (☎ 0800-702-1053; www.voeazul.com.br), die zu JetBlue gehören, fliegen seit Ende 2008 von Campinas, 100 km nordwestlich von São Paulo, nach Curitiba, Fortaleza, Manaus, Recife, Rio de Janeiro, Salvador, Porto Alegre und Victória. Ein kostenloser Shuttlebus fährt von der Metrostation Barra Funda in São Paulo zum Flughafen Viracopas in Campinas.

Flugtickets sind in jedem Reisebüro erhältlich. Höchstwahrscheinlich sollten Varig/Gol und TAM inzwischen beim Online-Ticketkauf auch Kreditkarten akzeptieren; wenn nicht, muss im Reisebüro bar bezahlt werden.

Im Großen und Ganzen sind die brasilianischen Fluggesellschaften zuverlässig, Verspätungen sind aber keine Seltenheit. Nachstehend die landesweiten Telefonnummern für Reservierungen und Rückbestätigungen:
OceanAir (☎ 0300-789-8160; www.oceanair.com.br)
TAM (☎ 0800-570-5700; www.tam.com.br)
Trip (☎ 0300-789-8747; www.voetrip.com.br)
Varig/Gol (☎ 0300-115-2121; www.voegol.com.br)

Flüge in der Hauptsaison (Weihnachten–Karneval, um Ostern, Juli & Aug.) sollten lange im Voraus gebucht werden. Das restliche Jahr über kann man normalerweise noch am Tag des Fluges Tickets ohne Aufpreis kaufen.

FLUGPÄSSE

Wer auch andere Länder Südamerikas besuchen will, sollte sich den TAM South America Airpass anschaffen. Mit ihm kann man bis zu 13 000 km zwischen Argentinien, Bolivien, Brasilien, Chile, Paraguay, Peru, Uruguay und Venezuela zurücklegen. In der Hauptsaison ist er ab 402 US$ zu haben, die Preise variieren je nach Kilometeranzahl. Auch Mercosur- (s. S. 1124) und LAN bieten vergleichbare südamerikanische Flugpässe an.

Der TAM Brazil Airpass umfasst bis zu neun Inlandsflüge. Der Preis für ein Viererticket kostet 551 US$ aufwärts. Das kann gut angelegtes Geld sein, wenngleich die brasilianischen Billigaiarlines in der Nebensaison unglaublich gute Schnäppchen anbieten. Ein Preisvergleich lohnt sich auf jeden Fall.

Online finden sich Infos und Vorschriften.

Nahverkehr
BUS

Regional- und Stadtbusse sind billig, fahren häufig und in jeden Winkel. Viele Busse zeigen ihr Fahrziel in riesigen Lettern an der Frontscheibe an, sodass man kaum im falschen Bus landen kann. Der Fahrer hält meistens nur an, wenn man ihm Handzeichen gibt.

Normalerweise steigt man vorne ein und hinten aus. Der Fahrpreis ist in der Nähe des Schaffners angeschrieben, der am Drehkreuz sitzt und das Fahrgeld (meistens 2–2,50 R$) wechseln kann. Mit einem großen Rucksack kommt man nur schwer durchs Drehkreuz. Nach 23 Uhr und zu Stoßzeiten (in den meisten Gegenden 12–14 & 16–18 Uhr) sollte man nicht mit dem Bus fahren. Prinzipiell gilt: Vorsicht, Taschendiebe!

TAXI

Taxis sind nicht billig. Wer aber gefährliche Fußwege und nächtliche Busfahrten vermeiden will oder zu großes Gepäck dabei hat, tut gut daran, das Geld zu investieren. Die meisten Taxameter beginnen bei ca. 4,30 R$ und klettern um etwa 1,20 R$ pro Kilometer (nachts & So mehr). Unbedingt darauf achten, dass der Fahrer das Taxameter anstellt, bevor es los geht. In einigen kleinen Städten gibt es Festpreise und keine Taxameter.

Achtung: In Touristengegenden und in der Nähe teurer Hotels sollte man besser kein Taxi nehmen, während man sich in Rio nachts in dunklen Gegenden lieber ein Taxi leisten sollte. Anders als in den meisten lateinamerikanischen Städten sind Taxifahrer in Rio meistens ehrlich und vertrauenswürdig.

ZUG

Es gibt nur sehr wenige Personenzüge. Eine der wenigen verbliebenen, lohnenden Routen verläuft das Küstengebirge hinunter von Curitiba nach Paranaguá (S. 330).

Schiff/Fähre

Das Amazonasbecken ist eine der letzten Bastionen fantastischer Flussreisen. Der Rio Negro, der Rio Solomões und der Rio Madeira sind die Autobahnen Amazoniens. Auf den Wasserstraßen – sie münden in den mächtigen Amazonas – kann man Tausende Kilometer zurücklegen und das riesige Gebiet auf dem Weg von oder nach Peru oder Bolivien erkunden. Auf dem Fluss geht es gemächlich voran, Langeweile ist nicht ausgeschlossen und Entfernungen werden eher in Tagen als in Kilometern gemessen – dafür aber ist man sehr günstig unterwegs.

Weitere Infos im Kasten auf S. 391.

Trampen
Das Pantanal und Fernando de Noronha ausgenommen, ist Trampen eine haarige und ziemlich unsichere Angelegenheit. „Mitfahrgelegenheit" heißt auf Portugiesisch *carona*.

RIO DE JANEIRO

☎ 0xx21 / 6,1 Mio. Ew.

Rio de Janeiro, perfekte Filmkulisse und Großstadtmoloch zugleich, verdient nur ein Prädikat: traumhaft. Die *cidade maravilhosa* (wunderbare Stadt) liegt an einem der beeindruckendsten Fleckchen dieser Erde und ist umgeben von traumhaften Bergen und weißen Sandstränden, grünen Regenwäldern und tiefblauem Meer. Wer sich unter die Bevölkerung mit dem wohl weltweit meisten Sex-Appeal mischt, wird mit einem berauschenden tropischen Cocktail und dem Gefühl belohnt, im Paradies angekommen zu sein.

Die *cariocas*, wie die Einwohner Rios genannt werden, leben im Rhythmus der verführerischen Samba-Klänge und haben die Kunst des Lebens perfektioniert. Sie leben für den Moment, tummeln sich an den weltberühmten Stränden von Copacabana und Ipanema, genießen die Aussicht vom Corcovado und Pão de Açúcar und feiern in den Tanzsälen, Bars und Open-Air-Cafés, die überall in der Stadt zu finden sind. Seit Jahrhunderten zieht das Paradies die Besucher in seinen Bann, die sich von diesem auf unterschiedlichste Art und Weise verführen lassen. Lust auf Surfen vor Prainha, Wanderungen in den Regenwäldern von Tijuca, Segeltörns in der Guanabára-Bucht oder Tanzvergnügen in Lapa? Oder darf's einfach nur ein wenig Leute beobachten am Strand von Ipanema sein?

Obwohl Rio einige ernsthafte Probleme hat, denken viele Bewohner (und auch Ausländer) nicht mal im Traum daran, irgendwo anders leben zu wollen. Wer will da an einen Zufall glauben, dass Christus gerade hier mit ausgebreiteten Armen über die Stadt wacht.

GESCHICHTE
Ihren Namen verdankt die Stadt frühen portugiesischen Entdeckungsreisenden, die im Januar 1502 in der großen Bucht landeten (Baía de Guanabara). Im Irrglauben, die Bucht sei ein Fluss, gaben sie ihr den Namen Rio de Janeiro (Fluss des Januars). Dann aber waren die Franzosen die ersten Siedler, die sich an der Bucht niederließen und 1555 die Kolonie France Antarctique gründeten. Da die Portugiesen jedoch fürchteten, die Franzosen könnten die Macht an sich reißen, vertrieben sie sie 1567 – und blieben selbst hier. Dank der Zuckerrohrplantagen und des Sklavenhandels verwandelte sich Portugals neue Kolonie in eine bedeutende Siedlung und wuchs während des Goldrauschs in Minas Gerais im 18. Jh. stark an. 1763 verdrängte Rio mit einer Bevölkerung von 50 000 Salvador als Hauptstadt der Kolonie. 1900 – nach einem Kaffeeboom, einer Einwanderungswelle aus Europa und dem Zulauf von ehemaligen Sklaven – hatte Rio schon 800 000 Einwohner.

Die goldene Zeit Rios währte von den 1920er- bis in die 1950er-Jahre hinein, als die internationale High Society es als exotisches Reiseziel für sich entdeckte. Doch leider waren die guten Tage nicht von Dauer. Als 1960 Brasília Hauptstadt wurde, schlug sich Rio schon mit Problemen herum, die es auch das nächste halbe Jahrhundert beschäftigte. Zuwanderer strömten aus den armen Gebieten des Landes in die *favelas* und die Zahl der Bedürftigen der Stadt stieg an. Und die *cidade maravilhosa* der 1990er-Jahre machte sich eher einen Namen als *cidade partida* – die geteilte Stadt. Diese Bezeichnung spiegelt die immer größer werdende Kluft zwischen Arm und Reich wider.

Aber trotz aller Probleme hat Rio auch Erfolge vorzuweisen. Im Juli 2007 richtete es beispielsweise die Panamerikanischen Spiele aus. Und in Rio fiel auch der Startschuss für das Projekt Favela-Bairro, das den *favelas* besseren Zugang zu sanitären Einrichtungen, Kliniken und öffentlichen Verkehrsmitteln verschaffte. Mittlerweile finden die städtische Sanierung und Gentrifizierung auch im Centro, in Lapa, Santa Teresa und Teilen der Zona Sul ihre Fortsetzung.

ORIENTIERUNG
Rio kann in zwei Zonen unterteilt werden: die aus Industrie- und Arbeitervierteln bestehende Zona Norte (Nordzone) und die Zona Sul (Südzone) mit Vierteln der Mittel- oder Oberschicht und bekannten Stränden. Das Centro, das Geschäftsviertel und die Stelle der ersten Siedlung markieren die Grenze dazwischen. Hier wie dort finden sich etliche bedeutende Museen und Kolonialbauten.

Die für Traveller interessantesten Gegenden Rios erstrecken sich entlang der Küste der

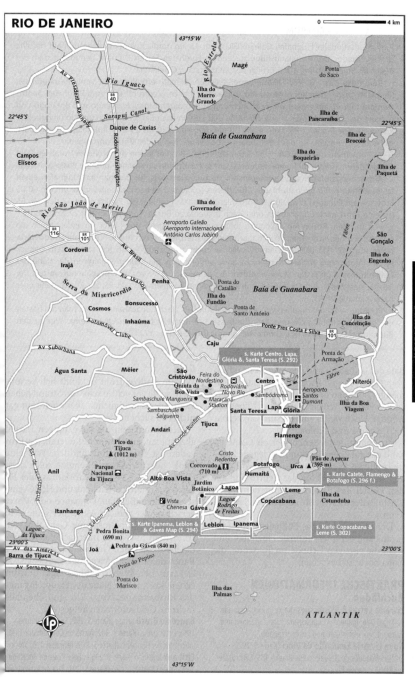

DER WEG INS ZENTRUM

Rios internationaler Flughafen Galeão (GIG) liegt 15 km nördlich vom Stadtzentrum auf der Ilha do Governador. Der für Inlandsflüge zuständige Flughafen Santos Dumont befindet sich an der Bucht im Stadtzentrum, 1 km östlich der Metrostation Cinelândia.

Real Auto Bus (☎ 0800-240-850) betreibt sichere, klimatisierte Busse, die vom internationalen Flughafen zum Busbahnhof Novo Rio, zur Av Rio Branco (Zentrum) und zum Flughafen Santos Dumont fahren, außerdem weiter in Richtung Süden durch Glória, Flamengo und Botafogo und entlang der Strände Copacabana, Ipanema und Leblon nach Barra da Tijuca (und in umgekehrte Richtung). Die Busse (7 R$) fahren alle 30 Minuten von 5.30 bis 23 Uhr und halten überall dort, wo man es wünscht. An der Haltestelle Carioca kann man in die Metro umsteigen.

Wer zu einem der Flughäfen will, kann einen Real-Bus vor jedem der größeren Hotels entlang der größeren Strände nehmen; man muss auf sich aufmerksam machen und die Busse anhalten.

Am sichersten, aber auch am teuersten sind die Funktaxis, für die man am Flughafen einen festen Betrag zahlt. Ein gelb-blaues öffentliches *(comum)* Taxi nach Ipanema sollte um die 60 R$ kosten – ein Funktaxi etwa 80 R$. Vom Inlandsflughafen schlägt ein Funktaxi mit 37 bzw. 46 R$ für eine Fahrt nach Copacabana oder nach Ipanema zu Buche; *comums* kosten 22 bzw. 28 R$.

Wer mit dem Bus in Rio ankommt, sollte ein Taxi zu seinem Hotel oder zumindest bis in die Gegend nehmen, in der man sich einquartieren möchte: Die Gegend um den Busbahnhof **Rodoviária Novo Rio** (☎ 3213-1800; Av Francisco Bicalho) ist recht zwielichtig – und mit komplettem Gepäck in einem Stadtbus zu fahren, ist nicht ganz ungefährlich. Ein kleiner Schalter in der Nähe der Geldautomaten im ersten Stock vermittelt die gelben Taxis, die vor dem Busbahnhof warten. Die Fahrtkosten zum Internationalen Flughafen betragen beispielsweise 45 R$, zur Copacabana oder nach Ipanema 21 R$.

Stadtbusse fahren draußen vor dem Busbahnhof ab. Nach Copacabana kommt man am besten mit den Bussen 127, 128 und 136, die Busse 128 und 172 fahren nach Ipanema. Wer zu den Budgethotels in Catete und Glória will, nimmt Bus 136 oder 172.

Baía de Guanabara und des Atlantiks. Südlich vom Centro liegen Lapa, Glória, Catete, Flamengo, Botafogo und Urca, die von der Spitze des Pão de Açúcar (Zuckerhut) überragt werden. Noch weiter südlich sind Copacabana, Ipanema und Leblon.

Zu den anderen sehenswerten Gebieten zählt das auf einer Bergkuppe gelegene kolonialzeitliche Viertel Santa Teresa, von dem aus man einen Blick auf das Centro und auf den Gipfel des Corcovado mit der Statue Cristo Redentor (Christus der Erlöser) werfen kann.

Der Busbahnhof, das Fußballstadion Maracanã und der internationale Flughafen sind wohl die einzigen Gründe für Reisende, die Zona norte zu besuchen.

PRAKTISCHE INFORMATIONEN
Buchläden
Livraria Letras & Expressões (Karte S. 294; Visconde de Pirajá 276, Ipanema) Englischsprachige Zeitungen und Zeitschriften, gutes Café und Internetzugang.

Nova Livraria Leonardo da Vinci (Karte S. 292; Edifício Marquês de Herval; Av Rio Branco 185, Centro) Der größte Buchladen Rios.

Geld
Wer im Stadtzentrum Geld mit sich herumträgt, sollte vorsichtig sein. Am Strand haben Wertgegenstände nichts, aber auch rein gar nichts zu suchen.

Geldautomaten, die die gängigen Karten akzeptieren, gibt's zwar fast überall, das Prozedere ist aber oft umständlich. Wer eine Bank- oder Kreditkarte benutzt, sollte nach Geldautomaten von Banco24Horas oder Filialen der Bradesco, Citibank und HSBC Ausschau halten. Bei Itaú, Unibanco oder Caixa verschwendet man als Ausländer seine Zeit; dort können nur Brasilianer Geld abheben. Im dritten Stock des internationalen Flughafens finden sich Geldautomaten von der Banco do Brasil, im **Ankunftsbereich** (⊗ 6.30–23 Uhr) tauschen Wechselstuben Geld um. Im ersten Stock in der Nähe des Haupteingangs des Busbahnhofs Novo Rio sind ebenfalls mehrere Geldautomaten aufgestellt.

Banco do Brasil Centro (Karte S. 292; Senador Dantas 105); Copacabana (Karte S. 302; Av NS de Copacabana 594); Internationaler Flughafen (Karte S. 289; Terminal 1, 3. Stock)

Citibank Botafogo (Karte S. 296 f.; Ecke Praia de Botafogo & Marqués Olinda); Centro (Karte S. 292; Rua da Assembléia

100); Copacabana (Karte S. 302; Av NS de Copacabana 828)
Ipanema (Karte S. 294; Visconde de Pirajá 459A) Leblon
(Karte S. 294; Visconde de Pirajá 1260A)
HSBC Centro (Karte S. 292; Av Rio Branco 108) Leblon (Karte S. 294; Ecke Visconde de Pirajá & Rainha Guilhermina)

Geld umtauschen kann man in den *casas de cambio* (Wechselstuben) hinter dem Copacabana Palace Hotel in Copacabana und in der Visconde da Pirajá in der Nähe der Praça General Osório in Ipanema. Im Centro finden sich Wechselstuben in der Av Rio Branco direkt nördlich der Av Presidente Vargas.
Bradesco Câmbio Exchange (Karte S. 302; Av Atlântica 1702, Copacabana) Offizielle AMEX-Wechselstube.
Casa Aliança (Karte S. 292; Miguel Couto 35B, Centro)
Casa Universal (Karte S. 302; Av NS de Copacabana 371, Copacabana)

Internetzugang
In den meisten Jugendherbergen und Hotels kommt man ins Internet.
Central Fone (Karte S. 292; UG, Av Rio Branco 156; 8,30 R$/Std.) Auch praktisch für Telefonate ins Ausland.
Cyber Point (Karte S. 302; Av NS de Copacabana 445, Copacabana; 6 R$/Std.)
Cybertur (Karte S. 294; loja B, Vinícius de Moraes 129; 6,50 R$/Std.)
Euro Cyber Café (Karte S. 296 f.; Correia Dutra 39B, Catete; 3 R$/Std.)

Medizinische Versorgung
Cardio Trauma Ipanema (Karte S. 294; ☎ 2247-8403; Farme de Amoedo 88)
Hospital Ipanema (Karte S. 294; ☎ 3111-2300; Antônio Parreiras 67, Ipanema)

Notfall
Touristenpolizei (Karte S. 294; ☎ 3399-7170; Ecke Av Afrânio de Melo Franco & Humberto de Campos, Leblon; 24 Std.) Wer bestohlen wurde, bekommt hier eine Bestätigung für die Versicherung.

NICHT VERPASSEN

- Sonnenuntergang am Ipanema
- Sambaclubs in Lapa
- den Blick vom Zuckerhut
- einen Bummel durch Santa Teresa
- eine Fahrt mit der Zahnradbahn zum Cristo Redentor
- den Fußballwahnsinn im Maracanã

Post
Correios (Postfilialen) gibt's in ganz Rio.
Hauptpost (Karte S. 292; Primeiro de Março 64, Centro).
Post Botafogo (Karte S. 296 f.; Praia de Botafogo 324); Copacabana (Karte S. 302; Av NS de Copacabana 540); Ipanema (Karte S. 294; Prudente de Morais 147)

Touristeninformation
Alô Rio (☎ 0800-285-0555; Mo–Fr 9–17 Uhr) Gebührenfreie Nummer, englischsprachiges Personal.
Riotur Centro (Karte S. 292; ☎ 2271-7000; Praça Pio X 119; www.riodejaneiro-turismo.com.br; Mo–Fr 9–18 Uhr); Busbahnhof (außerhalb der Karte S. 292; Rodoviária Novo Rio; 7–23 Uhr); Copacabana (Karte S. 302; Av Princesa Isabel 183; Mo–Fr 9–18 Uhr); internat. Flughafen (Karte S. 289; 6–22 Uhr) Hilfreiche Touristeninfo.

GEFAHREN & ÄRGERNISSE
Es lässt sich nicht leugnen: Kriminalität und Gewalt setzen Rio kräftig zu. Die meisten Schlagzeilen macht aber der ständige Krieg zwischen Polizei und Drogendealern, die in einigen *favelas* rund um die Stadt ihr Unwesen treiben. Dieser ist zwar ein extrem ernst zu nehmendes Problem, hat aber kaum Auswirkungen auf Touristen, hat doch die Sicherheit in den anderen Stadtteilen in letzter Zeit zugenommen. Die massive Polizeipräsenz in Touristenhochburgen und mehr Überwachungskameras rund um die Hotels in Copacabana haben dazu geführt, dass weniger Überfälle auf Touristen gezählt wurden. Wer sich vernünftig verhält und einige Vorsichtsmaßnahmen trifft, um die Risiken zu minimieren, wird höchstens ein paar schlimme Kater davontragen.

Busse sind bekanntermaßen beliebte Betätigungsfelder für Diebe, während der Fahrt also immer die Augen offen halten. Nach Einbruch der Dunkelheit sollte man Busse meiden – nachts ist es sehr ratsam, ein Taxi zu nehmen, um nicht an einsamen Straßen und Stränden entlanggehen zu müssen. Dies gilt besonders für das Centro, um das man an den Wochenenden, wenn es menschenleer und gefährlich ist, einen Bogen machen sollte.

Auch Strände sind bei Dieben beliebt. Also nichts Wertvolles mit an den Strand nehmen und immer wachsam sein – besonders an Feiertagen (etwa an Karneval), wenn die Strände hoffnungslos überfüllt sind. Rios Taschendiebe sind wahre Zauberkünstler.

Besonders aufpassen sollte man auch in Sackgassen oder Straßen, die in *favelas* führen, d. h. am nördliche Ende der Farme de Amoe-

292 RIO DE JANEIRO •• Centro, Lapa, Glória & Santa Teresa

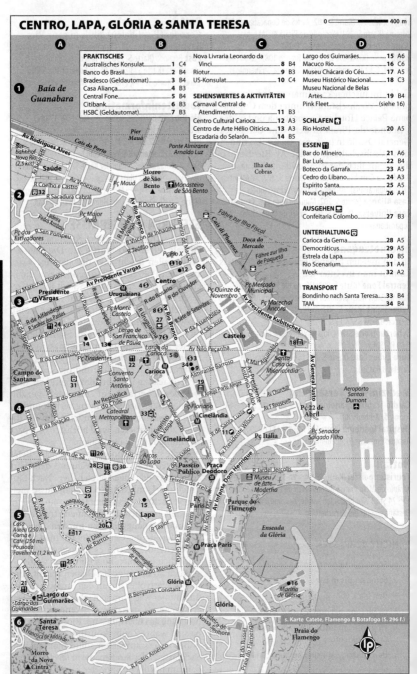

do in Ipanema und am nordwestlichen Ende der Djalma Ulrich in Copacabana.

Ein Besuch des Fußballstadions Maracanã ist zweifelsohne ein unvergessliches Erlebnis, man sollte jedoch nur so viel Geld mitnehmen, wie man an dem Tag braucht und die überfüllten Bereiche meiden. Die *favelas* sollte man nur mit einem Führer betreten, der sich gut auskennt.

Wer das Pech hat, überfallen zu werden, sollte die geforderten Sachen sofort herausrücken. Die Räuber fuchteln mit ihren Waffen nicht nur als reine Drohgebärde herum, sondern machen nur allzu gern von ihnen Gebrauch, wenn sie provoziert werden. Es ist ratsam, ein dickes Bündel mit kleinen Geldscheinen dabei zu haben, die man notfalls dem Täter aushändigen kann.

Auf S. 413 gibt's weitere Tipps, wie man der Kriminalität aus dem Weg gehen kann.

SEHENSWERTES

Sand, Himmel und Meer sind bei Weitem nicht die einzigen Attraktionen Rios: Auf Besucher warten historische Viertel, farbenfrohe Museen, Kirchen aus der Kolonialzeit, malerische Gärten und spektakuläre Aussichten.

Ipanema & Leblon

Die Viertel Ipanema und Leblon (Karte S. 294), die durch einen zauberhaften Strand und schöne baumgesäumte Straßen bestechen, sind Rios schönste Ausflugsziele und beliebte Wohnorte für junge und schöne (und reiche) *cariocas*. Verschiedene Gruppen dominieren einzelne Strandabschnitte: Posto 9 an der Vinícius de Moraes ist der Treffpunkt für die Schönen, ganz in der Nähe – gegenüber von Farme de Amoedo – ist der Bereich für Schwule. Und Posto 11 in Leblon ist bei Familien beliebt.

Das beliebte Surfgebiet Arpoador liegt zwischen Ipanema und Copacabana. Überall am Strand können die Wellen hoch und die Strömungen stark werden – also nur da schwimmen, wo es die Einheimischen auch tun.

Copacabana & Leme

Der traumhaft geschwungene Strand von Copacabana (Karte S. 302) ist 4,5 km lang und pulsiert nur so vor Energie. Touristen, Prostituierte und Kinder aus den *favelas* – alle sind sie Teil einer ausgelassenen Menschenparade. Dutzende Restaurants und Bars mit Blick auf das Meer reihen sich entlang der Av Atlântica.

Wer zur Copacabana will, sollte nur das Notwendigste mitnehmen und sich nachts niemals alleine am Strand aufhalten. Besonders an den Wochenenden, wenn kaum Einheimische am Strand sind, sollte man auf sich und seine sieben Sachen aufpassen.

Santa Teresa

Das auf einem Hügel über der Stadt gelegene Santa Teresa (Karte S. 292) bewahrt mit Kopfsteinpflaster und alternden Herrenhäusern den Charme vergangener Tage. Immer mehr Künstler und andere unkonventionelle Menschen wohnen in dem Viertel und genießen die farbenfrohen Restaurants und Bars. An den Wochenenden ist die Gegend um den Largo do Guimarães und den Largo das Neves ein lebendiger Szenetreff.

Das **Museu Chácara do Céu** (Karte S. 292; Murtinho Nobre 93; Eintritt 2 R$; Mi–Mo 12–17 Uhr) ist ein nettes Kunst- und Antiquitätenmuseum in einer alten Industriellenvilla mit schönem Garten und tollem Ausblick.

Auf keinen Fall verpassen sollte man Rios berühmteste Treppe, die **Escadaria de Selarón**, das anscheinend nie fertig werdende Werk eines exzentrischen chilenischen Künstlers, der seit 1990 die 215 Stufen von Santa Teresa nach Lapa mit mehr als 2000 Fliesen aus 120 Ländern mosaikartig geschmückt hat. Bloß nicht den Fotoapparat vergessen!

Nach Santa Teresa kommt man mit dem **bondinho** (Straßenbahn; Karte S. 292; Fahrkarte 0,60 R$; 6.40–20.40 Uhr) ab der Haltestelle Professor Lélio Gama hinter Petrobras. An Wochenenden sollte man ein Taxi zur Straßenbahnhaltestelle nehmen, da in den umliegenden Straßen Diebe ihr Unwesen treiben.

Urca & Botafogo

Die ruhigen Straßen von Urca (Karte S. 296 f.) bieten eine willkommene Abwechslung zur städtischen Hektik. Nette Spaziergänge verlaufen entlang der Ufermauer am Corcovado und der Straßen dahinter. Ebenso lohnend ist der Naturpfad **Trilha Claudio Coutinho** (Karte S. 296 f.; 8–18 Uhr).

Der **Pão de Açúcar** (Zuckerhut; Karte S. 296 f.; 2546-8400; www.bodinho.com.br; Erw./Kind 44/22 R$; 8–19.50 Uhr), Rios weltberühmtes, 396 m hohes Wahrzeichen, bietet eine grandiose Aussicht über die Stadt. Besonders spektakulär ist der Blick an klaren Tagen in der Abenddämmerung. Auf den Gipfel gelangt man mit der Seilbahn. Am Morro da Urca (215 m) muss man um-

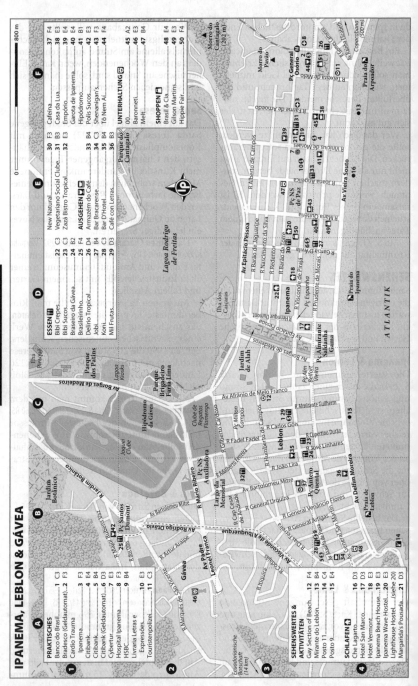

steigen. Wer will, kann auch einen Zwischenstopp einlegen und sich einen kurzen historischen Film anschauen oder die Flugzeuge beobachten, die bei ihrem Landeanflug auf Santos Dumont beinahe den Berg streifen. Auch eine Wanderung hoch auf den Gipfel ist möglich (S. 298). Zum Zuckerhut nimmt man einen Bus in Richtung Urca (Bus 107 ab Centro od. Flamengo, Bus 500, 511 od. 512 ab Zona Sul).

Cosme Velho

Auf dem Gipfel des 710 m hohen Corcovado (Buckel) wacht die Statue **Cristo Redentor** (Christus der Erlöser; Karte S. 289) über Rio de Janeiro. 2007 wurde sie zu einem der Neuen Sieben Weltwunder gekürt. Der Blick über die Stadt ist nicht weniger fantastisch als vom Zuckerhut. Hoch geht's mit der **Zahnradbahn** (☎ 2558-1329; www.corcovado.com.br; hin & zurück 45 R$; ☼ 8.30–18.30 Uhr), die an der Cosme Velho 513 startet; zur Zahnradbahn wiederum kommt man mit dem Taxi oder einem Bus nach Cosme Velho (180, 184, 583 & 584). Wem das Auto lieber ist, der kann ab Paineiras den Kleinbus nehmen. Dieser startet zwischen 8 und 17.30 Uhr alle 15 Minuten (30 R$). Den Trip macht man am besten an einem Tag mit klarer Sicht.

Centro

Im lebhaften Geschäftszentrum von Rio erinnert viel an die großartige Vergangenheit der Stadt. In den Himmel ragende barocke Kirchen, große Plätze und Straßen mit Kopfsteinpflaster gibt's im ganzen Bezirk, für den man sich einen Nachmittag Zeit nehmen sollte.

Das große **Museu Histórico Nacional** (Karte S. 292; ☎ 2562-6042; www.museuhistoriconacional.com.br; Av General Justo nahe Praça Marechal Âncora; Eintritt 6 R$, So frei; ☼ Di–So 9–17 Uhr) ist in einem ehemaligen kolonialzeitlichen Arsenal aus dem 18. Jh. untergebracht. Es beherbergt Tausende von Exponaten zur Geschichte Brasiliens von seiner Gründung bis zu den frühen Tagen der Republik.

Das in einem neoklassizistischen Gebäude aus dem 19. Jh. untergebrachte, avantgardistische **Centro de Arte Hélio Oiticica** (Karte S. 292; ☎ 2242-1012; Luis de Camões 68; ☼ Mo–Fr 11–18, Sa & So 11–17 Uhr) zeigt schöne zeitgenössische Kunst.

Im kleinen **Museu Nacional de Belas Artes** (Karte S. 292; ☎ 2240-0068; www.mnba.gov.br; Av Rio Branco 199; Eintritt 5 R$, So frei; ☼ Di–Fr 10–18, Sa & So 12–17 Uhr) sind ausgezeichnete Werke aus dem 17. bis 20. Jh. zu sehen, u. a. brasilianische Klassiker wie *Café* von Cândido Portinari.

Catete & Flamengo

In den Arbeitervierteln südlich vom Centro gibt es einige Attraktionen zu entdecken.

Das **Museu da República** (Karte S. 296 f.; ☎ 3235-2650; www.museudarepublica.org.br; Rua do Catete 153; Eintritt 6 R$, Mi & So frei; ☼ Di–Fr 12–18, Sa & So 14–18 Uhr) ist in dem wunderschönen Palácio do Catete aus dem 19. Jh. beheimatet, der bis 1954 als Präsidentenpalast Brasiliens diente. Es beherbergt eine Sammlung von Kunstwerken und Artefakten aus der Zeit der Republik. Zudem kann das schaurige Zimmer besichtigt werden, in dem Präsident Getúlio Vargas Selbstmord beging und das seitdem unverändert blieb.

Im **Parque do Catete**, den ehemaligen Palastanlagen, gibt es ein nettes Freiluftcafé und einen kleinen Teich.

Das **Centro Cultural Oi Futuro** (Karte S. 296 f.; ☎ 3131-6060; www.oifuturo.org.br; Dois de Dezembro 63, Flamengo; ☼ Di–So 11–20 Uhr) beherbergt zeitgenössische Multimedia-Installationen, ein Theater und verschiedene Kunstgalerien.

Jardim Botânico & Lagoa

Im **Botanischen Garten** (Karte S. 289; Jardim Botânico 920; Eintritt 5 R$; ☼ 8–17 Uhr) gedeihen über 5000 verschiedene Pflanzenarten. Unter der Woche herrscht eine ruhige, heitere Atmosphäre, an den Wochenenden aber füllt er sich mit Familien und Musik. Hin geht's mit einem Bus mit Ziel Jardim Botânico oder den Bussen mit der Aufschrift „Via Jóquei".

Direkt nördlich von Ipanema erstreckt sich die **Lagoa Rodrigo de Freitas** (Karte S. 294), eine pittoreske Salzwasserlagune, um die ein Wander- und Fahrradweg führt. Die Kioskbuden am See sind ein malerischer Ort, um im Freien zu essen. An Wochenenden gibt's abends Livemusik.

Parque Nacional da Tijuca

Nur 15 Minuten von den Zementbauten der Copacabana entfernt verlaufen Wanderwege durch üppig grünen tropischen Regenwald. Durch das 120 km² große Schutzgebiet des **Parque Nacional da Tijuca** (Karte S. 289; ☼ 7 Uhr–Sonnenuntergang), ein Relikt des atlantischen Regenwalds, führen sehr gut markierte Wege zu kleinen Anhöhen und Wasserfällen. Karten sind am Eingang im Kunsthandwerksladen erhältlich.

Am unkompliziertesten ist die Anfahrt per Auto, alternativ nimmt man den Bus 221, 233 oder 234 bzw. die Metro nach Saens Peña; von

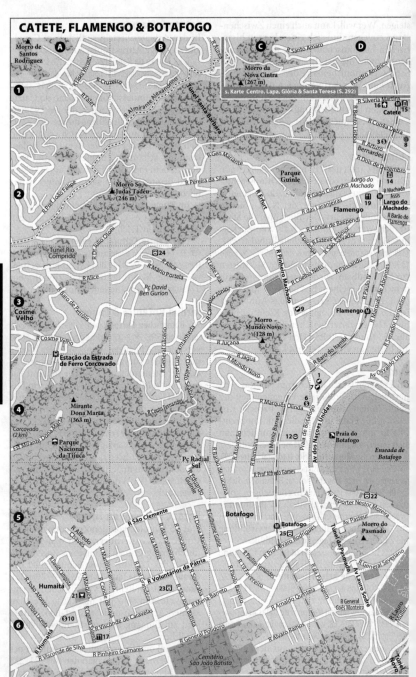

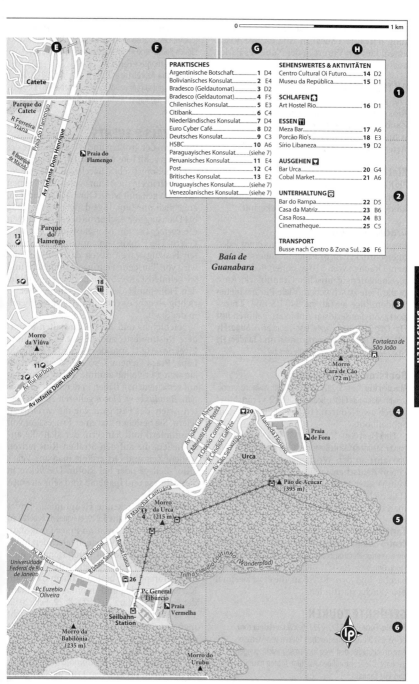

hier fährt man weiter mit dem Bus in Richtung Barra da Tijuca. In Alta da Boa Vista, einem kleinen Vorort in der Nähe des Parks, aussteigen!

AKTIVITÄTEN

Die grünen Berge und die glitzernde Küste Rios schreien geradezu nach Aktivitäten. Den Zauber dieser Gegend kann man an einem sonnendurchtränkten Nachmittag auf viele Arten kennenlernen.

Klettern

Rio Hiking (☎ 2552-9204; www.riohiking.com.br; Klettertouren/Wanderungen ab 165/150 R$) bietet äußerst lohnende Klettertouren am Zuckerhut.

Drachenfliegen

Es gehört sicher zu den Highlights eines jeden unerschrockenen Brasilienurlaubers, mit einem Drachen vom 510 m hohen Pedra Bonita, einem der gigantischen Granitblöcke Rios, in die Tiefe zu schweben. Viele Piloten bieten Tandemflüge an (ab ca. 240 R$ inkl. Transport). Zu den seriösen Anbietern gehören **Just Fly** (☎ 2268-0565; www.justfly.com.br), **SuperFly** (☎ 3322-2286; www.riosuperfly.com.br) und **Tandem Fly** (☎ 2422-6371; www.riotandemfly.com.br).

Bootstouren in der Bucht

Macuco Rio (Karte S. 292; ☎ 2205-0390; www.macucorio.com.br; Marina da Glória; Bootstour 100 R$) veranstaltet täglich zwei Touren (10 & 14 Uhr) in einem Schnellboot.

Pink Fleet (Karte S. 292; ☎ 2555-4063; www.pinkfleet.com.br; Marina da Glória; Bootstour 80 R$; Fr 9.30, Sa 11.45 Uhr) fährt an den Wochenenden (2 Std.) mit einem deutschen Luxusschiff zu den besten vom Wasser zugänglichen Attraktionen Rios. (Die nicht im Preis enthaltene Mahlzeit kann man sich schenken.)

Tanzkurse

Centro Cultural Carioca (Karte S. 292; ☎ 2252-5751; www.centroculturalcarioca.com.br; Sete de Setembro 237, 3. Stock, Centro; Mo-Fr 11–20 Uhr) bietet einstündige Samba- und *forró*-Kurse an, die etwa zweimal pro Woche stattfinden.

GEFÜHRTE TOUREN

Favela Tour (☎ 3322-2727; www.favelatour.com.br; 65 R$) Die aufschlussreichen Touren von Marcelo Armstrong haben den Weg für *favela*-Besichtigungen geebnet. Die dreistündigen Ausflüge führen nach Rocinha und Vila Canoas.

Santa Teresa Tour (☎ 2509-6875; www.santateresatour.com.br; Tour ab 35 R$) Geboten werden zweimal täglich Kultur- und Architekturtouren durch Rios geschichtsträchtigstes Viertel.

Tamandoa Adventure (Karte S. 302; ☎ 3181-1750; www.tamandoa.com.br; Av NS de Copacabana 613 No 601; Tour ab 40 R$) Kajak-, Kletter- und Abseiltouren in Rio und Niterói.

FESTIVALS & EVENTS

Zu einem der größten und wildesten Feste des Planeten zählt Rios **Karneval**, ein farbenprächtiges, hedonistisches Bacchanal, das für gewöhnlich in einem Atemzug mit dem Namen der Stadt genannt wird. Obwohl der Karneval angeblich nur fünf Tage dauert (von Freitag bis Dienstag vor Aschermittwoch), beginnen die *cariocas* schon Monate vorher mit dem Feiern. Die Parade von aufwendig gearbeiteten Festzugswagen durch das *sambódromo* wird von Tausenden eifrigen Trommlern und wirbelnden Tänzerinnen begleitet und bildet den Höhepunkt der Festlichkeiten. Aber so richtig ab geht es erst auf den Partys überall in der Stadt.

Nachtclubs und Bars veranstalten besondere Kostümfeste, zudem gibt es kostenlose Livekonzerte (Largo do Machado, Arcos do Lapa, Praça General Osório). Wem es nach ein wenig Frivolität zumute ist, der kann sich auf verschiedenen Bällen in der Stadt vergnügen. *Bandas* bzw. *blocos* gehören zu den besten Arten, das Fest ganz wie die *cariocas* zu feiern. Sie bestehen aus einer Prozession von Trommlern und Sängern, der sich alle anschließen, die auf den Straßen Rios tanzen wollen. Zeit und Ort erfährt man aus *Veja's* „Rio"-Beilage oder bei Riotur. Die *blocos* in Santa Teresa und Ipanema sind sehr zu empfehlen.

Der beeindruckende Hauptumzug findet im **Sambódromo** (Karte S. 289; Marques do Sapuçaí) in der Nähe der Metrostation Praça Onze statt. Vor 30 000 überschwänglich feiernden Menschen darf jede der 14 Sambaschulen eine Stunde lang ihr Können demonstrieren – einfach betörend! Die besten Schulen treten am Karnevalssonntag und -montag gegeneinander an (6. & 7. März 2011; 21. & 22. Feb. 2012; 12. & 13. Feb. 2013). Am sichersten erreicht man das *sambódromo* mit dem Taxi oder mit der Metro, die während der Festivitäten rund um die Uhr fährt.

Infos zum Kauf von *sambódromo*-Tickets zu offiziellen Preisen (ca. 110–300 R$) gibt's bei Riotur, in der **Central de Atendimento** (Karte S. 292; ☎ 2233-8151; Alfândega 25; ☉ Mo–Fr 10–16 Uhr) und auf der offiziellen Website (www.riocarnival.net). Fürs Wochenende sind die meisten Tickets früh ausverkauft, sodass man auf die Gnade der Schwarzmarkthändler angewiesen ist (nicht danach suchen – sie finden einen!). Oder man geht einfach um Mitternacht zum *sambódromo* – dann bekommt man Karten für die Haupttribüne zum halben Preis oder sogar noch billiger, je nach Uhrzeit und Platz.

Nicht vergessen: Der Karneval ist ein teurer Spaß. Die Zimmerpreise können sich daher gut und gern vervierfachen. Auch einige Straßendiebe haben den Karneval für sich entdeckt und gehen verkleidet auf Beutezug.

SCHLAFEN

Da in den letzten Jahren Dutzende von Hostels eröffnet wurden, erfreut sich Rio bei Backpackern steigender Beliebtheit. Ipanema und Leblon sind die ansprechendsten Viertel und eine gute Ausgangsbasis für Besichtigungen; wer sich hier ein Quartier sucht, muss allerdings etwas tiefer in die Tasche greifen. Die meisten richtigen Budgetunterkünfte befinden sich in den schäbigeren Arbeitervierteln Catete und Gloria.

Für den Zeitraum von Dezember bis Februar sollte man möglichst reservieren; für die Tage rund um Neujahr und den Karneval ist es ein absolutes Muss, Monate im Voraus zu buchen.

Ipanema & Leblon

Ipanema Wave Hostel (Karte S. 294; ☎ 2227-6458; wavehostel.com; Barão da Torre 175 No 5, Ipanema; B 35–39 R$; 🖵) Die Unterkunft mit Holzfußböden ist besonders bei jungen, lockeren Leuten beliebt. Sie hat gepflegte Gemeinschaftsbereiche und eine funkelnagelneue TV-Lounge in einem umgebauten Wassertank auf dem Dach. Die Unterkunft befindet sich in Ipanemas Hostel-Straße. Fußballdevotionalien aus der Heimat mitbringen – die werden hier gesammelt.

Che Lagarto (www.chelagarto.com) Ipanema (Karte S. 294; ☎ 2512-8076; Paul Redfern 48; B 38–50 R$, DZ mit/ohne Bad 152/133 R$; ❄ 🖵); Copacabana (Karte S. 302; ☎ 2256-2778; Anita Garibaldi 87; B 35–48 R$, DZ ab 131 R$; ❄ 🖵) Das beliebte fünfstöckige Hostel (mit lauter Bar) zieht vor allem Traveller an, die in der Nähe der Praia do Ipanema wohnen wollen. Unterkunft mit wenig Dekor und spartanisch eingerichteten Zimmern. Abends gibt's

Drink-Specials. Die auf Traveller zugeschnittene Infrastruktur macht dieses Hostel zu einer ausgezeichneten Wahl.

Lighthouse Hostel (Karte S. 294; ☎ 2522-1353; www.thelighthouse.com.br; Barão da Torre 175 No 20, Ipanema; B/Zi. ohne Bad 45/120 R$; 🖵) Farbenfrohes, kleines Hostel mit hellen Zimmern, direkt neben dem Ipanema Wave. Die Klimaanlage läuft nur nachts.

LP Tipp Ipanema Beach House (Karte S. 294; ☎ 3202-2693; www.ipanemahouse.com; Barão da Torre 485, Ipanema; B/DZ ohne Bad 45/140 R$; ❄ 🖵) Das umgebaute zweistöckige Haus aus dem Jahr 1918 gehört wahrscheinlich zu Rios stimmungsvollsten Hostels. Es hat Schlafsäle mit sechs und neun Betten, Doppelzimmer, geräumige Aufenthaltsräume drinnen und draußen, eine kleine Bar und einen wunderschönen Pool. Es gab aber auch schon Beschwerden. Zum Zeitpunkt der Recherchen waren die Betreiber damit beschäftigt, in der gleichen Straße eine weitere Unterkunft, Bonita, mit mehr Einzel- und Doppelzimmern einzurichten.

Margarida's Pousada (Karte S. 294; ☎ 2239-1840; margaridacaneiro@hotmail.com; Barão da Torre 600, Ipanema; EZ/DZ/3BZ 100/150/180 R$; ❄ 🖵) Gut gelegenes Gästehaus mit gemütlichen Zimmern in einem kleinen zweistöckigen Haus.

Hotel San Marco (Karte S. 294; ☎ 2540-5032; www.sanmarcohotel.net; Visconde de Pirajá 524, Ipanema; EZ 150–198 R$, DZ 167–215 R$; ❄ 🖵) Einfaches Mittelklassehotel mit sauberen Zimmern, TV, Minibar und Safe im Zimmer. Die türkisfarbenen Tagesdecken sind nicht unbedingt hitverdächtig.

Hotel Vermont (Karte S. 294; ☎ 2522-0057; hotelvermont.com.br; Visconde de Pirajá 254, Ipanema; EZ/DZ/3BZ 286/308/385 R$; ❄ 🖵) Nach der seit Langem fälligen Renovierung hat sich das einst schäbige Mittelklassehotel zur recht teuren, aber stylishen Unterkunft gemausert. Die Zimmer halten aber nicht, was die Lobby verspricht.

Copacabana & Leme

Rio Backpackers (Karte S. 302; ☎ 2236-3803; www.riobackpackers.com.br; Travessa Santa Leocádia 38, Copacabana; B ab 35 R$, DZ/3BZ ab 100/120 R$; ❄ 🖵) In dem beliebten Hostel in Copacabana fühlen sich junge Backpacker wohl. Die Zimmer sind klein, sauber und gepflegt. Einige haben sogar einen Balkon. Nicht mehr benötigte Klamotten können beim Personal abgegeben werden, das diese dann an Obdachlose verteilt.

Hotel Toledo (Karte S. 302; ☎ 2257-1990; www.hoteltoledo.com.br; Domingos Ferreira 71, Copacabana; Minis/EZ/

DZ 90/115/250 R$; ☒ 🖳) Das Toledo liegt einen Block vom Strand entfernt. Es bietet altmodische, aber saubere Zimmer, von denen einige einer Schönheitskur unterzogen wurden. Die Preise fallen zwar recht hoch aus, die schuhschachtelgroßen Einzelzimmer (Minis) sind allerdings ein gutes Schnäppchen.

Jucati (Karte S. 302; ☎ 2547-5422; www.edificiojucati.com.br; Tenente Marones de Gusmão 85, Copacabana; EZ/DZ/3BZ 110/120/130 R$; ☒ 🖳) Die nicht beschilderte Budgetunterkunft in einer ruhigen Straße mit Blick auf einen kleinen Park hat einige der preisgünstigsten und geräumigsten Zimmer in Copacabana. (Die meisten sind mit Sitzecke und Kochnischen ausgestattet.) Tolle Unterkunft für Gruppen, da die Zimmer für sechs Personen nur 26 R$ pro Kopf kosten.

Pousada Girassol (Karte S. 302; ☎ 2256-6951; www.girassolpousada.com.br; Travessa Angrense 25A, Copacabana; EZ/DZ/3BZ 120/150/170 R$; ☒) Das Girassol ist eine von zwei kleinen *pousadas* (Gästehäusern) abseits der betriebsamen Av NS de Copacabana. Einfache Zimmer mit Bad, Holzfußboden und ausreichender Belüftung.

Hotel Santa Clara (Karte S. 302; ☎ 2256-2650; www.hotelsantaclara.com.br; Décio Vilares 316, Copacabana; EZ/DZ/3BZ 120/150/180 R$; ☒ 🖳) Das extrem sympathische, dreistöckige Hotel liegt versteckt in einer der ruhigsten Straßen Copacabanas. Am besten sind die Zimmer im Obergeschoss mit Holzfußboden, Fensterläden und Balkon.

Santa Teresa & Lapa

Pousada Favelinha (außerhalb der Karte S. 292; ☎ 2556-5273; www.favelinha.com; Almirante Alexandrino 2023, Santa Teresa; EZ/DZ 35/75 R$; 🖳) Unerschrockene Traveller werden sich in dieser kleinen *pousada* in der *favela* Pereira da Silva oberhalb von Santa Teresa wohlfühlen. Jedes Zimmer bietet einen Postkartenblick über Rio. Die Unterkunft zu finden, ist eine wahre Herausforderung.

Rio Hostel (Karte S. 292; ☎ 3852-0827; www.riohostel.com; Joaquim Murtinho 361; B/DZ ab 37/110 R$; 🖳 ♨) Das schöne, einladende Hostel ist als Ausgangspunkt ideal, um das ultimative Bohème-Viertel Rios zu erkunden. Es gibt einen großen Aufenthaltsbereich und allabendlich lebhafte Meetings am Pool.

Cama e Café (außerhalb der Karte S. 292; ☎ 2225-4366; www.camaecafe.com; Laurinda Santos Lobo 124, Santa Teresa; EZ/DZ ab 75/95 R$) Die ausgezeichnete B & B-Agentur vermittelt Travellern Zimmer bei Einheimischen wie Musikern, Literaten, Architekten, Chefköchen, die Gästezimmer in ihren Häusern vermieten. Das Spektrum reicht von einfach bis luxuriös. Auf der Internetseite sind die einzelnen Unterkünfte aufgelistet.

Casa Áurea (außerhalb Karte S. 292; ☎ 2242-5830; www.casaaurea.com.br; Áurea 80, Santa Teresa; EZ/DZ ab 130/150 R$) Durch die gründliche Renovierung ist das ehemalige Hostel in die *pousada*-Kategorie aufgestiegen, ohne seinen urigen Charme eingebüßt zu haben. Untergebracht ist es in einem der ältesten Häuser (1871) in diesem Viertel, nur einen kurzen Fußweg von der Straßenbahn entfernt.

Catete & Flamengo

Art Hostel Rio (Karte S. 296 f.; ☎ 2205-1083; Silveira Martins 135, Catete; B/DZ 29/58 R$, DZ 90–115 R$; ☒ 🖳) Ein Architekt hat ein klassisches Catete-Hotel in einem 125 Jahre alten Haus in ein schickes, ungezwungenes Hostel mit niedrigen Decken und Bädern in allen Zimmern verwandelt. Das Frühstück kommt im gehaltvollen *mineiro*-Stil daher!

ESSEN

In Rio gibt es unzählige Restaurants, die aber nicht immer billig sind. Die besten preiswerten Optionen sind Mittagsbuffets mit Selbstbedienung und Saftbars, die über die ganze Stadt verteilt sind und in denen man für ein Sandwich oder einen Hamburger zwischen 4 und 10 R$ zahlen muss. Besser, aber eben auch kostspieliger kann man in Leblon essen, vor allem in der Dias Ferreira, in der sich ein Restaurant ans nächste reiht. Eine weitere stimmungsvolle Adresse ist die Joaquim Murtinho in Santa Teresa.

Ipanema, Leblon & Gávea

Bibi Sucos (Karte S. 294; Visconde de Pirajá 591A; Açaís 3,40–8,30 R$) Bibis *açaís*, eine sorbetartige Speise aus einer Frucht aus dem Amazonasgebiet, gehören zu den besten Brasiliens. Um die Ecke in der Cupertino Durão gibt's Crêpes.

Mil Frutas (Karte S. 294; Garcia D'Ávila 134, Ipanema; Eiscreme ab 7 R$) Was gibt es in der Hitze Besseres als ein Eis aus Rios bester Gelateria. Die beliebtesten der vielen ausgefallenen Eissorten sind Guave und Käse.

Koni (Karte S. 294; Av Altaufa de Paiva 320, Leblon; Snacks 7–10,50 R$) Der leuchtend orangefarbene Hotspot für alle Freunde japanischen Essens hat seit der Eröffnung des ersten Ladens Ende 2006 noch 15 weitere Filialen in Rio eröffnet. Im Angebot sind frische Thunfisch- und Lachs-*temakis*. Am besten schmeckt der Lachs mit knackigen Wasabi-Erbsen und Lauchstreifen.

Delírio Tropical (Karte S. 294; Garcia D'Ávila 48, Ipanema; Salate 7,40–11,10 US$) Das luftige Delírio Tropical ist für seine leckeren Salate berühmt, die in vielen Variationen mit Suppe und warmen Speisen (vegetarische Burger, gegrillter Lachs) serviert werden.

Vegetariano Social Clube (Karte S. 294; Conde Bernadotte 26L, Leblon; Hauptgerichte ca. 12–24 R$) Die meisten Brasilianer schütteln schon bei bloßen Gedanken an Vegetarisches den Kopf: Und dennoch serviert dieses zenartige Lokal mittwochs und sonntags eher eine durchschnittliche *feijoada* (Eintopf mit Bohnen und Reis) mit Tofu.

Jobi (Karte S. 294; Cupertino Durão 81, Leblon; Mittagsspecials 15–30 R$; 12–1 Uhr) Das winzige, althergebrachte *boteco* (Eckkneipe) ist seit mehr als 50 Jahren eine Institution in Rio. Das *picanha* (Beefsteak) ist göttlich.

Braseiro da Gávea (Karte S. 294; Praça Santos Dumont, 116, Gávea; Hauptgerichte für 2 Pers. 27–56 R$) Laut *Veja Rio* hat man hier die besten Chancen auf einen Flirt. Singles treffen sich bei Bier und Grillgerichten. Der Service ist unglaublich schlecht, das Essen deftig. Bei Schauspielern beliebtes Lokal – wahrscheinlich, weil hier niemand mit ihnen flirtet!

New Natural (Karte S. 294; Barão da Torre 167; 33 R$/kg) Das ausgezeichnete Mittagsbuffet ist bei Travellern äußerst beliebt. Aus der Küche kommen frisch zubereitete Suppen, Reisgerichte, Gemüse und Bohnen.

Zazá Bistro Tropical (Karte S. 294; Joana Angélica 40, Ipanema; Hauptgerichte 36–49 R$; abends) Richtig reinhauen kann man bei Zazá, einem umgebauten Haus in Ipanema mit Retro-Dekor im französischen Kolonialstil. Die innovativen Gerichte mit Meeresfrüchten und die asiatisch angehauchten Currys sind delikat gewürzt.

Brasileirinho (Karte S. 294; Jangadeiros 10, Ipanema; Feijoada 38,90 R$) Das Brasileirinho wird von den gleichen Leute betrieben wie das etwas steifere Casa de Feijoada um die Ecke. Auf die Tische kommt natürlich die gleiche Variante von Rios Spezialgericht aus schwarzen Bohnen und gepökeltem Schweinefleisch, nur dass es hier 11 R$ billiger ist. Gäste erwartet zudem eine lockere und urigere Atmosphäre.

Copacabana & Leme
Bakers (Karte S. 302; Santa Clara 86B; Gebäckstücke 2,90–16,90 R$) Tolles Plätzchen, um sich ein knuspriges Croissant, ein Stück Strudel oder Kuchen zu gönnen und einen Kaffee zu schlürfen. Die leckeren Sandwiches bieten ein anständiges Preis-Leistungs-Verhältnis.

LP Tipp Le Blé Noir (Karte S. 302; Xavier da Silveira 19-A; Crêpes 5–51 R$; So geschl.) Die Gourmet-*creperia* mit den künstlerisch gestalteten Tischen, Kerzenschein und gedämpfter französischer Lounge-Musik lässt Pfannkuchen in einem ganz neuen Licht erscheinen. Im Angebot sind herzhafte und süße Crêpes. Man kann sich auch eine Platte mit französischen Käsesorten nach Wunsch zusammenstellen. Das sauer verdiente Geld ist hier gut angelegt.

Cervantes (Karte S. 302; Av Prado Junior 335B; Sandwiches 6–14 R$) Das Cervantes ist eine Institution in Copacabana und berühmt für seine Sandwiches mit Filet Mignon, Käse und Ananas. Die faden Pommes Frites lassen allerdings zu wünschen übrig.

Amir (Karte S. 302; Ronald de Carvalho 55C; Hauptgerichte 9–35 R$) Das gemütliche arabische Restaurant serviert ausgezeichneten Hummus, Falafeln und andere authentische Gerichte.

Temperarte (Karte S. 302; Av NS de Copacabana 266, Copacabana; All you can eat 17,90 R$; Mo–Sa mittags) In diesem Restaurant werden die Speisen nach Gewicht bezahlt. Als „All you can eat"-Variante gibt's Salate, Braten und Gemüse.

Boteco Belmonte (Karte S. 302; Domingos Ferreira 242, Copacabana; Hauptgerichte für 2 Pers. 27,50–88 R$) Das sehr beliebte *boteco* gehört zu einer Kette, die in den 1950er-Jahren von einem armen Bewohner des Nordostens gegründet wurde. Es serviert gute Speisen und eignet sich ganz wunderbar, um Leute zu beobachten. Die *moqueca* (Meeresfrüchteeintopf aus Bahia) kostet hier nur die Hälfte als anderswo – und jeder Bissen ist ein Genuss.

Kilograma (Karte S. 302; Av NS de Copacabana 1144; 36,90 R$/kg) In diesem guten Selbstbedienungsrestaurant bekommt man Salate, Fleisch, Meeresfrüchte und Desserts.

Centro
Cedro do Líbano (Karte S. 292; Senhor dos Passos 231; Gerichte 11,50–29,50 R$; Mo–Fr mittags) Rios ältestes arabisches Restaurant in einer wuseligen Marktstraße in der Fußgängerzone serviert mittags hervorragende *kafta*-Platten.

Bar Luís (Karte S. 292; Rua da Carioca 39; Hauptgerichte 15–60 R$; So geschl.) Die Bar Luís ist seit 1887 eine Institution in Rio. Serviert werden große Portionen deutscher Gerichte und dunkles Bier. Fast wie zu Hause.

Lapa & Santa Teresa
Bar do Mineiro (Karte S. 292; Paschoal Carlos Magno 99, Santa Teresa; Hauptgerichte 18–58 R$; Mo geschl.) Sehr

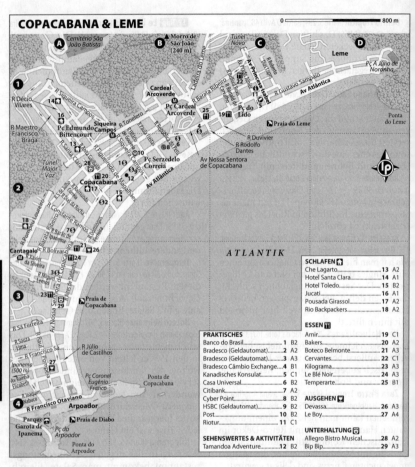

beliebtes Lokal in Santa Teresa. Auf der Speisekarte stehen traditionelle Minas-Gerichte wie *carne seca* (getrocknetes Fleisch mit Gewürzen), *lingüiça* (Schweinswurst) und samstags *feijoada*. Nach Feierabend trifft man sich hier auch nur auf einen Drink.

Espirito Santa (Karte S. 292; Almirante Alexandrino 264, Santa Teresa; Hauptgerichte 27–53 R$; Di geschl.) Das Espirito Santa befindet sich in einem wunderschön restaurierten Gebäude. Die köstlichen Amazonasgerichte kann man auf der rückwärtigen Terrasse mit umwerfendem Blick genießen.

Nova Capela (Karte S. 292; Av Mem de Sá 96; Hauptgerichte ab 30–68 R$) Das altmodische Nova Capela serviert portugiesische Gerichte und hat eine geschwätzige Kundschaft, vor allem nachdem die Samba-Clubs ihre Pforten geschlossen haben. (Das Nova Capela hat bis 5 Uhr morgens auf!) *Cabrito* (Ziegenfleisch) ist hier äußerst beliebt.

Boteco da Garrafa (Karte S. 292; Av Mem de Sá 77, Lapa; Hauptgerichte für 2 Pers. 34–69 R$) In dem witzigen *boteco* an einer der belebtesten Ecken Lapas wird der Abend eingeläutet. Man startet mit einem saftigen Stück *picanha* und einem eiskalten Original-Bier, bevor man dann in die Clubs weiterzieht, um die Kalorien gleich wieder abzuzappeln.

Jardim Botânico & Lagoa

Pizzaria Bráz (Maria Angelica 129, Jardim Botânico; Pizza 33,50–49,50 R$) Wer keine Gelegenheit hatte, in São Paulo eine *pizza paulistana* (s. Kasten

S. 319) zu testen, muss unbedingt in diese Pizzeria – die einzige Filiale außerhalb Sampas.

Botafogo & Urca

Meza Bar (Karte S. 296 f.; Capitão Salomão 69, Botafogo; Tapas 10–25 R$) In Botafogos Meza Bar geht man, um Leute zu sehen und um gesehen zu werden. Trendige, versnobte Gäste futtern köstliche, brasilianisch angehauchte Tapas. Kreative Cocktails und ein nettes Personal runden das Ganze ab.

Glória, Catete & Flamengo

Sírio Libaneza (Karte S. 296 f.; Largo do Machado 29, Loja 16-19, Flamengo; Gerichte 4,50–15 R$) Fantastische, preiswerte syrisch-libanesische Gerichte und traumhafte Säfte. In diesem Lokal in der Galleria Condor am Largo do Machado ist immer was los.

Porcão Rio's (Karte S. 296 f.; Av Infante Dom Henrique-Aterro, Parque do Flamengo, Flamengo; All you can eat 73 R$) Man sollte sich von der Architektur mit Ostblock-Charme nicht abschrecken lassen. Die „All you can eat"-churrascaria ist eine der besten von ganz Rio. Zum köstlichen Grillfleisch gibt's einen Blick auf den Zuckerhut gratis dazu.

AUSGEHEN

Nur wenige Städte können dem energiegeladenen Nachtleben Rios das Wasser reichen. Sambaclubs, Jazzbars, Freiluftcafés, Lounges und Nachtclubs sind dabei noch lange nicht das Ende der Fahnenstange. Das *boteco* ist schlechthin die Institution unter *carioca*. Wer etwas Portugiesisch kann, bekommt unzählige gute Tipps in der Beilage *Veja Rio* der Zeitschrift *Veja*, in der Donnerstags- und Freitagsausgabe des *O Globo* und *Jornal do Brasil* sowie auf der Internetseite Rio Festa (www.riofesta.com.br).

Cafés & Saftbars

Ein Besuch der zahlreichen Saftbars Rios gehört zum Pflichtprogramm eines Rio-Trips. Wer einen Kaffee trinken und Leute beobachten möchte, ist in den Straßencafés von Ipanema und Leblon genau richtig.

Polis Sucos (Karte S. 294; Maria Quitéria 70; Säfte 3,50–5 R$) Eine geniale Saftbar.

Cafeína (Karte S. 294; Farme de Amoedo 43; Desserts 4,60–6,90 R$) Das tolle Café ist ausgezeichnet geeignet, um an einem Espresso zu nippen und ein leckeres Dessert zu futtern, während man die Stadt an sich vorüberziehen lässt.

Confeitaria Colombo (Karte S. 292; Gonçalves Dias 34; Snacks 3,90–18,50 R$) In dem traumhaft schönen Belle-Époque-Café, das an die koloniale Blütezeit erinnert, fühlt man sich in eine andere Zeit zurückversetzt. An den schweren Spiegeln, den Marmortischen und der großen mit Glas verkleideten Bar wurde wahrscheinlich seit der Eröffnung 1897 nichts verändert. Ein Ausflug ins Centro lohnt sich allein schon wegen dieses Cafés.

Noch mehr Kaffeekultur:
Armazém do Café (Karte S. 294; Rita Ludolf 87B, Leblon)
Café con Letras (Karte S. 294; Av Bartolomeu Mitre 297, Leblon)

Bars

Empório (Karte S. 294; Maria Quitéria 37, Ipanema) Allabendlich treffen sich die Altrocker Rios und neugierige Gringos in dieser schäbigen, aber beliebten Bar, in der DJs auflegen.

Devassa (Karte S. 302; Bolivar 8A, Copacabana) Es wird zwar überall in der Zona Sul das beste, *nicht im Süden Brasiliens gebraute* Bier serviert, doch hier gibt's den Blick auf den Strand noch gratis dazu. Fünf selbst gebraute Sorten vom Fass.

Bar D'Hotel (Karte S. 294; Marina All Suites, Av Delfim Moreira 696, 2. Stock, Leblon) Eine der stylishsten Bars in Leblon. Hier trifft sich alles, was schön, jung und unternehmungslustig ist.

Shenanigan's (Karte S. 294; Visconde de Pirajá 112A, Ipanema) In dem Irish Pub mit Blick auf die Praça General Osorio tummelt sich eine Mischung aus sonnengebräunten Gringos und jungen *cariocas* auf der Suche nach internationalen Kontakten. Ein guter Ort, um sich ein europäisches Fußballspiel oder US-Sportkanäle anzuschauen – es gibt nur ein Problem, wie soll man sich bei Live-Rockmusik darauf konzentrieren?

Bar Bracarense (Karte S. 294; José Linhares 85, Leblon) *Cariocas* jeder Couleur kommen in diese einfache Bar zur ausgelassensten Happy Hour der Stadt. Gute, preiswerte, schmackhafte Snacks (unbedingt *bolinho de aipim* mit Shrimps probieren).

Garota de Ipanema (Karte S. 294; Vinícius de Moraes 49) Touris ohne Ende bevölkern diese Open-Air-Bar – dennoch wäre es eine Sünde, den Ort, an dem Jobim und Vinícius ihren berühmten Song *Girl from Ipanema* komponierten, nicht zu erwähnen.

Bar Urca (Karte S. 296 f.; Cândido Gaffrée 205, Urca) Nach einem Besuch des Zuckerhuts, nach einem Tag am Strand, nach was auch immer

> **KNEIPEN-ABC**
>
> In puncto Bars hat fast jedes Viertel in Rio seine bestimmten Plätze. Während sich in Ipanema die Bars über das ganze Viertel verteilen, findet man in Leblon trendige Locations geballt am westlichen Ende der Av General San Martin vor. In der Nähe von Lagoa füllen sich die Bars rund um die JJ Seabra mit jüngerem Publikum und auch in den Bars gegenüber der Praça Santos Dumont ist fast immer ein lustiges Völkchen anzutreffen. Die Kiosks am Seeufer (im Parque Brigadeiro Faria Lima) sind ein beliebter Treffpunkt mit Open-Air-Livemusik. In der Av Atlântica der Copacabana reihen sich Freiluftbars und -restaurants aneinander, doch nach Einbruch der Dunkelheit geht es hier allerdings etwas zwielichtig zu. In Botafogo findet man authentische *carioca*-Bars besonders rund um die Visconde de Caravelas und auf dem Cobal-Markt, der sich abends als lebhaftes Amüsierviertel mit etlichen Bars entpuppt. Im Zentrum empfiehlt sich unter der Woche die Travessa do Comércio mit ihrer stimmungsvollen Atmosphäre für einen abendlichen Drink. Lapas quirligste Straße ist die von Sambaclubs gesäumte Av Mem de Sá. Und in Santa Teresa schließlich gibt's farbenprächtige Bars rund um den Largo do Guimarães und den Largo das Neves.

… wenn die Sonne untergeht, versammeln sich *cariocas* an der Ufermauer in Urca und genehmigen sich ein kühles *chope* (Bier vom Fass). Die Bedienung flitzt in einem Affentempo zwischen Bar und Gästen hin und her.

Hipódromo (Karte S. 294; Praça Santos Dumont 108, Gávea) Das in einer Gegend Baixo Gávea beheimatete Hipódromo zieht junge Leute um die Zwanzig an. Die beste Stimmung herrscht montag-, donnerstag- und sonntagabends, wenn sich der ganze Platz in eine Party für alle verwandelt.

UNTERHALTUNG
Livemusik

Die Sambaclubs in Lapa sind zwar noch immer fantastisch, doch die Underground-Szene hat sich allmählich von hier verzogen: zu viele Touristen. Wer nicht auf seine Landsleute treffen will, sollte in die Clubs in Botafogo gehen. Der Eintritt beträgt in der Regel zwischen 10 und 30 R$ (Frauen zahlen weniger).

Allegro Bistro Musical (Karte S. 302; www.modernsound.com.br; Barata Ribeiro 502, Copacabana; Mo–Fr 9–21, Sa 9–20 Uhr) In diesem kleinen Café im Modern Sound (Rios bestem Plattenladen) spielen fast jeden Abend Livebands. Eintritt frei.

LP Tipp Bip Bip (Karte S. 302; Almirante Gonçalves 50, Copacabana; ab 18 Uhr, Do geschl.) Das Bip Bip ist für *cognoscenti* ein Kleinod mit toller Indie-Musik, das sich hinter einem einfachen Ladeneingang versteckt. Die Location ist bekannt dafür, tollen Musikern eine Plattform zu bieten, weshalb man kaum reinkommt. Die Leute versammeln sich daher auf dem Gehweg und singen draußen mit.

Bar do Rampa (Karte S. 296 f.; Av Reporter Nestor Moreira 42, Botafogo; Mi 20, So 19 Uhr) Geheimtipp im Jachtclub von Guanabara, der bodenständige Sambaklänge unter freiem Himmel am Wasser bietet. Es ist wunderschön hier – und keine Touristen in Sicht.

Carioca da Gema (Karte S. 292; Av Mem de Sá 79, Lapa) Das Carioca da Gema ist einer der zahlreichen Sambaclubs in dieser Straße. In dem kleinen Raum mit gedämpfter Beleuchtung kann man einige der besten Sambagruppen der Stadt hören. Auf der Tanzfläche wird ausgelassen getanzt.

Cinematheque (Karte S. 296 f.; Voluntários da Pátria 53, Botafogo; 18 Uhr–open end) In diesem Juwel in Botafogo mit dem Restaurant auf der begrünten Terrasse und einer kleinen Bühne für Liveauftritte trifft sich ein gemischtes Publikum. Hier gibt's von *chorinho* (eine Samba-Variante) über Hip-Hop bis zu Bossa nova so ziemlich alles zu hören.

Democráticus (Karte S. 292; Rua do Riachuelo 91-93, Lapa; Mi–Sa) Der alteingesessene Klassiker wartet mit einer riesigen Tanzfläche und ausgezeichneten Samba-, *chorinho*- und *gafieira*-Bands auf. Donnerstags trifft sich ein eher junges Publikum.

Estrela da Lapa (Karte S. 292; Av Mem de Sá 69, Lapa; Mi–So) Eine intimere Location (in der sich Pärchen wohlfühlen). In dem klimatisierten Laden gibt's abends Samba-, Rockabilly-, MPB- und *sambalanço*-Klänge auf die Ohren. Nach den Liveauftritten legen DJs auf (gegen 1 Uhr). Für 10 R$ ist man mit von der Partie. Das relativ junge Publikum vergnügt sich bis spät in die Nacht.

Rio Scenarium (Karte S. 292; www.rioscenarium.com.br, portugiesisch; Rua do Lavradio 20, Lapa; So & Mo geschl.) Das Río Scenarium, Lapas vielleicht schönster Club, hat in seinem Viertel für eine Renaissance des Samba gesorgt. Es gibt drei Stockwerke, die mit mehr als 10 000 Antiquitäten und Filmrequisiten vollgestopft sind. Viele Touristen – doch das heißt nicht, dass in den langen Warteschlangen nicht auch *cariocas* stehen.

Nachtclubs

Vor Mitternacht herrscht in den Clubs von Rio tote Hose. Der Eintritt beträgt zwischen 40 und 100 R$, Frauen bezahlen meistens weniger als Männer. Oft ist im Eintrittspreis ein Getränk enthalten (*consumo*).

Casa da Matriz (Karte S. 296 f.; Henrique Novaes 107, Botafogo; ab 23 Uhr) Der große, avantgardistische Club in einer alten zweistöckigen Villa zieht junge (es gibt Video-Spiele!), alternativ angehauchte Leute an, die die diversen kleinen Räume in Beschlag nehmen.

00 (Karte S. 294; Zero Zero; Planetário da Gávea, Av Padre Leonel Franca 240, Gávea; 20 Uhr–open End) Das 00 befindet sich im Planetarium von Gávea. Tagsüber ist es ein Restaurant, nachts eine schicke Lounge. Gute DJs und abgefahrene Partys ziehen die Schönen dieser Stadt an. Aber Achtung: Winzige Cocktails zu Monsterpreisen.

Casa Rosa (Karte S. 296 f.; Alice 550, Laranjeiras; Fr & Sa 23 Uhr–open end, So 17 Uhr–open end) Das ehemalige Bordell ist halb Dance-Club, halb Samba-Club. In den höhlenartigen Räumen tummeln sich Unmengen schweißtriefender *cariocas*. Im Angebot sind DJs, Live-Samba, *sambarock* und *forró*. Die Samba-*feijoada* am Sonntag ist der Renner. Eintritt 20 R$.

Baronneti (Karte S. 294; Barão da Torre 354, Ipanema; Mi–Sa) Hip-Hop, Funk und House. In der In-Location in Ipanema treffen sich junge *cariocas*. Der Eintritt ist „frei", der Mindest-*consumo* beträgt allerdings 100 R$ für Männer und 30 R$ für Frauen.

Melt (Karte S. 294; Rita Ludolf 47, Leblon) Der exklusive Laden in Leblon hat oben eine Tanzfläche und eine Lounge mit Livemusik und unten eine verführerische Lounge. Hier ist Schlange stehen angesagt.

Sambaschulen

Wenn im September die großen Karnevalschulen ihre Pforten öffnen, kann man bei Proben zuschauen. Bei den lebhaften wie zwanglosen Veranstaltungen wird getanzt, getrunken und gefeiert. Die Schulen liegen in zwielichtigen Vierteln – auch wenn man also besser nicht allein hingehen sollte, sollte man sie sich nicht entgehen lassen. Wer sich lieber einer Gruppe anschließen will, kann sich einer Tour anschließen, die die meisten Hostels organisieren. Bei Riotur erfährt man Adressen und Öffnungszeiten. Die besten Schulen für Touristen sind:

Mangueira (2567-4637; www.mangueira.com.br; Visconde de Niterói 1072, Mangueira; Eintritt 20 R$; Sa 22 Uhr)
Salgueiro (2238-5564; www.salgueiro.com.br; Silva Teles 104, Andaraí; Eintritt 10–30 R$; Sa 22 Uhr)

Sport

Maracanã (Karte S. 289; 2299-2941; www.suderj.rj.gov.br/maracana.asp; Ecke Professor Eurico Rabelo & Av Maracanã; 9–17 Uhr) Das weltberühmte Stadion ist ein

---

SCHWULEN- & LESBENSZENE IN RIO

Rios schwule Gemeinde ist das ganze Jahr über weder besonders auffällig noch schrill – eine Ausnahme ist der Karneval. An den Stränden gibt's Getränkebuden, an denen sich vor allem Schwule versammeln: In Copacabana gegenüber vom Copacabana Palace Hotel, in Ipanema gegenüber der Farme de Amoedo (Rios „schwulster" Straße). An der Praia do Ipanema gibt es zudem einen Abschnitt speziell für Schwule (zw. Posto 8 & 9).

Le Boy (Karte S. 302; Raul Pompéia 94; Mo geschl.) Einer von Rios besten (und größten) Schwulenclubs. Die DJs legen House und Tribal House auf. Manchmal werden auch Dragshows geboten. Ein Lesbentreff ist gleich nebenan als Le Girl.

Casa da Lua (Karte S. 294; Barão da Torre 240A, Ipanema) Die Lesbenbar befindet sich in einem grünen Teil von Ipanema und serviert großartige Drinks.

Tô Nem Aí (Karte S. 294; Ecke Farme de Amoedo & Visconde de Piraja, Ipanema) ließe sich auf Deutsch etwa mit „Das ist mir völlig schnuppe" übersetzen. Der Laden ist ein lockerer Treff für Anhänger der GLS-Szene (Schwule, Lesben und „Sympathisanten").

Week (Karte S. 292; Sacadura Cabral 154) São Paulos gediegene Institution hat 2007 in einer historischen *carioca*-Villa in der Nähe des Hafens einen Ableger eröffnet – der Erfolg war enorm. Samstags heizen internationale DJs so richtig ein und der Laden brummt.

wahrer Fußballtempel, in dem packende Spiele und die ganz hohe Ballkunst geboten werden. Alles fiebert bereits der WM 2014 – dann werden die Fans im Maracanã noch ausgelassener feiern als ohnehin schon. Spiele finden das ganze Jahr über an unterschiedlichen Wochentagen statt. Die großen Vereine Rios sind Flamengo, Fluminense, Vasco da Gama und Botafogo.

Anfahrt: mit der Metro bis Maracanã und dann die Av Osvaldo Aranha entlanggehen. Am sichersten sind die Plätze auf der unteren Ebene *cadeira*, auf der Besucher vor herunterfallenden Gegenständen wie toten Hühnern und mit Urin gefüllten Flaschen (kein Witz!) geschützt sind. Tickets kosten für die meisten Spiele zwischen 20 und 30 R$.

SHOPPEN
Märkte
Feira do Nordestino (Karte S. 289; Pavilhão de São Cristóvão in der Nähe der Quinta da Boa Vista; Eintritt 1 R$; ☼ Fr–So) Jede Menge Essen, Trinken und Livemusik zaubern die Atmosphäre des Nordestens herbei. Prädikat sehenswert!

Hippie Fair (Karte S. 294; Praça General Osório; ☼ So 9–18 Uhr) Beliebter Treffpunkt in Ipanema mit guten Souvenirs und Essen aus Bahia.

Gilson Martins (Karte S. 294; Visconde de Pirajá 462B, Ipanema) Die hier hergestellten bunten Handtaschen und Geldbeutel sind ganz besondere Mitbringsel.

Brasil & Cia (Karte S. 294; Maria Quitéria 27, Ipanema) Brasilianisches Kunsthandwerk.

AN- & WEITERREISE
Bus
Busse fahren von der **Rodoviária Novo Rio** (Karte S. 289; ☎ 3213-1800; Av Francisco Bicalho) 2 km nordwestlich vom Centro ab. Der Busbahnhof wurde zum Zeitpunkt der Recherchen gerade einer 7,35 Mio. € teuren Schönheitskur unterzogen; u. a. sollen auch 52 Überwachungskameras installiert werden. In die wichtigsten Städte fahren täglich mehrere Busse, Tickets sollte man im Voraus kaufen. Etwa alle 15 Minuten machen sich ausgezeichnete Busse nach São Paulo (55–102 R$, 6 Std.) auf den Weg. Nachstehend einige Preise der *executivos* zu beliebten Orten:

Flugzeug
Die meisten Flüge starten vom Aeroporto Galeão (Aeroporto António Carlos Jobim) 15 km nördlich des Stadtzentrums. Shuttle-

BUSPREISE		
Ziel	Preis (R$)	Dauer (Std.)
Belém	427	52
Belo Horizonte	89	7
Buenos Aires, Argentinien	325	42
Campo Grande	207	22
Florianópolis	234	18
Foz do Iguaçu	215	22
Ouro Prêto	95	7
Mangaratiba	21	2
Paraty	49	4½
Petrópolis	15	1½
Porto Alegre	223	26
Porto Velho	365	56
Recife	297	38
Salvador	249	18
Santiago, Chile	362	62

flüge ab/nach São Paulo und einige Flüge zu nahegelegenen Städten werden vom Aeroporto Santos Dumont in der Stadt abgewickelt; s. auch Kasten auf S. 290.

Varig/Gol-Tickets gibt's in jedem Reisebüro. Viele internationale Airlines unterhalten Büros in oder unweit der Av Rio Branco, Centro.

TAM (Karte S. 292; ☎ 3212-9300; Av Rio Branco 181, 36. OG, Centro)

Varig/Gol (☎ 3398-5136; Aeroporto Galeão, Terminal 1, Setor Verde)

UNTERWEGS VOR ORT
Bus
Rios Busse fahren regelmäßig und sind billig. Da Rio lang gezogen und schmal ist, findet man leicht den richtigen Bus – und wenn man mal den falschen erwischt, ist das auch kein Problem. Neun von zehn Bussen, die vom Zentrum in Richtung Süden fahren, kommen zur Copacabana und umgekehrt. Allerdings sind die Busse oft voll, stecken im Stau fest und werden von Wahnsinnigen gefahren. Zudem sind sie ein beliebtes Betätigungsfeld von Straßendieben. Besonders nachts sollte man sie besser meiden. *Ônibus 174 (Bus 174)* hat doch bestimmt jeder gesehen, oder? Falls nicht: In dem Film wird dokumentarisch die Entführung eines Linienbusses nacherzählt.

Metro
Rios Metro hat zwei Linien und ist für einige Ziele perfekt geeignet. Sie verkehrt täglich von 5 bis 24 Uhr (2,80 R$).

Taxi

Nachts und wenn man Wertsachen dabei hat, sollte man ein Taxi nehmen. Der Anfangspreis auf dem Taxameter beträgt 4,30 R$, jeder Kilometer kostet ca. 1,20 R$ – nachts und sonntags etwas mehr. Die Taxis von **Transcootur** (☎ 2590-2300) sind 30 % teurer als die *comums*, dafür aber auch sicherer.

DER SÜDOSTEN

Rio hält die meisten Touristen mit seinen paradiesischen Klauen gefangen. Sie verlassen die Stadt erst, wenn Sonnenbrand und morgendliche Katerstimmung unerträglich werden. Wer es schafft, sich loszureißen, wird vor den Toren der Stadt von einigen der schönsten Attraktionen Brasiliens in Empfang genommen. Nördlich von Rio wartet die Costa do Sol (Sonnenküste) mit dem teuren Badeort Búzios, ein beliebtes Wochenendziel heißblütiger *cariocas*, und seinem bescheideneren Nachbarn Arraial do Cabo. Die spektakuläre Costa Verde (Grüne Küste) erstreckt sich von Rio bis nach São Paulo. Sie überrascht mit vom Regenwald überwucherten Inseln (Ilha Grande), perfekt erhaltenen Kolonialstädten (Paraty) und Bilderbuchstränden entlang des ganzen Küstenabschnitts.

Wer von den tropischen Stränden die Nase voll hat, sollte in die kühleren Bergstädte fahren, etwa nach Petrópolis, der ehemaligen Sommerfrische der portugiesischen Elite, oder

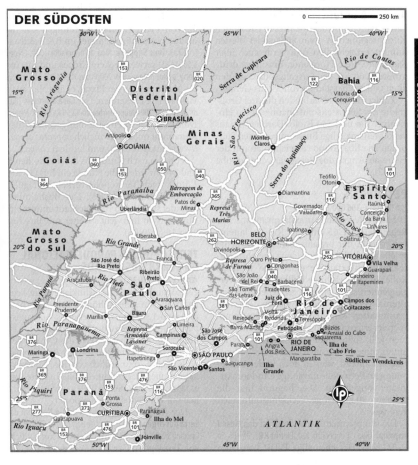

die nahegelegenen Gipfel des Parque Nacional Serra dos Órgãos erklimmen. Hier gibt's die besten Wander- und Trekkingmöglichkeiten des ganzen Bundesstaates Rio de Janeiro. Auch eine kulinarische Tour nach Minas Gerais bietet sich an. Diese Gegend ist in ganz Brasilien für ihre herzhafte Küche und die freundlichen Bewohner bekannt. Und die Zeit scheint stehen geblieben zu sein in Goldminenstädte aus der Kolonialzeit wie Ouro Prêto oder in verschlafenen Orte wie Tiradentes, in dem sich hinter jeder Ecke ein historisches Highlight versteckt. Der Höhepunkt ist aber Südamerikas Kulturhauptstadt São Paulo, das mit einigen der besten Museen, Nachtclubs und Restaurants von ganz Südamerika aufwarten kann.

Anreise & Unterwegs vor Ort

Rio de Janeiro ist das wichtigste Tor zu den Küstenregionen. Wer von Süden oder Westen kommt, erreicht die Costa Verde auch über São Paulo. Belo Horizonte, Brasiliens drittgrößte Stadt, ist der Ausgangspunkt zu den alten Goldgräberstädten von Minas Gerais.

Zahlreiche Flüge verbinden die drei Großstädte des Südostens miteinander: Belo Horizonte, Rio und São Paulo. Darüber hinaus verkehren unzählige Busse im gesamten Südosten. Die Ilha Grande erreicht man mit der Fähre ab Angra dos Reis oder Mangaratiba (S. 312).

PETRÓPOLIS

☎ 0xx24 / 306 000 Ew.

Die kühle Bergstadt Petrópolis im atlantischen Regenwald ist 65 km von Rio de Janeiro entfernt. In der brasilianischen Geschichte spielte sie als Sommerresidenz der portugiesischen Kaiserfamilie einst eine wichtige Rolle. Einige prächtige Relikte aus der Vergangenheit sind erhalten geblieben, u. a. ein ehemaliger Palast und Straßen, die von traumhaften Kolonialvillen gesäumt sind. Wer der erbarmungslosen Hitze Rios entkommen will, sollte einen Tagesausflug hier unternehmen. Aber auch ein längerer Aufenthalt ist lohnend, werden doch in der Umgebung von Petrópolis unzählige Outdooraktivitäten angeboten. U. a. beginnt hier die beliebte, 30 km lange Trekkingroute nach Teresópolis.

Die Hauptattraktion der Stadt ist das **Museu Imperial** (Rua da Imperatriz 220; Eintritt 8 R$; ☼ Di–So 11–17.30 Uhr). Der ehemalige Palast von Dom Pedro II. (Peter II.) beherbergt Königliches (u. a. die sagenhafte Kaiserkrone mit 639 Diamanten und 77 Perlen). Ganz in der Nähe steht die **Catedral São Pedro de Alcântara** (Sao Pedro de Alcântara 60; ☼ 8–12 & 14–18 Uhr) aus dem 19. Jh., in dem die Grabmale von Brasiliens letztem Kaiser, Dom Pedro II., seiner Frau und seiner Tochter zu sehen sind.

In der Nähe des Busbahnhofs befindet sich das **Hotel Comércio** (☎ 2242-3500; Dr Porciúncula 55; EZ/DZ 45/75 R$, ohne Bad 22/49 R$) mit Zimmern, die für ihr Geld ganz o. k. sind. Nicht weit entfernt ist die **Pousada 14bis** (☎ 2231-0946; www.pousada 14bis.com.br; Buenos Aires 192; EZ/DZ ab 80/140 R$; ✱), in der vieles an Santos Dumont erinnert. Es ist eine wundervolle Bleibe in einer ruhigen Wohnstraße. Die Betreiber organisieren auch Trekking- und Raftingtouren in die Umgebung. **Fred´s** (☎ 2242-2301; Ipiranga 439; EZ/DZ 99/149 R$) bietet in einem geräumigen Kolonialhaus zwei schöne Zimmer im B & B-Stil an.

Das **Don Sappore** (Rua do Imperador 1008; Crêpes 8,50–14 R$) serviert leckere Crêpes und Eis. Ins **Tony´s** (Rua do Imperador 700; Pizzas 10–44 R$) strömen die Massen wegen der Pizzas, es gibt aber auch viele andere Leckereien. Das **Casa D'Angelo** (Rua do Imperador 700; Hauptgerichte ab 12,50 R$) am Plaza Dom Pedro II ist ein stimmungsvolles Café-Restaurant mit erschwinglichen *pratos executivos* (Mittagsmenüs) und kühlem *chope*.

Von Rio nach Petrópolis fährt zwischen 5 und 24 Uhr jede halbe Stunde ein Bus (15 R$, 1 Std.), nach Teresópolis verkehren täglich sieben Busse (10–12 R$). Der Busbahnhof befindet sich 10 km von der Stadt entfernt in Bingen. Von hier geht's weiter mit Bus 100 oder 10 (2,20 R$).

TERESÓPOLIS & PARQUE NACIONAL DA SERRA DOS ÓRGÃOS

☎ 0xx21 / 150 300 Ew.

Teresópolis selbst ist zwar stinklangweilig, liegt dafür aber in einer schönen Berglandschaft und eignet sich hervorragend als Ausgangspunkt für Ausflüge zu den bewaldeten Gipfeln des Parque Nacional da Serra dos Órgãos, des schönsten Parks im Bundesstaat Rio. Teresópolis liegt 96 km nördlich von Rio. Mit Ausnahme einer ausgezeichneten Bierbrauerei hat es keine Attraktionen zu bieten und ist eigentlich nur ein Verkehrsknotenpunkt.

Der Haupteingang zum **Parque Nacional da Serra dos Órgãos** (☎ 2642-1070; Hwy BR-116; Eintritt Tag/Camping 3/6 R$; ☼ 8–17 Uhr) liegt etwa 5 km südlich von Teresópolis. Der beste Wanderweg ist der

Trilha Pedra do Sino (Gebühr 12 R$), für den man hin und zurück rund acht Stunden benötigt. Die meisten Wege sind nicht beschildert, im Besucherzentrum des Nationalparks kann man allerdings problemlos günstige Führer engagieren.
Tamandoa Adventure (☎ 3181-1750; www.taman doa.com.br) in Rio (S. 298) organisiert viele unterschiedliche Trekking-, Rafting-, Kletter- und Abseiltouren.

Ein paar Kilometer außerhalb von Teresópolis befindet sich an der Straße nach Petrópolis der Zeltplatz **Camping Quinta da Barra** (☎ 2643-1050; www.campingquintadabarra.com.br; Antônio Maria, Quinta da Barra; Stellplatz 15 R$/Pers.). Das **Hostel Recanto do Lord** (☎ 2742-5586; www.teresopolishostel.com.br; Luiza Pereira Soares 109; B/EZ/DZ mit HI-Ausweis 20/40/55 R$; ohne HI-Ausweis 25/45/65 R$) ist ein gemütliches Hostel 2 km oberhalb der Stadt, das einen traumhaften Blick auf die Gipfel im Park bietet. Internet gibt's allerdings nicht. Das **Várzea Palace Hotel** (☎ 2742-0878; www.varzea.palace.nafoto.net; Prefeito Sebastião Teixeira 41/55; EZ/DZ 60/85 R$, ohne Bad 35/45 R$; 🖥) ist ein Relikt aus alten Zeiten mit antiquiertem Charme. Die in den Film *Shining* passende Unterkunft befindet sich in der Nähe der Kirche Igreja Matriz in perfekter Lage. Das tolles „All you can eat"-Lokal **Laranja da Terra** (Av Dr Aleixo 77; Buffet wochentags/Wochenende 15,20/21,20 R$) ist sein Geld wert. Es wird von ehemaligen Backpackern aus den Niederlanden betrieben und bietet unzählige aus der Heimat bekannte Speisen.

Von 6 bis 24 Uhr verkehrt alle halbe Stunde ein Bus zwischen Rio und Teresópolis (20,75 R$, 1½ Std.). Von Teresópolis fahren täglich sieben Busse nach Petrópolis (12 R$, 1½ Std.). Von Teresópolis Innenstadt zum Haupteingang des Nationalparks kommt man mit dem stündlich verkehrenden „Soberbo"-Bus (3 R$) oder mit dem häufiger fahrenden „Alto"-Bus nach Praçinha do Alto. Von dort führt ein kurzer Fußweg in Richtung Süden zum Parkeingang.

ARRAIAL DO CABO
☎ 0xx22 / 25 300 Ew.

Sollte Búzios bei den coolen *cariocas* plötzlich nicht mehr so angesagt sein, wäre wohl das bescheidenere Arraial do Cabo mit seinen strahlend weißen Sanddünen und einigen der schönsten Strände des Bundesstaates Rio de Janeiro an der Reihe. Noch geht es aber nicht so hektisch zu wie in dem berühmteren Nachbarort. Arraial liegt 150 km östlich von Rio an Brasiliens Costa do Sol und könnte mit einem lange verlorenen Sohn verglichen werden: eine Arbeiterstadt am Meer, die für sich selbst sorgen muss. In den Sommermonaten drängen sich aber auch hier die Menschenmassen am Strand – in der Ferienzeit sollte man dann an Wochenenden besser einen Bogen um die Stadt machen.

Die folgenden Strände von Arraial sind unbedingt einen Besuch wert: Die Praia do Forno, ein perfektes Fleckchen Strand, ist von Anjos aus über einen 1 km langen, steilen Wanderweg zu erreichen. Eine gute Wahl sind auch die von der Stadt aus leicht zu Fuß erreichbaren Strände Prainha im Norden der Stadt und die Praia Grande im Westen.

Die unberührte Ilha de Cabo Frio ist von der Praia dos Anjos per Boot zugänglich. Auf der unter Naturschutz stehenden Seite der Insel liegt die Praia do Farol, ein genialer Strand mit feinem weißen Sand. Die Gruta Azul (Blaue Grotte) an der südwestlichen Seite ist ein weiteres schönes Fleckchen. Aber Vorsicht: Der Eingang der Grotte steht bei Flut unter Wasser. Reisebüros bieten Pauschaltouren zu diesen Orten an. **Arraial Tur** (☎ 2622-1340; www.arraialtur.com.br) organisiert mit einem Menü für 11 R$ Bootsfahrten für ca. 30 R$ pro Person. Wer tauchen will, wendet sich an **Acqua World** (☎ 2622-2217; www.acquaworld.com.br; Praça da Bandeira 23).

Marino dos Anjos Albergue (☎ 2622-4060; Bernardo Lens 145; www.marinadosanjos.com.br; B ohne Frühstück 28 R$, B/DZ mit HI-Ausweis 45/140 R$, ohne HI-Ausweis 55/170 R$; 🖥 ❄) ist ein nettes Hostel mit Zen-Touch, Retrodesign und einem Manager zum Verlieben. Es liegt einen Block von der Praia dos Anjos entfernt. Ganz in der Nähe ist das **Porto dos Anjos** (☎ 9232-9058; pousadaportodosanjos@ig.com.br; Av Luis Correa 8; Zi. mit/ohne Bad 100/80 R$; ❄ 🖥) mit einfachen Zimmern und Blick aufs Meer schon etwas in die Jahre gekommen.

Das **Saint Tropez** (Praça Daniel Barreto; Hauptgerichte für 2 Pers. 22–80 R$), ein Lokal unter französischer Leitung, tischt unzählige Meeresfrüchte- und Fleischgerichte auf. Gespeist wird auf einer luftigen Terrasse. In der Nebensaison gibt's ein gutes Menü für 11 R$. Das **Meu Xodó** (Epitácio Pessoa 26; Hauptgerichte für 2 Pers. 25–65 R$) an der Praia Grande ist ein klassisches Seafood-Restaurant, das für seinen Fisch in Shrimpssoße bekannt ist.

Von Rio nach Arraial fährt täglich ab 3.40 Uhr etwa jede Stunde ein Bus (28 R$, 3 Std.). Der Busbahnhof befindet sich in der Nilo Peçanha, 10 Gehminuten von der Praia dos

Anjos (bzw. 20 Gehminuten von der Praia Grande) entfernt.

BÚZIOS
☎ 0xx22 / 24 600 Ew.

Búzios ist für Rio de Janeiro was die Hamptons für New York City sind – ein sommerlicher Tummelplatz der Reichen und Schönen. Der Ort liegt 167 km östlich von Rio in absolut traumhafter Lage. Die eigentlich gute Nachricht ist aber: In Búzios und an seinen 26 legendären Stränden – einst das sonnendurchflutete Refugium von Brigitte Bardot – kommt auf zehn schicke Läden und *pousadas* im minimalistischen Design auch eine rustikale und preiswerte Unterkunft für den nicht ganz so dicken Geldbeutel. Tagsüber rasen braungebrannte Körper im Wassertaxi von einem Traumstrand zum nächsten, verzehren frisch gegrillten Fisch am Strand und nippen danach an perfekt gemixten Caipirinhas. Abends treffen sich Reiche, Promis und Ausländer in der Fußgängerstraße Rua das Pedras, Búzios Hauptmeile mit teuren Restaurants, edlen Clubs und wilden Bars.

Wer Búzios heute sieht, mag kaum glauben, dass es bis in die 1960er-Jahre ein einfaches Fischerdorf war. Als es dann von der Bardot „entdeckt" wurde, war sein Schicksal als St. Tropez Brasiliens besiegelt.

Orientierung & Praktische Informationen

Búzios wird auch Armação dos Búzios genannt und ist eine von drei Siedlungen auf einer Halbinsel. Es liegt zwischen Ossos an deren Spitze und dem hektischen Manguinhos, das an ihrer schmalsten Stelle liegt. Búzios Hauptstraße ist die Rua das Pedras. Hier gibt's viele *pousadas*, Restaurants, Bars und Internetcafés. Jenseits des Bootsanlegers heißt sie dann Orla Bardot oder auch Av José Bento Ribeiro Dantas. Praia Rosa, die vierte Siedlung, liegt an der Küste im Nordwesten.

Malízia Tour (Rua das Pedras 306) wechselt Geld. Geldautomaten gibt's in der Rua das Pedras: an der Praça Santos Dumont an deren östlichen und im Shopping No 1 am westlichen Ende. Die **Touristeninformation** (www.visitebuzios.com; Travessia dos Pescadores 151, Armação; ☼ 8–22 Uhr) ist an der Südostecke der Praça Santos Dumont.

Sehenswertes & Aktivitäten

In Búzios kann man tauchen, windsurfen, segeln und schnorcheln, Freizeitbeschäftigung Nr. 1 ist aber Strand-Hopping. Wassertaxis kosten je nach Strecke 5 bis 20 R$. Im Allgemeinen sind die südlichen Strände schwerer zu erreichen, sind dafür aber schöner und haben eine bessere Brandung. Geribá und Ferradurinha (Kleines Hufeisen) südlich von Manguinhos sind hübsche Strände mit guten Wellen, wenn auch leider mit Apartmenthäusern des Búzios Beach Club etwas verschandelt. Daneben folgt Ferradura, ein feiner Windsurfspot. Die Praia Olho de Boi (Bullaugenstrand) an der Ostspitze der Halbinsel ist ein winziger Strand, den man über einen kleinen Weg von der langen, sauberen Praia Brava erreicht; sie ist FKK-Territorium. An der Nordspitze des Kaps finden sich die Strände João Fernandinho, João Fernandes (gut besucht und mit Strandrestaurants) und die Oben-ohne-Strände Azedinha und Azeda; allesamt sind sie gut zum Schnorcheln geeignet. An der idyllischen Praia da Tartaruga stillen zwölf Bars eventuell aufkommenden Durst.

Tour Shop (☎ 2623-4733; www.tourshop.com.br; Orla Bardot 550; 3-stündige Ausflüge 60 R$) organisiert dreimal täglich Ausflüge auf Katamaranen vorbei an Stränden und mehreren Inseln. Sämtliche Getränke sind im Preis enthalten (das Bier ist ganz passabel, die Caipirinhas sind jedoch etwas wässrig).

Schlafen

Auch wenn sich in Búzios langsam, aber sicher das Budgetangebot verbessert, ist es in den Sommermonaten noch deutlich davon entfernt, die Nachfrage zu stillen.

Yellow Stripe (☎ 2623-3174; www.yellowstripehostel.blogspot.com; Rua da Mandrágora 13; B ab 35 R$, DZ mit/ohne Klimaanlage 99/89 R$; ⚡ 🖳) Funkelnagelneues, überfreundliches Hostel unter kanadischbrasilianischer Leitung mit gemischten wie auch nach Männlein und Weiblein getrennten Schlafsälen. Altes, renoviertes Haus und wunderschöner Pool. Das Hostel ist 15 Gehminuten von der Rua das Pedras in Portal de Ferradura entfernt; Parkplätze stehen ebenfalls zur Verfügung.

Nomad Búzios (☎ 2620-8085; www.nomadbuzios.com.br; Rua das Pedras 25; B/DZ ab 49/250 R$; ⚡ 🖳) Die neue, um einen Hof angelegte Unterkunft hat teure Doppelzimmer, die Schlafsäle mit Klimaanlage für 49 R$ sind allerdings unschlagbar. Sie liegt direkt am Meer in der Rua das Pedras.

Pousada Mandala (☎ 2623-4013; www.pousadamandalabuzios.com.br; Manoel de Carvalho 223; EZ/DZ/3BZ

110/150/200 R$; 🍴 💻) Hinter einem üppig grünen Garten versteckt sich die günstige *pousada* mit etwas abgenutzten, aber netten Zimmern mit Bad. Einige der Zimmer haben einen winzigen Balkon.

Zen-do (☎ 2623-1542; www.zendobuzios.com.br; João Fernandes 60, Ossos; DZ ab 140 R$; 🍴 💻) Das charmante, frisch renovierte Gästehaus in Ossos wird von einer herzensguten Dame betrieben, die ihre ganze Liebe in die drei Zimmer steckt. Achtung: nicht mit der João Fernandes 60 oben auf dem Hügel verwechseln. Das Zen-do ist in der *anderen* João Fernandes am Hügel unten links.

Essen & Ausgehen
An den Stränden von Brava, Ferradura und João Fernandes servieren einfache Restaurants mit Strohdächern Fisch und Bier.

Chez Michou (Rua das Pedras 141; Crêpes 8–22 R$) Legendäre Outdoor-*creperia* im Zentrum des Geschehens.

Bistrô da Baiana (Manoel de Carvalho 223; Snacks 8–9 R$, Hauptgerichte 11–35 R$) Hoch gelobtes Lokal für *acarajé* (in *dendê*-Palmöl frittierte Bohnen mit Shrimps), *moquecas* und andere Köstlichkeiten aus Bahia.

Restaurante Boom (Turíbio de Farias 110; Buffet 43,90 R$/kg) Ausgezeichnetes und vielfältiges Buffet in luftiger Umgebung.

Privilège (Orla Bardot 550; Frau/Mann ab 60/80 R$; 🕘 Do–So) Der elegante Nachtclub am Meer spielt House für die Schickeria.

Auch empfehlenswert:

Koni (Rua das Pedras 151; Snacks 7–10,50 R$) Hypercooles japanisches *temaki* aus Rio.

Café Maré Mansa (Oscar Lopes Campos 4) Hippe Mulatten sorgen hier für Kaffeekultur.

An- & Weiterreise
Es gibt keinen Busbahnhof. Nur **1001** (☎ 2623-2050; Estrada Velha da Usina 444, Loja 13) fährt nach Búzios – es gibt täglich einige Busse von Rio (30,50 R$, 3 Std.). **Salineira** verkehrt mit Regionalbussen zwischen Búzios und Cabo Frio (3,15 R$). Für die 20 km brauchen sie 50 Minuten. Etwa alle 20 Minuten starten die Busse an den Haltestellen in der Estrada Velha da Usina. Von dort kommt man nach Arraial do Cabo.

Unterwegs vor Ort
Queen Lory (☎ 2623-1179; www.queenlory.com.br; Orla Bardot 710) organisiert täglich sechs Ausflüge auf einem Schoner zur Ilha Feia und zu den Stränden Tartaruga und João Fernandinho (Preise ab 40 R$ für 3 Std. inkl. Caipirinhas bis zum Abwinken). Bei **Búzios Dacar** (☎ 2623-0419; Manoel de Carvalho 248; Fahrrad/Buggy 45/120 R$ pro 24 Std.) kann man Fahrräder und Buggys leihen.

ILHA GRANDE
☎ 0xx24 / 3600 Ew.

Die „große Insel", etwa 150 km südwestlich von Rio de Janeiro gelegen, war früher einmal ein ruhiges Plätzchen, auf dem sich mehr Angler als Paparazzi tummelten. Inzwischen ist sie aber fest in der Hand von Partywütigen – man könnte fast meinen, man hätte sich auf eine thailändische Insel verirrt. Die meisten internationalen Jetsetter feiern auf ihren Privatjachten und den Inseln der Baía de Angra. Backpacker, der Mittelklasse angehörende Brasilianer und Globetrotter treffen sich in und um Ilha Grandes größten Ort, Vila do Abraão.

Es ist ganz klar, warum Brasiliens drittgrößte Insel immer beliebter wird: Traumhafte Strände – die Praia Lopes Mendes gehört zu den schönsten des ganzen Landes –, Hügel mit üppigen Wäldern und bedeutsame Überreste der rasch verschwindenden Ökosystems der Mata Atlântica sind überzeugende Argumente.

Auf der Ilha Grande gibt es weder Banken noch Autos – also erst mit Bargeld eindecken und dann relaxen. In der Nähe der Anlegestelle gibt es eine kleine Touristeninformation, bei der man eine Inselkarte erhält.

Sehenswertes & Aktivitäten
Von Abraão kann man die anderen Strände der Insel zu Fuß erreichen. Zum atemberaubenden Strand Lopes Mendes dauert es zweieinhalb Stunden, nach Dois Rios drei Stunden. Hier erstreckt sich hinter der Ruine eines alten Gefängnisses ebenfalls ein schöner Strand. Der Bico do Papagaio (Papageienschnabel) ist mit 982 m die höchste Erhebung der Insel (in drei Stunden erreichbar, am besten mit Führer). Wie überall, sollte man auch hier vorsichtig sein: nicht alleine wandern und im Wald auf giftige Schlangen achten.

Sudoeste SW Turismo (☎ 3361-5516; www.sudoestesw.com.br; Travessa Buganville 719-A) verleiht Kajaks und organisiert Ausflüge. Wer tauchen will, sollte sich an das **Elite Dive Center** (☎ 3361-5509; www.elitedivecenter.com.br; Travessa Buganville) wenden. Schnorchelausrüstung kann man sich im Ort für 10 R$ leihen.

Schlafen & Essen

Santana's Camping (☎ 3361-5287; www.santanas camping.com; Santana s/n; 15 R$/Pers.) Einer der günstig gelegenen Campingplätze in Abraão. Küche und Sanitäranlagen sind vorbildlich.

Che Lagarto (☎ 3361-9669; www.chelagarto.com; B ab 40 R$, EZ/DZ 120/140 R$; 🍴 💻) Die Filiale der südamerikanischen Kette ist das In-Hostel der Insel. Es gibt gestylte Zimmer und Schlafsäle mit eigenem Bad. Auf der stimmungsvollen Terrasse wird jeden Abend Livemusik geboten. Vom Anleger nach links gehen, dann 1 km am Strand entlangmarschieren und schon ist man da. Rechtzeitig buchen.

Jungle Lodge (☎ 3361-5569; www.ilhagrande expeditions.com; Camino de Palmas 4; Zi. 50 R$/Pers., Chalet 150 R$; 💻) Das rustikale Gästehaus mit fünf Zimmern und Open-Air-Chalet oberhalb der Stadt versteckt sich im Regenwald. Es wird von einem Pantanal-Führer mit wildem Haarschopf und seiner deutschen Frau betrieben. Hier übernachtet man wahrhaft anders als sonst wo in Abraão. Man erreicht die Unterkunft nach einem 1,5 km langen Fußmarsch. Der Blick von der Outdoor-Dusche ist genial.

LP Tipp O Pescador (☎ 3361-5114; opescadordailha@uol.com.br; Rua da Praia; EZ/DZ mit Balkon 200/220 R$, ohne Balkon ab 180/190 R$; 🍴 💻) Die gemütlich eingerichteten Zimmer und das freundliche italienische Personal machen den Reiz dieser Mittelklasseunterkunft am Strand aus. Abgerundet wird das Ganze von dem besten Restaurant der Insel (Hauptgerichte für 2 Pers. 54–84 R$).

Manaloa Creperia (Getúlio Vargas 719; Crêpes 10–15 R$; ⏰ ab 16 Uhr) Das einen Block vom Strand entfernte Straßencafé serviert süße und pikante Crêpes, Säfte und riesige Portionen açaí.

Bier Garten (Getúlio Vargas 161; 31,40 R$/kg) In diesem schattigen Restaurant wird das Essen nach Gewicht abgerechnet. Stylishe Tapas-Bar.

Lua y Mar (Rua da Praia s/n; Hauptgerichte für 2 Pers. 42–82 R$) Ausgezeichnete Meeresfrüchte-Risottos, *moquecas* und frischer Frisch werden an Tischen direkt im Sand der Praia do Canto serviert.

Café do Mar (Rua da Praia s/n) Die Strandbar und die Lounge eignen sich perfekt für einen Cocktail im Kerzenschein.

An- & Weiterreise

Es gibt mehrere Möglichkeiten, mit dem Boot von Mangaratiba oder Angra dos Reis auf dem Festland nach Abraão zu kommen. Die Conerj-Fähren legen um 8 Uhr in Mangaratiba ab und fahren um 17.30 Uhr zurück (6,50 R$, 1½ Std.). In Angra dos Reis (Cais de Lapa) starten die Conerj-Fähren montags bis freitags um 15.30 Uhr (6,50 R$), samstags und sonntags um 13.30 Uhr (14 R$, 1½ Std.). Von Abraão nach Angra geht's täglich um 10 Uhr los. Schnellere Katamarane legen montags bis freitags um 8, 11 und 16 Uhr mit Ziel Abraão ab, zurück fahren sie um 9, 12.30 und 17 Uhr (20 R$, 40 Min.). An den Wochenenden starten sie um 8 Uhr in Angra und sonntags in die entgegengesetzte Richtung um 17 Uhr (Sa keine Rückfahrten). Die langsameren *escunas* legen montags bis freitags am Cais de Lapa in Angra um 14.30, 15.30 und 17 Uhr ab (20 R$, 1½ Std.) und fahren um 7.30 und 10 Uhr zurück. Samstags geht's in Angra um 11 und 15 Uhr los. Sonntags fährt ab Angra nur ein *escuna*-Boot, und zwar um 11 Uhr. An den Wochenenden fahren sie um 9.30, 13 und 17 Uhr zurück. Von Rio aus werden auch private Zubringerdienste angeboten.

Costa-Verde-Busse fahren zwischen 4 und 21 Uhr stündlich von Rio nach Angra (28 R$, 3½ Std.). Zwischen Rio und Mangaratiba (20,50 R$) verkehren täglich vier Busse, zwischen Angra und Paraty (7,85 R$, 2 Std.) acht.

PARATY

☎ 0xx24 / 32 900 Ew.

Dass es sich um einen wirklich historischen Ort handelt, ahnt man schon bei den ersten Schritten über das unebene Kopfsteinpflaster. Das unendlich reizvolle und äußerst malerische Paraty ist nicht nur das Schmuckstück des Bundesstaates Rio de Janeiro, sondern auch einer der fotogensten Orte Brasiliens. In der fantastischen Kolonialstadt wimmelt es vor Touristen manchmal nur so. Aber dennoch erwecken die wunderschönen Straßen und Gassen, die von weiß getünchten und bunt verzierten Häusern gesäumt sind, eine schlafende Atmosphäre. An den Wochenenden im Sommer belebt Livemusik die Plätze, Straßencafés und -restaurants. Von Weihnachten bis zum Karneval und an den meisten Wochenenden ist Paraty überlaufen, ansonsten aber angenehm ruhig.

Praktische Informationen

Atrium (Rua da Lapa s/n) Wechselt Bargeld und Reiseschecks.

Banco24Horas (Geldautomat, Av Roberto Silveira 49; ⏰ 6–22 Uhr)

Centro de Informações Turísticas (☎ 3371-1222; Av Roberto Silveira 1; ⏰ 9–21 Uhr) Gute Infos über die Stadt.

Sehenswertes & Aktivitäten

Die kleine, aber interessante **Casa da Cultura** (☎ 3371-2325; Dona Geralda 177; Eintritt 5 R$; ❦ Mi–Mo 10–18.30 Uhr) präsentiert eine faszinierende Dauerausstellung mit Interviews und Geschichten von Einheimischen (Audio- und Videoaufnahmen; auch englischsprachig).

Paratys Reichtum im 18. Jh. spiegelt sich in den schönen alten Häusern und Kirchen wider. Die drei Hauptkirchen dienten unterschiedlichen Ethnien. Die **Igreja NS do Rosário e São Benedito dos Homens Pretos** (Ecke Samuel Costa & Rua do Comércio; Eintritt 2 R$; ❦ Di–Sa 9–12 & 14–17 Uhr) von 1725 wurde von und für Sklaven gebaut. Die 1722 errichtete **Igreja de Santa Rita dos Pardos Libertos** (Praça Santa Rita; Eintritt 2 R$; ❦ Mi–So 9–12 & 14–17 Uhr), einst Kirche der befreiten *mulatos*, beherbergt heute das sehenswerte **Museu de Arte Sacra** (❦ Mi–So 9–12 & 14–16 Uhr) – auch wenn ein Afrobrasilianer, der sich hier in Ketten gelegt als Sklave mit Touristen fotografieren lässt, befremdend, wenn nicht gar abstoßend wirkt. Die **Capela de NS das Dores** (Ecke Dr Pereira & Fresca; ❦ geschl.) aus dem Jahre 1800 schließlich diente der weißen Kolonialelite als Gotteshaus.

STRÄNDE

Ein Pfund, mit dem Paraty wuchern kann, ist die atemberaubende Umgebung mit 55 Inseln und rund 100 herrlichen Stränden. Richtung Norden gelangt man zuerst zur **Praia do Pontal**, dem Stadtstrand. Auch wenn der Sandstreifen nicht allzu spektakulär ist, lohnen die dortigen *barracas* (Imbissstände) immer einen Zwischenstopp. Zehn Gehminuten weiter befindet sich am Fuß des Hügels die kleine versteckte **Praia do Forte**. Die 2 km von der Praia do Pontal entfernte **Praia do Jabaquara** ist ein breiter Strand mit genialer Aussicht, einem kleinen Restaurant und einem guten Campingplatz. Eine Bootsstunde von Paraty entfernt liegen die kleinen und idyllischen Strände **Vermelha** und **Lulas** in Richtung Nordosten und Saco im Osten. An den meisten, normalerweise recht ruhigen Stränden servieren *barracas* Bier und Fisch. Die **Praia de Parati-Mirim** 27 km östlich von Paraty ist besonders gut zu erreichen, preiswert und schön; *barracas* und Ferienhäuser stellen Urlauberwünsche zufrieden. Vom Busbahnhof in Paraty fährt ein Regionalbus neunmal täglich hin (2,60 R$, 40 Min.).

Die etwas abgelegeneren Strände erreicht man mit Schonern, die am Ableger auf Touristen warten. Eine Fahrt kostet zwischen 35 und 40 R$ pro Person. Die Boote halten normalerweise an der Praia Lula, Praia Vermelho, **Ilha Comprida** und **Lagoa Azul**. Alternativ kann man auch eines der kleinen Motorboote im Hafen mieten. Für 60 R$ pro Stunde bringt einen der Skipper an den gewünschten Ort.

Eine unvergessliche, dreitägige Wandertour führt von Laranjeiras zur Praia Grande, vorbei an abgelegenen Stränden und Fischerdörfern wie Praia do Sono und Martine de Sá. Wer teilnehmen will, wendet sich an **Rio Hiking** (☎ 0xx21-2552-9204; www.riohiking.com.br).

Schlafen

Zwischen Dezember und Februar sollte man im Voraus buchen. In der historischen Innenstadt sind die Preise bedeutend höher.

Casa do Rio Hostel (☎ 3371-2223; www.paratyhostel.com; Antônio Vidal 120; B mit/ohne HI-Ausweis 30/35 R$, Zi. mit/ohne HI-Ausweis 80/95 R$; 🅿 🖥 🏊) Das beliebte Hostel liegt zehn Gehminuten von der Altstadt entfernt auf der anderen Seite des Flusses. Es hat gemütliche Zimmer, einen Garten, einen kleinen Pool und eine Terrasse am Fluss.

Don Quixote Hostel (☎ 3371-1782; www.donquixotehostel.com; Rua da Lapa 7; B 40 R$; 🖥) Kolonialzeitlichen Charme sucht man in diesem einfachen Hostel mit Dreier-Stockbetten vergeblich, die Lage am Rand der Altstadt und das dazugehörige Internetcafé sind jedoch Garanten eines ausgezeichneten Preis-Leistungs-Verhältnisses.

Hotel Solar dos Geránios (☎ 3371-1550; kirkovitz@paratyweb.com.br; Praça da Matriz 2; EZ/DZ ab 80/100 R$; 🖥) Die kolonialzeitliche *pousada* mit gutem Preis-Leistungs-Verhältnis und Blick über die Praça da Matriz hat Zimmer mit Steinfußböden und rustikalen Antiquitäten. Durchs Haus streifen mehrere Hunde und Katze. Die maroden Zimmer erzählen Unmengen an Geschichte.

Casa da Colônia (☎ 3371-2343; zeclaudioaraujo15@hotmail.com; Marechal Deodoro 502; EZ/DZ 80/100 R$) Obwohl das Gästehaus 100 m außerhalb der Altstadt liegt, hat es reichlich kolonialzeitlichen Charme. Außerdem gibt's eine Küche.

Flor do Mar (☎ 3371-1674; www.pousadaflordomar.com.br; Fresca 257; EZ/DZ ab 100/140 R$; 🖥) Das bezaubernde Gästehaus in der Altstadt ist eine kleine Oase der Ruhe mit fröhlichen Zimmern und einem hellen, luftigen Hof.

Essen & Ausgehen

Nicht verpassen sollte man die Karren mit Süßigkeiten, die durch den ganzen Ort geschoben werden, und auch die Caipirinhas. Paraty ist genau wie Minas Gerais für seinen *cachaça* (Zuckerrohrschnaps) berühmt.

Farandole (Santa Rita 190; Crêpes 7–21 R$) Niedliche, farbenfrohe *creperia* in einer ruhigen Nebenstraße.

O Café (Rua da Lapa 237; Gerichte 8–35 R$) Im Garten dieses lockeren Lokals in der Altstadt bekommt man Sandwiches, Frühstück und leichte Speisen. Unbedingt die Palmherzlasagne ohne Nudeln probieren.

Punto Divino (Marechal Deodoro 129; Pizza ab 20–39 R$, Hauptgerichte 24–50 R$) Das gemütliche italienische Restaurant serviert leckere, hauchdünne Pizzas und Pasta. Die romantische Atmosphäre wird durch Livemusik betont.

Sabor da Terra (Roberto Silveira 80; 24,90 R$/kg) Das SB-Restaurant ist eine gute Alternative zu den überteuerten Lokalen in der Altstadt.

Unterhaltung

Locations mit Livemusik verlangen 5 bis 7 R$ Eintritt.

Wer Lust auf Cocktails, Bossa nova und MPB hat, geht in die **Che Bar** (Marechal Deodoro 241), ins **Paraty 33** (Maria Jacomé de Mello 357) oder ins **Margarida Café** (Praça do Chafariz).

An- & Weiterreise

Der Busbahnhof liegt an der Jango Pádua, 500 m westlich der Altstadt. Es fahren täglich acht Busse ab/nach Rio (45 R$, 4 Std.) und vier ab/nach São Paulo (41 R$, 6 Std.). Busse ab/nach Angra dos Reis (7,85 R$, 2 Std.) verkehren fast stündlich. In Paraty kann man auch Fahrkarten für Direktbusse nach Belo Horizonte kaufen, die aber in Wirklichkeit in Angra abfahren.

SÃO PAULO

☎ 0xx11 / 19 Mio. Ew.

Es lässt sich nicht leugnen: São Paulo ist ein Monster. Die lateinamerikanische Hauptstadt in Sachen Gastronomie, Mode und Finanzen ist im wahrsten Sinne des Wortes eine Megalopolis. Sage und schreibe 19 Mio. Menschen leben in der Stadt, in der es mehr Wolkenkratzer gibt, als man zählen kann.

Auch wenn das kosmopolitische Sampa – wie die Einheimischen ihre Stadt liebevoll nennen – die natürliche Schönheit Rios vermissen lässt, hat es immer noch eine Menge zu bieten. Die Kulturhauptstadt Brasiliens wartet mit einer unüberschaubaren Vielfalt an Attraktionen auf: erstklassigen Museen und Kulturzentren (110), Restaurants von Weltklasse (12 500), Experimentaltheater und Kinos (402) – ganz zu schweigen von den avantgardistischen Kunstgalerien und unzähligen Konzerthallen. Auch zählen Sampas Nachtclubs und Bars zu den besten des Kontinents – 15 000 Bars, das sind selbst für die abgehärtesten Pub-Crawler zu viele. Die trendigen *paulistanos* (die Einwohner São Paulos) arbeiten hart und feiern noch härter. Auch wenn alle unentwegt über die Kriminalität auf den Straßen, über Verkehrsstaus und Luftverschmutzung reden, so denkt doch niemand daran, der größten Stadt der südlichen Hemisphäre für immer den Rücken zuzukehren.

São Paulos Charme findet sich in den überschaubaren Bezirken. Da wäre etwa die wohlhabende, teure Gegend am Jardim Paulista zu nennen, durch die die Rua Oscar Freire, Brasiliens Rodeo Drive, verläuft. Reizvoll sind auch das künstlerisch angehauchte, unkonventionelle Viertel Vila Madalena oder das japanische Viertel Liberdade.

Orientierung

Es ist schwer, sich in dieser Stadt zurechtzufinden – selbst Taxifahrer und Einheimische, die schon seit Jahren hier wohnen, tun sich da schwer. Aber dennoch – spaßeshalber – eine Kurzbeschreibung: São Paulo ist eher rechteckig als – wie traditionell üblich – konzentrisch angelegt und wird von zwei am Fluss verlaufenden Schnellstraßen flankiert: der Marginal Tietê im Norden und der Marginal Pinheiros im Süden (die im Westen ineinander übergehen). Die zentralen Plätze der Innenstadt sind die Praça da Sé mit der Metro-Umsteigestation Metrô Sé und die Praça da República mit der Metrostation República.

Die 1 bis 2 km südwestlich der Innenstadt von Südosten nach Nordwesten verlaufende und von Wolkenkratzern gesäumte Av Paulista bildet das Finanzzentrum des Landes. Auch die Metro fährt diese Straße lang. Südlich davon liegt Jardim Paulista mit vielen teuren Restaurants und Boutiquen, nördlich davon Baixo Augusta, ein nicht ganz so schickes, alternatives Viertel mit vielen Bars und Clubs. Vila Madalena, 6 km westlich der Innenstadt, ist travellerfreundlich, künstlerisch angehaucht und bietet ein reges Nachtleben.

Praktische Informationen

Internetzugang gibt's überall, in der Metrô Praça da Sé kommt man sogar kostenlos ins

Netz. Wechselstuben säumen die ersten beiden Blocks der Av São Luis in der Nähe der Praça da República.

Citibank (Av Paulista 1111) Eine der vielen Banken in dieser Straße mit internationalen Geldautomaten.

CIT OLIDA (Karte S. 316 f.; ☎ 3331-7786; www.cidadedesaopaulo.com; Av São João 473, Centro; ✆ 9–18 Uhr) Nahe der Praça da República. Wer kein Portugiesisch kann, ist in dieser Touristeninformation bestens aufgehoben. Weitere Infostände gibt's in der Av Paulista, im Ibirapuera Park, in den Flughafenterminals 1 und 2 und am Busbahnhof Tietê.

Deatur (Karte S. 316 f.; ☎ 3151-467; Rua da Consolação 247; ✆ Mo–Fr 8–20, Sa & So 13–18 Uhr) Die Touristenpolizei Sampas.

Einstein Hospital (außerhalb der Karte S. 316 f.; ☎ 3747-1233; www.einstein.com.br; Av Albert Einstein 627, Morumbi) Eines der besten Krankenhäuser Lateinamerikas; Bus 7241 ab Xavier de Toledo bis zum Jardim Colombo nehmen.

HSBC Centro (Karte S. 316 f.; Antonio de Godói 53) Bela Vista (Av Paulista 949A)

Livraria da Vila (Karte S. 318; Fradique Coutinho 915, Vila Madalena) Große Auswahl an englischsprachiger Literatur und Reiseführern.

Post (Karte S. 316 f.; Praça do Correios s/n, Centro) Die Hauptpost ist am Parque Anhangabaú.

Gefahren & Ärgernisse

São Paulo ist zwar sicherer als Rio – was vor allem darin liegt, dass sich die *favelas* weiter außerhalb der Stadt befinden–, doch auch hier ist eine recht hohe Kriminalitätsrate ein nicht von der Hand zu weisendes Problem. Besonders nachts und an den Wochenenden sollte man im dann recht einsamen Zentrum Vorsicht walten lassen. Taschendiebe tummeln sich vor allem in Bussen und auf der Praça da Sé.

Sehenswertes & Aktivitäten

Das stimmungsvolle alte Zentrum von São Paulo liegt zwischen der Praça da Sé, der Metrostation Luz und der Praça da República (auf der sonntags ein geschäftiger Markt stattfindet). Der Stolz der Stadt ist das **Teatro Municipal**, ein Gebäude mit Barock- und Jugendstilelementen, das unmittelbar westlich des Viaduto do Chá an der Praça Ramos de Azevedo liegt. Ein weiteres viel geliebtes Wahrzeichen ist das 41-stöckige **Edifício Itália** (Karte S. 316 f.; ☎ 2189-2997; Ecke Avs São Luís & Ipiranga, Centro; www.edificioitalia.com.br; ✆ Mo–Do 12–12.30, Fr & Sa 12–1, So 12–23 Uhr; Eintritt 15 R$) mit Restaurant, Pianobar und Aussichtsterrasse ganz oben

(wer nicht essen will, kann wochentags von 15 bis 16 Uhr umsonst die Aussicht genießen). São Paulos ältestes und gleichzeitig auch umwerfendstes Museum ist die mit zeitgenössischer Kunst vollgepackte **Pinacoteca do Estado** (Karte S. 316 f.; ☎ 3324-1000; www.pinacoteca.org.br; Praça da Luz 2, Centro; Erw./Student 4/2 R$, Sa frei; ✆ Di–So 10–18 Uhr). Der hervorragende **Mercado Municipal** (Karte S. 316 f.; ☎ 3223-3022; www.mercadomunicipal.com.br; Rua da Cantareira 306, Centro; ✆ Mo–Sa 7–18, So 7–16 Uhr) ist der Traum eines jeden Feinschmeckers. Der städtische Markt in dem neoklassizistischen Gebäude von 1928 zählt zu den besten Brasiliens. Wenn nicht hier, wo dann sollte man mittags einen Happen zu sich nehmen?

Für einen fesselnden Stadtspaziergang empfehlen sich Liberdade, das Klein-Japan von Sampa, in dem aber auch Asiaten anderer Nationalitäten leben, und das Künstlerviertel Vila Madalena. Auf der Praça da Liberdade findet ein wuseliger **Straßenmarkt** statt.

Das **Museu de Arte de São Paulo** (außerhalb der Karte S. 316 f.; MASP; ☎ 3251-5644; www.masp.art.br; Av Paulista 1578, Bela Vista; Erw./Student 15/7 R$, Do frei; ✆ Di–Mi & Fr 11–18, Do & Sa 11–20 Uhr) besitzt mit mehr als 8000 Werken die beste lateinamerikanische Sammlung westlicher Kunst. Die nächste Metrostation ist Trianon-Masp.

Im großen **Parque do Ibirapuera**, 4 km von der Innenstadt entfernt, gibt es mehrere Museen, Denkmäler und Sehenswürdigkeiten, vor allem das bemerkenswerte **Museu de Arte Moderna** (☎ 5085-1300; www.mam.org.br; Erw./Student 5,50/2,75 R$; ✆ Di–So 10–17.30 Uhr) mit Wechselausstellungen zeitgenössischer Kunst. An der Estaçã da Luz den Bus 5154 nach „Term. Sto. Amaro" nehmen. Sonntags ist der Eintritt frei.

Für Fußballfans lohnt sich ein Besuch des neuen, spektakulären **Museu do Futebol** (außerhalb der Karte S. 316 f.; ☎ 3663-3848; www.museudofutebol.org.br; Praça Charles Miller s/n; Erw./Student 6/3 R$; ✆ Di–So 10–27 Uhr), eine moderne, interaktive, 32,5 Mio. R$ teure Beweihräucherung des brasilianischen Fußballs. Es befindet sich unter der Tribüne des Pseudo-Heimstadions der Corinthians, des Estádio do Pacaembu, und ist selbst dann sehenswert, wenn man sich nicht fürs runde Leder interessiert. Im Ausstellungsbereich rund um die *torcidas* (Fanclubs) kann man sich perfekt auf den Besuch eines Spieles vorbereiten – besser wurden wohl die Katakomben eines Stadions seit Menschengedenken nicht genutzt. Anfahrt: von Teodoro Sampaio direkt vor der Metrô

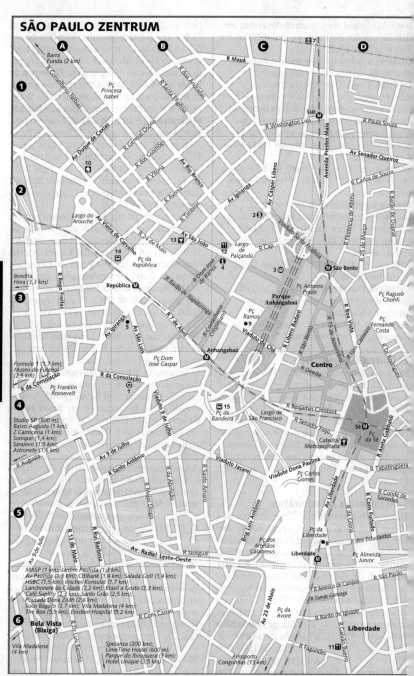

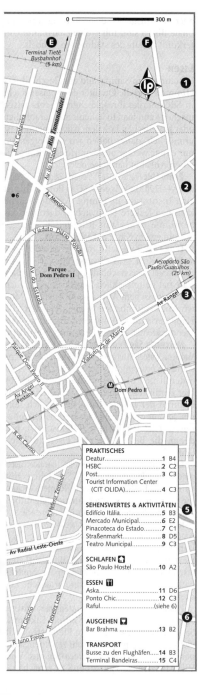

Clínicas den Bus 177C-10 Richtung Jardim Brasil nehmen.

Schlafen

Die beste Gegend für Traveller ist das 6 km westlich der Praça da Sé gelegene, unkonventionelle *bairro* Vila Madalena. Hier haben sich in der letzten Zeit einige hippe Hostels zu den schicken Boutiquen, avantgardistischen Galerien und lauten Nachtclubs gesellt. Auch das ruhigere und vornehme Viertel Jardim Paulista 5 km südwestlich der Innenstadt ist eine gute Adresse zum Übernachten. Im Centro, in der Gegend um den Bahnhof Estação da Luz und in der Stadtmitte gibt es billige Hotels, aber auch Kriminalität und Prostitution. Wer hier übernachtet, muss extrem vorsichtig sein und sollte nachts nicht auf die Straße gehen.

Sampa Hostel (Karte S. 318; ☎ 3031-6779; www.hostelsampa.com.br; Girasol 519, Vila Madalena; B mit/ohne HI-Ausweis 31,50/35 R$, EZ mit/ohne HI-Ausweis 51,50/55 R$, DZ 95 R$; 🖳) Die beste Unterkunft in Vila Madalenas neuer Hostelszene ist der Pionier aus dem Jahr 2008. Es gibt Vier- und Achtbettzimmer, preislich faire Einzel- und Doppelzimmer, ein tolles TV-Zimmer und eine Küche. Bestens für Frauen geeignet.

São Paulo Hostel (Karte S. 316 f.; ☎ 3333-0844; www.hostel.com.br; Barão de Campinas 94, Centro; B mit/ohne HI-Ausweis 35/40 R$, EZ/DZ/3BZ 65/83/103 R$; 🛇 🖳) Sichere Unterkunft für die Nichtraucher der Backpacker-Gemeinde. Sie liegt in der Nähe der Praça da República und hat Schlafsäle und Zimmer mit eigenem Bad. Küche, Wäscherei und Bar befinden sich im 7. Stock. Sehr hilfsbereites Personal.

Casa Club Hostel (Karte S. 318; ☎ 3798-0051; www.casaclub.com.br; Mourato Coelho 973, Vila Madalena; B ab 35 R$; 🖳) Halb Hostel, halb Bar in einer der besten Ausgehstraßen von Vila Madalena. Es gibt eine große Küche und ein Restaurant mit Bar, in der immer was los ist. Im Restaurant bezahlt man mittags das Essen nach Gewicht, abends gibt's Burger und Pasta. Genau das Richtige für Partywütige.

LimeTime Hostel (außerhalb der Karte S. 316 f.; ☎ 2935-5463; www.limetimehostels.com; 13 de Maio 1552, Bela Vista; B ab 35 R$, EZ/DZ 70/100 R$; 🖳) Noch ein neues, ausgezeichnet gelegenes Hostel nur wenige Schritte entfernt von der Av Paulista, der Metrô Brigadeiro und der Haltestelle des Flughafenbusses am Hotel Maksoud Plaza. Wer ehrgeizig ist, schafft es sogar zu Fuß nach Jardins. Apple TV, WLAN und Flachbild-TVs

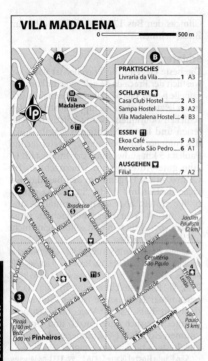

VILA MADALENA

PRAKTISCHES
Livraria da Vila................1 A3

SCHLAFEN
Casa Club Hostel............2 A3
Sampa Hostel..................3 A2
Vila Madalena Hostel.....4 B3

ESSEN
Ekoa Café.........................5 A3
Mercearia São Pedro.....6 A1

AUSGEHEN
Filial...................................7 A2

aber die Anlage als solche und das internationale Bistro sind toll – eine charmante Unterkunft abseits des städtischen Trubels.

Essen

Restaurants in Sampa sind ein Geschenk des Himmels und die Qualität der Speisen sucht in Südamerika ihresgleichen. Nichts falsch machen kann man in italienischen, arabischen oder japanischen Lokalen. Alle zu nennen ist unmöglich, daher haben wir im Folgenden nur einige wenige aus dem riesigen kulinarischen Angebot herausgepickt.

Ponto Chic (Karte S. 316 f.; Largo do Paíçandú 27; Sandwiches 4–17,70 R$; ☻ So geschl.) Das Ponto Chic ist eine Institution in Sampa. Aus der Küche kommen leckere Sandwiches, darunter das berühmte *bauru* mit Rindfleisch und geschmolzenem Käste auf Weißbrot.

Ekoa Café (Karte S. 318; Fradique Coutinho 914, Vila Madalena; Menu 16 R$; Hauptgerichte 6,50–23,80 R$; ☻ So geschl.) Das nachhaltig eingerichtete Bio-Café hat hauptsächlich Vegetarisches – auch aus biologischem Anbau – im Angebot: Man wird mit traumhaften Suppen, Salaten und Hauptgerichten, Biokaffee, Caipirinhas und Bier der kleinen Brauerei Eisenbahn verwöhnt.

Mercearia São Pedro (Karte S. 318; Rodésia 34, Vila Madalena; Vorspeisen für 2 Pers. 7,50–28 R$) Das bodenständige *boteco* gibt's schon seit 1968. Zum ordentlichen Mittagsbuffet (9,80 R$) geht's hier ziemlich geschäftig zu. Und auch abends brummt der Laden. Dann treffen sich sexy *amigos* auf ein kühles Bier und frisch zubereitete *pastels* (frittierte Teigtaschen), mit denen die Bedienung von Tisch zu Tisch läuft.

Aska (Karte S. 316 f.; Galvão Bueno 466, Liberdade; Hauptgerichte 8–13 R$; ☻ Mo geschl.) Schälchen mit dampfend heißem Schweine-Ramen locken die Massen in das supergünstige, eigentlich japanische Nudelrestaurant in Liberdade.

Raful (Karte S. 316 f.; Rua da Cantareira 306, Centro; Gerichte 11,50–24,90 R$; ☻ mittags) Das bei hippen und hungrigen Leuten äußerst beliebte Raful serviert im Mittelgeschoss mit Blick auf den faszinierenden Mercado Municipal schmackhaften Hummus, Falafeln und arabische Leckereien auf Spießen.

Pirajá (außerhalb der Karte S. 318; Av Brigadeiro Faria Lima 64, Pinheiros; Hauptgerichte 14–43 R$) Rote Saketinis, Sandwiches à la Rio und ein Pfeffersteak mit vier Pfeffersorten (himmlisch) zeichnen Sampas typische *boteco* im *carioca*-Stil aus. Von Vila Madalena aus gut zu Fuß zu erreichen.

verleihen dem Ganzen einen Touch von Hightech. Die Schlafsäle sind weniger hip, dafür aber funktionell und mit vier oder acht Betten ausgestattet.

Vila Madalena Hostel (Karte S. 318; ☎ 2305-6601; www.vilamadalenahostel.com.br; Francisco Leitão 686, Vila Madalena; B ab 38 R$, EZ/DZ ohne Bad 90/100 R$; ✱ ▢) Künstlerisch angehauchte Billigalternative mit stilvollen Möbeln und einem exzentrischen Betreiber, der mit lauten Backpackern so seine Probleme hat.

Formule 1 (außerhalb der Karte S. 316 f.; ☎ 3886-4600; www.formule1.com.br; Rua da Consolação 2303; DZ 99 R$; ✱ ▢) Das Budgetkettenhotel, das so auch in Japan stehen könnte, lässt sich seine Lage in der Nähe von Jardim Paulista, MASP, Av Paulista und einem der besten Programmkinos der Stadt bezahlen. Die Zimmer sind winzig, bieten aber dennoch zum gleichen Preis auch drei Personen Platz. In der Lobby gibt's einen Kiosk. Telefon, Internet, Gepäckaufbewahrung und Frühstück kosten extra.

Pousada Dona Ziláh (außerhalb der pp284-5; ☎ 3062-1444; www.zilah.com; Alameda Franca 1621, Jardim Paulista; EZ/DZ/3BZ ab 135/180/200 R$; ✱ ▢) Die Zimmer in dieser ruhigen Pension sind zwar sehr einfach,

LP Tipp **Z Carniceria** (außerhalb der Karte S. 316 f.; Augusta 934, Baixo Augusta; Hauptgerichte 15–19,50 R$; Mo geschl.) In der ehemaligen Metzgerei hängen noch immer die Fleischerhaken über dem Tresen. Sie ist jetzt einer der angesagtesten Treffs in Baixo Augusta für alternative Hipster, die hier die Nacht einläuten oder einen Absacker trinken. Witzigerweise gibt's auch eine gute Auswahl an vegetarischen Speisen. Tolles Essen. Tolle Leute.

Salada Grill (Padre Manoel 213; Buffet 15,50 R$; mittags) Obwohl dieses Lokal nichts Besonderes ist, so locken das preiswerte Buffet und die gleichbleibend gute *feijoada*, die mittwochs und samstags auf der Speisekarte steht, doch jeden Mittag die Massen an. Das Restaurant befindet sich zwei Blocks südwestlich von Paulista auf der Jardin-Seite.

Lanchonete da Cidade (außerhalb der Karte S. 316 f.; Alameda Tietê 110, Jardim Paulista; Burger 17,50–25 R$) Das moderne Diner ist wunderbar geeignet, um in São Paulos umwerfende Burger-Kultur einzutauchen. Die Veggie-Burger sind unvergesslich.

Brasil a Gosto (außerhalb der Karte S. 316 f.; Azevedo do Amaral 70, Jardim Paulista; Hauptgerichte 36–62 R$; Mo geschl.) Das Brasil a Gosto ist das brasilianische Restaurant, das quasi jeder liebt. Es ist geschmackvoll und modern eingerichtet und die Küchenchefin Ana Luiza Trajano zaubert mit Präzision einen perfekten Mix aller klassischen brasilianischen Gerichte.

Ausgehen

Traditionelle Barviertel sind Vila Madalena (an Wochenenden besonders die Ecke Aspicuelta und Mourato Coelho) und die Mario Ferraz in Itaim Bibi. In letzter Zeit ist die GLS-Szene (GLS steht für Schwule, Lesben und Sympathisanten) nach Baixo Augusta abgewandert, dem ehemaligen Rotlichtbezirk. Hier spielt sich jetzt ein buntes, trendiges Nachtleben für Jedermann ab.

Wenn man von einem heimlichen Bewunderer eine Nachricht auf einer Serviette bekommt, kann man sich auf einen interessanten Abend gefasst machen.

CAFÉS & SAFTBARS

Café Suplícy (außerhalb der Karte S. 316 f.; Alameda Lorena 1430, Jardim Paulista; Snacks 2,50–15 R$) Hier gibt's wahrscheinlich den besten Kaffee Brasiliens, der hier von den knackigsten Bewohnern Sampas genossen wird.

PIZZA PAULISTANA

New York, Chicago und selbst Neapel haben Probleme, mit Sampas Pizzakunst mitzuhalten. Denn das am besten bewahrte Geheimnis der Welt ist São Paulos ausgezeichnete *pizza paulistana*. Die Einheimischen behaupten, sie sei so gut, dass selbst Italiener vor Neid erblassten! Wen wundert's? Ende des 19. Jhs. ließen sich hier italienische Einwanderer zuhauf nieder und São Paulo wurde zu einer der größten italienischen Städte außerhalb Italiens. Heutzutage gibt es um die 6000 Pizzerias in São Paulo. Man sollte die Stadt auf keinen Fall verlassen, ohne einer der folgenden Lokalitäten einen Besuch abgestattet zu haben.

Bráz (außerhalb der Karte S. 318; Vupabussu 271, Pinheiros; Pizzas 31,50–52,50 R$) Wer hier eine Pizza verspeist hat, vergisst, dass das Original eigentlich aus Italien kommt. Man sollte es den Brasilianern gleichtun und erst mal ein frisch gezapftes Brahma (*chope*) bestellen. Weiter geht's mit einer Vorspeise, einem warmen Wurstbrot (*pão de calabresa*), das in gewürztes Olivenöl gedippt wird. Und dann kann auch schon das Festmahl beginnen. Im Moment ist *Fosca* (geräucherter Schinken, *catipury*-Käse, Mozzarella und Tomatensauce) die angesagteste Pizza. Wer nicht nach São Paulo kommt, kann dieses kulinarische Highlight auch in der Filiale in Rio erleben (S. 302).

Bendita Hora (außerhalb der Karte S. 316 f.; Vanderlei 795, Perdizes; Pizzas 33–62 R$) Diese höhlenartige Pizzeria, in der man bei Kerzenschein speist, ist eine von drei Pizzerias, in der sich der Star der brasilianischen Gourmetbibel *Guia Quattro Rodas* 2009 blicken ließ. Die Wände sind mit echten schwarzen Schallplatten geschmückt. Der Außenbereich ist Treffpunkt der *Mauricinhos* und *Patricinhas* – der Hippen und Trendigen, wie sie liebevoll genannt werden. Doch eigentlich kommt man „nur" her, um eine leckere Pizza (z. B. mit Zucchini, Mozzarella und Parmesan) zu verputzen.

Speranza (außerhalb der Karte S. 316 f.; Treze de Maio 1004, Bixiga; Pizzas 35–51 R$) Diese Pizzeria im italienischen Viertel Bixiga ist eine der ältesten und traditionsreichsten São Paulos. Seit 1958 serviert hier die Famiglia Tarallo die beste Pizza Margarita, die man sich nur vorstellen kann. Ebenfalls pikant: Das Lokal befindet sich in einem ehemaligen Bordell.

Suco Begaço (außerhalb der Karte S. 316 f.; Haddock Lobo 1483, Jardim Paulista; Säfte 4–8 R$, Snacks 10–15 R$) Eine bessere Saftbar hat die Stadt nicht zu bieten. Das trendige Café verkauft täglich 600 Drinks, die entweder mit Wasser, Orangensaft, Tee oder Kokosnusswasser gemixt werden. Angeboten werden auch preiswerte Sandwiches und Salate, die man sich selbst zusammenstellen kann.

Santo Grão (außerhalb der Karte S. 316 f.; Oscar Freire 413, Jardim Paulista; Hauptgerichte 24–43 R$) Das stylishe Café mit Plätzen drinnen und draußen ist beliebt für seine Cappuccinos, Weine und erlesenen Bistro-Gerichte … und ganz nebenbei kann man auch noch bestens Leute beobachten (*einschließlich* Personal).

BARS

Bar Brahma (Karte S. 316 f.; Av São João 677, Centro; Eintritt 7–55 R$) Die modernisierte Bar Brahma an der Ecke, die durch Caetano Velosos Liebeslied an die Stadt (*Sampa*) berühmt wurde, ist die älteste Kneipe der Stadt. Live-MPB und Samba gibt's jeden Abend, an den Wochenenden sogar tagsüber. Zu den drei Räumen gehört u. a. auch die schicke neue Esquinha da MPB. Immer voll.

Filial (Karte S. 318; Fidalgo 254, Vila Madalena) Bis spät in die Nacht werden hier leckere *cachaça*-Drinks, *chopes* mit Schaumkrone und fantastische brasilianische Kneipengerichte serviert (unbedingt *bolinhos de queijo* oder gebratene Käsebällchen probieren). Das beliebte *boteco* in Vila Madalena zieht ganze Schwärme junger Leute an, die Spaß haben wollen.

Skye Bar (außerhalb der Karte S. 316 f.; Av Brigadeiro Luís Antônio 4700) Die Bar im obersten Stockwerk des schicken Hotel Unique ist bei Modefreaks und Rockstars besonders beliebt. Sampas verblüffendste Cocktailbar mit Aussicht.

Astronete (außerhalb der Karte S. 316 f.; Matias Aires 183, Baixo Augusta; Eintritt 10–15 R$; Mi–Sa) Die brasilianischen Betreiber haben ihr Know-how aus Williamsburg, Brooklyn, mitgebracht. Das in altrot gehaltene Astronete bietet mittwochs Cocktails und B-Movies, freitags Oldies aus den 1960er- und 1970er-Jahren – dann brummt der Laden.

Unterhaltung

Die Clubszene hier kann es mit dem aufregenden Nachtleben von New York und den Preisen von Moskau aufnehmen. Am meisten los ist in den Bezirken Vila Olímpia (glitzernd, teuer, Electronica) und Barra Funda/Baixo Augusta (Rock, Alternatives, Bodenständiges). Wenn nicht anders angegeben, beträgt der Eintritt im Durchschnitt 10 bis 40 R$ (manchmal ist im Preis ein *consumo*, Getränk, enthalten). Zum Zeitpunkt der Recherchen war das Pink Elephant in Vila Olímpia der angesagteste (und teuerste) Schuppen.

Sarajevo (außerhalb der Karte S. 316 f.; Augusta 1397, Baixo Augusta; www.sarajevoclub.com.br; Mo geschl.) Der verwinkelte, künstlerisch angehauchte und an den Ostblock erinnernde Club mit Film- und Krimigeschichte zieht ein gemischtes, wohlerzogenes Publikum an, das für Jazz, Soul/R&B, Dub und Hip-Hop schwärmt.

Studio SP (außerhalb der Karte S. 316 f.; Augusta 591, Baixo Augusta; www.studiosp.org; Di–Sa 23 Uhr–open end) Das große Kulturzentrum für alternative Leute ist Sampas beste Location für einheimische Livemusik. Die Veranstaltungen am frühen Abend sind kostenlos.

Sonique (außerhalb der Karte S. 316 f.; Bela Cintra 461, Baixo Augusta; www.soniquebar.com.br; Mo geschl.) GLS-Location mit viel Sichtbeton und Art-Déco-Beleuchtung. In dieser Ultra-Lounge bringen DJs allabendlich die *pre-balada* (Vorparty) zum Brummen. Danach geht's mit Guides weiter zu anderen Hotspots.

The Box (außerhalb der Karte S. 316 f.; Pequetita 189, Vila Olímpia; www.theboxlounge.com.br; Eintritt Männer/Frauen 120/60 R$; Fr & Sa) Der intime In-Schuppen à la NYC, in dem Kellnerinnen im Kilt die „Playboys" (brasilianische Yuppies) bedienen, ist einer der vielen angesagten Clubs in Vila Olímpia für die Reichen, Schönen und Unternehmungslustigen.

An- & Weiterreise

BUS

Südamerikas größter Busbahnhof, das **Terminal Tietê** (3235-0322), liegt an der Metrostation Tietê. Busse fahren von hier aus in alle Ecken des Kontinents. Man sollte möglichst einen Bus nehmen, der nicht frühmorgens oder am späten Nachmittag in São Paulo ankommt, um dem gigantischen Verkehrsstau zu dieser Zeit aus dem Weg zu gehen.

Internationale Linien verbinden Sampa mit Buenos Aires (285 R$, 36 Std.), Santiago (330 R$, 54 Std.), Asunción (145 R$, 20 Std.) und Montevideo (285 R$, 30 Std.). Etliche Busse fahren nach Rio de Janeiro (78 R$, 6 Std.). Weitere Ziele in Brasilien sind Angra dos Reis (52 R$, 7½ Std.), Belo Horizonte (85 R$, 8 Std.), Brasília (136 R$, 15 Std.), Curitiba (75 R$, 6 Std.), Florianópolis (120 R$, 11 Std.),

Foz do Iguaçu (143 R$, 15 Std.), Paraty (41 R$, 6 Std.) und Salvador (293 R$, 32 Std.). Busse ins Pantanal – Cuiabá (178 R$, 26 Std.) oder Campo Grande (161 R$, 13½ Std.) – starten am **Busbahnhof Barra Funda** (☎ 3866-1100), wo auch der Direktbus zum internationalen Flughafen São Paulos abfährt (29 R$).

FLUGZEUG
São Paulo ist für viele internationale Fluggesellschaften die Drehscheibe in Brasilien und folglich für die meisten Traveller das Sprungbrett für ihre weitere Brasilienreise. Bevor man einen Inlandsflug bucht, sollte man sich erkundigen, von welchem Flughafen der Stadt er startet.

Der internationale Flughafen **Aeroporto Guarulhos** (☎ 6445-2945) liegt 25 km östlich vom Stadtzentrum. Flüge nach Rio (Flughafen Santos Dumont) verkehren mindestens alle 30 Minuten vom **Aeroporto Congonhas** (☎ 5090-9000), 14 km südlich vom Stadtzentrum.

Unterwegs vor Ort
Die öffentlichen Verkehrsmittel von São Paulo bilden mit 15 000 Bussen und 1333 Linien das umfangreichste Verkehrsmittelnetz der Welt. In der Rushhour sind die Busse überfüllt und nicht gerade sicher. Die wichtigsten Umsteigepunkte sind die Praça da República und der belebte Terminal Bandeiras. Bei den Touristeninformationen erfährt man alles Wissenswerte über das Busnetz. Mit dem **Airport Bus Service** (www.airportbusservice.com.br; 30 R$) kommt man am besten zum internationalen Flughafen; er hält am Congonhas, am Tiête, an der Praça da República und an mehreren Hotels rund um die Av Paulista und Rua Augusta. Am *günstigsten* erreicht man den Flughafen mit dem **Pássaro-Marron**-Bus von der Metrostation Tatuapé. Er fährt zwischen 5.15 und 22.25 Uhr alle 30 Minuten (3,65 R$, 1 Std.). Zum Flughafen Congonhas kommt man von der Metrostation São Judas mit Bus 875A-10 (Anzeige „Perdizes-Aeroporto").

Viele Punkte in Sampa sind mit der ausgezeichneten Metro zu erreichen, die billig, sicher und schnell ist (4.40–24 Uhr). Eine einfache Fahrt kostet 2,55 R$. Am besten erkundet man die Stadt daher per pedes und Metro.

BELO HORIZONTE
☎ 0xx31 / 2,5 Mio. Ew.
Belo Horizonte, Brasiliens drittgrößte Stadt, ist ein mehr oder weniger reizloser Betondschungel, hat aber einen Pluspunkt: Sie ist die ausufernde Hauptstadt von Minas Gerais, in der man sehr gut essen und ausgehen kann. Mit dem schnellen Wachstum des Industriegiganten kamen auch Hunderte von *botecos*, die alle ihren eigenen Stil haben. Dank der vielen Kneipen und Bars wurde „Beagá" – die Einheimischen nennen ihre Stadt nach den Initialen B. H. – der Titel „Bar Capital of Brazil" verliehen. Für die meisten Traveller ist die Stadt dennoch nur ein Zwischenstopp auf dem Weg in die Kolonialstädte Ouro Prêto oder Tiradentes. Eines ist aber sicher: Wer etwas länger bleibt, wird sie bestimmt nicht mit leerem Magen verlassen.

Praktische Informationen
Auch Belo Horizonte hat mit der Kriminalität zu kämpfen. In der übervollen Gegend um den Busbahnhof sollte man besonders gut aufpassen. Auch sollte man nachts nicht durch die Straßen wandern.
Belotur (☎ 3277-6907; www.belotur.com.br; Praça Rio Branco, Terminal Rodoviário; Mo–Fr 8–22, Sa & So 8–16 Uhr) Die außergewöhnlich hilfreiche städtische Tourismusbehörde veröffentlicht jeden Monat einen hervorragenden englischsprachigen Führer. Infostände gibt's auch am Mercado Central und am internationalen Flughafen.
Soleá (Sergipe 1199; 4 R$/Std.) Halb Tanzschule, halb Internetcafé.

Sehenswertes
Ein unbedingtes Muss in Beagá ist der Besuch des fantastischen **Mercado Central** (☎ 3277-4691; Augusto de Lima 744; ☎ Mo–Sa 8–20, So 8–18 Uhr): Käse aus kleinen Käsereien, *cachaça*, Süßigkeiten, Leckereien und auch allerlei praktische Utensilien im Überfluss.

Schlafen
Pousadinha Mineira (☎ 3423-4105; www.pousadinha mineira.com.br; Espirito Santo 604; B 16 R$) Diese Unterkunft ist schon fast eine Institution. Das Bettzeug wird extra berechnet (5 R$) und es gibt kein Frühstück. Dafür ist sie jedoch gut gelegen (der Busbahnhof ist zu Fuß zu erreichen), freundlich und sauber. Schlafsäle mit 18 Betten.

Sorriso do Lagarto (☎ 3283-9325; www.osorrisodo lagarto.com.br; Christina 791, São Pedro; B 25,50 R$, EZ/DZ ohne Bad 45/70 R$; 🖥) Die beste hotelartige Option in einer Wohnstraße in São Pedro ganz in der Nähe von Savassi (etwa fünf Blocks weiter im Norden). Einfache Schlafsäle und eine schöne Terrasse mit Blick auf die Stadt.

ABSTECHER

Das Museum **Inhotim** (☎ 3227-0001; www.inhotim.org.br; Eintritt Erw./Kind 10/5 R$; ⊗ Do–Fr 9.30–16.30, Sa & So 9.30–17.30 Uhr) sucht seinesgleichen und ist ein Pflichtprogramm für alle, die in Belo Horizonte Station machen. Es liegt 60 km von Beagá entfernt in Brumadinho und beherbergt 350 Arbeiten von mehr als 80 Künstlern in einer Umgebung, die genauso sehenswert ist wie die Exponate zeitgenössischer Kunst selbst. Das Museum besteht aus mehreren Pavillons, die verstreut inmitten eines botanischen Gartens stehen. Schon allein die fantastische, üppig grüne Landschaft gleicht einem Museum.

Hinter jeder Ecke des 3,5 ha großen Parks stehen in die Landschaft integrierte Kunstwerke. Auch die neun Galerien beherbergen Schmuckstücke. An dem See steht eine Reihe mehrfarbiger VW-Käfer, während im Burle-Marx-Garten ein Segelboot verkehrt herum in der Luft hängt. Das Museum war zunächst eine Privatsammlung des *mineiro*-Unternehmers Bernardo Paz, der dann 2004 seinen „Spielplatz" und Bauernhof zum Instituto Cultural Inhotim umwandelte. Die gemeinnützige Institution widmet sich dem Erhalt, der Ausstellung und Anfertigung zeitgenössischer Kunstwerke sowie dem Umweltschutz. Es ist eins der verblüffendsten Museen überhaupt.

Am besten besucht man das Museum an einem Wochenende; dann fährt ein Bus von **Saritur** (☎ 3272 8525; www.saritur.com.br) direkt dorthin. Los geht's um 9 Uhr am Busbahnhof in Belo, zurück um 16 Uhr (13,55 R$).

Formule 1 (☎ 3343-6400; www.formule1.com.br; Av Bias Fortes 783; DZ 85 R$; 💻) Die Budgetkette ist genau das Richtige für Leute, die knapp bei Kasse sind. Alle modernen Annehmlichkeiten kosten eine Extragebühr: Telefon, Internet, Gepäckaufbewahrung und Frühstück. In den kleinen Doppelzimmern können drei Personen übernachten.

Essen & Ausgehen

Lanchonetes (Stehimbisse) und Fast-Food-Restaurants finden sich geballt rund um die Praça Sete, vor allem in der Av Afonso Pena, 400 m südöstlich vom Busbahnhof. Im Viertel Savassi gibt's viele erstklassige Restaurants und unzählige *botecos* – für die ist Beagá ja schließlich berühmt.

Boi Lourdes (Curitiba 2069, Lourdes; Hauptgerichte 8–31 R$) Das beliebte Straßenrestaurant im *boteco*-Stil füllt sich allabendlich mit gut gelaunten Menschen, die hier *frango ao catipury* (Grillhähnchen mit *catipury*-Käse) und schmackhaftes *picanha* verputzen und das eine oder andere kühle Bier genießen.

Pinqüim (Grão Mogol 157, Sion; Sandwiches 9,50–17,50 R$, Hauptgerichte 24–51 R$) Das immer volle *boteco* serviert legendäres *chope* in einem beeindruckend modernen Ambiente mit gewagter Beleuchtung und geschwungenen Decken. Das Lokal liegt ein Block südlich von Savassi und ist eines der wenigen, das sonntags geöffnet hat.

Casa Cheira (Augusto de Lima 744, Mercado Central; Hauptgerichte 12–14 R$; ⊗ mittags) In der nordöstlichen Ecke von Beagás fantastischem Mercado Central befindet sich das beliebte *boteco*, das – wie der Name schon sagt – stets gut besucht ist. Zu den täglich angebotenen Mittagsspecials gehören preiswerte *mineiro*-Gerichte.

Café com Letras (Antônio Albuquerque 785; Sandwiches 12–16,50 R$) In dem stylishen Buchladen mit Café kann man zu den angebotenen Snacks und Gerichten ein gutes Gläschen Wein oder auch ein *chope* trinken.

San Ro (Prof Moraes; 24,90 R$/kg) In dem asiatisch-vegetarischen Restaurant wird das Essen nach Gewicht (*por kilo*) berechnet. Die erste Adresse für Vegetarier.

An- & Weiterreise

Der **Busbahnhof** (Praça da Rodoviária) liegt nördlich vom Stadtzentrum am Nordende der Av Afonso Pena. Es fahren Busse in alle wichtigen Städte des Landes: u. a. Rio (89 R$, 7 Std.), São Paulo (99 R$, 9½ Std.), Brasília (129 R$, 12 Std.) und Salvador (120 R$, 22 Std.). Täglich fahren 17 Busse nach Ouro Prêto (20 R$, 2¾ Std.). Nur freitags um 17 Uhr fährt ein Bus nach Tiradentes (45 R$, 4½ Std.). Wer an anderen Tagen nach Tiradentes will, muss mit dem Bus nach São João del Rei (37 R$, 3½ Std.) fahren und dort umsteigen.

Die beiden Flughäfen von Belo bieten Flüge zu fast allen Zielen in Brasilien an. Die meisten starten vom Aeroporto Confins, 40 km nördlich der Stadt, einige aber auch vom Aeroporto da Pampulha, 7 km nördlich vom Zentrum.

OURO PRÊTO

☎ 0xx31 / 67 000 Ew.

Ouro Prêto zählt zu den Glanzlichtern des südamerikanischen Kolonialerbes. Die Stadt liegt inmitten einer faszinierenden, verschwenderischen Berglandschaft 114 km südöstlich von Belo Horizonte. Wer zum ersten Mal durch die Straßen und Gassen schlendert, wird sich im Handumdrehen ins 18. Jh. zurückversetzt fühlen. Auf den umliegenden Hügeln wachen wunderschöne barocke Kirchen über die malerischen Plätze und verwinkelten Kopfsteinpflasterstraßen zu ihren Füßen – Besucher erwartet zweifelsohne ein Juwel unter den Goldgräberstädten von Minas Gerais.

Ouro Prêto ist eine der am besten erhaltenen Kolonialstädte Brasiliens. 1980 wurde es in die Liste des Unesco-Weltkulturerbes aufgenommen. Die Kehrseite der Medaille: Vor allem an den Wochenenden und in der Ferienzeit platzt die Stadt aus allen Nähten. Doch wie in Venedig macht ihre bloße Schönheit das Gefühl, in einer Touristenfalle getappt zu sein, wieder wett.

Praktische Informationen

Leider hat auch Ouro Prêto nachts einige zwielichtige Ecken, vor allem rund um den Busbahnhof. Wer in dieser Gegend übernachtet, sollte nach Einbruch der Dunkelheit die Unterkunft nicht mehr verlassen.

Centro Cultural e Turístico da FIEMG (☎ 3559-3269; Praça Tiradentes 4; ⊙ 9–19 Uhr) Eine nützliche und freundliche Infoquelle. Man kann hier auch offizielle Führer engagieren; vier Stunden ab 78 R$.

Compuway (Praça Tiradentes 52A; 4 R$/Std.; ⊙ Mo–Fr 8–21, Sa 8–18 Uhr) Extrem nettes Internetcafé.

HSBC (Sáo José 201) Geldautomat.

Touristeninformation (☎ 3559-3287; Cláudio Manoel 61; ⊙ Mo–Sa 8–18 Uhr) Büro des Tourismusministeriums.

Sehenswertes & Aktivitäten

Um das morgendliche Panorama zu genießen, beginnt man die Besichtigung idealerweise gegen 7.30 Uhr an der Praça Tiradentes und läuft von dort die Rua das Lajes lang. Die östlich der Stadt gelegene **Capela do Padre Faria** (Rua da Padre Faria s/n; Eintritt 3 R$; ⊙ Di–So 8.30–16.30 Uhr) ist eine der ältesten Kapellen von Ouro Prêto (1701–1704); sie ist besonders reich mit Gold und Kunstwerken geschmückt.

Auf dem Weg zurück in die Stadt gelangt man zur **Igreja de Santa Efigênia dos Prétos** (Santa Efigênia s/n; ⊙ 8–16.30 Uhr), die zwischen 1742 und 1749 von und für afrikanische Sklaven gebaut wurde. Dementsprechend hat die Kirche die wenigsten Goldverzierungen in Ouro Prêto aufzuweisen, kann dafür aber mit umso mehr Kunstschätzen aufwarten.

Die **Igreja NS da Conceição de Antônio Dias** (Rua da Conceição s/n; ⊙ Di–Sa 8.30–12 & 13.30–17.30, So 12–17 Uhr) wurde von Aleijadinhos Vater, Manuel Francisco Lisboa, entworfen und zwischen 1727 und 1770 erbaut. Aleijadinho (s. Kasten S. 325) ist am Altar von Boa Morte begraben. Eine Hommage an sein Leben bietet das **Museu Aleijadinho** (Eintritt 6 R$) mit aufwendigen Kruzifixen, kunstvollen Oratorien – kleine Nischen mit Heiligendarstellungen, die die bösen Geister vertreiben sollen – und einer großen Sammlung religiöser Statuetten.

Die zwei Blocks weiter östlich der Praça Tiradentes gelegene **Igreja de São Francisco de Assis** (Rua do Ouvidor auch bekannt als Cláudio Manoel; Eintritt 6 R$; ⊙ Di–So 8.30–11.50 & 13.30–17 Uhr) ist nach den *Aposteln* in Congonhas (s. Kasten S. 325) das bedeutendste Kunstwerk Brasiliens aus der Kolonialzeit. Aleijadinho gestaltete das Äußere, sein langjähriger Partner, Manuel da Costa Ataíde, war für die Innenbemalung zuständig.

Das ausgezeichnete **Museu da Inconfidência** (Eintritt 6 R$; ⊙ 12–18 Uhr) an der Praça Tiradentes beherbergt Dokumente über die Inconfidência Mineira, das Grabmal von Tiradentes, Folterinstrumente und bedeutende Werke von Ataíde und Aleijadinho.

Die südwestlich der Praça Tiradentes gelegene **Igreja NS do Carmo** (Brigadeiro Mosqueira; Eintritt 2 R$; ⊙ Di–Sa 9–11 & 13–16.45, So 10–15 Uhr) wurde zwischen 1766 und 1772 von den renommiertesten Künstlern der Gegend erbaut. Die Fassade und die beiden Nebenaltare stammen von Aleijadinho. Das **Museu do Oratório** (Eintritt 2 R$; ⊙ 9.30–17.30 Uhr) nebenan hat eine großartige, gut konzipierte Sammlung von Andachtsnischen.

Weiter südwestlich liegt die **Matriz de NS do Pilar** (Brigador Mosqueira Castilho Barbosa s/n, in Praça Monsenhor João Castilho Barbosa; Eintritt 5 R$; ⊙ 9–10.45 & 12–16.45 Uhr) mit Gold- und Silberverzierungen, die insgesamt 434 kg wiegen. Sie beherbergt einige der schönsten Kunstwerke Brasiliens.

Schlafen

Pousada São Francisco de Paula (☎ 3551-3456; www.pousadasaofranciscodepaula.com.br; Padre José Marcos Penna 202; B/EZ/DZ 25/50/70 R$; 🖥) Die freundliche Unterkunft, die nur ein paar Schritte vom Bus-

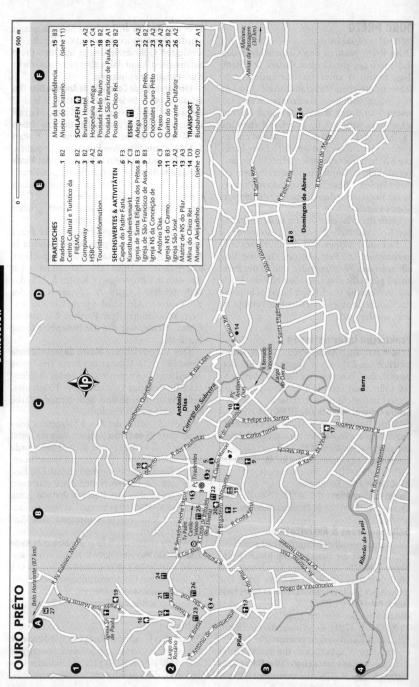

ABSTECHER

Die eigentlich eher unscheinbare kleine Stadt **Congonhas**, 72 km südlich von Belo Horizonte, würde wohl nicht viele Besucher anziehen, wären da nicht die Basílica do Bom Jesus de Matosinhos und – was noch bedeutender ist – die prächtig gemeißelten Skulpturen des brasilianischen Michelangelo: Aleijadinho, Sohn eines portugiesischen Architekten und einer afrikanischen Sklavin. Im Alter von 30 Jahren bekam Aleijadinho Lähmungen in Hände und Beine (daher der Name, der übersetzt „Krüppelchen" bedeutet). Mit einem Hammer und einem Meißel, die an seinen Armen befestigt wurden, setzte er seine Arbeit unverdrossen fort. Und so gelang es ihm, die brasilianische Kunst vom ausladenden Barock zum feineren, graziöseren Stil des Rokoko zu führen.

Eines seiner Meisterwerke, das heute zu den schönsten Unesco-Weltkulturerbestätten Brasiliens zählt, sind die zwischen 1800 und 1805 aus Speckstein gemeißelten *Zwölf Apostel* des Alten Testaments in der Basílica do Bom Jesus de Matosinhos in Congonhas. Aleijadinho war auch für die dortigen sechs Kapellen und ihre Holzstatuen verantwortlich, die die Passion Christi verkörpern und genauso imposant sind wie die Apostel.

Von Belo Horizonte fahren täglich sieben Busse nach Congonhas (21,35 R$, 1½ Std.). Zwischen Congonhas und São João del Rei (21,35 R$, 2 Std.) verkehren ebenfalls täglich sieben Busse. Von Ouro Prêto nimmt man zunächst einen Bus nach Conselheiro Lafaiete (12,85 R$, 2 Std.) und steigt dort in einen der regelmäßig fahrenden Busse nach Congonhas (4,10 R$, 45 Min.) um. Profetta-Busse bringen einen vom Busbahnhof in Congonhas zur 1,5 km entfernt gelegenen Basílica (1,85 R$, 15 Min.).

bahnhof entfernt ist, versteckt sich in einem vernachlässigten Wald und bietet von der Terrasse einen tollen Blick auf die Igreja do Carmo.

Brumas Hostel (☎ 3551-2944; www.brumashostel.com.br; Padre José Marcos Penna 68; B mit/ohne HI-Ausweis 25/32 R$, EZ/DZ ab 50/70 R$; 💻) Das einladende Hostel hat farbenfrohe, saubere Zimmer und eine Gästeküche. Es gibt zudem einen großen, gemütlichen Gemeinschaftsbereich mit vielen tollen alten Tischen und Sitzen zum Relaxen.

LP Tipp Pouso do Chico Rei (☎ 3551-1274; www.pousodochicorei.com.br; Brigadeiro Musqueira 90; EZ/DZ ab 110/154 R$, ohne Bad 66/120 R$; 💻) Das beste Mittelklassehotel der Stadt trieft nur so vor kolonialem Charme. Es gibt einen netten Frühstücksraum mit vielen Antiquitäten und überall knarrende Holzfußböden. Hier gleicht kein Zimmer dem anderen – und auch die Preise sind unterschiedlich.

Pousada Nello Nuno (☎ 3551-3375; www.pousadanellonuno.com; Camilo de Brito 59; EZ/DZ/3BZ ab 85/130/176 R$) Die hübsche *pousada* mit viel kolonialer Atmosphäre liegt ein paar Blocks nordöstlich der Praça Tiradentes an einem steilen Hang. Gemütliche Zimmer mit viel künstlerischem Charme.

Hospedaria Antiga (☎ 3551-2203; www.antiga.com.br; Xavier da Veiga 01; EZ/DZ/3BZ ab 90/120/160 R$; 💻) Das freundliche Gästehaus aus dem 18. Jh. sammelt Pluspunkte mit Fußböden aus der Kolonialzeit, einem Frühstück, das in einem mittelalterlich wirkenden Raum im Untergeschoss serviert wird, und dem kleinen Garten rundherum. Die Zimmer unten sind größer und heller.

Essen

Viele Restaurants und Bars säumen die Conde de Bobadela und die São José. Die typischen Gerichte vom Minas sind u. a. *tutu*, ein Püree aus schwarzen Bohnen, und *Feijão Tropeiro*, einem Eintopf mit braunen Bohnen, Kohl, Zwiebeln, Eiern, Maniokmehl und manchmal auch Speck.

Chocolates Ouro Prêto (Getúlio Vargas 72; Snacks 2–4 R$) Das originelle Café mit dazugehörigem Süßigkeitenladen serviert Pasteten mit Hühnchen oder Palmherzen und selbstgemachte Schokoleckereien. An der Praça Tiradentes hat gerade eine neue Filiale eröffnet.

O Passo (São José 56; Pizza 17–38 R$) In einem alten Haus mit unbezahlbarer Terrasse und Blick auf die Burle-Marx-Gärten werden Pizza und Pasta serviert.

Restaurante Cháfariz (São José 167; „All you can eat"-Buffet 31 R$) In diesem stimmungsvollen, äußerst beliebten „All you can eat"-Lokal kann man eine Reise durch die *comida Mineira* machen. *Cachaça* ist im Preis enthalten!

Zwei tolle *por-kilo*-Optionen sind das **Adega** (Teixeira Amaral 24; All you can eat 15 R$, 23 R$/kg), das tagsüber Gerichte vom Buffet anbietet und abends eine Pizzeria ist, und das **Quinto do Ouro**

(Conde de Bobadela 76; 25,90 R$/kg) mit seiner außergewöhnlich guten *Mineira*-Küche.

An- & Weiterreise
Der **Busbahnhof** (Rolimex-Merces) liegt 500 m nordwestlich der Praça Tiradentes (die „Circular"-Busse verbinden diese mit der Plaza). Es verkehren täglich zahlreiche Busse zwischen Belo Horizonte und Ouro Prêto (19,35 R$, 2¾ Std.). In der Hauptsaison sollte man sich sein Ticket einen Tag vorher besorgen. Von Ouro Prêto fahren täglich drei Busse nach Rio (91 R$, 7 Std.) und zwei nach São Paulo (97,50 R$, 11 Std.).

TIRADENTES
☎ 0xx32 / 6600 Ew.

Das verschlafene Tiradentes gehört zu den malerischsten und fotogensten Kolonialorten Brasiliens. Wer nicht gerade die friedvollen Kopfsteinpflasterstraßen, schönen Bergpanoramen und den sich durch die Stadt schlängelnden Fluss auf sich wirken lässt, kann vor allem zweierlei unternehmen: shoppen und essen. Tiradentes hat die höchste Pro-Kopf-Dichte von Sternerestaurants in Brasilien. Um genau zu sein, sind es fünf – wenn es das Budget hergibt, sollte man sich also eine edle Mahlzeit gönnen. An den Wochenenden und in der Ferienzeit strömen scharenweise Brasilianer in dieses ansonsten ruhige Dorf.

Die kolonialzeitlichen Gebäude der Stadt liegen am Berg, dessen Gipfel die wunderschöne, 1710 erbaute **Igreja Matriz de Santo Antônio** (Padre Toledo s/n; Eintritt 3 R$; ☼ 9–17 Uhr) krönt. Deren Fassade stammt von Aleijadinho, das Innere ist reich mit Gold und Symbolen aus dem Alten Testament geschmückt.

Die von Sklaven erbaute **Igreja Nossa Senhora Rosário dos Pretos** (Direita s/n; Eintritt 2 R$; ☼ 9–17 Uhr) aus dem Jahr 1708 ist Tiradentes älteste Kirche. Sie enthält etliche Bilder schwarzer Heiliger. Das **Museu do Padre Toledo** (Padre Toledo 190; Eintritt 3 R$; ☼ Do & Fr 9–11.30 & 13–16.30, Sa & So 9–16.40 Uhr) ist in dem ehemaligen Herrenhaus eines anderen Helden der Inconfidência untergebracht und beherbergt Antiquitäten und Kuriositäten aus dem 18. Jh.

Kaum fünf Gehminuten vom Kopfsteinpflaster und der Bushaltestelle entfernt steht das **Hotel do Hespanhol** (☎ 3355-1560; Rua dos Inconfidentes 479; EZ/DZ 60/90 R$), eine einfache Budgetunterkunft mit abgenutzten, aber sauberen Zimmern. Nebenan befindet sich ein netter Kunsthandwerksladen. Die seit Langem beliebte, wunderschöne **Pousada da Bia** (☎ 3355-1173; www.pousadadabia.com.br; Frederico Ozanan 330; EZ/DZ 80/120 R$; 🖳 🐾) hat um einen begrünten Hof angeordnete Zimmer und einen Swimmingpool. Das Frühstück ist göttlich. Die **Pousada Tiradentes** (☎ 3355-1232; www.pousadatiradentesmg.com.br; São Francisco de Paula 41; EZ/DZ 96/110 R$; 🐾 🖳) neben der Bushaltestelle bietet frisch renovierte, moderne, in Weiß gehaltene Zimmer mit gut gepflegten Bädern.

Das **Jardins de Santo Antonio** (Ministro Gabriel Passos 308; Hauptgerichte 5–22 R$; ☼ Mo & Di geschl.) serviert Steinofen-Pizzas, Crêpes und kaltes Backerchope (aus Minas). Das stylishe Ambiente punktet mit einer tollen Veranda vor dem Haus, von der aus man herrlich Leute beobachten kann. Die **Bar do Celso** (Largo das Forras 80A; Gerichte 14–21 R$; ☼ Di geschl.) am Largo das Forras hat eine kleine Auswahl an preiswerten *Mineira*-Gerichten im Angebot. Im **Empório das Massas** (Frederico Ozanan 327; Pasta für 2/4 Pers. ab 15/45 R$; ☼ Mo–Mi geschl.) gibt's Unmengen Pasta und

---

IN DIE VOLLEN!

Es wäre jammerschade, wenn man nach Tiradentes führe und sich dort einen feudalen Abend in einem der Sternerestaurants entgehen lassen müsste. Seine *centavos* kann man vielleicht anderswo sparen, hier aber wären sie gut investiert. Eines der drei erschwinglichsten ist das **Pau de Angu** (Estrada para Bichinho km 3, Hauptgerichte für 2/4 Pers. ab 43/71 R$), das auf einem Bauernhof 3 km außerhalb der Stadt ausgewählte *Mineira*-Spezialitäten mit Schweine-, Hühner- oder Rindfleisch und traditionellen Beilagen serviert. Auch das **Estralgem da Sabor** (Ministro Gabriel Passos 280; Hauptgerichte für 2 Pers. 46–69 R$) hat einfache, ausgezeichnet zubereitete *Mineira*-Klassiker.

Das **LP Tipp Tragaluz** (Direita 53; Hauptgerichte 35–52 R$) schließlich lockt seine Gäste mit einer 32-seitigen Speisekarte, die wie ein Comicheft aufgemacht ist und viele nette Geschichten über die Geschichte der Stadt und das Restaurantpersonal enthält. Ein Muss ist die Nachspeise: getrocknete Guaven mit Cashew-Nüssen, frittiert und auf einem Bett aus brasilianischem Frischkäse mit Guaveneis angerichtet. *Delícia!*

Soßen zu angemessenen Preisen. Nur welche Soße passt zu welcher Nudelsorte? Man hat die Qual der Wahl.

Anreise & Unterwegs vor Ort

Die wundervolle Zugfahrt von São João del Rei ist die beste Variante, um nach Tiradentes zu gelangen. **Maria Fumaça** (Bahnhof São João; einfache Strecke/hin & zurück 18/30 R$) wird von einer Dampflok aus dem 19. Jh. gezogen und tuckert von São João malerische 13 km nach Tiradentes. Los geht's in São João um 10 und 15 Uhr, zurück um 13 und 17 Uhr. Zwischen Tiradentes und São João verkehren täglich auch zahlreiche Busse (2,15 R$, 30 Min.).

DER SÜDEN

Weiße Sandstrände von unglaublicher Schönheit, unberührte tropische Inseln und das donnernde Getöse der Wasserfälle von Iguaçu sind nur einige der Attraktionen des reichen Südens Brasiliens. Besucher, die zum ersten Mal eine Ecke des Landes bereisen, bleiben oft nur kurz. Und das, obwohl man hier eine radikal andere Sicht auf das Leben der Brasilianer bekommt: *Gaúchos* führen auf den weiten Ebenen der Grenze zu Argentinien und Uruguay noch immer ein Cowboy-Leben. Andererseits weisen Gebäude im Architekturstil der Alten Welt, europäisches Bier und blonde, blauäugige Menschen auf den Einfluss der Millionen Einwanderer aus Deutschland, Italien, der Schweiz und Osteuropa hin.

Drei Bundesstaaten bilden die Südspitze Brasiliens: Paraná, Santa Catarina und Rio Grande do Sul. Das Klima ist zwar größtenteils subtropisch, wenngleich im Winter auf den Hügeln im Hinterland nicht selten Schnee liegt.

An- & Weiterreise

Die größten Flughäfen sind in Curitiba, Florianópolis, Porto Alegre und Foz do Iguaçu angesiedelt; letzteres grenzt an Argentinien und Paraguay. Von den genannten Städten gibt es gute Busverbindungen nach São Paulo.

Unterwegs vor Ort

Kurzstreckenflüge und längere Busfahrten verbinden die wichtigsten Städte des Südens. Wer zur Ilha do Mel will, sollte unbedingt die Panoramabahn von Curitiba durch die Serra do Mar nach Paranaguá nehmen, von wo aus man dort mit der Fähre zur Insel übersetzt.

CURITIBA

☎ 0xx41 / 1,8 Mio. Ew.

Das für seine umweltfreundliche Bauweise bekannte Curitiba zählt zu Brasiliens Erfolgsstädten. Schöne Parks, gut erhaltene historische Gebäude, wenig Staus und jede Menge Studenten prägen das Stadtbild. Die Hauptstadt Paranás eignet sich gut für einen kleinen Boxenstopp, auch wenn es nichts gibt, was einen mehr als ein paar Tage halten könnte.

Praktische Informationen

Cybernet XV (Rua das Flores 106; Internetzugang 2,50 R$/Std.; Mo-Sa 9.30-24 Uhr)
HSBC (15 de Novembro) Einer der vielen Geldautomaten in der Fußgängerzone.
Post (15 de Novembro 700)
Touristeninformation (www.turismo.curitiba.pr.gov.br) Busbahnhof (☎ 3320-3121; 8-18 Uhr); Largo da Ordem (☎ 3321-3206; Praça Garibaldi 7; Mo-Sa 9-18, So 9-16 Uhr)

Sehenswertes & Aktivitäten

Curitiba erkundet man am besten zu Fuß. Im kopfsteingepflasterten historischen Viertel um den **Largo da Ordem** gibt es wunderschön restaurierte Gebäude, Kunstgalerien, Bars und Restaurants, in denen abends Livemusik geboten wird. Die hübsche, in der Nähe gelegene Fußgängerzone in der **Rua das Flores** (ein Teil der 15 de Novembro) ist von Läden, Restaurants und bunten Blumen gesäumt. Wem das nicht genug Grün ist, der sollte den **Passeio Público** (Av Presidente Carlos Cavalcanti; Di-So) aufsuchen, einen Park mit schattigen Wegen und einem See. Curitibas Attraktionen außerhalb des Zentrums – botanische Gärten und das ausgezeichnete Oscar-Niemeyer-Kunstmuseum – sind mit dem **Linha Turismo Bus** (s. „Unterwegs vor Ort", S. 330) zu erreichen.

Schlafen

Curitiba Eco Hostel (☎ 3274-7979; www.curitibaecohostel.com.br; Tramontin 1693; B/EZ/DZ mit HI-Ausweis 20/50/60 R$, ohne HI-Ausweis 25/55/70 R$) Hängematten, zirpende Insekten, eine Terrasse und ein schöner Frühstücksraum gehören zu den Annehmlichkeiten dieses Hostels 7 km außerhalb des Stadtzentrums. Hin geht's mit dem „Tramontina"-Bus (2,20 R$) von der Praça Rui Barbosa.

Roma Hostel (☎ 3224-2117; www.hostelroma.com.br; Barão do Rio Branco 805; B/EZ/DZ mit HI-Ausweis 22/33/50 R$, ohne HI-Ausweis 28/39/60 R$) In dem einfachen Hostel herrscht eine leicht mürrische Atmosphä-

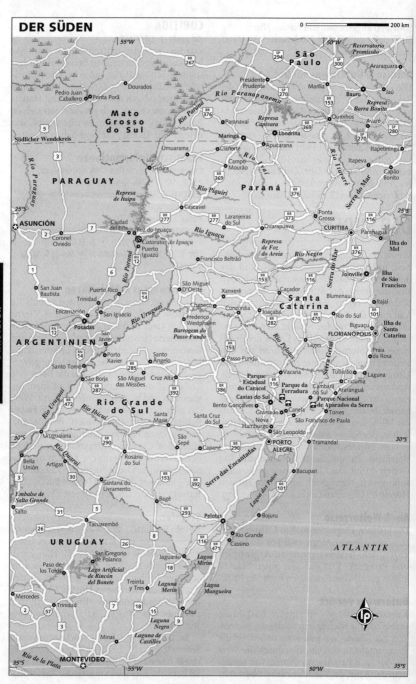

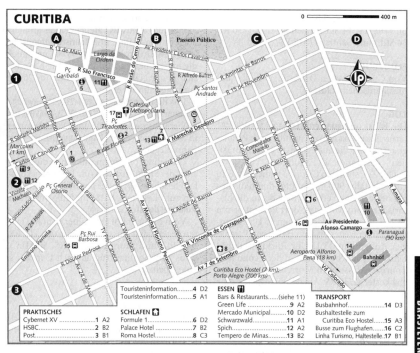

CURITIBA

PRAKTISCHES	**SCHLAFEN**	**ESSEN**
Cybernet XV 1 A2	Formule 1 ....6 D2	Bars & Restaurants......(siehe 11)
HSBC 2 B2	Palace Hotel 7 B2	Green Life 9 A2
Post 3 B1	Roma Hostel 8 C3	Mercado Municipal........10 D2
Touristeninformation..........4 D2		Schwarzwald..................11 A1
Touristeninformation..........5 A1		Spich 12 A2
		Tempero de Minas..........13 B2

TRANSPORT
Busbahnhof......................14 D3
Bushaltestelle zum
Curitiba Eco Hostel......15 A3
Busse zum Flughafen....16 C2
Linha Turismo, Haltestelle.17 B1

re. Es liegt aber günstig zwischen Busbahnhof und Innenstadt.

Palace Hotel (☎ 3222-2554; www.palacehotelpr.com.br; Barão do Rio Branco 62; EZ/DZ/3BZ 38/60/82 R$) Das funky-verblasste Palace mit altem Fahrstuhl liegt in der Nähe der Rua das Flores. Durch große altmodische Fenster dringt viel Tageslicht in die Zimmer.

Formule 1 (☎ 3218-3838; www.accorhotels.com.br; Mariano Torres 927; Zi. 69 R$) Modernes, komfortables Kettenhotel, mit fixen Zimmerpreisen für ein bis drei Personen. Die netteste Budgetunterkunft in der Nähe des Busbahnhofs. Das Frühstück kostet 6 R$ extra.

Essen & Ausgehen

Etliche stimmungsvolle Bars und Restaurants gibt es rund um den Largo da Ordem.

Spich (Vicente Machado 18; Buffet 4,50 R$; Mo–Sa mittags) Das beliebte Lokal bietet mittags zwei Dutzend Gerichte zu Superpreisen an.

Green Life (Carvalho 271; Buffet 13 R$; mittags) Vegetarisches „All you can eat"-Buffet mit Vorspeisen, Salaten, Suppen und Saft. Die meisten Zutaten stammen direkt von der Farm des Besitzers.

LP Tipp Schwarzwald (Claudino dos Santos 63; Hauptgerichte für 2 Pers. ab 18,90 R$; 11–2 Uhr) Sättigende Wurstplatten, kaltes Bier in Krügen und klassische deutsche Nachspeisen wie Apfelstrudel und Schwarzwälder Kirschtorte locken viele Gäste in die gemütliche, gesellige Bierkneipe.

Tempero de Minas (Deodoro 303; 23,90 R$/kg; Mo–Sa mittags) Luftiges, preisgekröntes Lokal, in dem herzhafte Eintöpfe aus Fleisch und Bohnen mit Gemüsebeilage serviert werden.

Auch empfehlenswert:

Mercado Municipal (Carneiro s/n; Mo–Sa 8–18 Uhr) Im Stadtmarkt von Curitiba gegenüber vom Busbahnhof kann man gut Obst, Käse, Kaffee oder einen kleinen Imbiss kaufen.

Marcolini (Carvalho 1181; 7.30–21 Uhr) Ausgezeichnetes italienisches Eis.

An- & Weiterreise

BUS

Es fahren regelmäßig Busse nach Paranaguá (18 R$, 90 Min.), Florianópolis (41 R$, 4½ Std.), São Paulo (55 R$, 6½ Std.), Foz do Iguaçu (102 R$, 10 Std.), Porto Alegre (93 R$, 11 Std.) und Rio de Janeiro (106 R$, 12½ Std.).

Ziele in den Nachbarländern sind Asunción (108 R$, 14 Std.), Buenos Aires (230 R$, 34 Std.) und Santiago (312 R$, 54 Std.).

FLUGZEUG
Von Curitiba gehen Direktflüge in alle südbrasilianischen Städte.

ZUG
Die Fahrt im **Serra Verde Express** (☎ 3888-3488; serraverdeexpress.com.br) von Curitiba nach Paranaguá ist sicher die aufregendste in ganz Brasilien – ein grandioses Panorama.

Der Zug startet in Curitiba täglich um 8.15 Uhr und fährt 900 m hinunter durch die üppig bewachsene Serra do Mar bis in die historische Stadt Morretes; dort kommt er um 11.15 Uhr an, zurück geht's um 15 Uhr. Sonntags fährt er weiter bis zum Hafen von Paranaguá, Ankunft um 13.15 Uhr, Rückfahrt um 14 Uhr. Die einfache Strecke in der Economy-/Touristenklasse nach Morretes oder Paranaguá kostet 32/58 R$. Auf der linke Seite ist die Aussicht besser.

An den Wochenenden die Tickets möglichst im Voraus kaufen.

Unterwegs vor Ort
Der Linha-Turismo-Doppeldeckerbus (www.viaje.curitiba.pr.gov.br; 20 R$) eignet sich bestens, um die Sehenswürdigkeiten außerhalb von Curitibas Innenstadt zu erkunden. Er startet dienstags bis sonntags zwischen 9 und 17.30 Uhr alle 30 Minuten an der Praça Tiradentes. Er fährt an 23 Sehenswürdigkeiten vorbei. Man kann bis zu viermal aus- und wieder einsteigen.

Der Aeroporto Alfonso Pena ist 18 km von der Stadt entfernt. Ein Aeroporto-Centro-Bus fährt alle 30 Minuten (2,20 R$, 30 Min.) von der Av 7 de Setembro ab. Der elegantere „Aeroporto Executivo"-Shuttle (www.aeroportoexecutivo.com.br; 8 R$) fährt alle 20 Minuten direkt ins Zentrum. Er hält unterwegs seltener, u. a. am Busbahnhof und an der Praça Tiradentes.

PARANAGUÁ
☎ 0xx41 / 134 000 Ew.

Paranaguá ist die Endstation der landschaftlich reizvollen Bahnfahrt von Curitiba und auch der Ausgangshafen der Fähren zur idyllischen Ilha do Mel. Die farbenfrohen, im Laufe der Zeit verblassten Kolonialbauten am Ufer vermitteln eine Atmosphäre tropischer Dekadenz und stehen so im Gegensatz zu Paranaguás Status als Lateinamerikas größtem Sojabohnen-Hafen. Die **Touristeninformation** (☎ 3422-6882; Carneiro 258; ☼ 8–18 Uhr) und auch die nachstehend aufgeführten Orte befinden sich in der Nähe des Hafens, der nur 200 m vom Busbahnhof entfernt ist.

Das **Hostel Continente** (☎ 3423-3224; www.hostelcontinente.com.br; Carneiro 300; B/EZ/DZ 25/40/65 R$) hat saubere, kleine Schlafsäle und Doppelzimmer in beneidenswerter Lage gegenüber vom Fähranleger.

Unbedingt probieren sollte man die Spezialität der Stadt: *barreado* (im Tontopf gekochter Fleischeintopf) oder *prato feito* (Mittagessen zum Festpreis, 8 R$) im billigen **Mercado Municipal do Café** (Carneiro s/n).

Vom Busbahnhof gegenüber vom Kai fahren regelmäßig Busse nach Curitiba (17 R$, 1½ Std.) und Morretes (3,40 R$, 50 Min.). Infos zum Sonntagszug ab/nach Curitiba s. linke Spalte.

ILHA DO MEL
☎ 0xx41 / 1200 Ew.

So süß wie der Name Ilha do Mel (Honiginsel) ist auch Paranás entzückendster Urlaubsort. Die Insel in der Mündung der Baía da Paranaguá wartet mit ausgezeichneten Stränden, einer tollen Brandung und schönen Küstenwanderwegen auf. Autos sind auf der Insel tabu. Der Verkehr beschränkt sich auf Boote und mit Surfbrettern bewaffnete Radfahrer. Von Januar bis zum Karneval und über Ostern ist das Eiland Treffpunkt einer jungen Partygemeinde, das restliche Jahr über geht es auf der Insel aber recht ruhig zu.

Sehenswertes & Aktivitäten
Die Ilha do Mel lässt sich in zwei Teile unterteilen, die durch den Strand bei Nova Brasília an der schmalsten Stelle der Insel miteinander verbunden sind. Der größere, nördliche Teil ist im Wesentlichen Naturschutzgebiet, in das sich – die Praia da Fortaleza mit dem Fort aus dem 18. Jh. ausgenommen – kaum Touristen verirren.

Einen traumhaften Blick hat man von dem Farol das Conchas (Leuchtturm von Conchas) östlich von Nova Brasília. Die schönsten Strände sind die Praia Grande, Praia do Miguel und Praia de Fora im Osten. Der Fußmarsch entlang der Küste von Nova Brasília nach Encantadas dauert anderthalb Stunden.

> **EIN BIER, POR FAVOR! (ABSTECHER NACH BLUMENAU)**
>
> Mit Brasiliens Mainstream-Bieren – Skol, Brahma und Antarctica – lässt sich in der tropischen Hitze gut der Durst löschen. Aber mal Hand aufs Herz: Lecker ist etwas anderes. Aber zum Glück gibt es ja Blumenau im Bundesstaat Santa Catarina und die dort ansässigen deutschen Einwanderer. Hier wird schon seit Mitte der 1800er-Jahre eine wahre Bierkultur gepflegt mit Bier, das seinen Namen verdient: Export, Bockbier, Weizenbier und Pils.
>
> Nachstehend die vier besten Brauereien der Gegend, die alle fantastische Probierstuben in und um Blumenau haben. Wer ein Auto hat und einen Fahrer überredet, nur Mineralwasser zu trinken, kann sie alle an einem Tag besuchen.
>
> **Cervejaria Bierland** (☎ 0xx47-3337-3100; www.bierland.com.br; Zimmermann 5361, Blumenau)
> **Cervejaria Das Bier** (☎ 0xx47-3397-8600; www.dasbier.com.br; Haendchen 5311, Gaspar)
> **Cervejaria Eisenbahn** (☎ 0xx47-3488-7307; www.eisenbahn.com.br; Bahia 5181, Blumenau)
> **Cervejaria Schornstein** (☎ 0xx47-3399-2058; www.schornstein.com.br; Weege 60, Pomerode)
> Noch besser ist natürlich das jährlich in Blumenau stattfindende **Oktoberfest** (www.oktoberfest blumenau.com.br), Brasiliens zweitgrößtes Fest nach dem Karneval.
>
> Von Curitiba (31 R$, 4 Std.) und Florianópolis (29 R$, 3 Std.) fahren regelmäßig Busse nach Blumenau.

Schlafen & Essen

In der Hauptsaison sind die Zimmer schnell ausgebucht, man kann aber in Nova Brasília jederzeit sein Zelt aufstellen oder eine Hängematte aufhängen (10–15 R$/Pers.).

Die meisten *pousadas* gibt es am Weg von Nova Brasília in Richtung Osten zur Praia do Farol und beim kleineren Encantadas im Südwesten der Insel.

LP Tipp Hostel Zorro (☎ 3426-9052; www.hostel zorro.com.br; B/DZ 30/90 R$; 🖳) Das beliebte Hostel am Strand von Encantadas hat das beste Preis-Leistungs-Verhältnis. Es bietet ein gutes Frühstück, gemütliche Gemeinschaftsräume, eine Gemeinschaftsküche und eine Terrasse direkt am Strand. Auch Fahrräder und Surfbretter können ausgeliehen werden (10/30 R$ pro Std./Tag).

Pousadinha (☎ 3426-8026; www.pousadinha.com.br; DZ mit/ohne Bad 110/80 R$) Das Pousadinha liegt etwa 100 m von der Anlegestelle in Nova Brasília entfernt. Das Zimmerangebot reicht von rustikalen Zimmern mit Gemeinschaftsbad bis hin zu nagelneuen Suiten. Im dazugehörigen Restaurant gibt's Pasta und brasilianische Standardgerichte (ab 12 R$).

O Recanto do Francês (☎ 3426-9105; www.recanto dofrances.com.br; DZ 100 R$) Die *pousada* östlich von Encantadas punktet mit einem schattigen Garten, freundlichen französischen Inhabern und am Nachmittag Crêpes.

Spyro Gyro (Getränke & Snacks 2,50–9 R$) Die einfache Saftbar an der Landenge serviert Smoothies, Obstsalate, Sandwiches und Caipirinhas. Genau das Richtige zum Chillen nach einem Spaziergang zum Fort oder Leuchtturm.

Mar e Sol (Gerichte ab 10 R$) Das Mar e Sol am Weg zum Leuchtturm bietet leckere hausgemachte Tagesspecials. Junior, der Papagei, gibt Empfehlungen.

Praça de Alimentação (Hauptgerichte ab 12 R$) Der Restaurantkomplex am Strand südlich von Encantadas bietet Meeresfrüchte und an den Wochenenden Livemusik.

Grajagan Surf Resort Die klassische Surferbar gegenüber der Praia Grande ist urig mit Holzschnitzereien und Mosaiken geschmückt.

An- & Weiterreise

Abaline (☎ 3426-6325) schippert mindestens zweimal täglich (im Sommer häufiger; 13,50 R$) vom Anleger gegenüber der Touristeninformation in Paranaguá zunächst nach Nova Brasília (1½ Std.) und dann weiter nach Encantadas (2 Std.).

Alternativ kann man mit dem Bus von Curitiba nach Pontal do Sul (23 R$, 2½ Std.) fahren, das auf dem Festland gegenüber von Encantadas liegt. Von dort fährt ein Boot in 30 Minuten nach Nova Brasilia oder Encantadas (10 R$). In der Hauptsaison fahren die Boote zwischen 8 und 17 Uhr mindestens einmal die Stunde.

ILHA DE SANTA CATARINA
☎ 0xx48

Jahrelang zog die Ilha de Santa Catarina hauptsächlich Surfer und Sonnenanbeter aus Brasilien, Argentinien und Uruguay an. Seit

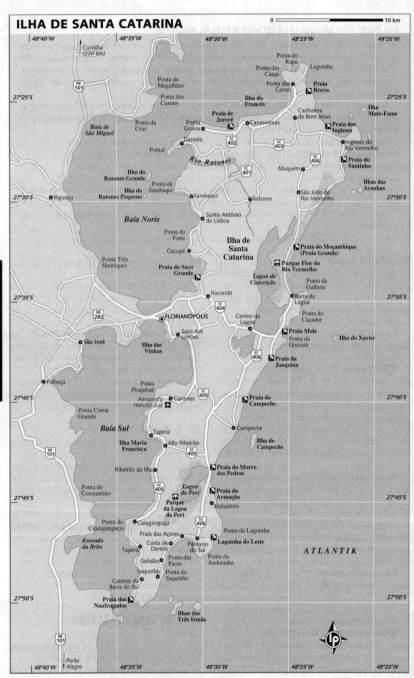

einiger Zeit trudeln jedoch auch immer mehr Touristen aus anderen Ländern ein. Die Landschaft der Insel ist äußerst vielfältig: Friedvolle Kiefernwälder und Dünen, die so groß sind, dass man auf ihnen surfen kann, wechseln sich mit von Mata Atlântica (Atlantischer Regenwald) überwucherten Bergen ab. Und dann wären da noch zwei herrliche Lagunen: die ruhige Lagoa do Peri und die etwas belebtere Lagoa da Conceição. Die Hauptattraktion der Insel sind aber die Praias: lange, breite Sandstrände, abgelegene kleine Buchten und grüne Küstenabschnitte.

Während der nördliche Teil der Insel recht gut erschlossen ist, herrscht im Süden noch immer Ruhe. Hier erwartet Besucher einen schönen Mix aus alten azorischen Fischerdörfern und menschenverlassenen, unberührten Stränden.

Aktivitäten

Surf-, Kitesurf- und Tauchläden säumen den Strand von Barra da Lagoa an der Ostseite der Insel. Einige Kilometer weiter südlich kann man auf den Dünen bei Praia da Joaquina **sandboarden** (10 R$/Std.).

Der südliche Zipfel der Insel bietet ausgezeichnete **Wander-** und **Trekkingmöglichkeiten**, z. B. den einstündigen, durch einen üppigen Wald führenden Weg von Pântano do Sul zum unberührten Strand Lagoinha do Leste.

Zwischen Dezember und März veranstalten **Scuna Sul** (☎ 3232-4019; www.scunasul.com.br) und **Lagomar** (☎ 3232-7262; centraldopasseio@gmail.com) sechsstündige **Bootstouren** (40–45 R$) von Barra da Lagoa zu der wunderschönen, unerschlossenen **Ilha do Campeche**, die vor der Ostküste der Insel liegt. Hier kann man sich alte Inschriften anschauen, schnorcheln oder einfach nur in der Sonne faulenzen. Für Ausflüge in die **Lagoa da Conceição** kann man sich neben der Brücke in Centro da Lagoa ein **Wassertaxi** (8 R$) nehmen.

Schlafen & Essen

Von Norden nach Süden sind die folgenden Unterkünfte empfehlenswert. Auch Ausschau halten nach Schildern mit der Aufschrift „*se aluga quarto/apartamento*" (Zimmer/Wohnung zu vermieten).

Camping Escoteiro Rio Vermelho (☎ 3269-9984; 9 R$/Pers.) Der hübsche Campingplatz befindet sich in der Nähe des nördlichen Endes der umwerfenden, 14 km langen Praia do Moçambique. Zwischen Barra da Lagoa und São João do Rio Vermelho von der Hauptstraße abbiegen.

Backpackers Share House (☎ 3232-7606; www.backpackersfloripa.com; B/DZ/3BZ 40/50/45 R$ pro Pers.; 🖳) Jenseits der Fußgängerbrücke am Strand von Barra da Lagoa steht die irre, weiße Festung mit dem frisierten Motorrad auf dem Dach: das Backpackers Share House. Hier treffen sich Partywütige aus aller Welt. Zu den Annehmlichkeiten gehören die kostenlose Benutzung von Surfbrettern und Strandspielzeug, Ausflüge, Grillabende und eine Bar, in der man anschreiben lassen kann.

Backpackers Sunset (☎ 3232-0141; www.backpackersfloripa.com; Rodovia Menezes 631; B/DZ/2BZ/3BZ 43/75/55/55 R$ pro Pers; 🖳 🕭) Die Unterkunft bietet die gleichen Extras wie das günstigere Schwesterhostel (Backpackers Share House) an, vermittelt zudem aber eher eine Resort-Atmosphäre. Es gibt einen Swimmingpool und Zugang zu den Partys im benachbarten Dance-Club. Von der beeindruckenden Terrasse auf einem Hügel mitten auf der Insel hat man einen fantastischen Blick. Leicht zu erreichen sind von hier aus die Lagoa da Conceição, die Praia Mole und die riesigen, zum Surfen geeigneten Dünen an der Praia da Joaquina.

Am südlichen Ende der Insel gibt's an der Praia da Armação, einem weiteren Surferparadies, etliche preiswerte Pensionen.

Pousada Pires (☎ 3237-5370; pousadapires@yahoo.com.br; Fonseca 745; DZ/Suite 90/100 R$) Zimmer mit Kochnischen, nur 50 m vom Strand entfernt.

Pousada do Pescador (☎ 3237-7122; www.pousadopescador.com.br; Vidal 257; Chalet für 1-/2-/4-/6 Pers. 70/120/180/200 R$) Die *pousada* in dem alten Fischerdorf Pântano do Sul ist ein Familienbetrieb. Die hübschen Chalets mit Küche, Veranda und Grill stehen in einem schattigen Garten einen Block vom Strand entfernt.

Albergue do Pirata (☎ 3389-2727; albergue@alberguedopirata.com.br; Ferreira s/n; B/EZ/DZ 30/40/80 R$; 🖳) Nach weiteren 3 km auf der Hauptstraße in Richtung Costa de Dentro (von der Praia da Solidão 500 m landeinwärts) kommt man zum Albergue do Pirata mit spartanisch eingerichteten Hostelzimmern im Erdgeschoss und ein paar Doppelzimmern darüber. Draußen auf der Terrasse tauschen Traveller ihre Reiseerlebnisse aus. Und der freundliche, argentinische Betreiber überhäuft seine Gäste mit Infos über Wander- und Trekkingtouren.

Pousada Sítio dos Tucanos (☎ 3237-5084; www.pousadasitiodostucanos.com; Ferreira 2776; EZ/DZ HS

130/170 R$, NS 80/130 R$; 🖳) Wo der Asphalt aufhört, schlängelt sich die Straße noch weitere 2 km durch idyllisches Ackerland, bis man schließlich zur von Deutschen betriebenen *pousada* gelangt. Fantastisch auf einem Hügel gelegen, bietet die Unterkunft einen schönen Blick übers Meer und rustikale, elegante Zimmer, von denen die meisten einen Balkon haben. Tageslicht dringt durch große Glastüren in die hellen Gemeinschaftsbereiche. Wer mit dem Bus anreist und sich telefonisch ankündigt, wird von der 600 m entfernt gelegenen Bushaltestelle abgeholt.

Adriana (16,90 R$/kg) Empfehlenswertes Meeresfrüchterestaurant in Armação.

LP Tipp Arante (Hauptgerichte für 2 Pers. 38–85 R$) Das Arante, eine Institution in Pântano do Sul, ist von oben bis unten mit Tausenden von Geldscheinen geschmückt, die die Gäste hier angepinnt haben. Finger weg!

FLORIANÓPOLIS
☎ 0xx48 / 397 000 Ew.

Florianópolis ist das Tor zur Ilha de Santa Catarina. Wunderschön gelegen, schmiegt sich die Stadt an die Baía Sul und offenbart tolle Ausblicke auf die Berge im Westen der Insel. Obwohl in „Floripa" etliche schöne Ecken zur Erkundung einladen, ist es für die meisten Traveller nur eine Durchgangsstation auf dem Weg zu den abseits gelegenen Stränden.

Orientierung & Praktische Informationen

Das schöne koloniale Zentrum von Florianópolis erstreckt sich rund um die fußgängerfreundliche Felipe Schmidt und die grüne Praça XV de Novembro. Der Busbahnhof liegt ein paar Blocks westlich der Praça. Das vornehmere Viertel Beira-Mar mit Blick auf die Bucht liegt 2 km nördlich.

@café (Schmidt 80; 3 R$/Std.; ⌚ Mo–Fr 8.30–20.30, Sa 8.30–14.30 Uhr) Eines der vielen Internetcafés in der Fußgängerzone.

HSBC (Schmidt 376) An mehrere Netze angeschlossener Geldautomat.

Touristeninformation (☎ 3228-1095; www.visite floripa.com.br; ⌚ 8–19 Uhr) Am Busbahnhof. Hier bekommt man Infos über Stadt und Insel.

Schlafen & Essen

Die Bars mit dem größten Betrieb befinden sich im Viertel Beira-Mar Norte an der Bucht.

Floripa Hostel (☎ 3225-3781; www.floripahostel. br; Schutel 227; B/Zi. mit HI-Ausweis 28/68 R$, ohne HI-Ausweis 37/78 R$) Die einladende HI-Herberge ist zehn Gehminuten vom Busbahnhof entfernt.

Hotel Central Sumaré (☎ 3222-5359; Schmidt 423; EZ/DZ 58/78 R$, ohne Bad 39/60 R$) Schmuddelige, aber günstig gelegene Unterkunft an der Hauptfußgängerstraße von Florianópolis.

Cecomtur Executive Hotel (☎ 2107-8800; www. cecomturhotel.com.br; Paiva 107; EZ/DZ ab 78/98 R$; 🅿 🖳 ☒) Zentral gelegenes Hotel mit vielen Annehmlichkeiten für müde Traveller. Das auf Geschäftsleute ausgerichtete Cecomtur bietet ausgezeichnete Schnäppchen für die 18 nach innen liegenden Zimmer.

Café das Artes (Esteves Júnior 734; Sandwiches 5–13 R$; ⌚ Mo–Fr 11.30–23, Sa & So 15–22 Uhr) Das gehobene Kunstcafé in Beira-Mar Norte serviert Sandwiches, guten Kaffee und Backwaren.

Vida Restaurante Natural (Visconde de Ouro Prêto 298; Buffet 10 R$; ⌚ Mo–Fr mittags) Der vegetarische Laden mit hohen Decken in einem Kolonialhaus bietet ein leckeres Buffet.

Mirantes Grill (Praça XV de Novembro 348; 27,90 R$/kg; ⌚ Mo–Sa mittags) Im Mirantes auf dem Hauptplatz gibt's ein großes Mittagsbuffet mit viel frisch gegrilltem Fleisch.

An- & Weiterreise

Fernbusse fahren von Florianópolis nach Curitiba (40 R$, 5 Std.), Porto Alegre (59 R$, 6½ Std.), São Paulo (99 R$, 10–12 Std.), Foz do Iguaçu (125 R$, 14 Std.), Rio de Janeiro (150 R$, 18 Std.), Montevideo (209 R$, 18 Std.), Asunción (158 R$, 22 Std.), Buenos Aires (216 R$, 25 Std.) und Santiago (312 R$, 45 Std., nur dienstags). Flüge nach São Paulo und Porto Alegre starten täglich.

Unterwegs vor Ort

Regionalbusse fahren am funkelnagelneuen TICEN-Busbahnhof ab, der einen Block östlich des Fernbusbahnhofs von Florianópolis liegt.

Die Strände der Insel erreicht man über drei außerhalb liegende Busbahnhöfe: TIRIO (Rio Tavares Terminal), TILAG (Lagoa Terminal) und TICAN (Canasvieiras Terminal).

An die Strände im Süden – einschließlich Armação, Pântano do Sul und Costa de Dentro – kommt man mit Bus 410 „Rio Tavares", der an Plattform C des TICEN-Bahnhofs abfährt. Am TIRIO-Bahnhof muss man dann in Bus 563 umsteigen.

Die Strände im Osten erreicht man mit Bus 330 Richtung Lagoa da Conceição ab TICEN, Plattform B. Am TILAG-Bahnhof muss man

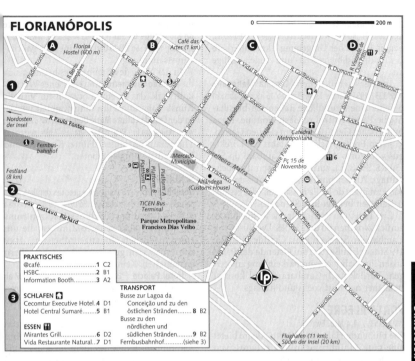

dann einen zweiten Bus bis zum gewünschten Ziel nehmen, z. B. Bus 360 nach Barra da Lagoa.

Canasvieiras und die Strände im Norden erreicht man mit Bus 210 ab TICEN, Plattform C, bis zum TICAN-Bahnhof.

Im Einzelfahrschein von 2,70 R$ (erhältlich am Fahrkartenschalter auf dem TICEN-Bahnhof) ist der erste Abschnitt plus einmal Umsteigen enthalten. In den seltener verkehrenden gelben Express-Mikrobussen (4,50 R$) kann man Surfbretter mitnehmen und spart sich das Umsteigen.

Der Flughafen liegt 12 km südlich von Florianópolis. Hin geht's mit Bus 183 Richtung „Corredor Sudoeste" (2,70 R$, 30 Min.), der am TICEN-Busbahnhof startet. Taxis zum Flughafen kosten zwischen 25 und 35 R$.

Auf der Insel kann man problemlos ein Auto mieten. **Yes Rent a Car** (☎ 3236-0229) bietet Preise ab 75 R$ pro Tag.

PARQUE NACIONAL DE APARADOS DA SERRA
☎ 0xx54

Dieser großartige **Nationalpark** (Eintritt 6 R$; Mi–So 9–17 Uhr) liegt 18 km von der Stadt Cambará do Sul entfernt; etwa 200 km südwestlich davon liegt Porto Alegre. Die größte Attraktion ist der **Cânion do Itaimbezinho**, ein fantastischer, enger Canyon mit spektakulären Wasserfällen und steilen Felswänden von 600 bis 720 m Höhe.

Infos über den Park gibt's in der neuen **Casa do Turista** (☎ 3251-1320; www.cambaraonline.com.br; Av Getúlio Vargas 1720) in Cambará do Sul.

Vom Besucherzentrum des Parks führen zwei leicht zu bewältigende Wege, die **Trilha do Vértice** (hin & zurück 1,5 km) und die **Trilha Cotovelo** (hin & zurück 6 km) zu den Wasserfällen. Wanderer werden mit schönen Ausblicken auf den Canyon belohnt. Die etwas anstrengendere **Trilha do Rio do Boi** führt 7 km durch den Grund des Canyons. Für den Weg, der in der Regenzeit gesperrt ist, werden Führer benötigt. Sie können bei **Acontur** (☎ 8124-1766) oder **Cânion Turismo** (☎ 3251-1027; www.canionturismo.com.br) engagiert werden.

In der Nähe des Busbahnhofs von Cambará do Sul befindet sich die **Pousada Paraíso** (☎ 3251-1352; Raupp 678; EZ/DZ 35/70 R$). Die Zimmer im Obergeschoss mit Balkon haben ein gutes Preis-Leistungs-Verhältnis.

Die **Pousada Corucacas** (☎ 3251-1123; www.coru cacas.com; Zi. pro Pers. mit Frühstück/Halbpension 60/80 R$) liegt in ländlicher Umgebung 2 km außerhalb der Stadt und bietet Reit- und Angelausflüge an.

In der gemütlichen **Cantina Menegolla** (☎ 3251-1053; Vargas 1304; Pizza ab 15 R$; abends) bereitet eine freundliche italienisch-brasilianische Familie für ihre Gäste Fondue, Pizza und frisches Gemüse aus dem eigenen Garten.

Jeden Freitagnachmittag fährt ein Direktbus von Porto Alegre nach Cambará do Sul (30 R$, 3¼ Std.), zurück geht's sonntagnachmittags. An den anderen Tagen muss man in São Francisco de Paula umsteigen (die gesamte Reisezeit beträgt fünf Stunden).

Ein Taxi zum Nationalpark kostet hin & zurück zwischen 60 und 80 R$. Die Busse von Cambará do Sul nach Praia Grande (7,40 R$, 1½ Std., tgl. außer So) am Ostende des Parks lassen ihre Fahrgäste am Parkeingang aussteigen. Zurück nach Cambará do Sul kommt man aber nur mittwochs und freitags.

PORTO ALEGRE
☎ 0xx51 / 1,4 Mio. Ew.

Die blühende Hafenstadt Porto Alegre bietet eine gute Einführung in den progressiven Bundesstaat Rio Grande do Sul. Die lebendige, moderne Stadt liegt an den Ufern des Rio Guaíba und hat eine gut erhaltene neoklassizistische Innenstadt mit schönen Plazas, feinen Museen und einer dynamischen Kunst- und Musikszene.

Praktische Informationen
Citibank (7 de Setembro 722) Geldautomaten.
News Cyber Café (Rua dos Andradas 1001; 3,50 R$/Std.; Mo–Sa 9–21, So 12–20 Uhr) Internetcafé im Shoppingcenter Rua da Praia.
Touristeninformation (☎ 3358-2048, 0800-51-7686; www.portoalegre.rs.gov.br/turismo; Praça 15 de Novembro; Mo–Fr 9–19, Sa 9–18 Uhr) Hilfreiches Büro am Mercado Público. Eine Filiale gibt's am Flughafen.

Sehenswertes
Der **Mercado Público** (Öffentlicher Markt) von 1869 und die angrenzende Praça 15 de Novembro bilden das Herz der Stadt. Die Läden im Markt verkaufen die Ausrüstung, die die *gaúchos* für ihren Mate benötigen: *cuia* (Kürbisflasche) und *bomba* (silberner Strohhalm). Das interessante **Museu Histórico Júlio de Castilhos** (Duque de Caxias 1205; Di–Sa 10–18 Uhr) beherbergt Ausstellungsstücke zur Geschichte von Rio Grande do Sul. Das **Museu de Arte do Rio Grande do Sul** (Praça da Alfândega; www.margs.rs.gov.br; Di–So 10–19 Uhr) hat eine gute *gaúcho*-Kunstsammlung.

In der Nähe des Guaíba-Sees befindet sich die **Usina do Gasômetro**, ein verlassenes Wärmekraftwerk, das in eine Location für visuelle Kunst, Tanz und Film umgewandelt wurde. In der **Casa da Cultura Mario Quintana** (☎ 3221-7147; www.ccmq.com.br; Rua dos Andradas 736) werden Theateraufführungen, Filme, Konzerte und Kunstausstellungen geboten.

Schlafen
Hotel Ritz (☎ 3225-0693; www.geocities.com/hotelritz_palegre; Av André da Rocha 225; EZ/DZ 39/59 R$, ohne Bad 30/48 R$) Das Ritz südlich des Stadtzentrums hat winzige, aber saubere Zimmer, die um einen niedlichen Hof angeordnet sind. Hier kann man sich gut mit anderen Travellern austauschen. Kein Frühstück.

Hotel Palácio (☎ 3225-3467; Inácio 644; EZ/DZ ab 38/60 R$) Die besten Zimmer in diesem älteren Hotel sind durchflutet von Sonnenlicht (und Lärm).

Hotel Praça Matriz (☎ 3225-5772; Largo João Amorim de Albuquerque 72; EZ/DZ ab 45/70 R$) Das in die Jahre gekommene Hotel in einem neoklassizistischen Herrenhaus mit Marmortreppe und Buntglasfenstern hat einige Zimmer mit Glastüren zur Praça da Matriz.

Lido Hotel (☎ 3228-9111; www.lidohotel.com.br; Neves 150; EZ/DZ 73/126 R$;) Die einfachen, glänzend sauberen Zimmer mit kostenlosem WLAN bieten einen willkommenen Rückzugsort mitten in der Stadt.

Essen
In Porto Alegres **Mercado Público** gibt es Unmengen stimmungsvoller Lokale für jeden Geldbeutel. Besonders empfehlenswert sind: das **Banco 40** mit einer unvergleichlich guten *bomba royal* (prächtiges Machwerk aus Eis und Obstsalat), das **Marco Zero** mit allabendlicher Happy Hour und Gerichten ab 13 R$ und das portugiesische Meeresfrüchterestaurant **Gambrinus** (Hauptgerichte ab 22 R$).

Babu's (Neves 133; Buffet mit Festpreis 8,50 R$; Mo–Sa mittags) Die *Churrascaria* serviert u. a. frisch gegrilltes Fleisch, Lasagne und Salate.

Sabor Natural (Campos 890 2. OG; "All you can eat"-Buffet 10 R$; Mo–Fr mittags) Das seit Langem beliebte Mittagslokal bereitet ein ausgezeichnetes Buffet zu, das auch für Vegetarier einiges zu bieten hat.

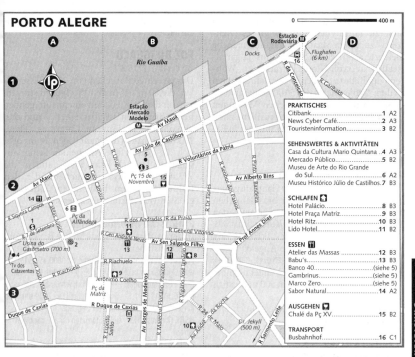

Atelier das Massas (Riachuelo 1482; Hauptgerichte 16–29 R$; Mo–Sa mittags & abends) Das stets gut besuchte Restaurant tischt leckere und kunstvoll präsentierte hausgemachte Pasta auf.

In der Casa da Cultura Mario Quintana und im MARGS (s. S. 336) gibt's ausgezeichneten Kaffee. Das MARGS serviert preisgekrönte Kuchen in eleganter Atmosphäre; avantgardistische Kunst ist das Tüpfelchen auf dem i.

Ausgehen

Chalé da Praça XV (Praça 15 de Novembro; 11–23 Uhr) Die verschnörkelte Kneipe von 1885 ist seit eh und je ein beliebter Treff der *alegrenses* (Bewohner von Porto Alegre), die sich hier am Spätnachmittag ein kühles Blondes gönnen.

Dr. Jekyll (Travessa do Carmo 76; Mo–Sa 23–Sonnenaufgang) Eine der vielen bis spät in die Nacht geöffneten Kneipen in der Cidade Baixa 2 km südlich des Stadtzentrums. An manchen Abenden gibt's Livemusik.

An- & Weiterreise

Der belebte Busbahnhof befindet sich direkt östlich des Stadtzentrums. Es fahren regelmäßig Busse nach Florianópolis (60 R$, 7 Std.), Curitiba (94 R$, 11 Std.), Foz do Iguaçu (127 R$, 14 Std.), São Paulo (139 R$, 18 Std.) und Rio de Janeiro (206 R$, 24 Std.). International verkehrende Busse steuern Montevideo (150 R$, 12 Std.), Buenos Aires (195 R$, 18 Std.) und Santiago (312 R$, 36 Std., 2-mal wöchentl.) an.

Unterwegs vor Ort

Die wichtigsten Metrostationen in Porto Alegre (einfache Strecke 1,70 R$) sind: Estação Mercado Modelo (am Hafen), Estação Rodoviária (die nächste Haltestelle) und der Flughafen (drei Stationen weiter).

JESUITENMISSIONEN

Im frühen 17. Jh. gründeten jesuitische Missionare im heutigen Dreiländereck zwischen Brasilien, Argentinien im Nordosten und Paraguay im Südosten eine Reihe von Indianermissionen. Nachdem diese zwischen 1631 und 1638 verheerenden Angriffen durch Sklavenhändler aus São Paulo und feindselige Indios ausgesetzt waren, beschränkte sich die Tätigkeit auf die 30 Missionen, die am leichtesten zu verteidigen waren. Sie entwickelten sich zu kulturellen und religiösen Zentren – zu einem Staat im Staat, den manche Gelehrte als Insel des Sozialismus, ja gar als Realisierung von Utopia betrachteten. Während der Blütezeit in den 1720er-Jahren lebten in dem Gebiet mehr als 150 000 Guarani.

Sieben der heute verfallenen Missionen liegen im Nordwesten des brasilianischen Bundesstaates Rio Grande do Sul, acht in Paraguay und 15 in Argentinien.

Orientierung & Praktische Informationen

Die Stadt Santo Ângelo ist der Hauptausgangspunkt für einen Besuch der brasilianischen Missionen. Die interessanteste und am besten erhaltene ist die **São Miguel das Missões** (Eintritt 5 R$; 9–12 & 14–18 Uhr; abends Sound-&-Light-Show 5 R$), 53 km südwestlich von Santo Ângelo.

Die **Touristeninformation** (☎ 0xx55-3381-1294; www.rotamissoes.com.br) von São Miguel befindet sich direkt neben der Mission, 500 m westlich der Bushaltestelle.

Infos über Missionen in Argentinien und Paraguay s. S. 92 und S. 840.

Schlafen & Essen

Pousada das Missões (☎ 0xx55-3381-1202; www.pousadatematica.com.br; B/EZ/DZ 39/60/96 R$) Die gut geführte HI-*pousada* in São Miguel liegt äußerst günstig, nur 100 m vom Eingang der Mission entfernt.

Auf São Miguels Hauptstraße (Av Borges do Canto) buhlen **O Guarani** und **Kaipper Ely** mit Mittagsbuffets für 12 R$ um Kundschaft.

Das **Turis Hotel** (☎ 0xx55-3313-5245; Antônio Manoel 726; EZ/DZ 40/80 R$) in der Nähe des Hauptplatzes in Santo Ângelo hat einfache Zimmer. Es liegt 1 km östlich der Bushaltestelle.

An- & Weiterreise

Von Porto Alegre fahren täglich mehrere Busse nach Sânto Angelo (77 R$, 7 Std.). Von hier hat man Anschluss nach São Miguel das Missões (8 R$, 1 Std., 2- bis 4-mal tgl.) und nach Foz do Iguaçu (98 R$, 12 Std.).

Über den Rio Uruguai kann man via Porto Xavier, São Borja oder Uruguaiana nach Argentinien einreisen. Die meisten Busse zu den argentinischen Missionen fahren aber von Puerto Iguazú (jenseits der Grenze gegenüber von Foz do Iguaçu) nach San Ignacio Miní. Zu den Missionen in Paraguay fahren täglich Busse von Ciudad del Este in Paraguay (ebenfalls gegenüber von Foz do Iguaçu) nach Encarnación.

FOZ DO IGUAÇU
☎ 0xx45 / 311 000 Ew.

Das gewaltige Rauschen von 275 Wasserfällen, die 80 m tief in den Rio Iguaçu stürzen, scheint die Stadt Foz mit einem aufregenden tiefen Brummen zu überziehen – und das, obwohl die berühmten Cataratas (Fälle) 20 km südöstlich der Stadt liegen. Man sollte sich die Wasserfälle von beiden Seiten anschauen. Danach kann man dann in die Wälder Paraguays eintauchen oder den Itaipú-Staudamm besichtigen, eines der größten Wasserkraftwerke der Welt.

Praktische Informationen

In der Av Brasil gibt's jede Menge Banken und Wechselstuben.

Foztur-Touristeninformation (☎ 0800-45-1516; www.iguassu.tur.br) Flughafen (9–21 Uhr); Innenstadt (Praça Getúlio Vargas; 7–23 Uhr); Fernbusbahnhof (6.30–18 Uhr); Regionalbusbahnhof (7–19 Uhr) Hat Karten und detaillierte Infos zur Gegend.

HSBC (Av Brasil 1151) Geldautomaten für alle gängigen Karten.

Polizei (☎ 3523-1828; Av Jorge Schimmelpfeng)

Post (gegenüber der Praça Getúlio Vargas)

US Net (☎ 3523-7654; Av Brasil 549; 3 R$/Std.; Mo–Sa 9–20 Uhr) Internetzugang.

Gefahren & Ärgernisse

An der Brücke nach Ciudad del Este in Paraguay ereignen sich immer wieder Raubüberfälle. Möglichst zu keiner Zeit am Flussufer langlaufen.

Sehenswertes & Aktivitäten

Um die Schönheit der Wasserfälle richtig erfassen zu können, muss man sie von beiden Seiten besichtigen. Während man von der brasilianische Seite einen grandiosen Überblick gewinnt, kommt man auf der argentinischen Seite (S. 95) deutlich näher ans Geschehen heran. Auf der **brasilianischen Seite** (Eintritt 21 R$; 9–17 Uhr) ist die **Trilha das Cataratas** ein unbedingtes Muss: Der 1 km lange, malerische Weg führt zur **Garganta do Diabo** (Teufelsrachen), wo der breite Rio Iguaçu sich in zwölf Wasserfällen am spektakulärsten in die Tiefe stürzt. Ein Shuttlebus pendelt regelmäßig zwischen dem Hauptbüro der Parkverwaltung und dem Ausgangspunkt des Weges (3. Halt) hin und her. Am besten besichtigt man die

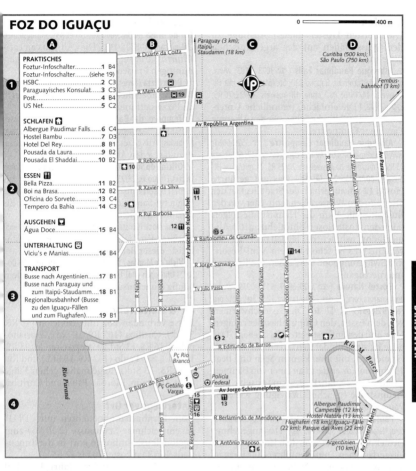

Fälle in der Abenddämmerung, wenn die meisten Touristen schon wieder abgezogen sind und die untergehende Sonne das tosende Wasser in goldenes Licht taucht.

Alle anderen Aktivitäten auf der brasilianischen Seite sind sehr kostspielig. **Macuco Safari** (www.macucosafari.com.br) organisiert Kajak-, Wander-, Trekking- und Raftingtouren unter den Wasserfällen (169 R$; mitunter billiger als die von Hostels angebotenen Touren). Für den Park zugelassene Führer bieten vier- bis fünfstündige Ausflüge (135 R$) auf der **Trilha Poço Preto** an; der 9 km lange Weg führt zu einer kleinen Lagune, an der man Affen, Kaimane und Vögel beobachten kann.

Fünf Gehminuten von der Parkverwaltung entfernt liegt der sehenswerte **Parque das Aves** (Vogelpark; www.parquedasaves; Eintritt 22 R$; 8.30–17.30 Uhr). In 5 m hohen Volieren leben 800 verschiedene Vogelarten, die ganz aus der Nähe betrachtet werde können.

Der nördlich der Stadt gelegene **Itaipú-Staudamm** (0800-645-4645; www.complexoitaipu.tur.br; geführte Touren stündl. 13 R$; 8–16 Uhr) ist eine weitere atemberaubende Attraktion – besonders, wenn man erfährt, was seinetwegen alles zerstört wurde (Dörfer der indigenen Bevölkerung, 700 km² Wald und Wasserfälle, die nicht mit den Cataratas do Iguaçu konkurrieren konnten). Busse (2,10 R$, 40 Min.) mit der Aufschrift „PTI" (Parque Tecnológico Itaipu) fahren alle 15 Minuten an der Militärbasis gegenüber der Regionalbushaltestelle in Foz ab. Weitere Infos s. S. 843.

Schlafen

Die meisten Hostels bieten Ausflüge zu den Wasserfällen auf der argentinischen Seite an.

Albergue Paudimar Falls (☎ 3028–5503; www.paudimarfalls.com.br; Raposo 820; Stellplatz/B/Zi. mit HI-Ausweis 14/18/65 R$, ohne HI-Ausweis 15/22/70 R$; 🍴 💻 🍹) Die einfache, freundliche Unterkunft ist die städtische Schwester der Albergue Paudimar Campestre.

Albergue Paudimar Campestre (☎ 3529-6061; www.paudimar.com.br; Av das Cataratas km 12; Stellplatz 15 R$; B mit/ohne HI-Ausweis ab 20/25 R$, Zi. mit/ohne HI-Ausweis 80/90 R$; 🍴 💻 🍹) Das gut geführte Hostel 12 km außerhalb der Stadt liegt an der Straße zu den Wasserfällen (entweder von der Bushaltestelle 1 km der Hauptstraße folgen oder den kostenlosen Shuttlebus „100 Alimentador" nehmen, der täglich bis 19.20 Uhr verkehrt). Es ist schon fast ein Mini-Resort: mit Swimmingpool, Bar, Essen (12 R$) und Internetzugang.

Hostel Natura (☎ 3529-6949, 9116-0979; www.hostelnatura.com; Av das Cataratas km 12,5; Stellplatz pro Pers./B 20/38 R$; 🍴 💻 🍹) Die Gäste schwärmen von dem Essen, den Caipirinhas, der ruhigen Lage und den äußerst netten Gastgebern. Das neue Hostel befindet sich auf einem schönen Grundstück mit zwei kleinen Seen und liegt 13 km von Foz entfernt an einer von Bäumen gesäumten Zufahrt. 2,5 km abseits der Hauptstraße (gleiche Abzweigung wie zum Paudimar).

Pousada da Laura (☎ 3572-3374; www.pousadalaura.com; Naipi 671; B/DZ 30/70 R$; 💻) Das angenehme Hostel/*pousada* wird von dem leutseligen und ultraerfahrenen Touristenführer Luis Hernán betrieben. Sein in der Nähe gelegenes Reisebüro organisiert Tagesausflüge zu weniger bekannten Attraktionen in Paraguay.

Hostel Bambu (☎ 3523-3646; www.hostelbambu.com; Edmundo de Barros 621; B/EZ/DZ/3BZ/4BZ 30/50/75/100/130 R$; 🍴 💻 🍹) Lockeres Hostel mit großer Lounge, Bar, Gästeküche und Terrasse mit kleinem Pool.

Pousada El Shaddai (☎ 3025-4493; www.pousadaelshaddai.com.br; Rebouças 306; B/EZ/DZ/3BZ/4BZ 30/48/78/120/150 R$; 🍴 💻 🍹) Saubere, nette Unterkunft im Familienbetrieb mit Gästeküche, Terrasse und Pool.

Hotel Del Rey (☎ 2105-7500; www.hoteldelreyfoz.com.br; Tarobá 1020; EZ/DZ/3BZ 80/110/150 R$; 🍴 💻 🍹) Modernes Drei-Sterne-Hotel mit geräumigen, gemütlichen Zimmer und gutem Frühstücksbuffet.

Essen & Ausgehen

Boi na Brasa (Av Juscelino Kubitschek 439; Mittagsbuffet/„All you can eat"-BBQ 8/13 R$) Die „All you can eat"-*Churrascaria* serviert gutes Fleisch zu vernünftigen Preisen.

Bella Pizza (Xavier da Silva 648; Pizza 11 R$; 🕐 abends) Beim allabendlichen *rodizio* kann man sich an Pizza sattfuttern.

Tempero da Bahia (Deodoro 1228; Mittagessen 18,90 R$/kg, Hauptgerichte für 2 Pers. 40–62 R$; 🕐 mittags & abends) Ausgezeichnete Gerichte aus Bahia, dazu fast jeden Abend Livemusik.

Oficina do Sorvete (Av Jorge Schimmelpfeng 244; Sandwiches/Eis pro kg 28/25 R$; 🕐 15–1 Uhr) Einfach bis zum Tresen ranschlängeln und sich dann ein Baguette-Sandwich, einen Salat oder ein Eis zusammenstellen.

Água Doce (Constant 63; 🕐 Mo–Sa 18 Uhr–open end) *Cachaça*-Fans werden die ellenlange Getränkeliste dieser Bar lieben.

Viciu's e Manias (☎ 3523-9161; Constant 107; 🕐 Do–Sa 23 Uhr–open end) Beliebter Tanzclub, in dem häufig einheimische Künstler auftreten.

An- & Weiterreise

Busse verbinden Foz mit Asunción (45 R$, 5 Std.), Curitiba (102 R$, 10 Std.), Florianópolis (116 R$, 12 Std.), Campo Grande (98 R$, 14 Std.), São Paulo (142 R$, 15 Std.) und Rio (195 R$, 23 Std.). Regelmäßig gehen Flüge nach Asunción, Rio, São Paulo und Curitiba.

Unterwegs vor Ort

Vom Fernbusbahnhof fahren mit „TTU" gekennzeichnete Stadtbusse (2,10 R$) zum Regionalbusbahnhof (6 km) in der Innenstadt. Ein Taxi kostet 10 bis 12 R$.

Von 5.25 bis 19 Uhr fährt Bus 120 („Aeroporto/P Nacional"; 2,10 R$) alle 20 Minuten bzw. von 19 bis 24 Uhr alle 45 Minuten zum Flughafen (30 Min.) und zur brasilianischen Seite der Wasserfälle (40 Min.). Einsteigen kann man am Regionalbusbahnhof oder an jeder Haltestelle entlang der Av Juscelino Kubitschek südlich von Barbosa. Ein Taxi von der Innenstadt zum Flughafen kostet zwischen 35 und 40 R$.

Zur argentinischen Seite der Wasserfälle kommt man am besten mit dem Bus nach Puerto Iguazú (3,50 R$). Er hält vor dem Regionalbusbahnhof und an jeder Haltestelle in der Av Juscelino Kubitschek und fährt bis 19 Uhr alle 30 Minuten (So alle 50 Min.). Am Busbahnhof von Puerto Iguazú steigt man in einen Bus zu den Wasserfällen um (S. 93).

> **EINREISE NACH ARGENTINIEN & PARAGUAY**
>
> Derzeit benötigen EU-Bürger und Schweizer für die Einreise nach Argentinien und Paraguay kein Visum.
>
> An allen Grenzposten sollte man darauf achten, dass man seinen Ausreise- bzw. Einreisestempel bekommt. Das passiert nicht immer automatisch – und wer keinen Stempel hat, kann später Scherereien haben.
>
> Von Foz do Iguaçu, Brasilien, nach Puerto Iguazú, Argentinien: Wer mit dem Bus fährt, muss darum bitten, an der Grenze aussteigen zu dürfen, um sich den Reisepass abstempeln zu lassen. Dann fährt man mit dem nächsten Bus weiter nach Argentinien (die meisten Busfahrer warten nicht, bis man die Formalitäten erledigt hat). Viele Hotels und Hostels haben private Kleinbusse, die Passagiere zu den Wasserfällen in Argentinien fahren und sie auch wieder abholen. Das spart Zeit und Ärger. Beide Grenzen sind rund um die Uhr geöffnet, der Busverkehr wird allerdings gegen 19 Uhr eingestellt.
>
> Nach Ciudad del Este, Paraguay: Straßenräuber lauern auf der Brücke arglosen Touristen auf, die man nicht zu Fuß passieren sollte. Man sollte daher mit einem Bus oder Taxi zur Grenze fahren, den Pass abstempeln lassen und dann mit dem nächsten Bus oder einem Taxi nach Ciudad del Este fahren.
>
> Von Ponta Porã, Brasilien, nach Pedro Juan Caballero, Paraguay: Tagesbesucher können ohne Weiteres die Grenze passieren. Wer die Reise in Paraguay fortsetzen möchte, muss allerdings bei der brasilianischen Policia Federal (Av Presidente Vargas) und der paraguayischen Einwanderungsbehörde (Av Dr Francia) die Formalitäten über sich ergehen lassen.
>
> Infos zur Einreise nach Brasilien aus Argentinien und Paraguay stehen auf S. 85 und S. 843.

Alle 15 Minuten (So alle 40 Min.) fährt ein Bus nach Ciudad del Este in Paraguay (3,50 R$, 30 Min.), Abfahrt am Militärstützpunkt gegenüber vom Regionalbusbahnhof in Foz.

DER ZENTRALE WESTEN

Brasiliens Zentraler Westen bietet atemberaubende Panoramen und eine außergewöhnliche Tierwelt – ein Muss für alle Naturliebhaber und Outdoorfreaks. Das Pantanal ist eines der bedeutendsten Feuchtgebiete der Erde und die Hauptattraktion dieser Gegend. In den sich windenden Flüssen, in den Savannen und Wäldern gibt es mehr Tiere und Pflanzen als sonst irgendwo in der Neuen Welt. Weitere Highlights sind die spektakulären *chapadas* (Hochebenen), die sich wie leuchtend rote Riesen über dem dunkelgrünen *cerrado* erheben; hier gilt es sensationelle Wasserfälle und malerische Schwimmbecken zu erkunden. Bonito im äußersten Südwesten der Region ist eine weitere Naturschönheit, die reichlich Abenteuer zu bieten hat. So kann man in kristallklaren Flüssen zwischen Fischen schnorcheln oder sich in die Abyss, eine der Höhlen von Bonito, abseilen lassen.

Auch Großstadtcowboys kommen im Zentralen Westen auf ihre Kosten, etwa in Brasiliens surrealer, auf dem Reißbrett entworfenen Hauptstadt Brasília oder in der historischen Silberminenstadt Pirenópolis.

BRASÍLIA

☎ 0xx61 / 2,5 Mio. Ew.

Auch wenn die einst futuristische Hauptstadt inzwischen etwas in die Jahre gekommen ist – im April 2010 feierte sie ihr 50. Jubiläum –, bleibt sie ein imposantes Zeugnis einer nationalen Initiative. Schon 1823 hatte der Staatsmann José Bonifácio den Plan verfolgt, die Hauptstadt Brasiliens ins Landesinnere zu verlegen. Nach über 130 Jahren der Diskussion wurde schließlich Ende der 1950er-Jahre Brasília innerhalb von nur drei Jahren aus dem Boden gestampft, um schließlich Rio de Janeiro als Regierungssitz abzulösen. Als Stadtväter gingen Präsident Juscelino Kubitschek, Architekt Oscar Niemeyer, Stadtplaner Lucio Costa und Landschaftsarchitekt Burle Marx in die Geschichtsbücher ein.

Für Traveller mit kleiner Reisekasse ist Brasília eine Herausforderung. Die ausufernde Stadt wurde für Autos angelegt – wer sie per pedes oder mit öffentlichen Verkehrsmitteln erkunden will, wird sich schwer tun. Unterkünfte sind teuer. Die besten Restaurants und Nachtclubs der Stadt finden sich weit entfernt von den Innenstadthotels. Doch hat

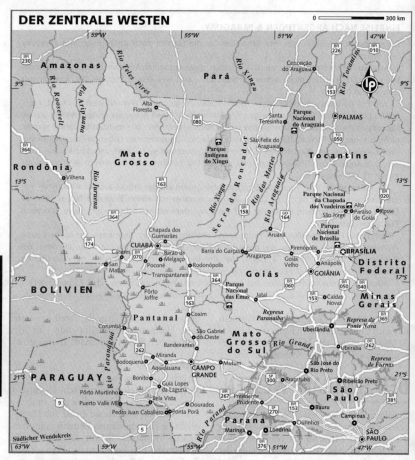

man erst einmal gelernt, sich in diesem Dschungel sorgfältig angelegter Straßen zurechtzufinden, wird man die retro-futuristische Atmosphäre schnell genießen können.

Orientierung

Das Zentrum hat die Form eines Flugzeugs. Regierungsgebäude und Sehenswürdigkeiten konzentrieren sich im „Flugzeugrumpf", einem langen Streifen namens Eixo Monumental. Hotels, Banken und Shoppingcenter finden sich gleich nebenan in Vierteln, die mit Abkürzungen benannt sind: SHN/SHS (Hotelsektor Nord und Süd), SBN/SBS (Banksektoren) und SCN/SCS (Geschäftssektoren). Die Wohngebiete, von denen jedes einen eigenen SC (Geschäftssektor) hat, liegen weiter draußen, in den „Flugzeugflügeln": Asa Norte (Nordflügel) und Asa Sul (Südflügel).

Praktische Informationen

Citibank (SCS Quadra 6, Bloco A) Eine der vielen Banken in der Innenstadt mit internationalen Geldautomaten. Gegenüber vom Shoppingcenter Pátio Brasil.

Touristeninformation (☎ 3325-1518; www.brasilia-tur.com.br; ◷ 8–18 Uhr) Zum Zeitpunkt der Recherchen gab es nur eine Touristeninformation unter dem Museu Nacional. Neue Filialen sind für 2010 am Flughafen, Fernsehturm und *rodoviária* (Regionalbusbahnhof) geplant.

Sehenswertes & Aktivitäten

Die wichtigsten Bauwerke von Brasília gruppieren sich auf einer Strecke von 5 km am Eixo Monumental und sind hier von Nord-

BRASÍLIA ZENTRUM

PRAKTISCHES
Citibank..................................1 A2
Touristeninformation..............2 A4

SEHENSWERTES & AKTIVITÄTEN
Catedral Metropolitana.........3 A4
Hotel Nacional.......................4 A2
Museu Nacional...............(siehe 2)
Travel Agencies................(siehe 4)
Fernsehturm...........................5 A1

SCHLAFEN
Hotel Diplomat......................6 B2

ESSEN
Conjunto Nacional................7 B2
Pátio Brasil.............................8 A1
Shopping Brasilia..................9 B1

TRANSPORT
ITS Rent-a-Car.................(siehe 4)
Regionalbusbahnhof..........10 A3

westen nach Südosten aufgeführt. Man kann sie entweder mit dem Mietwagen abklappern oder mit Bus 104 und 108 hinfahren und dann endlose Strecken laufen. Viele Hotels und Reisebüros – beim **Hotel Nacional** (SHS Quadra 1) – bieten geführte Stadttouren an.

Man beginnt am **Memorial JK** (Eintritt 4 R$; Di–So 9–17 Uhr), in dem sich Präsident Kubitscheks Sarg und Exponate über die Erbauung Brasílias befinden. Dann geht's mit dem Fahrstuhl rauf zur Aussichtplattform des **Fernsehturms** (Di–So 9–18 Uhr, Mo 15–18 Uhr), um den Blick auf Brasília aus der Vogelperspektive zu genießen.

1 km südwestlich steht an der Via W3 Sul das **Santuário Dom Bosco** (8–18 Uhr) mit wunderschönen Buntglasfenstern. Von dort geht's dann zurück zum Eixo Monumental und ins **Museu Nacional** (3414 6167; 8–17 Uhr) mit seinen wechselnden Ausstellungen. Die benachbarte **Catedral Metropolitana** (8–17 Uhr) mit ihren geschwungenen Säulen, Buntglasfenstern und gespenstischen Statuen der vier Evangelisten gehört zu Brasílias architektonischen Schmuckstücken. Weiter im Süden, im „Cockpit" des Flugzeugs, stehen die interessantesten Regierungsgebäude: **Palácio do Itamaraty, Palácio da Justiça** und **Palácio do Congresso**.

Schlafen

Budgetunterkünfte sind in Brasília Mangelware. Ein kleiner Lichtblick: Etliche Innenstadthotels reduzieren ihre Preise an Wochenenden drastisch.

Preiswerte *pousadas* gab es bisher immer in der Wohngegend an der Via W3 Sul. Im Mai 2008 wurden sie aber von der Regierung unter Berufung auf Baugesetze geschlossen. Zum Zeitpunkt der Recherchen war eine neue Vila das Pousadas im Gespräch.

Brasília Hostel (3343-0531; www.hostel.org.br, Camping de Brasília; Stellplatz/B/DZ mit HI-Ausweis 15/35/77 R$, ohne HI-Ausweis 18/42/87 R$;) Brasílias einzige zuverlässige Unterkunft unter 100 R$, die allerdings 6 km vom Stadtzentrum entfernt ist (Anreise mit Bus 143 vom *rodoviária*). Es gibt 19 Schlafsäle, ein Doppelzimmer, eine winzige Gästeküche und Stellplätze auf einem der Sonne ausgesetzten Campingplatz.

Hotel Diplomat (3204-2010; www.geocities.com/hoteldiplomatbsb; SHN Quadra 2; EZ/DZ/3BZ 119/149/179 R$;) Die nicht gerade aufregende Unterkunft in der Nähe des Fernsehturms punktet mit einem sättigenden Frühstück, kostenlosem WLAN und saftigen Rabatten am Wochenende (die Zimmer im Untergeschoss sind am billigsten).

Essen & Ausgehen

In Brasílias kosmopolitischem Asa Sul gibt's Restaurants, die Spezialitäten aus allen Ecken der Erde anbieten. Die besten Restaurants, Bars und Clubs sind in den Vierteln SCLS-209 und SCLS-403 zu finden, die beide ganz in der Nähe der neuen Metrostationen liegen.

Bar Beirute (SCLS-109; leichte Gerichte ab 5 R$) Eine quirlige Bar mit Gerichten aus Nahost und Plätzen im Freien.

Quitinete (SCLS-209; Hauptgerichte 19–43 R$; 7–2 Uhr) Das trendige Restaurant mit Bäckerei serviert amerikanisches Frühstück, ausgezeichnete Desserts und exzellenten Kaffee.

Chiquita Bacana (SCLS-209; 17 Uhr–open end) Frühe Happy Hour und täglich Getränkespecials.

Gate's Pub (SCLS-403; Di–So 21–3 Uhr) Einer der besten Musik- und Tanzclubs der Stadt.

Preiswertes Essen gibt's in den Food Courts in den klimatisierten Einkaufszentren der Innenstadt: **Shopping Brasília**, **Pátio Brasil** und **Conjunto Nacional**.

An- & Weiterreise

Von der *rodoferroviária* (Fernbusbahnhof) 6 km nordwestlich des Zentrums fahren Busse in nahezu alle Winkel des Landes, u. a. nach Belo Horizonte (99 R$, 11 Std.), São Paulo (136 R$, 14 Std.), Rio (152 R$, 17 Std.), Cuiabá (113 R$, 18 Std.), Salvador (194 R$, 23 Std.) und Belém (271 R$, 36 Std.).

Brasílias Flughafen liegt 12 km südlich vom Zentrum. Von hier werden alle brasilianischen Städte angeflogen.

Unterwegs vor Ort

Brasílias *rodoviária* liegt mitten in der Stadt. Von hier fährt Bus 131 regelmäßig zur *rodoferroviária* (2 R$, 15 Min.), Bus 102 zum Flughafen (2 R$, 40 Min.). Taxis zum Flughafen kosten zwischen 30 und 35 R$.

Brasílias **Metro** (www.metro.df.gov.br; Mo–Fr/Sa & So 3/2 R$; Mo–Fr 6–23.30, Sa & So 7–19 Uhr) fährt von der *rodoviária* in die Vororte im Süden. Für Touristen recht praktisch sind die neu eröffneten Stationen in der Nähe des Ausgehviertels Asa Sul. Doch Achtung: An den Wochenenden wird der Betrieb recht früh eingestellt.

Am Flughafen gibt es viele Autovermietungen. **ITS Rent-a-Car** (3224-8000; Hotel Nacional; www.itsrentacar.com.br) in der Innenstadt berechnet 20 R$ pro Tag plus einen Aufpreis für jeden gefahrenen Kilometer.

PARQUE NACIONAL DA CHAPADA DOS VEADEIROS

Der 220 km nördlich von Brasília gelegene spektakuläre Park ist ein Schaufenster des einzigartigen *cerrado*-Hochlands. Unter einem strahlenden Himmel tummeln sich Mähnenwölfe, riesige Ameisenbären und 2 m große Nadus, während Canyons, Wasserfälle und Honigpalmenhaine, die wie Oasen anmuten, sich zu einer sagenhaften Landschaft vereinen. Alto Paraíso de Goias liegt 40 km östlich des Parks, São Jorge 2 km südlich.

Praktische Informationen

Die **Touristeninformation** (0xx62-3446-1159; alto paraiso.sectur@gmail.com; 8–17 Uhr) von Alto Paraíso ist 200 m von der Bushaltestelle entfernt. Die kleinere Filiale in São Jorge hat unregelmäßige Öffnungszeiten.

Sehenswertes & Aktivitäten

Das **Vale da Lua** (Tal des Mondes; Eintritt 5 R$; 7.30–17 Uhr) liegt außerhalb des Parks und verdankt seinen Namen den pockennarbigen Felsen, die das Flussbett säumen. Die üppig grünen Hügel rundherum haben aber so gar nichts von einer Mondlandschaft. Der Ausgangspunkt für den 600 m langen Rundweg, der an schönen Naturbecken vorbeiführt, liegt 10 km südöstlich von São Jorge.

Wer den Nationalpark besuchen möchte, muss einen lizenzierten Führer engagieren – dies ist am Parkeingang oder über die meisten Hotels möglich (Ganztagstouren ab 60 R$). Hauptattraktionen sind die vom Rio Preto geschaffenen Canyons (**Cânion I & II**), die Wasserfälle (**Salto do Rio Preto I & II**; 80 bzw. 120 m) und der **Morro da Baleia**, ein Rundhügel mit einem 2,5 km langen Wanderweg zum Gipfel.

Schlafen & Essen

In São Jorge gibt es etliche kleine **Campingplätze** (8–10 R$/Pers.) auf Privatgrundstücken und ultragemütliche *pousadas* wie die **Pousada Trilha Violeta** (0xx61-9985-6544, 3455-1088; www.trilhavioleta.com.br; EZ/DZ 65/80 R$).

Pousada Rubi (0xx62-3446-1200; www.pousada rubi.com.br; Paulino 732; EZ/DZ ab 35/53 R$;) Die freundliche *pousada* ist eine gute Ausgangsbasis für Alto Paraíso.

Lua de São Jorge (Pizza ab 18 R$; Do–So) Lockere Freiluftbar mit Pizza aus dem Holzkohlenofen. An den Wochenenden gibt's Livemusik.

An- & Weiterreise

Von Brasílias Regionalbusbahnhof (*rodoviária*) fährt täglich ein Bus via Alto Paraíso nach São Jorge (35 R$, 6 Std.). Die Busse ab Brasílias Fernbusbahnhof *rodoferroviária* fahren nur bis Alto Paraíso (31 R$, 4 Std.).

Es verkehren täglich Busse zwischen Alto Paraíso und Goiânia (59 R$, 6 Std.).

GOIÂNIA

0xx62 / 1,2 Mio. Ew.

Goiânia, die moderne Hauptstadt des Bundesstaates Goiás, liegt 205 km südwestlich von

Brasília. Sie ist hauptsächlich als Verkehrsknotenpunkt interessant.

Das zentral gelegene **Goiânia Palace** (☎ 3224-4874; Av Anhanguera 5195; EZ/DZ/3BZ ab 60/78/100 R$) gehört zu den besten Budgetunterkünften in Goiânia. Ausgezeichnetes Essen mit *por-kilo*-Preisen serviert das nahe gelegene **Danove** (Rua 9 No 468; 14,99 R$/kg; ⊙ mittags). Am Busbahnhof kommt man ins Internet.

Busse fahren regelmäßig von der *rodoviária* 3 km nördlich des Stadtzentrums nach Brasília (30 R$, 3½ Std.) und Cuiabá (100 R$, 15 Std.). Täglich fährt ein Bus nach Pirenópolis (14 R$, 2 Std.), Alto Paraíso (60 R$, 6 Std.) und Palmas, Tocantins (80 R$, 12 Std.). TAM und Varig/Gol fliegen nach Goiânia.

PIRENÓPOLIS
☎ 0xx62 / 20 500 Ew.

Das zum brasilianischen Nationalerbe erklärte Pirenópolis mit den wunderschönen Bergen im Hintergrund zieht an den Wochenenden unzählige Besucher aus dem 165 km östlich gelegenen Brasília an. Hauptattraktionen sind die pittoreske Architektur aus dem 18. Jh. und zahlreiche Wasserfälle.

Die **Touristeninformation** (☎ 3331-2633; www.pirenopolis.tur.br; ⊙ 8–19 Uhr) von Pirenópolis unweit der zentralen Praça da Matriz vermittelt Führer zu den Naturreservaten der Umgebung (ab 60 R$/Tag). **Planeta Cyber** (Internetzugang 3 R$/Std., ⊙ 7.30–23 Uhr) und ein **Bradesco-Geldautomat** finden sich in der nahe gelegenen Sizenando Jayme.

In einem Umkreis von 20 km kann man den **Parque Estadual da Serra dos Pireneus** und die **Reserva Ecológica Vargem Grande** bewundern, die mit herrlichen Wasserfällen und Schwimmbecken aufwarten. Audio-Touren durch den Wald gibt's im **Santuário de Vida Silvestre Vagafogo** (www.vagafogo.com.br). An den Wochenenden wird ein leckerer Brunch angeboten (25 R$).

Das **Rex Hotel** (☎ 3331-1121; Praça da Matriz 15; EZ/DZ 35/60 R$) am Hauptplatz ist ein kleiner Familienbetrieb. Westlich des Busbahnhofs bietet die **Pousada Arvoredo** (☎ 3331 3479; www.arvoredo.tur.br; Abercio 15; EZ/DZ ab 50/80 R$; ⊠ ⊡) gemütliche Zimmer an, die um einen Pool im Garten angeordnet sind. Unter der Woche fallen die Zimmerpreise. Preiswerte Snacks bekommt man zuhauf in den Kopfsteinpflasterstraßen Direita und Nova. Die Rua do Rosario ist von Restaurants und Bars gesäumt.

Vom Busbahnhof 500 m westlich des Zentrums fahren täglich vier Busse nach Brasília (18 R$, 3 Std.), einer macht sich nach Goiânia auf den Weg (13 R$, 2 Std.).

DAS PANTANAL

Das riesige Naturparadies ist Brasiliens größte ökologische Attraktion. Hier lebt eine Fülle an Tieren und Pflanzen, wie sie sonst nirgendwo in Südamerika zu finden ist. Während der Regenzeit (Okt.–März) überschwemmen der Rio Paraguai und kleinere Flüsse des Pantanals einen großen Teil der niedrig gelegeneren Gebiete und schaffen die *cordilheiras*, vereinzelte trockene Inseln, auf denen sich die Tiere versammeln. Das Wasser steigt im März im nördlichen Pantanal und im südlichen Teil im Juni bis zu 3 m über die Niedrigwasserstände. Die jahreszeitliche Überflutung führte dazu, dass nur wenige Menschen in dem Gebiet siedelten – dafür finden Tieren und Pflanzen hier ein unglaublich reichhaltiges Nahrungsangebot. Die Gewässer wimmeln vor Fischen, Vögel fliegen in Schwärmen durch die Lüfte und finden sich in riesigen Kolonien zusammen.

Im Ganzen ernährt das Pantanal 650 Vogelarten und 80 Säugetierspezies, darunter Jaguare, Ozelots, Pumas, Mähnenwölfe, Hirsche, Ameisenbären, Gürteltiere, Brüllaffen, Kapuzineraffen und Tapire. Zu den Säugetieren, die man besonders häufig sieht, gehört das Wasserschwein. Es ist das weltweit größte Nagetier und man kann es oft in Gruppen beobachten. Und die *jacarés* (Kaimane), deren Population trotz Bejagung in die Millionen geht, sind natürlich nicht zu übersehen.

Orientierung & Praktische Informationen

Das Pantanal erstreckt sich über eine Fläche von 230 000 km² und reicht bis nach Paraguay und Bolivien. Ein großer Teil des Gebietes ist nur per Boot oder zu Fuß erreichbar. Bestenfalls ist es feuchtwarm – im Sommer wird man von der Hitze und den Mücken überwältigt. Sonnenschutz und Mückenschutzmittel dürfen im Reisegepäck nicht fehlen.

Der Tourismus hat sich im Pantanal zu einem Riesengeschäft entwickelt. Die drei Städte, die als Ausgangsstationen für eine Erkundung der Region dienen, werden von Touranbietern überschwemmt – doch nicht alle haben einen guten Ruf. Wer in Cuiabá, Corumbá oder Campo Grande ankommt, wird wahrscheinlich schnell von einem der

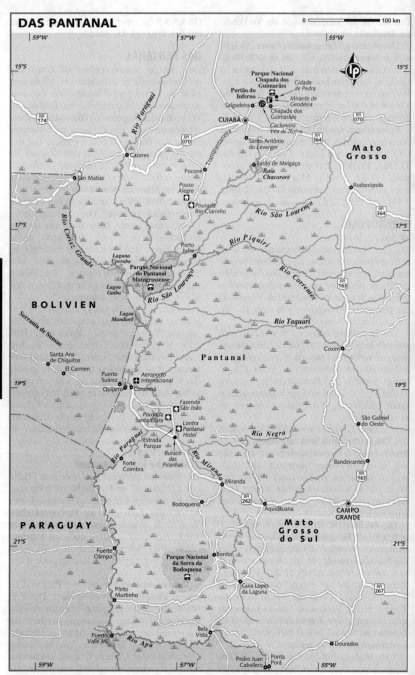

zahlreichen Führer angehauen. Einige wollen einfach nur mit dem brasilianischen Ökotourismus schnelles Geld machen, es gibt aber auch ehrwürdige alte Hasen und engagierte Neulinge, die wirklich am Umweltschutz interessiert sind und Besucher in die Artenvielfalt des Pantanals einführen können. Es ist schwer, die Spreu vom Weizen zu trennen. Hier sind ein paar Tipps, damit der Aufenthalt im Pantanal sicher ist und Spaß macht:

- Keine überstürzten Entscheidungen treffen, vor allem nicht, wenn man gerade übermüdet aus dem Nachtbus steigt.
- Andere Traveller ansprechen, die von einer Pantanal-Tour zurückkommen – von ihnen erhält man meistens die besten und aktuellsten Infos.
- Zur Touristeninformation gehen. Die meisten erteilen im Allgemeinen zwar keine neutralen Auskünfte, da sie staatlich finanziert sind, führen aber Beschwerdebücher, die man durchblättern sollte.
- Nicht vergessen: Die Agenturbesitzer oder Tourvermittler sind nicht immer identisch mit dem der Führer, mit dem man mehrere Tage in der Wildnis zubringen wird. Man sollte folglich darum bitten, den Führer vorher kennenzulernen.
- Immer alles schriftlich festhalten und den Vermittlern oder Mittelsmännern kein Bargeld geben.
- Die Angebote vergleichen. Die meisten Anbieter sind am Regionalbusbahnhof oder am Flughafen angesiedelt, sodass man sich problemlos umschauen und Vergleiche anstellen kann.

Es ist nicht zwingend erforderlich, eine Tour zu buchen. Man kann selbst die Transpantaneira entlangfahren oder trampen; die 145 km lange Straße beginnt in Poconé, südlich von Cuiabá (Bundesstaat Mato Grosso). Geeignet ist auch die Estrada Parque, die im Süden eine Schleife macht (Mato Grosso do Sul). Auf beiden Strecken wird man Tiere auch ohne Führer zu Gesicht bekommen.

Geführte Touren

In den Touren sind im Allgemeinen Transport, Unterkunft, Mahlzeiten, Wanderungen, Ausritte und Bootsfahrten enthalten.

Die Veranstalter außerhalb von Campo Grande nehmen weniger Geld, dafür ist aber nur die Fahrt ins Pantanal enthalten; am Ende des Trips wird man dann in Buraco das Piranhas (am Südende der Estrada Parque) sich selbst überlassen. Von hier kann man mit dem Bus nach Bonito, Corumbá oder Campo Grande fahren.

NÖRDLICHES PANTANAL

Joel Souza Ecoverde Tours (☎ 0xx65-3624-1386; www.ecoverdetours.com; Av Getúlio Vargas 155, Cuiabá; 150–200 R$/Tag) Der Naturliebhaber Joel Souza bietet seit fast 30 Jahren erstklassige maßgeschneiderte Touren durchs Pantanal an.

Natureco (☎ 0xx65-3321-1001; www.pantanaltour.net; Leite 570, Cuiabá; ab 250 R$/Tag) Noch ein alteingesessener Veranstalter in Cuiabá unter der Leitung von Munir Nasr .

Pantanal Nature (☎ 0xx65-3322-0203, 9955-2632; www.pantanalnature.com.br; Campo Grande 487, Cuiabá; ab 190 R$/Tag) Der hervorragende, sehr empfehlenswerte Führer Ailton Lara ist in der Gegend aufgewachsen. Er strotzt nur so vor jugendlicher Tatkraft, Professionalität und einer ansteckend wirkenden Leidenschaft für Tiere, Vögel und Fremdsprachen.

SÜDLICHES PANTANAL

EcoAdventures (☎ 0xx67-3356-4138, 9902-2076; www.ecoadventures.com.br; Lacerda 205, Campo Grande; 3 Tage mit Übernachtung in Hängematte/B/Zi. 300/400/460 R$) Der zuverlässige Veranstalter verkauft Touren übers Internet. Der Betreiber Alisson Buzinhani bietet Touren für jeden Geldbeutel.

Ecological Expeditions (☎ 0xx67-3042-0508; www.ecologicalexpeditions.com.br; Nabuco 185, Campo Grande; 350–400 R$/3 Tage) Der alteingesessene Touranbieter arbeitet mit der Jugendherberge in Campo Grande zusammen. Er kann auf eine bewegte Geschichte zurückblicken (u. a. auch auf die Schließung seines Pantanal-Camps 2008 durch die Behörden). Die Preise sind noch immer günstig, die Qualität der Touren hatte sich zum Zeitpunkt der Recherchen verbessert.

Pantanal Discovery (☎ 0xx67-3383-9791; www.gilspantanaldiscovery.com.br; Campo Grande; ab 400 R$/3 Tage) Seit Langem in Campo Grande tätiger Veranstalter mit gutem Angebot. Der Betreiber Gil tritt zwar etwas forsch auf, wird aber im Großen und Ganzen gut beurteilt. Unbedingt etwas feilschen und nach Einzelheiten fragen.

Schlafen & Essen
TRANSPANTANEIRA

An und abseits der Straße gibt's jede Menge Unterkünfte. In den nachstehenden Preisen sind Mahlzeiten und Tagesausflüge enthalten.

Pousada Rio Clarinho (☎ 0xx65-9998-8888; Transpantaneira km 40; 120 R$/Pers.) Die rustikale *fazenda* (großer Bauernhof) veranstaltet Ausfahrten in Booten ohne Motor, hat eine Aussichtsplattform in einer Baumkrone, von der aus man Tiere beobachten kann, und serviert authentisches *pantaneira*-Essen aus dem Holzofen.

Pouso Alegre (☎ 0xx65-9981-7911; www.pousalegre.com.br; Transpantaneira km 33; DZ mit Ventilator/Klimaanlage 260/280 R$) Entzückende, traditionelle *fazenda* mit ausgezeichneten Möglichkeiten, Ausritte zu unternehmen und Aras zu beobachten. Die ruhige Unterkunft liegt 6 km abseits der Transpantaneira.

SÜDLICHES PANTANAL

Pousada Santa Clara (☎ 0xx67-9612-3500; www.pousadasantaclara.com.br; Estrada Parque km 20; 3-Tage/2-Nächte-Pauschale Stellplatz/B/Zi. pro Pers. 300/350/380 R$; 🏊) Die *fazenda* mit den preislich vielseitigsten Optionen hat gemütliche Zimmer, die um einen Pool angeordnet sind. Außerdem gibt's Hängematten und einen nahe gelegenen Campingplatz am Rio Abobral.

Lontra Pantanal Hotel (☎ 0xx67-3231-9400; www.pesqueirodotadashi.com.br; Estrada Parque km 7; Pauschale für 3 Tage & 2 Nächte B/Zi. pro Pers. 290/450 R$) Nicht ganz so abgelegen wie die anderen genannten Adressen. Von der *pesqueiro* (Fischerhütte) kann man dem Treiben auf dem Rio Miranda zuschauen.

CUIABÁ

☎ 0xx65 / 527 000 Ew.

Die Hauptstadt des Bundesstaates Mato Grosso ist eine boomende Grenzstadt am Rande dreier unterschiedlicher Ökosysteme: des nördlichen Pantanals, des *cerrado* der nahe gelegenen Chapada dos Guimarães und des südlichen Amazonasbeckens.

Sedtur (☎ 3613-9340; faleconosco@sedtur.mt.gov.br; Voluntários da Pátria 118; ⏰ Mo–Fr 8–18 Uhr) versorgt einen mit Infos über die Sehenswürdigkeiten in ganz Mato Grosso. **HSBC** (Av Getúlio Vargas 346) hat Geldautomaten. Ins Internet kommt man im **Onix Lan House** (Celestino 8; 2 R$/Std.; ⏰ Mo–Sa 8–20 Uhr).

Schlafen

Hotel Ramos (☎ 3624-7472; Campo Grande 487; EZ/DZ mit Ventilator 25/50 R$, mit Klimaanlage 30/60 R$; 🏊) In die Jahre gekommenes, freundliches Hotel im Familienbetrieb. Die großen Zimmer mit kostenlosem WLAN sind günstiger als ein Bett im Schlafsaal der Jugendherberge in Cuiabá.

Pousada Ecoverde (☎ 3624-1386; Celestino 391; EZ/DZ 30/50 R$) Der Tourveranstalter Joel Souza bietet in einem charmant unkonventionellen historischen Gebäude mit unzähligen alten Radios und Büchern über das Pantanal einfache Zimmer an. In dem angrenzenden Hof können die Gäste in Hängematten relaxen. Wer sein Kommen ankündigt, wird vom Busbahnhof oder Flughafen abgeholt.

Hotel Mato Grosso (☎ 3614-7777; www.hotelmatogrosso.com.br; Costa 2522; EZ/DZ 85/100 R$) Das moderne, zentral gelegene Hotel gehört zu einer kleinen regionalen Kette.

Essen & Ausgehen

In der **Sorveteria Nevaska** (Barão de Melgaço 2169; ⏰ 14–23 Uhr) südlich des Zentrums kann man Cuiabás Hitze mit Eiscreme in verschiedenen tropischen Geschmacksrichtungen etwas erträglicher gestalten.

Mistura Cuiabana (Ecke Celestino & Mariano; 15 R$/kg; ⏰ Mo–Fr mittags) Gutes, preiswertes Mittagslokal in der Innenstadt.

LP Tipp Choppão (Av Getulio Vargas s/n; Gerichte für 2 Pers. 35–55 R$; ⏰ 10 Uhr–open end) In dem gut besuchten Klassiker servieren Kellner der alten Schule schon fast obszön große Fleisch- oder Fischplatten und das kälteste *chope* der Stadt.

An- & Weiterreise

Die Autovermieter außerhalb des Flughafengebäudes sind meistens billiger als die drinnen. Für die Transpantaneira eignet sich am besten ein VW Golf oder ein Fiat Uno. Achtung: Die Straßenverhältnisse können besonders südlich der Brücke über den Rio Pixaím bei Kilometer 65 nach Niederschlägen ziemlich unberechenbar werden.

Der Busbahnhof liegt 3 km nördlich vom Zentrum. Busse fahren regelmäßig nach Cáceres (38 R$, 3½ Std.), Campo Grande (81 R$, 10–11 Std.), Goiânia (110 R$, 15 Std.), Brasília (122 R$, 18 Std.) und Porto Velho (139 R$, 23 Std.).

Mehrere Fluggesellschaften verbinden Cuiabá mit Städten in ganz Brasilien. Bei weit entfernten Zielen können die Flugpreise oft mit den Buspreisen mithalten.

Unterwegs vor Ort

Regionalbusse (2,05 R$, 10 Min.) fahren vom Busbahnhof in die Stadt. Unterwegs kann man in der Av Isaac Póvoas aussteigen.

Der Flughafen liegt in Varzea Grande, 7 km südlich von Cuiabá. Busse ins Zentrum starten in der Av Filinto Muller gegenüber vom Las Velas Hotel, die Busse vom Zentrum zum Flughafen an der Praça Ipiranga.

RUND UM CUIABÁ
Parque Nacional da Chapada dos Guimarães

Das wunderschöne Hochplateau 60 km nordöstlich von Cuiabá erinnert an den amerikanischen Südwesten. Die drei hervorstechenden Sehenswürdigkeiten sind der 60 m hohe Wasserfall **Cachoeira Véu de Noiva**, der Aussichtspunkt **Mirante de Geodésia** (Südamerikas geographischer Mittelpunkt) und die bunt schillernden Felsvorsprünge namens **Cidade de Pedra** (Steinstadt). Alle drei sind mit dem Auto zu erreichen, zu den beiden erstgenannten gelangt man auch mit dem Bus und einem folgenden Fußmarsch. Der Zugang zum Cachoeira Véu de Noiva ist auf 100 Besucher pro Tag beschränkt. Buchungen nimmt die **Parkverwaltung** (☎ 0xx65 3301 1133; pncg.mt@icmbio.gov.br) entgegen. Auf der Website des Parks (www.icmbio.gov.br/parna_guima raes) sind registrierte Führer aufgelistet, die einem weitere Wasserfälle, Schwimmlöcher oder andere weiter im Parkinneren gelegene Attraktionen zeigen.

Ab Cuiabá fährt stündlich ein Bus in den reizenden Ort Chapada dos Guimarães (10 R$, 1¼ Std.) direkt außerhalb des Parks. Chapadas Busbahnhof liegt zwei Blocks vom Hauptplatz (Praça Dom Wunibaldo) entfernt. Stadtpläne sind im **Secretária de Turismo** (☎ 0xx65-3301-2045; Ecke Terres & Gomes) erhältlich.

Das unweit der Praça gelegene **Hotel São José** (☎ 0xx65-3301-2934; Neves 50; EZ/DZ ab 18/36 R$) vermietet einfache Zimmer. An der Praça selbst bietet die **Pousada Bom Jardim** (☎ 0xx65-3301-1244; Praça Dom Wunibaldo; EZ/DZ ab 40/70 R$) etwas mehr Komfort und eine bessere Lage. In der Nähe gibt's zudem u. a. die beliebte Pizzeria **Cantinho da Maga** (Caldas s/n; Pizza ab 14 R$; ☺ abends).

Cáceres
☎ 0xx65 / 84 000 Ew.

Die relaxte Stadt am Rio Paraguai liegt 215 km westlich von Cuiabá und 115 km von der bolivianischen Grenzstadt San Matías entfernt.

In der Nähe des Busbahnhofs haben sich mehrere preiswerte Unterkünfte angesiedelt. Wem die Hitze zusetzt, der sollte im **La Barca Hotel** (☎ 3223-5047; labarcahotel@terra.com.br; Osório; EZ/DZ 50/90 R$; ☒ ☐ ☒) übernachten und sich im hoteleigenen Pool erfrischen.

Von Cáceres fährt täglich ein Bus in die Grenzstadt San Matías (10 R$, 1¾ Std.); von dort hat man Anschluss an weitere Ziele in Bolivien. In Cáceres sollte man sich den brasilianischen Ausreisestempel bei der Polícia Federal 4 km außerhalb des Zentrums in der Av Getúlio Vargas geben lassen.

Poconé
☎ 0xx65 / 31 000 Ew.

Poconé 100 km südwestlich von Cuiabá ist das Tor zur Transpantaneira. Ab hier ist die „Landstraße", die 145 km in Richtung Süden ins Pantanal führt und in Porto Jofre endet, nicht mehr als ein pockennarbiger Feldweg.

Die motelartige **Pousada Pantaneira** (☎ 3345-3357; pousadapantaneira@hotmail.com; EZ/DZ 30/50 R$) befindet sich direkt südlich der Stadt und eignet sich hervorragend, um eine Mitfahrgelegenheit auf der Transpantaneira zu bekommen. Das **Skala Hotel** (☎ 3345-1407; www.skalahotel.com.br; Praça Rondon; EZ/DZ/3BZ 40/70/85 R$) steht am Hauptplatz mitten in Poconé.

Täglich fahren sechs Busse von Cuiabá nach Poconé (18,50 R$, 2½ Std.).

CAMPO GRANDE
☎ 0xx67 / 725 000 Ew.

Die betriebsame Hauptstadt von Mato Grosso do Sul ist das Sprungbrett ins Pantanal.

Hauptdurchgangsstraße der Stadt ist die Av Afonso Pena. Sie verläuft von Westen nach Osten vorbei an der Praça da República (auch Praça do Rádio genannt) und weiter zum gigantischen Parque das Nações Indígenas. Der Flughafen liegt 7 km westlich des Zentrums, der neue Busbahnhof 5 km südlich.

Die **Touristeninformation** (☎ 3314-9968; turismo.sedesc@pmcg.ms.gov.br; Av Afonso Pena; ☺ Di–Sa 8–19, So 9–12 Uhr) Campo Grandes fünf Blocks westlich der Praça da República führt ein Buch, in dem aus dem Pantanal zurückkehrende Traveller ihre Erfahrungen dokumentieren können.

Schlafen & Essen

Rund um den alten Busbahnhof am westlichen Ende der Av Alfonso Pena gibt's billige Hotels. Das Nachtleben spielt sich in der gleichen Straße weiter östlich ab.

Turis Hotel (☎ 3382-2461; www.turishotel.com.br; Kardec 200; EZ/DZ mit Ventilator 35/50 R$, mit Klimaanlage 50/80 R$; ☒) Die Zimmer im ersten Stock mit Ventilator und kostenlosem WLAN sind ihren

Preis absolut wert. Die Billigzimmer im Untergeschoss sind dunkel und nichts für Menschen mit Platzangst.

Campo Grande Hostel (☎ 3382-3504; www.ecologicalexpeditions.com.br; Nabuco 185; EZ/DZ/3BZ/4BZ 35/55/70/85 R$; ❄ 🖳 🏊) Die Preiserhöhung vor Kurzem macht das eher trostlose Hostel recht uninteressant, wenngleich der Swimmingpool immer noch seinen Reiz besitzt.

Pousada Dom Aquino (☎ 3384-3303; pousada_dom_aquino@hotmail.com; Aquino 1806; EZ/DZ/3BZ 60/90/110 R$; ❄) Die lockere Oase im Zentrum nordwestlich der Praça da República punktet mit internationalem Kabelfernsehen und kostenlosem WLAN.

Feira Central (Ecke 14 de Julho & Av Calógeras; Hauptgerichte ab 9 R$; ✪ Mi & Fr 19 Uhr–open end, Sa 17 Uhr–open end) Wer eine typische Campo-Grande-Erfahrung machen will, sollte sich unter die Einheimischen mischen und an einem der zahllosen Imbissbuden des quirligen überdachten Markts *sobá* und *yakisoba* (japanische Nudeln) oder *espetinho* (gegrillte Fleischspieße) probieren.

Fogão de Minas (Aquino 2200; 24,90 R$/kg; ✪ mittags) Das beliebte *por-kilo*-Restaurant nordöstlich der Praça da República hat sich auf die herzhafte Küche von Minas Gerais spezialisiert.

An- & Weiterreise

Zum Zeitpunkt der Recherchen wurde Campo Grandes Busbahnhof gerade verlegt; inzwischen befindet es sich südlich des Zentrums in der Av Costa e Silva, in der Nähe von Universität und Fußballstadion. Jeden Tag fahren mehrere Busse nach Corumbá (77 R$) via Buraco das Piranhas, dem Tor zum Estrada Parque und in das südliche Pantanal. Weitere täglich angefahrene Ziele sind u.a. Cuiabá (85 R$, 10–11 Std.), Bonito (55 R$, 5 Std.), Ponta Porã (42 R$, 5 Std.), São Paulo (135 R$, 12–14 Std.) und Foz do Iguaçu (91 R$, 14 Std.).

TAM und Varig/Gol fliegen täglich ab/nach São Paulo, Cuiabá, Rio und Brasília.

Campo Grandes Flughafen – 7 km westlich des Zentrums – erreicht man über die Av Afonso Pena und die Av Duque de Caxias.

Unterwegs vor Ort

Vom Flughafen und Busbahnhof fahren regelmäßig Busse ins Stadtzentrum (2,70 R$).

CORUMBÁ
☎ 0xx67 / 96 000 Ew.

Der historische Hafen ist Ausgangspunkt für Fahrten ins Pantanal und nach Bolivien auf der anderen Seite des Rio Paraguai. Der Sonnenuntergang über dem Fluss ist wunderschön. Auch wenn Corumbá für illegalen Handel bekannt ist, werden Traveller meistens in Ruhe gelassen.

HSBC und **Bradesco** in der Delamare haben Geldautomaten. Die Läden in der 13 de Junho wechseln Geld. Ins Internet kommt man im **Palace Hotel** (Delamare 903; 3 R$/Std.; ✪ 7–24 Uhr).

Bei **Fundtur** (☎ 3231-2886; www.corumba.ms.gov.br/turismo; 15 de Novembro 659; ✪ Mo–Fr 8–12 & 14–18 Uhr) gibt's Infos über Hotels und Pantanal-Führer.

Das nagelneue **Museu da História do Pantanal** (☎ 3232-0303; www.muhpan.org.br; Cavassa 275; ✪ Di–So 13–18 Uhr) hat eine ausgezeichnete Ausstellung zur Geschichte und Ökologie des Pantanal.

Das **Corumbá Hostel** (☎ 3231-1005; www.corumbahostel.com.br; Colombo 1419; B/EZ/DZ mit HI-Ausweis 23/32/50 R$, ohne HI-Ausweis 28/38/60 R$; ❄ 🖳 🏊) war zum Zeitpunkt der Recherchen vorübergehend geschlossen, sollte aber 2010 seine Tore wieder öffnen.

Santa Mônica Palace Hotel (☎ 3234-3000; www.hsantamonica.com.br; Coelho 345; EZ/DZ 100/120 R$, ❄ 🖳 🏊) Gut ausgestattete und zentral gelegene Alternative für alle, die von der Trans-Bolivien-Tour ausgepowert sind.

Churrascaria Rodeio (13 de Junho 760; 26 R$/kg; ✪ tgl. mittags, Mo–Sa abends) Corumbás schickstes Lokal bietet Dutzende leckerer Gerichte.

Es gibt Flüge (1 Std.) und zwölf Busse täglich (75 R$, 6½ Std.) nach Campo Grande. Außerdem fährt um 14 Uhr ein Bus nach Bonito (60 R$, 5½ Std., tgl. außer sonntags).

Infos zur Einreise nach Bolivien stehen im Kasten auf S. 351.

BONITO
☎ 0xx67 / 17 000 Ew.

Bonito ist umgeben von spektakulären Naturwundern. Die Stadt ist der Mittelpunkt des Ökotourismusbooms von Mato Grosso do Sul und lockt mit kristallklaren Flüssen und vielen Aktivitäten, ob nun Abseiltouren, Raftings, Ausritten oder Vogelbeobachtungen. Obwohl die Stadt so beliebt ist, geht es hier noch recht relaxt zu, sieht man mal von der Hauptsaison von Dezember bis Februar ab.

Für die Besichtigung der meisten Sehenswürdigkeiten benötigt man einen Führer, die die Reisebüros an Bonitos Hauptstraße vermitteln können; es gibt kaum Preisunterschiede. Zu den besseren Reisebüros gehören **Muito Bonito Turismo** (☎ 3255-1645; contato@hotelmuitobonito.com.br; Rebuá 1444) und **Ygarapé Tour** (☎ 3255-1733;

EINREISE NACH BOLIVIEN

Der Fronteira-Bus (1,75 R$) fährt von Corumbás Praça Independência alle 30 Minuten zur bolivianischen Grenze. Ein Taxi kostet 30 R$.

Alle brasilianischen Grenzformalitäten müssen in Corumbá bei der **Policia Federal** (Mo–Fr 8–11 & 14–17, Sa & So 9–13 Uhr) am Busbahnhof erledigt werden. Wer außerhalb der recht eingeschränkten Öffnungszeiten ankommt, sollte sich auf eine Nacht in Corumbá einstellen.

Die Wechselstuben an der Grenze akzeptieren US-Dollar sowie brasilianisches und bolivianisches Geld.

Die bolivianische Grenzstadt Quijarro besteht aus kaum mehr als ein paar Hütten. Die Taxifahrt für die 4 km von der Grenze und dem Bahnhof in Quijarro kostet ca. 20 B$. Weitere Infos über die Weiterfahrt von Quijarro nach Santa Cruz stehen auf S. 255.

---

www.ygarape.com.br; Rebuá 1853). Die Tourpreise decken normalerweise Neoprenanzüge und Schnorchelausrüstung ab, nicht aber die Anfahrt. Ein Taxi zu den nachstehenden Attraktionen kostet zwischen 40 und 120 R$.

Wer baden will, kann dies am günstigsten im 7 km von Bonito entfernten **Balneário Municipal** (Eintritt 15 R$) tun, einem natürlichen Schwimmbecken am Fluss mit vielen Fischen. Man benötigt keinen Guide und kommt per Motorrad oder Fahrrad leicht hin; **Ciclomax** (29 de Maio 625) verleiht Fahrräder für 15 R$ pro Tag.

Weitere schöne Schnorchelspots sind u. a. das 7 km von Bonito entfernte **Aquário Natural Baía Bonita** (3-stündige Tour 125 R$) und der kristallklare **Rio Sucuri** (3-stündige Tour 107 R$), der 20 km von Bonito entfernt ist. Noch fantastischer ist der 50 km von Bonito entfernte **Rio da Prata** (5-stündige Tour inkl. Mittagessen 132 R$); die Teilnehmer lassen sich 3 km flussabwärts treiben und sehen 30 Fischarten an sich vorüberziehen. Im Preis ist zudem ein ausgezeichnetes Mittagsbuffet mit Fleisch und Gemüse aus der Region enthalten. Ganz in der Nähe kann man am **Buraco das Araras** (Eintritt 25 R$) scharlachroten Aras dabei zuschauen, wie sie über einer tiefen, roten Felsschlucht kreisen.

Zwei weitere Naturwunder befinden sich 20 km westlich von Bonito: die **Gruta do Lago Azul** (Halbtagesausflug 25 R$), eine große Höhle mit einem leuchtenden unterirdischen See, und der **Abismo de Anhumas** (Tagesausflug inkl. Schnorchel/Tauchen 360/$530 R$), in dem man sich abenteuerliche 72 m zu einem weiteren unterirdischen See abseilen kann.

Schlafen

Im Sommer ist rechtzeitiges Buchen ein Muss.

Bonito Hostel (☎ 3255-1462; www.ajbonito.com.br; Borralho 716; Stellplatz 18 R$, B mit/ohne HI-Ausweis 30/38 R$;) In dem quirligen, 1,5 km vom Zentrum entfernten Hostel treffen sich Traveller aus aller Welt. Es gibt Schlafsäle mit sechs Betten, einen Swimmingpool, eine überdachte Terrasse, einen Billardtisch, Hängematten, Computer (2 R$/Std.), eine Gästeküche und eine Büchertauschbörse. Das hilfsbereite Personal organisiert Ausflüge im Kleinbus.

Pousada São Jorge (☎ 3255-4046; www.pousadasaojorge.com.br; Rebuá 1605; EZ/DZ ab 35/60 R$;) Die einfache *pousada* an Bonitos Hauptstraße ist eine gute Alternative, wenn das Muito Bonito (unten) ausgebucht ist.

LP Tipp Pousada Muito Bonito (☎ 3255-1645; www.hotelmuitobonito.com.br; Rebuá 1444; EZ/DZ 45/70 R$;) Die schöne, von einer Familie betriebene *pousada*, Bonitos Unterkunft mit dem besten Preis-Leistungs-Verhältnis, ist drei Blocks vom Busbahnhof entfernt. Pluspunkte sammeln die komfortablen Zimmer mit Bad und der einladende Hof. Die hilfsbereiten mehrsprachigen Besitzer wissen fast alles über die Gegend.

Essen

Die meisten Restaurants sind in der Pilad Rebuá zu Hause.

Das Restaurante da Vovó (Mullers n; Buffet 12,90 R$; mittags) serviert ausgezeichnetes Essen aus der Gegend. *Pro-Kilo*-Preise.

O Casarão (Rebuá 1835; Buffet 14,90 R$, Rodizio de peixe 29,90 R$; mittags & abends) Beliebtes Restaurant mit „All you can eat"-*rodizio de peixe*. Die Bedienung präsentiert die diversen Fischspezialitäten direkt an den Tischen.

Taboa Bar (Rebuá 1837; 17 Uhr–open end) In der lebendigen Bar gibt's Sandwiches, komplette Gerichte, kreative Drinks und manchmal Livemusik. Unbedingt den Hausdrink *taboa* (3 R$) probieren: ein Schuss *cachaça* gemischt mit Honig, Zimt und *guaraná*.

An- & Weiterreise

Von Bonito fahren täglich vier Busse nach Campo Grande (53 R$, 5 Std.). Nach Corumbá (60 R$, 6 Std.) geht's nur einmal pro Tag um 6 Uhr (tgl. außer sonntags).

Zum Zeitpunkt der Recherchen hat **Trip Airlines** (www.voetrip.com.br) gerade den Flugverkehr von Campo Grande zu Bonitos neuem **Flughafen** (BYO; ☎ 0xx67 3255-4452; www.aeroportodebonito.com.br) aufgenommen, der 13 km südlich der Stadt an der Autobahn MS-178 liegt.

DER NORDOSTEN

Ein ganzjährig warmes Klima, landschaftliche Schönheit und eine sinnliche, an Traditionen reiche Kultur verwandeln den Nordosten Brasiliens zu einem echten Tropenparadies. Die über 2000 km lange, fruchtbare Küste wartet mit unzähligen weißen Bilderbuch-Stränden, üppigen Regenwäldern, Sanddünen und Korallenriffen auf. Die wunderschöne Natur macht diese Region zu einem beliebten Ziel für alle möglichen Outdoor-Aktivitäten.

Der Nordosten Brasiliens blickt auf eine reiche Kolonialgeschichte zurück. Herrlich restaurierte wie auch reizvoll verfallende Gebäude schmücken malerische Städte wie Salvador, Olinda und São Luís, in denen lebhafte Feste, unzählige Rhythmen, Klänge und Tänze sowie exotische Speise und Meeresfrüchte ein unbeschreibliches Urlaubsflair herbeizaubern. Die kulturell vielfältigste Region Brasiliens weiß zu verwöhnen.

SALVADOR
☎ 0xx71 / 2,9 Mio Ew.

Salvador da Bahia, eines der funkelndsten Schmuckstücke Brasiliens, ist die afrikanische Seele des Landes. In der Stadt blüht die afrikanische Kultur der Sklavennachfahren wie nirgendwo sonst in der Neuen Welt, wunderbare kulinarische, religiöse und musikalische Traditionen, Tanz- und Kampfstile haben sich hier erhalten. Die intensiven Aromen des Kokosöls (*dendê*-Öl), laute Percussions und restaurierte Kolonialgebäude verwandeln den Pelourinho, Salvadors pulsierendes historisches Zentrum, in ein Fest für die Sinne. Das Viertel hat sich sein Flair fern aller Konventionen bewahrt – eine Partynacht bleibt unvergesslich.

Wer aber glaubt, der Pelô sei ein reines Touristenghetto, irrt. Viele Studios sind in puncto zeitgenössischer brasilianischer Kunst, Tanzkultur und Musik auf dem neuesten Stand. Die Kultur Salvadors basiert zu großen Teilen auf der afro-brasilianischen Religion Candomblé, einem Synkretismus aus katholischen und animistischen Glaubenstraditionen, und in dessen Ritualen die Gläubigen mit der Geisterwelt kommunizieren. Bei alledem ist die Region um Salvador bettelarm.

Orientierung
Salvador liegt auf einer Halbinsel an der Baía de Todos os Santos. Das Zentrum am Hafen wird von einer steilen Klippe in zwei Teile geteilt: In der Cidade Baixa (Unterstadt) mit dem Hafen findet das wirtschaftliche Leben Salvadors statt, in der Cidade Alta (Oberstadt) mit dem Viertel Pelourinho schlägt das kulturelle Herz. Der Pelô ist zudem das historische und touristische Zentrum und Amüsierviertel der Stadt. Die Cidade Baixa und der Streifen zwischen der Praça da Sé und Praça Campo Grande sind tagsüber sehr belebt, nachts hingegen menschenleer. Im Süden der Stadt liegt an der Spitze der Halbinsel das wohlhabende Stadtviertel Barra, während sich die Wohngebiete im Nordosten der Stadt am Meeresufer erstrecken; am interessantesten sind Rio Vermelho und Itapuã.

Praktische Informationen
Geldautomaten findet man im Zentrum, am Busbahnhof, Flughafen und in den Kaufhäusern. In den Reisebüros auf dem Largo do Cruzeiro kann man Bargeld wechseln und Reiseschecks einlösen. Internetcafés und Telefonzentralen befinden sich in der Pelô und in Barra.

Baiafrica Internet Café (Mattos 32, Pelourinho; pro Std. 3 R$) Schnelle Internetverbindung.
Banco do Brasil (Cruzeiro de São Francisco 9)
Bradesco (Mattos s/n)
Deltur (☎ 3322-1168; Cruzeiro de São Francisco 14, Pelourinho) Hauptbüro der Touristenpolizei.
Hospital Espanhol (Av Sete de Setembro, Barra)
Sebo Brandão (☎ 3243-5383; Barbosa 15) Riesiger, mehrsprachiger Buchladen mit gebrauchten Büchern; man kann zwei Bücher zum Preis von einem kaufen oder tauschen.
Touristeninformation Flughafen (☎ 3204-1244; 7–23 Uhr); Busbahnhof (☎ 3450-3871; 8–17 Uhr); Mercado Modelo (☎ 3241-0242; Mo–Sa 8–17.30, So 8–14 Uhr); Pelourinho (☎ 3321-2133; Ecke Laranjeiras & João de Deus; 8–21 Uhr); Praça Municipal (☎ 3321-3127; Mo–Fr 9–20, Sa 9–18, So 9–13 Uhr) Hilfreiche, mehrsprachige Touristeninformationen. Weitere Infos findet man unter www.bahia.com.br.
Wash & Dry (Ladeira da Praça 4; Mo–Fr 9–18, Sa 9–14 Uhr) Flotter Waschservice für 22 R$ pro Ladung.

Gefahren & Ärgernisse

Wenn in Brasilien die Gefahr besteht, ausgeraubt oder bestohlen zu werden, dann wahrscheinlich in Salvador. Auch wenn man sich deswegen nicht gleich die ganze Stadt vergällen lassen sollte – das wäre jammerschade –, so sollte man doch immer wachsam sein, besonders nachts, und menschenleere Viertel meiden. Leser berichten, dass sie sich im Pelô „wie eine geschützte Rasse" fühlten; abseits ausgetretener Pfade kann man als Europäer jedoch schnell in brenzlige Situationen geraten. Vor allem auf dem Streifen vom Largo do Pelourinho in Richtung Norden nach Santo Antônio ereignen sich nachts häufig Überfälle – am besten nimmt man ein Taxi.

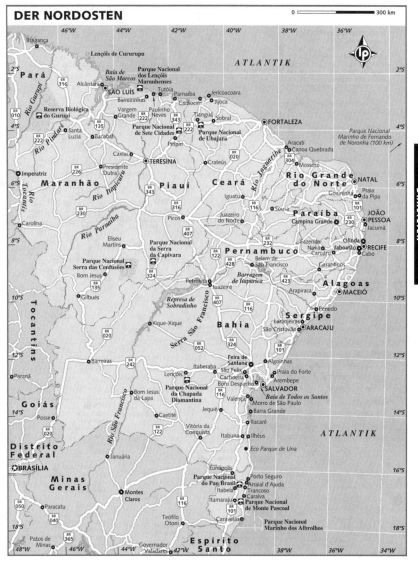

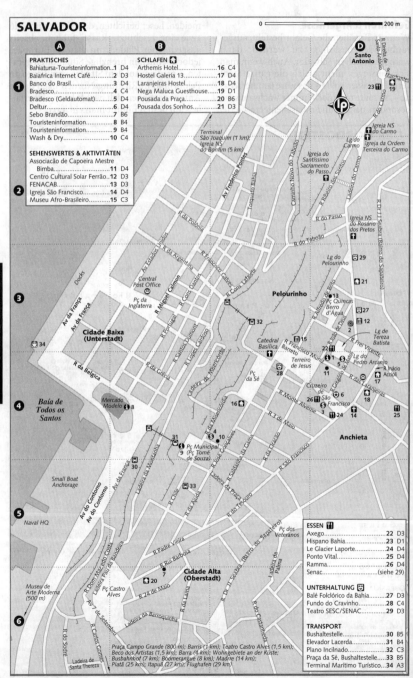

Sehenswertes
PELOURINHO
Auf den gepflasterten Straßen im Pelô gibt's zahlreiche Kirchen, Galerien, Werkstätten und Museen.

Im **Museu Afro-Brasileiro** (Terreiro de Jesus; Eintritt 5 R$; Mo–Fr 9–18, Sa & So 10–17 Uhr) widmet sich ein Raum ausschließlich den schönen Holztafelbildern mit *orixás* (afrobrasilianischen Göttern), die im 20. Jh. von dem genialen argentinisch-brasilianischen Künstler Carybé hergestellt wurden. Zum Zeitpunkt der Recherche befanden sie sich als Leihgabe im Museu de Arte Moderna.

Die schönste Kirche Salvadors, die barocke **Igreja São Francisco** (Cruzeiro de São Francisco; Eintritt 3 R$; Mo–Sa 8–17 Uhr), hat eine imposante Sandsteinfassade und prachtvolle Tafelbilder aus portugiesischen *azulejos* (Kacheln) zu bieten, die Denkmäler aus Lissabon darstellen.

Das attraktive **Centro Cultural Solar Ferrão** (Mattos 45; Di–Fr 10–18 Uhr, Sa & So 13–18 Uhr) ist ein frisch renoviertes Gebäude, in dem drei Dauerausstellungen über afrikanische, religiöse und bahianische Volkskunst und Wechselausstellungen zu sehen sind.

Auf dem steil abfallenden **Largo do Pelourinho** wurden einst Sklaven verkauft und öffentlich an einem *pelourinho* („Marterpfahl") ausgepeitscht.

CIDADE BAIXA & BARRA
Im Solar do Unhão, der Strandvilla eines Zuckerrohrfabrikanten aus dem 18. Jh., ist heute das **Museu de Arte Moderna** (Av Contorno; Di–So 13–19 Uhr, Sa 13–21 Uhr) untergebracht. Am Strand gibt's einen Garten mit Skulpturen und ein Café. Im Museum finden gute Ausstellungen statt. Es liegt nur einen kurzen Fußweg vom Mercado Modelo entfernt; nach Sonnenuntergang sollte man ein Taxi nehmen.

Am Hafen von Barra befindet sich die älteste Festung in Bahia: **Santo Antônio** (1598). Vom Fort aus kann man den wunderbaren Sonnenuntergang bestaunen.

HALBINSEL ITAPAGIPE
In der 1745 erbauten **Igreja NS do Bonfim** (Di–So 7–11 & 14–17 Uhr) befindet sich eine Christusfigur, die außerordentlich verehrt wird und Wunderheilungen bewirken soll; im Museum im Obergeschoss (3 R$) befindet sich eine bewegende Sammlung mit Fotos, Votivgaben und Dankesbekundungen. In der Hauptkirche der Candomblé-Religion kann man auf Tuchfühlung mit der bahianischen Kultur gehen. Ein beliebtes Erinnerungsstück sind die *fitas* (Bänder); sie werden einem umgebunden oder können in den Geschäften (1 R$ für 30 Stück) gekauft werden. Vom Fuß des Elevador Lacerda nimmt man den Bus Richtung Bonfim oder Ribeira.

Aktivitäten
Der Großteil des Lebens in Bahia dreht sich um die afrobrasilianische Religion Candomblé. Wer einen *terreiro* besucht, kann stundenlange hingebungsvolle Rituale beobachten und wird die Kultur dieser Region besser verstehen lernen. Man sollte saubere, helle Kleidung tragen (keine kurzen Hosen) und mit vollem Magen hingehen. Bei **FENACAB** (Brito 39) erfährt man Adressen und Termine.

Die **Praia do Porto** in Barra ist ein kleiner, meist überfüllter Strand mit ruhigem Wasser. Wer nach einem weniger bevölkerten Strand mit sauberem Wasser sucht, muss nach **Piatã** (25 km), **Itapuã** (27 km) oder noch weiter fahren.

Kurse
Associação de Capoeira Mestre Bimba (3322-0639; www.capoeiramestrebimba.com.br; Laranjeiras 1, Pelourinho) unterrichtet *capoeira* (Kampfsport/Kriegstanz), *maculelê* (Stabkampf) und Schlagzeug/Percussion. Hier finden auch Shows statt.

Festivals & Events
KARNEVAL
Der Karneval in Salvador ist der zweitgrößte in Brasilien – und nicht wenige behaupten, er sei unübertroffen. Er besteht aus Paraden von *axé*- und *pagode*-Bands und *trios-electricos* (langen Festwagen mit riesigen Lautsprechern). Ein *trio* oder Trommelwagen bildet in einem mit Seilen abgesperrten Gebiet zusammen mit seinem Gefolge einen *bloco*. Die Leute bezahlen Hunderte von Real für das *abadá* einer Top-Band (das Hemd, das man für den Zugang zu einem *bloco* braucht), hauptsächlich aus Prestigegründen, aber auch weil man im abgesperrten Bereich sicherer ist. Überall auf den Straßen kann man *fazer pipoca* (Popcorn) kaufen.

Der Karneval findet im Wesentlichen in drei Gebieten statt: vom Strand in Barra nach Rio Vermelho (am touristischsten), vom schmalen Campo Grande zur Praça Castro Alves und in Pelourinho (hier gibt's keine *trios*, meist nur Konzerte und Trommelgruppen). Infos gibt's unter www.portaldo carnaval.ba.gov.br.

Sicherheitstipps
Das größte Risiko geht von Menschenmassen aus, die vor einer Schlägerei flüchten – man sollte also die unmittelbare Umgebung im Blick behalten. Die Polizeipräsenz ist sehr hoch, ständig wird man angefasst und befummelt, auch Taschen werden durchwühlt. Karnevalskostüme sind unüblich – die meisten tragen kurze Hosen und Tennisschuhe. Noch ein paar Tipps:
- Kleine Gruppen bilden und menschenleere Gebiete meiden.
- Frauen sollten nicht allein unterwegs sein und Hosen tragen.
- Nur wenig Geld einstecken und dieses am besten in den Schuhen aufbewahren.
- Schmuck, Uhren oder schöne Sonnenbrillen im Hotel lassen.
- Taschendiebe nicht herausfordern – diese drohen Gewalt nicht nur an.
- Eine Kopie des Reisepasses mitnehmen.

ANDERE FESTE
In Salvador finden zahlreiche Festivals statt. Die größten und farbenprächtigsten Feste nach Karneval sind:
Lavagem do Bonfim Zweiter Donnerstag im Januar.
Festa de Iemanjá 2. Februar.

Schlafen
In Pelô gibt's zahlreiche improvisierte Hostels. Wer hier übernachtet, ist mitten im Geschehen, aber auch ständig von Lärm umgeben. Vom ruhigeren Strandviertel Barra kommt man problemlos nach Pelô und kann die Annehmlichkeiten eines Wohnviertels genießen. Rund um den Karneval muss man unbedingt im Voraus reservieren.

PELOURINHO & UMGEBUNG
Pousada dos Sonhos (☎ 3322-9901; www.pousadadossonhos.com; Largo do Pelourinho 5; B 24 R$, EZ/DZ ohne Bad 48/72 R$) In dieser zentral gelegenen Unterkunft wird man herzlich empfangen. Der Schlafsaal ist zwar immer voll, aber auch sehr geräumig. Die Zimmer mit Fenster sind besser, aber auch teurer als die sauberen, engen Räume im Innenbereich. In der Nebensaison purzeln die Preise.

Nega Maluca Guesthouse (☎ 3242-9249; www.negamaluca.com; Marchantes 15, Santo Antônio; B 26 R$, DZ mit/ohne Bad 80/70 R$; ⚡) Das freundliche, superrelaxte Hostel im belebten Pelô wird von Travellers geführt und hat gute Schlafsäle. Es gibt eine Küche und kostenlosen Internetzugang.

Pousada da Praça (☎ 3321-0642; www.pousadadapracahotel.com.br; Barbosa 5; B 27 R$, EZ/DZ mit Klimaanlage 50/80 R$, EZ/DZ ohne Bad 40/70 R$; ⚡) Die vertrauenswürdige Unterkunft liegt nur einen kurzen Spaziergang vom Pelourinho entfernt und macht ihre Sache einfach, aber gut. Ein Plus sind die supernetten Angestellten. Gutes Frühstück. Wer bar bezahlt, bekommt Rabatt.

Hostel Galeria 13 (☎ 3266-5609; www.hostelgaleria13.com; Ordem Terceira/Accioli 23; B 30 R$) Dunkle, kompakte Schlafsäle mit Holzbetten und -dielen. Das relativ neue Hostel ist beliebt bei Travellern und hat einen Gemeinschaftsbereich und Innenhof zum Entspannen. Kostenloser Internetzugang, Frühstück bis zum Mittag, freundliche Hunde und ein hilfsbereiter, englischsprachiger Besitzer.

Laranjeiras Hostel (☎ 3321-1366; www.laranjeirashostel.com.br; Ordem Terceira/Accioli 13; B 38 R$, DZ mit/ohne Bad 160/100 R$; ⚡) Das attraktive Hostel in Pelô bietet höchste Qualität. Im geräuschvollen, belebten Laranjeiras gibt's Schlafsäle mit hohen Decken und Dreier-Stockbetten. Die Doppelzimmer sind überteuert. Nach Karneval gehen die Preise runter. Wer einen HI-Ausweis besitzt, bekommt Rabatt.

Arthemis Hotel (☎ 3322-0724; www.arthemishotel.com; Praça da Sé 398, 7. Stock; DZ 40/60 R$, mit Ausblick 60/70 R$) Das sichere, travellerfreundliche Arthemis befindet sich in ausgezeichneter Lage und hat eine Frühstücksterrasse mit fantastischem Ausblick. Die billigen, geräumigen Zimmer sind keine Offenbarung, sind aber farbenprächtig eingerichtet und haben Warmwasser.

BARRA
Albergue do Porto (☎ 3264-6600; www.alberguedoporto.com.br; Barão de Sergy 197; B 38–46 R$, DZ 105 R$; ⚡) Barras bestes Hostel hat luftige, unterschiedlich große Schlafsäle mit hohen Decken, einen Gemeinschaftsraum mit Sitzsäcken und eine Küche. Das Gebäude stammt aus dem frühen 20. Jh., das Dekor erinnert an einen Kindergarten. Großartige Angestellte. HI-Rabatt.

Âmbar Pousada (☎ 3264-6956; www.ambarpousada.com.br; Celso 485; B/EZ/DZ 40/100/116 R$; ⚡) Die Zimmer sind zwar nicht groß, doch der Gemeinschaftsbereich und die fröhliche Atmosphäre machen dieses Hostel zur besten Alternative unter den *pousadas* dieser Straße; zwei Blocks vom Strand entfernt.

Che Lagarto Hostel (☎ 3235-2404; www.chelagarto. com; Av Oceânica 84; B/DZ 40/120 R$; ❄) Die Filiale einer beliebten Hostelkette hat klimatisierte Schlafsäle, freundliche Angestellte und eine wunderbare Lage am Strand, ist jedoch nicht gerade billig. Es gibt eine Bar, einen Billardtisch und regelmäßige Partys mit Live-Samba im Hof. Das Hostel liegt an der Ecke Leoni Ramos rund 100 m westlich der Christusstatue.

Pousada La Villa Française (☎ 3245-6008; www. lavilafrancaise.com; Recife 222, Jardim Brasil; B 35 R$, Zi. pro Person 45–55 R$; ❄) Die tadellose *pousada* in französischer Hand liegt in einem Kneipen- und Restaurantviertel unweit des Shoppingzentrums und bietet hübsche, einwandfreie Zimmer. Hier herrscht eine entspannte, herzliche Atmosphäre. Gäste dürfen die Küche benutzen.

Pousada Acácia (☎ 3264-4113; www.pousadaacacia. com.br; Oliveira 46/210; EZ/DZ 80/100 R$; ❄) In der friedvollen, hübschen *pousada* wird man herzlich empfangen. Sie ist in einem charmanten Haus von 1950 untergebracht und hat Holzfußböden und viel Platz zum Entspannen und Abhängen. Es gibt ein großartiges Frühstück.

Essen

Salvador ist bekannt für seine afrikanisch angehauchte Bahia-Küche. An zahlreichen Straßenständen wird die regionale Spezialität *acarajé* verkauft, in *dendê*-Öl frittierte Küchlein aus braunen Bohnen und Shrimps.

PELOURINHO

Le Glacier Laporte (Largo do Cruzeiro 21; Eiscreme 4–6 R$; ✤ mittags) Wer eine Abkühlung von der Hitze sucht, sollte die köstlichen Eiscremes und Sorbets aus tropischen Früchten probieren.

Hispano Bahia (Carmo 68; 17 R$/kg; ✤ mittags) Kein besonders freundlicher Service, aber der Ausblick über die Küste ist großartig. In diesem billigen Mittagslokal werden auch spanische Omeletts serviert.

Senac (Largo do Pelourinho 13; 19 R$/kg; ✤ Mo–Fr mittags) Man sollte früh herkommen und die kreativen Salate ausprobieren. In dem preiswerten Mittagslokal, das von einer Restaurantschule geführt wird, zahlt man *por kilo*. Im selben Komplex befindet sich auch ein anspruchsvolleres „All you can eat"-Buffet; auch abends geöffnet.

Ponto Vital (Laranjeiras 23; Hauptgerichte für 2 Pers. 20–32 R$) Wer zu zweit unterwegs ist, kann in diesem preiswerten, freundlichen Restaurant gut zubereitete, traditionelle Speisen ausprobieren, etwa *arrumadinho* (Mix aus sonnengetrocknetem Rindfleisch, Bohnen, Salat und *farofa*) .

Ramma (Largo do Cruzeiro 7; pro kg 29 R$; ✤ Mo–Sa Mittagessen) In diesem Restaurant im Obergeschoss gibt's ausgezeichnete Bio- und vegetarische Gerichte. Eine weitere Filiale befindet sich in Barra.

Axego (João de Deus 1; die meisten Gerichte für 2 Pers. 30–42 R$) In dem attraktiven Restaurant im oberen Stock wird man freundlich bedient und bekommt faire Preise. Zu den Highlights gehören die leckeren *moquecas*. Halbe Portionen bekommt man ohne Aufpreis.

AN DER KÜSTE

In Barra und Rio Vermelho gibt's zahlreiche Restaurants; die meisten befinden sich auf den zwei Parallelstraßen hinter der Praia do Farol in Barra bzw. auf der Rua Feira de Santana in Rio Vermelho.

Acarajé da Dinha (Largo de Santana, Rio Vermelho; Gerichte 5–25 R$) Die Einheimischen stehen an den Straßenstand für die berühmten *acarajé* an.

Brasil Legal Churrascaria (Celso 110, Barra; pro Person 10 R$; ✤ mittags) Grillrestaurant mit „All you can eat"-Buffet. Es kann voll werden.

Maria de São Pedro (Mercado Modelo; Moquecas 30–45 R$; ✤ 10–20 Uhr) Das Restaurant liegt im Obergeschoss des Marktes, hat sich auf traditionelles Bahia-Essen spezialisiert. Von der Terrasse hat man einen großartigen Blick auf den Hafen. Ein gern besuchter Ort, um den Sonnenuntergang zu beobachten.

Ausgehen

PELOURINHO

Die Plazas und Pflasterstraßen sind voller Partywütiger, die an Plastiktischen sitzen und Bier trinken oder Trommelgruppen hinterhertanzen. Dienstag ist der große Abend: Dann spielt in den Innenhöfen *(largos)* in Pelô und auf der Terreiro de Jesus kostenlose Livemusik.

WOHNVIERTEL AN DER KÜSTE

Raus aus Pelô! Im Jardim Brasil in Barra tobt das Nachtleben und die coolen Open-Air-Bars ziehen ein hippes, reiches Völkchen an. Auf dem Largo de Santana und Largo da Mariquita in Rio Vermelho trinken die Leute Bier und essen *acarajé*. Rund um diese Plätze findet man viele trendige Bars.

Unterhaltung
In den Touristeninformationen erhält man die kostenlose Publikation *Guia Pelourinho Cultural*.

FOLKLORISTISCHE SHOWS
In Salvador arbeiten erstklassige Choreografen und Entertainer. Die Shows mit *afro* (afrobrasilianischem Tanz), *samba de roda* (kokettem Samba, der im Kreis getanzt wird) und Kampftänzen wie *orixás*, *maculelê* und *capoeira*, die von Trommelspiel und Gesang begleitet werden, rauben einem die Sinne.

Balé Folclórico da Bahia (Teatro Miguel Santana, Gregório de Matos 49; Eintritt 25 R$; Shows Mi–Mo 20 Uhr)

Teatro SESC/SENAC (Largo do Pelourinho 19; Eintritt frei oder 10 R$) Diverse, regelmäßig stattfindende Shows.

LIVEMUSIK
Sänger, Bands und Karnevalsgruppen veranstalten in den Monaten vor dem Karneval wöchentliche *ensaios* (Probeaufführungen) und Konzerte. Die Brüderschaft Filhos de Gandhy ist eine *afoxé* (Gruppe mit Candomblé-Traditionen), die zum Synonym Salvadors geworden ist. Exzellente *blocos afros* (afrobrasilianische Gruppen mit kraftvollen Trommeln) sind z. B. Ilê Aiyê, Male Debalê und Dida; Gruppen wie Olodum (eine Institution!), Araketu und Timbalada (ein geistiges Kind von Carlinhos Brown) tendieren ein wenig mehr zur Popmusik, sind aber immer noch sehr percussionslastig.

Teatro Castro Alves (Praça Campo Grande) Salvadors bester Veranstaltungsort für ausgezeichnete Percussions. Im Concha Acústica (Amphitheater) finden wöchentlich Shows statt.

Museu de Arte Moderna (Av Contorno) Unsere Leser empfehlen die Jazzkonzerte, die hier jeden Samstagabend stattfinden (4 R$).

Fundo do Cravinho (Terreiro de Jesus) Live-Samba jeden Abend ab 20 Uhr (3 R$).

TANZCLUBS
Salvadors Diskos befinden sich am Strand und werden größtenteils von den Reichen und Schönen besucht.

Boomerangue (www.boomerangueeventos.com.br; Paciência 307, Rio Vermelho; Eintritt 15 R$; Fr & Sa 23–open end) In dem sympathischen Club gibt's drei Etagen mit unterschiedlicher Musik.

Madrre (www.myspace.com/madrre; Av Mangabeira 2471, Pituba; Eintritt Männer/Frauen 25/15 R$) Salvadors bester Club für Elektrobeats.

CLUBS FÜR SCHWULE & LESBEN
Beco dos Artistas (Artist's Alley; Av Cerqueira Lima, Garcia) Ein Treffpunkt der jungen Schwulenszene. Um zum Club zu gelangen, geht man vom Teatro Castro Alves die Leovigildo Filgueiras ein paar Blocks runter.

Off (Dias D'Ávila 33, Barra) Ein gut etablierter Club. Auch die Bars in der Gasse sind beliebt.

Shoppen
Mercado Modelo (Mo–Sa 9–19, So 9–14 Uhr) Der zweistöckige, geschlossene Touristenmarkt hat Dutzende von Ständen, an denen regionales Kunsthandwerk verkauft wird. In den wässrigen Tiefen des Gebäudes aus dem 19. Jh. wurden früher Sklaven festgehalten.

Shopping Iguatemí Salvadors größtes Einkaufszentrum befindet sich gegenüber vom Busbahnhof.

An- & Weiterreise
BUS
Busse aus dem Süden fahren die lange Route an der Küste entlang. Ansonsten kann man von Bom Despacho auf der Ilha Itaparica auch eine Fähre (4 R$, 45 Min.) zum Terminal de São Joaquim in Salvador nehmen. Von der Hauptstraße in Valença fahren regelmäßig Busse nach Salvador (9 R$, 1½ Std.). Wer in Valença startet und mit dem Bus nach Salvador reist, spart auf Fernstrecken aus dem Süden bis zu 60 R$.

BUSPREISE		
Ziel	Preis (R$)	Dauer (Std.)
Belo Horizonte	196	24
Brasília	198	22
Ilhéus	81–128	7
Natal	161	21
Porto Seguro	127	12
Recife	106–126	11–16
Rio	225	24–28
São Paulo	220–265	33

FLUGZEUG
Mehrere Fluglinien bieten Inlandsflüge ab/nach Salvador. TAP und American Airlines bieten jeweils Direktflüge nach Europa und in die USA.

Unterwegs vor Ort
Wer Barra und die Cidade Alta besuchen will, überquert am Busbahnhof (8 km vom Zent-

rum gelegen) die Fußgängerbrücke zum Einkaufszentrum Iguatemí und nimmt den Minibus nach Praça da Sé (4 R$). Denselben Bus kann man am Flughafen (30 km vom Stadtzentrum) nehmen. Wer billiger nach Barra kommen will: Vor dem Busbahnhof und Flughafen befinden sich Haltestellen, an denen meist überfüllte Stadtbusse abfahren (2,15 R$). Zwischen Praça da Sé und Barra verkehren regelmäßig Busse.

Der großartige **Elevador Lacerda** (Eintritt 0,05 R$; 24 Std.) im Art-Déco-Stil und der aufregende **Plano Inclinado** (Eintritt 5 c; Mo–Fr 7–19, Sa 7–13 Uhr) verbinden die Unter- mit der Oberstadt.

PRAIA DO FORTE
0xx71

Praia do Forte ist ein luxuriöses, aber entspanntes Feriendorf mit feinen weißen Sandstränden. Es ist ein schöner Ort, aufgrund der künstlichen Atmosphäre und hohen Preise unternehmen viele Traveller nur einen Tagesausflug hierher.

Das exzellente **Projeto TAMAR** (www.tamar.org.br; Eintritt 10 R$; 9–18 Uhr) liegt unweit der Kirche und ist die Hauptattraktion. Es ist Teil eines sehr erfolgreichen nationalen Projektes, das sich in Kooperation mit den Gemeinden vor Ort darum bemüht, die Brut- und Fütterungsplätze der Schildkröten zu erhalten. Es gibt informative Schautafeln und Aquarien mit Seeschildkröten und anderen Meerestieren. Von August bis April schlüpfen die Schildkrötenbabys.

In den Parallelstraßen der zentralen Fußgängerzone befinden sich zahlreiche *pousadas*. In der Nebensaison bieten viele unter der Woche Rabatt an. Im **Praia do Forte Hostel** (3676-1094; www.albergue.com.br; Aurora 3; B/DZ 38/85 R$;) gibt's angenehme Schlafsäle mit Fliesenboden und Privatbad; alle Zimmer reihen sich um einen zentralen, grünen Innenhof. Der Eintritt zum Projeto TAMAR ist im Preis mit drin, man kann Fahrräder und Surfbretter ausleihen. Es gibt auch HI-Rabatte. Nicht weit von der Bushaltestelle entfernt liegt die **Pousada Tia Helena** (3676-1198; Estrelas; EZ/DZ 60/80 R$), eine einfache, für Praia do Forte preiswerte und freundliche Unterkunft. Restaurants säumen die Hauptstraße – Casa da Nati serviert ein gutes Mittagessen (*por-kilo*-Preise).

Busse nach Praia do Forte (9,40 R$, 1½ Std., 8-mal tgl.) wie auch regelmäßig verkehrende, etwas billigere Vans fahren vom *rodoviária* in Salvador ab. Manche Busse lassen ihre Passagiere an der Hauptkreuzung raus; von dort verkehren Autos in die Stadt (2 R$/Pers.).

CACHOEIRA & SÃO FÉLIX
0xx75 / 47 500 Ew.

Die verschlafenen Orte Cachoeira und São Felix liegen – leicht in der Hitze flimmernd – am Rio Paraguaçu einander gegenüber. Sie lohnen einen Tagesausflug. Unterwegs passiert man die fruchtbare Region Recôncavo, die dank ihrer Zucker- und Tabakplantagen einst das wirtschaftliche Herz des kolonialen Brasiliens war. Die Städte sind auch als Zentren der Candomblé-Religion bekannt.

Die **Touristeninformation** (Nery 7; Mo–Fr 8–18, Sa 9–12, So 9–12 Uhr) in Cachoeira hat Landkarten und Stadtpläne. Auf der nahegelegenen Praça Milton befindet sich ein Geldautomat von Bradesco.

Sehenswertes & Aktivitäten

Im friedlichen, alten Stadtzentrum von Cachoeira stehen viele schöne Kolonialgebäude. Hier gibt's auch mehrere Kunstgalerien, die teilweise als Cafés dienen. In der **Igreja da Ordem Terceira do Carmo** (Bonaventura) befindet sich eine Galerie mit Christusfiguren – ins „Blut" des Gekreuzigten sind echte Rubine hineingemischt. Auf einem kleinen Hügel steht das älteste Gebäude der Stadt: die malerische Kapelle **Nossa Senhora de Ajuda**.

In São Felix liegt am Flussufer das **Centro Cultural Dannemann** (Av Salvador Pinto 39; Di–Sa 8–17, Galerie nur So 13–17 Uhr), in dem erstklassige zeitgenössische Kunstwerke ausgestellt werden. Außerdem gibt's hier eine Zigarrenfabrik; man kann die Arbeiterinnen dabei beobachten, wie sie die Zigarren von Hand rollen, wie es seit 1873 Tradition ist.

Festivals & Events

Festa de São João Bahias größtes und beliebtestes Fest steigt vom 22. bis 24. Juni.

Festa da NS de Boa Morte Faszinierendes, dreitägiges Fest, das am ersten Freitag nach oder vor dem 15. August stattfindet. Die Nachkommen der Sklaven feiern ihre Befreiung mit Tänzen, Gebeten und Ritualen der Candomblé- und katholischen Religion.

Schlafen & Essen

In den Straßen der Altstadt von Cachoeira befinden sich unweit der Touristeninformation viele unscheinbare, aber saubere *pousa-*

das, die 30 R$ pro Person berechnen. Vornehmere Optionen findet man am nahegelegenen Praça da Aclamação.

Pensão Tia Rosa (☎ 3425-1792; Nery 12; EZ/DZ 30/60 R$) Preisgünstige Unterkunft.

Pousada do Paraguassú (☎ 3438-3386; Pinto 1; EZ 45 R$, DZ ab 65–120 R$; ❄) Die *pousada* ist etwas luxuriöser. Sie liegt am Flussufer in São Félix und bietet Zimmer mit Blick auf einen blumengeschmückten Innenhof.

Beira Rio (Filho 19; Hauptgerichte 14–26 R$; ❂ Mittags & abends) Das ausgezeichnete Restaurant mit Flussblick serviert Gerichte für eine oder zwei Personen. Die üppigen Vorspeisen wie der gebratene Fisch (10 R$) können auch als Hauptgericht gegessen werden.

Rabbuni (Nery 1; 18,90 R$/kg; ❂ Mo–Sa mittags) Das Rabbuni in Cachoeira hat beliebte Mittagsgerichte; die Einnahmen gehen an karitative Projekte.

An- & Weiterreise

Am Busbahnhof in Salvador starten täglich Busse nach Cachoeira/São Félix (15,60 R$, 2 Std., stündl.). Sie halten in beiden Städten, deren Busbahnhöfe, durch den Fluss getrennt, an der Brücke gegenüber voneinander liegen. Es gibt auch Verbindungen nach Feira de Santana.

LENÇÓIS

☎ 0xx75 / 10 000 Ew.

Lençóis ist die schönste der alten Diamantenminen-Städte in der Chapada Diamantina, einer bergigen, bewaldeten Oase in der staubigen *sertão*-Region (*sertão* bedeutet „trockenes Hinterland"). Die Stadt selbst ist zwar sehr hübsch, doch die Umgebung ist die eigentliche Attraktion: Unmengen von Höhlen, Wasserfällen und Hochebenen mit wundervollen Panoramablicken warten darauf, entdeckt zu werden. So überrascht es kaum, dass Lençóis ein Hotspot für Wanderer ist.

Die Touristeninformation findet man im Marktgebäude neben der Brücke. Die Internetcafés berechnen pro Stunde 3 bis 4 R$. Am Hauptplatz steht ein Geldautomat der Banco do Brasil. Die Geschäfte verkaufen hilfreiche englisch- und portugiesischsprachige Reiseführer zur Region (15 R$) und Wanderkarten.

Sehenswertes & Aktivitäten

SPAZIEREN GEHEN & SCHWIMMEN

Die folgenden Wanderungen kann man problemlos ohne Führer machen. Man läuft an der Bushaltestelle vorbei und folgt dem Rio Lençóis 3 km stromaufwärts bis in den Parque Municipal da Muritiba. Dort kommt man an einer Reihe von Stromschnellen vorbei, die als **Cachoeira Serrano** und **Salão de Areias Coloridas** (Saal der bunten Sande) bekannt sind; hier sammeln Künstler die Materialien für ihre Flaschensandbilder. Unterwegs passiert man auch **Poço Halley** (Halleys Quelle), **Cachoeirinha** (Kleiner Wasserfall) und schließlich **Cachoeira da Primavera** (Frühjahrs-Wasserfall). Oder man folgt der São Benedito und kommt 4 km außerhalb der Stadt zum **Ribeirão do Meio**, einer Ansammlung natürlicher Schwimmbecken mit Wasserrutsche.

WANDERN

Im Südwesten von Lençóis erstreckt sich der **Parque Nacional da Chapada Diamantina**. Er umfasst 1520 km² atemberaubender Landschaften mit Wasserfällen, Flüssen, Affen und einer beeindruckenden Geologie. Der Park hat eine nur schwach ausgebaute Infrastruktur: Die Wanderwege sind nicht ausgeschildert, Busse verkehren nur unregelmäßig – ohne Führer ist eine Erkundung des Parks kaum möglich. Man sollte nur mit zertifizierten Guides wandern; **ACVL** (☎ 3334-1425; 10 de Novembro), ein Verband für Guides, Reisebüros vor Ort oder *pousadas* können Führer organisieren.

Sehr gut informierte, englischsprachige Führer sind **Roy Funch** (☎ 3334-1305; funchroy@yahoo.com) und **Olivia Taylor** (☎ 3334-1229; www.h2otraveladventures.com) in der Pousada dos Duendes. Leser empfehlen auch **Feijão** (☎ 8131-9640; feijoada@hotmail.com) im gleichnamigen Restaurant am Busbahnhof.

Es gibt zwei- bis achttägige Wanderungen; unterwegs zeltet man oder übernachtet bei einer Gastfamilie und in *pousadas*. In den Preisen sind normalerweise Verpflegung und Unterkunft inbegriffen: Man zahlt rund 100 bis 170 R$ pro Tag. Die nötige Ausstattung kann man in Agenturen ausleihen.

KLETTERN

Abenteuertrips kann man mit **Fora da Trilha** (☎ 3334-1326; www.foradatrilha.com.br; Pedras 202) unternehmen, die sich auf Kletter- und Abseiltouren spezialisieren.

Geführte Touren

Überall in Lençóis findet man Agenturen, die halb- und ganztägige Autoreisen (rund 60/105 R$) und mehrstündige bis siebentägige führte Wandertouren organisieren. In einigen Gebieten muss man Eintritt zahlen, der meist im Tourpreis enthalten ist. Die Agenturen schicken täglich Gruppen auf Reisen.

Zu den besonders schönen Sehenswürdigkeiten gehören **Poço Encantado**, eine Höhle mit herrlich blauem Wasser, **Lapa Doce**, eine weitere Höhle mit beeindruckenden Felsformationen, und **Cachoeira da Fumaça**, Brasiliens höchster Wasserfall (420 m). Unweit von Lençóis erhebt sich der **Morro do Pai Inácio**, ein Tafelberg, von dem man einen fantastischen Blick übers Tal hat. Abendliche Touren hierher kosten 30 R$; bis zum Gipfel benötigt man eine halbe Stunde.

Schlafen

An Feiertagen muss man im Voraus reservieren. Das empfiehlt sich besonders, wenn man an São João anreist, dem größten Fest der Stadt, das Ende Juni stattfindet.

Camping Lumiar (☎ 3334-1241; lumiar.camping@gmail.com; Praça do Rosário 70; Stellplatz 15 R$/Pers., Zi. 40 R$/Pers.) Der grüne, baumbeschattete Zeltplatz liegt in einem schönen Garten neben einer Kirche. Bar, Restaurant und Gästeküche.

Hostel Chapada (☎ 3334-1497; www.hostelchapada.com.br; Boa Vista 121; B/DZ 30/60 R$) In dem kleinen, zentral gelegenen Hostel gibt's einfache Schlafsäle mit ausreichend Platz, eine Küche und einen kleinen Garten. Man kann Fahrräder ausleihen und bekommt HI-Rabatt.

Pousada dos Duendes (☎ 3334-1229; www.pousadadosduendes.com; Pires; B 30 R$; EZ/DZ 60/80 R$, ohne Bad 45/70 R$) Ein wunderbar entspannter Platz mit niedlichen Zimmern, sehr freundlicher Atmosphäre, einer Küche und Internet. Die Zimmer im Obergeschoss punkten mit Balkonen und Hängematten und kosten 20 R$ mehr. Die englischsprachigen Besitzer organisieren schöne Ausflüge und empfehlen gute lokale Führer.

Pousada Grisante (☎ 3334-1527; www.pousadagrisante.com.br; Florêncio; EZ/DZ 50/80 R$) Die entspannte Unterkunft mit Blick aufs Wasser ist mit Schwarz-Weiß-Fotos dekoriert und hat frische, moderne Zimmer. Sie liegt oberhalb der Stromschnellen im Stadtzentrum, die sich im Lauf des Jahres von einem Rinnsal zu einer schäumenden Flut verwandeln.

LP Tipp **Pousada Casa de Hélia** (☎ 3334-1143; www.casadehelia.com.br; Muritiba; EZ/DZ 50/80 R$; 🖳) Ruhiger, begrünter Zufluchtsort mit den hübschesten Budgetzimmern in Bahia. Die *pousada* ist kunstvoll dekoriert und bietet ein wunderbares Frühstück an. Die Angestellten geben gute Tipps zu Wanderungen in der Umgebung. Unweit der Bushaltestelle: der Busroute folgen, an der ersten Straße rechts abbiegen und einen Hügel hinauflaufen.

Essen

Fazendinha & Tal (Pedras 125; Gerichte 13–22 R$) Das hübsche, ursprüngliche Restaurant serviert leckere Pasta und Pizza, hat sich aber vor allem auf *cachaça* (1,50 R$) spezialisiert, der u. a. in den Geschmacksrichtungen Zimt und Ananas verfügbar ist. Man sollte erst gar nicht versuchen, beim einem Besuch gleich alle Cocktails zu verkosten ... es gibt vier Dutzend!

Neco's Bar (Praça Pacheco; 14 R$ pro Person) In der Institution muss man 24 Stunden im Voraus reservieren. Serviert wird richtig gute Hausmannskost.

Os Artistas da Massa (Baderna 49; Gerichte 15–20 R$) In dem niedlichen Lokal werden tolle frische Pastagerichte serviert. Die Deko besteht aus Drucken holländischer Meister. Als Musikbegleitung wird gute Jazzmusik gespielt.

O Bode (Beco do Rio; 18 R$/kg; ⓥ mittags) Das nette Lokal liegt unweit des Hauptplatzes am Fluss und bietet die preiswertesten Gerichte der Stadt an.

Cozinha Aberta (Barbosa 42; Gerichte 20–25 R$; ⓥ 13–23 Uhr) In dem Gourmet-Bistro gibt's Slowfood; alle Gerichte sind frisch und aus regionalen Bioprodukten zubereitet. In der Hochsaison werden die leckeren Thai- und indischen Currys in einem anderen Restaurant serviert: im Etnia auf der Baderna 111.

A Picanha na Praça (Praça Otaviano Alves 62; Fleischgerichte für 2 Pers. 20–50 R$; ⓥ mittags & abends) Kurze Speisekarte mit ausgezeichnetem Grillfleisch und einem Lachsgericht. Von den Einzelportionen (20–40 R$) werden zwei Leute satt.

An- & Weiterreise

Täglich verkehren drei Busse von Salvador nach Lençóis (48,40 R$, 7, 16.30 & 23.30 Uhr, 6 Std.); um 7.30, 13.15 und 23.30 Uhr fahren sie nach Salvador zurück. Alle halten in Feira de Santana, wo weitere Busverbindungen angeboten werden.

MORRO DE SÃO PAULO

☎ 0xx75

Das einzigartige, abgeschiedene Morro liegt gegenüber vom Hafen von Salvador und ist mit dem Boot zu erreichen. Zurzeit ist Morro sehr trendig und für ein ausschweifendes Nachtleben bekannt, konnte aber seinen friedlichen, ruhigen Charme bewahren. Die einzige Straße des Ortes verläuft zwischen zwei bewaldeten Hügeln. Die Strände mit ihrem flachen, warmen Wasser verschwinden bei Flut. Dann kann man zu einem Wasserfall radeln, einen Bootsausflug ins entspannte **Boipeba** machen oder auf die Festung klettern und den Sonnenuntergang bestaunen.

Es gibt ein paar Geldautomaten und Internetcafés (3 R$/Std.).

Orientierung

Vom Bootsanlegesteg läuft man den Hügel hinauf, bezahlt seine Steuern und biegt dann nach rechts in die Stadt ab (es gibt nur eine Straße). Wer von der Plaza die Hauptstraße hinuntergeht, gelangt zu den durchnummerierten Stränden. Am meisten ist rund um die Segunda Praia (zweiter Strand) und Terça Praia (dritter Strand) los, von der Praça aus in einem 10- bis 15-minütigen Spaziergang zu erreichen.

Schlafen

Für die Ferien muss man rechtzeitig reservieren, besonders während des Karnevals und der *ressaca* (die fünf Tage nach Karneval). Die folgenden Preise gelten für Januar; in der Nebensaison zahlt man nur rund die Hälfte.

Pousada Kanzuá do Marujo (☎ 3652-1152; kanzua@hotmail.com; Terça Praia; B/EZ/DZ 35/105/120 R$; ❄) Ein heller, zweistöckiger Komplex mit modernen Zimmern in Ozeannähe. Alles ist schön begrünt.

Pousada Passarte (☎ 3652-1030; www.pousadapassarte.com.br; EZ/DZ 45/70 R$) Kleine, einfache Zimmer am Platz – in der Hauptsaison ein echtes Schnäppchen. Gehobenere Unterkünfte findet man in der Rua da Biquinha 27.

Hostel Morro de São Paulo (☎ 3652-1521; www.hostelodomorro.com.br; B/DZ 45/115 R$; ❄) Ein geselliges Hostel mit einem begrünten Frühstücksbereich im Freien und guten Schlafsälen. Man nimmt den ersten linken Durchgang von der Rua da Fonte Grande. HI-Rabatt.

Pousada Albatroz (Terça Praia; pousadaalbatroz@hotmail.com; EZ/DZ 80/120 R$; ❄) Liegt in einer Gasse nahe dem Strand, hat einen charmanten Besitzer und saubere, geräumige Zimmer. Auf der luftigen Dachterrasse kann man Affen und Vögel beobachten.

Pousada Natal (☎ 3652-1059; pousada.natal@hotmail.com; B 100 R$; ❄) Entspannte Budgetunterkunft in der Hauptstraße mit guten Zimmern inklusive Kühlschrank und Klimaanlage. Die hilfsbereiten Angestellten haben nichts dagegen, wenn man nach dem Auschecken noch einen Moment bleiben oder sein Gepäck aufbewahren will.

Essen & Ausgehen

Man hat die Qual der Wahl. Zahlreiche Lokale bieten Pizza-*rodízios* (All you can eat) für 17 bis 20 R$ an. Die Partyszene konzentriert sich rund um die Segunda Praia, wo provisorische Stände großartige Fruchtcocktails verkaufen.

Fragola (Segunda Praia; Eiscreme 5–8 R$) Großartige Eiscreme, die wunderschön präsentiert wird. Es werden auch leckere Obstsalate angeboten. Am Hauptplatz.

Espaguetaria Strega (Pasta 9–20 R$) Ein schnörkelloses Lokal in der Hauptstraße unweit des Hauptplatzes. Hier werden ausgezeichnete, frische Pastagerichte zu fairen Preisen serviert. An der gruslig wirkenden Bar gibt's kuriose *cachaça*-Drinks.

Tinharé (Hauptgerichte 12–25 R$) In dem von einer Familie betriebenen Restaurant werden riesige, köstliche Portionen *moqueca de peixe* serviert. Liegt etwas versteckt: von der Hauptstraße ein paar Stufen nach unten gehen.

Ponto de Encontro (Hauptgerichte 14–30 R$) Das komfortable, stilvolle Restaurant liegt in der Hauptstraße und hat einen äußerst freundlichen Service. Serviert werden eine große Auswahl an kreativen Salaten, großartige Tagesangebote und gute Bahia-Gerichte.

An- & Weiterreise

Vom Terminal Marítimo Turístico in Salvador verkehren 6-mal täglich Boote (70 R$, 2 Std., 8–14 Uhr) nach Morro. Die Fahrt ist recht abenteuerlich – wer schnell seekrank wird, sollte mit leerem Magen reisen. Das erste Boot von Morro nach Salvador startet um 8, das letzte um 15 Uhr. Wer aus Süden oder aus Salvador anreist und Geld sparen will, fährt nach Valença (siehe S. 358), wo regelmäßig Boote (6 R$, 1½ Std., stündl.) nach Morro starten. Es verkehren auch regelmäßig Schnellboote (14 R$, 50 Min.). Bei Ebbe muss man ein Stück mit dem Bus fahren. Die Reisebüros in Morro bieten auch Transferverbindungen nach Itacaré an (60 R$, 3½ Std.).

ITACARÉ

☎ 0xx73 / 25 000 Ew.

Itacaré hat wunderschöne Surfstrände, die von großen Biosphärenreservaten mit atlantischem Regenwald umgeben sind. Dank der entspannten Surferatmosphäre ist Itacaré ein großartiger Ort, um sich von den Strapazen eines Backpacker-Daseins zu erholen, besonders in der Nebensaison. Itacaré liegt an einer Flussmündung und ist ein Fischerstädtchen, dem der Tourismus noch nicht seinen Stempel aufgedrückt hat (das wird sich ändern, wenn die Straße ausgebaut und der Flughafen fertiggestellt ist). Traveller mischen sich hier unter die Einheimischen und diskutieren mit ihnen über Surfen und Fussball.

Es gibt Geldautomaten und mehrere Internetcafés (3 R$/Std.). **Urso de Óculos** (Av Castro Alves 71) ist ein hübscher, mehrsprachiger Bücherladen, in dem man zwei Bücher gegen eines tauschen und guten Tee trinken kann.

Aktivitäten

Fast überall kann man Surfstunden nehmen und Surfbretter ausleihen. Die schönen Stadtstrände sind die an der Flussmündung gelegene **Praia de Concha** und die vier winzigen Surferstrände am Ozean. Vom letzten Strand führt ein Wanderweg zum idyllischen **Prainha**, den man aber nicht allein entlanglaufen sollte. Etwas weiter entfernt liegen kleine Paradiese: Man sollte **Engenhoca**, **Havaizinho** und **Itacarezinho** 12 km südlich der Stadt ansteuern oder mit der Fähre zur Península de Maraú fahren; an deren dortigen fantastischen **Praia Taipús de Fora** kann man hervorragend schnorcheln und schwimmen. Lokale Reisebüros organisieren Ausflüge hierher; unsere Leser empfehlen, vor Ort zu übernachten, um voll und ganz die Schönheit der Region genießen zu können.

Base d'Aventura an der Praia da Concha vermietet Mountainbikes, Kajaks und Boote.

Schlafen

Die Hauptstraße wird von zahlreichen preiswerten *pousadas* gesäumt; die Mittelklassehotels liegen am hinteren Ende der Praia da Concha. Rund um Feiertage (Karneval & Weihnachten) ziehen die Preise an und man sollte im Voraus buchen; das restliche Jahr über zahlt man nur die Hälfte.

Albergue O Pharol (☎ 3251-2527; www.albergueopharol.com.br; Praça Santos Dummont 7; B 38 R$, Zi. 80–120 R$;) Großartiges, sauberes Hostel voller Hunde und Katzen, das sehr praktisch im Zentrum liegt. Die freundlichen und hilfsbereiten Angestellten vermieten exzellente Zimmer mit Veranda und Hängematte. Küche, Internet und gemütliche Aufenthaltsräume. In der Nebensaison ein echtes Schnäppchen.

Itacaré Hostel (☎ 3251-3037; www.itacarehostel.com.br; Almeida 120; B/DZ 40/110 R$;) In dem zentral gelegenen Hostel wird man herzlich empfangen. Die Zimmer gehen auf einen friedlichen, bewaldeten Garten mit Hängematten hinaus. Kostenloser Internetzugang, Küche und DVDs. Im Sommer möglichst weit im Voraus buchen. HI-Rabatt.

Pousada Estrela (☎ 3251-2006; www.pousadaestrela.com.br; Longo 34; DZ 80 R$;) Am Ende der Straße liegt die großartige *pousada* mit unglaublich günstigen Sommertarifen. Die hellen, frischen Zimmer im Obergeschoss (90 R$) und die mit Balkon (100 R$) sind ihren Preis wert. Auf der Rückseite befindet sich ein Garten mit Hängematten.

Essen & Ausgehen

Sahara (Longo 500; Gerichte 5–16 R$; Mi–Mo 12–22 Uhr) Der Arabische Teller (Pitabrot, Falafel, Hummus, Tomatensalat und Pommes Frites) in dem hübschen Restaurant am Strandende der Hauptstraße ist superlecker.

Casa de Taipa (Longo 345; Gerichte 9–30 R$) Ein beliebtes, halb offenes Lokal in der Hauptstraße. Es serviert gute Pasta, am besten ist aber das abendliche Salat- und Suppenbuffet (9,90 R$).

Boca do Forno (Almeida 108; Pizzas 18–35 R$; 18–23 Uhr) In diesem Restaurant an der Hauptstraße gibt's vielleicht nicht die billigste Pizza, aber die Lage ist wunderschön.

Tia Deth (Av Castro Alves; Gerichte für 2 Pers. 25–45 R$) Serviert in einem einfachen Speiseraum traditionelle Fischgerichte und Meeresfrüchte. Nahe der Tankstelle. Preiswerte *pratos feitos*.

Zé Senzala (Av Castro Alves; 27 R$/kg; 12–22 Uhr) Das beste Essen mit *por-kilo*-Preisen in der Stadt. Man sollte besser mittags herkommen.

LP Tipp Favela (Longo s/n; 17–open end) Belebt, gute Musik, milde Minas-Gerais-*cachaças* und die größten, leckersten *caipirinhas* der Stadt.

Anreise & Unterwegs vor Ort

Busse verkehren zwischen Itacaré und Ilhéus (9,50 R$, 1½ Std., ca. stündl.), morgens fährt ein Bus nach Porto Seguro (44,50 R$, 8 Std.). Wenn die Brücke fertiggestellt ist, wird die Anreise von Norden aus einfacher sein. Dann sollen Direktbusse Itacaré mit Valença und Salvador verbinden.

Ein Minibus fährt zu den lokalen Stränden; Busse von/nach Ilhéus bedienen die Strände südlich der Stadt.

ILHÉUS
☎ 0xx73 / 220 000 Ew.

Die Architektur der vorletzten Jahrhundertwende und die verwinkelten Straßen verleihen Ilhéus ein lebendiges und verträumtes Flair. Das kompakte Stadtzentrum lädt zu wunderbaren Spaziergängen ein. Ruhm und Ansehen verdankt Ilhéus der hier ansässigen Kakao-Industrie. Zudem ist die Stadt Heimat des berühmten Romanciers Jorge Amado.

Geldautomaten und Internetcafés finden sich im Zentrum nahe der Kathedrale. Zwischen Kathedrale und Strand gibt es eine Touristeninformation.

Sehenswertes & Aktivitäten
Die 1534 erbaute **Igreja de São Jorge** (Praça Rui Barbosa; ☻ Di–So) ist eine der ältesten Kirchen Brasiliens. In der **Casa de Cultura Jorge Amado** (Amado 21; Eintritt 2 R$; ☻ Mo–Fr 9–12 & 14–18, Sa 9–13 Uhr) wuchs der gleichnamige Autor auf; zur kleinen Sammlung von Erinnerungsstücken gehören eine alte Schreibmaschine und ein paar seiner typischen bunten Hemden. Die Holzfußböden sind wunderschön. Nur etwas für echte Fans.

Die besten Strände, z. B. die **Praia dos Milionários**, liegen in Richtung Süden.

Schlafen & Essen
In Pontal, das nur eine kurze Busfahrt vom Zentrum entfernt an der anderen Seite der Bucht liegt, haben sich mehrere moderne Mittelklasse-*pousadas* angesiedelt.

Pousada Mar del Plata (☎ 3231-8009; Lemos 3; EZ/DZ 40/60 R$) Superzentrale, gut gepflegte *pousada*. Die Zimmer im Obergeschoss sind heller als die relative düsteren im Erdgeschoss.

Pousada Brisa do Mar (☎ 3231-2644; Av 2 de Julho 136; EZ/DZ 40/60 R$; ☒) Die moderne *pousada* mit Parkettfußböden liegt ein paar Blöcke hinter der Kathedrale am Strand. Von den vorderen Zimmern hat man einen tollen Blick aufs Meer.

Maria de São Jorge (Lavigne de Lemos 33; 21,90 R$/kg; ☻ Mo–Sa mittags) Auf den Straßen vor der Kathedrale gibt's ein paar billige Mittagslokale. Besser beraten ist man jedoch, wenn man etwas mehr investiert und in diesem familiengeführten Restaurant mit warmherzigen Besitzern isst. Die libanesisch inspirierten Salate und leckeren Eintöpfe machen supersatt.

Vesúvio (Praça Dom Eduardo; Hauptgerichte 25–60 R$) Die Bar ist Amado gewidmet; eine farbige Statue des Autors sitzt in Überlebensgröße an einem der Tische und genießt den großartigen Blick auf die Kathedrale. Das Essen ist teuer, man sollte sich aber zumindest ein *chope* auf der Terrasse gönnen – unschlagbar!

An- & Weiterreise
Von der *rodoviária*, 4 km vom Stadtzentrum (mit Lokalbussen zu erreichen), fahren Busse nach Itacaré (9,50 R$, 1½ Std., ca. stündl.), Salvador (81–128 R$, 7 Std., 3-mal tgl.) und Porto Seguro (38 R$, 6 Std., 4-mal tgl.).

PORTO SEGURO
☎ 0xx73 / 114 500 Ew.

Das farblose, aber spaßige Porto Seguro ist ein beliebter brasilianischer Ferienort mit einem quirligen Nachtleben. Am Stadtrand erstrecken sich malerische Strände. Zudem ist Porto Seguro das Tor zu den kleinen, am Meer gelegenen Zufluchtsorten Arraial und Trancoso. Berühmt wurde die Stadt, weil hier die Portugiesen erstmals Amerika betraten, aber auch durch den Lambada, der so sinnlich ist, dass er einst verboten war.

Eine Bank mit Geldautomaten ist u. a. die **HSBC** (Av Getúlio Vargas), während **Gigabyte** (Periquitos 10; 2 R$/Std.) gute Internetverbindungen hat.

Sehenswertes & Aktivitäten
Treppen führen hinauf zur malerischen **Cidade Histórica** (eine der ersten europäischen Siedlungen in Brasilien). Belohnt wird man mit einem fantastischen Ausblick, farbenprächtigen alten Gebäuden, altehrwürdigen Kirchen und *capoeira*-Vorführungen.

Der mit *barracas* und Clubs gesäumte Strand liegt nördlich der Stadt an einer langen Bucht mit ruhigem Wasser. Hin geht's mit einem der Busse nach Taperapuã oder Rio Doce (1,90 R$); zurück in die Stadt nimmt man den Bus nach Campinho oder Cabralia.

Festivals & Events
Der Karneval in Porto Seguro dauert drei bis vier Tage länger, bis zum Freitag oder Samstag nach Aschermittwoch. Er ist eine kleinere, sicherere Version des Karnevals in Salvador.

Schlafen
Es gibt zahlreiche Unterkünfte.

Camping Mundaí Praia (☎ 3679-2287; www.campingmundai.com.br; Stellplatz 15 R$/Pers.; ☒) Der Platz gegenüber vom Strand, 4 km nördlich der Stadt, bietet viel Schatten und ausgezeichnete Einrichtungen.

FESTE FEIERN IN PORTO

Porto Seguro ist für seine nächtlichen Partys bekannt, bei denen Lambada, *capoeira*, Live-*axé*, *forró* und Samba gespielt und getanzt werden. In jedem Strandclub findet wöchentlich eine *luau* (Party) statt. Tôa-Tôa, der am nächsten gelegene Club, liegt 5 km außerhalb der Stadt; im etwas weiter entfernten Club Barramares steigen normalerweise die extravagantesten Partys. Freitagabends sollte man mit dem Boot zur Ilha dos Aquários fahren, auf der Fischmärkte ein besonderes Flair schaffen. Samstags feiert man im **Bombordo** (Av 22 de Abril), dem einzigen Club in der Stadt. Der Eintritt kostet zwischen 15 und 40 R$. Billiger wird der Eintritt, wenn man ein Ticket im Voraus bei Straßenhändlern in der Stadt kauft. Wenn eine Strandparty stattfindet, fährt man mit dem Zubringerbus vom *trevo* (Kreisverkehr) zum Strand. Erst ab 22 Uhr steppt so richtig der Bär.

Pousada Casa Grande (☎ 3288-2969; Av dos Navegantes 151; EZ/DZ 20/40 R$) Die zentrale Lage, gute Zimmer, großzügige Sommerpreise und ein begrünter Innenhof machen das Casa Grande zu *der pousada* für Backpacker in Porto. Es gibt auch eine Küche.

Pousada Brisa do Mar (☎ 3288-1444; www.brisadomarpousada.com.br; Praça Coelho 188; EZ/DZ 30/60 R$) Preiswerte, meist gut besuchte *pousada* in der Nähe zahlreicher Restaurants und unweit vom Fährhafen nach Arraial. Das lange, schmale Haus hat makellose Zimmer. Die Besitzer empfangen ihre Gäste sehr herzlich. Ein Paradies für Budget-Traveller.

Essen & Ausgehen

Am ganzen Strand gibt's *barracas* und Strandclubs, in denen man essen kann; im Barraca do Gaucho werden ausgezeichnete Grillgerichte serviert.

Primo (Golfo 112; Spieße 3–4 R$) Hier trifft man viele Einheimische und kann eine typisch brasilianische Atmosphäre genießen. Es gibt billiges Bier und kleine, gemischte Grillspieße *(espetinhos)* mit Fleisch, Fisch, Hühnchen und Käse.

Ventos do Sul (Cidade Fafe/Faffi 72; 19 R$/kg) Liegt gegenüber vom Hintereingang der Av Shopping. Ventos ist zwar nicht der richtige Ort für ein romantisches Dinner zu zweit, das Essen ist jedoch preiswert und lecker (All yo can eat 12,50 R$).

Tia Nenzinha (Passarela 180; Hauptgerichte für 2 Pers. 26–60 R$) Eine ausgezeichnete Wahl für eine saftige *picanha* und Meeresfrüchte. Um Längen besser als die Konkurrenz in diesem touristischen Viertel.

Portinha (Marinho 33; 28 R$/kg; ⊙ 11–21 Uhr) Saftige Salate, schöne Tische im Freien und Desserts, bei denen selbst Abstinenzler in puncto Süßigkeiten schwach werden. Hier gibt's einige der besten Gerichte mit *por-kilo*-Preis, die man in Brasilien überhaupt bekommen kann. In der Nähe des Fährhafens.

Passarela do Álcool (Alkohol-Promenade; ⊙ abends). Stände verkaufen Fruchtcocktails und Kunsthandwerk. Meistens gibt's Livemusik, oft auch *capoeira*-Vorführungen. Die Händler verkaufen Tickets für die Partys, die hier fast jeden Abend stattfinden.

Anreise & Unterwegs vor Ort

Regelmäßig verkehren Busse nach Ilhéus (38 R$, 6 Std., 4-mal tgl.), Valença (65 R$, 8½ Std., abends), Salvador (127 R$, 12 Std., abends) und in weiter entfernte Städte. Traveller mit Ziel Salvador sparen fast 50 R$, indem sie in Valença aussteigen, frühmorgens den Bus nach Bom Despacho nehmen und dort auf die Fähre gehen, die gegenüber der Bucht abfährt.

Porto Seguros Flughafen liegt in der Nähe des Busbahnhofs, 2 km nordöstlich der Stadt.

ARRAIAL D'AJUDA

☎ 0xx73 / 13 000 Ew.

Arraial liegt eingezwängt auf einer Klippe oberhalb langer Sandstrände und bietet eine kuriose Mischung aus gediegenem Nobeltourismus und entspanntem Backpackertum. Rund um die traditionelle Plaza reihen sich farbenprächtige Gebäude; die von *pousadas*, Bars und Restaurants gesäumten Straßen reichen direkt bis an den Strand. Arraial bietet Partylöwen ein tolles Nachtleben, aber auch Naturliebhaber kommen auf ihre Kosten.

Der am nächsten gelegene Strand ist die überlaufene Praia Mucugê, nur einen kurzen Spaziergang gen Süden entfernt liegen jedoch die traumhafte Praia de Pitinga und andere herrliche Strände. Im Zentrum findet man mehrere Geldautomaten und Internetcafés.

Im **Arraial Ecoparque** (☎ 3575-8600; www.arraial ecoparque.com.br; Praia d'Ajuda; Erw./Kind 55/28 R$; ⊙

Juli–April) gibt's Wasserrutschen und ein Wellenbad. Hier finden regelmäßig Konzerte großer Stars statt; die Öffnungszeiten variieren saisonabhängig. Die freundliche **Groupo Sul da Bahia** (Rua da Capoeira) gibt afrobrasilianische und *capoeira*-Tanzvorstellungen.

Schlafen & Essen

Im Hochsommer zahlt man die doppelten Preise. Günstige Lokale gibt's an der Praia Mucugê.

Pousada Alto Mar (☎ 3575-1935; www.pousadaaltomar.net; Bela Vista 114; B/EZ/DZ 20/30/60 R$) Die einfache Einrichtung wird von den herzlichen Angestellten wieder wett gemacht. Hübsche, flippige Budgetunterkunft mit einfachen *apartamentos*.

Arraial d'Ajuda Hostel (☎ 3575-1192; www.arraialdajudahostel.com.br; Campo 94; B/DZ 50/130 R$; 🛜 🏊) Super Hostel der Luxusklasse mit niedrigen Preisen. In dem kunstvoll verputzten Haus gibt's orangefarbene Zimmer und Schlafsäle, die einen großartigen Swimmingpool umschließen. Weitere Pluspunkte sammeln die hilfsbereiten Angestellten, der Billardtisch, die Küche und Internetzugang. In einem nahegelegenen Gebäudekomplex werden weitere Zimmer angeboten. HI-Rabatt (30 %).

Pousada Tamarindo (☎ 3575-2519; www.porto.tur.br; Praça Igreja; Zi. 100 R$; 🛜) Die einfache, herzliche *pousada* liegt nahe der Kirche und hat dunkle, aber makellose Zimmer, die außerhalb der Hochsaison nur 30 R$ kosten.

Miloca (Estrada Mucugê; Crèpes 9–11 R$; ⏱ 10–22 Uhr) Miloca liegt im Zentrum auf dem Weg zum Strand und serviert süße und pikante Crèpes. Auf derselben Straße gibt's eine Filiale, in der Gerichte zum Mitnehmen verkauft werden.

Paulo Pescador (Praça São Brás; Gerichte 13 R$; ⏱ 10–20 Uhr) Beliebtes Lokal, in dem typisches brasilianisches Essen (nur *pratos feitos*) serviert wird, das frisch und superlecker ist. Superfreundliche Angestellte.

Portinha (Campo 1; 27 R$/kg; ⏱ 11–21 Uhr) In dem wundervollen Restaurant kann man nichts falsch machen. Es gibt einen idyllischen, schattigen Essbereich und Dutzende leckere Gerichte, die im Holzofen warmgehalten werden. Großartige Salatbar und köstliche Desserts.

Ausgehen & Unterhaltung

Im Sommer finden an Orten wie im Magnólia regelmäßig Strandpartys *(luaus)* statt. Am besten erkundigt man sich nach dem neuesten *forró*-Hot Spot.

Esquina do Zikita (Travesia São Bras) Am besten kehrt man den Boutiquen den Rücken zu und feiert mit den Einheimischen in diesem schnörkellosen Lokal mit günstigem Bier, Plastiktischen und Selbstbedienung.

Beco das Cores (Estrada Mucugê) Eine kleine Galerie mit magischer Atmosphäre. An den Wochenenden spielt Livemusik.

Girassol (Estrada Mucugê) Hier kann man sich auf bunten Kissen entspannen, Billard spielen und Leute beobachten.

An- & Weiterreise

Tagsüber verkehren regelmäßig Passagier- und Autofähren zwischen Porto Seguro und Arraial (2,50 R$ nach Arraial, Rückfahrt kostenlos, 5 Min.); nach Mitternacht legen sie nur noch stündlich ab. Vom Fährhafen in Arraial kann man einen Bus oder *combi* ins Zentrum nehmen (1,90 R$, 10 Min.) oder die schöne 4 km lange Strecke in die Stadt am Strand entlanglaufen – allerdings nur, wenn der Strand nicht verlassen ist.

TRANCOSO

☎ 0xx73 / 10 000 Ew.

Das kleine tropische Paradies liegt wie Arraial auf einem hohen Felsvorsprung mit Blick auf den Ozean. Das Zentrum bildet das malerische **Quadrado**, eine große, begrünte Fläche mit weißer Kirche und bunten Häusern; es stammt noch aus der Zeit, als die Stadt eine Jesuitenmission war. Abends herrscht auf den Restaurantterrassen, die den glitzernden Quadrado umsäumen, eine Menge Betrieb. Die Strände im Süden von Trancoso sind bezaubernd; unbedingt besuchen sollte man die **Praia do Espelho** (20 km südlich) abseits der Straße nach Caraíva.

In Trancoso sind Geldautomaten und Internetcafés vorhanden.

Schlafen & Essen

Die meisten Unterkünfte sind ein kostspieliges Vergnügen. An Ferien- und Feiertagen muss man im Voraus reservieren.

Pousada Cuba Libre (Cuba; EZ/DZ 30/40 R$) Fröhliche, kasernenartige *pousada* auf einem Hügel. Die einfachen Hütten sind durch kleine Wege miteinander verbunden. Mit Gästeküche.

Café Esmeralda Albergue (☎ 3668-1527; cafe esmeralda@terra.com.br; Quadrado; Zi. mit/ohne Bad 100/80 R$) Liegt direkt am schönen, begrünten Hauptplatz und hat eine Reihe einfacher Zimmer, einen Kakaobaum und einen Wohlfühlbereich mit Hängematten. Es wird kein Frühstück serviert.

Pousada Quarto Crescente (☎ 3668-1014; www.quartocrescente.net; Itabela; EZ/DZ 90/110 R$; 🛇) Eine äußerst niedliche, von Bäumen beschattete Herberge mit einem großen Garten, einer gut ausgestatteten Bibliothek, komfortablen Zimmern und einem genialen Frühstück. Sie liegt nur einen kurzen Fußweg vom Quadrado entfernt.

Du Blè Noir (Telégrafo 300; Crêpes rund 80 R$) Crêpes-Stand in einer kleinen Galerie unweit vom Quadrado. Die Crêpes mit Schokolade und Bananen sind legendär. Es gibt auch pikante Crêpes.

Masala (Telégrafo 10; Gerichte 25–35 R$; 🛇 Di–So abends) Auf der vielseitigen, australisch inspirierten Speisekarte stehen köstliche Thai-Currys, „Bumerang"-Burger und Kartoffelecken. Sehr beliebtes Traveller-Restaurant.

A Portinha (Quadrado; pro Kg 28 R$; 🛇 12–21 Uhr) Exzellentes Buffet-Restaurant mit einer großen Auswahl an frischen und leckeren Gerichten. Liegt unter einem gewaltigen Baum am Quadrado.

An- & Weiterreise
Bei Ebbe kann man von Arraial aus 13 km am Strand entlangwandern – ein wunderschöner Fußmarsch. Im Zentrum und am Bootsanleger starten stündlich Busse (6,50 R$, 1 Std.). Wer nach Norden oder Süden weiterreisen will, fährt mit dem Bus nach Eunápolis. Dort starten bis ins ganze Land.

CARAÍVA
☎ 0xx73 / 6400 Ew.

Der Tourismus ist nun auch im abgelegenen, wunderschönen Caraíva angekommen. Das Stranddörfchen liegt zwischen einem von Mangroven gesäumten Fluss und einem langen Surfstrand mit wogendem Wasser. Es ist immer noch ein magischer, stiller Ort, was vielleicht daran liegt, dass es hier keine Autos gibt. In der Nebensaison haben fast alle Geschäfte und Unterkünfte in Caraíva geschlossen. Noch gibt es keinen Geldautomaten im Ort.

Bootstouren auf dem Fluss, Pferdeausritte und Wanderungen zu einer Pataxó-Stammesgemeinde lassen sich problemlos organisieren. Wer 14 km nach Norden läuft (oder mit dem Bus fährt), gelangt zur berühmten **Praia do Espelho**.

Erst nach Einbruch der Dunkelheit gibt Caraíva seine ganze Magie preis, man ist folglich gut beraten, wenn man über Nacht bleibt. Es gibt mehrere *pousadas*, darunter die einfache **Casa da Praia** (☎ 6979-7691; www.pousadapraiacaraiva.com.br; EZ/DZ 70/110 R$) am Strand und das makellose **Brilho do Mar** (☎ 3668-5053; DZ 80 R$). Man braucht Moskitonetze. In der Cantinho da Duca gibt's ausgezeichnete vegetarische *pratos feitos* (Menü 12 R$).

Busse nach Caraíva via Trancoso starten am Hafen und im Zentrum von Arraial (13,50 R$, 2½ Std., 2- bis 3-mal tgl.). Unterwegs steigt man in ein Kanu um (2,50 R$). Wer weiter nach Süden oder Norden reisen will, fährt nach Itabela (10 R$, 2 Std., 2-mal tgl.).

PENEDO
☎ 0xx82 / 59 000 Ew.

Die Kolonialstadt am Fluss ist unbedingt einen Besuch wert. Zahlreiche wunderschöne Kirchen aus dem 17. und 18. Jh. schmücken Penedo, das aber noch weitere Attraktionen zu bieten hat: So kann man den Rio São Francisco mit dem Boot erkunden und über die belebten Märkte in der Innenstadt schlendern.

Der Hauptplatz liegt am Fluss. In einer Nebenstraße findet man einen Bradesco-Geldautomaten. In der **Touristeninformation** (☎ 3551-2727; Praça Barão de Penedo; 🛇 9–15 Uhr) bekommt man Stadtpläne und Karten.

Die **Pousada Estilo** (☎ 3551-2465; Praça Calheiros 79; EZ/DZ mit Ventilator 30/50 R$, mit Klimaanlage 50/65 R$; 🛇), eine komfortable, freundliche Budgetunterkunft, liegt an einem hübschen Platz. In der Dâmaso do Monte 86, einen Block vom Fluss entfernt, gibt es eine weitere gute Filiale. Gegenüber vom Fährhafen liegt die etwas gehobenere **Pousada Colonial** (☎ 3551-2355; Praça 12 de Abril 21; Zi. 80 R$; 🛇); das restaurierte Kolonialhaus strahlt kühle Eleganz aus, hat gebeizte Holzfußböden und ist mit vielen Antiquitäten eingerichtet. Von einigen Zimmern hat man einen schönen Flussblick.

Am Fluss liegt unweit des Fährhafens das **Oratório** (Av Beira Rio 301; Gerichte 22–60 R$; 🛇 11–0 Uhr). Serviert werden leckere *petiscos* (Teller mit Barsnacks, die man sich mit mehreren Leuten teilen kann) und noch bessere Meeresfrüchte. Tipp: *Pitús*, riesige Süßwasserkrabben, sind ein teurer, aber unvergesslicher Genuss.

Dreimal täglich verkehren Busse zwischen Maceió und Penedo (12,50 R$, 3 od. 5 Std.); der langsame Bus fährt die malerische Küste entlang. Täglich kommt ein Bus aus Salvador an (59 R$, 11 Std.); morgens um 6 Uhr fährt er zurück nach Salvador. Langschläfer können die Fähre vom Stadtzentrum nach Neópolis nehmen (1,50 R$), das per Bus mit Aracaju verbunden ist; dort wiederum starten mehrmals täglich Busse nach Salvador. Der Busbahnhof liegt am Fluss, zwei Blöcke östlich vom Fährhafen, der das Stadtzentrum bildet. Nach Maceió fahren auch Kleinbusse *(topiques)*.

MACEIÓ
☎ 0xx82 / 897 000 Ew.

Am langen Strand von Maceió kann man geschützt von einem Riff im blaugrünen Meer baden. Maceió ist noch die schönste der relativ farblosen Hauptstädte der brasilianischen Bundesstaaten an der Nordostküste. Die wiegenden Palmen an den Stränden sind verlockend, die wahren Strandjuwelen befinden sich allerdings gut eine Stunde außerhalb der Stadt. Das Maceió-Fest, ein Karneval außerhalb der Saison, findet in der zweiten Dezemberwoche statt.

Praktische Informationen
Banco do Brasil Centro (Pessoa s/n); Ponta Verde (Av Alvaro Otacílio)

Bradesco (Av Sílvio Viana) Einer von vielen Geldautomaten an den Strandpromenaden.

Maximu's (Lessa de Azevedo 130; 1 R$/Std.) Eines der wenigen Internetcafés, die auch sonntags geöffnet haben.

Touristeninformation (☎ 3315-1914; www.maceiotour.com.br; Cicero s/n; ◯ Mo–Fr 8–19, Sa & So 16–19 Uhr) Unterhalb des Republik-Denkmals. Eine weitere Filiale befindet sich am Flughafen.

Touristenpolizei (Av Alvaro Otacílio; ◯ 24 Std.) Dient gleichzeitig als Touristeninformation und verteilt Stadtpläne und Karten.

Sehenswertes & Aktivitäten
Im **Museu Théo Brandão** (Av da Paz 1490; Eintritt 2 R$; ◯ Di–Fr 9–17, Sa & So 14–17 Uhr) wird Folklorekunst aus Alagoas ausgestellt, darunter auch festliche Kopfbedeckungen, die bis zu 35 kg wiegen. Lokales Kunsthandwerk kann man auf dem **Mercado do Artesanato** (◯ Mo–Sa 7–18, So 7–12 Uhr) im Viertel Levada bewundern. Eine kleinere Version befindet sich an der Praia de Pajuçara.

An der Praia de Pajuçara aus segeln malerische *jangadas* 2 km aufs Meer, wo man in natürlichen, vom Riff gebildeten Schwimmbecken baden kann (15 R$). Die **Praia de Ponta Verde** und die **Praia Jatiúca** sind schöne Stadt-

strände mit wenig Wellengang. Die von Bars gesäumte **Praia do Francês** (24 km) zählt zu den beliebtesten Wochenendzielen der Region; zahlreiche *pousadas* vermieten Zimmer. Die unglaublich idyllische **Praia do Gunga** liegt an der Mündung des Rio São Miguel gegenüber von Barra de São Miguel (34 km) – man sollte vor 9 Uhr herkommen, um die günstigste Bootsüberfahrt zu ergattern.

Schlafen

Die am Strand gelegenen *bairros* in Pajuçara und Ponta Verde sind schöner als die Unterkünfte im Zentrum.

Maceió Hotel (☎ 3326-1975; Pontes de Miranda 146; EZ/DZ 10/20 R$) Sehr billige, aber auch äußerst einfache Zimmer im Stadtzentrum. Die Zimmer im 2. Stock haben Fenster.

Pousada Albergo (☎ 3231-2246; Abdon Arroxelas 327, Ponta Verde; B/EZ/DZ 38/75/95 R$; ❷) Die Zimmer in diesem dem Untergang geweihten Hostel sind überteuert. Es liegt jedoch nur drei Blöcke vom Strand entfernt und zwischen Februar und Mai zahlt man nur die Hälfte. Achtung: In der Nähe gibt's noch eine andere Straße mit gleichem Namen. HI-Rabatt.

Pousada Glória (☎ 3337-2348; Jangadeiros 1119, Pajuçara; EZ/DZ 40/60 R$; ❷) Liegt nur einen Block vom Strand entfernt und hat erstaunlich gute, saubere Zimmer mit Kühlschrank und Klimaanlage. Die Liebenswürdigkeit der Besitzerfamilie, die das Hotel über ihrer Bäckerei führt, macht das Glória zur besten Budgetunterkunft in Maceió.

Pousada Baleia Azul (☎ 3327-4040; www.hpbaleia azul.com.br; Av Sandoval Arroxelas 822; EZ/DZ 60/80 R$; ❷) Der „Blaue Wal" heißt seine Gäste herzlich willkommen und liegt sehr zentral. Es gibt hübsche, gut ausgestattete Zimmer mit Veranda/Balkon und Hängematten. Gutes Preis-Leistungs-Verhältnis.

Essen

Am Strand reihen sich zahlreiche *barracas* aneinander. Zudem kann man an vielen Ständen *tapioca recheada* (2–5 R$) kaufen, die pikant oder süß gefüllt sind. Ein paar Blöcke abseits der Praia Jatiúca befinden sich Familienlokale, die köstliche italienische Gerichte, Fleisch-*rodízio*, Fisch und Sushi servieren. Unter der Woche gibt's Spezialangebote.

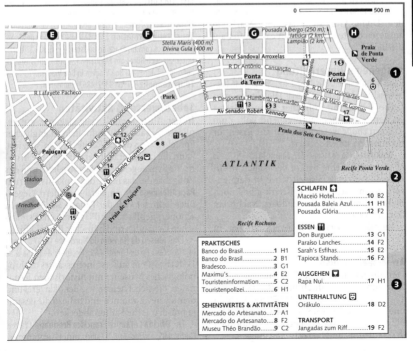

Sarah's Esfihas (Azevedo 59; Esfihas 2–4 R$, andere Gerichte 6–15 R$; 15–22 Uhr) Sarah's ist ein beliebtes orientalisches Lokal, in dem *esfihas* (fluffige Brote, gefüllt oder belegt) serviert werden. Außerdem gibt's hier guten Hummus, Tabouleh, gefüllte Weinblätter und Kohlrouladen. Man sollte den *chopp de vinho* (süßen, spritzigen Wein vom Fass) probieren.

Paraíso Lanches (Av Gouveia 877, Pajuçara; Snacks 3–10 R$) Das einfache Café serviert innovative Sandwiches, Salate, pikante Eierkuchen aus Vollkornmehl, *açaí* und eine große Auswahl an frischen Fruchtsäften.

Don Burguer (Av Sílvio Viana 1875; Burger 13,50 R$; 16–24 Uhr) Gourmetburger und üppige Salate sind der Renner in diesem beliebten Lokal gegenüber der Strandpromenade, das einen Außen- und Innenbereich hat. Die Gerichte sind ganz gut, werden aber zu lange gekocht, wenn man nichts anderes wünscht.

Divina Gula (Paulo Brandão Nogueira 85, Jatiúca; Hauptgerichte 16–30 R$; Mo geschl.) Das Divina ist das geistige Herz der Gastronomieszene von Jatiúca. Es hat sich auf Gerichte aus Minas Gerais und Nordostbrasilien spezialisiert und führt über 50 verschiedene *cachaça*-Sorten.

Stella Maris (Paulo Brandão Nogueira 290, Jatiúca; Rodízio Mo–Do 18,90 R$, Fr & So 24,90 R$, Sa 31,90 R$) Neben dem Divina Gula stellt das Stella Maris ein ausgezeichnetes „All you can eat"-Buffet auf die Beine.

Ausgehen & Unterhaltung

Rapa Nui (Av Sílvio Carlos Viana 2501; Mo–Fr 16 Uhr–open end, Sa & So 11 Uhr–open end) Die riesige, moderne Bierbar mit fröhlicher Atmosphäre ist an den Wochenenden brechend voll. Zum süffigen *chope* werden Platten mit Essen für mehrere Personen serviert.

Orákulo (Barão de Jaraguá 717; Eintritt 10 R$; Di–So 21–open end) Beliebte Bar, in der täglich wechselnde Livemusik gespielt wird. In dem ansonsten menschenleeren Bezirk gibt's noch mehrere andere Wochenendbars. Nachts ein Taxi nehmen.

Lampião (Av Álvaro Otacílio, Jatiúca) Strandbar, in der *forró* gespielt wird.

An- & Weiterreise

Der Busbahnhof liegt 5 km nördlich des Zentrums. Busse fahren nach Recife (36 R$, 4 Std., 10-mal tgl.), Penedo (12,50 R$, 3-5 Std.) und Salvador (80 R$, 9 Std., 4-mal tgl.). Der Flughafen von Maceió liegt 25 km nördlich des Zentrums und bietet Inlandsflüge an.

RECIFE

☎ 0xx81 / 1,54 Mio Ew.

Recife ist eine der bedeutendsten Hafenstädte im Nordosten Brasiliens. Ihr reiches tänzerisches und musikalisches Erbe macht sie im ganzen Land berühmt. Das lebhafte und dynamische, aber auch etwas düstere Stadtzentrum ist von allen Seiten von Wasser umgeben. Im ruhigeren Recife Antigo stehen schöne Kolonialgebäude. Die meisten Traveller übernachten in Boa Viagem, einem reichen Vorort mit langem, goldenem Sandstrand, oder in der friedlicheren Schwesterstadt Olinda.

Orientierung

Das Geschäftszentrum von Recife ist tagsüber sehr belebt, nachts und sonntags hingegen menschenleer. Auf der Ilha do Recife befindet sich der ruhige, historische Bezirk Recife Antigo. Boa Viagem südlich des Zentrums ist ein wohlhabenderes Wohnviertel mit langem Strand.

Praktische Informationen

Bradesco (Av Guararapes)
Caravelas Cybercafé (Bom Jesus 183; 2,50 R$/Std.)
Livraria Cultura (Cais da Alfândega) Buchladen mit einer beeindruckenden Auswahl fremdsprachiger Bücher.
HSBC (Ecke Av Ferreira & Filho, Boa Viagem) Geldautomat.
Touristeninformation (☎ 3232-8409; www.destino pernambuco.com.br; Praça Artur Oscar; 8.30–21 Uhr) Unterhält auch Büros am Flughafen (24 Std.), am Busbahnhof und auf der Praça Boa Viagem in Boa Viagem.
Touristenpolizei (☎ 3322-4867; Flughafen)

Sehenswertes & Aktivitäten

In der Altstadt gibt's viele elegante, gut gepflegte Gebäude mit Infotafeln in englischer Sprache. Wer durch Recife Antigo spaziert, kann die farbenprächtigen Häuser, die historische Synagoge und die **Rua Bom Jesus** und das Zollgebäude, das heute das Einkaufszentrum **Paço Alfândega** beheimatet, bewundern. Gegenüber befindet sich der **Pátio de São Pedro**, ein schöner, gepflasterter Platz mit charismatischen Gebäuden und hübscher Barockkirche.

Das **Museu do Homem do Nordeste** (Av 17 de Agosto 2187, Casa Forte; Eintritt 4 R$; Di–Fr 8–17, Sa & So 13–18 Uhr) ist ein äußerst interessantes anthropologisches Museum mit historischen Exponaten, die sich Themen wie der Sklaverei und demKarneval widmen und nahezu die gesamte brasilianische Kultur abdecken.

Im **Oficina Cerâmica Francisco Brennand** (Várzea; Eintritt 4 R$; Mo–Fr 8–17 Uhr), einer umfangrei-

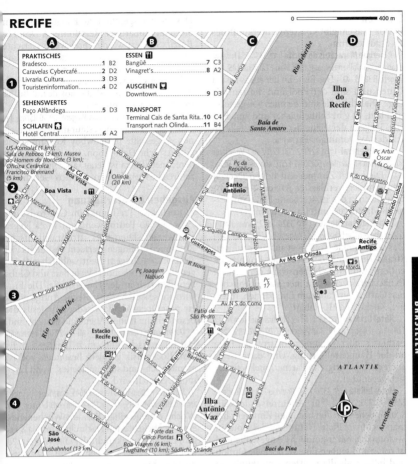

chen Ausstellung mit seltsamen Skulpturen des namensgebenden Künstlers, starren einen Schlangen an, man sieht Pobacken und klaffende Kiefer. Die Ausstellung ist ein Highlight der Region – also möglichst genug Zeit mitbringen und am besten auf der weitläufigen Anlage ein Picknick machen. Anfahrt: an der Av Guararapes in der Innenstadt den Bus UR7 nach Várzea nehmen und bis zur Endstation (35 Min.) fahren; für den restlichen Weg sollte man dann ein Taxi (10 R$) nehmen, da der lange Weg bis zur Ausstellung nicht sicher ist.

An der langen sandigen Praia Boa Viagem kann man sich wunderbar sonnen und spazieren gehen – da allerdings regelmäßig Haie gesichtet werden, kommen die meisten Einheimischen nur für eine kurze Abkühlung her.

Andere schöne Strände befinden sich weiter südlich: die **Praia Pedra do Xaréu** (20 km) und die **Praia Calhetas** (23 km).

Festivals & Events

Karneval (www.carnavaldorecife.com.br) In Recife findet einer der farbenprächtigsten und folkloristischsten Karnevals von Brasilien statt. Die Gruppen und Zuschauer tragen kunstvolle Kostüme und verkleiden sich z. B. als *maracatu* (Krieger mit Kopfschmuck), Harlekine, Bullen und *frevo* (Männlein wie Weiblein tragen bauchfreie Oberteile mit gekräuselten Ärmeln und winzige Regenschirme). Die feierwütigen *frevo* tanzen wild zu afrikanischen *maracatu*-Rhythmen.

Recifolia (www.recifolia.com.br) Ein Karneval im Stile Salvadors, der außerhalb der Saison in der letzten Oktoberwoche stattfindet.

Schlafen

In Boa Viagem gibt's bessere Unterkünfte als im Stadtzentrum.

Albergue Maracatus do Recife (☎ 3456-9541; www.geocities.com/alberguemaracatus; Maria Carolina 185, Boa Viagem; B 30 R$; 🏊) Das Beste an der etwas tristen Unterkunft sind der Pool und die zentrale Lage. Die Schlafsäle sind ziemlich voll gestopft und laut. Es gibt Schließfächer und eine Küche. Liegt in der Nähe der Bushaltestelle 10 auf der Av Domingos Ferreira.

Hotel Central (☎ 3222-2353; EZ/DZ mit Ventilator 50/75 R$, mit Klimaanlage 60/90 R$, EZ/DZ ohne Bad 35/50 R$; ❄) Die hellen Zimmer mit hohen Decken und schöner, verblasster Art-déco-Einrichtung machen das 1930 erbaute Hotel zur besten Budgetunterkunft im Zentrum.

Boa Viagem Hostel (☎ 3326-9572; www.hostelboaviagem.com.br; Lins 455, Boa Viagem; B/DZ 38/90 R$; 🏊) Das recht dunkle Hotel liegt auf einer ruhigen Straße ein paar Blöcke von der Promenade entfernt (auf einer Nebenstraße der Farias). Es hat charakterlose Zimmer, aber einen schönen Garten mit Pool zum Entspannen. Internet, Küche und HI-Rabatt.

Hotel Uzi Mar (☎ 3326-6746; hoteluzi@uol.com.br; Av Conselheiro Aguiar 1015, Boa Viagem; EZ/DZ 48/63 R$; ❄) Farblos, sauber, geräumig und trotz der Lage an der Hauptstraße ruhig. Und dann ist es auch noch günstig. Ein Partnerhotel befindet sich gegenüber.

Hotel Julieta (☎ 3326-7860; Brandão 135, Boa Viagem; EZ/DZ 72/79 R$; ❄) Für Alleinreisende kein Schnäppchen. In den beengten Zimmern hat man nicht viel Platz. Dafür liegt das Hotel in Strandnähe, hat freundliche Angestellte und ist ruhig und sauber. Eine verlässliche Option und billiger als die meisten Unterkünfte in Boa Viagem.

Pousada Casuarinas (☎ 3325-4708; www.pousadacasuarinas.com.br; Figueiredo 151, Boa Viagem; EZ/DZ 80/105 R$; ❄ 🏊) Mangobäume spenden der ruhigen *pousada* Schatten. Diese kombiniert moderne Architektur mit traditioneller Volkskunst. Zimmer mit Veranda und Hängematte kosten etwas mehr.

Essen

Padaria (Ecke Av Conselheiro Aguiar & Atlântico, Boa Viagem; Gerichte 10–40 R$) Dieses große, luftige Ecklokal am Nordende von Boa Viagem serviert leckere *pratos feitos* für 10,90 R$; es gibt auch gute Grillgerichte zu fairen Preisen.

Bangüê (Pátio de São Pedro 20; Hauptgerichte 12–35 R$) Die beste von mehreren Bars auf diesem Platz. Das nicht ausgeschilderte Bangüê hat einen Stern im großartigen Reiseführer *A Death in Brazil*. Serviert werden preiswerte Gerichte und eine gute Auswahl an leckeren *petiscos*, z. B. *charque* (getrocknetes Rindfleisch).

Vinagret's (Hospício 203; 22,50 R$/kg; ⏰ Mo–Fr mittags) Eines der besten Mittagslokale mit Buffet im Herzen des Zentrums.

Parraxaxá (Pereira 32, Boa Viagem; 29,50 R$/kg) In dem folkloristischen Restaurant erwarten einen Angestellte im Cowboy-Kostüm sowie eine festliche Dekoration. Das nach Gewicht berechnete Essen ist teuer, aber gut – es gibt zahlreiche typische Pernambuco-Gerichte.

Ausgehen & Unterhaltung

Ein beliebter Treffpunkt im Centro ist der Patio de São Pedro; wenn am Terça Negra (Schwarzer Dienstag) afrobrasilianische Rhythmen erklingen, herrscht besonders viel Trubel. Boa Viagem zieht wohlhabende Jugendliche an; besonders viele Bars und Clubs befinden sich in der Hauptstraße. Die Eintrittspreise sind hoch. In Recife Antigo gibt's ein paar Open-Air-Bars in der Bom Jesus, die besonders am frühen Abend gut besucht sind.

Downtown (Tenório 105; ⏰ Mi–So 22 Uhr–open end) Hat Billardtische und einen Tanzbereich. Es wird Rockmusik gespielt. Besonders voll ist es mittwoch- und sonntagabends, wenn Livemusik gespielt wird.

Jardins (Av Domingos Ferreira 2045, Boa Viagem; Eintritt am Wochenende 20 R$; ⏰ 18 Uhr–open end) Unter der Woche eine gesellige Bar, am Wochenende einer der beliebtesten Nachtclubs in Boa Viagem mit Livemusik und/oder DJs. Wer vor 23 Uhr kommt, zahlt weniger Eintritt. Man muss damit rechnen, Schlange zu stehen.

Nox (Av Domingos Ferreira 2422, Boa Viagem; Eintritt 30 R$; ⏰ Di–Sa 22 Uhr–open end) Riesiger, supertrendiger Club mit guter Elektromusik. Lange Schlangen – wer aber mit dem Türsteher spricht und ein paar Reals mehr hinlegt, wird vielleicht durchgewunken.

Bar do Paulinho (Ecke Av Domingos Ferreira & Capitulino, Boa Viagem; ⏰ Di–Sa 11 Uhr–open end) In der geselligen Eckbar kann man einen billigeren und gemütlicheren Abend als in den nahe gelegenen eleganten Clubs verbringen. Wer die Nacht durchgetanzt hat, kann hier leckere Würstchen oder Hühnerherzen vom Grill essen.

Sala de Reboco (www.saladereboco.com.br; Junior 264, Cordeiro; Eintritt 8 R$; ⏰ Do–Sa 22–4 Uhr) Das Sala de Reboco ist die Taxifahrt wert (vom Zentrum

Boa Viagems ca. 20 R$). In dem freundlichen, bodenständigen Club herrscht eine authentische brasilianische Atmosphäre. Es wird fröhlicher Live-*forró* gespielt.

Anreise & Unterwegs vor Ort

Der **Busbahnhof** von Recife liegt 14 km südwestlich des Zentrums. Am besten nimmt man eine U-Bahn ins Zentrum (1,40 R$, 25 Min.); mit dem Taxi zahlt man einen Festpreis von 36 bis 44 R$.

Wer nach Boa Viagem will, nimmt an der zentralen Metrostation den Bus mit der Fahrtzielangabe „Setubal (Príncipe)". Nach Olinda fährt der Bus nach Rio Doce. Vom Zentrum (Av NS do Carmo) nach Boa Viagem fährt jeder Bus in Richtung Aeroporto, Shopping Center, Candeias oder Piedade. In entgegengesetzte Richtung nimmt man den Bus mit dem Ziel Dantas Barreto.

Bustickets bekommt man beim Verkaufsservice **Disk Passagens** (☎ 3452-1211). Busse fahren nach João Pessoa (18 R$, 2 Std., stündl. 5–19 Uhr), Natal (55 R$, 4½ Std., 9-mal tgl.), Maceió (36 R$, 4 Std., 10-mal tgl.), Salvador (106 126 R$, 11–16 Std., 3-mal tgl.) und in andere brasilianische Großstädte.

Mehrere Fluglinien bieten Inlandsflüge vom Flughafen Recife an, der 10 km südlich des Stadtzentrums liegt. TAP verbindet Recife mit Europa.

Vom Flughafen verkehrt der Aeroporto-Bus nach Boa Viagem und ins Zentrum. Man sollte die Fixpreis-Taxis am Flughafenterminal links liegen lassen, die breite Straße überqueren und dort ein normales Taxi nehmen. Der Flughafen ist seit Kurzem auch an das Metronetz angeschlossen; vom Terminal bis zur zentralen Metrostation zahlt man 1,40 R$.

OLINDA
☎ 0xx81 / 384 000 Ew.

Wenn Recife wie eine Arbeiterstadt wirkt, die hart schuftet, um über die Runden zu kommen, ist Olinda ihre Schwesterstadt, die aus dem bürgerlichen Leben ausgebrochen ist, um ihre künstlerische Seite auszuleben. Die malerische Kolonialstadt gleicht einer unkonventionellen Künstlerin – die Straßen sind voller Ateliers und ständig steigen spontane Musikkonzerte und *cachaça*-Partys. Passend dazu wartet Olinda mit herrlicher Architektur auf: Im auf einem Hügel gelegenen historischen Zentrum flankieren prächtige, pastellfarbene Häuser ein beeindruckendes Ensemble von Barockkirchen. Zudem kann man von hier oben einen tollen Ausblick aufs Meer genießen.

Praktische Informationen

Die größeren Banken liegen nordöstlich der Praça do Carmo, wo die Av Marcos Freire in die Av Getúlio Vargas übergeht. Hin geht's mit *combis*, die an der Av Marcos Freire unweit der Praça do Carmo starten.

Empório do Carnaval (Ecke Prudente de Morais & Veira de Melo; 3 R$/Std.) Schnelles Internet; dekoriert mit Karnevalsfiguren.
Olind@net.com (Rua do Sol; 2,50 R$/Std.)
Touristeninformation Carmo (☎ 3305-1048; Praça do Carmo 100; ✆ 8–20 Uhr); Casa do Turista (☎ 3305-1060; casadoturistaolinda@gmail.com; Prudente de Morais 472; ✆ 8–20 Uhr)
Touristenpolizei (Av Justino Gonçalves)

Gefahren & Ärgernisse

Auch in Olinda ist Kriminalität kein Fremdwort. Auf menschenleeren Straßen sollte man nachts nicht allein unterwegs sein und keine Wertsachen bei sich tragen. Man wird von Führern bestürmt, die einem gegen ein Trinkgeld die Sehenswürdigkeiten zeigen oder von Austern bis Kokain alles Mögliche verkaufen wollen.

Sehenswertes & Aktivitäten

Das historische Zentrum kann man problemlos und wunderbar zu Fuß erkunden. In jedem zweiten Gebäude befindet sich ein Künstleratelier – besonders in der Rua do Amparo –, und es gibt zahlreiche historische Villen und Kirchen zu entdecken.

Auf dem Hügel im Stadtzentrum, dem Alto da Sé, steht die **Kathedrale**, umringt von zahlreichen belebten Essensständen. Abends kann man von hier oben einen tollen Blick auf die Wolkenkratzer genießen. Überdies lädt das **Sítio das Artes** (☎ 3429-2166; www.sitiodasartes.com.br; Coutinho 780; ✆ 9–22 Uhr), ein raffiniert umgebautes historisches Gebäude mit antiquarischer Möblierung und zahlreichen Verzierungen, zur Besichtigung ein. Mit Kunstverkauf und Café und Restaurant im Obergeschoss.

Die *capoeira*-Schule **Angola Mãe** (Cunha 243) freut sich über Besucher, die einen Kurs belegen oder einen *roda* (Kreis) sehen wollen (sonntags 18 Uhr). Nach einem Metalltor Ausschau halten, das mit Zebrastreifen bemalt ist.

Es gibt unzählige Kirchen; besonders schön ist das barocke **Mosteiro de São Bento** (São Bento;

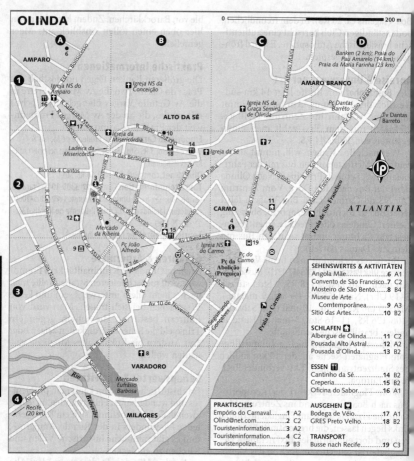

8.30–12 & 14–17 Uhr) mit einem kunstvollen goldenen Altargemälde und einer italienischen Darstellung (14. Jh.) des hl. Sebastian.

Im **Convento de São Francisco** (São Francisco; Mo–Fr 7-11.30, 14-17, Sa 7–12 Uhr) befindet sich ein unvergesslicher, gefliester Kreuzgang.

Das **Museu de Arte Contemporânea** (13 de Maio; Eintritt 5 R$; Di–Fr 9–17, Sa & So 14–17 Uhr) diente im 18. Jh. als Gefängnis der Inquisition. Die Häftlinge wurden im zweiten Stock gefangen gehalten. In der Wand befindet sich ein Loch, das zum Keller führt und als Toilette diente; anschaulich sind auch die bedrohlich schweren Holztüren. Eine Dauerausstellung zeigt Arbeiten, die größtenteils aus den 1930er Jahren stammen; regelmäßig finden zudem Ausstellungen zeitgenössischer Kunst statt.

Festivals & Events

Einen Vorgeschmack auf Karneval bekommt man an den Wochenenden (besonders sonntagabends) vor dem eigentlichen Fest geboten, wenn die *blocos* auf den Straßen ihr Programm einstudieren.

Karneval Traditionell, farbenprächtig und mit einem lockeren Flair und einer Sicherheit, die man von Großstadt-Karnevals nicht gewohnt ist. Der Trubel dauert ganze elf Tage. Es wird schnelle und frenetische *frevo*-Musik gespielt, begleitet von den schweren Trommelschlägen der *maracatu*. Bei dem ausgelassenen und etwas unzüchtigem Fest tanzen kostümierte *blocos* und Zuschauer auf den Straßen um die Wette.

Festival de Folclore Nordestino Ende August werden im Nordostteil der Stadt Tänze, Musik und Folklore dargeboten. Empfehlenswert.

Schlafen

An Karneval sollte man weit im Voraus buchen; wer gleich ein Zimmer oder ein Haus mietet, kommt wahrscheinlich billiger weg.

Pousada d'Olinda (☎ 3493-6011; www.pousada dolinda.com.br; Praça João Alfredo 178; B/EZ/DZ 25/40/75 R$, EZ/DZ mit Klimaanlage 70/85 R$; 🛇 🗟) In dieser beliebten *pousada* gibt's gute Schlafsäle, überteuerte Zimmer mit Ventilator und ausgezeichnete Zimmer mit Klimaanlage auf der Rückseite. Die Möblierung ist alt und schön, es gibt ein Restaurant und einen Pool. Gute Lage.

Albergue de Olinda (☎ 3429-1592; www.albergue deolinda.com.br; Sol 233; B/EZ/DZ 32/60/75 R$; 🗟) In dem historischen Gebäude befinden sich moderne Zimmer. Es gibt einen schönen Garten mit Hängematten, einem Pool und eine Open-Air-Küche. Nachteil: Die Unterkunft liegt nicht in der schönen Altstadt, sondern an einer stark befahrenen, lauten Straße. HI-Rabatt.

Pousada Alto Astral (☎ 3439-3453; www.pousada altoastral.com.br; 13 de Maio 305; DZ 60 R$; 🛇 🗟) Die bezaubernde *pousada* ist von oben bis unten mit Karnevalsfiguren und allem möglichen Faschingszubehör dekoriert. Alle Zimmer sind farbenprächtig, komfortabel und angenehm; die besten (80 R$) befinden sich in den oberen Stockwerken und haben eigene Balkone mit Blick auf den grünen Garten und Pool. Sehr freundliche Besitzer.

Essen & Ausgehen

Für einen einfachen Snack oder einen Sundowner geht man zum Alto da Sé; dort werden an Ständen *tapioca* mit verschiedenen Füllungen, eiskalte Kokosnüsse und Cocktails verkauft. Fast jeden Abend steigen hier Partys – einfach nach einer *festa* fragen.

Creperia (Praça João Alfredo 168; Gerichte 10–24 R$) In dem charmanten Restaurant hängen dekorative Teller und Straßenschilder an den Wänden. In einem dank Palmen schattigen Hof oder im Speiseraum kann man süße oder pikante Crêpes essen.

Cantinho da Sé (Ladeira da Sé; Hauptgerichte für 2 Pers. 14–28 R$) In dem bescheidenen Lokal unterhalb der Kathedrale bekommt man typische brasilianische Fleischgerichte und hat einen tollen Ausblick auf Recife. Das Cantinho ist preiswert und ein guter Ort für einen Sundowner.

LP Tipp **Oficina do Sabor** (☎ 3429-3331; Amparo 335; Hauptgerichte für 2 Pers. 30–70 R$; 🕑 mittags nur So) Olindas berühmtes Gourmetbistro ist klein, idyllisch und bietet einen tollen Ausblick auf Recife. Spezialität des Hauses sind gebackene Kürbisse *(jerimum)* mit verschiedenen leckeren Füllungen.

Bodega de Véio (Amparo 212; 🕑 So geschl.) Ein Lebensmittelladen, in dem Bier verkauft wird. Einst behinderten die Biertrinker die Kundschaft beim Einkauf. Um das Problem zu lösen, hat der Besitzer Tische hingestellt und

---

ABSTECHER

Einen einstündigen Flug von Recife oder Natal entfernt liegt die idyllische Inselgruppe Noronha mit der vielleicht grünsten Landschaft Brasiliens: dem **Parque Nacional Marinho de Fernando de Noronha** (www.noronha.pe.gov.br). Nur 700 Leute dürfen den winzigen, unberührten Park täglich besuchen, in dem sich die schönsten Strände Brasiliens befinden und streng geschützte Meerestiere leben. Noronha ist nicht nur ein Schutzgebiet für Meeresschildkröten, sondern auch der weltweit beste Ort, um Spinnerdelfine zu beobachten. Dazu kommen noch die besten Surf- und Tauchmöglichkeiten Brasiliens – ein unvergessliches Paradies.

Noronha wurde erst 1988 für Touristen zugänglich gemacht (vorher diente die Insel als Militärstation und Gefängnis). Seitdem dürfen die Strände nicht weiter bebaut werden, ein Umstand, dem die strahlend weißen Flecken an der Baía de Sancho und der Praia do Leão das Prädikat „traumhaft" verdanken. Fahrzeuge, Boote und Menschen haben nur eingeschränkten Zutritt zu den Inseln – nicht einmal Brasilianer dürfen auf den Inseln leben, sofern sie nicht dort geboren wurden (befristete Aufenthaltsgenehmigungen sind nur sehr schwer zu bekommen). Es gibt keine Eigentumswohnungen, Hotelketten, Strandhändler … und keine *Menschen*. Kurz gesagt, die Insel ist eine umweltfreundliche Erfolgsstory, ein wahrer Schatz.

Das Paradies hat allerdings seinen Preis. Rundreisen mit Flügen von Recife/Natal (mit Trip, TAM od. Varig/Gol) kosten rund 1000 R$. Außerdem wird eine Umweltsteuer von 36,69 R$ pro Tag fällig. Die englischsprachigen Angestellten von **Your Way** (☎ 0xx11-9491-1307; www.yourway.com.br) unterstützen Touristen bei der Buchung von Unterkünften und Aktivitäten auf der Insel.

Lautsprecher installiert. Dies ist die Geschichte der beliebtesten Bar in Olinda.

GRES Preto Velho (Coutinho 681; ☾ 21 Uhr–open end) Regelmäßige *afoxé-*, *axé-*, Samba- und Reggaesessions.

Anreise & Unterwegs vor Ort
Jeder Bus mit den Richtungen Rio Doce, Casa Caiada oder Jardim Atlantico pendelt zwischen dem Zentrum von Recife und Olinda. Busse mit Ziel Rio Doce/Piedade und Barra de Jangada/Casa Caiada verkehren zwischen Olinda und Boa Viagem. Vom Flughafen aus kommend, steigt man im Zentrum von Recife um oder nimmt ein Taxi für rund 25 R$.

JACUMÃ
☎ 0xx83 / 3000 Ew.

Das entspannte Jacumã ist über die hübsche Strandstadt João Pessoa zu erreichen. An praktisch menschenleeren Stränden ohne Boutiquen kann man ungestört relaxen. Im Dorf selbst stehen zahlreiche Wochenendhäuser, sonstige Attraktionen kann Jacumã nicht bieten. Die Strände im Süden mit ihren hohen, roten Klippen, Palmen und grünem Wasser sind traumhaft. Es gibt keine Banken.

Die besten Strände sind die **Praia de Tabatinga**, 4 km südlich von Jacumã, die **Praia do Coqueirinho** (8 km) und die **Praia de Tambaba** (14 km); letztere ist ein kontrollierter FKK-Strand (Männer haben nur in Begleitung einer Frau Zutritt). Die einzigen öffentlichen Verkehrsmittel entlang des Streifens sind Mototaxis.

In der Stadt und an den Stränden im Süden gibt's zahlreiche *pousadas*. Im Zentrum befindet sich in einer Nebenstraße die ausgeschilderte **Pousada do Beija-Flor** (☎ 3290-1822; Amélia; EZ/DZ mit Klimaanlage R$40/70, mit Ventilator 30/50 R$; ❀ ❄). Sie bietet makellose Zimmer mit Hängematten und einen begrünten Aufenthaltsbereich mit kleinem Pool. In Tabatinga 40 Gehminuten außerhalb der Stadt liegt die **Pousada dos Mundos** (☎ 3290-1356; www.pousadadosmundos.com.br; Praia de Tabatinga; DZ mit Ventilator/Klimaanlage 55/60 R$; ❀ ❄), eine Top-Unterkunft, in der man in ein paar Tage richtig faul sein kann. Die geräumigen Zimmer haben eigene Veranden mit Hängematten und Flussblick (kostenlose Kajaks); es gibt einen Pool und Fitnessgeräte. Pluspunkte sammeln auch die sehr freundlichen Angestellten und die Crêpes im Restaurant. Wer sein Kommen telefonisch ankündigt, wird im Zentrum abgeholt. Ohne Frühstück zahlt man 5 R$ weniger.

In João Pessoa, das mit regelmäßig verkehrenden Bussen von Natal und Recife zu erreichen ist, verlässt man den Busbahnhof nach rechts, biegt links in die Francisco Londres und dann nochmals links in die Cicero Meireles ab, in der Busse nach Jacumã (3,30-4,80 R$, etwa 1 Std.) abfahren. Hier starten auch Sammeltaxis *(lotação)* für 5 R$ pro Person.

PRAIA DA PIPA
☎ 0xx84 / 3000 Ew.

Pipa ist eine der schönsten Strandregionen im Nordosten Brasiliens. Traveller dürfen sich auf unberührte Strände, zauberhafte Klippen und im Meer umhertollende Delfine freuen. Nur leider ist Pipa schon lange kein Geheimtipp mehr – Touristen, die nicht zum ersten Mal hier sind, schütteln verständnislos den Kopf angesichts der unzähligen Resorts, die die einst friedliche Hauptstraße säumen. Außerhalb der Hauptsaison herrscht aber immer noch die ruhige Atmosphäre von einst: Und dank der guten Unterkünfte und Restaurants kann man gut und gern eine Woche in Pipa verbringen.

In der langen Hauptstraße finden sich all die Einrichtungen, die man als Traveller eben benötigt: Internetcafés, Geldautomaten, Wäschereien und zahlreiche Bars und Restaurants. In einer Nebenstraße verleiht und verkauft ein lässiger Buchladen abgewetzte Taschenbücher in diversen Sprachen. Man sollte sich nach dem hilfreichen, kostenlosen Stadtführer von Pipa erkundigen.

Sehenswertes & Aktivitäten
In der Bucht an der Praia dos Golfinhos lassen sich regelmäßig Guianadelfine blicken; der Strand ist nur bei Ebbe über den Hauptstrand zu erreichen. Die Tiere sollten zu einem kommen, nicht umgekehrt – bitte Delfine weder bedrängen noch füttern. Bootsausflüge starten am Hauptstrand; unterwegs beobachtet man Delfine, kommt sich dabei jedoch etwas aufdringlich vor. Oberhalb des Strandes befindet sich das über die Hauptstraße zugängliche **Santuário Ecológico** (Eintritt 5 R$; ☾ 8–17 Uhr). Das kleine Naturreservat ist gleichzeitig eine Schildkrötenstation und bietet spektakuläre Ausblicke. Empfehlenswert.

In der Nähe befinden sich noch mehrere andere lohnende Strände, die problemlos zu Fuß oder mit dem Minibus zu erreichen sind. In Pipa kann man anständige Surfbretter ausleihen und Surfkurse belegen.

Schlafen

In den Ferien und an Feiertagen sollte man vorher reservieren. Es gibt auch ein paar Zeltplätze.

Vilma Hostel (☎ 3246-2501; www.vilmahostel.com; Arara 19; Zi. 25 R$/Pers.) In dem makellosen, bunten Hostel gibt's düstere Zimmer mit Veranda und Hängematten im Garten.

Albergue da Rose (☎ 8844-8371; comsorriso78@yahoo.com.br; Mata; B/EZ/DZ 25/35/70 R$) Die kompakte, angenehme Herberge liegt ein paar Minuten abseits der Hauptstraße den Berg hinauf. Gästen wird ein herzlicher Empfang bereitet. Es gibt einen kleinen Hof mit Hängematten, eine Küche und gute Schlafsäle. Eine weitere Filiale befindet sich an der Hauptstraße, unweit vom Santuário.

Pousada Vera My House (☎ 3246-2295; veramhouse@uol.com.br; Mata; Zi. 30 R$/Pers.) Entspannte, schnörkellose Herberge mit Zimmern, die auf einen schattigen Innenhof hinausgehen. Die Betten haben marineblaue Bezüge, an den Wänden hängen Delfinbilder. Es gibt eine Küche (einmalige Gebühr 3 R$).

Pipa Hostel (☎ 3246-2151; www.pipahostel.com.br; Arara 105; B/DZ 38/90 R$; 🖳 🏊) Wer sich in dem beliebten Hostel einquartieren will, sollte reservieren. Von den geräumigen Schlafsälen und den Privatzimmern im Obergeschoss blickt man auf einen grünen Garten mit Pool. Es gibt HI-Rabatt, einen Küchenbereich und Internetzugang.

LP Tipp Pousada Xamã (☎ 3246-2267; www.pousadaxama.com; Cajueiros 12; EZ/DZ 60/90 R$; 🖳 🏊) Der dynamische, kunstinteressierte Besitzer hat seine *pousada* zu einer der besten Budgetunterkünfte im Nordosten Brasiliens gemacht. Die tadellosen Zimmer haben eine Minibar, Klimaanlage und warmes Wasser; die besten schließen sich an einen schönen Poolbereich mit Hängematten, WLAN und Kolibris an. Eine Erwähnung verdienen auch das tolle Frühstück und zahlreiche weitere Dienstleistungen. Wer mindestens zwei Tage bleibt, zahlt deutlich weniger. Das Xamã liegt am Stadtrand.

Pousada Aconchego (☎ 3246-2439; www.pipaonline.com.br; Céu 100; EZ/DZ 60/100 R$) Im schönen Garten stehen einfache Bungalows mit Hängematten und weiteren Annehmlichkeiten. Zentrale Lage, freundliche Angestellte und regelmäßige Events wie Grillabende.

Essen & Ausgehen

In Pipa gibt es eine große Auswahl an meistens recht teuren Restaurants. Das Nachtleben konzentriert sich auf die Hauptstraße und ein paar Strand-*barracas*; besonders im Garagem ist viel los.

Yaah (Galeria Beco do Adobe, Av Baía dos Golfinhos; ⓥ 17–23 Uhr) Das Takeaway mit Stühlen liegt versteckt in einer Gasse. Es verkauft ausgezeichnetes Sushi und Sashimi (1,50 R$/Portion) und riesige Temaki-Wraps (7–9 R$). Wer Lust auf einen Drink hat, sollte das fruchtige Sake-Gebräu *saqueroska* probieren.

Papaya (Gameleira; leichte Gerichte 4–12 R$; ⓥ 16–23 Uhr) In dem niedlichen kleinen Lokal oberhalb der Hauptstraße werden teure, aber köstliche Säfte und eine große Auswahl an gesunden, leichten Gerichten serviert. Freundliche Bedienung.

Taverna (Bem-te-Vis; Gerichte 9–13 R$; ⓥ mittags) Die schattige Terrasse des Taverna liegt unterhalb der Hauptstraße gegenüber vom Restaurante Dalí. Den Besuch wird man kaum bereuen – es gibt ausgezeichnete Mittagsgerichte, z. B. einen leckeren Haussalat.

Papillon (Av Baía dos Golfinhos; Hauptgerichte 10–30 R$) Das Restaurant mit handgebauten Stühlen ist nicht zu verfehlen. Leser empfehlen die Pizza, die im Erdgeschoss serviert wird; im luftigen, romantischen Obergeschoss gibt's täglich wechselnde Pastagerichte und so Leckereien wie Thunfischsteak mit Sesamkruste.

Peixe & Cia (Av Baía dos Golfinhos; Hauptgerichte 15–27 R$) Vergleichsweise preiswertes Restaurant, das leckere Steaks und köstliche Austern serviert. Man kann Geld sparen, wenn man seine Hauptgerichte nur mit einem Salat statt mit Reis und *farofa* bestellt – davon hat man wahrscheinlich ohnehin schon genug.

An- & Weiterreise

Busse (9,50 R$, 2 Std., 8- bis 9-mal tgl., So 4-mal) und Minibusse (12 R$, 3- bis 4-mal tgl., 1½ Std.) pendeln zwischen Natal und Pipa. Wer aus Richtung Süden anreist, steigt in Goaininha aus und nimmt eines der regelmäßigen hinter der Kirche abfahrenden *combis* (3 R$, 40 Min.). In Goaininha bekommt man problemlos einen Bus nach Recife oder João Pessoa (auf Wunsch setzt der Fahrer einen an der jeweiligen Bushaltestelle ab).

NATAL

☎ 0xx84 / 774 000 Ew.

Natal ist eine etwas farblose, aber lässige Stadt im Nordosten Brasiliens. Die Strände und Sonne satt sind die Hauptargumente für einen Besuch. Wolken scheinen um die kilometerlangen Stränden und Dünen einen weiten Bogen zu machen – so bezeichnet die Tourismusbehörde Natal denn auch als Sonnenstadt. Immerhin kann die Region mit zehn sonnigen Monaten im Jahr prahlen. Der Karneval von Natal heißt **Carnatal**; er wird im Stil Salvadors gefeiert und findet außerhalb der Saison in der ersten Dezemberwoche statt.

Orientierung

Das sehr weitläufige Natal liegt auf einer langen, sandigen Halbinsel – das Busverkehrsnetz der Stadt erweist sich als sehr nützlich. 14 km südlich des Zentrums befindet sich der am Meer gelegene Vorort Ponta Negra mit zahlreichen Stränden und ebenso zahlreichen Unterkünften und Restaurants – sicher die schönste Ecke der Region.

Praktische Informationen

Am Strand von Ponta Negra gibt's mehrere Geldautomaten und Wechselbüros.

Internet (Av Erivan França, Ponta Negra; ☼ 9–24 Uhr) Internetcafé; auch internationale Telefonate möglich.

Internet Express (Av Praia de Ponta Negra 8956; 3 R$/Std.) Nahe dem Kunstgewerbemarkt.

Setur Flughafen (☎ 0800-841-516); Rodoviária Nova (☎ 0xx81-3205-2428) Karten und wenig nützliche Infos. Eine weitere Filiale befindet sich am Praia Shopping.

Sehenswertes & Aktivitäten

Im Zentrum liegt das **Centro de Turismo** (Figueiredo 980; ☼ Mo–Sa 8–19, So 8–18 Uhr). Es ist in einem früheren Gefängnis untergebracht und hat eine Galerie, Kunstgewerbeläden und ein Restaurant mit grandiosem Ausblick. Den gibt's auch vom im 16. Jh. erbauten **Forte dos Reis Magos** (Eintritt 2 R$; ☼ 8–16.30 Uhr) am Nordende der Stadt.

Zwischen Zentrum und Ponta Negra erstreckt sich der **Parque das Dunas** (Av Alencar, Tirol; Eintritt 1 R$ plus 1 R$/Wanderweg; ☼ tgl. 8–18 Uhr), ein riesiger Stadtpark mit Picknickplätzen und drei ausgeschilderten Wanderwegen, die durch die dünenreiche Landschaft führen.

Buggy-Touren durch die Dünen ins wunderschöne **Genipabu** werden vom Möchtegern-Felipe-Massas angeboten. Ausflüge *com emoção* (mit Thrill) führen z. B. zur Todesmauer. Registrierte Fahrer sind meistens vertrauenswürdiger. Ein halbtägiger Ausflug kostet rund 250 R$ (max. 4 Pers.) und kann in *pousadas* oder Reisebüros gebucht werden. Man sollte bedenken: Die Trips fügen dem Ökosystem der Dünen ernsthafte Schäden zu.

Der schönste, aber besiedelte Stadtstrand von Natal ist die **Praia Ponta Negra** (14 km südlich des Zentrums). Der **Morro de Careca** – eine steile, monströse Düne, die ins Meer abfällt – dominiert die Südende des Strandes. Bus 56 fährt von hier zu den anderen Stadtstränden; am besten steigt man dort aus, wo es einem am besten gefällt.

Schlafen

Die meisten Backpacker übernachten in Ponta Negra.

Albergue da Costa (☎ 3219-0095; www.alberguedacosta.com.br; Av Praia de Ponta Negra 8932, Ponta Negra; B/DZ 33/70 R$; ⌘) Ein großartiges Hostel mit komfortablen Schlafsälen, einem winzigen Pool und superfreundlichen, relaxten Angestellten. Auch die Doppelzimmer sind gut. Außerdem gibt's eine Küche, kostenlosen Internetzugang, einen Fahrradverleih (20 R$/Tag) und *capoeira*- oder Surfkurse.

Lua Cheia Hostel (☎ 3236-3696; www.luacheia.com.br; Araújo 500, Alto de Ponta Negra; B/DZ 48/100 R$) Das kuriose Hostel gleicht einer Burg inklusive Zugbrücke, Türmchen und gotischer Türen. An den Wänden hängen Kopien von Renaissancegemälden. Die dunklen Zimmer (Vorhängeschloss mitbringen) sind ziemlich laut und auf der Anlage gibt's auch einen Nachtclub – ein Paradies für Partywütige. HI-Mitglieder bekommen 10 R$ Rabatt.

Pousada Recanto das Flores (☎ 3219-4065; www.pousadarecantodasflores.com.br; Av Engenheiro Roberto Freire 3161, Ponta Negra; EZ/DZ 55/85 R$; ⌘ ⌘) Die geräumigen, makellosen nach Blumen benannten Zimmer mit tollen Bädern und Minibar, der klasse Pool und die zentrale Lage in Ponta Negra machen diese friedliche *pousada* zu einer guten Wahl. Verkehrslärm kann das Ganze mitunter etwas stören.

Essen

Casa de Taipa (Araújo 130, Alto de Ponta Negra; Gerichte 4–18 R$; ☼ 17–24 Uhr) Das Ecklokal mit bunten Tischen ist ein beliebter Startpunkt für eine aufregende Nacht in Alto. Die fantasievollen Couscous-Kreationen und gefüllten *tapiocas* schaffen eine gute Grundlage für die Caipirinhas, die im Lauf des Abends schon einmal zusammenkommen können.

Tempero Mineiro (Ecke Praia de Tibáu & Av Praia de Ponta Negra; tägliche Spezialangebote 9–12 R$) Das familiengeführte Restaurant mit Tischen im Freien liegt auf einem Kunstgewerbemarkt am Nordende von Ponta Negra. Täglich gibt's preiswerte Spezialangebote und solide Fisch- und Fleischplatten. Am Wochenende werden leckere *feijoadas* (15,90 R$/Pers.) serviert.

Terra Brasilis (Algas 2219, Alto de Ponta Negra; abends) Einfaches, ruhiges Ecklokal in Ponta Negra. An den geselligen Holztischen werden *rodízios*, Pizzas (9,90 R$) oder *espetinhos* (13,90 R$) inklusive Softdrinks serviert.

Erva Doce (Av Estrela do Mar 2239, Ponta Negra; halbe Portionen 30–40 R$) Das Restaurant ist etwas übertrieben beleuchtet. Man sollte sich nicht von den Preisen abschrecken lassen: Die halben Portionen (Fleisch od. Meeresfrüchte) machen locker zwei Personen satt. Wer alleine kommt, kann sich ein Doggy Bag mitgeben lassen.

Unterhaltung

Das Nachtleben Natals spielt sich vor allem in Ponta Negra ab. In Araújo gibt's ein paar Tanzclubs und viele coole, charismatische Bars. Die Strandszene ist sehr touristisch geprägt.

Chaplin/NYX (Av Presidente Café Filho 27, Praia dos Artistas; www.nyxclub.com.br; Eintritt 20 R$; Do–So) In dem beliebten Tanzclub mit sechs separaten Tanzsälen wird Live-*pagode*, -*forró* und Elektromusik gespielt. Wer vor 23 Uhr kommt oder sich online einen Gutschein ausdruckt, zahlt nur den halben Eintritt.

Forró com Turista (Centro de Turismo, Figueiredo 980; Do) Auch wenn der Name des Clubs vielleicht etwas kitschig klingt – der Live-*forró* in einem historischen Innenhof ist wirklich erste Sahne.

Anreise & Unterwegs vor Ort

Am Rodoviária Nova 6 km südlich des Zentrums starten Fernbusse nach Fortaleza (69–90 R$, 8 Std., 9-mal tgl.), Recife (55 R$, 4½ Std., 8- bis 9-mal tgl.), João Pessoa (35 R$, 3 Std., 8-mal tgl.) und Salvador (161 R$, 21 Std., 2-mal tgl.).

Wer von Süden anreist und nach Ponta Negra will, steigt am Shopping Cidade Jardim aus und nimmt den Bus nach Ponta Negra.

Bus 66 fährt vom Rodoviária Nova nach Ponta Negra. Wer zum Praia dos Artistas will, nimmt Bus 38. Die Busse 48 und 54 pendeln zwischen Ponta Negra und dem Stadtzentrum hin und her. Bus 56 klappert alle Stadtstrände ab. Das Busticket kostet 1,85 R$.

Der Flughafen von Natal liegt 15 km südlich des Zentrums. Es gibt auch Flugverbindungen nach Europa.

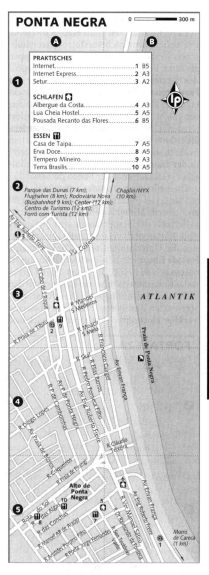

CANOA QUEBRADA
0xx88 / 2800 Ew.

Das Fischerdorf war einst ein Lieblingsort der Hippies, ist heute aber ein luxuriöser Ferienort. Doch noch immer kann man hier ein paar relaxte Tage verbringen oder sich beim Kitesurfen entspannen. Canoa Quebrada ist problemlos von Fortaleza und vom neuen

Flughafen Aracatí erreichbar, der allerdings noch mehr Touristen in die Stadt schwemmt. Die vollen, aber nichtsdestotrotz sehr hübschen Strände sind von rostbraunen Klippen gesäumt. Buggy-Touren durch die umliegenden Dünen (max. 4 Pers. 120 R$) oder zur **Ponta Grossa** (200 R$) sind meistens ein spektakuläres Ereignis. Die **Kitesurf**-Saison dauert von Juli bis Dezember; es können Kurse belegt werden. Eine weitere Attraktion sind **Tandem-Gleitschirm-Flüge**. Unweit der zahlreichen Bushaltestellen und Internetcafés (3 R$ /Std.) in der Hauptstraße befindet sich ein (launischer) Geldautomat der Banco do Brasil.

Die zahlreichen *pousadas* haben Pools, Gärten und viel Platz zum Faulenzen. Es gibt größtenteils Mittelklassehotels, die allerdings außerhalb der Hauptsaison sehr preiswert sind. Karten in der Hauptstraße verraten, wo sich die Unterkünfte finden. Die charmante **Pousada Europa** (☎ 3421-7004; www.portalcanoaquebrada.com.br; EZ/DZ 30/35 R$; ☒) bietet einen Garten voller Kokosnusspalmen und Bananenstauden und einen Swimmingpool. Die großartigen, preiswerten Zimmer erreicht man über eine wacklige Holztreppe – sie haben Seeblick und eigene Balkone mit Hängematten, auf denen man dem Rauschen der Wellen lauschen kann.

Am Strand stehen einige *barracas*, die köstliche Meeresfrüchte und andere Mittagsgerichte anbieten (10–25 R$). Wer ein paar Stunden im Voraus bestellt, hat die größte Auswahl. Im Zentrum befinden sich weitere Lokale; im sympathischen **Café Habana** (Principal; Hauptgerichte 11–28 R$; ☼ mittags & abends) gibt's tägliche Specials (12–16 R$) wie Knoblauchkrabben oder Hühnchenlasagne, aber auch gute Salate und Pastagerichte. Abends steppt der Bär vor allem in der Hauptsaison; an den Wochenenden steigen regelmäßig Beachpartys.

Von Natal nimmt man den Bus nach Aracatí (50 R$, 6 Std., 6- bis 7-mal tgl.) und steigt dort in einen Bus oder *combi* (2 R$) um, der die restlichen 13 km nach Canoa fährt. Infos zur Anreise aus Fortaleza s. S. 383.

FORTALEZA
☎ 0xx85 / 2,4 Mio Ew.

Die große Küstenstadt ist ein beliebter Ferienort, hat aber außer den Stränden und ein paar Dienstleistern nichts Außergewöhnliches für Backpacker zu bieten. Fortaleza kann sich

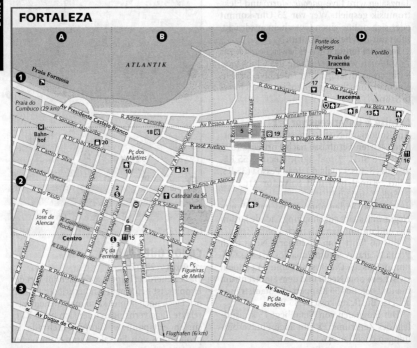

glamourös, düster, schäbig oder entspannt präsentieren – abhängig davon, in welchem Stadtteil man sich aufhält. Die Stadt hat ein imposantes Nachtleben und zahlreiche Luxusrestaurants. **Fortal** (www.fortal.com.br),der Karneval im Stil Salvadors, findet außerhalb der Saison in der letzten Juliwoche statt.

Praktische Informationen

Internetcafés sind ausreichend vorhanden. Geldautomaten und Wechselbüros findet man in Meireles, besonders rund um den Club Náutico; auch auf dem Flughafen, am Busbahnhof und am Mercado Central gibt's Geldautomaten.

Bradesco (Ecke Alencar & Facundo, Centro) Geldautomaten.
Touristeninformation (☎ 3257-1000; Av Beira Mar, Mucuripe; ☺ 9–20 Uhr) An der Praia do Meireles. Gute englischsprachige Stadtpläne und Führer. Hat auch einen Kiosk an der Praça da Ferreira (☺ Mo–Fr 9–17 Uhr), am Busbahnhof und am Flughafen.
Touristenpolizei (Av Barroso 805)

Gefahren & Ärgernisse

Zwar ist Iracema nicht mehr ganz so anrüchig wie einst, doch gehen immer noch viele Prostituierte hier ihren Geschäften nach. An den Stränden und in Bussen sollte man sich vor Taschendieben in Acht nehmen.

Sehenswertes & Aktivitäten

Wer Kultur erleben will, geht in das brillante **Centro Cultural Dragão do Mar**, einen Komplex aus Gassen, restaurierten Gebäuden und Kulturzentren, der sich über drei Blöcke erstreckt. Hier gibt es ein Planetarium, ein Kino, Theater, Galerien, zahlreiche Restaurants und Bars und das lohnende **Museu de Arte Contemporânea** (☺ Di–Do 9-19, Fr–So 9–21 Uhr) – in Foraleza wird man kaum einen besseren Ort für einen schönen Abend finden.

Das **Museu do Ceará** (São Paulo 51; ☺ 8.30–17 Uhr) zeigt im Erdgeschoss regelmäßig wechselnde Ausstellungen; im Obergeschoss sind kunterbunt zusammengewürfelte und sehr dürftig beschriftete Exponate zu sehen, von regionalen Keramikarbeiten bis zur ausgestopften Ziege Iôiô, die in den 1920er-Jahren das Maskottchen der Stadt war.

An der **Praia do Meireles** gibt's eine schöne Strandpromenade mit gemütlichen Bierbarracas am Strand und eleganten, klimati-

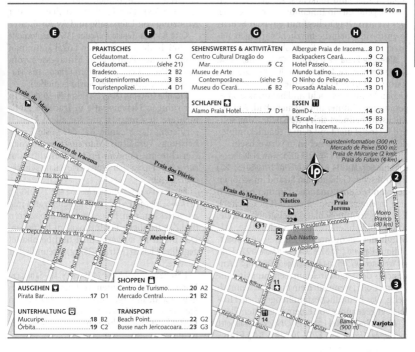

sierten Restaurants und Hotels auf der anderen Straßenseite. Weitere Attraktionen sind der Fisch- und der abendliche Kunstgewerbemarkt. Weiter im Osten gelangt man zur **Praia do Futuro**, dem saubersten und beliebtesten Stadtstrand. Im Nordwesten erstreckt sich die ruhige **Praia do Cumbuco**, an der man Ausflüge in die Dünen und Trips mit der *jangada* (traditionelles Segelboot) unternehmen kann. Die spaßigen Buggy-Ausflüge zum **Morro Branco** (Weißer Hügel; 35 R$/Pers.) können auf der Promenade in Meireles gebucht werden.

Schlafen

In Iracema finden sich die meisten Budgetunterkünfte; auch in den Nebenstraßen in Meireles gibt's ein paar ordentliche Unterkünfte, die außerhalb der Saison preiswerte Zimmer anbieten. Beide Viertel liegen in Zentrumsnähe.

Backpackers Ceará (☎ 3091-8997; www.pousadabackpackers.hpg.ig.com.br; Av Dom Manuel 89; EZ/DZ ohne Bad 20/40 R$) Das billigste Hostel in Fortaleza ist auch das beste. Man bekommt ein eigenes Zimmer; jedes ist in charmanten Farben eingerichtet und liebevoll dekoriert. Die Gemeinschaftsbäder sind makellos. Zu der sicheren Anlage gehören ein Innenhof und eine Küche. Das Centro Dragão liegt nur ein paar Schritte entfernt. Auch die herzlichen, jungen Besitzer verdienen eine Extralob.

Albergue Praia de Iracema (☎ 3219-3267; www.aldeota.com/albergue; Av Barroso 998; B 25 R$) Die entspannte Herberge ist in einem restaurierten Gebäude untergebracht und hat dunkle, aber geräumige Zimmer mit eigenem Bad. Auf der Rückseite befindet sich eine Küche. Man sollte das Hostel nicht mit dem Gebäudekomplex des Ataláia Hostels nebenan verwechseln.

Pousada Ataláia (☎ 3219-0755; www.atalaiahostel.com.br; Av Beira Mar 814, Iracema; B/EZ/DZ 37/60/80 R$; ✱) Ein hübsches Gebäude am Strand im schönen Teil von Iracema (manche Zimmer befinden sich in einem Komplex einen Block weiter). Es gibt getrennte Schlafsäle, ein Internetcafé, Kochmöglichkeiten und eine Terrasse. HI-Mitglieder bekommen einen kleinen Rabatt.

Hotel Passeio (☎ 3226-9640; João Moreira 221; EZ/DZ mit Ventilator 40/75 R$, mit Klimaanlage 55/95 R$; ✱) Angesichts der Lage direkt im Zentrum sind die Zimmer o. k., wenn auch ein bisschen schmuddelig. Das freundliche, familiengeführte Hostel liegt gegenüber von einem begrünten Platz.

Álamo Praia Hotel (☎ 3219-7979; www.alamohotel.com.br; Av Barroso 885; EZ/DZ 70/90 R$; ✱) Einige Merkmale des preiswerten Hotels sind Bettbezüge mit Leopardenmuster, seltsame Gerüche und Verkehrslärm. Dafür liegt es nahe dem Pirata in Iracema – ein perfekter Ort für Partylöwen. Man sollte woanders frühstücken.

Auch empfehlenswert:

O Ninho do Pelicano (☎ 3219-0871; oninhodopelicano@hotmail.com; Av Beira Mar 934, Iracema; EZ/DZ 60/90 R$; ✱) Der Ableger eines beliebten Restaurants liegt am Strand und bietet außerhalb der Saison günstige Zimmer an.

Mundo Latino (☎ 3242-8778; www.mundolatino.com.br; Bilhar 507, Meireles; DZ 100 R$; ✱) Gute Lage in Meireles. Liegt nur einen kurzen Fußweg vom Strand entfernt. Außerhalb der Saison günstig.

Essen

In Iracema buhlen unzählige Restaurants um die Gunst hungriger Urlauber; die Lokale rund um der Av Beira Mar sind oft deutlich besser als in der Rua dos Tabajarás. Auch im Centro Cultural Dragão do Mar kann man gut zu Abend essen. Elegante Restaurants warten zudem in Meireles.

Mercado de Peixe (Fischmarkt; Praia de Mucuripe) Man kauft Fisch, Shrimps oder Hummer (ab 15 R$/kg) an einem Stand und lässt sie sich an einem anderen mit Knoblauch und Öl zubereiten (ca. 3–5 R$). Der Fischmarkt liegt an der Kreuzung von Uferstraße und Av Aboliçao.

Coco Bambu (Canuto de Aguiar 1317; Hauptgerichte 15–40 R$) In dem karibischen Lokal kann man stilecht unter Palmen ein Mittagessen vom Buffet, Pizza, *beiju de tapioca* (Tacos aus Maniokmehl), Crêpes oder Sushi genießen.

Picanha Iracema (Alves 89; Fleisch 20–50 R$/kg) In der ruhigen Nebenstraße in Iracema gibt's mehrere Restaurants, die vor allem Fleisch servieren; das Picanha hat das beste Preis-Leistungs-Verhältnis. Man spart, wenn man Gerichte mit *por-kilo*-Preisen bestellt; zum *carne* kann man sich preiswerte Salate schmecken lassen.

BomD+ (Av Desembargador Moreira 469; 23,80 R$/kg; ✓ Mo–Sa mittags) Es lohnt sich, den Strand mal zu verlassen, den Hügel hinaufzuspazieren und das fröhliche Freiluftlokal zu besuchen. Das Büfett ist ausgezeichnet und beinhaltet gegrilltes Fleisch (extra 2 R$/kg). Freundlicher Service.

L'Escale (Guilherme Rocha; 24 R$/kg; ✓ Mo–Sa mittags) Das in einem eleganten, restaurierten Kolonialgebäude untergebrachte L'Escale ist einen Steinwurf vom Museo do Ceará entfernt. Das Buffet beinhaltet zahlreiche vegetarische Gerichte.

Ausgehen & Unterhaltung

Iracema hat ein legendäres Nachtleben; auf den geselligen Terrassen der Bars und Clubs rund um das Centro Cultural Dragão do Mar ist unter der Woche schon einiges los, die Wochenenden setzen aber nochmals einen drauf.

Pirata Bar (www.pirata.com.br; Rua dos Tabajaras 325; Eintritt 30 R$; Mo & Do 20–open end) Die „Happy Mondays" sind unvergesslich: Bei den tollen Live-Shows herrscht eine Atmosphäre, die den happigen Eintritt sicher wett macht.

Órbita (www.orbitabar.com.br; Dragão do Mar 207; Eintritt 10–20 R$; Do–So 20–open end) Einer von mehreren Clubs in dem Viertel. Es werden Reggae, Rock, Livemusik und Elektrorhythmen gespielt.

Mucuripe (www.mucuripe.com.br; Travessa Maranguape 108; Eintritt 25 R$; Fr & Sa 22–open end) Ein stylisher Club mit fünf Tanzsälen; beliebt bei den wohlhabenden Jugendlichen von Fortaleza.

Shoppen

Ceará ist für sein Kunsthandwerk bekannt (die besten Hängematten Brasiliens!). Das **Centro de Turismo** (Pompeu 350; Mo–Sa 8–17, So 8–12 Uhr) war einst ein Gefängnis; in den Zellen befinden sich heute Stoff- und Handwerksläden, während im Obergeschoss ein Folklorekunstmuseum untergebracht ist (1 R$, 12–14 Uhr geschl.). Nicht allzu weit entfernt liegt der sehenswerte **Mercado Central** (Av Nepomuceno; tgl.). Auch einen Abstecher auf den Abendmarkt am Strand in Meireles (unweit des Club Náutico) wird man kaum bereuen.

Anreise & Unterwegs vor Ort

Busse fahren nach Natal (69–90 R$, 8 Std., 9-mal tgl.), São Luís (118 R$, 16 Std., 3-mal tgl.) und in andere Großstädte. Die meisten Verbindungen werden von Guanabará betrieben; beim Ticketkauf muss man sich auf lange Schlange gefasst machen.

Es verkehren auch Busse nach Canoa Quebrada (18,80 R$, 3½ Std., 5-mal tgl.); der Bus nach Canoa hält vor dem Albergue Atalaia in Iracema oder dem Club Náutico in Meireles, bevor er zum Busbahnhof kurvt. In Meireles kann man u. a. bei **Beach Point** Reisen mit klimatisierten Bussen buchen (40 R$), die Gäste direkt am Hotel absetzen.

Der Bus in Richtung Siqueira/Mucuripe (078, 1,60 R$) pendelt zwischen dem Busbahnhof, Iracema und Meireles hin und her.

Mehrere Fluglinien bieten Inlandsflüge vom Flughafen Fortaleza an. Es gibt auch Flugverbindungen nach Europa.

JERICOACOARA
0xx88 / 2000 Ew.

Jericoacoara („je-ri-qua-*qua*-ra" ausgesprochen, kurz: Jeri) ist wahrhaftig ein ganz spezieller Ort – das abgelegene Dorf kombiniert ein lebhaftes Nachtleben mit zahlreichen Aktivitäten und einer großen Auswahl an Restaurants. Das Dorf hat Sandstraßen und liegt an einem breiten grauen Strand mit einer riesigen gelben Sanddüne und grünen Hügeln dahinter. Die relaxte Atmosphäre verleitet Brasilianer wie Traveller oft dazu, länger zu bleiben als geplant. Sportler, die sich die Kraft des Windes zunutze machen, finden in Jeri die besten Voraussetzungen von ganz Südamerika vor. Auf den tollen Longboarding-Wellen kann man wunderbar surfen lernen.

Auch wenn es noch so verlockend ist, sollte man nicht barfuß umherspazieren, will man sich nicht lästige *bichos de pé* (Fußparasiten) einfangen. Es gibt unzählige Internetcafés (4 R$/Std.) und Wäschereien (ca. 9 R$/kg), aber keine Banken: Der nächste Geldautomat steht in Jijoca. Gehobenere *pousadas* und Restaurants akzeptieren Kreditkarten.

Orientierung

Jeri besteht aus sechs parallelen *ruas*, die zum Strand führen. Von der großen Sanddüne aus gesehen in Richtung Osten heißen sie: Nova Jeri, Dunas, São Francisco, Principal, Forró und Igreja.

Sehenswertes & Aktivitäten

Eine 3 km lange zauberhafte Wanderung führt zum Felsbogen **Pedra Furada**. Sehr empfehlenswert sind Buggy-Touren (40–80 R$) zu den umliegenden Dünen und Seen, z. B. zum **Lagoa do Paraíso**. Man kann Surf- und Windsportkurse belegen und die dazugehörige Ausstattung ausleihen. Der **Kite Club Preá** (3669-2359; www.kiteclubprea.com) veranstaltet großartige Kitesurfkurse. In der Abenddämmerung kann man an einem *capoeira*-Kreis (Kurse werden angeboten) am Strand teilnehmen.

Schlafen

Nachdem wir 100 *pousadas* gezählt hatten, gaben wir es auf: In Jericoacoara sollte man eine Bleibe finden. Das Niveau ist durchweg hoch – am besten schaut man sich einfach um und pickt sich eine heraus. In der Regenzeit (März–Juni) purzeln die Preise in den Keller und man bekommt Mittelklassehotels zu Schnäppchenpreisen. Hier ein paar Beispiele:

Pousada Tirol/Jericoacoara Hostel (☎ 3669-2006; www.jericoacoarahostel.com.br; São Francisco; B/DZ 36/80 R$) In der Nebensaison bekommt man in diesem zentralen Hotel ein eigenes Zimmer zum Preis eines Bettes im Schlafsaal. Aber auch in der Hochsaison sind die Zimmer ein echtes Schnäppchen. Die Schlafsäle sind geräumig und gehen auf einen geselligen Hof hinaus. Falls es einmal ausgebucht sein sollte: Es gibt auch Zelte. HI-Rabatt.

Pousada Isabel (☎ 3669-2069; www.jericoara.it; Forró 84; EZ/DZ 50/80 R$;) Das gemütliche Gästehaus liegt nur ein paar Schritte vom Strand entfernt und bietet kühle, in marinen Farbtönen gehaltene Zimmer. Man kann Surfkurse belegen und Surfbretter ausleihen. Genau hinschauen: Zwei Türen weiter gibt's noch eine andere *pousada* namens Izabel.

Pousada Bangalô (☎ 3669-2075; www.jericoara praia.com; Novo Jeri; EZ/DZ 60/80 R$;) Die rustikale, schöne *pousada* hat einen üppigen Garten. Die hohe Mauer schafft eine intime Atmosphäre.

Pousada Calanda (☎ 3669-2285; www.pousada calanda.com; Dunas; EZ/DZ 90/140 R$;) Exzellentes Gästehaus an der Dünenseite der Stadt mit niedlichen komfortablen Zimmern, die auf einen schönen Garten mit Hängematten, Strandliegen und Swimmingpool hinausgehen. In der Nebensaison zahlt man nur den halben Preis.

Essen & Ausgehen

Es gibt einfache Lokale, die billige *pratos feitos* anbieten, aber auch gute, auf Touristen eingestellte Restaurants mit leckeren Salaten, Holzofenpizzas und frischen Meeresfrüchten.

Zchopp (Principal; Sandwiches 3–6 R$) Nomen est omen: Hier gibt's köstliches, kühles Fassbier in vier ungewöhnlichen Geschmacksrichtungen. Das Zchopp hat den ganzen Tag geöffnet und serviert leckere, preiswerte Sandwiches.

Café Brasil (zw. Principal & São Francisco; leichte Gerichte 5–15 R$) Niedliches kleines Café serviert sehr guten Kaffee, *açaí* und leichte Gerichte.

Restaurante do Sapão (São Francisco; Gerichte 9–24 R$) Ein preiswertes Lokal mit täglichen Specials und einer langen Speisekarte mit allen möglichen Gerichten, darunter Sandwiches, Pizzas und Stachelrochen-Eintopf. Das Essen wird an Tischen unter einem riesigen Baum serviert.

Carcará (Forró; Gerichte für 1 Pers. 15–35 R$) Das ruhige Lokal liegt ein paar Blocks vom Zentrum entfernt und bietet das beste Essen der Stadt zu vergleichsweise billigen Preisen. Die einfallsreichen Fisch- und Fleischkreationen werden mit frischen Kräutern zubereitet und mit einem Lächeln serviert.

Planeta Jeri (Principal; 20 Uhr–open end) Sicher nicht die einzige Partylocation der Stadt, aber eine gute Adresse für den Start in den Abend. Dafür sorgen Caipirinhas, verwirrrend kleine Billardtische und eine lässige Surferatmosphäre. Vor dem Lokal stehen Stände, an denen Cocktails verkauft werden.

An- & Weiterreise

Die Schwierigkeiten, die einem bei der Anreise nach Jericoacoara bereiten kann, machen doch erst den Reiz des Ortes aus. Busse (www.redencaoonline.com.br) aus Fortaleza (38 R$, 7 Std., 2-mal tgl. 10.30 & 18.30 Uhr) halten vor dem Praiano Palace Hotel in Meireles und am Flughafen, bevor sie zum Busbahnhof fahren. Im Fahrpreis ist der ein- bis zweistündige Transfer in einem offenen Lastwagen mit Allradantrieb von Jijoca nach Jeri enthalten. Der Bus von Jeri nach Fortaleza startet um 14 und 22.30 Uhr vor der Pousada do Norte, wo auch die Tickets verkauft werden. Normalerweise verkehrt von Juli bis Februar noch ein weiterer Bus. Viele Fahrer bieten direkte Transfers für rund 100 R$ pro Person an. Es wird billiger, wenn man eine Fahrt mit zweistündigem Halt in Lagoa Paraíso bucht. Das Hotel Isalana Praia in der São Francisco in Jericoacoara hilft gern und gut beim Organisieren des Transfers nach Fortaleza.

Wer vom Westen her anreist oder in den Westen weiterfahren will, kommt über Camocim, das man mit dem Bus aus Parnaíba (16,40 R$, 2 Std., 2-mal tgl. 7.15 & 17.39 Uhr) erreicht. Von Camocim fahren Busse nach Jericoacoara (30 R$, 1½-3 Std.); sie starten montags bis samstags gegen 9 und 10.30 Uhr am Mercado Central. Ansonsten kann man auch einen Buggy von Camocim nach Jeri bzw. zurück nehmen – eine aufregende Sache. Im Buggy haben bis zu vier Personen Platz, die Fahrt kostet 150 bis 200 R$. Am Busbahnhof wird man oft von Buggyfahrern angesprochen – man sollte ihren Behauptungen, es verkehrten keine Busse mehr, keinen Glauben schenken. Wer allein unterwegs ist, geht zur Flussfähre in der Stadt und handelt mit den Fahrern einen Preis für die Überfahrt aus. Ein Lastwagen von Jeri nach Camocim startet montags bis samstags um 7 Uhr in der Rua Principal in Jeri; zwischen Camocim und Parnaíba verkehren Minibusse (25 R$, 10.30 Uhr).

Stündlich verkehren Busse zwischen Jeri und Jijoca (5 R$), dem nächsten Ort mit Geldautomaten.

PARNAÍBA
☎ 0xx86 / 141 000 Ew.

Die unscheinbare Hafenstadt Parnaíba an einer Flussmündung wird man wahrscheinlich auf dem Weg von oder nach Jericoacoara, Lençóis Maranhenses oder Sete Cidades passieren. Wenn man schon mal hier ist, sollte man einen Abstecher zum Porto das Barcas machen. In dem ruhigen und schön restaurierten Viertel direkt am Fluss haben sich Kunstgewerbeläden, Reisebüros, Cafés und Bars angesiedelt. Man kann auch eine Bootstour zum berühmten **Delta** unternehmen, einer 2700 km² großen Wasserlandschaft mit Inseln, Mangroven und einer vielfältigen Tierwelt.

Casa Nova Hotel (☎ 3322-3344; Praça Lima Rebelo 1094; EZ/DZ 50/50 R$, mit Klimaanlage 50/70 R$, ohne Bad 15/30 R$;) Das makellose Hotel bietet wirklich großartige Zimmer zu billigen Preisen. Die etwas teureren Zimmer haben Deckenventilatoren und ordentliche Bäder. Am Porto das Barcas befindet sich die **Pousada Porto das Barcas** (☎ 3321-2275; www.pousadaportodasbarcas.com.br; EZ/DZ 35/55 R$). Die charismatische Herberge hat Zimmer mit hohen Decken. Mittel gegen Moskitos und Moskitonetze kann man überall in der Stadt kaufen.

Parnaíba ist ein guter Ausgangspunkt für den Besuch der Lençóis Maranhenses (Kasten S. 389), den Nationalpark Sete Cidades (Kasten S. 385) oder Jericoacoara (S. 383).

Des Weiteren gibt es von Parnaíba Busverbindungen nach Fortaleza und São Luís.

SÃO LUÍS
☎ 0xx98 / 956 000 Ew.

Dank eines prächtigen kolonialen Stadtkerns, der die richtige Mischung aus verblasster Eleganz und schön restaurierten Gebäuden hinbekommt, darf sich São Luís als Juwel in der Krone Nordostbrasiliens betrachten. Gepflasterte Straßen sind von bunt gestrichenen und herrlich gefliesten Villen gesäumt und zählen meistens zum Unesco-Weltkulturerbe. Selbst einige der Verkehrsampeln sind mit den typischen portugiesischen Keramik-*azulejos* gefliest. Die reiche folkloristische Tradition der Stadt wird mit farbenprächtigen Festen zelebriert. Überdies ist São Luís auch die Reggae-Hauptstadt Brasiliens.

Orientierung
São Luís wird vom Rio Anil in zwei Halbinseln unterteilt. Auf der südlichen Halbinsel befin-

---

ABSTECHER

Es lohnt sich durchaus, die Küste für einen Tag zu verlassen, um den kleinen **Parque Nacional de Sete Cidades** (8–17 Uhr) zu erkunden; von Parnaíba aus ist er problemlos in einem Tagesausflug zu erreichen. Den Namen „Sieben Städte" verdankt er bizarren, spektakulären geologischen Formationen, die Forscher im 19. Jh. für die Überreste von Palästen und Festungen einer untergegangenen oder außerirdischen Zivilisation hielten.

Am Park angekommen, geht man zuerst ins Besucherzentrum. Hier bekommt man einen obligatorischen Führer, der einen zu Fuß (40 R$, 4–5 Std.), per Rad (25 R$ plus 2 R$ pro Leihrad & Std., 3–4 Std.) oder mit dem Auto (d.h., das Taxi, mit dem man unterwegs ist; 20 R$, 2–3 Std.) durch den Park führt. Man sieht allerlei seltsame, wundervolle Sandsteinformationen mit fantasievollen Namen, aber auch Felswände mit wunderschönen Malereien, die 3000 bis 10 000 Jahre alt sind. Auch die vielen Schattenplätze ändern nichts daran, dass es hier sehr heiß ist. Man sollte Wasser, Sonnenschutz, Wanderschuhe (auch für die Autofahrt) und Insektenspray dabei haben. Im Park gibt's zwei natürliche Schwimmbecken zum Abkühlen; eine davon liegt an einem Wasserfall.

Die beiden nächstgelegenen Städte, Piracuruca und Piripiri, liegen je 20 km vom Nord- und Südeingang des Parks entfernt. Beide Orte erreicht man mit dem Bus von Parnaíba nach Teresina (7-mal tgl., 22 R$ & 2¼ Std. nach Piracuruca, 26 R$ & 2¾ Std. nach Piripiri). Von Piripiri aus fährt zudem nachts ein Bus nach Fortaleza und São Luís. In beiden Städten gibt's gute *pousadas;* unweit vom Südeingang des Parks liegen zwei Hotels. Von den beiden Städten aus kann man auch ein Taxi zum Park nehmen. Im Fahrpreis von 70 bis 80 R$ sind die Erkundungsfahrt durch den Park und die Rückfahrt zur Stadt enthalten, jedoch nicht die Gebühr für den Führer. Mit einem Mototaxi zahlt man das Doppelte. Wer ohnehin in Piracuruca auf den Bus wartet, sollte sich einen Block weiter die *praça* mit der wunderschönen Barockkirche aus dem 18. Jh. anschauen.

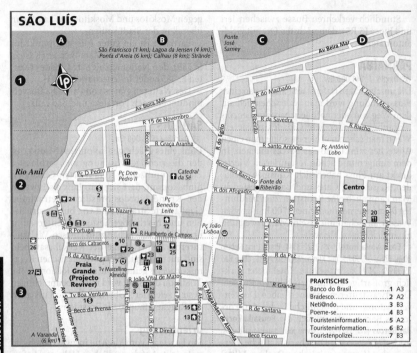

det sich das Zentrum, das auf einem Hügel oberhalb des historischen Stadtkerns Praia Grande (alias Projecto Reviver) liegt. Viele Straßen haben hier mehrere Namen. Auf der Nordhalbinsel liegen wohlhabende Vororte (São Francisco) und Stadtstrände (Calhau).

Praktische Informationen

Banco do Brasil (Travessa Boa Ventura) Geldautomat.
Bradesco (Av Dom Pedro II) Geldautomat.
Neti@ndo (Vital de Matos 48; 2,50 R$/Std.) Internetzugang bis 23 Uhr.
Poeme-se (Humberto de Campos; 2,50 R$/Std.) Cooler, portugiesisch geführter Secondhand-Buchladen mit Internet.
Touristeninformation (☎ 3212-6211; www.turismo.ma.gov.br; Praça Benedito Leite; 8–19 Uhr) Verteilt kostenlose Stadtpläne und informiert über die Abfahrtszeiten von Booten und Bussen. Weitere Filialen befinden sich in der nahe gelegenen Portugal 165 (gleiche Öffnungszeiten), am Busbahnhof und am Flughafen.
Touristenpolizei (☎ 190; Ecke Estrela & Alfândega)

Sehenswertes & Aktivitäten

Im Rahmen des Projeto Reviver (Projekt Wiederbelebung) wurde das historische Zentrum restauriert, in dem sich heute Regierungsbüros, Kunstgewerbeläden, Galerien, Kulturzentren, *pousadas*, Restaurants und Bars befinden. Im Herzen der Altstadt liegt der **alte Markt**, ein kurioser Ort, an dem man zahlreiche Stände findet, die getrocknete Shrimps, Bohnen, Souvenirs und Hochprozentiges aus der Region verkaufen.

In der Altstadt ist die **Casa do Maranhão** (Trapiche; Di–So 9–19 Uhr) einen Besuch wert, die zahlreiche Informationen für Touristen bereithält. Im Obergeschoss werden Kostüme des regionalen Festivals Bumba Meu Boi ausgestellt. In der **Casa do Nhozinho** (Portugal 185; Di–So 9–19 Uhr) befindet sich eine Ausstellung mit Utensilien aus Maranhão, darunter grazile Fischreusen aus Holz und Kinderspielzeug, das aus Müll hergestellt wurde.

Die lokalen Strände sind breit und flach; bei Flut verschwinden manche sogar völlig. An den Wochenenden kommen viele Einheimische zum windigen **Praia do Calhau**.

Festivals & Events

Karneval Ein großes Event in São Luís; Februar/März.
São João & Bumba Meu Boi Die beiden Feste werden kombiniert gefeiert und finden von Anfang Juni bis zur

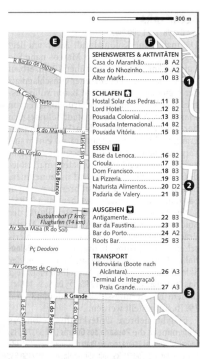

zweiten Augustwoche statt. Bumba Meu Boi geht auf eine Legende zurück, in deren Mittelpunkt Tod und Wiederauferstehung eines Ochsen stehen. Gefeiert wird mit viel Musik, Tanz und Theater. Ganzjährig finden regelmäßig Proben statt, bei denen man einen Vorgeschmack auf das eigentliche Fest bekommt. Die Touristeninformation erteilt Auskünfte zu Probeorten und -zeiten.

Marafolia Karneval im Salvador-Stil; steigt Mitte Oktober.

Schlafen

Hostel Solar das Pedras (☎ 3232-6694; www.ajsolardaspedras.com.br; Palma 127; B 20 R$, EZ ohne Bad 45 R$, DZ 60 R$) Hostel mit guten Einrichtungen, geräumigen Schlafsälen und Schließfächern. Plus: Es ist in einem restaurierten Kolonialgebäude mit unverputzten Mauern untergebracht. Minus: Die unmotivierten Angestellten drücken auf die Stimmung. HI-Rabatt.

Pousada Internacional (☎ 3231-5154; Estrela 175; EZ/DZ ohne Bad 25/40 R$) Die freundliche, familiengeführte *pousada* liegt im attraktiven Altstadtkern – sie ist die beste unter den günstigen Unterkünften in São Luís. Die ganze Herberge hat Parkettfußböden. In den Zimmern und auf den Gängen hängen bunte Wandgemälde. Zimmer ohne Fenster kosten etwas weniger – vielleicht spart man aber besser an anderer Stelle.

Lord Hotel (☎ 3221-4655; Nazaré 258; EZ/DZ 50/65 R$, mit Klimaanlage 65/80 R$, ohne Bad 35/50 R$; ❄) Die einst elegante Unterkunft müsste dringend renoviert werden. Die Betten sind jedoch gemütlich, die Zimmer haben Warmwasser und Minibars und die Lage ist großartig. Vor dem Einchecken sollte man sich ein paar Zimmer ansehen; manche Bäder sind gruselig.

Pousada Vitória (☎ 3231-2816; Pena 98; DZ mit Ventilator/Klimaanlage 70/80 R$; ❄) Wenn möglich sollte man ein Kissen in die freundliche Unterkunft mitbringen – manche Zimmer, die auf den Innenhof hinausgehen, sind in der Regenzeit etwas muffig. Eine gute Wahl.

Pousada Colonial (☎ 3232-2834; www.clickcolonial.com.br; Pena 112; EZ/DZ 96/117 R$; ❄) Noble Korridore und unauffällige Eleganz charakterisieren die restaurierte Altstadtvilla. Die Zimmer können zwar nicht mit dem stilvollen Ambiente mithalten, haben aber frische Bettwäsche und mitunter einen tollen Blick auf die Altstadt. Gute Sondertarife.

Essen

Padaria de Valery (Giz 164; Gebäck 1–3 R$; ❂ So geschl.) Die Bäckerei in französischer Hand verkauft leckeres Gebäck, Croissants, Quiches und geniales Brot.

Dom Francisco (Giz 155; mittags 19 R$/kg, Hauptgerichte 15–19 R$; ❂ So geschl.) Hübsches, humorvoll geführtes Restaurant mit ausgezeichneten, günstigen Gerichte, u. a. *carne de sol* (von der Sonne getrocknetes Rindfleisch) mit leckeren frittierten Maniokstückchen. Es gibt auch ein preiswertes Mittagsbuffet und abends täglich wechselnde Specials für 10 R$.

Base da Lenoca (Praça Dom Pedro II; Hauptgerichte für 2 Pers. 18–44 R$) In dem Lokal mit Flussblick kann man hier Bier und Seafood genießen. Viele Regierungsbeamte essen hier zu Mittag.

Crioula (Ecke Giz & Vital de Matos; pro kg 21 R$; ❂ So geschl.) Das beliebte Lokal hat hohe Decken und eine Mauer, die mit einem fröhlichen Wandgemälde verziert ist. Das Tagesgericht kostet 6 R$; am Buffet gibt's gute, traditionelle Eintöpfe.

A Varanda (Rego 185, Monte Castelo; Hauptgerichte für 2 Pers. 30–50 R$; ❂ So geschl.) Die schöne Terrasse und die köstlichen Gerichte mit Shrimps, Fisch und Rindfleisch entschädigen für den langsamen Service. Vom Terminal de Integração nimmt man den Bus mit Ziel Vicente Fiaro oder Santa Clara, steigt bei CEFET aus und biegt an der ersten Straße nach rechts ab. Der Ausflug ist es wirklich wert.

Auch empfehlenswert:

La Pizzeria (Giz 129; Pizza 11–26 R$; ☻ abends) Beliebtes und attraktives Pizzalokal in der Altstadt.

Naturista Alimentos (Sol 517; 17 R$/kg; ☻ Mo–Fr mittags) Gutes vegetarisches Mittagessen.

Ausgehen & Unterhaltung

An den Wochenenden wird in den Bars in der Travessa Marcellino Almeida lautstark Reggae gespielt. Die Leute trinken ihr Bier auf der Straße und man weiß nie, aus welcher Bar sie es haben. Die **Bar da Faustina** ist ein beliebter Klassiker; in der nahegelegenen **Roots Bar** (Palma 86; ☻ Mi–Fr 18–2 Uhr) wird guter Reggae gespielt.

Antigamente (☎ 3232-3964; Estrela 220; ☻ Mo–Sa 11–1 Uhr) Zwar sehr touristisch, aber der abendliche Trubel auf der Terrasse wird einen dazu bewegen, sich hinzusetzen und die Atmosphäre von São Luís in sich aufzusaugen. Das Bier wird in Eiskübeln serviert und die Caipis fetzen – am besten probiert man einen, der mit *tiquira* (Maniokschnaps) zubereitet wurde. Es gibt eine lange Speisekarte mit guten Gerichten (Gerichte für 2 Pers. 25–40 R).

Bar do Porto (Trapiche 49; ☻ Mo–Sa ab 17 Uhr) Diese zwanglose Bar in der Nähe der Bootsanlegestelle hat eine Plastikterrasse mit Blick auf das Wasser. Richtig voll wird es, wenn freitags nachts im höhlenartigen Inneren die Live-Reggaekonzerte steigen.

Anreise & Unterwegs vor Ort

Busse verkehren nach Belém (89–109 R$, 12 Std., 4-mal tgl.), Barreirinhas (29 R$, 4 Std., 5-mal tgl.) und Fortaleza (118 R$, 16 Std., 3-mal tgl.). Fernbusse starten am Busbahnhof 8 km südöstlich des Zentrums (Taxi 17 R$ oder Bus 903 von der Altstadt, 1,80 R$).

Leser berichteten von bewaffneten Überfällen in den Nachtbussen zwischen São Luís und Belém; vielleicht sollte man die Strecke besser fliegen.

Der Flughafen São Luís liegt 15 km südöstlich des Zentrums. Es werden auch ein paar Flüge nach Europa angeboten.

São Luís hat etwas, das in Brasilien sehr selten ist: einen funktionierenden Bahnhof. Es gibt nur eine Zuglinie, die montags, donnerstags und samstag um 8 Uhr nach Marabá fährt (14 Std. Rückfahrt am nächsten Tag). Tickets kosten 30/68 R$ für 2./1. Klasse. Von Marabá kann man nach Santarém am Amazonas oder gen Norden nach Belém reisen.

ALCÂNTARA

☎ 0xx98 / 21 000 Ew.

Die malerische Kolonialstadt Alcântara liegt gegenüber der Baía de São Marcos nahe São Luís. Alcântara wurde im frühen 17. Jh. erbaut und war lange ein bedeutender Umschlagplatz der regionalen Zucker- und Baumwollindustrie. Hier lebten die reichen Grundbesitzer von Maranhão. Außerhalb der Stadt befindet sich der Sitz des brasilianischen Weltraumprogramms. Man kann Alcântara auf einem unvergesslichen Tagesausflug besuchen. Es gibt zwei Banken mit Geldautomaten, man ist jedoch besser beraten, Bargeld mitzunehmen. Sehr hilfreich ist der Stadtführer, den man in São Luís oder Alcântara erwerben kann (6 R$).

Die Straßen auf dem höchsten Punkt der Stadt säumt wunderbare Architektur. An der Praça de Matriz, in der Nähe einer malerischen Kirchenruine, befindet sich ein **Pelourinho** („Pranger"), der an die grausame Zeit der Sklavenhaltung erinnert. Am selben Platz liegt das **Museu Histórico** (Eintritt 2 R$; ☻ Di–So 9–14 Uhr), in dem Erinnerungsstücke aus dem 18. und 19. Jh. ausgestellt werden.

Es gibt mehrere Unterkünfte; besonders charmant ist die **Pousada dos Guarás** (☎ 3337-1339; pousadadosguaras@terra.com.br; Praia da Baronesa; EZ/DZ/3BZ mit Ventilator 35/60/75 R$, mit Klimaanlage 65/85/100 R$; ☒). Sie liegt direkt am Strand (in der Regenzeit ist sie mit dem Boot erreichbar) und ist von Mangroven umgeben, in denen Scharlachibisse leben. Die schönen, individuellen Hütten befinden sich in einem Garten mit Kokosnusspalmen. Sie sind sauber und haben Moskitonetze; vor jeder Hütte hängt eine Hängematte. Man sollte Insektenspray mitnehmen. Die Restaurants auf der Insel servieren nicht gerade günstige Gerichte. Zum Mittagessen kann man ins **Cantaria** (Largo do Desterro; Gerichte für 2 Pers. 25–40 R$; ☻ 10–16 Uhr) gehen; das Lokal ist fantastisch dekoriert, hat einen großartigen Blick aufs Wasser zu bieten und liegt neben einer Kapelle. Man sollte auch einmal die Adresse Rua das Mercés 401 ansteuern und dort *doce de especie* probieren, eine lokale Keksspezialität, die aus Kokosnüssen und dem Saft von Orangenbaumblättern hergestellt wird.

Boote nach Alcântara (Hin- & Rückfahrt 24 R$, 1 Std., tgl. 7 & 9.30 Uhr, Rückfahrt 8.30 & 16 Uhr) starten vom *hidroviária* (Bootsterminal) in São Luís, bzw. bei Ebbe vom Praia Ponta d'Áreia (die Busfahrt vom *hidroviária* ist im Preis inbegriffen). Man kann die langsame, holprige Überfahrt auch

ALTERNATIVE ROUTE

Zwischen Parnaíba und Barreirinhas zu reisen, bedeutet, auf einer Holzbank über eine holprige Piste an Sanddünen, isolierten Dörfern und herrlicher Landschaft vorbeizurattern. Ein grandioses Abenteuer! Von Parnaíba aus verkehren fünfmal wöchentlich und zweimal sonntags Busse nach Tutoía (14 R$, 2¼ Std.). Von Tutoía aus fahren montags bis samstags um 10 und 17.30 und sonntags um 16 Uhr offene Geländefahrzeuge nach Paulinho Neves (8 R$, 1½ Std.). Die Fahrt im Geländewagen nach Barreirinhas (13 R$, 2–3 Std.) ist etwas rauer und landschaftlich schöner; in der Regenzeit muss man wahrscheinlich durch schlammige Pfützen waten und/oder das Fahrzeug aus Schlammpfützen ziehen. Abfahrt montags bis samstags um 6 und 12.30 Uhr, sonntags nur um 6 Uhr.

Von Barreirinhas verkehren um 9 und 16 Uhr Busse nach Paulino Neves; von dort aus kann man in den zeitlich abgestimmten Bus nach Tutoía umsteigen. In Paulino Neves (und Tutoía) gibt's *pousadas* und zu Fuß erreichbare Sanddünen.

Reisebüros in Barreirinhas bieten Direkttransfers über die landschaftlich schöne Route nach Jericoacoara für 250 R$ pro Person (min. 3 Pers.) an. Die Fahrt dauert acht bis zehn Stunden.

---

mit einem Katamaran oder anderen Segelbooten machen. Einen Tag vor der Abreise sollte man sich unbedingt am Bootsanlegesteg über die oft variierenden Fahrzeiten informieren. Nicht nur Vogelfreunde sollten nach den Scharlachibissen Ausschau halten.

PARQUE NACIONAL DOS LENÇÓIS MARANHENSES

Der spektakuläre Nationalpark ist 1500 km² groß und besteht aus hügeligen, weißen Dünen. Am besten besucht man ihn von März bis September, wenn das Regenwasser zwischen den Sandhügeln kristallklare Seen bildet. Hauptattraktion ist die Stadt Barreirinhas, die wunderschön an einer Flussbiegung liegt. Zahlreiche Reiseagenturen bieten von hier aus vier- bis fünfstündige Jeep-Touren zum Rande des Parks an (50 R$, Abfahrt normalerweise tgl. 9.45 & 14 Uhr); motorisierte Fahrzeuge haben keinen Zugang zum Park. Von hier läuft man nur eine kurze Strecke bis zu den Dünen; man sollte Strandkleidung tragen, denn hier kann man sich wunderbar sonnen und schwimmen. Wer tiefer in den Park vordringen will, kann unvergessliche zwei- oder dreitägige Wanderungen buchen oder eine halbe Stunde lang über den Park fliegen (160 R$/Pers.).

Auch von Barreirinhas kann man einen Tagesausflug in den Park unternehmen (60 R$). Oder man fährt mit der täglichen Fähre (5 R$) stromabwärts zu den entlegenen Dörfern Atins und Caburé. Von diesen ruhigen Orten hat man Zugang zu den Dünen; es werden verschiedene Aktivitäten angeboten und man kann in friedlichen *pousadas* übernachten.

Barreirinhas hat eine **Banco do Brasil** (Av Carvalho) mit einem Visa-Geldautomaten. Ein paar Meter weiter befindet sich **Net Point** (Av Carvalho 693; 3 R$/Std.). In der Stadt und ihrer Umgebung gibt's viele *pousadas*. Die **Pousada do Porto** (0xx98-3349-1910; Anacleto de Carvalho 20; EZ/DZ 30/60 R$, mit Klimaanlage 35/70 R$;) ist eine herzliche, saubere und preiswerte Bleibe; man sollte sich ein Zimmer mit Flussblick geben lassen. **Marina Tropical** (Praça do Trabalhador; Mittags 23 R$/kg; mittags & abends) bietet köstliche Mittagsgerichte an, darunter Pizzas und Speisen in beschilderten Tontöpfen. Abends gibt's noch mehr Gerichte und Livemusik (*forró*). Am nahegelegenen Fluss findet man gute Fischrestaurants. In der Stadt versucht eine kleine Armee junger Mittelsmänner, sämtliche Bedürfnisse der Touristen zufriedenzustellen. Sie arbeiten auf Provisionsbasis – wenn man weiß, was man will, sind sie tatsächlich hilfreich.

Von Barreirinhas kann man problemlos nach Parnaíba und Jericoacoara reisen (s. Kasten oben). Zwischen São Luís und Barreirinhas verkehren fünfmal täglich Busse (29 R$, 4 Std.). Auch Minibusse und Gemeinschaftstaxis (35–40 R$) fahren diese Route.

DER NORDEN

Wer an den Amazonas denkt, stellt sich einen romantischen, fast schon mystischen Ort vor, hat aber leider auch nur allzu reale Bilder im Kopf. Die Zukunft des riesigen, aus Flussläufen und Regenwäldern bestehenden Gebietes, der grüne Lunge unseres Planeten, geht uns alle an.

Allein die Zahlen sind unfassbar: Das Amazonasbecken umfasst eine 6 Mio km² große Fläche, knapp über die Hälfte davon befindet sich in Brasilien. Das Gebiet umfasst 17 % der weltweiten Trinkwasserreserven und der Hauptfluss transportiert in seinem Mündungsgebiet 12 Mrd. l pro Minute!

In den weitläufigen Wäldern kann man immer noch eine erstaunlich vielfältige Tier- und Pflanzenwelt beobachten, doch sollte man sich dessen bewusst sein, nur selten Jaguare oder Anakondas zu Gesicht zu bekommen. Dennoch ist ein Regenwaldtrip eine wertvolle Erfahrung: Man kann die Tier- und Pflanzenwelt kennenlernen und beobachten, wie die lokalen Stammesgemeinden sich an die Wasserwelt angepasst haben. Touren von Manaus sind beliebte, aber bei Weitem nicht die einzigen Optionen, das Amazonasbecken zu bereisen. Auch Belém, die größte Stadt am Amazonas, ist ein möglicher Startpunkt für die Erkundung der Region, für die man viel Zeit mitbringen sollte. Auch die ruhigen, weißen Sandstrände von Alter do Chão sind einen Zwischenstopp auf dem Weg flussaufwärts wert.

Anreise & Unterwegs vor Ort

Es gibt nur wenige Busverbindungen in den Norden, die wichtigsten Verkehrswege der Region sind die Flüsse. Flüge sind meist doppelt so teuer wie Bootsfahrten, man sollte sich aber nach Sonderangeboten erkundigen.

BELÉM

☎ 0xx91 / 1,4 Mio

Das wohlhabende Belém hat eine kulturelle Raffinesse, die man von einer derart von der Außenwelt abgeschnittenen Stadt nicht erwartet. Der Reichtum der Stadt stammt von ihrer Funktion als Tor zum Amazonas – ob Holz oder Sojabohnen, sämtliche Produkte passieren erst Belém, bevor sie auf den Markt kommen.

Seit Kurzem investiert Belém auch in den Tourismus, fantastische Gebäude und Attraktionen sind so entstanden. Ob man in Ruhe über die von Mangobäumen gesäumten Boulevards spaziert oder die Kunst- und Musikszene der Stadt erkundet – Belém hat mehr zu bieten als die meisten Großstädte Brasiliens. Den Besuch dieser attraktiven Stadt wird man jedenfalls so schnell nicht vergessen.

Orientierung

Der Comércio liegt zwischen der Av Presidente Vargas und Av Portugal und ist ein kompaktes Geschäftsviertel, das tagsüber laut und belebt, nachts hingegen menschenleer ist. In der ruhigen Cidade Velha (Altstadt) befinden sich die meisten historischen Gebäude. Östlich des Zentrums liegt das wohlhabende Nazaré mit eleganten Geschäften und Restaurants.

Praktische Informationen

Estação das Docas (Av Castilho Franca) Hier finden sich ein Internetcafé, Geldautomaten, eine Polizeistation, ein Buchladen, ein Wechselbüro und eine Reiseagentur.
Hospital Adventista (☎ 3084-8686; Av Almirante Barroso 1758)
HSBC (Av Presidente Vargas 670 & João Diogo 140) Geldautomaten.
Paratur (☎ 3212-0575; www.paraturismo.pa.gov.br; Praça Waldemar Henrique; ☻ Mo–Fr 8–18 Uhr) Das Büro am Flughafen ist hilfreicher.
Porão Virtual (Barata 943; pro Std. 2 R$) Internetzugang.
Touristenpolizei (Estação das Docas)

Gefahren & Ärgernisse

Wenn im Comércio wenig los ist – also nachts und sonntags –, ereignen sich immer wieder Raubüberfälle. Mit einem Taxi ist man dann besser beraten. Auf dem Mercado Ver-o-Peso sind viele Taschendiebe unterwegs.

Sehenswertes & Aktivitäten

Die Cidade Velha erstreckt sich rund um den Praça Brandão und wird von der **Kathedrale** dominiert. Die **Forte do Presépio** (Eintritt 2 R$; ☻ 10–18 Uhr) wurde im 17. Jh. von den Portugiesen erbaut, nachdem sie die Holländer und Franzosen aus dem Land vertrieben hatten. In der Festung befinden sich zahlreiche Kanonen und ein ausgezeichnetes Archäologiemuseum mit großartigen, kunstvoll präsentierten Keramikarbeiten. Am Platz befindet sich auch das **Museu de Arte Sacra** (Eintritt 2 R$; ☻ 10–18 Uhr), das in einer früheren Jesuitenschule untergebracht ist und eine lohnende Sammlung religiöser Holzkunstwerke umfasst. Das Café hat Gartenplätze. Gegenüber, in der schönen **Casa das Onze Janelas** (☻ 10–18 Uhr), finden regelmäßig Ausstellungen zeitgenössischer lokaler Künstler statt.

Die ruhige Atmosphäre hier steht im starken Kontrast zum Trubel auf dem nahe gelegenen **Mercado Ver-o-Peso** (☻ Mo–Sa, 7.30–18, So 7.30–13 Uhr). Hier weht einem der Duft von Heilkräutern und getrockneten Shrimps in die Nase, die Händler verkaufen zudem tropische Früchte und Fische aus dem Fluss. In einem der beiden historischen Gebäude gibt's eine kleine, kostenlose Ausstellung über die Kultur der indigenen Völker.

Nebenan befindet sich der **Estação das Docas** (Av Castilho Franca; 9–13 Uhr), eine Art geschlossene Wohnanlage mit wunderschönen, langen Häusern am Fluss, in denen heute öffentliche Einrichtungen wie ein Internetcafé, Geldautomaten, ein Wechselbüro, die Touristenpolizei und teure, aber ausgezeichnete Restaurants untergebracht sind. Unter den gelben Ladebäumen kann man wunderbare Spaziergänge machen.

Das zentral gelegene **Theatro da Paz** (Praça da República; Eintritt 4 R$, Mi frei; Touren stündl. Mo–Fr 9–17, Sa 9–13 Uhr) ist eines der schönsten Gebäude aus der Zeit des Kautschukbooms. Wer keinen Platz mehr für eine Vorstellung bekommt, sollte am geführten Rundgang durch das noble Bauwerk teilnehmen.

Die 1909 erbaute **Basílica de NS de Nazaré** (Praça da Basílica, Nazaré; 6–20 Uhr) hat eine üppige, kunstvolle Marmoreinrichtung. Hier befindet sich auch eine kleine Darstellung der Jungfrau von Nazaré, eine wundertätige Statue, die angeblich in Nazareth hergestellt wurde.

Direkt am Fluss befindet sich der kleine, entspannende Park **Mangal das Garças** (Praça do Arsenal; pro Sehenswürdigkeit 2 R$, alle Sehenswürdigkeiten 4 R$; Di–So 9–18 Uhr). Hier leben unzählige Vögel, darunter Scharlachibisse. Ferner gibt es ein Schmetterlingshaus, einen Aussichtsturm, ein Marinemuseum, ein Restaurant und einen hübschen Geschenkeladen.

Bosque Municipal Rodrigues Alves (Av Barroso; 2 R$; Di–So 8.30–17 Uhr) Ein 15 ha großer, dichter Regenwald im Stil eines alten botanischen Gartens. Hier sind Aras, Nasenbären, Affen und die größten Wasserlilien der Welt zu Hause.

REISEN AUF DEM FLUSS

Flussreisen sind ein einzigartiges Amazonasabenteuer. Bevor man sich diesem stellt, sollte man aber wissen, dass die meisten Boote langsam und überfüllt, oft muffig und stinkend, manchmal düster und nie komfortabel sind. Wer forró-Musik liebt, wird sie nach dieser Reise hassen! Zum Glück sind die Brasilianer freundlich und das Flussleben interessant. Hier einige Tipps:

- Wer stromabwärts reist, kommt weitaus schneller voran – dafür schippern die Boote stromaufwärts näher am idyllischen Flussufer entlang.

- Vor der Abfahrt dümpeln die Boote oft mehrere Tage lang im Hafenbecken – bevor man sich für eines entscheidet, sollte man die Qualität des Bootes überprüfen.

- Die Preise variieren kaum. Tickets kauft man am besten an Bord oder an offiziellen Ständen in den Hafengebäuden. Straßenhändler versprechen zwar Rabatte, hauen einen aber vielleicht übers Ohr.

- Normalerweise können *camarotes* (Kabinen) gebucht werden, die zusätzliche Privatsphäre und Sicherheit bieten. Man sollte sicherstellen, dass die Kabinen einen Ventilator oder eine Klimaanlage haben. *Camarotes* sind normalerweise genauso teuer wie ein Flug.

- Man sollte seine Hängematte ein paar Stunden vor der Abfahrt aufhängen (gibt's auf jedem Markt für 10–40 R$, Stricke nicht vergessen!). Es gibt normalerweise zwei Decks für Hängematten; am besten sucht man sich einem Platz auf dem Oberdeck (über den Motoren) und fern der stinkenden Toiletten aus. Andere Reisende werden ihre Hängematten wahrscheinlich über oder unter der eigenen anbringen. Mitunter übernehmen Hafenarbeiter gegen ein kleines Trinkgeld die Befestigung der Hängematte: Ein Angebot, das man annehmen sollte, wenn man sich nicht mit Knoten auskennt.

- Man sollte einen Regenmantel oder Poncho, Bettwäsche oder eine leichte Decke, Klopapier und Durchfall-Tabletten mitnehmen.

- Die Verpflegung (im Preis enthalten) besteht größtenteils aus Reis, Bohnen und Fleisch, Wasser oder Saft. Man sollte ein paar Liter abgefülltes Wasser, Obst und Snacks mitbringen. Auf dem Oberdeck befindet sich meistens eine Snackbar.

- Man sollte stets sein Gepäck im Blick behalten, besonders vor und während der Stopps. Die Reißverschlüsse verschließen und den Rucksack in einer Plastiktasche aufbewahren. Wertgegenstände immer bei sich tragen.

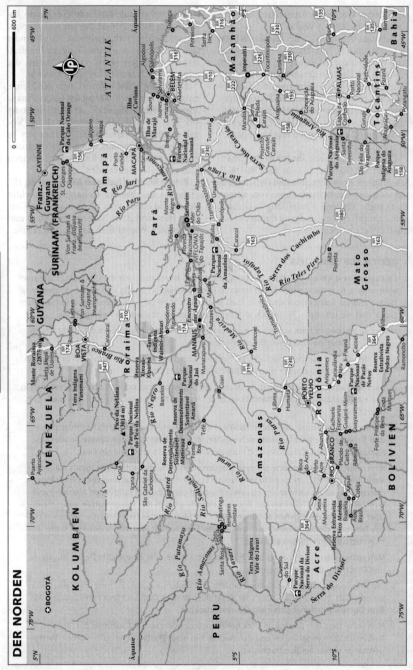

BELÉM

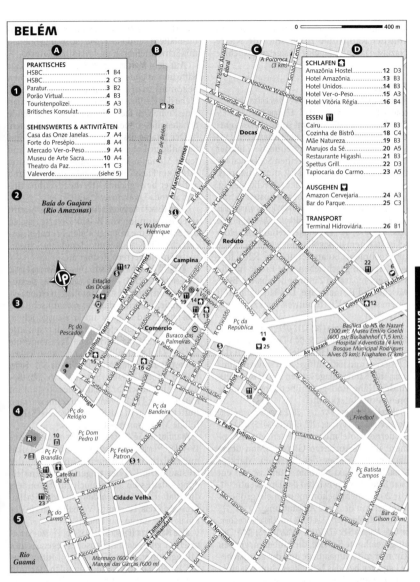

Im **Museu Emílio Goeldi** (Av Barata; Park, Aquarium & Museum je 4 R$; Di–So 9–17 Uhr, Ticketbüro unter der Woche 11.30–14 Uhr geschl.) werden Schlangen, Raubkatzen, Seekühe, Krokodile und andere Tierarten aus der Amazonasregion in einem wunderschönen Regenwald ausgestellt. Es gibt auch ein Aquarium und ein gutes Museum zur indigenen Kultur.

Valeverde (3212-3388; Estação das Docas) bietet Bootstouren zur Beobachtung von Wildtieren und Abendrundfahrten mit Liveprogramm an. Die Ausflüge kosten ab 25 R$ pro Person.

Festivals & Events

Beim **Círio de Nazaré**, das am zweiten Sonntag im Oktober stattfindet, ziehen 1 Mio. Menschen mit der Figur der Jungfrau von Nazaré von der Kathedrale zur Basílica de NS de Nazaré. Darauf folgt eine riesige zweiwöchige Sause.

Schlafen

Hotel Amazônia (☎ 3222-8456; www.amazoniahostel.com; Ó de Almeida 548; B 13 R$, EZ ohne Bad 18 R$, EZ/DZ/3BZ/4BZ 25/40/55/70 R$) Man sollte dieses zentrale Hotel nicht mit dem gleichnamigen Hostel verwechseln. Es bietet einfache Zimmer mit dünnen Wänden und einen Schlafsaal für bis zu zehn Personen. Es ist nicht luxuriös, aber auf Traveller eingestellt und recht günstig. Frühstück und Internetzugang kosten extra.

Amazônia Hostel (☎ 4008-4800; www.amazoniahostel.com.br; Av Gov José Malcher 592; B/EZ/DZ/3BZ 32/60/80/110 R$; ✱) Das helle, freundliche Hostel ist in einem liebevoll renovierten Gebäude untergebracht. Solarenergie und Recycling werden groß geschrieben. Die Preise für die sicheren, separaten Zimmer beinhalten Bettwäsche und Klimaanlage. Das Hostel liegt in einem sicheren Viertel unweit vom Zentrum. HI-Rabatt.

Hotel Vitória Régia (☎ 3212-0793; Travessa Frutuoso Guimarães 260; EZ/DZ 40/45 R$; ✱) Das etwas abgewetzte, aber nette Hotel liegt im Herzen des Comércio und hat muffige, aber saubere Zimmer; mit Klimaanlage kosten sie 10 R$ mehr. In der Nähe und gegenüber gibt's weitere preiswerte Unterkünfte.

Hotel Ver-o-Peso (☎ 3241-2022; www.hotelveropeso.com.br; Blvd. Castilhos França 208; EZ/DZ 65/80 R$; ✱) Ein modernes Hotel mit preiswerten, guten Zimmern und dekorierten Gängen. Man übernachtet gegenüber des belebten Marktes – nachts ein Taxi nehmen – und ist nur ein paar Schritte vom Estação das Docas entfernt. Für 20 R$ mehr bekommt man ein größeres Zimmer mit besserer Ausstattung

Hotel Unidos (☎ 3224-0660; www.hotelunidos.com.br; Ó de Almeida 545; EZ/DZ/3BZ 70/82/105 R$; ✱) Der ausgezeichnete Service, die sauberen, großen Zimmer mit Klimaanlage und die gute, sichere Lage machen das Mittelklassehotel zu einer guten Wahl. Überdies gibt's einen großen Frühstücksbereich, eine Minibar, Duschen mit warmem Wasser und einen kostenlosen, flotten Internetzugang.

Essen

Belém ist bekannt für *pato no tucupi* (Ente in Maniokjus und einer prickelnder Sauce aus Jambu-Blättern), *tacacá* (eine klebrige Suppe aus Maniok, getrockneten Shrimps und Jambu-Blättern) und *maniçoba* (schwarze Bohnen mit Schweinefleisch und Maniokblättern).

Auf dem **Mercado Ver-o-Peso** gibt's günstige Säfte und *salgados* (1 R$). Mit etwas Feilschen bekommt man *pratos feitos* für 4 bis 5 R$. Nahe der Basílica de NS de Nazaré findet man eine Reihe von **Tacacá-Ständen**, die dampfende Schalen dieser Spezialität für 4 R$ verkaufen.

Der **Estação das Docas** ist ein Komplex mit unzähligen Lokalen, die Mittagsbuffets und teure Menüs à la carte anbieten. Man sitzt direkt am Fluss (im Freien oder drinnen), und auf einer beweglichen Overhead-Bühne finden abends Livekonzerte statt.

Cairu (Estação das Docas; 3 R$/Tüte) Das Restaurant ist eine Institution von Belém. Diverse Filialen bieten Eiscreme mit regionalen Früchten, anspruchsvolle Klassiker und dekadente Schlemmereien wie Ferrero Rocher an.

LP Tipp Cozinha de Bistrô (Travessa Ferreira Cantão 278; Gerichte 12–25 R$; Mo–Sa mittags) Das bezaubernde, diskrete Restaurant liegt in einer Seitenstraße, hat eine dunkle, romantische Atmosphäre und ist ganz auf Jazz ausgerichtet. Es gibt ausgezeichnete, französisch inspirierte Gerichte wie Coq au vin. Die Tagesangebote auf der Tafel sind billiger, aber genauso lecker.

Restaurante Higashi (Ó de Almeida 509; Buffet 12,99 R$, mit Sushi 25,99 R$; mittags) Ein sehr beliebtes, japanisch-brasilianisches Restaurant mit ein paar Tischen im Freien. Zum warmen Buffet mit gutem Sushi gibt's leckere Salate. Billige Mittagsangebote für 7 R$.

Marujos da Sé (Praça Brandão; die meisten Gerichte 15–40 R$; mittags & abends) Ein hübsches Lokal mit Holztischen im Freien im Herzen der Altstadt. Die Kellner tragen Matrosenkleidung – das Essen ist dennoch gut, besonders die Platten wie die *caldeirada* oder Paella. Besseres Preis-Leistungs-Verhältnis als in der Filiale im Estação das Docas.

Mãe Natureza (Barata 889; 20 R$/kg; Mo–Sa mittags) Hier gibt's ein fantastisches vegetarisches Mittagsbuffet. Mãe Natureza („Mutter Natur") stellt seine eigene Sojamilch her und verwendet nur Rohzucker. Alle Gerichte schmecken großartig.

Auch empfehlenswert:

Tapiocaria do Carmo (Mendes 144; Tapiocas 1–6 R$; Di–So 16–22 Uhr) Pikante und süße *tapiocas* (eine Art Crêpes) mit zahlreichen Belägen.

Spettus Grill (Ecke Balbi & Travessa Quintino Bocaiuva; Spieße 4–8 R$; mittags & abends) Die beliebte Bierkneipe im Vorort ist auf *espetinhos* spezialisiert.

Ausgehen & Unterhaltung

Amazon Cervejaria (Estação das Docas; Mo–Fr ab 17, Sa & So ab 12 Uhr) Die verdientermaßen beliebteste Bar im Estacão. Die Lokalbrauerei hat eine lange, gesellige Terrasse und stellt fünf süffige Faßbiere her. Leider zahlt man mindestens 60 R$. Das Essen ist gut, aber teuer.

Bar do Parque (Praça da República; 24 Std.) Der kuriose Bierstand hat eine offene Terrasse mit Mosaikfußboden und gehört zu den Klassikern von Belém. Abends trifft man hier alle möglichen Leute: Studenten, Geschäftsleute, Prostituierte ... die Kellner tragen Schleifen.

A Pororoca (www.apororoca.com.br; Av Senador Lemos 3316, Sacramenta; Eintritt 4–10 R$; Do–Sa 22 Uhr–open end, So 18–24 Uhr) Ein einfacher, aber ultrabeliebter Tanzclub, in dem normalerweise Bands *pagode*, Reggae und *Brega* (ein schneller Tanz aus Pará) spielen.

Bar do Gilson (Travessa Padre Eutíquio 3172, Condor; Fr 20–3, Sa 12–3, So 20–24 Uhr) Unter einem Blechdach befindet sich einer der am meisten gefeierten Clubs in Belém. Es wird billiges Bier serviert und Live-Musik gespielt, vor allem *chorinho* (eine Samba-Variation).

An- & Weiterreise

BUS

Busse verkehren nach Marabá (46 R$, 12 Std., 6-mal tgl.), São Luís (82–103 R$, 12 Std., tgl.), Fortaleza (195 R$, 25 Std., 1- bis 3-mal tgl.), Salvador (265 R$, 36 Std., tgl.), Brasília (136 R$, 34 Std., tgl.) via Palmas und nach Rio de Janeiro (250–450 R$, 50–55 Std., 2-mal tgl.).

Der Busbahnhof befindet sich in der Av Almirante Barroso 3 km östlich des Zentrums. Wer einen Stadtbus zur Av Presidente Vargas nehmen will, kann in jeden Bus mit Richtung Aero Club oder P Vargas steigen, die gegenüber abfahren. Zum Busbahnhof nimmt man in der Av Presidente Vargas einen Bus mit der Fahrtzielangabe Aeroclube oder Pratinha–P Vargas. Taxis zur/von der Av Presidente Vargas kosten rund 12 R$.

Leser berichteten von bewaffneten Raubüberfällen in den Nachtbussen zwischen São Luís und Belém – um auf Nummer sicher zu gehen, sollte man besser das Flugzeug nehmen.

FLUGZEUG

Vom Flughafen 8 km nördlich des Zentrums fliegen zahlreiche Maschinen Ziele im Inland und im nördlichen Ausland an (z. B. Miami via Guyana). Der Pratinha–P Vargas-Bus verkehrt zwischen dem Kreisverkehr vor dem Flughafen und der Av Presidente Vargas (1,50 R$, 40 Min.). Ein Taxi kostet 30 R$.

SCHIFF/FÄHRE

Boote und Fähren fahren vom Terminal Hidroviária in Belém ab. Die Tickets werden an Ständen im Terminal verkauft. Boote nach Santarém (Hängematte/Kabine 120/250 R$, 3 Tage) und Manaus (Hängematte/Kabine 180/400 R$, 5 Tage) starten dienstags, mittwochs und freitags, nach Macapá (Hängematte/Kabine 130/200 R$, 23 Std.) mittwochs und samstags. S. auch Kasten S. 391.

ALGODOAL

0xx91

Algodoal, ein einfaches Dorf in idyllischer Lage, ist nur mit dem Boot zu erreichen. Es hat Sandstraßen, keinen Autoverkehr, billige Unterkünfte und weiße Strände – die ideale Voraussetzung für ein paar erholsame Tage, die man auf der Hängematte, beim Erkunden der Insel oder mit zwanglosem Surfen verbringen kann.

Das Dorf besteht aus drei langen Parallelstraßen. Am Ende des Dorfes überquert man einen kleinen Fluss (bei Ebbe muss man durchwaten, bei Flut mit dem Kanu übersetzen), um zur phantastischen Praia do Farol zu gelangen. Diese beschreibt eine Kurve und geht in den 8 km langen Praia da Princesa über. Es gibt noch andere kleine Dörfchen auf dieser Insel, die durch Kanäle in drei Teile geteilt wird. Man kann die Insel zu Fuß, mit dem Pferdekarren oder dem Kanu erkunden.

Algodoal ist in den Ferien und an Feiertagen meist voller Menschen, Unterkünfte sind aber immer ausreichend vorhanden. Manche Hotels akzeptieren Kreditkarten; es gibt keine Banken.

Praktisch jedes zweite Haus ist eine *pousada*, in der meistens sehr einfache Zimmer, Hängematten oder Zelte angeboten werden (man sollte darauf achten, dass man ein Moskitonetz bekommt). Konkurrenz und Qualität halten die Preise niedrig und auch sonst sind die Unterschiede gering: **Paraíso do Norte** (3854-1155; EZ/DZ 25/45 R$, ohne Frühstück 5 R$ weniger) hat dünne Matratzen und dünne Wände, aber eine schöne Lage am Fluss. Die **Pousada Kakuri** (3854-1156; Principal; Hängematte 10 R$, EZ/DZ ohne Bad 25/30 R$) an der Hauptstraße hat einfache Hütten und nette Backpacker-Atmosphäre.

Zu den gehobeneren Hotels gehören das **Estrela Sol Hotel** (3854-1107; www.estrelasol.algodoal.com; DZ 70–100 R$;), das mit einem schö-

EINREISE NACH FRANZÖSISCH-GUYANA

Direkt am Äquator liegt an der Nordseite der Amazonasmündung **Macapá**. Von Belém (S. 395) aus erreicht man den Ort mit dem Bus oder Flugzeug. Die Hauptstadt des Bundesstaates Amapá bietet nur wenige Sehenswürdigkeiten, darunter die im 18. Jh. erbaute Fortaleza (Festung). Sehr hübsch ist allerdings das Flussufer – und am Marco Zero 5 km südwestlich des Zentrums kann man das einzigartige Gefühl erleben, mit einem Bein in der südlichen und mit dem anderen in der nördlichen Hemisphäre zu stehen. In der Stadt gibt es all die Einrichtungen, die Traveller benötigen. Das **Hotel América Novo Mundo** (☎ 3223-2819; Av Coaracy Nunes 333; EZ/DZ 50/70 R$, ohne Bad 30/50 R$; 🍴) ist eine billige Unterkunft. Man sollte sich ein luftiges Zimmer auf der Vorderseite geben lassen. Das **Peixaria Amazonas** (Ecke Beira Rio & Macacoari; Hauptgerichte für 2 Pers. 20–35 R$; 🕐 Mo–Sa mittags & abends, So mittags) mit Flussblick serviert gute Fischgerichte.

Vom 3 km nördlich der Stadt gelegenen Busbahnhof in Macapá kann man eine verbesserte Busreise nach **Oiapoque** (65 R$, 12–15 Std.) im Norden unternehmen. Die raubeinige Stadt liegt am anderen Flussufer gegenüber der schöneren, aber auch kostspieligeren Stadt St. Georges (s. Kasten, S. 673) in Französisch-Guyana. Vor der Ausreise aus Brasilien holt man sich einen Ausreisestempel bei **Polícia Federal** (🕐 Mo–Sa 6–22 Uhr) in der Hauptstraße. Das Büro liegt 500 m abseits des Marktes an der Bushaltestelle. Dann nimmt man ein Boot (15 R$, 20 Min.) über den Fluss. 2010 soll eine internationale Brücke eröffnet werden. Wer in Oiapoque übernachten will, geht ins sichere, saubere **Arizona Hotel** (☎ 3521-2185; Av Coaracy Nunes 551; EZ/DZ 50/65 R$; 🍴).

---

nen Pool aufwartet, und das **Jardim do Éden** (☎ 9997-0467; algodoal.chez.com; Hängematte od. Zelt 25 R$, Zi. ohne Bad 75 R$, Hütte 130–150 R$), das direkt am Praia do Farol liegt (nach dem Schild aus Treibholz Ausschau halten). Hier gibt's komfortable Zimmer, Ziegelhütten und gute Gerichte aus regionalen Produkten.

Die meisten Unterkünfte bieten Essen an, meistens leckere regionale Fischgerichte.

Zur Insel kommt man über Marudá auf dem Festland. Busse (16,50 R$, 4 Std., 6- bis 7-mal tgl.) nach Marudá starten am Busbahnhof in Belém, schnellere Minibusse (15 R$) fahren direkt dahinter ab. Die Fahrer setzen einen am Hafen von Marudá ab, wo sechs- bis siebenmal täglich Boote nach Algodoal (5,50 R$, 40 Min.) abfahren. An der Bootsanlegestelle auf der Insel warten Pferdekarren, die einen ins Dorf bringen, das aber nur einen zehnminütigen Spaziergang entfernt ist. Busse und Minibusse nach Belém fahren gegen 17 Uhr am Hafen ab. Wer aus östlicher Richtung anreist oder weiter nach Osten fährt, steigt in Castanhal aus. In der Stadt an der Hauptstraßenkreuzung halten alle Busse.

ILHA DE MARAJÓ

☎ 0xx91 / 250 000 Ew.

Die grüne Insel liegt an der Mündung des Amazonas und ist größer als 70 Staaten der Erde, aber größtenteils sumpfig und unzugänglich. Die Hauptsiedlung Breves im Südwesten der Insel und drei südöstlich gelegene Dörfer sind jedoch problemlos von Belém aus zu erreichen und eignen sich für ein paar relaxte Tage. Die Insel hat außergewöhnlich gastfreundliche Bewohner, sie ist die Heimat des farbenprächtigen Folkloretanzes *carimbo*. Ein weiteres Markenzeichen der Region sind Büffel, die sich oft auf den Speisekarten finden.

Joanes und Salvaterra sind die schönsten Orte. Man sollte es wie die Einheimischen machen und ein Fahrrad ausleihen.

Joanes

Unweit von Camará – hier legen die Boote an – liegt Joanes, ein winziges Dorf mit den Ruinen einer alten Jesuitenkirche und einem guten Sandstrand. Das Vieh wandert durch die mit Gras bedeckten Straßen, die von ein paar Shops und Sandwichständen gesäumt sind. Die attraktive **Pousada Ventania do Rio-Mar** (☎ 3646-2067; www.pousadaventania.com; EZ/DZ 55/85 R$) liegt auf einer windigen Landzunge mit Blick auf den Strand und hat individuell dekorierte Zimmer. Die Besitzer (die verschiedene Gemeindeprojekte leiten) vermieten Fahrräder und organisieren Freizeitaktivitäten.

Salvaterra

Das gemütliche Salvaterra liegt rund 18 km nördlich von Joanes und versprüht schon eher das Feeling einer Stadt. Hier gibt's auch einen guten Strand: die Praia Grande. Auf der Plaza unweit des Flusses befindet sich ein Touristeninformationskiosk.

In der **Pousada Bosque dos Aruãs** (☎ 3765-1115; Segunda Rua; EZ/DZ/3BZ 60/70/80 R$; 🌀) wird man herzlich empfangen und wohnt in guten, einfachen Holzhütten, die in einem schönen, natürlichen Garten mit Flussblick liegen – perfekt zum Relaxen. Es werden tolle Fleisch- und Fischgerichte (für 2 Pers. 15–30 R$), Suppen und Salate serviert. Die jungen Besitzer kennen sich gut in brasilianischer Musik aus und spielen großartige Scheiben. Man kann Fahrräder ausleihen (2/12 R$ pro Std./24 Std.). Vom Bootsanleger den Berg hinaufgehen und an der zweiten Straße links abbiegen.

Soure

Soure ist die größte Stadt auf dieser Seite der Insel und besteht aus weitläufigen Straßen, die in Büffelpfaden auslaufen. Die **Banco do Brasil** (Rua 3 zw. Travessas 17 & 18) hat Geldautomaten. **Bimba** (Rua 4 zw. Travessas 18 & 19) verleiht Fahrräder (3 US$/Tag). Es gibt ein paar Internetcafés.

Der Keramikkünstler Carlos Amaral kombiniert Keramiktraditionen der Aruã und Marajoara und kreiert preisgekrönte Kunstwerke. Man sollte seine Werkstatt **Mbara-yo** (Travessa 20 zw. Ruas 3 & 4) besuchen, wo kleine, erschwingliche Stücke verkauft werden. Nachdem man die Straßen von Soure erkundet hat, kann man mit dem Rad zur **Praia Barra Velha** (3 km) fahren, an der etliche Buden Getränke und Meeresfrüchte verkaufen. Weiter geht's zur langen, herrlichen und einsamen Praia de Araruna. Unterwegs passiert man einen Fluss; bei Flut muss man ihn mit dem Boot überqueren. Man folgt der Rua 4 landeinwärts und gelangt zur **Praia do Pesqueiro** (11 km), dem beliebten Wochenendstrand von Soure.

Es gibt mehrere Unterkünfte. In der **Pousada Asa Branca** (☎ 3741-1414; Rua 4 zw. Travessas 12 & 11; EZ/DZ 25/45 R$ mit Ventilator, 45/70 R$ mit Klimaanlage; 🌀) wird man entspannt empfangen. Es gibt saubere Zimmer (manche gegenüber der Straße) und ein preiswertes, gutes Restaurant. Im **Paraíso Verde** (Travessa 17 zw. Ruas 9 & 10; Hauptgerichte für 2 Personen 20–30 R$) kann man dem Inseltratsch lauschen. Im wunderschönen, ruhigen Garten werden Büffel- und Fischgerichte serviert.

Anreise & Unterwegs vor Ort

Boote (14,57 R$, 3 Std.) zwischen dem Terminal Hidroviário in Belém und Camará verkehren zweimal täglich (6.30 & 14.30 Uhr) und einmal samstags (10 Uhr). Sie fahren um 6.30 und 15 Uhr zurück (So nur 15 Uhr). Am Bootsanlegesteg warten Busse und Minibusse nach Joanes, Salvaterra und Soure. Zwischen Salvaterra und Soure verkehren Boote (2 R$); es kann jedoch eine Weile dauern, bis sie voll sind und losfahren. Ein paar Kilometer außerhalb von Salvaterra starten regelmäßig kleine Motorboote (1,50 R$, 5 Min.) nach Soure; es gibt auch eine kleine, fast stündlich fahrende Autofähre. *Mototaxis,* Taxis und unregelmäßige verkehrende Minivans sind auf der ganzen Insel unterwegs.

Am besten erkundigt man sich in Belém nach den Schnellbooten, die wieder in Betrieb genommen werden und dann für die Strecke von Belém nach Soure zwei Stunden benötigen (25 R$) sollten.

SANTARÉM

☎ 0xx93 / 274 000 Ew.

Die meisten Traveller hetzen zwischen Belém und Manaus hin und her, und verpassen dabei das, was sie eigentlich sehen wollten: den Amazonas. Ein Zwischenstopp in der Flussstadt Santarém ist nicht nur eine ersehnte Pause von einer langen Bootsfahrt, sondern gibt auch die Möglichkeit, den Regenwald und die dort lebenden indigenen Völker etwas genauer kennenzulernen. Santarém ist eine entspannte, lässige Stadt. Doch Vorsicht: Die traumhafte Lage und die herrliche Natur haben schon manchen Reiseplan umgeschmissen.

Praktische Informationen

Amazon's Star (Av Tapajós 418; 3 R$/Std.; 🌀 Mo–Sa 8–22, So 10–22 Uhr) Zuverlässiger Internetzugang.
Bradesco (Ecke Av Rui Barbosa & Travessa 15 de Agosto)
HSBC (Av Rui Barbosa) Geldautomaten.
Touristeninformation (☎ 3523-2434; 🌀 Mo–Fr 8–17 Uhr) Liegt am Wasser unweit des Praça do Pescador. Sehr hilfsbereite Angestellte, die aber nicht wirklich eine Hilfe sind.

Sehenswertes & Aktivitäten

Kurz von Santarém mündet der schwarzteefarbene Rio Tapajós in den milchkaffeebraunen Amazonas. Beide fließen ein paar Kilometer lang Seite an Seite, ohne sich miteinander zu vermischen.

Wer Lust auf eine interessante, halbtägige und englischsprachige Tour durch das Naturreservat **Bosque de Santa Lúcia** hat und sich über die Abrodung der Regenwälder informieren will, kontaktiert **Amazon Tours** (☎ 3522-1928; www.amazonriver.com; Travessa Turiano Meira 1084). Das **Museu Dica Frazão** (Peixoto 281; 🌀 tgl.) wird von der exzentrischen, über 80 Jahre alten Dona Dica in

Eigenregie geführt. Ausgestellt werden wunderschöne Kleidung und Wandteppiche aus Wurzelfasern des Amazonasgebietes. Die Stücke stehen auch zum Verkauf.

Schlafen & Essen

Hotel Brasil (☎ 3523-5177; Travessa dos Mártires 30; EZ/DZ ohne Bad 30/50 R$; 😊) Einfache, aber saubere Budgetherberge in zentraler Lage. Die Zimmer haben hohe Decken und sind laut. Die freundliche Besitzerin tut ihr Bestes, um Gästen ein Zimmer mit Fenster zu geben; die sind viel besser als die schäbigen, nach Mottenkugeln riechenden Räume.

Brisa Hotel (☎ 3522-1018; Av Bittencourt 5; EZ/DZ 60/80 R$; 😊) Die kleinen Zimmer und winzigen Bäder sind modern und steril, das Hotel liegt dafür aber am Fluss und ist für Santarém preiswert. Zimmer mit Fenster helfen einem nicht weiter – man braucht die mit Klimaanlage.

New City Hotel (☎ 3523-3149; Travessa Francisco Corrêa 200; EZ/DZ 75/80 R$; 😊) Die Zimmer haben unterschiedliche Größen und Qualität und sind mit Möbeln eingerichtet, die nicht zusammen passen. Aber sie sind komfortabel und haben eine Minibar und Klimaanlage. Man sollte hart verhandeln, die Preise sind zu hoch.

Brasil Grande Hotel (Travessa 15 de Agosto 213; Rodízio 13 R$; 🕛 mittags) Das altmodische, zentral gelegene Hotel bietet ein billiges, aber gutes Mittags-*rodízio*, ein preiswertes Buffet und *prato feito* für 6 R$ an.

Restaurante O Mascote (Praça do Pescador; Hauptgerichte 15–30 R$) Das fröhliche Restaurant hat eine schöne Terrasse mit Flussblick und ist auf Fischgerichte spezialisiert. „All you can eat" kostet mittags 17 R$; an den Wochenenden sind 25 R$ fällig, dann sind in dem Angebot aber auch *feijoadas* oder andere Specials enthalten.

Sabor Caseiro (Peixoto 521; 23,90 R$/kg; 🕛 mittags) Ein großartiger Platz fürs Mittagessen. Man sitzt auf gemütlichen, schwarz gepolsterten Sitzplätzen und hat die Auswahl zwischen zahlreichen Säften. Das Buffet ist überdurchschnittlich gut und beinhaltet an den Wochenenden regionale Spezialitäten und herzhafte Eintöpfe wie *feijoada*.

Anreise & Unterwegs vor Ort

BUS

Busse nach Alter do Chão (2,30 R$, 55 Min., etwa stündl.) oder zum Flughafen starten an der Av Rui Barbosa zwischen dem Travessa Matos und der Av Barão do Rio Branco.

Vom Busbahnhof in Santarém (5 km westlich der Stadt) verkehren unregelmäßig Busse nach Cuiabá (300 R$, ca. 3 Tage). Die Reise ist beschwerlich und kann in der Regenzeit eine Woche dauern. Busse verkehren auch nach Marabá (140 R$, bei guter Witterung ab 30 Std.); von dort aus kann man weiter nach Belém (46 R$, 12 Std.) oder São Luís reisen.

FLUGZEUG

Der Flughafen von Santarém liegt 15 km westlich des Zentrums und bietet zahlreiche Inlandsflüge an. Eine Taxifahrt kostet 43 R$. Der „Aeroporto"-Bus (2,20 R$, 40 Min.) verkehrt unregelmäßig vom frühen Morgen bis 18 Uhr. Achtung: Man sollte nicht in den „Aeroporto V"-Bus einsteigen, der zum früheren Standort des Flughafens fährt.

SCHIFF/FÄHRE

Boote verkehren nach Manaus (Hängematte/Kabine 140/300 R$, 2½ Tage, Mo-Sa) und Belém (Hängematte/Kabine 100/250 R$, 48 Std., Fr–Sa). Sie starten an den Docas do Pará, 2,5 km westlich des Zentrums. An Ständen vor dem Eingang werden Tickets verkauft. Boote nach Macapá (Hängematte/Kabine 120/250 R$, 36 Std., tgl.) fahren hier und an der Praça Tiradentes 1 km westlich des Zentrums ab. Weitere Infos und Tipps stehen im Kasten auf S. 391.

Der Minibus „Orla Fluvial" (1 R$) verbindet das Zentrum mit beiden Häfen. Er fährt bis 19 Uhr alle 20 Minuten. Der „Circular Esperanza"-Bus verkehrt direkt vom Zentrum zu den Docas do Pará, fährt auf dem Rückweg aber eine andere Strecke. Ein Taxi zu den Docas do Pará kostet 10 bis 12 R$.

RUND UM SANTARÉM

Floresta Nacional (FLONA) do Tapajós

Das 6500 km² große Reservat besteht aus Primärregenwald und ist für seine riesigen Bäume bekannt, u. a. auch den gigantischen *sumaúna* (eine Art Kapokbaum). Man kann das Gebiet auf *igarapés* (Kanälen, die die Flüsse miteinander verbinden) erkunden, in der Regenzeit durch die *igapós* (geflutete Wälder) schippern und eine faszinierende Fauna und Flora beobachten: Der FLONA ist u. a. die Heimat von Faultieren, Affen, Flussdelfinen und Vögeln. Den Charme des Regenwaldes kann man auch bei einem Besuch der hier lebenden Eingeborenenstämme erleben. Agenturen in Santarém oder Alter do

Chão organisieren entsprechende Ausflüge (s. http://tinyurl.com/lsdb3m for a list); man kann auch auf eigene Faust losziehen und hierzu in Alter do Chão ein Boot leihen.

Vier kleine Stammesgemeinden im FLONA bieten umweltfreundliche Touren mit lokalen Guides und Aufenthalt bei einer Gastfamilie an. Am besten besucht sind die Orte Maguary und Jamaraquá. Man schläft in einem Haus von Einheimischen (Hängematte mitbringen!) und isst auch mit diesen gemeinsam (in der Regel gibt's Reis und Fisch). Man sollte Wasserflaschen, Toilettenpapier, eine Taschenlampe und zusätzliche Verpflegung dabei haben; es gibt keine Läden.

Für einen Besuch der Gemeinden braucht man eine Genehmigung (3 R$/Tag), die das **ICMBIO** (☎ 0xx93-3523 2964; flonatapajos.pa@icmbio.gov.br; Av Tapajós 2267, Santarém; ✆ Mo–Fr 7-12 & 14–19 Uhr) ausstellt; man kann sie auch am Eingang zum Reservat bezahlen. Die Besichtigung des Parks ist nur mit einem Führer möglich. Zu den Preisen für Wanderungen und Kanutouren (rund 30 R$/Gruppe) kommt noch eine Gemeindesteuer (5–8 R$/Pers.) dazu.

Busse nach Maguary und Jamaraquá (10 R$, 3–4 Std.) fahren montags bis samstags um 11 Uhr in der Av São Sebastião (unweit des Telemar-Gebäudes) in Santarém ab.

ALTER DO CHÃO
☎ 0xx93 / 7000 Ew.

Man wird wahrscheinlich mehr Zeit in diesem wundervollen, relaxten Flussparadies verbringen als geplant. Dank der weißen Flussstrände und des tropischen Ambientes gehört Alter do Chão zu den schönsten Orten im Amazonasbecken. Von Juni bis Dezember sind die Strände am breitesten, doch auch sonst ist Alter einen Besuch wert.

Gegenüber vom Stadtzentrum befindet sich die **Ilha do Amor**, eine idyllische Sandinsel im Rio Tapajós, die auf jeder Postkarte eine gute Figur abgibt. In der Nähe liegt die große **Lago Verde**-Lagune, die wunderbar mit dem Boot oder Kanu erkundet werden kann. Die Region ist von Regenwald umgeben, der teilweise unter Naturschutz steht, so etwa der FLONA do Tapajós (S. 398). Man kann auch über den **Rio Arapiunes** schippern, der strahlend weiße Sandstrände und klares Wasser zu bieten hat.

Man sollte sich in Santarém mit Bargeld versorgen – in Alter wird man vergeblich Banken suchen. Am Bootspier, ein paar Blocks abseits der *praça*, gibt's eine freundliche, aber größtenteils nutzlose Touristeninformation. Man sollte sich vor dem mehrsprachigen Betrüger im mittleren Alter vorsehen, der einem eine ausgeklügelte, rührselige Geschichte erzählt.

Aktivitäten
Zur Ilha do Amor kann man paddeln (auf Stachelrochen achten) oder – bei hohem Wasserpegel – ein Boot nehmen (Hin- & Rückfahrt 4 R$). Den Lago Verde kann man mit dem Kajak und dem Kanu (5 R$/Std.) oder im Rahmen einer geführten Tour (60–100 R$) erkunden. **Mãe Natureza** (☎ 3527-1264; www.maenaturezaecoturismo.com.br; Praça Sete de Setembro) hat zahlreiche Touren im Programm, darunter Ausflüge in Flussschiffen in den FLONA do Tapajós und/oder zu faszinierenden Gemeindeprojekten am Rio Arapiuns, in denen Honig hergestellt oder umweltverträglicher Fischfang betrieben wird. Die mehrsprachigen Touren werden von lokalen Guides begleitet; für ein-/zweitägige Trips zahlt man rund 250/400 R$ pro Person. Man kann jederzeit vorbeischauen, um sich die wunderschöne Fotoausstellung anzusehen, in Büchern zu schmökern oder die (lahme) Internetverbindung zu nutzen (3,50 R$/Std.).

Festivals & Events
Viele Leute besuchen Alter do Chão während der **Festa do Çairé**, einem lebhaften Folklorefestival mit Tänzen und Prozessionen, das in der zweiten Septemberwoche stattfindet.

Schlafen & Essen
Es gibt viele Unterkünfte. Die meisten sind backpackerfreundliche *pousadas*, in denen man sich wunderbar entspannen kann.

Albergue da Floresta (☎ 9928-8888; www.alberguepousadadafloresta.com; Travessa Antônio Pedrosa; Hängematte 15 R$/Pers., DZ ohne Bad 30 R$, DZ 45 R$) Das Regenwaldrefugium liegt abseits des Dorfzentrums und bietet Freiluft-Unterkünfte in Hängematten (mit Strohdach) und ansprechende Holzhütten im Stil eines Baumhauses. Es ist ein wunderbar lässiger, relaxter Ort. Von der *praça* aus am Wasser rechts halten und der Staubstraße folgen; die Herberge ist nach 400 m auf der linken Seite ausgeschildert. Es gibt eine Küche; die Preise sind Verhandlungssache.

Pousada Tia Marilda (☎ 3527-1140; Travessa Antônio Lobato 559; EZ/DZ 30/50 R$; ❄) Die freundliche, einfache Herberge direkt oberhalb der *praça* versucht, ihre geräumigen Zimmer schön zu dekorieren. Die Zimmer im 2. Stock sind luftiger und größer.

LP Tipp Pousada Tupaiulândia (☎ 3527-1157; Teixeira 300; EZ/DZ 50/80 R$; ❄) Die Herberge liegt auf halber Strecke zwischen der Bushaltestelle und dem Platz und bietet ein großartiges Preis-Leistungs-Verhältnis. Die seltsam geformten Zimmer mit viel Platz und Kühlschränken befinden sich in zwei runden Gebäuden im Garten des freundlichen Besitzers. Ein echtes Schnäppchen!

Tribal (Travessa Antônio Lobato; Gerichte 8–36 R$) Das relaxte Lokal auf dem Weg zur *praça* ist auf regionale Fischgerichte spezialisiert, die mit verschiedenen leckeren Saucen serviert werden. Eine weitere Spezialität sind Grillspieße *(churrasquinhos)* mit Zunge, Würstchen, Hühnchen und Rindfleisch. Von einer Portion werden locker zwei Leute satt; mitunter kann man auch halbe Portionen bestellen.

Shoppen

Arariba (Travessa Antônio Lobato) Der exzellente Kunstladen verkauft die Arbeiten acht unterschiedlicher Amazonas-Stämme.

An- & Weiterreise

Busse verkehren zwischen Santarém und Alter do Chão (2,30 R$, 45 Min., ca. stündl.). Es fahren auch klimatisierte Minibusse (3 R$). Wer vom Flughafen kommt, sollte den Fahrer bitten, einen an der Kreuzung nach Alter do Chão rauszulassen. Von dort kann man den Bus nehmen. Am Busbahnhof in Alter do Chão hält man sich rechts und biegt dann links ins Zentrum des Geschehens ab.

MANAUS

☎ 0xx92 / 1,65 Mio Ew.

Großstadt im Herzen des Amazonasurwalds, bedeutende Hafenstadt, 1500 km vom Meer entfernt – das zunächst fast schon geheimnisvolle Manaus scheint ein Ort der Gegensätze zu sein. Doch dieser Zauber nutzt sich schnell ab. Manaus ist eine weitläufige, größtenteils unromantische Stadt, die aus ihrer Lage am Fluss zu wenig macht. Langsam aber ändern sich die Dinge: Zurzeit werden die eleganten Gebäude aus der Zeit des Kautschukbooms restauriert. Und auf jeden Fall ist Manaus ein sympathischer Ort, Hauptverkehrsknotenpunkt der Amazonasregion und ein beliebter Startpunkt für Trips in den Regenwald (s. S. 404). Wer nach ein paar Tagen in der Wildnis in die Stadt zurückkehrt, wird sie – schon allein wegen der klimatisierten Hotels und Restaurants – ohnehin mit ganz anderen Augen sehen.

Orientierung

Die Av Epaminondas, Av Floriano Peixoto und Av Getúlio Vargas formen einen U-förmigen Bezirk, der als Geschäftsviertel dient. Hier ist es tagsüber laut und belebt, nachts und sonntags hingegen wie ausgestorben. Die Praça da Matriz, die Zona Franca und das Flussviertel sind nachts zwielichtige Regionen. Etwas gehobener geht es rund um das Teatro Amazonas zu.

Praktische Informationen

Es gibt zahlreiche Internetcafés. Viele Unterkünfte bieten auch kostenloses WLAN an.

Amazon Cyber Café (Ecke Av Getúlio Vargas & 10 de Julho; 3,50 R$/Std.; ◷ Mo–Do 9.30–23, Fr 9.30–22, Sa 10–21, So 12–20 Uhr) Nicht das billigste, aber das zuverlässigste Internetcafé.

Amazônia Turismo (Av Sete de Setembro 1251; ◷ Mo–Fr 9–17, Sa 9–12 Uhr) Wechselt Euro, US-Dollar und Reiseschecks.

Bradesco (Av Eduardo Ribeiro) Geldautomaten, die auch internationale Karten akzeptieren.

Centro de Atendimiento ao Turista (☎ 3182-6250; www.amazonastur.com; Av Eduardo Ribeiro; ◷ Mo–Fr 9–17, Sa 8–12 Uhr) Hilfreiche, zentral gelegene Touristeninformation. Weitere Filialen findet man am Hafen, Flughafen und Busbahnhof.

HSBC (24 de Maio) Geldautomaten.

Juliana Cyber Café (Av Nabuco; 2 R$/Std.; ◷ 8–23 Uhr)

Touristenpolizei (☎ 3231-1998; Av Eduardo Ribeiro) Im gleichen Gebäude wie die Touristeninformation.

Unimed (☎ 3633-4431; Av Japurá 241) Privatkrankenhaus mit Notfallabteilung.

Gefahren & Ärgernisse

Am Flughafen sollte man sich von den Typen fernhalten, die Urwaldtrips oder Unterkünfte feilbieten. Nach 23 Uhr sollte man einen Bogen um das Hafenviertel und den Praça da Matriz machen. Wer spät mit dem Schiff ankommt, sollte am besten ein Taxi nehmen – Raubüberfälle gehören leider zum Alltag.

Sehenswertes

Das markante, mit Kuppel versehene **Teatro Amazonas** (Praça São Sebastião; Eintritt 10 R$; ◷ 9–17 Uhr) stammt aus der Zeit des Kautschukbooms und ist das Wahrzeichen der Stadt. Bei einem kurzen, aber lohnenden englischsprachigen Rundgang erkundet man das opulente Innenleben des Theaters. Regelmäßig finden Vorstellungen statt; das aktuelle Programm ist online unter www.culturamazonas.am.gov.br einzusehen. Am Platz vor dem Theater, der Praça São Sebastião, stehen farbenprächtige, restaurierte Gebäude mit Terrassencafés und Kunstgewerbeläden. Abends ab 19 Uhr finden hier Livekonzerte oder Kulturevents statt.

Der wunderschöne, frisch restaurierte **Palacete Provincial** (Praça Heliodóro Balbi; Di–Fr 9–17, Sa 10–19, So 16–21 Uhr) beherbergt verschiedene Ausstellungen, die von enthusiastischen englischsprachigen Führern erläutert werden. Am besten ist die Kunstgalerie: Sammlungen mit Kopien bekannter Skulpturen und Münzen stehen neben archäologischen Ausstellungsstücken und Relikten der Militärpolizei. Es gibt auch ein Musik- und Filmarchiv und ein gutes Café.

Das **Museu do Indio** (Duque de Caxias 296; Eintritt 5 R$; Mo–Fr 8.30–11.30, 14.30–18.30, Sa 8.30–11.30 Uhr) ist in einem früheren Klosterkrankenhaus untergebracht und hat eine exzellente Sammlung mit Relikten der indigenen Völker, die leider nicht beschriftet sind. Auf dem Weg zum Museum passiert man den Palácio Rio Negro, die pompöse Villa eines Kautschukbarons, in der heute kulturelle Events stattfinden.

Im ruhigen **Bosque da Ciência** (Wald der Wissenschaft; Otávio Cabral; Eintritt 6 R$; Di–So 9–16 Uhr, Ticketbüro Mo–Fr 11–14 Uhr geschl.), einem 130 km² großen Regenwald, können riesige Ottern, Seekühe und Kaimane, freilaufende Schildkröten, Affen, Faultiere und andere Tiere beobachtet werden. Hin geht's mit Bus 519 ab der Praça da Matriz.

Außerhalb des Waldes befindet sich das **Museu de Ciências Naturais** (Estrada Belém s/n, Colônia Cachoeira Grande; Eintritt 12 R$, Kamera 2 R$; Mo–Sa 9–12 & 14–17 Uhr). Hier werden gut präparierte und beschriftete Fische, fantastische Schmetterlinge und Käfer gezeigt. Es gibt auch ein Aquarium, in dem man die riesigen *pirarucús* (Arapaimas) beobachten kann. Man nimmt Bus 519 ab der Praça da Matriz oder dem Bosque da Ciência. An der Bushaltestelle folgt man den „Museu"-Schildern bis zum Museum (10 Min.).

Von September bis Juni finden auf dem *sambódromo* immer samstags um 21 Uhr Proben für das Fest **Bumba Meu Boi** statt (es dreht sich um die Legende vom Tod und der

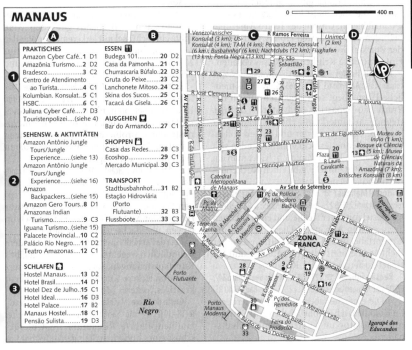

MANAUS

PRAKTISCHES
- Amazon Cyber Café...1 D1
- Amazônia Turismo...2 D2
- Bradesco...3 C2
- Centro de Atendimento ao Turista...4 C1
- Kolumbian. Konsulat...5 C1
- HSBC...6 C1
- Juliana Cyber Café...7 D3
- Touristenpolizei...(siehe 4)

SEHENSW. & AKTIVITÄTEN
- Amazon Antônio Jungle Tours/Jungle Experience...(siehe 13)
- Amazon Antônio Jungle Tours/Jungle Experience...(siehe 16)
- Amazon Backpackers...(siehe 15)
- Amazon Gero Tours...8 D1
- Amazonas Indian Turismo...9 C3
- Iguana Turismo...(siehe 4)
- Palacete Provincial...10 C2
- Palácio Rio Negro...11 D2
- Teatro Amazonas...12 C1

SCHLAFEN
- Hostel Manaus...13 D2
- Hotel Brasil...14 D1
- Hotel Dez de Julho...15 C1
- Hotel Ideal...16 D3
- Hotel Palace...17 B2
- Manaus Hostel...18 C1
- Pensão Sulista...19 D3

ESSEN
- Budega 101...20 D2
- Casa da Pamonha...21 C1
- Churrascaria Búfalo...22 D3
- Gruta do Peixe...23 C2
- Lanchonete Mitoso...24 C2
- Skina dos Sucos...25 C1
- Tacacá da Gisela...26 C1

AUSGEHEN
- Bar do Armando...27 C1

SHOPPEN
- Casa das Redes...28 C3
- Ecoshop...29 C1
- Mercado Municipal...30 C3

TRANSPORT
- Stadtbusbahnhof...31 B2
- Estação Hidroviária (Porto Flutuante)...32 B3
- Flussboote...33 C3

Wiederauferstehung eines Bullen); gefeiert wird mit Musik, Tanz und Theater. Der Eintritt kostet 10 R$ (Student 5 R$); hin geht's mit den Bussen 10, 201 oder 214.

Aktivitäten

Der **Encontro das Águas** (Zusammenfluss der Gewässer) befindet sich an der Stelle, wo der dunkle Rio Negro auf den milchkaffeebraunen Rio Solimões trifft. Aufgrund unterschiedlicher Geschwindigkeit, Wasserdichte und Temperatur fließen die beiden Flüsse ein paar Kilometer nebeneinander her, ohne sich zu vermischen, bevor sie sich schließlich doch zum Amazonas vereinen. Auf vielen Urwaldtrips gibt's auch einen Abstecher zum Encontro; wenn nicht, nimmt man Bus 713 ab der Praça da Matriz zur Ponta do Catalão (Endhaltestelle) und steigt dort in ein Motorboot (8 R$, 40 Min.) bzw. in die stündlich verkehrende Autofähre (kostenlos) nach Careiro. Oder man nimmt an einer geführten Tour von Manaus aus teil, bei der auch diverse andere Attraktionen zu sehen sind (80 R$).

Schlafen

In der Zona Franca gibt's zahlreiche Unterkünfte, die aber meist keine besonders gute Qualität bieten. Unweit des Teatro Amazonas befinden sich die besten Hotels. Auf Grund der starken Konkurrenz fälschen manche Hotels positive Kritiken auf Reisewebseiten.

Manaus Hostel (☎ 3231-2139; www.manaushostel.com.br; Costa Azevedo 63; B/DZ 20/65 R$; 🛏) Das niedliche Hostel liegt sehr praktisch unweit der Praça São Sebastião und ist eine ruhige, freundliche Unterkunft. Hier ist man sicher – es gibt ein Eingangstor und in den vollgepackten, aber netten Schlafsälen befinden sich Schließfächer. In den Zimmern leidet man ein wenig an Platznot. Es gibt einen Küchenbereich und Internetzugang.

Hostel Manaus (☎ 3233-4545; www.hihostelmanaus.com; Cavalcante 231; B 22–26 R$, Zi. 55–65 R$; 🛏) Beliebtes Hostel mit einer Küche und einer schönen Terrasse zum Abhängen. Die Schlafsäle sind komfortabel und nicht überfüllt, die Zimmer nicht gerade preiswert (Handtücher und Internet kosten extra). HI-Rabatt.

Pensão Sulista (☎ 3234-5814; Av Joaquim Nabuco 347; EZ/DZ mit Klimaanlage 40/50 R$, EZ/DZ ohne Bad 25/40 R$; 🛏) Die einfache, aber charmante Herberge im Kolonialstil hat hohe Decken und Zimmer mit Ventilator und guten Gemeinschaftsbädern.

Hotel Ideal (☎ 3622-0038; Rua dos Andradas 491; EZ/DZ 25/35 R$, mit Klimaanlage 35/45 R$, mit TV & Minibar 45/56 R$; 🛏) Eines der verlässlichsten Hostels in diesem Viertel. In dem grau-weißen Gebäude gibt's saubere Zimmer mit und ohne Klimaanlage. Die ohne Fenster sind etwas bedrückend.

Hotel Dez de Julho (☎ 3232-6280; www.hotel dezdejulho.com; 10 de Julho 679; EZ/DZ 65/70 R$; 🛏) Traveller lieben die tolle Lage in der Nähe zahlreicher Reisebüros, die Regenwaldtrips anbieten. Den Zimmern fehlt etwas Farbe, aber sie sind modern und komfortabel. Duschen mit warmem Wasser kosten 15 R$ extra. Man sollte ein Schloss für die Zimmersafes mitbringen.

Auch empfehlenswert:

Hotel Brasil (☎ 2101-5000; www.hotelbrazil.tur.br; Av Getúlio Vargas 657; EZ/DZ 69/79 R$; 🛏) Verlässliches Hotel mit einem guten Preis-Leistungs-Verhältnis. Wer im Voraus zahlt, spart ein wenig.

Hotel Palace (☎ 3622-4622; www.palacemanaus.com; Av 7 de Setembro 593; EZ/DZ 85/105 R$; 🛏) Hat eine schön verzierte Fassade und große, helle Zimmer mit Holzmöbeln.

Essen

In der Av Getúlio Vargas und Praça São Sebastião kann man abends gut essen. Man sollte eine Schüssel mit leckerem, dampfenden *tacacá* probieren, einer sauren Suppe aus Maniok, salzigen, getrockneten Shrimps und prickelnden *jambu*-Blättern.

Skina dos Sucos (Ecke Av Eduardo Ribeiro & 24 de Maio; Säfte 2–4 R$, Snacks 3–5 R$; 🕐 Mo–Fr 8–20, Sa 8–19 Uhr) In diesem belebten, blau gefliesten Ecklokal sollte man die Säfte aus exotischen Amazonasfrüchten probieren. Nach einer langen Nacht weckt der superaufputschende *açaí* mit *guaraná* neue Lebensgeister.

Budega 101 (Cavalcante 101; 17 R$/kg; 🕐 Mo–Fr mittags) An dem vertrauenswürdigen Mittagslokal mit Buffet stehen die Arbeiter bis zu den Treppen Schlange. Gegen 13 Uhr wird es etwas ruhiger; dann ist es einfacher, einen Tisch im langen, überdachten Hof zu ergattern.

Casa da Pamonha (Barroso 375; 18,50 R$/kg) In dem freundlichen, vegetarischen Restaurant gibt's Kunstausstellungen, Sojaburger, Säfte, Couscous und leckere Kuchen (ganztags) und ein kreatives, leckeres Mittagsbuffet.

Gruta do Peixe (Marinho 609; 18,90 R$/kg, Hauptgerichte 18–30 R$; 🕐 Mo–Sa mittags) Das freundliche, familiengeführte Restaurant im Untergeschoss eines hübschen Steingebäudes hat karierte Tischdecken und ein Mittagsbüffett mit vielen Fischgerichten, aber auch gute Grillgerichte.

Churrascaria Búfalo (Av Joaquim Nabuco 628; Mittag-/Abendessen 34,90/44,90 R$/Pers.) Das klassische *rodízio*-Restaurant ist teuer, serviert aber leckere Fleischgerichte und ein großes Buffet mit Sushi. Nebenan befindet sich das billigere Mittagslokal Bufolete, in dem es leckere Gerichte mit *por-kilo*-Preisen gibt. Es gibt auch eine Verkaufsstelle für Gerichte zum Mitnehmen.

Auch empfehlenswert:

Lanchonete Mitoso (Moreira 365; Säfte 2–3 R$; 7–18 Uhr) Großartige Smoothies und billige Säfte.

Tacacá da Gisela (Praça São Sebastião; Tacacá 10 R$; Abendessen) Teurer, aber freundlicher Kiosk mit leckeren *tacacás*.

Ausgehen & Unterhaltung

Im Viertel rund ums Teatro Amazonas kann man das Nachtleben im Zentrum am besten genießen. Das Nachtleben konzentriert sich vor allem auf Ponta Negra (13 km vom Zentrum): Hier gibt's einen Flussstrand, eine Promenade, Bars und Restaurants. In der Nähe, an der Estrada de Ponta Negra, gibt's weitere Bars und Clubs.

LP Tipp Bar do Armando (10 de Julho 593; 17–1 Uhr) Altmodische, typisch brasilianische Bar mit Türsteher. An den Tischen im Freien feiern abends Einheimische und Traveller. Ein Klassiker.

Porão do Alemão (Estrada da Ponta Negra 1986; Mo–Sa 23 Uhr–open end) In dem Club finden abends regelmäßig Rockkonzerte statt. Beliebt bei Studenten.

Coração Blue (Estrada de Ponta Negra 3701; Mo–Sa 21 Uhr–open end) Ein großer, beliebter Tanzclub, in dem jeden Abend andere Musik läuft.

Shoppen

Casa das Redes (Ecke Rocha dos Santos & Miranda Leão) Einer von mehreren Läden, in denen Hängematten verkauft werden, die man für die Bootsfahrten braucht. Eine Hängematte kostet zwischen 10 und 35 R$. Man sollte verhandeln und daran denken, auch Stricke zu kaufen.

Ecoshop (www.ecoshop.com.br; 10 de Julho 495) Kunsthandwerk von indigenen Künstlern.

Mercado Municipal (Mo–Sa 6–18, So 6–12 Uhr) Der weitläufige, mit viel Gusseisen erbaute *mercado* im Jugendstil existiert seit 1882. Hier kann man Heilkräuter aus dem Amazonasbecken und Kunsthandwerk kaufen.

An- & Weiterreise

BUS

Busse nach Boa Vista (90–110 R$, 12 Std.) verkehren viermal täglich. Täglich fährt ein Direktbus nach Caracas in Venezuela (250 R$, 36 Std.), der u. a. in Santa Elena de Uairén und Puerto La Cruz Zwischenstopps einlegt. Zurzeit gibt's keine Reisemöglichkeiten nach Süden in Richtung Porto Velho.

EINREISE NACH VENEZUELA & GUYANA

Boa Vista, die Hauptstadt des Bundesstaates Roraima, ist ein Ort ohne besondere Touristenattraktionen, aber ein nützliches Sprungbrett für Reisen nach Venezuela und Guyana. Täglich verkehren mehrere Busse ab/nach Manaus (100–120 R$, 12 Std.). Übernachten kann man im **Hotel Monte Líbano** (0xx95-3224-7232; Av Benjamin Constant 319W; EZ/DZ 30/40 R$, mit Klimaanlage 35/45 R$, ohne Bad 20/30 R$;), einer einfachen Budgetunterkunft. Von Boa Vista starten viermal täglich Busse ins kleine Bonfim (15 R$, 1½ Std.) an der guyanischen Grenze, und fünfmal täglich Busse nach Pacaraima an der venezolanischen Grenze. Einmal täglich verkehrt ein Bus nach Caracas in Venezuela (erster Halt in Santa Elena, S. 1085).

Vor der Einreise nach Venezuela sollte man sich beim Konsulat in Manaus oder Boa Vista erkundigen, ob man eine venezolanische Touristenkarte benötigt. Erst dann sollte man in den Bus nach Venezuela steigen. Die Busse halten vor der Einreise nach Venezuela an einem brasilianischen Grenzposten von Polícia Federal, wo man den Ausreisestempel bekommt.

Vor der Einreise nach Guyana muss man sich bei der Polícia Federal einen Ausreisestempel abholen. Das Polizeibüro liegt unweit des Flusses, über den man nach Guyana einreist. Einige Busse zwischen Boa Vista und Bonfim halten hier und fahren dann weiter zum Fluss. Wer früher oder später anreist, nimmt ein Taxi vom Busbahnhof in Bonfim und fährt zur Polícia Federal (10 R$); von dort ist es nur noch ein kurzer Fußweg bis zum Fluss. Motorkanus überqueren den Fluss (3 R$). Lethem (S. 713) liegt 5 km vom anderen Flussufer entfernt und hat bessere Unterkünfte als Bonfim. Man sollte relativ früh aufbrechen, um nicht erst am späten Abend anzukommen.

FLUGZEUG
Mehrere Fluglinien bieten Inlandsflüge ab/nach Manaus an. Internationale Flüge gehen u. a. nach Ecuador. Kleinere Fluglinien nutzen Terminal 2 (Eduardinho), das etwa 600 m östlich von Terminal 1 liegt.

SCHIFF/FÄHRE
Große Passagierschiffe starten am Estação Hidroviária (auch Porto Flutuante), einem ruhigen, modernen Terminal mit Internetcafé, Geldautomaten, Restaurants und guter Freiluftbar. Hier findet sich auch die Agência Rio Amazonas, die Tickets für die meisten Boote verkauft, die weiter östlich nahe dem Markt ablegen. Straßenhändler verkaufen billigere Tickets – wenn dann etwas schiefgeht, steht man im Regen. Informationen und Tipps finden sich auf S. 391.

AJATO betreibt ein Schnellboot, das stromaufwärts nach Tefé fährt (190 R$, 14 Std.). Es startet donnerstags von einem Pier östlich des Hafens, wo auch die Tickets verkauft werden. Zum Zeitpunkt der Recherche fuhren keine Boote nach Santarém und Tabatinga.

BOOTSPREISE

Ziel	Preis Hängematte/Kabine (R$)	Dauer
Belém	220/800	3½ Tage
Porto Velho	150/500	4 Tage
Santarém	115/400	30-36 Std.
Tabatinga	340/1000	6½ Tage

Unterwegs vor Ort
Der Busbahnhof liegt 6 km nördlich des Zentrums und wird von mehreren Buslinien angefahren, darunter die Busse 205, 209, 311 und 315. Vor dem Busbahnhof überquert man die Fußgängerbrücke und folgt dem Verkehr zur nächsten Bushaltestelle, an der man in jeden Bus mit Ziel Centro einsteigen kann.

Die Busse (rund 1,50 R$) ins Zentrum passieren die Praça da Matriz und fahren auf der Av Floriano Peixoto eine Schleife, um dann rechts zur Av Sete de Setembro abzubiegen oder geradeaus auf der Av Getúlio Vargas weiterzufahren.

Nach Ponta Negra nimmt man Bus 120 ab der Praça da Matriz, nachts allerdings besser ein Taxi.

Der Flughafen liegt 13 km nördlich des Zentrums. Bus 306 (1,50 R$, 30 Min.) und der klimatisierte Bus 813 (2,50 R$) pendeln halbstündlich bis 23 Uhr zwischen Flughafen und Stadtzentrum. Taxis kosten 49 R$, aber wer in der Stadt einsteigt, kann um den Preis verhandeln. Vom Flughafen sollte man nur offizielle Taxis nehmen.

RUND UM MANAUS
Regenwaldtrips
Viele Besucher der Amazonasregion rechnen damit, außerhalb von Manaus Jaguare zu sehen oder mit Lanzen tragenden Eingeborenen um Perlen zu handeln. Weit gefehlt. Auf einem typischen Trip durch den Regenwald wird man wahrscheinlich rosa- und graufarbene Flussdelfine, Kaimane, Affen, Taranteln und zahlreiche Vögel sehen. Faultiere sind viel zu träge, um sich immer vor neugierigen Blicken zu verbergen, doch Seekühe, Anakondas, Tapire und Jaguare bekommt man nur mit sehr viel Glück zu Gesicht. Je entlegener, unbewohnter und unberührter die Region ist, desto mehr Tiere wird man sichten. Manaus ist eine Großstadt mit vielen Touristen – manche sind daher der Meinung, dass sie authentischere Erlebnisse haben werden, wenn sie ihren Trip woanders starten.

Der typische Regenwaldtrip dauert zwei bis vier Tage – es sind aber auch längere Touren möglich. Die meisten Reisebüros bieten in etwa das gleiche Programm an: Die Teilnehmer angeln normalerweise Piranhas, beobachten nachts Kaimane, stapfen durch den Regenwald und erfahren dabei einiges über traditionelle Heilkräuter und Nutzpflanzen, sie zelten im Wald, besuchen ein Dorf und machen eine Bootsfahrt bei Sonnenaufgang, bei der sich Aras und Delfine blicken lassen. Auf jeden Fall schippert man mit dem Kanu durch die *igarapés* und *igapós*, in denen eine reichere Pflanzen- und Tierwelt als in den Kanälen und Flüssen lebt. Die beste Zeit für einen Dschungeltrip sind daher die Monate März bis Juli, denn dann steht das Wasser am höchsten.

„Weiße" Flüsse wie in der Region um den Lago Mamorí haben oft eine vielfältigere Tier- und Pflanzenwelt zu bieten als die „schwarzen" wie der Rio Negro. Doch gibt es hier auch mehr Moskitos und eine dichtere Vegetation – ein Nachteil, wenn man Tiere beobachten will.

Bei der Planung eines Dschungeltrips sollte man folgende Dinge beachten:

- der Führer sollte eine Sprache sprechen, die man versteht;
- der Führer sollte viel Erfahrung mit dem Ökosystem des Amazonas haben;
- die Reise sollte nicht nur auf ein „Urwaldabenteuer" ausgelegt sein, sondern Flora und Fauna näherbringen;
- die Größe der Gruppe;
- das Verhältnis von Reisezeit und der Zeit, die man am Zielort verbringt;
- die Zeit, die man in einem Boot ohne Motor verbringt;
- die Verfügbarkeit von Schwimmwesten;
- die Kosten für außergewöhnliche Trips;
- und das korrekte ökologische Verhalten der Führer (viele angeblich umweltfreundlich gesinnte Führer zerren Faultiere von den Bäumen, damit die Touristen Fotos machen können).

Man braucht robustes Schuhwerk, lange Hosen, ein langärmliges Shirt, einen Regenmantel, Insektenspray, eine Taschenlampe und eine Wasserflasche. Ferngläser mit starker Vergrößerung erleichtern das Beobachten der Tiere. Man sollte sich erkundigen, wieviel Wasser vor Ort zur Verfügung steht. Reisepass nicht vergessen!

GEFAHREN & ÄRGERNISSE

Einmal gebucht, geht es unweigerlich in die Wildnis. Man sollte also schon im Vorfeld bedenken, dass man seine persönliche Sicherheit in die Hände anderer Menschen legt und sich in eine fremde, abgelegten Region vorwagt. Am besten reist man mit Reisebüros oder Führern, die bei Amazonastur registriert sind (den Zertifikaten nicht vertrauen, sondern online unter www.amazonastur.com nachsehen). Wer mit einer registrierten Agentur oder Führern unterwegs ist, hat größere Chancen, den Reisepreis erstattet zu bekommen, wenn etwas schief geht. Frauen sollten darauf achten, in einer Gruppe mit mindestens drei Personen zu reisen und in entlegenen Regionen niemals allein mit einem Führer unterwegs zu sein.

ABZOCKE

Manaus ist ein großer Tummelplatz von Betrügern. Eine Tour sollte man immer im amtlich zertifizierten Büro einer Reiseagentur bezahlen. Da große Konkurrenz herrscht, basteln viele Betrüger falsche Personalausweise und Quittungen, fälschen Bestätigungsanrufe an Agenturen und geben vor, Guides und Agenturen zu vertreten, die in Reiseführern aufgelistet sind. Die meisten Betrüger treiben sich am Flughafen herum, sie „arbeiten" aber auch auf der Straße und an Hotelrezeptionen. Der Konkurrenzkampf wird sogar online ausgefochten: Agenturen mit gutem Ruf werden auf Tourismus-Webseiten von „enttäuschten Touristen" kritisiert, hinter denen sich rivalisierende Reisebüros verbergen.

REISEAGENTUREN & FÜHRER

In Manaus gibt's unzählige Agenturen. Die hier beschriebenen sind empfehlenswerte Budgetoptionen, die authentische und abenteuerliche Erfahrungen vermitteln. Bei einigen Agenturen muss eine bestimmte Anzahl von Teilnehmern zusammenkommen, während andere Kunden regelmäßig zu den Plätzen im Urwald befördern und wieder nach Manaus zurückbringen. Die Agenturen können fast jeden Wunsch erfüllen, haben sich aber meistens auf eine bestimmte Region festgelegt. Die Preise sollten alles abdecken: Unterkunft, Verpflegung, Trinkwasser, Transfers, Unternehmungen und den Guide. Ist die Agentur noch nicht besonders gut etabliert, sollte man darauf bestehen, einen Teil des Reisepreises erst nach Beendigung der Tour zu zahlen. Die Preise variieren je nach Gruppengröße.

Man sollte sich Zeit nehmen, die Angebote zu prüfen. Viele Traveller reisen enttäuscht ab, weil sie ihr Amazonas-Abenteuer, das ja ein einmaliges Erlebnis sein sollte, zu schnell gebucht haben.

Amazonas Indian Turismo (☎ 0xx92-9198-3575; amazonasindian@hotmail.com; Rua dos Andradas 311) Die herzliche Agentur wird von englischsprachigen Indianern geführt und bietet Reisen abseits ausgetretener Pfade an – man verbringt also deutlich mehr Zeit im Urwald als in den Unterkünften. Man reist mit dem öffentlichen Bus und Boot in ein rustikales Camp am Rio Urubú. Es gibt zwei- bis neuntägige Trips; dreitägige Trips mit zwei Übernachtungen für eine Person kosten 465 R$; der Preis sinkt, wenn man in einer Gruppe reist.

Amazon Gero Tours (☎ 0xx92-3232-4755; www.amazongerotours.com; 10 de Julho 679) Die freundliche Agentur wird von englischsprachigen Guides geführt und vom hilfreichen Gero selbst geleitet. Ein typischer Trip führt zum Lago Juma, wo man in einer komfortablen neuen Unterkunft mit Hängematten, Schlafsälen oder separaten Zimmern und guten Bädern übernachtet. Die Preise beginnen bei 150 R$ pro Tag. Ehrlich, flexibel, stressfrei.

Iguana Turismo (☎ 0xx92-3633-6507; www.amazon brasil.com.br; 10 de Julho 679) Iguanas typischer Trip zum Lago Juma kostet 140 R$ pro Person und Tag. Die komfortablen Unterkünfte mit Hängematten, Hütten und modernen Toiletten liegen neben dem Flusshaus des guyanischen Besitzers Gerry Hardy. Seine Frau und ihre Familie stammen aus der Region und arbeiten in der Lodge. Flexible Termine. Die Agentur ist im Hotel 10 de Julho untergebracht.

Amazon Backpackers (☎ 0xx92-3302-1571; www.amazonbackpackers.com.br; 10 de Julho 679) Auch diese Agentur hat ihr Büro im Hotel 10 de Julho, das vom entspannten Chef geführt wird. Man übernachtet in einer Lodge in der Nähe des Mamori-Sees; es gibt gutes Essen und eine schöne Bar am Fluss. Die Trips machen Spaß – man sieht zahlreiche Tiere, ohne sich dabei zu weit abseits der Zivilisation zu fühlen. Zwei-/drei-/viertägige Trips kosten 300/460/600 R$.

Amazon Antônio Jungle Tours/Jungle Experience (☎ 0xx92-9961-8314; www.antonio-jungletours.com; Cavalcante 231 & Andradas 491) Die Agentur unterhält Filialen im Hostel Manaus und im Hotel Ideal, scheint keine neue Kunden mehr nötig zu haben und wirkt daher etwas selbstzufrieden. Doch die Lodge in der Region des Rio Urubú, die man mit dem öffentlichen Bus erreicht, ist einfach und gut, und hat einen Aussichtsturm. Es werden zahlreiche Unternehmungen angeboten. Gruppenreisen ab 140 R$ pro Tag.

Amazon Riders (☎ 0xx92-8175-9747; www.amazonriders.com) Die Agentur hat zwei Lodges, eine davon am Mamori-See. Der Standardtrip dauert vier Tage; man verbringt zwei Nächte im Dschungel und zahlt 480 bis 520 R$. Die Reisen konzentrieren sich auf Unternehmungen auf und am Wasser, d. h., man fährt viel Kanu und angelt. Bei einem anderen Trip werden vor allem Stammesgemeinden besucht. Die Agentur zieht bald zum Passagierhafen um.

REGENWALD-LODGES

Nicht weit von Manaus gibt es etliche Regenwald-Lodges, von rustikal (mit Hängematten) bis luxuriös (Suiten). Man besucht sie normalerweise auf kostspieligen Pauschaltouren, zu denen auch diverse Unternehmungen im Regenwald gehören. Man wird mehr oder weniger das Gleiche erleben wie bei den oben beschriebenen Regenwaldtrips, nur sind die Unterkünfte besser. Agenturen bieten auch Reisen zu den Lodges an.

Amazon Rainforest Adventure Station (☎ 0xx92-3656-6033; www.naturesafaris.com; 4-tägige Pauschaltouren mit 3 Übernachtungen 599 US$/Pers.) Eine kleine Wasserlodge auf dem Lago Juma, 60 km südöstlich von Manaus. In dieser schönen Unterkunft können bis zu 28 Personen übernachten. Es gibt Gemeinschaftsbäder.

Aldeia dos Lagos (☎ 0xx92-3528-2045; www.aldeiadoslagos.com; 4-tägige Pauschaltouren 405 US$/Pers.) Eine von der Unesco finanzierte, umweltverträgliche Initiative, die von Eingeborenen geführt wird. Man übernachtet an einem See auf Silves Island. Der Trip beinhaltet Vogelbeobachtungen und verschiedene Unternehmungen an und auf dem Wasser. Einfache Unterkünfte.

Uakari Lodge (☎ 0xx97-3343-4160; www.uakarilodge.com.br; 4-tägige Pauschaltouren mit 3 Übernachtungen ab 550 US$/Pers.) Die exzellente, komfortable und wunderschöne ökotouristische Lodge unweit von Tefé, auf halbem Weg zwischen Manaus und dem Dreiländereck. Sie befindet sich im Mamirauá-Reservat, einem 1,24 Mio. ha großen, geschützten Regenwald, der wissenschaftlich erforscht wird, um den Lebensstandard der hier lebenden indigenen Bevölkerung zu verbessern.

DREILÄNDERECK

Am Nordostufer des Amazonas – etwa 1100 km westlich von Manaus – sind Tabatinga (Brasilien) und Leticia (Kolumbien) durch eine unsichtbare Grenze voneinander getrennt. Das gegenüberliegende Flussufer und die Inseln inmitten des Amazonas gehören zu Peru. Santa Rosa, die peruanische Grenzstadt, liegt auf einer Insel. In diesem Dreiländereck verlaufen Reiserouten, die alle

---

EINREISE NACH PERU & KOLUMBIEN

Vor der Ausreise aus Brasilien muss man sich bei der **Polícia Federal** (Av da Amizade 650; ☎ 8–18 Uhr) in Tabatinga einen Ausreisestempel besorgen.

Boote nach Peru verkehren von Porto da Feira nach Santa Rosa (2 R$, 5 Min., ⏲ 6–18 Uhr). Von dort kann man weiter nach Iquitos reisen (s. Kasten S. 971).

Nach Kolumbien kann man ein Taxi (10 R$) oder Mototaxi (4 R$) nach Leticia nehmen oder die kurze Strecke zu Fuß gehen. Oder man fährt mit einem der regelmäßigen *combis*. Informationen zur Weiterreise stehen auf S. 811.

drei Länder miteinander verbinden; es ist auch ein guter Ausgangspunkt für Regenwaldtrips. Leticia, die größte und schönste der drei Grenzstädte, hat die besten Dienstleistungen im Angebot (s. S. 806).

Zwischen Tabatinga und Manaus gibt's Flugverbindungen. Boote nach Manaus (Hängematte/Kabine ab 150/800 R$, 3½–4 Tage) starten mittwochs und samstags in Tabatinga. Schnellboote fahren bis nach Tefé.

PORTO VELHO
☎ 0xx69 / 369 000 Ew.

Porto Velho, die Hauptstadt von Rondônia, liegt am Ufer des breiten Rio Madeira, hat aber nicht viel für Traveller zu bieten. Ihr Status als Hafenstadt und Hauptumschlagplatz für die Sojabohnenindustrie von Grosso hat Porto Velho einen gewissen Wohlstand eingebracht. Man wird sich kaum lange hier aufhalten, sondern recht bald ein Boot nach Manaus oder einen Bus ins schönere Rio Branco nehmen.

Praktische Informationen
Amazon House (Av Pinheiro Machado 753; 3 R$/Std.) Eines von vielen Internetcafés.
Bradesco (Av Sete de Setembro 711) Geldautomaten.

Schlafen
Hotel Tia Carmem (☎ 3221-7910; Av Campos Sales 2895; EZ/DZ 30/45 R$, ohne Bad 25/40 R$; 🕸) Eine sichere und zuverlässige familiengeführte Budgetunterkunft. Die billigen Zimmer haben keinen Ventilator – da man ohne ihn nicht auskommt, sollte man ein teureres Zimmer nehmen. Vor Ort gibt's ein Café und kostenlosen WLAN-Internetzugang. Friedliche Lage.

Vitória Palace Hotel (☎ 3221-9232; Duque de Caxias 745; EZ/DZ mit Ventilator 40/60 R$, mit Klimaanlage 50/80 R$; 🕸) Unweit der Pinheiro Machado, dem Mittelpunkt des Nachtlebens. Dieses ruhige Hotel bietet nette Zimmer, die aber keinen bleibenden Eindruck hinterlassen.

Hotel Tereza Raquel (☎ 3223-9234; Aranha 2125; EZ/DZ 50/80 R$; 🕸) Dieses freundliche Hotel abseits der Haupteinkaufsstraße hat blitzende weiße Fliesen. Geräumige, helle Zimmer mit guten Bädern – eine gute Wahl.

Essen & Ausgehen
Am Fluss, neben den Baracken des alten Bahnhofs, findet man zahlreiche **Essensstände**. Sie gehen auf eine schattige Terrasse hinaus, auf der samstags und sonntags viel los ist. Drei Blöcke weiter nördlich liegt die Praça Aloisio Ferreira, die sich an Wochenenden in eine Art Rummelplatz verwandelt. Hier gibt's eine Reihe günstiger und guter **Lokale**, die typische Gerichte und Snacks servieren.

Frigideira (Prudente de Moräes 2570; 15 R$/kg; 🕒 Mo–Fr mittags) Das Frigideria liegt in einer Nebenstraße der Av Sete de Setembro und ist eines von mehreren Lokalen, die billige Mittagsgerichte und viele Salate anbieten.

Mirante II (Barbosa 269; Gerichte für 2 Pers. 20–35 R$; 🕒 Mi–Mo mittags & abends) Das stimmungsvollste Restaurant der Stadt hat eine Terrasse mit fabelhaften Ausblicken auf den breiten Fluss. Es gibt ein Mittagessen für 15 R$/kg; an den Wochenenden steigen Livekonzerte.

Zwei Blöcke östlich der Praça Ferreira tobt in der Av Pinheiro Machado das Nachtleben. Im trendigen **Estação do Porto** und **Antiquarius** feiern ausgelassene junge Leute aus der Mittelklasse. Die bodenständige **Buda's Bar** genau dazwischen hat günstiges Bier.

Anreise & Unterwegs vor Ort
BUS
Busse fahren nach Guajará-Mirim (36,50–40,50 R$, 4½–6 Std., 6-mal tgl.), Rio Branco (53–66 R$, 8 Std., 5-mal tgl.) und Cuiabá (150 R$, 21–24 Std., 3-mal tgl.). Am Busbahnhof starten Sammeltaxis nach Guajará-Mirim (50 R$, 3½ Std.). Vom Busbahnhof ins Zentrum (3 km) nimmt man Bus 201 oder ein Taxi (10 R$).

FLUGZEUG
Der Flughafen Porto Velho liegt 6 km vom Zentrum entfernt und bietet Inlandsflüge an. Eine Taxifahrt kostet 26 R$; alternativ nimmt man Bus 201, der von der Av 7 de Setembro nahe der Praça Rondón abfährt.

SCHIFF/FÄHRE
Boote nach Manaus (Hängematte 120 R$, Kabine 400 R$, 2½–3 Tage) legen dienstags und freitags gegen 18 Uhr am Hafen im Zentrum ab. An der Straße zum Hafen befinden sich zahlreiche Reisebüros. **Agência Amazonas** (☎ 3223-9743; Alfredo 265) ist besonders zuverlässig. Weitere Infos und Tipps stehen im Kasten auf S. 391.

GUAJARÁ-MIRIM
☎ 0xx69 / 39 000 Ew.

Die hübsche Stadt liegt gegenüber von Guayaramerín in Bolivien. Bäume überschatten verwilderte Rasenflächen und Bürgersteige, die rotbefleckt sind von sonnengebleichter Erde. Guajará ist ein Provinznest, allerdings der angenehmen Sorte, und überdies ein nützlicher Grenzübergang.

Playnet Games (Av Dom Pedro; 3 R$/Std.) ist in einer Tankstelle untergebracht und ermöglicht ganztags einen Internetzugang. **Bradesco** (Leopoldo de Mateos) hat Geldautomaten. Bolivianos und Real kann man bei den Geldwechslern am Hafen von Guayaramerín umtauschen.

Es gibt mehrere Unterkünfte. In der Hauptstraße zwischen Busbahnhof und Hafen liegt das familiengeführte **Hotel Mini-Estrela** (☎ 3541-1205; 15 de Novembro 460; EZ/DZ 30/60 R$; 🅿), eine gute Wahl mit etwas verblassten, aber guten Zimmern. Am Wochenende sollte man sich ein Zimmer auf der Rückseite geben lassen. In der Nähe befinden sich Restaurants, darunter auch **Oásis** (15 de Novembro 460; 19 R$/kg). Hier gibt's ein lohnendes Mittagsbuffet mit frisch gegrilltem Fleisch. Ein paar Blocks weiter liegt das **Restaurante Tropical** (15 de Novembro 640; halbe Portionen 8–13 R$; 🅿 mittags & abends), ein helles, luftiges Freiluftlokal, das riesige Portionen mit Fisch, Hühnchen oder leckerem *carne de sol*, serviert (wer allein unterwegs ist, sollte eine halbe Portion bestellen).

Vom Busbahnhof 2 km östlich des Hafens verkehren Busse nach Porto Velho (36,50–40,50 R$, 4½–6 Std., 6-mal tgl.) und Rio Branco (49 R$, 8 Std., tgl.). Hier starten auch Sammeltaxis nach Porto Velho (50 R$, 3½ Std.). Ein Taxi zwischen Busbahnhof und Stadtzentrum kostet 10 R$.

RIO BRANCO
☎ 0xx68 / 291 000 Ew.

Der abgelegene Bundesstaat Acre ist ein berühmtes Schlachtfeld der brasilianischen Umwelt- und Abholzungslobbyisten. Traveller können das Amazonasbecken abseits ausgetretener Pfade erkunden. Acre ist auch das Tor zum nördlichen Regenwald Boliviens, zu dem es einst gehörte. Rio Branco, die relaxte Hauptstadt am Fluss, ist allemal einen ein- bis zweitägigen Aufenthalt wert.

Der beige-grüne **Palacio Rio Branco** (Praça Povos da Floresta; 🅿 Di-Fr 8–18, Sa & So 16–21 Uhr) ist ein restauriertes Art-déco-Meisterwerk, in dem eine historische Ausstellung zu sehen ist. Unterhalb des Palastes befindet sich die **Touristeninformation** (🅿 Mo–Sa 8–18, So 16–21 Uhr), deren Angestellte sehr hilfsbereit, aber keine große Hilfe sind. In der Nähe gibt es Banken mit

> **EINREISE NACH BOLIVIEN**
>
> Passagierfähren (4 R$, 5 Min.) nach Guayaramerín (S. 263) legen regelmäßig am Hafen am Ende der Hauptstraße 15 de Novembro ab. Vor der Ausreise aus Brasilien muss man sich einen Ausreisestempel besorgen. Unter der Woche bekommt man diesen am Hafen, am Wochenende muss man zum Migracão im Büro der Policía Federal (Ecke Dutra & Bocaiúva; ☎ 8–22 Uhr). Um hierher zu gelangen, läuft man vom Hafen zwei Blöcke geradeaus, biegt links ab und läuft noch drei Blöcke weiter. Hier befindet sich auch ein bolivianisches Konsulat (S. 410).

Geldautomaten. Im klimatisierten **Viarena** (Barbosa 507; 3 R$/Std.; 🅿 Mo–Fr 8–20 Uhr) kommt man ins Internet.

Das **Museu da Borracha** (Kautschukmuseum; Av Ceará 1441) ist in einer eleganten Villa untergebracht; zum Zeitpunkt der Recherche war es aufgrund von Renovierungsarbeiten geschlossen.

Billige Hotels finden sich rund um den Busbahnhof, mehr Flair herrscht aber im Zentrum. Dort liegt das **Hotel do Papai** (☎ 3223-2044; Peixoto 849; EZ/DZ 50/80 R$; 🅿). Tagsüber hört man lauten Verkehrslärm, die kühlen, makellosen – teilweise knallig grün und pink gestrichenen – Zimmer mit Kühlschränken und der gütige Besitzer machen diesen Nachteil aber wieder wett. Unweit davon steht das ruhige **Hotel AFA** (☎ 3224-1396; Ribeiro 99; EZ/DZ 55/80 R$; 🅿) mit geräumigen, frisch renovierten Zimmern und einer herzlichen, freundlichen Atmosphäre.

Am Flussufer, dem schönsten Teil der Stadt, befinden sich malerische Brücken und niedliche bunte Häuser. Hier liegt auch der **Mercado Velho** (Praça Bandeira), auf dem es Kunstgewerbestände und einen Food Court mit *pratos feitos* für 5 bis 9 R$ gibt. Nebenan hat das **Café do Mercado** (Gerichte 7–15 R$; 🅿 Di–So 15–23 Uhr) eine tolle Flussterrasse; es eignet sich für eine kühles Bierchen und *salgados* und *petiscos*. Das AFA-Restaurant **Bistrô d'Amazônia** (30 R$/kg; 🅿 mittags) hat zwar sicher nicht das billigste Mittagsbuffet, das Essen schmeckt allerdings köstlich: Für 45 R$/kg bekommt man libanesisch inspirierte Salate, vegetarische Gourmet-Gerichte, saftiges Grillfleisch und am Wochenende auch Meeresfrüchte.

Busse verkehren nach Porto Velho (53–66 R$, 8 Std., 4-mal tgl.), Guajará-Mirim

> **EINREISE NACH BOLIVIEN & PERU**
>
> Westlich von Xapuri liegt am Ufer des Rio Acre die Stadt **Brasiléia**; der Fluss trennt sie von dem weitaus hektischeren Cobija auf bolivianischer Seite. Man kann die Brücke zwischen den beiden Städten jederzeit ohne Genehmigung überqueren, wer seine Reise aber in Bolivien fortsetzt, muss sich ein rund um die Uhr geöffneten Büro der Polícia Federal in Brasiléias Nachbarstadt Epitáciolândia einen Ausreisestempel geben lassen. Busse aus Rio Branco oder Xapuri lassen einen auf Anfrage in Epitáciolândia raus.
>
> Nach Bolivien gelangt man mit Taxi (10–15 R$) oder *mototaxis* (3 R$), die von der Polícia Federal über die internationalen Brücken in Epitáciolândia oder Brasiléia fahren. Im Fahrpreis sind der Zwischenstopp bei der bolivianischen Einreisebehörde und die Weiterreise zu einem Hotel oder einer Bushaltestelle enthalten. In Cobija gibt's Unterkünfte, einen Flughafen und spärliche Busverbindungen.
>
> In Brasiléia befinden sich ein bolivianisches Konsulat, Geldautomaten und Wechselstuben. Die **Pousada Orquidia Negra** (☎ 9981-8967; Travessa 7 de Setembro 69; EZ/DZ 30/40 R$) ist eine saubere und sympathische Unterkunft. Busse verkehren nach Rio Branco (24 R$, 4 Std., 5-mal tgl.) und Xapuri (7 R$, 1½ Std., 2-mal tgl.). Sammeltaxis fahren dieselben Routen in der Hälfte der Zeit, aber für den doppelten Preis.
>
> Vor der Einreise nach Peru muss man sich in Epitáciolândia einen Ausreisestempel geben lassen, den Bus nach Assis (10 R$, 2 Std., 3-mal tgl.) nehmen und den Rio Acre in Richtung Iñapari in Peru überqueren. Wer in der Region übernachten will, findet in Assis die besseren Unterkünfte vor. Busse von Rio Branco nach Assis halten unterwegs (theoretisch) bei der Polícia Federal – besser vorher noch einmal genau informieren. In Rio Branco gibt's ein peruanisches Konsulat. Infos zur Einreise in entgegengesetzter Richtung stehen auf S. 963.

(49,50 R$, 8 Std., 1-mal tgl.), Xapurí (20,50 R$, 3½ Std., 2-mal tgl.) und Brasiléia (24 R$, 4 Std., 5-mal tgl.). Vom Busbahnhof ins Zentrum (1,5 km) nimmt man einen der Busse mit der Fahrtzielangabe „Norte-Sul", „Taquari" oder „Domoacir" oder ein Mototaxi (3–4 R$).

Der Flughafen von Rio Branco liegt 20 km westlich des Zentrums. Busse ins Zentrum (1,90 R$, 40 Min.) verkehren etwa stündlich.

XAPURI

☎ 0xx68 / 14 000 Ew.

Xapuri, ein Stätchen mit hübschen Häusern, blühenden Bäumen und roten staubigen Straßen, verspricht einen netten Tagesausflug. In der Stadt lebte einst der Kautschukzapfer und weltberühmte Umweltmärtyrer Chico Mendes, der jahrelang erfolgreich gegen die Zerstörung der Regenwälder durch Holzbauern und Viehzüchter gekämpft hatte und 1988 sein Engagement mit dem Leben bezahlte. Der **Fundação Chico Mendes** (⊙ 8–18 Uhr) liegt einen Block vom Busbahnhof entfernt und stellt Fotos und Erinnerungsstücke von Mendes aus, u. a. auch blutverschmierte Kleidungsstücke und internationale Preise. Die Angestellten führen Besucher durch das gegenüberliegende Haus von Mendes, in dem er erschossen wurde. Der Tod des Aktivisten war ein Skandal, führte aber auch dazu, dass weite Teile des Regenwaldes unter staatlichen Schutz gestellt wurden.

Sieben gute Budget-*pousadas* vermieten komfortable Zimmer. Im Park unweit der Plaza an der Branão gibt's entspannte Freiluftlokale, in denen man Bier und Pizza bekommt.

Busse verkehren nach Rio Branco (20,50 R$, 3½ Std., 2-mal tgl.) und Brasiléia (7 R$, 1½ Std., 2-mal tgl.). Sammeltaxis nach Brasiléia (14 R$, 45 Min.) fahren vor einem Kiosk auf der Branão ab.

ALLGEMEINE INFORMATIONEN

AKTIVITÄTEN

Abenteurer werden in Brasilien genug Gelegenheiten bekommen, ihren Adrenalinspiegel in die Höhe zu treiben. Beliebte Unternehmungen sind: Kanutouren, Paragliden, Kitesurfen, Wakeboarden, Raften, Surfen, Wandern, Tauchen und Klettern.

Für Wanderungen und Klettertouren eignen sich am besten die kühleren Monate von April bis Oktober. Hervorragende Wandergebiete sind z. B. die Nationalparks Chapada Diamantina in Bahia (S. 360), Serra dos Órgãos im Bundesstaat Rio de Janeiro (S. 308), Chapada dos Veadeiros in Goiás (S. 344) und die Serra de São José unweit von Tiradentes in Minas Gerais.

Brasilien hat einige wunderbare Surfparadiese zu bieten. Am besten kann man zwischen November und März in Fernando de Noronha surfen (S. 375). Weitere gute Strände im Süden und Südosten finden sich in Saquarema, auf der Ilha de Santa Catarina (S. 331), in São Francisco do Sul, auf der Ilha do Mel (S. 330), in Búzios (S. 310) und in Rio de Janeiro (S. 288). Im Nordosten sollte man Itacaré (S. 362) und Praia da Pipa (S. 376) ansteuern. Am besten sind die Wellen im brasilianischen Winter (Juni–Aug.).

In Búzios im Bundesstaat Rio kann man wunderbar wind- und kitesurfen und die nötige Ausrüstung ausleihen. Das absolute Windsurfmekka Brasiliens ist allerdings die Küste Cearás nordwestlich von Fortaleza; von Juli bis Dezember sind die Bedingungen ideal. Die beliebtesten Surfzentren dieser Region sind Jericoacoara (S. 383) und Canoa Quebrada (S. 379).

ARBEITEN IN BRASILIEN

In Brasilien ist die Arbeitslosenrate hoch und Touristen dürfen normalerweise nicht arbeiten. Ausländer finden aber häufig in größeren Städten einen Job als Sprachlehrer, entweder an einer Schule oder als Privatlehrer. Die Bezahlung ist mittelmäßig, wer jedoch drei bis vier Tage in der Woche arbeitet, kann davon leben.

BOTSCHAFTEN & KONSULATE

Fast alle Staaten der Erde unterhalten in Brasilien diplomatische Vertretungen.

Argentinien (Karte S. 296 f.; ☎ 0xx21-2553-1646; Praia de Botafogo 228 No 201, Botafogo, Rio de Janeiro)
Bolivien; Brasiléia (☎ 0xx68-3546-5760; Meireles 236); Guajará-Mirim (☎ 0xx69-3541-8622; Av Leopoldo de Matos 451); Rio de Janeiro (Karte S. 296 f.; ☎ 0xx21-2552-5490; Av Rui Barbosa 664 No 101, Flamengo)
Chile (Karte S. 296 f.; ☎ 0xx21-2552-5349; Praia do Flamengo 344, 7. Stock, Flamengo, Rio de Janeiro)
Ecuador (☎ 0xx21-3563-0380; Pintor Oswaldo Teixeira 465, Barra da Tijuca, Rio de Janeiro)
Deutschland Brasília (☎ 0xx61-3442-7000; SES, Avenida das Nações, Quadra 807, Lote 25); Rio de Janeiro (Karte S. 296 f.; ☎ 0xx21-2554-0004; Carlos de Campos 417, Laranjeiras, Rio de Janeiro)
Kolumbien Manaus (☎ 0xx92-3234-6777; 24 de Maio 220); Tabatinga (☎ 0xx97-3412-2104; Sampaio 623); Rio de Janeiro (Karte S. 296 f.)
Österreich Brasília (☎ 0xx61-3443-3421; SES, Av das Nacoes, Quadra 811, Lote 40); São Paulo (☎ 0xx11-3842-7500; Edificio Net Office, Av Dr. Cardoso de Melo 1470, Conj. 711, Vila Olimpia)
Paraguay (Karte S. 296 f.; ☎ 0xx21-2553-2294; Praia de Botafogo 242, 2. Stock, Botafogo, Rio de Janeiro)
Peru Manaus (☎ 0xx92-3236-9607; Constelação 16-A, Aleixo); Rio de Janeiro (Karte S. 296 f.; ☎ 0xx21-2551-9596; Av Rui Barbosa 314, 2. Stock, Flamengo)
Schweiz Brasília (☎ 0xx61-3443-5500; SES, Avenida das Nações, Quadra 811, Lote 41); Rio de Janeiro (☎ 0xx21-2221-1867; Rua Cândido Mendes 157, 11. Stock, Glória)
Uruguay (Karte S. 296 f.; ☎ 0xx21-2553-6030; Praia de Botafogo 242, 6. Stock, Botafogo, Rio de Janeiro)
Venezuela Boa Vista (☎ 0xx95-3623-9285; Av Benjamin Constant 968); Manaus (☎ 0xx92-3233-6006; Río Jataí 839); Rio de Janeiro (Karte S. 296 f.; ☎ 0xx21-2554-6134; Praia de Botafogo 242, 5. Stock, Botafogo)

BÜCHER

Brasilien und *Rio de Janeiro* von Lonely Planet beinhalten alle Informationen, die ein Traveller braucht, um Land und Leute noch besser kennenzulernen. *Guia Quatro Rodas* veröffentlicht die besten inländischen Reiseführer (portugiesisch); man erhält sie an Zeitungskiosken.

Travelers' Tales Brazil ist eine schöne Sammlung von Reiseabenteuern mit herrlichen Porträts über das Leben in Brasilien. Zu den Klassikern der Reiseliteratur zählt Peter Flemings *Brasilianisches Abenteuer*, ein lustiger Bericht über eine Expedition nach Mato Grosso in den 1930er-Jahren. *Traurige Tropen* (1955) von Claude Lévi-Strauss markierte einen Meilenstein für die Erkundung der indigenen Völker im brasilianischen Hinterland.

Zu den lesenswerten Geschichtsbüchern zählen *A Concise History of Brazil* von Boris Fausto, *Brazil: Five Centuries of Change* von Thomas Skidmore und *Eine kleine Geschichte Brasiliens* von Walther L. Bernecker, Horst Pietschmann und Rüdiger Zoller. Die Geschichte, die hinter Euclides da Cunhas meisterhaftem *Krieg in Sertao* steht (dieses handelt von der Rebellion in Canudo), wurde von Mario Vargas Llosa in seinem unterhaltsamen Roman *Der Krieg am Ende der Welt* erneut aufgegriffen. Jorge Amado, Brasiliens bester Romanautor, schrieb viele wundervolle Bücher, u. a. *Gabriela, wie Zimt und Nelken*.

The Brazilians von Joseph A. Page ist eine faszinierende Schilderung über Land und Leute. Eine schön illustrierte, ansprechende Einführung in die brasilianische Musik bietet das Buch *Samba, Bossa Nova und die Klänge Brasiliens* von Chris McGowan und Ricardo Pessanha. Und *Futebol: The Brazilian Way* widmet sich der brasilianischen Nationaldroge.

ESSEN & TRINKEN

Die in diesem Kapitel beschriebenen Lokale sind nach Preisen sortiert; die billigsten Restaurants werden zuerst genannt.

Brasilianische Küche

Die brasilianischen Restaurants servieren riesige Portionen und oft sind die Gerichte für zwei Personen bemessen – Alleinreisende haben in diesen Lokalen etwas das Nachsehen, da einzelne Portionen entsprechend teurer sind (bis zu 60 %). Die Grundzutaten der brasilianischen Küche sind *arroz* (weißer Reis), *feijão* (schwarze Bohnen) und *farofa/farinha* (Mehl aus der Maniokwurzel bzw. Mais). Eine typische Mahlzeit bezeichnet man als *prato feito* (Menü, oft mit „pf" abgekürzt) oder *refeição*. Sie besteht aus den gewohnten Zutaten, Fleisch, Hühnchen oder Fisch und kostet in den meisten Lokalen 8 bis 10 R$.

Eine weitere gute Option sind Mittagsbuffets, bei denen *por kilo* (pro Kilogramm) bezahlt wird. Hier wird das Essen aufs Gramm genau berechnet, pro Kilogramm werden rund 30 R$ fällig (auf einen großen Teller passen etwa 500 g). Lokale mit *por-kilo*-Preisen sind auch gut für Vegetarier geeignet. Ein weiteres Angebot sind *rodízios* mit Festpreis: Die meisten *churrascarias* (Grillrestaurants) bieten *rodízio*-Abendmenüs an, bei denen zahllose Grillspieße mit verschiedenen Fleischsorten am Tisch serviert werden.

Die meisten Lokale berechnen Touristen zu hohe Preise und geben zu wenig Wechselgeld heraus. Man sollte die Rechnung also sorgfältig überprüfen.

Die brasilianische Küche ist regional sehr unterschiedlich. Die *comida baiana* der Nordostküste ist afrikanisch inspiriert und verwendet verschiedene Pfeffersorten, Gewürze und das reichhaltige Öl der *dendê*-Palme. Die Pantanal- und Amazonasregion ist für ihre leckeren Fischgerichte bekannt. Die *comida gaúcha* in Rio Grande do Sul verwendet viel Fleisch. Minas Gerais ist für sein herzhaftes, venenverstopfendes Essen berühmt, das oft Hühnchen und Schweinefleisch enthält (im restlichen Brasilien heißt es auch, dass jedes Gericht in Brasilien besser schmeckt als das Essen in Minas). São Paulo hingegen, Heimat vieler Italiener, Japaner und Araber, ist das Gourmet-Mekka des Landes.

Hier einige typische brasilianische Gerichte:

açaí (a·sa·*i*) – eine Amazonasfrucht mit beerenartigem Geschmack und dunkelvioletter Farbe; gefroren und püriert liefert sie ein großartiges, sorbetartiges Gericht, das man mit Müsli, Ginseng, Honig etc. ergänzen kann.

acarajé (a·ka·ra·*dsche*) – *baianas* (Frauen aus Bahia) verkaufen dieses Gericht in Bahia an jeder Straßenecke; es wird aus enthülsten braunen Bohnen hergestellt, die mit Salz und Zwiebeln vermischt und in *dendê*-Palmöl frittiert werden; die Bohnenbällchen werden dann mit *vatapá*, getrockneten Shrimps, Paprika und Tomatensauce gefüllt.

bobó de camarão (bo·*bo* de ka·ma·*rau*) – Gekochter Maniokbrei, mit fein getrockneten Shrimps, Kokosmilch und Cashewkernen vermischt.

caldeirada (kow·dei·*ra*·da) – Eintopf mit großen Fischstücken, Zwiebeln und Tomaten.

carne do sol (*kar*·ne do sol) – leckeres salziges Trockenfleisch, das mit Bohnen, Reis und Gemüse serviert wird.

casquinha de caranguejo/siri (kas·*ki*·nja de ka·rang·ge·*dscho*/*si*·ri) – gefüllter Krebs mit Maniokmehl.

dourado (do·*raa*·do) – köstlicher Wels, den man überall in Brasilien bekommt.

farofa (fa·*ro*·fa) – geröstetes Maniok- oder Maismehl mit Zwiebel- oder Schinkenstückchen; ein verbreitetes Gewürz.

feijoada (fai·*dscho*·a·da) – das Nationalgericht Brasiliens ist ein Eintopf mit Schweinefleisch; dazu gibt's Reis und Bohnen. *Feijoada* wird traditionell samstags zum Mittagessen serviert. Caipirinhas passen perfekt dazu.

frango a passarinho (*frang*·go a pa·sa·*ri*·njo) – kleine Stückchen knuspriges Grillhähnchen, die als leckerer *tiragosto* (Appetizer od. Snack) gegessen werden.

moqueca (mo·*ke*·ka) – Eintopf mit *dendê*-Öl oder Oliven-(capixaba-)Öl und Kokosnussmilch, oft auch mit Pfeffer und Zwiebeln. Das portugiesische Wort bezeichnet auch einen Kochstil in Bahia, bei dem das Essen in geschlossenen Tontöpfen zubereitet wird: Fisch, Shrimps, Austern, Krabben oder eine Kombination aus allem werden im *moqueca*-Stil zubereitet.

pão de queijo (pau de *kai*·dscho) – Minas Gerais ist für dieses Käsebrot berühmt, das aber überall im Land erhältlich ist. Ein klassischer Snack zum Kaffee.

pato no tucupi (*pa*·to no tu·ku·*pi*) – gebratene Ente, sehr beliebt in Pará; das Gericht wird mit Knoblauch zubereitet und in einer *tucupi*-Sauce aus Manioksaft und *jambu*, einer brasilianischen Gemüsesorte, gekocht.

peixada (pei·*scha*·da) – Fisch, der zusammen mit Gemüse und Eiern in einer Brühe gekocht wird.

picanha (pi·*ka*·nja) – Brasiliens beliebtestes Fleischstück, oft fälschlich als Rumpsteak bezeichnet.

tacacá (ta·ka·*ka*) – indigenes Gericht aus getrockneten Shrimps, die mit Pfeffer, *jambu*, Maniok und vielen weiteren Zutaten zubereitet werden.
tucunaré (tu·ku·na·*rei*) – zarter, köstlicher Amazonasfisch.
vatapá (va·ta·*pa*) – vielleicht das bekannteste brasilianische Gericht afrikanischen Ursprungs: Meeresfrüchte mit einer dicken Sauce aus Maniokbrei, Kokosnüssen und *dendê*-Öl.

Getränke

Es gibt unzählige brasilianische Früchte, aus denen göttliche *sucos* (Säfte) hergestellt werden. In jeder Stadt gibt's reichlich Saftbars, die 30 bis 40 Sorten führen und 4 bis 6 R$ für ein großes Glas verlangen.

Cafezinho puro (Kaffee) wird in Brasilien stark, heiß, manchmal süß und normalerweise ohne Milch (*leite*) getrunken. *Refrigerantes* (Softdrinks) gibt's überall. *Guaraná* wird aus der Frucht einer brasilianischen Pflanze hergestellt und ist so beliebt wie Cola.

Die beiden bekanntesten alkoholischen Getränke Brasiliens sind *cachaça* (wird auch *pinga* genannt), ein hochprozentiger Zuckerrohrschnaps, und *cerveja* (Bier). *Cachaça* kann ziemlich stark oder relativ mild sein und ist die Grundlage für den gefeierten brasilianischen Caipirinha, einen etwas aufwendig zuzubereitenden, süßen Cocktail aus *cachaça*, zerstoßenen Limonen und Zucker – nur wenige Beachcocktails sind noch süßer. Unter den gängigen Biersorten sind Bohemia und Original die besten. Fassbier, *chope* (*schoh*-pi) genannt, steht bei den Brasilianern hoch im Kurs. Man sollte sich nicht über die Schaumkrone beschweren – sie ist ein Zeichen perfekter Zapfkunst. Der Schlüsselsatz lautet: *mais um chope!* (Noch ein Bier!)

FEIERTAGE & FERIEN

Die Hochsaison in Brasilien dauert von Dezember bis zum Karneval (gewöhnlich im Februar), die Nebensaison von März bis November.

Ano Novo (Neujahrstag) 1. Januar
Carnaval (Fr–Di vor Aschermittwoch) Februar/März. Die Karnevalfeierlichkeiten starten gewöhnlich schon weit vor den offiziellen Feiertagen.
Paixão & Páscoa (Karfreitag & Ostersonntag) März/April
Tiradentes (Gedenktag für Tiradentes) 21. April
Dia do Trabalho (Maifeiertag/Tag der Arbeit) 1. Mai
Fronleichnam/Corpus Christi (60 Tage nach Ostern) An einem Donnerstag im Mai oder Juni
Dia da Independência (Tag der Unabhängigkeit) 7. September
Dia da Nossa Senhora de Aparecida (Mariä Erscheinung) 12. Oktober
Finados (Allerseelen) 2. November
Proclamação da República (Tag der Ausrufung der Republik) 15. November
Natal (Weihnachten) 25. Dezember

FESTIVALS & EVENTS

Festa de Iemanjá (Fest des Iemanjá) Wird in Rio am 1. Januar und in Salvador am 2. Februar gefeiert.
Procissão do Senhor Bom Jesus dos Navegantes Prozession zu Ehren Christi der Seefahrer. Findet am Neujahrstag in Salvador, Bahia, statt.
Lavagem do Bonfim (Rituelle Reinigung der Bonfim-Kirche) Findet am zweiten Donnerstag im Januar statt. Ein Candomblé-Fest, das in einem Ritual gipfelt, bei dem die Bonfim-Kirche in Salvador rituell gereinigt wird.
Carnaval Findet von Freitag bis Dienstag vor Aschermittwoch statt. Die Karnevalsfeiern beginnen normalerweise lange vor dem offiziellen Feiertagen.
Semana Santa (Karwoche) Die Woche vor Ostern. Die Feierlichkeiten sind in Congonhas, Ouro Prêto und Goiás Velho besonders intensiv.
Festas Juninas (Junifeste) Im Juni. Werden im Bundesstaat Rio und in großen Teilen des Landes gefeiert.
Carnatal (Karneval in Natal) Erste Dezemberwoche. Natals Antwort auf den großen brasilianischen Karneval wird im Dezember gefeiert (die Einwohner Natals können einfach nicht auf den *anderen* Karneval warten).

FRAUEN UNTERWEGS

In den Städten des Südostens und Südens werden ausländische Frauen ohne Begleitung kaum beachtet. In den traditionelleren ländlichen Gebieten des Nordostens ziehen blonde, hellhäutige Frauen allerdings reichlich Aufmerksamkeit auf sich, vor allem wenn sie ohne männliche Begleitung unterwegs sind.

Der Machismo ist in Brasilien etwas verdeckter als im spanischsprachigen Lateinamerika. Flirten ist eine häufige Form der Kommunikation, ist aber meistens harmlos. Frauen müssen sich nicht gleich beleidigt, belästigt oder angemacht fühlen.

Es ist ratsam, sich den Kleidernormen der jeweiligen Regionen anzupassen: Die knappen Strandkleidchen aus Rio sind für die Straßen im Hinterland z. B. nicht geeignet.

Bei tatsächlicher oder vermuteter ungewollter Schwangerschaft bekommt man in den meisten brasilianischen Apotheken für rund 20 R$ die Pille für danach (*a pílula do dia seguinte*). Tampons und Hygieneartikel sind problemlos erhältlich, lediglich in ländliche Gebiete sollte man einen Vorrat mitnehmen.

FREIWILLIGENARBEIT

Die in Rio de Janeiro ansässige Gesellschaft **Iko Poran** (☎ 0xx21-3852-2916; www.ikoporan.org) vermittelt Freiwilligen den Kontakt mit Organisationen, die deren Hilfe benötigen. Freiwillige arbeiten in Brasilien u. a. als Tanz-, Musik- und Sprachlehrer. Iko Poran organisiert auch Unterkünfte. In Großbritannien vermittelt die lobenswerte Organisation **Task Brasil** (www.taskbrasil.org.uk) Volontäre nach Rio.

FÜHRERSCHEIN

In Brasilien darf man ab 18 ein Auto steuern. Die meisten ausländischen Führerscheine sind in Brasilien gültig. Es ist dennoch ratsam, einen internationalen Führerschein dabeizuhaben, da die Polizisten, mit denen man es als Ausländer zu tun hat, nicht immer mit den Gesetzen vertraut sind.

GEFAHREN & ÄRGERNISSE

In den Medien ist Brasilien ständig wegen der Gewalt und der Kriminalität präsent, die sich im Land ereignet. Wer seinen Verstand einsetzt, kann die Risiken aber stark reduzieren. Man sollte auf jeden Fall die Vorsichtsmaßnahmen ergreifen, die in ganz Südamerika angebracht sind (s. S. 1105).

Zunächst sollte man sich nicht gleich nach der Ankunft jetlag-geschädigt in Touristengegenden herumtreiben: Dann ist man leichte Beute. Außerdem sollte man die Tatsache akzeptieren, dass man in Brasilien möglicherweise überfallen, bestohlen oder beraubt wird. Wenn das passiert, ist Widerstand zwecklos. Deshalb sollte man nur so viel Geld dabeihaben, wie man im Tagesverlauf braucht – und ein dick wirkendes Geldbündel mit kleinen Scheinen, das man bei einem Überfall aushändigen kann. Weitere Tipps:

- Einfach kleiden, Schmuck zu Hause lassen und nicht mit iPods, Digitalkameras und anderen auffälligen Dingen herumlaufen.
- Sich wachsam und zielgerichtet bewegen. Kriminelle stürzen sich auf zögerlich oder orientierungslos wirkende Personen.
- Geldautomaten benutzen, die in Gebäuden aufgestellt sind. Vor dem Abheben oder Wechseln immer die Umgebung prüfen. Kriminelle suchen sich manchmal an solchen Orten ihre Opfer. Den Zahlencode immer verdeckt eingeben.
- Im Zimmer Fenster und Türen auf ihre Sicherheit prüfen und nichts Wertvolles herumliegen lassen.
- Zu Stadtstränden nur Badesachen, Handtuch und ein Minimum an Kleingeld mitnehmen – sonst nichts!
- Bei Dunkelheit verlassene Straßen, Parks oder Stadtstrände meiden.
- Von den *favelas* fernhalten.

GELD

Die brasilianische Währung ist der Real (oft mit R$ abgekürzt); der Plural ist *reais*. Ein Real besteht aus 100 *centavos*. Es gibt Scheine im Wert von 2, 5, 10, 20, 50 und 100 R$.

Geldautomaten

Der einfachste Weg in größeren Städten, an Bargeld zu kommen, sind die weit verbreiteten Geldautomaten. Mit ausländischen Karten haben sie haben mitunter ihre Probleme. Man sollte sich selbst einen Gefallen tun und mehrere Karten dabeihaben, vor Ort eruieren, welche Banken sie akzeptieren und ihnen immer dort Geld abheben. Vierstellige PINs sind der Standard. Am meisten Glück sollte man mit den Automaten von Citibank, HSBC, Banco de Brasil, Bradesco und Banco24Horas (ein Zusammenschluss brasilianischer Banken) haben, wenngleich auch bei den genannten Banken nicht alle Filialen ausländische Karten akzeptieren. Man sollte auf die Cirrus-, Visa- oder sonstigen Aufschriften an den Automaten achten – aber auch das garantiert keinen Erfolg.

Geldwechsel

Bargeld und Reiseschecks in US-Dollar können in *casas de cambio* (Wechselstuben) und Banken umgetauscht werden; letztere bieten bessere Kurse an, haben aber einen langsameren Service (Citibank verlangt keine Gebühren). Für Bargeld bekommt man meistens 1 bis 2 % mehr als für Reiseschecks.

Kreditkarten

In Brasilien kann man vielerorts mit Kreditkarte bezahlen und an Geldautomaten Bares abheben. Visa ist die gängigste Karte, gefolgt von MasterCard. American Express und Diners Club sind zwar ebenfalls gängig, werden

WECHSELKURSE		
Land	Währung	R$
Eurozone	1 €	2,44
Schweiz	100 ¥	1,97
USA	1 US$	1,79

aber außerhalb der Großstädte seltener akzeptiert. Kreditkartenbetrug ist weit verbreitet. Man sollte seine Kreditkarte immer im Auge behalten, vor allem in Restaurants.

GESUNDHEIT

Wer sich im Zeitraum von drei Monaten vor der Einreise nach Brasilien (bzw. vor Beantragung eines brasilianischen Visums) in Bolivien, Kolumbien, Ecuador, Französisch-Guyana, Panama, Peru, Venezuela oder einem von mehreren afrikanischen Ländern aufhielt, benötigt eine Gelbfieberimpfung. Da sich die Liste der Länder öfters ändert, sollte man sich vor der Einreise bei den Behörden erkundigen. An den meisten brasilianischen Grenzübergängen und großen Flughäfen kann man sich impfen lassen (für Ausländer kostenlos) und die Bescheinigung an Ort und Stelle bekommen. Es ist dennoch ratsam, sich vor Antritt der Reise impfen zu lassen.

Malaria ist in einigen Gebieten am Amazonas ein Problem. Traveller sollten eine geeignete Prophylaxe dabeihaben, beispielsweise Mefloquin oder Doxycyclin (Chloroquin bringt hier nichts), und den Moskitos möglichst wenig Angriffsflächen bieten. Brasilien ist eines der lateinamerikanischen Epizentren für Dengue-Fieber, das ebenfalls durch Moskitostiche übertragen wird; besonders leicht kann man sich die Infektionskrankheit um Rio und in Bahía einfangen. Besonders hoch ist das Risiko in Regionen, wo Moskitos auch tagsüber stechen – hier sollte man sich durch Kleidung entsprechend schützen.

In den meisten städtischen Gebieten ist das Leitungswasser sauber, auch wenn es nicht besonders schmeckt. In abgelegenen Gebieten sollte man das Wasser filtern oder abgefülltes Wasser kaufen.

Die Sonne ist in Brasilien sehr intensiv. Man sollte sich vor Hitzeschlag, Dehydrierung und Sonnenbrand schützen. Bevor man sich in anstrengende Aktivitäten stürzt, starken Sonnenschutz auftragen, viel Wasser trinken und dem Körper Gelegenheit geben, sich an die hohen Temperaturen zu gewöhnen. Bei Dehydrierung hilft *agua de coco* (Kokosmilch), die Elektrolyte enthält.

Weitere Infos gibt's auf S. 1129.

INFOS IM INTERNET

Brasilianische Botschaft (brasilianische-botschaft.de) Hat viele praktische Infos und Links zu lokalen Tourismusseiten in Brasilien.

brasilien.de reiseservice (www.brasilien.de) Nützliche Seite mit Beiträgen über Reisen, Kultur und Gesellschaft in Brasilien.
Brazzil (www.brazzil.com) Detaillierte Artikel zu Politik, Wirtschaft, Literatur, Kunst und Kultur des Landes.
Gringoes (www.gringoes.com) Die Seite wird von Einwanderern betreut und enthält u. a. Infos zur brasilianischen Politik und Reisetipps, listet aber auch Treffpunkte von Ausländern auf.
The Gringo Times (www.thegringotimes.com) Englischsprachige Webseite mit Nachrichten und Kulturinfos; konzentriert sich vor allem auf die Rio-Region.
Terra (www.terra.com.br/turismo) Portugiesischsprachige Reiseseite mit aktuellen Infos über Unterhaltungsangebote, Nachtleben und Restaurants in Dutzenden brasilianischen Städten.

INTERNETZUGANG

Internetcafés sind in Brasilien weit verbreitet. Die Gebühren betragen etwa 4 bis 8 R$ pro Stunde.

KARTEN & STADTPLÄNE

Die besten Karten in Brasilien hat die Reihe Quatro Rodas. Für einzelne Regionen (Norte, Nordeste etc.) kosten sie um die 10 R$. Quatro Rodas gibt auch den Straßenatlas *Atlas Rodoviário* heraus – nützlich, wenn man mit dem Auto unterwegs ist. Und ausgezeichnete Straßenatlanten für einzelne, wichtige Städte gibt's auch.

Gute topografische Karten machen IBGE, das Amt für Geografie, und DSG, die geografische Abteilung der Armee. Die Karten sind nicht immer verfügbar, aber in den meisten Bundeshauptstädten verkaufen die IBGE-Büros ihre Karten. Die Adressen der jeweiligen Büros stehen auf der IBGE-Website (www.ibge.gov.br).

KLIMA

Im größten Teil Brasiliens ist es im Lauf des Jahres immer ungefähr gleich warm. In den südlicheren Bundesstaaten wie Río Grande do Sul gibt es aber ausgeprägtere jahreszeitliche Schwankungen.

Der Sommer geht von Dezember bis Februar (in dieser Zeit sind auch Schulferien) – dann herrschen in Rio und im Nordosten Temperaturen von knapp unter 40 °C. Während des restlichen Jahres liegen die Temperaturen meistens um die Mitte 20 bis knapp über 30 °C. Im Süden schwanken die Temperaturen zwischen 15 °C im Winter (Juni-Aug.) und bis zu 35 °C im Sommer.

Im Amazonasgebiet wird es selten wärmer als 27 °C, dafür ist es feucht, und in den tropischen Regionen prasselt oft Starkregen nieder. In einigen Teilen des Nordens wird die Zeit von Dezember bis März als „Winter" betrachtet, da es dann am meisten regnet.

Weil die Temperatur im Allgemeinen das ganze Jahr über moderat ist, gibt es eigentlich keine schlechte Reisezeit für Brasilien. Allerdings sollte man die Menschenmassen (und die Hitze) des Sommers meiden, sofern man nicht auch den Karneval erleben will. Am besten bereist man das Land zwischen April und November. Das ist auch die beste Zeit für Wanderungen in Amazonien und im Pantanal – vor allem die trockene Jahreszeit von Juni bis August.

Weitere Infos und Klimadiagramme gibt's auf S. 1110.

KURSE

Portugiesische Sprachkurse sind problemlos zu finden, aber teuer. Erster Ansprechpartner ist das IBEU (Instituto Brasil Estados Unidos), an dem Brasilianer auch Englisch lernen. Ein Institut findet man in jeder Großstadt.

MEDIEN

Fernsehen

Das brasilianische Fernsehen besteht zum größten Teil aus Gameshows, Fußball, *Big Brother,* oberflächlichen Crime Shows, schlechten amerikanischen Filmen, die portugiesisch synchronisiert wurden, und den allgemein beliebten *novelas* (Seifenopern). Der größte brasilianische Sender ist Globo.

Zeitungen & Zeitschriften

Die wöchentlich auf Portugiesisch erscheinende *Veja* ist ein aktuelles Nachrichtenmagazin, das nach dem Vorbild der *Times* gestaltet ist. In sieben oder acht größeren Städten kommt sie zusammen mit *Vejinha* heraus, einem guten Programmheft, das sich der jeweiligen Musik-, Kunst- und Nachtclubszene widmet. Die Zeitungen *Folha de São Paulo* und Rios *Jornal do Brasil* haben eine gute nationale Berichterstattung und sind eher im linken Spektrum angesiedelt. Die Meldungen von *O Estado de São Paulo* und Rios *O Globo* sind etwas umfassender und rechtslastig.

ÖFFNUNGSZEITEN

Die meisten Geschäfte und staatlichen Dienstleistungseinrichtungen (inkl. Post) haben montags bis freitags von 9 bis 17 Uhr und samstags von 9 bis 13 Uhr geöffnet. Banken sind im Allgemeinen von 10 bis 16 Uhr geöffnet. In den meisten Restaurants gibt es von 12 bis 15 und von 19 bis 23 Uhr etwas zu essen. Lokale mit Frühstück machen auch von etwa 8 bis 10.30 Uhr auf. In Bars kann man meistens von 19 bis 2 Uhr morgens und an Wochenenden bis 4 Uhr morgens diverse Drinks schlürfen.

POST

Eine Postkarte oder ein Brief ins Ausland kosten bis 21 g etwa 1,21 R$. Luftpostbriefe nach Europa brauchen ein bis zwei Wochen. Das *posta-restante*-System funktioniert ganz ordentlich; Sendungen werden bis zu 30 Tage in einem Postamt gelagert.

RECHTSFRAGEN

Man sollte vor der brasilianischen Polizei auf der Hut sein (aber auch Respekt zeigen). Manche Polizisten schieben einem Drogen unter und legen Gringos rein, um Schmiergelder zu kassieren – doch passiert das hierzulande seltener als in anderen Staaten Südamerikas.

Für den Gebrauch und den Besitz von Drogen gibt es einen harten Strafenkatalog. Die Polizei teilt in puncto Marihuana nicht die tolerante Haltung der meisten Brasilianer. Bei Polizeikontrollen an den Landstraßen werden immer wieder Autos nach dem Zufallsprinzip angehalten. Man sollte keine Gedanken daran verschwenden, sich alkoholisiert ans Steuer zu setzen – Brasilien hat 2008 ein Null-Toleranz-Gesetz verabschiedet. Die Polizei, die die Küstenstraßen zwischen São Paulo und Búzios kontrolliert, ist berüchtigt dafür, junge Menschen und Ausländer zu schikanieren. Auch Grenzgebiete sind gefährlich.

Aus Bolivien und Peru wird eine große Menge an Kokain durch Brasilien geschleust. Wer in einem der Andenländer Koka-Blätter gekaut hat und von dort nach Brasilien einreist, sollte sein Gepäck vorher gründlich reinigen.

REISEN MIT BEHINDERUNG

Für Behinderte ist das Reisen in Brasilien leider sehr beschwerlich. Am besten geeignet ist wahrscheinlich noch Rio de Janeiro. Hier sind Straßen und Bürgersteige an den wichtigen Stränden abgeflacht und rollstuhlgerecht. In den meisten Gegenden sucht man behindertengerechte Einrichtungen dagegen vergeblich; und vor Restaurants sind normalerweise Treppen.

SCHWULE & LESBEN

Auch wenn es mittlerweile schwule Charaktere in den *novelas* (Seifenopern) gibt, stehen die meisten Brasilianer Homosexuellen ablehnend gegenüber. Der Machismo herrscht vor. Sich offen zu bekennen, ist schwierig. Rio und São Paulo haben die größte Szene, aber auch in Salvador und anderen Städten gibt's gute Schwulenkneipen. Nicht nur GLS (Gays, Lesbians e Simpatizantes) finden sich hier ein, sondern auch Heteros. Ein hervorragendes schwules Reise- und Tourbüro ist **Rio G** (☎ 0xx21-3813-0003; www.riog.com.br; Prudente de Morais 167 C, Ipanema). Gute Internetseiten für homosexuelle Traveller sind www.riogayguide.com und www.pridelinks.com/Regional/Brazil.

SHOPPEN

CDs, einheimisches und indigenes Kunsthandwerk und Kunst sind gern gesehene Souvenirs.

In jeder einigermaßen modernen Stadt gibt's klimatisierte Einkaufszentren (*shoppings*), meistens mit ordentlichen Musikgeschäften und fantastischen Food Courts.

Authentisches indigenes Kunsthandwerk ist in den Artíndia-Läden von Funai (der staatlichen Organisation zur Wahrung indigener Interessen) und in Museumsshops erhältlich.

Im Nordosten stellen Kunsthandwerker sehr vielfältige Gegenstände her. Salvador und das nahegelegene Cachoeira sind besonders bekannt für grob gearbeitete Holzskulpturen. Ceará ist auf Spitze spezialisiert. Und das Hinterland von Pernambuco, besonders Caruaru, hat sich mit äußerst fantasievollen Keramikfiguren einen Namen gemacht.

In Candomblé-Shops gibt's allerlei Kuriositäten, von magischer Räucherware, die todsicher die sexuelle Anziehungskraft, Weisheit und Gesundheit steigert, bis hin zu Amuletten und Keramikfiguren afrobrasilianischer Götter.

SPRACHE

Portugiesisch steht auf dem sechsten Platz der zehn am häufigsten gesprochenen Sprachen der Welt. Das brasilianische Portugiesisch unterscheidet sich vom europäischen Portugiesisch, doch können sich Portugiesen und Brasilianer problemlos verständigen. Spanisch und Portugiesisch sind dagegen nicht ganz so kompatibel miteinander – wer Spanisch spricht, wird zwar in der Lage sein, portugiesische Sätze zu lesen, mit dem Verstehen der gesprochenen Sprache könnte es jedoch schwierig werden. Einige Brasilianer finden es auch etwas befremdlich, wenn Fremde sie auf Spanisch ansprechen – und erwarten, verstanden zu werden. Nützliche Phrasen stehen in Kapitel „Sprache" (S. 1140). Und *Brazilian Portuguese Phrasebook* von Lonely Planet findet man viele weitere Hinweise, um sich vor Ort verständlich zu machen.

STROM

Brasilien hat keine einheitliche Stromspannung. Sie liegt zwischen 100 und 220 V. Wer Elektrogeräte dabei hat, sollte einen Adapter und einen Überspannungsschutz mitnehmen.

TELEFON
Inlandsgespräche

Inlandsgespräche kann man von normalen Kartentelefonen auf der Straße (*orelhãos*) und in Telefonshops führen. Karten sind mit 20 bis 75 Einheiten erhältlich und kosten 4 R$ aufwärts. Man erhält sie bei Straßenhändlern und überall dort, wo *cartões telefónicos* angeschrieben steht. Je mehr Einheiten man kauft, umso billiger werden sie.

Ortsgespräche sind sehr günstig. Man wählt die Nummer ohne Vorwahl. Um ein Orts-R-Gespräch zu führen, wählt man ☎ 9090 vor der Nummer.

Für Ferngespräche wählt man die ☎ 0, dann den Code des Netzbetreibers, die zweistellige Vorwahl und schließlich die gewünschte Telefonnummer. Man muss einen Netzbetreiber wählen, der den eigenen Standort und den des Gesprächspartners abdeckt; sie machen meistens in den Gebieten Werbung, wo sie vorrangig bedienen. Die landesweiten Anbieter Embratel (Code 21) oder Telemar (Code 31) sollten überall funktionieren.

Für ein Fern-R-Gespräch innerhalb Brasiliens wählt man ☎ 9 vor der 0xx. Eine Bandansage auf Portugiesisch fordert einen dann dazu auf, nach einem Signalton den eigenen Namen und Standort zu nennen.

Internationale Gespräche

Die Vorwahl Brasiliens ist die ☎ 55. Wer aus dem Ausland anruft, lässt die 0xx vor den lokalen Vorwahlen weg.

Gespräche von Brasilien nach Europa kosten mindestens 1,36 R$ pro Minute. Von den normalen Kartentelefonen auf der Straße kann man nur internationale Gespräche führen, wenn man eine entsprechende Karte erworben hat oder ein R-Gespräch anmeldet. Die meisten Telefone sind ausschließlich für Inlandsgespräche geeignet – und selbst wenn nicht, reicht eine brasilianische Telefonkarte bei einem internationalen Gespräch kaum für eine Minute.

Gute Alternativen zu öffentlichen Kartentelefons sind Internetcafés oder ein Telefonshop *(posto telefônico)*.

Für ein internationales R-Gespräch (*a cobrar*) kann man sich mit der internationalen Vermittlung verbinden lassen: ☎ 0800-703-2121 (Embratel) wählen.

Handy

Die Nummer eines *celular* (Handy) besteht aus acht Ziffern und beginnt mit einer 8 oder einer 9. Wer ein Handy anruft, schröpft seine Telefonkarte wesentlich schneller als bei einem normalen Telefongespräch. Handynummern haben wie alle anderen Telefone eine Ortsvorwahl. Wer aus einer anderen Stadt anruft, muss die Vorwahl hinzufügen.

TOILETTEN

Öffentliche Toiletten gibt's in jedem Busbahnhof und Flughafen. Meistens kosten sie eine kleine Gebühr von rund 1 R$ – abhängig davon, was man vor hat, muss man auch mehr zahlen! Anderswo sind öffentliche Toiletten die Ausnahme. Allerdings kann man oft problemlos die Einrichtungen von Restaurants und Bars benutzen. Wie in anderen lateinamerikanischen Ländern wirft man das Klopapier nicht in die Schüssel, sondern in einen stinkenden Korb daneben. Nur wenige Toiletten des Landes sind behindertengerecht.

TOURISTENINFORMATION

Fast alle Touristeninformationen Brasiliens unterstehen dem jeweiligen Bundesstaat oder der Stadt. Ob sie einem weiterhelfen oder nicht, hängt vom Personal ab.

UNTERKUNFT

Die Unterkünfte in Brasilien sind einfach, aber normalerweise sauber und relativ sicher. Fast überall bekommt man eine Art *café da manhã* (Frühstück).

Jugendherbergen heißen *albergues da juventude*. Die **Federação Brasileira dos Albergues da Juventude** (www.hostel.org.br) ist der Organisation Hostelling International (HI) angeschlossen und hat über 80 Hostels im Land, die man in der Regel über die Webseite ausfindig macht. Die meisten Hostels sind ausgezeichnet und wunderbare Plätze, um junge Brasilianer kennenzulernen. Ein Bett im Schlafsaal kostet zwischen 20 und 45 R$ pro Person. Wer kein HI-Mitglied ist, zahlt normalerweise 20 % mehr. Eine HI-Gastkarte erhält man für 20 R$ in vielen Hostels und in den Büros der brasilianischen Jugendherbergsvereinigung.

Die brasilianischen Hotels gehören zu den teuersten in Südamerika, auch wenn man Schnäppchen machen kann. Die billigsten Quartiere ergattert man in ländlichen Gästehäusern. Hier zahlt man 20/30 R$ für sehr einfache Einzel- und Doppelzimmer; bessere Zimmer mit eigenem Bad kosten ab 35/70 R$. In Großstädten wie Rio zahlt man deutlich mehr. Man sollte sich stets nach den Preisen erkundigen, da diese oft niedriger sind als ausgeschrieben. Es schadet auch nicht, wenn man mit den Worten *Tem desconto?* nach einem Rabatt fragt – ein paar Real lassen sich so oft noch sparen. Im Allgemeinen klettern die Preise in der Hochsaison um 30 %. Hotels in businessorientierten Städten wie Brasília, São Paulo und Curitiba geben an den Wochenenden bereitwillig Preisnachlässe.

Eine *pousada* ist typischerweise eine kleine, familienbetriebene Pension. Allerdings nennen sich manche Hotels auch *pousadas*, um den Charmefaktor zu erhöhen.

VERANTWORTUNGSBEWUSSTES REISEN

Alle sollten dazu beitragen, die gefährdete brasilianische Umwelt zu schützen. Man sollte möglichst nur umweltfreundliche Reiseangebote wahrnehmen. Meiden sollte man Reisebüros, die nicht aktiv für den Umweltschutz arbeiten (z. B. Anbieter im Pantanal, die Touristen dazu ermutigen, Tiere anzufassen).

Wer die Angebote der Gemeinden nutzt, lässt sein Geld direkt den Menschen vor Ort zukommen. Das gilt auch, wenn man Kunsthandwerk und andere Gegenstände direkt bei den Produzenten oder ihren Vertretern kauft.

VISA

Auf S. 1129 stehen Informationen zur Gelbfieberimpfung.

EU-Bürger und Schweizer benötigen für einen bis zu 90-tägigen Aufenthalt in Brasilien kein Visum.

Minderjährige, die ohne Eltern oder Vormund nach Brasilien einreisen wollen, benötigen eine notariell beglaubigte Erlaubnis der Eltern, des Vormunds oder eines Gerichts. Frühzeitig bei einem brasilianischen Konsulat Informationen einholen!

Aufenthaltsverlängerung

Die Polícia Federal ist für Aufenthaltsverlängerungen zuständig. Sie unterhält Büros in den Hauptstädten der Bundesstaaten und in den Grenzorten. Die Verlängerung muss spätestens fünf Tage vor Ablauf der geltenden Aufenthaltsdauer beantragt werden. Der Prozess läuft wie folgt ab: Auf der Webseite von Polícia Federal (www.dpf.gov.br) klickt man links auf den Navigationspunkt „Serviços à Comunidade"; darunter findet man den Link „Formulários para Estrangeiros". Hier druckt man sich das Formular „Requerimento de Prorrogação de Prazo (DPF 270)" aus und füllt es aus. Unter einem anderen Link – „Serviços Prestados à Comunidade" – druckt man das Formular „GRU – Guia de Recolhimento da União" aus. Dieses bringt man zur Banco do Brasil, wo man eine Gebühr von 67 R$ entrichtet. Mit allen Formularen, dem Reisepass und der originalen Einreisekarte geht man ins nächste Büro der Polícia Federal. Man sollte ordentlich gekleidet erscheinen! Einige Beamte behandeln Leute in kurzen Hosen herablassend. Die Verlängerung scheint automatisch vonstattenzugehen, jedoch muss der Antragsteller manchmal ein Flugticket vorlegen und ausreichende Mittel nachweisen. Hin und wieder werden weniger als 90 Tage Verlängerung gewährt. Wer die maximale Verlängerung von 90 Tagen erhält und vor Ablauf dieser Frist das Land verlässt, darf nicht wieder einreisen, bevor die 90 Tage vorüber sind.

Ein-/Ausreisekarte

Bei der Einreise nach Brasilien müssen alle Touristen eine *cartão de entrada/saida* (Ein-/Ausreisekarte) ausfüllen. Die Einwanderungsbehörden behalten die eine Hälfte, man selbst bekommt die andere. Die Karte auf keinen Fall verlieren! Bei der Ausreise muss man dem Grenzbeamten die zweite Hälfte aushändigen. Wer sie nicht vorlegen kann, muss bei der Banco do Brasil – die nächste Filiale kann weit von der Grenze entfernt sein – eine saftige Strafe bezahlen (rund 165 R$). Bei der Bank bekommt man dann ein Formular für die Grenzbeamten. Traveller berichteten jedoch, dass sie problemlos durchgewunken wurden – wer die Karte verloren hat, geht dennoch am besten sofort zur Polícia Federal.

Die meisten Besucher dürfen 90 Tage im Land bleiben. Falls man aus irgendeinem Grund weniger bekommt, wird das neben dem Stempel im Pass vermerkt.

Chile

HIGHLIGHTS

- **Torres del Paine** (S. 538) Nach einem schweißtreibenden Aufstieg auf dem schroffen, hoch über der patagonischen Steppe thronenden Gipfel zur Ruhe kommen.
- **Zentrale Senke** (S. 444) Chiles beste Weinberge erkunden und auf einem sonnigen Weingut an den Kostproben schnüffeln und nippen.
- **Valparaíso** (S. 445) Auf den Hügeln der Hafenstadt durch die mit Gemälden übersäten Gassen und Straßen schlendern.
- **Atacama-Wüste** (S. 468) In der trockensten Wüste der Welt beim Blick in den Himmel in eine prächtig funkelnde Sternenlandschaft eintauchen.
- **Abseits ausgetretener Pfade** (S. 516) Auf dem Chiloé-Archipel Pinguine, das nebelverhangene Meer und mystische Sagen entdecken.
- **Besonders empfehlenswert** (s. Kasten S. 526 & S. 513) Bei der Fahrt durch atemberaubende Nebenstraßen und entlang der Flusstäler Patagoniens eine enorm große Artenvielfalt erleben.

KURZINFOS

- **Bevölkerung:** 16,6 Mio.
- **Fläche:** 748 800 km² Land, 8150 km² Wasser, 6435 km Küstenlänge
- **Geld:** 1 € = 694 Ch$ (chilenische Pesos), 1 SFr = 477 Ch$
- **Hauptstadt:** Santiago
- **Landesvorwahl:** ☎ 56
- **Preise:** Bett 20–25 €, Mittagsmenü 8–15 €, Eintritt in Nationalparks frei–38 €
- **Reisekosten:** 50–75 €/Tag
- **Reisezeit:** Hauptsaison (Dez.–Feb.), Nebensaison (März–Nov.)
- **Sprachen:** Spanisch, Mapudungun, Rapanui
- **Zeit:** MEZ −5 Std. (im chilenischen Winter −6 Std., im chilenischen Sommer −4 Std.)

TIPPS FÜR UNTERWEGS

Das *menú del día* (Tagesgericht, Mittagsmenü) ist günstiger als die Gerichte à la carte. Im ländlichen Patagonien sollte man zusätzliche Reisetage als Puffer einplanen, da man wegen seltener Anschlussverbindungen schnell ein, zwei Tage an einem Ort festsitzen kann.

VON LAND ZU LAND

Grenzübergänge gibt es u. a. nach Tacna (Peru), Ollagüe und Colchane (Bolivien) sowie nach Paso Jama, Puente del Inca, San Martín de los Andes, Junín de los Andes, Villa La Angostura, Trevelin, Los Antiguos, Río Turbio und Río Gallegos (Argentinien).

Das „spindeldürre" Chile erstreckt sich über 4300 km über den halben Kontinent, von der trockensten Wüste der Welt bis zu massiven Gletscherfeldern. Dazwischen liegen Vulkane, Geysire, Strände, Seen, Flüsse, Steppen und zahllose Inseln. Seine ungewöhnliche Form verleiht Chile den intimen Charme eines Hinterhofs, der allerdings auf der einen Seite von den Anden und auf der anderen vom Pazifik eingegrenzt wird. Was das Land zu bieten hat? Alles! Dank der gut ausgebauten Infrastruktur, der spektakulären Sehenswürdigkeiten und der herzlichen Gastgeber dürfte die Auswahl der Reiseroute die schwierigste Aufgabe sein. Da warten die berauschende Einsamkeit der Wüste, die schroffen Gipfel der Anden und die üppigen Wälder der Fjorde. Rapa Nui (die Osterinsel) und die abgeschiedene Isla Robinson Crusoe laden zu einem Ausflug jenseits des südamerikanischen Festlands ein. Aber Chile hat nicht nur eine tolle Lage, sondern auch jede Menge Charakter. Die unendliche Weite des Landes beflügelte seit jeher die Fantasie der Menschen und macht aus Barmännern Dichter, aus Präsidenten Träumer und aus Fremden Freunde. Ein paar falsche Abzweigungen und Abstecher und schon ist man selbst Teil dieser eng verbundenen Gemeinschaft und feiert mit bei einem sonntäglichen Grillfest. Und angesichts der langen, entspannten Abendessen, die einen erwarten, kann es nicht schaden, ein paar zusätzliche Flaschen Rotwein im Budget einzuplanen.

AKTUELLE ENTWICKLUNGEN

Als die weltweite Finanzkrise auch nach Lateinamerika schwappte, erwies sich Chile als erstaunlich stabil. Man könnte sogar sagen, dass das Land den Supermächten eine Lektion in puncto Haushaltsdisziplin erteilte. Nach dem Motto „Spare für die Not" hatte die Regierung von Präsidentin Michelle Bachelet aus den Kupfereinnahmen knapp 15 Mrd. € auf die hohe Kante gelegt – Gelder, die etwa der unter der Wirtschaftskrise schwer leidenden Region X oder der fast zusammengebrochenen Lachswirtschaft helfen sollten. Doch das Schicksal meinte es nicht gut mit Chile: Am 27. Februar 2010 erschütterte eines der stärksten jemals gemessenen Erdbeben die Region rund um Concepción (s. Kasten S. 484).

Die Beseitigung der Schäden wird bis auf Weiteres die gebündelten nationalen Kräfte erfordern. Sie wird die wichtigste Aufgabe des konservativen Geschäftsmanns Sebastián Piñera sein, der an die Spitze des Mitte-Rechts-Bündnisses Coalición por el Cambio (Koalition für den Wechsel) Anfang 2010 zum Staatspräsidenten gewählt wurde. Erstmals seit Pinochets Sturz vor zwei Jahrzehnten büßte damit die zunehmend als ideenlos und korrupt wahrgenommene Mitte-Links-Koalition Concertación die politische Macht in Chile ein.

GESCHICHTE
Frühgeschichte

Der ca. 12 500 Jahre alte, am Monte Verde in der Nähe von Puerto Montt entdeckte Fußabdruck ist das älteste bekannten menschlichen Zeugnis in Chile. Im Norden lebten die Völker der Aymara und der Atacameño schon vor der Inka-Epoche als Bauern und Hirten. Auch die Vertreter der El-Molle- und der Tiwanaku-Kultur, die mit ihren Erdzeichnungen ihre Spuren hinterlassen haben, zählen zu den in der Frühgeschichte dieser Region verwurzelten Völkern, ferner das Fischervolk der Chango an der Nordküste und die Diaguita, die in den Flusstälern im Landesinneren lebten.

Die Mapuche lebten von Wanderfeldbau in den südlichen Wäldern. Als einzige indigene Volksgruppe schafften sie es, sich der Herrschaft der Inka zu entziehen. Unterdessen lebten die Cunco als Fischer und Ackerbauer auf Chiloé und auf dem Festland. Im Süden mieden die Volksgruppen der Selk'nam und der Yaghan lange Zeit den Kontakt zu Europäern, die schließlich doch für deren fast vollständige Vernichtung verantwortlich waren.

Kolonialzeit

1541 durchquerte der Konquistador Pedro de Valdivia mit seinen Männern die raue Atacama-Wüste und gründete im fruchtbaren Mapocho-Tal Santiago. Sie begründeten die berüchtigten *encomiendas*: ein System aus Zwangsarbeit, mit dem die relativ große sesshafte Bevölkerung im Norden ausgebeutet wurde. Im Süden gab es eine derartige Einverleibung der Ureinwohner nicht. Über 300 Jahre lang setzten sich die Mapuche der Unterjochung durch die Europäer zur Wehr. Als die *encomiendas* an Bedeutung verloren, nahmen landwirtschaftlich geprägte Haziendas oder *fundos* (Farmen) ihren Platz ein. Bewirtschaftet wurden sie von Spaniern, die bereits in Südamerika geboren waren. Die sogenannten *latifundios* (Landgüter) blieben

teilweise bis in die 1960er-Jahre erhalten und wurden zur bestimmenden Kraft in der chilenischen Gesellschaft.

Revolutionskrieg & Entstehung der Republik

Die spanische Kontrolle über den Handel im Vizekönigreich Peru provozierte in den Kolonien wachsenden Unmut. Überall in Südamerika entstanden Unabhängigkeitsbewegungen. 1818 gelang es dem Revolutionär José de San Martín, mit seiner Armee Santiago zu befreien. San Martín setzte in Chile eine nationale Regierung ein und erklärte den Chilenen Bernardo O'Higgins, den unehelichen Sohn eines Iren, zum *director supremo*, den mit diktatorischen Mitteln ausgestatteten ersten Führer eines unabhängigen Chile.

Die ersten fünf Jahre nach der Unabhängigkeit dominierte O'Higgins das politische Geschehen. Er setzte Reformen in Politik, Sozial- und Bildungswesen und Religion durch, verärgerte aber mit seinen radikalen und liberalen Maßnahmen die Großgrundbesitzer, die ihn schließlich zum Rücktritt zwangen. Danach regierte Diego Portales, der Geschäftsmann und Sprecher der Großgrundbesitzer, bis zu seiner Ermordung 1837 quasi diktatorisch. Seine 1833 verabschiedete autoritäre Verfassung auf der Grundlage des Gewohnheitsrechts bündelte die Macht in Santiago und etablierte den Katholizismus zur Staatsreligion.

Expansion & Entwicklung

Chiles Expansion begann mit dem Sieg über Peru und Bolivien im sogenannten Salpeterkrieg (1879–1883), in dessen Folge die Atacama-Wüste mit ihren reichen Nitratvorkommen chilenisches Territorium wurde. Durch Verträge mit den Mapuche gelangten auch die südlichen Seengebiete unter die Kontrolle Chiles, das 1888 auch die abgelegene Rapa Nui (Osterinsel) annektierte.

Mithilfe von britischem, nordamerikanischem und deutschem Kapital verwandelte sich die Atacama-Wüste in eine wahre Goldgrube und der durch den Nitratabbau entstandene Reichtum kam auch dem Staatshaushalt zugute. Die Hafenstädte Antofagasta und Iquique, von denen aus das Nitrat verschifft wurde, boomten. Nachdem allerdings der Panamakanal 1914 eröffnet worden war, ließ der Schiffsverkehr rund ums Kap Hoorn nach. Die Erfindung von Düngern auf Erdölbasis tat ihr Übriges dazu: Mineralnitrate waren zur Herstellung von Düngern überflüssig geworden.

Der Bergbau förderte die Entstehung einer Arbeiterklasse und einer Neureichenschicht, die beide die Macht der Großgrundbesitzer infrage stellten. Der 1886 gewählte Präsident José Manuel Balmaceda versuchte, das Problem der ungleichen Verteilung von Reichtum und

Macht zu lösen, und entzündete damit eine Rebellion im Kongress. Es folgte ein Bürgerkrieg, der 10 000 Todesopfer forderte – darunter auch Balmaceda, der Selbstmord beging.

Umkämpfter Weg in die Moderne

Noch in den 1920er-Jahren lebten fast 75 % der chilenischen Landbevölkerung auf den *latifundios*, in deren Besitz sich 80 % des nutzbaren Ackerbodens befand. Mit dem Ausbau von Industrie und dem Dienstleistungssektor verbesserte sich die Lage der Arbeiter in den Städten, während sich die der Landarbeiter zuspitzte. Als Tagelöhner strömten diese schließlich in die Städte. Die Zeit zwischen 1930 und 1970 war von einem vielgesichtigen Kampf um eine Landreform geprägt.

Damals waren die Kupferminen, ein späterer Eckpfeiler der chilenischen Wirtschaft, noch in der Hand nordamerikanischer Unternehmen. Der 1964 gewählte reformerische Präsident Eduardo Frei setzte die Verstaatlichung dieses Wirtschaftszweigs durch. Der chilenische Staat erhielt einen Anteil von 50 % an den von US-Firmen kontrollierten Minen.

Die Regierung des Christdemokraten Frei war der politischen Rechten zu reformfreudig, der politischen Linken aber zu konservativ. Zu den vielen Gegnern Freis gehörten auch gewaltbereite Gruppen wie die linke Revolutionsbewegung MIR, die bei den Kohlekumpeln und den städtischen Tagelöhnern Unterstützung fand. Die Unruhen erfassten auch die Bauernschaft, die eine Landreform forderte. Und so gingen die chilenischen Christdemokraten, die letztlich an den Reformerwartungen in der Gesellschaft scheiterten, geschwächt in die Wahlen des Jahres 1970.

Die Präsidentschaft Allendes

Die Unidad Popular (Volksfront) des sozialistischen Präsidentschaftskandidaten Salvador Allende versprach einen radikalen Wandel, die vollständige Verstaatlichung der Industrie und die Enteignung der *latifundios*. 1970 mit knapper Mehrheit gewählt, stellte Allende viele Privatunternehmen unter staatliche Kontrolle und initiierte eine massive Umverteilung der Einkommen. Doch Bauern, angesichts schleppender Agrarreformen in Aufruhr versetzt, besetzten Land – und die Verhältnisse in Chile destabilisierten sich zunehmend: Ernteausfälle, die Verstaatlichungspolitik und die freundlich gesinnte Haltung Chiles gegenüber Kuba provozierten ein Einmischen der USA. 1972 schließlich legten von Christdemokraten und der Nationalpartei unterstützte Streiks Chile lahm.

Nach einem zunächst gescheiterten Militärputsch im Juni 1973 sammelten die Widerständler ihre Kräfte. Doch am 11. September 1973 gelang dem bis dato relativ unbekannten General Augusto Pinochet ein *golpe de estado*. Bei dem Putsch kamen Allende (angeblich durch Freitod) und Tausende seiner Anhänger ums Leben. Tausende Politiker und Sympathisanten aus dem linken Lager wurden interniert, in Santiagos Nationalstadion öffentlich verprügelt, gefoltert und ermordet. Hunderttausende flohen ins Exil.

Die Pinochet-Diktatur

Von 1973 bis 1989 stand General Pinochet an der Spitze einer brutalen Junta, die das Parlament auflöste, fast alle politischen Aktivitäten verbot und mit Dekreten regierte. 1980 nahm das unterdrückte chilenische Volk eine neue Verfassung an, die Pinochets Präsidentschaft bis 1989 verlängerte. Doch auch wenn unter Pinochet Chiles Wirtschaft wieder einen stabilen Wachstumskurs eingeschlagen hatte, scheiterte 1988 eine abermalige Verlängerung der Präsidentschaft des Diktators bis 1997. Im Jahr 1989 schmiedeten im Vorfeld der Wahlen 17 Parteien ein Bündnis, die Concertación para la Democracia (Bündnis für Demokratie), deren Kandidat Patricio Aylwin haushoch siegte. Aylwins Präsidentschaft war aber in das Korsett der Pinochet-Verfassung gezwungen, die es unmöglich machte, den „Senator auf Lebenszeit" für seine Verbrechen zu belangen. Immerhin wurde der Rettig-Bericht veröffentlicht, der das Schicksal Tausender chilenischer Opfer der Pinochet-Diktatur dokumentierte.

Im September 1998 verhaftete die britische Polizei General Pinochet in London; zuvor hatte Spanien, das gegen den Diktator wegen Ermordung und Verschleppung spanischer Staatsbürger ermittelte, einen Auslieferungsantrag gestellt. Doch allen internationalen Protesten zum Trotz erklärten das britische Berufungsgericht (2000) und der Oberste Gerichtshof (2002) Pinochet für verhandlungsunfähig. Dieser kehrte nach Chile zurück, wo er 2006 starb. Sein Erbe spaltet die chilenische Nation bis heute.

Die neue Kräfteverteilung

Zu Beginn des 21. Jhs. verschoben sich die politischen Kräfte in ganz Südamerika nach links. In Chile wurde 2000 der gemäßigte Linke Ricardo Lagos gewählt, ihm folgte 2005 Michelle Bachelet ins Amt. Sie war die erste Frau auf dem Stuhl des chilenischen Staatspräsidenten, noch dazu als alleinerziehende Mutter, die vom Pinochet-Regime interniert und gefoltert worden war – plötzlich sah das konservative Chile entschieden progressiver aus.

Doch Spannungen innerhalb der Regierungskoalition, der Concertación Democrática, prägten die Präsidentschaft von Bachelet und erschwerten eine erfolgreiche Reformpolitik. Krisen und Skandale wie das Chaos infolge der Einführung eines neuen Verkehrssystems in Santiago, Korruptionsfälle und massive Studentenproteste kennzeichneten eine schwierige Amtszeit. Immerhin darf Bachelet als Erfolg verbuchen, Chile dank staatlicher Rücklagen aus den Kupferexporten relativ sicher durch die Wirren der globalen Finanzkrise 2009 manövriert zu haben.

Noch bevor das schwere Erdbeben vom 27. Februar 2010 das Land erschütterte, schenkten die Chilenen der neuen Rechtsregierung von Sebastián Piñera ihr Vertrauen.

KULTUR
Mentalität

Zwischen Anden und Pazifik eingeklemmt, war das heutige Chile fast schon eine isolierte Insel abseits des südamerikanischen Kontinents. In neuerer Zeit wurde es aber rasant ein Teil des modernen globalen Dorfes. Internet, Einkaufszentren und Satellitenfernsehen haben die Trends und die Werte der westlichen Welt selbst in die entferntesten Ecken Chiles transportiert und eine einst äußerst konservative Gesellschaft tiefgreifend verändert. Die Chilenen, einst für ihre Untertänigkeit und politische Passivität bekannt, emanzipieren sich und werden ein mündiges Volk. Unverkennbar sind Auswirkungen eines Generationswechsels: Die erste Generation, die ohne die Zensur, Ausgangssperren und Unterdrückung der Pinochet-Diktatur aufwuchs, ist erwachsen geworden. Die Gastlichkeit, Hilfsbereitschaft und Aufgeschlossenheit der Chilenen ist davon unberührt geblieben – Traveller werden sich im Handumdrehen wie Zuhause fühlen.

Lebensart

Traveller, die von Peru oder Bolivien aus nach Chile einreisen, fragen sich vielleicht, wohin das stereotype Südamerika verschwunden ist. Oberflächlich betrachtet, erinnert das Leben in Chile an Europa. Allerdings klafft zwischen Arm und Reich eine breite Kluft – und dies schlägt sich natürlich auch auf den jeweiligen Lebensstil der Chilenen und ihr ausgeprägtes Klassenbewusstsein nieder.

Die meisten Chilenen konzentrieren ihre Energie auf Familie, Haus und Job. In der Regel bleiben junge Erwachsene auch noch während ihrer Ausbildung oder Studienzeit den Eltern eng verbunden und verlassen das Elternhaus erst nach der eigenen Heirat. Unabhängigkeit wird längst nicht so geschätzt wie Familienverbundenheit und Zusammengehörigkeit. Andererseits gibt es aber auch viele alleinerziehende Mütter.

Berufstätige Frauen werden respektiert, sind aber auf dem Arbeitsmarkt längst nicht so zahlreich vertreten wie Männer. Schwule und Lesben leiden in Chile nach wie vor unter recht konservativen Werten, eine alternative Lebensgestaltung wird kaum bis überhaupt nicht toleriert. Auch der Kleidungsstil ist konservativ, geht fast schon in Richtung Business-Look. Und so hängt auch der erste Eindruck von Gästen stark von deren Erscheinungsbild ab.

Bevölkerung

Über ein Drittel der 16,6 Mio. Einwohner Chiles leben in der Hauptstadt Santiago und deren Peripherie, mehr als 85 % der Bevölkerung leben in Städten. In der Region Aisén in Patagonien kommt auf einen Quadratkilometer ein Einwohner, in der Región Metropolitana sind es nahezu 400. Die meisten Chilenen sind *mestizios*, haben also spanische und indianische Vorfahren. Daneben gibt es in Chile auch eine beachtliche Gruppe von deutschen, britischen, irischen, französischen, italienischen, kroatischen und palästinensischen Einwanderern. Zu den indigenen Bevölkerungsgruppen gehören die Mapuche, die 4 % der Bevölkerung Chiles ausmachen und größtenteils in La Araucanía leben, die Rapa Nui auf der Osterinsel sowie die Aymara und die Atacameño im Norden.

SPORT

Fútbol (Fußball) ist der Liebling der Chilenen. Doch auch Tennis hat – dank der Goldmedaillen von Nicolás Massú und Fernando Gonzáles bei den Olympischen Spielen 2004 und Massús Silbermedaille 2008 – zuletzt viele Anhänger gefunden. Wer es sich unter den jungen Chilenen leisten kann, treibt eine der beliebten Indivualsportarten wie Surfen, Skifahren oder Windsurfen, für die die Geografie des Landes beste Bedienungen bietet. Im Sommer ist Rodeo stark angesagt. Extravagant gekleidete *huasos* (Cowboys) treten dann in halbmondförmigen Stadien gegeneinander an.

RELIGION

Ungefähr 70 % der Chilenen sind katholisch, zuletzt konnten aber die evangelischen Gemeinden deutlich zulegen (auf ca. 15 % der Bevölkerung). 8 % sind konfessionslos.

KUNST & KULTUR
Literatur

Das Land und der Dichter verdankt seinen Ruf den Literaturnobelpreisträgern Gabriela Mistral und Pablo Neruda. Vicente Huidobro gilt als einer der Begründer der modernen spanischsprachigen Dichtung, einer Tradition, die Nicanor Parra fortführt.

Chiles international bekannteste zeitgenössische Autorin ist Isabel Allende. Die meisten ihrer Romane spielen in ihrem Heimatland, obwohl sie – wie übrigens auch der Dramatiker, Romancier und Essayist Ariel Dorfman – in den USA lebt. Andere literarische Schlüsselfiguren Chiles sind José Donoso, dessen Roman *Die Toteninsel* aus der Perspektive eines in sein Heimatland zurückgekehrten Exilanten das Leben in der Diktatur beschreibt, und Antonio Skármeta, dessen Roman *Mit brennender Geduld* als Vorlage für den preisgekrönten italienischen Film *Der Postmann* diente. Jorge Edwards (geb. 1931), Mitarbeiter und Zeitgenosse von Neruda, zollte dem großen Dichter in *Adiós, poeta: Erinnerungen an Pablo Neruda* Tribut. Von Luis Sepúlveda (geb. 1949) stammen hervorragende Werke wie *Patagonien Express. Notizen einer Reise* und der Roman *Der Alte, der Liebesromane las*.

Marcela Serrano (geb. 1951) gilt vielen Kritikern als beste zeitgenössische Autorin Lateinamerikas. Pedro Lemebel (geb. 1950) schreibt über Homosexualität, Transsexualität und andere kontrovers diskutierte und provokante Themen. Weltweit zählt auch Roberto Bolaño (1953–2003) zu den besten lateinamerikanischen Autoren; der nach seinem Tod erschienene Roman *2666* hat fast schon enzyklopädischen Charakter und besiegelte endgültig seinen Kultstatus. Alberto

Fuguet (geb. 1964) brachte mit seinem Roman *Mala onda* die McOndo-Bewegung ins Rollen, die den lateinamerikanischen Magischen Realismus in Frage stellt und stattdessen die losgelöste Realität der städtischen Jugend in einer auf Konsum gerichteten Kultur präsentiert. Inzwischen ist Fuguet als Drehbuchautor und Regisseur tätig.

Kino

Das chilenische Kino hat in den letzten Jahren gezeigt, wie dynamisch und vielfältig es sein kann. Von der Klassengesellschaft handelt Sebastián Silvas *La nana*, der 2009 gleich zweimal bei den Sundance Awards prämiert wurde. Schwarzer Humor und – zur Freude des jungen Publikums – jede Menge Comic-Kultur kennzeichnen den Film *Promedio rojo* (2005) des noch nicht einmal 30-jährigen Nicolás López. *Mi mejor enemigo* (2004) erzählt vor dem Hintergrund des chilenisch-argentinischen Feuerland-Konflikts von 1978 von gar nicht so fernen Feinden. Andrés Wood beschreibt in seinem Erfolgsstreifen *Machuca, mein Freund* (2004) das Erwachsenwerden im von Klassenkonflikten und Unruhen geprägten Jahr 1973. Woods *Das Loco-Fieber* (2001) zeigt den Irrsinn eines kleinen Fischerdorfs in Patagonien während der Seeohren-Ernte. *Sub terra* (2003) handelt von der Ausbeutung chilenischer Bergarbeiter. Sehenswert sind auch *Ein Taxi für drei* (2001) von Orlando Lübbert und Diego Izquierdos *Sexo con amor* (2002); beide porträtieren gelungen ihre Entstehungszeit. Der gefeierte Dokumentarfilmer Patricio Guzmán untersucht die gesellschaftlichen Folgen der Diktatur. Auf sein Konto geht der faszinierende Dokumentarfilm *Chile, la memoria obstinata* (1997). Dank seiner tollen Landschaft war Chile auch immer wieder ein traumhafter Drehort für ausländische Filme. So wurden hier in jüngster Zeit z. B. *Die Reise des jungen Che* (2004) und der letzte James Bond *Ein Quantum Trost* (2008) gedreht – letzterer hat in Chile allerdings für Unmut gesorgt, da die Handlung dann in Bolivien spielt.

Musik & Tanz

Chiles zeitgenössische Musik reicht von den Revolutionsliedern der 1960er-Jahre bis zu modernem Rock und Alternative. Die Bewegung La Nueva Canción Chilena (wörtlich „neues chilenisches Lied") belebte das chilenische Volkslied mit gesellschaftskritischen und politischen Inhalten, so etwa in Violeta Parras *Gracias a la vida* (wörtlich: Dank an das Leben). Zu der Bewegung gehörten auch Victor Jara, der später von den Putschisten ermordet wurde, und die immer noch aktuelle Gruppe Inti-Illimani.

Manche Bands gingen ins Exil und hatten in Europa und darüber hinaus einige Erfolge. Zu ihnen zählen Los Jaivas, Los Prisioneros und La Ley. Joe Vasconcellos bringt dynamischen Latin-Fusion auf die Bühne. Zeitgenössische Bands mit Erfolgen im In- und Ausland sind La Ley, Lucybell, Tiro de Gracia, Los Bunkers, Javiera y los Imposibles und Mamma Soul. Interessant sind auch Teleradio Donoso, die wie The Strokes klingen, und Chico Trujillio, deren *cumbia chilombiana* ein wenig an Manu Chao und die Band Mano Negra erinnert.

In den Bars treten neue Bands aller Art auf, während in den Clubs überwiegend Reggaeton gespielt wird. Der einzige „traditionelle" chilenische Tanz ist die *cueca*, die jedes Jahr zum Nationalfeiertag am 18. September aufgeführt wird.

NATUR & UMWELT

Ein Raubbau an der Umwelt ist auch in Chile Folge eines wachsenden Wohlstands. In dem ressourcenreichen Land sorgt eine der Industrie freundlich gesonnenen Politik für Konflikte, etwa im Zusammenhang mit Bergbauprojekten wie Pascua Lama und geplanten Dämmen, die zehn wichtige Flüssen in Patagonien – darunter den größten Fluss Chiles, den Río Baker – aufstauen sollen. In der Region VIII und südlich davon gehen immer mehr heimische Urwälder verloren, weil Plantagen mit schnellwüchsigen importieren Bäumen wie dem Eukalyptusbaum und der Monterey-Kiefer angelegt werden. Der Bestand an einheimischen Araukarien und *alerces* (Patagonischen Zypressen) ist in den letzten Jahrzehnten stark minimiert worden. Die Lachszucht im Süden verschmutzt das Süß- wie Salzwasser und bedroht so die Meeresfauna. Ein Bericht der *New York Times* enthüllte 2007 zahlreich vorkommende Virusinfektionen bei chilenischen Lachsen und fragwürdige Praktiken der Fischindustrie (u. a. den massiven Einsatz von Antibiotika), die dadurch in große Schwierigkeiten geriet. Als Folge dessen wurde die Lachszucht, die jährlich rund 1,6 Mrd. € erwirtschaftet, stärkeren staatlichen Kontrollen unterworfen. Ein weiteres sensibles Thema ist der intensive Einsatz von Düngemitteln und

Pestiziden in der Landwirtschaft, die besonders im Norden zusammen mit dem Bergbau die knappen Trinkwasservorräte gefährden. Das wachsende Ozonloch über der Antarktis schließlich ist so besorgniserregend, dass den Behörden die Einwohnern Patagoniens mittlerweile Schutzkleidung, Sonnenbrillen und starke Sonnenschutzmittel empfehlen, um sich vor der krebserregenden ultravioletten Strahlung zu schützen.

Geografie

Das Festland Chiles erstreckt sich über 4300 km von Peru bis zur Magellanstraße und ist durchschnittlich weniger als 200 km breit. Während die Küsten auf der Höhe des Meeresspiegels liegen, erheben sich in den Anden Gipfel auf über 6000 m. Vulkane prägen das ganze Land, durch das in der Mitte eine Senke, das Valle Central, verläuft.

Das Festland Chiles hat eindeutig abgrenzbare Temperatur- und Geografiezonen, die von Norden nach Süden verlaufen und von Wüsten bis hin zu Eisfeldern reichen. Norte Grande erstreckt sich von der peruanischen Grenze bis nach Chañaral. Die Region wird von der Atacama-Wüste und dem *altiplano* (Hochebene der Anden) beherrscht. Norte Chico reicht von Chañaral bis zum Río Aconcagua. Hier gibt's Buschland und dichtere Wälder mit häufigen Niederschlägen und der Bergbau weicht der Landwirtschaft, die in den großen Flusstälern betrieben wird.

Die breiteren Flusstäler von Zentralchile reichen vom Río Aconcagua nach Concepción und zum Río Biobío. Es ist die Hauptregion für Landwirtschaft und Weinanbau. Die Verwaltungsregionen La Araucanía und Los Lagos (das Seengebiet) erstrecken sich südlich vom Río Biobío bis nach Palena. Das Gebiet ist von ausgedehnten Urwäldern und Seen geprägt. Dichte Wälder und ein Flickenteppich an Weideland kennzeichnen Chiloé, die größte Insel des Landes. Patagonien hat nur schwer zu bestimmende Grenzen. Für manche beginnt es mit der Carretera Austral, für andere im Aisénfjord. Von dort erstreckt es sich nach Süden zu den Campos de Hielo, den kontinentalen Eisfeldern, um an der Magellanstraße und am Feuerland zu enden.

Das Land ist in 14 nummerierte Verwaltungsregionen eingeteilt. Die Nummerierung verläuft von Nord nach Süd – einzige Ausnahme ist die Region XIV, die erst kürzlich von der Region X abgetrennt wurde.

Tiere & Pflanzen

Das von Ozean, Wüste und Bergen eingefasste Land bietet eine einzigartige Natur, die sich größtenteils eigenständig entwickelt und eine Reihe von endemischen Arten hervorgebracht hat.

In den Wüstenausläufern im Norden wachsen Kandelaberkakteen, die Wasser über den Nebel *(camanchaca)* aufnehmen. Zu den hier lebenden Tieren gehören Guanakos, Vikunjas und deren domestizierte Formen, die Lamas und Alpakas. Andere ungewöhnliche Tiere sind die schlaksigen Nandus (südamerikanischen Straußenvögel) und die pummeligen, zottelschwänzigen Viscachas (entfernte Verwandte der Chinchillas). Auch Vögel gibt es in Hülle und Fülle – von Andenmöwen und Riesenblässhühnern bis zu drei Flamingo-Arten.

Die Wälder im Süden sind berühmt für die Chilenischen Araukarien (Andentannen, *pehuén*) und *alerces* (Patagonische Zypressen), von denen ein Exemplar der zweitälteste Baum der Welt ist. Zur vielfältigen Flora im Valdivianischen Regenwald gehört die *nalca* (Mammutblatt); die im Aussehen dem Rhabarber ähnelnde Pflanze ist die größte ihrer Art. In den Anden streifen Pumas herum. Daneben gibt es im Süden einen schwindenden Bestand an *huemuls* (Andenhirschen). Die winzigen *pudú*-Hirsche leben in dichtem Wald, *bandurrias* (Weißhalsibisse) stelzen über die südlichen Weiden, und am Wegesrand zwitschern *chucaos* (Rotkehltapaculos). Eine Kolonie von Humboldt- und Magellan-Pinguinen bevölkert saisonal die Nordwestküste von Chiloé.

Vom Seengebiet bis zur Provinz Magallanes ziehen sich grüne Hochwälder mit weit verbreiteten *nothofagus* (Scheinbuchen). Aufgrund der zurückgegangenen Regenfälle in den östlichen Ebenen von Magallanes und in Feuerland sind ausgedehnte Grasflächen entstanden. Inzwischen leben in den Torres del Paine auch wieder die geschützten Guanakos, Punta Arenas ist die Heimat von Magellan-Pinguinen und Kormoranen. Vor der langen Küste Chiles tummeln sich diverse Meeressäuger wie Seelöwen, Otter, Pelzrobben und Wale.

Nationalparks & Naturschutzgebiete

Naturschutzgebiete machen 19 % der Landesfläche aus. Das ist eine stattliche Zahl – allerdings sind in manchen dieser „Schutzgebiete" Abholzung und Staudämme erlaubt. Es handelt sich um sensible und fragile Ökosys-

> **GRENZÜBERGÄNGE IM NORDEN**
>
> Infos über den Straßenzustand an den Grenzübergängen können die *carabineros* (Polizei; ☎ 133) geben. Die einzige Landverbindung von Chile nach Peru führt von Arica nach Tacna. Die Straßenverbindungen von Chile nach Bolivien sind zwar besser geworden, die Reise ist aber oft immer noch mühsam und zeitintensiv. Die folgenden Verbindungen sind am leichtesten zugänglich:
>
> **Arica–La Paz** Die Fernstraße ist durchgehend befestigt und führt durch den Parque Nacional Lauca. Auf der Strecke sind viele Busse unterwegs; man kann auch trampen.
>
> **Calama–Ollagüe** Achtstündige Zugfahrt mit Anschluss nach Oruro und La Paz.
>
> **Iquique–Oruro** Über Colchane/Pisiga. Die Fernstraße ist fast durchgängig befestigt und führt am Parque Nacional Volcán Isluga vorbei. Es fahren regelmäßig Busse. Nach Tieren und Pflanzen Ausschau halten!
>
> **San Pedro de Atacama–Uyuni** Beliebte Strecke bei Travellern, die mit Geländewagen unterwegs sind.

teme, wilde, unberührte Natur, in der man ein paar der spektakulärsten und artenreichsten Landschaften des Kontinents vorfindet. Touristisch sind die chilenischen Nationalparks kaum erschlossen – eine Ausnahme bildet der Nationalpark Torres del Paine. Die Nationalparks und Naturschutzgebiete werden von der unterfinanzierten Corporación Nacional Forestal verwaltet. Ihr Schwerpunkt liegt auf Forstwirtschaft und Parkverwaltung, nicht auf Tourismus. Preisgünstige Landkarten und Broschüren bekommt man bei **Conaf** (Karte S. 436 f.; ☎ 02-390-0282; www.conaf.cl; Av Bulnes 291) in Santiago.

In Chile gibt's ungefähr 133 privat verwaltete Reservate, die insgesamt fast 4000 km² einnehmen. Großartig sind z. B. der Parque Pumalín in Nordpatagonien und El Cañi in der Nähe von Pucón (das erste Privatreservat des Landes). Zusätzlich sind noch große Projekte in Planung, z. B. der Parque Tantauco auf Chiloé und Valle Chacabuco, der zukünftige Nationalpark Patagoniens unweit von Cochrane.

Im Folgenden sind ein paar beliebte, gut zu erreichende Nationalparks und Naturschutzgebiete aufgelistet:

Alerce Andino (S. 515) *Alerce*-Bestände (Patagonische Zypressen) nahe von Puerto Montt stehen unter Schutz.

Altos del Lircay (S. 487) Reservat mit Blick auf die Andensenke und einem Rundweg zum Nationalpark Radal Siete Tazas.

Chiloé (S. 520) Bietet viele Sandstrände, Lagunen und sagenumwobene Wälder.

Conguillío (S. 496) Mischwälder mit Araukarien, Zypressen und Scheinbuchen im Umkreis des schneebedeckten aktiven Volcán Llaima.

Huerquehue (S. 501) In der Nähe von Pucón führen Wanderwege durch Araukarienwälder und bieten einen tollen Ausblick auf den Volcán Villarrica.

Lauca (S. 483) Östlich von Arica liegt das Gebiet mit aktiven und inaktiven Vulkanen, klaren, blauen Seen, vielen Vögeln, *altiplano*-Dörfern und ausgedehnten Steppen.

Los Flamencos In und rund um San Pedro de Atacama. Ein Reservat mit geschützten Salzseen und hochgelegenen Lagunen, Flamingos, unheimlichen Wüstenlandschaften und Thermalquellen.

Nahuelbuta (S. 494) In der hochgelegenen Küstengebirgskette stehen die größten noch vorhandenen Araukarienwälder *(pehuén)* unter Schutz.

Nevado Tres Cruces (S. 462) Östlich von Copiapó. Hier finden sich auch der namensgebende 6330 m hohe Gipfel und der 6900 m hohe Ojos del Salado.

Puyehue (S. 507) Der Nationalpark in der Nähe von Osorno hat viele tolle Thermalquellen und ein Familien-Skiresort. Ein beliebter Wanderweg führt durch vulkanische Wüste den Krater hinauf zu einem Gelände mit Thermalquellen und Geysiren.

Queulat (S. 530) An der Carretera Austral erstrecken sich über 70 km unberührte Nadelwälder, Berge und Gletscher.

Torres del Paine (S. 538) Chiles Vorzeige-Nationalpark nahe Puerto Natales hat ein ausgezeichnetes Netz von Wanderwegen mit den berühmtesten Ausblicken des Landes.

Vicente Peréz Rosales (S. 511) Zu Chiles zweitältestem Nationalpark gehört der spektakuläre Lago Todos los Santos und der Volcán Osorno.

Villarrica (S. 497) Die symmetrischen, rauchenden Vulkankegel des Volcán Villarrica ziehen Wanderer, Snowboarder und Skifahrer an.

VERKEHRSMITTEL & -WEGE

AN- & WEITERREISE
Bus

Eine Reise von Chile nach Argentinien führt stets über die Anden, außer im äußersten Süden Patagoniens und in Feuerland. Einige Andenpässe sind im Winter geschlossen. Sehr beliebt sind besonders in den Sommermonaten die Passagen durch das Seengebiet und Patagonien. Es ist deshalb ratsam, früh zu buchen und sich die Reservierung bestätigen zu lassen.

Chile Chico–Los Antiguos Häufige Busverbindungen.

Coyhaique–Comodoro Rivadavia Mehrere Busse fahren wöchentlich bis Río Mayo durch. Sie sind in der Regel ausgebucht.

Futaleufú–Esquel Colectivos *Colectivos* (Taxis mit festen Routen) fahren regelmäßig zur Grenze. Dort sind weitere Anschlüsse kein Problem.

Iquique, Calama & San Pedro de Atacama–Jujuy & Salta Der Paso de Jama (4200 m) wird am häufigsten genutzt. Die Strecke über den Paso de Lago (4079 m) ist ein perfekter Trip mitten durch ein wenig besuchtes Land voller *salares* (Salzwüsten). Früh buchen.

Osorno–Bariloche Die schnellste Route über Land geht durch das Seengebiet. Viele Busse benutzen das ganze Jahr über den Paso Cardenal Samoré, oft auch Pajaritos genannt.

Puerto Montt & Puerto Varas–Bariloche Das ganze Jahr über; touristischer Mix aus Bus- und Fährtouren.

Puerto Natales–El Calafate Im Sommer viele Busse, in der Nebensaison weniger.

Punta Arenas–Río Gallegos Viele Busse befahren täglich diese sechsstündige Route.

Punta Arenas–Feuerland Eine Fährfahrt von zweieinhalb Stunden nach Porvenir und von dort zwei Busse wöchentlich nach Río Grande mit Anschluss nach Ushuaia; Direktverbindungen per Bus gehen über Primera Angostura.

Santiago–Mendoza Für die Überquerung der Libertadores gibt's Unmengen von Möglichkeiten; *colectivos* sind teurer, aber schneller.

Temuco–San Martín de los Andes Die äußerst beliebte Route wird im Sommer regelmäßig von Bussen befahren, die den Mamuil Malal Pass (Paso Tromen für Argentinier) benutzen.

Temuco–Zapala & Neuquén Regelmäßig, aber selten bediente Busverbindung über den Pino Hachado (1884 m); Icaima (1298 m) ist eine Alternative.

Valdivia–San Martín de los Andes Kombination von Fähre und Bus. Zunächst wird der Lago Pirehueico zum Paso Hua Hum überquert. Von dort fahren Busse weiter nach San Martín de los Andes.

Flugzeug

Viele Leute reisen über den **Aeropuerto Internacional Arturo Merino Benítez** (außerhalb der Karte S. 432 f.; ☎ 02-690-1752; www.aeropuertosantiago.cl) in Santiago ins Land ein. Auch manche regionale Flughäfen haben Flüge in die Nachbarländer. Nur LAN fliegt nach Rapa Nui (Osterinsel). Taca und LAN haben Direktflüge ab/nach Lima in Peru. LAB und LAN fliegen ab/nach La Paz, Santa Cruz und Cochabamba in Bolivien. Taca und Avianca verbinden Santiago mit Bogotá in Kolumbien, Varig und TAM fliegen zu Zielen in Brasilien und Paraguay. LAN fliegt nach Montevideo in Uruguay. Aerolíneas Argentinas und LAN haben oft Online-Angebote für Flüge von Santiago nach Buenos Aires. An die recht preiswerten Interkontinentalflüge europäischer Fluglinien hat man Anschluss in Buenos Aires. DAP Airlines verbindet die wichtigsten Zielen in Südpatagonien.

UNTERWEGS VOR ORT
Auto & Motorrad

Mit einem eigenen Fahrzeug kann man auch abgelegene Nationalparks und die meisten Orte abseits ausgetretener Pfade erreichen. Das gilt vor allem für die Atacama-Wüste, den Carretera Austral und Rapa Nui (Osterinsel). Risiken bestehen kaum. Trotzdem sollte man das Fahrzeug immer abschließen und keine Wertsachen zurücklassen. In Santiago und Umgebung wird die Nutzung von Privatfahrzeugen häufig eingeschränkt, um den Smog zu verringern.

Bus

Das chilenische Bussystem ist fabelhaft. Unmengen an Unternehmen werben mit *ofertas* (Saisonangeboten), Rabatten und Extras wie Spielfilmen an Bord. Die Fernbusse sind komfortabel, schnell und pünktlich. An Bord gibt es sichere Gepäckhalter und in der Regel auch Toiletten. Wenn nicht sogar an Bord Essen serviert wird, halten die Busse regelmäßig, damit sich die Leute mit Essen versorgen können. Im Sommer und rund um wichtige

---

FLUGHAFENSTEUER

Die chilenische Flughafensteuer für internationale Flüge unter/über 500 km beträgt 8/26 US$ bzw. den entsprechenden Betrag in der Landeswährung.

Achtung: Per Flugzeug einreisende US-Bürger zahlen eine einmalige Gebühr von 132 US$, die für die Gültigkeitsdauer des Passes gilt. Gebühren werden auch von Australiern (56 US$) und Kanadiern (132 US$) erhoben. Die Gebühr muss bar in US-Dollar bezahlt werden. Die Beamten haben in aller Regel kein Wechselgeld; daher den passenden Betrag mitnehmen. Diese Gebühr wird bei Einreisen über Landgrenzübergänge nicht erhoben.

Feiertage bei beliebten Langstrecken im Voraus buchen. Tur Bus bietet online Discounttickets.

Flugzeug

LAN (☎ 600-526-2000; www.lan.com) und **Sky** (☎ 600-600-2828; www.skyairline.cl) bieten Inlandsflüge an. Auf der Webseite aktualisiert LAN jeweils dienstags seine Angebote der Woche; für einen Last-Minute-Flug spart man so bis zu 40 %. Flugtaxis im Süden steuern schlecht zugängliche Regionen an, bieten aber keinen Versicherungsschutz. Die Gewichtsgrenze für mitgeführtes Gepäck kann bei unter 10 kg liegen, für Übergepäck werden heftige Nachzahlungen fällig.

Nahverkehr

In allen Groß- und Kleinstädten gibt es Taxis. Sie sind entweder mit Taxameter ausgestattet oder haben streckengebundene Festpreise. Vor dem Einsteigen sich den Preis bestätigen lassen. *Colectivos* sind mit Symbolen gekennzeichnete Sammeltaxis auf festgelegten Strecken (ca. 400 Ch$/Fahrt). *Micros* sind Stadtbusse mit deutlich sichtbaren Nummern- und Zielangabe. Die Fahrkarte aufbewahren; es gibt Kontrollen. In Santiago gibt's ein gutes Metronetz, mit dem man schnell und einfach zu den am häufigsten besuchten Vierteln kommt.

Schiff/Fähre

Passagier- und Autofähren und Katamarane verbinden Puerto Montt mit Zielen entlang der Carretera Austral, darunter Caleta Gonzalo (Chaitén) und Coyhaique. Sie fahren auch zwischen Quellón und Castro sowie Chiloé und Chaitén. Fähren von Hornopirén nach Caleta Gonzalo verkehren nur im Sommer. Wenn der Volcán Chaitén brodelt, kann der Fährverkehr nach Caleta Gonzalo und Chaitén unterbrochen sein.

Ein Highlight ist die Fahrt von Puerto Montt nach Puerto Natales an Bord der *Evangelistas* von Navimag. Buchungen bei **Navimag** (außerhalb der Karte S. 432 f.; ☎ 02-442-3120; www.navimag.com; Av El Bosque Norte 0440, Santiago) sollte man weit im Voraus erledigen. Die *Evangelistas* ist ein für den Touristenverkehr umgebautes Frachtschiff, kein Kreuzfahrtschiff. Bei den billigsten Betten (Liegesessel) teilt man sich ein paar Badezimmer und ist den tosenden Wellen am stärksten ausgesetzt. Das Essen ist ganz passabel, wer Vegetarier ist, sollte dies bei der Buchung jedoch angeben. Medikamente gegen Seekrankheit, Snacks und Getränke einpacken – die Bar ist sehr teuer.

Cruce de Lagos (S. 511) ist eine zwölfstündige Rundreise per Schiff und Bus vom chilenischen Petrohué nach Bariloche in Argentinien.

> **EINREISE NACH ARGENTINIEN**
>
> Die Einreise nach Argentinien ist problemlos. Die Busse auf den Fernstraßen fahren einfach von einem Land ins andere – man muss nicht umsteigen und auch keine Gebühren entrichten. Die Grenzübergänge sind tagsüber geöffnet, einige wenige Fernbusse passieren die Grenze aber auch nachts. Der Grenzübergang Dorotea in der Nähe von Puerto Natales ist sommers durchgängig geöffnet. Man braucht seine Touristenkarte und seinen Pass. Bananen und sonstiges Obst gleich im Hostel lassen oder aufessen – die Einfuhr von Lebensmitteln ist nicht gestattet. Zur Einreise von Argentinien nach Chile s. S. 49.

Trampen

Trampen ist in Chile üblich. Allerdings sind die Autos oft meist vollbesetzt unterwegs, sodass eine Mitfahrgelegenheit lange auf sich warten lässt. In Patagonien und der Atacama-Wüste sind nur wenig Fahrzeuge unterwegs – also warme Kleidung und Vorräte dabeihaben. Achtung: Lonely Planet rät prinzipiell vom Trampen ab!

Zug

Die Fahrt mit dem Zug ist langsamer und teurer als mit dem Bus, zudem hat man weniger Verbindungen zur Auswahl. **Empresa de Ferrocarriles del Estado** (EFE; ☎ 600-585-5000; www.efe.cl) betreibt Passagierzüge Richtung Süden von Santiago nach Chillán, die unterwegs an vielen Bahnhöfen halten. Aktuelle Infos – auch über kürzere Strecken – findet man auf der Webseite.

SANTIAGO

☎ 02 / 4,95 Mio. Ew.

Santiago präsentiert sich auf Postkarten als moderne Metropole, die zu Füßen gigantischer, schneebedeckter Andengipfel liegt. Dank des netten, aufgeräumten Erscheinungsbildes ist die Stadt für Traveller die am wenigsten einschüchternde Hauptstadt in Südamerika. Aber so leicht lässt sich Santiago nicht in eine Schublade stecken. Die chilenische Metropole ist berühmt für eine konservative Haltung, in der hin und wieder Proteste aufkeimen. Was Santiago ausmacht? Die Innenstadt besitzt Entschlossenheit und ein betriebsames wirtschaftliches Leben, in Bellavista gibt's trendige Cafés und Barrio Brasil ist stolz darauf, nicht gerade auf Hochglanz poliert daherzukommen. Für die Schönen und Reichen gibt's Providencia, Las Condes und all die gepflegten Vororte weiter draußen. Doch die wohl am schwersten zu erkennende Seite der Stadt, ihre wunderbare Bergkulisse, ist oft hinter dichtem Smog versteckt.

Besucher erleben Santiago als originelle und sichere Stadt, die sich gut erkunden lässt. Die Eigenheiten der Viertel können wie bei unterschiedlichen Geschwistern ziemlich ausgeprägt sein. Die Leute in den Provinzen sagen immer: „Gott ist zwar überall, sein Büro aber ist in Santiago". Und bei einer Einwohnerzahl, die ein Drittel des ganzen Landes ausmacht, ist Santiago manchmal auch Chile. Aber das muss jeder selbst herausfinden.

GESCHICHTE

Santiago wurde 1541 von Pedro de Valdivia gegründet. Er wählte diesen Platz aufgrund des gemäßigten Klimas und der idealen, gut zu verteidigenden Lage aus. Bis zum Nitratboom in den 1880er-Jahren blieb Santiago überschaubar. Der Zentralbahnhof wurde von Gustave Eiffel entworfen. 1985 brachte ein Erdbeben einen Teil der alten Gebäude in der Innenstadt zum Einsturz. Heute ist Santiago für den ganzen Kontinent ein wichtiges Finanzzentrum und Sitz von multinationalen Konzernen wie Yahoo!, Microsoft und J. P. Morgan.

ORIENTIERUNG

„El Centro" ist ein kompaktes, dreieckiges Gebiet, das vom Río Mapocho und Parque Forestal im Norden, der Vía Norte Sur im Westen und der Av General O'Higgins (Alameda) im Süden begrenzt wird. Die wichtigsten öffentlichen Gebäude gruppieren sich rund um die Plaza de Armas. Von dort zweigt ein belebtes Netz von Einkaufsarkaden und Fußgängerzonen ab. Nördlich und östlich des Zentrums liegt das Barrio Bellavista mit dem Cerro San Cristóbal (Parque Metropolitano).

Richtung Westen findet sich das Barrio Brasil, die Künstlerenklave der Stadt. An der Spitze des Dreiecks erstrecken sich Richtung Osten die wohlhabenden *comunas* (Stadtgebiete) Providencia und Las Condes; man erreicht sie über die Alameda. Das Wohngebiet Nuñoa schließt sich an Providencia im Süden an.

PRAKTISCHE INFORMATIONEN
Buchläden

Weil in Chile auf Bücher eine Mehrwertsteuer von 19 % fällig wird, sind selbige ziemlich teuer.

Books Secondhand (Montt, Av Providencia 1652, Providencia) Beste Auswahl an englischsprachigen Taschenbüchern und Reiseführern.

Feria Chilena del Libro (Karte S. 436 f.; Paseo Huérfanos 623) Santiagos Buchladen mit der größten Auswahl. Es gibt auch ein paar englischsprachige Taschenbücher.

Geld

Geldautomaten (Redbanc) findet man überall in der Stadt.

Cambios Afex (www.afex.cl; ⌚ Mo-Fr 9-18, Sa 10-14 Uhr); Centro (Karte S. 436 f.; ☎ 688-1143; Agustinas 1050, Centro); Providencia (☎ 333-2097; Av Pedro de Valdivia 12, Providencia) Vertrauenswürdige Wechselstube.

Gepäckaufbewahrung

Alle wichtigen Busbahnhöfe haben eine *custodia*, also einen sicheren Ort, wo man sein Gepäck bunkern kann (ca. 2 US$/Tag.) Alternativ kann man seine Siebensachen kostenlos in einer vertrauenswürdigen Unterkunft deponieren.

Internetzugang

Es gibt jede Menge Internetcafés, die rund um die Uhr geöffnet sind (400–800 Ch$/Std.).

Ciberplaza Express (Karte S. 432 f.; Compañía 2143, Barrio Brasil; ⌚ Mo-Fr 9-23, Sa bis 22 Uhr)

Tecomp (☎ 333-0316; Holley 2334, Providencia; ⌚ Mo-Do 9.30-24, Fr & Sa 9.30-1 Uhr)

Kulturzentren

Instituto Chileno-Británico (Karte S. 436 f.; ☎ 638-2156; www.britanico.cl; Miraflores 123)

Instituto Chileno-Norteamericano (Karte S. 436 f.; ☎ 800-200-863; www.norteamericano.cl; Moneda 1467)

Medizinische Versorgung

Clínica Alemana de Santiago (außerhalb der Karte S. 436 f.; ☎ 210-1111; www.alemana.cl; Av Vitacura 5951, Vitacura) Eine der besten – und teuersten – Privatkliniken der Stadt.

DER WEG INS ZENTRUM

Der **Aeropuerto Internacional Arturo Merino Benítez** (☎ 601-9001) befindet sich in Pudahuel, 26 km nordwestlich der Innenstadt von Santiago. Shuttles von **TurBus Aeropuerto** (Karte S. 436 f.; ☎ 607-9573; Moneda 1529) fahren zwischen 6.30 und 21 Uhr alle 15 Minuten zwischen dem Flughafen und der Stadt (1500 Ch$, 30 Min.). **Buses Centropuerto** (☎ 601-9883) bietet einen ähnlichen Service (1300 Ch$) ab der Metrostation Los Héroes an. Einen Schalter am Flughafen haben die Shuttledienste **Transvip** (☎ 677-3000; www.transvip.net) und **TurBus Aeropuerto**. Sie bieten Taxis zum Festpreis (ab 11 000 Ch$) und achtsitzige Minibusse (ab 17 000 Ch$) an; der Fahrpreis nach Providencia und Las Condes liegt etwas höher. Die Hauptbusbahnhöfe liegen unmittelbar bei der Alameda in der Nähe von Metrostationen.

Hospital de Urgencia Asistencia Pública (Karte S. 436 f.; ☎ 436-3800; Av Portugal 125, Centro; ☾ 24 Std.) Santiagos wichtigste Notaufnahme.

Notfall
Feuerwehr (☎ 132)
Krankenwagen (☎ 131)
Polizei (☎ 133)

Post
Hauptpost (Karte S. 436 f.; ☎ 800-267-736; www.correos.cl; Catedral 987, Plaza de Armas; ☾ Mo–Fr 8–22, Sa bis 18 Uhr) Postfilialen gibt's auch im Centro an der Moneda 1155 und in Providencia an der Av Providencia 1466.

Reisebüros
Sertur Student Flight Center (☎ 335-0395, 800-340-034; www.sertur.cl; Hernando de Aguirre 201, Oficina 401, Providencia) Schnäppchen bei Flugtickets.

Touristeninformation
Conaf (Karte S. 436 f.; ☎ 390-0282; www.conaf.cl; Paseo Bulnes 291; ☾ Mo–Do 9.30–17.30, Fr bis 16.30 Uhr) Infos zu allen Nationalparks und Naturschutzgebieten. Hier kann man auch ein paar topografische Karten kopieren.
Städtische Touristeninformation (Karte S. 436 f.; ☎ 632-7783; www.municipalidaddesantiago.cl; Merced 860; ☾ Mo–Do 10–18, Fr bis 17 Uhr) Hat einfache Karten und Infos.
Sernatur (☎ 236-1416; www.sernatur.cl; Av Providencia 1550, Providencia; ☾ Mo–Fr 8.45–18.30, Sa 9–14 Uhr) Hilft mit Karten, Broschüren und Tipps. Bucht auch Besuche auf Weingütern.

Wäscherei
SB-Waschsalons sind in Santiago unüblich. In Wäschereien zahlt man etwa 3500 Ch$ für eine Wäscheladung. Die meisten Hostels und Hotels bieten aber einen Wäschereidienst.
Lavandería Autoservicio (Karte S. 436 f.; ☎ 632-1772; Monjitas 507, Centro)

Lavandería del Barrio (Karte S. 432 f.; ☎ 673-3575; Huérfanos 1980, Barrio Brasil)

GEFAHREN & ÄRGERNISSE
Santiago ist relativ sicher, aber es gibt auch Kleinkriminalität. Besondere Vorsicht ist rund um die Plaza de Armas, den Mercado Central, den Cerro Santa Lucía und den Cerro San Cristóbal geboten. Bevor man seine Digitalkamera aus der Tasche holt, lieber erst mal umschauen. Besser trägt man auch keinen großen, auffälligen Schmuck. Organisierte Banden von Taschendieben haben es manchmal auf Betrunkene an der Pío Nono in Bellavista abgesehen. Auch die kleineren Straßen in Barrio Brasil können abends recht heikel sein. Wie in jeder Großstadt ist man spätabends lieber nicht allein unterwegs. Ziemlich lästig ist auch der Smog in Santiago, der brennende Augen und Halsschmerzen verursachen kann.

SEHENSWERTES
Museen
Die meisten Museen sind montags geschlossen, sonntags ist der Eintritt oft umsonst. Die normalen Öffnungszeiten sind dienstags bis samstags von 10 bis 18 oder 19 Uhr und sonntags von 10 bis 14 Uhr. Falls nicht anders angegeben, beträgt der Eintritt 600 Ch$.

Absolutes Muss ist das **Museo Chileno de Arte Precolombino** (Karte S. 436 f.; www.precolombino.cl; Bandera 361; Eintritt 3000 Ch$). Hier sind ganze 4500 Jahre der präkolumbischen Zivilisation in Nord- und Südamerika dokumentiert. Man sieht atemberaubende Keramiken, traumhafte Textilien und Chinchorro-Mumien.

Wer moderne Kunst mag, sollte unbedingt das **Museo de Artes Visuales** (MAVI; Karte S. 436 f.; ☎ 638-3502; www.mavi.cl; Lastarria 307, Plaza Mulato Gil de Castro, Centro; Eintritt 1000 Ch$; ☾ Feb. geschl.) besuchen. In einem beeindruckenden Ambiente

432 SANTIAGO

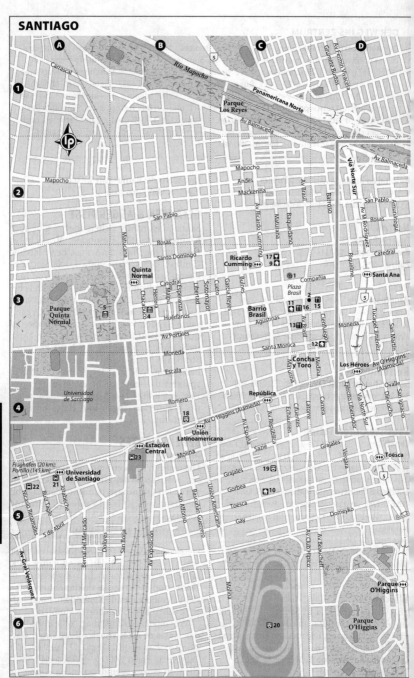

CHILENISCH FÜR ANFÄNGER

Das chilenische Spanisch klingt, als hätte man zu viel getrunken. Es ist ein Singsang, bei dem ganze Silben verschluckt und Ausdrücke verwendet werden, auf die sich spanische Muttersprachler aus anderen Ländern keinen Reim machen können. ¿*Cachay?* (kapiert?) ist eine der Floskeln am Ende eines Satzes, wie auch das allgegenwärtige *pues*, das in Chile wie „po" ausgesprochen wird. *Sípo* bedeutet also so viel wie „nun ja" oder „mag schon sein". Dass in einer Gesellschaft, die noch vor Kurzem agrarisch geprägt war, Ausdrücke aus der Landwirtschaft vorkommen, kann nicht verwundern. Junge Burschen werden als *cabros* (Ziegenböcke) bezeichnet. Man mault *es un cacho* („Das ist ein Horn!", will sagen „Das ist die Streitfrage!") und geht zu einer *carrete* (einem Karren), um zu *carretear* (d. h. zu einer Party, um zu feiern). Wer sich für diesen Slang begeistert, sollte sich John Brennans *How to Survive in the Chilean Jungle* besorgen, das in den Buchläden Santiagos mit englischsprachigen Titeln im Sortiment erhältlich ist (s. S. 430). ¿*Cachay?*

---

gibt's erstklassige moderne Grafiken, Skulpturen, Gemälde und Fotografien.

Das **Museo Histórico Nacional** (Karte S. 436 f.; www.museohistoriconacional.cl, spanisch; Plaza de Armas 951) befindet sich im Palacio de la Real Audiencia. Hier ist die koloniale und republikanische Geschichte Chiles dokumentiert. Das Highlight ist die interessante Ausstellung zur Politik des 20. Jhs.

Santiagos Museum der schönen Künste aus dem frühen 20. Jh. ist dem Petit Palais in Paris nachempfunden. Der **Palacio de Bellas Artes** (Karte S. 436 f.; JM de la Barra) steht in der Nähe der Av José María Caro. Er beherbergt zwei Museen: Das **Museo de Bellas Artes** (www.mnba.cl) mit ständigen Ausstellungen zur chilenischen und europäischen Kunst und das **Museo de Arte Contemporáneo** (www.mac.uchile.cl, spanisch). Hier werden moderne Fotografie, Design, Skulpturen und Internetkunst gezeigt.

In der Blütezeit des chilenischen Sozialismus wurde das **Museo de la Solidaridad Salvador Allende** (Karte S. 432 f.; www.museodelasolidaridad.cl; Herrera 360, Barrio Brasil) gegründet. Es zeigt Werke von Matta, Miró, Tapies, Calder und Yoko Ono. Während der Diktatur wurde die gesamte Sammlung 17 Jahre lang unter Verschluss gehalten; sie ist erst seit Ende der Militärdiktatur wieder zu sehen.

Das schönste Herrenhaus von Santiago ist der **Palacio Cousiño** (Karte S. 432 f.; Dieciocho 438; Zutritt nur mit Führung 2100 Ch$). Er wurde 1871 mit einem mit Wein-, Kohle- und Silberminen erworbenen Vermögen gebaut. Zu den Highlights gehört Kunst im französischen Stil und einer der ersten Aufzüge des Landes.

Das **La Chascona** (Museo Neruda; Karte S. 436 f.; Márquez de la Plata 0192; Zutritt nur mit Führung, auf Spanisch 2500 Ch$, auf Englisch 3500 Ch$) ist das ehemalige Haus von Pablo Neruda. Es hat die Form eines Schiffs und beherbergt eine vielfältige Sammlung des Dichters. Benannt wurde das Haus übrigens nach den wirren Locken der Witwe Nerudas. Hier gibt's auch ein hübsches Café.

PARKS & GÄRTEN

Auf dem **Cerro Santa Lucía** (Karte S. 436 f.) stand erst eine Einsiedlerhütte, dann ein Kloster, dann ein militärisches Bollwerk. Seit 1875 bietet der Park drum herum Erholung vom Chaos der Stadt. An der Südwestecke liegt die Terraza Neptuno mit Brunnen und Treppen, die in Haarnadelkurven zum Gipfel führen.

Nördlich vom Río Mapocho erhebt sich der 870 m hohe **Cerro San Cristóbal** („Tapahue" auf Mapuche) über Santiago. Hier befindet sich der **Parque Metropolitano** (www.parquemetropolitano.cl), die größte offene Fläche der Hauptstadt. Es gibt zwei Schwimmbecken, einen botanischen Garten, einen etwas vernachlässigten Zoo und ein Kunstmuseum. Den Gipfel des San Cristóbal erreicht man mit der **Standseilbahn** (1400 Ch$; Mo 13–20, Di–So 10–20 Uhr). Sie steigt von der Plaza Caupolicán am Nordende des Pío Nono in Bellavista 485 m empor. Von der Terraza führt ein 2000 m langer *teleférico* (Seilbahn, hin & zurück 2500 Ch$) zu einer Station in der Nähe des Nordendes der Av Pedro de Valdivia Norte. Damit erreicht man die meisten der interessantesten Punkte im Park. Ein Kombiticket für beide Seilbahnen kostet 4 US$. Wer bergauf über die Felsen kraxelt, spart das Geld.

Der **Cementerio General** (außerhalb der Karte S. 432 f.; ☎ 737-9469; www.cementeriogeneral.cl) liegt am Nordende der Av La Paz. Die Gräberstadt veranschaulicht Besuchern den Umgang der Chilenen mit dem Tod. Ein Denkmal erinnert an die Vermissten der Pinochet-Diktatur. Berühmten Söhne der Stadt – José Manuel Balmaceda,

Salvador Allende und der Diplomat Orlando Letelier – sind hier begraben. Vom Nordende der Línea 2 ist es ein Fußweg von etwa zehn Minuten zum Friedhof. Die geführten englischsprachigen Touren lohnen sich. Einen Tag vorher nachfragen!

AKTIVITÄTEN

Unternehmungen im Freien sind Santiagos Stärke. Die schnellste Möglichkeit ist, den Pío Nono von Barrio Bellavista auf den Cerro San Cristóbal (s. S. 434) zu joggen, zu gehen oder zu schlendern.

Schwimmer können in den herrlichen Pools im Parque Metropolitano (s. S. 434) ein paar Züge machen.

Zwischen Oktober und März veranstalten Adventure-Reiseagenturen Fahrten der Kategorie III den Maipo hinunter. Ein beliebtes Ziel ist die Cascada de las Animas (S. 444). Die Agenturen organisieren auch Wander- oder Reittouren zu fairen Preisen.

Ausgezeichnete Skigebiete sind nur einen Steinwurf von Santiago entfernt. Das nächste ist das Resort El Colorado & Farellones (S. 443).

Weinliebhaber sollten sich über die bequemen Tagestouren informieren (S. 444).

Ausgepumpte Backpacker können in den Thermalquellen von **Termas Valle de Colina** (Baños Colina; ☎ 239-6797; www.termasvalledecolina.cl; Eintritt Quellen & Camping 5000 Ch$; ⊙ Okt.–Feb.) wieder auftanken. Dahin gibt's zwar keine öffentlichen Verkehrsmittel, aber die **Manzur Expediciones** (s. S. 445) starten stündlich an der Plaza Italia (in der Nähe der Metrostation Baquedano).

KURSE

Folgende Sprachschulen sind zu empfehlen:
Escuela Violeta Parra (Karte S. 432 f.; ☎ 735-8211; www.tandemsantiago.cl; Pinto Lagarrigue 362-A, Bellavista) Ausgezeichnete akademische Referenzen. Die Schule organisiert auch Quartiere bei Familien und Ausflüge.
Instituto Chileno de la Lengua (Karte S. 436 f.; ☎ 697-2728; www.ichil.cl; Riquelme 226, Barrio Brasil)
Sprachenzentrum Natalis (Karte S. 436 f.; ☎ 222-8685; www.natalislang.com; Av Vicuña Mackenna 6, 7. Stock) Großartige Intensivkurse.

GEFÜHRTE TOUREN

Wer sich einfach nur einen Überblick verschaffen will, sollte das Centro besser zu Fuß erkunden. Angesichts der engen Straßen und des grausamen Verkehrs kommen die Tourbusse nur langsam voran.

Chip Travel (Karte S. 436 f.; ☎ 737-5649; www.chiptravel.cl; Av Santa María 227, Oficina 11) Veranstaltet eine Stadtrundfahrt zum Thema Menschenrechte. Dabei geht's zum Parque por la Paz, einer Gedenkstätte für die Opfer der Pinochet-Diktatur (s. S. 423), mit Zwischenstopp bei der Fundación Pinochet.
La Bicicleta Verde (Karte S. 436 f.; ☎ 570-9338; www.labicicletaverde.cl; Santa María 227, Oficina 12, Bellavista; halbtägige Stadtrundfahrt 15 000 Ch$) Die Stadtrundfahrten auf Fahrrädern widmen sich der Kultur des Landes: Eine führt z. B. zum Obst- und Gemüsemarkt, eine andere zu politischen Sehenswürdigkeiten.

FESTIVALS & EVENTS

Santiago a Mil (www.stgoamil.cl) Das bedeutende Theaterfestival lockt im Januar experimentierfreudige Gruppen aus aller Welt auf die Bühnen Santiagos.
Festival del Barrio Brasil Ausstellungen, Theater, Tanz und Musik sorgen jeden Januar für zusätzlichen Trubel auf der hübschen Plaza Brasil.
Feria Internacional del Aire y del Espacio (www.fidae.cl) Der Aeropuerto Los Cerrillos südwestlich der Stadt ist Ende März Schauplatz dieser großen internationalen Flugschau.
Feria Internacional de Artesanía Die beste Kunsthandwerksmesse der Stadt findet im November im Parque General Bustamente im Centro statt.
Feria Internacional del Libro In der letzten Novemberwoche kommen Autoren vom ganzen Kontinent zu Santiagos jährlicher Buchmesse in der Estación Mapocho.

SCHLAFEN

Der Rummel im Centro lässt abends etwas nach – nach Einbruch der Dunkelheit also besser ein Taxi nehmen. In den Vierteln Providencia und Bellavista tobt das Nachtleben, auch das Barrio Brasil ist im Kommen. Die noblen Café-Viertel Lastarria und Bellas Artes sind Zentren der Schwulenszene.

Centro

Hostal de Sammy (Karte S. 432 f.; ☎ 689-8772; www.hostalsammy.com; Toesca 2335; B 5000–7000 Ch$, EZ/DZ ohne Bad 9700/17 700 Ch$; 🖳) Das schäbig-schicke Sammy ist die beste Backpackerabsteige der Stadt. Hier erwarten einen ein superfreundlicher Service, Spiele, Spanischstunden und ein offizieller Hostel-Hund, der einen freudig begrüßt. Für hungrige Gäste macht der Eigentümer Pfannkuchen. Wer Freiwilligenarbeit leistet, wohnt umsonst.

Ecohostel (außerhalb der Karte S. 436 f.; ☎ 222-6833; www.ecohostel.cl; Jofré 349B; B 6000 Ch$, DZ ohne Bad 20 000 Ch$) Hier achten die Angestellten auf Mülltrennung. Das freundliche Hostel hat

436 SANTIAGO •• Centro

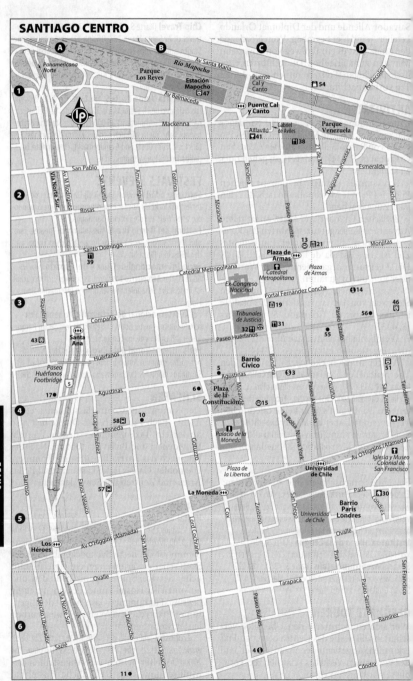

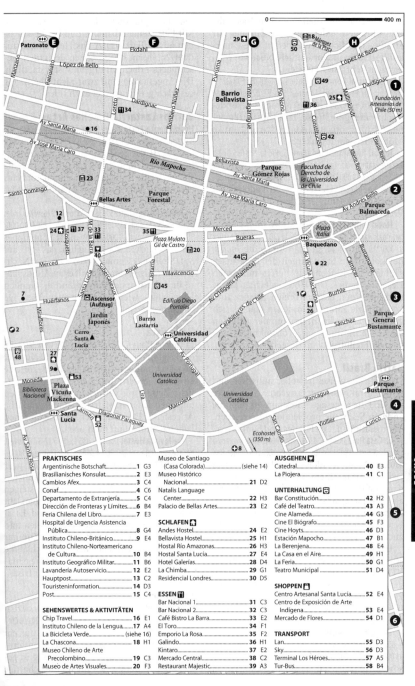

SANTIAGO •• Centro

PRAKTISCHES
Argentinische Botschaft	**1** G3
Brasilianisches Konsulat	**2** E3
Cambios Afex	**3** C4
Conaf	**4** C6
Departamento de Extranjería	**5** C4
Dirección de Fronteras y Límites	**6** B4
Feria Chilena del Libro	**7** E3
Hospital de Urgencia Asistencia Pública	**8** G4
Instituto Chileno-Británico	**9** E4
Instituto Chileno-Norteamericano de Cultura	**10** E4
Instituto Geográfico Militar	**11** B6
Lavandería Autoservicio	**12** E2
Hauptpost	**13** C2
Touristeninformation	**14** D3
Post	**15** C4

SEHENSWERTES & AKTIVITÄTEN
Chip Travel	**16** E1
Instituto Chileno de la Lengua	**17** A4
La Bicicleta Verde	(siehe 16)
La Chascona	**18** H1
Museo Chileno de Arte Precolombino	**19** C3
Museo de Artes Visuales	**20** F3
Museo de Santiago (Casa Colorada)	(siehe 14)
Museo Histórico Nacional	**21** D2
Natalis Language Center	**22** H3
Palacio de Bellas Artes	**23** E2

SCHLAFEN
Andes Hostel	**24** E2
Bellavista Hostel	**25** H1
Hostal Río Amazonas	**26** H3
Hostal Santa Lucía	**27** E4
Hotel Galerías	**28** D4
La Chimba	**29** G1
Residencial Londres	**30** D5

ESSEN
Bar Nacional 1	**31** C3
Bar Nacional 2	**32** C3
Café Bistro La Barra	**33** E2
El Toro	**34** F1
Emporio La Rosa	**35** F2
Galindo	**36** H1
Kintaro	**37** E2
Mercado Central	**38** C2
Restaurant Majestic	**39** A3

AUSGEHEN
Catedral	**40** E3
La Piojera	**41** C1

UNTERHALTUNG
Bar Constitución	**42** H2
Café del Teatro	**43** A3
Cine Alameda	**44** G3
Cine El Biógrafo	**45** F3
Cine Hoyts	**46** D3
Estación Mapocho	**47** B1
La Berenjena	**48** E4
La Casa en el Aire	**49** H1
La Feria	**50** G1
Teatro Municipal	**51** D4

SHOPPEN
Centro Artesanal Santa Lucía	**52** E4
Centro de Exposición de Arte Indígena	**53** E4
Mercado de Flores	**54** D1

TRANSPORT
Lan	**55** D3
Sky	**56** D3
Terminal Los Héroes	**57** A5
Tur-Bus	**58** B4

nach Geschlechtern getrennte Schlafsäle – die Jungs kriegen leider das laute Zimmer zur Straße – mit dicken Federbetten. Die Unterkunft ist klein und ordentlich. Noch vor Mitternacht kehrt hier Ruhe ein.

Residencial Londres (Karte S. 436 f.; ☎ 638-2215; www.lula.cl/residencial; Londres 54; EZ/DZ ohne Bad 9000/18 000 Ch$) Das Londres ist nichts Besonderes, hat aber gute Preise. Trotz des verblichenen Glanzes sorgen Parkettböden und antike Möbel für Gemütlichkeit.

Hostal Río Amazonas (Karte S. 436 f.; ☎ 635-1631; www.hostalrioamazonas.cl; Av Vicuña Mackenna 47; EZ/DZ/4BZ mit Frühstück 19 000/25 000/43 000 Ch$; 🖥) Das superzentral gelegene Herrenhaus im Tudorstil hat einfache, helle Zimmer zu konkurrenzfähigen Preisen.

Hotel Galerías (Karte S. 436 f.; ☎ 470-7400; www.hotelgalerias.cl; San Antonio 65; EZ/DZ mit Frühstück 92 000/113 000 Ch$; 🐾 🖥 🏊) Imitate der *moais*, der kolossalen Steinstatuen der Osterinsel, säumen den Eingang zu diesem modernen Design-Paradies. Das Hotel ist echter Luxus und hat einen einwandfreien Service und komfortable Zimmer, in denen man es sich gutgehen lassen kann. Im Sommer genießen die Gäste inmitten der Wolkenkratzer den kleinen Freiluftpool im siebten Stock.

Barrio Brasil

Das Künstlerviertel ist voller hübscher und sehr zentral gelegener Angebote – von hier aus sind die angesagten Restaurants und die anderen Stadtteile problemlos zu erreichen. Metrostationen: Los Héroes und Santa Ana.

La Casa Roja (Karte S. 432 f.; ☎ 696-4241; www.lacasaroja.cl; Agustinas 2113; B 6500 Ch$, DZ mit/ohne Bad 20 000/16 800 Ch$; 🖥) Bloß keinen Fehler machen – die Nacht in einem Bus oder bei den Rindern auf der Weide zu verbringen, ist besser als hier. Backpacker lieben aber die Zirkusstimmung hier. Die Preise sind billig, das Nachtleben ist ordentlich und vor Ort gibt's auch ein Reisebüro.

Luz Azul (Karte S. 432 f.; ☎ 698-4856; www.luzazulhostel.cl; Santa Mónica 1924; B 7150 – 9500 Ch$, DZ 23 800 Ch$; 🖥) Die sympathische, etwas abgefahrene und geschmackvolle kleine Unterkunft ist ganz klar die bessere Wahl. Sie zielt zwar auf Backpacker ab, die Stimmung ist aber eher moderat. Nur einen Block von der Metro entfernt.

Happy House Hostel (Karte S. 432 f.; ☎ 688-4849; www.happyhousehostel.cl; Catedral 2207; B/EZ/DZ/3BZ mit Frühstück 11 000/25 000/33 000/45 000 Ch$; 🖥) Kann eine Deko sowohl verschroben als auch geschmackvoll sein? Das „glückliche Haus" gibt die Antwort. Mit Flusssteinen, Bambus und kräftigen Farben ausstaffiert, kratzt das Herrenhaus aus dem 20. Jh. an den Grenzen des guten Geschmacks – doch das Ergebnis ist erstaunlich. Die Angestellten sind zwar nicht übermäßig gesprächig, erteilen aber auch Infos.

Barrios Lastarria & Bellas Artes

Hostal Santa Lucía (Karte S. 436 f.; ☎ 664-8478; www.hostalsantalucia.cl; Santa Lucía 168; B 9000 Ch$, DZ/3BZ ohne Bad 22 000/33 000 Ch$; 🖥) Ein brandneues Hostel, intim, stilvoll und zentral gelegen. Es gibt gute Betten, weiße Brokatdecken, überall im Haus gemütliche Ecken und ein freundliches Management.

Andes Hostel (Karte S. 436 f.; ☎ 633-1976; www.andeshostel.com; Monjitas 506; B 11 000 Ch$, EZ/DZ 30 000/35 000 Ch$, ohne Bad 20 000/25 000 Ch$; 🖥) Ein hippes urbanes Backpacker-Refugium, das ganz auf Stil (Streifen & Comic-Deko) setzt. Der Nachteil: Manchen Zimmern fehlt es an Atmosphäre und die Doppelzimmer sind erstaunlich langweilig – wie der Service auch. Die Lage allerdings ist spitze.

Bellavista

La Chimba (Karte S. 436 f.; ☎ 735-8978; www.lachimba.com; Pinto Lagarrigue 262; B/DZ mit Frühstück 8000/20 000 Ch$; 🖥) Das modern-minimalistisch dekorierte Hostel begeistert junge Leute. Es hat gemütliche Betten mit verlockenden Federbetten und gut gefederten Matratzen und freundliche Angestellte. Das Frühstück und die Duschen haben deutlich Luft nach oben.

Bellavista Hostel (Karte S. 436 f.; ☎ 732-8737; www.bellavistahostel.com; Dardignac 0184; B mit Frühstück 8000 – 8500 Ch$, DZ mit Frühstück 18 000 Ch$; 🖥) Nur ein paar Blocks weiter tobt das Nachtleben in Santiagos besten Bars und Clubs. Partygänger steigen gerne in diesem urigen Hostel ab, in dem laut Schild keine *fuckheads* erwünscht sind. Es ist gefüllt mit Schnickschnack und Spielen und hat eine Dachterrasse. Wegen der Zimmer kommt man keinesfalls her – die Schlafsäle mit Metall-Doppelstockbetten und die einfachen Doppelzimmer sind einfach nur trist.

Providencia

Casa Condell (Karte S. 432 f.; ☎ 717-8592; www.casacondell.com; Av Condell 114; EZ/DZ ohne Bad 10 000/20 000 Ch$) Eher ein Haus als ein Hostel: Es ist nur ein paar Schritte von einer Grünanlage entfernt und bietet gute Preise. Die Stimmung ist gesetzt. Obendrein gibt's noch eine schattige

Dachterrasse, auf der überall gemütliche Sofas stehen – wie geschaffen zum Quatschen mit anderen Travellern.

El Patio Suizo (Karte S. 432 f.; ☎ 474-0634; www.patiosuizo.com; Av Condell 847; EZ/DZ mit Frühstück 22 000/30 000 Ch$, ohne Bad 15 000/20 000 Ch$; 🖥) Das angenehm pingelige B & B setzt auf gute Optik. Es wird von einer Schweizer Familie betrieben und bietet in der ansonsten oft stressigen Stadt ein friedliches Refugium. Im Hinterhof gibt's eine Grillstelle, eine schattige Weinlaube und Hängematten.

Vilafranca Petit Hotel (☎ 235-1413; www.vilafranca.cl; Pérez Valenzuela 1650; EZ/DZ mit Frühstück 40 000/47 000 Ch$; 🖥) Das nette, auf Martha Stewart getrimmte B&B hat einen Steinhof mit Ziergittern und acht Zimmer mit großen Holzbalken, guten Betten, Blümchenmuster-Bettwäsche und modernen Badezimmern. Zum Frühstück gibt's frisches Obst, z. B. Brombeeren oder Wassermelone, Brot und Kuchen.

ESSEN

Im Zentrum gibt's haufenweise Lokale mit günstigem Mittagessen; abends geht man besser in die Barrios Bellavista, Brasil oder Providencia. Normalerweise schließen die Restaurants nach dem Mittagessen und öffnen erst gegen 20 Uhr wieder. Sonntags hat fast alles zu.

Santiago Centro

Im Zentrum bekommt man Mittagessen oder *onces* (Snacks), abends findet man jedoch kaum ein geöffnetes Lokal. An der südlichen Kolonade der Plaza de Armas stehen Straßenverkäufer mit *completos* (Hotdogs) und Empanadas.

Mercado Central (Karte S. 436 f.; 🕒 So–Do 6–16, Fr bis 20, Sa bis 18 Uhr) Santiagos Fischmarkt, eine kühne Eisenkonstruktion, ist ein Klassiker für ausgedehnte Mittagessen (oder Frühstück mit Fischeintopf – das kuriert jeden Kater). Die überteuerten Touristenfallen in der Mitte links lassen lassen und sich an die winzigen, unauffälligen Buden am Rande des Markts halten. Zu empfehlen ist z. B. das billige und freundliche Pailas Denisse im Local 16 (Hauptgerichte 2500–3500 Ch$).

Bar Nacional (Karte S. 436 f.; Bandera 317; Hauptgerichte 3500–5000 Ch$) Beliebte Sodabar, in der Kellner mit Fliege köstlichen *pastel de choclo* (Maisauflauf) servieren. Eine zweite Filiale gibt's in der Paseo Huérfanos 1151.

Kintaro (Karte S. 436 f.; Monjitas 460; Hauptgerichte 3900–4700 Ch$) All den Kitsch ignorieren und das preisgünstige authentische Sushi genießen.

Restaurant Majestic (Karte S. 436 f.; Santo Domingo 1526; Hauptgerichte 3900–6200 Ch$; 🕒 19.30–24 Uhr) In dem mit Elefantenstatuen und Batikdrucken dekorierten Lokal bekommt man ausgezeichnete (und superscharfe!) indische Gerichte wie Fleisch aus dem Tandoor-Ofen und vegetarische Currys.

Barrios Lastarria & Bellavista

Diese stilvollen Viertel sind die beste Wahl, wenn man abends essen gehen oder noch etwas trinken will. An der J. M. de la Barra (zwischen den Metrostationen Santa Lucía und Bellas Artes) gibt's viele Cafés, die bis in die Puppen geöffnet haben.

Emporio La Rosa (Karte S. 436 f.; Merced 291; Eiscreme 900–1800 Ch$) Hier gibt's sahniges handgemachtes Eis in ungewöhnlichen, aber leckeren Sorten – Ulmohonig, Schoko-Basilikum oder Rosenblätter, um nur ein paar zu nennen.

Galindo (Karte S. 436 f.; Dardignac 098; Hauptgerichte 2900–5500 Ch$) Gutes chilenisches Essen, z. B. gebrutzelte *parrilladas* (Fleisch vom Grill), Burger und Pommes. Vegetarier sollten den *porotos granados* (Bohneneintopf) probieren – das ist ein Nationalgericht, das es sonst meist nur bei Mutti zu Hause gibt.

Ali Baba (Karte S. 432 f.; Santa Filomena 102; 2990–6990 Ch$) Hier werden beduinische Gerichte en masse aufgetischt. Es gibt leckeres marokkanisches Hähnchen, knusprige Falafel und authentische Klassiker der arabischen Küche. In dem Restaurant der gehobenen Preisklasse kommen auch Vegetarier auf ihre Kosten.

Café Bistro de la Barra (Karte S. 436 f.; JM de la Barra 455; Sandwichs 4000–7000 Ch$) Der Brunch und die *onces* in diesem unigen Café zählen zu den besten der Stadt. Außerdem gibt's Croissants, *café cortado* (Espresso mit ein wenig Milch) und riesigen grünen Salat in Glasschüsseln.

El Toro (Karte S. 436 f.; ☎ 737-5937; Loreto 33; Hauptgerichte 5700–7200 Ch$) Das Café gehört zu den Orten, wo man hingeht, um gesehen zu werden. Hier laben sich Soap-Sternchen und Normalbürger gleichermaßen an sättigenden Klassikern der chinesischen Küche oder auch nur an einem Salat. Unbedingt auch die Cocktailkreationen probieren.

Barrio Brasil

Platipus (Karte S. 432 f.; Agustinas 2099, Barrio Brasil; Sushi 2900–4000 Ch$) Kerzenschein und unverputzte

Backsteinwände bilden die Kulisse für ein gemütliches Abendmahl. Das Sushi und die *tablas* (Häppchen-Platten) lohnen das Warten.

2008 (Karte S. 432 f.; Av Brasil 84; große Pizzas 4000–6000 Ch$) Günstig essen kann man in dieser Rock 'n' Roll-Pizzeria. Es gibt Pizza mit dünnem Krustenboden und viel Belag und billiges Bier.

Las Vacas Gordas (Karte S. 432 f.; ☎ 697-1066; Cienfuegos 280; Hauptgerichte 4000–6000 Ch$) Das heiß geliebte und hoch gelobte Steakhouse tischt riesige Portionen von all dem auf, was einmal gemuht hat. Das Restaurant ist immer rappelvoll – also vorher reservieren.

Providencia & Las Condes

Doner House (☎ 264-3200; Av Providencia 1457, Providencia; Shawarma 2500 Ch$; Mo–Sa 12.30–22 Uhr) Das Shawarma ist der Star des winzigen Lokals. Aber auch die Falafels und die gefüllten Weinblätter sind eine gute Wahl.

Café Melba (☎ 232-4546; Don Carlos 2898, Las Condes; Sandwichs 2900 Ch$, Hauptgerichte 6000 Ch$; Mo–Fr 7.30–20, Sa 8–20 Uhr) Wer Appetit auf etwas Ausgefallenes hat, kann sich in diesem Café mit australischem Inhaber allerlei exotisches Essen, aber auch einfache Hausmannskost schmecken lassen. Man bekommt auch den ganzen Tag über ein ausgiebiges Frühstück, große frische Salate und alles mögliche von grünem Fischcurry bis Burger. Die Bedienung ist allerdings nicht die schnellste.

Café del Patio (☎ 236-1251; Av Providencia 1670, Local 8-A, Providencia; Hauptgerichte 4000–5500 Ch$) Man könnte meinen, man sei irgendwo anders, nur nicht in Santiago. Die Stars in dem schnuckeligen Café mit Innenhof sind superfrischer Salat, Misosuppe und gebratenes Tofu.

El Huerto (☎ 233-2690; Luco 054, Providencia; Hauptgerichte ab 5000 Ch$) Das vegetarische Restaurant ist beliebt bei hippen jungen Leuten und Ladys, die hier gerne zu Mittag essen. Das angeschlossene Café La Huerta hat keine so große Auswahl, schont dafür aber den Geldbeutel.

Liguria (☎ 334-4346; Av Pedro de Valdivia Norte 047, Providencia; Hauptgerichte 5200–7500 Ch$) Eine Legende in Santiago. Das simple Erfolgsrezept: eine Speisekarte voller großartiger Gerichte zu erstaunlich niedrigen Preisen – und die Genießer kommen in Scharen. Auf den Tisch kommen Bistrogerichte, Meeresfrüchte und chilenische Hausmannskost. Es gibt noch eine Filiale in der Av Providencia 1373.

Astrid y Gastón (☎ 650-9125; Bellet 201, Providencia; Hauptgerichte 7800–11 800 Ch$; Mo–Fr 13–15.30 & 20–24 Uhr, Sa nur abends) Das erklärte Restaurant der Haute Cuisine verleiht der peruanischen Küche einen modernen Touch. Neben dem ausgezeichneten Service und den ebenso hervorragenden Cocktails erwarten einen hier *ceviches* (marinierte rohe Meeresfrüchte), *chupes* (Fischeintopf) und *chochinillo* (Spanferkel). Im Voraus reservieren.

AUSGEHEN

Bar Yellow (☎ 946-5063; Flores 47, Providencia; Mo–Mi 18–1, Do–Sa bis 3 Uhr) Die kleine, aber coole Bar ist der Geheimtipp aller Cocktailfans.

Bar Central (☎ 264-2236; Av Providencia 1391, Providencia; Mo–Sa 11–2, So 20–1 Uhr) In Providencia findet das Nachtleben im selbstbewussten, coolen Central statt. Seine glänzende Chrom-Einrichtung und die köstlichen *pisco sours* (Weinbrand-Cocktails) locken hippe Medientypen an.

Catedral (Karte S. 436 f.; ☎ 664-3048; Ecke JM de la Barra & Merced; Mo–Do 12.30–3, Fr & Sa bis 5 Uhr) Geht man die Treppen hinauf, erwarten einen gemütliche Sofas, sanfte Musik und dezente Beleuchtung. Die Bar ist absolut in und das Essen besser als in Bars üblich.

Eurohappy (Karte S. 432 f.; ☎ 672-1016; Maturana 516, Barrio Brasil; So–Do 19–24 Uhr, Fr & Sa open end) Santiagos einziger Biersommelier schenkt mehr als 400 Biersorten aus, darunter Biere aus heimischer Produktion und von Kleinbrauereien.

La Piojera (Karte S. 436 f.; ☎ 698-1682; Aillavilú 1030, Centro; Mo–Sa 12–24 Uhr) Eine Bar ohne Schnickschnack, dafür mit klebrigen Tischen, den üblichen Getränken und treuen Stammgästen. Zu empfehlen ist *chicha* (starker Apfelwein).

UNTERHALTUNG
Livemusik

Bar Constitución (Karte S. 436 f.; ☎ 244-4569; www.barconstitucion.cl; Constitución 61, Bellavista; Mo–Sa 20–5 Uhr) Der derzeit angesagteste Club hat draußen kein Schild – einfach nach einer langen Schlange von Schickis vor einer grauen Tür Ausschau halten. Jede Nacht treten hier Livebands und DJs auf. Gespielt wird u. a. Electroclash, Garage, Nu-Folk und House.

Batuta (☎ 274-7096; www.batuta.cl; Washington 52, Ñuñoa; Mi–Sa 22–3 Uhr) Die enthusiastischen Massen hüpfen zu Ska, *patchanka* (vergleichbar mit Manu Chao), *cumbia chilombiana*, Rockabilly und Surf – hier geht alles.

Club de Jazz (☎ 326-5065; www.clubdejazz.cl; Av Alessandri 85, Ñuñoa; Eintritt 5 US$; Do–Sa 22–3 Uhr) Einer der etabliertesten Jazzclubs Lateinamerikas ist einen Katzensprung von der Plaza Ñuñoa entfernt in einem großen Holzgebäude untergebracht (ein Taxi nehmen).

La Casa en el Aire (Karte S. 436 f.; www.lacasaenelaire.cl; López de Bello 0125, Bellavista; 20 Uhr–open end) Ein Alternativ-Club, in dem Lesungen, Theater und Folkmusik-Livekonzerte stattfinden.

Nachtclubs

Die Nachtclubs erwachen erst gegen Mitternacht zum Leben. Viele Besitzer schließen im Februar ihre Läden und folgen den Massen an den Strand.

Blondie (Karte S. 432 f.; www.blondie.cl; Alameda 2879, Barrio Brasil; Eintritt 3000–5000 Ch$) Auf der einen Tanzfläche werden Hits der 1980er-Jahre gespielt, auf der anderen chilenischer Indie, Britpop oder Techno. Bei Studenten und Schwulen sehr beliebt und meistens proppenvoll.

La Berenjena (Karte S. 436 f.; 664-2855; www.laberenjena.cl; Agustinas 676, Centro; Eintritt 4000 Ch$; Fr & Sa ab 24 Uhr) Auf einer der zwei Tanzflächen des Clubs tanzt das eher junge Publikum zu Indie-Hits der Eighties und Nineties.

Sofa (249-8175; www.sofa.cl; Santa Isabel 0151, Providencia; Eintritt 1000–4000 Ch$; Di–Do ab 21 Uhr, Fr & Sa ab 24 Uhr) Cooler Club, in dem die Getränke in einer alten Badewanne gekühlt werden und die Leute zu Funk, Soul, Hip-Hop, R&B oder Breakbeats tanzen.

La Feria (Karte S. 436 f.; www.clublaferia.cl; Constitución 275, Barrio Bellavista) DJs legen euphorischen House und Techno auf.

Kinos

Mittwochs ist fast überall Kinotag. In der Paseo Huérfanos im Zentrum gibt's mehrere Multiplex-Kinos, u. a. das **Cine Hoyts** (Karte S. 436 f.; 600-5000-400; www.cinehoyts.cl; Paseo Huérfanos 735).

Zu den Programmkinos Santiagos gehören:
Cine Alameda (Karte S. 436 f.; Alameda 139)
Cine El Biógrafo (Karte S. 436 f.; Lastarria 181, Barrio Santa Lucía; 3,50 US$)
Cine Tobalaba (www.showtime.cl; Providencia 2563, Providencia)

Theater

Café del Teatro (Karte S. 436 f.; 672-1687; Riquelme 226, Barrio Brasil; 12–2 Uhr) Die „It"-Bar von heute. Wer nicht im Vorfeld geschaut hat, was in dem alten Theater läuft, kann sich vor den bunten Leinwänden auch einfach unter die Stammgäste mischen.

Estación Mapocho (Karte S. 436 f.; 361-1761; Ecke Bandera & Balmaceda) Früher fuhren von hier Züge nach Viña und Valparaíso ab; heute ist der Bahnhof Santiagos wichtigstes Kulturzentrum mit Theatervorstellungen, Konzerten, Ausstellungen und einem Café.

Außerdem gibt es noch das prächtige **Teatro Municipal** (Karte S. 436 f.; 369-0282; www.municipal.cl; Agustinas 794), in dem das Ballet de Santiago beheimatet ist, und das **Centro Cultural Gran Circo Teatro** (Karte S. 432 f.; grancircoteatro@hotmail.com; Av República 301), in dem es Avantgarde-Theater und Zirkusvorstellungen gibt.

Sport

Estadio Nacional (238-8102; Ecke Av Grecia & Marathon, Ñuñoa) Einfach unter die „Chi-Chi-Chi-Le-Le-Le" brüllenden Massen mischen. Vor allem Fußball-Länderspiele ziehen Heerscharen von Fans an. Karten erhält man am Stadion.

Pferderennen finden jeden Freitag und jeden zweiten Montag im großartigen **Hipódromo Chile** (Karte S. 432 f.; Blanco Encalada 2540) südlich der Alameda in der Nähe vom Parque O'Higgins statt.

SHOPPEN

Kunsthandwerk gibt's an folgenden Orten:
Centro Artesanal de los Dominicos (Av Apoquindo 9085, Las Condes; 11–19.30 Uhr, Mo geschl.) Der kleine Markt mit hochwertigem Kunsthandwerk befindet sich in Las Condes neben der Dominikanerkirche mit ihren weißen Zwillingskuppeln. Von der Metrostation Escuela Militar geht's mit dem orangenfarbenen Bus 401 oder 407 (Abfahrt an Haltebucht 4) die Av Apoquindo entlang.

Centro Artesanal Santa Lucía (Karte S. 436 f.; Ecke Carmen & Diagonal Paraguay) Gegenüber vom Cerro Santa Lucía. Hier bekommt man Lapislazuli-Schmuck, Sweater, Kupfer- und Töpferwaren.

Centro de Exposición de Arte Indígena (Karte S. 436 f.; Alameda 499) Hier wird Kunsthandwerk der Rapa Nui, Mapuche und Aymara verkauft.

Fundación Artesanías de Chile (außerhalb der Karte S. 436 f.; 777-8643; Bellavista 0357, Bellavista; Mo–Sa 10.30–19 Uhr) Schmuck, Schnitzereien, Keramik und Wollartikel zu vernünftigen Preisen. Zudem ist gesichert, dass die Künstler gerecht entlohnt werden.

AN- & WEITERREISE
Bus

Busse sind sehr zuverlässig, pünktlich, sicher und komfortabel. In Santiago gibt es vier große Busbahnhöfe, von denen die Busse zu Zielen im Norden, in der Zentralregion und im Süden fahren. Das größte und angesehens-

BUSPREISE

Ziel	Preis (Ch$)	Dauer (Std.)
Antofagasta	28 000	19
Arica	35 000	30
Buenos Aires, Argentinien	28 000	22
Chillán	8000–13 000	5
Concepción	10 000	6½
Copiapó	21 000–35 000	12
Iquique	31 200	25
La Serena	8 000–23 000	7
Mendoza, Argentinien	9000	8
Osorno	18 000	12
Pucón	10 000–24 000	11
Puerto Montt	20 000	12
San Pedro de Atacama	32 000	23
Talca	4400	3½
Temuco	14 000	9½
Valdivia	14 500	10–11
Valparaíso	3800	2
Viña del Mar	4000	2¼

te Busunternehmen ist Tur Bus, das bei Online-Ticketbuchungen 10 % Rabatt gewährt. Seriös ist auch Pullman Bus.

Der **Terminal San Borja** (Karte S. 432 f.; ☎ 776-0645; Alameda 3250) liegt am Ende des Einkaufszentrums neben dem Hauptbahnhof. Die Fahrkartenschalter sind nach Regionen unterteilt. Die Ziele rund um Santiago – von Arica bis zur *cordillera* (Gebirgskette) – sind jeweils deutlich sichtbar ausgeschildert.

Im **Terminal de Buses Alameda** (Karte S. 432 f.; ☎ 776-2424; Ecke Alameda & Jotabeche) haben **Tur Bus** (☎ 778-0808; www.turbus.cl) und **Pullman Bus** (☎ 778-1185; www.pullman.cl) ihren Sitz. Beide sind gleichermaßen zuverlässig und bedienen eine große Bandbreite an Zielen im Norden, Süden und an der Küste. Die Busse sind komfortabel und haben ähnliche Preise.

Die meisten Busse zur zentralen Küstenregion sowie zu Zielen im Ausland und im Süden (Seengebiet und Chiloé) fahren vom **Terminal de Buses Sur** (Karte S. 432 f.; ☎ 779-1385; zw. Ruiz Tagle & Retamales, Alameda 3850).

Das **Terminal Los Héroes** (Karte S. 436 f.; Tucapel Jiménez) unweit der Alameda im Centro ist viel bequemer und weniger chaotisch. Von hier aus gibt's hauptsächlich Busse nach Norden auf der Carretera Panamericana, aber auch ein paar nach Argentinien und Richtung Süden nach Temuco.

Preise weichen stark voneinander ab und schnellen zu Feiertagen in die Höhe – vor dem Kauf also alle Optionen vergleichen. Angebote gibt's teilweise schon zum halben Preis. Studenten bekommen 25 % Rabatt. Außerhalb der Hauptsaison im Sommer sind Preisnachlässe üblich. In der Ferienzeit im Voraus buchen. In diesem Kapitel sind einige wichtige Verbindungen und die entsprechenden Preise aufgeführt. Im Kasten links sind ein paar Ziele mit Abfahrtszeiten und Preisen für die einfache Fahrt genannt.

Flugzeug

Der **Aeropuerto Internacional Arturo Merino Benítez** (außerhalb der Karte S. 432 f.; ☎ 601-1752, Fundbüro 690-1707; www.aeropuertosantiago.cl) befindet sich in Pudahuel, 26 km nordwestlich der Innenstadt von Santiago. Inlandsflüge werden von **LAN** (☎ 600-526-2000) Centro (Karte S. 436 f.; Paseo Huérfanos 926); Providencia (Av Providencia 2006) und **Sky** (☎ 353-3100; Andrés de Fuenzalida 55, Providencia) angeboten. Im Kasten unten sind einige Ziele und entsprechende Preise für einen Flug hin und zurück aufgeführt (einfache Strecken sind entsprechend teurer).

Zug

Das kürzlich modernisierte Schienennetz Chiles wird von der Eisenbahngesellschaft **Empresa de Ferrocarriles del Estado** (EFE; ☎ 600-585-5000; www.efe.cl) mit Sitz in der **Estación Central** (Karte S. 432 f.; Alameda 3170) betrieben. Tickets erhält man auch in der Metrostation **Universidad de Chile** (Karte S. 436 f.; Mo–Fr 9–20, Sa bis 14 Uhr). Die Fahrt mit dem Zug ist normalerweise etwas langsamer und teurer als mit dem Bus. Die Waggons sind gepflegt und die Züge in der Regel pünktlich.

Der TerraSur fährt drei bis fünfmal täglich von Santiago nach Rancagua (5000 Ch$, 1 Std.), San Fernando (5500 Ch$, 1½ Std.), Curicó (6000 Ch$, 2¼ Std.), Talca (6500 Ch$, 3 Std.) und Chillán (10 500 Ch$, 5½ Std.), wo

FLUGPREISE

Ziel	Preis (Ch$)
Antofagasta	120 000
Arica	115 000
Balmaceda	118 000
Calama	93 000
Puerto Montt	100 000
Punta Arenas	155 000

es einen Anschlussbus nach Concepción (ab Santiago 12 500 Ch$, 6½ Std.) gibt. Wer online bucht, spart 10 %. Eine Fahrkarte der ersten Klasse kostet etwa 20 % mehr.

UNTERWEGS VOR ORT
Auto
Wer sich den Tag todsicher vermiesen will, mietet sich ein Auto und kurvt damit durch Santiago. Wer Nerven wie Drahtseile hat und unbedingt ein Auto benötigt, sollte sich an einen der folgenden Anbieter halten. Die meisten haben auch Büros am Flughafen.

Automóvil Club de Chile (außerhalb der Karte S. 432 f.; Acchi; ☎ 431-1000; www.automovilclub.cl; Av Andrés Bello 1863)

Budget (☎ 362-3605; www.budget.cl; Bilbao 1439, Providencia)

First (☎ 225-6328; www.firstrentacar.cl; Rancagua 0514, Providencia)

Hertz (☎ 496-1000; www.hertz.com; Av Andrés Bello 1469, Providencia)

Bus
Die Busse von **Transantiago** (☎ 800-730-073; www.transantiago.cl) sind ein billiges und bequemes Mittel, überall in der Stadt herumzukommen – vor allem abends, wenn die Metro nicht mehr fährt. Die grün-weißen Busse fahren im Zentrum von Santiago oder verbinden zwei Stadtgebiete miteinander. In welchem Vorort ein Bus unterwegs ist, erkennt man an der Farbe und an dem der Busnummer vorgestellten Buchstaben (Busse, die aus Las Condes und Vitacura kommen, sind beispielsweise orange und haben ein großes C vor ihrer Busnummer). In der Regel fahren die Busse entlang der Hauptstraßen. Die Haltestellen liegen weit auseinander und sind oft mit den Metrostationen verbunden. Zur Orientierung gibt's an den Haltestellen Pläne mit dem Streckennetz.

Bezahlt wird im Bus – und zwar mit einer Chipkarte (Bip!-Karte), die man ans Lesegerät hält. Eine Busfahrt mit Transantiago kostet in der Rushhour (7–9 & 18–20 Uhr) 420 Ch$, ansonsten 380 Ch$. Bei Nutzung der Bip!-Karte gibt's Ermäßigung.

Colectivo
Schneller und komfortabler als Busse sind *taxi colectivos*. Sie fahren auf festen Strecken und befördern bis zu fünf Personen. Eine Fahrt innerhalb der Stadtgrenzen kostet ungefähr 500 Ch$. Die *colectivos* ähneln Taxis, haben aber ein beleuchtetes Schild auf dem Dach, auf dem ihre Route angezeigt wird.

Metro
Das **Metronetz** (www.metrosantiago.cl; Mo–Fr 6–23, Sa 6.30–22.30, So 8–22.30 Uhr) der Stadt gehört inzwischen zu Transantiago und wächst stetig. Es gibt fünf miteinander verbundene Metrolinie, die häufig fahren. Die Wagen sind sauber und effizient, aber oft überfüllt.

Taxi
Die schwarz-gelben Fahrzeuge gibt es wie Sand am Meer. Eine Fahrt ist erschwinglich: Zum Startpreis von 200 Ch$ kommen 80 Ch$ pro 200 m (bzw. für jede Warteminute) hinzu. Bei längeren Fahrten – z. B. zum Flughafen – kann man mitunter einen Pauschalpreis aushandeln. Prinzipiell ist es sicher, sich ein Taxi heranzuwinken, aber die Hotels und Restaurants bestellen einem auch gern eins. Die meisten Fahrer sind ehrlich, höflich und hilfsbereit. Ein paar fahren aber Umwege – man sollte die Strecke also grob kennen.

RUND UM SANTIAGO

SKIGEBIETE
Die chilenischen Ski- und Snowboard-Resorts sind von Juni bis Oktober geöffnet. Am Anfang und Ende der Skisaison purzeln die Preise. Die meisten Skigebiete liegen oberhalb von 3300 m – und damit auch oberhalb der Baumgrenze – und warten mit langen Pisten auf. Die Skisaison ist lang, der Schnee tief und trocken. Drei wichtige Resorts liegen gerade mal eine Stunde von der Hauptstadt entfernt; das vierte, an der Grenze zu Argentinien, ungefähr zwei Stunden.

El Colorado (Skipass 30 000 Ch$/Tag, Student 25 000 Ch$) und **Farellones** (Skipass 8 000 Ch$/Tag) liegen ungefähr 45 km östlich der Hauptstadt und so nah beieinander, dass man sie auch als ein gemeinsames Skigebiet betrachten kann. Es gibt 18 Skilifte und 22 Pisten in einer Höhe von 2430 bis 3330 m. Aktuelle Infos zu Schnee- und Pistenbedingungen erhält man im **Centro de Ski El Colorado** (☎ 02-398-8080; www.elcolorado.cl; Av Apoquindo 4900, Local 47, Las Condes, Santiago). Das **Refugio Aleman** (☎ 02-264-9899; www.refugioaleman.cl; Camino Los Cóndores 1451, Farellones; B/DZ mit Frühstück & Abendessen 24 000/54 000 Ch$) hat saubere Schlafsäle, zwei große Wohnzimmer und freundliche Angestellte, die mehrere Sprachen sprechen.

Man kann mit den Skis direkt von der Tür zu den Skihängen fahren.

Nur 4 km vom Skiresort Farellones entfernt liegt **La Parva** (Skipass 30 000 Ch$/Tag) mit 30 Skipisten in einer Höhe von 2662 bis 3630 m. Aktuelle Infos bekommt man vom **Centro de Ski La Parva** (☎ 02-339-8482; www.skilaparva.cl; Goyenechea 2939, Oficina 303, Las Condes, Santiago).

Weitere 14 km hinter Farellones erstreckt sich das riesige **Valle Nevado** (☎ 02-477-7700; www.vallenevado.com; Av Vitacura 5250, Oficina 304, Santiago; Skipass 32 000 Ch$/Tag, Student 26 000 Ch$/Tag). Selbst die größten Skicracks kommen angesichts der 27 Pisten in einer Höhe von 2805 bis 3670 m – einige davon sind bis zu 3 km lang – auf ihre Kosten.

Eine Klasse für sich ist das an steilen Hängen gelegene Gebiet **Portillo** (Skipass 30 000 Ch$/Tag), 145 km nordöstlich der Hauptstadt an der argentinischen Grenze gelegen. Ein Dutzend Lifte und 23 Pisten verteilen sich auf eine Höhe von 2590 bis 3330 m, der maximale Höhenunterschied einer Piste beträgt 340 m. Vor Ort quartiert die **Inca Lodge** (B mit VP ab 700 US$/Woche) junge Traveller in Schlafsälen ein. Im Preis enthalten sind die Skipässe; zudem gibt es in der Nebensaison echte Schnäppchen. Aktuelle Infos erhält man im **Centro de Ski Portillo** (☎ 02-263-0606; www.skiportillo.com).

Es gibt viele Shuttles zu den Resorts. **Manzur Expediciones** (☎ 02-777-4284) fährt von der Plaza Italia oder vom Hotel direkt zu den Skipisten (Mi, Sa & So 13 000 Ch$). Man kann auch Shuttles mieten. **SkiTotal** (☎ 02-246-0156; www.skitotal.cl; Av Apoquindo 4900, Local 39-42, Las Condes, Santiago) verleiht Ausrüstungen und arrangiert auch den Transport (9500 Ch$) zu den Resorts; Abfahrt um 8 Uhr, Rückfahrt um 17 Uhr. Man kann sich aber auch vom Hotel abholen lassen (16 000 Ch$).

WEINGÜTER

Gleich südlich vom Zentrum Santiagos liegt das Valle de Maipo, eine bedeutende Weinregion, die sich auf vollmundige Rotweine spezialisiert hat. Santiagos am zentralsten gelegenes Weingut, **Viña Santa Carolina** (außerhalb der Karte S. 432 f.; ☎ 450-3000; www.santacarolina.com; Rodrigo de Araya 1431, Macul; Standardführung inkl. 2 Reservas 7000 Ch$; Standardführung Mo–Sa 10 Uhr auf Spanisch & 12.30 Uhr auf Englisch, Premiumführung Mo–Fr 16.30 Uhr), stammt von 1875 und hat noch sein historisches Haupthaus und die Weinkeller. Bei **Viña Cousiño Macul** (☎ 351-4175; www.cousinomacul.cl; Av Quilín 7100, Peñalolén; Führung inkl. 1 Rebsortenwein & 1 Reserva 5000 Ch$; Führung Mo–Fr 11 & 15 Uhr auf Spanisch & Englisch, Sa 11 Uhr auf Spanisch) erhält man im Rahmen einer Führung Einblicke in den Herstellungsprozess und in die *bodega* (Weinkeller) von 1872. Von der Metro muss man noch 2¼ km laufen oder ein Taxi nehmen.

In Santiagos interessantestem Weingut, **Viña Aquitania** (☎ 791-4500; www.aquitania.cl; Av sistorial 5090, Peñalolén; Standardführung inkl. 2 Reservas 5000 Ch$; Mo–Fr 9–17 Uhr nur nach Vereinbarung), wird nach dem Motto „Klasse statt Masse" gearbeitet. Von der Metrostation Grecia (Línea 4) nimmt man an der Bushaltestelle 6 den Bus D07 Richtung Süden (man braucht eine Bip!-Karte) und steigt an der Kreuzung Av Los Presidentes/Consistorial aus. Das Aquitania liegt dann 150 m südlich.

Wer sehen will, wie in großem Umfang Wein hergestellt wird, kann an der auf die Massen ausgerichteten Führung von **Viña Concha y Toro** (☎ 476-5269; www.conchaytoro.com; Subercaseaux 210, Pirque; Führung 6000 Ch$; 10–17 Uhr) teilnehmen.

Das andere Extrem ist das Boutique-Weingut **Viña Almaviva** (☎ 852-9300; www.almavivawinery.com; Av Santa Rosa 821, Paradero 45, Puente Alto; Führung inkl. 1 Probe 15 000 Ch$; Mo–Fr 9–17 Uhr nur nach Vereinbarung). Der Bus 207 ab Estación Mapocho (man braucht eine Bip!-Karte; s. S. 443) fährt am Eingang vorbei; das Weingut liegt 1 km vom Eingang entfernt.

Andere sehenswerte Weingüter im Maipo-Tal sind **Viña Santa Rita** (☎ 362-2594; www.santarita.cl), **Viña de Martino** (☎ 819-2959; www.demartino.cl) und **Viña Undurraga** (☎ 372-2900; www.undurraga.cl).

CAJÓN DEL MAIPO

Der Cajón del Maipo (Río Maipo Canyon) südöstlich der Hauptstadt ist eins der beliebtesten Wochenendziele für die *santiaguinos*. Hier kann man wandern, klettern, raften, rad- und skifahren. Von September bis April fahren Raftingboote die hauptsächlich der Kategorie III zugeordneten Stromschnellen des trüben Maipó hinunter. Das dauert ein bisschen länger als eine Stunde. Halbtagestouren kosten etwa 19 000 Ch$. Wenn man selbst für seinen Transport und das Essen sorgt, ist es billiger. Den ganzen Spaß organisieren **Cascadas Expediciones** (☎ 02-861-1777; www.cascada-expediciones.com; Camino Al Volcán 17710, Casilla 211, San José de Maipó) und **Altué Active Travel** (☎ 02-232-1103; www.chileoutdoors.com; Encomenderos 83, Las Condes, Santiago).

In der Nähe des Dorfes San Alfonso liegt die **Cascada de las Animas** (☎ 02-861-1303; www.

cascada.net; DZ/Cabañas 25 000/44 000 Ch$). Das herrliche, 3500 ha große private Naturreservat ist eigentlich eine Pferderanch, die noch in Betrieb ist. Das Hostel bietet ausschließlich Doppelzimmer, die *cabañas* (Hütten) für vier Personen haben Küche und Kamin. Das lebhafte Restaurant serviert einfallsreiche Gerichte auf einer Terrasse mit Blick über das Tal. Dazu gibt's auch noch einen schönen Pool mit natürlichem Quellwasser, eine Sauna und die Möglichkeit, sich massieren zu lassen. Außerdem kann man hier beliebig viele Wander-, Rad- (15 000 Ch$/Std.) und Raftingtouren arrangieren. Es ist ein spitzenmäßiges Ziel, um mal aus der Stadt rauszukommen. Von Mai bis September sind die Aktivitäten und Unterkünfte billiger.

Das 3000 ha große **Monumento Natural El Morado** (Eintritt 1500 Ch$; Mai–Sept. geschl.) ist nur 93 km von Santiago entfernt. Wanderer werden hier von der Laguna El Morado aus mit einer Aussicht auf den 4490 m hohen Cerro El Morado belohnt. Von den etwas dürftigen Thermalquellen Baños Morales sind es nur zwei Stunden zu Fuß. Rund um den See gibt es kostenlose Zeltplätze.

Das **Refugio Lo Valdés** (099-220-8525; www.refugiolovaldes.com; Zi. inkl. Frühstück 17 000 Ch$/Pers.) ist ein Landhaus in den Bergen, das vom Deutschen Alpenverein geführt wird – ein beliebtes Ziel fürs Wochenende. Im Preis enthalten ist das Frühstück, weitere Mahlzeiten sind ebenfalls zu haben. 11 km entfernt von hier liegen die **Baños Colina** (02-209-9114; 8000 Ch$/Pers. inkl. Stellplatz). Von den terrassenförmigen Thermalquellen überblickt man das ganze Tal.

Die hier angegebenen Abfahrtzeiten sollten vor Ort geprüft werden, da sich die Fahrpläne oft ändern. Vom Terminal San Borja fahren die Busse von **San José de Maipó** (02-697-2520; 1500 Ch$) zwischen 6 und 21 Uhr alle 30 Minuten nach San José Maipó mit Stopp an der Metrostation Parque O'Higgins. Der Bus um 7.15 Uhr fährt im Januar und Februar täglich weiter bis zu den Baños Morales, von März bis Oktober allerdings nur an den Wochenenden.

Turismo Arpue (02-211-7165) fährt an Wochenenden direkt bis zu den Baños Morales (3500 Ch$, 3 Std.). Die Busse fahren um 7.30 Uhr von der Plaza Italia (Metrostation Baquedano) in Santiago ab. Von Oktober bis Mitte Mai fahren auch die Busse von **Manzur Expediciones** (02-777-4284) ab Plaza Italia mittwochs, samstags und sonntags um 7.15 Uhr zu den Thermalquellen (ähnliche Preise). Man kann auch die Busse von **Cordillera** (02-777-3881) vom Terminal San Borja aus nehmen.

VALPARAÍSO
032 / 276 000 Ew.

Valparaíso oder kurz „Valpo" ist eine etwas in die Jahre gekommene, hektische Hafenstadt. Am Ufer stapeln sich die Häuser bis zu sagenhaften Höhen. Die Stadt gilt als kulturelle Hauptstadt Chiles und liegt 120 km nordwestlich von Santiago. Mit gutem Grund gehört Valparaíso zum Unesco-Weltkulturerbe. Während Besucher mit künstlerischer Ader es lieben werden, dürften seine raueren Ecken nicht für jeden etwas sein. Im Hintergrund ist die Stadt von verworrenen Kabeln und Trümmern geprägt. Das überfüllte Zentrum wird El Plan genannt. Die niedriger gelegenen Straßen verlaufen parallel zur Küste, die hier eine Schleife Richtung Viña del Mar beschreibt. Ein planlos angelegtes Straßennetz führt bis zu den Wohngebieten auf den Hügeln hinauf, die auch über steile Pfade und die berühmten *ascensores* (Aufzüge) mit der Innenstadt verbunden sind. Gebaut wurden die Aufzüge in der Blütezeit der Stadt zwischen 1883 und 1916.

Valparaíso war einst der unangefochtene Handelshafen für Schiffe, die ums Kap Hoorn und über den Pazifik fuhren. Für ausländische Schiffe und Walfänger war es eine wichtige Zwischenstation. Zudem diente die Stadt als Chiles Umschlagplatz für Weizen, der zur Zeit des Goldrauschs nach Kalifornien verschifft wurde. Ausländisches Kapital und Händler machten Valparaíso zum finanziellen Machtzentrum Chiles. Der Niedergang der Stadt begann mit dem Erdbeben von 1906 und der Eröffnung des Panamakanals im Jahr 1914. Heute ist Valparaíso Hauptstadt der Region V und Sitz des chilenischen Kongresses. Sie hat mit der höchsten Arbeitslosenquote im Land zu kämpfen, doch die heißen Nachtlokale, Restaurants und B & Bs hauchen den *cerros* (Hügel) gerade wieder Leben ein.

Praktische Informationen
Im Zentrum gibt's unzählige Telefoncenter. Die meisten Hostels haben eine Wäscherei und Internet. Gute spanischsprachige Infoquellen sind das **B&B Valparaíso** (www.bbvalparaiso.cl) und **Capital Cultural** (www.capitalcultural.cl).

Cerro@legre (276-9440; Urriola 678, Cerro Alegre; 500 Ch$/Std.; Mo–Sa 9–21, So 10–20 Uhr) Internetcafé.

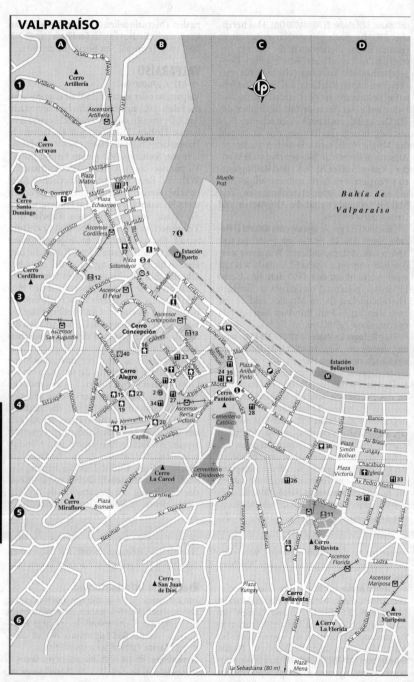

RUND UM SANTIAGO •• Valparaíso

PRAKTISCHES	
Britisches Konsulat	**1** C4
Cerro@llegre	**2** B4
Hospital Carlos van Buren	**3** F6
Inter Cambio	**4** B3
Post	**5** B3
Touristeninformationskiosk	**6** C4
Touristeninformationskiosk	**7** B2

SEHENSWERTES & AKTIVITÄTEN	
Iglesia Matriz	**8** A2
Iglesia San Pablo	**9** B4
Monumento a los Héroes de Iquique	**10** B3
Museo a Cielo Abierto	**11** D5
Museo del Mar Lord Cochrane	**12** A3
Palacio Baburizza (Museo de Bellas Artes)	**13** B3
Reloj Turri	**14** B3

SCHLAFEN	
Acuarela	**15** B4
Casa Aventura	**16** B4
Casa Familiar Carrasco	**17** B4
Hostal Caracol	**18** C5
Hostal Luna Sonrisa	**19** B4
Hostal Morgan	**20** B4
La Nona	**21** B4
Patiperro	**22** B4

ESSEN	
Allegretto	**23** B4
Antaño	**24** C4
Bambú	**25** D5
Casino Social J Cruz	**26** C5
El Desayunador	**27** B4
El Sandwich Cubano	**28** C4
Le Filou de Montpelier	**29** B4
Mercado Cardonal	**30** G4
Mercado Puerto	**31** B2
Puerto Sushi	**32** C4
Santa Isabel	**33** D5
Vinilio	**34** B4

AUSGEHEN	
Cinzano	**35** C4
La Piedra Feliz	**36** C3
La Playa	**37** B3
Pajarito	**38** D4

UNTERHALTUNG	
Cine Hoyts	**39** E5
Máscara	(siehe 35)
Zero Hotel	**40** B4

TRANSPORT	
Busse nach Quintay	**41** G5
Terminal Rodoviario	**42** G5

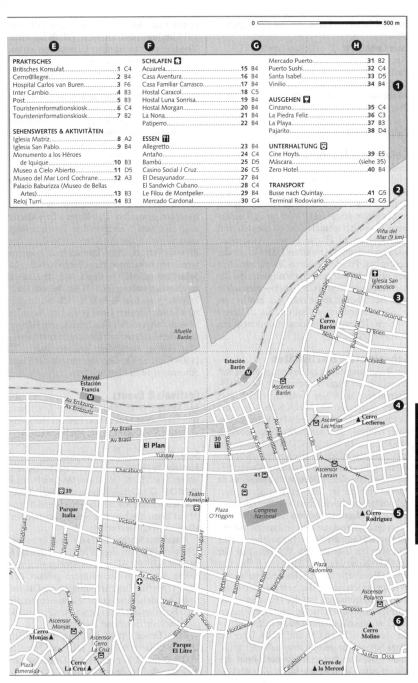

Hospital Carlos van Buren (☎ 2204-000; Av Colón 2454)
Inter Cambio (☎ 215-6290; Plaza Sotomayor 11, El Plan; ☼ Mo–Fr 9–18, Sa 10–13 Uhr)
Post (Prat 856, El Plan; ☼ Mo–Fr 9–18, Sa 10–13 Uhr)
Touristenkioske (☎ 800-322-032; www.municipalidaddevalparaiso.cl/depturismo; ☼ Mo–Sa 10–14 & 15–18 Uhr); Muelle Prat (gegenüber Plaza Sotomayor, El Plan); Plaza Aníbal Pinto (Ecke O'Higgins & Plaza Aníbal Pinto, El Plan) Kostenlose Stadtpläne.

Gefahren & Ärgernisse

In der Gegend rund um den Mercado Central und die Iglesia Matriz kommt es immer wieder zu Kleinkriminalität und Überfällen. Manche Leser berichten auch von Überfällen in der Nähe des Markts. Wer zu Fuß unterwegs ist, sollte schmale Gassen meiden und Wertsachen zu Hause lassen. Ansonsten spazieren aber die meisten Leute ohne die geringsten Probleme durch Valparaíso. Mit den üblichen Vorsichtsmaßnahmen sind die meisten Gegenden recht sicher – zumindest tagsüber. Abends sollte man sich nur in vertrauten Gegenden aufhalten, die düsteren *escaleras* (Treppen) meiden und nicht allein unterwegs sein.

Sehenswertes & Aktivitäten

Ein Rundgang startet am besten am **Muelle Prat** unterhalb der Plaza Sotomayor. An den Wochenenden ist es hier ziemlich lebhaft, fast könnte man sagen, *touristisch*. Man sollte seine Taschen im Blick behalten! Man kann sich zu einer billigen Hafenrundfahrt dazuquetschen (1000 Ch$); zu beachten: Das Fotografieren von Marineschiffen ist strengstens verboten. Weiter geht's zur Plaza Sotomayor. Das unterirdische Mausoleum **Monumento a los Héroes de Iquique** ehrt die im Salpeterkrieg ums Leben gekommenen chilenischen Marinesoldaten.

Mit dem **Ascensor Cordillera** nordwestlich der Plaza gelangt man zum gut austarierten **Museo del Mar Lord Cochrane** (Merlet 195; Eintritt frei; ☼ Mitte März–Mitte Sept. Di–So 10–18 Uhr, Mitte Sept.–Mitte März bis 13 & 15–20 Uhr) von 1842. Hier war früher das erste Observatorium Chiles untergebracht. Wieder unten geht's die Serrano zur Plaza Echaurren hinunter. Auf der Hut sein – hier können Raubüberfälle vorkommen. Einen Block nördlich steht die **Iglesia Matriz**, seit 1559 die vierte Kirche an Ort und Stelle. Über die Plaza Sotomayor gelangt man nahe der *tribunales* (Amtsgericht) zum **Ascensor El Peral**, der hinauf zum Cerro Alegre führt. Von dort erreicht man den Paseo Yugoslavo mit dem 1916 im Jugendstil erbauten **Palacio Baburizza**. Von hier geht's weiter zur Urriola, von wo aus der Cerro Alegre und der Cerro Concepción erklommen werden können, die beiden bekanntesten und markantesten Hügel der Stadt. In der **Iglesia San Pablo** an der Kreuzung Pilcomayo und Templeman werden sonntags um 12.30 Uhr Orgelkonzerte veranstaltet. Mit dem **Ascensor Concepción (Turri)** geht's hinunter zum **Reloj Turri** (Ecke Esmeralda & Gómez Carreño). Der Uhrenturm ist ein Orientierungspunkt.

Weiter östlich liegt die Plaza Victoria an der Aldunate. In der Nähe bringt einen der **Ascensor Espíritu Santo** zum Cerro Bellavista hinauf. Aus ihm ist inzwischen ein Freiluftmuseum geworden. Das **Museo a Cielo Abierto** zeigt abstrakte Wandgemälde. Von hier folgt man zunächst der Av Ramos und dann der Ricardo Ferrari. Dann kommt man zum am wenigsten bekannten Haus Pablo Nerudas, **La Sebastiana** (außerhalb der Karte S. 446 f.; ☎ 225-6606; www.fundacionneruda.org; Ferrari 692, Cerro Bellavista; Eintritt 2500 Ch$; ☼ Jan. & Feb. Di–So 10.30–18.50 Uhr). In diesem windumtosten Haus erwachen Nerudas abwechslungsreicher Geschmack, sein Humor und seine Leidenschaft für Schiffe zum Leben. Man kann auch den grünen Bus „O" (4400 Ch$) ab der Serrano unweit der Plaza Sotomayor in El Plan nehmen.

Festivals & Events

Año Nuevo (Neujahr) Das größte Event mit spektakulärem Feuerwerk, zu dem Hunderttausende Zuschauer in die Stadt kommen.

Schlafen

Acuarela (☎ 318-0456; www.hostalacuarela.blogspot.com; Templeman 862; B 7000 Ch$, DZ ohne Bad & mit Frühstück 20 000 Ch$; ☐) Gemütliche große Schlafsäle, eine umgebaute Küche und eine Wendeltreppe aus Eisen machen den Newcomer zu einer attraktiven Unterkunft.

Hostal Luna Sonrisa (☎ 273-4117; www.lunasonrisa.cl; Templeman 833, Cerro Alegre; B 7000 Ch$, DZ ohne Bad & mit Frühstück 22 000 Ch$) Das Luna Sonrisa wird von einem Autor von Reiseführern geführt, der auch Tipps für Unternehmungen vor Ort auf Lager hat. Schlichte, saubere Zimmer mit dicken Federbetten. Beim herzhaften Frühstück gibt's Schwarzbrot und Ziegenkäse.

Hostal Caracol (☎ 239-5817; www.hostalcaracol.cl; Calvo 371, Cerro Bellavista; B/DZ mit Frühstück 8000/20 000 Ch$; ☐) Endlich keine Doppelstockbetten mehr! In den Schlafsälen stehen bequeme Einzelbetten. Von den Daunendecken bis zur Auswahl an Frühstückszerealien – das von einem Globetrotter geführte, renovierte Hostel in einem kolonialzeitlichen Gebäude scheut keine Mühen.

La Nona (☎ 097-978-5808; www.bblanona.com; Galos 660, Cerro Alegre; EZ/DZ mit Frühstück 11 000/22 000 Ch$; 🖳) Das sehr aufmerksame, komfortable B&B wirkt wie Omas Haus, in dem sich die Enkel breitgemacht haben. Carolina und Rene sind aufmerksame Gastgeber und bieten ein großes, abwechslungsreiches Frühstück. Es gibt auch interessante Stadtrundfahrten mit sozialgeschichtlichem Fokus.

Hostal Morgan (☎ 211-4931; www.hostalmorgan.cl; Capilla 784, Cerro Alegre; B 15 000 Ch$, DZ mit Frühstück 40 000 Ch$, DZ ohne Bad 36 000 Ch$; 🖳) Das anspruchsvolle, ruhige Hostal Morgan zielt bewusst auf Traveller ab, die ihre Rucksacktage hinter sich haben. Perfekt für Paare und Leute, die einen ruhigen ungestörten Schlaf zu schätzen wissen.

Zero Hotel (☎ 211-3113; www.zerohotel.com; Rosas 343, Cerro Alegre; DZ mit Blick auf die Straße/aufs Meer mit Frühstück 90 000/140 000 Ch$; 🕾 🖳 🛋) Hier genießt man den minimalistischen Schick, springt in den Freiluft-Whirlpool und relaxt in der Honesty Bar. Deren ganzer Stolz ist der altmodische Spiegelschrank, der mit Mixern und Spirituosen bestückt ist, die einem Chemiker Ehre machen würden. Die Zimmer sind groß, elegant und fantasievoll eingerichtet. Der Service ist ausgezeichnet und trotzdem relaxt.

Ebenfalls zu empfehlen:

Patiperro (☎ 317-3153; www.patiperrohostel.cl; Templeman 657, Cerro Alegro; B 7000 Ch$; 🖳) Helle, sehr einfache Schlafsäle.

Casa Aventura (☎ 275-5963; www.casaventura.cl; Pasaje Gálvez 11, Cerro Concepción; B 7000 Ch$, EZ/DZ ohne Bad & mit Frühstück 9000/17 000 Ch$) Die Schlafsäle und Doppelzimmer sind luftig, das Frühstück ist gut, aber die Badezimmer müssten mal renoviert werden. Das Haus liegt zentral. Man spricht Englisch.

Casa Familiar Carrasco (☎ 221-0737; www.casacarras co.cl; Abtao 668, Cerro Concepción; Zi. 10 000–12 000 Ch$/ Pers.) Die bunten Farben sind zwar ein Albtraum, dafür hat die altmodische Herberge tolle, etwas ältere Inhaber und einen spektakulären Blick von der Dachterrasse.

Essen

Sonntags sind die meisten Restaurants nur von 12 bis 16 Uhr geöffnet.

Santa Isabel (Av Pedro Montt zw. Las Heras & Carrera; 🕘 9–21 Uhr) Supermarkt mit einer Cafeteria im Obergeschoss.

Mercado Cardonal (Ecke Yungay & Rawson) Hier gibt's Ziegenkäse, Oliven und jede Menge knackiges, buntes Obst und Gemüse.

Mercado Puerto (Ecke Blanco & San Martín) Das Essen in dem Fischmarkt ist superfrisch, aber nichts Besonderes.

El Sandwich Cubano (☎ 223-8247; O'Higgins 1224, Local 16, El Plan; Sandwichs 1700 Ch$; Mo–Sa 12–22 Uhr) Die kubanischen Sandwichs sind frisch und prallvoll gefüllt. Empfehlenswert ist das *ropa vieja* („alte Kleider", gehacktes Rindfleisch).

LP Tipp Antaño (☎ 318-0464; Av Almirante Montt, Cerro Alegre; Mittagsmenü 4000–5000 Ch$) Unbedingt vorbeischauen. Es gibt leckere, echte chilenische Hausmannskost wie langsam in Carménère-Wein gekochtes Rindfleisch, köstlichen Krabbenauflauf und frische, hübsch angerichtete Salate. Die Gerichte des Tages werden auf einer Tafel angekündigt. Von jedem Gericht werden locker zwei Personen satt.

Vinilo (☎ 223-0665; Av Almirante Montt 448, Cerro Alegre; Snacks & Sandwichs 4000 Ch$, Hauptgerichte 6900 Ch$; 🕘 Mo–Do 9–24, Fr & Sa 9–3, So 10–24 Uhr) Das Abendessen ist zwar überteuert, das abgenutzte Ambiente, die zerkratzten Jazz-Platten und die großen Tische machen das aber etwas wett. Einfach an einem Glas Wein nippen und sich mit anderen Travellern unterhalten.

Casino Social J Cruz (☎ 221-1225; Condell 1466, El Plan; Gerichte für 2 Pers. 4500 Ch$; 🕘 So–Do 22–1, Fr & Sa bis 4 Uhr) Ein interessanter Mix aus Graffiti und lockerer Stimmung. Alle bestellen *chorrillana* (einen Berg Pommes mit Schweinebraten, Zwiebel und Ei).

Allegretto (☎ 296-8839; www.allegretto.cl; Pilcomayo 529, Cerro Concepción; Pizzas 4600–5800 Ch$; 🕘 Mo–Do 13–15.30 & 19–23, Fr & Sa 13–15.30 & 19–24, So 13–16.30 & 19–23 Uhr) Die großen, köstlich knusprigen Pizzas werden kreativ belegt. Oben am Kickertisch, der von einem Wandbild mit kreischenden Fans umgeben ist, geht's wild zu.

Le Filou de Montpellier (☎ 2224-663; Av Almirante Montt 382; Tagesmenü 5500 Ch$) Die üppigen Vier-Gänge-Menüs des winzigen französischen Restaurants verdienen Beifall. Das Menü wechselt jeden Tag, beinhaltet beispielsweise frischen Fisch oder Steak in Roquefort-Sauce und ist trotzdem nicht teuer.

Ebenfalls zu empfehlen:

Puerto Sushi (☎ 223-9017; Esmeralda 1138, El Plan; Sushi 1300–2900 Ch$, 2-Pers.-Platte 4900 Ch$) Günstige Sushi-Teller.

Bambú (☎ 223-4216; Independencia 1790, 2. Stock, El Plan; Mittagsmenü 1900 Ch$; 🕘 10.30–17.30 Uhr) Supergesunde Tofugerichte, Salate und Müsli.

El Desayunador (Av Almirante Montt 399; Frühstück 3000 Ch$) Serviert den ganzen Tag über Frühstück, z. B. Saft, Ei, Obstsalat oder heiße Schokolade.

Ausgehen

Pajarito (☎ 225-8910; Donoso 1433, El Plan; ◷ Mo-Do 11-2, Fr & Sa open end) In der lässigen Bar der alten Schule drängen sich 20- und 30-jährige *porteños* (Bewohner von Valparaíso) aus der Kunstszene an den Resopaltischen.

Cinzano (Plaza Aníbal Pinto 1182; ◷ Mo–Sa 10–2 Uhr) Die Bar von 1896 ist ein Klassiker. Hier singen alte Schnulzensänger Tangolieder.

La Playa (Cochrane 568; ◷ 10 Uhr–nach Mitternacht) Die lange Bar, billiges Bier und ein hedonistischer Touch machen das La Playa zu einem tollen Ort zum Ausgehen.

Unterhaltung

Máscara (☎ 221-9841; www.mascara.cl; Plaza Aníbal Pinto 1178, El Plan; Eintritt 2500–3000 Ch$; ◷ Di–Sa 23 Uhr–open end) Perfekter Musikmix für Kenner, billiges Bier, eine Tanzfläche und nur wenig umherzappelnde Teenager – der Großteil des Publikums besteht aus 20- bis 30-Jährigen.

La Piedra Feliz (☎ 225-6788; www.lapiedrafeliz.cl; Av Errázuriz 1054; Eintritt ab 3000 Ch$) In der großen Anlage am Ufer gibt's Jazz, Blues, Tango, Son, Salsa, Rock, Essen, Trinken und Filme.

Cine Hoyts (☎ 2594-709; Av Pedro Montt 2111; Eintritt 2000 Ch$) Kino.

An- & Weiterreise

Der **Terminal Rodoviario** (☎ 293-9695; Av Pedro Montt 2800) liegt gegenüber vom Congreso Nacional. Die Busverbindungen von Valparaíso sind fast identisch mit denen von Viña del Mar. Zahlreiche Busse fahren verschiedene Ziele im Norden und Süden an; Preise und Abfahrtzeiten sind vergleichbar mit denen in Santiago. An den Wochenenden sollte man seine Fahrkarte nach Santiago im Voraus kaufen.

Tur Bus (☎ 221-2028; www.turbus.cl) hat die meisten Busse (4000 Ch$, 2 Std.). Die meisten Busse Richtung Norden fahren abends ab, viele nach Süden dagegen morgens.

Ins argentinische Mendoza (10 000 Ch$, 8 Std.) kommt man mit Tur Bus oder **Cata Internacional** (☎ 225-7587; www.catainternacional.com).

Busse von **Sol del Pacífico** (☎ 275-2030) fahren alle 20 Minuten zu den Küstenorten Horcón (1100 Ch$) und Maitencillo (1200 Ch$) und etwa alle 40 Minuten nach Zapallar (1500 Ch$). Sie fahren entlang der Av Errázuriz und halten unterwegs in Viña del Mar.

Unterwegs vor Ort

Autos kann man im nahe gelegenen Viña (unten) mieten. *Micros* (Minibusse; 400-500 Ch$) fahren ab/nach Viña sowie durchs ganze Stadtgebiet. Das gleiche gilt für *colectivos* (400 Ch$). Dem Straßenverkehr in Richtung Viña kann man einfach entgehen, indem man die **Metro Regional de Valparaíso** (Merval; ☎ 252-7633; www.merval.cl) nimmt. Die Pendlerzüge nach Viña del Mar (900 Ch$) fahren von der **Estación Puerto** (Ecke Errázuriz & Urriola) und der **Estación Bellavista** (Ecke Errázuriz & Bellavista) ab (bis 22 Uhr). Valpos **Ascensores** (ab 250 Ch$; ◷ 7–20 od. 20.30 Uhr) dienen nicht nur dem Transport, sondern machen einfach auch Spaß. Die älteste dieser Standseilbahnen verkehrt von 6 bis 23.30 Uhr.

ISLA NEGRA

Pablo Nerudas seltsames **Lieblingshaus** (☎ 035-461-284; www.fundacionneruda.org; Poeta Neruda s/n; Zutritt nur mit Führung auf Englisch/Spanisch 3500/3000 Ch$; ◷ Di–So 10–18 Uhr), ein spannendes, fantasievolles, kurioses und leidenschaftliches Vermächtnis, thront 80 km südlich von Valparaíso (Karte S. 421) oben auf einer felsigen Landzunge. Im Haus untergebracht ist eine außergewöhnliche Sammlung an Bugsprieten, Buddelschiffen, nautischen Instrumenten und Holzschnitzereien. Auf dem Grundstück befindet sich auch Nerudas Grab, daneben das seiner dritten Frau Matilde. In der Hauptsaison empfiehlt es sich, die Führung im Voraus zu reservieren. Isla Negra ist übrigens keine Insel.

Pullman Bus (☎ 600-320-3200; www.pullman.cl) unterhält von Santiagos Terminal de Buses Alameda (6000 Ch$, 1½ Std., alle 30 Min.) Direktbusse hierher. **Pullman Bus Lago Peñuela** (☎ 222-4025) fährt vom Busbahnhof in Valparaíso (2600 Ch$, 1½ Std., alle 10–15 Min.) ab.

VIÑA DEL MAR

☎ 032 / 318 200 Ew.

Gepflegte Grünanlagen und von Palmen gesäumte Alleen sind charakteristisch für diese Küstenstadt, die wegen ihrer vielen Parks und Blumen *ciudad jardín* (Gartenstadt) oder auch kurz nur Viña genannt wird. Der Badeort hat eine gestriegelte moderne Atmosphäre – ein schärferer Kontrast zum benachbarten Valpo ist kaum vorstellbar. Seit der Eröffnung der Bahnlinie zwischen Santiago und Valparaíso strömen die gut betuchten *santiaguinos* ins nach wie vor beliebte Wochenend- und Sommerziel Viña del Mar und bauen sich

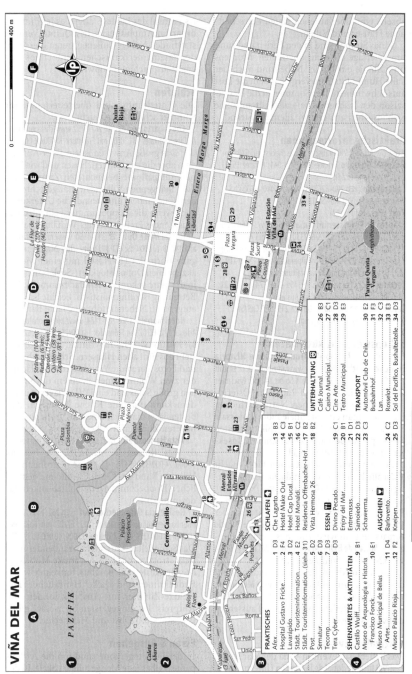

abseits vom überlaufenen Hafen herrschaftliche Häuser und Villen.

Viñas Strände sind in den Ferien und rund um Feiertage oft recht überlaufen. Morgens umhüllt sie ein kühler Nebel und auch der kalte Humboldtstrom vergällt einem die Lust aufs Schwimmen. Der Sommer ist die Hauptsaison der Taschendiebe – also gut auf seine Siebensachen achten, vor allem am Strand.

Praktische Informationen

Afex (Av Arlegui 690) Tauscht Reiseschecks und Geld um.
Hospital Gustavo Fricke (☎ 680-041; Álvarez 1532) Östlich der Innenstadt.
Lavarápido (☎ 290-6263; Av Arlegui 440; 3700 Ch$/ Wäscheladung; ☼ Mo–Sa 10–21 Uhr)
Post (Plaza Latorre 32)
Städtische Touristeninformation (www.visitevinadel mar.cl) Plaza Vergara (☎ 226-9330; Av Arlegui 715; ☼ Mo–Fr 9–14 & 15–19, Sa & So 10–14 & 15–19 Uhr); Rodoviario (☎ 275-2000; Av Valparaíso 1055; ☼ 9–19 Uhr) Hat Stadtpläne und Veranstaltungskalender.
Tecomp (Av Valparaíso 684; ☼ Mo–Sa 9–24, So 11–21 Uhr) Billige Telefongespräche ins Ausland.
Tera Cyber (☎ 276-8091; Quinta 219; 500 Ch$/Std.; ☼ 9–0.30 Uhr) Internetzugang.

Sehenswertes & Aktivitäten

Das kleine **Museo de Arqueológico e Historia Francisco Fonck** (4 Norte 784; www.museofonck.cl; Eintritt 1500 Ch$; ☼ Di–Fr 9.30–18, Sa & So bis 14 Uhr) widmet sich der Archäologie auf Rapa Nui (Osterinsel) und der chilenischen Naturgeschichte. Hier sieht man ein originale *moai* (kolossale Steinstatue von der Osterinsel), Silberarbeiten der Mapuche, peruanische Keramiken, Insekten und ausgestopfte Vögel.

Seinem Spitznamen „Gartenstadt" macht Viña alle Ehre mit dem landschaftlich prächtig gestalteten **Parque Quinta Vergara** (☼ 7–18 Uhr). Südlich der Bahngleise gelegen, beherbergt er Pflanzen aus aller Welt. Hier steht auch der 1908 im venezianischen Stil errichtete **Palacio Vergara**, in dem wiederum das weniger anregende **Museo de Bellas Artes** (Eintritt 600 Ch$; ☼ Di–So 10–13.30 & 15–18 Uhr) untergebracht ist.

An der Nordseite der Flussmündung steht das rundherum glitzernde **Casino Municipal**, westlich davon das 1880 errichtete **Castillo Wulff** und das ausgefallene, wie ein Schiff aussehende **Hotel Cap Ducal**.

Festivals & Events

Das beliebteste Event in Viña del Mar ist das **Festival Internacional de la Canción** (internationales Festival des Liedes), das jedes Jahr im Februar im Amphitheater des Quinta Vergara stattfindet. Neben Chilenen treten hier Stars der lateinamerikanischen und Dinos der englischsprachigen Popwelt auf.

Schlafen

Die Unterkünfte sind übereuert und im Sommer schnell ausgebucht.

Che Lagarto Hostel (☎ 262-5759; www.chelagarto.com; Av Diego Portales 131; B/DZ mit Frühstück 10 000/36 000 Ch$; 🖥) Das große Anwesen ist ein guter Anfang, dem aber die karg eingerichteten und wie Vernehmungsräume beleuchteten Zimmer der durchhängenden Villa nicht ganz gerecht werden. Eine saubere und freundliche Unterkunft, auch wenn die Doppelzimmer kein allzu berauschendes Preis-Leistungs-Verhältnis haben.

Hostal Make Out (☎ 317-4150; www.makeout.cl; Viana 147; B 10 000 Ch$; 🖥) Trotz des Namens ein ganz normales HI-Hostel mit einer Menge akzeptablen Doppelstockbett-Schlafsälen und in die Jahre gekommenen Badezimmern. Die Betreuung ist minimalistisch. Leichte Schläfer aufgepasst: Nebenan tobt eine laute Bar.

Hotel Monaldi (☎ 288-1484; www.hotelmonaldi.cl; Av Arlegui 172; EZ/DZ mit Frühstück 15 000/25 000 Ch$, EZ ohne Bad 9000 Ch$; 🖥) Das labyrinthartige Hotel besteht aus fünf alten Häusern. Schnickschnack und Fotos zieren die Wände und Oberflächen der zwei Wohnzimmer, in einem davon stehen große Sofas und ein DVD-Player. Außerdem kann man die Küche benutzen. Am besten lässt man sich eines der größeren und helleren Zimmer im Obergeschoss geben.

Vista Hermosa 26 (☎ 266-6820; www.vistahermosa26. cl; Vista Hermosa 26; EZ/DZ/3BZ mit Frühstück 17 000/24 000/33 000 Ch$; 🖥) Eine matronenhafte Villa am Rand des Cerro Castillo mit gemütlichen Doppelzimmern und blitzblanken Badezimmern.

Residencia Offenbacher-Hof (☎ 262-1483; www. offenbacher-hof.cl; Balmaceda 102; EZ/DZ mit Frühstück 30 000/35 000 Ch$, EZ/DZ deluxe 35 000/40 000 Ch$; 🖥) Das Schindelhaus mit atemberaubender Aussicht strotzt vor Stil. Es hat antike Möbelstücke, Bettkästen aus Bambus, funkelnde weiße Badezimmer und dicke Handtücher. Die Deluxe-Zimmer mit Ausblick lohnen den Aufpreis. Im eingeglasten Speisesaal gibt's Frühstück mit Obst und Marmelade.

Essen & Ausgehen

In der Fußgängerzone rund um die Av Valparaíso gibt's jede Menge billige Lokale. In der

Paseo Cousiño findet man lebhafte Pubs, manche sogar mit Livemusik.

Entremasas (☎ 297-1821; 5 Norte 377; Empanadas 900 Ch$; ⊙ 10.30–21.30 Uhr) Krabben in Koriander, Würstchen, Ziegenkäse und, und, und – nirgendwo in Chile findet man derartige Empanada-Kombinationen wie hier. Eine gute angelegte Ausgabe.

Schawerma (☎ 233-6835; Ecuador 225; Hauptgerichte 1600–2500 Ch$; ⊙ Mo–Sa 11.30–21.30 Uhr) Der wohl schnellste Imbiss Chiles. Und dann ist das Essen auch noch absolut lecker! Der palästinensische Koch wickelt fachmännisch Schawarma aus Hähnchen oder Rindfleisch mit gegrillten Tomaten- oder Zitronenscheiben in leicht getoastete Wraps. Auf Wunsch gibt's eine scharfe Sauce. Ebenfalls im Angebot: frisches Hummus.

Samoiedo (☎ 268-1382; Valparaíso 637; Mittagsmenü 4000–6500 Ch$, Sandwichs 2200–2800 Ch$; ⊙ Mo–Sa 12.30–23 Uhr) Eine traditionelle *confitería*, in der man prallvoll gefüllte Sandwichs oder einfach auch nur einen Teller mit Steak und Pommes bekommt.

Enjoy del Mar (☎ 250-0788; Av Perú s/n; Sandwichs & Sushi 3500–4500 Ch$, Hauptgerichte 7500–10 500 Ch$; ⊙ 9–24 Uhr) Einen Drink bei Sonnenuntergang und den Panoramablick auf den Pazifik sollte man sich nicht entgehen lassen – das Restaurant liegt oberhalb der Mündung des Marga Marga. Die große Eisbar hat interessante Sorten, z. B. Coca Cola. Lecker! In der Filiale in der Av Perú ist das Essen zwar billiger, dafür muss man aber auf den Ausblick verzichten.

Divino Pecado (☎ 297-5790; Av San Martín 180; Hauptgerichte 6300–7900 Ch$; ⊙ Mo–Sa 12.30–15 & 20–23, So 12.30–16 & 20–23 Uhr) Gehobener Italiener mit hausgemachter Pasta, die jede einzelne Kalorie wert ist. Wie wär's mit Tortellini in Salbeibutter oder Pansotti mit Lachs und Wasabi? Reservieren.

Unterhaltung

Barlovento (☎ 297-7472; 2 Norte 195; ⊙ Mo–Sa 18–3 Uhr) Die Bar aus Beton und Stahl ist das Zentrum der hippen Szene und hat tolle Cocktails.

Café Journal (Ecke Santa Agua & Alvarez; ⊙ Fr & Sa bis 4 Uhr) Elektronische Musik steht auf dem Programm des schwer angesagten Clubs, der drei brodelnde Tanzflächen, Bier vom Fass und mit alten Zeitungsausschnitten gepflasterte Wände hat.

Cine Arte (Plaza Vergara 142; Karten 6 US$) Programmkino.

La Flor de Chile (außerhalb der Karte S. 451; ☎ 268-9554; 8 Norte 601; ⊙ 22 Uhr–open end) In der herrlichen Bar alter Schule kann man sich an den vollen Tischen unter die jungen und alten *viñamarinos* mischen.

Teatro Municipal (Plaza Vergara) In dem großartigen Gebäude finden Theateraufführungen, Kammermusikkonzerte und Filmvorführungen statt.

An- & Weiterreise

Autos kann man bei **Rosselot** (☎ 382-888; Alvarez 762) mieten. Der **Automóvil Club de Chile** (Acchi; ☎ 689-505; 1 Norte 901) befindet sich gleich nördlich des Marga.

Alle Fernbusse starten am **Rodoviario Viña del Mar** (☎ 275-2000; www.rodoviario.cl; Valparaíso 1055), vier lange Häuserblocks östlich der Plaza Vergara. Fast alle Busse (manche von Sol del Pacífico) ab/nach Valparaíso halten hier. Nähere Infos gibt's auf S. 450.

LAN (☎ 600-526-2000; Av Valparaíso 276) betreibt ein Busshuttle (10 US$) zwischen der Ecke Tres Norte und Libertad und Santiagos Flughafen Padahuel. Man kann aber auch einen Bus nach Santiago nehmen und am „Cruce al Aeropuerto" aussteigen. So spart man ungefähr eine Stunde Fahrt.

Unterwegs vor Ort

Stadtbusse von **Transporte Metropolitano Valparaíso** (TMV; www.tmv.cl; einfache Strecke 460 Ch$) fahren häufig zwischen Viña und Valparaíso. Man kann aber auch den Pendlerzug **Metro Regional de Valparaíso** (Merval; ☎ 252-7633; www.merval.cl) nehmen (900 Ch$).

Die Küstenorte im Norden erreicht man mit Bussen von **Sol del Pacífico** (☎ 275-2030). Sie halten an der Ecke Grove und Álvares. Stadtbusse fahren auch nach Reñaca (1000 Ch$), darunter der grüne 201 (von der Av España), der blaue 405 (von der Av Marina) und die orangefarbenen 607, 601 oder 605 (von der Plaza Vergara bzw. der Av Libertad). Die Busse 601 und 605 fahren weiter nach Concón.

RUND UM VIÑA DEL MAR

Die Küstenorte direkt nördlich von Viña haben bessere Strände. Allerdings sind sie längst nicht mehr so ruhig und verschlafen wie einst – auch hier haben sich wuchernde Vororte und Wohnblöcke breitgemacht. Ein Besuch des 15 km von Viña entfernten **Concón** lohnt sich aber schon allein wegen der schlichten Meeresfrüchterestaurants. Das **Las Deliciosas** (☎ 903-

665; Av Borgoño 25370, Concón) macht tolle Empanadas, u. a. mit Käse und Krabben (850 Ch$).

Weitere 23 km hinter Concón liegt **Quintero**, eine verschlafene Halbinsel mit mehreren Stränden zwischen den Felsen. Mit einem Taxi (2000 Ch$) kommt man nach **Ritoque**, einem der besten und am wenigsten überlaufenen Strände in der Gegend. Ein paar Häuser (manche davon aus recycelten Materialien erbaut) stehen am nördlichen Ende des 10 km langen Sandstrands. Beliebte Unternehmungen sind Surfen, Reiten und Kajaktouren entlang der Küste. Übernachten kann man im **Dunas Hostal** (☎ 099-051-1748; www.dunashostal.com; Playa Ritoque; B/DZ 8000/20 000 Ch$), das zwei hübsche Strandhütten mit Hängematten, Surfbrettverleih und guter Stimmung bietet. Unbedingt vorher reservieren. **Ritoque Expediciones** (☎ 032-281-6344; www.ritoqueexpediciones.cl) veranstaltet halb- und ganztägige Ausritte durch die Dünen; für Begeisterung sorgen regelmäßig die Ausritte bei Vollmond.

Fährt man weiter nordwärts, kommt man nach **Horcón**, das mal Chiles erstes Hippieparadies war. Heute stehen hier ein Haufen bunter Hütten und Meeresfrüchterestaurants. Bevor man zur Bucht gelangt, kommt man auf eine Straße, die rechts der felsigen, halbmondförmigen Küste folgt; hier ist wildes Campen erlaubt. Am anderen Ende liegt der FKK-Strand „Playa La Luna".

Nach weiteren 35 km Richtung Norden erreicht man **Zapallar**, den exklusivsten Küstenort Chiles. Hier gibt es noch immer unberührte Strände, die von dicht bewaldeten Hügeln umgeben sind. Budgetunterkünfte sind Mangelware, das **Residencial Margarita** (☎ 033-741-284, Januario Ovalle 143; Zi. 10 000 Ch$/Pers.) trotzt allerdings dem Trend. Die gepflegten, ordentlichen Zimmer haben vernünftige Bäder. Im Voraus buchen. Erstklassige Meeresfrüchte bekommt man im **El Chiringuito** (Caleta de Pescadores; Hauptgerichte 8100–10 300 Ch$; ✆ Mo-Do 12–18, Fr-So 12–24 Uhr). Der Boden ist mit Muschelschalen-Scherben gepflastert, die Fensterfront blickt aufs Meer.

Mehrere Busunternehmen verbinden Zapallar direkt mit Santiago, darunter Tur Bus und Pullman. Sol del Pacífico fährt von Viña aus die Küste herauf.

NÖRDLICHES CHILE

Weiter im Inland geht die milde Küste mit ihren Sonnenanbetern und Surfern in kaktusbewachsene Ebenen und trockene, in verschiedenen Rottönen gestreifte Berge über. Minen durchziehen diese erzreichen Riesen wie Narben. Der wichtigste Bodenschatz ist Kupfer, für Chiles Wirtschaftsmotor das reinste Superplus-Benzin. Aber Leben gibt's auch: In den fruchtbaren Tälern werden *pisco*-Trauben, Papayas und Avocados angebaut. Bei klarem Wetter lässt sich der Himmel außergewöhnlich gut beobachten – kein Wunder, dass hier viele internationale Projekte ihre Teleskope und Funkanlagen stationiert haben. Die Atacama-Wüste, die trockenste Wüste der Welt, ist eine Zuflucht für Flamingos. Sie leben hier auf Salzlagunen inmitten einer seltsam geformten und mit Geysiren gesprenkelten Mondlandschaften, umgeben von schneebedeckten Bergen. Diese Gegend ist eine Orgie für die Sinne und verlangt es geradezu, erkundet zu werden.

Zum 2000 km langen nördlichen Streifen von Chile gehört Norte Chico, auch „die Region der 10 000 Minen" genannt. Diese semiaride Übergangszone reicht vom Valle Central bis zur Atacama-Wüste. Ihre Hauptattraktionen sind die Strände La Serena und Valle Elqui und die Observatorien. Die Atacama-Wüste liegt in „Norte Grande", jenem Landesteil, den Chile im Salpeterkrieg Peru und Bolivien abnahm. Der Stempel, den die alten Kulturen Südamerikas diesem Land aufgedrückt haben, ist unübersehbar: Riesige Geoglyphen überziehen die kahlen Hügel. Das Volk der Aymara bebaut noch immer die *precordillera* (Ausläufer der Anden) und lässt Lamas und Alpakas im Hochland weiden. Wer sich von der Wüstenszenerie losreißt, kann die Mine von Chuquimaquata erkunden, die noch in Betrieb ist, oder sich ins Getümmel der trockenen Küstenstädte stürzen.

In den Bergen unbedingt Vorkehrungen gegen die Höhenkrankheit treffen und in den Wüstengebieten kein Leitungswasser trinken! Der *camanchaca* (dichter Nebel) sorgt dafür, dass das Klima am Strand kühl bleibt. In den Hochebenen schwankt die Temperatur zwischen Tag und Nacht dagegen erheblich.

OVALLE
☎ 053 / 104 000 Ew.

Schachspieler versammeln sich auf der Plaza des schlichten Marktstädtchens. In Ovalle kriegen Traveller einen kleinen Einblick in das Provinzleben. Außerdem ist es der beste Ausgangspunkt für Touren zum Parque Naci-

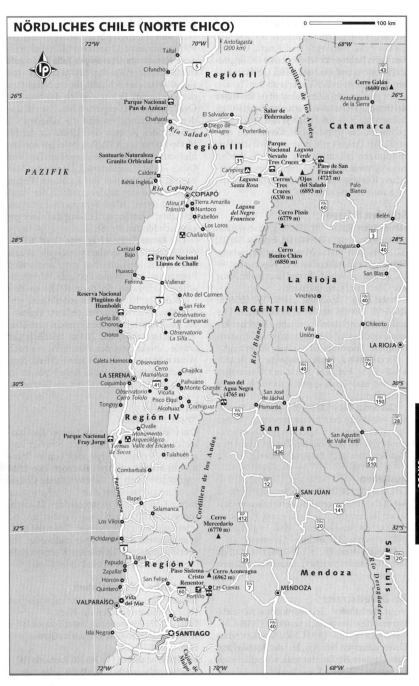

onal Fray Jorge und zum Valle del Encanto. Der Kiosk der Touristeninformation befindet sich an der Ecke Benavente und Ariztia Oriente. **Tres Valles Turismo** (☎ 629-650; Libertad 496) organisiert Touren und wechselt Geld. Geldautomaten findet man in der Victoria an der Plaza.

Im großartigen alten Bahnhof ist das **Museo del Limarí** (Ecke Covarrubias & Antofagasta; Eintritt 600 Ch$, So Eintritt frei; ⊙ Di–Fr 9–18, Sa & So 10–13 Uhr) untergebracht, das wundervolle Keramiken ausstellt. An ihnen kann man deutlich die Verbindungen erkennen, die über die Anden hinweg zwischen den Diaguita im chilenischen Küstengebiet und im nordwestlichen Argentinien bestanden haben.

Schlafen & Essen

Jamies Crazy House (☎ 098-591-8686; www.jaimescrazyhouse.com, Tocopilla 92; B 6000 Ch$, Frühstück 2000 Ch$; 🖥) Das von Juana Magdelena betriebene Hostel ist ein willkommener Newcomer. Es hat geräumige Schlafsäle und liegt in der Nähe des Obst- und Gemüsemarkts.

Hotel Roxy (☎ 620-080; Libertad 155; EZ/DZ/3BZ 7000/9300/11 700 Ch$, ohne Bad 5600/7500/8400 Ch$) Das sonnendurchflutete, friedliche Hotel hat karierte Böden und einen Garten mit Zitronenbäumen. Allerdings ist es etwas ungepflegt.

Feria Modelo de Ovalle (Av Benavente; ⊙ Mo, Mi, Fr & Sa 8–16 Uhr) Auf dem Markt mit Unmengen an Obst und Gemüse geht's zu wie in einem Bienenkorb.

Club Social Árabe (☎ 620-015; Arauco 255; Hauptgerichte 4000 Ch$) In dem hohen Innenhof werden neben chilenischen Spezialitäten hervorragende gefüllte Weinblätter, Zucchini und rote Paprika, aber auch Baklava serviert.

Ausgehen

Café Real (☎ 624-526; Vicuña MacKenna 419; ⊙ Mo–Sa 9–2.30 Uhr) In der gemütlichen, kosmopolitischen Bar vergnügt sich das junge Publikum mit Espresso und kaltem Cristal. Es gibt einen Billardtisch und manchmal Livemusik.

El Quijote (Arauco 295; ⊙ 9.30–1 Uhr) Die muffige Bar zollt Lateinamerikas Literaten und Linken Tribut.

An- & Weiterreise

Vom **Busbahnhof** (Ecke Maestranza & Balmaceda) kurven viele Busse nach Santiago (7000 Ch$, 5 Std.), La Serena (1800 Ch$, 1¾ Std.) und zu Orten weiter im Norden. Mit der **Agencia Tasco** (Ariztía Pontiente 159) kommt man schneller nach La Serena (2300 Ch$, 1¼ Std.).

RUND UM OVALLE

Das von Petroglyphen (Steinritzungen), Piktogrammen und antikem Mörtel überzogene **Monumento Arqueológico Valle del Encanto** (Eintritt 300 Ch$; ⊙ Mai–Aug. 8.15–18 Uhr, Sept.–April 8–20.30 Uhr) ist eine Schlucht, die ein Nebenfluss des Río Limarí 19 km westlich des heutigen Ovalle in den Fels gegraben hat. Die tanzenden Strichmännchen und die außerirdisch anmutenden Formen sind Überreste der El-Molle-Kultur (ca. 3.–7. Jh.). Besucher können hier campen und picknicken. Ein Taxi von Ovalle kostet hin und zurück 12 000 Ch$. Man kann aber auch einen Bus Richtung Westen nehmen und sich an der Ausfahrt der Fernstraße absetzen lassen. Von dort aus ist es ein einfacher, 5 km langer Fußweg auf einer gut ausgeschilderten Straße.

Der **Parque Nacional Fray Jorge** (Eintritt 1600 Ch$; ⊙ 9–17 Uhr) 82 km westlich von Ovalle ist eine ökologische Insel inmitten einer semiariden Region und besteht aus üppigem Valdivianischem Nebelwald. In dem 400 ha großen Unesco-Biosphärenreservat gedeiht eine einzigartige, vom Feuchtnebel genährte Vegetation. Das Naturschutzgebiet erreicht man über eine Seitenstraße, die 20 km nördlich der Ovalle-Abfahrt von der Panamericana nach Westen abzweigt. Es gibt keine öffentlichen Verkehrsmittel zum Park, Reisebüros in La Serena und Ovalle bieten allerdings Touren an.

LA SERENA

☎ 051 / 150 000 Ew.

Das friedvolle La Serena mit seiner neokolonialer Architektur, schattigen Straßen und goldenen Stränden verwandelt sich im Sommer in einen trendigen Badeort. Die 1544 gegründete Stadt ist die zweitälteste Chiles. Von hier aus ist es nur eine kleine Spritztour zu vor Charme nur so strotzenden Dörfern, sonnendurchtränkten *pisco*-Weinbergen und internationalen Sternwarten. Das nahe gelegene **Coquimbo** ist etwas rauer und wilder, hat aber ein munteres Nachtleben. Morgens hüllt oft Nebel La Serena in ein kühles Kleid.

Praktische Informationen

Banken mit rund um die Uhr zugänglichen Geldautomaten säumen die Plaza.

Conaf (☎ 272-798; coquimbo@conaf.cl; Cordovez 281) Verteilt Broschüren über Fray Jorge und Isla Choros.

Entel (Prat 571) Telefon.

Hospital Juan de Dios (☎ 200-500; Balmaceda 916) Notaufnahme; an der Ecke Larraín Alcalde/Anfión Muñoz.

Infernet (Balmaceda 417; 600 Ch$/Std.) Internetcafé mit Kabinen und Webcams.
Lavaseco (☎ 225-195; Balmaceda 851; 1300 Ch$/kg; ⏰ Mo–Fr 9–13 & 15–19, Sa bis 14 Uhr) Wäscherei.
Post (Ecke Matta & Prat) Gegenüber der Plaza de Armas.
Sernatur (☎ 225-199; www.regionestrella.cl; Matta 405; ⏰ Mo–Fr 8.30–22, Sa & So 9–22 Uhr) Außerordentlich aufmerksam.

Sehenswertes & Aktivitäten

In La Serena gibt es sage und schreibe 29 Kirchen ... und kaum mehr Leute, die sie nutzen. Auf der Plaza de Armas steht die 1844 errichtete **Iglesia Catedral**, einen Block westlich die **Iglesia Santo Domingo** aus der Mitte des 18. Jhs. Die kolonialzeitliche **Iglesia San Francisco** (Balmaceda 640) stammt aus dem frühen 17. Jh.

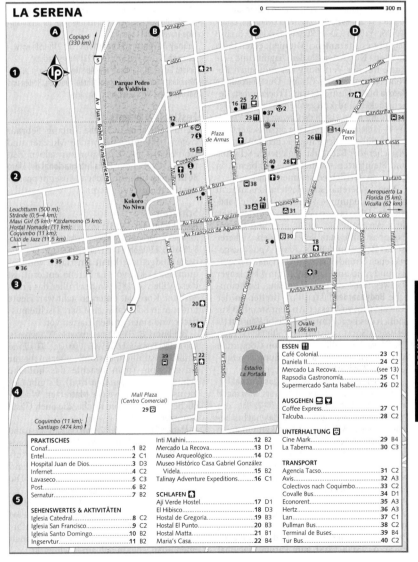

PRAKTISCHES
Conaf 1 B2
Entel 2 C1
Hospital Juan de Dios 3 D3
Infernet 4 C2
Lavaseco 5 C3
Post 6 B2
Sernatur 7 B2

SEHENSWERTES & AKTIVITÄTEN
Iglesia Catedral 8 C2
Iglesia San Francisco 9 C2
Iglesia Santo Domingo 10 B2
Ingservtur 11 B2
Inti Mahini 12 B2
Mercado La Recova 13 D1
Museo Arqueológico 14 D2
Museo Histórico Casa Gabriel González Videla 15 B2
Talinay Adventure Expeditions 16 C1

SCHLAFEN
Aji Verde Hostel 17 D1
El Hibisco 18 D3
Hostal de Gregoria 19 B3
Hostal El Punto 20 B3
Hostal Matta 21 B1
Maria's Casa 22 B4

ESSEN
Café Colonial 23 C1
Daniela II 24 C2
Mercado La Recova ....(see 13)
Rapsodia Gastronomía 25 C1
Supermercado Santa Isabel 26 D2

AUSGEHEN
Coffee Express 27 C1
Talcuba 28 C2

UNTERHALTUNG
Cine Mark 29 B4
La Taberna 30 C3

TRANSPORT
Agencia Tacso 31 C2
Avis 32 A3
Colectivos nach Coquimbo 33 C2
Covalle Bus 34 D1
Econorent 35 A3
Hertz 36 A3
Lan 37 C1
Pullman Bus 38 C2
Terminal de Buses 39 B4
Tur Bus 40 C2

Das **Museo Histórico Casa Gabriel González Videla** (☎ 215-082; Matta 495; Eintritt 600 Ch$; ⊙ Mo–Fr 10–18, Sa bis 13 Uhr) trägt den Namen des in La Serena geborenen chilenischen Präsidenten der Jahre 1946 bis 1952. Er hatte zunächst die Kommunistische Partei übernommen, diese dann verboten und damit Pablo Neruda vom Senat ins Exil getrieben. Es lohnt sich, auf einen Sprung oben bei der modernen Kunst vorbeizuschauen. Im vielseitigen **Museo Arqueológico** (☎ 224-492; Ecke Cordovez & Cienfuegos; Eintritt 600 Ch$; ⊙ Di–Fr 9.30–17.50, Sa 10–13 & 16–19, So bis 13 Uhr) gibt es Atacameño-Mumien, einen *moai* aus Rapa Nui, Artefakte der Diaguita und eine Karte mit der Verteilung der indigenen Bevölkerungsgruppen Chiles. Der **Mercado La Recova** bietet Unmengen an Trockenobst, Regenstöcken und kunstvollem Schmuck. Der **Kokoro No Niwa** (Jardín del Corazón; Eintritt 600 Ch$; ⊙ 10–18 Uhr) ist ein gepflegter japanischer Garten am Südende des Parque Pedro de Valdivia. Plätschernder Bäche, dahingleitende Schwäne und Steingärten schaffen eine Ambiente, in dem man herrlich entspannen kann.

Von La Serenas stillgelegtem Leuchtturm bis nach Coquimbo ziehen sich weite **Sandstrände**. Die starken Strömungen zwischen dem Westende der Av Aguirre und Cuatro Esquinas sollte man lieber meiden. Sicherer ist das Baden an den als „Playa Apta" ausgewiesenen Stränden südlich von Cuatro Esquinas und rund um Coquimbo. Ein 4 km langer Radweg führt am Strand entlang. Einheimische **Bodyboarder** lassen ihre Bretter an der Playa El Faro zu Wasser. An dem Strand, 3 km südlich des Leuchtturms, verleiht **Maui Girl** (Av del Mar s/n) Surfausrüstungen (5000 Ch$/Tag). Die Playa Totoralillo südlich von Coquimbo wird wegen ihrer feinen Brandung von Surfern und **Windsurfern** sehr geschätzt.

Drüben in Coquimbo steht das **Cruz del Tercer Milenio** (Kreuz des dritten Jahrtausends; www.cruzdeltercermilenio.cl; Eintritt 1500 Ch$; ⊙ 8.30–22 Uhr), ein 96 m hohes Kreuz aus Beton, das nachts beleuchtet wird. Mit dem Aufzug kann man bis nach oben fahren und die schwindelerregende Aussicht auf die Bucht genießen.

Diverse Tourveranstalter bieten eine Reihe von Ausflügen an: vom Besuch im Nationalpark bis zum nächtlichen Astrotrip, von *pisco*-Probiertouren bis zu New-Age-Ausflügen zur UFO-Zentrale in Cochiguaz. Es gibt Ganztagsausflüge durch das Elqui-Tal (17 000 Ch$), den Parque Nacional Fray Jorge und das Valle del Encanto (26 000 Ch$), zum Parque Nacional Pingüino de Humboldt (28 000 Ch$) und zum Sternebeobachten im Observatorio Comunal Cerro Mamalluca (15 000 Ch$). Mindestteilnehmerzahl: zwei bis sechs Personen.

Ingservtur (☎ 220-165; www.ingservtur.cl; Matta 611) Etablierter Tourveranstalter mit freundlichen Angestellten, die auch Englisch und Deutsch sprechen. Für Studenten gibt's Ermäßigungen.

Inti Mahini (☎ 224-350; www.intimahinatravel.cl; Prat 214) Auf junge Leute ausgerichteter Tourveranstalter, der Standardtouren anbietet und nützliche Tipps für unabhängige Traveller auf Lager hat.

Talinay Adventure Expeditions (☎ 218-658; www.talinaychile.com; Prat 470, Local 22) Mehrsprachige Guides betreuen Standard- und Abenteuertouren, u. a. mit Mountainbiken, Klettern, Kajakfahren, Tauchen, Reiten und Sandboarden. Vermietet auch Fahrräder.

Festivals & Events

Beim **Festival de La Serena** Anfang Februar treten bekannte chilenische Musiker und Comedians auf. Ungefähr zur selben Zeit treffen sich bei der **Feria Internacional del Libro de La Serena** im historischen Museum prominente chilenische Autoren.

Schlafen

Hostal Nomades (☎ 315-665; www.hostalnomade.cl; Regimiento Coquimbo 5, Coquimbo; Stellplatz 3000 Ch$/Pers., B 7000 Ch$, EZ/DZ ohne Bad 12 500/25 000 Ch$; 🖳) Die beste Budgetunterkunft am Hafen von Coquimbo, 11 km von La Serena entfernt, ist diese Villa von 1850, in der früher das Französische Konsulat untergebracht war. Heute findet man Schlafsäle, eine Bar, Tischtennistische und einen großen Garten vor.

El Hibisco (☎ 211-407; mauricioberrios2002@yahoo.es; Juan de Dios Peni 636; EZ/DZ 5000/10 000 Ch$; 🖳) Eine einfache Familienpension – aber nicht für Ausgeflippte (man beachte das höfliche Schild: no marijuana en casa). Es gibt Gemeinschaftsbäder, weiche Matratzen, Waschküche und eine coole Küche, die auch Gäste benutzen dürfen.

Maria's Casa (☎ 229-282; www.hostalmariacasa.cl; Las Rojas 18; Zi. ohne Bad 7000 Ch$/Pers.; 🖳) Superfreundliche Backpacker-Bleibe mit familiärer Aufmerksamkeit und einfachen Zimmern rund um einen grasbewachsenen Hinterhof. Die ruhigsten Zimmer sind ganz hinten.

Ají Verde Hostel (☎ 489-016; www.ajiverdehostal.cl; Vicuña 415; B/EZ/DZ 8000/15 000/23 000 Ch$, EZ/DZ ohne Bad 12 000/16 000 Ch$; 🖳) Die saubere und komfortable HI-Budgetunterkunft liegt für manch einen unangenehm nah am Fischmarkt.

Hostal de Gregoria (☎ 224-400; www.hostaldegregoria.cl; Bello 1067; DZ mit/ohne Bad & mit Frühstück 12 000/9000 Ch$; 🖳) Das auffällige Dekor aus Satin und Glitzer ist makellos, die Gastgeber sind freundlich. Leider kostet das Internet extra.

Hostal El Punto (☎ 228-474; www.hostalelpunto.cl; Bello 979; B 7000 Ch$, EZ/DZ mit Frühstück 15 000/24 000 Ch$, EZ/DZ ohne Bad 13 000/16 000 Ch$; 🖳) Eine wundervolle deutsche Pension in bunten Farben und mit sonnigen Terrassen, einem Büchertausch und einer Waschküche. Vielleicht ist sie sogar etwas zu ordentlich. Das Frühstück ist überdurchschnittlich gut und von den mehrsprachigen Angestellten erhält man Reisetipps. Wer etwas Spiel im Budget hat, kann sich ein Zimmer mit Balkon gönnen.

Hostal Matta (☎ 210-014; www.hostalmatta.cl; Matta 234; EZ/DZ 16 000/18 000 Ch$, Zi. ohne Bad 14 000 Ch$; 🖳) Ein Schnäppchen sind die gemütlichen Doppelzimmer. Das Haus hat bunte Farben, freundliche Angestellte und einen hübschen Innenhof.

Essen

Supermercado Santa Isabel (Cienfuegos 545; ⊙ Mo–Sa 9–22, So bis 21 Uhr) Selbstversorger stocken hier ihre Vorräte auf.

Mercado La Recova (Ecke Cienfuegos & Cantournet; ⊙ 9–18 Uhr) Über dem Markt gibt's billiges Essen, z. B. Meeresfrüchte- und Hühner-*cazuela* (Eintopf).

Café Colonial (Balmaceda 475; Frühstück ab 2000 Ch$, Mittagsmenü 2500 Ch$, Hauptgerichte 3000–6000 Ch$; ⊙ 9 Uhr–open end, So geschl.) Das Restaurant ist zwar klein und verraucht, aber es stillt das Heimweh und den Appetit auf ein Frühstück oder einen Kebap bzw. einen Burger zum Mittag. Am Wochenende gibt's Livemusik.

Daniela II (Aguirre 456; Hauptgerichte 2500–4000 Ch$) In dem einfachen Lokal gibt's chilenische Hausmannskost in großen Portionen, die auch den Einheimischen schmeckt.

Rapsodia Gastronomía (☎ 543-016; Prat 470; Hauptgerichte 3000–6000 Ch$; ⊙ morgens, mittags & abends, So geschl.) Die alte *casona* (großes Haus) rund um einen Innenhof ist ein entspanntes Refugium im Stadtinneren. Entweder kommt man nachmittags auf einen Drink vorbei oder abends, wenn manchmal Livemusik gespielt wird. Es gibt leckere Salate und Sandwichs.

Kardamomo (☎ 216-060; Av del Mar 4000, 3 km südl. vom Leuchtturm; Hauptgerichte 4000–7800 Ch$; ⊙ mittags & abends) Das Restaurant am Strand hat herrliche Cocktails, Sushi und frische Muschel-Tempura. Neben dem zackigen Service gibt's Gerichte, deren Spektrum von der asiatischen bis zur peruanischen Küche reicht. Am Wochenende hält abends Livemusik die Gäste bei Laune. Der Abholservice vom Hotel ist kostenlos.

Den Strand Richtung Peñuelas säumen überwiegend trendige Restaurants der Spitzenklasse.

Ausgehen

Coffee Express (Ecke Prat & Balmaceda; ⊙ Mo–Fr 9–21, Sa 10–21 Uhr) Das Café im Look von Buenos Aires serviert mit den besten Kaffee im Ort.

Talcuba (Eduardo de la Barra 589; ⊙ Mo–Fr 17.30 Uhr–open end, Sa & So 19.30 Uhr–open end) In der kleinen, schummrig beleuchteten Taverne drängen sich die Studenten bei Rock- und Popmusik. Günstige Drinks sind die Spezialität des Hauses. Unser Tipp: Papaya Sour oder Serena Libre.

Unterhaltung

In den Nachtclubs am Meeresufer bis zum Barrio Inglés Coquimbo herrscht in der Sommersaison reges Treiben.

Cine Mark (☎ 212-144; www.cinemark.cl; Mall Plaza, Av Albert Solari 1490; Eintritt 2500 Ch$) Wirft Blockbuster auf die Leinwand.

Club de Jazz (☎ 288-784; Aldunate 739; Eintritt 2500 Ch$) Der Club in der Nähe von Coquimbo hat in der Region Kultstatus. In dem neoklassizistischen Haus mit Marmortreppen gibt's am Wochenende ab 23 Uhr Livemusik.

La Taberna (Balmaceda 824) Eine schmuddelige Bar in einem 100 Jahre alten Haus. Am Wochenende wird ab Mitternacht chilenische Folklore gespielt.

An- & Weiterreise

BUS

In La Serenas **Terminal de Buses** (☎ 224-573; Ecke Amunátegui & Av El Santo) sind Dutzende von Unternehmen ansässig, deren Busse von Santiago gen Norden entlang der Carretera Panamericana nach Arica fahren. Zu ihnen gehören **Tur**

BUSPREISE		
Ziel	Preis (Ch$)	Dauer (Std.)
Antofagasta	20 000–34 000	13
Arica	34 000–38 000	23
Calama	24 000–39 000	16
Copiapó	9000–18 000	5
Iquique	24 000–37 000	19
Santiago	8000–23 000	7

Bus (☎ 215-953; www.turbus.com; Terminal oder Balmaceda 437), **Pullman Bus** (☎ 218-252, 225-284; Eduardo de la Barra 435) und **Pullman Carmelita** (☎ 225-240).

Busse von Via Elqui fahren häufig zwischen 7 und 22.30 Uhr nach Pisco Elqui (1800 Ch$, 2 Std.) und Monte Grande (1800 Ch$, 2 Std.). Buses Serenamar hat mehrere Busse am Tag nach Guanaqueros (1200 Ch$, 50 Min.) und Tongoy (1300 Ch$, 1 Std.).

Mit **Covalle Bus** (☎ 213-127; Infante 538) gelangt man jeweils dienstags, donnerstags und sonntags um 23 Uhr über den Libertadores-Pass nach Mendoza (25 000 Ch$, 14 Std.) und San Juan (25 000 Ch$, 16 Std.) in Argentinien.

COLECTIVO

Viele Ziele in der Region erreicht man mit den schneller und häufiger fahrenden *taxis colectivo*. *Colectivos* nach Coquimbo (600 Ch$, 15 Min.) starten an der Av Francisco de Aguirre zwischen der Balmaceda und Los Carrera. **Agencia Tacso** (☎ 227-379; Domeyko 589) fährt nach Ovalle (2300 Ch$, 1½ Std.), Vicuña (1800 Ch$, 1¼ Std.) und Andacollo (2000 Ch$, 1½ Std.).

FLUGZEUG

La Serenas **Aeropuerto La Florida** (Ruta 41) liegt 5 km östlich der Innenstadt. **LAN** (☎ 600-526-2000; Balmaceda 406) fliegt dreimal täglich nach Santiago (60 000 Ch$, 50 Min.) und zweimal täglich nach Antofagasta (70 000 Ch$, 1¼ Std.). Es gibt auch eine Filiale mit längeren Öffnungszeiten im Mall Plaza.

Unterwegs vor Ort

Autos kann man bei **Avis** (☎ 227-171; laserena@ avischile.cl; Av Francisco de Aguirre 063) mieten, das auch am Flughafen vertreten ist, bei **Hertz** (☎ 226-171; Av Francisco de Aguirre 0225) oder bei **Econorent** (☎ 220-113; Av Francisco de Aguirre 0135).

Ein Privattaxi zum Aeropuerto La Florida kostet 5000 Ch$. **She Transfer** (☎ 295-058) bietet einen Tür-zu-Tür-Service (1500 Ch$) mit dem Minibus.

VICUÑA

☎ 051 / 24 000 Ew.

Vicuña, 62 km östlich von La Serena im Valle del Elqui gelegen, ist ein verschlafener Ort voller Lehmziegelhäuser. Von hier aus lässt sich das Tal am besten erkunden. Man kann das Observatorio Mamalluca besuchen oder einfach durch die wunderbaren Haine mit Avocado-, Papaya- und anderen Obstbäumen schlendern. Rund um die Plaza de Armas gibt's touristische Einrichtungen, u. a. das **Oficina de Información Turística** (Torre Bauer), die Post, Internetcafés und Telefoncenter. Die Banco de Estado wechselt US-Dollar, löst Reiseschecks ein und hat einen Geldautomaten (Geld besser in La Serena umtauschen).

Sehenswertes & Aktivitäten

Das **Museo Gabriela Mistral** (☎ 411-223; Av Gabriela Mistral; Eintritt 600 Ch$) am östlichen Ortsrand widmet sich einer der berühmtesten Literatinnen Chiles. Im kleinen **Museo Entomológico y de Historia Natural** (☎ 411-283; Chacabuco 334; Eintritt 600 Ch$) sind kaleidoskopisch Insekten und Schmetterlinge ausgestellt.

Der aufregende Panoramablick über das Elqui-Tal lohnt den heißen und staubigen Aufstieg auf den **Cerro de la Virgen**, gleich nördlich von Ort. Zu Fuß von der Plaza de Armas erreicht man den Gipfel in weniger als einer Stunde. *Pisco*-Fans gelangen zu Fuß in 20 Minuten zur eifrig vermarkteten **Planta Pisco Capel** (☎ 411-251; www.piscocapel.com; ☼ Jan. & Feb. 10–18 Uhr, März–Dez. bis 12.30 & 14.30–18 Uhr), wo eine kurze Führung und kleine Kostproben erst so richtig durstig machen. Von der Stadt aus Richtung Südosten gehen, dann über die Brücke und links abbiegen.

Ein Highlight der Region ist das **Observatorio Cerro Mamalluca** (☎ 411-352; www.mamalluca.org; Av Gabriela Mistral 260; Führung 3500 Ch$; ☼ abends), in dem man durch das 30-cm-Teleskop einen Blick in den Weltraum werfen kann. Zwischen September und April muss der Besuch einen Monat im Voraus gebucht werden. Einen warmen Pullover mitbringen. Von Anbruch der Dunkelheit bis 0.30 Uhr finden alle zwei Stunden zweisprachige Führungen statt. Vom Verwaltungsbüro aus fahren Shuttles (1500 Ch$), die reserviert werden müssen.

Elkinatura (☎ 412-070; Av Gabriela Mistral 549) verleiht Fahrräder (1500 Ch$/Std.) und bietet Ausflüge, Ausritte, Klettertouren u. v. m. an.

Schlafen & Essen

Hostal Valle Hermoso (☎ 411-206; Av Gabriela Mistral 706; B 6500 Ch$, EZ/DZ mit Frühstück 14 000/24 000 Ch$) Das Herz der Pension ist die bezaubernde Señora Lucia, die sich ganz ihren Gästen widmet und diese mit einem leckeren Frühstück mit Obstplatten und riesigen eleganten Zimmern mit renovierten Bädern verwöhnt. Von dem offenen Hof aus lässt sich hervorragend der Sternenhimmel beobachten.

Hostal Rita Klamt (☎ 419-611; rita_klamt@yahoo.es; Condell 443; Zi. mit Frühstück 11 000–12 000 Ch$/Pers.; 🖥 🏊) Eine gemütliche Pension mit drei Schlafzimmern, Garten, Swimmingpool und einer deutschsprachigen Gastgeberin. Ein Zimmer hat ein eigenes Bad.

Hotel Halley (☎ 412-070; Av Gabriela Mistral 542; DZ/3BZ mit Frühstück 23 500/35 000 Ch$; 🏊) Hier schnarchen die Gäste laut unter den Spitzendecken in den Eisenbetten. Es gibt einen hübschen Hof – perfekt für einen gemeinsamen Abend bei einem Gläschen Wein. Nach IVA-Rabatten fragen. Das namensgebende Restaurant ist nicht so schick, aber genauso generös – es gibt große Portionen Ziegenbraten, Salat und chilenische Klassiker (Hauptgerichte 2100–6000 Ch$).

Anreise & Unterwegs vor Ort

Der **Busbahnhof** (Ecke Prat & O'Higgins) liegt einen Block südlich der Plaza. Von dort fahren häufig Busse nach La Serena (1500 Ch$, 1 Std.), Coquimbo (1200 Ch$, 1¼ Std.), Pisco Elqui (1000 Ch$, 50 Min.) und Monte Grande (1300 Ch$, 40 Min.). Manche Unternehmen fahren täglich nach Santiago (12 000 Ch$, 7½ Std.), darunter **Pullman** (☎ 412-812).

In dem Busbahnhofskomplex befindet sich auch der **Terminal de Taxis Colectivos** (Ecke Prat & O'Higgins). Von dort fahren schnelle *colectivos* nach La Serena (1800 Ch$, 50 Min.) und Pisco Elqui (2000 Ch$, 50 Min.).

VALLE DEL ELQUI

Riesige Observatorien, Muskateller-Weinberge, *pisco*-Destillerien und Papaya-Haine prägen das fruchtbare Elqui-Tal. Dessen geomagnetischen Strahlen locken New-Age-Anhänger, es gibt aber auch Farmen und Dörfer zu entdecken, deren Reiz in ihrer Schlichtheit liegt. Besucher werden es jedenfalls kaum bereuen, diese kuriose Oase in den Reiseplan mit aufgenommen zu haben.

Pisco Elqui ist ein idyllisches Dorf in geschützter Tallage. Es ist die am besten zu erreichende Ausgangsbasis für Erkundungstouren durch die Region. Vor Ort hergestellten *pisco* bekommt man bei **Solar de Pisco Elqui** (☎ 051-451-358; ⏰ 11–19 Uhr), das die Marke Tres Erres produziert, oder 3 km südlich vom Ort in der ursprünglichen *pisquería* Los Nichos.

Das **Refugio del Angel** (☎ 451-292; refugiodelangel@gmail.com; Stellplatz 3500 Ch$/Pers., Tagesgäste 1500 Ch$), ein idyllischer Campingplatz am Flussufer, hat Schwimmstellen, Badezimmer

> **NOCH MEHR ZIELE IM VALLE DEL ELQUI**
>
> Von Pisco Elqui aus weiter talaufwärts gelangt man zu einigen ländlichen Weilern: Los Nichos, Horcón und Alcohuaz. Mit genug Trinkwasser ausgestattet kann man all diese kleinen Dörfchen von Pisco Elqui aus leicht zu Fuß oder mit dem Fahrrad erkunden: Alcohuaz, das höchstgelegene, ist gerade einmal 14 km entfernt. In allen diesen Dörfern gibt es eine kleine Herberge, in den meisten auch Restaurants.

und den obligatorischen Trommelkreis. Die Abzweigung liegt 200 m südlich der Plaza an der Manuel Rodriguez.

Hostal San Pedro (☎ 451-061; www.mundoelqui.cl; Prat s/n; Zi. ohne Bad 5000 Ch$/Pers.) Klein und schlicht: Das Beste an diesem Groupie-Hostel ist definitiv der atemberaubende Blick aufs Tal.

El Tesoro de Elqui (☎ 051-451-069; www.tesoro-elqui.cl; Prat s/n; B 8500 Ch$, DZ ohne Bad & mit Frühstück 30 000 Ch$, Cabaña 40 000 Ch$; 🏊) Zitronenbäume und ein üppiger Garten bilden die Kulisse des romantischen Refugiums, das Extras wie Hängematten und Oberlichter bietet, durch die man die Sterne sehen kann. Außerdem gibt es ein exzellentes Restaurant. Der Schlafsaal ist klein – also im Voraus reservieren.

La Escuela (Ecke Prat & Callejón Baquedano; Sandwichs 2000–3000 Ch$; ⏰ 12 Uhr–open end) Das La Escuela hat einen großartigen offenen Hinterhof. Tagsüber ist es ein Sandwich-Shop, abends eine hippe Bar.

Busse von Via Elqui verkehren tagsüber zwischen Pisco Elqui und Vicuña (2000 Ch$, 50 Min.). Man erwischt sie an der Plaza. Manchmal fahren die Busse auch weiter bis nach Horcón und Alcohuaz.

COPIAPÓ

☎ 052 / 132 900 Ew.

Das gastfreundliche Copiapó kann Travellern auf die Dauer zwar nur wenig bieten, ist aber eine gute Ausgangsbasis zur Erkundung der einsamen Berge an der Grenze zu Argentinien. Atemberaubende Ziele sind der Parque Nacional Nevado Tres Cruces, die Laguna Verde und der Ojos del Salado, der höchste aktive Vulkan der Welt. Die Entdeckung von Silber im nahe gelegenen Chañarcillo 1832 sorgte dafür, dass hier manche Errungenschaft ihre Premiere feierte: so die erste Eisenbahn

DAS NÄCHSTE ABENTEUER WARTET

Im **Parque Nacional Nevado Tres Cruces** erlebt man jede Menge wilde Tiere und urtümliche Bergspitzen mit zerklüfteten Hängen. Bei Abenteuertouristen ist der Park ohne Zweifel groß im Kommen. Das 61 000 ha große Gelände ist die Heimat von Flamingos, Andengänsen, Rüsselblässhühnern sowie großen Vikunja- und Guanakoherden. Für die Übernachtung im *refugio* (Schutzhütte; B 8000 Ch$) sollte man einen Schlafsack, Trinkwasser und Gas zum Kochen mitbringen. Reservierungen nimmt das Conaf-Büro in Copiapó (S. 462) entgegen.

Südlich des Parks erhebt sich der 6893 m hohe **Ojos del Salado**, Chiles höchster Gipfel, der gerade einmal 69 m „kleiner" als der Aconcagua und zugleich der höchste aktive Vulkan der Erde ist. *Refugios* gibt es in 5100 und 5750 m Höhe. Wer den Vulkan erklimmen will, benötigt eine Genehmigung der chilenischen Dirección de Fronteras y Límites (in Santiago ☎ 02-671-2725; Teatinos 180, 7. Stock). Als professioneller Bergführer zu empfehlen ist **Erik Galvez** (☎ 098-911-9956; erikgalvez@hotmail.com).

Maßgeschneiderte, empfohlene Geländewagentouren veranstaltet der auch Englisch sprechende Reiseführer **Ercio Mettifogo** (☎ 099-051-3202; erciomettifogo@gmail.com). Es gibt keine öffentlichen Verkehrsmittel zum Berg; für die Anfahrt braucht man einen Geländewagen. Unbedingt Trinkwasser und Ersatzbenzin mitnehmen und sich vor der Anreise mit dem Conaf-Büro in Copiapó in Verbindung setzen.

Südamerikas oder die ersten Telegrafen- und Telefonverbindungen Chiles. Copiapó liegt 800 km nördlich von Santiago und 565 km südlich von Antofagasta.

Praktische Informationen

Añañucas (Chañarcillo; Mo–Fr 8.30–21, Sa 10–21 Uhr) Wäschereiservice in der Nähe von Chacabuco (2000 Ch$/kg).
Cambios Fides (Mall Plaza Real, Colipí 484, Office B 123) Hier kann man Geld umtauschen.
Conaf (☎ 213-404; Martínez 55; Mo–Do 8.30–17.30, Fr bis 16.30 Uhr) Hat Infos über den Nationalpark.
Sernatur (☎ 212-838; infoatacama@sernatur.cl; Los Carrera 691) Die Touristeninformation an der Plaza Prat ist gut informiert.

Sehenswertes

Unbedingt sehenswert ist das **Museo Mineralógico** (☎ 206-606; Ecke Colipí & Rodríguez; Erw. 500 Ch$; Mo–Fr 10–13 & 15.30–19, Sa bis 13 Uhr). Mit mehr als 2000 zum Teil im Dunkeln funkelnden Gesteinsproben zollt es den Rohstoffen, denen die Stadt ihre Existenz verdankt, liebevoll Tribut.

Die Überreste aus der großen Bergbauzeit prägen Copiapós Zentrum. An der Plaza Prat im Schatten von Pfefferbäumen sieht man Bauwerke aus der frühen Bergbauära: die elegante **Iglesia Catedral** mit ihren drei Türmen und das heruntergekommene alte Wahrzeichen der Stadt, die **Casa de la Cultura**. Herumstreunenden Wahrsagern geht man besser aus dem Weg – wenn die einmal loslegen, wird man sie nur schwer wieder los.

Schlafen & Essen

Residencial Rocio (☎ 215-360; Yerba Buenas 581; Zi. ohne Bad 5000 Ch$/Pers.) Die einfache, preisgünstige Pension hat einen hübschen, schattigen Hof. Aber die Badezimmer, die man sich teilen muss, sehen sehr mitgenommen aus.

Hotel Montecatini (☎ 211-363; hotelmontecatini@123.cl; Infante 766; DZ mit Frühstück 17 000 Ch$;) Hinter der olivgrünen Fassade des Lehmziegelhauses erwarten Gäste große, weiträumige Zimmer, Kabel-TV und WLAN. Der grüne Innenhof ist hübsch und das Frühstück überdurchschnittlich gut. Man kann einen IVA-Rabatt aushandeln.

Hotel La Casona (☎ 217-277; www.lacasonahotel.cl; O'Higgins 150; EZ/DZ mit Frühstück ab 25 000/30 000 Ch$;) Das makellose Landhaus mit Restaurant und einem begrünten Hof sticht aus der Masse hervor. Es hat gemütliche, mit Teppichen ausgelegte Zimmer. Die Inhaber sind zweisprachig.

Empanadopolis (Colipí 320; 1000 Ch$; mittags & abends) Hier bekommt man fix zubereitete Empanadas in ungewöhnlichen, ultraleckeren Geschmacksrichtungen.

Café Colombia (Colipí 484; Snacks 1500 Ch$) Hier kann man sich in aller Ruhe seinen Koffeinschub holen. Das geschäftige Café macht auch schaumige Cappuccinos und serviert köstliche Süßspeisen und Sandwichs.

Don Elias (Los Carrera 421; Tagesmenü 2000 Ch$; morgens, mittags & abends) Ein billiges Diner, das gute *almuerzos* (Mittagsmenüs) sowie Seafood-Spezialitäten serviert.

Tololo Pampa (Atacama 291; Platte für 2 Pers. 8000 Ch$ ☺ 20 Uhr–open end) Bekannt für seine *tablas:* Auf Schneidebrettern aus Holz wird eine Auswahl an Fleisch und Käse oder *ceviche* und Sushi serviert. Die Einheimischen genießen das Ganze dann gern im Hof an der offenen Feuerstelle. Ideal für einen Drink und einen Snack noch spätabends.

An- & Weiterreise

Das Unternehmen **Pullman Bus** (☎ 212-977; Colipí 109) hat einen großen Betriebshof mit ein zentrales **Fahrkartenbüro** (Ecke Chacabuco & Chañarcillo). Auch **Tur Bus** (☎ 238-612; Chañarcillo 680) betreibt ein eigenes Terminal und ein **Fahrkartenbüro** (Colipí 510) in der Innenstadt. Busse der anderen Unternehmen wie **Expreso Norte** (☎ 231-176), **Buses Libac** (☎ 212-237) und **Flota Barrios** (☎ 213-645) halten und starten an dem gemeinsamen Busbahnhof in Chañarcillo. Viele Busse zu nördlichen Zielen in der Wüste starten abends. Es gibt u. a. Busse nach Antofagasta (16 000–28 000 Ch$, 8 Std.), Arica (24 900–38 000 Ch$, 18 Std.), Calama (20 000–33 000 Ch$, 10 Std.), Iquique (20 500–32 000 Ch$, 13 Std.), La Serena (9000–18 000 Ch$, 5 Std.) und Santiago (21 000–35 000 Ch$, 12 Std.).

Der kürzlich fertiggestellte Aeropuerto Desierto de Atacama liegt 40 km nordwestlich von Copiapó. **LAN** (☎ 600-526-2000; Mall Plaza Real, Colipí 484) fliegt täglich nach Antofagasta (52 000 Ch$, 1 Std.), La Serena (48 000 Ch$, 45 Min.) und Santiago (84 000 Ch$, 1½ Std.). Ein Taxi kostet 16 000 Ch$; empfehlenswert ist **Radio Taxi San Francisco** (☎ 218-788). Es gibt auch einen Zubringerbus (5000 Ch$, 25 Min.).

CALDERA & BAHÍA INGLESA

Klares Wasser, jede Menge Sonne und Meeresfrüchte sind die Zutaten, aus denen Caldera besteht. Die Hafenstadt 75 km westlich von Copiapó quillt über vor chilenischen Urlaubern. Traveller werden zum Baden wahrscheinlich eher zur nahe gelegenen Bahía Inglesa gehen, auch wenn die Unterkünfte dort teurer sind. In der Nebensaison sinken die Preise, das Wasser ist aber trotzdem noch ordentlich und der Strand nahezu ausgestorben. Kulinarische Spezialitäten sind fangfrische Muscheln, Austern und Algen.

Gegenüber der Plaza in Caldera steht das freundliche **Residencial Millaray** (☎ 052-315-528; Cousiño 331; Zi. ohne Bad 7000 Ch$/Pers.; 💻). Je nach Sichtweise ist es ein authentisches traditionelles Haus oder müsste mal renoviert werden.

Am stimmungsvollen **Terminal Pesquero** (Hauptgerichte 3500 Ch$) findet man Seafood-Buden und Restaurants. In der Kneipe **Bartholomeo** (Wheelright 747; ☺ 19–4 Uhr) kommen Einheimische und Traveller zusammen. Am Wochenende gibt's live Rock und Jazz.

In Bahía Inglesa dürfen sich Badeurlauber auf weiße Muschelstrände und Windsurfer auf ein türkisfarbenes Meer freuen. **Camping Bahía Inglesa** (☎ 052-315-424; Playa Las Machas; Stellplatz für 1–6 Pers. 18 000 Ch$, Cabaña 24 400–40 300 Ch$) hat gute Einrichtungen mit Blick über die Bucht. Wenn möglich sollte man einen Besuch für die Nebensaison planen, wenn die Preise fallen. Das **Domo Chango Chile** (☎ 052-316-168; www.changochile.cl; Av El Morro 610, Bahía Inglesa; Zelt 12 000 Ch$/Pers.) ist ein Hostel am Ufer mit drei luftigen Zelten mit eigenen Badezimmern. Das erstklassige Essen im angeschlossenen Restaurant reicht vom saftigen Burger bis zu frischem *ceviche*. Hier werden auch Geländewagen-, Kitesurfing- und Surf-Trips organisiert.

Das **LP Tipp El Plateao** (Av El Morro 756; Hauptgerichte 8000 Ch$; ☺ 11 Uhr–open end), ein lustiges Fusion-Restaurant in einem schicken, verwitterten Strandhaus in Bahía Inglesa, serviert scharfes, üppiges und sättigendes Essen – von peruanischen Gerichten bis zum thailändischen Meeresfrüchte-Curry.

In Caldera gibt's Busbahnhöfe von **Pullman** (Ecke Gallo & Cousiño), **Recabarren** (Ossa Varas s/n) und **Tur Bus** (Ossa Varas & Santos Cifuentes). Busse fahren nach Copiapó (2000 Ch$, 1 Std.) und Antofagasta (13 000 Ch$, 7 Std.). Zwischen Caldera und Bahía Inglesa (800 Ch$, 15 Min.) sind Busse und flotte *colectivos* unterwegs. Ein Privattaxi zum Aeropuerto Desierto de Atacama kostet 12 000 Ch$.

PARQUE NACIONAL PAN DE AZÚCAR

Der kalte Humboldtstrom vor der Küste der Wüste schafft die Lebensgrundlage für Humboldtpinguine und viele andere Meerestiere. Der 44 000 ha große lohnende **Praque Nacional Pan de Azúcar** (Eintritt 1600 Ch$) umfasst weiße Sandstrände, geschützte Buchten, steinige Landzungen und kakteenbedeckte Hügel. An der Anlegestelle bei Punta de Choros kann man Boote mieten (max. 14 Pers. 45 000 Ch$), die an der Ostküste der 320 ha großen **Isla Choros** entlangtuckern. Dabei hat man gute Chancen, Tümmler, eine große Seelöwenkolonie, Otter, Humboldtpinguine und Unmengen an Kormoranen, Möwen und Tölpeln vors Kameraobjektiv zu bekommen.

Tauch- und Kajaktrips können über **Explora Sub** (☎ 099-402-4947; www.explorasub.cl; 200 m nördlich der Anlegestelle Punta de Choros; Tauchgang & Ausrüstung 30 000 Ch$) arrangiert werden. Sie bieten auch superniedliche *cabañas* (DZ 30 000 Ch$) an. Vom Conaf-Büro führen Wanderwege nach El Mirador (8 km) und Quebrada Castillo (12 km). **Campen** (3500 Ch$/Pers.) kann man an der Playa Piqueros und der Playa Soldado. Dort gibt's auch Toiletten, Wasser, Kaltwasserduschen und Tische. Die hübschen Lehmziegelhütten bei der **Lodge Pan de Azucar** (www.lodgepandeazucar.cl; pro 2/6/8 Pers. 30 000/60 000/80 000 Ch$) sind voll ausgestattet; bei Gran Atacama in Copiapó reservieren.

In der Nähe findet man in dem jämmerlichen Bergbauhafen Chañaral das saubere, aber einfache **Hotel Jimenez** (☎ 480-328; Merino Jarpa 561; Zi. 10 000 Ch$) und das eher auf Geschäftsreisende ausgerichtete **Hotel Aqua Luna** (☎ 523-868; Merino Jarpa 521; EZ/DZ/3BZ 14 000/20 000/25 000 Ch$) mit federnden Matratzen.

Flota Barrios (☎ 480-894; Merino Jarpa 567) und **Pullman Bus** (☎ 480-213; Ecke Diego de Almeyda & Los Baños) fahren nach Santiago (20 000–28 000 Ch$, 15 Std.) und Copiapó (4000 Ch$, 2½ Std.). Vom Pullman-Terminal fahren Minibusse zum Nationalpark (einfache Strecke 2000 Ch$, 25 Min.). Ein Taxi kostet etwa 20 000 Ch$.

ANTOFAGASTA

☎ 055 / 296 900 Ew.

Der nach Nikotin, Salz und Schweiß „duftende" Hafen von Antofagasta steht selten bei Travellern auf der Agenda. Trotzdem haben die antiquierte Plaza und die aus der Zeit des Nitratbooms stammenden Gebäude im Barrio Histórico einen gewissen Reiz. Die 1870 gegründete Stadt gewann schnell an Bedeutung, da sie den einfachsten Weg ins Landesinnere bot. So wurden hier bald mehr Frachten verschifft als von jedem anderen südamerikanischen Hafen am Pazifik. Heute ist es der Großteil des in der Atacama-Wüste abgebauten Kupfers und der anderen Mineralien, der von Antofagasta aus exportiert wird. Die Stadt ist zudem ein wichtiger Knotenpunkt für den Handel mit Bolivien, das diese Region im Salpeterkrieg an Chile verloren hat. In der verlassenen Umgebung gibt es vergessene Hafenorte und unheimliche, ausgestorbene Ortschaften aus der Zeit des Nitratbooms, auf die man sich leicht durch ein Busfenster einen Blick werfen kann.

Orientierung

Antofagasta erstreckt sich über eine weitläufige Terrasse am Fuß der Küstengebirgskette. Die westliche Grenze der Innenstadt bildet die von Norden nach Süden verlaufende Av Balmaceda, gleich östlich des modernen Hafens. Die Panamericana verläuft im Landesinneren etwa 15 km östlich der Stadt.

Praktische Informationen

Südlich der Plaza Colón gibt's Internetcafés (unter 500 Ch$/Std.).
Cambio Ancla Inn (Baquedano 508) Wechselt Geld.
Hospital Regional (☎ 269-009; Av Argentina 1962)
Paris Lavaseco (☎ 222-199; Condell 2455; ⏰ Mo–Sa 9–21 Uhr) Eine Wäscheladung von bis zu 4 kg kostet 7000 Ch$.
Post (Washington 2623) Gegenüber der Plaza Colón.
Sernatur (☎ 451-818; infoantofagasta@sernatur.cl; Prat 384) Nützliche Infos und kostenloses WLAN für Besucher.

Sehenswertes & Aktivitäten

Die Blütezeit des Nitratabbaus hat Spuren hinterlassen: Im **Barrio Histórico** zwischen Plaza und altem Hafen stehen viktorianische und georgianische Gebäude. Unverkennbar ist der britische Einfluss auf der **Plaza Colón** an der Big-Ben-Kopie, der **Torre Reloj**. Im alten Zollhaus ist das sehenswerte **Museo Regional** (Ecke Balmaceda & Bolívar; Eintritt 800 Ch$; ⏰ Di–Fr 9–17, Sa & So 11–14 Uhr) untergebracht. Nördlich der Hafenbehörde tummeln sich Seelöwen rund um den geschäftigen Fischmarkt, den **Terminal Pesquero**.

Ein viel fotografiertes Nationalsymbol ist die **La Portada**, ein prächtiger natürlicher Gesteinsbogen, der 16 km nördlich von Antofagasta unmittelbar vor der Küste den Wellen trotzt. Hin geht's von Sucre aus mit Bus 15 bis zur *cruce* (Kreuzung) bei La Portada; von dort aus sind es noch 3 km zu Fuß.

Schlafen

Die wenigen Unterkünfte sind zum Teil auch noch von Wanderarbeitern belegt.

Camping Rucamóvil (☎ 262-358; bei Km 11; Stellplatz 12 000 Ch$/Pers.) Hier gibt's ein paar Flecken Schatten und Meerblick. Anfahrt: mit dem *micro* 2 vom Mercado Central.

Casa El Mosaico (☎ 099-938-0743; Copiapó 1208; B/DZ 7000/18 000 Ch$) Die beste Backpacker-Absteige. Das geräumige Haus mit Grillstellen, guten Tourinfos sowie Kunst- und Tauchkursen liegt außerhalb vom Zentrum an der Playa Huascar. Hier wird auf Recycling und Öko-Tourismus Wert gelegt. Im Voraus reservieren.

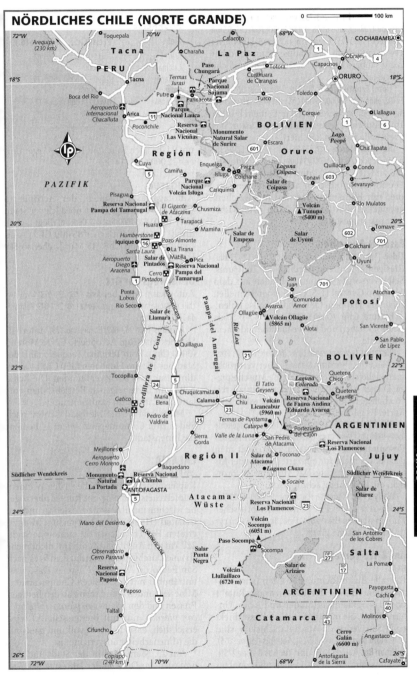

Hotel Capri (☎ 263-703; www.chilegreentours.com; Copiapó 1208; EZ ohne Bad & mit Frühstück 7000 Ch$, DZ mit Frühstück 15 000 Ch$) Liegt im sicheren Univiertel etwas außerhalb des Stadtzentrums und hat recht saubere Zimmer, Sessel und freundliche Angestellte.

Hotel Frontera (☎ 281-219; Bolívar 558; DZ 27 US$, EZ/DZ ohne Bad 14 000/19 000 Ch$) Etwas altmodisches, aber sauberes Hotel mit einem bunten Innendurchgang und blumigem Dekor, das eventuelle Flecken kaschiert.

Hotel San Marcos (☎ 251-763; Latorre 2946; EZ/DZ/3BZ mit Frühstück 17 500/24 0000/34 000 Ch$) Eleganter als die anderen Unterkünfte in der Innenstadt. Die etwas altmodischen, aber gepflegten Zimmer mit Blumenmuster sind mit weichen, gebügelten Bettlaken, Telefon und Kühlschrank ausgestattet.

Essen & Ausgehen

Lider (Antofagasta Shopping, Zentero 21; ⌚ 8–22 Uhr) Riesiger Supermarkt nördlich des Zentrums. Selbstversorger können sich auch auf dem Mercado Central (J. S. Ossa) einen schnellen *cocinería*-Happen, Obst und Gemüse holen.

Battuta Café (Condell 2573, Local 1-2-3; Snacks 1800 Ch$) Kuchen und Kaffee in ultramodernem Ambiente.

Pizzanté (www.pizzante.cl; Av JM Carrera 1857; Pizza 2800–6300 Ch$; ⌚ mittags & abends) Hier verdrückt man vielleicht das erste Mal eine Muschelpizza. Dicker, knuspriger Boden und einfallsreiche Beläge bestimmen die außergewöhnliche Karte. Es gibt auch Salate.

Picadillo (☎ 247-503; Av Grecia 1000; Hauptgerichte 4500–8300 Ch$; ⌚ mittags & abends) Eines der besten Restaurants in Antofagasta. Hier zahlt man gern etwas mehr für ein zartes Steak oder für frische Meeresfrüchte. Das Ambiente ist förmlich, die Bedienung schnippisch.

Wally's Pub (Toro 982; Hauptgerichte 4500–9000 Ch$; ⌚ Mo–Sa ab 18 Uhr) Ein gemütlicher britischer Pub, in dem es Bier vom Fass, leckere Currys und Billardtische gibt.

An- & Weiterreise

BUS

Fast alle Busse Richtung Norden fahren inzwischen entlang der Küstenstraße Ruta 1 über Tocopilla nach Iquique und Arica. Unternehmen, die mehrmals täglich Busse direkt nach San Pedro de Atacama schicken, sind u. a. **Flota Barrios** (Condell 2764), **Géminis** (Latorre 3055), **Pullman Bus** (Latorre 2805) und **Tur Bus** (Latorre 2751). Géminis fährt dienstags, freitags und sonntags

BUSPREISE

Ziel	Preis (Ch$)	Dauer (Std.)
Arica	16 000	12
Calama	4000	3
Copiapó	16 000–28 000	7
Iquique	14 000	6
La Serena	20 000–34 000	12
Santiago	28 000	19

um 9 Uhr nach Salta und Jujuy in Argentinien (22 000 Ch$, 14 Std.).

FLUGZEUG

Antofagastas Flughafen, der Aeropuerto Cerro Moreno, liegt 25 km nördlich der Stadt. **LAN** (☎ 600-526-2000; Prat 445, Option 8) fliegt täglich direkt nach Santiago (85 000 Ch$) und Iquique (50 000 Ch$, 45 Min.), ebenso **Sky** (☎ 459-090; Velásquez 890).

Unterwegs vor Ort

Autos kann man bei **Avis** (☎ 221-073; www.avischile.cl; Baquedano 364) und **Hertz** (☎ 269-043; Balmaceda 2492) mieten.

Aerobus (☎ 262-669; Baquedano 328) unterhält Shuttles vom/zum Aeropuerto Cerro Moreno (3000 Ch$). Vom Terminal Pesquero fährt der Stadtbus 15 zum Flughafen (300 Ch$) – allerdings nur etwa alle zwei Stunden. Die Busse halten an firmeneigenen Betriebshöfen entlang der Latorre im Stadtzentrum.

Micro 2 fährt vom Mercado Central nach Süden zum Campingplatz, *micro* 14 bedient die Innenstadt.

CALAMA

☎ 055 / 147 600 Ew.

Kupferstatuen, Kupferstiche an den Wänden, Kupferreliefs und eine mit Kupfer überzogene Kirchturmspitze – die Existenzgrundlage Calamas (Höhe 2700 m) ist nicht schwer zu erraten. Für Traveller ist die monotone Stadt, 220 km von Antofagasta entfernt, nicht mehr als eine Durchgangsstation auf dem Weg nach San Pedro de Atacama. Calamas Dasein ist untrennbar mit der riesigen Chuquicamata-Mine verbunden – und schon an den heftigen Preisen und den *schops con piernas* (wie *cafés con piernas*, nur mit Bierausschank) wird ersichtlich, dass die Stadt voll und ganz auf die Minenarbeiter ausgerichtet ist.

Am 23. März wird in der Stadt und den umliegenden Dörfern der Jahrestag der Ankunft der chilenischen Truppen während des Salpeterkriegs gefeiert. Dann findet ein ungestümer Jahrmarkt statt, auf dem es Kunsthandwerk, Essen, Musik und Nutztiere gibt.

Praktische Informationen

Centro de Llamadas (Ecke Sotomayor & Vivar; 400 Ch$/Std.; 9–22 Uhr) Telefoncenter mit preisgünstiger Breitband-Internetverbindung.

Hospital Carlos Cisterna (342-347; Ecke Av Granaderos & Cisterna; 24 Std.) Fünf Blocks nördlich der Plaza 23 de Marzo.

Lavaexpress (Sotomayor 1887; Mo–Sa 9–21 Uhr) Express-Wäscherei (1000 Ch$/kg).

Moon Valley Exchange (Vivar 1818) Gute Wechselkurse.

Post (Vicuña Mackenna 2167)

Städtische Touristeninformation (345-345; cala mainfotour@entelchile.net; Latorre 1689; Mo–Fr 8–13 & 14–18 Uhr) Hat nützliche Infos und organisiert Touren.

Schlafen

Aufgrund der großen Nachfrage seitens der Bergarbeiter sind die hiesigen Unterkünfte unverhältnismäßig teuer. Zudem gibt's in den meisten Budgetunterkünften kein Frühstück.

Camping Casas del Valle (340-056; Bilbao 1207; Stellplatz 4000 Ch$/Pers.) Schattiger, voll ausgestatteter Campingplatz hinter dem Stadion.

Residencial Toño (341-185; Vivar 1970; EZ/DZ 5000/11 000 Ch$) Das Toño ist spartanisch ausgestattet und sichtlich heruntergewirtschaftet, hat aber gute Preise. Zudem ist es sauber und wird von einer gastfreundlichen Familie geführt.

Hostal Nativo (347-414; www.nativo.cl; Sotomayor 2215; EZ mit/ohne Bad 11 000/7000 Ch$, DZ 14 000 Ch$) Die funkelnde Budgetunterkunft ist für Calama-Verhältnisse ein echtes Schnäppchen. Sie hat makellose Zimmer, auch wenn die Betten etwas durchgelegen und weich sind.

Hotel El Mirador (340-329; www.hotelmirador.cl; Sotomayor 2064; EZ/DZ mit Frühstück 30 000/40 000 Ch$;) Mit seinen gewölbten Decken, Balkonen und frischem, weißen Bettzeug ist das historische Hotel der Konkurrenz weit überlegen.

Essen & Ausgehen

Entlang der Fußgängerzone Ramírez gibt's viele Lokale, in denen man zum Teil auch im Hof sitzen kann.

Mercado Central (Latorre; Tagesmenü 1200–2000 Ch$) Der Markt zwischen der Ramírez und Vargas versorgt mittags die Arbeiter mit billigen, sättigenden *cocinerías*.

Club Croata (Abaroa s/n; Mittagsmenü 2600 Ch$) Der Club ist eines der traditionsreichsten Lokale in Calama. Auf den Tisch kommen unerwartet köstliche chilenische Klassiker wie *pastel de choclo*.

Fogata Bar (Vicuña Mackenna 1973; Hauptgerichte 2800–6000 Ch$; Di–Sa 19 Uhr–open end) Bei der knisternden Feuerstelle draußen und dem Livegeklimper könnte man meinen, in San Pedro zu sein. Dankenswerterweise sprechen die Preise eine andere Sprache. Ein Hotspot für Pizza und Tacos, die man mit einem kalten Bier herunterspülen kann.

An- & Weiterreise

BUS

In der Hauptsaison sollte man Fahrkarten für Fernbusse ein paar Tage im Voraus kaufen.

Tur Bus (Tickets Balmaceda 1852; Betriebshof Granaderos 3048), **Pullman Bus** (Tickets Sotomayor 1808; Betriebshof Balmaceda 1802) und **Géminis** (650-700; Antofagasta 2239) fahren häufig nach Antofagasta, nachts auch nach Iquique, Arica und Santiago. Die Betriebshöfe von Tur Bus und Pullman liegen außerhalb der Stadt. Dorthin gelangt man mit dem Taxi (2000 Ch$).

Nach San Pedro de Atacama fahren **Buses Frontera** (Antofagasta 2041), **Buses Atacama 2000** (Betriebshof Géminis) und Tur Bus.

Fahrten ins Ausland sollte man so frühzeitig wie möglich buchen. Zweimal pro Woche fahren Frontera und Buses Atacama 2000 nach Uyuni in Bolivien (9000 Ch$, 15 Std.). Nach Salta und Jujuy in Argentinien fährt Pullman (20 000 Ch$, 12 Std., Di, Fr & So 9.05 Uhr). Günstiger sind die Busse von Géminis (30 000 Ch$, 12 Std., Di, Fr & So 9 Uhr). Die Zugverbindung nach Bolivien wurde eingestellt.

BUSPREISE		
Ziel	Preis (Ch$)	Dauer (Std.)
Antofagasta	4000	3
Arica	16 000	10
Iquique	14 000	6½
La Serena	22 800–39 000	16
San Pedro de Atacama	2500	1
Santiago	30 000	20

FLUGZEUG

LAN (600-526-2000; Latorre 1726) fliegt vom Aeropuerto El Loa viermal am Tag nach Santiago (35 000–64 000 Ch$). **Sky** (310-190; Latorre 1499) ist mitunter günstiger.

Unterwegs vor Ort
Autoverleiher sind u. a. **Avis** (☎ 363-325; calama@avischile.cl; Aeropuerto El Loa) und **Hertz** (☎ 341-380; Av Granaderos 141). Wer zu den Geysiren fahren will, braucht einen höher gelegten Geländewagen oder einen Pickup.

Häufig fahren *colectivos* in der Abaroa, gleich nördlich der Plaza 23 de Marzo, mit Ziel Chuquicamata (1000 Ch$, 15 Min.) ab.

Ein Taxi vom 5 km entfernten Flughafen kostet 4000 Ch$. Die Busunternehmen haben gleich außerhalb des Stadtzentrums große Betriebshöfe. Bei der Ankunft sollte man sich an dem jeweiligen Büro im *el centro* absetzen lassen, um nicht wieder mit dem Taxi zurückfahren zu müssen.

CHUQUICAMATA
Die Mine knapp 20 km nördlich von Calama pustet unverdrossen meilenweit in der Wüste sichtbare Staubschwaden in die Luft. Auch sonst ist sie ein Ort der Superlative: Die Mine zählt zu den weltweit größten Tagebaukupferminen, sie ist tiefer als der tiefste See der USA und die 630 000 t Kupfer, die jährlich gefördert werden, machen Chile zum größten Kupferexporteur der Welt.

Mit dem Abbau begann 1915 zunächst die US-amerikanische Anaconda Copper Mining Company. Inzwischen wird die Mine von der staatlichen **Corporación del Cobre de Chile** (Codelco; ☎ 055-327-469; visitas@codelco.cl; Ecke Tocopilla & Carrera) betrieben. Früher war Chuquicamata in eine wohlgeordnete Geschäftsstadt integriert, wegen der hohen Umweltbelastung und der Kupfervorkommen unterhalb der Stadt musste sie jedoch 2004 aufgegeben werden.

Es gibt zwar Tourveranstalter in Calama, die aber sind maßlos überteuert. Stattdessen kann man einen Besuch der Mine telefonisch oder per E-Mail via Codelco organisieren oder bei der Touristeninformation in Calama eine Reservierung vornehmen. Führungen gibt's montags bis freitags auf Englisch und Spanisch.

Eine halbe Stunde vor der Führung sollte man sich beim Codelco-Büro melden, seinen Personalausweis vorlegen und eine freiwillige Spende abliefern. Die 50-minütigen Führungen beginnen um 14 Uhr. Man sollte festes Schuhwerk (keine Sandalen), lange Hosen und langärmelige Oberteile tragen. Die Teilnehmerzahl ist begrenzt; im Sommer also im Voraus buchen.

SAN PEDRO DE ATACAMA
☎ 055 / 3200 Ew.

Oasen ziehen Herden an – und diese hier ist da keine Ausnahme. Früher war San Pedro de Atacama (Höhe 2440 m) ein bescheidener Rastplatz auf dem Viehweg über die Anden. Heute sind die hiesigen Grundstücke heiß begehrt. In nur zehn Jahren haben Unmengen an Gästehäusern, Lokalen, Internetcafés und Reisebüros die staubigen Straßen erobert und daraus eine Art Lehmziegel-*landia* gemacht. Die schnelle Entwicklung hat auch ihre Schattenseiten: gepfefferte Preise, zwielichtige Tourveranstalter und übertriebene Reklame. Und dennoch darf man sich auf unglaubliche Ruhe, hypnotisierende Landschaften, Lagerfeuer im Hinterhof, einen sagenhaften Sternenhimmel und Hostels voller Hängematten freuen. Mit dem richtigen Timing entgeht man dem Rest der Touris und kann den Ort richtig genießen.

Die Ortschaft liegt unweit des nördlichen Rands der Salar de Atacama, eines gewaltigen Salzsees 120 km südöstlich von Calama. Die Busse halten direkt bei der Plaza. Der ganze Ort lässt sich prima zu Fuß erkunden.

Wasser ist in San Pedro Mangelware und das Leitungswasser nicht trinkbar. Die meisten Läden verkaufen Trinkwasser. Einheimische empfehlen, beim Duschen mit dem Wasser sparsam umzugehen und die größeren Wasserflaschen zu kaufen, um den anfallenden Müll so gering wie möglich zu halten.

Praktische Informationen
In der Caracoles gibt's ein halbes Dutzend Internetcafés (1000 Ch$/Std.). Nützliche Besucherinfos gibt es online unter www.sanpedrodeatacama.net.

Conaf (Solcor; ⓧ 10–13 & 14.30–16.30 Uhr) 2 km hinter der Mautstelle an der Straße nach Toconao.

Entel (Plaza de Armas) Telefoncenter.

Geldautomat (Caracoles s/n; ⓧ 9–22 Uhr) Im Westteil des Dorfs. Akzeptiert nur Visa-Karten und funktioniert lediglich sporadisch.

Geldautomat (Le Paige s/n; ⓧ 9–22 Uhr) Nur MasterCard. Gegenüber vom Museum.

Geldwechsel (Toconao 492) Schlechte Wechselkurse.

Oficina de Información Turística (Touristeninformation; ☎ 851-420; sanpedrodeatacama@gmail.com; Ecke Toconao & Le Paige; ⓧ Mo–Fr 9.30–13 & 15–19, Sa 10–14 Uhr)

Post (Toconao s/n)

Posta Médica (☎ 851-010; Toconao s/n) Die Klinik liegt östlich der Plaza.

NÖRDLICHES CHILE •• San Pedro de Atacama

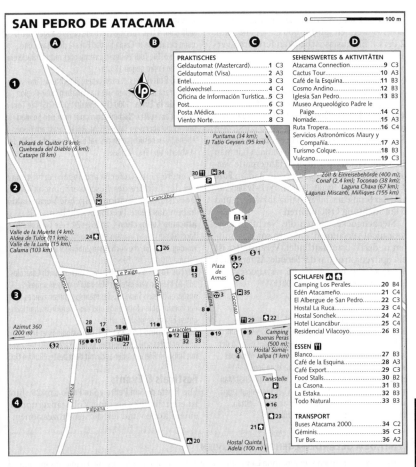

Viento Norte (☎ 851-329; Vilama 432-B; ⊙ wechselnde Öffnungszeiten; rund 2500 Ch$/kg) Wäscherei.

Sehenswertes & Aktivitäten

Sehenswert ist die im 17. Jh. aus Lehmziegeln erbaute **Iglesia San Pedro** (Le Paige), in der die Bodenbretter ächzen und seufzen und die massiven Türen aus Cardón-Kandelaberkakteen gefertigt wurden. Nördlich der Plaza liegt der **Paseo Artesanal**: Unter freiem Himmel kann mit den einheimischen Verkäufern ein Schwätzchen halten und Alpaka-Pullover, daumengroße Puppen und jede Menge Schnickschnack unter die Lupe nehmen.

Faszinierende deformierte Totenschädel und Mumienrepliken kann man im **Museo Arqueológico Padre Le Paige** (Le Paige; Erw./Student 2000/1000 Ch$; ⊙ Mo–Fr 9–12 & 14–18, Sa & So 10–12 & 14–18 Uhr) bestaunen. Hier erfährt man mehr über die Kultur der Atacameño und deren Schicksal in Inka- und spanischer Zeit. Ebenso interessant sind die Utensilien der Schamanen (sprich die Rauschmittelchen früherer Zeiten).

Zu Fuß oder mit dem Fahrrad kommt man zu den Sehenswürdigkeiten der nahe gelegenen Wüste. Man sollte unbedingt eine Karte, ausreichend Trinkwasser und Sonnenschutzmittel dabeihaben. Die Strecke – und auch andere – kann man auf dem Rücken eines Pferdes zurücklegen. **Ruta Tropera** (☎ 099-838-6833; www.rutatropera.cl; Toconao 479; 4500 Ch$/Std.) bietet diverse Reitausflüge von kurzen Trips bis zu mehrtägigen Treks an. Ambitionierte Gipfelstürmer können sich an die Kletterprofis von **Azimut 360** (☎ 851-469; www.azimut360.com; Caracoles 66) wenden (ab 105 000 Ch$/Pers., min. 2 Pers.). Enthusiastische Wandertouren veranstaltet **Nomade** (☎ 851-158; www.nomadeexpediciones.cl; Caracoles 163), z. B. auf den Sairecabur (6040 m; 83 300 Ch$), Lascar (5600 m; 83 300 Ch$) und Toco (5604 m; 54 200 Ch$).

Außerdem kann man noch auf den Dünen sandboarden (halber Tag 15 000 Ch$) oder mountainbiken (halber Tag 3000 Ch$). Ein Rad kann man sich im Hostel oder bei **Vulcano** (☎ 851-373; Caracoles 317) mieten. Danach hat man sich ein Nickerchen in der Hängematte verdient. Oder man kühlt sich beim Bad im **Pozo 3** (☎ 08-476-7290; Eintritt 3000 Ch$; 7–19 Uhr) ab; von der Straße nach Paso Jama abzweigen und 3 km Richtung Osten fahren.

Sternengucker sollten die Nachthimmeltour nicht versäumen, die – wo sonst? – mitten in der Wüste stattfindet. Veranstalter ist ein Spitzenastronom der **Servicios Astronómicos Maury y Compañía** (☎ 851-935; www.spaceobs.com; Caracoles 166; 2½-stündige Tour 15 000 Ch$).

Geführte Touren

Altiplano-Seen (10 000–25 000 Ch$, Eintritt 3000–5000 Ch$) Start in San Pedro gegen 7 Uhr, Rückkehr um 17 Uhr. Ziel sind die Flamingos an der Laguna Chaxa in der Salar de Atacama, der Ort Socaire, die Lagunen Miñiques und Miscanti, Toconao und die Quebrada de Jere.
El-Tatio-Geysire (ab 15 000 Ch$, Eintritt 3500 Ch$) Man bricht in San Pedro um 4 Uhr auf, um bei Sonnenaufgang bei den Geysieren zu sein. Zurück ist man gegen Mittag. Inbegriffen sind Thermalbäder und Frühstück.
Geysire und Pueblos (28 000 Ch$, Eintritt 4500 Ch$) Los geht's um 4 Uhr. Zuerst werden die Geysire angesteuert, dann besucht man Caspana, das Pukará de Lasana und Chiu-Chiu. Die Tour endet in Calama oder mit der Rückkehr nach San Pedro gegen 18 Uhr.
Uyuni, Bolivien (s. Kasten unten) Beliebte Geländegentour zur abgelegenen wie traumhaften *salar*-Region.
Valle de la Luna (5000 Ch$, Eintritt 2000 Ch$) Die Tour beginnt am späten Nachmittag, damit man den Sonnenuntergang über dem Tal erwischt. Rückkehr ist am frühen Abend. Man besucht auch das Valle de Marte, das Valle de la Muerte und Tres Marías.

Weitere Tipps (oder Warnungen) erhält man bei der Lektüre des Beschwerdebuchs in der Touristeninformation. Folgende Veranstalter haben das beste Feedback erhalten:
Atacama Connection (☎ 851-424; Ecke Caracoles & Toconao s/n) www.atacamaconnection.com) Vertrauenswürdige Agentur, die auch einen Zubringer zum Flughafen Calama (10 000 Ch$/Pers.) hat.
Cactus Tour (☎ 851-587; www.cactustour.cl; Caracoles 163-A) Kleiner Veranstalter, der häufig wegen seines ausgezeichneten Services, der mehrsprachigen Guides, der komfortablen Fahrzeuge und des überdurchschnittlich guten Essens empfohlen wird.
Cosmo Andino (☎ 851-069; cosmoandino@entelchile.net; Caracoles s/n) Ein weiterer kleiner Veranstalter – zwar mit höheren Preisen, aber auch mit dem besten Ruf im Ort.

Festivals & Events

Die **Fiesta de San Pedro y San Pablo** am 29. Juni ist ein religiöses Fest mit Volkstanzgruppen, einem Rodeo und feierlichen Prozessionen.

MIT DEM GELÄNDEWAGEN NACH BOLIVIEN

Rot und türkisfarben schimmernde Lagunen in großer Höhe, brodelnde Geysire, Flamingos im Flug und die gleißenden Salzebenen von Uyuni – das sind die Highlights, die einen bei der traumhaften, wenn auch strapaziösen dreitägigen Geländewagentour ab San Pedro erwarten. Angesichts des wilden, unmarkierten Geländes kommt man nicht darum herum, hier eine Tour zu buchen. Doch damit fangen die Probleme erst an. Im günstigsten Preis von 65 000 Ch$ sind Transport, Unterkunft und Verpflegung enthalten – *Qualität darf man aber nicht erwarten!* Die Angebote sind unbeständig, die Bedingungen unterwegs primitiv. Man kann zwar eine viertägige Tour mit Rückkreise nach San Pedro buchen, möglicherweise bleibt man dabei aber in Uyuni hängen, bis der Tourveranstalter genug Interessenten beisammen hat, um sein Fahrzeug voll zu bekommen.

Damit die Fahrt ein schönes Erlebnis wird, braucht man eine positive Einstellung und einen guten Fahrer. Um einen solchen zu finden, sollte man sich bei anderen Travellern umhören. Die Unterkünfte liegen in großer Höhe; deswegen unbedingt viel Wasser trinken, auf Alkohol verzichten und einen Schlafsack mit gutem Kälteschutz und Tabletten gegen starke Kopfschmerzen mitnehmen. Vor der Fahrt sollte man sich unbedingt an die Bedingungen im Hochland gewöhnen.

Turismo Colque (☎ 851-109; Ecke Caracoles & Calama) ist der größte Tourveranstalter und hat einen ausgezeichneten Ruf. **Cordillera Traveler** (☎ 851-966; ctravelersanpedro@123mail.cl; Tocopilla s/n) ist ein kleines Familienunternehmen, das von Travellern empfohlen wird.

Schlafen

In einigen Budgetunterkünften bekommt man auch ein Frühstück, in den meisten anderen kann man sich zumindest Wasser kochen. In der Nebensaison fallen die Preise. Wasser ist knapp in der Region – beim Duschen also möglichst wenig verbrauchen.

Camping Los Perales (851-114; Tocopilla 481; Stellplatz 3500 Ch$/Pers.) Große Anlage mit Warmwasserduschen, Küche und freundlichen Gastgebern.

Camping Buenas Peras (099-510-9004; Ckilapana 688; Stellplatz 3500 Ch$/Pers.) Hier campt man in einem Birnenhain – aber Vorsicht, dass einem keine Birne auf die Birne fällt.

El Albergue de San Pedro (851-426; hostelsanpedro@hotmail.com; Caracoles 360; B/DZ mit Frühstück 6000/17 000 Ch$, Nicht-Mitglieder 8000/20 000 Ch$) Einladende, kleine HI-Herberge mit dreistöckigen Betten. Manchmal muffeln die Toiletten – vor dem Einchecken erst das O. k. der Nase einholen. Die zweisprachigen Angestellten sind freundlich. Es gibt auch eine Waschküche, einen Fahrrad- und Sandboardverleih.

Residencial Vilacoyo (851-006; vilacoyo@sanpedroatacama.com; Tocopilla 387; Zi. 7000 Ch$/Pers.;) Einfache (teilweise dunkle) Zimmer liegen rund um einen mit Kies bedeckten Garten voller Hängematten. Man teilt sich die Badezimmer und die Duschkabinen draußen.

Hostal La Ruca (851-568; hostallaruca@hotmail.com; Toconao 513; B 8000 Ch$, DZ mit/ohne Bad 37 000/25 000 Ch$;) Die freundliche Budgetunterkunft hat einen Hof mit Liegestühlen und einem Vordach. Die Schlafsäle sind ziemlich beengt, aber die Doppelzimmer mit Daunenbetten und robustem Mobiliar lohnen sich. Insgesamt sehr sauber.

Éden Atacameña (851-154; Toconao 592; hostal eden_spa@hotmail.com; Toconao 592; EZ ohne Bad DZ mit/ohne Bad 25 000/14 000 Ch$, alle mit Frühstück;) Budget-Paradies mit einfachen Zimmern aus Ziegelsteinen und einem schattigen Hof. Es gibt auch Hängematten, Waschbecken und eine Gemeinschaftsküche im Freien.

Hostal Quinta Adela (851-272; Toconao 624; EZ/DZ 20 000/30 000 Ch$) Die Hacienda ist von Birnen- und Quittenhainen umgeben und verwöhnt Gäste mit großen Zimmern mit freiliegenden Balken, mit Spitze besetzten Bettdecken und Dielenböden. Hinreißend sind auch die pensionierten Gastgeber. Ein großes Frühstück kostet 2500 Ch$.

Hotel Terrantai (851-045; www.terrantai.com; Tocopilla 411; DZ 116 000–128 000 Ch$;) Das gehobene, intime Hotel aus Lehmziegeln hat elegante Zimmer und hübsche Gemeinschaftsbereiche, u. a. auch einen Skulpturengarten und einen Innenhof mit Feuerstelle. Die neueren Zimmer sind teurer. Das von einem peruanischen Küchenchef betriebene Restaurant lohnt sich, ist aber Hotelgästen vorbehalten.

Weitere Unterkünfte:

Hostal Sumaj-Jallpa (851-416; sumajjallpa@sanpedrodeatacama.com; El Tatio 703, Sector Licancabur; B 7000 Ch$, EZ/DZ ohne Bad 12 000/15 000 Ch$;) Makelloses, von einem schweizerisch-chilenischen Paar betriebenes Hostel 1 km außerhalb vom Ort.

Hostal Sonchek (851-112; soncheksp@hotmail.com; Calama 370; EZ ohne Bad 9000 Ch$, DZ mit/ohne Bad 30 000/14 000 Ch$) Ein von Slowenen betriebenes Hostel mit Strohdach und Lehmziegelmauern. Hier spricht man auch Englisch und Französisch.

Hotel Licancábur (851-007; Toconao s/n; EZ mit/ohne Bad 12 000/8000 Ch$, DZ mit/ohne Bad 32 000/16 000 Ch$) Freundliche, familiäre Atmosphäre.

Essen & Ausgehen

Es gibt nur wenige günstige Restaurants. Die meisten verstehen sich als Gourmetrestaurants, ohne den Anspruch gerecht zu werden. Da reine Bars ohne Essensangebot verboten sind, konzentriert sich das Nachtleben um die offenen Feuerstellen vor den Restaurants. Nach 1 Uhr gibt's keinen Alkohol mehr.

Imbissbuden (Parkplatz; Mittagsmenü ab 1500 Ch$) Die rustikalen Hütten hinter den Taxiständen servieren Empanadas, *humitas* (Maisklöße) und Suppen.

Café de la Esquina (Caracoles s/n; Gerichte 1800–3200 Ch$; 8–23 Uhr) Das winzige Café bietet Tee, frisch gepresste Säfte, Müsli, Joghurt und überbackene Sandwichs.

Algarrobo (Südseite der Plaza; Mittagsmenü 5000 Ch$; Hauptgerichte 3500–6500 Ch$; morgens, mittags & abends) Beliebtes einfaches Lokal mit chilenischer Hausmannskost und Sandwichs, die so groß sind, dass auch zwei davon satt werden.

Todo Natural (Caracoles 271; Tagesmenü 5000 Ch$; morgens, mittags & abends) Trotz Bummelservice kommen die Gäste gerne wieder. Gesunde vegetarische Kost, z. B. Ziegenkäse-Sandwichs oder Salate, und frisch gepresste Säfte.

Café Export (Ecke Toconao & Caracoles; Hauptgerichte 3500–6000 Ch$) Das halbe Dorf quetscht sich abends in dieses witzige Café mit Kerzenbeleuchtung. Es gibt starken Kaffee, hausgemachte Pasta und ordentliche Pizza.

Blanco (851-164; Caracoles 195; Hauptgerichte ab 6500 Ch$) Das moderne, minimalistische Lokal

> **EINREISE NACH ARGENTINIEN**
>
> **Géminis** (☎ 851-538; Toconao s/n) fährt dienstags, freitags und sonntags um 11.30 Uhr nach Salta und Jujuy in Argentinien (28 000 Ch$, 12 Std.). Infos zu den Einreiseformalitäten stehen auf S. 49.

ist, wie der Name schon verrät, ganz weiß gehalten, bis hin zu den schicken Sitzecken. Die Karte gibt sich eindrucksvoll, Spezialität des Hauses ist frische Pasta. Außerdem gibt's eine gute Auswahl an offenen Weinen.

Beliebte Lokale mit Lagerfeuer im Hof sind u. a. das freundliche **La Casona** (☎ 851-004; Caracoles 195; Hauptgerichte 2800–7000 Ch$) und das **La Estaka** (Caracoles s/n; Hauptgerichte 3800–6500 Ch$).

An- & Weiterreise

Buses Atacama 2000 (Ecke Licancábur & Paseo Artesanal) und **Buses Frontera** (☎ 851-117; Licancábur s/n) fahren nach Calama (2500 Ch$, 3-mal tgl.) und Toconao (700 Ch$, 30 Min.). **Tur Bus** (Licancábur 11) hat acht Busse am Tag nach Calama, die weiterfahren nach Arica (17 000 Ch$, 1-mal tgl.), Antofagasta (6000 Ch$, 6-mal tgl.) und Santiago (32 000 Ch$, 23 Std., 3-mal tgl.).

RUND UM SAN PEDRO DE ATACAMA

Die zerfallenen Ruinen der aus dem 12. Jh. stammenden Festung **Pukará de Quitor** (Erw./Student 2000/1500 Ch$; ☼ bei Tageslicht) liegen 3 km nordwestlich vom Ort. Von hier aus hat man einen herrlichen Blick auf San Pedro und die ganze Oase. Noch 3 km weiter liegt auf der rechten Seite die **Quebrada del Diablo** (Teufelsschlucht) mit einem schmalen Serpentinenweg – der Traum jedes Moutainbikers. Ungefähr 2 km weiter nördlich findet man die Inka-Ruinen von **Catarpe**. Ein Muss für jeden San-Pedro-Besucher ist der Sonnenuntergang über den rollenden Sandhügeln im **Valle de la Luna** (Eintritt 2000/1500 Ch$; ☼ tagsüber), 15 km westlich vom Ort. Tipp: Die Massen austricksen und zum Sonnenaufgang vorbeischauen. Die kreisrunden Behausungen von **Aldea Tulor** (Eintritt 2000 Ch$), 9 km südlich vom Ort, sind die Ruinen eines präkolumbischen Atacameño-Dorfs. Wer zu einer dieser Stätten wandern oder radeln will, sollte ausreichend Trinkwasser, Snacks und Sonnenschutzmittel dabeihaben.

Die beißend riechende **Laguna Chaxa** (Eintritt 2000 Ch$) liegt 67 km südlich vom Ort innerhalb der **Salar de Atacama**. Hier leben drei verschiedene Flamingoarten (James-, Chile- und Anden-Flamingo) sowie Regenpfeifer, Blässhühner und Enten. Der Sonnenuntergang ist eine Wucht. Die **Lagunen Miscanti & Miñiques** (Eintritt Erw./Student 2000/1500 Ch$), 155 km südlich vom Ort, sind funkelnde, azurblaue Seen 4300 m über dem Meeresspiegel. Bei Conaf kann man sich nach *refugios* (Hütten) erkundigen.

Die vulkanischen Thermalquellen von **Puritama** (Eintritt 5000 Ch$), 30 km nördlich des Orts, liegen in einer Schlucht auf dem Weg nach El Tatio und sind mit einem Taxi oder im Rahmen einer Tour zu erreichen. Zu dem friedvollen Plätzchen mit guten Einrichtungen sind es von der Kreuzung 20 Gehminuten auf einem gut erkennbaren Kiesweg. Die Temperatur der Quellen liegt bei etwa 33 °C; es gibt mehrere Wasserfälle und Schwimmstellen. Verpflegung und Trinkwasser mitbringen.

Die **El-Tatio-Geysire** (95 km nördlich vom Ort; Eintritt 3500 Ch$) in einer Höhe von 4300 m sind das weltweit höchstliegende Geysirfeld. Bei Sonnenaufgang pilgern Herden von Touristen herbei, um diese dampfenden Fumarolen zu bestaunen. Die Touren brechen um 4 Uhr auf und erreichen die Geysire so um 6 Uhr – dann, wenn sie am meisten Dampf ablassen. Aber man kann die Geysire natürlich auch später in Augenschein nehmen, ohne von Menschenmassen umringt zu sein. Man kann hier campen, nachts wird's aber recht frostig. Besser rollt man seinen Schlafsack in dem schlichten *refugio* 2 km abseits der Geysire aus.

Das winzige, adrette **Toconao** liegt 40 km südlich von San Pedro und bietet echtes Atacama-Feeling. Die hiesige **Iglesia de San Lucas** stammt aus der Mitte des 18. Jhs. Ungefähr 4 km von der Ortschaft entfernt liegt die **Quebrada de Jerez** (Eintritt 1000 Ch$), eine idyllische Oase voller Obstbäume und blühende Pflanzen, durch die ein Fluss plätschert. Einfache Unterkünfte wie das **Residencial y Restaurant Valle de Toconao** (☎ 852-009; Lascar 236; Zi. 7000 Ch$/Pers.) findet man nahe der Plaza. Buses Frontera und Buses Atacama 2000 fahren täglich ab/nach San Pedro de Atacama (s. S. 476).

IQUIQUE

☎ 057 / 216 400 Ew.

Iquique ist einer Theaterbühne nicht unähnlich: Vorn geht die Stadt ins Meer über, hinten ragt das bräunliche Küstengebirge empor. Und tatsächlich sind Dramen der Stadt nicht fremd. Zu Anfang lebte sie von den Guanoreserven und wurde im 19. Jh. dank der Nitratreichtümer geradezu verschwenderisch. Seitdem hat sie ihren Schwung verloren und setzt nun für die Zukunft auf Wirtschaft und Tourismus. Am besten sieht man das an der Dutyfree-Megazone, dem funkelnden Glamour des Kasinos und den überall neu entstehenden Beach Resorts. Die wahren Schätze der charmanten Küstenstadt sind aber die Überreste der wundervollen georgianischen Architektur, die fantastischen hölzernen Bürgersteige von Baquedano, die thermischen Winde und die grandiosen Surfmöglichkeiten.

Orientierung

Iquique liegt 1853 km nördlich von Santiago und 315 km südlich von Arica. Die Stadt liegt

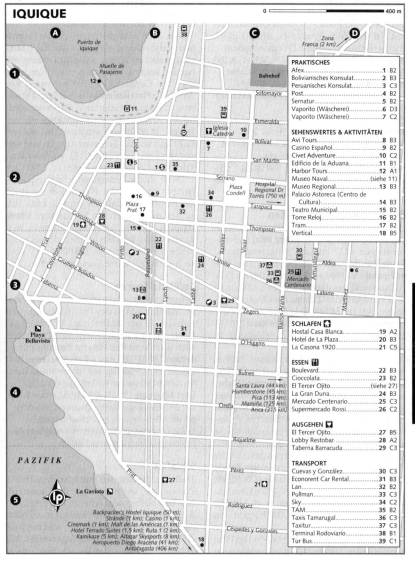

eingequetscht zwischen dem Ozean und dem verlassenen braunen Küstengebirge, das plötzlich auf 600 m ansteigt. Südlich des Zentrums sind auf der Peninsula de Cavancha das Kasino, Luxushotels und eine hübsche, ziemlich felsige Küste zu finden.

Praktische Informationen

Internetcafés findet man fast in jedem Block, u. a. auch gegenüber der Playa Cavancha. Die Banken an der Plaza Prat haben Geldautomaten. In der Zona Franca (s. unten) gibt's mehrere *casas de cambio* (Wechselstuben).

Afex (Serrano 396; Mo–Fr 8.30–17.30, Sa 10–13.30 Uhr) Tauscht Geld und Reisechecks um. Nördlich der Plaza Prat.

Hospital Regional Dr Torres (☎ 422-370; Ecke Tarapacá & Av Héroes de la Concepción) Zehn Blocks östlich der Plaza Condell.

Post (Bolívar 458)

Sernatur (☎ 312-238; Pinto 436; Jan. & Feb. Mo–Sa 9–20, So 9–13 Uhr, März–Dez. Mo–Fr 8.30–13 & 15–17 Uhr) Kostenlose Stadtpläne und Infos.

Vaporito (☎ 421-652; Bolívar 505; 1000 Ch$/kg; 9–21.30 Uhr) Wäscherei. Eine zweite Filiale gibt es in der Juan Martínez 832, gleich östlich des Mercado Centenario.

Sehenswertes & Aktivitäten

An der Plaza Prat stehen die Bauten der Stadt aus dem 19. Jh., u. a. der **Torre Reloj** (Uhrenturm) von 1877 und das neoklassizistische **Teatro Municipal** von 1890. Das maurische **Casino Español** von 1904 an der nordöstlichen Ecke ist innen mit kunstvollen Fliesen und Gemälden rund um das Thema *Don Quixote* geschmückt. Im **Edificio de la Aduana** (Zollhaus; Av Centenario) von 1871 ist das **Museo Naval** (☎ 517-138; Esmeralda 250; Erw. 200 Ch$; Di–Sa 10–13 & 16–19, So 10–14 Uhr) untergebracht.

In der touristischen Hauptsaison zuckelt manchmal eine hübsch restaurierte **Straßenbahn** die Av Baquedano hinunter. Dabei kommt sie vorbei an einer Reihe imposanter georgianischer Gebäude. Im **Museo Regional** (☎ 411-214; Av General Baquedano 951; Eintritt frei; Mo–Fr 9–17.30, Sa & So 10–17 Uhr) sind präkolumbische Artefakte, unheimliche Tierföten, Mumien und Tiwanaku-Totenschädel zu sehen. An der Baquedano steht auch der großartige **Palacio Astoreca**, in dem das **Centro de Cultura** (☎ 425-600; O'Higgins 350 Eintritt frei; Mo–Fr 10–17 Uhr) Gemälde von Künstlern aus der Region zeigt. Mit den **Hafentouren** (Muelle de Pasajeros; 3000 Ch$) geht's zu den Seelöwenkolonien.

In der **Zona Franca** (Zofri; Mo–Sa 11–21 Uhr) nördlich der Innenstadt gibt's auf einem 240 ha großen Gelände unzählige Dutyfreeshops. Von der Innenstadt kommt man mit jedem *colectivo* Richtung Norden dorthin.

Die **Playa Cavancha** (Ecke Av Arturo Prat & Amunátegui) ist der beliebteste Strand von Iquique. Hier lässt es sich hervorragend schwimmen und bodysurfen. Weiter südlich machen ein Brandungsrückstrom und heftige Brecher die malerische **Playa Brava** eher zum Revier der Sonnenanbeter. Einfach von der Innenstadt aus laufen oder ein *colectivo* nehmen.

Man kann zwar das ganze Jahr über surfen und bodyboarden, am besten sind die Bedingungen aber im Winter, wenn die Dünung von Norden kommt. Frühmorgens am Nordende der Playa Cavancha herrscht nur wenig Andrang. Die **Playa Huaiquique** am südlichen Stadtrand ist ebenfalls eine gute Wahl, weiter nördlich bei Arica ist das Meer allerdings wärmer. **Vertical** (☎ 391-031; www.verticalstore.cl; Prat 580) verkauft und verleiht Surfausrüstungen und veranstaltet Kurse (ab 12 000 Ch$). Sandboarding-Trips zum Cerro Dragón kosten ca. 7000 Ch$.

Dank idealer Bedingungen ist Iquique ein Hotspot für Paraglider. Wer am liebsten gleich Anlauf nehmen und abheben will, kann sich an den mehrsprachigen Veranstalter **Altazor Skysports** (☎ 380-110; www.altazor.cl; Flugpark, Vía 6, Manzana A, Sitio 3, Bajo Molle) wenden, der als Kostprobe Tandemsprünge (28 000 Ch$), aber auch umfangreichere Kurse anbietet.

Geführte Touren

Öffentliche Verkehrsmittel nach Humberstone, Mamiña und zu den Erdzeichnungen gibt es kaum. Besser schließt man sich einer geführten Tour an. Die Touren nach Pica haben auch den Cerro Pintados im Programm.

Avitours (☎ 527-692; www.avitours.cl; Av General Baquedano 997) Tagesausflüge nach Humberstone, La Tirana, Pica (18 000 Ch$) und zum Volcán Isluga (45 000 Ch$).

Civet Adventure (☎ 428-483; civetcor@vtr.net; Bolívar 684) Organisiert kleine Abenteuertouren mit Geländewagen und voller Ausrüstung zu Zielen auf dem *altiplano*. Im Angebot stehen auch Landsegeln und Paragliding. Das Personal spricht auch Deutsch und Englisch.

Schlafen

Taxifahrer bekommen von manchen Hotels Provisionen, wenn sie Gäste dort abliefern. Also hart bleiben oder lieber zu Fuß gehen. An den Stränden nördlich von Iquique in der Nähe von Pisagua und Cuya darf man wild campen.

YMCA (☎ 573-596; Av General Baquedano 964; B/DZ 6000/14 000 Ch$) Von außen hübsch, innen etwas beengt. Die ziemlich neuen Betten sind gut, die Zimmer zum Innenhof hin allerdings recht dunkel. Die Herberge ist sicher und zentral gelegen, aber etwas muffig.

Backpacker's Hostel Iquique (☎ 320-223; www.hosteliquique.cl; Amunategui 2075; Mitglieder B/EZ/DZ ohne Bad & mit Frühstück 5500/7500/13 000 Ch$, Nicht-Mitglieder 6000/7000/16 000 Ch$; 🖳) Nur ein paar Schritte vom Strand entfernt ist dies *die* Backpackerunterkunft in Iquique, die daher auch mitunter aus allen Nähten platzt. Die Leute an der Rezeption können etwas mürrisch sein. Dafür gibt's aber Schließfächer, Spiele, eine Waschküche, Abstellmöglichkeiten, eine Küche und eine kleine Dachterrasse mit Blick aufs Meer. Die Angestellten sprechen auch Englisch.

La Casona 1920 (☎ 413-000; Barros Arana 1585; B 8000 Ch$, EZ/DZ ohne Bad & mit Frühstück 10 000/17 000 Ch$; 🖳) Bunte Farben, ein ruhiger Hof und ein warmer Empfang machen dieses alte Gästehaus mit hohen Decken zu einer tollen Unterkunft. Es ist tipptopp und makellos. Kleiner Nachteil: Man muss von den Zimmern im dritten Stock die Treppe runtergehen, um zum Badezimmer zu kommen. Der Inhaber spricht auch Englisch und Deutsch.

Hotel de La Plaza (☎ 419-339; www.kilantur.cl; Av General Baquedano 1025; EZ/DZ mit Frühstück 11 000/18 000 Ch$; 🖳) Das schrullige, aber komfortable Haus im georgianischen Stil hat drei Etagen mit attraktiven Zimmern rund um einen Innenhof. Die schwarzen Statuen am Eingang könnten glatt aus einem Schauerroman stammen.

Hostal Casa Blanca (☎ 420-007; Gorostiaga 127; EZ/DZ mit Frühstück 14 000/20 500 Ch$) Statt der langweiligen innenliegenden Zimmer nimmt man in dem ruhigen Hostel lieber die besseren Zimmer mit Terrasse. Die Zimmer haben hohe Decken, WLAN und Kabel-TV. In bequemer Nähe zur Baquedano, die unmittelbare Umgebung ist jedoch recht heruntergekommen.

Hotel Terrado Suites (☎ 437-878; www.terrado.cl; Los Rieles 126; EZ/DZ mit Frühstück ab 45 100/55 500 Ch$; 🆗 🖳 🏊) Das vornehme Hotel thront über der Playa Cavancha und bietet jeden erdenklichen Luxus, darunter Außenpool und Hallenbad, WLAN-Internet, Sauna und Fitnessraum. Die kleineren Zimmer blicken zur Stadt hin, die teureren aufs Meer hinaus.

Essen

An der Baquedano gibt's etliche stilvolle Restaurants. Viele verschwinden aber so schnell, wie sie gekommen sind.

Supermercado Rossi (Tarapacá 579; ⌚ Mo–Sa 9–22, So 10–14.30 Uhr) Große Auswahl an frischem Obst und Gemüse.

Mercado Centenario (Barros Arana s/n; cocinería 2500 Ch$) An den Ständen gibt's einfache Sandwichs und frisch gepresste Säfte. Die *cocinerías* im Obergeschoss sind mittags recht voll.

La Gran Duna (Latorre 563; Mittagsmenü 2300–3000 Ch$; ⌚ Mo–Sa 12–17 Uhr) Ein stilvolles, künstlerisches Café mit gesundem Essen. Es gibt frisch gepresste Säfte und zwei Mittagsmenüs: ein günstiges Hausmannsgericht und eine teurere Alternative wie gegrillter Thunfisch mit Salat.

Boulevard (Av General Baquedano 790; Hauptgerichte 3000–8000 Ch$; ⌚ mittags & abends) Straßencafé mit sättigenden Fondues, Ziegenkäsepizza und Fisch-*papillot* (in Silberfolie gewickelt). Es gibt eine große Auswahl, die Bedienung lässt sich allerdings viel Zeit.

Cioccolata (Pinto 487; Tagesmenü 3100 Ch$, Sandwichs 4 US$; ⌚ Mo–Sa 8.30–22, So 17–22 Uhr) Gehobenes Café. Die Salatbar zieht mittags viele Büroangestellte an, es gibt aber auch eine große Auswahl an frischem Kuchen und Kaffee.

LP Tipp El Tercer Ojito (Lynch 1420; Hauptgerichte 3200–6900 Ch$; ⌚ mittags & abends) Im Kerzenschein genießt man auf dem Innenhof zwischen Farnen und Buddhastatuen Sushi, thailändisches Curry oder peruanische Gerichte. Das Essen wird perfekt angerichtet, die Atmosphäre ist echt cool.

Ausgehen

An der Küste südlich der Stadt gibt's viele Kneipen und Clubs. Happy Hour ist oft zwischen 20 und 22 Uhr.

El Tercer Ojito (Lynch 1420) Bei der Happy Hour gibt's zwei Maracuja-Cocktails zum Preis von einem. Das steigt ganz schön zu Kopf.

IN DIE VOLLEN!

Ein beherzter Sprung in den Abgrund lässt einen die lange, dröge Busfahrt sofort vergessen. Die steile Felswand an der Küste, die Aufwinde und die weichen, weiten Dünen machen Iquique zu einem Paradies für Paraglider, zu einer der südamerikanischen Topadressen für diesen Sport. Anfänger können sich für 28 000 Ch$ an einen Tandemflug wagen. Ein verlässlicher Anbieter ist Altazor Skysports an der Playa Cavancha. Man braucht eine Windjacke, Sonnenschutz und natürlich gute Nerven.

Lobby Restobar (Gorostiaga 142) Vornehme Alternative-Lounge mit guter Musik, bunter Beleuchtung und genialer Terrasse. Die Cocktails sind ziemlich teuer, aber das Ambiente ist top.

Taberna Barracuda (www.tabernabarracuda.cl; Gorostiaga 601) Mischung zwischen englischem Pub und US-amerikanischer Sportbar mit Publikum aller Altersstufen.

Unterhaltung

Cinemark (außerhalb der Karte S. 473; ☎ 600-600-2463; Mall de las Américas, Héroes de la Concepción; Karten 2000 Ch$) Multiplexkino mit den neusten Streifen.

Kamikaze (außerhalb der Karte S. 473; ☎ 440-194; www.kamikaze.cl; Bajo Molle Km 7, Manzana K; Eintritt inkl. Getränk 2000 Ch$; ⊙ Do–Sa 24 Uhr–frühmorgens) Auf zwei Etagen gibt's Bars mit Theken aus Bambusrohr und Clubmusik von *salsoteca* bis *pop en español* aus den Neunzigern.

An- & Weiterreise

BUS & COLECTIVO

Die meisten Busse fahren am **Terminal Rodoviario** (☎ 416-315; Lynch) ab. Manche Busunternehmen haben Fahrkartenbüros an der West- und Nordseite des Mercado Centenario. **Tur Bus** (☎ 472-984; www.turbus.cl; Esmeralda 594) hat einen Fahrkartenautomaten.

Wer mit schnelleren *colectivos* nach Arica (8000 Ch$, 3½ Std.) fahren will, kann sich an **Taxitur** (☎ 414-875; Aldea 783) wenden. **Taxis Tamarugal** (☎ 419-288; Barros Arana 897-B) unterhält täglich verkehrende *colectivos* nach Mamiña (hin & zurück 6000 Ch$).

Nach La Paz in Bolivien fährt **Cuevas y González** (☎ 415-874; Aldea 850) täglich um 13.30 Uhr (15 000 Ch$, 20 Std.).

BUSPREISE

Ziel	Preis (Ch$)	Dauer (Std.)
Antofagasta	14 000	8
Arica	7000	4½
Calama	14 000	7
Copiapó	20 500–32 000	14
La Serena	24 000–37 000	18
Santiago	31 000	26

FLUGZEUG

Der **Aeropuerto Diego Aracena** (☎ 410-787) liegt 41 km südlich der Innenstadt, zu erreichen über die Ruta 1.

LAN (☎ 600-526-20002; Tarapacá 465) hat täglich Flüge nach Arica (26 900 Ch$, 40 Min.), Antofagasta (24 900–39 900 Ch$, 45 Min.), Santiago (34 950–89 450 Ch$, 2½ Std.) und La Paz in Bolivien (rund 137 000 Ch$, 2 Std.). **Sky** (☎ 415-013; Tarapacá 530) bedient zu ähnlichen Preisen ebenfalls Arica, Antofagasta und Santiago, hat aber auch Flüge weiter in den Süden Chiles. **TAM** (☎ 390-600; www.tam.com.py; Serrano 430) fliegt dreimal in der Woche nach Asunción in Paraguay (269 000 Ch$).

Unterwegs vor Ort

Ein Leihwagen kostet ab 21 000 Ch$ pro Tag. Die hiesigen Autovermieter verlangen oft einen international gültigen Führerschein. Am besten versucht man's am Flughafen an den Mietwagenständen oder bei **Econorent Car Rental** (☎ 417-091; reservas@econorent.net; Labbé 1089).

Aerotransfer (☎ 310-800) betreibt vom Flughafen einen Tür-zu-Tür-Shuttle (5000 Ch$).

RUND UM IQUIQUE

Die Reisebüros in Iquique bieten geführte Touren zu allen hier genannten Sehenswürdigkeiten an. Pica und Mamiña gibt's allerdings nicht im Rahmen ein und derselben Tour.

Nachdem das Feuer des Nitratbooms lange verglüht ist, ist von **Humberstone** (Eintritt 1000 Ch$) nur ein unheimliches Gerippe übrig geblieben. 45 km nordöstlich von Iquique gelegen, wurde es 1872 erbaut. Die größte Blüte erlebte die Geisterstadt in den 1940er-Jahren: Das Theater zog damals Stars aus Santiago an, die Arbeiter vertrieben sich die Zeit in einem massiven gusseisernen Pool, den man aus einem gereinigten Schiffswrack hergestellt hatte, und Komfort, der den meisten kleinen Städtchen völlig fremd war, wurde hier plötzlich zur Selbstverständlichkeit. Die Erfindung von synthetischem Nitrat führte 1960 zur Schließung der *oficina*. Heute sind einige Gebäude restauriert, andere allerdings baufällig – also Vorsicht bei der Erkundung! Als Unesco-Weltkulturerbe steht Humberstone auf der Liste der gefährdeten Stätten weit oben, vor allem wegen des schlechten Zustands der Bauten. Die Ruinen der **Oficina Santa Laura** liegen 30 Gehminuten südwestlich. Man kann sich auch von Bussen Richtung Osten dort absetzen lassen. Wer wartet, bekommt normalerweise problemlos einen Bus für den Rückweg (1300 Ch$). Essen, Wasser und Fotoausrüstung mitnehmen!

Die umwerfenden, präkolumbischen Erdzeichnungen **El Gigante de Atacama** (Riese der Atacama), 14 km östlich von Huara an den

Hängen des Cerro Unita gelegen, sind mit 86 m die weltweit größte antike Darstellung einer menschlichen Figur. Abgebildet ist ein mächtiger Schamane, von dessen klobigem Kopf Strahlen ausgehen. Seine dünnen Glieder halten einen Pfeil und eine Medizintasche. Fachleute schätzen das Alter der Geoglyphe auf etwa 1100 Jahre. Den besten Blick hat man mehrere Hundert Meter vom Fuß des Hügels entfernt. Den stark erodierenden Hügel sollte man nicht besteigen. Wer sich das Ganze anschauen möchte, nimmt sich am besten ein Taxi oder schließt sich einer geführten Tour an.

Mitten in der trostlosen Pampa der Atacama-Wüste gibt es weitläufige Bestände des unverwüstlichen Tamarugo-Baumes *(prosopis tamarugo)*. Sie säumen die Panamericana südlich von Pozo Almonte. Der Wald bedeckte einst Tausende von Quadratkilometern, bevor die Rodungen für die Minen ihn fast vollständig zerstört haben. Die Bäume sind in der **Reserva Nacional Pampa del Tamarugal** geschützt. Hier befinden sich außerdem 355 restaurierte Geoglyphen, die Menschen, Lamas oder geometrische Formen zeigen. Sie bedecken den Hang des **Cerro Pintados** (Eintritt 1000 Ch$), fast genau gegenüber der Abzweigung nach Pica. Von der Landstraße aus ist es dorthin ein extrem staubiger, aber wenig anspruchsvoller Marsch, vorbei an einem verlassenen Rangierbahnhof. Hin und zurück braucht man jeweils eineinhalb Stunden. Die von Conaf geführte **Campingplatz** (Stellplatz 3500 Ch$, B 2500 Ch$) hat ebene, schattige Stellplätze mit Tischen und ein paar Übernachtungsmöglichkeiten in Hütten. Er liegt 24 km südlich von Pozo Almonte.

Die Oase **Pica**, 113 km südöstlich von Iquique, ist ein hellgrüner Fleck inmitten einer staubigen Landschaft. Ihren Ruhm verdankt sie den Pica-Limetten, die wichtigste Zutat des säuerlich-leckeren *pisco sour*. Tagesausflügler planschen gerne mit einem frischen, fruchtigen Drink in der Hand in dem Süßwasserpool von **Cocha Resbaladero** (Ibáñez; 8–21 Uhr; Eintritt 1000 Ch$). Im herrlichen **Hostal Los Emilios** (741-126; Cochrane 213; EZ/DZ mit Frühstück 8000/16 000 Ch$;) gibt's ein paar niedliche Zimmer und einen attraktiven Patio am Rand eines Obstgartens.

Mamiña, 125 km östlich von Iquique (nicht an derselben Straße wie nach Pica), ist in merkwürdigen Terrassen angelegt. Zu sehen gibt's Thermalbäder, eine Kirche aus dem 17. Jh. und die präkolumbische Festung **Pukará del Cerro Inca**. Im **Barros Chino** (057-751-298; Eintritt 1500 Ch$; Di–So 9–15 Uhr), einer Art „Budgetresort", kann man es sich in einem Liegestuhl gemütlich machen und die erholsame Atmosphäre genießen. **Cerro Morado** (Stellplatz 2000 Ch$/Pers.) bietet Mittagsgerichte zu Festpreisen und Zeltplätze im Hinterhof an. Ein paar einfache *residenciales* (Budgetunterkünfte) findet man im Ort. Alle Unterkünfte gibt's mit Vollpension. Wer luxuriöser wohnen will, findet im **Hotel Los Cardenales** (057-517-000; Zi. mit VP 30 000 Ch$/Pers.;) die gemütlichste Unterkunft mit Springbrunnen, Whirlpools und Gartenanlagen. Die litauischen Inhaber sprechen mehrere Sprachen. Infos zur An- & Weiterreise s. S. 476.

ARICA
058 / 200 000 Ew.

Herrliche Surfwellen und warme Meeresströmungen beflügeln im Sommer die ansonsten triste Stadt direkt an der Grenze zu Peru. Arica ist ein städtischer Badeort mit langen Sandstränden, die bis zur felsigen Landspitze El Morro reichen – es ist zweifelsohne einer der schönsten Küstenorte Nordchiles. Hier sieht man Aymara, die ihr Kunsthandwerk an Ständen anbieten, die von Eiffel als Eisenkonstruktion errichtete Kirche und ein paar andere feine Gebäude. Auf jeden Fall sollte man auch den kurvenreichen Ausflug ins Landesinnere nicht versäumen, der durch skurrile Wüstenortschaften zum atemberaubenden Parque Nacional Lauca führt.

Orientierung
Alle für Besucher relevanten Einrichtungen befinden sich im chaotischen Geschäftsviertel zwischen der Küste und der Av Vicuña Mackenna. Die 21 de Mayo ist eine Fußgängerzone, die besten Strände findet man südlich vom *morro* (der Landspitze) und nördlich des Parque Brasil. Die Busbahnhöfe liegen an der Diego Portales, gleich hinter der Av Santa María. Hin geht's per Bus oder *taxi colectivo*; letztere fahren häufiger und sind schneller unterwegs. *Colectivo* 8 (250 Ch$) fährt über die Diego Portales zum Stadtzentrum. Die 3 km kann man aber auch zu Fuß gehen.

Praktische Informationen
Jede Menge Internetcafés und Telefoncenter findet man in der 21 de Mayo und der Bolognesi. Zahlreiche rund um die Uhr zugängliche Geldautomaten gibt's entlang der Fußgängerzone (21 de Mayo). Die *casas de cambio*

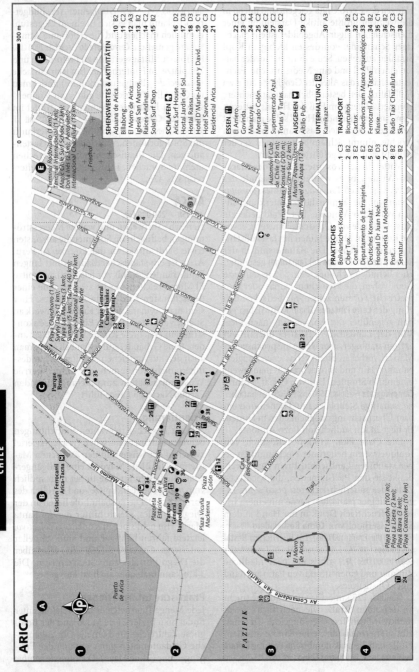

in der 21 de Mayo bieten gute Wechselkurse für US-Dollar, Euro, peruanische Nuevo Soles, Bolivianos und argentinische Pesos.
Automóvil Club de Chile (☎ 252-678; 18 de Septiembre 1360) Westlich des Zentrums; Karten und Straßeninfos.
Ciber Tux (Bolognesi 370; 400 Ch$/Std.; ⓥ 10–24 Uhr) Internetcafé.
Conaf (☎ 201-200; tarapaca@conaf.cl; Av Vicuña Mackenna 820; ⓥ Mo–Fr 8.30–17.15 Uhr) Einige Infos zu den Nationalparks der Región I (Tarapacá). Von der Innenstadt fährt man mit dem *micro* 9 oder den *colectivos* 7, 2 bzw. 23 (*micro* 300 Ch$, *colectivo* 400 Ch$).
Departamento de Extranjería (☎ 250-377; Angamos 990) Ersetzt verlorene Touristenkarten und verlängert Visa.
Hospital Dr Juan Noé (☎ 229-200; 18 de Septiembre 1000)
Info Arica (www.infoarica.cl) Infos über Arica auf Englisch und Spanisch.
Lavandería La Moderna (18 de Septiembre 457; 1800 Ch$/kg; ⓥ Mo–Fr 9.30–21, Sa 9.30–14 Uhr) Wäscherei.
Post (Prat 305) An dem Durchgang zur Pedro Montt.
Sernatur (☎ 252-054; infoarica@sernatur.cl; San Marcos 101; ⓥ Dez.–Feb. Mo–Sa 8.30–19, So 10–14 Uhr, März–Nov. Mo–Fr 8.30–17.30 Uhr) Hilfreiche Agentur mit Broschüren zu Tarapacá und anderen Regionen Chiles.

Gefahren & Ärgernisse

Taschendiebe treiben ihr Unwesen vor allem an den Busbahnhöfen und den Stränden. Am besten nur das Nötigste mitnehmen! Manche Strände sind wegen starker Meeresströmungen gefährlicher als andere.

Die Uhren umstellen: Chile ist Peru zwischen dem 15. Oktober und dem 15. März zwei Stunden, ansonsten eine Stunde voraus.

Sehenswertes & Aktivitäten

Der **El Morro de Arica** ist ein eindrucksvoller, bräunlicher Felsbrocken und überragt mit seinen 110 m die Stadt. Man erreicht ihn über einen Fußweg vom Südende der Colón. Das dortige Museum erinnert an die Schlacht, die am 7. Juni 1880 zwischen Peru und Chile stattgefunden hat und für beide Nationen ein heikles Thema ist. Die 1875 im gotischen Stil erbaute **Iglesia San Marcos** (ⓥ 9–14 & 18–20 Uhr) an der Plaza Colón wurde ebenso wie das frühere Zollhaus **Aduana de Arica** (ⓥ 8.30–20 Uhr) am Parque General Baquedano von Alexandre Gustave Eiffel entworfen (bevor hier Land aufgeschüttet wurde, lag das Gebäude direkt am Hafen). Beide Bauwerke wurden in den Pariser Werkstätten von Eiffel vorgefertigt. Die Kirche ist mit Ausnahme der Tür vollkommen aus Gusseisen. In der **Plazoleta Estación** ist ein Eisenbahnmuseum untergebracht (Eintritt frei).

Das **Museo Arqueológico San Miguel de Azapa** (☎ 205-555; Eintritt 1000 Ch$; ⓥ Jan.–Feb. 9–20 Uhr, März–Dez. 10–18 Uhr) liegt 12 km östlich von Arica und beherbergt einige der ältesten Mumien der Welt. Die Ausstellung des archäologischen und kulturellen Erbes der Region ist fantastisch, es gibt informative englischsprachige Broschüren. *Colectivos* (800 Ch$) an der Ecke Chacabuco/Patricio Lynch bringen einen hin.

Wer die Av Comandante San Martín Richtung Süden geht, kommt zu den Stränden. Der beste zum Baden und Faulenzen ist die **Playa El Laucho** gleich hinter dem Club de Yates. Dahinter kommt die nette, geschützte **Playa La Lisera**. Hier gibt's auch Umkleideräume und Duschen. Am besten steigt man an der 18 de Septiembre oder an der Nordostecke der Kreuzung Av General Velásquez/Chacabuco in den Bus 8. Die Fischmehlfabrik, etwa 7 km weiter südlich, lässt sich schon von Weitem erschnüffeln. Ganz in der Nähe ist die **Playa Corazones**. Hier kann man wild campen, einen Kiosk gibt's auch. Gleich hinter dem Strand verläuft ein schöner Wanderweg: Man sieht Höhlen, Kormoran-Kolonien, donnernde Brecher, Tunnel und eine Seelöwenkolonie. Busse fahren Corazones nicht an; es bleiben also nur Taxi oder Fahrrad.

Den tückischen Wellen verdankt Arica äußerst anspruchsvolle Surfwettbewerbe. Im Juli gibt's die größten Brecher. Die Strände nördlich der Innenstadt sind rauer, aber auch sauberer. Von der Ecke Av General Velásquez/Chacabuco fährt der Bus 12 hierher. An der **Playa Chinchorro** 2 km weiter gibt's teure Lokale, tolle Läden und einen Jetskiverleih. An der **Playa Las Machas** mehrere Kilometer nördlich wie auch an der Isla de Alacrán südlich vom Club de Yates können Surfprofis sich mit den gigantischen Wellen des El Gringo und El Buey messen. Zu den Surfshops gehören **Billabong** (☎ 232-599; 21 de Mayo 493) und **Solari Surf Shop** (☎ 233-773; 21 de Mayo 160).

Geführte Touren

Magic Chile Surf School (außerhalb der Karte S. 478; ☎ 311-120; www.surfschool.cl; Patagones 820) Surfkurse (15 000 Ch$) an der Yoyo Sepulveda; eine prima Infoquelle für Surfer.

Raices Andinas (☎ 233-305; www.raicesandinas.com; Sotomayor 195) Respektable, kleine Firma, die von Aymara betrieben wird. Empfehlenswert für alle, die mehr über die indigene Bevölkerung erfahren wollen. Die Touren führen in die Berge und dauern zwei (rund 50 000 Ch$) bis vier Tage (rund 145 000 Ch$); die genauen Preise hängen von der Teilnehmerzahl ab.

Festivals & Events

Carnaval Ginga Bei dem Fest Mitte Februar zeigen regionale *comparsa*-Gruppen ihr Können in traditionellen Tanz- und Musikvorführungen.

Semana Ariqueña (Arica-Woche) Anfang Juni.

Schlafen

Playa Corazones (Av Comandante San Martín; frei) An dem Strand, 7 km südlich der Stadt am Ende der Av Comandante San Martín gelegen, darf kostenlos gezeltet werden. Die Stellplätze sind allerdings ungepflegt und überfüllt. Wasser mitbringen.

Sumaki (Stellplatz 1500 Ch$/Pers.) Der Campingplatz, 5 km nördlich von Arica in der Nähe der Playa Las Machas, hat ein Volleyballfeld, Toiletten und Duschen.

Residencial Arica (☎ 255-399; 18 de Septiembre 466; Zi. mit/ohne Bad 5000/4000 Ch$) Die einfache Pension mit dünnen Matratzen und riesigen Gemeinschaftsbädern ist superpreiswert. Es gibt zwar TV, aber kein Frühstück und keine Gemeinschaftsküche.

Doña Inés (außerhalb der Karte S. 478; ☎ 226-372; casa dehuespedes@hotmail.com; Rojas 2864; B mit Frühstück 5500–6500 Ch$, DZ 12 000–14 000 Ch$) Ein hippes kleines HI-Hostel mit modernen Zimmern, einem gemütlichen Hof mit Hängematten, Tischtennisplatten und einer weißen Wand, an der sich Graffiti-Künstler verewigen können. Bis zur Innenstadt sind es 20 Minuten zu Fuß; alternativ steigt man in der benachbarten Av Chapiquiña in den *colectivo* 4. Es werden auch Paragliding-Kurse angeboten.

Arica Surf House (☎ 312-213; www.aricasurfhouse.cl; O'Higgins 661; B/EZ/DZ 6000/15 000/20 000 Ch$, EZ/DZ ohne Bad 10 000/16 000 Ch$; 🖳) Das hübsche, gänzlich aufs Wellenreiten ausgerichtete und von Surfern betriebene Hostel mit freundlichen Angestellten hat Surftipps und Shuttles zu den Surfstränden. Die Zimmer sind gut und modern eingerichtet, der weitläufige Schlafsaal mit acht Betten (keine Doppelstockbetten) erinnert jedoch eher an ein Waisenhaus. Auf der schattigen Außenterrasse gibt's eine Tischtennisplatte, an der auch Surfstar Kelly Slater gespielt haben soll, und komfortable Sofas.

Sunny Days (☎ 241-038; www.sunny-days-arica.cl; Aravena 161; B 7000 Ch$, Zi. mit Frühstück & mit/ohne Bad 8000/7000 Ch$/Pers.; 🖳) Das warme, gastfreundliche Hostel wird von einem neuseeländisch-chilenischen Paar betrieben. Es ist sauber und liegt in bequemer Nähe zum Strand und zum Bus. Es gibt eine Waschküche, Gepäckaufbewahrung, Gemeinschaftsküche und einen Fahrrad- und Boogieboard-Verleih. Im Preis inbegriffen ist das Frühstück, bei dem man essen kann, soviel man will.

Hostal Jardín del Sol (☎ 232-795; Sotomayor 848; www.hostaljardindelsol.cl; Sotomayor 848; Zi. mit Frühstück 8000 Ch$/Pers.; 🖳) Das saubere, freundliche Hostel liegt in der Innenstadt. Die Zimmer mit Terrasse blicken auf einen gefliesten Hof, auf dem täglich das Frühstück serviert wird. Neuankömmlinge werden mit guten Reisetipps und nützlichen Stadtplänen versorgt.

Hostal Raissa (☎ 251-070; www.hotelraissa.tk; San Martín 281; EZ/DZ mit Frühstück 10 000/16 000 Ch$) Angenehme Unterkunft mit idyllischen Höfen, schnatternden Sittichen und hohen Zimmern. Es gibt eine Gästeküche, Kabel-TV, einen Fahrradverleih und eine Waschküche.

Hotel D'Marie – Jeanne y David (☎ 258-231; Av General Velásquez 792; EZ/DZ mit Frühstück 14 000/19 000 Ch$) Die Weihnachtsstern- und Hibiskus-Sträucher im Innenhof beleben die großen, aber tristen Zimmer mit Ventilator, TV, guter Dusche und einfachem Frühstück. Das Hotel wird von einem hilfsbereiten französisch-chilenischen Paar geführt.

Hotel Savona (☎ 231-000; www.hotelsavona.cl; Yungay 380; EZ/DZ mit Frühstück 26 000/31 000 Ch$; 🖳 🏊) Das Alabaster-Hotel am Fuß des El Morro hat eine attraktive Terrasse mit Bougainvillea-Kletterpflanzen und einen kapselförmigen Pool. Die Zimmer sind hübsch dekoriert und haben ein gutes Preis-Leistungs-Verhältnis.

Essen & Ausgehen

Das Leitungswasser ist voller Chemikalien. Lieber kauft man große Wasserflaschen (oder bringt einen Wasserfilter mit) und hält sich an die vielen Stände, an denen frisch gepresste Säfte verkauft werden.

Mercado Colón (Ecke Colón & Maipú; Menü 800–1500 Ch$, Fischgerichte 1300–2000 Ch$; ⏰ morgens & mittags) In dem lebhaften überdachten Markt gibt's viele kleine Lokale, die günstigen frisch gebratenen Fisch und Suppen anbieten.

Govinda (Blanco Encalada 200; Tagesmenü 800 Ch$; ⏰ Mo–Fr 12.30–15.30 Uhr) Ein gemütliches Wohnzimmerambiente bildet die Kulisse für die preiswerten, guten Mittagsgerichte. Für die einfallsreichen Drei-Gänge-Menüs werden frische Bioprodukte verwendet.

Naif (Sangra 365; Frühstück 1000–1500 Ch$, Mittagsmenü 1600 Ch$; ⓥ Mo–Sa morgens, mittags & abends) Die schräge Café-Bar liegt versteckt in der Fußgängergasse. Hier gibt's scharfe Kunst und manchmal Livemusik. Happy Hour von 20 bis 23 Uhr.

Tortas y Tartas (21 de Mayo 233; Hauptgerichte 2400–5100 Ch$; ⓥ 9.30–23 Uhr) Die Freiluftterrasse des trendigen Cafés lädt zum Relaxen bei einem Bier oder Kaffee ein. Das Essen ist überzeugend und abwechslungsreich – das Spektrum reicht von Pasta bis Fajita.

El Arriero (☎ 232-636; 21 de Mayo 385; Hauptgerichte 4000–5200 Ch$; ⓥ mittags & abends) Steaks und Kartoffeln stehen im Mittelpunkt. Die altmodische *parrilla* grillt Fleisch in Perfektion und verfeinert es mit frischem Salat und Pommes.

Maracuyá (☎ 227-600; Av Comandante San Martín 0321; Hauptgerichte 5000–10 000 Ch$; ⓥ 12–15 & 20–1 Uhr) Elegantes Restaurant am Meer – die Kellner tragen Fliegen. Als Geräuschkulisse dient das Meeresrauschen. Die Küche ist international und konzentriert sich auf Fleisch und Meeresfrüchte. Direkt neben der Playa El Laucho.

Altillo Pub (21 de Mayo 260, 2. Stock; ⓥ Mo–Sa 18 Uhr–open end) Tische im Kerzenschein und komfortable Sessel mit Blick auf den Trubel der 21 de Mayo.

Supermercado Azul (Ecke 18 de Septiembre & Baquedano) Großer Supermarkt.

Unterhaltung

Kamikaze (☎ 258-136; Av Comandante San Martín 055; Eintritt 1200 Ch$; ⓥ Do–Sa 19–3.30 Uhr) Am Fuß des El Morro tobt in dieser Bar und *discoteca* am Meer nach Mitternacht das Leben.

Einige der angesagtesten Bars und Discos liegen an der Playa Chinchorro, u. a. die **Soho Discotheque** (www.aricaextreme.cl; Playa Chinchorro; Eintritt 1500 Ch$; ⓥ Do–Sa 23 Uhr–open end) und der angeschlossene Pub **Drake** (Eintritt inkl. Getränk rund 1300 Ch$). In beiden gibt's eine große Bandbreite an DJs und Livebands, die von Salsa bis Rock so ziemlich alles spielen.

An- & Weiterreise

AUTO
Wer mit dem Auto nach Peru einreisen will, sollte sich beim Konsulat erkundigen, welche Unterlagen benötigt werden. Man braucht das Formular „Relaciones de Pasajeros" in mehrfacher Ausführung, das in den meisten Schreibwarenläden erhältlich ist. Wer nach Bolivien fährt, sollte eine Extraration Benzin, Wasser und Frostschutzmittel mitnehmen.

BUS & COLECTIVO
In der Gegend rund um die Busbahnhöfe lungern Taschendiebe herum – also immer gut auf seine Siebensachen achten. Die wichtigsten Busunternehmen sind im **Terminal Rodoviario** (☎ 241-390; Ecke Portales & Santa María) vertreten, darunter **Buses Géminis** (☎ 241-647), **Flota Barrios** (☎ 223 587), **Pullman Bus** (☎ 223-837) und **Tur Bus** (☎ 222-217). Alle Busse Richtung Süden passieren die regionale Grenzkontrolle. Nach La Paz in Bolivien fahren jeden Morgen **Cuevas y Gonzalez** (☎ 241-090) und die komfortablen Busse von **Chile Bus** (☎ 222-817). Ein paar Preisbeispiele:

BUSPREISE

Ziel	Preis (Ch$)	Dauer (Std.)
Antofagasta	16 000	12
Calama	16 000	10
Copiapó	24 900–38 000	18
Iquique	7000	4½
La Paz, Bolivien	8000	9
La Serena	31 600	22
Santiago	35 000	28

Die meisten Busse nach La Paz starten an dem schäbigeren, unmittelbar östlich gelegenen **Terminal Internacional de Buses** (☎ 248-709; Portales 1002). Von hier aus fährt **Trans Cali Internacional** (☎ 261-068) täglich um 9.30 Uhr nach Parinacota (5000 Ch$) und zum Parque Nacional Lauca. Die *colectivos* (3000 Ch$) nach Tacna starten im Inneren des Busbahnhofs, die peruanischen *colectivos* vor dem Busbahnhof; bei letzteren gibt's längere Kontrollen. Den Pass muss man dem Fahrer geben, der dann die Grenzformalitäten erledigt.

La Paloma (☎ 222-710; Riesco 2071) schickt um 7 Uhr einen Direktbus nach Putre (3000 Ch$, 1½ Std.).

Zu den Busbahnhöfen kommt man von der Maipú aus mit den *colectivos* 1, 4 oder 11 und von der San Marcos aus mit dem *colectivo* 8.

FLUGZEUG
LAN (☎ 600-526-2000, Option 8; Prat 391) hat täglich mehrere Flüge nach Santiago (34 950 Ch$, 3½ Std.), manchmal mit mehreren Zwischenstopps. Günstiger, aber auch weniger häufig sind die Inlandsflüge von **Sky** (☎ 251-816; 21 de Mayo 356). Der Flughafen Chacalluta liegt 18 km nördlich der Stadt. **Arica Service** (☎ 314-031) betreibt einen Flughafenshuttle (2500 Ch$/Pers.).

> **EINREISE NACH PERU & BOLIVIEN**
>
> Der Grenzübergang bei Challuca/Tacna ist täglich von 8 bis 12 Uhr, freitags bis sonntags durchgängig geöffnet. Die Fernbusse können die Grenze passieren; allerdings sollte man Plätze für Fernfahrten am besten in Tacna buchen, da sie dort günstiger sind. Man braucht den Reisepass und seine Touristenkarte. Obst oder Gemüse noch vor der Grenze aufessen – die Einfuhr ins Nachbarland ist verboten. Bei der Einreise nach Peru muss man die Uhr von Oktober bis Februar um zwei, in den übrigen Monaten um eine Stunde zurückstellen.
>
> Infos zur Einreise von Peru nach Chile gibt's auf S. 892.
>
> Die beliebteste Route zur Einreise nach Bolivien führt über den Parque Nacional Lauca. Man kommt dabei von der chilenischen Stadt Chungara nach Tambo Quemado. Die meisten grenzüberschreitenden Busse fahren morgens. Die Einreisestelle ist von 8 bis 21 Uhr geöffnet. Fernbusse können die Grenze passieren. Pass und Touristenkarte bereithalten. Man kann den Grenzübergang Chungara auch mit einem Taxi von Putre aus erreichen. Man überquert die Grenze dann zu Fuß und fährt in Tambo Quemado mit örtlichen Verkehrsmitteln weiter.

ZUG

Vom **Ferrocarril Arica-Tacna** (☎ 231-115; Lira 889) aus fahren montags bis samstags um 10 und 19 Uhr Züge nach Tacna (1200 Ch$, 1½ Std.).

Unterwegs vor Ort

Autos können bei **Cactus** (☎ 257-430; Av General Baquedano 635, Local 36) und **Klasse** (☎ 254-498; www.klasserentacar.cl; Av General Velásquez 762, Local 25) gemietet werden. Die Preise beginnen bei gerade mal 21 000 Ch$ pro Tag. Mountainbikes mit doppelter Federung verleiht **Bicircuitos** (Estación Ferrocarril Arica–La Paz) für 6000 Ch$ pro Tag.

RUTA 11 & PUTRE

An den kahlen Abhängen des Lluta-Tals findet man Geoglyphen, den kleinen Ort **Poconchile** mit seiner von Erdbeben beschädigten Kirche aus dem 17. Jh., die Ruinen der im 12. Jh. errichteten Festung **Pukará de Copaquilla** am Rande der Schlucht und Kandelaberkakteen. Wer diese in voller Blüte sieht, ist ein wahrer Glückspilz – sie blühen nur einmal im Jahr, und dann lediglich für 24 Stunden.

In Poconchile kann man einen Abstecher nach **Eco-Truly** (☎ 098-976-3137; www.ecotruly-arica.org; Sector Linderos km 29; Stellplatz 2000 Ch$/Pers., Zi. mit Frühstück 6000 Ch$) machen. Das ist eine ziemlich surreale „Ökostadt" von Hare-Krishna-Anhängern samt Yogaschule. Unbedingt zu empfehlen ist das reichhaltige vegetarische Mittagessen (2500 Ch$).

Das reizende Aymara-Dorf **Putre** (2468 Ew.; 3530 m) 150 km nordöstlich von Arica ist perfekt geeignet, um sich zu akklimatisieren. Man kann wunderbar über die antiken, steingefassten Terrassen voller Luzernen und Oregano schlendern und das ruhige Dorfambiente genießen. Zu den kolonialzeitlichen Bauten gehört auch die restaurierte **Iglesia de Putre** (1670) aus Lehmziegeln. Der **Karneval** im Februar wird ausgelassen mit platzenden Mehlballons und Livemusik gefeiert.

Im Ort gibt es eine Post und ein Telefoncenter. Die Hauptstraße ist die Baquedano. Das Ein-Mann-Unternehmen **Tour Andino** (☎ 099-011-0702; www.tourandino.com; Av General Baquedano s/n) des ortsansässigen Reiseführers Justino Jirón ist sehr zu empfehlen.

LP Tipp **Chakana** (☎ 099-745-9519; www.lachakana.com; 750 m abseits der Plaza, Putre; B mit Frühstück 8000 Ch$, EZ/DZ/3BZ Cabaña 26 000/32 000/36 000 Ch$; 🖳) Eine gemütliche, von einem deutsch-chilenischen Paar geführte Unterkunft mit dem besten Ausblick und Frühstück im Ort. Zum herzlichen Empfang gehören elektrische Heizer und Federbetten. Neben den neuen, komfortablen Einrichtungen erwarten die Gäste Insidertipps zu den nahe gelegenen Naturwundern. Liegt an einer nicht ausgeschilderten Schotterstraße. Wer reserviert, kann sich aber auch kostenfrei abholen lassen.

In Putre liegt auch das **Pachamama** (☎ 231-028; ukg@entelchile.net; Zi. ohne Bad 8000 Ch$/Pers.; 🖳). Es hat eine Gemeinschaftsküche, einen Innenhof voller Blumen und gut informierte Angestellte. Um von der Baquedano hierher zu gelangen, geht man von der Residencial La Paloma nach Westen einen kleinen Hügel hinab.

Das von einem supernetten Paar geführte **Hostal Jurasi** (☎ 099-953-9858; Av Circunnavalación s/n; Zi. 8000–12 5000 Ch$/Pers.) hat runde Steinzimmer in Kaugummirosa, die mit Heizgeräten und guten Betten ausgestattet sind. Frühbucher bekommen den günstigeren Zimmerpreis.

In den folgenden beiden Restaurants gibt's kein Frühstück: Das gemütliche **Cantaverdi** (Plaza s/n; Hauptgerichte 1800–4500 Ch$) mit einem knisternden Kamin und WLAN serviert *humitas* und Hausmannskost. Im **Kuchu-Marka** (Av General Baquedano 351; Hauptgerichte ab 3800 Ch$) bekommt man bei Livemusik Gerichte der gehobenen *altiplano*-Küche (z. B. Inkareis und Alpaka-Steaks).

Buses La Paloma (☎ 099-161-4709; Baquedano 301) fährt täglich um 14 Uhr nach Arica (3000 Ch$, 1½ Std.). Die Busse nach Parinacota im Parque Nacional Lauca fahren an der Abzweigung nach Putre vorbei, das 5 km von der Hauptfernstraße entfernt liegt.

PARQUE NACIONAL LAUCA

160 km nordöstlich von Arica erwartet Besucher ein wahres Juwel: In nebligen Höhen thronen schneebestäubte Vulkane, umgeben von einsamen Thermalquellen und schillernden Seen. In dem 138 000 ha großen Nationalpark auf 3000 bis 6300 m Höhe leben Vikunja-Herden, Viscachas und Vogelarten wie Flamingos, Riesenblässhühner und Andenmöwen. Daneben gibt es eindrucksvolle kulturelle und archäologische Highlights.

11 km vom Putre entfernt liegen die **Termas Jurasi** (Eintritt 1000 Ch$; ☼ Sonnenaufgang–Sonnenuntergang), rustikale Thermalbäder inmitten einer Felslandschaft. Von der Hauptstraße aus kann man grandiose Fotos schießen: etwa von den domestizierten Lamas und Alpakas, die auf den smaragdgrünen Weiden grasen, oder von den vielen Lagunen mit glasklarem Wasser, die von unzähligen *guallatas* (Andengänsen) und Enten bevölkert werden.

Das nahezu verlassene Aymara-Dorf **Parinacota** befindet sich 20 km weiter; es liegt 5 km abseits der Fernstraße. Weißgetünchte Lehmziegelwände, Steinstraßen und die dünne Luft bilden die surreale Kulisse für die hübsche Kirche aus dem 18. Jh. Den Schlüssel hat der Küster. In den Wandgemälden der Kirche sind es die spanischen Konquistadoren, die Jesus verfolgen und verschmähen. Überdies befindet sich im Innern ein berühmter Tisch, der festgebunden wurde, weil er – laut einer Sage – durch den Ort wanderte und an Häusern Halt machte, in dem bald darauf ein Bewohner starb. Ursprünglich wurden auf dem Tisch bei Beerdigungen die Toten aufgebahrt – und er wurde wohl ungeduldig, als immer weniger Leute starben …

Telefonisch kann man bei **Conaf** (☎ 058-201-225; amjimene@conaf.cl; B 5000 Ch$) schlichte *refugios* bei Parinacota und am Lago Chungará reservieren. Die Campingplätze sind kostenlos (und frostig). Ausreichend Verpflegung und einen warmen Schlafsack mitbringen. Die einzige Unterkunft im Ort ist das **Hostal Terán** (Parinacota gegenüber der Kirche; 6000 Ch$/Pers.). Nachts sollte man sich so richtig in die Häkeldecken einmummeln – in dem *refugio* zieht es heftig. Frühstück kostet 1500 Ch$. Reservierungen nimmt Raices Andinas (S. 479) in Arica vor.

Wer die Höhenluft aushält, hat hier unzählige Möglichkeiten zum Wandern und Mountainbiken. Die **Zwillingsvulkane Payachata** – Parinacota (6350 m) und Pomerape (6240 m) – sind derzeit nicht aktiv. An ihrem Fuß liegt in einer Höhe von 4500 m der **Lago Chungará**, einer der weltweit am höchsten gelegenen Seen. Südlich davon raucht der Volcán Guallatire unheilverkündend vor sich hin.

Traveller sollten sich unbedingt langsam an die Höhe gewöhnen, sich am Anfang nicht verausgaben und in Maßen essen und trinken. Kräutertees wie *chachacoma* oder *maté de coca* sind bewehrte Mittel gegen die Höhenkrankheit und bei den Verkäufern im Dorf erhältlich. Sonnenblocker, Sonnenbrille und Hut nicht vergessen! Der Nationalpark er-

---

TOUREN IM PARQUE NACIONAL LAUCA

Auf die eintägigen Kurztrips zum Lago Chungará, die viele Veranstalter in Arica anbieten, kann man getrost verzichten. Sie bescheren einem nur den *soroche*, die mit heftigen Kopfschmerzen verbundene Höhenkrankheit. Die Landschaft sollte man besser mit mehr Muse genießen: Die eineinhalbtägigen Touren (ab 25 000 Ch$) schließen eine Übernachtung in Putre ein und geben einem mehr Zeit zur Akklimatisierung. Es gibt auch dreitägige Rundreisen zum Lauca, dem Monumento Natural Salar de Surire, dem Parque Nacional Volcán Isluga und nach Iquique (rund 90 000 Ch$); am Abend des dritten Tages kehrt man nach Arica zurück. Englisch sprechende Führer sind selten zu finden und sollten vorab engagiert werden. Zu den Veranstaltern gehören **Raices Andinas** (s. S. 479), **Latinorizons** (Arica ☎ 058-250-007; www.latinorizons.com; Bolognesi 449) und **Parinacota Expeditions** (Arica ☎ 058-256-227; www.parinacotaexpediciones.cl; Ecke Bolognesi & Thompson).

streckt sich zu beiden Seiten der gepflasterten Fernstraße zwischen Arica und La Paz. Infos zu Busverbindungen gibt's im Abschnitt zu Arica (S. 481). Wer mit einem eigenen fahrbaren Untersatz unterwegs ist, sollte genug Benzin und Frostschutzmittel dabeihaben.

ZENTRALES CHILE

Die meisten Traveller überspringen das Kernland Chiles, die Heimat des chilenischen Rodeos und der Weinberge, und ziehen gleich weiter. Dabei würde diese Region anderswo in der Welt wahrscheinlich ein begehrtes Reiseziel sein. Die Unmengen an Ernteerträgen aus dem fruchtbaren Valle Central füllen die Lager der Lebensmittelhändler von Anchorage bis Tokio. Ganz zu schweigen von der Bedeutung des chilenischen Weins, der bei einer lebhaften *sobremesa* (Unterhaltung beim Abendessen) nicht fehlen darf. Das Weinbaugebiet ist im Rahmen eines Tagesausflugs von Santiago aus ebenso gut zu erreichen wie die fantastischen Skigebiete. Viel weiter muss man auch nicht fahren, um respektable Surfstrände oder die unberührten Schutzgebiete Reserva Nacional Radal Seite Tazas und Parque Nacional Laguna de Laja zu erreichen.

Früher war diese Gegend für die Spanier eine wahre Goldgrube: Sie fanden hier kleine Goldminen, gutes Ackerland und südlich von Concepción jede Menge potenzielle Arbeitskräfte. Aufgrund der Hartnäckigkeit der Ma-

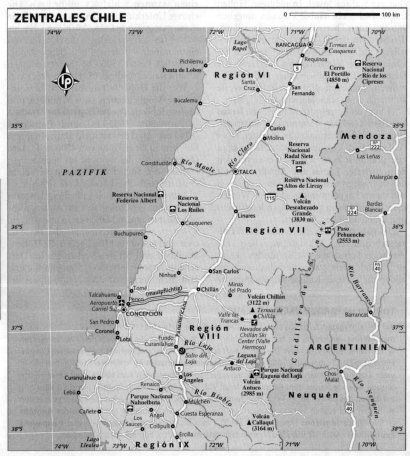

puche mussten die Spanier aber bis Mitte des 17. Jhs. die meisten ihrer Siedlungen wieder aufgeben.

RANCAGUA
☎ 072 / 231 900 Ew.

Die Industriestadt Rancagua ist an sich keinen Besuch wert – es sei denn, man kommt Ende März zum **Campeonato Nacional de Rodeo** (www.rodeochileno.cl; Eintritt 7000–12 000 Ch$). Der angesehene Wettkampf zieht Cowboys und Zuschauer aus allen Ecken des Landes an. Besucher können auch einen Tagesausflug zu den **Termas de Cauquenes** (www.termasdecauquenes.cl; Eintritt 5000 Ch$) und der unterschätzten **Reserva Nacional Río de los Cipreses** (☎ 297-505; Eintritt 2000 Ch$) unternehmen, in der es Wasserfälle, Gletschertäler und Flusslandschaften zu sehen gibt.

Für Traveller stehen die Touristeninformation **Sernatur** (☎ 230-413; Riesco 277; Mo–Fr 8.30–18 Uhr), die Wechselstube **Afex** (Campos 363, Local 4; Mo–Sa 10–21, So 11–21 Uhr) und die Parkverwaltung **Conaf** (☎ 204-645; rancagua@conaf.cl; Cuevas 480; Mo–Fr 9–17 Uhr) zur Verfügung.

Das von einer Familie betriebene **Hostal Yaiman** (☎ 641-773; Bueras 655; EZ/DZ mit Frühstück 13 500/27 000 Ch$, ohne Bad 10 500/21 000 Ch$) hat mit Teppichen ausgelegte Zimmer (mit Wandteppichen!) und Kabel-TV. Das bei Einheimischen beliebte Lokal **Doña Emilia** (☎ 239-483; Diego de Almagro 440; Hauptgerichte 5500–7900 Ch$) serviert französische und spanische Kost auf einer Gartenterrasse.

Fernbusse nutzen den **Busbahnhof** (☎ 225-425; Salinas 1165) nördlich des Mercado Central.

ACHTUNG!
Das vorliegende Kapitel wurde recherchiert, bevor am 27. Februar 2010 ein schweres Erdbeben der Stärke 8,8 die Region rund um Concepción erschütterte. Ihm folgte ein Tsunami, der weite Teile der Pazifikküste erfasste. Die stärksten Zerstörungen richtete die Katastrophe in Talcahuan, Arauco, Lota, Chiguayante, Cañete und San Antonio an, doch selbst im ca. 325 km entfernten Santiago wurden Schäden registriert. Die Autoren haben versucht, das Besondere der Region wiederzugeben und Travellern hilfreiche Tipps zu geben, durch das Erdbeben haben sich jedoch einige Dinge grundlegend geändert, sodass eigene Recherchen unumgänglich sind.

Hier startet **Sextur** (☎ 231-342) täglich um 6.40 Uhr nach Pichilemu (3000 Ch$, 3 Std.). Zu den Thermalquellen gibt es im Sommer täglich zwei Busse. Weil sich der Busfahrplan öfter ändert, sollte man sich die Abfahrtszeit telefonisch vom Busbahnhof bestätigen lassen.

Tur Bus (☎ 230-341; Ecke Calvo & O'Carrol) und **Pullman** (☎ 227-756; www.pullman.cl; Ecke Av Brasil & Lastarria) haben eigene Terminals. Nach Santiago (2200 Ch$, 1 Std.) fährt alle 10 bis 15 Minuten ein Bus.

Vom **Bahnhof** (☎ 600-585-5000; Ecke Av Estación & Carrera Pinto) fahren am Tag sieben Terrasur-Züge Richtung Norden nach Santiago (5000 Ch$, 1 Std.) und Richtung Süden nach Talca (6000 Ch$, 3 Std.) und Chillán (10 500 Ch$, 3½ Std.); entlang der Strecke liegen weitere Haltepunkte.

SANTA CRUZ
☎ 072 / 32 400 Ew.

Dank der großzügigen Investitionen eines ehemaligen Waffenhändlers ist das malerische Santa Cruz zum Zentrum des Weinbaus geworden. Am besten besucht man es Anfang März, wenn auf der Plaza das lebhafte Weinlesefest, die **Fiesta de la Vendimia**, gefeiert wird. Sehenswert ist auch das **Museo de Colchagua** (☎ 821-050; www.museocolchagua.cl; Errázuriz 145; Eintritt 3000 Ch$; 10–18 Uhr) mit seiner faszinierenden Sammlung ungewöhnlicher Fossilien, Mapuche-Textilien, präkolumbischer Keramik, ausgezeichneter Goldarbeiten und *huaso*-Monturen (Cowboykleidung). Der **Tren del Vino** (☎ 02-470-7403; www.trendelvino.cl; inkl. Transport von & nach Santiago 62 000 Ch$; Sa 8 Uhr) nimmt Touristen mit auf eine Zugfahrt mit Dampflok. Er startet am Bahnhof San Fernando; an Bord gibt's eine Weinverkostung. Mittagessen gibt's auf einem Weingut und die Fahrt endet am Museum. Zurück nach Santiago geht's per Bus. Das einladende **Hostal D'Vid** (☎ 821-269; www.dvid.cl; Edwards 205; DZ mit Frühstück 18 000 Ch$, EZ ohne Bad 18 000 Ch$;) hat frische Zimmer und einen hübschen Garten.

Der **Busbahnhof** (Casanova 478) befindet sich vier Blocks westlich der Plaza. Zweimal pro Stunde fährt **Buses Nilahué** (☎ 825-582; www.busesnilahue.com) nach Pichilemu (2500 Ch$, 2 Std.) und Santiago (4000 Ch$, 4 Std.).

PICHILEMU
☎ 072 / 12 400 Ew.

Kernige Left Breaks machen das verstaubte, klapprige „Pichi" zu einem Surfer-Mekka. Mit seiner sorglosen *buena onda* (guten Stimmung) und den Tag für Tag zahlreicher werdenden Ausländern, die sich hier niederlassen, ist das Strandstädtchen kein schlechter Ort zum Relaxen.

Einfache Infos zu Unterkünften und Events erhält man bei der **Touristeninformation** (☎ 841-017; www.pichilemu.cl; Municipalidad, Gaete 365; ✆ 9–18 Uhr). **Escuela de Surf Manzana 54** (☎ 099-574-5984; www.manzana54.cl; Av Costanera s/n; Surfbrett & Ausrüstung 3500 Ch$/halber Tag) am Strand La Puntilla vermietet Surfausrüstungen und gibt Privatstunden (10 000 Ch$/2 Std.) für Anfänger. Man erreicht die Surfschule, indem man zum Strand am Ende der Av Ortúzar geht und dann ein paar Minuten der Küstenstraße folgt. Gegenüber vom Ortszentrum liegt im Nordosten der windstille Hauptstrand **Playa Principal**. Im Süden findet man den längeren und raueren **Infiernillo**, der für seine schnelle Abdrift bekannt ist. Der beste Surfspot ist die **Punta de Lobos**, 6 km südlich von Pichi. Hier findet jedes Jahr auch das Campeonato Nacional de Surf statt, die Landesmeisterschaft im Surfen.

Der Campingplatz **Pequeño Bosque** (☎ 842-071; Ecke Santa Teresa & Paseo del Sol; Stellplatz für 4 Pers. 16 US$) ist voll ausgestattet und hat Zugang zum Strand. Billige *residenciales* findet man in der Hauptsaison entlang der Aníbal Pinto. Im **Pichilemu Surf Hostal** (☎ 842-350; www.pichilemusurfhostal.com; Lyra 167; EZ/DZ/3BZ/4BZ 15 000/24 000/30 000/34 000 Ch$) gegenüber vom Strand Infiernillo bekommt man nicht nur den Blick aufs Meer, sondern auch Expertentipps zum Wellenreiten vom Eigentümer und leidenschaftlichen Windsurfer Marcel. Die rustikale, ultramoderne **Posada Punta de Lobos** (☎ 09-8154-1106; www.posadapuntadelobos.cl; EZ/DZ/3BZ mit Frühstück 40 000/48 000/54 000 Ch$, Cabaña für 2/10 Pers. 48 000/90 000 Ch$) liegt 1 km von der Abzweigung zur Punta de Lobos entfernt und ist von Kiefern und Eukalyptusbäumen umgeben.

Das entspannte **Donde Pinpón** (Av Ross 9; Hauptgerichte 3000 Ch$) serviert Meeresfrüchte-Eintöpfe und andere chilenische Gerichte. Am Strand Infernillo lockt das **El Puente Holandés** (☎ 842-350; Costanera Eugenio Díaz Lira 167; Hauptgerichte 3500–4900 Ch$; ✆ 9–23 Uhr) mit Meeresfrüchte-Ravioli und gegrilltem Seebarsch. Die Terrasse ist prima für ein Bier.

Der **Terminal de Buses** (Ecke Av Millaco & Los Alerces) liegt am Stadtrand von Pichilemu. Von dort fahren häufig Busse nach Santa Cruz (2500 Ch$, 2 Std.) und San Fernando (3000 Ch$, 3 Std.); dort hat man Anschluss zu Busverbindungen in den Norden und in den Süden.

CURICÓ
☎ 075 / 123 800 Ew.

Curicó lockt die Besucher mit den umliegenden Weingütern und seiner ausgezeichneten Reserva de Radal Siete Tasas. Die entspannte Kleinstadt ist am meisten für ihre postkartenwürdige **Plaza de Armas** bekannt, die von Palmen und Chilenischen Araukarien gesäumt wird und in deren Mitte ein Musikpavillon steht. Infos erhält man in der **Touristeninformation** (☎ 543-027; www.curico.cl; Yungay 620). Mitte März wird mit dem **Festival de la Vendimia** die Weinlese gefeiert. Das 5 km südlich der Stadt gelegene Weingut **Miguel Torres** (☎ 564-100; www.migueltorres.cl) organisiert täglich Führungen und serviert in einem schicken Restaurant Mittagessen (Hauptgerichte 10 000 Ch$). Anfahrt: eines der *colectivos* nach Molina nehmen und am Weingut aussteigen.

Das kalte, weitläufige **Hotel Prat** (☎ 311-069; hotelpratcurico@yahoo.es; Peña 427; EZ/DZ mit Frühstück 15 000/20 000 Ch$, EZ ohne Bad 7500 Ch$; ▯) hat billige Zimmer. Eine Preisklasse höher liegt das moderne **Hostal Viñedos** (☎ 222-083; www.hostalvinedos.cl; Chacabuco 645; EZ/DZ/3BZ mit Frühstück 17 900/23 800/29 900 Ch$, EZ/DZ ohne Bad 15 000/20 000 Ch$) mit hellen Zimmern und gut gefederten Betten. Hervorragendes peruanisch angehauchtes Essen bekommt man im **Mistiko** (☎ 310-868; Prat 21; Hauptgerichte 4500–6300 Ch$).

Der **Terminal de Buses** (Ecke Maipú & Prat) und die **Estación de Ferrocarril** (☎ 600-585-5000; Maipú 657) liegen vier Blocks westlich der Plaza de Armas. Pro Tag fahren sieben Züge nach Santiago (6000 Ch$, 2¼ Std.) und Chillán (7000 Ch$, 2½ Std.). Wer zum Parque Nacional Las Siete Tazas will, steigt am Terminal de Buses Rurales, gegenüber vom Hauptbusbahnhof, in einen Bus von **Aquelarre** (☎ 314-307) in Richtung Molina (500 Ch$, 35 Min., alle 5 Min.). Ab Molina gibt's im Januar und Februar häufige Busverbindungen zum Park. Ungefähr alle halbe Stunde fahren Busse nach Santiago (3500 Ch$, 2½ Std.); zu empfehlen sind **Bus Pullman Sur** (Henríquez), drei Blocks nördlich der Plaza, und **Tur Bus** (Manso de Velasco 0106).

TALCA
☎ 071 / 198 700 Ew.

Talca punktet mit einer lebhaften Uni-Atmosphäre und hält für durchs Weinland ziehende Traveller leckeres Essen und köstliche

Weine parat. Es liegt 257 km südlich von Santiago und hat bessere Fernbusanbindungen als alle anderen Ortschaften in der Nähe. Zudem kommt man von hier aus gut zu den Nationalparks. Mit Rat und Tat stehen **Sernatur** (☎ 233-669; 1 Oriente 1150; ⓥ Mo–Fr 8.30–17.30 Uhr) und **Conaf** (☎ 228-029; 3 Sur & 2 Poniente; ⓥ Mo–Fr 9–17 Uhr) Touristen zur Seite. In dem Gebäude, in dem Bernardo O'Higgins 1818 Chiles Unabhängigkeitserklärung unterzeichnete, ist das **Museo O'Higgins y de Bellas Artes** (1 Norte 875; ⓥ Di–Fr 10–19, Sa & So 10–14 Uhr) untergebracht; es zeigt Ölgemälden mit ländlichen Szenen und *huaso*-Porträts.

Mit großem Frühstück, gemütlichen Zimmern und englischsprachigen Angestellten hat das **Los Castaños** (☎ 684-531; loscastanostalca@gmail.com; 8 Oriente 1481; EZ/DZ ohne Bad & mit Frühstück 9000/16 000 Ch$) alles, was des Travellers Herz begehrt. An sich schon sehenswert ist die von einem deutsch-österreichischen Paar betriebene **Casa Chueca** (☎ 099-419-0625; www.trekkingchile.com/casachueca; Viña Andrea s/n, Sector Alto Lircay; B mit Frühstück 8500–11 000 Ch$, DZ 34 000 Ch$; ⓥ Juni–Aug. geschl.; ☒). Hier erwarten einen rustikale Garten-*cabañas*, ausgezeichnete Infos und der Tourveranstalter El Caminante (s. Kasten unten). Nach Ankunft am Busbahnhof in Talca telefonisch Bescheid geben, dann den Taxutal-*micro* „A" Richtung San Valentín nehmen und an der letzten Haltestelle in Taxutal aussteigen; dort wird man abgeholt.

Eine Institution vor Ort ist die Kantine **Las Viejas Cochinas** (☎ 221-749; Rivera Poniente; Hauptgerichte 4000–6000 Ch$; ⓥ 12–24 Uhr), ein früheres Bordell. Für die hiesige Spezialität *pollo mariscal* (Hähnchen in Weinbrand-Meeresfrüchte-Sauce) lohnt sich das Warten. Die hippe, aber kitschige **Zuca Restobar** (☎ 236-124; Isidoro del Solar 5; Hauptgerichte 4900–5900 Ch$; ⓥ Mo–Sa 19–24 Uhr) serviert leckere originelle Gerichte wie Tintenfisch-Fettuccini mit Muscheln.

Aus Norden und Süden kommende Busse halten in Talca am **Hauptbusbahnhof** (☎ 243-366; 2 Sur 1920). Außerdem gibt es noch **Tur Bus** (☎ 265-715; 3 Sur 1960). Es gibt u. a. Busse nach Chillán (2700 Ch$, 3 Std.), Puerto Montt (12 000 Ch$, 11 Std.) und Santiago (4000 Ch$, 3 Std.). **Buses Vilches** (☎ 235-327) schickt vier Busse am Tag nach Vilches Alto, dem Tor zur Reserva Nacional Altos de Lircay.

Vom **EFE-Bahnhof** (☎ 226-254; 11 Oriente 1000) fahren sieben Züge pro Tag nach Santiago (6500 Ch$, 2¾ Std.) und südwärts nach Chillán (6000 Ch$, 2 Std.). Eine Schmalspurbahn tuckert täglich um 7.50 Uhr und zusätzlich werktags um 16.30 Uhr zum verwehten Küstenferienort Constitución (1400 Ch$, 3 Std.).

CHILLÁN
☎ 042 / 180 100 Ew.

Das in der Vergangenheit von Erdbeben und den Belagerungen der Mapuche mitgenommene, aber trotzdem unverwüstliche Chillán

---

DAS NÄCHSTE ABENTEUER WARTET

In der üppig grünen **Reserva Nacional Radal Siete Tazas** (Eintritt 3000 Ch$) ergießt sich klares Wasser in sieben Basaltbecken, um dann einen 50 m tiefen Wasserfall hinabzustürzen. Es gibt viele Wanderwege im Reservat; längere führen zum Cerro El Fraile, ins Valle del Indio und zu den Altos del Lircay. Conaf betreibt zwei **Campingplätze** (☎ 075-228-029; Stellplatz 1500 Ch$/Pers.) mit Kaltwasser im Parque Inglés. Im Park findet man beim **Camping Los Robles** (max. 6 Pers. 8000 Ch$) Duschen mit Warmwasser und einen Grillbereich. Der Park ist 65 km von Curicó entfernt. Im Januar und Februar fährt **Buses Hernández** häufig von Molina zum Parque Inglés (1500 Ch$, 2½ Std.).

In den Ausläufern der Anden liegt 65 km östlich von Talca die **Reserva Nacional Altos de Lircay** (Eintritt 3000 Ch$), ein prima Wandergebiet, in dem Felsensittiche und andere endemische Papageienarten durch die Lüfte flattern. Eine Plackerei ist die schwierige zwölfstündige Wanderung zum **El Enladrillado**, einem einzigartigen Basaltplateau mit sagenhaftem Ausblick. Leichter ist der zehnstündige Marsch zur **Laguna del Alto**. Wanderer können einen Abstecher zum Parque Nacional Radal Siete Tazas machen, brauchen aber für den nicht ausgeschilderten Weg einen Guide.

Die Conaf betreibt den ausgezeichneten Platz **Camping Antahuara** (Stellplatz 2500 Ch$/Pers., einmalige Nutzungsgebühr 8000 Ch$), der ungefähr 500 m hinter der *administración* (Verwaltung) am Río Lircay liegt. Von Talca fährt Buses Vilches mehrmals täglich nach Vilches Alto (1400 Ch$, 2 Std.), von wo es noch 5 km bis zur *administración* sind.

Geführte Wanderungen in beiden Parks bietet der erfahrene Veranstalter **El Caminante** (☎ 099-837-1440, 071-197-0097; www.trekkingchile.co) an.

ist heute das Tor zu einigen der schönsten Landschaften in Zentralchile. 1835 ersetzte die neue Stadt die alte. **Chillán Viejo** (Alt-Chillán) ist der Geburtsort von Bernardo O'Higgins. Dort zeigt ein 60 m langes Fliesenmosaik Szenen aus dem Leben des schmächtigen Befreiungskämpfers. Als 1939 ein weiteres Erdbeben die neue Stadt zerstörte, stiftete Mexiko die **Escuela México** (Av O'Higgins 250; ☺ Mo–Fr 10–13.30 & 14–18, Sa & So 10–18 Uhr). Auf Pablo Nerudas Bitte hin schufen die mexikanischen Künstler David Alfaro Siqueiros und Xavier Guerrero spektakuläre Wandgemälde, die indigene und postkolumbische Persönlichkeiten der Geschichte würdigen. Spenden werden gerne genommen (und erwartet).

Mit der bunten Palette an Produkten und Kunsthandwerk (Leder-, Korb- und Webarbeiten) zählt die **Feria de Chillán** zu den besten Märkten Chiles. Samstags nimmt das farbenfrohe Treiben die ganze Plaza de la Merced und die Nebenstraßen in Beschlag.

Praktische Informationen

Banco de Chile (Ecke El Roble & 5 de Abril) Rund um die Uhr zugänglicher Geldautomat.
Hospital Herminda Martín (☎ 208-221; Ramírez 10) Sieben Blocks östlich der Plaza.
Post (Libertad 501)
Sernatur (☎ 223-272; 18 de Septiembre 455; ☺ Mo–Fr 8.30–13.30, 15–18 Uhr) Einen halben Block nördlich der Plaza.

Schlafen & Essen

Hostal Canadá (☎ 234-515; hostalcanada269chile@gmail.com; Av Libertad 269; EZ/DZ 6000/12 000 Ch$) Charakter hat hier nicht nur das Hostel, sondern auch der Gastgeber. Die Zimmer sind einwandfrei.

Hostal Ñuble (☎ 321-813; 18 de Septiembre 240; conaver@gmail.com; EZ/DZ ohne Bad & mit Frühstück 7500/16 000 Ch$) Das ruhige, von einer Familie betriebene Hotel liegt in einer grünen Wohnstraße und hat helle, luftige Zimmer mit Parkettboden und Kabel-TV.

Mercado Central (Maipón zw. 5 de Abril & Riquelme; Mittagsmenü 1800 Ch$) Legere Lokale servieren günstige *paila marina* und *longaniza* (Schweinewürstchen) von den Metzgerständen.

La Motoneta (Av Padre Alberto Hurtado 242; Hauptgerichte 2000–3100 Ch$; ☺ Mo–Sa 12–15 & 20–23 Uhr) Das beste *picada* (billiges und gemütliches Restaurant) der Stadt. Es gibt reichhaltige Aufläufe und Eintöpfe in Tonschüsseln.

Fuego Divino (☎ 430-988; Gamero 680; Hauptgerichte 5500–6800 Ch$; ☺ Mo–Sa 12.30–15.30 & 20–23.30 Uhr)

Stilvolles Restaurant, wenn man richtig gut essen will. Die perfekt gegrillten Steaks vom Temuco-Rind sind absolut lecker. Im Voraus reservieren.

An- & Weiterreise

Die meisten Fernbusse nutzen den **Terminal María Teresa** (☎ 272-149; Av O'Higgins 010) gleich nördlich der Av Ecuador. Es gibt noch einen zweiten Busbahnhof, den alten **Terminal de Buses Inter-Regional** (☎ 221-014; Ecke Constitución & Av Brasil), an dem Tur Bus (auch am Busbahnhof María Teresa) und Línea Azul mit der schnellsten Busverbindung nach Concepción vertreten sind. Stadt- und Regionalbusse nutzen den **Terminal de Buses Rurales** (Sargento Aldea) südlich von Maipó.

Die Züge nach Santiago (10 500 Ch$, 4½ Std., 7-mal tgl.) starten vom **Bahnhof** (☎ 222-424; Ecke Av Brasil & Libertad) am Westende der Libertad.

BUSPREISE		
Ziel	Preis (Ch$)	Dauer (Std.)
Angol	2500	2¼
Concepción	2000	1½
Los Angeles	2000	1½
Puerto Montt	13 000	9
Santiago	7 200–13 000	5
Talca	2700	3
Temuco	5500	4
Termas de Chillán	2200	1½
Valdivia	8500	6

RUND UM CHILLÁN

An den südlichen Hängen des 3122 m hohen Volcán Chillán befindet sich in traumhafter Lage das **Skigebiet Nevados de Chillán** (☎ 600-626-3300; www.nevadosdechillan.com; Skipass 25 000 Ch$/Tag), das auch für sein **Thermalbad** (Erw./Kind 8000/4500 Ch$) bekannt ist. Hier gibt es 32 Skipisten mit bis zu 1100 m Höhenunterschied und 2500 m Länge. Die Skisaison dauert offiziell von Juni bis Mitte September. Aktuelle Infos gibt's auf der Webseite.

Wer knapper bei Kasse ist, findet in Valle Hermoso einen **Campingplatz** (15 000 Ch$/Zelt), auf dem auch Lebensmittel verkauft werden, und ein öffentliches **Thermalbad** (3000 Ch$; ☺ 9–17 Uhr). Die Abzweigung hierher liegt zwischen Valle Las Trancas und den Nobelhotels.

Das warme, aber heruntergewohnte **Hostelling Las Trancas** (☎ 042-243-211; www.hostellinglas

trancas.cl; Camino Termas de Chillán km 73,5; B 10 000 Ch$, DZ ohne Bad & mit Frühstück 20 000 Ch$) hat die Atmosphäre einer Skihütte mit Kaminfeuer und Bier und Burger auf der Karte. Das moderne **Ecobox Andino** (☎ 042-423-134; www.ecoboxandino.cl; Camino a Shangri-Lá bei Km 0,2; Cabaña für 4 Pers. 65 000 Ch$;) verwöhnt seine Gäste mit Hütten, von deren Terrasse aus man über den Wald blickt.

Vom Terminal de Buses Rurales in Chillán betreibt **Rembus** (☎ 042-229-377) Busse nach Valle Las Trancas (1300 Ch$, 1¼ Std., 5-mal tgl.). Die Busse um 7.50 und 13.20 Uhr fahren weiter bis nach Valle Hermoso (2200 Ch$, 1½ Std.).

Die Küstendörfer nordwestlich von Chillán laden zu Erkundungstouren ein. Surfer und Angler fahren nach **Buchupureo**, 13 km nördlich von Cobquecura (rund 100 km von Chillán), wo Papayas wachsen, Ochsen die Straße versperren und die Häuser mit einheimischem Schiefer beschichtet sind. **Camping Ayekän** (☎ 042-197-1756; www.turismoayekan.cl; Stellplatz 15 000 Ch$) ist nur in der Hauptsaison geöffnet. Wenn man in Buchupureo die Plaza de Armas erreicht hat, biegt man links ab und folgt der Ausschilderung. Die **Cabañas Mirador de Magdalena** (☎ 042-197-1890; aochoa_3000@hotmail.com; La Boca s/n; Cabaña für 4 Pers. 35 000 Ch$) sind einfache Pfahlhütten mit Blick auf ein Flussdelta, das sich zum Meer hinschlängelt.

CONCEPCIÓN

☎ 041 / 221 100 Ew.

Die verarbeitende Industrie, die Hafenanlagen und die nahe gelegenen Kohlevorkommen machen Concepción zur zweitwichtigsten Stadt Chiles, die wegen des starken Einflusses der hiesigen Universitäten politisch recht weit links angesiedelt ist. Eine große Touristenattraktion ist sie allerdings nicht. Die Erdbeben von 1939, 1960 und zuletzt 2010 haben der Stadt immer wieder Schäden zugefügt. Bleibt zu hoffen, dass die schönen Plaza und Straßen und das hiesige quirlige Nachtleben nicht nur der Vergangenheit angehört.

Die Stadt liegt am Norduferr des Río Biobío, Chiles einzigem wichtigen, befahrbaren Wasserlauf. Die Plaza Independencia markiert das Zentrum. Im Osten thront der Cerro Caracol, der eine weitere Ausbreitung der Stadt verhindert.

Praktische Informationen

Geldautomaten und Internetcafés gibt's in der Innenstadt zuhauf.

Afex (Barros Arana 565, Local 57; Mo–Fr 9–17.30, Sa 10–13 Uhr) Löst Reisechecks ein.
Conaf (☎ 262-4000; Barros Arana 215, 2. Stock; Mo–Fr 8.30–17.30 Uhr) Infos zu Nationalparks und Reservaten.
Hospital Regional (☎ 2237-445; Ecke San Martín & Av Roosevelt) Acht Blocks nördlich der Plaza Independencia.
Laverap (Caupolicán 334; 3600 Ch$/Wäscheladung; Mo–Fr 9.30–20, Sa bis 15 Uhr)
Post (O'Higgins 799)
Sernatur (☎ 2741-4145; Pinto 460; Jan. & Feb. 8.30–20, März–Dez. Mo–Fr bis 13 & 15–18 Uhr) Verteilt Broschüren.

Sehenswertes & Aktivitäten

In Concepción rief O'Higgins am 1. Januar 1818 auf der heutigen **Plaza Independencia** die Unabhängigkeit Chiles aus. Im Barrio Universitario befindet sich die **Casa del Arte** (Ecke Chacabuco & Larenas; Di–Fr 10–18, Sa bis 17, So bis 14 Uhr) mit einem großen Wandgemälde des mexikanischen Künstlers Jorge González Camarena, das den Namen *La Presencia de América Latina* (1965) trägt. Am Rand des Parque Ecuador zeigt die **Galería de Historia** (Ecke Av Lamas & Lincoyán; So & Mo 15–18.30, Di–Fr 10–13.30 & 15–18.30 Uhr) lebendig wirkende Dioramen, die Einblicke in das Leben der Mapuche vor dem Erscheinen der Konquistadoren und in das der Pioniere gewähren. Im OG gibt es eine Kunstgalerie mit Arbeiten einheimischer Künstler.

Der hügelige Küstenort **Lota** südlich von Concepción war einst das Zentrum des chilenischen Kohlebergbaus. Wer einen Blick in die Minen und Barackensiedlungen werfen will, kann sich den faszinierenden Führungen (www.lotasorprendente.cl) anschließen. Die Zeche **Chiflón del Diablo** (Teufelsflöte; ☎ 2871-565; Führung 4000 Ch$; 9–18.30 Uhr) war bis 1976 in Betrieb. Heute führen ehemalige Kohlekumpel Besucher in frostige Tiefen. Den Busfahrer des *micro* darum bitten, einen an der Parada Calero abzusetzen. Geht man dann die Bajada Defensa Niño hinunter, sieht man bald eine Mauer mit dem Namen der Zeche. Ästheten besuchen den landschaftlich prachtvoll gestalteten, 14 ha großen **Parque Isidora Cousiño** (Eintritt 1600 Ch$; 9–20 Uhr). Auf dem Gelände gibt's auch Pfauen und einen Leuchtturm.

Schlafen & Essen

Eigentlich ist man eher auf Geschäftsleute als auf Backpacker eingestellt, sodass freie Unterkünfte knapp werden können.

Hostal Bianca (☎ 225-2103; www.hostalbianca.cl; Salas 643-C; EZ/DZ mit Frühstück 17 850/24 800 Ch$, ohne Bad

11 900/17 800 Ch$; 🖥) Die beste Budgetunterkunft mit hellen, kleinen Zimmern, guten Betten und Kabel-TV. Zum Frühstück gibt's sogar Rühreier.

Hotel San Sebastián (☎ 295-6719; www.hotelsan sebastian.cl; Rengo 463; EZ/DZ/3BZ 17 000/21 000/26 000 Ch$, ohne Bad 15 000/18 000/22 000 Ch$) Das mit Plastikblumen und fliederfarbenen Wänden aufgepeppte Budgethotel hat leider durchhängende Betten und alte Teppiche. Die Doppelzimmer im Untergeschoss sind sauberer und heller.

Chela's (Barros Arana 405; Mittagsmenü 1500 Ch$, Hauptgerichte 2000 Ch$; ⊗ Mo–Sa 8.30–24, So 12–20 Uhr) Der Cholesterinspiegel erreicht Rekordwerte: dank großer Portionen herzhafter *chorillanas* (Pommes mit Zwiebeln und Würstchen) und Steaks.

Sauré Roeckel (Barros Arana 541, Local 1; Snacks 1800 Ch$; ⊗ Mo–Fr 9–21, Sa bis 20 Uhr) Versüßt die Teezeit mit mehr als 40 Teesorten und leckeren Windbeuteln.

Crepería Jardín Secreto (O'Higgins 338; Mittagsmenü 2300 Ch$, Hauptgerichte 2150–3450 Ch$; ⊗ 9–23 Uhr) Zum Frühstück gibt's Pfannkuchen, Eier und Speck, zum Tee Crêpes mit *manjar* (Milch-Karamell-Aufstrich), zum Abendessen Pekingente.

Sublime (☎ 279-4194; Freire 1633; Hauptgerichte 4300–6900 Ch$; ⊗ Mo–Sa 19–24 Uhr) Das coolste Lokal in Conce kommt in Chrom und rotem Kunstleder daher. Hier liebt man gewagte Kombinationen wie Fisch in Haselnusskruste oder Steak mit Birnensauce.

Ausgehen & Unterhaltung

Almendra Bar (www.almendrabar.cl; Rengo 1624; ⊗ Mi–Sa 21–4 Uhr) Der angesagteste Treff in Conce. In der umgebauten alten Garage lümmeln Designertypen mit Designerbrillen auf den niedrigen Designersofas im Stil der 1950er-Jahre. Unter der Woche gibt's coole Musik, Cocktails und Sushi, doch am Wochenende steht die Tanzfläche im Mittelpunkt.

Choripan (Prat 542; ⊗ 19.30 Uhr–open end) Hier trifft sich ein junges, entspanntes Publikum zu Cocktails, Bier und zum Quatschen bei Reggae und Blues.

Cine Universidad de Concepción (☎ 222-7193; O'Higgins 650) Zeigt dienstags anspruchsvolle Filme.

An- & Weiterreise

BUS

Es gibt zwei Terminals für Fernbusse: **Collao** (☎ 274-9000; Tegualda 860) im Norden und den **Terminal Chillancito** (☎ 231-5036; Henríquez 2565) an der nördlichen Verlängerung der Bulnes. Die meisten Busse starten vom Busbahnhof Collao. Viele Unternehmen haben auch in der Innenstadt Büros. **Tur Bus** (Tickets Tucapel 530) und andere Firmen fahren häufig nach Santiago und Viña del Mar/Valparaíso.

BUSPREISE

Ziel	Preis (Ch$)	Dauer (Std.)
Angol, Parque Nacional Nahuelbuta	1½	3500
Chillán	2000	1½
Los Ángeles	2500	2
Lota	500	½
Puerto Montt	7500–15 000	8
Santiago	8800–10 000	6½
Temuco	6000	4
Valdivia	8000	6
Valparaíso/ Viña del Mar	8000	8

FLUGZEUG

Der Aeropuerto Carriel Sur liegt unmittelbar außerhalb von Concepción. **LAN** (☎ 600-526-2000; O'Higgins 648) fliegt täglich nach Santiago (40 000 Ch$, 1 Std.).

Unterwegs vor Ort

In Concepción hat man die Wahl zwischen mehreren Autovermietern. Einer der günstigsten ist **Rosselot** (☎ 2732-030; www.rosselot.cl; Chacabuco 726), aber die Selbstbeteiligung kann recht hoch sein.

Regelmäßig fahren *micros* vom Busbahnhof über die San Martín zum Zentrum (300 Ch$). Die *micros* nach Talcahuano (500 Ch$) fahren die O'Higgins und die San Martín entlang.

Zum Flughafen fahren keine öffentlichen Verkehrsmittel. Die orangefarbenen Busse zur Universidad de las Américas (500 Ch$, alle 20 Min.) halten jedoch 500 m südlich davon auf der Ruta Interportuaria. Von der Innenstadt fahren sie ostwärts über die San Martín.

LOS ÁNGELES

☎ 043 / 169 900 Ew.

Das unscheinbare landwirtschaftliche Zentrum ist ein guter Ausgangspunkt für Ausflüge in den Parque Nacional Laguna del Laja und zum Oberlauf des Biobío. Die besten Infos bekommt man im **Automóvil Club de Chile** (Vicuña 684) oder bei **Sernatur** (☎ 317-107, Caupolicán 450, 3. Stock, Oficina 6; ⊗ Mo–Fr 9–17.30 Uhr).

Die meisten Unterkünfte liegen an der Panamericana, die vernünftigsten Optionen befinden sich allerdings im Ort. Das **Residencial El Angelino** (☎ 325-627; Colo Colo 335; Zi. 8000 Ch$/Pers.) hat saubere, nette Zimmer. Das an ein Chalet der 1970er-Jahre erinnernde **Hotel Antilén** (☎ 322-948; Av Alemania 159; Zi. mit/ohne Bad & mit Frühstück 19 000/12 000 Ch$) liegt fünf Blocks östlich der Plaza de Armas. Die beste Bleibe in der Region ist das **Hospedaje El Rincón** (☎ 099-441-5019; www.elrinconchile.cl; Panamericana bei Km 494; EZ/DZ 25 000/30 000 Ch$, Zi. ohne Bad & mit Frühstück 15 000 Ch$). Es verwöhnt erschöpfte Backpacker mit nahrhaftem Frühstück, Ruhe, komfortablen Zimmern und hausgemachter Kost. Die von Deutschen betriebene Unterkunft bietet Spanischkurse und geführte Wanderungen zur Laguna del Laja an. Man kann sich aus Los Ángeles oder Cruce La Mona abholen lassen.

Julio's Pizza (Colón 452; Pizzas 7000–10 000 Ch$) serviert gute Pizza und Pasta nach argentinischer Art und andere Gerichte. **Bife Sureño** (Lautaro 681; Hauptgerichte 6000 Ch$) verwöhnt Fleischliebhaber.

Die Fernbusse starten am **Terminal Santa María** (Av Sor Vicenta 2051) am nordöstlichen Stadtrand. **Tur Bus** (Av Sor Vicenta 2061) liegt in der Nähe. Die Busse Richtung Antuco starten am **Terminal Santa Rita** (Villagrán 501).

DAS SEENGEBIET

Je weiter man nach Süden kommt, desto grüner wird es. Schließlich erreicht man schneebedeckte Vulkane, die über grünen Hügeln und Seen thronen. Die idyllische Region ist ein perfektes Refugium – ideal, um einen Gang herunterzuschalten. Die nach den Chilenischen Araukarien benannte Region Araucanía ist das geografische Zentrum der Mapuche-Kultur. Das in den 1850er-Jahren von Deutschen kolonisierte Gebiet weiter südlich ist eine provinzielle Enklave mit bestrumpften Omas, Obstkuchen und Spitzenvorhängen. Es ist so herrlich abgelegen, dass man ein wenig schläfrig wird. Aber das muss nicht sein! Draußen den Türen der schindelgedeckten Häuser warten jede Menge Abenteuer: Man kann raften oder klettern, wandern oder in Thermalquellen hopsen, in Kolonialstädtchen *onces* (Snacks) mampfen oder in einer Runde einheimischer *huasos* (Cowboys) Mate trinken. Gastfreundschaft ist die große Stärke der *sureños* (Südchilenen). Die zu genießen, sollte man sich Zeit lassen.

Auch wenn sie die Einkaufszentren lieben, sind die meisten Stadtbewohner – ca. die Hälfte der Bevölkerung – von ihren ländlichen Wurzeln geprägt. Holzhacken und Marmelade kochen gehören nach wie vor zu ihrem Alltag. Hinter den Stadtgrenzen lockt die grüne Natur. Das abgelegene Landesinnere (von Todos los Santos bis zum Río Puelo) wurde erst im frühen 20. Jh. besiedelt – mit der Folge, dass sich die Pionierkultur bis heute erhalten hat. Doch der Straßenausbau ist ein deutliches Zeichen des unvermeidbaren Wandels. Das folgende Kapitel behandelt die Region IX und Teile der Region X; dazu gehört auch Puerto Montt, das Tor zum Archipel von Chiloé und zum chilenischen Patagonien.

TEMUCO
☎ 045 / 259 100 Ew.

Das ausgebaute, hektische Temuco ist das Geschäftszentrum der Region und ein wichtiger Verkehrsknotenpunkt. Von allen Städten ist es am stärksten von der Kultur der Mapuche geprägt, die hier häufig bei Protesten ihren Unmut artikulieren. Hier gibt es nur wenige Touristenattraktionen, auch wenn Pablo Neruda hier seine Kindheit verlebt hat.

Temuco liegt am Nordufer des Río Cautín. Von Santiago fährt man über die Panamericana 675 km nach Süden. Nördlich vom Stadtzentrum befindet sich der Cerro Ñielol. Das Wohnviertel West-Temuco ist ein entspannteres Gebiet mit Nobelrestaurants.

Praktische Informationen

Es gibt jede Menge preisgünstige Internetcafés (400 Ch$/Std.) und Geldautomaten.
Conaf (☎ 298-100; Bilbao 931, 2. Stock; Mo–Fr 9–17 Uhr) Infos zum Nationalpark.
Hospital Regional (☎ 212-525; Montt 115) Sechs Blocks westlich und einen Block nördlich der Plaza.
Lavasec Center (☎ 234-436; Montt 250; 2500 Ch$/ Wäscheladung; Mo–Sa 9–19.30 Uhr)
Post (Ecke Portales & Prat)
Sernatur (☎ 312-857; Ecke Claro Solar & Bulnes; Dez.–Feb. Mo–Sa 8–20.30, Sa 10–14 Uhr, März–Nov. Mo–Do 9–14 & 15–17.30, Fr 9–14 & 15–16.30 Uhr) Hilfreich.
Touristeninformationskiosk (☎ 216-360; Mercado Municipal; März–Nov. Di–Sa 8–19, So 8.30–16 Uhr, Dez.–Feb. Di–Sa 8–20, So 8.30–16 Uhr) Hat Stadtpläne und führt Listen der Unterkünfte.

Sehenswertes & Aktivitäten

Die **Feria Libre** (Av Barros Arana; 8–17 Uhr) ist ein dynamischer, bunter Markt mit Obst, Gemü-

492 DAS SEENGEBIET

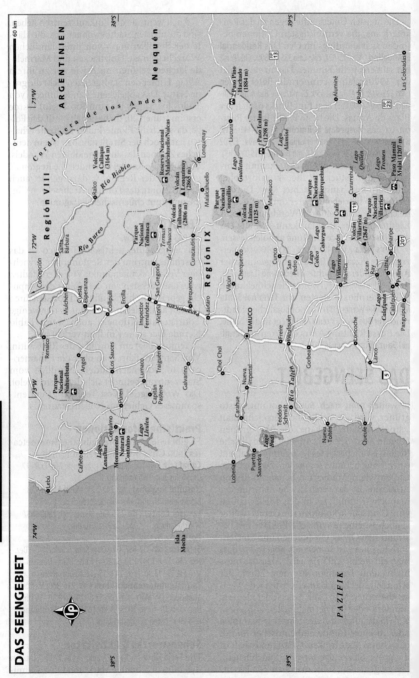

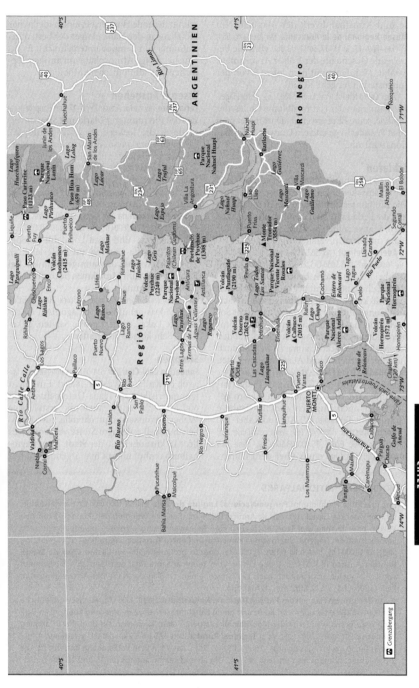

se und Kunsthandwerk der Mapuche. Im **Museo Regional de la Araucanía** (Av Alemania 084; Mo–Fr 9–17, Sa 11–17, So 11–13 Uhr) wird die bewegende Geschichte der Völker Araukaniens erzählt. Man fährt mit dem *micro* 9 von der Innenstadt oder geht zu Fuß.

Am **Cerro Ñielol** (Prat; Eintritt 1000 Ch$; bei Tageslicht) kann man der Nationalblume Chiles, der *copihue*, seine Ehre erweisen. Dort findet man auch Wanderwege und ein Umwelt-Informationszentrum.

Schlafen

Temuco ist definitiv keine Touristenstadt und für Backpacker daher ein schwieriges Revier. Die Billigunterkünfte rund um den Bahnhof und die Feria Libre sind ziemlich schäbig. Vor allem Frauen sollten die Gegend zwischen der Plaza und der Universität bevorzugen.

Adela y Helmut (582-230; www.adelayhelmut.cl; Faja 16 000 km 5 N; B 5050 Ch$, EZ/DZ ab 16 800/21 850 Ch$) Die bei Backpackern beliebte schwäbisch-chilenische Unterkunft liegt auf einer kleinen Farm, 48 km entfernt, Richtung Parque Nacional Conguillío. Sie erwärmt Wasser mit Solarenergie, hat kleine Küchen in jedem Zimmer und einen hervorragenden Blick auf den schwelenden Volcán Llaima. Es werden auch Fahrräder verliehen und Ausritte veranstaltet.

Hospedaje Tribu Piren (985-711; www.tribupiren.cl; Prat 69; Zi. 7000 Ch$/Pers.;) Die gute Budgetunterkunft wird von freundlichen Alvaro geführt, der auch Englisch spricht. Saubere Zimmer mit Terrasse, WLAN und Kabel-TV.

Hostal Austria (247-169; www.hostalaustria.cl; Hochstetter 599; EZ/DZ 15 400/23 500 Ch$, ohne Bad 10 500/13 000 Ch$) Das etwas über dem Durchschnitt liegende Hostel ist in einem idyllischen Holzhaus in der Nähe einiger der besten Restaurants von Temuco untergebracht. Es hat eine heimelige Atmosphäre mit antiken Teppichen und altmodischem Mobiliar.

Essen & Ausgehen

Feria Libre (Av Barros Arana; 8–17 Uhr; Hauptgerichte 2000 Ch$) Ein munterer Markt mit Straßenverkäufern, die leckere *cazuelas* (Eintöpfe), *sopaipillas con queso*, Empanadas und Meeresfrüchte-Eintöpfe zubereiten.

Gohan Sushi (731-110; Av Vicuña MacKenna 530; Sushi 2500–3800 Ch$; mittags & abends) Einfallsreiches Sushi, Mittagsrabatte und eine lustige Happy-Hour-Atmosphäre.

Pizzería Madonna (Av Alemania 660; Pizzas 3800–8500 Ch$, Pasta 5200–5600 Ch$; 12–16 & 19–24 Uhr) Ein beliebtes Pizza- und Pasta-Lokal mit der Spezialität Tricotta (Ravioli auf dreierlei Art). Zum Schluss gibt's das samtige Tiramisu. Bei Bestellungen zum Mitnehmen bekommt man 20 % Ermäßigung.

Cassís (Mall Portal Temuco, 2. Stock; Hauptgerichte 4000 Ch$) Das gemütliche, patagonisch eingerichtete Lokal serviert große Salaten, dekadente Schokolade und Kaffee.

Shoppen

Fundación Chol-Chol (614-007; Camino Temuco a Imperial, bei Km 16; Mo–Fr 9–18 Uhr) Ein nicht kommerzielles Fair-Trade-Unternehmen mit 600 Mapuche-Landfrauen, die erstklassige Weberzeugnisse und prachtvolle, ausschließlich manuell gefertigte Stoffe verkaufen. Es liegt 16 km außerhalb der Stadt. Vom Regionalbusbahnhof nimmt man irgendeinen Bus

---

NOCH MEHR NATIONALPARKS

Das prächtige Highlight im **Parque Nacional Laguna del Laja** (Eintritt 1000 Ch$) ist der gewaltige, schneebedeckte Gipfel des Volcán Antuco (2979 m). Für den wunderbaren Rundweg um den Vulkan braucht man drei Tage, doch auch eine Tageswanderung vermittelt bereits einen guten Eindruck von der Gegend. Übernachten kann man im **Centro Turístico Lagunillas** (097-4542184; Stellplatz 10 000 Ch$, Hütten für 6 Pers. 30 000 Ch$) oder in größerer Höhe im **Casino Club de Esquí/Refugio Antuco** (B 5000 Ch$). Busse fahren vom Terminal Santa Rita, dem zentralen Busbahnhof von Los Ángeles, über Antuco nach El Abanico, einem Dorf in der Nähe des Abzweigung zum Park (1600 Ch$, 1½–2 Std., max. 6-mal tgl.).

An den grünen Hängen des **Parque Nacional Nahuelbuta** (Eintritt 4000 Ch$) wachsen Chilenische Araukarien, die eine Höhe von 50 m und einen Durchmesser von 2 m erreichen können. Im Park kann man prima wandern oder Mountainbike fahren. Zelten kann man auf dem Platz Camping **Pehuenco** (Stellplatz 12 000 Ch$). Vom **Terminal Rural** (Ilabaca 422) im 35 km östlich gelegenen Angol fahren Busse nach Vegas Blancas (1600 Ch$, 1½ Std.), das 7 km vom Parkeingang entfernt ist. Die Busse fahren montags bis samstags um 6.45 Uhr ab und kehren abends um 16 und 18 Uhr zurück.

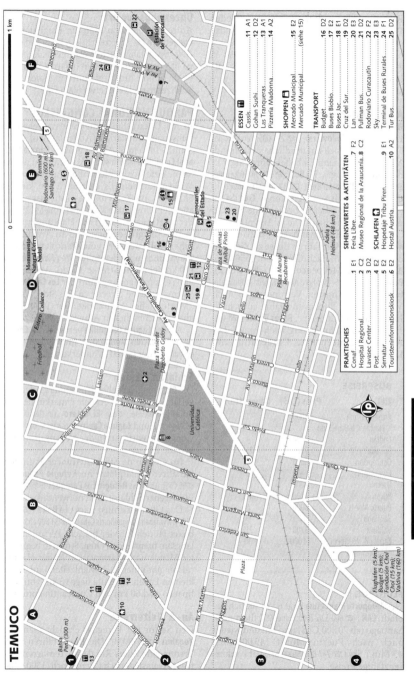

Richtung Nueva Imperial, Carahue oder Puerto Saavedra und lässt sich an der Fundación absetzen.

Mercado Municipal (Ecke Bulnes & Portales; ⓥ Mo–Sa 8–19, So 8.30–16 Uhr) Ein ganzer Häuserblock voller glitzernder Kostbarkeiten, die man versteckt zwischen Krimskrams findet.

An- & Weiterreise
BUS
Der **Terminal Rodoviario** (☎ 255-005; Pérez Rosales 01609) befindet sich am nördlichen Stadtrand. Manche Unternehmen haben Büros auch in der Innenstadt, u. a. **Tur Bus** (☎ 278-161; Ecke Lagos & Montt) und **Pullman Bus** (☎ 212-137; Claro Solar 611), die häufige nach Santiago fahren. **Cruz del Sur** (☎ 730-320; Claro Solar 599) bedient die Strecke nach Chiloé und Bariloche in Argentinien.

Vom **Terminal de Buses Rurales** (☎ 210-494; Ecke Avs Balmaceda & A Pinto) fahren Busse zu Zielen in der Region, z. B. nach Chol Chol (550 Ch$, 45 Min.) und Melipeuco (1300 Ch$, 2 Std.). **Buses Jac** (☎ 465-465; Ecke Av Balmaceda & Aldunate) bietet die häufigsten Verbindungen nach Villarrica und Pucón und fährt auch nach Lican Ray und Coñaripe. **Buses Biobío** (☎ 465-355; Lautaro 854) fährt häufig nach Angol, Los Ángeles, Concepción, Curacautín und Lonquimay.

BUSPREISE		
Ziel	Preis (Ch$)	Dauer (Std.)
Angol, Parque Nacional Nahuelbuta	3000	1
Chillán	5500	4
Coñaripe	2300	2½
Concepción	6000	4
Curacautín	2400	2
Osorno	4000	3
Pucón	2200	1½
Puerto Montt	8000	6
Santiago	14 000	9
Valdivia	3200	2½
Zapala & Neuquén, Argentinien	14 000	10

FLUGZEUG
Der **Aeroporto Maquehue** liegt 6 km südlich der Stadt. **LAN** (☎ 600-526-2000; Bulnes 687) fliegt nach Santiago (ab 70 000 Ch$) und hin und wieder auch nach Puerto Montt (45 000 Ch$, 45 Min.). **Sky** (☎ 747-300; Bulnes 677) hat konkurrenzfähige Preise.

Unterwegs vor Ort
Autos mieten kann man am Flughafen bei **Budget** (☎ 232-715; Ecke Portales & Vicuña MacKenna). *Colectivo* 9 fährt nach West-Temuco, *colectivo* 11P von der Innenstadt (Claro Solar) zum Busbahnhof. Ein Taxi vom Flughafen zum Stadtzentrum kostet etwa 8000 Ch$.

PARQUE NACIONAL CONGUILLÍO
In dem Unesco-Biosphärenreservat stehen die hübschen Araukarien (Andentannen) unter Schutz. In dem 60 835 ha großen **Parque Nacional Conguillío** (Eintritt 4000 Ch$) kann man alpine Seen, tiefe Schluchten und einheimischen Wald erkunden. Es gibt auch ein kleines Skigebiet, im Zentrum des Interesses steht aber der schwelende Volcán Llaima (3125 m), der zuletzt am Neujahrstag 2008 ausbrach.

Wer die großen Bestände an Araukarien sehen will, wandert vom Parkplatz an der Playa Linda über den tollen **Weg Sierra Nevada** (10 km, einfache Strecke 3 Std.). An der Laguna Captrén entlang führt der **Los Carpinteros** (8 km, einfache Strecke ca. 2½ Std.) bis zur „Mutter" aller Araukarien: der 1800 Jahre alten und 3 m dicken Araucaría Madre.

An der **Laguna Conguillío** verkauft das **Centro de Información Ambiental** (www.parquenacional conguillio.cl) der Conaf Wanderkarten.

Schlafen & Essen
Die Campingplätze bei der Laguna Conguillío verlangen 1500 Ch$. Andere Unterkünfte sind beispielsweise das **El Estero** (in Temuco ☎ 045-644-388) und **Laguna Captren**, 6 km vom Lago Conguillío entfernt. In der Nebensaison sinken die Preise.

Im Centro de Ski Las Araucarias finden Skifahrer Schlafplätze im **Refugio Pehuén** (B 8000 Ch$) und im **Refugio Los Paraguas** (B 8000 Ch$). Ein eigener Schlafsack ist notwendig.

Das Ökotourismusprojekt **La Baita** (☎ 416-410; www.labaitaconguillio.cl; Cabaña HP 31 800 Ch$/Pers.) bietet Hütten für vier bis acht Personen mit langsam brennenden Öfen, Strom in begrenzter Menge und Warmwasser. In der Hauptsaison gibt's hier auch Mahlzeiten und einen kleinen Laden. La Baita liegt 15 km von Melipeuco und 60 km von Curacautín entfernt.

An- & Weiterreise
Den Sector Los Paraguas erreicht man mit **Vogabus** (☎ 910-134). Die Busse fahren vom Terminal de Buses Rurales in Temuco montags bis samstags nach Cherquenco (1300 Ch$,

1 Std.); von dort muss man die letzten 17 km zur Skihütte in Los Paraguas zu Fuß gehen oder trampen.

Zum Nordeingang bei der Laguna Captrén gelangt man mit **Buses Flota Erbuc** (☎ 272-204). Die Busse fahren bis nach Curacautín (1200 Ch$, 1½ Std.), von wo ein Shuttle (900 Ch$) zur Guardería Captrén weiterkurvt (nur Sommer Mo & Fr 6 & 17 Uhr).

Um den Südeingang bei Truful-Truful zu erreichen, fährt man mit **Nar-Bus** (☎ 211-611) von Temuco nach Melipeuco (1300 Ch$, 2 Std., tgl.). Dort hilft die Touristeninformation, den weiteren Transport zum Nationalpark zu arrangieren.

VILLARRICA
☎ 045 / 39 700 Ew.

Villarrica erinnert landschaftlich an das nahe gelegene Pucón, plustert sich aber weniger auf, hat nicht ganz so viel Schwung und ist nicht wirklich geschäftig. Sein Stern ist etwas früher auf- und untergegangen – heute ist die Stadt am Südwestufer des Lago Villarrica nicht mehr als ein ziemlich verblasstes Resort. Sie wurde 1552 gegründet und bis zur Unterzeichnung der Verträge im Jahre 1882 wiederholt von den Mapuche angegriffen.

Praktische Informationen
Banken mit Geldautomaten gibt's zuhauf.
Cyber Mundo (Bilbao 573; 500 Ch$/Std.; ⊙ Mo–Fr 9–13 & 15–19, So 9–14 Uhr) Internetcafé.
Hospital Villarrica (☎ 411-169; San Martín 460)
Oficina de Turismo (☎ 206-619; Av Pedro de Valdivia 1070; ⊙ Mo–Fr 9–13 & 14.30–18 Uhr) Hilfreiche Angestellte und Listen mit Unterkünften.
Politur (☎ 414-547; Muñoz 647; ⊙ Mo–Sa 8.30–13.30, 16–21, So bis 13.30 Uhr) Organisiert geführte Touren.
Post (Muñoz 315)

Sehenswertes
Im **Museo Histórico y Arqueológico** (Pedro de Valdivia 1050; ⊙ Mo–Fr 9–13 & 15–19.30 Uhr) direkt neben der Touristeninformation sind Mapuche-Artefakte ausgestellt. Hinter der Touristeninformation wird auf der **Feria Artesanal** (⊙ 10.30–20 Uhr) Kunsthandwerk verkauft.

Schlafen
Im Sommer und in der Skisaison klettern die Preise erheblich.
La Torre Suiza (☎ /Fax 411-213; www.torresuiza.com; Bilbao 969; B 7000 Ch$, DZ mit/ohne Bad 25 000/ 16 000 Ch$; 🖥) Das blitzblanke, mit Holz verkleidete gemütliche Hostel wird von einem Schweizer geführt und hat schon Generationen von Backpackern gedient. Zu den Extras zählen eine voll ausgestattete Küche, eine Waschküche, Karten der Umgebung und ein Fahrradverleih.

Hostal Don Juan (☎ 411-833; www.hostaldonjuan.cl; Körner 770; EZ/DZ 10 950/16 800 Ch$, ohne Bad 7600/12 600 Ch$, Cabaña für 2/4 Pers. 23 550/29 450 Ch$; 🖥) Budgetunterkunft mit guter Stimmung, Kickertisch, Tischtennisplatte und tollem Blick auf den Vulkan.

An der Straße zwischen Villarrica und Pucón gibt's mehrere Campingplätze. Die folgenden haben einigermaßen geschützte, schattige Stellplätze und Duschen mit warmen Wasser:
Camping Los Castaños (☎ 412-330; Stellplatz 10 000 Ch$) 1 km östlich der Stadt.
Camping Dulac (☎ 412-097; Stellplatz 12 000 Ch$) 2 km östlich.

Essen & Ausgehen
Café Bar 2001 (Henríquez 379; Sandwichs 1600–3400 Ch$) Ab 9 Uhr bekommt man für 2000 Ch$ ein Frühstück mit Kuchen, Toast, Saft und Kaffee.

El Rey del Marisco (☎ 412-093; Letelier 1030; Hauptgerichte 2200–6800 Ch$; ⊙ Mo–Sa mittags & abends, So mittags) Appetit auf Meeresfrüchte wird hier gestillt. Am besten beginnt man mit Muschel-Empanada und *pisco sour* und geht dann zum köstlich zubereiteten frischen Fisch über.

The Travellers (☎ 413-617; Letelier 753; Hauptgerichte 2950–5500 Ch$; ⊙ morgens, mittags & abends open end) Die Restaurant-Bar ist beliebter Treffpunkt ausländischer Gäste und serviert bunt gemischte Kost von Mexikanisch bis Thailändisch. Auch die Popmusik kommt aus aller Welt. Es gibt eine Happy Hour (18.30–21.30 Uhr) mit Drinks zum halben Preis und Reisetipps auf Deutsch und Englisch.

An- & Weiterreise
Villarrica hat zwar einen **Hauptbusbahnhof** (Pedro de Valdivia 621), doch einige Busunternehmen besitzen eigene Terminals in der Nähe. Es fahren weniger Fernbusse als vom eine Stunde entfernten Temuco; die Preise sind ähnlich.

Buses JAC (☎ 467-777; Bilbao 610) fährt alle zehn Minuten nach Pucón (800 Ch$), alle 20 Minuten nach Temuco (1700 Ch$, 1 Std.) und alle halbe Stunde nach Lican Ray (700 Ch$, 40 Min.) und Coñaripe (1000 Ch$). **Buses Regional Villarrica** (Reyes 619) ist häufig nach Pucón unterwegs.

Für Ziele in Argentinien: **Igi Llaima** (☎ 412-733) fährt vom Hauptbusbahnhof (Mo, Mi, Fr 6.45 Uhr & Sa 8.55 Uhr) über den Paso Mamuil Malal nach San Martín de los Andes (12 000 Ch$), Zapala und Neuquén (18 000 Ch$, 12 Std.). **Buses San Martín** (☎ 411-584; Pedro León Gallo 599) bedient dieselbe Strecke (12 000 Ch$, 6 Std., Di–So 10 Uhr).

PUCÓN
☎ 045 / 16 900 Ew.

Ein schimmernder See unterhalb des rauchenden 2847 m hohen Volcán Villarrica nährt den geheimnisvollen Zauber des ehemaligen Dorfs Pucón, das inzwischen zu einem Megaresort geworden ist. Im Sommer strömen Heerscharen in den Ort: Familien, Abenteurer, Pauschaltouristen und New-Age-Gurus. Wo sonst in Chile kann man Partys feiern und bis zum Morgen an einarmigen Banditen spielen, dann aufbrechen und (neben 300 anderen Enthusiasten) zum Vulkan pilgern? Oder geht man doch lieber schlafen? Oder an den Strand? Oder zu den Thermalquellen, einen Karamell-Latte trinken, eine mit Perlen verzierte Handtasche kaufen, halb Santiago über den Weg laufen, sich massieren lassen und in einem Tipi-Zelt schlafen? Uff, die Auswahl ist enorm. Und ungeachtet aller Vorurteile ist der Mix aus internationalen Globetrottern, der schmissigen Szene und den Naturwundern im Hintergrund eine wahre Wucht.

Orientierung
Pucón liegt 25 km von Villarrica entfernt am Ostende des Lago Villarrica zwischen der Mündung des Río Pucón im Norden und dem Volcán Villarrica im Süden. In der Stadt kommt man sehr gut zu Fuß zurecht. Die meisten Tourveranstalter und Dienstleister befinden sich an der Hauptgeschäftsstraße, der Av O'Higgins. Restaurants und Shops säumen die Fresia, die zur Plaza führt. Kurz hinter der Plaza liegt der Strand.

Praktische Informationen
Chile Pucón (www.chile-pucon.com) Nützliche Infos.
Ciber-Unid@d (☎ 444-918; Av O'Higgins 415, Local 2; 700 Ch$/Std.; ☺ Mo–Fr 9.30–23, Sa 10–23, So 11–22 Uhr)
Hospital San Francisco (☎ 490-400; Uruguay 325; ☺ 24 Std.)

Lavandería Araucanias (Urrutia 108; 3900 Ch$/Wäscheladung)
Lavandería Elena (☎ 444-370; Urrutia 520; 3000 Ch$/Wäscheladung)
Oficina de Turismo (☎ 293-002; Ecke Av O'Higgins & Palguín; ⓨ Dez.–Feb. 9–22 Uhr, Juni–Aug. bis 19 Uhr) Hat Broschüren und meistens auch jemanden, der Englisch spricht.
Post (Fresia 183)
Supermercado Eltit (Av O'Higgins 336; ⓨ 7–21 Uhr) Wechselt US-Dollar zu fairen Kursen und hat einen Geldautomaten.

Aktivitäten

Egal, wie viele Menschen sich an egal welchem Tag auf der Av O'Higgins drängeln – mit etwas Einfallsreichtum lässt man die Massen hinter sich. Auf keinen Fall sollte man sich nur auf die beliebtesten Touren stürzen, sondern Einheimische und die hier lebenden Ausländer nach ihren Lieblingsplätzen fragen.

Die Massen **wandern** hinauf zum rauchenden, Lava spuckenden Krater des Volcán Villarrica. Ganztagestouren (40 000 Ch$) starten gegen 7.30 Uhr. Die Strecke ist nicht schwierig; man braucht keine Bergsteiger-Erfahrung, um oben anzukommen. Allerdings sollte man einen Führer anheuern, wenn man sich mit der Ausrüstung nicht auskennt. Unbedingt vorher nachfragen, was bei schlechtem Wetter gemacht wird – unseriöse Anbieter brechen auch an einem lausigen Tag auf, nur um dann umzukehren und den Preis nicht zurückerstatten zu müssen. Bei der Touristeninformation und anderen Travellern nachfragen, ob es Ärger gegeben hat.

Die Flüsse und Stromschnellen in der Nähe von Pucón werden folgenden Kategorien zugeordnet: der untere Trancura der Kategorie III, der obere Trancura IV, Liucura II–III, die Stromschnellen von Puesco V und Maichín IV–V. Wer eine **Rafting**- oder **Kajaktour** bucht, sollte beachten, dass in der angegebenen Dauer des Trips auch die Zeit für den Hin- und Rückweg eingerechnet ist. Die Preise variieren je nach Teilnehmerzahl, Agentur und Schwierigkeitsgrad (15 000– 32 000 Ch$).

Mountainbikes können überall in der Stadt (8000 Ch$/Tag) ausgeliehen werden. Vorher aber die Stoßdämpfer und Bremsen prüfen! Die beliebteste Route ist der Rundkurs Ojos de Caburgua. Etwa 4 km östlich der Stadt die Abzweigung zum Flugfeld nehmen und den Río Trancura überqueren. Die Fahrradverleiher sollten auch Karten parat haben.

Kurse

Im **Sprach- & Kulturzentrum Pucón** (☎ 444-967; Uruguay 306; 10-stündiger Wochenkurs 80 000 Ch$) kann man seine Sprachkenntnisse aufbessern. Den Kurs kann man mit dem Aufenthalt bei einer Familie verbinden. Es gibt auch einen kostenlosen Büchertausch.

Geführte Touren

Bei Touren unseriöser Anbieter in Pucón ist es bereits zu Unfällen mit Verletzungen oder Todesfällen gekommen. Man sollte daher im Beschwerdebuch der Touristeninformation die Erfahrungen anderer Reisender nachlesen. Wenn gerade ein neues angelegt worden ist, auch das ältere Beschwerdebuch einsehen. Hier einige seriöse Veranstalter:

Aguaventura (☎ 444-246; www.aguaventura.com; Palguín 336) Die Agentur mit französischem Inhaber organisiert spitzenmäßige Rafting-, Kajak-, Abseil-, Canyoning- und Wintersporttouren.

Antilco (☎ 099-713-9758; www.antilco.com) Die empfehlenswerte Agentur, 15 km östlich von Pucón am Río Liucura beheimatet, veranstaltet Reittouren im Liucura-Tal.

Enjoy Tour (☎ 442-313; www.enjoytour.cl; Ansorena 123) Professioneller Anbieter mit erstklassiger, neuer Ausrüstung und aufmerksamem Personal, das unzählige Ausflüge und einen Flughafentransfer organisiert.

Kayak Pucón (☎ 09-716-2347; www.kayakpucon.net; Av O'Higgins 211; ⓨ Nov.–März 9–21 Uhr) Angesehene Kajakschule mit kürzeren und längeren Expeditionen.

Patragon (☎ 444-606; www.patragon.net) Hier lernt man die Kultur der Mapuche kennen: Kochkurse, Töpfer-Workshops und eine faszinierende Tour nach Curarrehue.

Sol y Nieve (☎ 463-860; www.solynievepucon.cl; Lincoyán 361B; ⓨ Jan.–Feb. 9–24 Uhr, März–Dez. 11–19 Uhr) Angesehener Anbieter für alles, was mit dem Vulkan zu tun hat. Bietet auch Raftings an.

Schlafen

Camping Parque La Poza (☎ 441-435; Costanera Roberto Geis 769; Stellplatz 3000 Ch$/Pers.) Voll ausgestatteter, schattiger Campingplatz nahe einer stark befahrenen Straße.

LP Tipp Hostal El Refugio (☎ 441-596; www.hostalelrefugio.cl; Palguín 540; B 6000–8000 Ch$; DZ 18 000 Ch$; 🖳) Das von einem jungen holländisch-chilenischen Paar betriebene, sehr persönliche Mini-hostel hat holzgetäfelte Zimmer mit Schließfächern und extrabreiten Betten und viele Hängematten im Hof. Hier spricht man auch Fremdsprachen.

¡école! (☎ 441-615; www.ecole.cl; Urrutia 592; B mit/ohne Bettzeug 8000/7000 Ch$, DZ mit Frühstück 30 000 Ch$, EZ/DZ ohne Bad 10 000/20 000 Ch$; 🖳) Die supergemütliche Unterkunft hält für jeden etwas bereit: Doppelzimmer im B&B-Stil und Schlafsäle, die von Travellern teils gute teils schlechte Kritiken erhielten. Also vor dem Buchen erst mal einen Blick reinwerfen. Hier dreht sich alles um Umweltschutz; die nordamerikanisch-chilenische Organisation unterstützt Umweltprojekte im Süden Chiles. Unbedingt auch das ausgezeichnete vegetarische Restaurant ausprobieren.

Hospedaje Lucía (☎ 441-721; Lincoyán 565; Zi. mit Gemeinschaftsbad 8000 Ch$/Pers.) Das winzige Familienhaus hat einen Frühstücksbereich mit Ziergittern. Die geselligen Gastgeber organisieren auch Angeltouren.

Hospedaje Victor (☎ 443-525; www.pucon.com/victor; Palguín 705; B mit/ohne TV 9000/8000 Ch$, Zi. 20 000 Ch$; 🖳) Die hervorragende Budgetunterkunft hat gemütliche, neu ausgestattete Zimmer aus Holz mit bunter Bettwäsche. Schön abgeschieden und sehr gastfreundlich.

The Tree House (☎ 444-679; www.treehousechile.cl; Urrutia 660; B 8000–10 000 Ch$, DZ 24 000 Ch$) Das kommerzielle, etwas rustikale Baumhaus ist ein makelloses, einladendes Hostel mit gutem Konzept, hübschen Gemeinschaftsbereichen und Hängematten im Garten. Die Gastgeber haben gute Tipps für Trips auf Lager. Frühstück kostet 2500 Ch$ extra.

Donde German Hostel (☎ 442-444; www.donde german.cl; Brasil 645; B 8500 Ch$, DZ mit/ohne Bad 26 000/18 000 Ch$; 🖳 🍴) Das neue und verbesserte dreistöckige Donde German mit Luxusdimensionen erhielt von Travellern gute Kritiken, wurde bei unserem Besuch aber gerade renoviert.

La Tetera (☎ 441-462; www.tetera.cl; Urrutia 580; DZ mit Frühstück mit/ohne Bad 37 000/29 000 Ch$; 🖳) Die „Teekanne" ist ideal für Paare. Das deutsche B&B hat gemütliche, in der Nebensaison kuschelig-warme Zimmer mit gewebten Überdecken und einen Garten im Hinterhof. Das Frühstück ist eines der besten im Ort.

Hotel Antumalal (☎ 441-011; www.antumalal.com; bei Km 2; Zi. ab 134 500 Ch$; 🖳 🍴) Das luxuriöse und individuelle Bauhaus-Refugium hat jede Menge Stil, ist aber keineswegs langweilig. Es gibt Kalbslederteppiche, knisternde Lagerfeuer und einen atemberaubenden Blick auf das funkelnde Villarrica. Die Zimmer sind spartanisch, aber stylish, sie haben riesige Betten, Kamine und Fenster, durch die man auf die malerische, hügelige Landschaft blickt. Der Service ist nicht spektakulär. Ausgezeichnetes Restaurant und ein Spa.

Essen

Latitude 39° (Gerónimo de Alderete 324-2; Hauptgerichte 1800–4200 Ch$) Das auf Gringo-Hausmannskost spezialisierte hippe Lokal bietet saftige Burger, fettige Frühstücksburritos, vegetarische Tacos, Sandwichs mit Schinken, Salat und Tomate und dergleichen. Wir waren fasziniert von den irischen Nachos.

La Picada (Paraguay 215; Mittagsmenü 1800 Ch$; ◔ nur mittags) Ein Kellerlokal in irgendjemandes Wohnzimmer mit großzügigen Portionen *pastel de choclo*, Salaten und *cazuelas*, von denen auch zwei satt werden.

Cassís (Fresia 223; Hauptgerichte 3500–5000 Ch$) Das hippe Café mit einer *chocolatería* hält für alle etwas bereit. Neben gutem Kaffee, hausgemachter Eiscreme und frischer Limonade gibt es originelle Vollkornsandwichs und Salate.

Trawen (Av O'Higgins 311; Hauptgerichte 2600–6800 Ch$; ◔ morgens, mittags & abends) Ein gehobenes Deli und ein perfektes Refugium für regnerische Tage. Geboten werden interessante Kreationen: Ravioli mit Roquefort und Bratapfel oder Empanadas mit Antarktischem Krill. Die Bedienung ist nicht von der schnellsten Sorte.

Pizza Cala (Lincoyán 361; Pizza 2700–9900 Ch$; ◔ mittags & abends) Die Pizza mit frischem Basilikum aus dem Garten kommt dampfend aus dem Ziegelofen direkt auf den Tisch. Eine klasse argentinisch-amerikanische Pizzeria!

¡école! (Urrutia 592; Hauptgerichte 2800–5000 Ch$; ◔ morgens, mittags & abends) Das Dekor ist eine Mischung aus Schneewittchen und Bob Marley, das Essen – bengalischer Currylachs und Salat mit Spinat und Sesam – ein Zeichen dafür, dass hier die Fusion-Küche das Zepter schwingt … und zwar durchaus gelungen. Manchmal gibt's auch Liveunterhaltung.

Arabian Café (Fresia 354; Hauptgerichte 3800–5900 Ch$; ◔ mittags & abends) In dem authentisch arabischen Restaurant gibt's Falafel und Hummus.

Viva Perú (☎ 444-025; Lincoyán 372; Hauptgerichte 3900–9700 Ch$; ◔ Sept.–Juni mittags & abends, Juli–Aug. Do–Sa mittags & abends) Am besten beginnt man mit den *yuquitos* (Maniokfritten) und geht dann über zu dem wunderbar zarten Lammeintopf mit viel Koriander. Selbst wer es nicht so stark gewürzt mag, wird sicher die schmelzenden *pisco sours* mögen.

La Maga (☎ 444-277; Fresia 125; Steak à 350 g 5900 Ch$; ◔ mittags & abends, März–Dez. Mo geschl.) Nicht das billigste, aber zweifellos das beste Steakhaus. Das uruguayische Restaurant serviert ein tolles *bife de chorizo* mit hausgemachten Pommes und Salat.

Ausgehen

El Bosque (Av O'Higgins 524; 19 Uhr–open end) Nicht gerade billige Cocktails und eine Weinbar in coolem Designerambiente.

Mama's & Tapas (Av O'Higgins 587; 18 Uhr–open end) Große Auswahl an Fassbieren und eine lockere, relaxte Atmosphäre. Vor 21 Uhr gibt's auf mexikanisches Essen 30 % Rabatt.

An- & Weiterreise

Tur Bus (443-934; Av O'Higgins 910), **Buses Jac** (443-326; Ecke Uruguay & Palguín) und **Pullman Bus** (443-331; Palguín 555) fahren ab/nach Santiago (10 000–24 000 Ch$, 11 Std.).

Buses JAC ist nach Puerto Montt (5900 Ch$, 6 Std.), Valdivia (3200 Ch$, 3 Std.) und Temuco (2200 Ch$, 1½ Std, alle 20 Min.) unterwegs. Vom selben Busbahnhof unterhalten **Minibuses Vipu-Ray** und **Trans Curarrehue** (Palguín 550) regelmäßige Verbindungen nach Villarrica und Curarrehue (800 Ch$, 45 Min.). Buses JAC und **Buses Caburgua** (09-838-9047; Palguín 555) fahren nach Caburgua (1900 Ch$, 45 Min.) und zum Parque Nacional Huerquehue (1800 Ch$, 45 Min.). **Buses San Martín** (443-595; Av Colo Colo 612) macht sich zweimal in der Woche nach San Martín de los Andes in Argentinien (10 000 Ch$, 5 Std.) auf den Weg, ein Zwischenstopp gibt's in Junín. Auch **Igi Llaima** (444-762; Ecke Palguín & Uruguay) fährt dorthin.

Unterwegs vor Ort

Mietwagen bekommt man bei **Pucón Rent a Car** (443-052; www.puconrentacar.cl; Av Colo Colo 340; werktags 25 000–55 000 Ch$/Tag). Für Ausflüge kann man auch im Vorfeld ein Taxi anheuern, z. B. bei **Radio Taxi Araucaria** (442-323; Ecke Palguín & Uruguay).

RUND UM PUCÓN
Río-Liucura-Tal

Östlich von Pucón durchquert der Camino Pucón–Huife ein üppig grünes Tal mit vielen Thermalquellen. Die beste Anlage liegt am Ende der Straße: Die **Termas Los Pozones** (Km 36; tagsüber/nachts 3500/4500 Ch$) mit sechs natürlichen Steinbecken sind rund um die Uhr geöffnet. Dort kann man abends ein paar Kerzen anzünden und unter dem Sternenhimmel in warmem Wasser baden. Die Fahrt dorthin kann man bei einer *hospedaje* (einem einfachen Hotel) oder einer Agentur arrangieren.

Das Naturschutzgebiet **El Cañi** (Km 21; Eintritt mit/ohne Führer 6000/3000 Ch$) wurde von Bürgern ins Leben gerufen, um in dem 400 ha großen uralten Araukarienwald die Abholzung zu verhindern. Ein 9 km langer Wanderpfad (3 Std.) führt steil nach oben und wird von einer atemberaubenden Aussicht gekrönt. Besuche von El Cañi arrangiert ¡école! in Pucón (S. 499), die auch Infos zur Anfahrt haben.

Ruta 119

Auf dem Weg zur argentinischen Grenze bei Mamuil Malal bietet diese Strecke Unterhaltsames abseits der Piste. In dem ruhigen, farbenfrohen **Curarrehue** kann man die Kultur der Mapuche näher kennenlernen. Die **Touristeninformation** (197-1587; Plaza; 9.30–20.30 Uhr) ist nur im Sommer geöffnet. Vor dem Ort heißt eine Mapuche-Familie auf ihrer Farm **Kila Leufu** (099-711-8064; www.kilaleufu.cl; B/DZ 7500/20 000 Ch$) Gäste willkommen. Das **Aldea Intercultural Trawupeyüm** (197-1574; Héroes de la Concepción 21; Erw./Kind 500/200 Ch$; Dez.–März 10–20 Uhr, April–Nov. bis 18 Uhr), das sich der Mapuche-Kultur widmet, sollte man gesehen haben. In der Nähe bereitet die **Cocinería La Ñaña** unvergessliche indigene Delikatessen wie *mullokin* (in *quinoa* gerolltes Bohnenpüree) und gedünstete *piñoñes* zu.

Weitere 5 km nordöstlich gelangt man zum rustikalen **Recuerdo de Ancamil** mit acht natürlichen Schwimmbecken am Río Maichín. Noch 10 km weiter bietet **Termas de Panqui** (tagsüber 6000 Ch$; Stellplatz/Cabaña 8100/12 000 Ch$/Pers.) ruhige Thermalquellen mit spirituellem Touch.

PARQUE NACIONAL HUERQUEHUE

Rauschende Flüsse, Wasserfälle, Araukarienwälder und alpine Seen zieren den 12 500 ha großen **Parque Nacional Huerquehue** (www.parquehuerquehue.cl; Eintritt 4000 Ch$), nur 35 km von Pucón entfernt. Das Conaf-Büro am Eingang des Nationalparks verkauft Wanderkarten.

Der **Wanderweg Los Lagos** (hin & zurück 4 Std., 7 km) schlängelt sich durch dichten *lenga*-Wald bis zu einer Ansammlung von Seen, die von Araukarien umgeben sind. An der Laguna Huerquehue führt der Wanderweg **Los Huerquenes** (2 Tage) weiter nordwärts, dann knickt er nach Osten ab, durchquert den Nationalpark und erreicht gleich östlich vom Park die **Termas de San Sebastián** (045-381-272; www.termassansebastian.cl; Río Blanco; Stellplatz 5000 Ch$/Pers., Cabaña für 6 Pers. 40 000 Ch$).

Conaf betreibt die Campingplätze Lago Tinquilco und Renahue (Stellplatz 10 000 Ch$). Das ausgezeichnete **Refugio Tinquilco** (02-777-7673 in Santiago; www.tinquilco.cl; B mit/ohne Bettzeug 6500/5700 Ch$, DZ 20 000 Ch$) ist eine luxuriöse

Lodge mit Extras wie Kaffee aus Stempelkannen und einer Waldsauna. Wer nicht selber kochen will, kann Mahlzeiten bestellen (4500 Ch$). Die Unterkunft befindet sich am Beginn des Wanderwegs zum Lago Verde.

Buses Caburgua (☎ 09-838-9047; Palguín 555, Pucón) fährt dreimal am Tag nach Pucón (1800 Ch$, 45 Min.).

PARQUE NACIONAL VILLARRICA

In dem 1940 gegründeten, 60 000 ha großen Nationalpark (Eintritt 3000 Ch$) rahmt eine außergewöhnliche, unter Naturschutz stehende Vulkanlandschaft den 2847 m hohen Vulkan Villarrica ein. Gleich daneben erhebt sich der 3746 m hohe Lanín, den man von Argentinien aus besteigen kann.

Südlich von Pucón findet man in **Rucapillán** die beliebtesten Wanderstrecken (Details zu Vulkanwanderungen gibt's auf S. 499) Der **Wanderweg Challupen Chinay** (23 km, 12 Std.) führt an der Südseite des Vulkans durch vielgestaltiges Terrain bis zum Eingang des Sektors **Quetrupillán**.

Das Areal **Ski Pucón** (☎ 441-901; www.skipucon.cl; Pucón-Büro im Gran Hotel Pucón, Clemente Holzapfel 190, Pucón; Skilift 18 000chil$/Tag; Juli–Okt.) ist vor allem etwas für Anfänger. Aber auch erfahrene Skifahrer finden abseits der Piste gute Möglichkeiten. Wenn zu starker Wind weht oder die Wolkendecke zu dicht ist, wird der Zugang zum aktiven Vulkan gesperrt – daher vor dem Aufstieg die Wetterlage checken. Agenturen und Hotels stellen Minivans (rund 6000 Ch$) zur Verfügung, mit denen man zur Basislodge kommt.

LAGO CALAFQUÉN

Schwarze Sandstrände und Gärten ziehen Touristen zu diesem auf Inseln übersäten See, zum modischen **Lican Ray** (30 km südlich von Villarrica) und dem bodenständigeren **Coñaripe** (22 km östlich von Lican Ray). Außerhalb der Saison ist hier tote Hose. Die **Touristeninformation** (☎ 045-431-516; Urritia 310) an der Plaza von Lican Ray hat Karten und Listen mit Unterkünften. In Coñaripe verleiht **Turismo Aventura Chumay** (☎ 045-317-287; www.lagocalafquen.com; Las Tepas 201) Fahrräder und organisiert Wanderungen. Von Coñaripe aus erreicht man rustikale Thermalquellen und Teile des Nationalparks, in die nur wenige Touristen kommen.

Schlafen & Essen

In Coñaripe gibt es beengte Campingplätze am Seeufer (10 000 Ch$/Stellplatz; verhandelbar), z. B. **Millaray** (☎ 099-802-7935) und **Rucahue** (☎ 045-317-210).

Hotel Elizabeth (☎ 045-317-275; Beck de Ramberga 496, Coñaripe; EZ/DZ 10 900/16 800 Ch$) Die hübscheste Unterkunft im Ort mit Balkonen und einem sehr renommierten Restaurant.

Hostal Hofmann (☎ 431-109; www.carmenhofmann@gmail.com; Camino Coñaripe 100; DZ mit Frühstück 30 000 Ch$;) Ganzjährig geöffnetes Hostel mit Daunenbetten, guten warmen Duschen und sättigendem Frühstück, u. a. mit ausgezeichnetem Kuchen.

Los Ñaños (☎ 045-431-026; Urrutia 105; Hauptgerichte 3000–6300 Ch$) Hier gibt's exzellente Empanadas, Meeresfrüchte, *cazuela* und Pasta, serviert auf einem Freiluftpatio.

An- & Weiterreise

In Lincan Ray fährt **Buses JAC** (☎ 431-616; Marichanquín 240) oft nach Villarrica (700 Ch$, 45 Min.) und Coñaripe (700 Ch$, 30 Min.). Häufig gibt's auch Busverbindungen nach Panguipulli (300 Ch$, 2 Std.).

LAGO PIREHUEICO

Auf der malerischen Strecke nach San Martín de los Andes in Argentinien folgt man den schwindelerregenden Windungen des Rio Huilo Huilo. Das 25 000 ha große Privatgelände **Huilo Huilo** (☎ 02-334-4565; www.huilohuilo.cl; Eintritt 3000–25 000 Ch$) bereitet das Gebiet für den Ökotourismus vor. Auf dem Anwesen gibt es auch ein merkwürdiges Hotel, das einer Turmspitze ähnelt: Das **La Montaña Mágica** (DZ mit HP 95 000 Ch$) ist jedoch eher was für betuchte Gäste … und für Hobbits.

Die Fähre **Hua-Hum** (in Panguipulli ☎ 063-197-1585) befördert das ganze Jahr über einmal pro Tag Passagiere und Fahrzeuge (Fußgänger/Fahrrad/Auto 1000/2000/15 000 Ch$) von Puerto Fuy nach Puerto Pirehueico (1½ Std.). Von dort geht's auf dem Landweg weiter bis zum Grenzübergang am Paso Hua Hum und dann weiter nach San Martín. Einfache Unterkünfte finden sich an beiden Seiten des Sees.

VALDIVIA

☎ 063 / 139 500 Ew.

An einem nebligen Flussufer gelegen, erwartet Valdivia Gäste mit dem modernsten Stadtleben im Süden Chiles. Die Universitätsstadt vereint alte Architektur mit moderner Einstellung und hat auch eine coole Bar- und Restaurantszene. In der Mitte des 19. Jhs. wurde die Region zur neuen Heimat vieler Deutscher

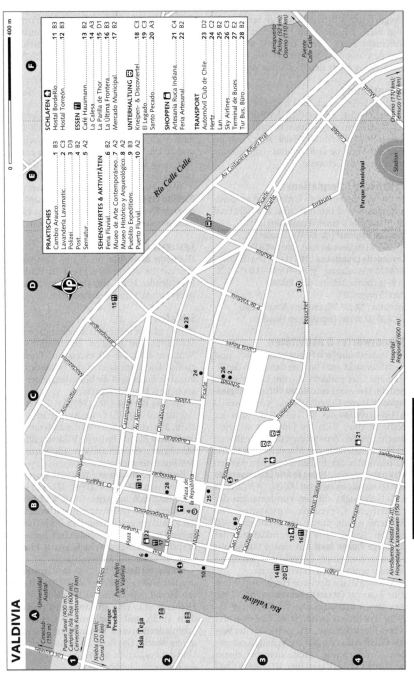

(folglich gibt's hier jede Menge Schokolade und Bier). Die Stadt hat Höhen und Tiefen durchlebt. Nach ihrer Gründung wurde sie von den Mapuche geplündert. Ein erneuter Niedergang folgte dem Erdbeben von 1960.

Orientierung

Valdivia befindet sich 160 km südwestlich von Temuco und 45 km westlich der Panamericana. Vom Terminal de Buses kommt man mit jedem Bus in Richtung „Plaza" zum Zentrum und zur Plaza de la República. Unterkünfte findet man in Gehweite.

Praktische Informationen

In der Innenstadt gibt's Unmengen an Geldautomaten und Internetcafés. Am Terminal de Buses gibt's einen Touristenkiosk.

Hospital Regional (☎ 297-000; Simpson 850; ⓥ 24 Std.) Im Süden der Stadt, nahe Aníbal Pinto.
Lavandería Lavamatica (☎ 211-015; Schmidt 305; 4000 Ch$/Wäscheladung; ⓥ Mo–Fr 9.30–13 & 15–19.30, Sa 9–16 Uhr) Für Studenten gibt's Rabatte.
Post (O'Higgins 575)
Sernatur (☎ 239-060; Costanera Arturo Prat 555; ⓥ 8.30–17.30 Uhr) Liegt direkt am Flussufer.

Sehenswertes & Aktivitäten

Die farbenfrohe **Feria Fluvial** ist ein Fisch- und Gemüsemarkt am Fluss, zu dem auch Seelöwen ans Ufer paddeln, die um Leckerbissen betteln. Das exzellente **Museo Histórico y Arqueológico** (Los Laureles 47; Eintritt 1300 Ch$; ⓥ Dez.–März 9–13 & 14.30–18 Uhr, April–Nov. 10–13 & 14–18 Uhr) ist in der Nähe in einer Villa am Flussufer untergebracht. Zu den Ausstellungsstücken gehören indigene Artefakte der Mapuche und Haushaltsinventar der frühen deutschen Siedler. Das nahe gelegene **Museo de Arte Contemporáneo** (☎ 221-968; Los Laureles; Eintritt 1200 Ch$; ⓥ Di–So 10–13 & 15–19 Uhr) steht auf den Fundamenten der ehemaligen Cervecería Anwandter. Die Brauerei wurde durch das Erdbeben 1960 zerstört. Auf der Isla Teja befindet sich der schattige **Parque Saval** mit einem Strand am Flussufer und einem hübschen Wanderpfad zu einer seerosenbedeckten Lagune.

Valdivia ist die deutsche Hochburg Chiles. Eine Tour zur **Cervecería Kunstmann** (☎ 292-969; www.lacerveceria.cl; Hauptgerichte 4950–6900 Ch$; ⓥ 12–24 Uhr) lässt keinen Zweifel offen, dass man hier echtes Bier bekommt, und zwar eines der besten Südamerikas. Es gibt auch genug Kostproben – und abends könnte man bei einem herzhaften Mahl (Kanne Bier 4700–4900 Ch$) fast vergessen, dass man Tausende Kilometer von zu Hause weg ist. Anfahrt: einen Bus oder ein *colectivo* Richtung Isla Teja nehmen und sich an Kilometer 5 auf der Straße nach Niebla absetzen lassen.

Vom **Puerto Fluvial** legen Boote (12 000 Ch$, 6½ Std.) ab, die auf dem Fluss an spanischen Forts aus dem 17. Jh. vorbeischippern. Wer etwas Geld sparen will, nimmt von der Ecke Chacabuco/Yungay ein *colectivo* (1500 Ch$) nach Niebla. Von Niebla fahren zwischen 8 und 20 Uhr alle halbe Stunde Fähren zur Isla Teja, nach Corral, zur Isla Mancera und zur Isla del Rey (je einfache Strecke 1000 Ch$).

Wer selber aktiv werden will, kann mit **Pueblito Expeditions** (☎ 245-055; www.pueblitoexpediciones.cl; San Carlos 188) durch die ruhigen Flüsse paddeln oder einen Kajakkurs machen.

Festivals & Events

Die **Noche de Valdivia** am dritten Samstag im Februar ist das größte Event in Valdivias Festkalender. Highlights sind die geschmückten Flussboote und Feuerwerke.

Schlafen

Während des Semesters belegen die vielen Studenten die billigen Unterkünfte. Im Sommer sind die Chancen für Traveller größer. Die *hospedajes* in der Nähe des Terminal de Buses sind die billigsten, leider aber auch die schmuddeligsten.

Camping Isla Teja (☎ 225-855; Los Cipreses 1125; Stellplatz 5000–8000 Ch$) Gute Anlage in einem Hain, 30 Gehminuten von der anderen Seite der Brücke Puente Pedro de Valdivia entfernt. Man kann aber auch am Mercado Municipal den Bus 9 nehmen.

Hospedaje Karamawen (☎ 347-317; karamawen@gmail.com; Lagos 1334; Zi. 9000 Ch$/Pers.; 🖳) Hier kümmert man sich um seine Gäste und hat ein künstlerisches Ambiente mit geschmackvollen Zimmern geschaffen. Das Frühstück ist spitze. Der engagierte Inhaber ist Übersetzer; er spricht praktischerweise Englisch, Französisch, Deutsch und Schwedisch.

Airesbuenos Hostal (☎ 206-304; www.airesbuenos.cl; Lagos 1036; B 7500 Ch$, EZ/DZ ohne Bad 16 000/20 000 Ch$; 🖳) Ein Hostel, wie es im Buche steht: Die HI-Herberge ist in einem historischen Haus aus dem 19. Jh. mit prachtvollen Details aus Schmiedeeisen und geräumigen Bereichen untergebracht. Das Personal ist ausgezeichnet. Und dann wären da noch ein Fahrradverleih, die Küche und heißer Kakao …

Hostal Torreón (☎ 212-622; Pérez Rosales 783; EZ/DZ 12 500/25 000 Ch$; 🖳) Altmodisch und elegant, wenn auch etwas zu teuer. Dafür hat man an regnerischen Tagen eine gemütliche Bleibe. Die klammen Zimmer im Untergeschoss lieber meiden.

Hostal BordeRío (☎ 214-069; www.valdiviacabanas.cl; Henríquez 746; EZ/DZ 22 000/27 000 Ch$) Gemütliche Unterkunft mit Essecke, großen Badezimmern, bunter Bettwäsche und sogar Zweiersofas in den meisten Zimmern. Hier gibt es auch Hütten und Kajaktrips und Ausflüge zum hosteleigenen Ökopark.

Essen

Café Hausmann (O'Higgins 394; Hauptgerichte 1350–6800 Ch$) Das winzige, sehr beliebte Café serviert *cruditos* (Carpaccio), Strudel und Kuchen.

Mercado Municipal (Prat s/n; Hauptgerichte 4–8 US$; ☪ mittags) In den Restaurants auf drei Etagen mit Blick auf den Fluss gibt's große Teller mit Fish & Chips und *choritos al ajillo* (Muscheln mit Knoblauch und Chili).

La Última Frontera (Pérez Rosales 787; Hauptgerichte 2500–4000 Ch$) Studenten treffen sich unter den Porträts von Butch Cassidy und Subcomandante Marcos. Tolle Sandwichs und Mittagsgerichte, frische Säfte und große Biere. Das flippige Restaurant ist in einer restaurierten Villa untergebracht. Dank langer Öffnungszeiten kann man gut einen draufmachen.

La Parilla de Thor (☎ 270-767; Av Costanera Arturo Prat 653; Steak à 400 g 5850 Ch$; ☪ mittags & abends) Der Duft von Zedernholz und *asado* (Grillgut) begrüßt die Gäste in dem argentinischen Steakhouse. Im Voraus reservieren.

La Calesa (☎ 225-467; Yungay 735; Hauptgerichte 5100–7900 Ch$; ☪ mittags & abends) Verführerisch! Es gibt große Portionen peruanischer Gerichte, die man in dem sonnendurchfluteten Speisesaal oder auf der Terrasse am Fluss genießen kann. Rechtzeitig reservieren.

Unterhaltung

Partygänger können die vielen Pubs, Restaurants und Discos an der Esmeralda (nach der Caupolicán) unsicher machen. Es ist für jeden Geschmack etwas dabei.

El Legado (Esmeralda 657) Eine sinnliche Jazzbar mit Livejazz-Fusion, Acid Jazz und Soul an den Wochenenden.

Santo Pecado (☎ 239-122; Yungay 745; Hauptgerichte 3200–5600 Ch$; ☪ Mo–Sa mittags & abends) Supertrendige Lounge, in der es zu den Drinks leckere Beigaben wie Pesto und Ziegenkäse gibt.

Shoppen

Feria Artesanal (Mercado Municipal) Holzschnitzereien und Wollsachen. Mapuche-Kunsthandwerk gibt's bei **Artesanía Ruca Indiana** (Henríquez 772).

An- & Weiterreise

BUS

Von Valdivias **Terminal de Buses** (☎ 212-212; Muñoz 360) fahren Busse häufig Ziele zwischen Puerto Montt und Santiago an. **Tur Bus** (☎ 226-010) hat verschiedene Ziele im Fahrplan. **Buses Cordillera Sur** (☎ 229-533) fährt ins Landesinnere des Seengebiets, **Buses JAC** (☎ 212-925) nach Villarrica (3,50 US$, 3½ Std.), Pucón und Temuco. Mit **Andesmar** (☎ 224-665) und **Bus Norte** (☎ 212-806) kommt man ins argentinische Bariloche. **Igi Llaima** (☎ 213-542) fährt täglich nach San Martín de los Andes.

BUSPREISE

Ziel	Preis (Ch$)	Dauer (Std.)
Bariloche, Argentinien	13 000	7
Castro	8500	7
Neuquén, Argentinien	20 500	12
Osorno	2200	1¾
Panguipulli	2200	2¼
Pucón	3200	3
Puerto Montt	4200	3½
San Martín de los Andes, Argentinien	10 000	8
Santiago	ab 14 500	11
Temuco	3200	2½

FLUGZEUG

LAN (☎ 600-526-2000; Maipú 271) und **Sky Airlines** (☎ 226-280; www.skyairline.cl; Schmidt 303) fliegen täglich nach Santiago (90 000 Ch$, 2¼ Std.).

Unterwegs vor Ort

Mietautos bekommt man bei **Hertz** (☎ 218-316; Av Ramón Picarte 640). **Transfer Aeropuerto Valdivia** (☎ 225-533) bietet nach Bedarf einen Shuttle-Minibus vom/zum Flughafen (3000 Ch$).

OSORNO

☎ 064 / 149 400 Ew.

Ein riesengroßer Bronzebulle steht auf dem teuersten Grundstück der Stadt, der Plaza – und das spiegelt Osorno perfekt wider. Das Zentrum der Viehzucht liegt 910 km südlich von Santiago. Es hat zwar einen gewissen

Charme, der aber nur wenige Touristen zu einem längeren Aufenthalt verleitet. Osorno dient vor allem als Tor zum Parque Nacional Puyehue. Und man kann hier bequem in die Busse nach Argentinien umsteigen.

Der Hauptbusbahnhof liegt in der östlichen Innenstadt, fünf Blocks von der Plaza de Armas entfernt.

Praktische Informationen

Ciber Café del Patio (Patio Freire; 400 Ch$/Std.; Mo–Sa 9.30–23.30, So 15–22 Uhr) Internetzugang.

Conaf (☎ 234-393; Martínez de Rosas; Mo–Fr 9–17 Uhr) Infos über den Parque Nacional Puyehue.

Hospital Base (☎ 235-572; Av Bühler) An der südlichen Verlängerung der Arturo Prat.

Post (O'Higgins 645)

Sernatur (☎ 237-575; O'Higgins 667; Dez.–Feb. tgl. 8.30–18.30 Uhr) An der Westseite der Plaza de Armas.

Touristeninformationskiosk (Plaza de Armas; Jan.–Feb. Mo–Fr 8.30–19, Sa & So 11–17 Uhr) Infos zu Osorno und Umgebung.

Sehenswertes

Wer einen Tag in Osorno verbringt, bekommt im **Museo Histórico Municipal** (Matta 809; Mo–Fr 10–12.30 & 14.30–17 Uhr & Dez.–Feb. Sa 11–13 & 16–19 Uhr) einen Einblick in die Kultur der Mapuche und die deutsche Besiedlung. Mittelpunkt der Altstadt ist die Plaza de Armas.

Schlafen & Essen

In der Nähe vom Busbahnhof gibt's schäbige *residenciales*. Selbstversorger können ihre Vorräte gleich neben dem Busbahnhof bei **Líder** (Ecke Colón & Errázuriz) aufstocken. Imbissbuden gibt's im **Mercado Municipal** (Ecke Prat & Errázuriz).

Hospedaje Sánchez (☎ 232-560; crisxi@telsur.cl; Los Carrera 1595; Zi. 5000 Ch$/Pers.) Das Eckgebäude könnte einen neuen Anstrich vertragen, drinnen ist es jedoch recht einladend gestaltet. Herzliche Inhaber, Frühstück und Gemeinschaftsküche.

Hostal Reyenco (☎ 236-285; reyenco@surnet.cl; Freire 309; EZ ohne Bad 15 000 Ch$, DZ 20 000 Ch$; 🖳) Für ein paar Peso mehr wohnt man hier deutlich komfortabler als in den anderen Hostels. Es gibt einen hübschen Wohnzimmerbereich und Frühstück mit Eiern.

Café Central (O'Higgins 610; Hauptgerichte 1250–6100 Ch$; morgens, mittags & abends) Beliebtes Café direkt an der Plaza mit Kaffee, gezapftem Kunstmann und kolossalen Burgern. Für Alleinreisende gibt es auch eine Theke.

Club de Artesanos (Mackenna 634; Hauptgerichte 2000–5000 Ch$; mittags & abends) Ideal für ein Glas des selbstgebrauten Märzens. Das Gewerkschaftslokal hat sich auf riesige Portionen chilenischer Klassiker wie *pastel del choclo* spezialisiert.

An- & Weiterreise

Fernbusse und Busse nach Argentinien starten am **Hauptbusbahnhof** (Av Errázuriz 1400). Die meisten Busse Richtung Norden auf der Panamericana starten in Puerto Montt (1-mal stündl.). Busse nach Santiago fahren meistens nachts. Nach Argentinien gibt's täglich Busse, nach Coyhaique und Punta Arenas fahren mehrmals pro Woche Busse über die Ruta 215 und den Paso Cardenal Antonio Samoré.

Hier ein paar Zeiten und Preise:

BUSPREISE		
Ziel	Preis (Ch$)	Dauer (Std.)
Bariloche	13 000	5
Coyhaique	30 000	22
Puerto Montt	1500	1½
Punta Arenas	43 000	28
Santiago	ab 15 500	12
Temuco	4000	3

Regionalbusse nutzen den **Terminal Mercado Municipal** (☎ 201-237; Ecke Errázuriz & Prat), zwei Blocks westlich des Hauptbusbahnhofs im Mercado Municipal. **Expreso Lago Puyehue** (☎ 243-919) startet hinter der nordöstlichen Ecke nach Termas Puyehue/Aguas Calientes (1700 Ch$) und Anticura (4500 Ch$). Um in Küstenorte wie Maicolpué zu gelangen, überquert man den Río Rahue und geht zu den Bushaltestellen an der **Feria Libre Rahue** (☎ 269-704; Ecke Chillán & Temuco).

Unterwegs vor Ort

Der **Automóvil Club de Chile** (☎ 255-555; Bulnes 463) vermietet Jeeps und Autos.

RUND UM OSORNO

Der Küstenort **Maicolpué** eignet sich perfekt, um sich von den Gringos zu erholen. Er liegt im Gebiet von San Juan de la Costa, einem Zentrum der Huilliche-Mapuche. Hier leben traditionelle Gemeinden, die sich begeistert eines selbstständig organisierten Ökotourismus annehmen (vor Ort nachfragen). Im südlichen Ortsteil gibt es **Campingplätze** (3500 Ch$/Zelt).

Folgt man dem Südufer des Lago Puyehue, gelangt man 66 km östlich zu den **Termas de Puyehue** (☎ 064-232-157; www.puyehue.cl; EZ 124 200–

138 000 Ch$, DZ 172 800–192 000 Ch$; 🖥 🐾), Thermalquellen (tagsüber ab 30 000 Ch$) mit einem erstklassigen Hotel. Wanderer können sich einen Tag lang in den Becken aalen oder massieren lassen. Die Ruta 215 führt von hier durch den Parque Nacional Puyehue zur argentinischen Grenze.

PARQUE NACIONAL PUYEHUE

Am Tag nach dem Erdbeben von 1960 verwandelte eine gewaltige Eruption des Volcán Puyehue (2240 m) den dichten, immergrünen Feuchtwald in eine kahle Landschaft aus Sanddünen und Lavaströmen. Heute sind im **Parque Nacional Puyehue** (www.parquepuyehue.cl) 107 000 ha einer sensationellen, kontrastreichen Natur geschützt. Die **Aguas Calientes** (tagsüber 3500–7000 Ch$) sind ein schlichtes Resort mit Thermalquellen.

Das kleine Skigebiet **Antillanca** (www.ski antillanca.com; Liftticket 18 000 Ch$, Verleih 16 000 Ch$) liegt 18 km hinter den Aguas Calientes an den Flanken des 1990 m hohen Volcán Casablanca. Die Aussicht ist herrlich. Im Sommer führt ein Wanderpfad zu einem Aussichtspunkt auf dem Krater mit Blick auf die Gebirgskette. Am Fuß des Vulkans liegt das **Hotel Antillanca** (☎ 064-235-114; EZ/DZ Refugio 40 000/54 500 Ch$, EZ/DZ 54 000/75 000 Ch$), in dem man die Wahl zwischen rustikalen Quartieren und Mainstream-Zimmern hat. Zu den Extras zählen ein Fitnessraum, eine Sauna und eine Disco.

Jede Menge Wanderwege gibt's in **Anticura**, 17 km nordwestlich von der Abzweigung zu den Aguas Calientes. Hübsche, kurze Pfade führen zu einem Aussichtspunkt und einem Wasserfall. In der Nähe des Eingangs zum Nationalpark liegt **Etnoturismo Anticura** (☎ 099-177-4672; www.etnoturismoanticura.blogspot.com; Stellplatz 3000 Ch$/Pers.; B/Cabaña für 2 Pers. 6000/25 000 Ch$), eine von Mapuche geführte *albergue*.

Am privaten **Fundo El Caulle** (www.elcaulle.com; Eintritt 10 000 Ch$) 2 km westlich von Anticura beginnt der Wanderweg **Baños de Caulle**. Besucher erhalten die Kaution von 3000 Ch$ zurück, wenn sie ihre Abfälle wieder mitnehmen. Die viertägige Wanderung führt zu Thermalfeldern mit Fumarolen, Geysiren und unerschlossenen Thermalquellen auf einem kahlen Vulkanplateau. Tipps zu weiteren Wanderungen erhält man im *fundo* (Farm).

Expreso Lago Puyehue schickt vom Mercado Municipal in Osorno zweimal täglich Busse nach Anticura (4500 Ch$, 1½ Std.) und zurück; Wanderer werden in El Caulle abgesetzt. Im Winter gibt es manchmal ein Ski-Shuttle nach Antillanca; einfach den **Club Andino Osorno** (☎ 064-235-114; O'Higgins 1073, Osorno) kontaktieren.

FRUTILLAR
☎ 065 / 14 500 Ew.

Frutillar verdankt seinen Zauber dem Erbe der deutschen Einwanderer im 19. Jh., deren Kultur sich hier erhalten hat. Die meisten Traveller kommen in das Städtchen, um sich einen Eindruck von diesem einfachen Leben zu machen, sich im See treiben zu lassen, hausgemachten Kuchen zu essen und in hübschen Zimmern zu schlafen. Vielen ist es aber einfach zu ruhig, um länger zu bleiben. Ende Januar und Anfang Februar hauchen die **Semanas Musical de Frutillar** (www.semanasmusicales.cl) dem Ort Leben ein. Die Konzertreihe bringt internationalen Folk, Kammermusik und Jazz auf die Bühne des **Teatro del Lago** (Büro in Santiago ☎ 02-339-2293; Av Philippi 1000; www.teatrodellago.cl), eines hurtigen, modernen Amphitheaters am See. Die Mittagskonzerte sind am günstigsten.

Die Stadt ist in zwei Gebiete unterteilt: Frutillar Alto ist eine schlichte Gegend, in dem die Menschen ihrem Alltag nachgehen, Frutillar Bajo liegt am Seeufer und hat alle Touristenattraktionen. Der **Touristeninformationskiosk** (Av Philippi; ⌚ Dez.–März 10–21 Uhr) befindet sich zwischen der San Martín und der O'Higgins. Im

---

ABSTECHER: PUERTO OCTAY

Mitten in hügeligem Farmland ist das idyllische **Puerto Octay** wahrscheinlich das malerischste Städtchen am Lago Llanquihue, doch nur wenige Besucher verirren sich hierher. Für Radler, die den Weg um den See absolvieren, ist der Ort ein wunderbarer Zwischenstopp. Im **Zapato Amarillo** (☎ 310-787; www.zapatoamarillo.cl; B 7000 Ch$, EZ/DZ 26 000/30 000 Ch$, ohne Bad 15 000/20 000 Ch$; 🖥), einer kleinen Farm rund 2 km nördlich der Ortschaft, bekommt man gutes Essen und einen herzlichen Empfang. Auch Fahrräder werden hier ausgeliehen. Die achteckige Lodge wird von einer schweizerisch-chilenischen Familie geführt, die auch ausgezeichnete Abendessen (5000 Ch$) und Fondues zubereitet. An Ausflügen bieten sich Wanderungen um den Lago Rupanco und den Volcán Osorno an. Von Osorno (1000 Ch$) und anderen Orten am See fahren regelmäßig Minibusse.

Museo Colonial Alemán (Ecke Pérez Rosales & Prat; Eintritt 1800 Ch$; ⊗ 10–14 & 15–18 Uhr) sieht man den Nachbau einer Mühle, einer Schmiede und eines Herrenhauses in einem gepflegten Garten.

Viele besuchen Frutillar im Rahmen eines Tagesausflugs von Puerto Varas aus. **Los Ciruelillos** (☎ 420-163; Stellplatz für 6 Pers. 10 000 Ch$, Cabaña für 6 Pers. 30 000 Ch$) liegt auf einer Halbinsel am Südende des Strands, 1,5 km von Frutillar Bajo entfernt. Hier gibt's voll ausgestattete Campingplätze, einen kleinen Sandstrand und Feuerstellen. Die **Hostería Winkler** (☎ 421-388; Av Philippi 1155; B 8000 Ch$) hat für Backpacker einen Anbau. Es gibt ein paar Straßenstände mit Snacks, das Essen in Restaurants ist jedoch teuer. Die günstigsten Gerichte bekommt man im **Casino de Bomberos** (Av Philippi 1065; Hauptgerichte 4000 Ch$). Wer leckere *onces* möchte, macht im **Hotel Klein Salzburg** (Av Philippi 663; Dessert 3000 Ch$) nichts falsch. Das Restaurant **Se Cocina** (☎ 099-757-7152; Camino a Totoral km 2; Hauptgerichte 8500 Ch$, ⊗ Mo geschl.) mit eigener Kochschule lohnt die Taxifahrt. Regionale Kochtraditionen werden hier hochgehalten; Einheimische mit niedrigem Einkommen bekommen Unterricht im Kochen. Das Bistroambiente ist modern und gemütlich, auf den Tisch kommen Wild und Meeresfrüchte aus der Region, Gemüse aus dem eigenen Garten und hausgebrautes Bier.

Ab Frutillar Alto gibt es Busse nach Puerto Varas (800 Ch$, 30 Min.), Puerto Montt (1000 Ch$, 1 Std.) und Osorno (800 Ch$, 40 Min.). *Colectivos* sind zwischen Frutillar Alto und Frutillar Bajo unterwegs.

PUERTO VARAS

☎ 065 / 32 200 Ew.

Im Sommer nehmen Touristen das ruhige deutsche Städtchen in Beschlag. Es bietet all die Annehmlichkeiten einer Kleinstadt, knarzige Omas neben Horden von Backpackern und einen atemberaubenden Blick auf den Volcán Osorno – wenn es mal nicht regnet. Mit einem protzigen Kasino und den vielen Möglichkeiten zum Canyoning, Klettern, Angeln, Wandern und Skifahren will das stetig wachsende Puerto Varas das chilenische Bariloche sein. In Wahrheit ist es aber noch immer ein verschlafenes Nest, in dem der Sonntag Gott und Grillfesten vorbehalten ist.

Orientierung & Praktische Informationen

Es gibt zahlreiche Geldautomaten und Internetcafés in der Innenstadt.

Afex Exchange (San Pedro 410) Wechselt Bargeld und löst Reiseschecks ein.

Büro des Parque Pumalín (☎ 250-079; www.pumalin park.org; Klenner 299; ⊗ Mo–Fr 8.30–18.30, Sa 9–13 Uhr)

Clínica Alemana (☎ 232-336; Hospital 810, Cerro Calvario) Unweit des südwestlichen Stadtrands an der Del Salvador.

Post (Ecke San Pedro & San José)

Städtische Touristeninformation (☎ 232-437; San Francisco 431; ⊗ Dez.–Feb. 9–21 Uhr) Broschüren und kostenfreie Karten.

Sehenswertes & Aktivitäten

Besucher können im Ort umherbummeln und die deutsche Architektur aus dem 19. Jh. begutachten. Die **Iglesia del Sagrado Corazón** (Ecke San Francisco & Verbo Divino) von 1915 würde auch im Schwarzwald eine gute Figur abgeben.

An warmen Sommertagen lohnt sich der mutige Sprung ins eiskalte Wasser des Lago Llanquihue. Die besten Strände liegen östlich des Ortszentrums in Puerto Chico und an der Straße nach Ensenada. Abenteuerlustige können im eiskalten grünen Wasser des Río Petrohué raften: Ein Ritt auf den Stromschnellen der Klasse III und IV kostet 30 US$ aufwärts. Canyoning ist eine weitere Möglichkeit, ins Eiswasser zu stürzen – nur dieses Mal eben in die tollen Wasserfall-Schluchten. Es gibt unzählige versteckte Fleckchen, an denen man die Angel auswerfen kann. Guides helfen beim **Fliegenfischen** weiter.

Wer lieber festen Boden unter den Füßen hat, kann eine Reihe von **Wanderungen** unternehmen. Die Wanderung auf den Volcán Calbuco (2015 m) ist mittelschwer; andere Wanderwege erreicht man über Petrohué. Im Winter kann man an den Hängen des Vulkans **Skifahren** (s. S. 511). Wer auch vom Wandern genug hat, kann sich mit Canopy-Touren fast wie Tarzan von Wipfel zu Wipfel bewegen.

Geführte Touren

Andina del Sud (☎ /Fax 232-511; www.andinadelsud. com; Del Salvador 72) Auf der Cruce del Lagos (s. S. 511) geht's per Fähre und Bus von Petrohué nach Bariloche in Argentinien.

CTS (☎ 237-328; www.ctsturismo.cl; San Francisco 333) Der Tourveranstalter im Skigebiet am Volcán Osorno befördert einen zum Berg und veranstaltet Baumwipfel-Exkursionen an Seilen und Ausflüge in der Region.

Gray Fly-Fishing (☎ 232-136; San José 192) Halbtägige Angelausflüge auf dem Río Maullin (ab 40 000 Ch$/Pers.).

Ko'Kayak (außerhalb der Karte S. 510; www.paddlechile. com) Angesehener Veranstalter von Raftingtrips auf dem

Río Petrohué (30 000 Ch$) und Seekajaktouren in Patagonien. Man spricht auch Französisch und Englisch; s. S. 511.
La Comarca (☎ 09-799-1920; www.pueloadventure. cl; San Pedro 311; ◷ 8.30–20.30 Uhr) Zusammenschluss kleiner Anbieter von Abenteuertrips zum Rio-Puelo-Tal und nach Chiloé. Es gibt Radtouren zum Volcán Osorno (30 000 Ch$) und Wandertouren zum Volcán Calbuco (30 000 Ch$). Es werden auch Fahrräder verliehen.
LS Travel (☎ 232-424; www.lstravel.com; San José 130) Netter Veranstalter und Autovermieter, der zudem gute Infos zu Argentinien auf Lager hat.
Pachamagua (☎ 09-208-3660; www.pachamagua. com) Professioneller und bester Canyoning-Anbieter im Ort. Hier wird auch Englisch und Französisch gesprochen.

Schlafen

Im Januar und Februar im Voraus buchen.
Hospedaje Ellenhaus (☎ 233-577; www.ellenhaus.cl; Martínez 239; B/EZ/DZ 5000/7500/13 000 Ch$) Federbetten und ein rustikales Kiefernholzambiente machen wett, dass die meisten Zimmer der zentral gelegenen Herberge winzig sind. Traveller können die Küche nutzen, Fahrräder ausleihen und erhalten Reisetipps.
Residencial Hellwig (☎ 232-472; San Pedro 210; EZ/DZ 6000/15 000 Ch$) Das deutsche Haus von 1915 ist das älteste *residencial* und die beste Budgetunterkunft im Ort. Es wird von einer strengen Matrone geführt und hat große Zimmer und Badezimmer, die sauberer sein könnten.
Casa Mawenko (☎ 232-673; casamawenco@gmail. com; Pasaje Ricke 224; B/EZ/DZ 7500/10 000/20 000 Ch$; 🖳) Das modische Haus in ruhiger Lage hat bequeme, recht neue Betten mit Bettzeug und ein paar Dauergäste. Es könnte etwas sauberer sein, das Frühstück ist jedoch gut.
Casa Margouya (☎ 511-648; www.margouya.com; 318 Santa Rosa; B 8500 Ch$, EZ/DZ ohne Bad & mit Frühstück 13 000/17 000 Ch$; 🖳) Das von Franzosen geführte Gästehaus sorgt mit sauberen, komfortablen Zimmern, einer Hippie-Atmosphäre und den angebotenen Touren für spaßige Tage. Die Unterkünfte sind allerdings etwas beengt.
Compass del Sur (☎ 232-044; www.compassdelsur.cl; Klenner 467; B/EZ/DZ 9000/17 000/21 000 Ch$; 🖳) Das gemütliche skandinavische Hostel mit hellen Wänden, guten Duschen und großem Hof schafft heimeliges Flair. Die Betreiber sprechen auch Deutsch.
Guesthouse (☎ 231-521; www.vicki-johnson.com; O'Higgins 608; EZ/DZ mit Frühstück 37 800/43 400 Ch$) In dem von US-Amerikanern geführten Gästehaus stimmt jedes Detail: Die Zimmer sind geräumig, hell und hübsch möbliert, und zum Frühstück gibt's guten Kaffee und Muffins.

Zu den Extras gehören das morgendliche Yoga, Hydrotherapie und eine Masseurin.

Essen

Líder (Av Gramado s/n) Großer Supermarkt. Gegenüber von den Obst- und Gemüseständen.
Café El Barrista (☎ 233-130; Martínez 211; Sandwichs 2200–3100 Ch$; 🖳) In dem beliebten Café trifft man sich bei kräftigem Kaffee, frischem Kuchen und Sandwichs. Es gibt auch WLAN.
Sirocco (☎ 232-372; San Pedro 537; Hauptgerichte 4200–9500 Ch$; ◷ mittags & abends) Hier gibt's einen Mix aus der chilenischen Küche, z. B. Magellan-Lamm, zauberhaftes Kartoffelpüree und auf offener Flamme gebratenen Fisch. Die Atmosphäre ist intim, die Weinkarte lang, und es gibt eine Außenterrasse.
Donde El Gordito (☎ 233-425; San Bernardo 560; Hauptgerichte 4500–6000 Ch$) Chaotisches Ecklokal mit aufmerksamem Service und frischen Meeresfrüchten, z. B. einer leckere Krabbensauce. Im Mercado Municipal.
Dominga Patagonia (☎ 238-981; Martínez 551; Hauptgerichte 5500 Ch$; ◷ abends, So geschl.) Angesagter, erschwinglicher Treff mit gedämpftem Licht und Kaminen. Es gibt Cocktails, Sushi und regionale Gerichte wie peruanische *ahí de gallina* und *ceviche*, die an den schwarz lackierten Tischen serviert werden.
La Cucina d'Alessandro (Av Costanera 1290; Hauptgerichte 5000–8000 Ch$; ◷ Mo–So mittags & abends) Die von Sizilianern geführte Pizzeria ist ein echter Knaller. Man hat die Wahl zwischen köstlichen Pastagerichten und dünnknuspriger Pizza mit Rucola, Tomaten oder Kochschinken. Und zum Abschluss gibt's noch einen Espresso oder Tiramisu.

Ausgehen

El Barómetro (Martínez 584; ◷ 19 Uhr–open end) In der übergroßen Bar mit Ledersofas tummeln sich Yuppies und Wochenendbesucher. Am Wochenende legen DJs auf.
Garage (Martínez 220; ◷ Mo–Sa 18.30 Uhr–open end) Lockere Bar für Leute mit einer Vorliebe für lange *carretes* (Partys), bei denen das Leben erst gegen 23 Uhr beginnt. Manchmal wird bis in die Morgenstunden eine Mischung aus Livejazz und Fusion gespielt.

Unterhaltung

Casino de Puerto Varas (Del Salvador 21; ◷ 24 Std.) In dem Kasino mit edlem Ambiente, großartigem Ausblick und tollen Cocktails tummeln sich Touristen, die erst ihr Geld verjubeln und sich

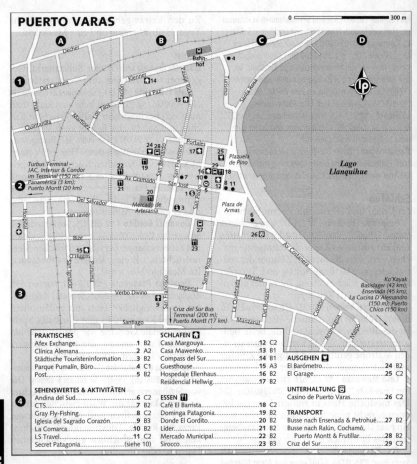

PUERTO VARAS

PRAKTISCHES
Afex Exchange	1 B2
Clínica Alemana	2 A2
Städtische Touristeninformation	3 B2
Parque Pumalín, Büro	4 C1
Post	5 B2

SEHENSWERTES & AKTIVITÄTEN
Andina del Sud	6 C2
CTS	7 B2
Gray Fly-Fishing	8 C2
Iglesia del Sagrado Corazón	9 B3
La Comarca	10 B2
LS Travel	11 C2
Secret Patagonia	(siehe 10)

SCHLAFEN
Casa Margouya	12 C2
Casa Mawenko	13 B1
Compass del Sur	14 B1
Guesthouse	15 A3
Hospedaje Ellenhaus	16 B2
Residencial Hellwig	17 B2

ESSEN
Café El Barrista	18 B2
Dominga Patagonia	19 B2
Donde El Gordito	20 B2
Líder	21 B2
Mercado Municipal	22 B2
Sirocco	23 B3

AUSGEHEN
El Barómetro	24 B2
El Garage	25 C2

UNTERHALTUNG
Casino de Puerto Varas	26 C2

TRANSPORT
Busse nach Ensenada & Petrohué	27 B2
Busse nach Ralún, Cochamó, Puerto Montt & Frutillar	28 B2
Cruz del Sur	29 C2

dann mit Shrimpcocktails und Live-Entertainment über ihren Verlust hinwegtrösten.

An- & Weiterreise

Die meisten Fernbusse starten in Puerto Montt. Ticketbüros finden sich im Stadtzentrum, die Busbahnhöfe liegen am Stadtrand. Im **Busbahnhof Turbus** (☎ 234-163; Busbahnhof Del Salvador 1093; Büro San Pedro 210) sind Turbus, JAC, Intersur und Condor vertreten. Vom **Busbahnhof Cruz del Sur** (Busbahnhof San Francisco 1317; Büro Martínez 230) fahren die meisten Busse ab, u. a. nach Chiloé (5000 Ch$) und Punta Arenas (43 000 Ch$). Tur Bus und **Buses Inter** (San Pedro 210) fahren jeden Abend nach Santiago.

Cruz del Sur unterhält täglich Busse nach Bariloche in Argentinien (13 000 Ch$); Infos zur beliebten Bus- und Schiffsverbindung nach Bariloche s. Kasten S. 511.

Von einer kleinen Haltestelle an der Ecke Walker Martínez/San Bernardo gibt's Minibusse ab/nach Ensenada (1000 Ch$), Petrohué (2000 Ch$), Puerto Montt (800 Ch$), Puelo (3000 Ch$), Frutillar (800 Ch$), Ralún (1300 Ch$) und Cochamó (1500 Ch$). Ein Taxi vom Flughafen Puerto Montt kostet ca. 15 000 Ch$.

ENSENADA

Die kurvenreiche Ruta 225 ist eine idyllische, von Stränden gesäumte Landstraße. Über alledem thront der trichterförmige Volcán Osorno. Die Reiterhöfe **Quinta del Lago** (☎ 099-138-6382; www.quintadellago.com; bei Km 25; 2-stündiger

Ausritt 18725 Ch$) bieten geführte Ausritte an den Hängen des Volcán Calbulco an. Der Rafting-Veranstalter **Ko'Kayak** (☎ 099-310-5272; www.ko kayak.com; Ruta 225) hat sein Basislager bei Kilometer 40. Wer vollkommen abtauchen will, kann mitten in der Pampa in der von Franzosen geführten **Casa Ko** (☎ 099-699-9850; Zi. mit/ohne Bad 14000/12000 Ch$/Pers.) absteigen. In dem niedlichen alten Bauernhaus gibt's hausgemachtes Essen; direkt vor der Hintertür warten Wanderwege. Vorher telefonisch die Anfahrt organisieren. Vor der Polizeiwache liegt der Platz **Camping Montaña** (☎ 065-235-285; Stellplatz 3000 Ch$/Pers.). Direkt daneben verleiht **Terra Sur** (☎ 065-233-140; bei Km 44; Fahrradverleih 2000 Ch$/Std.) gute Mountainbikes mit Federung, organisiert den Transport oder zeigt einem einfach auch nur den Weg.

PARQUE NACIONAL VICENTE PERÉZ ROSALES

Ein lang gestreckter smaragdgrüner See, eingefasst von Valdivianischem Regenwald und steilen Vulkanen – das ist der zweitälteste **Nationalpark** Chiles. Das 251000 ha große Schutzgebiet umfasst den Lago Todos Los Santos und die schneebedeckten Vulkane Osorno, Puntiagudo (2190 m) und Monte Tronador (3554 m). Die Ruta 225 endet in Petrohué, dem Tor zum Nationalpark 50 km östlich von Puerto Varas. Die Minibusse vom Puerto Varas zum Nationalpark fahren im Sommer oft, das restliche Jahr über aber nur zweimal am Tag.

Die Wasserfälle **Saltos del Petrohué** (Eintritt 1200 Ch$) rauschen 6 km vor dem Dorf über die Basaltfelsen in die Tiefe. In **Petrohué** selbst gibt es Strände, Startpunkte von Wanderwegen und die Anlegestelle der *Cruce de Lagos* (s. rechte Spalte) nach Peulla (22000 Ch$, 1¾ Std.). Das großartige **Hotel Petrohué** (☎ 065-258-042; www.petrohue.com; EZ/DZ 99 000/130 000 Ch$; 🍴) hat mit Felsdeko und Holzbalken akzentuierte Räume, in denen das Kaminfeuer einladend knistert. Es gibt auch Mittagessen (5000–10000 Ch$). Sollte der Luxus das Budget sprengen, kann man im Wald auf dem **Conaf-Campingplatz** (Stellplatz für 1–5 Pers. 7000 Ch$) zelten und wie all die Familien dort das Essen selber zubereiten. Oder man heuert einen Bootsführer (600 Ch$) an, der einen zur **Hospedaje Kuschel** (Stellplatz/Zi. 4000/8000 Ch$ pro Pers.) übersetzt, wo man rustikal zeltet oder mit etwas Glück in einem der wenigen Zimmer unterkommt. Verpflegung aus Puerto Varas mitbringen.

> **DURCH DIE ANDEN**
>
> Der **Cruce de Lagos** (www.crucedelagos.cl), an den sich einst schon Che wagte (wie in *The Motorcycle Diaries* nachzulesen), ist eine beliebte zwölfstündige Boots- und Bustour (127000 Ch$) von Petrohué in Chile nach Bariloche in Argentinien. Als Pauschaltour sollte man die Fahrt vorab bei **Andina del Sud** (S. 508) in Puerto Varas buchen und sich informieren, ob es Saisonrabatte oder Sonderangebote für Studenten oder Senioren gibt. Die Tour von **Expediciones Petrohué** (unten) legt eine ähnliche Strecke zurück – das ist billiger, wenngleich man die grandiosen Ausblicke mit einer Menge Schweiß und Blasen an den Füßen bezahlt.

Vom Conaf-Campingplatz führt ein unbefestigter Pfad zur **Playa Larga**, einem langen, schwarzen Sandstrand, hinter dem sich der **Sendero Los Alerces** erhebt und im Westen auf den **Sendero La Picada** trifft. Der sandige Weg führt hinauf zum Paso Desolación auf dem Volcán Osorno; oben angekommen kann man stolz den wunderbaren Panoramablick auf den See, den Volcán Puntiagudo und den Monte Tronador genießen. Rund um den See gibt es keine Straße, man gelangt also nur per Boot zu den Trails im Landesinneren. Wer ein Boot mietet (einfache Strecke 70000 Ch$; sichergehen, dass es seetüchtig ist!) oder sich einer Wandertour anschließt, kann bis zu den **Termas de Callao** kommen. Dort gibt es Campingplätze und eine rustikale Familien-*hospedaje*. **Expediciones Petrohué** (☎ 065-212-025; www. petrohue.com) direkt neben dem Hotel veranstaltet Exkursionen in das Gebiet.

In der Nähe von Ensenada kann man auf den **Volcán Osorno** kraxeln oder an seinen Hängen Ski fahren. In dem 600 ha großen Skigebiet **Volcán Osorno** (☎ 065-233-445, www.volcanosorno. com; halber/ganzer Tag Skipass 13 500/18 000 Ch$, Student 12 000 Ch$) gibt es zwei Lifts und für Cracks gute Möglichkeiten zum Skifahren jenseits der Pisten (auf Gletscherspalten achten!). Die rustikale Unterkunft **Refugio Teski Ski Club** (☎ 099-700-0370; B 11 500 Ch$; ☼ ganzjährig) befindet sich auf halber Höhe; Gäste bekommen eine faszinierende Aussicht und kleine Schlafräume mit Stockbetten geboten (Schlafsack nicht vergessen!). Aufwärmen kann man sich auch mit einem warmen Bad in der Wanne (Nutzung 16 000 Ch$) oder bei der Happy Hour in der Abenddämmerung, bei der es zwei Drinks zum Preis von einem gibt.

Anfahrt zum Skigebiet und *refugio*: von Ensenada Richtung Puerto Octay bis zur Ausschilderung 3 km nach Ensenada fahren und dann der Seitenstraße 9 km folgen. In Puerto Varas arrangiert CTS einen Shuttleservice.

PUERTO MONTT
☎ 065 / 168 200 Ew.

Dank der Lachszucht ist Puerto Montt eine der am schnellsten wachsenden Städte des Kontinents. Die gegenwärtige Krise dieses Wirtschafszweigs wird sich sicher negativ auf das Drehkreuz im Süden auswirken. Dabei ist es noch keine zehn Jahre her, dass Malls und Bürogebäude so schnell hochgezogen wurden wie Häuser in Legoland. Für Traveller ist die Stadt das Sprungbrett nach Patagonien. Und wer schon hier ist, sollte nachmittags durch den Hafen schlendern,

Orientierung

Puerto Montt liegt 1020 km südlich von Santiago. Das Stadtzentrum befindet sich direkt am Wasser: Die an der Küste verlaufende Av Diego Portales geht über in die Av Angelmó, die dann westwärts zu dem kleinen Fischerei- und Fährhafen Angelmó führt. Richtung Osten gelangt man zum Badeort Pelluco und zur Carretera Austral. Nachts machen Kleinkriminelle die Gegend um den Busbahnhof unsicher. Also Vorsicht walten

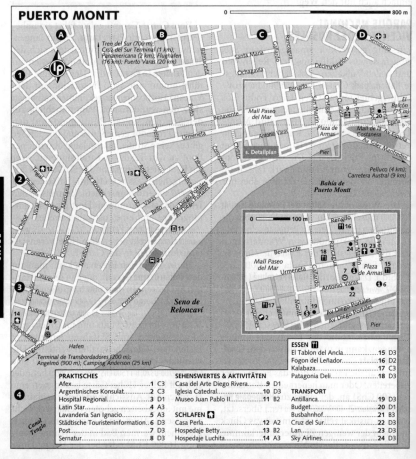

PUERTO MONTT

PRAKTISCHES		SEHENSWERTES & AKTIVITÄTEN		ESSEN	
Afex...................................1	C3	Casa del Arte Diego Rivera.........9	D1	El Tablon del Ancla..................15	D3
Argentinisches Konsulat.........2	C3	Iglesia Catedral.......................10	D3	Fogon del Leñador..................16	D2
Hospital Regional..................3	D1	Museo Juan Pablo II................11	B2	Kalabaza..................................17	C3
Latin Star..............................4	A3			Patagonia Deli........................18	D3
Lavandería San Ignacio.........5	A3	SCHLAFEN			
Städtische Touristeninformation..6	D3	Casa Perla..............................12	A2	TRANSPORT	
Post......................................7	D3	Hospedaje Betty.....................13	B2	Antillanca..............................19	D3
Sernatur................................8	D3	Hospedaje Luchita.................14	A3	Budget..................................20	D3
				Busbahnhof..........................21	B3
				Cruz del Sur..........................22	D3
				Lan.......................................23	D3
				Sky Airlines..........................24	D3

COCHAMÓ & RÍO-PUELO-TAL

Smaragdgrüne Flüsse und tiefe, unberührte Täler sind nur einige der Naturwunder, die einen in dieser hinreißenden, abgelegenen, von mehreren Staudammprojekten bedrohten Gegend erwarten. Derart Schönes sollte bekannt werden, um so vielleicht noch gerettet zu werden. Einstweilen aber kommen nur wenige Traveller in die zerklüfteten, urtümlichen Täler.

Der preisgekrönte Veranstalter **Opentravel** (in Puerto Montt ☎ 65-260-524; www.opentravel.cl) veranstaltet geführte Wanderungen und Ausritte zu abgelegenen Bauernhöfen und über die Grenze bis nach Argentinien hinüber. Die Teilnehmer erhalten einen Einblick in das Landleben und die einheimischen Führer eine faire Bezahlung: Das ist nachhaltiger Tourismus vom Feinsten! Die kleine Veranstalter-Kooperative **Secret Patagonia** (in Puerto Varas ☎ 65-234-892; www.secretpatagonia.cl; San Pedro 311; ◷ 8.30–20.30 Uhr) bietet für Abenteuerlustige Kajak- und Mountainbiketouren und Wanderungen sowohl nach Cochamó als auch ins Rio-Puelo-Tal an. In Río Puelo erhält man in der **Municipalidad de Cochamó** (☎ 065-350-271; www.cochamo.cl; Plaza) unabhängige Infos über Fremdenführer (auf Spanisch) und gute Landkarten der Gegend. Busse von Buses Fierro fahren fünfmal täglich ab/nach Puerto Montt (4000 Ch$, 4 Std.), Zwischenstopps werden in Puerto Varas, Ensenada, Cochamó und Río Puelo eingelegt.

---

lassen und hier wie auch am Ufer nicht alleine unterwegs sein.

Praktische Informationen

Internetcafés säumen die Av Angelmó und die Plaza. Geldautomaten gibt's zuhauf.

Afex (Av Diego Portales 516) Wechselstube.

Hospital Regional (☎ 261-134; Seminario; ◷ 24 Std.) Nahe der Kreuzung zur Décima Región.

Latin Star (Av Angelmó 1672; 500 Ch$/Std.; ◷ Mo–Sa 9–22, So 10–20 Uhr) Internet, Telefoncenter, Büchertausch.

Lavandería San Ignacio (☎ 343-737; Chorillos 1585; 1000 Ch$/kg; ◷ Mo–Sa 9.30–19 Uhr)

Post (Rancagua 126)

Sernatur (☎ 256-999; ◷ Mo–Fr 8.30–13 & 14.30–17 Uhr)

Städtische Touristeninformation (☎ 261-823; Varas 415; ◷ 9–21 Uhr) Die hilfreichen Angestellten haben viele Infos über den Nationalpark.

Sehenswertes & Aktivitäten

Das älteste Gebäude der Stadt ist die 1856 errichtete **Iglesia Catedral** (Urmeneta s/n) an der Plaza de Armas. In der kürzlich renovierten **Casa del Arte Diego Rivera** (☎ 261-817; Quillota 116; ◷ Mo–Fr 9–20, Sa & So 11–18 Uhr) gibt's Kunst- und Fotoausstellungen und ein Theater, das Stücke, Tanz und Filme aufführt.

Das **Museo Juan Pablo II** (Av Diego Portales 991; Eintritt 500 Ch$; ◷ Mo–Fr 9–19, Sa & So 10–18 Uhr) am Ufer hat Ausstellungen zu Geschichte, Archäologie, religiöser Ikonographie, der deutschen Kolonisierung und Stadtentwicklung.

Straßenstände säumen die turbulente und abgasgebeutelte Av Angelmó. Jedes Mal, wenn ein Kreuzfahrtschiff im Hafen anlegt, schnellen ihre Preise in die Höhe. Man kann mit den Straßenverkäufern einen Schwatz abhalten und nebenbei die Haufen von Wollerzeugnissen, Holzschnitzereien und Modeschmuck durchwühlen. Am Ende der Straße liegen die *palafitos* (Pfahlhäuser über dem Wasser), ein exzellenter Fischmarkt und 3 km westlich der malerische Fischereihafen Angelmó, auf dem noch mehr Kunsthandwerk verkauft wird. Vor der Küste liegt die Isla Tenglo. Zu ihr gelangt man mit den recht preiswerten Booten, die an den Docks in Angelmó ablegen. Der dortige sehr beliebte Strand ist nicht der schlechteste Ort für ein Picknick.

Schlafen

Traveller finden eine größere Auswahl an Unterkünften in dem auf Touristen eingestellten Puerto Varas weiter die Straße hinauf. Aber auch hier gibt es ein paar gute Optionen, vor allem, wenn man in einem altmodischen Familienhaus absteigen will.

Camping Anderson (☎ 099-517-7222; www.chipsites.com/camping/; Panitao km 20; Stellplatz 3000 Ch$/Pers.) Umweltbewusster Campingplatz direkt an der Bucht, wo Camper auch gegen Logis arbeiten können. Buses Bohle fährt vom Busbahnhof in Puerto Montt zum 20 km entfernten Panitao (750 Ch$, 9-mal tgl.).

Casa Perla (☎ 262-104; www.casaperla.com; Trigal 312; Stellplatz 5000 Ch$/Pers., B & Zi. 7000 Ch$/Pers.; 🖳) Ordentliches, relaxtes Familienhaus, das Spanischkurse und Kajaktrips vermittelt. Hier spricht man auch Englisch und Deutsch.

Hospedaje Luchita (☎ 253-762; Independencia 236; Zi. 8000 Ch$/Pers.) Noch bevor man in dem süßen Familienhaus mit gebohnerten Böden und netten kleinen Zimmern Platz genommen hat, serviert die großzügige Doña Luchita schon Kuchen.

Hospedaje Betty (☎ 253-165; Ancud 117; Zi. 8000 Ch$/ Pers.) Rosafarbene Dachschindeln, eine weitläufige altmodische Küche und pastellfarbene Zimmer mit dünnen Vorhängen machen das Betty zu einer gemütlichen Unterkunft. Und auch die Gastgeberin ist wundervoll.

LP Tipp Tren del Sur (☎ 343-939; www.trendelsur. cl; Santa Teresa 643; EZ/DZ ab 21800/29900 Ch$; 🖳) Das einzige Boutiquehotel in Puerto Montt ist völlig bunt und gemütlich. Es ist mit ausgedienten Eisenbahnschwellen dekoriert und hat eine Zentralheizung und einen Flur mit Oberlichtern. Die Gastgeber sind warmherzig und freundlich. Das Hotel liegt versteckt in dem alten Viertel Modelo.

Essen & Ausgehen

Die *palafitos* (Holzschindelhäuser auf Pfählen) am äußersten Ende der Angelmó versprechen jede Menge Stimmung und gutes Essen (6–8 US$). Draußen warten Kellnerinnen nur darauf, einen reinzulotsen. In entgegengesetzter Richtung findet man in Pelluco (Küstenbus 250 Ch$) Clubs, schicke Steakhäuser und Seafood-Restaurants am Strand. Hierher kommen die *puerto monttinos* sonntagabends zum Essen oder zum Feiern.

Kalabaza (Varas 629; Hauptgerichte 1900–2700 Ch$) Kleines Café mit Sandwichs, Kunstmann-Bier und Mittagsgerichten zu Fixpreisen.

El Tablon del Ancla (Ecke Varas & O'Higgins; Hauptgerichte 1900–5900 Ch$) Freunde belagern die komfortablen Sitzecken in dem Lokal an der Plaza und genießen günstige Mittagsmenüs oder *pichangas* (Pommes mit verschiedenen Saucen).

El Balcón (☎ 714-059; Egaña 156; Hauptgerichte 2900–4200 Ch$; ⊙ mittags & abends) Das Refugium mitten in der Stadt lockt mit cooler Musik und modernisierten klassischen Gerichten, z. B. *humitas del mar* (Maispfannkuchen mit Königskrabben und Shrimps).

Patagonia Deli (☎ 482-898; Varas 486; Hauptgerichte 3900–6900 Ch$; ⊙ Mo–Sa mittags & abends) Hier ist es mittags proppenvoll – dann bekommt man für 3600 Ch$ ein Tagesmenü mit Vorspeise, Hauptgang, einem Getränk und einem Espresso. Es gibt auch Sandwichs, Pasta und ein paar vegetarische Gerichte.

Fogon del Leñador (Ecke Rancagua & Rengifo; Hauptgerichte 6000–9500 Ch$; ⊙ So geschl.) Die Ausgabe lohnt sich: Perfekt gegrillte Steaks werden mit vier hausgemachten Saucen und heißen *sopapillas* (geröstetem Brot) serviert. Vielen reicht auch die halbe Portion.

An- & Weiterreise

BUS

Der wichtigste Verkehrsknotenpunkt von Puerto Montt ist der am Ufer gelegene **Busbahnhof** (☎ 283-000; Ecke Av Diego Portales & Lota), in dem es eine Gepäckaufbewahrung gibt. Im Sommer sind die Busse nach Punta Arenas und Bariloche schnell ausgebucht; also rechtzeitig buchen.

Die Minibusse nach Puerto Varas (800 Ch$, 30 Min.), Frutillar (1000 Ch$, 1 Std.) und Puerto Octay (1400 Ch$, 1½ Std.) fahren an der Ostseite des Busbahnhofs ab. Fünfmal täglich gibt es Busse nach Cochamó (2000 Ch$, 4 Std.).

BUSPREISE		
Ziel	Preis (Ch$)	Dauer (Std.)
Ancud	3500	2½
Bariloche, Argentinien	13000	8
Castro	5300	4
Concepción	7500–15000	8
Coyhaique	30000	20
Osorno	1500	1½
Pucón	5900	6
Punta Arenas	45000	30–36
Quellón	6200	6
Santiago	12900–27000	12–14
Temuco	8000	6
Valdivia	4200	3½
Valparaiso/ Viña del Mar	25800	14

Buses Fierro fährt dreimal täglich nach Hornopirén (3500 Ch$, 3 Std.), wo im Sommer die Fähre nach Caleta Gonzalo ablegt. Von Mitte März bis Mitte November ist der Busverkehr nach Hornopirén und zur oberen Carretera Austral sehr eingeschränkt.

Cruz del Sur (☎ 436-410; Pilpilco 0150) hat häufige Busverbindungen nach Chiloé. Die Busse nach Santiago fahren nachts ab und halten in verschiedenen Städten. Die „Direct"-Busse halten nur in Puerto Varas und Osorno; am besten nimmt man einen von diesen. **Tur Bus** (☎ 253-329) fährt täglich nach Valparaíso/Viña del Mar. Nach Coyhaique und Punta Arenas (über Argentinien) sollte man einen Bus von Cruz del Sur oder Turibús nehmen. Ins argentinische Bariloche fahren täglich **Andesmar**

(☎ 312-123) und Cruz del Sur über den östlich von Osorno liegenden Samoré-Pass.

FLUGZEUG
LAN (☎ 253-315; www.lan.com; O'Higgins 167, Local 1-B) fliegt zweimal am Tag nach Punta Arenas (ab 105 350 Ch$, 2¼ Std.) und Balmaceda/Coyhaique (ab 62 100 Ch$, 1 Std.), viermal am Tag nach Santiago (ab 108 100 Ch$, 1½ Std.).

Sky Airlines (☎ 248-027; www.skyairlines.cl; Ecke San Martín & Benavente) fliegt zu etwas günstigeren Preisen nach Punta Arenas und Santiago.

SCHIFF/FÄHRE
Puerto Montt ist der wichtigste Hafen für Schiffsreisen nach Patagonien. Im **Terminal de Transbordadores** (außerhalb der Karte S. 512; Av Angelmó 2187) unterhalten **Navimag** (☎ 432-360; www.navimag.com) und **Naviera Austral** (☎ 270-430; www.navieraustral.cl) ein Ticketbüro und einen Wartesaal. Stets die Abfahrtszeiten überprüfen – aufgrund rauer See und schlechten Wetters kommt es immer wieder zu Verspätungen.

Der Fährverkehr nach Chaitén kann vulkanischen Aktivitäten zum Opfer fallen – vorher anrufen. Naveira Austral schippert normalerweise mehrmals pro Woche nach Chaitén (Passagier/Fahrzeug 19 000/76 500 Ch$). Die Fahrt dauert zehn Stunden, geht in der Regel über Nacht und ist nicht besonders komfortabel.

Nach Puerto Chacabuco kann man Navimags M/N *Puerto Edén* (18 Std.) nehmen. Die Preise reichen von 143 000 Ch$ für eine Einzelkabine der 1. Klasse bis zu 38 000 Ch$ für eine Koje in der 3. Klasse. Das Unternehmen fährt zwischen September und April an den meisten Samstagen auch zur Laguna San Rafael, Zwischenstopps werden in Chacubuco eingelegt. Ab Puerto Montt kostet die Fahrt hin und zurück von 865 000 Ch$ für eine Einzelkabine der 1. Klasse bis 250 000 Ch$ für eine Koje in der 3. Klasse.

Navimags M/N *Evangelistas* bedient die beliebte, dreitägige Route durch die chilenischen Fjorde nach Puerto Natales. Die Abfahrtszeiten erfährt man im Navimag-Büro in Santiago (S. 429) oder online; die Buchung im Büro in Santiago bestätigen lassen. Die Hauptsaison dauert von November bis Mai, die Zwischensaison von Oktober bis April und die Nebensaison von Mai bis September. Im Preis enthalten sind die Mahlzeiten. Die Preise für eine einfache Fahrt sind höher, wenn man Aussicht und ein eigenes Bad hat:

SCHIFFSPREISE		
Klasse	April–Okt. (Ch$)	Nov.–März (Ch$)
AAA	875 000	1 325 000
AA	785 000	1 270 000
A	645 000	1 0125 000
Kojen	210 000	225 000

Für Autos zahlt man 250 000 Ch$. Fahrräder und Motorräder können gegen Aufpreis mitgeführt werden. Wer seekrank wird, sollte vor der Durchquerung des Golfo de Penas Medizin einnehmen – hier sind die Schiffe den heftigen Wogen des Pazifiks ausgesetzt.

Unterwegs vor Ort
Die Autovermieter **Budget** (☎ 286-277; Varas 162) und **Antillanca** (☎ 258-060; Av Diego Portales 514) helfen bei der Beschaffung eines Zertifikats zur Einfuhr eines Mietwagens nach Argentinien (58 000 Ch$); zwei Tage vorher Bescheid geben. Kleinwagen gibt's ab 35 000 Ch$ pro Tag ohne Kilometerbegrenzung.

ETM-Busse (1500 Ch$) sind zwischen dem 16 km westlich der Stadt gelegenen Aeropuerto El Tepual und dem Busbahnhof unterwegs. Ein Taxi vom Flughafen kostet ungefähr 9000 Ch$.

PARQUE NACIONAL ALERCE ANDINO
Nur wenige wagen sich in den rauen smaragdgrünen Wald des 40 000 ha großen **Parque Nacional Alerce Andino** (Eintritt 1000 Ch$) vor, obwohl er nur 40 km von Puerto Montt entfernt ist. In dem Naturschutzgebiet stehen die letzten Bestände der Patagonischen Zypresse (*alerce*) der Region. Der extrem langsam wachsende Nadelbaum wurde durch Abholzung nahezu ausgerottet. Ansonsten aber gedeiht der Gebirgsregenwald so schnell, dass man fast dabei zuschauen kann – und zwar überall, nur nicht in größter Höhe. Er ist Heimat von Pumas, *pudús,* Füchsen und Stinktieren, aber mehr Glück dürfte man mit Kondoren, Eisvögeln und Wasservögeln haben.

In Correntoso hat **Camping Correntoso** (3000 Ch$/Stellplatz) graswachsene Stellplätze. Das **Refugio Sargazo** (Doppelstockbett 5000 Ch$) neben der Guardería Sargazo bietet eine Bleibe in einfachen Hütten mit Bad (nur Kaltwasser) und Küche an.

Wer kein eigenes Fahrzeug hat, muss vor und nach jeder Wanderung im Nationalpark die rund 13 km lange Strecke zwischen dem

Dorf Correntoso, 37 km östlich von Puerto Montt, und der Guardería Sargazo entlang der Straße zu Fuß bewältigen. Vom Busbahnhof in Puerto Montt fährt Buses JB bis zu fünfmal täglich (So seltener) nach Lago Chapo mit Zwischenhalt in Correntoso (1000 Ch$, 1 Std.). Geführte Wanderungen organisiert La Comarca in Puerto Varas (S. 509).

CHILOÉ

Auf Chiloé hat ländlicher Einfallsreichtum den *trineo* erfunden, einen Schlitten, mit dem man auch durch den dicksten Schlamm kommt. Die Bedingungen auf der Insel ließen die Menschen den *curanto* perfektionieren, ein Gericht, das aus Fleisch, Kartoffeln und Muscheln besteht und in riesigen Blättern über Dampf gegart wird. Und die ländliche Fantasie schuf den *invunche*, einen mythischen Torwächter, der als Eintrittspreis verlangt, dass man sich einen Klaps auf den Hintern geben lässt. Wer sind diese Menschen? Die von den einheimischen Chonos und Huilliche abstammenden bescheidenen Chiloten hießen die Jesuiten und Spanier willkommen, haben sich aber nie mit den Bewohnern des Festlands verbündet. Weil die Insel so isoliert war, konnten unglaublich vielfältige Traditionen und Mythen entstehen. Es wimmelt hier nur so von Geisterschiffen, Phantomliebhabern und Hexen. Heute schnitzt man niedliche Versionen davon und verkauft sie an die Touristen. Aber diese blöden Souvenirs kann man vergessen – es dauert schon einige neblige Regentage, schlammige Wanderungen und Schwätzchen am Feuer, bis der geduldige Besucher über diese Charaktere wirklich Bescheid weiß. Die Chiloten sind stolz, aber niemals angeberisch, freundlich, aber nicht sehr gesprächig.

Inmitten eines Archipels aus über 40 kleinen Inseln ist die Hauptinsel ein bunter Teppich aus Weideland und welligen Hügeln. Sie ist 180 km lang, aber nur 50 km breit. Die Städte und Farmen befinden sich eher auf der Ostseite, die westlichen Ufer sind dagegen ein fast völlig straßenloses Gewirr aus dichten Wäldern, in die der wilde Pazifik hineinschwappt. Mehr als die Hälfte der 155 000 Chiloten kann gerade so von der Landwirtschaft leben. Andere sind vom Fischfang abhängig, der sich rasant von einem Handwerk zu einem Industriezweig gemausert hat.

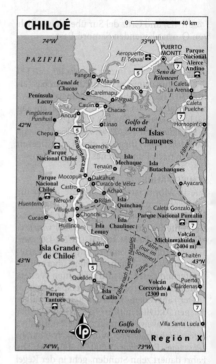

Schuld daran ist die Mitte der 1990er-Jahre eingeführte Lachszucht. Wer die Insel besucht, sollte sich unbedingt die Schindelhäuser und die Holzkirchen anschauen, die überall auf der Insel verteilt stehen. Manche sind bis zu 200 Jahre alt und werden als Unesco-Weltkulturerbe geschützt.

ANCUD
☎ 065 / 49 500 Ew.

Das geschäftige, verwitterte Städtchen Ancud ist ein gutes Basislager, um die Pinguinkolonien und die stürmische, glitzernde Nordküste per pedes oder mit dem Kajak zu erkunden.

Praktische Informationen
Banco de Chile (Libertad 621) Geldautomat.
Clean Center (Pudeto 45; 900 Ch$/kg; Mo–Sa 10–16 Uhr) Wäscherei.
Hospital de Ancud (☎ 622-356; Latorre 405) An der Ecke der Pedro Montt.
La Red de Agroturismo (www.viajesrurales.cl) Organisiert Ausflüge zu Bauern- und Fischerdörfern und vermittelt Übernachtungen bei Familien auf dem Lande. Buchungen online oder telefonisch bei Luisa Maldonado (☎ 643-7046).
Post (Ecke Pudeto & Blanco Encalada)

Sernatur (☎ 622-800; Libertad 665; ⓥ Dez.–Feb. Mo–Fr 8.30–20, Sa & So 9–20 Uhr, März–Nov. Mo–Fr 8.30–17 Uhr) An der Plaza de Armas. Die einzige offizielle Touristeninformation auf der Insel hat hilfsbereites Personal, nützliche Broschüren und Stadtpläne und führt Listen der Unterkünfte des Archipels.
Zona Net (Pudeto 276; 600 Ch$/Std.; ⓥ Mo–Sa 9–24, So 14–23 Uhr) Internetzugang.

Sehenswertes & Aktivitäten

Das **Museo Regional Aurelio Bórquez Canobra** (☎ 622-413; Libertad 370; Eintritt 600 Ch$; ⓥ Jan.–Feb. Mo–Fr 9.30–19.30 Sa & So 10–19.30 Uhr) zeichnet in einer ausgezeichneten, informativen Ausstellung die Geschichte der Insel nach. Nordwestlich der Stadt befindet sich das **Fuerte San Antonio**, der letzte Außenposten, den Spanien in Chile hielt. Im umgestalteten, stimmungsvollen **Mercado Municipal** (Prat) kann man sich wunderbar nach lebenden Krabben, großen Salatköpfen und Wollsachen umschauen.

Das kleine Familienunternehmen **Puñihuil** (☎ 099-655-6780; www.pinguineraschiloe.cl) veranstaltet geführte Touren (20 000 Ch$/Pers.) zu den Pinguin- und Seelöwenkolonien. Auf dem Weg zu den Pinguinkolonien kommt man am **Puente Quilo** (Eintritt gegen Spende) vorbei, einem sonderbaren Freilichtmuseum, das Don Serafin kreiert hat. Sein Hinterhof quoll nach dem Erdbeben von 1960 von seltsamen Schätzen über. Die Ausbeute reicht von ganzen Walskeletten über ausgestopfte Meerestiere bis hin zu Relikten der Ureinwohner.

Festivals & Events

Auf der gesamten Insel wird in der zweiten Januarwoche mit Musik, Tanz und Essen die **Semana Ancuditana** (Ancud-Woche) gefeiert.

Schlafen

Camping Arena Gruesa (☎ 623-428; arenagruesa@yahoo.com; Av Costanera Norte 290; Stellplatz 3000 Ch$/Pers., EZ/DZ 20 000/22 000 Ch$) Sechs Blocks nördlich der Plaza an der Steilküste gibt es ganz ordentliche Zimmer und grasbewachsene, komplett ausgestattete Stellplätze mit Blick aufs Meer.

Hostal Mundo Nuevo (☎ 628-383; www.newworld.cl; B 8000 Ch$, EZ/DZ 20 000/30 000 Ch$, ohne Bad 16 000/20 000 Ch$; 🖳) In der von einem Schweizer geführten Zuflucht am Meer findet man prima Unterschlupf. Es gibt feste Betten und schicke Hartholzverzierungen. Der Eigentümer Martin kann Wanderungen empfehlen. Zum Frühstück gibt's u. a. selbst gebackenes Mehrkornbrot.

Cabañas y Hospedaje Vista al Mar (☎ 622-617; www.vistaalmar.cl; Costanera 918; B 8500 Ch$, EZ/DZ 18 000/24 000 Ch$, Hütte 55 000 Ch$/8 Pers.; 🖳) Ein paar Gehminuten von der Plaza de Armas erwarten einen Zimmer mit Meerblick, großzügige Gemeinschaftsbäder und ein schicker Schlafsaal.

Hostal Lluhay (☎ 622-656; www.hostal-lluhay.cl; Cochrane 458; EZ/DZ 10 100/20 200 Ch$; 🖳) Im komfortablen Haus am Meer gibt's freundliche Gastgeber, knisterndes Kaminfeuer und ein klimperndes Klavier. Das Frühstück lohnt sich.

Essen & Ausgehen

La Botica de Café (Pudeto 277; Desserts 750–1500 Ch$; ⓥ morgens, mittags & abends) Der Besuch lohnt sich: frischer Kaffee und eine wirklich verführerische Auswahl an internationalen Leckereien.

La Hormiguita (☎ 626-999; Pudeto 44; Sandwichs 1000–5000 Ch$; ⓥ mittags & abends) Die nette Bäckerei stillt mit großen, dicken Sandwichs, Kuchen, Obstsäften und ein paar vegetarischen Angeboten den kleinen Hunger ihrer Gäste.

Retro's Pub (Maipú 615; Hauptgerichte 2500–10 000 Ch$) Eine gemütliche, holzgetäfelte Rock'n'Roll-Kneipe mit schmackhaften Tex-Mex-Gerichten und passablen Burgern. An Sommerabenden geht hier die Post ab.

El Sacho (Mercado Municipal; Hauptgerichte 3000–5000 Ch$; ⓥ mittags) Auf der Betonterrasse des Markts erhält man frische Meeresfrüchte ohne Schnickschnack. Es gibt große Portionen, z. B. gegarte Muscheln oder gebratener Fisch.

Lumière (Ramirez 278; Abendessen 5500 Ch$) Das meerblau gehaltene Kneipenrestaurant hat viel Charme. Es gibt *ceviche, mariscos a pil pil* (Meeresfrüchte mit Chili und Knoblauch) und dazu Drinks. Im Winter werden Filme gezeigt.

An- & Weiterreise

Ancuds farbenfroher neuer **Terminal de Buses** (☎ 622-249; Ecke Los Carreras & Cavada) gehört **Cruz del Sur** (☎ 622-249). Das Unternehmen hat häufige Busse nach Puerto Montt (3500 Ch$, 2½ Std.), Castro (1700 Ch$, 1¼ Std.) und Quellón (4000 Ch$, 2½ Std.). Eine Taxifahrt in die Innenstadt kostet 2000 Ch$.

CASTRO

☎ 065 / 34 500 Ew.

Die attraktive, eigenwillige Haupt- und Arbeiterstadt hat mit dem Boom der Lachsindustrie in den letzten Jahren seinem zwanglosen Inselcharme mit Mega-Supermärkten und Boutiquehotels ein neues Gesicht verpasst. Angesichts der aktuellen Krise wird

Castro allerdings wohl schnell wieder zu seinen Wurzeln zurückkehren. Sehenswert sind die alte Holzkirche, ein Wahrzeichen der Stadt, und die bunt bemalten *palafitos*, die immer noch davon zeugen, dass Castro 1567 einmal ganz klein angefangen hat.

Praktische Informationen

Geldautomaten und Internetcafés finden sich rund um die Plaza.

Chiloe Web (www.chiloeweb.com) Nützliche Insel-Website.

Clean Center (☎ 633-132; Balmaceda 220; 1100 Ch$/kg; ☺ Mo–Sa 9.30–13 & 15–19 Uhr) Wäscherei.

Conaf (☎ 532-503; Gamboa 424; ☺ Mo–Fr 9–18 Uhr) Begrenzte Infos über den Parque Nacional Chiloé.

Hospital de Castro (☎ 632-445; Freire 852) Am Fuß des Cerro Millantuy.

Post (O'Higgins 388)

Städtische Touristeninformation (Plaza de Armas) Gute Infos zu Unterkünften bei Gastfamilien auf dem Land.

Touristenkiosk (Plaza de Armas; ☺ 10–20 Uhr)

Turismo Pehuen (☎ 635-254; www.turismopehuen.cl; Blanco Encalada 208; ☺ Mo–Fr 9–18, Sa 10–13 Uhr) Die empfehlenswerte, ganzjährig geöffnete Agentur veranstaltet Trips zu Inseln, Vogelbeobachtungstouren und Ausritte.

Sehenswertes & Aktivitäten

Die 1906 errichtete, neugotische **Iglesia San Francisco de Castro** (Plaza de Armas) ist mit ihrem gelb-lavendelfarbenen Anstrich nicht zu übersehen und zudem ein Zeichen für die Eigenwilligkeit der Insel. Schlau entworfene bäuerliche Gerätschaften und Artefakte der Huilliche gehören zu den Dingen, die es im **Museo Regional de Castro** (Esmeralda s/n; ☺ Jan.–Feb. Mo–Sa 9.30–19, So 10.30–13 Uhr) zu sehen gibt. Nahe dem Festplatz zeigt das **Museum für moderne Kunst** (☎ 635-454; Parque Municipal; Spende erbeten; ☺ Sommer 10–20 Uhr) innovative Werke von Künstlern aus der Region. Das gemeinnützige **Almacén de Biodiversidad** (Ecke Lillo & Blanco; www.almacendebiodiversidad.com; ☺ Mo–Fr 9–13 & 15–18.30 Uhr) verkauft wunderbare Arbeiten von Kunsthandwerkern aus der Region. Die meisten bunten *palafitos* (Pfahlhäuser mit Holzschindeln) sieht man entlang der Costanera Pedro Montt nördlich der Stadt an der westlichen Ausfahrt aus dem Ort.

Festivals & Events

Festival de Huaso Chilote Das Cowboyfest findet Ende Januar statt.

Festival Costumbrista Dieses Fest Mitte Februar steht im Zeichen von volkstümlicher Musik, Volkstanz und traditionellem Essen.

Schlafen

Für freie Fremdenzimmer wird in der Saison an der San Martín, O'Higgins und Barros Arana mit handgemalten Schildern geworben. Wer sich für **Ferienunterkünfte bei Gastfamilien auf dem Land** (☎ in Santiago 02-690-8000; www.viajesrurales.cl) interessiert, kann auch bei der städtischen Touristeninformation nachfragen.

Camping Llicaldad (☎ 635-080; Fiordo de Castro; Stellplatz 10 000 Ch$/4 Pers.) An einer Abzweigung der Panamericana, 6 km südlich von Castro. Die Stellplätze sind in der Regenzeit matschig.

LP Tipp Palafito Hostel (☎ 531-008; Riquelme 1210; B 8000–12 000 Ch$, DZ 25 000 Ch$; 🖥) Die brandneue, coole Unterkunft befindet sich fünf Gehminuten abseits vom Zentrum und thront auf Pfählen über dem Fiordo de Castro. Der Ausblick ist erstklassig, der Service freundlich. Die Gäste können sich in den holzgetäfelten Zimmern in Daunendecken einmummeln.

Hostal Cordillera (☎ 532-247; hcordillera@hotmail.com; Ecke Serrano & Sotomayor; Zi. ohne Bad 8000 Ch$/Pers., DZ 22 000 Ch$; 🖥) In dem Travellertreff fühlt man sich wie ein Familienmitglied. Die gute Unterkunft hat große Badezimmer, komfortable Betten, Kabelfernsehen und WLAN. Auf der Terrasse hinter dem Haus kann man den Blick aufs Wasser genießen.

Hospedaje Central (☎ 637-026; Los Carrera 316; EZ/DZ 13 400/21 800 Ch$, ohne Bad 8400/15 500 Ch$; 🖥) Das große *hostal* ist die hübscheste der Budgetunterkünfte. Pluspunkte sammeln die holzgetäfelten Zimmer mit rüschenbesetzten Überdecken, Kabelfernsehen und WLAN.

Hospedaje Mirador (☎ 633-795; Barros Arana 127; EZ/DZ ohne Bad 9000/18 000 Ch$, Zi. 25 000 Ch$; 🖥) Das rote Haus an einem steilen Durchgang zum Ufer hat kleine, aber annehmbare abschließbare Zimmer mit großen Betten und sagenhaftem Ausblick. Das Frühstück ist großzügig. WLAN.

Essen & Ausgehen

Die Uferrestaurants neben der *feria artesanal* haben das beste Preis-Leistungs-Verhältnis.

Brújula del Cuerpo (O'Higgins 308; Hauptgerichte 1300–5990 Ch$; ☺ morgens, mittags & abends) Eine Segen für all diejenigen, die keine Meeresfrüchte mehr sehen können: In dem lauten Diner bekommt man Burger, Pizza, Fajitas und amerikanische Frühstücksgerichte.

Ristretto Café (Av Blanco Encalada 364; Hauptgerichte 2000–3500 Ch$; ☺ 11 Uhr–open end) Das schicke, kleine neue Café hat ausgezeichneten italienischen Espresso, verschiedene Tees, frische Oliven-Foccacia, Pizza, Salate und Süßspeisen.

Don Octavio (Costanera Av Pedro Montt 261; Hauptgerichte 2500–9500 Ch$) Das *palafito*-Restaurant serviert kreative Chilote-Gerichte, bestehend aus Kartoffeln und Würstchen auf frischem Fisch. Konservativere Feinschmecker halten sich an die Königskrabben.

Sacho (☎ 632-079; Thompson 213; Hauptgerichte 3300–5500 Ch$; ◯ mittags & abends) Ein erstklassiges Seafood-Restaurant mit ausgezeichneten Krabben und *pulmay*, einem *curanto*-ähnlichen Muschelgericht. In puncto Fleisch und Kartoffeln ist die Auswahl kleiner.

Kaweshkar Lounge (www.kaweshkarlounge.cl; Blanco Encalada 31; Hauptgerichte 2000–3400 Ch$; ◯ Mo–Sa 12 Uhr–open end) Das coole Restaurant setzt auf industriellen Schick und Lounge-Atmosphäre. Die Speisekarte enthält viele vegetarische Optionen, als Hauptgerichte gibt es ausgefallene Dinge wie Lachs-Crêpes.

An- & Weiterreise
BUS & COLECTIVO
Vom **Terminal de Buses Municipal** (San Martín) nahe der Sargento Aldea fahren Busse nach Dalcahue (300 Ch$, 30 Min.) und Cucao (1600 Ch$, 1 Std.). In der Nebensaison ist das Angebot kleiner. Den **Busbahnhof Cruz del Sur** (☎ 632-389; San Martín 486) benutzen die Fernbusse und die Busse nach Quellón und Ancud.

Für näher gelegene Ziele sind *colectivos* die schnellere Alternative. Die **Colectivos Chonchi** starten in der Chacabuco unweit der Esmeralda (800 Ch$) und in Ramírez unweit der San Martín.

BUSPREISE

Ziel	Preis (Ch$)	Dauer (Std.)
Ancud	1700	1¼
Puerto Montt	5300	4
Quellón	1800	1½
Santiago	30 000	16
Temuco	10 000	7
Valdivia	8500	7

SCHIFF/FÄHRE
Die gelegentlich im Sommer fahrenden Fähren ab/nach Chaitén (S. 525) waren zum Zeitpunkt der Recherchen eingestellt worden, das kann sich aber auch wieder ändern. Am besten erkundigt man sich bei **Naviera Austral** (☎ 65-270-430; www.navieraustral.cl; Angelmó 2187, Puerto Montt) und **Navimag** (☎ 65-432-360; www.navimag.com; Angelmó 2187, Puerto Montt).

DALCAHUE & ISLA QUINCHAO
Dalcahue liegt 20 km nordöstlich von Castro. Die Kirche aus dem 19 Jh. hat dorische Säulen. In der Stadt gibt's gut erhaltene, einheimische Architektur und eine berühmte **Feria Artesanal** (Kunsthandwerksmarkt; ◯ 7–17 Uhr). Hier wird Wolle verkauft, die einfallsreich z. B. in mit Vlies gesäumte Hausschuhe verwebt wurde, in Puppen und sogar in Röcke. An ihren Ständen stricken Kunsthandwerkerinnen und knüpfen Körbe – in der Hoffnung, dass ihre Vorführung zum Kauf anregt. Außerhalb der Stadt veranstaltet das **Altue Sea Kayak Center** (☎ in Santiago 02-232-1103; www.seakayakchile.com) wunderbare fünf- bis neuntägige Kajaktouren durch den Archipel. Alle Trips im Voraus buchen!

Auf halber Strecke zwischen Dalcahue und Achao liegt das 1660 gegründete **Curaco de Vélez**. Zu seinen größten Schätzen zählen die schöne einheimische Architektur und die außergewöhnliche Freiluft-Austernbar am Strand. Die Busse zwischen Achao und Dalcahue halten in Curaco.

Die Isla Quinchao südöstlich von Dalcahue gehört zu den Inseln, die man am leichtesten erreicht. Ein Tagestrip lohnt sich. Die größte Stadt der Insel ist **Achao**. Die Hauptattraktion hier ist die älteste Kirche von Chiloé. Holzstifte statt Nägel halten die **Iglesia Santa María de Achao** zusammen.

Camping Garcia (☎ 065-661-283; Delicias; Stellplatz 2500 Ch$/Pers.; ◯ Dez.–März) ist einen Block von der Plaza entfernt; hier gibt es Stellplätze und warme Duschen. Auf der anderen Seite der Plaza gibt's gute Unterkünfte: **Hostal Plaza** (☎ 065-661-283; Amunátegui 20; Zi. 10 US$/Pers.) und **Sol y Lluvia** (☎ 065-253-996; Gerónimo de Urmeneta 215; Suite ohne Bad 10000 Ch$). Das **Mar y Velas** (Serrano 02; 2900–5800 Ch$) mit Blick über den Pier serviert Mies- oder Venusmuscheln und kaltes Bier.

Minibusse und *colectivos* fahren direkt ab/nach Castro. Von Dalcahue aus schickt **Dalcahue Expreso** (Freire) werktags alle halbe Stunde Busse nach Castro (300 Ch$). An den Wochenenden sind es etwas weniger. Fähren zur Isla Quinchao gibt's immer. Fußgänger dürfen umsonst mit. Allerdings kommt man auf der Insel dann ohne einen Bus nirgendwo hin. Autos kosten hin und zurück 5000 Ch$.

CHONCHI
☎ 065 / 12 000 Ew.

Chonchi ist heute ein verschlafenes Nest an einer ruhigen Bucht, das nichts mehr von seiner rebellischen Vergangenheit als Piratennest und Exporthafen für Zypressenholz wissen will. Das 23 km südlich von Castro gelegene Städtchen ist der einzige nennenswerte Ort in der Nähe des Nationalparks. Zu den Serviceeinrichtungen, die sich an der Centenario ballen, gehört auch eine **Touristeninformation** (Ecke Candelaria & Centenario; Dez.–Feb. 9–19 Uhr). Wer die **Isla Lemuy** erkunden möchte, nimmt die kostenlose Fähre, die alle halbe Stunde vom 5 km südlich gelegenen Puerto Huichas ablegt; sonntags und in der Nebensaison fährt die Fähre nur stündlich.

Camping los Manzanos (671-263; Aguirre Cerda 709; Stellplatz für 1–4 Pers. 5000 Ch$) hat warme Duschen. Ein Quartier am Strand bietet **La Esmeralda** (671-328; www.esmeraldabythesea.cl; Irarrázaval 267; B 7000 Ch$, DZ mit/ohne Bad 30 000/20 000 Ch$;) an; die Zimmer sind einfach und nett. Gäste dürfen das hauseigene Ruderboot benutzen. Der Eigentümer Charles Gredy verleiht Fahrräder und Angelausrüstung und organisiert mitunter ein Abendessen mit Meeresfrüchten. Seafood-Gerichte gibt es auch im renovierten *mercado*: Die dortigen Restaurants im zweiten Stock über dem Kunsthandwerksmarkt haben eine kleine Terrasse mit Ausblick aufs Wasser.

Busse Richtung Castro fahren gegenüber der Plaza von der oberen Ebene ab, *colectivos* (800 Ch$) gegenüber der Kirche. Im Sommer fahren ein paarmal am Tag öffentliche Verkehrsmittel zum Parque Nacional Chiloé (1400 Ch$, 1½ Std.).

PARQUE NACIONAL CHILOÉ

Im 43 000 ha großen **Nationalpark** (Eintritt 1000 Ch$) 54 km südwestlich von Castro reichen prächtige Nadelwälder direkt an die braungrauen Sandstreifen und den grenzenlosen, tosenden Pazifik heran. Im Schutzgebiet leben diverse Vogelarten, Darwin-Füchse und die scheuen Pudus. Innerhalb der Grenzen des Parks gibt es einige Huilliche-Gemeinden, von denen manche Campingplätze betreiben.

Den Park erreicht man über das winzige Dorf Cucao, in dem immer mehr Einrichtungen geschaffen werden. Von dort kommt man in den Parksektor Chanquín, wo die Conaf in einem Besucherzentrum Infos parat hat. Der **Sendero Interpretivo El Tepual** windet sich 1 km lang über umgestürzte Baumstämme durch dichten Wald. Der 2 km lange **Sendero Dunas de Cucao** führt zu einer Reihe von Dünen hinter einem langen, weißen Sandstrand. Die beliebteste Wanderstrecke ist der 25 km lange **Sendero Chanquín–Cole Cole**, der am Lago Huelde vorbei der Küste bis zum Río Cole Cole folgt. Der Weg setzt sich dann noch 8 km nordwärts zum Río Anay fort und führt dabei durch Haine roter Myrten.

Schlafen & Essen

Die meisten Unterkünfte und Restaurants liegen von Cucao aus jenseits der Brücke.

Camping Chanquín (532-503; Stellplatz 2000 Ch$/Pers., Hütte für 1–7 Pers. 25 000 Ch$) Der Platz liegt im Park, 200 m hinter dem Besucherzentrum. Er bietet gute Einrichtungen und einen überdachten Bereich, in dem man bei Regen Schutz findet. Die Hütten sind geräumig und wurden kürzlich renoviert.

El Fogon de Cucao (099-946-5685; Stellplatz 3000 Ch$/Pers., EZ/DZ ohne Bad 10 000/20 000 Ch$) Hier kann man zwischen einem tollen Haus mit ausladender Terrasse und voll ausgestatteten Stellplätzen am Ufer wählen. Im Restaurant (Mahlzeiten 4500 Ch$) gibt es gelegentlich improvisierte Jamsessions für Nachtschwärmer. Geführte Ausritte (40 000 Ch$, 3 Std.) und Leihkajaks (2500 Ch$/Std.).

Parador Darwin (099-884-0702; paradordarwin@hotmail.com; Zi. 10 000 Ch$/Pers.; Mai–Okt. geschl.) Ideal an einem Regentag: Hier gibt es einladende, mit Schaffellen ausgelegte Zimmer, rustikale Tische und elektrische Wasserkocher. Das Café verwöhnt mit frischen Säften, Muscheln mit Parmesan und großen Salaten (Hauptgerichte 3000–4900 Ch$). Brettspiele und Jazz sorgen für Zeitvertreib.

Wer die 20 km lange Wanderung nach **Cole Cole** absolviert, kann dort auf dem **Campingplatz** (Stellplatz 1500 Ch$/Pers.) übernachten. Im Bau ist ein *refugio* in Huentemó, das die dortige Huilliche-Gemeinde betreibt. Man muss seinen eigenen Campingkocher mitbringen und sich auf eklige Sandflöhe gefasst machen.

An- & Weiterreise

Fünfmal täglich fahren Busse ab/nach Castro (1600 Ch$, 1 Std.). Im Sommer machen sich in Chonchi ein paar Busse täglich (1400 Ch$, 1½ Std.) auf den Weg zum Park. Nicht aussteigen, ehe der Bus die Cucao-Brücke überquert hat! Die Endhaltestelle liegt im Park.

QUELLÓN

065 / 23 100 Ew.

Wer am Ende der Carretera Panamericana einen Topf voll Gold und einen Regenbogen erwartet, wird sich etwas enttäuscht in einem plumpen Hafen wiederfinden. Selbst Einheimische beklagen den Schindluder, der mit den Naturschönheiten von Quellón betrieben wird, das den Charme eines Gewerbegebiets hat. Die meisten Traveller verschlägt es nur wegen der Fährverbindungen nach Chaitén oder Puerto Montt in den Ort. Geld sollte man am besten vor der Fahrt nach Quellón wechseln. In der **Banco del Estado** (Ecke Ladrilleros & Freire) gibt's einen Geldautomaten.

Flauschige Bettdecken, Muschellampen und Landschaftsbilder in Acrylfarben kennzeichnen das am Ufer gelegene **Hotel El Chico Leo** (☎ 681-567; Montt 325; Zi. ohne Bad 10 000 Ch$/Pers., DZ 25 000 Ch$; 💻) mit dem besten Preis-Leistungs-Verhältnis vor Ort. Im zugehörigen passablen Restaurant (Hauptgerichte 2000–6500 Ch$) wird profimäßig Billard gespielt. Über dem Zentrum thront das **Hotel Patagonia Insular** (☎ 681-610; www.hotelpatagoniainsular.cl; Ladrilleros 1737; EZ/DZ 37 800/41 200 Ch$; 💻). Es bietet coolen Boutique-Komfort und eine tolle Aussicht. Das schlichte **El Madero** (☎ 681-330; Freire 430; Hauptgerichte 2500–6000 Ch$; ⓥ Mo–Sa 10–24 Uhr) serviert tollen gegrillten Lachs mit Stampfkartoffeln. Zur **Taberna Nos** (O'Higgins 150; Snacks 2000 Ch$; ⓥ Mo–Sa 20.30–3 Uhr) nimmt man am besten ein Taxi. Hier gibt's Ska, günstiges Bier, Seafod-Tapas und freundliche galizisch-chilotische Gastgeber.

Vom **Busbahnhof** (Ecke Aguirre Cerda & Miramar) fahren häufig Busse von Cruz del Sur und Transchiloé nach Castro (1800 Ch$, 1½ Std.). Die Fähre von **Naviera Austral** (☎ 682-207; www.navieraustral.cl; Montt 457) fährt normalerweise nach Chaitén (19 000 Ch$). Aufgrund vulkanischer Aktivitäten kann die Verbindung allerdings unterbrochen sein; deswegen vorab telefonisch die aktuelle Lage klären.

NÖRDLICHES PATAGONIEN

Ein Netz aus Flüssen, Gipfeln und ausgedehnten Gletschern bildete seit langer Zeit eine natürliche Grenze zwischen dem nördlichen Patagonien und dem Rest der Welt. Erst zur Zeit der Pinochet-Diktatur in den 1980er-Jahren wurde diese abgelegene Region effektiv durch die **Carretera Austral** (Hwy 7) ans übrige Land angebunden. Die lange Abgeschiedenheit hat dafür gesorgt, dass die Einheimischen sehr autark und im Einklang mit der Natur leben. *Quien se apura en la Patagonia pierde el tiempo* – wer sich in Patagonien beeilt, verschwendet seine Zeit, erklären die Einheimischen. In diesem Niemandsland jenseits des Seengebiets ist das Wetter der alles entscheidende Faktor. Also gar nicht erst hektisch werden: Verpasste Flüge, verspätete Fähren und Überflutungen gehören zum Alltag. Da sollte man es wie die Einheimischen machen: noch einen Mate-Tee aufsetzen und sich auf ein nettes Gespräch einlassen.

Die Carretera Austral beginnt südlich von Puerto Montt und verbindet die weit verstreuten Ortschaften und Weiler bis hinunter nach Villa O'Higgins – eine Strecke von insgesamt etwas mehr als 1200 km. In der Hauptsaison (Mitte Dez.–Feb.) sind die Transportmöglichkeiten und Verbindungen wesentlich besser als im restlichen Jahr. Bei kombinierten Bus- und Fährtouren lernt man die Region am besten kennen. Im Folgenden wird der Abschnitt zwischen dem Parque Pumalín und dem Lago General Carrera vorgestellt, es gibt jedoch noch viel mehr zu entdecken. Man sollte nicht zögern, die ausgetretenen Pfade zu verlassen: Die kleinen Dörfer entlang der Straße und die entlegensten Weiler Cochrane, Caleta Tortel und Villa O'Higgins lohnen auf jeden Fall eine Erkundungstour (s. S. 530).

PARQUE PUMALÍN

Der urtümliche, grüne 2889 km² große Park umfasst gemäßigten Regenwald, klare Flüsse, Seenlandschaften und Ackerland. Der bemerkenswerte **Parque Pumalín** (www.pumalinpark.org) erstreckt sich von Chaitén bis fast nach Hornopirén und lockt jährlich 10 000 Besucher (sicher keine schlechte Bilanz, bedenkt man, dass die Saison gerade mal drei Monate dauert). Der Park im Besitz des US-Amerikaners Doug Tompkins ist der größte Privatpark Chiles und einer der größten Privatparks weltweit. Für Chile ist er mit seinen gut gepflegten Straßen und Wegen und einer ausgebauten, aber die Umwelt wenig belastenden Infrastruktur ein wegweisendes Modell.

Aufgrund der Eruptionen des Volcán Chaitén waren die Einrichtungen im Parque Pumalín zum Zeitpunkt der Recherchen geschlossen. Sie werden wahrscheinlich nach El Amarillo südlich von Chaitén umziehen. Über die aktuelle Lage und die Verkehrsmittel informiert die Webseite des Parks.

An- & Weiterreise

Die im Folgenden genannten Fähren und Busse starten in Chaitén. Aufgrund vulkanischer Aktivität kann es immer Änderungen im Fahrplan geben. Man sollte stets aktuelle Erkundigungen einholen

BUS

Chaitur (☎ 097-468-5608; www.chaitur.com; O'Higgins 67, Chaitén), die beste Infoquelle vor Ort, erteilt aktuelle Auskünfte auf Englisch. Das Unternehmen veranstaltet Touren in die Gegend und fungiert zudem als Busbahnhof. Busse des Unternehmens fahren zur Fährstelle in Caleta Gonzalo (6000 Ch$) sowie täglich außer sonntags um 15 Uhr nach Futaleufú (7000 Ch$, 4 Std.). **Buses Palena** (O'Higgins 67, Chaitén) fährt von dem Busbahnhof montags, mittwochs und freitags nach Palena (7000 Ch$, 4½ Std.).

Buses Norte (O'Higgins 67, Chaitén) fährt täglich außer mittwochs über La Junta (7000 Ch$, 4 Std.) und Puyuhuapi (9000 Ch$, 5½ Std.) nach Coyhaique (17 000 Ch$, 12 Std.).

SCHIFF/FÄHRE

Die tägliche Fährverbindung von Caleta Gonzalo im Parque Pumalín nach Hornopirén ist zur Zeit unterbrochen.

Die Auto- und Passagierfähre *Pincoya* oder die neue Fähre *Don Baldo* von **Naviera Austral** (☎ 731-272; www.navieraustral.cl; Corcovado 266) fahren dreimal wöchentlich nach Puerto Montt (12 Std.). Im Sommer gibt's zweimal pro Woche Fähren nach Quellón auf Chiloé (6 Std.) und täglich nach Horonpiren (10000 Ch$), von wo aus Busse nach Puerto Montt fahren. Sofern nicht anders angegeben, zahlen Besucher für jede der genannten Fahrten 19 000 Ch$.

FUTALEUFÚ

☎ 065 / 1800 Ew.

Das kristallklare Wasser des Futaleufú hat das gleichnamige bescheidene, 155 km von Chaitén entfernte Bergdorf berühmt gemacht. Kajak- und Raftingrouten von Weltklasse haben aber auch nachteilige Folgen: In dem Tal kommt man sich langsam wie in Boulder, Taos oder Pucón vor. Wer den Futa oder Fu – wie Insider den Fluss nennen – besucht, sollte jedenfalls etwas herunterschalten, den Einheimischen „Guten Tag" sagen, sich mit ihnen unterhalten und Interesse zeigen. Denn inzwischen sind sie im eigenen Ort in der Minderheit.

Praktische Informationen

Man sollte ausreichend Bargeldvorräte dabeihaben. Im Ort wechselt nur die **Banco del Estado** (Ecke O'Higgins & Rodríguez) Bargeld.

Geführte Touren

Raftingtouren auf dem Río Espolón und auf Abschnitten des schwierigeren Futaleufú sind ein teurer Spaß (12 000 Ch$). Zu den verlässlichen Anbietern gehören:

Austral Excursions (☎ 721-239; Hermanos Carera 500) Das einheimische Unternehmen bietet Rafting und auch Wanderungen und Canyoning-Touren.

Bio Bio Expeditions (☎ 800-246-7238; www.bbx rafting.com) Ein Pionier in der Region: Das Team mit ökologischer Gesinnung veranstaltet Raftings, Ausritte u. v. m. Obwohl gut im Geschäft, kommt man mit Glück auch ohne Voranmeldung mit.

Expediciones Chile (☎ 721-386; www.exchile.com; Mistral 296) Ein verlässlicher Raftinganbieter mit viel Erfahrung. Veranstaltet Kajak- und Mountainbiketouren etc.

Schlafen & Essen

Camping Puerto Espolón (☎ 696-5324; puertoespolon@latinmail.com; Stellplatz 5000 Ch$/Pers.; ❧ Jan. & Feb.) Der beste Campingplatz in Stadtnähe: Er liegt am Flussufer und hat einen Sandstrand.

Cara del Indio (☎ 02-196-4239; www.caradelindio.cl; Stellplatz 3000 Ch$/Pers., Hütte für 8 Pers. 45 000 Ch$) Geräumiger Campingplatz am Fluss, 15 km hinter Puerto Ramírez. Hier kann man Kajaks und Schlauchboote zu Wasser lassen. Der Platz hat warme Duschen und eine Sauna und verkauft hausgemachte Brote, Käse und Bier.

Las Natalias (shagrinmack@hotmail.com; B 6000 Ch$, DZ/3BZ 17 000/25 000 Ch$, DZ ohne Bad 15 000 Ch$) Das voll ausgestattete, brandneue Hostel hat viele Gemeinschaftsflächen und einen schönen Ausblick in die Berge. Es befindet sich zehn Gehminuten vom Zentrum entfernt. Der Cerda und der Ausschilderung in den Nordosten der Stadt folgen. Nach dem Aufstieg auf den Hügel liegt das Hostel zur Rechten.

Adolfo's B&B (☎ 721-256; O'Higgins 302; Zi. mit/ohne Bad 8000/7000 Ch$ pro Pers.; 🖳) Das freundliche Familienwohnhaus ist die beste Budgetunterkunft vor Ort. Zum Frühstück gibt's Eier, hausgemachtes Brot und Kuchen.

Hotel El Barranco (☎ 721-314; www.elbarrancochile.cl; O'Higgins 172; EZ/DZ 70 000/80 000 Ch$; 🖳 🏊) Beschnitzte Holztäfelungen, koloniales Ambiente und große Betten zeichnen die Zimmer des El Barranco aus. Viel Flair, langsamer Service.

SurAndes (☎ 721-405; www.surandes.com; Cerda 308; Hauptgerichte 2500 Ch$; ❧ morgens, mittags & abends; 🖳) Toller Kaffee, frische Säfte, frische Omelettes, selbst gemachte Burger und vegetarische Gerichte – ein Paradies für Gringos. Im Obergeschoss wird ein attraktives Apartment für fünf Personen (14 000 Ch$/Pers.) vermietet.

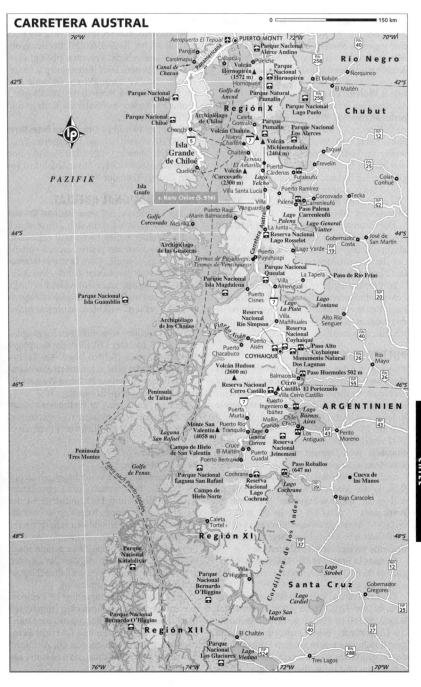

Martín Pescador (☎ 721-279; Balmaceda 603; Hauptgerichte 6000 Ch$; ☼ 19–23 Uhr) Wer fein ausgehen und regionale Spezialitäten wie Hähnchen mit Morcheln oder am offenen Feuer gebackene Krabben genießen will, ist hier richtig.

An- & Weiterreise

Montags bis freitags fahren Busse von **Transportes Altamirano** (☎ 314-143; Ecke Balmaceda & Prat) nach Chaitén (7000 Ch$, 4 Std., 7 Uhr), Villa Santa Lucía (mit Anschluss nach Coyhaique weiter im Süden), Puerto Cárdenas und zu den Termas El Amarillo. Samstags um 7 Uhr gibt es einen Bus nach Coyhaique (17 000 Ch$, 10–12 Std.), montags und freitags um 8.30 Uhr einen nach Puerto Montt (23 000 Ch$ mit Mittagessen, 10–12 Std.).

Die Beamten am **Grenzübergang Futaleufú** (☼ 8–20 Uhr) arbeiten schneller und effizienter als ihre Kollegen am Grenzübergang Palena, der der argentinischen Grenzstadt Carrenleufú gegenüberliegt.

In Futaleufú gibt es keine Tankstelle. Der Lebensmittelladen an der Sargento Aldea verkauft Benzin in Kanistern. In Argentinien ist das Benzin billiger – vorausgesetzt, man schafft es bis dorthin.

PUERTO PUYUHUAPI

Angeregt von den Abenteuern des Entdeckers Hans Steffen besiedelten 1935 vier deutsche Auswanderer diesen entfernten Vorposten im Regenwald. Die Landwirtschaft betreibende Kolonie wuchs mit der Hilfe von Textilarbeitern aus Chilote, dank deren Fertigkeiten die 1947 von den Deutschen gegründete **Fábrica de Alfombras** (www.puyuhuapi.com; Aysen s/n; Führung 5000 Ch$/Gruppe) zu einer Erfolgsgeschichte wurde – noch heute werden dort Teppiche gewebt. Jenseits des Meeresarms liegt das elegante Bäderresort **Termas de Puyuhuapi**. Die **Termas del Ventisquero** (☎ 067-325-228; Eintritt 10 000 Ch$; ☼ Dez.-Feb. & an einigen Wochenenden im Winter 9–23 Uhr) 6 km südlich von Puyuhuapi liegen näher und sind eine preisgünstigere Alternative.

Camping La Sirena (☎ 325-100; Costanera 148; Stellplatz 4500 Ch$/Pers.) Schutzzelte, Waschräume und warme Duschen.

Die **Casa Ludwig** (☎ 067-320-000; www.casaludwig.cl; Uebel s/n; EZ/DZ 22 000/38 000 Ch$, ohne Bad 16 000/22 000 Ch$) ist eine elegante und gemütliche Unterkunft – echter Luxus mit knisterndem Kamin und einem großen Frühstück an der langen Gemeinschaftstafel. Zuflucht vor dem Regen und Infos über die Region findet man bei **Cabañas & Café Aonikenk** (☎ 325-208; aonikenkturismo@yahoo.com; Hamburgo 16; DZ 30 000 Ch$, Hütten für 2–6 Pers. 36 000–55 000 Ch$). Bei der großzügigen Gastgeberin Veronica gibt's großartige Café-Speisen. Die Hütten sind gut ausgestattet. In der zwanglosen **Cocinería Real** (☎ 525-613; Mistral 8; Hauptgerichte 4500 Ch$) gibt's große Fischteller mit Salat als Beilage und kaltes Büchsenbier.

Zwischen 15 und 17 Uhr fahren **Buses Norte** (☎ 067-232-167; Parra 337) und Transportes Emanuel nach Chaitén (9000 Ch$, 5½ Std.) und Coyhaique (8000 Ch$, 6 Std.); Abfahrt ist vor dem Laden neben der Polizeiwache.

PARQUE NACIONAL QUEULAT

In der Wildnis des **Parque Nacional Queulat** (Eintritt 3000 Ch$) schlängeln sich Flüsse durch dichte Wälder voller Farne und Scheinbuchen. Gletscherfelder erstrecken sich entlang steilwandiger Fjorde. Vom **Centro de Información Ambiental** der Conaf führt eine 3 km lange Wanderung zu einem Aussichtspunkt, von dem aus man den Ventisquero Colgante erblickt, einen kalkblau schimmernden Gletscher.

Gleich nördlich vom südlichen Eingang bei Pudú, bei Kilometer 170, führt ein sumpfiger Pfad durch einen dichten Wald. Am Tal des **Río de las Cascadas** geht es hinauf zu einer Granitschale, wo ein halbes Dutzend Wasserfälle von Gletschern gespeist werden.

Campen kann man in **Ventisquero** (Stellplatz 5000 Ch$) unweit des Ventisquero Colgante, und in **Angostura** 15 km nördlich von Puyuhuapi.

COYHAIQUE

☎ 067 / 44 900 Ew.

Coyhaique breitet sich in der hügeligen Steppe am Fuß des Basaltmassivs des Cerro Macay aus. Die Holz- und Lachsindustrie in der Rancher- und Hauptstadt der Region beschäftigt Landarbeiter, während sich Angler in nahe gelegenen Lodges einquartieren, um dem Fliegenfischen zu frönen. Wer gerade frisch aus der Wildnis kommt, mag den Ort als einen herben Rückfall in die Welt der Sattelschlepper und Trabantenstädte empfinden.

Die Plaza von Coyhaique liegt im Zentrum der unübersichtlich fünfeckig angelegten Stadt. Die Av General Baquedano umrundet die Stadt im Nordosten und führt zur Fernstraße nach Puerto Chacabuco. Die Av Ogano führt südwärts nach Balmaceda und zum Lago General Carrera.

DER VULKAN CHAITÉN ERWACHT

Er stand nicht einmal auf der Liste der 120 Vulkane in Chile, doch das sollte sich schnell ändern. Am 2. Mai 2008 begann ein einmonatiger Ausbruch des Volcán Chaitén, der 10 km nordöstlich der gleichnamigen Stadt liegt. Die Aschewolke stieg 20 km in die Luft. Das Wüten des Vulkans verursachte Überschwemmungen und schwere Schäden an Wohnhäusern, Straßen und Brücken und tötete Tausende von Rindern. Vulkanische Asche ging noch in Buenos Aires nieder. Glücklicherweise gelang es, in Chaitén und Umgebung 8000 Einwohner zu evakuieren.

Ein Jahr später setze sich das Grummeln des Vulkans fort. Experten des chilenischen Amts für Bergbau und Geologie befürchten, dass ein neu gebildeter Lavadom in dem 1112 m hohen Vulkan kollabieren und einen pyroklastischen Strom freisetzen könnte, der Chaitén binnen Minuten erreichen würde. Ein Teil eines Lavadoms brach bereits am 27. Februar 2009 zusammen. Regenfälle könnten ein Abrutschen großer Lava- und Schuttmassen verursachen. Eine dritte Gefahr sind Explosionen, da die Magma dichtes Siliciumdioxid in hoher Konzentration enthält.

Es ist geplant, eine Siedlung Nueva Chaitén am gegenwärtigen Standort des Küstendorfs Santa Barbara, 10 km nördlich des alten Chaitén, zu errichten. Auch die regionalen Verkehrs- und Dienstleistungseinrichtungen werden dorthin umziehen. In der Zwischenzeit steuern trotz des Ausnahmezustands Fähren den Hafen von Chaitén noch an; von dort hat man Anschluss an regionale Busverbindungen. Allerdings gibt es offiziell keine Hotels und Einrichtungen mehr, da die Stadt von der Strom- und Wasserversorgung abgeschnitten ist.

Vor der Anreise sollte man unbedingt in Erfahrung bringen, wie die aktuelle Lage ist und wie es um Unterkünfte und Einrichtungen steht. Aktuelle Infos findet man auf der Webseite des Parque Pumalín (www.pumalinpark.org) oder bei den örtlichen Touristeninformationen.

Praktische Informationen

Banken mit Geldautomaten und Internetcafés säumen die Condell.

Cabot (☎ 230-101; Lautaro 331) Reisebüro mit allgemeinem Service.

Casa del Turismo Rural (☎ 214-031; www.casaturismorural.cl; Dussen 357-B) Vermittelt Besucher in Unterkünfte bei Familien auf dem Land (s. Kasten S. 526) und örtliche Führer für Wanderungen, Angeltouren und Ausritte.

Conaf (☎ 212-109; Av Ogana 1060; ☼ Mo–Sa 9–20, So 10–18 Uhr) Informationen über den Park.

Hospital Base (☎ 231-286; Ibar 68; ☼ 24 Std.) Beim westlichen Ende der JM Carrera.

Lavandería QL (Bilbao 160; 3000 Ch$/Wäscheladung; ☼ Mo–Fr 9–20, Sa & So 10–18 Uhr)

Post (Cochrane 202)

Sernatur (☎ 233-949; Bulnes 35; ☼ Sommer Mo–Fr 8.30–20, Sa & So 10–18 Uhr) Ausgezeichnete Infos über Unterkünfte, Angelguides und die gesamte Region bis hinunter nach Villa O'Higgins.

Sehenswertes & Aktivitäten

Geht man die J. M. Carrera nach Westen, kommt man zum **Mirador Río Simpson**, von dem aus man einen erstklassigen Blick auf den Fluss hat. Die **Reserva Nacional Coyhaique** (Eintritt 2000 Ch$) lockt mit ihren Wanderwegen. Das Reservat liegt 5 km außerhalb der Stadt: die Baquedano nach Norden nehmen, die Brücke überqueren und an der Schotterstraße rechts abbiegen. Vom Eingang des Reservats sind es 3 km bis zur Laguna Verde. **Condor Explorer** (☎ 670-349; www.condorexplorer.com; Dussen 357; ☼ Mo–Fr 10–13, Sa bis 14 Uhr) stellt Ausrüstung zur Verfügung und bietet nach Kundenwunsch zugeschnittene Abenteuertouren mit zweisprachigen Führern. Die **Escuela de Guias** (☎ 573-096; www.escueladeguias.cl) bildet Jugendliche aus der Region zu professionellen Führern aus, bringt örtliche Guides mit Kunden zusammen und veranstaltet einige geführte Ausflüge, in erster Linie rund um Cohyaique.

Angler können zwischen November und Mai **fischen** gehen, wobei einige Einschränkungen gelten. Zu den Fischen, die hier für gewöhnlich anbeißen, zählen Bach- und Regenbogenforellen. Zwischen Juni und September kann man im **Centro de Ski El Fraile** (☎ 231-690; Skipass 15 000 Ch$/Tag) skifahren; es liegt nur 29 km südlich von Coyhaique. Die Bügel- und Tellerlifte erschließen Pisten mit einem Gefälle von bis zu 800 m. Gute Skifahrer können über den Bereich der Lifte hinauswandern und erreichen dann einige Senken mit schwerem, feuchtem Schnee. Dort kann man prima zwischen den Bäumen herumkurven.

Im Ort zeigt das **Museo Regional de la Patagonia** (Ecke Av General Baquedano & Lillo; Eintritt 500 Ch$; ☼ Dez.–Feb. 9–18 Uhr, übriges Jahr verkürzte Öffnungszeiten) Artefakte der Pioniere und Ornate der

Jesuiten. Auf der **Feria Artesanal** (Plaza de Armas) wird unter freiem Himmel Krimskrams aus Wolle, Leder und Holz verkauft.

Schlafen

Die angeführten Preise gelten für Zimmer mit Gemeinschaftsbad.

Camping La Alborada (☎ 238-868; Stellplatz 2500 Ch$/Pers.) Die saubere Anlage mit guten Einrichtungen und geschützten Stellplätzen liegt 1 km außerhalb der Stadt.

Doña Herminia (☎ 231-579; 21 de Mayo 60; Zi. ohne Bad 6000 Ch$/Pers.) Die Pension bietet einen engagierten Service. Angesichts der netten Details wie Leselampen und frischen Handtüchern sind die makellos sauberen Zimmer einfach unglaublich günstig.

Residencial Mónica (☎ 234-302; Lillo 664; Zi. mit/ohne Bad 9000/6000 Ch$ pro Pers.) Das gepflegte, warme Wohnhaus im steifen Stil der 1960er-Jahre ist stets voll belegt.

Albergue Las Salamandras (☎ 211-865; www.salamandras.cl; km 1,5; B/DZ/Cabaña 7000/19 000/32 000 Ch$; 🖥) An einer bewaldeten Uferstelle des Río Simpson befindet sich Coyhaiques bestes Hostel, ein rustikaler Gasthof mit großzügigen Gemeinschaftsbereichen, zwei Küchen und kuscheligen Betten im Schlafsaal.

Hospedaje Sra Blanca (☎ 232-158; Simpson 459; EZ/DZ 12 000/16 000 Ch$) Die Zimmer im schrullig-gemütlichen Blanca sind pieksauber, einige im Country-Stil gehalten, andere einfach nur kitschig. Den Mittelpunkt der Anlage bildet ein Rosengarten.

Hostal Español (☎ 242-580; www.hostalcoyhaique.cl; Aldea 343; EZ/DZ 25 000/35 000 Ch$; 🖥) Ein geschmackvolles und modernes Haus mit frischen Steppdecken, weinroten Teppichen und einem persönlichen Flair. Weitere Extras: Kühlschrankbar, Zentralheizung und WLAN.

El Reloj (☎ 231-108; www.elrelojhotel.cl; Av General Baquedano 828; EZ/DZ mit Frühstück 40 000/59 000 Ch$; 🖥) In gehobener Eleganz zeichnet sich dieses renovierte Lagerhaus durch Wände aus Zypressenholz, Möbel im Kolonialstil und Kamine aus. Die Zimmer sind ruhig, das Restaurant ist ausgezeichnet.

Essen & Ausgehen

Zwei große Supermärkte liegen gleich nebeneinander in der Lautaro.

Café Oriente (☎ 231-622; Condell 201; Sandwichs 3000 Ch$; 🖥) Das bescheidene Lokal serviert ordentliche *ave paltas* (Hähnchen-Avocado-Sandwichs) auf warmem Brot, Eiscreme und Kaffee.

Casino de Bomberos (☎ 231-437; Parra 365; Mittagsmenü 3500 Ch$; ⌚ mittags) Eine kulturelle Erfahrung: In diesem typischen Lokal verdrücken Einheimische Meeresfrüchte oder Steaks mit Eiern. Es fehlt entschieden an frischer Luft – ein Umstand, zu dem die auf dem Blech

---

ABSTECHER: DAS PATAGONIEN DER PIONIERE

Wenn der Sturm heult und der Regen einfach nicht aufhören will, sollte man an einem Ofenfeuer Zuflucht suchen, Mate trinken und mit den Einheimischen *echar la talla* (die Zeit totschlagen). Das ländliche Patagonien gewährt einen seltenen und privilegierten Einblick in eine Lebensweise, die im Verschwinden begriffen ist. Um der lahmenden Wirtschaft im ländlichen Raum Starthilfe zu geben, haben der Staat und gemeinnützige Vereine Kooperationen örtlicher Fremdenführern und Homestay-Anbieter ins Leben gerufen.

Die kleinen Familienunternehmen bieten Unterkünfte – von komfortablen *hospedajes* am Straßenrand bis hin zu Aufenthalten auf Bauernhöfen – und mehrtägige Wanderungen oder Ausritte durch die wunderbare Landschaft an. Die Preise sind fair: Für eine Unterkunft zahlt man ab 8000 Ch$ pro Tag.

In Coyhaique können sich Traveller über die **Casa del Turismo Rural** (www.casaturismorural.cl) mit den Anbietern von Unterkünften und Fremdenführerdiensten in Verbindung setzen. In der Nähe von Palena vermietet **Aventuras Cordilleranas** (☎ 065-741-388; Brücke von El Malito; EZ inkl. Frühstück 7000 Ch$) eine wunderbare Unterkunft. Dieselbe Familie hat auch Unterkünfte in Hütten am Flussufer und veranstaltet Ausritte ins ländliche El Tranquilo. Abenteuerer können nach **Rincón de la Nieve** (in Palena ☎ 065-741-269; Valle Azul; EZ inkl. Frühstück 10 000 Ch$), der im Valle Azul gelegenen Farm der Familie Casanova, reiten oder wandern. Da der Kontakt mit den sehr abgelegen wohnenden Casanovas erst einmal über Boten hergestellt werden muss, sollte man mindestens eine Woche im Voraus buchen. Auf der Farm gibt es weder Strom noch Telefon – aber auch keine Probleme.

COYHAIQUE

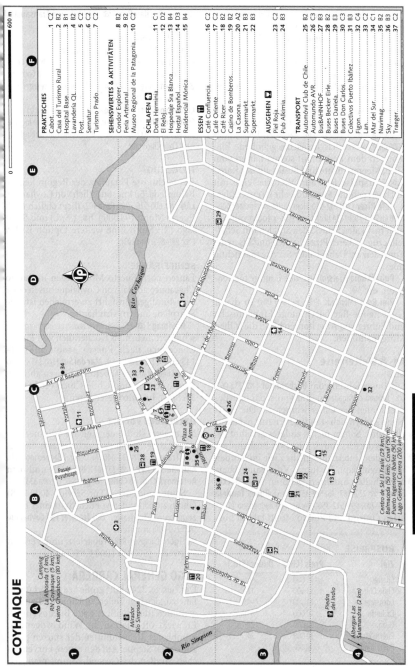

PRAKTISCHES	
Cabot	1 C2
Casa del Turismo Rural	2 B2
Hospital Base	3 B1
Lavandería QL	4 B2
Post	5 C2
Sernatur	6 C2
Turismo Prado	7 C2

SEHENSWERTES & AKTIVITÄTEN	
Condor Explorer	8 B2
Feria Artesanal	9 B2
Museo Regional de la Patagonia	10 C2

SCHLAFEN	
Doña Herminia	11 C1
El Reloj	12 D2
Hospedaje Sra Blanca	13 B4
Hostal Español	14 D3
Residencial Mónica	15 B4

ESSEN	
Café Confluencia	16 C2
Café Oriente	17 C2
Café Ricer	18 B2
Casino de Bomberos	19 B2
La Casona	20 A2
Supermarkt	21 B3
Supermarkt	22 B3

AUSGEHEN	
Piel Roja	23 C2
Pub Alkimia	24 B3

TRANSPORT	
Automóvil Club de Chile	25 B2
Automundo AVR	26 C3
BusBAHNHOF	27 B3
Buses Becker Eirle	28 B2
Buses Daniela	29 E3
Buses Don Carlos	30 C3
Colectivos Puerto Ibáñez	31 B3
Figon	32 C4
Lan	33 C2
Mar del Sur	34 C1
Navimag	35 B2
Sky	36 B3
Traeger	37 C2

brutzelnden Empanadas und Fritten einen erheblichen Teil beitragen.

LP Tipp Café Confluencia (☎ 245-080; 25 de Mayo 548; Hauptgerichte 3000–5000 Ch$; ☻ morgens, mittags & abends) Fast zu schick für Coyhaique: In dem gesunden Lokal bekommt man große Schalen mit grünem Salat und tolle Mittagsmenüs. Abends sind die *pisco sours* mit Minze der Renner. Am Wochenende spielt Livemusik, von Rock'n'Roll bis zu Latino-Rhythmen.

La Casona (☎ 238-894; Vielmo 77; Hauptgerichte 5000 Ch$) Weiße Tischwäsche, gehobene Eleganz: In dem Restaurant stehen Lamm vom Grill, Meeresfrüchte und Steaks auf der Karte. Als Vorspeise ist Palta Victoria, eine mit Krabben gefüllte Avocado, sehr zu empfehlen.

Café Ricer (☎ 232-920; Horn 48; Hauptgerichte 5000–7500 Ch$; ☻ 9.30–24 Uhr) Das Ricer lockt mit seinem rustikalen Schick, den Stühlen mit Schaffellbezug, leckerer Pizza, Salaten und Eiscreme Touristen an. Dabei ist der Service nicht richtig mies.

Pub Alkimia (Prat s/n) Stilvolle Lounge für Leute um die 30.

Piel Roja (Moraleda 495; ☻ 18–5 Uhr) In dieser Gute-Laune-Bar feiern junge Einheimische und Führer von Angeltouren bis in die frühen Morgenstunden.

An- & Weiterreise

BUS

Die Busse fahren vom **Busbahnhof** (☎ 232-067; Ecke Lautaro & Magallanes) und von separaten Betriebshöfen der Unternehmen ab. Die Fahrpläne ändern sich ständig: Sernatur hat aktuelle Infos. Sofern nichts anderes erwähnt ist, starten die genannten Busse am Busbahnhof.

Zu den Unternehmen, die Ziele im Norden wie Puyuhuapi, La Junta, Villa Santa Lucía und Chaitén anfahren, gehören **Buses Becker Eirle** (☎ 232-167; Ibañez 358) und **Buses Daniela** (☎ 231-701, 099-512-3500; Av General Baquedano 1122). Nach Osorno und Puerto Montt fahren Busse von **Queilen Bus** (☎ 240-760) und **Transaustral** (☎ 232-067).

Ziele im Süden:
Acuario 13 (☎ 240-990) Nach Cochrane.
Buses Don Carlos (☎ 231-981; Cruz 63) Nach Villa Cerro Castillo, Puerto Río Tranquilo, Puerto Bertrand und Cochrane.
Buses Interlagos (☎ 240-840; www.turismointerlagos.cl; Busbahnhof) Nach Cochrane und Chile Chico.
Colectivos Puerto Ibáñez (Ecke Prat & Errázuriz) Shuttleverkehr mit Tür-zu-Tür-Service nach Puerto Ingeniero Ibáñez (3500 Ch$, 1½ Std.), wo es eine Fährverbindung nach Chile Chico gibt.

FLUGZEUG

Der wichtigste Flugplatz der Region liegt in Balmaceda, 50 km südöstlich von Coyhaique.
LAN (☎ 600-526-2000; Parra 402) fliegt täglich nach Puerto Montt (94 000 Ch$, 1 Std.) und Santiago (2½ Std.). Eine weitere Option ist **Sky** (☎ 240-825; Prat 203).

SCHIFF/FÄHRE

Fähren nach Puerto Montt legen in Puerto Chacabuco ab, das von Coyhaique aus in einer zweistündigen Busfahrt zu erreichen ist. Die Fahrpläne ändern sich häufig.
Navimag (☎ 233-306; www.navimag.com; Horn 47-D) schippert mehrmals wöchentlich von Puerto Chacabuco nach Puerto Montt (38 000–143 000 Ch$, 18 Std.). **Mar del Sur** (☎ 231-255; Av General Baquedano 146-A) betreibt Fähren ab/nach Puerto Ibáñez und Chile Chico (4650 Ch$, 2½ Std.). Im Büro reservieren.

Unterwegs vor Ort

Mietwagen sind teuer und im Sommer nur begrenzt verfügbar. Versuchen kann man es bei **Traeger** (☎ 231-648; Av General Baquedano 457), **Automundo AVR** (☎ 231-621; Bilbao 510) und dem **Automóvil Club de Chile** (☎ 231-847; Carrera 333).

Shuttle mit Tür-zu-Tür-Service (4000 Ch$) fahren zwei Stunden vor dem Start eines Flugzeugs zum Flughafen. Bei **Transfer T&T Coyhaique** (☎ 256-000) anrufen.

Figon (Simpson 888) repariert und verleiht Fahrräder (5000–14 000 Ch$/Tag).

LAGO GENERAL CARRERA

Der riesige, 2240 km² große See gehört ungefähr zu gleichen Teilen zu Chile und zu Argentinien (dort heißt er Lago Buenos Aires). Er wirkt oft wie ein im Wind wogendes, grünblaues Meer inmitten der starren patagonischen Steppe. Auf den rauen, kurvenreichen Straßen der Gegend kommt man sich

BUSPREISE

Ziel	Preis (Ch$)	Dauer (Std.)
Chaitén	15 000	1
Chile Chico	13 500	12
Cochrane	11 000	7–10
La Junta	10 000	7–10
Osorno	30 000	22
Puerto Montt	30 000	24
Puyuhuapi	8000	6

winzig klein vor und könnte meinen, nur im Schneckentempo voranzukommen. Dieser Abschnitt folgt der Carretera Austral von Coyhaique nach Süden, rund um das Westufer des Sees.

Kurz bevor man von Coyhaique aus Balmaceda erreicht, führt rechts eine nach Cochrane ausgeschilderte Abzweigung zur **Reserva Nacional Cerro Castillo**. Die Gipfel des von Gletschern umgebenen Cerro Castillo ragen hoch über den rund 180 000 ha großen Scheinbuchenwald. In Villa Cerro Castillo (bei Km 104) kann man im komfortablen Haus des gastfreundlichen **Don Niba** (☎ öffentliches Telefon 067-419-200; Los Pioneros 872; Zi. 7000 Ch$/Pers.) übernachten; am nächsten Tag bekommt man ein tolles Frühstück. Don Niba veranstaltet auch Ausritte und Wanderungen.

In **Puerto Río Tranquilo** am Westufer des Sees gibt's eine Tankstelle. Wenn das Wasser ruhig ist, finden Bootstouren zu den prachtvollen Höhlen der **Capilla de Mármol** statt. Nördlich der Stadt holpert man auf einer von Gletschern gesäumten, nicht fertiggestellten Straße zum Parque Nacional Laguna San Rafael auf die Küste zu. Als Basislager für Abenteuertouren bietet sich **El Puesto** (☎ Satellitentelefon 02-196-4555; www.elpuesto.cl; Lagos 258; EZ/DZ 40 000/55 000 Ch$) an. Das hübsche B&B gehört einem professionellen Führer, dessen Eiswandertouren auf dem Glaciar Exploradores empfohlen werden. An dem windigen Strand oder 10 km weiter westlich am Lago Tranquilo kann man wild campen.

Ungefähr 13 km östlich von Cruce El Maitén kann man sich in **Puerto Guadal** mit Benzin und Verpflegung eindecken, sein Zelt am Seeufer aufschlagen oder bei **Terra Luna** (☎ 067-431-263; www.terra-luna.cl; Hütte für 2 Pers. 30 000 Ch$, DZ/3BZ/4BZ mit Frühstück 80 000/90 000/110 000 Ch$) unterkommen. Die Anlage bietet hübsche Hütten und eine Badewanne mitten im Wald. Budgettraveller sollten die rustikalen Conejera-Hütten mit Küche nehmen.

Infos zur An- & Weiterreise gibt's unter Coyhaique (S. 528).

Chile Chico
☎ 067 / 4000 Ew.

Gold- und Silberminen liegen an der Achterbahnroute, die von Puerto Guadal nach Chile Chico führt, einer sonnigen Oase aus windzerzausten Pappeln und Obstgärten. Von hier aus fahren Busse nach Los Antiguos (S. 158) und über die Ruta 40 weiter hinein ins südargentinische Patagonien. Die 60 km entfernte **Reserva Nacional Jeinemeni** (Eintritt 1000 Ch$) ist ein wahres Juwel mit Flamingos und türkisfarbenen Bergseen. Abgesehen von ein paar teuren Tourangeboten gibt's kaum öffentliche Verkehrsmittel. Man kann versuchen, sich von den Rangern der **Conaf** (☎ 411-325; Blest Gana 121; Mo–Fr 9–17 Uhr) mitnehmen zu lassen.

Im Ort gibt es eine **Touristeninformation** (☎ 411-123; Ecke O'Higgins & Lautaro; ✦ nur Dez.–März) und eine Filiale der **Banco del Estado** (González 112), die Geld wechselt.

Übernachten kann man auf dem Campingplatz **Camping Chile Chico** (☎ 411-598; Burgos 6; Stellplatz 3000 Ch$/Pers.) oder beim ultrafreundlichen **Kon Aiken** (☎ 411-598; Burgos 6; Zi. ohne Bad 9000 Ch$/Pers., Cabaña für 6 Pers. 35 000 Ch$). Hier werden auch Ausflüge in die nahe gelegene Reserva Nacional Jeinimeini organisiert. Die **Hostería de la Patagonia** (☎ 411-337; hdelapatagonia@gmail.com; Camino Internacional s/n; Stellplatz 2500 Ch$/Pers., DZ mit/ohne Bad 26 000/20 000 Ch$), ein Bauernhaus an der Straße nach Argentinien, vermietet Zimmer im Garten.

Im schrulligen **Café Elizabeth y Loly** (☎ 411-451; González 25; Hauptgerichte 2500–5000 Ch$; ✦ mittags & abends) bekommt man starken Kaffee und echte Baklava.

An- & Weiterreise
BUS
Einige Shuttlebusse fahren von der O'Higgins 420 über die Grenze ins nur 9 km weiter östlich gelegene argentinische Los Antiguos (2000 Ch$, 20 Min.), wo man Anschluss nach El Chaltén hat.

Transportes Ale (☎ 411-739; Rosa Amelia 800) fährt dienstags und donnerstags um 13.30 Uhr über Puerto Guadal (6000 Ch$, 2½ Std.) nach Puerto Río Tranquilo (12 000 Ch$, 5 Std.). Mittwochs und samstags fährt um 13.30 Uhr ein Bus gen Süden nach Cochrane (12 000 Ch$, 6 Std.); er hält in Puerto Guadal und Cruce Maitén (7000 Ch$, 3 Std.).

SCHIFF/FÄHRE
Fähren von **Mar del Sur** (☎ 231-255, 411-864; Muelle Chile Chico) schippern fast täglich nach Puerto Ingeniero Ibáñez (Pers./Fahrrad/Motorrad/Auto 4650/2200/5500/27 500 Ch$, 2½ Std.). Die Zeiten ändern sich häufig – im Entel-Büro in Chile Chico den aktuellen Fahrplan erfragen. Unbedingt reservieren; nähere Infos stehen auf S. 528. Die Fähre ist die schnellste Verbindung nach Coyhaique.

BIS ANS ENDE DER WELT

Was wohl hinter den Landstrichen liegt, die in diesem Führer beschrieben sind?

Die Carretera Austral endet nicht am Lago General Carrera, sondern setzt sich noch fast 300 km weiter nach Süden bis zu dem abgelegenen Dorf Villa O'Higgins fort. Erst die massive Barriere des Campo de Hielo Patagónico, des südpatagonischen Gletschergebiets, setzt der Straße ein Ende. Das hindert aber wagemutige Abenteurer nicht an der Weiterreise, die mit der Fähre, einer anschließenden Wanderung und einer weiteren Fähre bis nach El Chaltén in Argentinien (s. S. 49) gelangen. In Villa O'Higgins hat **Camping & Albergue El Mosco** (☎ 067-431-819, 098-983-9079; Carretera Austral, bei Km 1240; Stellplatz 5000 Ch$, B 10 000; Ch$ 🖳) freundliche Unterkünfte und alle Infos zu Wanderrouten in die Umgebung. Unterwegs kann man in Cochrane in einen anderen Bus umsteigen und einen Abstecher in das coole Dorf Caleta Tortel machen, das Bohlenwege als Trottoir hat und zum Unesco-Welterbe gehört.

Mehr Infos zu Verkehrsverbindungen und Unterkünfte gibt es bei Sernatur in Coyhaique (S. 525).

SÜDLICHES PATAGONIEN

Der Wind fegt über das Land, die Berge sind gezackt und das Wasser plätschert glasklar dahin. Diese öde Gegend zog zuerst Missionare und Glücksritter aus Schottland, England und Kroatien an. Der Autor Francisco Coloane beschrieb sie als „mutige Männer, deren Herz aus nicht mehr als einer weiteren, geschlossenen Faust besteht." Es entstanden *estancias*. Auf diesen großen Rinder- oder Schafzucht-Ranches herrschte der Eigentümer bzw. Verwalter praktisch absolutistisch über die ortsansässigen Landarbeiter. Diese Tatsache und der bald folgende Wolleboom zogen so manche Folgen nach sich: Wenige verdienten sich auf Kosten der indigenen Bevölkerung eine goldene Nase. Krankheiten und Kriege rotteten die *indígenas* fast vollständig aus. Als der Wollpreis dann abstürzte und der Panamakanal dafür sorgte, dass der Schiffsverkehr Südamerika links liegen ließ, musste die Region schwere Einbußen erleiden.

Der Wert Patagoniens mag hart erkämpft gewesen und fast wieder verloren gegangen sein – aber jetzt ist einiges im Wandel. Früher bestand der Reichtum in Bodenschätzen und Vieh, heute in der Landschaft. Besucher lieben an Patagonien gerade seine isolierte, geisterhafte Schönheit. Torres del Paine empfängt jährlich beinahe 200 000 Besucher, und immer mehr Traveller suchen sogar noch südlichere Ziele, etwa Feuerland und die Antarktis, auf.

PUNTA ARENAS
☎ 061 / 130 100 Ew.

Wenn diese Straßen nur sprechen könnten. Die vom Wind beschädigte ehemalige Strafanstalt Punta Arenas hatte schon abgerissene Seeleute, Minenarbeiter, Seehundjäger, ausgehungerte Pioniere und durch den Wolleboom reich gewordene Dandys zu Gast. In den 1980er-Jahren begann man dann, Erdöl zu fördern, woraus sich eine petrochemische Industrie entwickelte. Heute treffen in Punta Arenas die Gegensätze und Überbleibsel dieser Geschichte aufeinander. Und man rüstet sich für den Tourismus und die Industrie.

Orientierung
Punta Arenas ist nach einem geordneten Raster angelegt, dessen Mittelpunkt die Plaza de Armas, auch Plaza Muñoz Gamero genannt, bildet. An der Plaza wechseln die Straßen ihren Namen. Die meisten Wahrzeichen und Hotels liegen im Umkreis weniger Blocks von der Plaza entfernt.

Praktische Informationen
Internetzugang und Geldautomaten sind weit verbreitet.

Conaf (außerhalb der Karte S. 531; ☎ 230-681; Bulnes 0309; Mo–Fr 9–17 Uhr) Detaillierte Infos zu den nahe gelegenen Parks.

Hospital Regional (☎ 205-000; Angamos 180)

Informationskiosk (☎ 200-610; www.puntaarenas.cl; Plaza Muñoz Gamero; ⌚ Mo–Sa 8–19, So 9–19 Uhr) An der Südseite der Plaza.

La Hermandad (Navarro 1099) Tauscht ausländische Devisen.

Lavasol (☎ 243-067; O'Higgins 969; 3000 Ch$/Wäscheladung; ⌚ 7–19 Uhr)

Post (Bories 911) Einen Block nördlich der Plaza.

Sernatur (☎ 241-330; www.sernatur.cl; Navarro 999; ⌚ Dez.–Feb. Mo–Fr 8.15–20 Uhr) Das gut informierte Personal führt auch Listen der Unterkünfte und Verkehrsverbindungen.

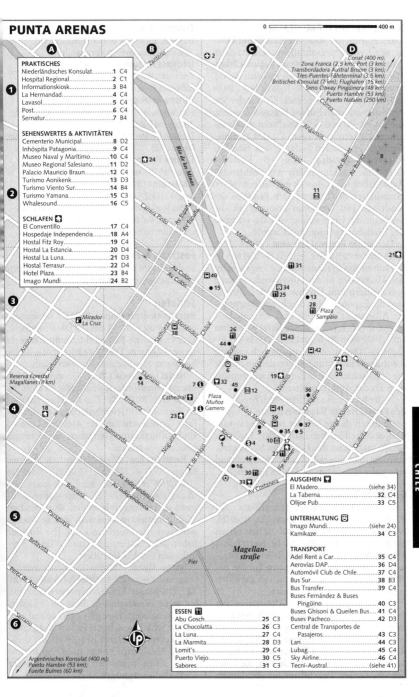

Sehenswertes & Aktivitäten

Das Zentrum der Stadt, die **Plaza Muñoz Gamero**, wird von repräsentativen Stadthäusern gesäumt, darunter das **Museo Regional Braun-Menéndez** (☎ 244-216; Magallanes 949; Eintritt 1000 Ch$, So frei; ⊗ Sommer Mo–Sa 10.30–17, So bis 14 Uhr, Winter bis 14 Uhr). Die luxuriöse Stadtvilla war der Sitz der einflussreichen Familie Braun-Menéndez, die im 19. Jh. von Schafzüchtern zu Großgrundbesitzern aufstiegen. Zu den faszinierendsten Friedhöfen Südamerikas zählt der **Cementerio Municipal** (Bulnes 949): Einfache Grabsteine von Einwanderern mit rührenden Aufschriften wechseln sich mit den pompösen Grabmälern der bedeutenden Familien der Stadt ab. Ein Denkmal erinnert an die Selk'nam, das Ureinwohnervolk, das während des Wolleboomes ausgerottet wurde.

Das **Museo Regional Salesiano** (☎ 221-001; Av Bulnes 336; Eintritt 1500 Ch$; ⊗ Di–So 10–12.30 & 15–18 Uhr) rühmt das friedensstiftende Engagement der Missionare in der Auseinandersetzung von Siedlern und Ureinwohnern. Lohnend sind die Exponate über den Bergsteigerpriester Alberto de Agostini und verschiedene indigene Völker. Im **Museo Naval y Marítimo** (☎ 205-479; Montt 981; Eintritt 1500 Ch$; ⊗ Di–Sa 9.30–12.30 & 15–18 Uhr) wird u. a. ausführlich und gut die chilenische Rettungsaktion dargestellt, die die Mannschaft von Sir Ernest Shackleton aus dem Eis der Antarktis befreite.

In der 8 km außerhalb der Stadt beginnenden **Reserva Forestal Magallanes** führen Wanderwege durch dichte Wälder mit Lenga- und Coigue-Scheinbuchen. Mit zäher Ausdauer schafft man es auf den Gipfel des Mt. Fenton, von dem man eine tolle Aussicht hat, während einem die Winde um die Ohren peitschen.

Geführte Touren

Lohnende Tagesausflüge führen u. a. zur Pinguinkolonie von **Seno Otway** (Tour 15 000 Ch$, Eintritt 2500 Ch$; ⊗ Okt.–März) und zu den ersten Siedlungen der späteren Stadt bei **Fuerte Bulnes & Puerto Hambre** (Eintritt 1000 Ch$). Die Unterkünfte sind bei der Organisation von Touren behilflich, man kann sich aber auch an die unten genannten Veranstalter wenden.

Eine stimmungsvollere Alternative zur Seno-Otway-Pinguinkolonie ist die **Isla Magdalena** (Eintritt/Tour 15 000 Ch$; ⊗ Dez.–Feb.) mit ihren großen Kolonien von Magellan-Pinguinen. Bei den fünfstündigen Touren mit der Fähre *Melinka* hat man eine Stunde Zeit, die Insel kennenzulernen. Tickets kann man bei **Turismo Comapa** (☎ 200-200; www.comapa.com; Magallanes 990) buchen; Picknick selber mitbringen.

Empfehlenswerte Veranstalter:

Inhóspita Patagonia (☎ 224-510; Navarro 1013) Veranstaltet Wanderungen zum Cabo Froward, dem südlichsten Punkt des südamerikanischen Festlands.
Turismo Aonikenk (☎ 228-332; www.aonikenk.com; Magallanes 619) Die Reiseführer sprechen Englisch, Deutsch und Französisch.
Turismo Viento Sur (☎ 226-930; www.vientosur.com; Fagnano 565)
Turismo Yamana (☎ 221-130, www.yamana.cl; Errazurriz 972) Kajaktouren in der Magellanstraße.
Whalesound (☎ 221-076; www.whalesound.com; Navarro 1163, 2. Stock) Unterstützt die Forschung mit fundierten Segel- und Kajaktrips zum abgelegenen Coloane-Meerespark. Von Dezember bis Mai werden Touren veranstaltet, bei denen Buckelwale beobachtet werden.

Festivals & Events

Ende Juli gibt's Feuerwerk, Umzüge und gute Stimmung beim **Carnaval de Invierno**.

Schlafen

Hospedaje Independencia (☎ 227-572; Av Independencia 374; Stellplatz 1500 Ch$, B 4500 Ch$) Die freundliche, aber chaotische Budgetunterkunft hat recht saubere Zimmer. Die Gäste können die Küche benutzen; es gibt einen Fahrradverleih.

Hostal La Estancia (☎ 249-130; www.backpackerschile.com/en/hostel-estancia.php; O'Higgins 765; B 6500 Ch$, DZ ohne Bad 20 000 Ch$; 🖳) Das alte Haus hat große Zimmer mit Gewölbedecken und ordentliche Gemeinschaftsbäder. Alex und Carmen sind aufmerksame Gastgeber, die nicht mit Insidertipps geizen.

Hostal Fitz Roy (☎ 240-430; www.hostalfitzroy.com; Navarro 850; B 7000 Ch$, EZ/DZ/3BZ ohne Bad 12 000/20 000/25 000 Ch$; 🖳) Ein Landhaus mitten in der Stadt mit großen, ordentlichen Zimmern und einem einladenden, altmodischen Wohnzimmer, in dem man sich in Bücher oder Seekarten vertiefen kann. Die Zimmer haben Telefon, Fernseher und WLAN. Kreditkarten werden akzeptiert.

Imago Mundi (☎ 613-115; www.imagomundipatagonia.cl; Mejicana 252; B mit/ohne Bad 10 000/8000 Ch$; 🖳) Ein junges Bruder-Schwester-Gespann hat seine Wanderlust in diese coole Unterkunft kanalisiert. Hier gibt's gerade mal acht schicke Schlafkojen, bunte Farben und gemütliche Ecken. Das Dekor ist recycelt, der organische Abfall wird kompostiert. An Regentagen kann man sich vor Ort in der Kletterhalle vergnügen.

El Conventillo (☎ 242-311; www.hostalconventillo.com; Pasaje Korner 1034; B 8000 Ch$; 🖳) Im wiederbelebten Uferviertel steht dieses ansprechende Backsteinhostel. Es hat neu gestaltete, mit Teppichen ausgelegte Schlafsäle und einen Duschtrakt. Bunte Farben täuschen darüber hinweg, dass die Zimmer winzig sind und keine Fenster haben. Zum Frühstück bekommt man aber Joghurt und Müsli. Die Rezeption ist rund um die Uhr besetzt. Außerdem gibt's eine Waschküche und eine Videothek mit coolen chilenischen Filmen.

Hostal La Luna (☎ 221-764; hostalluna@hotmail.com; O'Higgins 424; EZ/DZ ohne Bad 8000/12 000 Ch$; 🖳) Daunendecken und eine struppige, getigerte Katze sorgen dafür, dass man sich in der freundlichen Familienunterkunft gleich wie zu Hause fühlt. Es gibt sechs ordentliche Zimmer mit Gemeinschaftsbad. Gäste dürfen Küche und Waschküche benutzen.

Hostal Terrasur (☎ 247-114; www.hostalterrasur.cl; O'Higgins 123; EZ/DZ 28 500/38 500 Ch$; 🖳) Das etwas teurere Terrasur hat Zimmer mit wehenden Vorhängen, Blumenmuster und einen kleinen grünen Hof, was ihm die Atmosphäre eines geschützten Gartens verleiht. Das Personal an der Rezeption ist freundlich.

Hotel Plaza (☎ 241-300; www.hotelplaza.cl; Nogueira 1116; EZ/DZ 50 000/62 000 Ch$; 🖳) Das umgewandelte herrschaftliche Haus gleich neben der Plaza punktet mit gewölbten Decken, dem Ausblick auf die Plaza und historischen Fotos an den Wänden der Halle. Zu dieser Pracht will allerdings die rustikale Deko nicht recht passen. Der Service ist sehr zuvorkommend und die Lage einfach unschlagbar.

Essen

Abu Gosch (Bories 647) Großer, guter Supermarkt.

La Chocolatta (Bories 852; Kaffee 1200 Ch$; ☺ Mo–Sa 9.30–20.30, So 11–20 Uhr; 🖳) Schokolade, Tee oder Kaffee gibt's in dem altmodischen Kaffeehaus, das bei Familien und Laptop-Junkies beliebt ist, in kleinen Portionen.

Lomit's (Menéndez 722; Hauptgerichte 3000 Ch$; ☺ 10–2.30 Uhr) In dem stimmungsvollen Café werfen die Köche die saftigen, nach Wunsch der Kunden belegten Burger auf den mitten im Raum stehenden Grill. Die Portionen sind großzügig, die Bedienung ist laaangsam.

Sabores (Mejicana 702, 2. Stock; Hauptgerichte 3500 Ch$) Gegrillter Lachs, Seafood-Eintopf, Pasta: Das schlichte, gemütliche Lokal serviert reichliches chilenisches Essen – und das zu Preisen, die des Travellers Herz erfreuen.

La Luna (O'Higgins 974; Hauptgerichte 4000–7000 Ch$; ☺ mittags & abends) Das muntere Luna verköstigt mit schmackhaften Meeresfrüchtekompositionen und Pastagerichten ein internationales Publikum zu entsprechenden Preisen.

La Marmita (☎ 222-056; Plaza Sampaio 678; Hauptgerichte 5000–8000 Ch$) Das gemütliche, farbenfrohe Marmita heißt die Gäste mit knisterndem Ofenfeuer und aufmerksamem Service willkommen. Der Chefkoch bietet frische Salate und Gerichte nach Hausmannsart, z. B. Muschel-Lasagne und *causa limeña*.

Puerto Viejo (☎ 225-103; O'Higgins 1176; Hauptgerichte 5000–8000 Ch$) Das schicke Lokal verwöhnt mit frischen Gerichten wie Seehecht in Cidre oder warmem Seeohr-Salat. Dank der neuen Eigentümer geht es vielleicht nicht mehr so steif zu.

Ausgehen

La Taberna (Braun Mansion; ☺ 19–2, Wochenende bis 3 Uhr) Ein Travellermagnet: Ein typischer Club für alte Herren, nur dass keine alten Herren da sind. Das Ambiente ist spitze, die Cocktails haben noch Luft nach oben.

Olijoe Pub (Errázuriz 970; ☺ 18–2 Uhr) Die Ledersitzecken und Mosaiktische wollen stilvoll wirken. Davon abgesehen aber handelt es sich um eine ganz durchschnittliche Kneipe mit gutem Bier und schlechtem Service.

El Madero (Bories 655) Clubgänger heizen sich hier mit starken Drinks an.

Unterhaltung

Kamikaze (☎ 248-744; Bories 655; Eintritt inkl. Freigetränk 3000 Ch$) Tiki-Fackeln beleuchten den südlichsten Danceclub des Kontinents, in dem man mit Glück eine Live-Rockband erwischt. Der Club befindet sich über dem El Madero.

Imago Mundi (☎ 613-115; www.imagomundipatagonia.cl; Mejicana 252; ☺ Mo–Fr 10–13, Sa 16–22 Uhr) Das neue Zentrum der Alternativkultur in Punta Arenas. Die Webseite informiert über das Programm, zu dem anspruchsvolle Filme, Jazzkonzerte und Kulturdiskussionen zählen. Dazu gibt's wunderbare hausgemachte Köstlichkeiten wie leckere *pascualinas* (Pasteten), Sandwichs und frische Säfte.

Shoppen

Zona Franca (außerhalb der Karte S. 531; Zofri; ☺ Mo–Sa) In der Duty-Free-Zone findet man jede Menge Elektronik, Outdoorklamotten, Kameras und Filmausrüstung. Den ganzen Tag über pendeln *colectivos* zwischen der Zone und der Innenstadt.

An- & Weiterreise

Die Fahrpläne von Bussen und Fähren sollte man bei Sernatur erfragen. Infos zu Verkehrsmitteln, Kontaktadressen und Fahrplänen stehen auch in der Zeitung *La Prensa Austral*.

BUS

Zum Flughafen fahren Shuttles von Bus Fernandez (2500 Ch$). Traveller auf dem Weg nach Puerto Natales können bei vorheriger Reservierung/Bezahlung über ihr Hotel direkt vom Flughafen fahren, auch wenn dieser Service nicht „offiziell" ist.

Punta Arenas besitzt keinen zentralen Busbahnhof. Das **Central de Pasajeros** (☎ 245-811; Ecke Magallanes & Av Colón) kommt am ehesten einem zentralen Buchungsbüro nahe.

Pro Tag fährt nur ein Bus nach Ushuaia – man muss eine Woche im Voraus buchen. Es ist daher praktischer, zunächst mit dem Bus nach Río Grande zu fahren und von dort mit einem *micro* nach Ushuaia weiterzureisen. Einige Fahrtziele, Preise und Unternehmen:

BUSPREISE

Ziel	Preis (Ch$)	Dauer (Std.)
Puerto Montt	45 000	36
Puerto Natales	4000	3
Río Gallegos	7000	5–8
Río Grande	20 000	8
Ushuaia	30 000	10

Bus Sur (☎ 614-224; www.bus-sur.cl; Menéndez 552) El Calafate, Puerto Natales, Río Gallegos, Río Turbio, Ushuaia & Puerto Montt.

Bus Transfer (☎ 229-613; Montt 966) Puerto Natales. Hat Shuttles zum Flughafen.

Buses Fernández & Buses Pingüino (☎ 221-429/812; www.busesfernandez.com; Sanhueza 745) Puerto Natales, Torres del Paine & Río Gallegos.

Buses Ghisoni & Queilen Bus (☎ 222-714; Navarro 975) Río Gallegos, Río Grande, Ushuaia & Puerto Montt.

Buses Pacheco (☎ 225-527; www.busespacheco.com; Av Colón 900) Puerto Natales, Puerto Montt, Río Grande, Río Gallegos & Ushuaia.

Tecni-Austral (☎ 222-078; Navarro 975) Río Grande.

Turíbus (☎ 227-970; www.busescruzdelsur.cl; Sanhueza 745) Puerto Montt, Osorno & Chiloé.

FLUGZEUG

Der Aeropuerto Presidente Carlos Ibáñez del Campo liegt 20 km nördlich der Stadt. **LAN** (☎ 600-526-2000; www.lan.com; Bories 884) fliegt täglich nach Santiago (194 000 Ch$) mit Zwischenstopp in Puerto Montt (124 000 Ch$) und samstags auf die Falklandinseln (hin & zurück 330 000 Ch$). Eine neue Linie bedient dreimal wöchentlich Ushuaia (hin & zurück 170 000 Ch$). **Aerovías DAP** (☎ 223-340; www.dap.cl; O'Higgins 891) fliegt montags bis samstags nach Porvenir (einfache Strecke 21 000 Ch$) sowie mittwochs bis samstags und montags nach Puerto Williams (55 000 Ch$). Das Gepäck ist auf 10 kg pro Person beschränkt. **Sky Airline** (☎ 710-645; www.skyairline.cl; Roca 935) fliegt täglich zwischen Santiago und Punta Arenas mit Zwischenstopp entweder in Puerto Montt oder Concepción.

SCHIFF/FÄHRE

Transbordadora Austral Broom (☎ 218-100; www.tabsa.cl; Av Bulnes 05075) fährt vom Fähranleger Tres Puentes (zu erreichen mit *colectivos*, die am Museo Regional Braun-Menéndez starten) nach Porvenir in Feuerland (5000 Ch$, 2½–4 Std.). Schneller nach Feuerland kommt man nordöstlich von Punta Arenas mit den Fähren von Punta Delgada nach Bahía Azul (1500 Ch$, 20 Min.), die zwischen 8.30 und 22 Uhr alle 90 Minuten verkehren. Will man ein Auto überführen (15 000 Ch$), vorher telefonisch reservieren.

Die Fähre *Patagonia* von Broom fährt von Tres Puentes nach Puerto Williams auf der Insel Navarino (Liegesitz/Schlafkoje 95 500/115 000 Ch$ inkl. Mahlzeiten, 38 Std.). Den aktuellen Fahrplan findet man online.

Unterwegs vor Ort

Adel Rent a Car (☎ 235-471; www.adelrentacar.cl; Montt 962) bietet aufmerksamen Service, konkurrenzfähige Preise und gute Reisetipps. Ein weiterer Autovermieter ist **Lubag** (☎ 242-023; Magallanes 970). Alle Unternehmen können die Papiere für eine Fahrt nach Argentinien besorgen. Hilfe für Autoreisende bietet der **Automóvil Club de Chile** (☎ 243-675; O'Higgins 931).

Colectivos (450 Ch$, nachts & So teurer) flitzen durch die Stadt; die Fahrzeuge Richtung Norden bekommt man auf der Av Magallanes oder der Av España, die Richtung Süden an der Bories oder der Av España.

PUERTO NATALES

☎ 061 / 18 000 Ew.

Pastellfarbene Häuser mit Wellblechdächern stehen dicht an dicht in dem einst drögen Fischerhafen am Última-Esperanza-Fjord.

PUERTO NATALES

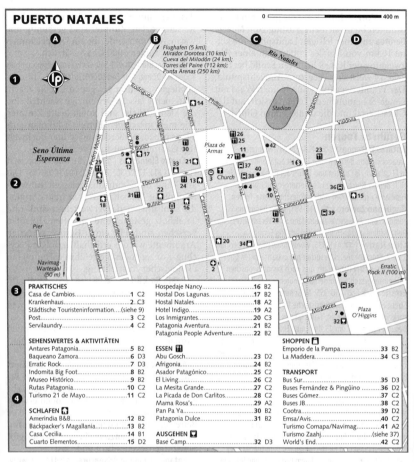

Inzwischen ist es ein Verkehrsknotenpunkt, in dem sich Traveller in Gore-Tex-Klamotten auf dem Weg zum wichtigsten Nationalpark des Kontinents zusammenfinden. Die Kleinstadt selbst ist zwar kein wirkliches Reiseziel, aber ganz nett. Das Licht im tiefen Süden ist himmlisch und die Angebote für Besucher werden immer raffinierter.

Praktische Informationen

Internetcafés, Telefonzentren und Banken mit Geldautomaten säumen die Bulnes.
Casa de Cambios (Bulnes 692; Mo–Fr 10–13 & 15–19, Sa bis 13 & 15.30–19 Uhr) Die besten Umtauschkurse für Bargeld und Reiseschecks.
Conaf (411-438; O'Higgins 584; Mo–Fr 9–17 Uhr) Administratives Büro.
Hospital Puerto Natales (411-583; Ecke O'Higgins & Carrera Pinto)
Post (Eberhard 429)
Servilaundry (Bulnes 513; 3000 Ch$/Wäscheladung) Wäschereidienst; den bieten auch viele Hostels.
Städtische Touristeninformation (411-263; Bulnes 285; Di–So 8.30–12.30 & 14.30–18 Uhr) Im Museo Histórico. Mit aufmerksamem Personal und einer Liste der Unterkünfte in der gesamten Region.

Sehenswertes & Aktivitäten

Will man die kulturellen Zusammenhänge begreifen, lohnt ein Besuch im kleinen **Museo Histórico** (411-263; Bulnes 285; Eintritt frei; Di–So 8.30–12.30 & 14.30–18 Uhr), das interessante Artefakte der Siedler, der Yaghan und der Tehuelche zeigt. Die Exponate sind gut beschriftet.

Als Vorgeschmack auf die größeren Expeditionen bietet sich ein Ausflug zum **Mirador Dorotea** an, einer felsigen Landspitze, die keine 10 km von Natales entfernt an einer Abzweigung der Ruta 9 liegt. Ein Schild bei Parzelle 14 weist den Weg zum Aussichtspunkt. Der Wanderweg führt durch einen Wald mit Lenga-Scheinbuchen. Tolle Aussicht auf das Gletschertal und die umliegenden Gipfel.

Geführte Touren

Antares Patagonia (☎ 414-611; www.antares patagonia.com; Barros Arana 111) Ist auf Wandertouren in El Calafate, El Chaltén und Torres del Paine spezialisiert. Hilft bei der Beschaffung von Klettergenehmigungen. Fundierte Expeditionen und maßgeschneiderte Touren.

Baqueano Zamora (☎ 613-531; www.baqueano zamora.com; Av General Baquedano 534) Veranstaltet Reitausflüge und betreibt die Posada Río Serrano.

Chile Nativo (☎ 411-835; www.chilenativo.cl; Eberhard 230, 2. Stock) Vernetzt Besucher mit ortsansässigen Gauchos, organisiert Fotosafaris und nach Kundenwünschen zusammengestellte wunderbare Touren.

Erratic Rock (☎ 410-355; Av General Baquedano 719) Strebt eine nachhaltige touristische Nutzung des Nationalparks Torres del Paine an. Dafür gibt es gute Ratschläge für Besucher (u. a. tgl. um 15 Uhr einen Einführungsvortrag für Wanderer zum Park). Außerdem fördert man Alternativangebote und verleiht Ausrüstung. Die Führer sind auf Touren zum Cabo Froward, zur Insel Navarino und zu weniger bekannten Zielen spezialisiert.

Indomita Big Foot (☎ 414-525; www.indomitapatagonia.com; Bories 206) Beliebte Kajak-, Wander- und Bergsteigertouren, dazu Seminare zum Eis- und Felsklettern.

Rutas Patagonia (☎ 061-613-874; www.rutaspatagonia.com; Blanco Encalada 353; ⏱ 9–13 & 15–22 Uhr) Eiswanderungen und Klettertouren auf dem Glaciar Grey (90 000 Ch$), Kajaktouren auf dem Lago Grey und Río Grey.

Schlafen

Es gibt viele Unterkünfte, die besten aber sind in der Hauptsaison schnell ausgebucht; daher vorab telefonisch reservieren. In der Nebensaison sinken die Preise deutlich.

Hospedaje Nancy (☎ 410-022; www.nateslodge.cl; Ramírez 540; Zi. ohne Bad 5000 Ch$/Pers.; 🖥) Das wegen der freundlichen Gastgeberin Nancy vielgepriesene zweistöckige Wohnhaus bietet etwas abgewohnte Zimmer mit Küchenbenutzung und Internetzugang.

Hostal Dos Lagunas (☎ 415-733; Barros Arana 104; B 8000 Ch$, EZ/DZ ohne Bad 10 000/20 000 Ch$) Alejandro und Andrea sind in Natales geboren und aufmerksame Gastgeber. Pluspunkte sammeln ein sättigendes Frühstück, fließendes Wasser, das nicht nur ein Rinnsal ist, und nützliche Reisetipps. Die Zimmer sind geräumig und warm; Alleinreisende, die ein Doppelzimmer belegen, zahlen 5000 Ch$ zusätzlich.

Casa Cecilia (☎ 613-560; www.casaceciliahostal.com; Rogers 60; DZ mit/ohne Bad 30 000/20 000 Ch$) Mit dem gepflegten, zentral gelegenen Cecilia macht man nichts falsch. Der einzige Nachteil sind die kleine Küche und vollgestellte Zimmer. Die mehrsprachigen Betreiber können gute Tipps geben. Außerdem wird hier hochwertige Campingausrüstung verliehen.

Cuatro Elementos (☎ 415-751; www.4elementos.cl; Esmeralda 813; EZ/DZ/3BZ 20 000/25 000/37 000 Ch$) Das am Rand des Zentrums gelegene umweltfreundliche Haus hat ein paar freie Zimmer, die cool mit wiederverwertetem Zink und Treibholz gestaltet und mit alten Holzöfen versehen sind. Für einen Besuch sprechen Argumente wie das ernsthaft verfolgte Recycling-Konzept oder die geführten Touren mit ökologischer Ausrichtung.

Erratic Rock II (außerhalb der Karte S. 535; ☎ 412-317; www.erraticrock2.com; Zamora 732; DZ 25 000 Ch$; 🖥) Das kuschelige Wohnhaus ist ideal für Paare. Man bekommt ein üppiges Frühstück und geräumige Doppelzimmer in warmen neutralen Farben mit Zierkissen und ordentlichen neuen Bädern.

Amerindia B&B (☎ 411-945; www.hostelamerindia.com; Barros Arana 135; DZ 30 000 Ch$, DZ/3BZ ohne Bad 28 000/25 000 Ch$; 🖥) Mit einer auf Erdfarben abgestimmten Palette und Retro-Touch erweist sich die Pension als ein stilvolles Refugium. Die Betreiber sind nicht übertrieben aufmerksam, sondern eher distanziert. Zum Frühstück gibt es selbstgebackenes Brot und Obst.

Patagonic People Adventure (☎ 412-014; www.patagonicpeopleadventure.com; Bulnes 280; B/DZ/3BZ 30 000/40 000/50 000 Ch$; 🖥) Die einfache, aber stilvolle und makellose Yuppie-Herberge ist mit Dielenböden, gestärkter Bettwäsche und handgewebten Decken ausgestattet. WLAN-Zugang, Kaffee und Tee gibt's kostenlos. Das Frühstück besteht aus selbstgebackenem Brot, Käse, Eier, Saft und Joghurt.

Hotel Indigo (☎ 418-718; www.indigopatagonia.com; Ladrilleros 105; DZ/Suite 95 000/132 500 Ch$; 🖥) Zum Abschluss eines Abenteuertrips kann man sich hier mit Whirlpools auf dem Dach, Spa und luxuriösen Zimmern mit Daunendecken und Kerzenlicht verwöhnen. Naturmaterialien wie Eukalyptusholz und die Kombination aus Schiefer und Metall vermitteln einen ultramodernen Eindruck. Der Service ist zufriedenstellend, eigentliche Attraktion ist aber der Fjord, der sogar noch von der Dusche aus zu sehen ist.

Weitere Budgetunterkünfte:

Backpacker's Magallania (☎ 414-950; Rodgers 255; B 6000 Ch$) Billige Herberge mit schrulligem Dekor.

Los Inmigrantes (☎ 413-482; Carrera Pinto 480; Zi. ohne Bad 7000 Ch$/Pers.) Von einer Familie geführte Budgetunterkunft.

Patagonia Aventura (☎ 411-028; Rogers 179; B 7500 Ch$, DZ ohne Bad 18 000 Ch$) Hostel mit umfassendem Serviceangebot.

Hostal Natales (☎ 410-081; www.hostelnatales.cl; Ladrilleros 209; B/DZ/3BZ 9000/25 000/33 000 Ch$; 🖥) Neueres, stilvolles, aber unpersönliches Hostel.

Essen

Abu Gosch (Bulnes 472) Die Vorräte kann man vor dem Aufbruch zum Park in Natales' größtem Supermarkt aufstocken.

Pan Pa Ya (Bories 349; 9–20 Uhr) Bäckerei mit superfrischem Angebot. Hier bekommt man Brötchen oder Brote aus Vollkornweizen.

Patagonia Dulce (www.patagoniadulce.cl; Barros Arana 233; Getränke 1500 Ch$; 9–20 Uhr) Kaffee und Schokolade.

La Picada de Don Carlitos (Blanco Encalada 444; Tagesmenü 2000 Ch$) In dem schlichten Lokal gibt's jede Menge herzhafter chilenischer Gerichte, z. B. *cazuela de pollo* mit Stampfkartoffeln. Manchem mag es wie eine Kaschemme vorkommen, doch die Einheimischen strömen mittags scharenweise herbei.

El Living (www.el-living.com; Prat 156; Hauptgerichte 3500 Ch$; Nov.–Mitte April 11–23 Uhr) Londoner Lounge mit reichhaltigem vegetarischen Essen, echtem Kaffee und bunt gemischter Musikberieselung. Wein und Bier gibt's auch, der Rest – Salate, Burritos und Suppen aus Bioprodukten – ist einfach nur gesund.

LP Tipp Afrigonia (☎ 412-232; Eberhard 343; Hauptgerichte 4200 Ch$) Das persönliche und innovative Lokal wird von einem freundlichen sambisch-chilenischen Ehepaar geführt und serviert wahre Hochgenüsse. Zu den Spezialitäten zählen ultrafrisches *ceviche* oder Hähnchencurry mit Spinat und zerstampften Erdnüssen. Dazu gibt's warmes Brot und kühles Wasser mit Minzaroma.

La Mesita Grande (Prat 196; Pizza 5000 Ch$; mittags & abends) Man isst an einer einzigen langen, abgewetzten Tafel nicht viel anders als Cowboys nach dem Viehtrieb ... aber es geht ja ums leckere Essen. Die Pizzas haben einen dünnen, knusprigen Boden und sind ausgezeichnet belegt, z. B. mit Rucola und Schinken oder Lachs mit Limonen. Außerdem gibt's sehr gute Pastagerichte und Biosalate mit Produkten aus einem örtlichen Gewächshaus. Vom Fass ausgeschenkt wird das im Ort gebraute Bier Baguales.

Mama Rosa's (☎ 418-718; Ladrilleros 105; Hauptgerichte 6500–9000 Ch$) Im Rosa, das sich im Hotel Indigo befindet, beginnt der Tag mit großem Frühstück und französischem Gebäck und endet mit Königskrabben und heimischem Rindfleisch. Der Speisesaal mit Hellholzdekor und Ausblick auf den Fjord wirkt regelrecht skandinavisch. Wer in einem etwas zwangloserem Ambiente speisen will, sollte die Lounge im ersten Stock ansteuern.

Asador Patagónico (☎ 413-553; Prat 158; Hauptgerichte 8000 Ch$) Nach der Rückkehr von der Wanderung kann man seinen Bärenhunger hier mit über der offenen Flamme zubereitetem Lamm, Steaks und Salaten stillen und bei einem guten Glas Wein die Tour Revue passieren lassen.

Ausgehen

Base Camp (☎ 410-355; Av General Baquedano 719; tgl. 15–12 Uhr) Der bei allen beliebte Expat-Infotreff hat nun auch eine Bar, in der man Spezialbiere trinken und seine Storys erzählen kann.

Shoppen

Emporio de la Pampa (Eberhard 302; Sept.–April 9–22.30 Uhr; 🖥) In dem Wein- und Käseladen kann man sich für Wanderungen mit Leckereien eindecken.

La Maddera (☎ 413-318, 24-Std.-Notdienst 099-418-4100; Prat 297; www.lamadderaoutdoor.com; 8–23.30 Uhr; 🖥) Verkauft Campingausrüstung, u. a. auch Benzin für den Kocher, bietet einen Reparaturservice an und veranstaltet geführte Touren.

An- & Weiterreise

BUS

Puerto Natales hat keinen zentralen Busbahnhof. In der Hauptsaison im Voraus buchen. In der Nebensaison ist das Angebot eingeschränkt.

Zwei- oder dreimal täglich fahren gegen 7, 8 und 14.30 Uhr Busse zu den Torres del Paine. Wer in der Nebensaison zur Mountain Lodge Paine Grande möchte, sollte den Bus morgens nehmen, um den Katamaran (einfache Strecke 11 000 Ch$, 2 Std.) zu erreichen.

Einige Fahrtziele, Preise und Unternehmen:

BUSPREISE

Ziel	Preis (Ch$)	Dauer (Std.)
El Calafate	11 000	5
Punta Arenas	4000	3
Torres del Paine	8000	2
Ushuaia	28 000	12

Bus Sur (☎ 614-221; www.bus-sur.cl; Av General Baquedano 658) Punta Arenas, Torres del Paine, Puerto Montt, El Calafate, Río Turbio & Ushuaia.

Buses Fernández & Pingüino (☎ 411-111; www.busesfernandez.com; Ecke Esmeralda & Ramirez) Torres del Paine & Punta Arenas.

Buses Gómez (☎ 411-971; www.busesgomez.com; Prat 234) Torres del Paine.

Buses JB (☎ 412-824; busesjb@hotmail.com; Prat 258) Torres del Paine.

Buses Pacheco (☎ 414-513; www.busespacheco.com; Av General Baquedano 244) Punta Arenas, Río Grande & Ushuaia.

Cootra (☎ 412-785; Av General Baquedano 456) Fährt täglich um 7.30 Uhr nach El Calafate.

Turismo Zaahj (☎ 412-260/355; www.turismozaahj.co.cl; Prat 236/70) Torres del Paine & El Calafate.

SCHIFF/FÄHRE

Das Wetter und die Gezeiten beeinflussen die Fahrpläne der Fähren. Die Fahrt mit der *Magallanes* (Puerto Montt–Punta Arenas) von Navimags sollte man sich bei **Turismo Comapa** (☎ 414-300; www.comapa.com; Bulnes 533) bestätigen lassen. Infos zu Fahrpreisen stehen auf S. 515.

Unterwegs vor Ort

Bei **Emsa/Avis** (☎ 241-182; Bulnes 632) kann man Autos mieten, allerdings sind die Preise in Punta Arenas günstiger.

World's End (Blanco Encalada 226-A) verleiht Fahrräder.

PARQUE NACIONAL TORRES DEL PAINE

Die mehr als 2000 m fast senkrecht aus der patagonischen Steppe aufragenden Granitnadeln, die Torres del Paine („blaue Türme"; *paine*, blau, ist ein Wort aus der Sprache der Mapuche) dominieren die Landschaft im vielleicht schönsten Nationalpark Südamerikas. Die meisten Besucher kommen in das 1810 km² große Unesco-Biosphärenreservat, um die Felsnadeln zu besichtigen, entdecken dann aber, dass es hier noch andere, genauso eindrucksvolle, aber weniger überlaufene Attraktionen gibt. Man braucht wasserdichte Kleidung, einen Schlafsack aus Synthetikmaterial und – sofern man campen will – ein gutes Zelt. Das Wetter ist unvorhersagbar und launisch: Plötzliche Stürme mit Regenfällen und gewaltige Wolkenbrüche können quasi aus dem Nichts auftauchen. Angesichts der starken Beanspruchung des Parks in der Hauptsaison ist die strikte Einhaltung aller Regeln unabdingbar. 2005 verursachte ein unachtsamer Wanderer, der einen Kocher bei stürmischem Wetter benutzte, einen Großbrand, der 10 % des Parks vernichtete. Man sollte sich umweltbewusst verhalten und möglichst wenig Spuren hinterlassen – schließlich ist man nur einer von fast 200 000 Besuchern pro Jahr. Will man dem großen Ansturm aus dem Weg gehen, bietet sich ein Besuch im November oder im März oder April an.

Orientierung & Praktische Informationen

Der Nationalpark liegt 112 km nördlich von Puerto Natales und ist über eine ordentliche Schotterpiste erschlossen. Eine neue Straße von Puerto Natales zur *administración* (Verwaltung) des Parks stellt eine südlich verlaufende, kürzere, direktere Verbindung dar. Sie wird aber von öffentlichen Verkehrsmitteln nicht bedient. An der Hauptstrecke gibt es bei Villa Cerro Castillo einen Grenzübergang zum argentinischen Cancha Carrera. Die Straße setzt sich dann 40 km weiter nach Norden und Westen fort und führt zur **Portería Sarmiento** (www.pntp.cl; Eintritt HS/NS15 000/5000 Ch$), wo die Eintrittsgebühren fällig werden. Danach sind es noch weitere 37 km bis zur *administración* und dem **Conaf Centro de Visitantes** (Besucherzentrum der Forstverwaltung; ☼ Sommer 9–20 Uhr), wo man gute Informationen über das Ökosystem des Parks und den Zustand der Wege erhält. Der Park ist das ganze Jahr über geöffnet.

Infos im Netz gibt's auf den Websites **Torres del Paine** (www.torresdelpaine.com) und **Erratic Rock** (www.erraticrock.com); letztere enthält eine gute Auflistung dessen, was ein Backpacker im Park so braucht.

Aktivitäten

WANDERN

Für den Rundweg (das „W" plus Rückseite der Gipfel) braucht man sieben bis neun Tage, für das „W" alleine vier bis fünf. Ein oder zwei Tage muss man noch für die An- und Rückfahrt einkalkulieren. Die meisten Wanderer brechen zu beiden Touren an der Laguna Amarga auf und marschieren nach Westen. Man kann aber auch von der *administración* aus loswandern oder den Katamaran von Pudeto zur Mountain Lodge Paine Grande nehmen und dort beginnen. Wandert man ungefähr von Südwesten nach Nordosten entlang des „W", hat man einen besseren Ausblick auf Los Cuernos. Es ist prinzipiell davon abzuraten, alleine zu wandern; das gilt ganz besonders für den hinteren Teil des Rundkurses.

Das „W"
Der Weg zum **Mirador Las Torres** ist vergleichsweise einfach, abgesehen von der letzten Wegstunde, in der man über Felsen klettern muss. Der Streckenabschnitt zum Refugio Los Cuernos ist der windigste. Das **Valle Frances** sollte man nicht auslassen und Zeit einplanen, um den Aussichtspunkt bei Campamento Británico zu erreichen. Die Strecke von Valle Frances zur Mountain Lodge Paine Grande ist relativ leicht, nur kann es hier sehr windig werden. Der Abschnitt bis zum **Lago Grey** ist mittelschwer und hat einige steile Stellen. Der Aussichtspunkt auf den Gletscher liegt eine weitere halbe Stunde hinter dem *refugio*.

Der Rundweg
Die Landschaft auf der Rückseite der Gipfel ist viel öder, aber trotzdem schön. Auf dem Paso John Garner, dem schwierigsten Teil der Strecke, muss man manchmal durch knietiefen Schlamm und Schnee stapfen. Es gibt ein *refugio* bei Los Perros, ansonsten zeltet man in der freien Natur. Zwischen jeder Lagerstelle muss man einen Marsch von vier bis sechs Stunden einplanen.

Noch mehr Wanderwege
Von der *administración* führt eine dreistündige, leichte Wanderung über ebenes Gelände zur Mountain Lodge Paine Grande. Die Aussicht auf diesem Trail ist fantastisch. Ein wirklich einsamer vierstündiger Weg führt von Guadería Lago Grey am Río Pingo entlang zu der Stätte, wo früher das Refugio Zapata stand. Wandert man noch anderthalb bis zwei Stunden weiter, erreicht man einen Aussichtspunkt, von dem aus man einen herrlichen Blick auf den **Glaciar Zapata** hat.

GLETSCHERWANDERN & KAJAKFAHREN
Bei mehrtägigen Touren mit **Indomita Big Foot** (☎ 061-414-525; www.indomitapatagonia.com; Bories 206, Puerto Natales) paddelt man durch urtümliche Ecken des Parks. Die Touren sind nicht billig, können aber sehr unterhaltsam sein. Der in Puerto Natales ansässige Veranstalter **Rutas Patagonia** (s. S. 536) bietet Kajakfahrten auf dem Lago Grey und dem Río Grey (halber Tag 40 000 Ch$) sowie von Oktober bis Mai auch Eiswanderungen auf dem Glaciar Grey (70 000 Ch$) an. Das Rutas-Patagonia-Büro am Refugio Grey hat einen Abholservice.

REITEN
Der östliche Abschnitt des Parks befindet sich in Privatbesitz. Pferde dürfen daher nicht von dem einen Teil in den anderen mitgenommen werden. **Baqueano Zamora** (☎ 061-613-531; www.baqueanozamora.com; Av General Baquedano 534, Puerto Natales) veranstaltet Ausritte zum Lago Pingo, Lago Paine, Lago Azul und zur Laguna Amarga (halber Tag inkl. Mittagessen 27 500 Ch$). Dem **Hotel Las Torres** (☎ 061-710-050; www.lastorres.com) gehört der östliche Abschnitt des Parks. Hier gibt es ganztägige Ausritte rund um den Lago Nordenskjöld und darüber hinaus (35 000 Ch$ inkl. Snacks).

Schlafen
Unbedingt reservieren! Wer ohne Reservierung anreist, ist vor allem in der Hauptsaison gezwungen, Campingzeug mitzuschleppen. Reserviert wird direkt bei den Konzessionsinhabern: **Vertices Patagonia** (☎ 061-412-742; www.verticepatagonia.cl) verwaltet die Mountain Lodge Paine Grande, die *refugios* Grey und Dickson sowie das Campamento Perros, **Fantástico Sur** (☎ 061-710-050; www.fantasticosur.com) die *refugios* Torres, Chileno, Los Cuernos und Serón sowie die angeschlossenen Campingplätze.

Zum Einchecken den Pass oder eine Kopie mitbringen. Das Personal kann per Funk die nächste Reservierung bestätigen. Angesichts der großen Menge an Wanderern sind Engpässe immer drin – also auch Geduld mitbringen.

CAMPING
Ein Stellplatz bei den *refugios* kostet 4000 Ch$, warme Duschen sind im Preis enthalten. Die *refugios* verleihen auch Zelte (7000 Ch$/Pers.), Schlafsäcke (4500 Ch$) und Matten (1500 Ch$) – wegen möglicher Engpässe empfiehlt es sich aber, seine eigene Ausrüs-

PARQUE NACIONAL TORRES DEL PAINE

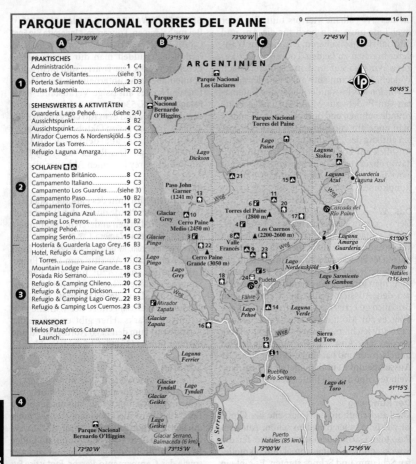

PRAKTISCHES
- Administración...............................1 C4
- Centro de Visitantes...............(siehe 1)
- Portería Sarmiento.....................2 D3
- Rutas Patagonia.....................(siehe 22)

SEHENSWERTES & AKTIVITÄTEN
- Guardería Lago Pehoé..........(siehe 24)
- Aussichtspunkt............................3 B2
- Aussichtspunkt............................4 C2
- Mirador Cuernos & Nordenskjöld..5 C3
- Mirador Las Torres.......................6 C2
- Refugio Laguna Amarga...............7 D2

SCHLAFEN
- Campamento Británico................8 C2
- Campamento Italiano..................9 C2
- Campamento Los Guardas......(siehe 3)
- Campamento Paso......................10 B2
- Campamento Torres...................11 C2
- Camping Laguna Azul.................12 D2
- Camping Los Perros....................13 B2
- Camping Pehoé..........................14 C3
- Camping Serón...........................15 C2
- Hostería & Guardería Lago Grey..16 B3
- Hotel, Refugio & Camping Las Torres...17 C2
- Mountain Lodge Paine Grande...18 C3
- Posada Río Serrano....................19 C3
- Refugio & Camping Chileno.......20 C2
- Refugio & Camping Dickson......21 C2
- Refugio & Camping Lago Grey..22 B3
- Refugio & Camping Los Cuernos..23 C3

TRANSPORT
- Hielos Patagónicos Catamaran Launch...........................24 C3

---

tung mitzubringen. In kleinen Kiosken werden Nudeln, Tütensuppen und Butan zu teuren Preisen verkauft. Die von Conaf verwalteten Plätze sind kostenlos, aber auch sehr rustikal. Viele Camper berichten, dass sich Mäuse auf den Plätzen herumtreiben. Deswegen sollte man niemals Essen herumliegen lassen und schon gar nicht benutztes Toilettenpapier einfach in der Landschaft entsorgen.

REFUGIOS

In den Zimmern der *refugios* stehen je vier bis acht Stockbetten. Wer sich im Haus einquartiert hat, darf die Küche benutzen (zu bestimmten Zeiten); außerdem gibt es warme Duschen und Mahlzeiten. Ein Bett kostet zwischen 12 500 und 17 500 Ch$, ein Leihschlafsack 4500 Ch$ und eine Mahlzeit zwischen 4000 und 7500 Ch$. Sollte das *refugio* überbucht sein, stellt einem das Personal die notwendige Ausrüstung zum Campen bereit. Die meisten *refugios* werden Ende April geschlossen. Die Mountain Lodge Paine Grande ist das einzige ganzjährig geöffnete *refugio*, das in der Nebensaison allerdings nur ein sehr eingeschränktes Angebot hat.

An- & Weiterreise

Infos über die Verkehrsverbindungen zum Park finden sich im Abschnitt zu Puerto Natales (S. 537).

Busse setzen ihre Passagiere an der Laguna Amarga, der Katamarananlegestelle in Pudeto und an der Parkverwaltung ab. Der Kata-

PARQUE NACIONAL BERNARDO O'HIGGINS

Hier hinterlassen Touristen keine Spuren: Der Nationalpark, der das größte Gletscherfeld umschließt, ist nur per Boot zu erreichen. **Turismo 21 de Mayo** (☎ 061-411-978; www.turismo21demayo.cl; Eberhard 560, Puerto Natales) veranstaltet einen ganztägigen Bootsausflug (60 000 Ch$ inkl. Mittagessen) bis zur Zunge des Glaciar Serrano. Man kann dann mit einem Zodiac-Schlauchboot zu den Torres del Paine (85 000 Ch$) weiterfahren. Dabei ist ein Mittagessen auf der Estancia Balmaceda inbegriffen, wo man einen prachtvollen Ausblick auf das südliche Gletschergebiet und den unberührten Wald hat.

maran **Hielos Patagónicos** (einfache Strecke/hin & zurück 11 000/18 000 pro Pers.) fährt zur Mountain Lodge Paine Grande (Dez.–Mitte März 9.30, 12 & 18 Uhr, Ende März & Nov. 12 & 18 Uhr). Ein anderer fährt zweimal täglich auf dem Lago Grey zwischen der **Hostería Lago Grey** (☎ 061-712-100; www.lagogrey.cl) und dem Refugio Lago Grey (hin & zurück 40 000 Ch$, 1½–2 Std.); den Fahrplan bei der *hostería* erfragen.

FEUERLAND (TIERRA DEL FUEGO)

Feuerland ist neblig, windig und feucht. Der chilenische Teil umfasst die Hälfte der Hauptinsel Isla Grande, die südlich davon gelegene Isla Navarino und eine Gruppe kleinerer Inseln, von denen viele unbewohnt sind. Mit nur 7000 Einwohnern ist dies die am dünnsten besiedelte Region Chiles. Porvenir gilt als wichtigste Stadt Feuerlands, sofern bei dieser Siedlung überhaupt noch von Stadt die Rede sein kann. Das Land jedenfalls besitzt einen rauen und wilden Charme: Wer sich bis in diese Breiten vorwagt, genießt auf jeden Fall die Einsamkeit am Ende der bewohnten Welt.

Isla Navarino

Ushuaia kann man getrost vergessen: Das Ende der Welt ist hier! Fohlen springen auf der Hauptstraße umher, während Jachten auf der Umrundung des Kap Hoorn Zuflucht suchen. Mit mehr als 150 km an Wanderwegen ist die Isla Navarino ein raues Backpackerparadies mit abgelegenen schiefergrauen Seen, Wäldern voller moosbewachsener Lenga-Scheinbuchen und den zerklüfteten Felsnadeln der **Dientes de Navarino**. In den 1940er-Jahren wurden kanadische Biber auf der Insel ausgesetzt; heute sind sie mit rund 40 000 Exemplaren zu einer Landplage geworden und stehen sogar auf der Speisekarte. Die einzige Stadt ist die Marinesiedlung **Puerto Williams** (2500 Ew.), der offizielle Zugangshafen für Frachtschiffe auf dem Weg zum Kap Hoorn und zur Antarktis. Hier lebt auch die letzte Nachkommin des Ureinwohnervolks der Yámana bzw. Yagan, die noch die Sprache ihrer Ahnen beherrscht.

SEHENSWERTES & AKTIVITÄTEN

Auf der Insel gibt es sagenhafte Wandermöglichkeiten. Bei der Tageswanderung auf den **Cerro Bandera** hat man einen weiten Blick über den Beagle-Kanal. Diese Wanderung beginnt am Ausgangspunkt des Navarino-Rundwegs und führt dann steil durch Lenga-Scheinbuchenwälder und über geröllbedeckte, windige Hügelkuppen. Wagemutige Backpacker setzen den Weg, auf dem sie sich selbst versorgen müssen, fort und absolvieren den gesamten 53,5 km langen und fünf Tage dauernden **Circuito Dientes de Navarino**, auf dem sagenhafte, sturmumtoste Ausblicke auf die Felsnadeln Navarinos warten.

Wer an geführten Angel- und Wandertouren interessiert ist, sollte **Turismo Shila** (☎ 621-745; www.truismoshila.cl; Plaza de Ancla s/n; 9–13 & 15–19 Uhr) kontaktieren. In dem kleinen Kiosk erhält man einfache Wanderkarten und Benzin für den Campingkocher und kann Campingausrüstung und Fahrräder (5000 Ch$/Tag) leihen. Mehrsprachige Führer hat der empfohlene Veranstalter **Fuegia & Co** (☎ 621-251; fuegia@usa.net; Ortiz 049).

Das wunderbare **Museo Martín Gusinde** (☎ 621-043; Ecke Araguay & Gusinde; Spende erwartet; Mo–Fr 9–13 & 14.30–19, Sa & So 14.30–18.30 Uhr) widmet sich dem Erbe der Yámana und hat ein stilvolles Café und ein Internetcenter.

SCHLAFEN & ESSEN

Im **Sur Sur Hostel** (☎ 621-849; sursur.turismo@gmail.com; Maragano s/n; B 8000 Ch$, DZ 30 000–40 000 Ch$) gibt's angemessene Unterkünfte; der gesellige argentinische Betreiber Gustavo ist eifrig bemüht, seine Gäste zufriedenzustellen. Das bunte Hostel **Refugio El Padrino** (☎ 621-136; ceciliamancillao @yahoo.com.ar; Costanera 267; B 10 000 Ch$) steht direkt am Kanal und hat eine Außenterrasse. Das empfohlene **Residencial Pusaki** (☎ 621-116; patty pusaki@yahoo.es; Piloto Pardo 260; EZ/DZ 10 500/21 000 Ch$)

> **ABSTECHER: PORVENIR**
>
> Wer eine Kostprobe vom Leben in Feuerland haben will, ist hier genau richtig. Verbringt man eine Nacht in dem rostigen Dorf mit seinen metallverkleideten viktorianischen Häusern, hat man Gelegenheit, die nahe gelegenen Buchten und das Hinterland zu erkunden, und gewinnt Einblick in die Lebensweise der Einheimischen. **Cordillera Darwin Expediciones** (☎ 580-167, 099-888-6380; www.cordilleradarwin.com; Bahía Chilota s/n am Fährhafen) veranstaltet Touren mit einem traditionellen Chilote-Fischerboot zu den Peale-Delfinen (15 000 Ch$ inkl. Verpflegung). Das **Hotel Central** (☎ 580-077; Philippi 298; EZ/DZ inkl. Frühstück 12 000/20 000 Ch$) hat gemütliche Zimmer. Infos zu Fährverbindungen gibt's auf S. 534.

empfängt Traveller mit komfortablen Zimmern und wunderbaren Gerichten (im Voraus bestellen), die die tatkräftige Patty zubereitet.

Vorräte kann man bei verschiedenen Minimärkten in Puerto Williams kaufen, die Preise sind jedoch knackig. Jovial geht's im **Angelus** (☎ 621-080; Centro Comercial 151; ☾ So geschl.) zu, einer gut besuchten Kneipe, in der man hausgemachte Pasteten und leckere Krabben-Pasta bekommt. Die Bar des legendären **Club de Yates Micalvi**, der in einem gestrandeten deutschen Kanonenboot am Dock untergebracht ist, erwacht nach 21 Uhr zum Leben.

AN- & WEITERREISE

Aerovías DAP (☎ 621-051; www.dap.cl; Plaza de Ancla s/n) fliegt nach Punta Arenas (einfche Strecke 55 000 Ch$). **Aeroclub Ushuaia** (in Ushuaia ☎ 54-02901-421717; www.aeroclubushuaia.org.ar) fliegt an drei Vormittagen pro Woche von Ushuaia nach Puerto Williams (einfache Strecke 120 US$).

Die Fähre von **Transbordadora Austral Broom** (www.tabsa.cl) fährt zwei- oder dreimal pro Monat immer freitags von Puerto Williams nach Punta Arenas (Liegesitz/Kabine 95 000/115 000 Ch$ inkl. Mahlzeiten, 38 Std.).

Ushuaia Boating (☎ 061-621227, 098-269-5812; Maragano 168; einfache Strecke 87 000 Ch$) ist zwischen September und März täglich nach Ushuaia unterwegs. Die Fahrt mit den Festrumpf-Schlauchbooten dauert zwar nur 40 Minuten, aber zuvor muss ein Bus (im Preis enthalten) die Passagiere nach Puerto Navarino (1½ Std.) bringen. Im Angelus reservieren.

ISLA ROBINSON CRUSOE

Der schottische Seemann Alexander Selkirk, das Vorbild für Defoes Robinson Crusoe, verbrachte lange Jahre auf diesem felsigen Eiland im Pazifik. Der Juan-Fernández-Archipel, eine Kette kleiner Vulkaninseln 667 km östlich von Valparaíso, war einst eine Zwischenstation für Freibeuter, Robbenschläger und Kriegsschiffe. In modernen Zeiten ist er fast unbekannt – was schon seltsam ist angesichts der sich um die Inseln rankenden Legenden und der rauen, spektakulären Landschaft, durch die klare Bäche strömen.

Die Inselgruppe ist ein Unesco-Weltbiosphärenreservat und seit 1935 ein Nationalpark. Sie hat ein gemäßigtes Klima und eine Vegetation, die teils andinen, teils hawaiianischen Verhältnissen ähnelt. Allerdings hat die endemische Pflanzenwelt sehr unter der Einschleppung von Pflanzen- und Tierarten vom Festland gelitten, so auch unter den Ziegen, von denen sich Selkirk seinerzeit ernährte. Der Bestand an Juan-Fernández-Seebären, die vor einem Jahrhundert durch Bejagung fast ausgerottet waren, hat sich erholt. Vogelbeobachter halten Ausschau nach dem vom Aussterben bedrohten Juan-Fernández-Kolibri. Die Hähne haben ein leuchtend rotes Federkleid.

SAN JUAN BAUTISTA
☎ 032 / 600 Ew.

Geschützt von steilen Gipfeln und umgeben von Pferdeweiden liegt die Hummerfischer-Gemeinde San Juan Bautista an der Bahía Cumberland. Die einzige Siedlung auf der Insel ist der Inbegriff eines verschlafenen Fischerdorfs: Man sieht Hummerfischer mit Strickmützen auf dem Kopf und in den staubigen Läden geht der Vorrat an Käse und Bier aus, wenn sich das Proviantschiff verspätet. Geldautomaten oder Wechselstuben gibt es nicht. Man muss also Bargeld – möglichst in kleinen Scheinen – vom Festland mitbringen. Das **Centro Información Turista** (Vicente González) befindet sich am oberen Ende der Vicente González, 500 m landeinwärts von der *costanera* (Küstenstraße). Das von Conaf betriebene Büro hat auch eine Liste der registrierten Führer und einen Tourkalender.

Sehenswertes & Aktivitäten

Die Seefahrervergangenheit wird auf dem **Friedhof** nahe dem Leuchtturm wieder leben-

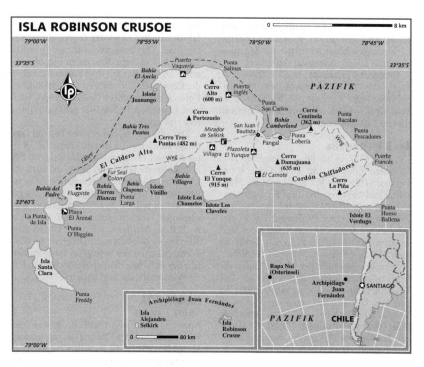

dig, auf dem spanische, französische und deutsche Einwanderer begraben liegen, darunter Teile der Besatzung des deutschen Kriegsschiffs *Dresden,* das dessen Kapitän im Ersten Weltkrieg nach britischem Beschuss im Hafen versenkt hat. Die **Cuevas de los Patriotas** sind dumpfe Höhlen, in denen mehr als 40 chilenische Freiheitskämpfer mehrere Jahre leben mussten, nachdem sie von den Spaniern infolge der Schlacht von Rancagua (1814) auf die Insel verbannt worden waren. Direkt oberhalb der Höhlen erhebt sich die **Fuerte Santa Bárbara**, das die Spanier 1749 erbauten, um die Piraten abzuschrecken. Der fantastische, die gesamte Insel umfassende **Nationalpark** (Eintritt 3000 Ch$/7 Tage) bietet ausgezeichnete Wandermöglichkeiten. Ein 3 km langer Wanderweg führt zum **Mirador de Selkirk**, von dem man aus einen tolle Aussicht hat. Der Weg setzt sich weiter nach Süden fort. Nach einer Stunde hat man **Villagra** (4,8 km) erreicht, dann geht es längs der Klippen zur **Punta La Isla** (13 km). An beiden Stellen kann man campen. Auf dem Weg kommt man an der **Bahía Tierras Blancas** vorbei, der wichtigsten Kolonie der Juan-Fernández-Seebären auf der Insel. Einige Wege sind nur eingeschränkt und mit Führer zugänglich; Infos dazu gibt's in der Touristeninformation. Beliebte Aktivitäten sind Schnorcheln an der Seite von Seebären und Sporttauchen.

Schlafen & Essen

In den meisten *hospedajes* wird für die Gäste gekocht, da Restaurants nur sporadisch geöffnet sind.

Residencial Mirador de Selkirk (☎ 275-1028; Pasaje del Castillo 251; Zi. ohne Bad 25 000 Ch$/Pers.) Das hoch am Hang gelegene Familienwohnhaus hat drei gemütliche Zimmer und eine große Terrasse. Die fantastischen Hummer-Empanadas und das Meeresfrüchte-*parol* (Eintopf; 5000 Ch$), die Señora Julia zubereitet, sollte man sich nicht entgehen lassen.

LP Tipp **Hostal Club Pez Volador** (☎ 275-1227; fabianapersia@endemica.com; Alcalde 399B; EZ/DZ 35 000/70 000 Ch$; 🖳) In dem modernen und schicken B&B herrscht dank der wunderbaren Gastgeber prima Stimmung. Kräftige Farben akzentuieren die geräumigen, schönen Zimmer. Vor allem aber sorgt die Clubhausatmosphäre dafür, dass man sich hier direkt am

Wasser wie in einem spaßigen Basiscamp fühlt. Den Eigentümern gehört auch Endémica, ein angesehener Ausrüster für Sporttaucher und andere Abenteueraktivitäten.

Cumberland Restaurant (☎ 275-1030; Alcalde s/n; Hauptgerichte 4000 Ch$; mittags & abends, Mo geschl.) Schmackhafte Fischsandwichs, Schnapper vom Grill sowie Steaks und Salate gibt's in diesem Familienlokal.

An- & Weiterreise

Der Flug von/zur Insel dauert ungefähr zwei Stunden; zulässig sind 10 kg Gepäck pro Person. Schlechtes Wetters kann die Flüge schon mal um zwei, drei Tage verzögern.

Lassa (☎ 02-273-4354; lassa@entelchile.net; Av Larraín 7941) fliegt mit einer 19-sitzigen Twin Otter (hin & zurück 400 000 Ch$, 2 Std.), der Start ist vormittags. Bezahlen kann man direkt vor dem Abflug auf dem Aeródromo Tobalaba.

Versorgungsschiffe der Marine laufen die Insel ungefähr sechsmal pro Jahr an. Die Überfahrt ohne alle Extras kostet 8500 Ch$ pro Tag. Die Mitfahrt muss ein Monat im Voraus schriftlich bei der Marine, **Armada de Chile: Comando de Transporte** (☎ 032-2506-354; Primera Zona Naval, Prat 620, Valparaíso), beantragt werden. Detaillierte Auskünfte gibt's telefonisch.

RAPA NUI (OSTERINSEL)

Die von allen Kontinenten weit entfernte, gänzlich isolierte Osterinsel ist eine Fundgrube für Archäologen, die nach wie vor nicht alle Rätsel des Eilands gelöst haben. Auch die kristallklare Brandung, wilde Pferde und grasbewachsene Landschaften sind sehenswert, alles wird aber von den mysteriösen *moais* (Kolossalstatuen) übertroffen. Das von seinen Bewohnern *Te Pito o Te Henua* (der Nabel der Welt) genannte, kleine polynesische Eiland (117 km²) liegt völlig abseits der Route der meisten Südamerika-Traveller. Wer aber die Kosten und Mühe eines „Abstechers" nicht scheut, wird diesen nicht bereuen.

Der niederländische Seefahrer Jakob Roggeveen landete hier am Ostersonntag 1722 und gab der Insel ihren europäischen Namen. Die Insel wurde 1888 von Chile annektiert, aber weiterhin als eine einzige, private Schaffarm verpachtet, während die Ureinwohner, die Rapa Nui, sich bis 1953 nur in Hanga Roa frei bewegen durften. Erst in den 1960er-Jahren erhielten sie wieder Zugang zur gesamten Insel. Die heutigen Insulaner sprechen Spanisch und Rapa Nui, einen ostpolynesischen Dialekt, der mit dem Rarotongaischen der Cookinseln verwandt ist. Zu den üblichen Phrasen zählen *iorana* (willkommen), *maururu* (danke), *pehe koe* (wie geht's dir?) und *riva riva* (gut).

Das aufwendige, farbenfrohe Festival **Tapati Rapa Nui** feiert jedes Jahr im Februar die Kultur der Insel. Die touristische Hauptsaison fällt in die Monate Januar bis März, die auch die wärmsten sind. In der Nebensaison ist es relativ ruhig. Für die Besichtigung der wichtigsten Stätten sollte man mindestens drei Tage einplanen. Wer vom chilenischen Festland aus nach Rapa Nui reist, muss die Uhren zwei Stunden zurückstellen, die Differenz zur Mitteleuropäischen Zeit beträgt im Sommerhalbjahr der südlichen Hemisphäre sechs Stunden, im Winterhalbjahr acht Stunden.

HANGA ROA

☎ 032 / 4400 Ew.

Blauer Himmel und friedliche, gewundene Straßen machen den Charme des geruhsamen Hanga Roa aus. Trotz der vielen Touristen im Sommer geht es im Ort gemächlich zu. Die Hauptstraße ist die in Nord-Süd-Richtung verlaufende Av Atamu Tekena, an der es einen Supermarkt, Läden, einen Kunsthandwerksmarkt und Restaurants gibt. Die Policarpo Toro führt gleich unterhalb am Ufer entlang. Die in Ost-West-Richtung verlaufende Av Te Pito o Te Henua führt von Caleta Hanga Roa, einer kleinen Bucht mit Fischerhafen, zur Kirche.

Praktische Informationen

Unterkünfte bieten einen Wäschereiservice an.

Banco del Estado (☎ 210-0221; Av Pont s/n; Mo-Fr 8–13 Uhr) Wechselt US-Dollar und Euro. Der Geldautomat akzeptiert nur MasterCard.

Banco Santander (Policarpo Toro s/n; Mo–Fr 8–13 Uhr) Der rund um die Uhr zugängliche Geldautomat akzeptiert Visa-Karten.

Hospital Hanga Roa (☎ 210-0215; Av Simon Paoa s/n)

Post (Av Te Pito o Te Henua) Einen halben Block von der Caleta Hanga Roa entfernt.

Sernatur (☎ 210-0255; ipascua@sernatur.cl; Tu'u Maheke s/n; Mo–Fr 8.30–17.30 Uhr) Vertreibt einfache Karten der Insel.

Taim@net (Av Atamu Tekena s/n; 1600 Ch$/Std.; 10–22 Uhr) Internetcafé und Telefoncenter.

Gefahren & Ärgernisse

Wertsachen im Schließfach in der Unterkunft lassen. Wegen der starken Sonneneinstrahlung sind schützende Kleidung und Sonnenblocker erforderlich. Ausreichend Trinkwasser mitnehmen.

Sehenswertes & Aktivitäten

Die erste Anlaufstelle für Rapa-Nui-Neulinge ist das **Museo Antropológico Sebastián Englert** (☎ 255-1020; www.museorapanui.cl; Sector Tahai; Eintritt 1000 Ch$; ◷ Di–Fr 9.30–12.30 & 14–17.30, Sa & So 9.30–12.30 Uhr) nördlich des Orts. Hier sind *moaikavakava*-Exemplare (wörtlich „Rippenstatuen") und Nachbildungen von *rongorongo*-Täfelchen ausgestellt. Die feinen Holzschnitzereien in der **Iglesia Hanga Roa**, der katholischen Kirche auf der Insel, verbinden die Tradition der Rapa Nui mit der christlichen Lehre. Wer sich für den Klang der Sprache interessiert, kann den Gottesdienst um 9 Uhr besuchen, der auf Rapa Nui gehalten wird.

Für Tauchenthusiasten bietet **Orca** (☎ 255-0375; www.seemorca.cl; Caleta Hanga Roa s/n; ◷ Mo–Sa) Tauchtouren (25 000 Ch$) und Schnorcheltrips nach Motu Nui (15 000 Ch$/Pers., min. 4 Teilnehmer). **Hare Orca** (☎ 255-0375; Caleta Hanga Roa s/n) vermietet Bodyboards und Surfbretter (10 000 Ch$/halber Tag).

Unzählige Veranstalter bieten geführte Touren zu den wichtigsten Stätten auf der Insel (30 000 Ch$/Tag) an, darunter **Kia Koe Tour** (☎ 210-0852; www.kiakoetour.cl; Av Atamu Tekena s/n) und **Haumaka Tours** (☎ 210-0274; www.haumaka tours.com; Ecke Av Atamu Tekena & Av Hotu Matua).

Schlafen

In der Hauptsaison weit im Voraus buchen. Die Unterkünfte sorgen in der Regel für die Abholung vom Flughafen.

Camping Mihinoa (☎ 255-1593; www.mihinoa.com; Av Pont s/n; Stellplatz 4500 Ch$/Pers., B 7000 Ch$, DZ 18 000–20 000 Ch$, ohne Bad 8000 Ch$; 💻) Der grasbewachsene Platz (ohne Schatten) punktet mit einem lustigen Backpackerambiente, freundlichem Service und einem Blick auf die tosende Brandung. Vom Ort ist es lediglich angenehme zehn Gehminuten entfernt. Gäste dürfen die Küche benutzen und Fahrräder, Autos und Zelte (1000 Ch$) leihen.

Residencial Apina Tupuna (☎ 210-0763; www. apinatupuna.com; Av Apina s/n; Stellplatz 4500 Ch$/Pers., Zi.

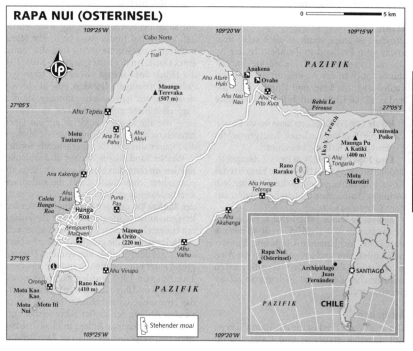

Erw./Student 15 000/10 000 Ch$, DZ/3BZ 25 000/35 000 Ch$) Die einfache, aber saubere Budgetunterkunft ist eine feste Größe für Budgettraveller, doch auch die Extraausgabe für einen Bungalow lohnt sich. Camper können ihr eigenes Zelt aufstellen.

Chez Cecilia (☎ 210-499; www.rapanuichezcecilia.com; Atama Tekena s/n; Stellplatz 4500 Ch$/Pers., EZ/DZ mit Frühstück 24 000/36 000 Ch$, Cabaña für 2 Pers. 30 000 Ch$) Freundliche Anlage mit einer Reihe sauberer, schlichter Zimmer und Hütten ohne Küchen. In der Nähe von Ahu Tongariki.

Te Ora (☎ 255-1038; www.rapanuiteora.com; Av Apina s/n; Zi. 35 000–55 000 Ch$; 🖳) Das schnuckelige B&B lockt mit frischen, gefliesten Zimmern, die sich zu einem Hof mit blühenden Pflanzen öffnen. Die nette kanadische Gastgeberin Sharon ist sehr hilfsbereit. Es gibt zwar kein Frühstück, aber eine Gemeinschaftsküche und auch WLAN.

Sunset Cottages (☎ 255-2171; www.rapanuisunset. cl; Petero Atamu; Cabaña EZ/DZ/3BZ mit Frühstück 40 000/60 000/90 000 Ch$) Vier pieksaubere, geschmackvolle Hütten mit Klimaanlage, Fernseher und Kühlbar auf einer Rasenfläche. Der Betreiber ist China, ein geschätzter, englisch sprechender Fremdenführer.

Essen

Proviant ist teuer, wenn möglich sollte man etwas vom Festland mitbringen. In der Av Atamu Tekena gibt es kleine Märkte. Imbissstände (auch in der Av Policarpo Toro) verkaufen köstliche Käse- und Thunfisch-Empanadas (2500 Ch$) und billige, sättigende Gerichte.

Mikafé (☎ 255-1059; Caleta Hanga Roa s/n; Eiswaffel 1500 Ch$; ⌚ 9–20 Uhr) Leckeres, hausgemachtes Eis und guten Kaffee gibt es hier.

Kona Yoga (☎ 255-1524; Av Pont s/n; Hauptgerichte 3000–10 000 Ch$; ⌚ 13–21 Uhr) Außer Yoga hat das Kona innovative vegetarische Gerichte, ein sonniges Ambiente und frische Zutaten aus dem Garten zu bieten.

Au Bout du Monde (☎ 255-2060; Av Policarpo Toro s/n; Hauptgerichte 9000–15 000 Ch$; ⌚ Mi–Mo mittags & abends) Die Kochbananen-Chips und die Garnelen mit Curry und Ingwer lohnen die Ausgabe für ein Essen in dem ambitionierten französischen Restaurant, in dem man auf der Terrasse speist.

Ausgehen

Der wichtigste Treff ist die Av Atamu Tekena mit netten Restaurants und Cafés, die im Sommer Livemusik haben. Zu ihnen gehört **Te Moana** (Av Atamu Tekena s/n; ⌚ Mo–Sa 11 Uhr–open end). Weiter südlich lockt das **Aloha Pub-Restaurant** (Av Atamu Tekena s/n; ⌚ Mo–Sa 18 Uhr–open end) mit ausgezeichneten *pisco sours* und Tapas.

Unterhaltung

In der Disco **Topa Tangi Pub** (Av Atamu Tekena s/n; ⌚ Mi–Sa 18 Uhr–open end) kann man zusammen mit den Einheimischen zu Inselpop und modernen Sounds abtanzen. Richtig voll wird es nach Mitternacht.

PARQUE NACIONAL RAPA NUI

Der **Nationalpark** (Eintritt 5000 Ch$) voller Höhlen, *ahus* (Steinplattformen), umgestürzter *moais* und Petroglyphen umfasst einen großen Teil Rapa Nuis und alle archäologischen Stätten. Die Eintrittsgebühr wird in Orongo oder Rano Raraku erhoben. Beim Besuch den Stätten seinen Respekt erweisen: Auf den *ahus* herumzulaufen oder gar Felsbrocken zu entfernen, die zu archäologischen Stätten gehören, ist absolut tabu! Geht man sorgsam mit dem Gelände um, lächeln die *moais* einem zu.

Einen kurzen Fußmarsch nördlich von Hanga Roa liegt das **Ahu Tahai**. Die Anlage, die aus drei restaurierten *ahus* besteht, bezaubert vor allem bei Sonnenuntergang. 4 km nördlich von Tahai findet man beim **Ahu Tepeu** mehrere umgestürzte *moais* und die Stätte eines Dorfs. An der nahe gelegenen Küste hat die Höhle **Ana Kakenga** zwei zum Ozean gerichtete Öffnungen. **Ahu Akivi**, eine Stätte mit sieben *moais*, ist insofern einmalig, da die Figuren in Richtung Meer blicken, auch wenn sie – wie alle *moais* – zugleich auf ein Dorf hinunterschauen. Zur Sonnenwende blicken die Figuren direkt in die untergehende Sonne.

Weißer Sand, klares Wasser und schlanke Palmen machen den Strand von Anakena zu einem herrlichen Ausflugsziel, das zudem an zwei bedeutende archäologische Stätten grenzt: den **Ahu Nau Nau** und den **Ahu Ature Huki**. An der letztgenannten Stätte richtete Thor Heyerdahl mit einigen Insulanern die Statuen wieder auf.

Ahu Tongariki ist die größte Anlage: 15 *moais* stehen auf dem größten *ahu* vor dem Hintergrund einer rauschenden Brandung. Bei dem Tsunami von 1960 wurden mehrere *moais* beschädigt und ihre Haarknoten zertrümmert, das japanische Unternehmen Tadano stellte sie aber Anfang der 1990er-Jahre wieder auf.

Eine berauschende Anlage mit halb behauenen und vergrabenen *moais* ist **Rano Raraku**, die „Kinderstube" der *moais*, wo die Kolosse an den Hängen des erloschenen Vulkans erschaffen wurden. Es ist durchaus ein lohnendes Unterfangen, zwischen den felsigen Puzzleteilen der unvollendeten *moais* umherzuwandern. Davon gibt es immerhin ganze 600, das größte Exemplar ist 21 m hoch. Im Krater befindet sich ein schilfbewachsener Süßwassersee inmitten eines Amphitheaters aus schönen Steinköpfen.

Besucher sollten sich auch den **Rano Kau** mit seinem Kratersee nicht entgehen lassen, einen mit Tortora-Schilf bewachsenen Kessel. Auf einer Meeresklippe 400 m weiter oben steht das verfallene **Zeremoniendorf Orongo** (Eintritt 5000 Ch$), in dem die Rituale des Vogelmannkults abgehalten wurden. Auf einer Reihe von Felsbrocken finden sich Petroglyphen, die u. a. Tangata Manu (den Vogelmann) und Makemake (den Schöpfergott) darstellen. Man kann zu der Stätte wandern (7 km) oder radeln, sollte aber Wasser mitnehmen.

AN- & WEITERREISE

LAN (☎ 210-0920; Av Atamu Tekena s/n; ☼ Mo–Fr 9–16.30, Sa bis 12.30 Uhr) ist die einzige Fluglinie, die die Osterinsel bedient; ein Büro findet man nahe der Av Pont. Fast täglich gibt es Flüge ab/nach Santiago (500–900 US$) und zweimal wöchentlich ab/nach Papeete auf Tahiti. Zwei Tage vor dem Flug sollte man sich sein Ticket bestätigen lassen, da die Flüge oft überbucht sind. Es kommt häufig vor, dass das Gepäck erst einen Tag später eintrudelt.

UNTERWEGS VOR ORT

Die meisten Taxifahrten im Ort kosten einheitlich 1500 Ch$.

Einige Hotels vermieten Geländewagen (pro 8 Std. 25 000–45 000 Ch$). Autos, Motorroller und -räder (ab 25 000 Ch$/Tag) vermietet **Rent a Car Insular** (☎ 210-0480; Av Atamu Tekena s/n). **Makemake Rentabike** (☎ 210-0580; www.makemakerapanui.com; Av Atamu Tekena s/n; ☼ 9–13 & 16–20 Uhr) verleiht robuste Mountainbikes (10 000 Ch$/Tag).

ALLGEMEINE INFORMATIONEN

AKTIVITÄTEN

Für Aktivurlauber ist Chile ein Paradies. Ganz oben auf der Liste steht Wandern – und da wiederum haben die Torres del Paine (S. 538) die Nase vorn. Die Gegenden um Parinacota und den Lago Chungara (S. 483), der Parque Pumalín (S. 521), Nahuelbuta (S. 494), Puyehue (S. 507), das Cochamó-Tal (S. 513) und die Isla Navarino (S. 541) sind ebenfalls beliebt. Die Wege in vielen Nationalparks sind nicht gut ausgeschildert und werden nicht sonderlich in Schuss gehalten. Manche sind schlichtweg alte Viehpfade. Die staatlich finanzierte Organisation **Sendero de Chile** (www.senderodechile.cl) verbindet von Norden nach Süden die Wege miteinander, um das Routennetz auszubauen. Wer die Gipfel an der Grenze (Ojos de Salado) besteigen will, braucht eine Genehmigung von der chilenischen **Dirección de Fronteras y Límites** (Difrol; ☎ 671-2725; Teatinos 180, 7. Stock, Santiago).

Eine Surferbrandung gibt's überall an den Küsten Zentral- und Nordchiles. Iquique bietet zudem die besten Bedingungen zum Paragliding (s. Kasten S. 475) und Strandsegeln in Südamerika.

Wer raften oder Kajak fahren möchte, wird in Chile Voraussetzungen von Weltklasse-Niveau vorfinden. Am beliebtesten ist der Río Futaleufú (S. 522), die Flüsse der Liucura und der Trancura außerhalb von Pucón (S. 499) und der Petrohué bei Puerto Varas (S. 508) sind nicht von schlechten Eltern. Kajaktouren auf dem Pazifik können am besten vor Chiloé (S. 516) und in den Fjorden rund um den Parque Pumalín (S. 521) unternommen werden.

Wunderbar mountainbiken kann man rund um San Pedro de Atacama (S. 468), in der Umgebung des Lago Llanquihue (S. 507) und der Ojos de Caburgua (S. 499). Radfahrer, die auf der Carretera Austral unterwegs sind, müssen damit rechnen, dass von vorbeifahrenden Autos Steinchen hochgeschleudert werden. Im Süden lauern zudem tückische Kurven und im Sommer nerven lästige *tábanos* (Bremsen). In den meisten Orten gibt es einen Reparaturservice.

Auf dem Rücken eines Pferdes dringt man im Rahmen mehrtägiger Ausflüge in Regionen der Anden vor, die sonst unerreichbar sind. Solche Ausritte werden in Pucón (S. 499), im Río-Puelo-Tal (S. 513), in Puyehue (S. 507) und rund um die Torres del Paine (S. 539) angeboten.

Die Skisaison dauert von Juni bis Oktober. In Santiago gibt's ein paar Läden, die Skis verleihen. Ansonsten locken die Resorts mit

Pauschalangeboten. Ski fahren kann man am Volcán Villarrica (S. 502), in Chillán (S. 487) und in den großen Skigebieten nahe Santiago (S. 443).

Hedonisten können in die wohltuenden Thermalquellen springen. Weil das gesamte Bergrücken Chiles vulkanisch aktiv ist, gibt es Thermalquellen aller Art – von bescheidenen Tümpeln, denen man über den Weg läuft, bis zu edlen Spas mit flauschigen Handtüchern. Zu empfehlen sind Puritama (S. 472), außerhalb von San Pedro de Atacama, Los Pozones (S. 501) bei Pucón und Puyehue (S. 507). Jede Menge Spaß verspricht auch ein Abstecher in die Weinanbaugebiete Zentralchiles (S. 485) und rund um Santiago (S. 444) – selbstverständlich bekommt man auch Kostproben.

ARBEITEN IN CHILE

Man kann in Santiago eine Stelle als Englischlehrer finden, die Bezahlung ist allerdings mau. Seriöse Arbeitgeber verlangen die Vorlage einer Arbeits- oder Aufenthaltsgenehmigung, die schwer zu bekommen ist – man wende sich an das **Departamento de Extranjería** (Karte S. 436 f.; ☎ 02-550-2400; Agustinas 1235, 2. Stock, Santiago; ☉ Mo–Fr 9–14 Uhr).

BOTSCHAFTEN & KONSULATE

Infos rund ums Visum stehen auf S. 554.

Argentinien Antofagasta (☎ 055-220-440; Blanco Encalada 1933); Puerto Montt (Karte S. 512; ☎ 065-253-996; Cauquenes 94, 2. Stock); Punta Arenas (außerhalb der Karte S. 531; ☎ 061-261-912; 21 de Mayo 1878); Santiago (Karte S. 436 f.; ☎ 02-582-2606; www.embargentina.cl; Vicuña Mackenna 41, Centro)

Bolivien Antofagasta (☎ 055-259-008; Washington 2675); Arica (Karte S. 478; ☎ 058-231-030; www.rree.gov.bo; Lynch 298); Calama (☎ 055-341-976; Latorre 1395); Iquique (Karte S. 473; ☎ 057-421-777; Gorostiaga 215, Dept E); Santiago (☎ 02-232-8180; cgbolivia@manque hue.net; Av Santa María 2796, Las Condes)

Deutschland Arica (Karte S. 478; ☎ 058-231-657; Prat 391, 10. Stock, Oficina 101); Santiago (☎ 02-463-2500; www.embajadadealemania.cl; Las Hualtatas 5677, Vitacura)

Österreich Santiago (☎ 02-223-4774; www.aussenminis terium.at/santiagodechile; Barros Errazuriz 1968, 3. Stock)

Peru Arica (Karte S. 478; ☎ 058-231-020; 18 de Septiembre 1554); Iquique (Karte S. 473; ☎ 057-411-466; Zegers 570, 2. Stock); Santiago (☎ 02-235-4600; conpersantia go@adsl.tie.cl; Padre Mariano 10, Oficina 309, Providencia)

Schweiz Santiago (☎ 02-928-0100; san.vertretung@eda. admin.ch; Américo Vespucio Sur 100, 14. Stock)

BÜCHER

Detailliertere Infos in gewohnter Lonely Planet Qualität gibt es im Reiseführer *Chile & Osterinsel* und im Wanderführer *Trekking in the Patagonian Andes*, der speziell Südchile und Argentinien unter die Lupe nimmt. Sehr hilfreich sind auch die Straßenatlanten von *Turistel*. Unterhaltsame Reiselektüre sind beispielsweise Che Guevaras *The Motorcycle Diaries: Latinoamericana. Tagebuch einer Motorradreise 1951/52*, *Die Fahrt der Beagle* von Charles Darwin, *Das Gedächtnis der Wüste. Meine Reise durch den Norden Chiles* von Ariel Dorfman und *The Last Cowboys at the End of the World: The Story of the Gauchos of Patagonia* von Nick Reding. In literarischer Hinsicht empfiehlt sich die Lektüre von Francisco Coloanes *Kap Hoorn* und der von Katherine Silver herausgegebenen Anthologie *Chile: A Traveler's Literary Companion*. Freunde der Poesie sollten die Gedichte von Pablo Neruda mit auf die Reise nehmen.

ESSEN & TRINKEN

Die Restauranttipps sind in diesem Band nach Preisen sortiert, von günstig bis teuer.

Chilenische Küche

Das Beste an der chilenischen Küche sind ihre frischen Produkte: Auf den Märkten bekommt man alles Mögliche von Ziegenkäse bis Avocados, von frischen Kräuter bis zu einer sensationellen Vielfalt an Meeresfrüchten. Was der chilenischen Küche an Würze und Vielfalt fehlt, macht sie durch Reichhaltigkeit wett. Das Frühstück fällt in der Regel mager aus; es besteht aus löslichem Kaffee oder Tee, Brötchen und Marmelade. Zum Mittag stärkt man sich mit einem herzhaften *menú del día* (preisgünstigem Tagesmenü), das aus einer Suppe, einem Fleisch- oder Fischgericht als Hauptgang mit einer Sättigungsbeilage und Gemüse besteht. Billige Mahlzeiten findet man auch in großen Märkten und den *casinos de bomberos* (Feuerwehrkantinen). Typische Imbisse sind der überall zu findende *completo* (Hotdog mit Mayo, Avocado, Tomate und Ketchup) und die *humitas* (Maisklöße). Empanadas sind ebenfalls eine tolle Sache; sie gibt es gebraten mit Käse oder Muschelfleisch oder *al horno* (gebacken) mit Rindfleisch – dann heißen sie *pino*.

Zum Würzen gibt es das *ají chileno* aus der Flasche. Ein überbackenes Schinken-Käse-Sandwich heißt *barros jarpa*, mit Steak wird es *barros luco* genannt und ein Beefsteak mit grünen Bohnen heißt *chacarrero*. Bei einem *lomo a lo pobre* handelt es sich um ein Steak mit Spiegelei und Pommes. Die herzhafte *chorrillana* besteht aus Pommes, Zwiebeln, Spiegelei und Rindfleisch. Meeresfrüchte gibt's in unglaublicher Vielfalt. *Caldillo de ...* ist eine herzhafte Fischsuppe mit Zitrone, mexikanischem Koriander und Knoblauch, *chupe de ...* sind Meeresfrüchte, die in einer Mischung aus Butter, Semmelbrösel, Käse und Gewürzen gebacken wurden. Eine *paila marina* ist ein Eintopf mit Fisch und Muscheln.

Im Süden kommen reichlich Kartoffeln auf den Tisch, im Sommer auch Lamm am Spieß *(asado de cordero)*. Der deutsche Einfluss macht sich zur Teezeit mit Kuchen – meist Obstkuchen oder Torten – bemerkbar. Die Spezialitäten von Chiloé sind *milcaos* (Kartoffelklöße) und das *curanto*, eine große Schale mit Fisch, Muscheln, Hähnchen, Schweine-, Lamm- und Rindfleisch mit Kartoffeln. Von einer Portion werden normalerweise zwei Personen satt.

Getränke

Chile produziert jährlich mehr als 700 Mio. l Wein. Man sollte ihn nicht unprobiert lassen. Carménère ist eine wunderbare und praktisch nur in Chile vorkommende rote Rebsorte, die es wegen einer Reblausplage in Europa fast nicht mehr gibt. Ferner gibt es gute Cabernets Sauvignons und Syrahs. Eine ordentliche Flasche Wein kostet 2500 Ch$ aufwärts.

Die Erfindung des göttlichen *pisco sour*, der aus frischem Limettensaft, Weinbrand und zerstoßenem Zucker besteht, beanspruchen Chile und Peru für sich. Mischt man *pisco* mit Cola, heißt das Ganze *piscola*, ein *combinado* ist eine Mischung aus *pisco* mit Limonade. Im Süden Chiles kann man Leitungswasser unbedenklich trinken. *Bebidas*, Limonade wie die furchtbar süße Bilz und jene mit dem ulkigen Namen Pap, werden liebend gern getrunken. Straßenhändler verkaufen *mote con huesillo*, ein erfrischendes Pfirsichgetränk aus Pfirsichsaft und Gerste.

Löslicher Kaffee ist nahezu schon eine Landesplage. Ausländer mit Geschäftssinn könnten gerne noch die eine oder andere Espressobar aufmachen. In Patagonien wird viel Mate getrunken. Auch *Yuyos* (Kräutertees) sind sehr verbreitet.

Chiles beste Biermarken sind Kunstmann und Cólonos. Ein Bier vom Fass heißt *schop*.

FEIERTAGE & FERIEN

An folgenden landesweiten Feiertagen bleiben Verwaltungsbüros und Geschäfte geschlossen:
Año Nuevo (Neujahr) 1. Januar
Semana Santa (Karwoche) März/April
Día del Trabajador (Tag der Arbeit) 1. Mai
Glorias Navales (Seeschlacht von Iquique) 21. Mai
Corpus Christi (Fronleichnam) Mai/Juni
San Pedro y San Pablo (Tag der hl. Peter & Paul) 29. Juni
Asunción de la Virgen (Mariä Himmelfahrt) 15. August
Día de Unidad Nacional (Tag der nationalen Einheit) 1. Montag im September
Día de la Independencia Nacional (Unabhängigkeitstag) 18. September
Día del Ejército (Tag der Streitkräfte) 19. September
Día de la Raza (Tag des Kolumbus) 12. Oktober
Todos los Santos (Allerheiligen) 1. November
Inmaculada Concepción (Tag der unbefleckten Empfängnis) 8. Dezember
Navidad (Weihnachten) 25. Dezember

FESTIVALS & EVENTS

Im Januar und Februar gibt es in jedem Ort Chiles irgendein Fest mit Livemusik, speziellem Festessen und Feuerwerk. Den Veranstaltungskalender erhält man in der jeweiligen Touristeninformation. Ansonsten gibt es noch die religiösen Feiertage und die Fiestas Patrias um den 18. September herum.
Festival Costumbrista Die landestypischen Feste finden überall statt. Wer ein echtes patagonisches Rodeo erleben will, fährt nach Villa Cerro Castillo.
Festival de la Virgen del Carmen Um die 40 000 Pilger huldigen Mitte Juli in Tirana der Virgen del Carmen. Dann tanzen maskierte Menschen auf den Straßen.

FRAUEN UNTERWEGS

Verglichen mit ihren heißblütigen Nachbarn sind die Männer in Chile oft eher schüchtern und zurückhaltend. Im nördlichen und zentralen Chile machen manche Typen schon schnell *piropos* (anzügliche Bemerkungen), doch haben diese Hormonausbrüche nicht viel zu bedeuten – am besten ignoriert man sie einfach. Das Lästigste, was weiblichen Travellern passieren kann, ist das unentwegte Fragen nach dem Alter und ob man verheiratet ist. Viele chilenische Frauen sind Ausländerinnen gegenüber eingeschüchtert, weshalb sich schwer ein näherer Kontakt herstellen lässt.

FREIWILLIGENARBEIT

Experiment Chile (www.experiment.cl) organisiert vierzehnwöchige Sprachkurse mit Freiwilligenarbeit. Auch Sprachschulen können ihre Schüler oft in Projekten unterbringen. Die gemeinnützige Organisation **Un Techo Para Chile** (www.untechoparachile.cl) baut überall im Land Häuser für Familien mit geringem Einkommen. Das *Directorio de Organizaciones Miembros*, das jährlich von **Renace** (Red Nacional de Acción Ecológica; www.renace.cl) herausgegeben wird, listet Umweltorganisationen auf, die möglicherweise freiwillige Helfer aufnehmen.

GEFAHREN & ÄRGERNISSE

Im Vergleich zu anderen südamerikanischen Ländern ist Chile bemerkenswert sicher. Trotzdem sollte man sich in größeren Städten und an Busbahnhöfen vor Langfingern in Acht nehmen (in den *custodias* kann man Gepäck sicher verwahren). Diebe treiben sich besonders in Badeorten und im Hafengebiet von Valparaíso herum. Das Fotografieren von Militäranlagen ist strikt verboten.

Chile ist eine Erdbebenregion. Am Pazifik gibt es zudem gefährliche Meeresströmungen. Beim Schwimmen unbedingt auf die Schilder achten: Steht auf diesen *apta para bañar* kann man sorglos baden, heißt es *no apta para bañar*, sollte man davon absehen. In Chile wird man auf Schritt und Tritt von Hundemeuten verfolgt, aber die Straßenhunde sind in der Regel harmlos.

GEFÜHRTE TOUREN

Kalbende Gletscher sehen, den Gipfel eines aktiven Vulkans besteigen oder einen wilden Fluss hinunterfahren kann man meist nur im Rahmen einer geführten Tour. Es gibt allerdings auch unzählige Gelegenheiten, um auf eigene Faust unterwegs zu sein – man muss nur sorgfältig planen. Fremdsprachige Führer im Vorfeld organisieren. Vor allem in Pucón ist Sicherheit ein Problem: Man sollte sich an den verlässlichsten Tourveranstalter halten. Die touristischen Anbieter auf dem Land haben ortskundige spanischsprachige Führer zu vernünftigen Preisen. Mit ihnen kommt man zu Orten, über die man sonst nichts erfährt (s. S. 525).

GELD

Die chilenische Währungseinheit ist der Peso (abgekürzt: Ch$). Es gibt Banknoten im Wert von 500, 1000, 2000, 5000, 10 000 und 20 000 Ch$ und Münzen im Wert von 1, 5, 10, 50, 100 und 500 Ch$. In ländlichen Gebieten kann es Probleme bereiten, größere Scheine (ab 5000 Ch$) zu wechseln. Zumindest sollte man eine entschuldigende Mine aufsetzen und ¿*Tiene suelto?* (Können Sie das wechseln?) fragen.

Die besten Wechselkurse gibt's in Santiago. Die chilenische Währung war in den letzten Jahren stabil. Einige wenige Tourveranstalter und Spitzenklassehotels akzeptieren auch US-Dollar – allerdings oft zu sehr schlechten Umrechnungskursen.

Geldanweisungen sollten in wenigen Tagen ankommen. Die chilenischen Banken tauschen auf Nachfrage US-Dollar und Euro. Western-Union-Filialen gibt's in ganz Chile, meistens gleich neben der Post.

Feilschen

Feilschen ist nur auf den Märkten möglich. Verkehrsmittel und Unterkünfte haben in der Regel Fixpreise. In der Nebensaison hat man vielleicht mit der höflichen Frage ¿*Me podría hacer precio?* (Können Sie mir ein Angebot machen?) Erfolg.

Geldautomaten

An Bargeld kommt man am einfachsten und bequemsten an den vielen Geldautomaten in Chile, den sogenannten *redbancs*. Pro Abhebung wird in der Regel eine kleine Gebühr fällig. Die meisten Geldautomaten haben eine Bedienungsanleitung auf Spanisch und Englisch: Zu Anfang des Abhebungsvorgangs die Option „Foreign Card" (*tarjeta extranjera*) auswählen. Die Geldautomaten in San Pedro de Atacama sind unzuverlässig – es gibt lediglich drei überbeanspruchte Geräte. Auch auf Rapa Nui und in patagonischen Kleinstädten kann man den Geldautomaten nicht trauen.

Geldwechsel

Die bevorzugte ausländische Währung beim Geldumtausch ist der US-Dollar. Für Bargeld gelten bessere Wechselkurse als für Reiseschecks; außerdem zahlt man dann keine Kommission. Der Umtausch von Bargeld und das Einlösen von Reiseschecks geht in den *casas de cambio* flotter vonstatten als in den Banken, auch wenn die Kurse schlechter sind. Auch in abgelegenen Orten sind die Kurse schlecht. Man sollte also nach Möglichkeit Geld nur in den größeren Städten umtauschen. In ausgesprochenen Touristengebieten akzeptieren oder tauschen die Hotels, Tourveranstalter und manche Geschäfte US-Dollar.

Bei fliegenden Geldwechslern kann man keine wirklichen Schnäppchen machen.

Die Vertretung von American Express ist **Blanco Viajes** (☎ 02-636-9100; Holley 148, Providencia, Santiago). Reiseschecks kann man bei der Banco del Estado und in den meisten Wechselstuben einlösen. Am Geldautomaten geht das aber einfacher.

WECHSELKURSE

Land	Währung	Ch$
Eurozone	1 €	694
Schweiz	1 SFr	477
USA	1 US$	506

Kreditkarten

In den meisten etablierten Geschäften kann man mit Kreditkarte zahlen – darauf sollte man sich aber nicht verlassen. Es kann sein, dass die Kunden die Gebühr in Höhe von 6 % des Kaufpreises übernehmen müssen. Kreditkarten können auch dazu genutzt werden, um bei der Einreise in ein anderes Land – falls erforderlich – „ausreichende Mittel" nachzuweisen.

GESUNDHEIT

Die öffentlichen Krankenhäuser in Chile sind in einem ordentlichen Zustand, die beste Option für Traveller sind allerdings private *clínicas*. Außer in der Atacama-Wüste und in Santiago kann man Leitungswasser bedenkenlos trinken. Im Norden sind Höhenkrankheit und Dehydration die häufigsten Ursachen für Beschwerden, im Süden muss man sich wegen des Ozonlochs vor allem vor der Sonnenstrahlung schützen – Sonnenblocker auftragen und Sonnenbrillen aufsetzen! Für die Einreise nach Chile sind keine besonderen Schutzimpfungen nötig. Für Rapa Nui gibt es vielleicht Auflagen – man sollte sich vorher informieren, welche Dokumente man vorlegen muss. Weitere Infos gibt's im Kapitel „Gesundheit" (S. 1129).

INFOS IM INTERNET

Chile Information Project (www.chip.cl) Diskussionsforum der englischsprachigen *Santiago Times* zur ganzen Themenpalette von Menschenrechten bis zu Souvenirs.
Chiloé (www.chiloeweb.com) Tolle Infos zur Insel Chiloé.
Condor (www.condor.cl) Internetauftritt der deutsch-chilenischen Wochenzeitschrift
Go Chile (www.gochile.cl) Allgemeine Infos für Touristen.
Interpatagonia (www.interpatagonia.com) Alles zum Tourismus in Patagonien.
Latin American Network Information Center (www.lanic.utexas.edu/la/chile) Hat Links zur chilenischen Regierung und zum Geschehen in Politik, Kultur und Umwelt usw.
Lonely Planet (www.lonelyplanet.de, www.lonelyplanet.com) Reisetipps, News und Foren.
Sernatur (www.visitchile.org oder www.sernatur.cl) Webseite der staatlichen Tourismusbehörde auf Französisch, Spanisch und Englisch.

INTERNETZUGANG

In den meisten Regionen gibt es ausgezeichnete Internetverbindungen, WLAN und faire Preise (400–2000 Ch$/Std.)

KARTEN & STADTPLÄNE

In Santiago verkauft das **Instituto Geográfico Militar** (Karte S. 436 f.; ☎ 02-460-6800; www.igm.cl; Dieciocho 369, Centro; ⌚ Mo–Fr 9–17.30 Uhr) unweit des U-Bahnhofs Toesca topografische Karten im Maßstab 1:50 000 für rund 8600 Ch$. Man kann sie auch online bestellen. Auch wenn nicht immer brandaktuell, sind sie die besten Karten zum Wandern. Bei Conaf in Santiago kann man auch die Karten der Nationalparks kopieren. JLM Mapas gibt regionale und Wanderkarten im Maßstab von 1:50 000 bis 1:500 000 heraus. Sie sind zwar hilfreich, aber nicht exakt.

Stadtpläne von Santiago gibt's bei **Map City** (www.mapcity.cl). Auf den Websites mancher lokaler Verwaltungen gibt es interaktive Karten mit Suchmaschinen. Autofahrer sollten sich einen aktuellen Straßenatlas von *Turistel* (auf Spanisch) besorgen. Es gibt sie in verschiedenen Ausgaben für den Norden, den Süden und die Mitte Chiles.

KLIMA

Im nördlichen Chile ist das Wetter das ganze Jahr über gut. Trotzdem braucht man selbst im Sommer in den nebligen Morgenstunden und in höher gelegenen Ortschaften warme Kleidung. In den Regenmonaten Januar und Februar sind Routen abseits der Hauptstrecken manchmal problematisch.

Santiago und das zentrale Chile zeigen sich zwischen September und April von ihrer besten Seite, vor allem während der Weinlese im Herbst. Zwischen Dezember und Februar meidet man Santiago besser, denn dann machen die unerträgliche Hitze und der Smog einen Aufenthalt in der Hauptstadt zur Qual.

Das Seengebiet und Patagonien besucht man am besten zwischen Oktober und April – man muss allerdings mit Regen rechnen. Im äußersten Süden regiert der Wind. Außerdem sind dort wegen des Ozonlochs Sonnenschutzmittel absolut unverzichtbar.

In ganz Chile gilt die Zeit von Mitte Dezember bis Mitte März als Hauptsaison. Dann muss man mit höheren Preisen, überfüllten Unterkünften und überbuchten Flügen und Bussen rechnen.

Weitere Infos und Klimatabellen gibt's im Kapitel „Allgemeine Informationen" am Ende dieses Buches (S. 1100).

KURSE

Spanischkurse gibt es in Santiago und mehreren Städten in Südchile.

Die US-amerikanische **National Outdoor Leadership School** (in den USA ☎ 307-332-5300; www.nols.edu) bietet ein 75-tägiges „Semester in Patagonia", in dem Bergsteigen, Kajaktouren auf dem Meer und Naturkunde auf dem Programm stehen. Den Kurs kann man sich aufs Studium anrechnen lassen. Die chilenische Zentrale der Organisation sitzt in Coyhaique.

Abtao (☎ 02-211-5021; www.abtao.cl; El Director 5660, Las Condes, Santiago) organisiert ausgewählte Kurse zu chilenischen Ökosystemen und zur Flora und Fauna.

Die **Vinoteca** (☎ 02-335-2349; Isidora Goyenechea 2966, Las Condes) in Santiago veranstaltet Weinkurse. In Pucón bietet **Patragon** (☎ 45-444-606; www.patragon.net) Koch- und Töpferkurse an, die sich der Mapuche-Kultur widmen.

MEDIEN

El Mercurio (www.elmercurio.cl) ist Chiles älteste Tageszeitung. Dem konservativen Blatt steht die eher linksgerichtete **La Tercera** (www.latercera.cl) gegenüber. Die englischsprachige **Santiago Times** (www.santiagotimes.cl) übersetzt die spanischen Leitartikel und hat zudem Nachrichten zu Umweltthemen. In der Satirezeitschrift **The Clinic** (www.theclinic.cl) nehmen bissige Artikel die chilenische Politik und Gesellschaft ins Visier.

Das chilenische Fernsehen bringt plumpen Tratsch und Talentshows. In ländlichen Gegenden ohne Telefon – also hauptsächlich Patagonien und die Chiloé-Inseln – sind die Menschen auf Funkübertragung angewiesen.

ÖFFNUNGSZEITEN

Die Geschäfte sind ungefähr von 10 bis 20 Uhr geöffnet; oft gibt's eine Mittagspause zwischen 13 und 15.30 Uhr. Behörden und Büros arbeiten werktags von 9 bis 18 Uhr, Banken von 9 bis 14 Uhr. Die Touristeninformationen haben im Sommer längere Öffnungszeiten. Die meisten Restaurants und Dienstleister haben sonntags Ruhetag. Museen sind oft montags geschlossen. Die Öffnungszeiten von Restaurants sind sehr unterschiedlich; die meisten öffnen mittags und schließen gegen 23 Uhr. Ein paar haben auch Frühstück, zwischen Mittag- und Abendessen wird oft eine Siesta eingelegt.

POST

Chiles staatliche Post, **Correos de Chile** (☎ 800-267-736; www.correos.cl), ist recht verlässlich, aber mitunter etwas langsamer als andere Postdienstleister. Ein Inlandsbrief kostet in Chile um die 120 Ch$.

Pakete schickt man in Chile besser per *encomienda* (Buscargo). In den Fahrkartenbüros gibt es in aller Regel einen Paketschalter. Postsendungen kann man sich postlagernd (*lista de correos*) an jedes chilenische Postamt schicken lassen. Der Preis pro Sendung beträgt rund 200 Ch$. Die Sendungen werden einen Monat lang gelagert.

REISEN MIT BEHINDERUNG

Für Traveller mit Behinderung ist eine Chilereise immer noch eine große Herausforderung. Die öffentlichen Busse von **Transantiago** (www.transantiago.cl) haben teilweise Einstiegsrampen und Platz für Rollstühle. Bei der U-Bahn wird an behindertengerechten Zugängen gearbeitet. Nur wenige Hotels sind auf Rollstuhlfahrer eingestellt. In aller Regel werden sich die chilenischen Unterkünfte aber bemühen, es ihren Gästen so einfach wie möglich zu machen.

SCHWULE & LESBEN

Chile ist immer noch ein konservatives, katholisch geprägtes Land, das Homosexualität ablehnt. Die Jüngeren sind allerdings toleranter. Santiagos Schwulenszene musste sich lange Zeit bedeckt halten, kommt aber so langsam in Schwung. Die meisten Schwulenbars und -nachtclubs findet man im Barrio Bellavista.

Gay Chile (www.gaychile.com) hat Infos zu aktuellen Veranstaltungen, zum Nachtleben in Santiago, Unterkunftsempfehlungen, rechtliche und medizinische Ratschläge und Kontaktanzeigen. Chiles erste Schwulenzeitschrift, das **Opus Gay** (www.opusgay.cl), wurde scherzhaft nach der ultrakonservativen katholischen Organisation Opus Dei benannt. Die größte chilenische Organisation für Schwulenrechte ist der **Movimiento Unificado de Minorías Sexuales** (MUMS; www.orgullogay.cl).

SHOPPEN

Gängige Kunsthandwerkserzeugnisse sind Wollprodukte, Modeschmuck der Mapuche und Korbwaren aus dem Süden. Das nordchilenische Kunsthandwerk ähnelt dem in Peru und Bolivien. Eine fast nur in Chile anzutreffende Besonderheit in puncto Schmuck ist der Lapislazuli. Kulinarische Spezialitäten sind *miel de ulmo* (Ulmo-Honig) aus dem Süden, Konfitüren, Papayas aus dem Elqui-Tal und Oliven aus dem Azapa-Tal. Die **Fundación Artesanías de Chile** (www.artesaniasdechile.cl) stellt Werke lokaler Kunsthandwerker aus.

STROM

Die Stromspannung beträgt in Chile 220 V bei 50 Hz. Netzstecker haben zwei oder drei Rundstifte.

TELEFON

Chiles Landesvorwahl ist ☎ 56. Entel und Movistar betreiben Telefoncenter mit Einzelkabinen. Die meisten Center schließen gegen 22 Uhr. In manchen Centern stellt das Personal die Verbindung her. Bei Ferngesprächen muss man zunächst die Vorwahl der jeweiligen Telefongesellschaft wählen, bei **Entel** beispielsweise die ☎ 123. Bei R-Gesprächen wählt man die ☎ 182, um sich weiterverbinden zu lassen.

Handynummern haben sieben Ziffern und beginnen mit der ☎ 099 oder ☎ 098. Bei einem Anruf von Handy zu Handy fällt die 09 weg. Bei einem Anruf vom Handy zum Festnetz muss man die jeweilige Gebietsvorwahl vorwählen. Handys gibt es schon für 10 000 Ch$. Man kann sie mit Prepaid-Karten aufladen. Der Anrufer zahlt das Gespräch. Ein Anruf vom Handy ins Festnetz ist verhältnismäßig teuer.

TOILETTEN

Benutztes Toilettenpapier gehört in den Abfalleimer, da die hier üblichen engen Rohre schnell verstopft sind. In öffentlichen Toiletten zahlt man 150 Ch$. Toilettenpapier ist meistens nicht vorhanden; besser hat man selber welches dabei.

TOURISTENINFORMATION

Die staatliche Touristenbehörde **Sernatur** (☎ 600-737-62887; www.sernatur.cl) hat Büros in Santiago und den meisten Städten. Sie sind nicht alle im gleichen Maße nützlich, versorgen einen aber normalerweise mit Broschüren und Faltblättern. Viele Orte haben eigene Touristeninformationen. Sie befinden sich meistens an der Hauptplaza oder am Busbahnhof.

UNTERKÜNFTE

Die Unterkünfte in den Ferienorten sind in der Hauptsaison schnell ausgebucht – man sollte also rechtzeitig reservieren. Im Sommer und an Ferienwochenenden steigen die Preise um 10 bis 20 %. Sernatur und die meisten städtischen Touristeninformationen führen Listen der zugelassenen Budgetunterkünfte. Der chilenische Hostelverband, die **Asociación Chilena de Albergues Turísticos Juveniles** (☎ 02-411-2050; www.hostelling.cl; Hernando de Aguirre 201, Oficina 602, Providencia, Santiago), ist an den HI-Dachverband (Hostelling International) angeschlossen. Die einjährige Mitgliedschaft kostet 14 000/16 000 Ch$ für Leute unter/über 30 Jahren.

Unabhängige Backpackerhostels werben immer öfter gemeinsam für sich. Aufschlussreich ist ein Blick in Broschüren von **Backpackers Chile** (www.backpackerschile.com), in denen auch viele von Europäern geführte Unterkünfte genannt sind, oder **Backpacker's Best of Chile** (www.backpackersbest.cl). Besonders im Seengebiet bieten Familien günstige Zimmer in ihren Häusern an – meist mit Küchennutzung, warmen Duschen und Frühstück. In den meisten Unterkünften ist Frühstück im Preis enthalten. In der Regel gibt es aber nur Brot und Instantkaffee. In den Hotels ist oft im Zimmerpreis auch die Mehrwertsteuer (*impuesto de valor agregado*; IVA) von 18 % enthalten, die Traveller aus dem Ausland jedoch nicht zahlen müssen. Daher vor dem Buchen diesen Punkt ansprechen.

Die beste Infoquelle für Camper ist der Führer *Rutero Camping* von Turistel. Die meisten organisierten Campingplätze bieten große Stellplätze mit sanitären Anlagen, Feuerstellen und Restaurant oder Snackbar. Die Preise erscheinen recht hoch, da sie für Gruppen berechnet sind. Man kann versuchen, einen Preis pro Person auszuhandeln. In abgelegenen Gebieten kann man manchmal kostenlos campen. Dann gibt es aber auch keinerlei Einrichtungen. Benzin für Campingkocher (*vencina blanca*) bekommt man in den *ferreterias* (Eisenwarenläden).

VERANTWORTUNGSBEWUSSTES REISEN

Wanderer sind verpflichtet, ihren Müll wieder mitzunehmen und generell so wenig Spuren zu hinterlassen wie nur möglich. Besondere Rücksicht ist bei den *ahus* auf Rapa Nui und bei anderen Denkmälern geboten. Auf zunehmend gefährdete Meeresfrüchtedelikatessen wie *locos* (Seeohren) und *centollas* (Königskrabben) sollte man zumindest während ihrer Brutzeit verzichten. Auch sollte man keine Schnitzereien und kunsthandwerkliche Gegenstände kaufen, die aus geschützten Arten hergestellt wurden (z. B. dem Cardón-Kandelaberkaktus im Norden und der *alerce* im Süden). Toilettenpapier nach der Nutzung in den vorgesehenen Abfalleimer (wenn vorhanden) werfen. Und natürlich: möglichst rücksichtsvoll und höflich auftreten.

VISA

Bürger der EU und Schweizer brauchen für die Einreise nach Chile kein Visum. Reisepässe sind obligatorisch und auch notwendig, wenn man Reiseschecks eintauschen, in ein Hotel einchecken oder irgendeine Routineangelegenheit regeln möchte.

Bei der Ankunft bekommt man eine 90 Tage gültige Touristenkarte. Nicht verlieren! Wem das doch passiert, der kann sich an die **Policía Internacional** (☎ 02-737-1292; Borgoño 1052, Santiago; ✆ Mo–Fr 8.30–17 Uhr) oder an die nächste Polizeiwache wenden. Bei der Ausreise aus Chile muss man die Touristenkarte vorzeigen.

Die Touristenkarte beim **Departamento de Extranjería** (Karte S. 436 f.; ☎ 02-550-2484; Agustinas 1235, 1. Stock, Santiago; ✆ Mo–Fr 9–14 Uhr) für weitere 90 Tage zu verlängern, kostet 100 US$. Viele Besucher machen lieber einen Kurztrip nach Argentinien. Auf S. 548 gibt's Infos zu Botschaften und Konsulaten; ebenfalls hilfreich ist die Website des Auswärtigen Amts (www.auswaertiges-amt.de).

Ecuador

HIGHLIGHTS

Quito (S. 569) In die malerische Altstadt eintauchen, deren Kopfsteinpflasterstraßen kreuz und quer durch einen der schönsten kolonialzeitlichen Stadtkerne Lateinamerikas führen.

El Oriente (S. 614) Im ecuadorianischen Teil des Amazonasbeckens in einer Dschungellodge übernachten, auf tropischen Flüssen raften und Kaimane, Brüllaffen und Faultiere entdecken.

Galápagosinseln (S. 641) Mit Pinguinen schnorcheln, meterlange Leguane bestaunen, Riesenschildkröten ins Auge blicken und mit gigantischen Mantarochen tauchen.

Otavalo (S. 587) Auf einem der größten Märkte Südamerikas unter freiem Himmel um handgefertigte Schätze feilschen.

Der Quilotoa-Loop (S. 595) Auf diesem spektakulären Weg in den Anden wandern und unterwegs in friedvollen Dörfern übernachten.

Abseits ausgetretener Pfade (S. 625) Den Río Santiago bis zur Playa de Oro entlangreisen, wo noch immer Soziale Dschungelkatzen (Tsere-yawa) im dichten Tropenwald umherstreifen.

KURZINFOS

- **Bevölkerung:** 15 Mio.
- **Fläche:** 283 560 km² (etwa so groß wie Neuseeland)
- **Geld:** 1 € = 1,36 US$, 1 SFR = 0,9 US$
- **Hauptstadt:** Quito
- **Landesvorwahl:** ☎ 593
- **Preise:** Zimmer in einer Budgetunterkunft in Quito 4,50 €, Flasche Bier 0,70 €, vierstündige Busfahrt 3 €
- **Reisekosten:** 15–20 US$ pro Tag
- **Reisezeit:** Hochsaison (Juni–Aug., Dez.–Jan.), Nebensaison (Sept.–Nov., Feb.–Mai)
- **Sprachen:** Spanisch, Quechua
- **Zeit:** MEZ −6 Std.

TIPPS FÜR UNTERWEGS

Nur wenig mitnehmen, dann darf der Rucksack mit in den Bus. Wer das *almuerzo* (Mittagsmenü) bestellt und auf den Märkten einkauft, kann sparen.

VON LAND ZU LAND

Die wichtigsten Grenzübergänge sind bei Ipiales (Kolumbien), Tumbes/Aguas Verdes, Macará und La Balsa (Peru); auch über Nuevo Rocafuerte/Iquitos kommt man weiter (über den Fluss nach Peru).

Ecuador mag klein sein, aber in Sachen Natur- und Kulturwunder übertrifft das Land in den Anden die meisten anderen Länder Südamerikas. Der Regenwald des Amazonas, die Gipfel der Anden, die Nebelwälder an den Berghängen und die Galápagosinseln sind die Bühne der spektakulären Artenvielfalt des Landes. Zahllose Möglichkeiten zur Tierbeobachtung sind nur einer der Reichtümer Ecuadors; hier findet man Dutzende von Tier- und Pflanzenarten, die es auf der Welt sonst nicht mehr gibt. Bei nur einem einzigen kurzen Ausflug kann man von Dschungelbaumkronen aus Affen fotografieren, mit Seelöwen im Pazifik schwimmen und in den nebligen Wäldern Dutzende Vogelarten (in Ecuador leben 1600) bewundern.

Der Mix aus üppiger und vulkanisch-karger Landschaft bildet auch die Kulisse für adrenalinlastige Abenteuer, von Wildwasserrafting auf Flüssen der Kategorie V bis zu Klettertouren auf 5000 m hohe Vulkane. Man kann daneben aufregende Wanderungen durch das *páramo* (Grassavanne im Hochgebirge) unternehmen, vor der Westküste auf anspruchsvollen Wellen surfen und inmitten der schönsten Landstriche dieses Kontinents wandern, mountainbiken, bergsteigen oder einfach nur entspannen.

Ecuador hat zudem ein reiches indigenes Erbe zu bieten und traditionelle Trachten und Märkte im Hochland spiegeln das bunte Leben der Bevölkerung im Herzen der Anden.

AKTUELLE ENTWICKLUNGEN

In den letzten Jahren fährt Ecuador in Sachen Politik einen Linkskurs. Präsident Rafael Correa beschreibt sich selbst als Humanisten, leidenschaftlichen linken Katholiken und Verfechter des Sozialismus des 21. Jhs. Seit er 2007 zum ersten Mal die Zügel in die Hand genommen hat, konzentriert er sich auf Sozialfürsorge. In einer landesweiten Volksbefragung im September 2008 haben die Wähler eine neue Verfassung befürwortet, die Diskriminierung verbietet, das Budget für Bildung und Gesundheitswesen erhöht, Zivilehen schwuler Paare erlaubt und indigenen Gruppen mehr Rechte zuspricht. Das 444 Seiten starke Dokument hat zudem der Umwelt Rechte zugesprochen. So muss die Regierung nun Aktionen vermeiden, die Ökosysteme zerstören oder Arten gefährden könnten – glaubt man den offiziellen Organen Ecuadors, ist dies die erste Maßnahme dieser Art.

Im Jahr 2009 zeitigte ein weiterer ehrgeiziger Plan erste Erfolge. Zwei Jahre zuvor hatte Correa der Weltgemeinschaft einen umstrittenen Deal vorgeschlagen: Ihr bezahlt uns (und deckt damit die entgangenen Einnahmen), und wir greifen die Ölreserven von schätzungsweise 900 Mio. Barrel im Parque Nacional Yasuní, einer der artenreichsten Regionen Südamerikas, nicht an. Das Rohöl aus der Yasuní-Region würde dann in das Kohlenstoffdioxid-Handelssystem miteingerechnet, das gerade in der EU diskutiert wird. Das wäre von weltweitem Nutzen, denn eine halbe Millarde Tonnen Kohlendioxid würde somit nicht freigesetzt werden.

Petroleum ist – wenig überraschend in einem Land, in dem 40% des Bruttoinlandsprodukts vom Ölprofit abhängig sind – ein brisantes Thema. Eine der größten Rechtsstreitigkeiten in Sachen Umwelt war zur Zeit des Verfassens dieses Führers noch in der Schwebe: die 27 Mrd. US$ schwere Sammelklage von 30 000 Ecuadorianern gegen Chevron-Texaco. Der Konzern soll 18 Mrd. Gallonen Giftmüll in den Amazonas entsorgt und 900 Abfallgruben sich selbst überlassen haben (s. S. 563).

Weiteres aktuelles Topthema sind die wachsenden Spannungen im Verhältnis zu Kolumbien, ausgelöst durch einen Grenzübergriff im Jahr 2008 gegen die in Kolumbien gegründete FARC (bei dem deren stellvertretender Anführer getötet wurde). Wegen Missachtung der Souveränität Ecuadors hat Correa seinen Botschafter aus Bogotá zurückgerufen, und ein ecuadorianischer Richter hat sogar die Verhaftung eines kolumbianischen Beamten angeordnet, der bei der Planung des Übergriffs beteiligt war. Der kolumbianische Präsident Alvaro Uribe antwortete darauf: „Wir können nicht zulassen, dass gesetzlicher oder politischer Terrorismus Kolumbianern das Recht verweigert, ihre Sicherheit zu wahren".

Bei dem Übergriff wurde ein Laptop erbeutet, der laut einem Reporter des Wall Street Journal Beweise dafür liefert, dass zwischen der FARC und sowohl Correa als auch dem Präsidenten Venezuelas, Hugo Chávez, ein „vertrautes Verhältnis" herrscht. Correa hat diese Anschuldigungen zurückgewiesen und gedroht, die Zeitschrift „wegen ihrer Lügen" zu verklagen, seine Regierung wies außerdem auf die weitgehend außer Acht gelassene humanitäre Krise hin, die durch die schätzungsweise 135 000 in Ecuador lebenden kolumbianischen Flüchtlinge verursacht werde, für die Kolumbien mehr Verantwortung übernehmen solle.

Trotz dieser Anschuldigungen bleibt Correa beliebt. 2009 hat er seine Wiederwahl mit 51 % der Stimmen in einem Feld von acht Kandidaten locker geschafft – das erste Mal in 30 Jahren, dass ein ecuadorianischer Präsident ohne Stichwahl gewählt wurde. Zur Zeit der Verfassung dieses Führers nahm seine Popularität allerdings ab, aufgrund einer schwächelnden Wirtschaft (zum Teil wegen des niedrigen Ölpreises) und von Korruptionsvorwürfen – wie sich herausstellte, hat Correas Bruder lukrative Regierungsaufträge im Wert von über 80 Mio. US$ erhalten …

GESCHICHTE

Das Land aus Feuer und Eis hat eine turbulente Geschichte hinter sich. Seit seiner Unabhängigkeit 1830 hat Ecuador fast 100 Regierungswechsel und 20 Verfassungen erlebt (die letzte wurde 2008 entworfen). Verschärft werden die Unsicherheiten des Andenstaates durch Rivalitäten, intern (das konservative, von der Kirche getragene Quito gegen das liberale, weltliche Guayaquil) wie extern (Grenzstreitigkeiten mit Peru und Kolumbien).

Die frühen Kulturen

Die ältesten Werkzeuge, die in Ecuador gefunden wurden, sind von 9000 v. Chr. Schon während der Steinzeit lebten also Menschen in der Region. Die wichtigsten frühen Gemeinschaften bildeten sich entlang der Küste, in einer Landschaft, die sich eher zum Leben eignete als das karge Hochland. Die erste Kultur, die dauerhaft in Ecuador siedelte, war die Valdivia-Kultur. Sie entstand vor fast 6000 Jahren entlang der Küste der Halbinsel Santa Elena.

Bis zum 11. Jh. hatten sich in Ecuador zwei Hauptkulturen entwickelt: die expansionswütige Cara-Kultur an der Küste und die friedliebende Quitu-Kultur im Hochland. Die beiden Gruppen verschmolzen und wurden bekannt als die Quitu-Cara- oder Shyris-Zivilisation. Diese war bis ins 14. Jh. hinein die treibende Kraft im Hochland, dann wurden die Puruhá aus dem zentralen Hochland immer mächtiger. Die dritte wichtige Gruppe waren die Cañari, die weiter südlich siedelten.

Auf diese drei Kulturen trafen die Inka, als sie vom heutigen Peru aus begannen, sich Richtung Norden auszubreiten.

Das Land der vier Himmelsrichtungen

Bis Anfang des 15. Jhs. konzentrierte sich das Inkareich rund um Cusco in Peru. Das änderte sich während der Herrschaft des Inkas Pachacutec dramatisch, dessen expansionistische Politik die Erschaffung des riesigen Inkaimperiums Tahuantinsuyo in Gang setzte. In Quechua (oder Quichua, wie die Sprache auch noch genannt wird) bedeutet dieser Name „Land der vier Himmelsrichtungen". Als die Inka Ecuador erreichten, war Tupác Yupanqui, Pachacutecs Nachfolger ihr Herrscher. Sie trafen auf heftigen Widerstand sowohl der Cañari als auch der Quitu-Cara. In einem Kampf metzelten die Inka Tausende Cara nieder und warfen sie in der Nähe von Otavalo (S. 587) in einen See, dessen Wasser sich daraufhin rot gefärbt haben soll. Er wurde deshalb Laguna Yaguarcocha genannt, Blutsee.

Der Norden war viele Jahre lang unterjocht. Der Inka Tupac bekam einen Sohn mit einer Cañari-Prinzessin. Dieser Sohn, Huayna Capac, wuchs in Ecuador auf und folgte seinem Vater auf den Inkathron. Huayna Capác hatte seinerseits zwei Söhne: Atahualpa, der in Quito aufwuchs, und Huáscar, der in Cusco erzogen wurde.

Als Huayna Capác 1527 starb, vermachte er sein Reich nicht nach alter Sitte einem Sohn, sondern beiden. Zwischen den Söhnen entstand eine Rivalität, die schließlich in einem Bürgerkrieg mündete. Nach mehreren Jahren des Kampfes besiegte Atahualpa seinen Bruder Huáscar in der Nähe von Ambato im zentralen Ecuador. Und so regierte Atahualpa ein geschwächtes und noch immer geteiltes Inkareich, als Francisco Pizarro 1532 in Peru landete.

Das schmutzige Spiel der Spanier

Pizarros Vorstoß war schnell und dramatisch: Er instrumentalisierte die Zwietracht innerhalb des Inkareiches und zog viele ethnische Gruppen auf seine Seite, die nicht zu den Inkas gehörten, sondern erst vor Kurzem von ihnen unterworfen worden waren. Das Ausschlaggebende aber war der Ausrüstungsunterschied der Gegner: Die Inkakrieger kämpften zu Fuß gegen die berittenen, gepanzerten Conquistadores. Sie waren ihnen nicht gewachsen und wurden zu Tausenden abgeschlachtet. Inner-

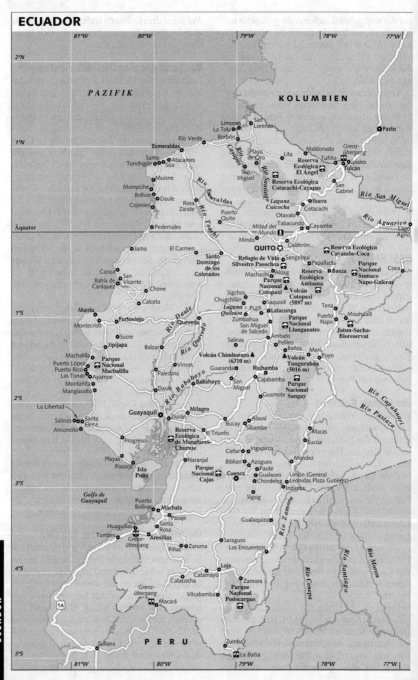

halb von drei Jahren erlangten die Spanier die Kontrolle über das ehemalige Inkareich – auch, indem sie die Inkaherrscher bei mehreren Gelegenheiten betrogen.

Die neue Heimat

Ab 1535 verlief die Kolonialzeit ohne größere Aufstände der einheimischen Ecuadorianer. 1540 machte Francisco Pizarro seinen Bruder Gonzalo zum Gouverneur von Quito. In der Hoffnung, weiteres Gold zu finden, schickte Gonzalo seinen Leutnant Francisco de Orellana los, das Amazonasgebiet zu erkunden. Am Ende schipperten dieser und seine Mannen bis zum Atlantik und waren damit die ersten, die den gesamten Amazonas hinunterfuhren und den Kontinent durchquerten. Noch heute gedenkt man in Ecuador dieser Fahrt, die fast ein Jahr dauerte.

Während der ersten Jahrhunderte der Kolonialherrschaft war Lima in Peru der Regierungssitz Ecuadors. Ecuador war ursprünglich eine *gobernación* (Provinz) und wurde 1563 zur Real Audiencia de Quito (Königliche Audienz von Quito), wodurch es politisch wichtiger wurde. Die Audiencia gehörte zum Vizekönigreich Peru, 1739 wurde sie dann dem Vizekönigreich Kolumbien zugeführt, das damals Nueva Granada hieß.

Ecuador blieb während dieser Jahrhunderte eine friedliche Kolonie, in der Landwirtschaft und Künste florierten. Auf jedem heiligen Fleck der ursprünglichen Einwohner wurden Kirchen und Klöster erbaut und mit einzigartigen Schnitzereien und Malereien verziert, die das Ergebnis eines spanisch-indigenen Kunstmixes waren. Die sogenannte Escuela Quiteña (Quito-Schule) wird noch heute von Ecuadors Besuchern bewundert. Sie hat sowohl die Kolonialgebäude dieser Zeit als auch Ecuadors einzigartige Kunstgeschichte stark geprägt.

Die Kolonialherren führten ein angenehmes Leben, aber die indigenen Einwohner – und später die *mestizos* (Menschen mit spanischen wie indigenen Wurzeln) – wurden unter deren Herrschaft schlecht behandelt. Das System der Zwangsarbeit wurde nicht nur geduldet, sondern noch unterstützt. Und so überrascht es nicht, dass die indigenen Gruppen im 18. Jh. mehrere Aufstände gegen die herrschenden Klassen der Spanier anzettelten. Soziale Unruhen und die Einrichtung von Kakao- und Zuckerplantagen im Nordwesten veranlassten Grundbesitzer, afrikanische Arbeitsssklaven zu importieren. Ein Großteil der reichen afro-ecuadorianischen Kultur, die man heute in der Provinz Esmeraldas findet, ist ein Erbe aus dieser Zeit.

Adiós, Spanien

Der erste ernsthafte Versuch, sich von den Spaniern zu befreien, fand am 10. August 1809 statt. Er wurde von einer von Juan Pío Montúfar angeführten Partisanengruppe unternommen. Diese nahm Quito ein und installierte dort eine Regierung, aber die königstreuen Truppen erlangten innerhalb von nur 24 Tagen wieder die Kontrolle.

Ein Jahrzehnt später befreite Simón Bolívar, ein venezolanischer Nationalheld, auf seinem Marsch südwärts von Caracas Kolumbien. Bolívar unterstützte die Bewohner von Guayaquil, als sie am 9. Oktober 1820 ihre Unabhängigkeit erklärten. Es dauerte jedoch weitere zwei Jahre, bis Ecuador sich endgültig von der spanischen Herrschaft befreien konnte. Die entscheidende Schlacht fand am 24. Mai 1822 statt, als einer der besten Generäle Bolívars, Mariscal (Feldmarschall) Sucre, die Royalisten bei Pichincha besiegte und Quito einnahm.

Bolívar träumte von einem vereinten Südamerika und verschmolz Venezuela, Kolumbien und Ecuador zum unabhängigen Staat Großkolumbien. Der hatte aber nur acht Jahre Bestand, und im Jahr 1830 erlangte Ecuador die vollständige Unabhängigkeit. Im selben Jahr wurde ein Vertrag mit Peru unterzeichnet, der die Grenze zwischen den beiden Nationen festlegte.

Liberale gegen Konservative

Nachdem Ecuador von Spanien unabhängig war, nahm die Geschichte ihren Verlauf: Die typisch lateinamerikanischen politischen Kämpfe zwischen Liberalen und Konservativen begannen. Quito entwickelte sich zum Hauptzentrum der kirchlich unterstützten Konservativen, während Guayaquil traditionell als liberal und sozialistisch angesehen wurde. Die Rivalität zwischen diesen Gruppen eskalierte oft und extrem gewalttätig: 1875 wurde der konservative Präsident García Moreno erschossen, und der liberale Präsident Eloy Alfaro wurde 1912 in Quito von Demonstranten getötet und öffentlich verbrannt. Die Rivalität zwischen den beiden Städten besteht auf sozialer Ebene noch heute (s. S. 561). Mit der Zeit übernahm das Militär die Kontrolle, sodass Ecuador im 20. Jh. länger unter militärischer Herrschaft stand als unter ziviler.

Krieg mit Peru

1941 brach wegen Grenzstreitigkeiten ein Krieg mit Peru aus. Minister aus ganz Amerika trafen sich 1942 zu einer Konferenz und legten im Protokoll von Rio de Janeiro schließlich die Grenze neu fest. Ecuador hat diese Grenze nie anerkannt, und das führte immer wieder zu kleineren Auseinandersetzungen mit Peru. Die ernsthafteste war ein kurzer Krieg Anfang 1995, als mehrere Dutzend Soldaten auf beiden Seiten getötet wurden. Nach weiteren Kampfhandlungen im Jahr 1998 legten Peru und Ecuador den Konflikt schließlich bei und Peru behielt den Großteil des strittigen Landes.

Jüngste politische Entwicklungen

Die jüngste demokratische Phase in Ecuador begann 1979 mit der Wahl von Präsident Jaime Roldos Aguilera. In den folgenden 20 Jahren wechselten sich Liberale und Konservative mit dem Regieren ab.

Aus der Wahl von 1998 ging Jamil Mahuad, ein ehemaliger Bürgermeister von Quito, als Sieger hervor und wurde sofort auf die Probe gestellt. Die verheerenden Folgen von El Niño und der schwächelnde Ölmarkt von 1997 und 1998 brachte die Wirtschaft 1999 ins Trudeln. Der Sucre, die ehemalige Währung von Ecuador, sackte bis Januar 2000 von etwa 7000 für 1 US$ auf 25 000. Die Lage geriet außer Kontrolle.

Als Mahuad seinen Plan vorstellte, die nationale Währung gegen den US-Dollar auszutauschen, brach im Land heftiger Protest aus. Am 21. Januar 2000 legten Demonstrationszüge die Hauptstadt lahm. Die Protestler besetzten das ecuadorianische Kongressgebäude und zwangen Mahuad zum Rücktritt. Ihre Anführer waren Antonio Vargas, Coronel Lucio Gutiérrez und der ehemalige Präsident des obersten Gerichtshofs Carlos Solórzano, der die Präsidentschaft sofort an den ehemaligen Vizepräsidenten Gustavo Noboa übergab. Noboa setzte die „Dollarisierung" fort, und im September 2000 wurde der US-Dollar offizielle Landeswährung.

Präsidenten kommen und gehen

2002 folgte auf Präsident Noboa Lucio Gutiérrez, einst ein Anführer von Protesten. Das

Wahlergebnis wurde von seinen populistischen Themen beeinflusst. Doch kurz nachdem er sein Amt angetreten hatte, nahm Gutiérrez Abstand von seinen radikalen Reformvorschlägen und führte, vom Weltwährungsfond ermuntert, Sparmaßnahmen durch, um die erheblichen Schulden des Landes in den Griff zu bekommen. 2004 entließ er zudem einen großen Teil des Obersten Gerichtshofes. Auf diese Weise wurde er seine Rivalen bei Gericht los und konnte die Verfassung so ändern, dass die Korruptionsvorwürfe gegen seinen früheren Verbündeten, den allgemein verachteten Ex-Präsidenten Antonio Bucaram, fallengelassen wurden. Wenig überraschend kam es in der Hauptstadt zu Protesten. Im April 2005 wählte der Kongress Gutiérrez schließlich ab und ersetzte ihn durch seinen Vizepräsidenten Alfredo Palacios. Aus dem Amt und ins Exil getrieben, kehrte Gutiérrez 2005 überraschend nach Ecuador zurück und erhob Anspruch, der rechtmäßige Führer des Landes zu sein. Er wurde sofort ins Gefängnis gesteckt, aber nach seiner Entlassung startete er eine Wahlkampagne für die Präsidentschaft. Seine politischen Tage waren jedoch gezählt. 2006 wurde Rafael Correa, in den USA ausgebildeter Ökonom und Finanzminister unter Palacios, zum Präsidenten gewählt.

KULTUR
Mentalität
Alle Ecuadorianer haben drei Dinge gemeinsam: ihren Stolz auf die Naturschönheiten ihres Landes, ihre Verachtung für die scheinbar endlose Reihe von Politikern, die ihre Versprechen nicht halten, und einen Verwandten in einem anderen Land (etwa 1,5 Mio. Menschen – mehr als 10% der Bevölkerung – haben Ecuador auf der Suche nach Arbeit verlassen).

Darüberhinaus scheiden sich die Geister, und die Einstellungen ändern sich mit der Höhenlage. *Serranos* (Menschen aus den Bergen) und *costeños* (Menschen von der Küste) können stundenlang erzählen, warum sie anders (soll heißen: besser) sind als die anderen. Analog zur historischen Rivalität zwischen den konservativen *quiteños* (Bewohner von Quito) und den liberaleren *guayaquileños* (Leute aus Guayaquil) nennen die *serranos* die Menschen von der Küste *monos* (Affen) und sagen, diese seien faul und würden lieber feiern als ihre Städte sauber zu halten. Die *costeños* finden, die *serranos* seien zugeknöpft, elitär und würden alles unnötig bürokratisieren. Natürlich machen die *serranos* in Scharen Ferien an der Küste. Und die *costeños* schwärmen von den kühlen Abenden im Hochland.

Lebensart
Wie ein Ecuadorianer lebt, hängt von der Geografie und der Zugehörigkeit zu einer bestimmten Ethnie und Klasse ab. Eine arme *campesino*- (Kleinbauern-)Familie, die den mageren Vulkanboden im steilen Hochland bestellt, lebt ganz anders als eine Fischerfamilie an der Küste, die zwischen Mangroven in der Provinz Esmeraldas wohnt, und wieder anders als eine Familie aus den Slums von Guayaquil. Eine indigene Saragurofamilie, die im südlichen Hochland Vieh aus Gemeinschaftsbesitz hütet, führt ein völlig anderes Leben als eine *quiteño*-Familie aus der Oberschicht, die drei Hausangestellte, einen neuen Computer und in der Garage einen Mercedes hat.

Etwa 40% der Ecuadorianer leben unterhalb des Existenzminimums. Die permanente Sorgen der meisten Ecuadorianer gelten Brennmaterial und Nahrungsmitteln. Aber fast alle Traveller, die zum ersten Mal herkommen, stellen mit Erstaunen fest, dass selbst die ärmsten Ecuadorianer eine Offenheit ausstrahlen, eine Großzügigkeit und Zufriedenheit, die man in hochentwickelten Ländern nur selten findet. Fiestas feiern alle mit Eifer, und manchmal kriegt man nachts kein Auge zu, weil nebenan lautstark eine Geburtstagsparty läuft.

Bevölkerung
Von allen Ländern Südamerikas hat Ecuador die höchste Bevölkerungsdichte – etwa 52 Menschen leben auf 1 km². Trotzdem wirkt das Land noch immer sehr unberührt, denn mehr als 30% der Bevölkerung leben auf engstem Raum in den Städten Quito und Guayaquil und weitere 30% in anderen urbanen Gegenden Ecuadors. Fast die Hälfte der Menschen wohnt an der Küste (einschl. der Galápagosinseln), und etwa 45% im Hochland. Der Rest lebt im Oriente, wo die Besiedlung langsam fortschreitet.

Mestizos sind etwa 65% der Ecuadorianer, 25% haben indigene Wurzeln, 7% spanische, und 3% sind Nachfahren von Afrikanern. Andere ethnische Gruppen machen weniger als 1% aus. Die meisten Menschen indigener

Herkunft sprechen Quichua und leben im Hochland. Einige kleinere Gruppen sind im Tiefland anzutreffen.

SPORT

Der Nationalsport – das überrascht kaum – ist *fútbol* (Fußball). Jeden Samstag und Sonntag finden in Quito und Guayaquil Spiele der höchsten Liga statt, und überall gibt es spontane Spiele. Das beste Team des Landes ist Barcelona (aus Guayaquil), obwohl man das in der Gegend von Quito lieber nicht laut sagen sollte. Auch Volleyball spielt eine große Rolle, und die Leute in den Bergen lieben den Stierkampf. In der ersten Dezemberwoche hat er in Quito Hochsaison. Ein anderer Lieblingssport Ecuadors ist *pelea de gallos* (Hahnenkampf).

RELIGION

Die römisch-katholische Konfession dominiert (95 % der Bevölkerung gehören ihr an), daneben gibt's eine kleine Minderheit aus anderen Kirchen. Die indigenen Völker vermischen den Katholizismus gerne mit ihrem eigenen, traditionellen Glauben.

KUNST
Literatur

Die ecuadorianische Literatur ist außerhalb Lateinamerikas meist unbekannt. Jedoch sind einige Werke des einheimischen Schriftstellers Jorge Icaza in deutscher Übersetzung erhältlich, z. B. *Huasipungo. Ein Roman aus Ecuador*. Die naturalistische Erzählung schildert die ärmlichen Bedingungen auf den Haciendas der Anden im frühen 20. Jh. Außerdem lohnt es sich, mal einen Blick in *Fire from the Andes: Short Fiction by Women from Bolivia, Ecuador & Peru*, herausgegeben von Susan E. Benner und Kathy S. Leonard, zu werfen.

Kino

International wird dem Regisseur Sebastián Cordero am meisten Tribut gezollt. Sein Film *Kleine Ratten* (1998) erzählt die Geschichte eines *quiteño*-Kindes, das von seinem vorbestraften Cousin in das scheußliche Dasein eines Straßenkriminellen geführt wird. Der Film bietet einen Einblick in die dunklen Seiten der Hauptstadt, wie man ihn sonst vermutlich nirgends bekommt. Corderos neuerer Streifen, *Chronicles* (2005), spielt in einer Küstenstadt in der Tiefebene und dreht sich um ein krummes Geschäft zwischen einem Serienkiller und einem Reporter aus Miami. Wer mehr auf leichte Unterhaltung steht, sollte sich die Arbeiten der Filmemacherin Tania Hermida ansehen. Sie hat bei *Wie weit noch?* (2007) das Drehbuch geschrieben und Regie geführt. Das nette Roadmovie handelt von zwei jungen Frauen und ihrer ruhigen, unverhofften Reise der Selbsterkenntnis im Hochland; die Aufnahmen der andinen Landschaft sind wunderschön.

Musik

Die *música folklórica* (traditionelle Musik aus den Anden) hat einen unverwechselbaren, eindringlichen Klang. Im westlichen Kulturkreis wurde sie durch Songs wie Paul Simons Version von „El Cóndor Pasa" („If I Could") populär. Die anderweltlich wirkende Qualität entsteht durch die Verwendung einer pentatonischen (Fünfton-)Tonleiter und präkolumbianischer Blas- und Schlaginstrumente. Sie vermitteln einen Eindruck vom windgepeitschten Leben im *páramo*. Am besten hört man sich das Ganze in einem *peña* (Volksmusikverein oder Aufführung eines solchen) an.

Der Nordwesten Ecuadors, vor allem die Provinz Esmeraldas, ist berühmt für seine Marimba-Musik, ursprünglich der Sound der afro-ecuadorianischen Bevölkerung. Heute wird es immer schwieriger, sie live zu hören, denn viele Afro-Ecuadorianer sind auf Salsa oder andere Musikrichtungen umgestiegen.

Wenn es eine Musikform gibt, der man nicht entkommt, ist es Cumbia. Ihr Rhythmus erinnert an ein dreibeiniges trabendes Pferd. Ursprünglich stammt sie aus Kolumbien; die ecuadorianische Version klingt rauer, fast amateurhaft und melancholisch und wird von einem elektronischen Keyboard dominiert. Busfahrer lieben das Zeug, vielleicht, weil es die Fahrten auf den Nebenstraßen der Anden so seltsam schön untermalt.

In Sachen Jugendkultur ist das aus der Karibik stammende Reggaeton (eine Mischung aus puertoricanischen *bomba*, Dancehall und Hip-Hop) zu erwähnen – hierzu tanzen die Klubgänger in der Stadt. Außerdem erklingt eine neue Art von Rock, Metal und Alternative aus dem Land. Esto es Eso ist ein talentiertes amerikanisch-ecuadorianisches Duo, das neben *pasillo* und anderen traditionellen Sounds auch Mixes aus Hip-Hop, Pop, Rock und Reggae draufhat. Sudakaya ist vor allem für Reggae berühmt, obwohl die Band auch andere Afro-Latino-Rhythmen mischt, z. B.

Ska und Kalypso mit Bosanova und Samba. In Quitos Szene ist Rocola Bacalao super angesagt. Er spielt einen Mix aus Ska, Punk, Merengue und anderen Klängen. In Ecuador gibt's außerdem eine Reihe von Latino-Popkünstlern, und Sänger wie der Teenie-Star Fausto Miño dominieren den Äther.

Architektur

Viele Kirchen in Quito wurden während der Kolonialzeit erbaut, und die Architekten waren inspiriert von der Escuela Quiteña (s. unten). Außerdem lassen die Kirchen oft maurische Einflüsse erkennen, besonders was das Innendekor betrifft. Der als *mudéjar* bekannte Stil spiegelt eine Bauweise wider, die sich zu Beginn des 12. Jhs. in Spanien entwickelte. Insgesamt ist die Architektur der kolonialen Kirchen überaus prunkvoll – Barock eben.

Viele Häuser aus der Kolonialzeit sind zweistöckig und haben verzierte Balkone am Obergeschoss. Die Wände sind weiß getüncht und die Dächer mit roten Ziegeln gedeckt. Die Altstädte von Quito und Cuenca sind von der Unesco anerkannte Weltkulturdenkmäler. In beiden Orten gibt es wunderbar erhaltene koloniale Architektur in Hülle und Fülle.

Bildende Künste

Die religiöse Kunst der Kolonialzeit ist in vielen Kirchen und Museen zu bewundern, besonders in Quito. Sie stammt von indigenen Künstlern, die bei den spanischen Conquistadores in die Schule gingen. Sie übernahmen die religiösen Ideen der Spanier, ließen aber ihre eigenen Glaubensvorstellungen einfließen. So entstand eine einzigartige religiöse Kunst, bekannt als „Escuela Quiteña". Die Quito-Schule ging mit der Unabhängigkeit verloren.

Das 19. Jh. wird als republikanische Periode bezeichnet. Typisch für die Kunst dieser Zeit ist der Formalismus. Lieblingsthemen waren Helden der Revolution, wichtige Mitglieder aus der High Society der neuen Republik und blühende Landschaften.

Im 20. Jh. entstand die indigene Schule, deren Leitthema die Unterdrückung der indigenen Bevölkerung von Ecuador ist. Wichtige Künstler der sogenannten *indigenista* sind Camilo Egas (1889–1962), Oswaldo Guayasamín (1919–1999), Eduardo Kingman (1913–1997) und Gonzalo Endara Crow (1936–1996). Besucher können (und sollten!) sich die Werke dieser Künstler in den Galerien und Museen von Quito ansehen. Die ehemaligen Wohnhäuser von Egas und Guayasamín (auch in Quito) sind heute Museen, die ihre Arbeiten ausstellen.

NATUR & UMWELT

Ökologen zufolge hat Ecuador die höchste Abholzungsrate und das schlechteste Zeugnis in Sachen Umweltschutz in ganz Südamerika. Im Hochland ist fast der gesamte Waldbestand verschwunden, nur ein paar Fleckchen sind geblieben, meist in Naturschutzgebieten in privater Hand. Entlang der Küste sind die einst zahlreichen Mangrovenwälder beinahe ganz verschwunden, um künstlichen Garnelenbecken Platz zu machen.

Etwa 95 % der Wälder auf den Westhängen und im Flachland wurden in landwirtschaftliche Flächen, meist Bananenplantagen, umgewandelt. In diesen Wäldern waren mehr Arten beheimatet als beinahe sonst irgendwo auf der Welt, und viele von ihnen sind – oder waren – nur hier heimisch. Wissenschaftler vermuten, dass zahllose Spezies ausgestorben sind, bevor man sie identifizieren konnte. In den letzten Jahren kam aber eine kleine Artenschutzbewegung in Gang.

Große Teile des Regenwalds am ecuadorianischen Amazonas stehen zwar noch, werden aber erheblich durch Zerstückelung bedroht. Seit hier Öl entdeckt wurde, werden Straßen angelegt, Kolonisten kommen und die Zerstörung des Waldes hat exponenziell zugenommen. Die Hauptmotoren der Zerstörung sind Holzfällung, Viehhaltung und die Gewinnung von Öl und Mineralien.

Diese Probleme sind eindeutig eng mit der ecuadorianischen Wirtschaft verknüpft. Öl, Mineralien, Bananen und Garnelen gehören zu den Topexportgütern des Landes. Die Industrieanwälte erklären, die Aufgabe dieser Einkommensquellen könne von einem so kleinen Entwicklungsland nicht kompensiert werden, Umweltschützer halten dagegen, dass die Regierung der Großindustrie zu viele Freiheiten einräume, was die einheimische Ökologie zum Teil katastrophal geschädigt habe.

Die indigenen Bewohner der Regenwälder – die von ihren Trinkwasser- und Nahrungslieferanten, den Flüssen, abhängen – sind ebenfalls erheblich betroffen: Ölrückstände, Chemikalien für die Ölbearbeitung, Erosion und Dünger verseuchen die Gewässer, töten die Fische und vergiften das zuvor trinkbare Nass. Der hohe Preis, den die Menschen dafür bezahlen müssen, wurde dokumentiert: 2008 hat ein Team aus Ingenieuren, Ärzten und Biologen einen Bericht vorgelegt, der vom Gericht im Zusammenhang mit dem Prozess gegen Chevron (dem seit 2001 Texaco gehört) gefordert wurde. Chevron soll Millionen Tonnen giftiger Abfälle in den Amazonas geschüttet haben. Der Bericht besagte, dass der Giftmüll unter den Anwohnern 2091 Fälle von Krebs verursacht habe, von denen zwischen 1985 und 1998 1401 zum Tode führten. *Crude*, eine Dokumentation unter der Regie des US-Filmemachers Joe Berlinger, zeichnet ein faszinierendes Portrait des Falles; sie hatte Ende 2009 Premiere.

Geografie

Ecuador ist klein, doch auch eines der Länder mit der größten geografischen Vielfalt weltweit. Es lässt sich in drei Regionen teilen: Das Rückgrat bilden die Anden, westlich der Berge liegt das Küstentiefland, und im Osten schließt die Region Oriente den Regenwald des oberen Amazonasbeckens ein. Innerhalb von nur 200 km (soweit wie ein Kondor fliegt) kann man von Meeresspiegelhöhe auf schneebedeckte Gipfel klettern, die 6 km über dem Meeresboden liegen, und dann auf der Ostseite des Landes in den Regenwald hinabsteigen. Die Galapagosinseln liegen am Äquator, 1000 km westlich der ecuadorianischen Küste, und bilden eine der 21 Provinzen des Landes.

Tiere & Pflanzen

Ecuador ist eines der artenreichsten Länder der Welt und wird von Ökologen als „megadiversity hot spot" bezeichnet. Mehr als 20 000 Pflanzenarten kennt man hier, und jedes Jahr entdeckt man noch neue. In ganz Nordamerika gibt es nur 17 000 Pflanzenarten. In den Tropen sind im Allgemeinen viel mehr Arten heimisch als in gemäßigten Zonen, doch ein weiterer Grund für die Artenvielfalt Ecuadors ist ganz einfach, dass es hier viele verschiedene Lebensräume gibt. Es liegt auf der Hand, dass in den Anden ganz andere Arten leben als im tropischen Regenwald, und mit den dazwischenliegenden Lebensräumen und den Küstengebieten ergeben sich sehr unterschiedliche Ökosysteme, eine Anhäufung von Leben, die Naturliebhaber aus der ganzen Welt fasziniert.

Vogelbeobachter strömen in Scharen wegen der großen Vielfalt an Vogelarten nach Ecuador – um die 1600 und damit etwa zweimal so viele, wie in Nordamerika, Europa oder Australien verzeichnet sind. Und Ecuador ist nicht nur ein Land der Vögel: Etwa 300 Säugetierarten kennt man hier, von den Affen am Amazonas bis hin zu den seltenen Brillenbären im Andenhochland.

Nationalparks

In Ecuador gibt's mehr als 30 Parks und Reservate, die unter dem Schutz der Regierung stehen. Neun davon sind Nationalparks; außerdem stehen viele Naturschutzgebiete unter privater Leitung. Insgesamt liegen 18 % des Landes in Schutzgebieten. Ecuadors erster *parque nacional* waren die Galápagosinseln, eingerichtet im Jahr 1959. Verstreut über das Festland von Ecuador befinden sich acht weitere Nationalparks. Zu den meist besuchten gehören (von Norden nach Süden):

Parque Nacional Cotopaxi (S. 592) Mit seinem gewaltigen, eisbedeckten Gipfel ist der Volcán Cotopaxi das ganze Jahr über ein eindrucksvolles Ziel zum Wandern und Bergsteigen.

Parque Nacional Yasuní (S. 618) Steht für den Amazonasregenwald, große Flüsse und Lagunen. Mit seinen Kaimanen, Affen, Vögeln, Faultieren und vielen anderen Arten ist der Wald das ganze Jahr über einen Besuch wert.

Parque Nacional Machalilla (S. 631) Ein Trockenwald an der Küste. Strände und Inseln sind die Heimat von Walen, Seevögeln, Affen und Reptilien. Tolle Wandermöglichkeiten und Strände.

Parque Nacional Sangay (S. 598) Vulkane, *páramo* und Nebelwald sind das Zuhause von Brillenbären, Tapiren, Pumas und Ozeloten und bieten das ganze Jahr über Möglichkeiten zum Wandern, Klettern und Beobachten der Tiere und Pflanzen.

Parque Nacional Cajas (S. 610) Mit seinen schimmernden Seen und dem heidelandähnlichen *páramo*-Gebiet ist dieser Park im Hochland ein idealer Ort für einen Abenteuerausflug von Cuenca aus.

Parque Nacional Podocarpus (S. 613) Hat alle Facetten vom Nebelwald bis zum Regenwald. Den malerischen Park im Süden erkundet man am besten von Loja, Zamora oder Vilcabamba aus.

In vielen Parks leben indigene Stämme, die schon lange da waren, bevor man das Gebiet zu einem Park erklärt hat. Bei den Oriente-Parks führten die indigenen Jagdgepflogenheiten (die sich noch stärker auswirken, weil die Gruppen in kleinere Gebiete zurückgedrängt und ihre Ressourcen beschnitten wurden) zum Konflikt mit den Parkschützern. Wie man diese Gebiete vor Öl- und Bauholzgewinnung oder Bergbau schützen, aber gleichzeitig die Rechte der indigenen Bevölkerung wahren soll, ist immer noch eine sehr schwierige Frage.

Die Eintrittspreise der Nationalparks sind unterschiedlich. Auf dem Festland verlangen die meisten Hochlandparks 10 US$ und die meisten Tieflandparks 20 US$ pro Besucher; in beiden Fällen gelten die Tickets eine Woche lang. Auf den Galápagosinseln kostet der Eintritt zum Park 100 US$, aber die könnten sich in den nächsten Jahren verdoppeln.

> **AUSREISEGEBÜHR**
>
> Alle Passagiere, die Ecuador mit einem Auslandsflug verlassen, müssen in Quito 41 US$ und in Guayaquil 28 US$ Ausreisegebühr bezahlen. Diese ist nicht im Ticketpreis enthalten und muss in bar am Flughafen entrichtet werden. Kurze Sprünge über die Grenze, z.B zwischen Tulcán und Cali (Kolumbien), kosten nichts.

VERKEHRSMITTEL & -WEGE

AN- & WEITERREISE

Bus

Wenn man in Quito Busfahrkarten für eine Reise über die Landesgrenze kauft, muss man an der Grenze häufig das Fahrzeug wechseln. Meistens ist es billiger und genauso praktisch, eine Fahrkarte bis zur Grenze zu kaufen und im nächsten Land dann eine zweite. Ausnahmen sind die die Grenze passierenden Busse von Loja (S. 611) nach Piura, Peru (über Macará), und von Guayaquil (S. 634) nach Peru (via Huaquillas): Bei diesen muss man den Bus nicht wechseln, und die Beamten der Einwanderungsbehörde kommen in der Regel in den Bus, um den Papierkram zu erledigen. Zugleich sind das die beiden wichtigsten Routen von Ecuador nach Peru. Zumba, südlich von Vilcabamba (S. 613), bietet eine Alternativstrecke nach bzw. ab Peru, die malerischer und weniger frequentiert ist. Die Hauptbusroute, die Kolumbien und Ecuador verbindet, führt über Tulcán (s. Kasten S. 592). Andere Grenzübergänge von Kolumbien nach Ecuador sind aus Sicherheitsgründen nicht empfehlenswert.

Flugzeug

Die wichtigsten internationalen Flughäfen befinden sich in Guayaquil (S. 634) und Quito (S. 567). Direktflüge gehen nach Bogotá (Kolumbien), Bonaire (Niederländische Antillen), Buenos Aires (Argentinien), Caracas (Venezuela), Lima (Peru), Panama City (Panama), San José (Costa Rica) und Santiago (Chile). Außerdem gibt's sowohl von Tulcán (im nördlichen Hochland von Ecuador) als auch von Esmeraldas (an der Nordküste) aus wöchentlich mehrere Flüge nach Cali (Kolumbien). Zwischen Quito oder Guayaquil und Brasilien verkehren keine Direktflüge; die beste Möglichkeit, nach Rio oder São Paulo zu kommen, ist in der Regel der Weg über Lima.

Schiff/Fähre

Informationen zum Schiffsverkehr zwischen Neuvo Rocafuerte (Ecuador) und Iquitos (Peru) finden sich im Kasten auf S. 618.

UNTERWEGS VOR ORT

In der Regel kommt man überall schnell und einfach hin. Der Bus ist nach dem Flugzeug das gebräuchlichste Verkehrsmittel; mit ihm kommt man in 18 Stunden von der kolumbianischen zur peruanischen Grenze. In den nördlichen Küstenmangrovenwäldern und im Oriente werden Boote benutzt.

Mit welchem Verkehrsmittel man auch unterwegs ist, man sollte immer seinen Pass dabei haben. Man braucht ihn beim Einstieg in ein Flugzeug und bei Passkontrollen unterwegs; wer keine Papiere zu Hand hat, könnte verhaftet werden. Wenn der Pass in Ordnung ist, wird nur flüchtig kontrolliert. Ist man irgendwo in der Nähe einer Grenze oder im Oriente unterwegs, kann man sich auf häufigere Passkontrollen einstellen.

Auto & Motorrad

Autos zu mieten ist in Ecuador unüblich, auch weil das Reisen mit öffentlichen Verkehrsmitteln so einfach ist. Der Automobilverband von Ecuador heißt **Aneta** (☎ 02-250-4961; www.aneta.org.ec) und bietet seinen Mitgliedern einen 24-Stunden-Pannendienst; auch Mitglieder ausländischer Automobilclubs können ein paar Serviceleistungen in Anspruch nehmen.

Bus

Busse sind das Blut in Ecuadors Adern und die einfachste Art, sich fortzubewegen. In den meisten Städten gibt's einen *terminal terrestre* (zentraler Busbahnhof) für Fernverbindungen, obwohl die Busse manchmal von unterschiedlichen Stellen abfahren. Wer einen bestimmten Platz will, kauft seine Fahrkarten im Voraus am Busbahnhof. An Ferienwochenenden kann es vorkommen, dass Busse schon mehrere Tage vorher ausgebucht sind.

Wer mit leichtem Gepäck reist, behält es bei sich im Bus. Sonst muss es aufs Dach gehievt oder ins Gepäckabteil gestopft und mit Adleraugen bewacht werden.

Fernbusse haben selten Toiletten. Sie halten aber meistens in annehmbaren Abständen zu 20-minütigen Ess- und Pinkelpausen. Falls nicht, stoppen die Fahrer auch mal, damit Fahrgäste den Straßenrand düngen können.

Nahverkehrsbusse sind meist langsam und voll, aber dafür billig. Fast überall kostet eine Fahrt ca. 0,25 US$. Nahverkehrsbusse fahren oft auch Nachbarorte an – eine tolle Möglichkeit, die Gegend zu erkunden.

Flugzeug

Mit Ausnahme der Flüge zu den Galápagosinseln (für Details, s. S. 645) kommt man im Inland relativ günstig weg; die einfache Strecke kostet im Schnitt 50 bis 75 US$. Beinahe alle Flüge starten oder landen in Quito oder Guayaquil. Einige Inlandsflüge bieten eine sagenhafte Sicht auf die schneebedeckten Anden – wenn man von Quito nach Guayaquil fliegt, sollte man darum links sitzen.

Die wichtigste Inlandsfluglinie Ecuadors ist **TAME** (www.tame.com.ec). **Icaro** (www.icaro.aero) ist die zweitgrößte, mit weniger Verbindungen, aber neueren Maschinen. Mit einer dieser beiden Fluggesellschaften kommt man jeweils von Quito nach Guayaquil, Coca, Cuenca, Esmeraldas, Lago Agrio, Loja, Macas, Machala, Manta, Tulcán und zu den Galápagosinseln. Von Guayaquil geht es nach Quito, Coca, Cuenca, Loja, Machala und zu den Galápagosinseln. Ins Oriente-Gebiet gibt's sonntags keine Flüge. **AeroGal** (www.aerogal.com.ec) bedient meist die Galápagosinseln, **LANEcuador** (www.lan.com) fliegt von Guayaquil nach Quito und Cuenca, **VIP** (www.vipec.com) verbindet Quito mit Lago Agrio und Coca und **Saereo** (www.saereo.com) startet von Quito nach Macahala und Macas und bietet zudem eine Machala–Guayaquil-Verbindung.

Wer für einen bestimmten Flug kein Ticket bekommen hat (vor allem von Kleinstädten aus), sollte früh am Flughafen sein und sich auf die Warteliste setzen lassen – vielleicht gibt's eine Stornierung.

Lastwagen

In entlegenen Gegenden übernehmen oft *camiones* (Lastwagen) und *camionetas* (Kleinlaster) die Aufgabe von Bussen. Bei gutem Wetter hat man eine tolle Aussicht, bei schlechtem muss man unter die dunkle Plane krabbeln und Staub einatmen. Kleinlaster können auch gemietet werden, um zu entfernten Orten wie Schutzhütten für Bergsteiger zu gelangen.

Schiff/Fähre

In einigen straßenlosen Gegenden sind motorisierte Einbäume die einzige Transportmöglichkeit. Regelmäßig verkehrende Boote sind bezahlbar, kosten aber im Hinblick auf die Strecke mehr als ein Bus. Man kann auch ein eigenes Boot samt Skipper mieten – das ist aber recht teuer. Die Nordküste (bei San Lorenzo und Borbón) und der untere Río Napo von Coca nach Peru sind die Gegenden, zu denen man am ehesten per Boot unterwegs ist – wenn man denn so weit kommt.

Taxi

Taxis sind relativ billig. Den Fahrpreis trotzdem vorab aushandeln, sonst zahlt man schnell zuviel! Eine lange Fahrt in einer großen Stadt (Quito oder Guayaquil) sollte nicht mehr als 5 US$ kosten. Kurze Fahrten in Kleinstädten kosten meist etwa 1 US$. Taxameter sind in Quito (wo die Mindestpauschale 1 US$ beträgt) obligatorisch, anderswo aber selten. Am Wochenende und in der Nacht liegen die Fahrpreise etwa 25 bis 50% höher. Ein Taxi für einen ganzen Tag dürfte ungefähr 50 US$ kosten.

Trampen

Trampen ist möglich, aber nicht üblich. Öffentliche Verkehrsmittel sind relativ günstig, in entlegenen Gegenden dienen Lastwagen als Busse, darum ist es nicht so einfach, eine kostenlose Mitfahrmöglichkeit zu ergattern. Hält ein Fahrer an, um Gäste aus- und einsteigen zu lassen, verlangt er wahrscheinlich auch Geld. Ist man der einzige Fahrgast, kann es sein, dass der Fahrer einen nur mitgenommen hat, um mal mit einem Ausländer zu sprechen.

Zug

Die Regenfälle von El Niño (1982–1983) haben nicht viel von Ecuadors Schienennetz übriggelassen. Und nur in die touristisch interessanten Abschnitte wurde soviel Geld investiert, dass sie wiedereröffnen konnten. Dreimal pro Woche verkehrt ein Zug zwischen Riobamba und Sibambe, inklusive der haarsträubenden Nariz del Diablo (Teufelsnase), Ecuadors Schienenstolz und -freude. Die Ibarra–San-Lorenzo-Linie, die früher das Hochland mit der Küste verbunden hat, liegt auf dem Sterbebett. Autoferros (auf Schienengestelle montierte Busse) bedienen nur einen Bruchteil des Weges nach San Lorenzo. Und dann wäre da noch die am Wochenende befahrene Strecke Quito–Cotopaxi, mit Halt in der Area de Recreación El Boliche neben dem Parque Nacional Cotopaxi; zur Zeit der Recherche war diese Verbindung allerdings wegen Reparaturarbeiten auf unbestimmte Zeit geschlossen.

QUITO

☎ 02 / 1,5 Mio. Ew.

In herrlicher Lage, hoch in den Anden (auf 2850 m) zwischen traumhaften, nebelumhüllten Berggipfeln, findet sich Quito. Die Stadt ist übersät von historischen Monumenten und architektonischen Schätzen. Ihre Perle ist ihr historisches Zentrum, die „Altstadt". Dieses Unesco-Weltkulturerbe schmücken zahlreiche Hausfassaden aus dem 17. Jh., malerische Plätze und sagenhafte Kirchen, die spanische, maurische und indigene Elemente mixen.

Gleich nördlich davon bietet Quitos „Neustadt" eine völlig andere Welt. Für Traveller ist Mariscal Sucre das Herz der Stadt, eine Gegend voller Pensionen, Reisebüros, international angehauchter Kneipen und pulsierenden Nachtlebens. Dies ist tatsächlich „Gringolandia", wie einige Einheimische das Gebiet beschreiben, und dennoch trifft man eine Menge *quiteños* in den Bars und Restaurants von Mariscal.

In der Hauptstadt schreibt man sich gerne für einen Spanischkurs ein und bleibt eine Weile, oft länger als geplant, wie ein paar hier lebende Ausländer bezeugen können – aber wen wundert das?

ORIENTIERUNG

Nach Guayaquil ist Quito die zweitgrößte Stadt in Ecuador. Es lässt sich in drei Gebiete aufteilen. Im Zentrum befindet sich zunächst die Altstadt aus der Kolonialzeit. Das moderne Quito, die Neustadt, liegt im Norden, und mit ihr die wichtigsten Geschäfte, Fluglinienbüros, Botschaften und Einkaufszentren, außerdem Flughafen, Häuser der Mittel- und Oberschicht und das Stadtviertel Mariscal Sucre – das Ghetto der Traveller ist einfach als El Mariscal bekannt –; die Av Amazonas mit Banken, Hotels, Läden für Kunsthandwerk, Cafés und Firmenbüros ist die bekannteste Straße dieses Stadtteils, die wichtigsten Durchgangsstraßen sind hingegen die Av 10 de Agosto und die Av 6 de Diciembre. Der Süden Quitos besteht vorwiegend aus Wohngebieten der Arbeiterklasse.

Das **Instituto Geográfico Militar** (IGM; Karte S. 570 f.; ☎ 254-5090, 222-9075/6; ☼ Kartenverkauf Mo–Do 8–16, Fr 7–12.30 Uhr), an der Spitze des steilen Paz y Miño zu finden, gibt die besten topografischen Karten Ecuadors heraus und verkauft diese auch gleich. Man muss am Eingang seinen Pass abgeben.

PRAKTISCHE INFORMATIONEN
Buchläden

Confederate Books (Karte S. 570 f.; Calama 410) Die größte Auswahl von fremdsprachigen Büchern aus zweiter Hand.

Libri Mundi (Karte S. 570 f.; Mera 851) Quitos bester Buchladen führt eine ausgezeichnete Auswahl von Büchern auf Spanisch, Englisch, Deutsch und Französisch.

Libro Express (Karte S. 570 f.; Ecke Av Amazonas 816 & Veintimilla) Gute Adresse für Reiseführer, Bildbände und Zeitschriften.

Geld

In der Neustadt an der Av Amazonas zwischen der Av Patria und der Av Orellana gibt's zahlreiche Banken und *casas de cambio* (Wechselstuben) und in der ganzen Stadt Dutzende von Banken. Die hier aufgeführten Banken haben Geldautomaten.

Banco de Guayaquil Av Amazonas (Karte S. 570 f.; Ecke Av Amazonas N22-147 & Veintimilla); Colón (Karte S. 570 f.; Ecke Av Cristóbal Colón & Reina Victoria)

Banco del Pacífico Neustadt (Karte S. 570 f.; Ecke Av 12 de Octubre & Cordero); Altstadt (Karte S. 573; Ecke Guayaquil & Chile)

Banco del Pichincha (Karte S. 573; Ecke Guayaquil & Manabí)

Producambios (Av Amazonas 350; ☼ Mo–Fr 8.30–18, Sa 9–14 Uhr)

Western Union Av de la República (Karte S. 570 f.; Av de la República 433); Colón (Karte S. 570 f.; Av Cristóbal Colón 1333)

Infos im Internet
Corporación Metropolitana de Turismo (www.quito.com.ec)
Gay Guide to Quito (http://gayquitoec.tripod.com)

Internetzugang
In Mariscal wimmelt es von Internetcafés, aber in der Altstadt sind sie etwas schwieriger zu finden. Alle Optionen verlangen zwischen 0,70 und 1,20 US$ pro Stunde.
Friends Web Café (Karte S. 570 f.; Calama E6-19)
La Sala (Karte S. 570 f.; Ecke Calama & Reina Victoria)
Papaya Net Neustadt (Karte S. 570 f.; Ecke Calama 469 & Mera); Altstadt (Karte S. 573; Chile Oe4-56, Pasaje Arzobispal)

Medizinische Versorgung
Clínica de la Mujer (außerhalb der Karte S. 570 f.; ☎ 245-8000; Ecke Av Amazonas 4826 & Gaspar de Villarroel) Diese Privatklinik ist auf Frauenheilkunde spezialisiert.
Clínica Pichincha (Karte S. 570 f.; ☎ 256-2408, 256-2296; Ecke Veintimilla 1259 & Páez) In der Neustadt; führt bei Parasitenbefall, Ruhr usw. Laboruntersuchungen durch.
Hospital Metropolitano (außerhalb der Karte S. 570 f.; ☎ 226-1520; Ecke Mariana de Jesús & Av Occidental) Besser, aber teurer als das Voz Andes.
Hospital Voz Andes (außerhalb der Karte S. 570 f.; ☎ 226-2142; Villalengua 267 in der Nähe der Av América & der Av 10 de Agosto) Krankenhaus unter amerikanischer Leitung mit Ambulanz und Unfallstation. Die Gebühren sind niedrig.

Notfall
Feuerwehr (☎ 102)
Notruf (☎ 911)
Polizei (☎ 101)
Rot-Kreuz-Krankenwagen (☎ 131, 258-0598)

Post
Hauptpost (Karte S. 573; Espejo 935)
Mariscal Sucre Post (Karte S. 570 f.; Ecke Av Cristóbal Colón & Reina Victoria)

Telefon
Anrufe ins Ausland sind von einem Internetcafé aus (s. oben) viel günstiger.
Andinatel Mariscal-Filialen Mera (Karte S. 570 f.; Ecke Mera 741 & Baquedano); Reina Victoria (Karte S. 570 f.; Reina Victoria in der Nähe der Calama) In Mariscal.

Touristeninformation
South American Explorers (SAE; Karte S. 570 f.; ☎ 222-5228; www.saexplorers.org; Ecke Washington 311 & Leonidas Plaza Gutiérrez; ✆ Mo-Mi & Fr 9.30–17, Do 9.30–18, Sa 9.30–12 Uhr) Infos über die ausgezeichnete Touristenorganisation gibt's auf S. 1114.
Touristeninformationen (Corporación Metropolitana de Turismo; www.quito.com.ec); Flughafen (☎ 330-0163); Mariscal (Karte S. 570 f.; ☎ 255-1566; Ecke Cordero & Reina Victoria; ✆ Mo–Fr 9–17 Uhr); Altstadt (Karte S. 573; ☎ 228-1904; Ecke Venezuela & Espejo, Plaza Grande; ✆ Mo–Sa 9–20, So 10–18 Uhr)

Waschsalons
Bei den folgenden Waschsalons wird die Wäsche in 24 Stunden gewaschen, getrocknet und zusammengelegt. Sie verlangen alle etwa 1 US$ pro Kilo.
Opera de Jabón (Karte S. 570 f.; Pinto 325 nahe der Reina Victoria)
Sun City Laundry (Karte S. 570 f.; Ecke Mera & Foch)
Wash & Go (Karte S. 570 f.; Pinto 340)

GEFAHREN & ÄRGERNISSE
Auch in Quito gibt's Raubüberfälle und Kleinkriminalität, und man sollte aufpassen, dass man nicht zur Zielscheibe wird. Obwohl die Straßen rund um Mariscal sehr belebt sind, ist es nach Einbruch der Dunkelheit ein gefährliches Stadtviertel und Überfälle sind an der Tagesordnung. Etwa ab 21 Uhr nimmt man besser ein Taxi – selbst wenn man nur ein paar Blocks zu laufen hat. Sonntags, wenn niemand unterwegs ist, empfiehlt es sich nicht unbedingt, sich in Mariscal herumzutreiben.

Seit der Restaurierung der Altstadt und erhöhter Polizeipräsenz ist das historische Stadtzentrum bis etwa 22 Uhr sicher. Den Berg El Panecillo sollte man nicht erklettern, sondern stattdessen ein Taxi nehmen (oben stehen für den Rückweg ebenfalls jede Menge bereit). Wie üblich sind überfüllte Busse (besonders die Trole- und Ecovía-Linien), der Busbahnhof und die Märkte das Revier von Taschendieben. Wer beraubt wurde, sollte sich bei der **Polizei** (Neustadt Karte S. 570 f.; Ecke Reina Victoria & Roca; Altstadt Karte S. 573; Ecke Mideros & Cuenca) innerhalb von 48 Stunden eine Bestätigung besorgen.

Wenn man von der Höhe des Meeresspiegels aus anreist, könnten einen die 2850 m Höhe von Quito schon etwas ins Schnaufen geraten lassen und Kopfschmerzen oder einen ausgetrockneten Mund verursachen. Die Symptome der *soroche* (Höhenkrankheit) verschwinden in der Regel nach ein, zwei Tagen; um sie auf ein Minimum zu reduzieren, nach der Ankunft langsam tun, viel Wasser und keinen Alkohol trinken, nicht rauchen.

SEHENSWERTES

Wenn kaum Zeit bleibt, sollte das herrlich restaurierte Zentrum der Altstadt aus der Kolonialzeit das erste Ziel sein.

Altstadt

Quitos Kirchen, Abteien, Kapellen und Klöster wurden vor Jahrhunderten von indigenen Kunsthandwerkern und Arbeitern erbaut; sie sind von Legenden umgeben und sehr geschichtsträchtig. In der lebhaften Gegend trifft man auf schreiende Straßenverkäufer, bummelnde Fußgänger, hupende Taxis, Abgase ausstoßende Busse und Polizisten, die mit Trillerpfeifen versuchen, in den engen, verstopften Einbahnstraßen den Verkehr zu regeln. Die Altstadt ist sonntags zwischen 8 und 16 Uhr für den Verkehr gesperrt – eine wundervolle Zeit, um sie zu erforschen.

Die Kirchen sind jeden Tag geöffnet (in der Regel bis 18 Uhr), und an Sonntagen quellen sie vor Kirchgängern über. Oft sind sie mittags zwischen 13 und 15 Uhr geschlossen.

PLAZA GRANDE

Die kleine, ausgezeichnet restaurierte Hauptplaza (auch Plaza de la Independencia genannt) ist der perfekte Ort, um mit der Erkundung der Altstadt zu beginnen. Auf den Bänken kann man wunderbar die für die Anden typische Morgensonne genießen und die Schuhputzjungen und Fotografen mit Polaroidkameras beobachten, die im Park ihre Dienste anbieten. Die Plaza wird von mehreren wichtigen Gebäuden flankiert. Das niedrige weiße auf der Nordwestseite ist der **Palacio del Gobierno** (Präsidentenpalast; Karte S. 573; Ecke García Moreno & Chile; Führungen 10, 11.30, 13, 14.30 & 16 Uhr); Besucher dürfen ihn nur im Rahmen einer (kostenlosen) Führung betreten. Da der Präsident von hier tatsächlich seine Staatsgeschäfte führt, sind die Besichtigungen auf die Räume beschränkt, die gerade nicht gebraucht werden. Montags um 11 Uhr findet der Wachwechsel auf der Plaza statt.

In der **Kathedrale** (Karte S. 573; Ecke Espejo & García Moreno; Eintritt 1,50 US$; Mo–Sa 9.30–16 Uhr) findet man eine faszinierende Arbeiten von Künstlern aus der Quito-Schule (s. S. 563). Auf keinen Fall das Gemälde vom letzten Abendmahl verpassen! Hier verweilt Christus mit den Jüngern bei einem Festmahl aus *cuy* (ganzes gegrilltes Meerschweinchen), *chicha* (Mais-Schnaps) und *humitas* (süße Mais-Tamales). Mariscal Sucre, der Anführer der Unabhängigkeit von Quito, liegt innen begraben. Im **Palacio Arzobispal** (Palast des Erzbischofs; Karte S. 573; Chile zw. García Moreno & Venezuela) finden sich heute mehrere kleine Läden und gute Restaurants, geschützt von einem Säulengang; er steht an der Nordostseite der Plaza.

Direkt neben der Plaza beherbergt das **Centro Cultural Metropolitano** (Karte S. 573; ☎ 295-0272, 258-4363; www.centrocultural-quito.com; Ecke García Moreno & Espejo; Di–So 9–17 Uhr, Innenhof bis 19.30 Uhr) mehrere wechselnde Kunstausstellungen, ein fesselndes Museum, zwei Dachterrassen und ein schönes Café im Innenhof. Dazu gehört auch das **Museo Alberto Mena Caamaño** (Karte S. 573; Eintritt 1,50 US$; Di–So 9–16.30 Uhr), das einen Einblick in die frühe Kolonialgeschichte Quitos gibt (und einen Blick auf ein paar recht lebensechte Wachsfiguren ermöglicht).

NÖRDLICH DER PLAZA GRANDE

Das **Museo Camilo Egas** (Karte S. 573; ☎ 257-2012; Ecke Venezuela 1302 & Esmeraldas; Eintritt 0,50 US$; Di–Fr 9.30–17, Sa & So 10–16 Uhr) zeigt eine kleine, aber feine Sammlung aus dem Spätwerk von Camilo Egas, einem der führenden indigenen Maler des Landes.

Hoch auf dem Hügel im nordöstlichen Teil der Altstadt steht die gotische **Basílica del Voto Nacional** (Karte S. 573; ☎ 258-3891; Ecke Venezuela & Carchi; Eintritt 2 US$; 9–17 Uhr). Ihr Bau, begonnen 1926, dauerte mehrere Jahrzehnte. Das Highlight sind die Türme der Basilika – wer genug Nerven hat, kann sie besteigen: Der Weg führt über eine wackelige Holzplanke unter dem Hauptdach, danach geht's über steile Treppen und Leitern bis zur Spitze.

PLAZA & MONASTERIO DE SAN FRANCISCO

Mit seinen massiven, schneeweißen Türmen und dem gebirgigen Hintergrund des Volcán Pichincha ist das **Monasterio de San Francisco** (Karte S. 573; Ecke Cuenca & Sucre; tgl. 7–11, Mo–Do 15–18 Uhr) eine der herrlichsten Sehenswürdigkeiten von Quito – und das von innen wie von außen. Es ist in der Stadt das größte Gebäude aus der Kolonialzeit und zugleich die älteste Kirche (erbaut 1543–1604).

Auch wenn wegen Beschädigungen durch ein Erdbeben große Teile der Kirche wiederaufgebaut werden mussten, ist einiges noch original erhalten. Die **Capilla del Señor Jesús del Gran Poder** mit ihren echten alten Fliesen befindet sich rechts vom Hauptaltar. Der **Hauptaltar** selbst ist ein spektakuläres Beispiel für

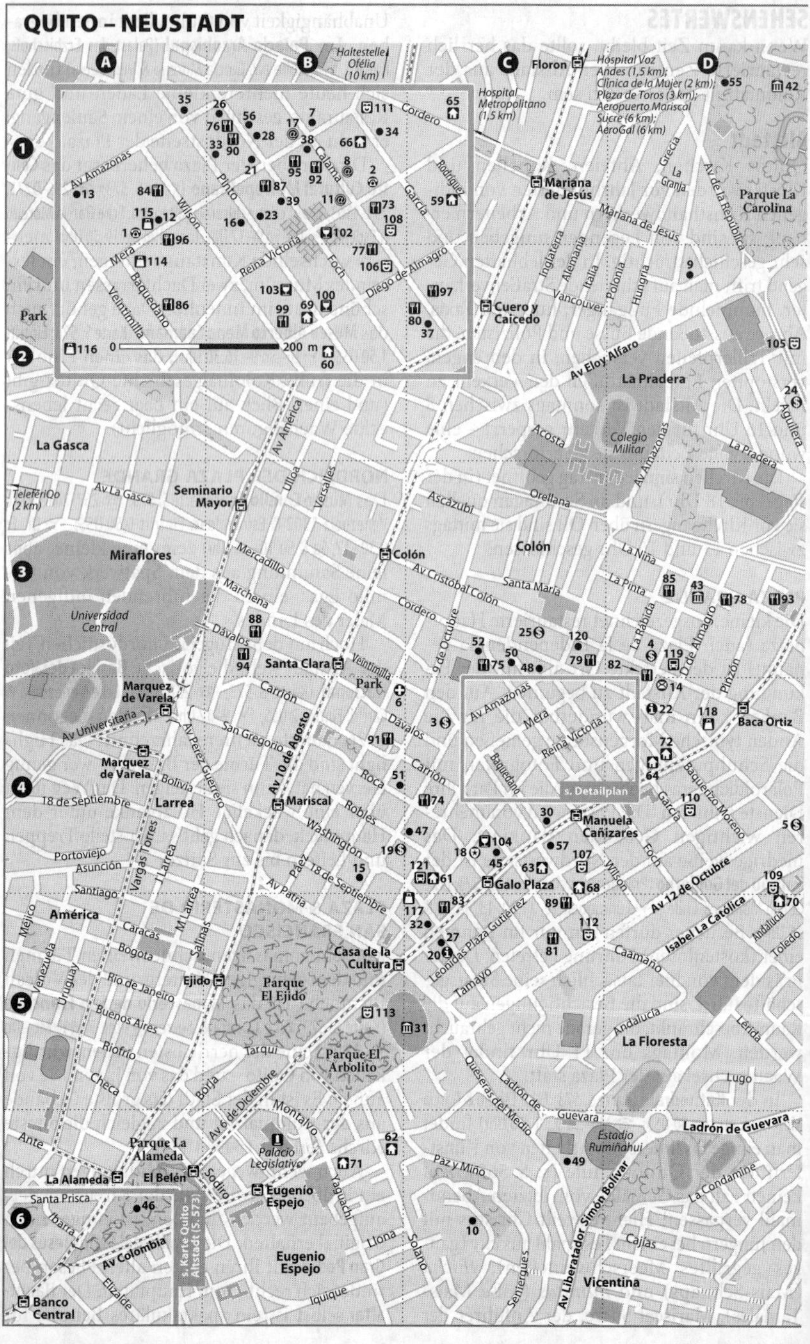

570 QUITO •• Neustadt

www.lonelyplanet.de

QUITO – NEUSTADT

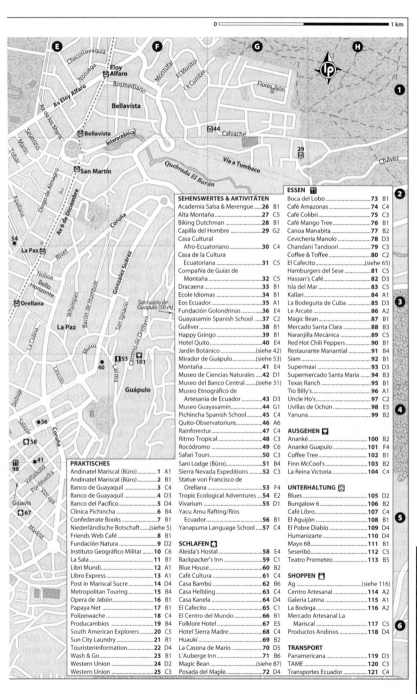

QUITO •• Neustadt

SEHENSWERTES & AKTIVITÄTEN
Academia Salsa & Merengue	26	B1
Alta Montaña	27	C5
Biking Dutchman	28	B1
Capilla del Hombre	29	G2
Casa Cultural Afro-Ecuatoriano	30	C4
Casa de la Cultura Ecuatoriana	31	C5
Compañía de Guías de Montaña	32	C5
Dracaena	33	B1
Ecole Idiomas	34	B1
Eos Ecuador	35	A1
Fundación Golondrinas	36	E4
Guayasamín Spanish School	37	C2
Gulliver	38	B1
Happy Gringo	39	B1
Hotel Quito	40	E4
Jardín Botánico	(siehe 42)	
Mirador de Guápulo	(siehe 53)	
Montaña	41	E4
Museo de Ciencias Naturales	42	D1
Museo del Banco Central	(siehe 31)	
Museo Etnográfico de Artesanía de Ecuador	43	D3
Museo Guayasamin	44	G1
Pichincha Spanish School	45	C4
Quito-Observatorium	46	A6
Rainforestur	47	C3
Ritmo Tropical	48	C3
Rocódromo	49	C6
Safari Tours	50	C3
Sani Lodge (Büro)	51	B4
Sierra Nevada Expeditions	52	C3
Statue von Francisco de Orellana	53	F4
Tropic Ecological Adventures	54	E2
Vivarium	55	D1
Yacu Amu Rafting/Ríos Ecuador	56	B1
Yanapuma Language School	57	C4

PRAKTISCHES
Andinatel Mariscal (Büro)	1	A1
Andinatel Mariscal (Büro)	2	B1
Banco de Guayaquil	3	C4
Banco de Guayaquil	4	D3
Banco del Pacífico	5	D4
Clínica Pichincha	6	B4
Confederate Books	7	B1
Niederländische Botschaft	(siehe 5)	
Friends Web Café	8	B1
Fundación Natura	9	D2
Instituto Geográfico Militar	10	C6
La Sala	11	B1
Libri Mundi	12	A1
Libro Express	13	A1
Post in Mariscal Sucre	14	D4
Metropolitan Touring	15	B4
Opera de Jabón	16	B1
Papaya Net	17	B1
Polizeiwache	18	C4
Producambios	19	B4
South American Explorers	20	C5
Sun City Laundry	21	B1
Touristeninformation	22	D4
Wash & Go	23	B1
Western Union	24	D2
Western Union	25	C3

SCHLAFEN
Aleida's Hostal	58	E4
Backpacker's Inn	59	C1
Blue House	60	B2
Café Cultura	61	C4
Casa Bambú	62	B6
Casa Helbling	63	C4
Casa Kanela	64	C4
El Cafecito	65	C1
El Centro del Mundo	66	B1
Folklore Hotel	67	E5
Hotel Sierra Madre	68	C4
Huauki	69	B2
La Casona de Mario	70	D5
L'Auberge Inn	71	B6
Magic Bean	(siehe 87)	
Posada del Maple	72	D4

ESSEN
Boca del Lobo	73	B1
Café Amazonas	74	C4
Café Colibrí	75	C3
Café Mango Tree	76	B1
Canoa Manabita	77	B2
Cevichería Manolo	78	D3
Chandani Tandoori	79	C3
Coffee & Toffee	80	C2
El Cafecito	(siehe 65)	
Hamburgers del Sese	81	C5
Hassan's Café	82	D3
Isla del Mar	83	C5
Kallari	84	A1
La Bodeguita de Cuba	85	D3
Le Arcate	86	A2
Magic Bean	87	B1
Mercado Santa Clara	88	B3
Naranjilla Mecánica	89	C5
Red Hot Chili Peppers	90	B1
Restaurante Manantial	91	B4
Siam	92	B1
Supermaxi	93	D3
Supermercado Santa María	94	B3
Texas Ranch	95	B1
Tio Billy's	96	A1
Uncle Ho's	97	C2
Uvillas de Ochún	98	E5
Yanuna	99	B2

AUSGEHEN
Ananké	100	B2
Ananké Guapulo	101	F4
Coffee Tree	102	B1
Finn McCool's	103	B2
La Reina Victoria	104	C4

UNTERHALTUNG
Blues	105	D2
Bungalow 6	106	B2
Café Libro	107	C4
El Aguijón	108	B1
El Pobre Diablo	109	D4
Humanizarte	110	C4
Mayo 68	111	B1
Seseribó	112	C5
Teatro Prometeo	113	B5

SHOPPEN
Ag	(siehe 116)	
Centro Artesanal	114	A2
Galería Latina	115	A1
La Bodega	116	A2
Mercado Artesanal La Mariscal	117	C5
Productos Andinos	118	D4

TRANSPORT
Panamericana	119	D3
TAME	120	C3
Transportes Ecuador	121	C4

DER WEG INS ZENTRUM

Der aktuelle Flughafen (zur Zeit der Recherche wurde gerade ein neuer gebaut) liegt an der Av Amazonas, etwa 7 km nördlich des Viertels Mariscal Sucre (wo sich die meisten Budgetunterkünfte befinden). Man überquert die Av Amazons und hält einen Bus Richtung Süden an (wenn man den Flughafen verlässt, ist Süden linkerhand). Die Fahrt von hier nach Mariscal kostet 0,30 US$; anschließend nimmt man einen Bus oder einen Trole (Elektrobus) zur Altstadt, etwa 2 km weiter südlich gelegen. Ein Taxi vom Flughafen nach Mariscal sollte nicht mehr als 5 US$ kosten, bis zur Altstadt etwa 6 US$.

Der Busbahnhof (Terminal Terrestre Cumandá) findet sich zwei Blocks südlich der Plaza Santo Domingo in der Altstadt. Wer nachts ankommt, sollte ein Taxi bis in die Stadt nehmen; mit viel Gepäck lieber immer auf den Bus verzichten.

Barockschnitzerei. Rechts vom Haupteingang zur Kirche steht das **Museo Franciscano** (Karte S. 573; ☎ 295-2911; www.museofranciscano.com; Eintritt 2 US$; ☾ Mo–Sa 9–13 & 14–18, So 9–12 Uhr), das einige der schönsten Kunstwerke der Kirche beherbergt. Im Eintrittspreis ist eine Führung (auf Englisch oder Spanisch) enthalten. Gute Führer werden auf die *mudéjar*-Darstellungen an der Decke hinweisen, wo sich acht Planeten um die Sonne drehen, und erläutern, dass das Licht an den Sonnenwenden durch das hintere Fenster auf den Hauptaltar fällt. Die Darstellungen sind Beispiele für den indigenen Einfluss auf die christliche Architektur.

CALLES GARCÍA MORENO & SUCRE

Neben der Kathedrale in der García Moreno steht die **Iglesia del Sagrario** (Karte S. 573; García Moreno; ☾ 6–12 & 15–18 Uhr) aus dem 17. Jh. Gleich um die Ecke, in der Sucre, erhebt sich mit der **La Compañía de Jesús** (Karte S. 573; Sucre nahe der García Moreno; Eintritt 2 US$; ☾ Mo–Fr 9.30–17.30, Sa 9.30–16.30 Uhr) die am kunstvollsten verzierte Kirche von Ecuador. Der Bau der märchenhaft vergoldeten Jesuitenkirche wurde 1605 begonnen und nahm 160 Jahre in Anspruch. Kostenlose Führungen auf Englisch und Spanisch zeigen die Highlights ihrer einzigartigen Ausstattung, u. a. die maurischen Elemente, die perfekte Symmetrie (bis hin zur Treppe im Trompe-l'Œil-Stil im hinteren Teil), symbolische Elemente (grellrote Wände erinnern an das Blut Jesu) und Synkretismus (die Verzierungen der Säulen bergen ecuadorianische Pflanzen und indigene Gesichter). Die *Quiteños* erklären stolz, dies sei die schönste Kirche des ganzen Landes, und man glaubt das sofort.

Weiter südlich überspannt der **Arco de la Reina** (Karte S. 573; Ecke García Moreno & Rocafuerte), ein Torbogen aus dem 18. Jh., die García Moreno. An seinem einen Ende befindet sich das **Museo de la Ciudad** (Karte S. 573; 228-3882; Ecke García Moreno & Rocafuerte; Eintritt 2 US$; ☾ Di–So 9.30–17.30 Uhr). Das interessante Museum illustriert das alltägliche Leben in Quito im Lauf der Jahrhunderte. Auf der anderen Seite des Bogens steht das **Monasterio de Carmen Alto** (Karte S. 573; Ecke García Moreno & Rocafuerte), eine weitere Abtei, die noch immer in Betrieb ist. Die hier lebenden Nonnen stellen einige der traditionellsten Süßigkeiten der Stadt her. Durch eine sich drehende Vorrichtung, hinter der die Nonnen im Verborgenen bleiben, werden auch traditionelle Backwaren, aromatisierte Wässerchen gegen Nervenleiden und Schlaflosigkeit, Blütenpollen, Honig und Flaschen mit hochprozentigem *mistela* (nach Anis schmeckender Likör) verkauft.

PLAZA & IGLESIA DE SANTO DOMINGO

Auf der Plaza Santo Domingo treten regelmäßig Straßenkünstler auf. Die schmollenden Clowns und flinken Zauberer locken die Massen an. Ein berühmter, gotisch anmutender Altar beherrscht das Innere der **Iglesia de Santo Domingo** (Karte S. 573; Ecke Flores & Rocafuerte; ☾ 7–13 & 16.30–19.30 Uhr). Ihr Bau dauerte von 1581 bis 1650. Der originale Holzfußboden wurde vor Kurzem restauriert.

EL PANECILLO

Der kleine, von überall aus sichtbare Hügel südlich der Altstadt wird **El Panecillo** (kleiner Brotlaib) genannt. Er ist Quitos Wahrzeichen. Von oben, wo eine riesige Statue, **La Virgen de Quito** (Karte S. 573), steht, hat man einen herrlichen Blick über die Stadt und die Vulkane der Umgebung. Früh morgens herkommen, bevor Wolken aufziehen, und auf keinen Fall auf dem Weg zur Statue die Treppe am Ende der García Moreno hinaufsteigen – hier ist es nicht sicher! Ein Taxi von der Altstadt kostet ca. 4 US$, oben stehen welche für die Rückfahrt.

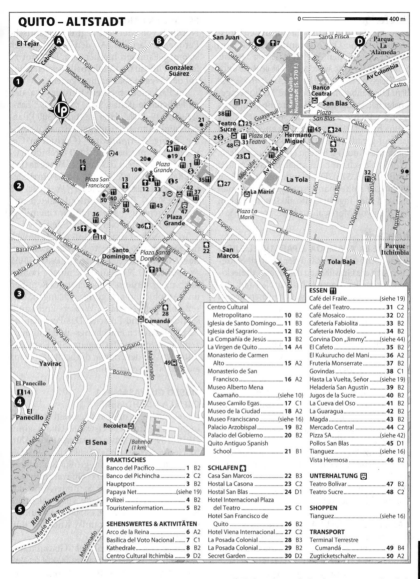

PARQUE ITCHIMBIA

Hoch auf dem Hügel östlich der Altstadt prunkt diese kürzlich neu angelegte, grüne Anlage mit einem sagenhaften Panoramablick auf die Stadt. Im Zentrum des Parks befindet sich das aus Glas und Eisen errichtete **Centro Cultural Itchimbia** (Karte S. 573; ☎ 295-0272; Parque Itchimbia), das regelmäßig Kunstausstellungen und Kulturevents beherbergt. Im Park gibt's zudem ein Restaurant, wo man drinnen und draußen sitzen kann, sowie Rad- und Wanderwege. Vom Centro Histórico bringen einen die Busse mit der Aufschrift „Pintado" hierher, man kann aber auch zu Fuß die Elizalde (gen Osten) entlanglaufen. Von dort führen ausgeschilderte Treppen zum Park.

TelefériQo

Eine spektakuläre Aussicht auf die Gebirgslandschaft von Quito garantiert eine 2,5 km lange Fahrt mit dem **TelefériQo** (außerhalb der Karte S. 570 f.; ☎ 250-0900; Av Occidental nahe der Av La Gasca; Erw./Expresslinie 4/7 US$; ◷ Mo–Do 9.45–21, Fr & Sa 9–24 Uhr). Die Seilbahn, die mehrere Millionen gekostet hat, bringt die Passagiere die Hänge des Volcán Pichincha bis zur Spitze am Cruz Loma hinauf. Wenn man oben angekommen ist (auf gerade mal 4100 m), kann man zum Gipfel des Rucu Pichincha (4680 m) wandern. Wer fit ist, schafft es in schätzungsweise drei Stunden (s. S. 576). Die Wanderung zum Rucu Pichincha sollte man erst wagen, wenn man sich ein paar Tage in Quito akklimatisiert hat. Ein Taxi von Mariscal aus kostet ca. 3 US$.

Neustadt

PARQUE LA ALAMEDA & PARQUE EL EJIDO

Vom nordöstlichen Rand der Altstadt erstrecken sich die Grasflächen des langen, dreieckigen Parque La Alameda bis zur Neustadt. Im Zentrum des Parks steht das **Quito-Observatorium** (Karte S. 570 f.; ☎ 257-0765), die älteste europäische Einrichtung dieser Art auf dem Kontinent. Zur Zeit der Recherche wurde es gerade restauriert.

Nordöstlich von La Alameda liegt der schöne Parque El Ejido mit seinen vielen Bäumen, der größte Park in der Innenstadt Quitos. An den Wochenenden finden an der Av Patria im Freien **Kunstaufführungen** statt. Dann stellen Künstler und Verkäufer von Kunsthandwerk am Nordrand des Parks ihre Stände auf und verwandeln ihn in den größten **Kunsthandwerkermarkt** der Stadt.

Ein einzelner Torbogen aus Stein markiert am Nordende des Parque El Ejido den Anfang der Vorzeigestraße des modernen Quito. Die Av Amazonas nördlich des Parks ist die Hauptschlagader des Viertels **Mariscal Sucre**.

CASA DE LA CULTURA ECUATORIANA

Gegenüber dem Parque El Ejido steht ein Wahrzeichen der Stadt. Das runde Glasgebäude, die **Casa de la Cultura Ecuatoriana** (Karte S. 570 f.; www.cce.org.ec), beherbergt eines der wichtigsten Museen des Landes. Das **Museo del Banco Central** (Karte S. 570 f.; ☎ 222-3259; Ecke Av Patria & Av 12 de Octubre; Eintritt 2 US$; ◷ Di–Fr 9–17, Sa & So 10–16 Uhr) besitzt die landesweit größte Sammlung ecuadorianischer Kunst, von hervorragend präsentierter präkolumbischer und religiöser Kunst aus der Kolonialzeit bis zu Gemälden und Skulpturen aus dem 20. Jh.

PARQUE LA CAROLINA

Nördlich von Mariscal liegt der gigantische Parque La Carolina. An den Wochenenden strömen Familien hierher, um Tretboot zu fahren, Fußball und Volleyball zu spielen und auf den Wegen spazieren zu gehen.

Im Park gibt's mehrere Museen, u. a. das **Jardín Botánico** (Karte S. 570 f.; ☎ 246-3197; Eintritt 3,50 US$; ◷ 9–17 Uhr). Hier sieht man 300 Pflanzen- und Baumarten aus ganz Ecuador sowie ein üppiges *orquideario* (Orchideen-Gewächshaus) mit beinahe 1000 Orchideenarten. Nebenan stellt das kuriose **Museo de Ciencias Naturales** (Karte S. 570 f.; ☎ 244-9824; Rumipamba s/n, Parque La Carolina; Eintritt 2 US$; ◷ Mo–Fr 8.30–13 & 13.45–16.30 Uhr) Tausende toter Insekten und Spinnentiere aus – super, um vor einem Trip in den Oriente die Nerven zu testen.

In der Nähe kann man mit einem Besuch des **Vivarium** (Karte S. 570 f.; ☎ 227-1799; www.vivarium.org.ec; Ecke Av Amazonas 3008 & Rumipamba; Eintritt 2,50 US$; ◷ Di–So 9.30–17.30 Uhr) die Dschungelphobien noch mehr fördern. Hier leben 87 Reptilien und Amphibien, z.B. giftige Schlangen, Riesenschlangen, Leguane, Wasser- und Landschildkröten und Frösche. Das Personal des herpetologischen Forschungs- und Bildungszentrums veranstaltet regelmäßig Demonstrationen, bei denen man die Schlangen ganz aus der Nähe sehen kann.

MUSEO GUAYASAMÍN & CAPILLA DEL HOMBRE

Das ehemalige Wohnhaus des weltberühmten indigenen Künstlers Oswaldo Guayasamín (1919–1999), das **Museo Guayasamín** (Karte S. 570 f.; ☎ 246-5265; Bosmediano 543; Eintritt 2 US$; ◷ Mo–Fr 10–17 Uhr), beherbergt die größte Sammlung von Werken des Malers. Guayasamín war selbst ein passionierter Sammler, und das Museum zeigt auch seine ausgezeichnete Kollektion von mehr als 4500 präkolumbischen Stücken aus Keramik, Knochen und Metall aus ganz Ecuador.

Einige Blocks entfernt steht Guayasamíns erstaunliche **Capilla del Hombre** (Kapelle des Menschen; Karte S. 570 f.; ☎ 244-6455; www.guayasamin.com; Ecke Calvache & Chávez; Eintritt 3 US$, bei Kauf einer Eintrittskarte zum Museo Guayasamín 2 US$; ◷ Di–So 10–17 Uhr). Die Frucht der größten Vision von Guayasamín, ein gigantisches Monument und Museum, ist ein Tribut an die Menschheit, an das Leiden der Armen Lateinamerikas und an die unsterbliche Hoffnung auf eine bessere Welt – ein bewegender Ort. Auch die Führungen (auf Englisch, Französisch und Spanisch, im Preis inbegriffen) sind sehr zu empfehlen. Das Museum und die Kapelle liegen im Viertel Bellavista, nordöstlich der Innenstadt. Man kann den Hügel hochlaufen oder mit dem Bus die Av 6 de Diciembre entlang bis zur Av Eloy Alfaro fahren und dann Richtung Bellavista umsteigen. Ein Taxi kostet ungefähr 2 US$.

MUSEO ETNOGRÁFICO DE ARTESANÍA DE ECUADOR
Gleich nördlich von Mariscal steht das kleine, lohnende **Ethnografische Museum** (☎ 223-0609; www.sinchisacha.org; Ecke Reina Victoria N26-166 & La Niña; Eintritt 3 US$; Mo–Sa 9.30–17.30, So 10.30–16.30 Uhr). Hier werden Kunstwerke, Kleidung und Werkzeuge der indigenen Völker Ecuadors ausgestellt, mit einem besonderen Schwerpunkt auf den Völkern aus dem Oriente.

GUÁPULO
Wenn man von Mariscal aus der Av 12 de Octubre folgt, erreicht man das **Hotel Quito** (Karte S. 570 f.; González Suárez N27-142). Hinter dem Hotel (das im obersten Stock eine Bar mit sagenhafter Aussicht hat) führen steile Treppen hinunter in das eher unkonventionelle Stadtviertel Guápulo, gelegen in einem steil abfallenden Tal. Im Zentrum dieses kleinen Gebiets steht das herrliche **Santuario de Guápulo** (außerhalb der Karte S. 570 f.; 9–12 Uhr). Es wurde von 1644 bis 1693 errichtet.

Den besten Blick auf die Kirche hat man vom **Mirador de Guápulo** hinter dem Hotel Quito, bei der **Statue des Francisco de Orellana** (Karte S. 570 f.; Larrea nahe der González Suárez). Die Statue zeigt den Konquistadoren, wie er hinunter in das Tal blickt, in dem seine sagenumwobene Reise von Quito bis zum Atlantik begann: Als erster Europäer ist er den Amazonas hinuntergefahren.

AKTIVITÄTEN
Quito ist einer der besten Orte, um einen Führer zu engagieren und ein- oder mehrtägige Ausflüge zu organisieren.

Klettern
Kletterer finden mit dem **Rocódromo** (Karte S. 570 f.; ☎ 250-8463; Queseras del Medio s/n; Eintritt 2 US$; Mo–Fr 8–20, Sa & So bis 18 Uhr) eine echte Herausforderung. Die 25 m hohe Klettereinrichtung liegt gleich außerhalb des Estadio Rumiñahui (einem Stadion) und ist von Mariscal aus zu Fuß erreichbar. Es gibt mehr als ein Dutzend Routen, und man kann die gesamte Ausrüstung ausleihen (Schuhe 1,50 US$, Seile 2 US$, Gurte 1,50 US$). Wer eine Ausrüstung ausleiht, kann sich vom Personal sichern lassen.

Compañía de Guías de Montaña (Karte S. 570 f.; ☎ 290-1551, 255-6210; www.companiadeguias.com.ec; Ecke Washington 425 & Av 6 de Diciembre) ist ein Topanbieter für Klettertouren. Alle seine Führer haben Lehrerlizenzen und beherrschen mehrere Sprachen. Man kann z. B. Zweitagestrips auf den Cotopaxi oder den Chimborazo unternehmen (180 US$/Pers.).

Alta Montaña (Karte S. 570 f.; ☎ 252-4422, 09-422-9483; Washington 8-20) ist ein weiterer empfehlenswerter Anbieter von Klettertouren.

Montaña (Karte S. 570 f.; ☎ 223-8954; mountain_refu geecuador@yahoo.com; Ecke Cordero E12-141 & Toledo; Mo–Mi 10–22, Do & Fr 10–24, Sa 15–22 Uhr) ist *der* Treffpunkt für Kletterer aus Quito. Hier bekommt man unvoreingenommene Informationen en masse und kommt mit einheimischen Kletterern in Kontakt.

Auf S. 576 stehen noch mehr Agenturen, die Klettertouren anbieten.

Rafting
Mehrere Firmen bieten Rafting-Tagestouren an, ab 75 US$ pro Person und Tag.

River People (☎ 290-6639; www.riverpeoplerafting ecuador.com) Freundlicher, sehr professioneller Anbieter in Familienbesitz. Die Trips starten in Tena und führen zu vielen verschiedenen Flüssen.

Yacu Amu Rafting/Ríos Ecuador (Karte S. 570 f.; ☎ 223-6844; www.yacuamu.com; Foch 746) Wildwasserrafting sowie Kajaktouren und -kurse; im Besitz von Australiern und sehr erfahren.

Radtouren
Jeden zweiten Sonntag sind die Av Amazonas auf der vollen Länge und große Teile der Altstadt für den Autoverkehr gesperrt. Dann versammeln sich jede Menge Radler zu einer **ciclopaseo** (Fahrradtour). Mehr Informationen gibt's auf www.ciclopolis.ec (spanisch).

Die hiesigen Mountainbike-Firmen vermieten Räder und bieten ausgezeichnete ein- oder zweitägige geführte Radtouren auf abgelegenen Strecken in den Anden, die man sonst nie entdecken würde. Tagestouren kosten etwa 50 US$, dazu kommt der Eintritt für die Parks. Zwei Anbieter mit guten Rädern und solidem Ruf sind **Biking Dutchman** (Karte S. 570 f.; ☎ 256-8323; www.bikingdutchman.com; Foch 714) und **Arie's Bike Company** (☎ 238-0802; www.ariesbikecompany.com).

Wandern

Der neue TeléferiQo (S. 574) von Quito bringt die Passagiere auf den Cruz Loma (4100 m), von wo man zur Spitze des zerklüfteten Rucu Pichincha (4680 m) wandern kann. Hinter der Erhebung des Cruz Loma und jenseits eines Stacheldrahtzauns (den irgendwie niemand beachtet) führen Wege zum Rucu Pichincha. Bis zur Spitze braucht man mit ein bisschen Kletterei schätzungsweise drei Stunden. Man sollte diese Wanderung nicht wagen, wenn man gerade erst in Quito angekommen ist; vorher ein paar Tage akklimatisieren. Auch sehr wichtig ist es, sich die neuesten Infos über die Sicherheitslage zu besorgen, bevor man startet: In den letzten Jahren gab es öfter Raubüberfälle.

KURSE
Sprachen

Quito ist einer der besten Orte in Lateinamerika, um Spanisch zu lernen. Die meisten Schulen bieten Einzelunterricht und arrangieren die Unterbringung in Familien. Die Preise für Privatstunden variieren zwischen 6 und 9 US$ die Stunde. Manche Schulen verlangen eine Einschreibegebühr (in der Regel um die 20 US$).

Ecole Idiomas (Karte S. 570 f.; ☎ 223-1592; info@ecotravel-ecuador.com; García E6-15 nahe Mera) Bietet auch Freiwilligenarbeit an.

Guayasamín Spanish School (Karte S. 570 f.; ☎ 254-4210; www.guayasaminschool.com; Calama E8-54 Nähe Av 6 de Diciembre) Im Besitz von Ecuadorianern, sehr häufig von Lesern empfohlen.

Pichincha Spanish School (Karte S. 570 f.; ☎ 222-0478; www.pichinchaspanishschool.com; Carrión 437) Eine kleine Schule in Mariscal.

Quito Antiguo Spanish School (Karte S. 573; ☎ 295-7023; Venezuela 1129) Die einzige Sprachenschule in der Altstadt hat eine Menge Kurse im Angebot.

Yanapuma Language School (Karte S. 570 f.; ☎ 254-6709; www.yanapuma.org; Veintimilla E8-125, 1. Stock) Ausgezeichnete Schule in der Obhut einer Stiftung. Hier kann man lernen, während man auf Reisen ist oder freiwillig arbeitet, sowohl in Quito als auch in abgelegenen Gemeinden.

Tanzen

Wer es satt hat, in den *salsotecas* (Salsaclubs) die Hüften nicht schwingen zu können, sollte die Salsa-Tanzkurse testen – sie sind der Renner! Daneben werden Merengue, Cumbia und andere Latino-Tänze unterrichtet. Eine Privatstunde kostet 5 bis 6 US$.

Academia Salsa & Merengue (Karte S. 570 f.; ☎ 222-0427; Foch E4-256)

Casa Cultural Afro-Ecuatoriano (Karte S. 570 f.; ☎ 222-0227; Av 6 de Diciembre Oe123-58)

Ritmo Tropical (Karte S. 570 f.; ☎ 255-7094; ritmotropical5@hotmail.com; Ecke Av Amazonas N24-155 & Calama)

GEFÜHRTE TOUREN

Geführte Touren können günstiger sein, wenn man sie in der Stadt bucht, die dem gewünschten Ziel am nächsten liegt. Das erfordert allerdings einen flexibleren Zeitplan. Wer in Quito starten möchte, wird bei den folgenden Reisebüros und Anbietern freundlich und zuverlässig bedient. Infos zum Radfahren, Raften, Klettern und Wandern gibt's ab S. 575.

Dracaena (Karte S. 570 f.; ☎ 254-6590; Pinto E4-453) Bietet vier bis acht Tage lange Touren zum Cuyabeno (S. 616), die ausgezeichnete Kritiken bekommen haben. Die fünftägige Tour kostet 200 US$ pro Person.

Eos Ecuador (Karte S. 570 f.; ☎ 2601-3560; www.eosecuador.travel; Ecke Av Amazonas N24-66 & Pinto) Eos bietet eine große Auswahl von konventionellen Touren und Trips abseits der ausgetretenen Pfade an, einschließlich Urwaldtouren und Abenteuer-Treks.

Fundación Golondrinas (Karte S. 570 f.; ☎ 222-6602; www.ecuadorexplorer.com/golondrinas; Isabel La Católica N24-679) Naturschutzprojekt mit Möglichkeiten zur Freiwilligenarbeit; arrangiert auch Wandertouren im *páramo* westlich von Tulcán.

Gulliver (Karte S. 570 f.; ☎ 252-9297, 09-946-2265; www.gulliver.com.ec; Ecke Mera & Calama) Wander-, Kletter-, Mountainbike- und Reittouren in den Anden.

Happy Gringo (Karte S. 570 f.; ☎ 222-0031; www.happygringo.com; Foch E6-12; ☼ Mo–Fr 9–19, Sa & So 10–16 Uhr) Dieser recht neue Anbieter hat dank seiner breiten Palette von Trips und Touren schon zahlreiche Empfehlungen von Travellern erhalten.

Rainforestur (Karte S. 570 f.; ☎ 223-9822; www.rainforestur.com; Ecke Av Amazonas 420 & Robles) Ausgezeichnet für Urwaldtouren ins Cuyabeno-Reservat. Bietet auch Raftingtouren in der Nähe von Baños und Wandertouren sowie Ausflüge zu indigenen Märkten in der Gegend von Quito an.

Safari Tours (Karte S. 570 f.; ☎ 255-2505, 250-8316; www.safari.com.ec; Foch E5-39; ☼ 9–19 Uhr) Arrangiert von Lavatouren und Schifffahrten zu den Galápagosinseln bis zu Klettertouren auf dem Vulkan alles. Auch jede Menge Tagestouren sind zu haben.

Sierra Nevada Expeditions (Karte S. 570 f.; ☎ 255-3658; www.hotelsierranevada.com; Pinto 637 nahe Cordero) Kletter-, Fahrrad- und Raftingtouren.

Tropic Ecological Adventures (Karte S. 570 f.; ☎ 222-5907; www.tropiceco.com; Av de la República E7-

320, Apt. 1A) Drei- bis sechstägige Touren in den Oriente, die Anden und den Nebelwald.

FESTIVALS & EVENTS

Die größte Party der Stadt feiert in der ersten Dezemberwoche die Gründung von Quito; dann finden auf der Plaza de Toros (außerhalb der Karte S. 570 f.) täglich Stierkämpfe statt. An Silvester werden um Mitternacht in den Straßen lebensgroße Puppen (häufig Politiker) verbrannt. Fasching feiert man mit heftigen Wasserschlachten (Achtung, niemand wird verschont!). In der Osterwoche werden farbenfrohe religiöse Prozessionen veranstaltet.

SCHLAFEN

Die meisten Traveller übernachten im Viertel Mariscal, um in der Nähe der vielen Bars, Cafés und Restaurants zu sein. Unglücklicherweise ist das Mariscal nach Einbruch der Nacht jedoch gefährlich. In der Altstadt fehlen zwar die Thai-Restaurants und die von hier lebenden Ausländern bevölkerten Bars, dafür hat sie unübertroffene Schönheiten zu bieten und ihre historischen Straßen lassen sich herrlich erkunden.

Neben Mariscal findet man das angesagte Stadtviertel La Floresta mit ein paar einladenden Übernachtungsoptionen.

Altstadt

Die Hotels zwischen der Plaza Santo Domingo und dem Busbahnhof gehören zu den günstigsten, aber nach Sonnenuntergang ist dies eine zwielichtige Gegend.

Hostal San Blas (Karte S. 573; ☎ 228-1434; Caldas 121, Plaza San Blas; EZ/DZ 6/8 US$) Wenn einem kleine Zimmer nichts ausmachen, wird man diesen freundlichen Familienbetrieb mit der attraktiven Plaza San Blas mögen. Die Zimmer sind dunkel (die Fenster gehen auf einen kleinen Innenhof hinaus), aber sauber.

La Posada Colonial (Karte S. 573; ☎ 228-2859; Paredes 188; Zi. pro Pers. mit/ohne Bad 8/6 US$) Auch wenn er etwas nahe am Busbahnhof liegt, ist dieser Oldie mit seinen Holzfußböden immer noch eine der besten Optionen in der Altstadt. Die Betten hängen durch, aber alles ist extrem gut gepflegt und absolut sicher.

Hostal La Casona (Karte S. 573; ☎ 257-0626; Manabí Oe1-59; EZ/DZ 8/10 US$) Die kleinen Zimmer mit den niedrigen Decken und den Böden aus breiten Dielen umgeben auf drei Stockwerken den schwach beleuchteten Innenhof dieses Familienbetriebs.

Secret Garden (Karte S. 573; ☎ 295-6704; www.secretgardenquito.com; Antepara E4-60; B 8 US$, DZ mit Gemeinschaftsbad 20 US$) Das beliebte Hostel gehört einem ecuadorianisch-australischen Paar. Sein Party-Vibe zieht ein gemischtes Publikum aus jungen Backpackern an. Die einfachen Zimmer werden mit Kunstgegenständen in den Gängen und einer Terrasse im 5. Stock mit Superaussicht aufgewertet.

Hotel Internacional Plaza del Teatro (Karte S. 573; ☎ 295-9462; Guayaquil N8-75; EZ/DZ 12/24 US$) Diese Grande Dame gegenüber der Plaza del Teatro hat schon bessere Tage gesehen, bietet aber noch immer saubere Zimmer mit Teppichboden. Einige Zimmer haben Balkone, nicht aber die Zimmer, die nicht zur Straße hinausgehen; denen fehlt es zudem an Charme, dafür sind sie ruhiger.

Hotel San Francisco de Quito (Karte S. 573; ☎ 228-7758; www.sanfranciscodequito.com.ec; Sucre Oe3-17; EZ/DZ 14/28 US$, EZ/DZ Mini-Apt. mit Kochnischen 28/44 US$) Historisches, umgebautes Haus mit absolut sauberen Zimmern mit Telefon, Fernseher und durchgehend warmem Wasser. Da es ein Gebäude aus der Kolonialzeit ist, fehlen den meisten Zimmern die Fenster, aber es gibt einen Balkon über dem Innenhof, der durch Doppeltüren zu erreichen ist. Die Unterkunft ist beliebt, man sollte also früh buchen.

Hotel Viena Internacional (Karte S. 573; ☎ 295-4860; www.hotelvienaint.com; Ecke Flores 600 & Chile; EZ/DZ 15/30 US$) Die Tapete im Stil der 1970er-Jahre tut zwar in den Augen weh, aber die super sauberen Zimmer, der Spitzenservice und der fröhliche Innenhof machen das wieder wett. Die Zimmer haben Böden aus Hartholz, Fernseher, heißes Wasser und gute Duschen.

La Posada Colonial (Karte S. 573; ☎ 228-0282; posadacolonial@yahoo.com; Ecke García Moreno 1160 & Mejía; EZ/DZ/3BZ/Suite 26/36/61/71 US$) Die acht Zimmer im schönen Posada Colonial sind klassisch eingerichtet. Sie haben alle hohe Decken, Holzfußböden und große Fenster (eine Seltenheit in Häusern aus der Kolonialzeit). Nicht mit der Budgetoption in der Nähe des Busbahnhofs verwechseln, die genauso heißt!

Casa San Marcos (Karte S. 573; ☎ 228-1811; casasanmarcos@yahoo.com; Junín 655; DZ 80–150 US$) Noch eine schön restaurierte Villa aus der Kolonialzeit. Es gibt nur vier Zimmer, allesamt hell, exquisit eingerichtet mit antiken Möbeln und Kunst an den Wänden, mit hohen Decken und Fenstern. Im Haus gibt's auch eine Kunstgalerie und einen Antiquitätenladen; ein elegantes Terrassencafé ist im Bau.

Neustadt

Casa Bambú (Karte S. 570 f.; ☎ 222-6738; Solano 1758 nahe Av Colombia; B/DZ 5/20 US$, mit Gemeinschaftsbad 7/10 US$; 🖥) Diese Perle punktet mit geräumigen Zimmern, einem winzigen Garten, einer Gästeküche, einer Büchertauschbörse, Möglichkeiten zum Waschen und einem herausragenden Blick von den Hängematten auf dem Dach. Der Marsch den Berg hinauf lohnt sich.

El Centro del Mundo (Karte S. 570 f.; ☎ 222-9050; www.centrodelmundo.net; García E7-26; B/EZ 6/8 US$) Ein Magnet für Backpacker. Leuchtend gestrichene Zimmer, eine Gästeküche und ein Traveller-freundliches Ambiente begrüßen die Gäste dieses französisch-kanadisch geführten Hostels.

Backpacker's Inn (Karte S. 570 f.; ☎ 250-9669; www.backpackersinn.net; Rodríguez 245; B/EZ/DZ ab 6/8/13 US$; 🖥) Dieses praktisch gelegene Hostel überblickt eine friedliche Straße. Es hat ein lässiges Ambiente und nur eine Handvoll einfacher Zimmer, alle mit genug Licht und Holzböden.

Huaukí (Karte S. 570 f.; ☎ 290-4286; www.hostalhuauki.com; Pinto E7-82; B/DZ ab 6/20 US$) Ein hier lebender Japaner eröffnete das schicke neue Hostel, in dem man in kleinen, aber sauberen, farbenfrohen Zimmern mit Holzfußböden nächtigt. Das Restaurant mit Stoffen an den Wänden ist ein beliebter Treffpunkt der Backpacker. Zu essen gibt's Japanisches und vegetarische Optionen.

El Cafecito (Karte S. 570 f.; ☎ 223-4862; www.cafecito.net; Cordero E6-43; B/DZ 7/25 US$, EZ/DZ mit Gemeinschaftsbad 10/15 US$) Das Cafecito ist dauerhaft beliebt, und das aus gutem Grund: Die Zimmer der Budgetunterkunft sind sauber, der Platz verströmt ein heiteres Flair, und im Café kann man unter freiem Himmel Köstlichkeiten genießen.

Blue House (Karte S. 570 f.; ☎ 222-3480; www.bluehousequito.com; Pinto E8-24; B/DZ 8/20 US$) Dieses freundliche Gästehaus, 2008 neu eröffnet, bringt seine Gäste in einem umgebauten Haus an einer ruhigen Straße in sechs angenehmen Zimmern mit Holzfußböden unter. Vorne gibt's einen grasbewachsenen Hof für Barbecues, eine gemütliche Lounge mit Kamin und eine Küche, die die Gäste benutzen können.

L'Auberge Inn (Karte S. 570 f.; ☎ 255-2912; www.ioda.net/auberge-inn; Av Colombia N12-200; EZ/DZ 11/19 US$, mit Gemeinschaftsbad 8/16 US$) Sauberes, fröhliches Inn mit typischem Traveller-Vibe. Es hat potentiel reine Zimmer, einen kleinen Garten, einen Gemeinschaftsraum mit Kamin, einen Billardtisch und ein ordentliches Restaurant.

Posada del Maple (Karte S. 570 f.; ☎ 254-4507; www.posadadelmaple.com; Rodríguez E8-49; B 8 US$, EZ/DZ 25/29 US$, mit Gemeinschaftsbad 15/19 US$) Das Maple ist ein freundlicher Ort mit sauberen, wenn auch älteren Zimmern, gemütlichen Aufenthaltsbereichen und Plätzen im Freien. Es hat unter Travellern viele Fans.

La Casona de Mario (Karte S. 570 f.; ☎ 254-4036; www.casonademario.com; Andalucía N24-115; Zi. 10 US$/Pers.) Das La Cosana de Mario befindet sich in einem herrlichen alten Haus und ist eine herausragende Option. Man findet hier gemütliche Zimmer, super saubere Gemeinschaftsbäder, einen Garten, einen Fernsehraum und eine Gästeküche.

Magic Bean (Karte S. 570 f.; ☎ 256-6181; Foch E5-08; B/EZ/DZ 10/25/30 US$) Das Magic Bean ist vor allem wegen seines lebhaften Restaurants (S. 581) bekannt. Der einzige Nachteil der sauberen, adretten Unterkunft ist der Lärm aus dem Restaurant, der leichte Schläfer stören könnte.

Casa Kanela (Karte S. 570 f.; ☎ 254-6162; www.casakanela.mamey.org; Rodríguez 147; B/EZ/DZ/3BZ inkl. Frühstück 12/19/30/36 US$; 🖥) Ausgezeichneter Neuzugang in Mariscal. Das nette, gastfreundliche Kanela bietet minimalistisch aber stilvoll eingerichtete Zimmer in einem schönen, umgebauten Haus an der hübschen Rodríguez.

Aleida's Hostal (Karte S. 570 f.; ☎ 223-4570; www.aleidashostal.com.ec; Ecke Andalucía 559 & Salazar; EZ/DZ 18/36 US$, mit Gemeinschaftsbad 13/26 US$) Dieses freundliche, dreistöckige Gästehaus in La Floresta wird von einer Familie geführt und vermittelt ein Gefühl von Weite mit jeder Menge Licht, großen Zimmern, hohen Holzdecken und Fußböden aus Hartholz.

Casa Helbling (Karte S. 570 f.; ☎ 222-6013; www.casahelbling.de; Veintimilla 531; EZ/DZ 22/30 US$, mit Gemeinschaftsbad 14/20 US$; 🖥) Das Casa Helbling liegt in einem attraktiven Haus im Kolonialstil in Mariscal. Sauber, entspannt und freundlich, bietet es eine Gästeküche, eine Wäscherei und jede Menge Aufenthaltsräume zum Chillen.

Folklore Hotel (Karte S. 570 f.; ☎ 255-4621; www.folklorehotel.com; Madrid 868 nahe Pontevedra; EZ/DZ inkl. Frühstück 19/29 US$) In einem herrlichen restaurierten Haus in La Floresta findet man geräumige, farbenfrohe Zimmer mit blau-gelb gewürfelten Decken, die zur Farbgebung des gesamten Hauses passen. Dazu gibt's einen kleinen Garten und eine gastfreundliche, familiäre Atmosphäre.

Hotel Sierra Madre (Karte S. 570 f.; ☎ 250-5687; Veintimilla 464; www.hotelsierramadre.com; EZ/DZ ab 39/49 US$) Das Sierra Madre nimmt ein stattliches restauriertes Gebäude aus der Kolonialzeit ein. Die Zimmer dieses einladenden Ortes unter ecuadorianisch-belgischer Leitung sind unterschiedlich groß; die meisten haben Holzböden und ausgezeichnete Betten und sind in warmen Farben gehalten. Die besten Quartiere sind die mit den gewölbten Decken und den Veranden. Unten findet man ein beliebtes Restaurant.

Café Cultura (Karte S. 570 f.; ☎ 222-4271; www.cafecultura.com; Robles 513; EZ/DZ/3BZ 79/99/109 US$) Dieses stimmungsvolle Boutiquehotel in einer umgebauten Villa mit Garten hat seinen Charme auch den knisternden Kaminen und den schönen Schlafzimmern mit ihren Wandgemälden zu verdanken. Reservierung empfohlen.

ESSEN

Quitos gut ausgeprägte, abwechslungsreiche Gastroszene bietet einen schönen Mix aus traditioneller ecuadorianischer Küche und internationalen Optionen. Für jede Brieftasche und jeden Geschmack ist etwas dabei, vom supermodernen Sushi-Restaurant bis zur klassischen Anden-Küche, serviert in einem unter Denkmalschutz stehenden Speisesaal aus der Kolonialzeit. Auch Vegetarier, Pizzaliebhaber und alle, die einfach nur an einem nieseligen Nachmittag ein gutes Café suchen, sind hier goldrichtig.

Wer aufs Geld achten muss, hält sich an die gängigen *almuerzos* oder *meriendas* (Mittagsoder Abendmenüs). Viele Restaurants haben sonntags geschlossen.

Altstadt

Im historischen Zentrum findet man die meisten traditionellen Lokale von Quito. In manchen von ihnen werden schon seit Generationen Familienrezepte verfeinert.

CAFÉS

El Kukurucho del Maní (Karte S. 573; Ecke Rocafuerte Oe5-02 & García Moreno; Snacks 0,25–0,75 US$) Ein toller Boxenstopp: gezuckerte Nüsse, Maiskörner, *haba* (im Kupferkessel zubereitete Bohnen) …

Jugos de la Sucre (Karte S. 573; Sucre Oe5-53; Getränke 0,50–0,75 US$; ☼ 7–18 Uhr) In Sachen frisch gepresste Vitamine ist dieser beliebte Saftstand schwer zu schlagen. Passionsfrucht mit Orange probieren – oder eine andere der Dutzend Geschmacksrichtungen.

El Cafeto (Karte S. 573; Convento de San Agustín, Ecke Chile 930 & Flores; Kaffee 0,75–2 US$) In diesem urigen Kaffeeladen in ecuadorianischem Besitz wird ausgezeichneter Kaffee serviert, hergestellt aus 100 % biologisch angebauten, lokal produzierten Bohnen.

Cafetería Fabiolita (El Buen Sanduche; Karte S. 573; Espejo Oe4-17; Sandwiches 1 US$, Seco de chivo 2,50 US$; ☼ 9–18 Uhr) Seit mehr als 40 Jahren serviert dieses winzige Lokal eines der traditionellsten Gerichte von Ecuador, den beliebten *seco de chivo* (Ziegenfleischeintopf) von Quito. Man sollte früh dran sein (9–11 Uhr), bevor es keinen mehr gibt. Die *Sanduiches de pernil* (Schinken-Sandwiches) sind ebenfalls recht lecker.

Cafetería Modelo (Karte S. 573; Ecke Sucre & García Moreno; Snacks 1–2,50 US$) Das Modelo, 1950 eröffnet, ist das älteste Café der Stadt und eine tolle Adresse, um traditionelle Snacks zu versuchen, z. B. *empanadas de verde* (Kochbananen-Empanadas mit Käsefüllung), *quimbolitos* (süßer, in Blättern gedünsteter Kuchen), Tamales oder *humitas* (ähnlich wie die mexikanischen Tamales).

Café del Teatro (Karte S. 573; Plaza del Teatro; Hauptgerichte 2,50–8 US$; ☼ 10–19 Uhr) Sich auf der Plaza einen Tisch schnappen und bei herrlichem Blick auf das Teatro Sucre einen Drink genießen. Drinnen tischt ein stilvolles Café-Restaurant auf mehreren Ebenen internationale Küche auf.

Tianguez (Karte S. 573; Plaza San Francisco; Hauptgerichte 3–5 US$; ☼ Mo–Di 10–18, Mi–So bis 23.30 Uhr) Das künstlerisch angehauchte Café versteckt sich zwischen den Steinbögen unter dem Monaterio de San Francisco. Hier bekommt man leckere Appetitanreger (Tamales, Suppen), aber auch herzhafte Hauptgerichte.

Café Mosaico (Karte S. 573; Samaniego N8-95 nahe Antepara, Itchimbia; Hauptgerichte 6–11 US$; ☼ 11–22.30, Di ab 16 Uhr) Keine Frage, die Getränke sind überteuert. Aber man wird eine solche Aussicht vom Balkon sonst *nirgendwo* finden, und Touristen sind hier selten.

RESTAURANTS

Govindas (Karte S. 573; Esmeraldas 853; Hauptgerichte 1,50 US$; ☼ Mo–Sa 8–16 Uhr) Hier werden mit Stolz zu 100 % vegetarische Gerichte serviert. Die Hare Krishnas zaubern leckere, frische Mittagessen auf die wechselnde Speisekarte, außerdem Joghurt, Müsli, Säfte und Süßes.

Pollos San Blas (Karte S. 573; Ecke Av Pichincha & Antepara; Hauptgerichte 2–3,50 US$; ☼ 11–18 Uhr) Dieser beliebte, lässige Ort in der Nähe der Plaza San Blas bietet sich wunderbar an für eine Portion höllenheißes Brathähnchen.

Frutería Monserrate (Karte S. 573; Espejo Oe2-12; Hauptgerichte 2–5 US$; ☉ Mo–Fr 8–19.30, Sa & So 9–18.30 Uhr) Hier trifft sich ein Mix aus Travellern und Einheimischen zu einem sättigenden Frühstück oder einem riesigen Obstsalat. Außerdem sind Empanadas und *ceviche* (rohe, marinierte Meeresfrüchte) im Angebot.

La Guaragua (Karte S. 573; Espejo Oe2-40 nahe Flores; Hauptgerichte 2–6 US$) Die Tische erinnern ein wenig an ein Büro, aber das Essen ist ausgezeichnet. Die *tortillas de quinoa* (Quinoa-Pasteten) und die Empanadas versuchen!

Heladería San Agustín (Karte S. 573; Guayaquil 1053; Hauptgerichte 3–5 US$) In diesem Restaurant in Familienbesitz werden in einer gemütlichen Alte-Welt-Atmosphäre leckere ecuadorianische Lieblingsgerichte serviert. Man sollte für die hausgemachte *helados de paila* (in großen Kupferschüsseln zubereitete Eiscreme) Platz im Magen lassen: Sie wird seit 1858 nach einem Familienrezept hergestellt.

Pizza SA (Karte S. 573; Espejo Oe2-46; Hauptgerichte 3–5 US$; ☉ Mo–Sa 11–23, So bis 21 Uhr) Diese lässige Adresse liegt an einer von Restaurants gesäumten Straße mit Blick auf das Teatro Bolívar. Neben köstlichen Pizzen mit dünner Kruste in verschiedenen Größen kann man hier Sandwiches, Salate und Calzone genießen, auch an Tischen an der Straße.

Café del Fraile (Karte S. 573; Chile Oe4-22, Pasaje Arzobispal, 1. Stock; Hauptgerichte 5–8 US$; ☉ Mo–Sa 10–24, So 12–22 Uhr) Ländlicher, rustikaler Charme und Tische auf dem Balkon bereiten die Bühne für eine leckere Auswahl von Gegrilltem (z. B. Forelle und Wolfsbarsch) und Sandwiches. Dazu gibt's Cocktails.

Hasta La Vuelta, Señor (Karte S. 573; ☎ 258-0887; Chile Oe4-22, Palacio Arzobispal, 2. Stock; Hauptgerichte 6–10 US$; ☉ Mo–Sa 11–23, So bis 20 Uhr) In diesem ausgezeichneten Restaurant mit Tischen auf dem Balkon werden mit Schwung ecuadorianische Gerichte gezaubert. Zu den verlässlichen Spezialitäten gehören *ceviche*, *seco de chivo* sowie Bunt- und Seebarsch.

LP Tipp Vista Hermosa (Karte S. 573; Mejía 453, 4. Stock; Hauptgerichte 6–10 US$; ☉ Mo–Sa 13–2, So 12–21 Uhr) Das Vista Hermosa (wörtlich „schöne Aussicht") ist ein sehr beliebter Neuling im El Centro. Hier speist man auf einer Dachterrasse mit sagenhaftem 360°-Panoramablick über die Altstadt. Von Mittwoch bis Samstag (jeweils ab 21 Uhr) trägt noch Livemusik zum Zauber bei. Man sollte sich ordentlich herausputzen und früh herkommen, um die Massen auszusperren.

La Cueva del Oso (Karte S. 573; Chile 1046; Hauptgerichte 7–10 US$) Im Lounge-ähnlichen Cueva del Oso werden ausgezeichnet zubereitete Spezialitäten aus Ecuador serviert. Die Bar mit ihren niedrigen, runden Nischen bietet eine sinnliche Zuflucht vom Lärm draußen.

SELBSTVERSORGER

Mercado Central (Karte S. 573; Av Pichincha zw. Esmeraldas & Manabí; volle Mahlzeit unter 1–3 US$; ☉ 8–16, So bis 15 Uhr) Wer die traditionellsten und günstigsten Gerichte von Quito sucht, macht sich direkt auf zum Mercado Central. Hier gibt's Stände über Stände mit *locro de papa* (Kartoffelsuppe mit Käse und Avocado), Meeresfrüchten oder *yaguarlocro* (Kartoffelsuppe mit gebratenen Blutwurst-Stückchen), außerdem natürlich reichlich Obst und Gemüse.

Corvina Don „Jimmy" (Karte S. 573; Mercado Central, Av Pichincha zw. Esmeraldas & Mejía; Hauptgerichte 2–4 US$; ☉ 8–16, So bis 15 Uhr) Geöffnet wurde dieser Stand, der berühmteste auf dem Mercado Central, 1953. Hier werden riesige Portionen *corvina* (Wolfsbarsch) serviert, entweder mit einer großen Schüssel *ceviche* oder auch mit Reis.

Magda (Karte S. 573; Venezuela N3-62; ☉ Mo–Sa 8.30–19, So 9–17 Uhr) Günstig gelegener, gut bestückter Supermarkt.

Neustadt

Die besten Restaurants der Stadt verteilen sich auf die weitläufigen Straßen der Neustadt und bieten eine exzellente Auswahl von klassischen und modernen Speisen. Hierher kommt man, um *ceviche*, Japanisches, Thailändisches, Tex-Mex oder Italienisches zu essen.

CAFÉS

Kallari (Karte S. 570 f.; Wilson E4-266; Frühstück 2 US$; Mittagessen 2,50 US$) Abgesehen von schlicht göttlichen Schokoriegeln hat dieses Quechua-Büdchen köstliches, gesundes Frühstück und auch Mittagessen im Angebot.

El Cafecito (Karte S. 570 f.; Cordero E6-43; Hauptgerichte 2–4 US$) Hier werden den ganzen Tag über günstige, meist vegetarische Mahlzeiten und Snacks serviert. Tolles Frühstück gibt's auch.

Café Amazonas (Karte S. 570 f.; Ecke Av Amazonas & Roca; Hauptgerichte 2–5 US$) In Quito ein Klassiker. Die Tische im Freien eignen sich bestens, um Leute zu beobachten.

Café Colibrí (Karte S. 570 f.; Pinto 619; Hauptgerichte 2–5 US$) Dieses Café im Besitz von Deutschen ist ein herrlicher Platz für Frühstück, Crêpes (pikant und süß), Sandwiches und Kaffee. Große Glasfenster, Oberlichter und eine gartenähnliche Terrasse vor der Tür sorgen für ein luftiges Ambiente.

Café Mango Tree (Karte S. 570 f.; Foch E4-310; Hauptgerichte 3–6 US$; 12.30–22 Uhr) Im Innenhof reihen sich Hängepflanzen aneinander. Zum Kaffee oder Smoothie gibt's vegetarische Gerichte, Fajitas, Lasagne, Waffeln, Crêpes, Salate und andere Bistrospeisen.

Uvillas de Ochún (Karte S. 570 f.; Andalucía N24-234; Hauptgerichte 3–5 US$; Mo–Fr 13–21 Uhr) Das freundliche, bunt eingerichtete Café in kubanischer Hand serviert starken Kaffee und guten Rum, dazu leckere Snacks, Sandwiches, Pizzen und leichte Gerichte. Die Kunstwerke an der Wand stehen zum Verkauf.

Magic Bean (Karte S. 570 f.; Foch E5-08; Hauptgerichte 4–8 US$; 7–22 Uhr) Das Magic Bean ist schon lange das Epizentrum in Mariscal. Die immer hier anwesende Menge hungriger Traveller verputzt hier gut zubereitetes Frühstück, Mittagessen, Säfte und Snacks.

Coffee & Toffee (Karte S. 570 f.; Calama; 24 Std.) Zu gleichen Teilen Café und Lounge. Das Coffee & Toffee ist ein ruhiger, einladender Ort mit in warmes Licht getauchten Backsteinwänden, einer offenen Küche und einer schönen Dachterrasse. Einheimische und hier lebende Ausländer schätzen das WLAN und den Service rund um die Uhr.

RESTAURANTS

Restaurante Manantial (Karte S. 570 f.; 9 de Octubre N22-25; Hauptgerichte 1–3 US$; So–Fr 8–18 Uhr) Das Manantial steht unter der Leitung einer sanften, veganischen Seele. Der schlichte, unaufgeregte Platz tischt Gesundes auf, z. B. vegetarische Burger, Tofu-Sandwiches, Tagessuppen und Säfte – *aguacatado* versuchen, ein Mixgetränk aus Sojamilch, Avocado und Kochbanane.

Hamburgers del Sese (Karte S. 570 f.; Ecke Tamayo & Carrión; Hauptgerichte 2–3 US$) Das Sese ist eine von vielen Studentenkneipen in der Gegend und serviert mit die besten Burger Quitos (auch vegetarische). Man futtert drinnen oder auf der Dachterrasse. Noch mehr günstiges Essen gibt's an der Carrión zwischen Tamayo und Av 12 de Octubre.

Hassan's Café (Karte S. 570 f.; Reina Victoria Nähe Av Cristóbal Colón; Hauptgerichte 2–6 US$; Mo–Sa 9.30–20 Uhr) Das libanesische Essen – Schawarmas, Hummus, Kebab, gefüllte Auberginen, vegetarische Gerichte – in diesem Restaurant mit zehn Tischen ist gut, frisch und günstig.

Isla del Mar (Karte S. 570 f.; Ecke Av 6 de Diciembre & Washington; Hauptgerichte 2,50–6 US$) Dieses kleine Lokal macht nicht viel her, bietet aber umwerfende *ceviche* und Meeresfrüchte-Gerichte zu Tiefstpreisen.

La Bodeguita de Cuba (Karte S. 570 f.; Reina Victoria 1721; Hauptgerichte 3–5 US$; Di–So) An Holztischen und vor mit Grafitti übersäten Wänden bekommt man hier kubanisches Essen und viel Spaß serviert. Ab und zu treten Livebands auf, und kann man draußen sitzen.

Chandani Tandoori (Karte S. 570 f.; Mera 1333; Hauptgerichte 3–5 US$; Mo–Sa 11–22, So bis 15.30 Uhr) Lärmige Bollywood-Streifen und Teller voll brutzelndem *tikka masala* sorgen in diesem guten, günstigen, minimalistischen Inder für Unterhaltung. Andere leckere Elemente auf der Speisekarte sind Curry, *vindaloo* und Kormas.

Tio Billy's (Karte S. 570 f.; Mera N23-78; Hauptgerichte 3–5 US$; Mo–Sa 12–2 Uhr) Dieses winzige Fleckchen im Besitz von hier lebenden Ausländern hat dank leckeren, anständigen Burgern eine Fangemeinde aus Einheimischen. Die Kulisse bilden Tische im Freien und eine kitschige Einrichtung.

Uncle Ho's (Karte S. 570 f.; Calama E8-29; Hauptgerichte 3–6 US$; Mo–Sa 12–22.30 Uhr) Das gepflegte kleine Uncle Ho's serviert Schüsseln voll *pho*, Wolfsbarsch mit Chili und Zitrone auf Reisnudeln, glasierte Spareribs und andere vietnamesische Klassiker. Man sitzt an der Straße.

LP Tipp Canoa Manabita (Karte S. 570 f.; Calama 247; Hauptgerichte 4–6 US$; Di–So) Lässige, unaufdringliche Option, bei den Einheimischen wegen seiner sagenhaften *ceviche*-Portionen und der Meeresfrüchtegerichte extrem beliebt.

Cevichería Manolo (Karte S. 570 f.; Ecke Diego de Almagro & La Niña; Hauptgerichte 4–6 US$) In diesem ausgezeichneten, günstigen Meeresfrüchterestaurant speist man unter Einheimischen. Auf der Speisekarte stehen Varianten von ecuadorianischen oder peruanischen *ceviche*, außerdem tolle Meeresfrüchtegerichte.

Red Hot Chili Peppers (Karte S. 570 f.; Foch E4-314; Hauptgerichte 4–6 US$; Mo–Sa 12–22.30 Uhr) Ein Traum aus Fajitas – der Rest auf der Speisekarte ist auch gut, kommt aber an die Teller mit brutzelndem Huhn oder Rindfleisch nicht ganz heran. Man spült alles mit sanften Piña Coladas hinunter.

Yanuna (Karte S. 570 f.; Wilson E6-35; Hauptgerichte 4–6 US$) In diesem farbenfrohen, künstlerisch angehauchten Bistro wird eine breite Auswahl von internationalen Speisen geboten, z. B. indische *tahli*, griechischer Salat, peruanisches *ceviche*, vietnamesisches *pho* und jede Menge vegetarischer Optionen.

Le Arcate (Karte S. 570 f.; Baquedano 358; Hauptgerichte 4–6 US$; ⊙ Mo–Sa 12.30–15 & 18–23, So 12–16 Uhr) In diesem Liebling in Mariscal werden in einem Holzekohleofen mehr als 50 verschiedene Pizzen gebacken. Daneben gibt's Lasagne, Steaks und Meeresfrüchte zu vernünftigen Preisen.

Texas Ranch (Karte S. 570 f.; Mera 1140; Hauptgerichte 4–7 US$; ⊙ 13–24 Uhr) Im Texas Ranch kommen riesige Burger (die texanische Komponente) und in argentinischem Stil gegrilltes Fleisch auf den Tisch.

Siam (Karte S. 570 f.; Calama E5-10, 1. St.; Hauptgerichte 5–8 US$; ⊙ Mo–Fr 13–24, Sa & So bis 23 Uhr) Im Siam wird köstliches Thai-Essen gezaubert, das man in einem gemütlichen Raum inmitten von morgenländischen Kunst und bei entspannter Musik genießen kann.

Naranjilla Mecánica (Karte S. 570 f.; Tamayo N22-43; Hauptgerichte 6–10 US$; ⊙ Mo–Sa) Dieses von sich überzeugte, angesagte Restaurant serviert einfallsreiche Salate, leckere Sandwiches und ganz ordentliche Hauptgerichte wie gegrillten Schellfisch mit Kapern.

Boca del Lobo (Karte S. 570 f.; Calama 284; Hauptgerichte 6–12 US$) Die Umgebung in diesem angesagten Restaurant ist Kitsch pur: bunte Glaskugeln, leere Vogelkäfige, bewusstseinserweiternde Gemälde … Auf der Karte stehen Raclette, Crêpes, belegte Brote, Backwaren als Nachtisch und zuckersüße Cocktails.

SELBSTVERSORGER

Mercado Santa Clara (Karte S. 570 f.; Ecke Dávalos & Versalles; ⊙ 8–17 Uhr) Auf dem Obst-und-Gemüsemarkt von Quito gibt's auch Stände mit günstigem Essen.

Supermercado Santa María (Karte S. 570 f.; Ecke Dávalos & Versalles; ⊙ Mo–Sa 8.30–20, So 9–18 Uhr) Riesiger Supermarkt gegenüber dem Mercado Santa Clara.

Supermaxi (Karte S. 570 f.; Ecke La Niña & Pinzón; ⊙ tgl.) Größter und bester Supermarkt in der Nähe von Mariscal.

AUSGEHEN

Das meiste vom Nachtleben in Quito konzentriert sich rund um das Viertel Mariscal. An den meisten Abenden wird's hier laut (und an den Wochenenden sehr voll). Immer dran denken: Wenn man nachts im Mariscal unterwegs ist, sollte man für den Heimweg immer ein Taxi nehmen (s. S. 568).

Finn McCool's (Karte S. 570 f.; Pinto 251) Diese Bar in irischer Hand mit der gastfreundlichen Atmosphäre ist der aktuelle Liebling der hier lebenden Ausländer. Es gibt Pubquiz-Abende (momentan Di), man kann Billard, Dart und Tischfußball spielen, und an der klassischen, holzverkleideten Bar werden Fish & Chips, Shepherd's Pie, Burger und anderes Kneipenessen serviert.

Coffee Tree (Karte S. 570 f.; Ecke Reina Victoria & Foch; ⊙ 24 Std.) Eine gute Location an der lebhaften Reina Victoria, um in den Abend zu starten. Von den Tischen dieser Bar unter freiem Himmel, die auf der Plaza stehen, kann man herrlich Leute beobachten, und ganz in der Nähe gibt's zahlreiche weitere Optionen zum Essen und Trinken.

La Reina Victoria (Karte S. 570 f.; Reina Victoria 530; ⊙ Mo–Sa) Diese seit Langem bei hier lebenden Ausländern beliebte Kneipe bietet sich an für einen Drink, mit Kamin, Dartboard, Bumper-Pool-Tischen und dem Ambiente eines englischen Pubs. Serviert wird ordentliches Pubessen, z. B. Pizzen und Fish & Chips.

Ananké Guápulo (Karte S. 570 f.; Camino de Orellana 781; ⊙ Mo–Sa) Diese kleine Bar mit Pizzeria klebt in Guápolo an einem Hang. Es gibt eine winzige Terrasse (inklusive Kamin) und mehrere nette Nischen, in die man sich mit einem Cocktail bewaffnet zurückziehen kann. Am Wochenende wird Livemusik gespielt.

Ananké (Karte S. 570 f.; Ecke Diego de Almagro & Pinto) Der neueste Ananké-Ableger bringt künstlerischen Stil nach Mariscal. Im offenen Hof kann man sich schön einen abendlichen Drink gönnen. Zudem gibt's leckere Holzofenpizza und an manchen Abenden Livemusik.

UNTERHALTUNG

Events kündigen die Lokalzeitungen *El Comercio* und *Hoy* an. Das monatlich erscheinende Kulturmagazin *Quito Cultura* gibt's kostenlos bei den Touristeninformationen.

Livemusik

LP Tipp El Pobre Diablo (Karte S. 570 f.; ☎ 223-5194; www.elpobrediablo.com; Isabel La Católica E12-06; Eintritt 5–10 US$; ⊙ Mo–Sa) Laut den Einheimischen und den hier lebenden Ausländern ist das El Pobre Diablo einer der besten Plätze in ganz Quito, um Livemusik zu hören. An den meisten Abenden gibt's hier in freundlicher, entspannter Atmosphäre Livejazz, Blues, Weltmusik und experimentelle Klänge auf die Ohren. Und noch dazu kann man hier toll zu

> **LA RONDA**
>
> Eine jener Gegenden der Altstadt, die erst kürzlich einer Restauration unterzogen wurden, ist die schöne Straße Juan de Dios Morales, auch bekannt als „La Ronda". Die schmale Gasse säumen fotogene Gebäude aus dem 17. Jh., Plakate an den Wänden erzählen (auf Spanisch) etwas über die Geschichte der Straße und die Künstler, Autoren und Politiker, die hier einmal gewohnt haben. In den letzten Jahren haben hier mehrere neue Restaurants und Läden eröffnet, und dennoch bleibt La Ronda eine herrlich lokal inspirierte, unprätentiöse Angelegenheit. Freitag- und samstagabends geht's hier am lebhaftesten zu: Dann sorgen die Straßenverkäufer mit ihrem *canelazo* (Rum mit Zucker, Zimt und Zitronensaft) dafür, dass sich jeder wohl fühlt, und aus den Fenstern der Restaurants tönt Livemusik.

Abend essen: Serviert werden ordentliche, gemischte Speisen, dazu gibt's eine ordentliche Cocktail-Karte. Das Ambiente ist super.

Café Libro (Karte S. 570 f.; ☎ 223-4265; www.cafelibro.com; Leonidas Plaza Gutiérrez N23-56; Eintritt 3–5 US$; Mo–Sa) Livemusik, Dichterwettbewerbe, zeitgenössischer Tanz, Tango, Jazz und andere Aufführungen ziehen eine künstlerische und intellektuelle Menge in diesen hübsch gelegenen, unkonventionellen Treffpunkt.

Nachtklubs

Wenigstens einmal muss man einfach auf der Tanzfläche einer *salsoteca* gestanden haben. Wer noch nicht Salsa tanzen kann, sollte aber erst ein paar Kurse besuchen (s. S. 576).

Bungalow 6 (Karte S. 570 f.; Eintritt 5 US$; Ecke Calama & Diego de Almagro; Mi–Sa 19–3 Uhr) Unter den Ausländern in Mariscal der beliebteste Ort zum Tanzen. Im Bungalow 6 wird ein breiter Mix aus Salsa, Reggae und Hits aus England und Nordamerika gespielt. Es gibt eine kleine, aber dicht bevölkerte Tanzfläche, Getränke-Specials und beliebte Event-Nights (Mi ist z. B. Ladie's Night). Wer nicht weggeschickt werden möchte, sollte früh da sein.

El Aguijón (Karte S. 570 f.; Calama E7-35; Eintritt 5 US$; Di–Sa 21–3 Uhr) Dieser schlichte Nachtklub zieht ziemlich viele Einheimische und Ausländer in den Zwanzigern an. Hier hat man viel Platz, die Videokunst auf der Großleinwand über der Tanzfläche wirkt ein bisschen industriell. DJs legen von allem etwas auf. Donnerstags spielen Livebands, Mittwoch abends gibt's Salsamusik.

Seseribó (Karte S. 570 f.; Edificio Girón, Ecke Veintimilla & Av 12 de Octubre; Eintritt 5–10 US$; Do–Sa 21–2 Uhr) Die beste *salsoteca* Quitos und ein Pflichtstopp für Salsafans. Die Musik ist spitze und die Atmosphäre grandios. Man kann hier erstklassig das Tanzbein schwingen. Vor allem donnerstags sind hier jede Menge eifriger *salseros* (Salsatänzer) anzutreffen, ein toller Abend ist also garantiert.

Blues (Karte S. 570 f.; www.bluesestodo.com; Av de la República 476; Eintritt 7–15 US$; Do–Sa 22–6 Uhr) Das Blues ist als einziger Late-Night-Club in Quito das nächtliche Ziel der Partygänger. Die hiesigen DJs legen für eine Meute stilbewusster *quiteños* Electronica und Rock auf (donnerstags spielen Rockbands).

Mayo 68 (Karte S. 570 f.; García 662) Der beliebte kleine Salsa-Club liegt günstig im Mariscal. Seine Fangemeinde besteht aus Einheimischen.

Theater & Tanz

Teatro Sucre (Karte S. 573; ☎ 228-2136; www.teatrosucre.com; Manabí N8-131; Eintritt 3–20 US$; Kartenverkauf 10–13 & 14–18 Uhr) Das geschichtsträchtigste Theater der Stadt blickt über die Plaza del Teatro. Die Aufführungen decken nahezu alles ab, von Jazz und klassischer Musik bis zu Ballett, modernem Tanz und Oper.

Teatro Bolívar (Karte S. 573; ☎ 258-2486/7; www.teatrobolivar.org, info@teatrobolivar.org; Espejo zw. Flores & Guayaquil) Das Bolívar ist nicht nur eine Theaterbühne, sondern beherbergt auch alternative Rockshows und andere Veranstaltungen.

Humanizarte (Karte S. 570 f.; ☎ 222-6116; www.humanizarte.com; Leonidas Plaza Gutiérrez N24-226) Präsentiert sowohl zeitgenössischen Tanz als auch folkloristische Tänze aus den Anden.

Teatro Prometeo (Karte S. 570 f.; ☎ 222-6116; www.cce.org.ec; Av 6 de Diciembre 794) Zur Casa de la Cultura Ecuatoriana (S. 574) gehörend. Der Treff mit den günstigen Preisen präsentiert oft Aufführungen mit modernem Tanz und andere Shows, an denen auch des Spanischen nicht mächtige Zuschauer Spaß haben.

SHOPPEN

Zahlreiche Läden in Mariscal (vor allem entlang und nahe der Av Amazonas und der Mera) verkaufen traditionelles, einheimisches Kunsthandwerk. Die Qualität ist meist hoch, die Preise sind ebenfalls. Die besten Schnäppchen bieten die hier genannten

Märkte für Kunsthandwerk, wo man direkt bei einheimischen Verkäufern, meist *otavaleño* (Bewohner von Otavalo) einkaufen kann.

Kunsthandwerksläden

La Bodega (Karte S. 570 f.; Mera N22-24) Kunsthandwerk von höchster Qualität, alt und neu.

Ag (Karte S. 570 f.; Mera N22-24) Herausragende Auswahl von seltenem, handgemachtem Silberschmuck aus ganz Südamerika.

Centro Artesanal (Karte S. 570 f.; Mera E5-11) Dieser ausgezeichnete Laden ist bekannt für sein Angebot von Kunsthandwerk und Gemälden einheimischer, indigener Künstler.

Tianguez (Karte S. 573; Plaza San Francisco) Das Tianguez gehört zum gleichnamigen Café (S. 579) und zur Fair Trade Organization. Hier kann man einige herausragende Kunsthandwerksgegenstände aus ganz Ecuador erstehen.

Galería Latina (Karte S. 570 f.; ☎ 254-0380; Mera N23-69) In dem gut bestückten Kunsthandwerksladen verteilt sich über viele Räume eine ausgezeichnete Auswahl hochwertiger Objekte.

Productos Andinos (Karte S. 570 f.; Urbina 111) Dieser zweistöckige Laden eines Künstlerverbundes ist vollgestopft mit Kunst zu vernünftigen Preisen.

Märkte

Samstags und sonntags verwandelt sich das nördliche Ende des Parque El Ejido in den größten Kunsthandwerksmarkt von Quito und in eine Bühne für Straßenkünstler. Zwei Blocks weiter nördlich nehmen die Stände mit Kunsthandwerk auf dem **Mercado Artesanal La Mariscal** (Karte S. 570 f.; Mera zw. Washington & 18 de Septiembre) einen ganzen Block ein.

AN- & WEITERREISE
Bus

Der Hauptbusbahnhof von Quito ist der **Terminal Terrestre Cumandá** (Busbahnhof Cumandá; Karte S. 573; Ecke Morales & Piedra) in der Altstadt, ein paar Blocks südlich der Plaza Santo Domingo gelegen. Die nächste Trole-Haltestelle ist die Haltestelle Cumandá. Nach 18 Uhr sollte man ein Taxi nehmen, da es in dieser Gegend nachts nicht sicher ist. Auch wer mit Gepäck beladen ist, nutzt besser nicht den Trole: Hier lauern viele Taschendiebe.

Irgendwann in naher Zukunft (die Behörden der Stadt konnten bei Drucklegung dieses Buches kein genaues Datum nennen) sollen neue Bahnhöfe eröffnen: Der **Busbahnhof Quitumbe** (Av Cóndor Ñan und Av Mariscal Antonio José de Sucre), 5 km südwestlich der Altstadt gelegen, soll die Ziele südlich von Quito bedienen. Vom **Busbahnhof Carapungo** im Norden der Stadt wird es ins nördliche Ecuador gehen. Bei der Touristeninformation den neuesten Stand erfragen – und Infos einholen, wo ein spezieller Bus abfährt –, bevor man sich zu einem Bahnhof aufmacht.

Der Kasten unten gibt Richtwerte für die Preise für die einfache Strecke sowie für die Reisedauer an. Für Langstrecken sind auch teurere Luxusbusse im Angebot.

Bequeme Busse ab der Neustadt nach Guayaquil betreiben **Panamericana** (Karte S. 570 f.; ☎ 255-3690; Ecke Av Cristóbal Colón & Reina Victoria) und **Transportes Ecuador** (Karte S. 570 f.; ☎ 222-5315; Mera N21-44 Nahe Washington). Panamericana schickt auch Langstreckenbusse in andere Städte, z. B. nach Machala, Loja, Cuenca, Manta und Esmeraldas.

Zu einigen Zielen in Pichincha fahren Busse woanders ab. Die der **Cooperativa Flor de Valle/Cayambe** (☎ 252-7495) starten täglich von der **Haltestelle Ofelia** im Norden nach Mindo (2,50 US$, 2½ Std.); hierher bringt einen der Metrobus (bis zur letzten Haltestelle fahren).

FAHRPREISE

Ziel	Preis (US$)	Dauer (Std.)
Ambato	2	2½
Atacames	9	7
Bahía de Caráquez	9	8
Baños	3,50	3
Coca	9	9 (über Loreto)
Cuenca	10	10-12
Esmeraldas	9	5-6
Guayaquil	7	8
Huaquillas	10	12
Ibarra	2,50	2½
Lago Agrio	7	7-8
Latacunga	1,50	2
Loja	15	14-15
Machala	9	10
Manta	8	8-9
Otavalo	2	2¼
Portoviejo	9	9
Puerto López	12	12
Puyo	5	5½
Riobamba	4	4
San Lorenzo	6	6½
Santo Domingo	2,50	3
Tena	6	5-6
Tulcán	5	5

Flugzeug

Der neue Flughafen von Quito liegt 25 km östlich der Stadt und soll, wie es zur Zeit der Abfassung dieses Führers hieß, Ende 2010 eröffnet werden; die Touristeninformation fragen oder auf www.quiport.com nachschauen, ob er bei der eigenen Abreise schon in Betrieb ist. Zur Zeit der Recherche starteten noch alle Flüge vom **Aeropuerto Mariscal Sucre** (außerhalb der Karte S. 570 f.; ☎ 294-4900, www.quitoairport.com; Ecke Av Amazonas & Av de la Prensa), etwa 7 km nördlich vom Stadtzentrum. Viele der Busse, die ab der Av Amazonas und der Av 10 de Agosto Richtung Norden fahren, kommen hier vorbei – an einigen steht „Aeropuerto", an anderen „Quito Norte". Mehr Infos findet man im Kasten auf S. 572.

Im Folgenden die wichtigsten Inlandsfluglinien Ecuadors:
TAME (Karte S. 570 f.; ☎ 396-6300; www.tame.com.ec; Ecke Av Amazonas N24-260 & Av Cristobal Colón)
Icaro (☎ 290-3395; www.icaro.aero; Ecke Mera N26-221 & Orellana)
AeroGal (☎ 294-2800; www.aerogal.com.ec; Av Amazonas 7797) Nahe dem Flughafen.

Es gibt regelmäßige Verbindungen zwischen Quito und Coca, Cuenca, Esmeraldas, den Galápagosinseln, Guayaquil, Lago Agrio, Loja, Macas, Machala, Manta und Tulcán. Alle Flüge auf dem Festland dauern weniger als eine Stunde und kosten zwischen 60 und 85 US$ (einfache Strecke); zu den Galápagosinseln bezahlt man erheblich mehr, nämlich 300 bis 420 US$ (hin & zurück); von Quito aus fliegt man hier 3¼ Stunden (inklusive Zwischenlandung in Guayaquil) und von Guayaquil aus 1,5 Stunden.

Zug

An den Wochenenden startet ein Touristenzug von Quito aus nach Süden und erreicht nach 3,5 Stunden die Area Nacional de Recreación El Boliche, die an den Parque Nacional Cotopaxi angrenzt. Unglücklicherweise war die Linie zur Zeit der Recherche außer Betrieb. Bei der Touristeninformation oder am Fahrkartenschalter bekommt man die neuesten Infos.

Der **Bahnhof** (außerhalb der Karte S. 573; ☎ 265-6142; Sincholagua & Maldonado) liegt etwa 2 km südlich der Altstadt. Fahrkarten sollte man sich im Voraus am **Fahrkartenschalter** (Karte S. 573; ☎ 258-2921; Ecke Bolívar 443 & García Moreno; Mo–Fr 8–16.30 Uhr) besorgen.

UNTERWEGS VOR ORT

Bus

Die Regionalbusse (0,25 US$) sind recht sicher und praktisch, aber in vollen Bussen sollte man auf seine Taschen aufpassen. Das Ziel der Busse steht auf einem Schild im Fenster (keine Liniennummern). Die Fahrer sagen einem in der Regel, welchen man nehmen muss, falls man den falschen anhält.

Taxi

Taxis sind gelb und haben einen Aufkleber mit ihrer Nummer im Fenster. Die Fahrer sind gesetzlich verpflichtet, tagsüber *taxímetros* (Taxameter) zu benutzen, und die meisten tun das auch. Abends aber schalten die Fahrer ihre Taxameter aus und man muss feilschen. Von Mariscal zur Altstadt bezahlt man normalerweise etwa 2 US$, spät abends und sonntags wird's teurer – dennoch nie mehr als den doppelten Preis laut Taxameter bezahlen! Man kann auch für etwa 8 US$ pro Stunde ein Taxi mieten – eine tolle Möglichkeit, Sehenswürdigkeiten außerhalb der Stadt zu besichtigen.

Trole, Ecovía & Metrobus

In Quito gibt's drei elektrisch betriebene Buslinien: Trole, Ecovía und Metrobus. Alle fahren sie auf der Nord-Süd-Route entlang einer der drei Durchgangsstraßen von Quito und steuern bestimmte Stationen auf autofreien Straßen an. Deshalb sind sie schnell und effizient, aber meistens auch voll und ein beliebtes Revier von Taschendieben. Die Busse verkehren zwischen 6 und 0.30 Uhr etwa alle zehn Minuten (während der Hauptverkehrszeit öfter), der Fahrpreis beträgt 0,25 US$.

Der Trole fährt die Maldonado und die Av 10 de Agosto entlang. In der Altstadt nehmen die Busse gen Süden die westliche Route (entlang Guayaquil), die Busse Richtung Norden fahren auf der östlichen Strecke (entlang Montúfar und Pichincha). Der Ecovía verkehrt auf der Av 6 de Diciembre, der Metrobus auf der Av América.

RUND UM QUITO

MITAD DEL MUNDO & UMGEBUNG
☎ 02

Ecuador ist berühmt für seine Lage am Äquator. Beim **Mitad del Mundo** (Mitte der Welt; Eintritt 2 US$; Mo–Fr 9–18, Sa & So 9–19 Uhr), 22 km nördlich von Quito, führte Charles-Marie de la Condamine 1736 Messungen durch, mit denen er bewies, dass dies die Linie des Äquators ist. Auch wenn das dort errichtete Monument nicht genau auf dem Äquator steht (laut GPS liegt die wahre geografische Breite von 0°00' etwa 300 m weiter nördlich), ist es ein beliebtes – und touristisches – Ziel. Sonntagnachmittags spielen Salsabands live rund um die Hauptplaza. Das ethnografische Museum (und seine Aussichtsplattform auf dem Dach), ein maßstabsgetreues Modell von Quitos Altstadt und andere Attraktionen kosten extra. Außerhalb des Mitad-del-Mundo-Komplexes befindet sich das **Museo de la Cultura Solar** (www.quitsato.org; Spenden willkommen; 9.30–17.30 Uhr). Hier können sich Besucher in nur einem Raum über die echte Äquatorlinie informieren, die auf der 1000 Jahre alten indigenen Stätte von Catequilla liegt; die Stätte ist jenseits des Highways gerade noch sichtbar. Gleich nördlich von diesem Museum verströmt das **Museo Solar Inti Ñan** (☎ 239-5122; Eintritt Erw./Kind unter 12 Jahren 2/1 US$; 9.30–17.30 Uhr) mit Installationen mit Wasser und Energie die Atmosphäre eines Rummelplatzes – selbst entscheiden, ob die „wissenschaftlichen" Experimente nur ein Scherz sind!

Rumicucho (Eintritt 1 US$; Mo–Fr 9–15, Sa & So 8–16 Uhr) ist eine kleine Ausgrabungsstätte aus der Präinkazeit, an der gerade gearbeitet wird und die 3,5 km nördlich von Mitad del Mundo liegt. Auf dem Weg nach Calacalí, etwa 5 km nördlich von Mitad del Mundo, trifft man auf einen alten Vulkankrater und das geobotanische Reservat von **Pululahua** (Eintritt 5 US$). Vom Kraterrand aus bietet sich morgens ein herrlicher Blick. Man kann auch zu dem winzigen Dorf am Grund des Kraters wandern. Das **Pululahua Hostal** (☎ 09-946-6636; www.pululahuahostal.com; B 12 US$/Pers., Cabañas 24–36 US$) bietet die Möglichkeit, direkt im Krater zu übernachten. Die umweltfreundliche Pension hat einfache, bequeme Zimmer, die leckeren Mahlzeiten (Hauptgerichte 2–4 US$) bestehen aus Zutaten vom Biobauernhof und Gäste können Räder (3 US$/Std.) oder Pferde (8 US$/Std.) mieten.

Um von Quito aus nach Mitad del Mundo zu kommen, nimmt man den Metrobus (0,25 US$) nach Norden bis zur letzten Haltestelle (Ofelia), dort steigt man in den Mitad-del-Mundo-Bus (0,15 US$) um; der gesamte Trip dauert 1 bis 1,5 Stunden. Der Bus hält direkt vor dem Eingang.

Die Busse fahren vom Komplex weiter und halten an der Zufahrtsstraße zum Pululahua – nach dem Mirador de Ventanillas fragen, dem Aussichtspunkt, an dem der Pfad in den Krater beginnt.

REFUGIO DE VIDA SILVESTRE PASOCHOA

Dieses kleine, schöne **Naturschutzgebiet** (Eintritt 7 US$) liegt 30 km südöstlich von Quito. Hier gibt's eines der letzten Stücke von ungestörtem, humidem Andenwald in Zentralecuador. Für Naturliebhaber und Vogelbeobachter ist der Trip zu empfehlen: Hier wurden mehr als 100 Vogelarten und viele seltene Pflanzen gesichtet. Es gibt verschiedene Pfade, von anspruchslos bis anstrengend. Auf ausgewiesenen Flächen, wo sich Plumpsklos, Picknickflächen und Wasserstellen finden, kann man **campen** (3 US$/Pers.), außerdem steht eine einfache **Hütte** (B 5 US$) mit Platz für 20 Personen zur Verfügung. Beim Parkranger bekommt man eine kleine Wegekarte. Die **Fundación Natura** (☎ 02-254-7399; Moreno Bellido E6-167 zw. Av Amazonas & Av Mariana de Jesús) in Quito hat ebenfalls Wegekarten und Infos und kann Übernachtungen reservieren. Um das Reservat zu erreichen, nimmt man den Bus von der Haltestelle La Marín in Quitos Altstadt zum Dorf **Amaguaña** (1 US$, 1 Std.). Dort mietet man einen Pickup (ca. 10 US$ pro Gruppe od. Truck) für die restlichen 7 km bis zum Parkeingang.

TERMAS DE PAPALLACTA
☎ 02

Die **Termas de Papallacta** (☎ in Quito 250-4787, www.termaspapallacta.com; Eintritt 7 US$, für Hotelgäste kostenlos; 7–21 Uhr) sind eines der luxuriösesten und malerischsten Thermalbäder von ganz Ecuador. Nach langen Reisetagen sind sie die reine Medizin. Sie liegen ungefähr 67 km (2 Std.) von Quito entfernt und gehören zum schicken **Hotel Termas de Papallacta**. Im Dorf Papallacta, außerhalb des Komplexes, der einen Abstecher von Quito aus lohnt, gibt's günstigere Hotels, alternativ fährt man einfach nach Quito zurück und nächtigt dort. Am besten kommt man werktags hin, denn an den Wochenenden fallen hier bis zu 2000 Menschen ein.

Alle Busse von Quito Richtung Baeza, Tena oder Lago Agrio stoppen in Papallacta. Wer zu den Termas de Papallacta möchte, bittet den Fahrer, an der Straße zu den Bädern, 1,5 km vor dem Dorf, zu halten. Dort nimmt man für die Fahrt über die holprige Straße einer der wartenden *camionetas* für 2 US$.

NÖRDLICHES HOCHLAND

Nur wenige Stunden mit dem Auto von Quito entfernt erheben sich steile grüne Hügel mit staubigen Dörfern und lebhaften Provinzstädten – und mit dem Kulturreichtum des nördlichen Hochlands. Wer auf dem Weg nach oder von Kolumbien ist, kommt zwangsläufig hier durch. Und es gibt viele Gründe, einen Stopp einzulegen: Der berühmte Markt von Otavalo, den es schon in Präinkazeiten gab, ist der größte Kunsthandwerksmarkt in Südamerika, und verschiedene kleinere Städte sind bekannt für Kunsthandwerk wie Holzschnitzereien und Lederarbeiten.

OTAVALO
06 / 43 000 Ew.

Die freundliche, florierende Stadt Otavalo (2550 m) ist berühmt für ihren riesigen Samstagsmarkt, auf dem *indígenas* in traditioneller Tracht ihre Kunsthandwerksprodukte an Horden von Fremden verkaufen. Obwohl der Markt beliebt ist und jeden Samstag von Ausländern überflutet wird, sind die *otavaleños* selbstbestimmt geblieben und gehen keine kulturellen Kompromisse ein. Die Szenerie ist sagenhaft und das Ganze ein magisches Erlebnis.

Das Auffälligste an der *otavaleños*-Kultur ist die traditionelle Kleidung. Die Männer tragen lange, einfache Zöpfe, weiße, wadenlange Hosen, Schnürensandalen, graue oder blaue Wendeponchos und dunkle Filzhüte. Die Frauen sehen sehr eindrucksvoll aus, mit wunderschön bestickten Blusen, langen schwarzen Röcken und Schultertüchern und raffiniert gefalteten Kopfbedeckungen.

Praktische Informationen
Banco del Pacífico (Ecke Bolívar & García Moreno) Bank mit Geldautomat.
Banco del Pichincha (Bolívar Nähe García Moreno) Bank mit Geldautomat.
Büchermarkt (Roca Nähe García Moreno) Antiquarische Bücher.

Sehenswertes
Täglich verhökern Straßenverkäufer auf der Plaza de Ponchos, der Keimzelle des **Kunsthandwerkermarkts**, ein erstaunlich breites Warenangebot. Aber richtig los geht's hier sonntags, am offiziellen Markttag: Dann dehnt sich der Markt bis in die angrenzenden Straßen aus.

Es gibt eine unglaubliche Auswahl von traditionellen Handarbeiten, z. B. Wandteppiche, Decken, Ponchos, Sweater, Hängematten, Schnitzereien, Perlen und echte Gemälde.

Der **Tiermarkt** (Sa 6–10 Uhr) am westlichen Stadtrand bietet eine interessante Auszeit vom Gewimmel auf dem Kunsthandwerksmarkt. Vor der vulkanischen Szenerie des Cotacachi und des Imbabura laufen einheimische Männer und Frauen mit Schweinen, Kühen, Ziegen und Hühnern umher und begutachten, feilschen und tratschen in der frischen Morgenluft. Der **Lebensmittelmarkt** wird in der Nähe des südlichen Endes der Modesto Jaramillo abgehalten.

Der **Parque Cóndor** (292-4429; www.parquecondor.org; Eintritt 3 US$; Di–So 9.30–17 Uhr) ist eine Stiftung in holländischem Besitz, die Greifvögel, Geier und andere Raubvögel pflegt. Hier hat man die Gelegenheit, Andenkondore, Adler, Eulen, Falken und Habichte aus der Nähe zu sehen. Auf keinen Fall die kostenlosen Flugvorführungen um 11.30 und 16.30 Uhr verpassen! Das Zentrum liegt hoch oben am steilen Hang von Pucara Alto, 4 km von der Stadt entfernt.

Aktivitäten
Rund um Otavalo kann man herrlich wandern, vor allem in der Region um die Lagunas de Mojanda (S. 590). **Diceny Viajes** (269-0787; Sucre 10-11) organisiert wärmstens empfohlene Wandertouren mit einheimischen Führern auf den Volcán Cotacachi hinauf. **Runa Tupari** (292-5985; www.runatupari.com; Ecke Sucre & Quiroga) arbeitet mit einheimischen indigenen Gemeinden zusammen und bietet Wander-, Reit- und Mountainbiketouren an. Zu den Tagestrips gehört eine 2000 m lange Abfahrt mit dem Mountainbike in den tropischen Nebelwald und eine Rundwanderung auf den Cotacachi (4939 m) hinauf, die zehn Stunden dauert. Die älteste und bekannteste Quelle für Informationen und Führer in der Stadt ist **Zulaytur** (09-944-0004; www.geocities.com/zulaytur; Ecke Sucre & Colón, 2. Stock), geführt von dem kenntnisreichen Rodrigo Mora. Dieser hat eine Reihe günstiger Touren (26-40 US$) im Angebot, darunter Besuche in den Häusern einheimischer Weber; dabei lernen die Teilnehmer etwas über den Webprozess und können Produkte direkt vom Webstuhl kaufen.

OTAVALO

PRAKTISCHES
- Banco del Pacífico 1 B5
- Banco del Pichincha 2 B5
- Büchermarkt 3 B5

SEHENSWERTES & AKTIVITÄTEN
- Diceny Viajes 4 B4
- Lebensmittelmarkt 5 B4
- Instituto Superior de Español 6 C4
- Mundo Andino 7 C4
- Otavalo Spanish Language Academy 8 B3
- Runa Tupari 9 C3
- Zulaytur 10 B4

SCHLAFEN
- Acoma 11 B3
- Hostal Doña Esther 12 B5
- Hostal María 13 B4
- Hostal Valle del Amanecer 14 C4
- Hotel El Indio 15 C4
- Hotel Los Ponchos 16 C3
- Hotel Samay Inn 17 B4
- Rincón del Viajero 18 C4

ESSEN
- Árbol de Montalvo ..... (siehe 12)
- Buena Vista 19 C3
- Fontana di Trevi 20 C4
- Mi Otavalito 21 B4
- Shenandoah Pie Shop 22 C3
- Tobasco's 23 C4

UNTERHALTUNG
- Hahnenkampfring 24 B4
- Jala Jala 25 C3
- Peña La Jampa 26 C2

TRANSPORT
- Busbahnhof 27 D3

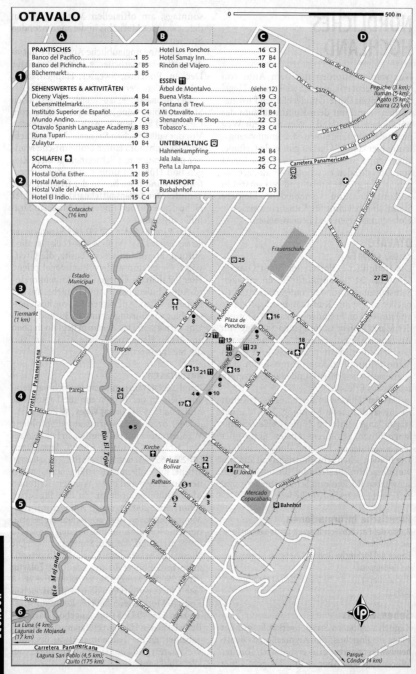

Kurse

In Otavalo kann man super Spanisch lernen. Zu den empfehlenswerten Sprachschulen mit der Möglichkeit zur Unterbringung in Familien und zur Freiwilligenarbeit gehören **Mundo Andino** (☎ 292-1864; www.mandinospanishschool.com; Ecke Salinas & Bolívar 4-04; Kurs 5 US$/Std.), das **Instituto Superior de Español** (☎ 299-2424; www.instituto-superior.net; Ecke Sucre & Morales; Gruppen-/Einzelunterricht pro Std. 5,75/7 US$) und die **Otavalo Spanish Language Academy** (☎ 292-1404; www.otavalospanish.com; Ecke 31 de Octubre & Salinas; Kurs pro Std. 6–7 US$).

Festivals & Events

Die **Fiesta del Yamor** wird während der ersten beiden Septemberwochen gefeiert mit Prozessionen, Musik und Tanz auf der Plaza, Feuerwerk, Hahnenkämpfen, der Wahl der Fiesta-Queen und, natürlich, jeder Menge *chicha de yamor* (köstliches, antialkoholisches Maisgetränk aus sieben verschiedenen Maissorten).

Schlafen

Freitags füllen sich die Pensionen; wer dennoch eine große Auswahl haben möchte, sollte an diesen Tagen früh da sein.

Hostal María (☎ 292-0672; Modesto Jaramillo Nahe Colón; EZ/DZ 6/12 US$) Das Hostel María befindet sich in einem unattraktiven grünen Gebäude und bietet einfache Zimmer mit Holzfußböden, großen Fenstern und Vorhängen mit schrillem Blumenmuster – insgesamt eine gute Wahl.

Hostal Valle del Amanecer (☎ 292-0990; www.hostalvalledelamanecer.com; Ecke Roca & Quiroga; Zi. pro Pers. mit/ohne Bad 11/9 US$) Die Zimmer sind klein und dunkel, aber der schattige Hof mit den Hängematten und das leckere Frühstück locken dennoch Traveller an, die sparen möchten.

Rincón del Viajero (☎ 292-1741; www.rincondelviajero.org; Roca 11-07; Zi. pro Pers. mit/ohne Bad 12/10 US$) Eine warme, gastfreundliche Atmosphäre, bunte Wandmalereien und gemütliche, hübsche Zimmer machen dies zum super Angebot. Es gibt einen Fernsehraum, einen Kamin, heißes Wasser und eine mit Hängematten bespannte Dachterrasse.

Hotel Los Ponchos (☎ 292-2035; www.hotellospon chos.com; Sucre 14-15 Nähe Av Quito; EZ/DZ 10/20 US$) Diese ältere, aber gut geführte Unterkunft besteht aus einem Labyrinth aus sauberen, gefliesten Zimmern mit flauschigen Decken mit Tiermotiven. Von den Zimmern im obersten Stock zur Straße hinaus hat man Ausblick auf den Volcán Cotacachi.

Hotel Samay Inn (☎ 292-1826; samayinnhotel@hotmail.com; Sucre 1009 Nähe Colón; EZ/DZ 10/20 US$) Mitten im Geschehen. Dämmrige Gänge führen zu einfachen, aber hellen Zimmern. Von den Balkonen, auf denen es manchmal sehr laut wird, kann man bestens Leute beobachten.

Hotel El Indio (☎ 292-0060; Sucre 12-14; EZ/DZ 15/30 US$) Das zuverlässige El Indio in der Nähe der Plaza bringt seine Gäste in großen, farbenfrohen Zimmern mit glänzender Holzverkleidung unter, die sich um einen kleinen, offenen Hof verteilen.

Acoma (☎ 292-6570; www.hotelacoma.com; Salinas 7-57; EZ/DZ 24/37 US$) Das Acoma ist eine Mittelklassepension mit Kunstsinn. Es hat herrliche Zedernböden, Mosaikfliesen und Oberlichter, die Zimmer sind bequem und luftig.

Hostal Doña Esther (☎ 292-0739; www.otavalohotel.com; Montalvo 4-44; EZ/DZ 25/36 US$) Dieses kleine gemütliche Hotel im Kolonialstil ist in holländischer Hand. Seine attraktiven Zimmer säumen einen mit Keramik und Farnen geschmückten Hof. Gutes Restaurant.

Wer in idyllischer Lage außerhalb der Stadt absteigen möchte, ist im **La Luna** (☎ 09-315-6082; www.hostallaluna.com; Stellplatz 2,50 US$, B 6 US$; Zi. pro Pers. mit/ohne Bad 12/9 US$) richtig. Die lässige, günstige Zuflucht liegt 4,5 km südlich von Otavalo an der Straße zur Lagunas de Mojanda. Zu ihren Vorzügen gehören eine schöne Aussicht, super Wandermöglichkeiten in der Umgebung, ein Kamin, ein Speiseraum und eine Küche. Von der Stadt braucht man zu Fuß eine Stunde hierher, schneller geht's mit dem Taxi (4 US$).

Essen

Shenandoah Pie Shop (Salinas 5-15; Pastete/Stück 1,30 US$) Diese berühmten dicken Pasteten mit Eis muss man einfach probiert haben. Die *mora*-(Brombeer-)Pastete ist bis zum Rand mit Früchten gefüllt und sorgt für ein perfektes süß-saures Geschmackserlebnis.

LP Tipp Mi Otavalito (Sucre 11-19; Hauptgerichte 4–6 US$) In diesem bei Einheimischen äußerst beliebten Ort werden in gastfreundlicher, familiärer Atmosphäre leckere ecuadorianische Gerichte serviert. Die *almuerzos* sind ein tolles Angebot.

Buena Vista (Salinas, 2. Stock; Hauptgerichte 4–6 US$; ☪ Di geschl.) Diese einladende, zwanglose Location in schöner Lage oberhalb der Plaza de Ponchos setzt einer meist ausländischen Menge gegrillte Forelle, vegetarische Burger, Salate und Bistrospeisen vor.

Tobasco's (Ecke Sucre & Salinas, 2. Stock; Hauptgerichte 5–6 US$) Man sitzt herrlich auf der Dachterrasse, blickt über die Plaza de Ponchos und tut sich an leckeren Enchiladas, Burritos und Tacos und tropischen Cocktails gütlich.

Fontana di Trevi (Sucre nahe Salinas, 2. Stock; Hauptgerichte 5–6 US$) In Otavalos ursprünglichster Pizzeria werden immer noch die besten Pizzen der Stadt serviert.

Árbol de Montalvo (Montalvo 4-44; Hauptgerichte 5–8 US$; Mo–Do 18–21, Fr–So 12–22 Uhr) Auf der Rückseite des Hostal Doña Esther findet man dieses Lokal, das Bio-Salate, Gemüse der Saison und mediterran inspirierte Pastagerichte auftischt.

Unterhaltung

Unter der Woche ist Otavalo wie ausgestorben, aber an den Wochenenden geht hier so einiges. Die Lieblingstreffpunkte sind die *peñas*.

Peña La Jampa (292-7791; Ecke 31 de Octubre & Panamericana; Fr & Sa 19–3 Uhr) Bietet einen Mix aus Salsa, Merengue, *rock en español* (spanischer Rock) und *música folklórica* (Volksmusik) – alles live!

Fauno (Morales zw. Bolívar & Sucre; tgl. 14–3 Uhr) Der schicke, dreistöckige Klub lockt an den Wochenenden mit Latin Rock ein jüngeres Publikum an.

Jala Jala (292-4081; www.jalajalaotavalo.com; Ecke 31 de Octubre & Av Quito; Fr & Sa 19–3 Uhr) In dieser in länglicher Form angelegten Location, einer der neueren *peñas* der Stadt, wird's vor allem in den frühen Morgenstunden voll.

Hahnenkämpfe finden jeden Samstag im Ring am Südwestende der Octubre statt. Sie beginnen gegen 19 Uhr (Eintritt 1 US$).

Anreise & Unterwegs vor Ort

Der **Busbahnhof** (Ecke Atahualpa & Collahuazo) liegt zwei Blocks nördlich der Av Quito. Transportes Otavalo/Los Lagos ist das einzige Unternehmen, das den Busbahnhof aus Richtung Quito kommend anfährt (2 US$, 2½ Std.), alle anderen stoppen auf ihrem Weg nach Norden oder Süden an der Panamericana (von der Stadt 10 Min. zu Fuß). Häufig starten am Busbahnhof Busse nach Ibarra (0,50 US$, 35 Min.).

RUND UM OTAVALO

06

Das besondere Licht, das Gefühl, dass die Zeit stehen geblieben ist, und der endlose Ausblick auf die Anden verleihen der Landschaft rund um Otavalo ihren zauberhaften Charme. Die von Seen, Wanderpfaden und traditionellen, indigenen Dörfern gespickte Region lädt zu Erkundungstouren ein, die Reisebüros in Otavalo (S. 587) helfen einem dabei mit der Organisation von Wanderungen oder Infos, wenn man sich einfach auf eigene Faust aufmachen möchte.

Eine Wanderung zur herrlichen **Lagunas de Mojanda**, hoch oben im *páramo* und etwa 17 km südlich von Otavalo gelegen, ist unvergesslich. Taxis ab Otavalo verlangen für die einfache Strecke um die 15 US$, aber man kann auch hinauflaufen; ohne gibt's die Möglichkeit zum Campen. Sowohl Runa Tupari als auch Zulaytur (s. S. 587) bieten geführte Wanderungen an, inklusive Transport. Infos über den See bekommt man bei der **Mojanda Foundation/Pachamama Association** (292-2986; www.casamojanda.com/foundation.html), gegenüber der Casa Mojanda.

Wie an einer Perlenschnur aufgereiht liegen entlang der Ostseite der Panamericana, einige Kilometer nördlich von Otavalo, die überwiegend von *indígenas* bewohnten Dörfer **Peguche**, **Ilumán** und **Agato**. Alle drei sind zu Fuß oder mit dem Nahverkehrsbus erreichbar. In Peguche steht das **Hostal Aya Huma** (269-0333; www.ayahuma.com; EZ/DZ mit Gemeinschaftsbad 8/12 US$, mit eigenem Bad 17/24 US$), ein wunderschön gelegenes, freundliches *hostal*, das gute und günstige Hausmannskost serviert (auch vegetarische Gerichte). Von dort aus bietet sich eine Wanderung zu dem hübschen **Wasserfall** 2 km südlich von Peguche an.

Auch die **Laguna San Pablo** ist von Otavalo aus zu Fuß erreichbar. Einfach auf einem der Wege, die über Hügel hinter dem Bahnhof führen, grob Richtung Südosten laufen, dann auf der befestigten Straße weitergehen, die einmal um den See herumführt.

Das Dorf **Cotacachi**, etwa 15 km nördlich von Otavalo gelegen, ist berühmt für seine Lederarbeiten, die in den Läden entlang der Hauptstraße verkauft werden. Es gibt dort einige Hotels, und ab Otavalo fahren stündlich Busse hierher.

Rund 18 km westlich von Cotacachi liegt der spektakuläre, kraterähnliche See **Laguna Cuicocha** inmitten eines erloschenen, erodierten Vulkans. Der See gehört zur **Reserva Ecológica Cotacachi-Cayapas** (Eintritt See 1 US$, gesamter Park 5 US$), die zum Schutz des großen westlichen Andenwaldgebiets eingerichtet wurde, das sich vom **Volcán Cotacachi** (4939 m) bis zum Río

Cayapas im Küstentiefland erstreckt. Ein Spaziergang um den See dauert rund sechs Stunden (bei der Rangerstation am Parkeingang fragen, wie sicher der Weg ist). Anfahrt von Cotacachi mit dem Kleinlaster oder Taxi (je 8 US$, einfache Fahrt).

IBARRA
☎ 06 / 109 000 Ew.

Obwohl Ibarra (2225 m Höhe) sich ordentlich weiterentwickelt und deshalb einiges von seinem früheren kleinstädtischen Reiz eingebüßt hat, bleibt es durch seine koloniale Architektur, die grünen Plazas und die kopfsteingepflasterten Straßen eine schöne Stadt – zumindest am Wochenende, wenn nicht so viel Verkehr ist. Ibarras einmaliger Mix aus Studenten, *mestizos*, indigenen Hochlandbewohnern und Afro-Ecuadorianern gibt der Stadt einen interessanten, multikulturellen Touch.

Ibarras alte Architektur und die schattigen Plazas sind nördlich vom Zentrum zu finden. Die **Touristeninformation** (iTur; ☎ 260-8409; www.turismoibarra.com; Ecke Oveido & Sucre; Mo–Fr 8.30–13 & 14–17 Uhr) befindet sich zwei Blocks südlich des Parque Pedro Moncayo. Die **Banco del Pacífico** (Ecke Olmedo & Moncayo) hat einen Geldautomaten.

Schlafen
Hostal Ecuador (☎ 295-6425; Mosquera 5-54; EZ/DZ 5/10 US$) Kahle, helle Zimmer erinnern an ein Sanatorium, aber der Service ist aufmerksam.

Hostal Imbabura (☎ 264-4586; Ecke Oveido 9-33 & Sánchez; EZ/DZ mit Gemeinschaftsbad 7/14 US$) Die sauberen, schönen Zimmer mit Holzböden gehen auf einen friedlichen Innenhof mit Hängepflanzen hinaus.

Hostal El Dorado (☎ 295-8700; Ecke Oveido 5-41 & Sucre; EZ/DZ 8/16 US$) Das El Dorado ist unter den günstigen Unterkünften die schönste. Die besten seiner sauberen, ordentlichen Zimmer sind hell und luftig und haben Holzfußböden.

Hostal El Ejecutivo (☎ 295-6575; Bolívar 9-69; EZ/DZ ab 8/16 US$; 🖥) Die alten Bettüberwürfe in den großzügig geschnittenen Zimmern (einige mit Balkon) tragen zum Retro-Look bei. Im ersten Stock gibt's ein Internetcafé.

Essen
Ibarra ist berühmt für leckeres *nogada* (Nugat) und süßen *arrope de mora* (dickflüssiger Brombeersirup). Man bekommt sie an den Kiosks am Parque La Merced.

Heladería Rosalía Suárez (Oveido 7-82; Eiscreme 1,50 US$) Ecuadors berühmteste Eisdiele zaubert seit über 100 Jahren erfrischende *helados de paila* (hausgemachte Sorbets).

Antojitos de Mi Tierra (Plaza Francisco Calderón; Hauptgerichte 2–4 US$) Dies ist der Ort für traditionelle Snacks: *chicha de arroz* (ein gesüßtes Reisgetränk) *humitas*, Tamales, *quimbolitos* ...

Café Arte (Salinas 5-43; Hauptgerichte 4–6 US$; 17–24 Uhr) Der flippige, entspannte Treffpunkt in Künstlerhand bietet sich an, um Kontakte zu knüpfen und einheimische Bands zu testen. Die Speisekarte hat einen Hang zu Mexikanischem.

Órale (Sucre zw. Grijalva & Borrero; Hauptgerichte 4 US$) In lässiger Atmosphäre wird leckeres mexikanisches Essen serviert.

An- & Weiterreise
BUS

Der neue Busbahnhof von Ibarra befindet sich am Ende der Av Teodoro Gómez de la Torre. Ein Taxi zum bzw. ab dem Zentrum kostet 1 US$. Nach Quito (2,50 US$, 2–3 Std.), Guayaquil (9 US$, 10 Std.), Esmeraldas (8 US$, 9 Std.), Atacames (9 US$, 9 Std.), San Lorenzo (4 US$, 4 Std.), Tulcán (2 US$, 2½ Std.), Otavalo (0,50 US$, 35 Min.) und zu zahlreichen anderen Zielen gibt's regelmäßige Busverbindungen.

ZUG

Die spektakuläre Zuglinie von Ibarra nach San Lorenzo, die das Hochland mit der Küste verband, ist nicht mehr in Betrieb. *Autoferros* bedienen immerhin die Strecke bis Primer Paso (einfache Strecke 4 US$, 2½ Std.), die kaum ein Viertel der Route nach San Lorenzo abdeckt, doch dies sind vor allem auf Touristen ausgerichtete Rundfahrten; sie sollen täglich um 8.30 Uhr starten, allerdings werden häufig Züge gestrichen. Mehr Infos bekommt man am **Bahnhof** (☎ 295-0390; Espejo).

WESTLICHE ANDENHÄNGE
☎ 02

Die westlichen Hänge der Anden, nordwestlich von Quito gelegen, beheimaten einen der letzten erhaltenen Bestände tropischen Nebelwalds in Ecuador. Entlang der alten Straße nach Santo Domingo (die zur Küste weiterführt), findet man herrliche Orte, von denen aus sich der in Nebel gehüllte Wald erforschen lässt. Der beste Startpunkt ist das Dorf **Mindo**, das für gute Möglichkeiten zur Vogelbeob-

EINREISE NACH KOLUMBIEN

Der Übergang bei Rumichaca, 6,5 km nördlich von **Tulcán**, ist der wichtigste Zugang zu Kolumbien und momentan auch der einzig empfehlenswerte. Die Formalitäten an der Grenze, die jeden Tag rund um die Uhr geöffnet ist, sind schnell erledigt. Minibusse (0,80 US$) und Taxis (3 US$) verkehren regelmäßig zwischen der Grenze und dem Parque Isidro Ayora in Tulcán, der etwa fünf Blocks nördlich der Hauptplaza liegt. In den Bussen kann man mit kolumbianischen Pesos oder US-Dollar bezahlen. Unbedingt darauf achten, dass die Papiere in Ordnung sind, und auf beiden Seiten mit Drogen- und Waffenkontrollen rechnen. Die erste Stadt auf kolumbianischer Seite, Ipiales, ist 2 km entfernt; man erreicht sie problemlos.

Wer seine Reise in Tulcán unterbrechen muss, findet hier viele einfache (aber in der Regel schäbige) Gästehäuser. Zu den besseren gehören noch das **Hotel San Francisco** (☎ 06-298-0760; Bolívar nahe Atahualpa; EZ/DZ 5/10 US$) und das **Hotel Unicornio** (☎ 06-298-0638; Ecke Pichincha & Sucre; EZ/DZ 9/18 US$). Von Tulcán fahren Direktbusse nach Ibarra (2,50 US$, 2½ Std.), Quito (5 US$, 5 Std.), Guayaquil (13 US$, 13 Std.) und Cuenca (17 US$, 17 Std.). Der **Busbahnhof** (Ecke Bolívar & Arellano) liegt 2,5 km südwestlich des Stadtzentrums und ist per Stadtbus (0,20 US$) oder Taxi (1 US$) erreichbar.

Wer die Grenze aus Kolumbien kommend überqueren möchte, findet auf S. 805 Infos.

---

achtung und für seine umweltbewussten Einwohner berühmt ist. Von Mindo aus kann man im Nebelwald wandern gehen, mit Führern Vögel beobachten, im Río Mindo schwimmen oder einfach nur entspannen.

In der Stadt gibt's mehrere einfache, aber zauberhafte Unterkünfte, z. B. das **Rubby Hostal** (☎ 09-340-6321; rubbyhostal@yahoo.com; Zi. 6 US$/Pers.) und das **La Casa de Cecilia** (☎ 09-334-5393; casadececilia@yahoo.com; EZ/DZ 6/12 US$).

Von der Ofelia-Haltestelle in Quito bringen einen täglich Direktbusse der Cooperativa Flor de Valle nach Mindo (2,50 US$, 2½ Std.).

ZENTRALES HOCHLAND

Südlich von Quito passiert die Panamericana acht der zehn höchsten Gipfel des Landes - darunter die wie gemalt aussehende, schneebedeckte Spitze des Volcán Cotopaxi (5897 m) und der gletscherbedeckte Gigant Volcán Chimborazo (6310 m). Das zentrale Hochland ist ein Paradies für Trekker und Bergsteiger. Selbst Anfänger können sich auf einige der höchsten Gipfel des Landes wagen. Man kann außerdem Wanderungen zu abgelegenen Andendörfern in der Nähe des Quilotoa Loop unternehmen, sich in Guaranda und Salinas an hausgemachtem Käse und Schokolade laben, mit dem Rad von Baños aus hügelabwärts bis zum Oriente düsen, in spektakulären Nationalparks wandern oder mit der Panoramabahn die berühmte Nariz del Diablo herunterbrausen. Im zentralen Hochland gib's winzige indigene Dörfer, und viele der traditionsreichsten Märkte des Landes finden hier statt.

PARQUE NACIONAL COTOPAXI
☎ 03

Das Herzstück des beliebtesten **Nationalparks** (Eintritt 10 US$) von Ecuador ist der schneebedeckte und einfach beeindruckende **Volcán Cotopaxi** (5897 m), der zweithöchste Berg Ecuadors. Wochentags, wenn der Park wie ausgestorben ist, können Naturfreunde die (buchstäblich) atemberaubende Szenerie fast allein genießen.

Im Park gibt es ein kleines Museum, ein Infozentrum, ein *refugio* (Bergsteigerhütte) und einige Camping- und Picknickbereiche. Die Pforte ist von 7 bis 15 Uhr geöffnet (am Wochenende länger), aber Wanderer kommen zu jeder Zeit hindurch.

Der Haupteingang zum Park befindet sich hinter einer Abzweigung der Panamericana, rund 30 km nördlich von Latacunga. Von da aus sind es noch 6 km bis nach **Control Caspi**, zur Station am Eingang. Alle Quito-Latacunga-Busse halten bei der Abzweigung. Zum Parkeingang folgt man den größeren Schotterstraßen (auch ausgeschildert). Bis zum Museum sind es noch etwa 9 km. Ca. 4 km hinter dem Museum liegt die **Laguna de Limpiopungo**, ein flacher Andensee auf 3830 m. Um ihn herum verläuft ein Weg, den man in rund einer halben Stunde schafft. Die *refugio* befindet sich etwa 12 km hinter dem See (und 1000 m oberhalb). Über eine sehr holprige

Straße führt der Weg zu einem Parkplatz (etwa 1 km vor der Hütte). Alternativ bringt einen ein Kleinlaster mit Fahrer für etwa 40 US$ von Latacunga aus nach oben.

Die Hütte ist vom See aus zu Fuß erreichbar, aber ein Marsch in dieser Höhe ist für Leute, die nicht akklimatisiert sind, schwierig. Die Höhenkrankheit ist gefährlich! Deshalb muss sich jeder ein paar Tage lang z. B. in Quito an die Höhe gewöhnen, bevor es an den Aufstieg geht. Wer nach der Hütte noch weiter will, braucht eine schnee- und eisfeste Kletterausrüstung und Erfahrung. Veranstalter in Quito (S. 576) und Latacunga (S. 593) bieten Touren zum Gipfel und Mountainbiketouren bergabwärts vom Cotopaxi an.

In der Nähe des Haupteingangs zum Park, etwa 2 km Richtung Westen (und auf der anderen Seite der Panamericana), liegt die freundliche, beliebte **Albergue Cuello de Luna** (☎ 09-970-0330, in Quito 02-224-2744; www.cuellodeluna.com; B ab 11 US$, EZ/DZ/3BZ/4BZ 23/34/45/53 US$, EZ/DZ/3BZ ohne Bad 20/26/36 US$), die auch gute Gerichte (7–10 US$) serviert. Die **Albergue de Alta Montaña Paja Blanca** (☎ 231-4234; Zi. 13 US$/Pers.) gleich neben dem Museum bietet Nurdachhäuser mit Betten, Kamin und heißem Wasser, die man sich mit anderen Travellern teilt; nachts gibt's hier keinen Strom. Im gleichnamigen Restaurant nebenan bekommt man gute Forellen aus der Region und kaltes Bier.

Im Park zu campen kostet 3 US$ pro Person, für eine Koje in der Schutzhütte muss Kochgelegenheit blättert man 20 US$ hin. Einen warmen Schlafsack mitbringen!

LATACUNGA
☎ 03 / 87 000 Ew.

Die meisten Traveller stranden irgendwann in Latacunga, meist um von hier den Quilotoa-Loop (S. 595) zu beginnen, den morgendlichen Donnerstagsmarkt in Saquisilí (S. 596) zu besuchen oder sich in den Parque Nacional Cotopaxi (S. 592) aufzumachen. Wer aber ein bisschen verweilt, kann Lacatungas ruhiges, interessantes historisches Zentrum entdecken, in dem das berühmte Mamá-Negra-Festival stattfindet. Nie würde man hinter dem lauten, schmutzigen Viertel, das die Besucher an der Panamericana begrüßt, eine so zauberhafte Stadt vermuten.

Praktische Informationen
Banco de Guayaquil (Maldonado 7-20) Bank mit Geldautomat.

Discovery Net (Salcedo 4-16; 1 US$/Std.) Internetzugang.

Aktivitäten
Zahlreiche Reisebüros bieten Tagesausflüge oder zwei- bis dreitägige Klettertouren zum Cotopaxi (S. 592) an; diese kosten etwa 50 US$ pro Person, je nach Größe der Gruppe und ob die 10 US$ Parkeintritt schon enthalten sind (meist ist das nicht der Fall). Für zweitägige Klettertouren zum Cotopaxi bezahlt man ca. 160 US$ pro Person – den Gipfel nur mit einem qualifizierten, motivierten Führer in Angriff nehmen. Ein paar empfehlenswerte Agenturen:

Expediciones Volcán Route (☎ 281-2452; volcan route@hotmail.com; Salcedo 4-49)
Tierra Zero (☎ 280-4327; tierraazultours@hotmail.com; Ecke Salcedo & Quito)
Tovar Expeditions (☎ 281-1333; tovarexpeditions@hotmail.com; Guayaquil 5-38)

Festivals & Events
Das wichtigste jährliche Fest in Latacunga (23. & 24. Sept.) ehrt La Virgen de las Mercedes und ist besser bekannt als **Fiesta de la Mamá Negra**. Gefeiert wird mit Prozessionen, Kostümen, Feuerwerk, Tanz auf den Straßen und Musik aus den Anden. Es ist eines jener Feste, die vordergründig christlich sind, aber stark indigen beeinflusst wurden – unbedingt anschauen!

Schlafen
Mittwochnachmittags wird's hier eng, denn am Donnerstag findet der beliebte Morgenmarkt der Einheimischen bei Saquisilí statt.

Residencial Santiago (☎ 280-0899; Ecke 2 de Mayo & Guayaquil; Zi. pro Pers. mit/ohne Bad 8/6 US$) In diesem gastfreundlichen, schlichten Hotel gibt's in die Jahre gekommene Zimmer mit Holzboden. Um ein Zimmer mit Fenster bitten.

Hostal Tiana (☎ 281-0147; www.hostaltiana.com; Guayaquil 5-32; B 8 US$, EZ/DZ mit Gemeinschaftsbad 10/14 US$; 🖳) Latacungas neues *hostal* nimmt ein 100 Jahre altes Haus mit hübschem Hof ein. Die Zimmer sind einfach, aber sauber und haben Gemeinschaftsbäder. Die Besitzer sind eine tolle Quelle für Informationen zur Region, und es gibt eine Gepäckaufbewahrung (2 US$). Es wird Holländisch, Englisch und Spanisch gesprochen. Auf Anfrage bekommt man auch leckere Mahlzeiten.

Hotel Estambul (☎ 280-0354; Quevedo 73-40; Zi. pro Pers. mit/ohne Bad 11/9 US$) Zuverlässige Budgetop-

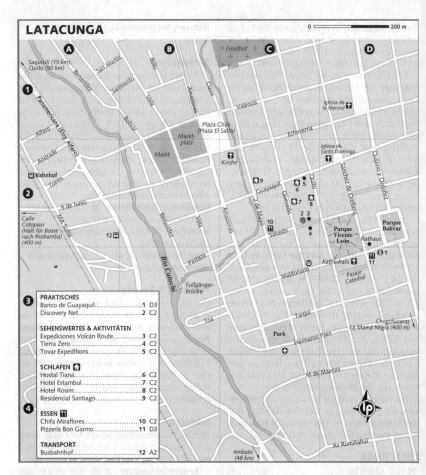

LATACUNGA

PRAKTISCHES
- Banco de Guayaquil..................1 D3
- Discovery Net...........................2 C2

SEHENSWERTES & AKTIVITÄTEN
- Expediciones Volcán Route.........3 C2
- Tierra Zero...............................4 C2
- Tovar Expeditions.....................5 C2

SCHLAFEN
- Hostal Tiana............................6 C2
- Hotel Estambul........................7 C2
- Hotel Rosim.............................8 C2
- Residencial Santiago.................9 C2

ESSEN
- Chifa Miraflores.....................10 C2
- Pizzería Bon Giorno...............11 D3

TRANSPORT
- Busbahnhof...........................12 A2

---

tion in Familienbesitz mit komfortablen Zimmern.

Hotel Rosim (☎ 280-2172; www.hotelrosim.com; Quito 16-49; EZ/DZ 12/24 US$; 🖥) Hier wohnt man günstig in einem 90 Jahre alten Gebäude mit hohen Decken und original erhaltenen Böden. Kabelfernsehen und WLAN sind inklusive.

Essen

Die traditionelle Spezialität von Latacunga ist die *chugchucara*, ein Teller voll leckerer *fritada* (gebratene Schweinefleischstückchen), *mote* (Maisbrei) und zahlreicher Beilagen. An der Quijano y Ordoñez, ein paar Blocks südlich vom Stadtzentrum zu finden, gibt's zahlreiche *chugchucara*-Restaurants. Entlang der Amazonas, zwischen Salcedo und Guayaquil, bieten günstige *pollerías* (Restaurants mit Grillhähnchen) ihre Dienste an.

Chifa Miraflores (☎ 280 -9079; Ecke 2 de Mayo & Salcedo; Hauptgerichte 3–5 US$; ⏰ 10–21 Uhr) Im Miraflores kommen die üblichen Wok- und andere chinesische Klassiker auf den Tisch.

Pizzería Bon Giorno (Ecke Sanchez de Orellana & Maldonado; Hauptgerichte 4–7 US$) Riesige Portionen herzhafter Lasagne, gute Pizza.

LP Tipp Chugchucaras La Mamá Negra (☎ 280-5401; Quijano y Ordoñez 1-67; chugchucara 6,50 US$; ⏰ Mo geschl.) Eine der besten Adressen, um *chugchucara* zu probieren.

An- & Weiterreise

Die aus Quito kommenden Busse (1,50 US$, 2 Std.) mit Endstation Latacunga halten am

Busbahnhof (Panamericana). Wer mit einem Bus kommt, der nach Ambato oder Riobamba weiterfährt, muss an der Ecke 5 de Junio und Cotopaxi aussteigen, etwa fünf Blocks westlich der Panamericana. Die Busse Richtung Ambato (1 US$, 45 Min.) und Quito fahren am Busbahnhof ab. Fahrgäste, die Richtung Süden nach Riobamba wollen, steigen in einen der vorbeifahrenden Busse an der Ecke 5 de Junio und Cotopaxi. Alternative: Mit dem Bus nach Ambato fahren und dort umsteigen.

Transportes Cotopaxi fährt vom Busbahnhof aus stündlich den holperigen, aber spektakulären Weg bergab nach Quevedo (4 US$, 5½ Std.) via Zumbahua (2 US$, 2 Std.). Weitere Transportmöglichkeiten zu anderen Zielen auf dem Quilotoa-Loop sind auf S. 596 genannt.

DER QUILOTOA-LOOP
☎ 03

Auf den spektakulären, unbefestigten Straßen des Quilotoa-Loop entlangzurumpeln und zwischen den Andendörfern der Region umherzuwandern, verspricht eines der aufregendsten Abenteuer in Ecuador. Die Nutzung öffentlicher Verkehrsmittel kann hier eine echte Qual sein, doch die Strapazen werden reich belohnt, etwa mit den Märkten im Hochland, dem atemberaubenden Kratersee Laguna Quilotoa, super Wanderwegen und traditionellen Hochlanddörfern. Man sollte für den Rundweg mindestens(!) drei Tage einplanen und warme Kleidung – es wird hier oben empfindlich kalt –, Wasser und Snacks mitbringen. Wer eine mehrere Tage dauernde Wanderung in der Region plant, tut gut daran, den schweren Rucksack im Gästehaus in Latacunga zu lassen und nur das Notwendigste mitzuschleppen.

Von Latacunga nach Zumbahua
10 km westlich von Latacunga kann man **Pujilí** besuchen mit seinem Sonntagsmarkt. Zu Fronleichnam und Allerheiligen finden hier interessante Feste statt. Die Straße windet sich von hier in die höheren Regionen des *páramo* hinauf und passiert etwa 45 km hinter Pujilí einen Flecken namens Tigua, bekannt für bunte, auf Leinwände aus Schafshaut gemalte Gemälde, die das andine Leben darstellen. In der **Posada de Tigua** (Hacienda Agrícola-Ganadera Tigua Chimbacucho; ☎ 281-4870; www.laposadadetigua.com; Via Latacunga–Zumbahua Km 49; Zi. inkl. Frühstück & Abendessen 30 US$/Pers.), einem noch bewirtschafteten Milchhof, findet man eine gemütliche Unterkunft, außerdem kann man hier reiten.

15 km westlich von Tigua liegt das winzige Dorf **Zumbahua**, in dem ebenfalls sonntags ein kleiner, aber faszinierender Markt abgehalten wird. Es ist von grünen, gefleckten Berggipfeln umgeben, eine Lage, die spektakuläre Spaziergänge garantiert.

Die Unterkünfte und Lokale Zumbahuas sind schlicht. Freitags gibt's schnell keine Betten mehr, man sollte also früh kommen. Die beste Wahl ist das **Cóndor Matzi** (☎ 281-4611; EZ/DZ 6/12 US$), direkt am Hauptplatz gelegen.

Von Zumbahua nach Saquisilí
Von Zumbahua bringen einen Busse und gemietete Lastwagen über die 14 km lange unbefestigte Straße nach Norden zu einer der umwerfendsten Attraktionen Ecuadors: Die **Laguna Quilotoa** ist ein atemberaubender vulkanischer Kratersee. In der Nähe des Kraterrands finden sich mehrere extrem einfache, günstige Unterkünfte, die freundlichen, indigenen Einheimischen gehören (einen warmen Schlafsack mitbringen).

Etwa 14 km nördlich des Sees liegt das winzige Dorf **Chugchilán**, ein ausgezeichneter Ausgangspunkt zum Wandern. Hier gibt's mehrere Traveller-freundliche Hotels, die Zimmer inklusive Abendessen und Frühstück anbieten. Das freundliche **Hostal Mama Hilda** (☎ 281-4814, in Quito 02-258-2957; www.hostalmamahilda.com; Zi. pro Pers. mit/ohne Bad 21/17 US$) ist bei Backpackern beliebt; die günstigste und schlichteste Unterkunft ist das niedliche **Hostal Cloud Forest** (☎ 281-4808; jose_cloudforest@hotmail.com; Zi. pro Pers. mit/ohne Bad 15/12 US$).

Ab Chugchilán oder Sigchos kann man eine wunderbare Wanderung zum schönen Dorf **Isinliví**, ca. 14 km nordöstlich von Chugchilán und nur wenig abseits des Quilotoa-Loop gelegen, unternehmen. Ein Laden für Holz- und Schreinerarbeiten stellt tolle Möbel her. Die Einheimischen kennen den Weg zur nahen *pucarás* (Bergfestung aus der Präinkazeit). Das **Llullu Llama** (☎ 281-4790; www.llullullama.com; B 18 US$/Pers., Zi. pro Pers. 19–25 US$) wird von den gleichen Besitzern geführt wie das Hostal Tiana in Latacunga. Wer in dem zauberhaften Bauernhaus mit seinen bequemen Zimmern und dem Holzofen nächtigt, bekommt köstliches Abendessen und Frühstück (inkl.).

Etwa 23 km nördlich von Chugchilán liegt das Dorf **Sigchos** mit ein paar schlichten Unterkünften. Von hier aus sind es rund 52 km

Richtung Osten bis nach **Saquisilí**, wo einer der wichtigsten indigenen Märkte im Land stattfindet. Jeden Donnerstagmorgen fallen hier die Einwohner weit entfernter indigener Dörfer ein, erkennbar an ihren roten Ponchos und runden Filzhüten, und überfluten den Markt mit zahllosen Geräuschen und Farben. Zum Übernachten stehen ein paar günstige Unterkünfte ohne warmes Wasser zur Verfügung.

Anreise & Unterwegs vor Ort

Keiner der Busse fährt auf dem kompletten Loop. Von Latacunga aus kommt man nur bis Chugchilán (4 US$, 4 Std.) – entweder im Uhrzeigersinn (via Zumbahua und Quilotoa) oder entgegengesetzt (via Saquisilí und Sigchos). Der Bus über Zumbahua verlässt den Busbahnhof von Latacunga täglich um 12 Uhr, erreicht Zumbahua gegen 13.30 Uhr und Laguna Quilotoa gegen 14 Uhr und kommt gegen 16 Uhr in Chugchilán an. Über Sigchos geht's täglich um 11.30 Uhr los (Sa 10.30 Uhr); in Saquisilí ist man dann kurz vor 12 Uhr, in Sigchos gegen 14 Uhr, und gegen 15.30 Uhr kommt man in Chugchilán an.

Busse, die von Chugchilán aus über Zumbahua nach Latacunga zurückfahren, verlassen Chugchilán um 4 Uhr (guten Morgen!), erreichen Quilotoa gegen 6 Uhr und Zumbahua gegen 6.30 Uhr und kommen um 8 Uhr in Latacunga an; samstags geht's um 3 Uhr in Chugchilán los, sonntags um 6 und um 10 Uhr. Busse über Sigchos fahren um 3 Uhr ab, kommen um 4 Uhr in Sigchos an und gegen 7 Uhr in Saquisilí und erreichen Latacunga gegen 8 Uhr; samstags fährt der Bus um 7 Uhr los, sonntags müssen Fahrgäste in Sigchos umsteigen.

Morgens fährt ein Milchlaster (1 US$) gegen 8.30 Uhr von Chugchilán nach Sigchos, der die Fahrgäste mitnimmt, die gern bis nach Sonnenaufgang im Bett bleiben. In Zumbahua können Laster z. B. nach Laguna Quilotoa gemietet werden.

In der Unterkunft die Abfahrtszeiten der Busse bestätigen lassen!

AMBATO

☎ 03 / 217 000 Ew.

Verglichen mit Baños ganz in der Nähe bietet Ambato für Traveller wenig, abgesehen von der Gelegenheit, eine untouristische ecuadorianische Stadt kennenzulernen. Berühmt ist sie für ihren chaotischen **Montagsmarkt**, das Blumenfest in der zweiten Februarhälfte und die *quintas* (historische Landhäuser) außerhalb des Zentrums. Oberhalb von Ambato bietet sich eine malerische Aussicht auf den schnaufenden Volcán Tungurahua.

Der Busbahnhof liegt 2 km von der Innenstadt entfernt. Stadtbusse mit der Aufschrift „Centro" bringen einen zum Parque Cevallos (0,20 US$), der Hauptplaza.

Praktische Informationen

Banco del Pacífico (Ecke Lalama & Cevallos) Bank und Geldautomat.
Net Place (Montalvo 05-58 Nahe Cevallos; 1 US$/Std.) Internetzugang.
Touristeninformation (☎ 282-1800; Ecke Guayaquil & Rocafuerte)

Schlafen & Essen

Hostal Conquistador (☎ 282-0391; Parque 12 de Noviembre; EZ/DZ 7/8 US$) Sauber, bequem, zentral gelegen. In den oberen Stockwerken schläft man ruhiger.

Gran Hotel (☎ 282-4235; Ecke Rocafuerte & Lalama; EZ/DZ inkl. Frühstück 15/21 US$) Dem Gran mag der Glamour fehlen, aber in den Zimmern mit Teppichboden gibt's wenigstens heiße Duschen und TV, und das Personal ist nett.

Delicias del Paso (☎ 242-6048; Ecke Sucre & Quito; pro Menügang 1–2 US$; 10–18 Uhr) In dieser Cafeteria werden leckere Quiches und Kuchen serviert, die man auch direkt an der Straße zum Mitnehmen bestellen kann.

Mercado Central (12 de Noviembre; Hauptgerichte 1,50 US$; 7–19 Uhr) Im zweiten Stock von Ambatos Markthalle bekommt man besonders gute *lapingachos* (gebratene Kartoffelbrei-und Käse-Pfannkuchen).

An- & Weiterreise

Von Ambato aus fahren regelmäßig Busse nach Baños (1 US$, 1 Std.), Riobamba (1,25 US$, 1 Std.), Quito (2 US$, 2½ Std.) und Guayaquil (6 US$, 6 Std.), seltener am Tag geht's nach Guaranda (2 US$, 2 Std.), Cuenca (7 US$, 7 Std.) und Tena (5 US$, 5 Std.).

BAÑOS

☎ 03 / 14 700 Ew.

Die von üppig grünen Gipfeln gesäumte, mit dampfenden Thermalbädern und einem herrlichen Wasserfall gesegnete Stadt Baños gehört zu den verlockendsten und beliebtesten touristischen Reisezielen in Ecuador. Ecuadorianer und Fremde strömen hierher, um zu wandern, in die Bäder zu springen, mit Moun-

ZENTRALES HOCHLAND •• Baños

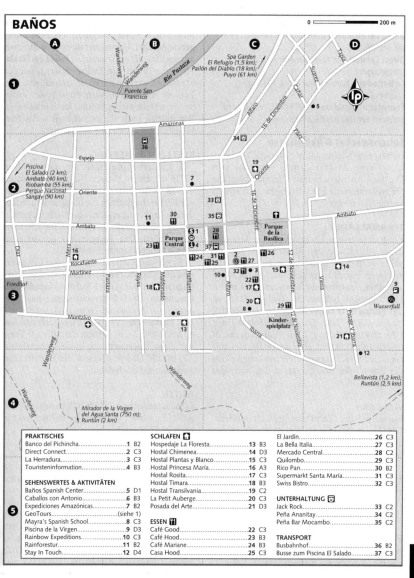

BAÑOS

PRAKTISCHES	
Banco del Pichincha	1 B2
Direct Connect	2 C3
La Herradura	3 C3
Touristeninformation	4 B3

SEHENSWERTES & AKTIVITÄTEN	
Baños Spanish Center	5 D1
Caballos con Antonio	6 B3
Expediciones Amazónicas	7 B2
GeoTours	(siehe 1)
Mayra's Spanish School	8 C3
Piscina de la Virgen	9 D3
Rainbow Expeditions	10 C3
Rainforestur	11 B2
Stay In Touch	12 D4

SCHLAFEN	
Hospedaje La Floresta	13 B3
Hostal Chimenea	14 D3
Hostal Plantas y Blanco	15 C3
Hostal Princesa María	16 A3
Hostal Rosita	17 C3
Hostal Timara	18 B3
Hostal Transilvania	19 C2
La Petit Auberge	20 C3
Posada del Arte	21 D3

ESSEN	
Café Good	22 C3
Café Hood	23 B3
Café Mariane	24 B3
Casa Hood	25 C3
El Jardín	26 C3
La Bella Italia	27 C3
Mercado Central	28 C2
Quilombo	29 C3
Rico Pan	30 B2
Supermarkt Santa María	31 C3
Swiss Bistro	32 C3

UNTERHALTUNG	
Jack Rock	33 C2
Peña Ananitay	34 C2
Peña Bar Mocambo	35 C2

TRANSPORT	
Busbahnhof	36 B2
Busse zum Piscina El Salado	37 C3

tainbikes oder gemieteten Quads herumzudüsen, den Vulkan zu besichtigen, Partys zu feiern und sich mit der berühmten *melcocha* (Toffee) die Zähne zu ruinieren. Trotz des touristischen Einflusses lohnt es sich, an diesem wundervollen Ort ein paar Tage zu verbringen.

Baños (1800 m) ist zugleich eine Durchgangsstation auf dem Weg, der über Puyo (S. 622) zum Dschungel führt. Östlich von Baños fällt die Straße auf spektakuläre Weise ab zum oberen Amazonasbecken – ein Anblick, den man am besten von einem Mountainbike aus genießt, das man in der Stadt leihen kann.

Das jährliche Fest von Baños findet um den 16. Dezember herum statt.

Praktische Informationen

Banco del Pichincha (Ecke Ambato & Halflants) Bank mit Geldautomat.
Direct Connect (Martínez Nähe Alfaro; 2 US$/Std.) Internetzugang.
La Herradura (Martínez Nähe Alfaro; 1 US$/kg) Wäscherei.
Touristeninformation (☎ 274-0483; mun_banos@andinanet.net; Halflants Nähe Rocafuerte)

Sehenswertes & Aktivitäten

Baños, eine Kleinstadt in fantastischer Lage, bietet eine ausgezeichnete Auswahl von Outdoor-Abenteuern und Thermalbäder, die für willkommene Erfrischungen nach einem harten Tag sorgen.

THERMALBÄDER

Ein Bad in einem Thermalbad von Baños ist quasi Pflicht. Um den Massen zu entgehen, sollte man früh morgens, d. h. vor 7 Uhr kommen. Handtücher kann man in der Regel ausleihen, manchmal gibt's aber keine mehr. Das angeblich bekannteste Bad der Stadt ist das **Piscina de la Virgen** (tagsüber/abends 1,60/2 US$; ☎ 4.30–17 & 18–22 Uhr). Das **Piscina El Salado** (Eintritt 1 US$; ☎ 4.30–17 Uhr) liegt 2 km westlich der Stadt und ist ähnlich, hat aber mehr Becken mit verschiedenen Temperaturen; hin bringt einen der Bus ab der Rocafuerte, in der Nähe des Markts.

WANDERN

Rund um Baños kann man herrlich wandern. Die Touristeninformation gibt eine grobe, aber nützliche Karte aus, auf der einige Wege in der Umgebung verzeichnet sind.

Vom Busbahnhof führt ein kurzer Pfad zur Puente San Francisco (San-Francisco-Brücke), die sich über den Río Pastaza spannt. Auf der anderen Flussseite kann man wandern, so weit die Füße tragen.

Am Südende von Maldonado führt ein Fußweg nach Bellavista (der Aussichtspunkt bei dem weißen Kreuz hoch über Baños) und dann zur Siedlung Runtún, etwa 1 km entfernt. Südlich von Mera gibt's einen Fußweg zum **Mirador de la Virgen del Agua Santa** und weiter nach Runtún.

MOUNTAINBIKETOUREN

Zahlreiche Anbieter vermieten für etwa 5 US$ pro Tag Räder. An den Straßen südlich des Parque de la Basílica sind mehrere Ausrüster zu finden; die Sachen sorgfältig überprüfen.

Der beste befestigte Weg führt über etwa 60 km nach Puyo und garantiert eine aufregende Abfahrt. Unbedingt stoppen sollte man am spektakulären Wasserfall **Pailón del Diablo**, ungefähr 18 km von Baños entfernt. Bei der Stadt Shell werden die Pässe kontrolliert, also Papiere mitführen. Von Puyo (oder einer anderen Stelle an der Straße) kann man einen Bus zurück nach Baños nehmen – das Rad lässt sich auf dem Dach verstauen.

KLETTERN & TREKKING

Die Kletterbedingungen am Tungurahua (5016 m), einem aktiven Vulkan, sind naturgemäß Veränderungen unterworfen. Zur Zeit der Recherche dachten die hiesigen Behörden, die die Lage aufmerksam überwachen, gerade noch darüber nach, den Vulkan für Kletterer freizugeben. Der Tungurahua gehört zum **Parque Nacional Sangay** (Eintritt 10 US$).

Es können Klettertouren auf den Cotopaxi und den Chimborazo arrangiert werden. Kletterausrüster mit gutem Ruf sind **Expediciones Amazónicas** (☎ 274-0506; www.amazonicas.banios.com; amazonicas2002@yahoo.com; Oriente 11-68 nahe Halflants) und **Rainforestur** (☎ 274-0743; www.rainforestur.com.ec; Ambato 800). Meist bezahlt man für die Tour mit einer Übernachtung in der Schutzhütte 120 bis 150 US$ pro Person, der Eintritt zum Park kommt noch dazu.

REITEN

Caballos con Antonio (☎ 274-1618; Montalvo nahe Halflants) organisiert vierstündige Reittouren für etwa 25 US$ pro Person.

RAFTING

GeoTours (☎ 274-1344; www.geotoursbanios.com; Ecke Ambato & Halflants) veranstaltet Halbtagestouren auf dem Río Patate (30 US$) und Ganztagestouren auf dem Río Pastaza (Klasse IV-V, 100 US$); die Ganztagestrips dauern zehn Stunden, vier davon verbringt man auf dem Fluss. Verpflegung, Transport, Führer und Ausrüstung sind inklusive. Man kann auch einen dreitägigen Kajakkurs (150 US$) machen. **Rainforestur** (☎ 274-0743; www.rainforestur.com.ec; Ambato 800) hat ebenfalls Rafting im Angebot.

DSCHUNGELTOUREN

In Baños wird jede Menge Urwaldtouren beworben, aber nicht alle Führer sind besonders erfahren. Die hier aufgeführten haben aber gute Kritiken bekommen. Drei- bis siebentägige Touren kosten zwischen 30 und

50 US$ pro Person und Tag, je nach Zielort. In den Wäldern rund um Baños sieht man keine Tiere; um ursprüngliche Regenwälder zu erleben, muss man sich mindestens bis zur unteren Río-Napo-Region (S. 617) vorwagen. **Rainbow Expeditions** (☎ 08-909-2616; rainbow expeditions2005@hotmail.com; Ecke Alfaro & Martínez) gehört einem Mitglied der Shuar-Gemeinschaft (indigene Gruppe aus dem südlichen Oriente) und ist ein extrem gut geführtes Unternehmen mit interessanten Touren. Weitere empfehlenswerte Anbieter sind **Rainforestur** (☎ 274-0743; www.rainforestur.com.ec; Ambato 800) und **Expediciones Amazónicas** (☎ 274-0506; www.amazonicas. banios.com; amazonicas2002@yahoo.com; Oriente 11-68 nahe Halflants); beide haben Kultur- und Naturtrips in die Umgebung von Puyo und Lago Agrio im Programm.

MASSAGEN & WELLNESS
Baños bietet eine endlose Auswahl von Wellnesseinrichtungen, die medizinische Schlammbäder, Massagen und andere Anwendungen anbieten (möchte jemand eine Darmdrainage?). Das gut gepflegte **Spa Garden El Refugio** (☎ 274-0482; www.spaecuador.info; Camino Real; Anwendungen 5–20 US$) gleich außerhalb der Stadt bietet ein breites Spektrum von Anwendungen, ins **Stay In Touch** (☎ 274-0973; Ibarra) geht man wegen der ausgezeichneten einstündigen Ganzkörpermassage (25 US$) oder einer Kräutergesichtspackung (20 US$).

Kurse
Einzelunterricht gibt's ab 6 US$ pro Stunde, Gruppenunterricht ist etwas billiger. Die folgenden Schulen bieten auch Unterbringung in Familien an:
Baños Spanish Center (☎ 274-0632; www.spanish center.banios.com; Oriente 8-20 Nähe Cañar)
Mayra's Spanish School (☎ 274-2850; www.mayra spanishschool.com; Montalvo Nahe 16 de Deciembre)

Schlafen
In Baños gibt's Hotels en masse und der harte Wettbewerb hält die Preise niedrig. Freitagabends und an Ferienwochenenden wird's am teuersten, denn dann kann jedes Hotel der Stadt ausgebucht sein.
Hostal Rosita (☎ 274-0396; 16 de Diciembre; Zi. pro Pers. 5–6 US$) Was viel Platz für wenig Geld angeht, ist das Hostal Rosita schwer zu schlagen. Man kommt in großen, einfachen, minimal eingerichteten Suiten unter, die meist auch noch Kochnischen haben.

Hostal Timara (☎ 274-0599; Maldonado; Zi. pro Pers. mit/ohne Bad ab 7/5 US$) Dieser 40 Jahre alte Familienbetrieb bietet verschiedene Unterkünfte, von farbenfrohen, nett eingerichteten Zimmern mit eigenem Bad bis zu älteren, einfachen Quartieren mit Gemeinschaftsbad. Es gibt auch eine Küche für die Gäste.

Hostal Chimenea (☎ 274-2725; lachimenea01@hot mail.com; Martínez nahe Vieira; Zi. pro Pers. 5,50–7,50 US$; 🖳) Diese beliebte, günstige Option liegt in der Nähe der Thermalbäder und bringt seine Gäste in einfachen, bequemen Zimmern mit Holzboden unter; die besten Zimmer bieten eine schöne Aussicht.

Hostal Plantas y Blanco (☎ 274-0044; option3@ hotmail.com; Ecke Martínez & 12 de Noviembre; Zi. pro Pers. 5,50–8,50 US$; 🖳) Das „Pflanzen und Weiß" (der Name wird einem schon bald logisch erscheinen) ist attraktiv eingerichtet und schon lange eine beliebte Adresse. Dank Dachterrasse, herausragenden Frühstücks, Dampfbad auf dem Gelände und Superpreisen erntet es von Travellern Traumnoten.

Hostal Princesa María (☎ 274-1035; holaprincesa maria1@hotmail.com; Ecke Mera & Rocafuerte; Zi. 6 US$/Pers.; 🖳) Dieses freundliche, von einer Familie geführte *hostal* hat saubere, luftige Zimmer mit eigenem Bad, vorne einen kleinen Garten und eine Gemeinschaftsküche.

Hostal Transilvania (☎ 274-2281; www.hostal -transilvania.com; Ecke 16 de Diciembre & Oriente; Zi. 7 US$/ Pers.; 🖳) Das Transilvania, beliebt bei israelischen Travellern, bietet einfache, saubere Zimmer mit Bad. Dazu gibt's kostenlos Internet und ein Restaurant mit nahöstlicher Küche.

La Petit Auberge (☎ 274-0936; www.lepetit.banios. com; 16 de Diciembre; Zi. pro Pers. 10–14 US$) Diese Pension ist in französischer Hand. Das Flair ist rustikal, gemütlich und hüttenähnlich, die Zimmer – die besten mit Kamin und schöner Aussicht – sind herrlich und das tolle Restaurant bringt französisch inspirierte Gerichte (Hauptgerichte 5–8 US$) auf den Tisch.

Posada del Arte (☎ 274-0083; www.posadadelarte. com; Pasaje V Ibarra; EZ/DZ ab 21/35 US$; 🖳) Schöne, kleine Pension mit bunten, bequemen Zimmern mit Holzfußböden, Dachterrasse, gigantischem Frühstück und Kunst in jeder Ecke. Auf dem Gelände ist ein tolles Restaurant mit Kamin (Hauptgerichte 3–7 US$).

Hospedaje La Floresta (☎ 274-1824; www.lafloresta. banios.com; Ecke Montalvo & Haflants; EZ/DZ 25/40 US$; 🖳) Dieses komfortable Gasthaus umgibt einen Innenhof mit hübschem Garten. Es hat freundliches Personal und geräumige Zimmer mit großen Fenstern und bequemen Betten. WLAN gibt's gratis.

Essen

Baños ist berühmt für *melcocha* (weicher Toffee), der in der ganzen Stadt aus Holzkübeln an den Türen heraus verkauft wird.

Mercado Central (Ecke Alfaro & Rocafuerte; almuerzos 1,50 US$) Frisches Obst und Gemüse und seeehr günstige *almuerzos* bekommt man auf dem Hauptmarkt der Stadt.

Café Good (16 de Diciembre; Hauptgerichte 2–4 US$, almuerzos 2 US$; 8–22 Uhr) Serviert ordentliche vegetarische Gerichte mit gesundem braunem Reis, aber auch etwas Huhn und Fisch.

Rico Pan (Ambato nahe Maldonado; Frühstück 3–4 US$) Das beste Brot in der Stadt und tolles Frühstück.

Casa Hood (Martínez zw. Halflants & Alfaro; Hauptgerichte 3–5 US$; Mi–Mo 8–22.15 Uhr) Dieses ausgezeichnete Café hat nahrhaftes Frühstück, *almuerzo* für 2 US$ und eine Speisekarte mit thailändischen, mexikanischen und nahöstlichen Gerichten zu bieten. Es gibt auch eine Büchertauschbörse, kostenlose Filmvorführungen und Yoga-Kurse.

Café Hood (Maldonado, Parque Central; Hauptgerichte 4–6 US$) Ein paar Gerichte hier sind schlicht hervorragend, z. B. die weichen Tacos oder die Kichererbsen mit Spinat in Currysauce. Vegetarier haben hier jede Menge Auswahl.

La Bella Italia (Martínez; Hauptgerichte 4–6 US$) In diesem eleganten, kleinen italienischen Bistro genießt man in ruhiger Umgebung Pasta und Pizzen.

El Jardín (Ecke Rocafuerte & 16 de Diciembre; Hauptgerichte 5–7 US$; Mo–Sa 13–23 Uhr) Das El Jardín geht auf den Parque de la Basílica hinaus. Auf einer von Bäumen beschatteten Terrasse knabbern die Gäste an Snacks, Sandwiches, Steak und gegrillten Forellen.

Café Mariane (Ecke Halflants & Rocafuerte; Hauptgerichte 5–12 US$) Auf der französisch-mediterranen Speisekarte stehen ausgezeichnete Fondues neben wunderbar zubereiteten Pasta- und Fleischgerichten.

Swiss Bistro (Martínez nahe Alfaro; Hauptgerichte 6–8 US$) Dieser zauberhafte Neuling bietet leckere europäische und Schweizer Spezialitäten, z. B. Fondue, Steaks, frische Salate, Suppen (u. a. Kürbissuppe) und Röstis.

Quilombo (Ecke Montalvo & 12 de Noviembre; Hauptgerichte 8–12 US$; Mi–So) *Quilombo* bedeutet in der argentinischen Umgangssprache „Durcheinander" oder „Wahnsinn" – man kommt am besten selbst her und findet heraus, warum der Name so gut zu diesem ausgezeichneten argentinischen Grillhaus passt.

Supermarkt Santa María (Ecke Alfaro & Rocafuerte) Hier können sich Selbstversorger eindecken.

Ausgehen & Unterhaltung

Das Nachtleben in Baños besteht daraus, in *peñas* zu tanzen und in Bars abzuhängen. Die beste Adresse für Kneipentouren ist der zwei Blocks breite Streifen entlang der Alfaro, nördlich der Ambato.

Peña Ananitay (16 de Diciembre nahe Espejo; 21–3 Uhr) Die beste Location in der Stadt für *música folklórica* live. Hier kann's richtig voll werden, aber das gehört zum Spaß dazu.

Peña Bar Mocambo (Alfaro nahe Ambato; 16–2 Uhr) Die Bar zur Straße hinaus, die Party-Atmosphäre und das Billardzimmer im oberen Stock machen das Mocambo zu einer allseits beliebten Wahl.

Jack Rock (Alfaro 5-41; 19–2 Uhr) Das Jack Rock besticht mit einem Motto – Rock 'n' Roll – und der besten Pubatmosphäre der Stadt. Unter der Woche gibt's Classic Rock auf die Ohren, an den Wochenenden dröhnt Salsa, Merengue und Reggaeton aus den Boxen.

An- & Weiterreise

Von vielen Städten aus ist man schneller hier, wenn man in Ambato umsteigt: Von dort fahren häufig Busse nach Baños (1 US$, 1 Std.).

Am **Busbahnhof** (Ecke Espejo & Reyes) fahren zahlreiche Busse nach Quito (3,50 US$, 3½ Std.), Puyo (2 US$, 1½ Std.) und Tena (4 US$, 4 Std.) ab. Die Straße nach Riobamba (2 US$, 2 Std.) über Penipe war zur Zeit der Abfassung noch geschlossen, man musste also wieder zurück und über Ambato reisen.

GUARANDA

03 / 31 000 Ew.

Ein Riesenspaß ist schon allein die Anreise nach Guaranda. Der 99 km lange „Highway" ab Ambato klettert auf über 4000 m und passiert mit nur 5 km Abstand den Gletscher auf dem Volcán Chimborazo (6310 m). Die Straße durchschneidet das windgepeitschte Gras auf dem *páramo* und zieht vorbei an kleinen *vicuña*- (wilder Verwandter des Lama) Herden, bevor sie ganz plötzlich nach Guaranda abfällt.

Guaranda ist die Hauptstadt der Provinz Bolívar. Es ist klein, und hier passiert wenig, aber es hat einen berühmten Karneval. Zudem ist Guaranda ein guter Ausgangspunkt für Besuche in dem herrlichen Dörfchen Salinas.

Praktische Informationen

Banco del Pichincha (Azuay nahe 7 de Mayo) Bank mit Geldautomat.

Clínica Bolívar (☎ 298-1278) Eine von mehreren Kliniken und Apotheken in der Nähe der Plaza Roja, südlich vom Krankhaus.

Krankenhaus (Cisneros s/n)

Schlafen & Essen

Hostal de las Flores (☎ 298-0644; Pichincha 4-02; Zi. pro Pers. mit/ohne Bad 10/8 US$) Das am besten auf Traveller eingerichtete Hotel Guarandas hat fröhliche Zimmer, die auf einen kleinen Innenhof hinausgehen.

Hotel Bolívar (☎ 298-0547; Sucre 7-04; EZ/DZ 8/16 US$) Eine weitere gute Wahl mit sauberen, gastfreundlich eingerichteten Zimmern und schönem Hof. Das dazu gehörende Restaurant serviert gute *almuerzos* (2–3 US$).

Los 7 Santos (☎ 298-0612; Convención de 1884 nahe 10 de Agosto; Hauptgerichte 1–3 US$; ☺ Mo-Sa 10–23 Uhr) Das Los 7 Santos, das Frühstück, kleine Sandwiches und den ganzen Tag über *bocaditos* (Snacks) serviert, verströmt eine tolle Atmosphäre. Das Künstlercafé wirkt in Guaranda irgendwie völlig fehl am Platze.

La Bohemia (☎ 298-4368; Ecke Convención de 1884 & 10 de Agosto; Hauptgerichte 2–4 US$; ☺ Mo–Sa 8–21 Uhr) Das La Bohemia liegt nahe beim Parque Bolívar und tischt in lässiger, aber aufmerksamer Atmosphäre *almuerzos* (2 US$) auf. Das Ganze lässt sich am besten mit einem der riesigen *batidos* (Fruchtshakes) herunterspülen.

Pizzería Salinerita (☎ 298-5406; Av General Enriquez; Pizza 3–7 US$; ☺ Mo–Sa 12–22 Uhr) Serviert gute Pizzen.

La Estancia (☎ 298-3157; García Moreno nahe Sucre; Hauptgerichte 3–4,50 US$; ☺ Di–Sa 12–22, Mo bis 16 Uhr) Das La Estancia ist tagsüber ein Restaurant und abends eine Bar. Die coole, kleine Location markiert ein altmodisches Schild. Man sitzt an Holztischen und wird von freundlichem Personal bedient, die Speisekarte dominieren Steaks, Hühnchen und Pasta.

An- & Weiterreise

Der Busbahnhof liegt 500 m östlich der Innenstadt, gleich bei der Av de Carvajal. Es fahren Busse nach Ambato (2 US$, 2 Std.), Quito (5 US$, 5 Std.), Robamba (2 US$, 2 Std.) und – sehr spektakuläre Strecke! – nach Guayaquil (4 US$, 5 Std.).

SALINAS

☎ 03 / 1000 Ew.

In einer wilden, schönen Landschaft liegt auf sagenhaften 3550 m Höhe Salinas, das berühmt ist für ausgezeichneten Käse und Salami, göttliche Schokolade und grob gestrickte Pullover. Das winzige Bergdorf 35 km nördlich von Guaranda ist ein interessantes Ausflugsziel abseits der ausgetretenen Pfade. Die **Touristeninformation** (☎ 239-0022; www.salinerito.com) an der Hauptplaza arrangiert Besuche bei den einzigartigen Kooperativen von Salinas.

Direkt gegenüber vom El Refugio liegt das privat geführte **Hostal Samilagua** (sadehm2@latinmail.com; Zi. 6 US$/Pers.). Die Zimmer dieser schlichten, von einer freundlichen Einheimischen geleiteten Unterkunft bestehen eher aus Beton als aus Holz, aber sie sind bunt gestrichen und recht komfortabel.

Zwei Blocks oberhalb der Plaza befindet sich das **El Refugio** (☎ 239-0024; Zi. 19 US$/Pers.), eine nette Traveller-Lodge mit Holzelementen, einem Blick auf die Stadt und einem knisternden Kamin in der Lobby. Es gehört der Gemeinde Salinas und wird auch von ihr geführt.

Die Busse nach Salinas (0,25 US$, 1 Std.) starten an der Plaza Roja in Guaranda, täglich zwischen 6 und 7 Uhr und montags bis freitags stündlich zwischen 10 und 16 Uhr. Weiße Pickups, die der Kooperative gehören, dienen als Sammeltaxis und fahren am selben Ort nach Salinas ab (1 US$, 45 Min.).

RIOBAMBA

☎ 03 / 182 000 Ew.

Riobamba, der „Sultan der Anden" (Höhe 2750 m), ist eine altmodische, traditionelle Stadt, die Traveller gleichermaßen langweilen wie erfreuen kann. Die Stadt, verschlafen, aber hübsch mit ihren weitläufigen Straßen und den zusammengewürfelten Läden in den imponierenden Steingebäuden aus dem 17. und 18. Jh., ist der Startpunkt der spektakulären Bahnlinie den Nariz del Diablo hinunter und einer der besten Orte des Landes, um einen Bergführer zu engagieren.

Praktische Informationen

Banco de Guayaquil (Ecke Primera Constituyente & García Moreno) Bank mit Geldautomat.

Hotel Los Shyris (Ecke Rocafuerte & 10 de Agosto) Internetzugang.

Parque Nacional Sangay Büro (☎ 295-3041; parquesangay@andinanet.net; Av 9 de Octubre nahe Duchicela; ☺ Mo–Fr 8–13 & 14–17 Uhr) Hier bekommt

ZENTRALES HOCHLAND •• Riobamba

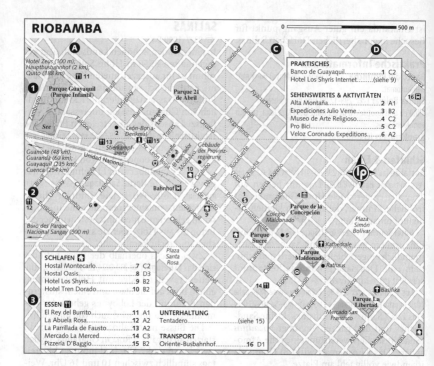

RIOBAMBA

PRAKTISCHES
- Banco de Guayaquil.................................1 C2
- Hotel Los Shyris Internet.....................(siehe 9)

SEHENSWERTES & AKTIVITÄTEN
- Alta Montaña..2 A1
- Expediciones Julio Verne......................3 B2
- Museo de Arte Religioso......................4 C2
- Pro Bici..5 C2
- Veloz Coronado Expeditions................6 A2

SCHLAFEN
- Hostal Montecarlo.................................7 C2
- Hostal Oasis...8 D3
- Hotel Los Shyris....................................9 B2
- Hotel Tren Dorado..............................10 B2

ESSEN
- El Rey del Burrito................................11 A1
- La Abuela Rosa....................................12 A2
- La Parrillada de Fausto.......................13 A2
- Mercado La Merced............................14 C3
- Pizzeria D'Baggio.................................15 B2

UNTERHALTUNG
- Tentadero..(siehe 15)

TRANSPORT
- Oriente-Busbahnhof...........................16 D1

---

man Informationen und kann den Eintritt für den Parque Nacional Sangay bezahlen.

Sehenswertes

Am **Markttag** (Sa) verwandeln sich die Straßen Riobambas in einen wahren Bienenstock, vor allem die nordöstlich des Parque de la Concepción.

Das berühmte **Museo de Arte Religioso** (☎ 296-5212; Argentinos; Eintritt 2 US$; ❖ Di–Sa 9–12 & 15–18 Uhr) präsentiert eine faszinierende Sammlung religiöser Kunst. Das bedeutendste Stück ist eine unbezahlbare, 360 kg schwere Monstranz aus Gold mit mehr als 1500 wertvollen eingelegten Steinen.

Aktivitäten

Dank der Nähe zum Volcán Chimborazo ist Riobamba eine der bedeutendsten Städte zum Klettern in Ecuador. Zweitägige Gipfeltouren auf den Chimborazo starten bei 160 US$ pro Person und beinhalten Führer, Kletterausrüstung, Transport und Verpflegung, nicht aber den Eintritt für den Park (10 US$).

Mountainbikefahren ist hier ebenfalls beliebt. Für eine Tagestour bezahlt man pro Person mindestens 35 US$. Bei den aufregenden Abfahrten von der Schutzhütte am Chimborazo kann man super die Aussicht genießen (wenn man kann …).

Zu empfehlende Anbieter:

Alta Montaña (☎ 294-2215; Ecke Av León Borja & Uruguay) Ausgezeichnet geführte Klettertouren.

Expediciones Julio Verne (☎ 296-3436; www.julioverne-travel.com; El Espectador 22-25; Mo–Fr 9–13 & 15–18, Sa 9–12 Uhr) Klettern, Mountainbiken und mehr. Man spricht Holländisch und Englisch.

Pro Bici (☎ 295-1759; www.probici.com; Ecke Primera Constituyente & Larrea) Herausragende Mountainbiketrips und Vermietung der Drahtesel. Man spricht Englisch.

Veloz Coronado Expeditions (☎ 296-0916; www.velozexpediciones.com; Ecke Chile 33-21 & Francia) Äußerst erfahrener Anbieter von Klettertouren.

Schlafen

Hostal Oasis (☎ 296-1s210; Veloz 15-32; EZ/DZ 10/20 US$) In puncto Freundlichkeit, Preis-Leistungs-Verhältnis und bodenständigem Kitsch ist das Oasis kaum zu toppen. Die einfachen Zimmer umgeben einen Garten, in dem kreischende Papageien leben. Der Transport zum bzw. ab dem Bahnhof und Busbahnhof ist gratis.

Hotel Los Shyris (☎ 296-0323; Ecke Rocafuerte & 10 de Agosto; EZ/DZ inkl. Frühstück 11/18 US$; 🖳) Das große, modische Shyris ist wegen seiner zentralen Lage und seiner sauberen Zimmer mit TV eine gute Wahl. Einige Zimmer bekommen viel Sonne ab und sind erst kürzlich renoviert worden.

Hotel Tren Dorado (☎ 296-4890; htrendorado@hotmail.com; Carabobo 22-35; EZ/DZ 12/24 US$) Das freundliche Tren Dorado liegt ideal in der Nähe des Bahnhofs. Seine sauberen, bequemen Zimmer sind in Pastellfarben gehalten.

Hostal Montecarlo (☎ 296-1577; montecarlo@andinanet.net; 10 de Agosto 25-41; EZ/DZ 15/19 US$) In einem attraktiv restaurierten Haus aus der Jahrhundertwende liegen etwas verwohnte Zimmer, von denen einige keine Fenster haben.

Hotel Zeus (☎ 296-8036; www.hotelzeus.com.ec; Av León Borja 41-29; EZ/DZ ab 24/37 US$) Eine gute Mittelklasseoption. Man nächtigt in Zimmern, deren Einrichtung von mehreren Stilrichtungen zeugt, und nutzt Annehmlichkeiten wie einen Fitnessraum. Die teureren Zimmer sind ausgezeichnet; von einigen kann man sogar den Chimborazo sehen.

Essen

La Abuela Rosa (Ecke Brasil 37-57 & Esmeraldas; Hauptgerichte 1–2 US$) Bei Großmutter Rosa schaut man wegen der *comida típica* (traditionelle Speisen) vorbei und der leckeren Snacks vorbei.

Mercado La Merced (Mercado M Borja; Guayaquil zw. Espejo & Colón; Hauptgerichte 1–3 US$) Ein herrlicher Ort, um einen ecuadorianischen Klassiker, das *hornado* (am Stück gegrilltes Schwein), zu versuchen – und zwar am besten sonntags.

El Rey del Burrito (Av León Borja 38-36; Hauptgerichte 3–5 US$; ⊗ Mo–Sa 11–23, So bis 16 Uhr) Sehr hübsch angerichtete große Burritos, Tacos und Enchiladas serviert dieses freundliche Restaurant, dessen Wände bunte Malereien schmücken.

Pizzería D'Baggio (Av León Borja 33-24; Hauptgerichte 4–6 US$; ⊗ Mo–Sa 12–22 Uhr) Diese Pizzeria an der Ecke ist sowohl bei Einheimischen als auch bei Travellern ein beliebter Treffpunkt. Auf den Tisch kommen Dutzende ordentliche, mäßig dünne Pizzen aus dem Holzofen.

La Parrillada de Fausto (☎ 296-7876; Uruguay 20-38; Hauptgerichte 4–6 US$; ⊗ Mo–Sa 12–15 & 18–22.30 Uhr) Dieses nette Grillrestaurant im argentinischen Stil serviert tolle Steaks, Forellen und Hähnchen. Das Ambiente erinnert an eine Ranch. Unbedingt die höhlenartige Bar im hinteren Teil beehren!

Unterhaltung

Das spärliche Nachtleben konzentriert sich rund um die Kreuzung Av León Borja/Torres und in nordwestlicher Richtung entlang der Av León Norja. Das **Tentadero** (Av León Borja nahe Ángel León; Eintritt 3 US$; ⊗ Fr & Sa 20 Uhr–spät) ist die schärfste *discoteca* der Stadt. Bis spät in die Nacht wird hier Electronica und Salsa aufgelegt.

An- & Weiterreise

BUS

Der **Hauptbusbahnhof** (☎ 296-2005; Ecke Av León Borja & Av de la Prensa) liegt 2 km nordwestlich des Zentrums. Häufig verbinden Busse mit Quito (4 US$, 4 Std.), Guayaquil (5 US$, 5 Std.) und Alausí (1,50 US$, 2 Std.), weniger häufig gelangt man nach Cuenca (6 US$, 6 Std.). Es gibt außerdem mindestens einen Morgenbus nach Machala (6 US$, 6 Std.). Die Regionalbusse fahren die Av León Borja entlang und verbinden den Busbahnhof mit der Innenstadt.

Die Busse nach Baños (2 US$, 2 Std.) und ins Oriente starten vom **Oriente-Busbahnhof** (Ecke Espejo & Luz Elisa Borja), direkt nordöstlich vom Zentrum gelegen.

ZUG

In Riobamba beginnt eine spektakuläre Bahnfahrt nach Sibambe (11 US$, 5 Std.). Kurz bevor er sich die weltberühmte, haarsträubende Achterbahn hinunterstürzt, die als **Nariz del Diablo** (Teufelsnase) bekannt ist, hält der Zug in Alausí (S. 604). Los geht's in Riobamba mittwochs, freitags und sonntags um 7 Uhr; in Alausí werden nochmal Passagiere aufgenommen, Endstation ist Sibambe, direkt unterhalb der Nariz del Diablo, wo es keinen Anschluss gibt. Von Sibambe fährt der Zug die Nariz del Diablo wieder hinauf und zurück nach Alausí. Hier kann man übernachten, mit dem Bus nach Cuenca weiterfahren oder mit dem Bus nach Riobamba zurückkehren. Nach einem tragischen Unfall im Jahr 2008 ist das Mitfahren auf dem Zugdach mittlerweile verboten worden.

Starke Regenfälle und Erdrutsche beschädigen von Zeit zu Zeit die Gleise und veranlassen die Behörden, die Strecke von Riobamba nach Alausí zu sperren. Am besten ruft man am **Bahnhof** (☎ 296-1909; Ecke Av León Borja & Unidad Nacional) an und fragt nach der aktuellen Situation; hier muss man auch entweder am Tag vor der Abfahrt oder am gleichen Morgen (ab 6 Uhr) die Fahrkarten kaufen.

VOLCÁN CHIMBORAZO

Der erloschene Volcán Chimborazo ist nicht nur der höchste Berg Ecuadors, sein Gipfel (6310 m) ist dank der ellipsoiden Gestalt der Erde auch der Punkt, der am weitesten vom Erdmittelpunkt entfernt ist. Das sollte man mal den Mount-Everest-Fans flüstern! Der Berg gehört zur **Reserva de Producción de Fauna Chimborazo** (Eintritt 10 US$), in dem sich auch der **Volcán Carihuairazo** (5020 m) befindet.

Die zwei kleinen Lodges an den unteren Hängen des Chimborazo sind interessante Unterkunftsoptionen, wenn man sich die Landschaft ansehen und etwas über die Kultur der Region lernen möchte. In der kleinen, indigenen Gemeinde **Pulinguí San Pablo** (3900 m) an der Straße von Riobamba nach Guaranda gelegen, findet sich die schlichte Unterkunft **La Casa del Cóndor** (☎ 357-1379; EZ/DZ 5/10 US$). Die Einheimischen hier bieten ihre Dienste als Führer an, man kann Mountainbikes mieten und in der Region gibt's faszinierende Lehrwanderpfade.

In den beiden auf 4800 m bzw. 5000 m Höhe gelegenen **Schutzhütten** (B 10 US$) bekommt man eine Kleinigkeit zu essen und ein paar Tipps, bevor man sich zu einer nächtlichen Klettertour aufmacht. Die Hütten bieten Matratzen, Wasser und Kochgelegenheiten; einen warmen Schlafsack mitbringen.

Wer oberhalb der Schutzhütten klettern möchte, benötigt eine Ausrüstung für Schnee und Eis sowie Erfahrung im Bergsteigen; gleiches gilt für den Aufstieg auf den Carihuairazo. Am besten nimmt man zu den auf S. 602 und S. 576 empfohlenen Ausrüstern und Führern Kontakt auf. Von unerfahrenen Führern ist für eine Klettertour in dieser Höhe unbedingt abzuraten – so etwas ist kein Kinderspiel!

Zwischen den beiden Bergen kann man zudem herrlich wandern. Das Instituto Geográfico Militar in Quito (S. 567) hat topografische Karten der Region. Trocken ist es hier von Juni bis Ende September, die Nächte sind aber das ganze Jahr über sehr kalt.

Wer Lust hat auf eine 8 km lange Wanderung (in dieser Höhe nicht gerade anspruchslos), nimmt von Riobamba aus einen Bus Richtung Guaranda und bittet den Fahrer, an der Straße zum Parkeingang zu stoppen.

ALAUSÍ

☎ 03 / 8000 Ew.

Die lebhafte, kleine Stadt Alausí (2350 m) ist die letzte Station der Züge, bevor diese die berühmte Nariz del Diablo hinunterdüsen. Viele springen lieber hier als in Riobamba auf, aber in Riobamba (s. S. 603) stehen die Chancen besser, noch einen guten Platz zu erwischen.

Entlang der Hauptstraße (Av 5 de Junio) findet man viele Hotels, doch die meisten sind samstagabends schnell voll. Das super saubere **Hotel Europa** (☎ 293-0200; Ecke 5 de Junio 175 & Orozco; EZ mit/ohne Bad 8/5 US$, DZ mit/ohne Bad 14/8 US$) ist eines der besten. Zu den anderen ordentlichen Adressen gehören das **Hotel Panamericano** (☎ 293-0156; Ecke 5 de Junio & 9 de Octubre; Zi. pro Pers. mit/ohne Bad 10/6 US$) und das **Hotel Gampala** (☎ 293-0138; 5 de Junio 122; EZ/DZ 11/20 US$).

Ab bzw. nach Riobamba fahren stündlich Busse (1,50 US$, 2 Std.), daneben gibt's mehrere Verbindungen täglich nach Cuenca (4 US$, 4 Std.).

Der Zug von Riobamba nach Sibambe stoppt vor seiner Fahrt den Narzi del Diablo hinunter in Alausí (hin & zurück 11 US$), und zwar mittwochs, freitags und samstags um 9.30 Uhr. Fahrkarten gibt's ab 8 Uhr zu kaufen.

SÜDLICHES HOCHLAND

Wenn man auf der Panamericana bis ins südliche Hochland hinunterrollt, verschwinden die gigantischen, schneebedeckten Bergspitzen des zentralen Hochlandes langsam im Rückspiegel. Das Klima wird etwas wärmer, der Abstand zwischen den Städten größer und den Wegesrand säumen Zeitzeugen der Jahrzehnte. Cuenca – wohl die schönste Stadt Ecuadors – und das hübsche Loja sind die einzigen Städte von ansehnlicher Größe in dieser Region.

Auch wenn man nicht unbedingt ein Fan von Gletscherbesteigen ist, hat das südliche Hochland eine ganze Reihe Möglichkeiten für Outdoor-Aktivitäten zu bieten. In dem mit Seen gespreckelten Parque Nacional Cajas beispielsweise kann man herrlich wandern und campen, im Parque Nacional Podocarpus gibt's Nebelwälder, tropische Feuchtwälder und den *páramo* zu erforschen. Vom entspannten Traveller-Treffpunkt Vilacamba aus lassen sich die Tage mit Wander- und Reitausflügen durch traumhafte Berglandschaften verbringen; abends kehrt man zurück zu einer wohlverdienten Massage, heißen Bädern und köstlichem Essen.

CUENCA
☎ 07 / 470 000 Ew.

Die koloniale Pracht von Cuenca (2530 m) und Quito zu vergleichen, ist eine Lieblingsbeschäftigung hier. Was den Prunk angeht, gewinnt Quito ganz klar, aber wenn es um Charme geht, hat Cuenca, die hübsche Perle des Südens, eindeutig die Nase vorn. Enge, kopfsteingepflasterte Straßen und weiß gestrichene Gebäude mit roten Ziegeln, herrliche Plazas und Kirchen mit Kuppeln, dazu die Lage am grasbewachsenen Ufer des Río Tomebamba – dies alles zusammen bildet eine Stadt, die unglaublich beeindruckt. Und obwohl die drittgrößte Stadt Ecuadors fest in ihrer kolonialen Vergangenheit verankert ist, hat sie auch ihre modernen Ecken. Internationale Restaurants, Kunstgalerien, coole Cafés und einladende Bars liegen verborgen hinter einer sagenhaften Architektur.

Praktische Informationen
BUCHLÄDEN
Carolina Bookstore (Hermano Miguel 4-46)

GELD
Banco de Guayaquil (Ecke Mariscal Sucre & Borrero) Bank mit Geldautomat.

Banco del Pichincha (Ecke Solano & 12 de Abril) Bank mit Geldautomat.

INTERNETZUGANG
Hier surft man für 1 US$ pro Stunde.

Azuaynet (Padre Aguirre nahe Lamar)
Cybercom (Ecke Presidente Córdova & Borrero)
Cybernet (Benigno Malo nahe Larga)

MEDIZINISCHE VERSORGUNG
Clínica Santa Inés (☎ 281-7888; Daniel Córdova 2-113) Ein Besuch in dieser Klinik kostet ca. 20 US$.

POST
Post (Ecke Gran Colombia & Borrero)

TOURISTENINFORMATION
Touristeninformation am Busbahnhof (☎ 284-3888; Busbahnhof)
Touristeninformation (iTur; ☎ 282-1035; Ecke Mariscal Sucre & Cordero) Äußerst hilfreich; das Team spricht Englisch.

WASCHSALONS
La Química Borrero (Borrero nahe Presidente Cordova); Gran Colombia (Ecke Gran Colombia & Montalvo)
Lavahora (Vásquez 6-76)

Sehenswertes
Man sollte die Straße 3 de Noviembre entlanglaufen, die dem nördlichen Ufer des **Río Tomebamba** folgt. Der Fluss ist gesäumt von Kolonialbauten, und noch heute trocknen Frauen ihre Wäsche am grasbewachsenen Ufer. Nah am Fluss gibt es eine **Inkaruine** zwischen dem östlichen Ende der Larga und der Av Todos los Santos. Der Großteil des Mauerwerks wurde zerstört, um koloniale Gebäude zu errichten, aber einige feine Nischen und Wände sind stehen geblieben.

Den **Parque Calderón** (Ecke Benigno Malo & Bolívar), die Hauptplaza, dominiert die hübsche „**neue Kathedrale**" (erbaut 1885) mit ihren riesigen Kuppeln. Gegenüber steht die kleinere „**alte Kathedrale**" (Baubeginn 1557), El Sagrario.

Besucher sollten sich einmal auf dem **Blumenmarkt** vor der winzigen Kolonialkirche auf der **Plazoleta del Carmen** (Ecke Padre Aguirre & Mariscal Sucre) den Duft der Blumen einsaugen (oder wenigstens ein Foto davon machen). Danach zur stillen **Plaza de San Sebastián** (Ecke Mariscal Sucre & Talbot) rüberlaufen und dem **Museo de Arte Moderno** (Ecke Mariscal Sucre & Talbot; Eintritt frei, Spende erbeten; ⓧ Mo–Fr 9–13 & 15–18.30, Sa & So 9–13 Uhr) einen Besuch abstatten! Dort gibt es eine kleine Sammlung zeitgenössischer lokaler Kunst.

Das wichtigste Museum Cuencas, das **Museo del Banco Central „Pumapungo"** (www.museopumapungo.com; Calle Larga Nähe Huayna Capac; Eintritt 3 US$; ⓧ Mo–Fr 9–18, Sa 9–13 Uhr) ist schon wegen der fabelhaften ethnografischen Ausstellung einen Besuch wert, ganz zu schweigen von seiner entzückenden *tsantsas*-(Schrumpfkopf-)Sammlung.

Das **Museo de las Culturas Aborígenes** (Larga 5-24; Eintritt 2 US$; ⓧ Mo–Fr 9–18, Sa 9–15 Uhr) beherbergt eine ausgezeichnete Sammlung mit mehr als 5000 archäologischen Funden, die die rund 20 ecuadorianischen Kulturen präkolumbianischer Zeit repräsentieren. Auch einen Abstecher wert ist das **Museo de Artes Populares** (Cidap; Hermano Miguel 3-23; ⓧ Mo–Fr 9.30–13 & 14–18, Sa 10–13 Uhr), in dem wechselnde Ausstellungen traditionelle indigene Trachten, Kunsthandwerk und Kunst aus ganz Lateinamerika zeigen.

Rund um die Plazoleta de la Cruz del Vado verteilen sich ein paar interessante Sehenswürdigkeiten, z. B. das **Prohibido Museo de Arte Extremo** (La Condamine 12-102; Eintritt 0,50 US$; ⓧ 12 Uhr–spät), eine Galerie für Gothic-Kultur mit Bar und Café. **Laura's Antiguidades y Curiosidades** (☎ 282-3312; La Condamine 12-112; ⓧ tgl.) zeigt in einem Haus aus dem 19. Jh. einen Mix aus Kuriositäten und Kunstobjekten.

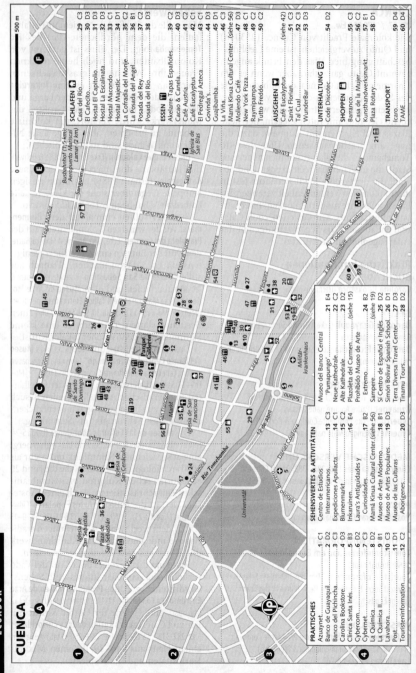

Aktivitäten

Cuenca ist der perfekte Ausgangspunkt, um zu Fuß, mit dem Pferd oder mit dem Fahrrad die Attraktionen in der Umgebung zu erkunden, z. B. den Parque Nacional Cajas, die Inkaruinen von Ingapirca und die indigenen Gemeinschaften. Man kann auf eigene Faust losgehen oder sich einem der hier angeführten Tourenanbieter anvertrauen. Tagestouren kosten im Schnitt 35 bis 40 US$ pro Person; der Parkeintritt ist normalerweise exklusive.

Expediciones Apullacta (☎ 283-7815; www.apullacta.com; Gran Colombia 11-02) Tagestrips nach Ingapirca und Cajas.

Mamá Kinua Cultural Center (☎ 284-0610; Casa de la Mujer, Torres 7-45) Das kommunal organisierte Tourismusprojekt bietet Touren und Unterbringung in Familien in den indigenen Gemeinden der Umgebung (pro Pers. & Nacht 48 US$; mind. 2 Pers.). Man spricht kein Englisch.

Terra Diversa Travel Center (☎ 282-3782; www.terradiversa.com; Hermano Miguel 5-42) Reitausflüge, Mountainbiketouren und Wanderungen sowie Trips nach Ingapirca und dreistündige Stadtführungen (15 US$).

Tinamu Tours (☎ 245-0143; www.tinamutours.com; Borrero 7-68) Vermietet Campingausrüstung und veranstaltet Touren in der ganzen Region sowie Paragliding-Trips (Tandem-Gleitsegeln; 48 US$).

Kurse

In Cuenca kann man perfekt Spanisch lernen. Einzelunterricht kostet 5 bis 7 US$ pro Stunde.

Centro de Estudios Interamericanos (CEDEI; ☎ 283-4353; www.cedei.org; Cordero 5-66)

Sampere (☎ 282-3960; www.sampere.es; Hermano Miguel 3-43)

Sí Centro de Español e Inglés (☎ 282-0429; www.sicentrospanishschool.com; Borrero 7-67)

Simón Bolívar Spanish School (☎ 283-9959; www.bolivar2.com; Cordero 10-25)

Festivals & Events

Cuenca feiert seine Unabhängigkeit als Stadt am 3. November mit einer großen Fiesta, und die Umzüge an Heilig Abend sind sehr bunt. Die Gründung Cuencas (10.–13. April) und Fronleichnam werden ebenfalls lebhaft begangen, und an Karneval finden ausgelassene Wasserschlachten statt.

Schlafen

In Cuenca gibt's eine tolle Auswahl von Hotels, aber die Preise sind auch etwas höher als anderswo.

Hostal Majestic (☎ 283-5674; Cordero 11-29; Zi. pro Pers. mit/ohne Bad 10/5 US$) Das Majestic ist ein verrückter Ort: In einem Gebäude vom Anfang des 20. Jhs. schmücken an Dalí erinnernde Bilder die Wände, Pflanzen füllen die Lobby, und ein paar Sittiche in Käfigen setzen dem ganzen Kitsch die Krone auf. Die meisten Zimmer haben keine Fenster.

Hostal La Escalinata (☎ 284-5758; Larga 5-83; Zi. pro Pers. mit/ohne Bad 6/5 US$) Viele Zimmer haben keine Fenster und die Schaummatratzen sind ziemlich weich, aber die Lage ist klasse.

Hostal El Capitolio (☎ 282-4446; Vásquez 5-66; EZ/DZ mit Gemeinschaftsbad 7/14 US$) Freundlicher Familienbetrieb mit sauberen, einfachen Zimmern mit Gemeinschaftsbädern (drei Zimmer pro Flur teilen sich ein Bad) und einer Küche zur Mitbenutzung für die Gäste.

El Cafecito (☎ 283-2337; www.cafecito.net; Vásquez 7-36; B/EZ/DZ/3BZ 7/25/25/30 US$, DZ mit Gemeinschaftsbad 15 US$) Dieses Café mit Bar und *hostal* ist seit Langem ein Liebling unter den *mochilero* (Backpacker) und der einheimischen Jazz-Szene. Die Schlafsäle gleich beim Café sind geräumig, aber nachts laut, in den bequemen Zimmern mit Blick zum Garten bekommt man einen Einblick in die lokale Kunst.

Posada del Río (☎ 282-3111; posadadelriocuenca@yahoo.com; Hermano Miguel 4-18; Zi. pro Pers. mit/ohne Bad 10/8 US$; 💻) Das einfache, geschmackvoll eingerichtete Gasthaus in der Nähe des Flusses bietet eine Dachterrasse mit Ausblick und eine Gemeinschaftsküche. Alles dominieren leuchtende Farben und Holz. Die Gemeinschaftsbäder sind sauber.

Hostal Macondo (☎ 284-0697; www.hostalmacondo.com; Tarqui 11-64; EZ/DZ US$21/30, mit Gemeinschaftsbad 15/22 US$) Im älteren, vorderen Teil des im Kolonialstil gehaltenen Macondo finden sich prunkvolle Zimmer. Die Unterkünfte hinten, die einen großen, sonnigen Garten umgeben, sind klein, aber gemütlich.

Casa del Río (☎ 282-9659; hostalcasadelrio@hotmail.com; Bajada del Padrón 4-07; EZ/DZ 18/29 US$; 💻) Malerisch oberhalb des Flusses gelegen finden Gäste hier eine Terrasse und verschiedene Zimmer, von klein und dunkel mit Teppich bis zu nett und ordentlich mit Holzfußböden und schöner Aussicht.

LP Tipp La Cofradía del Monje (☎ 283-1251; viniciocobojr@cofradiadelmonje.com; Presidente Córdova 10-33; EZ/DZ 26/42 US$) Ein neu eingerichtetes, jahrhundertealtes Haus, quasi auf der Spitze der Iglesia de San Francisco, beherbergt das B&B der „Bruderschaft der Mönche" mit seinen hohen, holzverkleideten Decken, herrlichen Holzböden und einem Blick über Plaza und Markt.

Posada del Rey (☎ 284-3845; www.posadadelreyhotel.com; Benigno Malo 9-91; EZ/DZ 30/60 US$) In einem restaurierten Haus im Kolonialstil säumen zehn Zimmer mit handgefertigten Wandmalereien und polierten Holzböden einen zentralen Hof. Alle Zimmer haben Balkon und Kabelfernsehen. In der Suite unterm Dach, die groß genug ist für Familien, gibt's auch Internet.

La Posada del Angel (☎ 284-0695; www.hostalposadadelangel.com; Bolívar 14-11; EZ/DZ 37/52 US$; 🖳) Farbe, Charakter, Geschichte – das Posada del Angel hat alles zu bieten. Die schön gestalteten Zimmer blicken auf einen Innenhof.

Essen

Die meisten Restaurants haben sonntags geschlossen.

Café Austria (Benigno Malo 5-45; Snacks 1–3 US$) Hier gibt's Kuchen, Kaffee und Sandwiches nach österreichischer Art.

Tutto Freddo (Ecke Benigno Malo & Bolívar; Eiscreme 1–3 US$; ⌚ tgl.) Wohl das beste – und definitiv das beliebteste – Eis der Stadt.

New York Pizza (Gran Colombia 10-43; Hauptgerichte 1,50–4 US$) Dieser unprätentiöse Ort verkauft seine dünnbödigen Pizzen auch in Stücken.

Cacao & Canela (Ecke Jaramillo & Borrero; Sandwiches 2–4 US$; ⌚ Mo–Sa 8.30–21.30 Uhr) In diesem zauberhaften, kleinen Café, das alte Filmplakate zieren, bekommt man ordentlichen Kaffee, sättigendes Frühstück, Sandwiches und andere Snacks serviert.

Moliendo Café (Vásquez 6-24; leichte Gerichte 2–4 US$) Das Moliendo bietet köstliche kolumbianische *arepas* (Mais-Käse-Pfannkuchen), belegt mit verschiedenen Leckereien, von Bohnen und Käse bis zu schonend gegartem Schweinefleisch.

Govinda's (Jaramillo 7-27; almuerzos 2 US$, Hauptgerichte 2–4 US$; ⌚ Mo–Sa 8.30–15 Uhr) Pizzen, Linsenburger und ein bisschen gutes Karma zum Runterspülen.

Mamá Kinua Cultural Center (Casa de la Mujer, Torres 7-45; almuerzos 2,50 US$; ⌚ Mo–Fr 8–17.30 Uhr) Dieses Restaurant in Frauenhand lockt mit den köstlichsten *almuerzos* der Gegend. Was hier aufgetischt wird, ist meist vegetarisch.

Raymipampa (Benigno Malo 8-59; Hauptgerichte 3–6 US$) In gemütlicher, unaufgeregter Atmosphäre serviert diese Institution in Cuenca *ceviche*, Suppen, Crêpes (süß und salzig) und eine große Auswahl von anderen Gerichten.

Akelarre Tapas Españoles (☎ 282-3636; Torres 8-40; Tapas 3–6 US$, Hauptgerichte 6–9 US$) Tellerchen mit spanischen Tapas, ausgezeichnete Paella (So).

Guajibamba (Cordero 12-32; Hauptgerichte 4–6 US$) In diesem stimmungsvollen Restaurant bekommt man traditionelle *seco de chivo* und Feinschmecker-*fritada*. Es ist auch eine der besten Adressen für *cuy* (eine Stunde vorher bestellen).

LP Tipp Café Eucalyptus (www.cafeeucalyptus.com; Gran Colombia 9-41; Hauptgerichte 4–7 US$; ⌚ Mo–Sa abends) Ordentliche Gerichte aus aller Welt (Hühnchen-Satays, kubanische Sandwiches, vegetarische Wraps mit schwarzen Bohnen) werden hier an gemütlichen Tischen neben knisternden Kaminen serviert. An den meisten Abenden gibt's Livemusik. Zum Runterspülen hat man eine gute Auswahl von Weinen, Bier aus Kleinbrauereien und Cocktails.

La Viña (Cordero 5-101; Hauptgerichte 5–10 US$) Dieses herrliche neue Lokal ist zugleich lässig und voll Klasse mit flackernden Kerzen, psychedelischer Kunst und köstlichen Pizzen mit dünnem Boden und dickem Belag. Es gibt außerdem sättigende Pasta, Risotto, gegrillte Auberginen, Salate und Nachtisch.

El Pedregal Azteca (Gran Colombia 10-29; Hauptgerichte 5–9 US$) Die Atmosphäre hier prägen Ponchos und Sombreros. Das El Pedregal Azteca serviert köstliches, authentisches Essen neben jeder Menge vegetarischer Optionen; die Portionen sind allerdings manchmal etwas klein, also bei den kostenlosen, hausgemachten Maischips ordentlich zulangen!

Ausgehen

Das Café Eucalyptus (S. 608) ist der perfekte Platz für einen entspannten Drink in Gesellschaft anderer Traveller.

WunderBar (Ecke Hermano Miguel & Larga; Drinks 2–4 US$; ⌚ Mo–Fr 11–1, Sa 15–1 Uhr) Österreichern gehört diese Location oberhalb des Flusses, die mit einem klassischen, pubähnlichen Ambiente, einer umfangreichen Speisekarte und Möglichkeiten zum Draußensitzen aufwartet.

Sankt Florian (Larga 7-119; Drinks 2–4 US$) Klassisches Café mit Bar, untergebracht in einem historischen Haus in der Calle Larga. Hier kann man Billard spielen, Livemusik hören und mittwochs bis samstags von 20 bis 22 Uhr die Happy Hour genießen.

Tal Cual (Larga 7-57; Drinks 2–4 US$) In dieser gemütlichen, freundlichen Bar gibt's von Donnerstag bis Samstag Livemusik auf die Ohren.

Unterhaltung

Die Diskos haben von Donnerstag- bis Samstagabend geöffnet, unter der Woche ist Cuenca recht verschlafen. Entlang der Presidente Córdova, östlich von Hermano Miguel, gibt's mehrere beliebte Bars mit Tanzflächen.

Code Discotec (Presidente Córdova 5-39) Unter den Klubs an der Presidente Córdova ist dies momentan der angesagteste. Von Donnerstag bis Samstag kann man hier zwischen Mitternacht und Tagesanbruch ununterbrochen tanzen.

Shoppen

Entlang der Gran Colombia und in den Blocks gleich nördlich des Parque Calderón gibt's eine Reihe guter Kunsthandwerkläden. Der beste Platz, um genüsslich zu shoppen, ist aber die **Casa de la Mujer** (Torres 7-33) mit ihren mehr als 100 Ständen mit Kunsthandwerk.

Der Donnerstagsmarkt auf der **Plaza Rotary** (Ecke Lamar & Hermano Miguel) ist vor allem auf die Bedürfnisse der Einheimischen ausgelegt, aber es gibt auch ein paar tolle Stände mit Kunsthandwerk. Mehr Auswahl hat man natürlich im nahe gelegenen **Kunsthandwerkermarkt** (Ecke Sangurima & Vargas Machuca): Hier wird eine merkwürdige, aber interessante Kombination aus Körben, Keramik und anderen Kuriositäten angeboten.

In Cuenca gibt's Dutzende von Hutmachern, die Panama- und andere Strohhüte produzieren. **Barranco** (Larga 10-41) verkauft deren Waren schon seit Langem und hat außerdem ein kleines Museum, das zeigt, wie über die Jahre Panamahüte hergestellt wurden. Vom angeschlossenen Café hat man eine schöne Aussicht.

An- & Weiterreise

BUS

Cuencas **Busbahnhof** (Av España) liegt 1,5 km nordöstlich vom Zentrum. Die Busse nach Guayaquil (8 US$) passieren entweder den Parque Nacional Cajas (3½ Std.) oder Cañar (5½ Std.), und es gibt regelmäßig Abfahrten nach Quito (10 US$, 10–12 Std.). Zahlreiche Busse bringen einen nach Machala (4,50 US$, 4 Std.), einige von ihnen fahren weiter nach Huaquillas (6 US$, 5 Std.). Alausí (4 US$, 4 Std.) wird ebenfalls regelmäßig bedient. Mehrere Busse täglich fahren auch nach Loja (7 US$, 5½ Std.), Macas (8,50 US$, 8 Std. via Guarumales, 10 Std. via Limón) und andere Städte im Oriente. Busse nach Gualaceao (0,80 US$, 1 Std.) starten jede halbe Stunde.

FLUGZEUG

Cuencas **Aeropuerto Mariscal Lamar** (☎ 286-2203; Av España) ist 2 km von der Innenstadt entfernt. **TAME** (☎ 288-9097; Astudillo 2-22) und **Icaro** (☎ 281-1450; Milenium Plaza, Astudillo s\n) fliegen täglich nach Quito (80 US$) und Guayaquil (65 US$).

Unterwegs vor Ort

Cuenca lässt sich sehr gut zu Fuß erkunden. Ein Taxi zum/vom Busbahnhof oder Flughafen kostet etwa 2 US$. Von der Vorderseite des Busbahnhofs fahren regelmäßig Busse in die Innenstadt (0,25 US$) ab.

RUND UM CUENCA
☎ 07

Vom Besuch in kleinen indigenen Dörfern und Thermalbädern bis hin zu Wandertouren – es gibt in Cuenca reichlich Möglichkeiten für Ausflüge.

Ingapirca

Ingapirca, die wichtigste Inkastätte in Ecuador, wurde gegen Ende des 15. Jhs. im Zuge der Expansion der Inkas ins heutige Ecuador errichtet. Beim Bau der **Stätte** (Eintritt 6 US$; 8–18 Uhr), 50 km nördlich von Cuenca, verwendeten die Inkas die gleiche fugenlose Technik beim Zusammensetzen von polierten Steinblöcken wie die in Peru. Obwohl weniger beeindruckend als die Stätten in Peru, ist sie einen Besuch wert. Ein Museum erläutert die Stätte, Führer (sowohl in Menschen- als auch in Buchform) findet man vor Ort. Im 1 km entfernten **Dorf Ingapirca** gibt's einen Kunsthandwerksladen, einfache Restaurants und eine schlichte *pensión*.

Wer einen Kurzbesuch plant: Der Transportes-Cañar-Bus (2,50 US$, 2 Std.) startet am Busbahnhof in Cuenca um 9 Uhr, Rückfahrt ist montags bis freitags um 13 und 16 Uhr, samstags und sonntags um 13 Uhr.

Gualaceo, Chordeleg & Sigsig

Die drei Dörfer, die berühmt sind für ihre Sonntagsmärkte, bilden zusammen ein tolles Tagesausflugsziel von Cuenca aus. Wer früh losfährt, kann schon am Nachmittag wieder in Cuenca sein. **Gualaceo** hat den größten Markt, mit Obst und Gemüse, Tieren und verschiedenen Haushaltswaren. Der **Markt von Chordeleg**, 5 km entfernt, ist kleiner und touristischer. Auf dem 25 km von Gualaceo entfernten **Markt von Sigsig** bietet sich die Gelegenheit, die Kunst der Panamahut-Hersteller zu bewundern.

Vom Busbahnhof in Cuenca fahren alle halbe Stunde Busse nach Gualaceo (0,80 US$,

DER INKAPFAD NACH INGAPIRCA

Auf dem drei Tage in Anspruch nehmenden Wanderweg nach Ingapirca trifft man nur einen Bruchteil der Wanderer, die auf dem Inkapfad nach Machu Picchu unterwegs sind, doch das sind immer noch eine ganze Menge. Ein Teil der schätzungsweise 40 km langen Strecke folgt der originalen Königstraße, die einst Cuzco mit Quito und Tommebamba (heute Cuenca) verband.

Der Startpunkt der Wanderung liegt im Dorf **Achupallas**, 23 km südöstlich von Alausí (S. 604). Der Weg ist an manchen Stellen kaum noch zu erkennen oder ganz verschwunden. Darum sollte man mit einem Kompass und drei topografischen Karten – von Alausí, Juncal und Cañar – im Maßstab 1 : 50 000 unterwegs sein. Die Karten bekommt man beim IGM (S. 567) in Quito. Manchmal trifft man auf Einheimische, die einem die Richtung weisen können. Zusätzliche Verpflegung ist zu empfehlen, falls man sich verirrt. Die Gegend ist abgelegen, aber bewohnt, darum sollte man seine Sachen nicht einfach vor dem Zelt liegen lassen. Außerdem muss man auf extrem hartnäckig bettelnde Kinder gefasst sein; die meisten Traveller geben ihnen nichts, um sie nicht dazu zu ermuntern, die nächsten Wanderer auch anzubetteln.

Um nach Achupallas zu kommen, nimmt man einen der täglich verkehrenden Lastwagen von Alausí oder mietet (die zuverlässigere Option) für 10 bis 15 US$ pro einfache Strecke ein Taxi-Pickup. Ansonsten kann man auch ab Alausí einen Bus nehmen, der auf der Panamericana Richtung Süden verkehrt und Fahrgäste in La Moya (auch als Guasuntos bekannt) absetzt; dort wartet man dann auf einen Lastwagen nach Achupallas, 12 km über eine schmale, bergauf führende Straße entfernt. In Achupallas kann man für etwa 30 US$ pro Tag einen Führer mieten. Wer auf eigene Faust loszieht, sollte einen Wanderführer mitnehmen, z. B. *Ecuador: Climbing and Hiking Guide* von Rob Rachowiecki und Mark Thurber.

---

1 Std.), Chordeleg (1 US$, 1 Std.) und Sígsig (1,25 US$, 1½ Std.). Wer nicht die Geduld aufbringt, auf einen der Busse zu warten, der kann die 5 km von Gualaceo nach Chordeleg problemlos auch zu Fuß bewältigen.

Parque Nacional Cajas

Der atemberaubend schöne, kühle, moorähnliche *páramo* des **Parque Nacional Cajas** (Eintritt 10 US$) ist berühmt für seine vielen Seen und die großartigen Möglichkeiten zum Forellenfangen, Wildcampen und Wandern. Ein schöner Tagesausflug von Cuenca (nur 30 km entfernt)! **Campen** (Zeltplatz 4 US$/Pers.) ist erlaubt, und es gibt eine kleine Hütte mit acht Feldbetten und einer Küche, die oft besetzt ist. In Cajas allein herumzuwandern, kann gefährlich werden – wegen der vielen Seen und des Nebels verliert man leicht die Orientierung. Am besten bis 16 Uhr zurück sein, wenn der Nebel dichter wird! Die kürzeren Wanderwege sind gut gekennzeichnet. Topografische Karten in Hochglanzformat sind im Eintrittspreis enthalten.

Die Busse nach Guayaquil fahren durch den Park, aber die Fahrer weigern sich, für die einstündige Fahrt verbilligte Fahrkarten auszugeben. Um nicht den vollen Fahrpreis von 8 US$ bis Guayaquil bezahlen zu müssen, zunächst in Cuenca von der Ricardo Darque (zwischen Av de las Américas und Victor Manuel Albornoz) aus mit einem Transporte Occidental Bus (1,25 US$, 1 Std.) fahren. Selbst wenn man mit einem Taxi (2 US$) zur Bushaltestelle fährt, kostet das weniger. Die Busse verkehren täglich um 6.15, 7, 10.20, 12, 14, 16 und 17 Uhr. Für die Rückfahrt kann man einfach einen der vorbeifahrenden Busse Richtung Cuenca anhalten.

SARAGURO

☎ 07

Südlich von Cuenca schlängelt sich die Straße durch den unheimlichen *páramo*, bis sie nach 165 km Saraguro erreicht, was auf Quechua soviel bedeutet wie „Land des Mais". Das verschlafene, kleine Saraguro ist Heimat der Saraguro, der wohlhabendsten indigenen Gruppe im südlichen Hochland. Sie lebten ursprünglich in der Titicacasee-Region in Peru, wurden aber im Zuge des als *mitimaes* bekannten Kolonialisierungssystems, das im Inkareich galt, zwangsweise umgesiedelt.

Noch heute erkennt man die Saraguro schnell an ihrer traditionellen Kleidung. Sowohl Männer als auch Frauen (aber besonders die Frauen) tragen ganz flache weiße Filzhüte, deren breite Krempen an der Unterseite oft gefleckt sind. Die Männer tragen meist einen geflochtenen Zopf, einen schwarzen Poncho, knielange, schwarze Hosen und darüber manchmal einen kleinen weißen Schurz.

Der beste Tag für einen Besuch in Saraguro ist der Sonntag, wenn der örtliche Markt die Saraguros aus den umliegenden ländlichen Gegenden lockt. Übernachtungsmöglichkeit besteht im freundlichen **Residencial Saraguro** (☎ 220-0286; Ecke Loja & Castro; EZ/DZ 5/10 US$) oder im hübschen **Hostal Achik Wasi** (☎ 220-0331; Calle Intiñan, Barrio La Luz; EZ/DZ 12/24 US$), das 10 Minuten außerhalb der Stadt liegt. Leckere Kost findet man im von *indígenas* geführten **Mamá Cuchara** (Parque Central; Hauptgerichte 1,50–2,50 US$; ☎ Sa geschl.).

Alle Cuenca–Loja-Busse (5 US$, 3½ Std.) halten einen Block von der zentralen Plaza entfernt. Busse nach Loja (2 US$, 1½ Std.) fahren tagsüber stündlich.

LOJA

☎ 07 / 152 000 Ew.

Dank seiner Nähe zum Oriente ist Loja (2100 m) mit einem angenehm gemäßigten Klima gesegnet. Die Stadt ist berühmt für ihre Musiker (jeder scheint hier irgendein Instrument zu spielen) und ihre preisgekrönten Parks. Auch wenn Loja Provinzhauptstadt ist, bleibt es dennoch im Herzen eine Kleinstadt. Ein oder zwei Tage reichen dicke, um die Stadt zu erkunden. Loja ist ein guter Ausgangspunkt für einen Besuch im nahegelegenen Parque Nacional Podocarpus und außerdem der wichtigste Stopp vor einer Fahrt Richtung Süden nach Vilcabamba und Peru.

Einen guten Ausblick hat man von der **Virgen de Loja Statue** (La Salle). Das jährlich stattfin-

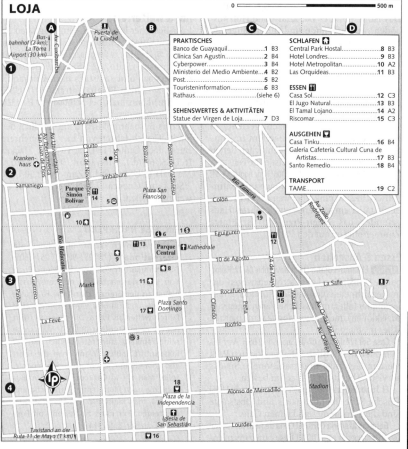

dende Fest der **Virgen del Cisne** (8. Sept.) wird mit großen Paraden und einem Jahrmarkt gefeiert.

Praktische Informationen

Banco de Guayaquil (Eguiguren Nahe Bernardo Valdivieso) Bank mit Geldautomat.

Clínica San Agustín (☎ 257-0314; Ecke 18 de Noviembre & Azuay) Klinik mit gutem Ruf.

Cyberpower (Ecke Riofrío & Sucre; 1 US$/Std.) Internet.

Ministerio del Medio Ambiente (☎ 258-5421; podocam@impsat.net.ec; Sucre 4-35) Hat Infos zum Parque Nacional Podocarpus.

Post (Ecke Colón & Sucre)

Touristeninformation(iTur; ☎ 258-1251; Ecke Bolívar & Eguiguren) Im Rathaus.

Schlafen

Hotel Londres (☎ 256-1936; Sucre 07-51; EZ/DZ 5/10 US$) Das Hotel Londres hat knarrende Holzfußböden, weiße Wände und durchhängende Betten. Schlichter geht nicht mehr, aber es ist ein Dauerliebling der Traveller.

Las Orquídeas (☎ 258-7008; Bolívar 08-59; EZ/DZ 10/18 US$) An diesem Platz gibt's kleine, saubere, annehmbare Zimmer. Man sollte versuchen, eines mit Fenster zu ergattern.

Hotel Metropolitan (☎ 257-0007; 18 de Noviembre 6-41; EZ/DZ 10/20 US$) Hier nächtigt man in freundlicher Atmosphäre bequem in Zimmern mit Hartholzböden, ordentlichen Betten und Kabelfernsehen (nur meist ohne Fenster).

Central Park Hostal (☎ 256-1103; 10 de Agosto 13-64; EZ/DZ 17/34 US$) Wände, Vorhänge und Satinbettwäsche sind pink, aber wen das nicht stört, der hat hier ein sauberes, gut geführtes Haus gefunden, das seinen Preis wert ist. Einige Zimmer blicken auf den Park.

Essen & Ausgehen

LP Tipp **El Tamal Lojano** (18 de Noviembre 05-12; Hauptgerichte 1–2 US$) Die Leute strömen wegen der ausgezeichneten *quimbolitos, humitas, tamales lojanos* (allesamt köstliche Variationen von Maisklößen) und *empanadas de verde* hierher. Alles probieren!

Casa Sol (24 de Mayo 07-04; Snacks 1–2 US$) Auf einem Balkon mit Blick auf einen kleinen Park werden Getränke und traditionelle Snacks serviert. Abends ist es hier am besten.

El Jugo Natural (Eguiguren 14-20; Imbiss 1–3 US$) Frische Säfte, Joghurtshakes und Obstsalate sind die Stars in diesem kleinen Café.

Galería Cafetería Cultural Cuna de Artistas (Bolívar 09-89; Hauptgerichte 2–5 US$) Dieses unkonventionelle Café ist ein herrlicher Ort für einen Drink am Abend oder einen Happen zu essen, vor allem, wenn gerade Livemusik gespielt wird.

Riscomar (Rocafuerte 09-00; Hauptgerichte 6–7 US$) Im Riscomar werden mit die besten Meeresfrüchte von Loja serviert. In einem einladenden, aber schlicht gehaltenen Speisesaal kann man z. B. köstliche *ceviche* verdrücken.

Casa Tinku (Lourdes zw. Bolivar & Sucre) Das Casa Tinku ist eine muntere kleine Bar mit einer tollen Atmosphäre. An den Wochenenden gibt's meist Livemusik.

Santo Remedio (Alonso de Mercadillo nahe Bernardo Valdivieso) In der lebhaften Kneipe gibt's Tische mit Kerzenschein, einen Hof nach hinten hinaus und an den Wochenenden Bands oder DJs, die Stimmung machen.

An- & Weiterreise

Loja-Besucher landen auf dem Flughafen La Toma in Catamayo, 30 km westlich der Stadt. **TAME** (☎ 257-0248; Av Ortega nahe 24 de Mayo) fliegt täglich nach Quito (82 US$) und dienstags, donnerstags und samstags nach Guayaquil (73 US$). Einen Flughafentransfer (5 US$, 40 Min.) kann man bei **Aerotaxi** (☎ 257-1327, 258-4423) arrangieren.

Lojas Busbahnhof liegt 2 km nördlich der Stadt. Täglich fahren von hier aus mehrere Busse nach Quito (15 US$, 15 Std.), Macará (6 US$, 6 Std.), Guayaquil (9 US$, 9 Std.), Machala (5 US$, 5 Std.), Zamora (2,50 US$, 2 Std.) und Cuenca (7 US$, 5 Std.) sowie zu weiteren Zielen.

EINREISE NACH PERU

Für gewöhnlich kauft man bei **Loja International** (☎ 257-9014, 257-0505) Direktfahrkarten von Loja bis Piura, Peru. Von Loja starten täglich mehrere Busse, halten an der Grenze, damit die Fahrgäste ihre Aus- und Einreise regeln können, und fahren weiter bis Piura. Die gesamte Fahrt dauert neun Stunden (8 US$). Man sollte seine Fahrkarte mindestens einen Tag vor Reiseantritt kaufen. Wenn man die Fahrt von Loja kommend unterbrechen möchte, sollte man das in **Catacocha** tun. Der Bus von Loja nach Piura hält in Catacocha und Macará, man kann also in beiden Städten aussteigen. Für Infos zu Reisen von Peru nach Ecuador, s. S. 944.

Busse nach Vilcabamba (1 US$, 1½ Std.) starten stündlich. Vilcabambaturis hat schnellere Minibusse (1 US$, 1 Std.). Am schnellsten von allen sind die *colectivos taxis* (Sammeltaxis; 1,20 US$, 45 Min.). Sie fahren an der **Ruta 11 de Mayo Taxistop** (Av Universitaria), zehn Blocks südlich der Alonso de Mercadillo gelegen, ab; hin kommt man mit einem einheimischen Taxifahrer.

ZAMORA
☎ 07 / 15 100 Ew.

Friedlich schwitzt diese entspannte Urwaldstadt am tropischen Ufer des Río Zamora vor sich hin. Sie ist das beste Ausgangslager, um das grüne Tiefland des Parque Nacional Podocarpus (S. 613) zu erforschen. Auch wenn es geografisch zum Oriente gehört, ist Zamora (970 m) mit dem Bus von Loja aus (2 Std.) besser zu erreichen als von anderen Städten im Urwald, da diese meist ziemlich weit im Norden liegen. Zu den ordentlichen Budgethotels in der Stadt gehören das **Hotel Chonta Dorada** (☎ 260-6384/7055; hotelchontadorada@hotmail.com; Pío Jaramillo nahe Amazonas; EZ/DZ 9/18 US$) und das **Hotel Gimyfa** (☎ 260-6103; Diego de Vaca nahe Pío Jaramillo; EZ/DZ 9/18 US$). Vogelbeobachter werden sich in einer Hütte in dem schönen privaten Schutzgebiet von **Copalinga** (☎ 09-347-7013; www.copalinga.com; Vía al Podocarpus Km 3; Hütte pro Pers. 23–47 US$) außerhalb der Stadt wohlfühlen; hier kann man auch essen.

Wenn man mit dem Bus durch das Oriente gen Norden weiterfährt, findet man in den Kleinstädten **Gualaquiza** (5 Std.), **Limón** (ca. 9 Std.), **Méndez** und **Sucúa** ein paar einfache Hotels. **Macas** (S. 623) ist in ungefähr 13 bis 15 Stunden zu erreichen.

PARQUE NACIONAL PODOCARPUS

Eines der biologisch gesehenen reichsten Gebiete des Landes und ein herrlicher Park für Entdeckungstouren ist der **Parque Nacional Podocarpus** (Eintritt 10 US$). Er schützt Lebensräume auf Höhen zwischen 3600 m im *páramo* in der Nähe von Loja und 1000 m in den dampfenden Regenwäldern bei Zamora. Die Topographie ist wunderbar wild und komplex, und der Park platzt vor lauter Pflanzen und Tieren aus allen Nähten. Namensgeber des Parque Nacional Podocarpus ist der Podocarpus – der einzige einheimische Nadelbaum Ecuadors.

Der Haupteingang zum Hochlandsektor des Parks befindet sich in **Cajanuma**, etwa 10 km südlich von Loja. Von dort führt ein Weg 8,5 km hoch zur Rangerstation und den Trailheads. Für einen Tagesauflug am besten mit dem Taxi von Loja ganz bis nach oben fahren (rund 10 US$), mehrere Stunden wandern und die 8,5 km/zwei Stunden zu Fuß bis zur Hauptstraße zurückgehen, wo man in einen der vorbeifahrenden Busse einsteigen kann.

Für einen Besuch im tropischen Tieflandsektor fährt man nach Zamora. Von dort mit dem Taxi (einfache Strecke 4 US$) oder zu Fuß die 6 km lange Schotterstraße bis zum **Bombuscaro-Eingang** zurücklegen, wo es eine Rangerstation, Wanderwege, Bademöglichkeiten, Wasserfälle, einen **Campingplatz** (Zeltplatz 3 US$/Pers.) und eine kleine **Hütte** (5 US$/Pers.) ohne Matratzen gibt. Von Vilcabamba aus ist der Zugang auch mit dem Pferd erreichbar.

VILCABAMBA
☎ 07 / 4200 Ew.

Das als Tal der Langlebigkeit geltende Vilcabamba (1500 m) ist berühmt dafür, dass seine Einwohner steinalt werden. Und wen wundert's? Mit so einer ruhigen Lage, einem derart schönen Wetter und einem sooooo entspannten Lebenstempo – wer wollte da schon den Löffel abgeben? Backpacker machen hier halt, um an der heiteren Lebensart teilzuhaben, zu wandern, zu reiten, das Essen zu genießen, sich massieren zu lassen und in den billigen Pensionen von Vilcabamba einfach zu entspannen. Es ist auch ein perfekter Zwischenstopp auf dem Weg nach oder von Peru über **Zumba**.

Bargeld mitbringen; hier gibt's keine Banken! Telefone, Internetcafés und die Post sind dagegen leicht zu finden.

Aktivitäten

In der Gegend kann man herrlich wandern. Der beliebteste Weg führt den Cerro Mandango hinauf (es hat aber Berichte über Raubüberfälle gegeben, also besser vor dem Aufbruch über die Sicherheitslage informieren). Die meisten Führer für Naturliebhaber und Reiter verlangen pro Tag um die 35 US$ (exkl. Parkeintritt). Einen Einblick in die Artenvielfalt der Region liefert das kleine, aber malerische **Rumi Wilco Nature Preserve** (Eintritt 2 US$): Auf seinen insgesamt 7 km Wanderwegen wurden 123 Vogelarten gesichtet. **Orlando Falco** veranstaltet Wanderungen zum Parque Nacional Podocarpus; man findet ihn im

Primavera (Sucre 10-30), seinem Kunsthandwerksladen in der Nähe der Plaza oder in der Rumi Wilco Ekolodge (s. unten). Das **Caballos Gavilan** (☎ 264-0281; gavilanhorse@yahoo.com; Sucre) bietet erschwingliche, wärmstens empfohlene Reitausflüge an, die zwischen vier Stunden und drei Tagen dauern. Mountainbikes mieten kann man bei **El Chino** (Ecke Diego de la Vaca & Toledo) für 1,50 US$ pro Stunde. Hier werden auch Tagestouren mit dem Rad organisiert (ab 18 US$).

Schlafen

Rumi Wilco Ecolodge (www.rumiwilco.com; Zeltplatz 3,50 US$/Pers., EZ/DZ 7/14 US$) In etwa zwölf Minuten ist man zu Fuß von der Stadt aus hier. Die Ökolodge hat mehrere herrliche Hütten für vier Personen (DZ/3BZ/4BZ 26/30/36 US$), ruhige Rückzugsorte mit Hängematten, eine Küche und einen eigenen Trinkbrunnen zu bieten, und auch die einfacheren Ziegelhäuser sind ihren Preis wert. Auf dem Gelände gibt's außerdem Zeltplätze und Wanderwege.

Hostal Las Margaritas (☎ 264-0051; Ecke Sucre & Jaramillo; EZ/DZ 10/20 US$;) In einem großen, schönen Haus mit einem Garten voller Obstbäume liegt dieses von einer Familie geführte *hostal*. Man nächtigt in sauberen Zimmern mit harten Betten und Kabelfernsehen.

Hostería y Restaurante Izhcayluma (☎ 264-0095; www.izhcayluma.com; B 10 US$, EZ 19–24 US$, DZ 28–36 US$;) Die Hostería y Restaurante Izhcayluma punktet mit einem weiten Blick ins Tal, einem Pool, einem Garten voller Blumen, einem ausgezeichneten Restaurant (Hauptgerichte 5–6 US$) und attraktiven Zimmern. Das beliebte Ziel liegt 2 km südlich der Stadt.

Jardín Escondido (☎ 264-0281; Sucre; B 11 US$, Zi. pro Pers. 12–17 US$;) Die Zimmer umgeben einen ruhigen Innenhof, in dem Singvögel zwitschern, und haben allesamt hohe Decken und große Bäder. Zum Frühstück gibt's hausgemachtes Brot und guten Kaffee.

Rendez-Vous Hostal Guesthouse (☎ 09-219-1180; www.rendezvousecuador.com; Diego Vaca de Vega 06-43; EZ/DZ 14/22 US$) Ein traumhafter Ort in der Nähe vom Fluss. Die absolut sauberen Zimmer des Hauses in französischem Besitz (alle mit Hängematte) gehen auf einen schönen Garten hinaus. Das Frühstück mit selbstgemachtem Brot ist im Preis inbegriffen.

Essen & Ausgehen

Natural Yogurt (Bolívar; Hauptgerichte 2–3 US$) Dieses winzige Lokal liegt einen halben Block von der Plaza entfernt und serviert Crêpes und leckere Schüsseln mit Joghurt, Müsli und Obst.

Al Otro Lado (Bolívar; Hauptgerichte 3–5 US$) Das Al Otro Lado geht zur Plaza hinaus. Es hat eine kleine, täglich wechselnde Speisekarte mit frischen Köstlichkeiten wie Quiche, Suppe, Salat, gegrilltem Fleisch und Tartiflette.

Restaurante Vegetariano (Ecke Salgado & Diego Vaca de la Vega; Hauptgerichte 3 US$) In diesem beliebten Familienbetrieb genießt man in einem kleinen Garten ordentliche, vegetarische Drei-Gänge-Menüs.

Jardín Escondido (Ecke Sucre & Agua de Hierro; Hauptgerichte 3–5 US$) Hier wird in schönem Gartenambiente mexikanisches Essen aufgetischt.

Shanta's Bar (Hauptgerichte 3–6 US$; 12–3 Uhr) An der Straße zum Río Yambala gelegen. Zu essen gibt's große Portionen Forelle, Pizza und Froschschenkel, serviert in rustikalem Ambiente unter freiem Himmel.

An- & Weiterreise

Von Transportes Loja fährt alle 90 Minuten ein Bus nach Loja (1 US$, 1½ Std.). Vom Busbahnhof bringen Sammeltaxis bis zu fünf Passagiere auf einmal nach Loja (2 US$, 45 Min.). Nach Zumba (6 US$, 6 Std.), in der Nähe der peruanischen Grenze, starten ebenfalls täglich Busse.

EL ORIENTE

Der ecuadorianische Teil des Amazonasbeckens – auch bekannt als *El Oriente* – ist eines der aufregendsten Reiseziele des Landes. Hier können Reisende auf einer Kanutour auf Kaimane treffen, die in den Schwarzwasserlagunen lauern, Zweifinger-Faultiere und Brüllaffen sehen, nach Piranhas fischen oder durch die wildeste Vegetation wandern, die sie je zu Gesicht bekommen werden. In der Nacht, wenn die Angst vor dem Leben da draußen mal überwunden ist, wiegt einen die psychedelische Symphonie der Insekten und Frösche in den Schlaf.

Dieser Abschnitt des Buches beschreibt den Oriente von Norden nach Süden (s. S. 613 zu den südlichsten Städten der Region.) In den nördlichen Oriente kommen mehr Traveller, während die Region südlich des Río Pastaza ziemlich abgelegen wirkt. Von Quito aus fahren häufig Busse nach Puyo, Tena, Coca und Lago Agrio. Von Cuenca (S. 609) aus verkeh-

EINREISE NACH PERU

Etwa 125 km südlich von Vilcabamba, in der Nähe des abgelegenen Zumba, liegt ein herrlich abgeschiedener Grenzübergang, bekannt als La Balsa. Von Vilcabamba (oder Loja) dauert die Reise nach San Ignacio, Peru, einen ganzen Tag, und dies ist der beste Ort, um die Nacht zu verbringen, bevor man weiterfährt. In Loja starten täglich mehrere Busse von **Transportes Nambija** (7,50 US$, 6 Std.) und Sur Oriente nach Zumba – sie alle halten in Vilcabamba –, und ab Zumba verkehren jeden Tag mehrere *rancheras* (offene Trucks) zur Grenze bei La Balsa (2 US$, 1½–2½ Std.), wo man seinen Ausreisestempel bekommt. Bevor man loszieht, sollte man sich nach den Straßenverhältnissen zwischen Zumba und La Balsa erkundigen. Bei heftigem Regen kann die Straße komplett gesperrt sein.

Auf der anderen Seite der „internationalen Brücke" in Peru stehen *taxis colectivos* (Sammeltaxis), die nach San Ignacio (3 US$, 1½ Std.) fahren. Dort kann man die Nacht verbringen, bevor es weitergeht, zuerst nach Jaén (3 US$, 3 Std.), von dort nach Bagua Grande (1 Std.) und schließlich nach Chachapoyas (S. 958, 3 Std.), die erste nennenswerte Stadt. Von Jaén aus erreicht man auch Chiclayo (S. 941) an der peruanischen Küste.

Infos zum Grenzübergang von Peru kommend stehen auf S. 944.

---

ren Busse über Limón bis Macas. Die Busse aus der südlichen Hochlandstadt Loja (S. 611) fahren über Zamora nach Limón und weiter nach Macas. Von Macas führt eine Straße nach Puyo und zum nördlichen Oriente. Es ist auch möglich – wenngleich anstrengend – über den Río Napo nach Peru und an den Amazonas zu reisen.

LAGO AGRIO
☎ 06 / 34 100 Ew.

Wenn man nicht gerade auf hektische Grenzstädte steht, ist Lago für Touristen hauptsächlich anziehend wegen seines Status als Ausgangspunkt zum nahe gelegenen Naturreservat von Cuyabeno (S. 615). Der am Sonntagmorgen stattfindende **Markt** wird von indigenen Cofan besucht und könnte durchaus einen Besuch wert sein. Von Lago aus eine Tour nach Cuyabeno zu buchen, kann schwierig werden: Die meisten Leute haben die Tour im Voraus gebucht und reisen von Quito aus an, die Führer tauchen auf, und am nächsten Morgen sind alle verschwunden.

Wer über Nacht in der Stadt bleibt, sollte das **Hotel Selva Real** (☎ 283-3867; Ecke Av Quito & Colombia; Zi. pro Pers. 15–20 US$) oder das **Hotel D'Mario** (☎ 283-0172; hotelmario@andinanet.net; Av Quito 1-171; Zi. pro Pers. 17–40 US$; ❊ ▢ ▢) ausprobieren. Beide liegen an der Hauptstraße, wo man auch fast alle anderen Lokalitäten findet. Im D'Mario gibt es eine beliebte Pizzeria.

Gefahren & Ärgernisse
Da die Konflikte im benachbarten Kolumbien heftiger werden, haben sich Grenzstädte wie Lago Agrio in beliebte Zufluchtsorte für kolumbianische Guerillakämpfer, antirebellische Paramilitärs und Drogenschmuggler verwandelt. Bars und Nebenstraßen können unsicher sein, also besser auf der Hauptstraße bleiben, besonders abends. Touristen haben selten Probleme, aber Vorsicht ist trotzdem geboten.

An- & Weiterreise
Der Flughafen liegt 5 km östlich der Stadt; ein Taxi dorthin kostet 3 US$. **TAME** (☎ 283-0113; Orellana nahe 9 de Octubre) und **Icaro** (☎ 283-2370/1, 288-0546; am Flughafen) fliegen montags bis samstags nach Quito (43–56 US$); am besten im Voraus buchen.

Der Busbahnhof befindet sich etwa 2 km nordwestlich vom Zentrum. Nach Quito (7 US$, 8 Std.) bestehen regelmäßige Busverbindungen. Es fahren täglich ein oder zwei Busse (meist über Nacht) nach Tena (7 US$, 8 Std.), Cuenca, Guayaquil (14 US$, 14 Std.) und Machala. Die Busse nach Coca halten üblicherweise nicht am Busbahnhof. Man muss auf der Av Quito im Zentrum einen *ranchera* anhalten (Lastwagen mit offener Seite; 3 US$, 2½ Std.) – man kann die Einheimischen fragen, wo das am besten klappt.

RESERVA DE PRODUCCIÓN FAUNÍSTICA CUYABENO
Dieses herrliche, sich über 6034 km² erstreckende Reservat (Eintritt 20 US$) schützt die Regenwaldheimat der Siona, Secoya, Cofan, Quichua und Shuar. Außerdem schützt es die Wasserscheide des Río Cuyabeno, in dessen Regenwaldseen und Sümpfen faszinierende

Wasserbewohner wie Flussdelfine, Seekühe, Kaimane und Anakondas leben. Es gibt hier jede Menge Affen und Vögel, und auch von Sichtungen von Tapiren, Nabelschweinen, Agutis und verschiedenen Katzenarten wurde schon berichtet. Obwohl es zahlreiche Ölkatastrophen gegeben hat, sind große Teile des Reservats unberührt geblieben und einen Besuch wert. Das Reservat auf eigene Faust zu erkunden, ist fast unmöglich; die meisten Besucher arrangieren eine Tour von Quito (S. 576) oder Coca aus. Die nächstgelegene Stadt ist Lago Agrio.

COCA
☎ 06 / 18 300 Ew.

Wer zu den Leuten gehört, die gern in der tropischen Hitze vor sich hin brüten, ein Bierchen zischen und das Straßenleben der Kleinstadt beobachten, wird sich in Coca sicher eigenartig wohl fühlen. Ansonsten ist es einfach eine staubige, glühend heiße Ölstadt und kaum mehr als der letzte Stopp, bevor man in ein motorisiertes Kanu steigt, um den gewaltigen Río Napo herunterzufahren. Die Stadt ist allerdings ein guter Ort, um Führer für Touren nach Pañacocha, Cuyabeno und zum Parque Nacional Yasuní (S. 618) anzuheuern.

Praktische Informationen

Andinatel (Ecke Eloy Alfaro & 6 de Diciembre)

Banco del Pinchincha (Ecke Bolívar & 9 de Octubre) Bank mit Geldautomat.

Casa de Cambio 3R (Ecke Napo & García Moreno) Löst Reiseschecks ein.

Imperial Net (García Moreno; 1,80 US$/Std.) Internetzugang.

Post (Napo nahe Cuenca)

Touristeninformation (Ecke García Moreno & Quito)

Geführte Touren

Coca liegt näher an großen Flächen von unberührtem Urwald als Misahuallí, aber damit es sich hier lohnt, einen Führer zu mieten, sollte man mindestens zu viert sein. Fahrten den Río Tiputini hinunter und in den Parque Nacional Yasuní sind möglich, dauern aber mindestens eine Woche. Für einen Besuch in einem Huaorani-Dorf benötigt man die schriftliche Erlaubnis der jeweiligen Gemeinde – man sollte sicher gehen, dass der engagierte Führer diese besitzt. In Coca sind die einheimischen Tourenanbieter weniger geworden, man bucht daher am besten in Quito. Es gibt allerdings noch immer ein paar selbstständige Führer in der Stadt.

Tropic Ecological Adventures (☎ 02-222-5907; www.tropiceco.com; Av de la República E7-320, Apt. 1A, Quito) veranstaltet Touren zu einer ökologisch einwandfreien Lodge im Gebiet der Huaorani, die von der Ecotourism Association of Quehueríkono betrieben wird. Die Organisation vertritt fünf Gemeinden am oberen Río Shiripuno und veranstaltet von Coca aus Tagestouren sowie ein- oder zweitägige Fahrten ins Gebiet der Secoya.

Kem Pery Tours (☎ 02-250-5600; www.kempery.com; Ecke Ramíres Dávalos 117 & Amazonas, Quito; Lodge mit/ohne Bad 3 Nächte 330/310 US$, 4 Nächte 370/350 US$) leitet Touren zur Bataburo Lodge, am Rande des Huaorani-Gebiets, von Coca aus mit Boot oder Bus etwa neun Stunden entfernt. Dort kann man mit motorisierten Kanus auf den abgelegenen Flüssen Río Giguino und Río Cononaco umherschippern und auf kombinierten Touren wilde Tiere beobachten und Kultur erleben. Das Betreten des Huaorani-Gebiets kostet 20 US$. Die Führer sind zweisprachig und hier geboren. Die Agentur veranstaltet auch längere Fahrten in diese Region, bei denen man zeltet.

Der einheimische Huaorani Otobo und seine Familie betreiben die **Otobo's Amazon Safari** (www.rainforestcamping.com; 7-Tage-Tour inkl. Flug 1540 US$/Pers.), ein abgelegenes Fleckchen am Río Cononaco mit Zelten auf Plattformen und einer strohgedeckten Lodge. Die Besucher können mit einem Englisch sprechenden Führer im Parque Nacional Yasuní herumwandern sowie Lagunen und ein einheimisches Dorf besichtigen. Hin kommt man von Puyo aus mit einem kleinen Flugzeug und dann von Coca und der Vía Auca aus mit einem motorisierten Kanu; wer für die ganze Strecke das Kanu nimmt, kommt günstiger weg.

Drei unabhängige, empfehlenswerte Führer: **Jarol Fernando Vaca** (☎ 02-227-1094; shiripuno2004@yahoo.com), ein in Quito lebender Naturliebhaber und Spezialist für Schmetterlinge, bringt Besucher in das Shiripuno-Gebiet; er ist von den Huaorani autorisiert, auf ihrem Territorium zu führen. **Sandro Ramos** (sandroidalio@hotmail.com) leitet ebenfalls Touren in den Parque Nacional Yasuni, das Gebiet der Huaorani und nach Iquitos, Peru. **Luis Duarte** (☎ 288-2285; cocaselva@hotmail.com) organisiert individuelle Touren, z. B. Flussfahrten nach Peru oder Übernachtungen bei Huaorani-Familien; man findet ihn im La Casa del Maito (S. 617).

Schlafen & Essen

Die günstigeren Hotels in Coca sind schäbig, überteuert und von Ölarbeitern immer schnell ausgebucht.

Hotel Oasis (☎ 288-0206; yuturilodge@yahoo.com; Camilo de Torrano s/n; EZ/DZ mit Ventilator 9/12 US$, mit Klimaanlage 12/25 US$) Die Zimmer sind verwohnt, aber es gibt eine schöne Terrasse mit Blick über den Fluss. Das Personal arrangiert Touren zu den Ökolodges am Río Napo.

Hotel Lojanita (☎ 288-0032; Ecke Napo & Cuenca; EZ/DZ mit Ventilator 10/16 US$, mit Klimaanlage 15/25 US$; 🍴) Dieses kürzlich renovierte Hotel ist eine gute Wahl, wenn man einen Bus erreichen will. Die besten Zimmer bieten weiße Wände, saubere Bettwäsche und hohe Decken.

Hostería La Misión (☎ 288-0260; Camilo de Torrano s/n; EZ/DZ 24/36 US$; 🍴 🏊) Eine altbewährte Institution in Coca. Man nächtigt in kleinen Zimmern mit Blick über den Río Napo. Mehrere Pools und ein Restaurant am Fluss machen das La Misión noch attraktiver.

Hotel El Auca (☎ 288-0127/600; helauca@ecuanex.net.ec; Napo; EZ/DZ ab 26/42 US$) Das Auca ist das schönste Hotel von Coca und bietet sowohl Tourgruppen als auch Ölarbeitern Obdach (mal ganz abgesehen von den zahmen Urwaldviechern, die im Garten umherstreunen).

Essen & Ausgehen

Die Restaurants der **Hostería La Misión** (Camilo de Torrano s/n) und im Hotel El Auca gelten als die besten der Stadt.

Las Delicias (Ecke Napo & Cuenca; Hauptgerichte 1,50 US$) Grillhähnchen und Pommes.

La Casa del Maito (Malecón; Hauptgerichte 2,50 US$) Für die Spezialität des Hauses, himmlischen *maito* (in Blättern gekochter Fisch), quetscht man sich hier zwischen laute Einheimische.

Cevichería Rincón Manaria (Quito zw. Cuenca & Bolívar; Hauptgerichte 4–7 US$) In diesem lebhaften Lokal sorgen voll besetzte Tische, große Schüsseln *ceviche* und laute Musik für eine Strandparty-Atmosphäre.

Emerald Forest Blues (Ecke Espejo & Quito) Von einem beliebten, einheimischen Führer geleitete freundliche, kleine Bar.

El Bunker (Hostería La Misión, Camilo de Torrano s/n) In diesem verqualmten Tanzklub im Keller gibt's flottes Reggaeton auf die Ohren.

An- & Weiterreise

BUS

Die Büros der Busgesellschaften befinden sich in der Stadt und am Busbahnhof, nördlich vom Zentrum. Mehrere Busse pro Tag fahren nach Quito (10 US$, 9 Std. via Loreto, 13 Std. via Lago Agrio), Tena (7 US$, 6 Std.) und Lago Agrio (3 US$, 3 Std.) und in andere Dschungelstädte. Die als *rancheras* oder *chivas* bezeichneten Laster mit den offenen Seitenwand bedienen vom Busbahnhof aus verschiedene Reiseziele zwischen Coca und Lago Agrio und fahren zum Río Tiputini im Süden.

FLUGZEUG

Der Flughafen liegt 2 km nördlich der Stadt. **TAME** (☎ 288-1078; Ecke Napo & Rocafuerte) und **Icaro** (☎ 288-0997/546; www.icaro.com.ec; La Misión, Hostería La Misión) fliegen montags bis samstags nach Quito (43–57 US$). Vorab buchen!

SCHIFF/FÄHRE

Montags und donnerstags fährt um 8 Uhr eine Passagierfähre von **Coop de Transportes Fluviales Orellana** (☎ 288-0087; Napo nahe Chimborazo) nach Nuevo Rocafuerte (15 US$, 10 Std.) an der peruanischen Grenze. Die Rückfahrt nach Coca von Nuevo Rocafuerte ist sonntags, dienstags und freitags um 17 Uhr. Obwohl zum Mittagessen meist angelegt wird, sollten Fährgäste für die Reise etwas zu Essen und Wasser mitbringen. Wer auf dem Flussweg ankommt oder von dort abfährt, muss beim *capitanía* (Büro des Hafenmeisters) an den Landungsbrücken seinen Pass vorlegen und sich registrieren lassen. Bei geführten Touren kümmert sich darum dann meist der Guide.

RÍO NAPO

☎ 06

Östlich von Coca fließt der Río Napo geradewegs nach Peru und Richtung Amazonas. An dieser langen, einsamen Flussstrecke stehen einige der besten Dschungellodges von Ecuador. Außer an Bord der Fähre nach Nuevo Rocafuerte ist die Flussfahrt allerdings teuer. Bei Gästen einer Lodge ist der Transport im Paket inbegriffen.

Pompeya ist eine katholische Mission, die von Coca aus etwa zwei Stunden flussabwärts am Río Napo in der Nähe des **Reserva Biológica Limoncocha** liegt. Heute, da es eine Straße gibt und in der Nähe Ölbohrungen stattfinden, ist das Gebiet eher ein bisschen deprimierend und nicht gerade geeignet, um Tiere und Pflanzen zu beobachten. Die Gegend lässt sich mit dem Bus von der Ölstadt **Shushufindi** aus, die eine Stunde von Coca und Lago Agrio entfernt liegt, relativ leicht erreichen.

> **EINREISE NACH PERU**
>
> Aus- und Einreiseformalitäten für Ecuador werden in Nuevo Rocafuerte erledigt. In Peru hat man die besten Chancen, sie in Pantoja abzuwickeln, mit Iquitos als Alternative. Der offizielle Grenzübergang ist bei Pantoja, eine kurze Fahrt von Nuevo Rocafuerte entfernt. Von Nuevo Rocafuerte kostet die Fahrt mit dem Boot nach Pantoja 40 US$. Das Timing ist elementar: Von Pantoja fahren vier oder fünf **Frachter** (☎ 51-6-524-2082; 35 US$) nach Iquitos (eine fünf bis sechs Tage lange Reise), wenn sie genug Ladung haben, damit die Fahrt sich lohnt. Man ruft am besten einen der Besitzer an, um zu fragen, wann sie ankommen. Es ist zu empfehlen, eine Hängematte und Trinkwasser sowie Verpflegung mitzunehmen – das Essen an Bord kann etwas merkwürdig sein. Und man sollte gewarnt sein, dass es oft recht derb zugeht: Es gibt vielleicht nur einen Waschraum, man hat jede Menge Vieh an Bord und alles ist überfüllt. Die Boote sind in der Qualität sehr verschieden, aber wer lange auf eines gewartet hat, ist nicht mehr wählerisch.
> Wer in der anderen Richtung unterwegs ist, findet auf S. 971 Informationen.

Von Coca aus etwa fünf Stunden flussabwärts liegt **Pañacocha**, eine weitere Siedlung, die man auf eigene Faust besuchen kann. Es gibt dort eine traumhaft schöne Schwarzwasserlagune mit tollen Möglichkeiten zum Piranhafangen und einer unglaublichen biologischen Vielfalt zwischen Nebelwald und Trockenwald. Touren ab Coca machen hier Halt, aber eine Fahrt mit dem öffentlichen Kanu nach Nuevo Rocafuerte (S. 617) ist aufregender. Eine günstige Übernachtungsmöglichkeit bietet die **Pensión Las Palmas** (am Fluss; Zi. 3 US$/Pers.), aber selbst Campen ist möglicherweise bequemer. Preiswerte *comedores* (Speiselokale), darunter Elsita und Delicia, befinden sich in Blickweite des Bootsanlegers.

Wer es bequemer mag, sich einen Naturführer und leckeres Essen wünscht, sollte vielleicht in einer Lodge übernachten. Die günstigste in der Region ist die **Yuturi Lodge** (Yuturi Jungle Adventures in Quito; ☎ 02-250-4037/3225; www.yuturilodge.com; Ecke Amazonas N24-236 & Colón; Pakete mit 4 Übernachtungen 350 US$/Pers.), die gute Kritiken bekommen hat. Die **Sani Lodge** (in Quito, Karte S. 570 f.; ☎ 02-255-8881; www.sanilodge.com; Roca 736, Pasaje Chantilly; Pakete mit 3/4/7 Übernachtungen 510/680/1020 US$/Pers.) ist ein wundervolles Fleckchen. Die Führer und der Service sind ausgezeichnet, und der Preis überzeugt.

Der Río Napo fließt direkt außerhalb der nördlichen Grenze des Parque Nacional Yasuní, bis er schließlich in Nuevo Rocafuerte in Peru mündet.

NUEVO ROCAFUERTE
☎ 06

Nuevo Rocafuerte, für die meisten nur ein abgelegener Fleck auf der Landkarte, liegt fünf Stunden flussabwärts von Pañacocha (8–10 Std. von Coca aus) am Ende einer wirklich anstrengenden Reise zur peruanischen Grenze. Das sehr einfache **Parador Turístico** (☎ 238-2133; hinter dem Büro der Nationalpolizei; Zi. pro Pers. mit Gemeinschaftsbad 3–5 US$) ist schnell ausgebucht, weil dies die einzige Unterkunft in der Stadt ist. Ein paar winzige Lädchen verkaufen Grundnahrungsmittel; wen es nach einer warmen Mahlzeit gelüstet, der muss sich umhören. Strom gibt's nur zwischen 18 und 23 Uhr. Führungen vor Ort und Touren auf dem Río Yasuní zum Parque Nacional Yasuní können von Juan Carlos „Chuso" Cuenca (☎ 238-2182) arrangiert werden.

Wer nach Peru weiterreist, sollte weit im Voraus planen, sonst sitzt man hier möglicherweise einige Zeit fest. Man sollte zur Sicherheit einen ausreichenden Vorrat an Wasserentkeimungstabletten, Insektenschutz und Essen mitbringen. Die Anbieter in Coca (S. 616) organisieren Dschungeltouren, die nach Iquitos, Peru, führen.

PARQUE NACIONAL YASUNÍ

Ecuadors größter **Park** (Eintritt 20 US$) auf dem Festland ist ein riesiger, 9620 km^2 großer Streifen mit Feuchtgebieten, Marschen, Sümpfen, Seen, Flüssen und tropischem Regenwald. Die unterschiedlichsten Regenwaldbewohner sind hier zu Hause, nämlich neben Pflanzen und Tieren auch Huaorani-Gemeinschaften. Leider schaden die Wilderei und immer mehr auch die Ölgewinnung dem Park.

Den Park ganz auf eigene Faust zu besuchen ist schwierig, aber die Anbieter in Coca (S. 616) und Quito (S. 576) veranstalten geführte Touren. Zu den empfehlenswerten Einzelführern gehören **Oscar Tapuy** (in Quito ☎ 02-288-1486; ta23@yahoo.com), einer der besten Führer des Landes für Vogelbeobachtungstrips, und **Jarol Fernando Vaca** (in Quito ☎ 02-224-1918; shiripuno2004@yahoo.com), ein in Quito ansässiger Naturforscher und Experte für Schmetterlinge. Beide sprechen Englisch, und Jarol ist sogar von den Huaorani autorisiert, Führungen auf ihrem Territorium vorzunehmen.

TENA
☎ 06 / 28 000 Ew.

Ecuadors Wildwasserhauptstadt (518 m) befindet sich dort, wo zwei wundervolle Flüsse – der Río Tena und der Río Pano – zusammenfließen und lockt Paddler aus der ganzen Welt an. Es ist eine hübsche, relaxte Stadt, wo in den Hotels vor den Zimmertüren Kajaks herumliegen und Bootsfahrer sich in Pizzerien die Zeit vertreiben und über ihren Tag in den Stromschnellen schwadronieren. Rafting ist leicht zu organisieren, und verschiedene Anbieter veranstalten interessante Dschungeltouren.

Praktische Informationen
Banco del Austro (15 de Noviembre) Löst Reisescheks ein; es gibt einen Geldautomaten.
Cucupanet (Hauptplaza/Mera; 1,20 US$/Std.) Internetzugang.
Polizei (☎ 288-6101; Hauptplaza)

Sehenswertes & Aktivitäten
Wenn man über eine kleine Brücke zum **Parque Amazónico** (zw. Ríos Pano & Tena; Eintritt 2 US$; 8.30–17 Uhr) schlendert, kann man auf einer

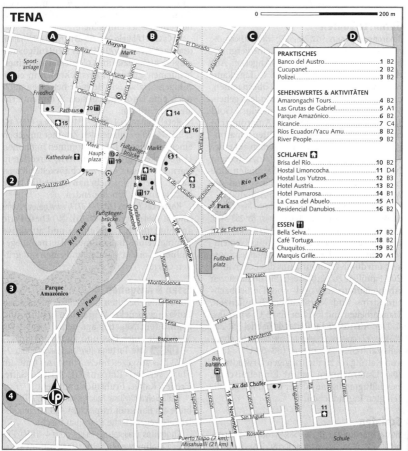

PRAKTISCHES	
Banco del Austro	1 B2
Cucupanet	2 B2
Polizei	3 B2

SEHENSWERTES & AKTIVITÄTEN	
Amarongachi Tours	4 B2
Las Grutas de Gabriel	5 A1
Parque Amazónico	6 B2
Ricancie	7 C4
Ríos Ecuador/Yacu Amu	8 B2
River People	9 B2

SCHLAFEN	
Brisa del Río	10 B2
Hostal Limoncocha	11 D4
Hostal Los Yutzos	12 B3
Hotel Austria	13 B2
Hotel Pumarosa	14 B1
La Casa del Abuelo	15 A1
Residencial Danubios	16 B2

ESSEN	
Bella Selva	17 B2
Café Tortuga	18 B2
Chuquitos	19 B2
Marquis Grille	20 A1

27 ha großen Insel einem ausgeschilderten Pfad folgen, der einen an gekennzeichneten Pflanzen und Tiergehegen vorbeiführt.

Die Hauptattraktion in Tena ist das Wildwasser-Rafting, das für Adrenalinschocks in atemberaubender Ur- und Nebelwaldlandschaft sorgt. Je nach Schwierigkeitsgrad kosten die Tagestouren 50 bis 75 US$ pro Person. **Ríos Ecuador/Yacu Amu** (☎ 288-6727; www.riosecuador.com; Orellana) ist schon lange im Geschäft und veranstaltet verschiedene Tagesausflüge sowie einen viertägigen Kajakkurs (330 US$). Das von Briten geführte **River People** (☎ 288-8384; www.riverpeopleraftingecuador.com; Ecke 15 de Noviembre & 9 de Octubre) ist ein Spitzenausrüster, der gute Kritiken erhalten hat. Das angeschlossene Café unter freiem Himmel, Sticky Fingers, bietet sich fürs Frühstück an.

Geführte Touren

Amarongachi Tours (☎ 288-6372; www.amarongachi.com; 15 de Noviembre 438) hat eine Reihe vergnüglicher Dschungelausflüge im Angebot. Auf den Touren (45 US$ pro Pers. & Tag) kann man bei Familien im Urwald übernachten, einheimische Gerichte essen, wandern gehen, Wasserfälle hinaufklettern, im Fluss Gold schürfen und schwimmen. Amarongachi betreibt auch die herrlichen Hütten Amarongachi und Shangrila; Letztere stehen auf einer Klippe, 100 m über dem Río Anzu (einem Nebenfluss des Río Napo). Sie bieten eine herrliche Aussicht auf den Fluss und die Möglichkeit zu weniger wilden Aktivitäten.

Ricancie (Indigenes Netzwerk am Oberen Napofluss für interkulturellen Austausch & Ökotourismus; ☎ 288-8479; www.ricancie.nativeweb.org; Ecke Av El Chofer & Vasco) wird ebenfalls empfohlen. Zehn Quichua-Gemeinschaften haben sich hier zusammengeschlossen, um durch Ökotourismus das Leben ihrer 200 Familien zu verbessern. Sie organisieren Abenteuertouren, Vogel- und Tierbeobachtungstrips und Kurse über Heilpflanzen, Handarbeiten und Kochen für 45 US$ pro Tag.

Der Ausrüster **Las Grutas de Gabriel** (☎ 288-7894; www.lasgrutasdegabriel.com; Calderón) bietet ebenfalls zahlreiche Abenteuer (30–50 US$/Tag), von Rafting bis zu mehrtägigen Urwaldtrips. Das Unternehmen gehört Einheimischen, beschäftigt indigene Führer und hilft benachteiligten Jugendlichen.

Schlafen

Hostal Limoncocha (☎ 288-7583; limoncocha@andinanet.net; Ita 533; Zi. pro Pers. mit/ohne Bad 8/5 US$) Muntere Backpackerabsteige mit Gästeküche, handgefertigten Wandgemälden und sauberen, privaten Bädern.

Residencial Danubios (☎ 288-6378; 15 de Noviembre; Zi. pro Pers. 6 US$) Saubere Zimmer mit Fliesenboden und freundlicher Service machen das Danubios zu einer Wahl, die ihren Preis wert ist (trotz kalter Duschen).

Brisa del Río (☎ 288-6444/208; Orellana; Zi. mit meinschaftsbad 7 US$/Pers.) Freundliche Besitzer und helle, geräumige Zimmer mit Ventilatoren sind die Trümpfe dieses *hostal* am Flussufer. Die Gemeinschaftsbäder sind super sauber, einige Zimmer blicken auf den Fluss.

Hotel Austria (☎ 288-7205; Tarqui; Zi. 12 US$/Pers.) Vor diesem großen, abgeschlossenen Haus stehen gestutzte Büsche und Stühle aus Adirondackholz. Es wird wegen seiner hellen Zimmer mit hohen Decken, Ventilatoren und heißem Wasser empfohlen.

La Casa del Abuelo (☎ 288-6318; runanambi@yahoo.com; Mera 628; EZ/DZ 15/20 US$) Das weitläufige, neu eingerichtete Haus im Kolonialstil mit seinen bequemen Zimmern versteckt sich in einer ruhigen Straße. Die Besitzer betreiben auch noch eine ländliche Pension, 5 km entfernt am Fluss gelegen.

Hotel Pumarosa (☎ 287-0311; Orellana; EZ/DZ 15/25 US$; ❄) Die einladenden Zimmer umgeben einen schattigen Hof und kommen mit hohen Holzdecken, großen Fenstern, zuverlässig warmem Wasser und verschnörkelter Kunst daher. Die Disko nebenan sorgt für laute Nächte an den Wochenenden.

Hostal Los Yutzos (☎ 288-6717; www.geocities.com/losyutzos; Rueda 190; EZ/DZ 34/45 US$; ❄) Diese Perle am Flussufer hat geräumige und attraktive Zimmer, einen Balkon mit hölzernen Liegestühlen zum Entspannen und einen satt grünen Garten.

Essen & Ausgehen

Für Mutige bereiten die Grillstände auf der Fußgängerbrücke Würstchen, Huhn und *guanta* (ein Nagetier aus dem Urwald) zu. Man findet auch Bier und Tische am Fluss.

LP Tipp Café Tortuga (Orellana; Hauptgerichte 2–4 US$) Das ausgezeichnete Schweizer Café am Fluss serviert Empanadas, frische Säfte, Crêpes, Kaffee, Frühstück und mehr.

Bella Selva (Orellana; Hauptgerichte 2–6 US$) Pizzabude am Fluss mit tropischen Anklängen, die leckere vegetarische Pizzen auftischt.

Chuquitos (Hauptplaza; Hauptgerichte 4–6 US$) Ein alter Liebling wegen seiner Terrasse am Wasser und der abwechslungsreichen Karte, auf der auch köstlicher Fisch zu finden ist.

Marquis Grille (☎ 288-6513; Amazonas 251; Hauptgerichte 6–20 US$; ☻ Mo–Sa) Weiße Tischdecken, klassische Musik und aufmerksamer Service machen dies zum formellsten Restaurant weit und breit. Es gibt chilenischen Wein, gedünsteten Buntbarsch, sättigende Pasta und Hummer. Das Strohdach im Auge behalten: Hier wohnt ein Faultier.

An- & Weiterreise
Der Busbahnhof liegt weniger als 1 km südlich der Hauptplaza. Täglich fahren mehrere Busse nach Quito (6 US$, 6 Std.), Lago Agrio (7 US$, 8 Std.), Coca (7 US$, 6 Std.), Baños (4 US$, 4 Std.) und in weitere Orte. Die Busse nach Misahuallí (1 US$, 1 Std.) starten stündlich vor dem Busbahnhof.

MISAHUALLÍ
☎ 06

Eine der verschlafensten Urwaldstädte im Oriente ist Misahuallí. Sie liegt umgeben von Grün am Zusammenfluss zweier großer Flüsse und buchstäblich am Ende der Welt. In der Stadt gibt's beliebte Sandstrände und eine berühmte Affenhorde, die Besuchern gerne Sonnenbrillen und Kameras entreißt. Auch wenn Tierbeobachtungen hier nicht gerade der Magnet sind, ist es doch herrlich, hier spazieren zu gehen und eine Vielzahl von Urwaldvögeln, tropische Blumen, Ameisenarmeen, schillernde Schmetterlinge und andere Insekten zu sehen.

Eine Bank gibt's nicht, also genug Bargeld mitbringen.

Aktivitäten
Die unbefestigten Straßen rund um Misahuallí laden zu entspannten Spaziergängen zu abgelegenen Dörfern ein. Schwimmen und Picknicken kann man an einem der nahe gelegenen **Wasserfälle** – hin bringt einen ein Misahuallí–Puerto-Napo-Bus; den Fahrer bitten, bei Río Latas, etwa 20 Minuten von Misahuallí entfernt, zu stoppen, und nach *el camino a las cascadas* (dem Pfad zum Wasserfall) fragen. Man folgt dem Fluss etwa eine Stunde lang stromaufwärts bis zu den Fällen; sich auf Wassertreten einstellen!

Der **Butterfly Farm** (Eintritt 2,50 US$; ☻ 8.30–12 & 14–17 Uhr) sollte man unbedingt einen Besuch abstatten. Sie befindet sich einen Block von der Plaza entfernt.

Geführte Touren
Wer Pflanzen und wilde Tiere sehen möchte, muss sich weit von Misahuallí entfernen und einen erwiesenermaßen erfahrenen, lizenzierten Führer engagieren (nicht die Schlepper an der Hauptplaza!). Die angebotenen Touren dauern zwischen einem und zehn Tagen. Der Preis, der meist den Führer, Verpflegung, Wasser, Unterkunft (vom Campen im Urwald bis zu bequemen Lodges ist alles dabei) und Schlauchboote beinhaltet, liegt in der Regel bei 35 bis 45 US$ pro Person und Tag.

Die folgenden Führer und Anbieter sind zu empfehlen:

Douglas Clarke's Expeditions (☎ 289-0002; douglasclarkeexpediciones@yahoo.com) Leser haben diesen altbewährten Anbieter empfohlen. Bei den meisten Übernachtungen wird gezeltet, und man spricht etwas Englisch.

Ecoselva (☎ 289-0019; ecoselva@yahoo.es; Hauptplaza) Pepe Tapia González nimmt Besucher auf spaßige Touren (1–10 Tage) mit Übernachtung in rustikalen Lodges oder Dschungelcamps mit. Er spricht Englisch, hat biologische Kenntnisse und weiß viel über Pflanzen und Insekten.

Luis Zapata (☎ 289-0071; zorrozz_2000@yahoo.com) Unabhängiger Führer mit gutem Ruf, der Englisch spricht.

Misahuallí Tours (☎ 288-7616; Hauptplaza) Der erfahrene, sehr respektierte Carlos Lastra führt Touren am oberen Río Napo durch.

Schlafen & Essen
Die Wasser- und Stromversorgung fällt hier häufig aus, und die meisten Hotels sind sehr einfach.

Hostal Marena Internacional (☎ 289-0002; Av Principal; EZ/DZ 6/12 US$) Die netten, gefliesten Zimmer, einen halben Block von der Plaza entfernt, haben Bäder mit heißem Wasser und gehören Douglas Clarke's Expeditions.

Hostal Shaw (☎ 289-0019; Hauptplaza; EZ/DZ 6/12 US$) Dieses *hostal* wird von Ecoselva geführt und bringt seine Gäste in einfachen Zimmern mit Ventilatoren und eigenen Bädern mit heißem Wasser unter. Unten gibt's ein Café mit leckerem Angebot.

El Paisano (☎ 289-0027; Rivadeneyra; EZ/DZ 8/16 US$) Backpackertreff in der Nähe der Plaza. Man nächtigt in Zimmern mit Zementboden, winzigen Bädern mit heißem Wasser, Ventilatoren und Moskitonetzen. Das Restaurant im Freien serviert vegetarische Gerichte.

France Amazonia (☎ 289-0009; www.france-amazonia.com; Av Principal; EZ/DZ 18/36 US$; ☒) In französischer Hand. Direkt außerhalb der Stadt säumen schattige, strohgedeckte Hütten einen glitzernden Pool und eine sandige Feuerstelle. Die Betten sind ultraschmal, aber die Zimmer sind angenehm.

An- & Weiterreise
Die Busse nach Tena (1 US$, 1 Std.) starten stündlich an der Plaza.

JATUN-SACHA-BIORESERVAT
Das **Jatun-Sacha-Bioreservat** (Eintritt 7 US$) liegt am Südufer des Río Napo, etwa 7 km östlich von Misahuallí. Seine biologische Station und das Regenwaldschutzgebiet dienen dem Schutz von 850 Schmetterlings- und 535 Vogelarten. Es wird von der ecuadorianischen Nonprofit-Organisation **Fundación Jatun Sacha** (☎ 02-331-7163; www.jatunsacha.org) geführt. Man kann das Reservat auf einem Tagesausflug besuchen oder in den **Cabañas Aliñahui** (☎ 02-227-4510; www.ecuadoramazonlodge.com; EZ/DZ inkl. 3 Mahlzeiten 50/100 US$) übernachten; für letztere Option muss man allerdings vorab buchen.

Man erreicht Jatun Sacha und die Cabañas Aliñahui von Tena aus: einen Bus nach Ahuano oder Santa Rosa nehmen und den Fahrer bitten, an einem der Eingänge zu stoppen. Aliñahui liegt etwa 3 km östlich von der Jatun-Sacha-Forschungsstation und 27 km östlich von Tena an der Straße nach Santa Rosa.

PUYO
☎ 03 / 35 000 Ew.

Ein träger Fluss schlängelt sich durch dieses abgelegene Fleckchen aus Beton, eine Mischung aus lieblicher Urwaldstadt und Handels- und Regierungszentrum. Die Straßen sind voller Missionare, Verkäufer mit ihren Karren und einheimischen Bewohnern aus den entferntesten Winkeln des Amazonas. Dichter, grüner Urwald gedeiht rund um die Stadtränder, in der Ferne erheben sich zerklüftete, schneebedeckte Gipfel. Puyo ist ein gutes Basislager für Besuche in indigenen Dörfern.

Die wichtigsten Straßen mit den meisten Dienstleistungen in der Innenstadt sind Marín und Atahualpa.

Praktische Informationen
Banco del Austro (Atahualpa) Bank mit Geldautomat.
Cámara de Turismo (☎ 288-3681; Centro Commercial Zuñiga, Marín; Mo–Fr 8.30–12.30 & 15–18 Uhr) Hat Karten und Informationen.

Sehenswertes & Aktivitäten
Nördlich der Innenstadt führt eine Brücke über den Río Puyo und zum **Parque Omaere** (www.fundaciónomaere.org; Eintritt 3 US$; 9–17 Uhr); der faszinierende, ethnobotanische Park mit Regenwaldpflanzen und indigenen Siedlungen liegt weniger als 1 km vom Stadtzentrum entfernt. Ein schöner **Wanderweg** (*paseo turístico* genannt) passiert Omaere und geht weitere 1,7 km am Fluss entlang zur Straße von Puyo nach Tena; hier kann man alle 20 Minuten einen Bus in die Stadt anhalten, oder man wandert einfach wieder zurück.

Besucher schwärmen vom **Jardín Botánico Las Orquídeas** (☎ 288-4855; Eintritt 5 US$; 8–18 Uhr), 15 Minuten südlich von Puyo an der Straße nach Macas gelegen. Der enthusiastische Besitzer Omar Taeyu führt einen durch Hügel mit üppigem Laub und Fischteichen, wo traumhafte Pflanzen und zahllose seltene Orchideen zu sehen sind. Vorher anrufen.

Geführte Touren
Der empfehlenswerte **Papangu-Atacapi Tours** (☎ 288-7684; papanguturismo@yahoo.es; 27 de Febrero nahe Sucre) ist ein einzigartiger, von Quechua geführter Touranbieter, der sich auf kommunal organisierten Tourismus spezialisiert hat. Die Preise für ein- bis zehntägige Touren (mind. 2 Pers.) pro Person und Tag beginnen bei 40 US$. **Fundecopia** (☎ 09-029-4808; www.fundecopia.org) organisiert Ausflüge ins Arutam-Regenwaldreservat und Unterbringung bei Shuar-Familien; es gibt auch ein paar Angebote zu Freiwilligenarbeit. Touristen zahlen 20 US$ pro Tag, freiwillige Arbeiter 74 US$ die Woche (Verpflegung & Unterkunft inkl.).

Schlafen
Hotel Libertad (☎ 288-3282; Ecke Orellana & Manzano; EZ/DZ 6/12 US$) Dieser ruhige Platz bietet beengte, aber absolut saubere Zimmer.

Hotel Los Cofanes (☎ 288-5560; loscofanes@yahoo.com; Ecke 27 de Febrero & Marín; EZ/DZ 10/20 US$) Die gefliesten Zimmer müssten renoviert werden. Dafür ist der Service hier sehr aufmerksam, und in den Zimmern gibt's Telefon, Ventilatoren und Kabelfernsehen.

Las Palmas (☎ 288-4832; Ecke 20 de Julio & 4 de Enero; EZ/DZ 13/26 US$;) Das große gelbe Gebäude aus der Kolonialzeit mit attraktiven Gärten und plappernden Papageien beherbergt nette, helle Zimmer. Auf dem Gelände gibt's Internet, ein Café und Hängematten.

Delfín Rosado (☎ 288-8757; www.delfinrosadohotel spa.com; Ecke Marín & Atahualpa; Zi. inkl. Frühstück 15 US$/Pers.;) Frische Farbe, dunkle Holzmöbel und eine Wendeltreppe machen das Delfín Rosado zu einer modernen, sauberen Unterkunft. Leider ist es etwas laut. Unten drin ist eine Filiale einer Pizzakette mit Sitz in Quito.

El Jardín (☎ 288-7770; www.eljardin.pastaza.net; Paseo Turístico, Barrio Obrero; EZ/DZ 25/50 US$; 🖥) Hinter einem großen Garten versteckt sich ein gastfreundliches, rustikales Holzhaus mit Balkonen mit Hängematten, WLAN und einfachen, aber komfortablen Zimmern.

Essen

Toke Esmeraldo (Orellana s/n; Hauptgerichte 1,50 US$) In dieser fröhlichen Bude an der Straße zieht man sich einen Stuhl heran und verputzt frische, fix zubereitete Meeresfrüchte, *ceviche* und gebratenen Buntbarsch. Dazu gibt's eine Reihe frischer Säfte.

El Fariseo (☎ 288-3795; Ecke Atahualpa & Villamil; Hauptgerichte 2–5 US$; 🕐 Mo–Sa) Hier genießt man an der Straße schaumigen Cappuccino und ein Stück Kuchen. Zu den *platos fuertes* gehören Burritos und Burger.

El Toro Asado (☎ 08-494-8156; Ecke Atahualpa & 27 de Febrero; Hauptgerichte 4 US$) Neben gängigeren Fleisch- und Fischgerichten serviert dieses Grillhaus auf fünf verschiedene Arten zubereitetes *guanta*, ein – ähm … – Nagetier vom Amazonas.

El Jardín (☎ 288-7770; Paseo Turístico, Barrio Obrero; Hauptgerichte 5–11 US$) In diesem Haus am Fluss mit dem guten Ruf gibt's mit das beste Essen im Oriente.

O Sole Mio (☎ 288-4768; Ecke Pichincha & Guaranda; Pizza 6 US$; 🕐 Mi–So 18–22 Uhr) In dem modernen, italienischen Restaurant wird ungewöhnlich authentische Pizza serviert. Von der Terrasse im Freien hat man einen Blick über die glitzernden Lichter der Stadt.

An- & Weiterreise

Der Busbahnhof liegt 3 km außerhalb der Stadt (Taxi ca. 1 US$). Die Busse von hier fahren regelmäßig nach Baños (2 US$, 1½ Std.), Quito (5 US$, 5½ Std.), Macas (5 US$, 5 Std.) und Tena (2,50 US$, 2½ Std.). Daneben gibt's Verbindungen in weitere Städte.

MACAS

☎ 07 / 17 000 Ew.

Macas mit seinem gleichmäßigen, langsamen Tempo und den zugänglichen Einheimischen ist ein einladendes Ausflugsziel und außerdem ein ausgezeichneter Ausgangspunkt für Abenteuer, die weiter in die Ferne führen. Macas liegt oberhalb des Ufers des wilden Río Upano. Von der Rückseite der städtischen Kathedrale aus bietet sich eine tolle Sicht auf den Fluss und das Río Upano-Tal. An einem klaren Tag ist auch der häufig qualmende Volcán Sangay zu sehen, der sich etwa 40 km nordwestlich befindet. Macas ist die größte Stadt im südlichen Oriente – und trotzdem ist es im Herzen eine Kleinstadt.

Praktische Informationen

Banco del Austro (Ecke 24 de Mayo & 10 de Agosto) Bank mit Geldautomat.
Cámara de Turismo (☎ 270-1606; Comín nahe Soasti) Touristeninformationsstand.
Cyber Vision (Soasti; 1,50 US$/Std.) Internetzugang.

Geführte Touren

Von Macas aus lassen sich Touren ins südliche Oriente buchen, aber die Infrastruktur ist nicht so gut ausgebaut wie im Norden. Man sollte wissen, dass die Shuar keine Einzelbesucher in ihren Dörfern haben möchten; einige Dörfer wollen sogar überhaupt keine Besucher. Mehrtägige Touren kosten 40 bis 75 US$ pro Tag. **Planeta Tours** (☎ 270-1328; Ecke Comín & Soasti) bietet Kulturfahrten im Shuar-Territorium, Wanderungen zu Wasserfällen, Angeln, Raftingtrips auf dem Río Upano und Kanutouren.
Insondu Mundo Shuar (☎ 270-2533; www.mundoshuar.com; Ecke Soasti & Bolívar) veranstaltet mit ein paar Englisch sprechenden Führern zwei- bis fünftägige Ausflüge ins Gebiet der Shuar. Zu den unabhängigen Führern gehören der Shuar **Nanki Wampankit Juank** (nanki_82@hotmail.com) und der erfahrene **Rafael Telcán** (☎ 09-101-1075).

Schlafen & Essen

Hotel La Orquidea (☎ 270-0970; Ecke 9 de Octubre & Sucre; EZ/DZ 8/16 US$) Die schöne, altmodische *pensión* wird von einer freundlichen Familie geführt. Hier wohnt man herrlich abseits vom Lärm.

Hotel Level 5 (☎ 270-1240; Ecke Juan de la Cruz & Soasti; EZ/DZ 10/20 US$) Dieses relativ neue Hotel mit Glaswänden hat kleine, aber saubere und bequeme Zimmer mit schöner Aussicht.

Café Bar Maravilla (☎ 270-0158; Soasti nahe Sucre; Hauptgerichte 4–6 US$; 🕐 Mo–Sa 16–1 Uhr) Einfallsreiches Essen und köstliche Cocktails bekommt man in diesem wunderbaren, stimmungsvollen Lokal vorgesetzt.

Die *comedores* an der Comín in der Nähe der Soasti verkaufen leckere *ayampacos*, eine Urwaldspezialität aus in *bijao*-Blättern gegrilltem Fleisch, Huhn oder Fisch.

An- & Weiterreise

TAME (☎ 270-1162/978; www.tame.com.ec) fliegt montags, mittwochs und freitags Quito (80 US$) an. Vom Busbahnhof starten täglich mehrere Verbindungen nach Cuenca (8,50 US$, 8 Std.), Guayaquil (10 US$, 10 Std.) und Riobamba (5 US$, 5 Std.). Busse nach Puyo (4 US$, 4 Std.) starten zehnmal pro Tag; manche fahren weiter bis Tena.

PAZIFIKKÜSTE & TIEFLAND

Ecuador, das Land der lebhaften Märkte in den Anden, der Abenteuer am Amazonas und … der Strände? In der Tat! Auch wenn die Nordküste Ecuadors bei Travellern vielleicht nicht ganz oben auf der Liste steht, hat sie doch einige Abenteuer abseits der ausgetretenen Pfade zu bieten. Die Region verlockt mit riesigen Mangroven, afro-ecuadorianischer Kultur und zwielichtigen Provinznestern, die vereinzelte einladende Strände und Surfspots zu bieten haben. An der häufiger besuchten Südküste – vom Parque Nacional Machalilla bis zur peruanischen Grenze verlaufend – bekommt man köstliche, frische Meeresfrüchte und die schönsten Strände des Landes geboten, beispielsweise die attraktiven Abschnitte entlang der „Ruta del Sol" (Route der Sonne). Man sollte aber immer das Wetter im Blick haben: Die Regenzeit geht von Juni bis November. Allerdings ist dann auch die Sonne am intensivsten, die vor und nach dem nachmittäglichen Schauer erstrahlt. Von Dezember bis Mai ist es oft bedeckt und kühl.

An- & Weiterreise

Die meisten Orte entlang der Nordküste erreicht man von Quito aus innerhalb von einem Tag. In San Lorenzo ist man mit dem Bus ab Quito in sieben Stunden, man kann es aber auch via Ibarra (im nördlichen Hochland) aus über die Straße anfahren. Fast der gesamte Küstenhighway ist nun asphaltiert. Eine spektakuläre Straße verbindet Latacunga (s. S. 595) im Hochland mit der Stadt Quevedo im Tiefland und bildet eine wichtige Verbindung auf dem Weg zur Südküste. Weitere praktische Routen sind die von Quito zum herrlichen Puerto López (S. 632), für die man mit dem Bus elf Stunden benötigt.

SAN LORENZO & UMGEBUNG
☎ 06

San Lorenzo (15000 Ew.) ist von grünem Urwald umgeben und liegt am Ufer eines kalten, stillen Sees. Marimbaklänge und Salsamusik liefern den Soundtrack für diese hauptsächlich afro-ecuadorianische, abgelegene Siedlung, ein altersschwaches, doch lebhaftes Wirrwar aus flirrender Hitze, tropischen Rhytmen und zerfallenden Ladenfronten. Im August geht es hier richtig los mit dem jährlichen Musikfestival. Sonst ist der Hauptgrund für einen Besuch hier die Erforschung der wenig besuchten Mangroven der Region. Bootstouren lassen sich unten am Hafen arrangieren.

Orientierung & Praktische Informationen

Die Hauptstraße ist die Imbabura. Die Busse rollen in die Stadt, kommen (links) am Bahnhof vorbei und halten am Ende der Imbabura an der Plaza. Der Hafen liegt ein paar Blocks weiter unten. Die Möglichkeiten, Geld zu wechseln, sind spärlich gesät. Nach Einbruch der Dunkelheit sollte man sich an die Hauptstraße halten.

Schlafen & Essen

Die Hotels sind ausnahmslos einfach; darauf achten, dass das Zimmer Moskitonetze und Ventilatoren hat. Wasser wird häufig knapp.

Hotel Carondolet (☎ 278-1119; Parque Central; Zi. pro Pers. mit/ohne Bad 8/6 US$) Die kleinen Zimmer im Carondolet sind ausreichend. Manche von ihnen bieten Aussicht über die Blechdächer bis zum Fluss.

Hotel Pampa de Oro (☎ 278-0214; Ortíz; EZ/DZ 7/14 US$) Das beste der Hotels hier, an einer Seitenstraße der Imbabura gelegen. Einige seiner sauberen, hellen Zimmer mit Holzböden gehen auf einen Gemeinschaftsbalkon hinaus.

Hotel Continental (☎ 278-0125; Imbabura; Zi. pro Pers. mit Ventilator/Klimaanlage 8/12 US$; ✷) Den alternden Ort prägen verblichene Wandgemälde von Fischern und knarrende Dielen. Die recht großen Zimmer sind einigermaßen sauber und haben Fliesenboden, TV und warme Duschen.

Ballet Azul (Imbabura; Hauptgerichte 3–6 US$; ✷ Mo-Sa 8.30–22 Uhr) In diesem beliebten, auf einer Seite offenen Lokal sind Shrimps die Spezialität. Zu den *ceviche de camarón* (Shrimps-ceviche) und den *camarones al ajillo* (Knoblauchshrimps) passt perfekt eine *cerveza* (Bier).

An- & Weiterreise

Die Busse nach Ibarra (4 US$, 4 Std.) fahren zweimal täglich von der Ecke Imbabura und Ortíz ab. Nach Esmeraldas (5 US$, 5 Std.) und Borbón (1,20 US$, 1 Std.) starten sie zwischen 5 und 16 Uhr stündlich an der Hauptplaza.

Der Bootsverkehr hat seit der Fertigstellung der Straße nach Borbón und Esmeraldas abgenommen, aber es gibt noch Fahrten um 7.30 und 10.30 Uhr über Limones (3 US$, 1½ Std.) nach La Tola (5 US$, 2½ Std.). Die Route durch die Küstenmangroven zu diesen winzigen, hauptsächlich afro-ecuadorianischen Fischerdörfern ist ein echtes Erlebnis. Bei der frühen Fahrt hat man in La Tola Anschluss an einen Bus nach Esmeraldas.

Eine Tour zu den Mangroven kann man am Hafen bei der **Cooperativa San Lorenzo del Pailón** (☎ 278-0039) oder bei **Andrés Carvache** (☎ 278-0161; andrescarvache@yahoo.es) arrangieren. Die Preise liegen bei 20 bis 30 US$ die Stunde.

PLAYA DE ORO

Von Borbón aus schlängeln sich zwei Flüsse ins Inland: der Río Cayapas und der Río Santiago. Die entfernteste Gemeinde oben am Río Santiago ist das abgelegene **Playa de Oro**, in der Nähe der Grenze des Reserva Ecológica Cotacachi-Cayapas. Von Playa de Oro aus eine halbe Stunde den Fluss stromaufwärts befindet sich das **Playa de Oro Reserva de Tigrillos**, ein 10 000 ha großes Gebiet zum Schutz der hier heimischen Sozialen Dschungelkatzen. Der beste Weg, das Schutzgebiet zu erleben, ist ein Aufenthalt in der von der Gemeinde betriebenen **Dschungellodge** (www.touchthejungle.org; Zi. 50 US$/Pers.) am Fluss; drei Mahlzeiten und ein Führer aus der Region sind inklusive. Wer hier übernachtet, ist um eine authentische, vollkommen einzigartige Erfahrung reicher.

Das Dorf Playa de Oro liegt von Borbón aus fünf Stunden stromaufwärts, aber es gibt keine reguläre Bootsverbindung. Man muss von Borbón aus den Bus um 7.30 Uhr nach Selva Alegre (3 US$, 2 Std.) nehmen. Wer vorher reserviert hat, kann von dort aus dann ein Boot nach Playa de Oro zum Dorf oder Reservat besteigen (einfache Strecke 50 US$); andernfalls sollte man den Besuch auf den Tag legen, an dem das wöchentliche Marktboot ablegt – zur Zeit der Recherche war das samstags (es legt gegen Mittag ab und kostet pro Person 10 US$). Die Bootsfahrt ab Selva Alegre dauert zwei Stunden (2½ Std. bis zum Reservat), Reservierungen müssen mindestens zwei Wochen im Voraus über **Tracy Jordan** (tracy@touchthejungle.org) vorgenommen werden.

ESMERALDAS
☎ 06 / 98 000 Ew.

Esmeraldas, lebhaft, laut und mit berüchtigtem Ruf, ist ein wichtiger Hafen und Heimat einer bedeutenden Ölraffinerie. Für Traveller ist es wenig mehr als ein notwendiger Stopp, um den Bus zu wechseln. Wer über Nacht bleiben muss, findet mit dem alten, hölzernen **Hostal Miraflores** (☎ 272-3077; Bolívar 6-04, 2. Stock; EZ/DZ 5/10 US$) an der Plaza die beste Backpacker-Adresse.

Der Flughafen liegt 25 km die Straße Richtung San Lorenzo rauf; ein Taxi hierher kostet 7 US$. **TAME** (☎ 272-6863; Ecke Bolívar & 9 de Octubre), in der Nähe der Plaza zu finden, schickt täglich Maschinen nach Quito (54 US$), weniger häufig geht's nach Guayaquil (einfache Strecke 98 US$) und nach Cali in Kolumbien (einfache Strecke 115 US$).

Die Busse fahren an verschiedenen Haltestellen ab, die sich von der Hauptplaza aus gut zu Fuß erreichen lassen. **Aero Taxi** (Sucre nahe Rocafuerte), **Transportes Occidentales** (9 de Octubre nahe Sucre) und **Transportes Esmeraldas** (10 de Agosto, Plaza Central) fahren alle nach Quito (6–7 US$, 6 Std.). Occidentales und Esmeraldas schicken mehrere Busse nach Guayaquil (7 US$, 8 Std.), Ambato, Machala und zu weiteren Städten. **Reina del Camino** (Piedrahita nahe Bolívar) bedient Manta (8 US$, 7 Std.) und Bahá de Caráquez (8 US$, 8 Std.).

Transportes La Costeñita (Malecón Maldonado) und **Transportes del Pacífico** (Malecón Maldonado) fahren häufig nach Atacames und Súa (je 1 US$, ca. 1 Std.) und Muisne (2,20 US$, 2 Std.). Sie bedienen außerdem ebenfalls Borbón (3,50 US$, 4 Std.) und San Lorenzo (5 US$, 5 Std.); ihre Busse passieren den Flughafen.

ATACAMES
☎ 06 / 10 200 Ew.

Die lärmende Küstenstadt Atacames weckt entweder pure Begeisterung oder schieres Entsetzen, je nachdem, was man von seinem Strandurlaub erwartet. Für einige *serranos* (Hochlandbewohner) steht Atacames für Party ohne Ende mit seinem breiten, übervölkerten Strand, den lebhaften Pensionen und einem Wirrwarr aus strohgedeckten Bars, aus denen den ganzen Tag Salsa und Reggaeton erschallt. Jede Menge Traveller aus allen Ländern lockt diese vergnügte Atmosphäre, die ihren Höhepunkt in der Hochsaison erreicht (Juli–Mitte Sept., Weihnachten–Neujahr, Karneval & Ostern).

Die Busse setzen ihre Fahrgäste im Stadtzentrum ab, an der Hauptstraße, die aus Esmeraldas hinausführt (am Stand mit den motorisierten Rikschas aussteigen). Das Zentrum liegt auf der Inlandseite des Highways, den Strand erreicht man über eine kleine Fußgängerbrücke über den Río Atacames oder mit dem „Öko-Taxi", einer Rikscha (1 US$). Die meisten Hotels und Bars finden sich am *malecón* (Strandpromenade).

Gefahren & Ärgernisse

Eine starke Unterströmung sorgt jedes Jahr für ein paar Ertrunkene, man sollte also seine Grenzen kennen. Am Strand ist es zu Überfällen gekommen, besser also in den belebten Abschnitten bleiben und nichts Wertvolles mit zum Baden nehmen.

Schlafen

Die Hotels sind an den Wochenenden und Feiertagen schnell voll. Die hier aufgeführten Preise gelten für die Hochsaison; dann erheben die Hotels in der Regel eine Mindestpauschale für vier Personen (so viele Betten stehen in den meisten Hotelzimmern).

Vom Westende des *malecón* führt die Las Acacias vom Strand Richtung Highway. Die günstigsten Hotels von Atacames befinden sich an dieser Straße, die meisten von ihnen sind einfach, aber in Ordnung.

Hotel Jennifer (☎ 273-1055; nahe Malecón; EZ/DZ ab 8/15 US$) Diese einfache, zweckdienliche Unterkunft hat saubere, spartanische Zimmer, die ordentlich Licht abbekommen. Das Personal ist nett.

Cabañas Los Bohíos (☎ 272-7478; Calle Principal; EZ/DZ 10/20 US$) Nahe dem dunklen Río Atacames gelegen. Das Los Bohíos bietet einen Mix aus sauberen Zimmern und kleinen, einfachen Bambushütten.

Hotel Tahiti (☎ 273-1078; Malecón; Zi. 20–40 US$; ⛱) Der hübsche, begrünte Pool ist das Herzstück dieses strahlend weißen, fünfstöckigen Hotels in der Nähe des Strandes. Die Zimmer sind sauber und werden von Ventilatoren erfrischt, viele haben Balkon mit Meerblick.

Essen

Die Restaurants in der Nähe des Strandes servieren alle das Gleiche: den Fang des Tages. An einer winzigen Gasse, die vom Malecón abzweigt, verputzen die Einheimischen frische *ceviche*, die Schüssel ab 4 US$.

Punto y Como (Malecón; Hauptgerichte 3–7 US$; ⏰ 11–22 Uhr) In dieses kleine, gemütliche Meeresfrüchterestaurant strömen die Massen.

Pizzería da Giulio (☎ 273-1603; Malecón; Hauptgerichte 6–9 US$; ⏰ Di–Fr 17.30–24, Sa & So 10.30–24 Uhr) Ein Sizilianer führt dieses Restaurant mit Tischen auf dem Balkon, das leckere Pizzen mit dünnem Boden auf den Tisch bringt.

An- & Weiterreise

Nach Esmeraldas (1 US$, 1 Std.) fahren regelmäßig Busse, ebenso Richtung Süden nach Súa (0,30 US$, 10 Min.), Same (0,30 US$, 15 Min.) und Muisne (1,50 US$, 1½ Std.). Transportes Occidentales und Aerotaxi haben ihre Büros in der Nähe des Highways und bedienen täglich Quito (7–8 US$, 7 Std.).

SÚA
☎ 06

Dieses freundliche Fischerdorf liegt 6 km westlich von Atacames und ist sehr viel ruhiger als die Party-Nachbarstadt. Seine sanfte Bucht eignet sich wunderbar zum Schwimmen, früh am Morgen ist sie allerdings voller Fischer.

Es gibt hier weniger Unterkünfte als in Atacames, aber dafür sind diese ruhiger und meist eher ihren Preis wert, sofern man sich nicht gerade ins Nachtleben stürzen möchte. Bäder mit kaltem Wasser sind Standard. Das **Sol de Súa** (☎ 273-1021; www.folklorehotelsua.com; Malecón; Hütte 5 US$/Pers.) besteht aus neun einfachen, auf einem sandigen Gelände verstreuten Hütten aus Holz und Beton. Das **Hostal Las Buganvillas** (☎ 273-1008; Malecón; EZ/DZ 8/16 US$; ⛱) bringt seine Gäste in sauber gefegten Zimmern mit Fliesenböden unter. Ein freundlicher, vom Winde verwehter Klassiker ist das **Hotel Chagra Ramos** (☎ 273-1006; Malecón; EZ/DZ 8/16 US$).

SAME & TONCHIGÜE
☎ 06

Same (gesprochen *sah*-may) kann mit dem schönsten Strand in der Region punkten. Der atemberaubende, 3 km lange, von Palmen gesäumte Streifen ist von Baumaßnahmen nur wenig berührt. Das Dorf selbst liegt 7 km südwestlich von Súa, ist klein und hat nur eine kleine Ansammlung von Pensionen (mit höheren Preisen) und Restaurants. Im **La Terraza** (☎ 247-0320; Same; EZ/DZ ab 12/24 US$) schläft man in einfachen Zimmern in einer weiß gestrichenen

Pension am Strand. Es gibt ein nach einer Seite hin offenes Restaurant und weitere gute Möglichkeiten zum Essen in der Nähe.

Etwa 3 km hinter Same befindet sich Tonchigüe. Der Strand des winzigen Fischerdorfs ist die Fortsetzung des Strandes von Same. Das **Playa Escondida** (☎ 273-3122, 09-973-3368; www.playaescondida.com.ec; Zeltplatz 5 US$/Pers., Zi. ab 20 US$/Pers.) findet sich 3 km westlich von Tonchigüe und 10 km die Straße nach Punta Galeras hinunter. Dieses abgelegene, ruhige und schöne Haus wird von einem kanadischen Expat geführt. Es gibt ein Restaurant und ein paar menschenleere, versteckt liegende Strände.

MUISNE
☎ 05

Muisne ist eine von Fluss und Meer umgebene, verfallene Insel der Arbeiterklasse. An ihrem langen, weitläufigen, vom Wind gepeitschten Strand stehen ein paar sandige kleine Hotels und einfache Restaurants. Die Busse halten am Anleger, wo Boote zur Stadt über den Fluss übersetzen (0,20 US$). Auf der Insel führt die Hauptstraße vom Anleger durch das „Zentrum" und verschwindet langsam auf dem Weg hinunter zum Strand in 1,5 km Entfernung. Wer faul ist, mietet sich ein „Öko-Taxi" (Rikscha, 1 US$), um zum Strand zu gelangen.

Das **Calade Spondylus** (☎ 248-0279; Zi./Hütte pro Pers. 6/8 US$) am Strand hat einfache, aber saubere Zimmer und Holzhütten, die einen urigen Garten umgeben. Weitere gute Optionen sind das **Hostal Las Olas** (☎ 248-0782; EZ/DZ 10/15 US$) und das renovierte **Playa Paraíso** (☎ 248-0192; EZ/DZ 14/28 US$).

Busse fahren vom El Relleno über den Fluss nach Esmeraldas (2 US$, 2½ Std.) und passieren auf dem Weg Same, Súa und Atacames. Transportes Occidentales schickt acht Busse nach Quito (8 US$, 8 Std.). Tägliche Verbindungen gibt's außerdem nach Santo Domingo mit Anschluss nach Quito und Guayaquil.

Der einfachste Weg, um von Muisne nach Süden zu kommen, ist ein Bus zu der als **El Salto** (0,50 US$, 30 Min.) bekannten Straßenkreuzung. Dort steigt man in einen vorbeikommenden Bus nach **Pedernales** (3 US$, 3 Std.). Zwischen El Salto und Pedernales muss man manchmal in **San José de Chamanga** (zu erkennen am herumwehenden Müll und den Häusern auf Stelzen) umsteigen. In Pedernales hat man Anschluss weiter gen Süden ins Hochland.

MOMPICHE
☎ 05

Abgesehen von einem von Palmen gesäumten Strand hat Mompiche wenig zu bieten. Und genau das macht es so schön. Berühmt ist es für seine Weltklasse-Wellen – der linksseitige „Point Break" rollt hier bei hohen Wellen scheinbar endlos! Sein Nickerchen macht man im **Gabeal** (☎ 09-969-6543; Oststrand; Zeltplatz 3 US$/Pers., Zi. 15 US$/Pers.), einer Reihe von Bambushütten mit Bädern mit kaltem Wasser. Hier kann man auch reiten und einen Surfkurs machen. Das lässige **BCA Surf Hostel** (Zeltplatz 3 US$/Pers., Zi. pro Pers. 6–8 US$) ist bei Surfern beliebt.

Rancheras fahren täglich ab bzw. nach Esmeraldas (3,50 US$, 3½ Std.) und kommen auf dem Weg durch Atacames.

CANOA
☎ 05 / 6100 Ew.

Den traumhaften breiten Streifen Strand – einen der besten in der Gegend – teilen sich Surfer, Fischer und Sonnenanbeter. Das dazugehörige Dorf wächst. Man kann hier natürlich surfen und am Strand spazierengehen, aber auch Bootstouren arrangieren und durch die Gegend radeln. Auf der wunderbaren **Río Muchacho Organic Farm** (☎ 09-147-9849; www.riomuchacho.com; Zi. 30 US$/Pers.) werden Kurse zu nachhaltiger Landwirtschaft und Freiwilligenarbeit angeboten.

Wer sein müdes Haupt betten möchte, kann dies im **Coco Loco** (☎ 09-544-7260; hotalcocoloco@yahoo.com; B/EZ/DZ/3BZ 5/16/18/28 US$, EZ/DZ mit Gemeinschaftsbad 8/10/14 US$) am Strand in sauberen Zimmern tun; ein mit Sand und Palmen geschmückter Hof gehört ebenfalls dazu. Das **Hotel Bambu** (☎ 261-6370; www.ecuadorexplorer.com/bambu; Zi. 20 US$, EZ/DZ mit Gemeinschaftsbad 7/12 US$) vermietet super saubere Zimmer im Cottage-Stil am Strand. Auf dem Gelände verteilen sich Hängematten, das Restaurant ist ausgezeichnet, und die Säfte und das kalte Bier stimmen jeden fröhlich. Zwei Blocks vom Strand findet man das **Linda Onda** (☎ 261-6339, 08-023-5719; www.lindaonda.com; B 6 US$, EZ/DZ ab 10/15 US$), ein fröhliches, von sehr hilfsbereiten Australiern geführtes Gästehaus.

Das süße **Café Flor** (Hauptgerichte 3–6 US$; ⌚ Mo-Sa 9–15 & 18–21.30 Uhr) wird von einer Familie betrieben. Hier kommen köstliches Frühstück, Pizzen, Burritos, Hamburger und vegetarische Burger auf den Tisch. Baskische Küche serviert das Restaurant **Amalur** (Hauptgerichte 3–7 US$; ⌚ 12–21 Uhr), und zwar in Form von leckeren, frischen Kalamares, Gazpacho, gegrilltem Schweinfleisch mit rotem Pfeffer und anderen Leckereien. Das **El Oasis** (Calle Principal; Hauptgerichte 4–10 US$; 8 Uhr–letzter Gast) ist ein einfaches, strohgedecktes Restaurant mit ausgezeichneten Meeresfrüchten.

Auf der kleinen Tanzfläche der LP Tipp **Mambo Bar** (Malecón; Mo–Sa 12 Uhr–spät), einer nach einer Seite hin offenen Balkonbar mit Blick zum Strand, trifft sich ein netter Mix aus Travellern und Einheimischen.

SAN VICENTE
☎ 05

Die geschäftige Stadt ist mit einer kurzen Fährfahrt über den Río Chone vom beliebteren Ferienort Bahía de Caráquez aus zu erreichen. Die meisten Traveller machen hier nur Halt, um in einen Anschlussbus oder auf die Fähre nach Bahía zu steigen.

Die Busse fahren vom Marktbereich in der Nähe des Piers ab. Busse von Costa del Norte fahren stündlich nach Pedernales (3 US$, 3 Std.), Coactur verkehrt täglich Richtung Manta, Portoviejo und Guayaquil (7 US$, 6 Std.). Die Fähren nach Bahía de Caráquez (0,35 US$, 10 Min.) legen zwischen 6 und 22 Uhr vom Pier ab.

BAHÍA DE CARÁQUEZ
☎ 05 / 20 000 Ew.

Die selbsternannte „Ökostadt" mit den kreideweißen Hochhäusern mit roten Ziegeldächern, den gepflegten Gärten und gefegten Gehsteigen macht einen ordentlichen Eindruck. Heute recycelt der städtische Markt seinen Müll, die Bio-Shrimps-Farmen florieren, und hier und da an den Hängen werden Aufforstungsprojekte betrieben. Es gibt verschiedene interessante Öko- und Kulturtouren, die sich lohnen. Wen aber der Strand lockt, der ist woanders besser aufgehoben.

Die Fähren von San Vicente überqueren den Río Chone und legen an den Piers entlang des Malecón Alberto Santos an der Ostseite der Halbinsel an. **Banco de Guayaquil** (Ecke Bolívar & Riofrío) hat einen Geldautomaten.

Geführte Touren
Die Touren in Bahía sind einzigartig. Die aufgeführten Anbieter widmen sich dem Ökotourismus. Sie zeigen Gästen hiesige Umweltprojekte und führen sie zu Kooperativen, die handgeschöpftes Papier herstellen. Beide Unternehmen bieten Tagestouren zur Isla Fragatas in der Chone-Mündung an. **Guacamayo Bahíatours** (☎ 269-1412; www.guacamayotours.com; Ecke Bolívar & Arenas) arrangiert auch Übernachtungen auf der Río Muchacho Organic Farm (S. 627). **Bahía Dolphin Tours** (☎ 269-0257; www.chirije.com; Av Virgílio Ratti 606) veranstaltet Ausflüge zu den archäologischen Stätten in der Nähe.

Schlafen
Die billigsten Unterkünfte haben in der Regel Probleme mit der Wasserversorgung.

Hotel Italia (☎ 269-1137; Ecke Bolívar & Checa; EZ/DZ 10/20 US$) Altmodisches, vierstöckiges Hotel mit bequemen Zimmern mit hohen Decken, Ventilatoren, heißem Wasser und Kabelfernsehen.

Centro Vocational Life (☎ 269-0496; Ecke Vitteri & Muñoz Dávila; EZ/DZ 10/20 US$;) Auf diesem abgeschlossenen grünen Platz gibt's einen Spielplatz und sechs kleine Hütten, von denen jede Kabelfernsehen und eine Kochnische bietet; ein paar haben auch heißes Wasser.

La Herradura (☎ 269-0446; Bolívar 202; EZ/DZ ab 20/30 US$;) In dem alten spanischen Haus finden sich Antiquitäten und Kunst in allen Ecken.

Essen
Zahlreiche Restaurants säumen das Ufer in der Nähe des Piers.

Arena Bar (☎ 269-2024; Ecke Bolívar & Riofrío; Hauptgerichte 2–5 US$; 17–24 Uhr) In diesem lässigen Plätzchen lässt man sich Pizzen, einfallsreiche Salate und leckere Sandwiches schmecken.

Vereda (☎ 269-2755; Muñoz Dávila; Hauptgerichte 3–5 US$) Der beliebte Familienbetrieb tischt die Favoriten der Region auf: Krabben, ceviche, gegrillten Flussfisch, Meeresfrüchtegerichte ...

Puerto Amistad (☎ 269-3112; www.puertoamistadecuador.com; Malecón Alberto Santos; Hauptgerichte 4–7 US$; Mo–Sa 12–24 Uhr) Das Puerto Amistad ist der Liebling der hier lebenden Ausländer. Zu essen gibt's Salate, würzige Crêpes, Quesadillas und gegrillte Gerichte, alles serviert in luftiger Umgebung am Wasser (200 m südlich des Fähranlegers).

An- & Weiterreise
Informationen zu Schiffen stehen bei San Vicente (s. oben). Die Busse halten am Südende des Malecón Alberto Santos. Busse von Coactur bedienen stündlich Portoviejo (2 US$, 2 Std.) und Manta (3 US$, 3 Std.),

Reina del Camino fährt Quito (7–9 US$, 8 Std.), Esmeraldas (7 US$, 8 Std.) und Guayaquil (6–7 US$, 6 Std.) an.

MONTECRISTI
☎ 05

Montecristi ist weltweit als Produktionsstätte der schönsten Strohhüte auf dem Planeten berühmt – die fälschlicherweise als **Panamahut** bezeichnet werden. In Ecuador heißen diese Hüte *sombreros de paja toquilla* (*toquilla* ist ein feines, faseriges Stroh, das nur in dieser Region vorkommt). Zahllose Läden in der Stadt verkaufen sie, aber wer einen ordentlichen *super-fino* (den feinsten Hut von allen, am engmaschigsten gewebt) haben möchte, muss den Laden und das Haus von **José Chávez Franco** (☎ 231-0343; Rocafuerte 386) hinter der Kirche aufsuchen. Hüte gibt's dort für unter 100 US$, billiger als sonst irgendwo auf der Welt. Montecristi ist mit dem Bus von Manta aus (0,40 US$) in 30 Minuten erreichbar. Auch Cuenca (S. 609) ist ein guter Ort, um Panamahüte zu kaufen.

MANTA
☎ 05 / 185 000 Ew.

Sobald der Tag anbricht, hieven die einheimischen Fischer ihren Fang an Bord und fahren zurück an Land, wo sich die **Playa Tarqui** langsam in eine Szenerie aus schwatzenden Hausfrauen, Restaurantbesitzern und Fischhändlern verwandelt, die um die besten Stücke feilschen. In der Nähe werden am Strand riesige hölzerne Fischerboote gebaut, noch immer von Hand, eine Arbeit, die die ausgeprägte Seefahrertradition der *manteños* (Leute aus Manta) fortsetzt. Einsame, paradiesische Strände gibt es hier zwar nicht, aber der Ort ist prima, um mal die Atmosphäre einer geschäftigen, relativ sicheren ecuadorianischen Hafenstadt zu schnuppern.

Manta ist benannt nach der Manta-Kultur (500–1550 n. Chr.), bekannt für Töpferei- und Seefahrerhandwerk. Die Manta segelten nach Mittelamerika, Peru und vielleicht auch zu den Galapagosinseln.

Orientierung
Ein stinkender Meeresarm teilt die Stadt in Manta (Westseite) und Tarqui (Ostseite); die beiden Seiten verbindet eine Autobrücke. In Manta sind die wichtigen Büros, Einkaufsmöglichkeiten und der Busbahnhof, während sich in Tarqui billigere Hotels befinden.

Der Flughafen liegt 3 km östlich von Tarqui. Der Busbahnhof ist bequemerweise in Manta, einen Block vom *malecón* entfernt.

Praktische Informationen
Banco del Pacífico ATM (Ecke Av 107 & Calle 103, Tarqui)
Banco del Pichincha (Ecke Av 2 & Calle 11, Manta) Geldautomat.
Cámara de Turismo (☎ 262-0478; Malecón de Manta & Circunvalación, Tramo 1; ⊙ 9–18 Uhr) Nahe der Playa Murciélago.
Städtische Touristeninformation (☎ 262-2944; Av 3 No 10-34; ⊙ Mo–Fr 8–12.30 & 14.30–17 Uhr) Freundliches Personal.

Sehenswertes
Die saubere, breite **Playa Murciélago** befindet sich 2 km westlich von Mantas Zentrum und ist bei den Anwohnern und ecuadorianischen Touristen beliebt. Die **Playa Tarqui** ist weniger malerisch, aber am frühen Morgen ist es hier interessant: Dann holen die Fischer vor der Werften ihren Fang an Land.

Das **Museo del Banco Central** (Malecón de Manta & Calle 20; Eintritt 1 US$, So frei; ⊙ Mo–Sa 9–17, So 11–15 Uhr) präsentiert eine kleine, aber interessante Sammlung präkolumbischer Stücke.

Schlafen
Während der Wochenenden in den Ferien und in der Hochsaison von Dezember bis März sowie von Juni bis August steigen die Preise, und Einzelzimmer sind kaum zu bekommen. Die im Hinblick auf die Essens- und Ausgehmöglichkeiten best gelegenen Optionen befinden sich direkt in Manta. Die günstigeren Hotels liegen in Tarqui; wer hier wohnt, sollte nach Einbruch der Dunkelheit auf jeden Fall ein Taxi nehmen.

Hotel Panorama Inn (☎ 261-1552; Calle 103 nahe Av 105; Zi. 7 US$/Pers., Anbau EZ/DZ 20/25 US$) Die Budgetversion dieses Hotels ist verwohnt, aber gastfreundlich. Seine neuere Inkarnation auf der anderen Straßenseite hat Klimaanlagen und einen Pool im Hof zu bieten.

Hostal Miami (☎ 261-1743; Ecke Malecón de Tarqui & Calle 108; EZ/DZ ab 10/15 US$; ⌘) Diese freundliche Unterkunft hat einfache, aber angenehme Zimmer, manche sogar mit Meerblick.

Hotel Macadamia's (☎ 261-0036; Ecke Calle 13 & Av 8; EZ/DZ 18/25 US$; ⌘) In sauberen, hellen Zimmern (alle sechs mit Fenster) mit Fliesenboden und stabilen Möbeln nächtigt man in diesem ordentlichen Gästehaus.

Antares Hostal (☎ 262-6493; www.hostal-antares.com; Ecke Calle 29 & Av Flavio Reyes; EZ/DZ 25/50 US$; ❊ ✆) Im friedlichen Wohngebiet oberhalb der Playa Murciélago liegt das Antares mit seinen adretten, fröhlich gestrichenen Zimmern voller Holzdetails.

Essen

Günstige Meeresfrüchterestaurants im Freien säumen das Ostende der Playa Tarqui. Die Meeresfrüchterestaurants an der Playa Murciélago sind neuer, aber immer noch günstig.

Fruta del Tiempo (Ecke Av 1 & Calle 12; Hauptgerichte 1–3 US$; ☼ 7.30–23 Uhr) Man lässt sich in der Nähe der Plaza auf einen Bambusstuhl sinken und genießt Säfte, Frühstück, sättigendes Mittagessen oder einen Eisbecher.

Trosky Burguer (Ecke Av 18 & Av Flavio Reyes; Hauptgerichte 2–5 US$; ☼ Di–So 18–3 Uhr) Dieses beliebte, von Surfern geführte Lokal hat sich auf Snacks spezialisiert. Zu maritimen Klängen werden z. B. saftige Burger serviert. Der freundliche Besitzer spricht Englisch.

Beachcomber (Ecke Calle 20 & Av Flavio Reyes; Hauptgerichte 2–7 US$; ☼ 18–24 Uhr) Der beliebte Beachcomber punktet mit lecker gegrilltem Fleisch. Man speist im üppig grünen Garten im Hof nach hinten hinaus oder vorne auf der offenen Veranda.

Picantería El Marino (Ecke Malecón de Tarqui & Calle 110; Hauptgerichte 3–7 US$; ☼ 8–17 Uhr) Zum Mittagessen strömen die Massen hierher, um frische Meeresfrüchte zu verputzen, z. B. köstliche *ceviche*.

Parrillada El Colorado (Ecke Av 19 & Av Flavio Reyes; Hauptgerichte 3–50 US$; ☼ 17–24 Uhr) Ein weiterer populärer, aber sehr lässiger Ort. Stammkundschaft bevölkert die Tische an der Straße neben dem brutzelnden Grill.

Pizzería Topi (Malecón de Manta; Hauptgerichte 5–9 US$; ☼ 12–23 Uhr) Beliebte Pizzeria.

Ausgehen & Unterhaltung

Das Epizentrum des Nachtlebens ist die Kreuzung der Av Flavio Reyes und der Calle 20, von der Playa Murciélago den Berg hinauf.

Mantai (Ecke Calle 17 & Av 12A; Hauptgerichte 3–7 US$; ☼ Mo–Sa 19–2 Uhr) Hier sitzt man schön draußen und lässt sich von gut aussehendem Personal zu Elektro-Sounds mit Bistrokost versorgen.

Krug (Ecke Av Flavio Reyes & Av 18; ☼ Mo–Sa 17–3 Uhr) Beliebtes Brauerei-Pub mit entspannter, gastfreundlicher Atmosphäre.

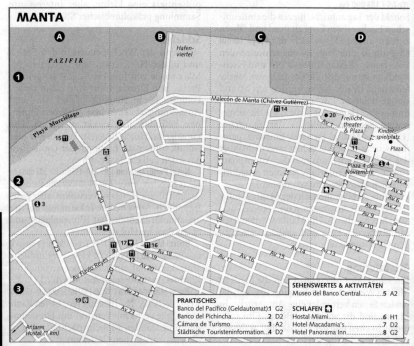

PRAKTISCHES	
Banco del Pacífico (Geldautomat)	1 G2
Banco del Pichincha	2 D2
Cámara de Turismo	3 A2
Städtische Touristeninformation	4 D2

SEHENSWERTES & AKTIVITÄTEN	
Museo del Banco Central	5 A2

SCHLAFEN	
Hostal Miami	6 H1
Hotel Macadamia's	7 D2
Hotel Panorama Inn	8 G2

Conga (Av 23) Momentan der beliebteste Klub, den ein Mix aus Salsa, Reggaeton, Meringue und Electronica rockt.

An- & Weiterreise

Der **Flughafen** (262-1580) liegt etwa 3 km östlich von Tarqui; ein Taxi kostet rund 1 US$. **TAME** (262-2006; Malecón de Manta) fliegt täglich nach Quito (45 US$).

Es fahren häufig Busse nach Portoviejo (0,75 US$, 40 Min.), Guayaquil (4,50 US$, 4 Std.), Quito (8 US$, 9 Std.) und Bahía de Caráquez (3 US$, 2½ Std.), außerdem nach Puerto López (2,50 US$, 2½ Std.) und Montañita (5 US$, 3½ Std.). Coactur fährt regelmäßig nach Pedernales (5 US$, 7 Std.) und Canoa. Auch andere große Reiseziele werden regelmäßig angefahren.

PARQUE NACIONAL MACHALILLA
05

Eingerichtet zum Schutz einsamer Strände und Korallenformationen, zweier vor der Küste gelegener Inseln, eines tropischen Trockenwalds, eines küstennahen Nebelwalds, archäologischer Stätten und von 20 000 ha Meer ist dies Ecuadors einziger **Nationalpark** (Eintritt 20 US$) an der Küste. Ein wunderbares, einzigartiges Reiseziel! Der hier zu besichtigende tropische Trockenwald erstreckte sich früher entlang großer Teile der Pazifikküste Mittel- und Südamerikas, wurde aber fast bis zum Verschwinden abgeholzt. Zu den Pflanzen im Park gehören Kakteen, verschiedene Feigenarten und der riesige Kapok-Baum. Brüllaffen, Ameisenbären und über 200 Vogelarten leben im Inneren des Waldes, während die Küste von Fregattvögeln, Pelikanen und Tölpeln bewohnt wird, von denen einige auf den vor der Küste gelegenen Inseln in Kolonien nisten.

Die herrliche **Playa Los Frailes** liegt etwa 10 km nördlich von Puerto López, kurz vor der Stadt Machalilla. Die Busse halten vor der Ranger Station, von wo aus eine 3 km lange Straße und ein 4 km langer Wanderweg zum Strand führen. Es gibt gute Bademöglichkeiten und jede Menge Seevögel. Campen ist erlaubt.

Die öde, von der Sonne versengte **Isla de la Plata**, eine Insel 40 km nordwestlich von Puerto López, ist ein Highlight des Parks, besonders von Mitte Juni bis Mitte Oktober, wenn

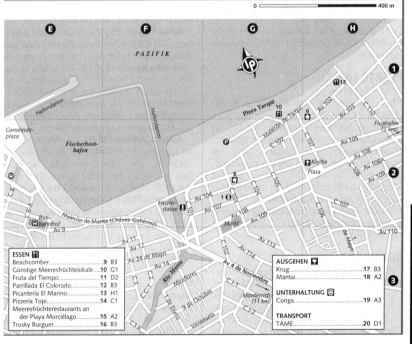

ESSEN	
Beachcomber	9 B3
Günstige Meeresfrüchtelokale	10 G1
Fruta del Tiempo	11 D2
Parrillada El Colorado	12 B3
Picantería El Marino	13 H1
Pizzería Topi	14 C1
Meeresfrüchterestaurants an der Playa Murciélago	15 A2
Trosky Burguer	16 B3

AUSGEHEN	
Krug	17 B3
Mantai	18 A2

UNTERHALTUNG	
Conga	19 A3

TRANSPORT	
TAME	20 D1

Buckelwale sich vor der Küste paaren und man dies von den Ausflugsbooten aus (Touren werden in Puerto López arrangiert, s. unten) mit ziemlicher Sicherheit sehen kann. Zur Walbeobachtungstour gehört meist auch eine kurze Wanderung. Die Insel selbst beherbergt Kolonien nistender Seevögel. Außerhalb der Walsaison kann man auch Delphine beobachten. Die Fahrt zur Insel dauert zwei bis drei Stunden. Campen ist nicht erlaubt.

Vom Eingang auf der Festlandseite, 6 km nördlich von Puerto López, führt eine 5 km lange Schotterstraße nach **Agua Blanca** (Eintritt 3 US$), ein kleines Dorf mit einem **archäologischen Museum** (Eintritt frei bei Besuch des Dorfs; 8–18 Uhr) und zu einer nahe gelegenen archäologischen Manta-Stätte. In der Gegend gibt es Wander- und Reitwege. Tourenführer stehen zur Verfügung. Campen ist erlaubt. Alternativ besteht auch die Möglichkeit, in Privathäusern zu übernachten.

Informationen für Besucher gibt's in Puerto López in der **Parkzentrale und im Museum** (260-4170; Mo–Fr 8–17 Uhr). Die 20 US$ Eintritt zum Park decken alle Parkabschnitte ab (einschließlich der Insel). Die Eintrittskarte ist fünf Tage gültig. Wer *nur* die Isla de la Plata besuchen möchte, zahlt 15 US$. Wer auf dem Festland bleibt, entrichtet 12 US$. Die Gebühr muss in allen Bereichen des Parks bezahlt sein, also unbedingt die Eintrittskarte einstecken.

PUERTO LÓPEZ
05 / 14 000 Ew.

Ältere blaue Fischerboote, die in einer herrlichen Bucht zum Angeln dümpeln, fröhliche Hotels, ein paar hier lebende Ausländer, ein leises Lächeln, nette Cafés und ein gemütlicher Lebensrhythmus machen einem den Abschied schwer. Wegen seiner unschlagbaren Lage in der Nähe des Parque Nacional Machalilla ist Puerto López ein unvermeidlicher Stopp auf einer Küstentour.

In der Stadt gibt's Internetcafés und eine **Banco de Pichincha** (Ecke Machalilla & Córdova) mit Geldautomat.

Geführte Touren
Zahlreiche Ausrüster bieten Trips zur Isla de la Plata und Touren ins Inland des Parkes an. Die meisten Agenturen berechnen für einen Ausflug zur Insel und jahreszeitlich bedingte Walbeobachtungen 35 bis 40 US$ pro Person (Parkeintritt exkl.). Firmen mit Lizenz haben bessere Boote und mehr Ausrüstung (z. B. Schwimmwesten, Radio, Ersatzpersonal) als uneingetragene Führer, die für die Tour gerade mal etwa die Hälfte verlangen. Zu den Anbietern mit gutem Ruf gehören **Exploramar Diving** (230-0123; www.explorading.com; Malecón), **Machalilla Tours** (230-0234; Malecón) und **Cercapez** (230-0173; Ecke Machalilla & Lascano).

Schlafen
Hostal Maxima (09-953-4282; www.hotelmaxima.org; Gonzáles Suarez nahe Machalilla; Zi. pro Pers. mit/ohne Bad 6/5 US$) Diese gastfreundliche Pension mit ihrem weitläufigen, begrünten Hof bringt ihre Gäste in einer Reihe sauberer, farbenfroher Zimmer unter. Das Preis-Leistungs-Verhältnis ist ausgezeichnet.

Sol Inn (230-0248; hostal_solinn@hotmail.com; Montalvo nahe Eloy Alfaro; Zi. pro Pers. mit/ohne Bad 7/5 US$) Dieser hübsche Rückzugsort für Backpacker bietet vollgestopfte Zimmer aus Holz und Bambus, jeweils mit Hängematten auf der Vorderveranda. Es gibt eine Küche im Freien und einen Gemeinschaftsbereich.

Hostería Playa Sur (293-2700; playasurpuerto lopez@hotmail.com; Malecón; EZ/DZ 8/16 US$) Diese allein stehenden *cabañas* (Hütten) am Nordende des Strandes sind klein, aber gemütlich. Jede hat ein eigenes Bad mit heißem Wasser.

Hostal Flipper (230-0221; Ecke Córdova & Rocafuerte; EZ/DZ 8/16 US$) Absolut sauberes *hostal* mit Wänden in Terracota und luftigen Zimmern.

Hostería Itapoá (09-314-5894, in Quito 02-255-1569; Malecón; EZ/DZ 10/20 US$) Diese gastfreundliche Unterkunft in brasilianisch-ecuadorianischer Hand bietet eine erschwingliche Zuflucht aus strohgedeckten *cabañas* in einem blühenden, von Hängematten übersäten Garten.

Hostería Mandala (230-0181; www.hosteriaman dala.info; Hütte EZ/DZ/4BZ 27/44/83 US$) Gleich nördlich der Stadt, in der Nähe des Strandes, versteckt sich in einem labyrinthartigen Garten eine Handvoll ökologisch ausgerichteter Hütten. Zu dieser schönen Unterkunft gehören auch eine Bar, ein Spielzimmer und eine vielsprachige Bibliothek, und im Restaurant werden köstliches Frühstück, italienische Speisen und Meeresfrüchte aus der Region serviert. Eine herausragende Adresse!

Essen
Patacon Pisa'o (Córdova; Hauptgerichte 3 US$) In diesem winzigen kolumbianischen Treffpunkt werden den fantastische *arepas* mit geschnetzeltem Rindfleisch, Huhn oder Bohnen serviert.

Café Bellena/Whale Café (Malecón; Hauptgerichte 5–8 US$) Es gibt super Frühstück, lecker gegrilltes Fleisch und Meeresfrüchte, Pizzen, vegetarische Gerichte und sündhaft guten Nachtisch.

Bellitalia (Montalvo; Hauptgerichte 6–10 US$; ☻ ab 18 Uhr) Die göttlichen italienischen Gerichte des von Kerzen erleuchteten Restaurants genießt man am besten in einem üppigen Garten.

Entlang dem *malecón* findet man Restaurants mit traditionellen Meeresfrüchten, serviert auf Terrassen. Das **Restaurant Carmita** (Malecón; Hauptgerichte 5–10 US$) gilt als das beste.

An- & Weiterreise

Nach Quito (12 US$, 11 Std.) fahren täglich mehrere Busse. Die nach Jipijapa können am Eingang zum Nationalpark oder an anderen Punkten an der Küste Fahrgäste absetzen. Stündlich starten zudem Busse gen Süden nach Santa Elena, die entlang der Strecke jederzeit anhalten können.

SÜDLICH VON PUERTO LÓPEZ
☎ 04

Mit seinen winzigen Fischerdörfern und den breiten Stränden ist dieser Abschnitt der Ruta del Sol besonders einladend. Etwa 14 km südlich von Puerto López (gleich hinter dem Dorf Puerto Rico) liegt die **Hostería Alandaluz** (☎ 278-0686; www.andaluzhosteria.com; Campen 5 US$, EZ/DZ ab 16/29 US$), eines der ersten autarken Resorts von Ecuador, gebaut aus schnell wachsendem Bambus und Palmenblättern. Hier kann man am unberührten Strand sonnenbaden, reiten, Volleyball spielen oder einfach nur relaxen – die Atmosphäre ist unheimlich entspannt. Es gibt auch Mahlzeiten zu vernünftigen Preisen.

Das nächste Dorf Richtung Süden (nicht blinzeln, sonst könnte man es verpassen!) ist **Las Tunas**. Der hiesige Strand ist lang, breit und leer. Man weiß, dass man Las Tunas erreicht hat, wenn der gestrandete Bug eines riesigen Holzboots auftaucht. Es ist in Wirklichkeit das Restaurant eines Hotels, das passenderweise den Namen **La Barquita** (Das kleine Boot; ☎ 278-0051; www.labarquita-ec.com; DZ/3BZ 35/45 US$) trägt. Kann man sich hier in sauberen, bequemen Doppelzimmern mit Hängematten davor oder in einer der *cabañas* niederlassen. Die **Hostería La Perla** (☎ 278-0701; www.hosterialaperla.net; Campen 5 US$/Pers., EZ/DZ 25/40 US$) befindet sich ebenfalls in Las Tunas, ein romantisches, von Sonne und Sand gegerbtes Strandhaus. Seine Besitzerin Mónica Fabara, eine Meeresbiologin, wird als einheimische Führerin sehr geschätzt.

Das sandige kleine Dorf **Ayampe** quetscht sich zwischen grüne, tropische Hügel und einen weiteren langen, breiten Strand. Es befindet sich ungefähr 17 km südlich von Puerto López, direkt an der Provinzgrenze Guaya–Manabí. Man trifft hier auf eine Handvoll ausgezeichneter Pensionen, eine davon ist die herrliche **Finca Punta Ayampe** (☎ 09-198-0982; www.fincapuntaayampe.com; Zi. ab 14 US$/Pers.). Am Strand befinden sich zudem die **Cabañas La Tortuga** (☎ 278-0613; www.latortuga.com.ec; Zelt 8 US$, EZ/DZ 18/25 US$), die gut gepflegte, strohgedeckte Hütten und in der Nähe einen dazu gehörenden Campingplatz zu bieten haben.

MONTAÑITA
☎ 04

Montañita ist mit den besten Surfwellen des Landes gesegnet – und mit mehr Budgethotels, als man zählen kann. Das Bild bestimmen nackte Füße, schlabbrige Shorts, die Brandung und die Surfszene. Entweder man blüht hier auf oder man hasst es. Auch wenn Montañita schnell gewachsen ist, verströmt es noch immer das friedvolle, freundliche Flair von einst. In einigen Läden kann man Bretter ausleihen.

In der Stadt gibt's mehrere Internetcafés. Die Banco de Guayaquil hat einen Geldautomaten.

Schlafen

In der Hochsaison, also von Dezember bis April, sollte man sein Zimmer vorab buchen (und Ohrstöpsel mitbringen). Außerhalb der Saison ist mit niedrigeren Preisen und weniger Menschenmassen zu rechnen.

El Centro del Mundo (☎ 278-2831; Zi. pro Pers. mit/ohne Bad 8/7 US$) Dieser dreistöckige Koloss liegt in der Nähe des Strandes. Er bietet einfachste Zimmer mit notdürftigen Gemeinschaftstoiletten und -duschen. Die gemeinschaftlich genutzten Balkone bieten Meerblick.

Tiki Limbo Backpackers Hostel (☎ 254-0607; www.tikilimbo.com; EZ/DZ 10/20 US$) Dieses schon seit Langem beliebte Budgethostel an der Hauptstraße bringt einen in abgenutzten, pastellfarbenen Zimmern mit Bambusdetails unter. Es gibt eine lässige Lounge und ein ordentliches Restaurant; nachts ist es hier wie in den anderen Pensionen in dieser Straße laut.

Hostal Pakaloro (☎ 206-0092; pakaloro2006@hotmail.com; EZ/DZ 15/25 US$) Wunderbares Kunsthandwerk, Liebe zum Detail, absolut saubere Zimmer, Hängematten auf der Veranda und polierte Holzfußböden machen das Pakaloro zu einer beliebten Adresse.

Hostal Kundalini (☎ 09-954-1745; www.hostalkundalini.com; Cabañas 15 US$/Pers.) Das Kundalini liegt gleich jenseits des Flüsschens, das die Stadt im Norden begrenzt, in friedvoller Lage am Strand. Man findet strohgedeckte *cabañas* mit Bambuswänden und Hängematten für die Allgemeinheit.

Paradise South (☎ 09-787-8925; EZ/DZ 15/30 US$) Unten in der Nähe des Strandes und perfekt für alle, die Ruhe suchen. Die Cottages mit Ziegelwänden sind mit Keramikböden und modernen Bädern ausgestattet.

Hanga-Roa Hostal (☎ 235-2955; www.montanita.com/hangaroa; EZ/DZ 20/30 US$) Hier kann man sich am Strand in farbenfrohen Zimmern mit Bambuswänden und modernen Bädern einquartieren. Die Terrasse über dem Strand bietet sich an für einen herrlichen Drink bei Sonnenuntergang.

Charo's Hostal (☎ 206-0044; www.charoshostal.com; Zi. 25 US$; 🍴 🏊) Das Charo's hat helle, saubere, einfache Hotelzimmer, eine Lage am Strand, einen Pool im Hof und einen Whirlpool.

Essen

An der Hauptstraße gibt's einige gute Lokalitäten, z. B. das stilvolle Café-Restaurant **Karukera** (Hauptgerichte 4–8 US$), in dem man wunderbar Leute beobachten kann. In der Nähe liegt das **Café Hola Ola** (Hauptgerichte 5–9 US$), das ein paar israelisch inspirierte Gerichte, große Frühstücksteller sowie gegrilltes Fleisch und Meeresfrüchte serviert. An den Wochenenden gibt's im riesigen Garten mit Bar dahinter abends Livemusik. Das **Funky Monkey** (Hauptgerichte 4 US$) ist ein heiteres, modernes Restaurant mit ordentlichen Grillgerichten und gemischten Speisen. Auch in den Seitenstraßen ist kulinarisch einiges geboten: leckere vegetarische Küche im **Café del Mar** (Hauptgerichte 4 US$), ausgezeichnete kolumbianische, asiatische und ecuadorianische Gerichte von den talentierten Köchen im Freiluftlokal **Latina Bistro** (Hauptgerichte 4–7 US$). Das **Tiburón Restaurant** (Hauptgerichte 5–7 US$) ist die Topadresse in der Stadt für Meeresfrüchte und *ceviche*.

An- & Weiterreise

Drei Busse von CLP kommen auf ihrem Weg Richtung Süden nach Guayaquil (6 US$, 3½ Std.) in Montañita vorbei. Die Busse gen Süden nach Santa Elena (1,50 US$, 2 Std.) und La Libertad oder in Richtung Norden nach Puerto López (1,50 US$, 1 Std.) fahren alle 15 Minuten.

SANTA ELENA & LA LIBERTAD

Wer gen Süden nach Guayaquil unterwegs ist und nicht einen CLP-Direktbus (s. linke Spalte) nimmt, muss in einer dieser beiden Städte umsteigen. In Santa Elena ist das ganz einfach: Der Busfahrer setzt die Fahrgäste dort ab, wo die Straße sich gabelt, man überquert die Straße und stoppt an der anderen Straße einen Bus. Den geschäftigen, unschönen Hafen von La Libertad sollte man meiden.

PLAYAS

☎ 04

Playas schwebt irgendwo zwischen interessant und scheußlich. Das von Guayaquil aus nächstgelegene Strandresort ist von Januar bis April immer überbevölkert; dann steigen die Preise, Zelte und Müll zieren den Strand, Diskos wummern bis spät in die Nacht, und die Meeresfrüchterestaurants unter freiem Himmel (die in Playas den halben Spaß ausmachen) sind den ganzen Tag vollgestopft. Den Rest des Jahres ist Playas dafür fast völlig verlassen.

Rund um Playas gibt's einige gute Surfwellen; Infos dazu hat der hiesige Surfklub **Playas Club Surf** (Ecke Av Paquisha & Av 7), im Restaurant Jalisco zu finden.

Die günstigsten Hotels bringen einen in Betonzellen mit brackigem, fließendem Wasser unter. Das super saubere, vierstöckige **Hotel Arena Caliente** (☎ 276-1580; Av Paquisha; EZ/DZ 25/35 US$; 🍴 🏊) ist mit seinem einladenden Pool im Hof eine bessere Wahl.

Transportes Villamil schickt häufig Busse nach Guayaquil (2,50 US$, 1¾ Std.).

GUAYAQUIL

☎ 04 / 2 160 000 Ew.

Auch wenn es in Guayaquil heiß, laut und chaotisch zugeht, ist die Stadt seit ihren trübseligen Zeiten als von Verbrechen heimgesuchter Hafen weit vorangekommen. Die Umgestaltung des *malecón* mit Blick über den Río Guayas hat dabei geholfen, Guayaquil ein neues Gesicht zu verleihen. Das historische Stadtviertel Las Peñas sowie die wichtigste Verkehrsstraße von Guayaquil, die 9 de Octubre, wurden ebenfalls restauriert. In diesen Gebieten gibt's heute eine Menge zu entdecken. Wer allerdings großen Städten ohnehin nichts abgewinnen kann, wird vermutlich auch Guayaquil nicht mögen.

Alle Flüge zu den Galápagosinseln legen entweder in Guayaquil eine Zwischenlandung ein oder sie starten von hier. Das macht die Stadt zum zweitbesten Ausgangspunkt (nach Quito) für einen Trip zu den Inseln.

Orientierung

Die meisten Traveller übernachten im Stadtzentrum, das in Rasterform am Westufer des Río Guayas angelegt ist. Die Hauptstraße von Osten nach Westen ist die 9 de Octubre. Der Malecón 2000 – die restaurierte Promenade am Flussufer – erstreckt sich am Ufer des Río Guayas von der Mercado Sur (in der Nähe des diagonal verlaufenden Blvd José Joaquín Olmedo) an der Südspitze bis zum Barrio Las Peñas und dem Cerro Santa Ana im Norden. Der Vorort Urdesa wird häufig wegen seiner Restaurants und des Nachtlebens aufgesucht; er liegt ungefähr 4 km nordwestlich und 1,5 km westlich vom Flughafen.

Praktische Informationen

BUCHLÄDEN
Librería Científica (Luque 225) Hier ist eine kleine Auswahl von Reiseführern auf Englisch zu finden.

GELD
Geldautomaten gibt's in der gesamten Innenstadt, besonders viele rund um die Plaza de la Merced.

INTERNETZUGANG
Die folgenden Internetcafés verlangen für die Stunde ungefähr 1 US$.
CyberNet (Luque 1115) Neben dem Hotel Alexander.
Internet 50¢ (Rumichaca 818 nahe 9 de Octubre; 0,50 US$/Std.)
Joeliki Cybernet (Moncayo nahe Vélez)

MEDIZINISCHE VERSORGUNG
Clínica Kennedy (☎ 238-9666; Av del Periodista, Vorort Nueva Kennedy) Guayaquils bestes Krankenhaus.
Dr Serrano Saenz (☎ 256-1785; Ecke Boyacá 821 & Junín) Auch ohne Voranmeldung; spricht Englisch.

NOTFALL
Polizei (☎ 101)
Rot-Kreuz-Rettungswagen (☎ 131)

POST
Post (Carbo nahe Aguirre)

REISEBÜROS
Die hier aufgeführten Reisebüros arrangieren Trips zu den Galápagosinseln.
Centro Viajero (☎ 230-1283; centrovi@telconet.net; Ecke Baquerizo Moreno 1119 & 9 de Octubre, Büro 805, 8. Stock) Toller Service; man spricht Spanisch, Englisch und Französisch.
Dreamkapture Travel (☎ 224-2909; www.dreamkapture.com; Alborada 12a Etapa, Ecke Benjamín Carrión & Av Francisco de Orellana) In französisch-kanadischer Hand; im Dreamkapture Hostal zu finden.
Galasam Tours (☎ 230-4488; www.galapagos-islands.com; 9 de Octubre 424, Büro 9A) Die Angebote sind toll, aber man muss hart verhandeln. Es gab auch schon ein paar Beschwerden.

TELEFON
Die meisten Internetcafés sind auch gleichzeitig Telefoncenter.

TOURISTENINFORMATION
Centro de Turismo (Malecón) Sehr hilfsbereit; in einem Zugwaggon auf dem Malecón untergebracht.
Dirección Municipal de Turismo (☎ 252-4100, Durchwahl 3477/9; www.guayaquil.gov.ec; Pichincha 605 nahe 10 de Agosto) Im Rathaus.
Subsecretario de Turismo Litoral (☎ 256-8764; infotour@telconet.net; Paula de Icaza 203, 5. Stock) Infos über die Provinzen Guayas und Manabí.

Gefahren & Ärgernisse

Die Innenstadt ist tagsüber sicher, aber nach Einbruch der Dunkelheit wird's hier ein bisschen gefährlich. Der Malecón und die Haupttreppe zum Cerro Santa Ana hinauf sind dagegen auch nachts vollkommen sicher. Ein ständiges Problem sind Raubüberfälle nach Abhebungen am Geldautomaten – bis man mindestens ein paar Blocks von der Bank entfernt ist, sollte man also besonders aufpassen. Am Busbahnhof und dem Straßenmarkt von La Bahía auf die Wertsachen achten!

Sehenswertes
MALECÓN 2000
Wer gerade angekommen ist, sollte sich zur restaurierten **Uferpromenade** (7–24 Uhr) aufmachen und die (mit etwas Glück) dort wehende Brise genießen, die vom breiten Gío Guayas herüberweht. Das Ufer, bekannt als Malecón 2000, ist das Flaggschiff der Aufhübschungsmaßnahmen in Guayaquil. Es erstreckt sich 2,5 km am Fluss entlang, vom **Mercado Sur** am Südende bis zum Cerro Santa Ana und Las Peñas (s. S. 637) im Norden. In

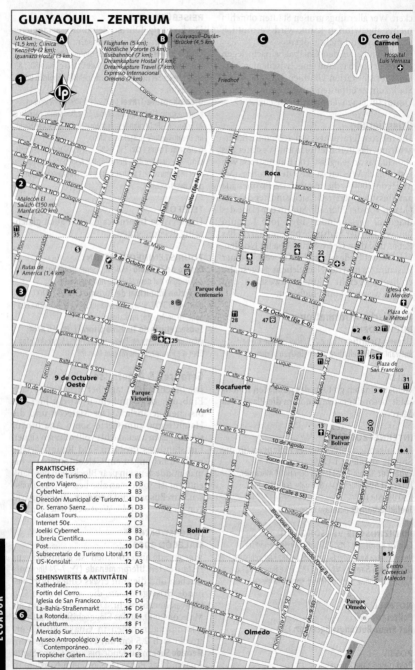

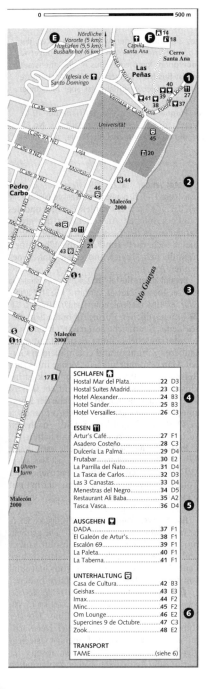

der Gegend ist die Polizeipräsenz sehr hoch, darum kann man sich hier absolut sicher fühlen, sogar nachts (dann ist es hier auch am schönsten).

Gleich nördlich des Mercado Sur, zwischen Olmedo, Chile, Colón und dem Ufer, befindet sich der belebte, farbenfrohe Straßenmarkt **La Bahía** (Pichincha). Seine Erkundung ist faszinierend, jedoch man muss sich vor Taschendieben in Acht nehmen.

Die lebhafte 9 de Octubre ist die wichtigste Geschäftsstraße von Guayaquil; sie trifft am beeindruckenden Denkmal **La Rotonda** auf den Malecón. Weiter nördlich am Malecón befindet sich ein schön angelegter **tropischer Garten** mit Fußwegen, kleinen Teichen und viel Schatten. In der Nähe findet man das moderne **Museo Antropológico y de Arte Contemporáneo** (MAAC; ☎ 230-9400; Ecke Malecón & Loja; Eintritt 1,50 US$, So frei; ☼ Di–Sa 9.30–17.30, So 11–15.30 Uhr), ein Museum für Anthropologie, Archäologie und zeitgenössische ecuadorianische Kunst. Das MAAC hat zudem ein Theater, das neben Theaterstücken auch Konzerte und Filme präsentiert, eine Freilichtbühne und Gastronomie zu bieten.

LAS PEÑAS & CERRO SANTA ANA

Diese beiden historischen Stadtviertel am Nordende des Malecón wurden in eine idealisierte Version idyllischer, südamerikanischer Bergdörfer umgewandelt, inklusive aller Details, von bunt gestrichenen Häusern bis hin zu kopfsteingepflasterten Gassen. Die Treppe, die sich vorbei an den bunt gestrichenen Gebäuden den Cerro Santa Ana hinaufwindet, säumen lässige Restaurants und nette Bars. Die Aussicht vom Fort auf der Spitze, dem **Fortín del Cerro**, und vom **Leuchtturm** ist spektakulär.

Rechts liegt die historische kopfsteingepflasterte Straße **Numa Pompillo Llona**. Sie passiert elegante, verfallende Holzhäuser aus der Kolonialzeit, die halbherzig mit Bambusstecken gestützt sind; viele der Häuser oberhalb des Flusses sind heute Kunstgalerien.

INNENSTADT

Prähistorisch wirkende Leguane kreuchen auf dem schönen **Parque Bolívar** (Parque Seminario; Ecke Chile & Ballén) mit seinen vielen Bäumen herum und starren mit großen Augen die Kinder mit ihren Snacks in der Hand an – ein seltsamer Anblick. Die moderne **Kathedrale** befindet sich an der Westseite der Plaza.

DER WEG INS ZENTRUM

Der Flughafen befindet sich etwa 5 km nördlich des Zentrums an der Av de las Américas, der Busbahnhof liegt 2 km nördlich vom Flughafen. Von beiden Orten sollte ein Taxi ins Zentrum etwa 4 US$ kosten. Wer die Straße vor dem Flughafen überquert, kann einen Bus in die Innenstadt nehmen. Für den Weg vom Zentrum zum Flughafen ist Bus No 2 Especial (0,25 US$) die beste Option: Er braucht weniger als eine Stunde. Er fährt den Malecón entlang, ist aber manchmal voll; man sollte also für den Weg jede Menge Zeit einplanen.

Busse vom Zentrum zum Busbahnhof fahren am Parque Victoria ab, in der Nähe der 10 de Agosto und der Moncayo. Vom Busbahnhof starten mehrere Busse in die Innenstadt, z. B. No 71. Eine Alternative sind die schnelleren Metrovía-Busse, die ab dem Terminal Río Daule, gegenüber vom Busbahnhof, in die Innenstadt fahren.

Um die geschäftliche Seite von Guayaquil kennenzulernen, lohnt sich ein Bummel über die Hauptstraße, die **9 de Octubre**. Die größte Plaza der Stadt ist der **Parque del Centenario** (Ecke 9 de Octubre & Garaycoa); sie nimmt vier Blocks ein, ist von Monumenten übersät und markiert das Zentrum der Stadt. Die beeindruckendste Kirche ist die **Iglesia de San Francisco** (9 de Octubre nahe Chile). Nach einem schweren Brand im Jahr 1896 wurde sie wieder aufgebaut und herrlich restauriert.

MALECÓN EL SALADO

Wie sein berühmteres Gegenstück am Río Guayas ist auch der Melcón El Salado ein Versuch, das Ufer für die Bewohner wieder nutzbar zu machen. In einem stromlinienförmigen, modernen, an ein Einkaufszentrum erinnernden Gebäude an der Flussmündung sind zahlreiche Lokale und Cafés zuhause, oberhalb verläuft ein Fußweg.

Festivals & Events

In der letzten Juliwoche, wenn Simón Bolivars Geburtstag (24. Juli) und der Gründungstag von Guayaquil (25. Juli) gefeiert werden, ist die ganze Stadt eine einzige Party; dann sind die Hotels schnell voll und die öffentlichen Verkehrsmittel fahren nur unregelmäßig. Auch die Feierlichkeiten zum Unabhängigkeitstag von Guayaquil (9. Oktober) und zum Día de la Raza (12. Oktober) sind riesig. Silvester wird mit Freudenfeuern begangen.

Schlafen

Die Budgethotels sind in der Regel teuer und bieten ein schlechtes Preis-Leistungs-Verhältnis. Die günstigsten Angebote findet man innerhalb mehrerer Blocks um den Parque de Centenario; dort kann allerdings der Straßenlärm ein Ärgernis sein.

Hotel Sander (☎ 232-0030; www.sanderguayaquil.com; Luque 1101; Zi. pro Pers. mit Ventilator/Klimaanlage 9/12 US$; ❄) Trotz der kahlen Zimmer und des bunkerähnlichen Aussehens ist das große Sander eines der besseren Schnäppchen: Es bietet Sicherheit rund um die Uhr, einen freundlichen Service und einen funktionierenden Aufzug.

Dreamkapture Hostal (☎ 224-2909; www.dreamkapture.com; Alborada 12a Etapa, Manzana 2, Villa 21; B 10 US$, EZ/DZ 18/28 US$, mit Gemeinschaftsbad 17/23 US$; ❄ 💻 🏊) Im nördlichen Vorort Alborada liegt dieses kleine, freundliche *hostal* unter kanadischecuadorianischer Leitung. Es prahlt mit super sauberen Zimmern und einem kleinen Garten. Man bekommt hier jede Menge Infos zum Reisen (s. S. 635), und das Frühstück ist inklusive. Das Dreamkapture befindet sich an der Sixto Juan Bernal, in der Nähe der Kreuzung Benjamín Carrión und der Av Francisco de Orellana. Es gibt kein Schild – nach den verträumten Malereien Ausschau halten.

Hostal Mar del Plata (☎ 230-7610; Junín 718 nahe Boyacá; EZ/DZ mit Ventilator 12/20 US$, mit Klimaanlage 18/23 US$; ❄) Wen altmodische Fernseher und Toiletten ohne Sitz nicht stören, der hat mit dieser Unterkunft mit den sauberen Zimmer eine solide Wahl getroffen.

Hostal Suites Madrid (☎ 230-7804; Quísquis 305; Zi. mit Ventilator/Klimaanlage 15/20 US$; ❄) Die großen, modernen Zimmer werden absolut sauber und strahlend rein gehalten, und das schäbige Flair, das für die Budgethotels von Guayaquil sonst so typisch ist, ist hier nicht zu finden.

LP Tipp Iguanazú Hostal (☎ 220-1143, 09-986-7968; www.iguanazuhostel.com; Cuiadadela La Cogra, Km 3,5, Villa 2; B/EZ/DZ 15/40/48 US$; ❄ 💻 🏊) Eine Oase der Ruhe hoch oben auf einem Hügel. Der Nachteil ist, dass sie schwer zu finden ist – sie liegt gleich nördlich von Miraflores, abseits der Carlos Julio Arosemana. Neben zauberhaften

Zimmern findet man hier eine Terrasse mit Hängematten und herrlicher Aussicht, eine Wiese, einen Pool und einen Wohn-/Restaurantbereich. Das Frühstück ist inklusive, WLAN gibt's obendrein.

Hotel Versailles (☎ 230-8773; infohotelversailles@yahoo.es; Ecke Junín & Ximena; Zi. mit Klimaanlage 25 US$; ✶ 🖳) Im Vergleich mit seinem Namensvetter schneidet das Versailles zwangsläufig schlecht ab, aber dennoch ist es ein bemerkenswert gutes Angebot. Nur ein paar Blocks von der 9 de Octubre entfernt wohnt man in großen super sauberen Zimmern mit Marmorböden, Flachbildfernsehern und erstklassigen Duschvorrichtungen.

Hotel Alexander (☎ 253-2651; hotelalexander@hotmail.com; Luque 1107; EZ/DZ 32/36 US$; ✶ 🖳) Die zentrale Lage, das nette angeschlossene Restaurant, der Internetzugang (auch kabellos) und der professionelle Service entschädigen für die dunklen, unbeeindruckenden Zimmer.

Essen

In Sachen Essensoptionen kann Guayaquils Innenstadt mit den Vororten im Norden nicht mithalten. Zwanglose *parrillas* (Grillrestaurants) findet man rund um den Parque del Centenario, entlang der Malecón 2000 und der Malecón El Salado gibt's zahlreiche helle, saubere Fast-Food-Restaurants. In der Mall del Sol, nördlich der Innenstadt, findet man einen großen Food-Court. Für die besten kulinarischen Erfahrungen sorgen die Hotels in der Innenstadt und im nördlichen Vorort Urdesa.

Dulcería La Palma (Escobedo zw. Velez & Luque; Snacks 1,50–2,50 US$) Dieses stimmungsvolle Café ist ein angenehmer Ort zum Auftanken.

Asadero Costeño (Garaycoa 929; almuerzos 1,50 US$) Super Adresse für günstige Grillhähnchen.

Menestras del Negro (Ecke Malecón & Sucre; Hauptgerichte 2 US$) In dieser ecuadorianischen Fast-Food-Kette bekommt man gegrillte Fleisch-, Fisch- und Geflügelgerichte, serviert mit riesigen Portionen Bohnen.

Restaurant Ali Baba (9 de Octubre; Hauptgerichte 2 US$) Wem der Sinn nach nahöstlicher Küche – Hummus, Falafel, saftigem Schawarma – steht, der macht sich auf ins Ali Baba.

Frutabar (Malecón; Sandwiches 2–4 US$) Hier kann man aus 20 Sorten *batidos*, Sandwiches, Snacks und Dutzenden von Saftvariationen wählen.

Las 3 Canastas (Ecke Velez & Chile; Snacks 2–4 US$) Dies ist die Topadresse in der Innenstadt für Fruchtshakes, Obstsäfte und Eiscreme. Man kann auch draußen sitzen.

La Parrilla del Ñato (Ecke Luque & Pichincha; Hauptgerichte 4–7 US$) Diese Institution von Guayaquil (in Urdesa ist eine weitere Filiale) ist immer voll. Die Speisekarte des La Parrilla ist riesig. Es gibt Pasta, Pizzen, Sandwiches und *almuerzos*, aber seine Spezialität sind Grillgerichte – mit Fleisch oder Meeresfrüchten –, die an den Tischen auf den beiden Stockwerken individuell zubereitet werden.

Artur's Café (Numa Pompillo Llona 127; Hauptgerichte 4–7 US$) Wegen seiner zurückgezogenen Atmosphäre und der super Lage über dem Río Guayas in Las Peñas ist Artur's schon lange ein Liebling der Einheimischen. Die (ecuadorianischen) Gerichte sind allerdings eher Durchschnitt.

La Tasca de Carlos (☎ 230-3661; Ecke Cordova 1002 & Paula de Icaza; Hauptgerichte 8–14 US$) Dies ist eines von mehreren attraktiven, spanischen Restaurants, die Paella, Tortillas und andere traditionelle Gerichte auftischen.

Tasca Vasca (Ecke Ballén 422 & Chimborazo; Hauptgerichte 8–14 US$) Spanischer Klassiker, der mit einer verrauchten, kellerähnlichen Atmosphäre, eleganten Kellnern und einem auf Tafeln angeschriebenen Speisenangebot punktet.

Ausgehen

Die Hotspots des *farra* (Nachtleben) von Guayaquil verteilen sich über die ganze Stadt, aber einige der interessantesten, einladendsten und stilvollsten Bars findet man praktischerweise im Stadtviertel Las Peñas. Auch in der Innenstadt gibt's ein paar Perlen, in der Nähe des Malecón 2000, und in den Stadtvierteln Alborada, Kennedy Norte und Urdesa findet man ebenfalls eine ordentliche Anzahl von Klubs und Bars.

DADA (Numa Pompilio Llona 177) Das DADA ist hip und stilvoll, dabei aber warm und gastfreundlich. Es ist ganz in Holz gehalten und bietet einen Blick auf den Fluss.

Escalón 69 (Cerro Santa Ana) Im Escalón 69, über dem gleichnamigen Restaurant gelegen, legen DJs auf. Am Wochenende gibt's Livemusik.

El Galeón de Artur's (Cerro Santa Ana) Das El Galeón gibt's auch in Las Peñas. Es ist ein lässiger Ort für einen Drink, wenn einen laute Musik nicht stört.

La Paleta (Numa Pompilio Llona) Die wahrscheinlich unkonventionellste Bar der Innenstadt mit höhlenartigen Ecken, gemütlichen Bänken und viel dunklem Holz, das für Ambiente sorgt.

La Taberna (Cerro Santa Ana) In dieser cool-schäbigen Bar mischt man sich unter eine junge Meute aus der Nachbarschaft und nimmt zu Latin Rock und Pop einen Drink.

Unterhaltung

El Telégrafo und *El Universo* veröffentlichen Veranstaltungstermine.

Zu den beliebten Nachtklubs am Malécon gehören das **Geishas** (Ecke Malécon 602 & Imbabura; Mo–Fr 19–4 Uhr), das **Zook** (Panamá) und das **Om Lounge** (Ecke Malécon & Padre Aguirre). Ein paar Blocks entfernt, zwischen dem MAAC und Las Peñas, befindet sich das **Minc** (Ecke Malécon & Vernaza y Carbo; Eintritt 10 US$; Mi–Sa 18.30 Uhr–spät).

Filme kann man sich hier reinziehen:
Casa de Cultura (Ecke 9 de Octubre & Moncayo) Fremdsprachige und Kunstfilme.
Imax (Malecón 2000; www.imaxmalecon2000.com; Eintritt 4 US$) Gehört zum MAAC.
Supercines 9 de Octubre (Ecke 9 de Octubre 823 & Avilés; Eintritt 2 US$) Modernes Mehrsaalkino.

An- & Weiterreise

BUS

Der Busbahnhof liegt 2 km jenseits des Flughafens. In die meisten wichtigen Städte des Landes gibt's eine Verbindung; täglich fahren z. B. viele Busse nach Quito (9 US$, 7–10 Std.), Manta (4,50 US$, 4 Std.), Esmeraldas (7 US$, 7 Std.) und Cuenca (7 US$, 3½ Std.).

Zahlreiche Gesellschaften schicken vom Busbahnhof aus Fahrzeuge nach Machala (4,50 US$, 3 Std.) und Huaquillas (5,50 US$, 5 Std.) an die peruanische Grenze. Der einfachste Weg nach Peru ist aber ein Bus einer internationalen Linie. **Rutas de América** (☎ 223-8673; Ecke Los Ríos 3012 & Letamendi) hat das Büro und den Bahnhof südöstlich der Innenstadt; sie bietet mittwochs um 11 Uhr und sonntags um 7 und 11 Uhr Direktbusse nach Lima (50 US$, 24 Std.). **Expresso Internacional Ormeno** (☎ 229-7362; Centro de Negocios El Terminal, Bahía Norte, Oficina 34, Bloque C) ist im Service (und im Preis) eine Klasse besser. Ihre Busse verbinden sonntags um 11.30 Uhr mit Lima (65 US$) und halten unterwegs in Tumbes (20 US$, 8 Std.). Das Büro mit Bahnhof befindet sich an der Av de las Américas, gleich nördlich des Hauptbusbahnhofs. Diese Linien sind praktisch, weil man für die Grenzformalitäten nicht aussteigen muss.

FLUGZEUG

Details zum Weg zum bzw. vom Flughafen findet man im Kasten auf S. 638. Die Ausreisegebühr für Auslandsflüge liegt bei 28 US$.
TAME (Innenstadt ☎ 231-0305; Av 9 de Octubre 424, Gran Pasaje; Flughafen ☎ 228-2062, 228-7155) schickt mehrere Maschinen täglich nach Quito (62 US$), eine oder zwei täglich nach Cuenca (68 US$) und drei pro Woche nach Loja (73 US$). TAME und **AeroGal** (☎ 228-4218; www.aerogal.ec; am Flughafen) fliegen zur Isla Baltra und nach San Cristóbal auf den Galápagosinseln (hin & zurück 362 US$, Mitte Jan.–Mitte Juni, Sept.–Nov. 318 US$, 1½ Std.). **Icaro** (☎ 390-5060; www.icaro.aero; am Flughafen) fliegt Quito an.

Unterwegs vor Ort

In der Innenstadt kommt man am besten zu Fuß voran. Die Stadtbusse sind günstig (0,25 US$), aber ihre Routen kompliziert. Ein

---

EINREISE NACH PERU

Die Formalitäten sind auf beiden Seiten der Grenze schnell erledigt. Viele Traveller haben berichtet, es sei einfacher, mit dem Nachtbus die Grenze zu passieren – dann entgeht man den Massen, den Schleppern und übereifrigen Beamten (nachts wollen Letztere einfach nur, dass man weiterfährt). Die Busgesellschaft CIFA bietet direkte Verbindungen sowohl ab Machala als auch ab Guayaquil nach Tumbes in Peru.

Das ecuadorianische **Einwanderungsbüro** (24 Std.) liegt 5 km außerhalb von Huaquillas und 3 km nördlich der Grenze. Die kostenlosen Ein- und Ausreiseformalitäten werden hier abgewickelt. Der Bus wartet nicht, aber wenn man seine Fahrkarte aufhebt, kann man umsonst mit einem anderen weiterfahren, der vorbeikommt. Außerdem stehen Taxen bereit.

Wer Ecuador verlässt, erhält vom ecuadorianischen Einwanderungsbüro einen Ausreisestempel. Nachdem man dem Wärter an der internationalen Brücke seinen Pass gezeigt hat, nimmt man ein Sammeltaxi (0,40 US$) zum Gebäude des peruanischen Einwanderungsbüros, das etwa 2 km jenseits der Grenze liegt. Von hier fahren *colectivos* nach Tumbes (1,50 US$; aufpassen, dass nicht zu viel verlangt wird!).

Infos für alle, die von Peru kommen, liefert der Kasten S. 946.

Taxi kostet innerhalb der Innenstadt nicht mehr als 1,50 US$.

MACHALA
☎ 07 / 228 000 Ew.

Die selbsternannte „Bananenhauptstadt der Welt" ist eine chaotische Arbeiterstadt. Die meisten Traveller nach bzw. aus Peru kommen hier durch, aber nur wenige bleiben länger als eine Nacht. Zwischen der Rocafuerte und der 9 de Octubre findet sich Páez, eine Fußgängerzone.

In der **Touristeninformation** (Ecke 9 de Mayo & 9 de Octubre) bekommt man Pläne von der Stadt und der Region. Die **Banco del Pacífico** (Ecke Junín & Rocafuerte) und die **Banco del Pichincha** (Ecke Rocafuerte & Guayas) haben Geldautomaten und wechseln Reiseschecks.

Schlafen & Essen
An der Sucre, in der Nähe der Colón, gibt's mehrere *parrilla*-Restaurants, die günstige Grillhähnchen und Steaks anbieten.

Hotel Bolívar Internacional (☎ 293-0727; falvarado@hotmail.com; Ecke Bolívar & Colón; EZ/DZ 18/26 US$; ✱ 🖵) Dieses absolut saubere, freundliche Hotel ist zu Fuß nur ein kurzes Stück vom geschäftigen Zentrum entfernt.

Hostal Saloah (☎ 293-4344; Colón 1818; EZ/DZ inkl. Frühstück 18/29 US$; ✱ 🖵) Das Saloah liegt an einem lebhaften Block, in der Nähe mehrerer Busunternehmen. Es hat gut gepflegte Zimmer mit winzigen Fenstern und eine Dachterrasse mit Aussicht.

An- & Weiterreise
Der Flughafen befindet sich 1 km südwestlich der Stadt; ein Taxi kostet ca. 1 US$. **Saereo** (☎ 292-2630; www.saereo.com) fliegt ein- oder zweimal täglich sowohl nach Guayaquil als auch nach Quito.

Einen zentralen Busbahnhof gibt's nicht. Die **CIFA**-Busse (Ecke Bolívar & Guayas) starten an der 9 de Octubre, Höhe Tarqui, regelmäßig nach Huaquillas (1,80 US$, 1½ Std.) an der peruanischen Grenze und nach Guayaquil (4 US$, 4 Std.). **Rutas Orenses** (9 de Octubre nahe Tarqui) und **Ecuatoriana Pullman** (9 de Octubre nahe Colón) bedienen ebenfalls Guayaquil; Letztere hat klimatisierte Busse.

Panamericana (Ecke Bolívar & Colón) schickt mehrmals am Tag Fahrzeuge nach Quito (10 US$, 10 Std.) und **Transportes Cooperativa Loja** (Ecke Tarqui & Bolívar) verbindet Machala mit Loja (4,50 US$, 5 Std.).

HUAQUILLAS
☎ 07 / 30 000 Ew.

Auf der peruanischen Seite wird Huaquillas Aguas Verdes genannt. Die wichtigste Stadt an der Grenze zu Peru liegt 80 km südlich von Machala und liefert kaum Gründe, hier anzuhalten. Beinahe alles spielt sich an der langen Hauptstraße ab. Die ecuadorianischen Banken wechseln kein Geld (aber sie haben Geldautomaten); das übernehmen die mit Aktenkoffern bewaffneten Geldwechsler, aber es wurde häufig von Abzocke berichtet.

Wer die Nacht hier verbringen muss, findet im **Hotel Rodey** (☎ 299-5581; Av Tnte Cordovez & 10 de Agosto; EZ/DZ ab 5/10 US$) ein ordentliches Hotel.

CIFA-Busse starten häufig von der Hauptstraße, zwei Blocks von der Grenze entfernt, nach Machala (1,80 US$, 1½ Std.). Panamericana verbindet täglich mit Quito (10 US$, 12 Std.). Ecuatoriana Pullman hat Busse nach Guayaquil (5 US$, 4 Std.). Wer nach Loja (6 US$, 6 Std.) möchte, nimmt ein Gefährt von Transportes Loja.

DIE GALÁPAGOSINSELN

☎ 05 / 30 000 Ew.

Eine Reise auf den Spuren von Charles Darwin zu den Galápagosinseln (der 1835 hierherkam) könnte einen dazu bringen, die Welt mit anderen Augen zu sehen. In dieser außergewöhnlichen Region fühlt man sich wie in einem Alternativuniversum, in irgendeiner merkwürdigen, utopischen Kolonie, die von Seelöwen – den Golden Retrievern der Galápagosinseln – organisiert ist und nach dem Prinzip der gegenseitigen Partnerschaft funktioniert. Was Besuchern so ungewöhnlich erscheint, ist die Furchtlosigkeit der berühmten Bewohner der Inseln. Die Blaufußtölpel, Seelöwen und prähistorisch aussehenden Landleguane benehmen sich allesamt, als wären die Menschen nicht mehr als lästige Paparazzi. Nirgendwo sonst kann man sich mit ihnen ein Duell im gegenseitigen Anstarren liefern und dabei verlieren.

Ein Besuch auf den Inseln ist allerdings teuer, und wer ihre Wunder wirklich erleben möchte, dem bleibt dafür nur eine Kreuzfahrt. Man kann vier der Inseln auch auf eigene Faust besuchen, aber dann verpasst man die wilden Tiere und die vielen kleineren Inseln, die man auf einer Kreuzfahrt zu Gesicht bekommt.

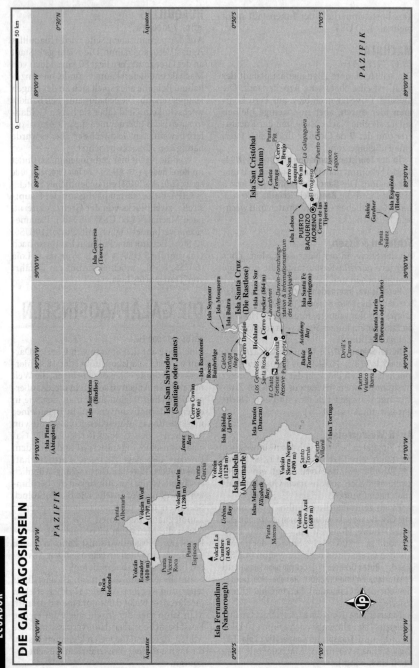

NATUR & UMWELT

Die Galápagosinseln wurden 1959 zum Nationalpark erklärt. Der organisierte Tourismus entdeckte sie in den 1960er-Jahren, in den 1990ern kamen jährlich bereits etwa 60 000 Besucher; heute sind es mehr als 180 000 jedes Jahr. Mit dem Tourismusboom sind zudem immer mehr Menschen auf die Inseln gezogen, um dort zu arbeiten, und die Einwohnerzahl der Insel wächst jährlich um ca. 10 %. Der dramatische Anstieg menschlicher Aktivitäten beeinflusst langsam, aber sicher das empfindliche Ökosystem der Inseln.

Die Inseln haben schon einige Probleme bewältigen müssen, z. B. Ölkatastrophen, das Wildern von Seelöwen, um sie als Köder zu verwenden, illegale Fischerei von Haien, Hummern und anderen Meerestieren sowie die Einfuhr von hier nicht heimischen Tieren. Trotz der Bemühungen von Organisationen wie **Galapagos Conservancy** (www.galapagos.org) ist die Zukunft der Inseln und ihrer Umwelt ungewiss. Seit 2007 hat die UNESCO die in der Liste des Weltkulturerbes aufgeführten Inseln als gefährdet eingestuft.

ORIENTIERUNG

Die wichtigste Insel ist die Isla Santa Cruz. An ihrer Südseite liegt Puerto Ayora, die größte Stadt der Galapagosinseln, von der aus die meisten Budgettouren starten. Hier gibt es viele Hotels und Restaurants. Nördlich von Santa Cruz, abgetrennt durch eine schmale Meerenge, befindet sich die Isla Baltra, Standort des größten Flughafens der Inseln. Ein öffentlicher Bus und eine Fähre verbinden den Flughafen von Baltra mit Puerto Ayora.

Die Isla San Cristóbal, die östlichste der Galápagosinseln, ist der Sitz der Provinzhauptstadt Puerto Baquerizo Moreno, wo es ebenfalls Hotels und einen Flughafen gibt. Die anderen bewohnten Inseln sind die Isla Isabela und die Isla Santa María. Zu beachten ist, dass die meisten Inseln zwei oder sogar drei Namen haben.

PRAKTISCHE INFORMATIONEN

Alle ausländischen Besucher müssen bei der Ankunft am Nationalpark 100 US$ (in bar!) bezahlen. Hauptsaison ist von Dezember bis Januar, um Ostern herum und von Juni bis August. Während dieser Zeit kann es schwierig sein, Touren zu einigermaßen günstigen Preisen zu arrangieren. Galápagos liegt zeitlich eine Stunde hinter Festland-Ecuador zurück. Das Aktuellste zu den Inseln kann man auf der Charles Darwin Foundations-Nachrichtenseite auf www.darwinfoundation.org nachlesen.

PREISE

Jeder sollte sich darauf einstellen, dass er mehr Geld ausgibt als geplant. Für eine kostengünstige einwöchige Tour in der Nebensaison muss man mit mindestens 500 bis 700 US$ rechnen. In der Hauptsaison sind es 1000 US$, jeweils zuzüglich Anflug und 100 US$ Eintrittsgebühr zum Park. Die günstigste (wenngleich nicht die beste) Besuchszeit ist zwischen September und November, wenn das Meer stürmisch und auf den Inseln nichts los ist. Wer in Puerto Ayora selber eine Tour bucht, spart eventuell Geld. Die Ausgaben für Übernachtungen müssen jedoch mit eingerechnet werden.

UNBEDINGT MITBRINGEN

Viele praktische (oder sogar unentbehrliche) Dinge gibt's auf den Galápagosinseln nicht. Daher genügend Tabletten gegen Seekrankheit, Sonnen- und Insektenschutz, Filme, Batterien, Toilettenartikel und Medikamente auf dem Festland besorgen!

TOURISTISCHE STÄTTEN

Um die Inseln zu schützen, sind von der Parkleitung neben den Städten und den öffentlichen Bereichen etwa 50 Stätten für Besucher freigegeben; zu allen anderen Gebieten ist der Zutritt verboten. Die Besucherstätten sind diejenigen, wo man die interessantesten wilden Tiere und geologischen Formationen sehen kann. Abgesehen von den Stätten bei Puerto Ayora und Puerto Baquerizo Moreno erreicht man die meisten mit dem Boot. Normalerweise nähert man sich dem Land mit *panga* (Ruderbooten); der Landgang erfolgt entweder „nass" (man springt über Bord und watet durch das knietiefe Wasser an Land) oder „trocken" (man steigt an einem Pier oder Felsvorsprung aus).

GEFÜHRTE TOUREN

Die meisten Touren werden so organisiert, dass man die Nächte an Bord eines Schiffes verbringt. Es gibt aber auch Tagestouren, bei denen man jede Nacht ins gleiche Hotel zurückkehrt, oder Ausflüge von mehreren Hotels aus mit Übernachtungen auf verschiedenen Inseln. In den Preisen ist der Entritt zum

Park (100 US$, könnte sich in den kommenden Jahren verdoppeln) nicht enthalten, ebensowenig der Flugpreis und Getränke in Flaschen; auch Trinkgelder gehören nicht dazu. Auf einer günstigen einwöchigen Tour verlangen die Mannschaft und der Führer *mindestens* 20 US$ pro Passagier (ungefähr die Hälfte davon geht an den Führer).

Wer für einen Trip zu den Inseln etwas mehr investieren möchte, wird wohl auch möglichst viel davon haben wollen. Die Boote der Economyklasse sind in der Regel in Ordnung, aber das (im Allgemeinen geringe) Unfallrisiko ist hier etwas höher. Wer nicht so viel Geld zur Verfügung hat, die Galápagosinseln aber dennoch sehen möchte, sollte das auf jeden Fall tun! Man sollte dann nur in Erwägung ziehen, ein paar Hundert Dollar mehr auszugeben für ein komfortableres, zuverlässigeres Boot und einen ordentlichen Führer.

Geführte Bootstouren

Die meisten Besucher gehen auf längere Bootstouren und schlafen an Bord. Vier- bis achttägige Touren werden am häufigsten gebucht. Für die Galápagosinseln sollte man sich mindestens eine Woche Zeit nehmen, auch wenn fünf Tage vielleicht reichen, um das Wichtigste zu sehen. Wer die abseits gelegenen Inseln Isabela und Fernandina besuchen möchte, sollte zwei Wochen einplanen. Gäste kommen bei einer vorgeplanten Tour am ersten Tag gegen Mittag mit dem Flugzeug vom Festland an. Da bleibt dann noch ein halber Tag auf den Galapagosinseln. Am letzten Tag muss man schon am Morgen am Flughafen sein. D.h. bei einer Fünftagetour hat man effektiv nur drei volle Tage auf den Inseln zur Verfügung. Wer eine Tour von Puerto Ayora aus plant, kann das vermeiden.

Oft ist eine einwöchige Tour eine Kombination aus zwei kürzeren Trips, beispielsweise eine Tour von Montag bis Donnerstag kombiniert mit einer von Donnerstag bis Montag. Solche einwöchigen Touren sind nicht sehr sinnvoll, da der größte Teil des Donnerstag mit Ein- und Aussteigen verbracht wird.

Tourboote gibt es sehr verschiedene, von kleinen Yachten bis zu großen Schiffen. Der häufigste Bootstyp ist ein Motorsegler mit Platz für 6 bis 16 Passagiere. An Kategorien ist alles vertreten und kann gebucht werden, von der Economy- und Touristenklasse bis zur Deluxe- und Luxusklasse.

Die sieben- oder achttägigen Economy-Touren finden meist auf kleinen Booten mit sechs bis zwölf Schlafkojen in Doppel-, Dreier- oder Viererkabinen statt. Für Bettzeug ist gesorgt, und die Unterkünfte sind sauber, allerdings feucht und eng mit wenig Privatsphäre. Zu allen Mahlzeiten wird reichlich einfaches, aber frisches Essen und Saft serviert, und im Boot fährt ein Reiseführer mit (aber nur wenige Führer auf den Economy-Touren sprechen Englisch).

Es gibt Toiletten und frisches Trinkwasser. Zum Waschen dienen Salzwasserschläuche an Deck oder auf einigen Booten auch Duschen mit Frischwasser. Bei den vorgegebenen Reiserouten ist genügend Zeit für einen Besuch der zentral gelegenen Inseln und zur Beobachtung der Pflanzen und Tiere eingeplant.

Manchmal geht etwas schief, und falls das passiert, ist es schwierig, den Preis erstattet zu bekommen. Zu den Problemen gehören Bootswechsel in letzter Minute (steht im Kleingedruckten im Vertrag), eine dürftige Besatzung, zu wenig Getränkeflaschen an Bord, das Abweichen von der geplanten Reiseroute, Maschinenschaden oder Überbuchung. Passagiere müssen sich die Kabinen teilen, und es wird nicht garantiert, dass ihre Kabinengenossen gleichen Geschlechts sind. Wer seine Kabine nicht mit einem Fremden anderen Geschlechts teilen möchte, sollte sich schriftlich geben lassen, dass er oder sie das nicht muss. Allgemein gilt: Je günstiger die Tour, umso unbequemer das Boot und unwissender der Reiseführer.

Tourarrangements vor Ort

Die meisten Gäste kommen im Zuge einer im Voraus arrangierten Tour auf die Inseln. Es kann jedoch billiger sein, in Puerto Ayora oder Puerto Baquerizo Moreno eine Individualtour zu planen. Meist stehen hierfür, wenn man erstmal auf den Galápagosinseln ist, nur die günstigeren Boote zur Verfügung. Die besseren Boote sind fast immer ausgebucht. Also nicht auf die Galápagosinseln fliegen und auf ein Top-Boot für wenig Geld hoffen! Es ist nicht unüblich, dass Gäste auf die Inseln fliegen und erst dort eine Tour planen, aber es ist auch nicht so einfach, wie es klingt. Manchmal dauert es mehrere Tage – oder sogar eine Woche oder mehr – und ist daher keine Option für Reisende, die zeitlich gebunden sind.

Der beste Ort, um eine Tour zu organisieren, ist Puerto Ayora, alternativ geht das aber auch in Puerto Baquerizo Moreno. Dort stehen allerdings weniger Boote zur Verfügung. Wer allein oder mit nur einem Freund reist, muss nach weiteren Mitreisenden suchen, denn selbst die kleinsten Boote fahren nicht mit weniger als vier Passagieren. Aber es finden sich eigentlich immer Leute, die Boote suchen, und die Agenturen können dabei helfen, Traveller und Boote zusammenzubringen.

Im August und um Weihnachten und Ostern herum Boote zu finden, ist besonders schwierig. In den ruhigeren Monaten gibt es zwar weniger Touristen auf den Inseln, aber dafür werden die Boote während dieser Zeit oft repariert oder gründlich überholt, vor allem im Oktober. Trotz dieser Vorbehalte können Reisende, die in Puerto Ayora nach einem Boot suchen, binnen einer Woche fast immer eins finden (manchmal auch in wenigen Tagen), wenn sie sich dahinterklemmen. In Anbetracht der Extrakosten für Übernachtungen und Mahlzeiten in Puerto Ayora spart man bei dieser Methode allerdings nicht unbedingt.

Das Wichtigste ist, einen guten Kapitän und einen begeisterten Naturführer zu finden. Beide – und das Boot natürlich – sollte man vor dem Buchen in Augenschein nehmen dürfen.

Tourarrangements im Voraus

Die meisten Traveller arrangieren ihre Touren in Quito oder Guayaquil. Man sollte mehrere Reisebüros aufsuchen, um Preise zu vergleichen und das Abreisedatum für einen selbst günstig zu legen. Manchmal bekommt man zu einem günstigen Preis ein tolles Boot, vor allem, wenn wenig los ist: Die Reisebüros senken lieber in letzter Minute die Preise, bevor eine Koje leerbleibt.

REISEN AUF EIGENE FAUST

Die meisten Traveller besichtigen die Inseln mit einer organisierten Bootstour, aber einige der Inseln lassen sich auch ganz unkompliziert auf eigene Faust besuchen. Santa Cruz, San Cristóbal, Isabela und Santa María (Floreana) etwa bieten alle Unterkünfte und sind mit erschwinglichen, zwischen den Inseln pendelnden Schiffen oder teureren Flügen erreichbar. Man sollte aber bedenken, dass man nur einen Bruchteil der Naturwunder des Archipels zu sehen bekommt, wenn man allein unterwegs ist.

AN- & WEITERREISE

Flüge vom Festland kommen an zwei Flughäfen an: auf der Isla Baltra, gleich nördlich von Santa Cruz, und auf der Isla San Cristóbal. Die beiden wichtigsten Fluglinien, die zu den Galápagosinseln fliegen, sind **TAME** (www.tame.com.ec) und **AeroGal** (www.aerogal.com.ec); beide schicken jeden Morgen Maschinen von Quito über Guayaquil sowohl zum Flughafen von San Cristóbal als auch zu dem auf der Isla Baltra (mit öffentlichen Verkehrsmitteln von Puerto Ayora etwas über 1 Std. entfernt). Alle Rückflüge werden am selben Tag durchgeführt, und zwar am frühen Nachmittag.

Die Flüge von Guayaquil kosten in der Hoch- bzw. Nebensaison hin und zurück 362 bzw. 318 US$ und dauern eineinhalb Stunden (ab Quito 412/356 US$, 3½ Std. via Guayaquil). Man kann auch von Quito aus starten und nach Guayaquil zurückfliegen oder umgekehrt; oft ist es auch praktischer, in Baltra anzukommen und von San Cristóbal abzufliegen oder umgekehrt. Entweder am Flughafen von Quito oder an dem von Guayaquil muss man eine Gebühr von 10 US$ für die Transitkontrolle beim Büro des Instituto Nacional Galápagos (Ingala), gleich neben dem Ticketschalter, bezahlen; bei vielen vorab gebuchten Bootstouren ist diese Gebühr inklusive.

Die Flüge zu den Galápagosinseln sind manchmal ausgebucht. Man sollte seine Reise daher lange im Voraus planen.

UNTERWEGS VOR ORT
Flugzeug

Die kleine Fluggesellschaft **Emetebe** (Guayaquil ☎ 04-229-2492; www.emetebe.com.ec; Puerto Ayora ☎ 252-6177; Puerto Villamil ☎ 252-9255; San Cristóbal ☎ 252-0615) hat eine Maschine für fünf Passagiere, die zwischen Baltra und Puerto Villamil (Isla Isabela), zwischen Baltra und Puerto Baquerizo Moreno (Isla San Cristóbal) und zwischen Puerto Baquerizo Moreno und Puerto Villamil verkehrt. Die Preise liegen bei 140 US$ pro einfache Strecke und es gibt eine Gepäckobergrenze von 9 kg pro Person.

Schiff/Fähre

Private Schnellboote, die als *lanchas* oder *fibras* (Fiberglas-Boote) bekannt sind, bieten Passagieren eine Verbindung täglich zwischen Santa Cruz und San Cristóbal sowie Isabela (von San Cristóbal nach Isabela gibt's keine direkte Linie). Man bezahlt 30 US$ pro Überfahrt, die Fahrkarten kauft man entweder am Tag vor der Abreise oder am gleichen Tag. Für Infos sollte man sich einfach mal in Puerto Ayora, Puerto Baquerizo Moreno und Puerto Villamil umhören und bei den jeweiligen Städten unter „An- & Weiterreise" nachlesen.

ISLA SANTA CRUZ (DIE RASTLOSE)

Die meisten Besucher streifen die bevölkerungsreichste Insel nur auf ihrem Weg von der Isla Baltra nach Puerto Ayora. Aber Santa Cruz selbst ist ebenfalls ein lohnendes Ziel: Sie hat leicht zugängliche Strände zu bieten und abgelegene Inseln, die Abenteueraktivitäten weitab der ausgetretenen Pfade versprechen.

Puerto Ayora

Das saubere, kleine Puerto Ayora ist das wichtigste Bevölkerungszentrum der Galápagosinseln und das Herz der Tourismusindustrie. Dies ist der netteste Platz, um herumzuhängen, und der beste Ausgangspunkt auf der Insel für eine Kreuzfahrt.

PRAKTISCHE INFORMATIONEN

Banco del Pacífico (Av Charles Darwin) Die einzige Bank in der Stadt hat Geldautomaten für MasterCard/Cirrus und wechselt Reiseschecks.

Cámara de Turismo (☎ 252-6206; www.galapagostour.org; Av Charles Darwin) Touristeninformation; Beschwerden über Boote, Touren, Führer oder die Mannschaft hier einreichen.

Galápagos Online (Av Charles Darwin; 3 US$/Std.) Eines von vielen Internetcafés.

Laundry Lava Flash (Av Bolívar Naveda; 1 US$/kg) Wäscherei.

AKTIVITÄTEN

Lonesome George Travel Agency (☎ 252-6245; lonesomegrg@yahoo.com; Ecke Av Opuntia & Av Padre Julio Herrera) vermietet u. a. Schnorchelausrüstungen (8 US$/Tag), Kajaks (30 US$/halber Tag), Fahrräder (2 US$/Std.), Surfbretter (20 US$/halber Tag) und Neoprenanzüge (8 US$/Tag).

Die besten Tauchzentren der Stadt sind **Scuba Iguana** (☎ 252-6497; www.scubaiguana.com; Av Charles Darwin), im Hotel Galápagos in der Nähe der Friedhofs zu finden, und **Galápagos Sub-Aqua** (☎ 230-5514; www.galapagos-sub-aqua.com; Av Charles Darwin). Beide Anbieter sind ausgezeichnet und haben viele verschiedene Touren inklusive Ausrüstung, Boot und Führer im Programm. Man kann außerdem Kurse zum Erwerb des PADI-Zertifikats machen.

GEFÜHRTE TOUREN

Wer von Puerto Ayora aus eine Rundtour mit dem Schiff machen will, sollte folgende Reisebüros aufsuchen, um Preise und Angebote vergleichen zu können. Sie haben alle Last-Minute-Angebote (sofern verfügbar).

Iguana Travel (Av Charles Darwin) Arrangiert Tagestouren und bucht Last-Minute-Übernachtungen auf Jachten in der unteren Preisklasse.

Joybe Tours (☎ 252-4385; Av Bolívar Naveda) Last-Minute-Angebote für Bootstouren mit Übernachtung an Bord und Tagestouren.

Moonrise Travel (☎ 252-6348; www.galapagosmoonrise.com; Av Charles Darwin) Diese seriöse Agentur ist schon lange im Geschäft. Sie arrangiert Camping auf ihrer eigenen Ranch im Hochland sowie Bootstouren.

SCHLAFEN

Die meisten Hotels in Puerto Ayora liegen an der Av Charles Darwin.

Hotel Lirio del Mar (☎ 252-6212; Av Bolívar Naveda; EZ/DZ 15/30 US$) Auf drei Stockwerken verteilen sich einfache, aber saubere und farbenfrohe Zimmer mit Betonwänden. Auf der Gemeinschaftsterrasse weht eine frische Brise.

Hotel Salinas (☎ 252-6072; Av Bolívar Naveda; EZ/DZ ab 18/36 US$) Das zweistöckige Hotel hat einfache Zimmer, heißes Wasser, TV und Ventilatoren. Um ein Zimmer im 2. Stock bitten.

El Peregrino B&B (☎ 252-7515; Av Charles Darwin; EZ/DZ inkl. Frühstück 20/40 US$) Diese einfache Pension mit vier Zimmern punktet mit einer zentralen Lage und einer warmen, familiären Atmosphäre.

Hotel Sir Francis Drake (☎ 252-6221; Av Padre Julio Herrera; EZ/DZ 20/40 US$) Die hellen Zimmer ganz weit hinten im Erdgeschoss haben große Fenster und machen das freundliche Hotel zu einem tollen Angebot.

ESSEN

Eine Handvoll beliebter Kiosks verkauft günstige, herzhafte Mahlzeiten, meist mit Fleisch und Fisch. Sie liegen an der Charles Binford, gleich östlich der Av Padre Julio Herrera.

El Chocolate (Av Charles Darwin; Hauptgerichte 3–6 US$) Beliebtes Lokal am Wasser. Auf der Terrasse im Freien kann man neben frischem Kaffee und Schokoladenkuchen Meeresfrüchte, Sandwiches und Burger genießen.

Garrapata (Av Charles Darwin; Hauptgerichte 4–9 US$) Das Garrapata ist ein gefragtes Restaurant unter freiem Himmel, das reichhaltige Fleisch-, Meeresfrüchte- und Geflügelgerichte nach italienischer und ecuadorianischer Art serviert.

Familiar William's (Charles Binford; Hauptgerichte 5–7 US$; Di–So 18–22 Uhr) Es ist berühmt für seine *encocados* (Fisch, Shrimps oder Hummer mit pikanter Kokossauce).

Casa de Lago Café Cultural (www.galapagoscultural.com; Ecke Brito & Montalvo; Hauptgerichte 5 US$) In diesem Bohème-Café werden ausgezeichnete hausgemachte Fruchtgetränke, Eiscreme und Empanadas aufgetischt, daneben stehen regelmäßig Lesungen, Fotoausstellungen und Livemusik auf dem Programm.

AUSGEHEN & UNTERHALTUNG

Die **Bongo Bar** (Av Charles Darwin; 18–2 Uhr) ist ein mit Flachbildschirmen, lauter Musik, einem Pooltisch ausgestatteter, angesagter Ort, der einen Mix aus Einheimischen, Führern und Touristen anzieht. In die Disko im unteren Stock, das **La Panga** (Av Charles Darwin; 20.30–2 Uhr), geht man, um sich die Nacht um die Ohren zu schlagen (an den Wochenenden 10 US$ Eintritt).

Eine ruhigere, jüngere Meute trifft man im **Limón y Café** (Av Charles Darwin) an. Auf dem Kiesboden der einfachen Bar unter freiem Himmel stehen Billardtische.

AN- & WEITERREISE

Mehr Infos zu Flügen von bzw. nach Santa Cruz stehen auf S. 645. Es ist elementar, sich bei den Büros von **Aerogal** (252-6798; www.aerogal.com.ec; Av Padre Julio Herrera) oder **TAME** (252-

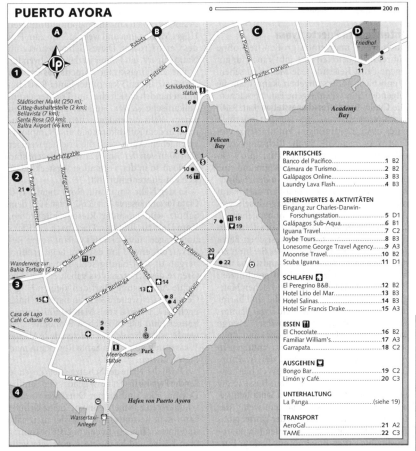

PUERTO AYORA

PRAKTISCHES
- Banco del Pacífico...................................1 B2
- Cámara de Turismo..................................2 B2
- Galápagos Online....................................3 B3
- Laundry Lava Flash..................................4 B3

SEHENSWERTES & AKTIVITÄTEN
- Eingang zur Charles-Darwin-Forschungsstation..............................5 D1
- Galápagos Sub-Aqua...............................6 B1
- Iguana Travel...7 C2
- Joybe Tours..8 B3
- Lonesome George Travel Agency..............9 A3
- Moonrise Travel....................................10 B3
- Scuba Iguana..11 D1

SCHLAFEN
- El Peregrino B&B...................................12 B2
- Hotel Lirio del Mar.................................13 B3
- Hotel Salinas...14 B3
- Hotel Sir Francis Drake..........................15 A3

ESSEN
- El Chocolate..16 B2
- Familiar William's..................................17 A3
- Garrapata...18 C2

AUSGEHEN
- Bongo Bar...19 C2
- Limón y Café...20 C3

UNTERHALTUNG
- La Panga...(siehe 19)

TRANSPORT
- AeroGal..21 A2
- TAME...22 C3

6527; www.tame.com.ec; Av Charles Darwin) den Abflug noch einmal bestätigen zu lassen.

Wer auf eigene Faust unterwegs ist, nimmt einen öffentlichen Bus mit der Aufschrift „Muelle" vom Flughafen zum Anleger (kostenlos, 10 Min.) und zur Fähre auf die Isla Santa Cruz. Eine Fähre bringt einen in zehn Minuten (0,80 US$) hinüber nach Santa Cruz, wo ein Citteg-Bus nach Puerto Ayora steht (1,80 US$, ca. 45 Min.).

Flugpassagiere, die mit einer vorab gebuchten Tour ankommen, werden von einem Mitglied der Crew abgeholt und (per Bus, Boot, Bus) nach Puerto Ayora gebracht.

Private Schnellboote fahren täglich um 14 Uhr nach Isabela und San Cristóbal (3 Std.). Die Fahrkarten bekommt man bei den Reisebüros oder an dem kleinen Kiosk in der Nähe des Wassertaxi-Anlegers.

Unterwegs in Puerto Ayora

Auch wenn man einen großen Teil ohne Führer nicht betreten darf, gibt's auch für auf eigene Faust Reisende jede Menge zu sehen. Wenn nicht anders angeben, kann man die folgenden Stätten auf eigene Faust besuchen. Die **Charles-Darwin-Forschungsstation** (Karte S. 647; www.darwinfoundation.org; 6–18 Uhr) ist innerhalb eines etwa 20-minütigen Fußmarschs, von Puerto Ayora aus die Straße Richtung Nordosten hinauf, zu erreichen. Hier gibt's ein Informationszentrum, ein Museum und eine Schildkrötenaufzuchtstation. In dem Schildkrötengehege, das man betreten darf, kann man den Giganten der Galápagosinseln von Angesicht zu Angesicht gegenüberstehen.

Südwestlich von Puerto Ayora führt ein 3 km langer Pfad zur paradiesischen **Bahía Tortuga** (Schildkrötenbucht; Karte S. 642). Sie birgt einen schönen weißen Korallensandstrand und hinter einer Landzunge einen geschützten Badebereich. Hinter dem Strand stehen Mangroven, und man kann Haie (die sind harmlos, keine Angst!), Pelikane und sogar Flamingos beobachten nebst jeder Menge Meerechsen. Auf der Seeseite der Landzunge sollte man sich vor starken Strömungen in Acht nehmen. Das Schild an der Av Padre Julio Herrera weist einem den Weg hierher.

Von Puerto Ayora aus fahren Busse in die Dörfer **Bellavista** (Karte S. 642) und **Santa Rosa** (Karte S. 642). Von hier kann man ein wenig das Inland erforschen. In keinem der Dörfer gibt's Hotels. 2 km nördlich vom Hafen fahren unregelmäßig Citteg-Busse ab; ein Taxi zur Bushaltestelle kostet 1 US$. Man sollte sich an der Touristeninformation nach dem aktuellen Fahrplan erkundigen. In Puerto Ayora gibt's für einen Tag auch Lastwagen oder Mountainbikes zu mieten (zu den Dörfern geht es bergauf).

Vom Dorf Bellavista, 7 km nördlich von Puerto Ayora, kann man entweder die Hauptstraße gen Westen nach Santa Rosa nehmen oder sich nach Osten wenden und etwa 2 km zu den **Lavaröhren** (Karte S. 642; Eintritt 3 US$) wandern. Diese unterirdischen Tunnel erstrecken sich auf mehr als 1 km; Taschenlampe nicht vergessen!

Ein Fußpfad nördlich von Bellavista führt in die Berge, z. B. zum **Cerro Crocker** (Karte S. 642) und zu anderen Hügeln und erloschenen Vulkanen. Hier bekommt man einheimische Vegetation und Vögel zu sehen. Von Bellavista sind es etwa 6 km zum halbmondförmigen Hügel Media Luna und weitere 3 km zum Fuß des Cerro Crocker. Dieses Gebiet gehört zum Nationalpark, ein Führer ist daher notwendig.

Die Zwillingskrater namens **Los Gemelos** (Karte S. 642) liegen 5 km hinter Santa Rosa. Bei ihnen handelt es sich eher um Trichter als um vulkanische Krater. Sie sind umgeben von einem Wald aus endemischen Scalesia-Bäumen, in dem Rubinköpfchen und Sumpfohreulen leben. Auch wenn die Trichter weniger als 100 m von der Straße entfernt liegen, sind sie doch so in der Vegetation versteckt, dass sich ein Führer empfiehlt.

In der Nähe von Santa Rosa dient das **El Chato Tortoise Reserve** (Karte S. 642; Eintritt 3 US$) dem Schutz wild lebender Riesenschildkröten. Vom Dorf aus führt ein Pfad (nach der Richtung fragen) über privates Gelände zum Reservat, das etwa 3 km entfernt liegt; er führt bergab und ist häufig schlammig. An der Grenze des Schutzgebiets gabelt er sich. Die rechte Abzweigung führt den kleinen Hügel Cerro Chato (weitere 3 km) hinauf, die linke nach La Caseta (2 km). Man benötigt einen Führer, und alle möglichen Einheimischen werden sich als solcher anbieten. Jede Menge Wasser mitbringen! In Santa Rosa kann man Pferde mieten.

Die in der Nähe des Schutzgebiets liegende **Rancho Permiso** (Eintritt 4 US$) gehört der Familie Devine. Hier sind immer Dutzende Riesenschildkröten zu sehen. Für eine kleine Gebühr kann man herumwandern, soviel man will, und Fotos schießen. In einem Café bekommt man Kaffee und Kräutertees, eine sehr willkommene Einrichtung, wenn man vom Hochlandnebel durchgeweicht ist.

ISLA SAN CRISTÓBAL

Die Einheimischen nennen San Cristóbal die Hauptstadt des Paradieses, und da Puerto Baquerizo Moreno die Hauptstadt der Galápagos-Provinz ist, trifft es das eigentlich sogar. Auf der Insel findet man mehrere, gut erreichbare Attraktionen, unglaubliche Surfwellen und die herrliche, lässige Hauptstadt selbst.

Puerto Baquerizo Moreno

Puerto Baquerizo Moreno wird oft einfach Cristobal genannt. In der Hochsaison wimmelt es in dieser lässigen kleinen Stadt von Touristen, den Rest des Jahres ist sie verschlafen. Man kann hier Touren arrangieren, aber auch ganz wunderbar einfach nur entspannen, und in der Nähe gibt's drei Weltklasse-Surfspots.

Mit den faszinierenden Ausstellungsstücken im modernen **Interpretation Center** (☎ 252-0358; ⌚ 8–18 Uhr) an der Nordseite der Bucht werden Geschichte und Bedeutung der Galápagosinseln besser erläutert als irgendwo sonst auf der Insel.

Wer in Puerto Baquerizo Moreno mit dem Flugzeug ankommt, erreicht die Stadt in wenigen Minuten zu Fuß.

Cabañas Don Jorge (☎ 252-0208; Av Alsacio Northia; Zi. pro Pers. 8–15 US$) Diese einfachen *cabañas* liegen auf dem Weg zur Playa Mann. Man sieht ihnen ihr Alter an, aber sie sind voll ausgestattet und ideal für Selbstversorger.

Hotel Mar Azul (☎ 252-0139; hotelmarazul_ex@hotmail.com; Av Alsacio Northia; EZ 12–20 US$, DZ 20–25 US$; ❖ ▯) Die an die 1970er-Jahre erinnernde Fassade birgt eine überraschend ordentliche Unterkunft, deren Zimmer auf einen kleinen, sonnigen Hof hinausgehen.

Hotel Chatham (☎ 252-0137; Av Alsacio Northia; EZ/DZ 15/25 US$; ❖) Die kahlen Zimmer im Chatham haben keinen Charakter, aber immerhin bietet es eine Terrasse mit Hängematten und ist nur einen kurzen Weg vom Flughafen entfernt.

Die *almuerzos* (2,50 US$) der zahllosen günstigen Restaurants sind gute Angebote. Unbedingt einen *batido* (Fruchtshake) im **El Grande** (Villamil; Getränke 0,90–1,50 US$) probieren!

Unterwegs in Puerto Baquerizo Moreno

Die folgenden Stätten kann man ohne Führer besuchen. Etwa 1,5 km südöstlich von Puerto Baquerizo Moreno befindet sich der **Cerro de las Tijeretas** (Hügel des Fregattvogels; Karte S. 642). Man erreicht ihn über einen Pfad, von wo sich eine schöne Aussicht eröffnet. Unterwegs kommt man an einem Informationsbüro des Nationalparks vorbei. Auf der Seeseite kann man ausgezeichnet schnorcheln.

Für ungefähr 20 US$ hin und zurück fahren Taxis von Puerto Baquerizo Moreno zum landwirtschaftlichen Zentrum **El Progreso** (Karte S. 642), das etwa 8 km östlich liegt am Fuß des Cerro San Joaquín (896 m), dem höchsten Punkt San Cristóbals. Von El Progreso aus kann man einen der ab und zu verkehrenden Busse zur **Lagune El Junco** (Karte S. 642) nehmen (Alternativen: einen Jeep mieten, per Anhalter fahren, die 10 km wandern). Der Süßwassersee liegt 700 m über dem Meeresspiegel und bietet eine sagenhafte Aussicht. Die Straße führt hinter dem See weiter und zweigt ab zum einsamen Strand bei **Puerto Chino** (Karte S. 642); mit Erlaubnis des **Nationalparkbüros** (☎ 252-0138; www.galapagospark.org) der Galápagosinseln in Puerto Baquerzio Moreno darf man hier campen. Die andere Abzweigung führt nach **La Galapaguera** (Karte S. 642), wo man Riesenschildkröten beobachten kann.

Ein Schiff gen Norden braucht von Puerto Baquerizo Moreno aus ungefähr eine Stunde bis zur winzigen, felsigen **Isla Lobos** (Karte S. 642). Sie ist eine wichtige Kolonie für Seelöwen und Blaufußtölpel und für Besucher der Isla San Cristóbal geöffnet (allerdings darf man sie nur mit Führer betreten). Über die Insel verläuft ein 300 m langer Pfad, und man kann einheimische Tropidurus-Echsen beobachten.

ISLA ISABELA

Puerto Villamil (Karte S. 642) ist die Hauptsiedlung der selten besuchten Isla Isabela. Von der Stadt führt eine 18 km lange Straße zum winzigen Dorf Santo Tomás. In Puerto Villamil findet man ein paar wenige Optionen, sein Haupt zu betten.

An der Straße, die nach Norden zur Crianza de Tortugas (Schildkrötenaufzucht) führt, befindet sich eine der günstigsten Unterkünfte, die äußerst schlichte **Pensión La Jungla** (☎ 252-9348; Zi. 10 US$). In der Stadt selbst bringt die **Hostería Isabela del Mar** (☎ 252-9030; www.hosteriaisabela.com.ec; EZ/DZ 20/40 US$) Gäste in ein paar Zimmern mit Meerblick unter. Ein gutes Restaurant ist angeschlossen.

Ein paar einfache *comedores* und die meisten Hotels bieten Verpflegung an.

ISLA SANTA MARÍA

Diese Insel, auch als Floreana bekannt, hat weniger als 100 Einwohner, von denen die meisten in der Nähe von **Puerto Velasco Ibarra** (Karte S. 642), der einzigen Siedlung auf der Insel, leben. Dort findet man das **Hostal Wittmer** (☎ 05-252-9506; EZ/DZ/3BZ 30/50/70 US$), das gleichzeitig als bestes Lokal und Zentrum für Informationen und Führer fungiert. Die meisten der Zimmer zum Strand hinaus liegen in einem kleinen, weißen, zweistöckigen Gebäude und haben eigene Balkone. Man kann hier auch essen. Das Hostal wird von der Familie der verstorbenen Margaret Wittmer geführt, die dafür berühmt ist, eine der ersten Siedlerinnen der Insel gewesen zu sein.

ALLGEMEINE INFORMATIONEN

AKTIVITÄTEN

Wo soll man da anfangen? In Ecuador stehen so viele aufregende Aktivitäten zur Auswahl, dass keine Liste je vollständig sein wird. In Sachen Klettern locken die vulkanischen, schneebedeckten Gipfel des zentralen Hochlands von Ecuador – etwa der Chimborazo (ein Prachtexemplar von 6310 m, S. 604) und der Cotopaxi (5897 m, S. 592) – Bergsteiger aus aller Welt an. In Quito (S. 576), Riobamba (S. 601), Baños (S. 596) und Latacunga (S. 593) kommt man am leichtesten an Führer und Ausrüstungen.

Oder wie wär's mit Wandern? Die moorartige Landschaft des Parque Nacional Cajas (S. 610), die Nebelwälder des Parque Nacional Podocarpus (S. 613) und Mindos (S. 591), das windgepeitschte *páramo* der Lagunas de Mojanda (S. 590) in der Nähe von Otavalo, die Region des spektakulären Quilotoa-Loop in den Hochanden (S. 595) und die Trockenwälder an der Küste im Parque Nacional Machalilla (S. 631) sind nur ein paar der Wanderziele Ecuadors.

Das Land ist außerdem eines der Topziele für Vogelliebhaber. Mehr als 1600 Arten sind hier belegt. Mindo (S. 591), die untere Region des Río Napo am Amazonas (S. 617) und die Galápagosinseln (S. 641) empfehlen sich als einzigartige Plätze zur Vogelbeobachtung.

Tena (S. 619) im Oriente ist das hiesige Mekka für Kajakfahrer und Rafter. Von hier lassen sich auch problemlos Tagestouren zum nahen Río Napo (Klasse III) oder dem Río Misahuallí (Klasse IV+) unternehmen.

Surfen kann man ausgezeichnet in Montañita (S. 633) und auf der Isla San Cristóbal (S. 649), einer der Galápagosinseln. In ihrer Nähe hat Playas (S. 634) einige ordentliche Wellen zu bieten, aber um sie zu finden, muss man sich mit den Einheimischen anfreunden (eine gute Adresse dafür ist der Playas Club Surf, S. 634). Die Galápagosinseln sind auch berühmt für die tollen Tauch- und Schnorchelmöglichkeiten, Hammerhaie und Mantarochen inklusive.

Mountainbiken wird immer beliebter. In Quito (S. 575) und Riobamba (S. 601) gibt's eine Handvoll Ausrüster, die denkwürdige Touren über anspruchsvolles Terrain (wie den Volcán Chimborazo) anbieten. Für Abfahrten auf eigene Faust bietet sich z. B. die unglaubliche Strecke von Baños nach Puyo an. Leihräder gibt's für etwa 5 US$ pro Stunde u. a. in Baños (S. 596), Vilcabamba (S. 613) und Riobamba (S. 601). Hier kann man auch extreme, eintägig geführte Abfahrten buchen, genau wie in Quito (S. 575) und Cuenca (S. 607).

ARBEITEN IN ECUADOR

Offiziell benötigt man ein Arbeitsvisum, um in Ecuador einen Job zu bekommen. Englischlehrer werden manchmal in Quito oder Cuenca gesucht. Die Bezahlung ist gering, aber zum Leben reicht's. Im Tourismusbereich (Dschungellodges, Tourenanbieter usw.) haben Arbeitswillige gute Chancen.

BOTSCHAFTEN & KONSULATE

Weitere Informationen findet man auf S. 658. Botschaften und Konsulate sollte man am besten morgens aufsuchen.

Deutschland Guayaquil (☎ 04-220-6867/8; Avs Las Monjas & CJ Arosemena, Km 2.5, Edificio Berlin); Quito (☎ 02-297-0820; Ecke Naciones Unidas E10-44 & República de El Salvador, Edificio Citiplaza, 12. Stock)

Kolumbien Guayaquil (☎ 04-263-0674/5; www.consuladodecolombiagye.com; Francisco de Orellana, World Trade Center, Tower B, 11. Stock); Lago Agrio (☎ 06-283-0084; Av Quito 1-52); Quito (☎ 02-222-2486; Ecke Av Colón 1133 & Amazonas, 7. Stock); Tulcán (☎ 06-298-0559; Av Manabi 58-087)

Österreich (☎ 02-246-9700; przibra@interactive.net.ec; Gaspar de Villaroel No. E9-53, Entre Av de los Shyris y 6 de Diciembre, Quito)

Peru Guayaquil (☎ 04-228-0114; conperu@gye.satnet.net; Av Francisco de Orellana 501); Loja (☎ 07-257-9068;

Sucre 10-56); Machala (☎ 07-293-0680; Ecke Bolívar & Colón); Quito (☎ 02-246-8410; embpeecu@uio.satnet.net; Ecke Republica de El Salvador 495 & Irlanda)
Schweiz (☎ 02-243-4113, 02-243-4948/9; vertretung@qui.rep.admin.ch; Embajada de Suiza, Juan Pablo Sanz y Avenida Amazonas 3617, Edificio Xerox, 2. Stock, Quito)

BÜCHER

Der englischsprachige Lonely Planet Reiseführer *Ecuador & The Galápagos Islands* bietet detaillierte Reiseinformationen zum Land.

Und wenn es ein Werk gibt, das zum Thema ecuadorianische Kultur den Nagel auf den Kopf trifft, ist es das witzige und kurzweilige Buch *Arm mit den Armen* von Moritz Thomsen. Joe Kanes *Krieger des Jaguars. Ein Indianerstamm verteidigt den Regenwald* ist neuer und beschreibt, welche Auswirkungen die Ölindustrie auf den ecuadorianischen Amazonas hat.

Auf den Spuren des Panamahutes. Eine ungewöhnliche Reise durch Ecuador von Tom Miller ist ein faszinierendes Buch über die Suche nach dem wichtigsten und falsch benannten Produkt aus Ecuador, dem Panamahut.

Einen etwas literarischeren (und surrealen) Einblick gewähren Henri Michauxs *Ecuador – Reisetagebuch* oder Kurt Vonneguts absurdes Werk *Galapagos*, das im futuristischen Guayaquil und auf den Galapagosinseln spielt.

ESSEN & TRINKEN

Die Restaurantempfehlungen in diesem Kapitel sind nach Preisen geordnet, die günstigsten Angebote kommen zuerst. Infos zu den Standardöffnungszeiten von Restaurants findet man auf S. 656.

Ecuadorianische Küche

Zum Frühstück gibt's Eier und Brötchen oder Toast, eine gute Alternative ist *humita*, ein süßes Maistamale, das gern mit Kaffee serviert wird.

Für viele Ecuadorianer ist das Mittagessen die Hauptmahlzeit des Tages. In einem günstigen Restaurant bekommt man ein ordentliches *almuerzo* (Tagesmenü) für gerade mal 2 US$. Ein *almuerzo* besteht aus *sopa* (Suppe) und einem *segundo* (zweiter Gang), in der Regel ein Eintopf mit jeder Menge Reis, manchmal aus *pescado* (Fisch), *lentejas* (Linsen) oder *menestras* (Bohnen, die häufigste Variante). In manchen Lokalen werden neben den beiden Hauptgängen Salat, Säfte und ein *postre* (Nachtisch) serviert.

Die *merienda* (Abendmahlzeit) ist meist ähnlich wie das Mittagessen ein festes Menü. Wer weder *almuerzo* noch *merienda* möchte, wählt von der Speisekarte. Das ist allerdings immer teurer.

Ein *churrasco* ist ein herzhaftes Gericht aus gebratenem Rindfleisch, Spiegeleiern, etwas Gemüse, Bratkartoffeln, Avocado- und Tomatenscheiben und dem unvermeidlichen Reis.

Arroz con pollo ist ein Berg Reis mit darunter gemischten kleinen Hühnerstückchen. Hinter *pollo a la brasa* verbirgt sich ein Grillhähnchen, das häufig mit Pommes serviert wird. *Gallina* bezeichnet in der Regel gekochtes Huhn, wie in der Suppe, *pollo* dagegen das am Spieß gegrillte oder gebratene Huhn.

Parrillas (oder *parrilladas*) heißen die Grillrestaurants, die Steaks, Schweinekoteletts, Hühnerbrust, Blutwurst, Leber und Kutteln auftischen, zusammen oder einzeln, je nach Restaurant. Manche *parrillas* machen es auf die argentinische Art und servieren alles zusammen auf einer Wärmeplatte.

Die hiesigen Meeresfrüchte sind köstlich, vor allem in den Provinzen Esmeraldas und Manabí. Die gängigsten Fischsorten sind *corvina* (eigentlich weißer Seebarsch, aber meist einfach irgendein Weißfisch) und *trucha* (Forelle). In ganz Ecuador sind *ceviche* beliebt, rohe, in Zitrone marinierte Meeresfrüchte, die mit Popcorn und Zitronenscheiben serviert werden. *Ceviche* gibt's mit *pescado* (Fisch), *camarones* (Shrimps), *concha* (Schellfisch) oder *mixto* (gemischt). Unglücklicherweise ist unsachgemäß zubereitetes *ceviche* eine Quelle von Cholera. Wenn man Zweifel hat, sollte man daher lieber verzichten.

In *chifas* (chinesischen Restaurants) kommt man in der Regel günstig weg. Neben anderen Standardgerichten kommen *chaulafan* (Reisgerichte) und *tallarines* (Nudelgerichte) auf den Tisch. Die Portionen sind ziemlich sättigend, enthalten jedoch eine gute Dosis Mononatriumglutamat. Vegetarier finden fleischlose Gerichte am leichtesten in einer *chifa*. Außerhalb der Touristenregionen sind vegetarische Lokalitäten selten.

In den Restaurants wird meist eine breite Auswahl von Gerichten angeboten, u. a. die folgenden Klassiker:

caldo (*kal*-do) – Suppe oder Eintopf; wird auf Märkten oft als Frühstück serviert. *Caldo de gallina* (Hühnersuppe) ist am beliebtesten. *Caldo de patas* ist eine Suppe aus gekochten Rinderhufen.

cuy (kuhj) – Am Stück gegrilltes Meerschweinchen, eine traditionelle Delikatesse aus der Inkazeit. *Cuy* schmeckt wie eine Mischung aus Kaninchen und Huhn. Man kann es auf dem Grill an den hervorstehenden Pfoten und Zähnen leicht erkennen.

lapingachos (la·pihn·*ga*·dschos) – Gebratene Pfannkuchen aus Kartoffelbrei und Käse, häufig serviert mit *fritada* (gebratene oder geröstete Schweinefleischstreifen).

seco (*se*·ko) – Wörtlich „trocken" (im Gegensatz zu „nasser" Suppe); ein Eintopf, meist aus Fleisch – *seco de gallina* (Hühnereintopf), *de res* (Rindfleisch), *de chivo* (Ziege) oder *de cordero* (Lamm) –, mit Reis.

tortilla de maíz (tor·*tih*·hja de ma·*íhs*) – Leckere gebratene Maispfannkuchen.

yaguarlocro (ja·gwar·*lo*·kro) – Ein weiterer Klassiker: Kartoffelsuppe, in der Stückchen von gebratener Blutwurst schwimmen. Die einfache *locro*, meist mit Kartoffeln, Mais und Avocado- oder Käsegarnierung und ohne Blutwurst, ist ein weit verbreitetes Lieblingsessen.

Getränke

Leitungswasser muss man desinfizieren, oder man kauft Wasser in Flaschen. Einige Apotheken, Cafés und eine wachsende Zahl von Pensionen erlauben Travellern, ihre Wasserflaschen an der hauseigenen gereinigten Quelle zu füllen – eine gute Option für alle, die sich über die vielen leeren Flaschen Gedanken machen, die auf den Mülldeponien enden. *Agua con gas* bedeutet mit Kohlensäure, *agua sin gas* ohne.

Getränke in Flaschen sind günstig und es gibt alle gebräuchlichen alkoholfreien Getränke. Die einheimischen Erzeugnisse haben so nette Namen wie Bimbo oder Lulu. Wer ein gekühltes Getränk haben möchte, bestellt es *helada*, sonst verlangt man *al clima*. Nicht vergessen, *sin hielo* (ohne Eis) dazuzusagen, wenn man der Wasserquelle nicht wirklich traut.

Jugos (Säfte) bekommt man überall. Man sollte sich vergewissern, den *jugo puro* (pur) und nicht *con agua* (mit Wasser) zu bekommen. Die weitest verbreiteten Sorten sind *mora* (Brombeere), *tomate de árbol* (eine seltsam süchtig machende, einheimische Frucht), *naranja* (Orange), *toronja* (Grapefruit), *maracuyá* (Passionsfrucht), *piña* (Ananas), *sandía* (Wassermelone), *naranjilla* (eine einheimische Frucht, die wie Bitterorange schmeckt) und Papaya.

Kaffee bekommt man fast überall, aber er ist oft enttäuschend. Am gebräuchlichsten ist Instantkaffee, serviert *en leche* (mit Milch) oder *en agua* (mit Wasser). In den besseren Restaurants gibt's Espresso.

Té (Tee) wird schwarz mit Zitrone und Zucker gereicht. *Té de hierbas* (Kräutertee) und heiße Schokolade sind ebenfalls beliebt.

Unter den alkoholischen Getränken sind die einheimischen *cervezas* (Bier) schmackhaft und günstig. Pils bekommt man in 650-ml-Flaschen, Club dagegen in 330-ml-Flaschen. Importbiere sind schwer zu finden.

Ron (Rum) ist günstig zu haben, aber nur manchmal ordentlich. Der hiesige Branntwein *aguardiente* besteht aus Zuckerrohrdestillat – an den Geschmack muss man sich erst gewöhnen …

FEIERTAGE

An den wichtigeren Feiertagen haben Banken, Büros und andere Institutionen geschlossen, und die öffentlichen Verkehrsmittel sind oft sehr voll; möglichst vorab buchen. Im Folgenden sind die wichtigsten nationalen Feiertage in Ecuador aufgeführt. Oft wird auch noch an den Tagen um den eigentlichen Feiertag herum gefeiert.

Neujahr 1. Januar
Heilige Drei Könige 6. Januar
Semana Santa (Osterwoche) März/April
Labor Day Tag der Arbeit, 1. Mai
Schlacht von Pichincha 24. Mai. Wird gefeiert zu Ehren der entscheidenden Schlacht, die 1822 zur Unabhängigkeit von Spanien führte.
Simón Bolívars Geburtstag 24. Juli
Unabhängigkeitstag von Quito 10. August
Unabhängigkeitstag von Guayaquil 9. Oktober. Wird verbunden mit dem Nationalfeiertag am 12. Oktober und ist ein wichtiges Fest in Guayaquil.
Kolumbustag/Día de la Raza 12. Oktober
Allerheiligen 1. November
Allerseelen 2. November. Blumen werden zu den Friedhöfen gebracht. Besonders farbenfroh geht es dabei in ländlichen Gegenden zu, wo ganze indigene Familien die Friedhöfe bevölkern, um dort zu essen und zu trinken und zur Erinnerung an die Toten Gaben und Geschenke aufzubieten.
Unabhängigkeitstag von Cuenca 3. November. Wird verbunden mit den Nationalfeiertagen am 1. und 2. November. Fest in Cuenca das bedeutsamste Fest des Jahres.
Heiligabend 24. Dezember
Erster Weihnachtstag 25. Dezember

FESTIVALS & EVENTS

Viele der wichtigsten Feste in Ecuador sind am römisch-katholischen, liturgischen Kalender orientiert. Sie werden oft mit großem Pomp gefeiert, vor allem in den indigenen Dörfern im Hochland. Dort ist ein katholischer Festtag oft der Anlass für eine traditionelle, indigene Fiesta mit Trinken, Tanzen, Ritualen und Prozessionen. Die wichtigsten Feste sind hier aufgeführt.

Februar
Karneval Wird in ganz Ecuador an den letzten Tagen der Fastenzeit gefeiert. Die Termine variieren.

Fiesta de Frutas y Flores (Früchte- & Blumenfestival) Wird in den beiden letzten Februarwochen in Ambato abgehalten.

März
Semana Santa (Heilige Woche) In der Woche vor Ostern werden in ganz Ecuador farbenfrohe, religiöse Prozessionen veranstaltet. Besonders beliebt sind sie in Quito.

Juni
Fronleichnam Religiöser Feiertag (der Donnerstag nach dem achten Sonntag nach Ostern), der in vielen Städten im Hochland mit der traditionellen Fiesta zur Ernte kombiniert wird; es gibt Prozessionen und Tanz in den Straßen.

Inti Raymi Jahrtausende alte Feier zur Tag-und-Nachtgleiche im Sommer, die im ganzen nördlichen Hochland gefeiert wird, vor allem in Otavalo. Dort wird es auch mit den Festen für Johannes den Täufer (24. Juni) und Peter und Paul (29. Juni) kombiniert. Es dauert vom 21. bis 29. Juni.

September
Fiesta del Yamor Wird in Otavalo gefeiert; 1.–15. September.

Fiesta de la Mamá Negra Wird in Latacunga gefeiert; 23.–24. September.

Dezember
Fundación de Quito (Gründung von Quito) Wird in der ersten Dezemberwoche mit Stierkämpfen, Paraden und Tanz gefeiert.

FRAUEN UNTERWEGS
Im Allgemeinen werden weibliche Traveller Ecuador als sicher und angenehm erleben. Der Machismo blüht und gedeiht allerdings weiterhin: Ecuadorianische Männer flirten gerne und pfeifen einzelnen Frauen hinterher. Frauen, die unerwünschte verbale Annäherungen eisern ignorieren, werden häufig mit Respekt behandelt.

An der Küste ist die Sprache eindeutiger. Alleinreisende weibliche Traveller sollten vorsichtig sein und Bars und Diskos, in denen sie offensichtlich angemacht werden, meiden, außerdem lieber ein Taxi nehmen, anstatt zu laufen, usw. Ein anzügliches Gespräch mit einem Mann, auch wenn es ironisch und lustig gemeint ist, schickt sich hier nicht – der Mann könnte davon ausgehen, dass frau nur das Eine möchte.

Wir haben von Frauen Berichte bekommen, dass sie auf geführten Touren belästigt wurden. Wer allein reist, sollte darum unbedingt ein bisschen nachforschen, bevor er eine Tour unternimmt: Wer führt die Tour, wer wird bei dem Ausflug noch dabei sein, usw. In einigen Fällen ist es möglich, sich einer nur aus Frauen bestehenden Reisegruppe oder einer weiblichen Führerin anzuschließen.

FREIWILLIGENARBEIT
Zahlreiche Organisationen suchen freiwillige Helfer, bei vielen muss man aber wenigstens ein klein bisschen Spanisch können, eine Zeitlang bleiben (oft ein paar Wochen oder Monate) und die Kosten für Unterkunft und Verpflegung selbst decken (300–600 US$ pro Monat). Jobs für Freiwilligenarbeiter finden sich in Umweltschutzprogrammen, bei der Hilfe für Straßenkinder, als Lehrer, beim Bau von Naturpfaden, zum Aufbau von Websites, im medizinischen oder landwirtschaftlichen Bereich ... Die Möglichkeiten sind schier endlos. In vielen Dschungellodges werden freiwillige Helfer für Langzeitaufenthalte aufgenommen. Wer die Ausgaben aber eher gering halten möchte, sollte sich direkt vor Ort umschauen, denn viele Orte sind auch dankbar für freiwillige Hilfskräfte, die einfach nur hart arbeiten können.

Bei South American Explorers (s. S. 568) in Quito gibt's eine Abteilung für Freiwilligenarbeit, die über aktuelle Angebote Bescheid weiß. In den Kleinanzeigen des **Ecuador Explorer** (www.ecuadorexplorer.com) findet man zudem eine Liste mit Organisationen, die Helfer suchen.

Adressen in Ecuador, die häufig freiwillige Arbeiter benötigen:

Andean Bear Conservation Project (www.andeanbear.org; freiwillige Arbeiter 600 US$/Monat) Überwachung von Bären.

AmaZOOnico (☎ 09-414-3395; www.amazoonico.org) Arbeiten im Bereich Tierpflege.

Bosque Nublado Santa Lucía (www.santa-lucia.org, www.santaluciaecuador.com) Beteiligt an Wiederaufforstungen, Wegepflege, Bauprojekten und Englischkursen.

FEVI (www.fevi.org) FEVI arbeitet mit Kindern, Älteren, Frauengruppen und indigenen Gemeinschaften.

Fundación Natura (www.fnatura.org) Ecuadorianische, nicht regierungsabhängige Organisation, die für die Forschung und Wiederaufforstung Hilfe benötigt.

Jatun Sacha Foundation (www.jatunsacha.org) Pflanzenschutz, Instandhaltung von Reservaten, Umweltbildung, Gemeindearbeit, Agroforstwirtschaft.
Junto con los Niños (www.juconi.org.ec) Hier arbeitet man in den Slums von Guayaquil mit Straßenkindern.
Merazonia (☎ www.merazonia.org) Eine Zuflucht für verletzte Tiere.
New Era Galápagos Foundation (www.newera galapagos.org) Nachhaltiger Tourismus auf den Galápagosinseln. Die freiwilligen Hilfskräfte leben und arbeiten auf der Isla San Cristóbal.
Rainforest Concern (www.rainforestconcern.org) Britische Nonprofit-Organisation.
Reserva Biológica Los Cedros (www.reservaloscedros.org) In den Nebelwäldern der westlichen Andenhänge.
Río Muchacho Organic Farm (www.riomuchacho.com) Angebote für freiwillige Hilfskräfte in der biologischen Landwirtschaft; s. auch S. 627.
Yanapuma Foundation (Karte S. 570 f.; ☎ 02-254-6709; www.yanapuma.org; 2. Stock, Veintimilla E8-125, Quito) Lehrt Englisch, forstet auf, baut Häuser und reinigt die Küsten.

FÜHRERSCHEIN

Um in Ecuador fahren zu dürfen, benötigt man einen internationalen Führerschein, die Fahrerlaubnis aus dem Heimatland und einen Pass.

GEFAHREN & ÄRGERNISSE

Ecuador ist ein relativ sicheres Land, aber man sollte trotzdem aufpassen. An überfüllten Plätzen wie Märkten gibt's viele Taschendiebe. Bewaffnete Raubüberfälle sind in großen Teilen Ecuadors zwar immer noch selten, dennoch gelten bestimmte Viertel von Guayaquil und das Viertel Mariscal Sucre in Quito als gefährlich.

Alle paar Jahre einmal wird ein Langstrecken-Nachtbus auf dem Weg zur oder von der Küste überfallen – Nachtbusse durch die Provinzen Guayas und Manabí daher möglichst meiden.

In einigen Gebieten in der Nähe der kolumbianischen Grenze (vor allem im nördlichen Oriente) flackern gelegentlich Guerrilla-Bewegungen auf. Im Rahmen einer Tour ist man in der Regel sicher, aber es ist ratsam, vor Aufbruch in diese Region ein paar Informationen einzuholen.

Ansonsten hält man sich an die normalen Sicherheitsvorkehrungen, wie sie auf S. 1105 beschrieben stehen. Wer überfallen wird, besorgt sich innerhalb von 24 Stunden eine *denuncia* (Polizeibericht) bei der Wache vor Ort – nach Ablauf dieser Frist wird kein Bericht mehr aufgesetzt.

GEFÜHRTE TOUREN

Den größten Teil des Galápagos-Archipels darf man nur mit einer geführten Tour (d. h. im Rahmen einer Kreuzfahrt) betreten. Viele Traveller entscheiden sich auch bei einem Besuch des Amazonas für eine organisierte Tour. Solche Ausflüge sind effizient, lehrreich und oft die einzige Möglichkeit, tief in den Regenwald vorzudringen.

GELD

Die ecuadorianische Währung war bis zum Jahr 2000 der Sucre; jetzt ist es der US-Dollar. Dieser Vorgang wird „Dollarisierung" genannt (s. S. 560). Weitere Infos zu Kosten und Geld stehen auf S. 22.

Bargeld

Die Scheine sind die gleichen, die man in den USA verwendet, und auch die Münzen sind, was Form, Größe und Material angeht, mit ihren US-amerikanischen Gegenstücken identisch. Statt amerikanischer Präsidenten zeigen Letztere jedoch Gesichter und Symbole aus Ecuador. Münzen aus den USA werden natürlich dennoch akzeptiert.

Wechselgeld zu bekommen, ist häufig ziemlich schwierig. Wenn man etwas Günstiges mit einem 20-US$-Schein (oder auch nur einem 10 US$-Schein) bezahlen möchte, endet das in der Regel damit, dass entweder man selbst oder der Verkäufer von Laden zu Laden rennt, bis ihm jemand etwas Kleingeld gibt. Wenn das niemand tut, hat man Pech. Man sollte Scheine immer wechseln, wenn sich die Möglichkeit bietet. Dazu macht man am besten ein sehr besorgtes Gesicht und fragt: *„¿Tiene suelto?"* (Haben Sie Kleingeld?).

Feilschen

Auf Märkten für Nahrungsmittel und Kunsthandwerk wird Feilschen erwartet. Manchmal kann man auch in der Nebensaison in Hotels einen Rabatt aushandeln.

Geld wechseln

In Quito, Guayaquil und Cuenca lassen sich ausländische Währungen problemlos in US-Dollar umtauschen, und dort sind auch die Kurse die besten. An den meisten größeren Grenzübergängen kann man ebenfalls Geld wechseln. In manchen Regionen, vor allem im Oriente, ist es jedoch recht schwierig, Geld zu tauschen. Wechselstuben, genannt *casas de cambio*, sind in der Regel die beste Möglichkeit; Banken tauschen ebenfalls Geld, sind aber meistens viel langsamer. Die Wechselkurse unterscheiden sich zwischen den angegebenen Städten gewöhnlich um nicht mehr als 2 %.

In den großen Städten gibt's einen Schwarzmarkt, meist in der Nähe der großen *casas de cambio*. Die Kurse sind in etwa die gleichen, aber das Wechseln auf der Straße ist illegal (was jedoch ignoriert wird). Außerdem sind Fälschungen und Betrug hier echte Risiken.

Zur Zeit der Abfassung galten folgende Wechselkurse.

WECHSELKURSE

Land	Währung	US$
Eurozone	1 €	1,36
Schweiz	1 SFr	0,93

Geldautomaten

Geldautomaten sind die einfachste Möglichkeit, an Bargeld zu kommen. Man findet sie in den meisten großen und manchmal auch in den kleineren Städten. Allerdings sind sie gelegentlich defekt. Man sollte auf jeden Fall eine vierstellige PIN-Zahl haben. Die Banco del Pacífico und die Banco del Pichincha haben Geldautomaten für MasterCard/Cirrus, die Automaten der Banco de Guayaquil sind für Visa/Visa-Plus.

Kreditkarten

Kreditkarten sind eine gute Absicherung, werden aber nicht häufig akzeptiert. Händler, die Kreditkarten annehmen, schlagen auf die Rechnung oft 4 bis 10 % drauf – wenn man mit Bargeld bezahlt, kommt man also meist besser weg. Visa und MasterCard sind die am breitesten akzeptierten Karten.

Reiseschecks

Nur sehr wenige Banken, Hotels oder Einzelhändler wechseln Reiseschecks – und wenn, dann meist nur gegen eine Gebühr von 2 bis 4 % –, darum sind diese in Ecuador wenig geeignet. Viel praktischer sind ein Vorrat an Bargeld in US-Dollar und eine Karte (und nur zur Sicherheit noch eine weitere Karte) für den Geldautomaten.

INFOS IM INTERNET

Die meisten in diesem Kapitel aufgelisteten Websites sind auf Englisch, ein paar allerdings auf Spanisch.

The Best of Ecuador (www.thebestofecuador.com) Umfassende touristische Informationen.
Ecuador (www.ecuador.com) Überblicksseite mit einem knappen Porträt des Landes.
Ecuador Explorer (www.ecuadorexplorer.com) Ausführliche Infos, gute Kleinanzeigen.
Latin American Network Information Center (http://lanic.utexas.edu/la/ecuador) Links zu allem, was ecuadorianisch ist.
Ministerio de Turismo (www.vivecuador.com) Deckt von Gesundheits- und Geldfragen bis zu den Highlights des Landes alles ab.

INTERNETZUGANG

In allen Städten, mit Ausnahme der kleinsten, gibt's Internetcafés. Ihre Preise liegen bei 1 US$ pro Stunde, in Kleinstädten und auf den Galápagosinseln bezahlt man aber mehr.

KARTEN & STADTPLÄNE

In den ecuadorianischen Buchläden wird eine begrenzte Auswahl von Karten von Ecuador geführt. Die beste Auswahl gibt's beim Instituto Geográfico Militar in Quito (s. S. 567).

Prodoguias gibt den Taschenführer *Quito Distrito Metropolitano* heraus (6 US$), erhältlich in den wichtigsten Touristeninformationen in Quito und bei einigen Apotheken.

KLIMA

Ecuadors Klima besteht aus feuchten und trockenen Jahreszeiten, aber in den verschiedenen geografischen Regionen gibt's erhebliche Unterschiede – je nachdem, ob man sich in den Anden, an der Küste oder im Oriente aufhält.

Die Galápagosinseln und die Küste haben von Januar bis April eine heiße, regnerische Jahreszeit, bei der sich sturzflutartige Regengüsse mit Intervallen glühenden Sonnenscheins abwechseln. Wer während dieser Zeit an die Küste reist, ist andauernd schweißgebadet. Von Mai bis Dezember regnet es selten, aber der Himmel ist oft bewölkt, und am Strand ist es kühl. In dieser Zeit ist das Reisen zwar deutlich angenehmer, aber es kann am Strand doch etwas zu kalt zum Sonnenbaden sein. Die Ecuadorianer zieht es eher in der feuchten Saison an den Strand.

Im Oriente regnet es während der meisten Monate, besonders nachmittags und abends.

Der August und die Monate von Dezember bis März sind im Allgemeinen am trockensten, April bis Juni am feuchtesten – mit regionalen Abweichungen. Malaria kommt häufiger in der Regensaison vor, in dieser Zeit ist es aber einfacher, auf den Flüssen zu reisen, weil die Wasserstände natürlich höher sind.

Im Hochland reist es sich das ganze Jahr über angenehm, auch wenn von Oktober bis Mai auf jeden Fall mit Regen zu rechnen ist. Allerdings regnet es nicht jeden Tag, und selbst im April, dem feuchtesten aller Monate, fällt durchschnittlich nur an einem von zwei Tagen Regen.

Die Tagestemperaturen in Quito liegen das ganze Jahr über im Durchschnitt zwischen mindestens 8 und höchstens 21 °C.

Weitere Infos und Klimatabellen gibt's ab S. 1110.

KURSE

Ecuador ist einer der besten Plätze auf dem Kontinent, um Spanisch zu lernen. In Quito (S. 576) und Cuenca (S. 607) und in geringerer Dichte auch in Otavalo (S. 589) und Baños (S. 599) gibt's Schulen, die Einzelunterricht erteilen und ihre Schüler bei Gastfamilien unterbringen. Die Preise liegen zwischen 5 und 10 US$ pro Stunde.

MEDIEN

Die kostenlose Monatszeitschrift *Quito Cultura* (www.quitocultura.com) listet auf, was in Quito los ist. Der monatlich erscheindende englischsprachige *Ecuador Reporter* (www.ecuadorreporter.com) ist in Quito kostenlos erhältlich; er veröffentlicht Artikel über die Hauptstadt, Empfehlungen zum Nachtleben und Artikel übers Reisen zu beliebten Zielen in Ecuador. Die besten Zeitungen des Landes sind *El Comercio* (www.elcomercio.com) und *Hoy* (www.hoy.com.ec), herausgegeben in Quito, sowie *El Telégrafo* (www.telegrafo.com.ec) und *El Universo* (www.eluniverso.com), herausgegeben in Guayaquil.

ÖFFNUNGSZEITEN

Öffnungszeiten sind in diesem Buch nur dann gesondert vermerkt, wenn sie von den folgenden Standardöffnungszeiten abweichen: Banken sind im Allgemeinen montags bis freitags von 8 bis 14 oder bis 16 Uhr geöffnet. In den größeren Städten haben die meisten Geschäfte und Regierungsbüros montags bis freitags von 9 bis 17.30 Uhr offen und über Mittag eine Stunde geschlossen, irgendwann zwischen 12 und 14 Uhr. An der Küste und in den kleineren Städten kann sich die Mittagspause auch mal über zwei oder mehr Stunden hinziehen. Viele Geschäfte sind samstagmittags geöffnet, aber fast alle – auch Restaurants – haben sonntags zu. Restaurants haben mittags meist zwischen 11.30 und 15 Uhr auf und abends von 17 bis 22 Uhr. Einige haben auch den ganzen Tag offen. Bars öffnen im Allgemeinen zwischen 17 und 19 Uhr und schließen zwischen Mitternacht und 2 Uhr. Die üblichen Öffnungszeiten der Post sind montags bis freitags von 8 bis 18 Uhr und samstags von 8 bis 13 Uhr.

POST

Ein Brief nach Europa kostet 2 US$, in den Rest der Welt bezahlt man 2,25 US$. Für ein paar Cents extra kann man die Post *certificado* (per Einschreiben) verschicken. Päcken zwischen 2 und 20 kg gibt man am besten in Quito auf.

Um in Ecuador Post zu erhalten, sollte der Absender die Sendung an die nächste Post schicken, adressiert z. B. wie folgt: Lista de Correos, Correo Central, Quito (bzw. die entsprechende Stadt oder Provinz), Ecuador. Die Post wird alphabetisch sortiert, der Nachname sollte also lesbar sein.

Als Mitglied von South American Explorers (S. 568) kann man sich die Post ins Klubhaus schicken lassen. Wenn die ankommende Post mehr als 2 kg wiegt, muss man sie vom Zoll abholen (und eine hohe Gebühr bezahlen).

RECHTSFRAGEN

Drogendelikte werden in Ecuador hart bestraft, selbst wenn nur eine kleine Menge illegaler Drogen (darunter Marihuana und Kokain) gefunden wird. Die Angeklagten verbringen oft Monate im Gefängnis, bevor sie vor Gericht gestellt werden. Und wenn sie verurteilt werden (wovon auszugehen ist), müssen sie mit mehreren Jahren Gefängnis rechnen.

Bei „Polizisten" in Zivil heißt es aufgepasst. Wer aber von einem uniformierten Beamten am helllichten Tag aufgefordert wird sich auszuweisen, der muss seinen Pass ohne Diskussion vorzeigen.

Passiert ein Autounfall, sollten die beteiligten Fahrzeuge, außer wenn es eine wirklich kleine Sache war, an Ort und Stelle bleiben, bis die Polizei eintrifft und den Unfall aufnimmt. Wer einen Fußgänger verletzt, trägt dafür die Verantwortung und kann ins Gefängnis kommen, wenn er nicht für die medizinische Versorgung bezahlt – auch wenn er nicht der Unfallverursacher ist. Also defensiv fahren!

REISEN MIT BEHINDERUNG

Unglücklicherweise existiert in Ecuador praktisch keine Infrastruktur für Reisende mit Behinderung.

SCHWULE & LESBEN

Ecuador ist möglicherweise nicht der beste Ort, um seine Zuneigung zum Partner des gleichen Geschlechts offen zu zeigen. Bis 1997 war Homosexualität hier illegal. In Quito und Guayaquil gibt's im Untergrund eine Szene, aber außerhalb einzelner Tanzklubs ist diese schwer zu entdecken. **Gay Guide to Quito** (http://quito.queercity.info) oder **Gayecuador** (www.gayecuador.com, spanisch) liefern nützliche Infos.

STROM

Die Stromspannung in Ecuador ist 110 V, 60 Hz und Wechselstrom. Die Stecker haben zwei flache Stifte.

TELEFON

Für Telefonate ins Ausland sind Internetcafés (die in größeren Städten sehr verbreitet sind) die günstigste Option. Die Preise liegen bei 0,10 bis 0,25 US$ pro Minute (in Quito telefoniert man am günstigsten). In Telefoncentern von Andinatel, Pacifictel und Etapa – die drei regionalen Anbieter in Ecuador – wird's teurer (0,25–0,50 US$ pro Min.).

R-Gespräche sind möglich in die meisten europäischen Länder. Man kann auch einen europäischen Anbieter direkt anwählen; die Nummern weiß der jeweilige Service-Provider für Ferngespräche. Um von einem Privattelefon innerhalb Ecuadors einen internationalen Betreiber zu erreichen, wählt man ☎ 116.

Jede Provinz hat eine eigene zweistellige Vorwahl (man findet sie in diesem Kapitel hinter den Überschriften der Städte). Wer innerhalb einer Provinz telefoniert, kann die Vorwahl weglassen, wer aus dem Ausland anruft, lässt die Null der Vorwahl weg. Die Landesvorwahl von Ecuador ist die ☎ 593.

Bei einem Ortsgespräch kann man ein Pacifictel- oder Andinatelcenter oder eine öffentliche Telefonzelle benutzen. Öffentliche Telefonzellen funktionieren mit Prepaid-Telefonkarten, die man am Kiosk bekommt.

In Ecuador sind mittlerweile alle Telefonnummern siebenstellig.

Handys

Bei Handynummern steht in Ecuador immer eine ☎ 09 davor. Wer sein eigenes Handy mitbringt, muss wissen, dass nur GSM-Handys mit 850 Mhz (GSM 850) in Ecuador funktionieren. Mit einem Triband-Mobiltelefon hat man derzeit in Ecuador verloren.

TOILETTEN

Der Wasserdruck ist in Ecuador sehr niedrig, und wenn man Toilettenpapier in die Schüssel wirft, könnte das die Rohre verstopfen. Man benutzt darum besser den Mülleimer. Das mag unhygienisch erscheinen, ist aber viel besser als verstopfte Toiletten und übergelaufenes Wasser auf dem Boden. In teuren Hotels ist der Druck ausreichend hoch.

Öffentliche Toiletten gibt's fast nur an Busbahnhöfen, an Flughäfen und in Restaurants. Toiletten heißen *servicios higiénicos* und sind meist mit „SS.HH." markiert. Wer eine Toilette braucht, kann auch in einem Restaurant nach dem *baño* fragen; Toilettenpapier ist meist nicht vorhanden – immer dabeihaben.

TOURISTENINFORMATION

Das von der Regierung geführte **Ministerio de Turismo** (www.vivecuador.com) ist auf nationaler Ebene für die Touristeninformationen verantwortlich. In den wichtigen Städten in ganz Ecuador werden langsam solche Einrichtungen – so genannten **iTur**-Büros – eröffnet.

South American Explorers (SAE) hat in Quito ein Klubhaus (s. S. 568); Informationen zu dieser Organisation stehen auf S. 1114.

UNTERKUNFT

An Unterkünften herrscht in Ecuador kein Mangel, aber während der wichtigsten Fiestas und am Abend vor einem Markttag kann alles schnell ausgebucht sein. Man sollte darum im Voraus planen. Die meisten Hotels haben für Einzelzimmer gesonderte Preise, aber während der Hochsaison richtet sich in manchen Städten am Strand der Preis nach der Bettenzahl im Zimmer, gleichgültig, wie viele Personen einchecken. In den beliebten Resorts sind die Preise in der Hochsaison (Juni–August, Mitte Dez.–Jan.) ungefähr um 30 % höher als das restliche Jahr über.

In Ecuador gibt's immer mehr Jugendherbergen und günstige *pensiones*. In abgelegenen Dörfern ist die Unterbringung in Familien eine Option.

VERANTWORTUNGSBEWUSSTES REISEN

Wer sicher sein möchte, dass sein Geld die richtigen Adressaten erreicht, sollte z. B. die einheimischen Geschäfte unterstützen und kleine Restaurants und Pensionen in Familienbesitz den von Ausländern geführten Adressen vorziehen. Wer die Absicht hat, in Ecuador Spanisch zu lernen (und das bietet sich hier an!), sollte möglichst eine Schule wählen, die einen Teil ihres Gewinns in die Gemeinde investiert, und sich überlegen, bei einer einheimischen Familie zu wohnen.

Das Wort Ökotourismus ist angesagt in Ecuador. Beinahe jeder Tourenanbieter im Land benutzt es, obwohl nur eine Handvoll das Etikett wirklich verdienen. Die SAE in Quito (S. 568) ist eine gute Quelle, wenn man Tourenanbieter und Hotels oder Lodges finden möchte, die wirklich Ökotourismus betreiben.

Einheimische Künstler lassen sich am besten unterstützen, indem man vor Ort hergestelltes Kunsthandwerk kauft, möglichst direkt von der Quelle. Man sollte keine illegalen, z. B. präkolumbische Stücke erwerben, keine aufgespießten Insekten, keine Teile von gefährdeten Tieren oder Schmuck aus Meeresschildkröten oder schwarzen Korallen.

Selbst was man isst, beeinflusst die Natur. Die Heranschaffung bestimmter Produkte – vor allem von Shrimps – hat zu weitreichenden Zerstörungen der Mangroven und Ökosysteme an der Küste geführt, und Hummer beispielweise ist absolut überfischt. Wenn man in Ecuador isst, sollte man darum versuchen, den Verzehr solcher Dinge zu beschränken.

Die Spuren, die man hinterlässt, sollte man ebenfalls nicht außer Acht lassen. Bei der Abreise also alles Plastik und die Batterien mitnehmen, denn in Ecuador werden diese nicht wiederverwertet.

Bevor man sich zu einer Pauschaltour oder einer Expedition anmeldet – gleichgültig, ob zu den Galápagosinseln, zum Raften oder zum Klettern –, sollte man eine Menge Fragen stellen und sich gut informieren. Um die Auswirkungen des eigenen Besuchs möglichst gering zu halten, ist ein Ausrüster zu wählen, der umsichtig mit der einheimischen Ökologie und den dort lebenden Gemeinschaften umgeht. Führer sollten nicht jagen, Bäume für das Lagerfeuer fällen, wilde Tiere stören oder Müll hinterlassen, und sie sollten in irgendeiner Weise die Gemeinden unterstützen, die sie besuchen. Man sollte auf jeden Fall versuchen herauszufinden, ob Ausrüster indigene oder einheimische Führer beschäftigen.

Es gibt für Besucher viele Möglichkeiten, in Ecuador positive Spuren zu hinterlassen, nicht zuletzt durch Freiwilligenarbeit. Auf S. 653 stehen ein paar Ideen, wie man sich engagieren kann.

VISA

Touristen aus der EU und der Schweiz benötigen für Ecuador kein Visum. Bei der Einreise wird ihnen eine T-3-Touristenkarte ausgestellt, die 90 Tage gültig ist; Stempel für nur 60 Tage erhält man selten, aber wer eine Weile im Land bleibt, sollte das nochmal überprüfen.

Alle Reisenden, die als Diplomaten, Flüchtlinge, Studenten, Arbeiter, Angestellte der Kirchen, Geschäftsleute, Freiwilligenarbeiter und Besucher von Kulturaustausch ins Land kommen, benötigen ein Visum für Nichteinwanderer. Es sind auch verschiedene Einwanderervisa erhältlich. Die Visa muss man bei einer ecuadorianischen Botschaft ausstellen lassen, in Ecuador selbst ist das nicht möglich.

Offiziell muss man, um das Land betreten zu dürfen, ein Rückflugticket vorweisen können und genügend Geldmittel, um den Aufenthalt zu finanzieren. An der Grenze wird jedoch selten nach derlei Belegen gefragt. Auch internationale Impfscheine werden nicht benötigt, aber einige Impfungen sind zu empfehlen, z. B. die gegen Gelbfieber.

Aktuelle Informationen zu Visa findet man auch auf www.lonelyplanet.de.

Visaverlängerung

Die Touristenkarte verlängern lassen kann man in der **Jefatura Provincial de Migración** (☎ 02-224-7510; Isla Seymour 1152 nahe Río Coca, Quito; Mo–Fr 8.30–12 & 15–17 Uhr); 30 weitere Tage sind hierbei drin, und zwar dreimal, bis das Maximum von 180 Tagen (6 Monate) pro Jahr erreicht ist. Um eine Verlängerung zu erhalten, muss man sich, bevor die 90 Tage um sind, an die Jefatura Provincial de Migración wenden. Wer sein Visum überzieht, muss eine Strafe von 200 US$ bezahlen, selbst wenn es nur um einen Tag geht.

Die Guyanas

Man mische die Nachkommen entflohener oder befreiter Sklaven mit mächtigen indigenen Kulturen und füge einige Einwanderer aus Indien, Indonesien, Laos, China und Brasilien hinzu – gewürzt mit einer Prise französischem, britischem und niederländischem Kolonialismus koche man das Ganze an der Atlantikküste im Süden Lateinamerikas kräftig durch. Ergebnis: eine der vielfältigsten und am wenigsten bereisten Regionen des Kontinents. Die drei Länder sind stark durch ihre koloniale Vergangenheit geprägt. Der kulturelle Mischmasch sorgt zwar für leichtes Chaos, bringt aber gleichzeitig eine würzig-scharfe Küche und unzählige resolute Exzentriker hervor. Der afro-europäische Vibe erinnert Besucher daran, dass diese Länder sich selbst eher der Karibik als Südamerika zurechnen.

Die undurchdringlichen, malariaverseuchten Urwälder bewahrten die Region anfangs davor, dass sich hier allzu viele europäische Siedler niederließen – die meisten Neuankömmlinge starben an Tropenkrankheiten. Heute haben diese Länder einen besonderen Trumpf: Einige der ursprünglichsten Tropenwälder der Erde, wie geschaffen für die abenteuerlichste Variante des Ökotourismus. Mangels touristischer Infrastruktur ist eine Reise durch die Guyanas zwar anstrengend und kostspielig, aber gleichzeitig ein ungemein lohnenswertes Unterfangen. Französisch-Guyana gehört offiziell zu Frankreich und ist von allen drei Ländern am saubersten und am besten organisiert. Wenn man westwärts durchs kunterbunte Surinam fährt, nimmt die Anzahl der Schlaglöcher beständig zu. Wer schließlich in Guyana ankommt, sehnt sich nach seiner letzten heißen Dusche zurück.

GESCHICHTE

Die Spanier erblickten die schlammige, von Mangroven gesäumte Küstenlinie Guyanas, die nur spärlich von kriegerischen Kariben bewohnt war, erstmals 1499; da sie aber kein Gold oder billige Arbeitskräfte vorfanden, beachteten sie sie nicht weiter. Im 16. Jh. vermuteten Forschungsreisende hier die legendäre Stadt El Dorado, doch bis zur Mitte des 17. Jhs. zeigten die Europäer kein sonderliches Interesse an diesem Fleckchen Erde.

Ab 1615 besiedelten die Niederländer das Land. Nach Gründung der Niederländischen Westindischen Gesellschaft (WIC) trieben die Kolonisten Handel mit den indigenen Völkern im Landesinneren, gleichzeitig entstanden Plantagen z. B. für Zuckerrohr und Kakao. Da eingeschleppte Krankheiten die indigene Bevölkerung nahezu auslöschten, importierten die Niederländer Sklaven aus Westafrika, die Kanäle bauten und die Plantagen bestellten. Mitte des 18. Jhs. entflohen immer mehr Sklaven und gründeten Siedlungen im Inland; ihre Nachfahren heißen „Maroons".

Um 1650 etwa legten die Engländer am Westufer des Surinam Zuckerrohr- und Tabakplantagen an und gründeten das heutige Paramaribo. Nach dem Zweiten Englisch-Niederländischen Seekrieg und dem Frieden von Breda (1667) erhielten die Niederländer Surinam und ihre Kolonien an der Küste Guyanas zurück (im Tausch gegen eine Insel namens Manhattan), mussten jedoch das Gebiet östlich des Maroni (Marowijne auf Niederländisch) an die Franzosen abtreten. Während der nächsten 150 Jahre wechselte die Oberherrschaft über die Region zwischen drei Mächten: 1800 war Großbritannien am Ruder, während die Niederländer Surinam kontrollierten und die Franzosen sich noch mehr schlecht als recht in Cayenne, heute Französisch-Guyana, behaupteten.

Am Ende der Napoleonischen Kriege bestätigte der Vertrag von Paris die Alleinherrschaft der Niederländer über Surinam. Die Franzosen behielten das Gebiet östlich des Maroni, während die Briten dagegen offiziell die niederländischen Kolonien in Britisch-Guyana (heutiges Guyana). 1834 wurde die Sklaverei in allen britischen Kolonien abgeschafft. Fortan unterband die Royal Navy den Sklavenhandel in der Karibik, was auf den Plantagen zu einem Mangel an Arbeitskräften führte. Es wanderten immer mehr Lohnarbeiter aus anderen Kolonien ein und sorgten für einen einzigartigen Ethno-Mix in den Guyana-Ländern.

NATUR & UMWELT

Fast überall, wo es Regenwälder gibt, sind auch Abholzung, Bergbau und Jagd zuhause, und die Guyanas bilden da keine Ausnahme. Vor allem in den sehr armen Ländern Surinam und Guyana versprechen das Abholzen uralter Bäume und das Erschließen großer Gold- und Bauxitminen Jobs und Erträge. Zum Glück ist den Menschen und Regierungen der Guyanas daneben auch das enorme wirtschaftliche Potenzial des Ökotourismus bewusst, das sich aber nur durch Maßnahmen zum Umweltschutz nutzbar machen lässt. In Surinam hilft die Organisation Conservation International der Regierung beim Schutz und der Verwaltung des Landes, und die Guyaner fördern aktiv den nachhaltigen Tourismus und insbesondere die Anlage von Vogelschutzgebieten. Ein besonderer Lichtblick ist das lokal verwaltete Iwokrama Rainforest Preserve in Guyana mit einer Gesamtfläche von 371 000 ha, in dem die Balance zwischen nachhaltiger Holzwirtschaft, Ökotourismus und Umweltschutz erfolgreich gehalten wird.

Geografie

Neben der größtenteils unberührten Küste am Atlantik im Norden ist die bedeutendste Landschaftsformation der Guyanas der sogenannte Guyana-Schild. Das weitläufige Hochland ist Teil der Südamerikanischen Kontinentalplatte, die vor 150 Mio. Jahren mit Afrika verbunden war. Zu jener Zeit war es schon fast 2 Mrd. Jahre alt und von üppiger Vegetation bedeckt. Durch die Hebung der Anden und das Vordringen der Gletscher in den Eiszeiten entstanden später die Tafelberge (*tepui*) sowie das Hochland von Guyana und bildeten große Savannengebiete mit Inseln aus amazonischem Regenwald.

Tiere & Pflanzen

Auf der recht kleinen Fläche von 470 000 km² ist eine unglaubliche Artenvielfalt zu finden: In den Guyanas sind über 6000 bekannte Pflanzenarten, 1600 Vogelarten, 800 Reptilien- und Amphibienarten sowie 200 Säugetierarten beheimatet. Zu Letzteren gehören so einzigartige Kreaturen wie der Guyana-Klippenvogel (Tiefland-Felshahn), der Rothandtamarin (eine Affenart) und die Tigerkatze. Außerdem leben hier viele ungewöhnlich große Spezies, etwa der Riesenotter, der Große Ameisenbär, der Mohrenkaiman, der Jaguar oder die Harpyie; die hier beheimatete Tropische Riesenameise gehört ebenfalls zu den weltweit größten ihrer Art. Abseits von Dschungel und Savanne tummeln sich an den Küsten Delfine, Strandvögel und Meeresschildkröten; Letztere kommen zur Brutsaison an Land, um am Strand ihre Eier abzulegen und zu vergraben.

Nationalparks

Von den drei Guyana-Ländern besitzt Surinam die meisten Naturschutzgebiete, das größte ist das 1,6 Mio. ha große Central Surinam Nature Reserve (S. 693). Der größte Nationalpark in Guyana, der Iwokrama (S. 710), ist ein leuchtendes Beispiel dafür, wie eine aus leidenschaftlichen Naturschützern bestehende Bevölkerung trotz schwieriger wirtschaftlicher Bedingungen ein riesiges Waldschutzgebiet erfolgreich erhält. Französisch-Guyana hat offiziell von allen drei Ländern die wenigsten Schutzgebiete, aber aufgrund der isolierten Lage und seiner von Landwirtschaft und Bergbau weitgehend verschont gebliebenen Vergangenheit ist die Landschaft hier noch heute ziemlich unberührt. Dank der Maßnahmen für den Umweltschutz, der steigenden Angebote im Ökotourismus und der relativ dünnen Besiedelung bieten die Guyanas ausgezeichnete Möglichkeiten zur Beobachtung von Tieren in freier Wildbahn und sind damit ein hervorragendes Ziel für eine Safari in Südamerika.

VERANTWORTUNGSBEWUSSTES REISEN

Ökotourismus wird in den Guyanas großgeschrieben. Manche Unternehmen legen diesen Begriff allerdings sehr weitläufig aus – am besten zunächst erst einmal umhören und sich ein Bild von den „Ökostrategien" des jeweiligen Unternehmens machen, bevor man ein Angebot bucht. Dabei ist besonders darauf zu achten, dass sensibel mit der Natur umgegangen wird und die geführten Touren in Kooperation mit amerikanischen Ureinwohnern organisiert sind.

Generell braucht man für Besuche bei indigenen Gemeinden eine Genehmigung; ist man mit einem Tourveranstalter unterwegs, kümmert sich dieser darum. Man sollte sich vergewissern, dass der Führer umweltbewusst agiert – also das Jagen, Einsammeln von irgendwelchen Dingen und das Hinterlassen von Müll untersagt – und im Idealfall aus dem Kulturkreis des Dorfes stammt, das man besucht. Tourteilnehmer sollten Angelhaken und Messer als Tauschwaren mitbringen und Einheimische nicht ohne deren Einverständnis fotografieren.

Bei Nistplätzen von Meeresschildkröten immer viel Abstand halten und das Fotografieren mit Blitzlicht bzw. den unnötigen Gebrauch von Taschenlampen vermeiden. Und

---

MINIBUS-PASSAGIERE, AUFGEPASST!

Eine Fahrt mit einem Minibus in den Guyanas ist ein Erlebnis der besonderen Art, und man kann dabei ganz schön ins Schwitzen kommen. Die Minibusse brausen in furchterregender Geschwindigkeit über Stadtstraßen und Dschungelpfade, dazu plärrt laute Musik, und die Fahrzeuge sind bis obenhin voll mit Menschen und Gepäck. Pannen und Unfälle gibt's häufig. Wenn man wirklich Angst bekommt, sollte man verlangen, hinausgelassen zu werden, und das Fahrgeld zurückfordern (was mal von Erfolg gekrönt sein kann und mal nicht). Und dann heißt es warten, vielleicht eine lange Zeit, bis wieder ein Minibus vorbeikommt, der einen Platz frei hat – und hoffen, dass dessen Fahrer nicht noch halsbrecherischer fährt!

Die Minibusse eröffnen prima Möglichkeiten, Traveller abzuzocken. Vor der Abfahrt daher genau den Preis und das Ziel, an dem man abgesetzt werden will (z. B. das Hotel, eine Straßenkreuzung), vereinbaren. An Flussübergängen muss in der Regel das Fahrzeug gewechselt werden. Am Übergang sollte einem der Fahrer eine Quittung geben, damit man den Anschlussbus auf der anderen Seite nicht noch einmal bezahlen muss.

Es gibt viele Minibus-Unternehmen, aber die Unterschiede im Service sind minimal, und manchmal werden Fahrgäste an Umstiegspunkten sogar ohne Weiteres in Fahrzeuge der Konkurrenz verfrachtet. Also nicht überrascht sein, wenn man sich plötzlich im Fahrzeug eines ganz anderen Unternehmens wiederfindet! Das ganze System ist ein einziges Chaos, aber in einer Region ohne öffentliche Verkehrsmittel unverzichtbar.

ganz wichtig: niemals Schildkröteneier oder Jungtiere berühren!

In Städten lässt man am besten die Finger von Gerichten mit seltenen Tieren (z. B. Schildkröten), kauft einheimische Produkte und geht immer sparsam mit Energie und Wasser um (viele Einrichtungen filtern ihr Wasser selber oder sammeln das wertvolle Regenwasser).

VERKEHRSMITTEL & -WEGE

Das Vorankommen ist eine der größten Herausforderungen bei einer Reise durch die Guyanas. Die meisten Straßen sind in schlechtem Zustand und manchmal gar nicht passierbar, vor allem in Guyana und Surinam, und im Inland gibt's überhaupt nur wenige Straßen. Manchmal muss man gezwungenermaßen das Flugzeug oder das Boot nehmen, um zu abgelegeneren Ortschaften zu gelangen. All dies führt zu hohen Reisekosten und erfordert viel Planung und Geduld.

Weitere Infos dazu gibt's auf S. 666 (für Französisch-Guyana), auf S. 686 (für Surinam) und auf S. 703 (für Guyana).

Auto & Motorrad

In allen drei Guyana-Ländern sind Überlandfahrten nur in Küstennähe möglich. Die Regenzeit hat einen starken Einfluss auf den Zustand der Straßen, vor allem in Guyana und Surinam, wo diese schon in der Trockenzeit sehr heikel sind. Es gibt aber Autofähren, die alle drei Länder miteinander verbinden, und eine Brücke zwischen Brasilien und Französisch-Guyana.

Bus

Fast jeder, der in den Guyanas unterwegs ist, nutzt den Bus oder Minibus. Die sogenannten „öffentlichen Busse" sind meist Minibusse (für 8–12 Pers.); sie verkehren zu Fixpreisen auf bestimmten Routen. Daneben gibts' Privatunternehmen, die Minibusse betreiben – entweder nach Reservierung (dann holen sie einen ab) oder von bestimmten Abfahrtsorten überall in den Ortschaften aus (in der Regel fahren sie los, wenn sie voll sind). Noch mehr Verwirrung stiftet die Tatsache, dass die Minibusse manchmal als „Taxis" bezeichnet werden. Dabei gibt's auch hier normale Taxis (für 5 Pers.), die allerdings teurer sind als Minibusse; in diesem Kapitel sind mit „Taxi" stets diese teureren Fahrzeuge gemeint.

Größere Busse (mit 40 Sitzplätzen) gibt's hier nur selten und nur auf ein paar Strecken.

Flugzeug

Internationale Flüge landen in Georgetown (Guyana), Paramaribo (Surinam) und Cayenne (Französisch-Guyana). Flüge aus Nordamerika legen oft einen oder mehrere Zwischenstopps auf den Karibischen Inseln ein, was für die Flugreisenden Verzögerungen und Übernachtungen mit sich bringt. Dank der alten kolonialen Verbindungen gibt's Direktflüge von Amsterdam nach Paramaribo, von New York nach Georgetown und von Paris nach Cayenne.

Zur Zeit der Recherche für diesen Führer gab es nur wenige Flüge zwischen den drei Guyana-Ländern und keinerlei Linienflüge zwischen Cayenne und Guyana bzw. Surinam.

FRANZÖSISCH-GUYANA

HIGHLIGHTS

- **Îles du Salut** (S. 675) Inmitten von Sand, Sonne, Palmen und den Ruinen einer Strafkolonie Inselferien machen.
- **Centre Spatial Guyanais (Raumfahrtzentrum Guyana)** (S. 674) Eine der weltweit am häufigsten genutzten Abschussrampen sehen und mit etwas Glück einen Satellitenstart miterleben.
- **Cacao** (S. 671) Sich in der größten Gemeinde aus Hmong-Flüchtlingen von Französisch-Guyana den Bauch mit laotischen Leckerbissen vollschlagen und kunstvolle Stickereien bewundern.
- **Besonders empfehlenswert** (S. 679) Am Strand von Awala-Yalimapo den Marsch der dinosaurierartigen Lederschildkröten beobachten, die im Mondschein ihre Eier im Sand ablegen.
- **Abseits ausgetretener Pfade** (S. 672) Auf dem Sentier Molokoï de Cacao Kapuzineraffen, Riesenschlangen und einer Menge anderer exotischer Pflanzen und Tiere ins Auge blicken.

KURZINFOS

- **Bevölkerung:** 221 500
- **Fläche:** 91 000 km² (etwas kleiner als Portugal)
- **Geld:** 1 SFr = 0,68 €
- **Hauptstadt:** Cayenne
- **Landesvorwahl:** ☎ 594
- **Preise:** Hängematte in einer *carbet* (offene Hütte) 9 €, indonesische Nudelpfanne 3,50 €, einstündige Minibusfahrt 9–11 €
- **Reisekosten:** 35–45 € pro Tag
- **Reisezeit:** Hochsaison (Juni–Sept.), Nebensaison (Sept.–Mai), Regenzeit (Nov.–April)
- **Sprachen:** Französisch, Französisch-Guyanisch, Kreol, indigene Sprachen, Sranan Tongo
- **Zeitzone:** MEZ −4 Std.

TIPPS FÜR UNTERWEGS

Wer eine Hängematte dabei hat, kann rund um Cayenne fast überall günstig übernachten. Moskitonetz nicht vergessen!

VON LAND ZU LAND

Französisch-Guyana hat Grenzübergänge u. a. nach Albina (Surinam) und Oiapoque (Brasilien).

Französisch-Guyana ist ein kleines Land mit aufgehübschten kolonialzeitlichen Bauten, einer unheimlichen Vergangenheit als Sträflingskolonie und einem der weltweit vielfältigsten Bestände von Tier- und Pflanzenarten. Fast alle Städte von Französisch-Guyana blicken aufs Meer, was ihnen ein ausgesprochen maritimes Flair verleiht. Die wilden Tiere tummeln sich im Inland, mit Ausnahme der gefährdeten Meeresschildkröten, die zu Tausenden jedes Jahr die unberührten Strände des Landes fluten. Das von Frankreich kolonisierte Land – das deshalb auch zur EU gehört – ist eine der wohlhabendsten Ecken Südamerikas. Frankreich mobilisiert riesige Summen, um den Tourismus im Land zu fördern und so eine stabile Basis für seine Satellitenabschussrampe zu schaffen. Trotz der französischen Prägung wirkt das französische Überseedepartement eher amazonisch als europäisch: Die Croissants sind zwar großartig, aber eigentlich locken einen doch eher der unberührte Urwald und der Weltklasse-Ökotourismus hierher.

AKTUELLE ENTWICKLUNGEN

Die Entwicklungen im Centre Spatial Guyanais (Raumfahrtzentrum Guyana) in Kourou sind immer eine Schlagzeile wert. Nachdem die ESA hier schon vor Jahrzehnten einen „europäischen Zugang" zum Weltraum geschaffen hat, soll im Verlauf des Jahres 2010 von hier aus zusätzlich die russische Mittellast-Trägerrakete Sojus, die auch schwerere Satelliten ins All befördern kann, starten.

GESCHICHTE

1643 gründeten die Franzosen ihre erste Siedlung in Cayenne. Tropenkrankheiten und feindlich gesinnte Ureinwohner verhinderten jedoch, dass größere Plantagen angelegt werden konnten. Nach diversen Konflikten mit den Niederländern und den Briten und einer achtjährigen Besetzung durch Brasilien und Portugal gewann Frankreich schließlich wieder die Oberhand. Kurz darauf wurde die Sklaverei abgeschafft (1848), was die wenigen Plantagen an den Rand des Ruins brachte.

Ungefähr zur selben Zeit entschied sich Frankreich, in Guyana Sträflingslager aufzubauen. Dadurch, so meinte man, würden die Kosten der einheimischen Gefängnisse gesenkt und die Weiterentwicklung der Kolonie vorangetrieben. Auf Befehl von Napoleon III. wurden 1852 die ersten Verurteilten hierher geschickt. Alle, die nach Ende ihrer Strafe noch am Leben waren, sollten noch genauso viele Jahre als Exilanten hier ausharren, wie ihre Strafe betragen hatte. Weil aber 90 % der Verurteilten an Malaria oder Gelbfieber starben, trug diese Maßnahme nur wenig zum erhofften Bevölkerungswachstum und zur Weiterentwicklung der Kolonie bei. Französisch-Guyana war allgemein berüchtigt für seinen brutalen und korrupten Strafvollzug. Das letzte Straflager wurde 1953 geschlossen.

1946 erhielt Guyana den Status eines französischen Überseedepartments. 1964 begannen die Arbeiten am Centre Spatial Guyanais, was dem Land einen Zustrom von Wissenschaftlern, Ingenieuren, Technikern und Servicepersonal aus Europa und der ganzen Welt bescherte. So entwickelte sich Kourou zu einer modernen Stadt von beträchtlicher Größe, die 15 % des Wirtschaftsaufkommens des gesamten Landes einbringt. Die ersten Hmong-Flüchtlinge aus Laos trafen 1975 hier ein und siedelten sich hauptsächlich in den Ortschaften Cacao und Javouhey an. Heute machen sie etwa 1,5 % der gesamten Bevölkerung aus und bilden das Rückgrat der hiesigen Landwirtschaft: Rund 80 % aller landwirtschaftlichen Erträge des Überseedepartements werden von ihnen erwirtschaftet.

Nacheinander haben französische Regierungen hier staatliche Arbeitsplätze geschaffen und Subventionen in Höhe von Milliarden Euro bereitgestellt. Als Resultat herrscht in den städtischen Regionen ein nahezu europäischer Lebensstandard. Die ländlichen Gebiete sind wesentlich ärmer, und im Hinterland fristen viele Ureinwohner und Maroons noch immer ein abgeschottetes, kärgliches Dasein.

KULTUR

Französisch-Guyana bietet einen reizvollen Mix: eine sichtbare Vergangenheit, eine fantastische Küche und die sinnliche französische Sprache gepaart mit der unendlichen Weite und ethnischen Vielfalt Amazoniens. Die Menschen in dem winzigen Departement sind warmherzig und tough; sie hängen zwar am Tropf des französischen Mutterlands, haben aber mit dem europäischen Trubel nichts am Hut. Auch wenn das Wirtschaftseinkommen von Cayenne und Kourou fast schon europäischen Standards entspricht, kämpft der Großteil der Bevölkerung mit finanziellen Problemen und führt ein bescheidenes Leben.

Die Einwohner Guyanas sind stolz auf ihr multikulturelles Universum, das Einflüsse aus

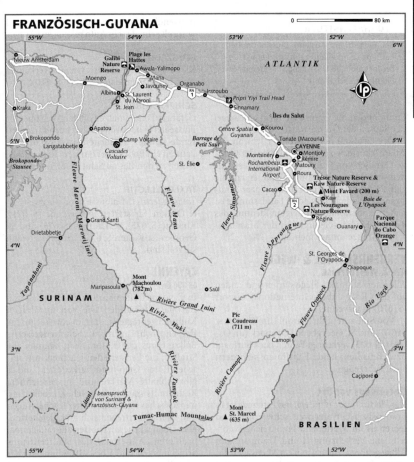

aller Herren Länder zeigt. Französisch-Guyana hat etwa 220 000 ständige Einwohner; hinzu kommen rund 60 000 Zeit- und Gastarbeiter aus Haiti und Brasilien, Tendenz steigend. Es gibt zwei Volksgruppen der Hmong: die „grünen" bzw. die Mong Leng, und die „weißen" bzw. die Hmong Der. Sie sprechen je einen eigenen, für die andere Gruppe aber verständlichen Dialekt. In Laos war es den weißen und den grünen Hmong verboten, Mischehen einzugehen, in Französisch-Guyana ist das allerdings erlaubt.

RELIGION

Französisch-Guyana ist überwiegend katholisch. Die Maroons und die Ureinwohner pflegen ihre eigenen religiösen Traditionen, und weil sie einst eine Nonne, Schwester Anne-Marie Javouhey, als Flüchtlinge nach Französisch-Guyana brachte, sind auch die meisten Hmong römisch-katholisch.

KUNST

Musik – karibische Rhythmen mit französischem Einschlag – und Tanz sind die lebendigsten Kunstformen hier. Auf den Märkten und am Straßenrand werden Holzschnitzereien, Korbwaren und Wandteppiche der Maroons und der Ureinwohner verkauft. Hmong-Wandteppiche gibt's in Cacao und Javouhey.

NATUR & UMWELT

Französisch-Guyana grenzt im Osten und Süden an Brasilien; die Flüsse Maroni und

> **FLUGHAFENSTEUER**
>
> Bei Flügen ins Ausland (ausgenommen Paris, das zum Inland zählt) wird eine Flughafensteuer (20 US$) fällig, die bereits im Flugticket enthalten ist.

Litani bilden die Grenze zu Surinam (wobei der Südteil der Grenze umstritten ist).

Der Großteil der Einwohner lebt an der Atlantikküste, wo auch die meisten der wenigen Straßen von Französisch-Guyana zu finden sind. Mangrovensümpfe säumen fast die ganze Küste, doch es gibt auch ein paar Sandstrände. Das dicht bewaldete Landesinnere ist nahezu unbewohnt und steigt in Richtung des Tumuk-Humak-Gebirges an der brasilianischen Grenze immer mehr an.

VERKEHRSMITTEL & -WEGE
An- & Weiterreise
Alle internationalen Flüge starten und landen auf dem Rochambeau International Airport (S. 670) in Cayenne.

Von St. Laurent du Maroni (im Westen; s. S. 678) und St. Georges de l'Oyapock (im Osten; s. S. 673) verkehren Fähren nach Surinam bzw. Brasilien; beide Fährlinien befördern auch Fahrzeuge.

Unterwegs vor Ort
Das Herumreisen ohne eigenes Fahrzeug ist in Französisch-Guyana weit schwieriger und teurer als im Mutterland Frankreich, wo öffentliche Verkehrsmittel und Trampen zum Alltag gehören. Auch wenn ein Mietwagen das eigene Budget fast sprengt, ist dieser wohl immer noch die günstigste Art und Weise für eine Rundreise durchs Land. Beamte der Zoll- und Einwanderungsbehörden machen häufig Verkehrskontrollen, um nach Drogen und illegalen Einwanderern zu suchen – also immer alle Papiere in Ordnung und parat haben.

AUTO
Die meisten Straßen sind zwar in gutem Zustand, aber manche Neben- und Landstraßen können in der Regenzeit nahezu unbefahrbar werden. Immer Ersatzreifen und ausreichend Benzin dabeihaben und viel Zeit einplanen! Wer in einer Gruppe unterwegs ist, kann mit einem Mietwagen (ab 40 €/Tag) Geld sparen. Ein international gültiger Führerschein ist empfehlenswert, aber nicht zwangsweise notwendig. Man muss jedoch mindestens 21 Jahre alt sein, um ein Auto mieten zu können.

FLUGZEUG
Kleine Flugzeuge von Air Guyane verkehren zwischen Cayenne und Saül (s. S. 670).

SCHIFF/FÄHRE
Geführte Touren nutzen oft den Weg über die Flüsse ins Landesinnere, aber auch Einzelreisende können versuchen, in Kaw und St. Laurent ein Boot zu bekommen. Katamarane fahren zu den Îles du Salut (S. 675).

TAXI COLLECTIF
Taxis collectifs (Minibusse) sind die zweitbeste Option. Sie starten in Cayenne (S. 671), Kourou (S. 675), St. Laurent (S. 678) und St. Georges (s. Kasten S. 673); los geht's, wenn sie voll sind.

CAYENNE
63 000 Ew.

In Cayenne treffen Karibik, Südamerika und Europa aufeinander. Die von unzähligen Kulturen geprägte Stadt ist in eine karibische Farbenpracht getaucht. Schmiedeeiserne Balkone aus der Kolonialzeit säumen die Straßen, die Fensterläden leuchten in tropischen Rosa-, Gelb- und Türkistönen, und es gibt lebhafte Märkte und ausgezeichnete Restaurants mit brasilianischer, kreolischer, französischer und chinesischer Küche. Augen und Gaumen erfreuen sich hier gleichermaßen – man würde am liebsten alles auf einmal probieren. Außerhalb des Stadtzentrums bringen einen und Vorstadtsiedlungen aber schnell wieder zurück ins 21. Jh.

Orientierung
Cayenne liegt am Westende einer kleinen, hügeligen Halbinsel an der Mündung des Cayenne und blickt auf den Atlantik. Das

> **DER WEG INS ZENTRUM**
>
> Der Rochambeau International Airport liegt 16 km südwestlich von Cayenne. Neuankömmlinge teilen sich am besten mit anderen Reisenden ein Taxi (35 €, 20 Min.). Zum Flughafen ist es günstiger, ein *taxi collectif* bis nach Matoury (2 €, 15 Min., 10 km) zu nehmen und nur die restlichen 6 km mit dem Taxi zu fahren.

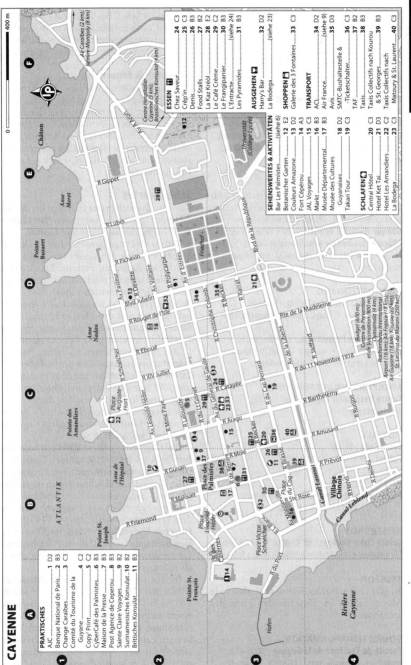

Leben spielt sich hier vor allem auf der Place des Palmistes ab; den in der nordwestlichen Ecke gelegenen Platz säumen Cafés und Palmen. Westlich davon liegt die Place Léopold Héder (auch Place Grenoble genannt), der älteste Teil der Stadt.

Praktische Informationen
BUCHLÄDEN
AJC (33 Blvd Jubelin) Hat Bücher und Karten, darunter topografische Karten des Institut Géographique National.
Maison de la Presse (Rue de Rémire) Verkauft französischsprachige Bücher, Zeitungen und Zeitschriften.

GELD
Überall in der Stadt gibt's Banken und Geldautomaten. Reiseschecks kann man in Banken und *cambios* (Wechselstuben) einlösen.
Banque National de Paris (2 Place Victor Schoelcher)
Change Caraïbes (64 Av du Général de Gaulle; Mo–Fr 7.30–12.30 & 15.30–17.30, Sa 8–12 Uhr) Hat gute Wechselkurse.

INTERNETZUGANG
Copy' Print (22 Lalouette; 2 €/Std.; Mo–Fr 8–12 & 14.30–18, Sa 8–12 Uhr) Das billigste Internetcafé im Stadtzentrum.
CyberCafé des Palmistes (Bar Les Palmistes, 12 Av du Général de Gaulle; Mo–Sa 7–24 Uhr) Hier kann man bei einem kalten Bier seine E-Mails checken.

MEDIZINISCHE VERSORGUNG
Centre Hospitalier Cayenne (☎ 39-5050; 3 Av Flamboyants)

NOTFALL
Feuerwehr (☎ 18)
Polizei (☎ 17)

POST
Post Agence de Ceperou (Place Léopold Héder; Mo–Fr 7.30–13.30, Sa bis 11.45 Uhr)

REISEBÜROS
Sainte Claire Voyages (☎ 30-0038, 17-19 Lalouette) Die hilfsbereiten Angestellten buchen Flüge und Touren.

TELEFON
Es gibt kein zentrales Telefonamt, aber viele Münztelefone im Umkreis des Place des Palmistes.

TOURISTENINFORMATION
Comité du Tourisme de la Guyane (☎ 29-6500; www.tourisme-guyane.com; 12 Lalouette; Mo–Fr 8–13 & 15–18, Sa 8–12 Uhr) Das Büro hat jede Menge Broschüren, Karten und Infos, und es ist immer jemand da, der einem Fragen beantworten kann. Der Informationsschalter am Flughafen ist bis spät in die Nacht geöffnet.

Gefahren & Ärgernisse
Kleinkriminalität und Gewaltverbrechen nehmen stetig zu. Dies liegt hauptsächlich am wachsenden Drogenproblem in der Stadt. Abends sollte man nicht allein herumlaufen und sicherheitshalber ein Taxi nehmen. Wer nach Village Chinois (auch Chicago genannt) südlich vom Markt will, sollte sich auf jeden Fall ein Taxi leisten.

Sehenswertes
Cayenne lässt sich prima an einem Tag zu Fuß erkunden. Hinter der begrünten **Place Léopold Héder** liegen die Reste von **Fort Cépérou**. 1643 erwarben die ersten französischen Siedler ein Stück Land von den Galibi-Indianern und errichteten darauf die Festung. Ein Großteil der Anlage ist heute militärisches Sperrgebiet. Dennoch können Besucher durch das Gelände spazieren und sich an der tollen Aussicht auf die Stadt und den Fluss erfreuen. In der **Bar Les Palmistes** (12 Av du Général de Gaulle; Mo–So 7–24 Uhr) kann man ganz hervorragend die Leute auf der von Palmen gesäumten **Place des Palmistes** beobachten. Der große **Botanische Garten** (Blvd de la République) wurde 1879 angelegt und 2009 renoviert und punktet heute mit der tropischen Flora Guyanas. Wer nach der Siesta über die Hauptgeschäftsstraße Av du Général de Gaulle bummelt, erlebt Cayenne von seiner lebhaftesten Seite.

Auf Cayennes größtem **Markt** (Ecke Brassé & Ste Rose; Mi, Fr & Sa 6.30–13 Uhr) finden Shoppingfans jede Menge Korbwaren von Ureinwohnern, Malereien und Schnitzereien im afrikanischen Stil, exotische Gewürze zu Schnäppchenpreisen sowie Suppenbuden mit dem besten vietnamesischen *pho* (4 €) in den Guyanas. Die endlosen Gänge mit Obst- und Gemüseständen voller Daikon, Pok Choy und Bohnensprossen wirken eher südostasiatisch als südamerikanisch.

Im zentral gelegenen **Musée Départemental** (1 Rue de Rémire; Erw./Kind & Student 1/0,50 €; Mo & Do 8–13.15 & 15–17.45, Mi & Fr 8–13.15 Uhr) begegnet man einem ausgestopften furchterregenden Mohrenkaiman und anderen präparierten Vierbeinern aus der Region, außerdem gibt's eine ethnobotanische Ausstellung und einen klimatisierten „Schmetterlingsraum". Im Obergeschoss sieht man, wie das Leben in der alten Strafkolonie war, sowie ein paar Handwerksgegenstände amerikanischer Ureinwohner.

Das kleinere **Musée des Cultures Guyanaises** (☎ 31-4172; 78 Payé; ✌ Mo, Di, Do & Fr 8–12.45 & 15–17.45, Mi 8–12.45, Sa bis 11.45 Uhr) widmet sich Guyanas Frühgeschichte von den geologischen Anfängen bis zur präkolumbianischen Zeit. Im Obergeschoss gibt's eine gemütliche, klimatisierte Bibliothek mit französisch-, englisch- und anderssprachigen Publikationen.

Geführte Touren

Die Urwälder von Französisch-Guyana sind ohne erfahrenen Führer undurchdringlich und gefährlich. In Cayenne ansässige lizensierte Agenturen organisieren geführte Touren und vermitteln oft landesweit Führer (und kassieren dafür eine Provision). Wer über eine Agentur bucht, geht sicher, dass er auch eine Genehmigung für Besuche bei indigenen Gemeinden bekommt. Zu den besseren Anbietern zählen **Takari Tour** (☎ 31-1960; www.takaritour.gf; 8 Rue du Cap Bernard), der älteste und renommierteste Veranstalter, **JAL Voyages** (☎ 31-6820; www.jal-voyages.com; 26 Av du Général de Gaulle), die eine beliebte Tour mit Übernachtung auf einem schwimmenden *carbet* in Kaw (ab 150 €) anbieten, und **Couleurs Amazone** (☎ 28-7000; www.couleursamazone.fr; 21 Blvd Jubelin), die Tagestrips und mehrtägige Ausflüge auf allen großen Flüssen in Französisch-Guyana (ab 450 €/5 Tage) organisieren.

Günstiger fährt man natürlich, wenn man sich direkt vor Ort nach einem einheimischen Führer umschaut; in der Regel sind alle Unterkünfte in Französisch-Guyana gute Adressen dafür.

Festivals & Events

Der **Karneval** (Jan.–Feb. oder März; Datum variiert) ist *das* Event des Jahres, und mit jedem Jahr wird er noch größer und wilder. Fast rund um die Uhr gibt's Livekonzerte und Umzüge. In der letzten Karnevalswoche sind alle Schulen und Geschäfte geschlossen und die Hotels oft ausgebucht.

Schlafen

In Cayenne bezahlt mal als Alleinreisender in der Regel den vollen Preis für ein Doppelzimmer. Wer ein Auto dabei hat, kann auf günstigere Unterkünfte außerhalb der Stadt zurückgreifen. Das teure Frühstück in den Hotels kann man getrost vergessen; stattdessen frühstückt man besser in den Cafés oder auf den Märkten.

La Bodega (☎ 30-2513; www.labodega.fr; 42 Av du Général de Gaulle; DZ ab 30 €, mit Klimaanlage 35 €; ❉) Die billigste Unterkunft der Stadt. Das Bodega hat im Untergeschoss eine beliebte Bar, in der sonntags Livemusik gespielt wird. Wer gern die Nacht durchmacht und erst morgens ins Bett torkelt, wird sich hier wohlfühlen. Wenn man aber Wert auf einen ruhigen Schlaf legt, wird es einem hier wohl etwas zu laut sein. Die Zimmer mit Ausblick (ab 40 €) sind vor allem während des Karnevals toll.

Hotel Ket Tai (☎ 28-9777; 72 Blvd Jubelin; DZ 40 €) Das Ket Tai bietet einfachen (bis langweiligen) motelartigen Komfort und ist dank seiner Nähe zum Stadtzentrum ein echtes Schnäppchen.

Hotel Les Amandiers (☎ 31-3875; amandiers@hotmail.com; Place Auguste-Hort; DZ/Suite 58/99 €; ❉ 🖳) Das hübsche Amandiers wird von einer netten Dame geführt, die auch Englisch spricht. Es ist das einzige Hotel in Cayenne mit Blick auf den Ozean (und auf ein Stückchen Park), daher um ein Zimmer mit Ausblick bitten. Zu empfehlen ist auch das leckere französisch-guyanische Essen des Restaurants unten.

Central Hôtel (☎ 25-6565; www.centralhotel-cayenne.fr; Ecke Molé & Rue du Lieutenant Becker; EZ/DZ 60/65 €; ❉ 🖳) Die Zimmer sind klein, haben aber Kochnischen, Balkone und Badewannen. Das Central ist ein typisches Businesshotel, aber das Personal ist freundlich und die Lage toppt fast nichts, zudem kann man in der Lobby kostenlos ins Internet.

LP Tipp Oyasamaïd (☎ 31-5684; www.oyasamaid.com; PK 4, Rte de la Madeleine; DZ 60 €; ❉ 🖳 🐾) Die französische Familienpension *à la Guianese* hat vier geräumige Zimmer mit Whirlpool zu bieten und ist freundlich, hell und makellos sauber. Obendrein gibt's ein Schwimmbad. Ein zusätzliches Bett kostet 10 €, und ab der zweiten Nacht bezahlt man für das Zimmer 5 € weniger. Frühstück ist inklusive.

Essen

Am billigsten kommt man weg, wenn man tagsüber auf Cayennes **Markt** (S. 668) eine Nudelsuppe schlürft und sich abends an den **Imbissbuden** (Place des Palmistes) mit Crêpes, Reispfanne und Sandwiches (alles ab ca. 3 €) vollstopft. Kleine chinesische Buden mit Essen zum Mitnehmen und Lebensmittelgeschäfte machen die Selbstversorgung in Cayenne zum Kinderspiel. Daneben gibt es hervorragende Lokale, die einen Besuch lohnen.

Crêp'in (5 Rue du Lieutenant Becker; Crêpes ab 2 €, Salat 3,50 €, Frühstück 5 €; ☺ Mo–Sa 8–20 Uhr) Eines der wenigen Lokale in der Stadt, die komplettes Frühstück servieren. Mittags bekommt man hier Salate, Sandwiches, süße und herzhafte Crêpes und frisch gepresste Säfte.

Le Café Crème (44 Catayée; Sandwichs ab 3 €; ☺ Mo–Fr 6.15–16.30, Sa bis 15.30 Uhr) Das großartige Straßencafé *à la française* hat Kaffee nach Pariser Art, große Sandwiches und leckeres Gebäck im Angebot. Hier gibt's schon vor 7 Uhr Kaffee.

LP Tipp Le Frangipanier (7 Av Monnerville; Vorspeisen 3 €, Hauptgerichte 9–12 €; ☺ Mo 10–15, Di & Do 9.30–15, Mi, Fr & Sa 7–15 Uhr) Die dampfenden *pho*-Nudelsuppen, die frischen Salate und die knusprigen Eierröllchen lohnen einen Besuch in diesem laotischen Restaurant mit den komischen Öffnungszeiten. Das wie ein Café gestaltete Restaurant blickt auf die Blumenstände des Marktes – genau das Richtige für ein Mittagessen nach dem Marktbesuch.

Denis (Brassé; Hauptgerichte rund 5 €; ☺ 11.30–22.30 Uhr) Das freundliche Lokal gehört zu den besten unter den vielen günstigen chinesischen Restaurants. Es gibt haufenweise vegetarische Optionen nebst einer großen Auswahl von Fleisch- und Meeresfrüchtegerichten.

Chez Saveur (Ecke Colomb & Catayée; Hauptgerichte 7–10 €; ☺ Di–Sa 11.30–22.30 Uhr) Meistens steht vor dem Eckimbiss eine lange Schlange von Menschen, die ganz gierig auf Appetithäppchen wie panierte Garnelen und Maniokfritten oder auf herzhafte guyanische Fleischgerichte warten. Das ist hochwertiges Fastfood!

L'Entracte (☎ 30-0137; 65 Catayée; Pizza ab 9 €; 12–14.30 & 18.30–22.30 Uhr) Hier kann man die günstigste Pizza der Stadt (die noch dazu sehr lecker ist) verdrücken und dabei Filmplakate an den Wänden bewundern.

La Kaz Kréòl (☎ 39-0697; 35 Av d'Estrées; Hauptgerichte 12–18 €; ☺ Di–So 12–14 & 18.30–22.30 Uhr) In Cayennes bestem kreolischen Restaurant werden in gemütlichem Ambiente hervorragende Gerichte serviert, z. B. gefülltes Maniok, Fleischeintöpfe oder Meeresfrüchte. Unbedingt das kreolische Frühstück samstags und sonntags probieren!

Les Pyramides (Ecke Colomb & Malouet; Hauptgerichte 15 €; ☺ Di–So 12–15 & 19–23 Uhr) Das tolle Restaurant mit nahöstlicher Küche bereitet ein herzhaftes Couscous zu, das seinesgleichen sucht.

Ausgehen

In den Bars und Klubs überall in Cayenne gibt's Livemusik, Wein und Rumpunsch in rauen Mengen. Das **La Bodega** (42 Av du Général de Gaulle; ☺ So–Fr 19–1, Sa bis 2 Uhr) ist eine typische französische Straßenbar, die nach 23 Uhr so richtig zum Leben erwacht. In der gemütlichen **Harry's Bar** (20 Rouget de l'Isle; ☺ Mo–Do 7–14.30 & 17–1, Fr & Sa bis 2 Uhr) hat man die Qual der Wahl: Es gibt 50 Sorten Whiskey und Bier!

In den kleinen Klubs im Village Chinois (die Warnungen auf S. 668 beachten!) ist Reggae angesagt, und an der Av de la Liberté findet man ein paar brasilianische und dominikanische Bars.

Shoppen

Die **Galerie des 3 Fontaines** (Av du Général de Gaulle; ☺ Mo–Sa 9–12.30 & 14–19 Uhr) verkauft Souvenirs, von kitschigem, billigem Schnickschnack bis zu schicken, smarten Teilen, z. B. Bücher über Französisch-Guyana, indigenes Kunsthandwerk aus Maniok und alle erdenklichen Dinge aus Holz. Echte Stick- und Webarbeiten der Hmong gibt's jedoch nur in Cacao und in anderen Hmong-Dörfern.

An- & Weiterreise

Alle Flüge ins In- und Ausland starten vom **Rochambeau International Airport** (☎ 29-9700).

Folgende Fluglinien haben Büros in der Stadt oder am Flughafen Rochambeau:

Air Caraïbes (☎ 29-3636; gsa.aircaraibes@wanadoo.fr; Centre de Katoury, Rte Rocade) Bedient den Karibik-Raum.

Air France (☎ 29-8700; www.airfrance.gf; 17 Lalouette) Fliegt nach Paris und in die Karibik. Hat auch ein Büro am Flughafen.

Air Guyane (☎ 29-3630; www.airguyane.com; Rochambeau International Airport) Fliegt nach Saül.

TAF (☎ 30-7000; 2 Lalouette) Flüge nach Brasilien.

Es empfiehlt sich, vorauszuplanen und frühzeitig Tickets zu buchen, um die günstigsten Preise zu erwischen. Air Guyana fliegt täglich nach Saül (65 €, 40 Min.).

Weitere Ziele und Preisbeispiele für einfache Flüge:

Belém, Brasilien (TAF; ab 180 €, 2¼ Std., 3-mal/Woche)
Fort-de-France, Martinique (Air France & Air Caraïbes; ab 200 €, 2 Std., tgl.)
Macapá, Brasilien (TAF; 150 €, 1¼ Std., 3-mal/Woche)
Paris, Frankreich (Air France & Air Caraïbes; ab 400 €, 8½ Std., tgl.)

Unterwegs vor Ort

AUTO

Für Gruppen ab zwei Personen ist ein Mietauto eventuell eine günstigere Alternative zu öffentlichen Verkehrsmitteln. Die meisten Unternehmen haben Büros in Kourou, St. Laurent du Maroni und am Flughafen (manche nehmen für die Abholung vom Flughafen bis zu 20 € extra). Man muss für einen Kompaktwagen mit unbeschränkter Kilometerzahl mit mindestens 35 € pro Tag rechnen. Mietautos dürfen die Landesgrenzen nicht überqueren.

ACL Flughafen (☎ 35-6636); Innenstadt (☎ 30-4756, 44 Blvd Jubelin)
ADA (☎ 25-0573; www.adaguyane.com; Flughafen)
Avis Flughafen (☎ 35-3414); Innenstadt (☎ 30-2522, 58 Blvd Jubelin)
Budget (www.budget-gf.com) Flughafen (☎ 27-9780); Innenstadt (☎ 35-1020, 55 Zone Artisenale Galmot)

BUS
Ein paar Regionalbusse fahren montags bis samstags vom **Busbahnhof SMTC** (☎ Fahrplanauskunft 25-4929; Ecke Rue du Cap Bernard & Molé) durch Cayenne und zu den Stränden von Montjoly (2 €). Wahrscheinlich wird man auf Taxis zurückgreifen müssen.

TAXI
Die Grundgebühr für eine Taxifahrt beträgt 1,50 €; jeder Kilometer kostet 0,50 € (So, feiertags & 19–6 Uhr 1 €). Einen Taxistand findet man an der Südostecke des Place des Palmistes.

TAXI COLLECTIF
Die *taxis collectifs* am *gare routière* (Bahnhof) an der Av de la Liberté (tgl. bis 18 Uhr) starten, wenn alle Sitzplätze belegt sind. Von der Ecke Rue Molé fahren sie nach Matoury (2 €, 15 Min., 10 km) und St. Laurent (35 €, 4 Std., 250 km); ab der Ecke Rue Malouet geht's nach Kourou (8 €, 1 Std., 60 km) und St. Georges (15 €, 2 Std., 100 km). Den Fahrpreis zahlt man vor Abfahrt. Um noch einen Sitzplatz zu ergattern, sollte man gegen 8 Uhr da sein.

RUND UM CAYENNE
Die Sehenswürdigkeiten rund um die Hauptstadt lassen sich am besten erkunden, wenn man sich für einen oder zwei Tage ein Fahrzeug mietet.

Rémire-Montjoly
19 500 Ew.
Rémire-Montjoly liegt nur 8 km von Cayenne entfernt. Eigentlich besteht es aus zwei separaten Ortschaften, aber es fungiert als eine Kleinstadt. Das Gebiet mit den beeindruckenden Stränden zählt zu den schönsten Küstenstreifen des Landes. Trotz hartnäckiger Moskitos und blutrünstiger Sandfliegen (unbedingt Insektenschutzmittel mitbringen!) strömen die Einheimischen in Scharen hierher. Am besten Strand, der **Plage Montjoly**, den man per Taxi oder Bus (s. S. 671) von Cayenne aus erreicht, wird oben ohne gebadet. An der Hauptstrandstraße sieht man die restaurierten historischen Ruinen des **Fort Diamant** (☎ 35-4110; Eintritt mit/ohne Führung 5/3 €), einer alten Küstenbastion aus dem frühen 19. Jh. Der einfach zu bewältigende, 2,5 km lange **Salines Trail** am Ende der Rue St. Domenica und der 4 km lange **Rorota Trail** zur Spitze des **Montagne du Mahury** bieten ausgezeichnete Ausblicke auf das Küsten-Marschland und den Ozean und an der RN2 Richtung Flughafen hat man auf dem 5 km langen Wanderweg ins **Grand Matoury Nature Reserve** gute Gelegenheiten zur Vogelbeobachtung.

Das gepflegte **Motel du Lac** (☎ 38-0800; motel dulac@opensurf.net; Chemin Poupon, Rte de Montjoly; DZ 69 €; 🅿 🗷) mit seinem großartigen Pool liegt in der Nähe vom Strand Montjoly und einem Ökoreservat am See. Übernachten kann man aber auch im **Motel Beauregard „Cric-Crac"** (☎ 35-4100; PK9, 2 Rte de Rémire; DZ ab 70 €; 🅿 🗷), das eine Bowlingbahn, Tennisplätze, einen Fitnessraum und ein Schwimmbecken hat. Die ganze Anlage ist herrlich kitschig und liegt nur 10 km von Cayenne entfernt.

Cacao
950 Ew.
Cacao liegt ungefähr 75 km südwestlich von Cayenne entfernt und ist ein kleines Stück Laos in den Hügeln von Guyana mit plätschernden, sauberen Bächen, Gemüsefeldern und schlichten Holzhäusern auf Stelzen. Die Hmong, die in den 1970er-Jahren als Flüchtlinge aus Laos kamen, schufen sich hier eine sichere, friedvolle neue Heimat. Für die Einheimischen aus Cayenne ist Cacao heute ein beliebtes Wochenendausflugsziel. Der Sonntag, Markttag, ist am besten für eine Stippvisite geeignet, wenn man auf der Suche nach Stick- und Webarbeiten der Hmong ist und sich an unzähligen laotischen Leckereien sattessen möchte. Um den Reisebussen aus dem Weg zu gehen, schon vor 10 Uhr herkommen. Äußerst sehenswert ist auch das **Le Planeur Bleu** (☎ 27-0034; cleplaneurbleu@wanadoo.fr; Eintritt 2,50 €; ⌚ So 9–13 & 14–16 Uhr & nach Vereinbarung), wo man sowohl lebendige als auch tote

672 FRANZÖSISCH-GUYANA ·· Rund um Cayenne

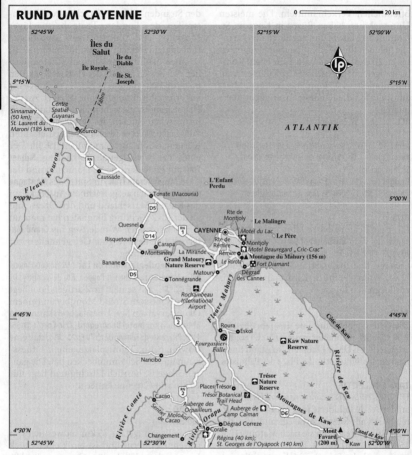

RUND UM CAYENNE

Schmetterlinge und Spinnen zu Gesicht bekommt. Wagemutige können mit einer lebendigen Tarantel auf Tuchfühlung gehen.

Im **LP Tipp Chez By et Daniel** (☎ 27-0998; 111 Bourg de Cacao) werden laotische Gerichte serviert – mit der Eintrittskarte für das Planeur Bleu gibt's sogar 5% Ermäßigung.

Insekten und andere Tierarten lassen sich wunderbar bei der Abenteuerwanderung über den 18 km langen **Sentier Molokoï de Cacao** (Naturpfad Cacao Molokoï) beobachten. Dies ist einer der wenigen Wanderwege durch dichten Wald, den man auf eigene Faust bewältigen kann. Er verbindet die von rustikalem Chic geprägte **Auberge des Orpailleurs** (☎ 27-0622; www.aubergedesorpailleurs.com; PK62, RN 2; Zi. ab 24 €, Hängemattenplatz 5,50 €/Pers.) an der Straße nach Régina mit dem schlichter gestalteten **Quimbe Kio** (☎ 27-0122; Le Bourg de Cacao; Hängemattenplatz 10 €, mit Hängematte 14 €) in Cacao. Beide *gîtes* (Gästehäuser) organisieren auch Öko-Touren in die Region. Viel Trinkwasser, Insektenschutzmittel und wasserdichte Kleidung dabeihaben! Am besten übernachtet man in der kleinen Schutzhütte (5 €/Pers.), die sich auf halber Strecke befindet. In den *gîtes* kann man Reservierungen tätigen und Karten sowie hilfreiche Tipps für die Wanderung erhalten.

Trésor Nature Reserve & Kaw Nature Reserve

Von allen ursprünglichen Regenwäldern in Französisch-Guyana ist das Naturreservat Trésor der am leichtesten zugängliche. In den angrenzenden Sümpfen des Naturschutzgebiets Kaw lassen sich hervorragend Kaimane (am besten bei Nacht) und spektakuläre Wasservögel wie der Scharlachsichler (am besten im Sommer) beobachten. Mit dem Auto – es gibt keine Busverbindung – von Roura 17 km über die D6 bis Trésor fahren. Ein 1,75 km langer **botanischer Lehrpfad** führt durch das mit reicher Artenvielfalt gesegnete Schutzgebiet. Die befestigte Straße D6 endet ein paar Kilometer vor dem Dorf Kaw, von dort aus verläuft ein kleiner Schotterweg bis ins Dorf. Die Leute im **Restaurant Gingembre Sirop** (27-0464; Hängemattenplatz/B 7/15 €) helfen bei der Organisation von Tierbeobachtungstouren (ab 30 €). Zwischen Trésor und Kaw, 28 km von Roura entfernt, liegt die freundliche **Auberge de Camp Caïman** (30-7277; www.auberge-camp-caiman.com; Hängematte/EZ/DZ 7/23/45 €), die beste Unterkunft in dem Gebiet; sie hat ein Restaurant und organisiert zweitägige Ausflüge mit dem Katamaran nach Kaw (alles inkl. ab 135 €).

SAÜL
150 Ew.

Das ehemalige Goldgräberdorf Saül markiert das geografische Zentrum von Französisch-Guyana. Das naturbelassene Paradies ist von Cayenne aus nur auf dem Luftweg zu erreichen und wird hauptsächlich von Berufsbiologen erkundet. Der Weg der Großen Bäume, an dem auch der höchste Baum in ganz Französisch-Guyana steht, ist nur einer der vielen, insgesamt mehrere hundert Kilometer langen Wanderwege, die französische und amerikanische Forschungsinstitute in dem Gebiet angelegt haben.

Das Rathaus vermittelt einfache Unterkünfte im **Gîtes Communal** (37-4500; EZ/DZ/3BZ 15/25/30 €) und diverse Tourveranstalter in Cayenne (S. 669) organisieren achttägige Abenteuerexkursionen, die über das Wasser und durch den Urwald nach Saül führen.

KOUROU
21 000 Ew.

Auf einer kleinen Halbinsel mit Blick auf den Atlantischen Ozean und den Fluss Kourou liegen die modernen Wohnblocks dieser Kleinstadt. Einst gab es sie nur aus einem Grund: Sie diente als Versorgungsstätte für die Straflager im Inland und vor der Küste. Heute, so scheint es, existiert sie wiederum aus einem einzigen Grund: wegen des Centre Spatial Guyanais (Raumfahrtzentrum Guyana), einer Anlage zum Bau und Abschuss von Satelliten, in der Tausende Menschen arbeiten. Im äußersten Osten der Stadt gibt es ein paar Strände, an denen man sonnenbaden kann, ansonsten ist Kourou eher eine Zwischenstation auf dem Weg zum Raumfahrtzentrum

---

EINREISE NACH BRASILIEN

Tramper nimmt man lieber nicht mit. Auch sollte man möglichst nicht nachts über die holprige Straße zwischen dem nahezu ausgestorbenen Régina (300 Ew.) und **St. Georges de l'Oyapock** (2750 Ew.) fahren. Der verschlafene Außenposten an der brasilianischen Grenze St. Georges ist nicht mehr als ein Ausgangspunkt für Trips zu Indio-Dörfern oder zu den Ruinen der Strafkolonie Montagne d'Argent (Silberberg) am Fluss Oyapock. Für einen Besuch der indigenen Gemeinden braucht man die Genehmigung der lokalen Behörden und einen erfahrenen Führer; am besten setzt man sich mit einem Tourveranstalter in Cayenne (s. S. 669) in Verbindung. Wer in St. Georges gestrandet ist und hier übernachten muss, kann sein Glück im beliebten **Chez Modestine** (37-0013) oder im ruhigeren **Caz-Calé** (37-0054) versuchen; beide liegen an der Rue Elie-Elfort und bieten Zimmer ab 40 €. Essen kann man die Straße runter im **Cappuccino** (Hauptgerichte 7 €), das Fisch und Fleisch nach lokaler Art zubereitet.

Vom Ortszentrum aus fahren Minibusse nach Cayenne (15 €, 2 Std., 100 km), los geht's, wenn sie voll sind (am besten frühmorgens herkommen).

Die Ausreiseformalitäten erledigt man an der **Douane** (Zollstelle; 8–18 Uhr) am Flussufer in St. Georges. Dann mietet man sich einen Einbaum (6 €, 5 Min.), der einen über den Fluss nach Oiapoque in Brasilien bringt. Die Brücke zwischen den beiden Ortschaften soll (mit jahrelanger Verspätung) 2010 fertiggestellt werden. In Oiapoque läuft man dann in zehn Minuten vom Fluss bis zum brasilianischen Grenzschutz, wo die Einreiseformalitäten erledigt werden. Es gibt täglich Busse und Flugzeuge von Oiapoque nach Macapá. Infos zur Ausreise aus Oiapoque mit Ziel Französisch-Guyana gibt's auf S. 396.

oder der Ort, wo man ein Boot zu den Îles du Salut nimmt. Wer ein wenig abhängen will, sollte ins Vieux Bourg (Altstadt) gehen: Dort kann man hervorragend essen, trinken und sich wundern, warum der Rest der Stadt nicht ebenso cool ist.

Praktische Informationen

Guyanespace Voyages (☎ 22-3101; www.guyane space.com; 5 Cabalou) Bucht alles, von Transportmitteln zu den Îles du Salut bis zu Flugtickets ins Ausland.

Mediateque (Pôle Culturel de Kourou; ☻ Mo–Fr 9–17 Uhr) Ins Internet darf man kostenlos, aber man muss seinen Pass vorzeigen.

Point Information Tourisme (☎ 32-9833; Av Victor Hugo; ☻ Mo–Fr 7.30–13.30 Uhr) Versteckt in einem Komplex gegenüber der Église Notre Dame.

Taxi Phone Cyber (18 Aimaras; ☻ Mo–Sa 9–13 & 15–20, So 9–14 Uhr) Hier kann man im Internet surfen und Auslandstelefonate führen.

Sehenswertes

Aufgrund seiner Nähe zum Äquator, seiner Lage außerhalb von Tropensturm- und Erdbebenzonen und seiner niedrigen Bevölkerungsdichte wurde Kourou 1964 zum Standort des **Centre Spatial Guyanais** (CSG; ☎ 32-6123; www.cnes-csg.fr) auserkoren. Die Abschussrampe ist die weltweit einzige, die so nah am Äquator liegt (nur fünf Breitengrade entfernt); hier dreht sich die Erde wesentlich schneller als weiter nördlich oder südlich, und dadurch kann man beim Raketenabschuss den „Katapulteffekt" als Schubkraftverstärker nutzen – ein Start ist so um bis zu 17 % energieeffizienter als von einem Punkt in größerer Entfernung zum Äquator. Seit 1980 wurden zwei Drittel aller kommerziellen Satelliten von Französisch-Guyana aus ins All geschossen.

Betrieben wird das Zentrum vom CNES (Centre National d'Études Spatiales; www.cnes.fr) in Zusammenarbeit mit der ESA (European Space Agency; www.esa.com) und Arianespace (www.arianespace.com). Ariane 5, eine Schwerlastträgerrakete, war die erste Rakete, die von hier aus abhob. 2010 sollen noch zwei weitere Trägerraketen, Vega (für leichte Nutzlasten) und Sojus (für mittelschwere Nutzlasten) ihren Dienst aufnehmen. Damit wird die Zahl der Raketenstarts von hier aus auf nahezu ein Dutzend pro Jahr ansteigen. Es wird also immer einfacher, seinen Besuch in dem Zentrum so zu legen, dass man einen Abschuss miterleben kann – dann ist man live dabei, wenn die Raketen nach einem nervenaufreibenden Countdown auf einem hell leuchtenden Feuerstrahl mit einer Geschwindigkeit von bis zu 8 km/sek. in die Höhe schießen.

Die Website der ESA verrät, wann Raketenstarts angesetzt sind, außerdem kann man sich über diese einen Platz auf einem der Beobachtungspunkte im Raumfahrtzentrum reservieren; sich einfach rechtzeitig im Voraus per E-Mail (csg-accueil@cnes.fr) mit vollem Namen, Anschrift, Telefonnummer und Alter anmelden. Die Beobachtung der Raketenstarts ist kostenlos; Kinder unter 16 Jahren sind allerdings im Umkreis von 6 km von der Abschussrampe nicht gestattet, Kinder unter acht Jahren nicht im Umkreis von 12 km. Man kann den Raketenstarts auch ohne Reservierung beiwohnen: Entweder mischt man sich an den Stränden von Kourou unter die Einheimischen oder man geht zum 15 km westlich des Stadtzentrums gelegenen **Observationspunkt Carapa**.

Raumfahrtfans werden die kostenlosen dreistündigen **Führungen** (☻ Mo–Do 7.45 & 12.45, Fr 7.45 Uhr) im Weltraumbahnhof, bei denen man auch die gewaltige Abschussrampe besichtigt, lieben. Man muss vorher anrufen und reservieren und seinen Pass mitbringen. Die Führungen werden auch auf Englisch und Deutsch gehalten; beim Buchen nachfragen.

Ebenfalls einen Besuch wert ist das ausgezeichnete **Musée de l'Espace** (Raumfahrtmuseum; Erw./Kind 5/3 €, mit Führung 7/4 €; ☻ Mo–Fr 8–18, Sa 14–18 Uhr), das informative Ausstellungen (auf Englisch & Französisch) zeigt. Der Weltraumbahnhof ist jeweils an den Tagen nach den Raketenstarts geschlossen.

Schlafen

In Kourou gibt's leider nur wenige günstige Übernachtungsmöglichkeiten. Die Rezeption der beiden „Budgetunterkünfte" ist täglich von 12 bis 14 und von 18 bis 20 Uhr besetzt. Die besten Betten findet man im einladenden **Hotel Ballahou** (☎ 22-0022; http://pagesperso-orange. fr/ballahou; 1-3 Martial; DZ/Apt. 45/55 €; ❄), das von den Stränden aus gut zu Fuß zu erreichen ist; es liegt etwas versteckt, holt seine Gäste aber in der Stadt ab. Das **Le Gros Bec** (☎ 32-9191; hotel legrosbec@wanadoo.fr; 56 Rue du De Floch; EZ/DZ/3BZ 55,50/63,50/69,50 €; ❄) nahe der Altstadt bietet geräumige Wohnstudios mit Kochnischen.

Essen & Ausgehen

Das farbenfrohe Vieux Bourg mit all seinen Schlaglöchern erstreckt sich entlang der Av

Général de Gaulle und ist das bei Weitem interessanteste Viertel in Kourou. Hier bekommt man beste und günstige indische, kreolische, chinesische, marokkanische und französische Küche, außerdem finden sich ein paar Tanzbars mit Livemusik. Einfach die Straße entlangschlendern und spontan ein Lokal auswählen.

Das außerhalb vom Vieux Bourg gelegene **Le Glacier des 2 Lacs** (68 Av des Deux Lacs; Mi–So 8–23.30 Uhr) hat verführerische Eiskrem – wie geschaffen für die sonnigen Nachmittage in Kourou. Im **La Pizzeria** (38 King; Pizza ab 6 €; 12–22.30 Uhr) gibt's italienische Gerichte und (Überraschung!) Pizza.

Auch Selbstversorger tun sich in Kourou nicht schwer angesichts des **Lebensmittelmarkts** (Place de la Condamine; Di & Fr) und zahlreicher Supermärkte.

An- & Weiterreise

Taxis collectifs fahren nach Cayenne (8 €, 1 Std., 60 km) und St. Laurent (30 €, 3 Std., 190 km); die Abfahrtszeiten und -orte erfährt man in den Hotels (Abholung möglich). **Avis** (32-5299; 4 Av de France) und **Budget** (32-4861; Zl Paracaibo) sind sowohl in Cayenne als auch in Kourou vertreten. Bei diesen Unternehmen kann man das Auto auch im jeweils anderen Ort abliefern, muss dafür aber eine heftige Gebühr zahlen.

RUND UM KOUROU
Îles du Salut

Die „Inseln der Erlösung" waren für die Gefangenen, die seit der Zeit Napoleons III. vom französischen Staat hierher verbannt wurden, genau das Gegenteil. Die drei winzigen Inseln liegen 15 km nördlich von Kourou in rauen, von Haien bevölkerten Gewässern und galten darum als fluchtsicher und besonders geeignet für politische Häftlinge, u. a. Alfred Dreyfus (s. Kasten S. 676). Zwischen 1852 und 1947 starben auf den berüchtigten Inseln um die 80 000 Gefangene an Krankheiten oder unmenschlicher Behandlung, oder auch unter der Guillotine.

Seit Ende des Gefängnisbetriebs dienen die Inseln der Zerstreuung – man flüchtet quasi hierher. Auf der Île Royale, der einstigen Verwaltungszentrale des Straflagers, gibt's mehrere restaurierte Gefängnisgebäude, von denen eines als Gasthaus mit Übernachtungsmöglichkeit dient. Die kleinere Île St. Joseph mit ihren schaurigen Isolationszellen und dem Friedhof der Wachleute ist dagegen von Kokospalmen überwuchert.

Im alten **Haus des Direktors** (Di–So 10–12 & 14.30–16 Uhr) ist eine interessante englischsprachige Ausstellung zur Geschichte der Inseln zu sehen. Von hier starten um 10.30 Uhr auch die kostenlosen zweistündigen Führungen (in der Regel auf Französisch) über die Île Royale. Erstaunlicherweise sind die Inseln von einer reichen Artenvielfalt geprägt; hier leben z. B. Aras, Agutis, Kapuzineraffen und Meeresschildkröten. Wer Badesachen und Handtuch dabei hat, kann sich an dem herrlich weißen Sandstrand und in den seichten Schwimmlöchern auf St. Joseph eine kleine Auszeit nehmen. Das Centre Spatial Guyanais hat auf der Île Royale eine riesige Infrarotkamera installiert, und vor einem Raketenstart vom Weltraumbahnhof in Richtung Osten werden die Inseln evakuiert.

SCHLAFEN & ESSEN
Auberge des Îles du Salut (32-1100; www.ilesdusalut.com; Île Royale; Hängemattenplatz 10 €, „Wachquartier" ab 60 €, EZ/DZ mit VP 166/235 €) Der Empfang hat sich seit den Tagen, als hier die Häftlinge eintrafen, kaum verändert, aber die Zimmer in dem kunstvoll renovierten Haus des Direktors erinnern an einen schnissigen Bogart-Film. Wer eher die Erlebnisse von Papillon nachempfinden will, kann in einfacheren Zimmern in den alten Wachquartieren (manche mit Terrasse) nächtigen oder seine Hängematte in den sanierten und frisch gestrichenen Schlafsälen des ehemaligen Gefängnisses aufhängen. Nicht abreisen, ohne zumindest einmal im Restaurant (Komplettmenü 34 €) gegessen zu haben: Hier gibt's die beste Fischsuppe jenseits der Provence! Kochgelegenheiten stehen nicht zur Verfügung, aber wer Picknickvorräte mitbringt (und viel Trinkwasser, denn das Wasser auf den Inseln ist ungenießbar), lebt hier günstig.

In den paradiesischen Uferzonen der Île Royale und der Île St. Joseph kann man umsonst campen (Insektenschutzmittel, Mückennetz und wasserfeste Kleidung mitbringen).

AN- & WEITERREISE
Komfortable, abgasfreie Katamarane und Segelboote brauchen etwa eineinhalb bis zwei Stunden zu den Inseln. Bei Sonnenuntergang wird auf ihnen sogar Rumpunsch serviert. Die meisten Boote zu den Inseln starten gegen 8 Uhr vom *ponton des pêcheurs* (Fischerdock,

PAPILLON: FLUCHTKÜNSTLER ODER HOCHSTAPLER?

Von allen Gefangenen, die auf der berüchtigten Teufelsinsel einsaßen, erlangte nur der Franzose Alfred Dreyfus (der 1894 zu Unrecht wegen Landesverrats verurteilt wurde) annähernd den Bekanntheitsgrad von Henry Charrière. Charrière wurde berühmt-berüchtigt wegen seiner unglaublichen Erzählung über seine neun bemerkenswerten Fluchtversuche aus der verrufenen Strafkolonie in Französisch-Guyana. Charrière, der aufgrund eines Tatoos auf der Brust den Spitznamen Papillon (Schmetterling) trug, behauptet in seiner Autobiografie, dass er, nachdem er unschuldig wegen Mordes verurteilt und auf die Îles du Salut gebracht worden war, von dort flüchten konnte, indem er sich auf einem Sack voller Kokosnüsse ans Festland treiben ließ und sich dann mutig durch den malariaverseuchten Urwald Richtung Osten schlug. So stilisierte er sich zu einem weltberühmten, geheimnisumwitterten Helden, der unter amerikanischen Ureinwohnern gelebt haben wollte und schließlich venezolanischer Staatsbürger wurde. Hollywood verfilmte Charrières Lebensgeschichte mit Steve McQueen in der Hauptrolle.

Zwar beteuerte Papillon immer wieder seine Unschuld, aber die Beweise sprachen gegen ihn: Nach Pariser Polizeiberichten verübte Papillon den Mord, für den er verurteilt wurde, so gut wie sicher. Zeitzeugen unter den Gefängniswächtern beschrieben Charrière als folgsamen Häftling, der ohne Murren seinen Latrinendienst versah.

Mittlerweile wird angenommen, dass ein Pariser namens Charles Brunier, der kürzlich seinen 100. Geburtstag feierte, der echte Papillon ist. Ein Schmetterlingstatoo auf seinem linken Arm und drei dokumentierte Fluchtversuche aus den Lagern Guyanas sprechen dafür. Doch mit der Zeit hat sich die Wahrheit wohl genauso schnell davongestohlen wie ein fliehender Sträfling.

---

am Ende der Av Général de Gaulle) in Kourou und kehren zwischen 16 und 18 Uhr zurück. Einen Platz reserviert man telefonisch (48–72 Std. vorab) oder bucht ihn bei einem Tourveranstalter in Cayenne (s. S. 669) oder Kourou (S. 673). Einige Bootsbetreiber:

Îles du Salut (☎ 32-3381; 39 €) Die geselligen Katamaran-Fähren für bis zu 100 Passagiere fahren zur Île St. Joseph und umrunden die Île du Diable.

Royal Ti'Punch (☎ 32-0995; 39 €) Der von der Herberge betriebene kleinere Katamaran fährt u. a. zur Île St. Joseph (72 Std. vorab buchen).

Tropic Alizés (☎ 25-1010; 59 €) Das Boot startet am Nautical Club in Kourou; die Rückfahrt nach Cayenne ist im Preis inbegriffen.

Sinnamary & Umgebung

Das freundliche Dorf Sinnamary (2800 Ew.) liegt 60 km nordwestlich von Kourou an einer malerischen Biegung des gleichnamigen Flusses. Die kleine indonesische Gemeinde hier stellt ausgezeichnete Holzarbeiten, Schmuck und Keramikwaren her. Im Rathaus erhält man Infos und kann einen Führer für den 20 km langen **Pripri Yiyi Trail** anheuern. Dieser recht anspruchslose Wanderweg führt durch das vogelreiche Marschland von Yiyi. Wer auf eigene Faust dorthin gelangen will, folgt der RN1 bis Sinnamary und nimmt dann die Straße Richtung Iracoubo. Nach 10 km müsste der Weganfang an der **Maison de la Nature** (☎ 34-5709; Di, Mi & Fr 8.30–13.30 & 15–18, Mo & Do bis 18.30 Uhr) zu sehen sein. Dort findet man auch eine ständige Ausstellung und Infos über das Ökosystem des Marschlands.

Im **Restaurant-Hôtel Floria** (RN1; Zi. 35 €) am südöstlichen Eingang von Iracoubo herrscht eine authentische kreolische Stimmung. Man wohnt in winzigen Zimmern mit bunten Vorhängen. Die großmütterliche Floria tischt große Portionen kreolischer Gerichte (ab 15 €) auf.

Weitere 30 km Richtung Osten auf der RN1 findet man das Dorf Iracoubo mit der wirklich sehenswerten **Eglise d'Iracoubo** aus dem 19. Jh. Ihren aufwendigen Altar hat ein Sträfling namens Huguet gezimmert. Wer mehr sehen möchte, kann sich den von der **Touristeninformation** (☎ 44-0316; 80 Pavant) organisierten dreistündigen Führungen (1 €) anschließen, die durch die Kirche, zu einer Seifenfabrik im Ort und zu nahe gelegenen Indianerdörfern führen; vorab telefonisch reservieren.

ST. LAURENT DU MARONI
33 700 Ew.

St. Laurent ist ein verschlafenes Nest, nennt aber einige der schönsten kolonialzeitlichen Häuser sein Eigen. Selbst 60 Jahre nach Schließung des Straflagers scheinen zwischen den markanten Gefängnisgebäuden noch die Geister von Insassen zu spuken. St. Laurent liegt am Ufer des Fleuve Maroni (Marowijne), direkt an der Grenze zu Surinam. Von hier aus kann man auch Bootsfahrten zu Siedlungen der Maroons und der amerikanischen Ureinwohner unternehmen.

Praktische Informationen

GELD
Banken und Geldautomaten gibt's überall in der Stadt.
Cambio COP (23 Montravel; ☼ 8–12 Uhr) Hat gute Euro-Wechselkurse.

INTERNETZUGANG
Inkprint Cyberglacé (Ecke Av Eboué & Hugo; ☼ Mo–Sa 9–12 & 15.30–19, So 9.30–12 Uhr) Sehr zentral gelegenes Internetcafé mit schneller und verlässlicher Verbindung.

Upgrade Computer (25 Av Eboué; ☼ Mo–Fr 8.30–13 & 16–19 Uhr)

NOTFALL
Hôpital Franck Joly (☎ 34-1037; 16 Av du Général de Gaulle)

POST
Post (3 Av du Général de Gaulle; ☼ Mo–Fr 7.30–13.30, Sa bis 11.45 Uhr)

REISEBÜROS
Ouest Voyages (☎ 34-4444; 10 Av Félix Eboué)

TOURISTENINFORMATION
Office du Tourisme (☎ 34-2398; www.97320.com; Esplanade Baudin; ☼ Mo–Fr 7.30–18, Sa 7.45–12.45 &

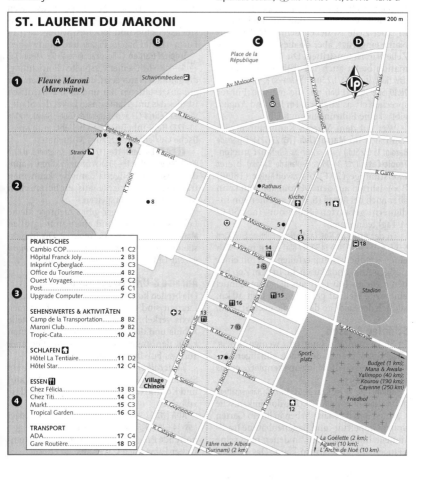

ST. LAURENT DU MARONI

0 — 200 m

PRAKTISCHES
Cambio COP..................1 C2
Hôpital Franck Joly........2 B3
Inkprint Cyberglacé........3 C3
Office du Tourisme.........4 B2
Ouest Voyages...............5 C2
Post................................6 C1
Upgrade Computer........7 C3

SEHENSWERTES & AKTIVITÄTEN
Camp de la Transportation....8 B2
Maroni Club..................9 B2
Tropic-Cata.................10 A2

SCHLAFEN
Hôtel La Tentiaire.........11 D2
Hôtel Star...................12 C4

ESSEN
Chez Félicia................13 B3
Chez Titi.....................14 C3
Markt.........................15 C3
Tropical Garden..........16 C3

TRANSPORT
ADA............................17 C4
Gare Routière.............18 D3

14.45–17.45, So 9–13 Uhr; Juli & Aug. nur Sa geöffnet) Die Angestellten können Englisch, versorgen einen kostenlos mit Karten und organisieren Unterkünfte und Touren vor Ort und zum Camp de la Transportation.

Sehenswertes & Aktivitäten

Das schaurig-stille **Camp de la Transportation** war das größte Gefangenenlager in Französisch-Guyana. Die Strafgefangenen wurden in Frankreich auf Schiffe geladen, jeweils 500 bis 600 Mann, und her gebracht; die Fahrt über den Atlantik dauerte 20 Tage. Hier warteten die Häftlinge dann auf ihre Verteilung. In der Touristeninformation gibt's eine Broschüre mit einer Karte, auf der die winzigen Zellen, die Gemeinschaftstoiletten (von den Gefangenen „Liebesräume" genannt) und die öffentlichen Hinrichtungsplätze ausgewiesen sind, außerdem gibt's Fotos von Fußfesseln. In einer Zelle ist neben dem Bett Papillons Name eingeritzt, aber ob dies wirklich seine Zelle war, ist umstritten. Die Touristeninformation bietet auch 1½-stündige **Führungen** (Erw./Kind/Student 5/1/2,50 €; Mo–Sa 8, 9.30, 11, 15 & 16.30, So 9.30 & 11 Uhr) an, die meisten Führer sprechen etwas Englisch. Im Juli und August gibt's keine Führungen um 8 Uhr.

Wer auf dem Maroni Kanu fahren will, kann sich im **Maroni Club** (23-5251; Esplanade Baudin; 15 €/2 Std.) ein solches Gefährt mieten. **Tropic-Cata** (34-2518; Esplanade Baudin) bietet zweistündige (20 €) bis zweitägige (180 €) Bootsfahrten auf dem Maroni ab. Man kann aber auch bei **Agami** (S. 678) an einer von Indianern geführten Kanutour (ab 30 €/ ½ Tag) teilnehmen.

In der **Arche de Noé** (Arche Noah; Führung Erw./Kind 6,50/3 €; 9–11.30 & 14.30–17 Uhr) kann man sich einen Kindheitstraum erfüllen und mit einer riesigen Anakonda kuscheln. In dem Zoo haben mehr als 100 Tiere aus illegalem Handel eine neue Heimat gefunden. Er liegt 10 km südlich der Stadt an der Straße nach St. Jean.

Schlafen & Essen

In St. Laurent gibt's nur sehr wenige Hotels. Zwei findet man in der Stadt, günstigere Alternativen sind die Hängemattenplätze etwas weiter draußen.

Agami (34-7403, Fax 34-0153; PK 10; Hängemattenplatz mit/ohne Hängematte 12/7 €) Die dominikanische Carmen und ihr Mann haben in ihrem Garten voller Grapefruit- und Bananenbäume traditionelle Indianerhütten, in denen man seine Hängematte aufspannen kann. Das Restaurant serviert das beste traditionelle indianische Essen (Festpreis 13 €) in den Guyanas. Hier kann man Kanutouren zu vernünftigen Preisen buchen. An der Straße nach St. Jean.

LP Tipp Hôtel La Tentiaire (34-2600; tentiaire@wanadoo.fr; 12 Av Franklin Roosevelt; EZ/DZ/Suite 50/60/80 €;) Das renovierte Verwaltungsgebäude des Straflagers ist die beste Unterkunft im Zentrum und hat super Zimmer mit Holzakzenten. Manche haben auch Balkone mit Blick auf den kleinen Park nebenan.

Hôtel Star (34-1084; 26 Thiers; DZ ab 50/65 €;) Auf dieses Hotel mit seiner anstaltsmäßigen Einrichtung und den schimmeligen Zimmern weicht man nur aus, wenn das Tentiaire ausgebucht ist.

Chez Titi (11 Victor Hugo; Frühstück 7 €, Hauptgerichte & Pizza 9–17 €; Di–Sa 6–22 Uhr) In einer rustikalen Hütte serviert dieses Café umfangreiche Frühstücksgerichte und leckeres Mittagessen in Form frischer Salate, Pizzas und Sandwiches.

Tropical Garden (7 Rousseau; Pizza ab 9 €, Menü 13 €; 11–1 Uhr) Mit seiner verspielten Einrichtung, die ganz auf Natur setzt, dem tollen Essen, der gut ausgestatteten Bar und dem Billardtisch ist dies das unterhaltsamste Lokal der Stadt.

Chez Félicia (23 Av du Général de Gaulle; Hauptgerichte 10–12 €) Bei Einheimischen beliebt; gute kreolische Gerichte, auch zum Mitnehmen.

LP Tipp La Goélette (17 Rue des Amazones, Balate Plage; Hauptgerichte 18–30 €) Auf dem alten Kahn, der einst nach Nigeria dampfte, kann man französische Gerichte aus einheimischen Meeresfrüchten verspeisen.

Für Selbstversorger gibt's mehrere kleine Lebensmittelläden und einen mittelgroßen **Markt** (Av Felix Eboué; Mi & Sa morgens). Die Imbissstände auf dem Markt bieten sättigendes *bami goreng* (3 €) mit Satay als Beilage an.

Anreise & Unterwegs vor Ort

Die breiten kolonialzeitlichen Straßen von St. Laurent sind ideal für einen Stadtbummel. Taxis verkehren zwischen der Anlegestelle Albina und der Innenstadt (ca. 2,50 €), man kann den ungefähr 2 km langen Weg aber auch zu Fuß bewältigen.

Taxis collectifs starten vom *gare routière* am Stadion nach Cayenne (35 €, 4 Std., 250 km) und Kourou (30 €, 3 Std., 190 km), sobald sie voll sind.

ADA (27-9482; 14 Av Hector Rivierez) und **Budget** (34-0294; 328, Av Gaston Monnerville) verlangen horrende Preise für einen Mietwagen mit einfacher Fahrt nach Cayenne.

RUND UM ST. LAURENT DU MARONI
Mana & Awala-Yalimapo

Ungefähr 50 km nordöstlich von St. Laurent an einer ziemlich holprigen Straße liegt das rustikale Dorf Mana (600 Ew.). Es hat eine besonders malerische Uferfront am gleichnamigen Fluss, der als einer der schönsten und ursprünglichsten Wasserläufe im Norden Südamerikas gilt.

Es gibt einen Geldautomaten in der **Post** (Rue Bastille) in Mana, und die letzte Tankstelle, wenn man gen Osten fährt, ist am Kreisverkehr an der Einfahrt nach Mana. Hierher gelangt man nur mit dem Auto.

Amerikanische Ureinwohner und gigantische Moskitoschwärme bevölkern Awala-Yalimapo (1200 Ew.) und die **Plage Les Hattes**. Der Strand ist einer der weltweit spektakulärsten Brutplätze der gigantischen Lederschildkröten, die bis zu 600 kg schwer werden können. Zwischen April und Juli legen sie ihre Eier im Sand ab, die Jungen schlüpfen zwischen Juli und September. Es kriechen dabei so viele gepanzerte Echsen an Land, dass ein Biologe die Szene einst als „Panzerschlacht" bezeichnete.

Die **Maison de la Reserve Natural l'Amana** (☎ 34-8404; Erw./Kind 2 €/frei; Mo, Mi & Fr & Sa 8–12 & 14–18, Di & Do 14–18 Uhr) hat ein kleines Museum, das über die Schildkröten informiert. Von dem Gelände gehen zwei Naturlehrpfade ab.

In Mana bringt die muntere Isabelle (sie spricht Französisch und Spanisch) Schwung in das ansonsten recht ruhige **Le Bougainvillier** (☎ 34-8062; 33 Frères; DZ mit/ohne Bad 30/25 €;). Zu den Unterkünften in Awala-Yalimapo gehören das **Chez Judith & Denis** (☎ 34-2438; Hängemattenplatz 4 €) mit seinen im indigenen Stil errichteten *carbets*, nur 50 m vom Strand Les Hattes entfernt, und die vergleichbare, aber größere **L'Auberge de Jeunesse Simili** (☎ 34-1625; Hängemattenplatz mit/ohne Hängematte 12/7 €). Beide Optionen sind in der Schildkrötensaison schnell ausgebucht. Wer auf ein französisch-indianisches Mittag- oder Abendessen Appetit hat, kann im **Yalimalé** (☎ 34-3432; Hauptgerichte 6–14 €; So abends & Mo geschl.) einen Tisch reservieren.

Javouhey
1050 Ew.

Das Hmong-Dorf liegt 13 km von der Straße von St. Laurent nach Mana entfernt. Sonntags findet hier ein herrlicher Markt statt, der nicht so überlaufen ist wie der in Cacao. Hier bekommt man wunderschöne Hmong-Stickereien, labt sich an leckerem laotischem Essen und besucht das **Musée Hmong** (Museum zur Hmong-Kultur; ☎ 34-2719; So 8–18 Uhr), das landwirtschaftliche Geräte und Musikinstrumente zeigt. Die Wände der gemütlichen, rustikalen Hütten der **Auberge du Bois Diable** (☎ 34-1935; dewevre.alain@wanadoo.fr; PK8 Rte de l'Acarouany; EZ/DZ 40/60 €) zieren große Wandbilder mit Urwaldthematik. Der Eigentümer Alain Dewevre (alias „Tarzan") kennt die Mana-Region und den Fluss wie seine Westentasche. Er hat diverse Affen und Rohrkatzen vor dem Tod bewahrt, die jetzt sein Anwesen mit Leben erfüllen. Hier können Ausflüge in den Urwald organisiert werden, von einfach bis extrem anspruchsvoll.

ALLGEMEINE INFORMATIONEN FRANZÖSISCH-GUYANA
Aktivitäten

In Französisch-Guyana sind Vogelbeobachtungstouren, Wanderungen und Kanufahrten sehr gefragt, und auch Wassersport, z. B. Windsurfen, Kitesurfen und Segeln, wird groß geschrieben, vor allem an den Stränden von Montjoly (S. 671) und Kourou (S. 673). Allerdings ist es hier so gut wie unmöglich, sich irgendwo die notwendige Ausrüstung für Letzteres auszuleihen. Immer beliebter wird das Angeln, vor allem rund um Kourou; einfach bei Guyanespace Voyages (S. 674) vorbeischauen.

Botschaften & Konsulate
Deutschland (☎ 030-590-03-90-00; Pariser Platz 5, 10117 Berlin)

EINREISE NACH SURINAM

Die Fähre nach Albina in Surinam, **Bac La Gabrielle** (4/27 € pro Passagier/Auto; 30 Min.; Mo, Di, Do & Fr 7 & 15, Mi 7 & 17.30, Sa 8 & 9, So 15.30 Uhr), legt am internationalen Landungssteg ab, ungefähr 2 km südlich vom Zentrum in St. Laurent am Ende der Av Eboué. Zoll und Einreisebehörde sind in den weißen Anhängern am Kai untergebracht. Am Kai findet man auch den ganzen Tag über private *pirogues* (Einbaum-Kanus; 4 €, 10 Min.). Bei Bedarf bringen sie die Passagiere ans andere Ufer zum Anleger in Albina, wo auch Busse und Taxis nach Paramaribo in Surinam starten. Detaillierte Infos zur Ausreise aus Surinam mit Ziel Französisch-Guyana gibt's auf S. 694.

Österreich (☎ 043-1-50-27-154; Technikerstr. 2, 1040 Wien)
Schweiz (☎ 031-359-21-11; Schosshaldenstr. 46, 3006 Bern)

Bücher
Das wohl bekannteste Buch über Französisch-Guyanas Strafkolonie ist Henri Charrières autobiografischer Roman *Papillon*; er diente als Vorlage für einen legendären Hollywood-Streifen. Alexander Miles' Werk *Devil's Island: Colony of the Damned* orientiert sich größtenteils an Fakten, ist aber äußerst unterhaltsam. Anne Fadimans Bericht *Der Geist packt Dich, und Du stürzt zu Boden* spielt hauptsächlich in Kalifornien, ist aber die beste Veröffentlichung zur Diaspora der Hmong.

Essen & Trinken
Überall gibt es asiatische Restaurants und Imbissbuden, die leckeres und günstiges chinesisches, vietnamesisches, laotisches und indonesisches Essen verkaufen, darunter auch zahlreiche vegetarische Gerichte. In Cafés und Delis bekommt man für ein paar Euro mehr schmackhafte Mahlzeiten. In etwas gehobeneren Restaurants kostet das Essen selten weniger als 10 €.

Die meisten Restaurants verlangen 10 % für den Service; wenn das nicht auf der Rechnung ausgewiesen ist, sollte man 10 bis 15 % Trinkgeld geben. Die Restaurantempfehlungen in diesem Kapitel sind aufsteigend nach Preisen geordnet.

Feiertage
Neujahr 1. Januar
Aschermittwoch Februar/März
Karfreitag/Ostermontag März/April
Tag der Arbeit 1. Mai
Französischer Nationalfeiertag 14. Juli
Allerheiligen 1. November
Allerseelen 2. November
Gedenktag des Ersten Weltkriegs (Tag der Veteranen) 11. November
1. Weihnachtstag 25. Dezember

Festivals & Events
Der **Karneval** (Jan.–Feb. oder März; Datum variiert) ist ein gigantisches, farbenfrohes Ereignis: Vom Dreikönigstag bis Aschermittwoch verwandeln sich die Städte in turbulente Partyzonen. Zu den weiteren einen Besuch lohnenden Festivitäten gehören auch das Neujahrsfest der Hmong (meistens im Dez.) in Cacao und das chinesische Neujahrsfest (Jan. oder Feb.) in Cayenne.

Gefahren & Ärgernisse
Auf dem Land ist Französisch-Guyana relativ sicher, aber in den größeren Städten ist abends Wachsamkeit angebracht. In den letzten Jahren haben Kriminalität und Drogenhandel im ganzen Land immer mehr zugenommen, daher errichten die Zollbehörden oft Straßensperren an den Küstenstraßen und kontrollieren Autos, von Einheimischen und Ausländern gleichermaßen.

Einheimische trampen, um sich im Umkreis von Cayenne und in Richtung Westen nach St. Laurent fortzubewegen. Für Traveller ist das allerdings riskanter, da sie als Goldesel eingeschätzt werden könnten. Nie nachts oder an der abgelegeneren und gefährlicheren Straße zwischen Régina und St. Georges trampen!

Geführte Touren
Vor allem im Landesinneren fahren nahezu keine öffentlichen Verkehrsmittel, darum erkunden Traveller Französisch-Guyana am besten im Rahmen einer geführten Tour. Infos zu Veranstaltern und ihren Angeboten sind in den Städtekapiteln aufgeführt.

Geld
Französisch-Guyana ist eine der teuersten Regionen in ganz Südamerika. Das liegt zum Teil auch daran, dass es zur Eurozone gehört und viele Güter aus Frankreich eingeführt werden. Reisechecks kann man in Banken und *cambios* (Wechselstuben) leicht in US-Dollar oder Euro einlösen; dabei werden allerdings 5 % Kommission fällig (statt der üblichen 3 % für Bargeld).

Kreditkarten werden weitgehend akzeptiert. Mit einer Visa oder MasterCard kann man an Geldautomaten (*guichets automatiques*), die an die Netzwerke von Plus oder Cirrus angeschlossen sind, Bares abheben, und auch mit Eurocard und Carte Bleu gibt's kaum Probleme.

Zu Redaktionsschluss galten folgende Wechselkurse:

WECHSELKURSE		
Land	Währung	€
Schweiz	1 SFr	0,68
USA	1 US$	0,73

Gesundheit

Die Malariaerreger im Landesinneren sind resistent gegen Chloroquin, zudem gilt Französisch-Guyana als Gelbfieberregion. Wer während seines Aufenthalts hier eine Impfung benötigt, wendet sich an das **Centre de Prévention et de Vaccination** (außerhalb der Karte S. 667; ☎ 30-2585; Rue des Pommes Rosas, Cayenne; ⌚ Mo & Do 8.30–12 Uhr). Traveller sollten auch gegen Typhus geimpft sein. Die medizinische Versorgung im Land ist ausgezeichnet, aber nur wenige Ärzte sprechen Englisch. In größeren Ortschaften ist das Leitungswasser von guter Qualität, im Umland trinkt man besser nur abgefülltes oder abgekochtes Wasser.

Weitere Infos gibt's ab S. 1129.

Infos im Internet

Guiana Shield Media Project (www.gsmp.org) Gute Infos zu Umweltthemen (in 5 Sprachen).
Réseau France Outre-Mer (RFO; www.guyane.rfo.fr) Aktuelle Nachrichten, Kulturinfos, Links u. v. m.

Internetzugang

In den Städten ist der Internetzugang nicht gerade billig (ca. 4 €/Std.).

Karten & Stadtpläne

Frankreichs Institut Géographique National hat eine Landkarte für Französisch-Guyana im Maßstab 1 : 500 000, gute Stadtpläne von Cayenne und Kourou und detailliertere Karten zu den bewohnten Küstenregionen im Programm. Topografische Karten (1 : 25 000) und Touristenkarten gibt's überall im Land.

Klima

Von Januar bis Juni fallen Reisen buchstäblich ins Wasser, die meisten Niederschläge gibt's im Mai. Die Trockenzeit von Juli bis Dezember empfinden Besucher wahrscheinlich am angenehmsten. Da das Klima ganzjährig heiß (28 °C) und feucht ist, trägt man am besten leichte Kleidung und packt zusätzlich einen Poncho ein. Mehr Details dazu und Klimatabellen finden sich auf S. 1110.

Medien

Den *International Herald Tribune* gibt's nur unregelmäßig an den Zeitungsständen vor Ort. Cayennes französischsprachige Tageszeitung *France-Guyane* informiert über das Geschehen vor Ort und in der Welt. Auch französische Zeitungen und Zeitschriften bekommt man überall.

Öffnungszeiten

Wer etwas zu erledigen hat, sollte früh aus den Federn springen, denn viele Geschäfte machen während der Mittagshitze den Laden dicht. Allgemein haben sie von 8 bis 12 Uhr und von 14 bis 17 Uhr geöffnet. Die meisten Restaurants öffnen von 12 bis 14 Uhr und von 19 bis 22 Uhr (manchmal länger). Sonntags – teilweise auch montags – schaltet das ganze Land einen Gang runter, gerade auch St. Laurent. Nachtklubs und Bars öffnen gegen 22 Uhr.

Post

Die Post ist hier sehr verlässlich, allerdings gehen alle Postsendungen über Frankreich. Damit Briefe in Französisch-Guyana sicher ankommen, sollten sie an das Empfängerland „France" adressiert und mit der Postleitzahl von Französisch-Guyana versehen sein.

Shoppen

Kunstvolle Wandteppiche der Hmong, die in den 1970er-Jahren aus Laos hierher geflüchtet sind, findet man in Südamerika nur hier. Sie sind nicht gerade billig und außerhalb von Cacao und Javouhey nur schwer zu bekommen. Holzschnitzereien der Maroons und indigenes Kunsthandwerk sind hier deutlich teurer als in Surinam. Als Souvenirs werden auch aufgespießte Riesenkäfer und Schmetterlinge angeboten – dies sollte man allerdings lieber nicht unterstützen.

Strom

Die Netzspannung liegt bei 220/127 V, 50 Hz.

Telefon

Orts- und Ferngespräche kann man von allen öffentlichen Telefonzellen und von „Taxi Phones" (gibt's oft in Internetcafés) aus führen. Man braucht nur eine Telefonkarte, die bei der Post, an Zeitungsständen und in Tabakläden erhältlich ist. Günstiger – und außerdem in allen Internetcafés in Cayenne möglich – ist es, übers Internet zu telefonieren. In Französisch-Guyana gibt's keine Ortsvorwahlen.

Touristeninformation

In fast allen Städten und Orten Französisch-Guyanas gibt's Touristeninformationen oder ähnliche Einrichtungen, manchmal vielleicht auch nur als kleiner Stand im örtlichen *marché* (Markt).

Unterkünfte

Die Hotels in Französisch-Guyana sind meist schlicht, aber komfortabel. Bei Budgethotels beginnt der Preis für ein Einzelzimmer bei 30 €, der für ein Doppelzimmer bei 45 €, während des Karnevals steigen die Preise allerdings rapide. In den meisten Hotels gibt's auch ein paar Angestellte mit Englischkenntnissen.

Bei längeren Aufenthalten in Cayenne, Kourou und St. Laurent wohnt man am günstigsten in *gîtes* (Gästehäuser; bei den Touristeninformationen nachfragen) und rustikalen *carbets* (offene Hütten) mit Hängematten. In der Regel können Traveller ihre Hängematten in *carbets* ab 6 € und auf einigen ländlichen Campingplätzen sogar kostenlos aufspannen. Viele Unterkünfte vermieten auch Hängematten und Moskitonetze (ab 12 €).

Visa

Alle Besucher (ausgenommen Franzosen) müssen ihren Pass vorlegen. Auch der Nachweis über eine Gelbfieberimpfung sollte mitgeführt werden.

Für Aufenthalte bis maximal 90 Tage benötigen Schweizer und EU-Bürger kein Visum. Offiziell müssen aber alle Besucher (selbst französische Staatsbürger) ein Ticket für die Weiter- oder Rückreise haben.

Aktuelle Visa-Infos und Links findet man auch auf www.lonelyplanet.de.

SURINAM

HIGHLIGHTS

- **Galibi Nature Reserve** (S. 694) An den Stränden aus gebührender Entfernung beobachten, wie gigantische Lederschildkröten an Land kriechen und im Sand ihre Eier ablegen.
- **Paramaribo** (S. 686) Im Zentrum der Hauptstadt, das zum Unesco-Weltkulturerbe zählt, an der historischen Uferfront entlang und durch von stattlichen Kolonialgebäuden gesäumte Straßen schlendern.
- **Stausee im Brownsberg Nature Park, Brokopondo** (S. 693) Den merkwürdigen Kontrast zwischen dem schier endlosen, gespenstischen, künstlich geschaffenen See und dem von Primaten bewohnten dichten Wald rundherum auf sich wirken lassen.
- **Besonders empfehlenswert** (S. 693) Mit dem Auto 190 km durch Dschungel und Savanne fahren, dann mit dem Kanu an indigenen Dörfern vorbeipaddeln bis nach Raleighvallen, dem Tor zum Central Suriname Nature Reserve.
- **Abseits ausgetretener Pfade** (S. 694) In dem ruhigen, von Indios bewohnten Dorf Palumeu den Erzählungen der Stammesältesten lauschen und angesichts ihres unerschöpflichen Wissens über den Dschungel in Ehrfurcht erstarren.

KURZINFOS

- **Bevölkerung:** 475 000
- **Fläche:** 163 800 km² (ungefähr 4-mal so groß wie die Niederlande)
- **Geld:** 1 € = 3,70 S$ (Surinam-Dollar), 1 SFr = 2,53 S$
- **Hauptstadt:** Paramaribo
- **Landesvorwahl:** ☎ 597
- **Preise:** Pension in Paramaribo 15–22 €, Roti mit Hähnchen und Gemüse 1,80 €, einstündige Minibusfahrt 8,80–11 €
- **Reisekosten:** 22–30 US$ pro Tag
- **Reisezeit:** Hochsaison (Juni–Aug.), Regenzeit (April–Juli & Dez.–Jan.)
- **Sprachen:** Niederländisch, Englisch, Sranan Tongo (Surinaams), Hindi, Urdu, Javanesisch, Maroon- und indigene Sprachen, Chinesisch, Kantonesisch
- **Zeitzone:** MEZ –4 Std.

TIPPS FÜR UNTERWEGS

Wer Paramaribo wie die Einheimischen erleben will, nimmt sich abends eines der günstigen Taxis und fährt zu den Restaurants außerhalb vom Stadtzentrum.

VON LAND ZU LAND

Surinam hat u. a. Grenzübergänge nach Corriverton (Guyana) und St. Laurent (Französisch-Guyana).

Surinam bezeichnet sich selbst als „Amazoniens schlagendes Herz", und da ist wirklich etwas dran: In der warmen, dicht bewaldeten Region treffen zahlreiche Flüsse aufeinander und bringen das Leben in die von vielen verschiedenen Völkern geprägte Gegend. Von Paramaribo, der temperamentvollen Hauptstadt aus der niederländischen Kolonialzeit, bis zu den undurchdringlichen Urwäldern im Landesinneren heißen die Nachfahren afrikanischer Sklaven, niederländischer und britischer Kolonialherren, indischer, indonesischer und chinesischer Kontraktarbeiter und amerikanischer Ureinwohner in ihrem winzigen Land Gäste willkommen. Hier findet man das Beste aus beiden Welten: eine Stadt voller Restaurants, Geschäfte und Nachtklubs neben einem wilden Dschungel fernab jeglicher modernen Entwicklung. Es ist nicht einfach, sich durch das von Flüssen und Wald durchzogene Land zu kämpfen, und der Mix aus vielen verschiedenen Sprachen macht die Kommunikation schwierig – oft sogar für Niederländer selbst. Und weil hier so viele verschiedene kulinarische Traditionen aufeinandertreffen, ist die hiesige Küche genauso feurig und vielfältig wie das Land selber.

AKTUELLE ENTWICKLUNGEN

Mit Hilfe eines UN-Schiedsgerichts konnten 2007 die Grenzstreitigkeiten mit Guyana wegen potenzieller Ölvorkommen vor der Küste schließlich zur Zufriedenheit aller Parteien geschlichtet werden.

Zur Zeit unserer Recherche stand der frühere Putschist und Präsident Desiré Bouterse vor Gericht, weil er die Ermordung von 15 Oppositionellen bei den berüchtigten „Dezember-Morden" von 1982 in Paramaribo (s. unten) angeordnet haben soll. Falls er schuldig gesprochen wird, kann er die Kandidatur für die nächste Präsidentschaft vergessen.

GESCHICHTE

Surinam war das letzte Überbleibsel eines einst stattlichen niederländischen Herrschaftsgebiets in Südamerika. Die Niederlande kontrollierten früher große Teile Brasiliens und der Guyanas, bis nach Territorialkonflikten mit Großbritannien und Frankreich nur Niederländisch-Guyana und ein paar Karibikinseln übrig blieben. Im 19. Jh. kamen Inder und Indonesier (vor Ort „Javanesen" genannt) als Kontraktarbeiter auf die Plantagen.

Trotz begrenzter Autonomie blieb Surinam bis 1954 eine niederländische Kolonie, dann erhielt es den Status eines gleichberechtigten und selbst verwalteten Teils des Königreichs der Niederlande und wurde 1975 unabhängig. Das war der Startschuss für politische Wirren. Der von dem Oberfeldwebel (und späteren Oberstleutnant) Desiré Bouterse angeführte Putsch von 1980 bescherte dem Land eine Militärdiktatur. Später wurden die an die Macht gelangten Militärs angeklagt, die Hinrichtung von 15 prominenten Oppositionellen in Fort Zeelandia angeordnet zu haben. Das Ereignis ging in die Geschichte ein als „Dezember-Morde" von 1982. 1986 startete die Regierung einen gnadenlosen Feldzug, um einen Aufstand der Maroons niederzuschlagen. Der Guerillakrieg gegen das „Jungle Commando" (Maroon-Miliz) unter der Führung von Ronnie Brunswijk wurde teilweise mit äußerster Grausamkeit geführt, und viele Brunswijk-Anhänger mussten nach Französisch-Guyana fliehen, weil ihre Dörfer völlig zerstört wurden.

Die 1987 gewählte Zivilregierung wurde 1990 durch einen unblutigen Putsch wieder abgesetzt. 1991 fanden erneut Wahlen statt, und die Regierung unter Ronald Venetiaan unterzeichnete 1992 einen Friedensvertrag mit dem „Jungle Commando" und weiteren bewaffneten Banden.

Eine Reihe von Streiks und Demonstrationen im Jahr 1999 richteten sich gegen die wirtschaftliche Instabilität des Landes und forderten, die Wahlen um ein Jahr vorzuziehen. Daraufhin fanden im Mai 2000 Neuwahlen statt. Venetiaan wurde wiedergewählt, und es veränderte sich wenig, obgleich die Niederlande ihre Hilfszahlungen an Surinam aufstockten, um die Wirtschaft zu stabilisieren.

Die Wirtschaft Surinams basiert überwiegend auf dem Bauxitabbau, der 70 % seiner Deviseneinnahmen ausmacht. Auch die Landwirtschaft (v. a. Reis- und Bananenanbau) ist ein wichtiger Wirtschaftszweig, und die Fischereiindustrie legt zu. Das Land gibt sich außerdem redlich Mühe, den Ökotourismus im Landesinneren zu fördern.

2004 löste der Surinam-Dollar den schwankenden Gulden als Landeswährung ab, was das Vertrauen in die Wirtschaft wieder stärkte.

KULTUR

Surinam ist allen Kulturen gegenüber offen, und seine Einwohner sind unglaublich freundlich und großzügig. In Paramaribo werden Toleranz und friedliches Zusammen-

leben großgeschrieben, religiös oder rassistisch motivierte Konflikte gibt es kaum. Angesichts der Tatsache, dass hier so viele verschiedene Volksgruppen auf engstem Raum zusammenleben, ist dies besonders bemerkenswert. Trotzdem ist das Leben der Maroons und der Indios im Landesinneren von großer Armut und geringeren Bildungschancen geprägt. Das führt dazu, dass sie sich von der Regierung im Stich gelassen fühlen.

Viele Surinamer leben in den Niederlanden oder haben einige Zeit dort gelebt – einerseits wegen der besseren Wirtschaftslage dort, andererseits, um den Repressionen während der Militärdiktatur zu entkommen. Daher sind sie mit europäischen Trends gut vertraut. Die offizielle Landessprache ist Niederländisch, viele Leute sprechen aber auch die Kreolsprache Sranan-Tongo oder Englisch bzw. beides.

RELIGION

Ungefähr 40 % der Einwohner sind Christen, der Rest hängt teilweise traditionellen afrikanischen Glaubensrichtungen an. Hindus machen 26 % der Bevölkerung aus (die meisten stammen aus Ostindien), und 19 % sind Muslime (indonesischer und teilweise auch ostindischer Abstammung). Dazu kommen ein paar Buddhisten, Juden und Anhänger indianischer Glaubensrichtungen.

KUNST

Manche Formen der hiesigen Kunst und Kultur stammen von den eingewanderten

Volksgruppen. Dazu zählt z. B. die indonesische Gamelan-Musik, die man oft bei bestimmten Events hört. Ansonsten erfreuen sich Besucher an den aufwendigen Korbflechtereien der Indios und den Holzschnitzereien der Maroons, die allgemein als die fähigsten Schnitzer im tropischen Amerika gelten.

NATUR & UMWELT

Surinam teilt sich in eine Küstenregion und ein Gebiet aus dichtem Tropenwald und Savanne. Im Westen bildet der Fluss Corantijn (Corentyne in Guyana) die Grenze zu Guyana, deren südliche Abschnitte umstritten sind. Der Marowijne (Maroni in Französisch-Guyana) und der Litani bilden die (im Süden ebenfalls umstrittene) Grenze zu Französisch-Guyana. Keine der Parteien strebt aktiv Verhandlungen über die Grenzstreitigkeiten an; stattdessen setzen alle auf Entspannung.

Der Großteil der Einwohner lebt in der Küstenebene am Atlantik, wo auch die meisten der wenigen Straßen des Landes zu finden sind. Durch den in der Nähe gelegenen Afobaka-Staudamm ist einer der weltweit größten künstlichen Seen (1550 km²) entstanden, der Brokopondo-Stausee am oberen Flusslauf des Surinam.

VERKEHRSMITTEL & -WEGE
An- & Weiterreise

Internationale Flüge landen auf Surinams veraltetem Flughafen Zanderij (s. S. 691).

Von Albina (im Osten, S. 694) und Nieuw Nickerie über South Drain (im Westen, S. 696) überqueren Fähren die Grenzflüsse zu Französisch-Guyana bzw. Guyana.

Unterwegs vor Ort

AUTO

Surinam hat nur wenige Straßen, und diese sind meist in beklagenswertem Zustand. Die Straßen an der Küste und bis nach Brownsberg sind mit normalen Fahrzeugen befahrbar, aber auf den Wegen ins Landesinnere kommt man nur mit Geländewagen voran. In Surinam herrscht Linksverkehr. Man braucht einen internationalen Führerschein.

BUS & MINIBUS

Es gibt verschiedene öffentliche Verkehrsmittel (aufsteigend nach Preisen angeordnet): die fahrplanmäßig verkehrenden staatlichen Busse, private Minibusse, die von bestimmten Punkten abfahren, wenn sie voll sind, und

> **FLUGHAFENSTEUER**
>
> Surinams Flughafensteuer beträgt 20 US$ und ist im Ticketpreis enthalten,

Minibusse, die einen vom Hotel abholen. Fahrten ins Landesinnere kosten deutlich mehr als die Routen an der Küste.

FLUGZEUG

Kleine Flugzeuge von **Surinam Airways** (SLM; www.slm.firm.sr) und der vor allem Charterflüge anbietenden **Gum Air** (www.gumair.com) bringen einen von Paramaribo zu abgelegeneren Zielen, u. a. zu ein paar Naturschutzgebieten.

SCHIFF/FÄHRE

Die Flüsse ermöglichen malerische Bootsausflüge zu ansonsten unerreichbaren Regionen im Landesinneren. Es gibt nur wenige Anbieter mit festem Fahrplan, und die Preise sind verhandelbar. Fähren und Barkassen überqueren für wenig Geld einige der großen Flüsse wie den Surinam und den Coppename.

TAXI

Sammeltaxis verkehren auf den Strecken an der Küste. Sie sind zwar teurer als Minibusse, aber auch viel schneller. Die Preise sind verhandelbar und recht niedrig. Stets gilt: Erst den Preis aushandeln, dann einsteigen!

PARAMARIBO
220 300 Ew.

In Paramaribo trifft Amsterdam auf den Wilden Westen. Dies ist die munterste und beeindruckendste Hauptstadt in den Guyanas. Schwarz-weiße Gebäude aus der niederländischen Kolonialzeit säumen die begrünten Plätze, der Geruch unterschiedlichster Gewürze aus indischen Roti-Imbissen vermischt sich mit den Abgasen, und vor den düsteren holländischen Festungen verkaufen Maroon-Künstler farbenfrohe Malereien. Die Einwohner von Paramaribo (oft nur „Parbo" genannt) sind stolz auf ihre Multikulti-Gesellschaft und darauf, in einer Stadt zu leben, in der Moscheen und Synagogen einträchtig nebeneinander stehen. Seit 2002 gehört die historische Innenstadt zum UNESCO-Weltkulturerbe.

Orientierung

Parbos Altstadt ist ein kompaktes Dreieck, das sich von der Henk Arronstraat im Norden und der Zwartenhovenbrugstraat im Westen bis zum Fluss im Südosten erstreckt. Die Brücke zwischen Paramaribo und Meerzorg überspannt den Fluss in Richtung Osten.

Praktische Informationen

BUCHLÄDEN
Vaco Press (Domineestraat 26; Mo–Fr 8–16.30, Sa bis 13 Uhr) Paramaribos bester Buchladen verkauft Publikationen in verschiedenen Sprachen und hat auch die beste Auswahl von Karten.

GELD
Die meisten großen Banken wechseln Geld, lösen Reiseschecks ein und zahlen gegen Kreditkarte Bares aus. Aber nur die RBTT-Banken haben Geldautomaten, die internationale Karten akzeptieren. Gegenüber vom Hotel Torarica findet man **Geldwechselautomaten** (Ecke Sommelsdijckstraat & Kleine Waterstraat), die aussehen wie Geldautomaten und an denen man rund um die Uhr ohne Gebühren US-Dollar oder Euro umtauschen kann.
Centrale Bank van Suriname (Waterkant 20)
RBTT Bank (Kerkplein 1)

INFOS IM INTERNET
Welcome to Parbo (www.parbo.com) Die Suriname Tourism Foundation bietet auf dieser Site eine gute Einführung zu Paramaribo und Surinam.

INTERNETZUGANG
Business Center (Kleine Waterstraat; 6 S$/Std.) Neben der Café-Bar 't Vat.
Cyber Café (Kleine Waterstraat; 5 S$/Std.) Gegenüber vom Hotel Torarica.

MEDIZINISCHE VERSORGUNG
Academisch Ziekenhuis (AZ; ☎ 44-2222; Flustraat; Mo–Fr 6–22, Sa & So 9–22 Uhr) Die Allgemeinmediziner sind äußerst kompetent und sprechen auch Englisch.

NOTFALL
Das Academisch Ziekenhuis (s. oben) ist das einzige Krankenhaus in Paramaribo mit einer Notfallstation.
Polizei, Feuerwehr & Krankenwagen (☎ 115)

POST
Post (Korte Kerkstraat 1) Gegenüber der niederländisch-reformierten Kirche. Hat auch Internet.

TELEFON
TeleSur (Heiligenweg 1) Hier kann man ins Ausland telefonieren und Karten für alle öffentlichen Telefone kaufen.

TOURISTENINFORMATION
Touristeninformation (☎ 47-9200; Waterkant 1; Mo–Fr 9–15.30 Uhr) Die freundlichen Angestellten sprechen verschiedene Sprachen, versorgen einen mit Stadtplänen und können einem bei fast jeder Aktivität in Surinam weiterhelfen.

Gefahren & Ärgernisse
Nach Einbruch der Dunkelheit ruhige Straßen und abgelegene Gebiete meiden. Vor allem der Palmentuin ist dafür berüchtigt, dass es nachts zum Schauplatz für Drogenhandel und Raubüberfälle wird. Rund um den Marktbereich treiben sich auch tagsüber Taschendiebe herum, also Augen offen halten!

Sehenswertes
Zur Erkundung dieser Hauptstadt mit ihren Kolonialbauten und lebendigen Hauptstraßen braucht man schon zwei volle Tage. Das sternförmige **Fort Zeelandia** (Di–So 9–17 Uhr) wurde im 18. Jh. an der Stelle errichtet, wo sich die ersten Kolonisten niederließen. In der gut restaurierten Festung befindet sich das **Stichting Surinaams Museum** (☎ 42-5871; Eintritt 5 S$; Di–Sa 9–14, So 10–14 Uhr, Führungen auf Niederländisch So 11 & 12.30 Uhr) mit Relikten aus der Kolonialzeit, dem Stil der damaligen Zeit entsprechend eingerichteten Räumen und Wechselausstellungen. Wer die Waterkant in Richtung Südwesten entlangschlendert, stößt auf einige der eindrucksvollsten Kolonialgebäude der Stadt. Diese sind überwiegend Kaufmannshäuser, entstanden nach den Stadtbränden

---

DER WEG INS ZENTRUM

Vom Johan Pengel International Airport (oder Zanderij), 45 km südlich von Parbo, kann man sich ein Taxi bis ins Stadtzentrum (80 S$, 1 Std.) nehmen. Besser ist es aber, wenn das Hotel einem ein Taxi organisiert, das einen am Flughafen abholt. Noch besser ist es, wenn das Hotel ein Taxi oder einen Minibus vom **Le Ashrouf Airport Shuttle** (☎ 45-4451; 40 S$) organisiert; die bringen einen direkt vom Flughafen zu jeder beliebigen Adresse in der Stadt. Und noch preisgünstiger ist es, wenn man einen der Minibusse nutzt, die tagsüber zwischen Heiligenweg und Flughafen Zanderij (4 S$) bzw. Flugplatz Zorg-en-Hoop (2 S$) fahren. Ein Taxi vom Zorg-en-Hoop kostet ungefähr 20 S$.

von 1821 und 1832. Von hier aus führen mehrere Straßen landeinwärts. Vor allem an der **Lim-a-Postraat** stehen viele alte Holzhäuser; einige wurden restauriert, andere umgibt noch immer ein verwitterter alter Charme.

Auf dem **Onafhankelijkheidsplein** (Platz der Unabhängigkeit) im Zentrum steht eine Statue des legendären früheren Premierministers Pengel. Um ihn herum erheben sich der stattliche **Präsidentenpalast** aus dem 18. Jh. (nur am 25. Nov. zugänglich) und Regierungsgebäude aus der Kolonialzeit. Der **Palmentuin** (Palmengarten) hinter dem Palast ist eine schattige Oase voller hoher Königspalmen.

Die römisch-katholische **St. Petrus en Paulus Kathedral** (Henk Arronstraat) ist 1885 entstanden.

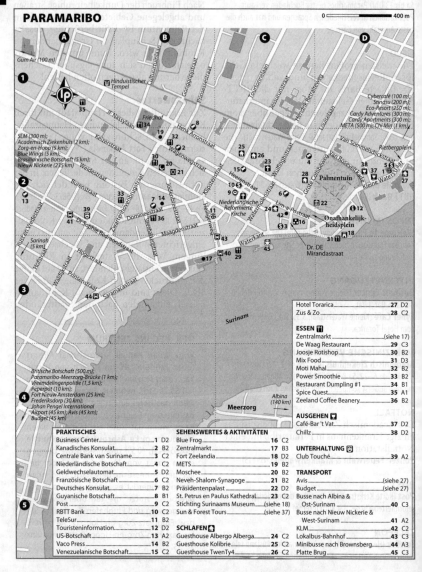

Den Surinamern zufolge ist sie das weltweit größte Holzgebäude. Jahrzehntelang wurde sie immer wieder geschlossen und vernachlässigt, bis man sie schließlich vollständig restaurierte und 2009 wiedereröffnete. Die Touristeninformation (S. 687) organisiert Führungen hier. Mehrere Blocks weiter finden sich ein paar der schönsten Sakralbauten nichtchristlicher Religion des Kontinents: die größte **Moschee** in der Karibik und die 1723 fertiggestellte, gewaltige **Neveh-Shalom-Synagoge**, die an der Keizerstraat harmonisch nebeneinanderstehen.

Der turbulente **Zentralmarkt** (Waterkant) ist nichts für schwache Nerven. Er ist unterteilt: Im Erdgeschoss gibt's Obst und Gemüse und im Obergeschoss befindet sich der ausufernde Asia- und Indienmarkt, auf dem alle möglichen Plastikartikel und Lebensmittel verkauft werden.

ZWITSCHERWETTBEWERB

Sonntagmorgens vergnügen sich die Einwohner bei spaßigen Singvogelwettbewerben auf dem Onafhankelijkheidsplein. Alle, die hier antreten – und das sind überwiegend Männer –, bringen ihren Lieblings-*twatwa* (Singvogel) mit, in der Regel Reisknacker, die sie von den Ureinwohnern im Landesinneren kaufen. Der Piepmatz mit dem lautesten Gesang trägt den Sieg davon. Dieser Wettbewerb ist eine Art Nationalsport und wirklich sehenswert, leider aber nicht mehr so gefragt wie früher.

Geführte Touren

Die meisten der beispielhaften Nationalparks und Naturschutzgebiete in Surinam lassen sich im Rahmen geführter Touren von Anbietern aus Parbo besuchen. Man kann sich ein wenig umschauen, bevor man sich für einen Anbieter entscheidet, aber die Preise sind ähnlich, und die meisten Agenturen arbeiten ohnehin zusammen, um die Mindestteilnehmerzahl für eine Tour zusammenzubringen. Bei Zahlung mit Kreditkarte nehmen alle Veranstalter 5 % Gebühren.

Stinasu (Stichting Natuurbehoud Suriname; ☎ 47-6597; www.stinasu.sr; Cornelis Jongbawstraat 14), die Stiftung für Naturschutz in Surinam, verbindet Forschungsarbeit mit Ökotourismus. Bei all ihren Touren kommt ein Teil des Erlöses dem Naturschutz zugute. Die Organisation hat ausgezeichnete Exkursionen nach Brownsberg (ab 280 S$), zu den Schildkrötennaturschutzgebieten Galibi und Matapica (ab 560 S$) und nach Raleighvallen, Voltzberg oder Foengoe Eiland (1450 S$, 4 Tage) im Programm. Außerdem bekommt man hier Tipps und Infos für alle, die das Central Suriname Nature Reserve mehr oder weniger auf eigene Faust erkunden möchten.

METS (Movement for Eco-Tourism in Suriname; ☎ 47-7088; www.surinamevacations.com; JF Nassylaan 2) ist ein professioneller Tourveranstalter, der ebenfalls einen Teil seiner Einnahmen dem Naturschutz zukommen lässt. Im Angebot ist eine große Auswahl von Exkursionen, darunter Stadtrundfahrten in Paramaribo (98 S$, halber Tag) sowie Trips zu den nahe gelegenen Plantagen (ab 112 S$) und in den tiefen Dschungel (4330 S$, 8 Tage).

Beliebt geworden ist auch das Beobachten von Flussdelfinen in den Wasserläufen rund um Paramaribo. **Waterproof Suriname** (☎ 96-2927; www.waterproofsuriname.com) veranstaltet entspannte Bootsfahrten (265 S$), die manchmal mit einem Rundgang durch die Plantagen am Fluss Commewijne verbunden sind. Daneben kann man an Tagesausflügen zur Beobachtung von Meeresschildkröten am Strand Matapica (560 S$) teilnehmen. Der Veranstalter hat kein eigenes Büro und holt einen ab.

Blue Frog (☎ 42-0808; www.bluefrog.travel; Mirandastraat 8) deckt Ziele im Landesinneren und an der Küste ab. Es stellt auch Freiwillige ein und gewährt bei Vorlage des internationalen Studentenausweises Rabatte. **Cardy Adventures** (☎ 42-2518; www.cardyadventures.com; Cornelis Jongbawstraat 31; ⓥ 8–18.30 Uhr) veranstaltet Radtouren (ab 140 S$) zu den nahe gelegenen Plantagen am Commewijne sowie längere Ausflüge ins Landesinnere (bis zu 10 Tage lang). **Sun & Forest Tours** (☎ 47-8383; www.sunandforesttours.com; Kleine Waterstraat 1) ist ein weiterer empfehlenswerter Tourveranstalter.

Schlafen

Pensionen sind die billigsten Übernachtungsoptionen in Paramaribo. Sie ähneln den Hostels in den Nachbarländern. Manche haben nur Kaltwasserduschen, was aber wegen des warmen Klimas in Parbo kein großes Problem darstellt.

Guesthouse TwenTy4 (☎ 42-0751; www.twenty4suriname.com; Jessurunstraat 24; EZ/DZ 60/120 S$) Das TwenTy4 gehört denselben Leuten wie das Zus & Zo, ist aber älter und nicht ganz so gut ausgestattet (z. B. ohne Warmwasser oder Klimaanlagen). Trotzdem ist diese Unterkunft ein heimeliges Haus an einer ruhigen Seitenstraße im Zentrum mit relaxter, einladender Atmosphäre. Auf Wunsch gibt's Frühstück (17 S$) und Bier, außerdem kann man mit Hilfe der Angestellten seine Aktivitäten planen.

Guesthouse Albergo Alberga (☎ 52-0050; www.guesthousealbergoalberga.com; Lim-a-Postraat 13; EZ/DZ 60/78 S$, DZ mit Klimaanlage 120 S$; 🕸 🏊) Die alteingesessene Pension residiert in einem reizenden Gebäude, das an einer typischen kolonialzeitlichen Straße steht und zum Weltkulturerbe gehört. Manche Zimmer sind recht geräumig, aber keines hat Warmwasser. Der kleine Pool draußen lädt nach einem langen Sightseeingtag in Parbo zu einem Sprung ins erfrischende Nass ein.

LP Tipp Zus & Zo (☎ 52-0905; www.zusenzo.suriname.com; Grote Combéweg 13A; EZ/DZ 60/120 S$) Das farbenfrohe, einladende Zus & Zo ist ein Backpackerhostel, das auch anspruchsvolleren Travellern zusagt. Die Zimmer mit Warmwasser und Klimaanlage befinden sich im obersten Stock eines klassischen Hauses im Kolonialstil. In der Küche kann man sich sein Essen selber zubereiten, oder man versorgt sich im Café im Erdgeschoss mit frisch gebrühtem Kaffee, Salaten und Sandwiches. Manchmal gibt's auch Livemusik oder andere Kunst- und Kulturveranstaltungen. Außerdem befindet sich hier der beste Geschenke- und Souvenirladen der Stadt. Die Angestellten helfen einem beim Organisieren von Exkursionen aller Art in Surinam.

Cardy Apartments (☎ 42-2518; www.cardyadventures.com; Cornelis Jongbawstraat 31; Apt. EZ/DZ ab 85/148 S$) Das Cardy hat bereits Erfahrungen im Bereich Tourorganisation und Fahrradverleih gesammelt und vermietet jetzt auch saubere Apartments mit Kochnischen und Warmwasser. Wer länger bleibt, profitiert von unschlagbar günstigen Wochen- und Monatspreisen.

Guesthouse Kolibrie (☎ 91-9051; www.guesthouse-kolibrie.com; Jessurunstraat 9; Zi. mit/ohne Bad 176/156 S$, Apt. ab 126 S$; 🕸 🏊) Der weitläufige Hof voller Palmen und der luftige Patio hier ziehen viele kleine Vögel an – wie passend, bei dem Namen – und machen die Pension zu einer Oase mitten im Zentrum. Das Dekor ist unscheinbar, aber die Zimmer (Frühstück inkl.) sind groß, hell und sauber, und die für längere Aufenthalte geeigneten Apartments haben eine voll ausgestattete Küche.

Eco-Resort (☎ 42-5522; www.ecoresortinn.com; Cornelis Jongbawstraat 16; EZ/DZ ab 247/297 S$; 🕸) Was das moderne und professionelle Hotel zu einem „Öko-Haus" macht, ist nicht ganz klar. Immerhin sind die Frühstücksbuffet, der kostenlose Flughafentransfer bei einem Aufenthalt von mindestens zwei Nächten und die Nutzung der schicken Einrichtungen des Hotels Torarica im Preis enthalten. Die teureren „Zimmer mit Flussblick" halten nicht ganz, was sie versprechen, aber sie liegen zumindest mal näher am Wasser als die Standardzimmer.

Hotel Torarica (☎ 47-1500; www.torarica.com; Rietbergplein 1; EZ/DZ 392/448 S$; 🕸 🏊) Hier trifft Las Vegas auf Surinam: Das mit Spiegeln und Kronleuchtern überladene Hotel ist wegen seines Kasinos bekannt. An dem großen runden Pool und in dem Pavillon am Wasser lässt es sich nach einem heißen Tag im Gewimmel von Parbos Straßen hier zudem ganz hervorragend entspannen.

Essen

Touristen tummeln sich auf dem „Streifen" gegenüber vom Hotel Torarica, wo man Restaurants für jeden Geldbeutel findet, von holländischen Pfannkuchenläden bis hin zu indonesischen und kreolischen Lokalen. Im Zentrum isst man am günstigsten auf dem hektischen **Zentralmarkt** (S. 689) und an den indonesischen Imbissständen entlang der Waterkant. **Eten in Suriname** (www.eteninsuriname.com) ist eine nützliche Website mit Infos zu Restaurants in Paramaribo.

Zeeland Coffee Beanery (Ecke Domineestraat & Steenbakkerijstraat; Suppen & Kuchen ab 5 S$; 🕐 So–Mi 7–21, Do–Sa bis 23 Uhr) Das bei Einheimischen beliebte Lokal befindet sich an einer geschäftigen Straßenecke. Während man seinen Kaffee schlürft oder an einem Sandwich oder einem Kuchen knabbert, kann man wunderbar die vorübergehenden Leute beobachten.

Power Smoothie (☎ 47-7047; Zwartenhovenbrugstraat 62; Hauptgerichte 9–14 S$; 🕐 Mo–Sa 8–21 Uhr) Das kleine Lokal mit Gerichten (auch zum Mitnehmen) ist zu jeder Tageszeit einen Zwischenstopp wert. Es serviert frisch gepresste, nahrhafte Säfte, Smoothies (ab 7 S$), Sandwiches, Wraps und Salate.

Moti Mahal (Wagenwegstraat 56-58; Roti ab 8 S$) Kleines Lokal, riesige Portionen leckeres Roti.

LP Tipp Joosje Rotishop (Zwartenhovenbrugstraat 9; Roti ab 10 S$; 🕐 Mo–Sa 8.30–22 Uhr) Das bei Einheimischen beliebte Restaurant serviert schon seit 1942 köstliches Roti. Es ist gut klimatisiert

> **IN DIE VOLLEN!**
>
> **Spice Quest** (☎ 52-0747; JF Nassylaan 107; Brunch 45 S$; ☻ So 10–15 Uhr) Das Spice Quest bietet Gerichte der gehobenen Preisklasse wie Hummer und Filet nach thailändischer, karibischer und französischer Art an, aber der absolute Renner hier ist der Sonntagsbrunch. An dem leckeren Dim Sum und dem klassischen amerikanischen Brunch, der von Frühlingsrollen und Entenfüßen bis zu Pfannkuchen und Omelettes alles mögliche bereit hält, könnte man sich gut und gerne für zwei Tage satt essen.

und hat auch einen Schalter, wo man Essen zum Mitnehmen bekommt.

Restaurant Dumpling #1 (JF Nassylaan 12; Hauptgerichte 10–30 S$; ☻ Di–So 7–14 & 17–23 Uhr) Der Name („Knödel #1") sagt schon alles. Unbedingt die saftigen Dampfklöße und die anderen chinesischen Klassiker wie gedünstete Schweinerippchen oder Tofusuppe probieren!

Chi Min (☎ 41-2155; Cornelis Jongbawstraat 83; Hauptgerichte 12–30 S$; ☻ 11–23 Uhr) Das beliebte Restaurant nördlich vom Stadtzentrum ist mit dem Taxi in ein paar Minuten zu erreichen. In den Tischen im bunt eingerichteten Innenraum finden ein Dutzend Gäste Platz und auf der Karte stehen Hunderte chinesische Gerichte. Zur Straße hinaus gibt's einen Schalter, wo man alles auch zum Mitnehmen bekommt. Größere Gruppen sollten vorher reservieren.

Mix Food (☎ 42-0688; Zeelandiaweg 1; Hauptgerichte 15–22 S$; ☻ Mo–Fr 8–22, Sa 11–22 Uhr) Das ruhige Freiluftrestaurant mit Blick auf den Fluss tischt das beste kreolische Essen in ganz Parbo auf und hat einen ausgesprochen freundlichen Service. Zu empfehlen sind die köstlichen Erdnuss-, Maniok- und Bananensuppen, die mit geröstetem Hähnchen und *pom*, einer Art Auflauf, serviert werden.

De Waag Restaurant (☎ 47-4514; Waterkant 5; Mittagessen 15 S$, Abendessen 35–45 S$; ☻ Mo–Sa 9–15 & 18–23 Uhr) Schickes Restaurant in einem alten, renovierten Wiegehaus aus Parbos Glanzzeiten der Seefahrt. Auf den Tisch kommen Sandwiches und italienische Spezialitäten wie Lasagne und Tortellini, und dienstags und freitags gibt's abends Livemusik dazu.

Ausgehen & Unterhaltung

Der Abend beginnt in der **Café-Bar 't Vat** (Kleine Waterstraat 1; ☻ Mo–Do 8–1, Fr 8–3, Sa 9–3, So 9–1 Uhr): In diesem Mischling – Freiluftbar und Café in einem – sorgt gelegentlich Livemusik für Unterhaltung. Eine Ecke weiter lädt das **Chillz** (Van Rooseveltkade 12; ☻ 17 Uhr–spät) dazu ein, draußen auf dem Patio auf bootgroßen Sofas an Cocktails zu nippen oder in der Lounge drinnen zu sanften Rhythmen zu tanzen.

Weiter entfernt vom Hotel Torarica kann man im **Club Touché** (Ecke Waldijkstraat & Dr. Sophie Redmondstraat; ☻ Mi–Sa 22–3 Uhr) die ganze Nacht durchtanzen, und zwar oben zu Techno und unten zu Salsa.

Shoppen

Qualitativ hochwertige Imitate von Markenkleidung und DVD-Raubkopien findet man zu außergewöhnlich niedrigen Preisen entlang der Steenbakkerijstraat und der Domineestraat. Kunsthandwerk und Schmuck von bester Qualität aus Surinam bekommt man im Souvenirladen des Zus & Zo (s. S. 690).

An- & Weiterreise

AUTO

Avis (☎ 42-1567; www.avis.com) und **Budget** (☎ 42-4631; www.budgetsuriname.com) haben Büros im Hotel Torarica und auf dem Flughafen. Sie vermieten Kleinwagen (ab 115 S$/Tag) und Geländewagen.

BUS & MINIBUS

Die Minibusse nach Brownsberg (40 S$, 3 Std.) fahren an der Ecke Prinsenstraat und Saramacastraat ab. Öffentliche Busse nach Nieuw Nickerie (12 S$, 4 Std., 235 km) und zu anderen Zielen im Westen starten den ganzen Tag über an der Ecke Dr. Sophie Redmondstraat und Hofstraat. Wenn man sich von einem privaten Minibus (45 S$) vom Hotel abholen lassen will, kann man im Hotel nach einer Liste von Unternehmen fragen. Nach Albina fahren von der Waterkant am Fuß des Heiligenweg öffentliche Busse (8 S$, 3 Std., 140 km, 1-mal/Std.) und Privatbusse (25 S$, 3½ Std.), wenn sie voll sind. Infos zu Anschlüssen per Boot gibt's auf S. 694 und auf S. 696.

FLUGZEUG

Es gibt zwei Flughäfen in Paramaribo: In der Nähe liegt Zorg-en-Hoop (für Inlandsflüge und nach Guyana). Der größere Johan Pengel International Airport (für alle anderen internationalen Flüge), der allgemein „Zanderij" genannt wird, liegt 45 km südlich von Parbo.

In der Zukunft wird es vielleicht auch Linienflüge nach Cayenne geben. Infos gibt's bei folgenden Fluglinien:

Blue Wings (☎ 43-0370; www.bluewingairlines.com; Zorg-en-Hoop) Flüge nach Georgetown in Guyana (185 US$, 3-mal/Woche) und Inlandsflüge.

Gum Air (☎ 49-8760; www.gumair.com; Kwattaweg 254) Dutzende Charterflüge im Inland.

KLM (☎ 47-2421; Dr. DE Mirandastraat 9) Flüge nach Amsterdam.

META (☎ 47-3162, Mahonylaan 50) Bedient Georgetown in Guyana (155 US$, 50 Min., 2-mal/Woche), Belém in Brasilien (200 US$, 2½ Std., 3-mal/Woche) und Boa Vista in Brasilien (200 US$, 1½ Std., 2-mal/Woche).

SLM (☎ 43-2700; www.slm.firm.sr; Dr. Sophie Redmondstraat 219) Fliegt zu den Raleigh-Wasserfällen, nach Belém in Brasilien (227 US$, 2-mal/Woche) und nach Port-of-Spain in Trinidad (202 US$, 3-mal/Woche).

TAXI

Taxis sind eine schnelle, aber auch viel teurere Alternative, um an der Küste von einem Ort zum anderen zu kommen. Wenn man jedoch in einer Gruppe (mit bis zu 4 Pers.) unterwegs ist, kann ein Taxi günstiger sein. Man zahlt ungefähr 200 S$ bis nach Albina und 300 S$ bis nach Nieuw Nickerie. Das Hotel kann einem eine Liste mit Fahrern geben oder gleich ein Taxi bestellen.

Unterwegs vor Ort

Mittlerweile ersetzt die Brücke zwischen Paramaribo und Meerzorg die alte Fähre. Es gibt aber noch die häufig fahrenden schnellen **Wassertaxis** (3 S$/Pers. od. Fahrrad), die vom **Platte Brug** an der Waterkant gleich südlich der Keizerstraat ablegen.

In guter alter holländischer Tradition erkunden viele Leute Parbo und seine Umgebung mit dem Fahrrad, z. B. auch die alten Plantagen am anderen Flussufer des Surinam. Helme trägt man hier nur selten und es werden auch kaum welche vermietet. **Cardy Adventures** (☎ 42-2518; www.cardyadventures.com; Cornelis Jongbawstraat 31; ⓥ 8–18.30 Uhr) hat vernünftige Fahrräder und Mountainbikes (ab 14 S$/Tag) im Angebot und versorgt einen mit Fahrradkarten.

Die meisten Busse ab Parbo starten am Heiligenweg. Informationen zum Fahrplan erhält man an den Abfahrtspunkten oder in der eigenen Unterkunft.

Taxis sind in der Regel nicht so teuer, aber da sie keine Taxameter haben, sind die Preise verhandelbar (Kurzstrecke ca. 6 S$).

RUND UM PARAMARIBO

Die Flüsse und die Plantagen rund um Parbo eignen sich hervorragend für Tagesausflüge, bei denen man etwas über die Lokalgeschichte erfährt und Tiere beobachten kann. Die Plantagen erreicht man per Fahrrad oder per Boot.

Commewijne

An den Ufern des Surinam und des Commewijne gegenüber von Paramaribo liegen alte Plantagen, die durch Kanäle voneinander getrennt sind. Überall finden sich Überreste von Gebäuden, in denen einst Kaffee, Kakao und Zuckerrohr verarbeitet wurden. Viele Besucher mieten sich ein Fahrrad und erkunden im Rahmen eines Tagesausflugs die Radwege hinter den Plantagen.

Bei der einen Route überquert man die beiden Flüsse mit Wassertaxis und erreicht dann **Frederiksdorp** (☎ 30-5003; DZ 195 S$). Der Plantagenkomplex wurde liebevoll restauriert und von der auf Denkmalschutz bedachten Familie Hagermeyer in ein Hotel umgebaut. Auch im Rahmen von Bootstouren besuchen Gäste die Plantagen flussaufwärts. Die Boote halten am **Fort Nieuw Amsterdam**, wo man Artefakte aus dem Sklavenhandel und ein eindrucksvolles Schleusensystem holländischer Ingenieurskunst sehen kann. Das Gelände um das gespenstisch baufällige **Peperpot**, ungefähr 10 km von Parbo entfernt auf der anderen Seite der Brücke nach Meerzorg, ist ein beliebtes Ziel bei Vogelbeobachtern. Karten und Infos zu den Strecken gibt's bei Cardy Adventures (s. S. 690) und in der Touristeninformation (s. S. 687).

Nördlich von Fort Nieuw Amsterdam befindet sich der ruhige und weitgehend moskitofreie Strand **Matapica**, an dem zwischen April und August die Meeresschildkröten an Land gehen. In der Regel kommen die Touren auch hier vorbei. Die Boote fahren durch die Plantagenkanäle und die Sümpfe, die ein reiches Vogelleben bergen. Stinasu (S. 689) betreibt dort ein kleines Camp.

Beliebt sind auch Touren auf dem Commewijne zur Beobachtung von **Flussdelfinen**. Die meisten Bootstouren zu den Plantagen führen extra durch delfinreiche Gewässer, damit ihre Teilnehmer ein paar von ihnen zu Gesicht bekommen. Darüber hinaus werden das ganze Jahr über Tagesausflüge angeboten, die speziell auf Delfinbeobachtungen ausgelegt sind (s. S. 689).

AMAZONIEN AUF EIGENE FAUST

Wenn man in Surinam ein echtes Abenteuer erleben will, macht man sich mit einem Kumpel, seiner Hängematte sowie ein bisschen Sonnen- und Insektenschutzmittel auf zu einer Bootsfahrt auf dem Surinam. Unterwegs kann man in den kleinen Indio- und Maroon-Dörfern Halt machen.

Da es keine festen Fahrpläne für Boote gibt, braucht man viel Geduld. In vielen winzigen Vorposten sind in letzter Zeit eigenständige, einfache Tourismusprojekte auf den Weg gebracht worden und Traveller finden damit leicht einen Platz, um ihre Hängematte aufzuspannen. In den meisten Gemeinden kann man auch irgendwo Getränke und eine warme Mahlzeit (meistens Fisch) erstehen. Wer keine Lust hat, auf dem Fluss auch wieder zurückzufahren, kann von mehreren Flugfeldern auf der Strecke aus die regelmäßigen Verbindungen nach Paramaribo nutzen. Auch in den Charterflugzeugen mancher Tourveranstalter könnte ein Platz frei sein.

Eine neue Organisation, die **Stichting Lodeholders Boven Suriname** (Stiftung der Hüttenbetreiber in Surinam; www.upper-suriname.com), bietet im Internet eine Karte, auf der die Dörfer und Unterkünfte verzeichnet sind – eine unbezahlbare Infoquelle, wenn man sich in dieses wilde Hinterland wagen will.

PARKS & NATURSCHUTZGEBIETE

Surinams größte Attraktion – nach Parbo – sind seine vielen Parks und Naturschutzgebiete. Allerdings ist es schwierig bis unmöglich, diese auf eigene Faust zu erkunden. Die meisten Leute wenden sich daher an einen Tourveranstalter (s. S. 689).

Central Suriname Nature Reserve

Auf jeder Karte von Surinam sind große Gebiete verzeichnet, die unter Naturschutz stehen. Eines der größten ist dieses 1,6 Mio. ha große Naturschutzgebiet, das 12 % der Fläche Surinams ausmacht. Es wurde 1998 dank einer Spende der Conservation International in Höhe von 1 Mio. US$ eingerichtet. 40 % der Pflanzen- und Tierarten im Central Suriname Nature Reserve sind ausschließlich in den Guyana-Ländern zu finden.

Die Raleighvallen (Raleigh-Wasserfälle) sind eine lange Abfolge von stufenartigen Wasserfällen am Oberlauf des Coppename, mitten im Land der Maroons und Indios. In dem Gebiet leben u. a. Klammeraffen, Zitteraale und Guyana-Klippenvögel, die mit ihrem blutorangenen Federkleid und dem wie der Helm eines trojanischen Kriegers aussehenden fächerförmigen Schopf wunderschön anzusehen sind. Stinasu (S. 689) unterhält Touristenunterkünfte auf Foengoe Eiland neben den Wasserfällen. Hierher gelangt man per Flugzeug oder mit dem Auto (5 Std.) und anschließend dem Boot (2 Std.). Zur 240 m hohen Granitkuppel des Voltzbergs geht's zu Fuß durch den Dschungel (2½ Std.), danach folgt der steile Aufstieg zum Gipfel.

Brownsberg Nature Reserve & Brokopondo

Die Parkverwaltung befindet sich auf einem Hochplateau oberhalb vom Brokopondo-See und ist mit dem rund 100 km entfernten Paramaribo über eine Schotterstraße aus rotem Lehm verbunden. Das Plateau liegt ungefähr 500 m höher als das Gebiet rundherum und zeichnet sich durch eine sehr unterschiedliche Flora und Fauna aus. Überall treiben sich Affen rum – von roten Guyana-Brüllaffen, die oben in den Baumkronen ihr Geheul anstimmen, bis zu bedrohten schwarzen Satansaffen, die einen von den Ästen aus beobachten. Stinasu (S. 689) betreibt Unterkünfte (ab 350 S$) für Gruppen sowie Camping- (42 S$) und Hängemattenplätze (30 S$) bei der Parkverwaltung.

Der Brokopondo-See ist eigentlich ein Stausee. Er entstand 1964, als die Regierung einen Staudamm am Surinam errichtete, um mit der Wasserkraft Strom für die Bauxitverarbeitung zu gewinnen. Der Anblick von Sturmwolken, die über den 1500 km² großen See ziehen, ist zwar atemberaubend, aber wenn man näher hinschaut, erkennt man, dass es sich hier eigentlich um den Friedhof eines Regenwalds handelt: Wo früher grüner Waldboden war, ragen heute tote Bäume über die Wasseroberfläche empor. Zum Park gehört eine interessante Ausstellung, die erläutert, wie wegen des Staudammprojekts Tausende Menschen (überwiegend Maroons und Indios) sowie Hunderttausende Tiere umgesiedelt werden mussten.

Eine 45-minütige Fahrt mit dem Motorboot über das von toten Baumstümpfen durchzogene Wasser des Brokopondo bringt einen zu der kleinen Insel Tonka, wo die Saamaka-Maroons ein auf rustikal getrimmtes Ökotourismusprojekt betreiben. Näheres erfährt man bei Stinasu (S. 689).

Es ist relativ leicht, Brownsberg auf eigene Faust zu erkunden: Von der Ecke Prinsenstraat und Saramacastraat in Paramaribo fahren Minibusse zum Maroon-Dorf Brownsberg (40 S$, 3 Std.). Wer sich rechtzeitig darum kümmert, kann sich hier von Stinasu abholen und durch den Park fahren lassen (50 S$, 30 Min.). Mehrere Tourveranstalter in Parbo bieten auch anstrengende Tagesausflüge (s. S. 689) nach Brownsberg an.

Galibi Nature Reserve & Coppename Nature Reserve

Galibi ist ein Schutzgebiet für die unzähligen Meeresschildkröten (darunter Riesen-Lederschildkröten), die zwischen April und August an Land kommen und im Sand ihre Eier ablegen. Mit Genehmigung der hiesigen Kariben-Gemeinde können Traveller mit Leihkanus von Albina aus hierher paddeln. Einfacher gestaltet sich aber die Anreise mit Stinasu ab Paramaribo.

Das geschützte Sumpfgebiet Coppename befindet sich an der Mündung des gleichnamigen Flusses. Hier leben die vom Aussterben bedrohten Karibik-Manatis, außerdem ist das Gebiet ein echtes Paradies für Vogelliebhaber. Stinasu organisiert auf Anfrage Touren.

Palumeu
300 Ew.

Das friedvolle Indio-Dorf liegt am Ufer des Boven Tapanahoni. Mittlerweile setzt es auf den Tourismus, um sich neben der Holzwirtschaft und der Jagd eine dauerhafte Lebensgrundlage zu schaffen. Von Albina aus kann man den Weg über den Fluss nehmen, muss dabei aber unzählige Stromschnellen meistern und sich acht bis zwölf Tage Zeit nehmen. Wer schneller sein möchte, nimmt in Paramaribo das Flugzeug und schwebt in nur einer Stunde über den unberührten Dschungel hierher. METS und Stinasu (s. S. 689) vermitteln Unterkünfte in einfachen, aber komfortablen Hütten im indigenen Stil, die nachts von Petroleumlampen erhellt werden.

NIEUW NICKERIE
13 100 Ew.

Die geschäftige Grenzstadt mit ihren breiten Straßen war früher ein wichtiges Zentrum für *balata* (Naturkautschuk). Heute werden hier überwiegend Bananen und Reis angebaut und über den großen Hafen verschifft. Dies ist der letzte Halt vor Guyana. Außerdem kann man von hier aus das Sumpfgebiet Bigi Pan erkunden, wo Kaimane, Rote Ibisse und über 100 andere Vogelarten leben. Alle Hotels nehmen 140 S$ für eine Tagestour in das Gebiet.

Im **TeleSur Office** (Kanaalstraat 3; Mo–Sa 7–22 Uhr) kann man telefonieren und ins Netz. Nebenan gibt's eine **RBTT-Bank** mit Geldautomat.

EINREISE NACH FRANZÖSISCH-GUYANA

Albina (4000 Ew.) ist der letzte Halt vor der Überfahrt über den Marowijne nach St. Laurent du Maroni in Französisch-Guyana. Die Kleinstadt kam in den 1980er-Jahren beim Aufstand der Maroons ziemlich zu Schaden und wird noch immer neu aufgebaut. Manche Traveller kommen hier im Rahmen einer Tour vorbei, die zum Galibi Nature Reserve führt, wo Meeresschildkröten beobachtet werden können. Für einen längeren Aufenthalt liefert Albina aber kaum einen Grund. Wer hier strandet, kann im sauberen **Creek Guesthouse** (34-2031, DZ 75 S$) übernachten. Die Inhaber sprechen auch Englisch und können einem sicher einen Führer zu den Stränden der Meeresschildkröten vermitteln.

Vom Ortszentrum fahren Minibusse (25 S$, 2½ Std.) und öffentliche Busse (10 S$, 3 Std.) nach Paramaribo. **Benito Taxi** (0864-2174; 200 S$) setzt einen an der gewünschten Unterkunft in Paramaribo ab.

Die französische **Fähre** (Passagier/Auto 12/95 S$ od. 4/26 €; Mo–Fr 8 & 17, Sa 8.30 & 9.30, So 15 & 16 Uhr) überquert den Marowijne von Albina nach St. Laurent du Maroni in Französisch-Guyana in 30 Minuten. Dort angekommen, bringen einen *taxis collectifs* nach Cayenne (S. 678). Tagsüber kann man auch mit einem der **Motorboote** (12 S$ od. 4 €/Pers.) von der Fähranlegestelle in Albina über den Fluss übersetzen (10 Min.). Aus- und Einreisestempel bekommt man jeweils bei der Einreisebehörde an den Fähranlegern an beiden Flussufern. Infos zur Reise in umgekehrter Richtung gibt's auf S. 679.

Das **Concord Hotel** (☎ 23-2345; Wilhelminastraat 3; DZ 105 S$; ✱) und das **Sea Breeze** (☎ 21-2111; Meimastraat 34; DZ 95 S$; ✱) sind kleine, saubere Unterkünfte im Motel-Stil. Komfortabler ist das **Residence Inn** (☎ 21-0950; Bharosstraat 84; www.resinn.com; EZ/DZ 165/199 S$; ✱), ein typisches Kettenhotel mit freundlichem Service.

Melissa's Halal Food (Concord Hotel; Hauptgerichte 7–8 S$) bietet eine große Auswahl von muslimisch-indischen Gerichten, die in einem klimatisierten Speisesaal serviert wird.

Alle Busse und Minibusse halten und starten am Markt. Nach Paramaribo fahren täglich zwei staatliche Busse (12 S$, 4 Std., 6 & 13 Uhr). Sobald der erste staatliche Bus weg ist, füllt ein Privatanbieter (20 S$) die Plätze seines Busses und fährt los. Ein Taxi braucht drei bis vier Stunden bis nach Paramaribo (300 S$). Minibusse starten um 8 Uhr nach South Drain (14 S$), wo die Fähre nach Guyana ablegt. Am besten reserviert man bereits am Vortag beim Minibusfahrer einen Sitzplatz; die eigene Unterkunft kann einem dabei helfen.

ALLGEMEINE INFORMATIONEN SURINAM
Aktivitäten
Besonders beliebt in Surinam sind Erkundungstouren in den Wäldern im Landesinneren. Derartige Gelegenheiten zur Beobachtung von Vögeln und anderen Tieren bieten sich einem wohl nur selten, und auch Möglichkeiten zum Wandern und Bootfahren gibt's zuhauf. Viele Reisende sind auch per Drahtesel unterwegs – das geht allerdings nur in den Küstenregionen.

Botschaften & Konsulate
Deutschland (☎ 471150; Domineestraat 34-36, Paramaribo)
Österreich (☎ 476433; Burenstraat 33, Paramaribo)
Schweiz (☎ 00582122679585; Apartado 62.555, Chacao, Caracas 1060 A, Venezuela)

Bücher
Das bekannteste Buch über Surinam ist Mark Plotkins *Der Schatz der Wayana: Die Lehren der Schamanen im Amazonas-Regenwald,* das auch Infos über Brasilien, Venezuela und die anderen Guyana-Länder liefert. Das englischsprachige *The Guide to Suriname* von Els Schellekens und dem berühmten Fotografen Roy Tjin ist manchmal bei Vaco Press (S. 687) erhältlich. Cynthia McLeod ist Surinams wohl wichtigste Autorin historischer Romane. In ihrem Roman *Die Schwestern von Surinam* geht es um die Zuckerplantagen in Surinam im 18. Jh.

Essen & Trinken
In Surinams Küche spiegelt sich die kulturelle Vielfalt des Landes wider – und das meist auf ganz hervorragende Art und Weise. Vegetariern geht es hier wirklich gut, weil sie aus einer Menge Gerichten der chinesischen, indonesischen, indischen und sogar koreanischen Küche wählen können. Am billigsten isst man an den *warungs* (Imbissstände mit Java-Küche). Die kreolische Küche kombiniert afrikanische und indigene Elemente. Oft gibt's auch englischsprachige Speisekarten, und häufig sind die Preise auch in US-Dollar oder Euro ausgewiesen.

Ziemlich lecker ist das einheimische „Parbo"-Bier. Unter Freunden ist es üblich, sich eine *djogo* (Literflasche) zu teilen. Borgoe und Black Cat sind die besten hiesigen Rumsorten.

Die meisten Restaurants nehmen 10 % für ihren Service; wenn das auf der Rechnung nicht ausgewiesen ist, sollte man der Bedienung 10 bis 15 % Trinkgeld geben. Die Restaurantempfehlungen in diesem Kapitel sind aufsteigend nach Preisen geordnet.

Feiertage
Neujahrstag Am 1. Januar steigt die größte Party des Jahres.
Tag der Revolution 25. Februar
Holi Phagwah (Neujahrsfest der Hindus) März/April
Ostern März/April
Tag der Arbeit 1. Mai
Nationaler Gewerkschaftstag/Gedenktag zur Abschaffung der Sklaverei 1. Juli
Unabhängigkeitstag 25. November
1. Weihnachtstag 25. Dezember
2. Weihnachtstag 26. Dezember
Eid-ul-Fitr (*Lebaran* oder *Bodo* auf Indonesisch) Ende des Ramadan (Datum variiert)

Frauen unterwegs
Die einheimischen Männer begegnen weiblichen Reisenden (vor allem, wenn diese allein unterwegs sind) häufig verbal aggressiv, tätliche Übergriffe sind allerdings selten. Die permanenten schlüpfrigen Bemerkungen oder Pfiffe können lästig und äußerst unangenehm sein – am besten einfach ignorieren, das hilft meistens.

EINREISE NACH GUYANA

Von Nieuw Nickerie geht's in eineinhalb Stunden über holprige Straßen nach South Drain. Dort setzt die Canawaima-Fähre (28 S$, 25 Min., tgl. 11 Uhr) über den Corantijn nach Moleson Creek in Guyana über. Wenn man in Guyana alle Einreise- und Zollformalitäten erledigt hat, kann man mit einem Minibus weiter nach Corriverton (400 G$, 20 Min.) und Georgetown (2000 G$, 3 Std.) fahren.

Sollte die Straße zwischen Nieuw Nickerie und South Drain (z. B. wegen Regenfällen) nicht passierbar sein, kann man's wie die Einheimischen machen und den „Schleichweg" nutzen. Dies ist im Grunde illegal, weil es dabei mit kleinen Motorbooten über den Corentyne nach Springlands in Guyana geht. Das Hotel oder der Fahrer aus Parbo können einem sagen, ob die Straße befahrbar ist, und zeigen einem, wenn nötig, den Schleichweg. Den Einreisestempel kann man sich dann auf der Polizeiwache nahe der Anlegestelle in Springlands abholen. Von dort fahren Busse nach Corriverton und Georgetown.

Guyana liegt eine Zeitzone hinter Surinam, also nicht vergessen, die Uhr um eine Stunde zurückzustellen!

Von Paramaribo nach Georgetown gelangen Traveller am einfachsten mit **Bobby Minibus** (☎ 49-8583, 0874-3897; 80 S$) oder **Johhny's Bus & Taxi** (☎ 0865-2080, 0880-5210). Die Fahrzeuge verlassen Paramaribo zwischen 4 und 5 Uhr und sind auf die Fähren in South Drain abgestimmt. Die Fahrt dauert je nach Zustand der Straßen neun bis zwölf Stunden. Infos zur Reise in umgekehrter Richtung gibt's auf S. 709.

Gefahren & Ärgernisse

In manchen Stadtteilen, z. B. auf Märkten, muss man mit Kleinkriminalität (insbesondere mit Taschendieben) rechnen; vor Ort nachfragen, welche Ecken gefährlich sind. Anders als in den beiden anderen Guyana-Ländern nimmt die Zahl der Diebstähle im Landesinneren von Surinam stetig zu, und man sollte möglichst nie allein unterwegs sein.

Geführte Touren

Das Landesinnere Surinams lässt sich am besten im Rahmen einer geführten Tour von einem professionellen Anbieter erkunden. Ein paar der rund 30 Tourveranstalter, die sich auf Aktivitäten mit Umweltaspekten und soziokulturellem Hintergrund (z. B. den Besuch von Indio- oder Maroon-Dörfern) spezialisiert haben, sind auf S. 689 aufgelistet.

Im Preis inbegriffen sind Verpflegung, Unterkunft, Transport und Führer. Für die meisten Ausflüge müssen mindestens vier Teilnehmer zusammenkommen – daher möglichst früh anmelden.

Geld

Die Landeswährung ist der Surinam-Dollar (S$). Dennoch weisen manche Geschäfte ihre Preise in Euro oder US-Dollar aus. Die meisten Banken akzeptieren die großen internationalen Währungen, beim Umtausch von Guyana-Dollar oder brasilianischen Real könnte man allerdings Schwierigkeiten haben.

In RBTT-Banken und in manchen Hotels kann man Reiseschecks einlösen und sich mit Kreditkarte Bares auszahlen lassen. Nur die Geldautomaten der RBTT-Bank akzeptieren ausländische Karten. Kreditkartenzahlung ist meist nur in großen Hotels und Reisebüros möglich, und in der Regel nur gegen eine Gebühr.

Die Einheimischen wechseln dauernd Geld, und viele nutzen dazu den **Geldwechselautomaten** (Ecke Sommelsdijckstraat & Kleine Waterstraat) in Paramaribo (s. S. 687). Er sieht aus wie ein Geldautomat, bietet in der Regel faire Wechselkurse und erhebt keine Umtauschgebühren.

Zu Redaktionsschluss galten folgende Wechselkurse:

WECHSELKURSE		
Land	Währung	S$
Eurozone	1 €	4,11
Schweiz	1 SFr	2,52
USA	1 US$	2,71

Gesundheit

Wer aus einer Gelbfieberregion anreist, muss eine Schutzimpfung nachweisen. Im Landesinneren grassieren Typhus und chloroquinresistente Malaria. Leitungswasser ist nur in Paramaribo trinkbar! Weitere Infos gibt's auf S. 1129.

Infos im Internet

Surinam.Net (www.surinam.net) Infos, Links, Liveradio und Foren.
Suriname Tourism Foundation (www.suriname-tourism.org) Nützliche Infos zum Touristenservice und zu Sehenswertem in Surinam.

Internetzugang

In Parbo und Nieuw Nickerie findet man Internetcafés mit erschwinglichen Preisen (ca. 5–6 S$ pro Std.). Große Hotels stellen ihren Gästen gegen Gebühr einen Internetzugang für Laptops zur Verfügung.

Karten & Stadtpläne

Die aktuelle und hervorragende *toeristenkaart* (10 €) von Hebri BV gibt's bei Vaco Press (S. 687) und im Souvenirladen des Hotel Torarica (S. 690) in Paramaribo.

Klima

Die große Regenzeit ist von Ende April bis Juli, eine kürzere folgt im Dezember und Januar. Am besten besucht man Surinam während der Trockenzeiten (Feb.–Ende April & Aug.–Anfang Dez.). Weitere Infos und Klimatabellen gibt's auf S. 1110.

Medien

Die beiden Tageszeitungen *De Ware Tijd* und *De Wes* erscheinen auf Niederländisch. Daneben gibt's den *Suriname Weekly* als englischsprachige Ausgabe und auf Niederländisch.

Die Fernseh- und Radiosender strahlen Sendungen auf Niederländisch, Sranan Tongo, Englisch, Hindustani und Javanesisch aus.

Öffnungszeiten

Die Geschäfte haben in der Regel werktags von 7.30 bis 15 Uhr geöffnet, manche öffnen auch samstags für ein paar Stunden. Die meisten Restaurants servieren zwischen 11 und 14.30 Uhr Mittagessen und zwischen 18 und 22 Uhr Abendessen. Ein paar Lokaliäten sind auch schon ab 8 Uhr zum Frühstück geöffnet.

In unseren Auflistungen sind Öffnungszeiten nur dann vermerkt, wenn sie von den genannten Zeiten stark abweichen.

Post

In Paramaribo arbeitet die Post recht zuverlässig, in anderen Landesteilen ist das leider nicht immer der Fall.

Shoppen

Kunsthandwerk der Maroons, insbesondere Holzschnitzereien, sind in Surinam schöner und günstiger als in Guyana oder in Französisch-Guyana. Attraktiv sind auch Kunsthandwerksstücke der Indios und Javanesen. Traveller gehen am besten in Paramaribo auf die Jagd; das Geschäftszentrum erstreckt sich rund um die Domineestraat.

Strom

Die Netzspannung liegt bei 110/220 V, 60 Hz.

Telefon

Die staatliche Telefongesellschaft heißt TeleSur (Telecommunicatiebedrijf Suriname). Orts- und Auslandsgespräche – auch R-Gespräche – kann man an den gelben öffentlichen Telefonzellen führen; dazu braucht man lediglich eine Prepaid-Telefonkarte, die in allen TeleSur-Filialen erhältlich ist. In Surinam gibt's keine Ortsvorwahlen.

Touristeninformation

Die Touristeninformation in Paramaribo ist die beste Anlaufstation für Traveller.

Unterkünfte

In Paramaribo finden sich überall recht erschwingliche Hotels und Pensionen (ab 60 S$/Nacht). Im Landesinneren von Surinam muss man dagegen mit rustikaleren Unterkünften vorlieb nehmen, die dazu auch noch teurer sind. Man sollte ein Moskitonetz dabei haben, damit die Insekten einen in den heißen Nächten nicht komplett um den Schlaf bringen.

Surinams „Hochsaison" ist zwischen Juli und August, aber die Preise steigen dann, wenn überhaupt, nur leicht an. Manchmal bieten Tourveranstalter im Dezember, Januar und während der Hochsaison sogar Preisnachlässe an.

Visa

EU-Bürger und Staatsbürger der Schweiz müssen grundsätzlich einen Reisepass vorlegen und benötigen außerdem auch noch ein Visum.

Surinam unterhält nur wenige diplomatische Vertretungen im Ausland. Wer ein Visum beantragen möchte, wendet sich an die nächste Botschaft. Allerdings kann die Bearbeitung auf dem Postweg bis zu vier Wochen in Anspruch nehmen. Bei den Konsulaten in

Georgetown (Guyana) und Cayenne (Französisch-Guyana) bezahlen EU-Bürger 30 US$ für Visa mit zwei Monaten Gültigkeit (einfacher Grenzübertritt); die Bearbeitungsdauer variiert zwischen ein paar Stunden und mehreren Tagen. Wer die Grenze mehrfach überqueren oder länger bleiben möchte, muss mehr berappen. Angeblich stellen die Konsulate in Georgetown (Guyana) und Cayenne (Französisch-Guyana) innerhalb einiger Tage oder Stunden Visa aus. Hierfür werden ein Passfoto und ein Rückreiseticket benötigt.

Wer länger als 30 Tage in Surinam bleiben möchte, kann sein Visum bei der **Vreemdelingenpolitie** (außerhalb der Karte S. 688; Fremdenpolizei; ☎ 40-3609; Laachmonstraat; ⏰ Mo–Fr 7–14 Uhr) in Paramaribo verlängern lassen.

Aktuelle Informationen zu den Visabestimmungen findet man auf www.surinameembassy.org oder auch auf www.lonelyplanet.de.

GUYANA

HIGHLIGHTS

- **Kaieteur-Fall** (S. 710) Im tiefsten Amazonasdschungel beim Anblick des höchsten in einer Stufe hinabstürzenden Wasserfalls der Welt in Verzückung geraten.
- **Iwokrama** (S. 710) Mit einem erfolgreichen Projekt zur Sicherung der Artenvielfalt des Waldes und der indigenen Kultur Ökotourismus vom Feinsten erleben.
- **Rupununi-Savanne** (S. 712) Im Rahmen lang gehegter Safari-Träume die weltweit letzten Bestände von Riesenottern und Mohrenkaimanen live erleben.
- **Besonders empfehlenswert** (S. 710) Auf der langen Fahrt von Parika nach Mabaruma (Shell Beach) durch Dörfer fahren, die vom Reisanbau leben, und Flüsse überqueren, in denen zahllose Tiere zuhause sind.
- **Abseits ausgetretener Pfade** In den abgelegenen Kanuku Mountains (S. 713) mit einheimischen *vaqueros* (Cowboys) die Rinder zur Weide treiben.

KURZINFOS

- **Bevölkerung:** 765 000
- **Fläche:** 215 000 km² (ungefähr so groß wie Großbritannien)
- **Geld:** 1 € = 278 G$ (Guyana-Dollar), 1 SFr = 190 G$
- **Hauptstadt:** Georgetown
- **Landesvorwahl:** ☎ 592
- **Preise:** Bett in einer Pension 22 €, leckerer Pfeffertopf 2 €, Taxifahrt in Georgetown 0,20 €/km
- **Reisekosten:** 30–37 € pro Tag
- **Reisezeit:** Hochsaison (Juni–Sept.), Nebensaison (Sept.–Mai), Regenzeit (Nov.–April)
- **Sprachen:** Englisch, Kreol, Hindi, Urdu, indigene Sprachen
- **Zeitzone:** MEZ –5 Std.

TIPPS FÜR UNTERWEGS

Bei Reisen ins malariageplagte Landesinnere jede Menge langärmelige, leichte Kleidung sowie Moskitoschutzmittel mitbringen.

VON LAND ZU LAND

Guyana hat u. a. Grenzübergänge nach Nieuw Nickerie (Surinam) und Bonfim (Brasilien).

Das dicht bewaldete Guyana, das der eigene Tourismusverband als „rau" und „ungezähmt" beschreibt, ist geprägt von einer unruhigen Geschichte, von politischer Instabilität und von Spannungen zwischen verschiedenen Volksgruppen. Neben Korruption und Misswirtschaft findet man hier aber auch eine fröhliche, kunterbunte Bevölkerung, die ihr Bestes gibt, um ihr Land als eines der wichtigsten Ökotourismus-Reiseziele des Kontinents zu etablieren. Die etwas heruntergekommene koloniale Hauptstadt Georgetown mit ihrem stark karibischen Flair hat ein pulsierendes Nachtleben, großartige Restaurants und einen quirligen Markt zu bieten. Im Landesinneren hingegen offenbart sich Amazonien in seiner ganzen Schönheit: Weit weg vom Rummel der Hauptstadt findet man hier Gemeinden aus amerikanischen Ureinwohnern und eine einzigartige Flora und Fauna.

AKTUELLE ENTWICKLUNGEN

Mit Hilfe eines UN-Schiedsgerichts konnten 2007 die langjährigen Grenzstreitigkeiten mit Surinam wegen potenzieller Ölvorkommen vor der Küste zur Zufriedenheit aller Parteien geschlichtet werden. Die Präsidenten beider Nationen erklärten, diese Resolution sei der Beginn einer Periode der freundschaftlichen Beziehungen zwischen beiden Ländern.

Nach jahrelangen Verhandlungen und Finanzierungsproblemen wurde 2008 die Takutu-Brücke zwischen Lethem in Süd-Guyana und Brasilien fertiggestellt. Bleibt nur noch die Frage, wer die Straße zwischen Lethem und Georgetown asphaltieren wird – und wann.

GESCHICHTE

Bevor die Niederländer Ende des 16. Jhs. nach Guyana kamen, bevölkerten die Stämme der Kariben und Arawak das Land. Die Niederländer bauten hier eine Plantagenwirtschaft auf, die auf der Ausbeutung afrikanischer Sklaven beruhte. 1763 kam es zu einer Massenrevolte, die als Sklavenaufstand von Berbice in die Geschichte einging. Der Anführer der Rebellion, Kofi, ist bis heute ein Nationalheld in Guyana, obwohl der Aufstand der Sklaven zur Erlangung ihrer Freiheit letztlich scheiterte.

1796 übernahmen die Briten die Kontrolle über das Gebiet, und 1831 wurden die drei kolonialen Siedlungen Essequibo, Demerara und Berbice unter dem Namen „Britisch-Guyana" zusammengefasst. Nach Abschaffung der Sklaverei im Jahr 1834 weigerten sich die Afrikaner, gegen Entlohnung auf den Plantagen weiterzuarbeiten. Stattdessen gründeten viele ehemalige Sklaven ihre eigenen Dörfer im Busch und sind heute als Maroons

DIE TRAGÖDIE VON JONESTOWN

Am 18. November 1978 starben 913 Menschen (darunter über 270 Kinder) in einer abgelegenen Ecke des Guyana-Regenwalds durch erzwungenen Selbstmord. Das schreckliche Ereignis, das als Jonestown-Massaker bekannt wurde, wirft bis heute einen dunklen Schatten auf den Ruf Guyanas.

In den 1950er-Jahren hatte sich unter der Führung von Jim Jones, eines charismatischen Amerikaners, ein religiöser Zusammenschluss namens „Die Sonnentempler" in Jonestown niedergelassen. Die Utopien Jones' von einer egalitären landwirtschaftlich geprägten Kommune zogen hunderte Anhänger an, doch in den 1960ern, als er seine Kirche nach San Francisco umsiedelte, wurde Jim Jones zusehend paranoider, und die Glaubensgemeinschaft ähnelte mehr und mehr einer Sekte. Der nächste Schritt des Führers war die Umsiedlung der Gemeinschaft in den Busch Guyanas.

Als geflohene Mitglieder 1977 berichteten, Jones leite die Siedlung wie eines der Straflager im benachbarten Französisch-Guyana, beschloss der US-Kongressabgeordnete Leo Ryan, Jones zusammen mit Journalisten und besorgten Angehörigen einen Besuch abzustatten. Die Besucher trafen auf mehrere verschreckte Mitglieder, die fliehen wollten, und Ryan, der Jones falsch einschätzte, wollte einige von ihnen mitnehmen. Daraufhin wurden er und vier Begleiter von Anhängern des Amerikaners auf dem Flugfeld Jonestown erschossen. In der folgenden Nacht befahl Jones seinen Anhängern, ein mit Zyankali versetztes Gebräu zu trinken. Während viele das Gift zu sich nahmen, wurden andere erschossen oder mit durchschnittenen Kehlen aufgefunden. Auch sich selbst verschonte Jones nicht, oder er beauftragte jemanden mit seiner Ermordung.

Mit der grandiosen Dokumentation *Jonestown: The Life and Death of People's Temple* lieferte Regisseur Stanley Nelson 2006 einen modernen Erklärungsansatz für diese undurchsichtige Tragödie.

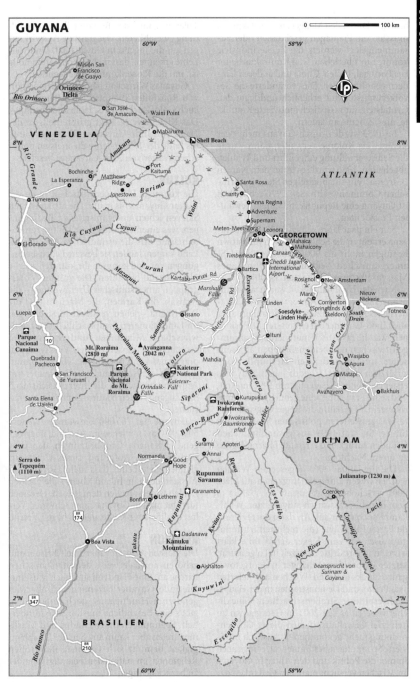

bekannt. Durch den Mangel an Arbeitskräften mussten die Plantagen geschlossen oder zusammengelegt werden, die Zuckerindustrie konnte nur überleben, weil Kontraktarbeiter aus Portugal, Indien, China und anderen Ländern geholt wurden. Dies veränderte die Bevölkerungsstruktur erheblich und legte den Grundstein für rassistisch motivierte Konflikte, die bis heute andauern.

Bis 1953 wurde Britisch-Guyana mehr oder weniger als Kolonie verwaltet, dann wurde die Selbstverwaltung eingeführt und Wahlen abgehalten. 1966 wurde es unter dem Namen „Guyana" ein unabhängiger Staat im britischen Commonwealth. Seit 1970 schließlich ist Guyana eine Republik mit einem gewählten Präsidenten.

Nur ein paar Jahre später, 1978, geriet Guyana erneut in die Schlagzeilen: In Jonestown begingen mehr als 900 Anhänger des US-amerikanischen Sektenführers Jim Jones Massenselbstmord (s. Kasten S. 700).

Nach der Unabhängigkeit waren jahrzehntelang alle wichtigen Ämter von Afro-Guyanern besetzt. In letzter Zeit gelangen aber auch Indo-Guyaner auf einflussreiche Positionen, was die rassistisch motivierten Spannungen zwischen den beiden Gruppen afrikanischer und ostindischer Herkunft noch zusätzlich anheizt. Cheddi Jagan, Guyanas erster gewählter Präsident, starb 1997 im Amt, und seine Frau Janet, eine gebürtige US-Amerikanerin, übernahm die Regierungsgeschäfte, was zu weiteren politischen Spannungen führte. Sie trat 1999 aus gesundheitlichen Gründen zurück und ernannte Bharrat Jagdeo zu ihrem Nachfolger.

Die für Januar 2001 angesetzten Wahlen wurden wegen Unregelmäßigkeiten auf März 2001 verschoben. Das brachte die Wähler in dem ohnehin rassistisch aufgeheizten Wahlkampf noch mehr auf. Als dann die regierende Partei PPP/Civic (die mehrheitlich indoguyanisch ist) zum Sieger der Wahl erklärt wurde und ihre dritte Amtszeit in Folge antrat, setzten Oppositionsanhänger in Georgetown ganze Blocks in Brand. Wochenlang lieferten sich Polizei und Demonstranten in der Hauptstadt erbitterte Straßenschlachten. Glücklicherweise ist es seit 2001 in Georgetown zu keinerlei Gewaltausbrüchen dieser Größenordnung mehr gekommen. Rassistisch motivierte Spannungen bestimmen allerdings noch immer die Politik und den Alltag in Guyana. Inzwischen versucht man, den Gedanken der Toleranz zum festen Bestandteil der Schulbildung zu etablieren, was positive Auswirkungen auf die Jugend in Guyana hat. Und viele Leute erkennen, dass mehr Kooperation nötig ist, um die Rassenkonflikte zu beenden.

Guyanas Wirtschaft basiert auf dem Export von Rohstoffen (hauptsächlich Bauxit, aber auch Gold, Zucker, Reis, Holz und Shrimps). Das Kleingewerbe liegt größtenteils in der Hand von Indo-Guyanern. Dagegen waren bis Ende der 1990er-Jahre die meisten politischen Ämter von Afro-Guyanern besetzt.

KULTUR

Die koloniale Plantagenwirtschaft prägt die Kultur Guyanas bis heute. Die afrikanischen Sklaven lebten unter miserablen Bedingungen, was einen Großteil ihrer Kultur zunichte machte. Als die ostindischen Arbeiter ins Land kamen, fanden sie bessere Lebensbedingungen vor und konnten ihr kulturelles Erbe überwiegend bewahren. Die größten Volksgruppen amerikanischer Ureinwohner – die Arawak, die Kariben, die Macushi und die Wapishana – leben verstreut in Siedlungen im Landesinneren, hauptsächlich von Landwirtschaft. Misstrauen und Spannungen zwischen den verschiedenen Volksgruppen prägen das Land noch heute. Hinzu kommt, dass die Gesellschaft auch die Brasilianer mit Argwohn betrachtet, die ihrer Ansicht nach nur Zugang zu den Naturressourcen Guyanas suchen.

Guyana hat 765 000 Einwohner, weitere 500 000 Guyaner leben im Ausland, überwiegend in Kanada, Großbritannien, den USA und Trinidad. Aufgrund dieses Umstands glauben viele Leute, dass mehr Guyaner im Ausland denn im Inland lebten – die nackten Zahlen widersprechen dies jedoch. Dennoch fürchtet man in Guyana einen schweren Verlust qualifizierter Kräfte, und nicht zu Unrecht.

RELIGION

Die meisten Afro-Guyaner sind Christen und gehören normalerweise der anglikanischen Kirche an. Eine Handvoll sind auch Muslime. Die Indo-Guyaner bekennen sich überwiegend zum Hinduismus, doch unter ihnen gibt's eine beachtliche muslimische Minderheit. Spannungen unter Hindus und Muslimen treten aber kaum auf. Seit der Unabhängigkeit bemüht sich Guyana, alle großen Religionen im nationalen Feiertagskalender zu berücksichtigen.

> **FLUGHAFENSTEUER**
>
> Auslandsreisende zahlen eine Flughafensteuer von 20 US$ (zahlbar in US-Dollar).

NATUR & UMWELT

In Guyana gibt's unzählige Flüsse. Die drei größten sind der Berbice, der Demerara und der Essequibo (von Ost nach West). Der schmale, ebene Küstenstreifen, an dem es fast keine Sandstrände gibt, ist 460 km lang und macht nur 4 % der gesamten Landesfläche aus. Dennoch leben hier 90 % aller Einwohner! Die Niederländer legten einst ein System von Entwässerungskanälen und Deichen an, mit dem sie dem Atlantik einen Großteil des sumpfigen Küstengebiets abringen und für die Landwirtschaft nutzbar machen konnten.

Fast das gesamte Landesinnere ist mit tropischem Regenwald bedeckt. Im Südwesten Guyanas allerdings, zwischen dem Fluss Rupununi und der Grenze zu Brasilien, gibt's gewaltige Savannen.

VERKEHRSMITTEL & -WEGE
An- & Weiterreise

Internationale Flüge landen auf dem Cheddi Jagan International Airport (S. 708) südlich der Hauptstadt.

Ganz im Süden Guyanas führt eine neue Brücke von Lethem ins brasilianische Boa Vista. Im Nordosten kann man über die Fähre von Corriverton (Springlands) über Moleson Creek nach Surinam (S. 709) übersetzen. Der einzige Grenzübergang zwischen Venezuela und Guyana ist die abgelegene, schwer befahrbare und gefährliche Straße zwischen Bochinche und Mabaruma; man nimmt besser den Umweg über Brasilien in Kauf.

Unterwegs vor Ort

Weitere Infos zum Herumreisen in Guyana gibt's auf S. 708.

AUTO
Mietwagen bekommt man in Georgetown, aber nicht am Flughafen (zumindest zur Zeit unserer Recherche nicht). Wer ein Auto mieten will, muss einen internationalen Führerschein vorweisen.

BUS & MINIBUS
Billige Ortsbusse (eigentlich privat betriebene Minibusse mit Fixpreisen) verkehren zwischen bestimmten Punkten überall in Georgetown. Es gibt auch Minibusse, die über die Autobahnen von Georgetown zu anderen Siedlungen und Städten an der Küste und im Landesinneren fahren. Ein großer Bus verbindet über die Autobahn Georgetown mit Lethem und stoppt in den Ortschaften unterwegs.

FLUGZEUG
Mit Charterflügen vom Ogle Aerodome in Georgetown (s. S. 708) erreicht man Ziele im Landesinneren, z. B. Annai, Kaieteur und Iwokrama.

SCHIFF/FÄHRE
Zwischen Charity und Bartica überqueren regelmäßig Fähren den Essequibo mit Zwischenstopp in Parika (von Georgetown über eine befestigte Straße zu erreichen). Eine Fähre setzt auch von Rosignol nach New Amsterdam über, das am Eastern Hwy auf dem Weg zur Grenze nach Surinam liegt. Inzwischen gibt's auch eine neue Brücke über den Fluss, so dass in naher Zukunft der Fährbetrieb vielleicht eingestellt wird. Es gibt aber auch häufiger fahrende Schnellboote (Wassertaxis), die Passagiere von Parika nach Bartica bringen.

TAXI
Viele Taxiunternehmen sind zwischen Georgetown und Orten an der Küste unterwegs. Sie sind allerdings viel teurer als Busse und Minibusse. Wenn man in einer Gruppe unterwegs ist, kann sich ein Taxi aber doch lohnen.

GEORGETOWN
240 000 Ew.

Die älteren Einwohner Georgetowns schwelgen gerne mit nostalgischer Wehmut in Erinnerungen an die glanzvolle Vergangenheit ihrer Hauptstadt und gedenken der Zeit, als die Kinder noch nach Sonnenuntergang in den Straßen spielen konnten und die kolonialzeitlichen Gebäude aussahen, als wären sie erst gestern erbaut worden. Die glorreichen Tage mögen zwar vorbei sein, aber die Stadt verströmt mit ihrem regelmäßig angelegten Straßenraster, den heruntergekommenen Gebäuden aus der Kolonialzeit und den verwilderten Parks noch immer ein entspanntes Flair im Chaos des Alltags. Die Suche nach den hinter der zerschundenen Fassade der Stadt verborgenen Schätzen – historische Monumente, eine lebendige Intellektuellen-

GEORGETOWN

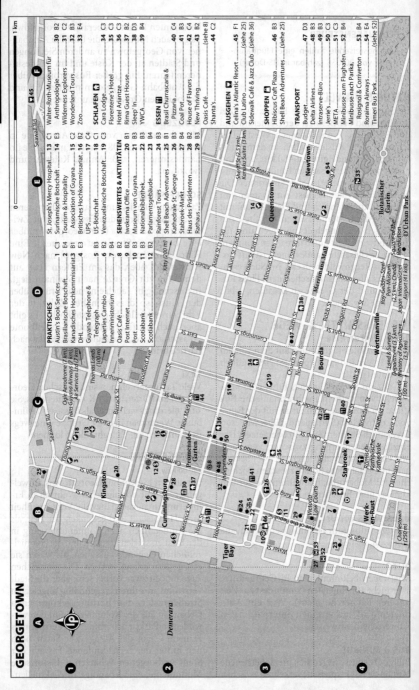

PRAKTISCHES
Austin's Book Services	1	C3
Brasilianische Botschaft	2	E4
Kanadisches Hochkommissariat	3	B1
DHL	4	E3
Guyana Telephone & Telegraph	5	B3
Innenministerium	6	B2
Laparties Cambio	7	B4
Oasis Café	8	B2
Post Internet	9	B2
Post	10	B3
Scotiabank	11	B3
Scotiabank	12	B2
St. Joseph's Mercy Hospital	13	C3
Surinamische Botschaft	14	E3
Tourism & Hospitality Association of Guyana	15	C2
Britisches Hochkommissariat	16	B2
UPS	17	C4
US-Botschaft	18	C1
Venezuelanische Botschaft	19	C3

SEHENSWERTES & AKTIVITÄTEN
Iwokrama Office	20	B1
Museum von Guyana	21	B3
Nationalbibliothek	22	B3
Parlamentsgebäude	23	B4
Rainforest Tours	24	B3
Shell Beach Adventures	25	B3
Kathedrale St. George	26	B3
Stabroek-Markt	27	B4
Haus des Präsidenten	28	B2
Rathaus	29	B3
Walter-Roth-Museum für Anthropologie	30	B2
Wilderness Explorers	31	C2
Wonderland Tours	32	B3
Zoo	33	E4

SCHLAFEN
Cara Lodge	34	C3
Florentene's Hotel	35	C3
Hotel Ariantze	36	C3
Rima Guest House	37	B3
Sleep'In	38	D3
YWCA	39	B4

ESSEN
Brasil Churrascaria & Pizzaria	40	C4
Coal Pot	41	B3
House of Flavors	42	C4
New Thriving	43	B2
Oasis Café		(siehe 8)
Shanta's	44	C2

AUSGEHEN
Celina's Atlantic Resort	45	F1
Club Latino		(siehe 25)
Sidewalk Café & Jazz Club	46	B3
Shell Beach Adventures		(siehe 25)

SHOPPEN
Hibiscus Craft Plaza		

TRANSPORT
Budget	47	D3
Delta Airlines	48	B3
Intraserve-Büro	49	B3
Jerrie's	50	C3
META	51	C3
Minibusse zum Flughafen	52	B4
Minibusse nach Parika		
Rosignol & Corriverton	53	B4
Roraima Airways	54	E4
Timeri Bus Park		(siehe 52)

szene und fabelhafte Restaurants – ist ein wichtiger Teil dieses Abenteuers.

2007 fand in Georgetown das Halbfinale des Cricket World Cup statt. Dieses Event hat die touristische Infrastruktur des Landes entscheidend verändert und neue Hotels, Sportanlagen sowie Organisationen und Unternehmen zum Wohl der Touristen beschert.

Orientierung

Georgetown liegt am Ostufer des Demerara, an der Stelle, wo der Fluss in den Atlantik mündet. Ein langer Deich schützt es vor Überflutungen und das niederländische Kanalsystem übernimmt die Entwässerung der Stadt, die eigentlich zwei Meter unter dem Meeresspiegel liegt.

Georgetown unterteilt sich in mehrere Viertel: Kingston (im Nordwesten), Cummingsburg, Albertown, Queenstown und Newtown (im Stadtzentrum), Robbstown, Lacytown, Stabroek und Bourda (südlich der Church St), Werk-en-Rust, Wortmanville, Charlestown und Le Repentir (noch weiter südlich), Thomas Lands (im Osten) und Kitty (noch weiter östlich).

Praktische Informationen

BUCHLÄDEN

Austin's Book Services (190 Church St; Mo–Fr 8–16, Sa bis 13 Uhr) Größte Auswahl von Büchern und Karten.

GELD

Laparties Cambio (34 Water St; Mo–Fr 8–17 Uhr) Hinter dem Lebensmittelladen Fogarty's. Die Wechselstube ist sicher und bietet die besten Wechselkurse der Stadt.

Scotiabank (104 Carmichael St; Mo–Fr 8–18 Uhr) Akzeptiert internationale Bankkarten, zahlt auf Kreditkarten Bares aus und löst Reiseschecks ein. Eine zweite Filiale gibt's an der Ecke Robb St/Ave of the Republic.

INTERNETZUGANG

Für Internetzugang legt man rund 600 G$ pro Stunde hin. Mehr und mehr wird auch WLAN angeboten, in der Regel gratis.

Oasis Café (125 Carmichael St; Mo–Fr 8–20, Sa 10–16 Uhr) Hat zwei Computerterminals und WLAN.

Post Internet (Ecke Lamaha St & Carmichael St; 200 G$/Std.; Mo–Fr 8–18, Sa bis 13 Uhr) Günstigste, aber auch langsamste Internetverbindung in der Stadt.

MEDIZINISCHE VERSORGUNG

St. Joseph's Mercy Hospital (227-2072; 130-132 Parade St) Diese Privatklinik hat eine rund um die Uhr geöffnete Notfallstation und eine Apotheke.

> **DER WEG INS ZENTRUM**
>
> Der Bus 42 (400 G$, 1 Std.) verkehrt zwischen dem Cheddi Jagan International Airport und dem Timeri Bus Park hinter dem Parlamentsgebäude im Zentrum Georgetowns. Die Busfahrt ist an sich sicher, nachts ist allerdings zu einem Taxi (4000 G$; kann man sich teilen) zu raten. Wer früh morgens vom Jagan abfliegen will, sollte das Taxi bereits am Vortag organisieren.

NOTFALL

Krankenwagen (913)
Feuerwehr (912)
Polizei (911)

POST

Post (225-7071; Robb St) In der Post im Stadtzentrum geht es oft recht hektisch zu.

TELEFON

Guyana Telephone & Telegraph (GT&T; Ecke Church St & Ave of the Republic; 7–22 Uhr)

TOURISTENINFORMATION

Tourism & Hospitality Association of Guyana (THAG; 225-0807; 157 Waterloo St; Mo–Fr 8–17 Uhr) Gibt den nützlichen Reiseführer *Explore Guyana* heraus und versorgt einen mit Karten und Broschüren.

Gefahren & Ärgernisse

Auch wenn die Kriminalitätsrate in Georgetown höher ist als in den anderen Hauptstädten der Guyana-Länder, kann man sich in der Stadt sicher bewegen, eine gesunde Dosis an Vorsicht vorausgesetzt: stets auf die Umgebung achten, niemals Schmuck oder teuer aussehende Kleidung tragen, und wer zu Fuß unterwegs ist, sollte auf keinen Fall mehr Bargeld als nötig dabeihaben. Außerdem sind einsame Straßen zu meiden, besonders am Wochenende, und abends fährt man besser mit dem Taxi (das ist hier eh nicht so teuer).

Sehenswertes

Die schönsten Gebäude aus dem 19. Jh. findet man entlang der Hauptstraße und vor allem an der Ave of the Republic, gleich östlich des Demerara.

Das eindrucksvollste Bauwerk der Stadt, die im gotischen Stil erbaute anglikanische **Kathedrale St. George** (North Rd), soll das höchste Holzgebäude der Welt sein. Für die 1892 fertiggestellte Kathedrale verwendet man das einheimische harte Grünherzholz. Weiter südlich, an der Charlotte St, erhebt sich das unverkennbare neugotische **Rathaus** von 1868. Von seinem knapp 23 m hohen Turm hielten während der Kolonialzeit die Frauen Ausschau nach den Schiffen mit ihren Männern an Bord. Am Südende der Ave of the Republic steht das gut erhaltene **Parlamentsgebäude** aus dem Jahr 1834 und ganz in seiner Nähe befindet sich eines der Wahrzeichen Georgetowns: der **Stabroek-Markt** (Water St). Das gusseiserne Gebäude mit seinem Uhrenturm aus Riffelblech entstand Ende des 18. Jhs., das heutige Bauwerk ist allerdings von 1880.

Andrew Carnegie ließ 1909 die **Nationalbibliothek** (Ecke Ave of the Republic & Church St) errichten. Drei Blocks weiter nördlich erhebt sich das **Haus des Präsidenten** (Ecke Main St & New Market St) mit seinen vielen Fensterläden.

Das altmodische **Museum von Guyana** (Ecke North Rd & Hincks St; 8–16 Uhr) dokumentiert die kulturelle, soziale und politische Geschichte des Landes. Wer sich für die Kultur der amerikanischen Ureinwohner interessiert, findet im **Walter-Roth-Museum für Anthropologie** (61 Main St; 8–14 Uhr) spannende Artefakte und Fotos. Sehenswert sind besonders die Gemälde, welche die neun indigenen Stämme von Guyana darstellen.

Die kurze Fahrt vom Stadtzentrum zum **Roy-Geddes-Steel-Pan-Museum** (190 Roxanne Burnham Gardens; 14–17 Uhr) lohnt sich. Die Ausstellung widmet sich der Geschichte und Herstellung von Steel Pans; welch hypnotische Musik man mit diesen Schlaginstrumenten machen kann, zeigen die Tonaufnahmen. Der weltweit auf diesem Gebiet als Pionier geltende Roy Geddes höchstpersönlich führt die Gäste durch sein Museum. Es ist schwer zu finden, daher lieber mit dem Taxi fahren.

Vogelliebhaber statten dem **Botanischen Garten** (Regent Rd) in Georgetown gern einen Besuch ab, um sich einen ersten Überblick über die Spezies in Guyana zu verschaffen. Im angeschlossenen **Zoo** (www.guyanazoo.org.gy; Ecke Regent & Vlissengen Rd; Erw./Kind 200/100 G$; 7.30–17.30 Uhr) leben viele faszinierende Tiere. Leider werden sie aber in alten und ungepflegten Käfigen gehalten. Ein Highlight jedoch sind die im Kanal des Zoos plantschenden Seekühe: Hier kann man die scheuen Tiere einmal aus nächster Nähe betrachten.

Tagsüber ist der **Promenade-Garten** in Cummingsburg ein ruhiges Plätzchen, wo man relaxen, lesen oder sich einfach nur an wunderschönen Blumen erfreuen kann.

Geführte Touren

Dank der zunehmenden Investitionen in nachhaltigen Tourismus seitens der Regierung entwickelt sich Guyana mehr und mehr zu einem beispielhaften Ökotourismusziel in Südamerika. Man kann das Landesinnere zwar auch auf eigene Faust erkunden, aber um einige der besten Beispiele dafür zu Gesicht zu bekommen, etwa Iwokrama oder Santa Mission, braucht man einen ortskundigen Führer.

Annette von **Shell Beach Adventures** (225-4483; www.sbadventures.com; Le Meridien Pegasus Hotel, Seawall Rd) engagiert sich leidenschaftlich für das Wohl der Meeresschildkröten, den Erhalt indigener Kulturen und den Regenwald. Ihre geführten Touren zählen zu den besten des Landes. Sie organisiert umweltfreundliche und sozialverträgliche Dreitagestrips (120 000 G$) entlang der Küste, bei denen man Meeresschildkröten bei der Eiablage (März/April–Aug.) beobachten kann, und Abenteuerexpeditionen ins Landesinnere. Frank Singh veranstaltet mit seinen **Rainforest Tours** (227-2011; www.rftours.com; Hotel Tower, 74 Main St) fünftägige Abenteuertouren über Land zum Kaieteur-Fall (110 000 G$). **Wilderness Explorers** (227-7698; www.wilderness-explorers.com; Cara Suites, 176 Middle St) ist auf längere, auf Teilnehmerwünsche zugeschnittene Trips in die Rupununi-Savanne und nach Iwokrama spezialisiert. **Wonderland Tours** (225-3122; www.wonderlandtours-gy.com; 85 Quamina St) bietet Tagesausflüge zum Essequibo an, u. a. nach Santa Mission (16 000 G$), zu Schnäppchenpreisen.

Schlafen

YWCA (226-5610; 106 Brickdam St; B 2000 G$) Georgetowns günstigste Unterkunft hat 50 Betten in Schlafsälen für Männer und für Frauen. Man bekommt nicht mehr, als man bezahlt, aber dafür ist man im Herzen von Georgetown und in Sicherheit untergebracht.

Florentene's Hotel (226-2283; 3 North Rd; DZ 3000 G$) Wen rostige Waschbecken und staubige Holzböden nicht stören, der findet hier eine freundliche, wenn auch heruntergekommene Herberge.

LP Tipp Rima Guest House (225-7401; rima@networksgy.com; 92 Middle St; EZ/DZ/3BZ 5500/6500/9000 G$) Die bei Backpackern beliebte Pension wird von einer Familie betrieben. In dem großen kolonialzeitlichen Haus gibt's riesige Zimmer, die sich das Bad teilen. Die Betreiber sind freundlich und hilfsbereit.

Sleep' In (☎ 231-7667; www.sleepinguesthouse.com; 151 Church St; DZ mit/ohne Klimaanlage 9300/7000 G$; 🛜) Das Sleep' In verspricht „totalen Komfort", und tatsächlich: Es liegt zentral und alle Zimmer haben Warmwasser und WLAN. Damit ist es besser als die meisten anderen Pensionen dieser Preisklasse.

Hotel Ariantze (☎ 226-5363; www.ariantzesidewalk.com; 176 Middle St; EZ/DZ mit Frühstück 12 800/14 000 G$; 🛜) Das Hotel im Boutique-Stil ist in einem kolonialen Gebäude mit großen, hellen Fenstern untergebracht. Die Angestellten sind hilfsbereit, alle Zimmer bieten kostenlos WLAN und gegen eine Gebühr von 5 % kann man auch mit Kreditkarte zahlen.

Kanuku Suites (☎ 226-4001; www.kanukusuites.com; 123 Section M, Campbellville, DZ 13 920/16 240 G$) Das babyblaue Hochhaushotel liegt an einer ruhigen Straße gleich östlich vom Stadtzentrum und bietet alle möglichen modernen Annehmlichkeiten, von Kabel-TV bis WLAN. Ein gutes Meeresfrüchterestaurant ist angeschlossen. Die Angestellten helfen auch bei der Organisation von Ausflügen ins Landesinnere.

Cara Lodge (☎ 225-5301; www.carahotels.com; 294 Quamina St; EZ/DZ 22 500/25 600 G$; 🛜 💻) Mit seiner aufwendigen viktorianischen Dekoration und den mit Kunstwerken geschmückten Korridoren wirkt das Cara wie ein Refugium für glamouröse Filmstars. Es gibt einen altmodischen Ballsaal, eine Patio-Bar rund um einen 100 Jahre alten Mangobaum und ein schickes, auf die Reichen und Schönen ausgelegtes Restaurant im Untergeschoss. Am besten lässt man sich ein Standardzimmer geben, denn die sind im Grunde hübscher als die teureren.

Essen

In Georgetown gibt's für ein paar Groschen das beste Essen in den Guyanas. *Snackettes* sind kleine Lokale, in denen günstige kleine Gerichte serviert werden (in der Regel bestellt man an der Theke und das Essen wird einem an den Tisch gebracht). Selbstversorger finden überall in der Stadt Lebensmittelläden und Märkte.

House of Flavors (177 Charlotte St; kleine Gerichte 200 G$; ⊙ Mo–Sa 6–21, So bis 16 Uhr) In dem vegetarischen Rastafari-Restaurant gibt's nur ein Gericht: hausgemachtem Reis mit Bohnen, Gemüse und Mango-*achar* (mit Gewürzen sauer eingelegt) in einem Flaschenkürbis. Das Lokal ist gleichzeitig auch ein Musikladen. Die zahlreichen Gäste, von denen einige beeindruckende Rastalocken zieren, stehen auch schon mal Schlange.

LP Tipp Shanta's (225 Camp St; kleine Gerichte ab 400 G$; ⊙ 8–18 Uhr) Schon seit mehr als einem halben Jahrhundert bewirtet das Shanta's ganz Georgetown mit den besten Rotis, Currys und *chokas* (geröstetes Gemüse) jenseits von Indien. Unglaublich, dass so leckeres Essen so günstig sein kann – unbedingt alles probieren!

Coal Pot (Carmichael St; Gerichte 400–1000 G$) Das bei den Einheimischen beliebte kreolische Restaurant serviert geschmortes Fleisch und Fisch auf Reis. Mittags bilden sich hier lange Schlangen Wartender.

Oasis Café (125 Carmichael St; www.oasiscafegy.com; Snacks & Sandwiches 400–1000 G$; ⊙ Mo–Do 7.30–18.30, Fr 7.30–20.30, Sa 9–21.30, So 10–18 Uhr) Das Oasis ist eine echte Oase: Hier gibt's richtigen Kaffee, mittags eine Salat- und Vorspeisenbar (2000 G$), reichhaltige Desserts und obendrein Internet. Zu empfehlen ist das „Bake and Saltfish" (geröstetes Brot mit gesalzenem Kabeljau) zum Frühstück.

New Thriving (Ecke Main St & Hope St; Hauptgerichte 800–2000 G$; ⊙ 10.30–21.30 Uhr) Die neue Luxusfiliale des besten chinesischen Restaurants von Georgetown, beschrieben als „Mischung zwischen Buckingham Palace und Taj Mahal". Hier gibt's auch Thai-Gerichte und Sushi. Das Dim Sum sonntags ist heiß begehrt.

Brasil Churrascaria & Pizzaria (208 Alexander St; Hauptgerichte 1000–2200 G$; ⊙ Mo–Sa 11–21 Uhr) Bei so vielen Einwanderern aus dem südlichen Nachbarland hat Georgetown natürlich großartige brasilianische Restaurants zu bieten. In diesem hier gibt's eine Salatbar, Grillfleisch und tolle Pizzen.

Ausgehen & Unterhaltung

Die Sheriff St östlich von Newtown ist voller lärmender Bars, Diskos und Nachtklubs, in denen sich eine ebenso lärmende Klientel herumtreibt. Das mag genau die Art von Vergnügen sein, auf die man steht, allerdings ist das nicht die sicherste Ecke in Georgetown. Die Party geht hier gegen 22 Uhr los und dauert bis in die Morgenstunden. Der DJ im gediegeneren **Club Latino** (Seawall Rd), der im verblassten Le Meriden Pegasus Hotel zu finden ist, legt am Wochenende Latin Beats auf; in der Woche geht's ruhiger zu. Die Bar mit dem seltsamen Namen **Celina's Atlantic Resort** (Seawall Rd) ist eigentlich ein *benab* (traditionelles Freiluftlokal) mit Blick aufs Wasser. Der gemütliche **Sidewalk Café & Jazz Club** (176 Middle St) im Hotel Ariantze bietet sich für einen Drink an. Donnerstagabends gibt's Livejazz.

Shoppen

Einheimisches Kunsthandwerk findet man an den Ständen auf der **Hibiscus Craft Plaza** vor der Post. Die Filiale von **Shell Beach Adventures** (Seawall Rd) im Le Meridien Pegasus Hotel verkauft Bio-Schokolade, *casareep* (Manioksauce) und Produkte aus Wildapfel-Öl.

An- & Weiterreise
BUS & MINIBUS

Am Stabroek-Markt gibt's Minibusse direkt nach Parika (Bus 32; 400 G$, 1 Std.), Corriverton (Bus 63, 1600 G$, 5–6 Std.) und Rosignol (Bus 50; 800 G$, 2½ Std.). In Parika hat man Anschluss an die Fähre nach Bartica (2000 G$, 1 Std.). In Rosignol kann man mit dem Taxi die neue Pontonbrücke überqueren oder die Fähre nach New Amsterdam (70 G$, 20 Min.) nehmen; Letztere haben keinen festen Fahrplan, sondern starten, wenn sie voll sind.

Busse und Minibusse von **Intraserve** (☎ 226-0605, 159 Charlotte St) fahren südwärts ins Landesinnere und nach Lethem. Weitere Infos gibt's auf S. 711.

FLUGZEUG

Internationale Flüge starten und landen am Cheddi Jagan International Airport, 41 km südlich von Georgetown, Inlandsflüge am Ogle Aerodrome, der im Osten näher an der Stadt liegt. Möglicherweise gibt's in naher Zukunft auch Flüge nach Cayenne in Französisch-Guyana; bei den jeweiligen Fluglinien anfragen. Hier einige Fluglinien, die Georgetown bedienen, und ihre Preise:

Delta Airlines (☎ 225-7800; www.delta.com; 126 Carmichael St) Hat Direktflüge nach New York (900 US$, 6½ Std., 4-mal/Woche).

META (☎ 225-5315; Ecke Middle St & Thomas St) Fliegt nach Boa Vista in Brasilien (195 US$, 1 Std., 3-mal/Woche) und Paramaribo in Surinam (155 US$, 50 Min., 2-mal/Woche).

Roraima Airways (☎ 225-9648; www.roraimaairways.com; R8 Eping Ave, Bel Air Park) Flüge nach Paramaribo in Surinam (185 US$, 50 Min., 3-mal/Woche) und nach Lethem & Annai (110 US$, 1½ Std., 3-mal/Woche).

Trans Guyana Airways (TGA; ☎ 222-2525; www.transguyana.com; Ogle Aerodome) Betreibt Kleinflugzeuge ins Landesinnere, u. a. nach Kaieteur (125 US$, 1 Std., 3-mal/Woche) und Lethem & Annai (110 US$, 1½ Std., tgl.).

Unterwegs vor Ort

Budget (☎ 225-5595; 75 Church St) vermietet Autos (10 000 G$/Tag, Mietdauer mind. 3 Tage). Da die Straßen aber in schlechtem Zustand sind und oft auch von Tierherden versperrt werden, gestaltet sich das Autofahren nicht ganz einfach, darum sollte man es lieber anderen überlassen.

Im Zentrum von Georgetown ist man am einfachsten und sichersten mit dem Taxi unterwegs (ca. 300 G$). Am besten nimmt man über das Hotel Kontakt zu einem verlässlichen Taxiunternehmen auf oder hält sich an einen Taxistand in der Nähe des Hotels. Alle zugelassenen Taxis haben ein Autokennzeichen mit dem Anfangsbuchstaben „H".

BERBICE

Der Eastern Hwy folgt dem Küstenstrich von Georgetown bis zur Grenze nach Surinam. Die Straße passiert eine unscheinbare Ortschaft nach der anderen und hält mehrere Hürden bereit: unzählige Schlaglöcher, lebensmüde Hunde, sich auf der Straße herumtreibendes Vieh und unweigerlich auch totgefahrene Tiere. In **Rosignol**, das von Georgetown aus in ungefähr zwei Stunden Fahrt zu erreichen ist, kann man über die neue Pontonbrücke den Berbice nach **New Amsterdam** überqueren; alternativ fährt man mit der großen alten Fähre (70 G$, 20 Min.). Am Fähranleger warten dann Minibusse, um die Passagiere nach **Corriverton** (600 G$, 2 Std.) zu bringen.

Die gesamte Küstenregion von Rosignol bis nach Corriverton nennt sich Berbice. Corriverton besteht aus den beiden kleinen Orten **Springlands** und **Skeldon**, die am Westufer des Corentyne an der Grenze zu Surinam liegen.

An der Public Rd, der lebendigen Hauptstraße von Corriverton, reihen sich Moscheen, Kirchen, Hindu-Tempel, Budgethotels, Lokale und Bars aneinander. Wie ihre heiligen Verwandten in Indien trotten Brahman-Rinder (Zebus) quer über den Markt. Übernachten kann man im freundlichen **Hotel Malinmar** (☎ 335-3328; 13 Public Rd; Zi. ab 5000 G$), das Zimmer mit Flussblick hat. Ordentliches Essen serviert **Faheeda's Halal** (147 Public Rd; Hauptgerichte 600–800 G$; 9–21 Uhr) nebst einem Blick auf die Hauptstraße.

Die meisten Traveller fahren ohne Zwischenhalt durch Berbice durch, doch die kleinen Ortschaften bergen kolonialzeitliche, wenn auch heruntergekommene Gebäude.

Ansonsten ist das Highlight in Berbice eine Fahrt in einem Tapir, dem einzigen Auto, das je in Guyana hergestellt wurde. Die nach dem schwerfälligsten und lethargischen Tier in der Wildnis benannten schachtelartigen Autos werden von ihren stolzen Eigentümern schmuck hergerichtet und als Taxis genutzt, um Fahrgäste in der Gegend und von Ort zu Ort herumzukutschieren.

Busse und Tapire fahren von der Public Rd in Corriverton nach New Amsterdam und in entgegengesetzter Richtung zur Fähre nach Surinam in Moleson Creek (600 G$, 20 Min.). Wer die Fähre erwischen will, muss vor 10 Uhr in Corriverton aufbrechen.

NORDWESTLICHE KÜSTENREGION

Ungefähr 20 km westlich von Georgetown führt die Küstenhighway durch das Dorf Meten-Meer-Zorg, wo man das **Guyana Heritage Museum and Toucan Inn** (☎ 275-0028; 17 Meeten-Meer-Zorg; Eintritt 100 G$; ☼ 7.30–17.30 Uhr) findet. Der Eigentümer Gary Serrao und seine bunte Sammlung von historischen Artefakten und Karten, die zum Teil noch aus dem 17. Jh. stammen, lohnen den Abstecher: Man erhält einen faszinierenden Einblick in die Geschichte Guyanas. Auf dem Gelände steht auch eine Herberge (Zi. mit/ohne Klimaanlage 5000/3000 G$), wo ein erfrischendes Bad im Pool und die Aussicht vom Dach auf den Essequibo, der in den Atlantik mündet, locken.

Wer auf dem Küstenhighway weiter westlich fährt, gelangt nach **Parika**. Von dort geht's per Boot südwärts zum lebendigen Bergwerksort **Bartica** (11 100 Ew.). In der Nähe von Bartica trifft der Essequibo auf den Mazaruni und die **Marshall-Fälle**, eine Reihe von Stromschnellen mit Wasserfall mitten im Urwald; man erreicht sie zu Fuß. Eine der interessanteren Unterkünfte hier ist das **Timberhead** (☎ 233-5108; www.timberheadguyana.com; 810 Providence, East Bank Demerara; alles inkl. 30 000 G$/Pers.), ein kleines Resort am Pokerero Creek mit traditionellen strohgedeckten Hütten. Von dort aus kommt man leicht nach **Santa Mission**. Das Indio-Dorf ist ein beliebtes Reiseziel für Guyaner, die die Sitten und Bräuche der Kariben und Arawak kennenlernen wollen, z. B. wie Maniokbrot gemacht wird. Tourveranstalter bieten ab Georgetown (s. S. 706) Tagesausflüge zu allen genannten Ortschaften an.

Das Westufer des Essequibo erreicht man mit dem Boot von **Parika** nach **Supernam**. Vom Essequibo Richtung Westen führt eine Küstenstraße durch friedvolle Reismühlen- und Bauerndörfer bis zur rund 50 km entfernten Ortschaft **Charity**; dort braucht man ein Boot, um weiterzukommen. Quer durch Flussgebiete voller Vögel, Mangrovensümpfe und Savanne schippert man nach **Shell Beach**. Der Muschelstrand erstreckt sich ungefähr 140 km an der Küste in Richtung der Grenze zu Venezuela und ist ein beliebtes Eiablagegebiet für vier der acht Meeresschildkrötenarten, die es in Guyana gibt. Diese Region ist eine der ursprünglichsten an der gesamten südamerikanischen Küste. Die einzigen Anzeichen für menschliche Besiedlung sind provisorische Fischerhütten und kleine Siedlungen, in denen amerikanische Ureinwohner leben. Der **Waini Point** befindet sich in der Nähe der wunderschönen Ortschaft **Mabaruma** (700 Ew.) und ist der beste Ort zur Beobachtung von Scharlachibissen. Tourveranstalter in Georgetown helfen einem bei der Organisation einer Exkursion durch das Gebiet und arrangieren Flüge oder Boote, die einen direkt nach Mabaruma (s. S. 706) bringen.

EINREISE NACH SURINAM

Die Canawaima-Fähre nach Surinam (2000 G$, 25 Min., tgl. 12.30 Uhr) fährt von Moleson Creek über den Corentyne zur surinamischen Grenzstation South Drain, die eineinhalb Stunden südlich von Nieuw Nickerie liegt. Man sollte spätestens um 11 Uhr an der Fähre sein, um alle Pass- und Zollformalitäten zu erledigen. Auf der Surinam-Seite warten Minibusse nach Nieuw Nickerie und Paramaribo. Am besten wechselt man seine Guyana-Dollar noch vor der Ausreise aus Guyana, denn möglicherweise wird man sie in Surinam nicht mehr los; dafür sollte man unbedingt die aktuellen Kurse kennen.

Wer direkt per Minibus von Georgetown nach Paramaribo fahren will, wendet sich an **Brian Minibus** (☎ 218-4460) oder **Bobby Taxi Bus** (☎ 234-1456, 226-8668). Beide fahren gegen 5 Uhr los.

Da Surinam eine Zeitzone vor Guyana liegt, die Uhr eine Stunde vorstellen.

Infos zur Reise in entgegengesetzter Richtung gibt's auf S. 696.

DAS LANDESINNERE
Kaieteur National Park

In diesem Gebiet findet man einen der eindrucksvollsten Wasserfälle der Welt (s. Kasten S. 710), abgesehen von einigen amerikanischen Ureinwohnern keinerlei menschliche Besiedlung und die unendliche Artenvielfalt des Guyana-Schilds, einer massiven geologischen Formation, die von Regenwald und Savanne bedeckt ist. Obwohl das Gebiet 1929 zum Nationalpark erklärt wurde, gab es trotzdem weiterhin Bemühungen seitens der Regierung und von Bergbauunternehmen, das Schutzgelände zu schmälern. Nach mehreren Vergrößerungen und Verkleinerungen umfasst der Nationalpark heute 62 700 ha Fläche. Inzwischen nimmt auch die Regierung den Naturschutz äußerst ernst, vor allem, weil die potenziellen Einnahmen aus dem Tourismus vor Ort davon abhängen, dass der Park intakt ist.

Übernachten kann man in der rustikalen **Lodge** (3600 G$/Pers.) am Kaieteur-Fall. **Air Services Ltd** (☎ 222-4357; www.airservicesltd.com; Ogle Aerodrome, Georgetown) bucht die Unterbringung in der Lodge sowie Flüge und hilft auch bei der Beschaffung von Lebensmitteln (wegen der Gewichtsgrenze beim Gepäck ist es schwierig, alle Vorräte selber mitzubringen). Wer genug Zeit hat und aufs Flugzeug verzichten kann, sollte die herausfordernde Strecke nach Kaieteur mit Rainforest Tours (s. S. 706) auf dem Landweg bewältigen. Das dauert zwar etwa fünf Tage, ist aber umweltfreundlicher und auf jeden Fall spektakulärer.

Iwokrama Rainforest

Das 1996 gegründete **Iwokrama Centre for Rainforest Conservation and Development** ist eine einzigartige Forschungseinrichtung, die Forstwirtschaft im tropischen Regenwald und sozioökonomische Entwicklungshilfe für amerikanische Ureinwohner kombiniert. In der außergewöhnlichen Region leben auf dem 371 000 ha großen Gelände aus unberührtem Regenwald die weltweit größten verzeichneten Bestände an Fisch- und Fledermausarten, die größten Raubkatzen Südamerikas (Jaguare) sowie die weltweit größten Süßwasserfische (Arapaimen) neben Ottern, Flussschildkröten, Ameisenbären, Schlangen, Nagetieren, Adlern und Kaimanen.

Im Gegensatz zu den Nationalparks erhält der Iwokrama keine staatlichen Fördergelder. Darum ist sein Management gezwungen, äußert effektiv zu wirtschaften, ohne dabei die natürlichen Ressourcen übermäßig auszubeuten. Im Rahmen von Forschungsprojekten zur nachhaltigen Forstwirtschaft werden nur ganz gezielt Bäume gefällt und der Erlös aus dem Holzverkauf fließt in den Ökotourismus und in biologische Forschungen. Die amerikanischen Ureinwohner, die in Teilen des Waldes leben, werden in die Ökotourismus-Projekte einbezogen: Sie arbeiten als Parkranger, fangen tropische Aquarienfische und üben in ihren Heimen ein Handwerk aus. Alle Beteiligten am Projekt Iwokrama, vom Direktor bis zum Feldkoch und den Bewohnern der umliegenden Dörfer, sind voller Hoffnung und stolz auf die Projekte des Zentrums.

IN DIE VOLLEN!

Selbst wer schon in Salto Angel oder an den Cataratas do Iguaçu war, die Niagarafälle gesehen hat oder sich nicht besonders für Wasserfälle interessiert, wird vom **Kaieteur-Fall** (www.kaieteurpark.gov.gy), dem höchsten einstufigen Wasserfall der Welt, hingerissen sein: Es ist schon ein einmaliges Erlebnis, wenn mitten im dunstigen Urwald mehr als 110 000 l Wasser über eine 250 m hohe Felsklippe schießen und dazu noch kein anderer Tourist in Sicht ist. Wagemutige treten oben bis an die Kante vor und blicken in die Schlucht hinunter. Je nach Jahreszeit hat der Wasserfall eine Breite zwischen 76 und 122 m. Schwalben nisten hinten unter dem Wasserfall und schwirren jeden Abend bei Sonnenuntergang durch das Wasser hinein und hinaus. Auf dem Pfad, der einen zum Wasserfall führt, bekommt man vielleicht auch ein paar scharlachrote Guyana-Klippenvögel oder winzige Stummelfußfrösche zu Gesicht. Die hier lebenden Lurche produzieren ein Gift, das 160 000-mal stärker ist als Kokain.

Rainforest Tours (S. 706) in Georgetown bieten zwar eine umweltfreundliche, achttägige Tour über Land zum Kaieteur-Fall an, aber die meisten Traveller ziehen dem einen Tagesausflug mit Kleinflugzeugen (ca. 55 000 G$) vor. Für diese Variante kann man sich an Veranstalter in Georgetown wenden – frühzeitig anfragen und flexibel sein, denn die Flüge finden nur statt, wenn mindestens fünf bis acht Interessenten zusammenkommen (das ist meist am Wochenende).

AUF EIGENE FAUST UNTERWEGS

Die größeren Lodges und Ranches bringen Traveller mit Geländewagen und Booten von A nach B, aber wegen der Benzinkosten in der Rupununi-Savanne kann das extrem teuer werden. Die einfache Fahrt in einem Jeep mit vier Personen kostet beispielsweise von Annai nach Lethem 46 000 G$, von Annai nach Karanambu 72 000 G$ und von Lethem nach Dadanawa 40 000 G$. Wenn man in einer Gruppe unterwegs ist, kann man sich die Kosten teilen.

Für Alleinreisende ist das Flugzeug die beste Option. Roraima und TGA (s. S. 708) fliegen von Georgetown nach Lethem, Annai und Karanambu (jeweils einfache Strecke ab 22 000 G$).

Mit etwas Geduld und Planung kann man die wichtigsten Anlaufstellen in der Rupununi-Savanne (Iwokrama, Annai, Lethem) auch mit dem günstigeren Intraserve-Bus erreichen. Der zuverlässige Bus mit 40 Sitzplätzen fährt nachts von Georgetown nach Lethem (10 000 G$, Trockenzeit tgl., Regenzeit nur Di, Do, Fr & So, 12–18 Std.) und am Tag zurück. Dabei muss man aber immer noch mit den Lodges (z. B. Karanambu oder Dadanawa) eine Abholung vereinbaren. Das Busticket ist spätestens einen Tag vor der Fahrt im **Intraserve-Büro** (☎ 226-0605, 159 Charlotte St) zu reservieren. Achtung: Der Bus ist schnell voll, und in der Regenzeit kann die Fahrt ausfallen oder verspätet starten. Abfahrt ist um 21 Uhr bei **Jerrie's** (Ecke Middle St & Waterloo St), wo man sich für die Reise mit Lebensmittel und Wasser eindecken kann. Spätestens um 19 Uhr da sein! In der anderen Richtung startet der Bus um 11 Uhr am **Ticketbüro Lethem** (☎ 772-2202) gegenüber vom Flugfeld. Auf der langen Fahrt wird einmal mit der Fähre übergesetzt und man passiert mehrere Polizeikontrollpunkte. Warme Kleidung, Pass und Geduld mitbringen!

Bei Intraserve kann man auch kürzere Strecken buchen, z. B. von Georgetown nach Annai (8000 G$) oder vom Baumkronenpfad nach Annai (2000 G$). Man muss aber im Voraus reservieren.

Außerdem gibt's noch Minibusse, die täglich am Markt abfahren (8320 G$, 12–18 Std.); die Fahrt mit ihnen ist aber wesentlich holpriger und gefährlicher als mit Intraserve.

Infos zum Trampen in der Rupununi-Region gibt's auf S. 714.

Das Iwokrama-Projekt unterhält in Georgetown ein **Büro** (☎ 225-1504; www.iwokrama.org; 77 High St), das Transportmittel und Unterkünfte arrangiert. Man übernachtet in umweltfreundlichen, schicken Hütten am Flussufer oder günstiger in einer Hängematte im **Feldlager** (Hütte EZ/DZ mit HP 39 760/50 000 G$, Hängematte mit VP 12 000 G$). Bei einer Zweitagestour (alles inkl. je nach Teilnehmerzahl rund 55 000 G$/Pers.) besucht man Indio-Dörfer, unternimmt Wanderungen durch den Wald und beobachtet nachts Kaimane. Wer die Gegend auf eigene Faust erkunden will, sollte sich im Voraus an das Büro in Georgetown wenden, um die Exkursion zu organisieren.

Nur 60 km südlich vom Feldlager befindet sich der neue, sehenswerte **Baumkronenpfad** (www.iwokramacanopywalkway.com; Tageskarte 3600 G$), eine Reihe von Hängebrücken, die sich 30 m über dem Blätterdach des Waldes erheben und buchstäblich aus der Vogelperspektive einen Blick auf die einheimischen Grünherzholz-Bäume, die in den Baumwipfeln herumturnenden roten Guyana-Brüllaffen und die unzähligen Vögel bieten. Um gleich im Morgengrauen aufbrechen zu können, sollte man die Nacht im **Atta Rainforest Camp** (Hängematte mit VP, Führer & allen Gebühren 18 000 G$) verbringen, das nur 500 m vom Baumkronenpfad entfernt ist.

Infos darüber, was es sonst noch an Sehenswertem im Iwokrama gibt und wie man dorthin gelangt, findet man im Kasten oben.

Surama
300 Ew.

Wem es prinzipiell suspekt ist, auf „Völkerschau" zu gehen, den dürfte das kleine Macushi-Dorf **Surama** (www.wilderness-explorers.com/surama_village.htm; Hütte mit VP & Aktivitäten ab 25 600 G$/Pers.) mit seinem stolzen, selbstsicheren Auftreten und dem würdevollen Umgang mit dem Tourismus überraschen. Die Einheimischen hier führen die Gäste durch ihr Dorf und zeigen ihnen, wie der Alltag abläuft, wie z. B. Maniok verarbeitet wird und wofür welche Heilpflanzen genutzt werden. Oft singt die Schule den Besuchern zum Empfang ein kleines Ständchen mit Tanz. Wer Lust hat, kann Kletterpartien unternehmen, entweder auf dem nahe gelegenen Surama Mountain (230 m), der einen Panoramablick auf die Savanne gewährt, oder auf der Pakaraima Range, oder man lässt sich in einem Reifen den Burro Burro hinuntertreiben. Reserviert wird über Iwokrama oder Wilderness Explorers (S. 706), die auch günstigere Routen mit Übernachtung im Carahaa Landing Camp, ca. 5 km vom Dorf entfernt am Flussufer, arrangieren.

Infos zur Reise nach Surama gibt's im Kasten auf S. 711. Wer von Annai (s. unten) nach Surama will, kann sich beim Oasis Service Center oder bei der Rock View Lodge einen Bus von Intraserve bestellen, muss aber vielleicht einen oder zwei Tage warten, oder man organisiert sich ein privates Transportmittel.

Die nördliche Rupununi-Savanne

Die Rupununi-Savanne ähnelt den Ebenen Afrikas. Hier findet man vereinzelte Dörfer amerikanischer Ureinwohner, kleine Urwald-„Inseln" (Überreste aus der Ära vor der letzten Eiszeit) und eine unglaublich artenreiche Flora und Fauna. Die von goldener Graslandschaft und Termitenhügeln geprägten Ebenen werden durchschnitten von Flüssen voller gigantischer Kaimane und den weltweit größten Wasserlilien *(Victoria amazonica)*. Dazu gesellen sich die unzähligen Vögel, die am Himmel umherschwirren. In der Rupununi-Region herrscht ein starkes Gemeinschaftsgefühl. Das Ganze wirkt wie eine Kleinstadt – nur dass diese eben 104 400 km² groß ist. Schwerlich findet man einen sichereren Ort in ganz Südamerika.

Im Herzen der nördlichen Rupununi-Savanne liegt **Annai** (300 Ew.), ein Treffpunkt indigener Völker mit einer Polizeiwache und einem Flugfeld. Colin Edwards betreibt das **Oasis Service Center**, wo es Frühstück (700 G$) und Barbecues á la Brasilien (1200 G$) gibt; hier kann man etwas trinken und es sich in einer **benab** (Hängemattenplatz mit/ohne Hängematte 2000/1000 G$) oder im Zelt (1000 G$) gemütlich machen. Edwards gehört auch die **Rock View Lodge** (☎ 226-5412; www.rockviewlodge.com; EZ/DZ mit VP 28 000/44 000 G$; ✱), eine Art elegant-rustikale Hazienda am Flugfeld Annai, in der man sich das Zimmer vielleicht mit Kolibris teilen muss, die durch die Fenster hinein- und hinausflattern. Beide Einrichtungen organisieren Wanderungen und Besuche in mehreren Macushi-Dörfern in der Nähe.

Wer schon immer mal auf Jane Goodalls Spuren wandeln wollte, hat auf der **Karanambu Ranch** (EZ/DZ inkl. Verpflegung & Aktivitäten 40 000/72 000 G$) die Gelegenheit dazu. Die Ranch liegt ungefähr 60 km südwärts und ist über eine holprige Straße und per Boot zu erreichen – ein Kurztrip, für Rupununi-Verhältnisse. Die Eigentümerin Diane McTurk ist ein echtes Unikat. Sie hat ihr Leben dem Schutz der Riesenotter gewidmet. Ein paar Otterwaisen erfüllen die Ranch mit Leben, genau wie die interessante Diane, die echt lässig drauf ist. Man übernachtet in Hütten, deren Stil indigene Elemente mit Ranch-Stil vermischt, und die angeschlossenen Badezimmer sind geräumig und gut ausgestattet. Die Ranch organisiert auch diverse Aktivitäten in dem unvergleichlich schönen Gebiet, z. B. Touren zur Vogelbeobachtung oder Ausflüge auf den Spuren von Großen Ameisenbären.

Die Unterkünfte auf den abgeschiedenen Ranches haben kein Telefon, können aber über Wilderness Explorers (S. 706) reserviert werden. Wer zu einem Ziel abseits des staubigen Highways, der durch die Rupununi-Savanne führt, will, bezahlt dies ausgesprochen teuer und muss sich im Vorfeld darum kümmern, dass jemand von den Lodges kommt, um ihn an der Straße abzuholen. Infos, wie man in der Rupununi-Savanne auf eigene Faust (und billiger) herumfahren kann, gibt's im Kasten auf S. 711.

Die südliche Rupununi-Savanne

Die größte Ortschaft in der Rupununi-Savanne ist **Lethem** (2500 Ew.). Die Cowboystadt liegt sehr viel weiter südlich an der Grenze zu Brasilien. In der Region stößt man auf ein paar einzigartige Charaktere – eine Mischung aus leidenschaftlichen Tierfreunden, Umweltschützern und Lebenskünstlern. Hier ist die Heimat der *vaqueros* (Cowboys) von Guyana, die jedes Jahr zu Ostern beim Rupununi-Rodeo ihr Können zeigen. Hunderte Besucher strömen dann nach Lethem, um bei dem Spektakel, das einen ausgeprägten lokalen, indigenen Charakter hat, dabei zu sein. Das ganze Jahr über sehenswert sind die Wasserfälle in der Gegend und die Kooperative mit der Verarbeitungsanlage für Cashewnüsse.

Don and Shirley's Shop (☎ 772-2085, ⏰ tgl. 8–23 Uhr) an der Landebahn in Lethem ist die beste Infoquelle über Sehenswertes vor Ort, Führer und andere interessante Ziele in dem Gebiet. Auf einem Hügel oberhalb der Ortschaft liegt das **Regional Guest House** (☎ 772-2020; DZ ab 5000 G$; ✱). Neben einem tollen Restaurant gibt's hier hübsche, gut belüftete und mit Holzdetails verzierte Zimmer sowie eine Veranda, von der aus man weit über Lethem hinaus blicken kann. Im Ort selbst ist das **Cacique Guest House**

EINREISE NACH BRASILIEN

Lethem in Guyana und Bonfim in Brasilien verbindet eine neue Brücke über den Takutu. Sie wurde von Brasilien gebaut und hat ein cooles Spurwechselsystem, um von dem in Guyana herrschenden Links- auf den brasilianischen Rechtsverkehr überzuleiten. Die Pass- und Zollstellen beider Staaten befinden sich auf der jeweiligen Uferseite. In Lethem kann man ein Taxi (600 G$) nehmen, wenn man gerade eines erwischt, oder man geht einfach zu Fuß über die Brücke (ca. 500 m). Vom Busbahnhof in Bonfim fahren Amatur-Busse nach Boa Vista, wo es mit Flugzeugen und Bussen weitergeht. EU-Bürger und Schweizer benötigen für einen bis zu 90-tägigen Aufenthalt in Brasilien kein Visum (für weitere Infos zu Visabestimmungen in Brasilien, s. S. 417). Allerdings müssen alle Einreisenden eine Gelbfieberschutzimpfung nachweisen. Geldwechsler gibt's zuhauf – man kann sie gar nicht übersehen. Infos zur Einreise von Brasilien nach Guyana findet man auf S. 403.

(☎ 772-2083; DZ ab 4400 G$;) zu empfehlen. Es hat kleine, saubere Zimmer mit Ventilator.

Die nahe gelegenen **Kanuku Mountains** begeistern mit außergewöhnlicher Artenvielfalt. „Kanuku" bedeutet in der Sprache der Macushi „reicher Wald", und das kann man wörtlich nehmen: 70% aller in Guyana vorkommenden Vogelarten leben hier. Am Fuß der Kanukus liegt die einsame **Dadanawa Ranch** (www.dadanawaranch.com; Hütte inkl. Verpflegung 24 000 G$/Pers.) von Duane und Sandy – sie wirkt wie ein Foto aus National Geographic. Extremwanderungen auf den Spuren von Harpyien, Jaguaren und den kürzlich wiederentdeckten Kapuzenzeisigen vervollkommnen den Aufenthalt auf der Ranch, wo man bei der Arbeit mit anpacken kann und dabei sein darf, wenn die Rinderherde nach Lethem getrieben wird.

Infos zur Reise zu Zielen in der südlichen Rupununi-Savanne findet man im Kasten auf S. 711. Zur Weiterreise nach Brasilien, s. Kasten oben.

ALLGEMEINE INFORMATIONEN GUYANA

Aktivitäten

Das Landesinnere und die Küstenregionen bieten unzählige Möglichkeiten für Outdooraktivitäten: Man kann z. B. Raftingtrips auf den Flüssen machen, wandern, Vögel und andere Tiere beobachten oder angeln. Der Gemeindetourismus ist immer mehr im Kommen, besonders in der Rupununi-Savanne. Die meisten Leute organisieren ihre Abenteuer über Tourveranstalter in Georgetown, aber immer mehr ziehen auch auf eigene Faust los.

Botschaften & Konsulate

Sämtliche diplomatischen Vertretungen befinden sich in Georgetown (Karte S. 704). Österreich und die Schweiz haben derzeit keine Vertretungen in Guyana.

Deutschland (☎ 227-3344; 24 Water St)

Bücher

In *Ninety-Two Days* beschreibt Evelyn Waugh eine strapaziöse Reise von Georgetown quer durch die Rupununi-Savanne. Mit *Journey to Nowhere: A New World Tragedy* liefert Shiva Naipaul einen bewegenden Bericht zum Massenselbstmord von Jonestown (S. 700). Oonya Kempadoo erzählt in *Buxton Spice* mit zahlreichen sexuellen Anspielungen vom Erwachsenwerden im Guyana der 1970er-Jahre. Vogelfreunde werfen am besten einen Blick in *Birds of Venezuela* von Steven L. Hilty.

Essen & Trinken

Die Küche Guyanas reicht vom leckeren Pfeffertopf (ein Eintopf aus der Küche der Ureinwohner mit Wild und Maniok) bis zum gewöhnungsbedürftigen *souse* (Kalbskopf in Gelee). An jeder Ecke gibt's Gerichte wie „Cook-up" (Reis und Bohnen mit allem, was gerade da war), Roti und „Bake und Saltfish" (geröstetes Brot mit gesalzenem Kabeljau). Die Guyaner lieben Gewürze über alle Maßen; wer es nicht so scharf mag, sollte bei der Bestellung darauf hinweisen.

Überall gibt's einheimischen Rum. Der 15 Jahre alte El Dorado zählt zu den weltweit besten Rumsorten. Die meisten Leute ziehen jedoch den günstigeren, ebenfalls unbestreitbar guten fünfjährigen El Dorado vor. Das in Georgetown gebraute Banks Bier gibt's in zwei Sorten, die beide köstlich sind: normal und Premium. Probieren sollte man auch den Erdnusspunsch, der, wie der Name schon sagt, aus Erdnüssen hergestellt wird, und den Obstpunsch mit Rum.

Die meisten Restaurants nehmen 10% für ihren Service; wenn das nicht auf der Rechnung ausgewiesen ist, sollte man 10 bis 15% Trinkgeld geben. Die Restaurantempfehlungen in diesem Kapitel sind aufsteigend nach Preisen geordnet.

Feiertage

Neujahr 1. Januar
Tag der Republik (zum Gedenken an den Sklavenaufstand von 1763) 23. Februar
Phagwah (hinduistisches Neujahrsfest) März/April
Karfreitag/Ostermontag März/April
Tag der Arbeit 1. Mai
Emancipation Day (Tag der Sklavenbefreiung) 1. August
Diwali (hinduistisches Lichterfest) Oktober/November
1. Weihnachtstag 25. Dezember
2. Weihnachtstag 26. Dezember
Eid-ul-Fitr (auf Indonesisch Lebaran oder Bodo) Ende des Ramadan (Datum variiert).

Festivals & Events

Der **Republic Day** im Februar ist der größte Feiertag im Jahr und zugleich das wichtigste Kulturevent. Von Bedeutung sind aber auch die hinduistischen und muslimischen Feiertage. Zum **Amerindian Heritage Month** (Sept.) finden Kulturveranstaltungen wie Kunsthandwerksausstellungen und traditionelle Tanzvorführungen statt. Bei der **Regatta** zu Ostern in Bartica werden schicke Boote zur Schau gestellt. Ebenfalls zu Ostern findet jedes Jahr das **Rupununi-Rodeo** in Lethem statt.

Frauen unterwegs

Angesichts von Guyanas zweifelhaftem Ruf sollten Frauen besonders auf der Hut sein und abends niemals ohne Begleitung ausgehen. Auch wer tagsüber in Georgetown allein unterwegs ist, tut gut beraten, wenn er sich an die belebten Viertel hält. Im Landesinneren werden Alleinreisende dagegen kaum Probleme haben.

Gefahren & Ärgernisse

Das Landesinnere ist zwar ruhig und sicher, aber Georgetown ist bekannt für seine Kriminalität. Der schlechte Ruf ist vielleicht etwas übertrieben, aber eine ordentliche Portion Vorsicht und gesunder Menschenverstand ist angebracht (s. auch S. 705). In städtischen Regionen sollte man potenziell gefährliche Situationen meiden und nichts Teures oder kostbaren Schmuck tragen. Auf den Straßen stets die Augen offen halten. Abends sollte man sich nicht gerade an der Seawall herumtreiben – außer sonntags vielleicht, wenn alle Welt zum Flanieren hierher kommt. Es kann außerdem nicht schaden, wenn man im Hotel nachfragt, welche Gefahren aktuell akut sind und welche Orte man lieber meiden sollte.

Am Cheddi Jagan International Airport nur in ein registriertes Taxi steigen – zugelassene Taxifahrer erkennt man an ihren offiziellen Ausweisen, die sie an ihren Hemdtaschen tragen. Und niemals das Gepäck unbeaufsichtigt lassen!

Trampen ist auf keinen Fall zu empfehlen: Es besteht immer die Gefahr, dass man ausgeraubt oder körperlich angegriffen wird. Eine Ausnahme ist allerdings die Rupununi-Region, dort kommt es häufiger vor, dass Leute den Daumen rausstrecken – meistens aber nur an Fährhafen oder an anderen Verkehrsknotenpunkten. Besser ist es natürlich, wenn man gar nicht erst an einem langen, einsamen Highway strandet.

Geführte Touren

Wie in den anderen Ländern der Guyanas sorgen nicht nur die Tourveranstalter, sondern auch die kaum vorhandene Infrastruktur für unvergessliche Erlebnisse im Landesinneren. Geführte Touren (s. S. 706) sind teilweise sehr kostspielig, da die Inlandsflüge oft nicht im Preis enthalten sind; Verpflegung und Unterkunft sind aber grundsätzlich mit dabei. Die meisten Veranstalter bestätigen Termine erst ab einer Mindestteilnehmerzahl (normalerweise 4 Pers.), wer also nicht in einer Gruppe unterwegs ist, sollte versuchen, andere Traveller mit ins Boot zu holen, und so früh wie möglich mit der Planung beginnen. Einen Trip ins Landesinnere oder zu einer Lodge am Fluss beginnt man am besten freitags oder samstags.

Geld

Der Guyana-Dollar (G$) ist stabil und an den US-Dollar gekoppelt, der weitgehend ebenfalls akzeptiert wird. Man kann hier auch seine Euro und sogar britische Pfund loswerden.

In gehobeneren Hotels und Restaurants kann man mit Kreditkarte zahlen, an Tankstellen und auch andernorts ist das nicht möglich. Wer mit der Kreditkarte Bares abheben will, geht am besten zur Scotiabank (bis zu 200 US$ möglich); deren Geldautomaten sind auch die einzigen, die ausländische Karten akzeptieren.

Geld wechseln kann man in Banken, allerdings bieten *cambios* bessere Wechselkurse und weniger bürokratischen Papierkram. Gegen eine kleine Gebühr kann man manchmal auch in Hotels Geld umtauschen.

WECHSELKURSE

Land	Währung	G$
Eurozone	1 €	278,4
Schweiz	1 SFr	189,8
USA	1 US$	202,9

Gesundheit
Eine angemessene medizinische Versorgung findet man in Georgetown vor, zumindest in seinen Privatkliniken. In anderen Landesteilen gibt es nur wenige medizinische Einrichtungen. In Guyana grassiert die chloroquinresistente Malaria, eine weitere Gefahr ist das Denguefieber – vor allem im Landesinneren, aber auch in Georgetown. Traveller sollten sich daher vor Moskitos schützen und gegen Malaria geimpft sein. Zudem werden Schutzimpfungen gegen Typhus, Hepatitis A, Diphtherie/Tetanus und Polio empfohlen. Guyana gilt als Gelbfieberregion; wer anschließend in ein anderes Land reist, muss oft eine Schutzimpfung vorweisen; das gilt auch für die Einreise nach Guyana. Leitungswasser sollte man lieber nicht trinken, vor allem nicht in Georgetown. In Gegenden mit mangelnder Hygiene kam es in der Vergangenheit schon zu Cholera-Ausbrüchen. Vorsichtsmaßnahmen sind daher überall geboten.

Weitere Infos gibt's auf S. 1129.

Infos im Internet
Guyana News & Information (www.guyana.org)
Umfangreiche Infos vor allem zum aktuellen Geschehen.
Tourism Authority (www.guyana-tourism.com)
Umfangreichste und aktuellste Website zur Reiseplanung. Hier gibt's auch Kartenmaterial zum Downloaden.

Internetzugang
In Georgetown bezahlt man fürs Surfen ca. 600 G$ pro Stunde, in der Rupununi-Savanne (via Satellit) sind es rund 2000 G$. Auch die besseren Hotels bieten Internet und WLAN.

Karten & Stadtpläne
Landkarten und Stadtpläne von Georgetown findet man oft in den Souvenirläden der Spitzenklassehotels oder in Buchläden (S. 705). Detailliertere Landkarten bekommt man in Georgetown beim **Lands & Surveys Dept, Ministry of Agriculture** (☎ 226-4051; 22 Upper Hadfield St, Durban Backlands) – die Behörde ist schwer zu finden, lieber mit dem Taxi hinfahren.

Klima
Guyana hat zwei ausgeprägte Regenzeiten (Mai–Mitte Aug. & Mitte Nov.–Mitte Jan.), allerdings kann es auch in den Trockenzeiten zu Regenfällen kommen. Die heißesten Monate sind August bis Oktober.

Die beste Zeit für einen Besuch in Guyana ist wohl am Ende einer Regenzeit, denn dann stürzen die größten Wassermengen über den Kaieteur-Fall hinunter.

Weitere Infos zum Wetter und Klimatabellen gibt's auf S. 1110.

Medien
Georgetowns Tageszeitungen sind *Stabroek News* (www.stabroeknews.com) – die liberalste Zeitung hier – und *Kaieteur News*, eher ein Boulevardblatt. Der *Guyana Review* ist eine interessante Monatszeitschrift, die in Georgetown erscheint.

Öffnungszeiten
Die meisten Geschäfte öffnen gegen 8.30 Uhr und schließen in der Regel gegen 16 Uhr, samstags sind die Läden nur den halben Tag oder gar nicht offen. Sonntags ist alles dicht – dann wirkt Georgetown wie eine Geisterstadt. Die meisten Restaurants servieren zwischen 11.30 und 15 Uhr Mittagessen und zwischen 18.30 und 22 Uhr Abendessen.

Post
Auf die Post ist hier wenig Verlass. Bei wichtigen Sendungen sollte man sich daher an **UPS** (Mercury Couriers; Karte S. 704; ☎ 227-1853; 210 Camp St) und **DHL** (USA Global Export; Karte S. 704; ☎ 225-7772; 50 E 5th St, Queenstown) in Georgetown halten.

Shoppen
Guyanas charakteristischstes und reizvollstes Naturprodukt sind *Nibbee*-Fasern, aus denen alles Mögliche hergestellt wird, von Hüten bis zu Möbeln. Im Südwesten des Landes formen die Macushi aus dem geronnenen Latexsaft von *balata*-Bäumen Waldszenen. Andere Souvenirs sind *casareep* (Manioksauce), Wildapfel-Öl (das Allheilmittel der Ureinwohner), aus tropischen Harthölzern ge-

schnitzte Kisten, Löffel und Schüsseln sowie gewebte Baby-Tragetücher im indigenen Stil. Am besten kauft man traditionelle Waren direkt in den Dörfern oder über Iwokrama oder Shell Beach Adventures (S. 706) in Georgetown.

Strom
Die Netzspannung liegt bei 127 V, 60 Hz.

Telefon
Die blauen öffentlichen Telefonzellen eignen sich für Direkt- und R-Gespräche ins Ausland; man braucht dazu nur eine Prepaid-Telefonkarte von GT&T in Georgetown. Internettelefonie ist günstiger und in den Internetcafés überall in Georgetown möglich. Es gibt daneben gelbe öffentliche Telefonzellen – die sind für Ortsgespräche und kostenlos. Auch in den Hotels und Restaurants kann man in der Regel kostenlos Ortsgespräche führen. Es gibt keine Ortsvorwahlen in Guyana.

Touristeninformation
Guyana unterhält kein offizielles Fremdenverkehrsbüro im Ausland. Im Land selber leisten die **Tourism and Hospitality Association of Guyana** (s. S. 705) und die **Tourism Authority** (www.guyana-tourism.com) gute Arbeit.

Unterkünfte
Die günstigsten Hotels in Georgetown dienen häufig gleichzeitig als Stundenhotels – bei besonders niedrigen Zimmerpreisen ist daher Vorsicht geboten. Einfache, aber saubere, sichere und komfortable Hotels nehmen 2000 bis 8000 G$ für ein Zimmer, bessere Unterkünfte mit Klimaanlage gibt's in der Regel ab 10 000 G$. Die Übernachtung in einer Lodge im Regenwald oder auf einer Ranch in der Savanne ist weitaus teurer (18 000 G$).

Visa
EU-Bürger und Bürger der Schweiz benötigen für die Einreise nach Guyana kein Visum (sicherheitshalber noch mal in der nächstgelegensten Botschaft oder im Konsulat nachfragen), wohl aber einen Reisepass, der noch mindestens sechs Monate gültig ist. Bitte darauf achten, dass er bei der Einreise gestempelt wird! Wenn Neuankömmlinge ihr Rückreiseticket vorlegen, erhalten sie automatisch ein Touristenvisum mit 90 Tagen Gültigkeit. Österreichische Touristenvisa sind in letzter Zeit häufig willkürlich auf 30 Tage begrenzt worden, daher auf das handschriftliche Datum im Einreisestempel achten.

Auch ein internationaler Impfpass mit dem Nachweis einer Gelbfieberschutzimpfung ist erforderlich. Traveller sollten sich außerdem rechtzeitig um sämtliche anderen Schutzimpfungen kümmern.

Wer länger als 90 Tage bleiben möchte, wendet sich ans **Innenministerium** (Karte S. 704; ☎ 226-2445; 6 Brickdam Rd; ⊙ Mo–Fr 8–11.30 & 13–15 Uhr).

Kolumbien

HIGHLIGHTS

- **Cartagena** (S. 762) Kolumbiens romantischste und noch dazu perfekt erhaltene Kolonialstadt ist zum Verlieben.
- **Bogotá** (S. 730) Auf in die tollen Restaurants, Clubs und Kunstgalerien der lebendigen Hauptstadt!
- **Der Amazonas** (S. 809) Eine Bootstour durch überflutete Regenwälder nach Zacambú raubt einem den Atem.
- **San Agustín** (S. 800) Wie wäre es mit einem Ritt durch die herrliche, mit historischen Stätten und Statuen gespickte Landschaft?
- **Abseits ausgetretener Pfade** Die Beine hochlegen und relaxen heißt es in Capurganá (S. 773) und Sapzurro (S. 775), den ultra-entspannten Refugien mit Karibikfeeling.
- **Besonders empfehlenswert** (S. 759) Die fantastische, sechstägige Trekkingtour durch den Regenwald zur geheimnisvollen Ciudad Perdida bleibt unvergesslich.

KURZINFOS

- **Bevölkerung:** 45 Mio.
- **Fläche:** 1,14 Mio. km² (so groß wie Frankreich, Spanien und Portugal zusammen)
- **Geld:** 1 € = 2600 KOL$ (Kolumbianische Pesos), 1 SFr = 1770 KOL$
- **Hauptstadt:** Bogotá
- **Landesvorwahl:** ☎ 57
- **Preise:** Doppelzimmer in einem Budgethotel 7–15 €, Menü in einem günstigen Restaurant 1,50–2,50 €, 100 km mit einem Intercitybus ca. 3,50 €
- **Reisekosten:** 15–20 € pro Tag
- **Reisezeit:** Hauptsaison (Weihnachten und Neujahr, und die letzten Juli- und Augustwochen), Regenzeit (Mai–Okt.)
- **Sprache:** Spanisch
- **Zeit:** MEZ –6 Std. (keine Sommerzeit)

TIPPS FÜR UNTERWEGS

Die Ticketpreise für Langstreckenbusse sind nicht festgelegt, deshalb immer feilschen. Nachts kann man nun auch sicher reisen, außer zwischen Popayán und Pasto an der Grenze zu Ecuador. Dort treiben sich zwar keine Guerrillas, aber bewaffnete Banditen herum.

VON LAND ZU LAND

Die wichtigsten Grenzübergänge nach Venezuela sind San Antonio del Táchira (nahe Cúcuta) und Paraguachón. Von Ecuador aus überquert man die Grenze in Tulcán (nahe Ipiales).

Am besten vergisst man zunächst alles, was man je über Kolumbien gehört hat – vor allem, wenn die Erzähler noch nie selbst hier waren. Obwohl Kolumbien jahrzentelang dämonisiert wurde, ist es heute ein sicheres, bezahlbares und unglaublich spannendes Reiseziel, das man problemlos erkunden kann.

Was immer man auch sucht, hier wird man fündig. Darf es eine Bootstour durch die Nebenflüsse des Amazonas sein, begleitet vom herrlichen Gesang feuerroter Aras? Oder lange Spaziergänge durch exzellent erhaltene Kolonialstädtchen, die in tropischen Farben leuchten und noch dazu voller Geschichte sind? Vielleicht soll es ja auch ein Tauchgang in den makellosen Karibikriffen sein, wo sich neugierige Aale tummeln? Oder Tanzen bis zum Sonnenaufgang in einem pulsierenden Nachtclub? Wie wäre es mit einem wilden Ritt entlang eines Gebirgskammes mit einer unglaublichen Aussicht auf uralte Grabstätten der Ureinwohner? Kolumbien hat all das zu bieten.

Das reicht noch nicht? Weiter im Angebot steht eine Raftingtour auf den schnellsten Stromschnellen des Kontinents oder ein Gleitschirmflug durch unendlich weite Canyons. Unvergesslich ist auch eine Wanderung durch Landschaften, die so vollkommen sind, dass sie einem Film von Spielberg entstammen könnten oder das Durchwaten von Regenwaldflüssen auf der Suche nach geheimnisvollen, verlassenen Siedlungen.

Die Tatsache, dass die Kolumbianer freundliche, offenherzige und hilfsbereite Menschen sind, die Besucher wie verlorengeglaubte Brüder und Schwestern empfangen, rundet all dies noch ab.

Verbesserungen in der Sicherheit haben den längsten zivilen Konflikt des Kontinents in die entferntesten und unzugänglichsten Ecken des Landes verbannt – und dort gibt es nichts, was für Reisende von Interesse sein könnte. Das Allerbeste daran ist, dass nun auch die Kolumbianer, die ihre Städte jahrelang nicht verlassen konnten, ihr wunderschönes Land in vollen Zügen genießen können.

Aber immer noch verbinden manche Menschen Kolumbien ausschließlich mit Kokain, Kaffee und Kidnapping – und können damit gar nicht fälscher liegen. Lernt man hier das richtige Leben ein bisschen kennen, auf und abseits touristischer Pfade, dann könnte es einem glatt passieren, dass man eines Tages genauso ins Schwärmen gerät wie wir.

AKTUELLE ENTWICKLUNGEN

Die meisten Kolumbianer führen heute ein besseres, sichereres und gelasseneres Leben. Viele Jahre lang war das nicht der Fall. Trotz einer Reduzierung der Gewalt, der Entführungen und der Kriminalität in den Städten, ist der 40-jährige Bürgerkrieg im Land noch nicht vorbei. Ein Ende ist auch definitiv noch nicht in Sicht.

Die FARC in der Defensive

Frühling und Sommer 2008 war eine verheerende Zeit für die Fuerzas Armadas Revolucionarias de Colombia (FARC; Revolutionäre Streitkräfte Kolumbiens). Die FARC verlor 40 Jahre lang kein einziges Mitglied der Führungsriege, dann starben im März gleich drei.

Erst drang Kolumbien im März 2008 in den ecuadorianischen Luftraum ein und feuerte einen todbringenden Flugkörper auf ein Lager der FARC ab. Dabei kam einer der Hauptanführer, Raul Reyes, ums Leben. Eine Woche später wurde ein weiterer Anführer der FARC, Ivan Rios, von seinem eigenen Bodyguard ermordet. Er hackte die Hand seines Anführers ab und ließ sie Regierungskräften als Beweis für dessen Tod zukommen. Zwei Monate darauf starb der Gründer der FARC, Manuel „Sureshot" Marulanda, eines natürlichen Todes.

Dann gelang die Rettung der französisch-kolumbianischen Präsidentschaftskandidatin Ingrid Betancourt durch kolumbianische Soldaten, die einen waghalsigen und gesetzlich fragwürdigen Überraschungscoup in einem Lager im Regenwald durchführten. Betancourt war vor sechs Jahren entführt worden und diente den Rebellen als wichtigstes Mittel für Erpressungen. Die BBC berichtete, dass einer der Soldaten das Logo des internationalen Roten Kreuz trug. Das verstößt gegen die Genfer Konvention, da es die Unparteilichkeit der Organisation untergräbt.

Die Beliebtheit des hart durchgreifenden, rechtspolitischen Präsidenten Álvaro Uribe stieg nach diesen Ereignissen auf 90 % an.

Vergessene Skandale

Im Oktober 2008 wurde die Regierung vom womöglich kontroversesten Vorfall überhaupt ins Wanken gebracht. Journalisten deckten auf, dass die Armee systematisch Zivilisten ermordete, sie als Rebellen verkleidete und die Mordopfer dann als im Kampf gegen den Terrorismus Getötete ausgab. Davon erhoffte man sich Beförderungen oder zusätzliche Urlaubstage. Die Zahl der Opfer soll in die Tausende gehen.

Diese Geschehnisse erregten internationales Aufsehen, als 19 jungen Männern aus dem armen Viertel Soacha in Bogotá sehr gut bezahlte Arbeit im Norden des Landes angeboten wurde. Ein paar Wochen später wurden sie in Guerilla-Montur tot aufgefunden.

Der UN-Sonderberichterstatter Philip Alston sagte im Juni 2009, dass dieser Fall nur die „Spitze des Eisbergs" sei. Er fügte hinzu, dass einige der Opfer aus Soacha ordentlich gebügelte Tarnanzüge und saubere Stiefel trugen, die ihnen vier Größen zu groß waren. Während die Suche nach den Tätern nicht in die Gänge kam, habe die Regierung hingegen „wichtige Schritte unternommen, um auf die Morde zu reagieren und dem Töten ein Ende zu setzen", sagte er.

Es folgte eine weitgreifende Säuberung der Armee. So entließ man z. B. den Armeechef des Landes. Allerdings wurde die Regierung für die Entscheidung kritisiert, diese Fälle in Sondergerichten klären zu lassen, anstatt sie wie normale Verbrechen zu behandeln.

2008 erschütterte ein weiteres, schockierendes Ereignis den Präsidentenpalast. 4 Mio. Kolumbianer hatten bewusst oder unwissentlich in einen Sparplan investiert, der nach dem Schneeballprinzip funktionierte und Renditen bis zu 150 % versprach. Das System kollabierte, woraufhin Millionen pleite gingen. Dann wurde bekannt, dass Uribes Söhne mit David Murcia befreundet waren, einem Schwindler, der den Ermittlern zufolge die ganze Sache in Gang gebracht hatte.

Noch peinlicher wurde es für die Uriberegierung Anfang 2009. Es stellte sich heraus, dass die Geheimpolizei des Landes, das Departamento Administrativo de Seguridad (DAS; Behörde für Verwaltungssicherheit) die Telefone von Richtern, Oppositionspolitikern, Journalisten und Menschenrechtsarbeitern abgehört hatte.

Präsident Uribe: Eine dritte Amtszeit?
Zum Zeitpunkt unserer Recherchen hatte der Senat Uribe ein Referendum genehmigt, damit dieser sich für eine noch nie dagewesene dritte Amtszeit als Regierungschef aufstellen lassen kann. Dieses Referendum wurde allerdings am 26. Februar 2010 vom Obersten Gerichtshof für gesetzeswidrig erklärt. Zuvor hatten bei einer aktuellen Gallup-Umfrage immerhin 59 % der Befragten angegeben, dass sie abstimmen würden, sollte es zu einem Referendum kommen. Davon wiederum hießen 84 % eine dritte Amtszeit Uribes gut.

Nachdem Uribe sich nun nicht mehr aufstellen lassen kann, sind der vor kurzem zurückgetretene Verteidigungsminister Juan Manuel Santos und der ehemalige Bügermeister von Medellín, Sergio Fajardo, mögliche Präsidentschaftskandidaten.

Durch die Veränderungen in der amerikanischen Regierung wurde Uribes Ziel, mit den USA ein Freihandelsabkommen abzuschließen, unwahrscheinlicher. Dieses hätte einen zollfreien Zugang zum wertvollen US-Markt ermöglicht. Die oppositionellen Demokraten hatten das Abkommen im Kongress verhindert. Zudem forderte Barack Obama Uribe während den Präsidentschaftswahlen in den USA wiederholt dazu auf, Stellung zu einer Reihe von Mordanschlägen auf Gewerkschaftsführern zu nehmen, bevor dem Abkommen zugestimmt werden könne.

GESCHICHTE
Präkolumbische Zeit
Die Ureinwohner Kolumbiens hinterließen drei wichtige prähistorische Stätten: San Agustín, Tierradentro und die Ciudad Perdida, zusammen mit den herrlichsten Goldarbeiten des Kontinents. Sie waren äußerst begabte Gold- und Metallschmiede. Ihre Arbeiten können in ganz Kolumbien in den Museos de Oro (Goldmuseen) bestaunt werden. Das beste befindet sich in Bogotá.

Die über die ganze Andenregion und die Pazifik- und Karibikküste verteilten präkolumbischen Kulturen entwickelten sich unabhängig voneinander. Die wichtigsten waren die Calima-, Muisca-, Nariño-, Quimbaya-, San-Agustín-, Sinú-, Tayrona-, Tierradentro-, Tolima- und Tumaco-Kulturen.

Die Konquistadoren sind da!
Alonso de Ojeda war 1499 der erste Konquistador, der seinen Fuß auf kolumbianischen Boden setzte und feststellte, dass die Einheimischen Objekte aus Gold benutzten. Zwar wurden einige kurzlebige Siedlungen gegründet, doch erst 1525 legte Rodrigo de Bastidas den Grundstein zu Santa Marta, der ersten fortbestehenden Stadt. 1533 gründete Pedro

720 KOLUMBIEN

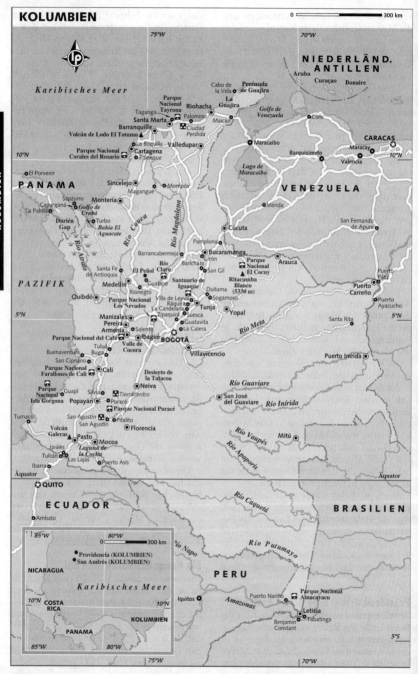

de Heredia Cartagena, das sich bald zum wichtigsten Handelszentrum entwickelte.

1536 stießen die Spanier ins Landesinnere vor, und zwar sowohl von Norden als auch von Süden. Jiménez de Quesada startete in Santa Marta, zwei Jahre später gründete er Santa Fe de Bogotá. Auf dem Weg dahin eroberte er Muisca, ein Schlag, der letztendlich den Untergang der alten Zivilisationen in der Neuen Welt einläuten sollte.

Sebastián de Benalcázar desertierte aus Francisco Pizarros Armee, die das Inkareich eroberte, und startete von Ecuador aus eine Expedition. Er unterwarf den Südteil von Kolumbien, gründete unterwegs Popayán und Cali und erreichte schließlich 1539 Bogotá.

In der Folgezeit entbrannte zwischen den beiden Gruppen ein harter Kampf um die Vorherrschaft. Doch erst 1550 installierte der spanische König Karl V. in Bogotá den Gerichtshof *Real Audiencia del Nuevo Reino de Granada*, um so Recht und Ordnung wiederherzustellen. Verwaltungstechnisch gehörte die neue Kolonie damals zum Vizekönigreich Peru.

Der Wachstum des spanischen Reiches in der Neuen Welt machte 1717 eine neue Landesgrenze notwendig. Bogotá wurde die Hauptstadt des neu gebildeten Virreinato de la Nueva Granada (Vizekönigreich Neugranada). Zu ihm gehörten die Gebiete des heutigen Kolumbiens, Panamas, Ecuadors und Venezuelas.

Unabhängigkeitskriege

Ende des 18. Jhs. eskalierte die Unzufriedenheit mit der spanischen Herrschaft in Protesten und mündete schließlich – vor dem Hintergrund der Revolutionen in Frankreich und Nordamerika – in eine offene Rebellion. Nachdem Spanien durch die Invasion Napoleon Bonapartes geschwächt wurde, schien Neugranada der Weg zur Unabhängigkeit offenzustehen: Als Napoleon 1808 seinen eigenen Bruder Joseph auf den spanischen Thron setzte, weigerte sich die Kolonie, den neuen Monarchen anzuerkennen. Eine kolumbianische Stadt nach der anderen erklärte ihre Unabhängigkeit.

1812 landete Simón Bolívar, der zum Helden des Unabhängigkeitskampfs werden sollte, in Cartagena, wo er die Spanier angriff. In einem brillanten Feldzug zur Eroberung Venezuelas gewann er zwar sechs Schlachten, hatte aber letztlich keine Chance Caracas zu halten, weshalb er sich nach Cartagena zurückziehen musste. Zwischenzeitlich erlitt Napoleon endgültig sein Waterloo und Spanien hatte den Rücken frei, um seine Kolonien zurückzuerobern. 1817 wurde das Kolonialrecht wiederhergestellt.

Doch der Flächenbrand war nicht mehr zu löschen. Bolívar dachte gar nicht daran, die Waffen niederzulegen. Nachdem er eine Reiterarmee venezolanischer Llaneros (vergleichbar den Gauchos Argentiniens) rekrutiert hatte, marschierte er unterstützt von einer britischen Legion über die Anden nach Kolumbien. Die Unabhängigkeit wurde am 7. August 1819 in Boyacá gewonnen.

Unabhängigkeit & Bürgerkrieg

Zwei Jahre nach Erlangen der Unabhängigkeit setzten sich die Revolutionäre in Villa del Rosario (nahe Cúcuta) zusammen, um einen Plan für das neue Land auszutüfteln. Bereits hier kamen die beiden gegensätzlichen Strömungen der nächsten Jahre, Zentralismus versus Föderalismus, zum Vorschein. Bolívar, Verfechter einer zentralistischen Republik, konnte seinen Willen zunächst durchsetzen: Groß-Kolumbien, zu dem das heutige Ecuador, Kolumbien, Venezuela und Panama gehörten, entstand, und Bolívar wurde zum ersten Präsidenten des neuen Staates gewählt.

Doch schon mit dessen Gründung begann der Zerfall. Schnell zeichnete sich ab, dass eine zentrale Regierung nicht in der Lage war, ein solch großes und von vielen Unterschieden geprägtes Land zu regieren. Und so kam's, wie es kommen musste: 1830 teilte sich Groß-Kolumbien in drei separate Länder auf, Kolumbien formierte sich zu einem selbstständigen Staat.

Die zentralistische und die föderalistische Bewegung organisierten sich 1849 in zwei politischen Parteien: Die Konservativen gehörten der zentralistischen Ausrichtung an, die Liberalen der föderalistischen. Kolumbien wurde Schauplatz eines intensiv ausgefochtenen Konkurrenzkampfs zwischen den beiden Lagern, der schließlich im kompletten Chaos endete. Das Land taumelte von einer Unruhe zur nächsten. Acht Bürgerkriege brachen im 19. Jh. aus, zwischen 1863 und 1885 sah sich die Regierung mehr als 50 Aufständen gegenüber.

1899 verwandelte sich eine Revolte der Liberalen in einen ausgewachsenen Bürgerkrieg, dem sogenannten Krieg der 1000 Tage. Das Blutbad endete mit einem Sieg der Konservativen, 100 000 Menschen bezahlten ihn mit ihrem Leben. 1903 nutzten die USA die innere Zwietracht des Landes. Sie schürten eine Sezessionsbewegung in Panama, damals eine kolumbianische Provinz. Hintergrund: Mit der Gründung der neuen Republik kamen die USA dem Ziel näher, einen Kanal durch die mittelamerikanische Landenge zu bauen.

La Violencia

Nach einer kurzen Friedenszeit brach der Kampf zwischen Liberalen und Konservativen 1948 erneut aus. La Violencia, der grausamste von vielen Bürgerkriegen, blickt auf eine erschreckende Bilanz von 300 000 Toten: Nachdem am 9. April 1948 Jorge Eliécer Gaitán, der charismatische, beliebte Führer der Liberalen, bei einem Attentat ermordet worden war, brachen in Bogotá Unruhen aus, die sich bald über das ganze Land ausbreiteten. Überall griffen die Liberalen zu den Waffen.

Bis 1953 hatten einige Gruppen liberaler Guerillas einen bedrohlichen Grad an Unabhängigkeit erreicht – der Partisanenkonflikt nahm revolutionäre Tendenzen an. Die Spitzen sowohl der Liberalen als auch der Konservativen Partei griffen zum letzten Mittel und unterstützten einen Staatsstreich, um das Heft wieder in die Hand zu bekommen und das Land zu befrieden. Der Putsch von General Gustavo Rojas Pinilla 1953 blieb die einzige militärische Intervention des 20. Jhs. Und seiner Diktatur war keine allzu lange Lebensdauer beschieden: 1957 unterzeichneten die Vorsitzenden der beiden Parteien einen Pakt, ihre Macht in den nächsten 16 Jahren zu teilen. Gleichzeitig unterdrückten sie sämtliche politische Aktivität außerhalb der beiden Parteien und leisteten damit letztlich dem Entstehen neuer Guerillagruppen Vorschub.

Die Geburt der FARC & die Paramilitärs

Während der späten 1950er- und frühen 1960er-Jahre entstanden in Kolumbien viele Guerillagruppen. Jede hatte ihre eigene Ideologie und ihre eigenen politischen und militärischen Strategien. Zu den wichtigsten – und gefährlichsten – gehören die FARC, die Ejército de Liberación Nacional (ELN; Nationale Befreiungsarmee) und das Movimiento 19 de Abril (M-19; Bewegung 19. April).

Bis 1982 wurden die Guerillas als Problem der öffentlichen Ordnung angesehen und von der Armee verfolgt. Präsident Belisario Betancur (1982–1986) war der erste, der direkte Verhandlungen mit den Guerillas eröffnete, in einem Versuch, sie in das politische Leben der Nation zu reintegrieren. Die Verhandlungen scheiterten jedoch und die Guerillas der M-19 stürmten im November 1985 den Justizpalast der Hauptstadt. Dabei kamen über 100 Menschen ums Leben.

Die liberale Regierung unter Präsident Virgilio Barco (1986–1990) konnte die M-19 schließlich dazu bewegen, ihre Waffen niederzulegen und beteiligte sie am politischen Geschehen. Die beiden anderen Hauptorganisationen – FARC und ELN – sind jedoch immer noch bereit zu kämpfen. Die FARC hat in den letzten Jahren rund die Hälfte ihrer Kämpfer durch bezahlte Desertationen und ständigen Druck durch das kolumbianische Militär verloren.

In den 1980er-Jahren formierte sich noch eine weitere Gruppe, die Autodefensas Unidas de Colombia (AUC; Vereinigte Selbstverteidigungskräfte Kolumbiens). Sie besteht aus paramilitärischen Todesschwadronen, die sich wiederum aus reichen Kolumbianern zusammensetzen, die ihren Landbesitz schützen wollen. Die AUC war für Dutzende Massaker verantwortlich. Sie soll sich während Uribes zweiter Amtszeit aufgelöst haben – viele Beobachter, u. a. auch von Human Rights Watch, glauben jedoch, dass die Abrüstung nur eine Täuschung war.

Gewalttaten wurden und werden von allen Seiten verübt. Dem UN-Flüchtlingsbeauftragten zufolge, gibt es in Kolumbien 4,3 Mio. Binnenflüchtlinge – nur im Sudan sind es mehr. Der Grund liegt darin, dass die arme Landbevölkerung immer wieder ins Kreuzfeuer zwischen den Guerillas, den immer noch aktiven Paramilitärs und der Armee gerät.

Weißes Gold

Die Kokain-Mafia entwickelte sich von ihren beschaulichen Anfängen in den frühen 1970er-Jahren in kürzester Zeit zu einer gigantischen Industrie mit eigenen Plantagen, Labors, Logistik und Schutzdiensten. So richtig boomte das Geschäft dann Anfang der 1980er-Jahre. Das Medellín-Kartell, geführt von Pablo Escobar, wurde zur führenden Organisation, deren Bosse lebten unbescholten in Saus und Braus. Sie gründeten sogar ihre eigene politische Partei und zwei Zeitungen, 1982 wurde Escobar in den Kongress gewählt.

1983 startete die Regierung schließlich eine Kampagne gegen den Drogenhandel, die sich nach und nach in einen regelrechten Krieg verwandelte. Das Kartell antwortete mit Gewalt und schaffte es, viele seiner Gegner auszulöschen. Im August 1989 erreichte der Krieg einen blutigen Höhepunkt, als Luis Carlos Galán, der Präsidentschaftskandidat der Liberalen für die Wahl 1990, ermordet wurde. Die Regierung reagierte mit der Beschlagnahmung von fast 1000 Besitztümern der Mafia und kündigte neue Auslieferungsgesetze an – ein Albtraum für die Drogenbarone, die den Kampf mit terroristischen Praktiken, vor allem Autobomben fortsetzten.

Die Wahl des liberalen Präsidenten César Gaviria (1990–1994) bescherte dem gebeutelten Land eine kurze Phase der Hoffnung. Nach längeren Verhandlungen, während derer auch ein Verfassungszusatz das Verbot der Auslieferung von Kolumbianern neu regelte, gaben Escobar und die restlichen Kartell-Bosse auf und der Drogenterrorismus ließ nach. Escobar entkam jedoch seinem palastartigen Gefängnis, nachdem die Regierung auf stümperhafte Art versucht hatte, ihn an einen besser gesicherten Ort zu bringen. Eine Spezialeinheit mit 1500 Elitesoldaten jagte Escobar 499 Tage lang, bis man ihn am 2. Dezember 1993 in Medellín stellte und auf der Flucht erschoss.

Trotzdem ging der Drogenhandel ungestört weiter. Während sich das Militär darauf konzentrierte, einen einzigen Mann zu jagen und sein Kartell zu zerschlagen, nutzten die anderen Kartelle clever die Möglichkeiten, die sich aus diesen für sie glücklichen Umständen ergaben. Das von den Brüdern Rodríguez Orejuela geführte Cali-Kartell besetzte schnell die Lücke, die das zerschlagene Medellín-Kartell hinterlassen hatte, und wurde Kolumbiens größter Händler. Das Spiel wiederholte sich, als die Top-Bosse des Kartells 1995 gefangen genommen wurden. Auch danach blühte der Drogenhandel weiter; andere regionale Drogenkartelle, Paramilitärs und vor allem Guerillas, übernahmen die Rolle, die die beiden ersten Mafiagruppen vorgegeben hatten. 1999 startete Präsident Andrés Pastrana den *Plan Colombia*, den die USA unterstützten. Dessen Ziel war es, die Kokapflanze in Kolumbien mit Pestiziden aus der Luft komplett auszurotten. Die kolumbianischen Kokafarmer – die an dem ganzen Geschäft am wenigsten verdienten – und -händler, die nicht auf ein Jahresgeschäft von 6 Mrd. $ verzichten wollten, verlegten in vielen Fällen ihre Felder kurzerhand an einen anderen Ort, oftmals in Nationalparks, in denen die Verwendung der chemischen Keule verboten ist. Und so bleibt die Menge an Kokain, die in den USA und in Europa auf den Markt kommt, trotz vermehrter Razzien und Verhaftungen von Kleinhändlern stabil und die Preise sind gefallen.

Ein umfassendes Programm zur manuellen Ausrottung von Kokapflanzen wurde 2007 lautstark als eine bessere Möglichkeit angekündigt, um den Handel einzuschränken. Jedoch führte dies nur zu einer weiteren Verarmung der Kokabauern, die oft keine andere Überlebenschance haben.

Der Kampf gegen das Kokain in Kolumbien scheint vergeblich. 2008 berichteten die UN von einer Zunahme des mit Koka kultivierten Landes um 27 %, trotz zehnjähriger, finanzieller Unterstützung von Seiten der USA in Höhe von 5 Mrd. US$. 2009 schrumpfte das kultivierte Land um 18 %, was einer Nettozunahme von 9 % entspricht. Das satirische US-Onlinemagazin Onion fasste die Misere einmal in einer parodierenden Überschrift zusammen: „Die Drogen gewinnen den Kampf gegen die Drogen."

Präsident Álvaro Uribe

Der rechtspolitische Hardliner Álvaro Uribe wurde 2002 zum Präsidenten gewählt. Ihm wurde ein Land am Rande des Zusammenbruchs zu Füßen gelegt. Ein geächteter Staat, geplagt von Sicherheitsproblemen. Viele Straßen im Land wurden von Rebellen blockiert und kontrolliert. Uribe versprach dem Volk entschiedene Militäraktionen gegen die Guerrillas, und die bekam es auch – und zwar mehr als erwartet. Sein Wahlspruch „Harte Hand, großes Herz" erwies sich als zumindest als zu Hälfte wahr. Plötzlich waren die Straßen wieder offen, voller Militärs und sicher.

Die Kolumbianer, die jahrelang verängstigt und eingesperrt lebten, waren der Entführungen, der Erpressungen und des Blutvergießens müde. Deshalb genossen sie die unter diesem zähen, unnachgiebigen Mann (der jeden Tag ironischerweise mit einem intensiven Yogaworkout beginnt) neugewonnenen Freiheiten, z. B. zu reisen und zu arbeiten, in vollen Zügen. Uribes Beliebtheitsraten lagen ständig über 70 %. Nur ein idiologischer Verblendeter könnte leugnen, dass Uribe der beliebteste und erfolgreichste Präsident ist, den Kolumbien je hatte. Doch das ist nur ein Teil des Bildes.

2006 trat Uribe seine zweite Amtszeit an, nachdem ihm durch eine Verfassungsänderung eine zweite Kandidatur gewährt wurde. So ging der Krieg gegen die Guerrillas weiter. Seine Soldaten nahmen den Kampf mit den linksgerichteten Rebellen auf und drängten sie in abgelegene Regenwaldgebiete zurück. Dort lagern sie auch heute noch: geschwächt, isoliert, jedoch ungeschlagen.

DIE KULTUR
Mentalität

Ein amerikanisches Paar mittleren Alters steht an einer Straßenecke irgendwo in Bogotá. Die beiden brüten über einer großen Karte und haben sich offensichtlich verlaufen. Zudem machen sie einen wohlhabenden Eindruck – oder zumindest wohlhabender als 90 % der Menschen um sie herum. Ein Motorrad hält neben ihnen, der Fahrer klappt das Visier hoch. Was passiert als nächstes?

Der Motorradfahrer steigt ab und das Paar verspürt einen leichten Anflug von Angst. Der Biker lächelt, fragt, wohin sie möchten, zeigt ihnen auf der Karte den Weg, wünscht ihnen händeschüttelnd einen schönen Tag und fährt davon. Die Amerikaner können es nicht glauben. So etwas würde in einer der großen Städte in den USA nie passieren, sagen sie.

Dies ist eine wahre Geschichte, und keinesfalls die einzige. Jeder Reisende, dem man begegnet und der mit offenem Herzen nach Kolumbien kommt, sagt dasselbe: Die Menschen hier sind aufrichtig freundlich und hilfsbereit.

Die Entführungen, Erpressungen und kleineren Bombenanschläge gibt es zwar immer noch. Außerdem sind einige Gebiete des Landes stark vermint. Doch die eigentlichen Schwierigkeiten, vor denen die Kolumbianer heute stehen, sind wirtschaftlichen Ursprungs. Die nationale Mentalität ist bemerkenswert robust und die Grundeinstellung der meisten Kolumbianer spiegelt Freude und Warmherzigkeit wider.

Ein jeder träumt von einer *finca* (ein Haus auf dem Land mit eigenem Grundstück): Tief in ihrem Inneren sind die Kolumbianer aus der Stadt waschechte Cowboys, für die das Landleben ein Sinnbild der Romantik ist. Viele der auf dem Land lebenden Kolumbianer kämpfen degegen täglich um das nackte Überleben und träumen von einem Leben in den Metropolen.

Lebensart

Der Kluft zwischen Arm und Reich in Kolumbien ist enorm. Die wohlhabendsten 10 % der Bevölkerung kontrollieren 46 % des Vermögens des Landes (und verdienen 80-mal soviel wie die ärmsten 10 %). Ungefähr 60 % der Kolumbianer leben in Armut (in ländlichen Gebieten sind es sogar 80 %).

Der Familienzusammenhalt in Kolumbien ist sehr stark und man unterstützt sich gegenseitig. Wie alle Lateinamerikaner vergöttern auch die Kolumbianer Kinder zutiefst. Die meisten Paare, die zusammenleben, sind verheiratet, jedoch hat sich dies in den letzten Jahren geändert. Die Frauenrechte werden zunehmend anerkannt und 2006 wurden Abtreibungen legalisiert – jedoch ausschließlich dann, wenn das Leben der Mutter durch die Geburt gefährdet, der Fötus stark missgebildet oder Schwangerschaft die Folge einer Vergewaltigung ist. Auch die Rechte für Schwule werden langsam wahrgenommen, wobei sich das öffentliche, bewusste Ausleben der Homosexualität auf Schwulenparties in den Hauptstädten begrenzt. Armut und Arbeitslosigkeit sind weit verbreitet und alle großen Städte haben Probleme mit Obdachlosigkeit, Drogenmissbrauch und Bettelei. Mit einem festen aber höflichen „Nein" wird man aber auch den aufdringlichsten Bettler los. Drogendealer haben oft westliche Touristen im Visier, besonders in Städten wie Cartagena und Medellín. Ignoriert man diese aber einfach mit einem Schulterzucken, hat man garantiert eine schönere und auch sicherere Zeit.

Einwohner

Das Land Kolumbien hat etwa 45 Mio. Einwohner und ist damit nach Brasilien und Mexiko und noch vor Argentinien das drittgrößte Land Lateinamerikas. Die Einwohner verteilen sich ziemlich gleichmäßig von Norden nach Süden, lediglich das Amazonasbecken im östlichen Kolumbien ist nur spärlich besiedelt. Die größten Städte sind Bogotá (8,25 Mio.), Medellín (2,5 Mio.), Cali (3,5 Mio.) und Barranquilla (1,3 Mio.).

Kolumbiens bunt gemischte Bevölkerung ist ein Spiegelbild der Geschichte des Landes. Sie setzt sich im Wesentlichen aus drei Gruppen zusammen: den Ureinwohnern und den Nachfahren spanischer Siedler und afrikanischer Sklaven. 58 % der Kolumbianer bezeichnen sich als Mestizen, also Menschen, deren Vorfahren Indios oder Europäer sind. Daneben gibt es noch weitere ethnische Gruppen: 20 % sind Weiße, 14 % sind Nachfahren eines weißen und eines schwarzen Elternteils, 4 %

sind afrikanischer Herkunft, 3 % sind Nachfahren eines afrikanischen und indigenen Elternteils und 1 % Angehörige indigener Völker. Kolumbiens indigene Bevölkerung spricht 65 Sprachen und fast 300 Dialekte, die mehreren linguistischen Familien zugeordnet werden.

SPORT

Fußball und Radsport sind die beliebtesten Publikumssportarten des Landes. Kolumbiens Spitzensportler nehmen regelmäßig an internationalen Wettkämpfen teil, z. b. der Fußball-WM und der Tour de France, und konnten schon einige Erfolge erzielen. Während in der nationalen Fußballliga das ganze Jahr über Spiele in fast allen Winkeln des Landes stattfinden, beschränkt sich Baseball auf die Karibikküste.

RELIGION

Die meisten Kolumbianer sind römisch-katholisch. Andere Glaubensrichtungen sind offiziell gestattet, haben aber nur wenige Anhänger. Im letzten Jahrzehnt haben sich jedoch verschiedene protestantische Gemeinden ausgedehnt und es geschafft, ca. 3 Mio. Katholiken zu „bekehren". Viele Ureinwohner haben den katholischen Glauben angenommen, wobei sie allerdings oft Elemente ihrer traditionellen Religionen mit übernommen haben. Eine kleinere Glaubensgemeinschaft bilden die kolumbianischen Juden, Synagogen gibt es in den meisten großen Städten.

KÜNSTE
Literatur

Während der Zeit der Unabhängigkeit und bis zum Zweiten Weltkrieg brachte Kolumbien nur wenige international anerkannte Schriftsteller hervor, wie etwa José Asunción Silva (1865–1896), der wahrscheinlich beste Dichter des Landes, der auch als Vorreiter der Moderne in Lateinamerika gilt.

Ein Literaturboom nach dem Krieg katapultierte viele große lateinamerikanische Autoren in die internationale Szene, darunter den Kolumbianer Gabriel García Márquez (geb. 1928). Sein 1967 veröffentlichter Roman *Cien años de soledad* (*Hundert Jahre Einsamkeit*) wurde geradewegs zum weltweiten Bestseller. Er vermischt Mythen, Träume und Realität und verblüfft den Leser mit einer neuen Ausdrucksform, den die Kritiker *realismo mágico* (magischer Realismus) tauften. 1982 erhielt „Gabo" den Nobelpreis für Literatur.

Verschiedene seiner Zeitgenossen haben ebenfalls Anerkennung verdient, darunter der Dichter, Romancier und Maler Héctor Rojas Herazo, sowie Álvaro Mutis, ein enger Freund Gabos. Im Hinblick auf die jüngere Generation sollte man sich die Arbeiten von Fernando Vallejo genauer anschauen, einem anerkannten Bilderstürmer, der überraschend kritisch zu García Márquez steht.

Kino

Die besten Filme der letzten Jahre in Kolumbien sind *Maria, llena eres de gracia* (Maria voll der Gnade; 2004), über eine schwangere Drogenkurierin, die in den USA ein neues Leben anfangen will, und *Yo soy otro* (The Others; 2008), ein spannendes Psychodrama über einen depressiven Systemingenieur Ende dreißig in Cali im Jahr 2002, als die Stadt tief im Kampf gegen die Drogen verstrickt war.

La Milagrosa (2008) nimmt einen politischriskanten Blickwinkel ein. Der Film zeigt die FARC als von Armut und Rache an den Paramilitärs getriebene Organisation. Im Film wird ein reicher, junger Kolumbianer von den Rebellen entführt und im Regenwald festgehalten. Die Verweigerung, die Anhänger der FARC konventionell, als eindimensionale Drogenterroristen darzustellen, hat in Kolumbien viele verärgert – der Film schlägt sich jedoch wacker dabei, ausgewogen zu sein. Dagegen nimmt *Paraíso Travel* (Paradise Travel; 2008) den Zuschauer mit auf eine mal erschreckende, mal komische Reise illegaler Flüchtlinge aus den Slums in Medellín zu den Elendsvierteln in Manhattan. *Perro come perro* (Hund frisst Hund; 2008) ist ein Thriller, der ebenfalls in Cali spielt. Eine meisterhafte Studie über Paranoia und Verrat in einer Gangstercrew.

Musik

Die Karibikküste vibriert von afrikanisch-inspirierten Rhythmen wie der Cumbia, dem *mapalé* und dem *porro*. Hier wurde auch der *vallenato geboren*, der (für manche zu stark) auf dem europäischen Akkordeon basiert. Heute ist dies das beliebteste Musikgenre in Kolumbien.

Die Musik, die typisch für die Pazifikküste ist, wie z. B. der *currulao*, baut auf einem intensiven, afrikanischen Trommelrhythmus auf, der aber auch spanische Einflüsse aufweist. In den Anden wurde die kolumbianische Musik stark von spanischen Rhythmen und Instrumenten beeinflusst und unterscheidet sich deshalb ziemlich von der peruanischen und bolivianischen Musik.

Kolumbiens berühmteste Mainstreammusiker sind Shakira, Carlos Vives (ein Latinpop-Sänger), Totó La Momposina (ein traditioneller, afrokaribischer Sänger) und Juanes (ein Latinrock-Sänger).

Zu den neuen, innovativen Gruppen gehören Pernett and the Caribbean Ravers, die Berlineske Bässe mit Cumbiarhythmen verfeinern. Bomba Estereo mixen Space-Rock mit Cumbia, und Choc Quib Town, eine Hip-Hop-Crew von der Pazifikküste, serviert funkige Revolten, die mit schneidender Gesellschaftskritik gewürzt sind.

Die traditionelleren Klänge des *joropó* in Kombination mit elektrisierender Liveperformance, rasant gezupften Saiten und loderndheißen Choreographien, haben die Band Cimarron weltweit berühmt gemacht. Salsa ist hier bei allen sehr beliebt. Die Mitglieder der Band LA 33 aus Bogotá sind definitiv die besten und modernsten Vertreter des eher toughen, urbanen Stils.

Architektur

Das herausragendste Beispiel für präkolumbische Stadtplanung ist die Ciudad Perdida der Tairona in der Sierra Nevada de Santa Marta. Obwohl die Behausungen verfallen sind, sind viele Grundmauern, wie z. B. ein komplexes Gefüge aus Terrassen, Pfaden und Treppen, noch immer in bemerkenswert gutem Zustand.

Nach Ankunft der Spanier wurde vor allem mit Mauersteinen und Ziegeln gebaut. Die Kolonialstädte wurden nach strengen Standards errichtet, die von der spanischen Krone festgelegt wurden. Der Städtebau erfolgte basierend auf einer Gitterstruktur um die Plaza Mayor (zentraler Platz) herum. Dieses Raster verwendete man während der gesamten Kolonialzeit und auch lange Zeit danach, sodass sie zu einem dominierenden Charakteristikum der meisten kolumbianischen Städte und Dörfer wurde.

Spaniens strenge, katholische Tradition kommt durch die vielen Kirchen und Klöster in den Kolonien zum Ausdruck – die zentralen Gebiete Bogotá, Cartagena, Popayán und Tunja bieten hierfür äußerst geeignete Anschauungsobjekte.

Trotz der Unabhängigkeit war die Architektur auch im 19. Jh. noch größtenteils im spanischen Stil gehalten. Erst nach dem Zweiten Weltkrieg zeichneten sich langsam moderne architektonische Trends ab. Diese Entwicklung beschleunigte sich in den 1960er-Jahren, als in den Städten die ersten Wolkenkratzer auftauchten.

Das aktuellste architektonische Phänomen in Kolumbien ist die Stadtplanung. An der erfolgreichen Einführung des TransMilenio, dem Kfz-freien Sonntag, den Fahrradwegen und der Erweiterung der Parks in Bogotá nehmen sich nun auch andere Städte in Südamerika, Afrika und Asien ein Beispiel.

Bildende Künste

Die Kolonialzeit wurde von der religiösen Kunst Spaniens dominiert. Obwohl die Gemälde und Skulpturen dieser Epoche im Allgemeinen von lokalen Künstlern erstellt wurden, spiegeln sie den spanischen Einfluss der Zeit wider. Mit Beginn der Unabhängigkeit sagten sich die bildenden Künste zwar strikt von religiösen Themen los, doch erst mit der europäischen Kunstrevolution am Ende des 19. Jhs. begannen auch kolumbianische Künstler originelle Werke zu schaffen.

Zu den wichtigsten modernen Malern und Bildhauern gehören: Pedro Nel Gómez, bekannt für seine Wandgemälde, Ölgemälde und Skulpturen; Luis Alberto Acuña, ein Maler und Bildhauer, der Motive aus der präkolumbischen Zeit verwendet; Alejandro Obregón, ein Maler mit Hang zu abstrakten Formen; Rodrigo Arenas Betancur, Kolumbiens berühmtester Erbauer von Monumenten; und Fernando Botero, der international bekannteste kolumbianische Künstler – bei einer Statue oder einem Porträt eines dicken Menschen handelt es sich mit Sicherheit um ein Werk Boteros.

Künstler, die man im Auge behalten sollte, sind Bernardo Salcedo (Konzeptskulpturen und Fotografie), Miguel Ángel Rojas (Gemälde und Installationen) und Doris Salcedo (Skulpturen und Installationen).

NATUR & UMWELT

Das größte Umweltproblem in Kolumbien ist die Abholzung. Jedes Jahr werden riesige Flächen des Regenwaldes und andere empfindliche Lebensräume rücksichtslos zerstört, um Platz für Industrie, Wohnungsbau, Landwirtschaft, Viehhaltung und Kokafarmen zu schaffen.

> **ROMPEPIERNAS: BEINBRECHENDE LANDMINEN**
>
> Die einfachen Landminen der FARC werden aus Injektionsspritzen, Schwefelsäure, Sprengstoff und einer Konservendose hergestellt. Die Einheimischen nennen sie *rompepiernas* oder „Beinbrecher". Die Schwefelsäure befindet sich in der Spritze und diese steckt wiederum in der mit Sprengstoff gefüllten Dose. Die Dose wird so eingegraben, dass der Kolben der Spritze aus dem Boden ragt. Tritt man darauf, fließt die Säure in den Sprengstoff und die Mine explodiert. Die Minen sollen eher verletzen als töten, deshalb sieht man in Kolumbien auch so viele einbeinige Menschen. Die Herstellung der Minen ist billig und einfach, das Setzen ist relativ sicher und die Entfernung gefährlich und kostenaufwendig. Sie werden oft um Kokafarmen herum vergraben, um unwillkommene Besucher abzuhalten. Weltweit (nach Kambodscha und Afghanistan) ist Kolumbien das Land mit den drittmeisten Landminenopfern. Über das Land sind circa 100 000 Minen verteilt, aber keine – soweit man das mit Sicherheit sagen kann – in den Regionen, über die wir berichten.

Mehr als 20 Jahre lang haben Guerrillas Anschläge auf Ölpipelines verübt. Dadurch wollten sie multinationale Unternehmen daran hindern, die Bodenschätze auszubeuten. Seit 1986 gab es über 950 Attentate, wodurch mehr als 2 Mio. Barrel Rohöl in die Flüsse und den Erdboden gesickert sind (das ist 11-mal soviel Öl wie damals aus der Exxon Valdez lief).

Die USA haben ihre militärische Unterstützung Kolumbiens von der Ausräucherung der angebauten Koka- und Schlafmohnpflanzen abhängig gemacht. Jedes Jahr werden Zehntausende Hektar, die mit Koka und Mohn bepflanzt sind, mit einem Pflanzengift vernichtet. Dieses enthält den Wirkstoff Glyphosat, der neben Kokapflanzen auch die traditionellen Anbaupflanzen zerstört. Dies führt zur Verarmung und Vertreibung Tausender Bauern und Einheimischer. Außerdem gefährdet es deren Gesundheit. Viele Wissenschaftler glauben, dass das Herbizid zudem Mikroben und Pilze abtötet, die wichtige Funktionen im Ökosystem des Regenwalds haben. Dadurch wird der gesamte Nährstoffkreislauf gestört.

Das Land

Kolumbien erstreckt sich auf 1,14 Mio. km² und ist damit etwa so groß wie Frankreich, Spanien und Portugal zusammen. Es nimmt den nordwestlichen Teil des Kontinents ein und ist das einzige südamerikanische Land, das Küstengebiete sowohl am Pazifik (1448 km lang) als auch am Karibischen Meer (1760 km) umfasst. Kolumbien grenzt an Panama, Venezuela, Brasilien, Peru und Ecuador.

Seine Geografie ist extrem vielfältig. Die westliche Hälfte des Landes ist bergig und von drei Andenketten durchzogen: Cordillera Occidental, Cordillera Central und Cordillera Oriental, die etwa parallel von Norden nach Süden verlaufen. Das Gebiet östlich der Anden ist weites Tiefland, das sich in zwei Zonen teilt: die savannenartigen Los Llanos im Norden und das mit Regenwald bedeckte Amazonasbecken im Süden.

Zu Kolumbien gehören mehrere kleine Inseln. Die größten sind die Archipele San Andrés und Providencia (im karibischen Meer, 750 km nordwestlich vom Festland), die Islas del Rosario (nahe der Karibikküste) und die Isla Gorgona (im Pazifik).

Tiere & Pflanzen

In keinem anderen Land gibt es mehr Pflanzen- und Tierarten pro Flächeneinheit als in Kolumbien. Diese Vielfalt entsteht durch die zahlreichen Klimazonen und Mikroklimata, aufgrund derer sich viele verschiedene Lebensräume und biologische Inseln bildeten, in denen sich Tiere und Pflanzen unabhängig voneinander entwickeln konnten.

In Kolumbien leben Jaguare, Ozelots, Pekaris (Nabelschweine), Tapire, Rotwild, Gürteltiere, Brillenbären und viele verschiedene Affenarten, nicht zu vergessen die ungefähr 350 weiteren verschiedenen Säugetierarten. Es gibt mehr als 1920 verzeichnete Vogelarten (fast ein Viertel der weltweit bekannten Arten), vom großen Anden-Kondor bis hin zum klitzekleinen Kolibri. Und auch Kolumbiens Pflanzenwelt weiß zu beeindrucken, z. B. mit allein 3000 Orchideenarten. Die nationalen Herbarien haben mehr als 130 000 verschiedene Pflanzen klassifiziert.

Nationalparks

Kolumbien hat 55 Nationalparks und Naturschutzgebiete. Ihre Gesamtfläche nimmt 9 % des Landes ein. Nur eine Handvoll Parks bietet auch Übernachtungs- und Verpflegungsmöglichkeiten an. In den übrigen finden sich dagegen keinerlei Einrichtungen für Besucher. Während manche der Parks, vor allem in den abgelegenen Gebieten, praktisch unerreichbar sind, ist man in einigen sehr abgeschiedenen Anlagen aufgrund von Guerillaaktivitäten nicht sicher.

Nationalparks werden von der Unidad Administrativa Especial del Sistema de Parques Nacionales betrieben, einer Abteilung des Umweltministeriums. Die Zentrale ist in Bogotá zuhause, regionale Büros finden sich in weiteren Städten. Die Zentrale betreut alle Parks, während die untergeordneten Filialen nur die Parks in ihrer Region verwalten. Zu den Parks gehören:

Parque Nacional El Cocuy (S. 746) Spektakuläre Andengipfel und Seen; Spazieren gehen und Trekking.

Parque Nacional Los Nevados (S. 786) Schneebedeckte Anden-Vulkane und Nebelwälder; Wandern und Bergsteigen.

Parque Nacional Santuario de Iguaque (S. 746) Bergseen, historische Stätten; Wandern.

Parque Nacional Tayrona (S. 757) Küstenregenwälder und Strände: Affen, Korallen; Spazieren gehen, Wandern und Schnorcheln.

VERKEHRSMITTEL- & WEGE

AN- & WEITERREISE
Auto & Motorrad

Zwischen Kolumbien und Panama gibt es zwar keinen direkten Landweg, das Auto kann jedoch mit einem Frachtschiff transportiert werden. Start- und Zielpunkt sind dabei Colón bzw. Cartagena. In Cartagena wendet man sich an **Seaboard Marine** (☎ 5-677-2410; www.seaboardmarine.com). Das Ganze kostet 850 US$.

Bus
ECUADOR
Fast alle Reisenden überqueren die Grenze auf der Panamericana zwischen Ipiales und Tulcán. Siehe Ipiales (S. 805) und Tulcán (s. Kasten S. 592).

VENEZUELA
Die Grenze zwischen Kolumbien und Venezuela kann an verschiedenen Punkten überquert werden. Die bei weitem beliebteste Route bei vielen Reisenden, ist die über Cúcuta und San Antonio del Táchira auf der Hauptstraße zwischen Bogotá und Caracas. S. S. 751 und s. Kasten S. 1062.

Bei Paraguachón an der Straße von Maicao nach Maracaibo befindet sich ein weiterer Grenzübergang. Zwischen Maicao und Maracaibo fahren Busse und Sammeltaxis, zwischen Cartagena und Caracas gibt es auch eine direkte Busverbindung. S. Maracaibo (S. 1054) und Cartagena (S. 767).

Einen beliebten kleinen Grenzübergang gibt's auch zwischen Puerto Carreño in Kolumbien und entweder Puerto Ayacucho (s. Kasten S. 1090) oder Puerto Páez (beide in Venezuela).

Flugzeug

Da es in der Nordwestecke des Kontinents liegt, ist Kolumbien als Tor nach Südamerika leicht und relativ preisgünstig aus den USA, Mittelamerika und sogar von Europa aus zu erreichen. Der wichtigste Flughafen für internationale Flüge befindet sich in Bogotá. Internationale Flüge werden aber auch in anderen Städten, wie z. B. Cartagena, Medellín und Cali, abgewickelt. Das Land wird von einigen der größten Interkontinental-Airlines angeflogen, darunter British Airways, Air France, Iberia und American Airlines. Außerdem gibt es etwa ein Dutzend nationale Linien.

BRASILIEN & PERU
Direktflüge zwischen diesen Ländern und Kolumbien sind kostspielig. Günstiger ist es über Leticia im kolumbianischen Amazonas zu fliegen (siehe S. 811).

MITTELAMERIKA
Zwischen Kolumbien und den meisten Hauptstädten Zentralamerikas gibt es regelmäßige Flugverbindungen. Typische Preise für einen einfachen Flug sind z. B.: Guatemala City–Bogotá (400–500 US$), San José

FLUGHAFENSTEUER

Die Flughafengebühr für internationale Abflüge aus Kolumbien beträgt 33 US$. Weitere 23 US$ werden berechnet, wenn man sich länger als zwei Monate im Land aufgehalten hat. Beide Gebühren können in Dollar oder in Pesos zum aktuellen Kurs beglichen werden.

> **VOM FLUGHAFEN ZUR STADT**
>
> Im Flughafen El Dorado findet man sich relativ leicht zurecht. Nachdem man den Zoll passiert hat, kann man Geld wechseln (die Kurse sind konkurrenzfähig) und ein Taxi ins Zentrum nehmen (15 km). Am Ausgang gibt's einen kleinen Taxistand. Dort nennt man sein Reiseziel und erhält daraufhin einen Zettel mit der Adresse und einem festgesetzten Preis (17 000 KOL$ zum Zentrum), den man an den Taxifahrer zahlt. Günstiger kommt man mit busetas (kleinen Bussen) oder colectivos (Sammeltaxis) mit der Aufschrift „Aeropuerto" weg; diese parken etwa 50 m vom Terminal entfernt. Wenn man aus der Stadt zum Flughafen will, findet man sie in der Calle 19 oder der Carrera 10.
>
> Kommt man mit dem Bus am Hauptbusbahnhof in Bogotá an, kommt man mit busetas, colectivos oder Taxis ins Zentrum *(9 km)*. Auf den Preis einigt man sich zuvor am Stand – man gibt das Ziel an und bekommt einen Zettel mit dem Preis. Nie mehr bezahlen als den angegebenen Preis.

(Costa Rica)–Bogotá (400 US$) und Panama City–Bogotá (250 US$).

ECUADOR
Flüge von Quito nach Bogotá oder Cali werden ab 350 US$ (einfache Strecke) angeboten, man sollte aber nach Sonderaktionen Ausschau halten.

VENEZUELA
Avianca und Aeropostal fliegen mehrmals täglich zwischen Caracas und Bogotá (450 US$).

Schiff/Fähre
BRASILIEN & PERU
Der einzige brauchbare Grenzübergang zwischen diesen beiden Ländern und Kolumbien, befindet sich bei Leticia (S. 811) im kolumbianischen Amazonasgebiet. Leticia wiederum lässt sich von Iquitios, Peru (S. 971) und Manaus, Brasilien (S. 406) aus gut erreichen.

PANAMA
Zwischen Colón in Panama und Cartagena in Kolumbien kann man mit einem Segelboot übersetzen (siehe S. 767).

Heutzutage ist es auch möglich, in einer kombinierten Land- und Seereise von Kolumbien nach Panama zu gelangen; s. S. 773.

UNTERWEGS VOR ORT
Auto & Motorrad
In Kolumbien besteht auch die Möglichkeit, mit einem eigenen Fahrzeug herumzureisen. Heutzutage muss man sich eigentlich nur noch vor dem unberechenbaren Fahrstil der Kolumbianer in Acht nehmen. Ein international anerkannter Führerschein ist Voraussetzung.

Bus
Busse sind das wichtigste Verkehrsmittel in Kolumbien. Das System ist gut organisiert und weitläufig; selbst die kleinsten Dörfer haben eine Anbindung. Es gibt alle möglichen Modelle, von der ganz einfachen Klapperkiste bis zum modernen Luxusliner.

Die besten Busse (*climatizados*) bieten viel Beinfreiheit, Liegesitze, große Gepäckablagen und Toiletten. Warme Klamotten sind jedoch wichtig, da die Fahrer die Klimaanlage normalerweise voll aufdrehen.

Auf den Hauptrouten fahren die Busse oft, daher ist eine Sitzplatzreservierung nicht nötig. An Orten abseits der Hauptrouten, wo der Bus nur wenige Male am Tag fährt, ist es besser, das Ticket einige Zeit vor der Abfahrt zu kaufen. Nur um Weihnachten und Ostern muss das Ticket wirklich im Voraus gebucht werden, da die Kolumbianer dann scharenweise in die Ferien fahren.

Colectivos sind eine Kreuzung zwischen einem Bus und einem Taxi. Normalerweise handelt es sich um große Autos (manchmal auch Jeeps oder Minibusse), die festgesetzte, kurze und mittellange Strecken abfahren. Losgefahren wird, wenn das Auto voll ist, einen Zeitplan gibt es nicht. Colectivos sind eine gute Sache, wenn man lange auf den nächsten Bus warten muss oder in Eile ist.

Busreisen sind relativ günstig. Generell kann man sagen, dass der *climatizado* um die 4000 KOL$ pro Stunde Fahrt kostet. Man sollte immer feilschen – ein höfliches Angebot von 25% weniger ist ein guter Einstieg. Nachlässe von 33% sind nicht ungewöhnlich. Während der Ferien gibt's keinen Rabatt.

Flugzeug
Kolumbien hat ein gut ausgebautes und zuverlässiges Netz aus Inlandsflügen. Die

meisten Reisenden fliegen mit **Avianca** (www.avianca.com), **AeroRepública** (www.aerorepublica.com.co), **Aires** (www.aires.com.co) und **Satena** (www.satena.com). Die meisten dieser Airlines bieten auch internationale Flüge an.

Die Preise und Dienste der Unternehmen unterscheiden sich nicht allzu sehr. Deshalb kann man sich bei der Wahl der Airline für die mit den jeweils passendsten Flugzeiten entscheiden. Frühzeitiges Buchen garantiert die niedrigsten Preise.

Auf Inlandsflügen fällt eine Flughafensteuer von 76 900 KOL$ an, die normalerweise beim Ticketkauf bezahlt wird (diese Steuer ist in den Ticketpreisen in diesem Kapitel bereits enthalten). Die Buchung sollte man sich immer mindestens 72 Stunden vor Abflug noch einmal bestätigen lassen.

Schiff/Fähre

Die kolumbianische Küste ist insgesamt über 3000 km lang, kein Wunder, dass der Schiffsverkehr beträchtlich ist. Dieser besteht zum größten Teil aus Frachtschiffen, die zwar nicht nach einem Zeitplan fahren, aber auch Passagiere mitnehmen können. In den Gebieten in und um Chocó und den Amazonas sind Flüsse die einzigen Verkehrswege.

BOGOTÁ

☎ 1 / 8,25 Mio. Ew.

Kolumbiens Hauptstadt nimmt einem den Atem – und das liegt nicht nur an der Höhenlage. Diese stylische, schicke, moderne und fortschrittliche Stadt, die wie ein Adler in einer Höhe von 2600 m thront, lässt einen die Augen niederschlagen und alle Vorurteile über den Haufen werfen.

Dank jahrelanger, sinnvoller Investitionen und landesweiter, von der Regierung gestützer Initiativen gegen die linksgerichtete Guerrillaorganisation FARC, die vor kaum mehr als fünf Jahren schon die Stadtgrenzen erreicht hatte, ist Bogotá sicherer denn je. Und nicht nur das: Die Stadt ist schlichtweg cool und hat junge, gebildete und stylische Einwohner, die Besucher liebenswürdig und lebensfroh willkommen heißen.

Die Stadt zeigt auch Extreme auf: Die Eleganz der Kolonialarchitektur im historischen Zentrum La Candelaria, wo sich die meisten Reisenden tummeln, wird von den Türmen des Finanzzentrums im Norden überschattet. Diese beiden Stadtteile wenden sich wiederum von den maroden Baracken im Süden ab.

Geografisch gesehen befindet sich hier das Herz des Landes – ein idealer Ausgangspunkt für jede Reise. Außerdem werden von hier aus die politischen und finanziellen Fäden gezogen. Die *rollos*, so nennt man die Bewohner, würden an dieser Stelle einwerfen, dass Bogotá auch Kolumbiens kulturelle Hauptstadt ist. Und das nicht grundlos: Es gibt dort mehr Theater, Galerien, Konzertsäle und Kinos als in irgendeinem anderen Teil des Landes.

Eine Regenjacke und warme Kleidung sind essentiell – die Durchschnittstemperatur liegt bei 14 °C, nachts wird es kalt und es regnet fast das ganze Jahr über. Koka-Tee hilft bei Höhenkrankheit, durch Alkohol wird sie dagegen schlimmer. Die Vorurteile lässt man aber bitteschön zuhause. Bogotá rockt.

ORIENTIERUNG

Die Stadt verläuft von Nord nach Süd, ist im Osten von Bergen begrenzt und nach einem gitterförmigen Raster angelegt.

Die Hügel, aus denen sich der Cerro de Monserrate und der Cerro de Guadalupe herausragen, werden von dem Straßengitter durchzogen: den *carreras*, die parallel verlaufen, und den *calles*, die senkrecht dazu verlaufen. Die Hausnummern der Calles steigen Richtung Norden an, die Hausnummern der Carreras nach Westen.

Adressen mit einem „A" (z.B. Carrera 7A) weisen auf einen halben Häuserblock hin. (Carrera 7A liegt zwischen Carrera 7 und 8).

Im Norden liegt eine Mischung aus eleganten Wohnflächen, gehobenen Unterhaltungsmöglichkeiten und Geschäftsvierteln. Dagegen ist der Süden ärmer und es mangelt an Sehenswürdigkeiten. Der Westen, der Teil der Stadt, wo Flugzeuge und Busse ankommen, ist eintönig, funktional und industriell. Die Berghänge im Osten sind mit Wohnhäusern übersät.

Im Zentrum gibt's einige der besten Museen, Galerien, Kolonialbauten und historischen Sehenswürdigkeiten des Landes zu bestaunen.

PRAKTISCHE INFORMATIONEN
Bibliotheken

Biblioteca Luis Ángel Arango (☎ 343-1212; Calle 11 Nr. 4–14; ⏰ Mo–Sa 8–20, So bis 16 Uhr) Bücherei und zeitgenössische Kunstausstellungen.

Buchläden
Authors (☎ 217-77-88; Calle 70 Nr. 5–23) Englische Literatur.

Geld
Die Öffnungszeiten der Banken in Bogotá sind unterschiedlich. Normalerweise sind sie aber von Montag bis Donnerstag von 9 bis 16 Uhr und am Freitag von 9 bis 15.30 Uhr geöffnet. In den meisten Banken gibt es Geldautomaten. Geld wechselt man am besten und am schnellsten in *casas de cambio* (autorisierte Wechselstuben für Auslandswährungen). Die genannten Banken wechseln auch Reiseschecks. Man sollte sich aber ausreichend Zeit nehmen – die Warteschlangen sind oft lang und der Service ist langsam.

Bancolombia (Carrera 8 Nr. 13–17)
Casa de Cambio Unidas (☎ 341-0537; Carrera 6 Nr. 14–72)
Edificio Emerald Trade Center (Av. Jiménez Nr. 5–43) Hier gibt es mehrere Wechselstuben.
Expreso Viajes & Turismo (☎ 593-4949; Calle 85 Nr. 20–32) American Express ist hier vertreten. Schecks kann man hier nicht einlösen, sie werden jedoch ersetzt, wenn sie verloren oder gestohlen wurden.

Internetzugang
Candelaria NET (Calle 14 Nr. 3–74; ☯ Mo–Sa 9–21 Uhr)
OfficeNET (Carrera 4 Nr. 19–16, Oficina 112; ☯ Mo–Sa 9–21 Uhr)

Medizinische Versorgung
Centro de Atención al Viajero (☎ 215-2029; Carrera 7 Nr. 119–14) Ein medizinisches Zentrum für Reisende das verschiedene Impfungen anbietet (u. a. auch Gelbfieber und Hepatitis A und B).
Clínica de Marly (☎ 343-6600; Calle 50 Nr. 9–67) Ambulanz mit Allgemein- und Fachärzten.
Hospital San Ignacio (☎ 594-6161; Carrera 7 Nr. 40–62) Universitätsklinik mit hohen Pflegestandards, jedoch oft auch langen Wartelisten.

Notfall
Ambulanz, Feuerwehr, Polizei (☎ 123)
Polizeirevier (Carrera 1A Nr. 18A–96)
Touristenpolizei (☎ 337-4413; Carrera 13 Nr. 26–62; ☯ 7–12 & 14–19 Uhr) Das Personal ist zweisprachig.

Post
Adpostal Centro Internacional (☎ 341-4344; Carrera 7 Nr. 27–54); La Candelaria (☎ 341-5503; Ecke Carrera 7 & Calle 13)
Avianca Centro Internacional (☎ 342-6077; Carrera 10 Nr. 26–53); City Center (☎ 342-7513; Carrera 7 Nr. 16–36)

Die Filiale im Stadtzentrum empfängt postlagernde Sendungen.
DHL (☎ 595-8100; Calle 13 Nr. 8–11)
FedEx (☎ 291-0100; Carrera 7 Nr. 16–50)

Reisebüros
Trotamundos (☎ 599-6413; www.trotamundos.com.co; Diagonal 35 Nr. 5–73) Hier ist STA Travel vertreten – die richtige Adresse für gemäßigte Flugpreise für Studenten.
Viajes Vela (☎ 742-3294; www.travelstc.com; Carrera 9 Nr. 50–54, Piso 1)

Telefon
Telecom (☎ 561-1111; Calle 23 Nr. 13–49; ☯ 7–19 Uhr)

Touristeninformation
Touristeninformationen gibt es am Busbahnhof und am Flughafen El Dorado.
Parques Nacionales Naturales de Colombia (☎ 353-2400; www.parquesnacionales.gov.co; Carrera 10 Nr. 20–30; ☯ Mo–Fr 8–17.45 Uhr) Hier erhält man Informationen und Genehmigungen für die Nationalparks und kann Übernachtungen in den Parks buchen.
Vice Presidency of Tourism: Proexport Colombia (☎ 427-9000; www.colombia.travel/en/; Calle 28A Nr. 13A–15, Piso 35; ☯ Mo–Fr 8.30–16.30 Uhr) Landesweite Touristeninformation.

Waschsalon
Lavandería Espumas (Calle 19 Nr. 3A–37, Local 104) Im Zentrum befinden sich mehrere preisgünstige *lavanderías* (Wäschereien).
Titán Intercontinental (☎ 336-0549; Carrera 7 Nr. 18–42)

GEFAHREN & ÄRGERNISSE
Wie in jeder anderen großen Stadt ist auch in Bogotá gesunder Menschenverstand und Wachsamkeit gefragt. Die Arbeit der Sicherheitskräfte im Stadtzentrum hat sich deutlich verbessert und die Kriminalitätsrate ist erheblich zurückgegangen, allerdings sollte man trotzdem immer wachsam bleiben, besonders bei Nacht. Taxis sind günstig und sicher, sie sind mit einem Taxameter ausgestattet und es gibt sie überall – ist man etwas nervös, sollte man auf jeden Fall von dieser Transportmöglichkeit Gebrauch machen.

Für die Jahre 2008/2009 gibt es einige zuverlässige Berichte von nächtlichen bewaffneten Überfällen, die sich im Viertel rund um die wichtigsten Hostels in La Candelaria ereignet haben sollen.

BOGOTÁ

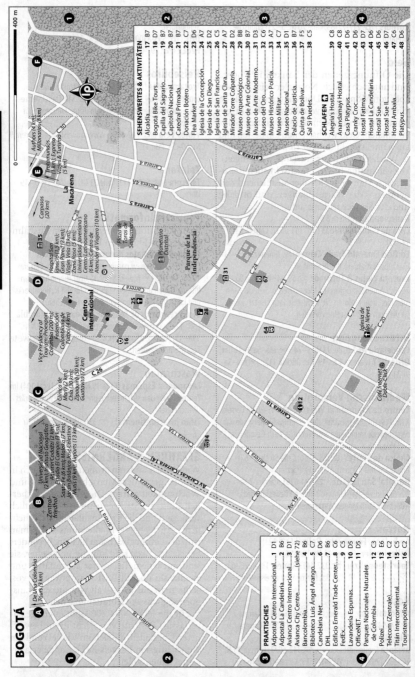

PRAKTISCHES

Adpostal Centro Internacional	1	D1
Adpostal La Candelaria	2	B6
Avianca Centro Internacional	3	D1
Avianca City Centre	(siehe 72)	
Bancolombia	4	B6
Biblioteca Luis Angel Arango	5	C7
Candelaria Net	6	D6
DHL	7	B6
Edificio Emerald Trade Center	8	C6
FedEx	9	C5
Lavandería Espumas	10	D5
OfficeNET	11	D5
Parques Nacionales Naturales de Colombia	12	C3
Polizei	13	E6
Telecom (Zentrale)	14	C2
Titán Intercontinental	15	C5
Touristenpolizei	16	C2

SEHENSWERTES & AKTIVITÄTEN

Alcaldía	17	B7
Bogotá Bike Tours	18	D7
Capilla del Sagrario	19	B7
Capitolio Nacional	20	B7
Catedral Primada	21	B7
Donación Botero	22	C7
Flea Market	23	D6
Iglesia de la Concepción	24	A7
Iglesia de San Diego	25	D2
Iglesia de San Francisco	26	C5
Iglesia de Santa Clara	27	A7
Mirador Torre Colpatria	28	D2
Museo Arqueológico	29	B8
Museo de Arte Colonial	30	B7
Museo de Arte Moderno	31	D3
Museo del Oro	32	C6
Museo Histórico Policía	33	A7
Museo Militar	34	C7
Museo Nacional	35	D1
Palacio de Justicia	36	B7
Quinta de Bolívar	37	F5
Sal Si Puedes	38	C5

SCHLAFEN

Alegria's Hostal	39	C8
Anandamayi Hostal	40	C8
Casa Platypus	41	D6
Cranky Croc	42	D6
Hostal Fatima	43	D7
Hostal La Candelaria	44	D6
Hostal Sue	45	D6
Hostal Sue II	46	D7
Hotel Ambala	47	C6
Platypus	48	D6

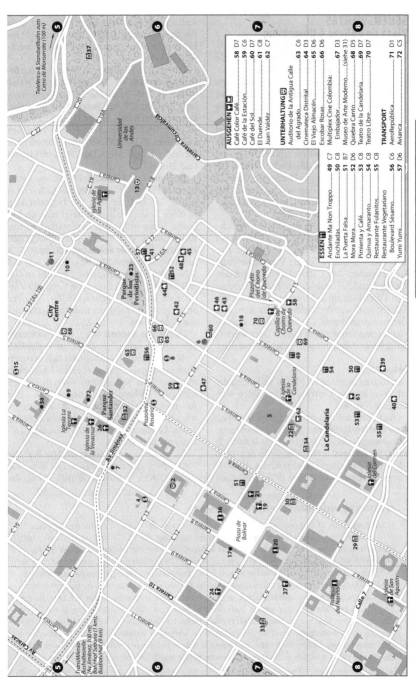

SEHENSWERTES
Plaza de Bolívar & Umgebung

Die Plaza de Bolívar ist das Herz der historischen Stadt, das jedoch viele Architekturstile vereint. Das massive Steingebäude im klassisch-griechischen Stil auf der südlichen Seite ist das **Capitolio Nacional**, der Sitz des Kongresses. Gegenüber liegt der ebenso monumentale **Palacio de Justicia**.

Auf der westlichen Seite der Plaza befindet sich das **Alcaldía** (Sitz des Bürgermeisters) im französischen Stil, das im frühen 20. Jh. errichtet wurde. Die neoklassische **Catedral Primada** auf der Ostseite des Platzes wurde 1823 fertiggestellt und ist Bogotás größte Kirche. Daran grenzt das **Capilla del Sagrario**, das einzige Kolonialgebäude am Platz.

Östlich der Plaza liegt das kolonialzeitliche Viertel **La Candelaria** mit steilen, gepflasterten Straßen, Museen, Theatern und Cafés. Der am besten erhaltene Teil des Viertels befindet sich zwischen den Calles 9 und 13 und den Calles 2 und 5. Hinter den hübsch gestrichenen Türen liegt ein Labyrinth aus Innenhöfen, Gärten und wunderschönen Plätzchen, von denen einige durch 470 Jahre alte Bambusdächer und immer noch intakte oder wiederaufgebaute Adobemauern geschützt werden.

Museen

Am letzten Sonntag im Monat verlangen die Museen keinen Eintritt. Dann bilden sich lange Schlangen.

Auf keinen Fall verpassen darf man das **Museo del Oro** (Gold Museum; ☎ 343-2222; www.banrep.gov.co/museo; Carrera 6 Nr. 15–88; Erw. Mo–Sa 2800 KOL$, So Eintritt frei, Kind unter 12 Eintritt frei; Di–Sa 9–18, So 10–16 Uhr), das über 34 000 goldene Ausstellungsstücke aus allen großen prähispanischen Kulturen Kolumbiens beherbergt und wohl das bedeutendste Goldmuseum der Welt ist. Es ist informativ, gut zugänglich und merkwürdig bewegend.

Das andere Highlight in Bogotá ist die **Donación Botero** (☎ 343-1331; Calle 11 Nr. 4–41; Mo & Mi–Sa 9–19, So 10–17 Uhr). Die 208-teilige Sammlung umfasst 123 von Boteros eigenen Werken, einschließlich seiner Gemälde, Zeichnungen und Skulpturen. Hinzu kommen außerdem 85 Werke namhafter Künstler wie Picasso, Chagall, Miró, Dali, Renoir, Matisse und Monet.

Das **Museo Arqueológico** (☎ 243-1048; www.musarq.org.co; Carrera 6 Nr. 7–43; Erw./Student 3000 KOL$; Di–Fr 8.30–17, Sa 9.30–17, So 10–16 Uhr) befindet sich in einer Kolonialvilla und zeigt eine umfassende Sammlung von Töpferarbeiten aus Kolumbiens wichtigsten prähispanischen Kulturen. Im **Museo de Arte Colonial** (☎ 341-6017; Carrera 6 Nr. 9–77; Eintritt 2000 KOL$; Di–Fr 9–17, Sa & So 10–16 Uhr) wird eine schöne Auswahl an Gemälden und Zeichnungen von Gregorio Vásquez de Arce y Ceballos (1638–1711) zur Schau gestellt. Er war der bedeutendste Maler der Kolonialära.

Das **Museo Nacional** (☎ 334-8366; www.museonacional.gov.co; Carrera 7 Nr. 28–66; Eintritt 3000 KOL$; Di–Sa 10–18; So bis 17 Uhr) befindet sich in einem alten Gefängnis und bietet einen Einblick in die Geschichte Kolumbiens – von den ersten indigenen Völkern bis zur modern Zeit – und das mithilfe einer Flut von Ausstellungsstücken. Diese umfassen historische Objekte, Fotos, Landkarten, Artifakte, Gemälde, Dokumente und Waffen.

Ganz anders das **Museo de Arte Moderno** (☎ 286-0466; www.mambogota.com; Calle 24 Nr. 6–00; Eintritt 4000 KOL$; Di–Sa 10–18, So 12–17 Uhr), das

---

SEPTIMAZO: VON MENSCHEN, FÜR MENSCHEN

Jeden Freitag ab 17 Uhr wird die Carrera 7 im Zentrum von der Calle 26 bis hinauf zur Plaza de Bolívar für Autos gesperrt. Dann kommt die ganze Stadt auf die Straße und feiert „Septimazo": Man ist ausgelassen, geht spazieren, knabbert Maiskolben und trinkt heißen Kräutertee mit Honig und einem Schuss *aguardiente* (Schnaps aus Zuckerrohr). Die Straßen sind belebt mit spektakulären und exzentrischen Künstlern: Fußballer zeigen Tricks, Transvestiten bewegen sich pantomimisch zu alten Discoklassikern, stattliche ältere Paare legen für Bargeld einen Tango hin, Zwergtorreros liefern sich Kämpfe mit Hunden und Mariachis, unnachahmlich cool, stolzieren vorbei. Die Breakdancer Bogotás rocken wie auf einer wilden Partynacht in New York City's Ghetto während ein DJ die Platten rotieren lässt. Geschichtenerzähler reißen Hunderte Zuschauer zu hysterischem Gelächter hin, die dann weiterziehen, um an einem Stand zu wetten, in welche der Boxen das dressierte Meerschweinchen laufen wird – das ist Bogotá in seiner zivilisierten, surrealen Hochform. Einen derartigen Einblick in den großartigen Charakter dieser Stadt, bekommt man nirgendwo sonst.

stetig wechselnde Ausstellungen von nationalen und internationalen Künstlern zeigt.

Das **Museo Histórico Policía** (☎ 233-5911; Calle 9 Nr. 9-27; Di-Sa 8-17 Uhr) spannt einen Bogen zwischen dem Makabren und dem ungewollt Komischen. Die herausragendsten Ausstellungsstücke sind Pablo Escobars goldverzierte Harley, die Jacke, die er trug, als er bei der Schießerei auf den Dächern Medellíns 1993 von der Polizei erschossen wurde und ein blutbefleckter Dachziegel. Wenig überzeugende Puppen, die den Drogenboss darstellen sollen, sorgen für das eine oder andere unterdrückte Gekicher.

Die **Quinta de Bolívar** (☎ 336-6419; www.quintadebolivar.gov.co; Calle 20 Nr. 2-91 Ost; Eintritt 3000 KOL$; Di-Fr 9-17, Sa & So 11-14 Uhr) zeigt Bolívars persönliche Seite, wogegen das **Museo Militar** (☎ 281-2548; www.ejercitonacional.mil.co; Calle 10 Nr. 4-92; Di-Fr 9-16.30, Sa & So 11-14 Uhr) eine Sammlung zeigt, die u. a. einen Panzer, einen Kampfjet und einen Helikopter umfasst, die recht unpassend im Innenhof eines Kolonialhauses in La Candelaria herumstehen.

Kirchen

Die Iglesia de Santa Clara (Carrera 8 Nr. 8-91; Eintritt 2000 KOL$; Di-Fr 9-17, Sa & So 10-16 Uhr) ist nun nur noch als Museum geöffnet. Hier werden über 100 Gemälde und Statuen von Heiligen aus dem 17. und 18. Jh. gezeigt.

Die vielbesuchte **Iglesia de San Francisco** (Ecke Av. Jiménez & Carrera 7), geht auf das Jahr 1556 zurück und glänzt mit einem goldenen Altargmälde. Die **Iglesia de la Concepción** (Calle 10 Nr. 9-50) präsentiert Bogotás schönstes Mudéjar-Gewölbe. Leider ist die **Iglesia de San Diego** (Carrera 7 Nr. 26-37), eine bezaubernde Kirche im ländlichen Stil, heute von Hochhäusern umstellt.

Cerro de Monserrate

Hat man den Gipfel der Cerro de Monserrate-Berge erklommen, kann man hier auf 3200 m wunderbar die Panoramafunktion seiner Kamera testen. Auf dem Gipfel steht eine Kirche mit einer Statue des Señor Caído (Gestürzter Christus).

Die aufregendste Fahrt erlebt man wohl mit der eher Misstrauen erregenden **teleférico** (Schwebeseilbahn; 14 500 KOL$; Mo-Sa alle 15 Min. von 9.30-24, So 6-17 Uhr), man kann aber auch zu Fuß gehen. Zum Zeitpunkt der Recherchen war der Fußweg wegen Bauarbeiten geschlossen. Manch einer würde das für gut befinden – es

---

BOGOTÁ: EIN PARADIES FÜR SONNTAGSRADFAHRER

Jeden Sonntag werden von 7 bis 14 Uhr 120 km von Bogotás Hauptstraßen für den normalen Verkehr gesperrt. Dann beherrschen die Fahrradfahrer die Straßen. Ein weiteres Beispiel dafür, wie diese fortschrittliche Stadt ihren Gegenstücken in der Ersten Welt die Schamesröte ins Gesicht treibt. Um mitzumachen, leiht man sich entweder im Hostel (im Platypus gibt's vier) oder bei den englischsprachigen **Bogotá Bike Tours** (☎ 341-1027, 312-502-0554; www.bogotabiketours.com; Carrera 3 Nr. 13-86; 15 000 KOL$/4 Std., 25 000 KOL$/Tag; 9-18 Uhr) ein 2009er-Modell aus. Im normalen Verkehr radzufahren ist schwieriger, jedoch sollte es kein Problem sein, solange man in den Nebenstraßen bleibt.

---

hat Berichte über Diebstähle gegeben, die auch bestätigt wurden.

Noch mehr Sehenswertes

Mirador Torre Colpatria (☎ 283-6697; Carrera 7 Nr. 24-89; Eintritt 3500 KOL$; Sa, So & Feiertage 11-17 Uhr) Hier genießt man aus dem 48. Stockwerk des 180 m hohen Wolkenkratzers, der höchste in Bogotá, einen Rundum-Blick.

Am Sonntag feilscht man auf dem **Flohmarkt** im Parque de los Periodistas, um nutzlosen Trödel, die eine oder andere Antiquität zu erstehen.

Im **Jardín Botánico José Celestino Mutis** (☎ 437-7060; www.jbb.gov.co; Calle 63 Nr. 68-95; Eintritt 2000 KOL$; Mo-Fr 8-17, Sa & So 9-17 Uhr) kann man den Anblick von über 5000 Orchideen genießen. Hier wachsen in Gärten und Gewächshäusern die verschiedensten Blumen, die noch dazu in ganz unterschiedlichen Klimazonen beheimatet sind.

Maloka (☎ 427-2707; www.maloka.org; Carrera 68D Nr. 40A-51; Erw./Student 10 000 KOL$; Mo-So 10-18 Uhr) ist ein interaktives Wissenschafts- und Technologiezentrum. Es gibt Ausstellungen rund um das Universum, den Menschen, die Technologie, das Leben, das Wasser und die Artenvielfalt. Außerdem ist hier ein 360°-IMAX-Kino untergebracht.

AKTIVITÄTEN

Im **Gran Pared** kann man eine Kletterwand erklimmen (☎ 285-0903; www.granpared.com; Ecke

Carrera 7 & Calle 50; all inclusive 17 000 KOL$/Std.; Mo 14–22, Di–Sa 10–22, So 9–17 Uhr).

Paragliden kann man bei **Esteban Noboa** (672-8447, 310-819-4316), der für einen 25-minütigen Tandemflug 90 000 KOL$ berechnet.

Reitinteressierte kommen bei **Carpasos** in La Calera auf ihre Kosten (368-7242, 310-261-2223; www.carpasos.com). Zwei Stunden kosten 70 000 KOL$ pro Person.

KURSE

Universidad Javeriana's Centro Latinoamericano (320-8320; Carrera 10 Nr. 65–48) Bogotás bekannteste Einrichtung für Spanisch. Das Angebot reicht von den regulären Kursen, die ein Jahr dauern, bis zu dreiwöchigen Intensivkursen.

Universidad Nacional (316-5335; Ecke Carrera 30 & Calle 45) Hier wird der beste Spanischunterricht angeboten.

GEFÜHRTE TOUREN

De Una Colombia Tours (368-1915; www.deunacolombia.com; Carrera 26A Nr. 40–18, Oficina 202) sind auf Ziele abseits ausgetretener Pfade spezialisiert, wie z. B. Bergregionen, Amazonastouren etc. Die Guides sind mehrsprachig.

Sal Si Puedes (283-3765; www.salsipuedes.org; Carrera 7 Nr. 17–01, Oficina 640) ist eine Vereinigung von Outdoor-Fans, die Wochenendwanderungen ins Grüne organisieren. Meistens handelt es sich um eintägige Ausflüge nach Cundinamarca, in der Ferienzeit und an langen Wochenenden werden aber auch längere Ausflüge in andere Regionen geplant.

Viva Bogotá (318-716-7297; leonguia@gmail.com) bietet maßgeschneiderte Touren mit zweisprachigen Guides an. Lokale und nationale Trips, Extremsportarten, auf Ökotourismus ausgerichtete Trips und Fotographie.

FESTIVALS & EVENTS

Festival Iberoamericano de Teatro Bei diesem Theaterfestival stehen nicht nur Gruppen aus Lateinamerika auf der Bühne. Es findet in jedem geradem Jahr im März/April statt.

Festival de Cine de Bogotá Auf Bogotás Filmfestival im Oktober geht es hauptsächlich um lateinamerikanische Filme.

Expoartesanías Auf dieser Handwerksmesse versammeln sich im Dezember Kunsthandwerker aus dem ganzen Land mit ihren Arbeiten.

SCHLAFEN

Derzeit gibt es in Bogotá einen Budgethostel-Boom. Sieben der folgenden Hostels wurden erst in den letzten zwei Jahren eröffnet.

Alegria's Hostal (286-8047; www.alegriashostel.com; Carrera 2 Nr. 9–46; B/EZ/DZ/3BZ inkl. Frühstück 15 000/18 000/50 000/70 000 KOL$;) An diesem entspannten und friedlichen Ort kann man dem ganzen Tumult entkommen. Die einfachen Schlafzimmer sind geräumiger als die vom Großteil der Konkurrenz, die Badezimmer werden gemeinschaftlich genutzt. Im obersten Zimmer gibt's riesige Fenster, durch die sich eine unglaubliche Aussicht bietet.

Hostal Sue II (341-2647; www.hostalsue2.com; Carrera 3 Nr. 14–18; B 17 000 KOL$, EZ/DZ ohne Bad 27 000/45 000 KOL$;) Die ältere und (etwas) weisere Schwester von Sue. Die jungen Gäste können sich mit Tischtennis oder vor riesigen TV-Geräten die Zeit vertreiben. Viele Zimmer sind dunkel und etwas fad.

Hostal La Candelaria (284-2348; www.hostallacandelaria.com; Calle 16 Nr. 2–38; B 17 000 KOL$, EZ/DZ ohne Bad 30 000/40 000 KOL$;) Das Hostal liegt zwar an einer lauten Straße, dafür befinden sich Bars und Restaurants in Reichweite.

Hostal Sue (334-8894; www.hostalsue.com; Calle 16 Nr. 2–55; B/EZ/DZ 17 000/33 000/50 000 KOL$;) Junges, chaotisches und lautes Partyhostel (wird „Sway" ausgesprochen). Hier sollte man Ohrstöpsel und ein „Na und"-Schulterzucken im Gepäck haben. Eine überfüllte Notlösung.

Platypus (341-2874; www.platypusbogota.com; Calle 16 Nr. 2–43; B 18 000 KOL$, EZ/DZ 45 000/50 000 KOL$, ohne Bad 33 000/40 000 KOL$;) Das Original ist immer noch die beste Wahl. Hier bekommt man was für sein Geld. Das ist vor allem dem freundlichen, entspannten Besitzer Germán Escobar zu verdanken, der über enzyklopädisches Wissen zu Kolumbien verfügt, das er nur zu gerne teilt. Es gibt einen Büchertausch, kostenloses WLAN, eine Wäscherei und Kochmöglichkeiten. Nicht zu vergessen den gratis Kaffee. Sauber, sicher, strukturiert.

Cranky Croc (342-2438; www.crankycroc.com; Calle 15 Nr. 3–46; B/EZ/DZ inkl. Frühstück 18 000/34 000/46 000 KOL$;) Gepflegt und ordentlich mit schön festen Matratzen, einer coolen, gemeinschaftlichen Atmosphäre und tollem Personal.

Hostal Fatima (281-6389; www.hostalfatima.com; Calle 14 Nr. 2–24; B 18 000 KOL$, EZ/DZ ohne Bad 35 000/55 000 KOL$;) Voll bis unters Dach mit jungen, partyhungrigen Feiermenschen, die wissen was sie wollen und das hier auch bekommen: Günstige, saubere Betten und viele neue Freunde.

Anandamayi Hostal (341-7208; www.anandamayihostel.com; Calle 9 Nr. 2–81; B/EZ/DZ 23 000/60 000/80 000 KOL$;) Eine Oase der Ruhe in einem stilvoll hergerichteten Kolonialhaus mit einem wunderschönen Garten. Die Atmosphäre ist hier stark buddhistisch angehaucht. Zimmer gibt's mit oder ohne Bad, der Preis bleibt derselbe. Relaxtes Personal, entzückende (Schlaf-)Zimmer, mollige Bettdecken, Wärmflaschen und Tee soviel man möchte – ein unschlagbares Konzept.

Casa Platypus (☎ 281-1801; www.casaplatypus.com; Carrera 3 Nr. 16–28; B/EZ/DZ/3BZ 40 000/130 000/150 000/170 000 KOL$; 🖳) Prächtig renoviertes Kolonialanwesen mit einem herrlichen Gemeinschaftsraum, modernen, eleganten Badezimmern und Küche. Hier zu nächtigen ist als würde man im Landsitz der reichen Verwandschaft einfallen. Besitzer ist der unendlich hilfsbereite Germán, dem auch das Platypus gehört. Schwule und lesbische Paare sind willkommen.

Hotel Ambala (☎ 342-6384; www.hotelambala.net; Carrera 5 Nr. 13–46; E/EZ/DZ/3BZ 65 000/98 000/145 000 KOL$; 🖳) Freundliches Hotel mit 22 makellosen aber kleinen Zimmern, von denen ein jedes mit TV und Minibar ausgestattet ist. Die Preise umfassen einen Flughafentransfer und Frühstück – das ist mindestens 25 000 KOL$ wert. Eine tolle Option für alle, die keine Fans des turbulenten Hostellebens sind.

ESSEN

Mit einem *almuerzo corriente* (Mittagsmenü) kann man sich überall in Bogotá richtig sattessen.

Mora Mora (Carrera 3A Nr. 15–98; Smoothies 3500 KOL$, Sandwiches ab 4400 KOL$; ⓥ Mo–Fr 9–18, Sa 9.30–15 Uhr) Diese schmucke Lokal ist bei Studenten sehr beliebt, die sich hier Sandwiches mit Schweizer Käse oder Mexikanische Baguettes schmecken lassen.

Andante Ma Non Troppo (Carrera 3A Nr. 10–92; Gerichte 4000–8000 KOL$; ⓥ 8–20 Uhr) Ruhiges Cafè und Restaurant, in dem Pasta und das beste Brot in La Candelaria gereicht werden.

La Puerta Falsa (Calle 11 Nr. 6–50; Tamale (gefüllte Maismehltasche) 5000 KOL$; ⓥ Mo–Fr 9–23 Uhr) Eine Institution in Bogotá, die 1816 gegründet wurde. Hier werden sensationelle, üppige Tamales, *chocolate santafereño* (heiße Schokolade mit Käse und Brot) und grellbuntes Konfekt angeboten, das schon so manchen Zahnarzt geschockt hat. Den Käse gibt man in die heiße Schokolade: So machen es die Einheimischen – und das Ganze ist richtig lecker.

Pimienta y Café (Carrera 3 Nr. 9–27; Menüs 7000–14 000 KOL$; ⓥ Mo–Fr 12–16, Sa & So 12–17 Uhr) Hochwertige und herzhafte kolumbianische Gerichte. Hier gibt's am Wochenende exzellente *ajiaco* (Bogotás typische, sehr sättigende Kartoffelsuppe mit Mais, Hühnchen, Kapern, Avocado und Sour Cream).

Quinua y Amaranto (Calle 11 Nr. 2–95; Menüs 9000 KOL$; ⓥ Mo–So 7–19 Uhr) In diesem entsetzlich gesunden Vollwertrestaurant werden alle Tofu- und Gemüseträume wahr. Die Linsenburger sind großartig. Ehrlich.

Restaurante Vegetariano Boulevard Sésamo (Av. Jiménez 2–64; Menüs 9000 KOL$; ⓥ Mo–Fr 8–16, Sa bis 17 Uhr) Hat man von gebratenem Hühnchen die Nase voll, bekommt man hier gesunde Mittagsmenüs mit Suppe, frischem Saft und einem Hauptgericht aus verschiedenen Gemüsegerichten.

LP Tipp Yumi Yumi (Carrera 3A Nr. 16–40; Salate & Baguettes ab 7000 KOL$; ⓥ Mo–Fr 9–23, Sa 17–23 Uhr) Die besten Baguettes und Salate der Stadt, am Montag ist Thai-Curry-Nacht. Von den Killer-Cocktails gibt es immer zwei für einen. Die englischen Besitzer Matt und Sebastian

---

IN DIE VOLLEN! PARTY IN EINER PIÑATA

Andrés Carne de Res (☎ 863-7880; www.andrescarnederes.com; Calle 3 Nr. 11A–56, Chía; Gerichte ab 35 000 KOL$; ⓥ Fr–So 12–3) könnte einen Vegetarier glatt zum Fleischfan machen. Das Ganze ist ein weitläufiger, fabelhaft theatralischer Komplex – eine Kreuzung zwischen einer Show des Cirque du Soleil, dem besten Steakhouse, in dem man je war und einer kolumbianischen Party, bei der der Alkohol in Strömen fließt. Über 250 000 Menschen essen hier jedes Jahr 10 t Fleisch. Nach dem Essen wird bis morgens um 5 Uhr auf den Tanzflächen der miteinander verbundenen Partyräume gefeiert, die mit magisch-realistisch angehauchtem Schnickschnack geschmückt sind. Schlägt es Mitternacht, hat sich das Restaurant bereits in ein absolutes Irrenhaus verwandelt: Hunderte von durchgeknallten aber freundlichen Einheimischen tanzen dann auf den Tischen zu *vallenato* (kolumbianische Akkordeonmusik), Disco oder Cumbia und versorgen jeden, der vorbei läuft, mit viel Rum. Der Komplex befindet sich in Chia. Das Taxi dorthin kostet 50 000 KOL$, d. h. man wird insgesamt locker 150 000 KOL$ pro Person los. Aber es ist ein unvergessliches Erlebnis.

wissen, wo die cooleren Parties in Bogotá steigen. Die Küche macht um 21 Uhr zu.

Enchiladas (Calle 10 Nr. 2–12; Hauptgerichte 9000–25 000 KOL$; Mo–Fr 12–22, Sa 9–22, So 17–22 Uhr) Authentische Burritos, Fajitas und Tacos mit unverfälschtem, frischem Geschmack. Exzellente Deko und ein warmer Kamin. Tolle mexikanische Jukebox. Wird wärmstens empfohlen.

Restaurante Fulanitos (Carrera 3 Nr. 8–61; Hauptgerichte 22 000–25 000 KOL$) In diesem lockeren, jedoch eleganten Restaurant werden Gerichte serviert, die typisch für die Region Valle del Cauca in Südkolumbien sind.

AUSGEHEN
Cafés

Juan Valdéz (Ecke Calle 11 & Carrera 4; Mo–Sa 7–23, So 10–19 Uhr) Juan Valdéz ist zwar eine Kette, der Kaffee kommt jedoch aus der Region und schmeckt fantastisch.

Café del Sol (Calle 14 Nr. 3–60; 8–20.30 Uhr) Hier schmeckt einfach alles: der Kaffee, die Snacks, die Sandwiches und das Frühstück.

Café de la Estación (Calle 14 Nr. 5–14; Mo–Fr 7–22, Sa 9–20 Uhr) Eine richtige Kuriosität in Bogotá: Ein alter Waggon, der in ein cooles Café verwandelt wurde.

El Duende (Calle 10 Nr. 2–99; Mo–So 12–22 Uhr) Gemütlicher, kleiner Boho-Treff mit passablem Kaffee und Cocktails sowie Pärchen, die bei Kerzenlicht schmusen.

Bars

Wie in allen lateinamerikanischen Städten geht es in der Zona Rosa richtig ab. Sie ist im nördlichen Teil der Stadt, und zwar zwischen den Carreras 11 und 15 und den Calles 81 und 84. Am besten nimmt man das Taxi, da es vom Hostelviertel La Candelaria 6 km sind; das kostet etwa 6000 KOL$. Ohne ein tolles Outfit wird man sich hier ziemlich fehl am Platz fühlen. La Candelaria ist preiswerter, unauffälliger und etwas schmuddeliger.

Pub (Carrera 12A Nr. 83–48, Zona Rosa; 12–24 Uhr) Fröhliches Irish Pub, das seinen Zweck erfüllt und eigentlich sehr cool ist. Verkauft werden Biere aus der Region, die von der Bogotá Beer Company gebraut werden, einer exzellenten Kleinbrauerei. Diese Biere hauchen Kehlen, die vom Lagerbier abgestumpft sind, wieder Leben ein.

Café Color Café (Carrera 2 Nr. 13–06; 12–23 Uhr) Auf der Plazoleta del Chorro de Quevedo, dem Herzen von Bogotás Altstadt, liegt ein Hauch von Boheme und Marihuana in der Luft, während Jongleure die Passanten unterhalten oder langweilen. Drinnen gibt's günstiges Bier.

Kea (Carrera 14A Nr. 83–37, Zona Rosa; Di–Sa 8–3 Uhr) Junge, entspannte Loungebar, in der ab und zu auch Livebands spielen.

Ovejo (Carrera 14 Nr 83–70; Mo–Sa 18–3 Uhr) Dem Sound nach erwartet man grauhaarige Biker, die sich hier einen hinter die Binde kippen. Man trifft aber auf ein lässiges, gemischtes Publikum, das zu Classic Rock abhängt.

UNTERHALTUNG

Auf bogota.vive.in/bogota findet man wöchentlich aktualisierte Programmübersichten. 2009 wurde ein Gesetz verabschiedet, nach dem die meisten Clubs um 3 Uhr morgens schließen mussten. Das kann sich bis zum Erscheinen dieses Buches wieder geändert haben. Das Nachtleben zeugt hier immer noch von einer intensiven Latinoenergie. Überall in der Stadt werden Salsa, Crossover (ein Latin-Pop-Hybrid), Merengue, Rock, Reggae, HipHop und House gespielt.

Nachtclubs

Wer feiern möchte, sollte am Wochenende und nicht unter der Woche herkommen.

El Viejo Almacén (Calle 15 Nr. 4–30, La Candelaria; Di–Sa 18–2.30, So 16–23 Uhr) Nostalgische Tangobar mit über 4000 alten Tangoplatten.

Escobar Rosas (Ecke Calle 15 & Carrera 4, La Candelaria; Eintritt 2500 KOL$; Do–Sa 22–3 Uhr) Gringolandia, mit Rock aus den 1970er- und 1980er-Jahren.

Salomé Pagana (Carrera 14A Nr. 82–16, Zona Rosa; Eintritt 10 000 KOL$; 19–3 Uhr) Guter Salsa und *son cubano* (traditionelle, kubanische Musik). Am Freitag spielen hier Livebands.

Quiebra Canto (Carrera 5 Nr. 17–76; Eintritt 10 000 KOL$; Di–Sa 20–3 Uhr) Zweistöckige Disco, die hält was sie verspricht, und sowohl bei Kolumbianern als auch bei Ausländern beliebt ist. Es laufen Salsa und Crossover.

Cha Cha Club (Carrera 7 Nr. 32–16, Piso 41; Eintritt 15 000 KOL$; Do–Sa 21–3 Uhr) Boomende Housemusic und getunter Techno in einem umfunktionierten Hilton-Ballsaal im 41. Stock. Einwandfreie Anlagen und Europäische DJs rocken eine junge und stylische Menge, die tanzt, bis die Fußsohlen rauchen. Am Sonntag ist Gay Night.

In Vitro (Calle 59 Nr. 6–38; Eintritt 15 000 KOL$; Di–Sa 20.30–3 Uhr) Am Dienstag enden die Nächte immer hier. Das liegt wohl an den günstigen

Drinks und den vielen Flirts, die in der Luft liegen. Der billige Alkohol heizt die ohnehin glühendheiße Atmosphäre noch weiter auf. Das lässige Publikum, das vor allem aus Studenten besteht, bewegt sich zu HipHop, Afrobeat, Reggae, Salsa und Soul.

Armando Records (Calle 85 Nr. 14–46, Piso 4, Zona Rosa; Eintritt 15 000 KOL$; Mi–Sa 20–3 Uhr) Die offene Terrasse schlägt dem Rauchverbot ein Schnippchen. Ein Club im minimalistisch-europäischen Design, der die vielseitigsten und frischesten Töne anschlägt.

Vinacure (Av. Caracas 9A Nr. 63–32, Int 7; Eintritt 15 000 KOL$; Fr & Sa 21–3 Uhr) Bizarr-surreale Burlesqueshows mit einem bunten Aufgebot an Drag Queens und verschiedensten Verrückten, die in einem umgewandelten Vintagekino total aufdrehen. Wie die Bar in *Star Wars*, nur noch viel, viel seltsamer.

Penthouse (Calle 84 Nr. 13–17, Zona Rosa; Eintritt 20 000 KOL$; Mi–Sa 22–3 Uhr) Schicke Location im Apartmentstil, gerammelt voll mit topgekleideten Einheimischen und DJs, die einen flotten Mix aus Salsa, Merengue und Pop auflegen. Es ist zwar recht teuer, aber einen Besuch wert.

Gotíca (Carrera 12A Nr. 83–23, Zona Rosa; Eintritt 20 000 KOL$; Mo–Sa 22–3 Uhr) Bevor mit dem neuen Gesetz 2009 hart durchgegriffen wurde, war dies die verlässlichste After-Party-Location der Stadt. Unten lief House und oben im Flirttempel Funk und Soul.

Kinos

In Bogotá gibt's Dutzende Mainstreamkinos. Dienstag und Donnerstag kostet der Eintritt nur 7000 KOL$ statt 16 000 KOL$.

Multiplex Cine Colombia: Embajador (404-2463; Calle 24 Nr. 6–01) Multiplexkino im Zentrum.

Für Filme, die eher zum Nachdenken anregen, sollte man einen Blick auf die Programme der *cinematecas* (Programmkinos) werfen:

Auditorio de la Antigua Calle del Agrado (281-4671; Calle 16 Nr. 4–75)

Cinemateca Distrital (283-5879; www.cinemateca distrital.gov.co; Carrera 7 Nr. 22–79, Bloque 1, Oficina 905)

Museo de Arte Moderno (286-0466; www.mambogota.com; Calle 24 Nr. 6–00) Regelmäßige Filmvorführungen.

Theater

Teatro de la Candelaria (281-4814; www.teatrolacandelaria.org.co; Calle 12 Nr. 2–59)

Teatro Libre (281-4834; hwww.teatrolibre.com; Carrera 11 Nr. 61–80)

Teatro Nacional (217-4577; www.teatronacional.com.co; Calle 71 Nr. 10–25)

Sport

Fußball ist der Nationalsport in Kolumbien. Das Publikum legt viel Leidenschaft an den Tag; die Atmosphäre ist intensiv, aber dennoch freundlich.

Estadio El Campín (Ecke Carrera 30 & Calle 55) Das Heimstadion von Santa Fe und den Millonarios. Spiele finden mittwochnachts und samstagabends statt. Tickets können vor Spielbeginn im Stadion gekauft werden (8000–40 000 KOL$). Schwarzhändler gibt es zu Hauf. Diese verkaufen die Tickets zum Nominalpreis – oder auch weniger kurz bevor die Spiele gegen 18 Uhr beginnen.

Für lokale Spiele können die Tickets auch bei den **Millonarios** (Carrera 24 Nr. 63–68) und bei **Santa Fe** (Calle 64A Nr. 38–08) gekauft werden. Karten für internationale Spiele (und Spiele des Nationalteams) gibt's im Vorverkauf bei der **Federación Colombiana de Fútbol** (288-9838; www.colfutbol.org; Av. 32 Nr. 16–22).

AN- & WEITERREISE

Bus

Der **Busbahnhof** (428-2424; Calle 33B Nr. 69–13) liegt 10 km nordwestlich vom Zentrum. Er ist groß, praktisch und gut organisiert. Zudem gibt es eine Touristeninformation, Restaurants, Cafeterias, Duschen und Räume zur Gepäckaufbewahrung.

Busse fahren rund um die Uhr zu folgenden Reisezielen: Bucaramanga (60 000 KOL$, 8 Std.), Cali (50 000 KOL$, 9 Std.) und Medellín (60 000 KOL$, 9 Std.). Es gibt auch Direkte Verbindungen nach Cartagena (140 000 KOL$, 20 Std.), Cúcuta (90 000 KOL$, 16 Std.), Ipiales (85 000 KOL$, 23 Std.), Popayán (70 000 KOL$, 12 Std.), San Agustín (52 000 KOL$, 12 Std.) und Santa Marta (120 000 KOL$, 16 Std.). Die Preise sind ungefähre Angaben für Busse mit Klimaanlage.

Flugzeug

Bogotá's Flughafen, der Aeropuerto El Dorado, hat zwei Terminals. Alle In- und Auslandsflüge werden hier abgewickelt. Das Hauptterminal **El Dorado** (425-1000; Av. El Dorado), liegt 15 km nordwestlich vom Zentrum. Drei *casas de cambio*, die sich nebeneinander im Erdgeschoss befinden, wechseln Bargeld und sind 24 Stunden lang geöffnet. Die Banco

Popular gleich daneben (ebenfalls 24 Stunden geöffnet) wechselt Bargeld und Reiseschecks. Im oberen Stockwerk befindet sich ein Dutzend Geldautomaten.

Das andere Terminal, **Puente Aéreo** (☎ 425-1000, Durchwahl 3218; Av. El Dorado), ist 1 km von El Dorado entfernt. Hier wird ein Teil der Inlandsflüge von Avianca abgewickelt.

Es gibt viele Inlandsflüge zu Zielen im ganzen Land. Durchschnittspreise für einen einfachen Flug sind z. B.: Cali (200 000 KOL$), Cartagena (400 000 KOL$), Leticia (250 000 KOL$), Medellín (200 000 KOL$) und San Andrés (350 000 KOL$).

AeroRepública (☎ 320-9090; www.aerorepublica.com.co; Carrera 10 Nr. 27–51, Local 165)

Aires (☎ 336-6039; www.aires.aero; Carrera 11 Nr. 76–14, Local 102)

Avianca (☎ 404-7862; Carrera 7 Nr. 16–36)

Satena (☎ 423-8530; www.satena.com; Av. El Dorado 103–08, Interior 11)

UNTERWEGS VOR ORT
Bus & Buseta

Abgesehen vom TransMilenio, bestehen die öffentlichen Transportmittel in Bogotá aus Bussen und *busetas* (kleine Busse). Bushaltestellen sind rar – der Bus oder die *buseta* wird einfach herangewunken. Der Einheitstarif (etwa 1100 KOL$, je nach Ausstattung und Baujahr des Vehikels) ist entweder an der Tür oder irgendwo auf der Windschutzscheibe angegeben.

Taxi

Die Taxis in Bogotá sind mit einem Taxameter ausgestattet. Die Zahl auf dem Messgerät stimmt mit einer Tabelle überein, die normalerweise an der Rückseite des Beifahrersitzes befestigt ist.

TransMilenio

Mit dem TransMilenio wurden die öffentlichen Transportmittel in Bogotá revolutioniert. Riesige, bewegliche Busse brausen auf gesonderten Fahrspuren durch die Straßen. Der Service ist günstig (1500 KOL$) und schnell, die Busse fahren oft und die Betriebszeit dauert von 5 bis 23 Uhr. Die Tickets werden am Bahnhof gekauft. Zur Rush Hour sind die Busse oft gerammelt voll. Dann muss man seine Tasche im Auge behalten.

Die Hauptstrecke des TransMilenio ist die Av. Caracas, die das Zentrum mit den Vororten im Süden und im Norden verbindet. Es gibt auch Linien auf der Carrera 30, Av. 8, Av. de Las Américas und eine kurze Strecke auf der Av. Jiménez hinauf zur Carrera 3. Von den drei Endhaltestellen ist nur die **Portal del Norte** (nördliche Endstation; Calle 170) für Reisende wirklich interessant. Von hier aus gibt es Anschluss-Busverbindungen nach Zipaquirá und Suesca.

RUND UM BOGOTÁ

ZIPAQUIRÁ
☎ 1 / 100 000 Ew.

Eine der faszinierendsten Sehenswürdigkeiten Kolumbiens ist die unterirdische Salzkathedrale (☎ 852-4035; www.catedraldesal.gov.co; Eintritt 15 000 KOL$, Mi 10 000 KOL$; ☼ 9–18 Uhr) bei Zipaquirá, 50 km nördlich von Bogotá.

Die Kathedrale entstand in einer alten Salzmine, die geradewegs in einen Berg außerhalb der Stadt gegraben wurde. Die Minen stammen aus der Muisca-Zeit zurück und wurden immer intensiver genutzt. Trotzdem werden die gigantischen Reserven noch weitere 500 Jahre reichen.

Die Kathedrale wurde 1995 für die Öffentlichkeit zugänglich gemacht. Sie ist 75 m lang, 18 m hoch und im Inneren haben 8400 Menschen Platz.

Busse von Bogotá nach Zipaquirá (2600 KOL$, 1¼ Std.) fahren alle 10 Minuten vom Nordterminal des TransMilenio (Porta del Norte) an der Autopista del Norte bei der Calle 170. Vom Zentrum Bogotás zur Porta del Norte braucht der TransMilenio 40 Minuten. Ein 15-minütiger Spaziergang bergauf bringt einen vom Zentrum Zipaquirás zu den Minen.

Alternativ bietet sich der **Turistren** (www.turistren.com.co) an – dabei handelt es sich um einen Dampfzug, der am Wochenende und während den Ferien zwischen Bogotá und Zipaquirá pendelt.

Der Zug (hin & zurück 32 000 KOL$) fährt von **Bahnhof Sabana** (☎ 375-0557; Calle 13 Nr. 18–24) um 8.30 Uhr ab, hält um 9.20 Uhr kurz am **Bahnhof Usaquen** (Ecke Calle 100 & Carrera 9A) und kommt um 11.30 in Zipaquirá an. Zurück fährt man um 15.15 Uhr vom 15 km südlich gelegenen Cajica aus. Am besten kauft man bereits im Zug während der Hinfahrt ein Kombiticket für die Kathedrale und die Fahrt von Zipaquirá nach Cajica (20 000 KOL$). Von Cajica aus kommt der Zug dann um 17.40 Uhr in Sabana an.

SUESCA

☎ 1 / 14 000 Ew.

Suesca ist ein Zentrum für Abenteuersport in der Nähe von Bogotá. Hier kann man Bergsteigen, Mountainbiken und Wildwasserraften. Am besten kommt man am Wochenende, wenn die Ausstatter geöffnet haben.

Um nach Suesca zu gelangen, fährt man mit dem TransMilenio zum Porta del Norte und von dort mit einem der regelmäßig fahrenden Direktbusse (5300 KOL$, 1 Std.) weiter nach Suesca.

Hugo Rocha (☎ 315–826-2051; www.dealturas.com), ein englischsprachiger Touristenguide und Lehrer, kennt die Gegend seit 15 Jahren wie seine Westentasche, und bietet entweder eintägige Klettertouren oder auch Trips mit Übernachtung sowie Einzelstunden an. Die Ausrüstung wird zur Verfügung gestellt. Ein Tag kostet 120 000 KOL$, ein fünftägiger Kurs 500 000 KOL$. Hugo kann auch Unterkünfte für ca. 20 000 KOL$ pro Nacht organisieren.

GUATAVITA

☎ 1 / 5700 Ew.

Dieses Städtchen wird auch Guatavita Nueva genannt, da es, nachdem das alte, koloniale Guatavia in den Fluten eines Stausees untergegangen war, in den späten 1960er-Jahren komplett neu aufgebaut wurde. Der Ort zeigt eine interessante Mischung aus alter und moderner Architektur und ist am Wochenende für Besucher aus Bogotá ein beliebtes Reiseziel.

Ca. 15 km entfernt befindet sich die berühmte **Laguna de Guatavita** (Eintritt 12 000 KOL$; ⓥ Di–So 9–16 Uhr), heiliger See und rituelles Zentrum der indigenen Muisca, und die Geburtsstätte des Mythos von El Dorado. Der smaragdgrüne See, der aussieht, als wäre er nach einem prähistorischen Meteoriteneinschlag entstanden, war ein Heiligtum – die Muisca boten ihren Göttern hier Gold, Smaragde und Lebensmittel dar.

Das aufwendigste und beeindruckendste Ausstellungsstück im Museo del Oro in Bogotá ist das winzige Muiscafloß. Mit diesem werden Ereignisse nachgestellt, wie sie damals an diesem See stattgefunden haben könnten – auch wenn das Floß ganz woanders gefunden wurde. Es ist eine faszinierende und spirituelle Erfahrung, den Blick über das Wasser schweifen zu lassen und sich dabei Schamanen mit Jaguarmasken vorzustellen, die mit ihrem nackten, mit Goldstaub eingeriebenen Häuptling auf den See hinausfuhren, der dort ein Ritual vollzog, das wir nicht einmal im Traum begreifen können.

Dutzende habgierige Abenteurer versuchten bereits, die Schätze zu stehlen, die in den Tiefen des Sees verborgen liegen. Nur wenige haben jemals etwas gefunden.

Vom Zugang aus erklimmt man in 15 Minuten die Hügel, die das Ufer des Sees bilden.

Von Bogotá fährt man mit dem Bus nach Guatavita (und zwar vom Porta del Norte des TransMilenio aus) und steigt 11 km vor der Ortschaft aus (6 km nach Sesquilé). Von dort folgt man einem Schild zum See – auf einem Feldweg geht es dann 7 km bergauf.

NÖRDLICH VON BOGOTÁ

Dies ist das Kerngebiet Kolumbiens. Diese Region mit ihren tiefen Schluchten, den reißenden Flüssen und hoch aufragenden Bergen, wurde von den Konquistadoren zuerst besiedelt. Manche der Kolonialstädtchen stehen bis heute. Es ist auch das revolutionäre Herz des Landes: Hier trat Simón Bolívar im Entscheidungskampf um Kolumbiens Unabhängigkeit gegen Spanien an.

Die Bezirke Boyacá, Santander und Norte de Santander sind sehr touristenfreundlich: Sie lassen sich von Bogotá aus gut erreichen, da das Verkehrssystem hier optimal ausgebaut ist und häufig Busse fahren. Außerdem gibt's hier viele Sehenswürdigkeiten und Freizeitangebote, wie z. B. 450 Jahre alte Kolonialstädtchen, Handwerkermärkte, schweißtreibende Abenteuersportarten und spektakuläre Nationalparks.

TUNJA

☎ 8 / 160 000 Ew.

Tunja, die frostige Hauptstadt Boyacás, liegt auf 2820 m Höhe und hat sehenswerte Kolonialarchitektur und elegante Villen zu bieten, die mit dem Schönsten geschmückt sind, was Südamerikas Kunsthandwerk zu bieten hat. Auf ihrem Weg nach Villa de Leyva hetzen viele Reisende leider nur durch Tunja hindurch. Fans der Kolonialgeschichte und von schön ausgeschmückten Kirchen werden es jedoch genießen, hier einen oder auch zwei Tage zuzubringen.

Die Stadt wurde 1539 von Gonzalo Suárez Rendón auf einer historischen Stätte namens Hunza errichtet, einer prähispanischen Siedlung der Muisca. Von den Hinterlassenschaften der Muisca ist fast nichts mehr zu sehen, ein großer Teil der Kolonialarchitektur ist aber noch vorhanden. Heute ist Tunja eine geschäftige Studentenstadt mit 160 000 Einwohnern.

Praktische Informationen

Bancolombia (Carrera 10 Nr. 22–43) Wechselt Reiseschecks und US-Dollar.

Internet Orbitel (☎ 743-0955; Calle 20 Nr. 10–26; 1400 KOL$/Std.; ✆ 8–21 Uhr) Internet und internationale Telefongespräche.

Secretaría de Educación, Cultura y Turismo (☎ 742-3272; Carrera 9 Nr. 19–68; ✆ 8–12 & 14–16 Uhr) Im Erdgeschoss der Casa del Fundador Suárez Rendón; hilfsbereites Personal.

Sehenswertes

Die **Casa del Fundador Suárez Rendón** (☎ 742-3272; Carrera 9 Nr. 19–68; Eintritt 2000 KOL$; ✆ 8–12 & 14–18 Uhr) und die **Casa de Don Juan de Vargas** (☎ 742-6611; Calle 20 Nr. 8–52; Eintritt 2000 KOL$; ☎ Di–Fr 9–12 & 14–18, Sa & So 10–16 Uhr) sind wegen ihrer Zimmerdecken einen Besuch wert – diese sind über und über mit Gemälden von Menschen, Tieren sowie Abbildungen mythischer Szenen bedeckt.

Die **Iglesia de Santa Clara La Real** (☎ 742-5659; Carrera 9 Nr. 19–58; Eintritt 2000 KOL$; ✆ 8–12 & 14–18 Uhr) ist eine der schönsten und am prächtigsten ausgestatteten Kirchen Kolumbiens. Heute ist sie ein Museum, das jedoch zum Zeitpunkt der Recherche wegen Renovierung geschlossen war. In der **Iglesia de Santo Domingo** (Carrera

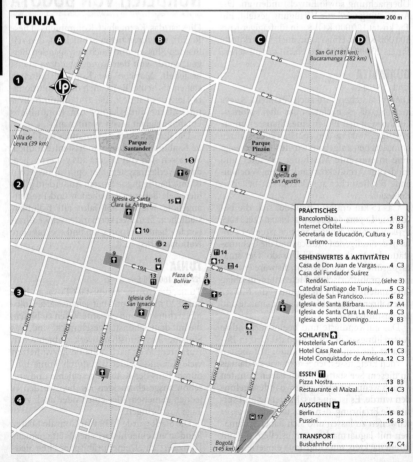

11 Nr. 19–55) fällt einem die üppige Rosenkranzkapelle, Capilla del Rosario, sofort ins Auge. Betritt man die Kirche, liegt sie linker Hand.

Weitere sehenswerte Kirchen sind die **Iglesia de Santa Bárbara** (Carrera 11 Nr. 16–62), die **Iglesia de San Francisco** (Carrera 10 Nr. 22–23) und die **Catedral Santiago de Tunja** (Plaza de Bolívar). Tunjas Kirchen sind für ihre Mudéjar-Kunst bekannt – ein vom Islam beeinflusster Stil, der sich im christlichen Spanien zwischen dem 12. und dem 16. Jh. entwickelte. Er kommt besonders in den reich verzierten Gewölben zum Ausdruck, die in Kassettendecken münden.

Schlafen

Hotel Conquistador de América (☎ 742-3534; Calle 20 Nr. 8–92; EZ/DZ/3BZ 25 000/40 000/60 000 KOL$) Dieses Kolonialgebäude liegt an einer Ecke der Plaza de Bolívar und bietet 20 geräumige Zimmer mit heißer Dusche und kleinen TV-Geräten. Manche Zimmer sind dämmrig und eher klein, in den großen Doppelzimmern ist jedoch der Geräuschpegel ziemlich hoch.

Die Hostería San Carlos (☎ 742-3716; Carrera 11 Nr. 20–12; EZ/DZ/3BZ 30 000/50 000/60 000 KOL$; 🖳) befindet sich in einem atmosphärischen, alten Gebäude, von dem aus man die Sehenswürdigkeiten gut zu Fuß erreichen kann. Die Zimmer sind etwas muffig, aber akzeptabel.

Hotel Casa Real (☎ 310-852-1636; Calle 19 Nr. 7–65; EZ/DZ/3BZ 50 000/60 000/75 000 KOL$) Aufgeräumte, saubere Zimmer mit Holzböden und schönen Badezimmern. Die Zimmer blicken auf den üppig bepflanzten Innenhof. Eine qualitativ sehr hochwertige Unterkunft.

Essen & Trinken

Es gibt eine Menge Restaurants in Tunja, die günstige Menüs für nur 5000 KOL$ anbieten.

Pizza Nostra (Calle 19 Nr. 10–36; Pizza für zwei Pers 10 000–15 000 KOL$; 🕒 12–23 Uhr) Moderne Pizzeria gleich an der Plaza de Bolívar.

Restaurante el Maizal (Carrera 9 Nr. 20–30; Menü 11 000 KOL$; 🕒 7–21 Uhr) Exzellente, täglich wechselnde Gerichte. Leider erinnert das Restaurant an eine Abflughalle aus der Zeit des Kalten Kriegs.

Pussini (Carrera 10 Nr. 19–53; Biere 2500 KOL$, Sonstige Getränke 4500 KOL$; 🕒 Mo–So 8.30–22 Uhr) Freundliche, kleine Kneipe direkt an der Plaza.

Berlin (Carrera 10 Nr. 21–49; Biere 2500 KOL$, Sonstige Getränke 8000 KOL$; 🕒 Mo–Do 16–24, Fr & Sa bis 2 Uhr) Trendige, minimalistisch eingerichtete Bar mit bunt gemischter Musik und starken Drinks.

An- & Weiterreise

Der Busterminal liegt an der Av. Oriental, zu Fuß nur ein paar Minuten südöstlich der Plaza de Bolívar. Busse nach Bogotá (18 000 KOL$, 3 Std.) fahren alle 10 bis 15 Minuten. Busse nach Bucaramanga (35 000 KOL$, 7 Std.) fahren stündlich und durch San Gil (20 000 KOL$, 4½ Std.). Minibusse nach Villa de Leyva (5500 KOL$, 45 Min.) fahren bis etwa 18 Uhr regelmäßig.

VILLA DE LEYVA

☎ 8 / 9600 Ew.

Villa de Leyva wurde 1954 zum Nationaldenkmal erklärt – und fortan hat man am Originalzustand nichts mehr geändert, moderne Architektur ist wirklich nirgendwo zu finden. Aber das ist noch lange nicht alles, was den Ort auszeichnet.

Villa de Leyva wurde 1572 gegründet und genießt ein gesundes, trockenes und mildes Klima. Hier ist es viel wärmer als in Tunja, das nur 39 km entfernt ist (aber auch 700 m höher liegt). In unmittelbarer Nähe gibt's wunderschöne Landschaften, die viel zu bieten haben: Sie eignen sich perfekt für das Beobachten von Vögeln, man stößt hier auf uralte Steinkreise und beeindruckende Wasserfälle, es lässt sich gut essen und auf exzellenten Routen wandern. Naturliebhaber können hier mit Leichtigkeit eine tolle Woche zubringen.

Der Ort ist ein Plätzchen an dem man entspannen und gleichzeitig der frostigen Höhenlage Bogotás entkommen kann. Deshalb ist es auch ein beliebtes Wochenendziel der Städter, die dann die vielen Hotels, Handwerksläden und auf Touristen ausgerichtete Restaurants füllen. Eine Anreise am Beginn der Woche wird mit günstigen Deals in den Hotels belohnt.

Praktische Informationen

Banco Popular (Plaza Mayor, Calle 12 Nr. 9–43) Der Geldautomat ist rund um die Uhr in Betrieb.

Money Exchange & Photocopy Shop (☎ 732-1225; Plaza Mayor, Carrera 9 Nr. 12–36; ☎ 9–18 Uhr) Hier werden US-Dollars gewechselt.

Oficina de Turismo (☎ 732-0232; Ecke Carrera 9 & Calle 13; 🕒 Mo–Sa 8–13 & 15–18, So 9–13 & 15–18 Uhr) Kostenlose Landkarten.

Quinternet I & II (1600 KOL$/Std.; 🕒 10–13 & 15–21 Uhr) Zwei Filialen; eine in der Carrera 9 Nr. 11–77 und eine weitere in der Carrera 9 Nr. 11–96. In beiden Filialen sind die Verbindungen ganz passabel.

Sehenswertes

Der beeindruckende, riesige Hauptplatz (angeblich der größte seiner Art in Kolumbien), die **Plaza Mayor**, ist von weißen Kolonialgebäuden umrahmt. Die **Gemeindekirche** an der Plaza und die **Iglesia del Carmen** (Plazuela del Carmen), ein Häuserblock nordöstlich, warten beide mit einer äußerst interessanten Innengestaltung auf. Gleich neben der Letztgenannten befindet sich ein Museum für religiöse Kunst, das **Museo del Carmen** (Plazuela del Carmen; Eintritt 2000 KOL$; Sa, So & Feiertage 10–13 & 14–17 Uhr), in dem wertvolle Gemälde, Schnitzereien, Altarbilder und andere religiöse Objekte aus dem 16. Jh. ausgestellt werden.

Das **Casa Museo de Luis Alberto Acuña** (Plaza Mayor; Eintritt 3000 KOL$; 9–18 Uhr) zeigt Arbeiten von eben diesem Maler, Bildhauer, Schriftsteller und Historiker, der sich von Einflüssen aus der Mythologie der Muisca bis hin zur zeitgenössischen Kunst inspirieren ließ.

Das **Museo Paleontológico** (Vía Arabuco; Eintritt 3000 KOL$; Di–So 9–12 & 14–17 Uhr), etwa 1 km nordöstlich der Stadt an der Straße nach Arcabuco, stellt Fossilien zur Schau. Sie stammen aus der Zeit, als das Gebiet noch ein Teil des Meeresbodens war (vor 100–150 Mio. Jahren).

Die **Casa de Juan de Castellanos** und die **Casona La Guaca**, zwei detailgenau rekonstruierte Kolonialvillen an der Carrera 9 direkt an der Plaza Mayor, muss man gesehen haben. Die Innenhöfe sind wunderschön und es gibt tolle Cafés und Lädchen mit Kunsthandwerk.

Samstags findet auf dem Platz drei Häuserblocks von der Plaza Mayor entfernt ein kunterbunter Markt statt. Am schönsten und geschäftigsten ist er am Morgen. Ein kleiner Spaziergang weiter Richtung Südwesten führt zu einem Hügel mit einem Aussichtspunkt für einen garantiert wundervollen Blick über die Stadt.

Aktivitäten

Rund um Villa de Leyva lässt es sich wunderbar wandern. Die Wanderrouten führen die Besucher außerdem an ein paar nahen Sehenswürdigkeiten (s. S. 746) vorbei. Ansonsten kann man auch Trekkingtouren im Santuario de Iguaque (S. 746) unternehmen. Die Region bietet sich auch zum Radfahren und Reiten an. Dafür wendet man sich an Colom-

bian Highlands (s. unten). Fahrräder kann man für 3000 KOL$ pro Stunde mieten; ein Pferd zu leihen kostet 5000 KOL$ pro Stunde.

Geführte Touren
Viele Einheimische bieten Ausflüge an, die besten Trips organisiert aber Oscar Giledes Unternehmen **Colombian Highlands** (☎ 732-1379; Carrera 9 Nr. 11–02). Im Angebot finden sich ganz unterschiedliche Touren, die es nicht überall gibt, wie z. B. nächtliche Wanderungen, Trips, bei denen man sich abseilen muss und Ausflüge zu Pferd. Hier können auch Fahrräder und Campingausrüstung gemietet werden.

Schlafen
Während der Ferienzeit und an langen Wochenenden schießen die Preise in die Höhe und die Zimmer werden knapp, deshalb sind hier die Preise an Werktagen angegeben.

Renacer Guesthouse (☎ 732-1201, 311–308-3739; www.colombianhighlands.com; Stellplatz 10 000 KOL$/Pers., B/EZ/DZ 18 000/35 000/70 000 KOL$) Gemütliches Luxushostel mit hübschen Zimmern, exzellenten, geschmackvollen Privatzimmern, einer großen Küche für die Gäste und einem Kamin. Frühstück gibt's auch. Von der Plaza aus läuft man lange zu Fuß (1,2 km nordöstlich) – und noch dazu bergauf. Daher ruft man besser den Inhaber Oscar Gilede an, sobald man ankommt. Er bezahlt das Taxi.

Hospedería Colonial (☎ 732-1364; Calle 12 Nr. 10–81; EZ/DZ 20 000/40 000 KOL$) Einfache, aber akzeptable Räume mit Badewanne. Sie befindet sich in der Nähe der Plaza.

Posada San Martín (☎ 732-0428; Calle 14 Nr. 9–43; EZ/DZ/3BZ inkl. Frühstück 30 000/60 000/90 000 KOL$) In diesem alten Hostel ist das Gebälk des Hauses überall sichtbar und die Zimmer sind hell und farbenfroh eingerichtet.

Hospedería La Roca (☎ 732-0331; Plaza Mayor; EZ/DZ/3BZ 40 000/80 000/120 000 KOL$) Weitläufige Flure führen auf zwei Stockwerken zu ganz unterschiedlichen, gemütlichen Zimmern mit hohen Decken, die alle mit TV und einem modernen Bad ausgestattet sind.

Posada de los Angeles (☎ 732-0562; Carrera 10 Nr. 13–94; EZ/DZ/3BZ 50 000/80 000/120 000 KOL$) Die Atmosphäre ist angenehm familiär, die Räume sind einfach und sauber und mit modernen Badezimmern ausgestattet.

Essen & Trinken
Nicht alle Restaurants haben unter der Woche geöffnet.

Pastelería Francesa (Calle 10 Nr. 9–41; Hauptgerichte 1500–5000 KOL$; ☾ Do–Mo Frühstück & Mittagessen) Französische Patisserien muss man einfach mögen – die Apfeltarte und die heiße Schokolade sind superlecker.

Restaurante Casa Blanca (Calle 13 Nr. 7–16; Menüs 6000 KOL$, Hauptgerichte 15 000 KOL$; ☾ Mo–Fr 8–20.15, Sa & So bis 21.30 Uhr) *Comida corriente* (einfaches Menü) von hoher Qualität und die Hauptgerichte sind genauso gut. Es gibt Forelle, Hühnchen und Rindfleisch, alles wundervoll zubereitet.

Los Tres Caracoles (Plaza Mayor; Paella 23 000 KOL$, Lamm für 2 Personen 39 000 KOL$, andere Hauptgerichte 12 000–15 000 KOL$; ☾ Mo–Fr 12–21, Sa & So bis 22 Uhr) Am Sonntag wird als Spezialität gebratene Haxe in *salsa verde* (eine Sauce aus Petersilie, Olivenöl, Kapern und Sardellen) angeboten. Der Inhaber ist Spanier und auch im Umgang mit einer Paella-Pfanne durchaus talentiert.

Antique (Casona La Guaca, Carrera 9 Nr. 13–55; Hauptgerichte 12 000–26 000 KOL$; ☾ mittags & abends) Kreative Küche, stilvoll serviert auf einer kolonialistischen Dachterrasse.

Restaurante Savia (Casa Quintero; Hauptgerichte 12 000–28 000 KOL$; ☾ Fr 16–22, Sa & So 10–22 Uhr) Gute vegetarische Auswahl, es gibt aber auch leckere Gerichte mit Fleisch. Der Schlagzeuger von Elvis Presley hat früher hier gespielt. Er starb 2006.

Zarina (Casa Quintero; Hauptgerichte 13 000–18 000 KOL$; ☾ 12.30–21 Uhr) Fabelhaftes Falafel mit echter Tahini.

La Cava de don Fernando (Carrera 10 Nr. 12–03; Biere 2500 KOL$; ☾ 14–2 Uhr) Die richtige Adresse für einen Drink zu späterer Stunde.

An- & Weiterreise
Der Busbahnhof liegt drei Häuserblocks südwestlich der Plaza Mayor, an der Straße nach Tunja. Von 5 bis 18 Uhr fahren alle 15 Minuten Minibusse zwischen Tunja und Villa de Leyva (5500 KOL$, 45 Min., 39 km). Nach Bogotá fahren täglich nur zwei Direktbusse (14 000 KOL$, 4 Std.), von Tunja aus fahren sie jedoch häufiger.

RUND UM VILLA DE LEYVA
Hier findet man archäologische Hinterlassenschaften, kolonialistische Monumente, Petroglyphen, Höhlen, Seen, Wasserfälle und Fossilien. Zu den Sehenswürdigkeiten in der Nähe kann man gut zu Fuß gehen, ansonsten fährt man mit dem Fahrrad oder reitet hin.

Estación Astronómica Muisca (El Infiernito)

Das **Observatorium der Muisca** (Eintritt 3200 KOL$; Di–So 9–12 & 14–17 Uhr) datiert auf die frühen Jahrhunderte nach Christi Geburt und wurde von der indigenen Bevölkerung zur Bestimmung der Jahreszeiten genutzt. Von den Katholiken wurde es als „Kleine Hölle" bezeichnet, um die Eingeborenen mit der Angst vor (einem christlichen) Gott einzuschüchtern und sie dazu zu bringen, es mit dem Teufel zu assoziieren. Die großen phallischen Steinmonolithen gaben dem Ort auch eine rituelle Bedeutung. Ein paar der Monolithen wurden zerstört, während andere Teile des penisähnelnden Gesteins in die Wände einiger Kloster in der Umgebung integriert wurden, was durchaus ironische Züge hat. Zu Fuß läuft man 25 Minuten. Ansonsten bietet sich ein Fahrrad (um die 20 000 KOL$/Tag) oder ein Pferderücken (40 000 KOL$/halber Tag) an. Ein Taxi kostet hin und zurück 20 000 KOL$ plus Wartezeit; hier ist gnadenloses Feilschen angesagt.

Parque Nacional Santuario de Iguaque

Iguaque ist ein 67,5 km² großer **Nationalpark** (Eintritt 31 000 KOL$) nordöstlich von Villa de Leyva. Der höchste Teil der Bergkette, die sich hoch nach Arcabuco zieht, ist Teil davon. Im nördlichen Teil des Reservats liegen acht Bergseen auf Höhen zwischen 3550 und 3700 m. Der Park wurde nach der **Laguna de Iguaque** benannt, einem heiligen See der Muisca.

Das **Besucherzentrum** (B 28 600 KOL$) liegt 2950 m hoch, 3 km von der Straße zwischen Villa de Leyva und Arcabuco entfernt. Warme Kleidung darf nicht fehlen. Hier gibt es Essen und Betten, zudem bezahlt man hier den Eintritt. Wer im Zentrum übernachten möchte, sollte zuvor im Nationalpark-Büro in Bogotá (S. 731) nachfragen. In der Hauptsaison sind die Betten 8000 KOL$ teurer.

Von Villa de Leyva aus fährt ein Bus nach Arcabuco (4-mal tgl.). Nach 12 km steigt man in Los Naranjos aus und läuft zum Besucherzentrum (3 km). Ein Spaziergang vom Besucherzentrum bergauf zur Laguna de Iguaque dauert zwei bis drei Stunden. Lässt man es auf dem Rückweg gemütlicher angehen, kann der dann auch vier bis sechs Stunden dauern.

PARQUE NACIONAL EL COCUY

Mit seinen schneebedeckten Gipfeln, funkelnden Bergseen und tiefgrün leuchtenden Tälern gilt der Parque Nacional El Cocuy als eines der spektakulärsten Naturschutzgebiete Kolumbiens. Es befindet sich im höchsten Teil der Cordillera Oriental und erstreckt sich mit dem Gipfel des Ritacumba Blanco auf bis zu 5330 m Höhe. Die Bergkette ist eher kompakt und relativ gut zugänglich – Ausgangspunkte sind die Städtchen Guicán und El Cocuy im Norden Boyacás. Der Park ist der ideale Ort für Trekkingtouren, auch wenn die Routen eher für Erfahrene geeignet sind. Im Park gibt's keine Anlagen für Reisende, also müssen Lebensmittel und Ausrüstung inklusive Schlafsäcken, warmer Kleidung und einem Zelt selber mitgebracht werden.

Einige Veranstalter organisieren Touren dieser Art. Man wende sich an Thomas Doyer, dessen Firma **De Una Colombia Tours** (☎ 312-450-6178) viel Erfahrung in dieser Region hat und der auch empfohlen wird.

SAN GIL

☎ 7 / 42 900 Ew.

Das winzige San Gil, eine geschäftige kleine Stadt auf der Straße von Bogotá nach Bucaramanga, ist das schlagende Herz des aufkommenden Ökotourismus und der Abenteuersport-Industrie in Kolumbien. Auf dem mächtigen Río Suarez, der einige der besten Stromschnellen (Grad 4+) in Südamerika rühmen darf, kann einem schnell das Herz stehenbleiben.

Neben Rafting, Abseilen, *torrentismo* (an einem Wasserfall abseilen), Reiten, Paragliden, Hydrospeeding, Höhlenklettern und Mountainbiken werden auch ruhigere Aktivitäten für Naturliebhaber angeboten, die die Aussicht ohne Adrenalin genießen möchten. Es gibt alles von natürlichen Schwimmlöchern, über Wasserfälle und wunderschöne Flüsse, bis hin zu angenehmen, fabelhaften Wanderrouten, die nur 30 Minuten außerhalb der Stadt liegen.

San Gils schattige Plaza Mayor ist mit riesigen, alten Kapokbäumen bewachsen. An diesem entspannten Plätzchen kann man auch eine Kathedrale aus dem 18. Jh. bestaunen.

Sieht man sich San Gil an, darf man auch Barichara oder Guane nicht verpassen – zwei ruhige, makellos erhaltene und zudem restaurierte Kolonialstädtchen ganz in der Nähe.

Praktische Informationen

Die offizielle Webseite für Tourismus in San Gil ist www.sangil.com.co.

Bancolombia (Calle 12 Nr. 10–44) Hier können bis zu 400 000 KOL$ abgehoben werden. Auf der Plaza verteilt finden sich weitere Geldautomaten.
Foxnet (Centro Comercial El Edén, Carrera 10 Nr. 12–37; 1500 KOL$/Std.; 8.30–12 & 14–21.30 Uhr) Internet.
Ivan's Cafe net (Calle 12 Nr. 7–63; 1500 KOL$/Std.; 7.30–21 Uhr)
Post (Carrera 10 Nr. 10–50; Mo–Fr 8–11.30 & 14–16 Uhr) Gleich neben dem Cajasan Supermarkt.
Touristeninformation (☎ 724-4617; Ecke Carrera 10 & Calle 12; 8–12 & 14–18 Uhr) Die wichtigste Touristeninformation. In der Nähe des Parque El Gallineral gibt es eine weitere, die nicht ganz so hilfreich ist.

Sehenswertes
IN DER STADT
Der beste Ort, um in der Stadt der Hitze zu entkommen, ist der **Parque El Gallineral** (☎ 724-4372; Ecke Malecón & Calle 6; Eintritt 4000 KOL$; ☎ 8–18 Uhr) – ein wunderschöner Park direkt an einem Fluß. Die Bäume hier sind mit *barbas de viejo* bewachsen – langen, silbrigen Tillandsia-Wedeln (eine Bromelienart, die typischerweise auf Bäumen wächst). Der Park gehört zu den schönsten öffentlichen Plätzen in Kolumbien und glänzt außerdem mit einem natürlichen Swimmingpool.

AUSSERHALB DER STADT
Pozo Azul ist ein Frischwasserpool nur 1 km nördlich vom Zentrum. Am Wochenende kommen viele Kolumbianer hierher. Unter der Woche ist es ruhig. **Quebrada Curití** ist ein Fluß 12 km nordöstlich von San Gil in der Nähe des Dorfes **Curití**. Hier kann man sich in kristallklaren Pools erfrischen. Das Glanzstück sind aber die **Cascadas de San Juan Curi**, 180 m hohe Wasserfälle. Abenteuerlustige dürfen sich hier auch gerne abseilen. Die Fälle sind 22 km von San Gil entfernt und liegen an der Straße nach Charalá. Zweimal pro Stunde fahren Busse von der Haltestelle im Ort nach Charalá (3000 KOL$, 30 Min.). Man bittet den Fahrer, bei den *cascadas* (Wasserfällen) anzuhalten, und folgt dann zu Fuß 20 Minuten lang einem Pfad zu den Wasserfällen. Der Besitzer des Geländes verlangt manchmal 5000 KOL$ für den Zutritt.

Geführte Touren
Mehr als ein Dutzend Reiseagenturen in San Gil bieten Raftingtouren an. Ein Standardtrip von 10 km auf dem Río Fonce (Grad 1–3) kostet 25 000 KOL$ pro Person und dauert 1½ Stunden.

Touren auf dem gefährlich aufregenden Río Suarez sind Weltklasse und versetzen sogar erfahrenen Experten einen Adrenalinkick nach dem anderen; die eintägigen Touren kosten 120 000 KOL$. Bei den meisten Veranstaltern kann man auch Reiten, Höhlenklettern, Paragliden, Abseilen, Bergsteigen und Öko-Wanderungen buchen. Viele Firmen fungieren als Vermittler zwischen den wenigen Betrieben, die Genehmigungen für die jeweiligen Locations haben.
Colombia Rafting Expeditions (☎ 311–283-8647; info@colombiarafting.com; Carrera 10 Nr. 7–83) Hier gibt's die beste Raftingausrüstung der Stadt. Die Führer haben viel Erfahrung und sprechen oft auch Englisch. Zwar ist es teurer als bei der Konkurrenz, aber es ist das Geld wert.
Macondo Adventures (☎ 724-4463, 311–828-2905; info@macondohostel.com; Macondo Guesthouse, Calle 12 Nr. 7–26) Bietet Dutzende von Aktivitäten an.
Planeta Azul (☎ 724-0000; info@planetaazulcolombia.com; Parque El Gallineral) Organisiert Raftingtouren.

Schlafen
Im Zentrum von San Gil gibt's eine Menge günstige Hotels. Während der Hauptsaison steigen die Preise um bis zu 40 %.

Das **Macondo Guesthouse** (☎ 724-4463, 311-28-2905; Calle 12 Nr. 7–26; B 13 000 KOL$, EZ 26 000–30 000 KOL$;) ist der Treffpunkt der Backpacker in San Gil: Es gibt WLAN, Kochmöglichkeiten, Büchertausch und man kann seine Wäsche waschen. Man sollte reservieren. Der australische Inhaber Shaun kennt sich gut mit Outdooraktivitäten aus und ist selbst ein erfahrener Rafter.

Centro Real (☎ 724-0387; Calle 10 Nr. 10–41; EZ/DZ 15 000/25 000 KOL$;) Ein modernes Hotel mit kleinen Zimmern ohne außenliegenden Fenstern. Die beste Wahl unter den zentralen Budgetunterkünften.

Santander Alemán (☎ 724-2535, 317–770-9188; igarnica@hotmail.com; Calle 12 Nr. 7–63; B 15 000 KOL$, EZ/DZ ohne Badezimmer 25 000/30 000 KOL$) Die heimelige Atmosphäre hier zieht etwas ältere Reisende an. Die Zimmer sind geräumig und makellos, die Betten schön fest und die Laken immer frisch. Die exzellenten Fruchtsmoothies und das riesige Frühstücksangebot darf man sich nicht entgehen lassen (7000 KOL$).

Hotel Abril (☎ 724-8795; Ecke Calle 8 & Carrera 10; EZ/DZ/3BZ 30 000/50 000/60 000 KOL$) Die hochwertigsten Hotelzimmer der Stadt: Jedes mit Minibar, Fernseher, tollen Betten und Bettwäsche. Die hübschen Räume befinden sich fernab der Straße. Klimatisiert, frisch, sauber und gut organisiert.

Hotel Mansión del Parque (☎ 724-5662; Calle 12 Nr. 8–71; EZ/DZ/3BZ 55 000/88 000/103 000 KOL$) Dieses Hotel wurde in einer 300 Jahre alten Villa an einer Ecke des Parque Central eröffnet. Man stößt hier immer noch auf Teile der ursprünglichen Einrichtung und einige der großen Zimmer haben Balkone mit Ausblick über die Plaza. Die Minibars sind ebenfalls ein echter Luxus.

Essen

Auf der Carrera 10 zwischen den Calles 11 und 12 gibt's einige Fast-Food-Restaurants.

Plaza de Mercado (Carrera 11; Menü 5000 KOL$; ⏱ 6–14 Uhr) Dieser überdachte Markt findet zwischen den Calles 13 und 14 statt und zieht die Ortsansässigen an, die sich hier mit spottbilligen Menüs, Säften und Tamales den Bauch vollschlagen.

Cafetería Donde Betty (Ecke Carrera 9 & Calle 12; Sandwiches 4000 KOL$; ⏱ 7–0 Uhr) Ein hübsches Café, in dem Frühstück, Sandwiches und leckerer, frischgepresster Saft auf den Tisch kommen.

Restaurante Vegetariano Saludable Delicia (☎ Calle 11 Nr. 8–40; Hauptgerichte 5000–22 000 KOL$; ⏱ 7–19.30 Uhr) Vegetarisches Fleisch, Sandwiches, Salate und mehr im einzigen Restaurant der Stadt für alle, die ihre Proteine lieber *sin sangre* (ohne Blut) zu sich nehmen.

Restaurante Rogelio (Carrera 10 Nr. 8–09; Menü 5000 KOL$, á la carte 10 000–12 000 KOL$; ⏱ 7–21 Uhr) Sehr beliebt bei Raftingcrews, die gerade mit Heißhunger von einer Tour kommen. Die bergeweise servierten Gerichte sind lecker, jedoch nicht sehr vielseitig: Fleisch oder Hühnchen mit Reis, Salat, gebratener Banane und Yucca.

LP Tipp El Maná (Calle 10 Nr. 9–12; Menüs 7500 KOL$; ⏱ 11.30–15 & 18–20.30 Uhr) Sehr beliebt bei den Einheimischen. Die Menüs sind fantastisch und bestehen z. B. aus Hühnchen in Pflaumensoße oder Lasagne, jeweils mit Suppe, Obst, Kaffee, Salat und einem Dessert.

Ausgehen & Unterhaltung

Café Con Verso (Calle 12 Nr. 7–81; Getränke 6000–8000 KOL$; ☎ 16–open end) Künstlerisch angehauchter Treffpunkt. Getrunken wird leckerer Kaffee und kaltes Bier, gemütliche Unterhaltungen werden von Miles Davis untermalt, dessen Stimme sanft aus den Boxen erklingt.

La Habana (Carrera 9 Nr. 11–68; CC Camino Real, Local 212; ☎ So–Do 18–0, Fr & Sa 18–2 Uhr) Etwas versteckt im zweiten Stock des kleinen Camino Real Shoppingzentrums befindet sich diese coole Location, in der *son*, Salsa, Rock und Reggae laufen. Mittwoch- und Sonntagabend werden Filme gezeigt.

Discoteca El Trapiche (Vía Charalá; Eintritt 3000 KOL$; ⏱ Fr & Sa 22–morgens) Am Stadtrand San Gils in Richtung Charalá gelegen. Hier erlebt man am Wochenende authentisch kolumbianische Feiernächte, d. h. man betrinkt sich und rockt zu Salsa und Reggaeton (eine Mischung aus Reggae und lateinamerikanischer Musik). Ab und zu findet auch die eine oder andere Schaumparty statt. Man darf sich allerdings nicht im Club irren – am Eingang ist auch eine *viejoteca*: Hier legen die älteren Herrschaften eine flotte Sohle aufs Parkett.

An- & Weiterreise

Der Hauptbusbahnhof für Intercity-Busse liegt 3 km westlich des Zentrums an der Straße nach Bogotá. Stadtbusse pendeln den ganzen Tag zwischen dem Busbahnhof und dem Zentrum, andernfalls bieten sich Taxis an (3000 KOL$). Busse fahren planmäßig nach Bogotá (35 000 KOL$, 8 Std.), Bucaramanga (15 000 KOL$, 3 Std.), Santa Marta (55 000 KOL$, 14 Std.) und Medellín (60 000 KOL$, 11 Std.). Stündlich halten zwei Busse nach Bucaramanga am Parque Nacional de Chicamocha und fahren bis 19.30 Uhr regelmäßig am **Cotrasangil Bus Office** (Carrera 11 Nr. 8–10) ab. Busse nach Barichara (3300 KOL$, 40 Min.) fahren zwischen 5 und 18.30 Uhr jede halbe Stunde vom **Regionalbusbahnhof** (Ecke Calle 15 & Carrera 10) im Zentrum. Busse nach Guane, Charalá und Curití starten ebenfalls hier.

BARICHARA

☎ 7 / 7000 Ew.

Barichara erinnert mit seinen hervorragend renovierten, 300 Jahre alten, blendendweißen Gebäuden und den gepflasterten Straßen an ein Filmset.

Die Sandstein-Kathedrale auf der Plaza Mayor, die **Catedral de la Inmaculada Concepción** aus dem 18. Jh., ist das größte und komplexeste Gebäude der Stadt. Das **Casa de la Cultura** (☎ 726-7002; Calle 5 Nr. 6–29; Eintritt 500 KOL$; ☎ Mo–Sa 8–12 & 14–16, So 9–13 Uhr) zeigt eine kleine Kollektion mit Fossilien und Töpferarbeiten der Guane-Indios.

Im nahen Dörfchen **Guane**, 10 km nordwestlich, ist die Zeit stehengeblieben. Besichtigen kann man hier die hübsche, ländliche Kirche und ein Museum mit einer Fossiliensammlung und Kunstgegenständen der Guane-Indianer.

Schlafen & Essen

La Casa de Heraclia (☎ 300–223-9349; lacasadeheraclia@hotmail.com; Calle 3 Nr. 5–33; EZ/DZ/3BZ 25 000/45 000/75 000 KOL$; 🖳) Schon wenn man ankommt, möchte man es sich auf den Sitzsäcken auf der Terrasse gemütlich machen. Der große, weit offene Speisesaal führt zu ruhigen, ordentlichen und sehr hübschen Zimmern. Das beste Angebot für Backpacker.

Aposentos (☎ 726-7294; Calle 6 Nr. 6–40; Zi 50 000 KOL$/Pers.) Ein kleines, freundliches Hotel mit fünf Zimmern direkt an der Plaza Mayor.

Hotel Corata (☎ 726-7110; Carrera 7 Nr. 4–08; Zi 60 000 KOL$/Pers.) Historisches Hotel in einem 280 Jahre alten und mit Holzmöbeln eingerichteten Gebäude, bis obenhin voller Antiquitäten.

Hostal Misión Santa Bárbara (☎ 726-7163, in Bogotá 1-288-4949; www.hostalmisionsantabarbara.info; Calle 5 Nr. 9–12; EZ/DZ/3BZ inkl. Frühstück 120 000/175 000/235 000 KOL$; 🖳) Hier wohnt man in einer liebevoll hergerichteten Kolonialvilla mit gemütlichen, altmodischen Zimmern. Zimmer 5 ist etwas ganz Besonderes.

In der Nähe der Plaza gibt's ein paar Restaurants für kleine Budgets, wie z. B. das **Restaurante La Braza** (Carrera 6 Nr. 6–31; Menüs 6500 KOL$; 🕙 12–18 Uhr), die günstige Menüs und für die Gegend typische Gerichte anbieten. Die Spezialität ist Ziege inklusive der Innereien: Bis auf Letzteres schmeckt das auch sehr lecker. Einen Besuch wert ist das **Plenilunio Café** (Calle 6 Nr. 7–74; Gerichte 7000–10 000 KOL$; 🕙 18.30–23 Uhr), ein winziges, italienisches Restaurant. Das **Color de Hormiga** (☎ 726-7156; Calle 8 Nr. 8–44; Hauptgerichte 14 000–18 000 KOL$; 🕙 Mi–Mo mittags & abends) spezialisiert sich auf mit Ameisen bestreute Steaks. Das ist eine Hommage an eine ganz besondere Delikatesse aus Santander: Eine große Ameisenart.

An- & Weiterreise

Busse pendeln alle 45 Minuten zwischen Barichara und San Gil (3300 KOL$, 40 Min.). Sie fahren am **Cotrasangil Bus Office** (☎ 726-7132; Carrera 6 Nr. 5–74) von der Plaza ab. Busse nach Guane (2000 KOL$, 15 Min.) fahren um 6, 9.30, 11.30, 14.30 und 17.30 Uhr. Dorthin gibt es auch eine schöne Wanderroute: der alte, mit Fossilien übersäte Camino Real. Dieser Weg beginnt am Nordende der Calle 4. Er ist nicht besonders kräftezehrend – ein Hut und Wasser sollten aber nicht fehlen.

PARQUE NACIONAL DEL CHICAMOCHA

Dies ist der jüngste **Nationalpark** (☎ 7-657-4400, 313-466-4634; www.parquenacionaldelchicamocha.com; Vía Bucaramanga–San Gil bei Kilometer 54; Eintritt 8000 KOL$; 🕙 Di–Do 9–18, Fr–So & Ferien bis 19 Uhr) in Kolumbien. Er liegt zwischen San Gil und Bogotá; die Fahrt zwischen den beiden Städten ist spektakulär. Sie erinnert an die Landschaften, die vor allem in TV-Autowerbungen gern gezeigt werden. Die meisten der Touristenattraktionen im Park sind jedoch verlorene Zeit und Geld; der **Canyon** ist die einzige wahre Sehenswürdigkeit. Die beste Aussicht hat man aus der neuen **Gondelbahn** (inkl. Eintritt 30 000 KOL$), die zuerst in die Tiefe hinabsinkt und dann auf der anderen Seite des Canyons wieder nach oben steigt. Wer mehr Action braucht, kann sich auch an einem **Drahtseil** in den Canyon stürzen (17 000 KOL$) oder Parasailen (130 000 KOL$).

Herkommen ist einfach: man nimmt einfach irgendeinen der Busse zwischen San Gil und Bucaramanga und sagt dem Fahrer, dass man am Park aussteigen möchte.

BUCARAMANGA

☎ 7 / 510 000 Ew.

Die Hauptstadt Santanders stellt sich als modernes und emsiges Handels- und Industriezentrum dar, dazu gibt's ein angenehm mildes Klima. Bekannt ist sie für die berühmte *hormiga culona*, eine große Ameisenart, die hier gebraten verzehrt wird. Die meisten Reisenden legen hier auf ihrem Weg an die Küste nur eine kurze Pause ein. Das könnte sich jedoch mit der Eröffnung eines neuen Parasailing-Hostels ändern.

Information

Bancolombia (☎ 630-4251; Carrera 18 Nr. 35–02)
Click & Play (Calle 34 Nr. 19–46, Room 115, Centro Comercial La Triada; 1500 KOL$/Std.; 🕙 8–21 Uhr) Internetzugang.
Touristenpolizei (☎ 633-8342; Parque Santander; 🕙 24 h) Kostenlose Broschüren und Karten über die Stadt.

Sehenswertes

Museo Casa de Bolívar (☎ 630-4258; Calle 37 Nr. 12–15; 🕙 Mo–Fr 8–12 & 14–18, Sa 8–12 Uhr): zeigt ethnographische und historische Sammlungen. Der **Jardín Botánico Eloy Valenzuela** (☎ 648-0729; Eintritt 500 KOL$; 🕙 8–17 Uhr) wurde im Vorort Bucarica angelegt: Mit dem Bus ab der Carrera 15 kann man hier wunderbar dem Trubel der Stadt entkommen.

Schlafen

Hostel Kasa Guane (☎ 657-6960, 312-432-6266; www.kasaguane.com; Calle 49 Nr. 28-21; Bett/EZ/DZ pro Person 20 000/35 000/50 000 KOL$; 🖳) Das Hostel wird von einem freundlichen, in den USA ausgebildeten Parasailern betrieben. Die Schlafsäle und Zimmer sind alle angenehm zu bewohnen und man geht auf alle Bedürfnisse der Backpacker angemessen ein. Die Inhaber und das Personal arrangieren gerne Parasailingtrips und -kurse.

Essen & Ausgehen

Die seltsamerweise überall beliebte *hormiga culona* ist ein Snack, der nach Gewicht verkauft wird, für etwa 50 000 KOL$ pro kg. Sie schmeckt genau so, wie man sich den Geschmack von frittierten Insekten vorstellt.

Restaurante Vegetariano Salud y Vigor (Calle 36 Nr. 14-24; Gerichte 6000-7000 KOL$; ☉ So-Fr 7.30-18.30 Uhr) Günstiges, vegetarisches Essen.

Restaurante El Viejo Chiflas (Carrera 33 Nr. 34-10; Hauptgerichte 7000-15 000 KOL$; ☉ 11-0 Uhr) Gute, für die Region typische Gerichte für wenig Geld.

An- & Weiterreise

Bucaramangas Busterminal liegt südwestlich des Zentrums, halb auf dem Weg nach Girón; Stadtbusse mit der Anzeige „Terminal" fahren regelmäßig von den Carreras 15 und 33 aus dorthin. Taxifahrten kosten 6000 KOL$. Vom Terminal fahren planmäßig Busse nach Bogotá (70 000 KOL$, 10 Std.), Cartagena (90 000 KOL$, 12 Std.), Cúcuta (36 000 KOL$, 6 Std.) und Santa Marta (75 000 KOL$, 9 Std.).

GIRÓN

☎ 7 / 136 000 Ew.

Die friedlichen, gepflasterten Straßen San Juan de Giróns sind nur 9 km von Bucaramanga entfernt. Die Touristeninformation **Secretaría de Cultura y Turismo** (☎ 646-1337; Calle 30 Nr. 26-64; ☉ 8-12 & 14-18 Uhr) ist im Casa de la Cultura untergebracht. Auf der Ostseite des Parque Principal gibt es zwei Geldautomaten.

Das 1631 gegründete Stadtzentrum wurde zum Großteil wieder hergerichtet. Die **Plazuela Peralta** und die **Plazuela de las Nieves** sind beide hübsch anzusehen. Die **Catedral del Señor de los Milagros** auf der Hauptplaza ist ihrer vielen Facetten wegen einen Besuch wert.

Das Hotel Las Nieves (☎ 646-8968; Calle 30 Nr. 25-71; EZ/DZ/BZ 35 000/50 000/70 000 KOL$) auf der Plaza Mayor bietet große, bequeme Zimmer und ein Restaurant für den kleinen Geldbeutel.

Etwas anspruchsvoller sind das **Restaurante Villa del Rey** (Calle 28 Nr. 27-49; Hauptgerichte 8000-20 000 KOL$; ☉ 8-18 Uhr), die **Mansión del Fraile** (Calle 30 Nr. 25-27; Hauptgerichte 10 000-15 000 KOL$; ☉ 12-18 Uhr) und das **Restaurante La Casona** (Calle 28 Nr. 28-09; Hauptgerichte 10 000-15 000 KOL$; ☉ 12-18 Uhr). Die lokalen Spezialitäten hier basieren vor allem auf Fleisch und sind sehr sättigend.

In Bucaramanga fahren planmäßig Stadtbusse von den Carreras 15 und 33 ab, die 30 Minuten nach Girón brauchen.

PAMPLONA

☎ 7 / 53 000 Ew.

Spektakulär im tiefen Valle del Espíritu Santo in der Cordillera Oriental gelegen, präsentiert sich das aus der Kolonialzeit stammende Pamplona als ein nettes Städtchen mit alten Kirchen, engen Gässchen und eifrigem Geschäftsleben. Kommt man gerade aus dem heißen Venezuela, so bietet sich hier ein Aufenthalt auf dem Weg nach Zentralkolumbien an.

Das beste der Museen Pamplonas, das **Museo de Arte Moderno Ramírez Villamizar** (☎ 568-2999; Calle 5 Nr. 5-75; Eintritt 2000 KOL$; ☉ Di-Fr 9-12 & 14-18, Sa & So 9-18 Uhr), zeigt etwa 40 Werke von Eduardo Ramírez Villamizar, einem der bedeutendsten Künstler Kolumbiens, der 1923 in Pamplona geboren wurde.

Das Hotel Orsúa (☎ 568-2470; Calle 5 Nr. 5-67; EZ/DZ/3BZ 25 000/40 000/45 000 KOL$) liegt direkt an der Plaza Mayor und bietet ordentliche, eher schlichte Zimmer mit kleinen Bädern, in denen es sich gut eine Nacht aushalten lässt.

Pamplonas neuer Busbahnhof liegt 600 m südwestlich der Plaza Mayor. Zu Fuß sind es ca. zehn Minuten in die Stadt, für ein Taxi bezahlt man 2000 KOL$.

Pamplona liegt an der Straße von Bucaramanga nach Cúcuta, sodass regelmäßig Busse nach Cúcuta (10 000 KOL$, 1¾ Std., 72 km) und Bucaramanga (25 000 KOL$, 4½ Std., 124 km) fahren. Die Straße führt durch hochgelegene Bergregionen, weshalb es sehr kalt werden kann.

CÚCUTA

☎ 7 / 586 000 Ew.

Cúcuta ist eine heiße und nicht gerade aufregende Stadt. Es ist die Hauptstadt von Norte de Santander und gerade mal 12 km von Venezuela entfernt. Hier muss man nicht unbedingt hin, ausser man befindet sich gerade auf dem Weg nach Venezuela.

> **EINREISE NACH VENEZUELA**
>
> Soll es nach Venezuela weitergehen, nimmt man einen der häufig fahrenden Busse oder *colectivos* (Sammeltaxis; um die 1000 KOL$, die entweder in kolumbianischen Pesos oder venezolanischen Bolívars bezahlt werden), die von Cúcutas Busbahnhof nach San Antonio del Táchira in Venezuela fahren. *Colectivos* und Busse nach San Antonio fahren auch an der Ecke Av Diagonal Santander und Calle 8, im Zentrum Cúcutas. An der Grenze muss man nicht umsteigen; man darf aber nicht vergessen, kurz vor der Brücke auszusteigen und sich im Departamento Administrativo de Seguridad (DAS) einen Stempel für den Pass zu holen. Dieser Grenzübergang ist durchgängig geöffnet. Für Informationen über die Einreise nach Kolumbien von Venezuela siehe S. 1062.
>
> Seit Präsident Hugo Chávez 2007 in Venezuela eine neue Zeitzone einführte, gibt es zwischen Kolumbien und Venezuela einen 30-minütigen Zeitunterschied. Wenn man von Kolumbien nach Venezuela fährt, muss man seine Uhr 30 Minuten vorstellen. Einmal in Venezuela angekommen, holt man sich eine Touristenkarte. Sie wird direkt im DIEX-Büro in San Antonio del Táchira ausgestellt, in der Carrera 9 zwischen den Calles 6 und 7. In San Antonio bestehen sechsmal täglich Weiterreisemöglichkeiten nach Caracas. Abfahrt ist am späten Nachmittag oder am frühen Abend für eine Fahrt durch die Nacht.

Praktische Informationen

Die Bushaltestelle macht einen ganz und gar nicht vertrauenswürdigen Eindruck. Also: Blick immer fest geradeaus und sich auf keinen Fall von irgendjemandem „helfen" lassen.

Corporación Mixta de Promoción de Norte de Santander (☎ 571-3395; Calle 10 Nr. 0–30) Touristeninformation.

Einreisestelle Das Einwanderungsbehörde der DAS – hier gibt's Einreise- und Ausreisestempel für den Pass – liegt direkt vor der Grenze am Río Táchira; in Richtung Venezuela auf der linken Straßenseite.

Schlafen & Essen

Man sollte alle Hotels meiden, die weniger als sechs Häuserblocks vom Busbahnhof entfernt sind.

Hotel La Bastilla (☎ 571-2576; Av. 3 Nr. 9–42; EZ/DZ/3BZ 26 000/36 000/45 000 KOL$) Eine akzeptable Einrichtung für wenig Geld. Die Zimmer haben Ventilatoren und Bäder.

Das **Hotel Plaza Cúcuta** (☎ 571-3939; Av. 4 Nr. 6–51; EZ/DZ/3BZ mit Ventilator 33 000/55 000/77 000 KOL$, mit Klimaanlage 44 000/66 000/90 000 KOL$; ❄) ist eines der preiswertesten unter den klimatisierten Hotels, aber viel besser als La Bastilla.

La Mazorca (Av. 4 Nr. 9–67; Hauptgerichte 10 000–15 000 KOL$) Ein sonniges Restaurant in einem Innenhof. Hier kann man sich ordentliche Portionen lokaler Gerichte schmecken lassen.

An- & Weiterreise

Der Flughafen befindet sich 4 km vom Zentrum entfernt. Minibusse mit der Anzeige „El Trigal Molinos" (von Av. 1 oder Av. 3 im Zentrum) halten 350 m vom Terminal entfernt. Eine Taxifahrt ins Zentrum kostet 10 000 KOL$. Man kann von hier aus zu den meisten größeren Städten Kolumbiens fliegen, u. a. nach Bogotá, Medellín, Cali und Cartagena.

Am **Busterminal** (Ecke Av. 7 & Calle 1) darf man sich nicht übers Ohr hauen lassen. Außerdem ist hier immer Vorsicht geboten. Nach Bucaramanga fahren planmäßig Busse (40 000 KOL$, 6 Std.), nach Bogotá mindestens 24 täglich (80 000 KOL$, 16 Std.).

Es gibt keine direkte Busverbindung nach Mérida. Man muss also nach San Cristóbal fahren und dort umsteigen.

KARIBIKKÜSTE

Kolumbiens Karibikküste ist ein von Sonne und Rum getränkter Spielplatz, der sich 1760 km lang vom Regenwald Dariéns im Westen bis hin zum staubtrockenen Ödland in La Guajira im wilden, wilden Osten erstreckt.

Bei all diesen verlockenden Aussichten – den unberührten Stränden, den Korallenriffen und dem unberührten Regenwald um Santa Marta und dem Parque Nacional Tyrona herum, oder dem sagenhaften Regenwaldtreck zur uralten Ciudad Perdida, der verlorenen Stadt – liegt das größte Problem wohl darin, alles in einer Reise unterzubringen. Hippiemagnet und Tauchresort Taganga und die berauschende Kolonialstadt Cartagena – eines der schönsten und historisch bedeutendsten Reiseziele des Kontinents – halten viele Reisende monatelang in ihrem Bann gefangen.

Wer's lieber gelassener mag, darf Mompós nicht verpassen: Ein Plätzchen wie aus einem Roman von Gabriel García Márquez, das genausogut ein Freilichtmuseum sein könnte. Oder auch die endlich sicheren Reiseziele Sapzurro und Capurganá, wo sich die Zeit täglich im Sonnenuntergang verliert. Wem das zu entspannt ist, der kann dem Hängematten-Traumland auf Kolumbiens wildester Party, dem Carnaval de Barranquilla, entkommen: Ein einwöchiger, durchgeknallter Mardi Gras mit Tanz, Alkohol und Musik im Überfluss, der Rio in Größe und wildem Faschingstreiben Konkurrenz macht.

Die Küstenregion ist auch das Hauptreiseziel der Kolumbianer. Deshalb sind die meisten Menschen, die man dort trifft, in Ferienstimmung und bereit für den nächsten Rumba. Viele kommen aber auch zum Abschalten und Herumlümmeln dorthin.

SANTA MARTA
☎ 5 / 415 000 Ew.

Nach Santa Marta reisen die Kolumbianer zum Sonnenbaden, Zehen in den Sand graben und Rum schlürfen. Seine koloniale Vergangenheit hat es berühmt gemacht als eine der ältesten Städte des Kontinents. Zudem starb hier Simón Bolívar nach einem heldenhaften Versuch, aus Lateinamerika eine geeinte Republik zu machen. Der Kolonialstadtzauber ist zwar unter den neu errichteten Betonbauten ergraut, aber Santa Marta ist immer noch eine hübsch anzuschauende Küstenstadt, die so manches zu bieten hat.

Die meisten Reisenden rasen nur hindurch und suchen sich in Taganga eine Unterkunft, oder fahren bis zum Parque Nacional Tyrona weiter. Das Nachtleben ist jedoch gut, die Sonne scheint hier ständig und die Hitze ist trockener und erträglicher als in Cartagena. In den nächsten Jahren werden in Santa Marta Restaurierungsarbeiten durchgeführt, um einen Teil der glorreichen, kolonialistischen Vergangenheit der Altstadt zurückzubringen.

Santa Marta liegt nur zehn Minuten vom Backpackermagnet Taganga entfernt, und auch zumgroßartigen Parque Nacional Tyrona ist es nicht weit. Von hier aus werden auch Trecks zur Ciudad Perdida, Tayronas großartiger prähispanischer Stadt, organisiert.

Information

An der Calle 14 zwischen den Carreras 3 und 5 befinden sich einige *casas de cambio*.

Bancolombia (Carrera 3 Nr. 14–10) Wechselt Reiseschecks.
Deprisa Postamt (Carrera 3 Nr. 17–26; ☾ Mo–Fr 8–12 & 14–18, Sa 8–13 Uhr)
Macrofinanciera (Calle 13 Nr. 3–13, San Francisco Plaza, Local 206) Private Wechselstube.
Mundo Digital (Calle 15 Nr. 2B–19, Local 108; 1500 KOL$/Std.; ☾ Mo–Fr 7–20, Sa 8–20, So 9–17 Uhr) Internetcafé.
Parques Nacionales Naturales de Colombia (☎ 423-0704; www.parquesnacionales.gov.co; Calle 17 Nr. 4–06)
Touristenbüro (☎ 421-1833; Calle 17 Nr. 3–120) Die städtische Touristeninformation

Sehenswertes

Das **Museo del Oro** (☎ 421-0953; Calle 14 Nr. 2–07; ☾ Mo–Fr 8–11.45 & 14–17.45 Uhr) zeigt eine sehenswerte Sammlung von Objekten aus Tayrona, die vor allem Töpferarbeiten und Gold umfasst.

Die gewaltige, weiß getünchte **Catedral** (Ecke Carrera 5 & Calle 17) soll angeblich Kolumbiens älteste Kirche sein, wobei sie nicht vor Ende des 18. Jh.s. fertiggestellt wurde. Hier ruht die Asche des Stadtgründers, Rodrigo de Bastidas.

Die **Quinta de San Pedro Alejandrino** (☎ 433-0589; Eintritt 10 000 KOL$; ☾ 9.30–16.30 Uhr) ist die Hacienda, in welcher der Che Guevara des 19. Jhs., Simón Bolívar, seine letzten Tage zubrachte und auch starb. Von der Küste aus kommt man mit dem Bus Richtung Mamatoco dorthin (1000 KOL$, 20 Min.).

Geführte Touren

Santa Martas Tourenangebot dreht sich vor allem um die Ciudad Perdida. Die besten Touren werden von **Turcol** (☎ 421-2256, 433-3737; turcol24@hotmail.com; Carrera 1C Nr. 20–15) organisiert.

Schlafen

Hotel Miramar (☎ 423-3276; Calle 10C Nr. 1C–59; B/EZ/DZ 10 000/12 000/25 000 KOL$; 🖳) Erinnert an ein frei zugängliches Gefängnis voller schlapper Gringos, die sich um 15 Uhr zum Frühstück fetttriefende Burger einverleiben. Billig und nicht sehr schön aber mit einer witzigen Atmosphäre – solange man ins Profil passt.

La Brisa Loca (☎ 318–303-0666; www.labrisaloca.com; Calle 14 Nr. 3–58; B/EZ/DZ 12 000/35 000/50 000 KOL$, mit Klimaanlage 22 000/45 000/60 000 KOL$; 🖳 ❄) Kommen auch die anderen Räume an die Standards der zwei Zimmer heran, die wir getestet haben, dann wird dieses riesige, brandneue Hostel, das von zwei coolen, amerikanischen

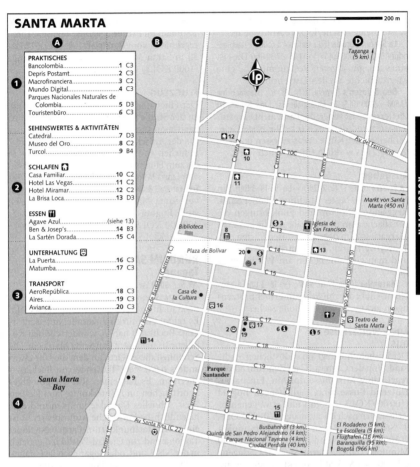

Brüdern geführt wird, jedes andere Hostel in der Stadt ruinieren. Das weitläufige Superhostel hat einen brandneuen Pool, eine Bar, eine Küche, WLAN und liegt zudem direkt über einem tollen Mexikaner, der frisches, köstlich zubereitetes Essen anbietet.

Casa Familiar (☎ 421-1697; Calle 10C Nr. 2–14; B/EZ/DZ 15 000/20 000/30 000 KOL$) Ein beliebter Treffpunkt für Backpacker, der private Zimmer und Schlafsäle bietet. Auf der gemütlichen Dachterrasse lässt es sich prima abschalten. Manche der Einzelzimmer sind aber sehr klein.

Hotel Las Vegas (☎ 421-5094; Calle 11 Nr. 2–08; EZ/DZ 17 000/27 000 KOL$, mit Klimaanlage 22 000/32 000 KOL$; 🖳) Klein aber praktisch. Im Las Vegas gibt's mit die günstigsten klimatisierten Zimmer der Stadt. Die Zimmer zur Straße hin haben ein Fenster und einen Balkon, wodurch leider der Geräuschpegel steigt.

Essen

Um die Budgetunterkünfte herum findet man viele günstige Restaurants, besonders in den Calles 11 und 12, nahe der Küste, wo man sich ein Mittagessen um die 5000 KOL$ schmecken lassen kann.

Agave Azul (Calle 12 Nr. 3–17; Menüs 7000 KOL$, Hauptgerichte 15 000–22 000 KOL$; ✇ Di–Fr Mittagessen 12–15, Di–Sa Abendessen ab 17 Uhr) Fantastisches mexikanisches Essen, wie z. B. richtig leckere Burritos und Quesadillas, die frisch von einem Koch aus NYC zubereitet werden. Es gehört den Jungs, die auch das La Brisa Loca Hostel darüber führen. Dank der coolen Einrichtung entsteht eine frische, lockere Atmosphäre.

La Sartén Dorada (Ecke Carrera 4 & Calle 21; Hauptgerichte 10 000–14 000 KOL$; 11.15–17.30 Uhr) Dies ist eines der günstigeren Restaurants, die gute Meeresfrüchte auf den Tisch bringen.

Ben & Josep's (Carrera 1C Nr. 18–67; Hauptgerichte 13 500–22 000 KOL$; Mo–Sa abends) Das Steak in Pfeffersauce ist super, die Pasta nicht empfehlenswert und der Fisch o. k. Die beste Gelegenheit an der Küste etwas zu essen und von Taganga aus wirklich einen Besuch wert.

Ausgehen

La Puerta (Calle 17 Nr. 2–29; Do–Sa 18–3 Uhr) Ein Nachtclub in bester Tradition: Heißer Salsa, Reggaeton, HipHop und Funk bringen die Tanzfläche zum Beben, während die eiskalten Margaritas zum hemmungslosen Flirten und Tanzen verführen. Der Eintritt ist kostenlos und man geht am besten am Wochenende hin.

Matumba (Calle 17 Nr. 3–36; 18–3 Uhr) Late-Night-Club, der mit Salsa und Hochprotzentigem lockt – immer eine tolle Sache.

An- & Weiterreise

BUS

Der Busbahnhof liegt am südöstlichen Stadtrand. Von der Carrera 1C im Zentrum fahren regelmäßig Minibusse dorthin. Ein halbes Dutzend Busse fährt täglich nach Bogotá (100 000 KOL$, 20 Std.) und etwa genausoviele starten nach Bucaramanga (60 000 KOL$, 9 Std.). Die Busse nach Barranquilla (12 000 KOL$, 1¾ Std.) fahren alle 15 bis 30 Minuten. Manche davon steuern Cartagena (25 000 KOL$, 5 Std.) direkt an, und wenn nicht, dann gibt es Direktverbindungen von Barranquilla aus.

Palominobusse nach El Zaíno (5000 KOL$, 1 Stunde) im Parque Nacional Tayrona fahren regelmäßig vom **Marktplatz** (Ecke Carrera 11 & Calle 11) in Santa Marta ab; Busse nach Taganga (1000 KOL$) starten von der Carrera 1C.

FLUGZEUG

Der Flughafen liegt 16 km südlich der Stadt, an der Straße Richtung Bogotá. Für ein Taxi zahlt man um die 15 000 KOL$. Stadtbusse mit der Aufschrift „El Rodadero Aeropuerto" brauchen von der Carrera 1C (1500 KOL$) bis zum Flughafen 45 Minuten. **Avianca** (421-4018; Carrera 2A Nr. 4–47), **AeroRepública** (421-0120; Ecke Carrera 3 & Calle 17) und **Aires** (Carrera 3) fliegen von Santa Marta aus. Unter den Flugzielen sind Bogotá (einfache Strecke 300 000–400 000 KOL$) und Medellín (250 000–300 000 KOL$).

RUND UM SANTA MARTA

Taganga

5 / 5000 Ew.

Taganga ist ein winziges Fischerdörfchen, das noch nicht so recht weiß, wie ihm geschieht. Es rahmt eine türkisglitzernde, hufeisenförmige Bucht mit nahen, wunderschönen Korallenriffs nicht weit von Santa Marta ein. Die Schönheit dieses Orts, an dem die Uhr etwas anders tickt, zieht Tausende von Backerpackern an. Es hat einen Ruf für günstiges Sporttauchen und Unterkünfte zum kleinen Preis, schnelles Kontakte knüpfen und eine jugendlich-hedonistische Atmosphäre. Es ist ein guter Startpunkt zum Parque Nacional Tayrona und zur Ciudad Perdida, die gleich in der Nähe sind, oder sogar nach La Guajira.

Dass aber mit der Popularität die Laster kommen, das ist auch in Taganga zu spüren. Die Infrastruktur des Städtchens ist dem mas-

---

EINREISE NACH VENEZUELA

Jede halbe Stunde fährt ein Bus nach Maicao (31 000 KOL$, 4 Std.), wo man in ein *colectivo* (Sammeltaxi) nach Maracaibo (Venezuela) umsteigt. *Colectivos* fahren regelmäßig zwischen 5 und 15 Uhr (20 000 KOL$, 2½ Std.) und zwar bis zum Busterminal in Maracaibo. Maicao ist eine zwielichtige, grobe Stadt. Es ist Vorsicht geboten.

Von Santa Marta fahren täglich zwei Busse nach Maracaibo (95 000 KOL$, 7 Std.). Der Busservice wird von Expresos Amerlujo und Unitransco/Bus Ven betrieben. Die Busse kommen aus Cartagena, halten in Maracaibo und fahren weiter nach Caracas.

Die venezolanischen Einreiseformalitäten werden in Paraguachón, auf der venezolanischen Seite der Grenze, abgewickelt. Reist man von Kolumbien nach Venezuela, muss man seine Uhr 30 Minuten vorstellen (ja, 30 Minuten, dank einer Verordnung von Chávez von 2007). Informationen zur Einreise von Maracaibo, Venezuela, nach Kolumbien s. Kasten S. 1054.

> **SO FINDET MAN DIE RICHTIGE TAUCHSCHULE**
>
> Bei der Wahl einer Tauchschule sollte man Folgendes berücksichtigen:
> - Ist das Tauchzentrum von PADI oder NAUI anerkannt?
> - Macht das Tauchzentrum einen organisierten und professionellen Eindruck?
> - Befindet sich die Taucherausrüstung in gutem Zustand?
> - Sind die notwendigen Dokumente in Ordnung?
> - Wird man unter Wasser von einem geprüften Tauchlehrer begleitet?
> - Wird derselbe Tauchlehrer auch die notwendigen Formulare fürs Sporttauchen und die Zertifikate unterschreiben?
> - Ist im Preis ein Lehrbuch und ein Zertifikat für jeden Kurs, an dem man teilnimmt, enthalten?
> - Wann wurden die Flaschen zum letzten Mal einer Druckprüfung unterzogen? (Sie sollten alle 5 Jahre getestet werden.)
> - Darum bitten, die Luft in den Flaschen testen zu dürfen – sie muss geruchs- und geschmackneutral sein.
> - Wieviele Schüler kommen auf einen Tauchlehrer?
> - Wie wird einem der theoretische Teil des Kurses nahegebracht?
> - Sind die Boote des Betriebs mit zwei Motoren ausgestattet?
> - Gibt es Sauerstoff an Board?
> - Wurde das Personal in der Verabreichung von Sauerstoff geprüft?
> - Sind die Boote mit genug gut in Stand gehaltenen Rettungswesten und mit Funk ausgerüstet?

siven Besucherstrom nicht gewachsen, weshalb der Müll zu einem echten Problem wird. Viele der immer noch armen Einwohner fühlen sich von den ausländischen Neuankömmlingen verdrängt. Fügt man dem Ganzen noch eine Prise unbedeutende, aber dennoch ärgerliche Kleinkriminalität hinzu, erkennt man schnell die Auswirkungen eines ungesteuerten Tourismus auf kleine Gemeinden.

Der Sand auf Tagangas Strand wird ständig vom Wind aufgewirbelt und der Strand selbst ist auch nicht so schön wie der **Playa Grande**, der seltsamerweise wenig besucht wird. Zu Fuß braucht man 20 Minuten dorthin, mit dem Boot von Taganga aus sind es fünf (5000 KOL$). Der Strand wird von mit Palmblättern bedeckten Restaurants eingerahmt, die frischen Fisch servieren. Strom gibt es nicht, weshalb man auch nicht mit dem verzerrten *vallenato*-Geschepper beschallt wird, das man tagsüber in Taganga zu hören bekommt. Außerdem wird weniger geklaut.

Leider lässt sich nicht abstreiten, dass Taganga auch wegen der Drogen bei den Ausländern so beliebt ist. Reiseberichten zufolge, arbeiten die Dealer dort manchmal sogar mit der korrupten Polizei zusammen.

PRAKTISCHE INFORMATIONEN

Der einzige Geldautomat in Taganga ist oft außer Betrieb, deshalb gleich auf zur Davivienda in Santa Marta.
Centro de Salud (Calle 14 Nr. 3–05) Apotheke mit Basisausstattung und das war's auch schon.
Mojito.net (Calle 14 1B–61; 1000 KOL$/Std.; ☎ 9–2 Uhr) Internetzugang.
Policía Nacional (☎ 421-9561; Carrera 2 Nr. 17–38)

AKTIVITÄTEN

Taganga ist einer der preiswertesten Orte der Welt, um ein PADI-Zertifikat (Professional Association of Diving Instructors) zu erwerben. Ein viertägiger, von der PADI/NAUI (National Association of Underwater Instructors) verifizierter Open-Water-Kurs mit sechs Tauchgängen kostet etwa 550 000 KOL$. Ein Tauchausflug für ausgebildete Taucher mit zwei Tauchgängen und Mittagessen kostet einschließlich der kompletten Ausrüstung etwa 100 000 KOL$.

Sich nur von den niedrigen Preisen locken zu lassen, wäre jedoch ein gravierender Fehler. Im Kasten (oben) stehen Tipps, wie man eine qualitativ hochwertige und sichere Tauchschule findet.

Auf diese Schulen ist Verlass: Die professionelle und ökologisch ausgerichtete Tauchschule **Aquantis** (☎ 316-818-4285; www.aquantisdivecenter.com; Calle 18 Nr. 1-39) ist die beste der Stadt. Das Personal ist freundlich, die Trainingstandards sind sehr hoch und die Ausrüstung ist auf dem neuesten Stand. Nimmt man dann auch noch den tollen Kundenservice (die Taucher müssen ihre Ausrüstung weder tragen, noch reinigen oder aufräumen und es gibt sogar richtigen englischen Tee) dazu, dann liegt diese Schule meilenweit vorn. Das **Centro de Buceo Poseidon** (☎ 421-9224; www.poseidondivecenter.com; Calle 18 Nr. 1-69) wird gut geführt und ist mit einem Trainingspool ausgestattet, jedoch kommt es einem vor, als produziere man hier PADI-Zertifikate am Fließband.

SCHLAFEN

La Casa de Felipe (☎ 421-9120; www.lacasadefelipe.com; Carrera 5A Nr. 19-13; B 13 000-16 000 KOL$, DZ 35 000-50 000 KOL$, EZ/3BZ 35 000/60 000 KOL$, Apt. für 2/4 Pers. inkl. Frühstück 70 000/110 000 KOL$; 🖳) Das älteste und immer noch beste Backpackerhostel ist herzlich und einladend, hat eine Küche und bietet zudem Reiseinformationen und Tipps für Ausflüge zur Ciudad Perdida und nach Tayrona.

Oso Perezoso (☎ 421-8041; hotelosoperezoso@yahoo.com; Calle 17 Nr. 2-36; Hängematte/EZ/DZ inkl. Frühstück 14 000/28 000/44 000 KOL$) Leicht schäbiges Hotel, das hier eigentlich nur wegen der spottbilligen Hängemattenplätze erwähnt wird.

Mora Mar (☎ 421-9202; www.hostalmoramar.com; Carrera 4 Nr. 17B-83; B/EZ/DZ 15 000/25 000/40 000 KOL$; 🖳) Von Kolumbianern geführt und mit familiärer Atmosphäre. Es gibt eine akzeptable Gemeinschaftsküche, die Zimmer sind aber etwas stickig.

Hotel Pelikan (☎ 421-9057; Carrera 2 Nr. 17-04; B/DZ 15 000/40 000 KOL$) Helle Zimmer, freundliche Begrüßung und hohe Sicherheit, da es gleich neben dem Polizeirevier liegt (eine Tatsache, die zum Vergnügen aller anderen einmal von einem einen Joint rauchenden Hippie nicht bemerkt wurde, der draußen in der Hängematte liegend verhaftet wurde).

Bayview (☎ 421-9560; bayviewhostel@gmail.com; Carrera 4 Nr. 17B-57; B/EZ/DZ/3BZ 20 000/40 000/50 000/60 000 KOL$; 🖳 🖂) Eines der am besten ausgestatteten Hostels in Taganga. Die Zimmer sind akzeptabel, die Küche ist schön und groß und es gibt ein Plätzchen für Barbecues. Die Bar und der Swimmingpool müssen oft für geräuschvolle Parties herhalten. Der Service soll Reisenden zufolge aber unhöflich und aufs Profitmachen ausgelegt sein.

Casa Holanda (☎ 421-9390; www.micasaholanda.com; Calle 14 Nr. 1B-75; EZ/DZ 25 000/50 000 KOL$; 🖳) Der holländische Besitzer Edwin Witjes hat ein paar frische, einfache Einzel- und Doppelzimmer geschaffen und sie mit hochwertigen Matratzen ausgestattet. Das Ganze wird von einer Terrasse im Hof zum Entspannen und einem Restaurant ergänzt. Witjes betreibt auch die Spanischschule nebenan und bietet seinen Gästen Rabatte für die Kurse an. Ein Viertel der Einnahmen der Schule geht an eine Wohltätigkeitsorganisation, die armen Kindern in Santa Marta und Taganga hilft. Also genau das, was Taganga braucht.

Das **Divanga** (☎ 421-9217; www.divanga.com; Zi. 27 000 KOL$/Pers.; 🖂) liegt im, ähem, glamourösen, oberen Stadtviertel Tagangas. Konkret bedeutet dies, dass man von einem Rucksack ein ganzes Stück von der Bushaltestelle aus schleppen muss. Dafür wird man aber mit sauberen, kühlen Zimmern und einem in der Sonne glitzernden Swimmingpool belohnt.

ESSEN

In Taganga gibt's jede Woche neue Restauranteröffnungen, die dann wenige Monate später wieder schließen. Die meisten sind durchschnittlich, wenn überhaupt. Wir haben allerdings die drei folgenden, guten Lokalitäten ausfindig machen können. Ganz hinten am Strand verkaufen Fischer Bonito, Stachelmakrelen, Barrakudas und Snapper zu akzeptablen Preisen.

Baguettes de Maria (Calle 18 Nr. 3-47; Hauptgerichte 6000-11 000 KOL$; ⏰ So-Fr mittags & abends, Sa abends) Eine geniale Formel: Gigantische Baguettes, bis zum Rand mit köstlichen, gesunden Zutaten gefüllt, die draußen in einem ruhigen Garten an hungrige Pesofuchser verfüttert werden. Aber warum dauert es immer 27 Minuten, um ein Ei zu kochen?

Casa Holanda (Calle 14 Nr. 1B-75; Menü 7000 KOL$; ⏰ 8-23 Uhr) Ein Newcomer, der weiß, was das Volk braucht: Ein zweigängiges Menü inklusive Suppe und Saft zu diesem Preis ist ein Schnäppchen und der Service ist freundlich und flink.

Bitacora (Carrera 1 N. 17-13; Hauptgerichte 7000-18 000 KOL$; ⏰ morgens, mittags & abends) Exzellente Steaks, magere Burger, knackige Salate und frischgepresste Säfte. Der Service kann langsam sein und die Lasagne sollte man auf jeden Fall meiden.

UNTERHALTUNG

El Garaje (Calle 8 Nr. 2–127; Mi–Sa 20.30–open end) Der erste und gleichzeitig beste Nachtclub in Taganga. Der Club ist bis in die frühen Morgenstunden geöffnet, serviert Cuba Libres, die es in sich haben, und befindet sich auf einer luftigen Terrasse. Die Tanzfläche vibriert mit einer Mischung aus altbekannten Hippieklassikern, exzellentem Soca und tropischen Rhythmen, die den ganzen Körper in Bewegung versetzen. Viel besser als der neue und wenig atmosphärische Club Sensation in der Nähe des Strands, wo lärmender Reggaeton durch einen kalten, leeren Raum und über die schrecklich fade Terrasse schallt.

AN- & WEITERREISE

Taxis nach Santa Marta gibt es zu Hauf (7000 KOL$, 15 Min.). Wer mit dem Bus fährt, bezahlt 1000 KOL$. Der Bus startet an der Kreuzung nahe der Tauchschule Poseidon und kommt in Santa Marta in der Carrera 1C an.

Minca

5

Wer der heißen Küste entkommen möchte, sollte dieses kleine Dorf auf 600 m Höhe in der Sierra Nevada oberhalb von Santa Marta besuchen. Hier gibt es superleckeren Kaffee, ein gemütliches Landleben-Feeling und gute Möglichkeiten, Vögel zu beobachten. Es ist sehr ruhig und entspannt, und auf dem Programm stehen Spaziergänge am Río Gaira, gesundes Essen und frühes Zubettgehen.

Das **Sans Souci** (313–590-9213; sanssouciminca@yahoo.com; Camping mit Zelt 8000–15 000 KOL$, ohne Zelt 10 000–20 000 KOL$, Zi. ohne Bad 25 000 KOL$/Pers.) ist ein Hostel für den kleinen Geldbeutel und bietet eine atemberaubende Aussicht. Gäste bekommen einen Rabatt, wenn sie auf der Farm mithelfen.

Das **Sierra's Sound** (421-9993; sierrasound.es.tl; Calle Principal; Zi. 30 000–40 000 KOL$/Pers.) glänzt mit schicker Ausstattung, einer großen Terrasse und Zimmer mit unheimlich bequemen Betten gleich neben dem Fluß. Hier schläft es sich garantiert tief und wunderbar, während draußen das Wasser vorbeirauscht. Im Hotel wird ausgezeichnetes Essen serviert.

Minca erreicht man mit dem Bus, der in Santa Marta (3000 KOL$) an der Kreuzung bei der Calle 11 und der Carrera 11 abfährt. Der Bus fährt los, sobald er voll ist, also ungefähr zwischen 10 und 12 Uhr.

Parque Nacional Tayrona

Einer der beliebtesten Nationalparks Kolumbiens ist der **Tayrona** (Eintritt 35 000 KOL$), der sich in einer fast übernatürlich schönen Gegend befindet. Seine palmengesäumten Strände sind mit Felsblöcken übersät, die von den einst hier lebenden indigenen Tayrona verehrt wurden, nach denen der Park benannt wurde. Mittlerweile ist er ein Must-See für Reisende und bietet vielerlei Unterkünfte und Essmöglichkeiten. Achtung: Viele der Strände werden von hinterhältigen Strömungen heimgesucht, die schon Hunderte von törichten Draufgängern in den Tod gerissen haben.

Im Park wurden einige Reste der Kultur der Tayrona entdeckt. Zu den wichtigsten gehören die Ruinen des prähispanischen Städtchens Pueblito.

ORIENTIERUNG & PRAKTISCHE INFORMATIONEN

Der Haupteingang des Parks befindet sich in El Zaíno, an der Küstenstraße von Santa Marta nach Riohacha, wo man auch den Eintritt bezahlt. Von El Zaíno führt eine 4 km lange, geteerte Seitenstraße an die Küste nach Cañaveral. In dem Ort befindet sich die Parkverwaltung, ein Campingplatz, lächerlich überteuerte, sogenannte „Ecohabs" (in Wirklichkeit sind das einfach nur strohgedeckte Ferienhäuschen), ein Restaurant und ein kleines Museum. Außerdem gibt es hier die besten Toiletten im Norden Kolumbiens.

Hat man wirklich gar kein Geld mehr übrig (und ein breites Kreuz), kann man sich Verpflegung zur Finca Don Pedro (S. 758) mitnehmen. Im Park ist das Essen generell überteuert.

SEHENSWERTES & AKTIVITÄTEN

Cañaverals kleines **Museo Arqueológico Chairama** zeigt eine Auswahl an archäologischen Fundstücken, die in Pueblito ausgegraben wurden. Von Cañaveral aus machen die meisten Besucher einen 45-minütigen Spaziergang Richtung Westen nach Arrecifes, wo man preiswert übernachten und essen kann. Die Küste hier ist spektakulär und man findet überall massive Felsblöcke.

Von Arrecifes läuft man 20 Minuten nordwestlich am Strand entlang nach La Aranilla mit seinem schönen Sandstrand, der von gigantischen Felsen umgeben ist und sich an eine winzige Bucht schmiegt, in der das Licht auf dem Wasser tanzt. Hier werden Snacks ange-

PARQUE NACIONAL TAYRONA

boten. Als nächstes ist La Piscina an der Reihe: eine tiefe Bucht, die teilweise durch eine Felsenkette auf dem Meeresgrund von der offenen See abgetrennt ist. Nach weiteren 20 Minuten erreicht man das Cabo San Juan de la Guía, ein atemberaubendes Kap mit schönen Stränden und einer tollen Aussicht. Von hier führt ein malerischer Pfad bergauf ins Landesinnere nach Pueblito. Diese Wanderung dauert 1½ Stunden und führt den Besucher durch ein wunderschönes Regenwaldgebiet. Unbedingt eine Taschenlampe inklusive Ersatzbatterien mitnehmen und nach Einbruch der Dunkelheit auf Schlangen achten.

SCHLAFEN & ESSEN

Die meisten Campingplätze um Arrecifes sind nicht zu empfehlen – in der Hauptsaison sind sie laut, schmutzig und überfüllt, während man sich in der Nebensaison wie in einer Geisterstadt fühlt.

Finca Don Pedro (☎ 315-320-8001, 301-675-7348; fincadonpedro@yahoo.es; Arrecifes; Hängematten/Zelte pro Person 8000/15 000 KOL$) Der einzige richtig schöne Platz in Arrecifes ist definitiv auch das Richtige für alle Backpacker. Die Finca ist von Mango- und Avocadobäumen umgeben. Serviert wird herzhaftes Essen sowohl für Fleischesser als auch für Vegetarier, wobei es auch eine Küche zur Selbstverpflegung gibt. Außerdem im Angebot: Schöne Spaziergänge, auf denen einem auch mal Affen über den Weg laufen, eine Bar, ein Billardtisch und ein wirklich warmer Empfang. O.k., zu einem sicheren Strand muss man ein Stückchen lau-

fen (in Arrecifes gibt es extrem gefährliche Unterströmungen) – es sind aber nur etwa zehn Minuten und unterwegs kommt man dafür an der Panadería Vere vorbei.

Panadería Vere (Gebäck 2500 KOL$) Frisch aus dem Ofen gehen hier riesige Schoko-Croissant-Laibe (die Bezeichnung *pan au chocolate*, also süßes Teilchen mit Schokolade, wird ihnen definitiv nicht gerecht) über den Tresen, die einen den ganzen Tag lang sättigen.

Weiter geht's zu Fuß nach Cabo San Juan de la Guía, wo man in **Hängematten** (mit/ohne Aussicht 20 000/15 000 KOL$) schlafen kann. Entweder nimmt man die billigeren ohne Aussicht (die entweder gleich neben der lauten Küche oder nahe bei einem ratternden Generator hängen) oder die in dem atemberaubenden Mirador, von wo aus man den Blick über die Karibik schweifen lassen kann. Am Besten bucht man jedoch eine kleine **Hütte** (100 000 KOL$) mit einem Doppelbett im Mirador (unserer Meinung nach ist das ein Schnäppchen – die Ruhe und die Aussicht sind locker Millionen wert). Das Essen im Restaurant ist nicht gut und viel zu teuer, der Service langsam und, wie wir finden, unhöflich, und Kochmöglichkeiten sind auch nicht vorhanden. Zudem gibt es nur Gemeinschaftsduschen – aber immerhin kann man aus dem Bett direkt auf zwei der schönsten Strände Kolumbiens fallen. Die Kleidung kann in Schließfächern verstaut werden.

AN- & WEITERREISE

Nach El Zaíno (5000 KOL$, 1 Std.) kommt man mit Palomino-Bussen, die regelmäßig am **Markt** (Ecke Carrera 11 & Calle 11) in Santa Marta abfahren. Erstmal dort, lässt man sich entweder mit einem Jeep vom Eingang nach Cañaveral (2000 KOL$, 10 Min.) bringen oder man geht zu Fuß dorthin (45 Min.).

CIUDAD PERDIDA

Die Ciudad Perdida (wörtlich die „verlorene Stadt") ist eine der größten präkolumbischen Städte, die auf dem amerikanischen Kontinent entdeckt wurde. Sie wurde zwischen dem 11. und dem 14. Jh. am Nordhang der Sierra Nevada de Santa Marta erbaut und war, so vermutet man, das wichtigste urbane Zentrum der Tayrona. Während ihres Eroberungszuges löschten die Spanier die Tayrona aus, sodass deren Siedlungen von der üppigen Tropenvegetation verschlungen wurden. Dieses Schicksal teilte auch die Ciudad Perdida vier Jahrhunderte lang, bis sie 1975 durch Zufall von Guaqueros (Plünderer von präkolumbischen Gräbern) entdeckt wurde.

Die Ciudad Perdida liegt 950 bis 1300 m hoch, etwa 40 km südöstlich von Santa Marta. Der zentrale Teil der Stadt befindet sich auf einem Grat, von dem mehrere Steinpfade hinunter führen. Die Tyrona legten ungefähr 150 Steinterrassen an, die als Fundamente für die Häuser dienten. Außerdem wurde das Zentrum der Siedlung ursprünglich völlig von Bäumen befreit, bevor es sich der Urwald wieder zurückholte – und bei dieser Tour geht es auch vor allem um den Regenwald: Die Landschaft ist unvergesslich, die Ruinen sind leider nicht ganz so aufregend.

Hin- und Rückweg stellen eine anspruchsvolle sechstägige Wanderung dar. Der Weg beginnt in El Mamey und führt am Río Buritaca entlang bergauf. Der Abschnitt zwischen Santa Marta und El Mamey wird mit einem Fahrzeug zurückgelegt. Der Zugang zur Ciudad Perdida ist nur in einer geführten Tour möglich. Führender Anbieter ist **Turcol** (☎ in Santa Marta 5-421-2256; www.buritaca2000.com; Carrera 1C Nr. 20–15; 550 000 KOL$/Pers.) in Santa Marta (private Guides können nicht angeheuert werden).

Der Preis umfasst den Transport, Verpflegung, Hängematten, Träger, Führer und alle notwendigen Genehmigungen. Die Gruppen setzen sich aus 4 bis 12 Personen zusammen. Die Touren werden das ganze Jahr über gestartet, sobald eine Gruppe vollzählig ist. Jeder trägt seine eigene Ausrüstung und Habseligkeiten. Essentiell sind eine Taschenlampe, ein Wasserbehälter, Medizin gegen Durchfall und Unmassen von Insektenschutzmittel. Dies kann gar nicht stark genug betont werden. Manche Wanderer kamen mit Hunderten von Insektenstichen zurück.

Der Treck zur Ciudad Perdida dauert drei Tage, einen Tag verbringt man dort und der Rückweg ist zwei Tage lang. Die Wanderung kann wegen der Hitze sehr ermüdend sein und wenn es feucht ist (also fast das ganze Jahr über), sind die Pfade schlammig. Am trockensten ist es zwischen Ende Dezember und Februar oder Anfang März. Unterwegs müssen man mehrere Bäche durchquert werden, manche davon sind hüfttief.

LA GUAJIRA

Erwähnt man „La Guajira" gegenüber Kolumbianern, verziehen diese meist das Gesicht. Diese abgelegene Halbinsel wird als der wilde, wilde Osten betrachtet. Ein Ort, der hinter dem hintersten Jenseits liegt. Aber die Halbinsel belohnt den Furchtlosen mit absoluter Ruhe und Landschaften, die von makellosen Stränden bis hin zu wunderschönen, trockenen Wüstengebieten reichen.

Riohacha (170 000 Ew.), die Hauptstadt von La Guajira, liegt 175 km nordöstlich von Santa Marta und war früher das östlichste Ziel, das Reisende überhaupt anpeilten, sofern sie nicht auf dem Weg zur venezolanischen Grenze waren. Jedoch ist hier für Besucher nicht viel geboten und diejenigen, die es auf die Halbinsel zieht, werden in Palomino und Cabo de la Vela zufriedener sein.

Die lokale indigene Bevölkerung, die Wayúu, haben den Ruf, unerbittlich zu sein. Dies geht auf die revolutionären Tage Simón Bolívars zurück. Damals unterstützten die Wayúu „El Libertador" und waren die einzigen Indigenas in Kolumbien, die Pferde reiten und Waffen abfeuern konnten. Sie lebten nie unter spanischer Herrschaft und 20 000 von ihnen bekämpften die Kolonisten mit Waffen, die von den Holländern und den Engländern ins Land geschmuggelt worden waren, und trugen so zu Kolumbiens Unabhängigkeit bei.

Heute bieten die Wayúu den Ökotouristen in Cabo de la Vela einfache Unterkünfte an. Alle Einnahmen und Spenden fließen in die Gemeinschaft. Aber noch immer kann man den unnahbaren Stolz dieser Menschen spüren: Ein Gefühl von Andersartigkeit und Widerstand liegt in der Luft, das jegliche Kommunikation durchtränkt. Die Landschaft ist rauh, die Sonne brennt vom Himmel, man atmet Staub und Dieseldämpfe und die einzigen Freunde, die man hier findet, sind Ziegen. Doch dann sieht man nach einem ruhigen Tag an einem verlassenen, unberührten Strand die Sonne langsam am Horizont verschwinden. Auf dem Teller liegt ein frischer Hummer zum Schnäppchenpreis, der nur darauf wartet, gegessen zu werden. Gibt es denn für abenteuerlustige Reisende etwas Besseres als die herrliche Einsamkeit auf diesem vergessenen Stückchen Erde in Kolumbien?

Palomino
☎ 5

Dies ist die Lightversion von La Guajira – nur eine Stunde östlich vom Parque Nacional Tayrona. Abseits der Hauptstraße von Palomino aus, lässt sich hier ein ursprünglicher, bezaubernder Karibikstrand entdecken, der von zwei überwältigenden Flüssen eingefasst ist.

All jenen, auf die Strände in Taganga schmutzig und roh wirkten und die der Parque Nacional Tayrona an einen nach Marihuana riechenden Club erinnerte, wird ein Ausflug hierher wieder Lust auf die einfachen Freuden des Lebens machen: Schwimmen, einen einsamen Strand entlangspazieren, von einem Ortsansässigen Fisch kaufen, den Fisch dann über einem Lagerfeuer grillen und schließlich bei Sonnenuntergang essen.

Am Strand gibt's eine günstige Übernachtungsmöglichkeit – **La Sirena** (☎ 313-309-0074; martikaarellano@hotmail.com, www.ecosirena.com; Hängematten/EZ/DZ ohne Bad 15 000/50 000/60 000 KOL$). Per E-Mail reservieren ist wichtig, da die Zahl der Zimmer begrenzt ist. Die Besitzerin Marta ist äußerst hilfsbereit und spricht perfektes Englisch. Die Hängematten befinden sich direkt am Strand. Es gibt ein Doppelzimmer, aber nur Gemeinschaftsbäder. Zu La Sirena gehört auch eine Kajak-Vermietung (60 000 KOL$/Tag). Um dorthin zu kommen, fährt man mit dem Bus von Santa Marta oder El Zaíno am Eingang des Parque Nacional Tayrona (10 000 KOL$) aus nach Palomino. Bei der *ferretería* (Werkzeuggeschäft) aussteigen und links Richtung Strand abbiegen. Nun geht's ca. 20 Minuten geradeaus, am Meer biegt man rechts ab und läuft weitere 15 Minuten, bis man eine gelbe Hütte mit einer Meerjungfrau darauf sieht.

Donde Tuci (☎ 315-751-8456; elmatuy@yahoo.com, www.elmatuy.blogspot.com; Playa Palomino; Zi. inkl. Vollpension 120 000 KOL$/Pers.), auch bekannt als Tuci's Place, ist das bezahlbare Strandresort eines Millionärs. Das Essen ist herausragend, die weitläufigen, gemütlichen Räume sind mit makellosen, zum Zimmer hin offenen Bädern ausgestattet und auf den riesigen Betten schläft es sich exzellent. Der Strand ist privat und sauber und die Atmosphäre in dem großen, überdachten Speiseraum ist entspannt und locker. Hier kann man ein paar Tage lang super leben, ohne dass es zu sehr ins Geld geht. Zimmer müssen vor der Anreise per E-Mail oder Telefon reserviert werden. Im Preis ist eine kostenlose Fahrt mit dem Mototaxi an den Strand enthalten, der etwa 1 km von der Hauptstraße entfernt ist.

Am Strand gibt's keine Restaurants, also isst man entweder in der Stadt oder man nimmt etwas mit. Auf dem Weg von der Stadt zum Strand gibt's einen tollen Fischladen, der 10 riesige Langoustines für 15 000 KOL$ verkauft, oder Fisch für wenige tausend Pesos. Mototaxis von Palomino zum Strand kosten 2000 KOL$, und die Fahrer liefern gegen ein kleines Entgelt auch Bier und Essen.

Palomino ist vom Eingang des Parque Nacional Tayrona auf der Straße nach Riohacha in rund einer Stunde erreichbar. Busse von Santa Marta aus kosten 5000 KOL$.

Vorsicht vor fallenden Kokosnüssen ist geboten. Das ist hier aber auch so ziemlich das einzige, auf das man achten muss.

Mama Santa Cultural

Gleich neben dem Río Palomino, ein paar Meilen hinauf in die Sierra Nevada, stößt man auf Mama Santa Cultural, eine kleine **Lodge** (☎ 314-507-3281; caribe-colombia-mamasanta.blogspot.com; Zi. 30 000 KOL$/Pers.), die dem kolumbianischen Schauspieler und Dichter German Latorre gehört. Unbedingt ein Mosquitonetz und genug Insektenschutzmittel einpacken. Übernachten kann man dort nur mit Reservierung. Steigt man noch etwas höher und wandert auf den selten begangenen Pfaden umher, wird man auf die hier lebenden Kogi in ihren traditionellen weißen Gewändern treffen – und auch auf die älteren Herren aus diesem indigenen Volk, die ständig Kokablätter kauen. Marta von La Sirena (s. linke Spalte) hilft gern dabei, die Lodge zu kontaktieren und den Transport dorthin zu organisieren.

Cabo de la Vela
☎ 5 / 1500 Ew.

Cabo de la Vela ist nicht für jeden geeignet. Ehrlich. Um mit öffentlichen Transportmitteln hierherzukommen, muss man eine halsbrecherische Fahrt hinten auf einem Truck über sich ergehen lassen – dieser wird dann möglicherweise auch noch in einem irrsinnigen Tempo von jemandem gefahren, der keine Angst vor Tod oder Verletzungen kennt, und den Großteil der Fahrt damit verbringt, Bierdosen in einem Schluck zu leeren. Mit viel Glück ist wenigstens der Beifahrer so nüchtern, dass er bei hohem Tempo nicht aus dem Truck fällt. Vielleicht hilft ja Daumendrücken.

Die Landschaft ist über und über mit Gestrüpp zugewuchert und die Spezialität hier ist *viche*, im eigenen Fett gegarte Ziege, die samt Innereien auf den Tisch kommt. Glücklicherweise ist der vorzügliche Hummer günstig, frisch und in großen Mengen vorhanden. Auch macht das tiefblaue Karibische Meer, das sich an eine Küste mit hübschen Klippen und verlassenen Sandstränden schmiegt, die raue Landschaft wieder wett – genauso wie der fantastische Sonnenuntergang, den man vom Leuchtturm aus bewundern kann.

SEHENSWERTES & AKTIVITÄTEN

In Cabo kann man nichts tun, ausser im Meer zu schwimmen und zum El Faro (Leuchtturm) zu laufen, um der Sonne beim Umtergehen zuzusehen.

Am **Ojo de Agua** gibt es einen versteckten, kleinen Frischwasserpool gleich neben dem Strand. Er ist nicht so beliebt wie der Playa de Pilón und bietet auch keinerlei Anlagen; ein wilder Strand mit einer entrückten Atmosphäre und von zerklüfteter Schönheit. Auf den Klippen tummeln sich Leguane.

Playa del Pilón ist ein Strand in nächster Nähe, der alles in Cabo toppt. Das ungefährliche und überraschend kühle Meer schwappt an einen orangefarbenen Sandstrand, der von niedrigen Felsenklippen eingerahmt ist.

Der **Pilón de Azucar** ist ein hochgelegener Aussichtspunkt, von dem aus man die mit Kohle beladenen Boote beobachten kann, die vom Kohlebergwerk Cerrejon kommen. Am Besten fragt man in der Stadt nach Mikelly, einem ortsansässigen LKW-Fahrer, der an Sonntagen Rundfahrten für 5000 KOL$ pro Stopp anbietet – ein echtes Schnäppchen. Man könnte auch laufen, dann müsste man allerdings auf die todbringenden Treibsandsümpfe, die sengende Sonne und die gigantischen, im Sturzflug angreifenden Insekten, die sich zum Frühstück gern einen ordentlichen Schluck DEET genehmigen, achten.

SCHLAFEN & ESSEN

Aufgrund der *posadas-turísticas*-Regelung (www.posadasturisticas.com.co) der Regierung kann man bei fast jeder Wayúu-Familie in Cabo übernachten. Geschlafen wird entweder in normalen Hängematten oder in den viel komfortableren *chinchorros* (vor Ort angefertigte Hängematten aus Wolle).

Tienda Mana (☎ 320-519-9990; Chinchorro 6000 KOL$) Eine Übernachtung in der Hütte von Jorge Gomez gleich neben seinem kleinen Laden ist ein Schnäppchen und er und seine Frau sind freundlich und hilfsbereit. Hier gibt's einen Generator, der von 18 bis 22 Uhr läuft. Geduscht wird nach der guten alten Eimermethode.

El Caracol (☎ 314-569-7037; Hängematte 8000 KOL$, Chinchorro 20 000 KOL$, EZ/DZ 20 000/40 000 KOL$) Das erste und wirklich allerbeste Restaurant in Cabo hat einfache Hütten direkt am Meer (das Wasser ist die ersten 100 m nur hüfthoch). Der eigentliche Renner ist aber das Essen: ein sensationeller Hummer mit Knoblaubmayonaise kostet nur etwa 15 000 KOL$. Für frischen Oktopus, Schrimps und Tintenfisch ändert sich der Preis je nach Saison. Ziege und Fisch sind ebenfalls vorzüglich.

AN- & WEITERREISE

Von Riohacha fährt man mit einem *colectivo* von **Cootrauri** (☎ 728-0976; Calle 15 Nr. 5–39) nach Uribia (12 000 KOL$, 1 Std.); es fährt täglich von 5 bis 18 Uhr sobald es voll ist. Startet man vor 13 Uhr in Riohacha, erwischt man die Weiterreisemöglichkeit von Uribia nach Cabo. Der Fahrer wird wissen, dass es nach Cabo weitergeht, weshalb er die Reisenden direkt vom Bus in eines der nach Cabo (10 000–15 000 KOL$, 2½ Std.) fahrenden Allrad-Vehikel dirigiert. Am Sonntag gibt's keine Fahrtmöglichkeiten ab Cabo und die Rückfahrt startet um 4 Uhr. Am Besten fragt man nach Mikelly, er ist ein sicherer Fahrer.

BARRANQUILLA
☎ 5 / 1 112 800 Ew.

Barranquilla scheint aus einem einzigen langen, extrem heißen Stau zu bestehen, umgeben von Schwerindustrie und karibischen Sümpfen. Kolumbiens viertgrößte Stadt konzentriert sich auf Handel und Schifffahrt und außer wenn der viertägige Karneval tobt, braucht man sich hier nicht lange aufzuhalten.

Der Karneval der Stadt an den vier Tagen vor Aschermittwoch ist eine Fahrkarte ins

Tollhaus, aus dem es kein Zurück gibt. Ausgelassene Menschen aus dem ganzen Land fallen in die Stadt ein und leeren die Fässer bis auf den letzten Tropfen, während sie sich wilde Mehl- und Wasserbombenschlachten liefern. Ist man gerade in der Nähe, darf man das auf keinen Fall verpassen. Im Gewühl muss man sich vor Taschendieben in Acht nehmen. Mit einer Einwegkamera und robuster Kleidung ist man bestens gerüstet.

Das Zentrum ist hässlich und kann nachts auch gefährlich sein. Braucht man aber eine preiswerte Unterkunft, ist das **Hotel Colonial Inn** (☎ 379-0241; Calle 42 Nr. 43-131; EZ/DZ mit Ventilator 30 000/40 000 KOL$, mit Klimaanlage 40 000/50 000 KOL$; 🖵) eine annehmbare Option. Es befindet sich in einem stimmungsvollen Gebäude mit recht bequemen Zimmern, die mit einem Fernseher ausgestattet sind.

Wer unbedingt Sightseeing machen möchte, kann etwa eine Stunde damit zubringen, die Buntglasfenster der **Catedral Metropolitana** (Ecke Calle 53 & Carrera 46) anzusehen.

Der Busbahnhof ist 7 km vom Zentrum entfernt. Mit einem der örtlichen Busse kann die Fahrt auch eine Stunde dauern. Besser ein Taxi (10 000 KOL$, 20 Min.) nehmen.

CARTAGENA
☎ 5 / 1,1 Mio. Ew.

Eine Stadt wie aus dem Märchen, voller Romantik und Legenden und von überragender Schönheit. Cartagena de Indias ist die schönste Stadt Kolumbiens: gepflasterte Gässchen, über und über mit Bougainvilleen bewachsene, weitläufige Balkone, und mächtige Kirchen, die ihre Schatten über üppige grüne Plazas werfen.

Cartagena wurde 1533 gegründet und avancierte schnell zum wichtigsten Hafen der Spanier an der Karibikküste. Zudem war es das Tor zum Norden des Kontinents. Schätze, die den Eingeborenen gestohlen wurden, lagerte man hier, bis die Galleeren das Raubgut nach Spanien bringen konnten. Es zog Piraten an wie ein Magnet und erlebte allein im 16. Jh. fünf Belagerungen, wovon die bekannteste 1586 von Francis Drake angeführt wurde.

Daraufhin bauten die Spanier den Hafen zu einem unbezwinglichen Stützpunkt aus und umschlossen die Stadt mit meisterlich konstruierten Mauern und einer Reihe von Forts. Diese Befestigungsanlagen ließen Cartagena in den folgenden Belagerungen ungeschoren davonkommen.

Cartagena blühte weiter auf und wurde in der Kolonialzeit zu einem Schlüsselstützpunkt des spanischen Reiches, wodurch es Kolumbiens Geschichte stark beeinflusste.

Die Stadt ist stark angewachsen und heute von scheinbar endlosen Vororten umgeben. Sie hat den größten Hafen Kolumbiens und ist mit 1,1 Mio. Einwohnern ein wichtiges Industriezentrum. Nichtsdestotrotz hat sich die Altstadt hinter den beeindruckenden Mauern kaum verändert. Cartagena ist heute auch ein exklusiver Badeort und mit Bocagrande und El Laguito, südlich der Altstadt, sind moderne Touristenviertel aus dem Boden gewachsen. Die meisten Backpacker bleiben jedoch im historischen Teil der Stadt.

Das Klima in Cartagena ist heiß, abends zieht aber eine frische Brise durch die Straßen, weshalb sich diese Zeit wunderbar für ausgedehnte Stadtspaziergänge eignet. Theoretisch ist es von Dezember bis April am trockensten, wohingegen Oktober und November die niederschlagsreichsten Monate sind.

Praktische Informationen
BUCHLÄDEN
Ábaco (☎ 664-8338; Ecke Calle de la Iglesia & Calle de la Mantilla; ⊙ Mo–Sa 9–20.30 Uhr) Auch englischsprachige Literatur, Kaffee, Klimaanlage und kostenloses WLAN.

Biblioteca Bartolomé Calvo (☎ 660-0778; Calle de la Inquisición; ⊙ Mo–Fr 8.30–18, Sa 9–13 Uhr) Stadtbücherei.

GELD
Eine regelrechte Geldwechslerarmee ist in den Straßen von Cartagena unterwegs – bei den Banken ist man aber besser beraten.

Bancolombia (Av Venezuela, Edificio Sur Americana)

Citibank (Av Venezuela, Edificio Citibank, 1. Stock; ⊙ Mo–Fr 8–12 & 14–16.30 Uhr)

Giros & Finanzas (Av Venezuela 8A–87) Diese *casa de cambio* in der Altstadt arbeitet für Western Union.

INTERNETZUGANG
Contact Internet Café (Calle de la Media Luna 10–20; 1000 KOL$/Std.; ⊙ 8–21 Uhr)

Micronet (Calle de la Estrella Nr. 4–47; 1500 KOL$/Std.; ⊙ Mo–Sa 9–21, So bis 18 Uhr)

TOURISTENINFORMATION
Turismo Cartagena de Indias (☎ 6601583; www.turismocartagenadeindias.com; Plaza de la Aduana; ☎ Mo–Sa 9–13 & 15–19, So 9–17 Uhr) Die Haupttouristeninformation befindet sich an der Plaza de la Aduana; in der Av Blas de Lezo gibt's eine Zweigstelle.

CARTAGENA – ALTSTADT

PRAKTISCHES	
Ábaco	1 B4
Bancolombia	2 C4
Biblioteca Bartolomé Calvo	3 B5
Citibank	4 C4
Contact Internet Café	5 C5
Giros & Finanzas	6 C4
Micronet	7 B4
Muelle Turístico	(siehe 10)
Panamaisches Konsulat	8 B5
Turismo Cartagena de Indias	9 B5
Turismo Cartagena de Indias	10 B6

SEHENSWERTES & AKTIVITÄTEN	
Catedral	11 B4
Convento de San Pedro Claver	12 B5
El Portal de los Dulces	13 B5
Iglesia de San Pedro Claver	14 B5
Iglesia de Santo Domingo	15 A4
Las Bóvedas	16 C2
Las Murallas	17 B3
Denkmal für Pedro de Heredia	18 B4
Muelle de los Pegasos	19 B5
Museo de Arte Moderno	20 B4
Museo del Oro	21 B4
Museo Naval del Caribe	22 A5
Palacio de la Inquisición	23 B4
Plaza de Bolívar	24 B4
Plaza de la Aduana	25 B5
Plaza de los Coches	26 B5
Puerto del Reloj	27 B4

SCHLAFEN	
Casa Viena	28 D5
Casa Villa Colonial	29 D5
Hotel El Viajero	30 B4
Hotel Familiar	31 D5
Hotel Marlin	32 D5
Media Luna Hostel	33 D5

ESSEN	
El Bistro	34 B4
Gato Negro	35 D5
Getsemani Café-Bar	36 D5
Parrilla Argentina Quebracho	37 A4
Pizza en el Parque	38 C3
Restaurante Coroncoro	39 D4
Restaurante Vegetariano Girasoles	40 C3

AUSGEHEN	
Café del Mar	41 A4
Casa de la Cerveza	42 D6
Donde Fidel	(siehe 13)

UNTERHALTUNG	
Café Havana	43 D5
Mister Babilla	44 C5
Quiebra-Canto	45 C5
Tu Candela	46 B5

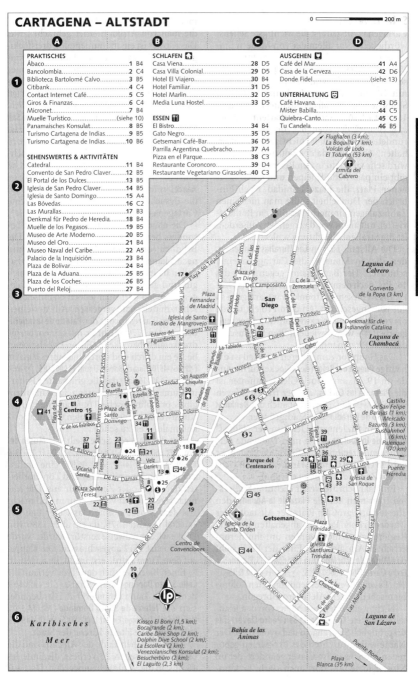

Sehenswertes

Cartagenas Altstadt ist die wichtigste Sehenswürdigkeit – vor allem der von Mauern umgebene, innere Teil, der aus den historischen Vierteln **El Centro** und **San Diego** besteht. Zu sehen gibt's viele wunderschöne Plätze und mit Blumen übersäte Balkone. Fast jedes Sträßchen gibt mit all der Architektur aus dem 16. und 17. Jh. ein tolles Postkartenmotiv ab.

Getsemaní, der ebenfalls von Mauern umrundete äußere Teil, ist nicht ganz so gut erhalten. Aber nun, da der Tourismus boomt, wird sehr viel Geld in den Bezirk gesteckt. Es gibt ein paar nette Kneipen und einen herrlichen Platz, die Plaza Trinidad. Nach Einbruch der Dunkelheit sollte man hier einen Zahn zulegen: Immerhin ist dies ein Rotlichtviertel, mit allem was dazugehört. Außerdem ist die Straßenbeleuchtung schlecht.

Die Altstadt ist von **Las Murallas** umgeben, den dicken Mauern, die Cartagena einst schützten. Der Bau begann gegen Ende des 16. Jhs. nach dem Angriff durch Francis Drake. Bis zu diesem Zeitpunkt war Cartagena so gut wie ungeschützt. An dem Projekt wurde bis zur Fertigstellung zwei Jahrhunderte lang gearbeitet – wegen wiederholten Sturmschäden und Piratenangriffen.

Das Haupttor zum inneren Stadtteil ist die heutige **Puerta del Reloj** (der Glockenturm wurde im 19. Jh. angebaut). Gleich dahinter ist die **Plaza de los Coches**, auf der früher Sklaven verkauft wurden. Dort steht auch das **Denkmal für Pedro de Heredia**, den Stadtgründer.

In dem Säulengang gleich in der Nähe, **El Portal de los Dulces**, kann man Dutzende verschiedener, regionaler Süßigkeiten kaufen. Er wird in Gabriel García Márquez Roman *Liebe in den Zeiten der Cholera* erwähnt.

Ein paar Schritte weiter Richtung Südwesten trifft man auf die **Plaza de la Aduana**, den ältesten und größten Platz der Altstadt. Hier wurden früher Paraden abgehalten und alle Regierungsgebäude wurden um ihn herum errichtet. Am südlichen Ende der Plaza steht das **Museo de Arte Moderno** (☎ 664-5815; Plaza de San Pedro Claver; Eintritt 3000 KOL$; ⊗ Mo–Fr 8–12 & 15–19 Uhr). Es zeigt Werke des renommierten kolumbianischen Malers Alejandro Obregón.

Nicht weit entfernt steht das von den Jesuiten errichtete **Convento de San Pedro Claver**, das ursprünglich San Ignacio de Loyola hieß. Der Name wurde zu Ehren des in Spanien geborenen Mönchs Pedro Claver geändert, der im Kloster lebte und dort auch starb. Er kümmerte sich sein Leben lang um die Sklaven, die man von Afrika hierher gebracht hatte. Das Kloster ist ein monumentales, dreistöckiges Gebäude, das einen mit Bäumen bestandenen Innenhof umgibt. Ein Teil, darunter auch Clavers Zelle, ist für Besucher als Museum (☎ 664-4991; Plaza de San Pedro Claver; Eintritt 6000 KOL$; ⊗ Mo–Sa 8–11, So bis 16.30 Uhr) zugänglich.

Die dazugehörige Kirche, die **Iglesia de San Pedro Claver**, zeigt eine imponierende Steinfassade. Die sterblichen Überreste San Pedro Clavers werden in einem Glassarg im Hochaltar aufbewahrt. Gleich hinter der Kirche führt das **Museo Naval del Caribe** (☎ 664-2440; San Juan de Dios; Eintritt 6000 KOL$; ⊗ Di–Sa 8–12 & 15–18 Uhr) die Besucher durch die Seefahrergeschichte Cartagenas und der Karibik.

Die nahe **Plaza de Bolívar** liegt in einem besonders bezaubernden Teil der Altstadt. Die Brunnen sorgen für kühle, frische Luft und nachts kann man den einheimischen Tanzkapellen beim Üben zuhören. Hier lässt es sich gut und gerne ein paar Stunden aushalten, gegen Abend darf man jedoch das Insektenschutzmittel nicht vergessen. Auf der einen Seite des Platzes thront der **Palacio de la Inquisición** aus den 1770er-Jahren, mit seinem beeindruckenden, barocken Steintor. Er beherbergt heute ein durch und durch makabres **Museum** (☎ 664-4570; Plaza de Bolívar; Eintritt 11 000 KOL$; ⊗ Mo–Sa 9–18, So 10–16 Uhr), das die grausamen Folterinstrumente der Inquisitoren zeigt. Außerdem gibt's präkolumbische Töpferarbeiten sowie Kunstwerke aus der kolonialen und der postkolonialen Zeit zu sehen.

Auf der anderen Seite stellt das **Museo del Oro** (☎ 660-0778; Plaza de Bolívar; ⊗ Di–Fr 10–13 & 15–19, Sa 10–13 & 14–17, So 11–16 Uhr) eine umfassende Sammlung mit Gold- und Töpferarbeiten der Sinú- oder Zenukultur aus. Die Klimaanlage läuft auf vollen Touren und macht aus dem Museum eine Oase. Der Bau der **Catedral** begann 1575, da sie aber 1586 von Drake wieder teilweise zerstört wurde, wurde der Bau erst 1612 abgeschlossen. Die Kuppel auf dem Turm wurde erst im 20. Jh. angefügt.

Einen Block westlich des Plaza, verläuft die **Calle Santo Domingo**, eine Straße, die sich seit dem 17. Jh. kaum verändert hat. Hier befindet sich die **Iglesia de Santo Domingo** (☎ 664-1301; Plaza de Santo Domingo; Eintritt 10 000 KOL$; ⊗ Di–Sa 9–19, So 12–20 Uhr), die älteste Kirche der Stadt.

Am nördlichen Ende der Altstadt sind die **Las Bóvedas** zu sehen, 23 Verliese, die Ende des 18. Jhs. in die Wälle gebaut wurden. Dies war das letzte Bauvorhaben, das in der Kolonialzeit durchgeführt wurde und militärischen Zwecken diente. Heute bergen die Verliese kleine Shops für Touristen.

Auf dem Stadtbummel sollte man unbedingt auch dem **Muelle de los Pegasos** einen Besuch abstatten. Das ist ein hübscher, kleiner Hafen voller Fischer-, Transport- und Touristenboote, der gleich hinter den Südmauern der Altstadt liegt.

An Schlüsselstellen außerhalb der Mauern wurden mehrere Forts zur Piratenabwehr errichtet. Mit Abstand das interessanteste dieser Forts ist die gigantische Steinfestung **Castillo de San Felipe de Barajas** (☎ 666-4790; Av. Arévalo; Eintritt 14 000 KOL$; 8–18 Uhr) östlich der Altstadt, deren Bau 1639 begonnen, aber erst 150 Jahre später beendet wurde. Der beeindruckende Spaziergang durch das komplexe Tunnelsystem, das zur Versorgung und Evakuierung des Forts diente, ist ein absolutes Muss. Die Tunnel wurden raffiniert konstruiert: Sie verstärkten Geräusche, sodass man eventuell herannahende Feinde frühzeitig hören konnte.

Das **Convento de la Popa** (☎ 666-2331; Eintritt 7000 KOL$; 9–17 Uhr), das auf einem 150 m hohen Hügel hinter der San Felipe Festung steht, wurde 1607 vom Augustinerorden gegründet. Es gibt dort eine hübsche Kapelle und einen liebevoll angelegten, mit Blumen bedeckten Hof. Der Blick über die Stadt raubt einem den Atem. Hierher fährt man mit dem Taxi – öffentliche Transportmittel gibt es nicht, außerdem wurde von Raubüberfällen berichtet. Das Ganze kostet ca. 20 000 KOL$.

Aktivitäten

Cartagena ist mittlerweile ein wichtiges Zentrum für Sporttaucher und die Preise sind viel niedriger als in Taganga.

Caribe Dive Shop (☎ 310–657-4507; www.caribedive shop.com; Hotel Caribe, Bocagrande)

Dolphin Dive School (☎ 660-0814; www.dolphindive school.com; Edificio Costamar, Av. San Martín 6–105, Bocagrande)

Festivals & Events

Wichtige, jährliche Events in Cartagena:

Festival Internacional de Cine Internationales Filmfestival, findet im März/April statt, normalerweise kurz vor Ostern.

Feria Artesanal y Cultural Regionale Handwerksmesse im Juni/Juli; sie wird von Volksmusikkonzerten und weiteren Kulturevents aufgelockert.

Reinado Nacional de Belleza Nationaler Schönheitswettbewerb, der am 11. November stattfindet, um Cartagenas Unabhängigkeitstag zu feiern. Das Event, das auch als Carnaval de Cartagena oder Fiestas del 11 de Noviembre bekannt ist, ist das wichtigste Fest des Jahres.

Schlafen

Die meisten Backpacker übernachten in Getsemaní. Dort gibt es viele Budgethotels, manche davon sind super, andere erinnern eher an Stundenhotels. Die Umstände ändern sich aber, sodass sich die meisten Bruchbuden in nur wenigen Jahre in elegantere Hotels wandeln werden, vor allem dank des Geldes, das heute aus dem Ausland ins Land fließt.

Casa Viena (☎ 664-6242; www.casaviena.com; San Andrés, Getsemaní; B mit Klimaanlage 15 000 KOL$; DZ mit/ohne Bad 40 000/32 000 KOL$;) Der entspannte deutsche Besitzer ist eine unerschöpfliche Informationsquelle und kennt zudem vertrauenswürdige Kapitäne, falls man mit einer Yacht nach Panama übersetzen möchte (S. 767). Damit macht er die kleinen Zimmer wett. Und die Klimaanlage im (schummrigen) Schlafsaal ist auch super.

Hotel Familiar (☎ 664-2464; Calle del Guerrero 29–66, Getsemaní; EZ/DZ ohne Bad 17 000/32 000 KOL$) Winzige Preise und wunderbar feste Matratzen. Am schönsten sind die Zimmer im Erdgeschoss.

Hotel Marlin (☎ 664-3507; Calle de la Media Luna 10–35, Getsemaní; EZ/DZ mit Ventilator 25 000/35 000 KOL$, mit Klimaanlage 40 000/50 000 KOL$;) Ein einfaches Hotel. Die Lobby ist aber hübsch und die Gäste dürfen die Küche benutzen. Die meisten Räume sind eher dunkel – dafür aber kühl.

Media Luna Hostel (☎ 664-2268; Calle de la Media Luna 10–46, Getsemaní; B 30 000–40 000 KOL$, EZ/DZ 50 500/120 000 KOL$;) Cartagena verlangt schon lange nach einem großen Hostel in Getsemaní. Hier ist es. Dieses riesige, hübsch restaurierte Kolonialhaus mit seinen 160 Betten kombiniert das für Backpacker Praktische mit modischem Chic. Es gibt eine Bar, ein Café und eine Sonnenterrasse. Die Zimmer sind sehr hoch, daher ist jeder Raum angenehm kühl und frisch. Sogar die Wasserhähne sind nahezu unwirklich stylish.

Hotel El Viajero (☎ 664-3289; Calle del Porvenir 35–68; EZ/DZ 40 000/60 000 KOL$;) Akzeptable Wahl für den kleinen Geldbeutel. Es gibt 14 Zimmer und eine Küche zur Selbstverpflegung.

LP Tipp Casa Villa Colonial (☎ 664-5421; Calle de la Media Luna 10–89, Getsemaní; EZ/DZ 60 000/80 000 KOL$;) Mit ihrem persönlichen Service, den komfortablen Betten und der Klimaanlage ist diese Unterkunft in dieser Preisklasse wohl die beste in Getsemaní, wenn nicht in ganz Cartagena. Unglaublich freundlich und wundervoll restauriert.

Essen

In Cartagena kann man gut essen, besonders in den teureren Lokalen. Es gibt aber auch viele günstige Restaurants.

Gato Negro (San Andrés 30–39, Getsemaní; Hauptgerichte 5000–6000 KOL$; ☼ morgens & mittags) Ein Frühstücksplätzchen, das der El Bistro Crew gehört. Die Omeletts sind richtig lecker und hier gibt's sogar Müsli. Während man auf das Frühstück wartet, kann man dank kostenlosem WLAN im Internet surfen.

Getsemaní Café-Bar (San Andrés 30–34, Getsemaní; Hauptgerichte 7000–10 000 KOL$; ☼ Mo–So 8–23 Uhr) Die GCB hat sich in einem alten Gebäude etabliert. Unter dem eleganten Gewölbe werden dampfendheiße Á-la-carte-Gerichte, kerngesundes Frühstück und delikate Snacks (vor allem das *arepa de pollo* – gegrillte Hühnchenstreifen und Salat auf einem gebratenen Maismehlburger) sowie Getränke aufgetischt.

El Bistro (Calle de Ayos 4–42; Menüs 9500 KOL$; ☼ Mo–Sa 8–23 Uhr) Das El Bistro serviert superleckere Menüs mit knackigen Salaten und Abendessen im europäischen Stil zu akzeptablen Preisen.

Pizza en el Parque (Plaza Fernando de Madrid; Hauptgerichte 15 000 KOL$; ☼ 16–1 Uhr) Frisch zubereitete Pizza mit hauchdünnem Boden wird auf einem romantischen, etwas versteckt gelegenen Stadtplatz serviert und im Hintergrund läuft leise Musik, während die lärmige Stadt draußen bleiben muss. Über die eher seltsamen Zutaten für den Belag, wie z. B. Birne, sieht man einfach hinweg.

Kiosco El Bony (Av. 1, Bocagrande; Hauptgerichte 20 000 KOL$; ☼ Mo–So 10–18 Uhr) Das El Bony, dem ehemalige Olympiaboxer Bonifacio Avila gehört, ist für seine reichhaltigen Fischgerichte berühmt. Am Wochenende ist es rappelvoll mit Kolumbianern.

Parrilla Argentina Quebracho (Calle de Baloco; Hauptgerichte 40 000 KOL$; ☼ Mo–Do 12–15 & 19–0, Fr & Sa 12–0 Uhr) Argentinische Steaks, die auf der Zunge zergehen, und eine tolle Weinkarte. Das *solomillo* ist einfach himmlisch. Das Kabarett leider nicht.

Almuerzos für etwa 5000 KOL$ gibt's überall in der Altstadt. Eines der besten Lokale dafür ist das **Restaurante Coroncoro** (Tripita y Media, Getsemaní; ☼ 8–20 Uhr). Vegetarier sollten das **Restaurante Vegetariano Girasoles** (Calle Quero, San Diego; ☼ 11.30–15 Uhr) ausprobieren. Am Sonntag bieten Einheimische auf der Plaza Trinidad exzellente Pizzas und Street Food an. Auf der Plaza Santo Domingo kann man es sich in sechs Open-Air-Cafés gemütlich machen, die alle verschiedene Hauptgerichte, Snacks, Süßes und Getränke anbieten.

Ausgehen

Ein paar Bars, Tavernen, Discos und andere Locations haben bis in die frühen Morgenstunden geöffnet. Davon befinden sich viele auf der Av del Arsenal in Getsemaní, der Zona Rosa Cartagenas.

Donde Fidel (El Portal de los Dulces 32– 09, El Centro; ☼ 11–2 Uhr) Die beste und einzige Anlage mit richtigen Boxen, auf der definitiv die beste Salsakollektion Kolumbiens läuft. Auf den Stühlen, die draußen in einer erfrischenden Brise auf dem Platz herumstehen, lässt es sich prima in die Nacht starten. Jeden Samstagnachmittag werden auf einer großen Leinwand alte Salsavideos gezeigt. Wäre Salsalegende Hector Lavoe noch am Leben, dann würde er genau so eine Bar sein Eigen nennen.

Casa de la Cerveza (Baluarte San Lorenzo del Reducto, Getsemaní; ☎ 16–4 Uhr) Eine weitere schicke Location, die hoch über den Mauern der Stadt thront. Sie ähnelt dem Café del Mar, nur hat man von hier einen unglaublichen Blick über das Castillo de San Felipe.

Quiebra-Canto (Camellón de los Martines, Edificio Puente del Sol, Getsemaní; ☼ Di–Sa 19–4 Uhr) Die Einwohner finden den Salsa hier sogar noch besser als im Café Havana.

Café Havana (Ecke Calle del Guerrero & Calle de la Media Luna, Getsemaní; Eintritt 5000 KOL$; ☼ Di–Sa 20–4, So 17–2 Uhr) Live-Salsa, die besten Mojitos in Kolumbien und ein freundliches, gemischtes Publikum aus Einheimischen und Reisenden. Ein absolut fantastischer Ort zum Feiern.

Mister Babilla (Av del Arsenal 8B–137; Eintritt 10 000 KOL$; ☼ 21–4 Uhr) Der richtige Ort, um zu tanzen, zu trinken und mit Kolumbianern zu flirten.

Tu Candela (El Portal de los Dulces 32–25; Eintritt 10 000 KOL$; ☼ 20–4 Uhr) Ein langer, enger Club in einem Gewölbe. Man tanzt zu Salsa und Reggaeton.

Café del Mar (Baluarte de Santo Domingo, El Centro; Cocktails 16 000–20 000 KOL$; ☼ 17–open end) Eine der beeindruckendsten Locations der Stadt: Eine Balustrade, die Bocagrande überblickt, und der Stil der Menge passt dazu. Die Sandalen bleiben zuhause. Aber die mittelmäßige House-Musik reißt einen nicht vom Hocker.

An- & Weiterreise
BUS
Der Busbahnhof liegt am östlichen Stadtrand. Um von der Altstadt hierher zu kommen, kann es durchaus eine Stunde dauern. Große, grün-rot gekennzeichnete Metrocar-Busse mit Klimaanlage fahren alle 15 bis 30 Minuten hierher (1700 KOL$, 40 Min.). Im Zentrum fahren sie an der Av Santander ab.

Täglich fahren sechs Busse nach Bogotá (100 000 KOL$, 20 Std.) und weitere sechs nach Medellín (85 000 KOL$, 13 Std.). Busse nach Barranquilla starten etwa alle 15 Minuten (12 000 KOL$, 2 Std.), und einige davon fahren sogar bis Santa Marta; falls nicht, steigt man einfach in Barranquilla um. Ein Unitransco-Bus fährt um 7.30 Uhr (40 000 KOL$, 8 Std.) nach Mompós.

Drei Busunternehmen – **Expreso Brasilia** (☎ 663-2119), **Expresos Amerlujo** (☎ 653-2536) und **Unitransco/Bus Ven** (☎ 663-2065) – fahren täglich über Maracaibo (115 000 KOL$, 12 Std.) nach Caracas (200 000 KOL$, 20 Std.), Venezuela.

FLUGZEUG
Alle großen kolumbianischen Fluggesellschaften fliegen Cartagena an. U. a. gibt's Flüge von Cartagena nach Bogotá (etwa 300 000 KOL$), Cali (320 000 KOL$), Medellín (200 000–300 000 KOL$) und San Andrés (ab 300 000 KOL$).

Der Flughafen befindet sich im Vorort Crespo, also 3 km nordöstlich der Altstadt. Er wird regelmäßig von Regionalbussen angefahren, die von verschiedenen Haltestellen abfahren, z. B. am Denkmal für die Indianerin Catalina (India Catalina) und an der Av Santander. *Colectivos* nach Crespo fahren an der India Catalina ab; die Fahrt kostet 1000 KOL$. Mit einem normalen Taxi zahlt man 10 000 KOL$. Im Terminal gibt's zwei Geldautomaten. Das Casa de Cambio América (bei den Inlandsankünften) wechselt Bares und Reiseschecks.

SCHIFF/FÄHRE
Zwischen Cartagena und Colón in Panama gibt es keinen Fährverkehr und nur wenige Frachtschiffe. Eine angenehmere Art nach Panama zu kommen, ist mit einem Segelboot. Verschiedene ausländische Yachten bringen Reisende von Cartagena über das San-Blas-Archipel (auch Kuna Yala; Panama) nach Colón und andersherum. Die Überfahrt dauert vier bis sechs Tage, wobei meist zwei Tage auf San Blas verbracht werden – zum Schnorcheln und Speerfischen. Das ganze kostet um die 700 000 KOL$. Man spart sich Stress, Zeit und Geld, wenn man gleich Hans vom Casa Viena fragt – er verlangt nichts für die Auskunft und weiß immer genau Bescheid.

RUND UM CARTAGENA
Islas del Rosario
☎ 5
Diese Inselgruppe 35 km südwestlich von Cartagena besteht aus 27 kleinen Koralleninseln, darunter einige Inselchen, auf die gerade mal ein Haus passt. Die gesamte Region steht als Parque Nacional Corales del Rosario unter Naturschutz.

Touren durch die Inseln werden häufig organisiert. Sie starten das ganze Jahr über am Muelle Turístico (Turismo Cartagena de Indias) in Cartagena. Boote legen täglich zwi-

---

BENKOS BIOHO: EIN AFRO-KOLUMBIANISCHER HELD

Viele Kolumbianer kennen nicht einmal den Namen Benkos Bioho – und noch weniger sind sich bewusst, dass er der Gründer der ersten freien Stadt für Schwarze in der Neuen Welt war. Bioho war ein aufständischer Sklave, der 1603 seine Ketten zerschlug, der Gefangenschaft in Cartagena entkam und Palenque, 70 km südöstlich von Cartagena, gründete. Durch Untersuchungen der komplexen Bestattungsrituale, der Tänze und der Sprache der Stadt, konnten Anthropologen die Herkunft der Einwohner Palenques auf das Mündungsgebiet des Kongos in Ostafrika zurückverfolgen. Bis zum heutigen Tag hat Palenque eher einen afrikanischen als einen lateinamerikanischen Charakter. Touristische Anlagen gibt es hier nicht, aber an diesem faszinierenden Ort kann man es gut und gerne einen ganzen Tag lang aushalten.

Busse nach Palenque (7000 KOL$, 45 Min.) fahren um 8.45 und 15 Uhr am Busbahnhof in Cartagena ab und kommen um 4.45 und 12 Uhr zurück. Der für Besucher zuständige Einheimische Manuel (☎ 314-512-8858) arrangiert gern eine Unterkunft bei Stadtbewohnern (ca. 20 000 KOL$/Nacht).

schen 8 und 9 Uhr ab und kehren etwa zwischen 16 und 18 Uhr zurück. Das Veranstaltungsbüro am Muelle verkauft Touren in großen Booten für etwa 40 000 KOL$. Jedoch ist es wahrscheinlich am Besten (und oft am preiswertesten), die Tour über eins der Budgethostels in Cartagena zu organisieren. Der Preis für den Ausflug beinhaltet normalerweise ein Mittagessen, aber nicht den Eintritt für das Aquarium (15 000 KOL$) auf einer der Inseln, die Hafensteuer (4700 KOL$) und den Eintritt für den Nationalpark an sich (5300 KOL$).

Playa Blanca
☎ 5

Dies ist einer der schönsten Strände in der Nähe von Cartagena. Er liegt etwa 20 km südwestlich der Stadt, auf der Isla de Barú. Bootstouren auf dem Weg zu den Islas del Rosario legen hier üblicherweise einen Stopp ein. Der Strand bietet sich auch wunderbar

SAN ANDRÉS & PROVIDENCIA

Die Inseln San Andrés und Providencia bieten einen ruhigen und idyllischen Eindruck des karibischen Insellebens: Die atemberaubenden Strände werden von türkisfarbenem Wasser umspült, das unter seiner Oberfläche riesige unberührte Korallenriffe versteckt – hier befindet sich das zweitgrößte Barriereriff der nördlichen Hemisphäre. Sucht man Reggae, Rum, Sonne und Sand, dann lohnt sich ein Luxusabstecher hierher definitiv.

Diese kolumbianischen Gebiete liegen 150 km vor der Miskitoküste Nicaraguas und 800 km nordwestlich von Kolumbien. Beide Inseln haben einen ausgeprägten, britischen Einschlag, egal, ob es nun um Essen, Sprache oder Architektur geht, und sie sind beliebte Plätze zum Sporttauchen oder Schnorcheln. Die Regenzeit dauert von September bis Dezember und die Durchschnittstemperaturen liegen zwischen 26 °C und 29 °C bei hoher Luftfeuchtigkeit.

Die Inseln gehörten den Niederlanden, bis sie 1631 von den Briten erobert wurden. Diese kolonisierten die Inseln, die von den Raizal, einem afro-karibischen Volk, bewohnt waren. 1635 versuchten die Spanier die Inseln zu erobern, die jedoch eine Niederlage erlitten. Der legendäre Pirat Henry Morgan plante ab 1670 von hier aus seine Übergriffe. 1819 wurde Kolumbien unabhängig und beanspruchte die Inseln für sich, trotz Protesten von Seiten Nicaraguas. 1928 wurden die Inseln in einem Abkommen Kolumbien zugesprochen, was der Internationale Gerichtshof 2007 erneut bestätigte.

An- & Weiterreise

Man sollte sich auf dem Festland eine Touristenkarte (29 000 KOL$) kaufen, bevor man für den Flug nach San Andrés eincheckt. Der Flughafen befindet sich im Ort San Andrés Town, und zwar zu Fuß 10 Minuten nordwestlich vom Zentrum. Eine Fahrt mit dem Taxi kostet 9500 KOL$.

Avianca (www.avianca.com) und **AeroRepública** (www.aerorepublica.com) bieten aus den meisten großen Städten Flüge nach San Andrés über Bogotá an (hin & zurück 600 000 KOL$). **Satena Airways** (☎ 512-3139; www.satena.com; Aeropuerto Internacional Sesquicentenario) fliegt zwischen Providencia und San Andrés (hin & zurück 400 000 KOL$).

SAN ANDRÉS
☎ 8 / 66 000 Ew.

Mit einer Länge von 12,5 km und einer Breite von 3 km ist San Andrés die größere der beiden Inseln und die Infrastruktur für Besucher ist hier am Besten entwickelt. Die abgelegenen Strände sehen aus wie auf einer Postkarte, leider ist das kommerzielle Zentrum der Insel alles andere als hübsch. Alle wichtigen Einrichtungen befinden sich in San Andrés Town: Es gibt eine **Touristeninformation** (Secretaría de Turismo; ☎ 512-5058; www.sanandres.gov.co; Av Newball, San Andrés Town; ⏲ Mo–Fr 8–12 & 14–18 Uhr), einen Geldautomat bei der **Banco de Bogotá** (☎ 512-4195; Av Colón 2–86, San Andrés Town), und Internetzugang bei **Bistronet** (☎ 512-6627; Centro Comercial San Andrés, San Andrés Town; 3000 KOL$/Std.; ⏲ 8.30–21 Uhr).

Die beiden anderen kleinen Orte, La Loma im zentralen Hügelgebiet und San Luis an der Ostküste, sind weitaus weniger am Tourismus orientiert und glänzen mit wunderschöner, englisch-karibischer Holzarchitektur. Der **Johnny Cay Nature Regional Park** besteht aus einem geschützten zum Schnorcheln an, da ein Korallenriff direkt am Strand beginnt (also: Schnorchelausrüstung nicht vergessen!).

Am Strand kann man in ein paar eher rustikalen Unterkünften übernachten und essen. Am beliebtesten bei den Reisenden ist das **Campamento Wittenberg** (☎ 311-436-6215). Hier gibt's Schlafsäle (18 000 KOL$) oder Hängematten (9000 KOL$) und Verpflegung.

Am einfachsten kommt man mit Gilbert, dem Besitzer des Campamento Wittenbergs, an den Strand, der einmal die Woche (meist Mi) zur Casa Viena kommt und Reisende im Boot mitnimmt (15 000 KOL$, 45 Min.).

Volcán de Lodo El Totumo

Rund 50 km nordöstlich von Cartagena, am Ufer des seichten Ciénaga del Totumo, befindet sich ein 15 m hoher Hügel, der aussieht wie ein Mini-Vulkan. Allerdings spuckt dieser keine Lava sondern Schlamm. Gase, die unterirdisch durch sich zersetzendes, organi-

---

Koralleninselchen 1,5 km von San Andrés Town entfernt. Es ist über und über mit Kokoshainen bewachsen und von einem hübschen, weißsandigen Strand umgeben.

Wegen der wunderschönen Korallenriffe rund um San Andrés wurde die Insel zu einem wichtigen Tauchsportzentrum mit über 35 Tauchlocations. **Karibik Diver** (☎ 512-0101; www.karibikdiver.com; Av Newball 1-248, San Andrés Town; 8-16 Uhr) ist eine kleine Tauchschule mit hochwertiger Ausrüstung und nettem, persönlichem Service.

Entweder quartiert man sich mit einheimischen Raizal in **Cli's Place** (☎ 512-6957; luciamhj@hotmail.com; Av. 20 de Julio, San Andrés Town; Zi. ab 30 000 KOL$/Pers.) ein, oder man übernachtet in einem der neun einfachen, gemütlichen Zimmer im **Hotel Mary May Inn** (☎ 512-5669; jfgallardo@gmail.com; Av. 20 de Julio 3-74, San Andrés Town; EZ/DZ 40 000/60 000 KOL$;), das zwei Häuserblocks vom Strand entfernt liegt.

Gegenüber dem Club Nautico befindet sich das **Miss Celia O'Neill Taste** (☎ 316-690-0074; Av Colombia, San Andrés Town; Hauptgerichte 15 000–20 000 KOL$; mittags & abends): Hier gibt's Spezialitäten aus der Umgebung, wie gedünstete Krabbe und gedünsteten Fisch. Das Nachtleben von San Andrés Town spielt sich entlang des östlichen Endes der Av Colombia ab.

PROVIDENCIA
☎ 8 / 5000 Ew.

Providencia ist 7 km lang, 4 km breit und liegt 90 km nördlich von San Andrés. Die Insel ist weniger kommerziell als San Andrés und die Dutzende kleine Dörfer aus knallbunten, kolonialistischen Holzhäusern sind eine Augenweide. Santa Isabel ist die Hauptstadt, hier findet man auch die **Touristeninformation** (☎ 312-315-6492; Santa Isabel), einen Geldautomat bei der **Banco de Bogotá** (Santa Isabel; Mo-Do 8-11.30 & 14-16, Fr 8-11.30 & 14-16.30 Uhr) und Internetzugang im **Communication Center** (Santa Isabel; 2500 KOL$/Std.; Mo-Sa 9-12.30 & 16-21, So 14.30-21 Uhr).

Tauchausflüge und -kurse können im **Felipe Diving Shop** (☎ 514-8775; www.felipediving.com) gebucht werden, der von einem einheimischen Raizal geleitet wird. Den **El Pico Nature Regional Park** darf man nicht verpassen, denn hier hat man einen absolut fantastischen Rundumblick über die Weiten der Karibik. Die beliebteste Wanderroute beginnt in Casabaja. Dort findet man auch einen Führer oder kann sich nach dem Weg erkundigen. Mitnehmen muss man Wasser und Sonnencreme.

Unterkunftstechnisch bietet **Mr. Mac** (☎ 514-8168; EZ/DZ 30 000/50 000 KOL$) die günstigsten Zimmer in Santa Isabel – und noch dazu mit geräumigen Kochnischen. **Aguadulce** ist ein ruhiges Dörfchen mit 20 Häusern, in dem es mehr als ein Dutzend Unterkunftsmöglichkeiten gibt.

Pizza's Place (☎ 514-8224; Hauptgerichte 6000–55 000 KOL$; abends) Hier gibt's Sandwiches (6000 KOL$), Pizzas (ab 13 000 KOL$) und Standardgerichte der Insel. Das **Caribbean Place** (☎ 514-8698; Hauptgerichte 18 000–53 000 KOL$; mittags & abends) bietet dagegen Spezialitäten wie die schwarze Steinkrabbe an, die es in Kolumbien nur auf diesem Archipel gibt.

Roland Roots Bar (☎ 514-8417; Bahía Manzanillo) ist eine atmosphärische, ganz und gar typische Bambus-Strandbar, die mit mitreißendem Reggae beschallt wird und in der starke Drinks an den Mann kommen.

sches Material entstehen, erzeugen Druck, der den Schlamm nach oben drückt.

El Totumo ist der höchste Schlammvulkan in Kolumbien. Über eine Spezial-Treppe kann man die Spitze erklimmen, in den Krater hinabsteigen und dort ein lauwarmes Schlammbad (5000 KOL$) nehmen. Der Schlamm enthält Mineralien, die für ihre therapeutischen Eigenschaften gerühmt werden. Nach dem Bad kann man den Schlamm unten in der *ciénaga* (Lagune) abwaschen.

Möchte man auf eigene Faust dorthin, nimmt man am besten einen Bus von Cartagenas Zentrum zu dessen Busbahnhof (1700 KOL$). Dort steigt man dann in den jede Stunde fahrenden Bus nach Galerazamba und verlässt diesen in Loma de Arena (7000 KOL$) wieder. Dann sind es entweder 45 Minuten zu Fuß oder man fährt mit einem Mototaxi (2000 KOL$). Die gesamte Hinfahrt dauert etwa zweieinhalb Stunden. Der letzte Bus von Loma de Arena fährt etwa um 15 Uhr – um ihn nicht zu verpassen, muss man vor 10 Uhr in Cartagena aufbrechen.

Totumo kann man auch mit einer organisierten **Tour** (inkl. Mittagessen 35 000 KOL$) besuchen. Sie startet am Hostel Casa Viena in Cartagena um 8.30 und um 14.30 Uhr ist man zurück.

MOMPÓS
☎ 5 / 62 000 Ew.

Verloren auf einer Insel irgendwo im Altwasser des schlammigen Río Magdalena liegt Mompós – eine Stadt, in der Zeit und Raum keine Rolle spielen. Sie wurde 1537 gegründet und liegt 230 km südöstlich von Cartagena. Sie wurde im Lauf der Zeit zu einer wichtigen Hafenstadt, da alle Waren aus Cartagena auf dem Weg ins Landesinnere hier vorbeikamen und man baute imposante Kirchen und viele luxuriöse Anwesen. Heute gehört Mompós zum Weltkulturerbe der Unesco.

Gegen Ende des 19. Jh. wurde der Schiffsverkehr auf einen anderen Arm des Río Magdalena verlegt, da der zuvor befahrene Teil verschlammte. Damit ging der Wohlstand der Stadt zur Neige. Mompós blieb isoliert zurück und hat sich seitdem kaum verändert. Heute ist es eine faszinierende Sehenswürdigkeit, da viele Straßen und Plätze immer noch genauso aussehen wie im 16. Jh. Auch werden viele der Gebäude immer noch für ihre ursprünglichen Zwecke verwendet.

Am Abend sitzen die Einwohner in knarrenden Schaukelstühlen draußen in den engen Gassen – die Stadt ist berühmt für ihre Möbel – und Hunderte von Fledermäusen flitzen hin und her, was ein seltsam surreales Bild ergibt.

Mompós ist der Schauplatz des Romans *Chronik eines angekündigten Todes* von Gabriel García Márquez, und spielt auch in seinem späteren Werk *Der General in seinem Labyrinth* eine Rolle – einer kontroversen und auf neuen historischen Kenntnissen beruhenden Studie der letzten Lebensjahre Simón Bolívars.

Praktische Informationen
Die Touristeninformation hat zugemacht, also wendet man sich jetzt an Richard vom Gästehaus La Casa Amarilla.

Geldautomat (BBVA; Plaza de Bolívar) Dem Automat geht oft das Geld aus – also genug mitbringen.

Club Net (Carrera 1 Nr. 16–53; 1500 KOL$/Std.; ⊗ 7–21 Uhr) Internetcafé.

Sehenswertes
Ein Reiseführer ist in Mompós überflüssig. Am besten erkundet man es mit langen Spaziergängen. Der Großteil der Hauptstraßen wird von edlen, weißen Kolonialhäusern gesäumt, deren Fenster hinter charakteristischen Metallgittern versteckt sind. Man steht vor den imponierenden Toren und kann sich die hübschen, versteckten Innenhöfe regelrecht vorstellen. Sechs Kolonialkirchen vervollständigen das Bild. Sie sind alle eine Besichtigung wert, jedoch leider nur selten geöffnet. Ein Muss ist die **Iglesia de Santa Bárbara** (Calle 14). Ihr Turm wurde im maurischen Stil gestaltet und ist somit einzigartig in der religiösen Architektur Kolumbiens. Man sollte auch nach Symbolden der Freimaurer Ausschau halten, der Turm ist voll davon.

Das **Casa de la Cultura** (Real del Medio; ⊗ Mo–Fr 8–12 & 14–17, Sa & So 8–17 Uhr) zeigt Erinnerungsstücke, die mit der Geschichte der Stadt verknüpft sind. Das **Museo Cultural** (Carrera 2 Nr. 14–15; Erwa./Kind 3000 KOL$; ⊗ Mo–Fr 8–12 & 14–16, Sa 9–12 Uhr) stellt eine Sammlung religiöser Kunstwerke aus. Es gibt auch einen kleinen **Jardín Botánico** (Calle 14) voller Kolibris und Schmetterlinge. Um hereingelassen zu werden, klopft man einfach ans Tor.

Festivals & Events
Die **Karwoche** wird in Mompós gebührend gefeiert. Die festlichen Prozessionen ziehen am Gründonnerstag und am Karfreitag abends stundenlang durch die Straßen.

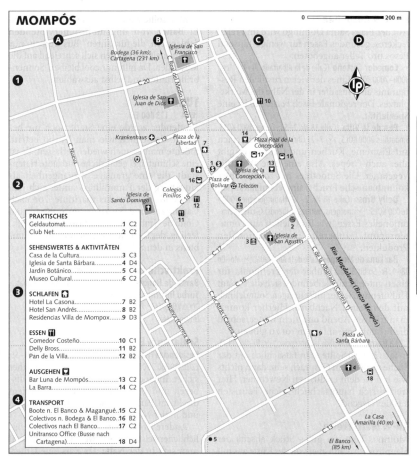

Schlafen

La Casa Amarilla (☎ 301-362-7065; www.lacasaamarillamompos.com; Carrera 1 Nr. 13–59; B 15 000 KOL$, EZ/DZ mit Ventilator 40 000/50 000 KOL$, mit Klimaanlage 60 000/75 000 KOL$, Luxuszi. 100 000 KOL$; ❉ ☐) Exzellente, renovierte Unterkunft am Fluß mit sehr freundlichem, professionellem Service. Die hochwertigen Schlafsäle haben jeweils nur vier Betten und die Privatzimmer sind geräumig und mit Klimaanlage ausgestattet. Der Kaffee ist umsonst und Inhaber Richard leiht gerne auch mal sein Handy mit WLAN-Funktion aus. Die eleganten Luxuszimmer sind die besten der Stadt.

Hotel La Casona (☎ 685-5307; Real del Medio 18–58; EZ/DZ mit Ventilator 30 000/50 000 KOL$, mit Klimaanlage 40 000/70 000 KOL$; ❉) Die Zimmer sind sehr gut ausgestattet, der Gemeinschaftsbereich ist einladend eingerichtet und das Personal immer freundlich. Man halte sich vor dem Fernseher in der Eingangshalle fern, dessen Lautstärkeregler offenbar auf „kolumbianisch" eingestellt ist.

Hotel San Andrés (☎ 685-5886; www.hotelsanandresmompox.com; Real del Medio 18–23; EZ/DZ mit Ventilator 30 000/50 000 KOL$, mit Klimaanlage 40 000/70 000 KOL$; ❉) Scheußlich geflieste, langweilige Zimmer mit falschen Zimmerdecken. Die Sittiche und Papageien im Hof sind aber irgendwie lustig.

Residencias Villa de Mompox (☎ 685-5208; Real del Medio 14–108; EZ/DZ mit Ventilator 30 000/60 000 KOL$, mit Klimaanlage 40 000/80 000 KOL$; ❉ ☐) Preiswerte Zimmer mit Klimaanlage.

Essen & Ausgehen

Auf der Plaza Santa Domingo wird im Freien leckeres, gesundes Essen für wenige Tausend Pesos pro Teller angeboten.

Comedor Costeño (Calle de la Albarrada 18–45; Menü 3000–7000 KOL$) Eines der vielen rustikalen Restaurants am Flussufer in der Nähe des Marktplatzes. Der regionale Fisch *bocachica* ist eine Spezialität.

Pan de la Villa (Calle 18 Nr. 2–53; Crepes 5000 KOL$, Smoothies 2000 KOL$; 7–21 Uhr) Spezialisiert sich auf Eiscreme, Kuchen und Gebäck, es gibt aber auch Crêpes. Also eine gute Wahl für Vegetarier. Die Smoothies mit *zapote* (einer kolumbianische Frucht) sind ebenfalls super.

Delly Bross (Calle 18 Nr. 2–37; Hauptgerichte 7000–16 000 KOL$; morgens, mittags & abends) Gutes, traditionelles Essen, wie Rindfleisch auf Tomatenragout, zubereitet aus regionalen Produkten.

Bar Luna de Mompós (Calle de la Albarrada; Mo–Do 18–1, Fr–So bis 3 Uhr) Früher *der* Treffpunkt für einen guten Schluck, befindet sich die Bar am Flußufer nun leider im ständigen Soundclinch mit den neuen Nachbarn. Hierher kommt man früh am Abend und zieht weiter, sobald die Boxentürme anfangen rot zu glühen.

La Barra (Plaza Real de la Concepción; Di–Do 19–1, Fr–So bis 3.30 Uhr) Sollte man tatsächlich auf der Suche nach einem Gespräch sein, dann nichts wie hin zu dem exklusiven Newcomer. Hier treffen sich hauptsächlich reiche Touristen aus der Gegend.

An- & Weiterreise

Mompós liegt ein gutes Stück abseits der Hauptrouten, kann aber von der Küste aus mit dem Schiff oder einem Auto und von Bucaramanga aus mit dem Auto erreicht werden. Normalerweise kommt man von Cartagena. Unitransco fährt täglich mit einen Direktbus nach Mompós, der um 7.30 Uhr in Cartagena (40 000 KOL$, 8 Std.) startet. Schneller geht's mit dem Bus nach Magangué (25 000 KOL$, 4 Std.) – Brasilia fährt sechsmal am Tag – wo man in ein Boot nach Bodega (5000 KOL$, 20 Min.) umsteigt, das bis ca. 15 Uhr regelmäßig fährt. Von dort geht's dann mit dem *colectivo* nach Mompós (7000 KOL$, 40 Min.).

Von Bucaramanga aus sollte man vor 4 Uhr morgens starten, damit man noch am gleichen Tag ankommt. Mit dem Cootransmagdalena geht's nach El Banco (30 000 KOL$, 7 Std.) und von dort mit dem Jeep (25 000 KOL$, 2 Std.) bis zum Ziel.

Man sollte wissen, dass der Busbahnhof in El Banco von unglaublich nervtötenden Schleppern, die für „ihren" Bus werben, nur so wimmelt. Sie stürzen sich schreiend auf die Reisenden. Da hilft nur cool bleiben, Sonnenbrille runter und selbst auswählen.

TURBO

4 / 113 000 Ew.

Treffender wurde eine Stadt noch nie benannt. So schnell wie man Turbo betritt, möchte man es auch wieder verlassen. Es ist eine schmutzige, gefährliche und laute Hafenstadt, die eine grausige Vergangenheit als Hochburg der Paramilitärs hinter sich hat. Die Stadt ist aber das maritime Tor nach Capurganá und Sapzurro im unberührten Golfo de Urabá: ein Zufluchtsort mit Karibikfeeling, der bald die restliche Karibik Kolumbiens in den Schatten stellen könnte.

Praktische Informationen

Banco de Bogotá (Calle 101 Nr. 12–131) Geldautomat.
Turbo Internet.com (827-5100; Carrera 13; 2000 KOL$/Std.; Mo–Fr bis 20, Sa & So bis 21 Uhr) Internetcafé.

Schlafen & Essen

Residencias Florida (827-3531; Carrera 13 Nr. 99A–56; EZ/DZ 18 000/28 000 KOL$) Ziemlich verlottert aber sicher. Inhaber Jhon ist zudem äußerst hilfsbereit und kennt sich aus. Das Hotel liegt direkt im Park, wo auch der Bus ankommt und in der Nähe des Kais.

Andere Hotels in dieser Gegend sind möglicherweise aber weit weniger sicher. Sucht man sich in der Nähe des Kais eine Unterkunft, muss man den Geruch von ungeklärtem Abwasser und das Geschimpfe von streitenden Junkies und Zuhältern ertragen. Oh ja, und dann sind da noch die Anlagen sechs verschiedener Bars, die sich einen Wettstreit darüber liefern, wer die Trommelfelle der betrunkenen Gäste zuerst platzen lässt.

Gegenüber der Residencias Florida, etwa 50 m weiter links, befindet sich ein gutes Restaurant ohne Namen oder Adresse. Es hat eine rote Markise und gehört Jhons Partner.

An- & Weiterreise

Von Cartagena aus nimmt man den Bus nach Montería (35 000 KOL$, 4½ Std.) und steigt dort nach Turbo um. Fährt man vor 11 Uhr in Cartagena los, kommt man noch am selben Tag in Turbo an. **Sotracor** (784-9023), **Gomez Hernan-**

> **EINREISE NACH PANAMA**
>
> Inzwischen ist es auch möglich, von Panama nach Kolumbien zu reisen, ohne zu fliegen oder mit dem Segelboot überzusetzen. Die übliche Route ist Turbo–Capurganá per Schiff, Capurganá–Puerto Obaldia (Panama) per Schiff, und Puerto Obaldia–Panama City mit dem Flugzeug. Eine lange aber sichere Reise und zudem die günstigste Art von Süd- nach Zentralamerika zu reisen.
>
> - Die Gelbfieberimpfung muss up-to-date sein, das wird in Panama verlangt. Die Anreise nach Capurganá ist im Abschnitt über Turbo (s. rechte Spalte unten) beschrieben. Man kommt morgens um 10 Uhr in Capurganá an.
>
> - Den kolumbianischen Ausreisestempel sollte man sich beim **Departamento Administrativo de Seguridad** (DAS; ☎ 311-746-6234; Mo–Fr 8–17, Sa 9–16 Uhr) am Tag der Weiterreise nach Puerto Obaldia holen. Übernachtet wird im wirklich hübschen Capurganá.
>
> - Mit dem Motorboot geht's von Capurganás Hafen zur ersten Stadt in Panama: Puerto Obaldia (20 000 KOL$, 45 Min.). Die Boote fahren am Sonntag, Montag, Mittwoch und Freitag um 7.30 Uhr und sind zeitlich an die Anschlussflüge von Puerto Obaldia nach Panama City angepasst. Man sollte früh am Kai sein und auf das Frühstück verzichten, falls man seekrank wird. Es kann eine raue Überfahrt werden.
>
> - Bei der Ankunft holt man sich einen Einreisestempel für Panama und zwar bei der dortigen Immigrationsbehörde. Dann fliegt man mit **Aeroperlas** (☎ in Panama +507-315-7500; www.aero perlas.com) weiter nach Panama City. Flüge starten immer sonntags, montags, mittwochs und freitags jeweils um 10 Uhr (80 US$). Die in Panama gebräuchliche Währung ist der US-Dollar.

dez (☎ 784-9010) und **Coointur** (☎ 784-9008) befahren die Strecke Montería–Turbo. In Turbo steigt man beim Park im Zentrum aus. Busse nach Montería fahren von 4.30 bis 16 Uhr. **Sotrauraba** (☎ 827-2039) fährt von 5 bis 22 Uhr stündlich nach Medellín (51 000 KOL$, 8 Std.).

Boote nach Capurganá (49 000 KOL$, 2½ Std.) legen in der Hauptsaison täglich ab 6 Uhr ab und in der Nebensaison einmal um 8.30 Uhr. Die Boote sind schnell voll mit Einheimischen – deshalb eine Stunde früher da sein und gleich ein Ticket kaufen. Bei der Überfahrt kann man schrecklich durchgeschüttelt werden, vor allem wenn der harte Plastiksitz oder die Holzbank kein Sitzkissen hat, deshalb unbedingt eines mitnehmen. Am besten sitzt man im hinteren Teil des Schiffs, trägt Badesachen, hat Sonnencreme dabei und kauft sich am Kai (1000 KOL$) einen Müllsack, damit das Gepäck trocken bleibt. Eines Tages lacht man bestimmt über diese Fahrt – sofern man sich unterwegs nicht die Zunge abbeißt oder sich alle Zähne einschlägt. Für Infos wie es nach Panama weitergeht, s. Kasten oben.

CAPURGANÁ
☎ 4 / 2000 Ew.

Capurganá ist all das, was Taganga einst war: ein karibisches Dörfchen, in dem man sofort einen Gang runterschaltet, sobald man einen Fuß dorthin setzt. Die bunten Holzhäuser, die Tatsache, dass es keine Autos gibt und die absolut entspannte Atmosphäre, erinnern an ein Städtchen an Jamaicas Nordküste.

Am Nachmittag fischen die Kinder am Pier, der Taxiservice besteht aus einem Pferd und einem Wagen und die Einheimischen gehen alles ganz gelassen an. Der Tourismus wird von All-Inclusive-Hotels für wohlhabende Kolumbianer dominiert, wobei sich das bereits ändert und es mittlerweile mehrere Backpacker-freundliche Unterkünfte gibt.

In der Nähe gibt es fantastische Möglichkeiten, um die Natur zu beobachten. Man kann hier tatsächlich Hunderte verschiedene Vogelarten und sogar Brüllaffen vor die Linse kriegen. Das Fischen in der Bucht soll ebenfalls hervorragend sein. Angeblich werden oft riesige Fische an Land gezogen.

Strom gibt es bis 2 Uhr, weshalb man unbedingt genug Insektenschutzmittel und ein Moskitonetz mitnehmen sollte, damit man auch geschützt ist, wenn den Ventilatoren der Saft ausgeht. Der Golf von Uraba, der fortwährend am gewaltigen Regenwald Dariéns knabbert, ist eine der feuchtesten Regionen der Welt mit bis zu 10 m Regen pro Jahr. Am Nachmittag trocknet alles in der Sonne. Übrigens sind keine Adressen angegeben – da es keine gibt. Der Ort ist wirklich winzig.

Praktische Informationen

Banken gibt's hier nicht, jedoch kann man bei Capurganá Tours manchmal mit einer VISA-Karte einen Vorschuss in bar erhalten.

Capurganá Tours (☎ 824-3173; www.capurganatours.com; ⊙ Mo–Sa 8–12 & 14–18 Uhr) Freundliches Reisebüro in der einzigen Einkaufsstraße der Stadt.

DAS (☎ 311-746-6234; ⊙ Mo–Fr 7–17, Sa 9–16 Uhr) Einreisestelle in der Nähe der Kirche. Zu Fuß drei Minuten vom Bootshafen entfernt.

Internet (3000 KOL$/Std.; ⊙ Mo–Sa 9–21 Uhr) Im Jasepcagebäude im größten Park der Stadt.

Panamanian Consulate (☎ 314–653-4081; ⊙ Mo–Fr 8–16 Uhr) In der Nähe des Fußballfelds.

Sehenswertes & Aktivitäten

Das Tauchen macht hier mehr Spaß als in Taganga: Man kann ohne Anzug tauchen gehen, die Korallen sind besser erhalten und befinden sich zudem näher am Festland. Es ist zwar teurer, dafür sind die Gruppen kleiner und die Betreuung ist persönlicher. Finden sich acht Personen zu einer Gruppe zusammen, kann man im nahen indigenen Territorium Kuna Yala tauchen gehen. Die Gewässer dort bergen einige der unberührtesten, nicht befischten Riffe in der Karibik.

Dive & Green (☎ 316–781-6255; www.diveandgreen.com; ⊙ 8.30–12.30 & 14–17.30 Uhr) befindet sich gleich links neben dem Kai und bietet Tauchgänge mit zwei Flaschen für 180 000 KOL$ an. PADI-Zertifikate kosten 800 000 KOL$.

SPAZIERGÄNGE

Eine kurze und eher entspannte Wanderung durch den Regenwald gleich bei Capurganá bringt einen nach Sapzurro. Der Weg ist gut ausgeschildert, man braucht also keinen Führer. **El Cielo** ist ebenfalls eine beliebte Regenwaldroute, an der natürliche *piscinas* (Schwimmbecken) liegen, in denen man sich herrlich abkühlen kann. Auch auf der **Aguacate**-Route lässt sich ein schöner, einstündiger Spaziergang machen. Man sollte auf allen Wegen Wander- oder Turnschuhe tragen, da sie oft matschig sind. **La Miel** ist einer der wundervollsten Strände in der Gegend, und liegt gleich hinter der panamanischen Grenze – also den Pass nicht vergessen. In den Unterkünften kann man weitere Infos bekommen.

Schlafen

Hostal Los Delfines (☎ 316–866-3739; EZ/DZ 10 000/20 000 KOL$) In der Nähe des zentralen Parks. Zimmer in dieser Qualität gibt es zu diesem Preis nur hier: zwei Ventilatoren, saubere Laken und annehmbare Bäder. Im Restaurant erhält man einen äußerst leckeren Red Snapper für 10 000 KOL$. Der Besitzer empfängt jedes Boot täglich im Hafen.

Hostal Capurganá (☎ 824-3173; Calle de Comercio; EZ/DZ 18 000/30 000 KOL$) Ein super Hostel: Neue, frische Zimmer mit bequemen Betten.

Luz de Oriente ☎ 824-3719; Pier, Capurganá; Zi. 20 000 KOL$/Pers.) Entspannte, kleine Hotel-Restaurant-Kombi mit Seeblick und gemütlichen Zimmern und Betten. Zudem gibt's hier eine echte Besonderheit unter den touristischen Einrichtungen – sie spielen Reggae, der *nicht* von Bob Marley ist.

Dive & Green (☎ 311-578-4021; Zi. 20 000 KOL$/Pers.) Es gibt 5000 KOL$ Rabatt auf die Übernachtung in den schicken Hütten, wenn man das Tauchangebot hier nutzt. Direkt an der Küste, ein kleines Stück zu Fuß rechts vom Kai.

Hostal Marlin (☎ 315-569-3849; Zi. 15 000 KOL$/Pers.) Hinter dem Park, direkt am Strand. Die Mehrbettzimmer sind aus Pinienholz, die Betten und Badezimmer sind schön sauber.

Essen & Ausgehen

Die meisten Hotels bieten ihre Zimmer auch mit Verpflegungen an. Auf der rechten Seite des Kais sind diese beiden tollen Restaurants.

Hernan Patacon (Playa Blanca; Hauptgerichte 4500–12 500 KOL$, ⊙ 11.30–19.30 Uhr) Her werden dünne, knusprige *patacones* (ähnelt gebratenen Kochbananen) belegt mit köstlichen Meeresfrüchten, Fleisch oder sogar süßem Karamell serviert – und das im Freien.

Josefina's (Playa Caleta; Hauptgerichte 20 000–30 000 KOL$; ⊙ mittags & abends) Im Josefina gibt's riesige Portionen von frischen Meeresfrüchten, die elegant-minimalistisch zubereitet werden. Der *pulpo al ajillo* (Oktopus mit Knoblauch) ist zum Hineinlegen. Sieht das Restaurant geschlossen aus, klopft man einfach an die Tür und fragt, welche Köstlichkeiten der Kühlschrank an diesem Tag hergibt.

Um den Park herum findet man mehrere Bars, die größtenteils stockbesoffene Klientel allesamt mit ohrenbetäubender Musik zudröhnen.

An- & Weiterreise

Capurganá und Sapzurro erreicht man nur auf zwei Wegen. Die günstigste Variante ist eine Überfahrt mit dem Schiff von Turbo (49 000 KOL$, 2½ Std.) aus, das in der Hauptsaison täglich regelmäßig ab 6 Uhr fährt und das restliche Jahr über einmal täglich um 8.30 Uhr. In der Nebensaison legen die Boote nach Turbo um 7.30 Uhr ab.

ADA (☎ 682-8817; www.ada-aero.com) bietet Flüge von Medellín aus an (einfache Strecke ca. 307 000 KOL$), die in der Nebensaison am Montag, Dienstag, Donnerstag, Freitag und Samstag um 12 Uhr starten.

SAPZURRO
☎ 4 / 1000 Ew.

Sapzurro ist eine kleine, karibische Stadt, wie sie im Buche steht: Kinder laufen mit frischem Fisch beladen durch die engen Gassen, ältere Damen mit Lockenwicklern verkaufen Kokosnusseiscreme und die Männer spazieren im Schneckentempo einfach in der Gegend herum. Autos oder laute Musik gibt es nicht. Ein Segen. Die unberührten Strände sind von Wäldern umgeben, die von Flora und Fauna geradezu überlaufen. Dieses verschlafene Städtchen ist der letzte Haltepunkt vor Panama und ist deswegen voller gelangweilter Soldaten, die aber eigentlich alle sehr freundlich sind. Vorsicht: mit Einbruch der Dunkelheit beginnt eine wahre Invasion von Moskitos und Sandfliegen. Was man hier tun kann? Einfach ganz entspannt am Strand herumlümmeln.

Schlafen & Essen
Camping El Chileno (☎ 313–685-9862; Sapzurro Beach; Hängematte 8000 KOL$, Camping mit/ohne Zelt 6000/8000 KOL$; Cabaña 15 000 KOL$/Pers.) Dem aufgedrehten Inhaber gehört ein ruhiges Plätzchen direkt am Strand mit einfachen Hängematten und einer muffigen *cabaña* (Hütte).

Reserva Natural de la Sociedad Civil Tacarcuna (☎ 314–623–149; tacarcunas@gmail.com; Cabaña 25 000 KOL$) Gute Betten inmitten eines privaten Naturreservats, dessen Besitzer sich dem Umweltschutz verschrieben haben: Sie pflanzen einheimische Pflanzenarten und Bäume wieder an und die Gäste werden mit geklärtem Regenwasser versorgt. Ansprechpartner sind Martha und Fabio, die im zweiten Haus auf der Straße Richtung La Miel wohnen.

Das Restaurant Las Tinajas ist eines der wenigen in Sapzurro, die sich auf einfache, aber gut zubereitete Meeresfrüchte spezialisiert haben. Die Garnelen in Knoblauchsauce bringen einen den Sternen ein Stückchen näher, außerdem werden auch Vegetarier hier gut versorgt. Um das Las Tinajas zu finden, fragt man nach Doña Annies und Don Pachos Restaurant.

Für Informationen darüber, wie man nach Sapzurra gelangt, siehe den Abschnitt über Capurganá (S. 774).

BAHÍA EL AGUACATE
☎ 4 / 30 Ew.

Eine winzige Bucht gleich im Süden von Capurganá, in der zwei kleine Privathütten stehen. Beide bieten Unterkünfte der Superlative an hübschen Privatstränden an.

Der ehemalige Pilot German Piñalosa führt das **Cabo Pinololo** (☎ 312-259-9967; gerdapec@hotmail.com; Bahía El Agucate; Zi. 70 000 KOL$/Pers.). Hier gibt's ein paar kleine, gut ausgestattete Zimmer, die nicht direkt am Strand liegen. Der höfliche Inhaber besitzt außerdem ein Segelboot für Ausflüge und ist sehr freundlich. Mittag- und Abendessen sind bereits im Preis enthalten.

Das **Hotel Bahía Lodge** (☎ 314–812-2727; www.bahia-lodge.com, info@bahia-lodge.com; Bahía El Agucate; Hütte für 2 Nächte inkl. Frühstück 160 000 KOL$/Pers., Zi. für 2 Nächte 130 000 KOL$/Pers.) hat eine kleine Bar, Zimmer mit wunderschönem Blick aufs Meer und einen Sandstrand. Hier ist es ruhiger als ruhig – sogar die Moskitos halten Siesta. Der die Lodge umgebende Wald ist in gutem Zustand und bietet vielen Tieren ein Zuhause.

Reservierungen für beide Hotels erledigt man per E-Mail. Die Besitzer holen die Gäste in Capurganá an der Anlegestelle ab und schippern sie mit einem kleinen Motorboot in ein paar Minuten ans Ziel.

NORDWESTLICHES KOLUMBIEN

Der Nordwesten Kolumbiens zeigt sich bergig mit einem milden Klima, fruchtbarem, vulkanischem Boden, der mit unzähligen Blumenfeldern übersät ist, intensivgrünen Kaffeeplantagen, himmlischen Nebelwäldern und kleinen, emsigen Universitätsstädten voller hart arbeitender *paisas*, wie die Einheimischen hier genannt werden.

Antioquia ist der größte, reichste und am dichtesten bevölkerte Bezirk in der Region. In seiner Mitte erstrahlt Medellín, eine moderne, zukunftsgerichtete Metropole. Die Menschen hier sind landesweit für ihr unabhängiges und unternehmerisches Gedankengut bekannt.

Antioquia erstreckt sich über Teile der Cordillera Occidental und der Cordillera Central. Die Zona Cafetera, Kolumbiens größtes Kaffeeanbaugebiet, konzentriert sich in drei Städten, Manizales, Armenia und Pereira, die direkt neben einigen der verblüffendsten Landschaften Kolumbiens liegen, darunter z. B. das Valle de Cocora. Diese Region dient auch als Ausgangspunkt für die Trekkinggebiete in den Anden.

MEDELLÍN
☎ 4 / 2 219 800 Ew.

Medellín, die Stadt der stolzesten Einwohner Kolumbiens, der *paisas*, ist kraftvoll zurück. Dass es früher die mörderischste Stadt der Welt war, ist heute nicht mehr zu spüren. Mit ihrem perfekten, immer frühlingshaften Klima, den eleganten Einkaufszentren, den Weltklasse-Restaurants und dem pulsierenden Nachtleben, verführt die Stadt die Sinne. Man fühlt sich hier sofort wie daheim.

Medellín stand schon immer im Schatten von Cartagena und Bogotá, obwohl viele Besucher die Stadt mit viel Grün und beeindruckender öffentlicher Kunst entspannter als die erstere und einladender als letztere finden. Kultur, Klasse und Geschichte gesellen sich zu den freundlichen Einheimischen, die Reisende wie Familienmitglieder willkommen heißen. Es ist die perfekte Mischung aus dem schwülheißen Küsten-Märchenland Cartagena und den kühlen Höhen Bogotás. Der Tourismus gedeiht prächtig.

In den 1990er-Jahren war Medellín ein Zentrum des weltweiten Drogenhandels. Motorradfahrende *sicarios* (Auftragskiller) mordeten im Auftrag des berüchtigsten Bürgers der Stadt: Drogenkönig Pablo Escobar. Er wird immer noch von machen hier für seine Großzügigkeit gegenüber der Armen geschätzt. Escobar war so reich, dass er einmal anbot, Kolumbiens Auslandsschulden zu begleichen und zahlte seinen Killern 1000 US$ für jeden Polizisten, den sie umlegten. Die Stadt war für Ausländer eine No-Go-Zone, bis zu jenem Tag 1993, an dem Escobar von Sicherheitskräften auf einem Dach in Medellín niedergeschossen wurde.

Heute werden die Motoren der Wirtschaft in der Stadt von Blumen, Kaffee und Textilien angetrieben – und den *paisas*, die für ihren Fleiß und cleveren Geschäftssinn berüchtigt sind. Dies wurde in den letzten Jahren noch durch die intelligente Planung der Stadtverwaltung und Investitionen in die Infrastruktur ergänzt. Die Stadt kann sich außerdem mit dem einzigen U-Bahnnetz in ganz Kolumbien brüsten: ein blitzblank sauberes, graffitifreies, sicheres und bezahlbares öffentliches Nahverkehrssystem, das einen schnell und bequem von einem Ort zum anderen bringt. Die Seilbahn, die über die ärmeren Viertel hinwegschwebt, hat für Frieden gesorgt und ist definitiv eine Fahrt wert.

Die stolze Eigenständigkeit Medellíns ist Folge seiner Geschichte: Die Stadt wurde 1616 von europäischen Einwanderern gegründet, die hart arbeiteten und das Land selbst bewirtschafteten. Medellín ist von üppigem, bergigem Terrain umgeben; das Nord- und das Südende ziehen sich bis in ein enges Tal hinunter und die hochaufragenden Gebäude sehen aus wie geometrisch angeordnete Sonnenblumen. Aber Vorsicht: So hart wie die Menschen hier arbeiten, können sie auch feiern. Zieht man nachts mit einer Gruppe *paisas* los, kann es sehr gut sein, dass man bis zum Sonnenaufgang unterwegs ist.

Praktische Informationen
BUCHLÄDEN

Centro Colombo Americano Medellín Zentrum (Karte S. 777; ☎ 513-4444; www.colomboworld.com; Plaza San Fernando, Carrera 45 Nr. 53–24) Verkauft englischsprachige Bücher.

Panamericana (Karte S. 779; ☎ 448-0999; Carrera 43A Nr. 6S–150, El Poblado; ⌚ Mo–Sa 9.30–21, So 11–19.30 Uhr) Dieser riesige Buchladen verkauft auch englischsprachige Literatur. Außerdem Karten von Medellín und Elektrogeräte.

GELD

Die hier genannten Banken wechseln Reiseschecks wahrscheinlich zu vernünftigen Kursen. Es kann sogar sein, dass sie auch Bargeld wechseln, wobei die Wechselkurse in den (schnelleren) *casas de cambio* ähnlich oder sogar besser sind.

Banco Santander (Karte S. 777; Carrera 49 Nr. 50–10)
Bancolombia (Karte S. 779; CC Oviedo, Calle 43A Nr. 65–15)
Citibank (außerhalb der Karte S. 779; Carrera 43A Nr. 1A Sur–49, El Poblado)
Davivienda (außerhalb der Karte S. 779; Poblado Éxito) Im Éxito Supermarkt.
Giros & Finanzas (Karte S. 777; Centro Comercial Villanueva, Calle 57 Nr. 49–44, Local 241) Western Union Büro.

INTERNETZUGANG
Café Internet Doble-Click (Karte S. 777; Calle 50 Nr. 43–135; ⌚ Mo–Fr 7–21, Sa 7–19, So 10–16 Uhr)

Comunicaciones La 9 (Karte S. 779; ☎ 266-2105; Calle 9 Nr. 41–64, El Poblado)

TOURISTENINFORMATION
Fomento y Turismo (außerhalb der Karte S. 777; Subscretaria de Turismo; ☎ 444-4144; www.culturayturismomedellin.com; Av Alfonso López; ☼ Mo–Fr 7.30–12.30 & 13.30–17.30 Uhr) Im Palacio de Exposiciones.

VISA-INFORMATION
Departamento Administrativo de Seguridad (DAS; außerhalb der Karte S. 779; ☎ 238-9252; Calle 19 Nr. 80A–40, Barrio Belén; ☼ Mo–Fr 7–11 & 14–16 Uhr) Hier kann man sein Visa verlängern lassen. Von El Poblado fährt man mit dem Bus Circular Sur 302/303 Richtung Süden entlang der Av Las Vegas, oder man nimmt ein Taxi (7000 KOL$).

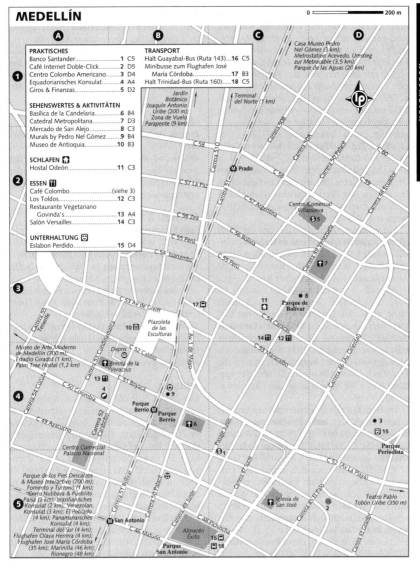

MEDELLÍN

PRAKTISCHES
- Banco Santander..........................1 C5
- Café Internet Doble-Click..............2 D5
- Centro Colombo Americano..........3 D4
- Equadorianisches Konsulat...........4 A4
- Giros & Finanzas...........................5 D2

SEHENSWERTES & AKTIVITÄTEN
- Basílica de la Candelaria...............6 B4
- Catedral Metropolitana.................7 D3
- Mercado de San Alejo...................8 C3
- Murals by Pedro Nel Gómez.........9 B4
- Museo de Antioquia....................10 B3

SCHLAFEN
- Hostal Odeón..............................11 C3

ESSEN
- Café Colombo.........................(siehe 3)
- Los Toldos...................................12 C3
- Restaurante Vegetariano Govinda's.....................................13 A4
- Salón Versailles...........................14 C3

UNTERHALTUNG
- Eslabon Perdido..........................15 D4

TRANSPORT
- Halt Guayabal-Bus (Ruta 143)....16 C5
- Minibusse zum Flughafen José María Córdoba...........................17 B3
- Halt Trinidad-Bus (Ruta 160)......18 C5

Sehenswertes

Im **Museo de Antioquia** (Karte S. 777; ☎ 251-3636; www.museodeantioquia.org; Carrera 52 Carabobo 52–43; Eintritt 8000 KOL$; Mo–Sa 10–18, So bis 16.30 Uhr) werden Kunstsammlungen aus der prähispanischen Zeit, der Kolonialzeit, der Zeit seit der Unabhängigkeit und der Gegenwart gezeigt, die über Antioquias 400-jährige Geschichte erzählen. Außerdem hat Fernando Botero 92 seiner eigenen Werke beigesteuert, und die 22 Werke internationaler Künstler sind auch zu sehen. Seine 23 große Bronzeskulpturen zieren auf der Plazoleta de las Esculturas die Vorderseite des Museums.

Auf der anderen Seite des Parque Berríos gibt es zwei große Wandgemälde (s. Karte S. 777), die Antioquias Geschichte darstellen. 1956 wurde es von einem weiteren berühmten und produktiven Künstler aus Medellín angefertigt: Pedro Nel Gómez (1899–1984). Das **Casa Museo Pedro Nel Gómez** (außerhalb der Karte S. 777; ☎ 233-2633; Carrera 51B Nr. 85–24; Mo–Fr 9–17, So 10–16 Uhr) befindet sich in dem Haus, in dem der Künstler lebte und arbeitete. Es beherbergt fast 2000 seiner Werke, darunter Gemälde in Wasserfarben oder Öl, Zeichnungen, Skulpturen und Wandbilder.

Ein weiteres, wichtiges Museum der Stadt ist das **Museo de Arte Moderno de Medellín** (außerhalb der Karte S. 777; ☎ 230-2622; Carrera 64B Nr. 51–64; Di–Fr 10–17, Sa & So bis 16 Uhr), das wechselnde Ausstellungen zeitgenössischer Kunst zeigt.

Abgesehen von ein paar alten Kirchen, ist von der Kolonialarchitektur der Stadt nichts übrig geblieben. Die interessanteste der historischen Kirchen ist die **Basílica de la Candelaria** (Karte S. 777; Parque Berrío), die in den 1770er-Jahren erbaut wurde und bis 1931 die Kathedrale Medellíns war. Einen Besuch wert ist auch die gigantische, neo-romanische **Catedral Metropolitana** (Karte S. 777; Parque de Bolívar), die 1931 fertiggestellt wurde.

In Medellín gibt es einen schönen botanischen Garten, den **Jardín Botánico Joaquín Antonio Uribe** (außerhalb der Karte S. 777; ☎ 444-5500; Carrera 52 Nr. 73–182; 9–17 Uhr). Im **Parque de los Pies Descalzos** (außerhalb der Karte S. 777; Barfuß-Park; Carrera 57 Nr. 42–139) kann man sich wunderbar entspannen. Hier wird man sogar dazu ermuntert, seine Schuhe auszuziehen und barfuß durch die seichten Gewässer zu waten. Gleich am Park befinden sich Restaurants und das **Museo Interactivo** (außerhalb der Karte S. 777; ☎ 380-6956; Carrera 57 Nr. 42–139; Eintritt Erwachsene/Kinder 6000/4000 KOL$; Di–Sa 10–20, So 12–20 Uhr), das 200 Exponate aus der Wissenschaft zum Mitmachen zeigt – Kinder werden's lieben.

Blicke über die Stadt kann man vom **Cerro Nutibara** (Karte S. 777) aus genießen: ein 80 m hoher Hügel südwestlich des Zentrums. Das **Pueblito Paisa**, der Nachbau eines typischen Antioquia-Dorfes, wurde auf dem Gipfel errichtet. Dort gibt's auch mehrere Läden, die Kunsthandwerk verkaufen. Für einen etwas anderen Blick auf die Stadt empfiehlt sich eine Fahrt mit der neuen **Metrocable** (Karte S. 777), und zwar ab der Metrosation Acevedo.

Ist man zufällig am ersten Samstag des Monats in der Stadt, lohnt der **Mercado de San Alejo** (Karte S. 777), ein kunterbunter Handwerksmarkt im Parque de Bolívar, einen Abstecher.

Aktivitäten

Zona de Vuelo Parapente (Karte S. 777; ☎ 254-5943, 311-774-1175; www.zonadevueloparapentemedellin.com; Vía San Pedro de Milagros bei Km 5,6; Flüge 80 000 KOL$) Hier werden Tandem-Paraglidingflüge über der Stadt angeboten. Professionell, anerkannt und vertrauenswürdig.

Festivals & Events

Feria Nacional de Artesanías Die Handwerksmesse findet im Juli im Sportkomplex Atanasio Girardot statt.

Feria de las Flores Das größte Event Medellíns dauert eine ganze Augustwoche lang. Das Highlight ist die Desfile de Silleteros am 7. August. Dann kommen Hunderte von *campesinos* (Landwirte) aus den Bergen in die Stadt und ziehen durch die Straßen. Sie tragen *silletas* (riesige Körbe) randvoll mit Blumen auf dem Rücken.

Alumbrado (weihnachtliches Lichter-Festival) Jedes Jahr zur Weihnachtszeit erstrahlt das Flußufer in einer spektakulären Lightshow, und zwar vom 7. Dezember bis zur zweiten Januarwoche.

Schlafen

Der *barrio* El Poblado mit seinen Einkaufszentren, Bürokomplexen und eleganten Läden, in dem sich auch die Zona Rosa inklusive trendiger Bars, Clubs und Restaurants etabliert hat, zieht die meisten Neuankömmlinge an. Es wird bereits als das „neue" Zentrum gehandelt. Das eigentliche Zentrum ist aber auch interessant und ist denjenigen zu empfehlen, die eine lebendige, typisch kolumbianische Stadt erleben wollen.

Palm Tree Hostal (außerhalb der Karte S. 777; ☎ 260-2805; www.palmtreemedellin.com; Carrera 67 Nr. 48D–63; B/EZ/DZ 17 000/25 000/34 000 KOL$;) Das Palm Tree, etwa 1,5 km westlich des Zentrums, geht zwar im Poblado-Boom etwas unter, hat aber seinen Reiz. Die Zimmer sind klein, dafür ist die Atmosphäre ruhig und gesellig. Es gibt eine Küche für die Gäste und einen Büchertausch.

Pitstop Hostel (Karte S. 779; ☎ 352-1176; www.pitstophostel.com; Carrera 43E Nr. 5–110, El Poblado; B 17 000–23 000 KOL$, EZ mit/ohne Bad 60 000/30 000 KOL$, DZ mit/ohne Bad 80 000/50 000 KOL$; 🖥 🍴) Ein gigantisches, neues Hostel, das seine jungen Gäste mit einer irischen Bar, einem Swimmingpool, Dampfbad, Grillplatz, Basketballplatz und einem riesengroßen Gemeinschaftsraum mit Flachbild-TV verwöhnt. Angenehme Privatzimmer, stickige Schlafsäle und eine Stimmung wie in einer Studentenverbindung.

Black Sheep Hostal (Karte S. 779; ☎ 311-1589; www.blacksheepmedellin.com; Transversal 5A Nr. 45–133, El Poblado; B 18 000 KOL$, EZ/DZ 50 000/60 000 KOL$, ohne Bad 40 000/50 000 KOL$; 🖥) Gut geführtes Gästehaus mit wirklich allem, was man braucht: zwei Fernsehräume, Grill, Spanischunterricht, Küche und saubere Zimmer. Derzeit werden auch neue Privatzimmer eingerichtet, da immer mehr ausländische Besucher in die Stadt strömen.

Casa Kiwi (Karte S. 779; ☎ 268-2668; www.casakiwi.net; Carrera 36 Nr. 7–10, El Poblado; B 18 000 KOL$, Zi. mit/ohne Bad 60 000/40 000 KOL$; 🖥) Zum Zeitpunkt der Recherche waren die Inhaber gerade dabei, mehrere neue Zimmer zu bauen, jeweils mit eigenem Bad. Perfekte Lage in der Nähe der Zona Rosa. Positiven Reiseberichten zufolge ist die Stimmung gesellig, trotzdem wird es nachts nicht allzu hektisch.

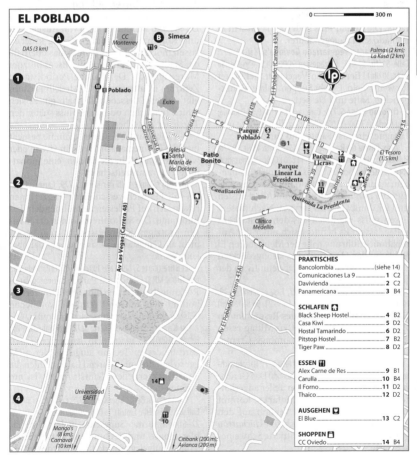

EL POBLADO

PRAKTISCHES	
Bancombia	(siehe 14)
Comunicaciones La 9	1 C2
Davivienda	2 C2
Panamericana	3 B4

SCHLAFEN	
Black Sheep Hostel	4 B2
Casa Kiwi	5 D2
Hostal Tamarindo	6 D2
Pitstop Hostel	7 B2
Tiger Paw	8 D2

ESSEN	
Alex Carne de Res	9 B1
Carulla	10 B4
Il Forno	11 D2
Thaico	12 D2

AUSGEHEN	
El Blue	13 C2

SHOPPEN	
CC Oviedo	14 B4

Tiger Paw (Karte S. 779; ☎ 311-6079; www.tigerpaw
hostel.com; Carrera 36N 10–49, El Poblado; B/EZ/DZ 20 000/
55 000/65 000 KOL$; 🖵) Moderne Schlafsäle mit
tollen Betten, unter denen sich große Schließfächer befinden. Es gibt ein Restaurant und
eine Bar im Hostel, das von einer jungen
Klientel in Partystimmung bewohnt wird, die
allzu glücklich darüber ist, die Bars und Clubs
der Zona Rosa in nächster Nähe zu haben.

Hostal Odeón (Karte S. 777; ☎ 513-1404; Calle 54 Nr.
49–38; EZ/DZ/3BZ 25 000/32 000/48 000 KOL$) Anständi-
ge, kleine Unterkunft im Zentrum für alle, die
der Hostelszene lieber aus dem Weg gehen
und in der Nähe der Museen bleiben wollen.
Die Zimmer sind mit TV und Kühlschrank
ausgestattet.

Essen

Das Zentrum ist voll mit bezahlbaren Restaurants. Die Restaurants in der Zona Rosa in El
Poblado sind dagegen teurer.

Restaurante Vegetariano Govinda's (Karte S. 777;
Calle 51 Nr. 52–17; Mittagessen 7000 KOL$; ⌚ Mo–Sa
9–14.30 Uhr) Hier kriegen Vegetarier viel Buffet
für wenig Geld. Es gibt Suppen, Salate, Hauptgerichte, Säfte und Dessert.

Il Forno (Karte S. 779; Carrera 37A Nr. 8–9, El Poblado;
Hauptgerichte 7000–18 000 KOL$) Exzellente Pizza und
Lasagne, ein paar Salate sind ganz o. k.

Alex Carne de Res (Karte S. 779; Carrera 48 Nr. 10–70,
El Poblado; Hauptgerichte 7500–14 800 KOL$; ⌚ mittags &
abends) Steaks, so groß, dass sie vom Teller hängen, zu diesem Preis? Und noch dazu so saftig? Die *punta de anca* ist vom Allerfeinsten
und wird mit Chorizo serviert. Nach diesem
Essen muss man sich aus dem Restaurant
rollen lassen. Es befindet sich unter der Au-
tobahnüberführung nahe der Metrostation El
Poblado, das Haus mit den strohgedeckten
Dächern. Vegetarier sind hier definitiv an der
falschen Adresse.

Salón Versailles (Karte S. 777; Pasaje Junín 53–39;
Hauptgerichte 10 900 KOL$; ⌚ Mo–Sa 7–21, So 8–18 Uhr)
Ein altertümlich anmutendes Restaurant im
Zentrum, in dem man gut zu Mittag essen
kann. Die Besonderheit: bombige Creme-
torten.

Los Toldos (Karte S. 777; Calle 54 Nr. 47–11; Hauptgerichte 15 000–18 000 KOL$; ⌚ mittags & abends) Das Gericht
bandeja paisa, ein auf einem Teller angerich-
teter, fleischlastiger Herzinfarkt, kommt
hier in einer ganz neuen Version auf den
Tisch: Obendrauf gibt es noch eine *chicharrón
gigante*, ein großes Stück frittierte Schweine-
schwarte.

Café Colombo (Karte S. 777; Carrera 45 Nr. 53–24, 10.
Stock; Hauptgerichte 15 000–20 000 KOL$; ⌚ Mo–So 11–22
Uhr) Ein helles, minimalistisches Lokal mit
einer überaus kreativen Speisekarte, das sich
im obersten Stock des Centro Colombo Americano Gebäudes befindet.

Thaico (Karte S. 779; Calle 9A Nr. 37–40, El Poblado; Hauptgerichte 20 000–30 000 KOL$; ⌚ Mo–Sa 12–1, So bis 21 Uhr)
Hier entkommt man dem tyrannischen Mo-
nopol des *comida corriente* mit einem grünen
Thai-Curry. Die 2-für-1 Essensangebote am
frühen Abend lohnen sich ganz besonders.
Bei den Cocktails heißt es 3-für-1.

Sucht man einen Supermarkt, nichts wie
ab zu **Carulla** (Karte S. 777; ☎ 361-7777; Calle 43A Nr. 6
Sur–145; ⌚ 24 Stunden).

Ausgehen & Unterhaltung

El Poblado ist gerammelt voll mit Bars und
Discos und wimmelt nur so von Ausländern
und Kolumbianern, die es richtig krachen
lassen möchten. In Las Palmas, das oberhalb
der Stadt liegt, wummern die Discos bis zum
Morgengrauen. Der Parque Periodista im
Zentrum ist alternativer. In Medellíns Clubs
gibt's einen Dresscode. Deshalb gilt es sich
schick zu machen oder man muss später den
Türsteher bestechen.

Für Kino- und Theaterprogramme besucht
man das Onlinemagazin medellin.vive.in oder
wirft einen Blick in die *Opción*, eine monatliche Programmzeitschrift.

Mango's (außerhalb der Karte S. 779; Carrera 42 Nr.
67A–151) Plastisch verschönerte Tänzerinnen
räkeln sich auf Podesten zu dröhnendem La-
tinosound. Die Silikonfreundinnen der hiesigen protzigen Klientel spricht man besser
nicht an. Gangstavokuhilas sind optional, aber
kein Muss.

El Blue (Karte S. 779; Calle 10 Nr. 40–20, El Poblado; Eintritt 10 000 KOL$) Gleich am Parque Lleras gibt es
Rockmusik und Livebands. Am Donnerstag
kommt man umsonst rein, die weiblichen
Gäste sehen allesamt aus wie Covergirls.

La Kasa (außerhalb der Karte S. 779; Las Palmas, 1 km;
Eintritt 10 000 KOL$, Frauen frei) In der riesigen Disco
wird moderner Techno aufgelegt, der nicht
gar so laut dröhnt, während Laserstrahlen die
Tanzfläche erhellen. Samstagnacht ist am
meisten los.

Carnaval (außerhalb der Karte S. 779; Calle 80 Sur 50–61,
Entrada La Estrella; Eintritt 15 000–20 000 KOL$; ⌚ Do–So
22–6 Uhr) Enormer Superclub, in dem akzep-
tabler House und Techno und entsetzlicher
Trance aufgelegt werden. Oft werden inter-

nationale DJs gebucht. Hier enden normalerweise die Partynächte und es geht auch erst ab 3 Uhr richtig rund.

Eslabon Perdido (Karte S. 777; Calle 53 Nr. 42–55) Sehr beliebt bei den kolumbianischen Studenten, mit dementsprechenden Preisen und Livesalsa am Dienstag. Das Eslabon Perdido ist nur ein paar Blocks vom Parque Periodista entfernt.

Museo de Arte Moderno de Medellín (außerhalb der Karte S. 777; ☎ 230-2622; Carrera 64B Nr. 51–64) Medellíns bestes Kino für Arthausfilme.

Teatro Pablo Tobón Uribe (außerhalb der Karte S. 777; ☎ 239-2674; Carrera 40 Nr. 51–24) Medellíns größtes Mainstream-Theater.

Shoppen

El Tesoro (außerhalb der Karte S. 779; Carrera 25A Nr. 1AS–45) Riesengroßes Einkaufszentrum, in dem es kostenloses WLAN gibt, sowie Modeimporte aus den USA und anderen Ländern.

CC Oviedo (Karte S. 779; Carrera 43A Nr. 6S–15, El Poblado) Viele Wechselstuben und Banken, dazwischen internationale Fashionoutlets.

An- & Weiterreise

BUS

In Medellín gibt es zwei Busbahnhöfe. Vom Terminal del Norte, 2 km nördlich des Zentrums, fahren Busse nach Norden, Osten und Südosten, u. a. nach Santa Fe de Antioquia (9000 KOL$, 2 Std.), Bogotá (60 000 KOL$, 9 Std.), Cartagena (80 000 KOL$, 13 Std.) und Santa Marta (80 000 KOL$, 16 Std.). Vom Zentrum sind es mit der Metro sieben Minuten (man steigt an der Estación Caribe ein), alternativ fährt man mit dem Taxi (10 000 KOL$).

Vom Terminal del Sur, 4 km südwestlich des Zentrums, fahren Busse nach Westen und Süden, z. B. nach Manizales (9000 KOL$, 5 Std.), Armenia (18 000 KOL$, 6 Std.), Pereira (14 000 KOL$, 5 Std.) und Cali (50 000 KOL$, 9 Std.). Von El Poblado fährt man mit dem Taxi (4000 KOL$).

FLUGZEUG

Am Hauptflughafen José María Córdoba, 35 km südöstlich der Stadt, werden alle Auslands- und der Großteil der Inlandsflüge abgewickelt, abgesehen von ein paar regionalen Flügen in Leichtflugzeugen, die den alten Flughafen Olaya Herrera anfliegen, der nur 4 km vom Zentrum entfernt ist. Minibusse (6000 KOL$, 1 Std.) pendeln regelmäßig zwischen dem Zentrum und dem Hauptflughafen (Abfahrt ist am Nutibara Hotel). Ansonsten nimmt man ein Taxi (50 000 KOL$).

Avianca (Karte S. 779; ☎ 251-7710; Calle 52 Nr. 45–94, Local 9912) Inlandsflüge in ganz Kolumbien.

Unterwegs vor Ort

Medellíns Metro hält an 25 Stationen und besteht aus einer 23 km langen Nord-Süd-Linie und einer 6 km langen Linie, die Richtung Westen verläuft. Die Metrocable verbindet das Metro-Netz mit den ärmeren Vierteln in den Hügeln: Eingestiegen wird an der Haltestelle Acevedo.

Neben der Metro kann man sich in der Stadt mit Bussen und *busetas* fortbewegen. Die meisten Busstrecken beginnen an der Av Oriental und dem Parque Berrío. Von hieraus kommt man innerhalb der Stadt fast überall hin.

RUND UM MEDELLÍN

Die Regionen um Medellín herum wimmeln inzwischen nur so von Touristen, nachdem sich sowohl Kolumbianer als auch Ausländer wieder auf die Straßen trauen. Endlich besteht keine Gefahr mehr vor Entführungen und durch Kampfhandlungen von Guerillas oder Paramilitärs.

Santa Fe de Antioquia

☎ 4 / 22 600 Ew.

Santa Fe de Antioquia ist ein beliebtes Wochenendreiseziel der Einwohner von Medellín. Die Stadt mit ihren weißen Häuschen wurde 1541 gegründet und ist somit die älteste der Region. Unter den Spaniern war sie die wohlhabende Mitte und bis 1826 sogar Hauptstadt Antioquias. Als Medellín dann Hauptstadt wurde, verlor die Stadt an wirtschaftlicher Bedeutung. Jedoch ist der kolonialistische Charakter noch nicht verblichen und Santa Fe de Antioquia eignet sich sehr gut für einen entspannten Tagesausflug.

SEHENSWERTES

Die Stadt ist für ihre geschnitzten Holztüren und die über und über mit Blumen bepflanzten Innenhöfe bekannt. Die **Iglesia de Santa Bárbara** (Ecke Calle 11 & Carrera 8) aus dem 18. Jh. machte sich mit ihrer schönen, breiten Steinfassade im Barockstil einen Namen.

Das **Museo de Arte Religioso** (☎ 853-2345; Calle 11 Nr. 8–12; Eintritt 3000 KOL$; Sa, So & Feiertage 10–17.30 Uhr), gleich neben der Kirche Santa Bárbara, zeigt eine Ausstellung mit religiösen Objekten. Darunter auch Gemälde von Gregorio Vásquez de Arce y Ceballos.

Die **Puente de Occidente**, eine ungewöhnliche, 291 m lange Brücke über den Río Cauca, liegt 5 km östlich der Stadt. Sie wurde 1895 fertiggestellt und war somit eine der ersten Hängebrücken in Nord- und Südamerika. Ihr Konstrukteur José María Villa war auch am Bau der Brooklyn Bridge in New York City beteiligt. Der 45-minütige Spaziergang dorthin führt bergab, ist äußerst ereignislos und außerdem brennt die Sonne vom Himmel. Deshalb lohnt es sich, für ein Mototaxi (einfache Strecke 3000 KOL$) etwas Geld hinzublättern. Alternativ kann man auch auf dem Hauptplatz bei der Kathedrale auf den Bus (1400 KOL$) warten. Allerdings gibt es keine geregelten Abfahrtszeiten. Den Trampelpfad hinter dem Eingang sollte man unbedingt hinaufsteigen: Man wird mit einem tollen Panoramablick auf die Brücke belohnt.

FESTIVALS & EVENTS

Festival de Cine (www.festicineantioquia.com) Ein viertägiges Open-Air-Filmfestival, das Anfang Dezember stattfindet. Der Eintritt ist kostenlos.

Fiesta de los Diablitos Das Fest wird mit Musik, Tänzen, einer Kunsthandwerksmesse, Stierkämpfen und einem Schönheitswettbewerb zelebriert. Gefeiert wird vom 27.–31. Dezember.

SCHLAFEN & ESSEN

Am Wochenende steigen die Preise um 25 %.

Hospedaje Franco (☎ 853-1654; Carrera 10 Nr. 8A–14; Zi. 15 000 KOL$/Pers.; 🖳) Die passablen, einfachen Zimmer umgeben einen hübschen Hof.

Hostal Alejo (☎ 853-1091; Calle 9 Nr. 10–56; Zi. 15 000 KOL$/Pers.) Eine preiswerte Unterkunft mit sauberen, glanzlosen Zimmern, die mit Ventilatoren augestattet sind. Das Essen ist ebenfalls günstig. Nicht so sympathisch wie das Hospedaje Franco.

Hotel Caserón Plaza (☎ 853-2040; halcaraz@edatel.net.co; Plaza Mayor; EZ/DZ 67 000/91 000 KOL$; 🏊) Die Zimmer umschließen einen hübschen Innenhof mit einem sonnigen Poolbereich. Das Restaurant ist recht gut. Die teureren Zimmer im zweiten Stock sind viel größer und schöner. Es gibt auch Angebote für Tagesbesuche, inklusive Poolbenutzung.

AN- & WEITERREISE

Täglich fahren sechs Busse (8000 KOL$, 1½ Std.) und sechs Minibusse (9500 KOL$, 1¾ Std.) von Medellíns Terminal del Norte hin und zurück. Zurück kommt man aber am schnellsten in Sammeltaxis (13 000 KOL$), die fahren häufiger als die Busse.

Río Claro

Drei Stunden östlich von Medellín befindet sich das **Reserva Natural Cañón de Río Claro** (☎ 268-8855, 311-354-0119; www.rioclaroelrefugio.com; Autopista Medellín–Bogotá Kilometer 132; Stellplatz 5000 KOL$/Pers., Zi. inkl. 3 Essen 55 000–90 000 KOL$/Pers.). Auf dem gemächlichen Fluß mit seinem marmornen Flußbett kann man sich entweder in einem Kajak oder schwimmend dahintreiben lassen. Es gibt tolle Möglichkeiten, Vögel zu beobachten und wandern kann man ebenfalls wunderbar. Wer will, kann auch an einem Drahtseil hängend in die Tiefe gleiten (20 000 KOL$). Manch verrückter Einheimischer stürzt sich von den 15 m hohen Canyonwänden ins Wasser – wer mit ihnen wetteifern will, tut das auf eigene Gefahr. Die besten Unterkünfte sind die offenen, wandlosen Hütten. Am Morgen wird man vom emsigen Summen des Regenwalds geweckt, das einen abends sanft ins Traumland begleitet. Unter der Woche muss man sich nicht unbedingt anmelden, obwohl die Besitzer zu frühen Reservierungen raten, insbesondere am Wochenende und während der Ferienzeit.

Ganz in der Nähe findet man auch noch die **Caverna de los Guácharos** (8000 KOL$), einen spektakulären Höhlenkomplex, der von Fettschwalmen bewohnt wird: ein evolutionäres Verbindungsglied zwischen Fledermäusen und Vögeln.

AN- & WEITERREISE

Vom Terminal del Norte in Medellín nimmt man einen der Dutzenden von Bussen nach Bogotá (12 000 KOL$, 3 Std.) und steigt direkt am Eingang des Schutzgebietes aus.

Guatape & El Peñol

☎ 4 / 2000 Ew.

Das winzige Städtchen Guatape ist bei den *paisas* als Wochenendziel sehr beliebt: Sie wandern dann durch die hübschen Gassen und machen Ausflüge zum künstlich angelegten See El Embalse del Peñol. Oberhalb des Sees ragt El Peñol in die Höhe: ein gigantischer Granitmonolith, der auch bestiegen werden darf. Man kann beides an einem Tag machen oder in Guatape übernachten.

Ein Großteil Guatapes wurde 1970 überflutet, um die Seen anzulegen, die heute ausschlaggebend zur Stromversorgung Kolumbiens beitragen. Eigentlich ist es jedoch für seine hübschen Sträßchen bekannt. Viele Häuser werden von *zocalos* (kunterbunte Flachreliefe aus Beton) geziert. Ursprünglich sollten sie Hühner davon abhalten, in die Wände zu picken und Kinder davor, die Hauswände mit Ballspielen zu beschädigen. Wer günstige Preise und Ruhe sucht, kommt unter der Woche. All jene, die Lust zum Feiern haben, mischen sich am Wochenende unter die ausgelassenen und kräftig trinkenden *paisas*.

SEHENSWERTES

Die Calle de Recuerdos ist eine steile Straße, die mit vielen *zocalos* verziert ist. An ihr liegt auch das **Museo Turístico**, das, obwohl man sich sehr viel Mühe gibt, eher an ein Antiquitätengeschäft erinnert, da es kein durchgängiges Motto gibt. Die **Iglesia del Calma** auf der Plaza Mayor, fällt mit ihrem sehr ungewöhnlichen Holzdach sofort ins Auge. Laut des leidenschaftlichen, einheimischen Historiker und Kurator des Museo Turístico, Álvaro Idarraga (☎ 320-632-5199), wurde sie 1811 von einem Einheimischen, der einen Orangendieb getötet hatte, als Buße errichet. Wer eine ausführliche Reise durch die Geschichte des Orts unternehmen möchte, muss nur anrufen. **La Casa Familiar Garcia**, gleich hinter der Kirche, ist ein großes, altes Haus, das die Besitzer für Besucher offen lassen, damit man sich dort nach Lust und Laune umsehen kann.

El Peñol

El Peñol (Der Stein) ist ein 220 m hoher Granitmonolith, der über dem Ufer des Embalse del Peñol aufragt. Mit diesem künstlichen See werden 65 % des Strombedarfs von Kolumbien gedeckt. Steigt man die **649 Stufen** des El Peñol (6000 KOL$) hinauf, hat man den Kopf in den Wolken und zudem einen atemberaubenden Blick über die Region. Wenn man dann japsend vor der Snackbar auf dem Gipfel steht, sollte man an die Arbeiter denken, die Zement und Wasser hier hochschleppten, um die vielen Stufen anzulegen.

Hierher kommt man in einem der sieben lustigen, kleinen Mototaxis, die man sich auf der Plaza Mayor in Guaptape (3000 KOL$, 10 Min.) bei Umberto Arcila ausleihen kann. Viel angenehmer als die harte Klettertour den Berg hinauf. Umberto ist zudem ein Paradebeispiel für die hilfsbereiten, gastfreundlichen *paisas*.

AKTIVITÄTEN

Bootstouren zu den Inseln in der Mitte des Sees sind die Hauptaktivitäten hier. Die zweistündigen Trips sind zwar etwas eintönig, aber die Aussicht ist großartig. Die größeren Boote sind langsam, haben aber dafür eine Bar (10 000 KOL$/Pers.); die kleineren Boote sind schneller (80 000 KOL$/8 Pers.). Eine Fahrt (☎ 861-1083; 10 000 KOL$/Fahrt; ⊙ 9–18 Uhr) an den am Seeufer gespannten Drahtseilen ist spaßig, aber ziemlich teuer.

SCHLAFEN & ESSEN

El Descanso del Arriero (☎ 861-0878; Calle 30 Nr. 28–82; EZ/DZ 25 000/50 000 KOL$) Die Zimmer sind zwar etwas schäbig, dafür aber sauber und gemütlich. In der Bar läuft heitere Musik und man kann dort günstig essen.

Hotel Guatatur (☎ 861-1212; Calle 31 Nr. 31–04, Parque Principal, EZ/DZ 50 000/90 000 KOL$) Schickes Hotel mit minimalistischer Deko, eleganten, hellen Zimmern und Wahnsinnsbetten. In der einzigen Suite gibt's sogar einen Whirlpool. Die Atmosphäre in dem stylischen Restaurant unten ist angenehm entspannt. Die angegebenen Preise gelten unter der Woche. Am Wochenende steigen sie an, dann ist allerdings auch das Essen mit dabei.

Asados Mi Casita (Calle 32 Nr. 26–27; Menü 5000 KOL$; Hauptgerichte 9000–15 000 KOL$; ☎ 7–21 Uhr) In diesem Restaurant direkt am Seeufer genießt man schnellen Service, köstliche, gegrillte Forelle und *marzamorra* (ein Getreide-Milch-Brei, der mit Guavengelee serviert wird).

Viele Restaurants findet man auch an der Plaza Mayor.

AN- & WEITERREISE

Busse nach und von Medellín fahren täglich zu jeder vollen Stunde (10 000 KOL$, 2 Std.). Alternativ bietet sich auch ein Sammeltaxi vom nördlichen Busbahnhof (14 500 KOL$, 1½ Std.) aus an.

ZONA CAFETERA

Die Zona Cafetera hat genauso viele schlaflose Nächte exportiert, wie Kolumbiens Kokafarmen. Nach Öl ist Kaffee das am zweithäufigsten gehandelte Erzeugnis der Welt, und Kolumbien ist weltweit das drittgrößte Exportland. Es ist ein bergiges Gebiet, das drei

Städte einschließt: Manizales, eine große Universitätsstadt (mit einem tollen Nachtleben), die zudem ein wichtiger Wirtschaftsmotor des nationalen Handels ist; Pereira, ein extrem geschäftiges Wirtschaftszentrum, das sich in der Nähe von einigen fantastischen Thermalquellen befindet; und Armenia, eine der hässlichsten unter den hässlichen Städten, aber dafür ist es das Tor nach Salento – einem relaxten Zufluchtsort aus der Kolonialzeit in den Bergen, umgeben von atemberaubend schöner Landschaft.

Seit ihrer Gründung irgendwann in den 1850er-Jahren, wurden alle drei Städte von Erdbeben zerstört, sodass es nur wenig bis gar keine Sehenswürdigkeiten gibt. Das macht aber nichts, denn sie sind von den faszinierendsten natürlichen Attraktionen umgeben, die Kolumbien zu bieten hat: Vulkane, heiße Quellen, endlose Bergketten und weitläufige Nationalparks – vielversprechende Aussichten für abenteuerliche Ausflüge.

Manizales
☎ 6 / 380 000 Ew.

In dieser wohlhabenden Stadt gibt's sechs Universitäten. Und obwohl sie keine Schönheit im klassischen Sinne ist (man will nur selten die Kamera zücken), bieten die modernen Häuser und die steilen, gut angelegten Straßen einen interessanten Kontrast zu allen anderen kolumbianischen Städten. Das Klima ist frisch und kühl und die Atmosphäre strahlt eine gewisse akademische Ernsthaftigkeit aus. Zumindest solange, bis die Sonne untergeht und die Studenten ihre Freizeit genießen. Manizales wurde 1849 gegründet, später aber von Erdbeben dem Erdboden gleichgemacht. Von hier aus kann man die Kaffeefarmen und den Vulkan Nevado del Ruiz besuchen. Er ist immer noch aktiv und sein Gipfel auf 5300 m ist eigentlich das ganze Jahr über unter einer Schneedecke versteckt.

PRAKTISCHE INFORMATIONEN
Touristeninformation (☎ 884-2400, Ausfahrt 153; www.caldasturistico.gov.co; Calle 19N Nr. 21–44; ⏰ Mo–Sa 8–18, So 9–13 Uhr) Im Erdgeschoß des Palacio de Gobierno, bei der Plaza de Bolívar.

SEHENSWERTES
Der Tribut an El Libertador auf der Plaza de Bolívar ist etwas kurios geraten: Rodrigo Arenas Betancur hat sich hier als Kondor auf einem Pferderücken darstellen lassen.

Unter Berücksichtigung der erdbebenreichen Vergangenheit der Stadt, wurde die **Catedral de Manizales** (☎ 882-2600; Plaza de Bolívar; 5000 KOL$; ⏰ Do–So 9–18 Uhr) aus Beton errichtet. Der Hauptturm ist 106 m hoch und man kann hinaufsteigen. Es soll der höchste des Landes sein – fortwährend gibt es Streitereien über seine wirkliche Höhe. Die Kathedrale befindet sich gegenüber des **Palacio de Gobierno**.

Der Aussichtspunkt **Torre al Cielo** (☎ 880-2345; Eintritt KOL$3000; ⏰ Mo–Fr 10–22, Sa 9–22 Uhr) sieht aus wie ein Raumschiff und bietet einen phänomenalen Blick auf die Berge. Hierher kommt man mit jedem Bus (1100 KOL$), der von der Cable Plaza nach Chipre fährt; Busse fahren ständig.

GEFÜHRTE TOUREN
Bei den sehr beliebten Tagesausflügen zum Nevado del Ruiz geht es hinauf auf 5300 m Höhe, wo einem im wahrsten Sinne des Wortes die Luft wegbleibt. Geübte Wanderer werden aber enttäuscht sein: Die meiste Zeit des ganztägigen Ausflugs verbringt man im Bus. Am besten nimmt man an einer der Touren von **Mountain House** (Ausflüge inkl. Mittagessen, Versicherung, Jacken & Handschuhen 115 000 KOL$) teil, da man sich auf die öffentlichen Verkehrsmittel nicht verlassen kann. Bedenkt man den teuren Parkeintritt (53 000 KOL$), ist das Angebot super.

Kumanday Adventures (☎ 885-4980, 315-590-7294; kumandaycolombia@gmail.com; Av. Santander 60–13) bietet abenteuerlichere Trips an, z. B. mehrtägige Touren zum Gipfel des Vulkans. Als Unterkunft kann eine Berghütte gemietet werden – mit einem Thermalpool im Haus und einem Wasserfall direkt vor der Tür. Professionelle und erfahrene Geschäftsleitung.

FESTIVALS & EVENTS
Feria de Manizales Stierkämpfe, Paraden und lächelnde Mädchen mit Diademen im Haar erobern im Januar die Stadt; dann ist alles doppelt so teuer.

Festival Internacional de Teatro Großes Theaterfestival, das im September und Oktober stattfindet.

SCHLAFEN
Die besten Schlafmöglichkeiten gibt es in der Nähe der Zona Rosa, gleich bei der Cable Plaza. Nicht auslassen darf man den alten Seilbahnturm aus Holz, von dem aus Waren über die Bergkämme transportiert wurden.

Mountain House (☎ 887-4736, 300–789-8840; Calle 66 Nr. 23B–137; B 18 000 KOL$, EZ/DZ ohne Bad inkl. Frühstück

40 000/55 000 KOL$; 🖳) Ein beliebtes Hostel, das eine Wäscherei, heiße Duschen, Büchertausch, einen Billardtisch und gelegentliche Barbecues zu bieten hat. Es wird gut geführt, die Atmosphäre ist gesellig und es ist gut besucht – also im Voraus buchen.

Kaffa Experience (☎ 890-2945, 311-745-3761; Calle 67 Nr. 23A-33; B/EZ/DZ 18 000/40 000/55 000 KOL$; 🖳) Das Schwesterhostel des Mountain House ist größer, besser eingerichtet und hat eine geräumigere Küche. In den Zimmern zur Straße hin kann es jedoch ziemlich laut werden.

Kumanday Adventures (☎ 885-4980, 315-590-7294; kumandaycolombia@gmail.com; Av Santander 60-13; B/EZ/DZ 25 000/30 000/50 000 KOL$) Eine gute Wahl, wenn man dem Hosteltrubel entkommen möchte. Die Zimmer sind sauber und die Gemeinschaftsräume ganz nett. Man muss allerdings ein ziemliches Stück die Av Santander entlang laufen.

ESSEN

Kibbes & Felafel (Calle 66 Nr. 22A-56; Hauptgerichte 5000 KOL$; ⌚ tägl. 11-2 Uhr) Beim Mountain House gleich um die Ecke führt man sich in diesem wenig beeindruckend gestalteten Restaurant mit Drive-In Atmosphäre fantastisches Falafel mit echter Tahini zu Gemüte. Außerdem kann man hier mit einer originalen *nargile* (Wasserpfeife) Apfeltabak rauchen.

La Suiza (Carrera 23B Nr. 64-06; Hauptgerichte 8000-12 000 KOL$; ⌚ Mo-Sa 9.30-20.30, So 10-19.30 Uhr) Hier gibt's leckeres Frühstück für wenig Geld. Auch Vegetarier sind hier gut bedient, z. B. mit Champignon-Crêpes.

Valentino's Gourmet (Carrera 23 Nr. 63-128; Gebäck 2000-5000 KOL$; ⌚ 10-22 Uhr) Kaffee, heiße Schokolade und Gebäck: alles superlecker.

Don Juaco (Calle 65 Nr. 23A-44; Menü 14 000 KOL$; ⌚ 10.30-21.30 Uhr) Saftige Burger und hochwertige Menüs mit einem Hauptgericht, Dessert und exzellentem Kaffee aus der Region.

AUSGEHEN

Die Bars in Manizales wechseln häufiger ihren Besitzer, also nicht überrascht sein, falls sich die Namen der Locations geändert haben sollten. Die Av Santander ist die Hauptstraße, die von der Cable Plaza abzweigt. Die Devise: Einfach die Straße hinuntergehen und gucken, wo was los ist.

Barroco (Carrera 23 Nr. 59-87; ⌚ Do 22-3, Fr & Sa bis 4.30 Uhr) Grungige Rockbar, deren Wände mit schrecklichen Kunstwerken bedeckt sind. Die Terrasse hinten ist jedoch der Wahnsinn und es gibt soviel verzerrten Gitarrensound auf die Ohren, dass man mit dem Headbangen gar nicht mehr nachkommt.

Prenderia (Carrera 23 Nr. 58-42; ⌚ Do-Sa 20-2 Uhr) Wunderbar entspannte Bar, in der talentierte, einheimische Musiker für ein etwas älteres, relaxtes Publikum spielen. Den tödlichen *carajillo* – starker, mit Rum aufgepeppter Espresso – muss man ausprobieren, und danach sollte man aufpassen, dass man nicht vom Barhocker fällt.

Bar C (Carrera 23 Nr. 58-42; ⌚ Do 22-3, Fr & Sa bis 4.30 Uhr) Die strahlende Endstation jeder Nacht. Sehr lange offen; die gutgekleidete Besucherschar rockt zu Mainstream-House, Reggaeton und Salsa.

San Telmo (Carrera 23B Nr. 64-80; ⌚ Mi & Do 18-1, Fr & Sa bis 2 Uhr) Neonfarben ausgeleuchtete Location, in der kein Platz zum Tanzen ist. Gegen 22 Uhr füllt sich diese belebte Bar mit Schluckspechten, die am liebsten Crossover, *vallenato* und Pop-House-Music hören.

AN- & WEITERREISE
Bus
Der neue Busbahnhof ist jetzt geöffnet. Am besten kommt man dorthin, indem man ein Taxi zur Zona Rosa (5000 KOL$) nimmt. Es fahren regelmäßig Busse nach Bogotá (39 000 KOL$, 8 Std.), Medellín (25 000 KOL$, 6 Std.) und Cali (30 000 KOL$, 5 Std.). Stündlich fahren viele Minibusse nach Pereira (4000 KOL$, 1¼ Std.) und Armenia (7000 KOL$, 2¼ Std.).

Flugzeug
Der Aeropuerto La Nubia (☎ 874-5451) liegt 8 km südöstlich des Zentrums an der Straße nach Bogotá. Entweder fährt man mit einem Stadtbus nach La Enea und läuft fünf Minuten zum Terminal, oder man nimmt ein Taxi (8000 KOL$). Avianca, ADA und Aires bieten regelmäßige Flüge nach Bogotá, Medellín und Armenia an.

Rund um Manizales
Recinto del Pensamiento (☎ 6-887-4913; www.recintodelpensamiento.com; Vía al Magdalena 11 km; Eintritt 8000 KOL$; ⌚ Di-So 9-16 Uhr) Das ist ein toller, erschwinglicher, halbtägiger Ausflug der in Manizales startet und für den man kein Profisportler sein muss. Im Inneren des Naturparks läuft man durch Nebelwälder, die sich über Orchideenfelder legen und bewundert die Schmetterlingsfarm. Die Vogelbeobach-

tungsmöglichkeiten sind exzellent und es gibt sogar eine **Seilbahn** (10 000 KOL$). Es muss immer ein Führer dabei sein, die Führung ist allerdings schon im Preis enthalten. Von der Cable Plaza in Manizales (1100 KOL$, 30 Min., alle 15 Min.) nimmt man den Bus Richtung Sera Maltería oder ein Taxi (6000 KOL$, 10 Min.).

Los Yarumos ecopark (☎ 6-875-5621; ecoparque losyarumos@epm.net.co; Calle 61B Nr. 15A-01; Basis-Eintritt 3200 KOL$; Di-So 9-17 Uhr) Zu Fuß sind es von Manizales aus 40 Minuten oder eine kurze Taxifahrt (4000 KOL$) hierher und die Aussicht über die Stadt ist beeindruckend. Außer Vogelbeobachtung werden auch Abenteuersportarten angeboten, wie beispielsweise Bergsteigen, Reiten und eine Fahrt mit der Drahtseilbahn. Ein Ganztags-Package beinhaltet alle Aktivitäten (33 000 KOL$).

Die Unterkunft auf einer Kaffeefarm in der Eje Cafetera ist in der Regel recht kostspielig (die *fincas* kosten bis zu hunderttausende Pesos die Nacht) und daher insbesondere reichen Kolumbianern vorbehalten.

LP Tipp Hacienda Guayabal (☎ 6-850-7831, 314-772-4856; www.haciendaguayabal.com; Vía Peaje Tarapacá Km 3, Chinchiná; EZ/DZ inkl. Vollpension 45 000/90 000 KOL$;) Eine der am leichtesten zugänglichsten und noch dazu erschwinglichsten Kaffeefarmen in der Zona Cafetera. Kommt man hierher, lernt man etwas, wird unterhalten und kann sich wunderbar entspannen. Die Hacienda ist gerade mal 40 Minuten von Manizales entfernt und liegt inmitten einer wunderschönen Hügellandschaft. Die Touren dauern 1½ Stunden (20 000 KOL$) und zeigen den gesamten Ablauf der Kaffeeproduktion vom Feld bis zur frischen Tasse Kaffee; gegen Ende der Tour erfährt der Besucher auch etwas über die Röstung und die Auslese. Erntezeit ist von Oktober bis Dezember; im Mai und Juni werden nochmal kleinere Mengen geerntet. Die meisten Führer sprechen ausschließlich Spanisch, gegen Aufpreis kann man aber auch Führungen auf Englisch (10 000 KOL$ extra) buchen. Die Zimmer sind sauber und gemütlich, wenn auch etwas klein.

Das Mittagsangebot (10 000 KOL$ extra) darf man sich nicht entgehen lassen: ein köstlicher Salat mit Wachteleiern, eingelegten Paprika und gehobeltem Rettich, ergänzt durch ein Hauptgericht bestehend aus Hühnchen in einer Sahne-Speck-Sauce und abgerundet mit einem Dessert aus eingemachten Feigen, *arequipe* und weißem Käse. Dazu gibt's Bier und Kaffee.

Um zur Hacienda Guayabal zu gelangen, steigt man in den Bus von Manizales nach Chinchiná (5000 KOL$, 30 Min.) und nimmt dann dort von der Plaza Mayor aus ein Taxi (7000 KOL$).

Parque Nacional Los Nevados

Von den schneebedeckten Gipfeln der Vulkane in den kolumbianischen Anden hat man eine absolut atemberaubende Aussicht. Außerdem gibt's richtig tolle Wanderrouten, die einen durch geheimnisvolle Nebelwälder führen. Der Nevado del Ruiz (5325 m) ist der größte und auch höchste Vulkan der Bergkette. Den Park kann man nicht mit öffentlichen Verkehrsmitteln erreichen, weshalb man am besten bei Mountain House oder Kumanday Adventures (beide in Manizales, s. S. 784) eine Tour bucht.

Pereira

☎ 6 / 428 300 Ew.

Nach Pereira kommt man weder wegen der Architektur noch des Essens wegen und auch nicht, um sich hier die Zeit zu vertreiben. Dies gilt auch für die Kolumbianer: Sie kommen in die größte Stadt der Kaffeeregion, um Geld zu verdienen und Geschäfte zu machen. Die Stadt vibriert nur so vor lauter kommerziellem Treiben und es gibt wirklich keinen einzigen Ort, an dem man der Hektik entkommen kann. Nachts rocken die Clubs mit einer Energie, die sogar Manizales Konkurrenz macht.

An sehenswerten Einrichtungen hat Pereira den Reisenden nicht viel zu bieten. Wer aber unbedingt eine wuselnde kolumbianische Stadt in voller Fahrt erleben will, ist hier genau richtig. Abgesehen davon gibt's auch noch einige wundervolle Thermalbäder in der Gegend.

Das etwas sonderbare Herzstück der Stadt ist der **Bolívar Desnudo** (Plaza Bolívar): Eine gigantische Bronzeskulptur des El Libertador, der auf seinem Pferd Nevado sitzt – und zwar ohne Sattel und komplett nackt. Er sieht aus, als wolle er sich wütend auf die mächtige **Catedral** auf der anderen Seite der Plaza stürzen.

Das **Hotel Mi Casita** (☎ 325-0947; Calle 25 Nr. 6-20; Zi. 49 000/88 000 KOL$;) ist unter den akzeptablen Budgetunterkünften die preiswerteste – aber leider ist sie auch ziemlich grässlich. Die Zimmer schmücken Übelkeit erregende, nicht aufeinander abgestimmte Muster und der gepolsterte Toilettensitz lässt einem die Nackenhaare zu Berge stehen. Hostels gibt es in Pereira nicht.

Grajales Autoservicios (Carrera 8 Nr. 21–60; Hauptgerichte 8000–15 000 KOL$; 24 Stunden) Ein Restaurant mit Selbstbedienung, einfachem Essen und gutem Frühstücksangebot.

Der Flughafen Matecaña liegt 5 km westlich vom Zentrum. Mit dem Stadtbus sind es 20 Minuten, ein Taxi kostet 5000 KOL$. Avianca wickelt etwa ein Dutzend Flüge täglich nach Bogotá ab. Der **Busbahnhof** (Calle 17 Nr. 23–157) befindet sich etwa 1,5 km südlich des Zentrums.

Thermalbäder

Die **Termales de Santa Rosa** (6-363-4959; Eintritt 24 000 KOL$; 9–23 Uhr) liegen 9 km östlich von Santa Rosa de Cabal, einer Stadt an der Straße zwischen Pereira und Manizales. In der Nähe der Quellen am Fuße eines 170 m hohen Wasserfalls wurde ein Touristenkomplex errichtet. Dort gibt es Thermalbecken, ein Hotel, ein Restaurant und eine Bar. Natürlich kann man dort übernachten, allerdings ist es ziemlich überteuert. Zu empfehlen sind die **Cabañas JC** (312-888-7799; EZ/DZ 20 000/40 000 KOL$) zwei Straßenblöcke vor den Thermalquellen. Übernachtet wird in hübschen Holzhütten mit passablen Betten und viel Platz.

Von Santa Rosa de Cabal nimmt man am Markt um 7, 12 oder 15 Uhr eine *chiva* (einfacher, ländlicher Bus mit Holzsitzen) (6000 KOL$, 45 Min.). Die *chivas* fahren los, sobald alle Fahrgäste an Bord sind und kommen nach der Fahrt sofort wieder zurück. Auch Jeeps (20 000 KOL$) sind auf dieser Strecke unterwegs. Mehr Informationen bekommt man auf der Plaza Mayor.

Ein paar hundert Meter weiter befinden sich die **Balneario de Santa Rosa Termales** (6-363-4948; Eintritt 20 000 KOL$; 9–0 Uhr). Sie sind in eine viel schönere Kulisse eingebettet und im ganzen Garten plätschert fröhlich das Wassers. Auch hier kommt man mit einer Unterkunft außerhalb des Komplexes viel besser weg – und da es seltsamerweise an den Kräften zehrt, den ganzen Tag in den Pools zu verbringen, ist eine gut durchgeschlafene Nacht sicher nicht verkehrt.

Termales San Vincent (6-333-6157; www.sanvicente.com.co; Eintritt 15 000 KOL$) Die entspannendste und unkommerziellste Wahl für alle Wasserratten. Geboten sind Natursaunen, eine 300 m lange Seilrutsche, ein 30 m hoher Wasserfall und viele teure Unterkünfte, die ihr Geld aber allemal wert sind (Zi. 80 000–145 000 KOL$/Pers., Stellplatz 44 000 KOL$/Pers.). Die Bäder liegen 18 km östlich von Santa Rosa de Cabal. Für Reservierungen, insbesondere am Wochenende, wenn hier der Bär steppt, kontaktiert man das **Ticketbüro** (6-333-6157; Carrera 13 Nr. 15–62) in Santa Rosa de Cabal. Es gibt einen täglichen Busservice (18 000 KOL$, 1¼ Std.), der um 9 Uhr abfährt und um 17 Uhr wieder zurück ist. Montags sind die Bäder geschlossen.

Armenia

6 / 272 500 Ew.

Genau wie Manizales und Pereira hat die Hauptstadt des Departments wenig Sehenswertes zu bieten, da der Großteil seiner Architektur von Erdbeben zerstört wurde.

Wer Zeit totschlagen möchte, kann sich das **Museo del Oro Quimbaya** (749-8433; Ecke Av Bolívar & Calle 40N; Di–So 10–17 Uhr) ansehen: Ein langweiliges Goldmuseum im Centro Cultural, 5 km nordöstlich des Zentrums, an der Straße Richtung Pereira. Internetzugang gibt's bei **Valencia Comunicaciones** (Calle 21 Nr. 15–53; 8–22 Uhr) und bei der **Bancolombia** (Calle 20 Nr. 15–26) kann man Geld wechseln.

Hotel Casa Real (741-4550; Carrera 18 Nr. 18–36; EZ/DZ mit Bad 24 000/35 000 KOL$) Ein kleines, einfaches Hotel mit Kabel-TV und neuen Betten. Der **Busbahnhof** (Ecke Carrera 19 & Calle 35) liegt etwa 1,5 km südwestlich vom Zentrum.

Parque Nacional del Café

Dieser **Nationalpark** (6-741-7417; www.parquenacionaldelcafe.com; Basis-Eintritt 18 000 KOL$; Mi–So 9–16 Uhr) ist eigentlich ein Vergnügungspark, in dem, wohl zum kulturellen Ausgleich, auch der eine oder andere Espresso angeboten wird: Darüber, was eine Wasserrutsche und eine Achterbahn eigentlich mit der Kaffeeproduktion zu tun haben sollen, kann man nur spekulieren. Dennoch gibt der Park (in dem man tragischerweise *nicht* in Autoscootern herumflitzen kann, die wie gigantische Kaffeebohnen aussehen, oder sich in Espressotassen in einem Karussell herumwirbeln lassen kann) tatsächlich auch einen Überblick über die Herstellung des Kaffees. Außerdem sind manche der Fahrgeschäfte wirklich lustig und der Park schlägt einen Tagesausflug in Armenia um Längen. Von Armenia sind es etwa 15 km Richtung Westen. Stündlich fahren vier Busse (1400 KOL$, 30 Min., bis 19 Uhr) dorthin.

Salento

☎ 6 / Ew. 7000

Nach dem kreischenden Zementhorror in Manizales, Pereira und Armenia, ist Salento Balsam für die Seele. Die sanft abfallenden Hügel sind mit dichten Wäldern überzogen, die sich an die gewellte Landschaft schmiegen wie ein Neugeborenes an seine Mutter. Salento ist auf dem besten Weg, ein sehr beliebtes Reiseziel für Backpacker zu werden: Das Wetter ist mild, die Landschaft spektakulär und die Atmosphäre geprägt von gemütlichem Kleinstadtflair. Salentos Nähe zum umwerfend schönen Valle de Cocora, machen die Stadt zu einem Muss auf jedweder Reiseroute durch Kolumbien, ganz egal, wie knapp die Zeit bemessen ist. Hier schläft man wie ein Baby.

Die Straßen werden von Läden gesäumt, die Kunsthandwerk verkaufen und die Atmosphäre ist wunderbar warmherzig. Kokette ältere Damen verkaufen auf der Straße Milchreis, es gibt viele Bars, Cafés und Billiardhallen, die zum Entspannen einladen, und die Architektur kommt einem Kolonialtraum gleich, wie man ihn von alten Fotos kennt. Salento ist auch bei kolumbianischen Urlaubern sehr beliebt, weshalb die Plaza Mayor am Wochenende und während der Ferien voll mit Familien ist, die aus vollem Herzen lachen, singen und tanzen.

AKTIVITÄTEN

Richie Holding von **Cycle Salento** (☎ 318-668-8763; ciclosalentocolombia@gmail.com; Fahrradmiete 35 000 KOL$/Tag, 8000 KOL$/Std.) bietet die Vermietung von gut in Schuss gehaltenen Mountainbikes mit Scheibenbremsen an – und er kennt eine 35 km lange All-Downhill-Strecke, auf der einem das Adrenalin nur so durch den Körper pumpt.

SCHLAFEN

LP Tipp Plantation House (☎ 316-285-2603; www.theplantationhousesalento.com; Calle 7 Nr. 1–04; B/EZ/DZ/3BZ 15 000/40 000/45 000/60 000 KOL$, EZ/DZ ohne Bad 25 000/48 000 KOL$; 🖳) Einfache, gemütliche Zimmer. Der geräumige Schlafsaal hat einen Kamin und einen schönen Bereich zum Relaxen. Die Gäste dürfen die Küche benutzen – wo es außerdem jede Menge Kaffee (umsonst!) aus der Region gibt. Cristina und Tim, ein freundliches und sehr professionelles, anglo-kolumbianisches Pärchen, helfen wo sie nur können und organisieren das Ausleihen von Pferden und geführte Touren in die Kaffeefarmen aus der Gegend, darunter auch in ihre eigene. Mit großem Abstand die beste Unterkunft in Salento.

Hotel Las Palmas (☎ 759-3065; Calle 6 Nr. 3–02; EZ/DZ/3BZ 18 000/30 000/45 000 KOL$) Eine gute zweite Wahl, wenn das Plantation House schon ausgebucht ist, oder wenn man sich statt mit Reisenden lieber mit Kolumbianern umgibt. Die mit Holz ausgekleideten Zimmer sind proper, die Duschen dampfend heiß und die *señora* ist so nett, dass man sie am liebsten bei der Abreise umarmen möchte.

Balcones de Ayer (☎ 312-226-2921; Calle 6 Nr. 5–40; EZ/DZ 35 000/70 000 KOL$) Hochwertige, ordentliche (wenn auch kleine) Zimmer in einem Kolonialhaus nahe am Geschehen. Das Restaurant unten ist schön groß und luftig und serviert exzellentes, typisch kolumbianisches Essen.

ESSEN

Auf der Plaza Mayor verkaufen viele Stände und Kioske äußerst leckere, für die Gegend typische Gerichte, wie z. B. *patacones* dünn wie Cracker, die mit leckerem *aogao* (warmem Tomatenchutney), Hühnchensteifen und Guacamole beladen sind, oder Forellen aus Gewässern der Umgebung, die einem das Wasser im Mund zusammen laufen lassen.

Rincon de Lucy (☎ 313-471-5497; Carrera 6 Nr. 4–02; Hauptgerichte 6000 KOL$; ⌚ morgens, mittags & abends) Einfache Gerichte in großen Mengen kommen im geschäftigsten und besten Restaurant für *comida corriente* und günstiges Abendessen blitzschnell auf den Tisch. Die Bohnen sind göttlich und selbst die preiswertesten Fleischgerichte werden ziemlich raffiniert zubereitet.

Donde Laurita (☎ 312-772-6313; Calle 5 Nr. 5–34; Hauptgerichte 12 000–15 000 KOL$; ⌚ mittags & abends) Vornehmer als das Lucy, mit freundlichem, aufmerksamen Service, der noch mehr Protein auf den Tisch bringt. Die Steaks und das Hühnchen sind saftig und lecker zubereitet, die Salate sind, wie immer, winzig.

AUSGEHEN

Die Plaza Mayor ist gesäumt von Bars, in denen am Wochenende so richtig die Post abgeht. Wo man landet ist letztlich egal, sie sind alle super.

Donde Mi A'pa (Carrera 6 Nr. 5–22; ⌚ Mo–Fr 16–0, Sa & So 11–2 Uhr) Wahnsinnig behagliche Bar mit einer hagelvollen Klientel, die den ganzen Tag damit verbrachte, schwere Gegenstände steile Hügel hinauf zu schleppen. Ein Klassiker unter den anderen Bars – man beachte die niederregenden Vinyl-LPs, die zu Hunderten hinter der Bar hängen. Und die sie einem einfach nicht verkaufen wollen.

Café Jesus Martin (Carrera 6a Nr. 6–14; 8–0 Uhr) Großartiger, regionaler Kaffee, eine akzeptable Weinkarte und eine entspannt-elegante Atmosphäre.

LP Tipp Billar Danubio Hall (Carrera 6 Nr. 4–30; Mo–Fr 8–0, Sa & So bis 2 Uhr) Hier vereinen sich alle lateinamerikanischen Kleinstadt-Fantasien in einer Location. Hier sitzen alte Männer in Alltagskleidung – also Ponchos und Cowboyhüten – und schlürfen *aguardiente*, während sie Domino spielen. Es wird hauptsächlich *ranchero*-Musik gespielt, und zwar aus einer gigantischen Sammlung ramponierter, alter Platten. Die Gäste stimmen dilettantisch mit ein, wann immer eine Hymne ertönt, die von herzzerbrechenden, persönlichen Erfahrungen erzählt. Es ist ein Bollwerk der typisch konservativen Manneshaltung, weshalb Frauen, wenn überhaupt, als Kuriosität gehandelt werden. Frau kann sich jedoch sicher fühlen. Sie sind allesamt perfekte Gentlemen.

AN- & WEITERREISE
Busse nach Salento fahren bis 21 Uhr alle 20 bis 30 Minuten von Armenia aus (3000 KOL$, 50 Min.).

Valle de Cocora
Östlich von Salento liegt das phänomenale Valle de Cocora – eine vegetativ üppigere Version der Schweiz: Ein breiter, samtig grüner Talboden, der von zerklüfteten Bergen gesäumt wird. Jedoch wird man sich der Tatsache, nur wenige Grade vom Äquator entfernt zu sein, schnell wieder bewusst, wenn man plötzlich auf Hügel trifft, die mit *palmas de cera* (Wachspalmen) bewachsen sind. Die Bäume ragen über die Nebelwälder hinaus, in welchen sie prächtig gedeihen. Der Anblick ist so wunderschön, dass er fast unwirklich erscheint.

Der spektakulärste Teil des Tals liegt östlich von Cocora. Geht man die holprige Straße bergab zur Brücke über den Río Quindío (nur 5 Minuten zu Fuß von den Restaurants), kann man die kuriosen, 60 m hohen Palmen betrachten. Ist man etwa eine Stunde gelaufen, kommt man an einen Wegweiser, der nach rechts zum **Reserva Natural Acaime** (311-311-0701; Eintritt 3000 KOL$) führt. Das ist ein wundervolles Kolibrireservat, das zu jeder Jahreszeit immer mindestens sechs verschiedene Arten beherbergt. Oft saußen gleich Dutzende von Vögeln an den Besuchern vorbei. Im Eintritt enthalten ist ein ordentliches Stück leckerer Käse und eine heiße Schokolade. Hier kann man auch übernachten (B 15 000 KOL$/ Pers.).

Auf dem Rückweg läuft man zunächst zurück zum Wegweiser und folgt dann entweder dem Weg, auf dem man auch hergekommen ist, oder aber man nimmt die anspruchsvollere Strecke bergauf Richtung La Montaña, um in den Genuss einer der überwältigendsten Landschaften Kolumbiens zu kommen.

Dreimal täglich erklimmen Jeeps (3000 KOL$, 35 Min., 7, 9 und 16 Uhr) die unebene, 11 km lange Straße von der Plaza in Salento nach Cocora.

SÜDWESTLICHES KOLUMBIEN

Der Südwesten Kolumbiens verdreht einem mit seiner Mischung aus antiker und moderner Kultur den Kopf: Cali, die größte Stadt im Südwesten, pulsiert mit tropischer Energie und es liegt ein Hauch von Gefahr in der Luft. Die großartigen Ausgrabungsstätten San Augustín und Tierradentro, die versteckt inmitten majestätischer Bergkulissen liegen, strahlen Erfurcht und Faszination aus und stehen im Gegensatz zur knochentrockenen Ausnahmeerscheinung der Desierto de la Tatacoa.

Die Kolonialstadt Popayán, der andere, große Anziehungspunkt für Besucher, könnte ebenso ein überlebensgroßes Museum über die spanische Besetzung sein. Hier gibt es eine Vielzahl von kunstvoll gestalteten Kirchen, faszinierenden Museen und einer gehobenen, entspannten Atmosphäre.

In Ipiales ist man der ecuadorianischen Grenze schon sehr nahe. Die Landschaft zeigt nun bereits typische Züge der Anden, Schwindelgefühle sind also garantiert. Hier bekommt man schon fast das Gefühl, in Ecuador zu sein und nicht in Kolumbien. Die wichtigsten Sehenswürdigkeiten sind die wunderschöne Laguna de la Cocha in Pasto, und das Santuario de las Lajas, eine neugotische Kirche in Ipiales, die eine Schlucht überbrückt.

DESIERTO DE LA TATACOA

Diese Wüste mit ihren 330 km² ist eine Besonderheit: Sie ist nämlich von üppigen, leuchtendgrünen Feldern umgeben. Es ist ein verdorrtes Fleckchen Erde, in dem die Temperaturen bis auf 50 °C steigen. Die Wüste beherbergt verschiedenste Ökosysteme und zeigt ganz unterschiedliche Charakteristika: Dünen mit welliger Oberfläche, von der Natur modellierte Felskathedralen und eine artenreiche Fauna mit herumkletternden Ziegen, neugierigen Füchsen und zwischen den Kakteen umherhuschenden Gürteltieren.

Die Wüste liegt gut erreichbar zwischen Bogotá und San Augustín/Popayán und ist mehr oder weniger frei von touristischer Infrastruktur. Die Einwohner sprechen auf eine fantastische, sehr melodiöse Art und Weise.

Das absolute Highlight aber ist das **Observatorium** (☎ 310-465-6765; Eintritt 7000 KOL$), von dem aus man die Sterne beobachten kann: Dass es hier so dunkel ist und es keinerlei urbane Entwicklung gibt, sorgt für eine spektakuläre Sicht. Im März 2009 konnte man den Saturn ganz deutlich sehen, seine Ringe standen fast vertikal. Der einheimische Astronom Xavier Restrepo verfügt über ein unglaubliches Wissen über das Sonnensystem und kann mit seinem Laserpointer aus Hunderten von Sternen jeden einzelnen identifizieren. Dabeizustehen und ihm zuzuhören, wie er die Namen von Nebeln, Galaxien, Planeten und Sternkonstellationen herunterspult, ist wirklich eine surreale Erfahrung. Hält man die Digitalkamera an die Linse des Teleskops, kann man Fotos machen, die auf den ersten Blick nur wenig beeindruckend scheinen. Jedoch werden sie alle Betrachter vom Hocker werfen, sobald diese begreifen, was sie da eigentlich gerade betrachten.

Man kann geführte Touren buchen und für alle, die weiter in die Wüste vordringen möchten, ist dies sogar ein Muss. Es werden auch **Motorradtouren** (50 000 KOL$/Pers.) oder witzige **Mototaxitouren** (15 000 KOL$/Pers.) angeboten. In den Letzteren ist Platz für fünf Personen.

In der kleinen Stadt **Villa Vieja**, nahe der Wüste, gibt es ein Hotel: **La Casona** (☎ 8-879-7636; hostellacasonavillaveija@yahoo.es; Calle 3 Nr. 3–60; B/EZ 15 000/20 000 KOL$) Es gibt einen einfachen, großen Schlafsaal, recht schmucklose Doppelzimmer und exzellentes, hochwertiges Essen.

Man kann auch in der Wüste bei den Wüstenbewohnern in einfachen *posadas* übernachten. Die beste ist das **Estadero Los Hoyos** (☎ 311-536-5027; EZ/DZ/3BZ 20 000/30 000/40 000 KOL$), da sie in der Nähe eines ziemlich rustikalen Swimmingpools liegt.

Alternativ verleiht Xavier Restrepo (oder El Astrónomo, wie er überall in der Stadt genannt wird, und weshalb man sich vorkommt, als wäre man geradewegs in einen Roman von Gabriel García Márquez gestolpert) Zelte, Schlafsäcke und Isomatten (15 000 KOL$). Der Campingplatz befindet sich in der Nähe des Observatoriums.

An- & Weiterreise

Von Neiva nimmt man den Bus nach Villa Vieja (5000 KOL$, 1 Std.); der letzte Bus fährt um 19.30 Uhr. Es fahren auch regelmäßig Busse von Bogotá (20 000 KOL$, 5 Std.) aus.

CALI

☎ 2 / 3,5 Mio. Ew.

In Cali erlebt man ein wahrhaftiges Kolumbien. Die Lebenseinstellung, die Hitze, der Verkehr, die schönen Frauen, die Musik und das Essen: All das vermischt sich hier in einem genussvollen, schwindelerregenden Taumel. Verglichen mit Popayáns manierlicher Höflichkeit, Medellíns selbstbewusstem Vorwärtsgehen und Bogotás ausgesuchter Reserviertheit, ist bei Cali alles Fassade – doch gleich dahinter verbirgt sich eine leidenschaftliche, rebellierende kolumbianische Stadt, die einen liebt, wenn man sie lässt.

Wenn Salsa die Seele Lateinamerikas in Form von Musik repräsentiert – Musik, die die Menschen durch Schmerz und Freude, Liebe und Verlust hindurch tanzen lässt – dann überrascht es nicht, dass Cali, eine zähe Arbeiterstadt, die schon einiges mitgemacht hat, davon besessen ist. Jede Straße in der Stadt ist mit Postern zu Live-Aufführungen gepflastert. Falls man die explosive, aufständische Kraft einer Live-Salsaband noch nie erfahren durfte, ist man hier genau richtig – auf keinen Fall verpassen!

Cali nimmt sich seiner Besucher nicht ganz so eifrig an wie andere Reiseziele, doch auch das trägt irgendwie zu seinem Zauber bei. Dies liegt wohl daran, dass Cali einen weniger braucht, als man selbst Cali. Es ist eine umtriebige, harte, manchmal schmuddelige und nicht immer sichere Stadt (s. S. 792). Wenn jedoch die Nacht hereinbricht und die Temperaturen sinken, stürzen sich die Einheimischen so heftig ins Nachtleben, dass es offen-

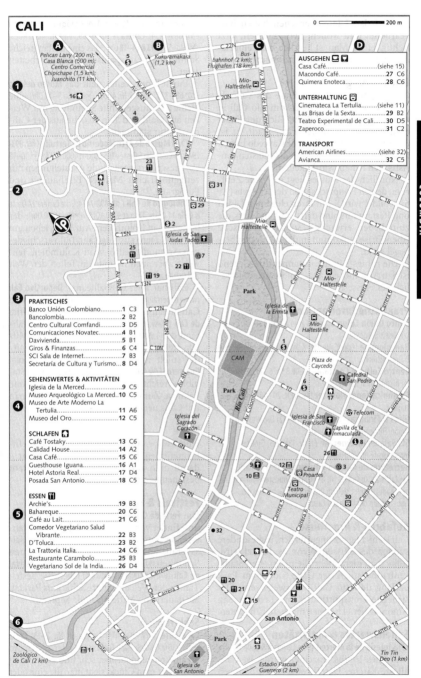

sichtlich ist: Diese Menschen haben hart gearbeitet und wollen, nein, müssen, jetzt richtig feiern. Man ist herzlich dazu eingeladen, aufzuspringen und mitzumachen.

Orientierung

Cali liegt am westlichen Ende des Valle de Cauca. Das Zentrum wird vom Río Cali in zwei Teile geteilt. In südlicher Richtung findet man das historische Herz der Stadt. Es ist rasterförmig um den Plaza de Caycedo herum angelegt. Hier befindet sich die meisten touristischen Sehenswürdigkeiten.

Nördlich des Flusses liegt das neue Zentrum, dessen Hauptachse von der Av Sexta (Av 6) gebildet wird – mit ihren eleganten Läden und Restaurants, und den Clubs und Bars, die zum Leben erwachen, sobald die frische Abendbrise aufkommt und der Quecksilberpegel sinkt.

Die ruhigste und entspannendste Gegend ist San Antonio, ein altes Kolonialviertel südlich des Flusses.

Praktische Informationen

Banco Unión Colombiano (Carrera 3 Nr. 11–03) Wechselt Bargeld.
Bancolombia (Ecke Calle 15N & Av. 8N) Wechselt Bargeld & Reiseschecks.
Centro Cultural Comfandi (Calle 8 Nr. 6–23, 5. Stock) Im historischen Zentrum.
Comunicaciones Novatec (Av 8N N. 20–46) Internetzugang.
Giros & Finanzas (Carrera 4 Nr. 10–12) Die Western-Union-Filiale wechselt Bargeld.
SCI Sala de Internet (Av. 6N Nr. 13N–66) Größtes Internetcafé im Zentrum.
Secretaría de Cultura y Turismo (☎ 886-0000, Ausfahrt 2410; Calle 9 Nr. 8–60) Die Touristeninformation der Stadt befindet sich im 2. Stock des Gebäudes der Gobernación del Valle del Cauca.

Gefahren & Ärgernisse

Cali ist nicht ganz ungefährlich, insbesondere südlich des Flusses. Wenn es dunkel wird, sollte man nicht mehr alleine im alten Stadtzentrum östlich der Calle 5 oder im Park entlang des Río Cali unterwegs sein. Das sicherste Transportmittel sind Taxis. Im San Antonio Viertel hat man nichts zu befürchten.

Sehenswertes & Aktivitäten

Die **Iglesia de la Merced** (Ecke Carrera 4 & Calle 7), die Mitte des 16. Jhs. errichtet wurde, ist Calis älteste Kirche. Das Kloster gleich daneben beherbergt das **Museo Arqueológico La Merced** (☎ 889-3434; Carrera 4 Nr. 6–59; Eintritt 4000 KOL$; Mo–Sa 9–13 & 14–18 Uhr), das eine umfangreiche Sammlung prähispanischer Töpferarbeiten zeigt.

Einen Block weiter stellt das **Museo del Oro** (☎ 684-7757; Calle 7 Nr. 4–69; Di–Sa 9–17 Uhr) eine kleine aber ausgewählte Sammlung mit Werken aus Gold und Ton aus, die aus der Calima-Kultur stammen.

Das **Museo de Arte Moderno La Tertulia** (☎ 893-2942; Av Colombia 5 Oeste–105; Eintritt 4000 KOL$; 10–18 Uhr) präsentiert wechselnde Ausstellungen mit zeitgenössischer Malerei, Bildhauerei und Fotografie.

Zoológico de Cali (☎ 892-7474; Ecke Carrera 2A Oeste & Calle 14 Oeste; Eintritt 9000 KOL$; 9–16.30 Uhr): der beste Zoo in Kolumbien. Auf 10 ha leben um die 1200 Tiere aus ungefähr 180 verschiedenen Arten, die teilweise in Kolumbien, teilweise aber auch in anderen Teilen der Welt zuhause sind.

Cali hat zwei Fußballteams. **Deportivo Cali** (www.deporcali.com) spielt im Estadio Deportivo Cali in Palmira nahe dem Flughafen. **América de Cali** (www.america.com.co), ein Team, das während der 1980er- und 1990er-Jahre mit Mitteln aus dem Drogengeschäft finanziert wurde, spielt in der Stadt im **Estadio Pascual Guerrero** (Ecke Calles 5 & 24). Das erstgenannte Stadion erreicht man mit jedem Bus Richtung Palmira. Zum zweiten Stadion kommt man mit Calis neuem Mio-Bus.

Kurse

Unter www.salsapower.com findet man Informationen zum Thema Tanzunterricht – damit man auf den Tanzflächen der Stadt bestehen kann.

Festivals & Events

Die **Feria de Cali** ist das größte Event in Cali und findet vom 25. Dezember bis zum Jahresende statt: Zu sehen gibt es Paraden, Salsaveranstaltungen, Stierkämpfe und einen Schönheitswettbewerb. Auf dem **Salsa Festival de Cali** (www.festivalsalsacali.com) legen die besten Tänzer der Welt eine flotte Sohle aufs Parkett. Sie dauert von Mitte bis Ende September.

Schlafen

Casa Café (☎ 893-7011; Carrera 6A Nr. 2–13; EZ/DZ 15 000/30 000 KOL$; 🖳) Relaxtes Galerie-Café, in einem knarrenden, aber sehr hübschen, alten Haus. Hat man Glück, sieht man die eine oder andere Live-Performance. Die vier großen Zimmer im oberen Stock kann man mieten.

Pelican Larry (☎ 396-8659; www.pelicanlarry.com; Calle 23N Nr. 8N–12; B 16 000 KOL$, EZ/DZ ohne Bad 25 000/35 000 KOL$) Ein neues Hostel mit riesigen Betten und makellosen Räumen und das alles in einem coolen, modernen Haus. Das Internet ist schnell, das Hostel ist sehr gesellig und die Lage nahe der Bars und Restaurants ist ebenfalls gut. Zweimal wöchentlich veranstaltet der eher reservierte Inhaber Günther Barbecues. Dieses Hostel ist auf dem besten Weg, Calis Spitzenunterkunft für junge Backpacker zu werden.

Guesthouse Iguana (☎ 313-768-6024; www.iguana.com.co; Av. 9N Nr. 22N–46; B 17 000 KOL$, EZ/DZ 38 000/46 000 KOL$, ohne Bad 28 000/38 000 KOL$; 🖳) Eine Institution in Cali mit der besten Gemeinschaftsküche der Stadt, einer gemütlichen Lounge, einem Balkon und einem geradlinig aufrichtigen Management.

Calidad House (☎ 661-2338; www.calidadhouse.com; Calle 17N Nr. 9AN–39; B/EZ/DZ 18 000/22 000/26 000 KOL$; 🖳) Sauberes, gepflegtes und ordentliches Hostel, mit allem, was man als Backpacker so braucht. Die Lage ist super, am Puls des Nachtlebens. Leider fanden wir das Management so kalt und abweisend wie einen nassen Schlafsack.

Café Tostaky (☎ 893-0651; Carrera 10 Nr. 1–76; B 18 000 KOL$, EZ/DZ ohne Bad 25 000/35 000 KOL$; 🖳) Die freundlichen, französisch-kolumbianischen Inhaber schließen einen sofort ins Herz. Hierher kommen auch ein bisschen ältere Reisende, die relaxen und in dem Café im Erdgeschoss bei einem kleinen Plausch den göttlichen Espresso genießen möchten. Die Zimmer sind einfach, aber sauber, hell und geräumig. Manchen sind die Betten etwas zu hart.

Casa Blanca (☎ 396-3849; Av. 6bis Nr. 26N–57; B 19 000 KOL$, EZ/DZ ohne Bad 35 000/40 000 KOL$; 🖳) Saubere, wenn auch kleine Zimmer am Ort des Geschehens, mit großer Gemeinschaftsküche und Lounge für die Gäste. Das Personal ist herzlich und freundlich und weiß, wo man Motorräder und Führer für Touren buchen kann.

Hotel Astoria Real (☎ 883-0140; Calle 11 Nr. 5–16; EZ/DZ 49 000/65 000 KOL$) Die Einrichtung orientiert sich an Latino-Kunst und man hat einen schönen Ausblick über die Plaza. Die sauberen, geräumigen und hellen Räume befinden sich im 7. Stock und schlagen damit dem Verkehrslärm ein Schnippchen. Hochwertiges Hotel; leider ist es nach Einbruch der Dunkelheit auf den Straßen nicht sicher – wie überall in Calis *centro*.

LP Tipp Posada San Antonio (☎ 893-7413; www.posadadesanantonio.com; Carrera 5 Nr. 3–37; B/EZ/DZ 70 000/88 000/150 000 KOL$; 🖳) Ein phänomenales Kolonialhaus, in das das Hotel so raffiniert integriert wurde, dass kein einziges architektonisches Merkmal verloren ging. Die Zimmer sind frisch und sauber und der wunderschöne Garten läuft geradezu über vor lauter Pflanzen. Im hinteren Teil gibt's auch günstigere Zimmer.

Essen

Café au Lait (Calle 2 Nr. 4–73; Kaffee 2000 KOL$) Bei hervorragendem Kaffee, Gebäck und Kuchen kann man hier die Seele baumeln lassen.

Comedor Vegetariano Salud Vibrante (Av. 6 Nr. 13N–17; Menüs 4000 KOL$) Ohne Fleisch aber trotzdem sehr geschmackvoll.

Vegetariano Sol de la India (Carrera 6 Nr. 8–48; Menüs 4000 KOL$) Vegetarisches, zentral gelegenes Restaurant, das *papas rellenas* (frittierte, gefüllte Kartoffelknödel im Teigmantel) ohne Fleisch anbietet. Vegetarische Straßensnacks wie diese findet man nur selten.

LP Tipp Bahareque (Calle 2 Nr. 4–23; Menü 6000 KOL$; ⊙ Mo–Mi 12–14.30, Do–So 18–0 Uhr) Feines, kolumbianisches Essen mit dem ganz besonderen Etwas: Wie überall auch gibt es Suppe, Fleisch, Reis und Gemüse, nur dass das zarte Fleisch hier mit köstlichen Marinaden verfeinert wird und die Salate mit lecker-fruchtigen Dressings. Luftige, coole und schön eingerichtete Location.

D'Toluca (Calle 17N Nr. 8N–46; Gerichte 8000–10 000 KOL$; ⊙ 12–0 Uhr) Dieses kleine, mexikanische Restaurant befindet sich in der Nähe der Hostels und bietet passable Enchiladas und Fajitas sowie leckere Säfte an. Nachts tummeln sich hier die Backpacker.

Archie's (Av. 9N Nr. 14N–22; Hauptgerichte 10 000–15 000 KOL$; ⊙ 12–22 Uhr) Hier kommen Gourmetpizzas und Salate auf den Tisch. Die Klimaanlage ist sehr willkommen.

La Trattoria Italia (Calle 4 Nr. 9–02; Hauptgerichte ab 18 000 KOL$; ⊙ Di–Fr 12–15, Sa 19–23 Uhr) Der Inhaber ist Italiener, die Weinkarte lang und im Angebot sind exzellente Bruschetta, Pasta und Klassiker der italienischen Küche. Sorgfältig zubereitete Carbonara, aber der Parmesan ist nichts Besonderes.

Restaurante Carambolo (Calle 14N Nr. 9N–18; Hauptgerichte 25 000 KOL$) Besäße Pedro Almodóvar ein

Restaurant, sähe es aus wie dieses: Ledersitzbänke, neo-kitschige Plastikblumen, elegant gekleidetes Personal. Das Essen ist auch nicht schlecht, gerade die Fleisch- und Geflügelgerichte sind lecker. Das Restaurant, wie auch die Speisekarte, sind zweigeteilt – Europäisch versus Latino. Die Latino-Seite schlägt Europa bei Essen, Geschmack und Stil.

Ausgehen

Auf der Calle 17N zwischen Av 8N und Av 9N gibt's Dutzende von Locations, in denen der Eintritt überall kostenlos ist. In San Antonio lässt es sich ausgezeichnet vorglühen, bevor es dann Richtung Norden zum Feiern weiter geht.

Centro Comercial de Chipichape (Calle 38N Nr. 6N–35) In diesem riesigen Einkaufszentrum gibt es eine Menge hübscher Outdoor-Cafés.

Casa Café (Carrera 6 Nr. 2–13; Di–Sa 16–23 Uhr) Sehr entspanntes Café. Es gibt Brettspiele, frische Salate, Bier, Saft und manchmal ein Livekonzert.

Macondo Café (Carrera 6 Nr. 3–03; Mo–Sa 12–0, So 16.30–0 Uhr) Relaxtes Café in San Antonio: Köstlicher Kaffee, Snacks und original tropische Cocktails.

Quimera Enoteca (Carrera 9 Nr. 3–98; Mi–Sa 17–0 Uhr) Entspannte aber dennoch stylische Weinbar mit einer gigantischen Auswahl an Weinen und Snacks, wie beispielsweise eine Käseplatte.

Unterhaltung

Die Zeitung *El País* hat einen ausführlichen Programmteil.

Calis Tanzflächen sind nichts für Leute mit schwachem Herz oder steifen Hüften. Hier tanzt man einen schnelleren und komplexeren Salsastil mit ausgefalleneren Schritten. Möchte man einfach irgendwo in der Nähe der Gästehäuser ein bisschen tanzen gehen, bieten sich die Discos in der Av 6N und der Calle 16N an.

Das großartigste Salsa-Nachtleben der Stadt findet man jedoch in Juanchito, einem Vorort am Río Cauca. Hierher kommt man am Wochenende, und zwar mit dem Taxi. In Cali wurden neue, harte Gesetze durchgesetzt und die Clubs schließen jetzt um 3 Uhr. Locations am Stadtrand haben jedoch länger geöffnet.

Las Brisas de la Sexta (Av. 6N Nr. 15N–94) Eine der größten und beliebtesten *salsotecas* (Salsaclubs).

Zaperoco (Av. 5N Nr. 16N–46) Witzige *salsoteca* mit berauschenden Rhythmen und einer glühendheißen, tropischen Atmosphäre.

Kukuramakara (Calle 28N Nr. 2bis–97; Eintritt 10 000 KOL$; Do–Sa 21–3 Uhr) Hier spielen Livebands und der Club füllt sich schon früh am Abend.

Cinemateca la Tertulia (893-2939; Av. Colombia 5 Oeste–105) Calis bestes Programmkino befindet sich im Museo de Arte Moderno La Tertulia.

Teatro Experimental de Cali (884-3820; Calle 7 Nr. 8–63) Eines der innovativsten Theaterensembles der Stadt.

In der Calle 5 südlich des Flusses kann man ebenfalls super ausgehen, und hier muss man nicht ganz so schick sein wie im Norden. Im **Tin Tin Deo** (Carrera 22 Nr. 4A–27) wird guter Salsa gespielt. Die Location hat ihre besten Jahre zwar hinter sich, ist aber trotzdem cool und die Studenten, die hierher kommen, sind alle angenehm locker drauf.

An- & Weiterreise

BUS

Vom Stadtzentrum geht man zu Fuß 25 Minuten Richtung Nordosten zum Busbahnhof. Alternativ fahren Stadtbusse (1500 KOL$), die etwa 10 Minuten unterwegs sind. Regelmäßig starten Busse nach Bogotá (60 000 KOL$, 12 Std.), Medellín (45 000 KOL$, 9 Std.) und Pasto (45 000 KOL$, 10 Std.). Mit dem Bus nach Pasto kommt man auch in Popayán (17 000 KOL$, 3 Std.) vorbei, außerdem fahren stündlich auch Minibusse nach Popayán (20 000 KOL$, 3 Std.).

FLUGZEUG

Der Flughafen Palmaseca liegt ungefähr 16 km nordöstlich der Stadt. Minibusse pendeln alle 10 Minuten zwischen dem Flughafen und dem Busbahnhof, und zwar bis etwa 20 Uhr (3000 KOL$, 30 Min.). Ansonsten fährt man mit dem Taxi (50 000 KOL$).

Avianca (667-6919; Hotel Intercontinental, Av Colombia 2–72) fliegt regelmäßig alle großen Städte in Kolumbien an.

American Airlines (666-3252; Hotel Intercontinental, Av Colombia 2–72) fliegt nach Miami und weiter.

Unterwegs vor Ort

Das neue und das alte Zentrum lassen sich gut zu Fuß erkunden. Taxis zu den meisten Hostels kosten vom Busterminal ab ca.

> **ABSTECHER: DIE PAZIFIKKÜSTE**
>
> Die kolumbianische Pazifikküste ist für preiswerte Reisen ungeeignet. Die Infrastruktur ist nicht gut ausgebaut und das Reisen eher behelfsmäßig und zudem teuer: Die wichtigsten Transportmittel sind Flussschiffe und Leichtflugzeuge, da es nur eine Straße ins Landesinnere gibt (von Cali nach Buenaventura).
>
> Hinzu kommt, dass es das ganze Jahr über Bindfäden regnet (in manchen Regionen bis zu 15 m pro Jahr) und dass es bis vor kurzem ein gefährliches Gebiet war, in dem das Militär, die Paramilitärs und die Guerrillas aktiv waren. Heute sind überall gut bewaffnete, kolumbianische Soldaten aktiv, die ihre Aufgabe, die Besucher zu beschützen, sehr ernst nehmen.
>
> Aktivitäten sind ebenfalls eher in der höheren Preisklasse angesiedelt und nicht immer einfach zu organisieren – aber wenn es sie gibt, dann reiht sich ein Superlativ an den nächsten: Sporttaucher brauchen ihre eigene Ausrüstung oder ein paar Millionen Pesos für unvergessliche Trips, bei denen man bei der Isla Malpelo mit 200 Hammerhaien taucht. Dies ist angeblich einer der besten Tauchspots der Welt. Ähnliches gilt auch für das Weltklasse-Hochseefischen, für das die Gegend gerühmt wird – und das mehrere Hunderttausend Pesos pro Trip kostet.
>
> Plant man eine Reise an die Pazifikküste, sollte man unbedingt zuvor den Lonely Planet Band *Colombia* konsultieren.

5000 KOL$. Die Busse fahren auf der Calle 5 nach Süden (Einheitstarif 1500 KOL$).

Der neue, klimatisierte Elektrobusservice **Mio** (www.metrocali.gov.co), hat Ähnlichkeit mit dem TransMilenio in Bogotá. Von ihrem Startpunkt nördlich des Busbahnhofs fahren die Busse am Fluss entlang, durch das Zentrum und dann die ganze Av 5 entlang. Fahrkarten kosten 1500 KOL$ und sind überall in der Stadt an Lotterieständen erhältlich. Es gibt zwar noch Anlaufschwierigkeiten und viele andere Busse mussten ihre Strecken ändern, aber die Mio-Busse fahren jetzt und man darf auf eine Erweiterung des Streckennetzes hoffen.

POPAYÁN

☎ 2 / 258 600 Ew.

Popayán vereint das Erscheinungsbild und die Geschichte Cartagenas, die intelektuelle und soziale Raffinesse Bogotás und das Selbstbewusstsein Medellíns – nur hat es viel mehr Stil als diese drei. Es ist ein vorbildliches Muster für die spanische Kolonialarchitektur: schneeweiße Häuser, alte Villen, die großartige Museen beherbergen, phänomenale Kirchen und eine zentrale Plaza. Auf dieser fächeln sich die Einheimischen in der Mittagshitze im Schatten von Palmen und tropischen Nadelhölzern kühle Luft zu.

Die Stadt glänzt mit einer der besten Universitäten in Kolumbien und gebildeten Einwohnern, die die Kaffeekultur den wilden Partynächten vorziehen – außerdem hat Popayán verdienterweise einen guten Ruf was das Kulinarische angeht.

Nach ihrer Gründung 1537 wurde die Stadt schnell zu einem politischen, kulturellen und religiösen Zentrum. Zudem war sie für die spanischen Plünderer, die den Kontinent um den Großteil seines Goldes erleichterten, einer der wichtigsten Zwischenstopps auf der Route von Quito nach Cartagena. Das milde Klima zog wohlhabende spanische Siedler an, die von ihren Zuckerrohrfarmen bei Cali hierher kamen. Während der Blütezeit der Stadt im 17. und 18. Jh. wurden mehrere imposante Kirchen und Klöster errichtet.

In nur 18 Sekunden wurde das alles am 1. März 1983, vor der Gründonnerstagsprozession, kurzerhand von einem heftigen Erdbeben zerstört. Der Wiederaufbau hat zwar über 20 Jahre gedauert, aber inzwischen befinden sich alle Kirchen wieder in ihrem Originalzustand.

Heute ist die Stadt vor allem für ihre unheimliche Prozession in der Karwoche bekannt: Dann werden riesige, neo-kitschige Banner mit Bildern des Leidensweg Christi von in mittelalterlichen Kostümen gekleideten Gläubigen durch die von regelrechten Weihrauchwolken erfüllten Straßen getragen.

Nazareths berühmtester Bürger wäre enttäuscht, wenn er erführe, dass sich die Hotelpreise in der heiligen Woche zum Teil vervierfachen.

Praktische Informationen

Cyber Center (Calle 5 Nr. 9–31; 1500 KOL$/Std.; ☺ 9–21 Uhr) Hier ist nicht soviel los wie bei Internet.ADSL.

Davivienda (Parque Caldas) Geldautomat.

POPAYÁN

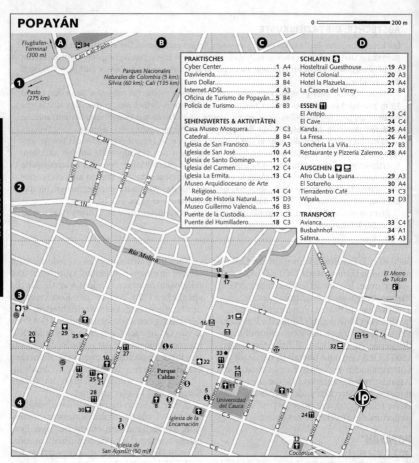

PRAKTISCHES
Cyber Center	**1** A4
Davivienda	**2** B4
Euro Dollar	**3** B4
Internet.ADSL	**4** A3
Oficina de Turismo de Popayán	**5** B4
Policía de Turismo	**6** B3

SEHENSWERTES & AKTIVITÄTEN
Casa Museo Mosquera	**7** C3
Catedral	**8** B4
Iglesia de San Francisco	**9** A3
Iglesia de San José	**10** A4
Iglesia de Santo Domingo	**11** C4
Iglesia del Carmen	**12** C4
Iglesia La Ermita	**13** C4
Museo Arquidiocesano de Arte Religioso	**14** C4
Museo de Historia Natural	**15** D3
Museo Guillermo Valencia	**16** B3
Puente de la Custodia	**17** C3
Puente del Humilladero	**18** C3

SCHLAFEN
Hosteltrail Guesthouse	**19** A3
Hotel Colonial	**20** A3
Hotel la Plazuela	**21** A4
La Casona del Virrey	**22** B4

ESSEN
El Antojo	**23** C4
El Cave	**24** C4
Kanda	**25** A4
La Fresa	**26** A4
Lonchería La Viña	**27** B3
Restaurante y Pizzería Zalermo	**28** A4

AUSGEHEN
Afro Club La Iguana	**29** A3
El Sotareño	**30** A4
Tierradentro Café	**31** C3
Wipala	**32** D3

TRANSPORT
Avianca	**33** C4
Busbahnhof	**34** A1
Satena	**35** A3

Euro Dollar (Carrera 7 Nr. 6–41, Centro Comercial Luis Martínez, Local 4) Vier Wechselstuben, die alle vernünftige Kurse anbieten.

Internet.ADSL (☎ 822-5801; Carrera 11 Nr. 4–36; 1500 KOL$/Std.; Mo–Sa 8–22 Uhr) Internetzugang.

Oficina de Turismo de Popayán (☎ 824-2251; Carrera 5 Nr. 4–68; Mo–Fr 8–12 & 14–18, Sa & So 9–13 Uhr) Professionell und hilfsbereit.

Parques Nacionales Naturales de Colombia (☎ 823-1279; www.parquesnacionales.gov.co; Carrera 9 Nr. 25N–6) Nationalparkbüro.

Policía de Turismo (☎ 822-0916; Edificio de Gobernación, Parque Caldas) Touristenpolizei.

Sehenswertes

Popayán hat einige der besten Museen Kolumbiens zu bieten. Die meisten sind in alten Kolonialvillen untergebracht. Das **Casa Museo Mosquera** (☎ 824-0683; Calle 3 Nr. 5–14; Eintritt 2000 KOL$; 8–12 & 14–18 Uhr) ist ein beeindruckender Gebäudekomplex aus der Kolonialzeit, in dem früher der General Tomás Cipriano de Mosquera wohnte: Von 1845 bis 1867 war er Präsident in Kolumbien. Die Sammlung umfasst persönliche Erinnerungsstücke und Werke der kolonialen Kunst.

Museo Arquidiocesano de Arte Religioso (☎ 824-2759; Calle 4 Nr. 4–56; Eintritt 3000 KOL$; Mo–Fr 9–12.30 & 14–18, Sa 9–14 Uhr) Hier wird eine umfangreiche Ausstellung mit religiöser Kunst gezeigt, darunter Gemälde, Statuen, Altarbilder, Tafelsilber und liturgische Gefäße. Der Großteil der Ausstellungsstücke geht auf das 17. bis 19. Jh. zurück.

Museo Guillermo Valencia (☎ 820-6160; Carrera 6 Nr. 3–65; Eintritt 2000 KOL$; Di–So 8–12 & 14–17 Uhr) Dieses Museum ist dem in Popayán geborenen Dichter gewidmet, der früher in diesem Gebäude lebte. Das Haus ist noch im selben Zustand, wie er es verlassen hat.

Museo de Historia Natural (☎ 820-1952; Carrera 2 Nr. 1A–25; Eintritt 3000 KOL$; Di–So 8–12 & 14–17 Uhr) Hier kann man Sammlungen von Insekten, Schmetterlingen und ausgestopften Vögeln bestaunen.

Alle Kolonialkirchen wurden nach dem Erdbeben 1983 detailgetreu wiederaufgebaut. Die **Iglesia de San Francisco** (Ecke Carrera 9 & Calle 4) ist die größte kolonialzeitliche Kirche der Stadt und mit ihrem schönen, hohen Altar und den sieben seitlich angeordneten, fantastischen Altarbildern wohl auch die sehenswerteste. Zu den anderen Kirchen, die für ihr prächtiges, originales Innenleben berühmt sind, gehören die **Iglesia de Santo Domingo** (Ecke Carrera 5 & Calle 4), die **Iglesia de San José** (Ecke Calle 5 & Carrera 8) und die **Iglesia de San Agustín** (Ecke Calle 7 & Carrera 6).

Die **Iglesia La Ermita** (Ecke Calle 5 & Carrera 2) ist die älteste Kirche in Popayán (1546) und vor allem wegen den Fragmenten von alten Fresken, die nach dem Erdbeben entdeckt wurden, einen Besuch wert. Die klassizistische **Catedral** (Parque Caldas) wurde zwischen 1859 und 1906 erbaut und ist somit die jüngste Kirche im Zentrum. Die herabstürzende Kuppel begrub damals Hunderte von Menschen unter sich. Alle Spuren dieser Katastrophe sind heute verschwunden.

Geht man die Carrera 6 Richtung Norden hinauf zum Fluß, sieht man dort zwei ungewöhnliche, alte Brücken. Die kleinere, die **Puente de la Custodia**, wurde 1713 gebaut, damit die Priester den Kranken im nördlichen Armenviertel den kirchlichen Segen bringen konnten. Etwa 160 Jahre später wurde die 178 m lange **Puente del Humilladero** mit ihren 12 Bögen gleich neben der alten Brücke gebaut, und sie wird auch heute noch benutzt.

Festivals & Events

Popayán ist berühmt für seine Küche, im September findet hier sogar ein **Foodfestival** für Gourmets statt. Kommt man während der **Karwoche** hierher, dann kann man die nächtlichen Prozessionen am Gründonnerstag und am Karfreitag bestaunen. Die Osterfeierlichkeiten in Popayán sind die aufwendigsten in Kolumbien und ziehen Tausende von Kolumbianern und Reisenden an, die hier dem Tod und der Auferstehung Jesu Christi gedenken. Gleichzeitig findet ein **Festival der religiösen Musik** statt, und ohne es zu wollen beweist es doch, dass der Teufel wohl doch die besseren Songs auf Lager hat.

Schlafen

Hosteltrail Guesthouse (☎ 831-7871; www.hosteltrrail.com; Carrera 11 Nr. 4–16; B 20 000 KOL$, EZ/DZ 35 000/40 000 KOL$, ohne Bad 25 000/30 000 KOL$; 🖥) Einladendes Backpackerhostel, mit allem was man braucht: Schlafsäle, Küche, WLAN und Schließfächer. Die Inhaber sind freundlich und immer auf dem Laufenden.

Hotel Colonial (☎ 831-7848; Calle 4 Nr. 10–14; EZ/DZ/3BZ 35 000/45 000/69 000 KOL$; 🖥) Einfache, ruhige Zimmer, die von den Kolumbianern sehr geschätzt werden. Das Hotel wird zwar nicht von allzuviel Tageslicht erhellt, aber es ist trotzdem qualitativ hochwertig.

La Casona del Virrey (☎ 824-0836; Calle 4 Nr. 5–78; EZ/DZ 55 000/72 000 KOL$; 🖥) Klassisches Kolonialgebäude, in dem der Großteil der ursprünglichen Ausstattung erhalten ist. Zimmer 201 bietet einen schönen Blick über die Plaza; außerdem kann man von hier aus die Prozessionen besser verfolgen, als von irgendeinem anderen Ort.

Hotel la Plazuela (☎ 824-1084; hotellaplazuela@hotmail.com; Calle 5 Nr. 8–13; EZ/DZ 124 000/172 000 KOL$; 🖥) Sorgfältig umgebaute Villa mit einem stattlichen Hof; dieses Hotel ist wirklich sein Geld wert, vorausgesetzt man möchte es ausgeben.

Essen

Das Angebot an günstigen und preislich durchschnittlichen Essgelegenheiten ist breit gefächert.

La Fresa (Calle 5 Nr. 8–89; Snacks 1500 KOL$; 8–20 Uhr) Günstiges, aber leckeres Gebäck und schnelle Snacks.

El Antojo (Carrera 5 Nr. 13–26; Gerichte 3500 KOL$; 8–18, Mittagessen bis 14 Uhr) Herzhaftes und gesundes kolumbianisches Essen wie von Muttern. So billig wie Pommes, aber dafür mindestens doppelt so gesund.

Kanda (Calle 5 Nr. 8–53; Menüs 4500 KOL$; 8–20 Uhr) Ein Drei-Gänge-Menü plus frischer Saft zu dem Preis ist nicht zu verachten. Vegetarier aufgepasst: Für die Zubereitung der Gerichte wurde keinem Tier Leid zugefügt.

Restaurante y Pizzería Zalermo (Carrera 8 Nr. 5–100; Hauptgerichte 6000–10 000 KOL$; 9–22 Uhr) Wir sind in Lateinamerika, deshalb wird die Pizza nie richtig authentisch schmecken. Gelüstet es einem jedoch nach etwas heimatnahem, dann erfüllt sie durchaus ihren Zweck.

Lonchería La Viña (Calle 4 Nr. 7–79; Menüs 6500 KOL$, Hauptgerichte 14 000 KOL$; ☻ 9–0 Uhr) Riesiges, luftiges Lokal, in dem *comida típica* (das klassische lateinamerikanische Mittagessen: Geflügel oder Fleisch, gebraten oder gekocht, mit Bohnen, Salat, Reis und einer gebratenen Kochbanane) bergeweise auf den Tisch kommt, und das alles blitzschnell. Auf geht's zum Grill: Da gibt es Steaks zum Schnäppchenpreis, die eigentlich das Doppelte wert sind. Am besten schmeckt definitiv das *bife de chorizo*.

El Cave (Calle 4 Nr. 2–07; Hauptgerichte 10 000 KOL$, Sandwiches 8000 KOL$; ☻ Mo–Fr morgens, mittags & abends, Sa & So mittags) Französische Küche – also eher kleine Portionen, aber köstliches Essen. Das Roast Beef und das gratinierte Käsebaguette sind himmlisch, leider ist der Service ziemlich langsam.

Ausgehen

Tierradentro Café (Carrera 5 Nr. 2–12) Wollte man hier jeden Kaffee ausprobieren, würde man mit Sicherheit die Wände hochgehen – es gibt Dutzende verschiedener Sorten.

El Sotareño (Calle 6 Nr. 8–05; ☻ Mo–Sa 16–3 Uhr) Eine Institution in Popayán, in der *bolero*, *ranchero* und *milonga* aufgelegt wird – und zwar in Form der originalen Vinyl-Platten. Man vermeide allzu neidische Blicke auf die Sammlung.

Afro Club La Iguana (Calle 4 Nr. 9–67; ☻ Mo–Sa 20–open end) Salsa bringt die freche Menge in Schwung, die nur Unsinn im Sinn hat.

Wipala (Calle 2 Nr. 2–38; ☻ Mo–Sa 19–open end) Kunst, Jazz, Rock und Tango, manchmal auch live, serviert mit billigem Bier und leckerem Kaffee. Es dominieren Typen der Gattungen lebenslustiger Latino und europäisch-alternativer Jugendlicher.

An- & Weiterreise

BUS

Der Busbahnhof liegt nur ein kleines Stück zu Fuß im Norden des Zentrums. Nach Cali (17 000 KOL$, 3 Std.) fahren viele Busse, außerdem etwa jede Stunde auch Minibusse und *colectivos*. Busse nach Bogotá starten alle ein bis zwei Stunden (70 000 KOL$, 15 Std., Nachtbusse fahren um 19 und um 20 Uhr).

Busse nach Pasto (27 000 KOL$, 6 Std.) fahren stündlich. Die Nachtbusse sollte man nicht nehmen, da sie oft von Banditen überfallen werden, sogar wenn die Busse unter Polizeischutz stehen.

FLUGZEUG

Der Flughafen liegt gleich hinter dem Busbahnhof, 15 Minuten zu Fuß vom Zentrum Richtung Norden. Satena fliegt täglich für ca. 200 000 KOL$ nach Bogotá. Avianca (☎ 824-4505; Carrera 5 Nr. 3–85; ☻ Mo–Sa 8–17 Uhr) fliegt ebenfalls täglich am frühen Nachmittag nach und von Bogotá (220 000 KOL$, 50 Min.). Nur mit einer hier oder in den Vereinigten Staaten ausgestellten Kreditkarte sind auch Onlinebuchungen möglich.

SILVIA
☎ 2 / 30 800 Ew.

Von den 68 indigenen Völkern Kolumbiens sind die Guambino am einfachsten zu erkennen. Ihre Sprache, ihre Tracht und ihre Gebräuche haben den Kolonialismus, die Unterdrückung und die Modernisierung unbeschadet überstanden. Jeden Dienstag kommen sie aus ihrem *resguardo* (Reservat), das etwa eine Stunde weiter im Osten liegt, nach Silvia herunter, um dort auf den Markt zu gehen: Sie verkaufen ihre Erzeugnisse, kaufen Werkzeug und Kleidung und vertreiben sich auf dem Hauptplatz dieser kleinen, eher unscheinbaren Stadt den Nachmittag.

Sowohl die Männer als auch die Frauen tragen fließende, blaue Wollröcke, die bis zum Schienbein reichen und pink oder türkis eingefasst sind. Über die Schultern legen sie sich dünne, dunkle Wollponchos – wir sind hier in 2800 m Höhe und ihr Reservat liegt sogar noch höher. Schals sind omnipräsent und Männer und Frauen tragen eine Art Bowler aus Filz, in den manche in der Mitte einen Knick machen, sodass sie eher aussieht wie ein Trilby. Ganz gleich wie man ihn trägt – der Hut gibt dem Ganzen etwas Verwegenes.

Die meisten der älteren Frauen tragen eine Vielzahl von dünnen Ketten um den Hals und haben immer eine Holznadel dabei, mit der sie Schafflies, das sie in einer Netztasche mit sich herumtragen, zu Garn spinnen. Aus diesem Garn bestehen die meisten Textilien der Guambino, wobei mittlerweile aber auch mehr und mehr synthetische Fasern verwendet werden.

Die Kamera bleibt am besten in der Tasche, sofern man unnötigen Ärger vermeiden möchte. Es kann natürlich frustrierend sein, dieses farbenfrohe und „fremdländische" Treiben nicht festhalten zu dürfen, jedoch führt dies schnell zu einem Spektakel und kann außerdem beleidigend sein – Punkt! Die Guambino sind ein sehr patriarchalisches Volk, weshalb man auch mal schräg von der Seite angeschaut wird, wenn man eine Frau statt eines Mannes anspricht.

Das Geschehen spielt sich auf der großen Plaza und dem südwestlich davon gelegenen Markt ab. Man darf hier allerdings kein Unterhaltungsprogramm wie in einem Freizeitpark erwarten. Silva ist eine Arbeiterstadt und die Menschen sind hier, um Geschäfte zu machen. Kunst- und Kunsthandwerkliches wird nur selten angeboten, und stößt man auf einen älteren Guambino, dann wird dieser eher um Stiefel und Töpfe feilschen oder aber munter ins Handy schwatzen, statt für ein paar Münzen Weisheiten von sich zu geben.

Am besten unterhalten wird man von den umherziehenden Akrobaten, Verkäufern von Schlangenöl, mogelnden Telepathen und den verschiedensten Zauberkünstlern und Mentalisten, die am Markttag auf der Plaza ihre Künste präsentieren. Während man so dasteht und die Shows der Scharlatane betrachtet, wird die kalte Bergluft vom dumpfen Läuten der Kirchenglocken erfüllt. Dann wird man sich der lächelnden, uralten Gesichter der Guambino und der vielen lachenden Kolumbianer um einen herum bewusst und fühlt sich plötzlich wie einer von ihnen.

Vom Busbahnhof in Popayán (einfache Strecke 5000 KOL$, 6, 7, 8 und 10 Uhr) fahren Busse hierher, die etwa 1½ Stunden brauchen. Am besten nimmt man den um 8 Uhr.

Beim Verlassen Silvias kann es sein, dass der Bus angehalten und von mürrischen Polizisten durchsucht wird. Menschen aus westlichen Ländern werden aber normalerweise nicht ganz so streng durchsucht und weit weniger respektlos behandelt wie ältere Guambino in traditioneller Tracht.

PARQUE NACIONAL PURACÉ

Dieser bergige Nationalpark (☎ 02-823-1223; Eintritt 17 000 KOL$; ✆ 8–18 Uhr), der jahrelang wegen den Guerillas gesperrt war, bietet gute Trekkingmöglichkeiten, faszinierende Landschaften voll gurgelnder Geysire, verführerisch grüne Moosteppiche sowie Wasserfälle vor einer dramatischen Kulisse. Außerdem kann man hier tatsächlich wildlebende Kondore füttern.

Der Park befindet sich 45 km östlich von Popayán. Wenn man übernachten möchte, kann man zwischen spartanischen Hütten (30 000 KOL$) oder einer Unterkunft bei Einheimischen im nahen Puracé (kostet um die 12 000 KOL$) wählen.

Möchte man die Kondore füttern, die zur Wiederansiedelung im Park ausgesetzt wurden, ruft man im Voraus bei der Parkleitung an und vereinbart dort einen Besuch für Samstagmorgen; die Vögel werden gegen 11 Uhr gefüttert.

Dorthin kommt man mit einem Bus am frühen Morgen, der von Popayán nach La Plata (8000 KOL$, 1½ Std.) fährt, und zwar um 4.45, 6.30, 8.45 und 9.30 Uhr. Dann steigt man in **Cruce de Pilimbalá** aus, dem Haupteingang des Parks.

In Puracé springt man früh aus dem Bett, um den wundervollen, versteckten Wasserfall **La Cascada de San Antonio** zu bestaunen, der gleich hinter dem Krankenhaus in die Tiefe stürzt. Am besten lässt man sich von einem Einheimischen dorthin bringen. Der Coconuco Wilson Aguilar ist ein erfahrener indigener Führer (☎ 313-606-0027; 25 000 KOL$/Tag), der in Puracé wohnt. Die indigenen Einwohner hier glauben, dass man innerhalb von drei Monaten heiraten wird, sollte man die Heiligenstatue hinter dem Wasserfall zu Gesicht bekommen. Eine andere Legende besagt, dass Indigenas die geheimnisvolle Statue in den 1940er-Jahren in der Nähe der Wasserfälle herumliegen sahen und sie zu ihrem Priester brachten. Dieser peitschte dann, aus Gründen, die bestimmt nur ihm bekannt waren, wie besessen das Hinterteil der Statue aus. Am folgenden Tag verschwand die Statue und wurde hinter dem herabstürzenden Wasser des 100 m hohen Wasserfalls entdeckt.

Von Puracé läuft man 4 km zum Parkeingang und zu den Hütten am Cruce de Pilimbalá. Hier bezahlt man den Eintritt. Der Fütterungsplatz der Kondore ist gleich in der Nähe; Ranger bringen die Besucher dorthin. Hier beginnt auch die anspruchsvolle, fünfstündige Wanderung zum Krater des **Volcán Puracé**, bei der immer ein Führer dabei sein muss. Es gilt, früh aufzubrechen, da es schnell neblig wird und die Aussicht vom Gipfel dann gleich Null ist.

Legt man weitere 8 km mit dem Bus zurück (3000 KOL$), kommt man zum Eingang der **Termales de San Juan**. Der Pfad zu den Quellen ist von der Rangerstation aus gut ausgeschildert und bietet sich für einen gemütlichen 1 km langen Spaziergang durch den üppigen Regenwald an, der vom Quaken von Fröschen erfüllt ist. Einmal bei den Quellen angekommen, fühlt man sich in eine ganz andere Welt versetzt: Moose und Flechten wohin das Auge blickt, das heiße Wasser sprudelt kraftvoll aus dem Felsen und ergießt sich über die Erde. Ein Paradies für Enten. Man sollte unbedingt einen kleinen Schluck des Wassers probieren – es schmeckt wie das Sodawasser der einheimischen Marke Bretaña. Vorsicht: unbedingt auf die giftigen Schwefelwolken achten. Außerdem sollte man hier keinesfalls baden, da dies negative Auswirkungen auf die empfindliche Balance des Ökosystems hat.

In der Nähe wurden auch Tapire gesichtet – allerdings nur von Wächtern, die viele Wochen im Jahr durch das Gebiet patrouillieren. Gleich unten bei den Termales verkauft ein winziges Restaurant Forellen.

Hat man genug Zeit, sollte man der 2 km langen Straße hinter den Termales nach Puracé folgen – und dabei bloß nichts anstellen. Dort gibt es nämlich einen spektakulären Wasserfall zu sehen, die **Cascada Bedon**, der von den Coconuco für die Bestrafung Krimineller genutzt wurde: Sie zwangen sie, unter dem Wasserfall zu baden.

Der letzte Bus zurück nach Popayán fährt um 17 Uhr in Cruce de las Minas/Cruce de Pilimbalá ab. Die Organisation der öffentlichen Verkehrsmittel beruht vor allem auf Improvisation. Also sollte man sich besser auf eine Übernachtung im Park oder in Puracé einstellen.

PANCE
☎ 2 / 1500 Ew.

Dieser Ort ist ein beliebtes Wochenendziel bei den Caleños, die hier der Hitze entfliehen möchten und ist vom Busbahnhof (stündl.; 2000 KOL$) aus mit einem der lokalen Minibusse erreichbar. Die Hauptstraße am Río Pance entlang wird von Bars und Restaurants gesäumt, die jedoch immer rappelvoll mit kolumbianischen Sonntagsausflüglern sind. Deshalb sollte man an der Brücke aussteigen und dann mit dem *colectivo* (1000 KOL$) am Fluß entlang den Berg hinauf zum Dorf Pance fahren. Dort biegt man dann in die Straße rechts der Kirche ab zur **Reserva Natural Anahuac** (☎ 315-407-2724; www.reservanaturalanahuac.com/home.html; Camping mit/ohne Zelt 6000/12 000 KOL$, Zi. 15 000 KOL$/Pers.; 🅿) Hier kommt man dann zu einem privaten Farmgelände, auf dem man auch zelten darf. Die beste Wahl ist jedoch die geräumige, coole Holzhütte im Zentrum des Geländes, die von strömendem Wasser umgeben und mit Antiquitäten ausgestattet ist. Es gibt einfache Gerichte, aber auch eine Open-Air-Küche.

Zum Zeitpunkt der Recherche war der nahe **Parque Nacional los Farrallones de Cali** für Besucher immer noch nicht zugänglich – allerdings ist er jetzt sicher. Ein Armeekorps patrouilliert durch die Gegend und hat die Guerrillas vertrieben. Es ist möglich, den Park auf eigene Faust zu betreten, das ist jedoch illegal.

SAN AGUSTÍN
☎ 8 / 11 000 Ew.

Lange bevor die ersten Europäer den amerikanischen Doppelkontinent erreichten, wurden die sanft geschwungenen Hügel um San Augustín von einem geheimnisvollen Volk bewohnt, die ihre Toten vergruben und sie mit aus dem Vulkangestein herausgeschlagenen, atemberaubenden Statuen ehrten. Dieses von ihnen hinterlassene Vermächtnis bildet heute eine der wichtigsten archäologischen Stätten des Kontinents. Hunderte von freistehenden, monumentalen Statuen wurden neben den Gräbern von Stammesältesten eines längst verschwundenen Volkes platziert. Es wurden auch Töpfereien und Objekte aus Gold gefunden, wobei ein Großteil davon über die Jahrhunderte hinweg gestohlen wurde.

Die Kultur in San Agustín erlebte ihre Blütezeit zwischen dem 6. und 14. Jh. n. Chr. Die schönsten Skulpturen wurden erst in der letzten Phase der Entwicklung dieser Kultur angefertigt und sie war wahrscheinlich schon wieder vom Erdboden verschwunden, bevor die Spanier kamen. Die Statuen wurden nicht vor Mitte des 18. Jh. entdeckt.

Bis jetzt wurden 513 Statuen gefunden und ausgegraben. Die meisten haben eine menschenähnliche Gestalt – und erinnern an maskierte Monster. Andere ähneln Tieren und stellen heilige Tiere wie den Adler, den Jaguar und den Frosch dar. Die Statuen variieren in der Größe (ca. 20 cm–4 m), und in der Ausarbeitung der Details.

Heute zieht es Reisende wegen der Geschichte und der friedlichen Ruhe in die kleine Stadt. Hinzu kommt, dass die Region jetzt für Ausländer soviel sicherer geworden ist. Die Landschaft mit ihren Wasserfällen, Flüs-

SAN AGUSTÍN

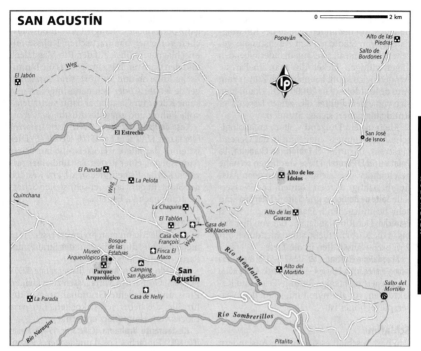

sen und Canyons ist wunderschön. Die Menschen heißen einen mit offenen Armen willkommen, die Preise sind niedrig und sowohl die Luft, als auch das Licht sind glasklar: Es ist der perfekte Ort, um einfach mal zur Ruhe zu kommen.

Orientierung & Praktische Informationen

Die Statuen und Gräber sind grüppchenweise auf 19 Stationen verteilt, die auf beiden Seiten der Schlucht zu finden sind, die vom hochgelegenen Río Magdalena ausgehöhlt wurde. In der größten Stadt der Region, San Augustín, findet man die meisten Unterkünfte und Restaurants. Von hier aus lässt sich die Gegend zu Fuß, auf dem Pferderücken oder mit dem Jeep erkunden.

Arkos (Carrera 3 Nr. 11–42; täglich 8–21 Uhr) Die schnellste Internetverbindung der Stadt – was aber nicht allzuviel heißt.

Banco Agrario de Colombia (Ecke Carrera 13 & Calle 4)
Banco Ultrahuilca (Calle 3 Nr. 12–73) Einer der zwei Geldautomaten im Ort.
Internet Galería Café (Calle 3 Nr. 12–16; tgl. 8–22 Uhr)

Touristeninformation (837-3062; Ecke Calle 3 & Carrera 12; Mo–Fr 8–12 & 14–17 Uhr) Die einzige offizielle Touristeninformation. Sie befindet sich im Rathaus, dort folgt man einfach dem Schild „Government Tourist Office."

Sehenswertes & Aktivitäten

Der 78 ha große **Parque Arqueológico** (Eintritt 15 000 KOL$; 8–18, letzter Einlass 16 Uhr) liegt 2,5 km westlich der Stadt San Augustín und zeigt einige der schönsten Statuen. Der Park umfasst mehrere archäologische Stätten, u. a. mit Statuen, Gräbern und Grabhügeln. Hier befindet sich auch das **Museo Arqueológico** (8–17 Uhr), in dem kleinere Statuen und Töpferwaren ausgestellt sind, und der **Bosque de las Estatuas** (Wald der Statuen), in dem viele Statuen, die an ganz unterschiedlichen Plätzen gefunden wurden, entlang eines Waldspazierwegs aufgestellt wurden.

Der **Alto de los Ídolos** (8–16 Uhr) ist ebenfalls ein archäologischer Park, der für seine Grabhügel und die enormen Steingräber bekannt ist. Hier steht die größte Statue: Sie ist 7 m hoch, davon kann man 4 m sehen, die restlichen 3 m stecken in der Erde. Der Park liegt ein paar Kilometer südwestlich von San José de Isnos, auf der anderen Seite des Río Magdalena vom Städtchen San Augustín aus gesehen. Mit dem an zwei aufeinanderfolgenden Tagen gültigen Ticket, das man in der Parque Arqueológico kauft, hat man auch Zutritt zum Alto de los Ídolos. Für 20 000 KOL$ kann man sich von einem Führer alles zeigen lassen. Der Rundgang dauert sieben Stunden.

Mehr als ein Dutzend weitere archäologische Ausgrabungsstätten sind in der Gegend verstreut, darunter **El Tablón**, **La Chaquira**, **La Pelota** und **El Purutal**. Diese vier liegen so nahe beieinander, dass sie in einem einzigen Ausflug besichtigt werden können. Die Wasserfälle **Salto de Bordones** und **Salto del Mortiño** sind sehr beeindruckend. Das gleiche gilt für **El Estrecho**: Der Río Magdalena, der von hier aus bis in die Karbibik fließt, stürzt hier durch nur 2 m breite Felsspalten in die Tiefe.

Magdalena Rafting (☎ 311-271-5333; magdalenarafting@yahoo.fr; Vía Parque 4–12; inkl. Snacks 40 000 KOL$) organisiert halbtägige Rafting-Trips und Kajaktouren, vor allem im Juni, wenn der Wasserspiegel höher ist.

Schlafen

Am besten schläft es sich in von Ausländern geführten *fincas* in den Hügeln rund um die Stadt.

Camping San Agustín (☎ 837-3192; Stellplätze 12 000–15 000 KOL$) Dieser Campingplatz befindet sich ungefähr 1 km von der Stadt entfernt auf dem Weg zum Parque Arqueológico.

Finca El Maco (☎ 837-3437; Hängematten 8000 KOL$, B/EZ/DZ 14 000/25 000/30 000 KOL$, Tipi 16 000 KOL$/Pers.; 🖥) Ökoranch abseits der Straße zum Parque Arqueológico. Man hat die Qual der Wahl zwischen Hütten, hübschen Chalets und einem niedlichen Tipi. Hier findet man außerdem vertrauenswürdige Führer.

LP Tipp Casa de François (☎ 837-3847, 314-358-2930; B 15 000 KOL$, EZ/DZ 15 000/32 000 KOL$; 🖥) Von einem Franzosen geführtes Hostel gleich nördlich der Stadt, abseits der Straße nach El Tablón. Freundlicher Inhaber, passabler Schlafsaal, gemütliche Zimmer und die WLAN-Verbindung ist auch in Ordnung.

Hospedaje El Jardín (☎ 837-3455; Carrera 11 Nr. 4–10; Zi. mit/ohne Bad 20 000/15 000 KOL$) Einfache, aber ordentliche Unterkunft in der Stadt, gleich in der Nähe der Busunternehmen. Zimmer gibt es mit und ohne Bad.

Casa del Sol Naciente (☎ 311-587-6464; EZ/DZ 15 000/24 000 KOL$, EZ/DZ Cabaña ohne Bad mit Blick auf den Fluß ab 20 000/30 000 KOL$) Hier erlebt man sein ganz persönliches Shangri La. Bambushäuschen vor einer phantastischen Kulisse mit unschlagbarem Blick auf den Río Magdalena und den Canyon. Das einzige, das die himmlische Ruhe ab und an stört, sind vorbeifliegende Kolibris oder Schmetterlinge. Es gibt keine Küche für Gäste, aber dafür vertrauensvolle Führer und ein gutes Ausflugsangebot.

Casa de Nelly (☎ 311-535-0412; hotelcasadenelly@hotmail.com; EZ/DZ ohne Bad 15 000/40 000 KOL$) Dies ist eines der älteren Hostels mit familiärer Atmosphäre, einer netten Bar und einer privaten Küche. Es befindet sich 1 km westlich der Stadt, in der Nähe der sehr steilen Schotterstraße nach La Estrella.

Essen

In der Calle 5 kann man preiswert essen. Wer mehr möchte, findet dies auf der Straße zum Parque Arqueológico.

Mercado de San Agustín (Hauptgerichte 3000–5000 KOL$) Großartige Mittagessen zum kleinen Preis und exzellente Grundnahrungsmittel für alle, die lieber selbst kochen. Ein paar Blocks vom Hauptplatz entfernt.

Restaurante Brahama (Calle 5 Nr. 15–11; Menüs 7000 KOL$) Einfaches Lokal und leckeres Essen.

Donde Richard (Vía al Parque Arqueológico; Hauptgerichte 15 000 KOL$) Die beste Wahl bei voller Geldbörse und leerem Magen. Schlägt man sich hier mit geräucherter Schweinekeule den Bauch voll, braucht man sicher kein Frühstück.

An- & Weiterreise

Die Busschalter konzentrieren sich in der Calle 3, nahe der Ecke zur Carrera 11. Jeden Tag fahren fünf Busse nach Popayán (16 000 KOL$, 6–8 Std.; 7, 9, 11.30, 14 und 16 Uhr). Die Route durch Isnos ist holprig aber spektakulär. Täglich sind drei Coomotor-Busse nach Bogotá unterwegs (50 000 KOL$, 12 Std., 18.30, 18.45 und 19 Uhr).

Nach Tierradentro gibt es keine direkte Busverbindung; man fährt erst nach La Plata (20 000 KOL$, 4 Std.) und steigt in einen Bus nach El Cruce de San Andrés (10 000 KOL$, 2½ Std.) um. Zu den Museen in Tierradentro sind es dann noch 20 Minuten zu Fuß. In La Plata gibt's mehrere günstige Hotels.

Unterwegs vor Ort

Normalerweise besucht man die Sehenswürdigkeiten von San Agustín (abgesehen vom

Parque Arqueológico) auf Jeep-Rundfahrten und Ausflügen zu Pferd. Auf der Standard-Jeep-Tour fährt man z. B. El Estrecho, Alto de los Ídolos, Alto de las Piedras, Salto de Bordones und Salto de Mortiño an. Das dauert sieben bis acht Stunden und kostet 30 000 KOL$ pro Person. Pferde kann man über die zuvor erwähnten, vertrauenswürdigen Hotelmanager mieten, oder aber direkt bei den Pferdebesitzern, die oft Touristen ansprechen. Nie im Voraus bezahlen! Die Pferde mietet man nur für bestimmte Routen, die einen halben Tag (20 000 KOL$) dauern. Einer der beliebtesten Trips (pro Pferd 21 000 KOL$, ca. 5 Std.) umfasst El Tablón, La Chaquira, La Pelota und El Purutal. Benötigt man einen Führer, kommen für diesen 20 000 KOL$ und für dessen Pferd nochmals 21 000 KOL$ dazu.

TIERRADENTRO

☎ 2 / 600 Ew.

Wer die unwegsame Fahrt über die holprigen Schotterstraßen wagt, die sich zwischen den Bergen hindurch und an Klippen entlang schlängeln, wird in Tierradentro Ruhe, freundliche Einheimische und eine der wichtigsten und erfurchtgebietendsten Ausgrabungsstätten des Kontinents finden.

Verborgen unter den üppig-grünen Feldern, die oberhalb der winzigen Dörfer San Andrés de Pisimbalá und Tierradentro liegen, sind Dutzende von Grabstätten verborgen: Die in das Vulkangestein geschlagenen, heiligen Friedhöfe wurden bis ins kleinste Detail durchdacht und aufwendig gestaltet. Es handelt sich um die Hinterlassenschaft eines nicht mehr existierenden, kolumbianischen Urvolkes, das nach Meinung der Archäologen etwa um das 7. und 9. Jh. herum gelebt haben soll. Die heute hier lebenden Páez sagen, dass zwischen ihnen und dem Volk, das die Gräber angelegt hat, keine Verbindung besteht – und so bleibt der Ursprung und die Entstehungszeit der Stätten im Dunkeln.

Die ausgeklügelten Gräber beherbergten die Asche und die Überreste eines Volkes, das technisch hochentwickelt war. Diese Begabung ging mit einem Sinn für Ästhetik einher, der an den geheimnisvollen, geometrischen Mustern deutlich wird, die in die Wände von Dutzenden von Kammern geätzt oder gemeißelt bzw. auf sie gemalt wurden.

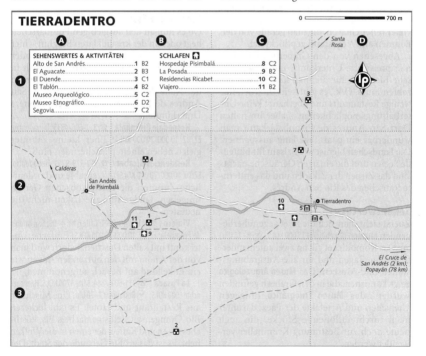

Man betritt die Kammern über Wendeltreppen aus riesigen Steinstufen. Die Kammerdecken werden von kegelförmigen Säulen gestützt, die mit Gesichtern, Tieren und faszinierenden Mustern – viele davon sehr gut erhalten – in Rot, Schwarz und Weiß versehen sind. Ursprünglich befanden sich in allen Nischen der Kammern Urnen mit den Überresten der Stammesälteren; diese werden nun würdevoll in einem Museum in der Nähe ausgestellt.

Bis jetzt wurden über 100 Gräber freigelegt; geht man ein Stück in den Wald hinein, der an die Segovia-Stätte (s. rechte Spalte) grenzt, sieht man Eingänge zu Gräbern, die aufgrund fehlender finanzieller Mittel bisher noch nicht ausgegraben wurden. Hier gibt es auch mehrere Dutzend Statuen, die denen in San Agustín ähneln.

Tierradentro hatte früher einen schlechten Ruf (nicht ganz zu Recht) als Schlupfwinkel der Guerrilla, das ist aber Vergangenheit. Aufgrund der negativen Publicity wird man bei der Besichtigung der Gräber wahrscheinlich seine Ruhe haben, vorausgesetzt man reist bald dorthin. Es ist ein faszinierendes Gefühl, mit vielen unbeantworteten Fragen im Kopf alleine vor den Gräbern zu stehen, die Taschen voller reifer Guaven, die man gerade von den Bäumen am Wegesrand gepflückt hat.

Abgesehen von den Gräbern findet man hier preiswerte Unterkünfte und es gibt frische Bio-Kost, für die man kaum etwas bezahlen muss. O.k., es gibt kein Internet, nur wenige Restaurants und überhaupt keine Unterhaltungsmöglichkeiten – aber im nahen Dorf San Andrés de Pisimbalá kann man wunderbar ein paar Tage lang ausspannen. Die Landschaft hier ist wie Balsam für blutende Seelen und die einzigen Geräusche nachts sind das Zirpen der Zikaden und das entfernte Rauschen des Río San Andrés.

Sehenswertes

Zuerst sieht man sich die zwei gegenüberliegenden **Museen** (Kombiticket 15 000 KOL$; ⊙ 8–16 Uhr) an. Das Kombiticket gilt an zwei aufeinanderfolgenden Tagen und für alle Ausgrabungsstätten und Museen. Das **Museo Arqueológico** zeigt Tonurnen, die in den Gräbern gefunden wurden, das **Museo Etnográfico** hingegen Utensilien und Artefakte der Páez, darunter auch furchteinflößende Stöcke, die auch heute noch zur Bestrafung Krimineller verwendet werden.

Man braucht mindestens einen halben Tag, um eine lohnende Zahl von Gräbern zu besichtigen, weshalb man vor 12 Uhr herkommen sollte. Ein 20-minütiger Fußweg einen Hügel nördlich der Museen hinauf, führt nach **Segovia**, der wichtigsten der Begräbnisstätten. Dort gibt's 28 Gräber, einige davon mit gut erhaltenen Verzierungen.

Weitere Begräbnisstätten sind **El Duende** (vier Gräber, alle ohne Verzierungen) und **Alto de San Andrés** (fünf Gräber, von denen zwei noch die ursprünglichen Malereien aufweisen). **El Aguacate** befindet sich hoch oben auf einem Bergkamm. Vom Museum aus läuft man einfach zwei Stunden hierher, aber der spektakuläre, stramme Spaziergang lohnt sich. Zu besichtigen gibt's ein paar Dutzend Gräber, die aber fast alle von *guaqueros* (Grabräubern) zerstört wurden. Bei **El Tablón** wird eine Sammlung von Statuen ausgestellt.

In dem winzigen Dörfchen **San Andrés de Pisimbalá**, das zu Fuß 25 Minuten westlich von Tierradentro entfernt liegt, steht eine wunderschöne, reetgedeckte Kirche, die bereits 400 Jahre alt ist. Ihr uraltes Gebälk wird von herumwirbelnden Schwalben umschwärmt.

Schlafen & Essen

Ob es nun an den ausgiebigen Fußmärschen liegt oder an der kristallklaren Bergluft – hier schmeckt einfach alles, was man isst oder trinkt. Bei einem eher kurzen Aufenthalt in Tierradentro kann man auch direkt dort in der Nähe der Museen übernachten, in San Andrés de Pisimbalá gibt es aber schönere Unterkünfte.

Hospedaje Pisimbalá (☎ 311-605-4835; Tierradentro; EZ/DZ 10 000/20 000 KOL$) Eher kleine Zimmer gleich neben einem plätschernden Fluß.

Residencias Ricabet (☎ 312-279-9751; Tierradentro; EZ/DZ 10 000/20 000 KOL$) Akzeptable und ordentliche Zimmer, die einen hübschen Garten umgeben. Leider sind die Laken nicht die neuesten.

Viajero (☎ 312-746-5991; Calle 6 Nr. 4–09, San Andrés de Pisimbalá; EZ/DZ 10 000/20 000 KOL$) Einfache Unterkunft mit kalten Duschen. Jedoch wird man von der *señora* mit den blitzenden Augen wie ein Enkelkind auf Besuch aufgenommen.

La Posada (☎ 311-601-7884; Säfte 1700 KOL$; Hauptgerichte 6000 KOL$; ⊙ Restaurant 7–20 Uhr) Eine Mischung aus Restaurant und Hotel: Es gibt leckeren Bio-Orangensaft, selbstgemachtes Eis, köstliches Essen und Kaffee, der einen in die Wolken hebt. Es ist das größte Gebäude der Stadt. Der

Manager Leonardo und seine Frau sind warmherzig und ehrlich um den Gast bemüht – was typisch für das ländlichen Kolumbien ist. Er ist fasziniert von den Grabstätten und hat einen Hund, der einen zu den Stätten hin und zurück lotsen kann, ganz wie Lassie. Die Zimmer (EZ/ DZ 15 000/30 000 KOL$) sind schön groß, sauber und hochwertig.

An- & Weiterreise

Täglich fahren drei bis vier Busse von Popayán nach Tierradentro (14 000 KOL$,

---

EINREISE NACH ECUADOR

Auf der Straße nach Ecuador liegen Pasto und Ipiales. Hier gibt es so gut wie nichts, was Reisende lange aufhalten könnte. **Pasto** ist nur während des verrückten Festivals **La Fiesta de Blancos y Negros** („Festival der Schwarzen und Weißen") einen Aufenthalt wert, das am 4. und 5. Januar stattfindet. Dann beschmieren sich die Bürger gegenseitig mit Farbe, Mehl, Ruß und Kreide. Das Ganze dient dem Gedenken an eine mittelalterliche Feierlichkeit, bei der Sklaven und Besitzer für einen Tag die Hautfarbe wechselten.

Das einzige Muss ist die nahe **Laguna de la Cocha**, eine der größten und wunderschönsten Seen in Kolumbien. Er ist von wackeligen, knallbunt gestrichenen Holzhäusern umgeben. Viele davon beherbergen Budgetunterkünfte und günstige Restaurants, die frische Forellen anbieten. Man kann sich ein Motorboot leihen (25 000 KOL$/Std.), in dem bis zu acht Personen Platz haben, und über den See zu der kleinen Insel in der Mitte düsen. In den Ruderbooten (15 000 KOL$) gibt's Platz für fünf Personen. *Colectivos* (Sammeltaxis; 5000 KOL$, 30 Min., 25 km) fahren unter der Woche von der Iglesia de San Sebastián im Zentrum Pastos aus regelmäßig zum See. Am Wochenende fahren sie hinter dem **Hospital Departamental** (Ecke Calle 22 & Carrera 7) ab. Hat man es eilig, kann man auch 5000 KOL$ für jeden nicht besetzten Platz zahlen.

Der mächtige **Volcán Galeras** ist wegen seismischer Aktivitäten seit Jahren für Touristen nicht mehr zugänglich.

Das beste Backpackerhostel in Pasto ist das **Koala Inn** (☎ 2-722-1101; Calle 18 Nr. 22–37; Zi. mit/ohne Bad pro Person 22 000/15 000 KOL$) Es ist seit den 1990er-Jahren in Betrieb, und das sieht und riecht man. Aber es ist günstig, es liegt zentral und es gibt eine Wäscherei und einen Büchertausch.

Etwas teurer ist das **Hotel San Sebastian** (☎ 2-721-8851; Carrera 22 Nr. 15–78; EZ/DZ 31 000/49 000 KOL$; 🖵). Es hat etwa soviel Charakter wie eine Schaufensterpuppe, aber dafür sind die Zimmer sauber und es gibt heißes Wasser, WLAN und Kabel-TV. Günstig Essen kann man überall im Zentrum und ein *comida corriente* (einfaches Menü) kostet 5000 KOL$.

Eineinhalb Stunden die Panamericana hinunter liegt **Ipiales**, einer der wichtigsten Grenzübergänge nach Ecuador. Dies ist eine Grenzstadt, die einfach nur funktionieren muss und deren Ruf einzig und allein von dem berühmten, neo-gotischen El Santuario de las Lajas gerettet wird. Um die Kirche besichtigen zu können, muss man hier nicht übernachten. Man gibt sein Gepäck bei der Gepäckaufbewahrung (1000 KOL$/Gepäckstück) am Busbahnhof ab und nimmt ein *colectivo* (5000 KOL$, 20 Min.) zur Kirche. Das Gebäude wurde auf einer Brücke über einer Schlucht errichtet. Im Inneren befindet sich die Klippenwand, auf der dem Einheimischen Maria Mueces 1754 ein Abbild der Jungfrau erschienen sein soll. Pilger aus dem ganzen Land kommen hierher, die fest an die Tausenden von Wunder glauben, die die Jungfrau vollbringen soll.

Wer doch in Ipiales übernachten muss, kann es im **Hotel Belmont** (☎ 2-773-2771; Carrera 4; EZ/DZ 15 000/25 000 KOL$) probieren, das einfache Zimmer hat. Restaurants in der Nähe bieten günstige Gerichte für 5000 KOL$ an.

In Ipiales gibt's etwa 1 km nordöstlich des Zentrums einen großen Busbahnhof. Sowohl Busse (1000 KOL$) als auch Taxis (3500 KOL$) fahren von hier aus ins Zentrum. Von Expreso Bolivariano fahren täglich ein Dutzend Busse nach Bogotá (80 000 KOL$, 25 Std.) und es starten auch regelmäßig Busse nach Cali (30 000–40 000 KOL$, 10 Std.). Mit allen Bussen kommt man auch in acht Stunden nach Popayán. Es empfiehlt sich, am Tag zu reisen. Vom Busbahnhof fahren auch viele Busse, Minibusse und *colectivos* nach Pasto (5000 KOL$, 1½–2 Std.).

Die Grenze ist mit dem Taxi nur ein kurzes Stück vom Busbahnhof in Ipiales entfernt und von 6 bis 22 Uhr offen. Ein Busticket kostet 1000 KOL$, eine Taxifahrt um die 5000 KOL$. An der Grenze gibt's Geldautomaten. Für Infos über die Einreise nach Kolumbien von Ecuador aus s. S. 592.

5–6 Std.). Die Busse um 5, 8, und 13 Uhr fahren nur bis El Cruce de San Andrés. Von dort aus läuft man 20 Minuten zu den Museen. Es gibt auch noch einen Bus um 10 Uhr, der weitere 4 km bis San Andrés de Pisimbalá dranhängt und dabei an den Museen vorbeikommt. Zurück nach Popayán kommt man mit dem Bus um 6.20 Uhr von San Andrés de Pisimbalá aus, der ebenfalls an den Museen vorbeifährt. Verpasst man den, läuft man einfach nach El Cruce de San Andrés und winkt einen der Busse heran, die gegen 8, 13 und 16 Uhr hier vorbeikommen.

AMAZONASBECKEN

Der kolumbianische Amazonas nimmt ein Drittel des Landes ein und ist somit so groß wie Kalifornien. Infrastruktur ist allerdings so gut wie nicht vorhanden. Der größte Teil ist Regenwald, der von Flüssen durchzogen und dünn mit isoliert lebenden, indigenen Völkern besiedelt ist, von denen die meisten keinerlei Bezug zur „modernen" Welt haben.

Es ist unmöglich, sich auf den Moment vorzubereiten, in dem man zum ersten Mal den amazonischen Regenwald erblickt. Da hilft kein Reiseführer, kein Film, keine Second-Hand-Berichte. Allein die schiere Größe geht über das Vorstellungsvermögen hinaus: 5,5 Mio. km². Blickt man aus einem Flugzeug auf die unendlichen Wälder herab, kommt man sich vor wie auf einem anderen Planeten. Es scheint fast, als würde der Wald sich über die Versuche der Menschen lustig machen, seine Größe zu erfassen. Mit einem Kanu hindurchzupaddeln ist ein beglückendes Gefühl, das einen jede Faser seines Körpers spüren lässt.

Nirgendwo anders auf der Erde ist die Biodiversität größer: 10 % aller lebenden Spezies tummeln sich hier. Doch der Wald ist empfindlich und stark geschädigt, weshalb man die unvermeidbaren Einwirkungen, die man als Besucher immer ausübt, so gering wie möglich halten muss. D. h.: wenn möglich kleine Boote benutzen, in Gruppen reisen, die öffentlichen Verkehrsmittel nutzen und die Dienste derjenigen Veranstalter in Anspruch nehmen, die die indigene Bevölkerung unterstützen.

Ein großer Teil des Amazonasgebiets ist von Guerrillatruppen und Kokafarmern besetzt, was das Reisen auf eigene Faust problematisch macht. Die Stadt Leticia ist jedoch sicher, liegt nahe bei Peru und Brasilien und ist der beste Ausgangsort, um Aktivitäten in der Region zu organisieren. Sie ist klein, aber hier findet man alles, was man braucht, da sich der aufblühende Tourismus auch auf Regenwaldtouren ausweitet.

LETICIA

☎ 8 / 35 000 Ew.

Leticia ist der Endpunkt der Straße durch Kolumbien – hier gibt's kaltes Bier und gegrillten Fisch, gepflasterte Straßen und Internetcafés, hupende Mopeds, Geldautomaten, Nachtclubs, gemütliche Betten und Klimaanlagen. Doch nur ein paar Stunden von dieser Regenwaldstadt entfernt warten abenteuerliche Regenwaldtrips, faszinierende indigene Völker sowie Flora und Fauna soweit das Auge reicht.

Für viele Reisende ist Leticia nur ein Zwischenstop auf ihrer Reiseroute – es gibt Busverbindungen nach Iquitos (Peru) und Manaus (Brasilien) – dabei lohnt sich auch eine Reise speziell hierher. Leticia ist ein sicherer und entspannter Ort – ohne jegliche Aktivitäten der Guerrilla oder der Paramilitärs.

Juli und August sind die einzigen relativ trockenen Monate. Am meisten Regen fällt zwischen Februar und April. Der Wasserspiegel des Amazonas ist zwischen Mai und Juni am höchsten und zwischen August und Oktober am niedrigsten. Der Unterschied kann sogar bis zu 15 m betragen.

Orientierung

Leticia liegt an der Grenze zwischen Kolumbien und Brasilien. Gleich hinter der Grenze im Süden liegt Tabatinga, eine ähnlich große brasilianische Stadt, die einen eigenen Hafen und auch einen eigenen Flughafen hat. Die beiden Städte verschmelzen regelrecht miteinander und zwischen den beiden gibt's auch keinen Grenzübergang. *Colectivos* fahren ständig zwischen Leticia und Tabatinga hin und her – man kann aber auch laufen. Sowohl Ortsansässige als auch Ausländer können sich in beiden Städten ohne Visum frei bewegen, wenn man jedoch weiter in eines der beiden Länder vordringen will, muss man zuerst seinen Pass abstempeln lassen: Und zwar in Leticia beim DAS und in Tabatinga bei der Policía Federal.

Auf der Amazonasinsel, die gegenüber von Leticia und Tabatinga liegt, befindet sich

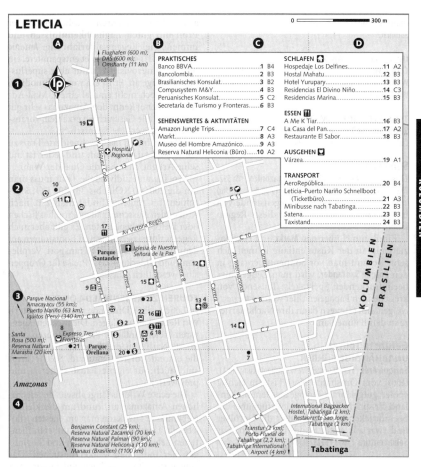

Santa Rosa, ein peruanisches Dorf. Boote dorthin fahren sowohl in Tabatinga als auch in Leticia ab.

Von Leticia aus gesehen auf der anderen Seite des Amazonas, etwa 25 km flussabwärts, liegt die brasilianische Stadt Benjamin Constant. Dies ist der wichtigste Hafen für alle Boote die flussabwärts Richtung Manaus fahren. Zwischen Tabatinga und Benjamin Constant pendeln regelmäßig Boote.

Praktische Informationen
EINREISESTELLE

Ein- oder Ausreisestempel kann man sich bei den DAS-Beamten am Flughafen in Leticia (täglich geöffnet) holen. Der Flughafen liegt circa 3 km nördlich vom Zentrum. Reist man über Iquitos (Peru) ein oder aus, holt man sich den Ein-/Ausreisestempel bei der Policía Internacional Peruviano (PIP) auf der Isla Santa Rosa oder aber beim **peruanischen Konsulat** (☎ 592-7204; Calle 11 Nr. 5–32; Mo–Fr 8–13 & 15–18 Uhr).

GELD

Man sollte die Währung des Landes, aus dem man ausreist, in Leticia-Tabatinga wechseln. *Casas de cambio* findet man auf der Calle 8 zwischen der Carrera 11 und dem Markt, die an Werktagen von 8 oder 9 Uhr bis 17 oder 18 Uhr und am Samstag bis etwa 14 Uhr geöffnet haben.

Banco BBVA (Ecke Carrera 10 & Calle 7) Hier gibt's einen Geldautomaten.

Bancolombia (Calle 8 s/n zw. Carreras 11 & 10) Geldautomat.

INTERNETZUGANG
Compusystem M&Y (Calle 8 Nr. 7–99; 1300 KOL$/Std., WLAN 1000 KOL$/Std.; ☺ Mo–Sa 8–22, So 14–22.30 Uhr) Klimaanlage und 10 Terminals.

TOURISTENINFORMATION
Secretaría de Turismo y Fronteras (☎ 592-7569; Calle 8 Nr. 9–75; ☺ Mo–Fr 8–12 & 14–17 Uhr)

Sehenswertes

Das kleine **Museo del Hombre Amazónico** (☎ 592-7729; Carrera 11 Nr. 9–43; ☺ Mo–Fr 8–11.30 & 14–17 Uhr) stellt Kunst- und Haushaltsgegenstände von indigenen Völkern aus, die in dieser Region leben.

Ein Bummel über den **Markt** und ein Spaziergang an der Küste entlang lohnen sich sehr. Kommt man vor Sonnenuntergang in den **Parque Santander**, wird man Zeuge eines beeindruckenden Spektakels: Tausende von kreischenden Papageien (hier werden sie *pericos* genannt) steuern dann ihre Nachquartiere in den Bäumen an.

Geführte Touren
UNABHÄNGIGE FÜHRER
Enrique Arés (315-302-3493; www.omshanty.com; Km 11, Leticia) vom Omshanty Hostel ist ein richtig cooler, gutgelaunter Biologe aus dem Baskenland. Er spricht Englisch und verfügt über ein beeindruckendes Wissen über die Urvölker und zwar aus erster Hand. Felipe Ulloa aus **Selvaventura** (☎ 311-287-1307; www.amazonascolombia.com) ist ein erfahrener kolumbianischer Profi mit guten Englischkenntnissen und immens viel Regenwalderfahrung. **Antonio Rengifo** (☎ 313-497-6277) bietet entspanntere, ein bisschen improvisierte, dafür aber superlustige Ausflüge an. Er ist ein wenig altmodisch – er hat noch nicht einmal eine E-Mail-Adresse –, aber er kennt den Amazonas sehr gut und kann tolle Geschichten erzählen, vorausgesetzt man versteht Spanisch.

Alle drei bieten maßgeschneiderte Trips zu Land oder zu Wasser an und jeder ist auf seine Art gut. Man hat die Qual der Wahl.

Pro Tag und individuelle Tour muss man um die 200 000 KOL$ bis 300 000 KOL$ bezahlen: Im Angebot findet man z. B. nach Krokodilen Ausschau halten, Piranhas fischen oder Delphine beobachten. Es gibt aber auch Regenwaldspaziergänge und Bootstouren auf dem Fluss. Alles inklusive Transport, Verpflegung und Unterkunft. Die Preise für Gruppen sind wesentlich günstiger.

TOUREN ZU REGENWALD-LODGES
In Leticia gibt's Dutzende von Veranstaltern von Regenwaldausflügen. Die meisten Agenturen bieten eintägige Standardtouren nach Puerto Nariño an, die allerdings nur etwas für die extrem Vorsichtigen sind. Solche Trips sind auch auf eigene Faust sicher – und preiswerter.

Die echte Wildnis fängt abseits des eigentlichen Amazonas an, rund um die kleinen Nebenflüsse. Hier kann man am ehesten wildlebende Tiere in einem relativ unbeeinträchtigten Lebensraum beobachten und Siedlungen der indigenen Völker besuchen. Das Ganze ist zeitaufwendiger und teurer, aber man hat auch viel mehr davon.

Verschiedene Veranstalter bieten mehrtägige Touren von Leticia aus an. Vier davon verfügen über Regenwald-Lodges. Alle drei Reservate verlaufen entlang der unteren Abschnitte des Río Yavarí, an der Grenze zwischen Brasilien und Peru. Reist man in Gruppen, so reduziert sich der Preis um bis zu 50 %.

Das **Reserva Natural Marasha** ist eine Stunde von Leticia entfernt, gleich am gegenüberliegenden Amazonasufer. Ein leckeres Mittagessen, eine Übernachtung in einer Lodge und eine Bootstour auf dem See sind im Preis enthalten. Sehenswert ist der gigantische Kapokbaum. Früher verwendeten ihn die Ureinwohner wie eine Art „Regenwaldtelefon": Sie

---

DIE STRASSE INS NIRGENDWO

Die seltsamste Straße Kolumbiens befindet sich in Leticia: Eine perfekte Autobahn, die nach 28 km zu Ende ist, und zwar direkt am Rande des Regenwalds. Sie verläuft an Eingeborenendörfern entlang, die allesamt mit Fußballfeldern, elektrischem Licht und fließend Wasser aufgepeppt wurden. Es gibt Gerüchte, dass sich die Straße eines Tages durch 155 km unberührten Regenwald schneiden soll, um Puerto Nariño – dort vermuten Spekulanten ein großes Ölvorkommen – mit dem Landesinneren zu verbinden. Die Zeit wird es uns Tageslicht bringen, auch wenn von offizieller Seite nichts zu hören ist.

STARKE MEDIZIN: AYAHUASCA

Die meisten Menschen denken bei schwerem Drogenkonsum in Kolumbien einzig und allein an Kokain. Dabei erfreut sich Ayahuasca, ein halluzinogenes Regenwaldgebräu, das von Schamanen im Amazonasgebiet als Medizin für Weisssagung und Heilung verwendet wird, bei manchen Reisenden immer größerer Beliebtheit. Einige versuchen sich mit idiotisch-hedonistischer Unbekümmertheit daran, und bekommen dafür einen heftigen Tritt in ihr Ego verpasst. Bei Herzproblemen, hohem Blutdruck oder der Verwendung von Antidepressiva, darf man nicht einmal im Traum daran denken, es auch nur zu berühren.

Ayahuasca, ein Wort aus der Quechua-Sprache für „Ranke der Seelen", enthält DMT (Dimethyltryptamin), die wirksamste psychedelische Droge der Welt. Durchschnittlich dauert der Rausch vier bis fünf Stunden und kann eine sehr intensive spirituelle Erfahrung sein. Ein Bestandteil der Droge ist die Lianenart *Banisteriopsis caapi*. Diese enthält einen chemischen Stoff, der es dem Darm ermöglicht, das DMT aufzunehmen, das wiederum in Blättern der *Psychotria viridis* enthalten ist.

Die meisten, die die Droge konsumieren, erbrechen darauf und manche bekommen Durchfall. Viele berichten von extremen, teils auch furchterregenden Halluzinationen, ausgeprägten persönlichen und spirituellen Offenbarungen. Diese Droge sollte man definitiv ernst nehmen, und wir raten von einer Einnahme ab. Wenn man sie trotzdem ausprobieren möchte, sollte man sich für die eigene Sicherheit richtig darauf vorbereiten: Es wird zu leichtem Fasten und absoluter Enthaltsamkeit bezüglich Sex, Alkohol, Fleisch und Tierfetten geraten – und das mindestens eine ganze Woche vor Einnahme der Droge.

---

schlugen gegen den Stamm, und man konnte den Widerhall bis zu 4 km weit hören. Ausflüge kann man in der zugehörigen Agentur in Leticia buchen (☎ 310–280-0151; www.reservamarasha.com; Calle 12A Nr. 5–93; 110 000 KOL$/Pers. & Tag).

Das **Reserva Natural Zacambú** ist mit dem Boot etwa 70 km von Leticia entfernt, man fährt manchmal bis zu fünf Stunden. Die Lodge steht am Zacambú-See, gleich neben dem Río Yavarí auf der peruanischen Seite des Flusses. Sie ist eher spartanisch eingerichtet mit einfachen Zimmern und Gemeinschaftsbädern. Für einen Besuch ruft man bei **Amazon Jungle Trips** (☎ 592-7377; amazonjungletrips@yahoo.com; Av Internacional Nr. 6–25) an.

Das **Reserva Natural Palmarí** liegt weitere 20 km flussaufwärts am Río Yavarí – mit dem Boot sind das von Leticia aus ungefähr 90 km. Die weitläufige Lodge thront auf dem hohen Südufer (brasilianisch) des Flusses. Sie überblickt eine große Flussbiegung, in der oft graue und rosafarbene Delphine gesichtet werden. Die Lodge besteht aus mehreren *cabañas* mit Bädern und einem runden *maloca* (ein Haus, das die indigenen Völker in der Region als zentralen Treffpunkt nutzen) mit Hängematten. **Axel Antoine-Feill** (☎ 310-786-2770; www.palmari.org; Carrera 10 Nr. 93–72, Bogotá) ist der Manager. Er spricht auch Englisch.

Das **Reserva Natural Heliconia** liegt etwa 110 km von Leticia entfernt. Man schläft in strohgedeckten Hütten. Ausflüge gibt's per Boot und zu Fuss, zum Fluß, zu den Flußarmen und in den Regenwald. Es werden auch organisierte Ausflüge zu Dörfern der indigenen Bevölkerung sowie Spezialtouren angeboten, bei denen sich alles um Vogel- oder Delphinbeobachtung dreht. Das Reservat wird von einer **Agentur** (☎ 311–508-5666; www.amazonheliconia.com; Calle 13 Nr. 11–74) in Leticia aus geleitet.

Die Veranstalter bieten alle drei- bis sechstägige Pauschalausflüge an, außer für Marasha. Hierher plant man am besten einen Ausflug mit nur einer Übernachtung. Die Kosten für die drei letzten Lodges betragen um die 200 000 bis 300 000 KOL$ pro Tag. Normalerweise gibt's keinen festen Zeitplan für die Touren. Die Agenturen warten einfach, bis sich genug Personen angemeldet haben, oder man nicht warten möchte, dafür dann aber auch mehr bezahlt. Man sollte im Voraus buchen. Deutsche, Österreicher oder Schweizer brauchen kein Visum für die Ausflüge auf brasilianisches oder peruanisches Staatsgebiet.

Preiswerte Ausflüge in den Regenwald kann man auch mit Einheimischen aus Puerto Nariño (S. 812) unternehmen. Unbedingt mitbringen: Viel Sonnencreme und Insektenschutzmittel aus Bogotá. Vor Ort kann man auch eine sehr gute Seife mit Insektenschutz kaufen, und zwar Nopikex.

Schlafen

LETICIA

Omshanty (315-302-3493; www.omshanty.com; Km 11, Leticia; B/EZ/DZ 10 000/30 000/40 000 KOL$) Fährt man 11 km auf der Straße ins Nirgendwo – der Autobahn, die am Rande des Regenwalds aufhört (S. 808) – kommt man zu diesem Hostel. Enrique Ares, ein Regenwaldführer aus der Gegend, hat diesen wundervollen Rückzugsort errichtet: Bequeme, geräumige Hütten mit kleinen Küchen und guten Betten. Außerdem bietet er Essen zum Schnäppchenpreis an und verleiht Stiefel. Eine tolle Wahl, wenn das Budget nicht für eine Tour reicht, da sich das Omshanty direkt am Rand des Regenwalds befindet. Der Inhaber arbeitet eng mit der örtlichen Huitoto-Gemeinschaft zusammen.

Hostal Mahatu (311-539-1265; gusrenalvaredo@hotmail.com; Carrera 7A Nr. 9-69; B 15 000 KOL$, EZ ohne Bad 20 000 KOL$) Saubere Zimmer mit gemütlichen Betten in einem kleinen, einladenden Hostel, das von einem sehr freundlichen, hilfsbereiten Kolumbianer geführt wird. Die Gäste können die Küche benutzen und es gibt einen hübschen Hinterhof zum Relaxen. Gustave Rene, der Manager, plant ein neues, geräumigeres Hostel mit Campingplatz am Stadtrand.

Residencias El Divino Niño (592-5598; Av Internacional 7-23; EZ/DZ/3BZ/4BZ mit Ventilator 30 000/40 000/50 000/70 000 KOL$, mit Klimaanlage 40 000/50 000/60 000/80 000 KOL$; ❄) Gute, einfach ausgestattete Option unter den günstigen Unterkünften mit Klimaanlage. Leider sind die Matratzen durchgelegen.

Hospedaje Los Delfines (592-7488; losdelfinesleticia@hotmail.com; Carrera 11 Nr. 12-81; EZ/DZ/3BZ 45 000/60 000/90 000 KOL$; 🖥) Kleiner, familiengeführter Betrieb. Es gibt acht ordentliche Zimmer mit Ventilator und Kühlschrank, die sich an einen grünen Hof schmiegen. Geleitet wird das Ganze von einer bezaubernden Nonne im Ruhestand.

Hotel Yurupary (592-7983; www.hotelyurupary.col.nu; Calle 8 Nr. 7-26; EZ/DZ/3BZ inkl. Frühstück 79 000/85 000/125 000 KOL$; ❄ 🖥 🏊) Große Zimmer mit Kühlschrank und Klimaanlage, und es gibt einen tollen Swimmingpool. Super geeignet für Gruppen, da es Zimmer für bis zu vier Personen gibt.

TABATINGA

International Bagpacker Hostel (312-585-8855; amazondiscover@hotmail.com; Texeira 9; B/EZ/DZ 15 000/25 000/35 000 KOL$) Ja, es ist eine Absteige, aber immer noch um vieles besser als der ganze Rest, wenn es darum geht, frühmorgens das Boot nicht zu verpassen.

Essen

LETICIA

Die örtlichen Fischsorten *gamitana* und *pirarúcu* – die bis zu 300 kg schwer werden können – sind köstlich.

La Casa del Pan (592-7660; Calle 11 Nr. 10-20; Frühstück 4000 KOL$; Mo-Sa 6.30-23 Uhr) Man befindet sich irgendwo im Nirgendwo und dann gibt es dort tatsächlich eine gute Bäckerei mit Frühstücksangebot. Was will man mehr?

DIE ROSAFARBENEN DELPHINE DES AMAZONAS

Die verspielten, intelligenten und geheimnisvollen rosafarbenen Delphine des Amazonas, die hier wegen der Geräusche, die sie machen, wenn sie an die Oberfläche kommen, *bufeos* genannt werden, sind faszinierende Geschöpfe und sie gelten als ein gutes Omen.

Niemand weiß genau, wieso und wann sie anfingen in Süßwasser zu leben. Möglicherweise gelangten sie vor 15 Mio. Jahren aus dem Pazifik in den Amazonas oder vor 1,8 bis 5 Mio. Jahren aus dem Atlantischen Ozean.

Ihre Gehirne sind um 40 % größer als das des Menschen. Eines ihrer höchst spezialisierten, evolutionären Merkmale ist, dass ihr Halsknochen nicht mit der Wirbelsäule verwachsen ist, wodurch die Köpfe viel beweglicher sind. So können sie auch im überfluteten Regenwald nach Fischen jagen. Örtliche Mythen besagen, dass die Delphine nachts menschliche Formen annehmen und aus dem Wasser kommen, um die Mädchen zu schwängern.

Verantwortungsbewusste Regenwald-Führer werden zum Beobachten der Delphine nie mit großen Booten aufs Wasser fahren. Einige Veranstalter verwenden Motoren mit 200 PS, deren Lärm die Delphine erschreckt. Dabei reicht ein *peque peque* Motor mit 10,5 PS vollkommen aus. Man muss darauf bestehen, dass der Führer nie nahe an die Delphine heranfährt und darf auf keinen Fall körperlich mit ihnen interagieren.

EINREISE NACH BRASILIEN & PERU

Leticia liegt zwar mitten im Nirgendwo, aber es ist trotzdem ein beliebter Ausgangsort für Weiterreisen nach Brasilien und Peru. Am schnellsten geht's mit dem Flugzeug nach Manaus in Brasilien. Die schönere (aber langsamere) Option ist, mit dem Boot nach Manaus oder Iquitos in Peru überzusetzen. Iquitos ist genauso abgeschieden wie Leticia, wenn nicht sogar noch mehr.

Reist man mit dem Flugzeug oder dem Boot aus Kolumbien aus, muss man sich seinen Pass beim Departmento Administrativo de Seguridad (DAS) am Flughafen in Leticia abstempeln lassen.

Nach Manaus fahren jede Woche zwei Boote vom Porto Fluvial de Tabatinga aus, und zwar am Mittwoch und am Samstag um 14 Uhr. Sie legen in Benjamin Constant einen Zwischenstop ein. Die Reise nach Manaus dauert drei Tage und vier Nächte und kostet in der eigenen Hängematte 150 000 KOL$ oder 555 000 KOL$ für eine Doppelkabine. Bei der Einreise nach Brasilien holt man sich bei der Policía Federal in Tabatinga einen Einreisestempel.

Flussaufwärts von Manaus nach Tabatinga dauert die Reise normalerweise sechs Tage und kostet bei Übernachtung in einer Hängematte um die 250 000 KOL$ oder etwa 750 000 KOL$ für eine Doppelkabine. Die Verpflegung ist im Preis enthalten. Man sollte Snacks und abgefülltes Wasser dabei haben und das Gepäck nie aus den Augen lassen.

Transtur (☎ 310-859-2897; www.transtursa.com; Marechal Mallet 248, Tabatinga) betreibt moderne Hochgeschwindigkeits-Passagierboote zwischen Tabatinga und Iquitos. Die Boote legen am Mittwoch, Freitag und Sonntag um 4 Uhr in Tabatingas Porto da Feira ab und kommen 10 Stunden später in Iquitos an. Man darf 15 kg Gepäck mitführen. Die Boote halten an Perus Grenzübergang Santa Rosa. Die Reise kostet (egal in welche Richtung) 140 000 KOL$, Frühstück und Mittagessen sind enthalten.

Von Iquitos kommt man mit dem Flugzeug ins Landesinnere oder man fährt auf dem Fluss weiter nach Pucallpa (5–7 Tage). Von dort kann man über Land weiter nach Lima usw. reisen.

Für mehr Informationen zu diesen Grenzübergängen s. Kasten S. 406 und S. 971.

A Me K Tiar (☎ 592-6094; Carrera 9 Nr. 8–15; Hauptgerichte 5000–13 000 KOL$; ☼ mittags & abends) Gut besuchte und gefragte *parrilla* (Grillrestaurant) in der leckeres Grillfleisch auf den Tisch kommt.

Restaurante El Sabor (Calle 8 Nr. 9–25; Menüs 7000 KOL$; ☼ Mo–Sa 6–23 Uhr) Das beste Budgetrestaurant in Leticia: sehr hochwertige Menüs, vegetarische Burger, Bananenpfannkuchen und Obstsalate, und soviel kostenlosen Saft zum Essen wie man möchte. Der *pirarúcu* ist spitze.

TABATINGA

Restaurante Sao Jorge (Av. de Amistad 1941; Menü 5000 KOL$; ☼ Mo–Sa 13–22 Uhr) Wie wäre es mit einem peruanischen Mittagessen in Brasilien, während Kolumbien gleich auf der anderen Straßenseite liegt? Mal ganz abgesehen von dieser Besonderheit – das Essen hier ist noch dazu hervorragend.

Ausgehen

Várzea (☎ 320-316-6083; Carrera 10 Nr. 14–12; ☼ Di–So 18–2 Uhr) Coole Bar, in der europäischer und amerikanischer Rock und HipHop gespielt wird. Mitten im Regenwald ist sie zwar eine merkwürdige Besonderheit, aber auch eine sehr willkommene. Zumindest bis auf die etwas unsanfte Verabschiedung: Punkt 2 Uhr werden sofort Wischmopp und Besen gezückt.

An- & Weiterreise
FLUGZEUG

Landet man als Besucher in Leticia, muss man zunächst einmal 16 500 KOL$ Flughafensteuer bezahlen.

AeroRepública (☎ 592-7666; www.aerorepublica.com.co; Calle 7 Nr. 10–36; ☼ Mo–Fr 8–12 & 14–18, Sa 8–12 Uhr) fliegt täglich nach Bogotá. **Satena** (☎ 592-5419; www.satena.com; Calle 9 s/n; ☼ Mo–Fr 8–12 & 14–18, Sa 8–12 Uhr) fliegt am Montag, Mittwoch und Freitag nach Bogotá. Der Normalpreis pro Person beträgt bei beiden Airlines 300 000 KOL$ für die einfache Strecke; bucht man seinen Flug mit Satena am Mittwoch, wird er billiger. **Trip** (www.voetrip.com.br) fliegt täglich vom Tabatinga International Airport nach Manaus (600 000 KOL$). Der Flughafen befindet sich 4 km südlich von Tabatinga.

SCHIFF/FÄHRE

Von Leticia gibt's flussabwärts Verbindungen nach Manaus (Brasilien) oder flussaufwärts nach Iquitos (Peru). Für mehr Informationen s. Kasten S. 811.

Nach Puerto Nariño und zum Parque Nacional Amacayacu gelangt man mit dem Schnellboot von Leticia nach Puerto Nariño. Karten sind am Kartenschalter an der Anlegestelle in Leticia erhältlich. Die Boote fahren um 8, 10 und 14 Uhr ab. Die Fahrt dauert 2½ Stunden und kostet 26 000 KOL$. Die Boote kehren nach der Ankunft aus Leticia gleich wieder um.

Unterwegs vor Ort
Zwischen Leticia und Tabatinga bewegt man sich am besten mit dem Taxi. Das ist nicht teuer und angenehm, da es hier extrem heiß wird.

PARQUE NACIONAL AMACAYACU
Der Amacayacu-Nationalpark nimmt 2935 km² Regenwald nördlich des Amazonas ein, etwa 55 km flussaufwärts von Leticia. Die luxuriöse Kette Decameron hat die Anlagen übernommen und bietet hier nun eine hygienisch-saubere Regenwalderfahrung an – das alles zu haushohen Preisen und für Besucher, die sich ihre Schuhe nicht schmutzig machen möchten. Kommen dann noch Parkeintritt (31 000 KOL$) und **Unterkunft** (B 105 000 KOL$) dazu, übersteigt das das Budget der meisten Rucksackreisenden.

Boote (20 000 KOL$, 1½ Std.) von Leticia nach Puerto Nariño lassen einen im Besucherzentrum des Parks aussteigen. Die Rückreise nach Leticia ist nicht ganz so einfach. Es kann durchaus passieren, dass man stundenlang festsitzt, weil das Boot aus Puerto Nariño bereits voll ist, bevor es hier vorbeikommt.

PUERTO NARIÑO
☎ 8 / 2000 Ew.

Puerto Nariño ist eine winzige Stadt 60 km flussaufwärts von Leticia, die einen sehr eigenen, ansprechenden Charakter hat. Die Straßen hier sind unglaublich sauber. Das ist den täglichen Reinigungspatrouillen zu verdanken, die sich aus einer Vielzahl von stolzen Frauen und Mädchen zusammensetzen, den *escobitas*. Es gibt keine Autos, und Regenwasser – wie auch jeglicher Müll – wird recycelt.

Ungefähr 10 km westlich von Puerto Nariño befindet sich der **Lago Tarapoto**, ein friedlicher See, der nur mit einem Boot erreichbar ist und in dem man rosafarbenen Delphinen beim Spielen zusehen kann. Ein halbtägiger Ausflug zum See in einem kleinen Boot kann inoffiziell mit Einheimischen aus Puerto Nariño (50 000 KOL$/Boot, Platz für 4 Pers.) arrangiert werden.

Das wunderbar außergewöhnliche **El Alto de Águilas** (☎ 311-502-8592; B 20 000 KOL$) ist in einem 20-minütigen Spaziergang von der Stadt aus zu erreichen. Es wird von einem genialen und absolut brilliant exzentrischen Kirchenmann geführt, dem Mönch Hector José Rivera. Die Zimmer sind spartanisch eingerichtet, doch der witzige Inhaber macht das allemal wett. Wenn er Reisende in seiner Unterkunft begrüßt, ruft er aus den Bäumen seine Affen hinzu, die einen dann umschwärmen. Gekrönt wird das Ganze von zwei leuchtendbunten Aras, die aus dem Blätterdach herabstürzen, sich über Bananen hermachen und sich dann auf einem Bambuskruzifix im Garten etwas ausruhen. Es gibt hier einen hochgelegenen Aussichtspunkt und Rivera kann die Vermietung von Kanus und günstige Ausflüge in den Parque Nacional Amacayacu organisieren. Der gesamte Erlös geht an die indigenen Familien hier in der Gegend. Jeder kennt ihn – also erfragt man sich einfach den Weg.

Hotel Napu (☎ 310-488-0998; olgabeco@yahoo.com; Calle 4 Nr. 5–72; Hängematten 15 000 KOL$, Zi. ohne Bad 25 000 KOL$/Pers.) Nette, preiswerte Zimmer mit Ventilatoren. Die Inhaber sind freundlich und es gibt eine Terrasse im Hof. Die hintersten Zimmer sind die besten.

Günstig essen kann man nur im Las Margaritas direkt am Wasser. Nachtleben heißt hier, auf der Straße Bier zu trinken. Zum Frühstück macht man sich auf zum Markt und kauft dort bei einem verblüfften Einheimischen ein Eiersandwich und Kaffee für 500 KOL$.

ALLGEMEINE INFORMATIONEN

AKTIVITÄTEN
Aufgrund der unglaublich vielfältigen Landschaft bietet Kolumbien zahllose Wandermöglichkeiten. Man sollte jedoch nicht allzu tief in die Wildnis vorstoßen, ohne sich zuvor bei den Einheimischen über den aktuellen Stand der Sicherheitslage erkundigt zu haben.

Kolumbiens Korallenriffe sind ideal zum Schnorcheln und Tauchen. Die wichtigsten

Tauchzentren sind San Andrés (S. 768), Providencia (S. 769), Taganga (S. 754), Capurganá (S. 774) und Cartagena (S. 765). In allen Orten gibt es Tauchschulen, die Kurse und mehr anbieten. Kolumbien ist eines der günstigsten Länder für Tauchsportarten.

Paragliding ist ebenso beliebt und günstig, und das landesweit. In Medellín (S. 778) und San Gil (S. 746) werden Kurse und Tandemflüge angeboten. Auch Rafting ist nicht teuer. Hierfür kommt San Gil (S. 746) in Frage.

Radfahren ist eine der beliebtesten Publikumssportarten in Kolumbien. In Bogotá gibt's einen neuen Fahrradverleih (s. Kasten S. 735) und am Sonntag dürfen hier auch keine Autos fahren.

Weitere Aktivitäten sind z. B. Bergsteigen, Reiten, Klettern, Windsurfen, Fischen und Höhlenklettern.

ARBEITEN IN KOLUMBIEN

Obwohl es in den größeren Städten an einigen Schulen Lehrtätigkeiten gibt, die bar auf die Hand bezahlt werden, sollte man sich bewusst sein, dass man eigentlich ein Arbeitsvisum braucht, um hier einen Job zu bekommen. Manche Reisende versuchen mit den Hotelbesitzern Deals auszuhandeln: Sie bringen dem Personal Englisch bei und bekommen dafür einen reduzierten Zimmerpreis. Durch den Zuwachs in der Tourismusbranche können es viele Kolumbianer gar nicht erwarten, ihre Fähigkeiten aufzupolieren.

BOTSCHAFTEN & KONSULATE

Aufgelistet sind die diplomatischen Auslandsvertetungen in Kolumbien (die Adressen für Botschaft und Konsulat sind identisch, wenn nicht anders angegeben). Den Standort dieser und anderer Konsulate findet man auf den jeweiligen Stadtplänen.

Brasilien Bogotá (☎ 1-218-0800; Calle 93 Nr. 14–20, 8. Stock); Leticia (Karte S. 807; ☎ 8-592-7530; Carrera 9 Nr. 13–84); Medellín (Karte S. 777; ☎ 4-265-7565; Calle 29D Nr. 55–91)
Deutschland (☎ 1-423-2600; Carrera 69 Nr. 25B–44, Bogotá)
Ecuador Bogotá (☎ 1-542-7121; Calle 72 Nr. 6–30); Ipiales (☎ 2-773-2292; Carrera 7 Nr. 14–10); Medellín (Karte S. 777; ☎ 4-512-1303; Calle 50 Nr. 52–22, Oficina 603)
Österreich (☎ 1-326-3680; Fax 1-317-7639; Carrera 9 Nr. 73–44, Piso 4, Bogotá);
Panama (☎ 1-257-5067/8; Calle 92 Nr. 7A–40, Bogotá)
Peru Bogotá Konsulat (☎ 1-257-6846; Calle 90 Nr. 14–26); Bogotá Botschaft (☎ 1-257-0505; Calle 80A Nr. 6–50); Leticia (Karte S. 807; ☎ 8–592-7755; Calle 11 Nr. 5–32)
Schweiz (☎ 1-349-7230; Fax 1-349-7195; Carrera 9a, Nr. 74–08, Piso 11, Bogotá);
Venezuela Bogotá Konsulat (☎ 1-636-4011; Av. 13 Nr. 103–16); Bogotá Botschaft (☎ 1-640-1213; Carrera 11 Nr. 87–51, 5. Stock); Cartagena (außerhalb der Karte S. 763; ☎ 5-665-0382; Carrera 3 Nr. 8–129, Bocagrande); Cúcuta (☎ 7-579-1956; Av. Camilo Daza); Medellín (Karte S. 777; ☎ 4–351-1614; Calle 32B Nr. 69–59)

BÜCHER

Detailliertere Reiseinformationen finden sich im Lonely Planet Band *Colombia*.

Beyond Bogotá: Diary of a Drug War Journalist in Colombia (2009) von Garry Leech ist eine genaue und ziemlich neutrale Untersuchung der Auswirkungen, die der Plan Colombia, der Paramilitarismus und die Kriegführung der Guerrillas auf die arme ländliche Bevölkerung Kolumbiens haben.

Out of Captivity: Surviving 1,967 Days in the Colombian Jungle (2009) von Marc Gonsalves, Tom Howes und Keith Stansell in Zusammenarbeit mit Gary Brozek ist ein erschütternder Bericht über die jahrelange Gefangenschaft dreier Mitarbeiter eines US-Rüstungskonzerns, die 2003 nach dem Absturz ihres Helikopters der FARC in die Hände fielen. Sie wurden zusammen mit Ingrid Betancourt gerettet.

Inside Colombia: Drugs, Democracy & War (2003) von Grace Livingstone ist eine umfassende Analyse der Situation in Kolumbien, bevor Uribe an die Macht kam.

Einen Bericht über Kolumbiens Drogenkrieg legte Robin Kirk mit *More Terrible than Death: Violence, Drugs and America's War in Colombia* (2003) vor. Sie arbeitete zwölf Jahre für Human Rights Watch in Kolumbien und führt einige der brutalsten Vorfälle des Terrors auf, die sie während ihrer Untersuchungen vor Ort erlebte.

Der Bestseller *Killing Pablo: Die Jagd auf Pablo Escobar, Kolumbiens Drogenbaron* (2003) von Mark Bowden erzählt voller Spannung über das Leben und den Tod von Pablo Escobar.

ESSEN & TRINKEN

Im ganzen Kapitel sind die Restaurantbesprechungen nach Preisen geordnet, die günstigste Möglichkeit wird immer zuerst genannt.

Kolumbianische Küche

Die Küche Kolumbiens ist abwechslungsreich und regional. Das sind die typischsten regionalen Gerichte:

ajiaco (a·chi·a·ko) – Hühnersuppe mit drei verschiedenen Kartoffelarten, die mit Mais und Kapern serviert wird; eine Spezialität aus Bogotá.

bandeja paisa (ban·de·cha pai·sa) – typisches Gericht in Antioquia mit Rinderhackfleisch, Wurst, roten Bohnen, Reis, gebratener grüner Banane, Spiegelei, gebratenem Schweinebauch und Avocados.

Chocolate santafereño (tscho·ko·la·te san·ta·fe·re·nio) – eine Tasse heiße Schokolade serviert mit einem Stück Käse und Brot (üblicherweise stippt man den Käse in die Schokolade); eine weitere Spezialität aus Bogotá.

cuy (kuy) – gegrilltes Meerschweinchen; typisches Gericht in Nariño.

hormiga culona (or·mi·ga ku·lo·na) – große, gebratene Ameisen; nur in Santander erhältlich.

lechona (le·tscho·na) – ganzes Schwein, das mit seinem eigenen Fleisch, Reis und getrockneten Erbsen gefüllt und dann im Ofen gebacken wird; eine Spezialität in Tolima.

tamal (ta·mal) – gehacktes Schweinefleisch, das mit Reis und Gemüse in Maisteig eingeschlagen, in Bananenblätter eingewickelt und dann gegart wird; dieses Gericht variiert von Region zu Region.

Vielfalt gehört leider nicht zu den Eigenschaften des einfachen Menüs (*comida corriente*), das die meisten Kolumbianer grundsätzlich essen, wenn sie in ein Restaurant gehen. Es besteht aus zwei Gängen, der *sopa* (Suppe) und der *bandeja* – oder man bestellt es *seco* (wörtlich „trocken", also nur das Hauptgericht ohne Suppe). Um die Mittagszeit (12–14 Uhr) wird es *almuerzo* genannt. Abends (nach 18 Uhr) nennt sich das Ganze dann *comida*, wobei das Essen dasselbe bleibt. Die *almuerzos* und *comidas* sind die gängigsten, manchmal auch die einzigen Gerichte, die in den unzähligen Budgetrestaurants angeboten werden. Es ist die günstigste Option satt zu werden, da es nur zwischen 4000 und 6000 KOL$ kostet – also etwa die Hälfte eines Gerichts à la carte. Die Frühstücksangebote sind langweilig und immer gleich: Üblich sind *arepas* (gegrillte Fladen aus Maismehl) und Eier.

In Kolumbien gibt es fantastische Früchte, die es teilweise nirgendwo anders auf der Welt gibt. Unbedingt probieren sollte man *guanábana*, *lulo*, *curuba*, *zapote*, *mamoncillo*, *uchuva*, *feijoa*, *granadilla*, *maracuyá*, *tomate de árbol*, *borojó*, *mamey* und *tamarindo*.

Getränke

Kaffee ist in Kolumbien die Nummer Eins – *tinto* (eine kleine Tasse schwarzer Kaffee) wird überall angeboten. Andere Zubereitungsarten sind *perico* oder *pintado*, ein kleiner Milchkaffee, und *café con leche*, der ein bisschen größer ist und mit mehr Milch zubereitet wird.

Tee ist nicht sehr beliebt. Wer Tee trinken möchte, sollte im Supermarkt die Marke Hindu kaufen. Wenn man davon zwei Teebeutel nimmt, bekommt man eine ganz passable Imitation des elegantesten Heißgetränk der Welt hin. *Aromáticas* – Kräutertees aus verschiedenen Pflanzen wie z. B. *cidrón* (Zitronenmelisse), *yerbabuena* (Minze) und *manzanilla* (Kamille) – sind preiswert und lecker. *Agua de panela* (Rohzucker, der in heißem Wasser aufgelöst wird) schmeckt mit Zitrone sehr gut.

Bier wird gern getrunken, ist billig und generell ganz in Ordnung. Um kolumbianischen Wein macht man besser einen Bogen.

Aguardiente ist ein typischer Schnaps mit Anisgeschmack, der landesweit von mehreren Betrieben hergestellt wird. Ein Kater von *aguardiente* nimmt einem den Lebenswillen. *Ron* (Rum) ist gut, günstig und überall zu bekommen. Auf dem Land muss man selbstgemachten *chicha* und *guarapo* (alkoholische Getränke aus gegärtem Mais oder Früchten) probieren.

FEIERTAGE & FERIEN

Die folgenden Feiertage und speziellen Events werden in ganz Kolumbien gefeiert. Die mit einem Stern gekennzeichneten Feiertage werden – sofern sie nicht ohnehin auf einen Montag fallen – auf den darauffolgenden Montag verlegt. So wird ein langes Wochenende daraus, genannt *puente*.

Año Nuevo (Neujahr) 1. Januar
Los Reyes Magos (Heilige Drei Könige) 6. Januar*
San José (Hl. Josef) 19. März
Jueves Santo (Gründonnerstag) März/April
Viernes Santo (Karfreitag) März/April
Día del Trabajador (Tag der Arbeit) 1. Mai
La Ascensión del Señor (Christi Himmelfahrt) Mai/Juni – unterschiedliche Daten
Corpus Cristi (Fronleichnam) Mai/Juni*
Sagrado Corazón de Jesús (Herz Jesu) Juni*
San Pedro y San Pablo (Hll. Peter & Paul) 29. Juni*
Día de la Independencia (Unabhängigkeitstag) 20. Juli
Batalla de Boyacá (Schlacht von Boyacá) 7. August

La Asunción de Nuestra Señora (Mariä Himmelfahrt) 15. August*
Día de la Raza (Entdeckung Amerikas) 12. Oktober*
Todos los Santos (Allerheiligen) 1. November*
Independencia de Cartagena (Unabhängigkeit von Cartagena) 11. November*
Inmaculada Concepción (Unbefleckte Empfängnis Mariä) 8. Dezember
Navidad (Weihnachten) 25. Dezember

Es gibt drei Hauptreisezeiten, in denen die Kolumbianer auf Reisen gehen: Ende Dezember bis Mitte Januar, die Karwoche, und Mitte Juni bis Mitte Juli. In dieser Zeit sind die Busse und die Flugzeuge voll, die Tickets teurer und die Hotels blitzschnell ausgebucht.

FESTIVALS & EVENTS

In Kolumbien finden über 200 Festivals und Events statt: Von kleinen, lokalen Festivitäten bis hin zu internationalen Festivals, die Tage andauern, gibt es hier alles. Die meisten der Feierlichkeiten sind regional, die interessantesten sind unter den jeweiligen Reisezielen angegeben.

FRAUEN UNTERWEGS

Normalerweise hat man als Frau beim Herumreisen in Kolumbiens Städten oder auch auf dem Land keine Probleme. Achtet man wie zuhause auf seine Sicherheit, dann ist alles in Ordnung: Nachts nicht alleine durch dunkle Straßen laufen, sich nicht von Unbekannten mitnehmen lassen und nach Einbruch der Dunkelheit nicht alleine Taxi fahren.

Kulturbedingt muss man hier natürlich etwas mehr Machogehabe aushalten als daheim: Männer flirten einen schon deswegen ganz offen an, weil man aus dem Ausland kommt. Ist man blond, nochmal doppelt soviel. Ein Ehering wirkt manchmal Wunder gegen unwillkommene Anmache.

FREIWILLIGENARBEIT

Die **Fellowship of Reconciliation** (☎ 1-510-763-1403; www.forcolombia.org; 369 15th St, Oakland, CA 94612, USA) beschäftigt Freiwillige in seinen beiden Teams vor Ort in Bogotá und der Peace Community San José de Apartadó im Nordwesten Urabás. Das internationale Team sorgt für den Schutz der leitenden Mitarbeiter und der Bewohner der Peace Community, ein bemerkenswertes Experiment des gewaltlosen Widerstands, und unterstützt zudem andere kolumbianische Gruppen und Gemeinschaften im Widerstand gegen den Militarismus. Bewerber müssen Spanisch und Englisch sprechen, sich ganz der Gewaltlosigkeit verschreiben, teamfähig sein und bereits Erfahrung in diesem Bereich haben. Die Teammitglieder können neben den USA auch aus anderen Ländern (außer Kolumbien) kommen; sie arbeiten jeweils für ein Jahr. Ihre Aufgabe ist es, Gelder für die Aufrechterhaltung des Projekts aufzubringen, im Gegenzug erhalten sie ein Gehalt und eine Krankenversicherung. Außerdem wird der Lebensunterhalt bezahlt.

FÜHRERSCHEIN

Man kann in Kolumbien mit dem Auto oder dem Motorrad fahren – vorausgesetzt, man kommt mit dem verrückten Fahrstil zurecht. Die nationalen Führerscheine werden akzeptiert, obwohl sich eventuell Komplikationen vermeiden lassen, wenn man einen internationalen Führerschein dabei hat.

GEFAHREN & ÄRGERNISSE

Mit gesundem Menschenverstand betrachtet, ist Kolumbien für Reisende viel sicherer als Venezuela, Ecuador oder Brasilien. Über Entführungen von Ausländern hört man so gut wie gar nichts mehr und Angriffe auf Städte durch die FARC wurden so stark eingedämmt, dass sie nicht mehr erwähnenswert sind.

Diebstahl & Raub

Vor Diebstahl müssen sich Reisende in Kolumbien am häufigsten in Acht nehmen. Allgemein gesagt, trifft das vor allem auf die größten Städte zu, die Regionen auf dem Land sind sicherer. Am häufigsten sind Diebe, die Rucksäcke, Kameras oder Uhren an sich reißen, sowie Taschendiebe oder solche, die einen Moment der Unachtsamkeit ausnutzen, um dann mit den Wertsachen das Weite zu suchen.

Drogen

Kokain ist preiswert und leicht zu bekommen und wird einem auf der Reise bestimmt auch angeboten. Möchte man es ausprobieren, sollte man wissen, dass es viel stärker ist als das amerikanische oder europäische. Häufig kommt es zu paranoiden Wahnvorstellungen, Herzrasen, Schlaganfällen und Überdosen. Ist man mit jemandem unterwegs, der eine Überdosis genommen hat, muss man sofort die Ambulanz rufen und den Sanitätern genau schildern, was passiert ist. Marihuana ist ebenfalls überall erhältlich.

Burundanga ist ein echtes Problem. Von manchen als Stadtmythos abgetan, trafen wir bei den Recherchen zu diesem Buch auf drei Menschen, denen es verabreicht wurde. Normalerweise wird es heimlich in einen Drink getan oder mithilfe von Zigaretten verabreicht. Es ist geschmack- und geruchlos und führt zu Bewusstlosigkeit. Wacht man dann wieder auf, kann man sich nicht an die letzten Stunden erinnern, Geldbeutel und Wertsachen sind weg. Die Droge wird aus einem Nachtschattengewächs gewonnen, das überall in Kolumbien wächst. Also nie von Fremden Drinks, Snacks oder Zigaretten annehmen, vor allem wenn man allein reist, und erst recht nicht in Bussen.

Guerrillas

Die Hauptregionen, in denen die Guerrilla noch immer ein Problem darstellt, sind Chocó, Putumayo und das Amazonasbecken. Seit Uribe 2002 an die Macht kam, sind Entführungen gegen Lösegeld stark zurückgegangen. Zielpersonen sind fast ausschließlich wohlhabende kolumbianische Geschäftsmänner oder deren Familienmitglieder sowie ausländische Geschäftsleute.

GELD

Die offizielle Landeswährung ist der Kolumbianische Peso. Es gibt 50-, 100-, 200- und 500-Peso-Münzen, und Scheine mit 1000, 2000, 5000, 10000, 20000 und 50000 Pesos. Nie hat jemand Kleingeld, weshalb man die ganz großen Scheine besser meiden sollte. Gefälschte 50000 Pesoscheine erkennen Einheimische sofort, für Touristen ist es nicht so einfach. Reiseschecks von American Express lassen sich am einfachsten einlösen. Man sollte sich 100 US$ für eventuelle Notfälle aufheben. Da es jedoch überall Geldautomaten gibt, ist man wohl mit Bank- und Kreditkarten am Besten bedient – sowohl in puncto Sicherheit als auch bezüglich der Wechselkurse.

Feilschen

Gefeilscht wird nur bei nicht festgesetzten Preisen und nur bei ganz bestimmten Dienstleistungen, wie beispielsweise auf Märkten, an Straßenkiosken, in Taxis und Langstreckenbussen. Man sollte immer zunächst 25 % weniger anbieten, vor allem wenn wenig Betrieb herrscht. An gesetzlichen Feiertagen braucht man es gar nicht erst zu probieren.

Geldautomaten

In den Städten und größeren Orten gibt es massenweise Geldautomaten, die auch die meisten ausländischen Karten akzeptieren. Viele Geldautomaten sind an das Netz von Cirrus und Plus angeschlossen und die meisten nehmen MasterCard und Visa. Die Beträge werden in kolumbianischen Pesos ausgezahlt. So kommt man in Kolumbien mit seinem Bargeld am besten zurecht – sei es wegen der Sicherheit, der Bequemlichkeit oder der Kosten. Bei Davivienda und Citibank ist das Tageslimit größer (400 000 und 700 000 KOL$), wodurch man sich wiederholte Bankgebühren spart.

Geld wechseln

Manche der wichtigsten Banken wechseln Bargeld (meist US Dollar) und Reiseschecks (vor allem Amex), die eher ungebräuchlich sind. Am Besten bedient ist man u. a. mit Banco Unión Colombiano, Bancolombia und Banco Santander.

Die Banken sind grundsätzlich überfüllt und beim Wechseln von Geld fällt viel Papierkram an. Trotzdem sollte das Wechseln an sich nicht länger als fünf bis zehn Minuten dauern. Allerdings steht man bis zu einer Stunde an. Wichtig ist, immer den originalen Pass dabeizuhaben, keine Kopie.

Bargeld kann man auch bei *casas de cambio* (authorisierten Wechselstuben) wechseln, die es in allen großen Städten und Grenzorten gibt. Sie nehmen vor allem US-Dollar, manchmal auch Euro, und der Wechselkurs ist ähnlich wie in den Banken, nur dass es hier schneller geht. Dollars kann man auch auf der Straße wechseln, es ist jedoch riskant: Man hat es oft mit Gaunern zu tun. Von diesen Straßen-Geldmärkten sollte man nur Gebrauch machen, wenn man irgendwo an der Grenze ist und es keine Alternativen gibt. Geldwechsler findet man an jedem Grenzübergang.

WECHSELKURSE		
Land	Einheit	COP$
Eurozone	1 €	2540
Schweiz	1 SFr	1740
USA	1 US$	1870

Kreditkarten

Kreditkarten werden in Stadtgebieten fast überall akzeptiert und die meisten Banken zahlen auch Vorschüsse in Kolumbianischen Pesos aus. In Kolumbien fährt man am besten mit Visa, gefolgt von MasterCard.

GESUNDHEIT

Kolumbien hat ein enges Netz von Apotheken und die Filialen in den großen Städten sind normalerweise auch gut ausgestattet. Es gibt hier ein breites Spektrum an Kliniken und Krankenhäusern, darunter einige private Einrichtungen mit Weltklassestandard in Bogotá. Angeblich kann man das Leitungswasser in den großen Städten gut trinken, aber Neuankömmlinge tun besser daran, es zu vermeiden. Weitere Informationen gibt es im Kapitel „Gesundheit" (S. 1129).

INFOS IM INTERNET

Nützliche Onlineressourcen mit allgemeinen und speziell für Besucher gedachten Informationen über Kolumbien:

BBC News (news.bbc.co.uk) Bester lateinamerikanischer Nachrichtendienst im Netz.
Centro de Investigación y Educación Popular (CI-NEP, Zentrum für Forschung und Volksbildung; www.cinep.org.co) Ein von den Jesuiten geführtes Forschungsinstitut, das anhand einer tiefgreifenden Analyse einen sehr guten Blick auf den Konflikt in Kolumbien ermöglicht.
Colombia Journal (www.colombiajournal.org) Exzellente Seite mit Informationen über Menschenrechtsthemen.
Deutsch-Kolumbianischer Freundeskreis (www.dkfev.de) Der Freundeskreis informiert auf seiner teilweise spanischsprachigen Website über sein Kulturprogramm in Deutschland, über Hilfsprojekte in Kolumbien und über Land und Leute.
El Tiempo (www.eltiempo.com) Kolumbiens führende Zeitung.
Poor but Happy (www.poorbuthappy.com/colombia) Viele praktische Informationen, auch für Reisende.
Turismo Colombia (www.turismocolombia.com) Die offizielle Tourismusseite der Regierung stellt ausführliche Touristeninformationen auf Spanisch und Englisch zur Verfügung.

INTERNETZUGANG

Außer in La Guajira gibt's in jedem in diesem Band erwähnten Ort öffentlichen Internetzugang und in fast jedem Backpackerhostel steht WLAN zur Verfügung. Die Internetverbindungen sind in den größten Stadtzentren am schnellsten, an abgelegeneren Orten können sie auch ziemlich langsam sein. Die Nutzung kostet normalerweise um die 1500 bis 2000 KOL$ pro Stunde. Viele Cafés in größeren Städten bieten WLAN an. Solange man den Laptop nicht großartig zur Schau stellt, kann man ihn auch überall mit hinnehmen.

KARTEN

Die größte Auswahl an Karten von Kolumbien wird vom **Instituto Geográfico Agustín Codazzi** (außerhalb der Karte S. 732 f.; IGAC; www.igac.gov.co; Carrera 30 No 48–51, Bogotá), dem staatlichen Kartographenamt produziert und verkauft. Die Qualität ist nicht besonders gut und die Karten sind nicht sehr detailliert. Faltkarten des nationalen Straßennetzes werden an den Einfahrten der mautpflichtigen Straßen verkauft. Sie sind sehr nützlich, wenn man lieber fern vom Touristenrummel unterwegs sein möchte.

KLIMA

Die Tatsache, dass Kolumbien so nah am Äquator liegt, sorgt dafür, dass die Temperatur das ganze Jahr über relativ konstant bleibt. Dennoch gibt es trockene und feuchte Jahreszeiten, die aber landesweit verschieden sind. Generell gibt es in der Andenregion und der Karibikküste zwei Trocken- und zwei Feuchtperioden pro Jahr. Am trockensten ist es zwischen Januar und März, und zwischen Juni und August wird es auch nochmal verhältnismäßig trocken. Am besten reist man in der trockeneren Jahreszeit nach Kolumbien: Die Outdoor-Aktivitäten machen dann mehr Spaß und außerdem finden viele Feste und Fiestas statt. Für weitere Informationen und Klimakarten s. „Allgemeine Informationen" (S. 1110).

KURSE

Kolumbien ist ein tolles Ziel für all jene, die Spanisch lernen wollen. Das in Kolumbien gesprochene Spanisch ist deutlich und einfach zu verstehen, Sprachschulen gibt es in allen Großstädten. Wer will, kann sich auch einen Lehrer suchen und Einzelunterricht nehmen. Informationen dazu bekommt man in Hostels (in Bogotá, Cartagena, Medellín und Cali), die üblicherweise einige Spanischlehrer vermitteln. Meistens sind es Studenten, die nicht allzu hohe Gebühren verlangen.

MEDIEN
Radio & TV

In Kolumbien arbeiten Hunderte von Mittelwellen- und UKW-Radiostationen, die vor allem Musikprogramme spielen. In Bogotá sollte man in den Sender Universidad Nacional (UKW 106,9) reinhören. Es gibt drei landesweite und vier regionale Fernsehkanäle. In Bogotá und den anderen großen Städten boomt das Satelliten- und Kabelfernsehen.

Zeitungen & Zeitschriften

In allen großen Städten gibt's Tageszeitungen. Bogotás führende Zeitung, *El Tiempo*, sorgt für eine solide Berichterstattung über nationale und internationale Nachrichten, Kultur, Sport und Wirtschaft. Sie hat die größte landesweite Auflage. In anderen großen Städten stehen Zeitungen wie *El Mundo* und *El Colombiano* in Medellín, und *El País* und *El Occidente* in Cali an erster Stelle. *Semana* ist die größte Wochenzeitschrift, die ihre Leser mit exzellenter, unparteiischer Berichterstattung über die kolumbianische Politik versorgt.

ÖFFNUNGSZEITEN

Die normale Büroarbeitszeit ist acht Stunden, von 8 bis 12 und von 14 bis 18 Uhr (Mo–Fr). Viele Einrichtungen in Bogotá haben auf die *jornada continua* umgestellt, einen Arbeitstag ohne Mittagspause, der aber dafür zwei Stunden früher endet. Die Banken (außer die in Bogotá – s. S. 731) haben Montag bis Donnerstag von 8 bis 11.30 und 14 bis 16 Uhr und am Freitag von 8 bis 11.30 und von 14 bis 16.30 Uhr geöffnet.

Die Läden sind von Montag bis Samstag normalerweise von 9 bis 18 oder 19 Uhr geöffnet. Manche haben am Nachmittag geschlossen, andere nicht. Große Läden und Supermärkte sind in der Regel bis 20 oder 21 Uhr, manchmal sogar noch länger geöffnet. Die meisten guten Restaurants in den größeren Städten haben bis 22 Uhr oder länger offen, in den kleineren Städten aber nur bis höchstens 21 Uhr. Die Öffnungszeiten für Museen und andere Sehenswürdigkeiten sind sehr unterschiedlich. Die meisten Museen sind montags zwar geschlossen, haben dafür aber am Sonntag auf.

POST

Der kolumbianische Postdienst wird von drei Unternehmen abgewickelt: Avianca, Adpostal und Depris. Alle drei sind für In- und Auslandspost zuständig, aber nur Adpostal verschickt Post nach Europa auch über den Seeweg (das günstigste Porto). Alle drei arbeiten zwar effizient und verlässlich, aber eine Postkarte nach Europa kostet um die 10 000 KOL$ – ein geradezu astronomischer Preis. Postlagernde Sendungen werden nur von Avianca entgegengenommen. Die verlässlichste Filiale befindet sich in Bogotá (S. 731).

RECHTSFRAGEN

Wer in Kolumbien festgenommen wird, hat das Recht auf einen Anwalt. Hat man keinen, dann bekommt man einen Pflichtverteidiger zugewiesen (der von der Regierung bezahlt wird) und es gilt die Unschuldsvermutung. Der Besitz von 20 g Marihuana und 1 g Kokain ist gesetzlich erlaubt, wobei einem das kein bisschen hilft, wenn es die Polizei auf einen abgesehen hat. Wenn sie Geld verlangen, sollte man sofort zahlen – jedoch nicht mehr als 500 000 KOL$ – und dann sollte man so schnell wie möglich gehen, bevor die Kollegen anfangen mitzumischen. Vorsicht vor Betrügern in Polizeiuniform!

REISEN MIT BEHINDERUNG

Kolumbien ist an die Bedürfnisse von Behinderten nur sehr schlecht angepasst. Rollstuhlrampen und für Behinderte geeignete Toiletten gibt es nur in ein paar wenigen Hotels und Restaurants der gehobenen Preisklasse. Die öffentlichen Verkehrsmittel stellen für jeden Menschen mit eingeschränkter Mobilität eine Herausforderung dar.

SCHWULE & LESBEN

Bogotá hat die größte Schwulen- und Lesbengemeinde. Hier wird die Schwulenszene auch am offensten gelebt. Im Viertel Chapinero finden sich nette Bars und Clubs und auf www.gaycolombia.com gibt's Infos zu Bars, Discos, Events, Aktivitäten, Veröffentlichungen und ähnlichen Themen.

STROM

In Kolumbien werden US-amerikanische Stecker mit zwei flachen Stiften verwendet. Aus der Steckdose kommen 110 V mit einer Frequenz von 60 Hz.

TELEFON

Das Telefonsystem wurde sowohl für Inlands- als auch Auslandstelefonate größtenteils automatisiert. Telecom ist der größte Anbieter, Orbitel und ETB folgen dichtauf.

Zwar gibt es in den Städten und großen Ortschaften öffentliche Telefone, allerdings – abgesehen von den Zentren der wichtigsten

Städte – nur vereinzelt, und viele sind außer Betrieb. In der Regel gibt es in den Telecom-Büros immer ein paar funktionierende Geräte. Die öffentlichen Telefone sind Münztelefone, aber in den neuen kann man für internationale, inländische und Ortsgespräche auch *tarjetas telefónicas* (Telefonkarten) verwenden. Ortsgespräche werden nach Gesprächsdauer (also keine Flatrate) berechnet: Ein dreiminütiges Gespräch kostet etwa 200 KOL$.

Die Direktwahl funktioniert in ganz Kolumbien, nur nicht vom Festnetz aufs Handy. Festnetznummern sind sieben-, Vorwahlen einstellig.

Alle Anrufe laufen automatisch über Telecom (☎ 09). Man kann auch Orbitel (☎ 05) oder ETB (☎ 07) nutzen, indem man sie vor der eigentlichen Nummer anwählt.

Die Landesvorwahl für Kolumbien ist ☎ 57. Wählt man eine kolumbianische Nummer aus dem Ausland an, lässt man die Vorwahl (05, 07 oder 09) weg, und tippt nur die Ortsvorwahl und die eigentliche Nummer ein.

Mobilfunkanbieter sind Movistar, Comcel und Tigo. Comcel bietet die beste Netzabdeckung. SIM-Karten sind für 5000 bis 10 000 KOL$ erhältlich. Sich ein Handy zuzulegen, ist eine wirklich gute Idee. Mobilfunknummern beginnen immer mit 3.

Netzwerkübergreifende Anrufe sind teuer und viele Kolumbianer benutzen ihr schnurloses Telefon einzig und allein dazu, Anrufe zu empfangen. Um selbst anzurufen, nutzen sie lieber die Dutzende inoffiziellen Handyverkäufer auf der Straße. Das sind die Jungs und Mädels, die an jeder Straßenecke „*llamadas*" oder „*minutos*" rufen. Sie kaufen große Mengen an Einheiten und verkaufen diese mit kleiner Gewinnspanne. Es ist immer billiger, als das eigene Telefon zu verwenden, außer man hat einen Vertrag.

TOURISTENINFORMATION

Amtliche Touristeninformationen in den Bezirkshauptstädten und anderen Touristenzielen liefern alle Informationen, die man braucht. Einige sind besser als andere, Karten und Broschüren glänzen aber meistens durch Abwesenheit. Die Angestellten sind freundlich, sprechen aber nur in den seltensten Fällen Englisch. Praktische Informationen sind lückenhaft und die Qualität derselben hängt stark davon ab, wer gerade hinter dem Schalter sitzt.

In manchen Städten werden die Touristenbüros auch von der Policía de Turismo unterstützt. Die Polizisten sind speziell darauf geschult, Reisende zu betreuen. Sie stehen vor allem an belebten Straßen und Hauptattraktionen.

UNTERKÜNFTE

Der Backpacker-Markt in Kolumbien wächst täglich und damit auch die Zahl der für diese Zielgruppe typischen Unterkünfte. Jede größere Stadt verfügt über mindestens ein Hostel mit Schlafsälen, Internet oder WLAN, einer Möglichkeit zum Bücher tauschen, Waschgelegenheiten und Reiseauskunft. Hostels sind die günstigste und bequemste Option für Reisende. Außerdem knüpft man schnell Kontakte und es gibt keine besseren Informationsquellen als Hostels. Jedoch kommt man sich manchmal eher vor wie in einem Sommerferienlager, und nicht wie auf Entdeckungsreise in einem fremden Land.

Auf www.colombianhostels.com findet man Informationen zu den beliebtesten Hostels in den Städten.

Auf dem kolumbianischen Markt gibt es *hoteles, residencias, hospedajes* und *posadas*. *Residencias* und *hospedajes* sind die üblichsten Bezeichnungen für günstige Unterkünfte. Das Wörtchen *hotel* weist generell auf einen höheren Standard hin und die Zimmer haben bei diesem Unterkunftstyp fast immer ein eigenes Bad. In *Residencias, hospedajes* und *posadas* werden dagegen die Anlagen oft gemeinsam genutzt.

Alle Einrichtungen, die in diesem Band genannt sind, stellen Handtücher, Seife, Toilettenpapier und Bettwäsche oder Decken zur Verfügung. In Budgetunterkünften der niedrigsten Preisklasse empfiehlt sich aus Gründen der Hygiene zusätzlich ein dünner Schlafsack aus Baumwolle oder Seide.

In Motels werden Zimmer pro Stunde vermietet. Diese Unterkünfte befinden sich am Stadtrand und sind mit grellbunten Tafeln ausgeschildert. Viele Kolumbianer leben zuhause bis sie heiraten, weshalb Pärchen hier für ein paar leidenschaftliche, ungestörte Stunden einchecken.

Mit der Verbesserung der Sicherheit im Land wird auch das Campen immer beliebter. Eine Camping-Ausrüstung im Armee-Styling ist für den privaten Gebrauch nicht gestattet. Das Zelt oder die Ausrüstung sollte man nie unbeaufsichtigt lassen.

VERANTWORTUNGSBEWUSSTES REISEN

Der Tourismus in Kolumbien steckt immer noch in den Kinderschuhen, weshalb er bis jetzt noch keinen anhaltenden nachteiligen Effekt auf die Kultur der indigenen Völker und die Umwelt ausüben konnte. Das kann auch so bleiben, wenn man den gesunden Menschenverstand einschaltet: Leute erst fragen, bevor man sie fotografiert (vor allem die Ureinwohner), sich anständig kleiden, wenn man Kirchen besucht und ein paar Umweltschutzregeln beachten, wenn man wandert oder taucht.

In Kolumbien über Politik zu reden, kann gefährlich sein. Da die Paramilitärs Zivilkleidung tragen, weiß man nie wirklich, wem man gegenüber sitzt oder wer der Unterhaltung zuhört. Und es ist ein Leichtes, jemanden zu beleidigen, wenn man eine Tirade über die Regierung oder die Opposition loslässt.

Wenn möglich, sollten Ökotourismusprojekte unterstützt werden, die nachhaltig die Umwelt schützen oder ihr wieder auf die Beine helfen wollen. Eingeborenen kann man dadurch unter die Arme greifen, indem man ihnen Handwerksprodukte abkauft. Von Erzeugnissen aus Korallen, Schildkrötenpanzern oder Fossilien sollte man unbedingt die Finger lassen.

VISA

Deutsche, schweizerische und österreichische Staatsbürger brauchen für die Einreise nach Kolumbien derzeit kein Visum. Während der Reiseplanung sollte man sich aber auf jeden Fall nochmals vergewissern, dass diese Bestimmung noch Gültigkeit hat (s. lonelyplanet.de und die dort angegebenen Links für aktuelle Visainformationen).

Bei Ankunft an einem der internationalen Flughäfen oder an den Grenzübergängen bekommen alle Besucher von der DAS (Departamento Administrativo de Seguridad) einen Einreisestempel- oder aufkleber in ihren Pass. Man sollte sicherstellen, dass der Pass sobald wie möglich abgestempelt wird. Der Stempel gibt Auskunft darüber, wieviele Tage man sich im Land aufhalten darf; normalerweise sind es 60. Man ist gesetzlich dazu verpflichtet, ein Ticket für die Weiter- bzw. Ausreise mit sich zu führen. Manchmal wird man auch danach gefragt. Am Tag der Abreise versehen Immigrationsbeamten den Pass mit einem Ausreisestempel. Bitte überprüfen, damit es später keine Probleme gibt.

Verlängerungen

Man darf sein Visum um 30 Tage verlängern (30 US$). Die Genehmigung kann beim DAS in jeder Bezirkshauptstadt eingeholt werden. Die Verlängerung beginnt mit dem Tag, an dem das alte Visum laut Pass abgelaufen ist (es gibt also keinen Grund, bis zur letzten Minute zu warten). Die meisten Reisenden bewerben sich in Bogotá für eine Verlängerung (s. unten), man kann das aber auch in allen anderen großen Städten tun. Die Behörde in Cartagena ist normalerweise recht ruhig, während es in Medellín auch hektisch werden kann. Geduld ist trotzdem überall notwendig.

Eine 30-tägige Verlängerung erhält man bei der **DAS** (1-408-8000; Calle 100 Nr. 11B–27, Bogotá; Mo–Fr 7.30–16.30 Uhr) in Bogotá. Mitbringen muss man den Pass, zwei Fotokopien davon (die Seiten mit Passbild und Einreisestempel) und zwei Passbilder. Außerdem ein Flugticket für die Ausreise. Die Gebühr von 30 US$ muss man bei der Bank bezahlen. Die Verlängerung wird am selben Tag erledigt.

ZOLL

Die Abwicklung am Zoll ist normalerweise eine reine Formsache, sei es nun bei der Ein- oder Ausreise. Man wird nach Drogen durchsucht, und das zum Teil sehr genau.

Paraguay

HIGHLIGHTS

- **Nationalparks im Chaco** (S. 849) In einsamer Wildnis Jaguare bei der Jagd beobachten und unter Millionen von Sternen schlafen.
- **Itaipú-Damm** (S. 843) Den heute zweitgrößten (aber immer noch verdammt großen!) Staudamm der Welt besuchen.
- **Carnaval Encarnación** (s. Kasten S. 838) Es beim Karneval ordentlich krachen lassen – er ist zwar kleiner als der in Rio, macht aber viel mehr Spaß!
- **Trinidad** (S. 840) Die Ruinen einer Jesuitensiedlung in einer der am wenigsten besuchten Unesco-Welterbestätten der Welt erforschen.
- **Abseits ausgetretener Pfade** (S. 846) Beim Entspannen am Strand an der ruhigen Laguna Blanca den Rest der Welt vergessen.

KURZINFOS

- **Bevölkerung:** 6,5 Mio.
- **Fläche:** 406 752 km^2 (größer als Deutschland, etwa so groß wie Kalifornien)
- **Geld:** 1 € = 6297 PYG (Guaraní)
  1 SFr = 4319 PYG
- **Hauptstadt:** Asunción
- **Landesvorwahl:** ☎ 595
- **Preise:** Zimmer in einer *residencial* in Asunción 7 €, einstündige Busfahrt 1,50 €, *chipa* 0,20 €
- **Reisekosten:** 15–30 € pro Tag
- **Reisezeit:** Es gibt eine heißeste (Dez.–Feb.), eine kälteste (Juni–Aug.) und eine regnerischste Jahreszeit (Okt.–Nov.)
- **Sprachen:** Spanisch und Guaraní (Amtssprachen), Plattdeutsch, Hochdeutsch
- **Zeit:** MEZ −4 Std.

TIPPS FÜR UNTERWEGS

Einladungen auf ein Schlückchen *tereré* (Kräutereistee) und frische, heiße *chipa* (Brot aus Maniokmehl, Eiern und Käse) nicht ausschlagen! Die *chipas* im Süden Paraguays sind mit Abstand die besten.

VON LAND ZU LAND

Zu den beliebtesten Grenzübergängen bei Busreisen gehören Foz de Iguazú (Brasilien) und Posadas (Argentinien). Von Bolivien aus bringt einen die Ruta Trans-Chaco ins Land.

Das wenig besuchte, recht unbekannte Land Paraguay wird unterschätzt. Trotz seiner Lage im Herzen Südamerikas lassen es Backpacker oft links liegen in der fälschlichen Annahme, dass es hier nichts zu sehen gibt. Natürlich ist der Tourismus in Paraguay wenig entwickelt und auch so gewaltige Sehenswürdigkeiten, wie sie manche Nachbarländer haben, sucht man hier vergebens. Dennoch sind alle Reisenden, die sich hierher verirrt haben, am Ende sehr glücklich.

Paraguay ist ein Land bemerkenswerter Kontraste – gleichzeitig rustikal und raffiniert, extrem arm und unverschämt reich, übersät mit exotischen Naturschutzgebieten und massiven Staudämmen. Pferdekarren teilen sich die Straßen mit Autos von Mercedes, Künstler haben ihre Werkstätten neben schicken Einkaufszentren und nur wenige Kilometer außerhalb von kultivierten Kolonialstädten erheben sich Ruinen von Jesuitenmissionen. Der schwül-warme, subtropische Mata Atlântica („Atlantischer Regenwald") im Osten bildet einen Gegensatz zur trockenen, dornigen Wildnis Chacos mit ihren abgelegenen mennonitischen Siedlungen.

Die Paraguayer sind zwar vor allem Besucher aus den Nachbarländern gewohnt, geben sich aber allen Fremden gegenüber entspannt und freundlich. Bei einem gemeinsamen *tereré* führen sie einen gern in die faszinierenden und oftmals eigentümlichen Geheimnisse ihres Landes ein.

Dank Diktatoren, Korruption und Schmuggel hat man das Gefühl, das Leben in Paraguay habe sich jahrelang hinter verschlossenen Türen abgespielt; gleichzeitig ist der kulturelle Einfluss der Guaraní stark wie eh und je. Paraguay ist ein Paradies für alle, die eine wirklich authentische Seite Südamerikas kennenlernen wollen.

AKTUELLE ENTWICKLUNGEN

Die ganze Welt richtete bei den Parlamentswahlen im April 2008 den Blick auf Paraguay. Nachdem das Schicksal eine bizarre historische Wende genommen hatte, wurde der ehemalige Bischof Fernando Lugo zum Präsidenten der Republik gewählt, ein Mann ohne politische Erfahrung. Diese folgenschwere Entscheidung beendete die 60-jährige Herrschaft der Colorado-Partei (der Partei des Ex-Diktators Alfredo Stroessner), der am längsten ununterbrochen regierenden Partei weltweit. Zu den seltsamen Ereignissen, die zu Lugos Wahl führten, gehörten allerlei Intrigen, Verrat und Korruptionsanschuldigungen, wie sie die Geschichte Paraguays prägen. Eine neue Zeit der Hoffnung brach an, als Lugo versprach, die breite Masse zu vertreten.

Der Ball kam ins Rollen, als der aus dem Amt scheidende Präsident Nicanor Duarte Frutos verzweifelt eine zweite Amtszeit anstrebte, was einer Änderung der Verfassung bedurft hätte, die seit dem Ende der Diktatur besteht. Doch seine eigene Partei wies ihn zurück. Er ließ nicht locker, erklärte seine Schwägerin Blanca Ovelar zur offiziellen Kandidatin und führte sie für sie den Wahlkampf, anstatt sich für seinen Vizepräsidenten, den jungen, beliebten Luis Castiglioni, einen begnadeten Redner, einzusetzen.

Bei Meinungsumfragen lag Castiglioni deutlich vor Ovelar, sodass die Überraschung allseits groß war, als diese die parteiinternen Vorwahlen äußerst knapp gewann. Als er das Ergebnis erfuhr, beging Nicanor einen schweren und schädigenden Fehler: Er erklärte, er habe schließlich noch nie eine Wahl verloren, und bestätigte damit, was viele schon die ganze Zeit über geahnt hatten – dass Blanca nur eine Marionette für noch mehr „Nicanorismo" sei. Castiglioni warf ihm lautstark Korruption vor und forderte seine Anhänger, die „Vanguardistas", auf, Blanca in den Parlamentswahlen nicht zu wählen. Das darauf folgende politische Hickhack spaltete die Colorado-Partei und brachte erstmalig die Chance mit sich, dass ein Nicht-Colorado-Kandidat gewählt werden könnte.

In diesem Moment betrat Lino Oviedo als unabhängiger Kandidat die Bühne. Der ehemalige Oberbefehlshaber der Armee von Paraguay unter Stroessner war wegen eines Putschversuchs im Jahr 1996 (und einem mutmaßlichen früheren) sowie wegen Völkermords während der Diktatur zu mehreren Jahren Haft verurteilt worden; vom Mord am ehemaligen Vizepräsidenten Argaña wurde er freigesprochen. Er hatte mit gewissen einflussreichen Colorado-Leuten ein Hühnchen zu rupfen, von denen er annahm, sie hätten ihn des Mordes an Argaña beschuldigt, obwohl ein großer Teil der Parteimitglieder hinter ihm stand. Der kleinwüchsige Mann wurde von manchen als ein starker, traditionsverbundener Führer angesehen, der das Land wieder in Form bringen könnte. Seine Kandidatur war der Nagel im Sarg der Colorado-Partei. Da sich die Colorado-Anhänger gegenseitig bekämpften und Oviedo von vielen als eine Rückkehr zum Stroesser-Regime betrachtet

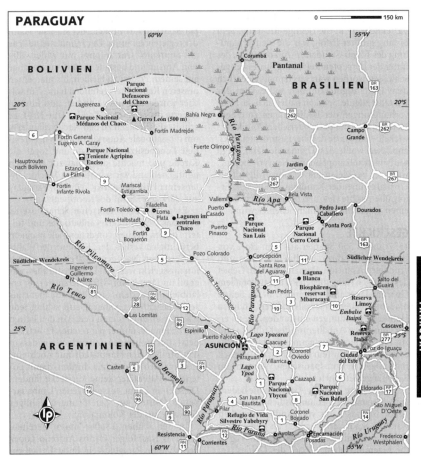

wurde, wuchs die Begeisterung für den Außenseiter Fernando Lugo enorm.

Das Wahlergebnis wurde schließlich einer feiernden Menge auf der Plaza de los Héroes verkündet. Mit einem Stimmanteil von 42,3 % hatte Lugo ein historisches Wahlergebnis erzielt und Blanca (31,8 %) und Oviedo (22,8 %) haushoch geschlagen. Er erklärte, sein Sieg sei ein Zeichen dafür, dass die Paraguayer „großen Willen für einen Wechsel" zeigten, und lehnte sein Salär symbolisch ab. Der venezolanische Präsident Hugo Chávez bezeichnete Lugos Wahl als „Sieg der Lateinamerikanischen Revolution".

Mittlerweile hat Lugo sein erstes Regierungsjahr hinter sich gebracht, das von Kontroversen geprägt war. Zwar setzt er sich nach wie vor für soziale Verbesserungen ein, doch Nicanors bemerkenswerter Einzug an die Spitze des Senats hat zu Spannungen geführt. Die Medien des Landes kritisierten Lugos enges Verhältnis zu Chávez, während der Vatikan, der sich gegen eine Kandidatur ausgesprochen hatte, seinen Rücktritt als Bischof nach ein paar Auseinandersetzungen schließlich doch akzeptierte. Dann wurde bekannt, dass Lugo noch während seiner Zeit als Bischof Vater wurde; es folgten Anschuldigungen, er habe zwei weitere uneheliche Kinder mit zwei Frauen, was seinem Ruf noch mehr schadete.

Trotz alledem ist Lugo im Inland nach wie vor sehr beliebt, und in den Augen vieler Paraguayer unternimmt er nach der jahrzehntelangen Missregierung durch die Colorado-Partei Schritte in die richtige Richtung. Sein bislang größter Erfolg war die Neuverhandlung des Itaipú-Staudamm-Abkommens, das unter der korrupten Regierung Stroessers geschlossen worden war; was damals eigentlich dem Land zugutekommen sollte, kam der Diktatur zugute. Seitdem hatten sich die Neuverhandlungen der Bedingungen zu einem Heiligen Gral der paraguayischen Politik entwickelt – oft wurde darüber gesprochen, doch anpacken wollte das Thema niemand. Lugo warb im Wahlkampf mit der Neuverhandlung, wofür er bei vielen die Glaubwürdigkeit als ernstzunehmender Kandidat verlor. Sein Erfolg überraschte viele und bescherte dem Land einen unglaublichen finanziellen Gewinn.

GESCHICHTE

1537 flohen 350 Spanier aus dem Heer von Pedro de Mendoza aus Buenos Aires und gründeten Asunción. Damals lebten im Gebiet des heutigen südöstlichen Paraguay vor allem Guaraní-Jäger und -Sammler. Beide Seiten brauchten Güter der jeweils anderen, wodurch Handelsverbindungen entstanden, die zu einer langsamen Annäherung der Kulturen und zur Entwicklung einer einmalig paraguayischen *mestizo*-Kultur (ein *mestizo* ist ein Mensch mit indigenen und spanischen Wurzeln) im Kolonialgebiet führten.

Fast 50 Jahre lang war Asunción die bedeutendste spanische Siedlung östlich der Anden, bevor Buenos Aires vollständig entwickelt war. Die Stadt verlor jedoch an Bedeutung, als das gefährliche Chacogebiet den Weg in die sagenumwobene „Stadt des Goldes" im heutigen Peru unpassierbar machte.

Im frühen 17. Jh. gründeten jesuitische Missionare *reducciones* (Siedlungen), in denen sie die Guaraní als Feldarbeiter und unbezahlte Hilfskräfte bei großen Kirchenbauten einsetzten, die die Wahrzeichen ihrer Siedlungen waren. Bis die Jesuiten im Jahr 1767 vertrieben wurden – die Einheimischen begegneten ihnen zunehmend mit Neid und die Spanier hatten Angst, dass die Macht der Jesuiten zu groß würde –, arbeiteten sie sehr erfolgreich: Ihr Einflussgebiet reichte bis ins heutige Bolivien, Brasilien und Argentinien.

In einer unblutigen Revolution 1811 erklärte sich Paraguay als erstes Land Südamerikas von Spanien unabhängig. Danach wurde Paraguays Geschichte jedoch von Diktaturen und Militärchefs geprägt.

Der erste dieser Anführer war Dr. José Gaspar Rodríguez de Francia, der stärkste Mann der regierenden Junta. Der fremdenfeindliche „El Supremo" trat anfangs nur widerwillig sein Amt an und bestand darauf, nur so lange auf seinem Posten zu bleiben, bis man einen besseren Kandidaten gefunden hätte. Ein solcher wurde aber nie gefunden, und Francia regierte bis zu seinem Tod im Jahr 1840. Er schloss die Grenzen zu den Nachbarländern, um die nationale Autarkie zu fördern, enteignete Landbesitzer, Kaufleute und sogar die Kirche und machte den Staat zur einzigen politischen und wirtschaftlichen Macht. Unter seiner Führung entwickelte sich Paraguay zur stärksten Macht des Kontinents.

Es gab jedoch auch eine Schattenseite. Francias Geheimpolizei inhaftierte und folterte dessen Gegner, von denen viele in einem berüchtigten Verlies, der „Kammer der Wahrheit", starben. Nachdem 1820 ein Attentat auf ihn missglückt war, ließ El Supremo alles, was er aß und trank, auf Gift untersuchen; er erlaubte niemandem, sich ihm auf mehr als sechs Schritte zu nähern, und schlief jede Nacht in einem anderen Bett. Mit den Jahren wurde Francia immer paranoider. Er ließ seine Mutter umbringen und ordnete an, dass in den Straßen der Hauptstadt nur noch einstöckige Gebäude stehen durften, damit potentielle Attentäter keine Verstecke fänden. Diese einer Laune entsprungenen Umbauarbeiten führten zur Zerstörung unzähliger Gebäude aus der Kolonialzeit.

In den frühen 1860er-Jahren bereitete Francias Nachfolger Carlos Antonio López der Isolation Paraguays ein Ende. Er ließ ein Schienen- und ein Telegrafennetz errichten, initierte den Bau einer Schiffswerft und baute eine schlagkräftige Armee auf. Nach seinem Tod übernahm sein größenwahnsinniger Sohn Francisco Solano López die Macht. Ihm zur Seite stand die irische Prostituierte Eliza Lynch, deren Traum es war, in die High Society Frankreichs aufgenommen zu werden. Ihr Vorhaben, Asunción in das „Paris Lateinamerikas" zu verwandeln, machte aus ihr eine unbeliebte Marie Antoinette, nachdem es mit dem Land unter der Herrschaft ihres Mannes bergab ging.

Als Brasilien Uruguay angriff, gelobte López, dem kleineren Land zu Hilfe zu kommen, und erbat von Argentinien die Genehmigung, seine Truppen zur Rettung schicken zu dürfen. Als ihm dies verweigert wurde, erklärte er in seiner Arroganz auch noch Argentinien den Krieg. Uruguay wurde schnell von Brasilien erobert, und auf einmal befand sich Paraguay im Krieg gegen drei benachbarte Länder gleichzeitig. Der verhängnisvolle Tripel-Allianz-Krieg (1865–1870) wurde zu einem der blutigsten und grausamsten Kämpfe in der Geschichte Lateinamerikas. Die Truppen der Alliierten waren Paraguays Armee zehnfach überlegen und am Ende kämpften sogar 12-jährige Jungs an vorderster Front, bewaffnet nur mit landwirtschaftlichen Geräten. Innerhalb von fünf Jahren verlor Paraguay die Hälfte seiner Bevölkerung und büßte 26 % seines Gebiets ein.

Der nächste Krieg sollte dennoch nicht lange auf sich warten lassen. Anfang des 20. Jhs., als sich Bolivien langsam in den paraguayischen Chaco vortastete, kam es in Paraguay zu politischen Unruhen, die 1932 in einem offenen Krieg eskalierten. Die genauen Ursachen für den Chacokrieg sind unklar, aber ausschlaggebend waren wohl Boliviens neu erwachter Wunsch nach einem Seehafen (über den Río Paraguay) und Gerüchte über Ölvorkommen in dem Gebiet. Im unerträglich heißen, trockenen Chaco war der Zugang zum Wasser der Schlüssel zum militärischen Erfolg, und der Krieg drehte sich um das Einnehmen und Schützen von Frischwasserquellen. Paraguay kam eine von den Briten gebaute Eisenbahnlinie zugute, über die die Truppen mit Vorräten aus Asunción versorgt werden konnten. Die Briten hatten die Bolivianer zuvor gewarnt, die Eisenbahnlinie nicht anzugreifen, wenn sie sich nicht noch einen schrecklichen Feind machen wollten. Infolge dessen besiegten Paraguays Truppen die zahlenmäßig überlegenen bolivianischen Streitkräfte und stießen bis zur südbolivianischen Stadt Villamontes vor. Die Sinnlosigkeit des Krieges wurde immer deutlicher, und 1935 einigte man sich auf einen Waffenstillstand, der keinen klaren Sieger hervorbrachte, dafür aber eine Bilanz von über 80 000 Toten …

Auf den Chacokrieg folgte in Paraguay ein Jahrzehnt der Unruhe, bis ein kurzer Bürgerkrieg 1949 die Colorado-Partei an die Macht brachte. Beim Putsch von 1954 setzte sich General Alfredo Stroessner an die Spitze des Landes, dessen 35 Jahre andauernde brutale Militärherrschaft (die längste Diktatur in der Geschichte Südamerikas) geprägt war von Unterdrückung und Terror. Tatsächliche oder angebliche politische Gegner wurden verfolgt oder gefoltert, oder sie „verschwanden" spurlos, Wahlen wurden manipuliert und es herrschte zügellose Korruption. Als Stroessner gestürzt wurde, hatten 75 % der Paraguayer noch nie einen anderen Staatsführer erlebt.

Am 3. Februar 1989 wurde Stroessner ins Exil verbannt, im selben Jahr fanden die ersten demokratischen Wahlen in der Geschichte Paraguays statt. Diese gewann der Colorado-Kandidat Andrés Rodríguez, der ganz zufällig auch hinter dem Putsch steckte. Von diesem Zeitpunkt an gewannen die Colorados alle folgenden Wahlen, bis sie schließlich in den historischen Wahlen im Jahr 2008 ihrer Macht enthoben wurden.

KULTUR
Mentalität
Die Einwohner Paraguays rühmen sich, zwei Amtssprachen zu sprechen, außerdem sind sie stolz auf ihre Rinder sowie ihre *fútbol*-(Fußball-)Mannschaften und akzeptieren, dass sie im bestechlichsten Land außerhalb Afrikas leben. Zwar ist die Situation heute schon deutlich besser, als sie mal war, doch Korruption gehört nach wie vor zum Alltag. Auf politischer Ebene werden zwar Schritte unternommen, die Korruption einzudämmen, doch in manchen Gebieten ist sie so fest verankert, dass nur langsam Fortschritte gemacht werden. Besucher bekommen Korruption vermutlich nur in der Form mit, dass die Polizei kleine Bestechungsgelder verlangt und Ausländern höhere Preise abgeknöpft werden – daran muss man sich gewöhnen, und manchmal dient es einem selber zum Vorteil.

Nichtsdestotrotz sollte man sich von den Schlagzeilen auch nicht täuschen lassen: Die Paraguayer sind zurecht dafür bekannt, entspannt, herzlich und gastfreundlich zu sein. Bei 40 °C im Schatten schlürfen sie ihren *teréré* (Kräutereistee) und lassen die Seele baumeln – und höchstens mal ein vorbei trabendes Pferdegespann stört sie dabei.

Lebensart
Der Statistik nach ist Paraguay das zweitärmste Land Südamerikas (nach Bolivien), was man aber kaum glauben mag, wenn man die Städte hier besucht. Nicht selten sieht man frisierte Daimler durch die Straßen preschen, bis zum Bersten gefüllte Restaurants und Häuser in der Größe von Palästen. Im krassen Gegensatz dazu steht das arme ländliche In-

land, wo *campesinos* ohne eigenen Grund und Boden von der Hand in den Mund leben und von reichen Landbesitzern ausgenutzt werden. Sie stellen das größte gesellschaftliche Problem des Landes dar.

In der Chacoregion ist der Unterschied in der Lebensart größtenteils indigener Baumwollpflücker und wohlhabender mennonitischer Landbesitzer enorm. Sie leben zwar Seite an Seite, aber die weniger konservativen unter den Mennoniten besitzen Geräte „Made in Germany" und neue Trucks, während die Baumwollpflücker in Wanderlagern am Existenzminimum dahinvegetieren.

Die Städte Paraguays nennen sich gerne nach ihren wichtigsten Merkmalen oder Erzeugnissen „Hauptstadt des …". Encarnación ist z. B. die „Capital de Carnaval", Coronel Bogado die „Capital de Chipa" und Itauguá die „Capital de Nandutí".

Die *siesta* ist das ansteckendste Charakteristikum im paraguayischen Alltag. In einigen Gemeinden dauert sie von Mittag bis Sonnenuntergang – die geschäftigsten Tageszeiten sind also der frühe Morgen und die Dämmerung. Einen interessanten und unkonventionellen Einblick in das Leben in Paraguay gibt die englischsprachige Website www.guidetoparaguay.com.

Bevölkerung

Die Ureinwohner Paraguays gehören zur „Familie" der Tupi/Guaraní. Diese indigenen Bevölkerungsgruppen lebten einst im Süden des heutigen Brasiliens, im Osten Boliviens, in Uruguay und in Nordargentinien. Die paraguayischen Guaraní sind traditionell Jäger und Sammler und setzen sich aus zahlreichen Stämmen mit jeweils eigener Sprache und Kultur zusammen. Zu den wichtigsten Guaraní-Stämmen in Paraguay gehören die Chamacoco in Chaco, die Aché in Canindeyú und die Mbyá im Süden Paraguays. Zwar leben die Aché und die Chamacoco noch in Einklang mit ihrer traditionellen Kultur und ihrem traditionellen Glauben, doch viele andere Stämme, vor allem im Osten Paraguays, haben sich größtenteils in die Gesellschaft integriert.

Etwa 95 % der Paraguayer sind *mestizos*. Spanisch ist die Geschäftssprache und die vorherrschende Sprache in den Städten, während in der *campaña* (auf dem Land) vor allem Guaraní gesprochen wird. Die meisten Menschen beherrschen beide Sprachen zumindest teilweise. In manchen Bereichen der Medien und bei gesellschaftlichen Anlässen wird Jorapá gesprochen, eine Mischung aus beiden Sprachen. Die restlichen 5 % der Bevölkerung sind Nachfahren europäischer Einwanderer (vorwiegend aus der Ukraine und Deutschland), mennonitische Bauern und Angehörige indigener Stämme. Entgegen anderslautender Gerüchte lebte der deutschstämmige Teil der Bevölkerung schon lange vor dem Zweiten Weltkrieg in Paraguay und besteht nicht aus geflohenen Nazis. Vor allem im Süden und Osten des Landes gibt's außerdem kleine, aber markante asiatische, arabische und brasilianische Gemeinden.

Mehr als 95 % der Bevölkerung lebt im Osten Paraguays, nur die Hälfte aber in Städten. Nach offiziellen Angaben können 94 % der Bevölkerung lesen und schreiben. Die Kindersterblichkeit liegt bei 2,5 %, die durchschnittliche Lebenserwartung bei 72 Jahren. Die Bevölkerung wächst jährlich durchschnittlich um 2,2 %.

SPORT

Die Paraguayer sind *fútbol*-verrückt. Nicht selten sieht man in Bars große Gruppen von Männern, die das Nationalbier Pilsen trinken und im Fernsehen die Copa Libertadores verfolgen. Die beliebtesten Teams, Olimpia und Cerro Porteño, besiegen oft die besten argentinischen Mannschaften. Der Hauptsitz des südamerikanischen Fußballverbandes **Conmebol** (☎ 021-65-0993; www.conmebol.com; Av Sudamericana Km 12) ist in Luque an der Straße zum Flughafen. Auch Tennis, Basketball, Volleyball, Jagen und Fischen sind beliebte Sportarten.

RELIGION

90 % der Bevölkerung bezeichnen sich als römisch-katholisch, aber es gibt allerlei verschiedene Formen: Die meisten Menschen indigener Herkunft haben ihre angestammte Religion beibehalten oder nur leicht verändert, auch wenn sie formell der katholischen Kirche oder evangelikalen Sekten angehören.

KUNST

Kunst wird staatlich nur wenig gefördert – das werden viele einheimische Intellektuelle und Künstler bestätigen. Zahlreiche Künstler, Musiker und Maler haben das Land verlassen, um im Ausland zu arbeiten. Trotzdem kann Paraguay noch auf einige berühmte Persönlichkeiten stolz sein.

Paraguays bekannteste Schriftsteller sind die Dichterin und Kritikerin Josefina Plá und der Romancier Augusto Roa Bastos, der Premio-Cervantes-Preisträger von 1990; Letzterer starb 2005 im Alter von 87 Jahren. Obwohl er lange im Exil lebte, widmete sich Bastos paraguayischen Themen und der Geschichte des Landes, stets vom Standpunkt des persönlichen Erlebens aus. *Menschensohn* beispielsweise behandelt verschiedene Episoden aus der Geschichte Paraguays, darunter die Diktatur Francias und den Chacokrieg. Zu den zeitgenössischen Autoren Paraguays zählen Nila López, Jacobo A. Rauskin, Luis María Martínez, Ramón Silva Ruque Vallejos, Delfina Acosta und Susy Delgado. Für Literaturinteressierte hält das Café Literario in Asunción (S. 834) ein ganz besonderes Bonbon bereit: kurze Abrisse und Auszüge aus Literatur, direkt auf der Speisekarte!

Ein Muss, nicht nur für Jesuitenfans, ist Roland Joffes epischer Streifen *Mission* aus dem Jahr 1986.

Die Musik Paraguays hat ihre Wurzeln in Europa. Die verbreitetsten Musikinstrumente sind die Gitarre und die Harfe. Zu den traditionellen Tänzen gehören die munteren *polkas galopadas* (wörtlich „galoppierende Polkas") und der *danza de la botella*, bei dem die Tänzer Flaschen auf dem Kopf balancieren.

Zahlreiche Galerien stellen moderne, zum Teil unkonventionelle Werke aus.

NATUR & UMWELT

Wie viele Entwicklungsländer ist auch Paraguay nicht gerade berühmt für sein Umweltbewusstsein – „laxe Herangehensweise" dürfte noch freundlich ausgedrückt sein. Der östliche Atlantische Regenwald wurde in dramatischem Umfang abgeholzt, um Anbaufläche vorrangig für Sojabohnen und Weizen zu gewinnen, wovon wohlhabende Großbauern am stärksten profitieren. Auch der Bau des Wasserkraftwerks Itaipú (S. 843) war umstritten, genau wie der Bau eines zweiten Staudamms bei Yacyretá in der Nähe von Ayolas, der die Südgrenze des Landes für immer verändert hat.

Viele Menschen sind besorgt um die Zukunft der natürlichen Ressourcen Paraguays – auch angesichts des angeblichen Interesses der USA. Das gilt unter anderem für das größte Wasserreservoir der Welt unterhalb von Paraguay, Brasilien und Argentinien, den Acuífero Guaraní.

Geografie

Der Río Paraguay teilt das Land in eine östliche und eine westliche Hälfte. Der Osten Paraguays war einst ein Mosaik aus Teilen des Atlantischen Regenwalds und *cerrado* (tropische Savannenlandschaft), während ganz im Süden des Landes einmalige überschwemmte Wiesen lagen. Große Teile der ursprünglichen Landschaft sind heute landwirtschaftliche Nutzflächen, vor allem in den Verwaltungsbezirken Itapúa und Alto Paraná, wesentliche Gebiete der unberührten, aber bedrohten Lebensräume sind jedoch noch erhalten. Im Westen liegt der Gran Chaco mit seinen verschiedenen Gesichtern: im Süden eine üppig grüne Savanne mit Palmen (feuchter Chaco), weiter im Norden und Westen trockenes, dorniges Waldgebiet (trockener Chaco) und nordöstlich als südlicher Ausläufer des großen Sumpfgebiets Pantanal.

Tiere & Pflanzen

Die Flora und Fauna Paraguays ist vielfältig. Im Osten des Landes setzt die immer höhere Dichte der ländlichen Bevölkerung der Tierwelt jedoch zu. Die einfach zu erspähenden Säugetiere sind am stärksten im größtenteils unbesiedelten Chaco vertreten, darunter recht viele Ameisenbären, Gürteltiere, Mähnenwölfe, Riesenottern, Flachlandtapire, Jaguare, Pumas – und Chaco-Pekaris, eine Nabelschweinart, von der man bisher nur fossile Überreste gefunden hatte, bis sie Mitte der 1970er-Jahre wohlauf im Chaco entdeckt wurde. Jahrhundertelang hatten sich die Tiere hier versteckt.

Auch die Vogelwelt ist bunt: In Paraguay leben 709 verschiedene Vogelarten. Der Nationalvogel ist der Nacktkehlglöckner, so benannt nach seinem auffallenden Lockruf, aber ambitionierte Vogelbeobachter werden wohl eher nach bedrohten, wenig verbreiteten Arten wie der Weißflügel-Nachtschwalbe, dem Gilbstärling, dem Wachtelsteißhuhn, dem Wellenohrspecht und dem Schwarzmaskenguan Ausschau halten. Auch Reptilien wie Kaimane und Anakondas sind weit verbreitet. Am ehesten wird man auf die riesige Rokoko-Kröte stoßen, die, vom Licht angelockt, sogar bis in Stadtgebiete vordringt.

Ausführliche und genauere Informationen zur Tier- und Pflanzenwelt Paraguays findet man auf der englischsprachigen Website www.faunaparaguay.com, von der man auch direkt E-Books herunterladen kann.

Nationalparks
Paraguays Nationalparks sind größtenteils abgelegen, oft aber nur unzureichend geschützt. Die meisten haben keine Infrastruktur für Besucher; auch die in diesem Band genannten sind nur teilweise besuchergerecht ausgestattet. Im ganzen Land gibt's außerdem ein paar hervorragende, gut geführte private Naturschutzgebiete.

Korruption, fehlende Mittel und ein traditionell schwaches Interesse der Politik behindern die Entwicklung der Parks. Jeder neue Politiker beschert den Nationalparks ein völlig neues Management und auch neue Namen. Deshalb sind die Parks sehr stark auf finanzielle Hilfe von außen und auf die Unterstützung gemeinnütziger Organisationen angewiesen.

Zuständig für die Nationalparks sind **SEAM** (außerhalb der Karte S. 832 f.; ☎ 021-61-5803; www.seam. gov.py; Av Madame Lynch 3500, Asunción; Mo–Fr 7–13 Uhr) und das Tourismussekretariat **Senatur** (Karte S. 832 f.; ☎ 021-49-4110; www.senatur.gov.py; Palma 468, Asunción; 7–13.30 Uhr). Das beeindruckende private Schutzgebiet Mbaracayú untersteht der **Fundación Moisés Bertoni** (☎ 021-60-8740; www. mbertoni.org.py; Argüello 208, Asunción), die privaten Itaipú-Reservate in Ostparaguay **Itaipú Binacional** (☎ 061-599-8989; www.itaipu.gov.py; Rodríguez 150, Ciudad del Este).

> **FLUGHAFENSTEUER**
>
> Wer Paraguay mit dem Flugzeug verlässt, muss vor dem Abflug am Schalter neben dem Eingang zur Abflughalle 20 US$ bezahlen. Im Gegenzug bekommt man einen Aufkleber auf seine Bordkarte.

VERKEHRSMITTEL & -WEGE

AN- & WEITERREISE
Bus
Es kann nervenaufreibend sein, die Grenze Paraguays mit dem Bus zu passieren: rein in den Bus, raus aus dem Bus, wieder rein in den Bus … Man sollte den Fahrer bitten, an der Einreisestelle zu halten (mit einheimischen Passagieren ist dies nicht immer notwendig), und alle notwendigen Papiere bereithalten. Für Infos zu Grenzübergängen bei Encarnación, s. S. 840, bei Ciudad del Este, s. S. 843 und nach Bolivien, s. S. 849.

Flugzeug
Paraguays internationaler Flughafen **Silvio Pettirossi** (☎ 021-64-5600) liegt in Luque, einer Trabantenstadt von Asunción. **TAM Mercosur** (☎ 021-64-5500; www.tam.com.py) fliegt täglich ab Buenos Aires (Argentinien), São Paulo (Brasilien) und Santiago (Chile) nach Asunción und Ciudad del Este. Maschinen von **Aerosur** (☎ 021-61-4743, Ausfahrt 101; www.aerosur.com) fliegen montags, dienstags, freitags und sonntags um 17 Uhr nach Santa Cruz in Bolivien. Außerdem schickt TAM von einem zweiten Flughafen in Ciudad del Este aus Maschinen nach Asunción und in nahe gelegene brasilianische Städte, doch aufgrund mangelnder Nachfrage wird dieser Flughafen nicht oft genutzt.

Schiff/Fähre
Es gibt Fährverbindungen von Argentinien nach Asunción und Encarnación. Wer viel Geduld und Ausdauer mitbringt, kann auch über den inoffiziellen Flussweg von Concepción zur Isla de Margarita an der brasilianischen Grenze reisen.

UNTERWEGS VOR ORT
Am häufigsten wird man in Paraguay wohl mit dem Bus unterwegs sein – die Busse sind günstig und recht verlässlich. Fahrten von einer paraguayischen Stadt in eine andere dauern je nach Startpunkt und Ziel meist weniger als acht Stunden. Für Reisen zwischen Concepción und den Städten weiter oben am Río Paraguay nimmt man am besten die Fähre.

Auto
Ein Mietwagen ist nicht günstig, lohnt sich aber, wenn man in der Gruppe unterwegs ist, denn dann ist man flexibel (obwohl zu den meisten Orten auch Busse fahren). Abseits der großen *rutas* (Straßen) ist ein Wagen mit Allradantrieb nötig. Wer mehr als 100 km fährt, muss oftmals einen Zuschlag bezahlen. Bei längerer Mietdauer werden die Preise günstiger. Eine Anlaufstelle ist **Hertz** (☎ 021-645-571; Silvio Pettirossi Airport).

Bus
Die Qualität der Busse unterscheidet sich erheblich. Es gibt Luxusbusse mit Fernseher, Klimaanlage und gemütlichen Liegesitzen, daneben aber auch Sardinenbüchsen mit schlechten Stoßdämpfern, Fenstern, die sich

nicht öffnen lassen, und Gängen voller Fahrgäste, die unterwegs noch eingesammelt wurden. In der Regel bekommt man, was man bezahlt; empfohlene Busgesellschaften für die Hauptstrecken werden jeweils genannt.

Größere Städte haben zentrale Busbahnhöfe, überall anders kann man problemlos von einer Busgesellschaft zur anderen laufen.

Flugzeug
Flüge sparen zwar Zeit, kosten aber mehr Geld als Busse. Der einzige Linienflug ist die Route Asunción–Ciudad del Este. Ein neuer Flughafen wird gerade bei Encarnación gebaut. Der Pilot **Juan Carlos Zavala** (☎ 0971-20-1540) betreibt einen *aerotaxi*-Dienst in die Pantanal-Region und in den Chaco. Vier Passagiere passen in sein Flugzeug, pro Stunde bezahlt man 300 US$. Nach Fuerte Olimpo sind drei Stunden einzuplanen, nach Bahía Negra zwei.

Schiff/Fähre
Details zu Schiffsreisen den Río Paraguay hinauf stehen auf S. 845.

Taxi
Die Taxen in Asunción haben Taxameter (wenn nicht, steigt man besser nicht ein), in anderen Städten gibt's oftmals keine. Eine Fahrt im Stadtbezirk sollte in Ciudad del Este nicht mehr als 30 000 PYG und in anderen Städten 20 000 PYG kosten (in der Regel zahlt man weniger). Zwischen 22 und 5 Uhr sowie an Sonn- und Feiertagen dürfen die Fahrer in Asunción einen *recargo* (Zuschlag) von 30 % berechnen.

ASUNCIÓN

☎ 021 / 2 Mio. Ew.

Es ist nicht einfach, sich eine Meinung über Asunción zu bilden. Das Herz der Stadt mit seinen vielen Kolonial- und Jugendstilgebäuden ist wunderschön, dazu verlocken eine internationale Küche, schattige Plätze und freundliche Menschen. Ihr insgesamt eher junges, modernes Gesicht verdankt die Stadt neuen, scheinbar endlos ausufernden Vororten, schicken Einkaufszentren und angesagten Nachtclubs. In krassem Gegensatz dazu stehen der dichte Verkehr im historischen Zentrum, die Dieselschwaden sowie die nüchterne zweckmäßige Architektur und die Baracken am Ufer des Río Paraguay. Doch trotz dieser Makel ist Asunción eine liebenswerte lateinamerikanische Hauptstadt, in der man sich nach kurzer Zeit zurechtfindet.

Asunción behauptet, 2 Mio. Einwohner zu haben, doch in Wirklichkeit müssen es wohl mehr sein: Die ausufernden Vororte wachsen langsam mit den Nachbarorten zusammen.

ORIENTIERUNG
Durch die Lage am Fluss und planloses Wachstum im 19. und 20. Jh. ist Asuncións konventionell angelegtes Raster, dessen Mittelpunkt die schäbige Plaza Uruguaya und die hübsche Plaza de los Héroes bilden, unregelmäßig geworden. An der Chile, auf Höhe der Plaza de los Héroes, ändern sich die Namen der in Ost-West-Richtung verlaufenden Straßen. Am meisten los ist auf den langen, breiten Straßen der schicken Stadtteile östlich des Zentrums, z. B auf der España, der Artigas und der Mariscal López: Hier findet man die meisten gehobeneren Unterkünfte und schicke Einkaufsgegenden.

PRAKTISCHE INFORMATIONEN
Buchläden
Ein paar Buchläden liegen an der Plaza Uruguaya. Weiter außerhalb gibt's außerdem folgende Optionen:

Books (Av Mariscal López 3971) Bietet eine gute Auswahl von englischsprachigen Büchern.

Guaraní Raity (www.guarani-raity.com; Las Perlas 3562) Verkauft Bücher auf Guaraní und über das gleichnamige Volk.

Geld
Alle großen Banken haben Geldautomaten. Bei den meisten liegt das Bargeldbezugslimit bei 1 000 000 PYG pro Tag, zudem wird eine Benutzungsgebühr von 25 000 PYG fällig. An der Palma und in den Nebenstraßen kommt man alle paar Meter an einem Geldwechsler vorbei, der „*cambio*" schreit, bessere Wechselkurse bieten allerdings die vielen *casas de cambio* (Wechselstuben) in dieser Gegend. Geldautomaten und Wechselstuben gibt's auch am Busbahnhof und am Flughafen.

Banco Sudameris (Ecke Cerro Corá & Independencia Nacional)

HSBC Bank (Ecke Palma & O'Leary)

Internetzugang
In zahlreichen *locutorios* (kleine Telefonläden) kommt man für rund 3000 PYG pro Stunde gut ins Internet.

> **DER WEG INS ZENTRUM**
>
> Asuncións **Busbahnhof** (☎ 55-1740; Ecke Av Fernando de la Mora & República Argentina) liegt einige Kilometer südöstlich der Innenstadt. Am schnellsten im Zentrum ist man mit dem Bus 8 (0,40 US$). Die Busse 10, 25, 31 und 38 fahren ebenfalls bis zur Oliva. Ab dem Flughafen verkehren Busse Richtung Zentrum über die Av Aviadores del Chaco. Ein Taxi kostet 15 US$.

Kulturzentren

In Asuncións internationalen Kulturzentren bekommt man kostenlos oder für wenig Geld Lesestoff, Filme, Kunstausstellungen und Kulturveranstaltungen geboten.

Alianza Francesa (☎ 21-0382; Estigarribia 1039)
Centro Cultural Paraguayo-Americano (☎ 22-4831; Av España 352)
Centro Cultural Paraguayo Japónes (☎ 60-7276; Ecke Av Julio Correa & Portillo)
Instituto Cultural Paraguayo Alemán (☎ 22-6242; Juan de Salazar 310)

Medizinische Versorgung

Hospital Bautista (☎ 60-0171; Av República Argentina) Empfohlene Privatklinik.
Hospital Privado Francés (☎ 29-5250; Av Brasilia 1194) Bessere Betreuung als im Hospital Central.

Notfall

Feuerwehr (☎ 71-1132)
Krankenwagen (☎ 20-4800)
Polizei (☎ 911)

Post & Telefon

Locutorios sind überall zu finden. Die Auskunft erreicht man unter der ☎ 112.
Hauptpost (Ecke Alberdi & Paraguayo Independiente; ☼ Mo–Fr 7–19 Uhr) Wer möchte, dass die Post tatsächlich ankommt, sollte sie *certificado* (per Einschreiben) schicken.

Touristeninformation

Online-Infos zur Stadt liefert www.quickguide.com.py. Die Verantwortlichen geben regelmäßig zudem ein hervorragendes Magazin voller Karten und Veranstaltungstipps heraus, erhältlich bei der **Touristeninformation** (☎ 49-4110; www.senatur.gov.py; Palma 468; ☼ 7–19 Uhr).

Waschsalons

Die meisten Waschsalons berechnen rund 12 000 PYG pro Kilo, andere orientieren sich an der Zahl der Wäschestücke bzw. Waschkörbe. Zwei Optionen sind **Lavabien** (Hernandarias 636) und die **Lavandería Shalom** (15 de Agosto 230).

GEFAHREN & ÄRGERNISSE

Asunción ist eine relativ sichere Stadt, doch wie in anderen Städten sollte man auch hier ein Auge auf seine Wertsachen haben, vor allem am Busbahnhof. Nach Anbruch der Dunkelheit versammeln sich an der Plaza Uruguaya und in den Straßen rund um die Calle Palma oftmals Prostituierte – nicht wundern, wenn man(n) angesprochen wird. Sonntags ähnelt das Stadtzentrum einer Geisterstadt.

SEHENSWERTES
Stadtzentrum

Das Leben in Asunción spielt sich rund um die **Plaza de los Héroes** ab. Hier bewachen Militärposten die sterblichen Überreste von Mariscal Francisco Solano López und anderen Schlüsselfiguren in Paraguays katastrophalen Kriegen im **Panteón de los Héroes** (☼ Mo–Sa 6–18.30, So bis 12 Uhr), dem Gebäude der Stadt, das man am schnellsten erkennt. Die **Casa de la Independencia** (www.casadelaindependencia.org.py; 14 de Mayo; ☼ Mo–Fr 7–18.30, Sa 8–12 Uhr) stammt aus dem Jahr 1772. Hier erklärte Paraguay 1811 als erstes Land auf dem Kontinent seine Unabhängigkeit.

Nördlich des Platzes liegt in der Nähe des Wassers die weitläufige **Plaza Constitución** mit dem rosafarbenen **Cabildo**, dem einstigen Sitz der Regierung. Heute beherbergt das Gebäude das **Museo del Congreso Nacional** (www.cabildoccr.gov.py; ☼ 10–17 Uhr). An der Ostseite des Platzes liegt die unauffällige **Catedral Metropolitana** mit einem ebenso unauffälligen **Museum** (Eintritt 4000 PYG; ☼ Mo–Fr 7.30–12 Uhr).

Folgt man der Paraguayo Independiente (das Ufer zur Rechten), kommt man zum **Palacio de Gobierno** (☎ 41-4220; ☼ nur Do). Zu Francias Zeiten wäre man erschossen worden, wenn man zu lange davor herumgestanden wäre. Heute kann man ihn besuchen, wenn man vorab reserviert hat. Gleich gegenüber liegt die **Manzana de la Rivera** (Ayolas 129; ☼ 7–21 Uhr), ein Komplex aus acht bunten, restaurierten Häusern. Das älteste ist die Casa Viola (1750), deren **Museo Memoria de la Ciudad** über die Stadtentwicklung informiert.

Der zweite wichtige Platz der Stadt ist die **Plaza Uruguaya**, vier Blocks östlich der Plaza de los Héroes an der Mariscal Estigarribia gelegen. Der Platz wird häufig von Landstreichern bevölkert. Hier befindet sich auch die alte **Estación Ferrocarril** (Bahnhof). Die Trasse Asunción–Encarnación war die erste Eisenbahnstrecke Südamerikas, und einer der ersten Züge, der sie befuhr, ist hier ausgestellt. Heutzutage finden in dem Bahnhof vor allem Konzerte und Vorträge statt. Außerdem bekommt man hier Karten für den witzigen **Touristenzug** (☎ 44-2448; www.ferrocarriles.com.py; 100 000 PYG), der um 10 Uhr am Jardín Botánico nach Areguá startet und um 17 Uhr zurückkommt. Er versetzt einen zurück in längst vergangene Zeiten und ist eher eine Theaterbühne als ein Zug: Schauspieler in Kostümen aus der damaligen Zeit mischen sich unter die Passagiere und führen Szenen auf rund um angebliche Verletzungen der Regeln im ursprünglichen Zug. Nicht vergessen: Papageien sind an Bord nicht erlaubt!

Die Vororte

Vom Zentrum aus führt die lange alte Av Artigas zum **Jardín Botánico** (Botanischer Garten; Eintritt 5000 PYG; ☺ 7–19 Uhr). Von der Cerro Corá aus bringen einen die Buslinien 24 und 35 dorthin. Das ehemalige Anwesen der herrschenden López-Dynastie beherbergt heute den Stadtzoo, ein kleines Naturschutzgebiet und ein paar Museen, u. a. das **Naturgeschichtliche Museum** (☺ Mo–Sa 8–18, So bis 13 Uhr) in Carlos Antonios schlichtem Kolonialhaus und das **Museo Indigenista** (☺ 8–18 Mo–Sa, So bis 13 Uhr) in der ehemaligen Villa seines Sohnes Francisco. Auf dem Weg zum Botánico passiert man die verkohlten Überreste des **Supermercado Ykua Bolaños**, der 2006 weltweit in die Presse kam, als beinahe 1000 Menschen in ihm verbrannten – nachdem ein kleines Feuer in der Küche ausgebrochen war, beschloss der Besitzer, den Supermarkt gegen Plünderer „abzusichern", und sperrte so Hunderte Kunden in einer tödlichen Falle ein. Der bewegende Schrein, der den Toten gewidmet ist, ist sehenswert.

Im allseits beliebten **Museo del Barro** (Grabadores del Cabichui; Eintritt 8000 PYG; ☺ Do–Fr 15.30–20 Uhr) ist von moderner Malerei über präkolumbisches und indigenes Kunsthandwerk bis zu politischen Karikaturen bekannter Paraguayer alles zu sehen. In der Oliva in den Bus 30 steigen und bis zum Shopping del Sol fahren; das Museum liegt abseits der Callejón Cañada, drei Häuserblocks entfernt. Wer im Bus sitzen bleibt, passiert den **Parque Ñu Guazú** mit seinen Seen und Spazierwegen, in dem man einen schönen Nachmittag verbringen kann.

Der **Cementerio de la Recoleta**, 3 km östlich des Zentrums an der Av Mariscal López, ist ein Labyrinth aus unglaublichen Mausoleen. Hier überbietet sich Asuncións reiche Oberschicht im Prunk ihrer letzten Ruhestätten. Eliza Lynch, die verhasste Konkubine von Mariscal Francisco Solano López, liegt hier begraben.

GEFÜHRTE TOUREN

FAUNA Paraguay (☎ 071-20-3981; www.faunaparaguay.com) Stadtführungen, Kurzausflüge, Vogelbeobachtung und Ökotouren mit professionellen mehrsprachigen Führern.

Vip's Tour (☎ 44-1199; www.vipstour.com.py; México 782) Organisiert verschiedenste Tagesausflüge.

SCHLAFEN

In Asunción sind Unterkünfte teurer als anderswo im Land, aber die Preise treiben auch hier niemanden in den Ruin.

Pensión Da Silva (☎ 44-6381; Ayala 843; Zi. 40 000–50 000 PYG/Pers.) Tolle Adresse dank guter Preise, Komfort und Gastfreundschaft. Der Familienbetrieb hat drinnen wie draußen kolonialzeitliches Ambiente zu bieten. An der schönen Fassade gibt's kein Schild – einfach klingeln!

Hotel Embajador (☎ 49-3393; Franco 514; EZ/DZ 50 000/70 000 PYG; ❄) Das Embajador wirkt derbe und farblos, verströmt aber Charakter. Die Zimmer sind zwar allenfalls passabel, ihre hohen Decken begeistern noch am ehesten.

Quinta Ykua Sati (☎ 60-1230; www.quintaykuasati.com.py; Merlo; Zi. 70 000 PYG/Pers.) In einem Wohngebiet außerhalb des Zentrums in der Nähe des Flughafens liegt diese ruhige Oase mit einem schönen Garten. Die älteren Zimmer im Hüttenstil sind ein bisschen eng, daneben gibt's aber geräumige, moderne Optionen.

Hotel Miami (☎ 44-4950; México 449; EZ/DZ 70 000/100 000 PYG; ❄) Der kahle Korridor erinnert an ein Krankenhaus, aber sonst wohnt man hier zentral und in sauberer Umgebung. Es gibt einen Notausgang.

Plaza Hotel (☎ 44-4772; www.plazahotel.com.py; Plaza Uruguaya; EZ/DZ 130 000/180 000 PYG; ❄) Das verlässliche, alteingesessene Plaza könnte mal wieder renoviert werden, bietet aber dank des Frühstücksbuffets ein recht gutes Preis-Leistungsverhältnis.

Hotel Preciado (☎ 44-7661; Azara 840; EZ/DZ 160 000/180 000 PYG; ❄ ⌘) Dieses moderne Hotel ist

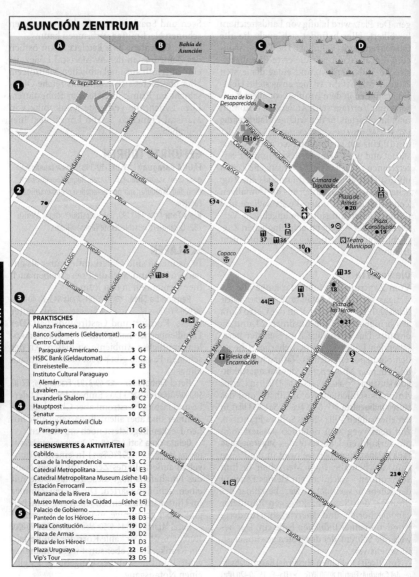

ASUNCIÓN ZENTRUM

PRAKTISCHES
Alianza Francesa	**1** G5
Banco Sudameris (Geldautomat)	**2** D4
Centro Cultural Paraguayo-Americano	**3** G4
HSBC Bank (Geldautomat)	**4** C2
Einreisestelle	**5** E3
Instituto Cultural Paraguayo Alemán	**6** H3
Lavabien	**7** A2
Lavandería Shalom	**8** C2
Hauptpost	**9** D2
Senatur	**10** C3
Touring y Automóvil Club Paraguayo	**11** G5

SEHENSWERTES & AKTIVITÄTEN
Cabildo	**12** D2
Casa de la Independencia	**13** C2
Catedral Metropolitana	**14** E3
Catedral Metropolitana Museum	(siehe 14)
Estación Ferrocarril	**15** E3
Manzana de la Rivera	**16** C2
Museo Memoria de la Ciudad	(siehe 16)
Palacio de Gobierno	**17** C1
Panteón de los Héroes	**18** D3
Plaza Constitución	**19** D2
Plaza de Armas	**20** D2
Plaza de los Héroes	**21** D3
Plaza Uruguaya	**22** E4
Vip's Tour	**23** D5

eine recht gute Wahl. Das nächtliche Treiben im Zentrum ist nur ein paar Häuserblocks entfernt.

LP Tipp **Portal del Sol** (☎ 60-9395; www.portaldelsol.com; Roa 1455; EZ/DZ 210 000/265 000 PYG; ❄ ☒) Schöne Zimmer, gewaltiges Frühstück, ein schöner Pool, ein gutes Restaurant, Abholservice vom Flughafen, Parkplätze – alles da!

ESSEN

Das kulinarische Angebot in Asunción spiegelt die zahlreichen verschiedenen Kulturen des Landes wider: Auf den Speisekarten findet man raffinierte einheimische, asiatische und internationale Gerichte sowie vegetarische Optionen. Auch die Supermärkte haben ein gutes Sortiment.

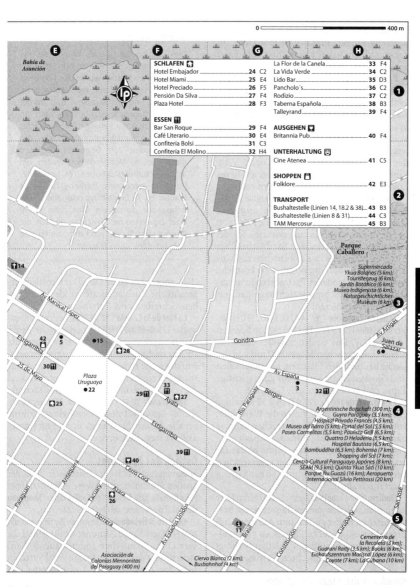

Stadtzentrum

Wer typische paraguayische Küche probieren möchte, ist an den unzähligen Imbissständen südlich des Zentrums an der Av Figueroa, auch La Quinta Avenida genannt, richtig. Auch *asadito* (gegrillte Fleischspieße mit Maniok) sind sehr zu empfehlen, zu haben für 2000 PYG an den Buden an der Straße.

Lido Bar (Ecke Chile & Palma; Hauptgerichte 7000–25 000 PYG) In diesem bei den Einheimischen beliebten Lokal speist man direkt gegenüber dem Panteón an der Straße. Auf der Karte stehen paraguayische Köstlichkeiten, z. B. hervorragende *sopa paraguaya* (Maisbrot mit Käse und Zwiebeln), die zum Frühstück und mittags in großen Portionen serviert werden.

Pancholo's (Palma nahe 15 de Agosto; Mahlzeiten 7000–40 000 PYG) Burger, Pizzas und Hot Dogs, zu denen sich ein kaltes *chopp* (Bier vom Fass) geradezu anbietet.

Bar San Roque (☎ 44-6015; Ecke Tacuary & Ayala; Hauptgerichte 15 000–45 000 PYG) An der Theke dieses Wahrzeichens von Asunción werden in einer warmen Atmosphäre wie um 1900 frische Waren aus eigenem Anbau präsentiert. Die Weinkarte beeindruckt ebenso wie die Auswahl von Fisch- und Fleischgerichten, und der Service steht dem in nichts nach. Viele Einheimische werden es bestätigen: Dieses Lokal ist ein Muss für alle, die gern essen.

Confitería Bolsi (Estrella 399; Hauptgerichte 15 000–50 000 PYG) Diese traditionsreiche *confitería* (Café/Snack-Bar), die es bereits seit 1960 gibt, hat mehr zu bieten, als man erwarten würde. Hier gibt's einfach alles, von Sandwiches über Curryhähnchen bis zu Knoblauchpizzas. Unbedingt die *surubí casa nostra*, eine köstliche Auswahl verschiedener Pastasorten in unterschiedlichen Geschmacksrichtungen auf einem Teller, probieren!

Taberna Española (☎ 44-1743; Ayolas 631; Hauptgerichte 15 000–195 000 PYG) Ein Stückchen Spanien in Paraguay. Das eindrucksvolle Ambiente dieses „kulinarischen Museums" mit von der Decke baumelnden Flaschen, Kochutensilien und Glocken ist die Kulisse für gute, günstige Tapas und andere spanische Gerichte.

La Vida Verde (Palma; 35 000 PYG/kg) 32 kitschige geschnitzte „Gesichter" zieren die Wand hier, von denen man sich eines aussuchen kann, je nach Stimmung – das „zufriedene" passt wohl dem Essen wohl am besten. Prima ist das Tagesbuffet mit den chinesischen vegetarischen Leckerbissen (die nicht immer so ganz streng vegetarisch sind).

Rodizio (Palma nahe 15 de Agosto; 53 000 PYG/kg) Hier kann man sich den ganzen Tag an einem brasilianischen Buffet gütlich tun. Auf dem Grill brutzeln riesige Stücke Fleisch, es gibt zahlreiche Nachtische und eine Salatbar beruhigt all jene mit einem schlechten Gewissen.

Rund um die Plaza Uruguaya

Confitería El Molino (Av España 382; Snacks 5000–25 000 PYG) In dieser *confitería*, eine der süßesten der Gegend, servieren Kellner mit Fliege Gourmet-Gebäck und -Kekse. Tolle Adresse für *minutas* (schnelle Kleinigkeiten), Snacks und großartige *licuados* (Saftmixgetränke).

Café Literario (Ecke Estigarribia & México; Snacks 5000–25 000 PYG; ✆ 4–22 Uhr) Tolle Musik und Bü-

---

DER POMBERO

Die Tradition der Guaraní kennt viele mythologische Figuren, aber an keine glauben die Menschen so stark wie an den Pombero. Der bösartige Troll soll klein gewachsen, muskulös und behaart sein und immer nachts auftauchen; nachts sollte man ihn auch nur als Karai Pyhare (Herr der Nacht) bezeichnen. Merkwürdige Geräusche, das Verschwinden von Gegenständen und dumme kleine Missgeschicke werden ihm in die Schuhe geschoben. Es heißt, der Pombero habe eine Vorliebe für junge Frauen, ob in Begleitung oder allein, und könne nur durch ein Glas *caña* (Rum) oder Zigaretten beschwichtigt werden: die Präsente am Straßenrand deponieren und sich aus dem Staub machen!

---

cher, angenehm kühle Luft: Das künstlerisch-gemütliche Buchladencafé ist ideal zum Leben, Schreiben und Auftanken.

La Flor de la Canela (☎ 49-8928; Tacuary 167; Hauptgerichte 22 000–80 000 PYG) Das peruanische Essen in diesem schnuckligen Lokal ist im Gegensatz zu den nachgemachten Inkaskulpturen echt. Auf der Karte stehen vor allem Fisch und *mariscos* (Meeresfrüchte). Sehr zu empfehlen sind die *ceviche* (marinierte rohe Meeresfrüchte).

Talleyrand (☎ 44-1163; Estigarribia 932; Hauptgerichte 25 000–50 000 PYG) Internationale Haute Cuisine für alle, die ihre Nase *haute* in der Luft tragen. Tolles Essen, tolle Preise.

Östlich des Zentrums

Sonntags bietet sich ein Abstecher in eines der großen Einkaufszentren wie das **Mariscal López** (Ecke Quesada 5050 & Charles de Gaulle) oder **Shopping del Sol** (Ecke Aviadores del Chaco & González) an.

Quattro D Heladería (Ecke Av San Martín & Andrade; 8000 PYG/Kugel) Keine Ahnung, wofür genau die vier D im Spanischen (oder Italienischen) stehen, aber das Eis hier finden wohl Sprecher jeder Sprache deliziös, delikat, delektabel und deluxe.

Ciervo Blanco (Flores nahe Radio Operadores del Chaco; Gerichte 35 000–50 000 PYG) Wem der Sinn nach traditioneller paraguayischer Küche steht, der ist im Barrio Pinozá unmittelbar südöstlich des Zentrums goldrichtig. Zum saftigen *asado* (Grillfleisch) bekommt man traditionelle Musik geboten sowie Tänze, bei denen die Tänzer Flaschen auf dem Kopf balancieren.

Paulista Grill (Ecke San Martín & Mariscal López; Buffet 60 000 PYG) Beliebt bei den Städtern aus dem teureren Osten. Wenn man in der Gegend ist, lohnt sich ein Abstecher hierher wegen des saftigen, köstlichen Fleischs und der Salatbar für Vegetarier.

AUSGEHEN

Manche Bars und sämtliche Discos verlangen von Männern Eintritt (Frauen kommen in der Regel umsonst rein). Am Wochenende kann es richtig voll werden. Im Zentrum gibt's nur wenige Optionen, und die meisten schickeren Clubs befinden sich östlich der Innenstadt an der Av Brasilia – mit dem Taxi ist man schnell dort. Schicker (und teurer!) geht es rund um den Paseo Carmelitas abseits der Av España zu.

Britannia Pub (☎ 44-3990; www.brittania-pub.com; Cerro Corá 851; Di–So) Lässig-hip, mit Klimaanlage, internationalem Ambiente und offener Terrasse. Der „Brit Pub" ist bei Ausländern und Einheimischen gleichermaßen beliebt wegen seines Kneipenessens und braut sogar sein eigenes Bier.

Bohemia (Ecke Long & España) Gehobene, entspannte Bar mit Salsa-Rhythmen und tollen Cocktails.

Bambuddha (☎ 66-4826; Aviadores del Chaco 1655; Di–Sa) Im Bambuddha, einer der besten Bars in Asunción, lässt man sich blicken, wenn man jung und trendy ist und ein Teil der vielfach abgelichteten „Asunción High" (angesagte Lokalszene) werden will.

La Cubana (Av Fernando de la Mora nahe Mariscal López; Eintritt 5000 PYG) Atmosphärische, bodenständige paraguayische Disco, die mit Tänzern und Live-Salsa, -Merengue und -*kachaka* ein einheimisches Publikum anzieht.

Coyote (☎ 66-2816; Sucre 1655; Eintritt 40 000– 80 000 PYG) Das Coyote fängt spät an zu feiern und hört noch später auf – es ist die Endstation für all die Jungen, Reichen und Schönen, die nur eines wollen: tanzen bis zum Umfallen.

UNTERHALTUNG

In den meisten Einkaufszentren in der Stadt findet man Kinos mit mehreren Sälen, beispielsweise das **Cine Atenea** (Excelsior Mall, Ecke Mandurirá & Chile; Karten 20 000 PYG) und das **Cinepremium del Sol** (Shopping del Sol, Ecke Aviadores del Chaco & González; Karten 20 000 PYG). Die Filme werden oft im englischen Original mit spanischen Untertiteln gezeigt.

SHOPPEN

Nirgends in Paraguay kann man besser Souvenirs erjagen als in Asunción. Typische Mitbringsel sind ein *matero*, eine *bombilla* und ein *termos* (Becher, Strohhalm und Flasche) zum Trinken von *tereré*, und diese Dinge gibt's wirklich überall in den verschiedensten Güteklassen. Im Erdgeschoss der Touristeninformation Senatur findet man einheimische *artesanías* (Kunsthandwerksprodukte) aus dem ganzen Land, von filigranem Silberschmuck aus Luque bis zu feiner *ñandutí* (Spitze). **Folklore** (Ecke Estigarribia & Caballero) ein Stückchen weiter hat eine große Auswahl von guten Waren zu vernünftigen Preisen. Auf dem Freiluftmarkt auf der Plaza de los Héroes werden Kleidungsstücke aus *ao po'i* oder *lienzo* (locker gewobener Baumwolle) und andere indigene Handarbeiten angeboten; sonntagmorgens ist hier besonders viel los. Auch der Mercado Cuatro ist ein munterer Handelsplatz. Er erstreckt sich über mehrere Häuserblocks in dem Winkel, wo die Av Francia und die Av Pettirossi zusammentreffen.

AN- & WEITERREISE

Bus

Tickets kauft man am besten bei den Büros der Busbetreiber im zweiten Stock des Busbahnhofs. Nicht von den Neppern irritieren lassen, die einen mit Zielen bombardieren, sondern in Ruhe das Unternehmen auswählen, das einem am meisten zusagt. Die Stadtbusse 8 und 31 fahren von der Oliva zum Busbahnhof, die Linien 14, 18.2 und 38 ab der Haedo.

Flugzeug

Der **Aeropuerto Internacional Silvio Pettirossi** (☎ 64-5600) liegt im Vorort Luque, 20 km

BUSPREISE		
Ziel	Preis (PYG)	Dauer (Std.)
Buenos Aires, Argentinien	270 000	18–21
Ciudad del Este	55 000–75 000	4½–6
Concepción	60 000	4½–6
Encarnación	50 000–75 000	5–6
Filadelfia	80 000	8
Pedro Juan Caballero	75 000	6–7½
Rio de Janeiro, Brasilien	300 000	24–30
Santa Cruz, Bolivien	250 000	20–24
São Paulo, Brasilien	250 000	18–20

> **EINREISE NACH ARGENTINIEN**
>
> Man kann mit der Fähre von Puerto Itá Enramada südwestlich der Innenstadt ins argentinische Puerto Pilcomayo übersetzen. Die Schiffe legen werktags zwischen 7 und 17 Uhr alle halbe Stunde und samstags von 7 bis 10 Uhr sporadisch ab. Nicht vergessen, einen Ausreisestempel im Hafenamt zu holen, bevor man Asunción verlässt.

östlich von Asunción. Mit einem Bus mit der Aufschrift „Aeropuerto" ist er einfach zu erreichen – Abfahrt ist an der Av Aviadores del Chaco. Für Details zu Flügen ab und nach Asunción, s. S. 829. Taxis zum Flughafen sind teuer; wer eines an der Straße außerhalb des Flughafengeländes anhält, bezahlt nur den halben Preis.

Schiff/Fähre

Der Flussabschnitt nördlich von Asunción ist recht uninteressant. Wer eine Flussfahrt auf dem Río Paraguay unternehmen will, legt besser in Concepción (S. 845) ab.

UNTERWEGS VOR ORT

Die lauten, klapprigen Kamikaze-Stadtbusse (2300 PYG) bringen einen fast überall hin, aber kaum noch nach 22 Uhr. Fast alle Linien starten am Westende der Oliva; das jeweilige Fahrziel ist an der Frontscheibe ausgewiesen.

Taxis fahren mit Taxameter und sind recht günstig. Spät abends und sonntags wird ein Aufpreis berechnet. Ein Taxi vom Zentrum zum Busbahnhof kostet etwa 35 000 PYG.

RUND UM ASUNCIÓN

Rund um Asunción erwartet einen ein ländliches, historisches Paraguay. Hier halten ärmliche, vorwiegend aus Häusern der Kolonialzeit bestehende Gemeinden lange Siestas, die Stille wird nur hin und wieder vom Klacken eines Ochsen- oder Pferdekarrens auf den Kopfsteinpflasterwegen unterbrochen. Die Tourismusbranche bezeichnet das Gebiet als „Circuito Central"; alle Städte innerhalb dieses „runden Gürtels" werden regelmäßig von Linienbussen angesteuert, die im *subsuelo* (Untergeschoss) des Busbahnhofs von Asunción abfahren (Bussteige 30 & 35, 5000–7000 PYG).

ITAUGUÁ & AREGUÁ

Diese beiden kleinen Städte sind für ihre Kunsthandwerksprodukte bekannt. Die Frauen in Itauguá weben spinnwebenfeine bunte *ñandutí* (Spitze – ñandú heißt auf Guaraní „Spinne"). Die edlen Stücke sind in allen Größen zu haben, von kleinen Zierdeckchen bis hin zu Tagesdecken fürs Bett. Die Preise sind ebenso unterschiedlich, von ein paar Dollar bis zu 250 000 PYG. Jedes Jahr im Juli wird hier das **Festival de Ñandutí** gefeiert.

Areguá ist für lokal produzierte Töpferwaren bekannt, die entlang der Hauptstraße ausgestellt werden. Seine historischen Straßen aus Kopfsteinpflaster werden von wunderschönen Kolonialhäusern gesäumt und eine Kirche auf einem Hügel sowie die wunderschöne Lage mit Blick auf den Lago Yparacaí unterstreichen die Dorfatmosphäre.

Ungefähr stündlich fahren Busse vom Busbahnhof an der Av República Argentina nach Itauguá. Nach Areguá nimmt man die Linie 11, die vor dem Busbahnhof an der Av Fernando de la Mora startet. In der Hauptsaison verkehrt eine Fähre ab San Bernardino nach Areguá, doch am stimmungsvollsten ist die Fahrt mit dem 14-tägig fahrenden Touristenzug (S. 831) ab Asunción.

SAN BERNARDINO

☎ 0512

Das ruhige „San Ber" ist bekannt als Erholungsziel der gesellschaftlichen Oberschicht von Asunción und eignet sich prima zum Relaxen: Pubs, Discos sowie teure Hotels und Restaurants reihen sich an den schattigen Kopfsteinpflasterstraßen am östlichen Ufer des Lago Yparacaí aneinander. Trotz seines Rufes hat San Ber auch Reisenden mit kleinem Budget jede Menge zu bieten. In der Hauptsaison lädt z. B. ein Ausflugsschiff zu kurzen Fahrten auf dem See ein (15 000 PYG). Leider kann man hier nicht schwimmen, denn das Seewasser ist zu schmutzig.

An der Uferseite der Plaza empfängt das alte, romantisch-viktorianische **Hotel del Lago** (☎ 23-2201; Ecke Av Carlos Antonio Lopez & Weiler; EZ/DZ 240 000/320 000 PYG; ❄ ☎) Gäste mit antiken Möbeln und individuell eingerichteten Zimmern. Reisende schwärmen auch vom **Hostal Brisas del Mediterraneo** (☎ 23-2459; Camping/B/DZ inkl. Frühstück 25 000/50 000/150 000 PYG; ☎) direkt am Seeufer mit seinen tollen Einrichtungen; vom Copaco-Büro der kopfsteingepflasterten Ruta Kennedy ca. 2 km um den See folgen.

Stündlich bringen einen Busse vom Steig 35 in Asunción zur Cordillera de los Altos (1½ Std.).

CAACUPÉ
☎ 0511

Die gewaltige **Basilica de Caacupé** ist Paraguays Antwort auf den Vatikan. Sie wirkt in der ansonsten unauffälligen Provinzstadt irgendwie fehl am Platz. Am Día de la Virgen (8. Dez.) erwacht Caacupé aus dem Dornröschenschlaf, denn dann pilgern unzählige Gläubige aus allen Ecken des Landes hierher und bitten die Jungfrau um einen Gefallen. Etwa 300 000 Menschen versammeln sich während des Fests auf der Plaza, um an der beeindruckenden Lichterprozession teilzunehmen.

Man kann im **Hotel Katy Maria** (☎ 24-2860; Pino; EZ/DZ 120 000/150 000 PYG) in Sichtweite der Basilika absteigen. Reist man zum Fest an, sollte man natürlich vorab reservieren; die Preise schießen in dieser Zeit rasant in die Höhe. Caacupé liegt 54 km östlich von Asunción, alle zehn Minuten fährt ein Bus der Gesellschaft Villa Serrana ab Steig 35 hierher.

YAGUARÓN & PIRIBEBUY

Yaguarón, 48 km südöstlich von Asunción, protzt mit einer **Franziskanerkirche** aus dem 18. Jh., einem Wahrzeichen kolonialzeitlicher Architektur. Das nahe gelegene **Museo del Doctor Francia** (☿ Mo–Fr 7.30–12 & 14–18 Uhr) war das Haus des ersten Diktators und beherbergt heute interessante Porträts und Statuen aus jener Zeit. Busse von San Buenaventura fahren stündlich ab dem Steig 30 nach Yaguarón.

75 km von Asunción entfernt liegt das ländliche Piribebuy, das während des Tripel-Allianz-Krieges (1865–1870) kurzzeitig Paraguays Hauptstadt war. Nachdem Asunción eingenommen war, kam es hier 1869 zum berühmten Waffenstillstand, als eine von einheimischen Lehrern angeführte Kinderarmee tapfer die eindringenden brasilianischen Kräfte fernhielt. Die bemerkenswerten Ereignisse werden in einem kleinen **Museum** (☿ Mo–Fr 7.30–12 & 14–18 Uhr) nacherzählt. Busse nach Piribebuy (2 Std.) starten alle 45 Minuten vom Bussteig 35 in Asunción.

SÜDLICHES PARAGUAY

In der südlichsten Ecke Paraguays, östlich des Río Paraguay, finden sich einige der wichtigsten historischen Stätten des Landes. Die Jesuitenruinen, die Nationalparks und der verrückte Karneval machen diese Region zu einem facettenreichen, faszinierenden Reiseziel. Auf dem Weg von Asunción nach Encarnación passiert man die Stadt **Coronel Bogado**. Sie ist bekannt als „Capital de Chipa", und nirgendwo bekommt man das beliebte Nationalgerichte besser zubereitet als hier. Und dazu muss man noch nicht einmal aus dem Bus steigen: Die Verkäufer bringen die günstige Leckerei (1000 PYG) direkt an den Bus.

ENCARNACIÓN
☎ 071 / 105 000 Ew.

Encarnación, die „Perle des Südens", ist Paraguays attraktivste Stadt. Sie hat sich ihr Kleinstadtflair bewahrt und ist das Tor zu den nahegelegenen Jesuitenruinen in Trinidad und Jesús. Am bekanntesten ist Encarnación aber als „Capital de Carnaval" (s. Kasten S. 838). Weniger stolz ist man hier darauf, der Geburtsort des Diktators Alfredo Stroessner zu sein. Sein ehemaliges Haus gleich hinter dem Busbahnhof ist heute eine Klinik.

Nach *karumbés* Ausschau halten, gelben Pferdekutschen, die einst als Stadttaxis dienten und noch heute eingesetzt werden. Am Wochenende kann man mit diesen kostenlos fahren. Noch mehr Nostalgie verspricht der Dampfzug aus dem 19. Jh., der Waren, aber keine Passagiere befördert (man kann jedoch den Lokführer fragen, ob man mal mitfahren darf!); man findet ihn nahe der Feria Municipal an der Av Irrazábal.

Orientierung

Die Stadt lässt sich grob zweiteilen in die moderne Zona Alta (oberer Teil) rund um die schöne Plaza de Armas und die schäbige Zona Baja (unterer Teil), ein riesiges Marktgebiet, das bei Schnäppchenjägern und argentinischen Tagesausflüglern beliebt ist. Die Zona Baja soll schon lange mit dem Yacyretá-Staudamm geflutet werden (weshalb die Gebäude auch nicht gepflegt werden), eine Maßnahme, die den Verlauf der Südgrenze Paraguays drastisch ändern wird. Neusten Meldungen zufolge soll das Wasser Ende 2010 fließen.

Praktische Informationen
GELD

Die meisten Banken findet man rund um die oder an der Plaza. Alle haben Geldautomaten. Geldwechsler lungern am Busbahnhof und an

> **KARNEVAL!**
>
> Der Karneval in Paraguay ist vielleicht nicht so groß und berühmt wie der in Rio, doch wer jung ist und einfach Spaß haben möchte, ist hier beinahe besser aufgehoben: Mehr nackte Haut, lautere Musik und das obligatorische Animieren der Menge versprechen eine wilde Partynacht. *Lanzanieves* (Sprühschnee) und Sonnenbrille mitbringen (damit einem nicht alles in die Augen fliegt), einen Platz auf der klapprigen Tribüne ergattern und sich auf ausgelassenes Feiern mit den Einheimischen freuen – die Stimmung ist überraschend ansteckend!
>
> Karneval wird im Februar an allen Wochenenden von Freitag bis Samstag gefeiert. Der *sambadromo* – dort findet der Umzug statt – ist die Av Francia; hier konzentriert sich auch das Nachtleben von Encarnación. Tickets (50 000 PYG) bekommt man vorab überall in der Stadt oder abends zu etwas höheren Preisen von Straßenhändlern. Einlass ist ab 21 Uhr, los geht's um 22 Uhr. Um 2 Uhr morgens, wenn der Spaß vorbei ist, stürmt dann alles die Discos der Stadt.

der Grenze herum; nach dem Kurs fragen, ehe man ihnen Geld in die Hand drückt. Verlässlicher ist **Cambios Chaco** (Av Irrazábal), neben dem Supermarkt Super 6.

INTERNETZUGANG
Es gibt haufenweise Internetcafés, aber das beste und zentralste ist **Pya'e** (Romero Pereira; 3000 PYG/Std.), das unmittelbar abseits der Plaza zu finden ist.

TELEFON
Überall in der Stadt gibt's Telefonkabinen, vor allem rund um den Busbahnhof.

TOURISTENINFORMATION
Die Touristeninformation neben der Einreisestelle an der Grenze hat Stadtpläne, jedoch hat sie nur sehr selten geöffnet. **FAUNA Paraguay** (☎ 071-20-3981; www.faunaparaguay.com) in Encarnación bietet professionelle geführte, vor allem ökologische Touren in ganz Paraguay an und fungiert gern telefonisch oder per E-Mail als kostenlose Touristeninformation.

Kurse
Innovative Spanischkurse – unter freiem Himmel, in allen Schwierigkeitsgraden, direkt bei den Sehenswürdigkeiten der Gegend – werden vom **Master Key Institute** (☎ 0985-77-8198; Galería San Jorge 16, Av Mariscal JF Estigarribia; 5-tägiger Kurs 750 000 PYG) angeboten.

Schlafen
In Encarnación stehen zahlreiche saubere Unterkünfte mit vernünftigen Preisen zur Verfügung. Die meisten günstigeren Häuser haben auch klimatisierte Zimmer zum doppelten Preis – man wird es nicht bereuen, sich für die teurere Variante entschieden zu haben.

Zur Zeit des Karnevals sollte man vorab reservieren. Achtung: Die Preise sind in dieser Zeit deutlich höher.

Hotel Itapúa (☎ 20-5045; López 814; EZ/DZ 35 000/70 000 PYG, klimatisiertes Zi. 75 000 PYG/Pers. ; ❄) Wer etwas Günstigeres sucht, wird in diesem großen, unpersönlichen Hotel fündig.

Hotel Viena (☎ 20-5981; Caballero 568; Zi. 40 000 PYG/Pers., klimatisiert 75 000 PYG/Pers.; ❄) Schönes Hotel im Kolonialstil mit Veranda und extrem schlichten Zimmern.

Hotel Germano (☎ 20-3346; Cabañas; Zi. pro Pers. mit/ohne Bad 50 000/30 000 PYG) Diese Adresse gegenüber vom Busbahnhof könnte für spät Ankommende gar nicht günstiger liegen. Dazu hat das Germano auch noch das beste Preis-Leistungs-Verhältnis der Stadt, makellose Zimmer und hilfsbereites Personal. Besonders beliebt beim US-Friedenscorps.

Hotel Domingo Savio (☎ 20-5800; 29 de Septiembre; EZ/DZ inkl. Frühstück 120 000/180 000 PYG; ❄ 🛏) Schlichte Unterkunft der Mittelklasse mit schönen, wenngleich unspektakulären Zimmern und einem Pool draußen.

LP Tipp Hotel de la Costa (☎ 20-0590; Ecke Av Francia & Cerro Corá; EZ 130 000–150 000 PYG, DZ 230 000–250 000 PYG, Suite 420 000 PYG; ❄ 🛏) Dies ist das wohl beste Hotel der Stadt in fantastischer Lage am Fluss mit Blick bis nach Argentinien (sobald der Damm geflutet wird). Weitere Pluspunkte sind der hervorragende Service und der einladende Pool im schönen Garten. Wer es sich leisten kann, sollte in die Suite einziehen: Mit Whirlpool und Champagnerfrühstück ist sie fast geschenkt.

Essen
In Encarnación findet man einige der besten Restaurants in Paraguay außerhalb von Asunción. Daneben gibt's eine riesige Zahl

von Imbissbuden. Selbstversorger können sich im **Super 6** (Av Irrazábal) eindecken; zu dem Supermarkt gehört auch ein sehr günstiges Restaurant, in dem man das Essen nach dem Gewicht auf dem Teller bezahlt.

Alí Baba (Av Bernardino Caballero; Hauptgerichte 7000–10 000 PYG) Am Wochenende können hungrige Nachtschwärmer sich hier die ganze Nacht hindurch stärken. Wem nach einem sättigenden Snack ist, der wird vielleicht mit einem *lomito árabe* (Rinderhack in Tortillafladen mit Gemüse, Salat und Sauce) glücklich.

Bombón (Romero Pereira; Gerichte 10 000–30 000 PYG) Niedliches kleines Café, das tolles Gebäck, leckeres Frühstück, einfallsreiche Sandwiches und gute Pizzas serviert. Der eiskalte *frappuc-

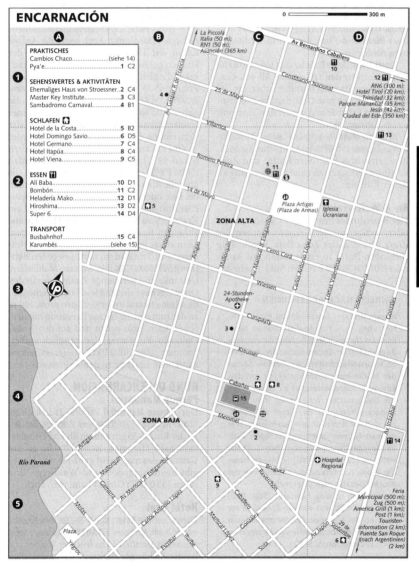

cino schmeckt in der Sonne hervorragend. Oben ist ein Schönheitssalon untergebracht.

Hiroshima (☎ 20-6288; 25 de Mayo & Lomas Valentinas; Hauptgerichte 10 000–50 000 PYG) Hervorragende japanische Küche hat diese zu recht extrem beliebte Lokal zu bieten. Auf der Karte stehen unglaublich leckere Tofu-, Sushi- und Udon-Gerichte. Hier würde sogar ein japanischer Kronprinz gern speisen!

La Piccola Italia (☎ 20-4618; Mallorquín 609; Hauptgerichte 13 000–30 000 PYG) Riesige Portionen günstiger Pizza und Pasta, serviert in mediterranem Ambiente.

America Grill (Av San Roque González; Buffet 30 000 PYG) Das beste unter den zahlreichen All-you-can-eat-Restaurants nach brasilianischer Art liefert Fleisch frisch vom Grill, dazu bedient man sich an der Salatbar und rundet das Ganze mit einem Dessert ab.

Heladería Mako (Av Bernardino Caballero & Lomas Valentinas; Eiscreme 35 000 PYG/kg) Göttliches Gebäck, hausgemachtes Eis, toller Kaffee und Zeitschriften verlocken zu einem Spaziergang zu dieser Eisdiele.

An- & Weiterreise

Der Busbahnhof liegt an der Cabañas, mehr oder weniger an der Grenze zwischen der Zona Alta und der Zona Baja. Regelmäßig verbinden Busse ab Encarnación mit Asunción (50 000–70 000 PYG, 5½ Std.). Die besten Unternehmen sind La Encarnacena und Pycasu; Letzteres betreibt auch einen Executive-Minibus zum selben Preis. RYSA hat die besten Verbindungen nach Ciudad del Este (50 000 PYG, 5 Std.), allerdings sind die Busse quälend langsam.

TRINIDAD & JESÚS

Auf einem saftig grünen Hügel nordöstlich von Encarnación liegt **Trinidad** (Eintritt 4000 PYG; ☼ 7–19 Uhr), Paraguays besterhaltene Jesuiten-*reducción* (Siedlung). Auch wenn die Anlage schon seit 1993 zum Weltkulturerbe der Unesco gehört, sucht man vergeblich nach Infos, die nicht von einem spanischsprachigen Führer (5000 PYG) kommen. **Jesús** (Eintritt 4000 PYG; ☼ 7–19 Uhr) 12 km nördlich ist die nahezu vollständige Rekonstruktion einer Jesuitenmission, deren Bau 1767 mit der Vertreibung der Jesuiten jäh beendet wurde.

Von Encarnación bringen einen zwischen 6 und 19 Uhr häufig Busse nach Trinidad (5000 PYG, 28 km), und auch die Busse, die über die Ruta 6 Richtung Osten nach Ciudad del Este oder Hohenau fahren, setzen Besucher dort ab; aussteigen, wo rechterhand ein Kraftwerk zu sehen ist. An der Hauptstraße auf einen Bus für die Rückfahrt zu warten, kann etwas lästig sein, doch es gibt ein Restaurant in Trinidad im nahe gelegenen **Hotel León** (EZ/DZ 50 000/70 000 PYG), wo man Mahlzeiten, Getränke und geräumige Zimmer vorfindet. Ohne eigenes Fahrzeug Jesús zu erreichen, ist da schon etwas schwieriger. Man muss 100 m an der *ruta* entlang bis zur Kreuzung mit dem Schild nach Jesús gehen und auf den Jesús–Obligado-Bus warten, der stündlich vorbeikommen sollte (3000 PYG); dieser setzt einen dann beim Eingang zu den Ruinen ab.

RUND UM ENCARNACIÓN
Parque Manantial

Der **Parque Manantial** (☎ 0755-23-2250; Eintritt 10 000 PYG, Camping 20 000 PYG, Pool 15 000 PYG/Tag; ☒) an der Ruta 6, 35 km außerhalb von Encarnación nahe Hohenau, ist ein 200 ha großes Gelände, das man meist ganz für sich hat. Es gibt Swimmingpools und Waldwege, und reiten (35 000 PYG/Std.) kann man auch.

Hotel Tirol

Dieses zeitlose **Hotel** (☎ 071-20-2388; www.hoteltirol.com.py; Zi. inkl. Mahlzeiten 250 000 PYG/Pers.) aus rotem Stein liegt inmitten 20 ha feuchter Wälder und ist die Lieblingsunterkunft des spanischen

---

EINREISE NACH ARGENTINIEN

Internationale Busse (5000 PYG) fahren über den Puente San Roque nach Posadas (Argentinien); Abfahrt ist vor dem Busbahnhof in Encarnación. An den Ein- und Ausreiseschaltern zu beiden Seiten der Brücke muss man aussteigen, um den Ein- und Ausreisestempel zu bekommen. Die Busse warten nicht immer, darum das Gepäck mitnehmen, das Ticket aufbewahren und auf den nächsten Bus warten. Wer in einer Gruppe unterwegs ist, kann auch ein Taxi bis zum paraguayischen Zollhaus nehmen (ca. 20 000 PYG) – bringt einen der Fahrer nämlich auf die andere Seite der Brücke, bezahlt man viiiel mehr.

Malerisch ist eine Fährfahrt (5000 PYG) über den Río Paraná von der Zona Baja zur bzw. ab der *costanera* (Uferpromenade) in Posadas. Für Infos zur Reise von Argentinien nach Encarnación, s. S. 92.

Königs Juan Carlos I. Von Encarnación aus bildet es ein tolles Ziel für einen Tagesausflug. Fast 200 Vogelarten wurden hier gesichtet, außerdem laden vier Pools zu einem erfrischenden Bad ein (Nicht-Gäste 10 000 PYG), nachdem man auf den *senderos* (Wanderwegen) ins Schwitzen gekommen ist. Wer hier übernachten möchte, sollte in der Hauptsaison (Okt.–Dez.) vorab reservieren; in den anderen Monaten ist man vielleicht der einzige Gast.

Zum Hotel fahren die Linienbusse 1 und 2 (mit der Aufschrift „Capitán Miranda") ab der Artigas in Encarnación. Endhaltestelle ist am Hoteleingang. Auch Busse nach Trinidad und Ciudad del Este halten am Hotel.

PARQUE NACIONAL SAN RAFAEL

Der traumhafte Nationalpark San Rafael ist Südparaguays letztes Gebiet mit Atlantischem Regenwald – eine üppig grüne Wildnis und mit mehr als 400 verzeichneten Vogelarten ein Paradies für Vogelbeobachter. An der Südspitze des Naturschutzgebietes bringt die **Estancia Nueva Gambach** (☎ 0768-29-5046; Zi. pro Pers. mit/ohne Mahlzeiten 125 000/50 000 PYG) ihre Gäste rustikal in schlichten Holzkabinen unter. Sie ist schön platziert zwischen 7 km Waldwanderwegen und einem traumhaften See zum Abkühlen. Wer weiter in den Park vordringen möchte, braucht ein Fahrzeug mit Allradantrieb oder einen Führer.

Beato Roque Gonzalez schickt klapprige Busse von Encarnación ins 12 km vom Naturschutzgebiet entfernte Ynambú. Los geht's jeden Morgen um 8 und 11.30 Uhr (18 000 PYG, 3 Std.). Wer nicht im Rahmen einer Tour unterwegs ist, muss vorab den Transport von Ynambú zum Park arrangieren. **FAUNA Paraguay** (☎ 071-20-3981; www.faunaparaguay.com) bietet empfehlenswerte drei- bis viertägige Vogelbeobachtungstouren in den Park an, ein Ausflug in die Grasländer der Estancia Kanguery inklusive. Alternativ kontaktiert man **Guyra Paraguay** (☎ 021-22-3567; www.guyra.org.py; Martino 215), die die Estancia Kanguery leitet und vielleicht einfache Unterkünfte hat.

ÖSTLICHES PARAGUAY

Das heute als Alto Paraná bekannte Gebiet war früher von undurchdringlichen Wäldern

voller Tiere und Pflanzen bedeckt. Durch den Bau des zweitgrößten Damms der Welt hat sich hier alles verändert: Riesige Flächen unberührten Waldes wurden überflutet, Wasserfälle, vergleichbar mit den Iguazú-Fällen, verschwanden. Der Damm führte zur Erschließung dieser urzeitlichen Region: Eine Stadt mit dem Namen des verhassten Diktators wurde gegründet, und unzählige brasilianische Bauern kamen ins Land mit der Absicht, die verbliebenen Reste der uralten Wälder in Sojafelder zu verwandeln. Zudem befindet sich hier der am stärksten frequentierte Grenzübergang nach Brasilien.

CIUDAD DEL ESTE
☎ 061 / 356 000 Ew.

Die „Stadt des Ostens", ursprünglich nach dem ehemaligen Diktator Puerto Presidente Stroessner benannt, ist heute ein berühmt-berüchtigtes Zentrum für Schmugglerware, was ihr den Spitznamen „Supermarkt Südamerikas" einbrachte. Kommt man von Brasilien her über den stark frequentierten Grenzübergang, landet man mitten im Marktgeschrei, doch wer nicht gleich die Flinte ins Korn wirft und wieder zurückfährt, wird entdecken, dass der Rest der Stadt überraschend freundlich ist. In der Nähe sind außerdem ein paar interessante Sehenswürdigkeiten zu finden. Shoppingfans sind hier ganz in ihrem Element.

Praktische Informationen
GELD
Rund um die Rotunde Pioneros de Este lungern Geldwechsler herum.
ABN AMRO (Av Adrián Jara) Geldautomat.

POST
Post (Ecke García & Centro Democrático)

TOURISTENINFORMATION
Touristeninformation (☎ 51-1626; Edificio Libano, Av Rafael Franco nahe Pampliega; ☾ Mo–Fr 7–19 Uhr)

Schlafen
Die Mittelklassehotels sind den höheren Preis definitiv wert, nicht zuletzt wegen der extrem tollen Frühstücksbuffets, die inklusive sind.
Hotel Tía Nancy (☎ 50-2974; Ecke Garcete & Cruz del Chaco; EZ/DZ 50 000/70 000 PYG, klimatisiertes DZ 100 000 PYG;

😵) Dieses freundliche Hotel nahe dem Busbahnhof hat zwar etwas dunkle Zimmer, garantiert aber ansonsten einen angenehmen Aufenthalt auf der Durchreise.

Hotel Caribe (☎ 51-2460; Fernández s/n; EZ/DZ 50 000/80 000 PYG; 😵) Preiswerte Unterkunft für Budgetreisende. Es gibt einen kleinen Hof und dunkle Zimmer, die fast schon als schäbig bezeichnet werden könnten.

Hotel Mi Abuela (☎ 50-0333; Av Adrián Jara; EZ/DZ 110 000/150 000 PYG; 😵) Nicht gerade wie bei „meiner Oma" fühlt man sich in diesem Haus aus den 1980er-Jahren, das zwar zentral liegt und einen kleinen Hof hat, die Gäste aber in dunklen Zimmern unterbringt.

Hotel Austria (☎ 50-0883; www.hotelrestauranteaustria.com; Fernández 165; EZ/DZ 120 000/150 000 PYG; 😵) Super sauberes, europäisches Haus mit geräumigen Zimmern, großen Bädern und einem üppigen Frühstücksbuffet. Das angeschlossene Restaurant ist ebenfalls prima.

Hotel Munich (☎ 50-0347; Fernández 71; EZ/DZ 120 000/160 000 PYG; 😵) Wie im benachbarten Hotel Austria nächtigt man auch hier in gemütlichen, geräumigen Zimmern mit Kabel-TV, praktisch in der Nähe der Grenze gelegen.

Essen

Am günstigsten isst man an den Ständen entlang der Capitán Miranda und der Av Monseñor Rodriguez. In den Restaurants kommen vor allem Fans der asiatischen Küche auf ihre Kosten.

Faraone (Av Rogelio Benítez; Hauptgerichte 18 000–30 000 PYG) Hervorragende Gerichte à la carte zu bezahlbaren Preisen. Zum Nachtisch kann man sich gleich nebenan in der Eisdiele Mita'i ein köstliches Eis gönnen.

Kokorelia (Av Boquerón 169; Hauptgerichte 20 000–60 000 PYG) Frische und leckere asiatische Küche.

Lebanon (Ecke Av Adrián Jara & Abay, Edificio Salah I, 2. Stock; Hauptgerichte 25 000–50 000 PYG; ☺ nur mittags) Lust auf gehobenere exotischere Küche? Dann kann man hier mittags etwas Leckeres aus dem Nahen Osten genießen. Es gibt auch halbe Portionen.

Gauchiño Grill (Av del Lago; Buffet 35 000 PYG) Diesem fleischlastigen All-you-can-eat-Restaurant merkt man den brasilianischen Einfluss an. Unbedingt die Salatbar ausnutzen!

An- & Weiterreise

BUS & TAXI

Der Busbahnhof (☎ 51-0421) liegt etwa 2 km südlich des Zentrums an der Chaco Boreal.

> **EINREISE NACH BRASILIEN ODER ARGENTINIEN**
>
> Die Grenze zu Brasilien (Foz do Iguaçu) liegt an der Puente de la Amistad (Freundschaftsbrücke). An beiden Enden der Brücke gibt's Ein- und Ausreisestellen. Die Busse nach Foz do Iguaçu (6000 PYG) halten nicht an der Einreisestelle (außer nach 20 Uhr), ebenso wenig die ins argentinische Puerto Iguazú (6000 PYG; um nach Puerto Iguazú zu kommen, muss man über Brasilien fahren, braucht aber kein brasilianisches Visum). Vermutlich ist es bequemer, zu Fuß zu den Büros zu gehen oder ein Taxi bis dorthin und dann erst einen Bus zu nehmen; wer mit dem Bus hinfährt, sollte unbedingt rechtzeitig aussteigen, um alle notwendigen Ausreisestempel zu bekommen (Einheimische brauchen diese nicht zu holen). Informationen zur Fahrt von Brasilien nach Paraguay stehen auf S. 341.

Stadtbusse (2300 PYG) pendeln häufig zwischen dem Busbahnhof und dem Zentrum und fahren dann weiter zur Einreisestelle. Oft verbinden Busse Ciudad del Este mit Asunción (50 000–75 000 PYG, 5 Std.) und Encarnación (50 000 PYG, 5 Std.), außerdem gibt's eine tägliche Verbindung nach São Paulo in Brasilien (220 000 PYG, 14 Std.).

Taxen (☎ 51-0660) sind recht teuer: Für eine Fahrt in die Innenstadt muss man rund 25 000 PYG hinblättern.

FLUGZEUG

Der Flughafen liegt 30 km westlich der Stadt an der Ruta 2. **TAM Mercosur** (☎ 50-6030; Curupayty) fliegt dreimal täglich nach Asunción, allerdings werden ihre Flüge oft storniert.

DER ITAIPÚ-STAUDAMM

Paraguays Medien warten geradezu mit Fluten von Fakten und Zahlen zum Wasserkraftwerk Itaipú, dem zweitgrößten Staudamm der Welt (nach Chinas Drei-Schluchten-Damm) auf. Itaipús Generatoren erzeugen fast 80 % des gesamten in Paraguay benötigten Stroms und liefern 25 % des kompletten brasilianischen Bedarfs. 1997 wurden hier schwindelerregende 12 600 MW produziert, was Paraguay zum weltgrößten Wasserkraftexporteur macht.

Befürworter des Kraftwerks gerieten angesichts dieser eigentlich eher beunruhigenden menschlichen Errungenschaft ins Schwärmen, lassen dabei aber die Kosten von 25 Mrd. US$ außer Acht und vermeiden es auch, die Folgen für die Umwelt zu erwähnen. Der 1350 km² große, 220 m tiefe Stausee hat nämlich die Sete Quedas überschwemmt, eine Reihe von Wasserfällen, die sogar noch eindrucksvoller waren als die Iguazú-Fälle.

Kostenlose **Führungen** (Mo–Sa 8, 9.30, 13.30, 14 & 15, So 8, 9.30 & 10.30 Uhr) starten am **Besucherzentrum** (061-599-8040; www.itaipu.gov.py) nördlich von Ciudad del Este in der Nähe der Ortschaft Hernandarias – Pass mitbringen! Alle Busse mit der Aufschrift „Hernandarias" (2300 PYG, alle 15 Min.) passieren den Staudamm sowie Flora and Fauna Itaipú Binacional (s. rechte Spalte). Die einfache Strecke mit dem Taxi kostet 40 000 PYG (hin & zurück 60 000 PYG, inkl. Wartezeit).

SALTO DEL MONDAY

Der beeindruckende 80 m hohe **Wasserfall** (Eintritt 3000 PYG; 8–19 Uhr) 10 km außerhalb von Ciudad del Este wird aufgrund des nahegelegenen Iguazú auf der anderen Seite der Grenze oft vernachlässigt. Wer etwas Zeit übrig hat, sollte aber den Abstecher hierher machen – es lohnt sich, vor allem wenn sich bei Einbruch der Dunkelheit Zehntausende Mauerschwalben wie Moskitos zusammenrotten, um dann wie Mini-Torpedos nacheinander zu ihren riskanten Schlafplätzen auf den rutschigen Felsen hinter den Wasserfällen zu schwirren. Korrekt wird der Name des Wasserfalls übrigens „Mon-da-UH" ausgesprochen. Die Hin- und Rückfahrt mit dem Taxi kostet ca. 60 000 PYG (inkl. Wartezeit).

ÖKORESERVAT ITAIPÚ

Der Itaipú-Staudamm richtete verheerende Flutschäden an. Als Wiedergutmachung wurde das für den Staudamm verantwortliche Unternehmen dazu verpflichtet, acht private Naturschutzgebiete einzurichten, die heute die letzten verbleibenden Reste des Atlantischen Regenwalds von Alto Paraná schützen. Drei der interessantesten sind im Folgenden genannt.

Am einfachsten zugänglich ist das **Refugio Tati Yupi**, 26 km nördlich von Ciudad del Este gelegen. Dieses bei Wochenendausflüglern beliebte Ziel besucht man am besten unter der Woche, wenn man Tiere sehen will. Ambitioniertere Tierbeobachter werden das **Reserva Itabó** 100 km nördlich der Stadt vorziehen: In dem Wald sind kaum Besucher unterwegs und man kann unzählige Tiere und Pflanzen ausfindig machen, z. B. freundliche Gürteltiere und vom Aussterben bedrohte Taubenhalsamazonen. Es stehen gute Unterkünfte zur Verfügung, die jedoch gelegentlich von Schulklassen belegt sind. Das größte Naturschutzgebiet ist **Limoy**, weitere 65 km entfernt; die Einrichtungen hier sind allerdings sehr einfach, und der Zugang ohne ein Auto mit Allradantrieb gestaltet sich schwierig.

Sofern man nicht im Rahmen einer Tour unterwegs ist, braucht man für den Besuch des Reservats eine Genehmigung von **Flora and Fauna Itaipú Binacional** (061-599-8652; Hernandarias Supercarretera), das 18 km vom Zentrum von Ciudad del Este an der Straße zum Staudamm liegt, und ein eigenes Fahrzeug. Ein schöner Zoo bietet hier geretteten Tieren ein Zuhause und es gibt ein Naturkundemuseum, sodass sich die Reise lohnt. In manchen Naturschutzgebieten werden kostenlose Unterkünfte gestellt, doch man muss sein eigenes Essen mitbringen und zubereiten. Kurze Tagesführungen (nur auf Spanisch) bietet Nelson Perez von der **Itaipú-Gesellschaft** (0983-56-6448) an.

BIOSPHÄRENRESERVAT MBARACAYÚ

Das 70 000 ha große Refugio Mbaracayú wurde vom WWF zu einem der 100 wichtigsten Biodiversitätsgebiete der Welt erklärt und ist einer der natürlichen Schätze Paraguays. Er besteht etwa zu gleichen Teilen aus Atlantischem Regenwald und *cerrado* und ist die Heimat von über 400 Vogelarten und unzähligen großen Säugetieren. Vogelbeobachter können nach dem Nacktkehlglöckner (Paraguays Nationalvogel), dem seltenen Wellenohrspecht und dem vom Aussterben bedrohten Schwarzmaskenguan Ausschau halten. Im Nationalpark lebt ein indigener Aché-Stamm, deren Mitglieder nach traditionellen Methoden jagen dürfen. Bei Sonnenuntergang sieht man sie in traditioneller Kleidung rund um die Unterkünfte am Jejui-Mi (150 000 PYG/Pers.). Dieses Paradebeispiel eines Schutzgebiets untersteht der **Fundación Moisés Bertoni** (021-60-8740; www.mbertoni.org.py; Argüello 208, Asunción), wer es besuchen möchte, braucht eine Genehmigung. Man muss Verpflegung und Wasser mitbringen und einen Abholdienst aus der nahegelegenen Stadt Villa Ygatimi organisieren. Die Busgesellschaft Paraguarí schickt einen Nachtbus von Asunción hierher, aber die Fahrt ist zermürbend. Einfacher geht's mit einer geführten Tour (s. S. 831), doch das bezahlt man natürlich auch.

NÖRDLICHES PARAGUAY

Das nördliche Paraguay haben die meisten Reisenden nicht auf ihrer Route. Dabei ist die Kolonialstadt Concepción der beste Ausgangspunkt für eine Flussfahrt auf dem Río Paraguay Richtung Norden, das abgelegene, größtenteils unberührte Gebiet wartet mit Naturwundern auf und die Straße von **Pozo Colorado** gen Osten nach Concepción ist berühmt für ihre reiche Tier- und Pflanzenwelt.

CONCEPCIÓN

☎ 03312 / 70 000 Ew.

Die „Perle des Nordens" ist eine friedvolle Stadt am Río Paraguay mit hübschen Gebäuden aus dem frühen 20. Jh. und einem entspannten Ambiente. „Action" ist hier, wenn ein Pferd mit einem Wagen mit Wassermelonen vorbeitrottet oder ein Schiff voller Menschen und Gepäck im Hafen einläuft. Flussfahrten sind Concepcións Hauptmagnet für Reisende, von kurzen Trips mit Einheimischen im Rahmen von Wochenendausflügen an die nahe gelegenen Sandstrände bis zu abenteuerlichen Odysseen gen Norden, nach Brasilien.

Wen nicht schon die Aussicht darauf in Tiefschlaf fallen lässt, der kann das **Museo del Cuartel de la Villa Real** (Ecke Maria López & Cerro Cordillera; ❂ Mo–Sa 7–12 Uhr) besuchen, das in wunderbar restaurierten Kasernen historische Ausstellungsstücke und Kriegswerkzeug präsentiert. Mehrere bildschöne **Villen**, die heute öffentlich zugänglich sind, säumen die Estigarribia. Wenn man sich mehr für Maschinen interessiert, ist man im **Museo de Arqueología Industrial** in der Agustín Pinedo richtig: Unter freiem Himmel lassen sich hier alte Industrie- und Landmaschinen bewundern. Das wohl auffälligste Bauwerk der Stadt ist die riesige Statue der **Maria Auxiliadora** (Jungfrau Maria), die am Nordende derselben Straße steht. Der lokale **Markt** mitsamt seinem *comedor* (einfacher Imbiss) ist äußerst authentisch. Für eine entspannte Partie auf dem Fluss kann man vor Ort Ruderboote (4000 PYG/Pers.) leihen.

Praktische Informationen

Sowohl die Banco Continental als auch die Visión an der Presidente Franco haben Geldautomaten, die ausländische Karten annehmen. Der Einheimische **Celso Ruíz Díaz** (celsoruiz diaz@gmail.com) hilft Touristen gern mit Tipps und Infos weiter; sein Haus steht am Südende der Cerro Corá gegenüber der Stadthalle. Überall in der Stadt gibt's Internetcafés, z. B. das **Cyberc@t** (Franco nahe Garay; 5000 PYG/Std.).

Schlafen & Essen

Hospedaje Puerta del Sol (☎ 42185; Zi. 25 000 PYG/Pers.) Das Beste an diesem schlichten Quartier sind die Besitzer und die Nähe zum Hafen.

Hotel Center (☎ 42360; Franco nahe Yegros; EZ 25 000–40 000 PYG; DZ 40 000–60 000 PYG; ❄) Altmodische, ziemlich schäbige Unterkunft, aber die klimatisierten Zimmer sind ein prima Angebot für Traveller mit kleinem Budget.

LP Tipp **Hotel Frances** (☎ 42383; Ecke Franco & CA López; EZ/DZ 150 000/190 000 PYG; ❄ 🖥 🍴) Dieses tolle Hotel macht in jeder Hinsicht Lust auf mehr: toller Garten, tolles Frühstücksbuffet, tolles Restaurant, einmalige handgemachte Lampen in allen Zimmern …

Hotel Piscis (☎ 41211; Estigarribia; ❄ 🍴) Der luxuriöse Pool- und Hotelkomplex soll dieses

---

GEMÄCHLICH UNTERWEGS AUF DEM RÍO PARAGUAY

Nördlich von Concepción windet sich der Río Paraguay sehr, sehr langsam durch das paraguayische Pantanal. Anders als im brasilianischen Pantanal wird man hier selten andere Touristen treffen. Stattdessen umgeben einen Tiere und Pflanzen, z. B. Capybaras (Wasserschweine), Affen und unzählige Vögel wie Jabirus, Reiher, Löffler und sogar Aras. Eine Hängematte und ein Moskitonetz mitbringen, sich auf ungewöhnliche Bettgenossen einstellen und rechtzeitig das eigene Territorium abstecken (es wird voll!). Manche Boote bringen ihre Passagiere auch in einfachen Kabinen unter (ca. 30 000 PYG/Nacht), die jedoch rechtzeitig reserviert werden müssen. Wer sich gerne abwechslungsreich ernährt, sollte selbst Verpflegung mitbringen. Die letzte Gelegenheit, sich einen Ausreisestempel zu holen, bietet das verschlafene Fuerte Olimpo; sicherer ist es aber, sich vor der Abfahrt aus Asunción einen zu besorgen. Man kommt unterwegs bis ins winzige Bahía Negra nahe der bolivischen und brasilianischen Grenze.

Jahr eröffnet werden. Er liegt direkt am Fluss und bietet neben Wassersportmöglichkeiten ein erstklassiges Restaurant – alles zu erschwinglichen Preisen.

Ysapy (Ecke Yegros & Estigarribia; Hauptgerichte 5000–30000 PYG) Hier trifft sich die einheimische Jugend zu anständigen Pizzas, Burgern und Energy-Drinks.

Restaurante Toninho y Jandiri (Ecke Estigarribia & Iturbe; Hauptgerichte 40000 PYG) Hier lohnt es sich, Magen und Geldbeutel zu strapazieren. Die brasilianische *churrasquería* (Grillspezialitäten-Restaurant) tischt auf heißen Tellern großzügige Portionen Fleisch und Fisch auf.

Die Einheimischen essen gerne bei dem schlichten Hähnchenbratimbiss **Pollería El Bigote** (Franco) und der konkurrierenden **Pollería Bulldog** (Franco; Portion 10000 PYG).

An- & Weiterreise

BUS

Der Busbahnhof liegt acht Blocks nördlich des Zentrums an der Ecke General Garay/14 de Mayo. Taxis oder Motorradtaxis kosten etwa 20000 PYG, aber die Fahrt mit *karumbés* (Pferdekutschen) ist doppelt so lustig und noch dazu günstiger (15000 PYG) – den Preis vor dem Aufsteigen festlegen!

Die besten Verbindungen nach Asunción (60000 PYG, 6 Std.) bieten La Santaniana und La Concepcionera. Mehrere Busse fahren nach Pedro Juan Caballero (35000 PYG, 4 Std.) und Filadelfia (60000 PYG, 6 Std.), außerdem bringt einen täglich ein Bus um 12.30 Uhr nach Ciudad del Este (70000 PYG, 9 Std.).

SCHIFF/FÄHRE

Am traditionellsten (aber nicht am komfortabelsten) reist man nach bzw. ab Concepción mit einem Flussschiff. In der Regel sind dies Frachtschiffe, die nicht mal die einfachsten Annehmlichkeiten wie Toiletten bieten. Flussaufwärts nach Vallemí (50000 PYG, 30 Std.) oder sogar bis Bahía Negra (100000 PYG, 2½–3 Tage) kommt man u. a. mit der *Aquidabán* (Abfahrt Di 11 Uhr), die sonntags zurückkommt, und mit der unberechenbaren *Guaraní*, die montagmorgens hier hält. Im Vorfeld nach Fahrplan und Schiffen erkundigen (☎ 42435), da sich oft alles ändert.

VALLEMÍ

Landesweit ist Vallemí vermutlich vor allem für sein Zementwerk bekannt. Langsam macht es sich bei Besuchern jedoch einen Namen als Zentrum für Ökotouren am spektakulären Río Apa. Das Gebiet voller *cerros* (Hügel) und Höhlen bietet unzählige Möglichkeiten für Abenteuertourismus und jede Menge fürs Auge. Auch eine Führung durch das Zementwerk ist zu haben. Der Tourismus wird stark überwacht: Die Sehenswürdigkeiten vor Ort kann man nur unter Leitung des von der Gemeinde gesponsorten Veranstaltets **Vallemí Tour** (☎ 0351-23-0764; Río Apa nahe 13 de Junio) besuchen, dessen Personal auch bei der Buchung von Hotels und bei der Organisation der An- und Abreise behilflich ist; weitere Infos findet man auf der Website http://ciudadvallemi.tripod.com. Die Unterkünfte sind schlicht. Das **El Prado** (☎ 0351-23-0545; Zi. 100000 PYG) nahe dem Hafen punktet beispielsweise mit seinem Blick auf den Fluss. Hierher zu kommen ist nicht gerade einfach. Wer zu eigene Faust unterwegs ist, braucht einen Wagen mit Allradantrieb. Hat man es weniger eilig, kann man in Concepción ein Schiff nehmen, das hier anlegt (50000 PYG, 30 Std.), oder man setzt sich in einen der klapprigen Busse, die jeden Tag um 5.30 und um 6 Uhr starten (40000 PYG, 7 Std.).

PARQUE NACIONAL CERRO CORÁ

Dieser Nationalpark schützt eine Landschaft aus trockenen Tropenwäldern und natürlich vorkommender Savanne, gelegen zwischen vereinzelten steilen Hügeln. Daneben gibt's hier einige kulturelle bzw. historische Stätten: präkolumbische Höhlen, Felszeichnungen, den Ort, an dem Mariscal Francisco Solano López 1870 ums Leben kam, was zur Beendigung des Tripel-Allianz-Krieges führte – ein Denkmal ziert die Stelle am Ende einer langen Reihe von Büsten von Kriegshelden. Es gibt einen Campingbereich und ein kleines **Museum**. Nachfragen, ob man in der Hütte schlafen kann; die nächste Unterkunft gibt es erst wieder in Pedro Juan Caballero (und sie ist teuer!). Eine Alternative ist das altmodische **Eiruzú** (☎ 0336-27-2435; Mariscal López; EZ/DZ 120000/200000 PYG; ❄). Busse auf dem Weg von Concepción nach Pedro Juan Caballero halten am Parkeingang (ab Concepción 3 Std., ab PJC 1 Std.). Von dort aus läuft man noch 1 km zum Besucherzentrum.

LAGUNA BLANCA

Die Laguna Blanca ist ein unberührter, kristallklarer See. Ihren Namen verdankt sie dem Sandstrand und Seebett, beides strahlend weiß. Aus der Luft betrachtet wirkt der See komplett weiß. Wem es zu langweilig ist, hier nur sonnenzubaden, der kann auch Pferde mieten und das umliegende *cerrado* erkunden, in dem seltene Vogelarten und Säugetiere wie der Mähnenwolf und die vom Aussterben bedrohte Weißflügelnachtschwalbe zuhause sind (die Laguna Blanca ist eine von nur drei Orten auf der Welt, an dem diese Vogelart brütet). Es gibt Möglichkeiten zum Zelten und ein schlichte Unterkunft, in der man sich selbst versorgen muss; bei der Besitzerin **Malvina Duarte** (☎ 021-42-4760; www.lagunablanca.com.py; Zi. 150 000 PYG/Pers.) vorab telefonisch buchen. Wenn man länger im Ranchhaus bleibt, arrangiert diese die An- und Abreise und kümmert sich auch um Lebensmittel. In den Park bringen einen Busse von Asunación nach San Pedro oder Pedro Juan Caballero – in Santa Rosa del Aguaray aussteigen. Von hier aus fahren unregelmäßig Busse nach Santa Barbara, die am Eingang zum Anwesen halten. Die Reise kann mit öffentlichen Verkehrsmitteln sechs bis acht Stunden dauern, deshalb sollte man früh aufbrechen. Tierliebhaber sollten sich bei **FAUNA Paraguay** (☎ 071-20-3981; www.faunaparaguay.com) nach den dreitägigen Vogelbeobachtungstouren erkundigen.

DER CHACO

Der Gran Chaco, d. h. keine Menschenmassen, sondern Wildnis pur. Die gewaltige Fläche, grob unterteilt in die Palmensavannen des feuchten Chaco (die ersten 350 km westlich von Asunción) und die Dornenwälder des trockenen Chaco (der Rest), nimmt die gesamte westliche Hälfte Paraguays ein und erstreckt sich bis nach Argentinien und Bolivien. Das Naturparadies, in dem Dutzende Wasser- und Greifvögel leben, wird von der Ruta Trans-Chaco durchschnitten; entlang der Straße bekommt man viele der Vögel zu Gesicht.

Obwohl der Chaco mehr als 60 % der Gesamtfläche Paraguays ausmacht, leben hier weniger als 3 % der Bevölkerung. In der Vergangenheit diente er indigenen Jägern und Sammlern als Zuflucht, heute fallen einem vor allem die mennonitischen Gemeinden des zentralen Chaco ins Auge. Jedes Jahr im September findet hier die Trans-Chaco-Rallye statt, ein dreitägiges Motorradrennen, angeblich eines der härtesten der Welt.

Geführte Touren
Kulturtouren durch die mennonitischen Siedlungen und das Umland organisiert der freundliche, fachkundige, Englisch und Deutsch sprechende Führer **Walter Ratzlaff** (☎ 52301), für Ökotouren und Ausflüge in den Nationalpark wendet man sich an **FAUNA Paraguay** (☎ 071-20-3981; www.faunaparaguay.com).

DIE MENNONITEN-KOLONIEN
Von den drei mennonitischen Siedlungen im zentralen Chaco sind nur zwei mit öffentlichen Verkehrsmitteln zugänglich: Filadelfia und Loma Plata. Viele Besucher sind überrascht, wie klein diese beiden Städte sind. Zwar gibt's hier nicht viel mehr zu tun, als die einmalige Atmosphäre zu genießen, aber eine interessante kurze Pause ist damit garantiert. Die Siedlungen sind zudem ein guter Ausgangspunkt, um das umliegende Gebiet zu erkunden.

Filadelfia
☎ 04914 / 5000 Ew. (in der Kolonie)
Diese niedliche Siedlung, das Verwaltungszentrum der Mennoniten-Kolonie Fernheim, wirkt wie ein Vorort von München, der von einer Sandwüste umgeben ist. Die staubige Av Hindenburg ist die Hauptstraße, aber ein richtiges Zentrum sucht man hier vergebens – das Herz des Ortes ist die riesige Molkereigenossenschaft Trebol. Infos zu den Mennoniten gibt's im **Jakob-Unger-Museum** (Hindenburg; Mo–Fr 7–11.30 Uhr) gegenüber vom Hotel Florida, außerdem eine Menge Exponate: von Münzen aus dem 15. Jh. und ausgestopften Jaguaren bis hin zu farbenprächtigem Haarschmuck der Nivaclé. In dem alten Holzgebäude war früher die Hauptverwaltung der Kolonie untergebracht.

Der riesige, gut bestückte Supermarkt **Cooperativa Mennonita** (Ecke Unruh & Hindenburg) ist einen Abstecher wert: unglaublich, wie viel unter ein Dach passt! Eventuell ist man der einzige Mensch, der seine Einkäufe bezahlt – die Mennoniten betreiben bevorzugt Tauschhandel. Der Geldautomat des Ortes befindet sich im Einkaufszentrum Portal del Chaco.

SCHLAFEN & ESSEN
Hotel Florida (☎ 32151; Hindenburg 984; B 30 000 PYG, EZ/DZ 100 000/150 000 PYG;) Die mit Abstand schönste Unterkunft Filadelfias ist so ordentlich wie ein deutscher Fahrplan, und das bis hin zu den günstigsten Zimmer. Auch Nicht-

DIE MENNONITEN-KOLONIEN IM CHACO

Etwa 15 000 Mennoniten leben im Chaco. Laut ihrer eigenen Geschichtsschreibung wurden Mennoniten aus Kanada eingeladen, sich auf diesem Land niederzulassen, das sie als üppig grün und produktiv erachteten; im Gegenzug bekamen sie ihre Grundrechte zugesagt: Religionsfreiheit, Befreiung vom Militärdienst, eine unabhängige Verwaltung ihrer Gemeinden, das Recht, Deutsch zu sprechen und ihre religiösen Bräuche auszuüben. Die harte Realität im unwirtlichen, trockenen Chaco war jedoch ein Schock für sie und ein großer Teil der ursprünglichen Siedler erlag Krankheiten, Hunger und Durst, während sie versuchten, hier Fuß zu fassen.

Auch anderswo in Paraguay findet man Mennoniten-Gemeinden, aber die Kolonien im Chaco sind bekannt für ihre Ausdauer, die sie in der „grünen Hölle" an den Tag legen, und für ihren wirtschaftlichen Erfolg. So liefern ihre Kooperativen u. a. einen Großteil der Milchprodukte des Landes.

Heute gibt's drei Hauptkolonien im Chaco. Die älteste, Menno, wurde 1927 von den ersten Siedlern gegründet und erstreckt sich um Loma Plata herum, Fernheim (mit der Hauptstadt Filadelfia) wurde 1930 von Flüchtlingen aus der Sowjetunion gegründet, und 1947 gründeten Deutsch-Ukrainer die Kolonie Neuland (mit der Hauptstadt Neu-Halbstadt).

Hotelgäste dürfen den Pool benutzen (7000 PYG/Std.).

Girasol (Unruh; Buffet 40 000 PYG) Wenn man mal nicht im Restaurant des Hotel Florida essen mag, bietet sich das Girasol an, das bergeweise köstliche brasilianische *asados* serviert.

AN- & WEITERREISE

Busgesellschaften haben ihre Büros rund um die Hindenburg. NASA verbindet täglich mit Asunción (70 000 PYG, 8 Std.), ein Bus pro Tag fährt nach Concepción (80 000 PYG, 8 Std.).

Mit dem Bus von einer Kolonie zur anderen zu gelangen, ist schwierig: Die Busse fahren unregelmäßig, jedoch meistens früh morgens und spät abends. Im Hotel Florida den aktuellen Fahrplan erfragen.

Loma Plata

☎ 04922 / 8800 Ew. (in der Kolonie)

Loma Plata, das Verwaltungszentrum der Kolonie Menno, ist die älteste und traditionellste der mennonitischen Siedlungen. Ein exzellentes **Museum** in einem Komplex aus Pionierhäusern präsentiert eine beeindruckende Ausstellung von Originalfotos und -dokumenten rund um die Geschichte der Kolonie sowie Originalmöbel und Artefakte.

LP Tipp Loma Plata Inn (☎ 53235; EZ 110 000–130 000 PYG, DZ 160 000–180 000 PYG; ✱) Gemütliches Haus, die beste Unterkunft der Stadt. Im angeschlossenen tollen Restaurant bekommt man hochwertige Fleischsorten nach brasilianischer Art vorgesetzt (Buffet 45 000 PYG).

Hotel Mora (☎ 52255; Sandstr. 803; EZ 65 000–100 000 PYG, DZ 100 000–150 000 PYG; ✱) Makellose, ansprechende Zimmer mitten im Grünen.

RUND UM DIE MENNONITEN-KOLONIEN

Fortín Boquerón & Fortín Toledo

Am **Fortín Boquerón** fand eine der entscheidenden Schlachten des Chacokriegs (1932–1935) statt. Heute gibt's hier ein hervorragendes **Museum** (Eintritt 5000 PYG; ◷ Di–Sa 8–18 Uhr), einen Friedhof mit Gräbern der Gefallenen und ein riesiges Denkmal mit originalen Verteidigungsanlagen und Schützengräben. Nach dem ausgehöhlten *palo-borracho*-Baum Ausschau halten, in dem ein Scharfschütze positioniert war – von vorn sieht es aus wie ein Spechtloch. Obwohl der Baum schon vor über 70 Jahren ausgehöhlt wurde, lebt er noch!

Auch am **Fortín Toledo** sind Schützengräben aus dem Chacokrieg zu sehen. Interessanter dürfte allerdings das **Proyecto Tagua** sein, das sich der Zucht von Chaco-Pekaris widmet (Spenden erbeten). Die schweineähnlichen Tiere waren bis zu ihrer spektakulären Wiederentdeckung in den 1970er-Jahren nur durch fossile Überreste bekannt. Das Projekt wurde vom Zoo von San Diego gestartet als Wiedereinführungsprogramm dieser extrem scheuen, stark vom Aussterben bedrohten Spezies. Außerdem werden hier Scharen von freundlichen Halsband- und, ehrlich gesagt, hässlichen Weißbart-Pekaris gehalten; man hat somit die einmalige Chance, die drei Spezies und ihre verschiedenen Charaktere miteinander vergleichen zu können. Auch nach dem hier ansässigen Schwarzbauchspecht kann man Ausschau halten.

Wer beide Forts besuchen will, braucht ein eigenes Fahrzeug, denn die nächste Unterkunft liegt in Loma Plata. Das Fortín Boquerón liegt rund 65 km von der Kreuzung bei Cruce Los Pioneros entfernt. Zum Fortín Toledo kommt man über eine Abzweigung bei Km 475; den Pekari-Schildern folgen.

Lagunen im Zentral-Chaco

Mehrere periodische Salzseen, die sich im Gebiet östlich von Loma Plata befinden, wurden zu einem „bedeutenden Vogelschutzgebiet" deklariert, da sie für Zugvögel von großer Bedeutung sind. Zwar mögen einzelne Lagunen ein paar Jahre lang trocken fallen, um sich erst nach einem ordentlichen Regenguss wieder zu füllen, doch irgendwie finden die Vögel sie trotzdem. Am interessantesten ist es hier zwischen Mai und September, wenn scharenweise exotische Enten und Flamingos das Wasser bevölkern; von Oktober bis Dezember und von März bis April machen hier zudem viele Watvögel Zwischenstation.

Ein gutes Quartier ist das **Laguna Capitán** (☎ 0991-65-0101; Zi. 60 000 PYG/Pers.). Allerdings muss man hier vorab buchen und braucht ein eigenes Fahrzeug, um herzukommen. Desweiteren ist ein Führer oder zumindest eine Wegbeschreibung nötig. Mit Nahrung wird man nur versorgt, wenn man vorher Bescheid sagt. Die Lagunen hier sind oftmals trocken, dafür ist im Umland eine lebendige Tier- und Pflanzenwelt zu finden. Wer Wasservögel, vor allem Flamingos, sehen möchte, sollte das Naturschutzgebiet **Campo Maria** (Eintritt 10 000 PYG) besuchen. Hier gibt's in der Regel immer gefüllte Seen und man begegnet vielen Säugetieren wie Tapiren und Pekaris.

NATIONALPARKS IM NORDWESTEN

Früher war der **Parque Nacional Defensores del Chaco** die Heimat der nomadisch als Sammler lebenden Ayoreo, heute ist er bewaldetes Schwemmland. Sein höchster Punkt ist der einsam aufragende **Cerro León** (500 m). In dem dichten Dornenwald leben Großkatzen wie Jaguare und Pumas neben Tapiren und vielen Pekaris. Die zur Verfügung stehende Unterkunft ist anständig, aber man muss selbst Essen, Trinken und Benzin für den Generator mitbringen. Der „Defensores" ist von Asunción weit entfernt (830 km), und die Straßen dorthin sind für normale Autos nicht passierbar. Öffentliche Verkehrsmittel fahren überhaupt nicht hierher, und ohne einen Führer ist man ebenfalls chancenlos.

Besser zugänglich ist der **Parque Nacional Teniente Agripino Enciso**, der eine vergleichsweise gute Infrastruktur zu bieten hat – es gibt ein Informationszentrum sowie ein Besucherhaus mit Küche und einigen klimatisierten Zimmern (Zi. 100 000 PYG). Auch hier muss man Lebensmittel und Wasser selbst mitbringen. Die Minibusse von NASA (2-mal tgl., 16 Std.) von Asunción nach Nueva Asunción halten unterwegs vor dem Besucherzentrum des Enciso.

Ein klein wenig weiter nördlich erstreckt sich der **Parque Nacional Médanos del Chaco**, in dem jedoch keine Unterkünfte zur Verfügung stehen und den man nicht ohne Führer besuchen sollte. Die Landschaft hier ist offener als im Enciso. Vogelbeobachter können sich auf die Suche nach heimischen Arten wie dem Schmuckschteißhuhn und dem Tropfenfalken begeben. Professionelle Touren zur Tierbeobachtung in allen Parks organisiert **FAUNA Paraguay** (☎ 071-20-3981; www.faunaparaguay.com). Um möglichst viel von dem weitläufigen Areal sehen zu können, sollte man sich für eine vier- oder fünftägige Tour entscheiden.

EINREISE NACH BOLIVIEN

Die Ruta Trans-Chaco ist auf der paraguayischen Seite mittlerweile durchgehend geteert. Zahlreiche Busgesellschaften fahren über diese Strecke täglich von Asunción nach Santa Cruz (Bolivien), die Fahrt dauert rund 24 Stunden (250 000 PYG). Alle Busse halten in aller Herrgottsfrühe am neuen *aduanas*-(Zoll-)Gebäude in Mariscal Estigarribia. Dort bekommt man einen Ausreisestempel, bevor man ein bis zwei Stunden später bei Fortín Infante Rivola nach Bolivien einreist – das ist aber nur ein Grenzposten und man bekommt weder Ein- noch Ausreisestempel. Hier endet die asphaltierte Straße. Die Formalitäten werden im rund 60 km entfernten Ibibobo erledigt. Die Busse nach Bolivien halten nicht an den mennonitischen Kolonien, und es fahren keine öffentlichen Verkehrsmittel von den Kolonien nach Mariscal Estigarribia; am einfachsten ist es deshalb, nach Asunción zurückzukehren, sofern man nicht auf gut Glück an der Trans-Chaco trampen möchte. Das beste Busunternehmen auf der Strecke ist **Yacyretá** (☎ 021-55-1725), die Busse der anderen Gesellschaften sind deutlich weniger bequem.

ALLGEMEINE INFORMATIONEN

AKTIVITÄTEN
Es gibt in Paraguay nicht viele organisierte Aktivitäten für Reisende mit kleinem Budget. Dank seiner Artenvielfalt ist das Land ein gutes Reiseziel für Ökotouristen, vor allem zur Vogelbeobachtung.

BOTSCHAFTEN & KONSULATE
Für Infos zu Visa, s. S. 854. Die Botschaften sind in den jeweiligen Stadtkarten eingezeichnet.

Argentinien (außerhalb der Karte S. 832 f.; ☎ 021-21-2320; Ecke España & Perú)
Bolivien (☎ 021-61-9984; América 200)
Brasilien Asunción (☎ 021-248-4000; Ecke Irrazabal & Ayala); Ciudad del Este (Karte S. 842; ☎ 061-50-0984; Pampliega 205; ☼ Mo–Fr 7–12 Uhr)
Chile (☎ 021-66-2756; Nudelman 351)
Deutschland (☎ 021-21-4009; Av Venezuela 241)
Österreich (☎ 021-613-316; Av Aviadores del Chaco 1690, Casilla de Correo 582, 1209 Asunción)
Paraguay (☎ 067-724-4934; Av Presidentes Vargas 120, Pedro Juan Caballero; ☼ Mo–Fr 7–14 Uhr) In der Nähe der Grenze in Ponta Porã.
Schweiz (☎ 021-448-022; Casilla de Correo 552, 1209 Asunción)

BÜCHER
Gute Infos zu Paraguays berühmt-berüchtigten Kriegen liefern Harris Gaylord Warrens *Rebirth of the Paraguayan Republic* und Augusto Roa Bastos' *Menschensohn*. Wer sich für die abscheulichen Diktatoren des Landes interessiert, schmökert in Bastos' Buch *Ich, der Allmächtige* über Francia oder in Carlos Mirandas *The Stroessner Era*. Ein hervorragender Roman über die Zeit Francisco Solanes Lopez' mit Schwerpunkt auf dessen Beziehung zu Eliza Lynch ist *The News from Paraguay* von Lily Tuck. In eine anthropologische Richtung gehen Pierre Clastres' *Chronik der Guayaki* und Matthew Pallamarys Roman *Land Without Evil*. Mark Jacobs' *The Liberation of Little Heaven and Other Stories* ist ein Sammelband mit paraguayischen Kurzgeschichten. Geschichtsfans werden sich für Andrew Nicksons *Historical Dictionary of Paraguay* interessieren, aber besser liest sich John Gimlettes *At the Tomb of the Inflatable Pig: Travels through Paraguay*.

ESSEN & TRINKEN
Die in diesem Kapitel genannten Empfehlungen sind nach Preisen sortiert, mit den günstigsten Optionen zuerst.

Asado (Grillfleisch) ist besonders beliebt, und der Grill bildet bei jeder Veranstaltung den Mittelpunkt. Saftiges Fleisch gibt's in rauen Mengen, und vor den argentinischen Rivalen muss es sich nicht verstecken. Die besten Stücke heißen *tapa de cuadril* (ähnelt dem Rumpsteak) und *corte americano* (T-Bone-Steak), am häufigsten findet man jedoch die günstigsten Varianten: fettes *vacio* (Flanke) und zähe *costillas* (Rippchen). Getreide, besonders Mais, ist eine wichtige Zutat in traditionellen Speisen, und als Standardbeilage wird zu Mahlzeiten *mandioca* (Maniok) gereicht. *Chipa* (Brot aus Maniokmehl, Eiern und Käse) kann man überall kaufen; das beste gibt's in der südlich gelegenen Stadt Coronel Bogado (S. 837). Und Empanadas sind überall prima.

Die Paraguayer trinken beachtliche Mengen an *yerba maté* (Kräutertee), meist als eiskalten *tereré* (Eistee), angereichert mit vielen *yuyos* (Heilkräutern). An den Straßenständen wird *mosto* (Zuckerrohrsaft) verkauft, das stark alkoholische Pendant dazu ist *caña* (Zuckerrohrschnaps). Die einheimischen Biere, vor allem Baviera und Pilsen, sind hervorragend.

Im Folgenden einige weitere typische Speisen:
chipa so-ó *Chipa* gefüllt mit Fleisch
chipa guasu Heißer Maispudding mit Käse und Zwiebeln
locro Maiseintopf
mazamorra Gesüßter Maisbrei
mbaipy he-é Dessert aus Mais, Milch und Melasse
mbeyú Gegrillter Maniokpfannkuchen
sooyo Dickflüssige Suppe aus Hackfleisch, in der oft ein pochiertes Ei schwimmt
sopa paraguaya Maisbrot mit Käse und Zwiebeln
vori-vori Hühnersuppe mit Maismehlbällchen

FEIERTAGE
An den folgenden Feiertagen bleiben Läden und Ämter geschlossen:
Año Nuevo (Neujahr) 1. Januar
Cerro Corá (Tag der Helden) 1. März
Semana Santa (Ostern) März/April – Datum variiert
Día de los Trabajadores (Tag der Arbeit) 1. Mai
Independencia Patria (Unabhängigkeitstag) 15. Mai
Paz del Chaco (Ende des Chacokriegs) 12. Juni
Fundación de Asunción (Tag der Gründung von Asunción) 15. August

Victoria de Boquerón (Schlacht von Boquerón)
29. September
Día de la Virgen (Tag der Unbefleckten Empfängnis)
8. Dezember
Navidad (Weihnachten) 25. Dezember

FESTIVALS & EVENTS

Der **Karneval** in Paraguay (Feb. & März) wird in Encarnación am lebendigsten gefeiert, auch wenn Villarrica von sich dasselbe behauptet. Caacupé ist der wichtigste Ort am römisch-katholischen **Día de la Virgen** (Tag der Unbefleckten Empfängnis; 8. Dezember).

Weitere Veranstaltungen:
Día de San Blas (Fest des San Blas) Das Fest zu Ehren von Paraguays Schutzpatron findet am 3. Februar statt.
Fiesta de San Juan Wird am 23. Juni mit Tanz- und Gesangsvorführungen sowie Unmengen paraguayischen Essens gefeiert.
Trans-Chaco-Rallye Das Autorennen findet in der ersten Septemberwoche statt.

FOTOGRAFIE

Die meisten Paraguayer werden freundlich in die Kamera lächeln, wenn man sie fragt, bevor man abdrückt. Qualitativ hochwertige Farb- und Diafilme gibt's in größeren Städten zu kaufen.

FRAUEN UNTERWEGS

Paraguay ist für Frauen ein recht sicheres Land, doch wer allein reist, sollte auf der Hut sein. Junge Frauen ohne Begleitung werden recht schnell von paraguayischen Männern angemacht. Generell ist die Anmache harmlos; man kann sie als Kompliment betrachten und sich selbstbewusst, aber höflich verhalten. Zurückhaltende Kleidung ist wichtig. Für mehr Infos, s. auch S. 1104.

FREIWILLIGENARBEIT

Von **FAUNA Paraguay** (☎ 071-20-3981; www.faunaparaguay.com) kann man sich einen Platz als freiwilliger Helfer bei einem Umweltschutzprojekt in der Gegend vermitteln lassen. Zahlreiche Möglichkeiten zur Freiwilligenarbeit bietet außerdem **Intercultural Experience** (☎ 021-48-2890; www.ie.com.py; Ecke Av Colón & La Habana) – hier kann man auch noch seine Sprachkenntnisse vertiefen, da man bei einheimischen Familien untergebracht wird. **Apatur** (☎ 021-21-0550; www.turismorural.org.py), ein Verband zur Förderung des ländlichen Tourismus, vermittelt freiwillige Hilfskräfte an *estancias* (riesige Ranches).

FÜHRERSCHEIN

Die meisten Autovermieter erkennen ausländische Führerscheine an. Es kann allerdings nicht schaden, sich zusätzlich einen internationalen Führerschein zu besorgen, denn wenn man keinen vorweisen kann, wird schon mal gern ein kleines Schmiergeld verlangt.

GEFAHREN & ÄRGERNISSE

Trotz anders lautender Meinungen von Menschen, die noch nie in Paraguay waren, ist dies eines der sichersten Länder auf dem Kontinent. Mit Ausnahme von Ciudad del Este und gewissen Teilen von Asunción kann man gefahrlos durch die Städte bummeln, auch abends. Der Chaco ist unwirtlich und seine Infrastruktur nicht gut ausgebaut; hier wird dringend empfohlen, einen Führer zu engagieren. Vorsicht beim Schwimmen: Manche Flüsse haben starke Strömungen.

GELD

Die paraguayische Währung ist der Guaraní (Plural *guaraníes*), PYG abgekürzt. Geldscheine gibt's im Wert von 1000, 5000, 10 000, 20 000, 50 000 und 100 000 PYG, Münzen in den Einheiten 50, 100, 500 und 1000 PYG. Immer viel Kleingeld und kleine Scheine dabeihaben!

Geldautomaten & Kreditkarten

Die Geldautomaten in großen Städten sind an die Netze von Visa, MasterCard und Cirrus angeschlossen. In anderen Städten findet man weniger Automaten, aber wenn alle Stricke reißen, kann man bei eingen Banken auch mit der Kreditkarte Geld abheben, wenn man sich entsprechend ausweisen kann.

Außerhalb von Asunción ist es selten möglich, mit Karte zu bezahlen, und selbst in dieser Stadt wird man nur in Mittel- und Spitzenklasse-Hotels, gehobeneren Restaurants und edleren Geschäften damit Erfolg haben.

Geldwechsel

In Asunción und in den Grenzorten sind viele *casas de cambio* zu finden. Sie wechseln Geld und tauschen seltener auch Reiseschecks ein (generell wendet man sich dazu aber besser an Banken im Inland). Manche *cambios* lösen Reiseschecks nur gegen Vorlage der Originalquittung ein. Geldwechsler auf der Straße tauschen Bares zu etwas schlechteren Kursen, können aber abends und am Wochenende Retter in der Not sein.

Bei Redaktionsschluss galten folgende Wechselkurse:

WECHSELKURSE		
Land	Währung	PYG
Eurozone	1 €	6320
Schweiz	1 SFR	4319

GESUNDHEIT

Wer in Paraguay unterwegs ist, muss keine großen Gesundheitsrisiken fürchten. Die hiesigen Privatkliniken sind deutlich besser als die öffentlichen Krankenhäuser; die besten Einrichtungen gibt's in Asunción, Ciudad del Este und Encarnación. Ein Ausbruch des Dengue-Fiebers im Jahr 2008 wurde im Land viel zu sehr hochgepuscht – allein im brasilianischen Staat Rio Grande do Sul erkrankten mehr Menschen als in ganz Paraguay zusammen. In den Städten kann man Leitungswasser trinken, auf dem Land lässt man jedoch besser die Finger davon. Das Wasser im Chaco ist angenehm salzig.

Es empfiehlt sich, zu jeder Zeit Sonnenschutzmittel, einen Hut und genügend Trinkwasser dabeizuhaben. Kondome gibt's in den meisten Apotheken, jedoch wählt man hier besser nicht gerade die günstigsten Marken. Weitere Informationen gibt's ab S. 1129.

INFOS IM INTERNET

Desde el Chaco (www.desdelchaco.org.py) Website der Gesellschaft zur Förderung der Entwicklung des Chaco, die viele Infos zur Region bereithält.
FAUNA Paraguay (www.faunaparaguay.com) Was auch immer man über die Tier- und Pflanzenwelt Paraguays wissen möchte – hier erfährt man es.
Guaraní Ñanduti Rogue (www.staff.uni-mainz.de/lustig/guarani/welcome.html) Faszinierende Website, die über viele Aspekte der Guaraní-Kultur informiert.
Lanic (http://lanic.utexas.edu/la/sa/paraguay) Hervorragende Zusammenstellung von Links von der Universität von Texas.
Paraguayan Current Events (www.paraguay.com) Englischsprachige Neuigkeiten über Paraguay.
Senatur (www.senatur.gov.py) Offizielle Website der Touristeninformation.

INTERNETZUGANG

Das Internet ist *muy popular* in den Städten, aber in kleineren Städten und Ortschaften gibt es nicht überall einen Zugang. Für eine Stunde surfen bezahlt man zwischen 3000 und 6000 PYG.

KARTEN & STADTPLÄNE

Der **Touring y Automóvil Club Paraguayo** (Karte S. 832 f.; ☎ 021-21-0550; www.tacpy.com.py; Ecke 25 de Mayo & Brasil, Asunción) gibt eine Reihe von Straßenkarten und Stadtplänen für Touristen heraus. Detaillierte topografische Karten des Inlands (beinahe für das gesamte Land) veröffentlicht das **Instituto Geográfico Militar** (☎ 021-20-6344; Artigas 920, Asunción).

KLIMA

Paraguays Klima wird von Winden beherrscht. Ein Nordwind bringt heiße Temperaturen aus den Tropen, ein Südwind kühles Wetter aus Patagonien. Von November bis März ist es wahnsinnig heiß (die Durchschnittstemperatur liegt bei 35 °C), wobei die Tagestemperaturen zwischen 25 und 43 °C schwanken. Am kühlsten wird es zwischen April und September, aber die durchschnittlichen Tageshöchstwerte im kältesten Monat (Juli) liegen immer noch bei 22 °C; in dieser Zeit sind sowohl extrem heiße Tage als auch Nachtfrost nicht ungewöhnlich.

Ende Juni gibt's in der Regel eine bis zwei Wochen Hitze, bekannt als Veranillo de San Juan (kleiner Sommer des Hl. Johannes), da die Hitze regelmäßig in die Zeit der Fiesta de San Juan (S. 851) fällt. Schwere Regen- und Gewitterstürme kommen zwischen September und November regelmäßig vor, weniger starke Unwetter außerdem im März und April. In der Regel scheint das ganze Jahr über die Sonne, auch wenn es kalt ist. Für weitere Infos und Klimatabellen, s. S. 1110.

MEDIEN

Paraguays wichtigste Zeitungen sind die folgenden:
ABC Color (www.abc.com.py) Asuncións Tageszeitung, die ihren guten Ruf ihrem Widerstand gegen die Diktatur Stroessners verdankt.
Popular (www.popular.com.py) Die meistgelesene Zeitschrift des Landes auf Jopará.
Última Hora (www.ultimahora.com) Unabhängiges Tagesblatt mit hervorragendem Kulturteil.

ÖFFNUNGSZEITEN

Behörden und Ämter haben zwischen 7 und 13 oder 14 Uhr geöffnet, Geschäfte öffnen meistens werktags und samstags von 8 bis 12 Uhr und von 14 oder 15 bis 19 oder 20 Uhr.

Die Geschäftszeiten der Banken sind montags bis freitags zwischen 8 und 13 Uhr, länger geöffnet haben *casas de cambio* (offizielle Wechselstuben). Restaurants empfangen normalerweise zu Mittag Gäste, legen aber nachmittags eine Pause ein. Cafés haben verschiedene Öffnungszeiten; in ihnen kann man auch frühstücken (nur nicht gerade in aller Herrgottsfrühe).

POST

Ein Brief nach Europa kostet 16 000 PYG. Wichtige Post sollte man gegen eine Gebühr von 4000 PYG als Einschreiben *(certificado)* verschicken.

RECHTSFRAGEN

An Drogen kommt man in Paraguay nur schlecht heran, und unter keinen Umständen sollte man größere Mengen davon besitzen, benutzen oder weiterverkaufen – manch einer hat sich damit schon eine lange Haftstrafe oder eine saftige Geldbuße eingebrockt.

REISEN MIT BEHINDERUNG

Eine Infrastruktur für Reisende mit Behinderung ist in Paraguay leider praktisch nicht existent: Es sind keinerlei spezielle Einrichtungen vorhanden.

SCHWULE & LESBEN

Paraguay ist ein altmodisches Land mit konservativen Anschauungen, und die öffentliche Zurschaustellung von Zärtlichkeiten zwischen gleichgeschlechtlichen Paaren ist unüblich. In Asunción eröffnen jedoch nach und nach mehr Schwulenbars.

STROM

Paraguay verwendet 220 V, 50 Hz. Die am häufigsten verwendeten Stecker entsprechen den deutschen Exemplaren mit zwei runden Stiften ohne Erdungsstift.

TELEFON

Die staatliche Telefongesellschaft ist die Copaco. Sie ist im gesamten Land mit Filialen vertreten. Private *locutorios* (Telefonläden) sind in letzter Zeit überall aus dem Boden geschossen; in vielen davon kommt man auch ins Internet. Trotz der Liberalisierung des Telefonmarkts können Auslandsgespräche immer noch mit über 4000 PYG pro Minute zu Buche schlagen, sogar bei günstigeren Nachttarifen.

Paraguay hat die Vorwahl ☎ 595. Wer aus dem Ausland nach Paraguay telefoniert, lässt die 0 der Ortsvorwahl weg. Die internationale Vermittlung erreicht man unter ☎ 0010, für internationale Direktverbindungen wählt man die ☎ 002. Ortsvorwahlen sind in diesem Kapitel direkt unter den jeweiligen Städten und Orten angeführt.

Wegen der starken Konkurrenz sind Ortsgespräche mit dem Handy sehr günstig. Manche Gesellschaften bieten SIM-Karten kostenlos oder mit einem kleinen *saldo* (Guthaben) darauf an. Die besten Gesellschaften sind **Tigo** und **Claro**. Aufladen kann man das Handy über *tarjetas* (Prepaid-Karten), die jeder Zeitungshändler verkauft. SIM-Karten von Claro können so eingestellt werden, dass sie auch in Brasilien und Argentinien funktionieren.

TOILETTEN

In Paraguay ist es ziemlich wahrscheinlich, dass man mehr Jaguare zu Gesicht bekommt als öffentliche Toiletten, denn Letztere sind extrem selten. An den meisten Busbahnhöfen gibt's aber welche – für 1000 PYG bekommt man hier ein stinkendes Klo zugewiesen und ein (oft zu kleines) Stückchen Klopapier in die Hand gedrückt. Nach Möglichkeit geht man in Restaurants oder Hotels auf die Toilette, und am besten hat man immer sein eigenes Klopapier dabei. Das gebrauchte Papier nicht ins Klo werfen – es kann die Rohre verstopfen –, sondern in den dafür vorgesehenen Abfalleimer. Die meisten Busse haben eine Toilette, die günstigen Gesellschaften in den abgelegeneren Gegenden allerdings nicht.

TOURISTENINFORMATION

Das staatlich betriebene **Senatur** (www.senatur.com.py) unterhält Touristeninformationen in Asunción und in einer oder zwei weiteren Städten. Man bekommt dort zwar keine Hochglanzbroschüren, aber die Mitarbeiter beantworten einem gern Fragen (auf Spanisch). Die **Asociación de Colonias Mennonitas del Paraguay** (außerhalb der Karte S. 832 f.; ☎ 021-22-6059; www.acomepa.org; República de Colombia 1050, Asunción) gibt Broschüren zu den mennonitischen Gemeinden heraus.

UNTERKUNFT

Die Hotels und *residenciales* (Gästehäuser) sind in Paraguay zwar oft ziemlich abgenutzt und recht alt, in der Regel aber sehr sauber. Campingplätze findet man nur selten, und da das meiste Land in Privatbesitz ist, kann man auch nicht einfach ohne Genehmigung irgendwo ein Zelt aufstellen. Im Chaco sind offizielle Unterkünfte außerhalb der wenigen Städte dünn gesät und schwer zu finden, doch ohne Führer sollte man sich sowieso nicht aufmachen.

VERANTWORTUNGSBEWUSSTES REISEN

Man sollte kein Kunsthandwerk aus Holz (wie *lapacho* und *palo santo*) kaufen oder welches, das aus Wildtieren hergestellt wurde. Naturkundler und Tierschützer, die mehr erfahren wollen, können sich an **FAUNA Paraguay** (☎ 071-20-3981; www.faunaparaguay.com), die **Fundación Moisés Bertoni** (☎ 021-60-8740; www.mbertoni.org.py; Argüello 208, Asunción) oder **Guyra Paraguay** (☎ 021-22-3567; www.guyra.org.py; Martino 215) wenden.

VISA

Besucher aus der EU und der Schweiz brauchen für die Einreise nach Paraguay nur einen gültigen Reisepass, sie dürfen dann 30 Tage im Land bleiben. Achtung: Man darf nicht vergessen, sich bei der Einreise einen Stempel abzuholen, sonst drohen bei der Ausreise Geldstrafen.

Die Visumspflicht ändert sich ständig. Neueste Infos gibt's auf www.lonelyplanet.com oder bei der **Einreisestelle** (☎ 021-44-6673; Ecke Ayala & Caballero; ◷ Mo–Fr 7–13 Uhr) in Asunción.

Peru

HIGHLIGHTS

- **Machu Picchu** (S. 923) Über atemberaubende Pfade zu den Ehrfurcht gebietenden, im Nebelwald versteckten antiken Inkaruinen wandern – ein echter Initiationsritus!
- **Cusco** (S. 907) In den Anden auf kolonialen Pflasterstraßen schlendern, historische Museen erleben und über Inkahügel wandern, die einen demütig werden lassen
- **Arequipa** (S. 893) Das wilde *arequipeña*-Nachtleben unter dem wachsamen Blick imposanter Vulkane und versunkener Canyons genießen
- **Titicacasee** (S. 901) Die Bilderbuchinseln eines Sees besuchen, der allgemein als größter Hochgebirgssee der Welt gilt und sich über die peruanisch-bolivianische Grenze erstreckt
- **Huaraz, die Cordillera Blanca und die Cordillera Huayhuash** (S. 947) Als Adrenalin-Junkie in den Anden ein paar der spektakulärsten Gebirgsketten Südamerikas in Angriff nehmen
- **Abseits ausgetretener Pfade** (S. 899) Tief in den Zentralanden in den Cañón del Cotahuasi eintauchen: dramatische Vulkane, wunderschöne Wasserfälle, einzigartiges Lokalkolorit – und keine Touristen!

KURZINFOS

- **Bevölkerung:** 29,5 Mio.
- **Fläche:** 1 285 220 km² (fünfmal so groß wie Großbritannien)
- **Geld:** 1 € = 3,86 S (Nuevos Soles), 1 SFr = 2,64 S
- **Hauptstadt:** Lima
- **Landesvorwahl:**  51
- **Preise:** gemütliches Doppelzimmer in Cusco 25–35 €, 1 l Mineralwasser 0,50 €, Inlandsflug 50–160 €
- **Reisekosten:** 15–25 € pro Tag
- **Reisezeit:** Hochsaison (Juni–Aug.), Regenzeit (Nov.–April)
- **Sprachen:** Spanisch, Quechua, Aymara
- **Zeit:** MEZ −6 Std.

TIPPS FÜR UNTERWEGS

Den Inkatrail sollte man mindestens sechs Wochen im Voraus buchen, während der Hochsaison (Juni–Aug.) sogar mehrere Monate vorab.

VON LAND ZU LAND

Zu den Grenzübergängen zählen Arica (Chile), Huaquillas, Guayaquil und Macará (Ecuador), Kasani und Desaguadero (Bolivien) sowie viele brasilianische und bolivianische Städte und Häfen in der Amazonas-Region.

Man stelle sich eine Landschaft vor wie in einem Indiana-Jones-Film: vergessene, im Urwald verborgene Tempel, uralte Gräber voller Spinnweben, die in der Wüstensonne schmoren, und versteckte Schatzkammern voller Juwelen; dazu tosende Flüsse, Pumas, die durch die Nacht schleichen, und Schamanen, die Rituale mit Halluzinogenen praktizieren – hier in Peru ist das nicht Kino, sondern Wirklichkeit.

Peru versetzt durch seine Vielfalt jeden in Erstaunen: ein Land wie ein Kontinent. Selbst den wilden Kriegern der Inkas oder den spanischen Konquistadoren gelang es nicht, dieses grandiose Gebiet völlig zu beherrschen, reicht es doch von den mit Gletschern bedeckten Andengipfeln – dem Reich der majestätischen Kondore – zu den fast grenzenlosen Küstenwüsten und zum dampfenden Regenwald des Amazonasbeckens.

Man kann sich auf den bekannten „Gringo Trail" begeben und die Highlights des Landes bis zur wolkenverhangenen Inkafestung Machu Picchu besuchen. Oder man beschreitet unbekanntere Pfade, lässt sich auf afro-peruanische Rhythmen ein, sucht die perfekte Welle am Pazifikstrand oder tuckert in einem Boot gemächlich den Amazonas hinunter.

Doch egal wo – überall in Peru wird man von großherzigen Menschen begrüßt, die ihr nicht immer ganz einfaches Schicksal mit Begeisterung und großer Lebensfreude bewältigen. Kein Wunder, dass das Land der Inkas zu den beliebtesten Reisezielen Südamerikas für abenteuerlustige Traveller zählt.

AKTUELLE ENTWICKLUNGEN

Auch wenn es sich noch so viel Mühe gegeben haben mag – Peru blieb auch am Ende des ersten Jahrzehnts des 21. Jhs. ein Nährboden für politische Korruption. Präsident Alan García Pérez schickte immerhin Ende 2008 dem Großteil seines Kabinetts die Kündigung ins Haus, nachdem ein weit gefächerter Korruptionsskandal seine Regierung erschüttert hatte – es waren Tonbänder aufgetaucht, die Mitglieder seiner APRA-Partei belasteten, dass sie sich gegen Bestechungsgelder dafür einsetzten, lukrative Erdölabkommen mit bestimmten Bewerbern abzuschließen. Mittlerweile wurde einer von Garcías Vorgängern, der einst im Exil lebende Alberto Fujimori, zu 25 Jahren Haft verurteilt, weil er der Menschenrechtsverletzung für schuldig befunden wurde: Todesschwadrone hatten unter seinem Kommando Ermordungen und Entführungen durchgeführt.

Apropos Gewalt: Die maoistische Gruppierung Sendero Luminoso (Leuchtender Pfad), Perus bekannteste, wenn auch lange Zeit schlummernde Terroristengruppe, lockte 2008 in der Nähe von Huancavelica einen Militärkonvoi in einen Hinterhalt und tötete 19 Menschen, elf weitere wurden verletzt. Die gewalttätigste Attacke der Gruppe seit zehn Jahren zeigte, dass der Terrorismus in Peru noch immer unter der Oberfläche brodelt.

Aber Garcías Regierung musste sich nicht nur mit Waffen und Korruption herumschlagen, es gab auch ein paar angenehmere Aufgaben: Die Regierung trieb eine ebenso schnelle wie umfassende Ausweitung freier Handelsabkommen voran. Wenn auch zunächst nur mit den USA, leitete sie während des APEC-Gipfels in Peru im Jahr 2008 auch Vereinbarungen mit Japan, Südkorea und China in die Wege. Perus Wirtschaft wurde zwar 2007 durch die globale Rezession ausgebremst, deren Auswirkungen auch zur Zeit der Recherche noch zu spüren waren, aber dennoch ist sie unter Garcías Regierung stetig gewachsen. Das Land erntet nun die Früchte der umfangreichen Anstrengungen für mehr wirtschaftliche Stabilisation, mit denen Präsident Alejandro Toledo begonnen hat, bevor er 2006 aus dem Amt schied. Die nächsten planmäßigen Wahlen finden 2011 statt.

Im Jahr 2007 wurde außerdem der Machu Picchu – zu Recht – zu einem der Neuen Sieben Weltwunder ernannt. Wenn die Stätte 2011 den 100. Geburtstag ihrer Wiederentdeckung feiert, wird sie wahrscheinlich noch immer in Streitigkeiten mit der Yale University (s. Kasten S. 924) verstrickt sein, bei denen es um die Rückgabe lange verlorener Artefakte geht.

GESCHICHTE
Frühe Kulturen

Die Kultur der Inkas ist nur die Spitze des archäologischen Eisbergs Peru.

Die ersten Einwohner des Landes waren lose verbundene Gruppen nomadischer Jäger, Fischer und Sammler, die in Höhlen lebten und furchterregende – heute ausgestorbene – Tiere wie Riesenfaultiere, Säbelzahntiger und Mastodons töteten. Die Domestizierung des Lamas, des Alpakas und des Meerschwein-

TOP TEN: ARCHÄOLOGISCHE STÄTTEN

In diesem Land sind Ruinen-Fans goldrichtig:

- Die Zitadelle **Machu Picchu** (S. 923), die „verlorene Stadt" der Inkas, hoch oben im Nebelwald;
- rätselhafte Wüstenspuren, die man nur aus 1500 m Höhe richtig würdigen kann: die **Nazcalinien** (S. 888);
- dramatische Grabtürme auf den Hügeln von **Sillustani** und **Cutimbo** (S. 905) in der Nähe des Titicacasees;
- imposante Inka-Zitadellen, saftig grüne Terrassen und heilige Stätten im **Heiligen Tal** (S. 919);
- unterirdische Tunnel im **Chavín de Huántar** (S. 954), einer 3000 Jahre alten zeremoniellen Anlage;
- die weitläufige Lehm-Metropole **Chan Chan** (S. 939) in der Nähe der Moche-Pyramiden, nicht weit von Trujillo entfernt;
- die Gräber der Herrscher von Sipán und Sicán in **Chiclayo** (S. 942);
- die atemberaubende Festung **Kuélap** (S. 959) im Nebelwald von Chachapoyan (keine Menschenmassen!);
- Wiñay Wayna und die verfallenen Ruinen entlang des **Inkatrails** (S. 927), die „Anheizer" für den eigentlichen Star;
- die Inka-Festung **Saqsaywamán** (S. 917) über Cusco, Stätte des antiken Sonnen-Festivals Inti Raymi.

chens begann zwischen 7000 und 4000 v. Chr. Um 3000 v. Chr. wurden verschiedene Formen der Kartoffel zur Kulturpflanze – Peru rühmt sich, 4000 Arten zu besitzen.

Die Chavínperiode, wie sie in Chavín de Huántar bei Huaraz (S. 954) sichtbar wird, dauerte von etwa 1000 bis 300 v. Chr. Gekennzeichnet war sie durch weit verstreute, miteinander in geistigem Austausch stehende Siedlungen, ein gut entwickeltes Handwerk und kulturelle Vielfalt. Dennoch verschwand die Chavínkultur aus unerklärlichen Gründen um 300 v. Chr. Die nächsten 500 Jahre sahen Aufstieg und Niedergang der Paracaskultur südlich von Lima, die während ihres Bestehens einige der feinsten Textilgewebe ganz Amerikas hervorbrachte.

Zwischen 100 und 700 n. Chr. erreichten Keramik, Metallverarbeitung und Textilproduktion neue Höhen der technischen Entwicklung. Die Moche erbauten ihre riesigen Pyramiden in der Gegend um Trujillo (S. 939) und in Sipán bei Chiclayo (S. 942). Etwa zu dieser Zeit scharrten auch die Nazca ihre Linien in die Wüste, die heute noch ganze Armeen von Archäologen vor Rätsel stellen (S. 888).

Von etwa 600 bis 1000 entstand das erste Reich, das nicht mehr regional begrenzt war, sondern eine weit reichende Eroberungspolitik verfolgte. Der Einfluss der Wari (Huari) aus dem Norden von Ayacucho (S. 930) ist bis heute fast überall in Peru sichtbar.

Im Lauf der nächsten vier Jahrhunderte erblühten mehrere Kulturen, darunter die der Chimú, die die Stadt Chan Chan bei Trujillo (S. 939) erbauten, und die der Chachapoyas, welche die steinerne Festung von Kuélap (S. 959) errichteten. Am Titicacasee (Lago Titicaca) lebten mehrere kleinere kriegerische Hochlandstämme, die beispielsweise in Sillustani und Cutimbo (S. 905) beeindruckende runde Grabtürme hinterließen.

Das Reich der Inka & die spanische Eroberung

Angesichts der Erfolge und Bedeutung der Inkas ist es erstaunlich, dass die Zeit ihrer Vorherrschaft nicht viel länger als 100 Jahre dauerte. Die Herrschaft der ersten acht Inkas währte vom 12. bis ins frühe 15. Jh., doch erst der neunte Inka, Pachacutec, brachte das Reich auf den blutigen Geschmack der Expansion. Der benachbarte Hochlandstamm der Chankas war immer expansionshungriger geworden und um 1438 bis vor die Tore Cuscos gekommen. In dem Glauben, sein Reich sei verloren, war der Inka Viracocha daraufhin geflohen. Sein Sohn Pachacutec aber scharte die Armee um sich und vertrieb die Chankas in einer verzweifelten Schlacht.

Ermutigt durch den Sieg, begann Pachacutec daraufhin mit einer ersten Welle der Expansion, während der er den größten Teil der mittleren Anden unterwarf. Die nächsten 25 Jahre wuchs das Reich ununterbrochen, bis es von den heutigen Grenzen zu Ecuador und Kolumbien bis zu den Wüsten des nördlichen Chile reichte. In dieser Zeit wurden auf vielen Berggipfeln fantastische Zitadellen wie etwa die von Machu Picchu errichtet.

Als die Europäer die Neue Welt „entdeckten", bedeutete das zugleich, dass Epidemien wie die Pocken von Mittelamerika und der Karibik nach Südamerika übergriffen. 1527 wurde der elfte Inka, Huayna Capac, Opfer einer solchen Epidemie. Vor seinem Tod hatte er sein Reich zwischen seinen beiden Söhnen geteilt. Atahualpa, der Sohn einer Frau aus Quito, bekam den Norden, der rein inkaische Cusqueño Huáscar erhielt Cusco und den Süden. Aus dieser Situation entwickelte sich schließlich ein Bürgerkrieg, und der langsame, aber unausweichliche Niedergang des Inkareichs begann.

1526 brach Francisco Pizarro von Panama aus nach Süden auf und entdeckte die reichen Küstensiedlungen der Inkas. Er reiste nach Spanien zurück, um Geld und Leute für einen Eroberungsfeldzug aufzutreiben. So ausgestattet landete er an der ecuadorianischen Küste und marschierte über Land ins Herz des Inkareichs. 1532 erreichte er Cajamarca – zu jenem Zeitpunkt, als Atahualpa gerade seinen Halbbruder Huáscar besiegt hatte.

Das Aufeinandertreffen zwischen Pizarro und Atahualpa sollte den Verlauf der südamerikanischen Geschichte radikal verändern. Atahualpa wurde von den nicht einmal 200 bewaffneten Konquistadoren in einen Hinterhalt gelockt. Es gelang ihnen, den Inka gefangen zu nehmen, wobei sie Tausende seiner unbewaffneten Gefolgsleute töteten. Atahualpa bot für seine Freilassung ein Lösegeld in Form von Gold und Silber aus Cusco an, wozu auch die Goldverkleidung der Wände Korikanchas gehörte.

Doch nach mehreren Monaten Gefangenschaft, in denen Pizarro die Inkas mit immer neuen Lösegeldforderungen bestürmte, wurde Atahualpa nach einem Scheinprozess – wegen Brudermordes – dennoch hingerichtet und Pizarro marschierte nach Cusco (s. S. 907). Zu Pferd und mit Rüstung, Schwertern und Feuerwaffen ausgerüstet, war die spanische Kavallerie so gut wie nicht zu stoppen. Trotz gelegentlicher Rebellionen musste sich das Volk der Inka immer weiter in die Berge und den Urwald zurückziehen. Das Reich sollte weder seine einstige Macht noch seine Größe je wieder erreichen.

Das koloniale Peru

1535 gründete Pizarro die Hauptstadt Lima. Es folgten Jahrzehnte des Aufruhrs und der Bürgerkriege. Die Peruaner leisteten den Eroberern Widerstand, und diese kämpften gegeneinander um die Kontrolle über die reiche Kolonie. Pizarro wurde 1541 vom Sohn des Konquistadoren Diego de Almagro umgebracht, welchen er drei Jahre zuvor getötet hatte. Manku Inka hatte 1536 fast das gesamte Hochland wieder unter seine Kontrolle gebracht, doch 1539 zog er sich in sein Versteck Vilcabamba im Regenwald zurück, wo er 1544 ermordet wurde. Der Inka Túpac Amaru versuchte 1572 noch einmal, die Spanier zu vertreiben, doch auch er wurde geschlagen und in Cusco exekutiert.

Die nächsten zwei Jahrhunderte war Lima das politische, soziale und wirtschaftliche Zentrum der Anden, während Cusco zur tiefsten Provinz verkam. Diese relativ friedliche Periode fand jedoch ein abruptes Ende. Im System der *encomienda*, in deren Zuge Siedler ein Stück Land mitsamt der dort lebenden Bevölkerung zugeteilt bekamen, wurde die indigene Bevölkerung fast wie in der Sklaverei ausgebeutet. Das führte 1780 zu einem Aufstand, den der selbsternannte Inka Túpac Amaru II. anführte. Aber auch diese Rebellion wurde niedergeschlagen, ihre Führer grausam umgebracht.

Die Unabhängigkeit

Im frühen 19. Jh. war rebellisches Gedankengut auch unter den Kolonialherren verbreitet. Gründe dafür waren die hohen Steuern, die Spanien erhob, und der Wunsch, die reichen Rohstoffquellen des Landes selbst zu kontrollieren, angefangen bei *guano* (Exkremente von Seevögeln), das als Dünger genutzt wird.

Der Wandel kam aus zwei Richtungen. Nachdem er Argentinien und Chile von der

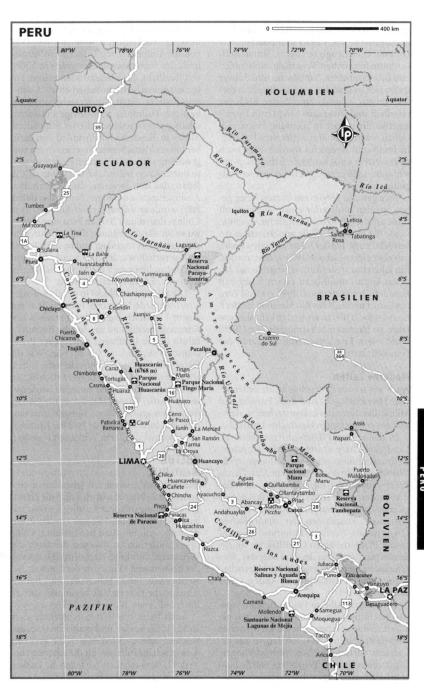

spanischen Herrschaft befreit hatte, kam José de San Martín nach Lima und proklamierte 1821 die Unabhängigkeit Perus. Simón Bolívar hatte inzwischen Venezuela, Kolumbien und Ecuador befreit. San Martín und Bolívar trafen sich in Ecuador, und das Ergebnis dieses Treffens – dessen Einzelheiten bis heute rätselhaft sind – war, dass San Martín Lateinamerika für immer in Richtung Frankreich verließ, während Bolívar weiter nach Peru zog. In Junín und Ayacucho wurden 1824 noch zwei weitere entscheidende Schlachten geschlagen, 1826 ergaben sich die Spanier endgültig.

Peru gewann 1866 einen kurzen Krieg gegen Spanien und verlor einen längeren mit Chile um die nitratreiche nördliche Atacamawüste (1879–1883). Chile annektierte einen beträchtlichen Teil der Küste im Süden Perus, gab aber einige Gebiete 1929 wieder zurück. Ein Jahrzehnt später kam es wegen eines anderen Grenzkonflikts zu einem Krieg mit Ecuador. Der Vertrag von 1942 gestand Peru das Gebiet nördlich des Río Marañón zu, doch Ecuador focht diesen an, und es kam alle paar Jahre zu kleineren Scharmützeln. Erst 1998 brachte ein Friedensvertrag ein Ende der Feindseligkeiten.

Moderne Zeiten

Auch wenn es in Peru gelegentlich Zeiten ziviler Herrschaft gab, sind doch Putsche und Militärdiktaturen das hervorstechende Merkmal der peruanischen Geschichte im 20. Jh.

In den späten 1980er-Jahren erlebte das Land eine Phase ernster sozialer Unruhen. Demonstrationen gegen die verhängnisvolle Wirtschaftspolitik von Präsident Alan García Pérez waren an der Tagesordnung – die Inflationsrate erreichte irgendwann 10 000 %! Seine erste Amtszeit war überschattet von terroristischen Anschlägen der maoistischen Organisation Sendero Luminoso (Leuchtender Pfad), die einen Guerillakrieg führte, dessen traurige Bilanz den Tod oder das „Verschwinden" von mindestens 40 000 Menschen – vor allem in den mittleren Anden – verzeichnet.

1990 wurde Alberto Fujimori, Sohn japanischer Einwanderer, zum Präsidenten gewählt. Seine strengen, halbdiktatorischen Regierungsmaßnahmen führten zu nie gekannten wirtschaftlichen Verbesserungen. Dank seiner großen Beliebtheit wurde Fujimori 1995 erneut gewählt (nachdem er die Verfassung rasch geändert hatte, um sich erneut zur Wahl stellen zu können), aber 1998 ließ die Unterstützung in der Bevölkerung nach. Im September 2000 wurde ein Video veröffentlicht, das Vladimir Montesinos, Fujimoris militaristischen Sicherheitschef, dabei zeigt, wie er einen Kongressabgeordneten besticht. Fujimoris zehnjährige Präsidentschaft geriet in unkontrolliertes Schleudern. Mitten in diesem Skandal wurden ihm darüber hinaus Menschenrechtsverletzungen vorgeworfen, während er sich auf einer Staatsreise durch Asien befand. Er versteckte sich in Japan, das sich weigerte, die wiederholten Auslieferungsforderungen Perus zu erfüllen. 2005 wurde er während eines Aufenthalts in Chile verhaftet und 2007 an Peru ausgeliefert, wo er für die Anordnung illegaler Durchsuchungen sofort angeklagt und zu sechs Jahren Haft verurteilt wurde. 2009 wurde Fujimori für Verbrechen gegen die Menschlichkeit zu weiteren 25 Jahren Haft verurteilt.

Trotz des Schandflecks in der Familiengeschichte wurde Fujimoris Tochter 2006 mit einem Erdrutschsieg in den peruanischen Kongress gewählt und zur Zeit der Recherche führte sie die Umfragen potenzieller Präsidentschaftskandidaten für 2011 an. Wie die Dinge in Lateinamerika normalerweise laufen, wird sie wohl Alan García Pérez nachfolgen, der 2006 für eine zweite Amtszeit wiedergewählt wurde. Dieses Mal lief es für García, trotz eines großflächigen Korruptionsskandals, entschieden besser, da Peru das Jahrzehnt mit einer viel stabileren Wirtschaft beendete.

KULTUR
Mentalität

Die Peruaner erleben seit Jahrzehnten eine politische Achterbahnfahrt, wobei die öffentliche Meinung mit dem Aufstieg und normalerweise krachenden Fall jedes neuen Präsidenten jeweils hin- und herschwankt. Völlig unerschütterlich ist dagegen der Stolz der Peruaner auf ihr Erbe. Nachdem sie lange von der hellhäutigen Oligarchie der *limeños* (Bewohner von Lima) beherrscht war, hat die peruanische Gesellschaft begonnen, sich zu ihren indigenen Wurzeln zu bekennen.

Auch wenn die letzten Jahrzehnte dem Land heftige soziale und politische Unruhen beschert haben, so haben sich die Peruaner dabei doch ihr Interesse für die schönen Dinge des Lebens erhalten. Sie teilen die Leidenschaft für gute Küche, für Musik voller Seele und für ein spannendes Fußballspiel. In diesem Land werden Familie und Freundschaft ernst genommen. Letzten Endes ist es eine Kultur, die auch die schlimmsten Rückschläge mit stoischer Ruhe und viel schwarzem Humor hinnimmt – aber auch nie die Hoffnung aufgibt.

Lebensart

Die großen Unterschiede zwischen Wüste, Sierra und Urwald, die es in der Geografie Perus gibt, spiegeln sich auch in der Lebensart seiner Bewohner wider. *Campesinos* (Bauern), die sich mühsam ihren Lebensunterhalt durch Subsistenzwirtschaft in einem abgelegen Hochlanddorf verdienen, sind Welten entfernt von den urbanen *arequipeños* (Bewohner Arequipas) mit ihren Ferienhäusern an der Küste oder den Jägern und Sammlern, die isoliert im tiefsten Amazonasgebiet leben.

Die Kluft zwischen Arm und Reich ist immer wieder verblüffend. Nach der Einführung des Fernsehens im verarmten Hochland in den 1950er-Jahren schwappte eine erste Migrationswelle über die Küste, da viele glaubten, dort das Leben zu finden, das auf dem Bildschirm gezeigt wurde. Der gewaltige Zustrom dieser Migranten führte zur Errichtung der *pueblos jóvenes* (junge Städte), die Lima umgeben, und von denen viele immer noch keinen Strom, kein Wasser und keine angemessenen sanitären Einrichtungen haben.

Mehr als die Hälfte der Peruaner lebt unterhalb der Armutsgrenze, die Arbeitslosigkeit ist so unkontrollierbar, dass keine genauen Zahlen dazu verfügbar sind. Doch es gibt einen starken unternehmerischen Elan. Viele Arbeitslose verdingen sich als *ambulantes* (Straßenverkäufer), wobei sie von Schokolade bis Wäscheklammern alles nur Erdenkliche anbieten. Und selbst Lehrer und Polizisten arbeiten genau wie Studenten nebenbei als Taxifahrer.

Angesichts der bitteren Armut, unter der die meisten Peruaner leiden, erstaunt es kaum, dass es andauernd zu Streiks der Arbeiter für höhere Löhne und zu allen möglichen anderen Protestaktionen kommt – etwa auch zu Aktionen der *campesinos* gegen die von den USA unterstützte Ausrottung der traditionsbehafteten Kokapflanze in den Anden. Deshalb kann es beim Reisen immer mal zu Verspätungen kommen, weil Demonstranten Straßen blockieren. Die Peruaner sind daran gewöhnt.

Bevölkerung

Peru ist eine gespaltene Gesellschaft. Auf der einen Seite steht die Mittel- und Oberschicht, die sich vorwiegend aus Weißen und hellhäutigen *mestizos* (Menschen mit indigen-spanischer Abstammung – Menschen rein spanischer Abstammung werden als *criollos* bezeichnet) zusammensetzt. Am unteren Ende der sozialen Leiter befinden sich die meist armen, indigenen *campesinos*. Etwa 45 % der Bevölkerung Perus sind rein indigen, was das Land zu einem der drei lateinamerikanischen Länder mit dem höchsten indigenen Bevölkerungsanteil macht. (Im Spanischen ist *indígenas* die kulturell angemessene Bezeichnung, und nicht Indios oder Indianer, was als beleidigend empfunden werden kann.) Die meisten *indígenas* sprechen Quechua und leben im Hochland, während ein kleinerer Anteil Aymara spricht und die Gegend um den Titicacasee bewohnt. Im riesigen Amazonasgebiet gibt's verschiedenste ethnische Gruppen mit einer Unzahl weiterer Sprachen. Etwa 3 % der Peruaner sind afrikanischer oder asiatischer Abstammung. Afro-Peruaner sind die Nachkommen der Sklaven, die die spanischen Konquistadoren und Kolonialherren einführten. Alberto Fujimori (der Präsident von 1990–2000) ist japanischer Abstammung, und die vielen *chifas* (chinesische Restaurants) zeugen von der chinesischen Einwanderung beim Eisenbahnbau Ende des 19. Jhs.

SPORT

Fútbol setzt in Peru viele Leidenschaften frei, auch wenn die Nationalmannschaft sich seit 1982 nicht mehr für eine Weltmeisterschaft qualifiziert hat. Die großen Mannschaften kommen in der Regel aus Lima: Der traditionelle *clásico* (Klassiker) ist Alianza Lima gegen den Rivalen Universitario (La U). Die Saison dauert von März bis November.

Stierkampf ist auch ein Teil der blutdürstigen nationalen Kultur. Limas Plaza de Acho zieht auch internationale Größen an (s. S. 881). In abgelegenen Andendörfern werden Kondore auf die Rücken von Stieren gebunden – als Ausdruck indigener Solidarität im Kampf gegen die spanischen Konquistadoren.

RELIGION

Mehr als 80 % der Peruaner sind Mitglieder der Römisch-Katholischen Kirche, der Katholizismus ist die offizielle Religion. Allerdings kombinieren viele *indígenas* – auch wenn sie nach außen hin Katholiken sind – Elemente ihres traditionellen Glaubens mit den Kirchenfesten und heiligen Zeremonien, so etwa wenn sie die Pachamama (Mutter Erde) als Jungfrau Maria verehren.

KUNST
Literatur
Perus bekanntester Autor ist Mario Vargas Llosa (geb. 1936), der 1990 erfolglos für das Präsidentenamt kandidierte. Seine komplex konstruierten Romane, beispielsweise *Das Fest des Ziegenbocks*, setzen sich meistens mit der peruanischen oder lateinamerikanischen Politik und Gesellschaft auseinander.

Als Perus größter Dichter wird César Vallejo (1892–1938) angesehen. Er schrieb *Trilce*, ein Buch mit 77 avantgardistischen, existenzialistischen Gedichten. Vallejo war bekannt dafür, dass er die Grenzen der spanischen Sprache verschob und neue Worte erfand, wenn ihm die bekannten nicht ausreichend erschienen.

Zwei Autoren, die für ihre Darstellung der indigenen Dorfgemeinschaften bekannt wurden, sind José María Arguedas (1911–1969) und Ciro Alegría (1909–1967).

Zu den neuen, erst teilweise ins Deutsche übersetzten literarischen Stars gehört der peruanisch-amerikanische Autor Daniel Alarcón (geb. 1977), dessen Debütroman *Lost City Radio* 2007 auf der Bestsellerliste der *Washington Post* stand und inzwischen auf Deutsch erhältlich ist. Sergio Bambarén (geb. 1960) lebte in den USA und Australien, bevor er nach Lima zurückkehrte – sein im Eigenverlag erschienenes Buch *The Dolphin: The Story of a Dreamer* wurde ein Bestseller.

Musik & Tanz
ANDEN
Der präkolumbischen Musik mit ihren Blas- und Schlaginstrumenten kann man im Hochland nicht entgehen. Diese traditionelle Andenmusik wird als *música folklórica* überall in Peru gespielt, vor allem aber bei den *peñas* in Bars und Klubs.

Die typischen Blasinstrumente sind dabei die *quenas* und *zampoñas*. Die *quena* ist eine Flöte, die normalerweise aus Bambus oder Knochen und je nach Tonart in verschiedenen Größen hergestellt wird. Die *zampoña* ist eine Art Panflöte, gewöhnlich aus zwei Reihen von Bambusrohren bestehend, die von dem kurzen hohen *chuli* bis zum meterlangen Bass *toyo* reichen. Zu den Schlaginstrumenten gehören *bombos* (Trommeln aus ausgehöhlten Baumstümpfen und Ziegenleder) und *shajshas* (Rasseln, die aus polierten Ziegenklauen hergestellt werden).

Heutige *música-folklórica*-Gruppen benutzen auch Saiteninstrumente, die auf spanische Ursprünge zurückgehen. Das typischste Instrument dabei ist die *charango*, eine kleine, mit fünf Doppelsaiten bespannte Gitarre, deren Korpus früher oft aus dem Panzer eines Gürteltiers gemacht wurde – heute sind sie fast immer aus Holz.

KÜSTE
Die beschwingte *música criolla* hat ihre Wurzeln in Spanien und Afrika. Afro-peruanische Musik ist einzigartig und ganz anders als die der Karibik oder Brasiliens. Hauptinstrumente sind dabei die Gitarre und der *cajón*, eine Kiste aus Holz, auf der der Spieler sitzt und mit den Fingern den Rhythmus schlägt. Der etwas bluesigere *landó* hat auch afrospanische Wurzeln und besteht aus Wechselgesang sowie Texten, die sich mit Sklaverei und sozialen Fragen beschäftigen

Das Herz der afro-peruanischen Musik und des Tanzes schlägt in Chincha (s. Kasten S. 885). Eine gute Einführung bietet die CD *Afro-Peruvian Classics: The Soul of Black Peru*, auf der die unvergleichliche Susana Baca zu hören ist. Die zeitgenössische Gruppe Perú Negro ist vor Kurzem auch international bekannt geworden.

Der populärste Tanz an der Küste ist die *marinera*, ein romantisches Umeinanderkreisen mit viel Taschentuchwedeln. In Trujillo sind *marinera*-Wettbewerbe sehr beliebt (S. 936).

MODERN
Auch der karibische Salsa ist in Peru allgegenwärtig, ebenso Cumbia und *chicha*, die beide ursprünglich aus Kolumbien stammen. Alle drei können in den *salsotecas* (Salsaklubs) genossen werden, in denen Hunderte von Peruanern die ganze Nacht durchtanzen. *Chicha* ist eine fröhliche Verschmelzung der traditionellen Panflöten mit elektronischem Schlagzeug und Gitarren. Aus der Cumbia hat sich die peruanische Techno-Cumbia entwickelt, deren Hauptvertreter Euforia und Rosy War waren. Zu den neueren Gruppen gehören Agua Marina und Armonía 10. Die einheimi-

sche Rock-, Pop-, Punk-, Hip-Hop- und Reggaeszene ist dünn.

Architektur

Wenngleich die Inkasteinbauten von Machu Picchu nach wie vor Perus Hauptattraktion sind, findet man hier auch eine Mischung anderer Architekturstile – von wunderbaren präkolumbischen Lehmpyramiden über spanischen Barock bis zu kastenförmigem Modernismus. In den unzähligen Kathedralen, Kirchen, Klöstern und Konventen, die nach der Ankunft der spanischen Konquistadoren erbaut wurden, sind außerdem verschiedene Kolonialstile vertreten.

Bildende Künste

Der Großteil der religiösen Kunst Perus wurde von indigenen Künstlern geschaffen, die unter kolonialem Einfluss standen. Diese einzigartige Fremdbestäubung führte zur Entstehung der Escuela Cuzqueña (Cusco-Schule), einer synkretistischen Verschmelzung spanischer und indigener Sensibilitäten. In vielen Hochland-Kirchen, nicht nur in Cusco (S. 911), werden mit Stolz Cuzqueña-Gemälde präsentiert.

NATUR & UMWELT

Die von der Regierung unterstützten Pläne, die Liberalisierung des Besitzrechts für Ausländer im peruanischen Amazonasgebiet voranzutreiben – 70 % befinden sich bereits in der Hand ausländischer Investoren, die die Absicht haben, die Energieentwicklung in der Gegend zu unterstützen –, führten 2009 zu andauernden Protesten von rund 30 000 peruanischen Ureinwohnern aus 60 Stämmen. Bei gewalttätigen Zusammenstößen in Bagua Grande wurden über 50 Menschen getötet – der schlimmste Gewaltausbruch in Peru seit seiner terroristischen Tage. Im Juni 2009 verbot der Kongress die kontroversen Pläne von Präsident García.

Während die Abholzung des Regenwalds internationale Aufmerksamkeit erregt hat, ist die Entwaldung des Hochlands durch Kahlschlag und Überweidung ebenfalls zu einem akuten Problem geworden, das sich noch dadurch verstärkt, dass das fruchtbare Erdreich immer mehr verweht oder ausgewaschen wird. Das führt zu einer Verringerung der Wasserqualität, vor allem im Amazonasbecken, wo das schlammige Wasser nicht mehr in der Lage ist, die Mikroorganismen am Ende der Nahrungskette zu erhalten. Zu den weiteren Problemen im Zusammenhang mit Wasser gehört die Umweltverschmutzung durch den Bergbau im Hochland und Industriemüll sowie Abwässer an der Küste. An manchen Stränden ist das Baden inzwischen verboten, darüber hinaus sind Perus reiche Fischbestände bedroht.

Andernorts steht mittlerweile verantwortungsbewusster Tourismus auf der Agenda, besonders im Amazonasbecken. Zusätzlich wurde 2009 ein Zuschuss der japanischen Regierung in Höhe von 120 Mio. US$ angekündigt, der für die Erhaltung von 55 Mio. ha Regenwald am Amazonas im Laufe der nächsten zehn Jahre bereitgestellt werden soll – ein Schritt in die richtige Richtung.

Geografie

Peru, das drittgrößte Land Südamerikas, verfügt über drei ganz verschiedene Regionen: einen schmalen Küstenstreifen (*costa*), die breiten Andenketten (*sierra*) und den Urwald des Amazonasbeckens (*selva*).

Der Küstenstreifen besteht vor allem aus Wüste, unterbrochen von Städten und Flüssen, die aus den Anden kommen und landwirtschaftlich nutzbare Oasen bilden. Die beste Straße des Landes, die Carretera Panamericana, führt an der gesamten Küste Perus entlang – von Grenze zu Grenze.

Die Anden steigen von der Küste bereits 100 km landeinwärts schnell zu spektakulären Höhen über 6000 m auf. Die meisten Berge sind zwischen 3000 und 4000 m hoch, und zerklüftete Gebirgsketten werden durch tiefe, Schwindel erregende Schluchten getrennt. Der Huascarán ist mit 6768 m Perus höchster Berg.

Die östlichen Anden bekommen mehr Regen ab als die trockenen westlichen Abhänge und sind deshalb mit Nebelwald bedeckt, der langsam in den Regenwald des Amazonasbeckens übergeht.

Tiere & Pflanzen

Mit seinen riesigen Wüsten, den von Gletschern bedeckten Bergketten, dem tropischen Regenwald und fast jedem nur vorstellbaren Habitat dazwischen darf es nicht verwundern, dass Peru über eine große Vielfalt von Tieren und Pflanzen verfügt.

Vögel und Meerestiere kommen an der Küste zahlreich vor. Hier leben Seelöwenkolonien, Humboldtpinguine, chilenische Flamingos, peruanische Papageien, Inkasee-

DIE BESTEN ORTE FÜR NATURBEOBACHTUNGEN

- der abgelegene Urwald im **Parque Nacional Manu** (S. 964); hier stehen die Chancen, Jaguare, Tapire und Affen zu sehen, am besten
- die Küstenschutzgebiete **Islas Ballestas** und **Reserva Nacional de Paracas** (S. 884) mit Pinguinen, Flamingos und Seelöwen
- der **Parque Nacional Huascarán** (S. 953) für Andenkondore, die Riesenpflanzen *Puya raimondii*, vicuñas und Viscachas
- die Baumkronen-Promenaden, Urwald-Lodges und Flussrundfahrten in **Iquitos** (S. 967)
- Wasserschweine sehen, während man in **Puerto Maldonado** (S. 961) im Tiefland mit dem Boot zu einer Ara-Salzlecke fährt
- der beste Ort, wenn man Andenkondore sehen möchte: **Cañón del Colca** (S. 899)
- der Altwassersee **Yarinacocha** (S. 966), das Zuhause von Amazonasdelfinen, riesigen Leguanen und von Myriaden von Vogelarten
- das unberührte Regenwaldschutzgebiet **Reserva Nacional Pacaya-Samiria** (s. Kasten S. 970), das man am besten mit einem Einbaum erkundet
- der **Machu Picchu** (S. 923) bietet einen wahren Regenbogen aus seltenen und einheimischen Vögeln – über 400 Arten!

schwalben und hier endemische braune Tölpel. Zu den bemerkenswerten Vögeln gehören der majestätische Andenkondor, der Schmalschnabelsichler und eine Vielzahl von Kolibris. Das Hochland ist auch die Heimat der Kameloiden wie Lamas, Alpakas, Guanakos und Vikunjas, während man im Nebelwald Jaguare, Tapire und die bedrohten Brillenbären findet.

Weiter unten, Richtung Amazonas, kann man mit etwas Glück die berühmten tropischen Vögel sehen: Papageien, Aras, Tukane und viele andere. Mehr als ein Dutzend Affenarten leben in Amazonien, außerdem Flussdelfine, Frösche und unzählige Fische und Insekten. Und Schlangen? Keine Panik. Es leben zwar viele Arten hier, aber meistens verstecken sie sich vor Menschen.

Nationalparks
Perus Reichtum an Tieren und Pflanzen wird von einem System von Nationalparks und Reservaten bewahrt. Die mehr als 55 Schutzgebiete nehmen fast 13 % der Landesfläche ein. Sie leiden jedoch unter einer schlecht bis gar nicht ausgebildeten Infrastruktur. Illegales Jagen, Fischen, Abholzung und nicht genehmigter Bergbau sind an der Tagesordnung. Die Regierung hat nicht das Geld, um die Parks zu überwachen, auch wenn internationale Organisationen Gelder bereitstellen, um Umweltschutzmaßnahmen zu fördern.

VERKEHRSMITTEL & -WEGE

AN- & WEITERREISE
Informationen zur Einreise stehen auf S. 980.

Bus, Auto & Motorrad
Die wichtigsten Grenzübergänge: Tacna nach Chile (s. Kasten S. 892); Tumbes (s. Kasten S. 946), La Tina oder Jaén (s. Kasten S. 944) nach Ecuador; Yunguyo oder Desaguadero (s. Kasten S. 905) am Titicacasee nach Bolivien. Brasilien ist über Iñapari (s. Kasten S. 963) zu erreichen, das ist aber kompliziert.

Flugzeug
Limas **Aeropuerto Internacional Jorge Chávez** (LIM; ☎ 01-517-3100; www.lap.com.pe) ist die Drehscheibe für Flüge in die Andenländer, nach Lateinamerika, Nordamerika und Europa.

Schiff/Fähre
Schiffe auf dem Amazonas gibt's von Iquitos nach Leticia in Kolumbien und nach Tabatinga in Brasilien (s. Kasten S. 971). Es ist schwierig, Bolivien auf dem Fluss von Puerto Maldonado (s. Kasten S. 963) aus zu erreichen. Von Iquitos den Río Napo nach Coca in Ecuador hinauf zu reisen, ist zwar möglich, kostet aber viel Zeit.

Zug
Es gibt billige Züge, die zweimal am Tag zwischen Tacna und Arica in Chile hin- und herpendeln (s. Kasten S. 892).

UNTERWEGS VOR ORT
Unterwegs sollte man den Pass und die Einreisekarte (s. S. 980) immer am Körper und nicht im Gepäck verstaut tragen, da es beim Überlandverkehr gelegentlich Polizeikontrollen geben kann.

Auto & Motorrad
Mit Ausnahme der Carretera Panamericana und der neuen Straßen, die von der Küste ins Landesinnere führen, sind die Straßenverhältnisse im Allgemeinen mies, dazu kommen große Entfernungen und hohe Kosten für einen Mietwagen. Man sollte nie vergessen, dass die Beschilderung mangelhaft ist und die meisten Straßen bei alledem noch mautpflichtig sind (2–7,50 S/100 km). *Gasolina* (Benzin) kostet etwa 9 S pro Liter. Tankstellen (*grifos*) sind rar. Für Langstrecken ein Privattaxi zu mieten, kostet unterm Strich nur wenig mehr als ein Leihwagen und hilft, viele Fallen zu umschiffen. Ein Motorrad zu leihen, lohnt sich vor allem in Urwaldstädten; in Cusco gibt's dafür ein paar Spezialisten.

Bus
Perus bekanntermaßen gefährliche Busse sind billig und fahren überall hin. Wenig genutzte Strecken werden von alten Klapperkisten befahren, die bekannteren Ziele aber auch von Luxuslinien (mit pompösen Namen wie *imperial*), die allerdings auch zehnmal mehr kosten als die billigen *económico*-Busse. Bei langen Busreisen lohnt es sich, mehr zu zahlen, und sei es nur wegen der größeren Sicherheit. Manche Nachtlinien bieten *bus-camas* (Bettenbusse) mit Sitzen an, die man zu Liegesitzen umstellen kann. Was Sicherheit und Komfort betrifft, steht das Unternehmen **Cruz del Sur** (www.cruzdelsur.com.pe) an erster Stelle, von da an geht es stark bergab. Peruaner schwören auf **Oltursa** (www.oltursa.com.pe).

Viele Städte haben heute zentrale Busbahnhöfe, in anderen ballen sich die Busgesellschaften im Bereich einiger Blöcke, in wieder anderen verteilen sie sich über die ganze Stadt. Reisebüros sind eine bequeme Möglichkeit, um Fahrkarten zu kaufen, aber sie lassen sich ihre Dienste auch gut bezahlen. Billiger ist es, die Karten direkt bei der Busgesellschaft zu holen, und zwar mindestens einen Tag vor der Reise. Fahrpläne und Preise ändern sich häufig. An höheren Feiertagen (S. 975) steigen die Preise, und die Fahrkarten können bereits einige Tage vorher ausverkauft sein. Die Busse an der Küste sind den ganzen Sommer über voll, vor allem sonntags.

Busse sind selten pünktlich und können während der Regenzeit aufgrund von Erdrutschen und gefährlichen Straßenzuständen mit enormen Verspätungen ankommen. Man sollte möglichst wenig Nachtbusse nehmen, weil sie häufiger in Unfälle verwickelt sind, öfter entführt werden und das Gepäck in ihnen schneller gestohlen wird. In den Bussen im Hochland kann es sehr kalt werden, deshalb sollte man dort immer warme Sachen dabeihaben. Langstreckenbusse machen gewöhnlich Stopps für Mahlzeiten, Toiletten stehen keineswegs immer zur Verfügung. Manche Gesellschaften haben eigene Restaurants irgendwo mitten in der Pampa, wodurch man praktisch dazu gezwungen wird, dort zu essen. Man kann aber auch den Verkäufern, die in den Bus kommen, kleine Snacks abkaufen oder sein eigenes Essen und Trinken mitbringen.

Flugzeug
Preise und Flugpläne für Inlandsflüge ändern sich ständig. Jedes Jahr werden neue Fluglinien gegründet, während andere wegen schlechter Sicherheitszeugnisse wieder verschwinden; Genaueres steht auf der Website für Flugsicherheit, www.airsafe.com. Eine weitere nützliche Site ist www.traficoperu.com, die detaillierte Flugpläne und Preise für die wichtigsten Städte listet. Zur Zeit der Recherche kosteten einfache Flüge im untersten Preissegment etwa 360 S. Früh- und Inlandsbucher bekommen die günstigsten Plätze (s. Kasten S. 866).

FLUGHAFENSTEUER

Die Flughafensteuer wird immer beim Abflug am Flughafen fällig. Limas internationale Steuer beträgt 31 US$, zahlbar in US-Dollar oder Nuevos Soles (nur Bargeld). American und Delta Airlines schlagen die Steuer bereits auf den Ticketpreis auf. Die Steuer für Inlandsflüge liegt zwischen 3 US$ und 6 US$; Lima verlangt 5,84 US$, Cusco 4,84 US$.

> **SPAREN!**
>
> Bloß keine Auslandspreise für Inlandsflüge in Peru bezahlen! Stattdessen sollte man, wenn man bereits im Land ist (aus dem Ausland ist es nicht möglich), die peruanische Website von **LAN** (www.lan.com.pe) nutzen, um die weiteren Flüge (auf Spanisch) zu buchen. Die Kreditkarte wird abgelehnt, wenn es keine peruanische ist, aber man kann stattdessen die Option wählen, in einem der zahlreichen Supermärkte und Banken in ganz Peru zu zahlen (Wong, Metro, BCP, Interbank usw.). Man bekommt einen Bezahlcode, mit dem man dann zum Zahlungsort seiner Wahl geht und, voilà!, schon hat man bis zu 50% gespart – genau wie die Einheimischen.
>
> Übrigens: Wenn man einen Inlandsflug über Lima gebucht hat, muss man die Flughafensteuer nicht zweimal zahlen. Stattdessen kann man sich an die Sicherheitsbeamten rechts neben dem Inlands-Terminaleingang wenden, die lassen einen dann so durch.

Die meisten Inlandsfluglinien verkehren zwischen Lima und Cusco, ebenso die internationale Gesellschaft **TACA** (www.taca.com). **LAN** (www.lan.com) bedient alle wichtigen und eine Nebenstrecke. **Star Perú** (www.starperu.com) fliegt nach Cusco und in die Urwaldstädte. **LC Busre** (www.lcbusre.com.pe) bietet wichtige Verbindungen im Hochland der Anden an. Die Büros der Fluglinien sind unter den jeweiligen Zielen in diesem Kapitel aufgeführt.

Flüge verspäten sich oft; Morgenverbindungen sind am ehesten pünktlich. Bei Inlandsflügen sollte man mindestens eine Stunde vorher da sein (90 Min. in Lima, 2 Std. in Cusco). Während der Ferien sind die Flüge oft komplett ausgebucht (s. S. 975).

Nahverkehr

Taxis haben meistens keine Taxameter, weshalb man sich am besten bei den Einheimischen nach den üblichen Preisen erkundigt und dann mit den Fahrern verhandelt. Manche verlangen bei arglosen Ausländern oft den doppelten oder gar dreifachen Preis. Eine kurze Fahrt kostet in den meisten Städten 3 bis 5 S, in Lima 5 bis 8 S. Straßenhändler verkaufen überall in Peru fluoreszierende Taxiaufkleber, die sich jeder an die Windschutzscheibe kleben kann. Manche Fahrer dieser unerlaubten „Piraten"-Taxis haben sich als Komplizen von Verbrechern erwiesen, die die Passagiere überfallen und ausrauben; besonder häufig kommt so etwas in Arequipa vor. Sicherer, aber auch teurer ist es, offiziell registrierte Taxis zu nehmen, die üblicherweise telefonisch bestellt werden.

In manchen kleineren Städten sind *motocarros* oder *mototaxis* (motorisierte Rikschas) üblich. *Colectivos* (Minibusse oder Taxis, die sich mehrere Fahrgäste teilen) und Lastwagen (vor allem im Amazonasgebiet) verkehren zwischen nahe gelegenen und nicht mehr ganz so nahe gelegenen Zielen.

Schiff/Fähre

Kleine, langsame Motorboote fahren täglich von Puno aus die Inseln im Titicacasee (S. 905) an.

In Perus östlichem Tiefland dienen auf kleineren Flüssen *peki-pekis* – Kanus aus ausgehöhlten Baumstämmen, die mit einem Außenbordmotor angetrieben werden – als Wassertaxis. Wenn die Flüsse breiter werden, gibt's normalerweise auch größere Boote. Es ist die klassische Art, den Amazonas hinunterzureisen: Man schaukelt gemütlich in der Hängematte, während der Bananendampfer von einem grauhaarigen alten Kapitän gesteuert wird, der die Gewässer kennt wie seine Westentasche. Man kann von Pucallpa oder Yurimaguas bis Iquitos schippern und dann weiter nach Kolumbien und Brasilien oder nach Ecuador. Die Schiffe sind nicht groß, aber sie haben zwei oder mehr Decks: Das untere Deck ist für die Fracht, das obere für die Passagiere und die Mannschaft. Es empfiehlt sich, eine eigene Hängematte dabeizuhaben. Einfaches Essen wird gestellt, aber man kann auch eigenes mitbringen. Um an Bord zu kommen, einfach zur Anlegestelle gehen und nach einem Schiff fragen, das zu dem Ort fährt, zu dem man will. Die Fahrt mit dem Kapitän (und niemand anderem) ausmachen. Die Abfahrtszeit hängt normalerweise davon ab, wie schnell das Schiff voll wird. Manchmal kann man schon während des Wartens auf dem Schiff schlafen und so Geld sparen.

Zug

Die teure **PeruRail** (www.perurail.com) verbindet Cusco und das *valle sagrado* (heilige Tal) mit Machu Picchu (S. 916). Eine schwer vorhersagbare Zugverbindung auf der landschaftlich sehr schönen Strecke zwischen Cusco und dem Titicacasee gibt's derzeit dreimal pro Woche (S. 904).

Andere Züge verbinden Lima mit den Städten Huancayo (S. 935) und Huancavelica im Andenhochland.

LIMA

☎ 01 / 7 606 000 Ew.

Für eine Küstenstadt fehlt Lima das tropische Fieber eines Rio de Janeiro, und obwohl sich französische, italienische und deutsche Stammbäume über das ganze Land ausbreiten, verfügt es auch nicht über die sexy Euro-Latino-Sinnlichkeit eines Buenos Aires. Trotzdem hat die einstige „Stadt der Könige" ihre ganz eigenen Reize.

Perus frenetische Hauptstadt ist das Zuhause von rund einem Drittel der Bevölkerung und sieht aus der Luft beinahe wie eine Wüstenlandschaft im Nahen Osten aus: eine trockene Meeres-Metropole, deren staubige Vororte ständig unter einer Decke aufgewirbelter Erde liegen. Unter dem Staub versteckt sich eine moderne Stadt mit schicken Einkaufszentren, bezaubernden Stadtvierteln, die auf Entdecker warten, und einer der wichtigsten Gourmetszenen des Kontinents – und all das bekommt man inklusive dramatischen Meerblicks.

Probleme mit der Überbevölkerung haben dieser schnelllebigen Metropole einen Ruf als verschmutzte, gefährliche Stadt eingebracht. Ja und nein. Wenn man von den verfallenen Prä-Inka-Pyramiden und der verblassenden Pracht der spanischen Kolonialarchitektur zu den glänzenden, ultramodernen Einkaufszentren und einigen der besten Museen des Landes spaziert, ist das nervigste Ärgernis, dem man unterwegs begegnet, wohl die exzessive Nutzung der Autohupen. Dem kann man entgehen, indem man sich am Meeresufer frische Meersfrüchte gönnt, auf den Klippen in Miraflores paragliden geht oder bis zum Sonnenaufgang in den Bars und Klubs im unkonventionellen Barranco tanzt.

GESCHICHTE

Als Francisco Pizarro Lima 1535 am katholischen Feiertag der Heiligen drei Könige gründete, taufte er sie „Stadt der Könige". In den frühen Jahren der spanischen Kolonialzeit wurde sie zur reichsten und wichtigsten Stadt auf dem Kontinent. Das alles war vorbei, als 1746 ein verheerendes Erdbeben den größten Teil der Stadt vernichtete. Doch der Wiederaufbau ging schnell voran. Die meisten Kolonialgebäude, die man heute hier sieht, stammen aus der Zeit nach dem Erdbeben.

Der argentinische General José de San Martín rief hier am 28. Juli 1821 die peruanische Unabhängigkeit aus. Drei Jahrzehnte später baute die Stadt die erste Eisenbahn in Südamerika. Im Zuge eines Krieges mit Chile wurde Lima 1881 angegriffen. Während der fast dreijährigen Besatzung raubten und zerstörten die Chilenen viele Schätze der Stadt.

Aufgrund der schnellen Industrialisierung und der Zuwanderung ländlicher Bevölkerung vor allem aus dem Hochland setzte in den 1920er-Jahren ein unerhörtes Bevölkerungswachstum ein. Dieses Wachstum und die damit entstehenden Probleme haben sich in halsbrecherischer Weise bis heute fortgesetzt. Heute hat die Stadt einige reiche Vorstädte, in denen Angehörige der Mittelschicht wohnen. Viele Menschen sind allerdings auch arbeitslos und leben unter unwürdigen Bedingungen in Häusern ohne Wasseranschluss.

Ende 1996 überfielen Rebellen der Gruppe Túpac Amaru die Residenz des japanischen Botschafters und nahmen mehrere Botschafter und Minister als Geiseln. Nach vier Monaten bombardierten peruanische Soldaten das Gebäude, stürmten es und erschossen die Rebellen. Auch eine Geisel und zwei Soldaten starben bei der Befreiungsaktion.

Im März 2002, einige Tage vor einem Besuch des US-Präsidenten George W. Bush, explodierte eine Autobombe in der Nähe der US-Botschaft, die zehn Menschen tötete. Man nimmt an, dass sie von den Guerillas des Sendero Luminoso gezündet wurde, deren Aktionen in den 1980er-Jahren zu massiver sozialer Instabilität geführt hatten.

ORIENTIERUNG

Das Herz der Innenstadt von Lima („El Centro") ist die Plaza de Armas, alias Plaza Mayor (Karte S. 874 f.). Sie ist mit der Plaza San Martín durch die geschäftige Fußgängerzone Jirón de la Unión verbunden, die nach Süden als Jirón Belén weitergeht – viele Straßen ändern ihren Namen alle paar Blocks – und in den Paseo de la República mündet. Von der Plaza Grau führt die Vía Expresa – Spitzname *el zanjón* (der Graben) –

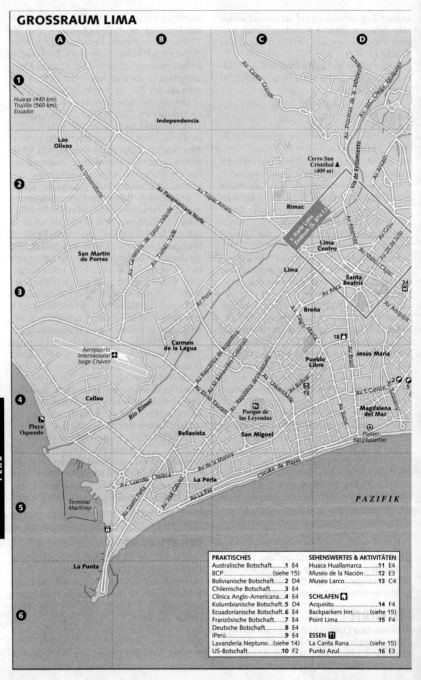

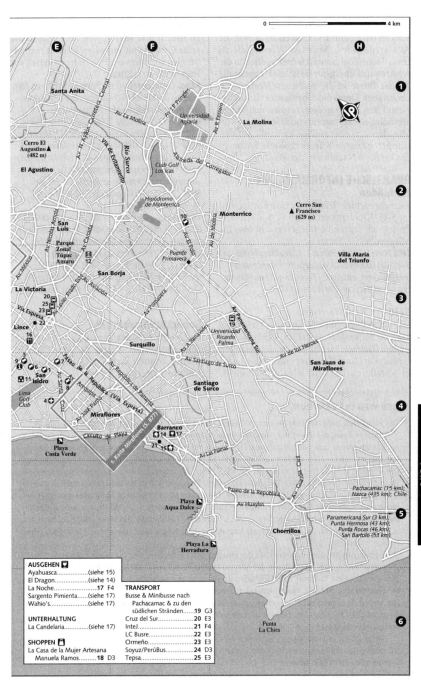

als wichtige Schnellstraße in die Vororte. Parallel dazu befindet sich westlich davon die Av Garcilaso de la Vega (Av Wilson), die als Jirón Tacna beginnt und weiter südlich in die Av Arequipa übergeht; sie ist die Hauptstraße für die Busse in die südlichen Vororte, zu denen auch Limas modebewusstes Geschäftsviertel San Isidro gehört, und zu den feinen Strandhotels, Restaurants und Geschäften von Miraflores. Weiter südlich bietet die auf den Klippen gelegene Künstlerkolonie Barranco das heißeste Nachtleben der Stadt.

PRAKTISCHE INFORMATIONEN
Buchläden

Fremdsprachige Reiseführer und Karten sind im SAE-Klubhaus erhältlich (s. S. 871); dort findet sich auch eine Büchertauschbörse für Mitglieder.

Zeta (Karte S. 877; Av Espinar 219, Miraflores; Mo–Sa 9–21 Uhr) Gute Auswahl von englisch- und anderssprachigen Büchern, auch Lonely Planet. Es gibt eine Filiale im Einkaufszentrum LarcoMar (Karte S. 877).

Geld

Überall in Lima gibt's 24-Stunden-Geldautomaten. Außerdem verteilen sich *casas de cambio* (Geldwechselstuben) auf der gesamten Camaná in Limas Zentrum und auf der Larco in Miraflores. Die offiziellen grünen Geldwechselstuben *(cambistas)* sind in ganz Lima zu finden und sehr sicher, aber man sollte seine Geldscheine auf jeden Fall mit dem offiziellen Stempel versehen lassen, um sich vor Falschgeld zu schützen.

Banco Continental Zentrum (Karte S. 874 f.; Cusco 286); Miraflores (Karte S. 877; Ecke Av José Larco & Tarata) Visa-Vertreter; mit internationalen Geldautomaten.

BCP Barranco (Karte S. 868 f.; Grau 599); Zentrum (Karte S. 874 f.; Lampa 499); Miraflores (Karte S. 877; Av José Pardo 491); Miraflores (Karte S. 877; Ecke Av José Larco & José Gonzales); Miraflores (Karte S. 877; Ecke Av José Larco & Schell) Hat 24-Stunden Geldautomaten für Visa/Mastercard und wechselt Amex-Reisechecks.

HSBC (Karte S. 877; Av José Pardo 269, Miraflores) 24-Stunden-Geldautomat.

Interbank Miraflores (Karte S. 877; Av José Larco 690); Miraflores (Karte S. 877; Ecke Óvalo & Av José Pardo) Internationale Geldautomaten, aber mit heftiger Gebühr.

LAC Dólar Zentrum (Karte S. 874 f.; ☎ 428-8127; Camaná 779; Mo–Sa 9.30–18.30, So 9–14 Uhr); Miraflores (Karte S. 877; ☎ 242-4085; Av de la Paz 211; Mo–Fr 10–14 & 15–18, Sa 10–14 Uhr) Zuverlässige *casa de cambio*.

Gepäckaufbewahrung

Die Gepäckaufbewahrung am Flughafen (Inlandsterminal) kostet 28 S pro Tag. Mitglieder können ihr Gepäck auch im SAE-Klubhaus lagern (s. S. 871).

DER WEG INS ZENTRUM

Der Flughafen befindet sich im Vorort Callao, 12 km westlich der Innenstadt (Karte S. 868 f.).

Offizielle Taxis, die direkt vor dem Terminalausgang stehen, verlangen saftige 45 S für die Fahrt ins Stadtzentrum und nach Miraflores. Einfach an ihnen vorbei und weiter zum Parkplatz gehen, dann spart man ca. 10 S, verliert aber in Sachen Sicherheitsgefühl möglicherweise ein paar Nerven. Die meisten Hostels bieten, ebenfalls für 45 S, einen Abholservice vom Flughafen an. Alternativ kann man beim Verlassen des Terminals auch nach links und 100 m bis zum Fußgängertor gehen, sich dann nach rechts wenden und weitere 100 m zur Straße vor dem Flughafen marschieren, wo man für weniger Geld ein inoffizielles Taxi oder im *combi* nach Miraflores nehmen kann. Der „Callao-Ate"-Minibus (nach dem roten „S" Ausschau halten oder ihn über seinen Spitznamen „La S", gesprochen: „la e-se", suchen) kostet nur 1,50 S (ein bisschen mehr mit unverschämt riesigem Gepäck).

Die billigste Art, den Flughafen aus der Innenstadt zu erreichen, sind die Busse mit der Aufschrift „Faucett/Aeropuerto", die entlang der Alfonso Ugarte verkehren (1,20 S). Von Miraflores empfiehlt sich ein Taxi. Eine Taxifahrt zum Flughafen ist am günstigsten, wenn man sich an der Straße eines heranwinkt und handelt. Mehr Sicherheit bekommt man, wenn man das Taxi vorher bestellt und die vollen 45 S bezahlt. Eine sichere, zuverlässige Option ist **Taxi Green** (☎ 484-4001; www.taxigreen.com.pe). Der irrsinnige Verkehr und die vielen Baustellen führen oft zu langen Verspätungen, sodass man mindestens eineinhalb Stunden für die Fahrt zum bzw. vom Flughafen einplanen sollte.

Leider gibt's in Lima keinen zentralen Busbahnhof. Jedes Busunternehmen unterhält eigene Büros und Bahnhöfe, die meisten befinden sich in den dubiosen Stadtvierteln östlich des Zentrums – immer mit dem Taxi fahren!

Internetzugang

In einigen Pensionen gibt's kostenlos Internetzugang. Flotte Cybercafés (Surfen 3 S/Std.) sind in Miraflores überall zu finden.

Medizinische Versorgung

Die folgenden Kliniken bieten Notfalldienste an und haben auch Englisch sprechendes Personal:

Clínica Anglo-Americana (Karte S. 868 f.; ☎ 616-8900; Salazar 350, San Isidro) Hat Impfstoffe gegen Gelbfieber und Tetanus auf Lager.
Clínica Internacional (Karte S. 874 f.; ☎ 619-6161; Washington 1471, Zentrum)

Notfall

Ambulanz (☎ 117)
Feuerwehr (☎ 116)
Polizei (☎ 105) Nur für Notfälle.
Polizeihauptquartier (Karte S. 868 f.; ☎ 460-1060; Moore 268, Magdalena del Mar; 24 Std.)
Policía de Turismo (Karte S. 874 f.; ☎ 423-3500; España, Quadra 4; 24 Std.) Hält Formulare für Versicherungs- oder Reisescheckersatzanträge bereit; das Personal spricht ein bisschen Englisch.

Post

Mitglieder können sich Post und Pakete ins SAE-Klubhaus (s. rechte Spalte) schicken lassen.

DHL (Karte S. 877; ☎ 445-4791; Av José Pardo 620, Miraflores)
FedEx (Karte S. 877; ☎ 242-2280; Pasaje Olaya 260, Miraflores)
Hauptpost (Karte S. 874 f.; Pasaje Piura, Zentrum; Mo–Sa 8–20, So 9–13 Uhr) Hier kann man postlagernde Sendungen abholen, aber sie ist nicht 100 %ig zuverlässig. Ausweis mitbringen.
Serpost (Karte S. 877; Petit Thouars 5201; Mo–Sa 8.10–20.45, So 9–13 Uhr)

Touristeninformation

iPerú Flughafen (☎ 574-8000; Aeropuerto Internacional Jorge Chávez); Miraflores (Karte S. 877; ☎ 445-9400; LarcoMar; 11–13 & 14–20 Uhr); San Isidro (Karte S. 868 f.; ☎ 421-1627; Jorge Basadre 610; Mo–Fr 8.30–17 Uhr) Das Hauptbüro hält Karten bereit und bietet die Dienstleistungen der Touristenschutzagentur (Indecopi) an. In Miraflores gibt's hilfreiche Außenstellen, u. a. in der Parque Kennedy, LarcoMar und Huaca Pucllana. Das Hauptbüro ist im LarcoMar; am Wochenende praktisch.
PeruRail (Karte S. 877; ☎ 241-5068; www.perurail.com; LarcoMar; 11–21.30 Uhr) Hier erhält man Informationen und kann die Zugverbindungen Cusco–Machu Picchu und Cusco–Puno buchen.

South American Explorers (SAE; Karte S. 877; ☎ 445-3306; www.saexplorers.org; Piura 135, Miraflores; Mo, Di & Fr 9.30–17, Mi bis 20, Sa bis 13 Uhr) SAE ist eine von Mitgliedern unterstützte gemeinnützige Organisation, die Reisenden als unschätzbares Informationszentrum dient; s. auch S. 1114.

Waschsalons

KTO (Karte S. 874 f.; España 481, Zentrum; Mo–Sa 9–20 Uhr)
Lavandería 40 Minutos (Karte S. 877; Av Espinar 154, Miraflores; Mo–Sa 8–20, So 9–13 Uhr)
Lavandería Neptuno (Karte S. 868 f.; ☎ 477-4472; Grau 912, Barranco; wechselnde Öffnungszeiten)
Servirap (Karte S. 877; Schell 601, Miraflores; Mo–Sa 8–22, So 10–18 Uhr) Auch Selbstbedienung.

GEFAHREN & ÄRGERNISSE

Da in Lima viele arme und arbeitslose Menschen leben, hat die Stadt sehr unter Gelegenheitsverbrechern zu leiden. Auch wenn es nicht sehr wahrscheinlich ist, dass man körperlichen Schaden nimmt, sind schon einige Reisende ausgeraubt worden. An Stränden, an denen bereits gewaltsame Übergriffe stattgefunden haben, sollte man besonders wachsam sein. Man sollte immer offiziell lizenzierte Taxis benutzen, besonders nachts. Busbahnhöfe befinden sich oft in benachteiligten Stadtvierteln und sind für Diebstähle berüchtigt, also kauft man sein Ticket lieber vorab oder nimmt sich ein Taxi. Vom Flughafen wird berichtet, dass Diebe beobachten, welche Passagiere wertvolles Handgepäck mit in den Fahrgastraum eines Taxis nehmen, und dem Wagen dann folgen, um unterwegs an einer roten Ampel blitzschnell zuzuschlagen. Es wird empfohlen, das gesamte Gepäck im Kofferraum zu verstauen; s. S. 976.

SEHENSWERTES

Limas Zentrum ist zwar die interessanteste, aber nicht unbedingt die sicherste Gegend für einen Spaziergang. Zwischen den Plazas de Armas, San Martín und Grau sowie den Parks weiter südlich ist ein Bummel in der Regel kein Problem. Einige der besten Museen und weitere Attraktionen befinden sich in den äußeren Vororten.

Museen

Der dominante Betonklotz beherbergt das staatliche **Museo de la Nación** (Karte S. 868 f.; ☎ 476-9933; Av Javier Prado Este 2466, San Borja; Di–So 9–18 Uhr), einer der besten Orte, um sich einen

Überblick über Perus Myriaden von prähistorischen Zivilisationen zu verschaffen. Mehrsprachige Führer sind für 15 S erhältlich. Man gelangt von der Av Arequipa, fünf Blocks nördlich der Óvalo in Miraflores, mit einem Minibus (1 S) in Richtung Osten entlang der Angamos Este hierher. Vorher den Fahrer fragen, ob der Bus über die Kreuzung Av Aviación/Av Javier Prado Este fährt – von dort sind es noch 50 m zu Fuß.

Das **Museo Larco** (Karte S. 868 f.; ☎ 461-1312; www.museolarco.org; Av Bolívar 1515, Pueblo Libre; Erw./Student 30/15 S; ◷ 9–18 Uhr) zeigt eine beeindruckende Keramiksammlung, deren Highlight die berüchtigte Sammlung präkolumbischer erotischer Töpfe ist, die mit erstaunlicher Deutlichkeit die sexuellen Praktiken antiker peruanischer Männer, Frauen, Tiere und Skelette in sämtlichen erdenklichen Kombinationen illustrieren. Man erreicht das Museum von der Av Arequipa in Miraflores mit einem Minibus mit der Aufschrift „Todo Bolívar" zum 15. Block der Bolívar (1,20 S).

Das im Parque de la Cultura gelegene **Museo de Arte de Lima** (Karte S. 874 f.; ☎ 423-4732; www.museodearte.org.pe; Paseo de Colón 125, Santa Beatriz; Erw./Student 12/5 S; ◷ 10–17 Uhr) war zur Zeit der Recherche geschlossen, da es einer 4,5 Mio. US$ teuren Renovierung unterzogen wurde. Es entsteht ein Anbau, ein neues Café und ein Museumsladen, außerdem sollen die Galerien erneuert werden. Auf der Website steht unter „Del Museo" und „Visítanos", ob die Arbeiten noch andauern. Nach der Neueröffnung werden wieder vier Jahrhunderte peruanischer Kunst und präkolumbische Artefakte präsentiert. Das bescheidenere **Museo Nacional de la Cultura Peruana** (Karte S. 874 f.; ☎ 423-5892; www.museodelacultura.perucultural.org.pe; Alfonso Ugarte 650; Erw./Student 3,60/1 S; ◷ Di–Fr 10–17, Sa bis 14 Uhr) zeigt beliebte Volkskunst und Kunsthandwerk. Von der Plaza San Martín kommt man mit dem Taxi (5 S) hierher.

In einem Gebäude untergebracht, das von 1570 bis 1820 von der spanischen Inquisition genutzt wurde, bietet das **Museo de la Inquisición** (Karte S. 874 f.; ☎ 311-7777; www.congreso.gob.pe/museo.htm; Jirón Junín 548, Zentrum; ◷ 9–13 & 14–17 Uhr) kostenlose mehrsprachige Touren an. Besucher können auch den Keller erkunden, in dem Gefangene gefoltert wurden, und es gibt eine makabere Wachsfigurenausstellung mit lebensgroßen Unglückseligen, die auf der Streckbank liegen, wenn ihnen nicht gerade die Füße gegrillt werden.

Religiöse Gebäude

Limas viele Kirchen, Klöster und Konvente sind eine willkommene Pause im unaufhörlichen Gehetze und Gedränge der Stadt, auch wenn sie oft wegen Restaurierung oder einer verlängerten Mittagspause geschlossen sind.

Die ursprünglich 1555 erbaute **Catedral de Lima** (Karte S. 874 f.; ☎ 01-427-9647; Plaza de Armas; Erw./Student 10/2 S; ◷ Mo–Fr 9–17, Sa 10–13 Uhr) wurde mehrmals von Erdbeben zerstört und wieder aufgebaut, zum letzten Mal 1746. In der mit Mosaiken ausgestatteten Kapelle rechts vom Hauptportal befindet sich der Sarg von Francisco Pizarro. Jahrelang gab es eine heiße Debatte über die Echtheit seiner Überreste, nachdem in den späten 1970er-Jahren in der Krypta ein mysteriöser Körper mit mehreren Stichwunden und abgetrenntem Kopf ausgegraben worden war. Nach einer Reihe von Tests schlossen die Wissenschaftler, dass die Überreste, die zuvor als Pizarros galten, die eines unbekannten Kirchenmannes waren, und dass der in der Krypta gefundene Körper tatsächlich dem berühmten Konquistador gehörte.

Das **Monasterio de San Francisco** (Karte S. 874 f.; ☎ 427-1381; www.museocatacumbas.com; Ecke Lampa & Ancash, Zentrum; 45-minütige geführte Tour Erw./Student 5/1 S; ◷ 9.30–17.30 Uhr) ist berühmt für seine Katakomben und die bedeutende Bibliothek, die Tausende historischer Texte enthält, von denen manche bis auf die spanische Eroberung zurückgehen. Die Kirche zählt zu den am besten erhaltenen frühen Kolonialkirchen Limas, viele der ursprünglichen Barockelemente mit maurischen Einflüssen wurden inzwischen restauriert. In den Katakomben befinden sich Schätzungen zufolge 70 000 Gräber, und die mit Knochen gefüllten Krypten sind nichts für Hasenfüße.

Ruinen

Ein Spaziergang zur Zeremonienplattform von **Huaca Huallamarca** (Karte S. 868 f.; ☎ 222-4124; Nicolás de Rivera 201, San Isidro; Erw./Kind 5/1 S; ◷ Di–So 9–17 Uhr), einer aufwendig restaurierten Maranga-Lehmpyramide, die um 500 erbaut wurde, eröffnet eine neue Perspektive auf das zeitgenössische Lima. Von Miraflores kann man mit dem Taxi fahren (6 S).

Huaca Pucllana (Karte S. 877; ☎ 617-7138; Ecke Borgoño & Tarapacá, Miraflores; Eintritt 7 S; ◷ 9–16.30 Uhr), eine Lehmpyramide aus der Zeit der Lima-Kultur um 400, ist leichter zugänglich. Im Eintrittspreis ist eine geführte Tour inbegriffen. Hier gibt's außerdem ein winziges Museum und ein edles Restaurant, das abends einen spektakulär-romantischen Ausblick auf die Ruinen bietet.

Plazas

Der älteste Teil der **Plaza de Armas** (Plaza Mayor; Karte S. 874 f.) ist der zentrale Bronzebrunnen, der 1650 erbaut wurde. Links von der Kathedrale steht der **Palast des Erzbischofs** mit seinem außergewöhnlichen Balkon, der ungefähr aus dem Jahr 1924 stammt. An der Nordostflanke der Kathedrale befindet sich der **Palacio de Gobierno**, der Sitz des peruanischen Präsidenten. Die Wachablösung vor dem Palacio findet um 12 Uhr statt.

Die **Plaza San Martín** (Karte S. 874 f.) stammt aus dem frühen 20. Jh. und wird vom in die Jahre gekommenen **Gran Hotel Bolívar** überwacht. Die altmodische Hotelbar ist auf jeden Fall einen Abstecher auf ein oder zwei Schlückchen des berühmten *pisco sour* (Cocktail aus Traubenbranntwein) wert. Ebenfalls auf der Plaza befindet sich eine Bronzestatue des Befreiers General José de San Martín. Wenn man etwas näher hingeht, erkennt man die oft übersehene **Statue der Madre Patria**. Mit der Anweisung, der Dame eine Krone aus Flammen aufzusetzen, in Spanien in Auftrag gegeben, dachte offensichtlich niemand an die Doppelbedeutung des spanischen Wortes für „Flamme" (*llama*), und so platzierten die unglückseligen Arbeiter pflichtschuldig ein entzückendes kleines Lama auf dem Kopf der Statue.

AKTIVITÄTEN
Paragliding

Für Gleitschirmflüge an der Küste kann man sich an **Peru Fly** (☎ 444-5004; www.perufly.com) wenden. Tandemflüge (150 S) starten täglich zwischen 12 Uhr und 18 Uhr auf den Klippen am Strand in Miraflores; man kann sich dazu mit José oder Max im Raimondi Park auf der Malecón Cisneros treffen.

Baden & Surfen

In Scharen zieht es die *limeños* in den Sommermonaten Januar bis März an die Strände, trotz aller Warnungen vor verschmutztem Wasser. Man sollte nie etwas unbeobachtet liegen lassen.

Die besten Orte zum Surfen sind die **Punta Hermosa** und **San Bartolo** (außerhalb der Karte S. 868 f.), wo es auch strandnahe Hotels gibt. Die **Punta Rocas** (außerhalb der Karte S. 868 f.) ist was für erfahrene Surfer und verfügt über ein einfaches Hotel. Die Bretter muss man in Lima kaufen oder leihen und dann mit einem Taxi herkarren.

PACHACAMAC

Auch wenn es bei der Ankunft der Spanier als wichtige Inkastätte und Großstadt galt, war **Pachacamac** (☎ 430-0168; http://pachacamac.perucultural.org.pe; Erw./Kind 6/2 S; ◉ Mo–Fr 9–17 Uhr) schon 1000 Jahre vor der Ausdehnung des Inkareiches ein bedeutendes zeremonielles Zentrum. Diese weitläufige archäologische Anlage befindet sich 30 km südöstlich des Stadtzentrums.

Der Name Pachacamac bedeutet übersetzt „Der die Welt belebte" oder „Der Land und Zeit erschuf". Die Rede ist vom mächtigen Gott Wari, dessen zweigesichtige Holzabbildung im Museum der Anlage zu sehen ist. Der Haupttempel der Stätte wurde der Gottheit gewidmet und beherbergte das berühmte Orakel. Pilger reisten aus großen Entfernungen zum Zentrum, und der Friedhof galt als höchst heilig.

Die meisten Gebäude sind heute nicht viel mehr als aufgeschichtete Schutthaufen; nur riesige Pyramidentempel und ein Inkabauwerk, der Palacio de las Mamacuñas (Haus der auserwählten Frauen), wurden ausgegraben und wiederhergestellt. Ein ausführlicher Besuch dieser weitläufigen Anlage dauert zwei Stunden; der Rundgang folgt einem Kiesweg von Stätte zu Stätte.

Geführte Touren von Lima aus kosten etwa 50 S pro Person. Allein unterwegs? Dann kann man in einen Minibus mit Aufschrift „Pachacamac" an der Ecke Ayacucho/Grau in Limas Stadtmitte steigen (Karte S. 874 f.; 4 S, 45 Min.). Von Miraflores fährt ein Bus mit der Aufschrift „Benividas" entlang der Diagonal der Ricardo-Palma-Universität (Karte S. 868 f.; 1 S); hier kann man unter der Brücke in einen der Busse Richtung Pachacamac (3,50 S, 25 Min.) wechseln und den Fahrer dann bitten, in der Nähe der *ruinas* aussteigen zu dürfen, ansonsten fährt man bis ins Dorf Pachacamac durch, 1 km hinter dem Eingang. Infos zum Radfahren und Mountainbiken in der Nähe stehen auf S. 876.

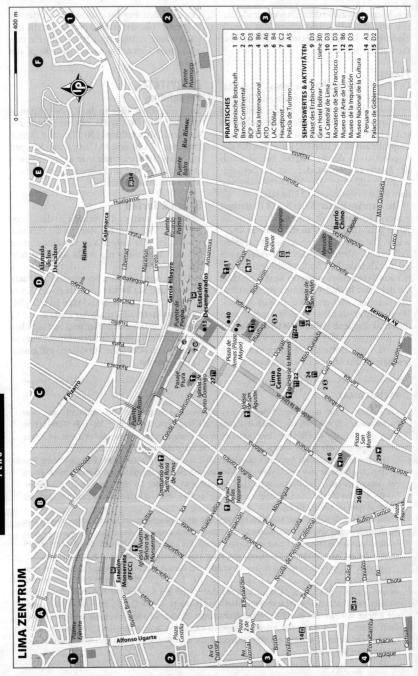

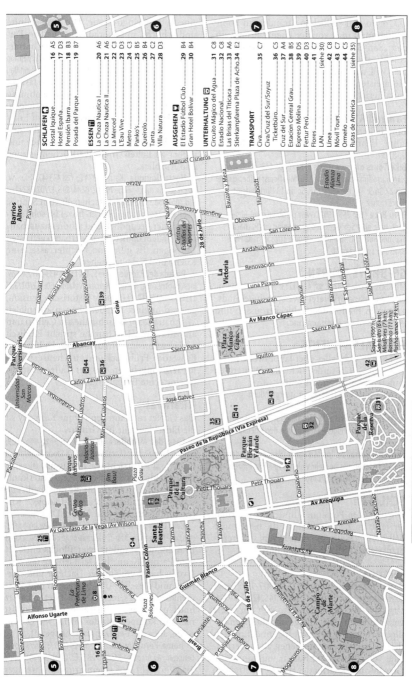

Um zu den südlichen Stränden zu kommen, nimmt man von der Puente Primavera den „San-Bartolo"-Bus (Karte S. 868 f., Taxi von Miraflores 6 S). Man steigt dann aus, wo man will, und läuft hinunter zu den Stränden, die meistens 1 bis 2 km von der Carretera Panamericana entfernt sind.

Fahrrad & Mountainbike fahren

Eine beliebte Radwanderung ist die 31 km lange Fahrt nach Pachacamac (s. Kasten S. 873).

Bike Tours of Lima (Karte S. 877; ☎ 445-3172; www.biketoursoflima.com; Bolívar 150, Miraflores; halber/ganzer Tag 27/36 S; ☺ Mo–Sa 9–18, So bis 13 Uhr) Verleiht Beachcruiser.

Peru Bike (☎ 255-7607; www.perubike.com) Bietet Radtouren aller Schwierigkeitsgrade rund um Pachacamac und Totoritas sowie mehrtägige Trips in ganz Peru. Samstags spart man 30 S.

GEFÜHRTE TOUREN

Mirabús (Karte S. 877; ☎ 476-4213; www.mirabusperu.com; Parque Kennedy) bietet zweisprachige Stadttouren in Freiluft-Doppeldeckerbussen und Ausflüge nach Pachacamac.

FESTIVALS & EVENTS

Auf S. 975 steht alles über landesweite Feiertage, auf S. 975 findet sich alles Weitere zu anderen Festivals und Events.

Festival von Lima Feiertag zur Stadtgründung (18. Januar).

Feria de Santa Rosa de Lima Riesige Prozession zu Ehren des Schutzheiligen von Lima und der Amerikas (30. August).

Feria del Señor de los Milagros (Herr der Wunder) Am 18. Oktober; riesige (sehr violette) religiöse Prozessionen. Beginn der Stierkampfsaison.

SCHLAFEN

Die billigsten Pensionen findet man normalerweise im Zentrum Limas, die besten und beliebtesten liegen in den teureren, sichereren Stadtvierteln Miraflores und Barranco.

Zentrum

Hostal España (Karte S. 874 f.; ☎ 427-9196; www.hotelespanaperu.com; Azangaro 105; B 14 S, EZ/DZ 40/50 S, ohne Bad 28/40 S; 🖳) Wenn man sich durch die verstreuten Rucksackberge und die eigensinnigen Touristen navigiert hat, findet man in diesem heruntergekommenen alten Herrenhaus voller klassischer Büsten, museumsreifer Gemälde und knarrender Holzwendeltreppen eine nette Gringo-Szene. Die Unterkünfte sind schlicht, mit sporadischen heißen Duschen, versprühen aber antiquierten Charme.

Pensión Ibarra (Karte S. 874 f.; ☎ 427-8603; pension ibarra@gmail.com; Tacna 359, 14. & 15. Stock; EZ/DZ mit Bad 20/35 S) Eine einzigartige Erfahrung – fast so, als würde man in der Hochhauswohnung seiner fürsorglichen Großmutter absteigen. Diese heimelige *pensión* wird von den hilfsbereiten Ibarra-Schwestern geführt, die sich wirklich bemühen, sie sicher, gemütlich und sauber zu halten. Inklusive Küchennutzung und Ausblick.

Hostal Iquique (Karte S. 874 f.; ☎ 433-4724; www.hostaliquique.com; Iquique 758; EZ/DZ 44/69 S, EZ/DZ/3BZ ohne Bad 30/44/58 S; 🖳) Ein bisschen ab vom Schuss, aber dieses kleine Budget-Juwel ist sehr sauber, sicher, freundlich und schön anzuschauen, vor allem dank der wunderbaren gefliesten Türbogen. Es gibt eine Dachterrasse, eine Küche und Kabelfernsehen.

Posada del Parque (Karte S. 874 f.; ☎ 433-2412; www.incacountry.com; Parque Hernán Velarde 60; EZ/DZ/3BZ 113/133/182 S; 🖳) Hübsche historische Pension, gelegen in einer wunderschönen kolonialen Wohnstraße, praktisch nahe am Centro und an Miraflores. Die Familie spricht Englisch und ist wahnsinnig freundlich und hilfsbereit. Es werden Frühstück und gute hausgemachte Pizzas angeboten, nur der Kaffee (instant) ist eine echte Enttäuschung.

Miraflores

Das Gebiet rund um den Parque Kennedy ist die Einschlagstelle für Gringos.

Casa del Mochilero (Karte S. 877; ☎ 444-9089; pilaryv@hotmail.com; Chacaltana 130A, 2. Stock; Zi. ohne Bad 15 S/Pers.; 🖳) Vorsicht vor Betrügern, die sich dieser schlichten, aber beliebten Unterkunft (sie liegt im 2. Stock zur Straße raus) bedienen – sie wird an allen Ecken dreist kopiert. Küchenmitbenutzung und warme Duschen.

Loki Lima (Karte S. 877; ☎ 651-2966; www.lokihostel.com; José Galvez 576; B ab 27 S, Zi. mit/ohne Bad 90/80 S; 🖳) Brandneuer Standort, vier Blocks entfernt vom Parque Kennedy. Der Liebling des Partyvolks bietet eine luftige Dachbar und -terrasse und dieselbe Art Abendessen und Themenabende wie seine großen Brüder in La Paz und Cusco. Das Personal an der Rezeption ist nicht so kompetent oder eifrig, wie es sein sollte, aber die Besitzer sind hilfsbereit.

Home Peru (Karte S. 877; ☎ 241-9898; www.homeperu.com; Av Arequipa 4501; B 28 S, EZ/DZ ab 51/88 S, ohne Bad 38/76 S; 🖳) Auf einem grüneren, weniger

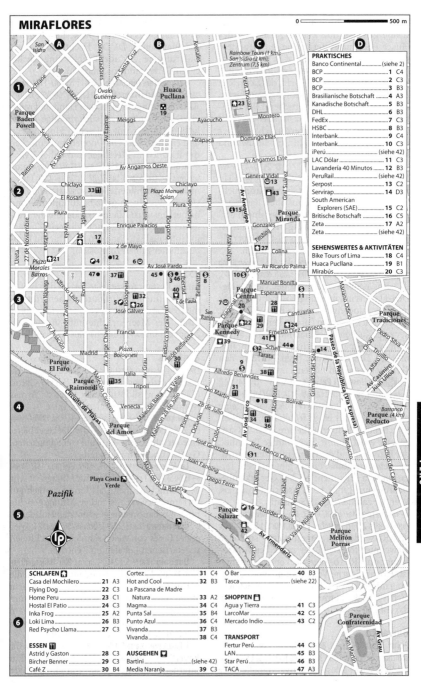

hektischen Abschnitt auf Miraflores' Hauptstraße gelegen, nur wenige Meter von der Huaca Pucllana entfernt. Die seit Neuestem sehr populäre Unterkunft ist in einem wunderschönen Herrenhaus der Patrimonio-Kultur von 1900 untergebracht, das zahlreiche Antiquitäten und einen Innengarten bietet, in dem unzählige Vögel zwitschern. Der Frühstücksservice ist l-a-n-g-s-a-m, aber das Haus verströmt jede Menge Persönlichkeit. Der peruanische Besitzer ist Hundeliebhaber und sehr hilfsbereit.

Red Psycho Llama (Karte S. 877; ☎ 242-7486; www.redpsychollama.com; Colina 183; B ab 30 S, Zi. 110 S; 🖥) Eine umweltfreundliche Wahl mit Kronleuchtern aus Plastikflaschen, aus alten Badewannen gefertigten Bänken und einer durch und durch grünen Einstellung. Die Gemeinschaftsbereiche wirken etwas rustikal, aber die netten neuen Schlafsäle sind gemütlich.

Flying Dog (Karte S. 877; ☎ 444-5753; www.flyingdogperu.com; Lima 457; B 31 S, EZ/DZ 78/80 S, ohne Bad 56/68 S; 🖥) Das neueste und beste der vier Flying-Dog-Hostels in Lima mit hübscher Gartenbar im Freien und einer Lounge im 3. Stock mit weitem Blick über den Parque Kennedy. Dank der zwei Küchen muss man nicht lange anstehen, wenn man sich einen Burger braten möchte. Das Frühstück (inkl.) wird in den Terrassenrestaurants überall im Park serviert.

LP Tipp Hostal El Patio (Karte S. 877; ☎ 444-2107; www.hostalelpatio.net; Diez Canseco 341A; EZ/DZ inkl. Frühstück ab 120/150 S; 🖥) Die skurrile Pension ist eine urbane Oase mit einer fröhlichen, Englisch sprechenden Besitzerin, die ihre Rolle als Gastgeberin ernst nimmt. Der sonnige Innenhof, der Brunnen und die Hängepflanzen verströmen einsame Ruhe, und es gibt mehrere Terrassen zum Ausruhen. WLAN, Gepäckaufbewahrung und gefiltertes Wasser sind kostenlos. Wer bar zahlt, kriegt 15 S Rabatt.

Inka Frog (Karte S. 877; ☎ 445-8789; www.inkafrog.com; Iglesias 271; Zi. mit/ohne Bad ab 140/121 S, 3BZ 192 S; 🖥) Reisende überrennen diesen stilvollen Newcomer förmlich, der mit edler Anden-Kunst und Retro-Tagesdecken eingerichtet ist. Hochmoderne Ventilatoren, eine Sammlung mit 300 DVDs, Kabelfernsehen, Schließfächer und der aufmerksame Service runden das Bild ab.

Barranco

Point Lima (Karte S. 868 f.; ☎ 247-7997; www.thepointhostels.com; Malecón Junín 300; B ab 26 S, EZ/DZ ohne Bad 50/68 S; 🖥) Diese unkonventionelle Villa am Meer bietet sehr schlichte Zimmer, aber sonst alles, was das Backpackerherz begehrt: Kabelfernsehen, DVDs, Tischtennisplatten, Billardtische … Zudem gibt's eine Küche, einen Garten und kostenlos Internet.

Backpackers Inn (Karte S. 868 f.; ☎ 247-1326; www.barrancobackpackers.com; Mariscal Castilla 260; B/DZ 32/97 S; 🖥) Neuerdings in britischer Hand und renoviert, vermietet dieses surfermäßige Hostel luftige Zimmer mit einfachen Holzmöbeln und eigenem Bad. Die Doppelzimmer locken mit friedlichem Meerblick und Kabel-TV.

Acquisito (Karte S. 868 f.; ☎ 247-0712; www.acquisito.com.pe; Centenario 14; EZ/DZ 48/78 S; 🖥) Diese nicht ausgeschilderte, gut ausgestattete Pension ist aus einem ganz bestimmten Grund bemerkenswert: Alleinreisende, die die Hostelszene leid sind, bekommen hier ein Zimmer in Hotelqualität, ohne den Preis für ein Doppelzimmer zahlen zu müssen.

ESSEN

Limas Restaurantszene gehört zu den besten des Kontinents. Miraflores beherbergt die meisten Gourmet-Tempel. Das *ceviche* (roher Fisch oder Meeresfrüchte mit Limettensaft, Zwiebeln und Gewürzen) hier ist grandios.

Zentrum

In den hiesigen Restaurants werden günstige feste *menús* angeboten. Das Barrio Chino (Chinatown) südöstlich der Plaza de Armas ist mit asiatischen Lokalen gesegnet.

Panko's (Karte S. 874 f.; Garcilaso de la Vega 1296; Gebäck etc. 2–5,50 S) Diese altmodische Bäckerei bietet eine verführerische Auswahl von Süßigkeiten, Gebäck und Getränken feil.

La Merced (Karte S. 874 f.; Miró Quesada 158; Menü 6–13,50 S) Das La Merced ist zur Mittagszeit sehr geschäftig (viel mehr, als ihm eigentlich gut tut) und serviert anständige Mittagsgerichte unter einer aufwendig geschnitzten Holzdecke.

Villa Natura (Karte S. 874 f.; Ucayali 326; Menú 7 S; ☾ So geschl.) Eines von vielen schnickschnackfreien vegetarischen Lokalen im Zentrum.

Queirolo (Karte S. 874 f.; Camaná 900; Hauptgerichte 7,50–18,50 S) Das Q*Bert-Bodenmuster und die heruntergekommenen Glasvitrinen in diesem stimmungsvollen alten Restaurant, das zum Mittagessen und auf ein nettes Gläschen am Abend beliebt ist, verführen seit Gott weiß wann zu feuchtfröhlichen Stunden.

L'Eau Vive (Karte S. 874 f.; ☎ 427-5612; Ucayali 370; Menü Mittag-/Abendessen 15–50 S; ☾ So geschl.) Ein internationales Restaurant mit einzigartiger

Note, das von einem französischen Nonnenorden geführt wird und eine willkommene Zuflucht vor dem ganz normalen Lima-Wahnsinn bietet. Wer das koloniale Herrenhaus betreten möchte, muss an der Tür klingeln. Um 21 Uhr singen die Nonnen das „Ave Maria".

Tanta (Karte S. 874 f.; Pasaje Nicholás de Riveira 142; Sandwiches 18–22 S) Koch Gastón Acurios schattiges Straßencafé ist ein entspannter Ort für fette Empanadas, köstliche Sandwiches und mit das beste Frühstück in ganz Lima dank seiner *Huevos de Gastón* (Rührei mit Würstchen und Maniok).

La Choza Nautica (Karte S. 874 f.; Breña 204; ceviche 19–33 S) Man wundert sich über die Edelstahltische vor den lavendelfarbenen Wänden, aber diese beliebte kleine *cevichería* ist ungemein freundlich und das Essen ungeheuer lecker – ein absolutes Muss im Centro. Es ist einer der wenigen Orte, an dem man die Einheimischen abends *ceviche* essen sieht. Auf der anderen Straßenseite ist eine weitere Filiale.

Selbstversorger finden alles bei **Metro** (Karte S. 874 f.; Cusco 255; 9–22 Uhr).

Miraflores

Die Restaurants in Miraflores sind teurer, aber ein paar kleine Cafés servieren nach wie vor günstige Festpreismenüs. Rund um die Óvalo Gutiérrez gibt's Fast-Food-Läden, und der Parque Kennedy ist von Freiluftcafés und Pizzerias umgeben.

Café Z (Karte S. 877; Benavides 598; Gebäck etc. 3,50–18,50 S) Ein Segen in dieser Nescafé-Hölle.

La Pascana de Madre Natura (Karte S. 877; Chiclayo 815; Hauptgerichte 4,50–13 S) Dieser Naturkostladen mit Bäckerei und Café ist das Paradies für Pflanzenfresser. Im Zen-Innenhof werden Salate, Pizzas und andere Leckereien serviert. Die göttlichen Gemüseburger sind weltklasse. Für Vegetarier die beste Adresse in Peru!

LP Tipp Hot and Cool (Karte S. 877; Berlin 511; Sandwiches 8,50 S) Sie sehen vielleicht etwas verkümmert aus, aber die natürlich zubereiteten (und günstigen) Gourmet-Sandwiches hier hauen einen um – das *Ibérico* (Chorizo in Rotweinmarinade mit Manchego-Käse) versuchen!

Cortez (Karte S. 877; San Martín 465; Menü 10 S) Gemütlicher Laden mit ausgezeichneten Drei-Gänge-Menüs inklusive Brot und Getränk.

Punto Azul (Karte S. 877; San Martín 595; Hauptgerichte 14–22 S; mittags) Riesige Portionen zu ausgezeichneten Preisen machen dieses bunte Meeresfrüchte-Mittagsrestaurant zu einer exzellenten Location, die bei Einheimischen und Urlaubern gleichermaßen beliebt ist. Die grandiosen *ceviche* und *tiradito* (anders geschnittene *ceviche* ohne Zwiebeln) und der aufgetürmte leckere Meeresfrüchte-Reis sind die erklärten Lieblinge hier. In der Filiale in der Javier Prado (Karte S. 868 f.) geht's noch wilder zu: Hier stürmt die hungrige Meute sogar die Stehplätze an der offenen Küche.

Bircher Benner (Karte S. 877; Av José Larco 413; Hauptgerichte 17–22 S) Dieses Pionier-Restaurant serviert ausgezeichnete vegetarische Köstlichkeiten, z. B. Pilz-*ceviche*.

Punta Sal (Karte S. 877; Ecke Malecón Cisneros & Tripoli; ceviche 20–38 S) Allein dank der ausgezeichneten *ceviche* ist diese Lima-Institution schon die paar Soles mehr wert. Außerdem ist sie einer der besten Orte der Stadt für *leche de tigre* (wörtlich: Tigermilch), ein süchtig machendes, aphrodisierendes Gebräu aus übrig gebliebener *ceviche*-Marinade.

Magma (Karte S. 877; San Martín 512; Röllchen 25–30 S) Sushi ist nie billig, aber die All-You-Can-Eat-Option (Mo–Sa) hier ist das schmerzliche 50-S-Loch im Geldbeutel auf jeden Fall wert. Man muss drei Röllchen essen, damit es sich rechnet.

Für Selbstversorger gibt's **Vivanda** (Karte S. 877; Benavides 487; 24 Std.), das auch in der Av José Pardo eine Filiale hat.

IN DIE VOLLEN!

Astrid y Gastón (Karte S. 877; 242-5387; www.astridygaston.com; Cantuarias 175, Miraflores; Hauptgerichte 39–69 S) Der berühmte Küchenchef Gastón Acurio ist der Besitzer dieses Etablissements und bereitet hier auch nach 16 Jahren noch die außergewöhnlichsten Gerichte Limas zu, indem er moderne peruanische Gewürze und Gerüche mit traditionellen spanischen und französischen Einflüssen zu einer kulinarischen Ménage à Trois verwebt. Bio-Meerschweinchen, Kaninchenravioli, Alpaka-Ossobuco mit rotem Curry – jedes Gericht ist ein Gourmet-Abenteuer. Auch wenn Gastón sein kulinarisches Imperium mittlerweile bis nach Buenos Aires, Saõ Paulo und Madrid ausgedehnt hat, bleibt sein edles Hauptstandbein in Lima stets unter seinem wachsamen Gaumen und bietet ein Verwöhnprogramm, das man nicht verpassen sollte.

Barranco

Ein charmanter kleiner Stadtteil, in dem man prima einen Happen essen kann, besonders entlang der Passage unter der Puente de los Suspiros. Die Spezialität dieser Gegend sind *anticuchos de corazón* (Rinderherzen-Shish-Kebabs), deren Geruch durch das gesamte Viertel strömt.

La Canta Rana (Karte S. 868 f.; Génova 101; Hauptgerichte 22–40 S) Übersetzt „Der Singende Frosch". Das unprätentiöse beliete Mittagslokal ist eine großartige *cevichería*, in der die unterschiedlichsten Meeresfrüchte serviert werden. Die Tische sind genauso voll wie die Wände.

AUSGEHEN

Lima quillt vor Bars förmlich über: Von teureren Etablissements für die urbane Elite (in San Isidro) bis zu billigen, fröhlichen Läden (in Barranco) ist alles vorhanden. Auf der Plaza de Armas in der Stadtmitte und in Miraflores locken zahlreiche Straßencafés. Miraflores bietet außerdem die Fußgängerzone San Ramón (auch bekannt als Calle Pizza). Sie liegt in einer billigen Wohngegend, in der sich touristische Pizzerien und Latino-Klubs um die Immobilien streiten - ist die beste Gegend für eine günstige Kneipentour (um die Ecke, in der Francisco de Paula Camino, gibt's angesagtere Läden). In Barranco kann man die ganze Nacht in den dicht an dicht liegenden Klubs in der Nähe des Parque Municipal und der Fußgängerzone Calle Carrión feiern.

Zentrum

Einfach mal im Gran Hotel Bolívar (S. 873) vorbeischauen und Perus Nationalcocktail genießen, den *pisco sour*.

El Estadio Fútbol Club (Karte S. 874 f.; Nicolás de Piérola 922) Wann immer ein wichtiges Spiel ansteht, wird es in diesem ausgezeichneten Bar gezeigt, die sich voll und ganz dem Fußball verschrieben hat. Hier trinkt man neben den Wachsfiguren von Ronaldinho und Maradona Bier aus Keramikkrügen und genießt eine übersichtliche, aber köstliche Auswahl peruanischer Klassiker.

Miraflores

Tasca (Karte S. 877; Diez Canseco 115) Diese Tapas-Bar gehört zum Flying Dog und empfängt ein entspanntes Publikum aus Travellern und Einheimischen. Das Essen lieber meiden.

Media Naranja (Karte S. 877; Schell 130; ✪ So geschl.) Diese lebendige Café-Bar bietet eine umfangreiche Karte mit brasilianischen Caipirinhas. Es gibt eine Terrasse mit Blick auf den Parque Kennedy. Allerdings sind die Gläser ziemlich klein.

Ô Bar (Karte S. 877; F de Paula 298; ✪ Mi–Sa ab 20 Uhr) Niveauvolle Lounge mit italienischem Flair und einer Reihe kreativer Cocktails. An die lange Marmorbar passen 20 Personen!

Bartini (Karte S. 877; LarcoMar; ✪ Mo geschl.) Leuchtend warmes Rot bestimmt diese kleine durchgestylte Bar im LarcoMar, deren buntes Publikum DJs und Livemusik geboten bekommt. Dank des DJ-Trios ist der beste Abend der Dienstag.

Barranco

In Barranco wimmelt es an Freitag- und Samstagabenden von Nachtschwärmern.

La Noche (Karte S. 868 f.; Bolognesi 307; Eintritt 10–30 S) Das Partyvolk trifft sich gerne in diesem Laden mit vier Bars auf drei Ebenen, der über einer geschäftigen Fußgängerzone liegt. Hier wird so ziemlich alles gespielt, von Latino-Pop bis zu gelegentlichen volkstümlichen Hochland-Klängen.

El Dragon (Karte S. 868 f.; Nicolás de Piérola 168; Eintritt 20 S; ✪ Di–Sa ab 10 Uhr) Klein und dunkel, aber sexy, bietet diese Lounge ein hippes Flair, das die DJs des Hauses in einem Latino-Cocktail aus Salsa und Electronica ausdrücken, in den sich ein guter Schuss Livejazz und Surfgitarre mischen.

Wahio's (Karte S. 868 f.; Plaza Espinosa; ✪ Do–Sa) Eine energiegeladene kleine Bar mit großem Dreadlock-Anteil und einem klassischen Soundtrack aus Reggae, Ska und Dub.

Sargento Pimienta (Karte S. 868 f.; Bolognesi 755; ✪ Mi–Sa) Spanisch für „Sergeant Pepper". Dieser riesige, scheunenartige Laden ist so beliebt, dass die Parkanweiser schon vier Blocks entfernt anfangen, den Verkehr zu regeln. Die DJs legen einen Mix aus internationalem Retro auf, und gelegentlich gibt's Liverock; Donnerstag ist die beste Nacht der Woche.

LP Tipp Ayahuasca (Karte S. 868 f.; San Martín 130; ✪ So geschl.) Die angesagte Cocktailbar gehört zu den stimmungsvollsten in ganz Lima: Von der Decke hängen die traditionellen Hosen der Ayucucho-*tijera*-Tänzer in Glaskästen, und die *pisco sours* sind echt innovativ (unbedingt den *uva y camu-camu* versuchen). Die Bar ist in einem umgebauten Herrenhaus aus den 1860er-Jahren untergebracht, in dessen kunstvollen Zimmern sich jede Menge sexy *limenōs* tummeln.

UNTERHALTUNG

Viele Spitzenklassehotels in der Innenstadt, in San Isidro und in Miraflores besitzen Kasinos mit Spielautomaten. Der **Circuito Mágico del Agua** (Karte S. 874 f.; Parque de la Reserva; Eintritt 4 S; 16–23 Uhr), eine Springbrunnen-Lasershow im Stil des Bellagio, bietet das beste und günstigste Spektakel in ganz Lima.

Tanz & Musik

Peruanische Musik- und Tanzdarbietungen werden in den *peñas* aufgeführt.

La Candelaria (Karte S. 868 f.; ☎ 247-1314; www.la candelariaperu.com; Bolognesi 292, Barranco; Eintritt 31–37 S; Fr & Sa 9.30 Uhr–spät) und **Las Brisas del Titicaca** (Karte S. 874 f.; ☎ 332-1901; www.brisasdeltiticaca.com; Walkuski 168, Zentrum; Eintritt 48–58 S; Di & Mi 19.30–24, Do 21.30–1, Fr & Sa 22–3 Uhr) sind bei den *limeños* beliebt.

Sport

Stierkampf ist in Lima sehr beliebt. Die Hauptsaison dauert von Ende Oktober bis November.

Stierkampfarena Plaza de Acho (Karte S. 874 f.; ☎ 481-1467; Hualgayoc 332, Rímac; Tickets 30–50 S) Veranstaltet Stierkämpfe während der Feria del Señor de los Milagros. Die umliegende Gegend ist nicht sicher, also besser mit dem Taxi fahren. Tickets vorab kaufen.

Estadio Nacional (Karte S. 874 f.) Das wichtigste Fußballstadion.

SHOPPEN

Zu den wichtigsten Einkaufszentren gehört das unterirdische LarcoMar (Karte S. 877), das spektakulär direkt in die Klippen am Meeresufer gebaut wurde. Hier gibt's teures Kunsthandwerk, Elektrogeräte, Fotozubehör, Outdoor-Ausrüstung, Bücher und Musik.

Mercado Indio (Karte S. 877; Petit Thouars 5245, Miraflores; ☎ Mo–Sa 9–20.30, So 10–19 Uhr) Auf diesem riesigen Markt kann man sich dumm und dämlich feilschen und Kunsthandwerk aus ganz Peru erstehen. In der Gegend gibt's noch jede Menge mehr Kunsthandwerksmärkte.

La Casa de la Mujer Artesana Manuela Ramos (Karte S. 868 f.; ☎ 423-8840; Fernandini 1550, Pueblo Libre; Mo–Fr 9–17 Uhr) Eine gemeinnützige Frauen-Genossenschaft nahe des 15. Blocks der Brazil.

Agua y Tierra (Karte S. 877; ☎ 444-6980; Diez Canseco 298, Miraflores; So geschl.) Auf Töpferwaren, Textilien und Kunst aus dem Amazonasgebiet spezialisiert.

BUSVERBINDUNGEN AB LIMA

Ziel	Preis (S)	Dauer (Std.)
Arequipa	60–145	14
Ayacucho	64–90	10
Cajamarca	65–123	14
Chachapoyas	115	23
Chiclayo	84–108	10
Cuzco	144–174	20
Huancayo	25–70	6
Huaraz	63–78	7
Ica	45–66	4
Nazca	66–86	7
Piura	99–139	14
Puno (über Arequipa)	132–150	19
Tacna	113–153	18
Trujillo	34–90	7
Tumbes	120–180	19

AN- & WEITERREISE

Bus

Lima hat keinen zentralen Busbahnhof. Jede Gesellschaft hat eigene Büros und eigene Haltestellen; viele davon befinden sich rund um die Av Javier Prado Este in La Victoria, andere sind im Zentrum, einige Blocks östlich der Plaza Grau, gleich nördlich der Av Grau bzw. südlich der 28 de Julio, auf beiden Seiten des Paseo de la República. Es ist sehr wichtig, sich beim Kauf der Tickets genau erklären zu lassen, wo der Bus abfährt. Es gibt zahllose Anbieter, und man sollte sich den Zustand der Busse genauer anschauen, bevor man sich entscheidet.

Einige der wichtigen Unternehmen:

Cruz del Sur (www.cruzdelsur.com.pe); Zentrum (Karte S. 874 f.; ☎ 424-1003; Quilca 531); La Victoria (Karte S. 868 f.; ☎ 225-3748; Av Javier Prado Este 1109) Der netteste und zuverlässigste Anbieter.

Ormeño (www.grupo-ormeno.com.pe); Zentrum (Karte S. 874 f.; ☎ 472-5000; Carlos Zavala Loayza 177); La Victoria (Karte S. 868 f.; ☎ 472-1710; Av Javier Prado Este 1059) Die Servicequalität variiert sehr stark. Umfangreiche internationale Dienstleistungen.

Rutas de América (Karte S. 874 f.; ☎ 534-3195; www. rutasenbus.com; 28 de Julio 1145) Verbindet Lima mit den meisten Hauptstädten des Kontinents, u. a. mit Bogotá, Buenos Aires, Caracas, La Paz, Quito, Rio de Janeiro und Santiago.

Ebenfalls im Zentrum Limas, allerdings in nicht besonders einladenden Gegenden:

Civa (Karte S. 874 f.; ☎ 418-1111; www.civa.com.pe; 28 de Julio 1145) Teilt sich auch ein Ticketbüro mit Cruz

del Sur und Soyuz auf der Carlos Zavala Loayza und der Montevideo.
Expreso Molina (Karte S. 874 f.; ☎ 324-2137; Ayacucho 1141)
Flores (Karte S. 874 f.; ☎ 332-1212; www.floresbus.com; Paseo de la República 683)
Línea (Karte S. 874 f.; ☎ 424-0836; www.transportes linea.com.pe; Paseo de la República 941)
Móvil Tours (Karte S. 874 f.; ☎ 716-8000; www.moviltours.com.pe; Paseo de la República 749)
Soyuz/PerúBus (Karte S. 868 f.; ☎ 266-1515; www.soyuz.com.pe, www.perubus.com.pe; México 333)
Tepsa (Karte S. 868 f.; ☎ 470-6666; www.tepsa.com.pe; Av Javier Prado Este 1091)

Nähere Informationen, welche Busunternehmen wo hinfahren, finden sich in den folgenden Regionenbeschreibungen in diesem Kapitel. Im Kasten auf S. 881 stehen grobe Angaben der wichtigsten Unternehmen zu Preisen für einfache Fahrten und zur Reisedauer ab Lima.

Flugzeug

Limas **Aeropuerto Internacional Jorge Chávez** (LIM; Karte S. 868 f.; ☎ 517-3100; www.lap.com.pe) liegt in Callao. Die Flughafensteuer (zahlbar in US-Dollar oder Nuevos Soles, nur in bar) beläuft sich auf 31 US$ für internationale und 5,84 US$ für Inlandsflüge.

Viele der internationalen Fluglinien haben Büros in Lima – einfach in den Gelben Seiten unter dem Stichwort „Lineas Aéreas" nachschauen. Die hier aufgeführten Linien bieten auch Inlandsflüge an:
LAN Zentrum (Karte S. 874 f.; ☎ 213-8200; Jirón de la Unión 908); Miraflores (Karte S. 877; ☎ 213-8200; Av José Pardo 513)
LC Busre (Karte S. 868 f.; ☎ 619-1313; Los Tulipones 218, Lince)
Star Perú (Karte S. 877; ☎ 705-9000; Av José Pardo 485, Miraflores)
TACA (Karte S. 877; ☎ 511-8222; Av José Pardo 811, Miraflores)

In den Regionenbeschreibungen später in diesem Kapitel finden sich Einzelheiten dazu, welche Airline wohin fliegt. Man sollte wissen, dass sich die Flugpläne und Ticketpreise häufig ändern.

Das offizielle ISIC-Büro ist **InteJ** (Karte S. 868 f.; ☎ 247-3230; www.intej.org; San Martín 240, Barranco; ☼ Mo–Fr 9.30–12.45 & 14–17.45, Sa 9.30–12. 45 Uhr); es kann Studentenpreise für Flüge organisieren und Flüge umbuchen, die über Studenten- oder Jugendreisebüros gebucht wurden. **Fertur Perú** (Karte S. 874 f.; ☎ 427-2426; www.fertur-travel.com; Jirón Junín 211, Zentrum; ☼ Mo–Fr 9–19, Sa 9–14 Uhr) ist auch eine gute Anlaufstelle für Studententickets; eine neu eröffnete zweite Filiale befindet sich in der Shell 485 in Miraflores (Karte S. 877).

Zug

Infos zu den Hochland-Bahnverbindungen nach Huancayo, die Lima von der **Estación Desamparados** (Karte S. 874 f.; ☎ 263-1515; Ancash 203) verlassen, gibt's auf S. 935.

UNTERWEGS VOR ORT

Informationen zum Transport zum bzw. vom Flughafen stehen im Kasten auf S. 870.

Bus

Mit Erscheinen dieses Buches (oder kurz danach) wird Lima endlich richtig in der modernen Welt angekommen sein und ein Nahverkehrs-Busnetz in Betrieb genommen haben. Es soll sich sowohl entlang der Hauptstraße Vía Expresa als auch über die Hauptschlagadern in der ganzen Stadt erstrecken und so die Verwirrung der Reisenden lindern, die durch die Myriaden privater Minibus-Anbieter (auch als *combis* oder *micros* bekannt) entsteht, die die Stadt in einem labyrinthartigen Chaos durchqueren. Ein riesiger Untergrund-Bahnhof, die **Estación Central Grau**, ist das Epizentrum des neuen Systems. Bis dahin kosten die meisten Minibusfahrten in der Stadt zwischen 1 S und 4 S, wobei man das Fahrtziel jeweils an einem Schild in der Windschutzscheibe erkennt – man winkt sie heran und kann auch jederzeit aussteigen. Die nützlichste Route verbindet das Zentrum Limas über die Av Arequipa mit Miraflores: Die Busse sind mit „Tdo. Arequipa" und „Larco/Schell/Miraflores" ausgeschildert, wenn sie nach Miraflores fahren, und mit „Tdo. Arequipa" und „Wilson/Tacna", wenn sie von Miraflores ins Zentrum von Lima unterwegs sind.

Taxi

Die Taxis haben kein Taxameter, also immer über den Preis verhandeln, bevor man einsteigt. Kurze Fahrten kosten zwischen 5 S und 8 S (je nachdem, wie einheimisch man aussieht), nach Einbruch der Dunkelheit steigen die Preise an. Die meisten Taxis in Lima sind nicht offiziell.

SÜDKÜSTE

Das verheerende Erdbeben von 2007 hat Perus Südküste ordentlich durchgeschüttelt. Die Gegend ist von Sanddünen und Wüstenlandschaften bestimmt, die dramatisch ins Meer eintauchen. Pisco hat es am schlimmsten getroffen: 80 % der Stadt wurden zerstört, aber auch Ica, Chincha und Paracas mussten einiges einstecken. Die Bemühungen um einen Wiederaufbau gehen langsam voran, ist so die Landschaft hier noch immer von Geröllhaufen durchzogen, die aussehen, als habe jemand Lego über den Wohnzimmerboden verstreut. Glücklicherweise sind die Hauptattraktionen der Gegend – die Islas Ballestas vor der Küste von Pisco, die geheimnisvollen präkolumbischen Nazcalinien, Icas umliegende Weinberge und die mächtigen Sanddünen von Huacachina – noch immer in der Lage, Touristen mit offenen (teilweise auch ausgestreckten, bettelnden) Armen zu empfangen.

LUNAHUANÁ

☎ 056 / 3600 Ew.

Fast 15 km hinter dem Surferstrand von Cerro Azul (Carretera Panamericana Km 131) ist die staubige Marktstadt San Vincente de Cañete das Tor zur süßen Weingegend von Lunahuaná. Während des **Erntefestivals** am zweiten Märzwochenende ist sie proppenvoll, und an den Wochenenden während des restlichen Jahres – im Sommer sogar täglich – stellen die *bodegas* (Weinkellereien) und *pisco*-Produzenten kleine Stände rund um die Plaza auf, die sich bald darauf mit Nachtschwärmern füllt, die in den Freiluftcafés genüsslich einen heben. Ein großer Spaß!

Die Wildwassersaison (Riverrunning) auf dem Río Cañete dauert von Dezember bis April, und die Stromschnellen können Klasse IV erreichen. In der Stadt wimmelt es von Anbietern, aber der sicherste und erfahrenste befindet sich westlich der Stadt direkt am Fluss: **Río Cañete Expediciones** (☎ 284-1271; www.riocanete.com.pe; Raftingtouren 35–80 S), das auch den **Camping San Jerónimo** (☎ 284-1271; Carretera Cañete–Lunahuaná Km 33; Stellplatz 6 S/Pers.) führt.

Nahe der Plaza gibt's recht teure Budgetzimmer im sicheren **Hostal Casuarinas** (☎ 284-1045; Grau 295; EZ/DZ 50/60 S); ein paar haben Lokalfernsehen und alle warme Duschen. In einigen Meeresfrüchterestaurants in der Nähe sind Langusten die Spezialität des Hauses.

In Cañete nimmt die Küstenbusse auf der Panamericana; dort kann man in einen *combi* nach Imperial (0,80 S, 10 Min.) und dann in einen weiteren *combi* nach Lunahuaná (4 S, 30 Min.) steigen, das knapp 40 km entfernt liegt. In der Nähe des Hauptplatzes von Lunahuaná kann man Mountain- und Quadbikes ausleihen.

PISCO

☎ 056 / 54 000 Ew.

Der aus hellen Trauben hergestellte Branntwein, der in der Region produziert wird, ist nach Pisco benannt. Viel los ist hier aber nicht. 80 % der Stadt wurden 2007 bei einem Erdbeben der Stärke 8,0 zerstört – wo einst die Kathedrale stand, war zur Zeit der Recherche nicht viel mehr als Staub zu sehen (Hunderte starben in dem Gotteshaus, da es während der Messe einstürzte). Die meisten Menschen hier fühlen sich von der Regierung im Stich gelassen, und der Wiederaufbau geht nur sehr langsam voran. Viele Gebäude sind entweder völlig zerstört oder verfallen weiter. Allerdings wurden die meisten Hotels schnell wieder aufgebaut, um den Tourismus anzukurbeln – der einzige Faden, der Pisco im Moment noch zusammenhält.

235 km südlich von Lima gelegen, dient Pisco für gewöhnlich als Basislager für alle, die die vielfältige Tier- und Pflanzenwelt der Islas Ballestas und der Península de Paracas erleben möchten. Aber die Gegend ist darüber hinaus auch von historischem und archäologischem Interesse, da sich hier vor 900 v. Chr. bis 200 n. Chr. eine der am höchsten entwickelten Prä-Inka-Zivilisationen – die Paracaskultur – ansiedelte.

Praktische Informationen

Internetcafés und Banken mit rund um die Uhr zugänglichen Geldautomaten gibt's an der Plaza.

TOP FIVE: ERHOLUNG FÜR MÜDE GRINGO-WANDERER

- Huacachina (S. 887)
- Das Heilige Tal (S. 919)
- Máncora (S. 945)
- Cabanaconde (S. 901)
- Lunahuaná (s. oben)

Gefahren & Ärgernisse

Man sollte nach Anbruch der Dunkelheit nie allein unterwegs sein – selbst auf Geschäftsstraßen sind schon Überfälle passiert. Die gefährlichsten Straßen sind die am Strand und rund um den Markt. Frauen müssen hier mit jeder Menge unerwünschter Aufmerksamkeit rechnen. Seit dem Erdbeben funktioniert die Geldbewegung nicht mehr richtig, und erwartungsgemäß ist dadurch die Kleinkriminalität gestiegen.

Sehenswertes & Aktivitäten

Eine **Statue** des Befreiers José de San Martín schaut auf die Plaza de Armas. San Martíns Hauptquartier, der **Club Social Pisco** (San Martín 132), ist bei dem Erdbeben zerstört worden. Der **Friedhof** birgt ein paar Geheimnisse: Hier liegt beispielsweise die Engländerin Sarah Ellen Roberts, die im 19. Jh. verdächtigt wurde, ein Vampir zu sein. Sie selbst hatte angekündigt, 100 Jahre nach ihrem Tod wiederaufzuerstehen. Zur allgemeinen Enttäuschung ließ sie sich 1993, dem vermeintlichen Jahr ihres großen Comebacks, aber nicht blicken. Heute ist der Friedhof eine Gedenkstätte für die mehr als 500 Opfer der Erdbebenkatastrophe von 2007.

ISLAS BALLESTAS

Die manchmal als „Galápagos des kleinen Mannes" bezeichneten Inseln bieten sich für einen geruhsamen Ausflug an. Die Bootstour dauert etwa eineinhalb Stunden: Unterwegs sieht man den dreizackigen **Kandelaber**, eine riesige Figur, die in einen Hügel geritzt ist. Dann kreuzt man eine Stunde lang um die natürlichen Bögen und Höhlen der Inseln und beobachtet lärmende Seelöwen, die sich auf den Felsen räkeln. Auch Humboldtpinguine, chilenische Flamingos und Delfine bekommt man zu Gesicht. Die wichtigsten Guano produzierenden Vögel wie Kormorane, Tölpel und Pelikane sind hier in großen Kolonien zu sehen.

RESERVA NACIONAL DE PARACAS

Hinter dem Dorf Paracas befindet sich der Eingang zu diesem wüstenreichen **nationalen Schutzgebiet** (Eintritt 5 S). Neben dem Besucherzentrum, das kinderfreundliche Ausstellungen zu Umweltschutz und Ökologie bietet, steht das **Museo JC Tello** (Eintritt 8 S; 9–17 Uhr), das zur Zeit der Recherche zwar noch geschlossen war, aber renoviert und erweitert werden und im Herbst 2009 wiedereröffnen sollte. Es zeigt eine begrenzte Sammlung mit Webarbeiten, Kopftrophäen und trepanierten Schädeln (eine medizinische Technik, die von alten Kulturen angewandt wurde: Ein Teil des Schädels wird entfernt, wodurch sich der Druck auf das Gehirn verringert, der durch eine Verletzung entstanden war).

Geführte Touren

Bootstouren zu den Islas Ballestas legen täglich um 7 Uhr ab (45 S + 1 S Dock-Steuer). Von Pisco fahren Minibusse zum Hafen von Paracas, wo ein hübscher Uferbereich voller Restaurants und Straßenhändler wartet (unbedingt nach Vivianas *chocotejas* suchen: Diese in Karamell getränkten, mit Schokolade überzogenen Pekannüsse, eine Spezialität Icas, machen süchtig!). Auf den Booten gibt's keine Kabine, also sollte man sich auf Wind, Gischt und Sonne einstellen. Ein Hut ist ebenfalls ratsam, da man nicht selten eine direkte Ladung Guano abkriegt. Man kann auch noch die weniger interessante Nachmittagstour zur Península de Paracas (25 S an Islas Ballestas) anschließen, die kurz am Besucherzentrum und am Museum Halt macht (Eintritt nicht eingeschlossen) und an geologischen Formationen an der Küste vorbeirauscht.

Zwei Reisebüros in Pisco:

Aprotur Pisco (☎ 50-7156; aproturpisco@hotmail.com; San Clemente 112) Sprechen sieben Sprachen.

Paracas Overland (☎ 53-3855; paracasoverland@hotmail.com; San Francisco 111)

Schlafen

Die meisten Reisenden steigen im Zentrum von Pisco ab.

Hostal San Isidro (☎ 53-6471; San Clemente 103; www.sanisidrohostal.com; B 20 S, EZ/DZ 40/60 S, ohne Bad 25/40 S; 🖥 🎱) Tolles Preis-Leistungs-Verhältnis: Ein hübscher Pool, Küchennutzung, Gepäckaufbewahrung, kostenlose Waschmaschinen und ein Spielzimmer erfreuen Reisende und deren Bankkonto. Das Personal spricht Englisch und Französisch (und Japanisch, falls das jemandem was nutzt). Überhöhte Preise sind hier kein Thema.

Hostal Los Inkas Inn (☎ 53-6634; www.losinkasinn.com; Barrio Nuevo 14; B 20 S, EZ/DZ/3BZ 35/60/80 S; 🖥 🎱) Diese freundliche familiengeführte Pension bietet schlichte, aber bunte Zimmer, einen kleinen Pool, eine Dachterrasse mit Billardtisch und Tischfußball und kostenlos Internet.

Hostal Tambo Colorado (☎ 53-1379; www.hostal tambocolorado.com; Bolognesi 159; EZ/DZ 50/60 S; 🖳) Bunte Kunstwerke und freundlicher Service kennzeichnen diese solide Mittelklasseoption mit gut ausgestatteten Zimmern und einladender, mit Pflanzen überfüllter Terrasse.

Hostal Villa Manuelita (☎ 53-5218; www.villamanuelitahostal.com; San Francisco 227; EZ/DZ inkl. Frühstück 75/95 S; 🖳) Auch wenn sie 15 Zimmer und ihren Haupteingang durch das Erdbeben verloren hat, ist der damals gerade neu fertiggestellte Hauptbereich dieser freundlichen Pension unbeschadet davongekommen. Es gibt einen friedvollen Innenhof, und die Zimmer sind sehr geräumig und so sauber wie die Gürtelschnalle eines Kadetten am zweiten Bootcamp-Tag.

Essen & Ausgehen

Panadería San Francisco (San Juan de Dios 100; Gebäck etc. 3,50–6,50 S) Die beste Wahl für eine frühes Frühstück (ab 6.30 Uhr), günstige Snacks und süße Schweinereien.

El Dorado (Progreso 171; Hauptgerichte 8–30 S) Das ganze Jahr über beliebtes Plaza-Restaurant, das auf Meeresfrüchte spezialisiert ist – superber *sudado* (Fischeintopf)! –, aber auch sonst von allem ein bisschen bietet, z. B. Vegetarisches. Hinten gibt's einen schönen Hof.

Viña de Huber (Prolg Cerro Azul; Ceviche 11,50–25,50 S; ⓥ mittags) Ein unglaublich beliebtes Meeresfrüchtelokal mit auf der Zunge zergehendem *ceviche* und bergeweise Fisch-*chicharrones*. Am Wochenende gibt's an den Tischen live *música criolla*.

Don Santiago (Callao 148; Hauptgerichte 13–28 S) Familiengeführtes Lokal, das in seiner Klasse ganz oben mitmischt: Meeresfrüchte, Hühnchen und Steak sind gut zubereitet und passen so gar nicht zur bescheidenen (aber sauberen) Einrichtung.

Taberna Don Jaime (San Martín 203) *Pisco sours* und eine gute Auswahl lokaler Flaschenweine (22–35 S) sind die Berufung von Piscos bester Bar. Am Wochenende gibt's Livemusik und Karaoke.

Anreise & Unterwegs vor Ort

Pisco liegt 6 km westlich der Panamericana. Taxis von der Autobahn ins Centro kosten 8 S. **Soyuz/PerúBus** (☎ 53-1014; Diez Canseco s/n) bietet zwischen Lima und Ica in beide Richtungen die häufigsten Verbindungen an der Küste an. Von hier fahren alle zehn Minuten Busse nach Ica (4–6 S, 1 Std.). Nach Nazca muss man in Ica umsteigen. **Ormeño** (☎ 53-2764; San Francisco 259) hat einen Busbahnhof mit Schlepper-Problem in der Nähe der Plaza de

---

ABSTECHER

Das Herz der afro-peruanischen Kultur des Landes sind die *peñas* (Klubs mit Folklore-Musik) des Distrikts **El Carmen** gleich hinter **Chincha** bei Km 202 der Carretera Panamericana. Während der Feiertage und Festivals, z. B. **Verano Negro** (Ende Feb./Anfang März), **Fiestas Patrias** (Ende Juli) und **Fiesta de Virgen del Carmen** (27. Dez.), platzen diese wilden *peñas* vor *limeños* (Einwohner Limas), aufgedrehten Peruanern und überwältigten Touristen, die ihre Hintern zur Musik wackeln lassen, beinahe aus allen Nähten. Ein Tanz, den man nicht ohne professionelle Anleitung nachmachen sollte, ist "El Alcatraz", bei dem ein Tänzer seine Hüften kreisen lässt und dabei versucht, den Rock seiner Partnerin mit einer Kerze in Brand zu stecken. Den Rest des Jahres ist die Stadt aber ziemlich tot.

Wenn man sich mal ablegen oder seinen Rausch ausschlafen möchte (wenn man überhaupt schlafen kann), steht eine Reihe von Budget-*hostales* rund um Chinchas Hauptplaza zur Auswahl, z. B. das **Hostal La Posada** (☎ 056-26-2042; Santo Domingo 200; Zi. 30 S/Pers.), das von einem geselligen italienisch-peruanischen Pärchen geführt wird und sichere, antik aussehende Zimmer bietet. Wer nach etwas mehr Geschichte sucht, findet sie im 300 Jahre alten **Hacienda San José** (www.haciendasanjose.com.pe), das durch das Erdbeben 2007 zerstört wurde und 2010 wiedereröffnen soll. Auf dieser ehemaligen Zucker- und Honigplantage arbeiteten afrikanische Sklaven, bis es 1879 zu einem Aufstand kam, bei dem der Besitzer der Plantage auf entsetzliche Weise zerstückelt wurde. Mit Führungen in spanischer Sprache gelangt man hinunter in die schaurigen Katakomben.

Soyuz/PerúBus bietet die meisten Verbindungen von Lima nach Chincha (26–28 S, 3 Std.). *Combis* nach El Carmen (1,40 S, 30 Min.) fahren am zentralen Markt in Chincha ab, ein paar Blocks von der Hauptplaza entfernt. Bis zur Panamericana, wo die Küstenbusse halten, ist es nur eine kurze Taxifahrt (3 S).

Armas. Von dort fahren täglich Busse nach Lima (45 S, 4 Std.) und in viele andere Küstenorte. Außerdem gibt's eine Direktverbindung nach Arequipa (100 S, 12 Std.)). **Flores** (San Martín 191) verkehrt ebenfalls entlang der Küste.

Combis nach Paracas fahren tagsüber in der Nähe vom Markt am 5. Block der Beatita de Humay ab, sobald sie voll sind (2 S, 30 Min.). Taxis nach Paracas kosten 15 S.

ICA

☎ 056 / 220 000 Ew.

Man könnte an schlimmeren Orten stranden als in Ica, der Hauptstadt des gleichnamigen Bezirks. Die lebendige Stadt bietet eine beeindruckende Wein- und *pisco*-Industrie, wilde Festivals und ein ausgezeichnetes Museum; die grüne Plaza ist auch nicht übel. Trotzdem steigen die meisten Reisenden im nahen Huacachina ab. Noch immer sind die Überreste einiger Gebäude zu sehen, die durch das Erdbeben 2007 zerstört wurden, aber ansonsten geht in Ica alles mehr oder weniger seinen gewohnten Gang.

Praktische Informationen

Die Internetcafés rund um die Plaza sind bis spät abends geöffnet.

BCP (Plaza de Armas) Wechselt Reiseschecks und Bargeld und hat einen Visa-Geldautomaten.

Krankenhaus (☎ 23-4798; Cutervo 104; ⏰ 24 Std.) Für Notfälle.

Polizei (☎ 23-5421; JJ Elias, 5. Block; ⏰ 24 Std.) Beamte in weißen Hemden laufen auf der Plaza Streife.

Serpost (San Martín 521)

Gefahren & Ärgernisse

Ica hat seinen Ruf als Diebes-Hochburg zu Recht. Immer wachsam bleiben, besonders rund um den Markt, in Internetcafés und auf Busbahnhöfen – wir haben von fünf ausgeraubten Touristen rund um die Ormeño-Station innerhalb einer Woche gehört!

Sehenswertes

Aus dem ausgezeichneten **Museo Regional de Ica** (☎ 23-4383; Jirón Ayabaca, 8. Block; Eintritt 11,50 S; ⏰ Mo–Fr 8–19, Sa & So 8.30–18 Uhr) wurden 2004 drei Textilien gestohlen (eine fand man 2007 in einem Privathaus in Lima wieder). Das Museum zeigt eine unerreichte Ausstellung von Artefakten der Paracas-, Nazca- und Inkakulturen, u. a. großartige Webarbeiten der Paraskultur, gut erhaltene Mumien, trepanierte Schädel und Trophäen-Schrumpfköpfe. Hinter dem Gebäude befindet sich ein originalgetreues Modell der Nazcalinien. Das Museum liegt 1,5 km südwestlich des Stadtzentrums. Von der Plaza de Armas kann man mit dem Taxi hinfahren (3 S).

In den **bodegas** außerhalb der Stadt kann man peruanische Weine und *piscos* kosten. **Vista Alegre** (☎ 23-8735; www.vistaalegre.com.pe; Camino a la Tinguiña Km 2; ⏰ Mo–Fr 8–12.30 & 14–16, Sa 8–12.30 Uhr), 3 km nordöstlich von Ica, ist von allen kommerziellen Weinkellereien am leichtesten zu erreichen (Taxi 5 S). Von Montag bis Mittwoch sind die Führungen und Verkostungen gratis. Die Kellerei ist für ihren Malbec, Tempranillo und Pinot Blanc bekannt. Der berühmteste Rebensaft von ganz Peru wird 11 km nordöstlich von Ica bei **Tacama** (☎ 58-1030; www.tacama.com; Camino Real s/n, Tinguiña; ⏰ Mo–Sa 9–16, So bis 12 Uhr) produziert. Hier gibt's kostenlose Führungen und Verkostungen, u. a. von Tannats, Malbecs und Chardonnays. Einfach ein Taxi nehmen (15 S).

Es gibt noch Dutzende weitere, etwas kleinere lokale Weinkellereien in Familienbesitz, beispielsweise im Vorort **Guadalupe**. *Colectivos* nach Guadalupe (1,50 S, 15 Min.) fahren am 1. Block der Municipalidad in der Nähe der Plaza ab.

Festivals & Events

Das Erntefestival, **Fiesta de la Vendimia**, dauert von Anfang bis Mitte März. Die religiöse Pilgerfahrt **El Señor de Luren** gipfelt Ende Oktober in einer Prozession, die die ganze Nacht dauert. Im September findet die **Touristenwoche** statt.

Schlafen

Die meisten Reisenden steigen im nahen Huacachina (S. 887) ab, dort gibt's beliebtere Backpacker-Unterkünfte. Wer doch über Nacht in Ica bleibt, kann aus Dutzenden deprimierenden Budgethotels in den Straßen östlich des Busbahnhofs und nördlich der Plaza, vor allem in der Tacna, wählen.

Hostal El Dorado (☎ 21-5015; Lima 251; EZ ohne Bad 20 S, DZ 50 S) Entsetzliche Bettdecken, aber sonst sauber und geräumig und nur wenige Schritte von der Plaza entfernt.

La Florida Inn (☎ 23-7313; Los Olivos B1, Urb San Luis; EZ/DZ 60/80 S, ohne Bad 30/60 S) Dieses kleine Hotel in Familienbesitz liegt nicht allzu weit vom Museum entfernt und bietet skurrile Zimmer mit Gemälden einheimischer Künstler und solarbeheiztes Wasser.

Essen

Verschiedene Läden östlich der Hauptplaza verkaufen *tejas* (mit Karamell umhüllte Süßigkeiten mit Früchten, Nüssen usw.).

D'Lizia (Lima 155; Gerichte 4–18 S) Diese kalifornisch anmutende Saftbar auf der Plaza serviert auch Frühstück, frische Salate und eine große Auswahl aufwendiger Sandwiches zu günstigen Preisen.

El Otro Peñoncito (Bolívar 255; Hauptgerichte 8–28 S) Icas stilvollste Speisen und eines der besten Restaurants an der Südküste. Die Spezialität des Hauses, gefülltes Hühnchen mit Spinat in Pekannuss-*pisco*-Soße, ist jeden Sol wert.

Plaza 125 (Lima 125; Menü 12 S, Hauptgerichte 10–30 S) Bietet gute Festpreismittagsmenüs und eine größere Auswahl peruanischer Gerichte in sauberer, schön gestalteter Umgebung.

An- & Weiterreise

Die Busunternehmen haben sich in der Lambayeque am Westende der Salaverry und in der Manzanilla westlich der Lambayeque versammelt. **Soyuz/PerúBus** (☎ 22-4138) und **Flores** (☎ 21-2266) bieten alle zehn bis 15 Minuten Verbindungen nach Lima (20–55 S, 4½ Std.) an, weniger häufig fahren auch Luxusbusse von **Cruz del Sur** (☎ 22-3333) und **Ormeño** (☎ 21-5600). Ormeño bietet auch direkte Busse nach Pisco (4 S, 1 Std.), während andere Busunternehmen ihre Fahrgäste an der Kreuzung San Clemente auf der Panamericana absetzen. Die meisten Unternehmen haben tagsüber Direktverbindungen nach Nazca (8–25 S, 2 Std.). Busse nach Arequipa (46–96 S, 12 Std.) und Cusco (140 S, 18 Std.) fahren meist über Nacht. Ormeño steuert außerdem Tacna (80 S, 15 Std.) an der Grenze zu Chile an.

HUACACHINA
☎ 056 / 200 Ew.

Der Ort ist von gebirgsartigen Sanddünen umgeben, die über der malerischen Lagune (übrigens abgebildet auf Perus 50-S-Schein) sanft in die Stadt abfallen – nein, Huacachinas majestätische Szenerie lässt sich nicht leugnen. Nur 5 km westlich von Ica bietet diese friedvolle Oase anmutige Palmen, exotische Blumen und schöne alte Gebäude – allesamt Zeugnis der einstigen Pracht dieses Resorts, das für die peruanische Elite erbaut wurde. Heute ist es ein sandiger Gringo-Spielplatz, auf dem Backpacker schon mal tagelang alles um sich herum vergessen.

Praktische Informationen

Beim El Huacanicero gibt's einen internationalen Geldautomaten.

Oasis Net (Hostal Saviatierra; 3 S/Std.; ⓥ 8.30–21 Uhr) Internetzugang.

Aktivitäten

Für 3 S pro Stunde kann man Sandboards ausleihen und damit über die unwiderstehlichen Dünen rutschen, surfen und purzeln. Aufregende achterbahnmäßige Sandbuggy-/Sandboardingtouren kosten 45 S (plus 3,60 S „Sandsteuer"). Am besten geht man bei Sonnenuntergang, dann ist die Landschaft einfach wundervoll, viel besser als am Morgen. Alle *hostales* organisieren Touren.

Schlafen & Essen

Bei der Lagune kann man in den Dünen zelten – Schlafsack mitbringen. Wer Unterhaltung sucht, muss nur der Musik folgen.

Desert Nights (☎ 22-8458; www.desertadventure.net.com; Blvd Principal s/n; B mit/ohne HI-Ausweis 12/15 S; 💻) In diesem recht neuen, von einem Amerikaner geführten HI-Hostel, das in einem historischen kolonialen Sommerhaus an der Lagune untergebracht ist, bekommt man zwar keinen Pool und keine Partyszene, dafür aber ein großartiges Restaurant (Biokaffee aus der French Press!), schöne Musik auf der Terrasse, gratis Internet, eine Nintendo Wii und einen tollen Blick auf die Lagune.

Hostal Salvatierra (☎ 23-2352; www.salvatur.group.galeon.com; Salvatierra Diaz; EZ/DZ 15/30 S, mit Warmwasser 20/40 S; 💻 🐕) Dieses familiengeführte Haus stammt aus dem Jahr 1932. Knarzende Holzböden und altmodische Badfliesen verleihen ihm ein historisches (aber nicht veraltetes) Flair. Die preiswerten Zimmer sind ein echtes Schnäppchen, wenn man sich nicht an abblätternder Wandfarbe und kaltem Wasser stört. Einen trüben Pool gibt's auch.

Carola del Sur (☎ 23-8783; Perotti s/n; B/EZ/DZ ab 15/45/60 S; 💻 🐕) Dieses große Hostel gehört zum Casa de Arena und liegt direkt am Fuß der Dünen. Es bietet einen Schlafsaal mit 22 Betten und private Zimmer; während der Hochsaison ist es bei Israelis beliebt. Die Zimmer umgeben eine große grüne Plaza mit jeder Menge Hängematten und Platz zum Relaxen. Das Personal spricht Englisch.

Casa de Arena (☎ 23-7398; casa_de_arena@hotmail.com; Perotti s/n; B ab 20 S, EZ/DZ 40/60 S, ohne Bad 30/50 S; 🐕) Hier gibt's den besten Pool und Barbereich. Wer die Dünentour mitmacht, kann 5 S vom Zimmerpreis abziehen. In der *discoteca* hinten wird bis spät gefeiert. Ventilatoren, Internet und eine Renovierung wären nett.

Hospedaje El Huacanicero (☎ 21-7435; www.elhuacanicero.com; Perotti s/n; B/SZ/DZ 30/100/110 S; ⚡) Ein großer Pool und ausgezeichnete Kunst machen diese Pension zur besten der Stadt, aber die privaten Zimmer sind überteuert. Küchennutzung, Hängematten im Garten und eine Poolbar, aber kein Internet? Unverzeihlich.

Casa de Bamboo (Perotti s/n; Hauptgerichte 7–18 S) Sehr entspanntes Lokal mit britischem Küchenchef, der Hummus und Falafel, Thai-Currys und Banoffee-Pie serviert – echte Raritäten in Peru.

An- & Weiterreise

Ein Taxi von Ica nach Huacachina kostet ungefähr 5 S.

NAZCA

☎ 056 / 22 000 Ew.

Knochentrocken und glühend heiß: Nazca war eine tote Wüstenstadt, bis der Flug des amerikanischen Wissenschaftlers Paul Kosok eine der faszinierendsten und geheimnisvollsten Leistungen des alten Perus bekannt machte – die weltberühmten Nazcalinien. 1939 brachte ein Routineflug über der kargen Region, auf dem die antiken Bewässerungssysteme erforscht werden sollten, die rätselhaften Sandlinien ans Licht der Öffentlichkeit. Sie sehen aus, als hätten Riesen mit Mammutbäumen Graffiti in den Wüstenboden gekratzt. Heute überschwemmen Reisende die ansonsten nicht sehr bemerkenswerte kleine Stadt, um einen Blick auf die merkwürdigen Gemälde zu erhaschen, und schütteln angesichts der mysteriösen Linien, die mittlerweile zur UNESCO-Weltkulturerbestätte ernannt wurden, ungläubig den Kopf. Aber *Indiana-Jones*-Film (2008) hin oder her: Die Linien führen nicht zu irgendeinem Kristallschädel. Oder vielleicht doch?

Praktische Informationen

Internetcafés gibt's überall. Ein paar Hotels wechseln US-Dollar in Bargeld.

BCP (Lima 495) Hat einen Geldautomaten für Visa/MasterCard; wechselt Reiseschecks.

Sehenswertes

DIE NAZCALINIEN

Auf einer trockenen, mit Felsen übersäten Ebene von 500 km² bilden die Nazcalinien ein verblüffendes Netz von über 800 Linien, 300 geometrischen Figuren (Geoglyphen) und etwa 70 Tier- und Pflanzenzeichnungen. Zu den am besten ausgearbeiteten Zeichnungen gehören ein Affe mit einem spiralförmigen Schwanz, eine Spinne und eine faszinierende Figur, die allgemein als Astronaut bezeichnet wird, auch wenn manche meinen, dass es ein Priester mit einem Eulenkopf ist. Der Flug über diese Linien ist ein unvergessliches, aber nicht ganz billiges Erlebnis (s. S. 888).

Vom **Mirador** (Aussichtspunkt; Eintritt 1 S) an der Panamericana, 20 km nördlich von Nazca, bekommt man nur eine sehr oberflächliche Vorstellung von den Linien. Man kann einen schrägen Blick auf drei Figuren werfen: die Eidechse, den Baum und die Hände (oder auch den Frosch, je nach Ansicht). Schilder, die vor Landminen warnen, erinnern daran, dass das Betreten der Linien streng verboten ist. Um zu dem Beobachtungsturm zu gelangen, nimmt man einen Bus nach Norden (2 S) und bittet den Fahrer, einen abzusetzen. Für die Rückfahrt muss ein Bus gen Süden her.

5 km weiter nördlich befindet sich das kleine **Maria-Reiche-Museum** (Eintritt 1,50 US$; ☼ 9–18 Uhr). Die Informationen sind enttäuschend karg, aber man kann nachempfinden, wie die deutsche Forscherin hier zwischen Unmengen von Werkzeugen und ihren obsessiven Skizzen lebte; außerdem kann man der 1998 verstorbenen Wissenschaftlerin an ihrem Grab die letzte Ehre erweisen. Um nach Nazca zurückzukehren, einen Bus anhalten.

Interessante Vorträge über die Linien – in mehreren Sprachen – gibt's jeden Abend in Nazcas kleinem **Planetarium** (☎ 52-2293; Nazca Lines Hotel, Bolognesi 147; Eintritt 20 S; ☼ französisch 18 Uhr, englisch 19 Uhr, spanisch 20.15 Uhr).

MUSEO DIDÁCTICO ANTONINI

Dieses **archäologische Museum** (☎ 52-3444; Av de la Cultura 600; Eintritt/Kameras 15/5 S; ☼ 9–19 Uhr) im Osten der Stadt rühmt sich seines originalen präkolumbischen Aquädukts, der durch seinen Garten führt, und zeigt Reproduktionen von Gräbern und ein Modell der Linien. Man bekommt eine Übersicht über die Nazcakultur und abseits gelegene Stätten Nazcas.

ABSEITS GELEGENE STÄTTEN

Für einen Besuch der entlegenen archäologischen Stätten empfiehlt sich eine geführte Tour (s. S. 889), da sich schon einige Raubüberfälle auf Touristen ereignet haben. Bei

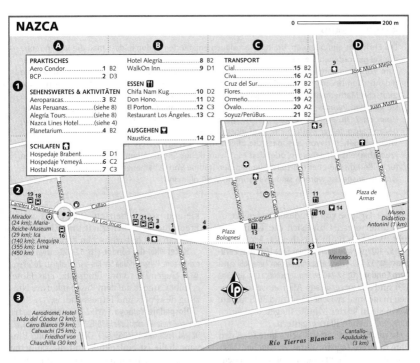

den **Cantallo-Aquädukten** (Eintritt 10 S) gleich außerhalb der Stadt kann man mithilfe spiralförmiger *ventanas* (Fenster) in das antike Gestein hinuntersteigen – eine feuchte, klaustrophobische Erfahrung. Der beliebte **Friedhof von Chauchilla** (Eintritt 5 S) 30 km südlich von Nazca wird jeden befriedigen, der das makabre Bedürfnis nach Knochen, Totenschädeln und Mumien hat. Eine unbefestigte Straße führt 25 km westlich nach **Cahuachi**, ein bedeutendes Nazcazentrum, das noch ausgegraben wird.

Aktivitäten

Eine Expedition abseits der ausgetretenen Pfade führt zur **Cerro Blanco**, der höchsten bekannten Sanddüne der Welt (2078 m) – eine echte Herausforderung für alle aufstrebenden Sandboarder, die direkt aus Huacachina kommen. Sandboardtouren kosten 90 S bis 120 S, je nach Qualifikation des Führers.

Geführte Touren

Hotels und Reisebüros preisen unermüdlich ihre Touren an. Aggressive Werber passen die ankommenden Busse ab, um die Fahrgäste für ihre Tour zu gewinnen, noch bevor diese ihr Gepäck eingesammelt haben – einfach komplett ignorieren, nichts glauben, was erzählt wird, und keine Entscheidung überstürzen. Die meisten Agenturen befinden sich am Südende der Lima. Niemals Geld auf der Straße bezahlen!

Holprige Leichtflugzeuge starten am Morgen und frühen Nachmittag zu Rundflügen über die Nazcalinien, sofern die Wetterbedingungen es erlauben. Viele werden dabei luftkrank; wer anfällig ist, sollte also nur ein leichtes Frühstück zu sich nehmen. Die Preise schwanken je nach Saison, Nachfrage und Laune der ca. 13 Fluglinien, die diese Touren anbieten. In den Flügen, die über ein Hotel oder ein Reisebüro gebucht wurden, ist der Transport zum bzw. vom Flugplatz eingeschlossen; sie kosten ca. 170 S in der Nebensaison und bis zu 380 S zwischen Mai und August. Am Flugplatz wird eine Steuer in Höhe von 20 S fällig, die nicht im Preis inbegriffen ist.

Man kann sich die etwa 15 S Provision, die Hotels und Reisebüros für die Buchung kassieren, sparen, wenn man direkt zum Flugplatz fährt; das lohnt sich aber nur, wenn man

RÄTSEL IM SAND

Die Ehrfurcht einflößenden, uralten Nazcalinien entstanden dadurch, dass man die in der Sonne dunkel gewordenen Steine von der Wüstenoberfläche entfernte, um den helleren Boden darunter zum Vorschein kommen zu lassen. Aber wer hat das getan und zu welchem Zweck wurden die gigantischen Linien angelegt, da sie doch nur aus der Luft zu erkennen sind? Maria Reiche, eine deutsche Mathematikerin und langjährige Erforscherin der Linien, stellte die Theorie auf, dass sie von den Paracas- und Nazcakulturen von 900 v.Chr. bis 600 n.Chr. angelegt und durch die Huari im 7. Jh. ergänzt wurden. Reiche glaubte, die Linien seien ein astronomischer Kalender, der mit ausgefeilter Mathematik (und einem langen Seil) in die Wüste gescharrt wurde. Andere Theorien gehen davon aus, dass die Linien rituelle Wege waren, die zu einem Wasser- bzw. Fruchtbarkeitskult gehörten, oder dass es sich um riesige Sportanlagen handele, um Landebahnen für Außerirdische oder um Darstellungen der Träume von Schamanen, die durch halluzinogene Drogen ausgelöst worden sind. Was stimmt, weiß niemand.

in einer Gruppe von mindestens vier Personen unterwegs ist und sich die Taxikosten teilt. Wer sich dafür entscheidet: **Aeroparacas** (☎ 52-1027; www.aeroparacas.com; Lima 169), **Alas Peruanas** (☎ 52-2497; www.alasperuanas.com; Lima 168) und **Aero Condor** (☎ 52-2402; www.aerocondor.com.pe; Lima 199) sind alle zuverlässig. Alleinreisende können manchmal zwischen 15 S und 30 S sparen, wenn sie in letzter Minute fliegen und einen leergebliebenen Platz ergattern.

In der Hochsaison ist es eine gute Idee, den Flug mehrere Tage im Voraus zu buchen. Wer spontan zum Flugplatz geht, sollte daran denken, dass alle, die bei einflussreichen Reisebüros gebucht oder mehr bezahlt haben, zuerst fliegen dürfen. Also schnell zum Flugplatz und dann abwarten und Tee trinken.

Alegría Tours (☎ 52-2497; www.alasperuanas.com; Lima 168) ist ein renommiertes Reisebüro.

Schlafen

Hospedaje Brabent (☎ 52-4127; Matta 878; B 12 S, EZ/DZ/3BZ ohne Bad 20/33/50 S; 🖳) Auch wenn sie unsere Reservierung vermasselt hat, gilt für diese niederländisch-peruanische Unterkunft: im Zweifel für den Angeklagten. Rustikale Pension mit fünf Zimmern und einer Terrasse voller Hängematten.

Hostal Nasca (☎ 52-2085; Lima 438; EZ/DZ 35/40 S, ohne Bad 15/25 S) Hier steigen hauptsächlich Peruaner ab. Das schlichte Hotel bietet neuere, saubere Zimmer, Warmwasser und Kabel-TV.

WalkOn Inn (☎ 52-2566; www.walkoninn.com; Mejía 108; B/EZ/DZ 15/25/50 S; 🖳 🗲) Die Gäste dieser von Europäern geführten Pension werden mit einer Fanta und einem umfangreichen Infopaket begrüßt. Die Zimmer liegen rund um einen sonnigen Fußweg. Es gibt eine Büchertauschbörse, eine DVD-Bibliothek, einen kleinen solarbeheizten Pool und soviel Freundlichkeit, Sicherheit und Ehrlichkeit, wie man sich nur wünschen kann.

Hotel Nido del Cóndor (☎ 52-2402; www.nidodel condor.com; Panamericana Sur Km 447; Stellplatz 20 S/Pers.; 🗲) Gegenüber vom Flugplatz. Das Hotel erlaubt Campen auf dem Rasen inklusive Nutzung des Pools und Fitnessstudios.

Hospedaje Yemeyá (☎ 52-3416; nazcahospedaje yemeya@hotmail.com; Callao 578; EZ/DZ ohne Bad 25/30 S, EZ/DZ inkl. Frühstück 35/40 S; 🖳) Die kunstvolle Eingangshalle ist einladend, und die sauberen Zimmer bieten warme Duschen und Kabelfernsehen, aber man arbeitet hier mit aufdringlichen Kundenfängern.

Hotel Alegría (☎ 52-2702; Lima 166; EZ/DZ ohne Bad 30/50 S, EZ/DZ/3BZ inkl. Frühstück 95/126/157 S; 🗷 🖳 🗲) Diese edlere Oase bietet etwa ein Dutzend einfacher Zimmer mit (warmen) Gemeinschaftsduschen für Budgetreisende (mehr sind in Planung). Es gibt einen luftigen Garten und ein Café im Innenhof.

Essen & Ausgehen

Die Bolognesi, westlich der Plaza de Armas, ist von Backpacker-Pizzerias, Restaurants und Bars gesäumt, einschließlich der Naustica.

Chifa Nam Kug (Bolognesi 448; Menü 5–9,50 S) Das günstige *chifa* serviert verschiedene Festpreismenüs unter 10 S, u. a. Wonton-Suppe, sowie Hauptgerichte und gebratenen Reis. Wer sich verlaufen hat, kann das Wandposter zu Rate ziehen.

Restaurant Los Ángeles (Bolognesi 266; Hauptgerichte 11–24 S) Dieses peruanisch-internationale Restaurant bietet von allem ein bisschen, und das zu fairen Preisen. Es gibt jede Menge vegetarischer Optionen (unbedingt die gefüllte Avocado versuchen), und alle sind gut.

Don Hono (Bolognesi 465; Menü 12–20 S) Gleich abseits der Hauptplaza. Das einfache Lokal ist dank seiner täglich wechselnden *menús* mit herzhafter Hausmannskost ein Favorit der Einheimischen. Vorneweg sollte man die wunderbare *cazuela* (Suppeneintopf mit Reis, Mais und ein bisschen Fleisch) versuchen.

El Porton (Morsesky 120; Hauptgerichte 15–35 S) Das beste Restaurant in Nazca ist leider viel zu beliebt bei Tourgruppen. Das Essen, u. a. Meeresfrüchtereis im Tontopf, überzeugt auf der ganzen Linie. Eine heimelige Bar ist angeschlossen.

Anreise & Unterwegs vor Ort

Die Busunternehmen befinden sich am Westende der Lima, in der Nähe des größten Panamericana-Kreisverkehrs. Die meisten Busse nach Lima (30–86 S, 8 Std.), Arequipa (40–100 S, 8–10 Std.) und Tacna (60–150 S, 12 Std.) fahren am Spätnachmittag oder Abend ab. Wer direkt nach Cusco (70–100 S, 13–15 Std.) will, kann aus verschiedenen Verbindungen über die Asphaltstraße im Osten via Abancay wählen. Auf dieser Strecke wird's ziemlich kalt, also warm anziehen. Alternativ kann man über Arequipa fahren; von hier aus erreicht man außerdem Puno (120–140 S). Taxis zum Flugplatz kosten zwischen 3 und 5 S.

Ormeño (☎ 52-2058; Av Los Inkas 112) fährt auch nach La Paz (246 S).

TACNA

☎ 052 / 242 500 Ew.

Die Strecke nach Tacna, Perus heldenhaftester Stadt, ist lang und staubig. Die Stadt sitzt unerschütterlich am Schwanzende der Carretera Panamericana, fast 1300 km südöstlich von Lima. Dieser gut ausgebaute Grenzaußenposten wurde nach dem Pazifischen Krieg 1880 von Chile besetzt, aber 1929 zettelten die Bewohner der Stadt einen Grenzcoup an und stimmten dafür, in Perus offene Arme zurückzukehren. Man wird schnell feststellen, dass es in diesem Teil des Landes viel höflicher zugeht.

Praktische Informationen

Chilenische Pesos, Nuevos Soles und US-Dollar kann man problemlos wechseln.

BCP (San Martín 574) Hat einen Visa-/MasterCard-Geldautomaten, bietet Visa-Barauszahlungen an und wechselt Reiseschecks.

Krankenhaus Hipólito Unanue (☎ 42-3361; Blondell s/n; 24 Std.) Für Notfälle.

Interbank (San Martín 646) Hat einen internationalen Geldautomaten.

iPerú (☎ 42-5514; San Martín 491; Mo–Fr 8.30–19.30, Sa bis 14.30 Uhr) Hilfreiche Reiseinformationen am Nordostrand der Plaza.

Polícia Nacional (Calderón de la Barca 353)

Serpost (Bolognesi 361) Postamt.

Sehenswertes & Aktivitäten

Die mit Palmen geschmückte **Plaza de Armas** hat einen Brunnen und eine Kathedrale, die vom französischen Ingenieur Eiffel (ja, der mit dem berühmten Turm) stammt. Im Bahnhof zeigt das **Museo Ferroviario** (☎ 24-5572; Ecke 2 de Mayo & Albarracin; Eintritt 5 S; 8–18 Uhr) schöne Lokomotiven aus dem 20. Jh. und anderes Material auf Rädern. Außerdem sieht man Eisenbahnsalons mit Atmosphäre und historischem Dekor.

Die Landschaft rund um Tacna ist bekannt für ihre Olivenhaine, Gärten und *bodegas*. Wer die *bodegas* und Restaurants im Vorort

---

ABSTECHER

Südlich von Mollendo liegt entlang einer ununterbrochenen Reihe von Stränden das **Santuario Nacional Lagunas de Mejía** (☎ 054-83-5001; Eintritt 5 S; Sonnenaufgang–Sonnenuntergang), das die größten dauerhaft bestehenden Seen der 1500 km langen Wüstenküste schützt. Über 200 Zug- und Küstenvogelarten können hier beobachtet werden, am besten am frühen Morgen. Das Besucherzentrum hat Karten mit den Fußwegen durch die Dünen, die zu den *miradores* (Aussichtspunkte) führen. Minibusse nach Mejía fahren in Mollendo von der Ecke Tacna und Arequipa ab (1,20 S, 30 Min.).

Vorbeifahrende *colectivos* dringen tiefer ins Río-Tambo-Tal vor, das mit seinen bewässerten Reisfeldern, Zuckerrohrplantagen, Mais- und Kartoffelfeldern einen merkwürdigen Mix vor einem staubigen Hintergrund aus Sanddünen und Wüste bietet. Die Straße stößt bei El Fiscal, einer schäbigen Tankstelle, wieder auf die Panamericana. Hier kann man Busse nach Arequipa oder südwärts nach Tacna anhalten (nur Stehplätze).

EINREISE NACH CHILE

Die Formalitäten an den Grenzübergängen sind recht unkompliziert. Der peruanische Grenzübergang ist an Werktagen von 7 Uhr bis Mitternacht, und freitags und samstags zusätzlich rund um die Uhr geöffnet. Chile ist Peru um eine Stunde voraus (bei Sommerzeit zwei Stunden).

Zwischen 6 Uhr und 22 Uhr fahren zahlreiche *colectivo*-Taxis (15 S, 2 Std.) vom internationalen Busbahnhof gegenüber vom Terminal Terrestre nach Arica (Chile), 65 km von Tacna entfernt. Freitags und samstags findet man auch manchmal Taxis, die bereit sind, außerhalb dieser Zeiten zu fahren, aber dafür zahlt man meistens auch mehr. Da Taxifahrer bei den Formalitäten an der Grenze behilflich sind, sind sie eine sicherere, praktischere Alternative als die unregelmäßig verkehrenden Lokalbusse. Wahlweise bietet **Ormeño** (☎ 42-3292) mittwochs und sonntags auch Direktbusse nach Santiago (300 S) an.

Von Tacnas **Bahnhof** (☎ 24-5572; Ecke2 de Mayo & Albarracin) fahren täglich zwei Züge nach Arica (7 S, 1½ Std., 5.45 & 16 Uhr); sie sind die billigste und charmanteste Art, die Grenze zu überqueren. Der Reisepass wird am Bahnhof in Peru abgestempelt und man bekommt einen Einreisestempel bei der Ankunft in Chile. Fahrkarten kann man im Ticketbüro bis zu anderthalb Stunden vor der Abfahrt kaufen.

Für Infos zu Grenzüberquerungen in die andere Richtung, s. S. 482.

Pocollay besuchen will, nimmt einen Bus oder einen *micro* die Bolognesi entlang (0,50 S, 10 Min.).

Boca del Río ist ein Urlaubsort am Meer 50 km südwestlich von Tacna. Man erreicht ihn vom Terminal Bolognesi aus mit einem Minibus (4 S, 1 Std.).

Schlafen

Hotelzimmer sind überteuert und schnell ausgebucht, besonders am Wochenende.

Hostal Inclán (☎ 24-4848; Inclán 171; EZ/DZ 27/37 S) Die günstigste Wahl im Zentrum, wenige Schritte von der Plaza entfernt; anständige Zimmer zu fairen Preisen.

Lido Hospedaje (☎ 57-7001; San Martín 876A; EZ/DZ/3BZ 30/40/50 S) Eine sehr schlichte, sichere Pension im Zentrum, bei der sich die Frage aufdrängt: Was ist nur mit den Klobrillen passiert?

Universo Hostal (☎ 71-5441; Zela 724; EZ/DZ/3BZ 30/40/60 S) Etwas mehr Komfort als im Lido, aber zum selben Preis. Dieses anständige kleine Hotel bietet respektable Zimmer mit warmen Duschen und Kabelfernsehen.

Royal Inn (☎ 72-6094; Melendez 574; EZ/DZ/3BZ 35/45/65 S) Nördlich des Marktes. Einladendes Hotel mit altmodischem Dekor und preiswerten Zimmern (Kabel-TV, warme Duschen). Praktische Minibar an der Rezeption.

Essen & Ausgehen

Pocollay ist dank seiner ländlichen Restaurants, die am Wochenende oft Livebands bieten, bei den *tacneños* beliebt. Mehrere Bars vereinnahmen den ersten Block der Arias Araguez, wo Bier-Fans ein Münchner Brauhaus finden und Rocker im Jethro Pub richtig abfeiern können. Die San Martín lebt am Wochenende auf, dann wird sie zur Fußgängerzone und ist voller Straßenkünstler.

Café Venecia (Vizquerra 130; Gerichte 4–16 S) Frühes Frühstück (ab 7 Uhr), ansprechende Burger, Espresso und Sandwiches verschaffen den Gästen des sauberen Cafés an der Plaza Zela einen guten Start in den Tag.

Fu Lin (Arias Araguez 396; Menü 4,50 S; ☺ Mo–Fr mittags) Günstige vegetarische *chifa* in sauberem, freundlichem Ambiente.

Café Davinci (San Martín 596; Menü 12 S) Dieses stilvolle Café bietet abends *chilenos*-Hauptgerichte zu Wochenendpreisen. Die festen Mittagsmenüs (12 S), der Nachmittagstee (16–19 Uhr), die Pizza, die Desserts, der Espresso und die Sandwiches sind da doch viel schonender für den Geldbeutel. Oben ist eine gute Bar mit Livemusik.

Anreise & Unterwegs vor Ort

BUS

Die meisten Langstreckenbusse fahren am Terminal Terrestre (Abfahrtssteuer 1 S) ab. Vom Zentrum kann man sich ein Taxi nehmen (3 S). Viele Unternehmen fahren nach Lima (60–148 S, 18–22 Std.) und über Moquegua (11 S, 3 Std.) nach Arequipa (25–36 S, 6–7 Std.). Die meisten Busse nach Lima lassen Passagiere auch in anderen Küstenstädten aussteigen, u. a. in Nazca und Ica. Komfortable Übernachtbusse von **Julsa** (☎ 24-7132) fahren über Desaguadero nach Puno (30–50 S, 10 Std.). Nach Cusco muss man in Arequipa oder Puno umsteigen.

FLUGZEUG
Tacnas **Flughafen** (TCQ; ☎ 31-4503) liegt 5 km westlich der Stadt (Taxi 10–12 S). **LAN** (☎ 42-8346; Apurímac 101) fliegt täglich nach Lima und mittwochs und sonntags nach Cusco.

AREQUIPA & DAS CANYONLAND

Das koloniale Arequipa mit seinen erlesenen Museen, seiner Architektur und seinem Nachtleben ist von einer Landschaft umgeben, die zu den wildesten von Peru gehört. Es ist ein Land mit aktiven Vulkanen, heißen Quellen, Wüsten in großer Höhe und den tiefsten Canyons der Welt. Wer über Land zum Lago Titicaca und nach Cusco fährt, sollte hier auf jeden Fall einen Zwischenstopp einlegen.

AREQUIPA
☎ 054 / 905 000 Ew.

Seit der Ankunft der Spanier 1540 wurde Arequipa beinahe jedes Jahrhundert von Vulkanausbrüchen und Erdbeben geschüttelt. Dieser Stadt mangelt es ganz gewiss nicht an Dramatik. Der perfekt kegelförmige Vulkan El Misti (5822 m), der majestätisch hinter der Kathedrale an der Plaza de Armas aufragt, wird links vom zerklüfteten Chachani (6075 m), rechts vom Pichu Pichu (5571 m) flankiert. Perus zweitgrößte Stadt wurde aus weiß getünchtem Vulkangestein erbaut und liegt in einer majestätischen Berglandschaft. Außerdem hat sie Kodak wohl mehr zu verdanken als die meisten anderen Städte des Landes: Ihre grandiosen kolonialen Gebäude bestehen aus einem hellem Vulkangestein namens *sillar*, das in der Sonne ebenso glänzt wie auf Zelluloid. Trotz seiner Lage in den Anden bietet Arequipa ein kosmopolitisches Flair mit Pflastersteinen, Gourmetrestaurants und einem wilden Nachtleben.

Praktische Informationen
BUCHLÄDEN
Librería El Lector (San Francisco 221; ⊙ Mo–Sa 9–20 Uhr) Büchertauschbörse, lokale Titel, Reiseführer und eine große Auswahl englischsprachiger Bücher.

GELD
Wechselstuben finden sich östlich der Plaza de Armas. Im Casona Santa Catalina und im Terminal Terrestre gibt's internationale Geldautomaten.
BCP (San Juan de Dios 125) Mit Visa-Geldautomat; wechselt Reiseschecks.
Interbank (Mercaderes 217) Hat einen internationalen Geldautomaten und wechselt Reiseschecks.

INTERNETZUGANG
Ciber Market (Santa Catalina 115B; 1,50 S/Std.; ⊙ 8–23 Uhr) Bietet ruhige Kabinen und schnelle Computer mit Druckern und Web2Phone und brennt digitale Foto-CDs.

MEDIZINISCHE VERSORGUNG
Clínica Arequipa (☎ 25-3424; Ecke Bolognesi & Puente Grau; ⊙ 24 Std.)
Poliklinik Paz Holandesa (☎ 20-6720; www.pazholandesa.com; Av Jorge Chavez 527; ⊙ Mo–Sa 8–20 Uhr) Reiseklinik nur mit Anmeldung (sprechen Englisch).

NOTFALL
Policía de Turismo (☎ 20-1258; Jerusalén 315; ⊙ 24 Std.)

POST
Serpost (Moral 118; ⊙ Mo–Sa 8–20, So 9–13 Uhr)

TOURISTENINFORMATION
iPerú Flughafen (☎ 44-4564; Main Hall, 1. Stock; ⊙ im Ankunftsterminal); Zentrum (☎ 22-1227; Casona Santa Catalina, Santa Catalina 210; ⊙ Mo–Sa 9–19, So bis 17 Uhr); Plaza de Armas (☎ 22-3265; Portal de la Municipalidad 110; ⊙ Mo–Sa 8.30–19.30, So bis 16 Uhr) Das Hauptbüro unterhält außerdem Indecopi, die Touristenschutzagentur, die sich um Beschwerden über Reisebüros kümmert.

WASCHSALONS
Magic Laundry (Jerusalén 404B; pro kg 3–4 S; ⊙ Mo–Sa 8–20, So bis 13 Uhr) Schneller Service.

Gefahren & Ärgernisse
Arequipa hat ein besonders großes Problem mit Diebstählen, die mithilfe von Taxis verübt werden. Es kommt sehr häufig vor, dass sich ein Tourist auf der Straße ein *tico* (streichholzschachtelgroßes gelbes Taxi) heranwinkt, nur um dann in ein abgelegenes Viertel gefahren und dort festgehalten zu werden, bis die Banditen mit der gestohlenen Bankkarte die Konten leergeräumt haben. Die Diebe mieten die offiziell aussehenden *ticos* sogar nur zu diesem Zweck. Am besten benutzt man in Arequipa nur offizielle Taxis.

Sehenswertes

Arequipa wird aufgrund seines charakteristischen vulkanischen Mauerwerks auch „die weiße Stadt" genannt. Das besondere Gestein ziert die stattliche Plaza de Armas und die enorme *sillar*-**Kathedrale** sowie viele andere außergewöhnliche Kirchen, Konvente und Herrenhäuser in der ganzen Stadt. Die gut erhaltenen Herrenhäuser, z. B. La Casa de Moral oder Casa Ricketts, sollte man sich unbedingt anschauen.

Das von der Universität geführte **Museo Sanctuarios Andinos** (☎ 21-5013; www.ucsm.edu.pe/santury; La Merced 110; Eintritt 15 S; Mo–Sa 9–18, So bis 15 Uhr) zeigt „Juanita, die Eisprinzessin", die gefrorene Inkajungfrau, die vor über 500 Jahren auf dem Gipfel des Ampato (6288 m) geopfert wurde. Für die Inkas waren die Berge gewalttätige Götter, die durch Vulkanausbrüche, Lawinen oder Klimakatastrophen töten und nur durch Opfergaben besänftigt werden können. Touren in verschiedenen Sprachen beginnen alle 20 Minuten und beinhalten ein Video sowie einen ehrfürchtigen Blick auf Grab-Artefakte. Aber der Höhepunkt ist die Betrachtung der Respekt einflößenden Mumie selbst. Obwohl Juanita von Januar bis April nicht ausgestellt wird, ist eines der anderen zwölf Kinderopfer auf jeden Fall zu sehen. Die Führer hier sind Studenten, die für Trinkgelder arbeiten.

Auch wenn man eigentlich schon eine Überdosis kolonialer Gebäude von anno dazumal intus hat, sollte man das **Monasterio Santa Catalina** (☎ 22-9798; www.santacatalina.org.pe; Santa Catalina 301; Eintritt 30 S; Mo, Mi Fr & Sa 9–17, Di & Do bis 20 Uhr) nicht verpassen. Es nimmt einen ganzen Block ein, ist von imposanten, hohen Mauern geschützt und praktisch eine Zitadelle mitten in der Stadt. Eine wohlhabende Witwe, die ihre Nonnen aus den reichsten spanischen Familien auswählte, gründete das Kloster im Jahr 1580. Aber die frisch gebackenen Nonnen lebten weiterhin so ausschweifend, wie sie es gewohnt waren. Nach fast drei Jahrhunderten dieses hedonistischen Treibens traf eine strenge Dominikaner-Nonne ein, um Ordnung in den Laden zu bringen. Die Anlage blieb weiterhin äußerst geheimnisvoll, bis sie sich 1970 gezwungenermaßen für die Öffentlichkeit öffnete. Heute ist sie ein meditativer, labyrinthartiger Ort, an dem man durch

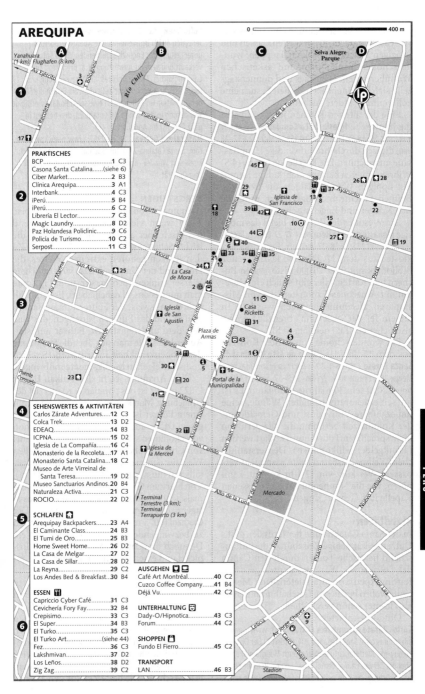

die Zeit zurückreisen kann in eine vergessene Welt aus schmalen, verwinkelten Gassen und winzigen Plazas, versteckten Treppen, wunderschönen Innenhöfen und asketischen Wohnbereichen. Dienstags und donnerstags zeigt sich bei einem abendlichen Besuch eine vollkommen andere Ästhetik.

Eine der ältesten Kirchen in Arequipa ist die jesuitische **Iglesia de La Compañía** (Mo–Fr 9–12.30 & 15–18, Sa 11.30–12.30 & 15–18, So 9–12 & 17–18 Uhr), die sich durch ihre aufwendige Hauptfassade auszeichnet. Die **Kapelle San Ignacio** (4 S) in ihrem Inneren hat eine mehrfarbige Kuppel mit üppigen Wandgemälden, die tropische Blumen, Früchte und Vögel zeigen, unter die sich Krieger und Engel mischen.

Am Westufer des Río Chili bietet das modrige **Monasterio de la Recoleta** (27-0966; La Recoleta 117; Eintritt 30 S; 8–17 Uhr), ein Franziskanerkloster aus dem 17. Jh., eine faszinierende Bibliothek mit über 20 000 historischen Büchern und Karten. Hier gibt's auch ein Museum mit Amazonas-Exponaten, die von Missionaren zusammengetragen wurden. In diesem Teil der Stadt kann's brenzlig werden, also lieber ein Taxi nehmen (3 S).

Ein wunderschöner Karmeliter-Konvent aus dem 17. Jh., das **Museo de Arte Virreinal de Santa Teresa** (28-1188; www.museocarmelitas.com; Melgar 303; Eintritt 10 S; Mo–Sa 9–17, So bis 13 Uhr), feiert 2010 sein 300-jähriges Jubiläum. Es ist für seine dekorativ bemalten Wände, seine unbezahlbare Votivkunst und Gemälde aus der Kolonialzeit berühmt, die alle gern von mehrsprachigen Tourführern erklärt werden (Trinkgelder willkommen). Den erstaunlichen Weihnachtsbaum sollte man nicht verpassen. Wer kurz vor 12 Uhr kommt, kann hören, wie die Nonnen in der geschlossenen Kapelle ihre Gebete „singen".

Aktivitäten

In der Santa Catalina und der Jerusalén gibt's Dutzende kurzlebige Reisebüros, die enttäuschend hektische Touren durch den Cañon del Colca sowie Wander-, Bergsteiger- und Raftingexpeditionen anbieten. Jede Menge Leute wollen bei diesem Geschäft mitmischen, also immer schön vergleichen.

Outdoor-Anbieter:

Carlos Zárate Adventures (20-2461; www.zarateadventures.com; Santa Catalina 204, Oficina 3) Der Opa der *arequipeño*-Kletteragenturen bietet auch Mountainbiken, aber der Service ist manchmal etwas lustlos. Verleiht Kletterausrüstung, die man sich jedoch genau anschauen sollte.

Colca Trek (20-6217; www.colcatrek.com.pe; Jerusalén 401B) Umweltbewusste Abenteueragentur unter Leitung des Englisch sprechenden Vlado Soto. Kauft, verkauft und verleiht Ausrüstung, u. a. Brennstoff für Campingkocher, Mountainbikes, Kletterausrüstung und topografische Karten; leitet außerdem alljährlich die Säuberungsaktion im Cañon. Auch eine spektakuläre viertägige Wanderung in den Cañón del Cotahuasi, den tiefsten in ganz Peru, ist im Angebot.

Naturaleza Activa (22-2257; www.peruexploration.com; Santa Catalina 211) Auf Mountainbikes spezialisiert; arrangiert Wander- und Klettertouren von unterschiedlicher Qualität.

BERGSTEIGEN

Arequipa ist von herrlichen Bergen umgeben. Auch wenn viele Touren in der Gegend technisch eher anspruchslos sind – auf die leichte Schulter sollte man sie nie nehmen. Zu den Risiken gehören extremes Wetter, die Höhe und der Umstand, dass viele zu wenig Wasser trinken (pro Person und Tag sollte man mindestens 4 l dabeihaben). Es empfiehlt sich, die Ausweise der Führer aufmerksam zu prüfen und das Buch zu verlangen, das ausgebildete und registrierte Führer auflistet. Außerdem sollte man sich über die Symptome der Höhenkrankheit informieren (S. 1136) und seine eigenen Medikamente mitbringen.

Über Arequipa wacht der Vulkan **El Misti** (5822 m). Er ist das populärste Kletterziel der Umgebung. Man kann ihn allein besteigen, mit einem Führer ist man jedoch vor Überfällen geschützt, die auf der Apurímac-Strecke schon vorgekommen sind. Eine beliebte Route führt von Chiguata über einen strapaziösen steilen Weg, für den man etwa acht Stunden einkalkulieren muss, zu einem Basislager (4500 m). Von hier zum Gipfel und zurück sind es nochmals acht Stunden. Der Rückweg vom Basislager nach Chiguata dauert drei Stunden. Der **Chachani** (6075 m) ist einer der am leichtesten zu bezwingenden Sechstausender der Welt. Dennoch braucht man Steigeisen, einen Eispickel und einen erfahrenen Führer.

TREKKING

Die Agenturen bieten eine Menge Touren abseits der ausgetretenen Pfade in das Canyonland rund um Arequipa an, aber wer den Cañón del Colca besuchen will, kann das auch auf eigene Faust tun. Man sollte sich unbedingt bei der **High Mountain Rescue** (53-1165; Siglo XX, Chivay) registrieren lassen, bevor man losmarschiert. Die beste Zeit für den Trek ist von Mai bis November. Der Cañón del Colca hat ein paar verstreute **Campingplätze** (5 S/Pers.), allerdings ist es verboten, am Cruz del Cóndor zu zelten. Unverzichtbare Wanderkarten und gut geführte Touren in den Cañón del Cotahuasi gibt's bei Colca Trek.

RAFTING
Der **Río Chili** ist der am häufigsten befahrene Fluss in der Gegend. Einen Halbtagestrip für Anfänger gibt's täglich von März bis November. Weiter draußen passiert der **Río Majes** zwei Stromschnellen zweiten und dritten Grades. Die **Casa de Mauro** (☎ 959-33-6684; www.star.com.pe/lacasademauro; Campen frei, B 20 S) im Dorf Ongoro, 190 Straßenkilometer westlich von Arequipa, ist ein bequemer Ausgangspunkt für Raftingtouren auf dem Majes. Die Lodge kann über Colca Trek kontaktiert werden. Am billigsten ist es, bei Transportes del Carpio to Aplao den fast stündlich gehenden Bus ab Arequipa (2 S, 3 Std.) zu nehmen und dann einen Minibus nach Ongoro (oder ein Taxi für 1,50 S).

Kurse
Viele Schulen bieten Spanischkurse an (pro Std. 14–38 S).
EDEAQ (☎ 34-2660; www.edeaq.com; Bolognesi 132)
ICPNA (☎ 39-1020; www.cultural.edu.pe; Melgar 109)
ROCIO (☎ 28-6929; www.spanish-peru.com; Ayacucho 208, Dep 22)

Festivals & Events
Die *arequipeños* sind ein stolzes Volk, und bei ihren feurigen Feierlichkeiten zum Jahrestag der Stadtgründung am 15. August lassen sie ihren Drang, sich von Lima an der Küste abzusetzen, immer wieder neu aufleben.

Schlafen
In der Puente Grau, westlich der Jerusalén, findet man zahlreiche Budgetpensionen.
La Reyna (☎ 28-6578; ulises_bc@hotmail.com; Zela 209; B ab 12 S, EZ/DZ 20/35 S, ohne Bad 16/26 S) Ein klappriger alter Hase. Das vollgestopfte, verwinkelte La Reyna ist eine gute Budgetalternative, entweder mit Kloster- oder Gebirgsblick. Es liegt Nase an Nase mit Arequipas heißem Nachtleben.
Home Sweet Home (☎ 40-5982; www.homesweethome-peru.com; Rivero 509A; B ab 18 S, EZ/DZ/3BZ 40/60/90 S, ohne Bad 30/50/75 S; 🖳) Eine beliebte familiengeführte Pension mit seeehr heißen Duschen. Der Lärm trägt hier so weit wie eine Brieftaube auf Crystal Meth. In den Zimmern gibt's Internetzugang und außerdem ein gutes Frühstück.
Arequipay Backpackers (☎ 22-3001; www.arequipaybackpackers.com; Cruz Verde 309; B 20 S, EZ/DZ ohne Bad inkl. Frühstück 36/53 S) Freundliches Haus in einem atemberaubenden kolonialen Relikt mit offenem Dach. Es bietet Schlafsäle mit knarrenden Böden, lobenswerte Bäder und einen Vulkanblick vom Dach.
Los Andes Bed & Breakfast (☎ 33-0015; losandesaqp@hotmail.com; La Merced 123; EZ/DZ 37/66 S, ohne Bad 22/38 S; 🖳) Nur einen Steinwurf von der Plaza entfernt. Die luftige Pension mit Warmwasser und sonnendurchfluteten Lounges eignet sich ausgezeichnet für einen längeren Aufenthalt.
La Casa de Sillar (☎ 28-4249; www.lacasadesillar.com; Rivero 504; EZ/DZ 45/75 S, ohne Bad 35/60 S; 🖳) Die extragroßen Zimmer sind in einem geräumigen kolonialen Gebäude in einer versteckten Nebengasse untergebracht und verbinden rustikalen Stil mit Komfort. Es gibt eine große Gemeinschaftsküche.
La Casa de Melgar (☎ 22-2459; www.lacasademelgar.com; Melgar 108A; EZ/DZ inkl. Frühstück 117/148 S; 🖳) Aus den Wänden dieses kolonialen Juwels aus dem 18. Jh. strömt die Geschichte förmlich heraus – eine perfekte Mittelklasseoption für alle, die aus der Hostelszene rausgewachsen sind. Dank seiner himmelhohen Bogengänge, der mit Antiquitäten gefüllten Zimmer und des mit Bougainvillea behängten Innenhofs erlebt man hier eine romantische Reise in die Vergangenheit.
Ebenfalls empfehlenswert:
El Caminante Class (☎ 20-3044; www.elcaminanteclass.com; Santa Catalina 207A; EZ/DZ 40/45 S, ohne Bad 20/30 S; 🖳)
El Tumi de Oro (☎ 28-1319; San Agustín 311; EZ/DZ 30/50 S)

Essen
Angesagte, teurere Restaurants befinden sich in der San Francisco, während die Pasaje Catedral von ein paar Freiluftcafés gesäumt ist.
Lakshmivan (Jerusalén 408; Hauptgerichte 4–23 S) Eine der umfangreichsten vegetarischen Karten, die man in ganz Peru finden wird, inklusive Ovo-lakto-Optionen.
Capriccio Cyber Café (Mercaderes 121; Gerichte 5–22 S) Auch wenn hier von Ofenkartoffeln über Drei-Käse-Lasagne bis zu Curry-Sandwiches alles serviert wird, strömen sowohl Einheimische als auch Touristen in Scharen vor allem wegen Koffein und Zucker in dieses gut durchdachte Café. Oben gibt's Internet.

El Turko (San Francisco 216; Hauptgerichte 6–14,50 S) Dieser hippe Laden serviert der hungrigen Klubmeute spät abends ausgezeichnete Döner Kebabs. Zu diesem ottomanischen kulinarischen Reich gehören außerdem das Restaurant El Turko Art, die Fez-Bar und das Istanbul-Café, alle ganz in der Nähe. Unbedingt Platz für das dekadente Baklava lassen!

Crepisimo (Santa Catalina 208; Crêpes 6–16,50 S) In der Alianza Francesa. Das Kulturcafé serviert (verhältnismäßig) aromatischen Kaffee und 100 verschiedene leckere Crêpes.

Los Leños (Jerusalén 407; Pizzas 8,50–59,50 S, Pasta 14,50–18 S; abends) Reisende sagen, hier gäbe es die beste Holzofenpizza in Südperu. Sie ist wirklich gut und wird (seltsamerweise) auf eckigen Tellern serviert.

Cevichería Fory Fay (Alvarez Thomas 221; Ceviche 20–25 S; mittags) Klein und zweckmäßig. Hier gibt's sehr gute *ceviche*, die förmlich in Marinade ertrinken, und ein paar andere Meeresfrüchtegerichte.

LP Tipp Zig Zag (Zela 210; Hauptgerichte 33–44 S) Wer für ein gutes Essen gerne ein paar Soles mehr lockermacht, kann in diesem romantisch alpin-andinischen Fusion-Restaurant mit *sillar*-Wänden Gourmand-Gerichte bei Kerzenschein genießen. Die Spezialitäten sind auf Stein gegrilltes Wild und Fondue. Eines der besten Restaurants in Südperu!

El Super (Portal de la Municipalidad 130) Für Selbstversorger.

Ausgehen

Arequipas Nachtleben ist nichts für Leichtgewichte oder leicht Einzuschüchternde. Eine Reihe großartiger Bars und Klubs tummeln sich gleich nördlich der Plaza an der Ecke San Francisco und Ugarte. Alle bringen richtig Spaß.

Cusco Coffee Company (La Merced 135; Gerichte 2,50–11 S) Ein Starbucks-Abklatsch, aber wenn man nach der Anzahl der Ausländer geht, die sich hier mithilfe hochwertiger Bohnen pushen, scheint es durchaus geschätzt zu werden.

Déjà Vu (San Francisco 319B) Eine allzeit beliebte Kneipe – am Wochenende legen DJs auf der Dachterrasse auf, während im mittelaltermäßigen Erdgeschoss abends Hof halten. Eine umfangreiche Cocktailkarte stellt sicher, dass bei der attraktiven Klientel um einen herum der Mut nicht schwindet.

Café Art Montréal (Ugarte 210) Eine rauchige, höhlenartige Bar, in der am Wochenende hinten Livebands spielen. Sie wäre auch am linken Seine-Ufer in Paris zuhause – oder in Montréal, finden wir.

Unterhaltung

Forum (San Francisco 317; Eintritt 10–15 S; Do–Sa) Eine forsche tropische Diskothek mit einem Faible für Bambus und Wasserfälle. DJs mixen bis in die frühen Morgenstunden Cumbia, Reggaeton und Rock. Damen haben donnerstags freien Eintritt.

Dady-O/Hipnotica (Portal de Flores 112) Die beiden haben dieselbe Adresse, sind aber verschiedene Läden: Das Dady-O ist der abgerissene Veteran, eine laute, bis spät geöffnete Diskothek und Bar, und das Hipnotica ist der Neue in der Gegend – ein bisschen trendiger und in einem umgebauten Kino untergebracht. Im

---

ABSTECHER

Der Vorort **Yanahuara** ist von Arequipas Zentrum bequem zu Fuß zu erreichen. Richtung Westen die Puente Grau nehmen und über die Brücke gehen, dann gleich Richtung Norden auf die Bolognesi abbiegen und 200 m am Park entlanglaufen, bevor man nach Westen auf die Cuesta del Angel abbiegt, die direkt zu einer kleinen Plaza führt (nach den Bogen Ausschau halten). Hier steht die **Iglesia San Juan Batista** aus dem Jahr 1750, und ein **mirador** (Aussichtspunkt) bietet einen sensationellen Blick über Arequipa und El Misti. Anschließend ist es Zeit, etwas Leckeres zu essen. Typische *arequipeña*-Gerichte gibt's im bekannten Gartenrestaurant **Sol de Mayo** (☎ 25-4148; Jerusalén 207; Hauptgerichte 16–39 S); man erreicht es, indem man die Jerusalén zurückläuft, parallel zur Lima, kurz vor der Ejército kommt das Lokal in Sicht. Wunderbare asiatische Küche findet man weiter Richtung Westen auf der Ejército, und dann für zwei Blocks auf der Granada, im **Piquita Siu** (☎ 25-1915; Granada 102; Hauptgerichte 18,50–46 S; So abends geschl.). Arequipas beste *ceviche* (marinierte rohe Meeresfrüchte) gibt's in einem weiteren Gartenrestaurant, dem **El Cebillano** (☎ 27-0882; Misti 110; ceviche 17–28 S; mittags).

Zahlreiche Minivans pendeln zwischen der Puente Grau und Yanahuaras Hauptplaza hin und her (0,70 S).

Hipnotica zahlen Ausländer keinen Eintritt, und zu Beginn des Abends (20.30 Uhr) gibt's *folklórica*-Shows. Das Dady-O kostet 10 S Eintritt und ist nur donnerstags bis samstags geöffnet.

Shoppen

In Arequipa wimmelt es von Kunsthandwerks- und Antiquitätenläden, besonders rund um das Monasterio Santa Catalina.

Fundo El Fierro (San Francisco 200; Mo–Sa 9–20, So bis 14 Uhr) An den zahlreichen Ständen dieser *artesanía*-(Kunsthandwerks-)Gesellschaft kann man alles direkt an der Quelle kaufen.

An- & Weiterreise

BUS

Die meisten Unternehmen fahren am Terminal Terrestre oder am kleineren Terrapuerto-Busbahnhof gleich nebenan ab. Beide liegen 3 km südlich vom Zentrum, die Abfahrtssteuer beträgt 2 S.

Cruz del Sur (42-7375), **Ormeño** (42-7788) und andere Unternehmen schicken mehrere Busse täglich nach Lima (40–135 S, 16–18 Std.), die meisten fahren nachmittags. Viele Busse halten unterwegs in Nazca (35–70 S, 9–10 Std.) und Ica (35–70 S, 10–11 Std.). Einige Unternehmen haben außerdem Übernachtverbindungen nach Cusco (30–110 S, 10–12 Std.).

Busse nach Puno (10–63 S, 6 Std.) verkehren häufig, aber die Strecke ist aufgrund einer tödlichen Mischung aus müden Fahrern und großer Höhe eine der berüchtigtsten und gefährlichsten in ganz Peru – man sollte vielleicht lieber tagsüber fahren. Ormeño fährt weiter nach Desaguadero (50 S, 7–8 Std.) an der bolivianischen Grenze und nach La Paz (144 S, 12 Std.). Cruz del Sur bietet die komfortabelsten Busse nach Tacna (35–40 S, 6–7 Std.) über Moquegua (31–40 S, 4 Std.).

Wer zum Cañón del Colca möchte, kann täglich unter mehreren Bussen nach Chivay (12 S, 3 Std.) wählen, die nach Cabanaconde (15 S, 6 Std.) weiterfahren. Zu den empfehlenswerten Unternehmen gehören hier **Andalucía** (69-4060) und **Señor de los Milagros** (28-8090).

FLUGZEUG

Der **Flughafen** (AQP; 44-3464) liegt 8 km nordwestlich des Zentrums. **LAN** (20-1100; Santa Catalina 118C) fliegt täglich nach Lima und Cusco. Ein Taxi ins Centro kostet 15 S.

Unterwegs vor Ort

Minivans zum Terminal Terrestre/Terrapuerto (0,70 S) fahren in der Bolívar, aber man kann auch ein Taxi (3,50–5 S) nehmen. Minibusse mit der Aufschrift „Río Seco" oder „Zamacola" fahren in der Puente Grau und Ejército und nähern sich dem Flughafen bis auf 700 m (aber der restliche Fußweg ist tückisch); man kann auch direkt mit dem Taxi (10–13 S) fahren. Immer offiziell lizenzierte Taxiunternehmen nutzen, beispielsweise **Texitel** (45-2020).

CAÑÓN DEL COLCA

Der Río Colca hat mit 3191 m einen der tiefsten Canyons der Welt gegraben, nur der Cañón del Cotahuasi in unmittelbarer Nähe ist noch 163 m tiefer. Trekkingtouren sind bei Weitem die beste Methode, um das dörfliche Leben kennenzulernen, auch wenn die Straßen sehr staubig sind. Beim Gang durch die Dörfer unbedingt auf die klassische, mit Stickereien besetzte Kleidung und die Hüte der Frauen achten! Eine Anmerkung noch zum Thema Umwelt: Man sollte keinen Müll in die Mülleimer in der Schlucht werfen, denn sie quellen irgendwann über und die Einheimischen leeren sie einfach in den Fluss aus. Am besten nimmt man seinen Müll wieder mit.

Die Straße von Arequipa steigt nach Norden hin durch die **Reserva Nacional Salinas y Aguada Blanca** an. Dort gibt's oft Vikunjas zu sehen, die bedrohten wilden Vettern der Lamas und Alpakas. Die Straße führt dann durch den öden *altiplano*, die andine Hochebene, zum höchsten Punkt bei rund 4800 m, bevor sie spektakulär hinunter nach Chivay stürzt.

Chivay

054 / 4600 Ew.

Die Provinzhauptstadt am Anfang des Canyon ist eine kleiner, staubiger Verkehrsknotenpunkt. Man sollte viel peruanisches Bargeld dabeihaben, da nur wenige Läden US-Dollar oder Euro wechseln. Einen langsamen Internetzugang gibt's in den Internetcafés in der Nähe der Plaza.

SEHENSWERTES & AKTIVITÄTEN

In Chivays **Thermalquellen** (Eintritt 10 S; 4–20 Uhr) 3,5 km nordöstlich der Stadt kann man sich einweichen lassen. Das mineralhaltige Wasser ist nützlich, wenn die Warmwasserversorgung im Gästehaus mal nicht funktioniert. Vom Anafi Teatro gibt's oft *colectivos* dorthin (0,80 S), aber tagsüber ist die Strecke auch ein netter Spaziergang.

Wer dort, wo sich die Straße auf dem Weg zu den Thermalquellen gabelt, auf der linken Seite bleibt und an den fruchtbaren Feldern entlang weiterläuft, kommt nach **Coporaque**, das eine Plaza aus der Kolonialzeit mit Arkaden hat. Von dort geht's weiter über eine orangefarbene Brücke nach **Yanque** (S. 900), wo die Busse oder *colectivos* nach Chivay zurückfahren. Für die Wanderung benötigt man einen ganzen Tag. Man kann aber auch in Chivay in den Läden um die Plaza herum Mountainbikes ausleihen.

Eine kleine **Sternwarte** (☎ 53-1020; Casa Andina, Huayna Cápac s/n; Eintritt 20 S; ⏰ englisch 19.30 & 20.30 Uhr) hat jeden Abend Vorträge und Shows auf Spanisch und Englisch.

SCHLAFEN
Auch wenn es nur eine winzige Stadt ist, stellt Chivay jede Menge *hostales* zur Auswahl.

Casa de Anita (☎ 53-1114; Plaza de Armas 607; EZ/DZ 20/30 S) Für eine Billigpension ziemlich viel Charakter dank eines Innenhofs aus Stein und dicker Holztüren.

Hostal Estrella de David (☎ 53-1233; Siglo XX No 209; EZ/DZ/3BZ 20/30/40 S) Eine schlichte, saubere Pension. Einige Zimmer haben tropische Toilettensitze und höchst fragwürdige rosafarbene Tagesdecken.

Hospedaje Rumi Wasi (☎ 53-1146; Sucre 714; EZ/DZ inkl. Frühstück 20/40 S) Ausgezeichnetes familiengeführtes Hostel mit zentralem Garten, in dem Alpakas am Grün knabbern; die Zimmer eröffnen einen Blick auf die umliegende Landschaft.

Colca Inn (☎ 53-1111; www.hotelcolcainn.com; Salaverry 307; EZ/DZ inkl. Frühstück 75/101 S) Die komfortabelste, am besten geführte Mittelklasseoption der Stadt; für alle, die nach zusätzlichen Annehmlichkeiten, z. B. Heizung oder Service auf Hotelniveau, suchen.

ESSEN
Das beste Essen in Chivay bekommt man in den Buffetrestaurants, die sich vor allem an Tourgruppen richten (All-You-Can-Eat 18–25 S). El Balcón de Don Zacarias liegt in Sachen Sauberkeit und Plaza-Ausblick vorne.

Lobo's (Plaza de Armas; Pizza 6–35 S) Bietet eine touristische Speisekarte (mit umfangreichem Frühstück), Steinofenpizza und mit einem Holzofen beheizte Räume.

Casa Blanca (Plaza de Armas 201; Hauptgerichte 12–26 S) Das stimmungsvolle Restaurant serviert Pizza und eine Auswahl typischer Hauptgerichte, aber der Hof mit Blick auf die Berge und die Plaza ist das eigentliche Highlight.

UNTERHALTUNG
Peñas finden sich in der ganzen Stadt verteilt; ihre Shows beginnen jeden Abend gegen 20 Uhr. Zur Zeit der Recherche war das **Muspay Quilla** (Leonicio Prado s/n) am beliebtesten.

AN- & WEITERREISE
Der Busbahnhof ist zu Fuß in 15 Minuten von der Plaza erreichbar. Täglich fahren elf Busse nach Arequipa (12 S, 3 Std.) und sechs via Cruz del Cóndor nach Cabanaconde (3 S, 2½ Std.).

Von Chivay nach Cabanaconde

Die Hauptstraße folgt der Südseite des oberen Cañón del Colca und führt vorbei an mehreren malerischen Dörfern und einigen der weitläufigsten Präinka-Terrassen in ganz Peru. Eines der Dörfer ist das kulturell unversehrte **Yanque**, das eine hübsche Kirche aus dem 18. Jh. und ein ausgezeichnetes kleines **Kulturmuseum** (Eintritt 3 S; ⏰ 7–13.15 & 14–18.30 Uhr) an der Plaza bietet. Ein 30-minütiger Spaziergang zum Fluss führt zu einigen Thermalquellen (Eintritt 3 S). Überall in der Stadt gibt's einfache Pensionen und Hotels, und die **Organización Turismo Vivencial** (☎ 995-07-8159; Zi. pro Pers. mit/ohne Frühstück 30/20 S) hilft bei der Suche nach

---

ACHTUNG!

Wenn man den Cañón del Colca betritt, muss man sich aufgrund der neuen Regelungen ein *boleto turístico* (Touristenticket; 35 S) kaufen, selbst wenn man nur auf dem Weg von Chivay nach Cabanaconde mit dem Bus durchfährt. Kurz vor dem Ortseingang Chivay, am Cruz del Cóndor, ist ein Kontrollpunkt, und Ranger fahren im gesamten Canyon Streife. Man sollte das Ticket bei niemandem kaufen, der nicht zu **Autocolca** (⏰ 53-1143; Plaza de Armas, Chivay) gehört, der regionalen Behörde, die für den Canyon zuständig ist – gebrauchte und gefälschte Tickets sind leider keine Seltenheit. Es ist auch keine schlechte Idee, sich beim Kauf des Tickets mit Namen ins Register einzutragen, falls man das Ticket verliert oder es gestohlen wird.

einer Unterkunft bei einheimischen Familien. Vorher anrufen oder in der Killawasi Lodge in der Lima nachfragen!

Die Straße erreicht schließlich **Cruz del Cóndor** (Zutritt mit *boleto turístico*; s. Kasten S. 900). Hier nisten Andenkondore in den schroffen Felsvorsprüngen, und manchmal sieht man sie mühelos auf den thermischen Strömungen vorübergleiten. Am ehesten bekommt man diese Vögel am frühen Morgen und späten Nachmittag zu Gesicht, aber man braucht dafür ein bisschen Glück.

Wer unabhängig reist und vorhat, vor der Weiterfahrt nach Cabanaconde in Cruz del Cóndor Halt zu machen, sollte Arequipa am besten mit dem fies frühen Bus um 1 Uhr nachts verlassen. Man ist dann bei Tagesanbruch in Cruz del Cóndor und hat noch genug Zeit für die Stadt, bevor es mit einen späteren Bus von Arequipa nach Cabanaconde geht. Später am Nachmittag sind diese Busse dann nur noch spärlich gesät, und manchmal hängt man mehrere Stunden in Cruz del Cóndor fest.

Cabanaconde
☎ 054 / 1300 Ew.

Cabanaconde ist ein ausgezeichnetes Basislager für einige spektakuläre Wanderungen in den Canyon, u. a. die beliebte zweistündige Route nach Sangalle („die Oase") auf dem Grund der Schlucht, wo sich natürliche Quellen zum Schwimmen (3 S), einfache Bungalows und Zeltplätze finden. Der Rückweg ist eine Durst fördernde Angelegenheit; man sollte drei bis vier Stunden einplanen. Einheimische Führer können bei der Planung vieler weiterer Wanderungen helfen, z. B. zu Wasserfällen, Geysiren, abgeschiedenen Dörfern und archäologischen Stätten.

Einige Hostelbetreiber begrüßen die Touristen schon beim Aussteigen aus dem Bus auf der Hauptplaza und scheuen auch vor Einschüchterungen und gar Handgreiflichkeiten nicht zurück, um die Reisenden von ihrem Etablissement zu überzeugen. Wachsam sein und standhaft bleiben, wenn man schon eine Reservierung in der Tasche hat!

LP Tipp **Pachamama** (San Pedro 209; www.pachamamahome.com; B 10 S, Zi. mit/ohne Bad 20/15 S; 🖳) ist ein unglaublich gemütliches Haus mit einfachen Schlafsälen und Zimmern. Eine von Kerzenlicht erhellte Pizzeria mit Bar (Pizza 9–30 S) gehört dazu. Alles zusammen wird von einem hippen, Gitarre spielenden Brüderpaar aus Ayacucho geführt. Unzählige Nationalitäten fühlen sich dank Mitsing-Soundtrack und brüderlicher Gastfreundschaft pudelwohl und erzählen sich fröhlich tanzend und angetrunken von ihren Reiseabenteuern – dies ist somit definitiv der beste Treffpunkt des Canyons. Man kann Fahrräder ausleihen, in den Hängematten chillen oder einfach den kosmopolitischen Vibe einsaugen. Das nennt man Reisen!

Das schlichte **Hostal Valle del Fuego** (☎ 20-3737; hvalledelfuego@hotmail.com; EZ/DZ 15/30 S; 🖳) hat sich in der internationalen Reiseszene etabliert. Die Zimmer befinden sich in einem Anbau, einen Block von der Rezeption und Bar entfernt (Klobrillen werden schmerzlich vermisst). Einige Reisende waren hier allerdings alles andere als zufrieden …

Täglich fahren mehrere Busse nach Chivay (3 S, 2½ Std.) und Arequipa (15 S, 6 Std.) über Cruz del Cóndor; Abfahrt ist an der Plaza.

TITICACASEE

Der Titicacasee liegt in 3808 m Höhe und nimmt eine Fläche von 8400 km² ein; er gilt als größter Hochlandsee der Welt. Hier wirkt die Luft wunderbar klar, wenn das blendende Hochgebirgslicht den *altiplano* durchflutet und auf dem tiefen Wasser glitzert. Der Horizont erstreckt sich bis zur Unendlichkeit, und da und dort ragen antike Grabtürme und verfallene koloniale Kirchen auf. Die Hafenstadt Puno ist ein gutes Basislager für die Erkundung der weit vertreuten Inseln des Titicacasees – sie reichen von den von Menschen geschaffenen Schilfinseln bis zu abgeschiedeneren, ländlichen Inseln, auf denen die Bewohner noch fast genauso leben wie vor Hunderten von Jahren.

JULIACA
☎ 051 / 220 000 Ew.

Es ist ein dreister, unfertiger Schandfleck in einer ansonsten wunderschönen, himmelweiten Landschaft. An sich eine Marktstadt, verfügt Juliaca über den einzigen kommerziellen Flughafen des Bezirks, auch wenn sich die meisten Touristen vom Gepäckband schnellstmöglich zum viel schöneren Nachbarn Puno am Seeufer begeben.

Einen Block nordwestlich der Plaza bietet das **Hostal Sakura** (☎ 32-2072; San Roman 133; EZ/DZ 45/70 S; 🖳) eine positive Atmosphäre, warme Duschen und Kabelfernsehen.

Ricos Pan (Ecke San Roman & Chávez; Gerichte 1–5 S) ist die beste Wahl für einen Kaffee und aufwendige Desserts. Das **Restaurant Trujillo** (San Roman 163; Hauptgerichte 14–38 S) serviert herzhaftere Speisen, ist aber ganz schön teuer.

Der **Flughafen** (JUL; ☎ 32-4248) liegt 2 km westlich der Stadt. **LAN** (☎ 32-2228; San Roman 125) bietet täglich Flüge nach bzw. ab Lima, Arequipa und Cusco. Zum Flughafen kommt man per Taxi (6 S). Direkte Minibusse nach Puno (15 S, 45 Min.) warten in der Regel auf ankommende Flüge. Billigere Minibusse (2,50 S, 45 Min.) fahren an der Kreuzung Piérola/8 de Noviembre ab, nordöstlich der Plaza.

PUNO
☎ 051 / 118 000 Ew.

Das Tor zu den Inseln des Titicacasees, die winzige Hafenstadt Puno, umschließt das Nordwestufer des heiligen Inkasees. In der Stadt sind noch ein paar Kolonialgebäude erhalten, und auf den freundlichen Straßen Punos wimmelt es von einheimischen Frauen, die mehrschichtige Kleider und Filzhüte tragen. Man wird selbst bald auf ein paar weitere Lagen zurückgreifen – die Nächte werden hier bitterkalt, besonders im Winter, wenn die Temperaturen oft unter den Gefrierpunkt fallen.

Praktische Informationen
Wer ein Krankenhaus sucht, sollte besser nach Juliaca (S. 901) fahren. In der Stadt oder an der Grenze kann man Bolivianos wechseln. Im Terminal Terrestre gibt's einen internationalen Geldautomaten.

BCP (Ecke Lima & Grau) Visa-/MasterCard-Geldautomat; Visa-Barauszahlungen.

Choza@net (Lima 339, 2. Stock; 1,50 S/Std.; 8–23 Uhr) Internet.

Dircetur (Terminal Terrestre; Mo–Sa 8–18 Uhr) Reiseinformationen im Busbahnhof.

Interbank (Lima 444) Internationaler Geldautomat; wechselt Reiseschecks.

iPerú (☎ 36-5088; Plaza de Armas, Ecke Lima & Deustua; 8.30–19.30 Uhr) Touristeninformation.

Lavaclin (Valcárcel 132; Mo–Sa 8–12 & 14–19 Uhr) Waschsalon.

Policía de Turismo (Deustua 558; 24 Std.) Für Notfälle.

Serpost (Moquegua 269; Mo–Sa 8–20 Uhr)

Sehenswertes & Aktivitäten
Das älteste Schiff auf dem Titicacasee, die eisenummantelte **Yavari** (☎ 36-9329; www.yavari.org; Eintritt gegen Spende; 8–17.15 Uhr), wurde in England gebaut, in 2766 Einzelteilen um das Kap Hoorn herum nach Arica verschifft, anschließend mit dem Zug nach Tacna transportiert und von Mulis über die Anden nach Puno geschleppt (was schlappe sechs Jahre gedauert hat). Dort wurde es schließlich wieder zusammengesetzt und lief 1870 vom Stapel. Wegen Kohlemangel wurden die Maschinen oft mit getrocknetem Lama-Dung befeuert … Die peruanische Marine nahm das Schiff vor einiger Zeit aus dem Dienst. Heute liegt es vor dem Sonesta Posada Hotel del Inca (mit dem *mototaxi* erreichbar, 3 S) vor Anker und ist für Besichtigungen geöffnet.

Das kleine **Museo Carlos Dreyer** (Conde de Lemos 289; Eintritt 15 S; 9.30–18.30 Uhr) beherbergt eine wunderschöne Sammlung archäologischer Artefakte.

In Hafennähe bietet das **Museo Naval** (Ecke Titicaca & Av El Sol; Mo–Fr 8–13 & 15–17 Uhr) winzige Ausstellungen zur Schifffahrt auf dem See, von rudimetären Schilfbooten bis zu Dampfern aus dem 19. Jh. Das **Koka-Museum** (☎ 951-77-0360; Deza 301; Eintritt 5 S; 9–13 & 15–20 Uhr) erzählt die Geschichte der Kokapflanze (auf Englisch).

Geführte Touren
Einige Reisende finden die Insel-Hopping-Touren eher enttäuschend, teilweise sogar ausbeuterisch, andere hatten aber viel Spaß. Einfach nach einem einheimischen Führer fragen (z. B. in der Pension), vorzugsweise jemand mit Verbindungen zu den Inseln, und dann früh morgens zu den Docks gehen und ins nächste Boot steigen – oder den Touranbieter sehr überlegt auswählen.

All Ways Travel (☎ 35-5552; www.titicacaperu.com; Deustua 576; Mo–Sa 8–19 Uhr) Mehrsprachiges Personal; bekommt immer gutes Feedback von Reisenden.

Edgar Adventures (☎ 35-3444; Lima 328; 7–20 Uhr) Auf Inseltouren spezialisiert; legt besonderen Wert darauf, die Inselbewohner nicht auszubeuten.

Nayra Travel (☎ 36-4774; Lima 419; Mo–Sa 10–12.30 & 14.30–20 Uhr) Individuelle Touren zu Zielen abseits der ausgetretenen Pfade.

Festivals & Events
Puno wird von vielen als Folklorehauptstadt von Peru angesehen. Das ganze Jahr über werden wilde und farbenprächtige Fiestas gefeiert. Auch wenn sie häufig an katholischen Feiertagen stattfinden, haben doch viele Tänze ihre Wurzeln in Festen, die es bereits

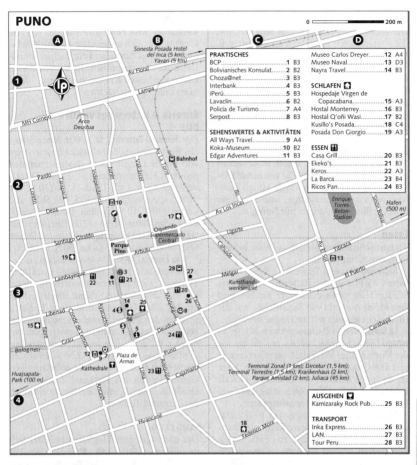

vor der Spanischen Eroberung und der Missionierung gab und die mit dem landwirtschaftlichen Kalender zu tun haben. Die verwirrend blumigen und fantasievollen Kostüme, die bei diesen Gelegenheiten getragen werden, sind oft mehr wert als alle anderen Kleider eines ganzen Haushalts zusammen. Die Musiker spielen eine Menge traditioneller Instrumente, von den Blech- und Saiteninstrumenten spanischen Ursprungs bis zu Schlag- und Blasinstrumenten, die sich seit der Inkazeit kaum verändert haben. Die großen Feste dauern gewöhnlich mehrere Tage rund um das eigentliche Datum:

Heilige Drei Könige 6. Januar
Virgen de la Candelaria (Lichtmess) 2. Februar
Puno-Tag 5. November

Schlafen

In einigen kargen *hostales* gibt's nur kalte Duschen.

Hospedaje Virgen de Copacabana (☎ 36-3766; Ilave 228; Zi. 15 S/Pers.) Das freundliche, baufällige Wohnhaus bietet sechs gemütliche Zimmer. Es liegt versteckt in einem engen Durchgang.

Hostal Q'oñi Wasi (☎ 36-5784; qoniwasi_puno@hotmail.com; Av La Torre 135; EZ/DZ/3BZ 20/40/60 S, EZ/DZ ohne Bad 15/30 S; 🖳) Langjähriges Backpacker-Hostel. Das skurrile Q'oñi Wasi ist ein Kaninchenbau mit kuscheligen älteren Zimmern und elektrischen Duschen.

Hostal Monterrey (☎ 35-1691; www.hostalmonterrey puno.com; Lima 441; EZ/DZ 30/50 S mit Kabel-TV & Warmwasser 70/105 S, EZ/DZ/3BZ ohne Bad 20/35/50 S; 🖳) Die gute Budgetoption liegt auf dem größten Fußgängerboulevard und hat jede Menge Auswahl: Die Zimmer im 1. Stock sind sehr schlicht, die oberen bieten zusätzlichen Komfort, z. B. Badewannen und warmes Wasser.

Kusillo's Posada (☎ 36-4579; kusillos@latinmail.com; Federico More 162; EZ/DZ/3BZ inkl. Frühstück 40/70/105 S; 🖵) Von der unfassbar herzlichen Jenny Juño und ihrer wunderbaren Familie geführt, bietet diese herzerwärmende Privatpension jede Menge hausgemachter Gastfreundschaft, gemütliche Zimmer mit elektrischen Duschen und ganz viel Liebenswürdigkeit.

Posada Don Giorgio (☎ 36-3648; www.posadadongiorgio.com; Tarapacá 238; EZ/DZ/3BZ inkl. Frühstück 79/110/150 S; 🖵) Dieses komfortable Mittelklassehaus verfügt über geräumige Zimmer und ein helles Frühstücks-Atrium mit Buntglas.

Essen

Touristische Restaurants säumen die belebte Fußgängerzone Lima.

Ricos Pan (Moquegua 326; Desserts 1,50–5,50 S, Sandwiches 4–8 S) Punos beste Bäckerei ist ein wahrer Schatz: Hier gibt's dekadente Kuchen und eine kleine Auswahl von Sandwiches, u. a. das (in dieser Gegend) seltene *croque monsieur*.

La Barca (Arequipa 754; Hauptgerichte 9–20 S; ☽ nur mittags) Dieser winzige Laden – er sieht aus wie der Vorhof einer Werkstatt – serviert *ceviche* in Lima-Qualität, das sowohl aus dem Meer als auch aus dem See stammen. Eine lokale Legende! Zur Zeit der Recherche stand ein Umzug bevor, also vorher informieren.

Keros (Lambayeque 131; Hauptgerichte 15–27 S) Das unerklärlicherweise oft leere Keros gleich abseits der Hauptstraße (und mit entschieden günstigeren Preisen als dort) ist eine prima Wahl für ein leckeres Essen. Wenn man Glück hat, bieten sie einem auch noch ein Gläschen *vino* aufs Haus an.

Ekeko's (Lima 355; Hauptgerichte 16–23 S) Dieses Touristen-Restaurant in der Lima serviert bei Kerzenschein an Tischen unter Ziegelsteinbogen Pizzen, Alpaka und die üblichen Verdächtigen. Oben zieht ein Nachtklub mit kleiner Tanzfläche und großer Lounge bis spät nachts gleichermaßen Traveller und Einheimische an.

Casa Grill (Libertad 137; Hauptgerichte 19–26 S) Die Tische im Cafeteria-Stil sind immer schnell besetzt, denn dieses Haus bietet ein sehr schönes, antikes Flair, das scharenweise Einheimische anzieht. Sie lassen sich die deftigen Grillgerichte und die perfekten Pommes Frites schmecken.

Ausgehen

Kamizaraky Rock Pub (Pasaje Grau 158) Kerzen, Graffiti, ziemlich abgenutzte Picknicktische, mehrere Jenga-Spiele und ein lässiger Soundtrack, der alles zusammenhält, machen diesen Laden zur besten Kneipe in Südperu – ideal in eiskalten Puno-Nächten.

Anreise & Unterwegs vor Ort

BUS

Der **Terminal Terrestre** (☎ 36-4733; Primero de Mayo 703) liegt 2 km südöstlich des Plaza; er wird von Punos Langstrecken-Busunternehmen genutzt (Abfahrtssteuer 1 S). Es gibt Direktverbindungen nach Lima (110–130 S, 19–21 Std.), Arequipa (15–30 S, 5½ Std.) und Cusco (30 S, 10 Std.) über Juliaca (2,50 S, 1 Std.). **San Martín** (☎ 951-67-7730) fährt sechsmal täglich mit recht klapprigen *económico*-Bussen über Moquegua nach Tacna (30 S, 10 Std.).

Inka Express (☎ 36-5654; www.inkaexpress.com; Tacna 346) verbindet jeden Morgen mit luxuriösen Tourbussen mit Panoramafenstern mit Cusco. Die 93 S sind hier wirklich gut angelegt, denn im Bus gibt's Getränke und einen Englisch sprechenden Führer, der die Sehenswürdigkeiten erklärt, die man unterwegs kurz besucht, z. B. Pucará, Raqchi und Andahuayillas.

Minibusse nach Juliaca (2,50 S, 1 Std.), zu Städten am Flussufer und zur bolivianischen Grenze fahren am Terminal Zonal in der Simón Bolívar ab, ein paar Blocks nördlich des Terminal Terrestre.

FLUGZEUG

Der nächstgelegene Flughafen befindet sich in Juliaca (S. 901). **LAN** (☎ 36-7227; Tacna 299; ☽ Mo–Fr 8.30–13 & 15.30–19, Sa 8.30–16.30 Uhr) hat ein Büro in Puno.

TAXI

Eine kurze Taxifahrt kostet 3 S. *Mototaxis* sind billiger, aber man sollte vorher absichern, dass der ausgehandelte Preis auch wirklich pro Fahrt gilt und nicht pro Person.

ZUG

Züge über Juliaca nach Cusco fahren angeblich montags, mittwochs und samstags (Nov.–März) sowie freitags (April–Okt.) an Punos **Bahnhof** (☎ 36-9179; Av La Torre 224; www.perurail.com; ☽ Mo–Fr 7–17, Sa & So 7–12 Uhr) ab und kommen um 17.30 Uhr am Ziel an. Zur Zeit der Recherche kostete eine einfache Fahrt mit dem Andean Explorer nach Cusco 704 S.

RUND UM PUNO
Sillustani
Auf den welligen Hügeln auf der Halbinsel am Lago Umayo liegen die Ruinen der **Türme** (Eintritt 6 S). Vor der schroffen Landschaft sieht man sie schon von Weitem. Das alte Volk der Colla war ein kriegerischer Stamm, der Aymara sprach und seinen Adel in diesen beeindruckenden *chullpas* (Grabtürme) begrub, die aus massiven Steinblöcken erbaut wurden und eine Höhe von bis zu 12 m erreichten. Es gibt auch etwa 20 *altiplano*-Häuser von Einheimischen, die Besucher willkommen heißen.

Reisebüros in Puno bieten dreieinhalbstündige Touren an (inkl. Eintritt 25 S), die täglich um etwa 14.30 Uhr beginnen. Auf eigene Faust kann man einen Bus nach Juliaca nehmen und an der Abzweigung nach Sillustani aussteigen. Von dort kommt man mit dem Taxi direkt nach Sillustani (15 S); gelegentlich fahren auch *combis* in das Dorf Atuncolla (2 S, 10 Min.), von wo aus es dann noch 4 km zu Fuß bis zu den Ruinen sind.

Cutimbo
Fast 20 km von Puno entfernt befindet sich diese dramatische windgepeitschte **Stätte** (Eintritt 6 S) in außergewöhnlicher Lage auf einem von einer weiten Ebene umgebenen tafelartigen Vulkanhügel. Die geringe Zahl der besonders gut erhaltenen *chullpas*, die von den Colla, den Lupaca und den Inka erbaut wurden, sind teilweise quadratisch, teilweise rund. Wer genau hinschaut, wird Steingravuren entdecken, die Affen, Pumas und Schlangen zeigen.

Vom Friedhof am Parque Amistad 1 km vom Zentrum entfernt fahren jede halbe Stunde *combis* (3 S, 30 Min.) ab. Der Ort ist nicht zu verfehlen: Man erreicht ihn über einen steilen Anstieg, der rechts auf der Ostseite der Straße verläuft.

INSEL-HOPPING
Der einzige Weg, um den Titicacasee wirklich zu erkunden, besteht darin, ein paar Tage lang seine märchenhaften Inseln zu besuchen.

EINREISE NACH BOLIVIEN

Es gibt zwei Überlandrouten von Puno nach La Paz in Bolivien. Die Yunguyo-Route ist sicherer und einfacher und erlaubt einen Frühstücksstopp im See-Resort Copacabana. Die Desaguadero-Route ist etwas schneller und billiger und kann mit einem Besuch der Ruinen in Tiwanaku (S. 209) verbunden werden. Man sollte sich vor Beamten der Einwanderungsbehörde in Acht nehmen, die versuchen, eine illegale „Einreisesteuer" zu erheben oder das Gepäck nach „gefälschten Dollars" zu durchsuchen, die sie dann konfiszieren. Wer zur Isla del Sol reist, braucht keinen Nachweis einer Gelbfieberimpfung, aber einige Beamte der Einwanderungsbehörde zwingen einen zur Impfung, falls man keine hat (70 US$) – da macht man besser einen kostenlosen Impftermin in Puno aus.

Details zur Einreise nach Peru aus Bolivien gibt's auf S. 219.

Über Yunguyo

Am einfachsten erreicht man Bolivien mit einem grenzübergreifenden Unternehmen wie **Tour Peru** (☎ 20-6088; www.tourperu.com.pe; Tacna 282), dessen Busse täglich um 7.30 Uhr abfahren, an den peruanischen und bolivianischen Grenzübergängen halten und dann weiter nach Copacabana (19 S, 3 Std.) fahren, wo man in den Bus nach La Paz (25 S, 8 Std.) umsteigen kann. Die Beamten in Copacabana bitten einen schon zur Kasse, wenn man nur die Stadt besuchen möchte (1 S).

Alternativ fahren zahlreiche Minibusse vom Terminal Zonal in Puno nach Yunguyo (6 S, 2½ Std.), wo man sich für den letzten Abschnitt zur Grenze ein Taxi (2 S) nehmen kann. In Bolivien, das Peru eine Stunde voraus ist, ist der Grenzübergang täglich von 8.30 bis 19 Uhr geöffnet. Von der Grenze sind es noch weitere 10 km bis nach Copacabana (*combis* 6 B$).

Über Desaguadero

Busse (7 S) und Minibusse (7 S) fahren vom Terminal Zonal bzw. Terminal Terrestre in Puno regelmäßig in die chaotische Grenzstadt Desaguadero (2½ Std.), die einige schlichte Hotels und Geldwechselstuben bietet. Die Grenze ist von 8 bis 20 Uhr geöffnet, aber da Bolivien Peru eine Stunde voraus ist, sollte man die Reise über die Grenze für vor 19 Uhr peruanischer Zeit planen. Von Desaguadero fahren bei Tageslicht viele Busse nach La Paz (16 B$, 3 Std.) über die Abzweigung nach Tiwanaku.

Allerdings spürt man in vielen Gemeinden bereits negative Einflüsse des Tourismus. Man kann auch auf die bolivianische Seite hinüberwechseln, um die Isla del Sol (S. 219) von Copacabana aus zu besuchen.

Islas Flotantes

Die einzigartigen **schwimmenden Inseln** (Zutritt 5 S) der Uro – insgesamt etwa 50 Stück – wurden inzwischen auf schockierende Weise kommerzialisiert. Dennoch: Nirgendwo gibt's etwas auch nur annähernd Vergleichbares. Die Inseln werden gebaut, indem immer wieder neue Schichten des schwimmenden *totora*-Schilfs, das an den seichten Stellen des Lago Titicaca zuhauf wächst, aufeinandergelegt werden. Das Ganze wirkt so wie eine Art Disneyland aus Schilf.

Durch Heiraten mit Aymara sprechenden Einheimischen sind die reinblütigen Uro ausgestorben. Sie waren immer ein kleiner Stamm und begannen ihre schwimmende Existenz schon vor Jahrhunderten, als sie vor den kriegerischen Colla und den Inka flüchteten. Heute leben noch einige Hundert Menschen auf den Inseln.

Das Leben der Uro ist mit dem Schilf regelrecht verwoben. Das Material wird benutzt, um Häuser und Boote zu bauen, außerdem für kunsthandwerkliche Arbeiten, die am laufenden Band für Touristen produziert werden. Das Schilf von den Inseln wird regelmäßig von oben ergänzt, da es unten langsam verrottet. Deshalb ist der Boden auf den Inseln immer weich und federnd – Vorsicht!

Zweistündige Bootstouren (20 S, plus Zutritt für die Inseln) starten an der Anlegestelle ab 7 Uhr bis zum späten Nachmittag – immer wenn sie voll sind. Sie legen auch an der Isla Tuquile an. Am Zugang zur Anlegestelle ist eine Fahrkartenbude. Manche Touren zu anderen Inseln legen bei den Islas Flotantes einen Zwischenstopp ein. Auf manchen Inseln kann man sogar übernachten. Eine Nacht in einer niedlichen Hütte auf Uros Q'Hantati kostet 120 S inklusive drei Mahlzeiten.

Isla Taquile

Diese 7 km² große **Insel** ist seit vielen tausend Jahren besiedelt (Zutritt 5 S). Sie wirkt oft wie eine eigene kleine Welt. Die Quechua sprechenden Inselbewohner haben ihren Lebensstil weitgehend unberührt von den Modernisierungen an Land beibehalten. Sie haben eine lange Tradition des Webens. Ihre Kreationen kann man im Genossenschaftsladen an der Plaza kaufen. Besonders sollte man auf die fest gewebten Wollhüte für Männer achten, die schlaffen Schlafmützen ähneln. Die Männer knüpfen sie selbst; sie zeigen den sozialen Status an. Auch die Frauen ziehen mit ihren aus vielen Schichten bestehenden Röcken und gestickten Blusen die Blicke auf sich.

Mehrere Hügel haben Präinka-Terrassen und kleine Ruinen, die sich schön vor dem Hintergrund der schneebedeckten bolivianischen Cordillera Real abzeichnen. Besucher können nach Lust und Laune herumwandern, was bei einer Tagestour jedoch nur dann geht, wenn man das Mittagessen auslässt; wenn möglich also am besten gleich über Nacht bleiben. Gäste werden von den Inselbewohnern gleich bei dem Bogen begrüßt, der sich oben bei den steilen Stufen befindet, wenn man von der Anlegestelle hochkommt. Hier lassen sich Übernachtungen in Gastfamilien organisieren (pro Pers. 10–20 S). Allerdings hat der Tourismus die Landschaft hier ein wenig verändert. Wer eine unberührtere Gegend vorzieht, sollte lieber im nahen Amantaní übernachten, wo der Tourismus noch in den Kinderschuhen steckt und alles noch authentischer ist. Auf Taquile findet man einfache, aber saubere Betten und kaum sanitäre Anlagen; Decken werden gestellt, aber es ist eine gute Idee, einen Schlafsack und eine Taschenlampe mitzubringen.

Die meisten Läden und Restaurants auf der Insel schließen nachmittags, wenn die Reisegruppen abfahren. Wer dableibt, sollte also ein Abendessen bei der Gastfamilie vorbestellen. Frische Früchte von den Märkten in Puno werden als Geschenke gern angenommen. In den Läden kann man Getränke in Flaschen kaufen, doch es ist kein Fehler, ein paar Wasserreinigungstabletten oder Wasserfilter mitzubringen. Ebenfalls sinnvoll: kleine Banknoten – die Wechselmöglichkeiten sind hier sehr beschränkt – und extra Geld für Souvenirs.

Schiffe begeben sich täglich ab etwa 7.30 Uhr von Puno aus auf die unglaublich gemächliche Fahrt nach Taquile (20–25 S, 3 Std.). Man sollte früh zur Anlegestelle kommen und das Fahrgeld direkt dem Kapitän in die Hand drücken. Das Schiff fährt am frühen Nachmittag zurück und kommt abends in Puno an. Wichtig sind Sonnenschutzcreme und Mittel gegen Insekten.

Reisebüros in Puno (S. 902) bieten geführte Touren für etwa 35 bis 45 S an (einige Touren mit schnelleren Booten können auch bis zu 165 S kosten).

Isla Amantaní
Diese seltener besuchte **Insel** (Zutritt 5 S) liegt ein paar Kilometer nordöstlich von Taquile. Auf mehreren Hügeln befinden sich noch Ruinen der Tiwanakukultur. Bei einem Besuch der Insel übernachtet man in der Regel bei einem der Inselbewohner (ca. 25 S, inkl. Mahlzeiten). Man sollte sich auf kurze Episoden peinlicher Stille, eine doppelte Portion Kohlehydrate und begrenzte Einrichtungen gefasst machen – aber alles in allem ist es eine sehr lohnende Erfahrung. Boote nach Amantaní verlassen Puno meist zwischen 7.30 und 8.30 Uhr: Man bezahlt direkt beim Kapitän (hin & zurück 30 S, 3½ Std.). Aufgrund der unvorhersehbaren Bootsverbindungen ist es normalerweise am einfachsten, von Puno nach Amantaní und dann weiter nach Taquile zu fahren, nicht andersrum. Die Reisebüros in Puno (S. 902) verlangen 75 bis 90 S für eine zweitägige Tour nach Amantaní, die einen kurzen Besuch in Taquile und auf den schwimmenden Inseln einschließt.

Es ist wichtig, zu wissen, dass die Inselfamilien in Titicaca mehr davon profitieren, wenn die Besucher unabhängig auf die Insel kommen – es gibt ein paar Agenturen, die sie seit Langem ausbeuten, indem sie den vereinbarten Anteil kürzen, den die Familien für jeden Touristen bekommen. Entweder reist man also selbständig hierher, oder man sucht sich seine Agentur sorgfältig aus.

CUSCO & DAS HEILIGE TAL

Als Herz des einst so mächtigen Inkareichs steht Cusco ganz oben auf der Reisezielliste der meisten Traveller. Jedes Jahr schlägt die Stadt Hunderttausende in ihren Bann. Fasziniert von dem kolonialen Glanz, der sich auf den schweren steinernen Fundamenten der Inka entfaltet, pilgern sie in die hochgelegene, stolze Stadt. Nicht weit von ihr thront auf einem abgelegenen Bergrücken die größte Attraktion des Landes, die „verlorene" Stadt der Inka: Machu Picchu. Das Departamento Cusco bietet außerdem beste Trekkingrouten und eine lange Liste bombastischer Fiestas und Karnevals, bei denen die heidnische Vergangenheit Perus mit den katholischen Ritualen und modernem lateinamerikanischem Chaos farbenprächtig verschmilzt.

CUSCO
☎ 084 / 349 000 Ew.

Das ehrgeizige Cusco (Qosq'o in der Sprache der Quechua) thront auf 3300 m Höhe an einer Kreuzung, an der jahrhundertealte Anden-Traditionen auf das moderne peruanische Leben treffen. Als älteste, ständig bewohnte Stadt des Kontinents war sie einst die wichtigste Festung des Inkareichs und ist heute die unbestrittene archäologische Hauptstadt der Amerikas und eines der am besten erhaltenen lebenden Kolonialmuseen des Kontinents. Massive Inkamauern säumen die steilen, schmalen Pflasterstraßen und Plazas, auf denen sich die Nachfahren der mächtigen Inka und der spanischen Konquistadores drängen – sie hüpfen mit bunten traditionellen Waren inmitten des geschäftigen Trubels der modernen *cuzqueños* durch die Straßen und verdienen sich mit dem heutigen Lebenselixier, dem Tourismus, der Stadt ihren Unterhalt. Und der ist wirklich überall.

Auch wenn Cusco kurz davor steht, von internationalen Touristen komplett überrannt zu werden, lassen sich sein historischer Charme und seine atemberaubende Lage nicht leugnen.

Geschichte
Cusco ist eine Stadt, die so sehr mit der Geschichte, mit Traditionen und Legenden verwoben ist, dass es manchmal ziemlich schwer fällt zu erkennen, wo die Tatsachen aufhören und wo der Mythos anfängt. Der Legende zufolge wurde im 12. Jh. der erste Inka Manco Capac (Manku Inka) vom Sonnengott Inti beauftragt, *qosq'o* (den Nabel der Welt) zu finden. Als Manku schließlich einen solchen Ort fand, gründete er die Stadt.

Der neunte Inka Pachacutec (s. S. 857) war nicht nur ein Kriegstreiber: Er erwies sich auch als anspruchsvoller Stadtentwickler. Er entwarf Cuscos berühmte Pumagestalt und leitete sogar Flüsse so um, dass sie durch die Stadt flossen. Zudem errichtete er den berühmten Tempel Qorikancha und seinen Palast an dem Platz, der heute Plaza de Armas heißt.

Nachdem der spanische Konquistador Francisco Pizarro den zwölften Inka Atahualpa hatte umbringen lassen, marschierte er 1533 nach Cusco und ernannte Manku Inka

908 CUSCO & DAS HEILIGE TAL •• Cusco

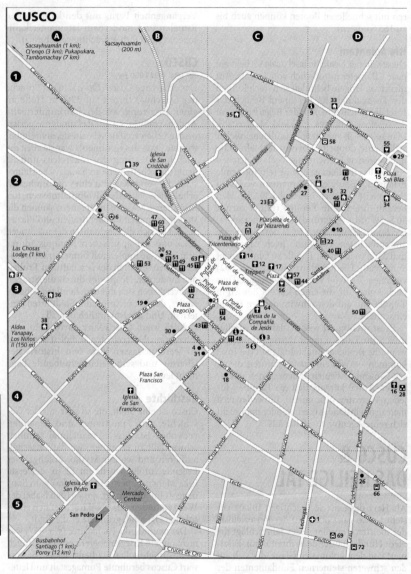

zum Marionettenherrscher der Inka. Schon nach wenigen Jahren rebellierte Manku und belagerte das von den Spaniern besetzte Cusco. Nur eine verzweifelte Schlacht bei Sacsayhuamán rettete die Spanier vor der Vernichtung. Manku wurde zum Rückzug nach Ollantaytambo und dann in den Urwald nach Vilcabamba gezwungen. Nachdem die Stadt wieder in der Hand der Spanier war, wurde sie zuerst geplündert und dann besiedelt. Danach aber wandten die Spanier, die ja Seefahrer waren, ihre Aufmerksamkeit dem an der Küste gelegenen Lima zu, was Cusco zu tiefster kolonialer Provinz werden ließ.

Seit der spanischen Eroberung gab es in Cusco nur wenige Ereignisse von historischer

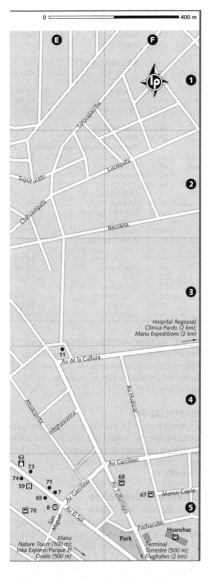

Orientierung

Der Mittelpunkt der Stadt ist die Plaza de Armas, die Av El Sol ist die Hauptverkehrs- und Geschäftsstraße. Geht man nur ein paar Blocks von der Plaza nach Norden oder Osten, kommt man zu steilen, gewundenen und gepflasterten Straßen, die sich in all den Jahrhunderten kaum verändert haben.

Die Gasse, die von der nordwestlichen Seite der Plaza abgeht, ist die Procuradores („Steuereintreiber"). Sie trägt den Spitznamen „Gringo Alley", weil sich hier jede Menge Bars und Cafés für Backpacker finden – und eine Menge räuberischer Schlepper, also immer vorsichtig sein! Die schmale Triunfo neben der Kathedrale führt nach oben zur Plaza San Blas, dem Zentrum von Cuscos Künstler-*barrio* (Viertel).

Weil die Bevölkerung den Stolz auf ihr indigenes Erbe wiederentdeckt hat, wurden die Namen vieler Straßen von der spanischen zur Quechua-Schreibweise geändert (z. B. Qosq'o statt Cusco, Pisaq statt Pisac). Karten haben aber meistens die alte Schreibweise beibehalten, die immer noch im Alltag vorherrscht.

Praktische Informationen

BUCHLÄDEN

In Cafés, Kneipen und im SAE-Klubhaus (S. 910) gibt's jede Menge Büchertauschbörsen.

Jerusalén (Heladeros 143; Mo–Sa 10–14 & 16–20 Uhr)

SBS-Buchladen (Av El Sol 781A; Mo–Sa 8.30–13.30 & 15.30–19.30, So 8.30–13 Uhr)

GELD

Viele Banken in der Av El Sol und viele Läden rund um die Plaza de Armas haben Geldautomaten, die ausländische Karten akzeptieren. Im Busbahnhof gibt's einen internationalen Geldautomaten.

LAC Dolar (Av El Sol 150; Mo–Sa 9.30–13 & 14–19 Uhr) Zuverlässige *casa de cambio* (Wechselstube).

GEPÄCKAUFBEWAHRUNG

Viele Pensionen bewahren Gepäck kostenlos auf. Man sollte alles sicher verschließen, immer eine Quittung verlangen und eine Liste des Inhalts machen.

INTERNETZUGANG

Wir sind nicht sicher, was allgegenwärtiger ist – Massagesalons oder Läden zum Telefonieren per Internet.

Bedeutung. Einschneidende Ausnahmen waren die Erdbeben von 1650 und 1950 und ein gescheiterter Aufstand der Indianer, der 1780 von Túpac Amaru II. angeführt wurde. Die Wiederentdeckung von Machu Picchu 1911 hat die Stadt jedoch weit mehr verändert als jedes andere Ereignis seit der Ankunft der Spanier.

PRAKTISCHES		Qorikancha...28 D4	AUSGEHEN
Clínica Paredes...1 D5		San Blas Spanish School...29 D2	Km 0...55 D2
Dircetur...2 C3		SAS...30 B3	Norton's Rat...56 C3
iPerú...3 C3		Swiss Raft...31 B4	Paddy O'Flaherty's...57 C3
Jerusalén...4 B4			
LAC Dolar...5 C4		SCHLAFEN	UNTERHALTUNG
Policía de Turismo...6 B2		Amaru Hostal...32 D2	7 Angelitos...58 D2
SBS Bookshop...7 E5		Casa de la Gringa I...33 D1	Qosqo Centro de Arte
Serpost...8 E5		Casa de la Gringa II...34 D2	Nativo...59 E5
South American Explorers...9 D1		Flying Dog Backpackers...35 C1	Roots...60 B2
		Hostal Los Niños I...36 A3	Ukuku's Pub...(siehe 49)
SEHENSWERTES & AKTIVITÄTEN		Loki Cuzco...37 A3	
Zwölfeckiger Stein...10 D2		Qorichaska Hostal...38 A3	SHOPPEN
Academia Latinoamericana...11 E4		WalkOn Inn...39 B2	Andean Expressions...61 D2
Kathedrale...12 C3			Zentrum für traditionelle Textilien
Cositutc...(siehe 3)		ESSEN	in Cusco...62 E5
Fair Play...13 D2		Aldea Yanapay Restaurant...40 D3	Kuna...63 B3
Iglesia de Jesús María...14 C3		Coca Shop...41 D2	Trinidad Enriquez...64 C3
Iglesia de San Blas...15 D2		Coco Loco...42 B3	
Iglesia de Santo Domingo...16 D4		Don Esteban & Don	TRANSPORT
Iglesia El Triunfo...17 C3		Cucho...43 B3	AeroSur...65 E5
Instituto Nacional de Cultura		Gato's Market...44 C3	Busse zur Estación
(Büro)...18 C4		Granja Heidi...(siehe 32)	Poroy...66 D5
Llama Path...19 B3		Inka Grill...45 B3	Busse nach Pillcopata...67 F5
Lorenzo Expeditions...20 B3		Jack's Cafe...46 D2	Busse nach Pisac...68 F5
Mayuc...21 C3		Los Perros...47 B2	Colectivos nach Ollantaytambo
Museo de Arte del		Markt...48 C3	& Urubamba...69 D5
Arzobispado...22 D3		Muse...49 B3	Inka Express...70 E5
Museo de Arte Precolombino...23 C2		Pizza Carlo...50 D3	LAN...71 E5
Museo Inka...24 C2		Real McCoy...51 B3	Micros nach Chinchero &
Pantiacolla...25 A2		Sumaq Misky...52 B3	Urubamba...72 D5
Peru Treks...26 D5		Tearooms...53 B3	Star Perú...73 E5
Q'ente...27 C2		Trotamundos...54 C3	TACA...74 E5

MEDIZINISCHE VERSORGUNG
Cuscos medizinische Einrichtungen sind begrenzt. Wer ernsthafte Beschwerden hat, sollte darum nach Lima fahren.

Clínica Pardo (☎ 24-0997; Av de la Cultura 710; ☽ 24 Std.)

Clínica Paredes (☎ 22-5265; Lechugal 405; ☽ 24 Std.)

NOTFALL
Policía de Turismo (☎ 24-9654; Saphi 510; ☽ 24 Std.) Hilft bei offiziellen Diebstahlberichten für Versicherungsanträge.

POST
Serpost (Av El Sol 800; ☽ Mo–Sa 8–20 Uhr)

TOURISTENINFORMATION
Dircetur (☎ 22-3702; www.dirceturcusco.gob.pe; Plaza Túpac Amaru) Cuscos regionale Tourismusbehörde mit hilfreichen Informationen und Broschüren.

iPerú Flughafen (☎ 23-7364; Haupthalle, Flughafen; ☽ 6–17 Uhr); Zentrum (☎ 25-2974; Av El Sol 103, Oficina 102; ☽ 8.30–19.30 Uhr) Das effiziente, hilfreiche Hauptbüro unterhält außerdem Indecopi, die Touristenschutzorganisation.

South American Explorers (SAE; ☎ 24-5484; www.saexplorers.org; Atoqsaykuchi 670; ☽ Mo–Fr 9.30–17, Sa bis 13 Uhr) Bietet unschätzbare Reiseinformationen und verkauft Straßenkarten. Außerdem hat es Infos zu Kulturevents und Freiwilligenarbeit (weniger umfangreich) für Nichtmitglieder sowie Zimmer, die man wochenweise mieten kann (EZ/DZ 224/324 S); s. S. 871 und S. 979.

WASCHSALONS
Lavanderías gibt's rund um Cuscos Budgetunterkünfte. Während der Hochsaison sollte man nicht unbedingt sein letztes Paar Socken auf ihren „Fertig-am-selben-Tag"-Service verwetten.

Gefahren & Ärgernisse
Die Bahnhöfe und Märkte sind für Taschendiebe und Taschenaufschlitzer bevorzugte Arbeitsplätze. Man sollte, wenn möglich, nur offizielle Taxis benutzen (die Telefonnummer der Gesellschaft steht auf deren Dächern), die Türen abschließen und keine zusätzlichen Passagiere zulassen. Nachtschwärmer, die aus den Bars heimkehren, oder Wanderer, die schon vor Sonnenaufgang losmarschieren, werden bevorzugt Opfer von Raubüberfällen. Die Drogenhändler und Polizisten stecken bekanntermaßen manchmal unter einer Decke, vor allem in der Procuradores, wo man innerhalb von ein paar Minuten einen Deal

machen und dann auffliegen kann, wie Einheimische warnen. Vorsicht auch vor der Höhenkrankheit, wenn man von Gegenden anreist, die auf Meereshöhe liegen (s. S. 1136) – damit ist nicht zu spaßen!

Sehenswertes

Für den Besuch vieler archäologischer Stätten rund um Cusco muss man ein *boleto turístico* kaufen. Ein zehntägiges „Touristenticket" kostet 130/70 S für Erwachsene/Studenten. Es ist bei **Cosituc** (22-7037; www.cosituc.gob.pe; Av El Sol 103, Oficina 102; Mo-Fr 8–18, Sa bis 13 Uhr) oder an teilnehmenden Stätten außerhalb der Stadt erhältlich. Man kann auch manchmal eintägige *boletos* für 70 S kaufen. Ein ähnlicher Pass für religiöse Stätten, der Circuito Religioso, kostet 50 S und ist einen Monat lang gültig.

PLAZA DE ARMAS

Die Plaza, die auch das Herz der alten Inkahauptstadt war, ist heute von schönen Arkaden umgeben.

Cuscos **Catedral** (Erw./Student 25/12 S, Circuito-Religioso-Ticket 50/25 S; 10–18 Uhr), an der fast 100 Jahre gebaut wurde, steht an der Stelle des Palasts von Inka Viracocha und wurde u. a. aus Steinquadern aus Sacsayhuamán errichtet (S. 917). Sie gehört zu Cuscos wichtigsten Orten für Kolonialkunst. Interessant ist etwa das Gemälde *Das Letzte Abendmahl* von Marcos Zapata, auf dem ein saftig aussehendes geröstetes *cuy* (Meerschweinchen) allen die Schau stiehlt. Gegenüber vom Silberaltar findet sich ein wunderbar geschnitztes Chorgestühl. Zur Kathedrale gehören die Kirche **Jesus María** (1733) und **El Triunfo** (1536), Cuscos älteste Kirche mit der Gruft des berühmten Chronisten der Inka, Garcilaso de la Vega, der 1539 in Cusco geboren wurde.

Verlässt man die Plaza über die Loreto, erheben sich zu beiden Seiten **Inkamauern**. Auf der linken Seite befindet sich die älteste Inkamauer in Cusco, ein Teil des Acllahuasi („Haus der erwählten Frauen"). Nach der Eroberung wurde es zu einem Teil des Klosters Santa Catalina umgemodelt, statt „Jungfrauen der Sonne" lebten nun fromme katholische Nonnen hier. Zur Rechten öffnet sich die Amaruqancha („Hof der Schlangen"), dort stand einst der Palast des Inka Huayna Capác. Nach der Eroberung wurde an dieser Stelle die Iglesia de La Compañía de Jesús gebaut.

Wer die Plaza Richtung San Blas über die Triunfo verlässt, kommt zur Hatunrumiyoc, einer Straße, die nach dem wunderbar eingepassten **zwölfeckigen Stein** auf der rechten Seite benannt ist. Oft stehen hier Kinder und führen einen gegen ein Trinkgeld hin. Dieser Stein war ein Teil des Palasts des sechsten Inka Roca.

QORIKANCHA (CORICANCHA)

Diese **Inkastätte** (Plazoleta Santo Domingo; Erw./Student 10/5 S; 8–17.30 Uhr) bildet die Basis der Kolonialkirche **Iglesia de Santo Domingo**. Interessant ist ein Vergleich des Kolonialgebäudes mit den Inkamauern: Die meisten von ihnen haben Cuscos historische Erdbeben überlebt, ohne auch nur einen Haarriss zu bekommen. Der Ort wirkt eher bizarr, weil er von einer modernen Konstruktion aus Glas und Metall überdacht ist.

Zu Inkazeiten war Qorikancha (auf Quechua „goldener Hof") buchstäblich mit Gold überzogen. Sie wurde nicht nur für religiöse Riten genutzt, sondern war auch ein Observatorium, von dem aus die Priester die wichtigen Ereignisse am Himmel beobachteten. Heute ist in dem am reichsten ausgestatteten Inkatempel nur sein meisterhaftes steinernes Mauerwerk übrig geblieben – den Rest haben die spanischen Konquistadoren geplündert. Dennoch ist ein Besuch ein faszinierendes Erlebnis, und es gibt auch eine ausgezeichnete Beschilderung, falls man die Besichtigung ohne Führer machen will.

MUSEEN

In einem spanischen Kolonialhaus mit Inkazeremonienhof befindet sich das ausgezeichnete **Museo de Arte Precolombino** (MAP; 23-3210; map.perucultural.org.pe; Plazoleta de las Nazarenas 231; Erw./Student 20/10 S; 9–22 Uhr). Es zeigt eine erstaunlich abwechslungsreiche, wenn auch recht kleine Sammlung unschätzbarer archäologischer Stücke, die vorher in den großen Depots

---

IM ZEICHEN DES REGENBOGENS

Ein üblicher Anblick auf Cuscos Plaza de Armas ist die heißgeliebte Flagge der Stadt – das strahlend bunt gestreifte Banner wurde in den 1970er-Jahren geschaffen und soll den *arco iris* (Regenbogen) darstellen, der den Inka heilig war. Nicht mit der internationalen Flagge der Schwulenbewegung verwechseln, auch wenn sie dieser wirklich verblüffend ähnlich sieht!

des Museo Larco in Lima vergraben waren. Die Schilder sind auf Spanisch, Englisch und Französisch beschriftet. Das Museum ist eines der besten in Südamerika.

Das bescheidene **Museo Inka** (☎ 23-7380; Ecke Tucumán & Ataúd; Eintritt Ausländer/Peruaner 10/5 S; ☻ Mo– Fr 8–19, Sa 9–16 Uhr) ist in einem der hübschesten Kolonialgebäude der Stadt untergebracht. Es ist vollgestopft mit Metall- und Goldarbeiten, Töpfereien, Textilien, *queros* (hölzerne Inkatrinkgefäße), Mumien und mehr. Im Hof verkaufen Weber aus dem Hochland ihre traditionellen Textilien.

Ursprünglich war das verstaubte **Museo de Arte del Arzobispado** (Hatunrumiyoc; Erw./Student 15/7,50 S, Circuito-Religioso-Ticket 50/25 S; ☻ Mo–Sa 8–18, So 10–18 Uhr) der Palast des Inka Roca. Es beherbergt heute eine große Sammlung religiöser Kunstwerke und liefert interessante Einblicke in die Wechselwirkungen zwischen indigener Bevölkerung und den spanischen Eroberern.

IGLESIA DE SAN BLAS

Diese Lehm-**Kirche** (Plaza San Blas; Eintritt 15 S, Circuito-Religioso-Ticket 50/25 S; ☻ Mo–Sa 8–18, So 10–18 Uhr) besitzt eine Kanzel mit einigen der schönsten kolonialen Holzschnitzereien der Amerikas. Die Legende besagt, der Schädel ihres Schöpfers liege im obersten Teil verborgen.

Aktivitäten

In Cusco bieten zahlreiche Unternehmen Wandern, Rafting und Mountainbiken sowie Bergsteigen, Reiten und Paragliding an – da kann einem ganz schwindelig werden! Bei Anbietern in der Plateros und Santa Ana sollte man vorsichtig sein: Die meisten wollen sich einfach nur an dem ganzen Tourismus-Wahnsinn bereichern.

TREKKING

Die meisten Wanderer haben nur den Inkatrail (S. 927) im Kopf, aber rund um Cusco kann man auch noch andere Schwindel erregende Routen erleben. Viele Agenturen organisieren Touren zu anderen abgeschiedenen Inkaruinen, z. B. nach Choquequirau und Vilcabamba oder rund um Ausangate. Die Preise sind nicht festgelegt; einfach mal umhören und durchfragen (z. B. wie viele Personen in einem Zelt schlafen, wie viele Träger mitkommen oder wie es mit spezieller Ernährung aussieht). Sämtliche Leihausrüstung sollte man sorgfältig kontrollieren. Das SAE-Klubhaus (S. 910) verkauft topografische Karten und ist eine ausgezeichnete Informationsquelle für Individualreisende.

Traveller bevorzugen diese Agenturen:

Llama Path (☎ 24-0822; www.llamapath.com; San Juan de Dios 250) Ein beliebter Anbieter für den Inkatrail, aber nicht so individuell flexibel wie andere.

Peru Treks (☎ 25-2721; www.perutreks.com; Pardo 540) Anteilig in lokaler Hand; umweltbewusst, behandelt die Träger anständig.

Q'ente (☎ 222-2535; www.qente.com; Choquechaca 229) Bietet auch viele Alternativen zum Inkatrail.

SAS (☎ 26-1920; www.sastravelperu.com; Garcilaso 244 & 270) Alle lieben es, diesen Riesen zu hassen, aber die Reisenden sind immer hochzufrieden.

RAFTING & MOUNTAINBIKE FAHREN

Wildwasser-Rafting den **Río Urubamba** hinunter ist sehr beliebt, aber überhaupt nicht organisiert – Unfälle und sogar Todesfälle sind nicht selten. Der nicht allzu wilde Ritt bietet ein paar spektakuläre Landschaften und die Chance, einige der interessantesten Inkaruinen in der Nähe von Cusco zu besuchen. Für abgelegenere Flüsse sollte man unbedingt die beste Ausrüstung und erfahrene Raftingführer buchen, die auch Erste-Hilfe-Maßnahmen beherrschen – wenn man erkrankt oder einen Unfall hat, kann es schon passieren, dass man mehrere Tagesreisen entfernt von jeder Hilfe ist. Dasselbe gilt für Ausflüge mit dem Mountainbike.

Der **Río Apurímac** hat herausfordernde Stromschnellen durch tiefe Schluchten und geschütztes Regenwald, man kann ihn aber nur von Mai bis November befahren. Ein noch wilderer Trip ist der technisch schwierige **Río Tambopata**, der von Juni bis Oktober befahrbar ist. Los geht's in den Anden nördlich des Lago Titicaca, die Endstation befindet sich in der Reserva Nacional Tambopata im Amazonasgebiet.

Für erfahrene Sportler gibt's im Gebiet des Heiligen Tal atemberaubende Möglichkeiten zum Mountainbiken und Abfahrten von Cusco bis in den Urwald von Amazonien. Gute Leihbikes kosten um die 45 S pro Tag, man sollte sie allerdings genau prüfen. Außerdem unbedingt einen Helm, Flickzeug, eine Pumpe und Werkzeug verlangen.

Einige renommierte Anbieter von Rafting- und Fahrradtouren:

Lorenzo Expeditions (☎ 26-0653; www.lorenzo expeditions.com; Plateros 348B) Reisende sind ganz aus dem Häuschen über Lorenzo Cahuanas Fahrrad-Wander-Kombitour zum Machu Picchu.

Mayuc (☎ 23-2666; www.mayuc.com; Portal Confiturías 211) Einheimische Rafting-Experten.
Peru Bike (☎ 01-255-7607; www.perubike.com) Inkatrail per Fahrrad.
Swiss Raft (☎ 24-6414; www.swissraft-peru.com; Heladeros 129) Flussrafting-Touren.

Kurse

Cusco ist ein guter Ort für einen Spanischkurs.
Academia Latinoamericana (☎ 24-3364; www.latinoschools.com; Plaza Rimacpampa 565)
Fair Play (☎ 984-78-9252; www.fairplay-peru.org; Choquechaca 188 Nr. 5)
San Blas Spanish School (☎ 24-7898; www.spanishschoolperu.com; Tandapata 688)

Geführte Touren

Es gibt Hunderte von registrierten Reisebüros in Cusco, doch keines davon kann zu 100 % empfohlen werden. Man sollte unbedingt herumfragen, bevor man sich für eines entscheidet.

Zu den üblichen Optionen gehören Halbtagestouren entweder durch die Stadt oder zu den näheren Ruinen, eine Halbtagesreise zu den Sonntagsmärkten nach Pisac oder Chinchero oder ein Ganztagesausflug ins Heilige Tal (Pisac, Ollantaytambo und Chinchero). Diese Touren werden manchmal zu hastig durchgeführt und sind so ihr Geld nicht wert.

Die teureren Touren nach Machu Picchu schließen die Zugfahrt, den Bus zu bzw. von den Ruinen, den Eintritt, einen Englisch sprechenden Führer und ein Mittagessen ein. Man kann sich aber nur ein paar Stunden in den Ruinen aufhalten, bevor man wieder zum Bahnhof zurück muss, es ist also besser, die Tour auf eigene Faust zu machen.

Cusco ist ein ausgezeichneter Ort, um Ausflüge in den Urwald zu organisieren, vor allem in den Parque Nacional Manu (S. 964). Solche Trips sind jedoch nicht billig. Folgende Anbieter sind empfehlenswert:
Manu Expeditions (☎ 23-9974; www.manuexpeditions.com; Humberto Vidal Unda G5)
Manu Nature Tours (☎ 25-2722; www.manuperu.com; Pardo 1046)
Pantiacolla (☎ 23-8322; www.pantiacolla.com; Saphi 554)

Festivals & Events

El Señor de los Temblores (Der Herr der Erdbeben) Am Montag vor Ostern; die Prozessionen gibt's seit Cuscos Erdbeben von 1650.

Qoyllur Rit'i Weniger bekannt sind diese traditionellen Andenriten, die am Sonntag vor Fronleichnam in der Nähe des Bergs Ausangate abgehalten werden.
Corpus Christi (Fronleichnam) Dieses Fest findet am neunten Donnerstag nach Ostern statt (normalerweise Anfang Juni). Es gibt fantastische Prozessionen und Feiern in der Kathedrale.
Inti Raymi (Sonnenfest) Am 24. Juni. Cuscos wichtigstes Fest zieht Tausende von Besuchern an. Höhepunkt ist eine Wiederaufführung der Inkazeremonien zur Wintersonnenwende in Sacsayhuaman.

Schlafen

Die Seitenstraßen nordwestlich der Plaza de Armas (besonders die Tigre, die Tecsecocha und die Suecia) platzen vor immer gleichen *hostales* beinahe aus allen Nähten. Rund um die Plaza San Blas gibt's außerdem ein paar Budgetpensionen, aber man muss ganz schön schnaufen und schwitzen, bevor man sie erreicht. Man kann davon ausgehen, in Cusco erheblich mehr für Übernachtungen zu bezahlen als in anderen Teilen Perus.

Las Chosas Lodge (☎ 22-3357; www.freehostal.com; 🖵) Der Inka-Urwald-Trek-Anbieter Lorenzo Cahuana stellt in seinem Zuhause Schlafsaalunterkünfte ohne Bedingungen *kostenlos* zur Verfügung, nur wenige Minuten außerhalb der Stadt. Nein, das war kein Tippfehler – es gibt wirklich keinerlei Verpflichtungen. Der Mann ist einfach richtig clever.

Casas de Hospedaje (☎ 24-2710; www.cusco.net/familyhouse) Privatunterkünfte kosten zwischen 40 und 50 S pro Person, je nach Saison und Einrichtung. Beschreibungen jedes *cuzqueña*-Hauses, inklusive Lage und Annehmlichkeiten, gibt's auf der Website.

Loki Cusco (☎ 24-3705; www.lokihostel.com; Santa Ana 601; B ab 21 S, Zi. mit/ohne Bad 75/31 S; 🖵) Dieses 450 Jahre alte Nationaldenkmal wurde als wildes Backpackerhostel wieder in Betrieb genommen (die Bar tobt jede Nacht gnadenlos): warme Duschen, kostenloses Internet und hilfsbereites Personal, das die Gäste bei der Ankunft mit einem Koka-Tee begrüßt! Der Hügel macht einen aber echt fertig.

WalkOn Inn (☎ 23-5065; www.walkoninn.com; Suecia 504; B 25 S, EZ/DZ 50/60 S; 🖵) In einer sonnig-grünen Ecke versteckt, die sich beinahe ländlich anfühlt. Der friedvolle Ort ist nur einen fünfminütigen Schnaufer von der Plaza de Armas entfernt. Die wunderschöne Aussicht auf die roten Ziegeldächer und die grünen Hügel tragen zur gelassenen Atmosphäre bei. Kürzlich renoviert, gemütlich und familienfreundlich.

Qorichaska Hostal (☎ 22-8974; www.qorichaskaperu.com; Nueva Alta 458; EZ/DZ/3BZ ohne Bad 25/50/75 S, EZ/DZ/3BZ inkl. Frühstück 45/70/90 S) Preiswerte Alternative in einem klapprigen, 250 Jahre alten kolonialen Haus. Ist bei Travellern beliebt, auch wenn einige von Lärmproblemen berichten.

Flying Dog Backpackers (☎ 25-3997; www.flyingdogperu.com; Choquechaca 469; B/Zi./3BZ 30/90/135 S, Zi. ohne Bad 75 S; 🖳) Diese Kette aus Lima hat auch in Cusco ein entspanntes Hostel eröffnet. Es ist heimelig und gemütlich – es gibt sogar ein paar Heizöfen –, aber das Personal ist oft ganz schön blasiert.

Aldea Yanapay (☎ 23-5870; www.aldeayanapay.org; Fierro 534; EZ/DZ/3BZ ohne Bad 35/56/60 S; 🖳) Wie im Los Niños (s. unten) kann man auch in diesem Sozialprojekt/Hostel mit gutem Gewissen einschlafen: Die Erträge kommen den Straßenkindern von Cusco zugute. Freiwillige können einen Monat lang für 918 S absteigen (eine Schule und ein Kulturzentrum gehören auch dazu). Sehr verwandt ist das abgefahrene, Dr.-Seuss-artige Restaurant auf der Ruinas 415, das in Sachen Essen ebenso vorne liegt wie in Sachen Dienst an der Gemeinde.

Casa de la Gringa I (☎ 24-1168; www.casadelagringa.com; Pasnapacana 148; DZ 96 S, DZ ohne Bad 64–84 S, EZ ohne Bad 42 S; 🖳) Diese wild-bunte, fröhlich-verrückte Unterkunft ist eine der bezauberndsten in ganz Cusco und bietet jede Menge New-Age-Heilkraft und Farbtherapie. Gleich abseits der Plaza San Blas gibt's mittlerweile ein nicht ganz so aufgedrehtes Schwesterhaus.

LP Tipp Hostal Los Niños I (☎ 23-1424; www.ninoshotel.com; Meloc 442; DZ 120 S, EZ/DZ ohne Bad 54/108 S; 🖳) Dieses sonnige Hostel unter niederländischer Führung verwendet *mucho* seiner Einnahmen, um Straßenkindern zu helfen. Die wunderschöne Kolonialvilla bietet einen friedvollen Steinplatten-Innenhof und ein herrliches Café im Feuerschein (aber die Niederländer sollten es eigentlich besser wissen und keinen Nescafé servieren!). Ein nicht minder reizender Ableger befindet sich in der Fierro 476.

Amaru Hostal (☎ 22-5933; www.amaruhotel.com; Cuesta San Blas 541; EZ/DZ inkl. Frühstück 94,50/126 S; 🖳) Hell erleuchtete Innenhöfe – einer mit Open-Air-Blick über Cusco – bestimmen den Charakter dieser charmanten Mittelklasseoption. Es gibt Heizöfen, aber Internet kostet extra.

Essen

In der Plateros und der Gringo-Gasse gibt's jede Menge günstige Lokale, aus denen man für unter 10 S satt rauskommt. Wen es nach *chicharrón* (gebratene Schweinerippchen) gelüstet, der sollte sich auf der „Schweinefleischstraße" Pampa del Castillo umschauen.

Coca Shop (Carmen Alto 115; Hauptgerichte 3,50–7 S) Grandios gelassener Ort zum Entspannen, mit Bio-Produkten aus Koka, u. a. Tee, Brownies, Schokolade (mit Anden-Getreide) und Sandwiches aus Koka-Brot.

Coco Loco (Espaderos 135; Snacks 7–19 S; ⏰ 24 Std.) Der beste aller Fast-Food-Läden versorgt angetrunkene, hungrige Nachtschwärmer.

Jack's Cafe (Choquechaka 509; Hauptgerichte 7–20 S) Für Fernfahrer direkt an der Straße gelegen und Cuscos bestes Heilmittel gegen Heimweh: ausgezeichnete heimelig-internationale Küche, auch vegetarische Optionen, zu angenehmen Preisen. Ein absoluter Favorit!

Trotamundos (Portal Comercio 177, 2. Stock; Gerichte 7–22 S) Beliebtes Plaza-Café mit direktem Blick auf die Kathedrale

Granja Heidi (Cuesta San Blas 525, 2. Stock; Gerichte 8–28 S) Dieses Alpen-Café bietet eine große Frühstücksauswahl, Crêpes und Soulfood, alles ganz chemiefrei und gesund zubereitet.

Tearooms (Santa Teresa 364, 2. Stock; Desserts 10–16 S, Sandwiches 10–15 S) Teils Louis-IV.-Explosion, teils Casablanca-Traumlandschaft. Die abgefahrene Tee- und Dessert-Lounge serviert internationale Sandwiches und Cocktails sowie aus Großbritannien importierten Tee und schweinische Desserts – eine echte Rarität!

Real McCoy (Plateros 326, 2. Stock; Hauptgerichte 10–27 S) Mit Fish & Chips hat auf 3300 m Höhe jetzt wirklich keiner gerechnet ... Aber dieser freundliche eingewanderte Brite macht sie erschreckend gut, ebenso wie eine Vielzahl weiterer köstlicher Pub-Klassiker.

Pizza Carlo (Maruri 381; Pizza 14–31,50 S) Wir kannten die andische Paprika *rocoto* nicht, bevor wir die scharfe Diavolo-Pizza in diesem intimen Lokal bestellten, in dem die beste Pizza in ganz Cusco serviert wird. Jetzt kennen wir sie. Und wir möchte gerne davor warnen ...

LP Tipp Los Perros (Tecsecocha 436; Hauptgerichte 14–20 S) Dieses australisch geführte Lokal schickt der Himmel: Hier wird exotisches, asiatisches und indisches Bar-Essen zu erstaunlichen Preisen in einer intimen „Couch-Bar" serviert. Der Burger ist der Wahnsinn.

Muse (Plateros 316, 2. Stock; Hauptgerichte 15–20 S) Unkonventionelle Café-Lounge, in der einfach alles serviert wird, von knuspriger vegetarischer Lasagne (der Hammer!) bis zu Pesto-Spaghetti. Freitags gibt's oft Livemusik oder DJs legen auf.

Sumaq Misky (Plateros 334, 2. Stock; Hauptgerichte 18–45 S) In einer Gasse voller Souvenirstände versteckt, gibt dieses warmherzige Lokal verflixt noch mal alles, um seinen Gästen die andinen Spezialitäten auf etwas weniger Furcht einflößende Weise nahezubringen: ob Alpaka-Currys und -Burger oder Meerschweinchen-Tandoori – alles richtig lecker! Vegetarische Alternativen gibt's auch. Die angeschlossene Sport-Bar ist dank der amerikanischen und europäischen Fußballübertragungen ebenfalls sehr beliebt.

Inka Grill (Portal de Panes 115; Hauptgerichte 22–45 S) Touristisch, aber ein toller Ort, wenn man die gesamte Bandbreite der peruanischen Küche kennenlernen möchte: Hier gibt's ausgezeichnetes Forellen-*tiradito*, Alpaka und Kokablatt-Crème-Brûlée in etwas edlerem Ambiente auf der Plaza de Armas.

Lebensmittel kann man im **Gato's Market** (Portal Belén; 8–23 Uhr) und auf dem traditionellen **Markt** (Mantas 119; 8–23 Uhr) kaufen.

Ausgehen

In den beliebten Backpacker-Bars, besonders rund um die Plaza de Armas, sollten sich Gäste beiderlei Geschlechts vor unerwünschten Drogen im Getränk vorsehen – nie das Glas loslassen und zweimal überlegen, ob man Gutscheine für kostenlose Drinks einlöst. Die Happy Hour beginnt schon um 13 Uhr.

Km 0 (Tandapata 100) Winziger Laden, in dem jeden Abend thailändisches Essen und ab 21.30 Uhr Livemusik aufgetischt werden.

IN DIE VOLLEN!

Don Esteban & Don Cucho (Espinar 114; Hauptgerichte 32–45 S) Ein Cocktail ist ein Cocktail, aber hier und da kommt einer des Weges, der die eigenen Ansichten zum Thema Alkohol verändert. Der *maracuyá sour* in diesem *comida-criolla*-Edelrestaurant (in dem man auch verflixt lecker essen kann) ist ein solches Getränk – herrlich säuerlich, gerade cremig genug und unheimlich lecker. Mit 14 S ist er zwar der reinste Luxus, aber man wird anschließend nie wieder etwas anderes trinken wollen. Über diesen Traum im Glas sollte man aber das Essen nicht vergessen – die moderne Interpretation peruanischer Klassiker in diesem Haus ist fast ebenso befriedigend wie die Aura des Barkeepers.

Norton's Rat (Santa Catalina Angosta 116; 7 Uhr–spät) Bodenständiger Pub mit Holztischen, Blick auf die Plaza, Fernsehern, Darts, Billardtischen und den besten triefenden Burgern der Stadt. Ganztägig Frühstück.

Paddy O'Flaherty's (Triunfo 124; 11–1 Uhr) Vollgestopft, verraucht und unter irischer Führung – so waren Irish Pubs mal!

Unterhaltung

In verschiedenen Restaurants werden abends *folklórica*-Musik und Tanzshows geboten; die Preise liegen zwischen 50 und 60 S inklusive Buffet. Die meisten Livemusik-Veranstaltungen kosten keinen Eintritt.

Centro Qosqo de Arte Nativo (22-7901; Av El Sol 604; Eintritt 15 S) Jeden Abend *folklórica*-Shows.

Roots (Tecsecocha 282) Wer auf Klubs mit einer guten Dosis Entspannung steht, ist hier genau richtig. Das Kerzenschein-Ambiente ist teils rastamäßig relaxt, teils fast märchenhaft. Dank der Fülle weicher Lounge-Sessel ist es kein Problem, sich einfach fallen und die Nacht ausklingen zu lassen.

Ukuku's Pub (Plateros 316; 20 Uhr–open end) Normalerweise bis zum Bersten gefüllt, lockt das Ukuku's mit einer überzeugenden Kombination aus Latino-Pop, Alternative, Salsa, Ska, Soul und Jazz, außerdem treten jeden Abend lokale Livebands auf.

7 Angelitos (7 Angelitos 638) So wie die Einwohner hier von den Mojitos schwärmen, könnte man meinen, Fidel Castro stünde persönlich hinter der Bar. Sie sind schon o.k., aber die allabendliche Livemusik und die coole Atmosphäre sind noch viel besser.

Shoppen

In Cusco gibt es ein Füllhorn von Kunsthandwerks-Ateliers und -Läden, in denen gestrickte Wollsachen, gewebte Textilien, bunte Keramik, Silberschmuck und vieles mehr verkauft werden, darüber hinaus bieten einige Galerien zeitgenössische Kunst. In der Nähe des Bahnhofs San Pedro kann man auf Cuscos Mercado Central sehr praktisch Obst oder das lebenswichtige zusätzliche Paar sauberer Socken kaufen, aber man sollte nicht allein hierher kommen oder Wertsachen mitbringen, denn die Diebe sind ausdauernd.

Andean Expressions (Choquechaca 210) Hier findet man einzigartige T-Shirts, die nicht von einer Million Leute getragen werden (wir meinen Euch, Ihr wandelnden Inca-Kola- und Cusqueña-Werbetafeln!).

Zentrum für traditionalle Textilien in Cusco (Av El Sol 603A) Diese gemeinnützige Organisation fördert das Überleben der traditionellen andinen Webtechniken und zeigt im Laden Vorführungen von fingerverknotender Komplexität. Schöne Sachen!

Kuna (Portal de Panes 327) Für dieses Privileg muss man zwar zahlen, aber hier findet man die mit Abstand am wenigsten kitschige Auswahl von Alpaka-Klamotten, in denen man sich durchaus auch begraben lassen würde.

Trinidad Enriquez (Capila de Loreto s/n) Der Erlös des stilvollen Ladens kommt auch fünf sozialen Projekten zugute, u. a. Straßenkindern, Vergewaltigungsopfern und nahe gelegenen ländlichen Gemeinden. Die Produkte sind durchweg erstklassig. Gehört zur Iglesia de la Compañía de Jesús.

An- & Weiterreise

BUS

Langstrecke

Die hier angegebenen Reisezeiten sind Richtwerte. Während der Regenzeit sind lange Verspätungen wahrscheinlich, besonders von Januar bis April.

Von Cuscos **Terminal Terrestre** (Abfahrtssteuer 1 S), 500 m südöstlich des Stadtzentrums (Taxi 5 S), werden Langstreckenziele bedient; hier befinden sich auch alle wichtigen Busunternehmen, u. a. **Cruz del Sur** (☎ 24-8255), **Ormeño** (☎ 26-1704), **Cromotex** (☎ 24-9573) und **Tepsa** (☎ 24-9977). Es gibt aber auch jede Menge *económico*-Busunternehmen.

Häufig fahren Busse über Juliaca nach Puno (43 S, 6–7 Std.). Verbindungen nach Arequipa (90–106 S, 9 Std.) werden meist über Nacht angeboten. Es gibt zwei Routen nach Lima. Die erste verläuft über Abancay (143–173 S, 18–20 Std.) und ist zwar schneller, kann aber während der Regenzeit auch holpriger und anfällig für lähmende Verspätungen sein. Die Alternative führt über Arequipa, eine längere, aber zuverlässigere Route (70 S, 23 Std.). Busse nach Abancay (15 S, 4 Std.) und Andahuaylas (30 S, 8 Std.) fahren früh morgens und abends. Für die Fahrt nach Ayacucho über raue Hochlandstraßen, auf denen es nachts sehr kalt wird, muss man in Andahuaylas umsteigen. **Civa** (☎ 24-9961) fährt jeden Tag um 15.30 Uhr nach Puerto Maldonado (60 S, 16–18 Std.).

Inka Express (☎ 26-0272; www.inkaexpress.com; Pardo 865A) bietet gemütliche Tourbusse (132 S), die auf dem Weg nach Puno an einigen Sehenswürdigkeiten halten. Tickets kann man im Pardo-Büro kaufen, aber die Busse starten am Parque El Ovalo, 500 m weiter südöstlich.

Busse nach Quillabamba (30 S, 7 Std.) fahren mehrmals täglich vom Santiago-Busbahnhof in West-Cusco ab (ein Taxi kostet 5 S). Ein empfehlenswertes Unternehmen ist **Ampay** (☎ 985-67-0716), das einen weiteren Ticketschalter am wichtigsten Langstrecken-Busbahnhof von Cusco hat. Tagsüber sind die Busse sicherer und bieten noch dazu den Vorteil spektakulärer Aussicht.

Um andere Amazonas-Ziele zu erreichen, muss man fliegen, eine gefährliche Reise mit dem Laster riskieren oder eine Expeditionsgruppe finden. **Unancha** (☎ 25-4233; Av Huáscar 226) fährt montag-, mittwoch- und freitagmorgens von der Av Huáscar nach Pillcopata (18–20 S, 10 Std.). Laster fahren von Pillcopata weiter nach Itahuañia (40 S, 12 Std.), von wo man den Parque Nacional Manu (S. 964) erreicht.

International

Mehrere Unternehmen schicken Busse nach Copacabana (70 S, 10 Std.) und La Paz (80 S, 12 Std.) in Bolivien. Viele schwören Stein und Bein, die Verbindung sei direkt, aber die Abendbusse halten normalerweise für mehrere Stunden in Puno, bis die Grenze öffnet. Ormeño fährt über Desaguadero nach La Paz (90 S, 12 Std.). Cruz del Sur bringt einen nach Tacna nahe der chilenischen Grenze, Abfahrt ist täglich um 20.30 Uhr (128 S, 14 Std.). **Internacional Litoral** (☎ 24-8989) fährt nach Arica in Chile (160 S, 18 Std.).

FLUGZEUG

Die meisten Maschinen am **Flughafen** (CUZ; ☎ 22-2611) in Cusco, 2 km südöstlich des Zentrums, starten am Morgen. Die Flughafensteuer beträgt 4,28 US$.

AeroSur (☎ 25-4691; www.aerosur.com; Av El Sol 948, Sol Plaza) Donnerstags und sonntags Flüge nach La Paz.

LAN (☎ 25-5552; www.lan.com; Av El Sol 627B) Direktflüge nach Lima, Arequipa, Juliaca und Puerto Maldonado.

Star Perú (☎ 23-4060; www.starperu.com; Av El Sol 627B) Täglich drei Flüge nach Lima.

TACA (☎ 24-5922; www.taca.com; Av El Sol 602B) Täglich (außer So) Verbindungen nach bzw. von Lima.

ZUG

Die **Estación Huanchac** (☎ 58-1414; Mo–Fr 7–17, Sa & So bis 12 Uhr), am Südende der Av El Sol, bietet Verbindungen nach Juliaca und Puno am Titicacasee. Die **Estación Poroy** (Carretera Cusco-

Urubamba) liegt östlich der Stadt; von hier fahren Züge nach Ollantaytambo sowie ins Heilige Tal und nach Machu Picchu. Die beiden Bahnhöfe gehören nicht zusammen, daher ist es nicht möglich, direkt von Puno nach Machu Picchu zu fahren. Die Estación San Pedro im Zentrum wird von Nahverkehrszügen genutzt, in denen Ausländer nicht mitfahren dürfen.

Ein **Touristenbus** zur Estación Poroy fährt jeden Tag um 6.15 Uhr in der Av Pardo (6 S) ab. Der Bus wartet auf eintreffende Züge und setzt Passagiere an der Plaza Regocijo ab. Man kann auch mit dem Taxi nach Poroy fahren – 30 S für ein Bestelltaxi, 15 S an der Straße.

Am Bahnhof Huanchac kann man zwar auch Tickets kaufen, aber online auf www.perurail.com (nur Visa) ist es einfacher.

Nach Ollantaytambo & Machu Picchu
Die Fahrt mit dem Zug von Cusco nach Aguas Calientes dauert etwa drei Stunden; es gibt zwei Möglichkeiten.

Die Vistadome-Verbindung kostet einfach 227,20 S; der Zug verlässt Cusco täglich um 7 Uhr und kehrt um 15.25 Uhr zurück. Der luxuriöse Hiram Bingham fährt täglich außer sonntags um 9 Uhr in Poroy ab und ist um 21 Uhr wieder in Cusco. Die günstigeren Backpacker-Cerrojo-Züge fahren jetzt ab Ollantaytambo (S. 921).

Nach Puno
Die Züge starten von November bis März montags, mittwochs und samstags um 8 Uhr an der Estación Huanchac und kommen gegen 18 Uhr in Puno an; von April bis Oktober gibt's eine zusätzliche Freitags-Verbindung (704 S). Für Details, s. S. 904.

Unterwegs vor Ort
BUS & COLECTIVO
Tagsüber starten Minibusse von der Av Tullumayo, südlich der Av Garcilaso, nach Pisac (2,40 S, 1 Std.). Zahlreiche *micros* fahren bei Tageslicht vom Block 300 auf der Grau, in der Nähe der Puente Grau, über Chinchero (3 S, 50 Min.) nach Urubamba (5 S, 1½ Std.). *Colectivos* nach Ollantaytambo (10 S, 2½ Std.) und Urubamba (6 S, 1½ Std.) fahren in der Pavitos ab.

VOM/ZUM FLUGHAFEN
Häufig fahren *colectivos* die Ayacucho entlang bis kurz vor den Flughafen (0,70 S). Ein offizielles Taxi ins bzw. aus dem Stadtzentrum kostet 20 S bzw. 6 S. Vor den gaunerischen Taxis vor dem Terminalgebäude sollte man sich in Acht nehmen – Diebstähle sind keine Seltenheit. Viele Pensionen bieten kostenlosen Transport vom Flughafen durch Reisebüros an, die hoffen, dabei Kunden für ihre Touren zu gewinnen.

TAXI
Stadtfahrten kosten 5 S. Offizielle Taxis sind viel sicherer als „Piraten"-Taxis (s. S. 910), und die hier aufgeführten Preise entsprechen den offiziell vorgeschriebenen. **Qq'arina** (☎ 25-5000) ist ein zuverlässiges Unternehmen, dessen Fahrer geprüft sind und einen Foto-Ausweis tragen.

RUND UM CUSCO
Die archäologischen Stätten, die Cusco am nächsten liegen, sind **Sacsayhuamán, Q'enqo, Pukapukara** und **Tambomachay** (7–18 Uhr) – Eintritt hat man mit einem *boleto turístico* (s. S. 911). Man nimmt einen Bus Richtung Pisac und steigt in Tambomachay aus, wo sich die am weitesten von Cusco entfernte Ruine befindet (und mit 3700 m auch die am höchsten gelegene). Von hier ist es eine 8 km lange Wanderung zurück nach Cusco. Auf dieser Strecke sind schon Überfälle auf Touristen vorgekommen, selbst bei Tageslicht; man sollte darum in einer Gruppe gehen und vor Einbruch der Dunkelheit zurück sein

Sacsayhuamán
Der Name bedeutet „zufriedener Falke", auch wenn viele Reisende ihn sich lieber mit der Eselsbrücke „sexy woman" merken. Das ausgedehnte Areal liegt 2 km von Cusco entfernt. Man steigt die Treppen der steilen Resbalosa-Straße hoch, wendet sich nach der Iglesia de San Cristóbal nach rechts und geht bis zu einer Haarnadelkurve. Links sind steinerne Treppen, die auf einem Inkaweg nach oben führen.

Auch wenn Sacsayhuamán riesig zu sein scheint, so sind das, was die heutigen Besucher sehen, nur etwa 20 % des Originalkomplexes. Kurz nach der Eroberung rissen die Spanier die Mauern nieder und verwendeten die Steinblöcke, um ihre eigenen Häuser in Cusco zu bauen.

1536 erlebte das Fort eine der härtesten Schlachten zwischen den Spaniern und Manku Inka, der die Eroberer in Sacsayhuamán

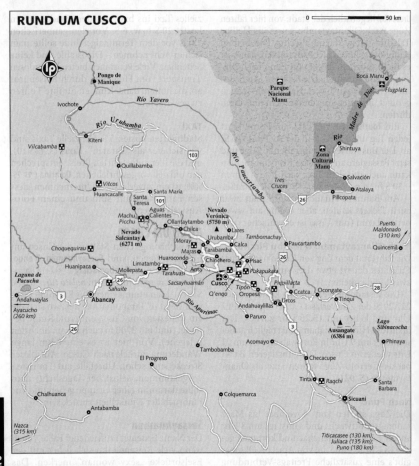

belagerte. Tausende Tote lagen nach der Niederlage des Inka auf der Wallstatt, was Schwärme Aas fressender Andenkondore angelockt haben soll. An die Tragödie erinnern acht Kondore in Cuscos Wappen

Am beeindruckendsten sind die dreistufigen Befestigungsanlagen. Der Inka Pachachutec hatte sich Cusco in der Form eines Pumas vorgestellt, mit Sacsayhuamán als Kopf und den 22 zickzackförmig angelegten Mauern als Zähnen. Der Paradeplatz wird bei den Inti-Raymi-Zeremonien benutzt.

Wer nur eine Ruine in unmittelbarer Nähe von Cusco besichtigen möchte, sollte diese wählen. Man ist dann auch besser dran, wenn man das *boleto turístico* links liegen lässt und hier den Eintritt einzeln zahlt (40 S).

Q'enqo

Der Name dieser faszinierenden kleinen Ruine bedeutet „Zickzack". Sie besteht aus einem großen Kalksteinfelsen, der von Nischen, Stufen und eingeritzten Symbolen überzogen ist. Darunter sind auch Kanäle, die vielleicht für rituelle Opfer mit *chicha* (Maisbier) oder sogar Blut benutzt wurden. Wer bis nach oben hinaufklettert, wird dort eine Fläche finden, die für Zeremonien genutzt wurde und in die man mühevoll Tierdarstellungen eingeritzt hat. Im Inneren kann man eine geheimnisvolle halbunterirdische Höhle besuchen, in der aus dem Fels gehauene Altäre zu sehen sind.

Die Stätte liegt 2 km von Sacsayhuamán entfernt, von Tambomachay aus links.

Tambomachay & Pukapukara

Etwa 300 m von der Hauptstraße entfernt liegt **Tambomachay**, ein sehr schön gestaltetes zeremonielles Bad, dessen Becken bis heute von klarem Wasser aus unterirdischen Brunnen gespeist werden, was ihm den Namen El Baño del Inca (das Bad des Inka) eingebracht hat. Auf der gegenüberliegenden Seite der Straße liegt die alles überragende Ruine von **Pukapukara**. Ihr Name bedeutet „rote Festung", auch wenn es eher eine Jagdhütte, eine Wachstation oder eine Raststätte für Reisende war. Von oben eröffnet sich einem eine herrliche Aussicht.

DAS HEILIGE TAL DER INKA

Das Valle Sagrado (Heiliges Tal) des Río Urubamba liegt – wie der Kondor fliegt, also Luftlinie – etwa 15 km nördlich von Cusco. Seine größten Attraktionen sind die stolzen Inkafestungen Pisac und Ollantaytambo, doch das Tal birgt auch etwas friedvollere Inkastätten, geschäftige Märkte und hoch gelegene Andendörfer. Die idyllische Landschaft kann man sehr gut mit Peter Frosts ausführlichem Buch *Exploring Cuzco* erforschen

Pisac
☎ 084 / 2000 Ew.

Die meisten Besuche im Heiligen Tal beginnen im verschlafenen Pisac (2715 m), nur 33 km nordöstlich von Cusco. Der kleine Ort ist über eine Asphaltstraße erreichbar. Hier findet man ein wirklich charmantes koloniales Dorf, das für seinen ausgezeichneten Markt bekannt ist, außerdem die dramatische Inkafestung Intihuatana, die gefährlich hoch über den Bergen thront.

SEHENSWERTES & AKTIVITÄTEN
Die **Inkafestung** (⊙ 7–18 Uhr) liegt hoch über dem Dorf auf einem Bergplateau, umgeben von tiefen Schluchten auf beiden Seiten. Links von der Kirche führt ein 4 km langer, steiler Fußweg hinauf (man kann auch für 20 S mit dem Taxi fahren). Es ist ein spektakulärer Aufstieg über Terrassen, die sich an die Bergflanken schmiegen, und über Felspfade, die zu massiven steinernen Torwegen führen. Manche Treppen sind eine echte Mutprobe für alle, die unter Höhenangst leiden, und an einer Stelle muss man sich auch durch einen kurzen Tunnel im Fels zwängen. Der Eintritt kostet 40 S, oder man nimmt ein *boleto turístico* (s. S. 911).

Über den Terrassen liegt das zeremonielle Zentrum mit einem Intihuatana (der „Ort, an dem die Sonne angebunden wird"), mehreren Wasserkanälen und feinen Steinmetzarbeiten innerhalb der gut erhaltenen Tempel. Ein Pfad führt den Berg weiter nach oben zu einer Reihe von zeremoniellen Bädern und zum Militärareal. In der Felswand hinter der Anlage sind Löcher mit Hunderten von Inkagräbern, die aber alle von *guaqueros* (Grabräubern) geplündert wurden.

SCHLAFEN
Hospedaje Beho (☎ 20-3001; artesaniasbeho@yahoo.es; Intihuatana 114; EZ/DZ/3BZ 30/50/60 S, EZ/DZ ohne Bad 15/30 S) Auf dem Pfad zu den Ruinen, gut versteckt hinter den Marktständen, liegt dieser familiengeführte Kunsthandwerksladen, der nebenan Unterkünfte ohne Schnickschnack vermietet.

Hospedaje Kinsa Ccocha (☎ 20-3101; Arequipa 307; EZ/DZ 35/70 S, ohne Bad 25/30 S) Die gemütlichste Budgetoption liegt in einer ruhigeren kleinen Nebenstraße parallel zur Plaza. Das Wasser wird mit Feuer erhitzt!

Pisac Inn (☎ 20-3062; www.pisacinn.com; Plaza Constitución; EZ/DZ inkl. Frühstück 120/150 S, ohne Bad 90/120 S) Eine der buntesten Unterkünfte im ganzen Tal. Das Haus im Adobe-Stil bietet jede Menge andinen Schick, einheimisches Flair und zauberhaftes Personal (auch wenn die Hochsaisonpreise ganz schön gesalzen sind). Massagen (90 S) und Sauna (35 S) sind zusätzliche Annehmlichkeiten. Das Restaurant serviert Bio-Küche mit Schwerpunkt auf lokalen Produkten. Nichts für Hochgewachsene.

Paz y Luz B&B (☎ 20-3204; www.pazyluzperu.com; EZ/DZ/3BZ inkl. Frühstück 90/135/190 S; 🖵) Ein 1 km langer Spaziergang am Fluss entlang führt zu diesem Heilzentrum unter amerikanischer Leitung, das gut ausgestattete Zimmer bietet und auf eintägige andin-schamanische Spiritismus-Workshops (100 S) und längere Wellness-Aufenthalte spezialisiert ist. Zur Zeit der Recherche entstanden gerade ein neues Restaurant und zwölf zusätzliche Zimmer.

ESSEN
Die riesigen Lehmofen-Bäckereien in der Mariscal Castilla verkaufen glühend heißes Fladenbrot und Empanadas.

Ulrike's Café (Plaza de Armas 828; Hauptgerichte 4–10 S) Dieses sonnige Urlauber-Café bietet eine sehr übersichtliche Karte mit hausgemachter Pasta, Sandwiches und Säften (an Pizza-Abenden ist die Auswahl größer). Der in der Stadt berühmte Käsekuchen ist für Südamerika ziemlich gut. Hier gibt's außerdem einen internationalen Geldautomaten.

Ayahuasca Café (Bolognesi s/n; Hauptgerichte 10–15 S) Diese unkonventionelle Lounge serviert das beste *lomo saltado* (gebratenes Steak mit Reis), das wir je gegessen haben. Vegetarisches gibt's aber auch.

Mullu (Plaza de Armas 352; Hauptgerichte 10–30 S; Mo geschl.) Das Kultur-Café über einer Kunstgalerie erfreut sich einer famosen Lage an der Plaza. Es bietet eine lange Liste köstlicher Säfte und exotischer Fusion-Gerichte wie Straußen-Pfanne, Alpaka-Ravioli oder Kürbiseintopf und obendrein die besten T-Shirts in ganz Peru.

SHOPPEN
Der Sonntagsmarkt beginnt am frühen Morgen. Gegen 10 Uhr laden die Tourbusse ihre Horden im ohnehin schon chaotischen Treiben ab, sodass das Gedränge aus Käufern und überlaufenen Kunsthandwerksständen noch größer wird. Auch wenn sich der Markt eine traditionelle Note bewahrt hat, sind die Preise mittlerweile mit denen in den Läden in Cusco vergleichbar. Dienstags und donnerstags finden kleinere Märkte statt, und auf der Plaza gibt's täglich einen ausgezeichneten Kunsthandwerksmarkt.

AN- & WEITERREISE
Busse nach Urubamba (2 S, 1 Std.) und Cusco (2,40 S, 1 Std.) fahren in der Nähe der Brücke an der Plazaleta Leguiz und an der Av Amazonas ab.

Urubamba
084 / 10 800 Ew.

In Urubamba (2870 m) gibt's so gut wie nichts zu sehen. Es liegt an der Kreuzung der Hauptstraße des Tals mit der Straße, die über Chinchero zurück nach Cusco führt, und ist für alle, die durch das Heilige Tal wandeln möchten, ein unerlässliches Transportzentrum. An der *grifo* (Tankstelle) in der Hauptstraße, 1 km östlich des Busbahnhofs, gibt's einen internationalen Geldautomaten.

SEHENSWERTES & AKTIVITÄTEN
Viele Outdoor-Aktivitäten, die von Cusco aus organisiert werden, finden in Urubamba statt, u. a. Reiten, Mountainbiken, Paragliding und Heißluftballonfahrten. Auf den Ausflügen besucht man auch oft die amphitheaterähnlichen Terrassen von **Moray** (Eintritt 10 S) und **Salinas** (Eintritt 5 S), in denen seit der Zeit der Inka bereits Tausende Salzpfannen abgeerntet wurden; beide liegen ganz in der Nähe. **Perol Chico** (01-99-414-7267; www.perolchico.com) wird vom niederländischen Peruaner Eduard van Brunschot Vega geführt und hat eine ausgezeichnete Ranch mit peruanischen *paso*-Pferden außerhalb von Urubamba. Ausritte muss man vorab buchen. Man sollte wissen, dass die Pferdehaltung in diesem Teil der Welt besonders teuer ist. Wer sich für ein Schnäppchen entscheidet, ist ziemlich sicher bei einem kommerziell ausgebeuteten Pferd gelandet. Wer nach einer etwas anderen Erfahrung sucht, kann sich an **Agrotourism Chichubamba** (20-1562; www.agrotourismsacredvalley.com) wenden, das mit der in Urubamba ansässigen NGO Pro Peru zusammenarbeitet und bei seinen Agrotourismus-Workshops zu Themen wie *chicha*, Textilien und Stricken, Andine Schokolade oder Peruanischer Kaffee faszinierende Einblicke in das lokale Dorfleben bietet. Man kann auch eine Nacht im Dorf verbringen.

SCHLAFEN & ESSEN
Hotel Urubamba (20-1062; Bolognesi 605; EZ 25 S, DZ mit Fernsehen 35 S, EZ/DZ/3BZ ohne Bad 12/24/36 S) Die karge Budgetoption der Wahl, sofern man das Personal ertragen mag. Die Gemeinschaftsbäder sind aber netter als erwartet.

Hostal Los Jardines (20-1331; www.machawasi.com; Jr Convencí 459; EZ/DZ/3BZ 35/60/70 S) Versteckt abseits der Hauptstraße, fünf Minuten von der Plaza entfernt – eine komfortable Alternative. Die Zimmer haben schon einiges mitgemacht und bieten bunte Textilkunst und warme andine Decken, und einen hübschen Blumengarten gibt's auch.

Café Plaza (Jr Bolívar; Gerichte 7–25 S) Das Frühstück mit Schinken, Eiern und Käse auf Ciabatta, das dieses heimelige Plaza-Café auftischt, ist einfach perfekt. Außerdem gibt's guten Kaffee, hausgemachte Pasta und englischsprachige Zeitschriften.

Muse, Too (Ecke Comercio & Grau; Hauptgerichte 10–20 S) Dasselbe Essen und dieselbe Einrichtung wie beim großen Bruder in Cusco, aber irgendwie hat das Muse Mühe, auch dieselbe Atmosphäre zu schaffen (Cartoons im Fernsehen?). Der *pisco sour* und die Banoffee-Pie sind unvergesslich. Vegetarische Gerichte werden ebenfalls serviert.

AN- & WEITERREISE
Busse nach Cusco (3,30 S, 2 Std.) fahren über Pisac (2 S, 1 Std.) oder Chinchero (3,50 S, 50 Min.), und am Busbahnhof starten häufig *colectivos* nach Ollantaytambo (1,50 S, 30 Min.). Schnellere *colectivos* nach Cusco (6 S, 1½ Std.) warten vor der *grifo*, weiter östlich in der Av Cabo Conchatupa.

Ollantaytambo
☎ 084 / 2000 Ew.

Das winzige Ollantaytambo (2800 m) ist das beste übrig gebliebene Beispiel für Inkastadtplanung und der Ort mit der beeindruckendsten Atmosphäre im gesamten Heiligen Tal – die mächtige Festung wacht über das Pflasterstein-Dorf wie ein wahrhaftiger Wächter des Himmels. Hier hat sich seit 700 Jahren nicht viel verändert.

SEHENSWERTES
Die spektakulären, steilen Terrassen, die die **Inka-Anlage** (7–17 Uhr) bewachen – Eintritt 40 S oder mit *boleto turístico* (s. S. 911) – markieren einen der wenigen Orte, an dem die Konquistadoren eine wichtige Schlacht verloren haben: Hier feuerte Manku Inka seine Geschosse ab und überflutete die unteren Ebenen. Aber Ollantaytambo war für die Inka ebenso sehr ein Tempel wie eine Festung. Am Ende der Terrassen befindet sich ein aufwendig gearbeiteter zeremonieller Bereich. Der Stein wurde in den Bergen hoch über dem Río Urubamba gehauen. Der Transport der riesigen Felsblöcke war eine unglaubliche Leistung.

SCHLAFEN
Hospedaje Las Portadas (☎ 20-4008; Principal s/n; Stellplatz 10 S/Pers., EZ/DZ 25/50 S, EZ/DZ/3BZ ohne Bad 15/30/45 S) Gleich östlich der Plaza Mayor bietet diese Familienpension einen sonnigen Innenhof und einen kleinen Campingplatz. Von der provisorischen Terrasse sieht man einen Teil der Ruine, und der Ausblick auf die benachbarten Gebäude ist ungetrübt. Die Zimmer sind sehr schlicht; einige empfangen Lokalfernsehen.

Chaska Wasi (☎ 20-4045; katycusco@yahoo.es; Calle de Medio s/n; EZ/DZ 25/40 S, ohne Bad 15/30 S; 🖵) Nördlich der Plaza an einer schmalen Inkahauptstraße gelegen. Die freundlichen Besitzer vermieten hier sehr rustikale Zimmer mit elektrischen Duschen. Das Frühstück kostet 5 S extra.

Hotel Munay Tika (☎ 20-4111; www.munaytika.com; Ferrocarril 118; EZ/DZ/3BZ inkl. Frühstück 108/124/155 S) Die „Dschungelblume", wie diese Pension übersetzt heißt, hat einen sonnigen Garten und rustikale, aber ordentliche Zimmer mit Holzböden. Liegt dem Bahnhof am nächsten.

ESSEN & AUSGEHEN
Kusicoyllor (Plaza Araccama; Hauptgerichte 12–28 S) Dieses stilvolle unterirdische Café bei den Ruinen ist sehr abwechslungsreich dekoriert und bereitet ebensolche Speisen zu, von Amazonas-Kaffee bis Schweizer Fondue.

Hearts Café (Plaza de Armas s/n; Hauptgerichte 13–22 S) Dieses Café unter britischer Leitung liegt an der Plaza und zaubert einfach alles auf den Tisch: Hummus, Fajitas, Frühstück, Desserts ... Alle Erträge werden gespendet, um den Frauen und Kindern des Ortes zu helfen.

Orishas Café (Ferrocarril s/n; Hauptgerichte 16–25 S) Das hübsche Café über dem Fluss liegt auf dem Weg zum Bahnhof und serviert innovative peruanische und internationale Gerichte sowie grandiose Steinofenpizzen.

AN- & WEITERREISE
Colectivos fahren häufig zum Busbahnhof in Urubamba (10 S, 30 Min.), Abfahrt ist von 5 bis 20 Uhr gleich südöstlich der Plaza neben dem Markt. *Colectivos* (20 S) und Taxis (120 S) nach Cusco warten nur am Bahnhof, wenn Züge ankommen. Alternativ kann man nach Urubamba fahren und dann dort umsteigen.

Ollantaytambo liegt ungefähr in der Mitte der Zugstrecke zwischen Cusco und Aguas Calientes, auf der man nach Machu Picchu fährt. Ollantaytambo bietet aber außerdem täglich Züge ins Vistadom-Tal (einfach/hin & zurück 169/338 S) über die Route ins Heilige Tal sowie drei billigere Backpacker-Cerrojo-Züge nach Machu Picchu (einfach/hin & zurück ab 108/216 S).

AGUAS CALIENTES
☎ 084 / 2000 Ew.

Es wird einen nicht umbringen, eine Nacht in Aguas Calientes (auch bekannt als Machu Picchu Pueblo) zu verbringen – die unzähligen Touristenfallen in Form von Restaurants und von Feuerschein beleuchteten Bars sind für einen Abend ganz erträglich. Aber dieses Dorf hält sich nur dank des Durchreiseverkehrs nach und von Machu Picchu über Wasser und bietet außer übertauertem Essen

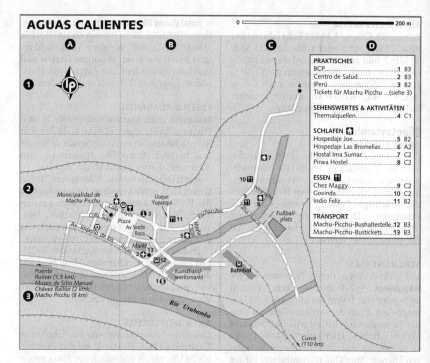

und Unterkünften (und viel zu vielen Pizzerien) recht wenig. Obwohl das Dorf wunderschön im tiefen Tal unter dem Machu Picchu liegt und von mächtigen Steinmauern und Nebelwald umgeben ist, hat seine Abhängigkeit vom Tourismus, der die schöne Lage in einen Gringo-Albtraum verwandelt hat, Aguas Calientes ruiniert. Für alle, die unbedingt wollen, gibt's aber trotzdem einen guten Grund, hier zu übernachten: um zu vermeiden, in der Masse der Tagesausflügler zu ertrinken, die mit dem Zug aus Cusco hierherkommen, kann man den ersten Morgenbus auf den Berg nach Machu Picchu nehmen oder bis zum späten Nachmittag, wenn die Meute wieder verschwindet, bei den Ruinen bleiben.

Praktische Informationen

Langsame Internetcafés sind im ganzen Dorf verstreut. Es gibt ein Postamt, eine Polizeiwache und mehrere *lavanderías*. Alle anderen Dienstleister sind entweder Restaurants oder Hostels.

BCP (Av Imperio de los Incas s/n) Hat einen Visa-Geldautomaten.

Centro de Salud (☎ 21-1037; ⊙ 8–20 Uhr, Notfälle 24 Std.) Kleines medizinisches Zentrum.

iPerú (☎ 21-1104; Edificio del Instituto Nacional de Cultura, Pachacutec, 1. Block; ⊙ 9–13 & 14–20 Uhr) Ein hilfreiches Büro.

Tickets für Machu Picchu (⊙ 5–22 Uhr) Das Ticketbüro ist im Gebäude des Instituto Nacional de Cultura untergebracht, neben dem iPerú.

Sehenswertes & Aktivitäten

In der Puente Ruinas am Ende des Fußwegs nach Machu Picchu zeigt das **Museo de Sitio Manuel Chávez Ballón** (Eintritt 21 S; ⊙ 9.30–16 Uhr) eine tolle Multimedia-Ausstellung zu den Ausgrabungen von Machu Picchu sowie den antiken Baumethoden, der Kosmologie und der Kultur der Inka. Draußen blüht ein kleiner botanischer Garten.

Gerade vom Inkatrail reingestolpert? In den irgendwie suspekt getrübten **Thermalquellen** (Eintritt 10 S; ⊙ 5–22.30 Uhr) auf der Pachacutec, in zehn Minuten zu Fuß zu erreichen, kann man seine Wunden benetzen und die Wehwehchen lindern. Badeanzüge und Handtücher kann man vor dem Eingang für wenig Geld ausleihen.

Schlafen

In der Nebensaison sind deftige Rabatte erhältlich. Frühe Check-Out-Zeiten sind die Regel.

Hospedaje Joe (☎ 38-3512; hostalmariaangola@hotmail.com; Mayta Cápac 102-103; EZ/DZ/3BZ 30/50/75 S; 🖳) Eine recht freundliche, irgendwie nasskalte Budgetunterkunft mit schlichten Zimmern und großen Bädern.

Pirwa Hostel (☎ 21-1170; www.pirwahostelscusco.com; B/EZ/DZ/3BZ 36/62/93/139,50 S) Auch wenn das Personal nicht ehrlich zu uns war, als wir fragten, ob bei unserem Besuch ein Zimmer zur Ansicht verfügbar sei: Diese beliebte Cusco-Hostel-Kette hat nette, saubere Schlafsäle und private Zimmer mit Kabelfernsehen und guten Bädern.

Hospedaje Las Bromelias (☎ 21-1145; Colla Raymi 101; DZ/3BZ 60/90 S, EZ/DZ/3BZ ohne Bad 40/65/105 S) Schockierende Tagesdecken in Zauberer-von-Oz-Grün sind der besondere Touch dieses beliebten Hauses an der Plaza. Es bietet warmes Wasser und ein Frühstücksrestaurant, unterscheidet sich aber kaum von den anderen schlichten Optionen in der Stadt.

Hostal Ima Sumac (☎ 23-5314; Pachacutec s/n; EZ/DZ/3BZ inkl. Frühstück 45/80/110 S) Der Lärm wird so weit getragen wie ein Wohnwagen von einem Tornado. Und das Personal glänzt seltsamerweise durch Abwesenheit. Aber es gibt warmes Wasser und warme Betten. Am Ende der Pachacutec, direkt vor den Thermalquellen.

Essen & Ausgehen

Touristische Restaurants versammeln sich an den Eisenbahnschienen und in der Pachacutec in Richtung Thermalquellen – alle sehen fast gleich aus. In der Pachacutec findet man außerdem Backpacker-Bars mit extra langer Happy Hour, aber das müssen wir eigentlich nicht erwähnen – sie versuchen sowieso, jeden Besucher persönlich einzufangen.

Govinda (Pachacutec s/n; Hauptgerichte 10–30 S) Dieses vertrauenswürdige vegetarische Lokal mit Steinboden serviert günstiges Essen, das von Hare Krishnas zubereitet wird.

Chez Maggy (Pachacutec 156; Pizzas 18–40 S, Hauptgerichte 19–45 S) Dieses Haus wartet mit Buntglaswänden, gesellig langen Tischen, Brettspielen und internationaler Karte auf, leckere Nachos und Holzofenpizza inklusive.

Indio Feliz (Lloque Yupanqui 4; Menü 44,50 S, Hauptgerichte 24,50–34,50 S) Das franko-peruanische Bistro ist in Sachen Qualität, Erfahrung und Atmosphäre allen anderen meilenweit voraus, auch dank des gemütlichen, gar nicht kitschigen Kerzenlichts. Das dreigängige Festpreismenü ist sensationell, und die Portionen sind reichlich. Nur eine Nacht in der Stadt? Unbedingt hier essen!

Anreise & Unterwegs vor Ort

Aguas Calientes ist die Endstation des Zuges nach Machu Picchu. Informationen zu den Zügen aus Cusco stehen auf S. 917; Details zu billigeren Zügen ab Ollantaytambo gibt's auf S. 921.

Für Busverbindungen nach Machu Picchu, s. S. 926.

MACHU PICCHU

Für viele Besucher Perus – oder auch Südamerikas – stellt ein Besuch der „verlorenen" Stadt der Inka, Machu Picchu, das absolute Highlight ihrer Reise dar. Der Ort ist unbestreitbar die spektakulärste archäologische Stätte des Kontinents – seine geheimnisvolle Vergangenheit, die überwältigende Lage und die Kunst der Erbauer haben ihn zu Recht weltberühmt gemacht. Von Juni bis September kommen täglich bis zu 1000 Menschen hierher. Doch trotz des großen Andrangs ist es gelungen, die großartige und mysteriöse Atmosphäre zu wahren. Viele Backpacker erreichen Machu Picchu zu Fuß, indem sie über den beliebten Inkatrail wandern (S. 927), auch wenn Bus, Zug und Auto ebenfalls Optionen sind.

Geschichte

Eine kurze Geschichte des Inkareichs steht auf S. 857.

Über den wirklichen Zweck von Machu Picchu gibt es bis heute nur Spekulationen und gelehrte Vermutungen. Die Zitadelle wird in den Chroniken, die die spanischen Kolonialherren führten und die als die einzige niedergeschriebene Quelle der bis dahin nicht aufgezeichneten Geschichte der Inka dienten, nie erwähnt.

Abgesehen von den indigenen Quechua wusste niemand von der Existenz von Machu Picchu, bis der amerikanische Historiker Hiram Bingham die völlig überwucherten Ruinen 1911 entdeckte – ein Junge aus der Gegend hatte ihn hingeführt. Bingham suchte eigentlich die verlorene Stadt von Vilcabamba, das letzte Bollwerk der Inka, und dachte, er habe es mit Machu Picchu auch gefunden. Sein Buch *Inca Land: Explorations in the High-*

> **PERU UND DIE YALE UNIVERSITY: GEBT UNS UNSER EIGENTUM WIEDER!**
>
> Zwischen Südamerikas meist besuchter Attraktion und einer der prestigeträchtigsten Universitäten der Vereinigten Staaten liegt einiges im Argen. Kurz nachdem Hiram Bingham Machu Picchu 1911 entdeckte, schaffte er jede Menge Keramiken, Schmuck, menschliche Knochen und andere antike Artefakte an die Yale University, wo er sich der Erforschung der Stücke zu widmen gedachte, um sie später (innerhalb von 18 Monaten) wieder zurückzubringen. Das war vor 100 Jahren. Peru behauptet, Tausende von Artefakten seien noch immer im Besitz der Universität – viele davon sind in Yales Peabody Museum ausgestellt –, und fordert, sie zurückzugeben. Yale ist anderer Ansicht, was die Stückzahl angeht, und teilt auch nicht gerade bereitwillig mit, was tatsächlich in ihrem Besitz ist. Das ganze „Er hat gesagt, sie hat gesagt" endete 2008 in einer Sackgasse, und Peru dachte laut über eine Klage nach – das Land möchte alles pünktlich zum 100. Jahrestag von Machu Picchu im Jahr 2011 wieder zurück, sonst …

lands of Peru wurde 1922 erstmals veröffentlicht. Man kann es beim Project Gutenberg (www.gutenberg.org) kostenlos auf Englisch herunterladen.

Trotz jüngerer Erforschung der „verlorenen" Stadt der Inka bleibt das Wissen um Machu Picchu bruchstückhaft. Manche glauben, die Festung sei in den letzten Jahren der Inka gegründet worden in dem Versuch, die Inkakultur zu erhalten und sie wieder zu neuer Macht zu führen. Andere vermuten, dass die Anlage bereits zur Zeit der spanischen Eroberung vergessen war, und wieder andere meinen, es handle sich um einen königlichen Schlupfwinkel, der bei der spanischen Invasion verlassen wurde.

Was auch immer davon stimmt, die außerordentlich hohe Qualität der Steinmetzarbeiten und Verzierungen zeugen davon, dass Machu Picchu einst als zeremonielles Zentrum von großer Bedeutung gewesen sein muss. Und in gewissem Sinne ist es das noch immer: Alejandro Toledo, der erste Quechua sprechende Präsident indigener Herkunft, ließ sich hier 2001 farbenprächtig ins Amt einführen.

Praktische Informationen

Die Ruinen sind normalerweise von Sonnenaufgang bis Sonnenuntergang geöffnet, aber die meisten Besucher kommen zwischen 10 und 14 Uhr. Tagestickets kosten 122/61 S für Erwachsene/Studenten mit ISIC-Ausweis. Man muss sie vorab bei einem Touranbieter, dem **Instituto Nacional de Cultura** (☎ 084-23-6061; San Bernardo s/n, Cusco; Mo–Fr 7–12 & 13–16.15, Sa 7–11 & 13–15 Uhr) oder im INC-Büro in Aguas Calientes (S. 922) kaufen – an der Stätte selbst sind sie nicht erhältlich. Man darf keine großen Rucksäcke, Wanderstöcke, Wasserflaschen und kein Essen zu den Ruinen mitbringen; gleich vor dem Haupteingang ist ein Lagerraum für diese Dinge.

Sehenswertes

Vom Eingangstor führt ein schmaler Pfad zu dem labyrinthischen Haupteingang von Machu Picchu. Hat man ihn passiert, breitet sich die Anlage vor einem aus. Für das klassische Postkartenfoto der gesamten Anlage klettert man die Zickzacktreppen zur **Hütte des Verwalters des Grabfelsens** hoch, eines der wenigen mit einem Strohdach restaurierten Gebäude und daher ein guter Unterschlupf bei Regen. Der Inkatrail mündet genau unterhalb dieser Hütte in die Anlage.

Von hier nimmt man die Stufen nach unten und geht auf der linken Seite der Plazas zu einigen Ruinen, zu denen auch der **Sonnentempel** gehört, ein sich verjüngender runder Turm, der ein paar der feinsten Steinmetzarbeiten von Machu Picchu aufweist. Der Tempel ist für Besucher nicht zugänglich, sie können aber von oben hineinschauen. Darunter befindet sich eine natürliche Felshöhle, in die die Inkasteinmetze sorgfältig einen Stufenaltar und Nischen für die Heiligtümer gemeißelt haben. Die Höhle ist als das **Mausoleum der Könige** bekannt, obwohl hier nie Mumien gefunden wurden.

Man steigt die Treppe über die 16 **Zeremonialbrunnen**, die von oben gespeist werden, hinauf und kommt zur **Heiligen Plaza**, von der aus sich eine herrliche Aussicht auf das Urubambatal und die schneebedeckte Cordillera Vilcabamba eröffnet. Der **Tempel der drei Fenster** überblickt die Plaza.

Hinter der **Sakristei**, die durch zwei Felsen an ihrem Eingang gekennzeichnet ist – jeder der beiden hat angeblich 32 Ecken –, führt eine Treppe zum wichtigsten Heiligtum, dem

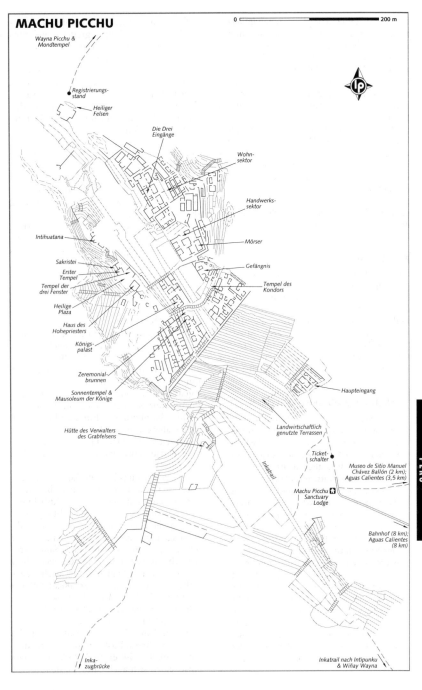

auf einem kleinen Hügel gelegenen **Intihuatana** (dem „Ort, an dem die Sonne angebunden wird"). Der behauene Stein oben wird oft auch als Sonnenuhr bezeichnet, obwohl er mehr mit dem Ablauf der Jahreszeiten zu tun hat als mit der Tageszeit. Die Spanier zerstörten die meisten dieser Heiligtümer, um damit die heidnische Blasphemie des Sonnenkults zu tilgen.

Hinter dem Intihuatana führt eine weitere Treppe zur zentralen **Plaza**, die den Zeremonialsektor von Machu Picchu von den eher weltlichen **Wohn-** und **Handwerkssektoren** trennt. Am unteren Ende dieses Gebiets liegt das **Gefängnis**, ein Labyrinth aus Zellen, Nischen und Durchgängen. Das Herzstück dieses Bereichs ist der gemeißelte **Kopf eines Kondors**, die Felsen hinter ihm bilden dessen ausgestreckte Flügel.

Aktivitäten

Hinter den Ruinen liegt die steile Bergwand des **Wayna Picchu**. Es dauert ungefähr eine Stunde, den steilen Pfad zu erklimmen, aber auch wenn man wirklich ordentlich schnauft und keucht, bis man oben ist – die Mühen werden mit einer spektakulären Aussicht belohnt. Nur 400 Personen werden pro Tag für den Aufstieg zugelassen (wer zuerst kommt, mahlt zuerst), also möglichst früh auflaufen und eines der kostenlosen Tickets am Eingang zum Berg abgreifen. Am besten wandert man mit der zweiten Gruppe nach oben, so umgeht man die Staus auf den schmalen Pfaden beim Abstieg – und muss nicht allen Platz machen, die gerade nach oben klettern. Bei Regen sollte man aufpassen, da die Stufen gefährlich rutschig werden können. Der Eingang zum Pfad schließt um 13 Uhr (zurück um 16 Uhr).

Auf dem Weg auf den Wayna Picchu taucht links ein weiterer Pfad auf, der über Leitern und eine überhängende Höhle zum kleinen **Mondtempel** hinabsteigt. Von dort wiederum gelangt man über einen anderen steilen Anstieg auf den Wayna Picchu – der Rundweg dauert zwei Stunden.

Eine weitere Option ist die Wanderung zum Aussichtspunkt auf der **Inkazugbrücke**. Der flachere Weg beginnt an der Hütte des Verwalters des Grabfelsens: Ein schmaler Pfad klammert sich an die Klippen, die senkrecht ins Tal stürzen. Pro Strecke benötigt man knapp 30 Minuten.

An- & Weiterreise

Von 5.30 bis 13 Uhr fahren alle zehn Minuten Busse von Aguas Calientes nach Machu Picchu (21,70 S, 25 Min.). Die Busse kehren zurück, sobald sie voll sind, letzte Abfahrt ist um 17.30 Uhr. Alternativ kann man von Aguas Calientes auch 20 Minuten zu Fuß bis Puente Ruinas gehen, wo die Straße den Río Urubamba überquert. Ein atemberaubend steiler, aber gut ausgeschilderter Pfad klettert 2 km weiter nach Machu Picchu hinauf, man braucht dafür etwa eine Stunde (bergab geht's schneller!).

Eine neuerdings beliebte Route in Eigenregie nach Machu Picchu führt über Santa Teresa. Man kann vom Santiago-Busbahnhof in West-Cusco mit dem Bus Richtung Quillabamba fahren, in Santa Maria (15 S, 4½ Std.) aussteigen und dann vor Ort in einen *combi* oder *colectivo* (6 S, 1½ Std.) nach Santa Teresa wechseln. Tickets (nur am Reisetag gültig) für den einzigen täglichen Zug nach Aguas Calientes kann man am **PeruRail-Ticketbüro** (Mo–Fr 6–8 & 10–15, Mi & So 18–20 Uhr) im Busbahnhof in Santa Teresa kaufen. Der Zug fährt um 16.30 Uhr am Wasserkraftwerk ab, etwa 8 km von Santa Teresa entfernt. Man sollte um 15.45 Uhr am Busbahnhof sein und dort einen *combi* nehmen (6 S, 25 Min.). Viele entscheiden sich auch dafür, zu den Ruinen

---

MACHU PICCHU GEHT VERLOREN

Weil Machu Picchu Perus Hauptattraktion ist, will jeder was davon haben. Tausende von Besuchern staunen über die scheinbar unantastbare Schönheit der Anlage, die wegen ihrer Beliebtheit heute jedoch an einem gefährlich rutschigen Abgrund steht. Wissenschaftler haben ausgerechnet, dass die Hänge des Bergs pro Monat um 1 cm abrutschen – über kurz oder lang könnte das zu einem katastrophalen Erdrutsch führen.

Während der lange diskutierte Plan, eine Seilbahn zum Gipfel zu bauen, wegen nationaler und internationaler Proteste inzwischen aufgegeben wurde, hebt die Bedrohung des Missbrauchs für private Interessen weiterhin ihr hässliches Haupt. Als etwa (unfassbarerweise) hier ein Werbespot für eine Bierfirma gedreht wurde, krachte ein Kran in eines der Paradestücke der Anlage, den Intihuatana, wobei ein großes Stück aus dem alten Steinblock herausbrach.

zu wandern (20 km, 2½ Std.) – die angenehme Strecke verläuft entlang der Eisenbahnschienen. Verschiedene Transportunternehmen rund um die Plaza bieten außerdem direkte Verbindungen mit Minibussen nach Santa Maria und Santa Teresa sowie zum Wasserwerk (80 S) an.

DER INKATRAIL

Diese viertägige Tour nach Machu Picchu ist die berühmteste Wanderroute in Südamerika. Tausende von Backpacker machen sie jedes Jahr. Die Strecke ist zwar nur 43 km lang, aber der alte, von den Inka angelegte Pfad windet sich die Berge hinauf und hinunter und um sie herum und überquert dabei drei Pässe. Die Aussicht auf die verschneiten Gipfel und auf den Nebelwald kann fantastisch sein, und der Weg von einer an den Fels gebauten Ruine zur nächsten ist eine mystische, unvergessliche Erfahrung.

Praktische Informationen

Den Inkatrail auf eigene Faust zu bewältigen, ist nicht erlaubt: Alle Wanderer müssen in organisierten Gruppen mit einem Führer gehen (s. S. 928). Man muss seinen Pass (eine Kopie reicht nicht aus!) und gegebenenfalls seinen Studentenausweis dabeihaben und alle Papiere an den Checkpoints vorzeigen. In den Ruinen darf nichts liegengelassen werden, sie dürfen natürlich auch nicht als Toiletten genutzt werden. Blumenpflücken ist im Nationalpark verboten, ebenso jede Art von Graffiti an Bäumen und Steinen!

Die Ausrüstung kann man in Cusco ausleihen. Während der Wanderung kann es nachts frostig werden, also unbedingt einen warmen Schlafsack mitnehmen! Auch feste Schuhe, Regensachen, Insektenschutzmittel, eine Taschenlampe, Wasserreinigungstabletten, kalorienreiche Snacks und einen Erste-Hilfe-Kasten sollte man nicht vergessen. Ein wenig Geld in peruanischer Währung (kleine Scheine) braucht man, um unterwegs Wasser und Snacks kaufen und den Führern, dem Koch und den Trägern Trinkgeld geben zu können (ungefähr 100 S, 30 S mehr, wenn man einen persönlichen Träger hat). Und wer den Verkäufern in Ollantaytambo am ersten Morgen einen Wanderstock abkauft, wird auch das sicher nicht bereuen.

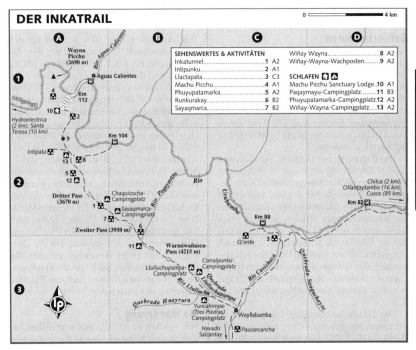

DER INKATRAIL: DAS GUTE, DAS SCHLECHTE & DAS EKLIGE

Viele (einige sagen: zu viele) betrachten den Inkatrail als eine Art Initiationsritus, aber wie ist er wirklich? Hier sind die Fakten:

Das Gute: Neben der spektakulären Szenerie – atemberaubendes Gebirgspanorama, in mysteriösen Morgennebel getauchte Inkaruinen, moosbewachsene Nebelwälder und saftig grüner Urwald – erwarten einen unterwegs noch ein paar andere unerwartete Extras. Das Essen beispielsweise ist, gemessen an den Umständen, erschreckend gut: Forelle, Lamm, Rind, Schwein und jede Menge vegetarischer Optionen bilden nur eine kleine Auswahl der schon an Gourmetküche grenzenden Speisen, die auf dem Trail serviert werden. Hut ab vor den Köchen! Auch die Campingausrüstung ist in gutem Zustand und kein billiges Zeug. An manchen Tagen gibt's sogar einen „Zeltservice", dann servieren die Führer das belebende Heißgetränk der Wahl (Koka-Tee, Kaffee) beim Wecken direkt am Zelt. Und natürlich sind auch die Träger nicht zu vergessen, die definitiv nicht von dieser Welt sind! Wer einen anheuert, wird die Freude an diesem Abenteuer um ein Vielfaches erhöhen, während es ohne ganz schnell ruiniert sein kann.

Das Schlechte: Unabhängig von der Jahreszeit wird es nachts mit ziemlicher Sicherheit kalt, mitunter sogar bitterkalt, auch im Sommer. Da die Toiletten meistens eine kleine Wanderung entfernt sind, kämpft man nachts nicht selten mit dem Dilemma: Geh ich oder geh ich nicht? Auch wenn die Zelte und Schlafsäcke wirklich gut sind, wird an den Matratzen ein bisschen gespart, und man vergisst nie, dass man auf dem Boden schläft. Noppenschaum-Matratzen würden den Wanderern bessere Dienste erweisen. Und obwohl es unterwegs ordentliche Waschräume gibt, gehören Duschen vor dem dritten Tag nicht zum Gesamtkonzept – also reichlich Deo mitbringen.

Das Eklige: Es gibt eigentlich nur einen Aspekt dieses Treks, den man bemängeln kann: die Waschräume. Auch wenn sie in puncto Ausstattung viel besser sind als erwartet, sieht es in Sachen täglicher Reinigung katastrophal aus: Sie pendeln sich irgendwo zwischen europäischem Rock-Festival, zweiter Tag, und einem Nachtklub in Bangkok um 5 Uhr morgens ein. Mit einem Eimer Putzwasser und einem Schlauch könnte man hier wahre Wunder bewirken …

Geführte Touren

Geführte Touren gibt's das ganze Jahr über, außer im Februar, wenn der Weg zur Wiederinstandsetzung geschlossen ist. In den nassesten Monaten (Dez.–April) können die Pfade ziemlich rutschig, die Campingplätze matschig und die Ausblicke durch eine dicke Wolkenwand getrübt sein. Die Trockenzeit von Mai bis September ist die beliebteste und belebteste Wanderzeit.

Die Regierung hat in einem Versuch, eine weitere Zerstörung des Weges zu verhindern, eine Reihe von Neuerungen beschlossen. Registrierte Touranbieter müssen seither viel höhere Steuern zahlen und ein Minimum der Regierungsauflagen erfüllen, was zur Folge hatte, dass ihre Preise dramatisch anstiegen. Bei der Wahl eines Anbieters sollte man sich vergegenwärtigen, dass die billigsten Agenturen sich eher weniger um umweltfreundliches Campen oder das Wohlergehen der Träger scheren. Renommierte Anbieter stehen auf S. 912.

Der klassische viertägige Inkatrail kostet bei einem zuverlässigen Unternehmen in der Regel um die 1300 S (Studenten mit gültigem ISIC-Ausweis zahlen 50 % weniger für den Erlaubnisschein). Im Preis sind ein Zelt, Essen, Träger, ein Koch, der Eintritt zu Machu Picchu und die Rückreise nach Cusco inbegriffen. Tickets müssen mindestens 72 Stunden vor der Wanderung gekauft werden; die Touranbieter kümmern sich darum. Man sollte seinen Platz für den Inkatrail sechs Wochen vorab buchen, wenn nicht sogar noch früher. Es werden pro Tag nur 500 Erlaubnisscheine ausgestellt, 200 davon gehen tatsächlich an Touristen (auf www.andeantravelweb.com/peru/treks/inca_trail_trek_permit_availability.html kann man sich über die Verfügbarkeit informieren). Wer mehrere Monate im Voraus bucht und dies kurz vorher noch mal bestätigt, vermeidet in der Hochsaison Wartezeiten durch Engpässe. Da die Zeltplätze vorab zugeteilt werden, müssen alle, die zu spät kommen, die letzte Nacht mit größerer Wahrscheinlichkeit mehrere Stunden unterhalb des letzten Abschnitts verbringen.

Die Wanderung

Wir werden es einfach mal ansprechen, da sich ja anscheinend niemand sonst dieses

Themas annehmen möchte: Das Ganze ist kein Kinderspiel. Die Höhe und die scheinbar endlosen Anstiege, besonders am zweiten Tag, machen den Trek zu einer sehr anspruchsvollen Hochgebirgswanderung. Auch wenn die Höhenkrankheit nicht zwischen fit und unfit unterscheidet, stellen die langen, steilen Anstiege, die generell dünne Luft und die zahlreichen kniebelastenden Stufen eine große Herausforderung für alle dar, die vielleicht nicht unbedingt in körperlicher Bestform sind. Wir wollen um Gottes willen niemanden vom Inkatrail abhalten, aber man sollte wirklich keinen heiteren Sonntagsspaziergang erwarten.

Die meisten Agenturen fahren mit Minibussen zum Startpunkt des Trails hinter dem Dorf Chilca bei Piscakucho (Km 82). Nachdem man den Río Urubamba überquert und die Gebühren für den Trail und die Registrierung bezahlt hat, führt der Pfad langsam neben dem Fluss nach oben bis zur ersten archäologischen Stätte, **Llactapata**, bevor er dann nach Süden in ein Nebental des Río Cusichaca abfällt. Der Pfad nach Süden führt nach 7 km zum Dörfchen **Wayllabamba** (3100 m), wo man verschnaufen und die Aussicht auf den schneebedeckten Nevado Verónica (5750 m) genießen kann.

Dann überquert der Weg den Rio Llullucha und führt neben dem Fluss steil nach oben. Die Gegend ist als **Tres Piedras** (Drei Steine) bekannt, und von hier aus geht es ca. 3 km sehr steil bergauf. Schließlich führt der Pfad auf den hohenm kahlen Bergrücken von **Llulluchupampa**, wo die Ebene mit Campingplätzen übersät ist.

Von Llulluchupampa führt ein guter Pfad auf der linken Seite des Tals zwei Stunden lang hinauf nach **Warmiwañusca** (4215 m), auch bekannt unter dem Namen „Pass der toten Frau". Es ist der höchste und schwierigste Punkt der Wanderung, und viele Backpacker müssen hier nach Luft schnappen. Von Warmiwañusca geht es in einem langen Abstieg zum Fluss hinunter, wo sich bei **Paqaymayu** (3500 m) große Campingplätze finden. Der Trail überquert anschließend über eine kleine Fußgängerbrücke den Fluss und führt nach etwa einer Stunde Fußmarsch vom Fluss bergauf zur **Runkurakay**, einer runden Ruine mit einer schönen Aussicht.

Oberhalb von Runkurakay führt der Trail zu einem Vorgipfel, bevor er dann an zwei kleinen Seen vorbei zum zweiten Pass auf 3950 m Höhe ansteigt, der eine Aussicht auf die schneebedeckte Cordillera Vilcabamba ermöglicht. Dann geht es wieder hinunter zu den Ruinen von **Sayaqmarka**, einer eng konstruierten Anlage, die auf einem Bergsporn thront und eine unglaubliche Aussicht bietet, und noch weiter nach unten, wobei ein Nebenfluss des Rio Aobamba überquert wird.

Der Pfad führt über einen Inkadamm und wieder nach oben durch den Nebelwald und einen in den Fels gehauenen **Inkatunnel** zum dritten Pass auf 3670 m Höhe. Bald darauf erreicht man die schöne, gut restaurierte Ruine von **Phuyupatamarka** (3600 m). Die Anlage umfasst schöne zeremonielle Bäder, durch die Wasser fließt.

Von Phuyupatamarka taucht der Weg auf schwindelerregende Weise nach unten in den Nebelwald ein, wobei er über unglaublich stabil gebaute Inkatreppen aus vielen Hundert Stufen führt, die liebevoll „Gringo Killer" genannt werden. Nach einem Tunnel geht es dann im Zickzack hinunter nach **Wiñay Wayna**, wo eine Lodge den Wanderern, die bereit sind, ein wenig extra zu bezahlen, warme Dusche, warmes Essen, Massagen und kaltes Bier anbietet.

Vom **Wiñay-Wayna-Wachposten** führt der Trail eineinhalb Stunden lang um einen Steilhang mit Nebelwald herum und erreicht dann **Intipunku** (Sonnentor) – wo man das Glück haben kann, seinen ersten Blick auf das majestätische Machu Picchu werfen zu können, wenn man darauf wartet, bis die Sonne über die Bergspitzen klettert.

Der abschließende triumphale Abstieg dauert 30 Minuten. Rucksäcke dürfen nicht in die Ruinen mitgenommen werden, und die Wächter stürzen sich auf die Wanderer, um das Gepäck zu prüfen und die Trail-Erlaubnis abzustempeln. Man kommt normalerweise vor den Zugladungen der Touristen an und kann daher die ausgelassene Erschöpfung genießen, das Ziel erreicht zu haben, ohne sich durch die Massen drängen zu müssen.

ZENTRALES HOCHLAND

Die weitab vom üblichen Gringotrail gelegenen zentralen peruanischen Anden warten noch darauf, richtig erforscht zu werden. In den reizenden Kolonialstädtchen der Umgebung, die zu den am wenigsten verfälschten der ganzen Andenkette zählen, sind die Traditionen noch gegenwärtig. Eine Mischung aus geografischer Isolation, rauem Bergland und terroristischer Bedrohung – der Sendero Luminoso entstand in Ayacucho – haben Reisen hierher Jahrzehnte lang schwierig gemacht. Seit zehn Jahren ist es durch die größere politische Stabilität und verbesserte Verkehrsbedingungen für Traveller leichter geworden, dennoch bleibt ein Besuch dieser Gegend immer noch eine Herausforderung, allein schon wegen der hohen Pässe und der ermüdenden Busreisen.

AYACUCHO
☎ 066 / 151 000 Ew.

Als einstiges Epizentrum der entsetzlichen Schlacht Perus gegen den Terrorismus im eigenen Land war die faszinierende Kolonialstadt Ayacucho (2750 m) in den 1980er- und 1990er-Jahren für Reisende die meiste Zeit nicht zugänglich – und diese Tatsache macht heute noch einen Großteil ihrer Anziehungskraft aus. Die moderne Stadt liegt im Herzen der Anden versteckt und klammert sich unerschütterlich an ihre traditionelle Vergangenheit: Die Feierlichkeiten während der Semana Santa beispielsweise gehören zu den schillerndsten und berühmtesten im ganzen Land. Ayacucho bietet jede Menge kolonialer Skurrilitäten, von versteckten Innenhöfen bis zu einer langen Liste aufwendig gestalteter Kirchen aus dem 16., 17. und 18. Jh., die in der ganzen Stadt verstreut stehen (insgesamt 33).

Praktische Informationen
BCP (Portal Unión 28) Hat einen Visa-/MasterCard-Geldautomaten.
Clínica de la Esperanza (☎ 31-7436; Av Independencia 355; ⌚ 8–20 Uhr) Sprechen Englisch.
Hueco Internet (Portal Constitución 9; 1,50 S/Std.; ⌚ Mo–Sa 7–22, So 10–15 Uhr)
iPerú (☎ 31-8305; Portal Municipal 45; ⌚ Mo–Sa 8.30–19.30, So bis 14.30 Uhr) Touristeninformation.
Policía de Turismo (☎ 31-5845; 2 de Mayo 103) Bei Notfällen.
Serpost (Asamblea 293) Postamt in der Nähe der Plaza.
Urpillay Tours (☎ 31-5074; urpillaytours@hotmail.com; Portal Constitución 9) Bietet englischsprachige Touren zu den umliegenden Sehenswürdigkeiten.
Wily Tours (☎ 31-4075; 9 de Diciembre 107) Gute Reiselogistik; bietet auch lokale Touren an.

Sehenswertes
Im Stadtzentrum stehen eine **Kathedrale** aus dem 17. Jh., ein Dutzend weiterer imposanter Kirchen aus den vergangenen 300 Jahren und diverse alte **Herrenhäuser** in der Nähe der Hauptplaza. Den atemberaubenden **Templo de Santo Domingo** (9 de Diciembre, Cuadra 2) mit seinem dreibögigen Glockenturm an der linken Seite der Fassade, in dem angeblich zur Zeit der Heiligen Inquisition Ketzer bestraft wurden, sollte man nicht verpassen.

Das **Museo de Arte Popular** (Portal Unión 28; ⌚ Mo–Fr 10–13 Uhr) zeigt die Besonderheiten des folkloristischen Kunsthandwerks Ayacuchos. Wer sich für Wari-Keramik interessiert, ist im **Museo Arqueológico Hipólito Unanue** (☎ 31-2056; Av Independencia 509; Eintritt 2,50 S; ⌚ Di–So 9–13 & 15–17 Uhr) an der Universität, über 1 km vom Zentrum entfernt die Av Independencia entlang, genau richtig. Die Universitätsbibliothek präsentiert eine kostenlos zu besuchende Ausstellung mit Mumien und Schädeln.

Die weitläufigen Ruinen von **Wari** (Huari; Eintritt 3 S; ⌚ 9–17 Uhr), der Hauptstadt des Wari-Reichs, das dem der Inka um fünf Jahrhunderte vorausging, erstrecken sich über mehrere Kilometer in einem Kaktuswald am Straßenrand. Dahinter liegt das interessante Dorf **Quinua**, in dem ein riesiges Denkmal und ein kleines Museum den Ort der Schlacht von Ayacucho (1824) markieren. Dieser kleine *pueblo* ist für seine einzigartigen Keramikarbeiten berühmt und eignet sich wunderbar für einen netten, malerischen Spaziergang. Wari liegt 20 km, Quinua 34 km nordöstlich von Ayacucho. *Colectivos* und *combis* fahren über die Ruinen von Paradero Magdalena am Kreisverkehr am Ostende der Cáceres in Ayacucho nach Quinua (3,50 S, 1 Std.). Reisebüros in der Stadt bieten Touren in spanischer Sprache an (25 S).

Festivals & Events
Ayacuchos **Semana Santa** (Karwoche) ist vielleicht Perus schönstes religiöses Fest. Die Feierlichkeiten beginnen am Freitag vor Palmsonntag und dauern zehn heiße Tage lang bis zum Ostersonntag. Der Freitag vor dem Palmsonntag wird mit einer Prozession zu Ehren von La Virgen de los Dolores (Maria die Schmerzensreiche) eröffnet, bei der es üblich ist, dem Nachbarn mithilfe von Kieselsteinen und einer Schleuder „Schmerzen" zuzufügen. Jeder weitere Tag bringt eine weitere feierliche und farbenfrohe Prozession. Das Ganze gipfelt in einer die ganze Nacht dauernden Party vor Ostersonntag, an dem es im Morgengrauen dann ein Feuerwerk gibt.

UNBEKANNTE INKA-ROUTEN

Tatsache ist: Der Inkatrail wird zu Tode geliebt und ist schon Monate im Voraus ausgebucht. Ohne Erlaubnisschein hat man schlicht Pech gehabt. Es gibt jedoch alternative Routen durch das Inkaland, die ebenfalls nach Machu Picchu führen. Details zu empfehlenswerten Trekking-Agenturen stehen auf S. 912.

Preise und Verfügbarkeit all dieser Wanderungen richten sich nach der Nachfrage. Alle unten aufgeführten, mit Ausnahme von Ausangate, führen nach Machu Picchu:

- Die 80 km lange, fünf- bis sechstägige Ausangate-Wanderung bietet Thermalquellen, türkisfarbene Seen, Andendörfer, Gletscher und Wüstenlandschaft in der Gebirgskette Cordillera Vilacota und gipfelt schließlich im 6384 m hohen Nevado Ausangate. In diesen abgeschiedenen Gegenden sind Quechua-Festivals keine Seltenheit, Touristen aber schon.

- Der Forscher Hiram Bingham berichtete zwei Jahre, bevor er Machu Picchu fand, von den weitläufigen, teils von Urwald überwucherten Inkaruinen von Choquequirau. Die anspruchsvolle Wanderung, die auf einem Gebirgsausläufer 1700 m über dem Río Apurímac eingerichtet wurde, dauert je nach Route vier bis elf Tage.

- Auf dem Valle-Lares-Trek wandert man drei Tage lang durch ländliche Andendörfer im Heiligen Tal, vorbei an Thermalquellen, archäologischen Stätten, grünen Lagunen und herrlichen Schluchten. Die Wanderer beenden die Tour mit einer Zugfahrt von Ollantaytambo nach Aguas Calientes. Es ist eher eine kulturelle Wanderung, obwohl man den höchsten Gebirgspass (4450 m) auf keinen Fall unterschätzen sollte.

- Die schneebedeckten Gipfel von Humantay und Salcantay bilden die Kulisse des vier- bis siebentägigen Salcantay-Treks, der zwei verschiedene Routen zur Wahl stellt, beide etwa 55 km lang. Die Route Mollepata–Huayllabamba führt bis auf 4880 m Höhe und schließt auf Wunsch auch an den Inkatrail an (für den man aber eine Erlaubnis braucht), während die Strecke Mollepata–Santa Teresa durch La Playa führt und die Wanderer in Aguas Calientes wieder entlässt.

Näheres zu den meisten der oben aufgeführten Treks gibt's im englischen Lonely Planet *Trekking in the Central Andes*.

Schlafen

Während der Semana Santa steigen die Preise in astronomische Höhen.

Hotel La Crillonesa (☎ 31-2350; www.crillones_hotel@hotmail.com; Nazareno 165; EZ/DZ 30/60 S, ohne Bad 15/35 S; 🖳) Voller Kunst und Kunsthandwerk, außerdem gibt's in dieser Budgetunterkunft warmes Wasser und ein kleines Café.

Hostal Tres Máscaras (☎ 31-2921; hotel_tresmascaras@hotmail.com; Tres Máscaras 194; EZ/DZ 30/45 S, ohne Bad 18/30 S; 🖳) Der etwas ungepflegte, aber trotzdem ansprechende Freiluftinnenhof mit freundlichem, sprechendem Papagei (¡Hola!) trägt ganz entscheidend zum Charakter dieses Hauses bei. Es gibt Warmwasser, Kabelfernsehen und einen winzigen Pool während der heißesten Monate.

La Colmena Hotel (☎ 31-1318; cesarde95@hotmail.com; Cusco 140; EZ/DZ/3BZ 35/50/80 S, ohne Bad 20/40/50 S; 🖳) Wenn man sich am völlig abgehobenen Besitzer und der Unfähigkeit des Personals, auch mal zuzuhören, nicht stört, kommt man in diesem langjährigen Hotel in den Genuss von Balkonen über den Innenhof sowie geschmackvoller Zimmer mit überdimensionierten Bädern und herrlichem Dekor.

Hotel Samary (☎ 31-8575; hotelsamary@hotmail.com; Callao 329; EZ/DZ 36/52 S, ohne Bad 22/30 S; 🖳) Panorama-Dachterrasse, Gepäckaufbewahrung, 24 Stunden warmes Wasser, Kabelfernsehen in den meisten Zimmern und ein Bügeleisen zur freien Verfügung – eine günstige Alternative und ein echter Glücksgriff.

Hotel El Mesón (☎ 31-2938; www.hotelelmeson.net; Arequipa 273; EZ/DZ inkl. Frühstück 35/45 S; 🖳) Die imposanten Steinbögen im Außenbereich dieses günstigen Hotels gleichen die einfachen, aber ordentlichen Zimmer immer wieder aus. Warmes Wasser und Kabelfernsehen gibt's auch.

Hostal Marcos (☎ 31-6867; 9 de Diciembre 143; EZ/DZ inkl. Frühstück 45/70 S) Ein Dutzend makelloser Zimmer, alle mit Warmwasser und Kabel-TV, finden sich am Ende einer Gasse versteckt. Oft ausgebucht, also vorher anrufen.

Hotel Yañez (☎ 31-4918; Cáceres 1210; EZ/DZ inkl. Frühstück 50/70 S; 🖳) Leicht überteuert, aber die Zimmer sind sehr geräumig und bieten gemütliche Matratzen, Kabelfernsehen und heiße Duschen. Das Personal ist sehr freundlich. Unten gibt's ein lautes Kasino, aber wir haben geschlafen wie ein Baby.

Essen

Zu den regionalen Spezialitäten gehört u. a. *puca picante* (curryartiger Kartoffeleintopf in scharfer Erdnusssoße, der mit Reis und *chicharrones* serviert wird). Der koloniale Innenhof des Centro Turístico Cultural San Cristóbal ist voller touristenfreundlicher Bars und Cafés.

La Pradera (Lima 147, Int 7; Hauptgerichte 2–12 S; ☯ So abends geschl.) Hier wird ein komplett vegetarisches Menü serviert.

Niñachay (28 de Julio, 178; Centro Turístico Cultural San Cristóbal; Menü 7 S, Hauptgerichte 5–17 S) Dieses hübsche Innenhofcafé, das von einem reiseerfahrenen peruanisch-ukrainischen Paar geführt wird, hat nur beste Qualität. Besonders die lokalen Spezialitäten, z. B. *puca picante* (nur am Wochenende) und *chorizo ayacuchano*, sind unvergesslich; Forelle, Pasta und Sandwiches kann man aber auch mal versuchen. Hier schmeckt alles lecker!

Chifa Wanlin (Asamblea 257; Hauptgerichte 6–22 S) Diese flotte *chifa* ist immer voll. Süß-sauer-Freunde werden sich über das *pollo tamarindo* freuen.

Wallpa Suwa (Garcilaso de la Vega 240; Hauptgerichte 9,50–24 S; ☯ abends) Großartiges Hühnchen und echter Kundenservice garantieren dieser *pollería*, die ohnehin netter ist als die meisten anderen, einen Spitzenplatz. Hier ist immer was los, und am Wochenende gibt's einen Klavierspieler.

El Nino (9 de Diciembre 205; Hauptgerichte 10–28 S; ☯ abends) In einem wunderschönen kolonialen Herrenhaus mit Blick auf den Tempel Santo Domingo untergebracht. Passionierte Fleischfresser können hier ihre Reißzähne in saftige *parrillas* (Grillfleisch) oder in Pizza und Pasta hauen.

Ausgehen

Chill Out Café (Arequipa 298; ☯ So geschl.) Eine Bar in Restaurantgröße, in der zu einem 1980er-Jahre-Soundtrack nur Cocktails und Wein serviert werden. Den süßen Embrujo Humanguino, eine sahnige Portion flüssiger Liebe, sollte man versuchen.

Taberna Magia Negra (9 de Diciembre 293) Eklektische Kunst an den Wänden und von der Decke hängende Schirme zeichnen diese schummrig beleuchtete Bar-Galerie aus – die beste in ganz Ayacucho.

Shoppen

Ayacucho ist für sein ganz spezielles folkloristisches Kunsthandwerk berühmt. Die **Galería Artesanales Shosaku Nagare** (Ecke Maravillas & Quinua; ☯ 10–20.30 Uhr) ist ein guter Anfang, um Einblick in den regionalen Stil zu bekommen.

An- & Weiterreise

Der **Flughafen** (PYH; ☯ 31-2088) liegt 4 km vom Stadtzentrum entfernt. Eine Taxifahrt vom bzw. zum Flughafen kostet 8 S. **LC Busre** (☎ 31-6012; 9 de Diciembre 160) bietet täglich drei Flüge nach bzw. von Lima an.

Busse nutzen eine verwirrende Vielzahl von Bahnhöfen. **Empresa Molina** (☎ 31-9989; 9 de Diciembre 473) und **Cruz del Sur** (☎ 31-2813; Cáceres 1264) fahren nach Lima (30–90 S, 9 Std.), **Ormeño** (☎ 31-2495; Libertad 257) bedient Ica (25 S, 8 Std.).

Nach Huancayo (25–30 S, 10–12 Std.) sollte man lieber mit Empresa Molina fahren, aber wenn man von dort weiter nach Pucallpa (75 S, 30 Std.) möchte, ist man bei **Turismo Central** (☎ 31-7873; Copac 499) besser aufgehoben. Achtung: Die Fahrt ist 250 km lang und nichts für schwache Nerven.

Celtur (☎ 31-3194; Pasaje Cáceres 174) bietet die modernste Busflotte nach Cusco (45–60 S, 22 Std.) und außerdem die beste Abfahrtszeit (7 Uhr). Die lange, holprige Fahrt kann man durch einen Zwischenstopp in Andahuaylas (25 S, 10 Std.) unterbrechen.

HUANCAYO
☎ 064 / 323 000 Ew.

Auf den ersten Blick macht Huancayo, die größte Stadt im zentralen Hochland, nicht allzu viel her, und ihre rasanten, überfüllten Straßen scheinen sich nicht von denen in anderen peruanischen Arbeiterstädten zu unterscheiden. Aber trotz seiner lauten und chaotischen Natur hat Huancayo seinen ganz eigenen Charme, für den sich Traveller schnell erwärmen. Man bleibt hier oft länger, als ursprünglich geplant war, und es gibt eine Menge zu unternehmen: Man kann Spanischkurse besuchen, 400 Feste im Jahr feiern und zahlreiche Wander-, Mountainbike- und Kulturtouren machen, die das umliegende Hochland erkunden.

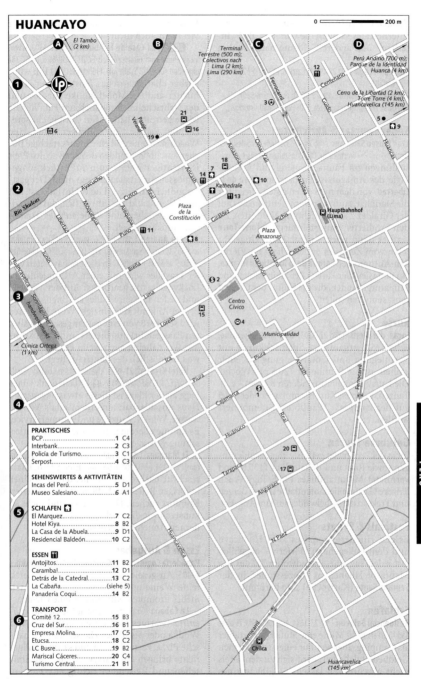

Praktische Informationen

Internetcafés säumen die Giráldez. BCP, Interbank und andere Geldautomaten sind in der Real.

Clínica Ortega (☎ 23-2921; Carrión 1124; ⏰ 24 Std.) Für Notfälle.

Policía de Turismo (☎ 21-9851; Ferrocarril 580)

Serpost (Plaza Huamamarca 350) Postdienstleistungen.

Sehenswertes & Aktivitäten

Das **Museo Salesiano** (☎ 24-7763; Schule der Salesianer; Eintritt 5 S; ⏰ wechselnde Öffnungszeiten) zeigt Ausstellungen zur Fauna, Töpferei und Archäologie des Amazonasgebiets. Zum **Cerro de la Libertad**, von dem man einen guten Blick über die Stadt hat, läuft man vom Zentrum aus auf der Giráldez 2 km in Richtung Nordosten. Zu den erodierten Sandsteintürmen **Torre Torre** sind es dann noch einmal 2 km. Ungefähr 5 km vom Zentrum entfernt liegt im Viertel San Antonio der **Parque de la Identidad Huanca**, ein fantasievoller Park voller Steinstatuen und Miniaturgebäuden, die die Kultur der Gegend repräsentieren sollen.

Kurse

Incas del Perú (☎ 22-3303; www.incasdelperu.org; Giráldez 652) organisiert Spanischkurse mit Verpflegung und Unterbringung bei einer einheimischen Familie für 720 S pro Woche. Die Kurse können mit anderen Kursen – z.B. Tanzen, Kochen, Kürbisschnitzerei oder Spiel auf der *zampoña* (Panflöte) – kombiniert werden.

Geführte Touren

Incas del Perú bietet geführte Tageswanderungen sowie Rad- und Reitausflüge (135 S) und vermietet Mountainbikes (45 S/Tag). Auch längere Gastfamilienaufenthalte in den Bergen und Treks in die Nebelwälder sind im Angebot.

Festivals & Events

Es gibt Hunderte von Fiestas in Huancayo und den umliegenden Dörfern – angeblich fast jeden Tag eine, irgendwo im Tal des Río Mantaro! Huancayos Prozessionen in der **Semana Santa** (Karwoche) sind berühmt.

Schlafen

Residencial Baldeón (☎ 23-1634; Amazonas 543; Zi. ohne Bad 10 S/Pers.) Mit Mühe eine Stufe komfortabler als Camping, aber wer nur einen ganz kleinen Geldbeutel dabeihat, wird sich zu dem Preis nicht abschrecken lassen. Es gibt warmes Wasser und einen sonnigen Innenhof, aber viel mehr auch nicht.

LP Tipp La Casa de la Abuela (☎ 22-3303; www.incasdelperu.com; Giráldez 691; B/EZ/DZ 20/50/60 S, EZ/DZ/3BZ ohne Bad 40/50/75 S, alle inkl. Frühstück; 🖥) Ein wunderbar charismatisches Hostel voller abgenutzter andiner Möbel, antiker Radios und der wahrscheinlich niedlichsten Familie, die wir je getroffen haben. Ein Garten, ein sprechender Papagei, ein zotteliger Hund, eine Waschmaschine und eine mehrsprachige Büchertauschbörse runden den Spaß ab. Im Preis ist richtiger Kaffee zum Frühstück eingeschlossen, Internet allerdings nicht. Der gastfreundliche Besitzer Lucio Hurtado ist fast ganz allein dafür verantwortlich, dass Huancayo inzwischen eine Rolle auf der Tourismuslandkarte spielt.

Perú Andino (☎ 22-3956; www.geocities.com/peruandino_1; Pasaje San Antonio 113; DZ 60 S, EZ/DZ ohne Bad 30/60 S, alle inkl. Frühstück) In diesem Favoriten vieler Traveller wird mit einer Art sprachlicher Lockvogeltaktik gearbeitet: Auf der Website und in den E-Mails ist alles auf Englisch, aber bei der Ankunft kein einziges Wort. Das Haus wird seit 1978 von einem sehr geselligen älteren Paar geführt und bietet sämtlichen Komfort wie daheim, auch wenn es ein bisschen weit nordöstlich des Zentrums liegt.

Hotel Kiya (☎ 21-4955; kiyahotel@terra.com.pe; Giráldez 107; EZ/DZ/3BZ 58/68/80 S; 🖥) Allein dank seiner Lage an der Plaza ist dieses etwas angegraute Haus unschlagbar; außerdem gibt's Warmwasser, WLAN, Aufzüge und Zimmerservice. Es könnte allerdings mal eine kleine Auffrischung vertragen.

El Marquez (☎ 21-9026; www.elmarquezhuancayo.com; Puno 294; EZ/DZ 100/140 S; 🖥) Einen Mittelklasseschritt nach oben für alle, die nach einer holprigen Reise durch die Berge ein bisschen Komfort suchen. Die Zimmer sind nicht so kunstvoll wie die Lobby, bieten aber alle modernen Annehmlichkeiten.

Essen & Ausgehen

Panadería Coqui (Puno 296; Desserts 2,50–5 S, Sandwiches 4–10 S) Ausgezeichnete Sandwiches, Desserts, feine Weine und Espresso – was will man mehr? Prompte Bedienung? Keine Chance.

La Cabaña (Giráldez 652; Gerichte 5–25 S) Das *calientito* (warmes Gebräu aus Kräutern und Wodka oder *pisco*) des Hauses und fantastische Pizza, Pasta al dente und saftige Grillrichte bringen das Partyvolk aus Einheimischen und Reisenden richtig auf Touren.

> **ABSTECHER**
>
> Nur 5 km von Huánuco entfernt befindet sich auf der langen Strecke zwischen Pucallpa und Lima eine der ältesten archäologischen Stätten der Anden: der **Tempel von Kotosh** (Eintritt 3 S; 10–17 Uhr), auch bekannt als Tempel der gekreuzten Hände.
>
> Wer die Reise hier unterbrechen möchte, kann aus zwei anständigen, wenn auch etwas lauten Alternativen wählen: Das **Hostal Huánuco** (☎ 062-51-2050; Huánuco 777; EZ/DZ 30/35 S, ohne Bad 15/30 S) ist in einem altmodischen Herrenhaus mit unpassendem Fliesenboden untergebracht und bietet einen grünen Garten sowie mit Kunst und Zeitungsartikeln gepflasterte Wände. Das **Hotel Cuzco** (☎ 062-51-7653; Huánuco 614; EZ/DZ/3BZ 40/50/60 S;) ist ein veraltetes Hotel mit einer Cafeteria und sauberen, ausreichend großen Zimmern mit Kabelfernsehen und – Vorsicht! – glühend heißen Duschen.

Donnerstag- und samstagabends spielen *folklórico*-Bands

Antojitos (Puno 599; Pizza 20–32 S, Hauptgerichte 6–28 S) Verzweifelte Hausfrauen, unbeholfene Brillenträger, die heißesten Feger der Stadt – sie alle versammeln sich allabendlich zu Livemusik, Krügen voller Sangria und ausgezeichnetem Kneipenessen in dieser gemütlichen Restaurantbar. Nicht verpassen!

Caramba! (Jr Guido 459; Hauptgerichte 9,50–23,50 S) Vielleicht ein bisschen zu teuer für dieses Buch (aber nur ein bisschen), aber die beste *parrillada* im zentralen Hochland brutzelt argentinisches, brasilianisches und peruanisches Rind in höchster Perfektion. Übrigens: Das ¼-Hähnchen vom Grill kostet schlappe 9,50 S.

Detrás de la Catedral (Ancash 335; Hauptgerichte 10,90–26,90 S) Gemütliches Plätzchen, das bei Gringos und Einheimischen gleichermaßen beliebt ist. Sie alle strömen wegen des ausgezeichneten Forellen-*tiradito*, der extra dunklen Burger und der langen Liste weiterer peruanischer Spezialitäten hierher. Alle Gerichte werden mit hilfreichen bunten Fotos auf der Speisekarte erklärt.

An- & Weiterreise

BUS & COLECTIVO

Die Verbindungen variieren je nach Saison und Nachfrage. Einige kleinere Langstreckenbusse fahren auch manchmal vom **Terminal Terrestre** ab, 500 m nördlich von Ayacucho.

Lima (25–80 S, 6–7 Std.) wird am häufigsten und komfortabelsten von **Etucsa** (☎ 23-6524; Puno 220) und **Cruz del Sur** (☎ 22-3367; Ayacucho 251) angefahren. Auch **Mariscal Cáceres** (☎ 21-6635; Real 1241) und **Turismo Central** (☎ 22-3128; Ayacucho 274) bieten diese Verbindung. **Comité 12** (☎ 23-3250-435681; Loreto 439) bringt einen mit schnelleren *colectivo*-Taxis nach Lima (70 S, 5 Std.).

Empresa Molina (☎ 21-4902; Angaraes 334) hat morgens und über Nacht Verbindungen über die holprige Route nach Ayacucho (28 S, 8–10 Std.).

Turismo Central bietet (vollgestopfte und ungemütliche) Busse nach Huánuco (25 S, 7 Std.) und Pucallpa (50 S, 18 Std.) im Norden. Alle oben genannten Busse fahren von den jeweiligen Büros im Stadtzentrum ab.

Colectivos nach Lima (50 S, 5 Std.) fahren an der Ecke Castilla und Mariategui ab, 2 km nördlich des Zentrums, und zwar sobald sie voll sind. Nach Pedro Laura fragen: Er ist der Einzige, der Englisch spricht.

FLUGZEUG

Der Flughafen (JAU) liegt erstaunliche 50 km nördlich der Stadt in Jauja (Taxi 30–35 S). **LC Busre** (☎ 25-9415; Ayacucho 322) fliegt dienstags, donnerstags und samstags nach/von Lima.

ZUG

Leider mussten die Fahrten des Lieblings aller Eisenbahnfans, des **Ferrocarril Central Andino** (☎ 01-226-6363; www.ferroviasperu.com.pe), der eine schwindelerregende Höhe von 4829 m erreicht, auf die langen Wochenenden in den Ferien reduziert werden (2009 wurde er 18-mal auf die Reise geschickt), aber man hoffte, ihn 2010 wieder wöchentlich auf die Schienen zu bringen. Die Preise liegen zwischen 180 S und 260 S hin und zurück (nur Transport und Verpflegung an Bord) bzw. 600 S und 900 S inklusive Verpflegung und Übernachtung in Huancayo. Am besten kauft man Tickets bei **Teleticket** (www.teleticket.com.pe) in Lima, die auch in einigen Metro- und Wong-Supermärkten zu finden sind.

Gut möglich, dass sich die Situation mit Erscheinen dieses Buches bereits geändert hat – einfach mal rumfragen.

NORDKÜSTE

Die ungestüme Nordküste könnte mit ihrer Geschichte ganze Bibliotheken füllen. Die lebhaften Kolonialstädte ziehen ihren *campesino*-Hut vor jedem, der die Gegend besucht, belebte Ferienorte am Meer locken trendige Sonnenanbeter an ihre Ufer, und die Surfer schwärmen pausenlos von den tollen Brechern. Wer nach Norden Richtung Ecuador reist, wird feststellen, dass das Wetter immer besser wird.

TRUJILLO
☎ 044 / 682 800 Ew.

Francisco Pizarros Trujillo unterscheidet sich auffällig von anderen Städten in Nordperu. Hier hat die Zivilisation dauerhafte Spuren hinterlassen, sei es auf der riesigen, wunderschönen Plaza de Armas oder in den kleinen architektonischen Besonderheiten, die viele der in der Stadt verstreuten, bunten Kolonialgebäude zieren. 1534 von Pizarro gegründet und nach seiner Heimatstadt in Spanien benannt, wuchs Trujillo schnell zur größten Stadt in Nordperu heran, obwohl es für verschiedene Kulturen vor den Spaniern kein sehr fruchtbares Pflaster war. Ganz in der Nähe zeichnen sich die 1500 Jahre alten Moche-Pyramiden, Las Huacas del Sol y de la Luna, und die antike Chimú-Lehm-Metropole Chan Chan (s. S. 939) wie gefallene Helden über der Wüstenlandschaft ab, beide stumme Zeugen einstiger Imperien, obwohl sie auf Sand und Schlamm erbaut wurden.

Wer die antike Kultur, aber nicht die lebendige Großstadt in sich aufsaugen möchte, kann im nahe gelegenen kleinen Ort Huanchaco (S. 940) absteigen, einem einst friedvollen Fischerdorf, das heute ein reiner Urlaubsort mit Sonne, Meer und allem Drum und Dran ist.

Praktische Informationen
BCP (Gamarra 562)
Clínica Americano-Peruano (☎ 24-2400; Mansiche 802) Die beste Klinik.
InterWeb (Pizarro 721; 1,50 S/Std.; ◷ 9–22 Uhr) Internetzugang.
iPerú (☎ 29-4561; Almagro 640; ◷ Mo–Sa 8–19, So bis 14 Uhr) Touristeninformation.
Lavanderías Unidas (Pizarro 683; 8 S/kg; ◷ 9–20.30 Uhr) Wäscherei.
Policía de Turismo (☎ 29-1705; Independencia 572)

Sehenswertes
Eine **Kathedrale** aus dem 18. Jh. mit berühmter Basilika dominiert die Plaza de Armas.

Die vielen anderen eleganten kolonialen Kirchen und Herrenhäuser zeichnen sich durch gusseisernes Gitterwerk und Pastelltöne aus, die ganz typisch für Trujillo sind. Die **Casa de la Emancipación** (Pizarro 610), der **Palacio Iturregui** (Pizarro 688) und die **Casa Ganoza Chopitea** (Independencia 630) mit ihrer Kunstgalerie und den beiden Löwen, die draußen Wache halten, sind einen Blick wert.

Das **Museo Cassinelli** (Nicolás de Piérola 601; Eintritt 7 S; ◷ Mo–Sa 9–13 & 14–18 Uhr) zeigt eine ausgezeichnete archäologische Sammlung – im selben Gebäude wie die Repsol-Tankstelle! Das von der Universität geführte **Museo de Arqueológia** (Junín 682; Eintritt 5 S; ◷ Mo–Fr 8–14.30 Uhr) ist im renovierten Casa Risco untergebracht und präsentiert Artefakte aus La Huaca de la Luna.

Geführte Touren
Colonial Tours (☎ 29-1034; Independencia 616) ist dem Hostal Colonial angeschlossen und bietet die günstigsten mehrsprachigen geführten Touren zu den nahe gelegenen archäologischen Stätten (25 S).

Festivals & Events
Zu den Highlights vieler Festivals zählen der *marinera*-Tanz und die *caballos de paso* (Pferdedressur-Vorführungen).
La Fiesta de la Marinera Das größte seiner Art; findet Ende Januar statt.
La Fiesta de la Primavera Steigt in der letzten Septemberwoche mit Perus berühmtester Parade sowie jeder Menge Tanz und Unterhaltung.

Schlafen
Viele Reisende ziehen die Strandatmosphäre von Huanchaco (S. 940) vor.

El Conde de Arce (☎ 29-1607; Independencia 577; B/EZ/DZ 20/30/45 S) Knarrende Holzböden und durchhängende Matratzen zeichnen diese angeschlagene Budgetunterkunft mit Innenhof und verwildertem Garten aus, die mitten im Zentrum liegt.

Hostal El Ensueño (☎ 24-2583; Junín 336; EZ/DZ 40/60 S) Die engen Unterkünfte mit den falsch angepassten Türen wirken zunächst abschreckend, aber dank der netten Zimmer mit großen Bädern, Warmwasser und Kabelfernsehen ist dieses Haus dennoch eine gute Budgetoption.

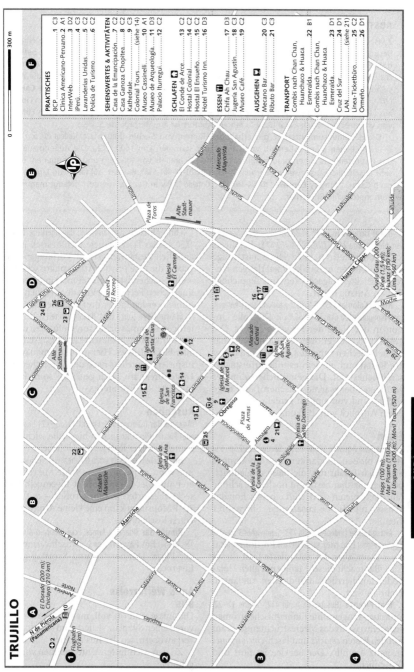

> **ABSTECHER**
>
> Zwischen Lima und Trujillo liegen an Perus Nordküste zwei archäologische Ruinen, die einen Besuch lohnen, auch wenn keine von beiden sich in der Nähe einer nennenswerten Stadt befindet. 25 km landeinwärts von Barranca befinden sich die monumentalen Ruinen von **Caral** (Eintritt Erw./Student 11,20/3,60 S; 9–17 Uhr); sie waren Teil der ältesten Zivilisation Südamerikas, die zur selben Zeit wie Ägypten, Indien und China entstand. **Proyecto Especial Arqueológico Caral** (01-495-1515; www.caralperu.gob.pe) hat Informationen und organisiert Ganztagestouren von Lima aus (160 S). Die meisten Küstenbusse halten an der Markierung bei Km 187, nördlich von Lima, von wo *colectivos* nach Caral (3,50 S) fahren; Abfahrt ist am Mercado de Supe.
>
> Die geheimnisumwitterten, gut erhaltenen Ruinen von **Sechín** (Eintritt Erw./Student 6/4 S; 8–18 Uhr) liegen 5 km außerhalb von Casma und stammen von 1600 v.Chr. Die Außenmauern des Haupttempels zieren grauenvoll realistische Flachreliefs von Kriegern und Gefangenen, die sehr anschaulich ausgeweidet werden. **Tepsa** (01-98-901-5381; Huarmey 356) fährt von Lima aus nach Casma, **Yungay Express** (94-360-6837; Ormeño 139) von Huaraz; von dort gelangt man mit dem *mototaxi* (3 S) hierher.

Hotel Turismo Inn (24-3411; hotelturismo@speedy.com.pe; Gamarra 747; EZ/DZ/3BZ 45/69/87 S) Veraltetes Relikt oder Retro-Schick? Diese anständige Unterkunft kommt mit kilometerlangen Fluren, bestickten Tagesdecken und Teppichboden im Aufzug daher.

Hostal Colonial (25-8261; hostcolonialtruji@hotmail.com; Independencia 618; EZ/DZ 55/85 S;) Tolle Option in der Nähe der Plaza de Armas. Die geschmackvoll renovierte Kolonialvilla hat einen hübschen Innenhof, einen Garten und ein Restaurant, in dem es tolle Frühstückssandwiches gibt. Die gemütlichen Zimmer verfügen über warme Duschen (aber enge Bäder), und von einigen genießt man sogar einen Ausblick vom Balkon.

Essen

Jugería San Agustín (Bolívar 526; Sandwiches 2,50–6 S) Beim bloßen Gedanken an die famose Sandwich-Erfahrung, die diese unglaublich populäre Saftbar bestimmt noch viele schöne Jahre lang bieten wird, läuft einem schon das Wasser im Munde zusammen. Ein wahrer Genuss!

Museo Café (Independencia 713; Sandwiches 3,50–8 S; So geschl.) Die hier servierten Portionen sind zwar klein, aber das antiquierte Flair dieser Café-Bar macht dieses Manko mit alten Holzböden und herrlich altmodischen Anklängen mehr als wett.

Mar Picante (Husares de Junín 412; ceviche 12–22; mittags) Eingeweihte Einheimische strömen scharenweise in das Meeresfrüchterestaurant mit den besten *ceviche* und Fisch-*chicharrones* in ganz Trujillo. Der Service ist flott und freundlich.

Chifa Ah Chau (Gamarra 769; Hauptgerichte 13,50–17,50 S) Jeder Tisch in diesem chinesisch-peruanischen Restaurant ist mit Vorhängen umgeben, die eine private Atmosphäre schaffen – ein bisschen ist es, als sei man in einer kulinarischen Peepshow. Von den riesigen Portionen werden locker drei Personen satt.

El Uruguayo (Larco 1094; Hauptgerichte 15–28 S) Die fettigen Pommes Frites sorgen für den einzigen Punktabzug in diesem Lieblingsrestaurant aller Fleischfresser. Hier werden uruguayisch inspirierte Koteletts nach den Wünschen der Gäste direkt am Tisch gegrillt – so dick wie mutierte Rib-Eye-Steaks.

Ausgehen

Mecano Bar (Gamarra 574; Eintritt 10 S; 21 Uhr–open end) Laut iPerú kommen hier „alle wichtigen Leute" her. Der Rest ist das Übliche.

Hops (Ecke Husares de Junín & Venezuela) Schon genug von Cusqueña? Diese wilde Mikrobrauerei auf zwei Ebenen bietet Livemusik und sechs Biersorten in fünf Größen – mit dem 3,5-l-Monstrum kann eine kleine Armee ihren Durst löschen.

Ributo Bar (Plaza de Armas, Ecke Pizarro & Almagro; Mi–Sa) Ein Favorit der Nachtschwärmer auf der Plaza; Donnerstag und Samstag gibt's Liverock.

An- & Weiterreise

BUS

Die Busse sind oft voll, man muss sich also vorab einen Sitzplatz sichern und sich doppelt vergewissern, wo der Bus abfährt.

Zu den wichtigsten Unternehmen vor Ort gehören:

Cruz del Sur (☎ 20-0555; Amazonas 447) Nach Lima (34–88 S, 9 Std.).
El Dorado (☎ 29-1778; Nicolás de Piérola 1070) Bietet seltene Verbindungen mit Máncora (25–45 S, 8 Std.) und Tumbes (25–45 S, 10 Std).
Línea Ticketbüro (☎ 24-5181; Ecke San Martín & Obregoso; ☼ Mo–Sa 8–21 Uhr); Busbahnhof (☎ 29-6820; América Sur 2857) Fährt nach Piura (35–45 S, 6 Std.), Cajamarca (20–45 S, 9 Std.) und Chiclayo (13 S, 3½ Std.). Busse nach Lima (40–110 S, 8 Std.) und Huaraz (35–60 S, 9 Std.) fahren meist über Nacht.
Móvil Tours (☎ 28-6538; América Sur 3955) Gemütliche Übernachtbusse nach Lima (75 S, 8 Std.), Huaraz (35–60 S, 8 Std.), Chachapoyas (60 S, 13 Std.) und Tarapoto (80–110 S, 16 Std.).
Ormeño (☎ 25-9782; Ejército 233) Übernachtbusse nach Lima (35 S, 8 Std.) und Tumbes (60 S, 11 Std.) sowie internationale Direktverbindungen nach Ecuador, Kolumbien und Venezuela.

FLUGZEUG
Der **Flughafen** (TRU; ☎ 46-4013) liegt 10 km nordwestlich der Stadt. Er ist mit einem Taxi (15–18 S) oder einem Bus in Richtung Huanchaco und anschließendem 1 km langem Fußmarsch erreichbar. **LAN** (☎ 22-1469; Pizarro 340) fliegt täglich nach bzw. ab Lima.

Unterwegs vor Ort
Weiß-gelb-orangefarbene B-*combis* nach La Huaca Esmeralda, Chan Chan und Huanchaco fahren alle paar Minuten entlang der España hinter den Ecken der Ejército und Industrial. Busse nach La Esperanza rollen auf der Panamericana nordwestlich nach La Huaca Arco Iris. *Combis* mit der Aufschrift C. M. oder S. D. nach Las Huacas del Sol y de la Luna fahren in der Óvalo Grau los. Diese Busse werden von professionellen Dieben geschätzt – Wertsachen versteckt aufbewahren und auf das Gepäck achten! Die Fahrpreise liegen zwischen 1,30 S und 1,50 S.

RUND UM TRUJILLO
Die beiden Kulturen, die die bedeutendsten und zahlreichsten Spuren im Gebiet von Trujillo hinterlassen haben, sind die der Moche und der Chimú. Keinesfalls sind dies jedoch die einzigen – jedes Jahr werden neue Stätten ausgegraben.
Es gibt ein zwei Tage gültiges **Kombiticket** (Erw./Student 11/6 S) für Chan Chan sowie Huaca Esmeralda und Huaca Arco Iris, zwei kleinere Tempel in der Gegend. Alle Stätten sind täglich von 9 bis 16.30 Uhr geöffnet.

Chan Chan
Chan Chan wurde um 1300 erbaut und muss einst ein strahlender Ort gewesen sein. Wenn man sich ihm über die Panamericana nähert, ist es unmöglich, von der riesigen Fläche voller bröckelnder Lehmwände, die sich weit ins Land erstreckt, nicht beeindruckt zu sein. Diese Stätte war einmal die größte präkolumbische Stadt in Amerika und die größte Lehmziegelstadt der Welt.
In der Blütezeit des Chimú-Reichs gab es in Chan Chan etwa 10 000 Bauwerke – von mit Edelmetallen verzierten königlichen Palästen bis zu riesigen Grabhügeln. Obwohl die Inka das Chimú-Reich um 1460 eroberten, wurde die Stadt nicht geplündert. Das machten erst die vom Gold besessenen Spanier – und die *guaqueros* (Grabräuber) vollendeten ihre schmutzige Arbeit.
Die Chimú-Hauptstadt umfasste neun Bezirke oder königliche Komplexe. Der restaurierte **Tschudikomplex** liegt in unmittelbarer Nähe zum Eingang neben dem **Museum** an der Hauptstraße, etwa 500 m vor der Abzweigung nach Chan Chan. Die Wände von Tschudi waren über 10 m hoch und hatten beeindruckende Friese mit Fischen, Wellen und Meerestieren. Im Mausoleum wurde einst ein König mit einem Schatz aus zeremoniellen Beigaben für sein Leben nach dem Tod bestattet – und mit vielen geopferten Begleitern.

Las Huacas del Sol y de la Luna
Die **Mochetempel** (www.huacadelaluna.org.pe; Eintritt & geführte Tour Erw./Student 11/6 S; ☼ 9–16 Uhr) 10 km südöstlich von Trujillo sind 700 Jahre älter als Chan Chan.
Die **Huaca del Sol** ist Perus größtes präkolumbisches Bauwerk – um es zu errichten, wurden 140 Mio. Adobeziegel verwendet! Ursprünglich hatte die Pyramide mehrere Ebenen, die durch steile Treppen, große Rampen und Wände miteinander verbunden waren, welche eine Neigung von 77° gegenüber

> **ACHTUNG!**
> Es ist gefährlich, zwischen Chan Chan und Huanchaco über den Buenos-Aires-Strand zu gehen. Reisende wurden auch schon beim Besuch von archäologischen Stätten überfallen. Am besten reist man in der Gruppe, bleibt auf den Hauptwegen und geht immer schon früh am Tag los.

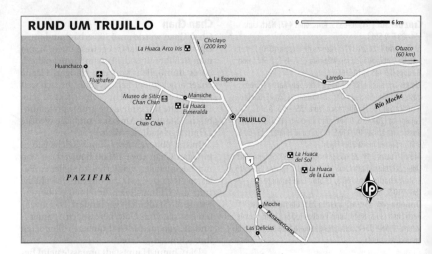

RUND UM TRUJILLO

dem Horizont aufweisen. Heute erinnert die Pyramide zwar eher an einen riesigen Sandhaufen, doch ihre schiere Größe hinterlässt immer noch einen tiefen Eindruck.

Die kleinere **Huaca de la Luna** ist voller Räume mit Keramiken, Edelmetallen und den schönen polychromen Friesen, für die die Moche berühmt waren. Deren Brauch, alte Tempel unter neuen zu „begraben", hat zu ihrem Erhalt beigetragen. Noch immer sind Archäologen damit beschäftigt, die einzelnen Schichten freizulegen. Hier ist gerade ein neues Museum im Bau.

Interessant sind auch die haarlosen Hunde, die sich hier herumtreiben. Die Körpertemperatur dieser Tiere ist höher als die normaler Hunde, darum wurden sie in der traditionellen Medizin als Körperwärmer für Menschen mit Arthritis benutzt!

HUANCHACO

☎ 044 / 18 000 Ew.

Im skurrilen Fischerort Huanchaco, 12 km nordwestlich von Trujillo, muss früher ein ziemlich buntes Treiben geherrscht haben: In spitzen, zigarrenförmigen *totora*-Booten, auch *caballitos* (kleine Pferde) genannt, paddelten die vielen Fischer bis weit hinaus aufs Meer. Heute gibt's nur noch ein paar Fischer, und Surfer und andere „Strandläufer" haben die Stadt übernommen und sie in eine weniger nachtaktive Version von Máncora verwandelt.

Allen, die zwischen ihren einzelnen archäologischen Ausflügen rund um Trujillo ein bisschen mehr Sonne und Sand suchen, bietet Huanchaco ein entspanntes Flair, das nur von Armeen sonnengebleichter Surfer (Dez.–April) und Horden wilder peruanischer Urlauber (am Wochenende) gestört wird.

Aktivitäten

Surfbretter und Neoprenanzüge (pro Tag 10–25 S) kann man bei verschiedenen Anbietern in der Hauptstraße leihen, u. a. bei **Wave** (☎ 46-2547; La Rivera 606).

Schlafen

Budgetunterkünfte finden sich überall in der Stadt. Wer sich vom Flair eines bestimmten Restaurants oder einer Kneipe besonders angesprochen fühlt, sollte einfach mal nachfragen, da diese oft auch Zimmer vermieten.

Un Lugar (☎ 957-7170; unlugarsurfschool@hotmail.com; Atahualpa 210; B 10 S) Teils Surfschule, teils Surfercamp. Man übernachtet in suspekten Bambusbungalows im Baumhausstil, und es gibt Waschmaschinen und eine Surf-Bibliothek. Eine zweistündige Unterrichtseinheit kostet 50 S.

Hostal Naylamp (☎ 46-1022; www.hostalnaylamp.com; Larco 1420; Stellplatz pro Pers. mit/ohne Zelt 10/13 S, B/EZ/DZ 15/30/50 S; 🖥) Eine traumhafte Budgetunterkunft mit Meerblick, Café, Büchertauschbörse, Gepäckaufbewahrung, Hängematten und Innenhof mit grandioser Aussicht bei Sonnenuntergang. Das einzige Problem ist die Lage mitten im lauten Zentrum des Geschehens.

Hospedaje Los Ficus de Huanchaco (☎ 46-1719; Los Ficus 215; Zi. 15 S/Pers.) Dieses makellose Haus bietet warme Duschen, Frühstück auf Wunsch und Küchenmitbenutzung. Bei dem Preis kommt man sich hier fast wie ein Dieb vor.

Chill Out (☎ 46-2320; www.chilledperu.com; Los Pinos 324; B/DZ 15/35 S; 🖳 🖭) Die freundliche schottische Übernahme und ein Umbau haben die einst völlig verwahrloste Pension in eine außergewöhnliche Unterkunft verwandelt. Die einfachen, aber sauberen Zimmer bieten WLAN (mit Laptop-Nutzung), Fernsehen, DVD, einen kleinen Pool und abends eine Cocktailbar mit Restaurant, in dem indische Currys serviert werden.

La Casa Suiza (☎ 46-1825; www.casasuiza.com; Los Pinos 308; B 15 S, EZ/DZ ohne Bad 20/30 S; 🖳) Ein gemütliches Haus mit Steinwänden und kunstvoll gestalteten Zimmern, zahlreichen Pflanzen, einer tollen Dachterrasse und einem Innenhof mit Grillstelle.

Huankarute Hospedaje (☎ 46-1705; www.hostalhuankarute.com; La Rivera 233; EZ/DZ inkl. Frühstück ab 85/105 S; 🖳 🖭) Kleines Strandresort vom Feinsten: Von den Doppelzimmern oben hat man Meerblick, zudem kommt man in den Genuss von Badewannen. Der Service ist freundlich und der Pool überaus einladend.

Essen

In Huanchaco gibt's unzählige Meeresfrüchterestaurants am Strand – mit empfindlichem Magen sollte man hier aber vorsichtig sein.

Otra Cosa (Larco 921; Gerichte 3,50–11 S) Das wunderbare vegetarische Lokal serviert Falafel, Burritos und bunte Tagesgerichte, obendrein gibt's Internet, Massagen, einen Fahrradverleih und einen Laden mit fair gehandelten Produkten.

El Generoso (Ecke Libertad & Grau; Gerichte 4–7 S; ☾ abends) Umfangreiche Burgerauswahl.

Mochica (☎ 997-3635; Ecke Larco & Independencia; Gerichte 12–32 S) Dieser Trujillo-Abkömmling ist das beste Meeresfrüchtelokal der Stadt.

An- & Weiterreise

Combis fahren von der Ecke España/Industrial in Trujillo zum Strand von Huanchaco (1,50 S). Ein Taxi kostet 10 bis 15 S.

CHICLAYO

☎ 074 / 738 000 Ew.

Das lebendige Chiclayo hat im 16. Jh. zwar zahlreiche spanische Missionare gesehen, aber *conquistadores* haben sich nie hierher verirrt. Was es an kolonialer Schönheit vermissen lässt, machen seine faszinierenden archäologischen Stätten mehr als wett. Die Moche, Sícan und Chimú haben sich alle in dieser Gegend ausgebreitet, sodass die vielseitige Stadt heute ein ausgezeichneter Ausgangsort für die Erkundung antiker Pyramiden, Gräber und Artefakte ist.

Praktische Informationen

Internetcafés gibt's zuhauf. Im Block 600 der Balta findet man mehrere Banken.

BCP (Balta 630) Hat einen 24-Stunden-Visa-Geldautomaten.

Clínica del Pacífico (☎ 23-6378; Ortiz 420) Medizinische Versorgung.

iPerú (☎ 20-5703; Saenz Peña 838; ☾ Mo–Sa 9–19, So bis 13 Uhr) Touristeninformation neben der Polizei.

Lavandería Biolav (☎ 60-5297; 7 de Enero 638; 5 S/kg) Inklusive Bügeln und Lieferung.

Policía de Turismo (☎ 49-0892; Saenz Peña 830)

Sehenswertes & Aktivitäten

Den faszinierenden **Mercado de los Brujos** („Hexenmarkt") neben dem weitläufigen Mercado Modelo sollte man nicht verpassen: Hier gibt es einen unglaublichen Supermarkt mit Schamanenkräutern, Elixieren und weisen Kuriositäten. Ein Liebestrank oder ein Heilmittel für Warzen gefällig? Die Stände der Kräuterhändler und *brujos* (Medizinmänner) stehen dicht an dicht und bieten getrocknete Kräuter, Knochen, Klauen, Hufe und andere seltsame und wundervolle Zauber- und Heilmittel zum Verkauf.

Im Sommer sind die Küstenstrände in Pimentel und Santa Rosa zum **Surfen** beliebt, besonders auch der in El Faro.

Geführte Touren

Moche Tours (☎ 22-4637; 7 de Enero 638; ☾ 8–13 & 16–20 Uhr) führt täglich Touren auf Englisch und Spanisch durch.

Schlafen

Hospedaje San Lucas (☎ 49-9269; Aguirre 412; EZ/DZ 15/30 S) Sehr schlicht, aber flott und sauber mit kleinen kunstvollen Details, die das Ganze etwas auflockern. Die übliche Backpacker-Unterkunft der Wahl.

Katuwira Lodge (☎ 76-1989; www.katuwira.com; Zeltplatz/Zi. pro Pers. inkl. Mahlzeiten 30/50 S) 20 Gehminuten südlich von Pimentel erstreckt sich diese geheimnisvolle Bambusunterkunft am Playa Las Rocas. Von den pyramidenförmigen Bungalows hat man einen schönen Meerblick. Das Personal spricht beeindruckenderweise insgesamt sieben Sprachen.

Hostal Amigos (☎ 22-6237; hostalamigos@hotmail.com; Cuglievan 616; EZ/DZ 40/60 S; 🖵) Mit Abstand die netteste, freundlichste Budgetunterkunft. Alle ihre großen, hellen Zimmer sind ordentlich und gut ausgestattet. Beim US-Friedenskorps beliebt.

Hotel Paraíso (☎ 22-2070; www.hotelesparaiso.com.pe; San José 787; EZ/DZ/3BZ ab 65/75/90 S; 🖵) Erstaunliches Preis-Leistungs-Verhältnis – besonders, wenn man aufs Frühstück verzichtet. Die Zimmer sind klein, aber sauber, mit tollen Duschen und allen modernen Annehmlichkeiten teurerer Häuser. Das freundliche Personal und ein nettes Café runden das Bild ab.

Essen & Ausgehen

Pizzería Venecia (Balta 413; Pizza 7–36 S; ☾ Mo–Sa abends) Scharen von Einheimischen genießen in diesem Laden köstliche Pizzen in fünf Größen und einen Soundtrack, der der einen Minute die Bee Gees, in der anderen R.E.M. präsentiert.

Restaurant Romana (Balta 512; Hauptgerichte 9–23 S) Wer auf dieser schwindelerregend vielfältigen Karte nichts findet, ist im Hungerstreik.

Hebron (Balta 605; Hauptgerichte 9–23 S; ☾ 24 Std.) Das schicke, amüsante Restaurant mit noblen orangefarbenen Sitzen zieht täglich ein buntes Publikum an, das hier Frühstück sowie Mittag- und Abendessen zu sich nimmt.

Ferrocol (Las Américas 168; ceviche 12–20 S) Das kleine Lokal ist einen Besuch wert: Koch Lucho zaubert mit das besten *ceviche* in ganz Chiclayo.

Bali Lounge/Ozone (Ecke Bolognesi & Ortiz; ☾ Do–Sa) Die coolen Kids hängen gern den ganzen Abend in diesem Laden ab: erst ein paar Getränke im Bali, dann wird einen Stock höher auf der Tanzfläche im Ozone (Eintritt 10 S) bei Musik von Reggaeton bis Cumbia die Nacht zum Tag gemacht.

Anreise & Unterwegs vor Ort

BUS & COLECTIVO

Viele Busunternehmen befinden sich in der Bolognesi, u. a. **Cruz del Sur** (☎ 22-5508; Bolognesi 888), **Línea** (☎ 23-2951; Bolognesi 638) und **Móvil Tours** (☎ 27-1940; Bolognesi 199). Langstreckenbusse fahren nach Lima (55–106 S, 12 Std.), Jáen (45 S, 9 Std.), Tumbes (26–40 S, 8 Std.), Trujillo (15 S, 3 Std.), Piura (15 S, 3 Std.), Cajamarca (20–45 S, 8 Std.), Chachapoyas (45 S, 9 Std) und Tarapoto (50–60 S, 14 Std.) sowie zu weiteren Zielen.

Der Bahnhof für Minibusse befindet sich an der Kreuzung San José und Lora y Lora; von hier fahren regelmäßig *combis* nach Lambayeque (1,20 S, 20 Min.). *Combis* nach Sipán (2 S, 1 Std.) starten am Terminal de Microbuses Epsel an der Ecke Piérola und Oriente, nordöstlich des Stadtzentrums. Und *Colectivos* nach Ferreñafe (2,50 S, 30 Std.) starten in der Prado nahe der Sáenz Peña. Die Busse nach Túcume verkehren vom 13. Block der Leguia nahe der Óvalo del Pescador (1,80 S, 1 Std.).

FLUGZEUG

Der **Flughafen** (CIX; ☎ 20-4934) liegt 2 km südöstlich der Stadt (Taxi 5 S). **LAN** (☎ 27-4875; Izaga 770) bietet täglich Flüge nach Lima. Die Flughafensteuer beträgt 3,47 US$.

RUND UM CHICLAYO

An jeder der folgenden Stätten kann man für 15 bis 20 S einen Führer engagieren. Geführte Touren ab Chiclayo kosten 50 S, Mittagessen oder Eintrittspreise sind dabei nicht eingeschlossen.

Lambayeque

Das beeindruckende **Museo Tumbas Reales de Sipán** (☎ 074-28-3977; www.amigosmuseosipan.com; Eintritt 10 S; ☾ Di–So 9–17 Uhr) ist der ganze Stolz von Nordperu: ein echtes Weltklassemuseum (mit Ausnahme der nur spanischsprachigen Beschriftung), in dem die faszinierenden Königlichen Gräber von Sipán ausgestellt sind, u. a. das des Herrschers von Sipán selbst. Ebenfalls in Lambayeque befindet sich das **Brüning-Museum** (☎ 074-28-3440; Eintritt 8 S; ☾ 9–17 Uhr), das Artefakte der Kulturen der Chimú, der Moche, der Chavín und der Vicu zeigt.

Sipán

Die spannende Geschichte dieser **archäologischen Stätte** (Huaca Rayada; ☎ 074-80-0048; Eintritt 8 S; ☾ 9–17 Uhr), 30 km südöstlich von Chiclayo gelegen, handelt von aufregenden vergrabenen Schätzen, *guaqueros*, einem Schwarzmarkt, der Polizei, Archäologen und mindestens einem Mord. Hunderte ausgezeichnete, unbezahlbare Artefakte wurden hier bereits gefunden, und 1987 entdeckte man außerdem die in Gold getränkte königliche Moche-Grabstätte des Herrschers von Sipán. 2009 eröffnete deshalb ein kleines, aber interessantes Museum, in dem die jüngsten Funde aus dem Jahr 2007 zu sehen sind, als die Grabkammer des kriegerischen Priesters geöffnet wurde.

Ferreñafe

18 km nordöstlich von Chiclayo zeigt das **Museo Nacional Sicán** (☎ 074-28-6469; http://sican.peru-cultural.org.pe; Erw./Student 8/3 S; Di–So 9–17 Uhr) Repliken von einigen der größten Gräber, die in Südamerika je gefunden wurden. Interessanterweise wurde der Herrscher von Sicán kopfüber beerdigt, in Fötusstellung und mit abgehacktem Kopf, dafür aber mit einem zuverlässigen Sicherheitssystem in Form von rotem, beim Einatmen giftigem Staub, der zur Abschreckung der *guaqueros* diente.

Túcume

Diese weniger bekannte **Stätte** (☎ 074-80-0052; Erw./Student 8/3 S; Di–So 8.30–16.30 Uhr) ist von einem spektakulären Klippen-*mirador* aus sichtbar, etwa 30 km nördlich von Lambayeque auf der Panamericana. Der Aufstieg lohnt sich: Oben weist ein grandioser Blick auf die weite Anlage aus verfallenen Mauern, Plazas und über zwei Dutzend Pyramiden.

PIURA

☎ 073 / 377 500 Ew.

Das sonnengetränkte Piura präsentiert sich inmitten der staubigen Steppenläufer der Desierto de Sechura als reines Verkehrszentrum für die Region. Hier gibt's also nicht viel zu tun, aber der Ort eignet sich ganz gut als Bremskissen auf der Reise von Nord nach Süd – ein paar Pflasterstraßen mit stimmungsvollen Häusern und Nordperus bester Kunsthandwerksmarkt im nahe gelegenen Catacaos sind nette Anreize.

Praktische Informationen

Das Postamt und die Banken mit Geldautomaten befinden sich an der Plaza de Armas.
Clínica San Miguel (☎ 30-9300; Los Cocos 111; 24 Std.) Medizinische Versorgung.
iPerú (☎ 32-0249; Ayacucho 377; Mo–Sa 8.30–19, So bis 14 Uhr) Touristeninformation.

Sehenswertes & Aktivitäten

Das **Museo de Vicus** (☎ 32-7541; Huánuco 893; Eintritt 3 S; Sa 8–22, So bis 12 Uhr) ist ein unterirdisches Goldmuseum, in dem u. a. ein Gürtel zu sehen ist, dessen Schnalle ein goldener Katzenkopf in Lebensgröße ziert.

12 km südwestlich von Piura lockt das staubige Dorf Catacaos mit dem besten **Kunsthandwerksmarkt** (10–18 Uhr) in Nordperu; er erstreckt sich über mehrere Blocks in der Nähe der Plaza. Hier gibt's Unmengen von Webarbeiten, Gold- und Silberschmuck, Keramik, Lederwaren und vieles mehr – am Wochenende ist er besonders voll.

ZU DEN SCHAMANEN

Ein Trip für Unerschrockene: Tief in den östlichen Bergen liegt Huancabamba, in dessen Nähe an den Seen von Huaringas mächtige *brujos* (Medizinmänner) und *curanderos* (Wunderheiler) leben. Die Stadt selbst ist von Bergen umgeben und in Nebel eingehüllt. Weil die erodierenden Ufer des Río Huancabamba instabil sind, gerät der Ort immer wieder in Gefahr, abzurutschen. Deshalb hat die Stadt den Spitznamen *la ciudad que camina* bekommen – „die Stadt, die geht". Geheimnisvoll!

Peruaner aus allen Schichten kommen hierher, um die Schamanen im Seengebiet zu besuchen. Sie bezahlen oft beträchtliche Summe für diverse mystische Dienstleistungen. Schamanen können angeblich eine endlose Liste von Leiden heilen, von Kopfweh über Krebs bis zu chronischem Pech, und sie sind besonders in Herzensangelegenheiten sehr beliebt - egal ob es verlorene, gefundene, ersehnte oder verschmähte Liebe ist.

Die Zeremonien können eine ganze Nacht lang dauern und auch halluzinogene Pflanzen wie den San-Pedro-Kaktus mit einbeziehen, außerdem Gesang, Tanz und das Eintauchen ins eiskalte Seewasser. Für einige Zeremonien werden auch noch mächtige Substanzen verwendet, z. B. *ayahuasca* (Quechua für „Wein der Seele"), eine kräftige und scheußliche Mischung von Urwaldweinen. Häufig müssen sich die „Patienten" übergeben.

Huancabamba liegt acht Busstunden von Piura entfernt. *Combis* (25 S) fahren vor dem Morgengrauen nach Salala, wo man Pferde und Mulis organisieren kann, um die berühmten Seen zu erreichen. Viele Einheimische (aber wenige Gringos) besuchen die Gegend, es ist also nicht schwierig, Führer zu finden. Vorsicht vor Betrügern – man sollte vorher nach einer Empfehlung fragen! Etwa 200 S wird man für einen Besuch bei einem Schamanen los. Die Schamanentradition wird sehr ernst genommen, und Leute, die sich darüber lustig machen oder skeptisch sind, sollten sich auf feindliche Reaktionen gefasst machen.

Schlafen

Hospedaje Aruba (☎ 30-3067; Junín 851; EZ/DZ ohne Bad 20/35 S) Dieses spartanische *hospedaje* vermietet winzige, aber saubere Zimmer. Ohne Fernseher sind die Doppelzimmer 5 S billiger.

Hospedaje San Carlos (☎ 30-6447; Ayacucho 627; EZ/DZ ab 30/45 S; 🖳) Das friedvolle *hospedaje* gewinnt dank makelloser, fescher Zimmer mit Fernseher und festlichen Tagesdecken den Wettstreit der Budgetoptionen um Haaresbreite.

Hotel Perú (☎ 33-3919; Arequipa 476; EZ/DZ 49/89 S, DZ mit Klimaanlage 109 S; 🍴 🖳) Dieses gut geführte Hotel boxt locker außerhalb seiner (Budget-)Gewichtsklasse mit: Es hat ein Restaurant, saubere Zimmer mit Kabelfernsehen und hilfsbereites Personal. Hier ist man sicher und fühlt sich beinahe wie in einem Luxushotel, nur zu erheblich freundlicheren Preisen.

Essen & Ausgehen

Im nahe gelegenen Catacaos verlocken Dutzende *picanterías* (günstige Restaurants) mittags mit toll zubereiteten lokalen Spezialitäten wie *seco de chabelo* (Rindereintopf mit Kochbananen), *seco de cabrito* (Ziegeneintopf), *tamales verdes* (Knödel aus grünem Mais) und *copus* (Eintopf aus in Essig eingelegten Ziegenköpfen und Gemüse).

Heladería El Chalan (Tacna 520; Gerichte 4–17 S) Billige Sandwiches, 30 Eiscremesorten und eine verführerische Auswahl dekadenter Kuchen und Pies.

Matheo's (Tacna 532; Menü 6 S, Hauptgerichte 8–16 S) An der Plaza de Armas serviert das Matheo's „Ich-kann-nicht-glauben-dass-das-kein-Fleisch-ist"-Versionen lokaler peruanischer Gerichte, Salate sowie riesige Portionen Joghurt und Obst.

Capuccino (Tacna 786; Sandwiches 8–20 S, Hauptgerichte 18–27 S; ☾ So geschl.) Eigentlich zu cool und zu gut für Piura. Das angesagte Café-Restaurant tischt moderne Küche auf, die jedweden peruanisch-kulinarischen Blues heilt. Hier gibt's kein *ceviche*.

La Santitos (Libertad 1001; Hauptgerichte 15–28 S) Festliches Dekor mit geschmackvoller Zurückhaltung – dies ist das Restaurant für lokale traditionelle Küche. Wenn man nur einmal hier isst, wählt man am besten eines der beliebten „Wüstenbewohnergerichte", z. B. saftige Baby-Ziege mit Reis und Bohnen.

El Marqués (Hotel Los Portales, Libertad 875) Die klassische Taverne in Piuras nobelstem Hotel an der Plaza de Armas ist dank sehr erfrischender Temperaturen (Klimaanlage) und interessanter Cocktails wie Chica Morada die perfekte Wahl für eine kleine Abkühlung.

EINREISE NACH ECUADOR

Die Route von La Tina/Macará nach Loja in Ecuador ist landschaftlich schöner, aber weniger beliebt als die Reise über Tumbes (s. Kasten S. 946).

Es ist möglich, von Piura nach Sullana mit dem Bus zu fahren und dort in ein *colectivo* zur Grenze zu steigen, aber aus Sicherheitsgründen ist das nicht zu empfehlen. **Transportes Loja** (☎ 30-5446; Cerro 1480) bietet täglich ein paar praktische Direktbusse von Piura nach Macará (12 S, 3 Std.) und weiter nach Loja (28 S, 8 Std.).

Die Formalitäten an der rund um die Uhr geöffneten Grenze an der internationalen Río-Calvas-Brücke sind ziemlich entspannt. Es gibt keine Banken, aber einige Geldwechselstellen an der Grenze sowie in Manacá, Ecuador, wechseln Bargeld. Taxis und *colectivos* bringen ihre Passagiere bei der Einreise nach Ecuador nach Macará (3 km), wo sich das Gebäude der ecuadorianischen Einreisestelle im 2. Stock der Municipalidad an der Plaza befindet (hier muss man sich den Einreisestempel abholen). Wer mit dem internationalen Transportes-Loja-Bus anreist, muss während der Grenzkontrolle nicht aussteigen.

Ormeño (☎ 044-25-9782; Ejército 233) schickt von Trujillo aus Direktbusse nach Quito (256 S, 24 Std.) und Guayaquil (192 S, 18 Std.).

Wer sich gerade rund um Chachapoyas befindet, muss nicht wieder zur peruanischen Grenze zurück, um nach Ecuador zu reisen – es ist auch möglich, sie über den abgeschiedenen Außenposten La Balsa zu überqueren. Als erster praktischer Zwischenstopp in Ecuador bietet sich das hübsche Dorf Vilcabamba (S. 613) an. Man muss (von Chacapoyas) in den Bus nach Bagna Grande steigen, dann nach Jaén und später nach San Ignacio umsteigen. *Colectivos* fahren von dort weiter bis La Balsa.

Details zur Einreise von Ecuador nach Peru stehen auf S. 612.

Miraflores Centro Commercial (Apurímac 343) Dieses kleine Einkaufszentrum an einer Straßenecke gewährt Piuras bestem Nachtleben Unterschlupf. Wer die Nacht durchtanzen möchte, ist im Queens richtig, und im Atiko gibt's Getränke und anderes Amüsement.

An- & Weiterreise
BUS
Busse von **Cruz del Sur** (☎ 33-7094; Ecke Bolognesi & Lima), **Tepsa** (☎ 30-6345; Loreto 1198), Línea, Ittsa und Transportes Chiclayo fahren nach Lima (75–139 S, 15 Std.).

Für andere Ziele kann man es bei den folgenden Unternehmen versuchen:
El Dorado (☎ 32-5875; Cerro 1119) Nach Máncora (15–20 S, 3 Std.), Tumbes (15–20 S, 3 Std.) und Trujillo (25–35 S, 6 Std.).
El Sol Peruano (☎ 41-8143; Cerro 1112) Täglich nach Tarapoto (60 S, 18 Std.).
Ittsa (☎ 33-3982; Cerro 1142) Nach Trujillo (25–45 S) und mit dem *bus-cama* nach Lima.
Linea (☎ 30-3894; Cerro 1215) Stündlich nach Chiclayo (15 S, 3 Std.).
Transportes Chiclayo (☎ 30-8455; Cerro 1121) Stündlich nach Chiclayo (13 S, 3 Std.), täglich nach Tumbes (15 S, 5 Std.) und mit dem *bus-cama* nach Lima.

Wer nach Cajamarca und in den Norden der Anden möchte, fährt am besten erst nach Chiclayo (S. 942).

Combis nach Catacaos (1 S, 25 Min.) fahren am Terminal Terrestre in Piura an Block 1200 in der Cerro ab. Busse nach Huancabamba verkehren vom Terminal El Castillo, 1 km östlich der Stadt.

FLUGZEUG
Der **Flughafen** (PIU; ☎ 34-4503) liegt 2 km südöstlich des Stadtzentrums. **LAN** (☎ 30-5727; Grau 140) fliegt täglich nach bzw. ab Lima.

MÁNCORA
☎ 073 / 10 000 Ew.

Auch wenn Máncora das wichtigste Strandresort Perus und das Zuhause eines der besten Strände im Nordwesten Südamerikas ist, ist der Ort selbst nicht viel mehr als ein glorifiziertes Surferdorf mit schockierend rustikalen Angeboten (die schicken Etablissements liegen alle in den Vororten). Da das ganze Jahr über die Sonne scheint und die Wellen 3 m hoch sind, zieht der Strand hordenweise Surfer an, die am Wochenende sonnenverbrannte Schulter an Schulter mit den peruanischen Caras-Urlaubern stehen. Von Dezember bis März steigen die Besucherzahlen – und die Preise – geradezu lächerlich an.

Praktische Informationen
Die Av Piura ist von Internetcafés und *lavanderías* gesäumt. Es gibt keine richtige Bank, dafür aber überall in der Stadt Plus/Cirrus-Geldautomaten. US-Dollar kann man in der **Banco de la Nación** (☎ 25-8193; Piura 625) wechseln. Nachts sollte man am Strand vorsichtig sein, da sich Diebe gerne als Jogger verkleiden und mit den iPods der Urlauber wegrennen! Auf www.vivamancora.com gibt's wertvolle Informationen für Touristen.

Aktivitäten
Man kann hier das ganze Jahr über **surfen**, aber die besten Wellen branden von November bis Februar. Surfbretter zum Ausleihen gibt's am Südende des Strandes. Der **Máncora Surf Club** (☎ 70-8423; Piura 261), ein britisch-peruanisches Unternehmen, bietet Surfunterricht an (50 S/Std.); buchen kann man einfach am Abend vorher in der Surfer's Bar im selben Gebäude. Einige Budgethotels geben ebenfalls Surf- und Kiteboardingkurse. Die besten Brecher in dieser Gegend findet man am **Máncora-Strand** in der Stadt und in **Lobitos**, 64 km weiter südlich. Eine Taxifahrt dorthin kostet 20 bis 40 S.

Die Winde können hier während der Kitesurf-Saison (April–Nov.) bis zu 30 Knoten erreichen. **Perukite** (☎ 073-96-978-6020; www.peru kitemancora.com; The Birdhouse, Piura 112) bietet Kurse an (125 S/Std.). Man sollte wissen, dass Anfänger normalerweise sechs Stunden brauchen, bis sie richtig fahren können.

Schlafen
Billige Unterkünfte gibt's hauptsächlich im Zentrum und am Südende des Strands.

HI La Posada (☎ 25-8328; Barrio Industrial 100; B ab 15 S, EZ/DZ 30/60 S; 🖥 🐾) Vom Strand aus gesehen auf der anderen Seite der Panamericana. Das HI-Hostel hat ultraschlichte Schlafsäle und vermietet daneben sehr viel nettere private Zimmer ohne den kleinen Pool.

The Point (☎ 70-6320; thepointhostels.com; Playa del Amor; B 20 S, Bungalows EZ/DZ 45/64 S; 🖥 🐾) Das neueste Hostel von The Point sitzt auf einem etwas privateren Sandstreifen am Nordrand der Stadt und bietet hübsche zweistöckige Strandbungalows und eine erhöhte Bar mit Fernseh- und Billardzimmer. Der Nachteil: Es liegt 20 Minuten vom Rest des Geschehens entfernt.

Loki del Mar (☎ 25-8484; www.lokihostel.com; Piura 262; B ab 25 S, Zi. 76 S;) Das Loki hebt die Hostelkategorie in ungeahnte Sphären und hat dabei sich selbst (und andere) übertroffen: Dieses Hostel-Resort besitzt ein Schwimmbecken, wartet mit einer edlen Cocktailkarte auf und serviert von einem richtigen Koch zubereitete Speisen. Man erwacht vom Geräusch brechender Wellen (falls man angesichts der nervig lauten Bar am Abend vorher überhaupt einschlafen konnte).

Laguna Surf Camp (☎ 67-1727; www.vivamancora.com/lagunacamp; Pasaje Veranigo s/n; EZ/DZ/3BZ/4BZ inkl. Frühstück 50/80/120/150 S) Das entspannte Laguna bietet rustikale Bambusbungalows im indonesischen Stil und eine Küche in einer ruhigeren Ecke des Strandes.

Essen & Ausgehen

Hier regieren Meeresfrüchte, aber die Gringo-Invasion hat ebenso zu Frühstücks-Burritos inspiriert wie zu Griechischen Salaten. Frühstücksoptionen sind zahlreich, aber Mittagessen vor 13 Uhr kann man vergessen.

Angela's Place (Piura 396; Menü 6–13 S) Vegetarischer Außenposten unter österreichischem Management mit echtem Kaffee, Vollkornbrot, Hummus und anderen vegetarischen Köstlichkeiten.

Green Eggs & Ham (The Birdhouse, Piura 112; Gerichte 12 S; 7.30–13 Uhr) Ein kleiner Strandschuppen, der üppig-leckeres Frühstück anbietet.

Beef House (Piura 322; Hauptgerichte 16–35 S; abends) Monströse Burger und saftige Steaks machen dieses Grillrestaurant zu einem absoluten Muss.

Mara Sushi (Piura 110; Röllchen 25 S) Ein schickes kleines Bambus-Sushirestaurant, das bei Backpackern beliebt ist.

Iguana's (Piura 245) In dieser immer vollen Bar vermischen sich heiße, verschwitzte Einheimische mit sonnenverbrannten Gringos zu einem Soundtrack aus Latin Fusion. Das Iguana's ist eine der ältesten und beliebtesten

---

EINREISE NACH ECUADOR

Die peruanische Grenzstadt Aguas Verdes ist mit einer internationalen Brücke über den Río Zarumilla mit der ecuadorianischen Grenzstadt Huaquillas verbunden.

Um die günstigsten Preise zu bekommen, sollte man seine Nuevos Soles in US-Dollar tauschen, solange man noch in Peru ist. Es gibt keine Einreisegebühr für Ecuador, also sollte man höflich, aber bestimmt alle Grenzbeamten abweisen, die trotzdem versuchen, eine zu kassieren.

Die letzte größere Stadt auf peruanischer Seite ist **Tumbes**: kein schlechter Ort für eine Übernachtung und die Erkundung der umliegenden Mangroven- und ökologischen Schutzgebiete. Mit **Preference Tours** (☎ 072-52-5518; Grau 427) kommt man überall rum. An der Plaza bietet **Sí Señor** (Bolívar 115; Hauptgerichte 12–25 S) die übliche Auswahl günstiger peruanischer Gerichte. Neben dem Busbahnhof von Cruz del Sur steht das **Hospedaje Chicho** (☎ 072-52-2282; Tumbes 327; EZ/DZ/3BZ 30/45/55 S), eine schlichte Unterkunft für schnell entschlossene Übernachtungsgäste. Wer ein bisschen mehr Komfort sucht, findet im **Hotel Roma** (☎ 072-52-4137; hotelromatumbes@hotmail.com; Bolognesi 425; EZ/DZ/3BZ 45/70/95 S;) in bester Lage an der Hauptplaza WLAN, Kabelfernsehen, leistungsstarke Ventilatoren und warme Duschen. In dieser Gegend sollte man sich vor bösartigen Moskitos in Acht nehmen und auf jeden Fall vorab buchen – aufgrund des geschäftigen Grenzübergangs sind die Zimmer schnell weg.

Von Tumbes fahren *colectivo*-Taxis (1,50 S, 25 Min.) und Minibusse (3 S, 40 Min.) vom Block 400 der Bolívar zur 26 km entfernten Grenze. Am besten nimmt man den Direktbus von **Cifa** (☎ 52-7120; Tumbes 572) nach Machala (10 S, 3 Std.) oder Guayaquil (25 S, 6 Std.) in Ecuador, der alle zwei Stunden abfährt.

Die peruanische Einreisestelle in Aguas Verdes ist rund um die Uhr geöffnet. Bei der Anreise mit öffentlichen Verkehrsmitteln sollte man nicht vergessen, für die Grenzformalitäten dort vorbeizuschauen. *Mototaxis* bringen die Reisenden dann weiter zur Grenze (1 S). 3 km nördlich der Brücke befindet sich die ecuadorianische Einreisestelle, die ebenfalls 24 Stunden offen hat. Von der Brücke kann man mit dem Taxi (1,50 US$) fahren. In Huaquillas gibt's ein paar einfache Hotels, aber die meisten Traveller steigen direkt in den Bus nach Machala.

Zur Einreise aus Ecuador nach Peru, s. S. 640. **Cruz del Sur** (☎ 52-6000; Tumbes 319) bietet ab Tumbes die komfortabelsten Verbindungen nach Lima (110–180 S). **Carrucho** (☎ 52-7047; Piura 410) schickt alle 30 Min. *combis* bzw. Vans mit Klimaanlage (6/10 S) von Tumbes nach Máncora.

Bars in Máncoras winziger, aber wilder Nachtszene.

An- & Weiterreise
Die meisten Küstenbusse, die in Richtung Süden nach Lima wollen, starten in Tumbes (s. Kasten S. 946). Häufig verkehren auch *combis* über Máncoras Hauptstraße nach Tumbes (6–10 S, 2 Std.). Details zur Einreise nach Ecuador stehen im Kasten auf S. 946. **El Dorado** (☎ 25-8161; Grau 213) bietet die häufigsten Verbindungen in weiter südlich gelegene Städte an, z. B. nach Piura (15–20 S), Chiclayo (20–25 S) und Trujillo (25–35 S).

HUARAZ & DIE KORDILLEREN

Rund um Huaraz lockt die Gebirgsregion der Cordillera Blanca und der Cordillera Huayhuash mit Seen von der Farbe geschmolzener Topase. Sie liegen friedlich unter der Nase schneebedeckter Gipfel, auf denen scheinbar jeden Moment eine Lawine losbrechen könnte – 22 prächtige Berge über 6000 m Höhe machen diese Gebirgskette zur weltweit höchsten außerhalb des Himalayas.

Sowohl Perus höchster Punkt, der 6768 m hohe Huascarán, als auch der wie gemalt wirkende 5999 m hohe Artesonraju (angeblich der Berg aus dem Spielfilm-Logo von Paramount Pictures) ragen hier über den Andendörfern und der netten Stadt Huaraz auf. Sie ist das Herz eines der wichtigsten Wander-, Mountainbike- und Klettergebiete Südamerikas. Die Ehrfurcht gebietende natürliche Schönheit von alledem ließe sich auch mit einer Million Superlative noch nicht angemessen beschreiben.

HUARAZ
☎ 043 / 90 000 Ew.

Wie Pucón in Chile kommt auch die rastlose Abenteuerhauptstadt Huaraz in den Anden dank ihrer gesegneten Lage inmitten einiger der schönsten Berge der Welt erst richtig zur Geltung. Auch wenn sie 1970 durch ein Erdbeben fast vollkommen ausgelöscht wurde, hat sich Huaraz wieder erholt und zu Perus Meisterstück in Sachen „erhöhter Adrenalinspiegel" entwickelt, wobei Wander- und Bergsteigerabenteuer die Liste der nervenaufreibenden Aktivitäten anführen. In der Hochsaison (Mai–Sept.) wimmelt es hier von Adrenalinjunkies jeder Art, wohingegen die Stadt während des restlichen Jahres recht müde vor sich hinkrabbelt und viele Einwohner ihre Läden schließen und sich zu den Stränden aufmachen.

Praktische Informationen
GELD
BCP (Luzuriaga 691) Visa-Geldautomat und keine Gebühr für Reisechecks.
Interbank (José Sucre 687) Hat einen internationalen Geldautomaten.
Oh-Na-Nay (Pasaje Comercio s/n) Wechselstube.

MEDIZINISCHE VERSORGUNG
Clínica San Pablo (☎ 42-8811; Huaylas 172; ⊙ 24 Std.) Nördlich der Stadt. Das Personal spricht teilweise Englisch.
Farmacia Recuay (☎ 72-1391; Luzuriaga 497) Hier kann man das Erste-Hilfe-Set wieder auffüllen.

NOTFALL
Casa de Guías (☎ 42-7545; Plaza Ginebra 28G; ⊙ Mo–Fr 9–13 & 16–20, Sa 9–13 Uhr) Organisiert Bergrettungen. Hier anmelden, bevor man sich allein auf Tour begibt.
Policía de Turismo (☎ 94-310-8929; Luzuriaga 724)

POST
Serpost (Luzuriaga 702)

TOURISTENINFORMATION
Lonely Planets *Trekking in the Central Andes* deckt die besten Wanderungen in der Cordillera Blanca und der Cordillera Huayhuash ab.
iPerú (☎ 42-8812; Plaza de Armas, Pasaje Atusparia, Oficina 1; ⊙ Mo–Sa 8–18.30, So 8.30–14 Uhr)

WASCHSALONS
Lavandería Dennys (José de la Mar 561; 4 S/kg; ⊙ 8–20 Uhr)
Lavandería Liz (José de la Mar 674; 5 S/kg; ⊙ 8–13 & 14–20 Uhr)

Gefahren & Ärgernisse
Bewaffnete Überfälle auf Tagestouristen rund um Huaraz und auf Wanderungen in den Kordilleren sind leider keine Seltenheit. Besonders betroffen sind die Route zwischen den Ruinen von Wilcahuaín und Monterrey sowie das Gebiet in und um El Mirador de Rataquenua. Man sollte sich vor suspekten Gestalten in Acht nehmen, die angeblich für South American Explorers im und rund um den

HUARAZ & DIE KORDILLEREN

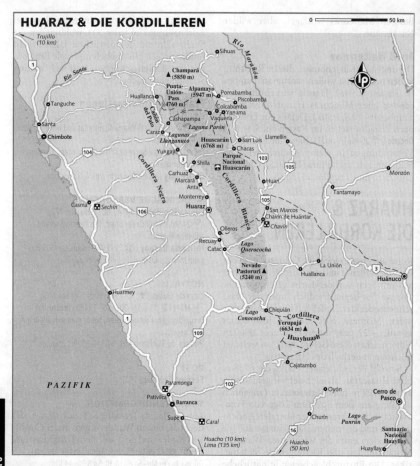

Busbahnhof von Cruz del Sur arbeiten – das sind mit ziemlicher Sicherheit *keine* Angestellten dieses Anbieters.

Sehenswertes

Das **Museo Regional de Ancash** (Plaza de Armas; Erw./Student 6/3 S; ☉ Di–So 8.30–17.15 Uhr) zeigt eine übersichtliche, aber interessante archäologische Ausstellung. Das **Monumento Nacional Wilcahuaín** (Erw./Student 5/2 S; ☉ 8–17 Uhr) ist eine kleine, gut erhaltene Wari-Stätte mit einem dreistöckigen Tempel. Von der Stadt aus wandert man in zwei Stunden hierher. Vorsicht: Auf der Strecke kommt es oft zu Überfällen. Am besten nimmt man sich darum ein Taxi (10 S) oder hält nach den *combis* am Río Quilcay Ausschau.

Aktivitäten
TREKKING & BERGSTEIGEN

Die besten Wanderungen unternimmt man in der **Cordillera Blanca** im Parque Nacional Huascarán (S. 953) und in der Cordillera Huayhuash (S. 954). Die gesamte Ausrüstung kann ausgeliehen oder gekauft werden. Dazu gehören unbedingt Karten, Wanderführer (in Buchform), Packtiere, *arrieros* (Fahrer) und einheimische Führer. Für einen All-inclusive-Wander- oder Kletterausflug muss man mit etwa 120 bis 150 S pro Person und Tag rechnen. Die geliehene Ausrüstung immer genau untersuchen!

Die Führer sollte man in der **Casa de Guías** (S. 948) auf ihre Registrierung hin überprüfen. Angesehene Ausrüster sind:

Galaxia Expeditions (☎ 42-5355; www.galaxia
-expeditions.com; Parque del Periodista)
Montañero (☎ 42-6386; www.trekkingperu.com;
Plaza Ginebra 30B)
Monttrek (☎ 42-1124; www.monttrekperu.com;
Luzuriaga 646, 2. Stock)
MountClimb (☎ 42-4322; www.mountclimbtravel.com)
Skyline Adventures (☎ 42-7097; www.skyline
-adventures.com) In Cashapampa.

KLETTERN
In der Cordillera Blanca – vor allem bei Chancos (in der Nähe von Marcará), Monterrey und Recuay – gibt's ideale Kletterreviere. Für eine große Wand, die einen tagelang beschäftigt, fährt man am besten zum berühmten Torre de Parón (alias Sphinx) bei der Laguna Parón, 32 km östlich von Caraz. Viele Agenturen, die Wanderungen organisieren, bieten auch Kletterausflüge an und verleihen Ausrüstung. Galaxia Expeditions hat eine Kletterwand im Haus.

MOUNTAINBIKE FAHREN
Mountain Bike Adventures (☎ 42-4259; www.chaki
naniperu.com; Lúcar y Torre 530, 2. Stock) ist seit über einem Jahrzehnt im Geschäft, gilt als sicher und hat eine gute Auswahl von Bikes. Der Besitzer spricht Englisch und hat sein Leben lang in Huaraz gelebt, weshalb er die Strecken der Region besser kennt als jeder andere. Die Preise für eine geführte Tour beginnen bei 99 S pro Tag. Wer auf eine echte Herausforderung aus ist, erkundigt sich nach den zwölftägigen Exkursionen durch die Cordillera Blanca.

Geführte Touren
Es gibt ein Bustour zu den Ruinen von Chavín de Huántar; eine weitere führt durch Yungay und zu den wunderschönen Lagunas Llanganuco, von wo sich eine spektakuläre Aussicht über Huascarán bietet. Eine dritte Tour bringt die Teilnehmer durch Caraz zur malerischen Laguna Parón, und die vierte schließlich führt zur außergewöhnlichen Riesenpflanze *Puya raimondii* (die bis zu 100 Jahre alt werden kann, bevor sie ihre volle Größe erreicht – oft an die 10 m!) und zum Gletscher des Nevado Pastoruri (welcher zur Zeit der Recherche jedoch auf unbestimmte Zeit geschlossen war). Ganztagestouren kosten 35 bis 40 S, Eintrittspreise nicht eingeschlossen. Die Touren richten sich hauptsächlich an Peruaner – man sollte nicht mit Englisch sprechenden Führern rechnen (einige können zwar Englisch, weigern sich aber, es zu sprechen, weil die Agenturen sie für diese Sonderleistung nicht entsprechend bezahlen). Keine der hier genannten tut sich in Sachen Gastfreundschaft besonders hervor.

Huaraz Chavín Tours (☎ 42-1578; Luzuriaga 502)
Pablo Tours (☎ 42-1145; Luzuriaga 501)
Sechín Tours (☎ 42-6683; www.sechintours.com;
Morales 602)

Festivals & Events
Ño Carnavalón (König des Karnevals) Am Aschermittwoch finden ironische Beerdigungsprozessionen für diesen König statt.
Semana Santa (Karwoche) Im März/April.
El Señor de la Soledad Huaraz erweist seinem Schutzpatron bei diesem Festival mit Feuerwerk, Musik, Tanz, Kostümparaden und jeder Menge Alkohol die Ehre; findet Anfang Mai statt.
Semana de Andinismo Internationale Bergsteigerausstellungen und Wettbewerbe im Juni.

Schlafen
Einheimische passen ankommende Busse ab, um Gäste für ihre Fremdenzimmer zu gewinnen; *hostales* machen es genauso. Erst bezahlen, bevor man das Zimmer gesehen hat!

Jo's Place (☎ 42-5505; www.huaraz.com/josplace;
Villaizán 278; Stellplatz 8 S/Pers., B/EZ/DZ 25/30/45 S) Das leicht chaotische Wesen des englischen Auswanderers Jo und seiner bescheidenen Pension sollte Wandererherzen eigentlich erfreuen. Zeltplätze auf dem Rasen und schlichte Zimmer, manche sogar mit Bad. Zum Frühstück werden Eier und Speck serviert, und einen Motorradparkplatz gibt's auch.

Caroline Lodging (☎ 42-2588; carolinelodging.blog
spot.com; Urb Avitentel Mz-D, Lt 1; B 13 S, Zi. mit/ohne Bad ab 40/35 S; 🖥) Hinter dem Westende der 28 de Julio liegt diese freundliche Pension am Fuße einer Treppe mit warmen Duschen, einer Küche, einem Fernsehzimmer und Blick auf die Berge. Die netteren Zimmer befinden sich im neueren Anbau und sind privater, dafür aber auch 10 S teurer. Eine Anmerkung: Ein Traveller hat sich 2008 mit den Besitzern wegen eines Problems komplett überworfen.

Way Inn Lodge (☎ 94-346-6219; www.thewayinn.com;
San Miguel de Llupa; Stellplatz 15 S/Pers., B 32 S, Zi. mit/ohne Bad ab 120/85 S) Ob man sich nun in der Lehmsauna draußen versteckt oder sich drinnen in den Kissen der höhlenartigen Schlafsäle verkriecht: Diese wunderbare Stein-Lodge liegt herrlich friedvoll in der Cordillera Blanca

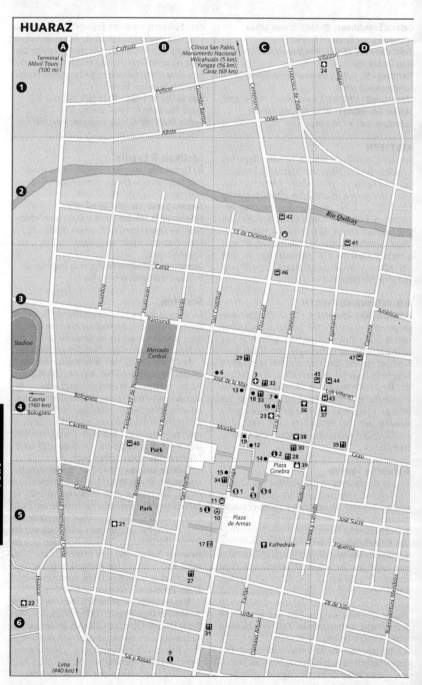

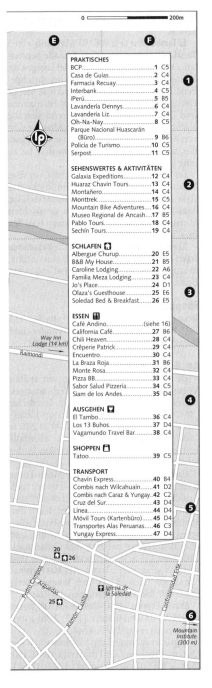

über der Stadt und ist ein wunderbarer Zufluchtsort. Besitzer Bruni stammt aus Großbritannien und ist grandios! Man kann direkt vom Zimmer zu Wanderungen aufbrechen, und das Abendessen stammt oft aus dem Forellenteich vor dem Haus. Ein Taxi hierher kostet 30 S.

Familia Meza Lodging (☎ 42-8531; familiameza_lodging@hotmail.com; Lúcar y Torre 538; Zi. ohne Bad 20 S/Pers.) Einfache Familienpension mit warmen Duschen, einer kleinen Dachküche und Innenhöfen, aber die Nähe zum Café Andino ist vielleicht ihr größter Vorzug.

Albergue Churup (☎ 42-2584; www.churup.com; Figueroa 1257; B 25 S, EZ/DZ inkl. Frühstück 70/90 S; 🖥) Eine ultrabeliebte Boutiquepension im Anden-Schick mit sehr gemütlichen Räumen, Kaminzimmer mit Blick auf die Berge, Büchertauschbörse, DVD-Bibliothek, fröhlicher Frühstücksecke und Dachterrasse. Reservierung empfohlen!

B&B My House (☎ 42-3375; www.andeanexplorers.com/micasa; 27 de Noviembre 773; EZ/DZ inkl. Frühstück 50/80 S; 🖥) Dieses gastfreundliche B&B bietet einen hellen kleinen Innenhof und heimelige Zimmer mit warmer Dusche und Schreibtischen. Das Personal spricht Englisch und Französisch.

Soledad Bed & Breakfast (☎ 42-1196; www.lodgingsoledad.com; Figueroa 1267; EZ/DZ 50/90 S, DZ/3BZ mit Bad 60/90 S; 🖥) Von derselben Familie geführt wie das Albergue Churup nebenan. Diese heimelige Pension ist etwas bescheidener und hat weniger andinen Schick zu bieten, dafür mehr freie Ziegelwände. Alle Preise verstehen sich inklusive Frühstück.

Olaza's Guesthouse (☎ 42-2529; www.olaza.com; Arguedas 1242; EZ/DZ inkl. Frühstück 70/90 S; 🖥) Eine makellose, bunte Pension mit glühend heißen Duschen, gut ausgestatteten Zimmern mit Federbetten und einer wunderbaren Kamin-Lounge/Terrasse auf dem Dach. Topfpflanzen und natürliches Sonnenlicht sind allgegenwärtig.

Essen

Crêperie Patrick (Luzuriaga 422; Crêpes ab 5 S) Göttliche, französisch inspirierte Crêpes zum Selberbasteln mithilfe der üblichen Verdächtigen.

Café Andino (Lúcar y Torre 530, 3. Stock; Hauptgerichte 8,50–25 S) Ein seriöses Café (sie rösten hier ihre eigenen Bohnen) und Huaraz' ultimativer Lieblingstreff mit großartigem Blick auf die Berge und gut sortierter Leihbibliothek zum Gedenken an einen Bergsteiger. Frühstück gibt's den ganzen Tag, und interessante Hauptgerichte wie Quinoa-Currys sind die Highlights der Karte.

California Café (28 de Julio 562; Gerichte 9–14 S; So geschl.) Dieses authentische Backpacker-Café wird von einem Kalifornier geführt und serviert den ganzen Tag Frühstück sowie leichte Mittagsgerichte und Salate, kräftige Espresso-Getränke und Kräutertees. Eine Büchertauschbörse und WLAN gibt's auch.

Pizza BB (José de la Mar; Pizza ab 10–18 S) Intime Pizzeria, in der sich an einer Wand bis oben hin Holz für den Ziegelofen stapelt. Hier sind die Grundpreise angegeben – darauf basierend gestaltet man seine eigene Pizza.

Monte Rosa (José de la Mar 661; Hauptgerichte 16–42 S) Wenn man nicht wegen des Fondues oder Raclettes in dieses ausgezeichnete Schweizer Alpen-Pub-Restaurant gekommen ist, dann doch sicher wegen des leckeren *ají de gallina* (Hühnchereintopf mit würzig-nussiger Käsesauce).

Encuentro (Morales 650; Hauptgerichte 18–27 S; 9–23 Uhr) Das angesagte Restaurant bietet zeitgenössische Kunst zu gut zubereiteter neu-peruanischer Küche, beispielsweise jedermanns andine Lieblingsdelikatesse *cuy*.

LP Tipp Chili Heaven (Plaza Ginebra; Hauptgerichte 18–35 S) Genug von peruanisch? Die Reise nach Huaraz lohnt sich allein wegen der grandiosen indischen und thailändischen Currys in diesem gemütlichen Restaurant in britischer Hand, das auch etwa 20 verschiedene Biersorten ausschenkt, die man vermutlich daheim zum letzten Mal gesehen hat. Nicht ganz billig, aber die Portionen sind üppig. Chili Heaven produziert und verkauft außerdem seine eigenen scharfen Saucen.

Ebenfalls empfehlenswert:

La Braza Roja (Luzuriaga 919; Gerichte 3,50–24 S) Die Lieblings-*pollería* vor Ort – hier wird aber noch viel mehr gegrillt als Hühnchen.

Sabor Salud Pizzería (Luzuriaga 672, 2. Stock) Die größte vegetarische Auswahl der Stadt, von Aubergine mit Parmesan bis zu einer Lasagne, die dick genug ist für zwei. Fleisch gibt's auch.

Siam de los Andes (Gamarra 560) Das superbe thailändische Essen ist sein Geld auf jeden Fall wert – nun, zumindest sofern der Laden geöffnet ist.

Ausgehen

Huaraz ist der beste Ort in den peruanischen Anden, wenn man mal richtig abfeiern und gepflegt einen heben möchte. Hier gibt's jede Menge Bars, Diskotheken und *peñas*, aber Namen und Beliebtheitsgrad variieren je nach Saison.

El Tambo (José de la Mar 776) Man soll einen Tanzklub nicht nach seiner Fassade beurteilen: Das schicke El Tambo ist viel lässiger, als es aussieht. Hartholz-Tanzfläche, durchgehend Bäume als Stützbalken und jede Menge Loungebereiche, in denen man entspannen und Leute gucken kann, während sich die Nacht dem Ende zuneigt. Die Musik reicht von Techno-Cumbia bis zu Pop und Reggaeton, und das Publikum von ganz jung bis zu jung geblieben.

Los 13 Buhos (José de la Mar 812, 2. Stock) Über dem Makondo's. Die angesagte, gemütliche Bar zieht ein cooles Publikum an, hauptsächlich dank seines neuen, mit Koka gemischten Hausgebräus und des Long Andean Iced Tea (u. a. mit Kokalikör).

Ebenfalls empfehlenswert ist die **Vagamundo Travel Bar** (Morales 753; So geschl.), eine intime, in attraktivem Rot leuchtende Bar mit guten Beats.

Shoppen

Tatoo (42-2966; Plaza Ginebra 686; Mo–Sa 9–13 & 15–20 Uhr) Die beste Adresse für Wander- und Bergsteigerausrüstung in letzter Minute.

An- & Weiterreise

Viele Busunternehmen bieten am späten Vormittag oder späten Abend Verbindungen nach Lima (58–90 S, 7–8 Std.) an. **Cruz del Sur** (42-8726; Bolívar 491) schickt Nonstop-Luxusbusse auf die Reise. **Móvil Tours** (42-2555; Av Confraternidad Internacional Oeste 451) ist ebenfalls komfortabel und hat ein Ticketbüro in der Stadt (42-9541; Bolívar 542).

Línea (42-6666; Bolívar 450) und Móvil Tours fahren direkt nach Chimbote und weiter nach Trujillo (35–60 S, 9 Std.). Spektakulär, aber ziemlich holprig sind die Routen durch den atemberaubenden Cañón del Pato (viele wünschen sich unterwegs verzweifelt Valium) und über den 4225 m hohen Punta Callán nach Chimbote (25 S, 9 Std.); beide Strecken sind wirklich sehenswert. **Transportes Alas Peruanas** (42-7507; Fitzcarrald 267) und **Yungay Express** (42-4377; Raimondi 930) bedienen die Route.

Chavín Express (42-8069; Cáceres 330) kurvt nach Chavín de Huántar (10 S, 2 Std.) und weiter nach Huari (13 S, 4 Std.).

Tagsüber fahren häufig Minibusse von der Quilcay-Brücke auf der Fitzcarrald nach Caraz (5,60 S, 1½ Std.) und Yungay (4,30 S, 1 Std.)

PARQUE NACIONAL HUASCARÁN

Dieser 3400 km² große **Nationalpark** (Eintritt Tag/Monat 5/65 S; ⌚ 7–15.30 Uhr) liegt auf 4000 m Höhe, nimmt beinahe das gesamte Gebiet der Cordillera Blanca ein und platzt vor malerischen Smaragdseen, grellbunten alpinen Wildblumen und roten *quenua*-Bäumen geradezu aus allen Nähten.

Der beliebteste Backpacker-Rundweg, der **Santa-Cruz-Trek**, dauert vier Tage und führt auch zum Punta-Unión-Pass (4760 m) hinauf, der die vielleicht beste Aussicht auf die Anden in ganz Peru bietet. Die gut ausgeschilderte Strecke führt vorbei an eisigen Wasserfällen und Seen, über moosige Wiesen und durch grüne Täler. *Colectivo*-Taxis fahren häufig von Caraz zum Anfang des Wanderwegs in Cashapampa (10 S, 1½ Std.).

Man kann aus einer Vielzahl weiterer Wege wählen, von Tageswanderungen bis zu anspruchsvollen zweiwöchigen Treks ist alles dabei. Die dabei besuchte Landschaft ist ebenso atemberaubend, aber nahezu menschenleer. Viele Routen sind aber nicht klar ausgeschildert, sodass man am besten einen Führer oder eine sehr gute topografische Karte mitnimmt. Wer wenig Geld oder Zeit hat, kann auf die sensationelle Tageswanderung zur **Laguna 69** ausweichen, die wunderschöne Ausblicke auf Berge und Wasserfälle bietet und in dem wie gemalt wirkenden blauen See ihren Höhepunkt findet, der dem Trek den Namen gegeben hat – ein grandioser Einblick in die phänomenale Landschaft dieser Gegend. Das **Mountain Institute** (☎ 043-42-3446; www.mountain.org; Ricardo Palma 100) in Huaraz arbeitet eng mit Organisationen für nachhaltigen Tourismus auf dem Inka-Naani-Trek zwischen Huari und Huanuco zusammen; bei örtlichen Reisebüros gibt's nähere Informationen.

Im **Nationalpark-Büro** (☎ 043-42-2086; Sal y Rosas 555) in Huaraz kann man sich mit seinem Reisepass anmelden und die Eintrittsgebühr für den Park bezahlen. Man kann sich auch an Kontrollstationen registrieren lassen und bezahlen, aber deren Standorte und Öffnungszeiten variieren. Man sollte die Gelegenheit nicht umgehen oder sich darüber ärgern: Die Cordillera Blanca ist wirklich einer der atemberaubendsten Orte unseres Planeten. Einige Gemeinden am Beginn der Wanderwege, z. B. Cashapampa, verlangen mittlerweile eine zusätzliche Gebühr von 10 S pro Person – man kann sich vor Ort über die aktuelle Situation informieren.

Wenn auch willkürlich angewandt, schreibt das Gesetz einen lizenzierten Führer für alle Wanderungen vor, es sei denn, man kann sich als Mitglied eines der von der UIAA akzeptierten Bergsteigerklubs ausweisen. Besonders streng wird diese Vorschrift bei allen Bergsteigeraktivitäten ausgelegt.

NÖRDLICH VON HUARAZ

Während der Río Santa sich im Norden seinen Weg durch El Callejón de Huaylas bahnt, führt eine Asphaltstraße vorbei an mehreren ruhigen Städten nach Caraz und weiter zum bedrohlich-eindrucksvollen **Cañón del Pato**. Die Anfänge vieler Wanderwege sind von den Städten entlang dieser Strecke erreichbar, und zwei unbefestigte Straßen durchqueren tapfer die Cordillera, eine über Chacas, die andere über Yungay.

Lagunas Llanganuco

Eine Schotterstraße klettert durch das Tal zu zwei sensationellen **Seen**, der Laguna Chinancocha und der Laguna Orconcocha, 28 km östlich von Yungay. In einem Gletschertal unter der Schneegrenze versteckt, leuchten diese unberührten Lagunen förmlich in strahlenden Türkis- und Smaragdtönen. Ein anderthalbstündiger Naturwanderweg schmiegt sich an den Chinacocha und führt an seltenen *polylepis*-Bäumen vorbei. Der Eintritt in den Nationalpark kostet 5 S. *Colectivos* fahren während der Hochsaison (Juni–Aug.) in Yungay (Rundfahrt 20 S) ab, in den anderen Monaten finden die Fahrten abhängig von der Nachfrage statt. Man kann die Tour auch in Huaraz (S. 949) beginnen.

Caraz

☎ 043 / 12 000 Ew.

Das kleine koloniale Dörfchen Caraz bietet einen traditionelleren Hintergrund für ein Cordillera-Basislager als Huaraz; Treks und Wanderwege schlängeln sich von diesem 67 km nördlich von Huaraz gelegenen Ort in sämtliche Richtungen. In der Stadt gibt's hier viel weniger zu tun, aber dafür versprüht sie auch viel mehr andines Flair. Wer sich auf den Santa-Cruz-Trek (s. linke Spalte) wagt, wird ziemlich sicher hier landen, da das Dorf seine traditionelle Endstation (oder nicht-traditionelle Anfangsstation) ist.

Man sollte Bargeld mitbringen, da es hier keine Geldautomaten gibt. **Pony's Expeditions** (☎ 39-1642; www.ponyexpeditions.com; José Sucre 1266) verleiht komplette Ausrüstungen sowie Mountainbikes und arrangiert Wander-, Angel- und Klettertouren. Außerdem verkaufen sie Fertiggerichte (sogar vegetarisch) fürs Gebirge. Das karge **Hospedaje La Casona** (☎ 39-1334; Raimondi 319; EZ/DZ 15/25 S, ohne Bad 10/15 S) bietet dunkle, schlichte, fensterlose Zimmer, aber einen freundlichen Innenhof. Das **Hostal Chavín** (☎ 39-1171; hostalchavin@latinmail.com; San Martín 1135; EZ/DZ 35/50 S) hat einen gut informierten Besitzer, renovierte Zimmer mit neuen Böden, Matratzen und eine möblierte Lobby.

Als prima Ort für ein frühes Frühstück öffnet die winzige **Cafetería El Turista** (San Martín 1127; Frühstück 3,50–6 S) schon um 6.15 Uhr. Das **Café de Rat** (oberhalb Pony's Expeditions; Gerichte 4–10 S) ist ein stimmungsvolles Restaurant mit Holzbalken, in dem Salate (selten), Pizzen und andere Gerichte serviert werden; in der Hochsaison sind Lunchpakete zu haben.

Minibusse nach Yungay (1,50 S, 15 Min.) und Huaraz (5,60 S, 1½ Std.) fahren am Terminal Terrestre in der Carretera Central ab. *Colectivos* nach Cashapampa (7 S, 1 Std.) starten an der Ecke Ramón Castilla/Santa Cruz. Langstreckenbusse nach Lima (35 S, 8 Std.) und Trujillo (35 S, 9 Std.) werden von **Móvil Tours** (☎ 39-1922; Pasaje Olaya s/n) und anderen Unternehmen angeboten.

CHAVÍN DE HUÁNTAR
☎ 043 / 2900 Ew.

In der Nähe dieses kleinen Dorfes liegen die Ruinen von **Chavín** (Erw./Student 11/6 S; ☼ Di–So 9–17 Uhr), das zwischen 1200 und 800 v. Chr. von einer der ältesten Zivilisationen des Kontinents errichtet wurde. In der Stätte sind hochstilisierte Kult-Schnitzereien eines Jaguars oder Pumas zu sehen, außerdem Chavíns höchste Gottheit und einige Kondore, Schlangen und Menschen, die mystische (oft halluzinogene) Wandlungen durchleben. Die Tunnel, die sich unter der Stätte durch die Erde schlängeln, sind eine außergewöhnliche Meisterleistung 3000 Jahre alter Ingenieurskunst und bestehen aus labyrinthartigen Gassen, Gängen und Kammern – es lohnt sich, einen Führer zu engagieren. Unbedingt auch nach dem einzigartig geschnitzten, dolchartigen Felsen Ausschau halten, der als Lanzón de Chavín bekannt ist!

Das kleine, aber exzellente **Museo Nacional Chavín** (☎ 45-4011; 17 de Enero s/n; ☼ Di–So 9–17 Uhr), das von den Japanern finanziell unterstützt und 2008 eröffnet wurde, sollte man nicht verpassen. Es zeigt viele wichtige Artefakte der Stätte, u. a. 19 *pututos* (Muschelhörner) und 16 der Steinköpfe, die einst die Außenmauer der Anlage zierten. Hier findet man außerdem den original Tello-Obelisken, eines der wichtigsten Werke der Chavín-Kunst, die je in den Anden entdeckt wurden.

In der Stadt gibt's ein paar anständige Hotels und Restaurants, aber die meisten Traveller entscheiden sich für einen langen Tagesausflug ab Huaraz (S. 949).

Busse von **Chavín Express** fahren nach Huaraz (10 S, 2 Std.).

CORDILLERA HUAYHUASH

Die Cordillera Huayhuash spielt oft die zweite Geige nach der Cordillera Blanca, hat aber eine ebenso beeindruckende Mischung aus Gletschern, Gipfeln und Seen zu bieten – und das alles in einer Gegend, die nur 30 km breit ist. Immer mehr Traveller entdecken dieses zerklüftete und abgelegene Gebiet, wo anstrengende, mehr als 4500 m hohe Pässe auch dem verwegensten Wanderer den Fehdehandschuh hinwerfen. Das Gefühl absoluter Wildnis – vor allem am noch gänzlich unberührten östlichen Rand – übt eine enorme Anziehungskraft aus. Hier begegnet man eher einem Andenkondor als einer Gruppe anderer Wanderer.

Mehrere Gemeinden auf der klassischen zehntägigen Tour verlangen eine Gebühr von 10 bis 35 S (wer den ganzen Trek machen möchte, zahlt noch 120 bis 160 S extra). Die Gelder werden für weitere Erhaltungsprojekte und die Verbesserung der Sicherheit für Wanderer verwendet. Man sollte diese Bemühungen unterstützen, indem man die Gebühren bezahlt, viele kleine Scheine mitbringt und um eine offizielle Quittung bittet.

NÖRDLICHES HOCHLAND

Große Gebiete unerforschten Urwalds und nebelverhangener Bergzüge bewachen die Geheimnisse des nördlichen Hochlands von Peru. Hier erstrecken sich Andengipfel und Nebelwald von der Küste bis in den tiefsten Amazonas-Urwald. Diese wilden Außenposten, in denen sich immer wieder Relikte von alten Kriegern und Inkakönigen finden, sind bis heute nur über ein paar unbefestigte holprige Straßen mit dem Rest der Welt verbunden.

CAJAMARCA

☎ 076 / 162 000 Ew.

Die kolonialen Pflasterstraßen von Cajamarca zeugen vom letzten Gefecht des mächtigen Inkareichs: Atahualpa, der letzte Inka, wurde hier von Pizarro besiegt und später auf dem Hauptplatz hingerichtet. Nur die atemberaubende Barock-, Gotik- und Renaissance-Architektur von Cajamarcas zahlreichen Kirchen ist heute noch erhalten. Die einzige Ausnahme bildet das Cuarto del Rescate, wo Atahualpa gefangen gehalten wurde – die letzte Inkaruine der Stadt. Heutzutage bedeckt fruchtbares Farmland das gesamte Tal rund um Cajamarca, das während der Regenzeit sogar noch grüner ist.

Praktische Informationen

BCP (Ecke Lima & Apurímac) Wechselt Reiseschecks und hat einen Visa-/MasterCard-Geldautomaten.
Clínica Limatambo (☎ 36-4241; Puno 265)
Dirección de Turismo (☎ 36-2903; El Complejo de Belén; ᅛ Mo–Fr 7.30–13 & 14.30–18 Uhr)
Interbank (2 de Mayo 546) An der Plaza de Armas; wechselt Reiseschecks und hat einen internationalen Geldautomaten.
Laundry Dandy (Puga 545) Praktisch.
M@x Net (Del Batán 177) Internetzugang.
Serpost (Apurímac 626) Postdienstleistungen.
Touristeninformationskiosk Neben der Iglesia de San Francisco.

Sehenswertes

Die folgenden zentral gelegenen Attraktionen sind von Dienstag bis Samstag offiziell von 9 bis 13 Uhr und von 15 bis 18 Uhr, sonntags nur von 15 bis 18 Uhr geöffnet. Anschriften gibt's nicht. Wer sie besuchen möchte, muss beim **Instituto Nacional de Cultura** (El Complejo de Belén; Eintritt 4,50 S; ᅛ Di–So 9–13 & 15–18 Uhr) ein Ticket kaufen, das für alle Stätten gilt.

Das einzige erhaltene Inkabauwerk der Stadt ist **El Cuarto del Rescate** (Lösegeld-Zimmer). Hier wurde aber nicht etwa Lösegeld aufbewahrt: Es ist die Kammer, in der Francisco Pizarro den Inka Atahualpa gefangen hielt, bevor er ihn letztlich töten ließ (s. S. 857). Das Ticket hierfür berechtigt am selben Tag auch zum Besuch von **El Complejo de Belén**, einer weitläufigen Anlage aus dem 17. Jh. mit einem kleinen Archäologiemuseum, sowie des **Museo de Etnografía**, das Ausstellungen über das traditionelle Leben im Hochland zeigt.

Das von der Universität geführte **Museo Arqueológico** (Del Batán 289; ᅛ Mo–Fr 8–14.30 Uhr) ist auf jeden Fall einen Abstecher wert; hier sind Artefakte aus der Cajamarcakultur zu sehen, die den Inka vorangin. Die **Iglesia de San Francisco** (Eintritt 3 S; ᅛ Mo–Fr 9–12 & 16–18 Uhr) blickt auf die Plaza de Armas und bietet Katakomben und ein Museum mit religiöser Kunst.

Der Hügel **Cerro Santa Apolonia** (Eintritt 1 S; ᅛ 7–18 Uhr) mit seinen Gärten und präkolumbischen Schnitzereien überblickt die Stadt. Am Ende der 2 de Mayo kann man die 100 Stufen hochschnaufen – die Aussicht von oben ist beeindruckend.

Atahualpa hatte vor seiner schicksalhaften Begegnung mit Pizarro sein Lager bei **Los Baños del Inca** (Eintritt 2 S, private Bäder pro Std. 4–5 S, Sauna/Massage 10–20 S; ᅛ 5–19.30 Uhr), den eindrucksvollen Quellen 6 km östlich von Cajamarca, aufgeschlagen. Um die Menschenmassen zu umgehen, sollte man vor 7 Uhr hier sein, besonders am Wochenende. *Colectivos* nach Los Baños del Inca fahren regelmäßig in der Sabogal ab, nahe der 2 de Mayo (0,70 S). Man kann ein eigenes Handtuch mitbringen oder bei den Händlern für 5 S eines kaufen. Übernachten kann man hier auch.

Das Aquädukt von **Cumbe Mayo**, 19 km außerhalb von Cajamarca, ist eine ebenso erstaunliche wie mysteriöse Meisterleistung der Präinka-Ingenieurskunst; es erstreckt sich über mehrere Kilometer über die kahlen Berggipfel. Vom Cerro Santa Apolonia ist die Stätte über eine ausgeschilderte Straße zu Fuß erreichbar. Die Wanderung dauert vier Stunden, wenn man nach Abkürzungen nimmt; die Einheimischen nach dem Weg fragen. Touren ab Cajamarca kosten 25 S.

Auf einem Hügel 8 km von Cajamarca entfernt befindet sich ein Präinka-Friedhof, der als **Ventanillas de Otuzco** bekannt ist. Man kann von Cajamarca oder Los Baños del Inca aus zu Fuß gehen oder den Besuch mit der Tour zu den *baños* (20 S) verbinden. Busse von Cajamarca fahren nördlich der Hauptplaza ab (1 S). Die besser erhaltenen *ventanillas* (Fenster) in Combayo, 30 km von Cajamarca entfernt, besucht man am besten im Rahmen einer Tour (200 S).

Zu den guten Reisebüros zählen **Mega Tours** (☎ 34-1876; www.megatours.org; Puga 691) und **Clarín Tours** (☎ 36-6829; www.clarintours.com; Del Batán 161).

Festivals & Events

Der **Carnaval** ist ein neuntägiges Festival mit Tanz, Essen, Gesang, Feierlichkeiten, Kostümen, Paraden und anderem buntem Treiben

956 NÖRDLICHES HOCHLAND •• Cajamarca

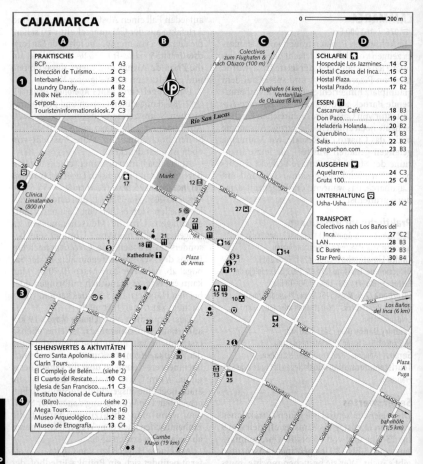

– hier sind die Wasserschlachten wesentlich schlimmer als anderswo (das kommt aber natürlich auch ganz auf den persönlichen Standpunkt an). Hotels treiben ihre Preise schon Wochen im Voraus ziemlich in die Höhe, sind aber trotzdem schnell ausgebucht, sodass Hunderte von Besuchern am Ende auf der Plaza schlafen.

Schlafen

Hostal Plaza (☎ 36-2058; hostalplaza_cajamarca@yahoo.es; Puga 669; EZ/DZ 30/55 S, ohne Bad 15/25 S) In diesem ramponierten Hostal auf der Plaza irren die Gäste schon mal allein durch die Gänge, während sich das Management hinter den Kulissen versteckt, aber die knarrenden Zimmer sind die billigsten an der Plaza.

Hostal Prado (☎ 36-6093; La Mar 582; EZ/DZ/3BZ 40/70/100 S, EZ/DZ ohne Bad 25/35 S) Eine Preisstufe höher, bietet dieses Haus hellere Beleuchtung und ordentliche Zimmer, aber die zur Straße hinaus sind ziemlich laut.

Hospedaje Los Jazmines (☎ 36-1812; www.hospedajelosjazmines.com; Amazonas 775; EZ/DZ/3BZ 50/80/100 S, EZ/DZ ohne Bad 40/60 S; 🖳) Dieses von einem Deutschen geführte *hospedaje* mit 13 Zimmern ist sehr ordentlich und wurde kürzlich renoviert. Die Zimmer mit Kabelfernsehen und warmen Duschen umgeben einen hübschen Innenhof und eine Hinterhof-Terrasse. Dass das Hotel oft Menschen mit Behinderungen einstellt, kann man ruhig mal lobend erwähnen.

Hostal Casona del Inca (☎ 36-7527; www.casonadelincaperu.com; 2 de Mayo 460; EZ/DZ/3BZ 60/100/120 S; 🖳)

Die skurrile, lustige Atmosphäre (hell, verwinkelte Wände) machen dieses Haus an der Plaza zur charismatischsten Alternative, aber der Personal ist sturköpfig bis zum bitteren Ende.

Essen

Rund um Cajamarca gibt's jede Menge Kühe – was soll man da bloß mit den ganzen Gehirnen machen? Na, essen! Die lokale Spezialität ist als *sesos* bekannt. Auch Naschkatzen müssen in der Stadt nicht unter Entzugserscheinungen leiden: Überall im Centro findet man königliche Bäckereien.

Heladería Holanda (Puga 657; Eiscreme 1,50–3 S) Nordperus beste Eiscreme hält die Kunden dieses hellen, wunderbaren Cafés, das sich auch in Sachen Probierhäppchen nicht lumpen lässt, bei bester Laune. Unbedingt die regionalen Geschmacksrichtungen wie *capuli*, *sauco* oder *poro poro* kosten.

Salas (Puga 637; Frühstück 3–12 S, Hauptgerichte 8–27 S) Eine renommierte, altmodische Cafeteria, die seit 1947 auf die Plaza de Armas lädt. Man kann die lokale Spezialität (*sesos* – hier mit „knuspriges" Hirn übersetzt), kosten, wenn man sich traut; ansonsten findet man sicher etwas unter den zahlreichen anderen Gerichten. Einer der wenigen Läden, die schon früh zum Frühstück öffnen.

Cascanuez Café (Puga 554; Hauptgerichte 5–24 S) Guter Kaffee und leckere Desserts.

Sanguchon.com (Junín 1137; Gerichte 5,50–12,50 S; abends) Laute Bar und Burger-Laden mit herrlich triefenden Sandwiches, die einen in einer wilden Nacht wieder auf den Boden holen.

Don Paco (Puga 726; Menü 8 S, Gerichte 6–28 S) Eine vielfältige Karte mit peruanischen und internationalen Köstlichkeiten, die Einheimische und Gringos gleichermaßen anzieht. Das Sandwich *lomo saltado* mit ordentlich *ají* ist ausgezeichnet. Vegetarische Alternativen gibt's auch.

Querubino (Puga 589; Hauptgerichte 15–26 S) Dieses schicke Restaurant ist auf Steaks und Lasagne spezialisiert. Das grüne andine Curry sieht aus wie ein Requisit aus *Der Exorzist* und ist in der Tat verflucht – verflucht lecker!

Ausgehen & Unterhaltung

Die besten Bars versammeln sich rund um die Ecke Puga/Gálvez.

Gruta 100 (Ecke Santisteban & Belén; Do–Sa 20 Uhr–open end) Stilvolle Kneipe mit angeschlossener Feuerstelle zum selbst Anfeuern und Hinterhof-Amphitheater. Zur Zeit der Recherche der Ort zum Sehen und Gesehen werden.

Aquelarre (Puga 846) Diese rustikale Kneipe hat sich an Los Angeles orientiert (kein Schild, kein gar nichts) und lässt sich nur finden, wenn man ihre versteckte Klingel betätigt. Hier tummeln sich bis in die frühen Morgenstunden Einheimische, Gringos und Angehörige des US-Friedenskorps. Das Konzept völlig ohne Schnickschnack kommt an.

LP Tipp Usha-Usha (Puga 142; Eintritt 5 S; Mo–Sa 21 Uhr–open end) In dieser winzigen, von Laternen erleuchteten und mit Graffiti übersäten Kneipe steckt mehr Charakter als in allen Bars mancher Länder zusammen! Der exzentrische einheimische Musiker Jaime Valera singt sich gemeinsam mit seinen Musikerfreunden die Seele aus dem Leib, und man geht mit einer unvergesslichen Reiseerinnerung nach Hause. Nicht verpassen!

An- & Weiterreise

BUS

Die meisten Busbahnhöfe liegen zwischen dem zweiten und dem dritten Block der Atahualpa, 1,5 km südöstlich der Stadt an der Straße nach Los Baños del Inca.

Viele Unternehmen haben Busse nach Chiclayo (25–45 S, 10 Std.), Trujillo (20–45 S, 10 Std.) und Lima (93–150 S, 16–18 Std.). **Línea** (36-3956; Atahualpa 318) und **Tepsa** (36-3306; Ecke Sucre & Reina Farje) schicken komfortable Busse nach Lima, **Cruz del Sur** (36-1737; Atahualpa 600) bietet luxuriöse *bus-camas* in diese Stadt.

Línea hat außerdem Busse nach Piura (39–49 S) über Chiclayo, von wo man nach Ecuador weiterreisen kann.

Ein paar Anbieter fahren auch Celendín (10 S, 4 Std.) an. Hinter Celendín sind die Verbindungen nach Chachapoyas jedoch unzuverlässig und die Straßen schlecht, wenngleich die Landschaft wunderschön ist. Einfacher erreicht man Chachapoyas von Chiclayo aus (s. S. 942). Falls man die tückische Reise hinter Celendín nach Chachapoyas riskieren muss: **Móvil Tours** (34-0873; Atahualpa 405) wagt sich auf die Strecke (50 S, 12 Std.).

FLUGZEUG

Der **Flughafen** (CJA; 34-2689) liegt 4 km nördlich der Stadt. Nahverkehrsbusse nach Otuzco fahren mehrere Blocks nördlich der Plaza ab und am Flughafen vorbei (1 S); Taxis sind schneller (7 S), aber günstiger geht's mti den rikschaartigen *mototaxis* (3 S). **LAN** (☎ 36-7441; www.lan.com; Cruz de Piedra 657), **Star Perú** (☎ 36-0198; www.starperu.com; Junín 1300) und **LC Busre** (☎ 36-1098; www.lcbusre.com.pe; Lima 1024) fliegen täglich nach bzw. ab Lima.

CHACHAPOYAS
☎ 041 / 23 000 Ew.

Die Kolonialstadt Chachapoyas wirkt vollkommen fehl am Platz, sowohl als unwahrscheinliche Hauptstadt des Bezirks Amazonas als auch angesichts der Tatsache, dass sie eher von Berglandschaft als von Urwald umgeben ist. Aber „Chacas" ist eine lebendige Marktstadt und der ideale Ausgangsort zur Erkundung der umliegenden Wasserfälle und Wanderrouten sowie von Kuélap: Diese grandiosen Ruinen wurden von einer wilden Nebelwald-Zivilisation zurückgelassen, die ab dem Jahr 800 bis zur Ankunft der Inka in den 1470er-Jahren hier regierte.

Praktische Informationen
Die meisten der folgenden Dienstleister sind an der Plaza de Armas, wo sich auch Internetcafés und verschiedene Läden befinden, die US-Dollar wechseln.
BCP (Plaza de Armas) Wechselt US-Dollar und Reiseschecks und hat einen Visa-/MasterCard-Geldautomaten.
Lavandería Speed Clean (Ayachuco 964; ☾ Mo 7–21 Uhr) In einem Reisebüro.
Serpost (Ortiz Arrieta 632) Postdienstleistungen; gleich südlich der Plaza.
Touristeninformation (☎ 47-7292; Ortiz Arrieta 588; ☾ Mo–Sa 9–13 & 15.30–20.30, So 16–20 Uhr)

Sehenswertes & Aktivitäten
Tagestouren ab Chacas legen ihren Schwerpunkt auf Kuélap (s. S. 959). Reisebüros finden sich rund um die Plaza. **Turismo Explorer** (☎ 47-8060; www.turismoexplorerperu.com; Ecke Amazonas & Grau) hat einen guten Ruf, aber die Konkurrenz ist hart. Die Trockenzeit (Mai–Sept.) ist die beste Zeit für Wanderungen, u. a. für den Fünf-Tages-Trek **Gran Vilaya** ins Valle de Belén oder die dreitägige Wanderung zur **Laguna de los Cóndores** zu Fuß und zu Pferde.

Schlafen
Hotel Karajía (☎ 31-2606; 2 de Mayo 546; EZ/DZ 25/35 S, EZ ohne Bad & TV 15 S, EZ ohne Bad 20 S) Die Budgetoption in Hochform bekommt jede Menge Anerkennung für ihr Je-nach-Bedarf-Preissystem, das es Travellern erlaubt, auf TV und Bad zu verzichten und so ein paar Soles zu sparen.

Hotel Plaza (☎ 47-7787; Grau 534; EZ/DZ/3BZ 30/40/60 S) Wie im Revash haben auch die großen, gemütlichen Zimmer mit renovierten Bädern hier ein gutes Preis-Leistungs-Verhältnis. Oben gibt's ein Terrassen-Restaurant mit Blick auf die Plaza. Allerdings ist das Plaza durchschnittlich 1 S teurer als das Revash, das demselben Besitzer gehört.

Hotel Revash (☎ 47-7391; revash@terra.com; Grau 517; EZ/DZ/3BZ 50/110/130 S; ☐) Der Innenhof dieses klassischen Herrenhauses ist schon eher verwildert als charmant zu nennen, aber wer hier übernachtet, bekommt trotzdem ein tolles Schnäppchen und dazu sengend heiße Duschen. Die Zimmer sind bunt und schrullig, aber auf nette Art. Man ist hier zwar ziemlich aufdringlich, was das Buchen von Touren bei der hauseigenen Agentur angeht, aber die Gäste sind mit den Trips in der Regel sehr zufrieden.

Casa Vieja (☎ 47-7353; www.casaviejaperu.com; Chincha Alta 569; EZ/DZ/3BZ inkl. Frühstück 85/135/180 S; ☐) Peruanischer Schnickschnack und antike Radios zeichnen diese knarrende, klassische Villa aus, die in einer Seitenstraße der Plaza liegt. Im unglaublich charmanten Innenhof zwitschern die Vögel, und die Zimmer sind hell und protzen mit handgearbeitetem Dekor, Kabelfernsehen und warmen Duschen. Frühstück (im Bett!) ist ebenfalls erhältlich.

Essen & Ausgehen
Unbedingt mal *juanes* (in *bijao*-Blättern gedünsteter Fisch, Rind oder Hühnchen mit Oliven) kosten, das hier mit Yucca anstatt Reis serviert wird.

Panificadora San José (Ayacucho 816; Gerichte 3–8,50 S) Eine ausgezeichnete, schon früh geöffnete Bäckerei mit kleinem Restaurant, in dem man wunderbar Kaffee, Desserts, Sandwiches und jede Menge regionaler Spezialitäten, z. B. Tamale, *humitas* (Maisknödel) und *juanes*, genießen kann.

505 Pizza-Bar (2 de Mayo 505; Pizza 4–28 S) Zu hip für Chachapoyas! Diese Pizza-Bar mixt 96 verschiedene Cocktails, wobei der seltsamste sicher der Sambito (Malzbier, Inka-Cola, *pisco* und Wodka) ist: Sein Geschmack ist wirklich gewöhnungsbedürftig.

La Tushpa (Ortiz Arrieta 753; Gerichte 6–30 S) Der Rotwein des Hauses ist furchtbar, was erklärt, weshalb die Einheimischen, die diesen Laden stets füllen, lieber Inka-Cola zu den ausgezeichneten Steaks und Koteletts trinken. Der langsame Service wird schnell verziehen. Die hauseigenen Saucen sind ebenfalls ein wahres Gedicht.

La Reina (Ayacucho 520) Ein sehr künstlerischer Ort für ein gepflegtes und noch dazu günstiges Besäufnis mithilfe exotischer Obst- und Amazonas-Liköre. Unbedingt den *maracuyá* probieren!

An- & Weiterreise

Busse nach Chiclayo (30–40 S, 9–11 Std.) und weiter nach Lima (100–115 S, 22 Std.) fahren über eine hinter Pedro Ruíz asphaltierte Straße. Verbindungen gibt's von **Transervis Kuélap** (☎ 47-8128; Ortiz Arrieta 412), **Civa** (☎ 47-8048; Salamanca 956) und **Transportes Zelada** (☎ 47-8066; Ortiz Arrieta 310), aber **Móvil Tours** (☎ 47-8545; Libertad 464) ist am komfortabelsten.

Transportes Roller (Grau 302) schickt Busse nach Kuélap (15 S, 2½ Std.), die allerdings sehr travellerunfreundlich um 3.30 Uhr abfahren; Rückfahrt ist um 7.30 Uhr in Kuélap. Taxen nach Kuélap fahren den ganzen Tag über und warten, bis man mit der Tour fertig ist (hin & zurück 120 S).

Häufig bringen einen *colectivos* nach Tingo (8 S, 1½ Std.), die manchmal auch bis nach María (15 S, 3 Std.) weiterfahren. *Colectivos* verkehren außerdem nach Pedro Ruíz (12 S, 1½ Std.), wo die Busse nach Tarapoto (30 S, 6 Std.) im Osten halten.

KUÉLAP

In ihrer Pracht nur durch die Ruinen von Machu Picchu übertroffen, thronen die fantastischen Überbleibsel dieser Präinka-**Zitadelle** (Eintritt Erw./Student 12/7 S; ⓥ 8–12 & 13–17 Uhr) hoch in den Bergen südöstlich von Chachapoyas. Sie wurde zwischen 900 und 1100 errichtet. Die Stätte (Höhe: 3000 m) zieht erstaunlich wenige Besucher an, aber wer hierher kommt, sieht einige der bedeutendsten und eindrucksvollsten präkolumbischen Ruinen in ganz Südamerika.

Die meisten Reisenden besuchen Kuélap auf einer Tagestour von Chachapoyas aus. Aber wer hier übernachten will, kann unterhalb der Ruinen in den kargen Zimmern des **Hospedaje El Bebedero** (Zi. pro Pers. 4–15 S) absteigen, die allerdings weder Strom noch fließend Wasser bieten – Schlafsack und Zubehör zur Wasserreinigung mitbringen. In **María**, dem nächstgelegenen Dorf, gibt's auch ein paar *hospedajes*. In allen zahlt man 15 S pro Person, aber das **Hospedaje El Torreón** (☎ 041-81-3038) ist am besten.

TARAPOTO

☎ 042 / 117 000 Ew.

Die schwüle, lethargische Regenwald-Großstadt Tarapoto schwankt unsicher zwischen dem tropischem Amazonasbecken und den verwitterten Hügeln am Fuße der Anden hin und her. Wenn es die lange Nabelschnur in Form einer Asphaltstraße nicht gäbe, die die Stadt mit dem Rest des Landes verbindet, wäre sie ebenso isoliert – und beinahe so verrückt – wie Iquitos. In letzter Zeit hat sich Tarapoto aber zu einem beliebten Basislager für *ayahuasca*-Gelage (ein halluzinogenes Gebräu aus Urwaldwein) entwickelt, die vor Ort organisiert werden können. Die meisten Traveller kommen hier jedoch nur auf ihrem Weg nach Yurimaguas vorbei, wo die Boote in Richtung Iquitos abfahren.

Praktische Informationen

Internetcafés gibt's überall.

BCP (Maynas 130) Wechselt Reiseschecks und hat einen Geldautomaten.

Clínica San Martín (☎ 52-3680; San Martín 274; ⓥ 24 Std.) Bietet medizinische Versorgung.

Büro der Touristeninformation (Hurtado s/n; ⓥ Mo–Sa 8.30–20, So 9–13 Uhr) Touristeninformation auf der Nordwestseite der Plaza.

Geführte Touren

Chancas Expeditions (☎ 52-2616; www.geocities.com/amazonrainforest; Rioja 357) Bietet die Organisation von Raftingtrips an.

Kunter Journeys (☎ 52-8629; www.kunterjourneys.com; Los Flores 124) Senkrechtstarter unter niederländischer Leitung, der auf Nachhaltigkeit ausgerichtete Touren in den Urwald bei Ilucanayacu anbietet. Dabei übernachten die Teilnehmer in einer handgebauten Regenwald-Lodge.

Lucho Romero Sanchez (☎ 942-61-4189; larsa_44@hotmail.com) Vertrauenswürdiger *ayahuasca*-Führer.

Quiquiriqui Tours (☎ 52-4016; www.quiquiriquitours.com; Pimentel 309; ⓥ 8–19 Uhr) Reisebüro mit Komplettservice für Touren in die umliegenden Dörfer und zu Naturattraktionen.

Schlafen

Hospedaje Misti (☎ 52-2439; Prado 341; EZ/DZ/3BZ 20/40/60 S) Der grüne Innenhof und die freundliche Rezeption verschaffen diesem Haus einen Vorsprung gegenüber den ansonsten ähnlichen Alternativen in dieser Preisklasse. Nur kalte Duschen.

Hostal San Antonio (☎ 52-5563; bonyta007@hotmail.com; Pimentel 126; EZ/DZ 25/30 S) Die Laternen in diesem einfachen, aber preiswerten Hostal sind eine nette Idee, und warmes Wasser und Kabelfernsehen gibt's auch.

Alojamiento July (☎ 52-2087; Morey 205; EZ/DZ/3BZ 30/40/60 S) Urwald-Wandgemälde, endlose Perlenreihen und jede Menge Schnickschnack zieren die Flure, und die sporadischen Sonnenstrahlen verleihen dieser preiswerten Option zusätzlichen Charme. Die Zimmer haben elektrische heiße Duschen, Kabelfernsehen und Minikühlschränke.

La Patarashca (☎ 52-3899; www.lapatarashca.com; Lamas 261; EZ/DZ/3BZ inkl. Frühstück 40/60/90 S; Hauptgerichte 14–26 S; 🖥) Auch wenn es in letzter Zeit ein paar Auflösungserscheinungen zeigt (in unserem Zimmer lag eine sehr schwangere Katze, die durch die Decke gekracht war, und von dem schwachen Uringeruch wollen wir gar nicht erst anfangen), macht sein tropisches Flair das *hospedaje* trotzdem noch zu einer charmanten Alternative. Es gibt Kabelfernsehen, Hängematten und kalte Duschen. Die zweisprachigen Aras sind ein echter Spaß, allerdings nur so lange, bis sie einem das Frühstück klauen! Das angeschlossene Restaurant serviert Amazonas-Spezialitäten – das beste Essen der Stadt.

Essen & Ausgehen

Banana's Burgers (AA de Morey 114; Hauptgerichte 5–12 S; ⏰ 24 Std.) Dieser Burger-Laden bietet oben eine laute Bar und hat die ganze Nacht über geöffnet.

Café D'Mundo (AA de Morey 157; Hauptgerichte 14–20 S) Stimmungsvoller Kerzenschein gibt in dieser stilvollen Café-Bar, die gute Pizza und Pasta serviert, den Ton an. In der Freiluftlounge kann man ganz wunderbar einen amazonischen Abend ausklingen lassen.

La Collpa (Circunvalación 164; Hauptgerichte 20–28 S; ⏰ 10–23 Uhr) Hier kann man die Urwaldluft förmlich riechen: Das Restaurant steht auf Bambusstelzen, bietet eine tolle Aussicht auf den Regenwald und ist auf Urwald-Grillgerichte und Flussfisch spezialisiert.

Stonewasi Taberna (Lamas 222; ⏰ So geschl.) Der angesagteste Laden in ganz Tarapoto: drinnen eine Bar mit Beatles-Motto, draußen eine belebte Terrasse. Die Musik ist ebenso vielfältig wie das Publikum.

La Alternativa (Grau 401) Eine kleine Bar mit Regalen voller verstaubter Flaschen mit hausgemachten amazonischen Mittelchen. Das Viborachado, ein starkes Schlangengift-Aphrodisiakum, ist der Bestseller. Einfach mal ausprobieren!

Anreise & Unterwegs vor Ort

Der **Flughafen** (TPP; ☎ 53-1165) liegt 3 km südwestlich des Stadtzentrums. **LAN** (☎ 52-9318; Hurtado 103) fliegt täglich nach bzw. ab Lima, **Star Perú** (☎ 52-8765; San Pablo de la Cruz 100) täglich nach Lima und montags, mittwochs, freitags und sonntags nach Iquitos. Ein *mototaxi* in die Stadt kostet 6 S.

Die meisten Busunternehmen befinden sich in der Salaverry im Bezirk Morales. **Móvil Tours** (☎ 52-8240) und **El Sol Peruano** (☎ 53-1861) sind am besten. Busse Richtung Westen fahren über die Asphaltstraße nach Chiclayo (35–65 S, 14 Std.), Trujillo (80 S, 17 Std.), Piura (52 S, 17 Std.) und Lima (80–130 S, 26 Std.). **Expreso Huamanga** (☎ 52-7272) verbindet mit Pedro Ruíz (25 S, 7 Std.), wo man in ein *colectivo* oder ein Taxi umsteigen muss, um Chachapoyas (12 S, 1½ Std.) zu erreichen; alternativ halten auch fast alle Busse Richtung Osten in Pedro Ruíz. **Transmar** (⏰ 53-2392; Amorarca 117) fährt montags, mittwochs und freitags um 8 Uhr nach Pucallpa (90 S, 19 Std.).

Eine holprige Straße führt von Tarapoto Richtung Osten nach Yurimaguas. Minibusse, Pick-Ups und *colectivos* nach Yurimaguas (25 S, 6 Std.) fahren am Markt im östlichen Vorort Banda de Shilcayo ab. **Paredes Estrella** (☎ 52-1202), in der Salaverry, bietet billigere, langsamere Busverbindungen nach Yurimaguas (10 S, 4 Std.).

Eine kurze Fahrt mit dem *mototaxi* durch die Stadt kostet 2 S, zum Busbahnhof bzw. Flughafen 2 S bzw. 5 S.

AMAZONASBECKEN

Perus Amazonasbecken, von dichtem primären und sekundären Urwald umgeben, ist ebenso undurchdringlich wie verwirrend – eine exotische, isolierte Grenzregion, die zu allen Seiten hin aufregende Urwaldabenteuer bietet. Iquitos, die größte Stadt der Gegend, ist das Tor zu Expeditionen am Amazonas, wie man sie nur einmal erlebt, aber auch die Einsamkeit und die Ende-der-Straße-Atmosphäre der Stadt sind ungeheuer faszinierend (auch wenn die Straße eigentlich schon in Yurimaguas endet). Von Pucallpa und Yurimaguas kann man mit dem Slowboat über die Wasserstraßen nach Iquitos fahren, das ansonsten nur auf dem Luftweg erreichbar ist. Der größte Stausee des Landes, die Reserva

Nacional Pacaya-Samiria, ist größer als New Jersey und das Zuhause von 449 Vogelarten und Amazonasdelfinen.

Der weiter südlich gelegene Parque Nacional Manu gehört zum Weltnaturerbe der UNESCO. Er ist eines der ursprünglichsten Tarzan-Territorien weltweit – und einer der besten Orte in ganz Südamerika, um die tropische Tier- und Pflanzenwelt zu erleben. Rund um Puerto Maldonado locken Urwald-Lodges an den Flüssen Madre de Dios und Tambopata (Letzterer liegt in der Reserva Nacional Tambopata): zwei weitere unberührte Orte in Peru, die sich wunderbar für Naturbeobachtungen und Urwaldabenteuer eignen.

PUERTO MALDONADO
☎ 082 / 56 500 Ew.

Das dieselverseuchte Puerto Maldonado, die Hauptstadt der Region Madre de Dios, ist das heruntergekommene, beinahe völlig ungepflasterte Epizentrum des südlichen peruanischen Amazonasgebiets. Es ist die am wenigsten fesselnde Touristenstadt Perus – wäre sie nicht das Tor zu einem der famosesten Urwälder in Südamerika, hätte man wohl nie von ihr gehört (höchstens wegen der Handvoll toller Bars). All das könnte sich ändern, wenn der Interoceánica Highway den Atlantik über Brasilien mit dem Pazifik verbindet, aber bis dahin sollte man es so machen wie die meisten anderen und nur hier aufschlagen, um sich bald darauf in eine wilde, exotische Amazonas-Lodge fortreißen zu lassen.

Praktische Informationen
BCP (Plaza de Armas) Geldautomat.
Cyberc@t (Loreto 268; 2 S/Std.) Internet.
Dircetur Flughafen (Gepäckabholung, Flughafen; ☺ Mo–Fr 10–13 Uhr); Zentrum (☺ 57-1164; San Martín s/n; ☺ 7–13 & 14–16 Uhr) Städtische Touristeninformation.
Hospital EsSalud (☎ 57-1711) Versorgt Touristen nur bei Notfällen.
Lavandería Fuzzy Dry (Velarde 898; 4,50 S/kg) Wäscherei – billiger, wenn die Ladung nicht am selben Tag fertig sein muss.
Serpost (Velarde 675) Postdienstleistungen.

Geführte Touren
Wer vorab keine Fluss- oder Urwaldtour (s. Kasten S. 962) gebucht hat, kann sich an

PUERTO MALDONADO

SCHLAFEN
Hospedaje Royal Inn..........5 B2
Hostal Cabaña Quinta........6 B1
Hostal Moderno................7 C1

ESSEN
El Califa..........................8 A1
El Hornito........................9 C1
La Casa Nostra................10 B2
La Vaka..........................11 C1
Los Gustitos del Cura........12 C1

AUSGEHEN
Plaza Bar........................13 C1
Tsaica............................14 C1

UNTERHALTUNG
Discoteca Witite..............15 C1

TRANSPORT
LAN..............................16 B2
Madre-de-Dios-Fähranleger.17 D1
Bootsverleih..............(siehe 17)
Star Perú........................18 C1
Transportes Imperial.........19 A2

PRAKTISCHES
BCP...............................1 C2
Cyberc@t........................2 C1
Lavandería Fuzzy Dry........3 B3
Serpost..........................4 B2

verschiedene einheimische Führer wenden. Manche sind sehr renommiert und erfahren, andere nur an schnellem Geld interessiert; erst umschauen und nie vorab für eine Tour bezahlen! Wenn man sich auf einen Preis geeinigt hat, sollte man sicherstellen, dass die Rückreise inbegriffen ist. Offiziell lizenzierte Führer verlangen um die 90 S pro Person und Tag (Parkgebühren nicht eingeschlossen), je nach Ziel und Anzahl der Teilnehmer. Bootsfahrten – anders kommt man in der Regel nicht aus Puerto Maldonado raus – sind notorisch überteuert.

Schlafen

Man sollte sich vor überteuerten Angeboten in Acht nehmen. Außerhalb der Stadt befinden sich ein paar Urwald-Lodges (s. Kasten unten).

Hostal Moderno (☎ 30-0043; machivj@yahoo.es; Billinghurst 359; Zi. 15 S/Pers.) Trotz des Namens gibt's dieses einfache schindelgedeckte Haus schon seit Jahrzehnten. Es bietet karge Zimmer, einen altmodischen Charakter und Service mit einem Lächeln.

Anaconda Lodge (☎ 982-61-1039; www.anacondajunglelodge.com; Zeltplatz 20 S/Pers., EZ/DZ 100/160 S, ohne Bad 50/80 S; ⓢ) In dieser recht neuen Lodge unter Schweizer-thailändischem Management wird man sich in dieser Preiskategorie (und darunter) viel wohler fühlen, als wenn man in der Stadt absteigt: Sie liegt mitten in einem botanischen Garten neben dem Flughafen und ist fast unmöglich mit Worten zu beschreiben. Sie vermietet einfache, aber ordentliche Bungalows mit Moskitonetzen, hat einen kristallklaren Pool und – Trommelwirbel, bitte! – serviert wundervolles thailändisches Essen. Es gibt also überhaupt keinen Grund, sich hier wegzubewegen, bevor man zu seinem Urwaldabenteuer aufbricht.

Hospedaje Royal Inn (☎ 57-3464; mitsukate@yahoo.com; 2 de Mayo 333; EZ/DZ 30/40 S; 🖥) Auch wenn sich das Personal eher fürs Chatten zu interessieren scheint und das Gebäude eigentlich nur ein halbfertiges Monstrum ist, sind die Zimmer gar nicht übel: sauber und geräumig. Die beiden Papageien beleben den Innenhof.

Hostal Cabaña Quinta (☎ 57-1045; www.hotelcabanaquinta.com.pe; Cusco 5353; EZ/DZ mit Klimaanlage 120/160 S, ohne Klimaanlage 70/120 S; 🖥 ✱) Eine fantastische Mittelklasseoption mit Mosaikpfaden im Freien, die durch Urwaldgrün führen, das man ruhig mal erkunden kann, wenn man in der Stadt festsitzt. Frühstück ist im Preis inbegriffen – eines der besten Schnäppchen in ganz Peru.

Essen

Zu den regionalen Spezialitäten gehören *chilcano* (Suppe mit Fischstücken und Koriander) und *parrillada de la selva* (mariniertes

---

IN DIE VOLLEN! (ODER DOCH FREIWILLIGENARBEIT?)

Ab Puerto Maldonado reihen sich Dutzende von Urwald-Lodges am Río Tambopata bzw. Río Madre de Dios aneinander. Die Lodges und Urwaldtouren sind sehr teuer, bieten aber oft eine beinahe lebensverändernde Erfahrung.

Am Río Tambopata stellt **Inotawa** (☎ 57-2511; www.inotawaexpeditions.com; Av Aeropuerto 107, Puerto Maldonado; 3-Tage-/2-Nächte-Tour ab 764 S/Pers.) auf Wunsch mehrsprachige Führer zur Verfügung, und Freiwillige zahlen nur 480 S pro Woche.

Am Madre de Dios vermietet **Inkaterra Reserva Amazónica** (☎ in Lima 01-610-0410, in Cusco 084-23-4010; www.inkaterra.com; 3-Tage-/2-Nächte-Tour EZ/DZ 1924/1547 S) Luxusunterkünfte in einem privaten Schutzgebiet von 12 000 ha Größe. Hier gibt's eine der umfangreichsten Baumkronen-Promenaden in ganz Südamerika.

Am Lago Sandoval, einem sicheren Hafen für die exotische Tier- und Pflanzenwelt, kann man in der familiengeführten **Willy Mejía Cepa Lodge** (☎ 982-68-2734; Zi. ohne Bad inkl. Mahlzeiten 65 S/Pers.) seit fast zwei Jahrzehnten einfache Backpacker-Unterkünfte und Expeditionen in spanischer Sprache genießen.

Im **Picaflor Research Centre** (picaflor_rc@yahoo.com; Tacna 386, Puerto Maldonado), 74 km von Puerto Maldonado entfernt, variieren die Freiwilligenpreise je nach Projekt, aber 110 S pro Tag inklusive Mahlzeiten und Transport von Puerto Maldonado sind ein realistischer Richtwert.

Wer die **Reserva Nacional Tambopata** besuchen möchte, muss im **Parkbüro** (☎ 57-3278; 28 de Julio, Cuadra 8; ⏰ Mo–Fr 8–13 & 15–17, Sa 9–12 Uhr) eine Eintrittserlaubnis (30–75 S) kaufen, bevor er Puerto Maldonado verlässt.

> **EINREISE NACH BRASILIEN & BOLIVIEN**
>
> Eine unbefestigte Straße führt von Puerto Maldonado nach **Iñapari** an der brasilianischen Grenze. *Colectivos* von **Transportes Imperial** (☎ 57-4274; lca 547) nach Iñapari (35 S, 4 Std.) fahren los, sobald sich vier Passagiere gefunden haben. In Iberia, 170 km nördlich von Puerto Maldonado, und in Iñapari, weitere 70 km hinter Iberia, gibt's ein paar einfache Hotels. In Iñapari werden die peruanischen Ausreiseformalitäten abgewickelt; hier kann man den Río Acre mit der Fähre oder über die Brücke nach Assis in Brasilien überqueren, das bessere Hotels und eine Asphaltstraße über Brasiléia nach Río Branco bietet.
>
> In Puerto Maldonado kann man sich für ca. 400 S ein Boot für die Halbtagesreise nach Puerto Pardo an der bolivianischen Grenze mieten. Billiger ist die Überfahrt auf einem der häufigen Frachtboote. Man sollte auf keinen Fall den Ausreisestempel in der **Einreisestelle** (☎ 57-1069; 28 de Julio 467; Mo-Fr 8–13 & 14.30–16 Uhr) in Puerto Maldonado vergessen, bevor man Peru verlässt. Puerto Heath liegt nur wenige Minuten mit dem Boot von Puerto Pardo entfernt; es dauert aber mehrere Tage (manchmal sogar Wochen), sich ein (teures) Boot nach Riberalta zu organisieren, von wo es Verbindungen sowohl über den Land- als auch über den Luftweg gibt. Wer in der Gruppe reist, kann sparen, und man sollte die Monate vermeiden, in denen das Wasser zu flach ist. Eine weitere Option für die Reise nach Brasilía ist es, den Río Acre mit der Fähre oder über die Brücke nach Cobija (auf der brasilianischen Seite) zu überqueren, wo es ein paar Hotel und sporadische Flugverbindungen gibt. In der Trockenzeit führt außerdem eine Schotterstraße nach Riberalta.
>
> Details zur Einreise von Brasilien nach Peru stehen auf S. 409.

Grillfleisch in einer feinen Sauce aus *ají* und Paranüssen).

Los Gustitos del Cura (Loreto 258; Snacks 1–6 S) Für die beste Eiscreme und die besten Desserts der Stadt muss man sich in diese Konditorei unter Schweizer Leitung begeben.

La Casa Nostra (2 de Mayo 287; Sandwiches 2,50–7 S, Frühstück 7,50–11,50 S) Nettes Café für Frühstück, Sandwiches, tropische Säfte und Kaffee (den wässrigen Espresso sollte man aber meiden).

El Califa (Piura 266; Hauptgerichte 9–15 S; mittags) Einmal wie die Einheimischen in schöner Atmosphäre zu Mittag essen: Dieses Lokal in einer staubigen Seitenstraße ist immer voll und serviert leckere regionale Spazialitäten, z. B. Palmherzensalat, *juanes* (So & Mo), gebratene Kochbananen und Wildgerichte.

La Vaka (Loreto 224; Hauptgerichte 11–23 S; abends) Dieses angesagte Steak-Restaurant wird von ein paar ganz lässigen Typen geführt, die auf *lomo* mit regionalen Saucen spezialisiert sind. Dazu wird ein nicht minder scharfer Soundtrack gespielt.

El Hornito (Carrión 271; Pizza 14–36 S; abends) Hier kommen riesige Teller voller Pasta und Holzofenpizzen auf den Tisch.

Ausgehen & Unterhaltung

Der bekannteste Nachtklub ist die **Discoteca Witite** (Velarde 151; Fr & Sa). Die Kneipen **Plaza Bar** (Loreto 326) und **Tsaica** (Loreto 329) stehen sich auf der Loreto gegenüber und liefern sich ein Duell um die Scheine des trinkfreudigen Publikums: Die Plaza Bar lockt stilvoll und trendy, das Tsaica versucht es mit indigenem Schick.

Anreise & Unterwegs vor Ort

BUS

Busunternehmen, die sich auf die in der Entstehung befindliche Straße nach Cusco wagen, findet man im 5. Block der Tambopata. Die Fahrt in den normalen Bussen dauert schier ewig und ist unangenehm holprig. **Civa** (☎ 982-72-0884), **Internacional Iguazú** (☎ 50-3859) und **Maldonado Tours** (☎ 50-3032) sind die besten Adressen für die 18- bis 20-stündige Reise (50 S), wobei Iguazú angeblich am schnellsten unterwegs ist – manchmal bietet es auch Verbindungen mit *semi-camas* (eine Stufe unter den *bus-camas*) an.

FLUGZEUG

Der **Flughafen** (PEM) liegt 7 km westlich der Stadt; *mototaxis* dorthin kosten 10 S. **Star Perú** (☎ 79-6551; Velarde 151) und **LAN** (☎ 57-3677; Velarde 503) fliegen täglich über Cusco nach Lima.

SCHIFF/FÄHRE

Sich am Madre-de-Dios-Fähranleger ein Boot für Ausflüge oder eine Reise an die bolivianische Grenze zu leihen, ist ein teurer Spaß. Boote stromaufwärts nach Manu sind schwer zu finden.

PARQUE NACIONAL MANU

Der **Parque Nacional Manu** erstreckt sich über eine Fläche von fast 20 000 km² und wird allgemein als unberührtester, bestgeschützter Urwaldraum der ganzen Welt angesehen. Die UNESCO-Weltnatuererbestätte ist deshalb auch einer der besten Orte in Südamerika, um die tropische Tier- und Pflanzenwelt näher kennenzulernen. Beginnend an den östlichen Hängen der Anden, taucht der Park dann ins Tiefland hinab und schließt ein großes Nebel- und Regenwaldgebiet ein, in dem 1000 Vogelarten sowie 13 Primatenarten, Gürteltiere, Wickelbären, Ozelots, Flussschildkröten, Kaimane und unzählige Insekten, Reptilien und Amphibien leben. Zu den selteneren Exemplaren zählen Jaguare, Tapire, Große Ameisenbären, Tamanduas, Wasserschweine, Pekaris, die beinahe ausgestorbenen Riesenflussottern und – vielleicht am erstaunlichsten – indigene Stämme von Jägern und Sammlern, die noch nie Kontakt zur Außenwelt hatten!

Die beste Zeit für einen Besuch des Parks ist nach der Regenzeit (April–Nov.). Manu ist während der nassesten Monate (Jan.–März) schwerer zu erreichen, aber die meisten autorisierten Unternehmen veranstalten trotzdem (recht feuchte) Touren.

Es ist verboten, den Park ohne lizenzierten Führer und Erlaubnisschein zu betreten; man kann die Tour auch in Reisebüros in Cusco (s. S. 913) buchen. Transport, Unterkunft und Verpflegung gehören zum Tourpaket. Achtung: Nicht alle Anbieter fahren tatsächlich in den Park – nur acht Agenturen dürfen das. Andere bieten billigere „Manu-Touren" an, die nur Gegenden außerhalb des Parks besuchen, aber die Tier- und Pflanzenwelt ist dort fast genauso spektakulär.

Die Kosten hängen davon ab, ob man über den Land- oder den Luftweg an- und abreist, aber normalerweise liegen sie bei 3885 S für fünf Tage und vier Nächte mit dem Flugzeug bzw. 3585 S für neun Tage und acht Nächte bei Anreise auf dem Landweg. Man sollte weit im Voraus buchen, aber trotzdem einen flexiblen Reiseplan mitbringen, da die Touren oft erst einen Tag später zurückkehren. Campen ist nur in der Mehrzweckzone erlaubt (nicht im Schutzgebiet selbst).

Für unabhängige Reisende besteht die Möglichkeit, die Umgebung des Schutzgebiets auch ohne Tour zu besuchen, aber das ist sehr zeitaufwendig und teilweise gefährlich. Wer unbedingt allein reisen will: Busse fahren montags, mittwochs und freitags von der Av Huáscar in Cusco nach Pillcopata (18 S, 10 Std. bei gutem Wetter), wo man mit einem Laster nach Itahuania (etwa 40 S, 12 Std.) weiterfahren muss: Bis dort wurde die Straße mittlerweile ausgebaut (der erste befahrbare Abschnitt des Flusses beginnt in Atalaya, aber sich dort ein Boot auszuleihen, ist verboten teuer). Von Itahuania kann man mit einem Frachtboot auf dem Alto Madre de Dios weiter zum unteren Teil des Madre de Dios und bis nach Blanquillo (ca. 60 S, 6 Std.) fahren, wo Aras an der Salzlecke futtern.

Die Bootsfahrt den Alto Madre de Dios hinunter zum Río Manu dauert fast einen ganzen Tag. Ein paar Minuten vor dem Dorf Boca Manu befindet sich eine Landebahn, die oft der Start- oder Endpunkt kommerzieller Touren in den Park ist. Der Eintritt in den Park kostet 150 S, und von hier geht's nur mit einem Führer und einem Erlaubnisschein weiter.

Trotz seiner Schutzmaßnahmen und der erstklassigen Lage sieht der Park jedes Jahr nur wenige Besucher und ist durch Drogenschmuggler, illegale Abholzungen und illegale Goldschürfer dreifach bedroht.

PUCALLPA

☎ 061 / 205 000 Ew.

Eine Reise ins verfallene Pucallpa ist wie ein Besuch bei den Schwiegereltern: Es macht keinen Spaß, muss aber sein. Trotz ihres Mangels an versöhnlichen Eigenschaften bietet die Hauptstadt des Bezirks Ucayali eine willkommene Luftveränderung nach der langen Busfahrt von den kalten, felsigen Anden hierher – und die Aussicht auf den reißenden Río Ucayali, der an der ziemlich netten *malecón* (Uferpromenade) durch die Stadt rauscht, ist wirklich beeindruckend. Reisende kommen entweder her, weil sie nach Flussbooten suchen, die sie über den ersten befahrbaren Abschnitt des Amazonas nach Iquitos bringen, oder weil sie die indigenen Gemeinden in der Nähe von Yarinacocha besuchen möchten.

Praktische Informationen

Mehrere Banken wechseln Geld und Reiseschecks und haben Geldautomaten; *casas de cambio* findet man im 4., 5. und 6. Block der Raimondi.

BCP (Ecke Raimondi & Tarapacá)

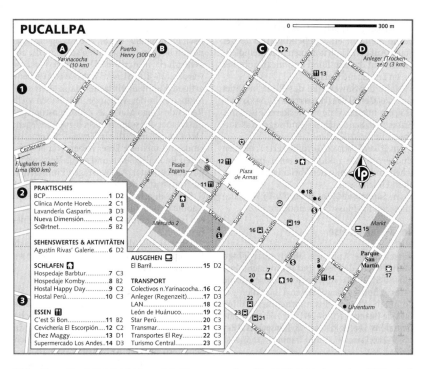

PUCALLPA

PRAKTISCHES
- BCP 1 D2
- Clínica Monte Horeb 2 C1
- Lavandería Gasparin 3 D3
- Nueva Dimensión 4 C2
- Sc@rtnet 5 B2

SEHENSWERTES & AKTIVITÄTEN
- Agustín Rivas' Galerie 6 D2

SCHLAFEN
- Hospedaje Barbtur 7 C3
- Hospedaje Komby 8 B2
- Hostal Happy Day 9 C2
- Hostal Perú 10 C3

ESSEN
- C'est Si Bon 11 B2
- Cevichería El Escorpión 12 C2
- Chez Maggy 13 D1
- Supermercado Los Andes .. 14 D3

AUSGEHEN
- El Barril 15 D2

TRANSPORT
- Colectivos n.Yarinacocha ... 16 C2
- Anleger (Regenzeit) 17 D3
- LAN 18 C2
- León de Huánuco 19 D3
- Star Perú 20 C3
- Transmar 21 C3
- Transportes El Rey 22 C3
- Turismo Central 23 C3

Clínica Monte Horeb (☎ 57-1689; Inmaculada 529; 24 Std.) Gute medizinische Versorgung.

Lavandería Gasparin (Portillo 526; Mo–Sa 9–13 & 16–20 Uhr) Selbstbedienung und Wäschereiservice.

Sc@rtnet (Pasaje Zegarra 189; 1 S/Std.; 8–23 Uhr) Internetzugang mit Klimaanlage.

Kiosk der Touristeninformation (☎ 57-1303; 2 de Mayo 111) Am Flughafen

Sehenswertes & Aktivitäten

Die meisten Aktivitäten finden rund um Yarinacocha (S. 966) statt. Die Werke des berühmten einheimischen Holzschnitzers Agustín Rivas sind in seinem Haus ausgestellt, das heute eine **Galerie** (☎ 57-1834; Tarapacá 861, 2. Stock; Mo–Sa 10–16 Uhr) ist; einfach klingeln oder im kleinen Laden darunter nachfragen. Seine Arbeiten sieht man außerdem in den besseren Häusern der Stadt.

Schlafen

Hospedaje Barbtur (☎ 57-2532; Raimondi 670; EZ/DZ 25/35 S, ohne Bad 13/18 S) Einfache, aber absolut anständige Zimmer mit Bett, Schreibtisch und Ventilator, einige sogar mit Kabelfernsehen. Die Preise haben sich seit 1997 nicht geändert!

Hostal Perú (☎ 57-5128; Raimondi 639; EZ/DZ 25/40 S) Die besten Budgetzimmer, mit frisch gefliesten Böden und lokaler Kunst, die während der letzten Renovierung hinzugefügt wurden.

Hospedaje Komby (☎ 57-1562; hostalkomby@hotmail.com; Ucayali 360; EZ ab 30 S, DZ/3BZ 45/55 S;) Die Zimmer für 30 S im dritten Stock sind geräumig und günstig, ansonsten ist dieses Haus nicht der Rede wert (abgesehen vielleicht vom Pool).

Hostal Happy Day (☎ 57-1940; Huáscar 440; EZ/DZ inkl. Frühstück & mit Klimaanlage 60/70 S, ohne Klimaanlage 35/45 S;) Diese beliebte Pension in einer ruhigen Seitenstraße hat gemütliche Betten, WLAN und Kabelfernsehen. Gutes Preis-Leistung-Verhältnis und sehr hilfsbereite Besitzer.

Essen & Ausgehen

Cevichería El Escorpión (Independencia 430; ceviche 8–25 S) An Pucallpas großer Entfernung vom Meer sollte man sich nicht stören – in dieser *cevichería* werden auch leckere Flussfische serviert (aber den *paiche*, der eben erst der Liste bedrohter Tierarten entronnen ist, sollte man besser nicht essen).

Chez Maggy (Inmaculada 643; Pizza 11,50–25 S) Moderne Kette in einer lebendigen Ecke der Stadt. Auf den Tisch kommen gute Steinofenpizzen mit dickem Rand und mexikanisches Essen auf eigene Gefahr.

Nahe der Süwestecke der Plaza befindet sich das **C'est Si Bon** (Independencia 560; Snacks 3,50–12 S), ein luftiges Café mit leckerer Eiscreme, Frühstück, Sandwiches – und sogar Käsekuchen mit Oreo-Keksen!

Im **El Barril** (Tarapacá 1037) gibt's erfrischenden Zuckerrohrsaft inklusive seiner medizinischen und alkoholischen Varianten, direkt aus alten Holzfässern.

Im **Supermercado Los Andes** (Portillo 545) kann man sich für Flussreisen eindecken.

An- & Weiterreise
BUS
Verschiedene Anbieter fahren über Tingo María, Cerro de Pasco und Junín nach Lima (40–80 S, 16–20 Std.), aber auf dieser Route ist es schon zu bewaffneten Überfällen gekommen. Zu den Busunternehmen zählen **León de Huánuco** (☎ 57-2411; Tacna 605), **Turismo Central** (☎ 57-6168; Raimondi 768) **Transportes El Rey** (☎ 57-2305; Raimondi 730) und **Transmar** (☎ 57-9778; Raimondi 793).

FLUGZEUG
Pucallpas **Flughafen** (PCL; ☎ 57-7329; Federico Basadre, Km 5) liegt 5 km nordwestlich der Stadt. Taxis/mototaxis verlangen 15/7 S für die Fahrt dorthin. Zurzeit stehen nur bei **LAN** (☎ 57-9840; Tarapacá 805) und **Star Perú** (☎ 59-0586; 7 de Junio 865) Verbindungen nach Lima auf dem Flugplan; die letztgenannte fliegt auch direkt nach Iquitos.

SCHIFF/FÄHRE
Bei Hochwasser (Jan.–April) fahren die Boote neben dem Parque San Martín ab. Wenn der Wasserspiegel sinkt, wandert der Anleger Richtung Nordosten und verteilt sich auf mehrere Stellen entlang des Ufers, u. a. auf den **Puerto Henry** (Manco Capác s/n). Das Anlegergebiet endet schließlich 3 km nordöstlich des Zentrums. Man sollte sich erst mal bei **Nueva Dimensión** (☎ 961-62-9506; Mercado 2, Puesto 24; Mo–Sa 6.30–1 Uhr) in der Mercado 2 erkundigen: Dort sammelt Delcio Gozarpuente aktuelle Informationen darüber, welches Boot wann wohin fährt. Nueva Dimensión ist ein kleines Verkehrshäuschen in der Nähe der Fruchtsäfte an der Südostecke des Marktes.

Die überfüllten Boote brauchen drei Tage nach Iquitos (100–180 S). Die Passagiere können an Bord in Hängematten schlafen, die auf dem Markt in der 9 de Diciembre verkauft werden (25–130 S), oder wahlweise in zellenartigen Kabinen; einfache Mahlzeiten sind inklusive. In der Vergangenheit haben viele Reisende Tingo María als Zwischenstopp genutzt, aber das sollte man sich gut überlegen: Der Ort gilt in Peru als Urwald-Niemandsland, und mehrere Leser haben von bewaffneten Raubüberfällen und sogar Vergewaltigungen berichtet. Alle wichtigen Einzelheiten zu Reisen mit den Frachtbooten gibt's auf S. 866. Alleinreisende sollten sich für eine Kabine entscheiden, damit ihre Habseligkeiten in Sicherheit sind – und ein Schloss mitbringen!

Übrigens ist die Reise von Iquitos nach Pucallpa einfacher und besser organisiert als die in die andere Richtung!

Unterwegs vor Ort
Motocarros kosten 7 S zum Flughafen, Taxis verlangen 12 S. *Colectivos* nach Yarinacocha (2 S) muss man sich vor dem Hotel Sol de Oriente in der San Martín ranwinken; nach Schildern mit der Aufschrift „Yarina" Ausschau halten! Eine Fahrt mit dem *mototaxi* (5 S) ist einfacher.

YARINACOCHA
Dieser hübsche Altwassersee liegt 10 km nordwestlich von Pucallpa. Hier kann man **Kanu fahren**, die **Tier- und Pflanzenwelt** erleben und örtliche **Schamanen** besuchen.

Beliebte Bootstouren führen zu den **Shipibo-Dörfern** San Francisco und Santa Clara. Man kann Führer für Urwaldwanderungen und Übernacht-Treks anheuern. *Peki-peki*-Boote mit Fahrern kosten ca. 20 S pro Stunde. Touren mit Übernachtung liegen bei 120 S pro Person und Tag (mind. 2 Pers.). Empfehlenswerte Führer sind z. B. **Gilber Reategui Sangama** (☎ 78-8244; www.sacredheritage.com/normita) mit seinem Boot *Mi Normita*, **Gustavo Paredes** (☎ 961-85-5469) mit der *Poseidon* und **Eduardo Vela** (☎ 961-92-1060) mit *The Best*. Ihre Boote, die alle am Ufer festmachen, sind leicht zu finden. Und bloß nicht auf den alten Trick „Oh, dieses Boot ist gesunken. Aber wieso fahren Sie nicht einfach mit mir?" reinfallen.

Für Meditationen, *ayahuasca* und andere Urwaldheilungen steht das neue, von Amerikanern geführte **Tierra Vida** (www.tierravidahealing.

com; Zi. ab 50 S/Pers.) zur Verfügung. Rustikale Gastfreundschaft findet man auf der anderen Seite des Sees im **Haus** (☎ 78-8244; junglesecrets@yahoo.com; Zi. inkl. Mahlzeiten 60 S/Pers.) von Gilber Reategui Sangamas.

Darüber hinaus kann man aus drei teureren Lodges am Seeufer (pro Pers. 100–125 S inkl. Mahlzeiten) wählen, darunter die einladende **La Perla** (☎ 78-7551; Zi. inkl. Mahlzeiten 100 S). Im Shipibo-Dorf San Francisco gibt's Unterkünfte ab 20 S pro Person.

IQUITOS
☎ 065 / 371 000 Ew.

Wenn einem die Hitze beim Verlassen des Bootes auf dem Asphalt von Iquitos so richtig ins Gesicht schlägt, fühlt sich das ungefähr so an wie Axl Rose, der uns 1987 sein schrilles „Welcome to the Jungle" um die Ohren peitschte. Was übrigens ziemlich gut passt: Hier ist man wirklich mittendrin in der chaotischen Wiege des peruanischen Amazonas. Iquitos ist die größte Stadt der Welt, die nicht über eine Straße erreichbar ist. Sie bietet alles, was man von einer aufregenden Urwald-Metropole erwartet, nicht zuletzt dämpfige Luftfeuchtigkeit, sexy Einwohner und eine muntere Einwandererschar mit unterhaltsamem – wenn nicht gar fragwürdigem – persönlichem Hintergrund.

Iquitos ist die Startrampe für Ausflüge auf dem berühmten Amazonas, aber man sollte ruhig ein paar Tage in der Stadt verbringen und die klebrige Atmosphäre dieses verrückten Urwald-Sodoms in sich aufsaugen.

Praktische Informationen
GELD
Viele Banken wechseln Reiseschecks, geben Vorauszahlungen auf Kreditkarten und haben Geldautomaten. Brasilianisches und kolumbianisches Geld wechselt man am besten an der Grenze.
BCP (Próspero, Cuadra 2) Geldautomat.

INTERNETZUGANG
Internet ist das ganz große Geschäft in Iquitos. Die meisten Läden verlangen 2 S pro Stunde.
Cyber Coffee (Raymondi 143; ⓥ 8–20 Uhr)
El Cyber (Arica 122; ⓥ 24 Std.) 45 Computer!

NOTFALL
Clínica Ana Stahl (☎ 25-2535; La Marina 285; ⓥ 24 Std.)
Policía de Turismo (☎ 24-2081; Lores 834)

POST
Serpost (Arica 402; ⓥ Mo–Fr 8–18, Sa bis 17 Uhr)

TOURISTENINFORMATION
iPerú Flughafen (☎ 26-0251; Haupthalle, Flughafen; ⓥ 6–7 & 15–21 Uhr); Zentrum (☎ 23-6144; Loreto 201; ⓥ Mo–Sa 8.30–19.30, So bis 14 Uhr)
Iquitos Times (www.iquitostimes.com) Sehr hilfreiche Touristenzeitung in englischer Sprache.
Büro der Reserva Nacional Pacaya-Samiria (☎ 60-7299; Pevas 339; ⓥ Mo–Fr 7–15 Uhr)

WASCHSALONS
Lavandería Imperial (Putumayo 150; ⓥ Mo–Sa 8–19 Uhr) Münzwaschmaschinen.

Gefahren & Ärgernisse
Die aggressiven Straßenwerber und zahlreichen selbsternannten Urwaldführer sind nervtötend aufdringlich und unehrlich – ihnen ist nicht zu trauen. Einige haben Vorstrafen, weil sie Touristen ausgeraubt haben, und würden ihre „Kunden" ohne Paddel auf den Fluss schicken. Besonders vorsichtig sollte man bei der Buchung von Campingtrips im Urwald sein. Alle Führer sollten einen Erlaubnisschein oder eine Lizenz vorweisen; unbedingt nach Referenzen fragen, sich an der Touristeninformation vergewissern und dann mit großer Vorsicht vorgehen. Taschendiebstähle durch kleine Kinder, die auf der Suche nach Beute durch die Straßen ziehen, sind ebenfalls keine Seltenheit. Agenturen und Hotels, die mit Schleppern zusammenarbeiten, sollte man meiden.

Sehenswertes & Aktivitäten
Die **Casa de Hierro** (Eisernes Haus; Ecke Putumayo & Raymondi), von einem durch einen gewissen Turm zu Ruhm gelangten Herrn Eiffel entworfen, wurde in Paris gebaut und um 1890 Stück für Stück nach Iquitos geschafft. Es ist genau, wonach es aussieht: ein paar zusammengenagelte Metallplatten. Dranbleiben lohnt sich – über dem Laden sollen vielleicht ein Restaurant und eine Bar eröffnen.

In der schwimmenden Barackenstadt **Belén** wohnen Tausende von Menschen. Sie leben in Hütten, die mit dem Pegel des Flusses steigen und sinken. Jeden Tag ab 7 Uhr verkauft und handelt man in Kanus mit Urwaldprodukten. Es ist eine arme Gegend, aber bei Tageslicht relativ sicher. Man kann mit dem Taxi nach Los Chinos fahren, zum Hafen gehen und ein Kanu ausleihen, um während der

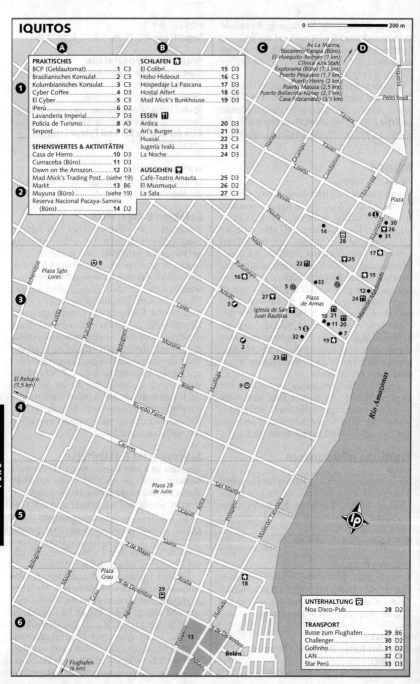

Hochwassersaison von November bis Mai durch die Gegend zu paddeln; in anderen Monaten ist die Fortbewegung schwieriger. Der **Markt** auf der Westseite von Belén ist einer der krassesten der Welt – was sich mal bewegt hat, kann man hier kaufen, und irgendjemand isst es immer. Hier bekommt man jede Menge Amazonas-Kreaturen, Fleisch, Fisch, Schildkröten, Tukane, Affen und Kaimane (über bedrohte Arten macht man sich hier keinen Kopf). Die Abteilung mit Schamanenkräutern und Likören ist besonders interessant: Unbedingt mal nach der Rinde des Chuchuhuasi-Baumes Ausschau halten, die wochenlang in Rum eingelegt und dann zu einem Trank verarbeitet wird (den sogar die örtlichen Bars servieren)!

Die **Pilpintuwasi-Schmetterlingsfarm** (☎ 23-2665; www.amazonanimalorphanage.org; Padre Cocha; Eintritt 15 S; ✆ Di–So 9–16 Uhr) ist ein Schutz- und Zuchtzentrum für Amazonas-Schmetterlinge, aber ein paar verwaiste Exoten – u. a. ein Kapuzineräffchen, ein Tapir, ein Jaguar, ein Großer Ameisenbär und eine Seekuh – stehlen den Insekten die Schau. Ein Besuch hier ist das reinste Vergnügen und bietet eine Menge unerwarteter Aufregung (immer gut auf die Habseligkeiten achten, da sich die streitlustigen Affen gerne mal als Taschendiebe verdingen). Vom Hafen in Puerto Bellavista-Nanay, 2,5 km nördlich von Iquitos, kann man sich ein kleines Boot nach Padre Cocha (3 S) nehmen. Man erreicht die Farm nach einem 1 km langen Spaziergang durch das Dorf (ausgeschildert).

Von nostalgischen Einwanderern erbaut, ist der verrückte, wunderbare **Amazon Golf Club** (☎ 96-571-9444; Quistacocha; 9-Loch-Kurs inkl. Leihausrüstung 75 S; ✆ 7–18 Uhr) der einzige Golfplatz im peruanischen Amazonasgebiet. Wer auch mal den Schläger schwingen möchte, kann sich an **Mad Mick's Trading Post** (☎ 50-7525; Putumayo 163; ✆ 9–20 Uhr) wenden, wo man auch Ausrüstung für Urwaldexpeditionen kaufen, leihen, verkaufen oder tauschen kann.

Geführte Touren

Dawn on the Amazon (☎ 22-3730; www.dawnontheamazon.com; Malecón Maldonado 185; Rundfahrten 480 S) Von einem sympathischen ehemaligen Farmer aus Indiana geführt, bietet Dawn on the Amazon Tagestouren und persönlich zugeschnittene, mehrtägige Rundfahrten auf dem Amazonas. Dies ist die beste der erschwinglichen Optionen, und das Essen ist ausgezeichnet, wenn auch nicht übermäßig abenteuerlich. Dank einer Sondererlaubnis dürfen sie doppelt so tief in den Pacaya-Samiria vordringen wie andere Anbieter.

Schlafen

Moskitos sind selten ein ernstes Problem und Netze nicht unbedingt notwendig. Wenn nicht anders angegeben, haben alle Zimmer Ventilatoren.

Mad Mick's Bunkhouse (☎ 50-7525; www.iquitostimes.com; Putumayo 163; B 10 S; 🖳) Diese beliebte Unterkunft mit acht Betten ist ziemlich baufällig, aber für den Preis kommt man nicht näher ans Geschehen ran – nur 50 m von der Plaza de Armas entfernt – und findet schon gar kein besseres Management.

Hostal Alfert (☎ 23-4105; reservacionalfert@yahoo.es; Saenz 1; EZ/DZ 15/25 S) In einer heiklen Nachbarschaft gelegen, aber von den Zimmern im zweiten Stock hat man eine atemberaubende Aussicht auf Belén.

Hobo Hideout (☎ 23-4099; hobohideout@yahoo.com; Putumayo 437; B 17,50 S, EZ/DZ ohne Bad 25/35 S, Zi. 50 S; 🖳) Dank seiner *viajero*-Atmosphäre auf der

---

IN DIE VOLLEN!

Rund um Iquitos gibt's mehrere Urwald-Lodges, aber wer in einer Lodge tiefer im Amazonasgebiet absteigt, erhöht seine Chancen, exotische Tiere und Pflanzen zu sehen. Eine typische (und unvergessliche) Tour umfasst eine Flussfahrt, alle Unterkünfte und Mahlzeiten, Urwaldwanderungen, Kanuausflüge und den Besuch eines indigenen Dorfes. Die Preisspanne für die unten angegebenen Lodges beträgt 450 bis 886 S (EZ) für vier Übernachtungen, ansonsten richten sich die Preise nach der Anzahl der Tage, den Leistungen und Aktivitäten sowie nach der Größe der Gruppe. Lodge-Büros finden sich im Zentrum von Iquitos, aber man kann sich auch bei der Touristeninformation erkundigen. Budgetreisende empfehlen besonders die Amazonas-Lodges **Cumaceba** (☎ 065-23-2229; www.cumaceba.com; Putumayo 184), **Muyuna** (☎ 065-24-2858; www.muyuna.com; Putumayo 163), **Yarapa River** (☎ 065-993-1172; www.yarapariverlodge.com; La Marina 124) und **Explorama** (☎ 065-25-2530; www.explorama.com; La Marina 340).

ABSTECHER

Boote von Yurimaguas nach Iquitos halten normalerweise auch im abgeschiedenen Dorf **Lagunas**, wo man Geld wechseln kann und ein bisschen was zu essen findet, aber es ist in erster Linie der Startpunkt für den Besuch der **Reserva Nacional Pacaya-Samiria** (Eintritt 20 S/Tag), die eine reiche Tier- und Pflanzenwelt bietet und das Zuhause von Amazonas-Seekühen, Kaimanen, Flussdelfinen und -Schildkröten, Affen und unzähligen Vogelarten ist. Während der Regenzeit sollte man von einem Besuch absehen. Um Preisdrückerei zu vermeiden, gibt's die offizielle Führerervereinigung **ETASCEL** (☎ 40-1007), aber Reisende haben schon mehrfach berichtet, dass deren Angehörige nicht sonderlich gewissenhaft oder hilfsbereit sind. Touren kosten ca. 100 S pro Person und Tag; Unterkunft, Essen und Transport sind inklusive, die Parkgebühren nicht. Boote ab Yurimaguas brauchen in der Regel zehn Stunden und steuern an den meisten Tagen Lagunas an. Beide Ortschaften bieten einfache Unterkünfte und verschiedene Lodges.

In Lagunas sollte man die Abfahrtszeiten der Boote am Hafen lieber doppelt überprüfen und immer die Augen offen halten: Wer sich bei den Abfahrtszeiten auf die Informationen anderer verlässt, steht am Ende nicht selten allein am Pier.

Veranda bei Travellern zu Recht beliebt, aber ansonsten könnten das rauchende Personal an der Rezeption, die sehr schlichten, leichenschauhausartig beleuchteten Schlafsäle, die organisierten Jagdtouren und die unzähligen ausgestopften Tiere auf so manchen vielleicht abschreckend wirken.

Hospedaje La Pascana (☎ 23-5581; www.pascana.com; Pevas 133; EZ/DZ/3BZ 35/40/50 S; 🖥) Dies ist dank des hilfsbereiten Personals und des offenen Innenhofs eine gute Wahl, aber dass man für das langsame WLAN auch noch zahlen muss, ist ein bisschen dreist. Auf der Pro-Seite stehen seine Beliebtheit, seine Freundlichkeit und die Espressomaschine, auf der Contra-Seite die grauenhaften Kissen.

El Colibrí (☎ 24-1737; hostalcolibri@hotmail.com; Nauta 172; EZ/DZ 40/55 S) Mit Abstand die am besten geführte Budgetoption mit hellen Zimmern, Kabelfernsehen und warmem Wasser im 2. und 3. Stock.

Casa Fitzcarraldo (☎ 60-1138; www.lacasafitzcarraldo.com; Av La Marina 2153; EZ/DZ inkl. Frühstück 150/200 S; 🖥 🐾) Ein teures Mittelklassehotel, aber Filmfans werden auf jeden Fall hier absteigen wollen: Auch Schauspieler und Crew von Werner Herzogs *Fitzcarraldo* waren während der Dreharbeiten zum „schwierigsten Film aller Zeiten" hier untergebracht. Die dschungelartige Oase lockt mit einem fantastischen Pool und einem mehrstöckigen Baumhaus. Manager ist der damalige Produzent von *Fitzcarraldo* Walter Saxer.

Essen

Jugería Ivalú (Lores 215; Gerichte 2–6 S) Eine fantastische Wahl für Urwald-Snacks wie *humitas* und *juanecitos*, die mit farbenfrohen, scharfen Saucen serviert werden.

La Noche (Malecón Maldonado 177; Gerichte 6–22 S) Dieser Favorit der Einwanderer ist ein ruhiges Fleckchen (keine *mototaxis*!) mit Flussblick, herzhaftem regionalem und internationalem Frühstück und Sandwiches.

Ari's Burger (Próspero 127; Gerichte 6,50–25 S) Seinen beinahe legendären Status verdankt es hauptsächlich seiner Lage (an der Plaza de Armas); ansonsten ist dieses Allzweck-Restaurant im amerikanischen Stil mit dem Spitznamen „Gringolandia" eher unbeeindruckend. Vegetarische Gerichte sind erhältlich.

Huasaí (Fitzcarrald 131; Menü 9,50 S; ⏲ mittags) Dank der aktuellen Gerichte auf der hübschen Schiefertafel sehr beliebt. Mit Klimaanlage. Ein Muss zum Mittagessen.

Antica (Napo 159; Pasta 16–32 S, Pizza 20–30 S) Dieses schicke italienische Restaurant mit enzyklopädischen Pasta-Kombinationen, ausgezeichneter Pizza mit dünnem Boden, günstigem Frühstück und gemütlichem Dekor, das vom Holz des einheimischen Remo-Caspi-Baumes profitiert, ist alles in allem vermutlich die beste Wahl zum Abendessen in ganz Iquitos.

Bucanero (Av La Marina 124; Hauptgerichte 20–28 S; ⏲ mittags) Von der Panorama-Terrasse mit Klimaanlage bietet sich nicht nur ein Blick auf den Fluss – eine hervorragende Option für ausgezeichnete Meeresfrüchte bei unschlagbarer Aussicht.

Al Frío y Al Fuego (Av La Marina 134B; Hauptgerichte 32–41 S; ⏲ So abends & Mo geschl.; 🐾) Diese Dinner-Erfahrung in Iquitos muss man machen! Man erreicht das zu Prassereien einladende Restaurant in zehn Minuten mit dem Kanu auf dem Río Itaya. Es serviert exzellente regionale Küche in einem offenen, schwimmenden Holzhaus mit romantischer Beleuchtung. Die Kanus fahren am El-Huequito-Anleger ab. Ein *mototaxi* kostet 2 S.

Ausgehen

El Musmuqui (Raymondi 382) Exotische Cocktails, die mit eingeweichten Wurzeln und medizinischen Kräutern verziert sind, sind hier die Spezialität. Die Namen sind voller sexueller Anspielungen, z. B. Take Me or Let Me Go oder Old But Delicious.

Café-Teatro Amauta (Nauta 250) Antiquierte Bodenfliesen, eiserne Treppen und (merkwürdigerweise) chinesische Seidentapeten sichern den Klassikerstatus dieses Cafés. Donnerstags und samstags gibt's Livemusik.

La Sala (Putumayo 341) Die billige lateinische Beschilderung kann man vernachlässigen – dieser sexy Laden bietet eine lange Hartholzbar, die zu beiden Seiten von gemütlichen, rot beleuchteten Lounges mit speziell angefertigten Möbeln flankiert wird.

El Refugio (Av del Ejército 248) Diese kitschige, neonbeleuchtete Bar ist einfach köstlich: Dragqueens servieren den Kerlen aus Iquitos Bier, während die Sonne über dem Río Nanay untergeht. In Moronacocha gelegen, zehn Minuten von den glänzenden Touristenbars im Centro entfernt; um 16 Uhr fährt freitags und samstags ein *mototaxi* (2,50 S) hierher.

Unterhaltung

Noa Disco-Pub (Fitzcarrald 298; Eintritt 15 S; ☯ Do–Sa) Im teureren, zweistöckigen Noa pulsiert Salsa bis Electronica.

An- & Weiterreise
FLUGZEUG

Iquitos' **Flughafen** (IQT; ☎ 22-8151; Abelardo Quiñones km 6) liegt 6 km südlich der Stadt. **LAN** (☎ 22-4177; Próspero 232) bietet täglich Flüge nach Lima an, **Star Perú** (☎ 23-6208; Napo 260) fliegt

---

EINREISE NACH KOLUMBIEN, BRASILIEN & ECUADOR

Kolumbien, Brasilien und Peru teilen sich eine dreifache Grenze. Selbst mitten im Amazonasgebiet müssen die Grenzformalitäten abgewickelt werden, und die Beamten verweigern die Einreise, wenn ein Reisepass, eine Touristenkarte oder ein Visum nicht in Ordnung ist. Die Regelungen ändern sich ab und an, aber die Kapitäne der Flussboote wissen immer, wo's langgeht. Man kann ohne große Formalitäten zwischen den drei Ländern hin- und herreisen, sofern man sich im Dreifach-Grenzgebiet aufhält. Andernfalls sollte man sich in Peru einen Ausreisestempel am Einwanderungsposten in Santa Rosa holen, am Südufer des Flusses direkt vor der Grenze (die Boote machen dafür lange genug Halt – einfach den Kapitän fragen).

Die größte Stadt ist Leticia (Kolumbien); hier gibt's Hotels, Restaurants und ein Krankenhaus, und hier kann man sich auch den offiziellen kolumbianischen Einreisestempel abholen. Fähren von Santa Rosa (6 S) erreichen die Stadt in ca. 15 Minuten. Von Leticia kann man mit **Aero República** (www.aerorepublica.com) täglich, mit **Satena** (www.satena.com) nur dreimal wöchentlich nach Bogotá fliegen. Alternativ fahren relativ selten Boote nach Puerto Asis am Río Putumayo; die Reise dauert bis zu zwölf Tage. Von Puerto Asis fahren auch Busse in andere Teile Kolumbiens.

Leticia ist mit Tabatinga (Brasilien) über eine Straße verbunden (ein kurzer Spaziergang oder eine Taxifahrt für 7000 COP$). An der Polizeistation in Tabatinga erhält man den offiziellen Einreisestempel für Brasilien. Tabatinga hat einen Flughafen mit Verbindungen von **Trip** (www.voetrip.com.br) nach Manaus (Brasilien). Boote nach Manaus fahren mittwochs und samstags um 14 Uhr weiter unten am Fluss ab und brauchen etwa vier Tage. Ein Hängemattenplatz kostet 150 R$, eine Kabine 800 bis 1000 R$. Schnellboote fahren in Porto Brass ab und kosten ca. 400 R$ (3 Tage).

Boote nach Santa Rosa fahren montags und samstags um 18.30 Uhr am Puerto Pesquero in Iquitos ab; die Fahrt dauert drei Tage und kostet 60 S für einen Hängemattenplatz. Mehrere Unternehmen an der Ecke Raymondi/Loreto, u. a. **Golfinho** (☎ 22-5118) und **Challenger** (☎ 22-5556), bieten Schnellverbindungen *(más rápidos)* an, die acht Stunden brauchen, an den meisten Tagen um 6 Uhr ablegen und 200 S inklusive Mittagessen kosten.

Es ist außerdem möglich, wenn auch mühsam, mit einem Frachtboot auf dem Amazonas und dem Napo von Iquitos nach Coca in Ecuador zu reisen. Nähere Informationen zu dieser Reiseroute von Ecuador nach Peru gibt's auf S. 618.

Details zur Einreise nach Peru von Brasilien stehen auf S. 406, von Kolumbien aus auf S. 811.

nach Lima und Pucallpa. Letztere bietet an vier Tagen pro Woche außerdem Direktflüge nach Tarapoto an.

SCHIFF/FÄHRE
Die meisten Frachtboote legen am **Puerto Masusa** (☎ 77-3960; Los Rosales) ab, 2,5 km nördlich des Zentrums. Auf den Anschlagtafeln am Büro (nach „Aquí Radio Masusa" auf der linken Seite der Los Rosales Ausschau halten, gleich vor dem Hafeneingang) erfährt man, welche Boote wann abfahren. Jedoch ändern sich die Zeiten oft über Nacht und Boote starten häufig mehrere Stunden oder Tage zu spät. Boote nach Yurimaguas (5 Tage) fahren montags bis samstags um 18.30 Uhr ab, plus/minus ein paar Stunden oder Tage. Die Fahrt kostet 70 S mit Hängematte (selber mitbringen), 140 S in der Kabine. Tickets gibt's auf den Booten. Am besten schaut man mal im Hafen vorbei und sieht sich die Boote an, bevor man wählt. Die *Eduardos 1-6* gelten als komfortabelste Verkehrsmittel nach Yurimaguas.

Boote nach Pucallpa (4 Tage) fahren um 18 Uhr am **Puerto Henry** (☎ 67-8630; Av La Marina, Km 1,5) ab. Die Boote starten viermal pro Woche und sind etwas teurer (Hängemattenplatz 100 S, Kabine/Gefängniszelle 180 S). *Henry 6* und *7* sind am komfortabelsten.

Wenn man alleine auf diesen Wasserstraßen reist, ist eine Kabine eigentlich ein Muss, um seine Habseligkeiten zu schützen: Ohne Begleiter, der darauf aufpasst, werden sie gestohlen. Schloss mitbringen! Man sollte wissen, dass die Bootsbetreiber absolut gnadenlos gegenüber dem fragilen Ökosystem des Amazonas sind: Müll und Abfall wird einfach in den Fluss geworfen, sogar im Hafen.

Unterwegs vor Ort
Taxis vom Flughafen kosten 15 S, *mototaxis* 8 S. Busse und Laster, die nahe Ziele ansteuern, auch den Flughafen, fahren an der Ecke Arica und 9 de Dicembre ab. *Motocarro*-Fahrten in der Stadt kosten 1,50 bis 2 S.

ALLGEMEINE INFORMATIONEN

AKTIVITÄTEN
Die meisten Aktivitäten sind das ganze Jahr über möglich, doch manche Zeiten eignen sich besser als andere. Die Hauptsaison für die meisten Outdoor-Aktivitäten ist die Trockenzeit im Winter (Juni-Aug.). Trekking im Hochland ist in der Regenzeit – besonders von Dezember bis März, wenn der meiste Regen fällt – eine schlammige Angelegenheit. Die heißeren Sommermonate eignen sich dagegen am besten fürs Schwimmen und Surfen an der Pazifikküste.

Aus Sicherheitsgründen sollte man die billigsten Agenturen und Ausstatter meiden. Für spezielle Aktivitäten ist es am besten, selbst gute Ausrüstung mitzubringen.

Zum Thema Klettern: Der Huascarán (6768 m), Perus höchster Berg, ist nur etwas für Profis, aber in der Nähe von Huaraz (S. 949) und Arequipa (S. 896) gibt's auch viele einfacher zu bezwingende Gipfel. Fels- und Eisklettertouren kann man vor allem rund um Huaraz (S. 949) unternehmen.

Gute Downhills gesucht? Um Huaraz (S. 949), Cusco (S. 912) und Arequipa (S. 896) gibt's sowohl einfache als auch schwierige Strecken für Mountainbiker.

Auch Paragliding ist in Peru im Kommen, besonders in Lima (S. 873).

Wildwasserrafting-Agenturen in Cusco (S. 912) und Arequipa (S. 897) bieten eine Vielzahl von Tagesausflügen und längeren Unternehmungen (Grade III-IV inkl. Stromschnellen) an. In den letzten Jahren ist es zu einigen tödlichen Unfällen gekommen – vorher also genau überlegen, welchem Anbieter man sein Leben anvertrauen möchte. Der beste Ort für Anfänger findet sich bei Lunahuaná (S. 883).

Es ist kein Problem, Pferde zu leihen. Wer etwas Besonderes will, sollte einen Ritt auf den anmutigen peruanischen Paso-Fino-Pferden in der Nähe von Urubamba (S. 920) in Betracht ziehen.

Surfen hat in Peru viele Fans. Es gibt im Norden einige schöne Wellen, berühmt sind die bei Huanchaco (S. 940), Máncora und gleich südlich von Lima (S. 873). Etwas ganz anderes ist es, die gigantischen Dünen der Küstenwüste bei Huacachina (S. 887) und Nazca (S. 888) hinunter zu surfen.

Trekker, Stiefel einpacken! Der Abwechslungsreichtum der Trails in Peru ist umwerfend. Die Cordillera Blanca (S. 948) ist wegen ihrer Gipfel unübertroffen, ebenso überwältigt einen die Cordillera Huayhuash (S. 954). Von einem Trek in Peru hat aber fast jeder gehört – dem weltberühmten Inkatrail nach Machu Picchu (S. 1016). Nur: Eben weil dieser bekannt ist wie ein bunter Hund, sollte man überlegen, ob man nicht eine alternative Strecke nach Machu Picchu (s. Kasten S. 931) wählt. Der spektakuläre Ausangate-Rundgang (s. Kasten S. 931) und die alten Ruinen im Nebelwald bei Chachapoyas (S. 958) gehören zu den weiteren interessanten Zielen. Noch eine Option stellen die tiefsten Canyons der Welt dar – der Cañón del Cotahuasi (S. 896) und der Cañón del Colca (S. 899).

Wer sich für Vogelbeobachtung begeistert, sollte sich ins Amazonasbecken (S. 960), zu den Islas Ballestas (S. 884) und zum Cañón del Colca (S. 899) begeben. Auf S. 948 stehen weitere Informationen über die Fauna von Peru.

ARBEITEN IN PERU

Offiziell braucht man zum Arbeiten in Peru ein Visum, wenngleich sich manche Sprachschulen in Lima oder Cusco, die Ausländer für Fremdsprachenunterricht (vor allem Englisch) einstellen, wenig um solche Bestimmungen scheren. Ohne Visum geht man jedoch einer illegalen Beschäftigung nach, und Lehrerjobs sind ohne die entsprechenden Papiere ohnehin zunehmend schwerer zu bekommen. Informationen zu Praktika und kurzzeitigen Jobs mit Freiwilligenarbeit gibt's auf S. 975.

BOTSCHAFTEN & KONSULATE

Argentinien (Karte S. 874 f.; ☎ 01-433-3381; 28 de Julio 828, Lima 1)
Bolivien Lima (Karte S. 868 f.; ☎ 01-442-3836; Castaños 235, San Isidro, Lima 27); Puno (Karte S. 903; ☎ /Fax 051-35-1251; Arequipa 136, 3. Stock, Puno); Tacna (☎ 052-25-5121; Bolognesi 1751, Tacna)
Brasilien Iquitos (Karte S. 968; ☎ 065-23-5151; Lores 363, Iquitos); Lima (Karte S. 877; ☎ 01-512-0830; www.embajadabrasil.org.pe; Av José Pardo 850, Miraflores, Lima 18)
Chile Lima (Karte S. 868 f.; ☎ 01-221-2211; www.embachile.peru.com.pe; Javier Prado Oeste 790, San Isidro, Lima 27); Tacna (☎ 052-42-3063; Presbitero Andía s/n, Tacna)
Deutschland (Karte S. 868 f.; ☎ 01-212-5016; www.embajada-alemana.org.pe; Av Arequipa 4210, Miraflores, Lima 18)
Ecuador Lima (Karte S. 868 f.; ☎ 01-421-7050; www.mecuadorperu.org.pe; Las Palmeras 356, San Isidro, Lima 27); Tumbes (☎ 072-52-5949; Bolívar 129, 3. Stock, Plaza de Armas, Tumbes)
Kolumbien Iquitos (Karte S. 968; ☎ 065-23-1461; Calvo de Araujo 431, Iquitos); Lima (Karte S. 868 f.; ☎ 01-442-9648; www.embajadacolombia.org.pe; Jorge Basadre 1580, San Isidro, Lima 27)

Österreich Lima (☎ 01-442-05-03; www.lima-ob@bmeia.gv.at; Av Republica de Colombia/Av Central 643, 5. Stock, San Isidro, Lima 27); die Vertretungen in Cusco, Iquitos und Trujillo sind vorübergehend geschlossen, Infos auf www.bmeia.at
Schweiz Arequipa (☎ 054-282-558; Av Miguel Forga 348, Parque Industrial); Cusco (☎ 084-243-533, Av Regional No. 222); Lima (☎ 01-264-0305; www.eda.admin.ch/lima; Casilla 11-0210, Lima 11)

BÜCHER

Detailliertere Infos stehen in den englischsprachigen Lonely Planet Bänden *Peru* und *Trekking in the Central Andes*.

Wer nur ein Buch über die Inkas lesen möchte, sollte das klare, lebendige *Conquest of the Incas* von John Hemming wählen. Oder man verschafft sich mit *The Ancient Kingdoms of Peru* von Nigel Davies einen Überblick über alle vergangenen Kulturen Perus.

The White Rock von Hugh Thomson beschreibt die Suche eines Filmemachers nach archäologischen Inkastätten überall in den Anden und liefert dabei viele Hintergrundinformationen zu früheren Forschern.

Eight Feet in the Andes von Dervla Murphy ist ein witziger Bericht über die 2000 km lange Reise, die die Autorin mit ihrer Tochter im abgelegenen Andenhochland unternahm. Sie führte von Ecuador nach Cusco und endete am Machu Picchu.

The Peru Reader: History, Culture, Politics, herausgegeben von Orin Starn, Carlos Ivan Degregori und Robin Kirk, wirft einen umfassenden Blick auf das Land, von der Eroberung der Inka über die Kokainherstellung und die Guerrillakämpfe bis hin zu homosexuellen Aktivisten.

Sturz ins Leere von Joe Simpson, mittlerweile ein preisgekrönter britischer Dokumentarfilm, ist der erschütternde Überlebensbericht einer Bergsteigerexpedition in der Cordillera Huayhuash.

The Monkey's Paw von Robin Kirk beschäftigt sich mit Peru in den gewalttätigen 1980ern – eine ausgezeichnete, wenn auch leicht chaotische Untersuchung der Frage, wie Menschen im Terror überleben.

Inca Kola von Matthew Parris ist die ironisch, oft höhnisch erzählte Geschichte von einer Backpackerreise durch Peru.

ESSEN & TRINKEN

Das Essen ist oft recht scharf, *ají* (Chili-Gewürz) wird extra serviert. Wer genug von

Meeresfrüchten hat, bei *cuy* (Meerschweinchen) in Tränen ausbricht oder sich schon beim bloßen Gedanken an Cajamarcas Spezialität, Kuhhirn, schlecht fühlt, sollte es mit einer *chifa* (chinesisches Restaurant) oder einer *pollería* versuchen – die Peruaner können mit gebratenem Reis und Grillhähnchen wahre Wunderdinge vollbringen. Der Vegetarismus ist in Peru ein kleiner, aber schnell wachsender Industriezweig; in Großstädten und Touristenorten sprießen immer mehr kleine vegetarische Lokale aus dem Boden. Viele andere Restaurants bieten ein *menú del día* (Festpreismenü, meistens mittags) an, das aus einer Suppe, einem Hauptgang und möglicherweise einem Dessert für rund 8 S besteht. Getrockneter Mais heißt *canchita* und ist ein allgegenwärtiger Snack auf den Tischen. *Incluye impuesto* (IGV) heißt, dass der angegebene Preis einen Serviceaufschlag enthält. Gehobenere Restaurants schlagen 18 % Steuern und 10 % Trinkgeld auf die Rechnung auf.

Die Restaurantbeschreibungen in diesem Kapitel sind nach Preisen geordnet, beginnend mit der günstigsten Alternative.

Peruanische Küche

Zu den typischsten peruanischen Snacks und Gerichten gehören:

ceviche (se·*vi*·che) – gemischte Fischstückchen und/oder Meeresfrüchte in Limonensaft, Chili und Zwiebeln mariniert, kalt serviert mit süßem Mais und gekochter Süßkartoffel; wird als Aphrodisiakum angesehen.
chirimoya (chi·ri·*mo*·ja) – sieht aus wie ein Apfel mit Reptilienhaut; hat ein süßes Inneres und schmeckt viel besser, als es aussieht.
cuy chactado (kui chak·*ta*·do) – gebratenes Meerschweinchen.
lomo de alpaca (*lo*·mo de al·*pa*·ka) – Alpakafleisch schmeckt wie Rind, hat aber nur halb so viel Fett.
lomo saltado (*lo*·mo sal·*ta*·do) – kleine gebratene Rindfleischstückchen mit Zwiebeln, Tomaten und Kartoffeln, dazu wird Reis serviert.

> **TOP FIVE: CEVICHE-LOKALE**
>
> - El Cebillano in Arequipa (s. Kasten S. 898)
> - Ferrocol in Chiclayo (S. 942)
> - La Barca in Puno (S. 904)
> - La Choza Nautica in Lima (S. 879)
> - Punto Azul in Lima (S. 879)

> **ACHTUNG!**
>
> Speisen, die aus ehemals oder aktuell bedrohten Tieren zubereitet wurden, sollte man ablehnen. Manchmal werden in Urwaldgebieten *chanco marino* (Delfin), *huevos de charapa* (Schildkröteneier), *paiche* (der größte Süßwasserfisch), Kaiman, *motelo* (Schildkröte) oder sogar *mono* (Affe) serviert.

palta a la jardinera (*pal*·ta a la char·di·*ne*·ra) – Avocado mit Gemüse und Mayonnaise gefüllt; *a la reina* bedeutet mit Hühnersalat.
rocoto relleno (ro·*ko*·to re·*je*·no) – würzige Paprika mit Hackfleisch, sehr scharf!
sopa a la criolla (*so*·pa a la kri·*oj*·ja) – leicht gewürzte cremige Nudelsuppe mit Rind, Gemüse und Milch; *a la criolla* bedeutet generell scharfes Essen.

Getränke
ALKOHOLISCHE GETRÄNKE

Es gibt etwa ein Dutzend leckere und billige Biersorten, darunter sowohl leichte Lagerbiere als auch süßere und dunkle Gebräue, die hierzulande *malta* oder auch *cerveza negra* genannt werden. Cusco und Arequipa sind stolz auf ihre Biere Cuzqueña und Arequipeña.

Das traditionelle Hochlandgetränk *chicha* (Maisbier), das es schon zu präkolumbischen Zeiten gegeben hat, ist vor allem auf den Märkten in den kleinen Andendörfern zu finden. Es wird in tönernen Töpfen gelagert und in großen Gläsern serviert. In Geschäften ist *chicha* für gewöhnlich nicht zu bekommen. Das selbstgebraute Getränk hat einen auf … ähm … besonderen Art hergestellten Geschmack – der eher unhygienische Gärungsprozess beginnt damit, dass jemand den Mais kaut.

Peruanische Weine sind ganz passabel, aber nicht so gut wie die aus Chile oder Argentinien. Das Nationalgetränk ist ein Schnaps aus weißen Trauben, der *pisco*; Touristen bekommen ihn meistens in Form von *pisco sour* serviert. Dieser Cocktail wird aus Pisco, Eiweiß, Limonensaft, Zuckersirup, zerstoßenem Eis und Angostura zusammengemixt. Wer im Urwald Schnaps trinken will, bekommt *aguardiente* (Zuckerrohrschnaps mit Anisaromen). Na denn, *salud*!

NICHTALKOHOLISCHE GETRÄNKE

Agua mineral (Mineralwasser) wird *con gas* (mit Kohlensäure) oder *sin gas* (ohne Kohlensäure) verkauft. Man sollte Peru auf keinen Fall verlassen, ohne wenigstens einmal das viel verkaufte, sprudelnde, nach süßem Kaugummi schmeckende Nationalgesöff Inca Kola probiert zu haben. Wer der Wasserversorgung nicht ganz traut, sollte es *sin hielo* (ohne Eis) trinken. *Jugos* (Fruchtsäfte) gibt's überall; man sollte stets *jugo puro* verlangen, nicht *con agua* (mit Wasser). Die beliebtesten Säfte sind *naranja* (Orange), *toronja* (Pampelmuse), *maracuyá* (Maracuja), *manzana* (Apfel), *naranjilla* (eine Frucht, die wie eine bittere Orange schmeckt) und Papaya. *Chicha morada*, ein süßes, erfrischendes Getränk ohne Kohlensäure, wird aus violettem Mais hergestellt. *Maté de coca* (Tee aus Kokablättern) hilft angeblich bei Höhenkrankheit. Der Kaffee ist nichts Tolles, außer in den großen Städten ist er aus Pulver und wird mit Kondensmilch serviert.

FEIERTAGE & FERIEN

An wichtigen Feiertagen sind die Banken, die Büros und andere Dienststellen geschlossen, die Hotels verdoppeln oder verdreifachen ihre Preise und die öffentlichen Nahverkehrsmittel sind brechend voll. Fiestas Patrias ist der größte Nationalfeiertag, dann ist das ganze Land auf Achse.

Año Nuevo (Neujahr) 1. Januar
Karfreitag März/April
Día del Trabajador (Tag der Arbeit) 1. Mai
Inti Raymi 24. Juni
Fiestas de San Pedro y San Pablo (Fest von Peter & Paul) 29. Juni
Fiestas Patrias (Nationalfeiertag der Unabhängigkeit) 28. und 29. Juli
Fiesta de Santa Rosa de Lima 30. August
Tag der Schlacht von Angamos 8. Oktober
Todos Santos (Allerheiligen) 1. November
Fiesta de la Purísima Concepción (Fest der unbefleckten Empfängnis) 8. Dezember
Navidad (Weihnachten) 25. Dezember

FESTIVALS & EVENTS

Eine Liste der nationalen Feiertage steht oben.
La Virgen de la Candelaria (Lichtmess) Farbenfrohe Hochlandfiesta am 2. Februar, vor allem im Gebiet von Puno.
Karneval Februar/März – jede Menge Wasserschlachten!
Semana Santa (Karwoche) März/April – religiöse Prozessionen die ganze Woche über.
Fronleichnam Dramatische Prozessionen in Cusco am neunten Donnerstag nach Ostern.
Inti Raymi Das große Inkasonnenfest, das zur Wintersonnwende abgehalten wird (24. Juni).
La Virgen del Carmen Tanz auf den Straßen in Pucara beim Titicacasee, in Paucartambo und in Pisac bei Cusco (16. Juli).
Puno-Tag Spektakuläre Kostüme und Tanz in Puno (5. Nov.) erinnern an das legendäre Auftauchen des ersten Inkas Manco Capác aus dem Titicacasee.

FRAUEN UNTERWEGS

Die meisten Frauen, die nach Peru reisen, haben wenig Probleme. Sie sollten sich aber innerlich darauf einstellen, dass sie Aufmerksamkeit erregen werden. Der Machismo ist in peruanischen Klein- und Großstädten gesund und munter. Neugierige Blicke, Pfeifen, Zischeln und *piropos* (freche, flirtende oder vulgäre „Komplimente") gehören zum Alltag. Die Provokationen zu ignorieren ist generell die beste Reaktion. Die meisten Männer lassen ihrem Geschwätz normalerweise kein aggressiveres Verhalten folgen, außer sie fühlen sich von der Frau in ihrer Männlichkeit verletzt.

Wer Einheimische um Hilfe bittet, wird bemerken, dass die meisten Peruaner sich schützend vor alleinreisende Frauen stellen und mit Staunen und Besorgnis darauf reagieren, wenn man ihnen erzählt, ohne Mann oder Familie unterwegs zu sein. Wer von einem Fremden auf der Straße angesprochen wird, sollte nicht unbedingt stehenbleiben. Es ist auch nicht zu empfehlen, als Frau alleine an einer Führung teilzunehmen, und in archäologischen Anlagen gilt es selbst am Tage, besonders wachsam sein. Die Nutzung von Nachtbussen und nicht lizenzierten Taxis ist unbedingt zu meiden.

Abtreibungen sind in Peru illegal, es sei denn, sie retten das Leben der Mutter. Das **Instituto Peruano de Paternidad Responsable** (Inppares; ☎ 01-583-9012; www.inppares.org.pe) betreibt ein Dutzend sexualmedizinischer Kliniken für Frauen und Männer im ganzen Land.

FREIWILLIGENARBEIT

Die meisten Freiwilligenorganisationen verlangen Geld für das Programm, für die Unterkunft und die Verpflegung. Man sollte sich vor falschen Wohlfahrtsorganisationen und betrügerischen Programmen hüten. Spanische Sprachschulen wissen zumeist über aktuelle Möglichkeiten im Freiwilligenbereich Bescheid, und die Klubhäuser der South American Explorers haben Berichte aus erster Hand von Ausländern, die freiwillig in Lima (S. 871) oder Cusco (S. 910) tätig waren.
ProWorld Service Corps (ProPeru; ☎ in USA 877-429-

6753, www.myproworld.org) organisieren zwei- bis 26-wöchige kulturelle und akademische Hilfsdienste im Heiligen Tal. Sie sind mit NGOs in ganz Peru verbunden.

Organisationen in den deutschsprachigen Ländern:

Freiwilligenarbeit.de (www.freiwilligenarbeit.de) Freiwilligenarbeit-Portal, die Programme rund um den Planeten vorstellt.

TravelWorks (www.travelworks.de) Vermittelt Freiwilligenarbeit weltweit, auch in Peru.

Europäisch-Lateinamerikanische Gesellschaft (ELG) (www.auslandspraktikum.at) Internationale Organisation, die Freiwilligenarbeit auch in Peru vermittelt.

Freiwilligenportal der Schweiz (www.forum-freiwilligenarbeit.ch) Plattform zur Förderung der Freiwilligenarbeit von Schweizern auch im Ausland.

FÜHRERSCHEIN

Ein Führerschein aus dem eigenen Land genügt, um eine Auto zu mieten. Der Internationale Führerschein wird nur verlangt, wenn man in Peru länger als 30 Tage ein Auto fahren möchte.

GEFAHREN & ÄRGERNISSE

Auch in Peru kann es Belästigungen und Ärger geben. Vieles davon kann man aber durch vernünftiges Verhalten vermeiden.

Das häufigste Problem ist Diebstahl, meistens Trickdiebstahl oder einfaches Wegreißen. Gewalttätige Überfälle sind selten, kommen aber auch vor. Vorsicht vor „Würgern und Greifern", vor allem in archäologischen Anlagen. Raubüberfälle und -morde gab es schon selbst auf bekannten Trekkingstrecken, besonders rund um Huaraz.

Nicht lizenzierten „Piraten"-Taxis sollte man mit Vorsicht begegnen, denn es ist schon vorgekommen, dass sie an „Express"-Entführungen beteiligt waren. Ratsam ist es auch, anstatt der billigen Übernachtbusse eher die teureren und besseren Busse zu nehmen, um so das Risiko eine Unfalls oder einer Entführung zu mindern.

Um Drogen unbedingt einen großen Bogen machen! Gringos, die sich darauf eingelassen haben, saßen für lange Zeit in peruanischen Gefängnissen ein. Jeder Tatverdächtige wird so lange für schuldig befunden, bis er seine Unschuld beweisen kann (das gilt auch bei Autounfällen, egal ob man der schuldige Fahrer ist oder nicht).

Während der Terrorismus in Peru ein Problem ist, ist der Drogenhandel weiterhin ein bedeutendes Geschäft. 2008 gab es einen größeren Vorfall, der Auswirkungen auf die Szene in Iquitos hatte. Um folgende Regionen, in denen sich der illegale peruanische Drogenanbau im Wesentlichen abspielt, sollte man einen Bogen machen: das Tal des Río Huallaga zwischen Tingo María und Juanjui und das Tal des Río Apurímac in der Nähe von Ayacucho.

Nicht alle Minen und Blindgänger entlang der ecuadorianischen Grenze sind beseitigt worden. Darum nur die offiziellen Grenzübergänge benutzen und in Grenzgebieten die offiziellen Wege nicht verlassen.

Die *soroche* (Höhenkrankheit) kann tödlich enden; für weitere Infos dazu, s. S. 1136.

GEFÜHRTE TOUREN

Einige geschützte Gegenden, etwa der Inkatrail oder der Parque Nacional Manu, können nur im Rahmen einer geführten Tour besucht werden. Weitere Outdoor-Aktivitäten, z. B. Wanderungen in den Anden oder Naturbeobachtungen am Amazonas, versprechen mit einem erfahrenen Führer ziemlich sicher noch lohnendere Erfahrungen.

GELD

Die Währung von Peru heißt Nuevo Sol (S), ein Nuevo Sol sind 100 Céntimos.

Bargeld

Banknoten sind im Wert von 10, 20, 50 und 100 S im Umlauf. Wer Geld wechselt, sollte immer um viele kleine Scheine bitten. Münzen gibt's zu 10, 20 und 50 Céntimos sowie zu 1, 2 und 5 S. US-Dollar werden in vielen Touristeneinrichtungen ebenfalls akzeptiert, doch für öffentliche Verkehrsmittel, billiges Essen, Gästehäuser etc. braucht man auch Nuevos Soles. Falschgeld ist allgemein ein großes Problem in Peru.

Geldautomaten

Die meisten Städte und auch manche kleinen Orte haben Geldautomaten, die rund um die Uhr zugänglich sind und Visa-, Maestro- und MasterCard-Karten akzeptieren. American Express und andere Systeme sind weniger weit verbreitet. Größere Flughäfen und Busbahnhöfe wie auch die Interbank- und BCP-Zweigstellen haben Geldautomaten, die fast alle ausländischen Karten annehmen. Es werden sowohl US-Dollar als auch peruanische Währung ausgegeben.

Geld wechseln

Andere Währungen als der US-Dollar und zunehmend auch der Euro werden nur in größeren Städten und mit hoher Kommission gewechselt. Abgegriffene, zerrissene und beschädigte Banknoten werden nicht akzeptiert. *Casas de cambio* haben länger geöffnet als Banken und bedienen die Kundschaft auch schneller. Offizielle Geldwechsler (*cambistas*) sind nützlich, wenn man außerhalb der Banköffnungszeiten oder an Grenzübergängen ohne Bank Geld umtauschen will. Man muss sich aber vor manipulierten Taschenrechnern, Falschgeld und sonstigen Tricks hüten.

Offizielle Wechselkurse bei Drucklegung:

WECHSELKURSE		
Land	Währung	S
Eurozone	1 €	3,86
Schweiz	1 SFr	2,64

Kreditkarten

Gehobenere Hotels, Restaurants und Läden akzeptieren *tarjetas de crédito* (Kreditkarten), verlangen aber dann gewöhnlich 7 % oder mehr Aufschlag.

INFOS IM INTERNET

Andean Travel Web (www.andeantravelweb.com/peru) Reiseinformationen mit Links zu Hotels, Touranbietern, Freiwilligenprogrammen etc.
Living in Peru (www.livinginperu.com) Führer von englischsprachigen Ausländern, die in Peru leben – eine ausgezeichnete Quelle für Nachrichten und Ereignisse in Lima.
Peru Links (www.perulinks.com) Tausende interessante Links, viele auf Spanisch, manche auf Englisch. Die Empfehlungen der Herausgeber und die ersten zehn Seiten sind immer gut.
PromPerú (www.peru.info) Offizielle Tourismusseite der Regierung; bietet auch einen Überblick auf Deutsch.

INTERNETZUGANG

Internetcafés (*locutorios*) findet man in Peru an jeder Straßenecke. Selbst kleine Städte haben irgendwo eine kleine *cabina*. Der Zugang ist in den Städten schnell und günstig (etwa 1,50 S/Std.), in ländlichen Gegenden aber oft unzuverlässig und teurer.

KARTEN & STADTPLÄNE

Die beste Straßenkarte von Peru, *Mapa Vial* (1 : 2 000 000), wird von Lima 2000 herausgegeben und ist in vielen Buchläden erhältlich. Topografische Karten bekommt man bei vielen Outdoor-Anbietern in größeren Städten und Touristenzielen.

KLIMA

Im Küstensommer (später Dez.–früher April), wenn sich der triste *garúa* aus Küstennebel, Dunst oder Sprühregen hebt und Sonnenstrahlen endlich den Boden erreichen, zieht es viele Peruaner an die Strände.

In den Anden fällt die touristische Hochsaison auf die Trockenzeit von Mai bis September. In den Bergen können dann in der Nacht Temperaturen unter dem Gefrierpunkt auftreten, tagsüber aber gibt's herrlichen Sonnenschein. Die Regenzeit dauert in den Bergen von Oktober bis Mai, am meisten Regen fällt im Januar und Februar.

Im heißen und feuchten Amazonas-Regenwald regnet es das ganze Jahr über, am trockensten ist es in den Monaten Juni bis September. Immerhin: Selbst in den feuchtesten Monaten (Dez.–Mai) regnet es selten mehr als ein paar Stunden am Tag.

Weitere Informationen und Klimatabellen gibt's auf S. 1110.

KURSE

Peru ist weniger für Spanischkurse bekannt als andere Länder Lateinamerikas. In Lima, Cusco (S. 913) und Arequipa (S. 897) gibt's aber ein paar Schulen.

ÖFFNUNGSZEITEN

Die Geschäfte öffnen um 9 oder 10 Uhr und schließen zwischen 18 und 20 Uhr. Eine zweistündige Mittagspause ist üblich. In großen Städten bleiben die Geschäfte manchmal auch über Mittag geöffnet, in Lima gibt's zudem Supermärkte, die rund um die Uhr Kunden empfangen. Banken haben gewöhnlich montags bis freitags von 9 bis 18 Uhr und samstags bis 13 Uhr geöffnet. Postämter und *casas de cambio* (Wechselstuben) besitzen sehr unterschiedliche Öffnungszeiten. Sonntag macht fast alles dicht.

POST

Serpost (www.serpost.com.pe), das privatisierte Postunternehmen, arbeitet relativ effizient, ist aber teuer. Postkarten und Briefe nach Europa kosten auf dem Luftweg etwa 5 S bis 6,50 S und benötigen von Lima aus ungefähr zwei Wochen, von Provinzstädten etwas länger.

Lista de correos (postlagernde Sendungen) können an jedes größere Postamt geschickt werden. South American Explorers empfangen Briefe und Pakete für Mitglieder und bewahren sie in ihren Klubhäusern in Lima (S. 871) und Cusco (S. 910) auf.

RECHTSFRAGEN

Es gibt Stationen der *policía de turismo* (Touristenpolizei) in mehr als einem Dutzend der wichtigen Städte. Gewöhnlich ist auch immer jemand da, der etwas Englisch spricht. Bestechung ist zwar illegal, dennoch können einzelne Polizisten (auch bei der Touristenpolizei) korrupt sein. Da die meisten Reisenden nichts mit der Verkehrspolizei zu tun haben, ist der Grenzübertritt zu Lande der Ort, an dem man von Travellern am ehesten erwartet, dass sie den Offiziellen eine kleine Dreingabe zahlen. Auch das ist verboten – wer Zeit, Kraft und Ausdauer hat, wird schließlich auch so hereingelassen.

REISEN MIT BEHINDERUNGEN

Peru bietet Reisenden mit Behinderungen nur wenige Annehmlichkeiten. Die offizielle Tourismusorganisation des Landes, PromPerú (S. 977), stellt auf ihrer Website (www.peru.info) im englischsprachigen Sektor unter „Brochures and Publications" einen Link zu einem Dokument über behindertengerechtes Reisen in Peru zur Verfügung (*Tourism for the People with Disabilities. The First Evaluation of Accessibility to Peru's Tourist Infrastructure*), das über rollstuhlgerechte Hotels, Restaurants und Attraktionen in Lima, Cusco, Aguas Calientes, Iquitos und Trujillo informiert.

SCHWULE & LESBEN

Peru ist ein streng konservatives, katholisches Land. Rechte für Homosexuelle in politischer oder gesetzlicher Hinsicht sind für die meisten Peruaner nicht einmal ein Thema. (Zur Information: Die Regenbogenfahne, die in der Gegend von Cusco zu sehen ist, ist keine Schwulenfahne – sie ist die Fahne des Inkareichs.) Wenn das Thema öffentlich aufkommt, ist die offizielle Reaktion meistens feindlich.

Küssen auf den Mund wird in der Öffentlichkeit selten gesehen, weder bei hetero- noch bei homosexuellen Paaren. Aber sonst können Peruaner mit ihren Freunden körperlich sehr vertraulich umgehen, deshalb sind Küsse auf die Wange oder ein *abrazo*, eine joviale Umarmung zwischen Männern, harmlos und alltäglich. Im Zweifelsfall an den Einheimischen ein Vorbild nehmen.

In Lima herrscht am meisten Toleranz Homosexuellen gegenüber, während Cusco, Arequipa und Trujillo immer noch überdurchschnittlich liberal sind. **Movimiento Homosexual-Lesbiana** (☎ 01-332-2945; www.mhol.org.pe) ist Perus bekannteste politische Schwulenorganisation. Lima hat die offenste Schwulenszene im Land. **Deambiente** (www.deambiente.com) ist ein spanischsprachiges Online-Magazin für Politik und Popkultur, das auch NightlifeSpots auflistet. **Gayperu.com** (www.gayperu.com), eine weitere spanische Seite, informiert von Bars bis Saunen über alles. Die Reiseagentur **Rainbow Tours** (☎ 01-215-6000; www.perurainbow.com; Río de Janeiro 216, Miraflores, Lima) wird von einem Schwulen geleitet und hat eine Website mit Infos und Tipps auf Englisch.

SHOPPEN

Lima und Cusco bieten die größte Auswahl von Kunsthandwerksläden, in denen antike und zeitgenössische Webarbeiten, Keramik, Gemälde, Wollkleidung, Lederwaren und Silberschmuck verkauft werden. In den Städten am Titicacasee gibt's tolle Strickpullover aus Alpakawolle und jede Menge Schnickschnack aus *totora*-Schilf. Huancayo ist die erste Adresse für geschnitzte Kürbisse, während Ayacucho für Webarbeiten und stilisierte Keramikkirchen berühmt ist. Die Shipibo-Töpferarbeiten, die in Yarinacocha verkauft werden, sind das beste Urwald-Kunsthandwerk im gesamten Amazonasgebiet. In Trujillo kann man Nachbildungen antiker Moche-Töpferarbeiten erwerben; dabei aber immer sichergehen, dass die Objekte auch als Kopien ausgewiesen sind, da es illegal ist, präkolumbische Antiquitäten außer Landes zu schaffen! Touristische Objekte, die aus zerschnittenen antiken Textilien hergestellt wurden, sollte man auf keinen Fall kaufen, da ihre Herstellung und der Handel damit das kulturelle Erbe der indigenen Völker zerstören.

STROM

Perus Stromnetz arbeitet mit 220 Volt und 60 Hertz. In die zweilöchrigen Steckdosen passen oft die europäischen Stecker. Es empfiehlt sich jedoch, einen Adapter (US-Flachstecker) für Elektrogeräte dabeizuhaben.

TELEFON

Öffentliche Fernsprecher gibt's sogar in den winzigsten Städten. Die meisten sind Kartentelefone, aber viele funktionieren auch mit Münzen. Unter ☎ 109 erreicht man die peruanische Vermittlung, unter ☎ 108 die internationale Vermittlung, unter ☎ 103 die Auskunft. Internetcafés sind bei Orts-, Fern- und internationalen Gesprächen oft billiger als die Filialen der **Telefónica-Perú** (www.telefonica.com.pe).

Handys

Man kann in Peru ein Triband-GSM-Handy benutzen (GSM 1900); außerdem funktionieren die Systeme CDMA und TDMA. In Großstädten kann man sich Handys ab 69 S kaufen und eine SIM-Karte für 15 S einlegen – Claro bieten einen beliebten Bezahl-nach-Verbrauch-Tarif an. Je weiter man ins Gebirge oder in den Urwald vordringt, desto schwächer wird der Empfang. An Flughäfen kann man Handys ausleihen; die Aktivierung kostet 30,70 S, jede Minute ins nationale bzw. internationale Netz 2,20 S bzw. 4,60 S. Handynummern haben neun Ziffern und beginnen immer mit einer 9.

Telefonkarten

Telefonkarten heißen *tarjetas telefónicas* und sind überall bei Straßenhändlern und an Kiosken erhältlich. Einige haben einen elektronischen Chip, aber bei den meisten muss man einen Code eingeben, um sie freizuschalten. Am verbreitetsten sind die 147-Karten: man wählt die 147, gibt dann den Code auf der Rückseite der Karte ein, hört sich eine spanische Ansage an, die über das Guthaben informiert, wählt die Nummer, hört sich an, wie viel Zeit man hat, und wird schließlich verbunden. Am besten einfach mal herumfragen, welche Kartenanbieter den günstigsten Tarif haben.

Vorwahlen

Peru hat die Landesvorwahl ☎ 51. Um ins Ausland zu telefonieren, muss man erst 00, dann die Landesvorwahl, die Ortsvorwahl und schließlich die Telefonnummer wählen.
Jede Region Perus hat eine eigene Vorwahl, die mit einer 0 beginnt (☎ 01 in Lima, 0 plus zwei weitere Ziffern in anderen Gegenden). Wer in Peru ein Ferngespräch führen möchte, muss die 0 der Bezirksvorwahl mitwählen. Wenn man aus dem Ausland in Peru anruft, wählt man die internationale Vorwahl (00), dann die Landesvorwahl (☎ 51), die Ortsvorwahl ohne die 0 und schließlich die Telefonnummer.

TOILETTEN

Die peruanischen Sanitäranlagen lassen zu wünschen übrig. Selbst kleinste Mengen Toilettenpapier können das ganze System zum Erliegen bringen – deshalb sind für die Entsorgung des Papiers gewöhnlich kleine Plastikbehälter bereitgestellt. Außer in Museen, Restaurants, Hotels und Busbahnhöfen sind öffentliche Toiletten in Peru selten. Man sollte auch immer eine Rolle Toilettenpapier bei sich haben.

TOURISTENINFORMATION

Die offizielle Tourismuswebsite PromPerús (www.peru.info) bietet auch Informationen auf Deutsch. PromPerú unterhält außerdem die Touristeninformationen **iPerú** (☎ 24-Std.-Hotline 01-574-8000) in Lima, Arequipa, Ayacucho, Chiclayo, Cusco, Huaraz, Iquitos, Piura, Puno, Tacna und Trujillo. Lokale Touristeninformationen sind unter den jeweiligen Städten in diesem Kapitel aufgelistet. Die Klubhäuser von South American Explorers in Lima (S. 871) und Cusco (S. 910) sind gute Informationsquellen für Reisende, aber als zahlendes Mitglied kann man dort mehr Hilfe erwarten.

UNTERKUNFT

Lima und das Touristenmekka Cusco sind die teuersten Orte in Peru. In der Hochsaison (Juni–Aug.), an den wichtigen Feiertagen (S. 975) und bei Festen (S. 975) sind die Unterkünfte meistens voll und die Preise können sich verdreifachen. Ansonsten sind die Hochsaisonpreise, die in diesem Kapitel angegeben sind, verhandelbar. Von ausländischen Besuchern wird normalerweise die Umsatzsteuer in Höhe von 10 % nicht verlangt. *Incluye impuesto* (IGV) bedeutet, dass der Servicezuschlag mit eingeschlossen ist. In den besseren Hotels können Steuern und Servicezuschlag zusammen 28 % betragen. Budgethotels haben gewöhnlich zumindest gelegentlich warme (häufiger: laue) Duschen. Zu den Betten in Schlafsälen gehören Gemeinschaftsbäder, während Einzel- und Doppelzimmer auch in *hostales* – also Pensionen, die nicht mit Backpackerhostels gleichzusetzen sind – eigene Bäder haben (sofern nichts anderes angegeben ist).

VERANTWORTUNGSBEWUSSTES REISEN

Archäologen liefern sich mit den *guaqueros* (Grabräuber) eine Schlacht, die sie wohl vor allem an der Küste verlieren werden. Man sollte auf keinen Fall original präkolumbische Artefakte kaufen und sich auch nicht an der Ausrottung der Wildtiere beteiligen, indem man Fleisch bedrohter Arten verzehrt (s. Kasten S. 974) oder Souvenirs kauft, die aus Häuten, Federn, Horn oder Schildkrötenpanzer gemacht sind. Manche indigenen Gemeinden leben vom Tourismus; sie zu besuchen, kann ihre Projekte unterstützen, aber auch ihre traditionelle Kultur aushöhlen. Wer eine organisierte Tour mitmacht, sollte sich vergewissern, dass der Anbieter einen Bezug zur Region hat, und danach fragen, ob die Touren auch in irgendeiner Weise den besuchten Orten nutzen. Für weitere Infos, s. S. 4.

VISA

Deutsche, österreichische und Schweizer Staatsbürger brauchen kein Visum, um nach Peru einzureisen. Reisepässe müssen noch für mindestens sechs Monate ab dem Einreisedatum gültig sein. Weitere Informationen stehen auf S. 1116. Touristen dürfen sich ab der Einreise 90 Tage im Land aufhalten und bekommen einen Stempel in den Reisepass und in die Einreisekarte, die sie mitnehmen und bei der Ausreise aus Peru wieder abgeben müssen. 2008 wurden Visaverlängerungen ausgesetzt; wer also länger bleiben möchte, muss das Land zwischendurch verlassen und sich einen neuen 90-Tage-Stempel holen (insgesamt darf man 180 Tage pro Jahr im Land bleiben); seltsamerweise kann man auch gleich bei der ersten Einreise eine Frist von 183 Tagen beantragen (deren Gewährung vom Ermessen des Beamten der Einwanderungsbehörde abhängt). Bei Überziehungen fällt eine Gebühr von 1 US$ pro Tag an.

Während man durch das Land reist, muss man seinen Reisepass und die Einreisekarte immer mit sich führen, da man verhaftet werden kann, wenn man sich nicht richtig ausweisen kann.

Uruguay

HIGHLIGHTS

- **Colonia del Sacramento** (S. 994) Sich von den hübschen Kopfsteinpflasterstraßen dieses früheren Schmugglerhafens zu regelrechten Blitzlichtgewittern verführen lassen.
- **Atlantikküste** (S. 1001) An einer wunderschönen Küstenlinie perfekt erschlossene, aber auch unberührte Strände entdecken.
- **Carnaval** (S. 991) Bei der einen Monat dauernden Party in Montevideo zum Rhythmus des *candombe* die Hüften kreisen lassen.
- **Termas de Daymán** (S. 1000) In die beliebtesten Thermalquellen des Landes eintauchen.
- **Abseits ausgetretener Pfade** (s. Kasten S. 1003) In dem entlegenen Hippie-Strandort Cabo Polonio Seelöwen, Pinguine und Wale beobachten.
- **Besonders empfehlenswert** (s. Kasten S. 1009) Quer durchs Inland reisen von Chuy nach Tacuarembó und eine wunderschöne Landschaft entdecken, die nur wenige Traveller je zu Gesicht bekommen.

KURZINFOS

- **Bevölkerung:** 3,42 Mio.
- **Fläche:** 187 000 km²
- **Geld:** 1 € = 26,4 $U (Uruguayischer Peso), 1 SFR = 18 $U
- **Hauptstadt:** Montevideo
- **Landesvorwahl:** ☎ 598
- **Preise:** Budgethotel in Montevideo 13 €, 3-stündige Busfahrt 6 €, Mittagsmenü 5,50 €
- **Reisekosten:** 25–35 € pro Tag
- **Reisezeit:** Hauptsaison (Nov.–März), Nebensaison (Juni–Aug.)
- **Sprachen:** Spanisch, Portugiesisch (nahe der Grenze zu Brasilien)
- **Zeit:** MEZ −4 Std. (die Sommerzeit geht von Anfang Okt.–Mitte März, dann sind es −5 Std., in Uruguays Winter −3 Std.)

TIPPS FÜR UNTERWEGS

In den meisten Städten gibt's eine *rotisería* (Takeaway-Imbiss) und mindestens eine schöne Plaza – die perfekte Kombi für ein spontanes Picknick.

VON LAND ZU LAND

Grenzübergänge nach Argentinien findet man bei Buenos Aires, Tigre, Colón und Concordia. Die Grenze bei Gualeguaychú bleibt bis auf Weiteres geschlossen. Die meisten Urlauber auf dem Weg nach Brasilien nutzen den Grenzübergang bei Chuí/Porto Alegre.

Uruguay ist wie eine Oase inmitten einer oftmals krisengeschüttelten Wüste – das Land hat sein eigenes Tempo. Es ist seit vielen Jahren als die Schweiz Südamerikas bekannt, nicht nur wegen der ähnlich strikten Wahrung des Bankgeheimnisses, sondern auch, weil die Uruguayer Volksabstimmungen lieben und ein ausgesprochen friedfertiges Völkchen sind.

Uruguay ist ein Land extremer Kontraste. Man wird z. B. in der Innenstadt des kosmopolitischen Montevideo von Pferden gezogene Karren zu Gesicht bekommen und *gauchos* (Rinderhirten) in traditioneller Kleidung, die sich das neueste Handymodell ans Ohr halten.

Dieses Land zu bereisen, war nie einfacher als heute. Überall im Land findet man Hostels, das Busnetz ist gut ausgebaut, es gibt erstklassige Restaurants und sehr gute Campingplätze. Selbst in Touristenhochburgen wie Colonia del Sacramento oder Punta del Este kann es nur in der Hauptsaison und in den Ferien schwieriger werden, eine günstige Unterkunft zu finden.

Urlauber zieht Uruguay auf vielerlei Arten an: mit urtümlichen Stränden und hohen Wellen, mit lokalen Berühmtheiten in Punta oder mit seiner Geschichte, in die man in der Altstadt Montevideos und in Colonia, dem ehemaligen Schmugglerhafen, tief eintauchen kann. Die Einheimischen, ein aufrichtiger, warmherziger und offener Menschenschlag, der eine der fortschrittlichsten Gesellschaften Südamerikas geschaffen hat, sorgen dafür, dass man sich wie zuhause fühlt. Und wenn man schließlich abreist, wird man sich unter Garantie versichern, dass dies nicht der letzte Aufenthalt in Uruguay war.

AKTUELLE ENTWICKLUNGEN

Das linke Regierungsbündnis Frente Amplio hatte seine Startschwierigkeiten, doch unlängst zeichneten sich zwei revolutionäre Entwicklungen ab: Ende 2007 wurde die Abtreibung legalisiert, Anfang 2008 führte sie die eingetragene Lebenspartnerschaft für homosexuelle Paare ein. 2009 hingegen begann schlecht für Uruguay: Eine Dürre zwang die Regierung dazu, den Notstand auszurufen und Wassersparmaßnahmen anzuordnen, und der Export von Rindfleisch ging um 33 % zurück.

Vor der Präsidentschaftswahl im Oktober 2009 standen die Themen Sicherheit, steigende Kriminalitätsrate und nationale Wirtschaftskrise, die sich in der Jahresmitte zu einer Rezession ausweitete, im Vordergrund. Da keiner der Präsidentschaftskandidaten die absolute Mehrheit erhielt, wurde für Ende November eine Stichwahl angesetzt. Der Nachfolger des noch amtierenden Tabaré Vázquez wird sein Parteigenosse, der Senator und frühere Tupamaro-Kämpfer José Mujica.

GESCHICHTE
Am Anfang …

… lebten die Charrúa hier, einfache Jäger und Fischer. Sie hatten kein Gold, dafür aber die Unart, europäische Eindringlinge umzubringen, also ließen die Spanier sie in Ruhe. Schließlich wurde das Volk umgänglicher, es hielt Pferde und Rinder und begann, Handel zu treiben. Als dann die großen Rinderzüchter kamen, wurden die Charrúa vertrieben. Heute leben sie in isolierten Gebieten an der brasilianischen Grenze.

Jeder will ein Stück vom Kuchen

Die Jesuiten erschienen schon 1624 auf der Bildfläche, 1680 errichteten die Portugiesen das heute noch bestehende Colonia del Sacramento (meist kurz „Colonia" genannt), um Waren nach Buenos Aires zu schmuggeln. Die Spanier antworteten mit dem Bau ihrer Zitadelle in Montevideo. Die Portugiesen, Spanier und Briten kämpften fast 200 Jahre lang um die Kontrolle über das Gebiet.

Ab 1811 schlug José Artigas die spanischen Invasoren zurück und wenig später bekämpfte er die Portugiesen – aber schließlich erlangte Brasilien die Herrschaft über die Region. Artigas floh nach Paraguay und starb dort 1850. Die sogenannten „33 Orientales" ließen sich von ihm inspirieren und es gelang ihnen 1828 mit Unterstützung argentinischer Truppen, das Gebiet zu befreien und Uruguay als Pufferstaat zwischen den entstandenen Kontinentalmächten Argentinien und Brasilien zu etablieren.

Dramen ohne Ende

Die Befreiung brachte aber keinen Frieden. Immer wieder kam es zu Aufruhr, Aufständen und Putschen. Von 1838 bis 1851 belagerten argentinische Truppen Montevideo, und auch Brasilien war eine ständige Bedrohung. Zu jener Zeit entstanden die modernen politischen Parteien Uruguays: die Colorados und die Blancos. Unter den ersten Mitgliedern waren viele bewaffnete *gauchos*. In der Mitte des 19. Jhs. war die Wirtschaft zum großen Teil von der Rindfleisch- und Wollproduktion abhängig. Durch die Entstehung der *latifun-*

dios (Großgrundbesitz) und die Kommerzialisierung der Viehzucht verloren die unabhängigen *gauchos* ihre Existenzgrundlage.

José Batllé, wir lieben dich
Im frühen 20. Jh. führte der visionäre Präsident José Batllé y Ordóñez viele Neuerungen ein, u. a. die Renten- und Arbeitslosenversicherung, den Acht-Stunden-Tag und Kredite für Farmen. Viele Industriezweige wurden verstaatlicht, Wohlstand breitete sich aus. Kühlschiffe erschlossen dem Rindfleisch aus Uruguay zahlreiche Märkte in Übersee. Allerdings finanzierte Batllé seine Reformen zum Großteil aus der Besteuerung der Viehwirtschaft – und als die einbrach, ging's auch mit dem Wohlfahrtsstaat bergab.

Das Räderwerk bricht zusammen
In den 1960er-Jahren führten wirtschaftliche Stagnation und hohe Inflation in die Krise, soziale Unruhen nahmen zu. Als Präsident Oscar Gestido 1967 starb, nahm Vizepräsident Jorge Pacheco Areco seinen Platz ein.

Pacheco ergriff sofort restriktive Maßnahmen, er verbot die linken Parteien und Zeitungen, denen er vorwarf, die Guerillabewegung Movimiento de Liberación Nacional (als Tupamaros bekannt) zu unterstützen. So glitt das Land in die Diktatur ab. Nachdem die Tupamaros (wie in Costa-Gavras Politkrimi *Der unsichtbare Aufstand* beschrieben) den vermeintlichen CIA-Agenten Dan Mitrione getötet und einen großen Gefängnisausbruch inszeniert hatten, setzte Pacheco das Militär

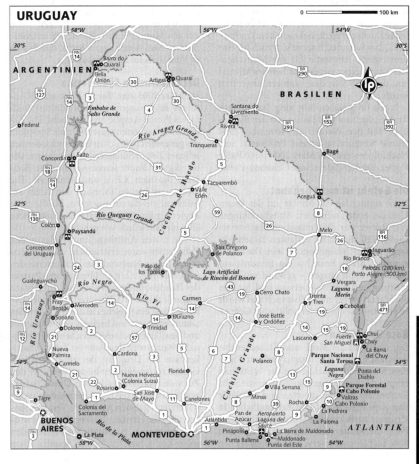

gegen die Aufständischen ein. 1971 übergab Juan Bordaberry, von Pacheco selbst zu seinem Nachfolger ernannt, die Regierungsgewalt an das Militär.

Schmutzige Arbeit

Das Militär besetzte fast alle wichtigen Stellen im „nationalen Sicherheitsstaat". Willkürliche Festnahmen und Folter wurden alltäglich. Die Streitkräfte bestimmten, wer im öffentlichen Dienst arbeiten durfte, stellten politische Aktivisten vor Militärtribunale, zensierten Bibliotheken und verlangten sogar für größere Familientreffen eine vorherige Anmeldung.

Eine vom Militär entworfene Vorlage für eine neue Verfassung wurde 1980 von den Wählern abgelehnt. Vier Jahre vergingen, ehe unter der damaligen Verfassung der Kandidat der Colorados, Julio María Sanguinetti, Präsident wurde. Seine Präsidentschaft bedeutete die Rückkehr zu demokratischen Traditionen. Aber Sanguinetti setzte sich auch für eine umstrittene Amnestie für die Menschenrechtsverbrecher aus den Reihen des Militärs ein, die 1989 von den Wählern akzeptiert wurde.

Noch im gleichen Jahr ging Sanguinettis Amt friedlich auf Luis Lacalle von den Blancos über. Mit den Wahlen im November 1994 wurde Sanguinetti erneut Präsident. Sein Nachfolger wurde im März 2000 Jorge Battle Ibáñez, der Kandidat seiner Colorado-Partei.

Die Gefahr ist nicht gebannt

Noch immer lag das Militär auf der Lauer: Eine der ersten offiziellen Amtshandlungen von Ibáñez war die Entlassung des Armeechefs, weil der hatte verlauten lassen, ein weiterer Putsch könnte nötig sein. Die Frente Amplio (Breite Front) – ein Bündnis aus linken Gruppierungen – gewann mit ihrer Haltung gegen Privatisierung und für den Sozialstaat immer mehr Zuspruch und wurde so ein ernstzunehmender politischer Gegner.

Böse Vorzeichen

Der Ausbruch der Maul- und Klauenseuche, der dem Export von uruguayischem Rindfleisch ein Ende machte, traf die Wirtschaft empfindlich. Als dann in Argentinien die Banken alle Konten sperrten und Tausende von Argentiniern auf ihre Bankguthaben in Uruguay zurückgriffen, wurde es richtig eng, denn die Konten der Argentinier machten 80 % aller Devisenreserven der uruguayischen Banken aus. Mit Schrecken beobachteten die Uruguayer, wie ihre Wirtschaft – früher die stärkste in ganz Südamerika – zusammenbrach und die Inflation von 3,6 % im Jahr 2001 auf 40 % Ende 2002 schnellte. Schließlich setzte der Peso zum Sturzflug an, der Wirtschaftsminister trat zurück, und die Regierung schloss die Banken, um einen Ansturm auf sie abzuwenden.

Unabhängigkeit?

Was nun folgte, war Hilfe unter Bedingungen: Ibáñez sah sich zu Notfallmaßnahmen (Kürzung der öffentlichen Ausgaben, Erhöhung der Umsatzsteuer) gezwungen – die USA, der Internationale Währungsfond IWF und die Weltbank unterstützen die Maßnahmen mit Krediten von insgesamt 1,5 Mrd. US$. Trotz allem bewies Uruguay zumindest auf dem internationalen politischen Parkett noch einigen Mut: Es verurteilte die US-amerikanischen Sanktionen gegen Kuba, den Putsch in Venezuela und den Irakkrieg.

Der Linksruck in Südamerika

Im März 2005 kam Tabaré Vázquez als Anführer des linksgerichteten Koalitionsbündnisses Frente Amplio an die Macht. Die Experten betrachteten seine Wahl als Symptom des generellen politischen Linksrucks, der sich in jener Zeit in Südamerika abzeichnete. Die beteiligten Länder waren Argentinien, Bolivien, Brasilien, Chile und Venezuela. Die Uruguayer hielten förmlich den Atem an, während sie darauf warteten, ob die neue Regierung ihre Wahlversprechen halten oder alles bleiben würde wie gehabt.

Die ersten Amtshandlungen des neuen Präsidenten waren erstaunlich: Vázquez setzte sich für ein Freihandelsabkommen mit den USA ein (woraufhin die überraschten Partner des Handelsbündnisses Mercosur auf Distanz gingen), führte das Rauchverbot in der Öffentlichkeit ein (welches in der traditionellen „Rauchernation" auf breite Ablehnung stieß) und bewilligte zwei ausländischen multinationalen Konzernen den Bau von Zellstofffabriken am Río Uruguay, der eine natürliche Grenze zu Argentinien bildet (womit er den Zorn des Nachbarlands, von Umweltschützern und von linken Hardlinern auf sich zog).

Letzteres gab den Anstoß zu Verleumdungen über die Grenzen hinweg, Prozesse wurden angestrengt, und schließlich unternahm sogar König Juan Carlos von Spanien einen

Vermittlungsversuch. Ende 2007 wurde eine Fabrik in Betrieb genommen, doch die Proteste gehen weiter: Die Grenzbrücke Gualeguaychú–Fray Bentos bleibt geschlossen und wird von argentinischen Aktivisten blockiert.

KULTUR
Mentalität
Eines stellen die Uruguayer gleich klar: Sie seien den *porteños*, den Menschen aus Buenos Aires auf der anderen Seite des Flusses, in nichts ähnlich. In vieler Hinsicht stimmt das auch. Sind Argentinier großspurig und manchmal arrogant, so sind Uruguayer relaxt und selbstsicher. Waren die einen immer eine regionale Großmacht, so haben die anderen immer im Schatten von Großmächten gelebt. Jenseits der Grenze witzelt man, Punta del Este sei ein Vorort von Buenos Aires – diesseits hört man das gar nicht gern. Trotzdem gibt es auch eine Reihe von Übereinstimmungen: die fast allgemeine Kunstbegeisterung und den italienischen Einfluss, die Liebe zu Pizza, Pasta, Wein und Käse. Auch der *gaucho*-Mythos spielt eine Rolle: Der ruppige Individualismus und die Verachtung, die viele Uruguayer für *el neoliberalismo* (den Neoliberalismus) empfinden, lassen sich direkt auf diese romantischen Cowboyfiguren zurückführen.

Lebensart
Uruguayer nehmen es gern leicht und rühmen sich, ganz das Gegenteil des hitzköpfigen Latinos zu sein. Sie trinken gern und viel, aber Kneipenschlägereien sind selten. Der Sonntag gilt der Familie und den Freunden. Dann wirft man eine halbe Kuh auf den *asado* (Grill), lehnt sich zurück und schlürft Mate-Tee. Die Bevölkerung hat einen hohen Bildungsstandard, auch wenn die Qualität der staatlichen Schulen nachlässt. Die Mittelschicht, die einst hier vorherrschte, schickt ihre Kinder nicht mehr hin – eine gute Ausbildung ist heute fast nur noch an privaten Bildungseinrichtungen zu haben.

Bevölkerung
Die Bevölkerung Uruguays besteht vorwiegend aus Weißen (88 %), 8 % sind Mestizen (ein *mestizo* hat indigene und spanische Wurzeln) und 4 % Schwarze. Es gibt so gut wie gar keinen indigenen Bevölkerungsanteil. Das Bevölkerungswachstum beträgt 0,5 % und ist damit eines der niedrigsten der Welt. Die Bevölkerungsdichte beträgt 18,3 Personen pro Quadratkilometer.

SPORT
In Uruguay ist Sport gleichbedeutend mit Fußball. Zweimal hat Uruguay in der Vergangenheit die Weltmeisterschaft gewonnen, u. a. gleich die erste, die 1930 in Uruguay ausgetragen wurde. Die bekanntesten Teams sind Nacional und Peñarol aus Montevideo. Bei einem Spiel der beiden sitzt man besser auf den Seitenrängen und nicht hinter dem Tor – im Fanblock geht's nämlich deftig zu.

Die **Asociación Uruguaya de Fútbol** (außerhalb der Karte S. 988 f.; ☎ 02-400-7101; www.auf.org.uy; Guayabo 1531) in Montevideo gibt Informationen zu den Spielen und Austragungsorten.

RELIGION
47 % der Uruguayer sind römisch-katholisch. Außerdem gibt's eine kleine jüdische Minderheit (ca. 10 000 Menschen). Dass sich etwas mehr als 17 % der Bevölkerung als Atheisten bzw. Agnostiker bezeichnen, ist ziemlich ungewöhnlich für Lateinamerika. Immer mehr Menschen bekennen sich zum evangelischen Glauben. Die Tageszeitung *Últimas Noticias* gehört zur Vereinigungskirche von Sun Myung Moon.

KUNST
Angesichts seiner Bevölkerungszahl hat Uruguay überraschend viele talentierte Künstler und Schriftsteller hervorgebracht. Der wohl bekannteste Autor ist Juan Carlos Onetti, doch gerade bei den jüngeren Uruguayern steht der Journalist Eduardo Galeano hoch im Kurs. Er hat bereits viele Bücher und Gedichte verfasst, u. a. *Las venas abiertas de América Latina*. Die englische Übersetzung dieses Werks schaffte es auf die Bestsellerlisten, nachdem der venezolanische Präsident Hugo Chávez Barack Obama eine Ausgabe überreicht hatte. Weitere bedeutende zeitgenössische Autoren sind Hugo Burel, der postmoderne Enrique Estrázulas, der aufstrebende Star Ignacio Alcuri und der Dichter, Essayist und Romancier Mario Benedetti.

Der wahrscheinlich berühmteste Film über Uruguay ist *Der unsichtbare Aufstand* (1973), der von der Entführung und Ermordung des CIA-Agenten Dan Mitrione durch die Tupamaros handelt.

Die Kritiker priesen zudem den Film *Whisky* (2004). Diese Komödie mit viel scharfsinnigem, schwarzem Humor, die in Montevideo und Piriápolis spielt, räumte einige Preise in Cannes ab. Der Dokumentarfilm *Stranded* (2007) basiert auf dem Roman *La sociedad de la nieve* und erzählt die Geschichte von 16 uruguayischen Rugbyspielern, die einen Flugzeugabsturz überleben. Sie beruht auf einer wahren Begebenheit, die bereits 1993 durch den Film *Überleben* bekannt wurde (genau, das ist der Film, in dem die Überlebenden zuletzt die Toten essen), doch die aktuelle Version ist noch viel fesselnder, da sie von den Beteiligten selbst erzählt wird.

Gigante ist ein Kunstfilm, der durch eine fantastische Kameraführung besticht und derzeit der Favorit der Kritiker ist, was Filme aus Uruguay angeht. 2009 gewann er drei Preise bei den prestigeträchtigen Internationalen Filmfestspielen Berlin.

In Montevideo spielt Tango eine große Rolle. Die Uruguayer pochen darauf, dass Carlos Gardel in ihrem Land geboren wurde, doch auch Argentinier und Franzosen erheben Anspruch auf die Tangolegende. Anlässlich des Karnevals wird in den Straßen von Montevideo *candombe* getrommelt. Dieser Rhythmus geht auf die afrikanischen Sklaven zurück, die von 1750 an nach Uruguay verschifft wurden.

Im Hinblick auf moderne Musik lässt sich sagen, dass junge Uruguayer unverändert auf klassischen Rock mit einfachen Akkorden stehen. Eine besonders gute Rockband ist La Trampa. Wer es lieber etwas ruhiger mag, könnte sich No Te Va Gustar anhören. Diese Gruppe vermischt Rock mit Pop, Elektro-Sounds, Ska und Rhythmen der *murgas* (karnevalistische Chöre).

Theater ist in Uruguay sehr beliebt, und Stückeschreiber wie Mauricio Rosencof sind prominente Persönlichkeiten. Die bekanntesten uruguayischen Maler sind Juan Manuel Blanes und Joaquín Torres García. Zu den namhaften Bildhauern zählt u. a. José Belloni; seine Bronzeskulpturen in Lebensgröße können in den Parks in Montevideo bestaunt werden.

NATUR & UMWELT
Geografie
Uruguays weites nördliches Hügelland reicht vom südlichen Brasilien bis ins Landesinnere. Es besteht aus zwei Hügelketten, die nirgends höher als 500 m werden – der Cuchilla de Haedo westlich von Tacuarembó und der Cuchilla Grande südlich von Melo. Westlich von Montevideo ist es flacher. An der Atlantikküste gibt's sagenhafte Strände, Dünen und Landzungen. Die Steppen und Wälder Uruguays erinnern an die argentinischen Pampas oder an Südbrasilien. Im Südosten, entlang der brasilianischen Grenze, gibt's auch vereinzelt Palmensavannen.

Tiere & Pflanzen
Fast alle großen Landtiere sind verschwunden, aber hier und da rast noch ein Nandu über die Steppen im Nordwesten. Auf einigen Inseln vor der Küste gibt es auch noch Kolonien von Pelzrobben und Seehunden.

Nationalparks
An Nationalparks hat Uruguay leider wenig zu bieten. Die einzigen sind der Parque Nacional Santa Teresa (S. 1008) und der Parque Nacional San Miguel, aber beide schützen Festungen aus der Kolonialzeit – viel Natur gibt's da also nicht gerade.

VERKEHRSMITTEL & -WEGE

AN- & WEITERREISE
Bus
Auf der Strecke Montevideo–Buenos Aires verkehren Direktbusse (sie fahren über Gualeguaychú); wenn man den Río de la Plata mit der Fähre überquert und dann mit dem Bus weiterfährt, gelangt man jedoch wesentlich schneller ans Ziel. Der Grenzübergang bei Gualeguaychú ist zudem bereits seit Jahren geschlossen, weil die Uruguayer durch den Bau von Zellstoffwerken am Río Uruguay den Zorn der Argentinier auf sich gezogen haben. Derzeit ist ein Ende des Disputs nicht abzusehen, es schadet jedoch nichts, sich vor Ort zu erkundigen, ob die Grenze inzwischen wieder passierbar ist. Momentan überqueren internationale Busse den Fluss zwischen Paysandú und Colón. Es gibt außerdem noch eine weitere Brücke bei Salto und Concordia. Nach Brasilien kann man an diversen Stellen einreisen. Der am stärksten frequentierte Grenzübergang befindet sich bei Chuy und Chuí (von dort geht's weiter nach Pelotas, Brasilien). Für gewöhnlich werden die Ein- und Ausreiseformalitäten an Bord der Busse erledigt.

> **FLUGHAFENSTEUER**
>
> Am Flughafen Carrasco müssen Passagiere mit Ziel Argentinien eine Ausreisegebühr von 17 US$ zahlen, bei anderen internationalen Zielen sind 31 US$ zu entrichten. Man kann in Pesos und US-Dollar bzw. mit Kreditkarte zahlen.

Flugzeug

Bei den meisten internationalen Flügen nach bzw. ab Montevideo (Aeropuerto Carrasco) wird ein Zwischenstopp in Buenos Aires eingelegt. Direktflüge gehen nach Porto Alegre, Florianópolis, Rio de Janeiro und São Paulo (Brasilien) sowie nach Asunción (Paraguay) und Santiago (Chile).

Schiff/Fähre

Die meisten Traveller nehmen eines der Fährboote, um von Montevideo nach Argentinien zu gelangen. Manche fahren auch erst mit dem Bus nach Colonia oder Carmelo und setzen dann von dort mit der Fähre über; s. S. 993.

UNTERWEGS VOR ORT

Uruguays Busse und Straßen sind in gutem Zustand. Verkehrsknotenpunkt ist Montevideo. An der Küste oder den Straßen am Fluss wartet man nie lange auf einen Bus. Abenteuerlustige können auch mal andere Wege ausprobieren, z. B. von Chuy nach Tacuarembó (s. Kasten S. 1009) – da ist's dann anders. Aber ansonsten ist Uruguay ein kleines Land und wie geschaffen zum Busfahren – die längste Strecke ist in gerade mal sechs Stunden zu bewältigen.

Auto & Motorrad

Aufgrund des hervorragenden Busnetzes nutzen nur sehr wenige Besucher individuelle Verkehrsmittel, um in Uruguay herumzufahren. Trotzdem kann man in den Touristenzentren wie Colonia oder Punta del Este auch Autos und Motorräder mieten.

Bus

Die meisten Städte haben einen *terminal de ómnibus* (zentralen Busbahnhof) für Inlandsbusse. Um sich einen Sitzplatz auszusuchen, sollte man das Ticket vorab am Busbahnhof kaufen. Die städtischen Busse sind langsam und überfüllt, dafür aber billig.

Flugzeug

Hat man es mal sehr eilig, kann man auch bei **Aeromas** (☎ 02-604-6359; www.aeromas.com; Las Américas 5120, Montevideo) Charterflüge von Montevideo nach Salto, Tacuarembó, Paysandú, Rivera und Artigas buchen.

Taxi

Taxifahren ist in Uruguay so billig, dass man diesem Komfort nur schwer widerstehen kann. Die Taxameter arbeiten nur teilweise und die Fahrer berechnen die Entfernungen mithilfe eines kopierten Stadtplans. Eine lange Fahrt durch Montevideo kostet kaum mehr als 150 $U, kurze Strecken in Kleinstädten in der Regel weniger als 25 $U. Nachts und an den Wochenenden ist es generell 25 bis 50 % teurer.

Trampen

Getrampt wird in Uruguay selten – es ist derart ungewöhnlich, dass man vielleicht gerade deshalb mitgenommen wird. Das Land ist zwar nicht besonders gefährlich, aber Trampen ist auch hier, genau wie überall auf der Welt, ein Spiel mit dem Feuer. Also: Lieber vorsichtig sein.

MONTEVIDEO

☎ 02 / 1,3 Mio. Ew.

Montevideo ist für viele Südamerikatraveller *das* Reiseziel schlechthin – die Stadt ist einerseits klein genug für Fußmärsche aber andererseits auch groß genug, um architektonische Leckerbissen und ein turbulentes Nachtleben zu haben.

Die jungen *montevideanos* (Leute aus Montevideo), die sich nicht über den Fluss nach Buenos Aires abgesetzt haben, sind stolz auf ihre Stadt, die eine starke Künstler- und Kunsthandwerkerszene besitzt.

Viele der großartigen neoklassizistischen Gebäude aus dem 19. Jh. – eine Errungenschaft des Rindfleischbooms – verfallen heute mehr und mehr. Spuren der kolonialen Vergangenheit Montevideos findet man aber noch immer im malerischen alten Stadtzentrum, der Ciudad Vieja.

ORIENTIERUNG

Montevideo liegt am östlichen Ufer des Río de la Plata. Die Plaza Independencia östlich der Ciudad Vieja (Altstadt) bildet das Ver-

MONTEVIDEO

PRAKTISCHES
Alianza	**1** F4
Antel Telecentro	**2** G3
Antel Telecentro	**3** D3
Argentinische Botschaft	**4** G3
Automóvil Club del Uruguay	**5** F3
Brasilianisches Konsulat	**6** F4
Kanadische Botschaft	**7** E5
Comisión de la Juventud	**8** H4
Complejo Multicultural Mundo Afro	(siehe 23)
Exprinter	**9** E6
Französisches Konsulat	**10** E3
Deutsche Botschaft	**11** H5
Hospital Maciel	**12** C4
Hostelling International	**13** G4
Einreisestelle	**14** C3
Indumex	**15** G3
Ministerio de Tourismo	**16** C3
Städt. Touristeninformation	**17** H3
Pablo Ferrando	(siehe 28)
Plaza Libros	**18** E3
Post	**19** D4
Viajeros Sin Fronteras	**20** E6

SEHENSWERTES & AKTIVITÄTEN
Academia Uruguay	**21** D3
Casa Rivera	**22** D4
Complejo Multicultural Mundo Afro	**23** E4
Joventango	(siehe 52)
Mausoleo Artigas	**24** F6
Mercado del Puerto	**25** C3
Museo del Carnaval	**26** C3
Museo Romántico	**27** D3
Museo Torres García	**28** E6
OMNIA Centre	**29** G4
Palacio Estévez	**30** F6
Palacio Salvo	**31** F6
Teatro Solís	(siehe 51)

SCHLAFEN
Che Lagarto	**32** E5
El Viajero Hostel	**33** D3
Hospedaje del Este	**34** G4
Hotel Palacio	**35** E5
Posada al Sur	**36** C4
Red Hostel	**37** H3

ESSEN
Buffet Atlantida	**38** F4
Café Bacacay	**39** E6
Club Brasil	**40** F3
Dueto	**41** E5
Estrecho	**42** D4
La Cibeles	**43** G4
Mercado de la Abundancia	(siehe 52)
Mercado del Puerto	(siehe 25)
Roma Amor	**44** E6

AUSGEHEN
Pony Pisador	**45** E6
Shannon Irish Pub	**46** E6

UNTERHALTUNG
Cinemateca Uruguaya	**47** G3
El Umbral	**48** E6
Fun Fun	(siehe 23)
La Bamba	**49** D3
Sala Zitarrosa	**50** F3
Teatro Solís	**51** E6

SHOPPEN
Mercado de la Abundancia	**52** G4
Mercado de los Artesanos	**53** F3

TRANSPORT
Aerolíneas Argentinas	**54** F5
American Airlines	**55** F5
Buquebus	**56** B3
Ferryturismo	**57** F3
Iberia	**58** F3
LanChile	**59** F3
Pluna	**60** F3
TACA	**61** F5
TAM Mercosur	**62** G3
Terminal Suburbana	**63** F2

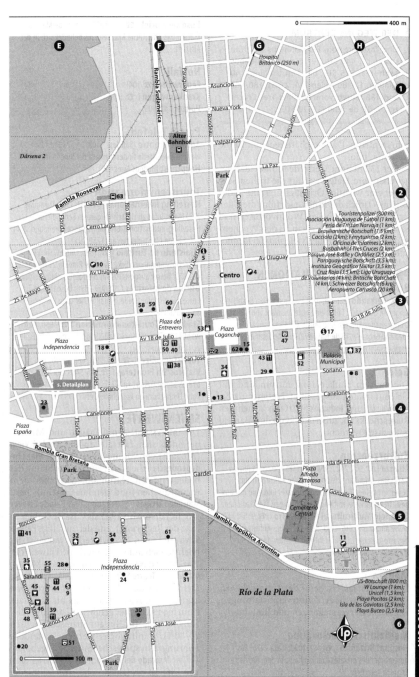

DER WEG INS ZENTRUM

Eine Taxifahrt vom Flughafen ins Zentrum kostet ca. 440 $U. Für den Flughafenbus zahlt man 25 $U, die Fahrt dauert 40 Minuten. Die Buslinien CA1, 21, 61, 180, 187 und 188 fahren vom Terminal Tres Cruces zur Av 18 de Julio (15–20 $U).

kehrszentrum. Das Geschäftszentrum ist die Av 18 de Julio.

Der 132 m hohe Cerro de Montevideo gegenüber vom Hafen war für die frühen Seefahrer eine wichtige Orientierungshilfe in der Region. Östlich der Innenstadt führt die Uferstraße Rambla vorbei an Wohnvororten und Sandstränden, die vor allem an den Wochenenden und im Sommer viele *montevideanos* anlocken.

PRAKTISCHE INFORMATIONEN
Buchläden
Pablo Ferrando (Sarandí 675) Eine von vielen Buchhandlungen in der Stadt. Führt eine gute Auswahl von Werken uruguayischer Autoren und Musik-CDs.
Plaza Libros (Av 18 de Julio 892) Hier findet man englischsprachige Titel.

Geld
Die meisten Banken im Zentrum sind mit Geldautomaten ausgestattet. **Exprinter** (Ecke Sarandí & Juncal) und **Indumex** (Plaza Cagancha) nehmen Reiseschecks an, außerdem kann dort Bargeld gewechselt werden.

Kulturzentren
Alianza (☎ 901-7423; www.alianza.edu.uy; Paraguay 1217) Das amerikanisch-uruguayische Kulturzentrum beherbergt einen Buchladen, ein Theater und eine gut ausgestattete Bücherei mit englischsprachigen Publikationen.
Complejo Multicultural Mundo Afro (☎ 915-0247; www.mundoafro.org; Ciudadela 1229) Das Kulturzentrum der afro-uruguayischen Gemeinde Montevideos ist im Mercado Central zu finden.

Medien
Immer freitags erscheint der *Guía del Ocio*. Er informiert über Kulturveranstaltungen, Kino, Theatervorstellungen und Restaurants.

Medizinische Versorgung
Hospital Británico (☎ 487-1020; Italia 2420) Ein hervorragendes privates Krankenhaus, in dem die Ärzte Englisch sprechen.
Hospital Maciel (☎ 915-3000; Ecke 25 de Mayo & Maciel) Das öffentliche Krankenhaus befindet sich in der Altstadt.

Notfall
Feuerwehr (☎ 104)
Krankenwagen (☎ 105)
Polizei (☎ 109)

Post & Telefon
Antel Telecentro (San José 1108; 24 Std.) Eine weitere Zweigstelle findet man auf der Rincón (Nr. 501).
Hauptpost (Buenos Aires 451)

Touristeninformation
Hostelling International (☎ 901-3587; Paraguay 212) Bietet Infos zu Hostels im ganzen Land, die der Hostelling-International-Gruppe (HI) angehören, und stellt ISIC-Karten für Studenten aus (250 $U).
Ministerio de Turismo (☎ 1885, Durchwahl 111; www.turismo.gub.uy; Ecke Yacaré & Rambla 25 de Agosto de 1825) Besser ausgestattet als die Touristeninformationen.
Oficina de Informes (☎ 409-7399; Busbahnhof Tres Cruces) Gute Anlaufstelle in praktischer Lage für Neuankömmlinge.
Städtische Touristeninformation (☎ 1950, Durchwahl 3171; Palacio Municipal) Klein, aber mit einer Fülle von Infos ausgestattet.
Touristenpolizei (☎ 908-3303; Colonia 1021)
Viajeros Sin Fronteras (☎ 916-5466; Buenos Aires 618, 2. Stock) Gehört zu STA Travel; bietet günstige Flüge, kann Umbuchungen vornehmen, etc.

SEHENSWERTES
Die interessantesten Gebäude und Museen befinden sich fast alle in der **Ciudad Vieja** (Altstadt) von Montevideo. Auf der **Plaza Independencia** erhebt sich eine riesige Statue des bedeutendsten Nationalhelden über dem unterirdischen (und ziemlich unheimlichen) **Mausoleo Artigas** (9–17 Uhr). Der **Palacio Estévez** (18. Jh.) diente bis 1985 als Casa de Gobierno (Sitz der Regierung), und der auffällige **Palacio Salvo** mit seinen 26 Stockwerken war einst das höchste Gebäude Südamerikas. Unweit der Plaza steht das wichtigste Theater von Montevideo, das **Teatro Solís** (www.teatrosolis.org.uy; Buenos Aires 678) aus dem Jahr 1856; es wurde erst kürzlich renoviert. Dienstags bis sonntags kann man sich einer geführten Tour anschließen (11, 12 & 16 Uhr; auf Spanisch/Englisch 20/40 $U), mittwochs werden kostenlose Führungen in spanischer Sprache angeboten.

Der **Mercado del Puerto** (Ecke Castellano & Piedras) von 1868 ist ein fantastischer, mit schmiedeeisernen Elementen verzierter Bau, in dem diverse Restaurants untergebracht sind. Samstags sind hier zahlreiche Künstler und Musiker anzutreffen. Dasselbe Gebäude beherbergt auch das **Museo del Carnaval** (☎ 916-5493; Rambla 25 de Agosto de 1825 Nr. 218; Eintritt 50 $U; ☾ Di–So 11–17 Uhr), in dem Montevideos Karnevalstraditionen von früher und heute mit Fotos, Masken, Kostümen und ein paar Umzugswagen dokumentiert werden.

Die neoklassizistische **Casa Rivera** (Ecke Rincón & Misiones; ☾ Mo–Fr 12–19 Uhr) von 1802 wartet mit einer faszinierenden Sammlung indigener Artefakte, Kolonialschätzen und Ölgemälden auf. Besonders imposant ist die Panoramadarstellung Montevideos am Ende des 18. Jhs. Im **Museo Romántico** (25 de Mayo 428; ☾ Mo–Fr 11–18 Uhr) kann opulentes Mobiliar des 19. Jhs. bestaunt werden, das der städtischen Oberschicht gehörte. Man beachte den Damenreisekoffer, der vor lauter Bürsten, Kämmen, Scheren, Parfumfläschchen und Kerzenhaltern förmlich überquillt – es gab unter Garantie Ärger, wenn festgelegt werden musste, wer dieses Monster von einem Gepäckstück tragen sollte!

Im **Museo Torres García** (www.torresgarcia.org.uy; Sarandí 683; ☾ 9–20 Uhr) sind die abstrakten und kubistischen Arbeiten von Joaquín Torres García (1874–1949) ausgestellt. Der uruguayische Künstler verbrachte einen Großteil seines Arbeitslebens in Frankreich.

AKTIVITÄTEN

Man kann sich im El Viajero Hostel ein **Fahrrad** leihen (auch als Nicht-Gast) und der Rambla am Flussufer entlang folgen. Dieser Weg für Fußgänger, Jogger und Fahrradfahrer führt zu den Stränden weiter östlich. Nach ca. 2 km erreicht man die Playa Pocitos, der zum **Schwimmen** am besten geeignete Strand. Hier kann man sich auch bei einer Partie **Beachvolleyball** als Mitspieler einbringen.

Fährt man weiter Richtung Osten, passiert man ein paar Buchten und gelangt schließlich zur Playa Buceo. Im Yachtklub wird **Windsurfunterricht** angeboten (ca. 300 $U/Std.).

Gute Schwimmer können sich zur ungefähr 700 m entfernt gelegenen Isla de las Gaviotas aufmachen, einer von Palmen bestandenen Sandinsel.

Wer es lieber gemütlich angehen lässt, steigt auf der Av 18 de Julio in den Bus 64 ein, der der Küstenstraße folgt; einfach aussteigen, wenn einem ein Strand gefällt.

KURSE

Folgende Kurse eignen sich nichts für Leute, die nur wenig Zeit haben. Damit sich die Investition lohnt, sollte man mindestens einen Monat in Montevideo bleiben.

Academia Uruguay (☎ 915-2496; www.academia uruguay.com; Gómez 1408) Spanischkurse. Privatunterricht kostet 500 $U pro Stunde, 20 Stunden Gruppenunterricht schlagen mit 4750 $U zu Buche. Die Academia organisiert zudem Unterkünfte in Familien und Privatappartements und vermittelt Freiwilligenarbeit.

Complejo Multicultural Afro Mundo (☎ 915-0247; www.afromundo.org; Mercado Central, Ciudadela 1229, 1. Stock) Trommel- und candombe-Kurse sowie Unterricht in capoeira (Mischung aus Kampfsport und Tanz, die zu den Klängen der berimbau ausgeübt wird und von Sklaven aus Bahia entwickelt wurde).

Joventango (☎ 901-5561; www.joventango.org; Mercado de la Abundancia, Ecke San José & Yaguarón) Tangokurse für alle Niveaus.

OMNIA Centre (☎ 908-5564; Soriano 1245) Yoga-, Pilates-, Meditations- und Massagekurse.

FESTIVALS & EVENTS

Der **Carnaval** wird in Montevideo am Montag und Dienstag vor Aschermittwoch gefeiert. Dann entlocken candombe-Tanzgruppen großen Trommeln afrikanisch inspirierte Rhythmen. Die **Semana Criolla** (während der Karwoche) ist Rodeo, Kunstmesse und Open-Air-Konzert in einem – ein echtes gaucho-Happening! Schauplatz ist El Prado (Anfahrt mit Buslinie 552).

Im März findet das zweiwöchige **Festival Cinematográfico Internacional del Uruguay** (www.cinemateca.org.uy/festivales.html) statt, in dessen Rahmen nationale und internationale Filme gezeigt werden.

SCHLAFEN

El Viajero Hostel (☎ 915-6192; www.ciudadviejahostel. com; Ituzaingó 1436; B 365 $U, EZ/2BZ ohne Bad 600/1200 $U) Ein stattliches altes Haus mit wunderschönen Aufenthaltsbereichen, kompakten Mehrbettzimmern und ein paar komfortablen Privatzimmern. Man kann Fahrräder ausleihen (Std./Tag 70/150 $U).

Che Lagarto (☎ 903-0175; Plaza Independencia 713; www.chelagarto.com; B/EZ/DZ 375/750/1000 $U) Dieses niedliche kleine Hostel ist in einem alten Haus an der Plaza Independencia untergebracht. Die Privatzimmer sind erstaunlich groß – tolles Preis-Leistungs-Verhältnis!

Posada al Sur (☎ 916-5782; www.posadaalsur.com.uy; Castellano 1424; B 375 $U, Zi. mit/ohne Bad 1000/875 $U)

Unverputzte Wände aus Ziegelsteinen und Holzböden verleihen diesem ruhigen kleinen Hostel eine besondere Atmosphäre. Außerdem: Von der Dachterrasse hat man eine fantastische Aussicht.

Hospedaje del Este (☎ 908-5495; Soriano 1137; EZ/DZ 400/450 $U) Das wahrscheinlich beste Budgethotel der Stadt. Die Lobby ist zwar fürchterlich heruntergekommen, doch die Zimmer sind klasse: Sie sind geräumig und mit Holzböden, neuen Bädern und kleinen Balkons zur Straße hin ausgestattet.

Red Hostel (☎ 908-8514; www.redhostel.com; San José 1406; B/EZ/DZ 400/900/1200 $U) Dieses klassische alte Haus im Zentrum hat ein paar gute, gemeinschaftlich genutzte Aufenthaltsbereiche zu bieten. Der einzige Haken: Es gibt wesentlich mehr Betten als Duschen!

Hotel Palacio (☎ 916-3612; www.hotelpalacio.com.uy; Mitre 1364; Zi. 650 $U) Die Zimmer sind nicht groß, warten aber mit nettem Dekor auf, z. B. antiken Fliesen und Holzböden. In den Zimmern zur Straße hin (mit Balkon) ist der Lärmpegel recht hoch.

ESSEN

La Cibeles (San José 1242; Empanadas 23 $U; Hauptgerichte 160 $U) Erstklassige Empanadas in verschiedenen Ausführungen (die Version mit *dulce de leche*, karamelisierter Milch, ist ein Gedicht!) sowie „vollwertige" Mahlzeiten.

Roma Amor (Bacacay 1331; Hauptgerichte 150–240 $U) In dem schönsten italienischen Restaurant der Stadt haben die Gäste die Wahl zwischen verschiedenen Nudelgerichten und leckeren Pizzas. Außerdem gibt's tolle Mittagsmenüs.

Club Brasil (Av 18 de Julio 994; Hauptgerichte 150–200 $U) Diese elegante Adresse im brasilianischen Kulturzentrum bietet – Achtung, Überraschung! – brasilianische Küche. Das Buffet und die Menüs sind echte Schnäppchen.

Café Bacacay (Bacacay 1306; Hauptgerichte 180–240 $U) Eine wirklich nette Location fürs Mittagessen. Serviert werden leckere Sandwiches, originelle Salatkreationen und auch ein paar Hauptgerichte.

LP Tipp Estrecho (Sarandí 460; Hauptgerichte 180–240 $U; ⊙ Mo–Fr mittags) Auf der Speisekarte – klein, aber fein – stehen ein paar Gerichte mit Zutaten, die nicht eben typisch für Uruguay sind. Die Desserts sind lecker.

Dueto (Mitre 1386; Hauptgerichte 180–300 $U) Hier werden interessante Variationen uruguayischer Klassiker zubereitet, z. B. mit Anchovis gefüllte Gnocchi (200 $U), und die Mittagsmenüs sind sehr preiswert. Tipp: Das Hühnchen mit Kürbispüree (240 $U) ist göttlich!

Buffet Atlantida (San José 1020; All-you-can-eat 210 $U) Bietet eine große Auswahl: Es gibt Nudelgerichte, *parrilladas* (Speisen vom Grill) und chinesisches Essen plus tägliche „Spezialangebote" wie Schweinebraten. Genau die richtige Adresse für Leute mit viel Hunger und wenig Geld.

Wer auf der Suche nach einer kulinarisch-kulturellen Erfahrung ist, sollte sich in einer der *parrillas* (Steakhäuser) im **Mercado del Puerto** (Ecke Castellano & Rambla 25 de Agosto de 1825; Hauptgerichte 150–250 $U; ⊙ mittags) einen Stuhl schnappen. Am besten kommt man samstagmittags hierher, dann wimmelt es auf dem Marktgelände nämlich von Einheimischen. Der zentraler gelegene **Mercado de la Abundancia** (Ecke Yaguarón & San José; Hauptgerichte 100–250 $U) ist ebenfalls beliebt und hat eine tolle Atmosphäre. Man kann hier zu Mittag und zu Abend essen, und an den Wochenenden wird abends häufig Livemusik gespielt.

AUSGEHEN

Abends ist in den Bars auf der Mitre in der Altstadt, zwischen der Buenos Aires und der Sarandí, am meisten los – am besten schaut man sich dort ein wenig um und folgt einfach den Menschenmassen. Unverändert beliebt sind u. a. das **Pony Pisador** (Mitre 1326) und der **Shannon Irish Pub** (Mitre 1318), wo die Getränke relativ günstig sind und DJs und Livebands für musikalische Unterhaltung sorgen.

UNTERHALTUNG

W Lounge (Ecke Baños & Rambla Wilson; Eintritt 120 $U) Dieser Club ist seit Jahren angesagt bei Leuten, die große Diskotheken mögen. Um nicht unangenehm aufzufallen, sollte man die schicksten Klamotten aus dem Rucksack hervorkramen. Eine Taxifahrt vom Stadtzentrum zum Parque Rodó kostet ca. 70 $U.

Sala Zitarrosa (Ecke Av 18 de Julio & Herrera y Obes) Hier treten Rockbands auf, und ab und an werden Theaterstücke gezeigt.

LP Tipp Fun Fun (Ciudadela 1229) Im Mercado Central. Das Fun Fun steht hoch im Kurs bei passionierten Tangotänzern. An den Wochenenden wird Livemusik gespielt, und es gibt eine nette Terrasse.

Cinemateca Uruguaya (Av 18 de Julio 1280; www.cinemateca.org.uy; Mitgliedschaft 185 $U/Monat) Ist auf Kunstfilme spezialisiert. Wer den geringen Mitgliedsbeitrag bezahlt, kann in den insgesamt fünf Kinos so viele Filme anschauen, wie er (oder sie) will!

Teatro Solís (www.teatrosolis.org.uy; Buenos Aires 678) Dies ist das prestigeträchtigste Theater Montevideos. Die Preise für Karten beginnen bei 200 $U. Im *Guía del Ocio* kann man nachlesen, welche Veranstaltungen im Solís und in den anderen Theaterhäusern der Stadt stattfinden.

Entlang der Mitre findet man ein paar gute Tanzclubs. Im **La Bamba** (Mitre 1419; Eintritt 60–100 $U) werden vor allem House und Discohits gespielt, während im **El Umbral** (Mitre 1325; Eintritt 50–80 $U), wo auch manchmal Livebands auftreten, der Schwerpunkt auf Retro-Musik liegt.

SHOPPEN

Feria de Tristán Narvaja (Narvaja, El Cordón; So 9–15 Uhr) Ein lebendiger Markt unter freiem Himmel, der sich über eine Länge von sieben Häuserblocks erstreckt. Neben Antiquitäten und Schmuck bekommt man hier auch Kunsthandwerk und gebratenen Fisch.

Mercado de los Artesanos (Plaza Cagancha) Hier gibt's wunderbares Kunsthandwerk zu vernünftigen Preisen. So ziemlich die gleichen Waren werden auch im **Mercado de la Abundancia** (Ecke San José & Yaguarón) verkauft.

Samstags findet auf der Plaza Constitución ein netter Flohmarkt statt.

AN- & WEITERREISE
Bus

Am **Busbahnhof Tres Cruces** (401-8998; Ecke Artigas & Italia) findet man Restaurants, saubere Toiletten, eine Gepäckaufbewahrung, eine *casa de cambio* (Wechselstube) und Geldautomaten.

Täglich steuern Busse diverse Ziele in Argentinien an (sie fahren über Paysandú), u. a.

BUSSE AB MONTEVIDEO

Ziel	Preis ($U)	Dauer (Std.)
Chuy	330	5
Colonia	167	2½
Fray Bentos	288	4½
La Paloma	240	4
Maldonado	130	2
Mercedes	260	4
Minas	111	2
Paysandú	353	5
Punta del Diablo	296	4½
Punta del Este	135	2½
Salto	465	6
Tacuarembó	380	5
Treinta y Tres	269	4

Buenos Aires (780 $U, 10 Std.), Rosario (1175 $U, 10 Std.), Córdoba (1510 $U, 15 Std.), Paraná (1050 $U, 10 Std.) und Mendoza (2030 $U, 24 Std.).

Mit EGA gelangt man nach Santiago de Chile (2760 $U, 30 Std.) in Chile sowie nach Porto Alegre (1541 $U, 11 Std.), Florianópolis (2437 $U, 18 Std.) und Curitiba (2857 $U, 24 Std.) in Brasilien.

Brújula und Coit haben Verbindungen nach Asunción, Paraguay (2140 $U, 21 Std.).

Flugzeug

Der **internationale Flughafen** (Aeropuerto Carrasco; 604-0329; www.aic.com.uy) liegt 20 km östlich des Stadtzentrums. **Gol Airlines** (www.voegol.com.br; 606-0901) bietet billige Flüge nach Porto Alegre, Brasilien an. Gol operiert online. In den Büros folgender Fluggesellschaften in Montevideo können Buchungen vorgenommen werden:

EINREISE NACH ARGENTINIEN

Ein Großteil der Reisenden überquert die uruguayisch-argentinische Grenze mit der Fähre. Entweder setzt man direkt von Montevideo nach Buenos Aires über (ab 1716 $U, s. S. 994) oder man fährt bis Colonia del Sacramento und nimmt dort das Boot nach Buenos Aires (ab 793 $U, s. S. 994) bzw. geht in Carmelo an Bord der Fähre nach Tigre (ab 403 $U, s. S. 997), ein Vorort von Buenos Aires. Die Einwanderungsformalitäten werden am Hafen geregelt, deshalb sollte man eine Stunde vor der Abfahrt dort eintreffen. Infos zur Fahrt in die Gegenrichtung gibt's auf S. 73.

Mit Lokalbussen kann man bei Paysandú bzw. Salto die Brücken über den Río Uruguay überqueren, um nach Colón bzw. Concordia zu gelangen (s. S. 1000). Dies ist die mit Abstand günstigste Transportvariante nach Argentinien. Die Einreiseformalitäten werden oft an Bord der Busse geregelt; sollte dies nicht der Fall sein, muss man sich keine Sorgen machen: Der Busfahrer wird auf die Passagiere warten. Die Grenzübergänge sind rund um die Uhr geöffnet, die Grenze zwischen Fray Bentos und Gualeguaychú ist allerdings nach wie vor geschlossen.

Aerolíneas Argentinas (☎ 902-3691; www.aerolineas.com.ar; Plaza Independencia 749bis)
American Airlines (☎ 916-3929; www.aa.com; Sarandí 699)
Iberia (☎ 908-1032; www.iberia.com; Colonia 975)
LANChile(☎ 902-3881; www.lan.com; Colonia 993, 4. Stock)
Pluna (☎ 902-1414; www.pluna.com.uy; Colonia 1021)
TACA (☎ 000-405-1004; www.taca.com; Plaza Independencia 831, Büro 807)
TAM Mercosur (☎ 901-8451; www.tam.com.py; Plaza Cagancha 1335, Büro 804)

Schiff/Fähre
Ferryturismo (☎ 900-0045; Río Negro 1400) bietet kombinierte Bus-/Fährfahrten nach Buenos Aires, über Colonia del Sacramento (793 $U, 6 Std.), wahlweise auch mit der schnelleren Sea Cat (1115 $U, 4 Std.). Eine Zweigstelle befindet sich am **Busbahnhof Tres Cruces** (☎ 409-8198). *Buqueaviones* (Schnellfähren) setzen von Montevideo direkt nach Buenos Aires über (ab 1716 $U, 3 Std.).

Mit **Cacciola** (☎ 401-9350), zu finden am Busbahnhof Tres Cruces, geht's via Carmelo und Tigre nach Buenos Aires (kombiniertes Bus-/Bootsticket 629 $U, 8 Std.).

UNTERWEGS VOR ORT
Flughafenbusse (25 $U, 40 Min.) fahren am **Busbahnhof Suburbana** (Ecke Rambla Roosevelt & Río Branco) ab. Fahrten mit den Stadtbussen kosten etwa 15 $U.

WESTLICHES URUGUAY

In vielerlei Hinsicht ist erst das Land westlich von Montevideo das wirkliche Uruguay: Zwischen den kleinen Städten am Flussufer erstrecken sich majestätische Pampas und Weizenfelder. Alles ist weit entfernt von den ausgelatschten Touristenrouten – bis auf den Superstar der Region: Colonia del Sacramento, dessen Charme Besucher aus der ganzen Welt anzieht.

COLONIA DEL SACRAMENTO
☎ 052 / 22 700 Ew.

Man nehme ein paar geschwungene, kopfsteingepflasterte Straßen, füge eine spannende Geschichte hinzu und setze das Ganze an einen wunderschönen Ort mit Ausblick auf den Río de la Plata. Und voilà: Heraus kommt eine große Touristenattraktion.

Und sogar die attraktionsgeilen Horden können der Atmosphäre von „Colonia" nichts anhaben. Der Ort hat das gewisse Etwas und genug Restaurants, Bars und Nachtleben, um seine Gäste über Wochen bei Laune zu halten.

Die Portugiesen gründeten Colonia 1680, um über den Río de la Plata Waren nach Buenos Aires zu schmuggeln. 1762 nahmen die Spanier die Stadt ein und hielten sie bis 1777, als Steuerreformen schließlich die direkte Einfuhr ausländischer Güter nach Buenos Aires erlaubten.

Orientierung & Praktische Informationen
Das Barrio Histórico (historisches Viertel) liegt auf einer kleinen Halbinsel. Das Geschäftszentrum, nahe der Plaza 25 de Agosto, und der Flusshafen befinden sich ein paar Blocks weiter östlich.
Antel (Rivadavia 420)
Banco Acac (Ecke Av Flores & Barbot) Geldautomat.
Banco República Wechselt Geld; am Hafen.
Cambio Viaggio (Ecke Av Roosevelt & Florida; ☻ So geschl.)
Post (Lavalleja 226)
Touristeninformation Barrio Histórico (☎ 28506; Plaza 1811) Am alten Stadttor. Organisiert informative und unterhaltsame einstündige Spaziergänge durch das Barrio Histórico (auf Englisch & Spanisch; 100 $U/Pers.).
Zentrale Touristeninformation (☎ 26141; Av Flores 499)

Sehenswertes
Die Museen sind von 11 bis 17 Uhr geöffnet und bleiben einen Tag pro Woche geschlossen (die Ruhetage sind unterschiedlich). Die Eintrittskarte für 50 $U deckt die folgenden Sehenswürdigkeiten ab:

Die restaurierte **Puerta de Campo** (1745) auf der Manuel de Lobos ist der Eingang zum Barrio Histórico. Eine dicke befestigte Mauer führt hier bis zum Fluss. Ein kleines Stück weiter westlich verläuft die schmale, mit Kopfstein gepflasterte **Calle de los Suspiros**. Sie geht von der Plaza Mayor 25 de Mayo ab und wird von Häusern im Kolonialstil gesäumt. In der Nähe steht das **Museo Portugués** (☻ Mi geschl.), das alte Seefahrerkarten und eine fantasievolle Darstellung des Stammbaums der Familie Lobo birgt.

Am südwestlichen Ende der Plaza findet man die **Casa de Lavalleja**, die frühere Residenz von General Lavalleja, außerdem die Ruinen des **Convento de San Francisco** aus dem 17. Jh. und einen restaurierten **Leuchtturm** (Eintritt 15 $U;

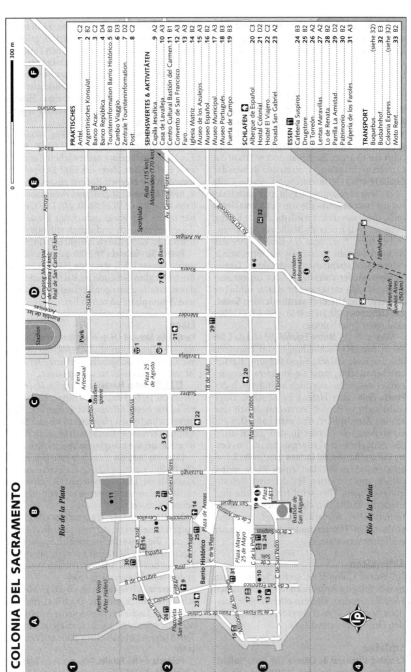

(9–18Uhr) aus dem 19. Jh. (von oben hat man einen tollen Ausblick auf die Stadt). Am westlichen Ende der Plaza, in der Calle de San Francisco, kann man sich im **Museo Municipal** (Di geschl.) u. a. altmodische Haushaltsartikel ansehen.

Am westlichen Ende der Misiones de los Tapes befindet sich das winzige **Museo de los Azulejos** (Mi geschl.). In dem Haus aus dem 17. Jh. sind Kacheln aus der Kolonialzeit ausgestellt. Der **Paseo de San Gabriel** am Flussufer führt zur Colegio. Biegt man dort rechts in die Comercio ein, gelangt man zu den Ruinen der **Capilla Jesuítica** (Jesuitenkapelle). An der Calle de la Playa angekommen, geht man nach links bis zur **Plaza de Armas**, die von der **Iglesia Matriz** (erb. 1680) dominiert wird; die älteste Kirche Uruguays war früher als Basilica de Sacramento bekannt. Nachdem ein Brand 1799 das Bauwerk beinahe vollständig zerstörte, wurde es von dem spanischen Architekten Tomás Toribio wieder aufgebaut – der Innenraum zeichnet sich unverändert durch schlichte Ästhetik aus. Die dort stattfindenden **Sound-and-Lightshows** (24935; 40 $U; Fr & Sa 21.30 Uhr) sind recht unterhaltsam.

Wer sich im **Museo Español** (Ecke España & San José; Do geschl.) Nachbildungen von Tonwaren aus der Kolonialzeit, Kleidung und Karten ansehen möchte, muss die Av Flores überqueren. Etwas weiter nördlich befindet sich der **Puerto Viejo** (alter Hafen). Er ist schon lange nicht mehr in Betrieb, verströmt jedoch eine schöne Atmosphäre, und man kann sich gut vorstellen, wie es hier in den guten alten „Schmugglerzeiten" zugegangen ist. Das **Centro Cultural Bastión del Carmen** (Ecke Cevallos & Rivadavia; Di–So 10.30–21 Uhr), einen Block weiter östlich, umfasst einen Teil der alten Befestigungsanlagen. Hier wird traditionelle und moderne Kunst von einheimischen und internationalen Künstlern gezeigt. Im angeschlossenen Theater finden hin und wieder Aufführungen statt.

Aktivitäten

Im Hostel Colonial (s. rechte Spalte) kann man halbtägige Ausritte an der Küste buchen (600 $U), zudem kürzere oder längere Ausflüge hoch zu Ross. Fahrräder kann man in den Hostels ausleihen.

Schlafen

Camping Municipal de Colonia (24662; Stellplatz 100 $U/Pers., cabañas für 2 Pers. 350 $U) Unweit des Strandes bei Real de San Carlos, 5 km nordwestlich des historischen Viertels gelegen, findet sich diese Anlage mit warmen Duschen. In der Nähe gibt's ein paar Restaurants.

Albergue de Español (30759; Manuel del Lobos 377; B/DZ 200/550 $U) Dieses ansprechende alte Ziegelhaus ist schlichter als die übrigen Hostels in Colonia, und viele Gäste schätzen es gerade aus diesem Grund.

Hostal Colonial (30347; hostelling_colonial@hotmail.com; Av Flores 440; B/EZ 250/300 $U, DZ 600–900 $U) Ein altes Gebäude mit ordentlichen Zimmern zum Hof hinaus. Zwei der fünf Doppelzimmer sind mit eigenen Bädern ausgestattet.

Hostel El Viajero (22683; www.elviajerocolonia.com; Barbot 164; B 300–425 $U, DZ 900 $U;) Der Gewinner in der Kategorie „schickstes Hostel" ist dieses tolle, durch und durch stilvolle Haus mit seinen klimatisierten Mehrbettzimmern.

Posada San Gabriel (23283; psangabriel@adinet.com.uy; Comercio 127; Zi. oben/unten 1400/1555 $U;) Ein tolles altes Gebäude im Barrio Histórico, das zu relativ günstigen Preisen viel Charme und Atmosphäre zu bieten hat.

Essen

Parrilla La Amistad (18 de Julio 448; Hauptgerichte 80–160 $U) In dieser altmodischen *parrilla* werden vorzügliche Fleischgerichte serviert. Der Fisch ist manchmal etwas zu sehr gesalzen.

LP Tipp Lentas Maravillas (Santa Rita 61; Gerichte 100–250 $U; 8–19 Uhr) Dieses hippe, kleine Lokal ist die beste Adresse für Frühstück, Mittagessen und einen Happen am Abend. Seine schöne Terrasse erstreckt sich bis zum Flussufer. Kleine, aber originelle Speisekarte.

Cafetería Suspiros (Calle de la Peña 144; Gerichte 120–150 $U; mittags) Kleine Cafeteria an der Plaza Mayor. Die angebotenen Gerichte sind nichts Besonderes, aber man kann nett im Schatten sitzen.

Drugstore (Vasconcellos 179; Gerichte 180–250 $U) Das ausgefallene Dekor, die tolle Lage an der Plaza und die abwechslungsreiche Speisekarte machen dieses Restaurant berechtigterweise zu einer beliebten Adresse. An den Wochenenden wird Livemusik gespielt.

El Torreón (Av Flores 46; Gerichte 180–350 $U) Mit den schönsten Blick auf die Stadt hat man an einem der Tische am Ufer. Soll die Atmosphäre etwas intimer sein, geht man einfach in den Turm und sucht sich einen Platz auf der Terrasse.

Pulpería de los Faroles (Misiones de los Tapes 101; Gerichte 200–300 $U) Die hiesige Spezialität sind

Meeresfrüchte und Pasta. Verputzen kann man das Ganze in dem schicken Speisesaal oder an einem der Tische an der Plaza Mayor 25 de Mayo.

Lo de Renata (Av Flores 227; Gerichte 200–320 $U) Hat eine nettere Atmosphäre als die meisten anderen *parrillas* in der Stadt. Das Buffet ist gut, und das *chivito* (Steak-Sandwich mit Käse, Salat, Tomate, Schinken und Gewürzen) für zwei Personen (390 $U) wird auch den größten Hunger stillen.

Patrimonio (San José 111; Gerichte 300–400 $U) Auf der schattigen Terrasse hat man einen hervorragenden Blick auf den Fluss. Dies ist der ideale Ort für einen Drink, es gibt aber auch ganz leckeres Essen.

An- & Weiterreise
BUS

Der **Busbahnhof** (Ecke Av Artigas & Av Roosevelt) von Colonia liegt in der Nähe des Hafens. Im Kasten unten stehen nationale Reiseziele plus Fahrtdauer und Preise.

SCHIFF/FÄHRE
Täglich fahren Fähren von **Buquebus** (☎ 130; www.buquebus.com.uy; Busbahnhof) nach Buenos Aires (611–933 $U, 3 Std.). Die Boote von **Colonia Express** (☎ 29677; www.coloniaexpress.com; Busbahnhof) sind um einiges schneller (99–495 $U, 1 Std.). Wer bis zu 20 Tage im Voraus bucht, bekommt die Tickets erheblich günstiger – detailliertere Infos liefert die Website. Die Einreisestelle befindet sich am Hafen.

Unterwegs vor Ort
Auf der Av Flores starten die städtischen Busse, die einen zum Campingplatz Camping Municipal de Colonia bringen. Fahrräder kann man in den Hostels ausleihen. Auf der Suche nach einem motorisierten Untersatz? In diesem Fall könnte man bei **Moto Rent** (☎ 22266; www.motorent.com.uy; Cevallos 223; pro Std./Tag Golfmobil & Strandbuggys 375/1500 $U, Roller 150/500 $U) fündig werden.

BUSSE AB COLONIA		
Ziel	Preis ($U)	Dauer (Std.)
Carmelo	74	1
Mercedes	180	3
Montevideo	176	2½
Paysandú	307	6
Salto	418	8

CARMELO
☎ 0542 / 17 500 Ew.

Carmelo ist eine Kleinstadt mit super entspannter Atmosphäre und einer hübschen zentralen Plaza. Die Straßen winden sich hinab ins Uferviertel, das mit viel Liebe zum Detail restauriert wurde. Mit den hiesigen Fähren kann man eine der interessantesten (und günstigsten) Fahrten durch das Flussdelta nach Argentinien unternehmen – bis nach Tigre, einem Vorort von Buenos Aires, benötigt man nur zwei Stunden.

Die **Touristeninformation** (☎ 2001; 19 de Abril 246) in der Casa de Cultura bietet jede Menge Infos und gibt einen guten Stadtplan heraus. *Casas de cambio* findet man nahe der Plaza Independencia.

In dem großen Park auf der anderen Seite des *arroyo* (Fluss) kann man zelten und schwimmen gehen. Außerdem befindet sich dort ein riesiges Kasino.

Schlafen & Essen
Camping Náutico Carmelo (☎ 2058; Zeltplatz 160 $U) Südlich des Arroyo de las Vacas.

Hotel Bertolutti (☎ 2030; Uruguay 171; EZ/DZ 300/500 $U) Einfache, funktionelle Zimmer zu günstigen Preisen. Insgesamt ist es hier für eine Nacht ganz o. k.

Posada del Navegante (☎ 3973; www.posadadelnavegante.com; Rodó 383; DZ mit/ohne Klimaanlage 600/800 $U;) Von der Fähranlegestelle geht's über die Brücke zu dieser kleinen Pension mit den schönen, modernen Zimmern. Nur 200 m entfernt bietet sich ein Strand zum Schwimmen an.

Fay Fay (18 de Julio 358; Gerichte 100–150 $U) Fantastischer kleiner Familienbetrieb an der Plaza. Auf der Speisekarte stehen die typischen uruguayischen Klassiker, aber auch ein paar „Überraschungen". Die hausgemachten Desserts sind ein Gedicht!

An- & Weiterreise
Chadre/Sabelin (☎ 2987) an der Plaza Independencia verbindet mit Montevideo (223 $U, 4 Std.), Fray Bentos (130 $U, 3 Std.) und Paysandú (223 $U, 5 Std.). **Berruti** (☎ 25301) befindet sich gleich um die Ecke in der Uruguay und hat Fahrten nach Colonia (74 $U, 1 Std.) im Programm.

Mit den Fähren von **Cacciola** (☎ 7551; www.cacciolaviajes.com; Constituyentes s/n) kann man nach Tigre, einem Vorort von Buenos Aires, übersetzen (403 $U, 2 Std.).

FRAY BENTOS

☎ 0562 / 24 400 Ew.

Grundstücke müssen günstig sein in Fray Bentos, denn überall in der Stadt stößt man auf große, üppig grüne Plazas. Hier befindet sich der einst am stärksten frequentierte Grenzübergang nach Argentinien, und sollte er irgendwann wieder geöffnet werden, wird das wohl auch wieder so sein. Wenn man ein paar Stunden Aufenthalt in Fray Bentos hat (weil man z. B. auf eine Umsteigeverbindung mit dem Bus warten muss), sollte man sich das faszinierende hiesige Museum (s. unten) nicht entgehen lassen.

Die **Touristeninformation** (☎ 2233; 33 Orientales 3260) unweit der Plaza Constitución hat hilfsbereite Angestellte.

Sehenswertes

Im **Teatro Young** (Ecke 25 de Mayo & Zorrilla) finden Kulturveranstaltungen statt. Es bietet 400 Besuchern Platz und trägt den Namen des englisch-uruguayischen *estanciero* (Grundbesitzer), der seinen Bau finanziert hat.

Wahrscheinlich steht auf keiner To-do-Liste für Uruguay „Besuch eines alten Extraktionswerks", doch das **Museo de la Revolución Industrial** (☎ 2918; Führungen 40 $U; Mo–Sa 10–18 Uhr) lohnt einen Besuch dennoch. Es beleuchtet einen wichtigen Teil der Landesgeschichte, indem es die Zeit dokumentiert, in der die britischen „Rindfleischbarone" nach Uruguay kamen und der nationalen Fleischindustrie auf die Beine halfen.

Schlafen & Essen

Balneario Las Cañas (☎ 2224; Stellplatz für 2 Pers. 200 $U) Ein großer städtischer Zeltplatz, 8 km südlich von Fray Bentos gelegen.

Hotel 25 de Mayo (☎ 2586; hotel25demayo@adinet.com.uy; Ecke 25 de Mayo & Lavalleja; EZ/DZ 380/700 $U; ❄) Die makellosen, modernen Zimmer hier findet man ein paar Häuserblöcke von der Plaza entfernt. Das Hotel Colonial befindet sich in derselben Straße. Es ist günstiger, aber auch sehr viel schmutziger.

Rund um die Haupt-Plaza haben sich zahlreiche *confiterías* (Cafés, in denen Desserts, einfache Gerichte, Kaffee und Tee serviert werden) und Pizzabuden angesiedelt. Wer mehr Auswahl haben möchte, kann **La Esquina de Cuqui** (Ecke 18 de Julio & 19 de Abril; Hauptgerichte 150–250 $U) ansteuern. Dort gibt's leckere, liebevoll zubereitete Gerichte sowie eine gute Weinkarte.

An- & Weiterreise

Der ziemlich heruntergekommene **Busbahnhof** (☎ 2737; Ecke 18 de Julio & Varela) befindet sich zehn Häuserblocks östlich der Plaza Constitución. CUT bietet Verbindungen nach Mercedes (28 $U, 45 Min.) und Montevideo (288 $U, 4 Std.), Busse von Chadre fahren nach Salto (204 $U, 4 Std.), Paysandú (93 $U, 2 Std.) und Montevideo.

MERCEDES

☎ 053 / 44 000 Ew.

Die schattigen Kopfsteinpflasterstraßen von Mercedes sind einfach zauberhaft (wenn die Stoßdämpfer des Taxis nicht mehr die allerbesten sind, werden die Organe allerdings ordentlich durchgeschüttelt). Der Bereich am Flussufer ist größtenteils unbebaut, und es gibt jede Menge Grasflächen, die zum Herumflätzen und Ausspannen zwischen ein paar Schwimmeinheiten einladen.

Die Plaza Independencia im Herzen der Innenstadt wird von einer beeindruckenden neoklassizistischen **Kathedrale** (erb. 1860) dominiert.

Das Zentrum ist zehn Blocks vom Busbahnhof entfernt. Entweder man folgt der Colón (mit der Plaza Artigas zur Rechten), oder man nimmt einen Stadtbus. Eine Taxifahrt hin kostet 20 $U.

Die **Touristeninformation** (☎ 22733; Ecke Zorrilla de San Martín & 19 de Abril) ist jetzt in günstiger Lage nahe des Flussufers zu finden und gibt einen guten Stadtplan heraus. In den *casas de cambio* nahe der Plaza kann Bargeld getauscht werden, Reiseschecks werden allerdings nicht akzeptiert. Die **Post** (Rodó 650) ist auch nicht weit von der Plaza entfernt.

Aktivitäten

Der **Club Remeros Mercedes** (☎ 22534; De la Rivera 949; pro Std./Tag 60/200 $U) vermietet Kanus, Kajaks und Ruderboote. Zum Club gehört ein Steg, der in den Fluss hinausragt; hier kann man seine Bauchklatscher-Technik verfeinern.

Schlafen & Essen

Camping del Hum (Zeltplatz 50 $U/Pers., plus 30 $U/Zelt) Dieser Zeltplatz erstreckt sich auf einer Insel im Río Negro, die über eine Brücke mit dem Festland verbunden ist. Er ist erstklassig ausgestattet, bleibt allerdings geschlossen, wenn der Fluss Hochwasser führt.

Club Remeros Mercedes (☎ 22534; De la Rivera 949; B/EZ/DZ 120/250/500 $U) Wartet mit einer Bar, einem halbwegs vernünftigen Restaurant, einigen Billard- und Kickertischen sowie Tischtennisplatten auf. Das Dekor besteht aus Trophäen und präparierten Fischen.

Hotel Mercedes (☎ 23204; Giménez 659; Zi. mit/ohne Bad 300/200 $U pro Pers.) Super Adresse mitten im Stadtzentrum (am besten vorab reservieren). Es gibt einen schattigen Hof.

La Cabaña (Ecke Costanera & Oribe; Gerichte 120–180 $U) Die Seele von Mercedes ist der Uferbezirk. Dieses Open-Air-Restaurant am Fluss bietet dazu eine perfekte Kombination aus leckerem Essen und toller Atmosphäre.

An- & Weiterreise

Am **Busbahnhof** (☎ 30515; Plaza Artigas) gibt's Verbindungen nach Colonia (180 $U, 3 Std.) und Montevideo (280 $U, 4 Std.) sowie zu weiteren Zielen im Inland.

PAYSANDÚ

☎ 072 / 77 100 Ew.

Jedes Jahr zu Ostern erwacht Paysandú – nach uruguayischem Verständnis fraglos eine große Stadt – zum alljährlichen Bierfestival. Dann gibt's hier jede Menge Livemusik und Open-Air-Kinos, und der kohlensäurehaltige Gerstensaft fließt ununterbrochen. Den Rest des Jahres ist der Ort eher ein verschlafenes Nest – aber am Wochenende kommt durchaus Leben in die Stadt, dann, wenn alle unterwegs sind und die Restaurants, Bars und Discos bevölkern.

Am meisten los ist am Flussufer: Tagsüber wird im Wasser geplanscht, und abends ist Party angesagt.

Die Av 18 de Julio, die Einkaufsmeile, verläuft an der Südseite der Plaza Constitución. Direkt gegenüber ist die **Touristeninformation** (☎ 26221; Av 18 de Julio 1226). Geld wechseln kann man bei **Cambio Fagalde** (Av 18 de Julio 1002). Einen Geldautomaten gibt's in der **Banco Acac** (Av 18 de Julio 1020). Wer gerade aus Argentinien kommt und dringend uruguayische Pesos braucht, kann gleich am Busbahnhof im Copay Geld zum Bankkurs umtauschen.

Vom Busbahnhof zum Zentrum kann man laufen: einfach die Zorilla entlang sieben Blocks in Richtung Norden gehen. Ein Taxi kostet ungefähr 50 $U.

Im **Museo Histórico** (Zorrilla 874; ⊙ Mo–Fr 9–17 Uhr) sind großartige handgezeichnete Karten, Haushaltswaren und Kriegsutensilien ausgestellt. Wer immer dachte, Vista sei viel zu langsam, der wird beim Anblick der alten „Schreibmaschine" vom Hocker fallen – die Garantie für ein Karpaltunnelsyndrom.

Schlafen & Essen

In Paysandú gibt's nicht sehr viele Hotels, und die paar wenigen sind manchmal schnell ausgebucht (vor allem während der Ferien). Die Touristeninformation hat eine Liste mit *casas de familia*, in denen einfache Unterkünfte für ca. 200 $U pro Person zur Verfügung stehen. Die Zahl der Restaurants hier ist ebenfalls erstaunlich gering.

Hotel Rafaela (☎ 24216; Av 18 de Julio 1181; Zi. mit/ohne Bad 450/280 $U pro Pers.) Die Zimmer unten haben private Bäder, allerdings ist die Belüftung schlecht. Wer oben wohnt (mit Gemeinschaftsbad und -balkon), bezahlt weniger und hat insgesamt die bessere Wahl getroffen.

La Casona (☎ 22998; San Martín 975; Zi. mit/ohne Bad 600/350 $U pro Pers.) Geräumige schlichte Zimmer in einem umgebauten Wohnhaus direkt an der Plaza. Die mit den privaten Patios sind besonders nett.

Los Tres Pinos (España 1474; Gerichte 100–220 $U; ⊙ Mo–Sa mittags & abends, So nur mittags) Diese *parrilla* ist hervorragend! Wir empfehlen z. B. *lechón a las brazas* (Spanferkel vom Grill).

Pan Z (Ecke Pereda & Av 18 de Julio; Gerichte 120–200 $U) Das „Panceta" („Speck") ist das beliebteste Restaurant der Stadt. Die Kellner versorgen einen im legeren Speisesaal oder draußen auf der luftigen Terrasse mit Pizzas, Pasta, *chivitos* und Sangria.

Ausgehen & Unterhaltung

Club Vincenzo (Ecke Brasil & Garzón) Gemütliche kleine Bar mit Billardtisch und eine beliebte Anlaufstelle zum „Vorglühen" vorm Clubbesuch.

Patricia (Batlé y Ordonez s/n; Eintritt 60–130 $U) Der angesagteste Tanzclub der Stadt. Das Publikum wird mit einer faszinierenden Mischung aus schlechten 1980er-Hits und Latino-Rhythmen beschallt.

Alternativ kauft man sich irgendwo eine Flasche Alkohol, mischt ihn mit Cola und gesellt sich damit zu den Einheimischen an der Plaza Artigas.

An- & Weiterreise

Vom **Busbahnhof** (☎ 23225; Ecke San Martín & Artigas) von Paysandú starten Busse nach Colón, Argentinien (45 $U, 45 Min.), Montevideo (363 $U, 5 Std.), Salto (116 $U, 2 Std.) und Tacuarembó (231 $U, 6 Std.).

SALTO
☎ 073 / 105 200 Ew.

Salto ist ganz hübsch, hat aber nicht sehr viele Attraktionen zu bieten. Touristen zieht es aus zwei Gründen in diese Stadt: Zum einen befindet sich hier ein Grenzübergang nach Concordia, Argentinien, zum anderen finden sich ganz in der Nähe **Thermalquellen**.

In der **Touristeninformation** (☎ 25194; Uruguay 1052) erfährt man, wie man zu den Thermalquellen gelangt. *Casas de cambio* gibt's im Stadtzentrum.

Sehenswertes & Aktivitäten
Im **Museo del Hombre y la Tecnología** (Ecke Brasil & Zorrilla; ⊙ 14–19 Uhr) dreht sich alles um die Lokalgeschichte.

8 km südlich von Salto befinden sich die **Termas de Daymán** (Eintritt 50 $U; ⊙ 7–23 Uhr), ein äußerst beliebtes Ausflugsziel uruguayischer und argentinischer Touristen. Den größten und am besten ausgebauten Thermalbäderkomplex im Nordwesten Uruguays erreicht man mit Bussen, die hinter der Windschutzscheibe ein Schild mit der Aufschrift „Termas" haben; sie verkehren auf der Av Brasil (15 $U, 40 Min.).

Schlafen & Essen
TIA Hotel (☎ 26574; hoteltia@hotmail.com; Brasil 566; Zi. 300 $U/Pers.; ✸) Die beste Budgetunterkunft der Stadt liegt zentral und bringt ihre Gäste in verschiedenartigen Zimmern unter.

Gran Hotel Concordia (☎ 32735; www.granhotelconcordia.com.uy; Uruguay 749; Zi. 450 $U/Pers.) Angeblich das älteste Hotel des Landes. Die Zimmer eröffnen einen Blick auf den hübschen Innenhof und sind mit antikem Mobiliar eingerichtet. Im Jahr 1933 übernachtete der berühmte Tangosänger Carlos Gardel in Zimmer Nr. 32; der Raum dient mittlerweile als Mini-Museum und ist öffentlich zugänglich.

El Nuevo Meson (Uruguay 564; Gerichte 90–150 $U) In diesem tollen alten Haus ist eine einfache *parrilla* mit günstigen Preisen zuhause.

LP Tipp La Caldera (Uruguay 221; Gerichte 100–180 $U) Das La Caldera bietet die umfangreichste Speisekarte und die netteste Atmosphäre von allen Restaurants in Salto, und dabei ist es auch noch überraschend preiswert.

Casa de Llamas (Ecke Purificacón & Brasil; Gerichte 180–250 $U) Der allgemeine Liebling zu jeder Tages- und Nachtzeit. Das Essen hier wird mit viel Liebe zubereitet, und von der Terrasse aus blickt man auf den Fluss.

An- & Weiterreise
Bus 1 bringt einen vom Busbahnhof ins Stadtzentrum.

Chadre/Agencia Central bietet von Montag bis Samstag Verbindungen nach Concordia, Argentinien (50 $U, 1 Std.). Die Einreiseformalitäten werden direkt an Bord des Busses erledigt.

Zu den nationalen Reisezielen zählen Montevideo (465 $U, 6 Std.), Bella Unión (180 $U, 3 Std.) und Paysandú (116 $U, 2 Std.).

Vom Hafen am Ende der Calle Brasil setzen **Barkassen** (☎ 32461) über den Fluss nach Concordia (Mo–Sa; 65 $U, 10 Min.) über. Die Einreisestelle befindet sich am Hafen.

TACUAREMBÓ & UMGEBUNG
☎ 063 / 42 800 Ew.

Dies ist *gaucho*-Territorium! Hier wird man keinen Cowboys der Sorte „Wir tun so, als ob, um ein paar Extra-Pesos einzuheimsen" begegnen! Die Jungs hier sind authentische Typen in ausgebeulten Hosen, deren Hosenbeine in Stiefelschaften stecken. Darüber hinaus ist dies angeblich der Geburtsort des Tangolegende Carlos Gardel (s. Kasten S. 1001).

Wer Mitte März in dieser Gegend unterwegs ist, kann die **Fiesta de la Patria Gaucho** (Cowboy-Festival) miterleben.

Das Zentrum von Tacuarembó ist die Plaza 19 de Abril. Die **Touristeninformation** (☎ 27144) befindet sich am Busbahnhof, sie ist jedoch nur zu unregelmäßigen Zeiten geöffnet. Im *informes*-Büro (ebenfalls am Bahnhof) bekommt man einen Stadtplan, die Post ist in der Ituzaingó (No 262), die Adresse von Antel ist die Sarandí No 240. Der Busbahnhof liegt 2 km vom Zentrum entfernt; nach Verlassen des Bahnhofs links halten, die kleine Plaza überqueren, rechts in die Herrera abbiegen – nach vier Blocks erreicht man die 18 de Julio. Eine Taxifahrt hierher schlägt mit 30 $U zu Buche.

Im **Museo del Indio y del Gaucho** (Ecke Av Flores & Artigas; ⊙ Di, Mi & Fr 12.30–18.30, Do 8.30–18.30, Sa & So 13–17 Uhr) wird den indigenen Einwohnern Uruguays und den *gauchos* Tribut gezollt.

Im **Valle Edén**, einem üppig grünen Tal 24 km südwestlich von Tacuarembó, befindet sich das **Museo Carlos Gardel** (☎ 23520; Eintritt 15 $U; ⊙ Di–So 9.30–18.30 Uhr). Zu seinen Ausstellungsstücken gehört u. a. die Geburtsurkunde, auf der Tacuarembó als Geburtsort des Tänzers angegeben ist. Die Uruguayer berufen sich in der Diskussion um Gardels Herkunft auf dieses Dokument. Hin und wieder fahren Busse von Empresa Calibus von Tacuarembó ins Valle Edén (25 $U, 20 Min.).

Schlafen & Essen

Balneario Municipal Iporá (☎ 25344; Stellplatz kostenlos–70 $U) 7 km nördlich der Stadt gelegen. Es gibt kostenlose Zeltplätze mit Zugang zu sauberen Toiletten (jedoch ohne Duschen). Nahe der Plaza 19 de Abril fahren Busse zum Balneario ab.

Residencial El Progreso (25 de Mayo 358; EZ/DZ ohne Bad 200/400 $U) Wer sagt: „Egal, wie's aussieht, ich will einfach nur ein Bett", ist hier an der richtigen Adresse.

Hotel Plaza (☎ 27988; 25 de Agosto 247; EZ/DZ 470/770 $U; ⌘) Um einiges komfortabler als das El Progreso kommt dieses Hotel daher, das seinen Gästen nur eineinhalb Blocks von der Plaza entfernt niedliche kleine Zimmer zu bieten hat.

La Rinconada (25 de Agosto 208; Gerichte 150–280 $U) In dem dunklen, atmosphärischen Bar-Restaurant kommen Pizzas und Fleischgerichte auf den Tisch.

La Rueda (Ecke Beltrán & Av Flores; Gerichte 100–180 $U) Nette *parrilla* mit Strohdach. Die Wände schmücken *gaucho*-Utensilien.

An- & Weiterreise

Der **Terminal Municipal** (Ecke Ruta 5 & Victorino Perera) befindet sich im Nordosten der Stadt. Hier beginnen Busverbindungen nach Montevideo (362 $U, 5 Std.), nach Salto (195 $U, 5 Std.), nach Paysandú (223 $U, 6 Std.) und nach Melo (204 $U, 3 Std.). Der Kasten auf S. 1009 liefert detaillierte Infos zur Überlandreise nach Chuy.

ÖSTLICHES URUGUAY

Das Erholungsgebiet für Uruguayer (und z. T. für Brasilianer, Chilenen, Mexikaner, Spanier etc.): Lange Strände ziehen sich von Montevideo bis zur brasilianischen Grenze, die für alle etwas bieten – für Surfer, Partylöwen, Naturfreaks und Familien.

Die Konflikte zwischen Spanien und Portugal und später zwischen Argentinien und Brasilien hinterließen im östlichen Uruguay einige historische Monumente, z. B. die Festungen Santa Teresa und San Miguel. Im Landesinneren ist die Landschaft mal von Palmensavannen, mal von Sümpfen geprägt, aber überall ist hier eine artenreiche Vogelwelt zu Hause.

Im Hochsommer schießen die Preise in die Höhe, denn dann sind die hiesigen Städte total überlaufen. Aber den Rest des Jahres hat man alles fast für sich allein.

PIRIÁPOLIS

☎ 043 / 8400 Ew.

In den 1930er-Jahren baute der Unternehmer Francisco Piria das markante Hotel Argentino und eine extravagante Residenz, die unter dem Namen „Pirias Burg" bekannt wurde. Damit beförderte er argentinische Touristen direkt hierher. Heute ist der Ort eine preiswerte Alternative zu den Strandresorts weiter östlich und lockt vor allem Familien aus Montevideo für einen Kurzurlaub an.

Aber die Stadt hat ein erhebliches Problem: Zwischen ihr und dem Strand liegt eine vierspurige Autobahn. Trotzdem: Wem es nichts ausmacht, mehrmals täglich über die Schnellstraße zu sprinten, den erwarten herrlich

---

DIE GEBURT EINER LEGENDE

Keine Frage: Mit Carlos Gardel schlug die Geburtsstunde des Tangos. Aber selbst 70 Jahre nach Gardels Tod herrscht noch immer Uneinigkeit darüber, welches Land Gardel hervorgebracht hat.

So wie sich Griechen und Türken darüber streiten, wer das Souflaki bzw. den Dönerkebab erfunden hat, so streiten sich drei Länder um Gardel: Argentinien, Uruguay – und Frankreich.

Die uruguayische Version lautet: Der Meister wurde hier in Tacuarembó geboren, und zwar am 11. Dezember 1887. Um ehrlich zu sein, hat Uruguay sogar Urkunden, die das belegen und die von argentinischer Seite unterzeichnet wurden, bevor Gardel zu Ruhm kam; sie liegen im Museo Carlos Gardel (s. S. 1000) aus.

Ursache für das ganze Hickhack ist, dass Gardel – wie fast alle anderen uruguayischen Musiker auch – nach Buenos Aires ging, um groß rauszukommen, und sich später dann nach Frankreich aufmachte, um noch größer rauszukommen. Und jetzt beansprucht ihn jedes Land für sich.

Sicher werden zu diesem Thema viele, viele Leserbriefe in der Redaktion eingehen.

sauberes Wasser und genügend gute Plätzchen, um sein Handtuch auszubreiten.

In der **Touristeninformation** (☎ 22560; Rambla de los Argentinos 1348) liegen Stadtpläne und Broschüren aus und man kann die aktuellen Hotelpreise erfragen. Eine weitere Touristeninformation, die im Sommer arbeitet, befindet sich am Busbahnhof. Die Tourismuskammer ist online auf www.piriapolistotal.com zu erreichen und steckt voller Infos.

Einen Geldautomaten gibt es an der Ecke Piria/Buenos Aires, und Geld umtauschen kann man im **Hotel Argentino** (Rambla de los Argentinos s/n).

Sehenswertes & Aktivitäten
Wer Jetski, Kajak oder mit einem Bananenboot fahren oder auch Windsurfen möchte, kann sich an **Turismo Aventura** (☎ 099-120-138) wenden.

Los Criollos (☎ 709-2582; www.informes.com.uy/los criollos) organisiert Ausritte auf den Cerro del Indio.

SOS Rescate de Fauna Marina (☎ 33-0795; sos-faunamarina@adinet.com.uy; Punta Colorado; geführte Touren 60 $U) Ein Projekt zum Schutz der Meeresfauna, ca. 10 km südlich der Stadt gelegen. Wer Interesse an einer Führung hat, muss vorab reservieren.

Mit einem **Sessellift** (hin & zurück 80 $U; ☀ Sommer 8–24 Uhr, übriges Jahr 10–18 Uhr) kommt man auf den Cerro San Antonio im Osten der Stadt. Die Aussicht auf die Bucht und die Umgebung ist fantastisch! Außerdem gibt's hier oben eine *parrilla*.

Schlafen & Essen
Camping Piriápolis FC (☎ 23275; Ecke Misiones & Niza; Stellplatz 85 $U/Pers.; ☀ Mitte Dez.–Ende April) Gegenüber vom Busbahnhof; bietet verschiedene Sporteinrichtungen.

Albergue Antón Grassi (☎ 20394; Simón del Pino 1106/36; B/DZ ohne Bad 240/520 $U) Ziemlich gewöhnliche Fünf-Bett-Zimmer mit Küche, aber die hiesigen Doppelzimmer sind die besten Budgetunterkünfte in der Stadt. Im Januar und Februar unbedingt vorab reservieren! Es gibt auch einen Fahrradverleih.

Hotel Centro (☎ 22516; Sanabria 931; Zi. 800 $U/Pers.) Recht geräumige Zimmer im Zentrum, 50 m vom Strand entfernt. In der Nebensaison bezahlt man hier nur halb so viel.

La Langosta (Rambla s/n; Gerichte 250–500 $U) Dieses Lokal hebt sich mit seiner guten Küche von den zahlreichen Imbissen und Pizzerien ab, die die Straße am Strand säumen. Auf den Tisch kommen u. a. ein paar leckere Meeresfrüchte- und Nudelgerichte.

An- & Weiterreise
Der **Busbahnhof** (Ecke Misiones & Niza) befindet sich drei Häuserblocks vom Strand entfernt. Von dort aus bringen Busse ihre Passagiere nach Montevideo (93 $U, 1½ Std.), nach Punta del Este (56 $U, 45 Min.) und nach Minas (60 $U, 45 Min.).

RUND UM PIRIÁPOLIS
Pan de Azúcar
10 km nördlich der Stadt führt ein Weg auf den **Cerro Pan de Azúcar** (493 m), die dritthöchste Erhebung Uruguays. Auf dem Gipfel thronen ein 35 m hohes Kreuz und eine auffällige TV-Antenne. Im nahe gelegenen Parque Municipal findet man die kleine, gepflegte **Reserva de Fauna Autóctona**, in der einheimische Arten wie Capybaras und Graufüchse zuhause sind. Jenseits der Schnellstraße steht das **Castillo de Piria** (☀ Di–So 10–17 Uhr), der ehemalige Wohnsitz von Francisco Piria. Ein Besuch lohnt sich, wenn man gerade in der Nähe ist.

Minas & Umgebung
☎ 044 / 39 000 Ew.

Diese Stadt hat nicht unbedingt viel zu bieten – mal abgesehen davon, dass sie nett und klein ist und zwischen Hügeln liegt. Es gibt eine **Post** (Rodó 571) und eine Zweigstelle von **Antel** (Ecke Beltrán & Rodó). Die **Touristeninformation** (☎ 29796) ist praktischerweise direkt am Busbahnhof und unterhält im Paseo Artesanal an der Haupt-Plaza noch ein **Büro** (☎ 20037; Roosevelt 625); hier kann man überdies Kunsthandwerk aus der Region erstehen.

Jedes Jahr am 19. April besuchen bis zu 70 000 Pilger die Stätte **Cerro y Virgen del Verdún**, 6 km westlich von Minas. Inmitten der Eukalyptusbäume im **Parque Salus**, der 10 km westlich der Stadt liegt, entspringt eine Quelle, aus der das bekannteste Mineralwasser Uruguays gewonnen wird. Am Busbahnhof von Minas fahren alle 15 Minuten Busse zu dem Gelände ab (20 $U), auf dem sich auch ein ganz annehmbares Restaurant findet.

8 km außerhalb der Stadt kann man im **Parque Salto del Penitente** (☎ 3096; www.saltodelpenitente.com; Ruta 8, Km 125; ☀ 9.30–17.30 Uhr) Touren über Baumkronenpfade und Ausritte unternehmen und sich (nur an Wochenenden) in

Minenschächte abseilen. Darüber hinaus findet man hier einige Wanderwege. Der Salto de Penitente kann nicht mit öffentlichen Verkehrsmitteln erreicht werden; man muss sich ein Taxi nehmen oder im Vorfeld anrufen, um sich am Morgen vom Besitzer mitnehmen zu lassen.

Günstige Campingmöglichkeiten gibt's im **Parque Arequita** (☎ 2503; Stellplatz 30 $U/Pers.; 🗨), 12 km nördlich an der Straße nach Polanco gelegen (hierher kommt man mit öffentlichen Verkehrsmitteln). In den Drei-Sterne-Hotels rund um die Plaza kostet ein Zimmer etwa 990 $U pro Nacht. Bescheidener, aber absolut annehmbar ist die **Posada Verdún** (☎ 24563; Beltrán 715; EZ/DZ 380/680 $U): Die Zimmer haben eine vernünftige Größe, und es gibt begrünte Veranden. In der Nähe der Plaza befinden sich diverse *parrillas*; **Ombu** (Ecke Treinta y Tres & Pérez; Gerichte 180–250 $U) scheint besonders beliebt zu sein. Ein lokale Institution ist die **Confitería Irisarri** (Plaza Libertad; Snacks 40–100 $U) – das unterirdische Museum sollte man sich nicht entgehen lassen.

Busse verbinden Minas mit der Hauptstadt Montevideo (111 $U, 2 Std.) und mit Piriápolis (60 $U, 45 Min.).

MALDONADO

☎ 042 / 61 600 Ew.

Dies war einmal die Anlaufstelle für Leute, die keine Lust hatten, die überzogenen Preise im nahe gelegenen Punta del Este zu zahlen, doch irgendwann wollten auch die hiesigen Hotelbesitzer ein Stück vom Kuchen abhaben und korrigierten ihre Preise nach oben. Wer auf der Suche nach einem günstigen Hostel ist, sollte sich nach Punta aufmachen, wer lieber in einem Budgethotel übernachtet, ist mit Maldonado besser beraten. In der Stadt sind ein paar interessante Museen und gute Restaurants zu finden.

Orientierung & Praktische Informationen

Das Stadtzentrum ist die Plaza San Fernando. Im Westen, am Fluss entlang, verläuft die Hauptverkehrsader, die Rambla Claudio Williman, die Rambla Lorenzo Batllé Pacheco im Osten erstreckt sich entlang der Küste. An diesen beiden Straßen gibt's nummerierte *paradas* (Bushaltestellen).

Die eigentliche **Touristeninformation** (☎ 23-0050; Parada 24, Playa Mansa; ⏰ 8–19 Uhr) liegt ungünstig, doch es gibt auch noch eine zentralere

---

GÜNSTIG AM STRAND ÜBERNACHTEN

Im Sommer ist in den Städten an der uruguayischen Küste der Teufel los und die Übernachtungspreise schießen in die Höhe. Abgesehen von den Hostels in Piriápolis, Punta del Este, La Paloma und Punta del Diablo gibt's noch ein paar andere Adressen am Meer. Dort hat man Sonne, Wellen und Strand satt, muss aber sein Konto dafür nicht komplett plündern.

- **Hostel Manantiales** (☎ 042-774-427; www.manantialeshostel.com; Ruta 10, Km 164; B/DZ 368/460/ 920 $U; 🖥 🗨) Am östlichen Ende von La Barra de Maldonado, außerhalb von Punta del Este, findet man dieses Hostel mit Blick auf die berühmte Playa Bikini (bis zum Wasser benötigt man gute 15 Minuten). Die Zimmer sind gemütlich und stilvoll, es gibt eine gute Küche, und man kann Surfbretter ausleihen (460 $U/Tag). Busse nach La Barra fahren stündlich in Punta del Este ab (25 $U, 25 Min.).

- **El Viajero Pedrera** (☎ 0479-2252; www.lapedrerahostel.com; B/DZ 374/690 $U; ⏰ April–Nov. geschl.) Rustikales, aber schickes Hostel, 200 m vom Busbahnhof der kleinen Stadt La Pedrera entfernt. Bis zu dem breiten Sandstrand, wo sich Surfer aus aller Welt tummeln, läuft man zehn Minuten. Busse nach La Pedrera fahren in San Carlos (40 $U, 1 Std.) nahe Maldonado und in La Paloma ab (28 $U, 20 Min.).

- **Hostel Cabo Polonio** (☎ 099-000-305; www.cabopoloniohostel.com; B/DZ 585/1400 $U) Dieses wunderbar rustikale Hostel im Strandhüttenstil steht in Cabo Polonio, einem winzigen Fischerdorf mit herrlichem Strand und jeder Menge „wildem Viehzeug": Von März bis Januar kann man hier Seelöwen und Seehunde beobachten, Pinguine trifft man im Juli und Südkapern (eine Walart) im Oktober und November. Um hinzukommen, nimmt man einen der Busse von La Paloma nach Valizas und steigt an der Abzweigung aus; von hier bringt einen ein Wagen mit Allradantrieb durch die Dünen bis nach Cabo (60 $U; 30 Min.). Man kann die 7 km lange Strecke auch zu Fuß zurücklegen, aber das ist anstrengend und es wird sehr heiß.

Option: ihre Zweigstelle in der **Intendencia** (☎ 22-0847; Ecke Santa Teresa & 3 de Febrero; ◷ Mo–Fr 9–15 Uhr).

Rund um die Plaza San Fernando sind ein paar *casas de cambio* angesiedelt. Die Post ist an der Ecke Ituzaingó/San Carlos.

Sehenswertes

Das **Cuartel de Dragones y de Blandengues** (erb. 1771–1797) ist ein Komplex aus militärischen Befestigungsanlagen an der 18 de Julio und der Pérez del Puerto. Im dazugehörigen **Museo Didáctico Artiguista** (◷ 10–23 Uhr, Führungen 17–23 Uhr) wird Uruguays Unabhängigkeitskämpfer Nr. 1 geehrt. Artigas war ein sehr umtriebiger Mann – man werfe bloß einen Blick auf die Karten seiner diversen Feldzüge! Sehenswert sind zudem die Bronzebüsten der Befreier der Amerikas.

Das **Museo San Fernando** (Ecke Sarandí & Pérez del Puerto; ◷ 15–20 Uhr) widmet sich den Schönen Künsten. Das beste Museum der Stadt aber ist das **Museo Regional de Maldonado** (Ituzaingó 789; ◷ 10–18 Uhr). In dem alten Haus von 1782 können alte Dokumente, Kitsch, Haushaltsartikel, Waffen, Möbel, Kunstwerke und Fotografien bestaunt werden, und im hinteren Teil des Gartens ist eine Galerie für zeitgenössische Kunst.

Schlafen

Camping San Rafael (☎ 48-6715; Zeltplatz für 2 Pers. 300 $U; ◷ nur Sommer) Im östlichen Randbezirk der Stadt, vom Zentrum aus mit Bus 5 zu erreichen. Auf dem schönen Grundstück gibt's tolle Einrichtungen.

Hotel SanCar (☎ 22-3563; Edye 597; EZ/DZ 500/700 $U) Wer sich von der Innenstadt zu einem kurzen Spaziergang aufmachen will, kann sich hier in recht geräumige, aber auch ziemlich schlicht gehaltene Zimmer (teilweise mit Fernseher) einquartieren.

Hotel Le Petit (☎ 22-3044; Ecke Florida & Sarandí; EZ/DZ 600/800 $U; ✉) In zentraler Lage direkt an der Plaza kann man hier kleine, komfortable Zimmer beziehen. Der Eingang befindet sich in der Einkaufspassage, die von der Fußgängerzone abgeht.

Essen

Sumo (Ecke Florida & Sarandí; Sandwiches 60 $U) Diese *confitería* an der Plaza ist eine super Adresse zum Frühstücken, Kaffee trinken und Leute beobachten.

Mundo Natural (Guerra 918; Menü 65 $U; ◷ Mo–Sa mittags) Liebe Vegetarier, habt ihr keine Lust mehr auf Salatbuffets? Dann ist das Mundo Natural die richtige Alternative! Es serviert fleischlose Gerichte und ein paar köstliche hausgemachte Desserts.

El Tronco (Santa Teresa 820; Gerichte 100–200 $U) Eine der gemütlichsten *parrillas* in der Stadt. Auf der umfangreichen Karte findet man weit mehr als die typischen Speisen.

Taberna Patxi (Dodera 944; Gerichte ab 200 $U; ◷ Do–Sa mittags & abends, Mi nur abends, So nur mittags) Leckere baskische Spezialitäten, z. B. mit Fisch und Schalentieren, sowie eine umfangreiche Weinkarte.

An- & Weiterreise

Der **Busbahnhof Maldonado** (☎ 25-0490; Ecke Roosevelt & Sarandí) befindet sich acht Blocks südlich der Plaza San Fernando. Von hier gibt's zahlreiche Verbindungen nach Montevideo (136 $U, 2 Std.), nach La Paloma (99 $U, 2 Std.), Chuy (210 $U, 3 Std.), Minas (74 $U, 2 Std.) und Treinta y Tres (204 $U, 4 Std.). Busse nach La Pedrera fahren um 8 und 20 Uhr im nahe gelegenen San Carlos (28 $U, 15 Min.) ab.

Lokalbusse pendeln zwischen Maldonado und Punta del Este sowie den Stränden. Sie passieren das Stadtzentrum von Maldonado, man muss also nicht extra zum Bahnhof laufen; einfach einen Einheimischen nach der nächsten *parada* fragen.

RUND UM MALDONADO

Die **Casapueblo** (www.carlospaezvilaro.com; Eintritt 120 $U; ◷ 9 Uhr–Sonnenuntergang) ist eine im mediterranen Stil gehaltene Villa mit Kunstgalerie auf der malerischen Punta Ballena, 10 km westlich von Maldonado. Sie wurde von dem berühmten uruguayischen Künstler Carlos Páez

---

IN DIE VOLLEN!

Das skurrile architektonische Meisterwerk des Künstlers Carlos Páez Vilaró, die **Casapueblo** (☎ 042-57-8611; www.clubhotel.com.ar; Punta Ballena; DZ ab 2645 $U; ✉ ❄), erinnert an ein mediterranes Fantasialand. Die Zimmer sind auf neun Ebenen verteilt (nummeriert von 0 bis –9), außerdem gibt's eine weitläufige Sonnenterrasse und einen türkisfarbenen Pool mit Mosaikboden. Für Infos zur Anfahrt und zur Kunstgalerie vor Ort, s. rechte Spalte.

Vilaró erbaut. Rechte Winkel wird man hier vergeblich suchen. Der Blick ist fantastisch. Die günstigsten Unterkünfte in der Nähe bietet **Camping Internacional Punta Ballena** (☎ 042-57-8902; www.campinginternacionalpuntaballena.com; Ruta 10, Km 120; Zeltplatz 155 $U, Hütten für 4 Pers. 1350 $U). Busse aus Maldonado setzen einen an der Kreuzung, 2 km vom Haus entfernt, ab.

PUNTA DEL ESTE
☎ 042 / 7000 Ew.

O.k., das ist der Plan: den Körper bräunen, reichlich einölen, an Fitnessgeräten malträtieren und dann ab zum Strand in „Punta". Und wenn man schon mal dort ist, kann man auch gleich bleiben und abends in einem der berühmten Clubs vor Ort abtanzen.

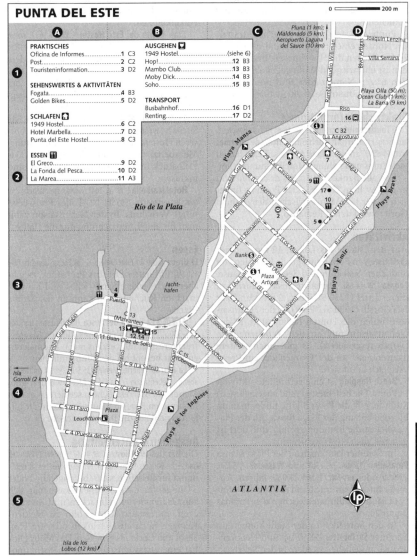

Punta ist ein internationaler Badeort am Meer, und wer so etwas mag, der wird Punta lieben. Alle anderen gehen einfach zu einem der anderen Strände an der hiesigen Küste.

Orientierung

Die Rambla Artigas umkreist die Halbinsel und führt vorbei am ruhigen Strand Playa Mansa, dem Yachthafen auf der westlichen Seite und der felsigen Playa Brava auf der östlichen.

Punta teilt sich in zwei Schachbrettraster: Im Norden eines Engpasses und östlich des Hafens stehen die Hotelburgen, und der Süden ist überwiegend Wohngegend. Die Straßen tragen Namen oder sind nummeriert. Hauptgeschäftsstraße ist die Av Juan Gorlero.

Praktische Informationen

Die **Touristeninformation** (☎ 44-6510; Ecke Baupres & Inzaurraga) unterhält auch eine **Oficina de Informes** (☎ 44-6519) an der Plaza Artigas. Beide haben viele Infos und nehmen Hotelbuchungen vor.

Fast alle Banken und *casas de cambio* sind in der Av Juan Gorlero. Das Postamt findet sich in der Los Meros zwischen der Av Juan Gorlero und der El Remanso.

Aktivitäten

Auf der Isla de los Lobos, 12 km vor der Ostküste von Punta, sind große Kolonien von Südlichen Seebären und Seelöwen zuhause. **Fogata** (☎ 44-6822; Puerto) organisiert Fahrten zu dieser Insel (1250 $U/Pers., 2 Std.) und zur Isla Gorriti (1500 $U/Pers.). In der Hauptsaison finden die Touren täglich statt, in der Nebensaison nur an den Wochenenden (vorab reservieren). Es gibt noch weitere Touranbieter an der Promenade; ein Preisvergleich lohnt sich.

Beach-Hopping ist eine verbreitete Aktivität in Punta. Die beliebtesten (und angesagtesten) Strände, z. B. die Playa Bikini, findet man im Norden entlang der Playa Brava. An der Playa Olla ist die Brandung prima, und dort ist generell auch etwas weniger los.

Im Sommer kann man an der Playa Mansa **Parasailen** (12 Min. 1250 $U) und **Wasserski** (15 Min. 1000 $U) oder **Jet-Ski** (15 Min. 1000 $U) fahren. Anbieter findet man am Strand entlang der Rambla Claudio Williman zwischen den Paradas 2 und 20.

In den Surfläden in der Stadt können im Sommer **Surfbretter** (500 $U/Tag) und Neoprenanzüge ausgeliehen werden; in der Nebensaison wird es etwas schwieriger, Ausrüstung zu leihen.

Golden Bikes (☎ 44-7394; El Mesana s/n) verleiht Fahrräder (pro Std./Tag 50/200 $U).

Schlafen

Die im Folgenden angegebenen Tarife gelten für die Hauptsaison allgemein. Wer allerdings Ende Dezember bzw. Anfang Januar anreist, muss noch einmal mindestens 30 % mehr einkalkulieren.

Das **Punta del Este Hostel** (☎ 44-1632; www.puntadelestehostel.com; Arrecifes 544; B/DZ ohne Bad 350/448 $U) ist nicht so schick wie das andere Hostel in Punta – seine Mehrbettzimmer sind kleiner, und es gibt nicht so viele Bäder –, aber dennoch eine ganz gute Wahl, denn es liegt zentral und man ist näher am Surfstrand.

1949 Hostel (☎ 44-0719; www.1949hostel.com; Ecke Baupres & Las Focas; B/DZ 400/1000 $U) Eines der besseren Hostels im Land mit guter Ausstattung, Mehrbettzimmern und Schließfächern. Das Frühstück und der Blick aufs Wasser sind inklusive.

Hotel Marbella (☎ 44-2041; www.hotelmarbella.8m.com; Inzaurraga; Zi. 2500 $U; ❄) Tolles Preis-Leistungs-Verhältnis. In der Nebensaison zahlt man für eine Übernachtung nur die Hälfte.

Essen

El Greco (Ecke Av Juan Gorlero & Las Focas; Gerichte 80–150 $U) Ein netter Ort fürs Frühstück, es gibt aber auch leckere Sandwiches und hausgemachten Kuchen. Man kann an der Straße sitzen.

LP Tipp **La Fonda del Pesca** (Las Gaviotas; Gerichte 150–300 $U) Atmosphärisches kleines Meeresfrüchterestaurant, verziert mit Wandmalereien. Sehr beliebt bei den Einheimischen.

La Marea (Puerto; Menüs 335 $U; ⓥ tgl. mittags & abends, Nebensaison Fr, Sa & So) Hier werden gute Menüs mit Meeresfrüchten serviert. Wer sich im hinteren Bereich niederlässt, kann die tolle Aussicht auf die Bucht genießen.

Ausgehen & Unterhaltung

Die Bar des **1949 Hostel** (☎ 44-0719; www.1949hostel.com; Ecke Baupres & Las Focas) ist ein netter Treffpunkt für Reisende; sie ist bis ungefähr 2 oder 3 Uhr geöffnet. Anschließend kann man sich zum Hafenviertel aufmachen und im schicken, minimalistischen Soho zu Elektro-Klängen noch etwas trinken oder im Hop Sushi und Cocktails genießen. Das Moby Dick hat eine etwas entspanntere Kneipenatmosphäre zu bieten, im Mambo Club werden Latino-Rhythmen gespielt. All diese Lokalitäten bleiben geöffnet, solange genug Gäste da sind. Manchmal gibt's an den Wochenenden auch Livemusik auf die Ohren.

Die Clubszene von Punta ist berühmt, dabei ist das Ausgehviertel La Barra etwa 10 km von der Stadt entfernt, und die Clubs haben eigentlich nur in der absoluten Hauptsaison (Dez./Jan.) geöffnet. Der **Ocean Club** (Rambla Batllé Parada 12) ist eine der besten Adressen, die das ganze Jahr über in Betrieb sind. Dort kann man am Strand tanzen und den Sand durch die Zehen rieseln lassen, bis die Sonne aufgeht. Der Name der Lokalität wechselt ständig, doch das tut der Feierstimmung keinen Abbruch.

An- & Weiterreise
BUS
Am **Busbahnhof** (☎ 48-9467; Ecke Riso & Blvd Artigas) bietet **TTL** (☎ 86755) Verbindungen nach Porto Alegre, Brasilien (1478 $U, 12 Std.).

COT (☎ 48-3558) steuert Ziele an der uruguayischen Küste zwischen Montevideo und der brasilianischen Grenze an. Mit **Copsa** (☎ 48-9205) kann man nach Montevideo fahren (141 $U, 2 Std.).

FLUGZEUG
Pluna (☎ 49-2050, 49-0101; Ecke Roosevelt & Parada 9) bietet täglich Flüge nach Buenos Aires (6645 $U). Im Sommer werden auch São Paulo (14 000 $U) und andere brasilianische Städte angeflogen.

Unterwegs vor Ort
Der COT-Shuttlebus (90 $U) bringt einen zum **Aeropuerto Laguna del Sauce** (☎ 55-9777), westlich von Maldonado gelegen. In der Rambla Artigas (dort befinden sich zahlreiche Haltestellen) fahren regelmäßig Busse nach Maldonado ab (15 $U).

Bei **Renting** (☎ 44-8900; www.renting.com.uy; Ecke Av Juan Gorleno & Las Focas) kann man Motorräder (125 ccm) ausleihen (24 Std. 750 $U).

LA PALOMA
☎ 0479 / 3400 Ew.
La Paloma ist ein Traum für Surfer. Die Stadt liegt auf einer Landzunge, und wenn die Brandung links gerade schlecht ist, kann man sich darauf verlassen, dass die Wellen von rechts gleich anrauschen werden. An Sommerwochenenden finden am Strand häufig kostenlose Konzerte statt (Unterkünfte unbedingt vorab reservieren!).

Die **Touristeninformation** (☎ 6008; Av Nicolás Solari s/n) ist im Liga-de-Fomento-Gebäude untergebracht. Im Sommer hat auch das Büro am Busbahnhof geöffnet. Die Post und Antel findet man in der Av Nicolás Solari.

Peteco (Av Nicolás Solari s/n) verleiht Surfbretter (375 $U/Tag).

Schlafen & Essen
Camping La Aguada (☎ 6239; Stellplatz für 2 Pers. 180 $U, Hütten für 6 Pers. 750 $U) An der nördlichen Zufahrtsstraße zur Stadt in unmittelbarer Strandnähe gelegen. Es gibt Duschen mit warmem Wasser, einen Supermarkt und ein Restaurant.

La Paloma Hostel (☎ 6396; www.lapalomahostel.com; B 340 $U) Das eindeutig beste Hostel von La Paloma befindet sich im Parque Andresito und ist von Bäumen umgeben. Hier findet man einen großen Lounge-Bereich, eine Küche im Freien und eine tolle Atmosphäre. In der Nebensaison sind die Übernachtungen günstiger.

Hotel La Tuna (☎ 6083; hlatuna@adinet.com.uy; Ecke Neptune & Juno; EZ/DZ 500/800 $U) Die letzte Generalüberholung liegt schon ein Weilchen zurück, doch das La Tuna ist top gepflegt. In den vorderen Zimmern eröffnet sich ein toller Blick auf die Bucht.

Die Restaurants vor Ort sind entweder sehr gewöhnlich oder sehr schick. Zu den einfacheren Lokalitäten zählt die **Rotisería Chivitería 7 Candelas** (Delfín s/n; Gerichte ab 80 $U), die leckere *chivitos*, Hühnchen und *milanesas* (panierter Fisch) serviert. Etwas eleganter geht's beispielsweise im Restaurant des **Hotel Bahia** (Ecke El Sol & Av del Navio; Gerichte ab 180 $U) zu. Hier bekommt man ganz ausgezeichnete Meeresfrüchtegerichte vorgesetzt.

Anreise & Unterwegs vor Ort
Cynsa (☎ 6304) bringt Passagiere nach Rocha (30 $U, 30 Min.) und Montevideo (223 $U, 3½ Std.). Mit **Rutas del Sol** (☎ 6019) geht's nach Montevideo und Punta del Diablo (111 $U, 3 Std.), zur Abzweigung nach Cabo Polonia (56 $U, 1 Std.) und nach La Pedrera (28 $U, 20 Min.).

Bicicletas El Topo (Canopus; 50/300 $U pro Tag/Std.) verleiht Fahrräder, und bei **Renting** (☎ 8900; www.renting.com.uy; Av Nicolás Solari s/n; 24 Std. 750 $U) kann man sich ein Motorrad (125 ccm) ausleihen.

PUNTA DEL DIABLO
☎ 0477 / 700 Ew.

Dieses kleine Fischer- und Surferdorf mit seinen Holzhütten und den sich windenden, unbefestigten Straßen ist herrlich abgelegen, noch relativ unverbaut und einfach malerisch. Es ist eine Art Gegenentwurf zu Punta del Este und zieht ein entsprechendes Publikum an: naturverbunden und weniger glamourös. In keiner Küstenstadt ist der Unterschied zwischen Haupt- und Nebensaison deutlicher spürbar als hier – während der Wintermonate ist Punta del Diablo eine Geisterstadt, im Sommer hingegen kann die Bevölkerungszahl auf bis zu 25 000 steigen.

Der Parque Nacional Santa Teresa (s. rechte Spalte) ist von hier aus problemlos zu Fuß zu erreichen. Wer mag, kann auch **reiten** (ca. 250 $U/Std.); entweder schaut man in der Stadt nach einem Anbieter oder man wendet sich an die Mitarbeiter des Hostels El Diablo Tranquilo.

Camping Punta del Diablo (☎ 2060; Stellplatz für 2 Pers. 260 $U, Hütten für 5 Pers. 820 $U), 2 km nordwestlich der Stadt, bietet erstklassige Einrichtungen, u. a. einen Supermarkt und auch ein Restaurant.

Das **El Diablo Tranquilo** (☎ 2647; www.eldiablotranquilo.com; Av Central; B/DZ 375/1250 $U) zählt zu den besseren Hostels im Land. Man übernachtet in geräumigen Mehrbett- oder romantischen Doppelzimmern, und die Aufenthaltsbereiche sind klasse. Außerdem kann man die Küche nutzen. Alternativ gibt's ein kleines Stück entfernt am Strand ein **Restaurant** (Gerichte ab 150 $U; ☼ Mo–Do nur mittags, Sa & So mittags & abends), das typisch uruguayische Speisen, Meeresfrüchte und amerikanische Lieblingskost serviert. Surfbretter können für 500 $U pro Tag ausgeliehen werden (wer länger im El Diablo bleibt, zahlt nichts für diesen Service). Im Sommer wird Kitesurfen angeboten, reiten kann man das ganze Jahr über.

Ein niedliches kleines Haus in Hanglage beherbergt die **La Casa de las Boyas** (☎ 2074; Calle 5; Zi. 1750 $U) mit ihren durchschnittlich großen Zimmern. Die Deko besteht aus Treibholz und anderen natürlichen Materialien. In der Nebensaison sind die Übernachtungen deutlich günstiger.

Im Dorf werden ab ca. 300 $U pro Nacht jede Menge private *cabañas* (Hütten) vermietet – man kann sich in der Apotheke, im Supermarkt oder andernorts nach Anbietern und Verfügbarkeit erkundigen.

Die hiesige Spezialität sind frische Meeresfrüchte aus der Region. An der Bushaltestelle geht man nach rechts, um zum städtischen *patio de comidas* zu gelangen, einer Ansammlung von Restaurants rund um einen Parkplatz. Ein Stück entfernt befindet sich **El Viejo y el Mar** (Gerichte 140–310 $U), ein niedliches Restaurant mit nur sechs Tischen, in dem leckerer frischer Fisch zubereitet wird. Im Sommer sind die kleinen Bars am Meer geöffnet, die besten Partys steigen allerdings am Strand: Einheimische und Touristen versammeln sich rund um Feuerstellen, spielen Gitarre, singen Lieder oder sitzen einfach nur zusammen und plaudern.

Busse von Rutas del Sol fahren nach La Paloma (111 $U, 3 Std.), Chuy (41 $U, 1 Std.) und Montevideo (296 $U, 4 Std.).

PARQUE NACIONAL SANTA TERESA

Dieser **Küstenpark** (☎ 0477-2101; www.turismo.gub.uy/santateresa), 35 km südlich von Chuy zu finden, ist eigentlich vor allem eine historische Stätte: Auf einem Hügel thront die **Fortaleza de Santa Teresa** (Eintritt 10 $U; ☼ Dez.–März tgl. 10–19 Uhr, April–Nov. Fr–So 10–17 Uhr). Die ursprünglich portugiesische Festung wurde von den Spaniern erobert und baulich fertiggestellt. Der Parque Nacional Santa Teresa ist ein unspektakulärer Ort, doch seine Besucher schätzen die menschenleeren Strände und die einfachen **Zeltplätze** (150 $U) im Wald. Man kann auch in **cabañas** (500–1300 $U) übernachten.

Zur Karnevalszeit wird es auf dem Gelände meist voll, ansonsten tritt man sich jedoch nicht auf die Füße. Bei der Parkhauptverwaltung findet man eine Post, einen Supermarkt und ein Restaurant. Busse von Rutas del Sol (40 $U, 25 Min.) fahren um 9 Uhr von Punta del Diablo zur Hauptverwaltung, Abfahrt in die Gegenrichtung ist um 16.35 Uhr. Man kann sich von einem der Busse, die nach Chuy im Osten fahren, am Parkeingang an der Ruta 9 absetzen lassen.

EINREISE NACH BRASILIEN

Wer nach Brasilien reisen möchte, folgt der Av Artigas ca. 1 km Richtung Norden bis zur Einreisestelle. Die Hauptstraße (Av Brasil/Uruguay) bildet die offizielle Grenze. Sie ist theoretisch rund um die Uhr geöffnet, praktisch ist es aber am schlauesten, sie während der üblichen Geschäftszeiten zu passieren.

> **NEBENSTRASSEN: VON CHUY NACH TACUAREMBÓ**
>
> Überall wird man dasselbe hören: Es gibt keinen Weg von Chuy nach Tacuarembó. Das ist richtig, und auch wieder nicht. Es stimmt, dass auf dieser Strecke kein Direktbus verkehrt und dass man gewiss schneller ans Ziel kommt, wenn man über Montevideo fährt, aber es gibt dennoch eine interessante alternative Reiseroute, die viiiel mehr Spaß macht.
>
> Diese führt durch eine wunderschöne Landschaft, die kaum ein Tourist je zu Gesicht bekommt. Auf sanft geschwungenen Hügeln gehen berittene *gauchos* ihrem Tagewerk nach, in den Feuchtgebieten wimmelt es von den unterschiedlichsten Vögeln und man wird fantastische Eukalyptuswälder sichten.
>
> Am besten macht man sich früh auf den Weg. In Chuy fährt um 8.30 Uhr ein Tureste-Bus nach Treinta y Tres (149 $U, 3 Std.) ab. In dieser Stadt findet man dann eine Touristeninformation, Budgethotels und Restaurants, alles an der Plaza, und sämtliche Bushaltestellen sind nicht weiter als einen Block von der Plaza entfernt. Mit **Nuñez** (☎ 0452-3703; Ecke Lavalleja & Freire) kann man um 13.30 Uhr nach Melo weiterfahren (102 $U, 2 Std.).
>
> Dort sitzt man dann erst mal fest – der nächste Bus fährt am folgenden Tag –, aber man kann in weit schlimmeren Orten stranden. Melo bietet gute Hotels, z. B. das **Principio de Asturias** (☎ 064-22064; Herrera 668; Zi. 350 $U/Pers.) oder das einfachere **Cerro Largo Hotel** (☎ 064-31469; Saravia 711; Zi. mit/ohne Bad 350/250 $U), und nette Restaurants säumen die Hauptstraße. Am Busbahnhof ist eine Touristeninformation untergebracht.
>
> Am nächsten Tag hat man die Wahl, ob man zu einer unchristlichen Zeit (6.45 Uhr) oder am frühen Nachmittag (14.30 Uhr) nach Tacuarembó (204 $U, 3 Std.) weiterfahren möchte.
>
> Wer in die Gegenrichtung unterwegs ist, kann es innerhalb eines Tages nach Chuy schaffen – vorausgesetzt, man nimmt den Bus, der um 6.30 Uhr in Tacuarembó losfährt. Mit diesem erreicht man Chuy gegen 18 Uhr.

CHUY & UMGEBUNG
☎ 0474 / 10 900 Ew.

Achtung: Wer nicht auf dem Weg nach Brasilien ist bzw. gerade von dort kommt oder die ausgefallenere Strecke nach Tacuarembó nimmt (s. Kasten oben), muss sich verlaufen haben – besser sofort kehrtmachen und wieder abreisen!

Alle anderen können sich das restaurierte **Fuerte San Miguel** (Eintritt 10 $U; 9–17 Uhr) ansehen, eine Festung aus rosafarbenem Granit inklusive Wassergraben. Sie wurde 1734 erbaut, als sich Spanier und Portugiesen bekriegten, und ist 7 km westlich von Chuy zu finden.

10 km südlich der Stadt führt eine Nebenstraße an der Küste zum Zeltplatz **Camping Chuy** (☎ 9425; Stellplatz 200 $U); hin kommt man mit einem der Lokalbusse.

Übernachten könnte man außerdem im **Hotel Internacional** (☎ 2055; Brasil 679; Zi. Standard/Deluxe 300/650 $U). Es bietet vernünftige Zimmer in guter Lage, allerdings lohnt es sich nicht unbedingt, mehr Geld für die Deluxe-Variante (mit TV) zu zahlen.

Leider zeigt sich das hiesige Essen trotz Grenznähe nicht brasilianisch beeinflusst. Im **Hotel Plaza** (Ecke Artigas & Arachanes) gibt's immerhin ein gutes Frühstücksbuffet (90 $U). Die beste Speisekarte bietet **Miravos** (Brasil 505; Gerichte 130–200 $U): Hier kann man Pasta, *parrilla*, Pizzas und *minutas* (Snacks) bestellen. Das Ambiente lässt sich mit etwas gutem Willen als schick bezeichnen.

Busse von COT und Cynsa nehmen Kurs auf Montevideo (330 $U, 5 Std.) und diverse Küstenorte. Abfahrt ist nahe der Ecke Oliviera/Brasil. Die Tureste-Busse nach Treinta y Tres (149 $U, 3 Std.) fahren am **Büro von Agencia Mesones** (Ecke Brasil & Mauro Silva) ab.

ALLGEMEINE INFORMATIONEN

AKTIVITÄTEN
Uruguay ist ein beliebtes Ziel bei Surfern weltweit. In Punta del Diablo (S. 1008) und La Paloma (S. 1007) sind die Wellen hervorragend, und es gibt ein paar Läden, in denen man Ausrüstung leihen kann. Mehr Infos liefert die Website **Olas y Vientos** (www.olasyvientos.com.uy). Wer teurere Strandaktivitäten wie Parasailen und Wasserski- oder Jetskifahren mag, sollte sich nach Punta del Este (S. 1005) aufmachen.

Fahrradfahrer können problemlos einen oder zwei Tage damit zubringen, die atmosphärischen Straßen von Colonia del Sacramento (S. 996) oder den Uferbezirk von Montevideo (S. 991) zu erkunden.

BOTSCHAFTEN & KONSULATE

Argentinien Carmelo (☎ 054-22266; Roosevelt 442); Colonia del Sacramento (Karte S. 995; ☎ 052-22093; Av Flores 350); Montevideo (Karte S. 988 f.; ☎ 02-902-8166; Cuariem 1470); Paysandú (☎ 072-22253; Gómez 1034); Salto (☎ 073-32931; Artigas 1162)
Brasilien Chuy (0474-2049; Fernández 147); Montevideo (außerhalb der Karte S. 988 f.; ☎ 02-707-2119; Artigas 1328); Montevideo (Karte S. 988 f.; ☎ 02-901-2024; Convención 1343, 6. Stock)
Deutschland (Karte S. 988 f.; ☎ 02-902-5222; La Cumparsita 1417, Montevideo)
Österreich (☎ 02-915-5431; Misiones 1381, Oficina 102, Montevideo)
Paraguay (außerhalb der Karte S. 988 f.; ☎ 02-707-2138; Artigas 1525, Montevideo)
Schweiz (außerhalb der Karte S. 988 f.; ☎ 02-711-5545; Federico Abadie 2936, 11. Stock, Montevideo)

BÜCHER

Der Lonely Planet Band *Argentinien* enthält ein Kapitel über Uruguay, das detaillierter ist als dieser Reiseführer. Wer mehr über den Schmutzigen Krieg (*guerra sucia*) in Uruguay lesen möchte, könnte sich Lawrence Weschlers *A Miracle, a Universe: Settling Accounts with Torturers* zulegen. Guter Lesestoff sind auch die Romane von Onetti, z. B. *Niemandsland, Die Werft, Leichensammler* und *Das kurze Leben*. Tessa Bridals gefeierter Roman *Der Baum der roten Sterne* spielt im Montevideo der 1970er-Jahre und bietet einen sehr guten Einblick in den uruguayischen Alltag jener Zeit.

ESSEN & TRINKEN

Ein typisch uruguayisches Frühstück besteht generell aus *café con leche* (Kaffee mit Milch) und einem oder zwei Croissants. Danach gibt's Mate-Tee in rauen Mengen. In den meisten Restaurants kann man zudem *tostados* (getoastete Sandwiches) oder Omelettes bestellen. Ab ca. 10 Uhr morgens werden normalerweise bereits riesige Stücke Rindfleisch serviert, die über heißen Kohlen auf einer *parrilla* (Grill) gegart werden; besonders beliebt ist *asado de tira* (Rippchen), aber auch *pulpo* (Filetsteak) wird gern genommen. An der Küste sind die hervorragenden Meeresfrüchte ein Muss.

> **GNOCCHI-TAG**
>
> Die meisten uruguayischen Restaurants machen ein großes Geschäft damit, an jedem 29. des Monats Gnocchi auf die Tageskarte zu setzen. In manchen Lokalen ist das sogar der einzige Tag, an dem man überhaupt welche bekommt.
>
> Diese Tradition lässt sich auf die Zeit der Wirtschaftskrise zurückführen, als die Menschen erst ganz am Ende des Monats ausbezahlt wurden. Damals konnten sich die Leute am 29. nur noch diese leckeren Kartoffelklößchen leisten. Und so machten die Uruguayer, praktisch wie sie sind, aus der Notlage eine Tradition, und seither ist eben der 29. der Gnocchi-Tag.
>
> Man sollte sich daran erinnern, wenn man das nächste Mal zu Hause beim Nobelitaliener 15 € für eine Portion Gnocchi bezahlt …

Ein typischer Imbiss ist das *chivito*, ein Steak-Sandwich mit Käse, Salat, Tomate, Schinken und Gewürzen. Wer dieses Gericht *al plato* (auf dem Teller) bestellt, sollte einen Bärenhunger mitbringen: Der Kellner wird einem einen regelrechten Berg davon vorsetzen. Weitere Lieblingshappen sind *puchero* (Rindfleischeintopf) und *olímpicos* (Club-Sandwiches).

Auch für Vegetarier hält die Speisekarte für gewöhnlich etwas bereit (meistens Pizza und Pastagerichte). Die meisten Veganer hingegen werden am Ende ihres Uruguay-Aufenthalts bestens mit dem Angebot der lokalen Supermärkte vertraut sein.

Wahrscheinlich wird man nirgendwo in Südamerika bessere Desserts bekommen als in Uruguay, und manchmal ist das Angebot von Nachspeisen genauso umfangreich wie das von Hauptgerichten. Regionale Spezialitäten sind z. B. *chajá* (Leckerei aus Baiser und Eis), *flan casero* (Karamellpudding) und *masini* (Puddingteilchen mit einem Überzug aus karamellisiertem Zucker). Auch Klassiker wie Schwarzwäldertorte, Schokoladenmousse und Tiramisu sind super beliebt.

Getränke
ALKOHOLISCHE GETRÄNKE

Das Bier im Land (Pilsen, Norteño und Patricia) ist nicht schlecht. Außerhalb der Touristengebiete sind die 0,33-l-Flaschen aller-

dings nur schwer zu bekommen. Bestellt man *cerveza* (Bier), bekommt man eine 1-l-Flasche und dazu mehrere Gläser – der einfachste Weg, um Leute kennenzulernen: dem Tischnachbarn einfach ein Bier ausgeben. Keine Sorge, der Einsatz zahlt sich aus.
Cleric ist ein Mix aus Weißwein und Fruchtsaft, *medio y medio* Sekt mit Weißwein. Nicht zu verachten ist auch *grappa con miel* (Grappa mit Honig) – daran könnte man sich gewöhnen!

NICHTALKOHOLISCHE GETRÄNKE
Fast überall ist das Leitungswasser trinkbar, aber Mineralwasser ist billig (und man geht damit auf Nummer sicher).

Prinzipiell sind Getränke in Flaschen nicht teuer, und die gängigsten Softdrinks gibt's überall. Eine leckere und nicht zu süße Erfrischung ist *pomelo* (Grapefruitsaft).

Jugos (Fruchtsäfte) gibt's ebenfalls überall. Am weitesten verbreitet sind *naranja* (Orangensaft), *piña* (Ananassaft) und Papayasaft. *Licuados* sind Säfte mit Milch oder Wasser.

Kaffee bekommt man ebenfalls überall, und er ist auch immer gut. Meistens kommt er *de la máquina* (aus der Maschine). Mate trinken die Uruguayer in noch raueren Mengen als die Argentinier oder die Paraguayer. Gelegenheiten zum Mategenuss sollte man immer beim Schopfe packen – nichts ist so gut, wie den Nachmittag im Kreis von neuen Freunden bei Mate verstreichen zu lassen.

Té (Tee) wird nicht so häufig getrunken, trotzdem findet sich für passionierte Teetrinker in den meisten Cafés und Bars der eine oder andere Teebeutel.

FEIERTAGE
Año Nuevo (Neujahr) 1. Januar
Epifanía (Dreikönigstag) 6. Januar
Viernes Santo/Pascua (Karfreitag/Ostern) März/April; Datum variiert
Desembarco de los 33 (Rückkehr der 33 Exilanten) 1. April
Día del Trabajador (Tag der Arbeit) 1. Mai
Batalla de Las Piedras (Schlacht von Las Piedras) 18. Mai
Natalicio de Artigas (Artigas' Geburtstag) 19. Juni
Jura de la Constitución (Tag der Verfassung) 18. Juli
Día de la Independencia (Unabhängigkeitstag) 25. August
Día de la Raza (Tag des Kolumbus) 12. Oktober
Día de los Muertos (Allerseelen) 2. November
Navidad (Weihnachten) 25. Dezember

FESTIVALS & EVENTS
Der Karneval in Uruguay, immer am Montag und Dienstag vor Aschermittwoch, ist lebendiger als der in Argentinien, aber nicht ganz so ausgelassen wie der in Brasilien. Die afrouruguayische Bevölkerung in Montevideo veranstaltet jedes Jahr ihre traditionellen *candombe*-Umzüge. Die Semana Santa (Ostern) heißt im Volksmund inzwischen „Semana Turismo", weil dann fast alle irgendwo anders im Land unterwegs sind. Zu dieser Zeit ist es nicht einfach, eine Unterkunft zu finden, aber der ganze Zirkus lohnt sich auf jeden Fall zur Kreolischen Woche in Montevideo (ein *gaucho*-Fest) und zum Bierfestival in Paysandú (Kommentar überflüssig).

FRAUEN UNTERWEGS
Auch in Uruguay ist der *machismo* kein unbekanntes Phänomen, doch die einheimischen Männer haben ein sehr entspanntes Temperament, sodass sich Frauen allenfalls auf gelegentliches Hinterherpfeifen oder den einen oder anderen anzüglichen Kommentar (kann je nach Einstellung natürlich auch als Kompliment betrachtet werden) gefasst machen müssen.

FREIWILLIGENARBEIT
Wer in einer uruguayischen Organisation Freiwilligenarbeit leisten will, muss sich für mindestens einen Monat verpflichten. Außerdem werden vielfach Grundkenntnisse der spanischen Sprache vorausgesetzt. Hier ein paar Adressen von Nichtregierungsorganisationen mit Sitz in Montevideo.
Comisión de la Juventud (Karte S. 988 f.; ☎ 02-1950-2046; Ecke Santiago de Chile & Soriano) Die Sozialarbeiter kümmern sich vor allem um Jugendliche.
Cruz Roja (Rotes Kreuz; außerhalb der Karte S. 988 f.; ☎ 02-480-0714; 8 de Octubre 2990) Im Mittelpunkt stehen Unfallprävention und Verhalten in Notfallsituationen.
Liga Uruguaya de Voluntarios (außerhalb der Karte S. 988 f.; ☎ 02-481-3763; Joanicó 3216) Krebsprävention und Infoseminare.
Unicef (außerhalb der Karte S. 988 f.; ☎ 02-707-4972; España 2565) Die lokale Zweigstelle des Kinderhilfswerks der Vereinten Nationen.

FÜHRERSCHEIN
Wer nicht länger als 90 Tage in Uruguay bleibt, braucht lediglich einen gültigen nationalen Führerschein. Es kann aber passieren, dass ein internationaler Führerschein verlangt wird, wenn man ein Auto mieten will.

GEFAHREN & ÄRGERNISSE

Uruguay ist eines der sichersten Länder Südamerikas. Trotzdem treten immer wieder Fälle von Straßenkriminalität auf, also Vorsicht walten lassen (s. S. 1106).

GEFÜHRTE TOUREN

Mittlerweile werden auch in Uruguay geführte Touren angeboten, diese sind jedoch zumeist auf Familien zugeschnitten. Die verfügbaren Ziele kann man gewöhnlich auch problemlos auf eigene Faust erreichen.

GELD

Die uruguayische Währung ist der Peso ($U). Im Umlauf sind Geldscheine im Wert von 5, 10, 20, 50, 100, 200, 500 und 1000 $U sowie Münzen zu 50 Centésimos und 1, 2, 5 und 10 $U.

Geld wechseln

In Montevideo, Colonia und den Ferienorten am Atlantik wird man eine ganze Reihe von *casas de cambio* (Wechselstuben) vorfinden, im Inland muss man sich hingegen normalerweise in eine Bank begeben müssen zum Geldwechseln. Die *casas de cambio* wechseln Geld zu etwas schlechteren Kursen und erheben teilweise auch noch eine Gebühr dafür. Einen Schwarzmarkt für Geldwechsel gibt's nicht.

WECHSELKURSE		
Land	Währung	$U
Eurozone	1 €	26,4
Schweiz	1 SFr	18

Geldautomaten

In puncto Schnelligkeit und Bequemlichkeit sind Geldautomaten einfach unschlagbar. Es gibt sie in den meisten Städten und Kleinstädten. Am zuverlässigsten scheinen die Automaten der Banco de la República Oriental del Uruguay zu sein. Man beachte, dass man nicht mehr als umgerechnet 200 US$ pro Transaktion abheben kann (aus „Sicherheitsgründen"); die Anzahl der Transaktionen, die man pro Tag durchführen kann, scheint hingegen nicht limitiert zu sein. Am besten erkundigt man sich vorab, welche Banken die moderatesten Gebühren für Auslandsabhebungen berechnen.

Kreditkarten

Kreditkarten sind praktisch, insbesondere, wenn man in einer Bank an Bargeld kommen möchte. Darüber hinaus werden sie in vielen besseren Hotels, Restaurants und Geschäften akzeptiert.

INFOS IM INTERNET

Mercopress News Agency (www.mercopress.com) Internetnachrichtenagentur mit Sitz in Montevideo.
Ministerio de Turismo del Uruguay (www.turismo.gub.uy) Staatliche Touristeninformation.
Olas y Vientos (www.olasyvientos.com.uy) Alles rund um die Surferszene in Uruguay.
Red Uruguaya (www.reduruguaya.com) Ein Führer in Sachen uruguayische Internetseiten.
Uruguayamagazin (www.uruguaymagazin.com) Deutsche Site rund um Land und Leute, die außerdem noch ein Forum bietet.
Uruguayische Botschaft in Washington, DC (www.uruwashi.org, englisch) Informationen zur Geschichte, Kultur und Wirtschaft Uruguays.

INTERNETZUGANG

Internetcafés findet man in den Städten fast in jeder Straße, in jedem anderen Ort verstecken sie sich in der Hauptstraße. Das Surfen im Netz kostet im Durchschnitt etwa 10 $U pro Stunde.

KARTEN & STADTPLÄNE

Die uruguayischen Straßenkarten decken die Schnellstraßen nicht vollständig ab. Die besten Exemplare erhält man über den **Automóvil Club del Uruguay** (Karte S. 988 f.; ☎ 02-1707; www.acu.com.uy; Av Libertador General Lavalleja 1532) bzw. an den Shell- und Ancap-Tankstellen. Detaillierteres Kartenmaterial bietet das **Instituto Geográfico Militar** (außerhalb der Karte S. 988 f.; ☎ 02-481-6868; Ecke 8 de Octubre & Abreu) in Montevideo.

KLIMA

Weil das Beste an Uruguay die Strände sind, kommen die meisten Besucher im Sommer hierher. Zwischen Ende April und November brausen starke Winde, manchmal gehen sie einher mit Regen und niedrigen Temperaturen – im Juli herrschen durchschnittlich nur frische 11 °C. Dafür kann es im Sommer am Río Uruguay brennend heiß werden, aber im hügeligen Binnenland bleibt es etwas kühler (im Durchschnitt beträgt die Temperatur im Januar maximal 21 bis 26 °C). Weitere Informationen und Klimatabellen finden sich ab S. 1110.

KURSE

In touristischen Gegenden (vor allem in Colonia) haben viele Cafés ein Schwarzes Brett, auf dem z. B. für privaten Spanischunterricht geworben wird. Besser organisierte Sprachkurse kann man in Montevideo buchen; dort wird auch Tanz- und Musikunterricht angeboten; s. hierzu S. 991.

MEDIEN

Tageszeitungen in Montevideo sind u. a. die morgens erscheinenden *El Día*, *La República*, *La Mañana* und *El País*. *Gaceta Comercial* ist das Wirtschaftsblatt. Nachmittags erscheinen *El Diario*, *Mundocolor* und *Últimas Noticias*.

ÖFFNUNGSZEITEN

Die meisten Läden öffnen wochen- und samstags von 8.30 bis 12.30 oder 13 Uhr und nach der langen Siesta von 15 oder 16 bis 19 oder 20 Uhr. Lebensmittelgeschäfte haben auch sonntagvormittags offen.

Die Sprechzeiten von Behörden sind von Mitte November bis Mitte März wochentags von 7.30 bis 13.30 Uhr und den Rest des Jahres von 12 bis 19 Uhr. Die Banken in Montevideo haben werktags auch nachmittags geöffnet, anderswo in der Regel nur vormittags.

Confiterías öffnen in der Regel gegen 8 Uhr und bleiben bis mittags offen. Restaurants öffnen zum Mittagessen zwischen 12 und 15 Uhr und Abendessen meistens erst ab 21 Uhr. Es ist durchaus üblich (vor allem in den Städten), erst gegen Mitternacht zu Abend zu essen.

Bars öffnen ihre Pforten zwar schon gegen 21 Uhr, aber Leben kommt erst ab 1 Uhr in die Bude.

Ausnahmen von den hier genannten Öffnungszeiten sind jeweils im Text genannt.

POST

Die Portogebühren halten sich in Grenzen, aber es kann ziemlich lange dauern, bis ein Brief ankommt. Ist eine Sendung sehr dringend, sollte man sie per Einschreiben oder Privatkurier schicken.

Postlagernde Sendungen sollten an das Hauptpostamt in Montevideo geschickt werden. Dort werden sie bis zu einem Monat, mit Genehmigung auch bis zu zwei Monaten gelagert.

RECHTSFRAGEN

In Uruguay kommt man problemlos an alle möglichen Drogen, mit ihnen erwischt zu werden ist allerdings hier genauso unangenehm wie anderswo auf der Welt auch. Uruguayische Polizisten und Beamte sind übrigens nicht eben für ihre Bestechlichkeit bekannt.

REISEN MIT BEHINDERUNG

Langsam werden auch in Uruguay Maßnahmen ergriffen, um Reisenden mit Behinderung das Leben zu erleichtern – derzeit werden beispielsweise Rampen und spezielle Toiletten gebaut (etwa an der Plaza Independencia und im Teatro Solis in Montevideo). Die Fußgängerwege sind im ganzen Land relativ eben. Abgesehen vom CA1, der zwischen der Innenstadt und dem Busbahnhof von Montevideo verkehrt, gibt's jedoch keine behindertengerechten Busse, und in den meisten Budgethotels wird man mindestens eine Treppe bewältigen müssen (Aufzüge sind unüblich). Eine gute Nachricht haben wir aber noch: Taxis sind zahlreich vorhanden und günstig, und die Einheimischen zeigen sich unglaublich hilfsbereit.

SCHWULE & LESBEN

Uruguay ist mittlerweile sehr viel toleranter gegenüber Homosexuellen als früher. Im Januar 2008 wurde z. B. die eingetragene Lebenspartnerschaft legalisiert. Eine ausgezeichnete Online-Quelle für schwule und lesbische Reisende ist die englischsprachige Website **Out in Uruguay** (www.outinuruguay.com).

STROM

In Uruguay hat der Strom 220 V, 50 Hz. Es gibt verschiedene Stecker – am weitesten verbreitet sind die mit zwei runden Stiften ohne Erdung.

TELEFON

Antel ist der staatliche Telefonanbieter, aber an nahezu jeder Ecke findet man privat betriebene *locutorios* (Telefoncenter).

Mittlerweile gibt es auch in Uruguay endlich Prepaid-Telefonkarten; sie sind an vielen Kiosken erhältlich. Mit ihnen kann man günstigere Auslandsgespräche führen als in den Antel-Büros.

Ein R-Gespräch anzumelden, ist ebenfalls häufig preiswerter, als zu den uruguayischen Tarifen ins Ausland zu telefonieren.

In vielen Internetcafés wird man Computer (mit Kopfhörer und Mikro) vorfinden, auf denen Skype installiert ist.

NEUE TELEFONNUMMERN IN URUGUAY

Bei Redaktionsschluss hieß es, dass die Festnetznummern landesweit bald aus acht Ziffern bestehen sollen. Ziel der Standardisierung ist, dass zukünftig die Nummer, die man wählt, unveränderlich ist – egal, von welchem Ort in Uruguay aus man anruft –, und dass sämtliche Rufnummern entweder mit einer 2 (Montevideo) oder 4 (alles außerhalb der Hauptstadt) beginnen.

Es ist nicht klar, ob diese Veränderungen wie angekündigt bis Juli 2010 umgesetzt werden, deshalb haben wir in diesem Band das alte Format gewählt. Sollten die Rufnummern tatsächlich schon auf das 8-Stellen-Format umgestellt worden sein, kann man sich mithilfe folgender Infos die „neue" Telefonnummer problemlos ableiten:

- **Montevideo-Nummern mit 7 Stellen** Einfach die Null der alten Stadtvorwahl 02 am Anfang weglassen: aus (02) 123-4567 wird 2-123-4567.
- **Maldonado- und Punta-del-Este-Nummern mit 6 Stellen** Auch hier die Null vor der alten Stadtvorwahl 042 weglassen: aus (042) 12-3456 wird so 42-12-3456.
- **4- und 5-stellige Nummern im Rest des Landes** Am Anfang kommt eine 4, dann der frühere Stadtcode ohne die Null, dann die Telefonnummer. Aus der Colonia-Nummer (052) 12345 wird also die 4-52-12345, aus der Punta-del-Diablo-Nummer (0477) 1234 die 4-477-1234.
- **Handynummern** Werden auch weiterhin aus neun Ziffern bestehen (z. B. 099-12-3456).

International Roaming ist teuer, deshalb kaufen sich viele Reisende ein günstiges Handy vor Ort bzw. setzen eine uruguayische SIM-Karte in ihr „altes", mitgebrachtes Gerät. SIM-Karten und Prepaid-Karten zum Aufstocken des Guthabens verkaufen die meisten Kioske. Uruguayische Handynummern beginnen mit der Zahlenkombination 09.

TOILETTEN

Die Toiletten sind generell sauber und sehen prinzipiell genauso aus wie in Europa. Gut, in manchen älteren Lokalitäten wird man vielleicht noch ein Hockklosett entdecken, ein Loch im Boden mit zwei Tritten an der Seite – man sollte sich in etwa vorstellen können, wie hier vorzugehen ist. Steht ein Abfalleimer neben der Toilette, sollte man das benutzte Toilettenpapier dort hineinwerfen; andernfalls werden die Rohre über kurz oder lang verstopft und die Toilette kann beim Spülen überlaufen (nicht so lecker).

TOURISTENINFORMATION

In fast jeder Gemeinde gibt's eine Touristeninformation, normalerweise an der Haupt-Plaza und/oder am Busbahnhof. Falls dies nicht der Fall ist, sollte es ein Büro in der *intendencia* (Rathaus) geben. Die Öffnungszeiten sind unterschiedlich, aber für gewöhnlich findet man dort unter der Woche zwischen 10 und 18 Uhr und an den Wochenenden zwischen 11 und 18 Uhr einen Ansprechpartner. Die Stadtpläne sind normalerweise sehr gut und zeigen neben dem Straßennetz auch die umliegenden Sehenswürdigkeiten. Das **Ministerio de Turismo** (Karte S. 988 f.; ☎ 1885, Durchwahl 111; www.turismo.gub.uy; Ecke Yacaré & Rambla 25 de Agosto de 1825) in Montevideo beantwortet allgemeine Fragen zum Land und hat eine informative Website, und auch die uruguayischen Botschaften und Konsulate im Ausland können sich als gute Anlaufstelle für Reisende herausstellen.

UNTERKUNFT

Das uruguayische Netzwerk aus Jugendherbergen und Zeltplätzen ist gut ausgebaut, vor allem entlang der Küste. Mit einem Internationalen Studentenausweis (ISIC) oder als Mitglied bei **Minihostels** (www.minihostels.com), **HoLa** (www.holahostels.com) oder **Hostelling International** (www.hihostels.com) kann man mit Preisnachlässen in den Hostels rechnen. In den Städten bieten *hospedajes*, *residenciales* und *pensiones* günstige Übernachtungsmöglichkeiten ab ca. 350 $U pro Person an.

VERANTWORTUNGSBEWUSSTES REISEN

Verantwortungsbewusstes Reisen in Uruguay ist eine Sache des gesunden Menschenverstands: Hier gelten die gleichen Regeln wie überall auf der Welt.

Feilschen ist unüblich – wüstes Handeln mit hochrotem Kopf und geschwollenen Stirnadern passt einfach nicht in die uruguayische Mentalität. Wahrscheinlich zahlt man sowieso soviel wie alle anderen, man sollte sich also fragen, ob man es sich wegen 25 Centésimi wirklich mit den Einheimischen verscherzen will.

VISA

Für die Einreise nach Uruguay braucht man einen gültigen Pass. Deutsche, Österreicher und Schweizer brauchen kein Visum, sondern erhalten automatisch eine 90 Tage gültige Touristenkarte, die nochmals um 90 Tage verlängert werden kann. Um die Verlängerungen kümmern sich die Beamten bei der **Einreisestelle** (Karte S. 988 f.; ☎ 02-916-0471; Misiones 1513) in Montevideo oder in den Grenzstädten.

Seinen Pass muss man auch im Alltag häufig vorlegen, beispielsweise wenn man Reiseschecks einlösen, Bustickets kaufen oder in einem Hotel einchecken möchte.

Auf www.lonelyplanet.com findet man Infos zu den aktuellen Visabestimmungen sowie nützliche Links.

Venezuela

HIGHLIGHTS

- **Los Roques** (S. 1044) Sich auf unberührten Karibikinseln an weißen Sandstränden räkeln und beim Schnorcheln oder Tauchen Spaß haben.
- **Los Llanos** (S. 1060) Im grasbedeckten Tiefland von Venezuelas Cowboyregion nach Wasserschweinen, Anakondas, Kaimanen und anderen wilden Tieren Ausschau halten.
- **Mérida** (S. 1055) Sich im venezolanischen Mekka des Abenteuersports bei Aktivitäten wie Gleitschirmfliegen, Canyoning, Raften oder Wandern austoben.
- **Salto Ángel (Angel-Wasserfälle)** (S. 1081) Im Parque Nacional Canaima den höchsten Wasserfall der Welt bestaunen, der über 300 Stockwerke in die Tiefe stürzt.
- **Abseits ausgetretener Pfade** (S. 1069) Die finstere Cueva del Guácharo, Venezuelas längste Höhle, erforschen.
- **Besonders empfehlenswert** (S. 1084) Bei einer Wanderung in die abenteuerliche Welt des Tafelbergs Roraima Mondlandschaften und eine einzigartige Pflanzenwelt erleben.

KURZINFOS

- **Bevölkerung:** 26,8 Mio.
- **Fläche:** 912 050 km² (fast dreimal so groß wie Deutschland)
- **Geld:** 1 € = 5,84 BsF (Bolívares Fuertes), 1 SFr = 4 BsF; s. auch Kasten S. 1095
- **Hauptstadt:** Caracas
- **Landesvorwahl:** ☎ 58
- **Preise:** Doppelzimmer in einem Budgethotel 30–37 €, 1-l-Wasserflasche 1,5 €, 1 l Benzin 0,10 € (nach dem offiziellen Wechselkurs)
- **Reisekosten:** 45–90 € pro Tag (nach dem offiziellen Wechselkurs)
- **Reisezeit:** Hauptsaison (Weihnachten, Karneval, Karwoche, Juli & Aug.), Regenzeit (Mai–Okt.)
- **Sprache:** Spanisch
- **Zeit:** MEZ –5½ Std.

TIPPS FÜR UNTERWEGS

Auf Busreisen sollte man wegen der leistungsstarken Klimaanlagen warme Kleidung im Gepäck haben; den Reisepass griffbereit halten, da es entlang der Autobahn Militärkontrollpunkte gibt.

VON LAND ZU LAND

Es gibt vier Grenzübergänge nach Kolumbien, einen nach Brasilien sowie einen per Seeweg nach Trinidad. Zwischen Venezuela und Guyana gibt's keinen offiziellen Grenzübergang.

Venezuela wird von sehr viel weniger Touristen besucht als andere größere Staaten Lateinamerikas. Das liegt nicht daran, dass das Land zu wenig Attraktionen zu bieten hätte – tatsächlich erwartet einen hier ein beeindruckendes Spektrum in Form von Andengipfeln, endlosen karibischen Stränden, idyllischen Inseln, Grassavannen voller wilder Tiere, des dampfenden Amazonas und von *tepuis* (Tafelbergen) durchzogenen Savannen. Der weltweit höchste Wasserfall, der Salto Ángel, stürzt vom Gipfelplateau eines *tepui* im Parque Nacional Canaima 979 m in die Tiefe. Abenteuerlustige können außerdem wandern, schnorcheln, tauchen, kitesurfen, windsurfen, gleitschirmfliegen und vieles mehr. Und das Beste: Die meisten Attraktionen sind untereinander jeweils mit einer gerade mal eintägigen Busfahrt zu erreichen.

Hugo Chávez und seine sozialistische „Bolivarische Revolution", die von Wirtschaftsreformen und Sozialprogrammen geprägt ist, lockt Neugierige und freiwillige Helfer ins Land, dabei spaltet der venezolanische Präsident sowohl im In- als auch im Ausland weiterhin die Gemüter.

Eine touristische Infrastruktur ist zwar vorhanden, diese ist jedoch in erster Linie auf den inländischen Markt ausgerichtet. Die ziemlich bizarre Währungssituation tut ihr Übriges: Das Abheben bei normalen Banken und das Bezahlen mit Kreditkarten kostet doppelt so viel wie der Geldwechsel auf dem aktiven, dollarhungrigen Schwarzmarkt. Trotz alledem ist eine Reise durch Venezuela immer noch eine einfache, günstige und mehr als lohnende Erfahrung.

AKTUELLE ENTWICKLUNGEN

Präsident Hugo Chávez fuhr 2009 einen bedeutenden Sieg ein: Die Mehrheit der Wähler sprach sich für ein neues Gesetz aus, nach welchem der Präsident unbegrenzt wiedergewählt werden kann. Seine Befürworter bejubelten dies als einen weiteren wichtigen Schritt hin zu einer Weiterführung der sozialen und wirtschaftlichen Programme, von denen der Durchschnittsvenezolaner und die ärmeren Bevölkerungsschichten profitieren. Seine Gegner wiederum bewerteten die Entscheidung als Machterweiterung einer zunehmend zentralistischen und autokratischen Regierung. Gerne und heiß diskutiert werden insbesondere der landesweite Anstieg der Kriminalität, bezeichnet als la inseguridad (Unsicherheit), die weniger auf Konfrontation ausgerichtete Beziehung zu den USA, seit dort Barack Obama zum Präsidenten gewählt wurde, der großflächige Entzug der Medienlizenzen von regierungskritischen Funk- und Fernsehanstalten sowie die möglichen Konsequenzen fallender Erdölpreise für die auf dem schwarzen Gold basierende nationale Wirtschaft.

GESCHICHTE
Präkolumbische Periode

Es gibt Anzeichen dafür, dass Menschen bereits vor 10 000 Jahren den Nordwesten Venezuelas besiedelten. Um ca. 1000 n. Chr. entstanden dauerhafte landwirtschaftliche Nutzflächen in Verbindung mit den ersten ganzjährig bewohnten Siedlungen. Ehemalige Nomadenvölker entwickelten sich allmählich zu größeren Kulturgemeinschaften. Diese gehörten zu den drei wichtigsten Sprachfamilien: den Kariben, den Arawak und den Chibcha. Zum Zeitpunkt der spanischen Eroberung am Ende des 15. Jhs. bewohnten ca. 300 000 bis 400 000 Angehörige indigener Völker das Gebiet des heutigen Venezuela.

Die Stämme der Timote Cuica (aus der Sprachfamilie der Chibcha) hatten von allen präkolumbischen Völkern Venezuelas auf technologischem Gebiet die Nase vorn. In den Anden entwickelten sie hochmoderne Anbaumethoden mit Bewässerungskanälen und Terrassenfeldern. Aus diversen Fundstücken lässt sich schließen, dass diese Stämme auch äußerst geschickte Handwerker in ihren Reihen hatten. Im ganzen Land zeigen Museen Beispiele für ihre wunderbare Töpferkunst.

Spanische Eroberung

Christoph Kolumbus setzte als erster Europäer seinen Fuß auf venezolanischen Boden. Das Land war auch die einzige Region auf dem südamerikanischen Festland, das er betrat. Bei seiner dritten Reise in die Neue Welt ankerte er 1498 an der Ostspitze der Península de Paria direkt gegenüber von Trinidad, die er ursprünglich für eine weitere Insel hielt. Doch die gigantische Mündung des Orinoco ließ vermuten, dass er etwas weitaus Größeres entdeckt hatte.

Ein Jahr später segelte Alonso de Ojeda zusammen mit dem Italiener Amerigo Vespucci den Fluss bis zur Península de la

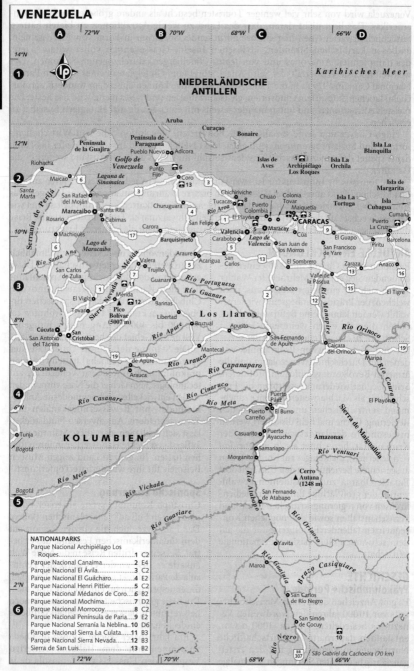

Guajira hinauf. Sie liegt am Westrand des heutigen Venezuela. Bei der Einfahrt in den Lago Maracaibo entdeckten die Spanier sogenannte *palafitos* (schilfgedeckte Stelzenhäuser über der Wasseroberfläche) der indigenen Bevölkerung am Ufer. Vielleicht nicht ganz ohne Sarkasmus nannten sie die Siedlung „Venezuela" („Klein-Venedig"). Als erste spanische Siedlung auf venezolanischem Boden entstand Nueva Cádiz um 1500 herum auf der kleinen Insel Cubagua gleich südlich der Isla de Margarita. Die älteste noch existierende Stadt Venezuelas heißt Cumaná. Sie wurde 1521 gegründet und liegt auf dem Festland unmittelbar südlich der Isla Cubagua.

Simón Bolívar & die Unabhängigkeit

Während der Kolonialzeit dämmerte Venezuela größtenteils im Schatten des spanischen Weltreichs vor sich hin. Zu Beginn des 19. Jhs. gewann das Land aber an Bedeutung., denn es schenkte Lateinamerika einen seiner größten Helden: Simón Bolívar. Der in Caracas geborene Bolívar vertrieb an der Spitze seiner Truppen die spanischen Besatzer endgültig aus Südamerika. Bis heute gilt er als Hauptverantwortlicher für das Ende der Kolonialherrschaft bis zu den Grenzen von Argentinien.

Bolívar schwang sich zum Führer der Revolution auf, die 1806 begonnen hatte. Seine ersten Versuche, die Spanier in seinem Heimatland zu besiegen, scheiterten jedoch. Daher zog sich Bolívar zuerst nach Kolumbien und dann nach Jamaika zurück, um seine letzten Schachzüge zu planen. 1817 führte er 5000 britische Söldner zusammen mit einer Reiterarmee von Los Llanos aus über die Anden und besiegte die Spanier in der Schlacht von Boyacá, wodurch Kolumbien unabhängig wurde. Vier Monate später rief der Kongress von Angostura in der gleichnamigen Stadt (dem heutigen Ciudad Bolívar) einen neuen Staat namens Gran Colombia (Großkolumbien) aus. Er bestand aus Kolumbien (inkl. dem heutigen Panama), Venezuela und Ecuador – obwohl die beiden letzteren noch immer unter spanischer Kontrolle standen.

Im Juni 1821 besiegelte die Schlacht von Carabobo Bolívars endgültigen Sieg über die spanischen Truppen. Dennoch kämpften die Royalisten in den folgenden zwei Jahren von Puerto Cabello aus weiterhin einen ziemlich sinnlosen Kampf. Großkolumbien existierte nur für ein Jahrzehnt, bevor es in drei separate Staaten zerfiel. So wurde Bolívars Traum von einer vereinten Republik bereits vor seinem Tod im Jahr 1830 zerstört.

Caudillos Land

Auf seinem Totenbett gab Bolivar diese Erklärung ab: „Amerika ist unregierbar. Wer sich der Revolution verschreibt, pflügt das Meer. Dieses Land wird unweigerlich in die Hände einer enthemmten Masse geraten, um dann an verkappte kleine Tyrannen aller Farben und Rassen zu fallen." Leider lag er mit dieser Prophezeiung alles andere als falsch. Nach der Unabhängigkeit wurde Venezuela beinahe 100 Jahre lang von diversen *caudillos* (Machthabern) regiert. Erst 1947 trat die erste demokratisch gewählte Regierung ihre Amtszeit an.

Der erste *caudillo* namens General José Antonio Páez kontrollierte das Land 18 Jahre lang (1830–1848). Trotz seiner gnadenlosen Herrschaft erreichte er eine gewisse politische Stabilität und stärkte außerdem die schwache Wirtschaft. In der folgenden Periode kam es zu einer nahezu ununterbrochenen Reihe von Bürgerkriegen. Erst ein weiterer Diktator – General Antonio Guzmán Blanco – konnte dem ein Ende bereiten und regierte ebenfalls 18 Jahre lang (1870–1888). Er startete u. a. ein großangelegtes Reformprogramm mit einer neuen Verfassung. Dies sorgte vorübergehend für Stabilität im Land. Dennoch machte er sich mit seinen despotischen Methoden viele Feinde. Als er zurücktrat, begann in Venezuela erneut der Bürgerkrieg.

Das schwarze Gold

Die erste Hälfte des 20. Jhs. wurde von fünf aufeinander folgenden Militärmachthabern dominiert. Alle stammten aus dem Andenstaat Táchira. Am längsten regierte General Juan Vicente Gómez, der auch am grausamsten war. Er kam 1908 an die Macht und blieb bis zu seinem Tod im Jahre 1935 im Amt. Gómez entmachtete das Parlament und erstickte auf seinem Weg zur Alleinherrschaft jegliche Opposition im Keim.

Dank einer Reihe von Ölfunden in den 1910er-Jahren konnte das Gómez-Regime die nationale Wirtschaft kräftig ankurbeln. Ende der 1920er-Jahre war Venezuela größter Erdölexporteur der Welt, was nicht nur die wirtschaftliche Erholung förderte: Vielmehr konnte die Regierung Venezuelas Auslandsschulden komplett begleichen.

Doch wie in den meisten anderen Erdölländern bekam die Bevölkerung so gut wie nichts von den Profiten ab. Die meisten Einwohner lebten weiterhin in Armut. Durch das schnelle Ölgeld wurde zudem die Landwirtschaft vernachlässigt; stattdessen entstanden andere Produktionszweige. Es war einfacher, nahezu alle Waren aus dem Ausland zu importieren. Dies ging zwar eine Weile gut, erwies sich aber auf Dauer als unzureichend.

Nach einem kurzen Flirt mit der Demokratie und einer neuen Verfassung kam es 1947 zum unausweichlichen Putsch. Es folgte die Ära von Colonel Marcos Pérez Jiménez. Kaum an der Macht, zerschlug er die Opposition. Ölgelder flossen in öffentliche Einrichtungen und die Sanierung von Caracas. Dabei machte sich Jiménez nicht gerade viele Freunde.

Coups & Korruption

1958 jagte eine Koalition aus Zivilisten und Militäroffizieren den Diktator Jiménez aus dem Amt. Mit Rómulo Betancourt als gewähltem Präsidenten kehrte das Land zur Demokratie zurück. Betancourt bekam breite Unterstützung von der Bevölkerung und brachte als erstes demokratisch gewähltes Staatsoberhaupt eine komplette fünfjährige Amtszeit hinter sich. Trotz des Übergangs zur Demokratie driftete das Land an den rechten Rand des politischen Spektrums ab.

Die Profite aus dem Ölexport brachten die folgenden Regierungen recht gut durch die 1970er-Jahre. Die Fördermengen wurden ständig erhöht. Noch bedeutender war die Vervierfachung des Ölpreises nach dem Arabisch-Israelischen Krieg von 1973. Venezuela zog daraufhin die Spendierhosen an: In Caracas und Maracaibo schossen moderne Wolkenkratzer aus dem Boden, ergänzt durch den Import einer Vielzahl von Luxusgütern. Doch Hochmut kommt vor dem Fall: Am Ende der 1970er-Jahre war die Wirtschaftskrise bereits im vollen Gang. Während der 1980er-Jahre verschlechterte sich die wirtschaftliche Situation immer mehr.

1989 gab die Regierung vom Internationalen Währungsfonds geforderte Sparmaßnahmen bekannt, und gestiegene Transportkosten führten zu Protesten; diese *caracazo*, eine Serie landesweiter Aufstände, wurden militärisch niedergeschlagen, wobei Hunderte – vielleicht auch Tausende – Zivilisten ihr Leben verloren. Die daraus resultierende Instabilität führte 1992 zu zwei gescheiterten Staatsstreichen. Ein zuvor unbekannter Fallschirmjäger namens Colonel Hugo Chávez Frías führte den ersten Putschversuch im Februar an. Für die zweite Aktion im November waren Nachwuchsoffiziere der Luftwaffe verantwortlich. Bei der filmreifen Luftschlacht über Caracas flogen Kampfflugzeuge zwischen den Hochhäusern hindurch. Beide Putschversuche forderten zahlreiche Todesopfer.

Bis Mitte der 1990er-Jahre hatte die Regierung mit Korruption, Bankkonkursen und Kreditausfällen zu kämpfen. 1995 musste Venezuela die Landeswährung um mehr als 70% abwerten. Ende 1998 lebten zwei Drittel der 23 Mio. Einwohner unterhalb der Armutsgrenze.

Linksruck

Im Politzirkus gibt es nichts Besseres als ein spektakuläres Comeback. 1998 wurde Hugo Chávez zum Präsidenten gewählt. Der Anführer des ersten Putschversuchs von 1992 war 1994 begnadigt worden und hatte sogleich eine aggressive populistische Kampagne gestartet: Indem er sich selbst mit Bolívar verglich, versprach Chávez den Ärmsten der Armen Unterstützung und Almosen. Außerdem sprach er sich gegen eine freie Marktwirtschaft nach amerikanischem Vorbild aus. Stattdessen stellte er großspurig – wenn auch relativ undurchsichtig – eine „friedliche und demokratische Sozialrevolution" in Aussicht.

Seit damals war diese „Sozialrevolution" jedoch alles andere als friedlich. Kurz nach der Amtsübernahme nahm Chávez die Umformulierung der Verfassung in Angriff. Das neue Dokument wurde im Dezember 1999 durch eine Volksabstimmung verabschiedet und verlieh dem Präsidenten zusätzliche und weitreichende Machtbefugnisse. 2001 löste die Einführung diverser neuer Justizdekrete wütende Massenproteste aus. Diese weiteten sich im April 2002 zu einem gigantischen und gewalttätigen Streik aus, der schließlich in einem Staatsstreich gipfelte. Dahinter steckten Militärführer, die von einer Wirtschaftslobby finanziert wurden. Daraufhin sah sich Chávez zum Rücktritt gezwungen – nur um die Regierungsgeschäfte zwei Tage später wieder aufzunehmen. Dies goss weiteres Wasser auf die Mühlen seiner Gegner.

Während die Spannungen in der Bevölkerung wuchsen, rief die Opposition im Dezember 2002 zum Generalstreik auf. Dadurch sollte der Präsident endgültig abgesetzt werden. Der landesweite Streik legte die ganze Nation lahm – darunter auch die lebenswichtige Erdölindustrie und einen Großteil des privaten Geschäftssektors. Nach 63 Tagen blies die Opposition den Streik schließlich ab. Die Proteste hatten Venezuela 7,6% seines Bruttoinlandsproduktes gekostet und die Erdölindustrie nachhaltig geschädigt. Chávez erwies sich als Stehaufmännchen und verkündete seinen Sieg. Doch wirklich gewonnen hatte niemand.

Sozialismus im 21. Jh.

Die politische Lage blieb weiterhin unsicher, bis Chávez 2004 schließlich ein Referendum über das Präsidentenamt für sich entscheiden und seine Macht festigen konnte. Auch die Wiederwahl 2006 gelang relativ mühelos. Im Jahr darauf scheiterte zwar ein Referendum über die unbegrenzte Wiederwahl des Präsidenten, 2009 jedoch gewann Chávez einen Volksscheid bezüglich einer Verfassungsänderung, die selbiges ermöglichte.

Chávez' Einfluss geht über die Grenzen von Venezuela hinaus; so pflegt das Land gute Beziehungen zu linksgerichteten Regierungschefs auf dem eigenen Kontinent, zu Ölstaaten im Nahen Osten und zu China, das zu einem immer wichtigeren Handelspartner für Südamerika wird. Der venezolanische Präsident hat sich mit Kubas Fidel Castro und Boliviens Evo Morales zusammengetan und eine diplomatische Eiszeit im Verhältnis zu den USA eingeläutet. Böses Blut gibt's auch zwischen Venezuela und dem Nachbarland Kolumbien – Grund dafür sind Anschuldigungen, Venezuela habe Guerrilla-Gruppen der FARC (Fuerzas Armadas Revolucionarias de Colombia, die bedeutendste kolumbianische Rebellenorganisation) unterstützt und ihnen Unterschlupf im Land gewährt.

Chávez' Befürworter heben seine Programme für arme Bevölkerungsschichten hervor. Unter seiner Präsidentschaft wurden staatlich finanzierte Projekte mit dem Namen *misiones* (Missionen) initiiert, dank derer erwachsene Analphabeten Lesen und Schreiben lernen können, kostenlose medizinische Versorgung gewährt und subventionierte Lebensmittel angeboten werden. Durch Initiativen zur Neuverteilung von Land werden große Besitztümer aufgeteilt und Kleinbauern überlassen. Der Slogan der Regierung lautet: *Venezuela: Ahora es de todos* (Venezuela: Jetzt gehört es allen). Die gespaltene, schwache

Opposition wiederum kritisiert die Zentralisierung der Macht, die fehlende Toleranz gegenüber politisch Andersdenkenden, die Politik der Verstaatlichung, die internationale Investoren abschreckt, und die unbegrenzte Verwendung staatlicher Gelder für die Regierungspartei.

Fallende Ölpreise lassen Fachleute daran zweifeln, ob Chávez seine kostspieligen Programme auch in Zukunft finanzieren kann. Die drängenden Themen des Durchschnittsvenezolaners wiederum sind auch weiterhin Kriminalität, die andauernde Armut und eine hohe Inflation.

KULTUR
Mentalität

Venezuela ist ein tief patriotisches Land und stolz auf seine Geschichte – der Unabhängigkeitskrieg und die Heldentaten Simón Bolívars werden immer wieder im gesamten Land hochgehalten. Und auch der Auftritt auf der Weltbühne liegt Venezuela. Ob es nun um den erneuten Gewinn der Miss-Universe-Wahlen oder einen bedeutenden Baseballsieg geht, im Land wird garantiert lautstark gefeiert.

Allerdings hat die gegenwärtige venezolanische Kultur – im Gegensatz zu der in vielen anderen südamerikanischen Staaten – nur wenige charakteristische Elemente aufzuweisen. Manche führen dies auf die Tatsache zurück, dass in dem Erdölstaat der Konsum ausländischer Produkte die Regel war, da man auf die Herstellung eigener Produkte nicht angewiesen war.

Neben Erdöl bringt das Land noch weitere Rohstoffe sowie jede Menge Talente hervor. Vor allem zwei Dinge werden wie am Fließband produziert: Schönheitsköniginnen und Baseballspieler. Aus Venezuela haben mehr Frauen internationale Schönheitswettbewerbe für sich entscheiden können als jeder anderen Nation, z. B. (neben vielen anderen) fünfmal jeweils die Miss-World- und die Miss-Universe-Wahlen.

Auch im Baseball hat sich das Land einen Namen gemacht. In den großen nordamerikanischen Ligen ist ein beträchtlicher Anteil an venezolanischen Spielern vertreten, und im ganzen Land wird Baseball gespielt; man sieht etwa auf Baustellen oder am Straßenrand des Öfteren die eine oder andere spontane Partie. Der Nationalsport geht übrigens Hand in Hand mit dem Konsum der Nationalgetränke (Rum und eisgekühltes Bier).

Trotz aller Probleme und gesellschaftlicher Spannungen zeichnen sich die Venezolaner durch Lebensfreude und Humor aus. Kindern werden oft kreative, manchmal skurrile Namen gegeben, die sich aus dem Englischen, von historischen Persönlichkeiten, aus indigenen Sprachen oder von anderen kulturellen Elementen ableiten. Die Menschen geben sich offen, einem Gespräch selten abgeneigt und im Umgang mit Ausländern, die meist im Nu zu *panas* (Kumpel) erklärt werden, als äußerst herzlich. So fühlt man sich eigentlich nie einsam, vor allem nicht, wenn man ein bisschen Spanisch spricht. Irgendwo ist immer eine Rumba im Gange!

Lebensart

Das Klima und die beengten Wohnverhältnisse begünstigen ein lebendiges öffentliches Leben, das sich meist im Freien abspielt. Man sollte sich nicht wundern, wenn man Menschengruppen auf der Straße sieht, die sich und ihr Bierchen von einem voll aufgedrehten Autoradio beschallen lassen. Übrigens: Lärm ist in Venezuela ein ständiger Begleiter; die Einheimischen lassen sich von plärrender Musik, schiffshorngleichen Hupen und lautstarken Straßenverkäufern nicht aus der Ruhe bringen. Auch das Handy ist allgegenwärtig, und Gespräche werden in voller Lautstärke geführt.

Außer im Straßenverkehr scheinen die Venezolaner es selten eilig zu haben. Das Leben läuft hier, dem tropischen Klima angepasst, in eher geruhsamen Bahnen, so auch im Geschäftsleben. Es kann gut passieren, dass man warten muss, bis der Plausch mit dem Kollegen beendet wurde oder das Fernsehprogramm nicht mehr so interessant ist, ehe man bedient wird.

In Venezuela gibt's zwischen Arm und Reich eine beträchtliche Kluft. 30 % der Bevölkerung leben unter der Armutsgrenze, auch wenn staatliche Programme für einen besseren Zugang zu medizinischer Versorgung und Bildung gesorgt haben. Heutzutage stellen Frauen ein Drittel der arbeitenden Bevölkerung. Etwa die Hälfte aller Beschäftigten ist in der informellen, steuerfreien Wirtschaft tätig.

Bevölkerung

Venezuela ist von einer jungen, größtenteils urbanen Bevölkerung geprägt: Die Hälfte davon ist unter 25 Jahre alt, 90 % leben in

Städten. Die Bevölkerungsdichte des Landes beträgt gerade mal 32 Einwohner pro m², allerdings sind diese ungleichmäßig verteilt: Allein in Caracas wohnen über ein Fünftel aller Venezolaner, die Ebenen Los Llanos und das Bergland von Guayana hingegen sind nur sehr dünn besiedelt.

Die Wurzeln von etwa 70 % der Venezolaner sind europäisch, indigen oder afrikanisch oder eine Mischung aus mindestens zwei dieser drei. Alle anderen sind Europäer (ca. 20 %), Afrikaner (8 %) oder Angehörige indigener Stämme (2 %); Letztere bestehen wiederum aus ungefähr 24 äußerst unterschiedlichen indigenen Gruppen, die sich aus etwa 600 000 Menschen zusammensetzen und im ganzen Land verteilt leben.

Die Analphabetenrate liegt bei 5 %.

SPORT
Fußball? Was ist Fußball? In Venezuela ist *béisbol* (Baseball) angesagt! Der zweitbeliebteste Sport ist *básquetbol* (Basketball, wird auch als *básquet* oder *baloncesto* bezeichnet), und dann erst kommt *fútbol* (Fußball); es gibt allerdings eine professionelle Liga, deren Saison von August bis Mai dauert. Bei der indigenen Bevölkerung steht Fußball übrigens hoch im Kurs.

RELIGION
Etwa 95 % der Venezolaner sind – zumindest offiziell – römisch-katholisch. Chávez hatte in den letzten Jahren einige Auseinandersetzungen mit der Kirche und wurde vom Vatikan kritisiert. Viele indigene Volksstämme sind zum Katholizismus konvertiert, und nur wenige isoliert lebende Stämme praktizieren noch ihren traditionellen Glauben. Evangelische Christen liefern sich mit den Katholiken einen Konkurrenzkampf um neue Mitglieder und machen im Land immer mehr Boden gut. Es gibt außerdem einen kleinen Anteil von Juden und Muslimen; die meisten leben in Caracas.

KUNST
Literatur
Der Klassiker der lateinamerikanischen Kolonialliteratur bezüglich des Umgangs der Spanier mit der indigenen Bevölkerung und gleichzeitig ein Dokument der frühen Geschichte Venezuelas ist *Brevísima relación de la destrucción de las Indias Occidentales* (*Kurzgefasster Bericht von der Verwüstung der Westindischen Länder*), 1542 von Fray Bartolomé de las Casas verfasst.

Was zeitgenössische Literatur betrifft, gilt *El falso cuaderno de Narciso Espejo* aus der Mitte des 20. Jhs. von Guillermo Meneses (1911–1978) als bahnbrechender, experimenteller Roman. Ein weiteres einflussreiches Werk ist Adriano Gonzalez Leons (1931–2008) energiegeladener, dem magischen Realismus zugeordneter Roman *País portátil* (*Tragbares Land*), in dem das ländliche Venezuela dem Großstadtdschungel Caracas gegenüber gestellt wird.

Ein weiterer empfehlenswerter Autor der Gegenwartsliteratur ist Ednodio Quintero. Sein Werk *La danza del jaguar* (Der Tanz des Jaguars; 1991) wurde neben weiteren in mehrere Sprachen übersetzt. Andere wichtige Figuren in der literarischen Szene Venezuelas sind Teresa de la Parra, Antonia Palacios, Carlos Noguera und Orlando Chirinos.

Kino & Fernsehen
KINO
Venezuela hat nur eine kleine Filmindustrie, doch diese hat in den letzten Jahren an Bedeutung gewonnen. Die meisten Filme beschäftigen sich mit aktueller Gesellschaftskritik oder Geschichte.

Die größten Wellen in der venezolanischen Kinolandschaft hat 2005 *Secuestro Express* von Jonathan Jakubowicz geschlagen. Der Film, der von der Regierung für die negative Darstellung Caracas' kritisiert wurde, setzt sich mit den Themen Kriminalität, Armut, Gewalt, Drogen und Klassendenken in der Hauptstadt auseinander. Er brach sämtliche Kinorekorde nationaler Produktionen und war der erste venezolanische Film, der von einem bedeutenden Hollywoodstudio vermarktet wurde.

Wer tiefere Einblicke in die venezolanische Filmlandschaft gewinnen möchte, sollte sich ein paar Filme anschauen, z. B. die folgenden: *Oriana* (Regie: Fina Torres, 1985) handelt von einem Mädchen, dessen Leben durch einen Sommeraufenthalt auf der am Meer gelegenen Hacienda seiner Familie entscheidend geprägt wird. *Huelepega* (Regie: Elia Schneider, 1999) illustriert mit echten Straßenkindern als Darstellern die Kindheit auf den Straßen von Caracas. *Amaneció de golpe* (Regie: Carlos Azpúrua, 1999) handelt davon, wie sich Chávez in die politische Landschaft katapultierte, und *Manuela Saenz* (Regie: Diego Risquez, 2000) erzählt die Geschichte des

Unabhängigkeitskriegs aus Sicht der Geliebten Bolívars.

Ebenfalls empfehlenswert ist der Dokumentarfilm *The Revolution Will Not Be Televised*, der von irischen Filmemachern gedreht wurde, die sich zum Zeitpunkt des Militärputschs im Jahr 2002 im Präsidentenpalast befanden.

FERNSEHEN

Das venezolanische Fernsehen reicht von seichten Telenovelas über nicht minder kitschige Regierungspropaganda und ein paar Comedyshows mit Slapstick-Elementen bis hin zur Übertragung von Baseballspielen. Der multistaatliche lateinamerikanische Fernsehsender TeleSur hat seinen Sitz in Venezuela und ging 2005 auf Sendung. Chávez hoffte, damit dem Einfluss der in ganz Lateinamerika beliebten nordamerikanischen Kabelkanäle entgegensteuern zu können. Die persönliche Fernsehshow des Präsidenten, *Aló Presidente*, ist eine Mischung aus einer schier endlosen Rede zur Nation und einer sensationslüsternen Talkshow: Der eloquente Chávez spricht stundenlang, nimmt Telefonanrufe entgegen und beantwortet die Fragen seiner Anhänger.

Eine ähnlich wichtige Rolle spielen Telenovelas – angeblich ist der Exportmarkt für venezolanische Telenovelas größer als der für Autos, Textilien oder Papierprodukte …

Musik

Musik ist in Venezuela allgegenwärtig. Das Land gilt traditionell eigentlich nicht als großer Produzent eigener Musik, doch laut Gesetz muss mittlerweile mindestens die Hälfte der im Radio gespielten Musik von venezolanischen Künstlern stammen, und wiederum die Hälfte davon muss „traditionell" sein. Dieses Gesetz erwies sich als Segen für venezolanische Musiker. Zu den beliebtesten Musikstilen gehören Salsa, Merengue und Reggaeton, *vallenato* aus Kolumbien sowie Pop, Rock, Hip-Hop und House aus Nordamerika und Europa. Der König der venezolanischen Salsa ist Oscar D'León (geb. 1943).

Die beliebteste traditionelle Musik ist der *joropo* aus Los Llanos, auch *música llanera* genannt. Der *joropo* besteht üblicherweise aus Gesang, der von einer Harfe, einer *cuatro* (kleine, viersaitige Gitarre) und Maracas (Rumbakugeln) begleitet wird.

Caracas ist das kreative Zentrum von Latin Pop und *rock en español*. Beide Stile zeichnen sich durch den Rhythmus und die Energie lateinamerikanischer Rhythmen sowie durch Elemente aus internationalem und Alternative Rock aus. Das bekannteste Produkt dieser Musikszene sind die mit einem Grammy ausgezeichneten Los Amigos Invisibles.

Ein 1975 initiiertes Orchesterprogramm für Jugendliche aus einkommensschwachen Familien hat zu einem regelrechten Boom der klassischen Musik geführt und viele neue Musiker hervorgebracht. Das Jugendorchester Simón Bolívar ist das bekannteste Ensemble.

Architektur

In Venezuela findet man kleine, beeindruckende Ansammlungen kolonialer Bauten, die bemerkenswertesten in Coro und Ciudad Bolívar. Insgesamt und im Vergleich zu anderen Teilen der ehemaligen spanischen Kolonien hat das Land jedoch nur wenig prachtvolle Kolonialarchitektur vorzuweisen: Kirchen wurden meist eher klein gebaut und die Häuser nur einstöckig; erst in den letzten 50 Jahren der Kolonialzeit kam eine wohlhabende Schicht von Händlern auf, die sich pompöse Residenzen erbauten, um ihren Reichtum zu demonstrieren.

In den 1870er-Jahren initiierte Präsident Guzmán Blanco die umfassende Restaurierung Caracas'. Er ließ viele monumentale öffentliche Gebäude in allen möglichen Stilrichtungen bauen; der jeweils verantwortliche Architekt genoss meist völlige Narrenfreiheit. Mit dem Geld aus dem Ölverkauf wurde dann eine Modernisierungswelle forciert, die in den 1970er-Jahren ihren Höhepunkt fand; charakteristisch für diese Phase war der willkürliche Abriss historischer Gebäude, die durch zweckmäßige Bauten ersetzt wurden. Allerdings gibt's in Venezuela einige wirklich bemerkenswerte moderne Bauwerke. Carlos Raúl Villanueva gilt als angesehenster venezolanischer Architekt. Eines seiner besten Werke ist der Campus der Universidad Central de Venezuela, der zum UNESCO-Weltkulturerbe erklärt wurde.

Bildende Künste

In Venezuela gibt es eine bedeutende zeitgenössische Kunstszene. Moderne Werke spicken die Straßen und öffentlichen Gebäude von Caracas, außerdem bietet die Hauptstadt einige äußerst bemerkenswerte Galerien.

Ende des 19. Jhs. entstand durch die Fördergelder der Regierung Guzmán Blanco erstmals im großen Stil Kunst im öffentlichen

Raum. Der talentierteste Maler dieser Periode – und einer der besten der gesamten Kunstgeschichte Venezuelas – war Martín Tovar y Tovar (1827–1902). Ein paar seiner schönsten Gemälde zeigen historische Ereignisse. Die Bilder sind im Asamblea Nacional (S. 1033) von Caracas ausgestellt.

Heute boomen die Bildenden Künste. Besonders schön sind u. a. die Arbeiten des Malers Carlos Zerpa und die abgefahrenen Ideen von José Antonio Hernández Díez (Foto-, Video- und Installationskunst). Hinzu kommen die symbolträchtigen Gemälde, Collagen und Skulpturen Miguel von Dangels. Traveller können sich noch mehr tolle Stücke im Museum der Zeitgenössischen Kunst in Caracas ansehen (s. S. 1034).

Als Venezuelas zeitgenössischer Künstler Nummer Eins gelangte Jesús Soto (1923–2005) zu internationalem Ruhm. Mit seinen Werken (vor allem Skulpturen mit beweglichen Teilen) übte er einen gewaltigen Einfluss auf die kinetische Kunstszene aus. Die größte Sammlung zu Sotos Lebenswerk zeigt das ihm gewidmete Museum im Ciudad Bolívar (s. S. 1077).

NATUR & UMWELT

Das augenscheinlich drängendste Umweltproblem Venezuelas ist die Abfallentsorgung bzw. das Fehlen derselbigen. Es gibt kein Wiederverwertungssystem, es ist üblich, seinen Müll mitten in Städten, neben Straßen und in der Natur abzuladen, ungereinigtes Abwasser wird manchmal ins Meer oder in andere Gewässer geleitet, und außerhalb der Nationalparks wird außerdem kaum auf die Pflege von Grünflächen geachtet. Es gibt keine klare Umweltpolitik. Probleme der Abfallentsorgung und Umweltverschmutzung sind meist direkte Folgen der Überbevölkerung in städtischen Gebieten, von mangelhafter Planung und fehlenden öffentlichen Geldern, und so wird der immer rasanteren Entwicklung kaum Einhalt geboten.

Ein weiteres drängendes Problem ist das Jagen von Tieren und der illegale Handel mit Flora und Fauna. Diese Praxis ist in vielen Teilen des Landes zu beobachten, auch in geschützten Gebieten. Auch die Ölraffinerien und der Bergbau tragen zur Umweltschädigung bei.

Geografie

Venezuela ist rund doppelt so groß wie Kalifornien und begeistert mit vielen verschiedenen Regionen. In einem einzigen Land finden Besucher hier alle bedeutenden Landschaftsformen Südamerikas – Amazonasregenwälder, die Anden, Savannen und Strände.

Zwei gewaltige Bergketten ziehen sich durch Venezuela: Die Cordillera de la Costa trennt das Tal von Caracas von der Karibik. In den nördlichen Ausläufern der Anden erheben sich die höchsten Gipfel im Umkreis von Mérida.

Der 2150 km lange Orinoco ist Venezuelas größter Strom – der gesamte Flusslauf liegt innerhalb der Landesgrenzen. Im Guayana-Gebiet südlich des Orinoco liegt das Einzugsgebiet des Río Caura. Dort gibt's außerdem nahezu undurchdringliche Amazonasregenwälder, endlose sonnenverbrannte Savannen und Hunderte Tepuis.

Vor Venezuelas 2813 km langer Karibikküste erstreckt sich ein 900 000 km^2 großes Meeresgebiet mit zahllosen Inseln und Inselchen. Am größten und bekanntesten ist die Isla de Margarita, gleich gefolgt vom weniger erschlossenen Archipiélago Los Roques.

Tiere & Pflanzen

Genauso vielfältig wie Venezuelas Landschaft ist seine großartige Tierwelt. Reisende können hier oft Anakondas, Capybaras, Kaimane und verschiedene Vögel entdecken. Insgesamt gibt es in Venezuela 341 Reptilienarten und 284 verschiedene Amphibien. Hinzu kommen 1791 Fischarten und 351 unterschiedliche Säugetiere – ganz zu schweigen von unzähligen Schmetterlingen und weiteren Wirbellosen. Dieses Land ist ein echtes Paradies für Vogelliebhaber: Die mehr als 1417 Arten machen rund 20 % aller weltweit bekannten Federtiere aus. Davon leben 48 ausschließlich in Venezuela, das zudem auf einer wichtigen Wanderroute für Zugvögel liegt.

Nationalparks

Venezuelas Nationalparks umfassen viele verschiedene Landschaftsformen wie immergrüne Berge, Strände, tropische Inseln, Korallenriffe, Hochplateaus und Regenwälder. Die Nationalparks – z. B. Canaima, Los Roques, Mochima, Henri Pittier, El Ávila und Morrocoy – gehören zu Venezuelas beliebtesten Touristenzielen. Manche Parks sind leicht zu erreichen und werden dementsprechend von unzähligen Einheimischen besucht. Hauptsächlich während der Ferien und an Wochenenden strömen Touristen in die

Schutzgebiete an der Küste und draußen im Meer. Andere Parks hat man dafür fast für sich allein. Nur wenige Nationalparks besitzen Einrichtungen für Touristen, meistens sind sie aber nicht besonders ausgedehnt. Etwa die Hälfte des Landes steht nach nationaler Gesetzgebung unter Naturschutz. Viele dieser Gebiete sind Nationalparks und Naturdenkmäler, daneben gibt's Naturschutzgebiete, Biosphärenreservate und Wälder.

VERKEHRSMITTEL & -WEGE

AN- & WEITERREISE
Bus
BRASILIEN
Es gibt nur eine größere Straße, die Brasilien und Venezuela miteinander verbindet. Sie führt von Manaus über Boa Vista und Santa Elena de Uairén nach Ciudad Guayana. Weitere Infos gibt's im Kasten auf S. 1087.

KOLUMBIEN
Von Kolumbien aus gelangt man über vier Grenzübergänge nach Venezuela. Die zwei üblichsten – und sichersten – sind Maicao und Maracaibo (s. Kasten S. 1054) auf der Küstenroute; daneben gibt's je einen in Cúcuta und San Antonio del Táchira (s. Kasten S. 1062).

GUYANA
Der einzige Grenzübergang zwischen Venezuela und Guyana ist über die abgelegene, schwierige und gefährliche Straße zwischen Bochiche und Mabaruma zugänglich; der Weg über Brasilien ist eindeutig vorzuziehen.

Flugzeug
Da Venezuela ganz im Norden Südamerikas liegt, bieten sich von hier aus die billigsten Flugverbindungen nach Europa und die kürzesten Flugrouten nach Nordamerika, zudem ist das Land ein praktischer nördlicher Verbindungspunkt nach Südamerika. Auseinandersetzungen über den Flugverkehr zwischen der Regierung und den USA haben dazu geführt, dass die Zahl der Flüge aus bzw. in die USA reduziert wurde; dies brachte außerdem für nordamerikanische Besucher einen beträchtlichen Anstieg der Flugpreise mit sich. Die hier aufgeführten Preise dienen lediglich der Orientierung.

BRASILIEN
Flüge zwischen Brasilien und Venezuela sind teuer: Der Hin- und Rückflug von São Paulo oder Rio de Janeiro nach Caracas kostet 1400 BsF. TAM hat einen täglichen Direktflug zwischen Caracas und Manaus für 1230 BsF (hin & zurück) im Angebot.

KOLUMBIEN
Avianca fliegt zwischen Bogotá, Kolumbien und Caracas (einfach 880 BsF, hin & zurück 1280 BsF).

GUYANA
Es gibt keine Direktverbindungen zwischen Venezuela und Guyana. Von Caracas aus muss man daher zunächst mit Caribbean Airlines nach Port of Spain (Trinidad) fliegen (einfach 870 BsF, hin & zurück 1447 BsF).

NIEDERLÄNDISCHE ANTILLEN
Avior und Venezolana bieten Flüge von Caracas nach Aruba an (hin & zurück 760–845 BsF).

TRINIDAD
Caribbean Airlines verkehrt zwischen Port of Spain und Caracas (einfach 512 BsF, hin & zurück 918 BsF). Conviasa bietet Flüge zwischen Porlamar und Port of Spain an (einfach 439 BsF, hin & zurück 520 BsF).

Schiff/Fähre
Wöchentlich verkehren Passagierschiffe zwischen Venezuela und Trinidad (s. Kasten S. 1070). Der Fährverkehr zwischen Venezuela und den Niederländischen Antillen wurde eingestellt.

UNTERWEGS VOR ORT
Auto & Motorrad
Ein ziemlich praktisches Fortbewegungsmittel ist das Auto. Das Land gilt als relativ sicher, das Straßennetz ist gut ausgebaut und größtenteils in akzeptablem Zustand, es gibt jede Menge Tankstellen, und das Benzin ist wohl das billigste der Welt – eine Tankfüllung gibt's für rund 1 €. Diese fast paradiesischen Zustände werden etwas getrübt durch den Verkehr und das Fahrverhalten der Venezolaner: Der Verkehr in Venezuela, insbesondere in Caracas, rangiert irgendwo zwischen abenteuerlich und chaotisch.

Das eigene Auto mit nach Venezuela – oder Südamerika im Allgemeinen – zu bringen, ist eine langwierige und teure Angelegenheit, die jede Menge Bürokratie erfordert. Deswegen entscheiden sich nur wenige für diesen Schritt. Es ist sehr viel weniger umständlich und billiger, ein Auto vor Ort zu mieten.

Bus

Da es in Venezuela keinen Schienenverkehr gibt, der Personen befördert (es ist allerdings einer in Arbeit), wird im Land meist per Bus gereist. Die Busse sind im Allgemeinen schnell und verkehren regelmäßig sowohl tagsüber als auch nachts zwischen allen größeren Städten. Die Fahrpreise sind günstig und der Service ist meist effizient.

Das Spektrum der Fahrzeuge rangiert zwischen knatternden Schrottkisten und neuesten Modellen. Alle größeren Unternehmen bieten einen *servicio ejecutivo* (Business-Klasse) in komfortablen, klimatisierten (bzw. meist eiskalten) Bussen an, die alle wichtigen Routen bedienen und das Haupttransportmittel im Langstreckenverkehr darstellen.

Der Hauptverkehrsknotenpunkt ist Caracas; von hier aus bringen einen Busse ins gesamte Land. Für die wichtigsten Routen ist es meist ausreichend, die Fahrkarten ein paar Stunden vor Abfahrt zu kaufen; einzige Ausnahme sind die Ferienzeiten.

Viele kürzere regionale Routen werden von einer Mischform zwischen einem Bus und einem Taxi, genannt *por puestos* (wörtlich „pro Sitz"), bedient. *Por puestos* sind meist große US-Schlitten (manchmal auch Kleinbusse), die feste Ziele anfahren; los geht's erst, wenn alle Sitze belegt sind. Man bezahlt etwa 40 bis 80 % mehr als im Bus, dafür sind die Verbindungen schneller und regelmäßiger.

Bei Busreisen sollte man stets seinen Reisepass griffbereit haben, außerdem warme Kleidung für die klimatisierten Busse und bei kleineren Bussen Ohrstöpsel wegen der lauten Musik. Manche Langstreckenanbieter nehmen die Passagiere vor der Abfahrt aus Sicherheitsgründen mit einer Videokamera auf.

Flugzeug

In Venezuela gibt's mehrere Fluglinien und ein akzeptables Angebot von Flugverbindungen. Maiquetía, der Standort des Flughafens von Caracas, ist der Dreh- und Angelpunkt des Flugverkehrs; von hier aus werden die meisten Flughäfen des Landes angeflogen. Die am häufigsten bedienten Routen sind die nach Porlamar, Maracaibo und Puerto Ordaz (offiziell Ciudad Guayana genannt). Die beliebtesten Ziele sind El Vigía, Ciudad Bolívar, Canaima, Porlamar und Los Roques. Bei internationalen Flügen ab Maiquetía werden 27,50 BsF Flughafensteuer fällig.

FLUGHAFENSTEUER

Die internationale Flughafensteuer beträgt 64 US$. Sie kann in US-Dollar oder Bolívares, jedoch nicht per Kreditkarte bezahlt werden – am Flughafen gibt's Geldautomaten.

Das halbe Dutzend größerer kommerzieller Fluglinien in Venezuela bedient alle wichtigen Routen. Daneben gibt's mehrere regionale Anbieter, die sowohl kurze als auch längere Strecken fliegen. Neben Linien- sind auch Charterflüge verfügbar.

Nach Canaima und Los Roques bringt einen eine eigene Flotte aus Cessnas und anderen Kleinflugzeugen, die jeweils zu kleineren Fluglinien gehören. Am besten bucht man diese Flüge über eine Vermittlungsagentur.

Hier eine Auswahl von nationalen Fluglinien, die Caracas anfliegen:

Aeropostal (Karte S. 1035; ☎ 0800-284-6637, 0212-708-6220; www.aeropostal.com; Torre Polar Oeste, Av Paseo Colón, EG, Plaza Venezuela) Wurde kürzlich verstaatlicht; fliegt nach Barquisimeto, Maracaibo, Porlamar, Puerto Ordaz und Valencia.

Aereotuy (LTA; Karte S. 1035; ☎ 0212-212-3110, 0295-415-5778; www.tuy.com; Edificio Sabana Grande, Blvd de Sabana Grande, 4. Stock) Bietet Flüge zu den Touristenhochburgen Canaima, Los Roques und Porlamar an.

Aserca (Karte S. 1038 f.; ☎ 0800-648-8356, 0212-905-5333; www.asercaairlines.com; Edificio Taeca, Calle Guaicaipuro, EG, El Rosal) Hier sind Jets im Einsatz, die mehrere größere Flughäfen anfliegen, darunter Barcelona, Maracaibo und Porlamar.

Avior (Karte S. 1038 f.; ☎ 0501-284-67737, 0212-953-3221; www.avior.com.ve; Torre Clement, Av Venezuela, EG, El Rosal) Bedient u. a. Barcelona, Barinas, Barquisimeto, Coro, Cumaná, Maturín, Porlamar, Puerto Ordaz und Valera.

Conviasa (☎ 0500-266-8427; www.conviasa.aero; Maiquetía Airport) Staatliche Fluglinie, die u. a. Barinas, El Vigía, Maracaibo, Maturín und Puerto Ayacucho, Puerto Ordaz anfliegt.

Laser (☎ 0212-202-0011; www.laser.com.ve; Flughafen Maiquetía) Flüge zwischen Caracas und Porlamar.

Rutaca (www.rutaca.com.ve) Maiquetía Airport ☎ 0800-788-2221, 0212-355-1838); Caracas (Karte S. 1038 f.; ☎ 0414-624-5800; Centro Seguros La Paz, Av Francisco de Miranda) Hier sind sowohl alte Cessnas als auch neuere Jets im Einsatz. Bedient werden die Routen

nach Canaima, Ciudad Bolívar, Porlamar, Puerto Ordaz, San Antonio del Táchira und Santa Elena de Uairén.
Santa Bárbara (Karte S. 1038 f.; ☎ 0212-204-4000; www.sbairlines.com; Miranda level, Centro Lido, Av Francisco de Miranda) Nach El Vigía, Las Piedras und Valencia.
Venezolana (Karte S. 1038 f.; ☎ 0212-208-8400; www.ravsa.com.ve; Centro Comercial Centro Plaza, Mezzanina, Altamira) Flüge nach Cumaná, El Vigía, Porlamar, Maracaibo und Maturín.

Schiff/Fähre

In Venezuela gibt's eine Reihe von Inseln, doch nur die Isla de Margarita wird regelmäßig von Booten und Fähren angefahren; s. Puerto La Cruz (S. 1065), Cumaná (S. 1068) und Isla de Margarita (S. 1071).

Der Orinoco stellt den größten Wasserweg des Landes dar. Der Fluss ist von seiner Mündung bis nach Puerto Ayacucho befahrbar; es gibt einen eingeschränkten Passagierservice (S. 1091).

Nahverkehr
BUS & METRO

Alle Metropolen und viele größere Städte haben eigene Nahverkehrssysteme, meistens bestehend aus Klein- oder Kleinbussen (je nach Region *busetas*, *carros*, *carritos*, *micros* oder *camionetas* genannt). Der Fahrtpreis beträgt normalerweise höchstens 2 BsF. In größeren Städten kämpfen sich *por puestos* meistens schneller durch die verstopften Straßen als herkömmliche Busse. Caracas hat ein flächendeckendes Metrosystem, in Valencia und Maracaibo ist das Angebot weniger ausgebaut.

TAXI

Die relativ preiswerten Taxis sind immer eine gute Wahl. Dies gilt vor allem für Fahrten zwischen Busbahnhof und Stadtzentrum, wenn man sein gesamtes Gepäck dabei hat. Die Fahrzeuge haben keine Taxameter; daher muss der Preis vor dem Einsteigen mit dem Fahrer ausgehandelt werden. Gewiefte Traveller erkundigen sich im Voraus bei unabhängigen Quellen (z. B. beim Personal der Busbahnhöfe oder Hotelrezeptionen) nach den gängigen Sätzen.

CARACAS

☎ 0212 / 6 Mio. Ew.

Die ausufernde, unter dem dichten Verkehr stöhnende Metropole Caracas ist nicht gerade ein Kandidat für Liebe auf den ersten Blick. Die politische und kulturelle Hauptstadt von Venezuela ist überbevölkert und hektisch und hat unter einer ordentlichen Dosis an Kriminalität und Luftverschmutzung zu leiden. Nur wenige Gegenden sind für Fußgänger geeignet, und billige akzeptable Unterkünfte sucht man hier meist vergeblich.

Nichtsdestotrotz gibt's keinen Grund, paranoid zu werden und sich im Hotelzimmer zu verbarrikadieren. Die auf einer Höhe von 900 m liegende Stadt wird von grünen Gipfeln eingerahmt und hat daher eine spektakuläre Kulisse sowie unschlagbares Wetter zu bieten. Nebelschwaden ziehen von dicht bewachsenen Bergen auf und sorgen das ganze Jahr über für ein angenehmes Klima – und zirpende *sapitos* (kleine Frösche) liefern in den Abendstunden eine charmante musikalische Untermalung.

Das pulsierende Nachtleben, die exzellenten Restaurants und die hübschen, zentral gelegenen Plätze sind dank des effizienten, günstigen Metrosystems und einer Legion relativ preiswerter Taxis problemlos zu erreichen. Für Anhänger von Simón Bolívar, dem Freiheitskämpfer Südamerikas, gibt's jede Menge Anlaufstellen, und auch Modefans kommen auf ihre Kosten.

Caracas steht bei den meisten Travellern zwar nicht ganz oben auf der Liste, aber ein Besuch hier lohnt sich definitiv.

ORIENTIERUNG

Caracas befindet sich in einem 20 km langen, an der Küste gelegenen Tal. Im Norden wird die Stadt vom Parque Nacional El Ávila begrenzt, im Süden von einer Mischung aus modernen Vororten und zahllosen, die steilen Berge bedeckenden *barrios* (eine Art Ghettoviertel). Die Innenstadt erstreckt sich über etwa 8 km von West nach Ost, vom Viertel El Silencio bis nach Chacao. Rund um den Parque Central ganz im Osten des historischen Stadtkerns gibt's jede Menge Museen, Theater und Kinos. Hier oder im geschäftigen Viertel Sabana Grande findet man die meisten Unterkünfte und günstigen Restaurants. Im Süden und Osten in Altamira, El Rosal und Las Mercedes wiederum gibt's schickere Restaurants und Hotels, außerdem spielt sich hier ein großer Teil des Nachtlebens ab.

Etwas kurios ist das Adresssystem der Innenstadt: Nicht die Straßen sind mit Namen versehen, sondern die *esquinas* (Straßenecken), und Adressen werden „von Ecke zu Ecke" angegeben. Wenn die Adresse z. B. „Piñango a Conde" lautet, befindet sich der Zielort entsprechend zwischen diesen beiden Straßenecken. Liegt das Ziel direkt an der Straßenecke, wird wiederum nur diese genannt (z. B. Esq Conde).

PRAKTISCHE INFORMATIONEN

Auf der Website **Caracas Virtual** (www.caracasvirtual.com) findet man jede Menge Infos zu Sehenswürdigkeiten, Geschichtlichem, Dienstleistungen und Traditionen.

Buchläden

American Book Shop (Karte S. 1038 f.; ☎ 285-8779; Nivel Jardín, Centro Comercial Centro Plaza, Los Palos Grandes) Anständige Auswahl von englischsprachiger Literatur, gebrauchten Büchern und Reiseführern.
Tecni-Ciencia Libros (www.tecniciencia.com) Centro Ciudad Comercial Tamanaco (Karte S. 1038 f.; ☎ 959-5547); Centro Sambil (Karte S. 1038 f.; ☎ 264-1765); Centro Comercial San Ignacio (Karte S. 1038 f.; ☎ 264-4426) Buchladenkette mit einer verlässlichen Auswahl von englisch- und spanischsprachiger Literatur, darunter auch einige Lonely Planet Bände.

Einreisestelle

Onidex (Oficina Nacional de Identificación y Extranjería; Karte S. 1030 f.; ☎ 483-2070, 483-3581; www.onidex.gov.ve; Av Baralt, Plaza Miranda, El Silencio; Mo, Di, Do & Fr 8–12 & 13–16.30 Uhr) Hier können Visa und Touristenkarten für bis zu drei Monate verlängert werden (275 BsF). Erforderlich sind dafür der Reisepass, zwei Passfotos, ein Schreiben, in dem der Grund für die Verlängerung dargelegt wird, sowie ein ausgefülltes Formular (dieses findet man auf der Website unter *Extranjería, Prórroga de Visa*).

Geld

In der Stadt gibt's internationale Banken und Geldautomaten en masse. Die meisten Banken leisten auch Vorauszahlungen auf Visa und MasterCard. Nachts sollte man vorsichtig sein, wenn man Geldautomaten an der Straße benutzt. Hier einige zentral gelegene Filialen:
Banco de Venezuela Zentrum (Karte S. 1030 f.; Av Universidad); Sabana Grande (Karte S. 1035; Av Francisco Solano)
Banco Mercantil Zentrum (Karte S. 1030 f.; Av Universidad); Sabana Grande (Karte S. 1035; Av Las Acacias)
Banesco Altamira (Karte S. 1038 f.; Av Altamira Sur); Zentrum (Karte S. 1030 f.; Av Fuerzas Armadas); Zentrum (Karte S. 1030 f.; Av Universidad); Zentrum (Karte S. 1030 f.; Esq El Conde a Esq Carmelitas); Las Mercedes (Karte S. 1038 f.; Monterrey); Sabana Grande (Karte S. 1035; Blvd de Sabana Grande)

In den *casas de cambio* (Wechselstuben) kann man ausländische Währungen zum offiziellen Kurs tauschen.
Amex (☎ 800-100-3555) Bietet Hilfe bei der Rückerstattung von Reiseschecks.
Grupo Zoom (☎ 800-767-9666; www.grupozoom.com) Wer auf schnellem Wege Geld verschicken möchte, macht sich auf den Weg zu einem der etwa 75 Büros von Western Union.
Italcambio (☎ 565-0219; www.italcambio.com; Mo–Fr 8–17, Sa 8.30–12 Uhr) Altamira (Karte S. 1038 f.; Av Ávila); Zentrum (Karte S. 1030 f.; Av Urdaneta); Las Mercedes (Karte S. 1038 f.; California); Maiquetía Airport (Internationales & Inlandsterminal); Sabana Grande (Karte S. 1035; Centro Comercial El Recreo, Av Casanova).

Internetzugang

In Caracas gibt's zahllose Internetcafés, die pro Stunde zwischen 2 und 3 BsF verlangen. In den modernen Einkaufszentren findet man meist Cybercafés mit den schnellsten Verbindungen und der modernsten Ausstattung; s. auch S. 1032.

Ein paar Optionen:
CompuMall (Karte S. 1038 f.; Edificio Santa Ana, Av Orinoco, Las Mercedes; Mo–Sa 9–21, So 11–20 Uhr)
Cori@Red (Karte S. 1038 f.; Av Francisco de Miranda; Mo–Fr 8–22, Sa & So 11–20 Uhr) Die Computer sind im Obergeschoss (schöne Aussicht), die Telefone unten.
Cyber Inter Mundo (Karte S. 1030 f.; Nivel Lecuna, Torre Oeste, Parque Central; Mo–Fr 9–18 Uhr)
Infocentro (www.infocentro.gob.ve; Di–Sa 9–16 od. 17 Uhr) Biblioteca Metropolitana Simón Rodriguez (Karte S. 1030 f.; Esq El Conde); Galería de Arte Nacional (Karte S. 1030 f.; Plaza Morelos, Los Caobos) Das von der Regierung geführte Projekt will Internetzugang für jedermann ermöglichen: In zahlreichen Bibliotheken, Schulen und anderen Einrichtungen kann man 30 Minuten lang umsonst surfen. Auf der Website findet man eine Liste aller Standorte.

Medizinische Versorgung

Bei kleineren Wehwehchen schafft eine *farmacia* (Apotheke) Abhilfe – in der Nähe hat immer irgendeine geöffnet, man erkennt sie leicht an einem beleuchteten Schild mit der Aufschrift „Turno". Farmatodo und Farm-Ahorro gehören zu zuverlässigen *farmacia*-Ketten und haben überall in der Stadt Filialen. Folgende renommierte Krankenhäuser können bei ernsteren Problemen helfen:
Clínica El Ávila (Karte S. 1038 f.; ☎ 276-1111; Ecke Av San Juan Bosco & 6a Transversal, Altamira)
Hospital de Clínicas Caracas (Karte S. 1030 f.; ☎ 508-6111; Ecke Av Panteón & Av Alameda, San Bernardino)

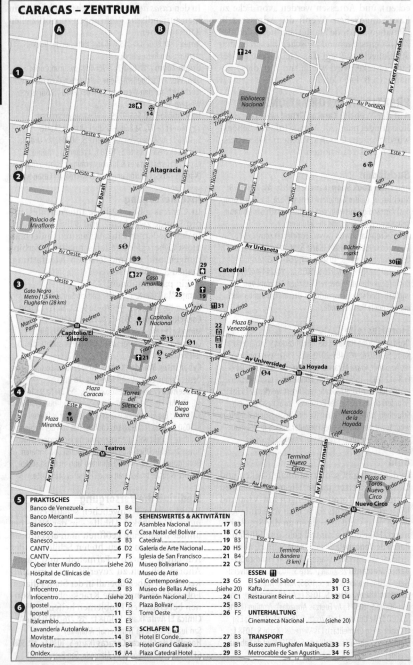

www.lonelyplanet.de CARACAS **1031**

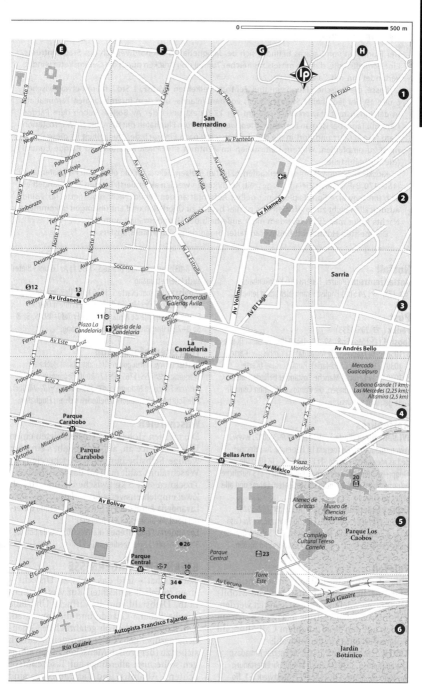

DER WEG INS ZENTRUM

Der Flughafen von Caracas befindet sich bei Maiquetía, 26 km nordwestlich des Stadtzentrums. Eine Schnellstraße, die sich mittels zahlreicher Tunnel und Brücken durch die Gebirgskette windet, verbindet ihn mit Caracas.

Busse, die zwischen Flughafen und Zentrum verkehren (15 BsF, 1 Std.), fahren etwa zwischen 6 und 19 Uhr jede halbe Stunde jeweils vor dem Inlands- und dem internationalen Terminal ab. In der Innenstadt starten die Busse am Sur 17 (direkt unter der Av Bolívar neben dem Parque Central). Tagsüber ist man am schnellsten, wenn man vom Flughafen mit dem Bus zur Metrostation Gato Negro fährt und dort in die U-Bahn umsteigt; nach Einbruch der Dunkelheit ist diese Route nicht zu empfehlen. Weitere Haltestellen im Zentrum sind Plaza Miranda und Parque Central (die Endhaltestelle).

Kioske an beiden Terminals verkaufen zu festen Preisen Tickets für die offiziellen Flughafentaxis (150–170 BsF, je nach Ziel und Tageszeit; Kreditkarten werden akzeptiert). Bei den Taxis handelt es sich um schwarze Ford Explorer mit gelber Aufschrift an den Seiten. Nicht registrierte Taxis sind ausdrücklich nicht zu empfehlen – es ist hier bereits zu Überfällen und Entführungen gekommen. Nachts sollte man sich außerdem nicht außerhalb der Hauptterminals aufhalten.

Die meisten Hotels und Reiseveranstalter organisieren Flughafentransfers.

Notfall

Notfallzentrum (Polizei, Feuerwehr, Krankenhaus ☎ 171; ⓥ 24 Std.) Englisch kann hier kaum jemand.

Post

FedEx (☎ 205-3333)
Ipostel (ⓥ Mo–Fr 8–12, 13–16.30 Uhr) Altamira (Karte S. 1038 f.; Av Francisco de Miranda); La Candelaria (Karte S. 1030 f.; Plaza La Candelaria); Parque Central (Karte S. 1030 f.; Av Lecuna) Manche Postämter befinden sich in staatlichen Einrichtungen, die Puntos de Gestión Centralizada genannt werden.

Reisebüros

IVI Venezuela (Karte S. 1038 f.; ☎ 993-6082; www.ivivenezuela.com; Residencia La Hacienda, Av Principal de Las Mercedes; ⓥ Mo–Fr 8–12 & 14–18 Uhr) Die Flugpreise hier sind akzeptabel. Außerdem gibt's nützliche Informationen für ausländische Studenten, Lehrer und alle unter 26 Jahren.

Osprey Expeditions (Karte S. 1035; ☎ 762-5975; www.ospreyvenezuela.com; Edificio La Paz, Ecke Av Casanova & 2da Av de Bello Monte, Oficina 51, Sabana Grande) Hilfreiche Reisetipps; organisiert Transfers und Touren.

Telefon

Inlandsgespräche können an öffentlichen Telefonzellen oder an Ständen, die Mobiltelefone vermieten (S. 1098), getätigt werden. Für internationale Anrufe macht man sich am besten auf den Weg zu einem Call-Shop; im Folgenden eine kleine Auswahl:

CANTV Zentrum (Karte S. 1030 f.; Av Fuerzas Armadas); Chacao (Karte S. 1038 f.; Centro Sambil, Av Libertador); Las Mercedes (Karte S. 1038 f.; CCCT, Stockwerk C-1, No 47-B-03); Parque Central (Karte S. 1030 f.; Av Lecuna) Bietet auch Internetzugang.

Movistar Zentrum (Karte S. 1030 f.; Av Universidad, Esq San Francisco; ⓥ Mo–Sa 8–20 Uhr); Zentrum (Karte S. 1030 f.; Esq Caja de Agua; ⓥ Mo–Fr 7.30–19.45, Sa & So 8–7.30 Uhr) Bietet auch Internetzugang.

Touristeninformation

Inatur (www.inatur.gov.ve) Inlandsterminal Flughafen Maiquetía (☎ 355-1765; ⓥ 7–20 Uhr); Internationales Terminal Flughafen Maiquetía (☎ 355-1442; ⓥ 7–24 Uhr) Alle Touristeninformationen befinden sich am Flughafen.

Wäschereien

Die meisten Hotels und Hostels bieten einen Wäscheservice an, außerdem gibt's ein paar wenige Selbstbedienungs-Wäschereien. In Waschsalons zahlt man für das Waschen und Trocknen von 5 kg zwischen 8 und 10 BsF. Zwei empfehlenswerte *lavanderías*:

Lavandería Autolanka (Karte S. 1030 f.; Centro Comercial Doral, Av Urdaneta, La Candelaria)
Lavandería Chapultepek (Karte S. 1035; Calle Bolivia, Sabana Grande) Selbstbedienung.

GEFAHREN & ÄRGERNISSE

Caracas hat – und das nicht zu Unrecht – einen ziemlich schlechten Ruf was Straßenraub, Diebstahl und bewaffnete Überfälle angeht. Sabana Grande und die Innenstadt gelten diesbezüglich als gefährlichste Gegenden, tagsüber geht's hier aber meist ziemlich sicher zu (bei großen Menschenansammlungen sollte man allerdings auf Taschendiebe achten). Altamira und Las Mercedes sind rund um die Uhr um einiges sicherer. Reisende sollten sich generell nur auf gut beleuchteten Straßen aufhalten und nach Einbruch der Dunkelheit Taxis benutzen. Auch empfiehlt es sich, stets ein Auge auf seine Umgebung haben, ohne dabei allerdings Panikattacken zu bekommen.

Eine Gefahr, die fast noch größer ist als die Kriminalität, stellt der Verkehr in Caracas dar, vor allem für Fußgänger. Autos und noch häufiger Motorräder ignorieren ganz selbstverständlich Verkehrssignale und sind oft mit einer beträchtlichen Geschwindigkeit unterwegs, um ihre Dominanz gegenüber allen ohne fahrbaren Untersatz zu zeigen. Beim Überqueren von Straßen sollte man darum niemals davon ausgehen, dass die Verkehrsteilnehmer für einen anhalten; am besten achtet man auf die anderen Fußgänger.

Am Flughafen von Caracas, insbesondere in der Ankunftshalle für internationale Flüge, gibt's jede Menge offiziell erscheinende, jedoch mehr als fragwürdige Gestalten, die Transportservice oder das Wechseln von Geld anbieten. Es gibt hier zwar Touristeninformationen, doch garantiert keiner deren Mitarbeiter auf dem Flughafen herumlaufen, um Travellern Hilfe anzubieten. In der Vergangenheit wurden Reisende, die inoffizielle Verkehrsmittel vom Flughafen aus benutzt haben, ausgeraubt oder „express-entführt" (dabei wird das Opfer festgehalten und gezwungen, an einem Geldautomaten Bares abzuheben). Wer den Transfer ab dem Flughafen nicht im Voraus organisiert hat, sollte ausschließlich die offiziellen Flughafentaxis (schwarze Ford Explorer mit gelben Aufschriften an den Türen) oder tagsüber den Flughafenbus benutzen. Weitere Infos gibt's im Kasten S. 1032.

Am Flughafen (und an anderen Orten) kann man auf dem Schwarzmarkt Geld wechseln. Wer nicht über die Kurse informiert ist und nicht weiß, wie die Währung aussieht, wird gerne über den Tisch gezogen. Auf S. 1095 finden sich weitere Infos.

SEHENSWERTES
Caracas Zentrum
ZENTRUM & UMGEBUNG
Das historische Viertel ist das Herz des ursprünglichen Caracas. Ein paar Überreste der kolonialen Vergangenheit sind noch zu entdecken, ansonsten dominieren neuere Bauten und jede Menge architektonisch ziemlich fragwürdiger Gebäude. Die Gegend ist belebt und wegen ihrer historischen Bauten – insbesondere derjenigen, die mit Simón Bolívar in Zusammenhang stehen – einen Besuch wert. Im historischen Viertel werden Adressen mithilfe von *esquinas* (Straßenecken), nicht mit Straßennamen angegeben.

Wie in allen größeren Städten in Venezuela ist auch hier der zentrale Platz dem Freiheitskämpfer gewidmet. Die Reiterstatue auf der **Plaza Bolívar** (Karte S. 1030 f.) wurde in Europa gegossen, ihre Einweihung 1874 fand mit Verspätung statt, da das Transportschiff vor dem Archipiélago Los Roques gesunken war. Auf dem Platz kann man unter Jacarandas und afrikanischen Tulpenbäumen entspannen, Politikern beim Redenschwingen zuhören oder an den Straßenständen religiösen Krimskrams, Chávez-Devotionalien oder Souvenirs erwerben.

Den östlichen Teil des Platzes dominiert die **Catedral** (Karte S. 1030 f.; ☎ 862-4963; ⏱ 7–11 & 16–18 Uhr). Nachdem sie durch ein Erdbeben zerstört worden war, hat man sie von 1665 bis 1713 wieder aufgebaut. Sie beherbergt eine Kapelle, in die die Frau und die Eltern Bolívars begraben liegen; die Kapelle befindet sich auf halber Höhe im rechten Kirchenschiff und wird von der Skulptur des trauernden Freiheitskämpfers geschmückt.

Der gesamte Block südwestlich der Plaza stellt die **Asamblea Nacional** (Karte S. 1030 f.; ☎ 409-7185; ⏱ Sa & So 9.30–12.30 & 13.30–17 Uhr, Di–Fr nach Vereinbarung) dar. Der Sitz des Kongresses wird auch Capitolio Nacional (Nationales Kapitol) genannt und wurde in den 1870er-Jahren erbaut. Im Zentrum des nördlichen Gebäudes befindet sich der bekannte **Salón Elíptico**, eine ovale Halle mit einer außergewöhnlichen, kuppelförmigen Decke; diese ziert eine Wandmalerei, die die Schlacht von Carabobo darstellt. Läuft man unter ihr hindurch, scheint die Szene fast lebendig zu werden.

Das rekonstruierte Innere der **Casa Natal de Bolívar** (Karte S. 1030 f.; Bolívars Geburtshaus; ☎ 541-2563; San Jacinto a Traposos; ⏱ Di–Fr 9–16, Sa & So 10–16 Uhr) ist schön gestaltet, allerdings fehlen die Originalverzierungen. 1842, zwölf Jahre nach Bolívars Tod, wurde in der zwei Blocks entfernt liegenden **Iglesia de San Francisco** (Karte S. 1030 f.; ☎ 482-2442; Esq San Francisco; ⏱ 7–12 & 15–18 Uhr) unter großem öffentlichem Interesse sein Begräbnis abgehalten – man hatte extra dafür seine sterblichen Überreste aus Santa Marta, Kolumbien, hierher bringen lassen.

Wer noch mehr Bolívar-Stätten besuchen möchte, macht sich auf den Weg zum **Museo Bolivariano** (Karte S. 1030 f.; ☎ 545-9828; San Jacinto a Traposos; Di-Fr 9-16, Sa & So 10-16 Uhr), einen kurzen Fußmarsch nördlich der Casa Natal de Bolívar gelegen. Das Museum im Kolonialstil wartet mit allerlei Interessantem zu dem Nationalhelden auf, von Briefen und Schwertern bis zu einem Rasierset und Medaillen. Außerdem ist der Sarg ausgestellt, in dem seine sterblichen Überreste von Kolumbien nach Venezuela gebracht wurden, sowie die *arca cineraria* (Aschenkiste), in der seine Asche zum Panteón Nacional transportiert wurde.

Wer das alles hinter sich gebracht hat, sollte sich als krönenden Abschluss den Bronze-Sarkophag von Bolívar im **Panteón Nacional** (Karte S. 1030 f.; ☎ 862-1518; Av Norte; Di-So 9-12 & 13.30-16.30 Uhr) nicht entgehen lassen. Unter den weißen Grabsteinen liegen hier 140 weitere wichtige Persönlichkeiten Venezuelas begraben (übrigens sind nur drei davon Frauen).

PARQUE CENTRAL & UMGEBUNG

Der Parque Central ist keineswegs ein Park, sondern eine Ansammlung hoher Betongebäude. Hier schlägt das Herz der Kunst- und Kulturszene von Caracas: Es gibt ein halbes Dutzend Museen, das wichtigste Kunstzentrum der Stadt, zwei Kulturkinos und eines der besten Theater vor Ort. Ein neues Seilbahnsystem mit dem Namen **Metrocable de San Agustín** (Karte S. 1030 f.; Av Lecuna), das Anfang 2010 eröffnet wurde, verbindet die ärmeren, auf den Bergen liegenden *barrios* mit dem Parque Central.

Ganz im Osten des Parque Central gelegen stellt das **Museo de Arte Contemporáneo** (Karte S. 1030 f.; ☎ 573-8289; 9-16 Uhr) das mit Abstand beste Kunstmuseum des Landes dar. Hier sind die bekanntesten Werke der renommiertesten zeitgenössischen venezolanischen Künstler ausgestellt, nebst einiger bemerkenswerter Gemälde von internationalen Größen wie Picasso, Matisse und Monet.

Der unter freiem Himmel liegende Aussichtspunkt des **Torre Oeste** (Karte S. 1030 f.; 8-16 Uhr) befindet sich weit oben im 49. Stock und bietet einen beeindruckenden Panoramablick auf die Stadt. Wer diesen genießen möchte, muss sich bei der Sicherheitsabteilung des Gebäudes im Stockwerk Sótano Uno registrieren lassen (Reisepass erforderlich).

Die **Galería de Arte Nacional** (Karte S. 1030 f.; ☎ 578-1818; Plaza de Los Museos, Parque Los Caobos; Mo-Fr 9-17, Sa & So 10-17 Uhr) präsentiert eine umfassende Sammlung von Kunstwerken aus fünf Jahrhunderten venezolanischer Kunst, von der präh ispanischen Periode bis zur Gegenwart. Zudem ist in der Galerie das führende Kunstkino der Stadt untergebracht.

An die Galerie angeschlossen ist das **Museo de Bellas Artes** (Karte S. 1030 f.; ☎ 578-1819; Parque Los Caobos; Mo-Fr 9-17, Sa & So 10-17 Uhr). Hier sind Ausstellungen von größtenteils zeitgenössischer Kunst zu sehen, und ein exzellentes Geschäft verkauft Gegenwartskunst und -kunsthandwerk. Unbedingt den Skulpturengarten besuchen!

Sabana Grande & Umgebung

Sabana Grande, 2 km östlich des Parque Central, ist eine umtriebige Gegend voller Hotels, Stundenhotels, Restaurants und Geschäften. Massen von Einheimischen bevölkern die belebten Marktstraße **Boulevard de Sabana Grande** (Karte S. 1035), die sich zwischen der Plaza Venezuela und der Plaza Chacaíto erstreckt.

Las Mercedes & Altamira

Östlich von Sabana Grande liegen die schickeren Stadtviertel der Hauptstadt, z. B. **La Castellana**, **Las Mercedes** und **Altamira** (Karte S. 1038 f.). Je weiter es Richtung Osten geht, desto ärmlicher werden die Wohngegenden, bis man sich schließlich in einigen der schäbigsten *barrios* der Stadt wiederfindet.

El Hatillo

El Hatillo war einst ein eigenständiger Ort, wurde jedoch mittlerweile von Caracas geschluckt. Die 15 km südöstlich der Innenstadt gelegene Gegend mit ihren schmalen Straßen und der von farbenprächtigen Kolonialbauten gesäumten Plaza, wo sich Restaurants, Kunstgalerien und Kunsthandwerksläden finden, ist ein beliebtes Ausflugsziel bei den Bewohnern des dichter besiedelten Stadtkerns. An den Wochenenden quillt das Viertel vor Besuchern fast über. Nachmittags und am frühen Abend herrscht hier eine entspannte Atmosphäre, Cafés und Restaurants laden dazu ein, sich entspannt zurückzulehnen und dem Konzert der Grillen und *sapitos* zu lauschen.

Unter der Woche bringt einen der Metrobus 202 (0,70 BsF) regelmäßig morgens bis 10 Uhr und nachmittags ab 16 Uhr hierher; los geht's in der Nähe der Metrostation Altamira (Karte S. 1038 f.).

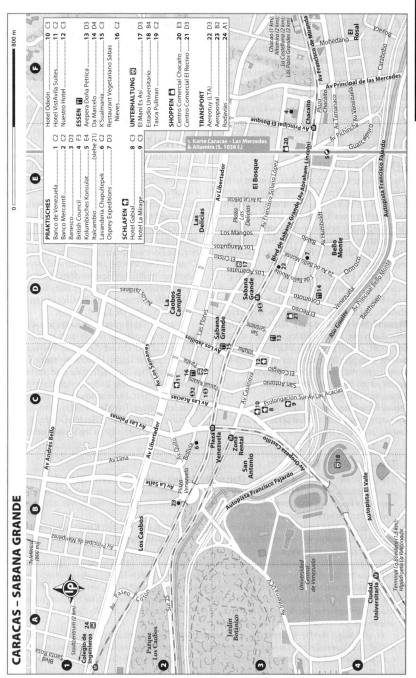

AKTIVITÄTEN

Shoppen, Ausgehen und Essen – das sind die drei wichtigsten Freizeitbeschäftigungen in Caracas. Zum **Wandern** eignet sich in der Gegend am besten der Parque Nacional El Ávila. Verschiedene Einrichtungen wie das **Centro Excursionista Universitario** (www.ucv.ve/ceu.htm) und das **Centro Excursionista Caracas** (www.centroexcursionistacaracas.org.ve) organisieren Ausflüge wie Wanderungen und Klettertouren vor Ort und in die Region.

GEFÜHRTE TOUREN

Die Anbieter in Caracas haben Touren in fast alle Regionen Venezuelas im Angebot, doch meistens ist es billiger, wenn man direkt bei Veranstaltern vor Ort bucht. Die Anbieter in der Hauptstadt helfen auch beim Koordinieren mehrerer Exkursionen, buchen Flüge und kümmern sich in der Hochsaison um Reservierungen.

Folgende Veranstalter haben sich auf nachhaltigen Tourismus spezialisiert und beschäftigen Führer, die zum Teil Deutsch oder Französisch, auf jeden Fall aber Englisch sprechen:

Akanan Travel & Tours (Karte S. 1038 f.; ☎ 264-2769; www.akanan.com; Av Bolívar, Edificio Grano de Oro, Planta Baja, Local C, Chacao) Dieser große Veranstalter hat zwar nicht die günstigsten Preise, dafür aber die verlässlichsten Touren. Im Angebot sind z. B. Wanderungen auf den Auyantepui und den Roraima oder Fahrradtouren von La Paragua nach Canaima.

Osprey Expeditions (Karte S. 1035; ☎ 762-5975; www.ospreyvenezuela.com; Edificio La Paz, Ecke Av Casanova & 2da Av Bello Monte, Oficina 51, Sabana Grande) Sehr freundlicher, von Venezolanern geleiteter Veranstalter, der Ausflüge in fast alle Regionen des Landes anbietet. Schwerpunkte liegen auf Canaima, dem Orinocodelta, Caracas und den umliegenden Gebieten.

Sociedad Conservacionista Audubón de Venezuela (SCAV; Karte S. 1038 f.; ☎ 272-8708; www.audubonvenezuela.org; Edificio Sociedad Venezolana de Ciencias Naturales, Arichuna, Urb El Marques) Organisiert Vogelbeobachtungstouren.

FESTIVALS & EVENTS

Zu Weihnachten, Karneval und Ostern ist ganz Caracas kräftig am Feiern. Dann haben alle Behörden geschlossen, ebenso die meisten Geschäfte, die Busse zwischen den Städten sind extrem voll, und Flüge eventuell vollständig ausgebucht.

Auch während der Semana Santa (Heilige Woche vor Ostern) geht's in Caracas hoch her, die Feierlichkeiten konzentrieren sich auf Chacao. Die Viertel am Stadtrand begehen Feiertage traditionell leidenschaftlicher als die im Zentrum. Das ganze Jahr über finden in El Hatillo diverse lokale Festlichkeiten statt (z. B. am 3. Mai, 16. Juli, 4. Sept.).

In erster Linie macht Caracas jedoch mit Kulturveranstaltungen von sich reden. Das absolute Highlight ist dabei das Festival Internacional de Teatro (Internationales Theaterfestival), bei dem nationale und ausländische Ensembles die Bühnen der Hauptstadt bevölkern. Seit 1976 steigt es in Jahren mit geraden Zahlen jeweils im März bzw. April.

Infos zum Festival „Diablos Danzantes" in Francisco de Yare stehen im Kasten unten; es

---

TANZ MIT DEM TEUFEL

Beim Fest der **Diablos Danzantes (Tanzende Teufel)** wirbeln Hunderte Tänzer in roten Teufelskostümen und mit diabolischen Masken durch die Straßen. Das wilde Spektakel findet in Venezuela einen Tag vor Fronleichnam (60 Tage nach Ostern, ein Donnerstag im Mai oder Juni) und an dem Feiertag selbst statt.

Wie passen nun Teufel in solch ein katholisches Land? Das Fest soll den Kampf zwischen Gut und Böse symbolisieren; am Ende ergeben sich die verkleideten Teufel, was demonstriert, dass das Gute zuletzt immer siegt.

Das Fest vermischt spanische und afrikanische Traditionen. Sein Ursprung liegt in Spanien, wo im mittelalterlichen Andalusien Abbildungen und Masken von Teufeln Elemente der Fronleichnam-Festlichkeiten waren. Als diese im kolonialen Venezuela Einzug erhielten, vermischten sie sich mit den Gebräuchen afrikanischer Sklaven, die selbst traditionelle Maskenfeste feierten; zudem wurden afrikanische Musik und Tänze integriert. Am bekanntesten sind die Teufelstänze und -masken in San Francisco de Yare und Chuao.

Es gibt keine direkte Verbindung von Caracas nach San Francisco de Yare. Am regionalen Busbahnhof Nuevo Circo in Caracas' Zentrum nimmt man einen der regelmäßig verkehrenden Busse nach Ocumare del Tuy oder Santa Teresa de Tuy und steigt dort nach San Francisco de Yare um.

kann im Rahmen eines Tagesausflugs von Caracas aus besucht werden.

SCHLAFEN

Für Reisende mit kleinem Budget hat Caracas in Sachen Unterkunft wenig zu bieten. Günstige Zimmer findet man nur in „Liebesmotels", und diese liegen meist in Gegenden, die nach Einbruch der Dunkelheit als gefährlich gelten. Man sollte also in Betracht ziehen, in einer Mittelklasseunterkunft in einem sichereren Viertel Quartier zu beziehen, z. B. in Altamira, wo man nachts herumlaufen kann und außerdem sauberere Luft atmet. **CouchSurfing** (www.couchsurfing.org) und ähnliche Projekte eröffnen günstige Übernachtungsoptionen, die obendrein den Kontakt zu Einheimischen mit sich bringen.

Caracas Zentrum

Im Zentrum von Caracas gibt's nur wenige preiswerte Unterkünfte. Tagsüber ist die Gegend zwar belebt, doch zwischen 20 und 21 Uhr wird hier alles geschlossen und die Straßen leeren sich – es ist daher nicht zu empfehlen, sich nachts außerhalb seines Hotels aufzuhalten. Die günstigsten zentral gelegenen Unterkünfte befinden sich südlich der Av Lecuna, meist handelt es sich dabei jedoch um schmuddelige Stundehotels.

Hotel Grand Galaxie (Karte S. 1030 f.; ☎ 864-9011; www.hotelgrandgalaxie.com; Esq Caja de Agua; EZ/DZ 120/130 BsF, Suite mit Jacuzzi 180 BsF; 🛜) Vier Blöcke nördlich der Plaza Bolívar liegt dieser moderne, achtstöckige Turm, in dem sich ziemlich einfache Standardzimmer und attraktivere Suiten finden. In der Lobby gibt's WLAN, außerdem ist eine *tasca* (Bar/Restaurant im spanischen Stil) angeschlossen.

Plaza Catedral Hotel (Karte S. 1030 f.; ☎ 564-2111; plazacatedral@cantv.net; Esq La Torre; EZ/DZ/3BZ mit Frühstück 130/170/240 BsF; 🛜) Die Eckzimmer auf der Vorderseite dieses Hotels haben die beste Aussicht zu bieten – Blick auf die Plaza Bolívar und die Kathedrale –, allerdings läuten die Glocken der Kathedrale jede Viertelstunde. Es gibt ein Restaurant auf dem Dach mit toller Aussicht.

Hotel El Conde (Karte S. 1030 f.; ☎ 862-2007; hotelconde@cantv.net; Esq El Conde; EZ/DZ/3BZ 330/390/425 BsF; 🛜 🖥) Das in die Jahre gekommene Hotel einen Block westlich der Plaza Bolívar bringt seine Gäste in über 100 Zimmern unter, deren Vorteile eine exzellente Lage und zur Anlage gehörende Restaurants sowie eine Bar darstellen. Die Preise hier spiegeln das allerdings …

Sabana Grande

In Sabana Grande findet man jede Menge Unterkünfte für den kleineren Geldbeutel, allerdings dienen die meisten davon auch als Stundenhotels. Die betriebsame Gegend gilt tagsüber als sicher, nachts jedoch als gefährlich. Man sollte sich nur auf den Hauptstraßen aufhalten und in einer Gruppe, denn hier werden viele Raubüberfälle verübt.

Nuestro Hotel (Karte S. 1035; ☎ 761-5431; El Colegio, Sabana Grande; EZ/DZ/3BZ/4BZ 60/90/110/130 BsF) Diese schlichte Unterkunft ist eine Art Backpackerhostel. Hier gibt's Zimmer mit Ventilatoren und Fernseher sowie eine Terrasse voller Pflanzen. Eine der wenigen günstigen Optionen, die kein Stundenhotel ist, und eine gute Adresse, um andere Reisende kennenzulernen.

Hotel Gabial (Karte S. 1035; ☎ 793-1620, Fax 781-1453; Prolongación Sur Av Las Acacias; DZ 180–250 BsF; 🛜) Komfortabel schläft es sich in diesen mit Spiegeln überladenen (Stundenhotel!), relativ modernen Zimmern, dank der bequemen Betten und der angenehm leisen Klimaanlagen.

Hotel VistAvila Suites (Karte S. 1035; ☎ 762-3828; www.hotelvistavila.com; Av Libertador; DZ 220–270 BsF; 🛜 🖥) Gerade renoviertes, ruhiges Hotel mit schön gestalteten, sauberen, modernen Zimmern mit hübschen, in satten Farben gestrichenen Wänden.

Weitere günstige Optionen:
Hotel Odeón (Karte S. 1035; ☎ 793-1345; Av Las Acacias, Sabana Grande; DZ/3BZ 100/115 BsF; 🛜) Einfaches von Kolumbianern geführtes Hotel, an einer lauten Kreuzung gelegen. Die nüchternen Zimmer sind auf acht Stockwerke verteilt. Im Erdgeschoss gibt's ein anständiges Café.
Hotel La Mirage (Karte S. 1035; ☎ 793-2733; Prolongación Sur Av Las Acacias, Sabana Grande; DZ 120–130 BsF, 3BZ 140 BsF; 🛜) Unscheinbares, neunstöckiges Hotel mit einfachen, kastenartigen Zimmern.

Altamira

Wirklich günstige Unterkünfte sind hier zwar Mangelware, dafür ist Altamira eine sichere, grüne Gegend, die man auch nachts problemlos zu Fuß erkunden kann. Hier gibt's jede Menge Restaurants und Nachtclubs, eine gute Metro-Anbindung und ein lohnendes Nachtleben, nicht zuletzt wegen der besseren Sicherheitssituation und der netten Atmosphäre auf den Straßen.

Hotel La Floresta (Karte S. 1038 f.; ☎ 263-1955; hotellafloresta@cantv.net; Av Ávila, Altamira Sur; DZ mit Frühstück 275–305 BsF; 🛜 🖥) Im Zuge von Umbauarbeiten werden die Zimmer gerade mit neuen

CARACAS – LAS MERCEDES & ALTAMIRA

PRAKTISCHES
American Book Shop 1	E3
Banesco 2	B5
Banesco 3	D3
Brasilianische Botschaft 4	C3
Kanadische Botschaft 5	D3
CANTV .... (siehe 40)	
CANTV 6	C5
Clinica El Ávila 7	D2
CompuMall 8	C6
Cori@red .... (siehe 11)	
Niederländisches Konsulat 9	D3
Französische Botschaft 10	B5
Deutsches Konsulat .... (siehe 22)	
Ipostel 11	E3
Irisches Konsulat 12	B4
Italcambio 13	A5
Italcambio 14	E3
Italienische Botschaft 15	B4
IVI Venezuela 16	C6
Japanisches Konsulat 17	D3
Spanisches Konsulat 18	C2
Schweizer Botschaft 19	D3
Tecni-Ciencia Libros .... (siehe 6)	
Tecni-Ciencia Libros .... (siehe 40)	
Tecni-Ciencia Libros 20	C3
Botschaft von Trinidad & Tobago 21	D2
Britische Botschaft 22	D2

SEHENSWERTES & AKTIVITÄTEN
Akanan Travel & Tours 23	D3

SCHLAFEN
Hotel Altamira 24	D4
Hotel La Floresta 25	E3

ESSEN
Café Il Botticello 26	D3
Chef Woo 27	E3
Coupa Café 28	E3
La Casa del Llano 29	A5
Miga's 30	E3
Restaurant Gran Horizonte 31	C3

AUSGEHEN
360° Roof Bar 32	E2
Barra Bar 33	C4
El León 34	D3
El Solar del Vino 35	D3
Maroma Roots 36	B5

UNTERHALTUNG
Centro Comercial San Ignacio .... (siehe 20)	
Copa's Dancing Bar 37	A4
La Estancia 38	E3
Trasnocho Cultural .... (siehe 39)	

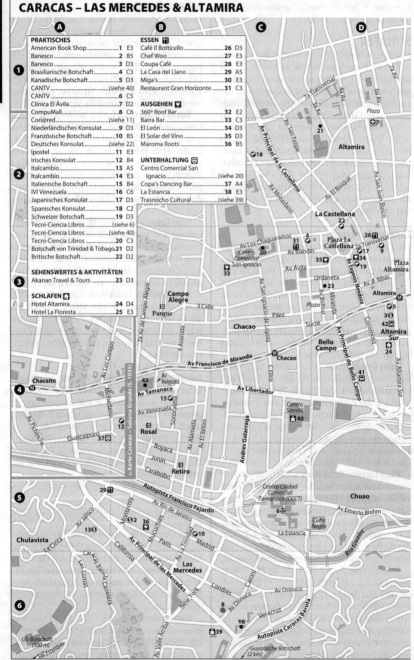

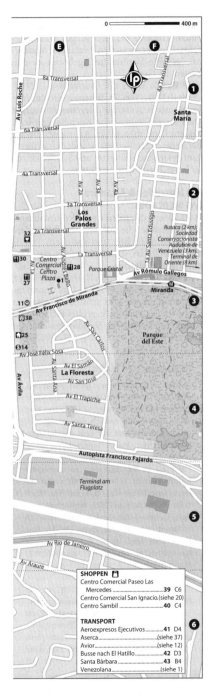

Böden, guten Nachttischlampen und netter gelb-grüner Bettwäsche aufgehübscht. Nach einem der bereits fertig renovierten Zimmer fragen!

Hotel Altamira (Karte S. 1038 f.; ☎ 267-4284, Fax 267-1846; Av José Félix Sosa, Altamira Sur; EZ/DZ 325/335 BsF; ✶) Das an einer ruhigen Straße bei der Plaza gelegene Hotel bietet Zimmer mit Bambusmöbeln, weißen, etwas schäbigen Wänden und Korblampen, die wilde Schatten an die Decke werfen.

Flughafen/Litoral Central

Viele Traveller kennen Caracas lediglich vom Umsteigen am Flughafen und sehen sich die Stadt selbst nicht an – für all diese bieten sich die Übernachtungsmöglichkeiten beim Flughafen an, genau wie für spät ankommende Urlauber, die nach Einbruch der Dunkelheit nicht mehr ins Zentrum fahren wollen. Die Küstenorte Catia La Mar und Macuto liegen in der Nähe von Maiquetía und warten mit mehreren guten und sicheren Unterkünften auf. Alle Hotels organisieren bei Bedarf Flughafentransfers, und man kann in vielen von ihnen zu besseren Kursen als an den Terminals Geld wechseln. Tagsüber ist der Verkehr entlang der Küste zwar oft ziemlich dicht, doch es geht weniger hektisch zu als in der Innenstadt. Offizielle Flughafentaxis nach Catia La Mar kosten zwischen 50 und 55 BsF.

Hotel Plazamar (☎ 339-5242; Plaza de las Palomas, Calle Macuto, Macuto; DZ werktags/am Wochenende 80/100 BsF, 3BZ 120 BsF; ✶) Abseits einer von Tauben bevölkerten Plaza liegt das Plazamar, das einfache Zimmer mit Kabelfernsehen, in die Jahre gekommenen Betten und Wänden mit hübschem marmoriertem Anstrich zu bieten hat. Die entspannte Adresse schmücken Hängepflanzen und eine winzige Terrasse im Obergeschoss, und vom Haus knapp einen Block entfernten Strand weht eine angenehmen Brise herüber. Der Transfer zum Flughafen kostet 60 BsF.

Hostal Tanausu (☎ 352-1704; hoteltanausu1@yahoo.es; Av Atlántida, Catia La Mar; EZ/DZ/3BZ 160/190/390 BsF; ✶ 🖳) Zu den Zimmern mit Fenstern nach innen und etwas klobigen Betten führen skurrile, verschieden gekachelte Korridore. In der *tasca*, die grün bewachsene Säulen zieren, gibt's den ganzen Tag über etwas zu essen.

Il Prezzano (☎ 351-2626; ilprezzano@movistar.net.ve; Av Principal de Playa Grande, Catia La Mar; DZ/3BZ 164/197 BsF; ✶ 🖳) Beliebte, sichere Unterkunft – gegenüber einer Polizeistation gelegen – mit angeschlossenem Restaurant und einer Bäckerei in direkter Nachbarschaft. Die Zimmer sind sauber und geräumig, manche gehen auf den Innenhof hinaus.

Hotel La Parada (☎ 351-2148; hotel_la_parada@hotmail.com; Av Atlántida, Catia La Mar; EZ/3BZ 165/270 BsF, DZ 200–230 BsF; 🅿 💻) Hier finden sich kitschige Naturgemälde an den Wänden der Gänge, und die farbenprächtigen Zimmer bieten hölzerne Kopfenden mit Schnitzereien, hübsche Bettwäsche und Innenfenster; die Betten sind allerdings etwas wenig gepolstert. Der Transfer zum Flughafen kostet pro Person hin und zurück 50 BsF, für zwei Personen 70 BsF.

ESSEN
Caracas Zentrum
Im Zentrum gibt's jede Menge Lokale für den kleinen und mittleren Geldbeutel.

El Salón del Sabor (Karte S. 1030 f.; Edificio Iberia, Av Urdaneta, EG, Esq Animas, La Candelaria; 3-Gänge-Menü 28 BsF; ⏲ Mo–Fr 7–16 Uhr) Beliebtes vegetarisches Lokal, dessen herzhaftes Mittagessen genug Energie für einen langen Stadtspaziergang liefert.

Restaurant Beirut (Karte S. 1030 f.; Salvador de León a Socarrás; 2-Gänge-Menü 29 BsF; ⏲ Mo–Sa 11.30–16.30 Uhr) Unten gibt's Kaffee und Gebäck, oben inmitten von türkisfarbenen Wänden und orangefarbenen Alkoven leckere libanesische Küche.

Kafta (Karte S. 1030 f.; Gradillas a San Jacinto; 3-Gänge-Menü 35 BsF; ⏲ Mo–Fr 12–16 Uhr) Das Kafta serviert über einem geschäftigen Markt exzellente arabische und mediterrane Speisen, z. B. Falafel und Kebab.

Sabana Grande
In Sabana Grande findet man zahlreiche günstige Lokale.

Arepera Doña Petrica (Karte S. 1035; Av Casanova; arepas 12–14 BsF; ⏲ 24 Std.) Hier gibt's *arepas* (kleine gebackene Maisfladen mit verschiedenen Füllungen), *cachapas* (größere, flachere Maispfannkuchen, die mit Käse und/oder Schinken serviert werden) und Sandwiches. Alles kommt in großen, günstigen Portionen auf die Tische, die von Bier trinkenden Einheimischen bevölkert werden.

Restaurant Vegetariano Sabas Nieves (Karte S. 1035; Navarro 12; Buffet 18 BsF; ⏲ Mo–Sa 7.30–15.30 Uhr) Ein Ruhepol in dieser hektischen Gegend. Da das Mittagsmenü ständig wechselt, können sich Vegetarier hier während ihres gesamten Aufenthalts auf vielseitige Weise satt essen.

K'Sualmania (Karte S. 1035; Edificio Argui, Av Los Jabillos, Sabana Grande; Kombiteller 22–27 BsF; ⏲ Mo–Sa 7–16.30 Uhr) Das schicke kleine Restaurant wird von einem Trupp tatkräftiger junger Frauen geführt. Die hier servierten Falafel und *tabaquitos* (gefüllte Weinblätter) gehören zu den besten der Gegend.

Da Marcelo (Karte S. 1035; Coromoto; Menü 23–33 BsF; ⏲ Mo–Fr 11.30–15 Uhr) In diesem schlichten, am Ende einer Seitenstraße gelegenen Restaurant wird leckere italienische Küche aufgetischt. Zudem kann man in der Artistenschule auf der anderen Straßenseite wunderbar extravagant gekleidete Seiltänzer und Straßenkünstler beim Training beobachten.

Las Mercedes & Altamira
LAS MERCEDES
In Las Mercedes ist eine schicke Restaurantszene zuhause, die auf eine wohlhabendere Klientel ausgerichtet und vor allem abends gut besucht ist. Daneben gibt's ein paar günstigere Optionen.

La Casa del Llano (Karte S. 1038 f.; Av Río de Janeiro, Hauptgerichte 30–45 BsF; ⏲ 24 Std.) Das unprätentiöse rund um die Uhr geöffnete Restaurant bringt *arepas*, *parrilla* (gegrilltes Fleisch) und andere venezolanische Standardgerichte auf den Tisch.

PERUANISCHER MARKT

Auf der Suche nach einem günstigen Imbiss, doch alle Restaurants sind zu? Sonntags zwischen 8 und 16 oder 17 Uhr kann man es in diesem Fall einfach den *caraqueños* gleich tun und sich auf dem geschäftigen peruanischen Markt einen Riesenteller peruanischer Köstlichkeiten genehmigen. Für etwa 25 BsF darf man an einem der Buffets seinen Teller z. B. mit *causa rellena* (Kartoffelgericht, u. a. mit Thunfisch oder Hühnchen gefüllt), Hühnchen und Reis, Quinoa-Salat, Ceviche und natürlich leckeren *canchas* (gerösteter Mais) füllen. Außerdem sind blaue Kartoffeln sowie hausgemachte *chicha* (nichtalkoholisches Maisgetränk) im Angebot und man kann sich Musikvorführungen ansehen.

Der Markt wird wöchentlich vor der Metrostation Colegio de Ingenieros (zwischen den Haltestellen Bellas Artes und Plaza Venezuela) abgehalten; die Metrostation durch den Ausgang Av Libertador Sur/Blvd Santa Rosa verlassen und sich dann rechts halten.

ALTAMIRA & LA CASTELLANA

Café Il Botticello (Karte S. 1038 f.; 2a Transversal, Altamira; Pizza 23–43 BsF, Pasta 14–24 BsF; Mo–Fr 12–15 & 18–23, Sa 13–23 Uhr) Wer in diesem winzigen Restaurant Pasta oder eine exzellente Pizza genießen möchte, muss erst am Eingang klingeln.

Restaurant Gran Horizonte (Karte S. 1038 f.; Av Blandín; *arepas & cachapas* 15–25 BsF; 24 Std.) In dieser *arepera* in der Nähe des Centro Comercial San Ignacio hat man die Qual der Wahl: eine *arepa* mit Lieblingsfüllung, perfekte Maiscachapas oder doch lieber eine deftige Grillplatte (40–105 BsF)? Die Einrichtung wird von Kuhmustern dominiert.

Chef Woo (Karte S. 1038 f.; 1a Av, Los Palos Grandes; Hauptgerichte 18–45 BsF) Lust auf ein chinesisches Essen zum Polar-Bier? Das Chef Woo liegt in einer lauten Gegend und ist für seine Sichuan-Küche bekannt, abends wird hier allerdings eher billiges Bier konsumiert.

Miga's (Karte S. 1038 f.; Ecke 1a Transversal & Av Luis Roche; Sandwiches 24–37 BsF; Mo–Do 7–23, Fr & Sa 8–24, So 8–23 Uhr) In dem Bäckerei-Café kann man sich sowohl drinnen als auch draußen von einer Armee flinker Kellner Frühstück (20–30 BsF) und deftige Sandwiches kredenzen lassen.

LP Tipp Coupa Café (Karte S. 1038 f.; Av Andrés Bello, Los Palos Grandes; Frühstück 28–40 BsF; Mo–Mi 7–23, Do–So bis 24 Uhr) Diese Adresse für Feinschmecker setzt auf Bio-Zutaten und Produkte aus fairem Handel. Im Angebot sind toller Kaffee, der von kleinen Familienbetrieben angebaut wird, lokal produzierter Käse und leckere Omelettes. Die maurisch gestaltete Einrichtung und der schattige Garten bilden eine tolle Kulisse für nach den Wünschen des Gastes gefüllten Empanadas, leckeres Gebäck oder einen Cappuccino. Man kommt kostenlos per WLAN ins Netz.

AUSGEHEN

Das Nachtleben konzentriert sich vor allem auf Las Mercedes und La Castellana (und hier vor allem auf das Centro Comercial San Ignacio), doch auch in anderen Stadtvierteln findet man Bars und Diskotheken, z. B. in Sabana Grande, El Rosal und Altamira. In vielen Nachtclubs gibt's eine Kleiderordnung. Wird Eintritt verlangt, ist meist ein Getränk inklusive (manchmal auch zwei).

Barra Bar (Karte S. 1038 f.; 264-5059; Centro Comercial Mata de Coco, Av San Marino) Die gemütliche Lounge versteckt sich in einer Fußgängerzone neben dem Seniat-Gebäude. Futuristisches Dekor, ein paar Sofas zum Hineinlümmeln und elektronische Musik, Salsa und Jazz in angenehmer Lautstärke sorgen fürs Ambiente.

Maroma Roots (Karte S. 1038 f.; 0416-800-9301; Paris; Do–Sa) Die neu eröffnete Reggae-Location ist über einer Sushi-Bar untergebracht, in der von Dienstag- bis Donnerstagabend übrigens All-you-can-eat angesagt ist (65 BsF). Samstags gibt's Livemusik auf die Ohren, ein weiteres Highlight ist die in einen Minibus eingebaute Stereoanlage.

El Solar del Vino (Karte S. 1038 f.; 266-2873; Ecke Av Blandín & Av Ávila) Der Außenbereich samt Zirkuszeltdach eignet sich bestens für Caracas' laue Nächte. Das Publikum ist jung, attraktiv und bodenständig. Drinnen kann man zu Salsa und Rock die Hüften schwingen.

El León (Karte S. 1038 f.; 263-6014; Plaza La Castellana) In dieser beliebten Bar sitzt man auf einer luftigen Terrasse aus Beton, kippt billiges Bier und verdrückt Pizza.

UNTERHALTUNG

In der Rubrik „Kunst & Unterhaltung" der Tageszeitung *El Universal* (http://espectaculos.eluniversal.com) findet man eine Auswahl aktueller Veranstaltungen, ebenso auf www.caracasvirtual.com unter *Eventos*. Und auf www.rumbacaracas.com sind die besten Nachtclubs gelistet.

Centro Comercial San Ignacio (Karte S. 1038 f.; Ecke Blandín & San Ignacio) Dank über eines Dutzends Nachtclubs und Bars erwacht dieses Einkaufszentrum abends richtig zum Leben. Hier lautet das Motto „Sehen und gesehen werden".

Cinemateca Nacional (Karte S. 1030 f.; 576-1491; www.cinemateca.gob.ve; Galería de Arte Nacional, Bellas Artes) In der staatlich finanzierten Einrichtung flimmern tolle Arthouse-Filme über die Leinwand.

El Maní es Así (Karte S. 1035.; 763-6671; Ecke Av Francisco Solano López & El Cristo, Sabana Grande; Di–So

---

IN DIE VOLLEN!

360° Roof Bar (Karte S. 1038 f.; Av 1a zwischen 1a & 2a Transversal, Los Palos Grandes; 17–24 Uhr) Auf dem Dach der Altamira Suites kann man in dieser grandiosen Bar zu einem beeindruckenden Blick auf die glitzernde Stadt fruchtige Cocktails (35 BsF) genießen. Man sollte sich einigermaßen ordentlich anziehen, um von den am diskreten Seiteneingang platzierten Türstehern nicht abgewiesen zu werden. Dies ist der Ort schlechthin, um sich in Caracas zu verlieben!

18 Uhr–open end) Eine der ältesten Salsabars der Hauptstadt. Der Dreh- und Angelpunkt ist die Tanzfläche, auf der man zum Sound der Live-Salsa-Bands abgehen kann. Nach Einbruch der Dunkelheit ein Taxi nehmen!

La Estancia (Karte S. 1038 f.; ☎ 208-6463; www.pdvsa.com; Av Francisco de Miranda; ☻ Mo–Do 9–17, Fr–So bis 19 Uhr) Das Kunstzentrum wird vom staatlichen Ölkonzern gesponsert. Geboten werden Gratis-Konzerte am Wochenende, Yoga- und Musikunterricht, Kaffeeverkostungen sowie ein sonntägliches Nachmittagsprogramm für Kinder.

Trasnocho Cultural (Karte S. 1038 f.; ☎ 993-1010; www.trasnochocultural.com; Nivel Trasnocho, Centro Comercial Paseo de Las Mercedes, Las Mercedes) Das geschäftige Kunstzentrum im Kellergeschoss eines Einkaufszentrums birgt ein Theater, ein Kino, Cafés, eine Yogaschule sowie ein Jazzbar, die in der Schwulenszene angesagt ist.

Schwulen- & Lesbenszene

In Caracas gibt's die bei weitem offenste Schwulenszene in diesem Land, das ansonsten ziemlich konservativ ist. In Las Mercedes, Sabana Grande und La Castellana findet man verschiedene alteingesessene Bars und Klubs für Schwule und Lesben.

Tasca Pullman (Karte S. 1035; ☎ 761-1112; Edificio Ovidio, Av Francisco Solano López, EG, Sabana Grande; ☻ Di–So 20 Uhr–open end) Das einladende, unprätentiöse Pullman ist die beliebteste einer Reihe von Bars der Schwulenszene in Sabana Grande. Hier sollte man nachts niemals allein unterwegs sein.

Copa's Dancing Bar (Karte S. 1038 f.; ☎ 951-3947; Edificio Taeca, Calle Guaicaipuro, El Rosal; ☻ Mi–Sa) Sowohl Männlein als auch Weiblein machen hier die Tanzfläche unsicher, donnerstags ist allerdings Frauenabend angesagt. Bevor man hinein darf wird man meist gründlich durch einen Türspion gemustert.

Sport

Estadio Universitario (Karte S. 1035; Av Las Acacias) In dem bei der Universidad Central de Venezuela gelegenen Baseballstadion werden von Oktober bis Februar Spiele der Profiliga ausgetragen, außerdem ist es das Heimstadion der **Leones de Caracas** (Caracas Lions; www.leones.com).

SHOPPEN

Shoppen gehört in Caracas zu einem der beliebtesten Freizeitvergnügen und die Einkaufszentren sind ein wichtiger Bestandteil des öffentlichen Lebens in der Hauptstadt. Hier eine Auswahl der größten Malls:

Centro Comercial Chacaíto (Karte S. 1035; Plaza Chacaíto, Chacaíto)

Centro Comercial El Recreo (Karte S. 1035; Av Casanova) Das größte Einkaufszentrum in Sabana Grande.

Centro Comercial Paseo Las Mercedes (Karte S. 1038 f.; Av Principal de Las Mercedes, Las Mercedes)

Centro Comercial San Ignacio (Karte S. 1038 f.; www.centrosanignacio.com; Av Blandín, La Castellana) Hier spielt sich auch ein großer Teil des Nachtlebens von Caracas ab.

Centro Sambil (Karte S. 1038 f.; Av Libertador, Chacao; www.sambilmall.com/caracas) Eines der größten Einkaufszentren Südamerikas.

AN- & WEITERREISE
Auto & Motorrad

Es ist ziemlich unkompliziert, nach Caracas hinein- bzw. wieder hinauszufahren. Aus westlicher Richtung ist die Hauptzugangsstraße die Autobahn zwischen Valencia und Caracas, die zunächst in den südlichen Teil der Stadt führt und sich dann mit der Autopista Francisco Fajardo vereinigt, die von Ost nach West an der Universidad Central de Venezuela vorbeiführt. Aus östlicher Richtung fährt man über die Autobahn Barcelona–Caracas in die Stadt, die direkt zur Av Francisco Fajardo führt.

Um einen Mietwagen sollte man sich am besten im Vorfeld kümmern. Zu den Anbietern am internationalen Terminal gehören **Avis** (☎ 355-1190), **Budget** (☎ 355-2799) und **Hertz** (☎ 355-1197), doch ist hier nicht immer ein Fahrzeug verfügbar. Am Inlandsterminal findet man auch lokale Anbieter.

Bus

In Caracas gibt's zwei moderne Busbahnhöfe für Langstrecken sowie einen zentralen Busbahnhof für kürzere, regionale Strecken. Am **Terminal La Bandera** (☎ 693-6607), 3 km südlich der Innenstadt, starten Langstreckenbusse zu allen möglichen Orten im Westen und Südwesten des Landes. Der Bahnhof ist gut ausgestattet und verfügt u. a. über computergestützte Ticketkabinen, Geldautomaten, Telefone, eine Gepäckaufbewahrung, einen Infoschalter und viele Imbisse. Er liegt 300 m von der Metrostation La Bandera entfernt; tagsüber kann man den Weg zu Fuß bewältigen, nachts ist Vorsicht angesagt, dann gilt die Gegend als unsicher. Die Metrostation über den Ausgang Grande/Zulloaga verlassen, die Straße überqueren und links halten.

BUSPREISE

Ziel	Preis (BsF)	Dauer (Std.)
Barinas	62–69	8½
Barquisimeto	21–45	5½
Carúpano	59–64	8½
Ciudad Bolívar	60–68	9
Ciudad Guayana	68–85	10
Coro	53–59	7
Cumaná	51–59	6½
Maracaibo	38–71	10½
Maracay	9–12	1½
Mérida	46–78	13
Puerto La Cruz	25–45	5
San Antonio del Táchira	47–84	14
San Cristóbal	45–78	13
San Fernando de Apure	23–56	8
Tucupita	40–55	11
Valencia	12–26	2½

Der zweite große Busbahnhof, das **Terminal de Oriente** (☎ 243-3253), liegt bei den östlichen Außenbezirken von Caracas (außerhalb der Karte S. 1038 f.) an der Autobahn nach Barcelona, 5 km hinter Petare (etwa 18 km vom Zentrum entfernt). Zahlreiche lokale Busse bringen einen ab der Innenstadt und von Petare aus hierher. Die Busse bedienen in erster Linie Routen in den Osten und Südosten des Landes.

Die Busunternehmen **Aeroexpresos Ejecutivos** (Karte S. 1038 f.; ☎ 266-2321; www.aeroexpresos.com.ve; Av Principal de Bello Campo, Bello Campo) und **Rodovías** (Karte S. 1035; ☎ 577-6622; www.rodovias.com.ve; Av Libertador) verfügen über weniger chaotische Privatbahnhöfe in praktischer zentraler Lage. Preise und Fahrpläne findet man auf den jeweiligen Websites; beide bedienen u. a. die Strecken nach Ciudad Bolívar, Maracaibo, Ciudad Guayana und Puerto La Cruz.

Busse zum Flughafen Maiquetía (Karte S. 1030 f.; s. Kasten S. 1032) fahren an einer Unterführung beim Parque Central ab.

Flugzeug

Der **Aeropuerto Internacional „Simón Bolívar"** (www.aeropuerto-maiquetia.com.ve) befindet sich in Maiquetía in der Nähe des Hafens von La Guaira an der Karibikküste, 26 km vom Zentrum von Caracas entfernt. Meist wird der Flughafen einfach nur „Maiquetía" genannt. Es gibt drei Terminals, das **internationale Terminal** (☎ 303-1526), das **Inlandsterminal** (☎ 303-1408) und ein Reserveterminal, das von kleineren Charterfluggesellschaften genutzt wird. Die zwei Hauptterminals sind 400 m (einen kurzen Fußmarsch) voneinander entfernt, die Distanz zum Reserveterminal ist in etwa dieselbe. Momentan fährt kein Shuttleservice zwischen den Terminals.

Die Terminals verfügen u. a. über Touristeninformationen, Schalter von Autovermietungen, *casas de cambio*, Banken, Geldautomaten, Postämtern, Telefoncenter, Restaurants und mehrere Reisebüros; eine Gepäckaufbewahrung gibt's allerdings nicht.

UNTERWEGS VOR ORT
Auto & Motorrad

Wer sich in Caracas mit eigenem fahrbarem Untersatz fortbewegen möchte, braucht viel Gottvertrauen, gute Nerven und eine noch bessere Versicherung – man verfährt sich leicht, und der Verkehr kann einen in den Wahnsinn treiben. Stets bewachte, gebührenpflichtige Parkplätze nutzen!

Bus

Ein gut ausgebautes Busnetz deckt alle Randbezirke innerhalb der Großstadtregion sowie alle größeren Ortschaften ab. In der Innenstadt sind in erster Linie die privaten *carritos* (kleine Busse) unterwegs und Busse des von der Stadt betriebenen **Metrobus-Systems** (www.metrodecaracas.com.ve). Die Busse fahren regelmäßig, kommen jedoch nur so schnell voran, wie es der Verkehr erlaubt. Sie fahren viele Ziele an, die mit der Metro nicht erreichbar sind, haben ähnliche Fahrpreise und verkehren länger.

Metro

Die **Metro** (www.metrodecaracas.com.ve; ⊗ 5.30–23 Uhr) ist ein regelrechtes Gottesgeschenk für die chaotische Hauptstadt. Sie ist sicher, schnell, unkompliziert, gut organisiert und preiswert, außerdem fährt sie zu den meisten Sehenswürdigkeiten und touristischen Gegenden. Eine einfache Fahrt zu einem beliebigen Ziel kostet 0,50 BsF (hin & zurück 0,90 BsF). Das *multiabono* für zehn Fahrten kostet 4,50 BsF – eine praktische Option, um lange Warteschlangen an den Ticketschaltern zu umgehen.

Generell ist die Metro sicher, vereinzelt treiben sich hier jedoch Taschendiebe herum.

Taxi

Taxis – zu erkennen an den Schildern „Taxi" oder „Libre" – sind ein relativ preiswertes

Fortbewegungsmittel und nachts oft die einzige Option. Taxameter gibt's nicht, man sollte sich also immer vor dem Einsteigen auf einen Preis einigen und keine Angst vorm Handeln haben. Es wird empfohlen, nur weiße Autos mit gelber Aufschrift zu benutzen, vorzugsweise diejenigen an Taxiständen, von denen es vor allem vor Einkaufszentren jede Menge gibt. Alternativ kann man sich in Hotels oder Restaurants einen verlässlichen Fahrer rufen lassen.

Bei großer Eile schwört so mancher Einheimischer auf die allgegenwärtigen Straßenkrieger, genannt *mototaxis* (Motorradtaxis). Wer allerdings gesehen hat, wie diese unterwegs sind (Vorsicht, auch auf dem Gehweg ist man vor ihnen nicht sicher!), hat es plötzlich vielleicht doch nicht mehr so eilig ...

RUND UM CARACAS

Wer sich vom Trubel der Hauptstadt eine kleine Auszeit nehmen möchte, findet dazu in der Umgebung zahllose attraktive Möglichkeiten. Der folgende Abschnitt deckt auch Los Roques mit ab, da die Karibikinseln in erster Linie von Caracas aus angeflogen werden.

PARQUE NACIONAL EL ÁVILA

Der Nationalpark, eine der größten Attraktionen im Großraum Caracas, erstreckt sich etwa 90 km entlang der Gebirgskette an der Küste nördlich der Stadt. Der höchste Gipfel ist der Pico Naiguatá (2765 m), das beliebteste Ausflugsziel ist aber der Pico El Ávila (2105 m). Der kürzlich verstaatlichte und mit einem neuen Namen versehene **Teleférico Warairarepano** (Seilbahn Warairarepano; ☎ 793-6050; Erw./Kind 4–12 Jahre/Student 25/10/15 BsF; ☺ Hinfahrt Di 12–18, Mi & Do 10–20, Fr & Sa bis 22, So bis 18 Uhr, letzte Rückfahrt 2 Std. später) bringt einen von der Station Maripérez (980 m), neben der Av Boyacá in Caracas, 4 km hinauf zum Pico El Ávila. Bei dieser phänomenalen Gondelfahrt wird man mit schwindelerregenden Höhen und einem traumhaften Blick auf ein dichtes Baumkronendach, versteckte Wasserfälle und die ganze Stadt belohnt. Ab der Metrostation Colegio de Ingenieros verkehrt ein Bus (2 BsF) zum *teleférico*.

Der Südhang der Gebirgskette, von der man auf Caracas blickt, ist nicht bewohnt; er wird von insgesamt etwa 200 km Wanderwegen durchzogen. El Ávila wartet mit besseren Wanderbedingungen auf als jeder andere Nationalpark Venezuelas: Die meisten Wege sind gut ausgeschildert, und es gibt zahlreiche Campingplätze.

Von Caracas aus führen mehrere Eingänge in den Park, die Wege dorthin liegen alle an der Av Boyacá, meist Cota Mil genannt (ab einer Höhe von 1000 m). Bei allen Routen muss man einen kurzen Aufstieg bewältigen, bevor man einen Parkwächterposten erreicht, wo ein symbolischer Betrag als Eintritt bezahlt werden muss. Aus Sicherheitsgründen ist es nicht zu empfehlen, alleine zu wandern. Infos zu Campingmöglichkeiten geben die Parkmitarbeiter.

ARCHIPIÉLAGO LOS ROQUES
☎ 0237 / 1500 Ew.

Auf Los Roques ist Inselhopping angesagt! Der Archipel besteht aus fast 300 schimmernden Sandinseln in allen Größen, die von aquamarinblauem Meer umgeben etwa 160 km nördlich von Caracas liegen. Die Preise sind hier höher als auf dem Festland, da alles importiert werden muss, doch für Liebhaber unberührter Strände, Taucher und Schnorchler ist der Trip jeden Bolívar wert. Hier gibt's keine hohen Gebäude, und auf den Sandstraßen von Gran Roque kann man barfuß laufen. Die ganze Inselgruppe wurde mitsamt des umliegenden Meeres (2211 km²) 1972 zum Nationalpark erklärt.

Die große Mehrheit der Inseln ist – von den Pelikanen mal abgesehen – nicht bewohnt; besuchen kann man sie per Boot von Gran Roque aus. Das marine Leben hier ist für seine Vielfältigkeit bekannt, insbesondere für die Hummer, die 90 % der nationalen Produktion abdecken.

Wer auf Gran Roque den tollen Sonnenuntergang genießen möchte, steigt den Berg zu den Überresten des Faro Holandés hinauf, eines Leuchtturm aus den 1870er-Jahren.

Orientierung & Praktische Informationen

Die einzige Siedlung gibt's auf Gran Roque. Sie besteht aus vier sandigen, autofreien Straßen, einem Platz und jeder Menge reizender *posadas* (kleine, von Familien geführte Gästehäuser). Weite Wege gibt's hier nicht, und nach WLAN-Signalen muss man auch nicht lange suchen. Bei Ankunft auf Los Roques werden 55 BsF Nationalpark-Gebühr fällig.

ABSTECHER: COLONIA TOVAR

Die Colonia Tovar wurde im 19. Jh. von deutschen Siedlern gegründet und ist nicht gerade der Prototyp einer venezolanischen Stadt. Spanisch wurde erst in den 1940er-Jahren zur offiziellen Sprache, als das Verbot, außerhalb der Gemeinschaft zu heiraten, aufgehoben wurde.

Heute zieht die Colonia Tovar – vor allem an Wochenenden – internationale und venezolanische Touristen an. Sie kommen wegen der **Fachwerkhäuser**, der Berglandschaft, der deutschen Küche, der hier angebauten Erdbeeren und des angenehmen Klimas. Die Unterkünfte sind ordentlich, an lokalen Standards gemessen jedoch nicht gerade günstig. Man sollte warme Kleidung mitbringen, denn auf dem ganztägigen Ausflug kann es ziemlich kühl werden.

Ab Caracas fährt man mit einem Kleinbus nach El Junquito (3 BsF, 1 Std.); die Gefährte starten vor der Metrostation La Yaguara. An der Haltestelle El Junquito steigt man in einen Kleinbus Richtung Stadt um (5 BsF, 1 Std.). Wer Lust auf eine spektakuläre, abenteuerliche Rückfahrt verspürt, nimmt die südliche Route über La Victoria und schnappt sich einen Fensterplatz auf der linken Seite: Über eine Länge von nur 30 km fällt die Straße um 1300 Höhenmeter ab und führt dabei durch eine beeindruckende Berglandschaft. Die Kleinbusse nach La Victoria (6,50 BsF, 1 Std.) verkehren regelmäßig; von dort aus fährt man mit dem Bus zum Terminal La Bandera (außerhalb der Karte S. 1030 f.) in Caracas (7,50 BsF, 1½ Std.).

Banesco (☎ 221-1402; Plaza Bolívar; ☼ Mo–Fr 8–12 & 14–17, Sa 8–14 Uhr) Die einzige Bank vor Ort zahlt auf Visa und MasterCards Bargeld aus (max. 800 BsF). Der Geldautomat funktioniert rund um die Uhr.

Enzosoft (20 BsF/Std.; ☼ Mo–Sa 8–12 & 15–22 Uhr) Für eine relativ gute Internetverbindung werden hier gesalzene Preise verlangt. Internationale Telefongespräche kosten 2 BsF pro Minute.

Infocentro (30 Min. umsonst; ☼ 8–16.30 & 17–20 Uhr) Hier gibt's Internetzugang; das staatlich subventionierte Infocentro befindet sich in der Nähe der Schule, gegenüber der *panadería* (Bäckerei).

Oscar Shop (☎ 0414-291-9160; oscarshop@hotmail.com) Der kleine Laden in der Nähe des Flughafens fungiert auch als inoffizielle Touristeninformation und organisiert Bootsfahrten auf die Inseln sowie ganztägige Bootstouren. Zudem werden hier Schnorchelausrüstung, Surfbretter, Strandstühle und Zelte vermietet (60–80 BsF/Nacht).

Aktivitäten
SCHNORCHELN & TAUCHEN

Schnorchelausrüstung zum Leihen bekommt man in vielen Geschäften und den meisten *posadas*. Zudem kann man hier erstklassig tauchen; eine Tour mit zwei Tauchgängen inklusive Ausrüstung kostet 475 BsF.

Ein paar renommierte Tauchanbieter:

Aquatics Diving Center (☎ 0424-138-1240; www.adclosroques.com)

Arrecife (☎ 0414-327-8585; www.divevenezuela.com)

Ecobuzos (☎ 0414-793-1471; www.ecobuzos.com)

WINDSURFEN & KITESURFEN

Los Roques eignet sich auch bestens zum Windsurfen. Auf der Insel Francisquí de Abajo vermietet das **Vela Windsurf Center** (☎ 0414-207-2084; www.velawindsurf.com) Ausrüstung (pro Std./halber Tag/ganzer Tag 20/35/50 US$) und bietet Kurse an (2 Std. inkl. Ausrüstung 120 BsF). Zudem werden hier **Kajaks** vermietet, und es gibt Infos zum **Kitesurfen** (4-stünd. Kurs 250 BsF). Kitesurfkurse gibt's z. B. beim **Oscar Shop** (☎ 0414-291-9160; oscarshop@hotmail.com).

Schlafen
CAMPING

Innerhalb des Erholungsgebiets kann man auf allen Inseln kostenlos zelten, auch auf Gran Roque. Nach der Ankunft macht man sich auf den Weg zu **Inparques** (☎ 0414-614-2297; ☼ Mo–Fr 8–12 & 14–17, Sa & So 8.30–11.30 Uhr) ganz am Ende des Ortes, wo es kostenlose Genehmigungen fürs Campen sowie Infos gibt. Zelte kann man beim Oscar Shop ausleihen, im Roquelusa können Camper auf Gran Roque für 15 BsF am Tag die Bäder benutzen.

POSADAS

Auf Gran Roque gibt's über 60 *posadas* mit insgesamt etwa 500 Betten; in fast allen kann man auch essen. Die hier angegebenen Preise gelten für die Nebensaison und pro Person; in der Hauptsaison (Weihnachten, Karneval, Ostern, Aug.) steigen diese um 30 bis 70 %. Werktags in der Nebensaison kann man gerne mal verhandeln, vor allem bei längeren Aufenthalten. Wer ein Paket mit Flug und Unterkunft bucht, spart meist kein Geld.

Mit Wasser sollte man sorgsam umgehen – es ist hier ein sehr wertvolles Gut.

Doña Carmen (☎ 0414-291-9225; richardlosroques@hotmail.com; Plaza Bolívar; Zi. pro Pers. ohne HP/inkl. HP 100/150 BsF; ✱) Die älteste *posada* der Insel hat 30 Jahre auf dem Buckel und immer noch die besten Preise. Ihre einfachen Zimmer sind nichts Besonderes, auch wenn einige Strandblick bieten. Von der Terrasse im Obergeschoss blickt man aufs Meer.

Roquelusa (☎ 0414-369-6401, Fax 221-1250; in der Nähe des Inparques-Büros; Zi. inkl. HP 150 BsF/Pers.; ✱) Diese verlässliche, wenn auch einfache Unterkunft verfügt über kleine Badezimmer und klimatisierte Zimmer.

El Botuto (☎ 0414-238-1589; www.posadaelbotuto.com; in der Nähe des Inparques-Büros; Zi. pro Pers. inkl. Frühstück/inkl. HP 210/280 BsF) Das Strandrestaurant ist für fantastischen Service und einen geselligen Essbereich bekannt; außerdem gibt's hier sechs farbenfrohe, luftige Zimmer mit kleinen Privatpatios und Duschen im Freien.

Posada La Laguna (☎ 0424-262-7913; www.la laguna.it; La Salina; Zi. inkl. Frühstück 250–400 BsF/Pers.; ✱) Blaue Zementböden und weiße Wände verströmen in dieser gemütlichen, von einem Italiener geführten *posada* mediterranes Flair. Auf Wunsch wird hier ein exzellentes mehrgängiges Abendessen (50 BsF) kredenzt.

Essen & Ausgehen

Die meisten Urlauber essen in ihren *posadas*, doch wer sich selbst versorgt oder in weniger teuren Restaurants essen geht, kann Geld sparen. In den meisten *posadas* darf man die Küche nicht mitbenutzen.

Kiosko La Sirena (Empanadas 4–10 BsF, Burger 25 BsF; ☾ 7–10 & 19 Uhr–open end) Wer knapp bei Kasse ist, steuert am besten eine Holzbank bei diesem bei der Lagune gelegenen Essensstand an. Zum Frühstück gibt's Empanadas, abends Hamburger.

La Chuchera (Plaza Bolívar; Hauptgerichte 35–65 BsF; ☾ 10–22 Uhr) Noch am ehesten für den kleineren Geldbeutel geeignet, dabei allerdings längst nicht immer preiswert. Auf der Speisekarte stehen Pizza, Sandwiches und Nudelgerichte, außerdem kann man es sich bei einem Bier gemütlich machen. Das WLAN ist nicht wirklich zuverlässig.

Aquarena Cafe (Hauptgerichte 38–50 BsF; ☾ Mi–Mo 8–12 Uhr, Hauptsaison tgl.) Dieses Strandcafé nahe der Macanao Lodge und inmitten wogender Palmen serviert Sushi, Fischgerichte, Hamburger, Pizza und Salate.

Bora La Mar (☾ 17–24 Uhr) Die Cocktails sind teuer (ca. 30 BsF), dafür kann man hier die Zehen in den Sand graben und bei Kerzenschein Sterne beobachten. Der Eingang ist am Strand neben der Kirche.

Selbstversorger werden in einem kleinen **Lebensmittelladen** (☾ 7–13 & 15–20 Uhr) in der Nähe des Inparques-Büros fündig. Bei der **Bäckerei** (☾ Mo–Sa 7–12 & 15–20, So 7–12 Uhr) neben der Schule bekommt man Fleisch und frisches Brot für Sandwiches.

An- & Weiterreise

FLUGZEUG

Der Flug von Maiquetía nach Los Roques (hin & zurück ca. 850–1000 BsF) dauert etwa 40 Minuten; am besten bucht man über ein Reisebüro. Zu den Anbietern gehören:

Aereotuy (LTA; ☎ 0212-212-3110, 0295-415-5778; www.tuy.com)

Chapi Air (☎ 0212-355-1965; Inlandsterminal Flughafen Maiquetía)

Rainbow Air (☎ 0424-877-0582; makoroporlamar@gmail.com)

LTA und Rainbow Air fliegen von der Isla de Margarita nach Los Roques (einfache Strecke 620–796 BsF).

Normalerweise sind auf Flügen nach Los Roques nur 15 kg Gepäck erlaubt; jedes weitere Kilo kostet 5 BsF.

SCHIFF/FÄHRE

Es verkehren keine Passagierfähren nach Los Roques.

Unterwegs vor Ort

Oscar Shop (☎ 0414-291-9160; oscarshop@hotmail.com) und andere Veranstalter auf Gran Roque bieten Bootsfahrten zu den jeweils gewünschten Inseln an und holen einen zur verabredeten Zeit ab. Hin- und Rückfahrt pro Person kosten nach Madrizquí 25 BsF, nach Francisquises 30 BsF und nach Crasquí oder Noronquises 60 BsF.

DER NORDWESTEN

Der Nordwesten des Landes ist von Caracas aus problemlos zugänglich und bietet Strände, Regenwälder, Wüsten, Höhlen, Wasserfälle, zwölf Nationalparks und Südamerikas größten See. Der Parque Nacional Morrocoy zieht mit seinen farbenprächtigen Riffen, Stränden und einer der Sahara ähnelnden Wüste nahe der Kolonialstadt Coro jede Menge Besucher an. Der Parque Nacional Henri Pittier ist gleichermaßen beliebt bei Backpackern und einheimischen Touristen, die sich in der Sonne räkeln und den einen oder anderen Drink genießen oder mit Ferngläsern Vögel beobachten.

MARACAY
☎ 0243 / 610 000 Ew.

Die geschäftige Metropole ist von Caracas aus in wenigen Stunden zu erreichen. In der 300 Jahre alten Hauptstadt des Bundesstaates Aragua lebte von 1899 bis 1935 der berüchtigte *caudillo* Juan Vicente Gómez, der die Infrastruktur der Stadt aufbaute und sie zu einem Zentrum der Luftfahrt und der Luftwaffe machte. Zudem ist die Stadt das Herz einer bedeutenden Agrar- und Industrieregion. Besucher legen hier meist auf ihrem Weg zum Parque Nacional Henri Pittier nur einen kurzen Zwischenstopp ein, denn die Stadt besticht nicht gerade mit vielen Sehenswürdigkeiten.

Orientierung & Praktische Informationen

In den meisten Einkaufszentren *(centros comerciales)* findet man Internetcafés.

Banco de Venezuela (Mariño)
Banesco (Av Páez)
Ipostel (Centro Comercial 19 de Abril, Ecke Av 19 de Abril & Av Boyacá)
Italcambio (☎ 235-6945; No 110-K, Centro Comercial Maracay Plaza, Ecke Av Aragua & Av Bermúdez, EG) Befindet sich 1,5 km südlich der Plaza Bolívar.

Schlafen & Essen

Die preiswertesten Unterkünfte Maracays sind Stundenhotels. Man sollte besser nicht in der Nähe des Busbahnhofs übernachten: Die Gegend ist nach Einbruch der Dunkelheit nicht sicher.

LP Tipp Posada El Limón (☎ 283-4925; www.posadaellimon.com; El Piñal 64, El Limón; B/3BZ 50/250 BsF, DZ 180–200 BsF; 🛉 🖳 🍽) Im Vorort El Limón bietet diese bezaubernde, mit Mosaiken bedeckte *posada* schattige Innenhöfe, einen Blick auf die Berge sowie einen preiswerten Schlafsaal mit zusammenklappbaren Betten (der am Wochenende meist gut gefüllt ist). Es gibt zudem einen kleinen Pool, ein Restaurant, in dem man frühstücken kann, WLAN und eine Bar. Vom Busbahnhof aus den lokalen Bus mit der Aufschrift „Circunvalación" oder ein Taxi (20 BsF) nehmen.

Hotel Mar del Plata (☎ 246-4313; mardelplatahotel@gmail.com; Av Santos Michelena Este 23; DZ 90–100 BsF, 3BZ & 4BZ 120 BsF; 🛉 🖳) Dieses ruhige, zentral gelegene Haus ist etwas für den kleinen Geldbeutel. Man nächtigt in 30 ordentlichen, sauberen Zimmern mit heißem Wasser und Kabelfernsehen.

El Arepanito (Ecke Av 19 de Abril & Junín; Arepas 16–27 BsF; ⏱ Fr–So 24 Std., Mo–Do 6–1 Uhr) Das beliebte Restaurant hat länger geöffnet als ein Großteil der einschlägigen Konkurrenz. Es serviert in einem hübschen Innenhof voller Pflanzen oder im klimatisierten Speisesaal leckere *arepas*, Pizza und Fruchtsäfte.

Pizza Mia (Av 19 de Abril; Pizza 18–85 BsF; ⏱ 10–22.30 Uhr) Die hell eingerichtete Pizzeria gehört zu einer Kette und ist bei Familien beliebt. Angeblich bekommt man hier Fastfood, aber wirklich schnell geht das nicht.

Die Imbisse im **Mercado Principal** (Av Santos Michelena; ⏱ 7–15 Uhr) bieten günstige, sättigende Mahlzeiten.

An- & Weiterreise

Die zwei benachbarten Busbahnhöfe befinden sich im südöstlichen Randbezirk der Innenstadt auf der Av Constitución. Von der Plaza Bolívar aus braucht man zu Fuß 20 Minuten hierher, alternativ nimmt man einen der regelmäßig verkehrenden Busse (1 BsF). Eine Taxifahrt durch die Stadt kostet zwischen 15 und 25 BsF.

Regionalbusse starten am Busbahnhof Interurbano (an der Ostseite), die meisten Fernbusse sowie klimatisierte Busse starten ab dem neu erbauten Busbahnhof Extraurbano (an der Westseite). Etwa alle 15 Minuten bringen einen Busse nach Caracas (9–13 BsF, 1½ Std.) und Valencia (5 BsF, 1 Std.), und auch Barquisimeto (25–30 BsF, 3½ Std.), Maracaibo (50–60 BsF, 8 Std.) und San Fernando de Apure (36 BsF, 7 Std.) werden regelmäßig bedient. Weitere Ziele sind z. B. San Antonio del Táchira (70 BsF, 12½ Std.), Coro (45 BsF, 6½ Std.) und Mérida (60 BsF, 11 Std.). Mit den Direktverbindungen über Caracas nach Puerto La Cruz (50 BsF, 7 Std.) und Ciudad Bolívar (60–65 BsF, 9 Std.) spart man Zeit und Geld.

PARQUE NACIONAL HENRI PITTIER
☎ 0243

Venezuelas ältester Nationalpark Henri Pittier erstreckt sich über 1078 km² an der zerklüfteten, entlang der Küste verlaufenden Gebirgskette und stürzt dann hinunter zu traumhaften Karibikstränden. Hier wird wirklich jedem etwas geboten: ein toller Küstenstreifen, 600 Vogelarten, verschlungene, durch grün bewachsene Berge führende Wanderwege, reizende Kolonialorte mit tollen Restaurants, gemütlichen *posadas* und ein bisschen Nachtleben.

In den Park gelangt man über den chaotischen Busbahnhof Interurbano in Maracay. Zwei Straßen führen von Nord nach Süd hindurch: Die östliche Straße verläuft von Maracay gen Norden nach Choroní, teilweise auf 1830 m Höhe, und erreicht nach 2 km die Küste bei Puerto Colombia, die westliche Straße führt von Maracay nach Ocumare de la Costa und El Playón und schließlich nach Cata; bei Paso Portachuelo geht es bis auf 1128 m hinauf. Beide Straßen sind etwa 55 km lang. Die Straßenenden an der Küste sind auf dem Landweg nicht miteinander verbunden, allerdings verkehren zwischen Puerto Colombia und El Playón Boote, in denen zehn Personen Platz finden (einfache Strecke 300 BSF).

Zur Ferienzeit und an den Wochenenden sollte man sich auf Menschenmassen einstellen. Außerdem wird es einem auf der kurvigen Strecke schnell mal schlecht.

Puerto Colombia

Choroní ist zwar der größte Ort auf dieser Seite des Parks, doch Backpacker bevorzugen Puerto Colombia wegen seiner Strandlage. In dem attraktiven, entspannten Kolonialstädtchen gibt's jede Menge *posadas* und Restaurants. Tagsüber räkelt man sich am Strand, abends schlürft man unten am Meer *guarapita* (Zuckerrohrschnaps mit Maracujasaft und viel Zucker), und am Wochenende sorgt Trommelmusik für Stimmung.

Der beliebteste Strand ist die **Playa Grande** östlich der Stadt, die in fünf bis zehn Minuten zu Fuß zu erreichen ist. Der Strand ist etwa einen halben Kilometer lang und von schattenspendenden Palmen gesäumt, allerdings geht's hier recht umtriebig zu, und an den Wochenenden wird's richtig voll. Am Eingang zum Strand gibt's mehrere Restaurants. Man kann im Sand zelten oder zwischen den Palmen eine Hängematte aufspannen, Bäder und Duschen sind ebenfalls vorhanden. Allerdings sollte man sein Hab und Gut nicht unbeaufsichtigt lassen.

Wenn die Playa Grande zu voll oder zu schmutzig ist, kann man sich alternativ auf den Weg machen zur einsamen **Playa El Diario** auf der anderen (also der westlichen) Seite der Stadt.

Zudem gibt's in der Gegend mehrere Strände, die per Boot zu erreichen sind, z. B. die **Playa Aroa** (hin & zurück 400 BsF, einfache Strecke 15 Min.), die **Playa Chuao** (20–25 BsF/Pers., 30 Min.) und die **Playa Cepe** (25–30 BsF/Pers., 45 Min.).

Gegenüber der Posada Túcan befindet sich ein Internetcafé, die einzige Bank vor Ort ist in Choroní.

SCHLAFEN

Hostal Colonial (☎ 218-5012; www.choroni.net; Morillo 37; B/3BZ 20/75 BsF, DZ 60–70 BsF, ohne Bad 55 BsF; 🖳) Das *hostal* ist bei Backpackern beliebt und hat viele verschiedene Zimmer mit Bädern samt Warmwasser im Angebot. Zudem kann man die Küche mitbenutzen oder in dem hübschen Innenhof frühstücken (16–20 BsF). Reservieren lässt sich nur per Telefon.

Casa Luna (☎ 951-5318; www.jungletrip.de; Morillo 35; DZ 70–80 BsF, 3BZ 90 BsF; 🖳) Die einladende *posada*, der direkte Nachbar des Hostal Colonial, hat einen äußerst hilfsbereiten deutschen Besitzer und fünf blitzsaubere Zimmer mit Gemeinschaftsbädern (ohne Warmwasser). Zudem steht ein Fünf-Bett-Zimmer für 50 BsF pro Person zur Verfügung – wenn es denn frei ist … Im Innenhof, wo es gesellig zugeht, finden sich Hängematten, und es gibt eine Küche sowie eine Büchertauschbörse. Der Transfer zum Flughafen von Caracas kann arrangiert werden.

Hostal Vista Mar (☎ 991-1107; tiegraca@gmail.com; Colón; DZ/3BZ/4BZ mit Ventilator 150/190/230 BsF, DZ mit Klimaanlage 210–260 BsF, 3BZ mit Klimaanlage 250–300 BsF; ❄) Das *hostal* liegt am Ende der Küstenpromenade. Ein paar seiner 33 Zimmer sind nur mit Ventilatoren und Bädern mit kaltem Wasser ausgestattet, andere haben Klimaanlagen, heißes Wasser und Fernseher; in Zimmer 20 und 21 kommt man in den Genuss eines Meerblicks. Es gibt jede Menge gemütlicher und luftiger Gemeinschaftsbereiche, in denen man super entspannen kann. Zwischen Sonntag und Donnerstag sind die Preise niedriger.

ESSEN

Brisas del Mar (Los Cocos; Hauptgerichte 20–40 BsF; ⏰ 8.30–22.30 Uhr) Hier gibt's Pasta, Fisch und Fleisch, alles serviert im Innenhof vorne, von dem aus man bestens das Treiben auf dem *malecón* (Strandpromenade) beobachten kann.

Bar Restaurant Araguaneyes (Los Cocos 8; Hauptgerichte 32–60 BsF; ☻ Mo–Do 8–22.30, Fr–So bis 23 Uhr) Man macht es sich oben auf der luftigen Terrasse gemütlich und verputzt internationale Speisen oder Leckereien aus der *criollo*-Küche, u. a. eine gute Auswahl von Fischgerichten.

Bokú (Morillo; Abendmenü 45–60 BsF; ☻ 18–24 Uhr) Safrangelbe Tischdecken und schmiedeeiserne Stühle schaffen ein tolles Ambiente für die leckere Pasta und die frischen Fischgerichte. Liegt einen halben Block vom Meer entfernt.

AN- & WEITERREISE
Ab dem Steig 5 vom Busbahnhof Interurbano in Maracay starten stündlich oder alle zwei Stunden Busse (15 BsF, 2¼ Std.). Der letzte nach Maracay fährt theoretisch zwischen 16 und 17 Uhr in Puerto Colombia ab, an Wochenenden später. Taxis warten direkt hinter dem Busbahnhof (tagsüber 100 BsF, nachts mehr, 1¼ Std.) – am besten hält man nach anderen Reisenden Ausschau, mit denen man sich die Kosten teilen kann. Übrigens: Die gesamte Gegend inklusive Puerto Colombia wird meist als Choroní bezeichnet.

Montags bis donnerstags fahren alle Busse bis nach Puerto Colombia, an Wochenenden ist bereits an der neuen Bushaltestelle zwischen Choroní und Puerto Colombia Endstation. *Carritos* (2 BsF) mit der Aufschrift „Interno" verkehren ungefähr alle 15 Minuten bis ca. 20 Uhr zwischen beiden Orten; zu Fuß braucht man etwa 20 Minuten.

El Playón

El Playón liegt am Ende der westlichen Straße des Nationalparks und ist der wichtigste Ort der Gegend. Es ist sehr viel größer als Puerto Colombia, hat jedoch nichts von dessen kolonialem Charme. Es gibt mehrere kleine Strände, der beste ist die **Playa Malibú** in der Nähe des *malecón*. Der Strand **El Playón** liegt direkt am Ort; an seinem westlichen Teil kann man gut surfen. Wer schnorcheln oder Kajak fahren möchte, lässt sich mit dem Boot nach **La Ciénaga** (einfache Strecke 200 BsF, 15 Min.) bringen. Infos gibt's bei der Posada de la Costa Eco-Lodge.

5 km weiter östlich, an der Bahía de Cata, liegt die bekannte **Playa Cata**. Der sichelförmige Sandstrand ist eine echte Postkartenschönheit, leider etwas verunstaltet von zwei hässlichen Appartementbauten, die über dem Strand thronen. Ab El Playón fahren *carritos* (3 BsF, 15 Min.) hierher.

Boote bringen Besucher von der Playa Cata zur kleineren, ruhigeren **Playa Catita** (einfache Strecke 150 BsF, 10 Min.) und zur meist verlassenen **Playa Cuyagua** (einfache Strecke 300 BsF, 20 Min.); beide Strände sind jedoch auch günstiger über Land zu erreichen.

Der nächste Geldautomat befindet sich in Ocumare de la Costa an der Plaza Bolívar gegenüber der Kirche.

SCHLAFEN & ESSEN
Es gibt mehr als ein Dutzend Unterkünfte, viele nur ein paar Häuserblocks vom Meer entfernt. Den Hunger stillen ein paar leicht schäbige Restaurants, auch die meisten Hotels servieren auf Anfrage Essen. Die Preise ziehen an Wochenenden und in den Ferien stark an.

Posada Villa Loley (☎ 993-1252; loleyenlacosta@hotmail.com; Ecke Fuerzas Armadas & Urdaneta; DZ/3BZ/4BZ 240/260/280 BsF; ❄ ▫ ☻) Diese entspannte, freundliche *posada* liegt einen Block vom Strand entfernt. Gäste können sich am winzigen Pool oder in der Lounge entspannen, die einen Innenhof mit Bar umgeben. Hübsches maritimes Dekor, Fensterläden aus Stoff und schöne blaue Kacheln dominieren die Zimmer. Von Sonntag bis Donnerstag gibt's einen Rabatt von 30 %.

Posada de la Costa Eco-Lodge (☎ 993-1986; www.ecovenezuela.com; California 23; DZ mit/ohne Meerblick 435/385 BsF, 3BZ/4BZ 472/505 BsF; ❄ ☻) Wunderschönes Hotel inmitten eines ruhigen, am Strand gelegenen Gartens voller Bougainvillea mit hübschen Zimmern und einer luftigen Bar auf der Terrasse, Strandblick inklusive. Der Aufpreis für die Zimmer mit Balkon und Meerblick lohnt sich. Das Frühstück ist inklusive, außerdem kann man Kajak- und Schnorcheltouren buchen.

AN- & WEITERREISE
Busse nach El Playón – gekennzeichnet mit „Ocumare de la Costa" – fahren zwischen 7 und 18 Uhr etwa jede Stunde am Steig 6 des Busbahnhofs Interurbano in Maracay ab (10 BsF, 2 Std.). Von der Urbanización Caña de Azúcar in Maracay verkehren zudem stündlich Kleinbusse nach El Playón, die sich vor allem für Reisende eignen, die im nahen El Limón übernachten.

PARQUE NACIONAL MORROCOY
☎ 0259

Der Parque Nacional Morrocoy hat eine der spektakulärsten Küstenlandschaften Venezuelas zu bieten. Er umfasst ein Stück Festland sowie zahlreiche Inseln aller Größen vor der Küste. Manche dieser Inseln warten mit weißen Sandstränden und Korallenriffen auf; die bekannteste ist Cayo Sombrero mit ihren tollen Korallenriffen (die jedoch zunehmend zerstört werden) und einigen der schönsten Stränden. Für Schnorchler sind außerdem Cayo Borracho, Playuela und Playuelita interessant.

An den Wochenenden ist im Park richtig was los, unter der Woche geht's deutlich ruhiger zu. In der Ferienzeit ergattert man kaum ein Stückchen freien Strand.

Orientierung & Praktische Informationen

Der Park liegt zwischen Tucacas und Chichiriviche, und die meisten Besucher nutzen diese beiden Orte als Tore für den Park. Chichiriviche ist kleiner als Tucacas. Beide sind ziemlich unattraktiv und öde, bieten jedoch Internetcafés und Geldautomaten, die rund um die Uhr in Betrieb sind.

Aktivitäten

Schnorchelausrüstung kann bei ein paar Bootsvermietern und Hotels ausgeliehen werden, außerdem kann man an Strand-, Schnorchel- und Vogelbeobachtungstouren teilnehmen.

In Tucacas gibt's drei Tauchschulen, die Kurse und geführte Tauchgänge anbieten. Zertifikatskurse kosten zwischen 1000 und 1800 BsF, ein Ausflug mit zwei Tauchgängen ist für 350 bis 450 BsF zu haben und für Schnorcheltouren legt man 60 bis 200 BsF hin.

Empfehlenswerte Tauchschulen:

Amigos del Mar (☎ 812-1754; amigos-del-mar@cantv.net; Democracia) Der billigste Anbieter.
Frogman Dive Center (☎ 340-1824; www.frogmandive.com; Centro Comercial Bolívar, Plaza Bolívar)
Submatur (☎ 812-0082; morrocoysubmatur1@cantv.net; Ayacucho 6)

Schlafen & Essen

Campen ist auf den Inseln innerhalb des Parks nicht mehr erlaubt.

TUCACAS

Viele der Hotels und Restaurants in Tucacas liegen an oder in der Nähe der 1 km langen Av Libertador.

Posada de Carlos (☎ 812-1493; Av Principal 5; EZ 60 BsF, Zi. 40 BsF/Pers.; ✱) Auf einem handgeschriebenen Schild steht „*Sí, hay habitación*" (Ja, wir haben freie Zimmer). Die gute, preiswerte Unterkunft bringt ihre Gäste in acht Räumlichkeiten unter.

Posada Amigos del Mar (☎ 812-3962; amigos-del-mar@cantv.net; Nueva; EZ 60 BsF, Zi. 40 BsF/Pers.) Die etwas schäbige, aber günstige *posada* wird von einem Belgier geführt und liegt hinter dem Ambulatorio Urbano, einen kurzen Fußmarsch von der Bushaltestelle entfernt. Hier gibt's geräumige Zimmer mit Ventilatoren, eine Küche, einen Grillplatz und einen Tauchladen.

Panadería Reina del Mar (Av Libertador; Hauptgerichte 10–25 BsF; ✱ Mo–Fr 7–21, Sa & So bis 22 Uhr) Die Bäckerei mit Restaurant hat Sandwiches, Lasagne, Hühnchen und die übliche Frühstücksauswahl zu bieten, alles zu tollen Preisen.

CHICHIRIVICHE

Entlang der Küste an der Playa Norte gibt's zahlreiche Unterkünfte. Preiswerte Lokale findet man an der Av Zamora.

Casa Morena's Place (☎ 0424-453-3450; posadamorenas@hotmail.com; Sector Playa Norte; B 25–30 BsF, EZ/DZ 50/70 BsF) Farbenprächtig eingerichtete Unterkunft, einen Block vom Strand entfernt in der Nähe des Lyceo Ramon Yanez. Hier finden Traveller einen Wäscheservice und eine Gemeinschaftsküche. Etwas Englisch und Französisch wird gesprochen.

Villa Gregoria (☎ 818-6359; aagustinm@yahoo.es; Mariño; DZ 100 BsF; ✱) Sowohl der Besitzer als auch die Einrichtung sind spanisch. Wer diese gemütlichen Zimmer in der Nähe der Busendhaltestelle bezieht, kommt auch in den Genuss eines kleinen Gartens.

Restaurant El Rincón de Arturo (Av Zamora; Frühstück 20 BsF, Mittagsmenü 22 BsF; ✱ Mo–Sa 7–16, So 7–18 Uhr) Das kleine, beliebte, zwei Blöcke vom Strand entfernte Eckrestaurant serviert leckere, bodenständige Küche.

An- & Weiterreise

Weder Tucacas noch Chichiriviche haben einen eigenen Busbahnhof. Tucacas liegt an der Straße zwischen Valencia und Coro, auf der häufig Busse nach Valencia (10 BsF, 1½ Std.) und Coro (25 BsF, 3½ Std.) verkehren. Busse ab Valencia auf dem Weg nach Chichiriviche (5 BsF, 40 Min.) kommen hier regelmäßig vorbei.

Chichiriviche liegt etwa 22 km abseits der Autobahn Morón–Coro und wird jede halbe Stunde von Bussen aus Valencia (20 BsF, 2½ Std.) angefahren.

Ab Caracas oder Coro fahren keine direkten Busse nach Chichiriviche. Wer in Caracas ist, nimmt einen der regelmäßig verkehrenden Busse nach Valencia (12–15 BsF, 2½ Std.) und steigt dort in einen Bus nach Chichiriviche um. Von Coro aus geht's per Bus zunächst Richtung Valencia; in Sanare (25 BsF, 3¼ Std.) an der Abzweigung nach Chichiriviche steigt man dann in einen der Busse, die zwischen Valencia und Chichiriviche verkehren.

Unterwegs vor Ort

Ab Tucacas und Chichiriviche bringen Boote Passagiere auf die Inseln (max. 8 Pers.); bezahlt wird pro Boot. Zu den beliebten Ausflugszielen ab Tucacas gehören Playa Paiclás (hin & zurück 150 BsF), Playuela (200 BsF) und Cayo Sombrero (250 BsF). Ab Chichiriviche starten die meisten Boote zu den nahegelegenen Inselchen Cayo Muerto, Cayo Sal, Cayo Pelón und Cayo Sombrero.

CORO

☎ 0268 / 256 000 Ew.

In Coro weht immer eine angenehme Brise vom Meer herüber. Der Ort gehört zu den hübschesten Kolonialstädten Venezuelas, zudem kommt man von hier aus zu den großartigen Sanddünen des Nacional Médanos de Coro. An den kopfsteingepflasterten Straßen des Viertels Zamora lassen sich die meisten historischen Villen und die schönste Kolonialarchitektur des Landes bewundern. Die Stadt, die 1993 von der Unesco zum

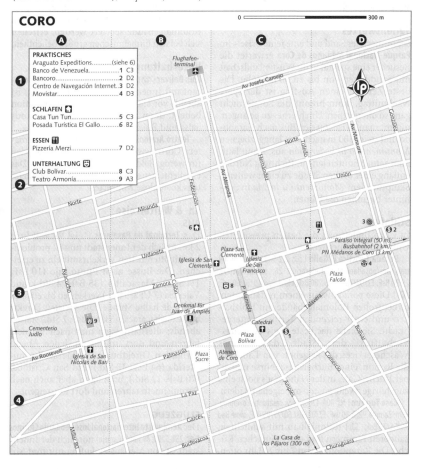

Weltkulturerbe erklärt wurde, eignet sich bestens als Ausgangspunkt für Ausflüge in die Gegend, insbesondere zur Península de Paraguaná und in die bergige Sierra de San Luis. Außerdem gibt's hier eine große Universität und ausgezeichnete Budgetunterkünfte.

Praktische Informationen
Araguato Expeditions (☎ 0416-866-9328; www.araguato.org; Federación 26) Der Touranbieter befindet sich in der Posada El Gallo; zum Programm gehören Tagesausflüge (120 BsF) zur Península de Paraguaná und zur Sierra de San Luis.
Banco de Venezuela (Paseo Talavera)
Bancoro (Ecke Av Manaure & Zamora)
Centro de Navegación Internet (Ecke Av Manaure & Zamora; 8–20.30 Uhr)
Movistar (Falcón) Telefon.

Sehenswertes
Schimmernder Sand und eine feine Brise – im **Parque Nacional Médanos de Coro** erwartet die Besucher eine spektakuläre Wüstenlandschaft mit Sanddünen von bis zu 30 m Höhe. Die beste Zeit für einen Ausflug ist der späte Nachmittag, dann brennt die Sonne nicht ganz so unerbittlich. Um hierher zu gelangen, nimmt man in Falcón den Bus nach Carabobo und steigt 300 m nach dem langgezogenen *Monumento a la Federación* aus. Dann läuft man zehn Minuten lang in Richtung Norden entlang einer breiten Straße zu einer weiteren Skulptur, dem *Monumento a la Madre*; dahinter beginnen die Dünen.

Schlafen
In Coro findet man die besten preiswerten Unterkünfte Venezuelas.
Posada Turística El Gallo (☎ 252-9481; www.hosteltrail.com/posadaelgallo; Federación 26; Hängematte/B 25/30 BsF, EZ/DZ/3BZ 50/60/80 BsF, ohne Bad 40/50/60 BsF;) Diese *posada* ist in einem restaurierten, farbenfrohen Kolonialgebäude mit Holzbalken und einer reizenden Terrasse untergebracht. Sie bietet das beste Preis-Leistungs-Verhältnis der Stadt dank eines Wäscheservices, des Angebots von Touren in die Region, einer Büchertauschbörse und einer Küche. Ganz in der Nähe gibt's noch eine zugehörige zweite *posada* mit eigenen Bädern.
Casa Tun Tun (☎ 404-4260; www.casatuntun.overblog.com; Zamora 92; B 30 BsF, EZ/DZ/3BZ 60/75/95 BsF, ohne Bad 45/55/75 BsF;) Kolonialbau mit schlichten, sauberen Zimmern und einer einfachen Küche. Die Rezeption ist von 7 bis 24 Uhr offen.

La Casa de los Pájaros (☎ 252-8215; www.casadelospajaros.com.ve; Monzón 74; B mit Ventilator 30 BsF, DZ/3BZ/4BZ mit Klimaanlage 120/160/180 BsF;) Das tolle Haus wurde von den Besitzern, die gleichzeitig Architekten sind, entworfen und wartet mit sieben Zimmern, hohen Wänden, einer tollen Beleuchtung und kunstvoll gestalteten Badezimmern voller Mosaiken auf.

Essen
Paraíso Integral (Ecke Zamora & Gonzalez; Menü 15 BsF; Mo–Do 7–19, Fr bis 17.30, So 7.30–13 Uhr) In diesem vegetarischen Restaurant kommen leckere Suppen und Gehaltvolles wie *pasticho de berengena* (Auberginenlasagne) auf den Tisch, außerdem werden Naturprodukte verkauft, die sonst schwer zu finden sind.
Pizzería Merzi (Toledo 36; Pizza ab 19 BsF; Di–So 16–22 Uhr) Die leckeren Pizzen, die in diesem Kolonialgebäude serviert werden, erfreuen sich bei den Einheimischen großer Beliebtheit.

Unterhaltung
Club Bolívar (☎ 0414-627-2865; Zamora) Das Restaurant mit Innenhof (nicht ausgeschildert) ist abends vor allem bei der jungen Generation beliebt, denn dann spielen hier Livebands Salsa und Boleros.
Teatro Armonía (Zamora) In der Sala Cinemateca Coro (www.cinemateca.gob.ve) werden für wenig Geld Arthouse-Filme gezeigt. Das exzellente hauseigene Orchester gibt donnerstags kostenlose Konzerte.

An- & Weiterreise
BUS
Das **Terminal de Pasajeros** (Av Los Médanos) liegt 2 km östlich der Innenstadt und ist problemlos mit öffentlichen Verkehrsmitteln zu erreichen. Die Busse nach Punto Fijo (10 BsF, 1¼ Std.), Maracaibo (35 BsF, 4 Std.) und Valencia (7 US$, 5 Std.) verkehren bis etwa 18 Uhr jede halbe Stunde. Die meisten Direktbusse nach Caracas (53–60 BsF, 7 Std.) starten abends; alternativ kann man nach Valencia fahren und dort umsteigen. Jeden Abend verbinden Direktbusse via Maracaibo mit Mérida (64 BsF, 13 Std.) und San Cristóbal (70 BsF, 12 Std.), man kann aber auch nach Barquisimeto fahren und dort umsteigen.

FLUGZEUG
Der **Aeropuerto Internacional José Leonardo Chirinos** (☎ 251-5290; Av Josefa Camejo) nördlich der Innenstadt ist von hier aus zu Fuß in nur fünf Mi-

nuten zu erreichen. Avior fliegt täglich nach Caracas (269 BsF). Ein Taxi kostet 10 BsF.

ADÍCORA

☎ 0269

Die kleine, stürmische Stadt Adícora an der Westküste der Península de Paraguaná gehört zu den besten **Wind-** und **Kitesurfgebieten** des Landes: Anfänger und Profis aus aller Welt strömen hierher, um sich von den Winden tragen zu lassen. Das beliebteste Touristenziel der Halbinsel hat eine ordentliche Auswahl von Unterkünften und Restaurants zu bieten. Windsurfkurse kosten pro Stunde etwa 80 BsF, ein acht- bis zehnstündiger Kitesurf-Kurs zwischen 700 und 850 BsF.

An der Playa Sur (Südlicher Strand) am Ortseingang gibt's ein paar lokale Anbieter, die Kurse, Leihausrüstung und Unterkünfte mit Küchen im Programm haben. Dazu gehören **Windsurf Adícora** (☎ 0416-769-6196; www.windsurfadicora.com; DZ 120 BsF, Apt. 150 BsF; ⚡), das gute Zimmer und eine Gemeinschaftsküche zu bieten hat, und **Archie's Surf Posada** (☎ 988-8285; www.kitesurfing-venezuela.com; Camping/Hängematte 30 BsF/Pers., DZ 80 BsF; 🖥), eine Surfschule unter deutscher Leitung mit jeder Menge Apartements.

Zwischen Adícora und Coro (9 BsF, 1 Std.) verkehren täglich acht Busse, der letzte fährt etwa um 17 Uhr ab.

MARACAIBO

☎ 0261 / 2,5 Mio. Ew.

Wer nicht gerade im Erdölgeschäft mitmischt, wird das brütend heiße Maracaibo wohl nur als Umsteigepunkt nutzen. Die zweitgrößte Stadt des Landes ist das Zentrum der venezolanischen Erdölindustrie, etwa zwei Drittel der gesamten Ölfördermenge kommt aus der Erde unter dem Lago de Maracaibo. Die Stadt selbst ist von ausufernden Vororten, einem baufälligen historischen Zentrum im Süden und einer charakterlosen neuen Innenstadt voller Hochhäuser im Norden geprägt. Man kommt problemlos von einem Stadtteil zum anderen, es ist also egal, wo man sein Quartier aufschlägt. Das neue Zentrum hat allerdings sehr viel bessere Hotels, Restaurants und Bars zu bieten und ist zudem nachts sicherer. In der Altstadt gibt's mehr Sehenswürdigkeiten aus der Kolonialzeit, allerdings werden hier schon früh am Abend die Schotten dicht gemacht.

Praktische Informationen

Banco de Venezuela Historisches Zentrum (Ecke Av 5 & Calle 97); neues Zentrum (Ecke Av Bella Vista & Calle 74)
Banesco Neues Zentrum (Av Bella Vista & Calle 71); neues Zentrum (Av Bella Vista zw. Calle 83 & Calle 84)
Cyber@lgo Mas (Av 5 zwischen Calles 96 & 97, historisches Zentrum; ⏰ Mo–Fr 8–16 Uhr)

BLITZE OHNE DONNER

Das beeindruckende Phänomen regelmäßig aufleuchtender Blitze, die nicht von Donner begleitet werden, kann man an der Mündung des Río Catatumbo beim Lago de Maracaibo bestaunen. Der gespenstische elektrische Sturm ist manchmal so stark und konstant, dass man nachts sogar ohne Licht in seinem Reiseführer lesen kann.

Das Spektakel wird Relámpago de Catatumbo (Blitze von Catatumbo) oder Faro de Maracaibo (Leuchtturm von Maracaibo) genannt und ist die ganze Nacht über in der gesamten Region zu sehen, bei entsprechendem Wetter sogar von Maracaibo und San Cristóbal aus. Einen ersten Eindruck bekommt man bereits, wenn man nachts auf den Straßen zwischen Maracaibo und San Cristóbal oder zwischen San Cristóbal und Valera unterwegs ist; je näher man aber dem Spektakel kommt, desto beeindruckender wird es. Die einfachste Variante ist eine Tour ab Mérida, bei der man die Catatumbo-Blitze ganz aus der Nähe bestaunen kann.

Es gibt verschiedene Theorien, die das Phänomen zu erklären versuchen, doch bis jetzt konnte keine bewiesen werden. Die wohl überzeugendste besagt, dass es mit der Topographie der Region im Zusammenhang steht, die von einer nahegelegenen, bis zu 5000 m hohen Gebirgskette (den Anden) und einem riesigen, auf Meereshöhe liegenden See (Lago de Maracaibo) geprägt ist – diese ungewöhnliche Kombination findet man nirgendwo sonst auf der Welt. Man geht davon aus, dass die kalten Winde, die vom eisigen Hochland herabsteigen, mit der heißen, mit Wasserdampf gemischten Luft zusammenstoßen. Dadurch werden Luftpartikel ionisiert, die schließlich die Blitze erzeugen.

Das Phänomen ist zwischen September und November am beeindruckendsten: Dann erleuchten 150 bis 200 Blitze pro Minute den Himmel.

Italcambio Flughafen (☎ 735-6206, Inlandsterminal); Av El Milagro (☎ 793-2983; Centro Comercial Lago Mall, Av El Milagro, neues Zentrum)
Magic Net (Centro Comercial Salto Ángel, Calle 78, neues Zentrum; Internet 3,50 BsF/Std.; ⓥ Mo–Fr 9–20, So 14–20 Uhr) An der Südseite der Plaza República.
Movistar (Ecke Av Bella Vista & Calle 83, neues Zentrum; ⓥ Mo–Do 9–18 Uhr) Hier kann man auch telefonieren.

Schlafen

Eigentlich ist es praktisch, sein Quartier im historischen Zentrum aufzuschlagen, doch die Optionen dort sind nicht wirklich attraktiv und die Gegend ist unsicher und bei Nacht vollkommen verlassen. Die nördlichen Randbezirke sind etwas sicherer und haben bessere, wenn auch nicht gerade umwerfende Unterkünfte zu bieten.

Hotel Caribe (☎ 722-5986; hotel_caribe@cantv.net; Av 7 No 93-51, historisches Zentrum; EZ 60–80 BsF, DZ 100–190 BsF, 3BZ 225 BsF; ⓟ ⓡ) Das Caribe liegt zwei Blocks von der Plaza Bolívar entfernt. Die insgesamt 90 Betten verteilen sich auf einen älteren (gute, einfache Zimmer) und einen neueren Bereich (bessere Betten). Ein toller Treppenaufgang im Art-déco-Stil verleiht der Lobby Glanz.

Nuevo Hotel Unión (☎ 793-3278; Calle 84 No 4-60, neues Zentrum; DZ 65–70 BsF, 3BZ 100 BsF; ⓟ) Das einfache, preiswerte Hotel hat 16 schlichte Zimmer mit gekachelten Böden im Kolonialstil zu bieten.

Hotel Nuevo Montevideo (☎ 722-2762; Calle 86A No 4-96, neues Zentrum; DZ 80–90 BsF, 3BZ 100 BsF; ⓟ) Die ruhige Unterkunft in einem weitläufigen Gebäude hat zwölf Zimmer mit hohen Decken im Angebot.

Essen

Im historischen Zentrum gibt's zahlreiche günstige Lokale, im neuen Zentrum rund um die Plaza República schickere Restaurants sowie Optionen zum Weggehen.

Pastelería Jeffrey's (Calle 78 zw. Av 3H & Av 3G, neues Zentrum; Sandwiches & Salate 16–30 BsF; ⓥ Mo–Sa 7–21, So bis 14 Uhr) Schicke Bäckerei in der Nähe der Plaza República. Hier bekommt man einfaches Frühstück, guten Kaffee, leckeres Gebäck sowie Kekse, Trüffel und frische Säfte.

Restaurant El Enlosao (Calle 94, historisches Zentrum; Hauptgerichte 22–26 BsF; ⓥ 11–19.30 Uhr) Das Enlosao ist in einem reizenden historischen Landhaus untergebracht und serviert unprätentiöse, aber leckere venezolanische Küche zu tollen Preisen.

Restaurant El Zaguán (Ecke Calle 94 & Av 6, historisches Zentrum; Hauptgerichte 30–48 BsF; ⓥ Mo–Sa 12–19 Uhr) In diesem Restaurant in der Nähe des Enlosao kommt herzhafte lokale und internationale Küche mit jeder Menge kokoslastigen Spezialitäten aus Zulia auf den Tisch. Alte Fotos an den Wänden dokumentieren die Geschichte und Architektur des kolonialen Maracaibo.

Restaurant Mi Vaquita (Av 3H No 76-22, neues Zentrum; Hauptgerichte 60–80 BsF; ⓥ Mo 11.30–16, Di–Sa bis 23, So 12–17 Uhr) Das einladende Restaurant samt Bar und Holzeinrichtung ist auch nach 40 Jahren noch gut dabei und gehört zu den bes-

---

EINREISE NACH KOLUMBIEN

Eine Reihe von Veranstaltern bietet Reisen in klimatisierten Bussen, die über Maicao, Santa Marta und Barranquilla (alle in Kolumbien) nach Cartagena fahren. Am Busbahnhof in Maracaibo startet täglich um 5 Uhr ein Bus von **Bus Ven** (☎ 723-9084; Busbahnhof), dem preiswertesten Anbieter, nach Santa Marta (220 BsF, 7 Std., 374 km) und Cartagena (240 BsF, 11 Std., 597 km). Die Busse überqueren bei Paraguachón die Grenze (genau genommen steigt man hier in andere Busse um), dann geht's weiter nach Maicao (s. Kasten S. 754), der ersten Stadt auf kolumbianischem Boden.

Por puestos (Sammeltaxen) bringen einen günstiger nach Maicao (60 BsF, 2½ Std., 123 km), wo man umsteigen kann. Sie fahren regelmäßig etwa zwischen 5 und 15 Uhr ab und verkehren bis zum Busbahnhof von Maicao. Ab dort bedienen mehrere kolumbianische Busunternehmen die Route bis nach Santa Marta (31 000 KOL$, 4 Std.) und noch weiter; es gibt regelmäßig bis zum späten Nachmittag Verbindungen.

Alle Reisepass-Formalitäten werden in Paraguachón an der Grenze erledigt. Die venezolanische Ausreisebehörde verlangt von allen Touristen, die aus Venezuela ausreisen eine *impuesto de salida* (Ausreisesteuer) von 55 BsF, die bar in Bolívares bezahlt werden muss.

Man sollte daran denken, bei Reisen von Venezuela nach Kolumbien seine Uhr eine halbe Stunde zurückzustellen. Infos zu Reisen von Venezuela nach Santa Marta, Kolumbien, gibt's auf S. 754.

ten Steakhäusern der Stadt. Von Donnerstag bis Samstag spielen Livebands Merengue, Salsa und Reggaeton.

An- & Weiterreise

Der internationale Flughafen La Chinita liegt 12 km südwestlich der Innenstadt. Es gibt keine Anbindung mit öffentlichen Verkehrsmitteln; ein Taxi hierher kostet etwa 20 BsF. Die meisten Flüge gehen über Caracas (296–350 BsF).

Der geschäftige Busbahnhof liegt 1 km südwestlich des Zentrums und verfügt über eine Gepäckaufbewahrung sowie ein Internetcafé, das bis spätabends geöffnet ist. Regelmäßig verkehren Busse nach Coro (35 BsF, 4 Std.) und Caracas (56–58 BsF, 10½ Std.). Mehrere Nachtbusse bedienen die Strecken nach Mérida (50 BsF, 9 Std.) und San Cristóbal (55 BsF, 8 Std.).

DIE ANDEN

Im heißblütigen Venezuela vermutet man wohl nicht zuallererst verschneite Berge und windgepeitschte Gipfel. Jedoch erstreckt sich hier das 400 km lange Nordende der Anden, das vom höchsten Berg des Landes, dem Pico Bolívar (5007 m), gekrönt wird. Wer nicht nur Lust aufs Bergsteigen hat, kann außerdem blühende Nebelwaldtäler, steil abfallende Wasserfälle und Schluchten erkunden sowie reizende Bergdörfer, zu denen enge, gewundene Straßen führen.

Der Bundesstaat Mérida im Herzen der venezolanischen Anden wartet mit höchsten Gipfeln und einer hervorragenden touristischen Infrastruktur auf. Die Stadt Mérida gehört zu Südamerikas Topzielen für Abenteuersportler, außerdem kommt man von hier aus zu den Grassavannen von Los Llanos. Die beiden anderen Andenstaaten Trujillo und Táchira sind weniger populär, bieten aber jede Menge Möglichkeiten für Trekkingfans auf Urlaub.

MÉRIDA

☎ 0274 / 310 000 Ew.

Venezuelas Mekka des Abenteuersports liegt auf 1600 m Höhe und präsentiert sich als wohlhabende Andenstadt mit jugendlicher Energie und solider Kunstszene. Die entspannte, freundliche und kultivierte Atmosphäre ist auch den allgegenwärtigen Studenten und Outdoorsportlern zu verdanken.

Aktivurlauber haben hier wirklich die Qual der Wahl: Im Angebot sind Wandern, Canyoning, Raften, Mountainbike-Touren und Gleitschirmfliegen, außerdem starten hier die meisten Trips nach Los Llanos, bei denen Tierbeobachtungen und Naturerfahrungen auf dem Programm stehen.

In Mérida lebt man günstig und sicher, und es gibt qualitativ hochwertige Unterkünfte und zahlreiche preiswerte Lokale. Die Stadt kann zwar nicht mit Kolonialarchitektur punkten, besticht dafür aber mit einem lebendigen, unprätentiösen Nachtleben und ist eines der Lieblingsziele bei Backpackern.

Praktische Informationen

GELD
Banco de Venezuela (Av 4)
Banesco (Calle 24)
Italcambio (☎ 263-2977; Av Urdaneta, Flughafen)

INTERNETZUGANG
In Mérida gibt's jede Menge erschwinglicher Internetcafés (2–3 BsF/Std.):
Cyber Blue Sky (Av 5)
Movistar (Calle 20)
Palace Cyber (Calle 24) Gute Bildschirme, schnelle Verbindungen.

MEDIZINISCHE VERSORGUNG
Clínica Mérida (☎ 263-0652, 263-6395; Av Urdaneta No 45-145)

POST
Ipostel (Calle 21)

TELEFON
Movistar (Calle 20) Hier geht's auch ins Internet.

TOURISTENINFORMATION
Cormetur (☎ 800-637-4300, 7–19 Uhr; cormetur promocion@hotmail.com) Busbahnhof (☎ 263-3952; Av Las Américas; 8–18 Uhr); Haupttouristeninformation (☎ 263-1603, 263-4701; Ecke Av Urdaneta & Calle 45; 8–12 & 14.30–18 Uhr); Mercado Principal (☎ 262-1570; Av Las Américas; Di–So 8–15 Uhr); Teleférico (Parque Las Heroínas; Di–So 8–15 Uhr) Eine der hilfsbereitesten Touristeninformationen des Landes; sowohl die Mitarbeiter der kostenlosen Hotline als auch die des Hauptbüros sprechen Englisch.

WASCHSALONS
Die meisten *posadas* bieten einen Wäschereiservice an; zentral gelegene *lavanderías* verlangen pro Waschladung etwa 15 BsF.

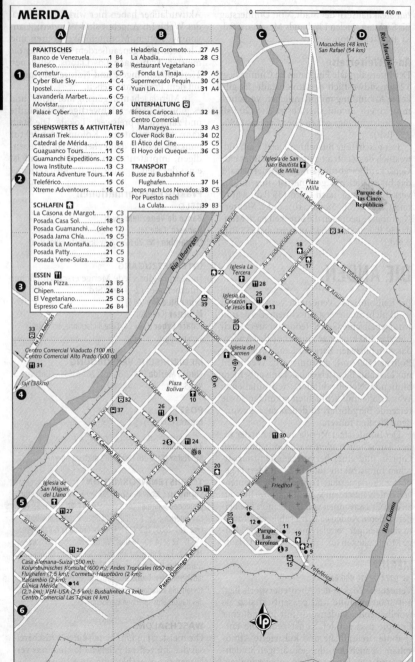

Lavandería Marbet (Calle 25)
Posada Patty (Calle 24)

Sehenswertes

Das **Stadtzentrum** bietet sich für entspannte Spaziergänge an, auch wenn es im Hinblick auf koloniale Architektur oder außergewöhnliche Sehenswürdigkeiten eher wenig zu sehen gibt. Die begrünte, aber ebenfalls nicht im Kolonialstil erbaute **Plaza Bolívar** ist das Herz der Stadt. Mit dem Bau der monumentalen **Catedral de Mérida** wurde 1800 begonnen, als Vorbild dienten die Pläne einer Kathedrale aus dem spanischen Toledo des 17. Jhs. Fertig wurde sie erst 1958, und das wahrscheinlich auch nur wegen des anstehenden 400. Stadtgeburtstags. Von der Calle 22 aus kann man die detailreich verzierten Wasserspeicher genauer betrachten.

Zum Zeitpunkt der Recherche war Méridas berühmter **Teleférico** (Parque Las Heroínas), das weltweit höchste und längste Seilbahnsystem, mal wieder wegen Reparaturarbeiten geschlossen; wann er wieder eröffnet wird, ist ungewiss. Im Normalbetrieb passiert der *teleférico* auf einer Strecke von 12,5 km vier Stationen, die erste in Barinitas (1577 m) in Mérida, die letzte oben auf dem Pico Espejo (4765 m). Die drei Stationen dazwischen sind La Montaña (2436 m), La Aguada (3452 m) und Loma Redonda (4045 m). Die erste Station Barinitas ist beispielsweise wegen des tollen Blicks auf die Berge und der sich im Wind wiegenden Raubvögel einen Besuch wert.

Aktivitäten

Outdoor-Abenteurer werden die Region wegen des exzellenten Sportangebots lieben. Man kann hier u. a. klettern, Vögel beobachten, reiten und raften. Auf S. 1058 gibt's Infos zu Touranbietern, auf S. 1060 zu Wander- und Bergtouren.

GLEITSCHIRMFLIEGEN

Gleitschirmfliegen ist der Abenteuersport schlechthin in Mérida. Sogar die städtischen Müllwagen zieren Bilder von Gleitschirmfliegern. Wer den motorlosen Flug mal allein genießen (also selbst fliegen) möchte, ist bei **Xtreme Adventours** (☎ 252-7241; www.xatours.com; Calle 24), dem größten Anbieter vor Ort, richtig. Die meisten Tourbüros haben aber eigene Piloten oder organisieren welche bei Bedarf.

Die meisten Besucher fliegen im Tandem mit einem erfahrenen Piloten, Vorkenntnisse werden also nicht benötigt. Der am häufigsten benutzte Startpunkt ist Las Gonzáles, eine einstündige Jeepfahrt von Mérida entfernt; der Gleitflug dauert 20 bis 30 Minuten, wobei man eine Höhe von 850 m überwindet. Im Preis (260–270 BsF) ist die Fahrt mit dem Jeep enthalten.

Man hat auch die Möglichkeit, einen etwa einwöchigen Gleitschirmkurs zu belegen (ca. 3000 BsF), bestehend aus einem Theorie- (auch auf Englisch verfügbar) und einem Praxisteil, inklusive Soloflüge.

RAFTING & CANYONING

Raften kann man auf ein paar Flüssen bei den südlichen Andenausläufern. Entweder bucht man die Aktivität als Teil einer Tour in Los Llanos, oder man wählt eine zweitägige reine Raftingtour (500–650 BsF/Pers.). Angeboten werden diese Touren normalerweise nur in der Regenzeit (Mai–Nov.).

Auch **Canyoning** (Klettern, Abseilen und Wandern durch einen Fluss und seine Wasserfälle) ist eine beliebte Freizeitaktivität. Ganztägige Touren mit allem Drum und Dran kosten zwischen 200 und 250 BsF. **Arassari Trek** (☎ 252-5879; www.arassari.com; Calle 24) ist der führende Anbieter von Rafting- und Canyoning-Touren.

MOUNTAINBIKE FAHREN

In Mérida bieten mehrere Veranstalter Radtouren an. Die Qualität der Fahrräder und die Preise variieren meist stark, man sollte sich also etwas umsehen. Eine beliebte Route beschreibt eine Schleife um die abgelegenen Bergdörfer südlich von Mérida herum, die Pueblos del Sur genannt werden. Eine größere Herausforderung stellt die Tour hinauf nach El Refugio im Parque Nacional Sierra la Culata dar: Bei der Abfahrt durch das grasbewachsene Hochland wird jede Menge Adrenalin ausgeschüttet.

Kurse

Es gibt jede Menge Studenten und andere Lehrkräfte, die privaten Sprachunterricht anbieten; Infos haben die gut besuchten Hotels und die Touranbieter. Im Folgenden sind die größten Einrichtungen genannt, die Spanischkurse anbieten:

Iowa Institute (☎ 252-6404; www.iowainstitute.com; Ecke Av 4 & Calle 18)

VEN-USA (☎ 263-7631; www.venusacollege.org; Edificio Tibisay, Av Urdaneta)

Geführte Touren

Vor Ort gibt's jede Menge Tourveranstalter, von denen viele beim Parque Las Heroínas und entlang der Calle 24 zu finden sind. Bevor man sich für einen entscheidet, sollte man sich in Ruhe umschauen, mit anderen Reisenden sprechen und alle Angebote sorgfältig prüfen. Beliebt sind Ausflüge in die Berge, z. B. zum Pico Bolívar und zum Pico Humboldt. Die meisten Veranstalter buchen auch Flugtickets.

Ein absolutes Muss unter den in Mérida angebotenen Touren ist eine Wildtier-Safari nach Los Llanos. Die meisten Veranstalter haben diese im Programm, meist als viertägige Exkursion (700–1000 BsF, je nach Qualität des Transports, des Führers und der Unterkunft). Wie immer gilt: Qualität hat ihren Preis. Wer Zeit oder Geld sparen möchte, sollte vorab buchen, um sich einen Platz in einer Gruppe zu sichern.

Empfehlenswerte und verlässliche Anbieter in Mérida:

Andes Tropicales (☎ 263-8633; www.andestropicales.org; Ecke Av 2 & Calle 41) Das Unternehmen ist nicht auf Profit ausgerichtet, sondern setzt auf nachhaltigen Tourismus; es hilft bei der Planung von Wandertouren und der Unterbringung in ländlichen Bergdörfern, auch *mucuposadas* genannt (S. 1060).

Arassari Trek (☎ 252-5879; www.arassari.com; Calle 24) Der renommierteste Veranstalter vor Ort veranstaltet mit äußerst erfahrenen Führern Rafting-, Canyoning-, Trekking- und Mountainbiketouren sowie Ausritte. Auch Trips nach Los Llanos (u. a. Ein- oder Zweitagestouren) und Ausflüge zu einem Camp in Catatumbo (S. 1053) und den geheimnisvollen Blitzen gehören zum Programm.

Guaguanco Tours (☎ 252-3709; www.guaguanco.com.ve; Calle 24) Erfahrener Veranstalter mit einer großen Palette von Touren, u. a. nach Los Llanos, zu Kaffeeplantagen und zu heißen Quellen.

Guamanchi Expeditions (☎ 252-2080; www.guamanchi.com; Calle 24) Alleingesessener Anbieter, der sich auf Bergtouren spezialisiert hat; zudem gehören Los-Llanos-Trips sowie Kajak-, Vogelbeobachtungs- und Radtouren zum Programm. Eine *posada* ist angeschlossen.

Natoura Adventure Tours (☎ 252-4216; www.natoura.com; Calle 31) Der renommierte lokale Veranstalter hat sich mit Berg- und Klettertouren einen Namen gemacht, bietet aber auch viele weitere Trips an. Man ist stets in kleinen Gruppen und mit hochwertiger Camping- und Kletterausrüstung unterwegs.

Xtreme Adventours (☎ 252-7241; www.xatours.com; Calle 24) Junger, dynamischer Anbieter unter venezolanischer Leitung, der Wander-, Mountainbike- und Geländewagen-Touren sowie Sprünge von Brücken anbietet. Die Anlaufstelle schlechthin fürs Gleitschirmfliegen.

Schlafen

Die Unterkünfte Méridas bieten das beste Preis-Leistungs-Verhältnis im ganzen Land, was daran liegen könnte, dass hier keine Klimaanlage vonnöten ist. In der venezolanischen Hauptsaison (Juli, Aug. und in der Hauptferienzeit – Weihnachten, Karneval, Ostern) ziehen die Preise an. Die folgenden Unterkünfte verfügen alle über Bäder mit Warmwasser.

Posada Vene-Suiza (☎ 252-5775; Ecke Av 2 & Calle 18; posadavene-suiza@hotmail.com; B 35 BsF, EZ/DZ/3BZ 80/100/150 BsF, ohne Bad 40/80/120 BsF; 🖳) Von dem im Kolonialstil gehaltenen Hof und der ruhigen Terrasse im oberen Stockwerk (Hängematten!) hat man einen tollen Blick auf die Berge. Es gibt eine Küche und ein Acht-Bett-Zimmer, und auch Frühstück ist zu haben.

Posada Jama Chía (☎ 252-5767; Calle 24 No 8-223; B 40 BsF, DZ ohne Bad 80 BsF) Diese tolle dreistöckige *posada* ist schwer zu finden, da sie nicht ausgeschildert ist. Bequeme Betten und farbenfrohe Wäsche zeichnen ihre fröhlichen Zimmer aus, zudem gibt's eine Gemeinschaftsküche und tolle Blicke auf die Berge.

Posada Guamanchi (☎ 252-2080; www.guamanchi.com; Calle 24; DZ mit/ohne Bad 100/80 BsF, 4BZ 140–180 BsF) In dem weitläufigen, bei Abenteurern beliebten Haus – ein toller Ort, um Gleichgesinnte zu treffen – gibt's zwei Küchen und im hinteren Bereich Zimmer mit traumhafter Aussicht.

Posada La Montaña (☎ 252-5977; posadalamontana@intercable.net.ve; Calle 24; EZ 100–120 BsF, DZ/3BZ/4BZ 190/240 BsF; 🖳) Wunderschönes Kolonialgebäude mit gemütlichen Zimmern (dekorative Mosaiknachttische, Tresor), die täglich geputzt werden. Das Restaurant serviert leckeres Frühstück (16–19 BsF) und andere Gerichte.

Casa Alemana-Suiza (☎ 263-6503; www.casa-alemana.com; Ecke Av 2 & Calle 38; EZ/DZ/3BZ/4BZ 130/140/180/210 BsF; 🖳) Das großzügig angelegte Gebäude abseits des Touristenrummels hat geräumige, ruhige Zimmer im Retro-Stil, eine Dachterrasse mit Blick auf die Berge, einen Billardtisch und auf Wunsch einen Frühstücksservice.

Außerdem empfehlenswert:

Posada Patty (☎ 251-1052; pattyclaudia@yahoo.com; Calle 24; B 30 BsF, DZ/3BZ ohne Bad 60/90 BsF) Herzliche, familiäre Backpackerunterkunft mit Küche. Gegessen wird zusammen.

La Casona de Margot (☎ 252-3312; www.lacasonademargot.com; Av 4; EZ/DZ/3BZ/4BZ 140/170/200/240 BsF, 8-Pers.-Zi. 355 BsF) Die etwas kitschigen Zimmer mit ihren

IN DIE VOLLEN!

Posada Casa Sol (252-4164; www.posada casasol.com; Av 4; DZ 212–252 BsF, Suite 280 BsF;) Dieses exklusive Luxushotel in einer Kolonialvilla bietet zeitgenössische Kunst, Strukturlack an den Wänden, Bäder mit Duschköpfen im Regenwald-Design und einen reizenden Garten mit einem Früchte tragenden Avocadobaum.

---

hohen Wänden sind um einen hübschen Hof angeordnet. Sie bieten bis zu acht Personen Platz.

Essen

Espresso Café (Av 4; Sandwiches ab 15 BsF; Mo–Sa 9–21 Uhr) Das kleine Kunstcafé im Obergeschoss punktet mit biologischem Kaffee aus der Gegend, WLAN, einem winzigen Balkon und sündhaft guten Käsekuchen und Brownies.

Restaurant Vegetariano Fonda La Tinaja (Calle 30; Mittagsmenü 20 BsF) Kleines vegetarisches Restaurant. Es gibt z. B. exzellente Suppen mit Vollkornbrot; mittags ist hier immer viel los.

Buona Pizza (Av 4; Pizza 24–29 BsF) Die farbenfrohe, zentral gelegene Pizzeria hat lange geöffnet. Das preiswerte Essen ist vor allem bei Familien beliebt.

Chipen (Av 5; Hauptgerichte 30–40 BsF; Di–So 12–15.30 & 18.30–21.30 Uhr) Die Auswahl von herzhaften Steaks wird das Herz von Fleischliebhabern höher schlagen lassen. Besonders beliebt ist das Chateaubriand. Man diniert in einem dunklen, rustikalen Speiseraum, dessen Wand ein Stierkopf ziert.

La Abadía (Av 3; Hauptgerichte 35–55 BsF) In dem atmosphärischen, geselligen Kolonialgebäude kommen leckere Salate, Fleischgerichte und Pasta auf den Tisch. Im Keller gibt's eine Shisha-Bar, drinnen und draußen laden ruhige Sitzecken zum Verweilen ein, und im Internetcafé kann man nach dem Essen 30 Minuten umsonst surfen (WLAN gibt's sogar immer kostenlos).

Außerdem empfehlenswert:

Heladería Coromoto (Av 3; Eiscreme 5 BsF; Di–So 14.15–21 Uhr) Diese Eisdiele steht wegen der weltweit größten Auswahl an Eissorten im Guinness-Buch der Rekorde; unter ihren mehr als 900 Geschmacksrichtungen finden sich auch Polar-Bier, Forelle und schwarze Bohnen.

El Vegetariano (Ecke Av 4 & Calle 18; Hauptgerichte 22–33 BsF; Mo–Sa 8–21 Uhr) In einem schicken Essbereich werden große Portionen köstlicher vegetarischer Kreationen serviert.

Selbstversorger werden im **Supermercado Pequín** (Calle 21) oder dem größeren **Yuan Lin** (Ecke Av Las Américas & Calle 26) fündig.

Ausgehen & Unterhaltung

El Ático del Cine (Calle 25) Die hippe luftige Bar mit angeschlossener Pizzeria (Hauptgerichte 20–28 BsF) gehört einer Universitätsprofessorin und ihrem Ehemann und ist vor allem in der Studentenszene beliebt. Poster venezolanischer Filme schmücken die Wände.

El Hoyo del Queque (Ecke Av 4 & Calle 19; Do–Sa Eintritt 10 BsF; bis 1 Uhr) Die allseits beliebte Bar lockt mit einer tollen Atmosphäre jeden Abend die Massen an, und Livebands und DJs bringen mit Salsa, Elektro, Rock und Reggae die Stimmung zum Kochen.

Clover Rock Bar (Av 4; Do–Sa) Rocker lieben diese dunkle, feucht-fröhliche Bar, in der Funk, Reggae und alternative Musik gespielt werden. Hier treten des Öfteren tolle Bands aus der Gegend auf.

Birosca Carioca (Calle 24) Im Birosca geht's jung und informell zu. Das Motto lautet Trinken, Tanzen, Spaß haben.

Weitere stimmungsvolle Diskotheken und angesagte Bars findet man in den *centros comerciales* (Einkaufszentren) Viaducto, Mamayeya, Las Tapias und Alto Prado.

An- & Weiterreise

BUS

Zum Busbahnhof an der Av Las Américas, 3 km südwestlich der Innenstadt, bringen einen häufig fahrende öffentliche Busse ab der Ecke Calle 25/Av 2.

Viele Busse verbinden Mérida mit Caracas (46–78 BsF, 13 Std.) und Maracaibo (50 BsF, 9 Std.). Weitere Ziele sind Coro (64 BsF, 13 Std.), Maracay (60 BsF, 11 Std.) und San Cristóbal (30 BsF, 5 Std.). Regionale Routen wie nach Apartaderos und Jají werden den ganzen Tag über bedient.

Mitte Juni bis Mitte September schicken Expresos Los Llanos und Expresos Mérida jeweils ein Fahrzeug täglich nach Ciudad Bolívar (125–144 BsF, 24 Std.). Alternativ fährt man nach Barinas (28 BsF, 4 Std.) und steigt dort um.

FLUGZEUG

Seit 2008 starten keine Maschinen mehr vom **Flughafen** (Av Urdaneta), doch mehrere Fluggesellschaften betreiben hier noch Ticketschalter. Er befindet sich 2 km südwestlich der Plaza

Bolívar neben der Touristeninformation. Der nächste Flughafen liegt im eine Stunde entfernten El Vigía (Taxi 100 BsF); z. B. Conviasa, Venezolana und Santa Barbara fliegen ab Caracas direkt hierher (273–414 BsF).

RUND UM MÉRIDA

Eine tolle Wanderung abseits ausgetretener Pfade versprechen die verschiedenen Wege, die einen zu indigenen Bergdörfern führen. Dort kann man in sogenannten *mucuposadas* (*mucu* bedeutet im lokalen Dialekt „Ort von") übernachten. Innerhalb eines Tages erreicht man von Mérida aus eine Region, in der man von Dorf zu Dorf wandern und dabei Nebelwälder, Grasland und karge Landschaften an sich vorbeiziehen lassen kann. Abends erwarten einen dann eine heiße Dusche, eine deftige Mahlzeit und ein gemütliches Bett. Pro Person bezahlt man für die Unterkunft mit Frühstück 57 BsF am Tag (mit VP 117 BsF). Führer sind nicht notwendig, man kann aber für 200 bis 250 BsF pro Tag einen buchen.

Auf einer sehr schönen Strecke, die sich leicht mit öffentlichen Verkehrsmitteln erreichen lässt, übernachtet man in der **Mucuposada Michicaba** (☎ 0274-657-7760; Gavidia), der **Mucuposada El Carrizal** (☎ 0273-511-6941; Carrizal), der **Mucuposada San José** (☎ 0273-416-6873; San José) und der **Mucuposada Los Samanes** (☎ 0273-414-3551; Santa Maria de Canagua). Dazu nimmt man in Mérida einen Bus in das 48 km östlich liegende **Mucuchíes** (7,50 BsF, 1½ Std.), eine 400 Jahre alte Siedlung, und dann einen Jeep nach Gavidia (3 BsF, 1 Std.); dort angekommen organisiert Los Samanes den Weitertransport, oder man bewältigt den 20 km langen Weg zur Autobahn zu Fuß und fährt mit einem *por puesto* nach Barinas (10 BsF). Der nichtkommerzielle Anbieter **Andes Tropicales** (☎ 263-8633; www.andestropicales.org; Ecke Av 2 & Calle 41, Mérida) organisiert Wandertouren mit *mucuposada*-Aufenthalten.

38 km westlich von Mérida liegt **Jají** (hahie). Das bekannteste Bergdorf, das per *por puesto* erreichbar ist, wurde Ende der 1960er-Jahre einer umfassenden Erneuerung unterzogen und präsentiert sich seither als gepflegter, typischer Andenort. Man kommt hier in ein paar preiswerten *posadas* unter.

Für Wandertouren im Hochland besonders beliebt ist der östlich von Mérida gelegene **Parque Nacional Sierra Nevada**; hier findet man die höchsten Gipfel Venezuelas. Der **Pico Bolívar** (5007 m) ist der höchste Berg des Landes und erhebt sich gerade mal 12 km von Mérida entfernt. Er wird gerne von Bergwanderern angesteuert. Für die Route, die zum Pico Bolívar hinaufführt, benötigt man keinen Führer; sie folgt in etwa der Seilbahnstrecke. Von der Station Loma Redonda bis zum Pico Espejo sollte man allerdings etwas vorsichtig sein, denn der Weg ist nicht problemlos zu finden und man verläuft sich schnell. Auch der zweithöchste Berg Venezuelas, der **Pico Humboldt** (4942 m), ist bei Wanderern beliebt.

Etwas müheloser gestaltet sich der Weg nach **Los Nevados**, einem reizenden Bergdorf auf etwa 2700 m Höhe: Zwischen 7 und 12 Uhr fahren vom Parque Las Heroínas in Mérida Jeeps hierher (50 BsF, 4 Std.), wo einen einfache Unterkünfte sowie Lokale erwarten. Alternativ läuft man in einer Stunde zur *mucuposada* und Farm **Hacienda El Carrizal** (☎ 0415-212-0410).

Auch im nördlich von Mérida gelegenen **Parque Nacional Sierra La Culata**, der besonders mit wüstenähnlicher Berglandschaft beeindruckt, lassen sich tolle Wandertouren unternehmen. Um hierher zu gelangen, fährt man mit einem *por puesto* nach La Culata (Abfahrt an der Ecke Calle 19/Av 2) und läuft von dort aus drei bis vier Stunden bergaufwärts zur einfachen Bergstation El Refugio auf etwa 3700 m. Am nächsten Tag macht man sich dann an den drei- bis vierstündigen Aufstieg zum **Pico Pan de Azúcar** (4660 m). Es lohnt sich, hier eine weitere Nacht zu verbringen, um die heißen Quellen und die kleinen Schwimmbecken zu erkunden. Das letzte *por puesto* nach Mérida fährt etwa um 16 Uhr. Tolle Ziele für Wandertouren sind außerdem der **Pico El Águila** (4118 m), der **Paso del Cóndor** (4007 m) und der **Pico Mucuñuque** (4672 m).

Wer in den Parks übernachten möchte, muss bei Inparques 6 BsF pro Person zahlen; bei La Mucuy und an der Laguna Mucubají stationierte Parkaufseher stellen unverzüglich Genehmigungen aus.

LOS LLANOS

Eines der Top-Reiseziele Venezuelas ist Los Llanos, eine schier unendliche Savanne südlich der Anden, in der jede Menge wilde Tiere heimisch sind. Charakteristisch für die Region sind die venezolanischen Cowboys und das helle, durchdringende *joropo* (traditionelle Musik der Llanos). Venezuelas größtes wildes Wohnzimmer wartet mit Kaimanen, Wasserschweinen, Piranhas, Anakondas, Ameisenbären und einer enormen Vielfalt von Vögeln auf. In der Regenzeit, wenn die Gegend halb überflutet ist, verteilen sich die Tiere weithin, sind jedoch immer noch überall zu sehen. In der Trockenzeit (Mitte Nov.–April) herrscht hier Hauptsaison, denn dann sammeln sich viele Geschöpfe rund um Wasserquellen. Man sollte nicht vergessen, dass beim Beobachten der Tiere Rücksicht auf die Natur zu nehmen ist und das Ganze für die Tiere selbst keinen Stress darstellen darf (s. Kasten S. 257).

Mehrere Ökotourismus-Camps, darunter der **Hato El Frío** (www.elfrioeb.com) und der **Hato El Cedral** (www.elcedral.com), bieten Safaritouren mit Übernachtung auf ihren luxuriösen *hatos* (Ranches) an; diese sind allerdings ziemlich teuer (500–600 BsF/Pers. & Tag). Touranbieter in Mérida (S. 1058) haben ähnlich beeindruckende Trips für etwa 175 bis 300 BsF pro Tag im Programm, meist in Gestalt von Viertagestouren mit allem Drum und Dran.

SAN CRISTÓBAL
☎ 0276 / 355 000 Ew.

San Cristóbal ist ein aufstrebendes Wirtschaftszentrum, das von seiner Nähe zu Kolumbien (nur 40 km entfernt) profitiert. Die meisten Reisenden, die von irgendwo in Kolumbien – außer von der Karibikküste – her auf dem Landweg die Grenze nach Venezuela überqueren, kommen hier vorbei. Auch wenn die Stadt an sich kein lohnendes Ziel ist, präsentiert sie sich als modern und angenehm, zudem sind die Einwohner freundlich. Im Januar lohnt es sich, etwas länger zu bleiben, denn dann ist hier während der Feria de San Sebastián zwei Wochen lang gut was los.

Praktische Informationen
Banesco (Ecke Av 7 & Calle 5)
Ch@rlie's Copy (Calle 7 zw. Av 5 & Carrera 4) Internet.
Corp Banca (Ecke Av 5 & Calle 8)
Movistar (Ecke Av 5 & Calle 6) Telefon.

Schlafen & Essen
Wer mit dem Bus unterwegs ist und nur einen kurzen Zwischenstopp einlegen möchte, macht sich am besten auf den Weg zu den einfachen Hotels auf der Calle 4, einen Block südlich des Busbahnhofs. Alternativ übernachtet man in einem der günstigen Hotels in der Innenstadt, die per Bus in zehn Minuten zu erreichen ist.

Hotel El Andino (☎ 343-4906; Carrera 6 zw. Calle 9 & Calle 10; DZ 70 BsF) Dieser sichere Familienbetrieb ist die ordentlichste Budgetoption vor Ort. Er liegt einen halben Block von der Plaza Bolívar entfernt. Die Zimmer hier können auch *por rato* (stundenweise) gebucht werden.

Hotel Central Park (☎ 341-9077; Ecke Calle 7 & Carrera 4; EZ 130 BsF; 🅿) Die 70 Zimmer des zentral gelegenen Hotels dienen teilweise als Unterkunft für junge kubanische Ärzte. In dem älteren Gebäude riecht es etwas muffig.

Chung Wah (Av 5 zw. Calle 5 & Calle 6; Hauptgerichte 13–28 BsF) In dem geräumigen Restaurant werden den typischen *arroz frito* (gebratener Reis), Garnelencurry und traditionelle *criollo*-Gerichte aufgefahren. Die chinesischen Standardgerichte mit venezolanischem Einschlag sind zwar nichts Besonderes, dafür ist das Chung Wah zentral gelegen und hat lange geöffnet. Mit Ausnahme von Kohl wird hier gemüsetechnisch nicht viel geboten.

Restaurant La Bologna (Calle 5 zw. Carrera 8 & Carrera 9; Menü 15–26 BsF; ⏰ Mi–Mo 11–20 Uhr) In einem ruhigen Hof kann man hier eine Auszeit vom Straßenlärm nehmen. Die durchweg leckeren venezolanischen Gerichte erfreuen sich bei den Einheimischen großer Beliebtheit.

An- & Weiterreise
BUS
Der geschäftige **Terminal de Pasajeros** (☎ 346-1140; Av Manuel Felipe Rugeles, La Concordia) 2 km südlich der Innenstadt wird häufig von Stadtbussen angefahren.

Mehr als ein Dutzend Busse verbinden täglich mit Caracas (48–70 BsF, 13 Std.). Die meisten starten am späten Nachmittag oder abends und fahren dann über Nacht über die Autobahn El Llano. Zwischen 5 und 18.30 Uhr verkehren stündlich normale Busse nach Barinas (25 BsF, 5 Std.).

Zwischen 5.30 und 19 Uhr fahren alle 90 Minuten Busse nach Mérida (27–30 BsF, 5 Std.). Maracaibo wird von fünf Nachtbussen angefahren (54–60 BsF, 8 Std.).

Kleinbusse nach San Antonio del Táchira (6 BsF, 1¼ Std.) an der kolumbianischen Grenze fahren alle zehn bis 15 Minuten; die Straße bietet spektakuläre Ausblicke, ist jedoch stark befahren. Wer es eilig hat, nimmt besser ein *por puesto* (18 BsF).

FLUGZEUG
Der Hauptflughafen von San Cristóbal liegt ungefähr 38 km südöstlich der Stadt Santo Domingo, der Flughafen in San Antonio del Táchira (s. Kasten S. 1062) ist in etwa genau-

VENEZUELA

EINREISE NACH KOLUMBIEN

San Antonio del Táchira ist die betriebsame venezolanische Grenzstadt bei Cúcuta, Kolumbien. Im **Onidex** (☎ 0276-771-2282; Carrera 9 zw. Calle 6 & Calle 7; 24 Std.) werden die Reisepässe mit Ein- und Ausreisestempeln versehen. Alle Reisenden, die Venezuela verlassen, müssen ein *impuesto de salida* (Ausreisesteuer) von 55 BsF entrichten. Bezahlt wird in bar, wobei in einem Laden auf der anderen Straßenseite (geöffnet 9–17 Uhr) Steuermarken in diesem Wert besorgt werden müssen. Häufig verkehren Busse (3 BsF) und *por puestos* (6 BsF) nach Cúcuta in Kolumbien (12 km). Man kann einen Bus ab der Av Venezuela nehmen oder sich den Stau ersparen, zur vordersten Autoreihe laufen und dort nach einem geräumigen Sammeltaxi Ausschau halten. Alternativ überquert man in San Antonio die Brücke.

Staatsangehörige der meisten westlichen Staaten benötigen für die Einreise nach Kolumbien kein Visum, allerdings sollte man seinen Pass bei der kolumbianischen Einreisebehörde (DAS) mit einem Einreisestempel versehen lassen. Das DAS-Büro befindet sich direkt hinter der Brücke, die über den Río Táchira (die eigentliche Grenze) führt, auf der rechten Seite. Um den Pass stempeln zu lassen, steigt man beim DAS-Büro aus und fährt dann mit einem anderen Bus weiter. Die Busse bringen einen bis zum Busbahnhof von Cúcuta; die meisten fahren durch das Zentrum. Bezahlt werden kann in venezolanischen Bolívares oder kolumbianischen Pesos.

In Cúcuta gibt's häufige Bus- und Flugverbindungen in alle größeren kolumbianischen Städte; die Flüge ab hier sind sehr viel günstiger als die ab Maracaibo oder Caracas. Ab San Antonio gibt's keine Direktflüge nach Kolumbien.

In Kolumbien wird in Wechselstuben zu passablen Kursen getauscht, weil es in diesem Land keine Beschränkungen für Devisengeschäfte gibt.

Reist man von Venezuela nach Kolumbien, muss man seine Uhr um 30 Minuten zurückstellen. Informationen zu Reisen von Kolumbien nach Venezuela stehen auf S. 751.

---

so weit entfernt, wird aber deutlich häufiger genutzt.

DER NORDOSTEN

Der Nordosten Venezuelas präsentiert sich als ein Mosaik aus wunderschönen Landschaften, von Karibikstränden über Korallenriffe bis hin zu grün bewachsenen Bergen. Zudem findet sich in diesem Teil des Landes die Isla de Margarita, eines der bekanntesten Reiseziele der Karibik, sowie die Cueva del Guácharo, Venezuelas größtes und beeindruckendstes Höhlensystem. Der Parque Nacional Mochima und die abgelegenen Strände jenseits des Río Caribe bieten sich für genussvolle Strandtage an. Die Stadt Cumaná war zudem die erste spanische Siedlung auf dem südamerikanischen Festland. Wer den Nordosten besser kennenlernt, kann nachvollziehen, warum Kolumbus ihn als „Paradies auf Erden" bezeichnete.

BARCELONA

☎ 0281 / 590 000 Ew.

Barcelona steht zwar im Schatten der nahegelegenen ausufernden Metropole Puerto La Cruz, verströmt jedoch mehr Charme, als man erwarten würde. Die Straßen sind von moderne Bauten gesäumt, doch das Herz der Stadt birgt ein hübsches Zentrum im Kolonialstil, einen Fluss und eine entspannte Atmosphäre, die in der hektischen, am Meer gelegenen Nachbarstadt eher Mangelware ist. Das historische Viertel wartet mit einigen schattigen Plätzen und der netten Fußgängerzone Av 5 de Julio (als *bulevar* bekannt) auf, die sich südlich der Plaza Bolívar erstreckt und zu Spaziergängen einlädt. Der Flughafen von Barcelona dient als regionales Tor nach Puerto la Cruz und zu anderen Orten die Küste hinauf.

Praktische Informationen

Banco de Venezuela (Plaza Boyacá)
CANTV (Plaza Miranda; Mo–Fr 8–18, Sa bis 12 Uhr) Telefon und Internet (3 BsF/Std.).
Corp Banca (Plaza Bolívar)
Ipostel (Carrera 13 Bolívar) Östlich der Plaza Boyacá.

Schlafen & Essen

Hotel Neverí (☎ 277-2376; Ecke Av Fuerzas Armadas & Av Miranda; EZ/DZ 70/100 BsF;) Das Hotel ist an den farbenprächtigen Wandmalereien an der Fassade leicht zu erkennen, auf denen tropische Blumen und Vögel abgebildet sind. Es gibt einen prächtigen Treppenaufgang, große zweckmäßige Zimmer und ein hoteleigenes Restaurant. Am besten bittet man um ein ruhigeres Zimmer im hinteren Bereich.

Posada Copacabana (☎ 277-3473; Carrera Juncal; EZ/DZ/3BZ 100/180/270 BsF; 🅿) In direkter Nachbarschaft zur Kathedrale auf der Plaza Boyacá und ihren läutenden Glocken. Das Preis-Leistungs-Verhältnis ist exzellent, und die 16 einladenden Zimmer haben hübsche Bäder.

Heladería Alaska (Av 5 de Julio zw. Carrera Freites & Carrera Bolívar; Hauptgerichte 13–20 BsF; ⌚ 7.30–20.30 Uhr) Preiswertes Grillhühnchen samt jeder Menge Beilagen, serviert an Cafétischen in einer ruhigen Fußgängerzone – was will man mehr? Ach ja, Eis gibt's auch noch.

Mercado Municipal (⌚ 6–14 Uhr) Auf dem städtischen Markt direkt neben dem Busbahnhof, der 1 km südöstlich der Stadt liegt, findet man zahlreiche günstige, beliebte Restaurants, die venezolanische Klassiker servieren.

An- & Weiterreise

BUS

Der Busbahnhof befindet sich 1 km südöstlich der Innenstadt neben dem Markt. Zu Fuß benötigt man hin 15 Minuten, alternativ nimmt man eine *buseta* (1,50 BsF, 10 Min.) Richtung Süden entlang der am Fluss gelegenen Av Fuerzas Armadas.

Der Busbahnhof Puerto La Cruz ist dem in Barcelona vorzuziehen, denn von hier aus werden mehr Routen bedient. Nach Puerto La Cruz gelangt man mit einer der *busetas*, die an der Plaza Miranda starten (1,50 BsF, 45 Min.); sie fahren entweder über die Vía Intercomunal oder die Vía Alterna und lassen einen jeweils im Zentrum von Puerto La Cruz aussteigen. Schnellere *por puestos* (3 BsF) starten in der Nähe der *fuente*. Ein Taxi nach Puerto La Cruz kostet 20 bis 25 BsF.

FLUGZEUG

Der Flughafen liegt 2 km südlich der Innenstadt. Busse starten an der *fuente* (Quelle), ca. 500 m südlich der Plaza Bolívar und halten 300 m vom Flughafen entfernt. Täglich wird Caracas angeflogen, zudem gibt's Direktflüge nach Maracaibo, Puerto Ordaz und Porlamar.

PUERTO LA CRUZ

☎ 0281 / 356 000 Ew.

Vom geschäftigen und ständig wachsenden Puerto La Cruz aus gelangt man auf die Isla de Margarita und in den Parque Nacional Mochima. Wirklich attraktiv ist die Stadt nicht; am hübschesten ist noch der belebte, am Meer gelegene Boulevard Paseo Colón, den jede Menge Hotels, Bars und Restaurants säumen. Die Gegend erwacht am späten Nachmittag zum Leben und abends, wenn die Temperaturen sinken und die Straßenstände öffnen.

Strandnixen machen sich am besten auf zu den nahegelegenen kleineren Küstenorten Playa Colorada, Santa Fe oder Mochima.

Praktische Informationen

Banco de Venezuela (Miranda)
Banco Mercantil (Arismendi)
Banesco (Freites)
CANTV (Paseo Colón; ⌚ Mo–Sa 8–21, So bis 20.30 Uhr) Telefone und schneller Internetzugang (2,50 BsF/Std.).
Ipostel (Freites)

Geführte Touren

Mehrere Veranstalter entlang dem Paseo Colón bieten Touren in den Parque Nacional Mochima an. Allerdings sind die Optionen ab Puerto La Cruz teurer als die von Santa Fe oder dem Ort Mochima, und man ist länger unterwegs.

Schlafen & Essen

Die Unterkünfte in Puerto La Cruz sind für das, was sie bieten, ziemlich übertrauert. Am Paseo Colón gibt's die größte Auswahl von günstigen internationalen Restaurants und Fastfood-Lokalen inklusive Meerblick.

Hotel Neptuno (☎ 265-3261, Fax 265-5790; Ecke Paseo Colón & Juncal; EZ/DZ/3BZ 90/105/120 BsF; 🅿 💻) Das am Meer gelegene Hotel umweht eine sanfte Brise. Die Zimmer sind in die Jahre gekommen, und die Ausstattung der Bäder wirkt noch älter. Pluspunkte gibt's aber für die Computer in der Lobby und das offene Restaurant (Hauptgerichte 19–29 BsF) auf dem Dach mit grandiosem Blick auf die Karibik.

Hotel Monterrey (☎ 265-0523; Anzoátegui; EZ/3BZ 100/130 BsF; 🅿) Das preiswerte, kleine und gemütliche Hotel hieß früher Family Posada und bringt seine Gäste in einfachen Zimmern unter. Hier wohnt man sicher.

Hotel Europa (☎ 268-8157; Ecke Plaza Bolívar & Sucre; EZ/DZ/3BZ 110/120/130 BsF; 🅿) Hier gibt's einen kleinen Gemeinschaftsbereich und einfache, aber geräumige Zimmer. Besonders empfehlenswert sind die mit den Terrassen, von denen man aufs Meer blickt.

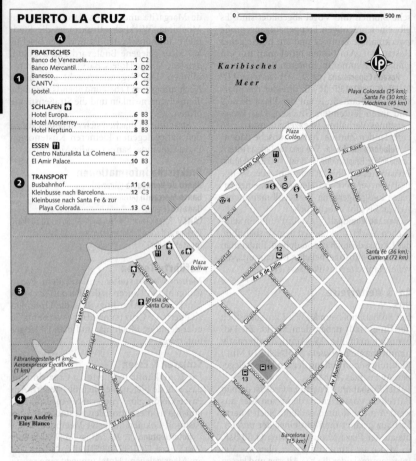

PUERTO LA CRUZ

PRAKTISCHES
- Banco de Venezuela..................1 C2
- Banco Mercantil........................2 D2
- Banesco.....................................3 C2
- CANTV.......................................4 C2
- Ipostel.......................................5 C2

SCHLAFEN
- Hotel Europa............................6 B3
- Hotel Monterrey......................7 B3
- Hotel Neptuno.........................8 B3

ESSEN
- Centro Naturalista La Colmena..........9 C2
- El Amir Palace.........................10 B3

TRANSPORT
- Busbahnhof............................11 C4
- Kleinbusse nach Barcelona...12 C3
- Kleinbusse nach Santa Fe & zur Playa Colorada......................13 C4

El Amir Palace (Paseo Colón 123; Hauptgerichte 14–45 BsF; Di–So 8–23.30 Uhr) Hier servieren schick angezogene Kellner fernöstliche Spezialitäten wie Schawarma und Falafel, auf der umfangreichen Speisekarte findet man außerdem Pasta, Fisch und Salate.

Centro Naturalista La Colmena (Paseo Colón 27; 3-Gänge-Menü 20 BsF; Mo–Fr 11.45–14 Uhr) Hungrige Vegetarier sind in diesem Café, das leckere, fleischlose Mittagsmenüs serviert, goldrichtig. Von der kleinen überdachten Terrasse aus überblickt man den Boulevard und das Meer.

An- & Weiterreise

BUS

Der betriebsame Busbahnhof liegt drei Blocks von der Plaza Bolívar entfernt und bietet jede Menge Verbindungen. Häufig verkehren Busse nach Caracas (25–45 BsF, 5 Std.) und Cumaná (7–15 BsF, 1½ Std.); letztere fahren oft weiter in östliche Richtung nach Carúpano (25–30 BsF, 4 Std.), manchmal auch nach Güiria (45–50 BsF, 6½ Std.). Ist man in Richtung Osten (nach Cumaná oder noch darüber hinaus) unterwegs, schnappt man sich am besten einen Sitz auf der linken Seite des Busses – von dort aus hat man einen spektakulären Blick auf den Parque Nacional Mochima. Zahlreiche Kleinbusse fahren in der Nähe des Busbahnhofs nach Santa Fe (4 BsF, 45 Min.) und zur Playa Colorada (4 BsF, 30 Min.) ab. Um nach Barcelona zu gelangen, nimmt man eine *buseta* auf der Av 5 de Julio (1,50 BsF, 45 Min.). Diese verkehren entweder über die Vía Intercomunal oder über die Vía Alterna. Die schnelleren *por puestos* (3 BsF) fahren in derselben Gegend ab. Ein Taxi nach Barcelona kostet zwischen 20 und 25 BsF.

Neben den Fähren befindet sich der Busbahnhof von **Aeroexpresos Ejecutivos** (☎ 267-8855; www.aeroexpresos.com.ve). Täglich fahren fünf Busse nach Caracas (38–55 BsF), zudem bedienen *por puestos* die Routen nach Caracas (90 BsF, 4 Std.), Maturín (40 BsF, 2½ Std.) und Cumaná (30–32 BsF, 1¼ Std.).

FLUGZEUG
Der Flughafen befindet sich in Barcelona (S. 1063).

SCHIFF/FÄHRE
In Puerto La Cruz gibt's die meisten Fährverbindungen auf die Isla de Margarita; sie werden von **Conferry** (☎ 267-7847; www.conferry.com; Sector Los Cocos) und **Naviarca/Gran Cacique** (☎ 263-0935; www.grancacique.com.ve; Sector Los Cocos) angeboten. Auf S. 1071 gibt's genauere Infos. Kleinere Ausflugsboote legen von den kleinen Piers in der Stadt ab.

Zu den Anlegestellen der Fähren gelangt man ab der Innenstadt per *por puesto* oder Taxi. Am besten schippert man tagsüber hinüber, um die spektakuläre Route, die zwischen den Inseln des Parque Nacional Mochima hindurchführt, richtig genießen zu können.

PARQUE NACIONAL MOCHIMA
☎ 0293

Der Parque Nacional Mochima in den Bundesstaaten Anzoátegui und Sucre umfasst eine niedrige, trockene Berglandschaft, die zu hübschen Buchten und Stränden abfällt und sich bis zu den beeindruckenden, wüstenähnlichen Inseln vor der Küste erstreckt. Delfine sind hier kein ungewöhnlicher Anblick. Die besten Strände findet man auf den Inseln; man erreicht sie nach einer kurzen Fahrt mit dem Boot von Santa Fe, Mochima oder einem anderen Küstenort aus. Ein Paar Inseln sind von Korallenriffen umgeben und bieten eine anständige Kulisse für Schnorchel- und Tauchausflüge. Wer gerne seine Ruhe hat, sollte mitten in der Woche herkommen.

Playa Colorada
Die Playa Colorada, ein sichelförmiger, orangefarbener Sandstreifen, wird von schattenspendenden Palmenhainen durchzogen und zieht am Wochenende jede Menge junger venezolanischer Partygänger und Strandliebhaber an. Unter der Woche, wenn es hier sehr ruhig zugeht, bietet sich der Ort als Ziel eines angenehmen Tagesausflugs von Santa Fe oder Puerto La Cruz aus an. Einige kleine Läden verkaufen Obst und Gemüse, Brot und andere Lebensmittel, und an den Wochenenden findet man am Strand jede Menge Essensstände. Es gibt hier weder Banken noch Internetzugang.

Mit ihren sechs hochwertigen Zimmern und der Küche im Garten ist die von Schweizern geführte **Villa Nirvana** (☎ 808-7844; Marchán; EZ ohne Bad 50 BsF; DZ 80–100 BsF, Apt. 150 BsF; ⛱), 500 m bergaufwärts an der Küstenstraße zu finden, sowohl etwas für alleinreisende Backpacker mit kleinem Budget als auch für Familien. Frühstück gibt's für 20 BsF.

Die **Jakera Lodge** (☎ 808-7057; www.jakera.com; Hängematte/B inkl. HP 70/90 BsF;) hat Abenteuersport-Trips aber auch Spanischunterricht im Angebot. Hier kann man wunderbar andere energiegeladene Traveller treffen, Man nächtigt in einem der Schlafsäle, gegessen wird zusammen, und wer will, kann Schnorchel-, Canyoning und Kajakausflüge unternehmen. Einfach nach dem Wellblech-Tor an der Autobahn Ausschau halten.

Der Posada Nirvana gegenüber findet man die gepflegte **Quinta Jaly** (☎ 0416-681-8113; Marchán; EZ/DZ/4BZ 80/120/150 BsF; ⛱), die mit gemütlichen Sitzbereichen und einer für Gäste kostenlos benutzbaren Küche bestickt. Sie ist in herzlicher franko-kanadischer Hand. Für 20 BsF gibt's Frühstück.

Das einzige Restaurant der Stadt ist das von Portugiesen geführte **Café Las Carmitas** (Hauptgerichte 15–35 BsF). Es serviert Pizza, Pasta, Fisch- und Fleischgerichte sowie exzellente Burger. Von der Autobahn aus läuft man an der Hauptstraße einen Block hoch und biegt dann links ab.

Santa Fe
Der Strandort Santa Fe, bei Backpackern aus aller Welt beliebt, hat zwei Gesichter: Strand und beschaulicher Hafen samt am Meer gelegener, von Stacheldrahtzäunen umgebene *posadas* auf der einen Seite, raues, schäbiges Fischerdorf auf der anderen.

Den hübschen Sandstreifen, der von *posadas* und Cafés gesäumt wird, wird man wohl kaum verlassen wollen, es sei denn, man möchte zum Busbahnhof oder zu einem der wilden Nachtclubs in der Stadt. Am Strand kann man sich wunderbar bei einem Bier oder Fruchtsaft entspannen. Wer auf der Suche nach entlegeneren, unberührteren Stränden ist, macht sich im Rahmen eines Tagesausflugs in einem kleinen Boot auf zu den Inseln des Parque Nacional Mochima.

Internetjunkies sind nach einem Besuch des *ciber* hinter der Posada Café del Mar und dem Club Náutico wahrscheinlich urlaubsreif – die Verbindung ist frustrierend langsam. Wenn man beim Laden der Seiten einzuschlafen droht, kann man auch eines der Telefone benutzen.

Sofern nicht anders angegeben, liegen die folgenden Adressen alle am Strand.

Die **Posada Café del Mar** (☎ 231-0009; La Marina, am Eingang zum Strand; Hängematte 30 BsF, EZ/DZ 50/70 BsF) ist Café, Bar und *posada* in einem und bietet zwölf Zimmer mit Ventilatoren und Schiebetüren aus Glas. Auf der luftigen Dachterrasse kann man es sich in einer Hängematte gemütlich machen, allerdings sollte man auf seine Wertsachen Acht geben.

Das einladende **La Sierra Inn** (☎ 231-0042; co operativasantafedemisamores@hotmail.com; DZ 80–90 BsF, 3BZ 120 BsF; ✖ ▭) wird von Santa Fes größtem Unternehmer geleitet und bringt einen in schicken, wenn auch kleinen Zimmern mit Warmwasser unter. Es gibt einen weitläufigen schattigen Strand, eine Küche, einen Wäscheservice, Spanischunterricht und Computer für die Gäste, zudem werden geführte Touren in die Umgebung organisiert. Unter der Woche ist die vierte Übernachtung umsonst.

Eine *posada* der mittleren Preisklasse ist das **Santa Fe Resort & Dive Center** (☎ 231-0051; www.santaferesort.com; DZ/3BZ 130/170 BsF; ✖). Man kommt in den Genuss geräumiger, luftiger Zimmer, eines angeschlossenen Tauchladens und organisierter Bootstouren.

Das wunderschöne **Le Petit Jardin** (☎ 231-0036; lepetit.jardin@yahoo.com; Cochima; DZ/3BZ inkl. Frühstück 150/180 BsF; ✖ ▭) ist seit Kurzem unter französischer Leitung. Hier säumen prächtige Hibiskusblüten den Pool, und zum kontinentalen Frühstück gehört köstliche, hausgemachte Marmelade. Die fünf farbenfrohen Zimmer sind modern eingerichtet und sorgen dank hübsch gekachelter Badezimmer und Lavendelkissen für eine entspannte Atmosphäre. Es liegt einen Block vom Strand entfernt, hinter dem Santa Fe Resort.

Das luftige **Restaurante Cochaima** (Frühstück 8–12 BsF, Hauptgerichte 12–40 BsF) liegt im Obergeschoss des Hotel Cochaima und tischt den ganzen Tag über Warmes auf. Besitzerin Margot bereitet exzellente Fischgerichte, Pasta, *parrilla* und andere typische Gerichte zu.

Das größte, wenn auch etwas touristische Strandlokal unter freiem Himmel ist der **Club Náutico** (La Marina, am Eingang zum Strand; Hauptgerichte 22–35 BsF; ◷ Mi–Mo 11.30–20.30 Uhr). Auf seiner umfangreichen Speisekarte findet man frischen Fisch, Pasta und Fleischgerichte.

Busse, die zwischen Puerto La Cruz und Cumaná verkehren, lassen einen beim Busbahnhof abseits der Autobahn aussteigen. Die Strand-*posadas* sind einen 1 km langen Fußmarsch entfernt; nachts vorsichtig sein!

Mochima

Die Einwohner dieses winzigen Städtchens scheinen sich alle schon von Kindesbeinen an zu kennen, und so bietet Mochima ein echtes Kontrastprogramm zum nahen Santa Fe. Das reizende Dorf liegt am Rand des gleichnamigen Nationalparks. Einen Strand gibt's nicht, und man trifft eher auf venezolanische Familien als auf Backpacker aus aller Welt. Von der Küste aus fahren häufig Boote zu den unzähligen Inseln des Parks. Werktags ist der Ort so gut wie leergefegt.

Am zentralen Kai warten *lancheros* (Bootsführer) auf Besucher, um sie zu jedem beliebigen Strand zu bringen, z. B. zur Playa Las Maritas (65 BsF), zur Playa Blanca (65 BsF), zur Playa Manare (85 BsF), zur Playa Cautaro oder zur Playa Cautarito (75 BsF). Man kann auch eine Tour zu fünf oder sechs verschiedenen Inseln auf einmal unternehmen (130–150 BsF). Die Preise gelten für Hin- und Rückfahrt und pro Boot, die Abholzeit kann man selbst bestimmen. Wer auf den Inseln zelten möchte, muss sich beim Inparques-Büro gegenüber dem Pier eine Genehmigung holen (2 BsF/Nacht & Pers.).

Sowohl das **Aquatics Diving Center** (☎ 430-1652, 0426-581-0434; www.scubavenezuela.com) als auch die **Posada de los Buzos** (☎ 416-0856, 0212-961-2531) organisieren Tauchkurse, Tauchgänge und -ausflüge, außerdem kann man Schnorchelausrüstung leihen. De los Buzos hat außerdem Raftingtrips auf dem Río Neverí im Angebot.

In Mochima gibt's eine gute Auswahl von Unterkünften und Restaurants, und bei Bedarf vermieten auch die Einheimischen Zimmer und Häuser.

Gegenüber dem Restaurant desselben Namens liegt die **Posada El Mochimero** (☎ 417-3339;

La Marina; Zi. 70–80 BsF; 🍴) mit ihren einfachen, in Hellblau gestrichenen Unterkünften mit kaltem Wasser. Nur zwei der Zimmer sind nicht klimatisiert, dafür sorgt dort die durch die Fenster dringende Meeresbrise für Erfrischung.

Die am Hang gelegenen Terrassen der vierstöckigen **Posada Villa Vicenta** (☎ 414-0868; Principal; DZ & 3BZ 100 BsF, 4BZ 120 BsF; 🍴) eröffnen einen exzellenten Ausblick auf die Bucht. Die *posada* liegt einen Block hinter dem Pier und hat hübsche, einfache Zimmer mit Bädern mit kaltem Wasser, Steinwänden und eine Gemeinschaftsküche zu bieten; viele Zimmer haben platzsparende zusammenklappbare Betten.

Im preiswerten, zentral gelegenen **Brasero** (*arepas* 6–12 BsF, Hauptgerichte 20–40 BsF; ⓥ 6–22 Uhr) bekommt man den ganzen Tag über Kaffee und *arepas*. Die Spezialität des Fast-Food-Ladens aber ist *parrilla*.

Vertäute Motorboote umringen das hübsch gestrichene **Restaurant Puerto Viejo** (Hauptgerichte 25–55 BsF; ⓥ Mi-Mo 11–20 Uhr). Gegen den Hunger gibt's Pasta, Hühnchen, Calamares und allerfrischster Fisch. Lokale Kunst und mit maritimen Motiven bemalte Tische schaffen eine tolle Kulisse für eine gemütliche Mahlzeit.

Von Cumaná aus bringen *busetas* Passagiere bis ins Dorfzentrum (3,50 BsF, 40 Min.), das sich direkt neben dem Pier befindet. Um nach Puerto La Cruz oder Santa Fe zu gelangen, fährt man mit dem Bus zum *crucero* (Autobahnkreuzung) und winkt dann den entsprechenden nächsten Bus heran.

CUMANÁ

☎ 0293 / 326 000 Ew.

Das 1521 von den Spaniern gegründete Cumaná ist die älteste noch existierende Kolonialsiedlung auf dem südamerikanischen Festland. Der Ort hat ein hübsches historisches Viertel zu bieten, dient jedoch in erster Linie als Ausgangspunkt für Touren auf die Isla de Margarita, auf die Península de Araya, nach Santa Fe, nach Mochima oder zur Cueva del Guácharo. Bevor man die kleineren Orte in der Nähe erkundet, sollte man sich mit ausreichend Bargeld und sonstigen Notwendigkeiten eindecken.

Den besten Blick auf die Stadt und die Küste genießt man vom **Castillo de San Antonio de la Eminencia** (ⓥ 7–19 Uhr) aus. Der Kolonialbau hat seit seinem Bau 1659 Erdbeben und Piratenangriffe überstanden.

Praktische Informationen

Banco de Venezuela (Ecke Mariño & Rojas)
Banesco (Ecke Mariño & Carabobo)
Ipostel (Paraíso)
Lowett (Calle Catedral; ⓥ Mo–Sa 7.30–18 Uhr) Musikladen mit integriertem Internetcafé.
Movistar (Paraíso) Hier kann man telefonieren.

Schlafen & Essen

Hotel Astoria (☎ 433-2708; hotelastoria_7@hotmail.com; Sucre 51; EZ/DZ/3BZ 65/95/120 BsF; 🍴) Das preiswerte Hotel hat eine herzliche Atmosphäre, eine kleine Bar, eine Pizzeria sowie 18 fensterlose, jedoch gut beleuchtete Zimmer mit Kabelfernsehen und Klimaanlage, die oft ausgebucht sind.

Posada La Cazuela (☎ 432-1401; narant@hotmail.com; Sucre 63; DZ 100 BsF, 3BZ 110–120 BsF; 🍴 💻) Die farbenfrohe, saubere *posada* schmückt Kunsthandwerk. Man nächtigt in Zimmern mit guten Matratzen, Kabelfernsehen und Bambuswänden.

Bubulina's Hostal (☎ 431-4025; bubulinas@cantv.net; Callejón Santa Inés; EZ/3BZ 140/200 BsF, DZ 160–180 BsF; 🍴 💻) Stilvolle Mittelklasseunterkunft im Kolonialstil, am Ende einer schmalen Straße gelegen. Es gibt luftige Zimmer mit Warmwasser und Ventilatoren an den Decken, einen sonnigen Innenhof voller Pflanzen sowie ein Restaurant und eine Bar, die jedoch nur für Gäste des Hauses bestimmt sind.

Panadería Super Katty (Plaza Blanco; ⓥ 6–22 Uhr) In der Bäckerei gibt's zwar keine Sitzgelegenheiten, dafür aber guten Kaffee, exzellentes Gebäck und leckeren Kuchen, der sich bestens für spontane Geburtstagsfeiern eignet.

Bar Restaurant Jardín Sport (Plaza Bolívar; Hauptgerichte 15–25 BsF; ⓥ 6–23 Uhr) Das betriebsame Restaurant mit Bar ist in einem Hof gelegen und serviert neben *arepas* (8 BsF) zum Frühstück Suppen, Sandwiches, Burger und *parrilla*. Abends kann man sich hier auf ein günstiges Bier treffen und Billard spielen.

Les Jardins de Sucre (☎ 431-3689; Sucre 27; Hauptgerichte 25–60 BsF; ⓥ Mo 18.30–21.30, Di–Sa 12–14.30 & 18.30–21.30 Uhr) Eines der besten und atmosphärischsten Restaurants in Cumaná. Der spektakulär beleuchtete Eingang führt zu einem idyllischen Garten mit Wasserspielen. In der Küche werden exzellente französische Gerichte wie Crêpes, Garnelen- und Pilzrisotto oder köstliche *hojaldres* (Blätterteigpastete) in Weißweinsauce gezaubert, dazu gibt es eine gute Auswahl von argentinischen und chilenischen Weinen.

CUMANÁ

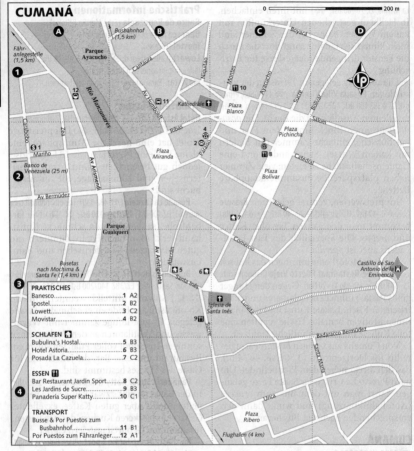

An- & Weiterreise
BUS
Der Busbahnhof liegt 1,5 km nordwestlich der Innenstadt und ist gut mit den häufigen entlang der Av Humboldt verkehrenden Stadtbussen zu erreichen.

Bedient werden u. a. die Routen nach Caracas (48–54 BsF, 6½ Std.), Puerto La Cruz (14–20 BsF, 1½ Std.), Ciudad Bolívar (50 BsF, 6 Std.), Carúpano (15 BsF, 2½ Std.) und Güiria (40 BsF, 5 Std.).

Por puestos fahren nach Puerto La Cruz (25 BsF, 1¼ Std.) und Carúpano (25–30 BsF, 4 Std.). Zur Cueva del Guácharo nimmt man ein *por puesto* nach Caripe (45 BsF, 2½ Std.); die Höhle liegt direkt vor dem Ort, einfach den Fahrer bitten, am Eingang zu halten.

Busetas nach Santa Fe (5 BsF, 45 Min.) und Mochima (5 BsF, 40 Min.) starten in der Nähe des Mercadito, einen Block von der Redoma El Indio entfernt.

FLUGZEUG
Der Flughafen befindet sich 4 km südöstlich der Innenstadt. Avior und Venezolana schicken häufig Maschinen nach Caracas (210–290 BsF), Rutaca und Venezolana fliegen Porlamar (150–198 BsF) an.

SCHIFF/FÄHRE
Alle Fähren und Schiffe zur Isla de Margarita legen am Pier neben der Mündung des Río Manzanares ab und fahren nach Punta de Piedras. Größter Anbieter ist **Naviarca/Gran**

Cacique (☎ 431-5577; www.grancacique.com.ve). Auf S. 1071 gibt's weitere Infos.

Die Gegend rund um die Fähranlegestelle in Cumaná ist nicht gerade für ihre Sicherheit bekannt. Am besten nimmt man daher eines der *por puestos* (2 BsF), die nördlich der Brücke abfahren, oder ein Taxi (10 BsF).

CUEVA DEL GUÁCHARO

Venezuelas längste und faszinierendste Höhle, die **Cueva del Guácharo** (Eintritt Erw./Kind 15/5 BsF; ❦ Di–So 8–16 Uhr, letzte Führung 14.30 Uhr) liegt 12 km von Caripe entfernt in Richtung Küste und misst insgesamt 10,2 km. Der Eingangsbereich ist beeindruckend, genau wie das ganze Höhlensystem, in dem in völliger Dunkelheit kreischende *guácharos* (Fettschwalme) leben. Die Vögel verlassen die Höhle nur abends, um nach Futter zu suchen. *Guácharos* verfügen, ähnlich wie Fledermäuse, über ein Echoortungssystem und empfindliche Tasthaare, sodass sie sich in der Dunkelheit orientieren können. Zwischen August und Dezember leben in der Höhle schätzungsweise 10 000 bis manchmal sogar 15 000 Exemplare. In dem Labyrinth aus Stalaktiten und Stalagmiten sind außerdem Krebse, Fische und flinke Nagetiere beheimatet. Wer beobachten möchte, wie die Vögel gegen 18.30 Uhr – wenn die Höhle schon geschlossen ist – ausschwärmen und etwa um 4 Uhr morgens wieder zurückkehren, kann sich von einem Taxi hinbringen lassen oder gegenüber dem Höhleneingang campen (3 BsF/Zelt).

Die Höhle kann nur im Rahmen einer Gruppenführung besucht werden. Diese dauert etwa eineinhalb Stunden, und man besichtigt 1200 m der Höhle (im Aug. & Sept. wegen Hochwasser manchmal nur 500 m).

Von der anderen Straßenseite aus gelangt man nach einem 20-minütigen Fußmarsch zum Salto La Paila, wo man die Füße in einem Wasserbecken am Fuße des Wasserfalls abkühlen kann.

RÍO CARIBE

☎ 0294 / 14 000 Ew.

Der einstige Glanz der alten Hafenstadt Río Caribe ist entlang der weitläufigen, von Bäumen gesäumten Av Bermúdez mit ihren früher prachtvollen Villen noch immer sichtbar. Die Stadt war einmal ein wichtiger Kakao-Exporteur, heute ist sie ein gediegener Urlaubsort und ein Sprungbrett zu weiter östlich gelegenen Stränden. Nicht verpassen sollte man die aus dem 18. Jh. stammende Kathedrale auf der Plaza Bolívar und die kostenlose Aerobicstunde auf der Plaza am Ende des Strandes bei der Av Bermúdez (18 Uhr).

Die preiswerte, von einer Familie geführte **Posada San Miguel** (☎ 416-6344; posadasanmigul@hotmail.com; Zea 83; DZ/3BZ 60/100 BsF; ❦) hat elf einfache, etwas kahle Zimmer zu bieten, zudem darf die Küche mitbenutzt werden. Eine Al-

---

ABSTECHER: PENÍNSULA DE ARAYA

Wem die touristische Isla de Margarita nicht zusagt, der ist auf dieser Halbinsel richtig: Hier reiht sich ein verlassener Strand an den nächsten, und eine einsame Straße führt über die 70 km lange und 10 km breite Halbinsel, die zwischen Cumaná und der Isla de Margarita aufragt. Die Landschaft ist von rotem Sand und mit Buschwerk bewachsenen Dünen geprägt, an der Nordküste der dünn besiedelten Gegend gibt's eine Handvoll Dörfer.

Venezuelas größte Salzlagerstätten, die **salinas** (Salztonebenen) von Araya, wurden 1499 von den Spaniern entdeckt. Die natürlichen Lagunen und künstlich angelegten Becken, von denen wegen der Hitze Wasserdampf aufsteigt, verwandeln die Landschaft in ein farbenprächtiges Mosaik. Einen tollen Ausblick hat man vom *mirador* (Aussichtspunkt) 2 km nördlich von Araya, auf der Straße nach Punta de Araya.

An der Klippe am südlichen Ende der Bucht befindet sich **El Castillo** (die Burg), eine vierzackige Festung aus der Kolonialzeit, die zu den größten und ältesten des Landes gehört. Obwohl beschädigt, sind die gewaltigen Mauern aus Korallenstein ein beeindruckender Anblick und vermitteln einen guten Eindruck davon, wie die Festung früher aussah. Von der Anlegestelle aus ist es ein zehnminütiger Fußmarsch am Strand entlang.

Im Ort Araya gibt's einige günstige *posadas*, die meisten rund um die Plaza Bolívar gelegen.

Von Cumaná aus kommt man mit einer Naviarca-Fähre auf die Halbinsel (6 BsF), schneller geht's allerdings mit den häufiger ablegenden, kleinen, *tapaditos* genannten Booten (3 BsF, 15 Min.), die hinter der Station der Guardia Nacional warten.

ternative bietet die **Posada Don Chilo** (☎ 646-1212; Mariño 27; DZ/3BZ 80/120 BsF; ✱) mit ihren einfachen, um einen kleinen Hof angeordneten Räumlichkeiten; auf Wunsch gibt's hausgemachte Mahlzeiten.

Einblicke in die Kultur der Einheimischen erhält man im Familienunternehmen **Pensión Papagayos** (☎ 646-1868; cricas@web.de; 14 de Febrero; Zi. 40 BsF/Pers.; ✱). Man komm in vier gut gepflegten Zimmern unter, die sich zwei makellose Bäder teilen, und darf die Küche mitbenutzen.

In der traumhaften **Posada Shalimar** (☎ 646-1135; www.posada-shalimar.com; EZ/DZ/3BZ 130/170/200 BsF; ✱ ♨ ⚏) umgibt ein üppig grüner Garten mit arabischem Flair einen riesigen Pool. Die tolle Unterkunft übt eine magische Anziehungskraft aus, und nicht nur, wenn man hier übernachtet. Es gibt einen Fahrrad- und Surfbrettverleih (30 BsF/Tag), eine exzellente Bar mit Restaurant (Frühstück 12–24 BsF, Abendessen 22–35 BsF), WLAN und einen Computer zum Ausleihen.

Entlang des *malecón*, einen Block von der Av Bermúdez entfernt, liegt das einfache **Manos Benditas** (Av Gallegos; Hauptgerichte 14–35 BsF), das sich bei den Einheimischen dank seiner kreativen *comida criolla* (kreolische Küche) großer Beliebtheit erfreut. Unbedingt nach dem köstlichen *pollo a cacao* (Schokoladenhühnchen) fragen, das nicht auf der Karte steht!

Ab der Plaza Bolívar fahren zahlreiche *por puestos* (4 BsF, 30 Min.) und Busse (2,50 BsF) nach Carúpano. Zweimal täglich bringen einen auch Busse via Puerto La Cruz (30 BsF, 5 Std.) nach Caracas (60 BsF, 10 Std.).

RUND UM RÍO CARIBE

Rund zwei Dutzend Strände säumen den 50 km langen Küstenstreifen zwischen Río Caribe und San Juan de Unare (dem letzten Stranddorf mit einem Straßenanschluss). Die Strände hier gehören zu den schönsten und am wenigsten besuchten Sandstreifen des Landes.

Zuerst seien die die **Playa Loero** und die **Playa de Uva** genannt, die östlich von Río Caribe direkt aneinander grenzen. Um hierher zu kommen, nimmt man zunächst die 6 km lange Straße von Río Caribe nach Bohordal. Dort zweigt eine befestigte Nebenstraße (6 km) nach links ab.

Weiter östlich zweigt 4 km hinter der Hacienda Bukare eine befestigte Straße (5 km) zum Dorf Medina ab. Von dort aus geht's 1 km in Richtung Norden zu einer Gabelung.

Wer nach links fährt, erreicht nach 2 km die halbmondförmige **Playa Medina**. Nach rechts geht's über eine 6 km lange Straße voller Schlaglöcher zum Dorf Pui Puy. Nach weiteren 2 km kommt die wunderschöne **Playa Pui Puy** in Sicht. Hier darf man gegen eine kleine Gebühr campen.

Nur wenige Traveller wagen sich noch weiter nach Osten – und das ist schade: Dort gibt's Strände, so weit das Auge reicht. Besonders schöne sind beim Fischerdorf **San Juan de Las Galdonas** zu finden. Die 23 km lange Hauptzugangsstraße ist durchgängig befestigt. Sie zweigt 6,5 km hinter der Medina-Ausfahrt von der Straße zwischen Río Caribe und Bohordal ab. Ab San Juan de Las Galdonas verläuft eine unbefestigte Piste (20 km) bis zum Dorf **San Juan de Unare**. Diese Strecke wird ab und zu von öffentlichen Verkehrsmitteln befahren. Der Fußmarsch vom Dorf zur breiten Playa Cipara dauert etwa eine Stunde.

Ab Río Caribe verkehren morgens sporadisch *por puestos* zu den Orten Medina (5 BsF), Pui Puy (10 BsF) und San Juan de Las Galdonas (10 BsF). Sie fahren nur bis zu den Stränden von Medina und Pui Puy, den Rest des Weges muss man zu Fuß zurücklegen (eine halbe Stunde einplanen). Manchmal kommt man auch mit von Einheimischen gesteuerten *mototaxis* hierher. Die *por puestos* fahren ganz im Südosten von Río Caribe ab, gegenüber der Tankstelle.

Schokoliebhaber sind bei **Chocolates Paria** (☎ 0416-282-6027; Führung 15 BsF; ◷ 9–16 Uhr) an der richtigen Adresse. Hier werden – auf Deutsch, Englisch und Französisch – Führungen durch die kleine schattige Öko-Kakaoplantage sowie

---

EINREISE NACH TRINIDAD

Acosta Asociados (☎ 0294-982-1556; Bolívar 31; ◷ Mo–Fr 9–12 & 14–17.30 Uhr) bietet Fahrten mit der *Sea Prowler* an, einem komfortablen, klimatisierten Passagierschiff, das zwischen Güiria und Chaguaramas in der Nähe von Port of Spain, Trinidad, verkehrt. Das Schiff kommt jeden Mittwoch etwa um 14 Uhr an und fährt gegen 17 Uhr zurück nach Chaguaramas (3½ Std.). Man sollte bereits um 13.30 Uhr da sein; die einfache Fahrt kostet 632 BsF, hin und zurück legt man 1032 BsF hin (dazu noch 80 BsF Ausreisesteuer bei der Hinreise und 23 US$ Hafensteuer bei der Rückfahrt ab Trinidad).

verschiedene Schokoladenvariationen zum Probieren angeboten. Um hierher zu gelangen, nimmt man einen *por puesto* (2,50 BsF, 15 Min.) zur Hacienda Bukare.

ISLA DE MARGARITA

☎ 0295 / 434 000 Ew.

Die touristische Isla de Margarita ist Venezuelas karibisches Urlaubsziel Nummer eins. Sonnenanbeter und Schnäppchenjäger aus der ganzen Welt bevölkern die Insel, angelockt durch traumhafte Strände, niedrige Duty-Free-Preise, Charterflüge und All-Inclusive-Pakete. Auf der urbanisierten und touristisch gut erschlossenen Urlaubsinsel gibt's dementsprechend schicke Restaurants, internationale Hotelriesen und Einkaufsmöglichkeiten en masse.

Dabei ist Margarita so groß, dass Individualreisende noch immer verlassene Strände und vielfältige Landschaften, von Mangrovensümpfen über hügelige Nebelwälder bis zu Wüstengebieten, für sich entdecken können. Die Mehrheit der Besucher schlägt ihr Quartier an der Ostküste nahe Porlamar auf, die Orte Juangriego und El Yaque allerdings sind sicherer und entspannter.

An- & Weiterreise

FLUGZEUG

Fast alle größeren Gesellschaften fliegen den **Aeropuerto Internacional del Caribe General Santiago Mariño** (☎ 400-5057) an. Die Flugpreise schwanken stark, die hier angegebenen Preise jeweils für den einfachen Flug dienen darum lediglich der Orientierung. Caracas wird regelmäßig angeflogen (220–250 BsF), Direktflüge gibt's außerdem u. a. nach Puerto Ordaz (585 BsF), Cumaná (150 BsF), San Antonio de Táchira (446–552 BsF), Valencia (270 BsF) und Maturín (190 BsF). Aereotuy und Rainbow Air fliegen nach Los Roques (616–737 BsF), Avior und Conviasa bedienen Port of Spain, Trinidad (hin & zurück 520–950 BsF).

Ein Taxi nach Porlamar kostet etwa 50 BsF; Busverbindungen gibt's keine.

Die Büros folgender Fluggesellschaften findet man in und rund um Porlamar:
Aeropostal (☎ 262-2878; www.aeropostal.com; Centro Comercial Sambil Margarita, Av Jóvito Villaba, Pampatar)
Aereotuy (LTA; ☎ 415-5778; www.tuy.com; Av Santiago Mariño, Porlamar)
Aserca (☎ 262-0166; www.asercaairlines.com; Centro Comercial Provemed, Av Bolívar, EG, Pampatar)
Avior (☎ 263-9646; www.avioairlines.com; Hotel Puerta del Sol, Los Pinos)
Laser (☎ 263-9195; www.laser.com.ve; Maneiro, Porlamar)
Rainbow Air (☎ 0424-877-0582; makoroporlamar@gmail.com; Edificio Esparta Suites, Calle Los Amendros, EG, Porlamar) Auch Representaciones Makoro genannt.
Rutaca (☎ 263-9236; www.rutaca.com.ve; Centro Comercial Jumbo, Av 4 de Mayo, Porlamar)

SCHIFF/FÄHRE

Die Isla de Margarita ist über Puerto La Cruz und Cumaná mit dem Festland verbunden. Die Fähren legen am Fähranleger Punta de Piedras (29 km westlich von Porlamar) ab. In Porlamar machen sich zudem häufig kleine Boote, auf denen man leicht seekrank wird, auf den Weg nach Chacopata (20 BsF, 1½ Std.). Kleine Busse (3 BsF) verkehren regelmäßig zwischen Punta de Piedras und Porlamar; ein Taxi nach El Yaque kostet 40 BsF, nach Porlamar oder Juangriego wird man zwischen 40 und 50 BsF los. Bei allen hier genannten Fähranbietern bezahlen Kinder zwischen zwei und sieben Jahren sowie Senioren über 60 Jahre nur die Hälfte.

Ab Puerto La Cruz

Conferry (☎ 261-6780; www.conferry.com; Calle Marcano, Porlamar; ⓧ Mo–Fr 8–11.30 & 14–16.30, Sa 8–11 Uhr) bedient täglich mehrere Routen; auf der Website findet man die genauen Fahrpläne. Normale Überfahrten kosten für Erwachsene je nach Klasse zwischen 29 und 37 BsF, für Autos zahlt man je nach Größe zwischen 59 und 71 BsF; die Fahrt dauert etwa viereinhalb Stunden. Die Express-Fähren brauchen zwei Stunden und kosten für Erwachsene zwischen 62 und 102 BsF, für Autos zahlt man zwischen 109 und 131 BsF.

Ausschließlich Personen befördernde Tragflügelboote von **Gran Cacique** (☎ 264-1160; www.grancacique.com.ve; Edificio Blue Sky, Av Santiago Mariño, Porlamar; ⓧ Mo–Fr 8–12 & 13–17, Sa 8–12 Uhr) legen täglich um 7 und 16 Uhr ab (52–72 BsF, 2 Std.).

Ab Cumaná

Von Cumaná aus hat **Gran Cacique** (☎ 0293-432-0011) täglich zwei bis drei Überfahrten im Angebot (50–65 BsF, 2 Std.), zudem verkehrt eine Autofähre (Erw./Auto 30/60 BsF, 3½ Std.) der Tochtergesellschaft **Naviarca**

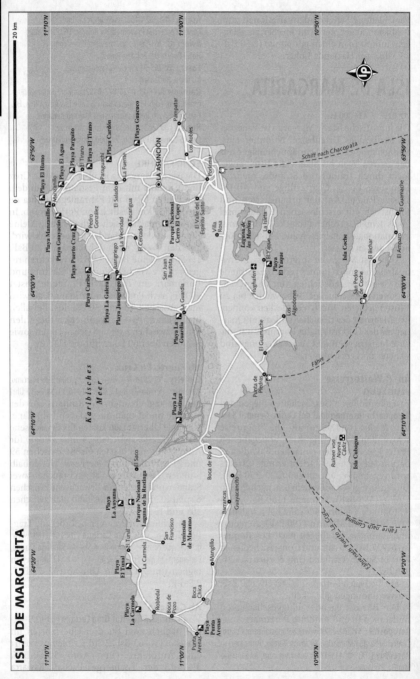

(☎ 0293-433-5577; www.grancacique.com.ve). In Margarita bekommt man Naviarca-Tickets nur in Punta de Piedras (☎ 239-8232).

PORLAMAR

☎ 0295 / 143 000 Ew.

Porlamar, Margaritas größte und betriebsamste Stadt, ist eher Verkehrsknotenpunkt und Geschäftszentrum als Urlaubsort für Individualreisende. Die Plaza Bolívar mit ihren schattenspendenden Bäumen ist der historische Stadtkern, der Ort dehnt sich allerdings rasant gen Osten aus: Hier an der Küste in Richtung Pampatar reihen sich neue Vororte, touristische Anlagen, Hotels und Restaurants aneinander.

Praktische Informationen

In Geschäften werden Dollar nach dem offiziellen Kurs als Währung akzeptiert. Wenn man verhandelt, wird manchmal auch nach dem Schwarzmarktkurs abgerechnet. Die meisten Läden sowie die schickeren Hotels und Restaurants akzeptieren Kreditkarten.

Banco de Venezuela (Blvd Guevara)
Banesco (Av 4 de Mayo)
Cambios Cussco (☎ 261-3379; Velázquez) Geldwechsel.
CANTV (Ecke Igualdad & Mariño) Internet und Telefon. Eine weitere Filiale gibt's an der Av Santiago Mariño.
Corpotur (☎ 262-2322; www.corpoturmargarita.gov.ve; Centro Artesanal Gilberto Menchini, Av Jóvito Villalba, Los Robles; ⊗ Mo-Fr 8.30–12.30 & 13.30–16.30 Uhr) Die staatliche Touristenbehörde findet sich auf halbem Weg zwischen Porlamar und Pampatar.
Digicom (Fermín) Internetzugang.
Edikó's Lavandería (Fermín)
Ipostel (Maneiro)
Onidex (☎ 263-4766; Arismendi 7-85; ⊗ Mo-Fr 8–12 & 13–15.45 Uhr) Verlängert Visa und Touristenkarten.

Schlafen

In Porlamar gibt's jede Menge Hotels in allen Preisklassen. Die meisten billigen Unterkünfte liegen im geschäftigen historischen Zentrum, das sich südlich und westlich der Plaza Bolívar erstreckt.

Hotel España (☎ 261-2479; Mariño; DZ/3BZ 60/70 BsF; ✲) In diesem recht schäbigen Hotel muss man durchgelegene Betten in Kauf nehmen. Prachtvolle architektonische Elemente und der kunstvolle Bodenbelag deuten darauf hin, dass es schon mal glanzvollere Zeiten gesehen hat.

Hotel Nuevo Puerto (☎ 263-8888; La Marina; DZ mit Ventilator/Klimaanlage 60/80 BsF; ✲) Die größtenteils fensterlosen Zimmer, die in stetem Verfall begriffen sind, eignen sich wirklich nur zum Schlafen. Die Hotelleitung ist aber freundlich, und ein Labyrinth von Korridoren verbreiten ein geheimnisvolles Flair.

Hotel Jinama (☎ 261-7186; fonsoyniky@hotmail.com; Mariño; EZ/DZ/3BZ 80/90/100 BsF; ✲) Das einfache, herzliche Hotel gleicht seine dünnen Matratzen durch Kühlschränke und Kabelfernsehen auf den Zimmern aus, zudem gibt's einen hübschen Gemeinschaftsbereich mit Blick auf die Straße.

Casa Lutecia (☎ /Fax 263-8526; Campos; DZ/Suite inkl. Frühstück 140/180 BsF; ✲ ⛳) Die mediterran gestaltete posada mit Lehmziegelmauern, einem gekachelten Dach im spanischen Stil und einem Garten mit prächtigen Bougainvillea hat gemütliche Zimmer mit Deckenventilatoren und Moskitonetze für Gegner von Klimaanlagen zu bieten. Auf dem Dach gibt's einen traumhaften Pool, zudem wird Französisch gesprochen.

Essen

Preiswerte Lokale findet man in der ganzen Stadt, insbesondere in der Altstadt.

Panadería 4 de Mayo (Ecke Fermín & Av 4 de Mayo; Snacks & Sandwiches 4–12 BsF; ⊗ 7–22 Uhr) Die beliebteste der vielen gut besuchten Bäckereien in dieser Gegend hat tolles Gebäck, Sandwiches und Kuchen im Angebot. Von der Terrasse aus kann man bestens das Treiben auf der Straße beobachten.

Mansión China (Patiño; Hauptgerichte 17–50 BsF) Auf der umfangreichen Speisekarte des chinesischen Restaurants findet man u. a. Ingwerbarsch, Entenbraten und vegetarische Tofugerichte. Es versteckt sich in einer Ansammlung von kleinen Restaurants.

Restaurant Punto Criollo (Igualdad 19; Hauptgerichte 20–55 BsF; ⊗ 10.30–22.30 Uhr; ✲) Dieses weitläufige, unprätentiöse venezolanische Restaurants ist dank einer umfangreichen Speisekarte von allem etwas zu bieten. Zum Rahmenprogramm gehören adrett gekleidete Kellner und eine lange Getränkekarte.

Casa Italia (Ecke Patiño & Malavé; Pizza & Pasta 26–67 BsF) Hier gibt's viele verschiedene Fleisch- und Hühnchengerichte sowie fast 20 köstliche Pastateller.

Ausgehen & Unterhaltung

Am Strand findet man immer zahlreiche einfache Stände, die über einen guten Vorrat an eisgekühltem Bier verfügen. Angesagte

Nachtclubs und Bars liegen außerhalb der Innenstadt.

Nova Café (262-7266; Los Uveros; Mo–Sa 19–3 Uhr) Der kleine, einladende Club gegenüber dem Hilton bietet dem Hintern Sitzgelegenheiten unter freiem Himmel und den Ohren elektronische Musik und Lounge-Rhythmen.

LP Tipp Kamy Beach (267-3787; Av Aldonza Marique, Playa Varadera, Pampatar; Do–Sa 21–4 Uhr, Hauptsaison tgl.) Ein schicker, am Strand gelegener Nachtclub mit sich wiegenden Palmen, strohgedeckten Bars und quadratischen Betten mit romantischen Vorhängen, die im Sand stehen. Von den weißen Lounge-Sofas und der luftigen Terrasse aus kann man den Strand überblicken. Livebands und DJs unterhalten.

British Bulldog (267-1527; Centro Comercial Costa Azul, Av Bolívar; 21 Uhr–open end) Die Wände des ersten und einzigen britischen Pubs der Insel sind mit Union Jacks gepflastert. Von Mittwoch bis Samstag wird Live-Rock gespielt, Pints sind allerdings Fehlanzeige.

Señor Frog's (262-0451; Centro Comercial Costa Azul, Av Bolívar; Di–Sa 23–4 Uhr) Eine der beliebtesten Partylocations in Porlamar. Das leicht kitschige Familienrestaurant verwandelt sich abends in eine wilde Disco, in der Latin-Pop-Rhythmen den Ton angeben.

Unterwegs vor Ort

Kleine Busse, von den Einheimischen *micros* oder *carritos* genannt, fahren regelmäßig Ziele auf der gesamten Insel an, u. a. Pampatar,

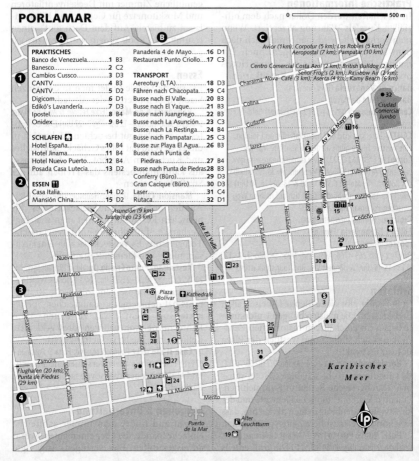

El Yaque und Juangriego. Fahrkarten kosten zwischen 1,50 und 3,50 BsF; die Startpunkte für einige der wichtigsten Touristenziele sind auf der Karte auf S. 1074 eingezeichnet.

PAMPATAR
0295 / 43 000 Ew.

Pampatar ist weniger zugebaut als ihr 10 km südwestlich liegender Nachbar Porlamar, mit dem Pampatar allmählich zu einer einzigen Stadt zusammenwächst. Pampatar war eine der ersten Siedlungen auf Margarita und früher der wichtigste Hafen in dem Gebiet, das später zu Venezuela werden sollte. Hier gibt's noch immer ein paar Kolonialbauten, und der verblasste Ruhm verströmt eine gewisse Nostalgie. Die Festung von Pampatar, das am Meer gelegene **Castillo de San Carlos Borromeo** (8–18 Uhr), befindet sich im Stadtzentrum. Erbaut wurde sie zwischen 1662 und 1684 dort, wo die vorherige Festung von Piraten zerstört worden war.

Nur wenige Reisende übernachten hier; an der Almirante Brión, einen Block vom Strand entfernt, gibt's allerdings einige günstige Unterkünfte. Am Strand findet man außerdem viele Lokale unter freiem Himmel. Regelmäßig fahren Kleinbusse zwischen Porlamar und Pampatar; Taxen kosten 12 BsF.

JUANGRIEGO
0295 / 33 000 Ew.

Juangriego gehört zu den hübschesten und unauffälligsten Strandorten der Insel und ist bekannt für glühende Sonnenuntergänge. An einer beeindruckenden Bucht im Norden der Insel gelegen, lädt das Städtchen mit rustikalen Fischerbooten, Urlaubsjachten und Pelikanen zu entspannten Tagen am Strand ein. Die Playa La Galera liegt nur einen kurzen Fußmarsch entfernt und ist bei Einheimischen beliebt; zur reizenden Playa Caribe gelangt man mit einem Taxi in zehn Minuten. Wenn die Sonne am unendlichen Horizont über den Gipfeln bei Macanao lodernd untergeht, hat man von der am Berg gelegenen **Fortín de la Galera** die beste Aussicht.

Die farbenprächtige *posada* **El Caney** (253-5059; elcaney1@hotmail.com; Guevara 17; DZ 100 BsF, 3BZ 120–130 BsF, 6BZ 200 BsF;) wird von einem peruanisch-kanadischen Pärchen geleitet. Zu den netten Extras gehören eine Terrasse mit Palmendach im vorderen Bereich sowie ein kleines Tauchbecken mit Wasserfall. In der Nebensaison gibt's Rabatte.

Das **Hotel Patrick** (253-6218; www.hotelpatrick.com; El Fuerte; DZ 100 BsF, 5-Pers.-Suite 180 BsF;) wurde kürzlich von einem irisch-venezolanischen Pärchen gekauft. Um hinzukommen, läuft man etwa 200 m in nördliche Richtung am Strand entlang. Geboten werden zehn helle Zimmer mit Korbmöbeln, ein Hof samt Billardtisch, der von einem Garten voller Zitronenbäumen und Bananenstauden umgeben ist, Fernseher, eine DVD-Sammlung und ein innovatives Restaurant, in dem WLAN zur Verfügung steht.

Zur **Terraza de Playa Caribe** (0414-789-3537; Hauptgerichte 30–90 BsF; 9–18 Uhr, Hauptsaison bis 22 Uhr) gelangt man, indem man mit dem Taxi (15 BsF) zur Playa Caribe fährt. Das Strandrestaurant unter freiem Himmel mit Lounge wird von einem geselligen Argentinier geleitet. Auf den Tisch kommen tolle Fischgerichte, *parrilla* und Frühstücksvariationen, zudem treten oft Reggae-Bands auf. Die Bar hat länger geöffnet; hier finden nächtelange Vollmondpartys mit Elektro-Musik statt.

Unerwarteterweise kann man an den vielen Essensständen am Busbahnhof, zu Fuß zehn Minuten vom Strand entfernt, wunderbar preiswert essen. Entlang des Strandes hinter dem Hotel Patrick gibt's zahlreiche gute Fischrestaurants.

Ein Taxi von Punta de Piedras oder dem Flughafen in die Stadt kostet 40 bis 50 BsF.

EL YAQUE
0295 / 1500 Ew.

Der Eingang nach El Yaque, das südlich des Flughafens liegt, wird bewacht, und damit auch sein ruhiges Meer und die steten Winde, die eine perfekte Kulisse zum **Wind-** und **Kitesurfen** bilden. Der Strand genießt weltweit einen guten Ruf und ist ein Treffpunkt für die venezolanische und europäische Windsurfer-Gemeinschaft, weshalb Preise oft in Euro angegeben sind. Mehrere professionelle, am Strand ansässige Anbieter verleihen Windsurf-Ausrüstung (pro Std./Tag 85/250 BsF), und es werden alle möglichen Sprachen gesprochen. Kurse kosten durchschnittlich 110 BsF pro Stunde, für 475 BsF ist ein zehnstündiger Fortgeschrittenen-Kurs zu haben. Auch Kitesurf-Unterricht wird angeboten (pro 1½/6/14 Std. 1140/1950/3250 BsF); die Ausrüstung für die gesamten zehn Stunden kann man für 1625 BsF ausleihen.

Ein Taxi vom Flughafen kostet 35 BsF; stündlich fahren Kleinbusse ab Porlamar.

Das direkt am Strand gelegene **Warmsurfing** (☎ 0416-796-0400; www.warmsurfing.com; EZ/DZ 70/100 BsF; 🅰) bringt seine Gäste in einfachen, klimatisierten Zimmern unter. Es gibt zudem eine Küche mit Palmendach und ein großes Restaurant und man kann Windsurfausrüstung leihen und Geld wechseln.

Direkt nebenan, am Eingang zur Stadt, liegt das **El Yaque Motion** (☎ 263-9742; www.elyaquemotion.com; DZ mit/ohne Bad 140/100 BsF, 3BZ 170 BsF, Apt. ab 200 BsF; 🅰 💻). Die hübsche Unterkunft hat eine Küche und Terrassen im Obergeschoss, fröhliche, moderne Zimmer und verschiedene geräumige Apartements, die sich für Gruppen eignen. Abends versammeln sich die Gäste meist bei Bier und Pasta zu gemeinschaftlichen Mahlzeiten.

STRÄNDE

Rund 50 Strände auf Margarita sind so groß, dass sie einen eigenen Namen verdient haben. Hinzu kommt eine Reihe namenloser kleiner Sandstreifen. An vielen Stränden tummeln sich Restaurants, Bars und weitere Einrichtungen. Die Insel ist schon längst kein unberührtes Paradies mehr. Wer lang genug sucht, findet aber sicher noch ein relativ einsames Plätzchen.

Die **Playa El Agua** ist der angesagteste Strand auf der Isla de Margarita. Neben dem normalen Partyvolk drängen sich hier gestylte Venezolaner, die sich bewundern lassen wollen. Die echten Trendsetter sind aber mittlerweile zu den ruhigeren Stränden abgewandert. An Feiertagen ist die Playa El Agua manchmal hoffnungslos überfüllt, an allen anderen Tagen aber sehr einladend und wunderbar entspannt. In dieser Gegend sind die Preise meist etwas höher, in den Nebenstraßen gibt's aber doch noch ein paar günstigere Alternativen.

Zu den anderen beliebten Stränden gehören die **Playa Guacuco** und die **Playa Manzanillo**. Doch am schönsten ist wahrscheinlich die **Playa Puerto Cruz**: Der wohl breiteste Strand der Insel ist nicht überfüllt und hat den hellsten Sand auf ganz Margarita. Die starke Brandung an der **Playa Parguito** neben der Playa El Agua ist zum Surfen wie gemacht. Den Menschenmassen entkommt man am besten auf der **Península de Macanao**, dem ursprünglichsten Teil der Insel.

GUAYANA

Das im Südosten gelegene Guayana – nicht zu verwechseln mit dem Land Guyana – präsentiert Venezuelas exotischste Seite. In dieser Gegend findet sich der weltweit höchste Wasserfall, der Salto Ángel, der dicht bewachsene Parque Nacional Canaima, das Orinoco-Delta (Delta del Orinoco) mit seiner unglaublichen Artenvielfalt, der Río Caura, der venezolanische Amazonas und La Gran Sabana (die Große Savanne), in der Tafelberge, die *tepui*, hügelige Grassavannen überblicken. Viele Besucher verbringen ihren ganzen Urlaub in diesem Teil des Landes.

Die Mehrheit der indigenen Volksgruppen im Land lebt in Guayana, z. B. die Warao, die Pemón und die Yanomami, die etwa 10 % der Bevölkerung der Region ausmachen.

CIUDAD BOLÍVAR

☎ 0285 / 462 000 Ew.

Die nach El Libertador benannte Stadt liegt an der schmalsten Stelle des Río Orinoco. Der *casco histórico* (historischer Stadtkern) strahlt in perfektem Glanz, seit seine Kolonialbauten restauriert und mit einem frischen Anstrich versehen wurden. Die meisten Besucher kommen nach Ciudad Bolívar, um von dort aus Touren in den Parque Nacional Canaima, zum Salto Ángel und zu den vielen weiteren Schätzen Guayanas zu unternehmen; vor Ort gibt's dementsprechend eine große Auswahl von Anbietern.

Simón Bolívar kam 1817 in die Stadt, kurz nachdem diese von der spanischen Kolonialmacht befreit worden war, und koordinierte von hier aus die Militäraktionen, die die letzte Phase des Unabhängigkeitskriegs einläuteten. Die Stadt wurde übergangsweise zur Hauptstadt des noch zu befreienden Landes erklärt. 1819 versammelte sich hier der Kongress von Angostura und arbeitete einen Plan zur Gründung von Gran Colombia aus, einer Republik, die aus Venezuela, Kolumbien und Ecuador bestehen sollte.

Nach Einbruch der Dunkelheit ist der historische Stadtkern ziemlich verlassen, sonntags hat alles geschlossen. Nachts sollte man hier nicht alleine unterwegs sein.

Praktische Informationen

GELD
Banco de Venezuela (Ecke Paseo Orinoco & Piar)
Banesco (Ecke Dalla Costa & Venezuela)

INTERNETZUGANG
Chat Café Boulevard (Bolívar)
Conexiones.net (Venezuela)

MEDIZINISCHE VERSORGUNG
Hospital Ruiz y Páez (☎ 632-4146; Av Germania)

POST
Ipostel (Av Táchira zw. Av Cruz Verde & Av Guasipati)

TELEFON
CANTV (Ecke Paseo Orinoco & Dalla Costa)
Movistar (Centro Comercial Abboud Center, Paseo Orinoco)

TOURISTENINFORMATION
Staatliche Tourismusinformation (☎ 800-674-6626, 632-4525; www.turismobolivar.gob.ve; Bolívar; 8–12 & 14–17.30 Uhr) Im Jardín Botánico; sehr hilfsbereites Personal, das Englisch, Deutsch und Italienisch spricht. Montags bis samstags zwischen 8 und 20 Uhr ist auch eine Infohotline erreichbar.

WASCHSALONS
Lavandería Woo Lee (Zea)

Sehenswertes
Das koloniale Herz der Stadt ist die **Plaza Bolívar**. Auf der belebten Uferpromenade, der **Paseo Orinoco**, begegnet man Straßenverkäufern und altehrwürdigen Bauten, die teilweise aus Bolívars Zeit stammen. Vom Ufer des Orinoco und von anderen Aussichtspunkten in der Stadt aus hat man einen schönen Blick auf eine Insel mit dem passenden Namen **Piedra del Medio** (Stein der Mitte).

Das **Museo de Arte Moderno Jesús Soto** (☎ 632-0518; Ecke Av Germania & Av Briceño Iragorry; Di–Fr 9.30–17.30, Sa & So 10–17 Uhr) zeigt eine umfangreiche Sammlung kinetischer Kunst des bekannten Künstlers.

Vor dem Terminal des Flughafens steht das **Flugzeug von Jimmie Angel**, mit dem dieser oberhalb des später nach ihm benannten Salto Ángel eine Bruchlandung baute.

Geführte Touren
Von Ciudad Bolívar aus kann man Touren nach Canaima (Salto Ángel) und zum Río Caura unternehmen sowie weiter nach Santa Elena de Uairén (Roraima) reisen. Für eine Dreitagestour zum Salto Ángel mit allem Drum und Dran legt man ungefähr zwischen 1400 und 2000 BsF hin; Adrenaline und Tiuna haben preiswertere Pakete ab La Paragua im Angebot.

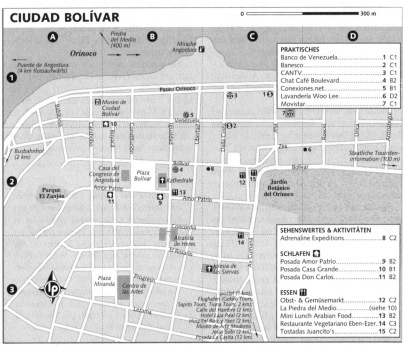

Eine kleine Auswahl der vielen Anbieter:
Adrenaline Expeditions (☎ 632-4804, 0414-886-7209; adrenalinexptours@hotmail.com; Bolívar) Der preiswerte Anbieter hat sich auf Abenteuerreisen spezialisiert und veranstaltet gute Touren zum Río Caura, nach Canaima und in die Gran Sabana. Hier bekommt man zudem äußerst nützliche Tipps fürs Reisen in dieser Region.
Gekko Tours (☎ 632-3223, 0414-854-5146; www.gekkotours-venezuela.de; Flughafenterminal) Die vertrauenswürdige Agentur wird von der Posada La Casita betrieben; hier gibt's eine große Auswahl von Touren und Flügen in die Region und ins gesamte Land.
Sapito Tours (☎ 0414-854-8234; www.sapitotours.com; Terminal am Flughafen) Filiale von Bernal Tours aus Canaima.
Tiuna Tours (☎ 632-8697, 0414-853-2590; tiunatours@hotmail.com; Terminal am Flughafen) Die Ciudad-Bolívar-Filiale des großen in Canaima ansässigen Anbieters.

Schlafen

In Ciudad Bolívar finden Traveller viele hübsche *posadas*.

LP Tipp Posada La Casita (☎ 617-0832, 0414-854-5146; www.posada-la-casita.com; Urbanización 24 de Julio; Zeltplatz 20 BsF/Pers., Hängematte 30 BsF, EZ/DZ/3BZ 90/130/170 BsF; ✱ ☐ ☒) In dieser ländlichen Anlage vor der Stadt entspannt man sich am Pool und genießt die große Auswahl von Unterkünften, die gute Anbindung – von Flughafen und Busbahnhof aus wird rund um die Uhr ein kostenloser Abholservice angeboten, zudem fährt ein Shuttle in die Stadt – und die herzliche Atmosphäre. Außerdem sind Snacks, Getränke und günstige Mahlzeiten zu haben.

Posada Amor Patrio (☎ 0414-854-4925; plazabolivar@hotmail.com; Amor Patrio; Hängematte 25 BsF, DZ/3BZ ohne Bad 75/100 BsF) Das historische Gebäude hinter der Kathedrale birgt fünf verspielte, nach Themen eingerichtete Zimmer, eine Dachterrasse mit Hängematten, eine Küche und einen luftigen Salon, in dem sich alles um kubanischen Jazz dreht.

Posada Don Carlos (☎ 632-6017, 0414-854-6616; www.posada-doncarlos.com; Boyacá; Hängematte/B im Freien 35 BsF, EZ mit Ventilator 70–80 BsF, DZ mit Ventilator 80–90 BsF, DZ/3BZ/4BZ mit Klimaanlage 115/135/155 BsF; ✱ ☐) Diese hübsche, saubere *posada* ist in einer charaktervollen Kolonialvilla mit zwei weitläufigen Innenhöfen und einer antiken Bar untergebracht. Es gibt eine Küche und auf Wunsch warme Mahlzeiten, die klimatisierten Zimmer haben hohe Decken und massive Holztüren. Es können Touren zum Río Caura und zum Salto Ángel organisiert werden.

Außerdem empfehlenswert:
Hotel Laja Real (☎ 617-0100; www.lajareal.com; Ecke Av Andrés Bello & Av Jesús Soto; EZ 185–200 BsF, DZ/3BZ 230/260 BsF; ✱ ☐ ☒) Das schicke Hotel liegt direkt auf der anderen Straßenseite des Flughafens.
Posada Casa Grande (☎ 632-6706; www.cacaotravel.com; Ecke Venezuela & Boyacá; EZ/DZ/3BZ/Suite 350/390/465/580 BsF; ✱ ☒) Reizendes Luxushotel in einem restaurierten Kolonialgebäude. Vom Dach hat man einen traumhafte Blick auf den Sonnenuntergang.

Essen & Ausgehen

Tostadas Juancito's (Ecke Av Cumaná & Bolívar; *arepas* 5–12 BsF, Menü 20–22 BsF; ⏱ 6.30–18.30 Uhr) Die alteingesessene, an einer belebten Straßenecke gelegene *arepa*- und Snackbar ist ein beliebter Treff der Einheimischen.

Restaurante Vegetariano Eben-Ezer (Concordia; Menü 20 BsF; ⏱ Mo–Fr 7–15 Uhr) Das moderne, neu eröffnete vegetarische Restaurant ist für sein köstliches *pasticho de berengena* (Auberginenlasagne) und Seitan-Kroketten bekannt. Daneben kommen riesige Salate, tolles Vollkornbrot und *arepas* auf den Tisch.

Mini Lunch Arabian Food (Ecke Amor Patrio & Igualdad; Hauptgerichte 20–30 BsF; ⏱ 7–19 Uhr) In diesem kleinen, von einer Familie geführten Café ist zur Mittagszeit immer viel los. Zur Auswahl stehen u. a. herzhafte Linsensuppe mit üppiger Gemüseeinlage, deftige Falafel sowie leckere Schawarmas und Kebabs.

Für einen kleinen Snack im Zentrum bietet sich der kleine Gemüse- und Obstmarkt hinter Tostadas Juancito an: Dort gibt's eine kleine Auswahl von Pasta und anderen Gerichten. Wen spät abends Gelüste nach Fast Food plagen, der macht sich mit dem Taxi auf zur **Calle del Hambre** (Straße des Hungers; Estacionamiento del Estadio Heres), einer langgezogenen, hell

---

IN DIE VOLLEN!

La Piedra del Medio (☎ 0424-961-9836; Ecke Venezuela & Boyacá; 3-Gänge-Menü 70 BsF) Küchenchefin Karla Herrera verarbeitet in diesem neu eröffneten Restaurant in der Posada Casa Grande frische Zutaten aus der Region zu kreativen Speisen. Hohe Decken und warme, moderne Farben verleihen dem ersten Feinschmeckerlokal im historischen Viertel eine kosmopolitische Atmosphäre, in der international und traditionelle Gerichte serviert werden. Die Speisekarte ändert sich täglich. Vorab reservieren!

beleuchteten Straße mit zahlreichen Imbissständen, an denen bis in die frühen Morgenstunden geschäftiges Treiben herrscht.

An- & Weiterreise
BUS
Der **Terminal de Pasajeros** (Ecke Av República & Av Sucre) liegt 2 km südlich der Innenstadt. Um hierher zu gelangen, nimmt man ab dem Paseo Orinoco eine der nach Westen fahrenden *busetas* mit der Aufschrift „Terminal".

Häufig fahren Busse nach Caracas (60–65 BsF, 9 Std.), die meisten starten am Abend. Die Direktbusse nach Maracay (60–65 BsF, 9½ Std.) und Valencia (48–70 BsF, 10½ Std.) nehmen die kürzere Los-Llanos-Route, die Caracas umfährt – wer in den Nordwesten des Landes oder die Anden möchte, ohne dabei durch Caracas zu fahren, sollte diese Verbindungen nutzen.

Von Mitte Juni bis Mitte September verbinden Busse von Expresos Los Llanos und Expresos Mérida Ciudad Bolívar täglich mit Mérida (125–144 BsF, 24 Std.).

Jeden Tag fahren zudem ein paar Busse nach Puerto La Cruz (45–50 BsF, 4 Std.) und kleinere Busse machen sich den ganzen Tag über auf den Weg nach Puerto Ayacucho (42–50 BsF, 10½–12 Std.). Nach Ciudad Guayana (8 BsF, 1½ Std.) kann man alle 15 bis 20 Minuten starten, und sechs Busse pro Tag bedienen die Route nach Santa Elena de Uairén (60 BsF, 10–12 Std.).

FLUGZEUG
Der **Flughafen** (☎ 632-4978; Av Jesús Soto) liegt 2 km südöstlich des Flussufers und ist von der Innenstadt aus mit öffentlichen Verkehrsmitteln zu erreichen. **Rutaca** (☎ 632-4465) fliegt von Sonntag bis Freitag über Maturín (100 BsF) nach Caracas (290 BsF) und jeden Morgen nach Santa Elena de Uairén (600 BsF); meist gibt's einen Zwischenstopp in Canaima. Die meisten Anbieter haben Flüge nach Canaima im Angebot, ein einfacher Flug ohne Tour kostet zwischen 350 und 380 BsF.

CIUDAD GUAYANA
☎ 0286 / 980 000 Ew.
Ciudad Guayana wurde offiziell 1961 als regionales Industriezentrum gegründet. Der Ort liegt an zwei Flüssen, dem Orinoco und dem Río Caroní, und besteht aus den ungleichen Zwillingsstädten **Puerto Ordaz** und **San Félix**. Der Kolonialort San Félix am Ostufer des Caroní ist eine typische Arbeiterstadt mit historischem Stadtkern; er hat nur wenig touristische Infrastruktur zu bieten und gilt als unsicher. Puerto Ordaz hingegen ist eine wohlhabende, aus dem Boden gestampfte Stadt; die Bevölkerung gehört größtenteils zur Mittelschicht, und es gibt eine bunte Restaurant- und Unterhaltungsszene. Einheimische benutzen meist die Bezeichnungen „San Félix" und „Puerto Ordaz", nicht den offiziellen Namen – man kann es sich also sparen, an Busbahnhöfen oder in Reisebüros nach Ciudad Guayana zu fragen: Das Ganze ist nicht viel mehr als ein Name.

Alle hier folgenden Empfehlungen findet man in Puerto Ordaz.

Praktische Informationen
Banco de Venezuela (Ecke Av Las Américas & Av Monseñor Zabaleta)
Banco Mercantil (Ecke Av Ciudad Bolívar & Vía Venezuela)
Infowarehouse (Centro Comercial Topacio, Carrera Upata) Internet.
Movistar (Carrera Upata near El Callao) Telefon.

Sehenswertes
Puerto Ordaz hat drei beeindruckende, am Río Caroní gelegene Parks. Der 52 ha große **Parque Cachamay** (Av Guayana) bietet eine spektakuläre Aussicht auf die 200 m breiten Wasserfälle des Flusses. Quirlige Affen sorgen im angrenzenden **Parque Loefling** (Av Guayana) für Unterhaltung; zudem gibt's hier Wasserschweine, Tapire und einen kleinen Zoo mit wilden Tieren. Der 160 ha große **Parque La Llovizna** (Av Leopoldo Sucre Figarella) liegt an der anderen Uferseite (also im Osten) des Río Caroní; die 29 Inselchen hier sind von schmalen Wasserkanälen umgeben und durch 36 Fußgängerbrücken miteinander verbunden. Der 20 m hohe Salto La Llovizna trägt wie der Park den Namen *llovizna* (Sprühregen).

Schlafen
Die Unterkünfte im relativ wohlhabenden Puerto Ordaz sind in erster Linie auf Geschäftsreisende ausgerichtet, günstige Optionen sind deswegen eher Mangelware.

La Casa del Lobo (☎ 961-6286, 0414-871-9339; www.lobo-tours.de; Manzana 39, Zambia 2, Villa Africana; Zi. 80 BsF; 🖥) Die von Deutschen geführte Unterkunft ist die beste Backpackeroption vor Ort. Sie liegt ein paar Kilometer südlich der Innenstadt und verfügt über fünf saubere Zimmer und eine Küche. Es gibt Mahlzeiten auf Bestellung, und geführte Touren ins Delta können organisiert werden. Wer vorher Bescheid gibt, wird zudem kostenlos am Busbahnhof in Puerto Ordaz abgeholt; ein Taxi kostet 20 BsF.

Residencia Ambato 19 (☎ 923-2072; www.ambato19.com; Ambato 19; DZ 150 BsF; ✷ 🖳) Der kleine Familienbetrieb liegt an einer ruhigen Straße abseits der México. Gäste kommen in sieben friedvollen, makellosen Zimmern mit Doppelbetten und Badezimmern unter. Die *posada* ist oft ausgebucht, deswegen sollte man vorher lieber anrufen.

Posada Turística Kaori (☎ 923-4038; kaoriposada@cantv.net; Argentina, Campo B; DZ/3BZ 170/200 BsF; ✷ 🖳) Saubere, moderne Zimmer mit Kabelfernsehen und guten Matratzen, von der Innenstadt aus zu Fuß schnell zu erreichen.

Essen

RicArepa (Carrera Upata; arepas 14–19 BsF; ⏱ 24 Std.) In der betriebsamen *arepera* stehen über zwei Dutzend *arepas*-Füllungen zur Auswahl.

Bulevar de la Comida Guayanesa (Guasipati; Gerichte 18–28 BsF; ⏱ morgens & mittags) Schattige Straße, an der zahlreiche Imbissstände typische lokale Gerichte feilbieten.

Pasta Fresca Caroní (Moitaco; Pasta 18–25 BsF; ⏱ Mo–Sa 11.30–15 Uhr) Hier kann man nach Belieben verschiedene Nudelsorten mit 15 leckeren Saucen kombinieren.

Ganz in der Nähe des Busbahnhofs erstreckt sich die **Orinokia Mall** (www.orinokiamall.com; Av Las Américas) mit 20 verschiedenen Imbissen, einem riesigen Supermarkt und einigen schickeren Restaurants. Wer auf seinen Bus wartet, kann sich die Zeit im Multiplex-Kino oder in der Bowlingbahn vertreiben.

An- & Weiterreise

Ciudad Guayana ist ein wichtiger Verkehrsknotenpunkt für den Bus- und Flugverkehr.

BUS

In Ciudad Guayana gibt's zwei große Busbahnhöfe, einen in Puerto Ordaz auf der Av Guayana, 1 km östlich des Flughafens, und einen in San Félix; ersterer ist kleiner, sauberer, ruhiger und sicherer als der in San Félix. Die meisten Busse halten an beiden, wer es aber eilig hat, ist mit San Félix besser bedient, denn dort starten mehr *por puestos*. Taxen kosten für die Strecke zwischen beiden Busbahnhöfen saftige 35 bis 40 BsF, alternativ nimmt man für 5 BsF einen Bus in die entsprechende Richtung.

In Puerto Ordaz fahren die meisten Busse nach Caracas (70–85 BsF, 10½ Std.) abends ab. Direktbusse nach Maracay (65–70 BsF, 11 Std.) und Valencia (65–70 BsF, 12 Std.) nehmen die kürzere Los-Llanos-Route, die nicht über Caracas führt, und bieten sich für Reisen in die Anden und den Nordwesten an.

Nach Ciudad Bolívar gibt's etwa jede halbe Stunde eine Verbindung (8 BsF, 1½ Std.); die schnelleren *por puestos* kosten 20 BsF. Ein halbes Dutzend Busse aus Ciudad Bolívar legt auf dem Weg nach Santa Elena de Uairén (55–65 BsF, 9–11 Std.) täglich einen Stopp in San Félix ein, manche auch in Puerto Ordaz.

Der schicke **Busbahnhof Rodovías** (☎ 951-9633; Av Guayana) liegt gegenüber dem von Puerto Ordaz. Die sauberen Toiletten hier darf man kostenlos benutzen, und es fahren sechsmal am Tag Busse zum Privatbusbahnhof im Zentrum von Caracas (68–73 BsF, 10 Std.).

FLUGZEUG

Der geschäftige **Aeropuerto Puerto Ordaz** (Av Guayana), Dreh- und Angelpunkt des regionalen Flugverkehrs, liegt ganz im Westen der Stadt an der Straße nach Ciudad Bolívar und wird von lokalen Bussen angefahren. Der Flughafen läuft in sämtlichen Flugplänen unter „Puerto Ordaz", nicht unter „Ciudad Guayana".

TUCUPITA

☎ 0287 / 66 000 Ew.

Tucupita, die einzige größere Stadt im Orinoco-Delta, wurde in den 1920er-Jahren von Kapuzinern gegründet, die die indigene Bevölkerung hier zum Katholizismus bekehren wollten. Heute ist vor allem der betriebsame Hafen von großer Bedeutung. Man kann in den Straßen im Zentrum und entlang des Paseo Mánamo, der Flusspromenade, einen schönen Spaziergang unternehmen, doch meist nutzen Besucher Tucupita als Ausgangspunkt für Ausflüge ins Delta.

Praktische Informationen

Banco de Venezuela (Mánamo)
Compucenter.com (Centro Comercial Delta Center, Plaza Bolívar) Internetzugang.
Ipostel (Pativilca)
Mi Casa (Plaza Bolívar) Praktischer Geldautomat an der Plaza Bolívar.

Geführte Touren

Alle lokalen Anbieter haben sich auf Trips ins Orinoco-Delta spezialisiert. Meist werden zwei- bis viertägige Touren mit allem Drum und Dran angeboten, die je nach Größe der Gruppe zwischen 120 und 270 BsF pro Person und Tag kosten. Alle Veranstalter haben *campamentos* (Camps), die als Ausgangsbasis für Ausflüge in die Gegend dienen.

Aventura Turística Delta (☎ 721-0835, 0414-189-9063; a_t_d_1973@hotmail.com; Centurión) Einer der günstigsten Anbieter, der auch für den schmalen Geldbeutel etwas bereithält. Dementsprechend wird auch nicht viel Schnickschnack geboten – in den beiden einfachen Camps schläft man in Hängematten. In der Nähe der Kathedrale.

Cooperativa Osibu XIV (☎ 721-3840; campamento maraisa@hotmail.com; Ecke Mariño & Pativilca) Der älteste Veranstalter vor Ort ist schon seit 1987 im Geschäft und bietet als einziger Touren in den äußersten Osten des Deltas an. In seinem *campamento* in San Francisco de Guayo gibt's *cabañas* (Hütten) mit Betten und Badezimmern.

Schlafen & Essen

Pequeño Hotel (☎ 721-0523; La Paz; EZ/DZ/3BZ mit Ventilator 20/30/35 BsF, DZ/3BZ mit Klimaanlage 50/60 BsF; ❄) In diesem Familienbetrieb erwarten einen dunkle Zimmer und durchgelegene Betten, doch immerhin ist er die günstigste Unterkunft der Stadt und bietet Urlaubern schon seit über 40 Jahren einen Schlafplatz. Die *señora* schließt gegen 22 Uhr die Tür ab und geht zu Bett.

Hotel Amacuro (☎ 721-0404; Bolívar; DZ/3BZ mit Ventilator 65/95 BsF, mit Klimaanlage 90/120 BsF; ❄) Das einfache Hotel bei der Plaza Bolívar hat ein neues, dynamisches Managment und saubere, geräumige Zimmer sowie ein Restaurant zu bieten. Momentan wird es Stück für Stück renoviert.

Mi Tasca (Dalla Costa; Hauptgerichte 18–35 BsF) Schwarz-weiß gekleidete Kellner verleihen dem *criollo*-Restaurant eine gewisse Klasse. Geboten werden eine facettenreiche Speisekarte, großzügige Portionen zu guten Preisen und fixer Service.

La Mariposa Café (Centro Comercial Delta Center, Plaza Bolívar; Hauptgerichte 18–48 BsF) Hier kommen *comidas internacionales* wie Filet Stroganoff, Tatar, vegetarische Pasta und exzellente Suppen auf den Tisch.

An- & Weiterreise

Der **Terminal de Pasajeros** (Ecke Carrera 6 & Calle 10) liegt 1 km südöstlich der Innenstadt. Einmal morgens und fünfmal abends fahren Busse über Maturín nach Caracas (40–55 BsF, 11 Std.). Die täglichen Busse nach Ciudad Guayana sind nur sporadisch unterwegs, man setzt also besser auf die *por puestos* (40 BsF, 2½ Std.). Um nach Caripe und zur Cueva del Guácharo zu gelangen, nimmt man einen Bus nach Maturín (12–20 BsF, 4 Std.) – oder einen der schnelleren und häufiger verkehrenden *por puestos* (40 BsF, 2½–3 Std.) – und steigt dort um.

SALTO ÁNGEL (ANGEL-WASSERFÄLLE)

Der Salto Ángel ist der höchste Wasserfall der Welt und die Touristenattraktion Nummer eins in Venezuela. Insgesamt ist er 979 m hoch, wobei das Wasser auf einer Länge von 807 m ohne Unterbrechung in die Tiefe stürzt – damit ist der Salto Ángel 16-mal höher als die Niagara-Fälle! Sein Ursprung befindet sich auf dem gewaltigen Auyantepui, einem der höchsten *tepuis* überhaupt. Benannt ist er nicht (wie man annehmen könnte) nach einer überirdischen Erscheinung, sondern nach dem amerikanischen Buschpiloten Jimmie Angel, der 1937 auf der Suche nach Gold mit seinem Viersitzer-Flugzeug auf dem Auyantepui landete.

Der Wasserfall befindet sich in einer abgelegenen, zugewucherten rauen Gegend, in die keine Straße führt. Vom Ort Canaima, etwa 50 km nordwestlich gelegen, starten die meisten Touren zu dem Wasserfall. Auch Canaima selbst ist nicht durch ein Straßennetz mit dem Rest des Landes verbunden, allerdings wird es ab Ciudad Bolívar und der Isla de Margarita von Kleinflugzeugen angeflogen.

Eine Tour zum Salto Ángel besteht gewöhnlich aus zwei Teilen, Canaima ist die erste Station. Die meisten Reisenden fliegen nach Canaima, wo es dann per Kleinflugzeug

---

MAL WASSERFALL, MAL REINFALL

Die Wassermenge, die den Salto Ángel hinunterstürzt, hängt von der Jahreszeit ab und variiert stark. In der Trockenzeit (Jan.–Mai) ist es oft nur ein schmaler Strahl, der zu Nebel wird, bevor er auf den Boden trifft; dann kommt man auch nicht mit einem Boot hierher. In der Regenzeit, insbesondere während der niederschlagsreichsten Monate (Aug. & Sept.), verwandelt sich der Fall dagegen in ein beeindruckendes Spektakel herabstürzender Wassermassen – allerdings ist die Regenwahrscheinlichkeit hoch, und Wolken trüben oft die Aussicht.

oder Boot zum Wasserfall geht. Wählt man die Variante per Boot, übernachtet man in Hängematten in einem der Camps nahe dem Fuß des Salto Ángel. Die Fahrt flussaufwärts, die Umgebung und der Aufenthalt im Camp sind ebenso unvergesslich wie der Besuch des Wasserfalls selbst.

Der Salto Ángel, der Auyantepui, Canaima und seine Umgebung liegen innerhalb des 30 000 km² großen Parque Nacional Canaima. Jeder Besucher muss am Flughafen von Canaima 35 BsF Eintritt für den Nationalpark bezahlen.

CANAIMA
☎ 0286 / 1500 Ew.

Canaima ist vom Salto Ángel aus der nächstgelegene Ort. Das abgeschiedene indigene Dorf, das vielen Reisenden als Unterkunft und Basis für die Weiterreise dient, ist das Sprungbrett für venezolanischen Attraktion schlechthin, aber auch schon der Ort an sich begeistert. Die Laguna de Canaima ist das Herzstück der Gegend und präsentiert sich als weitläufige Wasserlandschaft mit einem von Palmen gesäumten Strand, einer beeindruckenden Ansammlung von Wasserfällen – sieben Fälle, die eine perfekte Postkartenidylle bilden – und einer Kulisse aus mächtigen *tepuis*. Die meisten Touren zum Salto Ángel bestehen aus einer kurzen Bootsfahrt sowie einer Wanderung, bei der man hinter einige der Wasserfälle laufen und sich von einem rauschenden Vorhang aus Wasser umgeben lassen kann. Das Wasser schimmert leicht rosafarben – dies kommt durch die hohen Tannin-Konzentration darin, die von zersetzten Pflanzen und Bäumen verursacht wird.

Das weitläufige Campamento Canaima befindet sich im westlichen Teil der Lagune, sein Strand lädt zum Schwimmen und Fotografieren ein. Beim Schwimmen sollte man sich nicht zu weit vom Hauptstrand entfernen: In der Nähe des Wasserkraftwerks und der Fälle sind schon häufiger Menschen ertrunken.

Praktische Informationen
Esedantok (10 BsF/Std.) Neues, klimatisiertes Internetcafé, das von Einheimischen geführt wird; der Name bedeutet auf Pemón „Kommunikationszentrum". Die Verbindung ist wie überall in der Stadt langsam.

Tienda Canaima (☎ 962-0443, 0414-884-0940) Dieses teure Geschäft in der Nähe des Flughafens verfügt über die vor Ort größte Auswahl an Lebensmitteln (inklusive Eiscreme), Toilettenartikel, Landkarten und Souvenirs.

Außerdem werden US-Dollar und Euros zu einem annehmbaren Kurs getauscht und man bekommt auf Kreditkarten Bares zum offiziellen Kurs. Auf Nachfrage ist sogar Geburtstagskuchen zu haben!

Geführte Touren
Alle Touranbieter in Canaima haben Bootsausflüge im Programm und organisieren Flüge, Unterkünfte und Mahlzeiten. Eine Dreitagestour ab Canaima kostet etwa zwischen 550 und 700 BsF (ohne Flug), alle Veranstalter bieten allerdings auch komplette Touren ab Ciudad Bolívar an.

Die größten Anbieter:

Bernal Tours (☎ 0414-899-7162, 0414-854-8234; www.bernaltours.com) Familienunternehmen, das auf einer der Inseln der Laguna de Canaima ansässig ist; dort übernachten und essen die Teilnehmer vor und nach der Tour. Das *campamento* von Bernal Tours befindet sich auf der Isla Ratoncito gegenüber dem Salto Ángel.

Excursiones Kavac (☎ 0416-685-2209) Empfehlenswert, einen Hauch billiger als Bernal Tours und geleitet von der indigenen Gemeinschaft der Pemón. Das *campamento* befindet sich ebenfalls beim Salto Ángel. Auch geführte Touren nach Kavac sind im Angebot.

Tiuna Tours (☎ 0416-692-1536, 0286-962-4255; tiunatours@hotmail.com) Der größte und billigste Anbieter vor Ort hat ein großes *campamento* in Canaima und ein weiteres den Río Carrao hinauf bei Aonda.

Wer fit und abenteuerlustig ist, kann mit **Jakera** (www.jakera.com), das in Mérida und Playa Colorada jeweils ein Büro betreibt, eine Backpacker-Tour von La Paragua (südlich von Cuidad Bolívar) nach Canaima unternehmen.

Schlafen & Essen
In Canaima finden sich zahlreiche *campamentos* und *posadas*; die meisten werden von den größeren Touranbietern geleitet und bieten Vollpension sowie einen Abholservice ab dem Flughafen. Zelten darf man bei der Lagune nicht mehr.

Campamento Churúm Venu (☎ 0416-685-2209; ssmbelk@hotmail.com; Hängemattenbereich 30 BsF; Zi. pro Pers. mit/ohne Verpflegung 215/100 BsF; ✵) Das Camp von Excursiones Kavac liegt gegenüber dem Fußballplatz und bringt Gäste in 15 sauberen, gemütlichen Zimmern unter. Hier ist meistens ein Bett frei, zudem darf man – im Gegensatz zu vielen anderen Unterkünften – seine eigene Hängematte aufspannen.

Campamento Tiuna (☎ 0416-692-1536, 0286-962-4255; Hängematte 30 BsF, B pro Pers. mit/ohne Verpflegung 300/100 BsF, DZ 200 BsF) Das einfache *campamento*

GUAYANA •• Canaima 1083

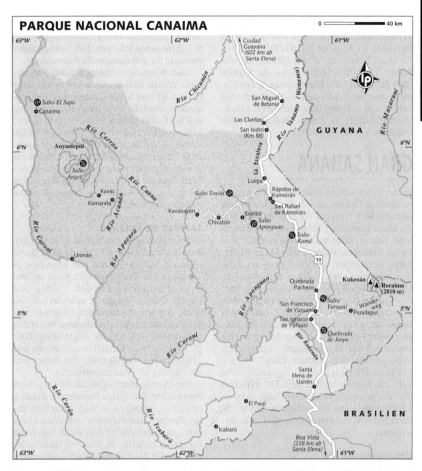

ist in einem offenen Steingebäude im nördlichen Teil des Dorfes untergebracht. Zur Wahl stehen Hängematten, Sechs-Bett-Zimmer und ein Doppelzimmer. Wer alle drei Mahlzeiten hier einnimmt, darf umsonst in einer Hängematte übernachten. Frühstück gibt's für 25 BsF, Mittag- und Abendessen für je 60 BsF. Am Flughafen von Ciudad Bolívar gibt's ein Büro.

Posada Kusary (☎ 962-0443, 0414-884-0940; Zi. 150 BsF/Pers.) Die gut gepflegte *posada* im nördlichen Teil der Stadt wird von den Besitzern der Tienda Canaima geleitet und birgt 13 Zimmer mit Ventilatoren. Frühstück gibt's für 40 BsF, Mittag- und Abendessen für je 80 BsF.

Posada Wey Tupü (☎ 0416-185-7231, 0416-997-9565; Zi. pro Pers. mit/ohne Verpflegung 225/100 BsF; 🖥) Das Wey Tupü liegt gegenüber der alten Schule im südlichen Teil des Dorfes und verfügt über einfache Zimmer mit Ventilatoren. Die Mahlzeiten sind mit die günstigsten Angebote vor Ort. Ins Internet geht's für 5 BsF pro Stunde.

Mentanai (Hauptgerichte 10–15 BsF; ⊗ 14–23 Uhr) Kleiner Imbiss neben Excursiones Kavac, der Burger und Sandwiches auftischt. Hier gibt's auch noch einen kleinen Lebensmittelladen, einen Billardtisch und eine Bar, in der man Bier und Cuba Libre bekommt.

An- & Weiterreise

Mehrere regionale Fluggesellschaften verbinden – entweder mit Chartermaschinen oder auf unregelmäßigen Linienflügen – Canaima mit Ciudad Bolívar (350 BsF). Verschiedene kleine Gesellschaften, u. a. Aereotuy und Transmandu, haben Flüge von bzw. nach Porlamar im Angebot (ca. 900 BsF). Bei den Cessna-Charterflügen von Rutaca, die die Route Canaima–Santa Elena de Uairén (600 BsF) bedienen, kommt man in den Genuss einer der landesweit besten Aussichten auf die *tepuis*. **Serami** (www.serami.com) hat tägliche Direktflüge ab Puerto Ordaz zu bieten (einfache Strecke 864 BsF).

GRAN SABANA

In der Gran Sabana erwarten den Besucher weitläufige Grassavannen, die sich vor dem unendlichen Himmel abzeichnen und von geradezu poetischer Schönheit sind. Hinter jeder Ecke sprudelt ein neuer Wasserfall, und *tepuis*, die für die Gegend so typischen Tafelberge, dominieren mit ihren beeindruckenden, majestätischen Plateaus den Horizont. Über 100 dieser Plateaus verteilen sich über das weite Gebiet von der kolumbianischen Grenze im Westen bis nach Guyana und Brasilien im Osten, die meisten findet man aber in der Gran Sabana. Einen der *tepuis*, den Roraima, kann man besteigen – ein wirklich außergewöhnliches Naturerlebnis.

Die größte Stadt ist Santa Elena de Uairén, nahe der Grenze zu Brasilien. Im restlichen Teil der schwach besiedelten Region leben 15 000 Angehörige der indigenen Pemón, die rund 300 weit versprengt liegende Dörfer bewohnen.

Unterwegs vor Ort

Die faszinierende Region erreicht man über die Autobahn Ciudad Guayana–Santa Elena de Uairén. Da öffentliche Verkehrsmittel auf dieser Strecke nur unregelmäßig verkehren, sind individuelle Trips nicht leicht zu organisieren und zeitraubend. Angenehmere Alternativen stellen die geführten Touren ab Ciudad Bolívar (S. 1077) oder Santa Elena de Uairén (S. 1086) dar.

RORAIMA

Der Roraima (2810 m), ein majestätischer Tafelberg, der in die Wolkendecke hineinragt, lockt Wanderer und Naturliebhaber auf der Suche nach Venezuelas authentischstem Naturerlebnis an. Die karge Landschaft wurde erst 1884 entdeckt und wird seitdem intensiv von Botanikern untersucht. Sie prägen bizarre Steinformationen, grazile Gewölbe, Wasserfälle, funkelnde Quarzablagerungen – und fleischfressende Pflanzen. Der häufige Nebel verstärkt die geheimnisvolle Atmosphäre.

Auch wenn der Aufstieg auf den Roraima im Gegensatz zu dem auf andere *tepuis* relativ einfach ist und keine Klettererfahrung voraussetzt, wird die Tour lang und anspruchsvoll sein. Wer jedoch einigermaßen fit und willensstark ist, schafft es auf den Gipfel. Man sollte sich auf Regen, lästige *puri puris* (quasi unsichtbare, stechende Insekten) und kalte Nächte in großer Höhe einstellen. Am besten bucht man die Sechstagestour: Sie lässt einem genug Zeit, das weitläufige Plateau des *tepui* in Ruhe zu erkunden.

Aufstieg am Roraima

Der Roraima erhebt sich rund 47 km östlich der Landstraße von El Dorada nach Santa Elena (gleich östlich von San Francisco de Yuruaní). Die Touren starten meist in dem Örtchen Paraitepui. Für den Aufstieg sind Pemón-Führer zwingend erforderlich. Sie lassen sich in Santa Elena, San Francisco oder Paraitepui auftreiben. Die meisten Reisenden entscheiden sich für eine organisierte Tour (S. 1086) ab Santa Elena. Neben Führern und Trägern sind Verpflegung, Transport und Ausrüstung im Preis enthalten.

Der Marsch zum Gipfel dauert im Schnitt zwei bis drei Tage (reine Wanderzeit Aufstieg ca. 12 Std., Abstieg ca. 10 Std.). Unterwegs stehen diverse Campingplätze (mit Wasser) zur Verfügung: Der Río Tek liegt vier Stunden von Paraitepui entfernt, 30 Minuten später stößt man auf den Río Kukenán. Nach weiteren drei Stunden Aufstieg kommt die sogenannte *campamento base* (Basislager) am Fuß des Roraima in Sicht. Die steile vierstündige Wanderung zum Hochplateau ist der spektakulärste, aber auch anstrengendste Teil des Trips.

Auf dem Gipfel des Roraima wird in einem der rund ein Dutzend *hoteles* übernachtet. Dabei handelt es sich um halb offene Zeltplätze unter Felsüberhängen. Die Führer verteilen ihre Gruppen auf die jeweiligen Unterkünfte.

Wind und Regen formten im Lauf der Zeit die „Mondlandschaft" auf dem Hochplateau. Sie besteht u. a. aus Schluchten, Bächen und rosafarbenen Stränden. Hinzu kommen Aussichtspunkte und Gärten voller einzigartiger Blütenpflanzen. Häufig kriechen unheimliche Nebelschwaden langsam über den Gipfel. Auf den deutlich erkennbaren Pfaden weiter unten scheinen Führer beinahe überflüssig zu sein. Für die Orientierung auf dem labyrinthartigen Hochplateau erweisen sie sich aber als umso wertvoller. Wer zwei Nächte auf dem Roraima verbringt, kann mit seinem Führer in aller Ruhe ein paar der hiesigen Attraktionen abwandern, u. a. **El Foso**, ein kristallklares Wasserbecken in einer gigantischen Doline. Beim **Punto Triple** handelt es sich um das Dreiländereck zwischen Venezuela, Brasilien und Guyana. In einem kleinen Tal namens **Bahia de Cristal** glitzern unzählige Quarzkristalle, zudem eröffnet der Aussichtspunkt **La Ventana** (das Fenster) atemberaubende Ausblicke.

Das Ökosystem des *tepui* ist sehr empfindlich. Besucher müssen darum sämtliche Abfälle (auch Exkremente) mitnehmen, und das Sammeln von Quarzsteinen ist streng verboten – am Ende jeder Tour werden bei Inparques die Taschen kontrolliert, und wer doch ein Souvenir hat mitgehen lassen, muss eine Geldstrafe zahlen.

Im Gepäck nicht fehlen sollten eine gute Regenjacke, warme Kleidung, Insektenschutzmittel und ein Ersatzakku für die Kamera.

San Francisco de Yuruaní

San Francisco, 66 km nördlich von Santa Elena de Uairén gelegen und über ein wunderschön grünes Stück Autobahn zu erreichen, ist die letzte größere Stadt, die Restaurants und Unterkünfte zu bieten hat, bevor die Wanderung zum Roraima (mit Start in Paraitepui) beginnt. In diesem Ort kann man sich vor oder nach dem Aufstieg mit einer herzhaften Mahlzeit stärken. Führer und Träger kosten ab hier genauso viel wie ab Paraitepui, im größeren San Francisco hat man allerdings mehr Auswahl. Generell gilt: Qualität hat ihren Preis.

In der Stadt gibt's entlang der Hauptstraße einige einfache *posada* (80–100 BsF/Pers.), und in den preiswerten Lokalen kommen Grillhähnchen und Bier auf den Tisch.

San Francisco de Yuruaní liegt an der Autobahn Ciudad Guayana–Santa Elena. Pro Tag fahren acht Busse in jede Richtung. Ein Bus von Turgar fährt um 7.30 Uhr ab Santa Elena (10 BsF, 35 Min.), die Route eignet sich gut für Roraima-Touren.

Paraitepui

Im kleinen Pemón-Dorf Paraitepui aus startet man zur Wanderung auf den Roraima. Es liegt 26 km östlich von San Francisco; hin bringt einen ein Jeep ab San Francisco (300 BsF für max. 8 Pers., ab Santa Elena 500 BsF), oder man geht von dort aus zu Fuß. Der fünf bis sieben Stunden in Anspruch nehmende Aufstieg ist heiß und anstrengend, und wer sich unterwegs für Trampen entscheidet, muss das bezahlen.

Vor der Wanderung registriert man sich in der Inparques-Station in Paraitepui, eine Parkgebühr muss nicht entrichtet werden. Man darf beim Parkplatz im überdachten Teil zelten, manchmal verlangen die Ranger dafür eine kleine Gebühr. In einem *comedor* (Imbiss) wird Frühstück und auf Bestellung Abendessen serviert. Die Gemeinde vermietet Kocher, Zelte und Schlafsäcke, außerdem bieten Führer (250 BsF/Tag & Gruppe) und Träger (100 BsF/Tag) ihre Dienste an.

Wer sich früh auf den Weg zum Roraima machen oder ohne große Anstrengungen in die Schönheit der Landschaft eintauchen möchte, kann in dem neu eröffneten, von der Gemeinde geführten **Hotel** (☎ 0414-446-2571, 0289-540-0225; Zi. inkl. Mittag- & Abendessen 100 BsF/Pers.) am Stadtrand in sehr gemütlichen Doppel-*cabañas* absteigen und traumhafte Ausblicke auf die *tepuis* genießen.

SANTA ELENA DE UAIRÉN
☎ 0289 / 18 500 Ew.

Santa Elena ist eine unauffällige Grenzstadt, in der sich vorbeifahrende staubige Jeepfahrer zum Gruß an den Hut tippen. Der Ort ist der wichtigste Ausgangspunkt für Trips auf den Roraima und der erste Stopp, wer per Landweg über Brasilien nach Venezuela einreist. Außerdem kann man von der kleinen, aber geschäftigen Stadt bestens Ausflüge in die Gran Sabana unternehmen.

Der Ort ist relativ sicher, doch es gibt einen blühenden Schwarzmarkt und es wird viel geschmuggelt. Benzin kostet in Brasilien 30-mal mehr als in Venezuela (wo Sprit billiger ist als Wasser), hier ist also leicht das große Geld zu machen – der private Handel mit Benzin blüht. Die Verkäufer haben sich den unglücklichen Namen „talibanes" eingehandelt. Lange *colas* (Schlangen) an den Tankstellen sowie Autos und Busse, die wegen des Schmuggelns von Benzin nach Brasilien beschlagnahmt wurden, gehören zum Alltag.

Praktische Informationen

Geld (US-Dollar und Euro) kann man an der Ecke Bolívar/Urdaneta, auch Cuatro Esquinas genannt, wechseln. Dies ist der sicherste Platz im ganzen Land, um auf dem Schwarzmarkt zu tauschen, noch dazu zu besten Wechselkursen; genau betrachtet ist das Ganze allerdings illegal. Der Internetzugang ist unglaublich langsam.

Banco Guyana (Plaza Bolívar)
Banco Industrial de Venezuela (Calle Bolívar)
Brasilianisches Konsulat (☎ 995-1256; Edificio Galeno, Los Castanos, Urbanización Roraima del Casco Central; ⓧ Mo–Fr 8–14 Uhr) In der Nähe des Krankenhauses. Für die Ausstellung eines Visums ist der Nachweis über eine Gelbfieberimpfung erforderlich.
Centro de Comunicaciones Marcos (Zea) Telefone.
Hospital Rosario Vera Zurita (Icabarú) Ist über Radiofunk mit der Notfallnummer ☎ 171 verbunden.
Inter Top (Urdaneta; ⓧ 7–24 Uhr) Ordentliche Internetverbindung.
Ipostel (Urdaneta) Hinter einer unbeschrifteten Tür versteckt.
Lavandería Pereira (Urdaneta)

Geführte Touren

Alle Veranstalter in Santa Elena organisieren Ein-, Zwei- und Dreitagestouren mit dem Jeep durch die Gran Sabana, auf denen man die interessantesten Gebiete (meist Wasserfälle) besucht. Die Preise hängen von der Größe der Gruppe ab und davon, ob nur Führer und Transport oder zusätzlich auch Essen und Unterkunft enthalten sind; sie liegen zwischen 170 und 380 BsF pro Person und Tag.

Das Highlight für die meisten Besucher ist der Aufstieg auf den Roraima, der meist für 1200 bis 1700 BsF als Sechstagespaket mit allem Drum und Dran angeboten wird (je höher der Preis, desto mehr ist inklusive). Die Tourveranstalter vermieten meist auch Campingausrüstung und können den Transport nach Paraitepui organisieren, dem Ausgangspunkt für Wanderungen auf den Roraima; eine einfache Fahrt mit dem Jeep und für maximal sechs Passagiere kostet etwa 500 BsF. Bevor man sich für einen Anbieter entscheidet, sollte man das Angebot sorgfältig auf Kriterien wie Gruppengröße, Verhältnis Teilnehmer–Führer und Qualität der Ausrüstung hin prüfen.

Empfehlenswerte Touranbieter:
Adrenaline Expeditions (☎ 0424-970-7329; adrenalinexptours@hotmail.com) Zweigstelle des Büros in Ciudad Bolívar, auf Abenteuertrips in die Gran Sabana spezialisiert.

Backpacker Tours (☎ 995-1415, 0414-886-7227; www.backpacker-tours.com; Urdaneta) Der Top-Anbieter vor Ort hat die am besten organisierten und am besten ausgestatteten (und teuersten) Touren zum Roraima und in die Umgebung im Programm. Hier kann man außerdem Mountainbikes leihen.

Mystic Tours (☎ 416-0558; www.mystictours.com.ve; Urdaneta) Mit die günstigsten Touren zum Roraima und in die Umgebung, mit einem gewissen modernen Touch.

Representaciones y Servicios Turísticos Francisco Alvarez (☎ 0414-385-2846; rstgransabana@hotmail.com; Busbahnhof) Herzlich und hilfsbereit; zu haben sind Touren in die Umgebung und Leih-Campingausrüstung.

Ruta Salvaje (☎ 995-1134; www.rutasalvaje.com; Av Mariscal Sucre) Standardtouren, dazu Raftingtrips und Gleitschirmflüge.

Schlafen

Posada Michelle (☎ 995-2017; hotelmichelle@cantv.net; Urdaneta; EZ/DZ/3BZ/4BZ 40/60/70/80 BsF) Diese Backpacker-Institution bietet mit das beste Preis-Leistungs-Verhältnis im ganzen Land. Verschwitzte Roraima-Bezwinger können sich hier einen halben Tag lang erholen und duschen (Zi. 40 BsF) oder auch einfach nur duschen (5 BsF), bevor es mit dem Nachtbus weitergeht. Im brandneuen Hotel Michelle bezahlt man nur minimal mehr.

Posada Backpacker Tours (☎ 995-1415; www.backpacker-tours.com; Urdaneta; EZ/DZ/3BZ 60/80/120 BsF; 🖳) Das Restaurant unter freiem Himmel (Frühstück 18 BsF) samt Internetcafé macht das Hotel mit seinen zehn Zimmern zu einem beliebten abendlichen Treffpunkt. Nach der schicken neuen *posada* mit Pool fragen!

Hotel Lucrecia (☎ 995-1105; hotellucrecia@hotmail.com; Av Perimetral; EZ/DZ/3BZ 100/120/150 BsF;) Ein wenig abseits des Trubels im Zentrum findet man zwölf helle Zimmer mit Warmwasser, die eine dicht bewachsene Gartenveranda umgeben. Auf Anfrage gibt's auch Frühstück und Abendessen.

Essen

Restaurant Michelle (Urdaneta; Hauptgerichte 17–22 BsF) Unter der gleichen Leitung wie die beiden Michelle-Unterkünfte. Serviert werden ordentliche Portionen ziemlich authentischer chinesischer Küche.

Alfredo's Restaurant (Av Perimetral; Pasta & Pizza 22–40 BsF, Hauptgerichte 45–70 BsF; Di–So 11–15 & 18–22 Uhr) Auf der äußerst umfangreichen Speisekarte des wohl besten Restaurants der Stadt findet man fantastische Pasta, ordentliche Steaks und leckere Steinofenpizzas.

ServeKilo Nova Opção (Av Perimetral; Buffet 30 BsF/kg; Buffet 11–16 Uhr, Hauptgerichte 16–23 Uhr) Seit über 16 Jahren päppelt das brasilianische Lokal mit seinem reichhaltigen Buffet halbverhungerte Wanderer wieder auf. Es gibt auch vegetarische Optionen.

Außerdem empfehlenswert:

Gran Sabana Deli (Bolívar; Gebäck 8 BsF; Mo–Sa 6–20, So bis 12 Uhr) Hier kann man sich riesige Sandwiches für zwei Personen (35 BsF) mitnehmen.

Tienda Naturalista Griselda Luna (Icabarú; Mo–Sa 8–12 & 15–18 Uhr) Gute Auswahl von getrockneten Früchten und vegetarischen Proteinen als Proviant für das Roraima-Abenteuer.

An- & Weiterreise

BUS & JEEP

Der Busbahnhof befindet sich an der Autobahn Ciudad Guayana, etwa 2 km östlich der Innenstadt. Hierher fahren keine Busse, sondern nur Taxen (8 BsF). Täglich verbinden acht Busse Santa Elena de Uairén mit Ciudad Bolívar (45–60 BsF, 10–12 Std.), die alle in Ciudad Guayana halten.

Ab Icabarú verkehren morgens zwei bis drei Jeeps nach El Pauji (35 BsF, 2–3 Std.).

FLUGZEUG

Der winzige Flughafen liegt 7 km südwestlich der Stadt an der Straße, die zur brasilianischen Grenze führt. Mit öffentlichen Verkehrsmitteln kommt man nicht hierher, ein Taxi kostet ungefähr 10 BsF. Rutaca bietet Flüge in Fünf-Sitzer-Cessnas nach Ciudad Bolívar (600 BsF) an, die meist über Canaima (600 BsF) führen. Auf dem Flug nach Canaima hat man eine tolle Aussicht auf spektakuläre *tepuis* und sich windende Flüsse.

EINREISE NACH BRASILIEN

Die Passformalitäten von venezolanischer und brasilianischer Seite werden jeweils direkt an der Grenze erledigt, die von den Einheimischen La Línea genannt wird und 15 km südlich von Santa Elena liegt; die Busse halten bei der entsprechenden Behörde. Man sollte sicherstellen, dass der Reisepass bei der Ein- und Ausreise ab Venezuela gestempelt wird; für die Einreise nach Brasilien benötigt man zudem einen Nachweis über eine Gelbfieberimpfung. Infos für Reisen von Brasilien nach Venezuela gibt's auf S. 403.

AMAZONAS

Der südlichste Bundesstaat Venezuelas wird von der Regenwaldlandschaft des Amazonas dominiert. Flüsse durchziehen das Gebiet, das nur dünn von indigenen Stämmen besiedelt ist, deren wichtigstes Fortbewegungsmittel der Einbaum (genannt *bongo*) darstellt. Es umfasst mit 180 000 km² ein Viertel Venezuelas, doch nur ein 1 % der gesamten Bevölkerung lebt hier. Aktuell wird die Zahl der indigenen Bewohner auf 40 000 geschätzt – zusammengesetzt aus Mitgliedern von drei Hauptgruppen (Piaroa, Yanomami und Guajibo) und verschiedenen kleineren Gemeinschaften.

Im Vergleich zum brasilianischen Amazonas hat der Abschnitt in Venezuela eine größere topographische Vielfalt zu bieten. Eines der markantesten Merkmale sind die *tepuis*; diese sind hier zwar nicht ganz so zahlreich vertreten wie in der Gran Sabana, geben dem grünen Regenwaldteppich jedoch ein ganz besonderes Gesicht. Im äußersten Süden des Amazonas, entlang der Grenze zu Brasilien, liegt die Serranía la Neblina, eine wenig erforschte Gebirgskette, in der man Südamerikas höchste Gipfel östlich der Anden findet.

Die beste Reisezeit ist zwischen Oktober und Dezember, weil die Flüsse dann genug Wasser für Bootsfahrten führen und die Regenfälle nicht mehr so stark sind.

Unterwegs vor Ort

In Ermangelung von Straßen reist man in der Region stets mit dem Schiff oder dem Flugzeug. Abgesehen von ein paar Schiffen, die in Puerto Ayacucho ablegen, gibt's auf den Flüssen keinen regelmäßigen Passagierverkehr, was individuelles Reisen schwer bis unmöglich macht. Für einen entsprechenden Preis können Touranbieter in Puerto Ayacucho den Transport in jede beliebige Gegend arrangieren.

PUERTO AYACUCHO
☎ 0248 / 64 000 Ew.

Wenn man in der am Fluss gelegenen Stadt nicht auf der schattigen Straßenseite läuft, geht man in der Hitze fast ein. In dem etwas öden, meist verregneten und verschlafenen Puerto Ayacucho, der einzigen größeren Stadt im venezolanischen Amazonas, sind Stromausfälle an der Tagesordnung. Nur wenige Fremde verirren sich hierher, obwohl die Stadt an einem facettenreichen Abschnitt des Orinoco, direkt unterhalb der spektakulären Stromschnellen Raudales Atures, liegt und ein guter Ausgangspunkt für Abenteuertrips in den straßenlosen Bundesstaat Amazonas ist.

Praktische Informationen

Die lokalen Internetverbindungen sind oft langsam und noch dazu schwer zu finden.
Banco de Venezuela (Av Orinoco)
Banesco (Av Orinoco)
Biblionet (Biblioteca Pública, Av Río Negro) Bietet 45 Minuten lang kostenlosen Internetzugang.
CANTV Av Río Negro & Atabapo (Mo–Sa 8–18 Uhr); Av Orinoco (tgl. 7.30–20 Uhr) Telefone und der beste Internetzugang der Stadt.
Kolumbianisches Konsulat (☎ 521-0789; Calle Yacapana, Quinta Beatriz 5; ☺ Mo–Fr 7–13 & 15–17 Uhr)
Onidex (☎ 521-0198; Av Aguerrevere; ☺ Mo–Fr 8–12 & 14–17 Uhr) Hier muss man bei der Ein- und Ausreise den Pass abstempeln lassen.

Sehenswertes

Wer den wahren Geist der Stadt und ihre vom Fluss geprägte Geschichte erleben möchte, sollte sie einmal von einem der Hügel aus der Vogelperspektive betrachten. Der **Cerro Perico** bietet tolle Ausblicke auf den Orinoco und die Stadt, und vom Cerro El Zamoro, meist **El Mirador** genannt, hat man die wilden Stromschnellen Raudales Atures im Blick.

Im **Museo Etnológico de Amazonas** (Av Río Negro; Eintritt 1 BsF; ☺ Di–Fr 8.30–11.30 & 14.30–18, Sa 9–12 & 15.30–18, So 9–13 Uhr) gibt's eine faszinierende Ausstellung über die regionalen indigenen Kulturen. Zu sehen sind persönliche Gegenstände und Modelle von typischen Hütten verschiedener Volksstämme, z. B. der Piaroa, der Guajibo, der Ye'kwana und der Yanomami.

Gegenüber dem Museum werden im **Mercado Indígena** (Av Río Negro) indigenes Kunsthandwerk und Seidenmalereien en masse verkauft.

Geführte Touren

Ein beliebter Kurztrip ist eine Dreitagestour den Río Cuao hinauf sowie eine weitere Dreitagestour den Río Sipapo und den Río Autana hinunter vom Fuß des Cerro Autana (1248 m). Pro Person und Tag ist mit 250 bis 350 BsF zu rechnen.

Hinter La Esmeralda, im äußersten Südosten des Amazonas, den der Parque Nacional Parima-Tapirapeco quasi komplett abdeckt, leben die Yanomami. Das Gebiet ist nur begrenzt zugänglich und man benötigt speziel-

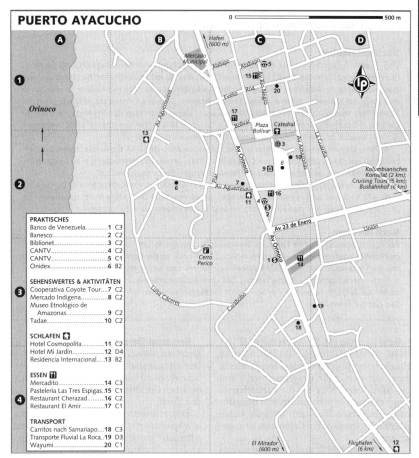

le Genehmigungen, die so gut wie nicht zu bekommen sind; manche Veranstalter umgehen aber das Verbot und organisieren Besuche in den Yanomami-Dörfern am Río Siapa beim Brazo Casiquiare.

Man sollte im Voraus buchen. Nach Puerto Ayacucho kommen nicht sehr viele Reisende, darum haben sich die meisten Anbieter auf individuelle Touren spezialisiert. Nach Autana gibt's relativ regelmäßig Ausflüge.

Empfehlenswerte Anbieter:
Cooperativa Coyote Tour (☎ 521-4583, 0416-448-7125; coyotexpedition@cantv.net; Av Aguerrevere) Schon seit 20 Jahren im Geschäft; hat vor allem Dreitagestouren nach Autana und Cuao sowie längere Trips im Programm.
Cruising Tours (☎ 414-5036, 0416-785-5033; www.axel-expedition.com; Valle Verde Triángulo)
Der Veranstalter unter deutscher Führung bietet verschiedene Touren und Expeditionen zu angemessenen Preisen sowie Unterkünfte für Teilnehmer an.
Tadae (☎ 521-4882, 0414-486-5923; tadaevenezuela@hotmail.com; Av Río Negro) Neben den typischen Autana- und Cuao-Touren sind hier Raftingtrips auf den Raudales Atures im Programm.

Schlafen

Residencia Internacional (☎ 521-0242; Av Aguerrevere; DZ mit Ventilator/Klimaanlage 80/90 BsF; ❄) Das herzliche, alteingesessene Familienunternehmen ist bei Backpackern beliebt. Die Unterkunft in einer ruhigen Wohngegend hat eine Dachterrasse und verschiedene, um einen langen Innenhof angeordnete Zimmer zu bieten. Ab und zu darf man die Küche mitbenutzen.

EINREISE NACH KOLUMBIEN ODER BRASILIEN

Nach Kolumbien

Von Puerto Ayacucho aus ist die nächstgelegenen kolumbianischen Stadt (Puerto Carreño) über das venezolanische Dorf El Burro erreichbar, das 90 km in nördlicher Richtung und am Zusammenfluss der Ríos Meta und Orinoco liegt. Man nimmt einen Bus in Richtung San Fernando und steigt am Kai von El Burro aus, wo Fähren Fahrzeuge über den Orinoco ins nördlich gelegene Puerto Páez transportieren. Per *lancha* (kleines Boot) kommt man über den Río Meta nach Puerto Carreño (10 BsF); die Boote fahren regelmäßig bis etwa 18 Uhr. Vor der Abreise nicht vergessen, sich bei Onidex in Puerto Ayacucho einen Ausreisestempel zu holen!

In dem kleinen Ort Puerto Carreño geht man zum Büro der DAS (kolumbianische Einreisebehörde) auf der Av Orinoco vor der Casa de la Cultura, um einen Einreisestempel zu bekommen. In verschiedenen Geschäften kann man Bolívares gegen Pesos tauschen.

Satena (www.satena.com) schickt zweimal wöchentlich Maschinen von Puerto Carreño nach Bogotá (370–470 $). Busse sind nur in der Trockenzeit (etwa von Mitte Dez.–Mitte März) unterwegs; sie sind jedoch wegen der starken Guerilla-Präsenz in der Region nicht zu empfehlen.

Nach Brasilien

Ab Puerto Ayacucho gibt's Flüge ins weiter südlich gelegene San Carlos de Río Negro, wo ein inoffizieller Bootsservice einen nach San Simón de Cocuy an der Grenze bringt. Dann fährt man mit dem Bus nach São Gabriel da Cachoeira (Brasilien) und weiter mit dem Boot den Río Negro hinunter nach Manaus (3 Boote/Woche). Die meisten Touranbieter in Puerto Ayacucho organisieren auf Anfrage Touren, die in San Carlos de Río Negro enden oder sogar den Transfer nach São Gabriel beinhalten.

Hotel Mi Jardín (☎ 521-4647; Av Orinoco; DZ 110–160 BsF, 3BZ/4BZ 180/200 BsF; ✸ 🖳) Das hübsche Hotel verfügt über 66 Zimmer mit Fenstern, durch die eine sanfte Brise hereinweht und die einen tollen Blick auf die nahegelegene Berge eröffnen. In dem großen, von Bougainvillea gesäumten Hof kann man die kühle Abendluft genießen. Ein Restaurant ist angeschlossen.

Hotel Cosmopolita (☎ 521-3037; www.amazonascosmopolitahotel.com; Av Orinoco; DZ 180–210 BsF, Suite 210 BsF; ✸) In der zentral gelegenen, wenn auch etwas charakterlosen Mittelklasseunterkunft verteilen sich auf drei Stockwerken schicke Zimmer mit Telefonen, TVs und Kühlschränken.

Essen

Pastelería Las Tres Espigas (Av Río Negro; Gebäck 3 BsF; ⏱ Mo–Sa 6–20, So bis 12 Uhr) Vier Hochleistungs-Klimaanlagen sorgen für einen kühlen Kopf, während man sich zum Frühstück einen starken Kaffee und Gebäck gönnt.

Restaurant El Amir (Av Orinoco; Sandwiches 17 BsF; Hauptgerichte 33–55 BsF) Die auf Plastiktischen mit entsprechenden Stühlen servierten, anständigen Falafel erfreuen sich bei den Einheimischen großer Beliebtheit. Auf die schlechte Laune der Bedienung ist Verlass.

Restaurant Cherazad (Ecke Av Aguerrevere & Av Río Negro; Hauptgerichte 25–40 BsF) Eines der besten Restaurants der Stadt. Hier kommt eine ordentliche Auswahl von Pasta, Steaks, Fisch, fernöstlichen Gerichten und Pizza (ab 10 BsF) auf den Tisch.

Eine preiswerte Mahlzeit oder eine schnelle *empanada* gibt's beim **Mercadito** (Av Orinoco). Alternativ probiert man eines der einfachen, an der Av Amazonas gelegenen *criollo*-Lokale in der Nähe aus.

An- & Weiterreise

BUS

Der kleine Busbahnhof liegt 6 km östlich der Innenstadt in den Randbezirken. Ab der 23 de Enero fahren Stadtbusse hierher; diese sind aber so unregelmäßig unterwegs, dass das Taxi (Festpreis zu einem beliebigen Ziel in der Stadt 5 BsF) zum üblichsten Transportmittel geworden ist. *Busetas* nach Ciudad Bolívar (42–50 BsF, 10½–12 Std.) starten den ganzen Tag über regelmäßig. Bis 15 Uhr bedienen täglich acht Busse die Strecke nach San Fernando de Apure (40 BsF, 7 Std.), von wo aus man Anschluss nach Caracas, Maracay, Valencia, Barinas und San Cristóbal hat. *Carritos* (15 BsF, 1¼ Std.) und Kleinbusse

(8 BsF) nach Samariapo fahren an der Panadería Barahona an der Av Orinoco ab.

FLUGZEUG
Vom 6 km südöstlich der Stadt gelegenen Flughafen fliegt Conviasa von Sonntag bis Freitag einmal täglich nach Caracas (275 BsF). Die kleine lokale Airline **Wayumi** (☎ 521-0635; Roa) bietet Linien- und Charterflüge zu verschiedenen kleineren Orten im Amazonas an.

SCHIFF/FÄHRE
Transporte Fluvial La Roca (☎ 809-1595; Pasaje Orinoco, Centro Comercial Rapagna, Av Orinoco) bietet täglich Überfahrten nach San Fernando de Atabapo (65–75 BsF, 2½ Std.).

ALLGEMEINE INFORMATIONEN

AKTIVITÄTEN
In Venezuela werden jede Menge Outdooraktivitäten geboten, von Wander- und Vogelbeobachtungstouren bis zu actionreichem Gleitschirmfliegen und Kitesurfen. Alle Regionen des Landes haben diesbezüglich etwas zu bieten, doch Mérida ist das absolute Abenteuersport-Mekka Venezuelas.

Los Llanos gehört zu den besten Regionen, um wilde Tiere wie Kaimane, Wasserschweine, Anacondas, Ameisenbären und Vögel zu beobachten. Die meisten Safaris werden von Mérida (S. 1058) aus organisiert. Für Vogelbeobachtungen bietet sich zudem der Parque Nacional Henri Pittier an.

In vielen der über 40 Nationalparks kann man Wanderungen unternehmen, sowohl auf gut ausgeschilderten Wegen als auch auf wild verschlungenen Dschungelpfaden. Im Parque Nacional El Ávila in der Nähe von Caracas gibt's einige der besten einfachen Wanderrouten. Mérida und Umgebung (S. 1060) bieten fantastische Voraussetzungen für Trekkingtouren im Hochland. Zu den abenteuerlichsten und faszinierendsten Trips gehört der Aufstieg auf den Roraima (S. 1084).

Die Gegend rund um Mérida lädt zu tollen Mountainbiketouren ein, außerdem bieten Veranstalter in der Stadt Radausflüge an.

Mérida ist die beste Adresse zum Gleitschirmfliegen. Anfänger fliegen im Tandem, Mutige können in Kursen lernen, alleine zu fliegen.

Raftingtouren werden auf einigen Flüssen in den Anden (zu buchen in Mérida), im Parque Nacional Mochima (ab Mochima; S. 1066) und auf Stromschnellen des Orinoco (ab Puerto Ayacucho; S. 1088) angeboten. Rund um Mérida kann man außerdem auf Canyoning-Tour (durch Schluchten und Flüsse klettern, abseilen und wandern) gehen.

Exzellent tauchen und schnorcheln kann man rund um die Inselgruppe Los Roques (S. 1045). Auch die näher an der Küste gelegenen Inseln bieten diesbezüglich gute Bedingungen, z. B. die im Parque Nacional Mochima (S. 1065) und im Parque Nacional Morrocoy (S. 1049).

In Venezuela gibt's einige international angesehene Wind- und Kitesurfgebiete, darunter Adícora und El Yaque. Auch Los Roques bietet sich für diese Sportarten an (S. 1045).

ARBEITEN
Traveller, die in Venezuela nach einem Job suchen, werden fast immer enttäuscht: Die Wirtschaft ist einfach nicht stark genug, um Ausländern Jobs bieten zu können. Die besten Aussichten haben noch qualifizierte Englischlehrer, doch auch für sie ist es nicht einfach. Man kann sein Glück bei Einrichtungen versuchen, die Englischunterricht anbieten, z. B. beim **British Council** (Karte S. 1035; ☎ 0212-952-9965; www.britishcouncil.org; Torre Credicard, Av Principal de El Bosque, 2. Stock, Chacaíto, Caracas), bei privaten Sprachschulen oder bei den Sprachabteilungen der Unis. Wer legal in Venezuela arbeiten möchte, benötigt ein Arbeitsvisum.

BOTSCHAFTEN & KONSULATE
Folgende Botschaften befinden sich in Caracas, wenn nicht anders angegeben. Wenn die eigene Botschaft nicht dabei ist, hilft ein Telefonverzeichnis von Caracas weiter – dort sind alle Botschaften aufgelistet.
Brasilien (Karte S. 1038 f.; ☎ 0212-261-5505; www.embajadabrasil.org.ve; Centro Gerencial Mohedano, Ecke Av Los Chaguaramos & Av Mohedano, La Castellana, Caracas); Santa Elena de Uairén (außerhalb der Karte S. 1086; ☎ 0289-995-1256; Edificio Galeno, Los Castanos, Urbanización Roraima del Casco Central); Puerto Ordaz (☎ 0286-961-2995; Edificio Eli-Alti, Alta Vista)
Deutschland (Karte S. 1038 f.; ☎ 0212-219-2500; www.caracas.diplo.de; Torre La Castellana, Av Principal de la Castellana, La Castellana, Caracas)
Guyana (außerhalb der Karte S. 1038 f.; ☎ 0212-977-1158; Quinta Roraima, Av El Paseo, Prados del Este, Caracas)

Kolumbien (Karte S. 1035; ☎ 0212-951-3631; Edificio Consulado General de Colombia, Guaicaipuro, El Rosal, Caracas); Maracaibo (☎ 0261-791-6891; Av El Milagro, Calle 72A No 72-98, Urbanización La Virginia); Puerto Ayacucho (außerhalb der Karte S. 1089; ☎ 0248-521-0789; Yapacana bei der Av Rómulo Gallegos); Mérida (außerhalb der Karte S. 1089p944; ☎ 0274-262-3105; Ecke Av 2 Lora & Calle 42)
Österreich (☎ 999-1211, 999-2753; caracas-ob@bmeia.gv.at; Edificio Torre Las Mercedes, Avenida Orinoco, Caracas)
Schweiz (Karte S. 1038 f.; ☎ 0212-267-9585; www.eda.admin.ch/caracas; Centro Letonia, Torre Ing-Bank, Av Eugenio Mendoza y San Felipe, La Castellana)
Trinidad & Tobago (Karte S. 1038 f.; ☎ 0212-261-3748; embassytt@cantv.net; Quinta Poshika, 3a Av zw. 6a & 7a Transversal, Altamira, Caracas)

BÜCHER

Genauere Reiseinformationen findet man im englischsprachigen Lonely Planet Band *Venezuela*. Nützliche Infos aus einheimischer Sicht mit dem Schwerpunkt auf Ökotourismus gibt's im spanisch- und englischsprachigen Reiseführer *Ecotourism Guide to Venezuela* von Miro Popic. Der ebenfalls zweisprachige *Guide to Camps, Posadas and Cabins in Venezuela* von Elizabeth Kline stellt 1200 verschiedene Unterkünfte vor. Beide werden jährlich aktualisiert.

Der deutsche Geograph und Botaniker Alexander von Humboldt beschreibt im zweiten Band von *Reise in die Aequinoctial-Gegenden des neuen Continents (1799–1804)* seine Beobachtungstouren durch verschiedene Teile des Landes.

The Search for El Dorado von John Hemming gibt faszinierende Einblicke in die Kolonialisierung Venezuelas. Sir Arthur Conan Doyle ließ sich für seinen Roman *Die verlorene Welt* vom *tepui* Roraima inspirieren. *Venezuela: A Century of Change* von Judith Ewell liefert einen umfassenden Überblick über die venezolanische Geschichte des 20. Jhs.; *The History of Venezuela* von H. Micheal Tarver und Julia Frederick beschäftigt sich in Kurzform mit der Zeit zwischen der ersten Ankunft von Kolumbus und der Präsidentschaft Chávez'.

Es gibt jede Menge Veröffentlichungen zu Chávez und seiner Bolivarischen Revolution, allerdings wird dabei oft vehement für oder gegen Chávez Stellung bezogen. Zu den aktuellsten und meistverkauften Exemplaren gehören *Changing Venezuela by Taking Power* von Gregory Wilpert, *Hugo Chávez: Oil, Politics, and the Challenge to the US* von Nikolas Kozloff und *Hugo Chávez: The Bolivarian Revolution in Venezuela* von Richard Gott und Georges Bartoli.

Passionierte Vogelbeobachter finden in *A Guide to the Birds of Venezuela* von Rodolphe Meyer de Schauensee und William H. Phelps, in Steven Hiltys *Birds of Venezuela* oder in *Birding in Venezuela* von Mary Lou Goodwin nützliche Infos.

ESSEN & TRINKEN

Alles in allem ist das kulinarische Angebot in Venezuela gut und recht günstig. Man bekommt venezolanische und internationale Küche, Snacks und auch Fast Food. Wer mit kleinem Budget unterwegs ist, sollte nach Restaurants Ausschau halten, die ein *menú del día* oder *menu ejecutivo*, also ein festes Menü mit Suppe und Hauptgericht, anbieten; normalerweise kostet dieses zwischen 20 und 30 BsF (in Caracas ein bisschen mehr), ist also preiswerter als ein Gericht à la carte. Eine günstige Alternative ist Brathühnchen, meist *pollo en brasa* genannt. Zu den herzhaften venezolanischen Klassikern gehören beispielsweise *pabellón criollo*, *arepas*, *cachapas* und Empanadas.

Frühstücken kann man in einer der allgegenwärtigen *panaderías* (Bäckereien), die Traveller mit Sandwiches, süßem Gebäck, Joghurts und leckerem Espresso versorgen.

In Venezuela wird gerne und viel Fleisch gegessen. In den meisten größeren Städten gibt's vegetarische Restaurants, die üblicherweise *carne de soya* (Masse aus pflanzlichen Proteinen) und andere Lebensmittel verarbeiten. Fleischlose *arepa*-Varianten sind ebenfalls eine gute Option, und auch in chinesischen, fernöstlichen und italienischen Lokalen findet man oft vegetarische Gerichte. Für Busreisen, auf denen nur selten angehalten wird, sollten sich Vegetarier mit Sandwiches bevorraten.

In fast jeder Bar und jedem Restaurant wird auf die Rechnung automatisch 10 % Servicegebühr aufgeschlagen, in schickeren Lokalitäten sollte man etwas Trinkgeld geben.

Venezolanische Küche

Die folgende Liste enthält die gängigsten Standardgerichte sowie einige Lebensmittel aus aller Welt, die im venezolanischen Spanisch anders bezeichnet werden.

arepas (a·re·pas) – kleine Maispfannkuchen vom Grill mit verschiedenen Füllungen

cachapas (ka·*tscha*·pa) – die flachen Maispfannkuchen sind etwas größer und werden mit Käse und/oder Schinken serviert
cachitos (ka·*tschie*·to) – heiße Croissants mit einer Füllung aus gehacktem Schinken
cambur (kam·*buur*) – Banane
carabina (ka·ra·*bie*·na) – so wird *hallaca* in Mérida genannt
caraota (ka·ra·*o*·ta) – schwarze Bohne
casabe (ka·*sa*·bie) – die gewaltigen Yucca-Fladenbrote sind das Grundnahrungsmittel indigener Gemeinden
empanadas (em·pa·*na*·da) – frittierte Teigtaschen aus Maismehl mit verschiedenen Füllungen
guasacaca (gwa·sa·*ka*·ka) – grüne Sauce aus Paprika, Zwiebeln und Gewürzen
hallaca (a·*ya*·ka) – zusammen mit Hackfleisch und Gemüse wird der Maismehlteig in Bananenblätter gewickelt und dann gedünstet; ähnelt den mexikanischen Tamales
lau lau (lau·lau) – Katzenwels
lechosa (le·*tscho*·sa) – Papaya
muchacho (muu·*tscha*·tscho) – herzhaftes Gericht mit Roastbeef
pabellón criollo (pa·bie·*yon* crie·*o*·yo) – Venezuelas Nationalgericht enthält Hackfleisch, Reis, schwarze Bohnen, Käse und gebackene Kochbananen
papelón (pa·pie·*lon*) – grober brauner Zucker; gibt nicht nur Drinks den letzten Schliff
parchita (par·*tschie*·ta) – Passionsfrucht
parrilla (pa·*rih*·ja) – gemischter Grillteller
pasapalos (pa·sa·*pa*·los) – Vorspeisen, kleine Snacks, Fingerfood
patilla (pa·*tie*·ya) – Wassermelone
quesillo (ke·*sie*·yo) – Karamellpudding
tequeño (te·*ke*·nyo) – frittierte Käsestreifen im Blätterteigmantel
teta (*te*·ta) – bei diesem gefrorenen Fruchtsaft in einer Plastikverpackung ist Schlürfen erlaubt

Getränke

In Venezuela bekommt man an jeder Ecke guten, starken Espresso. Wer einen schwarzen Kaffee möchte, fragt nach *café negro*. *Café marrón* besteht zu gleichen Teilen aus Milch und Kaffee, wer auf milchigeren Kaffee steht, bestellt einen *café con leche*.

Restaurants, Cafés und einige Obstläden bieten eine tolle Auswahl von Fruchtsäften. Es gibt sie in zwei Varianten, *batidos* (pur oder mit Wasser verdünnt) oder *merengadas* (mit Milch).

Das beliebteste alkoholische Getränk ist *cerveza* (Bier), insbesondere Polar und Solera (letzteres gehört ebenfalls zu Polar). Es wird – meist eisgekühlt und fast überall – in Dosen oder kleinen Flaschen verkauft. Wenn es um härtere Alkoholika geht, spielen *ron* (Rum) und Whiskey die wichtigsten Rollen.

FEIERTAGE

Venezolaner nehmen ihren Urlaub meist über Weihnachten, Karneval, während der Semana Santa („Heilige Woche" vor Ostern) und im Juli und August. Zu diesen Spitzenzeiten sollten sich Reisende rechtzeitig um eine Unterkunft kümmern, da freie Zimmer möglicherweise kaum zu finden sind (vor allem in beliebten Ferienorten). Andererseits bringen die vielen Urlauber zusätzlichen Schwung in die Festivitäten.

Offizielle Feiertage:
Neujahr 1. Januar
Karneval Montag und Dienstag vor Aschermittwoch (Feb./März)
Ostern Gründonnerstag und Karfreitag (März/April)
Tag der Unabhängigkeitserklärung 19. April
Tag der Arbeit 1. Mai
Tag der Schlacht von Carabobo 24. Juni
Unabhängigkeitstag 5. Juli
Bolívars Geburtstag 24. Juli
Entdeckung Amerikas 12. Oktober
Weihnachten 25. Dezember

FESTIVALS & EVENTS

In Venezuela spielt der Katholizismus eine große Rolle, darum richten sich viele Feiertage nach dem Kirchenkalender. Weihnachten, Karneval, Ostern und Fronleichnam werden im ganzen Land gefeiert; als Karnevalshochburg könnte man El Callao bezeichnen. Zudem haben die Namenstage verschiedener Heiliger eine Bedeutung, jedes Dorf und jede Stadt hat einen eigenen Schutzpatron und feiert dessen Namenstag.

Eines der farbenprächtigsten Feste Venezuelas sind die **Diablos Danzantes** (s. Kasten S. 1036): An Fronleichnam wird ein spektakulärer Umzug abgehalten und Tänzer in kunstvoll gefertigten Masken und Kostümen führen den Teufelstanz auf.

FRAUEN UNTERWEGS

Wie in ganz Lateinamerika ist auch in Venezuela die Gesellschaft patriarchalisch geprägt. Touristinnen müssen sich auf Neugierde, besondere Aufmerksamkeit und Avancen von Seiten Einheimischer einstellen. Diese machen frau schnell in der Masse aus und zeigen sich alles andere als schüchtern, wenn es darum geht, ihr Interesse durch Pfiffe, Komplimente und Flirtversuche kundzutun. Meist

> **DEVISENWARNUNG!**
>
> Die Devisenbewirtschaftung hält den Bolívar Fuerte dem US-Dollar gegenüber auf einem unnatürlich hohen Niveau. Eine Konsequenz ist der Parallelmarkt für den Geldwechsel innerhalb Venezuelas. Der offizielle Wechselkurs wurde auf 2,15 BsF pro Dollar festgesetzt; beim Einlösen von Reisechecks, der Benutzung von Kreditkarten oder beim Geldwechsel in Banken oder *casas de cambio* wird immer nach diesem Kurs abgerechnet.
>
> Auf dem aktiven Schwarzmarkt (auch *dólar paralelo* genannt) wird mit stabileren Dollars und Euros gehandelt, wobei der Wechselkurs bei 3 bis 7 BsF pro Dollar liegt.
>
> Auch wenn sie nicht gerade damit Werbung machen, akzeptieren viele *posadas* und Touranbieter bei Buchungen aus dem Ausland Zahlungen per Online-Überweisung auf internationale Bankkonten oder zahlen Bargeld zum Schwarzmarktkurs aus.
>
> Die Inflationsrate Venezuelas gehört zu den höchsten Südamerikas, und die Preise können sich vom einen Tag auf den anderen ändern. Die in diesem Kapitel genannten Preise dienen daher nur der Orientierung.

sind diese Annäherungsversuche nicht so ernst zu nehmen – keiner wird wirklich erwarten, dass man sich von „Hey, baby" geschmeichelt fühlt ... –, manchmal können sie aber unangenehm werden.

Am besten ist es, die ungewollten Avancen einfach zu ignorieren. Auch unauffällige Kleidung hilft gegen diese Art „Piranhas". Venezolanische Frauen tragen zwar recht aufreizende Kleidung, doch sind sie sich ihrer Umgebung sehr viel bewusster und erkennen gefährliche Situationen schneller.

Frauen werden ständig danach gefragt, ob sie verheiratet sind und ob sie Kinder haben.

FREIWILLIGENARBEIT

Vor der Einreise ist es schwer, ehrenamtliche Arbeit zu organisieren, was auch daran liegt, dass viele Organisationen auf Anfragen nicht reagieren. Das staatliche Alphabetisierungsprogramm **Mission Robinson** (www.misionrobinson.me.gob.ve) ist eine Option für Spanischsprecher.

FÜHRERSCHEIN

In Venezuela darf man mit jeder Art von Führerschein Auto fahren. Allerdings benötigt man extrem viel Geduld und Formel-Eins-Talente, um sich in Caracas mit dem Auto zu behaupten. Ampeln werden routinemäßig im ganzen Land ignoriert und die Polizei ist dafür bekannt, Autofahrer wegen nicht begangener Verstöße anzuhalten, um sich dann mit Bestechungsgeld besänftigen zu lassen.

GEFAHREN & ÄRGERNISSE

Venezuela ist ein einigermaßen sicheres Reiseland. Allerdings hat die Zahl der Diebstähle, Überfälle und anderer krimineller Taten in den letzten zehn Jahren zugenommen. Diebstahl ist eher in größeren Städten ein Problem als in ländlichen Gegenden. Caracas ist mit Abstand der gefährlichste Ort des Landes, und man sollte aufpassen, wenn man auf der Straße unterwegs ist, besonders bei Nacht; s. dazu auch S. 1032.

Wenn man Geld an einem Automaten abhebt, sollte man – egal zu welcher Tageszeit – die Umgebung im Auge behalten. Nach unseren Erfahrungen sind Polizisten nicht notwendigerweise vertrauenswürdig, man sollte also nicht blind ihren Anweisungen folgen (s. auch S. 1107).

In Venezuela ist man regelrecht besessen von der Überprüfung persönlicher Daten, oft werden für die banalsten Vorgänge die Nummern von *cédulas* (venezolanische Personalausweise) oder Reisepässen verlangt. Man sollte immer seinen Reisepass mit sich führen, sonst landet man eventuell auf einer Polizeiwache, wo man sich rechtfertigen muss.

In ein paar tropischen Gebieten kommen Malaria und Dengue-Fieber vor. Andere Insekten übertragen vielleicht nicht direkt Krankheiten, können aber trotzdem ganz schön unangenehm sein. Ansonsten muss man sich mit den üblichen Risiken einer Reise herumschlagen: Sonnenbrand, Magenprobleme, Gefahren des Straßenverkehrs ...

Zur Währungsproblematik, s. Kasten oben.

GEFÜHRTE TOUREN

Individualreisende, die sich ihr ganzes Leben lang organisierten Touren verweigert haben, werden in Venezuela ihre Prinzipien über Bord werfen müssen. Da weite Strecken des Landes für öffentliche Verkehrsmittel so gut wie unzugänglich sind (z. B. das Orinoco-Delta oder das Amazonas-Becken) oder Individualreisen zu über ein großes Gebiet verteilten Attraktionen (z. B. in der Gran Sabana) unpraktisch, zeitintensiv und teuer sind, sind gebuchte Touren der Standard.

Auch wenn es unter gewissen Umständen sinnvoll sein mag, Touren von Caracas aus zu buchen (z. B. wenn man mehrere Touren innerhalb eines kurzen Zeitraums unternehmen möchte), ist es am günstigsten, die Touren bei Anbietern zu buchen, die der entsprechenden Region am nächsten sind.

GELD
Bargeld
2008 strich Venezuela drei Nullen seiner Währung und benannte diese um in „Bolívares Fuertes", abgekürzt BsF. Münzen gibt's im Wert von 1 BsF sowie 1, 5, 10, 12½ und 50 *céntimos*, Banknoten im Wert 2, 5, 10, 20, 50 und 100 BsF.

Viele Einheimische halten sich allerdings noch an die alte Ausdrucksweise und nennen Preise weiterhin in *miles* (Tausender). Es ist noch etwas alte Währung im Umlauf (50-, 100- und 500-Bolívar-Münzen sowie 1000-, 2000-, 5000- und 10 000-Bolívar-Scheine), die auch weiterhin gültig ist. Eine 100-Bolívar- und eine 10-*céntimo*-Münze (oder entsprechend 500-Bolívar- und 50-*céntimo*-Münzen) sind das Gleiche wert; auf den neuen Münzen ist der Wert in großen Zahlen eingestanzt. Auf www.reconversionbcv.org.ve findet man eine hilfreiche Umrechnungstabelle mit Fotos.

Außerhalb des Landes ist es unmöglich, an die venezolanische Währung zu kommen, es sei denn, man befindet sich in der Nähe der Grenze.

Feilschen
Wie in den meisten lateinamerikanischen Staaten gehört Verhandeln in Venezuela zum Alltag. Da die Wirtschaft teilweise informell, halb-legal und unkontrolliert ist, kann man die Preise für manche Waren und Dienstleistungen (auch für Produkte, die man auf dem Markt kauft) sowie für Taxifahrten und Hotelzimmer bis zu einem gewissen Grad durch Handeln beeinflussen.

Geldautomaten
An *cajeros automáticos* (Bankautomaten) gelangt man am einfachsten an Bares. Es gibt sie in den meisten größeren Banken, z. B. der Banco de Venezuela, der Banco Mercantil, der Banco Provincial und der Banesco. Normalerweise sind sie rund um die Uhr in Betrieb. Manche Automaten schlucken Karten – immer eine in Reserve haben!

Geldwechsel
Mit US-Dollar, Euro und American-Express-Reiseschecks fährt man in Venezuela am besten, sie werden weithin angenommen. Manche Banken wechseln diese Währungen und lösen Schecks ein, aber nur sehr wenige führen Transaktionen mit ausländischer Währung durch.

Einfacher ist es, in *casas de cambio* (offizielle Wechselstuben) Geld zu wechseln, allerdings bekommt man hier oft einen schlechteren Kurs und muss höhere Gebühren bezahlen. Die bekannteste *casa de cambio* ist Italcambio mit Büros in den meisten größeren Städten, in denen man sowohl Bargeld als auch Reiseschecks tauschen kann. *Casas de cambio* tauschen übrigens venezolanisches Geld nicht zurück. Der allgegenwärtige Schwarzmarkt hat die besten Wechselkurse für ausländische Währungen zu bieten, ist jedoch natürlich illegal.

Bei Redaktionsschluss galten folgende Wechselkurse:

WECHSELKURSE		
Land	Währung	BsF
Eurozone	1 €	5,84
Schweiz	1 SFr	4

Kreditkarten
Visa und MasterCard sind die nützlichsten Kreditkarten in Venezuela, allerdings muss man beachten, dass Transaktionen per Kreditkarte immer teurer sind, weil dann nach dem offiziellen Kurs abgerechnet wird. Die Karten werden als Zahlungsmittel für Waren und Dienstleistungen akzeptiert, allerdings lehnen manche Tourveranstalter Kreditkarten ab oder berechnen 10 % Bearbeitungsgebühr. In Banken und an Geldautomaten bekommt man in der Regel gegen Kreditkarte auch Bargeld ausbezahlt. Man sollte unbedingt die Nummer wissen, die man beim Verlust der Kreditkarte zu wählen hat, um diese bei Diebstahl oder Verlust schnell sperren lassen zu können – Kreditkartenbetrug kommt

häufig vor. Übrigens: Auch wenn Kreditkarten akzeptiert werden, heißt das nicht automatisch, dass auch das entsprechende Lesegerät funktioniert.

Reiseschecks

Reiseschecks werden oft nur in *casas de cambio* (wie Italcambio) angenommen, die eine Bearbeitungsgebühr von 3 % oder mehr erheben. Manche Tourveranstalter nehmen Reiseschecks als Zahlungsmittel an.

Schwarzmarkt

Es gibt einen blühenden Schwarzmarkt für US-Dollar sowie in kleinerem Umfang für Euro, und an Flughäfen, Busbahnhöfen oder in Stadtzentren wird man oft gefragt, ob man Geld tauschen möchte.

Wer Geld wechselt, sollte mit Einheimischen sprechen oder sich auf Websites wie www.oanda.com/lang/de/currency/converter/ und www.venezuelafx.blogspot.com über die aktuellen Kurse informieren.

Trinkgeld

In den meisten Restaurants ist in den Preisen eine Servicegebühr von 10 % beinhaltet. Darüber hinaus gibt man in schickeren Restaurants standardmäßig 5 bis 10 % Trinkgeld; verlangt wird das allerdings nicht. Taxifahrern gibt man normalerweise kein Trinkgeld, es sei denn, sie helfen beim Tragen des Gepäcks. Ob man Hotelangestellten, Tauchlehrern, Führern etc. eine kleine Anerkennung gibt, bleibt einem selbst überlassen – selten wird es verlangt, immer jedoch gern gesehen. Spendiert man einem Bootsführer oder einem Koch einfach mal ein Getränk, kann das schon der Beginn einer Freundschaft sein.

GESUNDHEIT

In Venezuela gibt's zahlreiche Apotheken, Kliniken und Krankenhäuser. Gute Medikamente bekommt man in Caracas überall, in ländlichen Gebieten kann das schwerer sein. Öffentliche Krankenhäuser und Kliniken kosten nichts, in privaten Einrichtungen ist die medizinische Versorgung allerdings besser. Wer in einem Krankenhaus behandelt werden muss, findet in Caracas die weitaus besten Bedingungen vor. Kleinere Wehwehchen können direkt in Apotheken behandelt werden, denn diese dürfen Spritzen geben und haben eine große Auswahl an Medikamenten vorrätig.

Leitungswasser ist zum Zähneputzen o. k., sollte aber nicht getrunken werden. Straßenessen, Sonnenbrände und Insektenbisse sind weitere potentielle Gesundheitsrisiken; äußerste Vorsicht sollte man außerdem in Städten beim Überqueren von Straßen walten lassen.

INFOS IM INTERNET

Einige wichtige Infoseiten über Venezuela:
Online Newspapers (www.onlinenewspapers.com/venezuel.htm) Hat Links zu mindestens 50 venezolanischen Onlinezeitungen.
Rumba Venezuela (www.rumbavenezuela.com) Ausgehoptionen in größeren Städten.
University of Texas (http://lanic.utexas.edu/la/venezuela) Beeindruckendes Verzeichnis venezolanischer Websites vom Latin American Network Information Center.
Venezuela Analysis (www.venezuelanalysis.com) Analysiert aktuelle politische und wirtschaftliche Ereignisse.
Venezuela Tuya (www.venezuelatuya.com) Umfassendes Portal für Tourismus in Venezuela.

INTERNETZUGANG

In fast allen Städten gibt's Internetcafés, und WLAN-Zugang gehört bei *posadas* und größeren Hotels zum Standard. Eine Stunde Surfen kostet 2 bis 3 BsF. In Mérida und Caracas findet man die meisten Internetcafés und die besten Preise. CANTV und Movistar bieten schnelle, günstige Verbindungen. Das staatliche Programm **Infocentro** (www.infocentro.gob.ve) ermöglicht es an verschiedenen Standorten im ganzen Land, 30 Minuten lang kostenlos zu surfen.

Die meisten in diesem Kapitel genannten Websites sind spanischsprachig und wurden aufgelistet für alle, die dieser Sprache mächtig sind.

KARTEN & STADTPLÄNE

Die beste Landkarte von Venezuela wird von **International Travel Maps** (www.itmb.com) veröffentlicht, ist jedoch nicht überall im Land erhältlich. Mehrere venezolanische Verlage geben faltbare Straßenkarten heraus; man bekommt sie in Buchläden, manchen Touristeninformationen, Hotels sowie in Geschäften, die auf ausländische Kundschaft eingestellt sind.

KLIMA

In Venezuela gibt's eine Trocken- und eine Regenzeit, Reisen kann man aber das ganze Jahr über. Die Trockenzeit, die etwa von Dezember bis April dauert (in den restlichen

Monaten herrscht Regenzeit), eignet sich etwas besser, ein paar Sehenswürdigkeiten sind aber in der Regenzeit beeindruckender, z. B. Wasserfälle. Von Region zu Region variieren sowohl Niederschlagsmenge als auch Länge der Regen- bzw. Trockenzeit.

Weitere Infos sowie Klimatabellen gibt's auf S. 1110.

KURSE

In den meisten Großstädten sind mehrere Sprachschulen ansässig. Alternativ können Reisende Privatunterricht bei freiberuflichen Lehrern nehmen. Mérida eignet sich besonders gut, um seine Spanischkenntnisse zu vertiefen: Die Lebenshaltung in der attraktiven Stadt ist erschwinglich und es gibt hier eine sehr große Studentenszene (s. S. 1057).

MEDIEN

In allen größeren Städten erscheinen Tageszeitungen. Die beiden führenden Zeitungen aus Caracas, *El Universal* (www.eluniversal.com) und *El Nacional* (www.el-nacional.com), werden im ganzen Land gelesen; sie informieren über nationale und internationale Politik, Sport, Wirtschaft und Kultur. Das *Daily Journal* (www.thedailyjournalonline.com) ist die wichtigste englischsprachige Zeitung, die in Venezuela erhältlich ist. Verkauft wird sie an größeren Zeitungsständen und in ausgesuchten Buchläden in Caracas.

Einige private und staatliche Fernsehsender mit Sitz in Caracas senden fast im ganzen Land.

ÖFFNUNGSZEITEN

Theoretisch umfasst ein Arbeitstag acht Stunden, Montag bis Freitag von 8 bis 12 und von 14 bis 18 Uhr; in der Praxis gelten jedoch häufig kürzere Arbeitszeiten. Geschäfte sind von Montag bis Freitag von 9 bis 18 oder 19 Uhr geöffnet, Waschsalons öffnen allerdings bereits um etwa 7 Uhr, Internetcafés haben manchmal länger geöffnet. Samstags gelten meist die gleichen Öffnungszeiten, einige Läden schließen aber schon um 13 Uhr. Banken haben von Montag bis Freitag zwischen 8.30 und 15.30 Uhr geöffnet, Restaurants wiederum von Montag bis Samstag von 12 bis 21 oder 23 Uhr. Sonntags ist fast alles geschlossen.

Die Öffnungszeiten dienen stets lediglich der Orientierung, man sollte sich nicht allzu sehr auf sie verlassen.

POST

Ipostel (www.ipostel.gov.ve), der postalische Dienst, hat überall im Land. Manche von ihnen sind an staatliche Büros angeschlossen, die Puntos de Gestión Centralizada (zentrale Verwaltungsbüros) genannt werden. Sie sind werktags von 8.30 bis 11.30 und von 13.30 bis 17 Uhr geöffnet, allerdings gibt's regionale Abweichungen. Ämter in größeren Städten haben eventuell länger sowie samstags geöffnet.

Ein Brief per Luftpost (bis 20 g) kostet an ein beliebiges Ziel auf dem amerikanischen Kontinent und in Europa 3 BsF, allerdings ist die Zustellung sehr unzuverlässig und langsam: Postsendungen kommen – wenn überhaupt – oft erst nach einem Monat an. Um etwas Wichtiges oder Eiliges zu verschicken, sollte man auf verlässliche internationale Express-Zusteller zurückgreifen.

RECHTSFRAGEN

Der venezolanischen Polizei sollte man respektvoll und mit einer gehörigen Dosis Vorsicht begegnen: Fälle von Korruption, Amtsmissbrauch und der Anwendung unangemessener Härte sind leider relativ häufig.

Die hiesigen Strafen für das Schmuggeln, Besitzen und Konsumieren illegaler Drogen sind mit die härtesten in ganz Lateinamerika.

REISEN MIT BEHINDERUNG

Venezuela ist auf Reisende mit Behinderungen kaum eingestellt. Rollstuhlrampen gibt's nur in wenigen schickeren Hotel und Restaurants, Haltebuchten für Busse sind eine Seltenheit und die öffentlichen Verkehrsmittel stellen für mobilitätseingeschränkte Reisende eine echte Herausforderung dar. Auch Büros, Museen und Banken verfügen fast nie über eine behindertengerechte Ausstattung, und rollstuhlgerechte WCs sind quasi nicht existent.

SCHWULE & LESBEN

Homosexualität ist in Venezuela zwar nicht illegal, wird jedoch von der größtenteils katholischen Gesellschaft kritisch beäugt. Vor allem homosexuelle Männer sollten sich in kleineren Orten und ländlichen Gegenden sehr diskret verhalten. In manchen Gegenden ist aber eine gewisse Toleranz zu verzeichnen. In Caracas gibt's die größte Gemeinschaft der Schwulen und Lesben und die offenste Homosexuellenszene des Landes. Hier findet auch jedes Jahr im Juni eine Schwulenparade mit zehntausenden Teilnehmern statt.

Bars und Diskotheken der Schwulenszene sind meist mit dem Codewort *en ambiente* gekennzeichnet. Auf www.rumbacaracas.com findet man eine Liste einiger solcher Clubs.

STROM

Die Betriebsspannung liegt bei 110 V, 60 Hz. Die Stecker entsprechen dem US-Standard.

TELEFON

Internationale Telefongespräche tätigt man am besten in Callshops (sogenannten *centros de comunicaciones* von Movistar, CANTV oder unabhängigen Anbietern). In großen Städten findet man diese überall. Normalerweise sind sie täglich von etwa 7 bis 21 Uhr geöffnet.

Tagsüber vermieten Stände an Straßenecken und Busbahnhöfen Handys; abgerechnet wird im Minutentakt. Bei Inlandsgesprächen ist das meist die einfachere (wenn auch lautere) Option, da man keinen Callshop suchen muss; außerdem kann man von hier auch Textnachrichten verschicken.

Überall gibt's hellblaue Telefonzellen von CANTV, die meisten von ihnen funktionieren allerdings nicht. Telefonkarten zur Nutzung dieser Zellen zu verschiedenen Werten sind in vielen Läden und an Kiosken erhältlich.

Wer einen längeren Aufenthalt in Venezuela plant, kann sich auch ein Handy oder eine lokale SIM-Karte für das Mobiltelefon von zuhause kaufen. In den Einkaufszentren sind zahlreiche Mobilfunkanbieter vertreten. Bei den billigeren ist der Empfang meist schlechter, besonders außerhalb von Caracas. Der landesweit größte Anbieter ist Movistar, gefolgt von Movilnet und Digitel. Die Anzahl der Handybesitzer in Venezuela übersteigt die der meisten anderen lateinamerikanischen Staaten.

Alle venezolanischen Telefonnummern sind siebenstellig, alle Vorwahlen dreistellig. Letztere sind in diesem Band jeweils unter den Überschriften der Regionen genannt. Die Landesvorwahl Venezuelas ist ☎ 58. Wer aus dem Ausland in Venezuela anrufen möchte, wählt zunächst die internationale Vorwahl (00), dann die Landesvorwahl (☎ 58), die Städtevorwahl (meist ohne 0) und dann die lokale Telefonnummer. Um internationale Anrufe in Venezuela zu tätigen, wählt man die internationale Vorwahl, dann die Landesvorwahl und schließlich die Städtevorwahl, dann die jeweilige Nummer.

TOILETTEN

In Venezuela gibt's keine speziellen öffentlichen Toiletten. Bei menschlichen Bedürfnissen müssen die sanitären Anlagen öffentlicher Einrichtungen (z. B. Restaurants, Hotels, Museen, Einkaufszentren oder Busbahnhöfe) herhalten. Dort ist Toilettenpapier häufig Mangelware. Nach Gebrauch landet das Papier grundsätzlich in einem dafür vorgesehenen Mülleimer.

Für Toiletten ist die Bezeichnung *baño* am geläufigsten. Die Tür für die Herren ziert meist ein Schild mit der Aufschrift *señores* oder *caballeros*, Damentoiletten sind mit *señoras* oder *damas* gekennzeichnet.

TOURISTENINFORMATION

Inatur (Instituto Autónomo de Turismo de Aragua; www.inatur.gov.ve) Die staatliche Tourismusbehörde mit Sitz in Caracas fördert landesweit den Tourismus und liefert Reiseinformationen; sie unterhält Büros am Flughafen in Maiquetía (S. 1032). Außerhalb der Hauptstadt sind dafür regionale Touristeninformationen zuständig. Ein paar dieser Einrichtungen sind besser als andere. Allgemein gibt's zu wenig Stadtpläne und Prospekte. Zudem sprechen die Angestellten kaum Englisch.

UNTERKUNFT

In Venezuela findet man jede Menge Hotels. In den meisten Städten gibt's Optionen für den kleineren und mittleren Geldbeutel, in Caracas ist die Auswahl an günstigen Unterkünften allerdings begrenzt. In touristischen Gebieten wird es in der Hochsaison (Juli & Aug.) und an wichtigen Feiertagen (Weihnachten, Karneval, Ostern) ziemlich voll und in Strandorten ist dann oft alles ausgebucht. Es gibt nur wenige Campingplätze, in ländlichen Gebieten kann man allerdings manchmal im Freien übernachten. Viele Urlauber campen am Strand – dabei aber immer vorsichtig sein und das Zelt nicht unbeaufsichtigt lassen! Hostels sind Mangelware in diesem Land, und die preiswerten Hotels in den Städten dienen meist auch als Stundenhotels. Immerhin gehören auch in den billigsten Unterkünften Handtücher und Seife zur Standardausstattung der Zimmer.

Eine gute Option sind *posadas*, kleine, familiengeführte Gästehäuser, die meist mehr Charakter haben als Hotels und in denen man eine individuellere Betreuung genießt. Die meisten *posadas* erfreuen auch den schmalen

Geldbeutel, daneben gibt's einige Mittelklasse- und (wenige) luxuriöse Varianten.

Außerhalb der Stadtgebiete bilden *campamentos* (wörtlich „Camps") beliebte Unterkunftsoptionen; man findet sie sogar in den abgelegensten Ecken. Die Camps (keine Campingplätze!) gibt's von rustikal – mit ein paar Hängematten – bis komfortabel – als Lodges mit Pool und eigener Start- und Landebahn. Meist handelt es sich bei den *campamentos* aber um eine Ansammlung von *cabañas* (Hütten) mit angeschlossenem Restaurant. Die Gäste bekommen hier Unterkunft, Essen und meist ein Tourangebot, manchmal sind All-Inclusive-Pakete erhältlich.

Wie in den meisten Entwicklungsländern sind die Preise variabel und ändern sich nach Wochentag oder der Laune des Verhandlungspartners. Man sollte sich nie darauf verlassen, mit Kreditkarten zahlen zu können, auch wenn diese theoretisch als Zahlungsmittel anerkannt wird. Viele *posadas*, insbesondere von Ausländern geführte, akzeptieren Überweisungen in Dollar und Euro.

Zwar verfügen viele Unterkünfte über E-Mail-Adressen und Websites, doch in der Praxis werden Anfragen oder Reservierungswünsche zu spät oder überhaupt nicht beantwortet – daher möglichst immer anrufen.

VERANTWORTUNGSBEWUSSTES REISEN

Besuche in anderen Kulturkreisen stellen immer eine Herausforderung dar. Es ist sehr wichtig, einen möglichst positiven Eindruck zu hinterlassen. Traveller sollten Bedürfnisse und Ansichten der Einheimischen respektieren. Ein stupides Beharren auf den eigenen Lebensstandard und -stil ist unangebracht.

So groß die Versuchung auch sein mag – Kristalle, Jaspis und Jade gehören an die Wasserfälle und Flüsse der Gran Sabana und nicht in die Taschen von Touristen. Korallenriffe oder Muscheln sollten für Schnorchler und Taucher tabu sein. Auch Artikel aus tropischen Muschelschalen, Schildpatt oder Korallen stehen nicht zur Debatte. Der Anblick von Kaimanleder auf dem Markt ist kein Grund, von einem Krokogürtel zu träumen. Ab und zu werden Kunst- und Handwerksgegenstände mit Jaguarfell oder Anakondahaut angeboten. Die übliche Geschichte, dass das Tier zum Schutz eines Kindes getötet werden *musste*, stammt so gut wie sicher aus dem Reich der Fabel. Wer Drogen kauft oder als Sextourist unterwegs ist, schädigt das Gastgeberland.

Unterstützung verdienen nur Tourveranstalter und Projekte, bei denen Umweltverträglichkeit großgeschrieben wird. Achtung: Viele Firmen nutzen das Label „Öko" nur als Verkaufsmasche. Daher sollte man die angepriesenen Maßnahmen, mit denen angeblich die Auswirkungen auf die Umwelt minimiert werden sollen, genauestens unter die Lupe nehmen. Ein weiteres Auswahlkriterium ist die Unterstützung indigener Gemeinden.

VISA

EU-Bürger und Schweizer benötigen für die Einreise nach Venezuela kein Visum; eine kostenlose Touristenkarte („Tarjeta de Ingreso") reicht. Solange die Einwanderungsbeamten die maximale Aufenthaltsdauer nicht heruntersetzen, sind Touristenkarten 90 Tage lang gültig und können bei Bedarf verlängert werden. Bei Flugreisen nach Venezuela erhalten Passagiere ihre Touristenkarte an Bord direkt von der Airline. EU-Bürger und Schweizer können sich die Karte auch gegen Vorlage des Reisepasses direkt bei den Grenzbeamten abholen.

Bei der Einreise nach Venezuela werden Reisepass und Touristenkarte von den Grenzbeamten der Oficina Nacional de Identificación y Extranjería (Onidex) abgestempelt. Ein solcher Stempel ist essenziell wichtig! Während des Aufenthalts im Land sollten Traveller die Kopie der Touristenkarte immer bei sich führen – bei Passkontrollen wird manchmal danach gefragt. Bei der Ausreise müssen die Touristenkarten offiziell an die Einwanderungsbehörde zurückgegeben werden. Doch nicht alle Beamten scheinen sich dafür zu interessieren.

Onidex in Caracas (S. 1028) ist für das Verlängern von Touristenkarten zuständig. Links zu mehr Visa-Infos finden sich auf www.lonelyplanet.de.

ZOLL

Die Zollbestimmungen entsprechen in etwa denen anderer südamerikanischer Länder. Man darf persönliche Gegenstände und Geschenke für venezolanische Staatsbürger sowie Kameras, Zelt- und Sportausrüstung, Computer und ähnliches einführen. Fahrzeuge und Busse werden oft ohne Anlass durchsucht und die Drogengesetze sind sehr streng – man sollte also nicht mal darüber nachdenken!

Allgemeine Informationen

INHALT

Aktivitäten	1100
Arbeiten in Südamerika	1102
Botschaften & Konsulate	1102
Bücher	1102
Diskriminierung	1103
Ermäßigungen	1103
Festivals & Events	1103
Fotos & Video	1103
Frauen unterwegs	1104
Freiwilligenarbeit	1105
Gefahren & Ärgernisse	1105
Geld	1108
Infos im Internet	1109
Internetzugang	1109
Karten	1110
Klima	1110
Kurse	1111
Öffnungszeiten	1112
Post	1112
Rechtsfragen	1112
Reisen mit Behinderung	1112
Reisepass	1113
Schwule & Lesben	1113
Sprache	1113
Telefon	1113
Toiletten	1114
TouristenInformation	1114
Unterkunft	1114
Versicherung	1115
Visa	1116
Zoll	1116

Dieses Kapitel enthält allgemeine Informationen zu Südamerika. Länderspezifische Infos findet man unter „Allgemeine Informationen" am Ende der einzelnen Länderkapitel.

AKTIVITÄTEN

Egal, ob man sich in den Dschungel, in die Berge oder ans Meer aufmacht, in Südamerika besteht überall die Möglichkeit, ein paar „echte" Abenteuer zu erleben.

Bergsteigen

Auf einem Kontinent mit einer der herrlichsten Bergketten der Welt sind die Gelegenheiten zum Bergsteigen beinahe grenzenlos. Die Vulkane in Ecuador, die hohen Gipfel der Cordillera Blanca (S. 947) und der Cordillera Huayhuash in Peru, die Cordillera Real in Bolivien und der Aconcagua (der höchste Gipfel der westlichen Hemisphäre; S. 133) in Argentinien – sie alle bieten außergewöhnliche Erlebnisse für Kletterfans. Und obwohl es relativ niedrig ist, gehört das Fitz-Roy-Massiv (S. 159) in Argentinien, Heimat des Cerro Torre, eines der schwierigsten Gipfel der Erde, zu den Top-Five-Bergsteigerzielen weltweit.

Rad & Mountainbike fahren

Südamerika mit dem Fahrrad zu bereisen kann sehr anstrengend sein, aber der Lohn für die Strapazen ist eine unvergessliche Erfahrung, von der Busreisende nur träumen können. Man kann der „Gefährlichsten Straße der Welt" (S. 203) folgen, von einem Vulkan in Ecuador jauchzend zu Tale brausen oder sich in Patagonien an Schafherden vorbeimanövrieren. Wichtig ist, sämtliche Ausrüstung von daheim mitzubringen, denn außerhalb der größeren Städte sind Ersatzteile usw. schwer aufzutreiben oder extrem teuer.

Die Alternative zum eigenen Drahtesel ist ein Leihrad bzw. die Teilnahme an einer Montainbiketour. Eine gute Website mit zahlreichen Links zum Thema Radtouren auf dem südamerikanischen Kontinent bietet **South American Bicycle Touring Links** (www.transamazon.de/links). Auf der Site von **Warm Showers List** (www.warmshowers.org) sind Radfahrer weltweit aufgeführt, die anderen Radfahrern einen kostenlosen Schlafplatz zur Verfügung stellen.

Rafting

Chile ist reich gesegnet mit tollem Wildwasser: Die Flüsse Maipó (S. 444), Trancura (S. 499) und Futaleufú (S. 522) sind alle Weltklasse. In Peru bieten der malerische Río Urubamba (S. 912) und andere Flüsse in der Nähe von Cusco sowie der Río Cañete (S. 883) südlich von Lima und das Schluchtengebiet um Arequipa (S. 897) Gelegenheiten zum River Running. In Argentinien verlocken mehrere Flüsse um Bariloche und Mendoza zu einem Bad im kühlen Nass. Die Rafting-Hochburgen in Ecuador sind Baños und vor allem Tena.

Skifahren & Snowboarden

Die wichtigsten Alpinskigebiete Südamerikas befinden sich in Chile und Argentinien; nähere Infos gibt's in den jeweiligen Länderkapiteln. Die Saison dauert etwa von Juni bis September.

Surfen

Das bekannteste Surferparadies Südamerikas ist Brasilien. Tolle Wellen findet man in der Nähe von Rio und im Südosten des Landes, aber im Prinzip kann man sich an zahllosen Stellen zwischen Santa Catarina und São Luís ins Wasser stürzen. Am besten ist die Brandung von Juni bis August. Gute Anlaufstellen für Surfer sind auch die Nordküste Perus (dort benötigt man allerdings einen Neoprenanzug), die Zentral- und Nordküste von Chile, Ecuador, Uruguay und Venezuela. Exotischere Ziele sind die Galápagosinseln und Rapa Nui (Osterinsel).

Mehr Infos bietet z. B. der *Surf Report* von **Surfer Publications** (www.surfermag.com). Er enthält Berichte zu den meisten Surfgebieten Südamerikas. Man kann sich auch auf der Website von **Wannasurf** (www.wannasurf.com) informieren. Wer über aktuelle Surfbedingungen auf dem Laufenden sein möchte, sollte sich bei **Surfline** (www.surfline.com) registrieren.

Tauchen

Die Hauptreiseziele für Taucher sind die Karibikküsten von Kolumbien (vor allem der Ort Taganga) und Venezuela sowie Inseln wie Providencia (gehört zu Kolumbien, liegt aber tatsächlich näher an Nicaragua), der Galápagos-Archipel und Fernando de Noronha in Brasilien (S. 375).

Wandern & Trekking

Südamerika ist ein fantastisches Wander- und Trekkingziel. In den Andenländern kann man nicht nur in den Nationalparks wandern: Das Netz von unbefestigten Straßen ist so weitläufig, dass man fast überall hinlaufen kann, und weil die indigene Bevölkerung oft dasselbe tut, ist man selten allein.

Die Andenländer sind berühmt für ihre alten Inkastraßen, die für malerische Ausflüge wie geschaffen sind. Der viertägige Fußmarsch auf dem überlaufenen Inkatrail (S. 927) nach Machu Picchu ist natürlich der Klassiker, aber andere Routen sind wesentlich preiswerter, weniger touristisch, umweltfreundlicher und landschaftlich reizvoller. Auf S. 931 sind einige Alternativen aufgeführt. Außerdem gibt's noch andere Inkatreks, beispielsweise Ecuadors weniger bekannten Inkapfad nach Ingapirca sowie zahlreiche alte Routen durch die bolivianischen Cordilleras (S. 213) in die Yungas.

Die Nationalparks im Süden des Kontinents, beispielsweise Chiles Torres del Paine (S. 538) und Argentiniens Seengebiet oder das sturmgepeitschte, spektakuläre Fitz-Roy-Massiv (S. 159) sind fantastisch und verfügen über eine ausgezeichnete Infrastruktur. Und wer sich gern außerhalb ausgetretener Pfade austobt, dem bietet Nord-Patagonien (S. 521) ein paar ausgezeichnete Strecken.

Weniger bekannte Bergketten, etwa Kolumbiens Sierra Nevada de Santa Marta (vor allem in Richtung Ciudad Perdida) und Venezuelas Sierra Nevada de Mérida, lohnen ebenfalls eine Wanderung. Der zwei- bis dreitägige Marsch zum Gipfel des Roraima in Venezuela ist eines der unvergesslichsten Erlebnisse einer Reise durch Südamerika.

Wer in den Anden trekken will – vor allem in den höher gelegenen Parks und Regionen in Bolivien, Ecuador und Peru –, sollte sich mit dem sehr realen Risiko der Höhenkrankheit auseinandersetzen; nähere Infos gibt's auf S. 1136. Die Höhenlagen in den südlichen Anden sind wesentlich niedriger. In den meisten Hauptstädten gibt's ein Instituto Geográfico Militar, das in der Regel die beste Quelle für offizielle topografische Karten ist.

Windsportarten

Windsurfen und Kitesurfen werden immer beliebter. Besonders gut kann man diese Sportarten in Adícora und auf der Isla de Margarita (Venezuela), auf San Andrés (Kolumbien) sowie an vielen Orten an der Nordostküste Brasiliens (vor allem Jericoacoara und Canoa Quebrada) ausüben. Der Stausee Cuesta del Viento in der argentinischen Provinz San Juan (einfach bei der Touristeninformation von San Juan nachfragen, S. 134) ist eine der besten Windsportdestinationen der Welt.

Wer sich in luftige Höhen aufschwingen möchte, sollte Paragliden oder Drachenfliegen ausprobieren. Die besten Bedingungen bieten Iquique (Chile), Mérida (Venezuela) und Medellín (Kolumbien), man kann jedoch auch in den Städten fliegen, z. B. in Lima (Stadtteil Miraflores; S. 873) und in Rio de Janeiro (Pedra Bonita; S. 298).

ARBEITEN IN SÜDAMERIKA

Abgesehen von Englischunterricht oder -nachhilfe gibt's in Südamerika nur wenige, schlecht bezahlte und in der Regel sogar illegale Arbeitsmöglichkeiten. Sogar Nachhilfe ist trotz guter Stundenlöhne meistens wenig lukrativ, weil es einige Zeit dauert, einen Kundenstamm aufzubauen. Die besten Gelegenheiten, Englisch zu unterrichten, bieten sich in den größeren Städten. Obwohl man dabei nicht viel auf die Seite bekommt, kann man den Aufenthalt so zumindest ein wenig in die Länge ziehen. In Santiago, Rio und den größeren Städten Brasiliens ist die Bezahlung recht gut. Andere Jobs findet man möglicherweise als qualifizierter Fremdenführer oder in Touristenrestaurants und -bars. Viele Leute arbeiten in Lodges und Gasthäusern, die ausländische Besitzer haben.

Hier sind einige der vielen hervorragenden Onlinequellen:

Dave's ESL Café (www.eslcafé.com) Messageboards, Jobbörse, Unterrichtsideen, Informationen, Links und mehr.

Deutsch als Fremdsprache (www.deutsch-als-fremdsprache.de) Internetservice für den Unterricht „Deutsch als Fremdsprache" mit vielen Infos sowie Austausch- und Jobbörsen.

EnglishClub.com (www.englishclub.com) Großartige englischsprachige Quelle für ESL-Lehrer und -schüler.

TEFL Net (www.tefl.net) Eine weitere ausführliche englischsprachige Onlinequelle für Lehrer von den Machern von EnglishClub.com.

Zentralstelle für das Auslandsschulwesen (www.auslandsschulwesen.de/cln_100/Auslandsschulwesen/Home/home-node.html?__nnn=true) Vermittelt Lehr- und Fachkräfte an Auslandsschulen.

BOTSCHAFTEN & KONSULATE

Botschafts- und Konsulatsadressen sowie -telefonnummern sind in den einzelnen Länderkapiteln jeweils im Abschnitt „Allgemeine Informationen" aufgeführt.

Besucher eines südamerikanischen Landes sollten unbedingt wissen, was die eigene Botschaft (die Botschaft des Landes, dessen Staatsbürgerschaft man besitzt) kann oder nicht kann. Generell bieten Botschaften wenig Hilfe in Notfällen, die auch nur im Entferntesten selbst verschuldet sind. Reisende sollten daher nicht vergessen, dass sie den Gesetzen des besuchten Landes unterliegen. Botschaften haben kein Mitleid mit Touristen, die im Gefängnis landen, weil sie vor Ort eine Straftat begangen haben, auch falls eine solche Tat im Heimatland nicht strafbar ist.

In echten Notfällen bekommt man vielleicht etwas Hilfe, aber nur, wenn alle anderen Möglichkeiten ausgeschöpft sind. Wem beispielsweise das gesamte Geld und alle Dokumente gestohlen werden, bekommt Hilfe beim Ausstellen eines neuen Passes, aber ein Darlehen für die Weiterreise steht außer Frage.

BÜCHER

Wer die Ursprünge der Bolivarischen Revolution kennen lernen will, sollte *Die offenen Adern Lateinamerikas* lesen (2009 schenkte Hugo Chávez dem US-Präsidenten Barack Obama dieses Buch). Es wurde von dem bekannten uruguayischen Autor Eduardo Galeano verfasst und ist eine klassische, fesselnd geschriebene Polemik, in der die kulturellen, sozialen und politischen Probleme des Kontinents dargestellt werden.

Tropical Nature von Adrian Forsyth und Ken Miyata ist eine gut lesbare (und mitunter urkomische) Einführung in die neotropische Regenwaldökologie. Wer danach noch nicht genug hat, könnte sich John Krichers *A Neotropical Companion* zulegen.

Eine fesselnde Mischung aus Reisebericht und Botanikleitfaden ist *Der Schatz der Wayana*. In diesem wunderbaren Buch erzählt Mark Plotkin von seinen Reisen durch Amazonien und die Guyanas auf der Suche nach medizinischen Heilpflanzen.

John A. Crows *The Epic of Latin America* deckt alle Länder und Regionen von Mexiko bis Feuerland ab und behandelt deren früheste Geschichte bis hin zur Gegenwart. George Pendles *A History of Latin America* setzt inhaltlich bei der Ankunft der Europäer ein und liefert eine allgemeine Darstellung des Kontinents.

Conquest of the Incas von John Hemming ist eines der besten Bücher über den Konflikt zwischen den Spaniern und den Inka.

Lonely Planet

Lonely Planet gibt Reiseführer zu den einzelnen Ländern Südamerikas heraus. Sie werden regelmäßig aktualisiert und beinhalten eine Fülle von Informationen, Karten und Fotografien. In deutscher Sprache erhältlich sind *Argentinien, Brasilien, Chile & Osterinsel, Peru* und *Venezuela*. Auf Englisch gibt es zudem u. a. *Bolivia, Colombia, Ecuador & the Galápagos*. Noch detailliertere Informationen bieten die City Guides *Buenos Aires* und *Rio de Janeiro*.

Eine gute Investition für diejenigen, die Englisch beherrschen, sind auch die Sprachführer *Brazilian Portuguese*, *Latin American Spanish* und *Quechua*.
Detaillierte Infos zu Outdoor-Aktivitäten liefern *Trekking in the Patagonian Andes* und *Watching Wildlife Galápagos Islands*.
Wer nicht nur Süd-, sondern auch Mittelamerika bereisen möchte, könnte sich eine Ausgabe von *Central America on a shoestring* zulegen; der Reiseführer umfasst alle Länder von Panama bis Belize.

Reiselektüre

Der Bildband *Südamerika – Das Schweigen am Silberfluss* von Christoph Kucklick und Christopher Pillitz beschreibt die 10 500 km lange Reise der beiden GEO-Reporter von den Anden zum Atlantik.

In seinem Buch *Auszeit – 25 000 Kilometer durch Südamerika* schildert der Journalist Andreas Hülsmann seine sechsmonatige Motorradreise durch Südamerika. Patrick Symmes *Reiseziel Che Guevara – Mit dem Motorrad durch Lateinamerika* beschreibt Ches Trip durch Südamerika. Wer möchte, kann sich natürlich direkt an die Quelle begeben und das von Ernesto Guevara selbst verfasste *Tagebuch einer Motorradreise* lesen.

Wunderschön bebildert ist der Reisebericht *Faszination in Südamerika* von Lutz Gebhardt und Jens-Ulrich Groß, die Südamerika mit dem Fahrrad erkundeten.

In ihrem Forschungs- und Reisebericht *Entlang der Inka-Straße* beschreibt Karin Muller ihren Fußmarsch auf den alten Inkarouten von Ecuador nach Chile.

Ihren einjährigen Aufenthalt auf einer unbewohnten Galapagosinsel schildert die Biologin Carmen Rohrbach in ihrem Buch *Inseln aus Feuer und Meer*.

Viele weitere Reiselektüre-Tipps sind in den einzelnen Länderkapiteln jeweils im Abschnitt „Allgemeine Informationen" zu finden.

DISKRIMINIERUNG

Das Thema Diskriminierung ist auch in Südamerika sehr komplex und steckt voller Widersprüche. Wer wie deskriminiert wird, ist von Land zu Land verschieden, doch die negativsten Erlebnisse im Zusammenhang mit Rassismus wurden uns von farbigen Reisenden geschildert, denen z. B. der Eintritt zu Nachtklubs verwehrt wurde, bis die Türsteher begriffen, dass es sich nicht um einen Einheimischen, sondern um einen Ausländer handelte. Manche Leser berichteten auch von der unglaublichen Neugier, die ihr Äußeres erweckte – manche Südamerikaner haben schlichtweg noch nie einen Menschen afrikanischen Ursprungs zu Gesicht bekommen. Ganz anders verhält es sich in Brasilien, da dort sehr viele Afrobrasilianer leben.

S. dazu auch S. 1104 und S. 1113.

ERMÄSSIGUNGEN

Eine Mitgliedskarte von Hostelling International-American Youth Hostel (HI-USA) kann in Brasilien und Chile (und teilweise auch in Argentinien und Uruguay) nützlich sein, da es dort viele HI-Hostels gibt und andere Unterkünfte in der Regel teurer sind. In anderen Ländern sind preiswerte Hotels und *pensiones* normalerweise billiger als HI-Hostels.

Mit einer ISIC-Karte (International Student Identity Card) kommt man häufig zu ermäßigten Preisen in archäologische Stätten und Museen und bekommt manchmal verbilligte Bus-, Zug- oder Flugtickets. In weniger entwickelten Ländern sind Studentenrabatte selten, außer für einige teure Eintritte, beispielsweise zu Machu Picchu (50 % Ermäßigung für ISIC-Karteninhaber unter 26 Jahren). In manchen Ländern, etwa Argentinien, reicht in der Regel ein Ausweis der Uni, um von Ermäßigungen zu profitieren.

FESTIVALS & EVENTS

Südamerika ist ein feierfreudiger Kontinent. Das Spektrum reicht von Erntefesten indigenen Ursprungs bis zu ausgelassenen Neujahrspartys. Manche Ereignisse darf man eigentlich nicht verpassen, z. B. den **Karneval**. Er wird in ganz Brasilien im Februar bzw. März an den Tagen vor Aschermittwoch gefeiert, wobei Salvador und Rio die traditionellen Karnevalshochburgen sind. Man sollte jedoch nicht vergessen, dass die großen Festivals generell Unmengen von Besuchern anziehen, die Hotelpreise in die Höhe schnellen und sich die Unterkunftssuche schwieriger gestalten wird.

Mehr Infos zu Festivals & Events findet man unter „Allgemeine Informationen" in den einzelnen Länderkapiteln.

FOTOS & VIDEO

Überall in Südamerika kann man Unterhaltungselektronik kaufen, allerdings treiben Steuern die Preise häufig enorm in die Höhe.

Wahrscheinlich ist es günstiger, Fotoapparat & Co. von daheim mitzubringen. Für alle Nostalgiker: In den größeren Städten sind nach wie vor Filmrollen (inkl. Schwarz-Weiß- und Diafilme) erhältlich.

Beschränkungen

Bei manchen Sehenswürdigkeiten müssen Besucher eine Gebühr für ihre Kamera zahlen. Keine Fotos von Militärgebäuden, Soldaten, Polizeiwachen usw. machen! Das gilt mitunter als illegal und kann einen im schlimmsten Fall in eine lebensbedrohliche Situation bringen (s. S. 1107). In den meisten Kirchen dürfen keine Fotos mit Blitz aufgenommen werden, manchmal sind Kameras dort gar komplett verboten.

Digital

Für die meisten Reisenden ist die Digitalkamera ein unerlässlicher Bestandteil ihrer Ausrüstung. Wer unterwegs Fotos sichern möchte, sollte sich am besten eine tragbare Festplatte zulegen, die auch als MP3-Player oder Speicherkarte bzw. Memorystick eingesetzt werden kann. Alternativ kann man sich in den zahllosen Internetcafés regelmäßig Foto-CDs brennen lassen.

Menschen fotografieren

Menschen (besonders Angehörige indigener Gruppen) sollte man nicht ohne deren vorherige Zustimmung fotografieren. Wenn jemand eine öffentliche Vorstellung gibt, beispielsweise ein Straßenmusiker oder Karnevalstänzer, ist es normalerweise nicht notwendig, um Erlaubnis zu bitten – genauso wenig, wenn jemand zufällig in den Bildausschnitt läuft, etwa bei einer Stadtaufnahme. Im Zweifelsfall sollte man aber fragen oder von der Aufnahme absehen. Wer Aufnahmen von Märkten machen möchte und vorher bei einem Händler einkauft, bekommt häufig die Erlaubnis, Verkäufer und Waren zu fotografieren. Es bleibt jedem selbst überlassen, ob er für ein Foto bezahlen möchte. In der Regel teilt einem das betroffene Motiv den handelsüblichen Preis für eine Aufnahme mit.

Video & DVD

Besser einen digitalen Camcorder benutzen. Man kann zwar auch 8-mm-Kassetten auftreiben, sie sind jedoch nicht überall erhältlich. Wird bei Sehenswürdigkeiten eine Gebühr fürs Fotografieren erhoben, muss normalerweise fürs Filmen noch etwas mehr gezahlt werden. Wer eine Videokassette kaufen möchte, muss daran denken, dass in den einzelnen Ländern unterschiedliche TV- und Videosysteme verwendet werden. Kolumbien und Venezuela nutzen z.B. die NTSC-Codierung (wie die USA), in Brasilien ist das PAL- und in Französisch-Guyana das französische SECAM-System üblich. DVDs in Südamerika haben normalerweise den Regionalcode 4 (genau wie Mexiko, Australien und Neuseeland). Wer keinen Multiregion-DVD-Spieler besitzt, wird in Südamerika gekaufte DVDs eventuell nicht abspielen können.

FRAUEN UNTERWEGS

In Südamerika wird jede alleinreisende Frau früher oder später zum Objekt der Neugierde – manchmal im positiven, manchmal im negativen Sinne. Unangenehmem aus dem Weg zu gehen, ist eine einfache und wirkungsvolle Selbstverteidigungsstrategie. In der Andenregion, vor allem in kleineren Orten und ländlichen Gebieten, ist es die Norm, sich bedeckt zu kleiden und ebenso zu verhalten. In Brasilien und den liberaleren Ländern im Süden des Kontinents sind die Standards weniger streng (vor allem in Strandorten). Oben-ohne- oder Nacktbaden ist aber nirgends üblich. Im Zweifelsfalle sollte man es den einheimischen Frauen nachmachen.

Machista-(Macho-)Attitüden, die Stolz und Männlichkeit betonen, sind unter südamerikanischen Männern weit verbreitet (deutlich weniger in der indigenen Bevölkerung). Oft drücken sich solche Einstellungen in Prahlerei und übertriebener Aufmerksamkeit gegenüber Frauen aus. Durch bissige und herablassende Kommentare oder andere scharfe Reaktionen auf unerwünschte Annäherungsversuche fühlen sich manche Männer bedroht und reagieren eventuell sogar aggressiv. Die meisten Frauen finden es einfacher, schnell einen Ehemann zu erfinden und den Stolz des Romeos intakt zu lassen, vor allem vor Publikum.

Vereinzelt gab es Berichte von Frauen, die von südamerikanischen Männern vergewaltigt wurden. Frauen, die in abgelegenen oder einsamen Gegenden trekken oder an Touren teilnehmen, sollten besonders vorsichtig sein. In einigen Fällen wurden weibliche Tourmitglieder von ihren Führern bedrängt – es lohnt sich also, Identität und Ruf eines Reiseführers oder -veranstalters doppelt zu prüfen. Reisende sollten auch bedenken, dass Frauen (und Männer) in Bars und anderswo schon Drogen in Form von Getränken, Zigaretten oder Pillen verabreicht bekamen. Die Polizei ist bei Vergewaltigungsdelikten nicht immer hilfreich – wird eine einheimische Frau vergewaltigt, sorgt ihre Familie normalerweise für Rache, nicht die Polizei. Die Touristenpolizei hat vielleicht etwas mehr Verständnis, aber es ist möglicherweise besser, einen Arzt aufzusuchen und die eigene Botschaft zu informieren, ehe man zur Polizei geht.

Tampons sind in kleineren Ortschaften normalerweise kaum zu finden, deshalb ist es ratsam, sich vor der Abreise oder in größeren Städten einzudecken. Die Antibabypille ist außerhalb von Großstädten auch nur schwer zu bekommen, deshalb empfiehlt es sich, einen Vorrat von Zuhause mitzubringen. Wer keine ausreichende Anzahl von Packungen mitbringen kann, sollte eine Originalverpackung dabeihaben, damit ein Apotheker das entsprechende südamerikanische Produkt finden kann. Die Pille ist in den meisten südamerikanischen Ländern sehr teuer. Die „Pille danach" ist in vielen Ländern, vor allem in Brasilien, problemlos erhältlich.

Die englischsprachige Website der Organisation **International Planned Parenthood Federation** (www.ippf.org) bietet eine Fülle von Informationen über Mitgliedskliniken (Family Planning Associations) in ganz Südamerika, die Verhütungsmittel (und Abtreibungen, falls gesetzlich zulässig) anbieten.

FREIWILLIGENARBEIT

Wer ein wenig im Internet recherchiert oder Infomaterial zu Freiwilligenarbeit sichtet, wird eines schnell feststellen: Arbeitskraft und guter Willen allein reichen nicht aus. Die meisten internationalen Organisationen verlangen, dass man eine wöchentliche oder monatliche Gebühr zahlt (bis zu 1500 US$ für zwei Wochen, ohne Flugticket). Uff! Davon werden die Unterkunft, das Gehalt der Organisationsmitarbeiter, die laufenden Kosten für die Website usw. bezahlt. Ob es nun gerecht zu sein scheint oder nicht, das Geld wird für einen guten Zweck aufgewendet (oder zumindest für die Bürokratie hinter dem guten Zweck).

Wer zupacken und mitmachen möchte, wird diverse Organisationen finden, die glücklich über Helfer sind, am besten ist es allerdings, sich vor Ort, direkt in Südamerika, um eine Stelle zu bemühen.

Wer sich schon einmal einen Überblick verschaffen möchte, könnte folgende Websites aufrufen:

Amerispan (www.amerispan.com/volunteer_intern) Freiwilligenarbeit und Praktika in Argentinien, Bolivien, Brasilien, Chile, Ecuador und Peru.

Cross Cultural Solutions (www.crossculturalsolutions.org) Freiwilligenarbeit mit Schwerpunkt interkultureller Kontakt in Brasilien und Peru.

Europäisch-Lateinamerikanische Gesellschaft (www.elg-online.de) Widmet sich dem Wirtschafts-, Wissenschafts- und Kulturaustausch zwischen Europa und Lateinamerika, vor allem durch das Organisieren von Praktika, Famulaturen, Sprachreisen und anderen Weiterbildungsmaßnahmen.

Go Abroad (www.goabroad.com) Eine umfangreiche Auflistung von Freiwilligenprojekten.

Idealist.org (www.idealist.org) Die Datenbank von Action Without Borders umfasst Tausende von Freiwilligentätigkeiten weltweit. Eine erstklassige Quelle.

Praktikawelten (www.praktikawelten.de) Praktika und Freiwilligenarbeit in verschiedenen Branchen in Guatemala, Mexiko, Ecuador, Peru und Argentinien, mit Sprachkurs.

Rainforest Concern (www.rainforestconcern.org) Diese gemeinnützige britische Organisation bietet Stellen in Waldregionen verschiedener südamerikanischer Länder. Die Freiwilligen müssen eine (erschwingliche) wöchentliche Gebühr zahlen.

Travel Tree (www.traveltree.co.uk) Super Website, auf der die Posten für Freiwillige nach Einsatzdauer, Region und Tätigkeitsfeld geordnet sind. Außerdem: Infos zu Sprachkursen, Lehrtätigkeiten und Auslandsjahren allgemein.

Travel Works (www.travelworks.de) Arbeitsurlaube und Freiwilligenarbeit.

Transitions Abroad (www.transitionsabroad.com) Nützliches Portal für bezahlte und unbezahlte Arbeit.

UN Volunteers (www.unv.org) Die Vereinten Nationen vermitteln weltweit Stellen für Freiwillige in Entwicklungs- und Friedensprojekten.

Volunteer Abroad (www.volunteerabroad.com) Umfassende Website mit Verknüpfungen zu Hunderten von Freiwilligentätigkeiten in ganz Südamerika; der perfekte Ausgangspunkt für die Internetrecherche.

Volunteer Latin America (www.volunteerlatinamerica.com) Interessante Programme in ganz Lateinamerika.

Working Abroad (www.workingabroad.com) Stellen für Freiwillige und Teilnehmerberichte.

GEFAHREN & ÄRGERNISSE

Es gibt ein paar potentielle Sicherheitsrisiken in Südamerika, doch wer entsprechende Vorkehrungen trifft, wird wohl nicht in brenzlige Situationen geraten. „Ärger" wird man höchstens mit rücksichtslosen Taxi- oder Busfahrern, der Umweltverschmutzung, dem Lärm von Festivals und Feuerwerken oder niedrig hängenden Gegenständen (immer den Kopf einziehen!) haben. Infos zu Sicherheitsrisiken bei Busreisen stehen auf S. 1123. Zudem sollte man sich die Hinweise zum Thema „Gefahren & Ärgernisse" in den jeweiligen Länderkapiteln zu Gemüte führen (unter „Allgemeine Informationen"); einige Infos aus dem Brasilienkapitel (S. 413) können auch in den übrigen Ländern von Nutzen sein.

Betrug & Abzocke

Betrügereien, bei denen ein Gutmensch Bargeld auf der Straße „findet" und versucht, es dem Reisenden zurückzugeben, angebliche Traveller, die ausführlich über ihre Schicksalsschläge berichten, und falsche Polizisten, die Bargeldstrafen verhängen, sind nur einige der Tricks, durch die Reisende von ihrem Geld getrennt werden. Besonders vorsichtig sollte man sein, wenn Polizisten in Zivil Gepäck oder Dokumente überprüfen möchten oder Reiseschecks oder Bargeld verlangen. Man sollte darauf bestehen, solchen Aufforderungen nur auf einer Polizeiwache oder im Beisein eines uniformierten Polizisten Folge zu leisten und auf keinen Fall in ein Taxi oder Zivilfahrzeug steigen. Diebe arbeiten oft in Paaren, um den Diebstahl durch ein Ablenkungsmanöver zu kaschieren. Wachsam bleiben! Weitere Infos gibt's auf S. 1109.

Diebstahl

Diebstahl kann ein Problem sein, aber man sollte nicht vergessen, dass andere Traveller auch geschickte Gauner sein können – wo viele Backpacker unterwegs sind, empfiehlt es sich deshalb, auf der Hut zu sein. Hier einige Vorschläge zur Schadensbegrenzung:
- Ein kleines Schloss eignet sich, um bei Bedarf die Hosteltür und Reißverschlüsse von Rucksäcken zu sichern. Wer keines zur Hand hat, sichert die Reißverschlüsse zur Abschreckung und damit das Öffnen länger dauert, mit Drahtverschlüssen, Büroklammern und Sicherheitsnadeln.
- Hoteltüren immer abschließen, auch wenn man nur kurz den Flur hinuntergeht.
- Geldgürtel und deren Inhalt immer verbergen, am besten unter der Kleidung.
- Wechselgeld immer getrennt vom Reisebudget (Kreditkarten, Reiseschecks, Tickets usw.) aufbewahren.
- Wer mit leichtem Gepäck reist, kann den Rucksack unter dem Bussitz verstauen, sonst muss man sich bei jedem Halt Sorgen machen, ob er auf dem Dach bleibt (normalerweise ja, aber man weiß ja nie …). Einige Traveller schwören auf Getreidesäcke: Einfach auf dem Markt kaufen und den Rucksack darin verstauen, schon sieht er aus wie einheimisches Transportgut und bleibt zudem sauber.
- Um zu verhindern, dass Rucksäcke aufgeschlitzt werden, sollte man immer in Bewegung bleiben, wenn man den Rucksack auf dem Rücken hat. Kleinere Rucksäcke in überfüllten Märkten, an Bushaltestellen und auf Bahnhöfen an der Brust tragen.

Drogen

Marihuana und Kokain sind in Teilen Südamerikas ein großes Geschäft und vielerorts zu bekommen. Sie sind aber überall illegal. Der Konsum führt entweder ins Gefängnis oder es passiert noch viel Schlimmeres. Wer nicht bereit ist, solche Risiken einzugehen, sollte die Finger von illegalen Drogen lassen.

Man sollte nicht vergessen, dass Drogen manchmal eingesetzt werden, um Traveller zu erpressen oder zu bestechen. Es empfiehlt sich, jede Unterhaltung mit Leuten zu vermeiden, die Drogen anbieten. Hält man sich in einer Gegend auf, in der Drogenhandel betrieben wird, sollte man ihn – überzeugend – ignorieren.

Lonely Planet hat Briefe von Reisenden bekommen, die unwissentlich unter Drogen gesetzt und ausgeraubt wurden, nachdem sie Essen von Fremden angenommen hatten. Der Fehler liegt auf der Hand.

In Bolivien und Peru werden Kokablätter legal in *tiendas* (Geschäften) oder auf den Märkten verkauft. Der Preis liegt bei 0,75 US$ bis 1,50 US$ für eine hosentaschengroße Tüte (einschließlich Kauzubehör). *Mate de coca* ist ein Tee, für dessen Zubereitung Kokablätter in Wasser gekocht werden. Er wird in vielen Cafés und Restaurants in der Andenregion angeboten, und Teebeutel mit Kokablättern sind auch erhältlich. Obwohl die Annahme weit verbreitet ist, dass *maté de coca* gegen die Symptome der Höhenkrankheit hilft, gibt's keine stichhaltigen Belege dafür. Eine Tasse *maté de coca* wirkt auch nicht unmittelbar anregend.

Die Tradition des Kokablätterkauens ist Hunderte Jahre alt und unter den *campesinos*

(Kleinbauern) im *altiplano* (Hochland der Anden) noch immer weit verbreitet. Die Blätter werden mit etwas Asche oder Waschsoda gekaut, weil die Alkalität dieser Stoffe das in den Blattzellen enthaltene milde Aufputschmittel freisetzt. Kurzes Kauen macht den Mund taub, längeres Kauen unterdrückt Hunger-, Durst-, Kälte- und Müdigkeitsgefühle. Ohne den alkalischen Katalysator bringt Kokablätterkauen allerdings wenig. Der Kasten auf S. 187 gibt eine Einführung in die hohe Kunst des Kauens.

Man sollte unbedingt bedenken, dass das Kauen von Kokablättern oder das Trinken von *maté de coca* in den nachfolgenden Wochen zu einem positiven Kokaintest führen kann.

Hochwertigere Formen von Koka sind überall illegal, genauso wie der Transport von Kokablättern über internationale Grenzen.

Krisenherde

Manche Länder bzw. Regionen sind gefährlicher als andere. In den Gebieten mit erhöhtem Sicherheitsrisiko (s. hierzu die jeweiligen Länderkapitel) ist es entsprechend angebracht, besonders wachsam zu sein; das bedeutet aber nicht, dass man grundsätzlich einen Bogen um sie machen sollte. Kolumbien ist in den letzten Jahren deutlich sicherer geworden, doch es gibt ein paar Ecken, in denen sich Reisende besser nicht blicken lassen. Das Grenzgebiet im Norden von Ecuador (vor allem der östliche Teil) ist Guerilla-Territorium. Überfälle auf Reisende ereignen sich sowohl in entlegenen als auch in touristischen Gegenden, z. B. bei bedeutenden archäologischen Stätten. Das gilt vor allem für Peru. Darüber hinaus sind La Paz (Bolivien), Caracas (Venezuela), das Copacabana-Viertel in Rio (Brasilien) und der Bezirk Mariscal Sucre in Quito (Ecuador) für Übergriffe auf Reisende bekannt.

Mehr Infos zu unsicheren Gebieten findet man in den einzelnen Länderkapiteln unter „Gefähren & Ärgernisse" (im Abschnitt „Allgemeine Informationen").

Naturkatastrophen

Eine gigantische Vulkankette, der „pazifische Feuerring", zieht sich durch den Osten Asiens, Alaska und Richtung Süden durch die Pazifikanrainer bis nach Feuerland. 1991 brach der Volcán Hudson in der chilenischen Region Aisén aus, woraufhin Süd-Patagonien unter einem kniehohen Ascheteppich begraben lag.

Unlängst waren in Chile auch der Volcán Llaima und der Volcán Chaitén aktiv; die Stadt Chaitén musste daraufhin evakuiert werden, und in der Region muss nach wie vor mit Verkehrsbeeinträchtigungen gerechnet werden. Der Volcán Tungurahua bei Baños (Ecuador) machte sich 1999 bemerkbar. Er ist unverändert der aktivste Vulkan des Landes; 2006 und 2008 wurden weitere größere Eruptionen verzeichnet. Normalerweise deuten bestimmte Indizien auf einen bevorstehenden Ausbruch hin, sodass aktive Vulkane kein unmittelbares Sicherheitsrisiko für Reisende darstellen. Auf Erdbeben kann man sich dagegen nicht vorbereiten. Sie sind nicht unüblich in verschiedenen Regionen Südamerikas und können erheblichen Schaden anrichten. Ein Erdbeben der Stärke 8,8 erschütterte z. B. 2010 die Küste Chiles (es war eines der stärksten jemals gemessenen Beben mit Hunderten von Toten). Die Wiederaufbauarbeiten werden wahrscheinlich mehrere Jahre in Anspruch nehmen. Ein Großteil der Gebäude in den Anden kann übermäßiger seismischer Aktivität kaum standhalten. Besonders empfindlich sind Bauten aus Lehm. Sollte sich ein Erdbeben ereignen, muss man Schutz unter einem Türrahmen suchen oder unter einen Tisch kriechen; auf keinen Fall ins Freie gehen!

Polizei & Militär

Für alle, die es noch nicht wussten: Die Polizei genießt im Allgemeinen keinen guten Ruf in Lateinamerika. Die Beamten werden meist schlecht bezahlt, was einen guten Nährboden für Korruption schafft. Wir haben die Erfahrung gemacht, dass Polizisten teilweise selbst die unbedeutendsten Regelungen geltend machen, um Schmiergelder einzuheimsen.

Wird man von ein paar „Beamten in Zivil" angehalten, sollte man auf keinen Fall in ihren Wagen einsteigen bzw. ihnen Dokumente irgendeiner Art aushändigen oder zeigen, wie viel Geld man dabei hat. Falls die Polizisten „echt" zu sein scheinen, sollte man darauf bestehen, zu Fuß zur nächsten Polizeiwache zu gehen.

Das Militär hat oft erstaunlich viel Macht, selbst in Ländern mit einer Zivilregierung. Am besten ist es, militärische Einrichtungen zu meiden; mitunter wird man Warnhinweise entdecken („Nicht anhalten und nicht fotografieren – die Wache hat Anweisung zu schießen"). Sollte sich ein Staatsstreich oder ein Putsch ereignen, treten Notstandsgesetze in Kraft, und die Bürgerrechte werden ausgesetzt. Man sollte nie ohne Ausweis vor die Tür gehen und dafür Sorge tragen, dass ein Angehöriger über den aktuellen Aufenthaltsort informiert ist. Die Botschaften und Konsulate liefern nützliche Informationen.

Weitere Gefahren

Bei der Auswahl eines Taxifahrers sollte man seinen sechsten Sinn einschalten – und wenn einen ein mulmiges Gefühl überkommt, unbedingt ein anderes Taxi suchen! Uns wurde von brutalen Angriffen auf Touristen berichtet. Auf keinen Fall in einen Wagen einsteigen, in dem bereits ein Passagier sitzt.

GELD

Die Preise in diesem Band sind in der jeweiligen Landeswährung angegeben (s. „Kurzinfos" zu Beginn der Länderkapitel). In Ecuador wird mit US-Dollar gezahlt, in Französisch-Guyana mit Euro. Aktuelle Wechselkurse findet man auf www.oanda.com/currency/converter/.

Bargeld

Es ist sinnvoll, ein Bündel US-Dollar als Reserve dabeizuhaben (am besten in 20-Dollar-Scheinen oder kleineren Einheiten); in ganz Südamerika eignet sich diese Währung am besten zum Tauschen. Wenn man eine Landesgrenze überquert, empfiehlt es sich, direkt ein wenig Bargeld zu wechseln. Ramponierte Geldscheine werden manchmal nicht genommen, man sollte also versuchen, möglichst neue Noten zu ergattern.

In manchen Ländern, insbesondere in ländlichen Regionen, kann das Thema *cambio* (Wechselgeld) zu einem echten Problem werden. Manche Ladenbesitzer nehmen keine großen Geldscheine an, sei es, dass sie tatsächlich kein Rückgeld haben oder es nicht herausrücken wollen. Deshalb sollte man versuchen, größere Noten in gut besuchten Restaurants oder größeren Geschäften loszuwerden bzw. bei Banken gegen kleinere Geldscheine einzutauschen.

Feilschen

Zu feilschen ist in Südamerika völlig normal, beispielsweise dann, wenn man längere Zeit in ein und demselben Hostel bleiben oder Kunsthandwerk auf einem Markt kaufen möchte. In den Andenländern ist Feilschen beinahe so etwas wie ein Sport, bei dem die Grundregeln Geduld, Humor und respektvolles Verhalten sind. Im Südkegel (Cono Sur) – unter diesem Begriff werden Argentinien, Chile, Uruguay und Teile von Brasilien und Paraguay zusammengefasst – ist Feilschen derweil weit weniger üblich. Wenn man handelt, sollte man stets daran denken, dass es vor allem um den Spaß an der Interaktion geht und das Ergebnis für beide Seiten zufriedenstellend sein muss – sprich: Der Verkäufer sollte einen nicht ausnehmen, und der Käufer sollte seinerseits einen realistischen Preis anvisieren.

Geldautomaten

In den meisten größeren Ortschaften und Städten gibt's Geldautomaten. Dort Geld zu ziehen ist gewöhnlich die bequemste und günstigste Art, an Bares zu kommen. Die Wechselkurse sind normalerweise genauso gut oder schlecht wie in den Banken und Wechselstuben. Viele Geldautomaten gehören zum Cirrus- oder Plus-Netz; üblicherweise wird in den einzelnen Ländern einer dieser beiden Verbunde präferiert. Wird die Bankkarte vom Automaten geschluckt, bleibt einem oft nichts anderes übrig, als die heimische Bank zu kontaktieren, um die Karte sperren zu lassen. Das passiert nur sehr selten, dennoch ist es nicht dumm, für den Fall der Fälle eine zweite Bankkarte dabeizuhaben, die an ein anderes Konto gebunden ist.

Falls möglich, sollte man ein Konto bei einer Bank eröffnen, die keine oder nur geringe Gebühren für Auslandsabhebungen berechnet.

Geld umtauschen

Reiseschecks und ausländische Währungen können in *casas de cambio* (Wechselstuben) oder Banken getauscht werden. Die Wechselkurse unterscheiden sich kaum, aber die *casas de cambio* sind schneller und weniger bürokratisch und haben länger offen. Straßenwechsler, die legal oder illegal sein können, tauschen nur Bargeld. Manche Hotels und Geschäfte. Manche importierte Waren verkaufen (Elektronikgeschäfte bieten sich an), tauschen auch inoffiziell Geld.

Es empfiehlt sich, mit US-Dollar zu reisen, obwohl *casas de cambio* und Banken in Hauptstädten auch Euro tauschen. Es ist aber so gut wie unmöglich, Euro in kleineren Städten oder auf der Straße zu tauschen.

Kreditkarten

Die bekannten Kreditkarten werden in den meisten großen Geschäften und Reisebüros sowie besseren Hotels und Restaurants akzeptiert. Einkäufe mit Kreditkarten kosten oft einen zusätzlichen *recargo* (Aufschlag) in Höhe von 2 bis 10%, aber solche Aufschläge werden auf dem Kreditkartenkonto normalerweise zu recht günstigen Wechselkursen berechnet. Einige Banken geben Barvorschüsse auf große Kreditkarten. Die am breitesten akzeptierte Kreditkarte ist Visa, gefolgt von MasterCard. Vorsicht vor Kreditkartenbetrug (vor allem in Brasilien) – die Karte nie aus den Augen lassen!

Reiseschecks

Reiseschecks sind um einiges unpraktischer als Bankkarten, und man wird eventuell Probleme haben, sie einzulösen – selbst in Banken. Darüber hinaus sind die Gebühren hoch (3–10%). Am ehesten genommen werden American-Express-Reiseschecks, gefolgt von Visa, Thomas Cook und Citibank. Damit die Schecks im Fall eines Diebstahls ersetzt werden können, sollte man sich die Schecknummern notieren und die Rechnung (im Original) an einem sicheren Ort aufbewahren. Selbst wenn man alle notwendigen Unterlagen beisammen hat, kann es lange dauern, bis die Schecks ersetzt werden.

Schwarzmarkt

Mittlerweile sind die offiziellen Wechselkurse in den meisten südamerikanischen Ländern recht realistisch, sodass der Schwarzmarkt zunehmend an Bedeutung verliert. Der *mercado negro* ist aber nützlich, wenn man z. B. eine abgelegene Grenze überquert und die nächste offizielle Wechselstube oder Bank weit entfernt ist. Manche Reisende tauschen außerhalb der Öffnungszeiten Geld auf der Straße, doch eigentlich ist das kaum noch notwendig, weil es fast überall Geldautomaten gibt. Die einzige Ausnahme bildet Venezuela: Wer dort auf dem Schwarzmarkt Bargeld tauscht, bekommt das Doppelte oder noch mehr vom offiziellen Wechselkurs (für mehr Infos hierzu, s. Kasten S. 1094).

Die Geldwechsler auf der Straße arbeiten zum Teil legal und zum Teil illegal (und werden selbst dann oft geduldet), und man muss definitiv auf der Hut sein. Häufig bekommt man z. B. etwas weniger als den vereinbarten Betrag ausgezahlt. Wenn man sich beschwert, nehmen die Betrüger das Geldbündel zurück, fügen die fehlenden Scheine hinzu und lassen gleichzeitig ein paar der größeren Banknoten verschwinden. Manchmal werden die Händler auch versuchen, ihre Kunden abzulenken (sie weisen dann z. B. auf die Polizei hin oder auf irgendeine potentielle „Gefahr"), oder sie benutzen einen manipulierten Taschenrechner. Achtung: Oft werden gefälschte, schmutzige oder rissige Noten verteilt.

INFOS IM INTERNET

Ein guter Ausgangspunkt für die Urlaubsplanung ist www.lonelyplanet.de bzw. www.lonelyplanet.com. Die Seiten bieten Kurzbeschreibungen zu nahezu allen Reisezielen weltweit, praktische Links und eine Fülle von Informationen. Das Thorn-Tree-Forum kann genutzt werden, um sich mit anderen Reisenden auszutauschen oder zu verabreden.

Ein Großteil der interessantesten Websites setzt sich inhaltlich nur mit einem Land auf dem Kontinent auseinander (Vorschläge findet man in den einzelnen Länderkapiteln). Adressen von Websites zum Thema Verantwortungsbewusstes Reisen stehen auf S. 4. Folgende Internetauftritte bieten allgemeine Infos zu Südamerika und zum Reisen.

Arbeitsgemeinschaft Lateinamerika (www.latein amerika.org) Länderinfos und Reportagen sowie Adressen und Links für Touristen.

Auswärtiges Amt (www.auswaertiges-amt.de) Länder- und Reiseinformationen, einschließlich aktuellen Reisewarnungen und Sicherheitshinweisen.

Lateinamerika Info (www.lateinamerika-info.de) Aktuelle deutschsprachige Infos, z. B. über Nachrichten, Banken und Wetter.

Lateinamerikanachrichten (www.lateinamerika nachrichten.de) Auf Deutsch.

Latin American Network Information Center (Lanic; www.lanic.utexas.edu) Hervorragende Links rund um Lateinamerika, zusammengestellt von der University of Texas.

South American Explorers (www.saexplorers.org) Sehr guter Ausgangspunkt für die Internetrecherche.

UK Foreign & Commonwealth Office (FCO; www.fco.gov.uk) Wird von der britischen Regierung betrieben und bietet Reisetipps etc.

US State Department (www.state.gov) Tipps und Hinweise für Reisende; eigentlich ein ziemlicher Bangemacher.

INTERNETZUGANG

Internetzugang gibt's fast überall. Die Preise liegen zwischen 0,50 US$ und 6 US$ pro Stunde (typischer ist der untere Bereich dieses Spektrums). Auf den meisten spanischen Tastaturen ist die Tastenkombination für das

@-Zeichen entweder „Alt + 64" oder „Alt-Gr + 2".

KARTEN & STADTPLÄNE

International Travel Maps & Books (www.itmb.com) produziert eine Reihe von ausgezeichneten Mittel- und Südamerikakarten. Für den gesamten Kontinent gibt's eine verlässliche dreiteilige Karte im Maßstab 1 : 4 000 000. Die Karten sind für unterwegs zu unhandlich, helfen aber bei der Reiseplanung. Detailkarten gibt's für das Amazonasbecken, Ecuador, Bolivien und Venezuela. In Deutschland können die Karten beim **Landkarten-Versand** (www.landkarten-versand.de) bestellt werden.

Für ganz Südamerika gibt's unzählige Karten – einfach in einem gut sortierten Kartenoder Reisebuchladen fragen. **South American Explorers** (www.saexplorers.org) hat viele verlässliche Karten, darunter Topografie- und Regionalkarten sowie Stadtpläne. Landkarten und Stadtpläne gibt's auch im **Landkartenshop** (www.landkartenshop.de). Für weitere Infos, s. S. 1114.

KLIMA

Das Klima in Südamerika ist eine Frage des Längen- und Breitengrades, und auch warme und kalte Meeresströmungen, Passatwinde und die Topografie spielen eine Rolle. Mehr als zwei Drittel des Kontinents sind tropisch, z. B. das Amazonasbecken, der Großteil Brasiliens, die Guyanas und die Westküsten Kolumbiens und Ecuadors. In diesen tropischen Regenwaldgebieten beträgt die durchschnittliche Tageshöchsttemperatur rund 30 °C und der Jahresniederschlag über 2500 mm. In weniger feuchten tropischen Gebieten, z. B. im brasilianischen Hochland und im Orinoco-Becken, ist es auch heiß, aber es gibt kalte Nächte und eine richtige Trockenzeit.

Südlich des südlichen Wendekreises bilden Paraguay und Südbrasilien eine feuchte subtropische Zone, während in Argentinien, Chile und Uruguay überwiegend ein gemäßigtes Klima mittlerer Breiten herrscht. Hier sind die Winter mild und die Sommer warm. Die Temperaturen schwanken zwischen 12 °C im Juli und 25 °C im Januar, je nach Landschaft und Breitengrad. Der vorwiegend im Winter fallende Niederschlag beträgt zwischen 200 mm und 2000 mm jährlich, je nach Winden und dem Regenschatteneffekt der Anden. Der meiste Regen fällt auf der chilenischen Seite, während Argentinien relativ trocken, aber sehr windig ist.

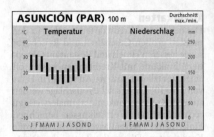

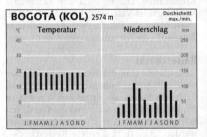

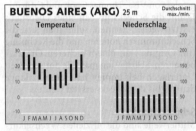

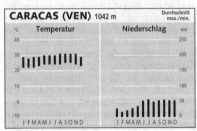

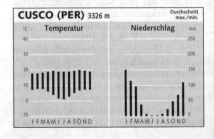

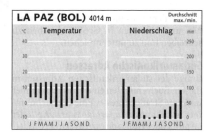

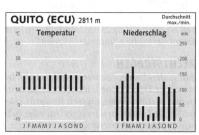

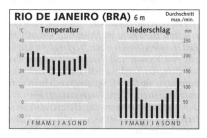

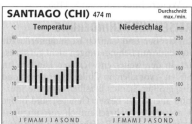

Die dürrsten Regionen sind Nordchile (die Atacamawüste ist eine der trockensten Wüsten der Welt) und Peru, zwischen den Anden und der Pazifikküste, wo der kalte Humboldtstrom für ein wolkiges, aber trockenes Klima sorgt. Darüber hinaus gibt's zwei kleinere Dürrezonen, eine an der Nordküste Kolumbiens und Venezuelas, eine im *sertão*, dem dürren Hinterland im Nordosten Brasiliens.

In den über 3500 m hohen Anden, in Südchile und Südargentinien sind kühle Klimazonen zu finden. Hier fallen die durchschnittlichen Tagestemperaturen unter 10 °C und manchmal unter den Gefrierpunkt.

Unterhalb des Äquators dauert der Sommer von Dezember bis Februar und der Winter von Juni bis August.

El Niño & La Niña

Etwa alle sieben Jahre erzeugen tiefgehende Veränderungen der Ozeanzirkulation und steigende Meeresoberflächentemperaturen das Wetterphänomen El Niño, der in Wüstengebieten für schwere Regenfälle und Überschwemmungen sorgt, Tropengebiete in Dürren stürzt und weltweite Wettermuster durcheinanderbringt. El Niño war im Winter 1997/1998 für Peru und Ecuador besonders zerstörerisch. Der Name „El Niño" (das Kind) bezieht sich auf die Tatsache, dass dieses Phänomen normalerweise um Weihnachten herum auftritt.

Auf El Niño folgt im Jahr darauf oft La Niña mit gegenteiligen Auswirkungen. La Niña zerstört häufig Brücken und Straßen und überflutet Dörfer. Das löst Flüchtlingswellen aus, und stehendes Hochwasser führt zu Malariaepidemien. Höhere Wassertemperaturen lassen die Fischfangerträge sinken; in Dürregebieten verursacht La Niña Waldbrände.

KURSE

In den meisten südamerikanischen Städten kann man Spanischkurse machen. Besonders geeignet sind Cuzco (Peru), Arequipa (Peru), Cuenca (Ecuador) und Buenos Aires (Argentinien). Wer Portugiesisch lernen möchte, kann dies z. B. in Rio de Janeiro in Angriff nehmen. Quechua- und Aymara-Kurse werden u. a. in Cochabamba (Bolivien) und Cuzco angeboten.

Die einzelnen Länderkapitel bieten spezifische Infos zum Thema, die Adressen von Sprachschulen werden in den Städtekapiteln genannt. Ein paar gute Websites sind **Travel**

Tree (www.traveltree.co.uk) und **Language Schools Guide** (www.languageschoolsguide.com).

ÖFFNUNGSZEITEN

Allgemein sind die Geschäfte montags bis freitags von 8 oder 9 Uhr bis 20 oder 21 Uhr geöffnet, um die Mittagszeit wird meist eine zweistündige Pause eingelegt. Viele Läden sind auch samstags geöffnet, wenngleich nicht ganz so lang. In Banken kann meist nur von montags bis freitags Geld gewechselt werden. Sonntags haben üblicherweise alle Geschäfte zu. In den Andenländern wird tendenziell früher Feierabend gemacht als anderswo. Genauere Angaben zu den Öffnungszeiten findet man in den einzelnen Länderkapiteln unter „Allgemeine Informationen".

POST

Post ins Ausland zu versenden ist oft teuer. Wichtige Briefe und Pakete sollten generell per Einschreiben und mit Rückschein verschickt werden, sonst gehen sie vielleicht verloren. Pakete zu verschicken, kann unangenehm sein: Oft muss ein *aduana*-(Zoll-)Beamter den Inhalt prüfen, bevor ein Postangestellter das Versandgut annehmen kann. Deshalb sollte man das Paket nicht vor einer Überprüfung zukleben. Die meisten Postämter haben ein Paketfenster, in der Regel mit der Aufschrift *encomiendas* (Pakete). Oft werden Auslandspakete nicht bei der Hauptpost, sondern in einem anderen Gebäude aufgegeben.

UPS, FedEx, DHL und andere private Postdienste sind in manchen Ländern vertreten, aber unverschämt teuer.

Post empfangen

Am einfachsten empfängt man Post, wenn man sich Briefe an den eigenen Namen schicken lässt, unter dem steht: „c/o Lista de Correos" („Posta Restante" in Brasilien), dann folgt der Name der Stadt und der des Landes. So adressierte Post wird immer an die Hauptpost der Stadt geschickt. Fast überall ist dieser Service kostenlos oder fast kostenlos. Die meisten Postämter bewahren die Post einen oder zwei Monate lang auf. American Express betreibt einen eigenen Postdienst für seine Kunden.

Wer Post abholen will, sollte seinen Pass mitbringen. Falls Post verloren gegangen zu sein scheint, kann man den Postangestellten bitten, unter jeder möglichen Kombination der eigenen Initialen zu suchen. Um die Sache zu vereinfachen, die Absender bitten, Briefe nur mit dem Vor- und Nachnamen zu versehen und Letzteren in Großbuchstaben zu schreiben und zu unterstreichen.

Südamerikanische Adressen

Einige der südamerikanischen Adressen in diesem Buch enthalten eine Postfachnummer und eine Straßenadresse. Eine Postfachnummer ist bekannt als *apartado* (kurz „Ap" oder „Apto") oder *casilla de correos* (kurz „Casilla" oder „CC"). Haben Adressen keine offizielle Nummer, was in ländlichen Gebieten oft der Fall ist, wird häufig die Abkürzung „s/n" für *sin número* (ohne Nummer) verwendet.

RECHTSFRAGEN

Auf städtischen Polizeiwachen sind englischsprachige Dolmetscher eine echte Seltenheit; in den meisten Fällen müssen Reisende entweder die Landessprache sprechen oder sich selbst um einen Übersetzer kümmern. In einigen Städten gibt's einen Service der Touristenpolizei, der oft sehr nützlich ist.

Einen verlorenen oder gestohlenen Pass ersetzen zu lassen, ist teuer und kostet viel Zeit. Kopien (besser noch: beglaubigte Kopien) von Pässen und Flugtickets sowie Abschriften von Kreditkarten- und Reisescheckwerden normalerweise an das Heimatland weitergeleitet, deshalb ist es sinnvoll, eine Passkopie bei jemandem zu Hause zu deponieren.

Weitere Infos gibt's auf S. 1106.

REISEN MIT BEHINDERUNG

Im Großen und Ganzen ist Südamerika für Reisende mit Behinderungen nicht gut gerüstet. In den weiter entwickelten Ländern im Süden – vor allem in Chile, Argentinien und den größten Städten Brasiliens – ist die Situation aber etwas besser. Generell sind billige Unterkünfte wahrscheinlich nur unzureichend ausgestattet, Busfahrten sind zwar nicht unmöglich, aber Flüge bieten sich eher an. Gut erschlossene Attraktionen sind besser zugänglich als Ziele abseits der Touristenströme. Die folgenden Websites bieten gute Ausgangspunkte für die Internetrecherche:

Access-able Travel Source (www.access-able.com) Englischsprachige Website mit einigen guten allgemeinen Reisetipps, aber nur wenigen speziellen Infos zu Südamerika.

Emerging Horizons (www.emerginghorizons.com) Englischsprachiges Onlinemagazin mit guten Artikeln und regelmäßigen Kolumnen voller nützlicher Ratschläge.

Mobility International (www.miusa.org) Diese US-amerikanische Organisation bietet Reiseberatung und Bildungsaustauschprogramme für Behinderte – kein schlechter Weg, Südamerika kennenzulernen.
Mobility International Schweiz (www.mis-ch.ch) Sammlung weltweiter „barrierefreier" Reiseinformationen mit Forum und umfassender Infothek.

REISEPASS

Vor Reisebeginn sollte man sich unbedingt vergewissern, dass der Reisepass bis sechs Monate nach der voraussichtlichen Rückkehr gültig ist und dass er viele leere Seiten für stempelwütige Grenzbeamte hat. Im Urlaubsland sollte man den Pass auf längeren Strecken immer dabeihaben (also keinen Ort ohne Pass verlassen). Bei Spaziergängen vor Ort genügt in der Regel eine Passkopie – dann kann der Originalpass sicher im Hotelzimmer zurückgelassen werden. Wer Probleme bei Ausweiskontrollen vermeiden möchte, sollte den Pass immer mit sich führen.

SCHWULE & LESBEN

Die tolerantesten Städte sind Buenos Aires, Rio de Janeiro und São Paulo. Aber auch Salvador (Brasilien), Bogotá, und (in etwas geringerem Maße) Santiago verfügen über eine lebendige Szene. Andernorts, wo ein Kuss zwischen gleichgeschlechtlichen Partnern eventuell negatives Aufsehen erregt, sollte man es den Einheimischen gleichtun: durch diskretes Verhalten unangenehmen Situationen vorbeugen.

Zwar gibt es immer mehr Publikationen und Websites zum Thema Schwulen- und Lesbenreisen, doch nur wenige liefern Tipps speziell für Südamerika. Eine Ausnahme stellt jedoch **Purple Roofs** (www.purpleroofs.com) dar. Hier findet man Adressen von Unterkünften in Südamerika, in denen Homosexuelle willkommen sind.

Weitaus mehr Infos gibt's auf länderspezifischen Websites (Einzelheiten hierzu entnimmt man den „Allgemeinen Informationen" in den einzelnen Länderkapiteln). Auch **Pridelinks.com** (www.pridelinks.com) bietet jede Menge Reisetipps, hier speziell die „Businesses"- und „Regional"-Abschnitte.

SPRACHE

In den meisten südamerikanischen Staaten ist Spanisch die Landessprache, in Brasilien wird Portugiesisch gesprochen. Wenn man überhaupt kein Spanisch kann, wird sich die Verständigung mit den Einheimischen auf ein Minimum beschränken und das Reisen insgesamt etwas komplizierter sein. Unterwegs einen Intensivsprachkurs zu absolvieren, ist keine schlechte Idee (auf S. 1111 sind ein paar Orte genannt, die sich gut zum Spanischlernen eignen). In Französisch-Guyana wird Französisch gesprochen, Englisch in Guyana, und in Surinam kann man sich auf Niederländisch und Englisch verständigen.

Wer Englisch beherrscht, kann sich die praktischen Sprachführer *Latin American Spanish* und *Brazilian Portuguese* von Lonely Planet zulegen. Eine kleine Einführung ins Spanische und Portugiesische sowie ein paar nützliche Wendungen bietet auch das Sprachkapitel in diesem Band (S. 1140).

In Südamerika werden Hunderte indigene Sprachen gesprochen, manchmal ist die Zahl der Sprecher jedoch sehr klein. In den Andenländern und Teilen von Chile und Argentinien sind Quechua oder Aymara die Muttersprache von Millionen Menschen, die teilweise kein Wort Spanisch beherrschen. Quechua war die offizielle Sprache des Inkareichs und ist vor allem in Peru und Ecuador verbreitet (in Ecuador sagt man Quichua). Aymara war die Sprache der Tiwanakukultur, die noch älter ist als die Inkakultur und rund um den Titicacasee sowie fast überall in Bolivien anzutreffen ist. Ein paar nützliche Wörter und Wendungen stehen auf S. 1152. Wer plant, viel Zeit in entlegenen Regionen zu verbringen, könnte sich in La Paz oder Cuzco nach einem Sprachkurs umsehen. Der Sprachführer *Quechua* von Lonely Planet (auf Englisch) ist vor allem für Perureisende gedacht; er enthält Grammatik-Regeln und Vokabular im Cuzco-Dialekt, ist jedoch auch von Nutzen, wenn man das bolivianische und ecuadorianische Hochland erkunden möchte.

TELEFON

Internetcafés, in denen man Festnetzanschlüsse via Internetleitung anrufen kann, sind die günstigste Anlaufstelle für Auslandsgespräche. Die Tarife für Anrufe nach Europa aus den USA liegen zwischen 0,10 US$ und 0,50 US$ pro Minute.

Wer das Festnetz nutzen will, sollte sich eine Telefonkarte zulegen (S. 1114). Alternativ kann man Telefondienste heimischer Anbieter in Anspruch nehmen (die Gebühren werden vom Konto abgebucht). Vor der Abreise sollte man sich bei der heimischen Telefongesellschaft eine Liste mit den entsprechenden Telefonnummern für Südamerika besorgen.

Manchmal ist es billiger, ein R-Gespräch anzumelden bzw. mit der Kreditkarte zu telefonieren, als die Tarife am jeweiligen Aufenthaltsort zu bezahlen. In vielen Städten findet man *locutorios* mit mehreren Telefonen für Lokal- und Auslandsgespräche; die Preise sind hier manchmal ganz schön hoch.

Mobiltelefone

Die südamerikanischen Handynummern haben oftmals eine andere Vorwahl als die Festnetznummern. Ein Handy anzurufen ist immer teurer (manchmal sogar sehr viel teurer) als einen Festnetzanschluss.

Wer ein Mobiltelefon von zuhause mit auf die Reise nehmen möchte, ist mit einem GSM-Telefon (Tri- oder Quadband) am besten beraten. Man kann sich auch in den jeweiligen Reiseländern Prepaid-SIM-Karten zulegen; um diese benutzen zu können, benötigt man ein internationales GSM-Handy ohne SIM-Lock.

Infos zur Netzabdeckung findet man auf www.gsmworld.com.

Telefonkarten

Normalerweise ist es am günstigsten, Auslandsgespräche mit einer Telefonkarte zu tätigen, die in Kiosken und anderen Läden verkauft wird. Manchmal kostet so ein Gespräch nach Europa gerade mal 0,05 US$ pro Minute! Das einzig Unpraktische ist, dass man ein privates Telefon braucht oder z. B. einen Kioskbesitzer darum bitten muss, sein Telefon benutzen zu dürfen.

TOILETTEN

Es gibt zwei Toilettenregeln für Südamerika: Erstens sollte man immer eigenes Toilettenpapier dabeihaben und nie etwas in die Kloschüssel werfen. Nur die Kanalisationen der am weitesten entwickelten Länder können das Toilettenpapier verwerten, und in Südamerika müssen alle Papierprodukte in Abfalleimer entsorgt werden. Zweitens sollte man öffentliche Toiletten immer sofort benutzen, wenn es möglich ist – man weiß nie, wann sich die nächste Gelegenheit ergibt. Den Menschen, die vor Toiletten Klopapier anbieten, sollte man dafür Geld geben. Ein Verzeichnis sauberer Toiletten auf der ganzen Welt – und den Beweis, dass es im Internet heute einfach alles gibt – findet man auf der Website **Bathroom Diaries** (www.thebathroomdiaries.com).

TOURISTENINFORMATION

Jedes südamerikanische Land hat staatliche Touristeninformationen. Ihr Angebot und ihre Qualität variieren aber stark. Details zu lokalen Touristeninformationen gibt's in den einzelnen Länderkapiteln dieses Buches.

South American Explorers (SAE; www.saexplorers.org) ist die nützlichste Organisation für Südamerikareisende. Die 1977 gegründete Einrichtung fungiert als Informationszentrum für Traveller, Abenteurer und Forscher und unterstützt wissenschaftliche Feldforschung, Bergsteiger- und andere Expeditionen sowie den Naturschutz und die soziale Entwicklung in Lateinamerika. Die Organisation unterhält Traveller-Klubhäuser in Buenos Aires (S. 53), Lima (S. 871), Cusco (S. 910) und Quito (S. 568) und gibt vierteljährlich das englischsprachige Magazin *South American Explorer* heraus. Die Klubhäuser verfügen über umfassende Bibliotheken mit Büchern, Karten und Reiseberichten und es herrscht durchweg eine tolle Atmosphäre. SAE selbst verkauft Karten, Bücher und andere Dinge vor Ort oder versendet diese.

Der jährliche Mitgliedsbeitrag beträgt 60/90 US$ pro Person/Paar (ab 4 Pers. 35 US$/Pers.) und beinhaltet vier Ausgaben des Magazins *South American Explorer*. Die Mitglieder erhalten zudem Zugang zu Informationsdiensten, Bibliotheken, Aufbewahrungslagern, Postdiensten und Büchertauschbörsen der Organisation. Außerdem gibt's Rabatte bei vielen Hotels und Reisediensten.

UNTERKUNFT

Im ganzen Buch sind die Adressen unter „Schlafen" nach Preisen geordnet (aufsteigend). Für alle, die hin und wieder Abstand von Gemeinschaftsduschen und dünnen Matratzen nehmen wollen, haben wir auch ein paar Mittelklasseoptionen angegeben und die eine oder andere Deluxe-Variante für die Tage, an denen man es sich mal so richtig gut gehen lassen möchte.

Die Unterkunftspreise sind natürlich von Land zu Land verschieden. Generell sind die Andenländer (vor allem Bolivien) am günstigsten (ab 5 US$/Nacht) und Chile, Brasilien und die Guyanas am teuersten (ab 30 US$).

Es gibt ein paar tolle Internetseiten, über die man günstige Übernachtungsmöglichkeiten finden kann, u. a. **CouchSurfing** (www.couchsurfing.com) und **Hostel World** (www.hostelworld.com).

Camping

Camping bietet sich insbesondere in Parks und Schutzgebieten an und ist praktisch und preiswert, besonders wenn man in teureren Ländern wie Chile unterwegs ist. In den Andenländern (Bolivien, Ecuador und Peru) gibt's nur wenige organisierte Campingplätze, in Argentinien, Chile, Uruguay und Teilen Brasiliens sind Campingurlaube aber schon lange beliebt.

Wer campen will, sollte die erforderliche Ausrüstung mitbringen. In großen Städten kann man zwar Campingausrüstungen kaufen, aber das Angebot ist beschränkt und teuer. In Gegenden, in denen viel gecampt und getrekkt wird (z. B. im argentinischen Seengebiet, in Mendoza und in Huaraz), wird Campingausrüstung verliehen, aber die Qualität lässt oft sehr zu wünschen übrig.

Eine Alternative zum Campen ist die Übernachtung in *refugios* (einfache Hütten in Parks und Reservaten), die normalerweise einfache Betten und die Möglichkeit der Küchenmitbenutzung bieten. Bergsteiger übernachten beim Gipfelsturmversuch meistens zwangsläufig in einem *refugio*.

Hostels

Albergues (Hostels) werden immer beliebter in Südamerika und sind, genau wie in anderen Teilen der Welt, ein erstklassiger Treffpunkt für Reisende. Offizielle *albergues juveniles* (Jugendherbergen) sind eher die Ausnahme; die meisten Hostels heißen Touristen jeden Alters willkommen und gehören nicht zur Hostelling-International-Gruppe (HI).

Hotels

Die Angebote und Bezeichnungen der hiesigen Hotels variieren enorm. Die teuersten Unterkünfte dieser Gattung sind die eigentlichen *hoteles* (Hotels). Etwas preiswerter sind die *hostales* (kleine Hotels oder, in Peru, Pensionen). Am billigsten sind *hospedajes, casas de huéspedes, residenciales, alojamientos* und *pensiones*. Pensiones bieten Zimmer, die mit einem Bett (inklusive Bettdecke und – hoffentlich – sauberem Laken), möglicherweise Tisch und Stuhl und manchmal mit Ventilator ausgestattet sind; Duschen und Toiletten teilt man sich in der Regel mit anderen Gästen, und Warmwasser gibt es oft

> **UNTERKÜNFTE ONLINE BUCHEN**
>
> Wer weitere Empfehlungen von Lonely Planet Autoren zum Thema Unterkünfte lesen möchte, kann den Buchungsservice auf www.www.lonelyplanet.de konsultieren. Dort erfährt man alles über die besten Schlafgelegenheiten, die Kritiken sind umfassend und unabhängig, und man kann online Reservierungen vornehmen.

nicht. Obwohl auch das stark variiert, sind viele Unterkünfte bemerkenswert sauber. In einigen Gegenden, vor allem in Südchile, sind die preiswertesten Unterkünfte oft die super gastfreundlichen *casas familiares* (Familienhäuser).

In Brasilien, Argentinien und einigen anderen Ländern ist das Frühstück häufig inklusive, die Qualität desselbigen korrespondiert in der Regel direkt mit dem Preis.

Die Warmwasserversorgung ist oft unzuverlässig oder auf bestimmte Tageszeiten beschränkt. Es lohnt sich nachzufragen und gegebenenfalls etwas mehr zu bezahlen – vor allem im Hochland und im tiefsten Süden des Kontinents, wo es definitiv *kalt* wird.

Beim Duschen sollte man sich vor dem elektrischen Duschkopf in Acht nehmen, einer unschuldig aussehenden Armatur, die kaltes Wasser mit einem elektrischen Element aufheizt. Wer keinen Schlag bekommen will, sollte den Duschkopf und andere Dinge aus Metall auf keinen Fall berühren, während das Wasser läuft. Solche elektrischen Schläge sind zwar nicht stark genug, um einen durchs Zimmer zu schleudern, aber auch nicht gerade angenehm.

Die Preise in den Abschnitten „Schlafen" beziehen beziehen sich auf Zimmer mit Gemeinschaftsbädern oder auf Zimmer mit eigenem Bad. Wo nicht zwischen diesen Optionen unterschieden wird, gehört in der Regel ein eigenes Bad zum Zimmer.

VERSICHERUNG

Eine Reisepolice, die Diebstahl, Verlust, Unfall und Krankheit abdeckt, ist unbedingt zu empfehlen. Zu vielen Versicherungspolicen gibt's eine Karte mit einer gebührenfreien Nummer, unter der man rund um die Uhr Hilfe erhält; diese sollte man immer bei sich tragen. Einige Policen ersetzen auch fehlgeleitetes oder verloren gegangenes Gepäck.

Eine Gepäckversicherung ist ihr Geld wert und sorgt für Seelenfrieden. Reisende sollten sich außerdem vergewissern, dass die schlimmsten Schreckensszenarien abgedeckt sind: Notfallbehandlungen, Evakuierungen und Rückführungen. Einige Policen schließen „gefährliche Aktivitäten" ausdrücklich aus, z. B. Tauchen, Motorradfahren und sogar Trekken. Wer solche Sportarten auf der Agenda hat, sollte sich für eine andere Police entscheiden.

Es gibt unzählige Policenarten, Reisebüros können Empfehlungen dazu geben. Die Policen von **STA Travel** (www.statravel.de) und anderen Studentenreisebüros bieten normalerweise gute Leistungen. Falls eine Police niedrigere und höhere Preisoptionen für medizinische Behandlungen bietet, sollte die niedrigere für Südamerika ausreichen: Medizinische Kosten sind hier nicht annähernd so hoch wie anderswo auf der Welt.

Wer eine Gepäckversicherung hat und einen Schadensfall melden will, wird von der Versicherungsgesellschaft eventuell aufgefordert, nachzuweisen, dass der gestohlene oder verlorene Gegenstand auch wirklich auf der Reise dabei war. Normalerweise muss man innerhalb von 24 Stunden die Versicherung per Luftpost informieren und den Verlust oder Diebstahl der Polizei vor Ort melden. Außerdem ist eine Liste der gestohlenen Gegenstände und ihres Wertes anzufertigen. Auf der Polizeiwache wird ein Formular für die *denuncia* (Anzeige) ausgefüllt, von der man eine Kopie für die Versicherung erhält. Die *denuncia* muss in der Regel auf *papel sellado* (gestempeltes Papier) gemacht werden, das in jedem Schreibwarenladen zu kaufen ist.

Infos zu Krankenversicherungen gibt's auf S. 1129 und zu Kfz-Versicherungen auf S. 1122.

Eine weltweite Reiseversicherung gibt's z. B. auf www.lonelyplanet.de/travel_services. Online kann man diese jederzeit abschließen, Leistungen anfordern und die Versicherung erweitern – auch dann noch, wenn man bereits unterwegs ist.

VISA

EU-Bürger und Schweizer Staatsbürger benötigen für die meisten Länder Südamerikas kein Visum, zur Einreise reicht ein Reisepass. Eine Ausnahme bildet Surinam (s. S. 697): Wer dieses Land bereisen will, muss sich ausreichend vorher um ein Visum bemühen, entweder im Heimatland oder anderswo in Südamerika. Ein Visum allein ist übrigens keine Garantie für die Einreise – wer die „ausreichenden Mittel" oder ein Weiter- oder Rückreiseticket nicht vorweisen kann, wird an der Grenze unter Umständen abgewiesen.

Braucht man ein Visum schnell, hilft es manchmal, lieb zu schauen und viel zu erklären. Konsulate sind oft sehr hilfsbereit, falls die Beamten Mitgefühl haben und die Reisedokumente in Ordnung sind. Für die schnelle Bearbeitung wird gelegentlich eine Gebühr berechnet, die man nicht als Bestechungsgeld verstehen sollte.

Einige Länder stellen für Besucher Touristenkarten aus, wenn diese die Grenze passieren. Wer in einem solchen Land unterwegs ist, sollte diese Karte immer bei sich haben.

Weiter- oder Rückreisetickets

Viele Länder verlangen ein Rückreiseticket, bevor sie die Einreise gestatten oder einen Inlandsflug erlauben. Die Anforderung, ein Weiter- oder Rückreiseticket vorweisen zu müssen, kann eine Plage für diejenigen sein, die auf dem Luftweg in ein Land einreisen und auf dem Landweg durch andere Länder weiterreisen möchten. Nicht an jeder Grenze wird man auf einer Vorlage des Tickets beharren, an südamerikanischen Binnengrenzen vielleicht sogar nur selten – oft reicht es, gut gekleidet und freundlich aufzutreten.

ZOLL

Die Zollbestimmungen unterscheiden sich leicht von Land zu Land, aber in der Regel können Reisende ihr persönliches Hab und Gut, Kameras, Laptops, tragbare Elektrogeräte und sonstige Reiseausrüstung mitbringen. Alle Länder verbieten die Ausfuhr (und Heimatländer die Einfuhr) von archäologischen Artefakten und Produkten, die aus Teilen gefährdeter Tierarten bestehen (Schlangenhäute, Katzenfelle, Schmuck aus Zähnen usw.). Traveller sollten außerdem besser keine Pflanzen, Samen, Früchte und Frischfleischprodukte über die Grenzen transportieren. Wer Kolumbien auf dem Landweg besucht oder verlässt, muss auf beiden Seiten der Grenze mit gründlichen Zollkontrollen rechnen.

Verkehrsmittel & -wege

INHALT

An- & Weiterreise	**1117**
Flugzeug	1117
Übers Meer	1119
Unterwegs vor Ort	**1120**
Auto & Motorrad	1120
Bus	1122
Fahrrad	1123
Flugzeug	1124
Nahverkehr	1125
Schiff/Fähre	1125
Trampen	1127
Zug	1127

> **DIE DINGE ÄNDERN SICH …**
>
> Die Informationen in diesem Kapitel sind besonders anfällig für Veränderungen. Um auf Nummer sicher zu gehen, sollte man die Aufschlüsselung der Ticketpreise (und das Ticket selbst) genau unter die Lupe nehmen und sich mit den Sicherheitsbestimmungen für den internationalen Reiseverkehr auseinandersetzen. Hierbei helfen Fluglinien oder Reisebüros. Die Angaben in diesem Kapitel sollen lediglich als Anhaltspunkte dienen, nicht als Ersatz für die eigenen aktuellen Recherchen.

AN- & WEITERREISE

FLUGZEUG

In allen südamerikanischen Hauptstädten gibt's einen internationalen Flughafen, ebenso in den meisten größeren Städten. Die wichtigsten Flughäfen befinden sich in Buenos Aires (Argentinien), Caracas (Venezuela), La Paz (Bolivien), Lima (Peru), Quito (Ecuador), Rio de Janeiro und São Paulo (Brasilien) sowie in Santiago (Chile). Asunción (Paraguay), Bogotá (Kolumbien), Guayaquil (Ecuador), Manaus, Recife und Salvador (Brasilien), Montevideo (Uruguay), Río Gallegos (Argentinien) und Santa Cruz (Bolivien) werden von Travellern aus dem Ausland seltener angesteuert.

Bei den Fluggesellschaften haben sich einige Veränderungen vollzogen: Viele Länder haben keine eigene (staatliche) Airline mehr, neue Anbieter erobern den Markt, andere gehen bankrott. Bei Redaktionsschluss waren die Folgenden die bedeutendsten südamerikanischen Fluggesellschaften:

Aerolíneas Argentinas/Austral (www.aerolineas.com.ar; Argentinien)
Aerosur (www.aerosur.com; Bolivien)
Avianca (www.avianca.com; Kolumbien)
Conviasa (www.conviasa.aero; Venezuela)
Gol Airlines (www.voegol.com.br; Brasilien)
LAN (www.lan.com; Chile, Ecuador & Peru) Dieses Kürzel fasst LANChile, LANEcuador und LANPeru zusammen.
TAM (www.tam.com.br; Brasilien)

Ziele in Südamerika werden u. a. von den folgenden europäischen Airlines angesteuert:
Air France (www.airfrance.com)
British Airways (www.britishairways.com)
Delta (www.delta.com)
Iberia (www.iberia.com)
KLM (www.klm.com)
Lufthansa (www.lufthansa.com)
Swiss (www.swiss.com)

Tickets

Die Preise für Flüge nach Südamerika hängen von den üblichen Kriterien ab, z. B. Uhrzeit und Tag der Abreise, Ziel und Verfügbarkeit von Billiganbietern. Ebenso spielt es eine Rolle, ob man sein Ticket schon lange im Voraus kauft oder Sonderangebote nutzen möchte. Flugrouten, -pläne und Standardpreise erfragen Traveller am besten direkt bei den Airlines, doch bekommt man hier meistens nicht die billigsten Angebote.

Buchungen für Flüge von Europa nach Südamerika erlauben auf dem Weg zum eigentlichen Ziel oft eine Zwischenlandung. Damit kommt man in den Genuss von kostenlosen Anschlussverbindungen innerhalb der Region, was für die eigene Preiskalkulation durchaus relevant sein kann. Flüge innerhalb Südamerikas können häufig auch als günstige Anschlussangebote zu internationalen Flugtickets gebucht werden.

Flüge, Touren und Zugtickets kann man auch online buchen auf www.lonelyplanet.com/travelservices.

> **KLIMAWANDEL & REISEN**
>
> Der Klimawandel stellt eine ernste Bedrohung für unsere Ökosysteme dar. Zu diesem Problem tragen Flugreisen immer stärker bei. Lonely Planet sieht im Reisen grundsätzlich einen Gewinn, ist sich aber der Tatsache bewusst, dass jeder seinen Teil dazu beitragen muss, um die globale Erwärmung zu verringern.
>
> **Fliegen & Klimawandel**
> Fast jede Art der motorisierten Fortbewegung erzeugt CO_2 (die Hauptursache für die globale Erwärmung), doch Flugzeuge sind mit Abstand die schlimmsten Klimakiller – nicht nur wegen der großen Entfernungen und der entsprechend großen CO_2-Mengen, sondern auch weil sie diese Treibhausgase direkt in hohen Schichten der Atmosphäre freisetzen. Die Zahlen sind erschreckend: Zwei Personen, die von Europa in die USA und wieder zurück fliegen, erhöhen den Treibhauseffekt in demselben Maße wie ein durchschnittlicher Haushalt in einem ganzen Jahr.
>
> **Emissionsausgleich**
> Die englische Website www.climatecare.org und die deutsche Internetseite www.atmosfair.de bieten sogenannte CO_2-Rechner. Damit kann jeder ermitteln, wie viel Treibhausgase seine Reise produziert. Das Programm errechnet den zum Ausgleich erforderlichen Betrag, mit dem der Reisende nachhaltige Projekte zur Reduzierung der globalen Erwärmung unterstützen kann, beispielsweise Projekte in Indien, Honduras, Kasachstan und Uganda.
>
> Lonely Planet unterstützt gemeinsam mit Rough Guides und anderen Partnern aus der Reisebranche das CO_2-Ausgleichsprogramm von climatecare.org. Alle Reisen von Mitarbeitern und Autoren von Lonely Planet werden ausgeglichen.
>
> Weitere Informationen gibt's auf www.lonelyplanet.com.

KURIERFLÜGE

Das Preis-Leistungs-Verhältnis von Kurierflügen ist nicht zu toppen – vorausgesetzt, man kann sich mit den Einschränkungen anfreunden. Kurierflüge bedienen nur die allergrößten Metropolen und starten u. a. in Frankfurt oder London. Interessierte begeben sich also in eine dieser Städte und steigen dort in eine Kuriermaschine. Mit dieser Methode kommt man eventuell wesentlich günstiger an Ziele wie Rio de Janeiro oder Buenos Aires. Im weltweiten Kuriergeschäft sind z. B. die International Association of Air Travel Couriers (www.courier.org) aktiv.

ROUND-THE-WORLD-TICKETS (RTW)

So genannte RTW-Tickets eignen sich wunderbar für Traveller, die innerhalb eines Trips mehrere Länder auf verschiedenen Kontinenten besuchen möchten. Bei Weltreisen können normalerweise fünf oder mehr Zwischenstationen gemacht werden. Ganz ähnlich sind die „Circle-Pacific"-Angebote, sie erlauben Rundreisen im australasiatischen und südamerikanischen Raum. Der Nachteil ist, dass beim Ticketkauf sämtliche Zwischenstationen im Voraus festgelegt werden müssen (das erste Ziel kann normalerweise beliebig gewählt werden). Außerdem dürfen sich Traveller manchmal nicht länger als 60 Tage in einem Land aufhalten. Alternativ kann man sich auch einen Reiseplan mit zwei oder drei Zwischenstopps selbst zusammenstellen und für die Rückreise ein anderes Land wählen. Wer mithilfe eines guten Reisebüros austüftelt, kommt häufig günstiger weg als mit einem RTW-Ticket.

RTW- und Circle-Pacific-Tickets gibt's in allen möglichen Preiskategorien. Fürs Erste lohnt sich ein Blick auf folgende Websites:

Airbrokers (www.airbrokers.com) Die amerikanische Firma hat individuell zugeschnittene RTW-Tickets im Programm, mit denen Traveller nicht an die Tochtergesellschaften bestimmter Fluglinien gebunden sind.

Airtreks (www.airtreks.com) US-Anbieter.

Oneworld (www.oneworld.com) Gleich neun Fluglinien haben sich zusammengetan und bieten Tickets für Rundreisen über mehrere Kontinente an.

Roundtheworldflights.com (www.roundtheworldflights.com) Britische Gesellschaft.

Star Alliance (www.staralliance.com) Der Fluglinienverband erlaubt die Zusammenstellung von RTW-Tickets mit beliebigem Reiseplan.

Prinzipiell kann man sein RTW-Ticket direkt online buchen. Da die Planung einer solchen

Reise jedoch relativ kompliziert ist, wenden sich Interessenten besser an ein Reisebüro oder eine Fluggesellschaft – ein kompetenter Ansprechpartner spart einem jede Menge Zeit, Geld und Nerven.

KOSTENLOSER ZWISCHENAUFENTHALT
Wer über Großstädte in den USA (z. B. Miami, Los Angeles, Houston), Mexiko oder Mittelamerika nach Südamerika fliegt, kann eventuell einen kostenlosen Zwischenaufenthalt vereinbaren. So bleibt vor der Weiterreise gen Süden jeweils noch etwas Zeit, sich vor Ort ein wenig umzuschauen. Näheres weiß das eigene Reisebüro.

Europa
In Europa gibt's die günstigsten Flugtickets bei „Studenten-Reisebüros", die aber auch Nicht-Studenten offenstehen (z. B. in Berlin, Wien usw.). Die erschwinglichsten Ziele in Südamerika sind u. a. Caracas und Buenos Aires, möglicherweise auch Rio de Janeiro und Recife in Brasilien. Die Hauptsaison dauert von Anfang Juni bis Anfang September und von Mitte Dezember bis Mitte Januar. Bei den günstigsten Angeboten ab Europa handelt es sich meist um Charterflüge mit festgelegten Tagen für Ab- und Rückreise.

Günstige Anbieter im deutschsprachigen Raum sind beispielsweise:

DEUTSCHLAND
Expedia (www.expedia.de)
Lastminute (www.lastminute.de)
STA Travel (www.statravel.de) Für Traveller bis 26 Jahre.

ÖSTERREICH
STA Travel (www.statravel.at)

SCHWEIZ
Helvetic Tours (www.helvetictours.ch)
STA Travel (www.statravel.ch)

Mittelamerika
Flüge ab Mittelamerika bedeuten normalerweise hohe Steuern. Ermäßigungen gibt's selten bis gar nicht. Im Vergleich zu Überlandreisen sind Flüge von Mittel- nach Südamerika jedoch immer noch wesentlich günstiger, praktischer und sicherer.

Die Einreise nach Kolumbien ist nur mit einem Anschlussticket erlaubt. Fluglinien in Panama und Costa Rica rücken Oneway-Tickets nach Kolumbien höchstwahrscheinlich nur dann raus, wenn man schon ein Anschlussticket vorweisen kann oder bereit ist, Flug und Rückflug bzw. Weiterreise auf einmal zu buchen. Auch Venezuela und Brasilien bestehen auf Anschlusstickets. Wer ein Ticket mit Rückflug buchen muss, sollte sich bei der Airline erkundigen, ob das Geld für nicht genutzte Optionen später zurückerstattet wird; s. auch S. 1116.

ÜBER DIE ISLA DE SAN ANDRÉS
Copa Airlines (www.copaair.com) fliegt von Panama City über die kolumbianischen Insel Isla de San Andrés (s. Kasten S. 768) vor der Küste Nicaraguas. Kolumbianische Fluglinien schicken ihre Maschinen von San Andrés nach Bogotá, Cali, Cartagena oder Medellín.

VON COSTA RICA
Verglichen mit der Anreise ab Panama müssen Traveller für Flüge von Costa Rica nach Quito rund 70 € mehr hinblättern. Günstige Tickets gibt's bei Costa Ricas Studentenorganisation **OTEC** (www.turismojoven.com).

VON PANAMA
Von Panama City aus gehen Maschinen ohne Zwischenlandung nach Bogotá, Cartagena und Medellín. Die kolumbianische Fluglinie **Avianca** (www.avianca.com) und die panamaische Gesellschaft **Copa** (www.copaair.com) bieten normalerweise die erschwinglichsten Flüge zu diesen Städten an. Für die Einreise nach Kolumbien ist ein Anschluss- oder Rückreiseticket erforderlich. Die Copa-Filialen in Cartagena, Barranquilla und Medellín dürften die Kosten für nicht genutzte Anschlusstickets jedoch zurückerstatten (vorher nachfragen). Sein Geld erhält man in kolumbianischer Währung (!) zurück, die Bearbeitung dauert bis zu vier Tage. Von Panama City besteht zusätzlich eine Flugverbindung nach Quito in Ecuador.

ÜBERS MEER
Ein paar Kreuzfahrtschiffe steuern auf dem Weg von Europa in die USA südamerikanische Häfen an. Im Vergleich zu Flugtickets kostet diese Option allerdings ein Vermögen. Manchmal nehmen Frachtschiffe aus Hamburg oder Amsterdam ein paar Passagiere mit nach Südamerika, aber auch die belasten die Reisekasse ordentlich.

Kleine Frachtschiffe pendeln zwischen Colón in Panama und dem kolumbianischen

GRENZÜBERGÄNGE

In Südamerika gibt's zahllose Grenzübergänge, sodass man keine allzu großen Umwege machen muss, um an das gewünschte Ziel zu gelangen. Das gilt vor allem für Argentinien und Chile: Zwischen den beiden Ländern verläuft eine 3500 km lange Grenze, die an vielen Stellen überquert werden kann, besonders gut in Patagonien. Zumeist reist man auf dem Landweg aus und ein, es gibt jedoch auch ein paar Grenzübergänge, die eine Bootsfahrt erforderlich machen, z. B. die Passagen über den Río de la Plata zwischen Argentinien und Uruguay, über diverse Seen zwischen Argentinien und Chile oder den Titicacasee zwischen Bolivien und Peru.

Die südamerikanischen Grenzbeamten sind den Anblick von Rucksacktouristen gewöhnt, auch in entlegeneren Regionen. Man sollte einen einigermaßen gepflegten Eindruck machen, ein paar Wörter Spanisch oder Portugiesisch können und die Beamten mit Respekt behandeln. Sollte *dinero* (Geld) fürs Passstempeln verlangt werden – was zwar selten, aber eben doch schon mal vorkommt –, empfiehlt es sich, Ruhe zu bewahren. Ist der verlangte Betrag gering, lohnt es sich wahrscheinlich nicht, sich dagegen zu wehren. Am besten nimmt man solche Situationen mit Humor – das ist doch eine Geschichte, die man zu Hause gut erzählen kann! Generell sind die Grenzbeamten höflich und freundlich.

Detaillierte Hinweise zu den Grenzübergängen findet man in den einzelnen Länderkapiteln (die wichtigsten Grenzposten werden gleich zu Beginn genannt). Bevor man sich auf den Weg macht, sind die aktuellen Visabestimmungen in Erfahrung zu bringen. Ein paar nützliche Infos liefern auch S. 1116 und die einzelnen Länderkapitel.

Hafen Barranquilla. Viele dieser Kähne transportieren aber Schmuggelgut und sind für echten Reisekomfort einfach zu zwielichtig. Dennoch nehmen manche zahlende Passagiere mit an Bord.

Es gibt gelegentlich Meldungen von Piratenangriffen vor der Küste Südamerikas, besonders in der Karibik.

Immer mehr Traveller buchen Überfahrten auf einem der ausländischen Segelschiffe, die zwischen Cartagena und den San-Blás-Inseln unterwegs sind (manche segeln auch weiter nach Colón). Normalerweise dauert der Törn vier bis sechs Tage und kostet etwa 180 €. Zu den besten Adressen, um sich nach den neusten Infos z. B. zu Auslaufzeiten und freien Kojen zu erkundigen, zählt die Casa Viena (S. 765) in Cartagena.

Offiziell bestehen Panama und Kolumbien bei der Einreise gleichermaßen auf ein Anschlussticket. Die kolumbianischen Behörden handhaben die Angelegenheit zwar eher locker, dennoch sollten sich Traveller auf alle Fälle so ein Ticket zulegen – oder genügend Geld und einen plausiblen Reiseplan vorweisen können. In Panama sieht die Sache anders aus: Schon mehrfach wurde Travellern die Einreise verweigert, weil sie die erforderlichen Kriterien (Visum/Touristenvisum, Anschlussticket und ausreichend Kapital) nicht vollständig erfüllten. Angeblich ist das Konsulat Panamas in Cartagena aber sehr hilfsbereit.

UNTERWEGS VOR ORT

Egal, ob man nun an der ecuadorianischen Küste in einer klapprigen *chiva* (an den Seiten offener Bus) herumkurvt, mit einem motorisierten Kanu über den Amazonas schippert oder mit einem kleinen Propellerflugzeug über den Andengipfeln schwebt – die südamerikanischen Verkehrsmittel sind ein essentieller Bestandteil eines jeden Abenteuers auf diesem Kontinent.

AUTO & MOTORRAD

Autofahren in Südamerika ist nervenaufreibend und nicht ungefährlich, hat aber zweifellos seine Vorteile: Mit einem eigenen Fahrzeug können auch abgelegene Orte besucht werden, die mit öffentlichen Verkehrsmitteln nicht erreichbar sind (besonders Nationalparks). In bestimmten Regionen (z. B. Patagonien oder anderen Teilen Chiles oder Argentiniens) lohnt es sich auf jeden Fall, für kurze Zeit ein Auto zu mieten. Wer ein eigenes Fahrzeug dabei hat, ist natürlich klar im Vorteil.

Bevor man sich in Südamerika hinters Steuer schwingen kann, gibt's jedoch einiges zu organisieren. Zuallererst benötigen Autofahrer zusätzlich zu ihrer gültigen Fahrerlaubnis einen internationalen Führerschein. Auch die Fahrzeugsicherheit kann auf dem ganzen Kontinent zum Problem werden. Wertgegenstände haben auch in (selbstverständlich) abgeschlossenen Autos nichts verloren. Parkplätze sind Mangelware oder gleich gar nicht vorhanden. Traveller sollten auch aufpassen, wo sie ihren fahrbaren Untersatz abgestellt haben – sonst ist der nachher weg.

Das eigene Auto einführen

Das Verschiffen des eigenen Autos oder Motorrads nach Südamerika ist extrem kostspielig und erfordert eine sorgfältige Planung. Spätestens einen Monat vor der Abreise sollte die Organisation komplett stehen. Diebe räumen Fahrzeuge mit Vorliebe auf hoher See aus. Deshalb sollten vor dem Verladen sämtliche Anbauteile (Radkappen, Scheibenwischer, Rückspiegel usw.) entfernt werden und der Innenraum völlig leer sein. Fahrzeuge in Containern zu verschiffen, ist natürlich sicherer, aber auch teurer. Motorradfahrer kommen oft günstiger weg.

Bei Überlandfahrten von den USA nach Südamerika muss auch bedacht werden, dass es zwischen Panama und Kolumbien keine Straßen gibt. Weiter gen Süden geht's nur, wenn das Auto per Schiff um das Darién-Hindernis, die letzte Lücke der Panamericana, herummanövriert wird.

Die Website **VWVagabonds.com** (www.vwvagabonds.com) ist toll und sehr informativ. Hier erfahren Traveller, wie sie ihr Auto am besten nach Südamerika verschiffen.

Führerschein

Wer in Südamerika selbst fahren möchte, muss einen Internationalen Führerschein bzw. eine Inter-American Driving Permit beantragen (in Uruguay wird rein theoretisch nur Letztere akzeptiert). Gegen Vorlage eines gültigen Führerscheins stellen Automobilclubs das Dokument aus (ca. 15 €).

Kaufen

Bei monatelangen Aufenthalten in Südamerika kann es sich rechnen, ein Auto zu kaufen und vor der Abreise wieder zu verkaufen. Dadurch kommt man oft günstiger weg als mit einem Mietwagen. Andererseits bergen Gebrauchtwagen immer auch gewisse Risiken für Geldbeutel und Gesundheit (vor allem bei den holperigen Straßen). Außerdem kann einen die mit dem Autokauf verbundene Bürokratie glatt in den Wahnsinn treiben.

Wer sich ein eigenes Fahrzeug zulegen möchte, sollte sich in Argentinien, Brasilien oder Chile umsehen. Aber auch hier schwingt der Amtsschimmel nur langsam seine Hufe. Die ordentlichsten Gebrauchtwagen gibt's angeblich in Santiago (Chile); die Verkaufschancen sollten dagegen in Asunción (Paraguay) am besten sein. Dass man der rechtmäßige Besitzer ist, lässt man sich besser offiziell von einem Notar bestätigen, denn die Behörden brauchen eine Weile, um den Fahrzeugbrief umzuschreiben. Wenn's um den Grenzübertritt geht, gibt's mit in Südamerika erworbenen Fahrzeugen manchmal Probleme.

Wer auf dem Festland über die Grenze möchte, braucht offiziell ein *carnet de passage* (oder *libreta de pasos por aduana*; Zollabfertigungsschein). Wahrscheinlich will dieses Dokument aber niemand sehen. Wie man ein *carnet* am besten beantragt, erfahren Interessenten von den großen Automobilverbänden im deutschsprachigen Raum (z. B. ADAC).

Mieten

In den Hauptstädten und Metropolen sowie an den wichtigsten Flughäfen des Kontinents findet man Niederlassungen großer internationaler Autovermietungen wie Hertz, Avis oder Budget. Die Tarife von kleineren lokalen Anbietern sind jedoch meist günstiger. Um einen Wagen zu mieten, muss der Fahrer mindestens 25 Jahre alt sein sowie einen Führerschein und eine Kreditkarte haben. Nicht alle Firmen gestatten, dass man mit ihren Mietwagen die heimischen Grenzen verlässt; dieser Punkt muss bei entsprechenden Plänen vorab geklärt werden.

Die Preise variieren stark (ca. 30–60 € pro Tag) und es ist generell clever, sich mit ein paar anderen Travellern zusammenzutun, um die Kosten zu teilen. Die vergleichsweise hohen Ausgaben für den Wagen relativieren sich schnell, wenn man ihn nutzt, um zu günstigen Zeltplätzen zu gelangen, besonders in den teureren Ländern im Süden des Kontinents.

Verkehrsregeln

In Südamerika wird mit Ausnahme Guayanas und Surinams auf der rechten Straßenseite gefahren. Verkehrsregeln werden häufig ignoriert, Verstöße so gut wie nie verfolgt. Der Straßenzustand ist oft katastrophal. Viele Verkehrsteilnehmer (besonders in Argentinien und Brasilien) verhalten sich äußerst rücksichtslos und fordern Unfälle geradezu heraus. Achtung: Bei Nacht ist es auf der

Straße gefährlicher als tagsüber, nicht nur, weil es dunkel ist, sondern auch, weil dann viele Zeitgenossen unterwegs sind, die übermüdet sind und/oder schon einiges intus haben.

Verkehrsschilder sind entweder gar nicht vorhanden oder führen Ortsunkundige dauernd in die Irre. Da helfen nur Humor und Geduld. In unübersichtlichen Kurven lässt sich das Unfallrisiko durch kräftiges Hupen reduzieren; auf einspurigen Straßen hat normalerweise derjenige Vorfahrt, der bergaufwärts fährt. Wenn Äste oder Felsen auf der Straße liegen, sollte man sofort bremsen: Das bedeutet nämlich, dass sich direkt voraus ein Pannenfahrzeug, Erdrutsch oder sonstiges Hindernis befindet. Auch mit Rüttelschwellen muss jederzeit gerechnet werden. Durchgeschaukelt werden Autofahrer dadurch meist mitten im Stadtzentrum, aber manchmal auch völlig unerwartet irgendwo auf dem Highway.

Versicherung

Die eigene KFZ-Versicherung von Zuhause deckt grundsätzlich keine Autofahrten im Ausland ab. Bei Unfällen mit Personenschäden wandern die Beteiligten in ganz Südamerika häufig so lange ins Kittchen, bis der Fall geklärt ist – wer schuld ist, spielt dabei keine Rolle. Kleine Blechschäden regelt man am besten direkt vor Ort, ohne die Polizei oder die Versicherung einzuschalten. Kunden von Autovermietungen sollten sich vergewissern, dass der Zusatz *seguro* (Versicherung) im Vertrag enthalten ist.

BUS

Busreisen durch Südamerika sind geradezu legendär. An Unterhaltung mangelt es nie – egal, ob man in Ecuador in einem Bus voller Hühner eine mörderische Andenstraße hinunterrattert oder in einem argentinischen Luxus-Fernbus gediegen in einem Leder-Liegesessel sitzend Schaumwein schlürft. Auf dem gesamten Kontinent ist das Busnetz im Allgemeinen recht dicht. Aber man sei gewarnt: Die Straßen und die Fahrzeuge sind in sehr unterschiedlichem Zustand … und das gilt eigentlich auch für die Fahrer.

Die definitiv schlimmsten Strecken finden sich im Hochland von Peru, Bolivien und Ecuador. Schlaglochpisten gibt's auch in Teilen Kolumbiens und im brasilianischen Amazonasgebiet. Der Straßenzustand hängt stark von der Jahreszeit ab: Was in der Trockenzeit eine gewaltige rote Staubwüste ist, verwandelt sich in der Regenzeit in einen riesigen Schlammsee. In Argentinien, Uruguay und im größten Teil von Venezuela sind die Fahrbahnen allgemein in besserem Zustand, ebenso an der Küste und im Süden Brasiliens. Chile und Argentinien haben die besten Straßen und außerdem die komfortabelsten und verlässlichsten Busse in ganz Südamerika.

Die meisten größeren Städte und Siedlungen haben ein *terminal de autobuses* oder *terminal de ómnibus* (Busbahnhof; in Brasilien *rodoviária*, in Ecuador *terminal terrestre* genannt). Häufig liegen Busbahnhöfe am Stadtrand und sind nur mit Nahverkehrsbussen oder Taxis erreichbar. Zu den größten und besten Terminals gehören Restaurants, Läden, Duschen und weitere praktische Einrichtungen. In ihrer (oft hässlichen) Umgebung finden sich meistens günstige Unterkünfte und Restaurants. Bei „Dorfterminals" in ländlichen Gebieten handelt es sich oft um unbefestigte Flächen, auf denen klapprige Vehikel namens „Busse" stehen. Männer kündigen schreiend die verschiedenen Fahrtziele an – da heißt es die Ohren spitzen.

Diverse Städte haben gleich mehrere Busbahnhöfe (jeweils für verschiedene Routen). Manchmal besitzt jede Busgesellschaft ihr eigenes Terminal. Dies ist besonders unpraktisch und betrifft vor allem Kleinstädte in Kolumbien, Ecuador und Peru.

Klassen

Vor allem in den Andenländern tuckern häufig aufs Wesentliche reduzierte Busse auf profillosen Reifen durch die Gegend. Dank der knüppelharten Federung werden vor allem Traveller im hinteren Teil eine äußerst aufrüttelnde Fahrt erleben. Wenn alle Plätze besetzt sind, wird anschließend der Mittelgang gnadenlos vollgestopft. Die Ladung auf dem Dach ist meistens noch einmal halb so hoch wie der Bus; ab und zu reisen sogar Ziegen oder Schweine in luftiger Höhe mit. All das mag eine gewisse Skepsis hervorrufen, doch normalerweise kommt man immer mit heiler Haut ans Ziel. Verschiedene Busklassen existieren in der Regel nicht (ausgenommen bei Fernbussen); daher müssen Traveller wohl oder übel mit dem fahren, was gerade zur Verfügung steht.

Andererseits rollen echte „Luxusliner" die Hauptrouten entlang (z. B. in Argentinien, Brasilien, Chile, Kolumbien, Uruguay, Venezuela oder sogar Bolivien). Die teuersten Tickets garantieren normalerweise umklappbare Liegesitze, Verpflegung, Getränke und Videofilme. Je nach Land haben die verschiedenen Busklassen sehr unterschiedliche Bezeichnungen. Über Details informiert der Abschnitt „Verkehrsmittel & Wege" in den jeweiligen Kapiteln. Bei *coche camas* oder *buscamas* (wörtl. „Bettbusse") handelt es sich um luxuriöse Nachtbusse, die auf den meisten Fernreiserouten in Argentinien, Chile und Peru unterwegs sind; in Brasilien heißen diese Gefährte *leito* (Schlafkoje).

Preise

Für Busreisen in den Andenländern können Traveller ungefähr 0,75 € pro Stunde veranschlagen. Die besseren Leistungen (1. Klasse oder *coche cama*) können doppelt so teuer sein wie eine Fahrt in normalen Busse. Allerdings entfällt bei Nachtbussen die Suche nach einem Hotelzimmer, was wiederum dem Geldbeutel zugute kommt.

Reservierungen

Zu den Haupturlaubszeiten sollten Tickets grundsätzlich im Voraus gekauft werden (im Südkegel betrifft das die Monate Januar bis März und in ganz Südamerika die Osterwoche und die Ferienwochenenden). Im Idealfall haben Busgesellschaften ihre eigenen Ticketschalter in den großen Terminals; Hinweistafeln informieren über Routen, Abfahrtszeiten und Preise. Die Plätze tragen Nummern und können im Voraus gebucht werden. Wenn das nicht der Fall ist, reicht es meistens aus, wenn man eine Stunde vor der Abfahrt am Busbahnhof erscheint. Dann lässt sich fast immer ein freies Plätzchen an Bord ergattern.

Straßenzustand & Gefahren

Jeder, der einmal eine Busreise durch Südamerika unternommen hat, kann Geschichten über haarsträubende Trips und durchgeknallte Fahrer zum Besten geben. Die Andenländer, in denen die Straßen schlecht sind und echte Männer ihre Duelle auch am Steuer austragen, sind diesbezüglich besonders verschrieen. Ja, es kommt *gelegentlich* zu Unfällen. Doch lassen wir mal die Kirche im Dorf: In Ländern, in denen ein Großteil der Bevölkerung per Bus unterwegs ist, ist natürlich auch die Unfallquote höher. Selbst Luxusbusse sind dagegen nicht gefeit: Auch die Fahrzeuge renommierter Gesellschaften werden manchmal in schlimme Unglücke verwickelt. Einige Straßen – besonders durch die Anden – können ein großes Risiko in sich bergen. Wer sich ein paar Mal ins Flugzeug setzt, kann sich solche Ängste ersparen.

FAHRRAD

Mit dem Drahtesel durch Südamerika zu cruisen, ist eine anstrengende, aber sehr lohnende Alternative zu öffentlichen Verkehrsmitteln. Der bessere Straßenzustand in Argentinien und Chile macht Trips durch die Länder des Cono Sur besonders attraktiv. Zu diesem „Südkegel" gehören neben Argentinien, Chile und Uruguay auch Teile Brasiliens und Paraguays. Aber eigentlich kann der gesamte Kontinent per Fahrrad – genauer gesagt Mountainbike – erkundet werden. Touringräder eignen sich vielleicht für befestigte Fahrbahnen, die spektakulären Neben- und Hauptstraßen in den Anden können allerdings nur mit einem *todo terreno* (Mountainbike) in Angriff genommen werden.

Ausgeschilderte Strecken oder feste Routen über Landesgrenzen hinweg sucht man allerdings vergeblich. Zähe Mountainbiker haben sich bereits über die kompletten Anden gequält und ein paar wenige sind schon quer über beide Kontinente von Nord- nach Südamerika gestrampelt. Verkehrsregeln kann man getrost vergessen – Hauptsache, man schwimmt mit dem Verkehr auf der rechten Fahrbahnseite. Es lohnt sich, gute Karten mit Nebenstrecken aufzutreiben – derart ausgerüstet haben Radler die beneidenswerte Möglichkeit, die ausgetretenen Touristenpfade nach Belieben verlassen zu können.

Travellern wird empfohlen, ihr eigenes Gefährt zu verwenden. Südamerikanische Produkte geben schnell mal den Geist auf, Importbikes kosten ein Vermögen. Fahrradwerkstätten gibt's sogar im kleinsten Nest – die gerade benötigten Ersatzteile sind allerdings so gut wie nie auf Lager. Vor der Abreise sollte man sich deshalb alle notwendigen Mechanikerfähigkeiten und Standardersatzteile zulegen. Ein einfaches Reparaturkit enthält u. a. Ersatzspeichen, einen Speichenschlüssel und mehrere Flickpads. Hinzu kommen eine Kettenzange, Innenschläuche, Ersatzzüge und ein spezielles Multitool für Fahrräder. Manche Radler deponieren ein paar Ersatzreifen bei ihren Angehörigen in der Heimat und lassen sie sich bei Bedarf zuschicken.

Wer Südamerika per Drahtesel erkunden möchte, sollte auf widrige Witterungsverhältnisse vorbereitet sein (heftige Regengüsse, tobende Stürme), außerdem muss man die extremen Höhenlagen in den Anden, schlechte Straßen und rücksichtslose Kraftfahrer – die größte Gefahr für Radler – bedenken. Eine entsprechende Sicherheitsausrüstung (Reflektoren, Rückspiegel, Schutzhelme usw.) wird daher dringend empfohlen. Auch Langfinger sind ein großes Ärgernis – Traveller sollten ihr Fahrrad und ihr Gepäck mitnehmen oder abschließen (oder auch jemanden suchen, der gegen Bezahlung darauf aufpasst). Und über Nacht sollte das Bike besser mit ins sichere Hotelzimmer.

Vor dem Start sollten die Gepäckbeschränkungen der jeweiligen Fluglinie genauestens studiert werden; manchmal werden Fahrräder umsonst transportiert, manchmal aber auch nicht. Jedenfalls ist es wichtig, dass das Fahrrad gut verpackt und so vor Schäden beim Transport geschützt ist.

Walter Sienkos Buch *Latin America by Bike: A Complete Touring Guide (By Bike)* ist zwar mittlerweile schon über zehn Jahre alt, eignet sich aber immer noch hervorragend als vorbereitende Lektüre. Tipps zum Verpacken von Fahrrädern bei Schiffs- und Flugreisen gibt's im Internet unter www.bikeaccess.net. Tonnenweise Tipps und Erlebnisberichte liefern die **South America Bicycle Touring Links** (www.transamazon.de/links). Weitere Informationen sind auf S. 1100 zu finden.

FLUGZEUG

Besonders die Andenländer (Bolivien, Ecuador und Peru) haben ein dichtes Netz an Inlandsflügen mit erfrischend niedrigen Preisen. Nach 18 Stunden und 350 km Busfahrt über halsbrecherische Hochgebirgsstraßen entscheiden sich auch die zähesten Traveller irgendwann fürs Flugzeug.

Doch das hat ebenfalls Schattenseiten: Die Flughäfen liegen oft weit entfernt vom Stadtzentrum und sind nicht immer mit öffentlichen Nahverkehrsmitteln zu erreichen. Dann ist man auf Taxis angewiesen – und die Fahrten *zum* Flughafen sind oft wesentlich teurer als die *vom* Flughafen sonstwohin. Da wäre auch noch die Flughafensteuer: Bei Auslandsflügen werden normalerweise höhere Beträge fällig. Wer Sicherheitsbedenken hegt, schaut sich das Feature „Fatal Events by Airline" auf der Website von **AirSafe.com** (www.airsafe.com) an.

In manchen Regionen nehmen es die Piloten mit der Abflugzeit nicht so genau. Inlandsflüge sollten besser nicht zu knapp auf anschließende Auslandsflüge abgestimmt werden (und umgekehrt). So mancher Traveller ist schon „gestrandet", weil der Reiseplan zu knapp bemessen war. Zwischen Auslandsflügen und Anschlussverbindungen in abgelegene Gebiete muss auf jeden Fall genügend Luft sein. Am besten lässt man sich sämtliche Flüge 48 Stunden vor der Abreise nochmals bestätigen und findet sich mindestens eine Stunde vor dem Start am Flughafen ein (bei internationalen Flügen 2–3 Std.).

Flüge von Europa nach Südamerika sind eventuell mit einem Zwischenaufenthalt verbunden. Für die Preiskalkulation bei Auslandsflügen ist dies durchaus von Belang: So kommt man in den Genuss eines kostenlosen Flugs innerhalb des Kontinents. Häufig lassen sich günstige Anschlussflüge auch in Verbindung mit internationalen Tickets buchen (zu Details s. S. 1118).

Flugpässe

Inhaber eines Flugpasses können in einem Land oder einer Region innerhalb eines bestimmten Zeitraums zu einem Pauschalpreis eine bestimmte Anzahl von Flügen wahrnehmen. Die Pässe sind eine günstige Option, wenn man in kurzer Zeit lange Strecken zurücklegen möchte, haben jedoch auch Nachteile. Sie lassen einem z. B. mitunter keinerlei Spielräume – hat man den ersten Flug absolviert, ist man an einen festen Reiseplan gebunden. Und Änderungen vorzunehmen, kostet Geld. Manchmal dürfen solche Tickets auch nur genutzt werden, wenn man an Bord eines Fliegers aus dem Ausland im jeweiligen Land ankommt; es ist also nicht möglich, auf dem Landweg einzureisen und den Pass dann erst zu benutzen. Hinzu kommt, dass Bürger mancher Länder vom Kauf eines Flugpasses ausgenommen sind. Wer sich einen Überblick über die verschiedenen Angebote und Auflagen verschaffen möchte, kann sich die Infos unter „Air Passes" im Menüpunkt „Flight" (im Dropdown-Menü „Planning") von **Last Frontiers** (www.lastfrontiers.com) anschauen oder die Website von **eXito** (www.exitotravel.com) mit ihrer Rubrik „Exito Airpass" (unter „Book a Flight") konsultieren.

FLUGPÄSSE FÜR MEHRERE LÄNDER

Es gibt ein paar spezielle Südamerika-Pässe, mit denen man ein bisschen sparen kann – vorausgesetzt, es stört einen nicht, an einen festen Reise- bzw. Flugplan gebunden zu sein. Man kauft eine bestimmte Anzahl Meilen und kann dann innerhalb von ein paar festgelegten Ländern von Stadt zu Stadt fliegen. Die Konditionen sind unterschiedlich, doch meist müssen die Flüge innerhalb eines Zeitraums von 30 Tagen bis zwölf Monaten wahrgenommen werden. Der Preis orientiert sich dabei an der Anzahl der Standard-Flugmeilen (nicht Kilometer), die man zurücklegen will; 1200 bis 8200 Meilen kosten z. B. zwischen 300 und 1100 €. Wenn man mit einer anderen Fluggesellschaft nach Südamerika reist als der, die den gewählten Flugpass anbietet, wird man für diesen mehr bezahlen müssen (oder bekommt vielleicht gar keinen!). Mehr Infos zu den folgenden Flugpässen gibt's auf www.latinamerica.co.uk:

Aerolíneas Argentinas Airpass (www.aerolineas.com.ar) Deckt Argentinien, Bolivien, den Süden Brasiliens, Chile, Kolumbien, Paraguay, Peru, Uruguay und Venezuela ab.
One World Alliance Visit South America Airpass (www.oneworld.com) LAN-Flüge in Argentinien, Bolivien, Südbrasilien, Chile, Kolumbien, Ecuador, Peru, Uruguay und Venezuela.
TAM South America Airpass (www.tam.com.br) Argentinien, Bolivien, Brasilien, Chile, Paraguay, Peru, Uruguay und Venezuela.

FLUGPÄSSE FÜR EINZELNE LÄNDER

Der Großteil der Flugpässe ist auf ein einziges Land beschränkt und wird gewöhnlich von zu Hause aus in Verbindung mit einem Hin- und Rückflugticket gebucht. Die meisten Pässe müssen sogar außerhalb des Ziellands gekauft werden; am besten von einem Reisebüro beraten lassen. Solche eingeschränkten Flugpässe sind z. B. für Argentinien, Brasilien, Chile und Peru erhältlich.

Flugpreise zur Orientierung

Falls nicht anders vermerkt, handelt es sich bei den Beträgen im Kasten in der rechten Spalte um die Preise für einfache Flüge in der Zwischensaison, die in Südamerika gebucht wurden. Mit Glück und Geschick findet man aber auch günstigere Flüge. Achtung: Manchmal ist es billiger, ein *ida-y-vuelta*-Ticket (Hin- & Rückflug) zu kaufen!

NAHVERKEHR

Ganz Südamerika kann sich dichter und zuverlässiger Regional- und Stadtbusnetze rühmen. In vielen Ländern können Busse einfach auf der Straße angehalten werden.

FLUGPREISE

Start in	Ziel	Preis (€)
Asunción	Buenos Aires	150
Bogotá	Quito	180–230
Buenos Aires	La Paz	390
Buenos Aires	Santiago	150–350
Buenos Aires	Ushuaia	110
Guayaquil	Galápagosinseln	230–270 (hin & zurück)
Guayaquil	Lima	200–290
Lima	La Paz	120–230
Punta Arenas	Falklandinseln	440 (hin & zurück)
Punta Arenas	Santiago	300
Quito	Galápagosinseln	260–305 (hin & zurück)
Rio de Janeiro	Manaus	145–360
Rio de Janeiro	Montevideo	180–255
Rio de Janeiro	Santa Cruz, Bolivien	180–255
Salvador	Rio de Janeiro	45–110
Santa Cruz, Bolivien	Florianópolis	240–330
Santiago	Rapa Nui (Osterinsel)	360–650 (hin & zurück)
Santiago	La Paz	380
Santiago	Lima	470

Wer die offizielle Haltestelle findet, ist auf der sicheren Seite, andernfalls kann man dem Fahrer auch ein Zeichen geben, sobald ein Bus in die gewünschte Richtung vorbeifährt. Keine Angst: Die meisten Fahrer sind sehr hilfsbereit und weisen Travellern gerne den Weg zum richtigen Bus.

Wie in den meisten größeren Städten treiben auch in Südamerika Langfinger in überfüllten Bussen und Metros ihr Unwesen. In rappelvollen öffentlichen Verkehrsmitteln sollte man daher immer auf der Hut sein. Wer sein ganzes Gepäck dabei hat, macht um überfüllte Nahverkehrsmittel am besten einen großen Bogen; s. dazu auch S. 1105.

In den meisten (aber längst nicht allen) Großstädten sind Taxis mit Taxametern ausgestattet. Fahrgäste sollten darauf bestehen, dass der Fahrer das Gerät auch benutzt. Bei Droschken ohne Taxameter muss der Fahrpreis grundsätzlich *vor* dem Einsteigen ausgehandelt werden. Neben Fahrten am Sonntag sind auch Trips nach 21 Uhr in der Regel deutlich teurer.

SCHIFF/FÄHRE

Südamerika bietet eine Menge Gelegenheiten für das Reisen zu Wasser, von Kreuzfahrten durch die geheimnisvollen Fjorde des chilenischen Patagoniens über Flussdampfer, die den mächtigen Amazonas hinauftuckern bis hin zu motorisierten Einbäumen, die durch die Mangrovensümpfe an der Küste Ecuadors schippern. In puncto Sicherheit müssen sich Traveller normalerweise keine Gedanken machen; dies gilt besonders für die renommierten Fährbetreiber und Kreuzfahrtanbieter in Chile und Argentinien. In letzter Zeit gab's ein paar Probleme mit Touristenbooten auf den Galápagosinseln. 2005 ist auch eines davon gesunken – man sollte also lieber nicht am falschen Ende sparen.

Flüsse

Langstreckenfahrten auf Südamerikas großen Strömen (z. B. Amazonas oder Orinoco) sind möglich. Wesentlich idyllischer sind jedoch Ausflüge auf kleineren Flüssen (z. B. Mamoré oder Beni) – da die Boote dabei nahe am Ufer entlangfahren, können Passagiere die einheimische Tierwelt aus nächster Nähe hören und sehen. Bei Amazonastrips sieht man das Ufer nur eher selten. Außerdem ist die Gegend am Unterlauf des Stroms dicht besiedelt, während auf dem Oberlauf mittlerweile weniger Passagierboote unterwegs sind als früher. „Schiff ahoi" heißt es auch auf dem Río Paraguay von Asunción (Paraguay) nach Brasilien oder auf dem Río Napo von Coca (Ecuador) nach Peru.

In puncto Größe und Ausstattungsstandard gibt es bei den Flussdampfern gewaltige Unterschiede. Vor dem Ticketkauf lohnt es sich deshalb, die Preise zu vergleichen und außerdem die Kähne genau unter die Lupe zu nehmen. Passagiere sollten sich alle Details genauestens auf ihrem Ticket auflisten lassen. Flussabwärts geht's zwar schneller voran als gegen die Strömung, flussaufwärts fahrende Schiffe bewegen sich aber meist näher am Ufer, sodass man mehr von der Landschaft sieht. Wie lange die Fahrt von einem zum anderen Hafen dauert, lässt sich so gut wie nicht vorausberechnen; Flusstrips eignen sich daher am besten für Traveller, die es nicht sonderlich eilig haben.

Die Verpflegung – tonnenweise Reis mit Bohnen, manchmal etwas Fleisch – ist normalerweise im Ticketpreis enthalten. Es ist aber empfehlenswert, sich zusätzlich mit Trinkwasser in Flaschen, Obst und Snacks einzudecken. Das erste Abendessen an Bord wird häufig separat berechnet. Meistens werden auch an Bord Getränke und Lebensmittel verkauft – allerdings zu Wucherpreisen, was mit einkalkuliert werden sollte. Auch ein guter Insektenschutz ist wichtig.

Wer nicht in einer Kabine übernachtet, braucht eine Hängematte und ein Seil, um sie aufzuspannen. Vor dem Wind und der Kühle bei Nacht schützt man sich am besten mit einem Schlafsack. Normalerweise gibt's zwei Klassen von Hängemattenplätzen: Die auf dem Oberdeck sind etwas teurer, doch das lohnt sich: Dort ist es viel schöner. Traveller sollten sich mindestens am Abend vor dem Auslaufen an Bord einfinden, um einen guten Hängemattenplatz in einiger Entfernung zu Maschinenlärm und Toilettenmief zu ergattern.

Auf den oft überfüllten Schiffen treiben Diebe ihr Unwesen. Auf keinen Fall darf das Gepäck ungesichert in einem Spind verstaut werden – ein eigenes Vorhängeschloss schafft Abhilfe. Außerdem ist es nicht ratsam, sein Gepäck irgendwelchen Mannschaftsmitgliedern anzuvertrauen, es sei denn, man ist sicher, dass es sich auch tatsächlich um welche handelt. Denn mittlerweile haben Betrüger diese Masche für sich entdeckt.

Weitere Tipps zu Flussreisen stehen auf S. 391.

Meer

Die bekannteste und zugleich schönste Meerkreuzfahrt Südamerikas erlebt man an Bord einer Fähre von **Navimag** (www.navimag.com). Sie führt entlang der chilenischen Küste von Puerto Montt hinunter nach Puerto Natales. In manchen Ländern sind kürzere Schiffstrips zu Inseln in Festlandsnähe möglich, z. B. zur Ilha Grande und Ilha de Santa Catarina (Brasilien), Isla Grande de Chiloé (Chile) oder zur Isla Grande de Tierra del Fuego (Argentinien). Zu weiter entfernten Eilanden wird normalerweise geflogen. In den Mangrovensümpfen an der Küste Ecuadors fungieren motorisierte Einbäume als öffentliche Verkehrsmittel.

Seen

In ganz Südchile und -argentinien sind herrliche (wenn auch teure) Seekreuzfahrten im Angebot. Ausflugskähne sind auch auf dem Titicacasee sowie in und zwischen Bolivien und Peru unterwegs. Über Details informieren die jeweiligen Regionalkapitel. Zu den beliebtesten Optionen zählen:

- Von Copacabana (Bolivien) zur Isla del Sol und zur Isla de la Luna im Titicacasee
- Über den Lago General Carrera (Chile) von Chile Chico nach Puerto Ingeniero Ibáñez (Chile)
- Von Puerto Montt oder Puerto Varas (Chile) nach Bariloche (Argentinien)
- Von Puno (Peru) zu den Inseln im Titicacasee

TRAMPEN

Überall auf der Welt ist das Trampen mit gewissen Gefahren verbunden. Wer den Daumen ausstreckt, sollte wissen, worauf er sich einlässt. Die Gefahr für Leib und Leben lässt sich verringern, indem man mindestens zu zweit unterwegs ist und Dritte über das jeweilige Ziel informiert.

Reisen per Anhalter ist auf dem ganzen Kontinent möglich, kostenlos kommt man so allerdings nur in Argentinien, Chile, Uruguay und manchen brasilianischen Regionen voran. Auf dem restlichen Kontinent wird Trampen als Variante des Nahverkehrs betrachtet – vor allem dann, wenn Busverbindungen nur unregelmäßig oder gar nicht vorhanden sind, wird eine Bezahlung fällig. Auf manchen Routen können Traveller quasi zum Festpreis trampen. Am besten erkundigt man sich bei anderen Passagieren, was diese bezahlt haben. Die Beträge entsprechen normalerweise den Buspreisen oder liegen etwas darunter. Wer auf dem Dach eines Lastwagens mitfährt, hat zwar eine tolle Aussicht, sollte aber bei Fahrten über den *altiplano* (Anden-Hochebene mit Peru, Bolivien, Chile und Argentinien) oder durch den *páramo* (feuchte Hochlandsteppe) in warmen Klamotten stecken – sobald nämlich die Sonne untergeht oder sich hinter den Wolken versteckt, wird's hier bitterkalt.

Es ist nicht notwendig, am Straßenrand zu stehen und den Daumen auszustrecken – es sei denn, die Gelegenheit ist gerade günstig. Beinahe jede Siedlung hat jedoch einen zentralen Lastwagenhof (oft in Marktnähe), wo man sich nach einem passenden Gefährt umsehen und sich bei den Fahrern nach den Preisen erkundigen kann. Spätestens 30 Minuten vor der vereinbarten Abfahrtszeit sollten Tramper dann bereit stehen. Wer eine Mitfahrgelegenheit sucht, kann sich auch an den *servicentros* (Tankstellen) am Rand der Großstädte auf die Lauer legen. Hier tanken die Fahrer ihre Brummis auf.

Weitere Infos zum Trampen in Südamerika gibt's auf der Website von **Digihitch** (www.digihitch.com).

ZUG

Langsam, aber sicher verschwinden die Züge in Südamerika von der Bildfläche. Doch bis heute bescheren ein paar der schönsten Bahnstrecken der Welt leidenschaftlichen Eisenbahnfreunden den Trip ihres Lebens. Wenn es sich nicht gerade um einen Touri-Zug handelt, können Bahnreisen (sogar in der 1. Klasse) in puncto Preis durchaus mit Bussen konkurrieren. Allerdings dauert's länger. Eisenbahnfans und neugierigen Laien werden folgende Strecken wärmstens empfohlen:

Curitiba–Paranaguá (Brasilien) Brasiliens schönste Bahnstrecke windet sich über steile Hänge hinunter zur Küstenebene und beschert Passagieren dabei eine unvergessliche Aussicht (S. 330).

Oruro–Uyuni–Tupiza–Villazón (Bolivien) Die Hauptstrecke ab Oruro setzt sich hinter Uyuni südwärts bis nach Tupiza fort. Auch dieses malerische Teilstück begeistert mit einer herrlichen Schluchtenlandschaft. Endstation ist in Villazón an der argentinischen Grenze (S. 226).

Puno–Juliaca–Cuzco (Peru) Dieser Zug tuckert während der Hauptsaison vom Ufer des Titicacasees hinauf zu einem Pass auf 4600 m Höhe, jedoch nur, wenn ganze Reisegruppen buchen. Die Abfahrtszeiten lassen sich kaum voraussagen. Wenn der Zug denn fährt, können auch Einzelreisende an Bord gehen (S. 904).

Riobamba–Sibambe (Ecuador) Plätze auf dem Dach sind heiß begehrt: Schließlich handelt es sich hierbei um die berühmt-berüchtigte Nariz del Diablo (Teufelsnase), eine berauschend steile Abfahrt über halsbrecherische Serpentinen (S. 603).

Salta–La Polvorilla (Argentinien) Beim Aufstieg zur *puna* (Andenhochfläche) überwindet der Tren a las Nubes (Zug zu den Wolken) Serpentinen, Tunnels und mörderische Brücken. Leider sind die Abfahrtszeiten seeehr flexibel (S. 113).

In den Andenländern sind verschiedene Arten von Passagierzügen unterwegs. Beim relativ schnellen *ferrobus* handelt es sich um ein dieselgetriebenes Schienenfahrzeug mit einem oder zwei Waggons. Der „Schienenbus" transportiert Passagiere von A nach B, hält allerdings unterwegs nicht. An Bord bekommt man auch etwas zu essen. Diese Option ist zwar am teuersten, ist aber eigentlich eine tolle Wahl.

Ähnlich wie ein normaler Zug wird ein *tren rápido* von einer Diesel- oder Dampflokomotive gezogen. Wie der Name schon sagt, ist ein solcher „Schnellzug" recht fix unterwegs und hält nur selten – und ist außerdem günstiger als ein *ferrobus*. Gewöhnliche Passagierzüge (manchmal auch *expresos* genannt) sind langsamer, billiger und halten unterwegs an den meisten Bahnhöfen. Im Normalfall gibt es zwei Klassen, die 2. Klasse ist allerdings meistens hoffnungslos überfüllt. Und zu guter Letzt wären da noch die *mixtos* (Mischung aus Passagier- und Güterzug); sie transportieren absolut alles und jeden, halten an jeder Wiesenblume, brauchen ewig und sind vor allem eines: unschlagbar günstig.

Die wenigen verbliebenen Personenzüge in Chile und Argentinien sind im Großen und Ganzen etwas moderner und recht erschwinglich. In der Salon- und Pullmanklasse reist es sich äußerst angenehm. Wer *economia* oder *turista* wählt, schont den Geldbeutel – den höchsten Komfort bietet aber die *cama*-Klasse (Schlafwagen).

Gesundheit

INHALT

Vor der Reise	1129
Versicherung	1129
Empfohlene Impfungen	1129
H1N1	1129
Reiseapotheke	1130
Infos im Internet	1131
Noch mehr Lektüre	1131
Unterwegs	1131
Jetlag & Reiseübelkeit	1131
Thrombose	1131
In Südamerika	1131
Medizinische Versorgung & Kosten	1131
Infektionskrankheiten	1131
Gesundheitsrisiken	1136
Frauen & Gesundheit	1139
Traditionelle Medizin	1139

In medizinischer Hinsicht ist Südamerika zweigeteilt: Der Großteil des Kontinents bis auf den Süden ist tropisch, die gemäßigte Zone umfasst Chile, Uruguay, Südargentinien und die Falklandinseln. Die Infektionskrankheiten im tropischen Südamerika sind in etwa dieselben, die man sich auch im tropischen Afrika oder Asien zuziehen kann. In erster Linie handelt es sich dabei um Krankheiten, die von Moskitos übertragen werden (z. B. Malaria, Gelb- und Denguefieber). In den gemäßigten Zonen ist das Risiko dafür aber gering.

Bei allen Reisen, so auch bei einem Trip durch Südamerika, ist Vorbeugung der Schlüssel zur Gesundheit. Traveller, die sich die empfohlenen Impfungen geben und ansonsten gesunden Menschenverstand walten lassen, bekommen höchstens eine kurze Durchfallerkrankung.

VOR DER REISE

Alle notwendigen Medikamente sollten in ihrer etikettierten Originalverpackung mitgebracht werden. Außerdem ist es sinnvoll, einen unterschriebenen und datierten Brief des eigenen Arztes mitzuführen, in dem alle Angaben zum Gesundheitszustand und zu verordneten Medikamenten (mitsamt deren Freinamen) aufgelistet sind. Wer Spritzen oder Kanülen mitführt, sollte sich deren medizinische Notwendigkeit auf jeden Fall schriftlich von einem Arzt bestätigen lassen.

VERSICHERUNG

Falls die normale Krankenversicherung keinen ausreichenden Schutz bietet, ist unbedingt eine entsprechende Auslandskrankenversicherung nötig. Wichtig ist, zu wissen, ob die Versicherung die medizinischen Leistungen direkt bezahlt, oder ob man das Geld erst einmal auslegen muss und später zurückbekommt. Achtung: In vielen Ländern erwarten Ärzte ihr Honorar in bar.

EMPFOHLENE IMPFUNGEN

Die meisten Impfungen sind erst zwei Wochen nach Verabreichung voll wirksam. Traveller sollten ihren Arzt daher schon vier bis acht Wochen vor der Abreise aufsuchen und zudem um einen international gültigen Impfpass bitten. In diesem gelben Büchlein sind alle verabreichten Impfungen vermerkt. Das Dokument ist obligatorisch in Ländern, die bei der Einreise auf den Nachweis einer Gelbfieberschutzimpfung bestehen. Aber auch sonst ist der Internationale Impfpass auf Reisen grundsätzlich sinnvoll.

Die Gelbfieberschutzimpfung ist die einzige vorgeschriebene Prophylaxemaßnahme, wenn man aus einer afrikanischen oder amerikanischen Gelbfieberregion einreist. Nur Französisch-Guyana verlangt von allen Touristen eine Gelbfieberimpfung. Zusätzlich sind noch weitere Impfungen empfehlenswert, s. Kasten S. 1130.

H1N1

Das H1N1-Virus, allgemein bekannt als „Schweingrippe", wurde von der Weltgesundheitsorganisation (WHO) im Juni 2009 im Rahmen ihres Einstufungssystems für Pandemien in Phase 6 eingeordnet, was jedoch lediglich eine Aussage über die weltweite Verbreitung des Virus darstellt.

EMPFOHLENE IMPFUNGEN

Impfung	Empfohlen für	Dosierung	Nebenwirkungen
Windpocken	Reisende, die noch nie Windpocken hatten	2-mal mit 1-monatiger Pause	Fieber; leichte Form von Windpocken
Hepatitis A	alle Reisenden	1-mal vor der Reise; Auffrischung nach 6–12 Monaten	Wundschmerz an der Einstichstelle; Kopf- und Gliederschmerzen
Hepatitis B	Langzeitreisende mit engem Kontakt zu Einheimischen	3-mal innerhalb von 6 Monaten	Entzündung an der Impfstelle; leichtes Fieber
Masern	Reisende, die nach 1956 geboren sind und nur 1 Impfung haben	1-mal	Fieber; Ausschlag; Gliederschmerzen; allergische Reaktionen
Tollwut	Reisende, die Kontakt zu Tieren haben und sich abseits von medizinischer Versorgung aufhalten	drei Impfungen über 3–4 Wochen verteilt	Entzündung an der Einstichstelle; Kopf- und Gliederschmerzen
Tetanus/Diphtherie	Reisende, die in den letzten zehn Jahren keine Auffrischung hatten	1-mal; wirkt für 10 Jahre	Entzündung an der Einstichstelle
Typhus	alle Reisenden	4 oral einzunehmende Kapseln, alle 2 Tage 1 Kapsel	Darmkrämpfe; Übelkeit; Ausschlag
Gelbfieber	Reisende, die sich in Urwaldgebieten über 2300 m Höhe aufhalten	1-mal; wirkt für 10 Jahre	Kopf- und Gliederschmerzen; selten heftigere Reaktionen

Zum Zeitpunkt der Recherchen wurden an manchen Flughäfen ankommende Passagiere auf Anzeichen einer H1N1-Infektion hin untersucht; am besten kontaktiert man das Konsulat des jeweiligen Reiseziels, um herauszufinden, ob diesbezüglich irgendwelche Einreisebeschränkungen bestehen. Wer sich krank fühlt, sollte aber ohnehin auf keinen Fall reisen.

Die aktuellsten Infos zum Thema liefert die Website der WHO (www.who.intl).

REISEAPOTHEKE

- Antibiotika gegen Durchfall (z. B. Ciprofloxacin)
- Antihistaminika gegen Heuschnupfen und andere allergische Reaktionen
- Aspirin oder Paracetamol (in Südamerika besser bekannt als „Acetaminophen")
- DEET-haltiges Insektenschutzmittel
- Diamox oder ein anderes Acetazolamid gegen Höhenkrankheit
- „Durchfallbremsen" (z. B. Loperamid)
- eine antibakterielle Salbe für Schnitt- und Schürfwunden (z. B. Bactroban)
- Entzündungshemmer (z. B. Ibuprofen)
- Fieberthermometer
- Jodtabletten zur Wasserreinigung (außer bei Schwangerschaft oder Schilddrüsenproblemen)
- Permethrinhaltiges Insektenspray für Kleidung, Zelte und Moskitonetze
- Pflaster und Tape für Verbände
- Rehydrationstabletten oder -lösungen
- Scheren, Pinzetten, Sicherheitsnadeln
- Steroid- oder Kortisonsalbe gegen allergische, juckende Ausschläge (z. B. durch Kontakt mit Giftefeu)
- Sonnenschutzmittel
- Spritzen und sterile Nadeln
- Taschenmesser
- Verbandszeug, Mullbinden

INFOS IM INTERNET

Im Internet wimmelt es nur so von Informationen zum Thema „Gesundheit auf Reisen". Für den Anfang empfiehlt sich ein Blick auf die Website von **Lonely Planet** (www.lonelyplanet.com). Die **Weltgesundheitsorganisation (WHO)** (www.who.int/ith) gibt ein hervorragendes Buch namens *International Travel and Health* heraus, das jährlich überarbeitet wird und im Internet kostenlos zur Verfügung steht. Infos auf Deutsch gibt's auf der

Seite des Instituts für medizinische Information (www.reisevorsorge.de). Eine weitere gute Informationsquelle ist die Website von **TravelMED** (www.travelmed.de) mit umfassenden, täglich aktualisierten Gesundheitstipps zu sämtlichen Reiseländern.

Ansonsten sollten Traveller auf jeden Fall auch die Hinweise auf den Reiseseiten ihres jeweiligen Gesundheits- oder Außenministeriums beachten:

Deutschland (www.auswaertiges-amt.de/www/de/laenderinfos/gesundheitsdienst)
Österreich (www.bmaa.gv.at/view.php3?r_id=194&LNG=de&version=)
Schweiz (www.eda.admin.ch/eda/de/home/travad.html)

NOCH MEHR LEKTÜRE

Weitere Informationen enthält *Healthy Travel Central & South America* von Lonely Planet. Für Reisen mit Kindern empfiehlt sich der Lonely Planet Ratgeber *Travel with Children*. Auch nützlich: *Gesund reisen in fernen Ländern* von H. Kretschmer und M. Kaiser.

UNTERWEGS

JETLAG & REISEÜBELKEIT

Bei Reisen über mehr als fünf Zeitzonen hinweg ist ein Jetlag kaum zu vermeiden. Zu den Symptomen zählen Schlaflosigkeit, Müdigkeit, Unwohlsein und Brechreiz. Um einen Jetlag zu vermeiden, nimmt man am besten viel (nichtalkoholische!) Flüssigkeit und nur leichte Mahlzeiten zu sich. Nach der Ankunft sollten sich Traveller am besten natürlichem Tageslicht aussetzen, um ihren Rhythmus (essen, schlafen usw.) dem hiesigen so schnell wie möglich anzupassen.

Antihistaminika – z. B. Dimenhydrinate (Dramamin) oder Meclozin (Antivert, Bonine) – sind die erste Wahl, wenn's um das Kurieren von Reiseübelkeit geht. Als Nebenwirkung tritt am häufigsten Schläfrigkeit auf. Eine Alternative zu Antihistaminika ist Ingwer, manche schwören darauf.

THROMBOSE

Durch das lange Stillsitzen können sich auf Langzeitflügen Blutklumpen in den Beinvenen bilden (Thrombose oder Deep Vein Thrombosis, DVT). Je länger der Flug, desto höher ist das Risiko. Die meisten Verklumpungen werden ohne weitere Folgen wieder vom Körper absorbiert. Manchmal wandert ein Gerinnsel aber auch durch die Blutgefäße in die Lunge und kann dort lebensgefährliche Komplikationen verursachen.

Hauptsymptome einer Venenthrombose sind Schwellungen oder Schmerzen in den Füßen, Fußgelenken oder Waden (meistens – aber nicht immer – nur auf einer Seite). Wenn ein Blutgerinnsel in die Lunge gerät, kann dies Brustschmerzen und Schwierigkeiten beim Atmen verursachen. Wer auch nur eines dieser Symptome bei sich feststellt, sollte unverzüglich nach medizinischer Hilfe suchen.

Um das Thromboserisiko auf Langzeitflügen zu senken, wird Travellern empfohlen, ab und zu durch die Kabine zu laufen. Auch Spannen, Entspannen und Dehnen der Beinmuskulatur im Sitzen kann vorbeugen. Außerdem sollte man ausreichend Flüssigkeit trinken und von Alkohol und/oder Tabakwaren die Finger lassen.

IN SÜDAMERIKA

MEDIZINISCHE VERSORGUNG & KOSTEN

Vernünftige medizinische Einrichtungen sind in kleineren Städten selten und im ländlichen Raum so gut wie gar nicht zu finden. Viele Ärzte und Krankenhäuser erwarten ihr Honorar in bar – ob man nun eine Auslandskrankenversicherung hat oder nicht. Wer lebensbedrohliche Gesundheitsprobleme bekommt, wird sich höchstwahrscheinlich in ein Land mit bestmöglicher medizinischer Versorgung ausfliegen lassen wollen. Dafür kommen schnell mehrere zehntausend Euro zusammen. Deshalb sollten Traveller vor der Abreise unbedingt checken, ob ihre Krankenversicherung die Kosten für medizinische Überführungsflüge übernimmt. Weitere Informationen zu diesem Thema gibt's auf den Reiseseiten des deutschen **Auswärtigen Amtes** (www.auswaertiges-amt.de/www/de/laenderinfos/gesundheitsdienst), der **Republik Österreich** (www.bmaa.gv.at/view.php3?r_id=194&LNG=de&version=) und der **Schweizer Eidgenossenschaft** (www.eda.admin.ch/eda/de/home/travad.html).

INFEKTIONSKRANKHEITEN
Cholera

Cholera ist eine Darmkrankheit, die durch den Konsum von verseuchten Lebensmitteln oder Trinkwasser übertragen wird. Hauptsymptom sind starke wässrige Durchfälle, die zu lebensbedrohlicher Dehydrierung führen können. Die wichtigste Gegenmaßnahme ist das Trinken von Rehydrationslösungen. Ergänzend können Antibiotika wie z. B. Tetracyclin oder Doxycyclin eingenommen werden; auch Antibiotika der Chinolingruppe (z. B. Ciprofloxacin oder Levofloxacin) sind sehr wirkungsvoll. Traveller infizieren sich selten mit Cholera. Mittlerweile sind Choleraimpfungen nicht mehr vorgeschrieben und werden in manchen Ländern schon gar nicht mehr angeboten, denn der alte Impfstoff hat sich als relativ wirkungslos erwiesen und hatte eine Menge Nebenwirkungen. Moderne Impfstoffe sind wesentlich effektiver und zuverlässiger, stehen aber in vielen Ländern nicht zur Verfügung und empfehlen sich nur für Reisen in ausgesprochene Risikogebiete.

Denguefieber

Beim Denguefieber handelt es sich um eine Virusinfektion, die in ganz Südamerika grassiert. Dengue wird von Gelbfiebermücken übertragen. Diese Insekten stillen ihren Blutdurst vor allem tagsüber und sind normalerweise in der Nähe menschlicher Siedlungen zu finden (oft auch in Gebäuden). Die Moskitos legen ihre Eier gern in künstlichen Wasserbehältern ab (z. B. in Einmachgläsern, Fässern, Dosen, Zisternen, Metalltrommeln, Kunststoffkanistern, ausrangierten Autoreifen usw.). Deshalb tritt Denguefieber besonders häufig in dicht besiedelten Stadtgebieten auf.

Denguefieber äußert sich normalerweise in grippeartigen Symptomen wie Fieber, Muskel-, Gelenk- und Kopfschmerzen, Übelkeit und Erbrechen, oft gefolgt von Ausschlägen. Die körperlichen Beschwerden sind zwar eine Weile lang ziemlich unangenehm, doch die meisten Patienten sind nach ein paar Tagen wieder fit. Schwere Fälle von Denguefieber treten normalerweise nur bei Kindern und Jugendlichen unter 15 Jahren auf, die sich diese Infektion zum zweiten Mal zuziehen.

Die Behandlungsmöglichkeiten für Denguefieber beschränken sich auf das Verabreichen von Schmerzmitteln (Acetaminophen/Paracetamol oder Tylenol) und eine ausreichende Flüssigkeitszufuhr. In schweren Fällen sind eventuell Krankenhausaufenthalte mit Infusionen und unterstützenden Therapien nötig. Schutzimpfungen gibt's keine; vorbeugen lässt sich am besten durch ausreichenden Schutz vor Insekten (s. S. 1137).

Man sollte sich immer darüber informieren, ob in dem Gebiet, das man besuchen will, das Fieber aktuell grassiert. 2009 etwa hat Bolivien den schlimmsten Dengue-Ausbruch seiner Geschichte erlebt; damals waren mehr als 60 000 Menschen infiziert. Auch Brasilien – dort vor allem Bahia (geschätzte 225 000 Fälle) – und Argentinien (25 000 Infizierte) wurden bereits hart getroffen.

Aktuelle Infos liefert die Website des CDC (www.cdc.gov/travel).

Gelbfieber

Gelbfieber ist eine lebensbedrohliche Virusinfektion. Sie wird in Waldgebieten von Moskitos übertragen. Die Krankheit beginnt zunächst mit grippeähnlichen Symptomen wie Fieber, Schüttelfrost, Kopf- und Rückenschmerzen, Muskelkrämpfen, Appetitlosigkeit, Übelkeit und Erbrechen. Normalerweise verschwinden diese Krankheitszeichen nach ein paar Tagen wieder. Bei einem Sechstel aller Patienten kommt es jedoch zu einer zweiten und weitaus gefährlicheren Krankheitsphase: Diese geht mit Fieberanfällen, Erbrechen, Apathie, Gelbsucht, Nierenversagen und Blutstürzen einher. In der Hälfte aller Fälle führt dies zum Tod. Außer einer entsprechenden Prophylaxe gibt's keinerlei Behandlungsmöglichkeiten.

Gelbfieberschutzimpfungen werden ausschließlich in offiziellen Impfzentren verabreicht. Die Eintragung im Internationalen Impfpass (gelbes Büchlein) gilt als offizieller Nachweis. Die Injektion muss mindestens zehn Tage vor der Einreise in ein potentielles Gelbfiebergebiet erfolgen und schützt für ca. zehn Jahre. Die Nebenwirkungen sind vergleichsweise schwach und beschränken sich auf Kopf- und Muskelschmerzen, leichtes Fieber oder Wundschmerz an der Einstichstelle. In extrem seltenen Fällen kam es zu lebensbedrohlichen Reaktionen. Verglichen mit dem Risiko, das eine Gelbfieberinfektion birgt, ist das Risiko bei Schutzimpfungen verschwindend gering. Deshalb sollten sich Traveller auf jeden Fall pieksen lassen.

Ein ausreichender Schutz vor Moskitostichen ist dennoch unbedingt nötig (s. S. 1137).

Hepatitis A

Nach den Durchfallerkrankungen ist Hepatitis A die zweithäufigste Reisekrankheit. Die Virusinfektion befällt die Leber normalerweise nach dem Genuss von verseuchtem Trinkwasser, Speiseeis oder kontaminierten Lebensmitteln. Ansteckungsgefahr besteht aber auch bei direktem Körperkontakt mit infizierten Personen. Die Krankheit tritt weltweit auf, besonders häufig allerdings in Entwicklungsländern. Zu den Symptomen zählen Fieber, Unwohlsein, Gelbsucht, Übelkeit, Erbrechen und Bauchschmerzen. Die meisten Erkrankten genesen ohne große Komplikationen, trotzdem kann die Leber durch Hepatitis A in seltenen Fällen schwer geschädigt werden. Diese Krankheit ist nicht behandelbar.

Dafür gibt's sehr sichere und effektive Schutzimpfungen gegen Hepatitis A. Wer sich impfen lässt und sechs bis zwölf Monate später zum Auffrischen geht, hat für mindestens zehn Jahre seine Ruhe. Vor Reisen in Entwicklungsländer sollte man das auf jeden Fall tun. Die Risiken für Schwangere und Kinder unter zwei Jahren sind noch nicht umfassend erforscht. Für sie empfiehlt sich daher eine Gammaglobulininjektion.

Hepatitis B

Wie Hepatitis A ist auch Hepatits B eine Leberinfektion, die weltweit vorkommt, aber häufiger in Entwicklungsländern auftritt. Im Gegensatz zu Hepatitis A erfolgt die Übertragung in diesem Fall durch Sexualkontakt oder Kontakt mit infiziertem Blut (meist durch Transfusionen oder verseuchte Kanülen). Die Schutzimpfung empfiehlt sich nur für Langzeitreisende (länger als sechs Monate im Ausland), die sich voraussichtlich in ländlichen Gebieten aufhalten oder nahen körperlichen Kontakt zur Bevölkerung haben werden. Auch wer eventuell sexuellen Kontakt mit Einheimischen haben wird oder wahrscheinlich ärztliche, zahnärztliche oder sonstige medizinische Behandlungen im Ausland in Anspruch nimmt (vor allem, wenn Transfusionen oder Injektionen zu erwarten sind), sollte sich impfen lassen.

Schutzimpfungen gegen Hepatitis B wirken sehr sicher und zuverlässig. Vollständig immun sind Geimpfte nach insgesamt drei Injektionen. Einige Länder haben diese Prophylaxe in den 1980er-Jahren in ihre routinemäßigen Kinderimpfprogramme aufgenommen. Viele junge Erwachsene dürften daher bereits geschützt sein.

Malaria

Malaria grassiert in allen Ländern Südamerikas (ausgenommen Chile, Uruguay und Falklandinseln). Die Krankheit wird durch Moskitos übertragen, die ihre Opfer normalerweise bei Dunkelheit heimsuchen. Hauptsymptom sind heftigste Fieberanfälle, oft zusammen mit Schüttelfrost, Schweißausbrüchen, Kopf- und Gliederschmerzen, Schwächeanfällen, Erbrechen und Durchfall. In schwerwiegenden Fällen wird das zentrale Nervensystem angegriffen. Das kann über Wahnvorstellungen, Orientierungslosigkeit und Koma bis zum Tod führen.

Insgesamt sind drei Malariamedikamente erhältlich, die alle gleichermaßen wirksam sind. Mefloquin (Lariam) muss einmal wöchentlich in einer Dosis von 250 mg eingenommen werden, und zwar von einer bis zwei Wochen vor der Abreise an bis vier Wochen nach der Rückkehr. Das Problem bei diesem Medikament ist, dass ein bestimmter Prozentsatz von Patienten (die Zahl ist umstritten) neuropsychiatrische Begleiterscheinungen zeigt, die harmlos bis ernsthaft sein können. Das neue Kombinationsmedikament mit den Wirkstoffen Atovaquon und Proguanil (Malarone) wird einmal täglich zu einer Mahlzeit eingenommen. Die Prophylaxe beginnt zwei Tage vor der Abreise und endet eine Woche nach der Rückkehr. Die Nebenwirkungen sind leicht. Die dritte Alternative – Doxycyclin – kann übermäßige Sonnenempfindlichkeit hervorrufen.

Insgesamt scheint Malarone weniger Nebenwirkungen zu haben als Mefloquin und wird deshalb immer beliebter. Der große Nachteil ist, dass es täglich eingenommen werden muss. Für längere Trips ist Mefloquin durchaus zu empfehlen; bei kürzeren Reisen werden die meisten Traveller jedoch auf Malarone zurückgreifen.

Ein ausreichender Schutz gegen Moskitostiche ist mindestens genauso wichtig wie die eigentliche Malariaprophylaxe (Empfehlungen gibt's auf S. 1137), denn keines der angegebenen Medikamente ist zu 100% sicher.

Wer sich auf Reisen fernab aller medizinischen Einrichtungen aufhält, sollte zusätzlich Medikamente zur Eigenbehandlung mitführen. Diese sind ausschließlich für den Notfall bestimmt, wenn sich Malariasymptome (z. B. heftige Fieberanfälle) zeigen und kein Arzt in der Nähe ist. Man kann z. B. drei Tage lang jeweils vier Malarone-Tabletten auf einmal einnehmen. Das geht allerdings nicht, wenn Malarone bereits zur Vorbeugung verwendet wurde. Alternativ kommt eine Kombination aus Chinin (650 mg; 3-mal täglich) und Doxycyclin (100 mg; 2-mal täglich) in Frage. Beide Medikamente müssen eine Woche lang eingenommen werden. Bei Selbstmedikamentierung unbedingt so schnell wie möglich ärztliche Hilfe aufsuchen!

Zum Arzt sollte man auch gehen, wenn nach der Heimkehr Fieberanfälle auftreten (Malariasymptome treten u. U. erst nach Monaten auf).

Pest

Der Schwarze Tod wird normalerweise durch den Biss von Rattenflöhen auf Menschen übertragen (insbesondere dann, wenn Nager ihr Leben gerade aushauchen). Zu den Symptomen zählen Fieber, Schüttelfrost, Muskelkrämpfe und Übelkeit – ganz abgesehen von starken und extrem schmerzhaften Lymphknotenschwellungen. Diese werden als „Bubo" bezeichnet und treten meist in der Leistengegend auf. Beinahe jedes Jahr wird von Pestfällen irgendwo in Peru, Bolivien oder Brasilien berichtet; das Infektionsrisiko für Traveller ist allerdings sehr gering. Wer möglicherweise Kontakt mit Nagetieren oder Rattenflöhen haben wird, sollte eine Flasche Doxycyclin mitgeführen. Bei Bedarf kann das Medikament dann vorbeugend eingenommen werden. Kinder unter acht Jahren oder Menschen, die allergisch auf Doxycyclin reagieren, nehmen stattdessen Trimethoprim-Sulfamethoxazol. Zusätzlich wird Travellern empfohlen, sich von Gebieten mit Nagetiergängen oder -nestern fernzuhalten. Kranke Tiere oder Kadaver anzufassen, ist grundsätzlich tabu. Vor Insektenbissen und -stichen sollte man sich ohnehin schützen, Hinweise dazu gibt's auf S. 1137.

Tollwut

Der Tollwutvirus befällt Gehirn und Rückenmark, was so gut wie immer tödlich endet. Er findet sich im Speichel infizierter Tiere und wird meist durch Bisse übertragen. Eine Infektion ist aber auch möglich, wenn verseuchter Tierspeichel in bereits vorhandene Hautwunden eindringt. Die Tollwut kommt in ganz Südamerika vor.

Schutzimpfungen gegen Tollwut sind sicher aber relativ teuer. Die komplette Prophylaxe besteht aus drei Injektionen und wird hauptsächlich für Tierfreunde und Höhlenforscher empfohlen. Allerdings sollten auch Traveller, die eigentlich keine Tierbisse erwarten, eine Schutzimpfung in Betracht ziehen, wenn sie in abgelegene Gebiete reisen, wo es oft weit und breit keine ausreichenden medizinischen Einrichtungen gibt. Bei Tollwutverdacht wird eine Kombination aus Tollwutimpfstoff und Antikörpern gespritzt. Dieses Notfallmedikament wirkt zuverlässig, muss aber nach Bissen sofort verabreicht werden. Für die meisten Traveller ist eine Tollwutschutzimpfung überflüssig.

Sämtliche Biss- und Kratzwunden müssen augenblicklich und sorgfältig mit genügend Wasser und Seife ausgewaschen werden. Anschließend entscheidet die örtliche Gesundheitsbehörde, ob weitere Maßnahmen notwendig sind oder nicht (s. auch S. 1138).

Typhus

Typhus wird durch Lebensmittel oder Trinkwasser übertragen, die mit einer bestimmten Salmonellenart namens *salmonella typhi* verseucht sind. Typhus geht fast immer mit Fieber einher. Weitere Symptome sind Kopfschmerzen, Übelkeit, Muskelkrämpfe, Schwindel, Appetitlosigkeit, Brechreiz und Bauchschmerzen. Hinzu kommen manchmal Durchfall oder Verstopfung. In schweren Fällen können Darmdurchbrüche, innere Blutungen, Verwirrtheit oder Wahnvorstellungen auftreten. Ganz wenige Betroffene fallen anschließend ins Koma.

Wer nicht ausschließlich in großen Hotels und Restaurants essen will, sollte sich gegen Typhus impfen lassen. Dies ist entweder als Schluckimpfung oder per Spritze möglich. Beide Varianten eignen sich nicht für Kinder unter zwei Jahren.

Für die Behandlung von Typhus werden normalerweise Antibiotika der Quinolongruppe verwendet wie z. B. Ciprofloxacin (Cipro) oder Levofloxacin (Levaquin). Viele Traveller haben diese Medikamente sowieso gegen Durchfallerkrankungen dabei. Wer sich selbst gegen Typhus behandelt, kann gleich noch ein paar Malariapillen einwerfen: Die Symptome beider Krankheiten lassen sich manchmal kaum unterscheiden.

Andere Infektionen

BARTONELLOSE (OROYA-FIEBER)

Bartonellose wird von den Sandfliegen übertragen, die in den trockenen Flusstälern der westlichen Andenhänge in Peru, Kolumbien und Ecuador (800–3000 m) herumschwirren. Seltsamerweise tritt die Krankheit sonst nirgendwo in der Welt auf. Hauptsymptome sind Fieberanfälle und starke Muskelschmerzen. In schweren Fällen kommt es zu Anämien, Leber- und Milzvergrößerungen. Bartonellose kann in seltenen Fällen auch zum Tod führen. Sie lässt sich aber mit Chloramphenicol oder Doxycyclin erfolgreich behandeln.

CHAGA-KRANKHEIT

Die Chaga-Krankheit wird von Raubwanzen übertragen. Diese Parasiten siedeln in den Mauern und Dächern heruntergekommener Gebäude in Süd- und Mittelamerika. In Peru treten die meisten Fälle in den südlichen Landesteilen auf. Wenn eine Raubwanze ihre Mundwerkzeuge in die menschliche Haut bohrt (bevorzugt nachts), entleert sie nebenbei ihren Darm. Das Opfer infiziert sich, indem es die Ausscheidungen unbemerkt in die Bisswunde oder eine andere Hautverletzung reibt. Nur ganz wenige Traveller erkranken an Chaga. Dennoch ist beim Übernachten in baufälligen Gebäuden Vorsicht geboten – besonders dann, wenn diese aus Lehm, Ziegeln oder Stroh bestehen. In diesem Fall schützt man sich am besten mit einem Moskitonetz und einem guten Insektenabwehrmittel.

GNATHOSTOMIASE

Gnathostomiase befällt das Verdauungssystem. Die Parasiten gelangen durch den Genuss von rohem oder unzureichend erhitztem Süßwasserfisch, aber auch von *ceviche* (marinierte rohe Meeresfrüchte) in den Körper.

HISTOPLASMOSE

Histoplasmose wird von den Sporen eines bestimmten Bodenpilzes ausgelöst. Insbesondere bei frisch aufgebrochenem Erdreich besteht Infektionsgefahr, wenn diese Sporen eingeatmet werden. Als erste Symptome treten u. a. Fieber, Schüttelfrost, Reizhusten, Brust- und Kopfschmerzen auf. Manchmal kommt es zu einer Lungenentzündung. Immer wieder infizieren sich Höhlenforscher mit Histoplasmose, wenn sie Höhlen erkunden, in denen Fledermäuse leben.

HIV/AIDS

HIV und AIDS gibt es in ganz Südamerika. Bei allen Sexualkontakten sind Kondome daher ein absolutes Muss.

LEISHMANIASE

Leishmaniase kommt in den Gebirgsregionen und Urwäldern sämtlicher südamerikanischer Länder (ausgenommen Chile, Uruguay und Falklandinseln) vor. Die Überträger sind Sandfliegen, die nur ca. ein Drittel der Größe von Moskitos erreichen. Bei leichten Formen der Leishmaniase treten an den betroffenen Hautstellen sich langsam ausbreitende Geschwüre auf. Seltener werden zusätzlich auch Rückenmark, Leber und Milz befallen. Insbesondere bei HIV-Patienten kann Leishmaniase fatale Folgen haben. Impfungen gibt's leider keine. Vor Sandfliegen schützt man sich wie vor Moskitos (s. S. 1137) – mit einer Ausnahme: Die Maschen des Netzes müssen wesentlich dichter sein (mind. 7 Löcher/cm).

LEPTOSPIROSE

Leptospirose wird durch den Kontakt mit Wasser übertragen, in das der Urin infizierter Tiere gelangt ist. Die Krankheit bricht oft nach Flutkatastrophen aus, wenn die überlaufende Kanalisation die Trinkwasserspeicher verunreinigt. Die ersten Symptome ähneln denen einer leichten Grippe und verschwinden normalerweise ohne Komplikationen nach wenigen Tagen, ob behandelt oder nicht. In seltenen Fällen kann sich jedoch eine Leber- oder Hirnhautentzündung entwickeln. Impfungen dagegen gibt es nicht. Das Risiko lässt sich recht einfach minimieren: Traveller sollten den Kontakt mit Süßwasser vermeiden, das möglicherweise mit Tierurin kontaminiert sein könnte. Wer sich in Seuchengebieten aufhält, kann zur Vorbeugung einmal wöchentlich 200 mg Doxycyclin einnehmen. Bei akuter Leptospirose helfen zweimal täglich 100 mg Doxycyclin.

GESUNDHEITSRISIKEN
Durchfallerkrankungen
Hände weg vom Leitungswasser – es sei denn, es wurde abgekocht, gefiltert, mit einem Wasserentkeimer behandelt oder chemisch desinfiziert (z. B. mit Jodtabletten). Frische Früchte oder Gemüse sollten grundsätzlich nur gekocht oder geschält verzehrt werden. Auch von nicht pasteurisierten Milchprodukten geht eine gewisse Gefahr aus. Auf Märkten und bei Imbissständen auf der Straße ist besondere Vorsicht geboten.

Akutem Durchfall begegnet man am besten mit ausreichend Flüssigkeit – eine Rehydrationslösung mit jeder Menge Salz und Zucker ist ideal. Allerdings könnte man den Wunsch nach einem Antibiotikum verspüren, wenn man innerhalb von 24 Stunden mehr als drei wässrige Entleerungen hinter sich hat und auch noch weitere Symptome auftreten, z. B. Fieber, Krämpfe, Übelkeit, Erbrechen oder allgemeines Unwohlsein. Hier helfen beispielsweise Quinolon oder Ciprofloxacin sehr gut; „Durchfallbremsen" (z. B. Loperamid) hingegen bekämpfen nur die Symptome, nicht die Ursache. Loperamid sollte nicht eingenommen werden, wenn Blut im Stuhl ist oder man Fieber hat. Wenn kein Antibiotika anschlägt, ist unverzüglich ein Arzt aufzusuchen.

Hitzschlag
Zum Schutz vor zu viel Sonne sollten Traveller die Mittagshitze so gut wie möglich meiden. Auf die Nase gehört eine Sonnenbrille und auf den Kopf ein Sonnenhut mit breiter Krempe. Sunblocker mit UVA- und UVB-Schutz (mindestens Lichtschutzfaktor 15) geben dem Sonnenbrand keine Chance. Sämtliche der Sonne ausgesetzten Körperteile sollten sorgfältig mit Sonnenschutzmittel eingecremt werden, und zwar ca. 30 Minuten bevor der erste Sonnenstrahl die Haut trifft. Nach einem Sprung ins kühle Nass oder schweißtreibenden Aktivitäten muss die Prozedur wiederholt werden. Bei großer Hitze ist es sehr wichtig, das Trinken nicht zu vergessen und körperliche Anstrengung weitestgehend zu vermeiden.

Höhenkrankheit
Die Höhenkrankheit kann auftreten, wenn man sehr schnell in Höhenlagen von über 2500 m aufsteigt. Auch körperliche Fitness schützt nicht davor. Wer einmal an der Höhenkrankheit gelitten hat, wird auf ein weiteres Erlebnis dieser Art dankend verzichten. Das Risiko steigt proportional zu Aufstiegsgeschwindigkeit, zur Höhe und zur Kraftanstrengung. Zu den Symptomen gehören Kopfschmerzen, Übelkeit, Erbrechen und Benommenheit, manchmal auch Unwohlsein, Schlaf- und Appetitlosigkeit. Im schlimmsten Fall füllen sich die Lungen mit Gewebsflüssigkeit (Hochgebirgslungenödem), oder es kommt zu einer Hirnschwellung (Hochgebirgshirnödem).

Die Prophylaxe gegen die Höhenkrankheit beginnt einen Tag vor dem Aufstieg und muss nach Ankuft auf der jeweiligen Höhe für weitere 48 Stunden fortgesetzt werden. Man nimmt zwei- bis dreimal täglich 125 oder 250 mg Acetazolamid (Diamox) ein. Mögliche Nebenwirkungen dieses Medikaments sind u. a. vermehrter Harndrang, Benommenheit, Kribbeln, Übelkeit und Schläfrigkeit, außerdem Kurzsichtigkeit und zeitweilige Impotenz. Azetazolamid eignet sich nicht für Schwangere oder Personen, die allergisch auf Sulfonamide reagieren. Allergiker wappnen sich daher besser, indem sie viermal täglich 4 mg Dexamethason einnehmen. Anders als bei Acetazolamid muss die Dosis von Dexamethason nach Ankunft auf der jeweiligen Höhe schrittweise erhöht werden, sonst bricht die Höhenkrankheit u. U. aus, sobald die Zufuhr reduziert wird. Dexamethason gehört zur Gruppe der Steroide. Dieses Medikament eignet sich deshalb nicht für Diabetiker oder Personen, die keine Steroide einnehmen dürfen. Manche Traveller schwören auf Ginko als natürliche Alternative.

Bei Hochgebirgstouren sollte man sich nicht überanstrengen, keinen Alkohol trinken und leichte Mahlzeiten zu sich nehmen.

Wenn die Symptome stärker werden oder nicht sofort wieder verschwinden, muss unverzüglich ein Arzt aufgesucht werden. Die Höhenkrankheit ist eine ernste Sache: Schwere Formen können tödlich sein.

Insektenbisse & -stiche
Vor blutdürstigen Moskitos schützen lange Ärmel und Hosenbeine, Hüte und geschlos-

sene Schuhe (keine Sandalen!). Gute Insektenabwehrmittel enthalten DEET. Mit ihnen können freiliegende Hautpartien und Kleidungsstücke geschützt werden. Der Kontakt mit Augen, Mund, Wunden oder gereizter Haut ist aber zu vermeiden. Produkte mit einer niedrigen DEET-Konzentration wirken zwar gut, aber wesentlich kürzer. Bei Erwachsenen und Kindern über zwölf Jahren sollte der DEET-Anteil zwischen 25 und 35 % liegen (reicht für ca. 6 Std.). Für Kinder zwischen zwei und zwölf Jahren sind nur DEET-Produkte mit einem Wirkstoffanteil von maximal 10 % geeignet. Bei sparsamer Anwendung hält der Effekt ca. drei Stunden an. Man hört ab und zu von neurologischen Vergiftungserscheinungen durch DEET, insbesondere bei Kindern. So etwas kommt aber sehr selten vor und hängt meist mit einer starken Überdosierung zusammen. Kleinkinder unter zwei Jahren sollten niemals DEET-Produkte nehmen.

Es gibt auch auch Insektenabwehrmittel auf pflanzlicher Basis (z. B. mit Eukalyptus- oder Sojaöl). Diese Produkte schützen durchaus, wirken aber nur eineinhalb bis zwei Stunden. DEET-haltige Insektenmittel sind in Gebieten mit hohem Malaria- oder Gelbfieberrisiko auf jeden Fall vorzuziehen. Produkte auf Zitronengrasbasis taugen nichts.

Zusätzlich können Reisende ihre Kleidungsstücke, Schuhe, Zelte und Moskitonetze mit Permethrin imprägnieren. Eine solche Behandlung ist eine sichere Sache. Permethrin wirkt mindestens zwei Wochen lang und überlebt sogar mehrere Waschgänge. Direkter Hautkontakt ist jedoch zu vermeiden.

Fenster ohne Fliegengitter bleiben besser zu. Beim Übernachten im Freien oder in irgendwie offenen Unterkünften haben Moskitos leichtes Spiel. In diesen Fällen hilft ein Moskitonetz (idealerweise mit Permethrin behandelt). Um blutsaugende Besucher fernzuhalten, sollten die Ränder des Netzes unter die Matratze geklemmt werden. Nur sichtbare Maschen mit weniger als 1,5 mm Durchmesser bieten einen ausreichenden Schutz. Für völlig ungeschützte Schlafplätze gibt's sogenannte Räucherspiralen. Diese Geräte nebeln den Raum über Nacht mit einem Insektizid ein. Mit Abwehrmittel imprägnierte Armbänder sind so gut wie wirkungslos.

Kälte & Unterkühlung

Im Andenhochland kann die Kälte zum ernsthaften Problem werden (vor allem nachts). Wer hierher kommt, sollte warme, trockene Kleidung tragen, sich ausreichend bewegen und genügend Nahrung und Trinkwasser zu sich nehmen. Ausreichende Ruhephasen sind ebenfalls sehr wichtig. Alkohol, Koffein und Tabakwaren sollten tabu sein. Vorsicht: Sollte jemand aus der Gruppe unkoordinierte, unverständliche Laute von sich geben, können dies die ersten Anzeichen der Höhenkrankheit sein.

Eine Unterkühlung entsteht immer dann, wenn der Körper schneller Wärme verliert, als er produzieren kann und die durchschnittliche Körpertemperatur dadurch sinkt. Bei Hochgebirgstouren und langen Busfahrten in Bergregionen ist also Vorsicht geboten (vor allem nachts). In den Anden müssen Traveller stets auf Regen, Wind und Kälte vorbereitet sein – selbst wenn es nur ein kurzer Besuch sein soll. Am besten kleidet man sich nach dem „Zwiebelschema". Eine Kopfbedeckung ist wichtig, da ein Großteil der Wärme über den Kopf verloren geht. Mit einer Unterkühlung gehen u. a. Erschöpfung, Benommenheit und Zittern einher. Schwere Fälle äußern sich in vermindertem Sprachvermögen, irrationalem oder gewalttätigem Verhalten und Lethargie. Manche Betroffenen leiden auch an schleppendem Gang, Muskelkrämpfen und Schwächefällen oder machen sich mit lautstarken Wutausbrüchen bemerkbar.

Bei einer leichten Unterkühlung sollte der Patient zunächst vor Wind und Regen in Sicherheit gebracht werden. Dann wird er bei Bedarf mit warmer und trockener Kleidung versehen und bekommt was Warmes zu trinken – ohne Alkohol! Hochkalorische, leicht verdauliche Nahrungsmittel füllen die Energiespeicher wieder auf. Auf keinen Fall versuchen, den Unterkühlten durch Abreiben aufzuwärmen! Stattdessen soll sich der Betroffene durch langsame Bewegungen wieder aufwärmen. Damit sollte eine leichte Unterkühlung eigentlich vom Tisch sein. Die rechtzeitig zu entdecken und zu behandeln ist die einzige Möglichkeit, schwere Fälle zu vermeiden.

Parasiten

Darmparasiten gibt es in ganz Südamerika. Zu den häufigsten Krankmachern zählen

Cyclosporen, Amöben und Isosporen. Eine Bandwurmart namens *taenia solium* verursacht chronische Hirninfektionen (Cysticercose). Wer Lebensmittel und Getränke sorgfältig auswählt, kann das Infektionsrisiko enorm senken. Zudem sollte man nur Restaurants und Marktstände besuchen, in denen viel Betrieb ist – wo reger Verkehr herrscht, liegt das Essen nie lange herum. Auf Märkten und bei Straßenverkäufern ist ein wichtiges Indiz, wie die Teller und das Besteck gereinigt werden. Wenn einem hier etwas sehr unhygienisch erscheint, sollte man besser die Finger von dem Angebotenen lassen.

Schistosomiasis-Parasiten befallen in erster Linie die Blutgefäße der Leber. Diese Krankheit tritt immer wieder in Brasilien, Surinam und der nördlichen Landesmitte von Venezuela auf. Wasserschnecken fungieren als Zwischenwirte, deshalb kann man sich z. B. beim Schwimmen, Waten, Baden oder Wäschewaschen im Süßwasser anstecken. In betroffenen Gebieten macht man daher um Süßwasserspeicher (Seen, Teiche, Bäche und Flüsse) besser einen weiten Bogen. Nach Kontakt mit verseuchtem Wasser wird das Infektionsrisiko durch sorgfältiges Abtrocknen zwar gesenkt, aber nicht vollständig ausgeschlossen. Pools mit Chlorwasser sind aber sicher.

Die Larven des Fuchs- oder Hundebandwurms (Echinokokken) schädigen die Leber. Diese Parasiten kommen in vielen Ländern vor (vor allem in Peru und Uruguay) und suchen besonders Personen heim, die engen Kontakt zu Schafen haben. Lungenegel (Paragonimus) verstecken sich gern in rohen Schalentieren. Erkrankungsfälle gab es bereits in Ecuador, Peru und Venezuela.

Tierbisse

Reisende sollten nie versuchen, Tiere zu streicheln, zu füttern oder mit ihnen zu spielen – außer Haustiere, die nachgewiesenermaßen keine Infektionskrankheiten haben. Die meisten Bisse rühren daher, dass die betroffene Person das Tier füttern oder berühren wollte.

Jede Biss- oder Kratzwunde, die auf das Konto von Säugetieren geht (inkl. Fledermäuse), sollte unverzüglich und gründlich mit sehr viel Wasser und Seife gereinigt werden. Anschließend ist die Wunde mit einem Antiseptikum (z. B. Jod oder Alkohol) zu desinfizieren. Bei Tollwutverdacht muss die örtliche Gesundheitsbehörde so schnell wie möglich kontaktiert werden, um eine Notfallbehandlung einleiten zu können – egal, ob der Betreffende bereits gegen Tollwut geimpft ist oder nicht. Biss- oder Kratzwunden können zusätzlich mit einem Antibiotikum behandelt werden, um Entzündungen zu mildern oder zu verhindern. Hierfür eignen sich neuere Quinolon-Varianten wie z. B. Levofloxacin (Levaquin). Viele Traveller haben dieses Medikament sowieso zur Behandlung von Durchfallerkrankungen dabei.

In manchen südamerikanischen Regionen besteht Gefahr durch Giftschlangen und Blutegel. Wenn eine Giftschlange zugebissen hat, sollte das Opfer erst einmal ruhig gelagert werden. Dann heißt es, den Körperteil mit der Bisswunde zu fixieren – und nichts wie los zur nächsten medizinischen Einrichtung! Mittlerweile raten Mediziner davon ab, betroffene Körperstellen abzubinden.

Trinkwasser

Leitungswasser ist in Südamerika grundsätzlich mit Vorsicht zu genießen. Wasser lässt sich am effektivsten reinigen, indem man es mindestens eine Minute lang abkocht (3 Min. bei Höhen über 2000 m).

Die neueste Methode – sicher, effektiv und dank geringen Eigengewichts sehr praktisch – ist ein Wasserentkeimer, der mit UV-Licht arbeitet, z. B. SteriPen. Alternativ kann Wasser auch mithilfe von Jod desinfiziert werden. Bei dieser Methode wird das Wasser mit einer 2 %-igen Jodlösung versetzt. Für einen Liter sauberes Wasser reichen fünf Tropfen (je nach Trübungsgrad max. 10 Tropfen). Anschließend lässt man das Ganze eine halbe Stunde lang stehen (kaltes Wasser ggf. auch länger). Jodtabletten wie z. B. „Globaline", „Potable-Aqua" oder „Coghlan's" sind in den meisten Apotheken erhältlich. Die aufgedruckten Anweisungen sollten exakt befolgt werden. Mit etwas Vitamin C (Ascorbinsäure) als Zusatz schmeckt jodiertes Wasser wesentlich angenehmer. Mediziner empfehlen, jodiertes Wasser nicht länger als ein paar Wochen am Stück zu trinken. Es eignet sich nicht für Schwangere, Schilddrüsenpatienten und Personen mit Jodallergie.

Von den verschiedenen Wasserfiltern auf dem Markt bieten Modelle mit kleinen Poren (Umkehrosmosefilter) den besten Schutz. Sie sind allerdings relativ groß und verstopfen leicht. So genannte „Microstrainer" haben größere Poren. Sie filtern zwar alle möglichen Mikroorganismen heraus, kapitulieren aber vor Viren. Die Herstellerangaben immer sorgfältig befolgen.

FRAUEN & GESUNDHEIT

Außerhalb der Großstädte gibt's in Südamerika nur wenige qualifizierte Geburtskliniken. Außerdem sollten sich schwangere Frauen möglichst nicht der dünnen Höhenluft aussetzen.

Gelbfieberschutzimpfungen sind bei Reisen in Urwaldgebiete unter 2300 m Höhe sehr zu empfehlen, aber wer bereits schwanger ist, darf nicht mehr geimpft werden: Der Impfstoff enthält lebende Viren, die im schlimmsten Fall das Kind im Mutterleib infizieren können.

TRADITIONELLE MEDIZIN

Eine Auswahl an beliebten traditionellen Heilmitteln:

TRADITIONELLE MEDIZIN

Problem	Behandlung
Höhenkrankheit	Gingko
Jetlag	Melatonin
Moskitostich vorbeugend	Eukalyptusöl, Sojaöl
Reiseübelkeit	Ingwer

Sprache

INHALT

Lateinamerikanisches Spanisch	1140
Brasilianisches Portugiesisch	1145
Indigene Sprachen	1151
Aymara & Quechua	1151
Sranan Tongo (Surinaams)	1152

LATEINAMERIKA- NISCHES SPANISCH

Lateinamerikanisches Spanisch wird fast in ganz Südamerika gesprochen, Ausnahmen sind Brasilien (mit Portugiesisch als offizieller Amtssprache) und die Guyanas (wichtigste Sprachen: Französisch, Niederländisch, Englisch). Ausführlichere Infos zum Thema gibt's im Lonely Planet Sprachführer *Spanisch*, im englischsprachigen Lonely Planet *Latin American Spanish Phrasebook* sowie in allen guten Wörterbüchern Spanisch–Deutsch.

AUSSPRACHE

Die Aussprachehilfen in diesem Kapitel machen die Verständigung vor Ort recht einfach.

Vokale

a	wie in „alle"
e	wie in „essen"
i	wie in „ich"
o	wie in „offen"
u	wie in „Huhn"; das „u" wird nicht gesprochen nach **q** und in den Buchstabenkombinationen **gue** und **gui**; Ausnahme: wenn es mit einem Trema markiert (z. B. *argüir*) ist, wird es wie das deutsche „u" ausgesprochen.
y	am Wortende oder wenn es allein steht, wie das spanische **i** (z. B. in *ley*), zwischen Vokalen innerhalb eines Wortes wie das „j" in „jemand".

Konsonanten

Generell werden die spanischen Konsonaten wie die deutschen ausgesprochen. Die wichtigsten Ausnahmen stehen unten.

Die Konsonanten **ch**, **ll** und **ñ** werden meist als unterschiedliche Buchstaben behandelt, **ch** und **ll** werden alphabetisch unter **c** bzw. **l** einsortiert, **ñ** wird als Extrabuchstabe angesehen und kommt im Wörterbuch nach **n**.

b	ähnlich dem deutschen „b", aber weicher, wird bezeichnet als „b larga"
c	wie in „Sinn" vor **e** und **i**; sonst wie das deutsche „k"
ch	wie „tsch" in „Kutsche"
d	wie in „das", aber zwischen Vokalen und nach **l** oder **n** hört es sich mehr an wie das englische „th" in „this"
g	wie das „ch" in „doch" vor **e** und **i**, in den anderen Fällen wie „g" in „Golf"
h	ist immer stumm. Wer einen Namen hat, der mit diesem Buchstaben beginnt, sollte gut aufpassen, wenn er darauf wartet, dass ein Beamter ihn aufruft
j	wie das „ch" in „doch"
ll	ungefähr wie das „lie" in „Familie"
ñ	so wie das „gn" in „Champignon"
r	ein kurzes **r**, außer am Wortbeginn und nach **l**, **n** oder **s**, dann wird es oft gerollt
rr	sehr stark gerollt
v	sehr ähnlich wie das deutsche „b", aber weicher; bezeichnet als „b corta"
x	normalerweise wie das **j** oben ausgesprochen, aber in manchen Ortsnamen der Ureinwohner wie ein „s" und in anderen Fällen wie in „taxi"
z	wie das „s" in „Sonne"

Wortbetonung

Im Allgemeinen werden spanische Wörter, die auf einen Vokal oder die Konsonanten -*n* oder -*s* enden, auf der vorletzten Silbe betont, alle anderen auf der letzten Silbe. Mit Akzenten versehene Vokale werden unabhängig von dieser Regel immer betont, z. B. *sótano* (Keller), *América, porción* (Portion).

In unserem Aussprache-Leitfaden sind die zu betonenden Silben kursiv gedruckt, man muss sich also keine Gedanken über die Regeln machen.

GESCHLECHT & PLURALBILDUNG

Im Spanischen sind Nomen entweder männlich oder weiblich. Gewisse Regeln helfen bei der Bestimmung des Geschlechts. Weibliche Nomen enden im Allgemeinen auf -a, -ad, -z oder -ión. Andere Endungen, insbesondere -o, deuten in den meisten Fällen auf ein männliches Hauptwort hin. Adjektivendungen entsprechen jeweils dem Geschlecht des Nomens, das sie beschreiben (männlich/weiblich -o/-a). Sind in diesem Kapitel sowohl die männliche als auch die weibliche Form angegeben, sind sie durch einen Schrägstrich voneinander getrennt, wobei die männliche Form zuerst genannt ist, z. B. *perdido/a*.

Endet ein Nomen oder Adjektiv auf einen Vokal, wird der Plural durch das Anhängen eines *-s* gebildet. Bei Endung auf einen Konsonanten zeigt das Anhängen von *-es* den Plural an.

GESUNDHEIT

Ich bin krank.
Estoy enfermo/a. es·*toi* en·*fer*·mo/a
Ich brauche einen Arzt.
Necesito un médico. ne·se·*sie*·to un *me*·die·ko
Wo ist das Krankenhaus?
¿Dónde está el hospital? *don*·de es·*ta* el os·*pie*·tal
Ich bin schwanger.
Estoy embarazada. es·*toi* em·ba·ra·*sa*·da
Ich bin geimpft.
Estoy vacunado/a. es·*toy* va·ku·*na*·do/a

Ich bin allergisch gegen ...	Soy alérgico/a a ...	soi a·*ler*·chie·ko/a a ...
Antibiotika	los antibióticos	los an·tie·*bjo*·tie·kos
Nüsse	las nueces	las *nue*·ses
Penicillin	la penicilina	la pe·nie·sie·*lie*·na

Ich habe ...	Soy ...	soi ...
Asthma	asmático/a	as·*ma*·tie·ko/a
Diabetes	diabético/a	dia·*be*·tie·ko/a
Epilepsie	epiléptico/a	e·pie·*lep*·tie·ko/a

Ich habe ...	Tengo ...	*ten*·go ...
Höhenkrankheit	soroche	so·*ro*·che
Husten	tos	tos
Durchfall	diarrea	dia·*re*·a
Kopfschmerzen	un dolor de cabeza	un do·*lor* de ka·*be*·sa
Übelkeit	náusea	*nau*·se·a

KONVERSATION & NÜTZLICHES

In der Öffentlichkeit sind Südamerikaner so sehr auf Höflichkeit bedacht, dass es manchmal beinahe förmlich wirkt. Traveller sollten daher fremde Personen niemals ohne eine angemessene Begrüßung um Informationen bitten. Auch bei der Anrede muss unbedingt die Form gewahrt werden (vor allem bei Polizisten oder anderen Beamten). Junge Einheimische sehen das Ganze u. U. recht locker; dennoch ist es auch in diesem Fall angebracht, von vornherein erst einmal höflich aufzutreten. Duzen sollte man die Leute erst, wenn man ganz sicher ist, niemanden zu beleidigen. Sämtliche Begriffe und Redewendungen in diesem Kapitel entsprechen den ortsüblichen Höflichkeitsformen.

Hallo.	Hola.	o·la
Guten Morgen.	Buenos días.	*bwe*·nos *di*·as
Guten Tag. (ab dem Nachmittag)	Buenas tardes.	*bwe*·nas *tar*·des
Guten Abend./ Gute Nacht.	Buenas noches.	*bwe*·nas *no*·ches
Auf Wiedersehen.	Adiós.	a·*dios*
Bis später.	Hasta luego.	*as*·ta *lwe*·go
Ja./Nein.	Sí./No.	si/no
Bitte.	Por favor.	por fa·*vor*
Danke.	Gracias.	*gra*·sias
Vielen Dank.	Muchas gracias.	*mu*·chas *gra*·sias
Gern geschehen.	De nada.	de *na*·da
Entschuldigung!	Perdón.	per·*don*
Entschuldigung? (wenn man um Erlaubnis fragt)	Permiso.	per·*mie*·so
Entschuldigung. (wenn man um Verzeihung bittet)	Disculpe.	dis·*kul*·pe
Wie gehts?	¿Qué tal?	ke tal

Wie ist Ihr Name?/Wie ist dein Name?
¿Cómo se llama?/ *ko*·mo se *ja*·ma/
¿Cómo te llamas? *ko*·mo te *ja*·mas
Ich heiße ...
Me llamo ... me *ja*·mo ...
Sehr erfreut. (nach einer Vorstellung)
Mucho gusto. *mo*·cho *gus*·to
Ganz meinerseits.
El gusto es mío. el *gus*·to es *mie*·o
Woher kommen Sie?/Woher kommst du?
¿De dónde es?/ de *don*·de es/
¿De dónde eres? de *don*·de *e*·res
Ich komme aus ...
Soy de ... soi de ...
Wo wohnen Sie?/Wo wohnst du?
¿Dónde está alojado/a?/ *don*·de es·*ta* a·lo·*cha*·do/a
¿Dónde estás alojado/a? *don*·de es·*tas* a·lo·*cha*·do/a
Darf ich fotografieren?
¿Puedo sacar una foto? *pwe*·do sa·*kar* u·na *fo*·to

MIT KINDERN REISEN

Ich benötige ...
Necesito ... ne·se·*sie*·to ...

Haben Sie …?
¿Hay …? ai …

einen Babysitter (der Deutsch spricht)
una niñera u·na nie·nje·ra
(de habla alemán) (de a·bla a·le·man)

einen Babysitz fürs Auto
un asiento de seguridad un a·sien·to de se·gu·rie·da
para bebés pa·ra be·bes

einen Kinderbetreuungsservice
un servicio de cuidado un ser·vie·sjo de kwie·da·do
de niños de nie·njos

ein Kindermenü
una carta infantil u·na kar·ta ien·fan·tiel

eine Kinderkrippe
una guardería u·na gwar·de·rie·a

(Einweg-)Windeln
pañales (de usar y tirar) pa·njo·les (de u·sar ie tie·rar)

einen Hochstuhl
una trona u·na tro·na

Milchpulver
leche en polvo le·che en pol·vo

ein Töpfchen
una pelela u·na pe·le·la

einen Kinderwagen
un cochecito un ko·che·sie·to

Darf ich hier stillen?
¿Le molesta que dé le mo·les·ta ke de de pecho aquí?
de pe·cho a·kie

Dürfen Kinder hier rein?
¿Se admiten niños? se ad·mie·ten nie·njos

SHOPPEN & SERVICE

Ich würde gern … kaufen
Quisiera comprar … kie·sje·ra kom·prar

Ich schaue mich nur um.
Sólo estoy mirando. so·lo es·toi mie·ran·do

Darf ich es ansehen?
¿Puedo mirar(lo/la)? pwe·do mie·rar·(lo/la)

Wie viel kostet es?
¿Cuánto cuesta? kwan·to kwes·ta

Das ist mir zu teuer.
Es demasiado caro es de·ma·sja·do ka·ro
para mí. pa·ra mie

Können Sie den Preis senken?
¿Podría bajar un poco po·drie·a ba·char un po·ko
el precio? el pre·sjo

Mir gefällt es nicht.
No me gusta. no me gus·ta

Ich nehme es.
Lo llevo. lo je·vo

Akzeptieren Sie …?
¿Aceptan …? a·sep·tan

Kreditkarten tarjetas de tar·che·tas de
crédito kre·die·to

Reiseschecks cheques de che·kes de
viajero via·che·ro

US-Dollar dólares do·la·res
americanos a·me·rie·ka·nos

weniger menos me·nos
mehr más mas
groß grande gran·de
klein pequeño/a pe·ke·njo/a

Ich suche (den/die) …
Estoy buscando … es·toi bus·kan·do …

Geldautomaten el cajero el ka·che·ro
automático au·to·ma·tie·ko
Bank el banco el ban·ko
Buchladen la librería la lie·bre·rie·a
Apotheke la farmacia/ la far·ma·sia/
la botica la bo·tie·ka
Botschaft la embajada la em·ba·cha·da
Wechselstube la casa de la ka·sa de
cambio kam·bio
Gemischtwaren- la tienda la tien·da
laden
Waschsalon la lavandería la la·van·de·rie·a
Post el correo el ko·re·o
(Super-)Markt el (super-) el (su·per)
mercado mer·ka·do
Touristen- la oficina de la o·fie·sie·na de
information turismo tu·ries·mo

Wann ist geöffnet/geschlossen?
¿A qué hora abre/cierra? a ke o·ra a·bre/sie·ra

Ich möchte Geld/Reiseschecks tauschen.
Quiero cambiar dinero/ kie·ro kam·biear die·ne·ro/
cheques de viajero. che·kes de via·che·ro

Wie ist der Wechselkurs?
¿Cuál es el tipo de cambio? kwal es el tie·po de kam·bio

Ich möchte anrufen bei …
Quiero llamar a … kie·ro lja·mar a …

Brief carta kar·ta
Briefmarken estampillas es·tam·pie·ljas
Einschreiben certificado ser·tie·fie·ka·do
Luftpost correo aéreo ko·re·o a·e·re·o
Schwarzmarkt mercado negro mer·ka·do ne·gro

TRANSPORT
Öffentliche Verkehrsmittel

Wann fährt … ab/ kommt … an?
¿A qué hora sale/llega el …? a ke o·ra sa·le/ye·ga el …
der Bus el autobus el au·to·bus
der Kleinbus el colectivo el ko·lek·tie·vo
das Flugzeug el avión el a·vion
das Schiff el barco/buque el bar·ko/bu·ke
der Zug el tren el tren

Bahnhof	la estación de	la es·ta·*sion* de
(für Züge)	ferrocarril	fe·ro·ka·*riel*
Busbahnhof	el terminal de	el ter·mie·*nal* de
	autobuses	au·to·*bu*·ses
Bushaltestelle	la parada de	la pa·*ra*·da de
	autobuses	au·to·*bu*·ses
Flughafen	el aeropuerto	el a·e·ro·*pwer*·to
Gepäck-	guardería de	gwar·de·*rie*·a de
aufbewahrung	equipaje	e·kie·*pa*·khe
Ticketschalter	la boletería	la bo·le·te·*rie* a

Eine Fahrkarte nach ..., bitte.
Quisiera un boleto a ... ki·*sie*·ra un bo·*le*·to a ...
Wieviel kostet es nach ...?
¿Cuánto cuesta hasta ...? *kwan*·to *kwes*·ta *a*·sta ...

1. Klasse	primera clase	prie·*me*·ra *kla*·se
2. Klasse	segunda clase	se·*gun*·da *kla*·se
einfache Fahrt	ida	*ie*·da
hin & zurück	ida y vuelta	*ie*·da ie *vwel*·ta
Taxi/Sammeltaxi	taxi/colectivo	*tak*·sie/ko·lek·*tie*·vo

Private Transportmittel
Ich möchte gerne (einen/ein) ... mieten.
Quisiera alquilar ... kie·*sie*·ra al·kie·*lar* ...

Auto	un auto	un *au*·to
Fahrrad	una bicicleta	u·na bie·sie·*kle*·ta
Jeep	un todo terreno	un *to*·do te·*re*·no
Motorrad	una moto	u·na *mo*·to

Lastwagen	camión	ka·*mion*
Pickup (Truck)	camioneta	ka·mio·*ne*·ta
trampen	hacer dedo	a·*ser de*·do

Ist das die Straße nach ...?
¿Se va a ... se va a ...
por esta carretera? por *es*·ta ka·re·*te*·ra
Wo ist eine Tankstelle?
¿Dónde hay una gasolinera? *don*·de ai *u*·na ga·so·lie·*ne*·ra
Bitte füllen Sie den Tank.
Lleno, por favor. *lje*·no por fa·*vor*
Ich hätte gerne (20) Liter.
Quiero (veinte) litros. kie·ro (*vain*·te) *lie*·tros

Benzin	gasolina	ga·so·*lie*·na
bleifrei	gasolina sin plomo	ga·so·*lie*·na sien *plo*·mo
Diesel	diesel	*die*·sel
verbleit (normal)	gasolina con plomo	ga·so·*lie*·na kon *plo*·mo

(Wie lange) Kann ich hier parken?
¿(Por cuánto tiempo) (por *kwan*·to *tiem*·po)
Puedo aparcar aquí? *pwe*·do a·par·*kar* a·*kie*
Wo muss ich bezahlen?
¿Dónde se paga? *don*·de se *pa*·ga

STRASSENSCHILDER

Acceso	Eingang
Aparcamiento	Parkplatz
Ceda el Paso	Vorfahrt gewähren
Despacio	Langsam
Dirección Única	Einbahnstraße
Mantenga Su Derecha	Rechts fahren
No Adelantar/No Rebase	Überholverbot
Pare/Stop	Stopp
Peaje	Maut
Peligro	Gefahr
Prohibido Aparcar/ No Estacionar	Parken verboten
Prohibido el Paso	Kein Zugang
Salida de Autopista	Autobahnausfahrt

Ich brauche einen Mechaniker.
Necesito un mecánico. ne·se·*sie*·to un me·*ka*·nie·ko
Das Auto ist (in ...) liegen geblieben.
El carro se ha averiado (en ...). el *ka*·ro se a a·ve·*ria*·do (en ...)
Das Motorrad lässt sich nicht starten.
No arranca la moto. no a·*ran*·ka la *mo*·to
Ich habe eine Reifenpanne.
Tengo un pinchazo. *ten*·go un pien·*cha*·so
Ich habe keinen Sprit mehr.
Me quedé sin gasolina. me ke·*de* sien ga·so·*lie*·na
Ich hatte einen Unfall.
Tuve un accidente. *tu*·ve un ak·sie·*den*·te

UHRZEIT & DATUM

Wie spät ist es?	¿Qué hora es?	ke *o*·ra es
Es ist ein Uhr.	Es la una.	es la *u*·na
Es ist (sieben) Uhr.	Son las (siete).	son las (*sie*·te)
Es ist halb (zwei).	Son las (dos) y media.	son las (dos) i *me*·dia
Es ist Viertel vor (drei).	Son las (tres) menos quarto.	son las (tres) *me*·nos *kwar*·to
Mitternacht	medianoche	me·dia·*no*·che
Mittag	mediodía	me·dio·*die*·a

gestern	ayer	a·*yer*
heute	hoy	oi
jetzt	ahora	a·*o*·ra
heute Abend	esta noche	*es*·ta *no*·che
morgen	mañana	man·*ja*·na

Montag	lunes	*lu*·nes
Dienstag	martes	*mar*·tes
Mittwoch	miércoles	*mier*·ko·les
Donnerstag	jueves	*chue*·ves
Freitag	viernes	*vier*·nes
Samstag	sábado	*sa*·ba·do
Sonntag	domingo	do·*mien*·go

Januar	enero	e·ne·ro
Februar	febrero	fe·bre·ro
März	marzo	mar·so
April	abril	a·briel
Mai	mayo	ma·jo
Juni	junio	chu·nio
Juli	julio	chu·lio
August	agosto	a·gos·to
September	septiembre	sep·tiem·bre
Oktober	octubre	ok·tu·bre
November	noviembre	no·viem·bre
Dezember	diciembre	die·siem·bre

UNTERKUNFT

Ich suche (ein/eine) ...
Estoy buscando ...   e·stoi bus·kan·do ...
Wo gibt es (einen/eine) ...?
¿Dónde hay ...?   don·de ai ...

Campingplatz	*un terreno de cámping*	un te·re·no de kam·pien
Berghütte	*un refugio*	un re·fu·chio
Pension	*una pensión/ un hostal/ un hospedaje*	u·na pen·sion/ un os·tal/ un os·pe·da·che
Hotel	*un hotel*	un o·tel
Jugendherberge	*un albergue juvenil*	un al·ber·ge chu·ve·niel

Ich hätte gerne (ein) ...
Quisiera (una) ...   kie·sie·ra (u·na)

Zimmer.	*habitación*	a·bie·ta·sion
Doppelzimmer	*doble*	do·ble
Einzelzimmer	*individual*	ien·die·viedwal
Zwei-Bett-Zimmer	*con dos camas*	kon dos ka·mas

Wieviel kostet es pro ...?
¿Cuánto cuesta por ...?   kwan·to kwes·ta por ...

Nacht	*noche*	no·che
Person	*persona*	per·so·na
Woche	*semana*	se·ma·na

Ist Frühstück dabei?
¿Incluye el desayuno?   ien·klu·ye el de·sa·ju·no
Kann ich mir das Zimmer ansehen?
¿Puedo ver la habitación?   pwe·do ver la a·bie·ta·sjon
Es gefällt mir nicht.
No me gusta.   no me gus·ta
Es ist schön, ich nehme es.
OK, la alquilo.   o·kai la al·kie·lo
Ich reise jetzt ab.
Me voy ahora.   me voi a·o·ra

eigenes Bad/	*baño privado/*	ba·nyo prie·va·do/
Gemeinschaftsbad	*compartido*	kom·par·tie·do
billiger	*más económico*	mas e·ko·no·mie·ko

| **zu teuer** | *demasiado caro* | de·ma·sya·do ka·ro |
| **Rabatt** | *descuento* | des·kwen·to |

EINE RESERVIERUNG VORNEHMEN
(per Telefon oder schriftlich)

Von ...	*De ...*
Bis ...	*A ...*
Datum	*Fecha*

Ich möchte reservieren ...
Quisiera reservar ...

| **auf den Namen ...** | *en nombre de ...* |
| **für die Nächte ...** | *para las noches del ...* |

Kreditkarte	*tarjeta de crédito*
Gültigkeitsdatum	*fecha de vencimiento*
Nummer	*número*

Können Sie ...bestätigen
¿Puede confirmar ...?

| **die Verfügbarkeit** | *la disponibilidad* |
| **den Preis** | *el precio* |

VERSTÄNDIGUNG

Sprechen Sie/sprichst du Deutsch (Englisch)?
¿Habla/Hablas   a·bla/a·blas
alemán (inglés)?   a·le·man (ien·gles)
Spricht hier jemand Deutsch (Englisch)?
¿Hay alguien que   ai al·guen ke
hable alemán (inglés)?   a·ble a·le·man (ien·gles)
Ich verstehe (nicht).
Yo (no) entiendo.   jo (no) en·tjen·do
Was heißt ...?
¿Cómo se dice ...?   ko·mo se die·se ...
Was bedeutet ...?
¿Qué quiere decir ...?   ke kie·re de·sier ...

Könnten Sie ..., bitte?
¿Puede ..., por favor?   pwe·de ... por fa·vor

das wiederholen	*repetirlo*	re·pe·tier·lo
langsamer sprechen	*hablar más despacio*	a·blar mas des·pa·sjo
es aufschreiben	*escribirlo*	es·krie·bier·lo

WEGWEISER

Wie komme ich nach ...?
¿Cómo puedo llegar   ko·mo pwe·do ye·gar
a ...?   a ...
Ist es weit?
¿Está lejos?   es·ta le·khos
Gehen Sie immer geradeaus.
Vaya todo derecho.   va·ya to·do de·re·cho

Biegen Sie links/rechts ab.
Voltée a la izquierda/ derecha. vol·te·e a la ies·kyer·da/ de·re·cha
Können Sie mir das (auf der Karte) zeigen?
¿Me lo podría indicar me lo po·drie·a ien·die·kar
(en el mapa)? (en el ma·pa)

Norden	norte	nor·te
Süden	sur	sur
Osten	este/oriente	es·te/o·ryen·te
Westen	oeste/occidente	o·es·te/ok·sie·den·te
hier	aquí	a·kie
dort	allí	a·yie
Allee	avenida	a·ve·nie da
Autobahn	carretera	ka·re·te·ra
Häuserblock	cuadra	kwa·dra
Straße	calle/paseo	ka·ye/pa·se·o

SCHILDER
Abierto	Offen
Cerrado	Geschlossen
Comisaría	Polizeistation
Entrada	Eingang
Información	Information
Prohibido	Verboten
Salida	Ausgang
Servicios/Baños	Toiletten
Hombres/Varones	Männer
Mujeres/Damas	Frauen

ZAHLEN
1	uno	u·no
2	dos	dos
3	tres	tres
4	cuatro	kwa·tro
5	cinco	sien·ko
6	seis	sais
7	siete	sje·te
8	ocho	o·cho
9	nueve	nwe·ve
10	diez	dies
11	once	on·se
12	doce	do·se
13	trece	tre·se
14	catorce	ka·tor·se
15	quince	kien·se
16	dieciséis	die·sie·sais
17	diecisiete	die·sie·sje·te
18	dieciocho	die·sie·o·cho
19	diecinueve	die·sie·nwe·ve
20	veinte	vain·te
21	veintiuno	vain·tie·u·no
30	treinta	train·ta
31	treinta y uno	train·ta ie u·no

NOTFÄLLE
Hilfe! *¡Socorro!* so·ko·ro
Feuer! *¡Incendio!* ien·sen·dio
Ich wurde überfallen.
Me robaron. me ro·ba·ron
Lassen Sie mich in Ruhe!
¡Déjeme! de·khe·me
Verschwinden Sie!
¡Váyase! va·ya·se

Rufen Sie (einen/die) …!
¡Llame a …! ya·me a …
  Krankenwagen *una ambulancia* u·na am·bu·lan·sia
  Arzt *un médico* un me·di·ko
  Polizei *la policía* la po·li·sie·a

Es ist ein Notfall.
Es una emergencia. es u·na e·mer·khen·sia
Können Sie mir bitte helfen?
¿Me puede ayudar, me pwe·de a·yu·dar
por favor? por fa·vor
Ich habe mich verlaufen.
Estoy perdido/a. es·toy per·die·do/a
Wo ist die Toilette?
¿Dónde están los baños? don·de es·tan los ba·nyos

40	cuarenta	kwa·ren·ta
50	cincuenta	sien·kwen·ta
60	sesenta	se·sen·ta
70	setenta	se·ten·ta
80	ochenta	o·chen·ta
90	noventa	no·ven·ta
100	cien	sien
101	ciento uno	sien·to u·no
200	doscientos	do·sien·tos
1000	mil	miel
5000	cinco mil	sien·ko miel
10 000	diez mil	dies miel
50 000	cincuenta mil	sien·kwen·ta miel
100 000	cien mil	sien miel
1 000 000	un millón	un mie·jon

BRASILIANISCHES PORTUGIESISCH

Etwa 90 % aller portugiesisch sprechender Menschen leben in Brasilien, dem größten Land Südamerikas. Ein paar Brocken Portugiesisch helfen hier also in jedem Fall weiter.

Mehr Infos gibt's im Marco-Polo-Sprachführer *Portugiesisch* und im englischsprachigen Lonely Planet *Brazilian Portuguese Phrasebook*.

AUSSPRACHE

Alle in diesem Kapitel aufgelisteten Begriffe sind mit den entsprechenden Ausspracheerklärungen, die im Folgenden dargestellt sind, versehen.

Vokale & Diphtonge

a	wie in „alle", am Wortanfang wie „er" in „Wasser"
ãe	ausgesprochen „aing"
ão	ausgesprochen „aung" mit sehr dunklem „u", fast wie ein „w"
e	kurz wie in „ewig", aber am Wortende wie „i" in „Igel"
ei	immer wie „ei" in „beinhalten"
i	wie in „Idiot"
o	am Wortende wie ein „u"
õe	ausgesprochen „oing"
oe	wie „oe" in „Koexistenz"
u	langes „u" wie in „Huhn"
oi	„äu" wie in „Bäuerin"

Nasalvokale

Nasalvokale, die das Deutsche nicht kennt, sind typisch für das brasilianische Portugiesisch. Um sie korrekt auszusprechen, einen Großteil der Luft durch die Nase entweichen lassen (anstatt durch den Mund). Sie klingen ähnlich wie französische Nasallaute, z. B. das „ei" im französischen „reine" (Königin). In der Schriftform des brasilianischen Portugiesisch ist dies zu erkennen, wenn auf einen Vokal ein nasaler Konsonant (**m** oder **n**) folgt oder der jeweilige Vokal mit einer Tilde versehen ist (z. B. **ã**). In den folgenden Aussprachehilfen sind Nasalvokale zur Verdeutlichung mit „ng" verlautschriftlicht.

Konsonanten

Manche portugiesischen Konsonanten haben so ihre Tücken. Aber auch für diese Fälle gibt's nützliche Aussprachehilfen.

g	vor „e" und „i" als „sch"
j	als stimmhaftes „sch" ausgesprochen
l	am Wortende als „u"
lh	wie das „lli" in „Million"
nh	„nj" wie in „Canyon"
r	wie im englischen „run", aber am Wortende wie „h"
rr	immer wie „h"

Wortbetonung

Im Portugiesischen wird grundsätzlich die vorletzte Silbe eines Wortes betont. Endet ein Wort auf -r oder beinhaltet es einen nasal ausgesprochenen Vokal, wird die letzte Silbe betont. Bei Vokalen mit Akzenten wird die Silbe betont, die diesen Vokal enthält.

Bei den Ausspracheregeln sind betonte Silben kursiv gedruckt.

GESCHLECHT & PLURALBILDUNG

Portugiesische Nomen sind entweder weiblich oder männlich. Weibliche Hauptwörter enden normalerweise auf -a oder -dade, männliche auf -o, -ema, -oma oder -ama. Adjektivendungen werden dem Geschlecht des Nomens, das sie begleiten, angepasst (männlich/weiblich -o/-a).

Der Plural wird meist durch ein angehängtes -s gebildet. Endet das Nomen auf -s, -z oder -r und liegt die Betonung auf der letzten Silbe, wird der Plural durch das Anhängen von –es gebildet.

GESUNDHEIT

Ich bin krank.
Estou doente.   es·to do·eng·te
Ich brauche einen Arzt (der Englisch spricht).
Eu preciso de um médico   e·u pre·sie·zo de um me·die·ko
(que fale inglês).   (ke fa·le ien·gles)
Hier tut's weh.
Aqui dói.   a·kie doi
Ich habe mich übergeben.
Fui vomitando.   fu·ie vo·mie·tan·do
(Ich glaube) Ich bin schwanger.
(Acho que) Estou grávida.   (a·scho ke) es·to gra·vie·da
Wo ist die/der/das nächste …?
Onde fica … mais perto?   on·de fie·ka … mais perr·to
(Nacht-)Apotheke
a farmácia (noturna)   a farr·ma·sie·a (no·tur·na)
Zahnarzt
o dentista   o deng·ties·ta
Arzt
o médico   o me·die·ko
Krankenhaus
o hospital   o os·pie·tau
medizinische Zentrum
a clínica médica   a klie·nie·ka me·die·ka

Ich fühle mich/mir ist …
Estou me sentindo …   es·to me seng·tieng·do …
schwindlig   tonto/a   tong·to/a
übel   enjoado/a   eng·scho·a·do/a

Asthma	asma	as·ma
Durchfall	diarréia	die·a·rej·a
Fieber	febre	fe·bre
Übelkeit	náusea	nau·ze·a
Schmerz	dor	dorr

Ich bin allergisch gegen …
Tenho alergia à … te·njo a·lerr·schie·a a …
  Antibiotika
  antibióticos an·tie·bie·o·tie·kos
  Aspirin
  aspirina as·pie·rie·na
  Bienen
  abelhas a·be·llias
  Erdnüsse
  amendoims a·meng·do·iengs
  Penicillin
  penicilina pe·nie·sie·lie·na

Antisepticum
antiséptico an·tie·sep·tie·ko
Verhütungsmittel
anticoncepcionais an·tie·kon·sep·sie·o·nau
Schmerzmittel
  analgésicos a·nau·sche·zie·ko

KONVERSATION & NÜTZLICHES

Hallo.	*Olá.*	o·la
Hi.	*Oi.*	oi
Guten Tag.	*Bom dia.*	bong die·a
Guten Abend.	*Boa noite.*	bo·a noi·te
Bis später.	*Até mais tarde.*	a·te mais tarr·de
Auf Wiedersehen.	*Tchau.*	chau
Wie geht's?	*Como vai?*	ko·mo vai
Gut, und Ihnen?	*Bem, e você?*	beng e vo·se
Schön, Sie zu treffen.	*Prazer em conhecê-lo /conhecê-la.*	pra zerr eng ko nje se lo/la
Ja./Nein.	*Sim./Não.*	siem/naung
Bitteschön.	*Por favor.*	por fa·vorr
Danke (sehr).	*(Muito) obrigado/a*	(mwien·to) o·brie·ga·do/a
Gern geschehen.	*De nada.*	de na·da
Entschuldigung?	*Com licença?*	kom lie·seng·sa
Entschuldigung.	*Desculpa.*	des·kul·pa
Wie heißen Sie?	*Qual é o seu nome?*	kwau e o se·u no·me
Ich heiße …	*Meu nome é …*	me·u no·me e …
Wo kommen Sie her?	*De onde você é?*	de ong·de vo·se e
Ich komme	*Eu sou (da/do/de)*	e·u so (da/do/de)
Darf ich (Sie) fotografieren?	*Posso tirar uma foto (de você)?*	po so tie rarr u ma fo to (de vo se)

MIT KINDERN REISEN

Ich benötige …
Preciso de … pre·sie·zo de …
Haben Sie …?
Aqui tem …? a·kie teng …
  einen Babysitter (der Englisch spricht)
  uma babá (que fale ingles) u·ma ba·ba (ke fa·le ien·gles)
  einen Kindersitz
  um assento de elevação um a·seng·to de e·le·va·saung
  einen Babysitz fürs Auto
  um assento de criança um a·seng·to de krie·an·sa
  einen Wickelraum
  uma sala para trocar bebê u·ma sa·la pa·ra tro·karr be·be
  einen Kinderbetreuungsservice
  um serviço de babá um serr·vie·so de ba·ba
  ein Kindermenü
  um cardápio para criança um kar·da·pie·o pa·ra krie·an·sa
  (Einweg-)Windeln
  fraldas (descartáveis) frau·das (des·karr·ta·vays)
  einen Hochstuhl
  uma cadeira de criança u·ma ka·day·ra de krie·an·sa
  Milchpulver
  leite em pó lay·te eng po
  ein Töpfchen
  um troninho um tro·nie·nyo
  einen Kinderwagen
  um carrinho de bebê um ka·hie·nyo de be·be

Darf ich hier stillen?
Você se importa se eu amamentar aqui? vo·se se ieng·porr·ta se e·u a·ma·meng·tarr a·kie
Dürfen Kinder hier rein?
É permitida a entrada de crianças? e perr·mie·tie·da a eng·tra·da de krie·an·sas

SHOPPEN & SERVICE

Ich würde gerne … kaufen.
Gostaria de comprar … gos·ta·rie·a de kom·prarr …
Ich schaue mich nur um.
Estou só olhando. es·to so o·lian·do
Darf ich es ansehen?
Posso ver? po·so verr
Wie viel kostet es?
Quanto? kwan·to
Das ist mir zu teuer.
Está muito caro. es·ta mwieng·to ka·ro
Können Sie den Preis senken?
Pode baixar o preço? po·de ba·sharr o pre·so
Haben Sie etwas Günstigeres?
Tem uma coisa mais barata? teng u·ma koi·za mais ba·ra·ta
Ich gebe Ihnen (fünf Real).
Dou (cinco reais). do (sien·ko he·ais)
Mir gefällt es nicht.
Não gosto. naung gos·to
Ich nehme es.
Vou levar isso. vo le·var ie·so

mehr	*mais*	mais
weniger	*menos*	me·nos

groß	grande	grang·de
klein	pequeno/a	pe·ke·no/a

Wo befindet sich (eine/ein/die) …?
Onde fica …? on·de fie·ka …

Bankautomat
um caixa automático um kai·sha au·to·ma·tie·ko

Bank
o banco o ban·ko

Buchladen
uma livraria u·ma lie·vra·rie·a

Apotheke
uma farmácia u·ma far·ma·siea

Botschaft von …
a embaixada de … a eng·bai·sha·da de …

Wechselstube
uma loja de câmbio u·ma lo·zha de kam·bie·o

Waschsalon
uma lavanderia u·ma la·vang·de·rie·a

(Super-)Markt
o (super)mercado o (su·perr·)merr·ka·do

Polizeiwache
a delegacia de polícia a de·le·ga·sie·a de po·lie·siea

Postamt
o correio o ko·hay·o

Touristeninformation
a secretaria de turismo a se·kre·ta·rie·a de tu·ries·mo

Wann öffnet …?
A que horas abre …? a ke o·ras a·bre …

Haben Sie etwas anderes?
Você tem outros? vo·se teng o·tros

Wie viele?
Quantos?/Quantas? (m/f) kwan·tos/kwan·tas

Ich möchte … kaufen
Quero comprar … ke·ro kom·prarr …

Briefmarken
selos se·los

einen Luftpostbrief
um aerograma um a·e·ro·gra·ma

eine Postkarte
um cartão-postal um karr·taung pos·tau

eine Telefonkarte
um cartão telefônico um kar·taung te·le·fo·nie·ko

einen Umschlag
um envelope um eng·ve·lo·pe

Akzeptieren Sie …?
Vocês aceitam …? vo·ses a·say·tam …

Kreditkarten
cartão de crédito karr·taung de kre·die·to

Reiseschecks
traveler cheques tra·ve·ler she·kes

Brief	uma carta	u·ma karr·ta
Paket	uma encomenda	u·ma eng·ko·meng·da

Wo kann ich …?
Onde posso …? on·de po·so …

Reiseschecks tauschen
trocar traveler cheques tro·karr tra·ve·ler she·kes

Geld wechseln
trocar dinheiro tro·kar die·njei·ro

meine E-Mails checken
checar meu e-mail she·karr me·u e·mail

ins Internet
ter acesso à internet terr a·se·so a ien·terr·net

TRANSPORT
Öffentliche Verkehrsmittel

Wann fährt der … (Bus)?
Quando sai o … (ônibus)? kwang·do sai o … (o·nie·bus)

erste	primeiro	prie·mei·ro
letzte	último	ul·tie·mo
nächste	próximo	pro·sie·mo

Welche/r/s … fährt/fliegt nach …?
Qual o … que vai para …? kwau o … ke vai pa·ra …

Bus	ônibus	o·nie·bus
Fähre	barca	barr·ka
Flugzeug	avião	a·vie·owng
Schiff	barco	barr·ko
Stadt-/Langstreckenbus	ônibus local/interurbano	o·nie·bus lo·kau/ien·terr·ur·ba·no
Zug	trem	treng

Wann fährt er/sie/es ab?
Que horas sai? ke o·ras sai

Wann kommt er in (Parati) an?
Que horas chega em (Parati)? ke o·ras sche·ga eng (pa·ra·tie)

Eine Fahrkarte von … nach …
Uma passagem de … para … u·ma pa·sa·schem de … pa·ra …

1. Klasse	primeira classe	prie·mei·ra kla·se
2. Klasse	segunda classe	se·gun·da kla·se
einfache Fahrt	ida	ie·da
hin & zurück	ida e volta	ie·da e vol·ta

Wie viel kostet es?
Quanto é? kwan·to e

Ist das der Bus nach …?
Este ônibus vai para …? es·te o·nie·bus vai pa·ra …?

Muss ich umsteigen?
Preciso trocar de trem? pre·sie·so tro·karr de treng

Gepäckkontrolle
o balcão de guarda volumes o bal·kaung de gwarr·da vo·lu·me

Gepäckaufbewahrung		
um guarda volume		um gwarr-da vo-lu-me
Ist das Taxi frei?		
Este táxi está livre?		es-te tak-sie es-ta lie-vre
Bitte schalten Sie das Taxameter ein.		
Por favor ligue o taxímetro.		porr fa-vorr lie-ge o tak-sie-me-tro
Was kostet es nach …?		
Quanto custa até …?		kwan-to kus-ta a-te …
Bitte fahren Sie mich zu (dieser Adresse)/nach …		
Me leve para (este endereço) por favor.		me le-ve pa-ra (es-te en-de-re-so) porr fa-vorr

Private Transportmittel

Ich möchte (einen/ein) … mieten.
Gostaria de alugar … gos-ta-rie-a de a-lu-garr …

Jeep	um quatro	um kwa-tro
	por quatro	por kwa-tro
Fahrrad	uma bicicleta	u-ma bie-sie-kle-ta
Auto	um carro	um ka-ho
Motorrad	uma motocicleta	u-ma mo-to-sie-kle-ta

VERKEHRSZEICHEN	
Entrada	Eingang
Estrada dê Preferência	Vorfahrt gewähren
Mão Única	Einbahnstraße
Pare	Stopp
Pedágio	Maut
Proibido Entrar	Kein Zugang
Rua Sem Saída	Sackgasse
Saída	Autobahnausfahrt

bleifrei	gasolina comum	ga-zo-lie-na ko-mun
Diesel	diesel	die-sel
Ethanol	álcul	au-kol
Gas	gás	gas

Ist das die Straße nach …?
Esta é a estrada para …? es-ta e a es-trá-da pa-ra …
(Wie lange) Kann ich hier parken?
(Quanto tempo) Posso estacionar aqui? (kwan-to teng-po) po-so es-ta-sie-o-narr a-kie
Wo ist eine Tankstelle?
Onde tem um posto de gasolina? on-de teng um pos-to de ga-zo-lie-na
Bitte füllen Sie den Tank.
Enche o tanque, por favor. en-she o tan-ke porr fa-vorr
Ich hätte gerne … Liter.
Coloque … litros. ko-lo-ke … lie-tros

Das Auto/Motorrad ist liegengeblieben in …
O carro/A motocicleta quebrou em … o ka-ho/a mo-to-se-kle-ta ke-bro eng …
Das Auto lässt sich nicht starten.
O carro não está pegando. o ka-ho naung es-ta pe-gang-do
Ich brauche einen Mechaniker.
Preciso de um mecânico. pre-sie-zo de um me-ka-nie-ko
Mir ist das Benzin ausgegangen.
Estou sem gasolina. es-to seng ga-zo-lie-na
Ich hatte einen Unfall.
Sofri um acidente. so-frie um a-sie-den-te

UHRZEIT & DATUM

Wie viel Uhr ist es?
Que horas são? ke o-ras saung
Es ist (10) Uhr.
São (dez) horas. saung (des) o-ras

gestern	ontem	on-teng
heute	hoje	o-zhe
heute Morgen	esta manhã	es-ta ma-nyang
morgens	da manhã	da ma-nyang
jetzt	agora	a-go-ra
heute Nachmittag	esta tarde	es-ta tarr-de
nachmittags	da tarde	da tarr-de
heute Abend	hoje à noite	o-zhe a noi-te
morgen	amanhã	a-ma-nyang

Montag	segunda-feira	se-gun-da-fei-ra
Dienstag	terça-feira	terr-sa-fei-ra
Mittwoch	quarta-feira	kwarr-ta-fei-ra
Donnerstag	quinta-feira	kien-ta-fei-ra
Freitag	sexta-feira	ses-ta-fei-ra
Samstag	sábado	sa-ba-do
Sonntag	domingo	do-mien-go

Januar	janeiro	scha-nei-ro
Februar	fevereiro	fe-ve-rei-ro
März	março	marr-so
April	abril	a-brie-o
Mai	maio	ma-yo
Juni	junho	schu-njo
Juli	julho	schu-ljo
August	agosto	a-gos-to
September	setembro	se-teng-bro
Oktober	outubro	o-tu-bro
November	novembro	no-veng-bro
Dezember	dezembro	de-zeng-bro

UNTERKUNFT

Ich hätte gern (ein) …
Eu gostaria … e-u gos-ta-ri-a …

Zimmer	
um quarto	um kwarr-to
Doppelzimmer	
um quarto de casal	um kwarr-to de ka-zau
Einzelzimmer	
um quarto de solteiro	um kwarr-to de sol-tay-ro
Zweibettzimmer	
um quarto de duplo	um kwarr-to de du-plo

EINE RESERVIERUNG VORNEHMEN

(per Telefon oder schriftlich)

Von ...	De ...
Für ...	Para ...
Datum	Data

Ich würde gerne reservieren ...
Eu gostaria de fazer uma reserva ...
  im Namen von ...
  no nome de ...
  für die Nächte ...
  para os dias ...
  von ... bis ...
  de ... até ...

Kreditkarte	cartão de crédito
Gültigkeitsdatum	data de vencimento
Kartennummer	número

Bitte bestätigen Sie ... *Por favor confirme ...*
  die Verfügbarkeit *a disponibilidade*
  den Preis *o preço*

Ich suche ...
Estou procurando por ... es·to pro·ku·*rang*·do porr ...
Wo gibt es (ein/eine) ...?
Onde tem ...? *on*·de teng ...

Zimmer	um quarto	um *kwarr*·to
Campingplatz	um local para acampamento	um lo·*kau* pa·ra a·kam·pa·*meng*·to
Herberge	uma hospedaria	u·ma os·pe·da·*rie*·a
Hotel	um hotel	um o·*tel*
Jugendherberge	um albergue da juventude	um au·*berr*·ge da schu·veng·*tu*·de

Wie viel kostet es pro ...?
Quanto custa por ...? *kwan*·to *kus*·ta porr ...

Nacht		
noite	*noi*·te	
Person		
pessoa	pe·*so*·a	
Woche		
semana	se·*ma*·na	

Für (drei) Nächte.
Para (três) noites. *pa*·ra (tres) *noi*·tes
Wie lautet die Adresse?
Qual é o endereço? kwau e o en·de·*re*·so
Ist Frühstück dabei?
Inclui café da manhã? ieng·klu·*ie* ka·*fe* da ma·*njang*
Kann ich es sehen?
Posso ver? *po*·so verr
Ich nehme es.
Eu fico com ele. *e*·u *fie*·ko kom *e*·lie
Es gefällt mir nicht.
Não gosto. naung *gos*·to

Ich gehe jetzt.
Estou indo embora agora. es·*to* *ien*·do em·*bo*·ra a·*go*·ra
Kann ich mit ... bezahlen?
Posso pagar com ...? *po*·so pa·*garr* kom ...
  Kreditkarte
  cartão de crédito karr·*taung* de *kre*·di·to
  Reisescheck
  traveler cheque *tra*·ve·ler *sche*·kee

VERSTÄNDIGUNG

Sprechen Sie Englisch?
Você fala inglês? vo·*se* fa·la ien·*gles*
Spricht hier jemand Englisch?
Alguém aqui fala inglês? au·*geng* ah·*ki* fa·la ien·*gles*
Verstehen Sie?
Você entende? vo·*se* en·*teng*·de
Ich verstehe (nicht).
Eu (não) entendo. *e*·u (naung) en·*teng*·do
Was bedeutet ...?
O que quer dizer ...? o ke kerr die·*zerr* ...
Könnten Sie ..., bitte?
Você poderia ... por favor? vo·*se* po·de·*rie*·a ... porr fa·*vorr*
  das wiederholen
  repetir isto he·pe·*tierr* *ies*·to
  langsamer sprechen
  falar mais devagar fa·*larr* mais de·va·*garr*
  es aufschreiben
  escrever num papel es·kre·*verr* num pa·*pel*

WEGWEISER

Wo ist ...?
Onde fica ...? *on*·de *fie*·ka ...
Können Sie mir das (auf der Karte) zeigen?
Você poderia me mostrar (no mapa)? vo·*se* po·de·*rie*·a me mos·*trarr* (no ma·*pa*)
Wie lautet die Adresse?
Qual é o endereço? kwau e o en·de·*re*·so
Wie weit ist es?
Qual a distância daqui? kwau a dies·*tan*·sie·a da·*kie*
Wie komme ich dorthin?
Como é que eu chego lá? *ko*·mo e ke *e*·u *sche*·go la

SCHILDER	
Banheiro	Bad/Toilette
Delegacia de Polícia	Polizeiwache
Hospital	Krankenhaus
Não Tem Vaga	Alles belegt
Polícia	Polizei
Pronto Socorro	Notfallstation
Tem Vaga	freie Zimmer

Biegen Sie ab …	*Vire …*	*vie·re …*
an der Ecke	*à esquina*	*a es·kie·na*
an der Ampel	*no sinal de trânsito*	*no sie·nau de tran·zie·to*
links	*à esquerda*	*a es·kerr·da*
rechts	*à direita*	*a die·rai·ta*
weit	*longe*	*long·zhe*
hier	*aqui*	*a·kie*
dort	*lá*	*la*
in der Nähe von …	*perto …*	*perr·to …*
geradeaus	*em frente*	*eng freng·te*
Norden	*norte*	*norr·te*
Süden	*sul*	*sul*
Osten	*leste*	*les·te*
Westen	*oeste*	*o·es·te*

ZAHLEN

0	*zero*	*ze·ro*
1	*um*	*um*
2	*dois*	*dois*
3	*três*	*tres*
4	*quatro*	*kwa·tro*
5	*cinco*	*sien·ko*
6	*seis*	*says*
7	*sete*	*se·te*
8	*oito*	*oi·to*
9	*nove*	*naw·ve*
10	*dez*	*dez*
11	*onze*	*ong·ze*
12	*doze*	*do·ze*
13	*treze*	*tre·ze*
14	*quatorze*	*ka·torr·ze*
15	*quinze*	*kien·ze*
16	*dezesseis*	*de·ze·says*
17	*dezesete*	*de·ze·se·te*
18	*dezoito*	*de·zoi·to*
19	*dezenove*	*de·ze·naw·ve*
20	*vinte*	*vien·te*
21	*vinte e um*	*vien·te e um*
22	*vinte e dois*	*vien·te e dois*
30	*trinta*	*trien·ta*
40	*quarenta*	*kwa·ren·ta*
50	*cinquenta*	*sien·kwen·ta*
60	*sessenta*	*se·seng·ta*
70	*setenta*	*se·teng·ta*
80	*oitenta*	*oi·teng·ta*
90	*noventa*	*no·veng·ta*
100	*cem*	*seng*
200	*duzentos*	*du·zeng·tos*
1000	*mil*	*mie·u*
1 000 000	*um milhão*	*um mie·lliaung*

NOTFÄLLE

Hilfe!
Socorro! so·ko·ho
Es ist ein Notfall.
É uma emergência. e u·ma e·merr·zheng·sie·a
Ich habe mich verlaufen.
Estou perdido/a. es·to perr·die·do/a
Wo ist die Toilette?
Onde tem um banheiro? on·de teng um ba·nyay·ro
Gehen Sie weg!
Vai embora! vai eng·bo·ra

Rufen Sie …!
Chame a …! sha·me a …
  einen Krankenwagen
  uma ambulância u·ma am·bu·lan·sie·a
  einen Arzt
  um médico um me·die·ko
  die Polizei
  a polícia a po·lie·sya

INDIGENE SPRACHEN

AYMARA & QUECHUA

Die folgende kleine Auswahl von Wörtern aus dem Aymara und Quechua kann sich bei Reisen durch die Anden als nützlich erweisen. Aymara wird vom Stamm der Aymara gesprochen, die im Hochland Boliviens und Perus und kleineren angrenzenden Gebieten in Chile und Argentinien leben.

Bei dem hier dargestellten Quechua handelt es sich um den Dialekt aus Cusco, der normalerweise in den gesamten Anden hilfreich ist. Ausnahme ist Ecuador: Das dortige „Quichua" unterscheidet sich von allen Variationen am meisten vom Cusco-Dialekt. Ein umfassender Sprachführer für Quechua ist das Lonely Planet *Quechua Phrasebook*.

Im Folgenden ist nach dem deutschen Begriff zuerst die Übersetzung ins Aymara und dann ins Quechua aufgelistet. Die Ausspracheregeln beider Sprachen ähneln denen des Spanischen (s. S. 1140). Ein Apostroph (') steht für einen Knacklaut, also den „Nichtlaut" zwischen „u-o".

Hallo.
Kamisaraki. *Napaykullayki.*
Bitte.
Mirá. *Allichu.*
Danke.
Yuspagara. *Yusulipayki.*

Ja/Nein.
Jisa/Janiwa. *Ari/Mana.*
Wie sagen Sie …?
Cun sañasauca'ha …? *Imainata nincha chaita …?*
Es heißt …
Ucan sutipa'h … *Chaipa'g sutin'ha …*
Bitte wiederholen Sie das.
Uastata sita. *Ua'manta niway.*
Wie viel?
K'gauka? *Maik'ata'g?*

Essen	manka	mikíuy
Fluss	jawira	mayu
Mutter	taica	mama
Vater	auqui	tayta
Schneebedeckte Bergspitze	kollu	riti-orko
Wasser	uma	yacu
1	maya	u'
2	paya	iskai
3	quimsa	quinsa
4	pusi	tahua
5	pesca	phiska
6	zo'hta	so'gta
7	pakalko	khanchis
8	quimsakalko	pusa'g
9	yatunca	iskon
10	tunca	chunca

SRANAN TONGO (SURINAAMS)

Die offizielle Sprache in Surinam ist niederländisch, und die Mehrheit seiner Bewohner versteht Englisch. Im Alltag wird allerdings vor allem Sranan Tongo gesprochen, eine Kreolsprache, die Elemente aus dem Niederländischen, Englischen und Portugiesischen sowie aus afrikanischen Sprachen aufweist. Einheimische benutzen Sranan Tongo meist bei ungezwungenen Unterhaltungen unter Freunden. Folgende Wörter und Ausdrücke können sich als nützlich erweisen und werden so manche Unterhaltung bereichern.

Hallo.	*Fi-go.*
Wie heißen Sie?	*Sah yu neng?*
Ich heiße …	*Me neng …*
Danke.	*Dan-key.*
Ja./Nein.	*Ay./No.*
Sprechen Sie Englisch?	*Yu tah-key eng-els?*
Wieviel kostet das?	*Au meh-nie?*
Wann fährt er/sie/es ab?	*Au lah-tie ah gwa?*
Wo befindet sich …?	*Pa-ah da …?*
Schiff	bo-to
weit entfernt	fah-rah
in der Nähe	cros-by
heute	tie-day
morgen	tah-mah-rah
heute	ess-day
Ich	mi
Du	yu
er/sie/es	a
wir	wi
ihr	unu
sie	de
1	wan
2	tu
3	dri
4	fo
5	feyfi
6	siksi
7	seybi
8	ayti
9	neygi
10	tin

Glossar

Wenn nicht anders genannten, sind die hier genannten Begriffe im ganzen spanischsprachigen Südamerika anwendbar, es gibt aber regionale Varianten. Portugiesische Ausdrücke, die ausschließlich in Brasilien verwendet werden, sind mit „Bra" gekennzeichnet.

aduana – Zoll
aerosilla – (Arg) Sessellift
aguardiente – Zuckerrohrschnaps oder ähnliches Getränk
ahu – (Osterinsel) Steinplattformen, die die *moai* tragen
ají – Chiliart
alameda – von Bäumen gesäumte Straße
albergue – Hostel
albergue juvenil – Jugendherberge; in Brasilien *albergue da juventud*
alcaldía – Rathaus; quasi gleichbedeutend mit *municipalidad*
alerce – großer Nadelbaum, früher in Teilen der südlichen Anden Argentiniens und Chiles weit verbreitet, mittlerweile aufgrund von Abholzung immer seltener
almuerzo – Mittagessen; meist ein günstiges Gericht zu einem festen Preis
alojamiento – üblicherweise eine preiswerte Unterkunft mit Gemeinschaftsbad und -toilette
altiplano – Andenhochland in Peru, Bolivien, Chile und Argentinien
ambulante – Straßenverkäufer
apartado – Postfach (Abkürzung: „ap" oder „apto")
apartamento – Appartement oder Wohnung; (Bra) Hotelzimmer mit eigenem Bad
api – in den Andenstaaten dickflüssige *chicha* aus Mais, Zitrone, Zimt und Zucker
arepera – (Ven) Snackbar
arequipeño/a – in Arequipa geborene oder lebende Person
arrayán – Baumart mit rötlicher Rinde aus der Myrtenfamilie, kommt häufig im südlichen Argentinien und in Chile vor
arriero – Maultiertreiber
artesanía – Kunsthandwerk; Kunsthandwerksladen
asado/a – gegrillt; (Arg) Grillparty, meist als sommerliches Familienfest
ascensor – Aufzug
asunceño/a – in Asunción geborene oder lebende Person
audiencia – kolonialer Verwaltungsbezirk, in dem ein Präsident in Abwesenheit eines Vizekönigs die Zivilgewalt ausübte
autoferro – (Ecu) Bus, der auf Schienen fährt
autopista – Autobahn
ayahuasca – halluzinogenes Gebräu aus Dschungelwein
Aymara – indigener Stamm im Hochland Boliviens, Perus und Chiles (auch *Kolla* genannt); bezeichnet auch dessen Sprache
azulejo – Keramikkachel, meist blau, portugiesischen Ursprungs

balneario – Badeort oder Strand
bandeirante – (Bra) Sklavenhändler und Goldschürfer aus São Paulo, die das Landesinnere erkundeten
baños – Badezimmer
barraca – (Bra) Stand bei einem Strand oder Park, an dem Essen und Getränke verkauft werden
barrio – Stadtviertel, Bezirk oder Vorort; (Ven) Slumsiedlung, (Bra) auch *bairro*
batido – Fruchtshake
bicho de pé – (Bra) wörtlich übersetzt „Fußkäfer"; der im Boden lebende Parasit tritt in Strandnähe und in manchen Regenwaldgebieten auf
bloco – (Bra) Gruppe von Musikern und Tänzern, die bei nationalen Karnevalsparaden durch die Straßen zieht
bocadito – Snack
bodega – Winzerei oder Weinkeller
boleadoras – Riemen mit schweren Gewichten; wurden früher für die Jagd auf *guanaco* und Nandus verwendet; auch *bolas* genannt
brujo – Medizinmann
burundanga – (Kol) Droge, die aus einer Pflanze namens *borrachero* oder *cacao sabanero* gewonnen wird; Kriminelle betäuben damit Touristen, um sie dann auszurauben
bus-cama – wörtlich „Bus-Bett"; äußerst komfortabler Bustyp mit vollständig zurückklappbaren Sitzen; auch *coche-cama* genannt

cabaña – Blockhütte
cabildo – Rathaus aus der Kolonialzeit
cachaça – (Bra) Nationalgetränk; aus Zuckerrohr hergestellter Rum, der auch *pinga* genannt und im ganzen Land von unzähligen kleinen Brennereien produziert wird
cachoeira – (Bra) Wasserfall
cacique – indigener Häuptling
caipirinha – (Bra) Nationalcocktail
cajero automático – Geldautomat
calle – Straße
camanchaca – (Chi) dichter konvektiver Nebel in den Küstenhügeln der Atacama-Wüste; entspricht dem *garúa* in Peru
cambista – Geldwechsler auf der Straße
camino – Straße, Pfad, Weg

camión – Lastwagen mit offener Ladefläche; beliebtes Nahverkehrsmittel in den Andenstaaten
camioneta – Pickup oder anderer Kleinlastwagen; Nahverkehrsmittel in den Andenstaaten
campamento – Zeltplatz
campesino/a – Landbewohner, der von der Landwirtschaft lebt; Bauer
campo – ländliche Gegend; Feld oder Koppel
caña – Rum
Candomblé – (Bra) afro-brasilianische Religion in Bahia
capoeira – (Bra) tänzerische Kampfkunst, die einst von Sklaven in Bahia entwickelt wurde
carabinero – Polizist
caraqueño/a – in Caracas geborene oder lebende Person
carioca – (Bra) in Rio de Janeiro geborene oder lebende Person
Carnaval – läutet in ganz Lateinamerika die Fastenzeit ein
casa de cambio – offizielle Wechselstube zum Umtauschen ausländischer Währungen
casa de familia – schlichte Unterkunft bei einer Familie
casa de huésped – wörtlich „Gästehaus"; Gäste dieser günstigen Unterkunft dürfen meist Küche, Garten und Waschküche mitbenutzen
casilla de correos – Postfach (Abkürzung: „CC")
casona – großes Haus, normalerweise Anwesen; häufig allgemeiner Begriff für Gebäude aus der Kolonialzeit
catarata – Wasserfall
caudillo – regionaler Despot im Südamerika des 19. Jhs., dessen Macht mehr auf persönlicher Loyalität als auf politischen Idealen oder organisierten Parteien beruhte
cazuela – herzhaftes Schmorgericht
ceiba – häufig vorkommender tropischer Baum, kann recht groß werden
cena – Abendessen, häufig günstiges Komplettmenü
cerro – Hügel oder sehr hoher Andengipfel
certificado – als Einschreiben gekennzeichnete Post
cerveza – Bier
ceviche – marinierte rohe Meeresfrüchte; können Cholera- oder Gnathostomose-Erreger enthalten
chachacoma – ein Tee aus den Blättern dieses Andengewächses kann leichte Formen der Höhenkrankheit abmildern
chacra – Garten, kleine unabhängige Farm
charango – traditionelles Saiteninstrument der Andenländer mit einem Gürteltierpanzer als Klangkörper
chicha – beliebtes (häufig alkoholhaltiges) Getränk in den Andenländern; wird u. a. aus Maniok, Süßkartoffeln oder Mais gewonnen
chifa – chinesisches Restaurant; der Begriff wird vor allem in Peru, Bolivien und Ecuador verwendet
Chilote – (Chi) Bewohner der Insel Chiloé
chiva – (Kol) einfacher Regionalbus mit Sitzbänken aus Holz
churrasquería – Grillrestaurant; in Brasilien *churrascaria*

cinemateca – Programmkino
cocalero – Kokabauer
coche-cama – s. *bus-cama*
colectivo – bezeichnet je nach Land einen Bus, einen Kleinbus oder ein Sammeltaxi
combi – Klein- oder Minibus, wird auch *micro* genannt
comedor – einfaches Lokal oder Speiseraum eines Hotels
comida corriente – (Kol) einfaches Menü
comida criolla – kreolisches Essen
comum – (Bra) Taxi
confitería – Café, in dem Kaffee, Tee, Desserts und einfache Gerichte serviert werden
Cono Sur – Südkegel; Sammelbegriff für Argentinien, Chile, Uruguay und Teile von Brasilien und Paraguay
cordillera – Gebirgszug
corregidor – Provinzgouverneur im Südamerika der spanischen Kolonialzeit, normalerweise mit Sitz im *cabildo*, von dem aus er über die Stadt und ihre Umgebung herrschte
correo – Postamt; (Bra) auch *correio*
cospel – Wertmarke als Ersatz für Münzgeld, z. B. für U-Bahn, Telefonzellen usw.
costanera – eine am Meer, einem Fluss oder einem See entlangführende Straße im Südkegel des Kontinents
costeño – Küstenbewohner
criollo/a – Spanier, der im Südamerika der Kolonialzeit geboren wurde; heute Südamerikaner mit europäischen Wurzeln
cumbia – von Blas- und Schlaginstrumenten geprägter Musikstil, mit Salsa, Merengue und Lambada verwandt
curandero – Heiler
curanto – chilenischer Eintopf mit Meeresfrüchten
custodia – sichere Gepäckaufbewahrung; u. a. an Busbahnhöfen zu finden
cuy – gegrilltes Meerschweinchen; traditionelles Essen in den Anden
cuzqueño/a – in Cuzco geborene oder lebende Person

dendê – (Bra) Palmöl, wichtiger Bestandteil der Bahia-Küche
denuncia – eidesstattliche Erklärung oder Aussage, normalerweise im Zusammenhang mit Diebstählen oder Raubüberfällen
desayuno – Frühstück
dique – Deich, Landungssteg oder Dock; bezeichnet außerdem einen Stausee, der zu Erholungszwecken genutzt wird

edificio – Gebäude
encomienda – Arbeitssystem der Kolonialzeit; als „Gegenleistung" für Religions- und Sprachunterricht mussten indigene Einwohner für spanische *encomenderos* (Landbesitzer) schuften und Abgaben entrichten
Escuela Cuzqueña und **Escuela Quiteña** – Kunststile aus Cusco und Quito, in denen spanische und indigene Elemente vermischt werden

esquina – Straßenecke (Abkürzung: „esq")
estancia – riesige Weidefarm für Rinder oder Schafe; wird von ortsansässigen Arbeitskräften unter der Leitung des Eigentümers oder Geschäftsführers *(estanciero)* bewirtschaftet

FARC – Fuerzas Armadas Revolucionarias de Colombia (Revolutionäre Streitkräfte Kolumbiens); Guerrilla-Bewegung
farinha – (Bra) Maniokmehl; typisches Element der indigenen Küche vor der Kolonialisierung und vieler Brasilianer heutzutage
farmacia – Apotheke
favela – (Bra) Ghetto oder Slumsiedlung
fazenda – (Bra) große Ranch oder Farm; entspricht in etwa einer *hacienda*
ferrobus – Passagierzugtyp
ferrocarril – Eisenbahn
ferroviária – (Bra) Bahnhof
flota – Flotte; bezeichnet oft ein Busunternehmen für Langstrecken
fundo – *hacienda* oder Farm
fútbol – Fußball, (Bra) auch *futebol*

gare routière – (Guy) Haltestelle
garúa – (Per) konvektiver Küstennebel
gaucho – (Arg, Uru) Cowboy, Viehhüter; (Bra) auch *gaúcho*
gîte – (Guy) Gästehaus
golpe de estado – Staatsstreich
grifo – (Per) Tankstelle
gringo/a – in ganz Lateinamerika gebräuchlicher Begriff für einen Ausländer oder eine Person mit heller Haut- und Haarfarbe; nicht unbedingt abwertend gemeint
guanaco – Wildform des Lamas
guaquero – Räuber spezialisiert auf präkolumbische Gräber
guaraná – Strauch aus dem Amazonas, dessen Früchten magische und heilende Kräfte nachgesagt werden; (Bra) beliebtes Erfrischungsgetränk
Guaraní – indigene Stämme Argentiniens, Brasiliens, Boliviens und Paraguays; bezeichnet auch deren Sprache
guayaquileño/a – in Guayaquil geborene oder lebende Person

hacienda – weitläufiger Landsitz, auf dem Ortsansässige für den Besitzer *(hacendado)* arbeiten; (Chi) auch *fundo*
hidroviária – Anlegesteg für Schiffe
hospedaje – günstige Unterkunft mit Gemeinschaftsbad; meist bei Familien, die den Gästezimmer bereitstellen
hostal – kleines Hotel oder Gästehaus
huaquero – s. *guaquero*
huaso – Cowboy
humita – eine Art Tamale/Teigtasche aus süßem Mais

ida y vuelta – Hin- und Rückfahrt
iglesia – Kirche; (Bra) auch *igreja*

Inka – dominierender indigener Volksstamm der Zentralanden zur Zeit der spanischen Eroberung; bezeichnet sowohl den Volksstamm als auch dessen Anführer
indígena – Ureinwohner Amerikas; indigene Person
indigenismo – lateinamerikanische Kunst- und Literaturbewegung, die indigene Traditionen aufleben lässt
isla – Insel; (Bra) auch *ilha*
IVA – *impuesto de valor agregado,* Mehrwertsteuer (MwSt.)

Jopará – Mischung aus Spanisch und *Guaraní*; wird in Paraguay gesprochen

Kolla – alternative Bezeichnung für die Aymara
Kollasuyo – „Land der Kolla"; alte indigene Bezeichnung für das heutige Bolivien

lago – See
laguna – Lagune; flacher See
lanchero – Bootsführer
lanchonete – (Bra) Stehimbiss
latifundio – weitläufiger Landbesitz, z. B. eine *hacienda* oder eine *estancia* für Viehzucht
lavandería – Waschsalon
leito – (Bra) komfortabler Nacht-Expressbus
licuado – Fruchtshake, der mit Milch oder Wasser zubereitet wird
limeño/a – in Lima geborene oder lebende Person
lista de correos – postlagernde Sendung
llanos – Ebenen
locutorio – kleines Telefonzentrum
loma – Erdwall oder Hügel; Hügel in Küstenlage in der Atacamawüste
lunfardo – Straßenslang in Buenos Aires
lustrabotes – Schuhputzer

machismo – übertriebener männlicher Stolz eines Lateinamerikaners
malecón – Strandpromenade
manta – Tuch oder Bettdecke
Mapuche – indigener Volksstamm in Nord-Patagonien
marcha español – (Arg) aggressive Trommelrhythmen, kreischende Laute und Gesang
marinera – (Per) traditioneller Tanz; fundamentaler Bestandteil ist das Winken mit Taschentüchern
marisquería – Fischrestaurant
maté – s. *yerba maté*
maté de coca – Tee aus Kokablättern
Medellín-Kartell – Kolumbiens bedeutendstes Drogenkartell der 1980er-Jahre, dessen Anführer Pablo Escobar war
menú del día – günstiges Tagesmenü
mercado – Markt
mercado negro – Schwarzmarkt
mercado paralelo – euphemistischer Begriff für Schwarzmarkt

mestizo/a – Person mit spanisch-indigener Abstammung
micro – Klein- oder Minibus; wird auch als *combi* bezeichnet
migración – Einwanderungsbehörde
mineiro – (Bra) Minenarbeiter; Person aus dem Bundesstaat Minas Gerais
minuta – (Arg, Par, Uru) schneller Snack
mirador – Aussichtspunkt; gewöhnlich auf einem Hügel, oft auch in Gebäuden
moai – riesige Steinstatuen auf der Osterinsel
montevideano/a – in Montevideo geborene oder lebende Person
mototaxi – (Per) dreirädrige Motorradriksha, auch *motocarro*
mudéjar – Architekturstil mit maurischen Einflüssen, der Anfang des 12. Jhs. in Spanien entstand
mulato/a – Person von afrikanisch-europäischer Abstammung
municipalidad – Stadt oder Rathaus
museo – Museum, (Bra) auch *museu*
música criolla – kreolische Musik
música folklórica – traditionelle Andenmusik

ñandú – großer straußähnlicher Vogel, flugunfähig
nevado – schneebedeckter Gipfel
NS – (Bra) Nosso Senhor (Unser Vater) oder Nossa Senhora (Unsere Dame); oft Bestandteil der Kirchennamen
nueva canción – volkstümliche Musik mit politischer Färbung der 1950er- und 1960er-Jahre in Argentinien, Chile und Uruguay

oferta – Werbeangebot für Flug- oder Busreisen, häufig saisonabhängig
oficina – Büro (Abkürzung: „of")
onces – Zwischenmahlzeit am Morgen oder Nachmittag, Snack
orixá – (Bra) Gott der afro-brasilianischen Religion

paceño/a – in La Paz geborene oder lebende Person
Pachamama – Mutter Erde, Gottheit der indigenen Volksstämme aus den Anden
panadería – Bäckerei
parada oder **paradero** – Bushaltestelle
páramo – feuchte Hochlandsteppe der nördlichen Andenländer
parque nacional – Nationalpark
parrilla oder **parrillada** – geröstetes oder gegrilltes Fleisch; bezeichnet außerdem ein Steakhaus und den eigentlichen Grill
pasarela – Laufsteg
paseo – Allee, Promenade
patio de comidas – Restaurantbereich
paulistano – (Bra) in São Paulo geborene oder lebende Person
peatonal – Fußgängerzone
pehuén – Andentanne im südlichen Lateinamerika
peki-peki – (Per) Einbaum
peña – Club/Bar mit spontanen Folkloreveranstaltungen oder Bezeichnung für ein solches Event
peninsular – bezeichnete im kolonialen Südamerika einen gebürtigen Spanier (im Gegensatz zum *criollo*)
pensión – günstige Unterkunft für Kurzaufenthalte in einem Privathaus, manchmal auch für längere Aufenthalte
petiscos – (Bra) Appetithäppchen; Snackteller für mehrere Personen
pingüinera – Pinguinkolonie
pirogue – (Guy) Einbaum
piropo – sexistische Bemerkung, von relativ harmlos bis zu extrem geschmacklos
pisco – Schnaps aus weißen Trauben und peruanisches Nationalgetränk, wird meist als *pisco sour* serviert
Planalto – riesiges Hochplateau, bedeckt weite Teile Südbrasiliens
pollería – Restaurant, das Grillhähnchen serviert
por puesto – (Ven) Sammeltaxi oder Kleinbus
porteño/a – (Arg) in Buenos Aires geborene oder lebende Person; (Chi) in Valparaíso geborene oder lebende Person
posada – kleine familiengeführte Pension; bezeichnet manchmal auch ein Hotel; (Bra) auch *pousada*
prato feito oder **prato do día** – (Bra) wörtlich „Fertigteller" oder „Tagesteller"; normalerweise üppige und sehr preiswerte Mahlzeit
precordillera – Fußhügel der Anden
propina – Trinkgeld (z. B. im Restaurant oder Kino)
pucará – indigene Andenfestung
pueblo jóven – (Per) wörtlich „junge Stadt"; Slumsiedlung rund um Lima
puna – Andenhochland, normalerweise oberhalb 3000 m

quarto – (Bra) Hotelzimmer mit Gemeinschaftsbad
quebracho – „Axtbrecherbaum" von Chaco; natürliche Tanninquelle
quebrada – enge, normalerweise trockene Schlucht
Quechua – indigene Sprache des Andenhochlands mit Blütezeit während der Inkaherrschaft; ist heute noch weit verbreitet; (Ecu) auch „Quihua"
quena – einfache Flöte aus Schilfrohr
quilombo – (Bra) Siedlung entflohener Sklaven
quinoa – reisähnliches Getreide der Anden; Grundnahrungsmittel während der präkolumbischen Periode
quiteño/a – in Quito geborene oder lebende Person

ranchera – (Ecu) Lastwagen mit offenem Verdeck
rancho – ländliches Haus
realismo mágico – Magischer Realismus; Literaturgenre, das meist mit den Autoren der lateinamerikanischen Boom-Literatur der 1960er-Jahre in Zusammenhang gebracht wird, z. B. mit Gabriel García Márquez
recargo – Aufschlag; wird oft beim Bezahlen per Kreditkarte fällig

reducción – bezeichnete im kolonialen Lateinamerika die Konzentration indigener Volksstämme in zentralen Siedlungen, die politische Kontrolle und religiöse Unterweisung erleichtern sollte; wird auch als *congregación* bezeichnet
refugio – einfache Unterkunft in Nationalparks oder abgelegenen Gegenden
reggaeton – beliebter Musikstil aus der Karibik, der lateinamerikanische Rhythmen mit Rap-Elementen verbindet
remise – (Arg) Taxi, das telefonisch gerufen wird
residencial – preiswerte Unterkunft, manchmal nur während der Saison; *residenciales* sind ausschließlich für Kurzaufenthalte vorgesehen
río – Fluss; (Bra) auch *rio*
rock en español – Mischung aus lateinamerikanischen Rhythmen und Rockelementen
rodoferroviária – (Bra) Kombination aus Bahnhof und Busbahnhof
rodoviária – (Bra) Busbahnhof
rollo/a – in Bogotá geborene oder lebende Person
rompepiernas – wörtlich „Beinbrecher"; veraltete Landminen der FARC, die eher verletzen als töten sollen
rotisería – Laden, der Essen zum Mitnehmen verkauft
ruta – Strecke oder Schnellstraße

s/n – *sin número*; weist auf Adressen ohne eigene Hausnummer hin
salar – Salzsee oder Salzebene, meist im Andenhochland oder dem argentinischen Patagonien
salsoteca – Salsaclub
salteña – Pastete mit Fleisch oder Gemüse; normalerweise schärfere Empanadavariante
sambadromo – Tribünenstraße, in der der Samba-Umzug stattfindet
santiaguino/a – in Santiago geborene oder lebende Person
saudade – (Bra) nostalgische, oft tief melancholische Sehnsucht nach etwas
selva – ursprünglicher tropischer Regenwald
Semana Santa – Karwoche; wird in ganz Südamerika gefeiert
Sendero Luminoso – Leuchtender Pfad; Perus maoistische Terroristenvereinigung, die in den späten 1980er-Jahren einen Guerilla-Krieg führte
serrano – Bergbewohner
sertão – (Bra) trockene Region im Inneren von Nordostbrasilien
servicentro – Tankstelle

sobremesa – Gespräch während einer Mahlzeit
soroche – Höhenkrankheit
Sranan Tongo – in Surinam weit verbreitete Kreolsprache; auch „Surinaams"
suco – (Bra) Fruchtsaft; Saftbar
sudado – (Per) Fischeintopf
Südkegel – *Cono Sur*
Tahuantinsuyo – spanische Bezeichnung für das Inka-Reich; auf Quechua Tawantinsuyu
tambo – Straßenmarkt/zentraler Versammlungsort in den Andenländern; Gasthaus
tarjeta telefónica – Telefonkarte
tasca – Bar-Restaurant im spanischen Stil
taxi collectif – (Guy) Sammeltaxi oder Kleinbus
teleférico – Seilbahn
telenovela – TV-Seifenoper
tenedor libre – (Arg) „All-You-Can-Eat"-Restaurant
tepui – Tafelberg mit einzigartiger Pflanzenwelt
termas – heiße Quellen
terminal de ómnibus – Busbahnhof; auch *terminal terrestre*
tienda – Geschäft
tinto – Rotwein; (Kol) kleiner schwarzer Kaffee
todo terreno – Mountainbike
torrentismo – sich an einem Wasserfall abseilen
totora – Schilfrohrart; wird als Baumaterial verwendet
tranca – (Bol) Polizeiwache
Tropicalismo – brasilianischer Musikstil; Mischung aus einheimischen Rhythmen und nordamerikanischem Rock und Pop
Tupamaros – Uruguays urbane Guerilla-Bewegung der 1960er-Jahre

vaquero – Cowboy; (Bra) auch *vaqueiro*
vicuña – Wildform der domestizierten Lamas und Alpacas; lebt nur hoch oben in den südlichen Zentralanden
viscacha – Alternativschreibweise: *vizcacha*, Wildform des domestizierten Chinchilla

yerba maté – „paraguayischer Tee" *(Ilex paraguariensis)*; wird regelmäßig in Argentinien, Paraguay, Uruguay und Brasilien getrunken

zampoña – Panflöte; typisch für die traditionelle Folkloremusik der Anden
zona franca – zollfreie Zone
zonda – (Arg) starker, trockener Nordwind in den Zentralanden

Hinter den Kulissen

ÜBER DIESES BUCH

Dies ist die 2. deutschsprachige Auflage von *Südamerika für wenig Geld*, basierend auf der mittlerweile 11. Auflage von *South America on a Shoestring*, die von einem herausragenden Autorenteam unter der Leitung von Regis St. Louis verfasst wurde. Regis schrieb die Kapitel vorne und hinten im Buch sowie das Kapitel „Ecuador". Weitere Beiträge verfassten Sandra Bao (Argentinien), Gregor Clark (Brasilien), Aimée Dowl (Guyanas), Beth Kohn (Venezuela), Carolyn McCarthy (Chile), Anja Mutić (Bolivien), Mike Power (Kolumbien), Kevin Raub (Brasilien und Peru), Paul Smith (Paraguay), Andy Symington (Brasilien) und Lucas Vidgen (Argentinien und Uruguay). David Goldberg (MD) schrieb das Kapitel zum Thema „Gesundheit". Das „Bolivien"-Kapitel wurde teilweise neu recherchiert und überarbeitet von Kate Armstrong und Paul Smith. *Gracias* auch an die Autoren der vorhergehenden englischen Auflagen, insbesondere an Danny Palmerlee, der die neunte und die zehnte Auflage koordiniert hat. Die englische Ausgabe entstand im Auftrag des Lonely Planet Büros in Oakland und wurde von den folgenden Personen produziert:

Verantwortliche Redakteurin Kathleen Munnelly
Leitende Redakteurin Branislava Vladisavljevic
Leitender Kartograf Andy Rojas
Leitender Layoutdesigner Adrian Blackburn
Redaktion Annelies Mertens
Kartografie Alison Lyall
Layoutdesign Indra Kilfoyle
Redaktionsassistenz Adrienne Costanzo, Kate Daly, Kate Evans, Melissa Faulkner, Amy Karafin, Helen Yeates
Kartografieassistenz Alissa Baker, Valeska Cañas, Dennis Capparelli, Tony Fankhauser, Karen Grant, Eve Kelly, Khahn Luu, Ross Macaw, Marc Milinkovic, Andrew Smith
Layoutassistenz Frank Deim
Umschlagbildrecherche Chris Ong, lonelyplanetimages.com
Bildrecherche Sabrina Dalbesio, lonelyplanetimages.com
Projektmanagement Anna Metcalfe, Sarah Sloane
Dank an Lucy Birchley, Helen Christinis, Melanie Dankel, Sally Darmody, Eoin Dunlevy, Mark Germanchis, Chris Girdler, Rachel Imeson, Margie Jung, Glenn van der Knijff, Katie Lynch, Raphael Richards, John Taufa und Juan Winata.

DANK DER AUTOREN

REGIS ST. LOUIS

Vielen Dank an alle meine Koautoren für ihre harte Arbeit für diesen anspruchsvollen Titel. Vom internen Personal von Lonely Planet, das sich hinter den Kulissen durchgekämpft hat, möchte ich insbesondere Kathleen Munnelly für ihr unermüdliches Engagement im Hinblick auf das Thema Südamerika danken. Ebenso bedanke ich mich bei Danny Palmerlee und meinen Koautoren von *Ecuador 8* dafür, ein gutes Fundament für meine eigenen Recherchen über Ecuador geschaffen zu haben. Vielen Dank außerdem an die zahllosen Reisenden und die vielen großartigen Ecuadorianer, die mir unterwegs mit Rat und Tat zur Seite gestanden haben. Herzlichen Dank an meine Familie, besonders an Cassandra und Magdalena für ihre Liebe und Unterstützung während meiner Reise für Lonely Planet.

SANDRA BAO

Meine Redakteurin Kathleen Munnelly ist großartig, und meine Koautorin für Chile, Carolyn McCarthy, erwies sich als humorvolle Reisebegleiterin auf unserer Wanderung in den Süden; zudem war sie sehr hilfreich bei der Koordination der Besprechungen. Auf meinen Reisen schätzte ich die Unterstützung von Alejandro und Frances in Ushuaia, Gerardo und Javier in El Chaltén sowie Christie und Ron in Bariloche. In Brasilien gilt mein Dank stets meiner Patin Elsa (sowie Jorge und Christina), Sylvia, Lucas, Mindy, Bob und natürlich auch Graciela. Mein Mann Ben unterstützt mich sehr, insbesondere indem er dafür sorgt, dass daheim alles o. k. ist – wenn es auch etwas aufgeräumter sein könnte … Und ich grüße herzlich meine Eltern, David und Fung, sowie meinen Bruder Daniel.

GREGOR CLARK

Ich möchte gerne den zahllosen Brasilianern danken, die mich mit ihrem Lächeln, ihrer positiven Grundhaltung und ihren „Daumen-hoch"-Zeichen immer wieder aufgemuntert haben. Ein besonderes *abraços* gilt Ailton Lara, Christoph Hrdina, Laurenz Pinder, Junia Larissa Fuchs, Tise Sipinski, Bianca Reinert, Alisson Buzinhani, Mario Dobleck, Maria Helena, Ricardo und Luis Hernán. Dank auch an meine verantwortliche Redakteurin

Kathleen Munnelly und die Hauptautoren Regis St. Louis und Kevin Raub für ihre zuverlässige Unterstützung. Last but not least eine dicke Umarmung und Küsse an Gaen, Meigan und Chloe, die die Rückkehr nach Hause immer zum besten Teil der Reise machen.

AIMÉE DOWL

Danke, *thank you, merci, bedankt* und *tangi* an all die großzügigen und warmherzigen Guayaner, die mir unterwegs geholfen haben! Dazu gehören die sachkundigen Mitarbeiter bei Wilderness Explorers, Stinasu und Couleurs Amazone; die freundlichen Gastgeber bei Zus & Zo und im Rima Guesthouse; und all die Piloten, die uns auf abgelegenen Dschungellandebahnen heil auf die Erde gebracht haben. Herzlichen Dank außerdem an die Botschafter Colin Edwards und Diane McTurk in Rupununi, die mir dabei halfen, ihre „Heimatstadt" zu erkunden, sowie an Angus und Jason, die mir während meines Aufenthalts dort Gesellschaft leisteten. Wie immer gilt mein größter Dank – und meine Liebe – Derek, der Wanderungen durch moskitoverseuchte Wälder bei Sonnenaufgang zum tollsten Erlebnis macht, das einem Mädchen zuteil werden kann.

BETH KOHN

Ein riesengroßer Dank an die fabelhafte Kathleen Munnelly dafür, dass sie mich auf die Straße gebracht hat, an Alison Lyall und ihr Kartografieteam für ihre geografische Sorgfalt und an Regis St. Louis dafür, dass er alles koordiniert hat. Steven Bodzin steht an oberster Stelle wegen seiner Hilfe und Unterstützung in Caracas. Dank geht auch an Eric und Nella Migliore, Fabricio Mosegue, Raquel und Tom Evenou, Sonia Riera, Karla Herrera und Patrick, Francisco Álvarez, Osmel Cadenas vom Tourismusbüro Plaza of the Mérida und Rodrigo Alberto Torres Delepíani vom Tourismusbüro Ciudad Bolívar. Ich grüße zudem Menno Van Loon und all die wundervollen Mitreisenden, die ich unterwegs getroffen habe. *Besos a* Claudio!

CAROLYN MCCARTHY

Dieses Projekt hat mich vom einen Ende Chiles zum anderen geführt, und ich habe dabei engagierte, großzügige Menschen kennengelernt, die ihre Zeit und ihr Wissen mit mir geteilt haben. Gäbe es doch genug reife Limonen in Chile, damit ich meinen Dank mit ausreichend *pisco sours* verbinden könnte! Dieser gilt besonders Peter in Pucón, Ben und Pilar in Santiago, Randy unten im Süden und Ercio in Copiapó. Bjorn war ein fröhlicher Reisebegleiter durch die Wüste mit all ihren Herausforderungen. Auf Rapa Nui sage ich *maururu* zu meinen Mitcampern sowie zu Sharon, Hilaria, Tute und Coni. Ein großes Dankeschön geht zudem an Regis St. Louis und das interne Team, und schließlich möchte ich noch Kathleen Munnelly, die immer ein guter Kapitän ist, meine Wertschätzung aussprechen.

ANJA MUTIĆ

Dank an meinen inspirierenden Vater, der meine Rückkehr von Bolivien nach Kroatien abgewartet hat, bevor er für immer von uns ging – *Tata*, dir widme ich dieses Buch. *Hvala mama* sage ich zu Hoji und meiner ganzen Familie in Kroatien, Barcelona und New York für ihre Unterstützung. Ich bedanke mich vielmals bei meiner Redakteurin Kathleen und jedem Mitarbeiter von Lonely Planet für das Verständnis und die Anteilnahme in einer schwierigen Zeit. Vielen Dank zudem an meine Koautoren Paul und Kate, *gracias a* Dirko und Virna in Sucre für ihre unglaubliche Liebenswürdigkeit und Großzügigkeit und an Johnny Montes in Potosí, der mir eine große Hilfe war. Weiterhin danke ich Liz Rojas, Fabiola Mitru, Javier und Janette, Chris Sarage und Christian Schoettle.

MIKE POWER

Unterstützung hinter den Kulissen erhielt ich von German Escobar – danke für das Lachen, das Bier, die Weisheit und deine großzügige gute Laune, die mir über einige Regentage in Bogotá hinweggeholfen hat! Dank auch an Johann und Yoli aus Aquantis, deren sardonische Einblicke in den Alltag von Taganga unvergleichlich waren und deren endlose Gastfreundschaft ich niemals vergelten kann. Ebenso danke ich: Fredy Builes einfach dafür, dass er Fredy Builes ist; *¿Sí o no, parcero?* El Nueve in Medellín – werde schnell gesund, *parcero*! –; Don Leonardo und seiner Frau bei La Portada in Tierradentro, die mich ins Bett brachten, als ich mich bei einem Migräneanfall am Straßenrand auf Knien übergeben musste, und mir Saft einflößten; Lady Emma Hamilton, deren Gelächter, Telefonanrufe und schmutzigen Limericks mich während vieler mühseliger Stunden geistig aufbauten; Chris Power für die stetige Unterstützung – in jeder Hinsicht.

KEVIN RAUB

Besonderer Dank gilt meiner Frau, Adriana Schmidt, und ihrem sachkundigen, hilfreichen Vater, Marcelo Schmidt, für seine Unterstützung bei der Analyse brasilianischer Nachrichten und Politik. Bei Lonely Planet danke ich Kathleen

Munnelly, Regis St. Louis, Katy Shorthouse, Gregor Clark und Andy Symington. Unterwegs seien Mike Watson, Karina Oliva, Mike Weston, Jess Ferguson, Boris Gomez, Marianne von Vlaardingen, SAE, Lucho Hurtado, Sinead Lowe und meine Wanderkollegen auf dem Inkatrail, Edgar Frisancho, Joao Rodrigues, Joao Veloso Jr., Brett Forrest, Denise Wedren, Paulo Coelho de Andrade, Talita Furtado, Beth Paiva, Claude Walker, Karla Ássimos, Camille Ulmer, Dave Cassidy, Chris Benway, Bill Grimes, Marmalita, Analía Sarfati, Vlado Soto und S.P. Turis mit Dankbarkeit bedacht.

PAUL SMITH

Ich bedanke mich bei jedem, der mir in all den Jahren in Paraguay geholfen hat, und bei den Paraguayanern ganz allgemein dafür, dass sie mich als einen der Ihren akzeptiert haben. Mein besonderer Dank gilt Nelson Perez, Hugo del Castillo und Doris Clay, weil sie die Lücken in dieser Auflage gefüllt haben. Arne und Karen danke ich für ein gutes Frühstück, Rob Clay dafür, dass er mir eine *Lessonia* besorgt hat, und Robert Owen für die Unterkunft in Asunción. Ein Extra-Dankeschön geht an Mum, Dad, Carol, Shawn und Yolanda für ihre Liebe und ihre Unterstützung.

ANDY SYMINGTON

Vielen Brasilianern – mehr, als ich hier namentlich nennen kann – verdanke ich sehr viel. Sie haben mir bei dieser Aktualisierung freundlicherweise mit Infos und Tipps geholfen. Besonderer Dank geht an Reinhard Sahre, einen alten Brasilianer, der mir (wie immer) in Recife ausgezeichnet Gesellschaft geleistet hat, an David Rosenberg, Nieves Pérez Álvarez und Ángela González für nützliche Informationen, an Pedro Félix Barroso für ganz viel Sol, an Mike Burren und Richard Prowse für das Heizen der Wohnung und natürlich an meine Familie für ihre stetige Unterstützung sowie an Ruth Nieto Huerta für ihre Liebe und die Botschaften von der anderen Seite des Atlantiks.

LUCAS VIDGEN

Zuerst möchte ich mich noch einmal bei den Argentiniern und Uruguayern bedanken, denen es zu verdanken ist, dass man in ihren Ländern so angenehm arbeiten, leben und reisen kann. Um nur einige zu nennen: Ana Navarta, Lucas Mendoza und Marcela Fernández. June Fujimoto war ein großartiger Reisebegleiter, der immer wieder zu mir stieß. Die Leserbriefe, die ich erhielt, waren mal hilfreich, mal faszinierend und manchmal auch total verrückt. Dank zudem an Sandra Bao für Tipps und Tricks und an Kathleen Munnelly dafür, dass sie mich wieder mein Ding durchziehen ließ. Zu Hause ein Hoch auf Alma de López und James Gray, die sich in meiner Abwesenheit ums Geschäft kümmerten, und auf Sofía und América, weil sie bei meiner Rückkehr da waren.

DANK VON LONELY PLANET

Vielen Dank an die Reisenden, die uns nach der letzten Auflage hilfreiche Hinweise, nützliche Tipps und interessante Anekdoten geschickt haben:

A Kate Adlam, Jorge Jaime Aguirre Ramirez, Debbie Amos, Clare Anderson, Sally Anderson, Ana Andrade, Luigi Andretto, Patrik Aqvist, Warren Aston, Andrea Avgousti **B** Amber Bacca, Goele Baert, Sarito Balkaran, Barbara Bansemer, Titus Baptist, Jennifer Bardell, Mark Barr, Hadas Bashan, Jose Benavides, Pedro Benitez, Stephen Benjamin, Hilary Benson, Maria Celina Bentancor, Hannu Berghall, Tim Bewer, Tara Bickis, Sarah Bienemann, Urs Bieri, Donna Billington, Andrew Birdsey, Susan Bishop, Marina Bitelman, Fred Black, Paul Boehlen, Rick und Liselotte Boerkamp, Conor Bolger, Iona Borthwick, Sabrina Bos, Madeleine Brady, Andrew Brennan, Jessica Brewer, Martin Brewerton, Cassandra Brooks, Tom Brosnan, Eric Brown, Jerome Brun, Katharina Buchanan, Christine Buchholz, Mirjam Buitelaar, Neil Bulman-Fleming, Anne Burrows, Susanne Burstein, Lachlan Buwalda, Allegra Buyer, David Byrne **C** Craig Campbell, Fiona Campbell, Mark Campbell,

---

WIR FREUEN UNS ÜBER EIN FEEDBACK

Post von Travellern zu bekommen, ist für uns ungemein hilfreich – Kritik und Anregungen halten uns auf dem Laufenden und helfen, unsere Bücher zu verbessern. Unser reiseerfahrenes Team liest alle Zuschriften genau durch, um zu erfahren, was an unseren Reiseführern gut und was schlecht ist. Wir können solche Post zwar nicht individuell beantworten, aber jedes Feedback wird garantiert schnurstracks an die jeweiligen Autoren weitergeleitet, rechtzeitig vor der nächsten Nachauflage.

Wer uns schreiben will, erreicht uns über **www.lonelyplanet.de/kontakt**.

Hinweis: Da wir Beiträge möglicherweise in Lonely Planet Produkten (Reiseführer, Websites, digitale Medien) veröffentlichen, ggf. auch in gekürzter Form, bitten wir um Mitteilung, falls ein Kommentar nicht veröffentlicht oder ein Name nicht genannt werden soll. Wer Näheres über unsere Datenschutzpolitik wissen will, erfährt das auf www.lonelyplanet.com/privacy.

Elizabeth Carosella, Bo Christensen, Chiara Ciccarelli, Acacia Clark, Vanessa Clarke, Jonathan Clements, David Connell, Donal Convery, Valerie Cooper, Jean Copland, Camilla Corr, Barry Cracknell, Marisa Cruickshank, Stephanie Curry **D** Jonathan Dayan, Francisco De Belaustegui, Jonas De Jong, Jan De Reus, Hubert De Vries, Paul De Vries, Beata Debarge, John Delmont, Hanneke Den Ouden, Dominic Desjardins, Sylvain Deslandes, Gabriela Diriwächter, Wendy Doedel, Derek Doeffinger, Berard Dominique, Rosemarie Doyle, Timothy Doyle, Kate Duffy, Julie Dupuis **E** David Eddington, Tim Edwards, Julianne Ellis, Gary Ellison, Sophie Eustis, Mike Evans, Laura Ewles **F** Nizar Farsakh, Anthony Faughey, Manuel Ferreira, Robert Finch, Frauke Finster, Sue Fisher, Dave Foot, Hotel Frances, Andrew French, Petra Frodyma, June Fujimoto, Peter Fumberger **G** Taylor Gaar, Peter Gammons, Valeria Gancitano, Mirja Gångare, Patrick Garrett, Tatjana Gazibara, Frank Geboers, Thomas Geerts, Pierre-Rudolf Gerlach, Juliette Giannesini, Manoel Giffoni, Cristina Giraldo, Chris Goldsmith, Amy Goodinge, Katharine Gordon, Cathy Grace, Sassoon Grigorian **H** Danny Hall, Kevin Hall, Richard Hall, Amy Halls, Catherine Ham, Bashar Hamarneh, Rainer Hamet, Paola Hanna, Bill Hatfield, Estelle Hayler, Kurt Healey, Laura Heckman, Kelly Heekin, Megan Heller, Katherine Helliwell, Britta Hillen, Jodie Hitchcock, Teja Hlacer, Anke Hoekstra, Daniel Hoenig, Suzanne Holmes-Walker, Charlotte Houston, Eleanor Howard, Henry Hubbard, Alice Hughes **I** David Ilian **J** Hans Jakobs, Heidi Jakobs, Nicola Jenns, Matt Joaquin, Andrea Johnston, Gwen Jones, Nikki Jones, Jessica Jormtun, Joaquin Julia Salmeron **K** David Katz, Alexis Keech, Ulrich Kellermann, Patrick Kilday, Drew Kimberley, Marie Kinsella, Diana Kirkland, Sally Kitajima, Joce Kitt, Ellen Kjoele, Lisa Knappich, Juleen Konkel, George Kostanza, Kirsty Kothakota, Stefanie Kraus, Kirstine Kristensen, Christiane Kunze, Silvie Kuratli, Matthias Kuster **L** Amy Laitinen, Robert Landsburgh, Rune Larsen, Mariko Lawson, Yasmin Lee, Elisabeth Lhoest, Tal Lichtenstein, Tom Lynar **M** Kenneth Macdonald, Kim Macquarrie, Nima Mahak, Ali Maher, Orla Maher, Jorge Malacara, Joel Marchal, Kerouedan Marie, William Marshall, Ben May, Stephan Mayer, Michelangelo Mazzeo, Michael Mc Govern, Kim Mcharg, Duncan Mclean, Peter Mcnamara, Francisco Mejia, Erna Mertens, Ville Mikkolainen, John Millan, Paul Millward, Milton Miltiadous, Anouk Minnebach, Janet Mitchelson, Dennis Mogerman, Amanda Molenaar, Leeron Morad, Thor Morales, Louise Moscrop, Dino Moutsopoulos, Elanor Murphy, Hilary Murphy, Caroline Murray-Lyon, Karoline Myklebust **N** Beto N A, Emma Naylor, Ilka Neugebauer, Yindi Newman, Miruna Nichita, Dennis Nicoll, Alexandra Nisbeck, Christopher und Anja Nitsche, Kamilla Norrman, Marco Nueesch, Guilherme Nunes **O** Michaela Oberhofer, Ben Ogden, Thomas Olsen, Annelies Oosterkamp, Alisha Ousman **P** Zoë Paton, Allison Pelensky, Matt Pepe, Vanessa Percival, Heidi Perez, Ann Persson, Scott Petersen, Henning Petzold, Emile Phaneuf, Rochelle Pincini, Kyle Pinniger, Cecilia Pinto Oppe, Steve Ponich, Cynthia Port, Christian Prendergast **Q** Evan Quin **R** Luis Ramos, Nathalia Rampini De Queiroz, Terrence Reid, Ken Rider, Garry Ridgway, Anton Rijsdijk, Adrianne Ripoll, John Robinson, Sarah Robinson, Julia Rodriguez, Patrick Roman, Cristina Rondolino, Lucia Rosan, Carene Ross, Josiane Ruggeri, Achim Rumi, Justin Ruppel, Priska Rutishauser **S** Lauren Saikaly, Shawn Sanders, Chris Sapwell, Anne Sargent, Chris Saunders, Nina Saunders, Christian Schade, Jürgen Schenk, Andrea Schmitt, Klaus Schwab, Martin Severino, Eldivia Sidenta, Timothy Silvers, Peter Sims, Andrew Smart, Julie Smith, Paola Smith, Victoria Smith, Diego Sogorb, Ivo Sotorp, Adrienne Speidel, Dominik Spoden, Tim Squires, Beth Stark, Charles Stauffer, Dennis Steinfort, Florian Stoettner, Meaghan Stolk, Nick Stott, Michael Stout, Mojca Stritar, Samantha Sutherland, Anne Sved-Williams, Ruth Swailes, Alan Swanton, Rebecca Swart, Claudia Szabo **T** Trevor Takayama, Yvonne Tan, Christian Tavera, Alysanne Taylor, Olivia Taylor, Harry Ter Horst, Erik Thomann, Fran Thomas, Nicole Thrope, Ciska Tillema, Joey Tonis, Lynn Touzel, Fabiola Travi, Karsten Triebe, Kariina Tsursin, Nathalie Tzaud **U** Horatiu Urs **V** Marlous Van Merkenstein, Jonny Vancutsem, Marta Vidal, Liz Vincent, Oscar Vos **W** Robert Walker, Laura Wallace, Mat Ward, Luke Weatherill, Tom Weiss, Anne Welcenbach, Dorien Westrienen Van, Jonathan Wickens, Thomas Wiese, Vivian Williamson, Jessica Winkler, Carina Wolfram, Rolf Wrelf, Berbel Würth, Victoria Wymark **Y** Yolanda Yebra, Tina Yuen **Z** Andrew Ziebro, Mihael Znidersic, Michael Zysman

QUELLENNACHWEIS
Vielen Dank an folgende Firma für die Nutzung ihrer Inhalte:

Globus auf S.1: ©Mountain High Maps 1993 Digital Wisdom, Inc.

Register

ABKÜRZUNGEN
Arg	Argentinien
Bol	Bolivien
Bra	Brazil
Chi	Chile
Ecu	Ecuador
FG	Französisch-Guyana
Guy	Guyana
Kol	Kolumbien
Par	Paraguay
Per	Peru
Sur	Surinam
Uru	Uruguay
Ven	Venezuela

000 Verweise auf Karten
000 Verweise auf Fotos

A
Abholzung 863
 Brasilien 282
 Ecuador 563
 Paraguay 827
Abseilen
 Bonito (Bra) 350
 Minas (Uru) 1003
 Parque Nacional da Serra dos Órgãos (Bra) 309
 Tucumán (Arg) 106
Abzocke 1106
 La Paz 199
Aché (Volk) 826
Adícora (Ven) 1053
Agato (Ecu) 590
Aguas Calientes (Per) 921–923, **922**
Ahus 546; siehe auch Moais
Aids 1135
Aktivitäten 1100–1101; siehe auch einzelne Aktivitäten, einzelne Länder
Alausí (Ecu) 604
Alcântara (Bra) 388–389
Algodoal (Bra) 395–396
Allende, Isabel 424
Allende, Salvador 422
Alta Gracia (Arg) 102–103
Alter do Chão (Bra) 399–400

Amazonas 35
 Brasilien 402, 406
 Flussreisen 391
 Geführte Touren 969
 Reiserouten 18
Amazonasbecken **258**
 Bolivien 257–264
 Ecuador 614
 Kolumbien 806–812
 Peru 960–972
 Regenwälder 35–36
 Venezuela 1088–1091
Ambato (Ecu) 596
Ancud (Chi) 516
Anden 36
 Bolivien
 Chile 511
 Ecuador 591–592
 Peru 931
 Reiserouten 16
 Venezuela 1055–1062
Angeln
 Bariloche (Arg) 144
 Capurganá (Kol) 773
 Coyhaique (Chi) 525
 Isla Navarino (Chi) 541
 Macas (Ecu) 623
 Neuquén (Arg) 139
 Paraná (Arg) 83
 Parque Nacional Lanín (Arg) 140
 Puerto Varas (Chi) 508
 Río Napo (Ecu) 618
 Villa Gesell (Arg) 122
Angel-Wasserfälle (Ven) 8, 1081–1082,
Antarktis 170
Antofagasta (Chi) 464–466
Arawak (Volk) 702, 709
Arbeiten 1102; siehe auch einzelne Länder
Archäologische Stätten; siehe auch Inkastätten
 Aldea Tulor (Chi) 472
 Cajamarca (Per) 955
 Caral (Per) 938
 Chan Chan (Per) 939
 Chavín de Huántar (Per) 954
 Ciudad Perdida (Kol) 759, 8
 Coctaca (Arg) 118
 Cusco (Per) 917

Cutimbo (Per) 905
El Gigante de Atacama (Chi) 476
Estación Astronómica Muisca (Kol) 746
Ferreñafe (Per) 943
Isla Amantaní (Per) 907
Kotosh, Tempel von (Per) 935
Kuélap (Per) 959
Las Huacas del Sol y de la Luna (Per) 939–940
Lima (Per) 872–873
Nazca (Per) 888–889
Parque Nacional Rapa Nui (Chi) 546
Peru 857
Quilmes (Arg) 111
Reserva Nacional Pampa del Tamarugal (Chi) 477
Rumicucho (Ecu) 586
Sechín (Per) 938
Sillustani (Per) 905
Sipán (Per) 942
Tierradentro (Kol) 803–806
Tiwanaku (Bol) 209–210
Túcume (Per) 943
Wari (Per) 930
Archipiélago Los Roques (Ven) 1044–1046
Architektur
 Bolivien 189
 Brasilien 282
 Ecuador 563
 Kolumbien 726
 Peru 863
 Venezuela 1024
Areguá (Par) 836
Arequipa (Per) 893–899, **894, 895**
Argentinien 38–180, **41**
 Aktivitäten 171
 An- & Weiterreise 48
 Arbeiten 171–172
 Bevölkerung 44
 Botschaften 172
 Bücher 172
 Essen 172–173
 Feiertage 173–174
 Ferien 173–174
 Festivals & Events 174
 Frauen unterwegs 174
 Freiwilligenarbeit 174

Führerschein 174
Gefahren & Ärgernisse 174–175
Geld 61, 175–176
Geografie 46–47
Geschichte 39–43, 75–77, 98, 126
Gesundheit 176
Grenzübergänge 38, 49, 85, 92, 95, 119, 160
Infos im Internet 176
Internetzugang 176
Karten & Stadtpläne 177
Klima 177
Konsulate 172
Kultur 43–44
Kunst 45–46
Kurse 177
Medien 177
Musik 45–46
Nationalparks 47–48, 77, 128
Nordosten **76**
Nordwesten **97**
Öffnungszeiten 177
Post 177
Rechtsfragen 177–178
Reisen mit Behinderung 178
Religion 44–45
Sport 44
Sprache 178
Strom 178
Telefon 178–179
Tiere & Pflanzen 47
Toiletten 179
Touristeninformation 179
Umwelt 46–48
Unterkunft 179
Unterwegs vor Ort 48–49
Verantwortungsbewusstes Reisen 179–180
Visa 180
Zentrales Argentinien **127**
Arica 477–482, **478**
Armenia (Kol) 787
Arraial d'Ajuda (Bra) 365–366
Arraial do Cabo (Bra) 309
Asunción (Par) 829–836, **832**
An- & Weiterreise 835–836
Ausgehen 835
Essen 832–835
Gefahren & Ärgernisse 830
Geführte Touren 831
Internetzugang 829
Medizinische Versorgung 830
Notfall 830
Sehenswertes 830–831

Shoppen 835
Touristeninformation 830
Unterhaltung 835
Unterkunft 831–832
Unterwegs vor Ort 830, 836
Atacameño 420
Atacames (Ecu) 625–626
Auto, Reisen mit dem 1120–1122
Argentinien, innerhalb von 48
Bolivien, von/nach 191
Brasilien, innerhalb von 286
Chile, innerhalb von 428
Ecuador, innerhalb von 565
Französisch-Guyana, innerhalb von 666
Guyana, innerhalb von 703
Guyanas, innerhalb der 662
Kolumbien, innerhalb von 729
Kolumbien, von/nach 728
Paraguay, innerhalb von 828
Peru, innerhalb von 865
Peru, von/nach 864
Surinam, innerhalb von 686
Uruguay, innerhalb von 987
Venezuela, innerhalb von 1026–1027
Awala-Yalimapo (FG) 679
Ayacucho (Per) 930–932
Ayahuasca 809
Aymara 182, 420, 861

B
Bahía Blanca (Arg) 124–125
Bahía de Caráquez (Ecu) 628–629
Bahía El Aguacate (Kol) 775
Bahía Inglesa (Chi) 463
Baños (Ecu) 596–600, **597**
Barcelona (Ven) 1062–1063
Barichara (Kol) 748–749
Bariloche (Arg) 142–146, **143**
Barranquilla (Kol) 761–762
Bartonellose 1135
Baseball 1022, 1023, 1042
Behinderung, Reisen mit 1112–1113; *siehe auch einzelne Länder*
Belém (Bra) 390–395, **393**
Belo Horizonte (Bra) 321–322
Benkos Bioho 767
Berbice (Guy) 708–709
Bergsteigen 1100 *siehe auch* Klettern *und* Wandern & Trekken
Bevölkerung 30
Bildhauerei
Argentinien 46
Kolumbien 726

Uruguay 986
Venezuela 1024
Biosphärenreservat Mbaracayú (Par) 844–845
Bogotá (Kol) 730–740, **732–733**
An- & Weiterreise 739–740
Ausgehen 738
Essen 737–738
Festivals & Events 736
Geführte Touren 736
Internetzugang 731
Kurse 736
Medizinische Versorgung 731
Notfall 731
Sehenswertes 734–735
Touristeninformation 731
Unterhaltung 734, 738
Unterkunft 736–737
Unterwegs vor Ort 729, 740
Bolívar, Simón 30, 183, 721, 860, 1019, 1033
Bolivien 181–272, **184, 223**
Aktivitäten 264
An- & Weiterreise 191–192
Arbeiten 264
Architektur 189
Behinderung, Reisen mit 270
Bevölkerung 188
Botschaften 264–265
Bücher 265
Essen & Trinken 265–266
Feiertage 266
Festivals & Events 266
Frauen unterwegs 266
Freiwilligenarbeit 266–267
Führerschein 267
Gefahren & Ärgernisse 203, 216, 227, 247, 267
Geführte Touren 267
Geld 267–268
Geografie 190
Geschichte 182–186
Gesundheit 268
Getränke 266
Grenzübergänge 181, 219, 233, 255, 263
Infos im Internet 268
Internetzugang 268–269
Karten 269
Klima 269
Konsulate 264–265
Kultur 187–188
Kunst 188–189
Kurse 269
Medien 269

Musik 188–189
Nationalparks & Naturschutzgebiete 190–191
Natur & Umwelt 189–191
Notfall 269
Post 270
Rechtsfragen 270
Religion 188
Shoppen 270
Sport 188
Strom 270
Telefon 270–271
Tiere 190
Toiletten 271
Touristeninformation 271
Tänze 189
Unterkunft 271–272
Unterwegs vor Ort 192–193
Verantwortungsbewusstes Reisen 272
Visa 272
Öffnungszeiten 269
Bonito 350–352
Botschaften 1102; siehe auch einzelne Länder
Brasília (Bra) 341, **343**
Brasilien 7, 273–418, **278–279**,
Aktivitäten 409
An- & Weiterreise 284–286
Arbeiten 410
Architektur 282
Behinderung, Reisen mit 415
Bevölkerung 279
Botschaften 410
Bücher 410
Essen 319, 411
Feiertage 412
Ferien 412
Film 281
Frauen unterwegs 412
Freiwilligenarbeit 413
Führerschein 413
Gefahren & Ärgernisse 356, 405, 413
Geld 413
Geografie 283
Geologie 283
Geschichte 274–277
Gesundheit 411
Getränke 412
Grenzübergänge 273, 341, 351, 396, 403, 406, 409

000 Verweise auf Karten
000 Verweise auf Fotos

Infos im Internet 414
Internetzugang 414
Karten & Stadtpläne 414
Klima 414
Konsulate 410
Kultur 277–279
Kunst 280, 322
Literatur 280
Medien 415
Musik 281
Nationalparks & Naturschutzgebiete 284
Natur & Umwelt 282–284
Norden 389–409, **392**
Nordosten 352–389, **353**
Öffnungszeiten 415
Pflanzen 283
Post 415
Rechtsfragen 415
Religion 280
Shoppen 416
Skulpturen 325
Sport 279
Strom 416
Studieren 415
Süden 327–341, **328**
Südosten 307–327, **307**
Tanz 281
Telefon 416
Tiere 283
Toiletten 417
Touristeninformation 417
Umwelt 409
Unterkunft 417
Unterwegs vor Ort 286–288
Verantwortungsbewusstes Reisen 417
Visa 417
Zentraler Westen 341–352, **342**
Brauereien
Brasilien 331
Santa Fe (Arg) 82
Valdivia (Chi) 504
Brokopondo (Sur) 693–694
Brownsberg Nature Reserve (Sur) 693–694
Bucaramanga (Kol) 749–750
Bücher 1102–1103; siehe auch Literatur und einzelne Länder
Anthropologie 850
Bergsteigen 265
Geschichte 29, 265, 813, 850, 1010, 1092, 1102
Gesundheit 1131
Klettern 172

Kultur 172, 265, 411, 651
Natur & Umwelt 651
Ökologie 1102
Ökotourismus 1092
Reiseberichte 172, 410, 548, 1102, 1103
Reiseführer 172, 265, 410, 548, 651, 813, 973, 1010, 1102
Reiselektüre 1103
Sachbücher 1092
Sprache 434
Tiere 172
Vogelbeobachtung 713, 1092
Wandern 265, 548
Buenos Aires (Arg) 6, 50–75, **53**, **54–55, 62–63**
Aktivitäten 59
An- & Weiterreise 72–73
Ausgehen 67–69
Essen 65–67
Festivals & Events 60
Gefahren & Ärgernisse 56–57
Geführte Touren 60
Medizinische Versorgung 52
Notfall 52
Schwulen- & Lesbenszene 71
Sehenswertes 57–59
Shoppen 72
Touristeninformation 53
Unterhaltung 69–72
Unterkunft 60–65
Unterwegs vor Ort 51, 74–75
Bungeespringen 113
Bus, Reisen mit dem 1122–1123
Argentinien, innerhalb von 48–49
Argentinien, von/nach 48
Bolivien, innerhalb von 192
Bolivien, von/nach 191
Brasilien, innerhalb von 286, 287
Brasilien, von/nach 284
Chile, innerhalb von 428
Chile, von/nach 427–428
Ecuador, innerhalb von 565–566, 828–829
Ecuador, von/nach 565
Guyana, innerhalb von 703
Guyanas, innerhalb von 661, 662
Kolumbien, innerhalb von 729
Kolumbien, von/nach 728
Paraguay, von/nach 828
Peru, innerhalb von 865
Peru, von/nach 864
Surinam, innerhalb von 686

Uruguay, innerhalb von 987
Uruguay, von/nach 986
Venezuela, innerhalb von 1027
Venezuela, von/nach 1026
Búzio (Bra) 310–311

C
Caacupé (Par) 837
Cabanaconde (Per) 901
Cabo de la Vela (Kol) 760–761
Cacao (FG) 671–672
Cáceres (Bra) 349
Cachi (Arg) 110–111
Cachoeira (Bra) 359–360
Cafayate (Arg) 109–110, **107**
Cajamarca (Per) 955–958, **956**
Cajón del Maipo (Chi) 444–445
Calama (Chi) 466–468
Caldera (Chi) 463
Cali (Kol) 790–795, **791**
Camion, Reisen mit dem *siehe*
  Bus, Reisen mit dem
Camping 1115
Campo Grande (Bra) 349–350
Canaima (Ven) 1082–1084
Candomblé 34, 280, 352, 355
Canoa (Ecu) 627–628
Canoa Quebrada (Bra) 379–380
Cañón del Colca (Per) 899
Canyoning 1057
Capurganá (Kol) 773–775
Caracas (Ven) 1028–1044, **1030–1031, 1035, 1038–1039**
  Aktivitäten 1036
  An- & Weiterreise 1042–1043
  Ausgehen 1041
  Essen 1040–1041
  Festivals & Events 1036–1037
  Gefahren & Ärgernisse 1032–1033
  Geführte Touren 1036
  Internetzugang 1029
  Medizinische Versorgung 1029
  Notfall 1032
  Sehenswertes 1033–1034
  Shoppen 1042
  Touristeninformation 1032
  Unterhaltung 1032
  Unterkunft 1037–1040
  Unterwegs vor Ort 1032, 1043–1044
Caraíva (Bra) 367
Caral (Per) 938
Caraz (Per) 953–954
Carmelo (Uru) 997

Carmen de Patagones (Arg) 153
carnaval siehe Karneval
Carretera Austral (Chi) 521, 530, **523**
Cartagena (Kol) 762–767, **763**
Castro (Chi) 517–519
Catamarca (Arg) 104–105
Cayenne (FG) 666–671, **667, 672**
  An- & Weiterreise 670
  Ausgehen 670
  Essen 669–670
  Festivals & Events 669
  Gefahren & Ärgernisse 668
  Geführte Touren 669
  Internetzugang 668
  Medizinische Versorgung 668
  Notfall 668
  Sehenswertes 668–669
  Shoppen 670
  Touristeninformation 668
  Unterkunft 669
  Unterwegs vor Ort 666, 670–671
Ceiba (Baum) 36
Central Suriname Nature Reserve (Sur) **8**, 693
Chachapoyas (Per) 958–959
Chaco-Lagunen (Par) 849
Chaco (Par) 847
Chaga-Krankheit 1135
Chamacoco 826
Chan Chan (Per) 939
Chango 420
Charrúa (Volk) 982
Chávez, Hugo 1017, 1021
Chavín de Huántar (Per) 954
Che Guevara *siehe* Guevara, Ernesto „Che"
Chiclayo (Per) 941–942
Chile 419–554, **421, 422**
  Aktivitäten 547–548
  An- & Weiterreise 427–428
  Arbeiten 548
  Behinderung, Reisen mit 552
  Bevölkerung 424
  Botschaften 548
  Bücher 548
  Essen 548–549
  Feiertage 549
  Ferien 549
  Festivals & Events 549
  Film 425
  Frauen unterwegs 549
  Freiwilligenarbeit 549
  Gefahren & Ärgernisse 550

Geführte Touren 550
Geld 550–551
Geografie 426
Geschichte 420–423
Gesundheit 551
Grenzübergänge 419, 427, 429, 472, 482
Infos im Internet 551
Internetzugang 551
Karten & Stadtpläne 551
Klima 551
Konsulate 548
Kultur 423–425
Kunst 424–425
Kurse 552
Literatur 424
Medien 552
Musik 425
Nationalparks & Naturschutzgebiete 426
Natur & Umwelt 425
Norden 454–484, **455, 465**
Norte Chico **455**
Norte Grande **465**
Öffnungszeiten 552
Pflanzen 426
Post 552
Religion 424
Seengebiet 491–516, **492–493**
Shoppen 553
Sport 424
Strom 553
Tanz 425
Telefon 553
Tiere 426
Toiletten 553
Touristeninformation 553
Trinken 549
Unterkünfte 553
Unterwegs vor Ort 428
Verantwortungsbewusstes Reisen 554
Visa 554
Zentrales Chile 484–491, **484**
Chile Chico (Chi) 529
Chillán (Chi) 487
Chiloé (Chi) 516–521, **516**
Chiloten 516
Chimú 857
Chivay (Per) 899–900
Cholera 1132
Chonchi (Chi) 519–520
Chulumani (Bol) 212–213
Chuquicamata (Chi) 468
Chuy (Uru) 1009

Ciudad Bolívar (Ven) 1076–1079, **1077**
Ciudad del Este (Par) 842–843, **842**
Ciudad Guayana (Ven) 1079–1080
Ciudad Perdida (Kol) 8, 759
Coca (Ecu) 616–617
Cochabamba (Bol) 236–240, **238–239**
Colonia del Sacramento (Uru) 994–997, **995**, 6
Colonia Tovar (Ven) 1045
Commewijne (Sur) 692
Comodoro Rivadavia (Arg) 158
Concepción (Chi) 489–490
Concepción (Par) 845–846
Congonhas (Bra) 325
Copacabana (Bol) 215–219, **217**
Copacabana (Bra) 293
Copiapó (Chi) 461
Coppename Nature Reserve (Sur) 694
Cordillera Blanca (Per) 948
Cordilleras (Bol) 210
Córdoba (Arg) 98–101, **99**
Coroico (Bol) 210–212
Coro (Ven) 1051–1053, **1051**
Corrientes (Arg) 86–89, **87**
Corumbá (Bra) 350
Cosquín (Arg) 102
Cotacachi (Ecu) 590
Coyhaique (Chi) 524, **527**
Cúcuta (Kol) 750–751
Cuenca (Ecu) 605–609, **606**
Cueva del Guácharo (Ven) 1069
Cuiabá (Bra) 348–349
Cumaná (Ven) 1067–1069, **1068**
Cunco 420
Curicó (Chi) 486
Curitiba (Bra) 327–330, **329**
Cusco (Per) 907–917, **908–909**, 918
  Aktivitäten 912–913
  An- & Weiterreise 916–917
  Ausgehen 915
  Essen 914–915
  Festivals & Events 913
  Gefahren & Ärgernisse 910–911
  Geführte Touren 913
  Geschichte 907–909
  Internetzugang 909
  Medizinische Versorgung 910

000 Verweise auf Karten
000 Verweise auf Fotos

  Notfall 910
  Sehenswertes 911–912
  Shoppen 915–916
  Sprachkurse 913
  Touristeninformation 910
  Unterhaltung 915
  Unterkunft 913–914
  Unterwegs vor Ort 917
Cutimbo (Per) 905

D
Dalcahue (Chi) 519
Denguefieber 1132
Desierto de la Tatacoa (Kol) 790
Diaguita 420
Diebstahl 1106
  Arequipa (Per) 893
  Brasilien 413
  Caracas (Ven) 1032
  Copacabana (Bol) 216
  Cusco (Per) 910
  Ecuador 654
  Guayaquil (Ecu) 635
  Ica (Per) 886
  Kolumbien 815
  Lima (Per) 871
  Peru 976
  Quito (Ecu) 568
  Rio de Janeiro (Bra) 291
  Salvador (Bra) 353
  Santiago (Chi) 431
  Uyuni (Bol) 230
  Venezuela 1094
Dinosaurier 139
Diskriminierung 1103
Drachenfliegen 298
Drogen, illegale 1106–1107
  Kolumbien 722–723, 809
  Peru 976
Duarte, Eva 40
Durchfall 1136

E
Ecuador 555–658, **558–559**
  Aktivitäten 650
  An- & Weiterreise 565
  Arbeiten 650
  Architektur 563
  Behinderung, Reisen mit 657
  Bevölkerung 561–562
  Botschaften 650–651
  Bücher 651
  Essen 651–652
  Feiertage 652
  Festivals & Events 652–653

  Film 562
  Frauen unterwegs 653
  Freiwilligenarbeit 653–654
  Führerschein 654
  Gefahren & Ärgernisse 615, 654
  Geführte Touren 654
  Geld 654
  Geografie 564
  Geschichte 556–561
  Getränke 652
  Grenzübergänge 592, 612, 615, 618, 640
  Infos im Internet 655
  Internetzugang 655
  Karten & Stadtpläne 655
  Klima 655–656
  Konsulate 650–651
  Kultur 561–562
  Kunst 562–563
  Kurse 656
  Literatur 562
  Malerei 563
  Medien 656
  Musik 562–563
  Nationalparks 564–565
  Natur & Umwelt 563–565
  Öffnungszeiten 656
  Pflanzen 564
  Post 656
  Rechtsfragen 656–657
  Religion 562
  Sport 562
  Strom 657
  Telefon 657
  Tiere 564
  Toiletten 657
  Touristeninformation 657
  Unterkunft 657–658
  Unterwegs vor Ort 565
  Verantwortungsbewusstes Reisen 658
  Visa 658
El Bolsón (Arg) 147–148
El Calafate (Arg) 161–163, **162**
El Chaltén (Arg) 159–161
El Molle 420, 456
El Niño 1111
El Peñol (Kol) 782–783
El Playón (Ven) 1049
El Yaque (Ven) 1075–1076
Encarnación (Par) 837–840, **839**
Ensenada (Chi) 510–511
Erdbeben 1107
Ermäßigungen 1103
Escobar, Pablo 722–723

Esmeraldas (Ecu) 625
Esquel (Arg) 149–150
Estación Astronómica Muisca (Kol) 746
Etikette 24
Evita 40

F

Fähren *siehe* Schiff, Reisen mit dem
Fahrradfahren *siehe* Radfahren & Mountainbiken
Falklandinseln 42
Falklandkrieg 42–43
Fallschirmspringen
   Córdoba (Arg) 100
   Rosario (Arg) 79
FARC 556, 718, 727, 1021
Feiertage & Ferien 21; *siehe auch einzelne Länder*
Feilschen 1108
   Argentinien 175
   Chile 550
   Ecuador 654
   Kolumbien 816
   Venezuela 1095
Felsklettern *siehe* Klettern
Ferreñafe (Per) 943
Festivals & Events 1103; *siehe auch einzelne Länder, Orte &* Karneval
   Argentinien 174
   Bolivien 266
   Chile 549
   Ecuador 652–653
   Französisch-Guyana 680
   Guyana 714
   Kolumbien 815
   Paraguay 851
   Peru 975
   Reiserouten 20
   Rio de Janeiro (Bra) 298
   Uruguay 1011
   Venezuela 1093
Feuerland (Tierra del Fuego, Arg) 165–171, **166–167**
Feuerland (Tierra del Fuego, Chi) 541
Filadelfia (Par) 847–848
Film
   Argentinien 45
   Brasilien 281
   Chile 425
   Ecuador 562
   Kolumbien 725
   Paraguay 827

   Uruguay 985
   Venezuela 1023–1024
Fischen *siehe* Angeln
Floresta Nacional do Tapajós (Bra) 398–399
Florianópolis (Bra) 334–335, **335**
Flugzeug, Reisen mit dem 1117–1119, 1124–1125; *siehe auch einzelne Länder*
   Argentinien, innerhalb von 49
   Argentinien, von/nach 48
   Bolivien, innerhalb von 192–193
   Bolivien, von/nach 191
   Brasilien, innerhalb von 286
   Brasilien, von/nach 285
   Chile, innerhalb von 429
   Chile, von/nach 428
   Französisch-Guyana, innerhalb von 666
   Guyana, innerhalb von 703
   Guyana, von/nach 662
   Kolumbien, innerhalb von 729–730
   Kolumbien, von/nach 728–729
   Paraguay, innerhalb von 829
   Paraguay, von/nach 828
   Peru, von/nach 864
   Peru, innerhalb von 865–866
   Surinam, innerhalb von 686
   Uruguay, innerhalb von 987
   Uruguay, von/nach 987
   Venezuela, innerhalb von 1027–1028
   Venezuela, von/nach 1026
Formosa (Arg) 90
Fortaleza (Bra) 380–383, **380–381**
Fortín Boquerón (Par) 848–849
Fortín Toledo (Par) 848–849
Fotografie 26
Foz do Iguaçu (Bra) 338–341, **339**
Französisch-Guyana 663–682, **665**
   Aktivitäten 679
   An- & Weiterreise 666
   Bevölkerung 664
   Botschaften 679–680
   Bücher 680
   Essen 680
   Feiertage 680
   Festivals & Events 680
   Geführte Touren 680
   Geld 680
   Geschichte 664
   Gesundheit 681
   Grenzübergänge 663, 673, 679
   Infos im Internet 681

   Internetzugang 681
   Karten & Stadtpläne 681
   Klima 681
   Konsulate 679–680
   Kultur 664–665
   Kunst 665
   Medien 681
   Natur & Umwelt 665–666
   Öffnungszeiten 681
   Post 681
   Religion 665
   Shoppen 681
   Gefahren & Ärgernisse 680
   Strom 681
   Telefon 681
   Touristeninformation 681
   Trinken 680
   Unterkunft 682
   Unterwegs vor Ort 666
   Visa 682
Frauen & Gesundheit 1139
Frauen unterwegs 1104–1105; *siehe auch einzelne Länder*
Fray Bentos (Uru) 998
Freiwilligenarbeit 1105; *siehe auch einzelne Länder*
Frutillar (Chi) 507–508
Führerschein 1120, 1121; *siehe auch einzelne Länder*
Fujimori, Alberto 856, 860
Fußball 34
   Bolivien 188
   Brasilien 274, 279, 280, 315
   Chile 424
   Ecuador 562
   Kolumbien 725
   Paraguay 826
   Peru 861
   Uruguay 985
   Venezuela 1023
Fußballweltmeisterschaft 35
   Argentinien 44
   Kolumbien 725
   Peru 861
   Uruguay 985
Fußballweltmeisterschaft 2014 274
Futaleufú (Chi) 522–524

G

Gaiman (Arg) 157
Galápagosinseln (Ecu) 641–650, **642**
   An- & Weiterreise 645
   Geführte Touren 643–645
   Kosten 643
   Natur & Umwelt 643

Reiseplanung 643
Unterwegs vor Ort 645–646
Galibi Nature Reserve (Sur) 694
Gefahren & Ärgernisse 1105–1108; siehe auch einzelne Länder
Geführte Touren siehe einzelne Länder, einzelne Städte, Urwaldtouren
Gelbfieber 1132–1133
Geld 1108–1109; siehe auch einzelne Länder
Geldautomaten 1108
   Argentinien 176
   Bolivien 268
   Brasilien 413
   Chile 550
   Ecuador 655
   Kolumbien 816
   Paraguay 851
   Peru 976
   Uruguay 1012
   Venezuela 1095
Geografie 35; siehe auch einzelne Länder
Georgetown (Guy) 703–708, **704**
   An- & Weiterreise 708
   Ausgehen 707–708
   Essen 707
   Geführte Touren 706
   Internetzugang 705
   Medizinische Versorgung 705
   Notfall 705
   Sehenswertes 705–706
   Shoppen 708
   Sicherheit 705
   Touristeninformation 705
   Unterhaltung 707–708
   Unterkunft 706–707
   Unterwegs vor Ort 705, 708
Gerätetauchen siehe Tauchen
Geschichte 27–30; siehe auch einzelne Länder
Gesundheit 1129–1139; siehe auch einzelne Länder
Girón (Kol) 750
Gleitschirmfliegen siehe Paragliding
Gnathostomiase 1135
Goiânia (Bra) 344
Gran Sabana (Ven) 1084–1087
Grenzübergänge 1120
   Argentinien–Bolivien 119
   Argentinien–Brasilien 85, 95

000 Verweise auf Karten
000 Verweise auf Fotos

   Argentinien–Brasilien 284
   Argentinien–Chile 49, 160
   Argentinien–Paraguay 92, 95
   Bolivien–Argentinien 233
   Bolivien–Brasilien 255, 263, 284
   Bolivien–Peru 219
   Brasilien–Argentinien 284, 341
   Brasilien–Bolivien 351, 408, 409
   Brasilien–Bolivien 284
   Brasilien–Französisch-Guyana 284, 396
   Brasilien–Guyana 284, 403
   Brasilien–Kolumbien 285, 406
   Brasilien–Paraguay 285, 341
   Brasilien–Peru 285, 406, 409
   Brasilien–Surinam 285
   Brasilien–Uruguay 285
   Brasilien–Venezuela 403
   Chile–Argentinien 429, 472
   Chile–Bolivien 482
   Chile–Peru 482
   Ecuador–Kolumbien 592
   Ecuador–Peru 612, 615, 618, 640
   Französisch-Guyana–Brasilien 284, 673
   Französisch-Guyana–Surinam 679
   Guyana–Brasilien 284, 713
   Guyana–Surinam 709
   Kolumbien–Brasilien 285, 811
   Kolumbien–Ecuador 805
   Kolumbien–Panama 773
   Kolumbien–Peru 811
   Kolumbien–Venezuela 751, 754
   Paraguay–Argentinien 836, 840, 843
   Paraguay–Bolivien 849
   Paraguay–Brasilien 285, 843
   Peru–Bolivien 905, 963
   Peru–Brasilien 285, 963, 971
   Peru–Chile 892
   Peru–Ecuador 944, 946, 971
   Peru–Kolumbien 971
   Surinam–Brasilien 285
   Surinam–Französisch-Guyana 694
   Surinam–Guyana 696
   Uruguay–Argentinien 993
   Uruguay–Brasilien 285, 1008
   Venezuela–Brasilien 1087, 1090
   Venezuela–Kolumbien 1054, 1062, 1090
   Venezuela–Trinidad 1070
Guajará-Mirim (Bra) 407–408
Gualeguaychú (Arg) 84–85
Guambino 798

Guaranda (Ecu) 600–601
Guaraní (Sprache) 826
Guaraní (Volk) 75, 824, 826, 834
Guatape (Kol) 782–783
Guatavita (Kol) 741
Guayana (Ven) 1076–1084
Guayaquil (Ecu) 634–641, **636–637**
Guerrillas 556
   Ecuador 615, 654
   Kolumbien 718, 816
   Peru 856, 860, 867
   Venezuela 1021
Guevara, Ernesto „Che" 77, 102, 256
Guyana 699–716, **701**
   Aktivitäten 713
   An- & Weiterreise 703
   Bevölkerung 702
   Botschaften 713
   Bücher 713
   Essen 713–714
   Feiertage 714
   Festivals & Events 714
   Frauen unterwegs 714
   Gefahren & Ärgernisse 714
   Geführte Touren 714
   Geld 714–715
   Geografie 703
   Geschichte 700–702
   Gesundheit 715
   Grenzübergänge 699, 709, 713
   Infos im Internet 715
   Internetzugang 715
   Karten & Stadtpläne 715
   Klima 703
   Konsulate 713
   Kultur 702
   Medien 715
   Natur & Umwelt 703
   Öffnungszeiten 715
   Post 715
   Religion 702
   Shoppen 715–716
   Strom 716
   Telefon 716
   Touristeninformation 716
   Trinken 713–714
   Unterkunft 716
   Unterwegs vor Ort 703
   Visa 716
Guyanas, die 659–698, **659**; siehe auch Französisch-Guyana, Guyana, Surinam
   An- & Weiterreise 662
   Geografie 660
   Geschichte 660

Nationalparks 661
Natur & Umwelt 660–661
Pflanzen 660–661
Reiserouten 19
Tiere 660–661
Unterwegs vor Ort 662
Verantwortungsbewusstes Reisen 661–662

H
Hanga Roa (Chi) 544–546
Heiliges Tal der Inka (Per) 919–920
Hepatitis 1133
Histoplasmose 1135
Hitzschlag 1136
HIV 1135
Hmong (Volk) 664, 671, 679
Höhenkrankheit 1136–1137
    Bolivien 268
    Ecuador 568, 593
    Inkatrail (Per) 929
    La Paz (Bol) 199
Hostels 1115
Hotels 1115
Hotel Tirol (Par) 840–841
Huacachina (Per) 887–888
Huancayo (Per) 932–935, **933**
Huanchaco (Per) 940–941
Huaorani (Volk) 616
Huaquillas (Ecu) 641
Huaraz (Per) 947–952, **948, 950–951**
Huilliche 520
Humahuaca (Arg) 118–119
Humberstone (Chi) 476

I
Ibarra (Ecu) 591
Ica (Per) 886–887
Îles du Salut (FG) 675–676
Ilha de Marajó (Bra) 396–397
Ilha de Santa Catarina (Bra) 331–334, **332**
Ilha do Mel (Bra) 330–331
Ilha Grande (Bra) 311–312
Ilhéus (Bra) 364
Ilumán (Ecu) 590
Impfungen 1129, 1130
Indigene Bevölkerung 24, 28, 30–34, 37
    Aché 826
    Arawak 702, 709
    Atacameño 420
    Aymara 182, 420, 861

Chamacoco 826
Chango 420
Charrúa 982
Chiloten 516
Cunco 420
Diaguita 98, 420
El Molle 420, 456
Guambino 798
Guaraní 39, 75, 824, 826, 834
Huaorani 616
Huilliche 520
Kariben 660, 702, 709
Lule 98
Macushi 702, 711
Mapuche 137, 139, 420, 491, 501, 506
Mbyá 826
Muisca 746
Pehuenche 135
Quechua 183, 861, 906
Querandí 39
Quilmes 111
Saraguro 610
Selk'nam 420
Shuar 623
Tiwanaku 183, 420
Tonocote 98
Uros 907
Wapishana 702
Wari (Huari) 857, 930
Wayuu 759
Yaghan 420
Yanomami 1089
Yámana 39
Infos im Internet 1109
    Argentinien 176
    Bolivien 268
    Brasilien 414
    Chile 551
    Ecuador 655
    Flugtickets 1118
    Französisch-Guyana 681
    Gesundheit 1131
    Guyana 715
    Kolumbien 817
    Paraguay 852
    Peru 977
    Surinam 697
    Umweltprobleme 37
    Uruguay 1012
    Venezuela 1096
    Verantwortungsbewusstes Reisen 4
Ingapirca (Ecu) 609, 610
Inhotim (Bra) 322

Inkareich 28, 29, 183, 557, 857–858, 907
Inkastätten
    Cajamarca (Per) 955
    Catarpe (Chi) 472
    Cuenca (Ecu) 605
    Cusco (Per) 907
    Ingapirca (Ecu) 609, 610
    Inkatrail (Per) 927–929
    Isla del Sol (Bol) 219
    Machu Picchu (Per) 5, 923–927
    Ollantaytambo (Per) 921
    Pachacamac (Per) 873
    Pisac (Per) 919
    Pukapukara (Per) 919
    Q'enqo (Per) 918
    Saqsaywamán (Per) 917–918
    Tambomachay (Per) 919
Inkatrail (Per) 927–929, **927**
Internetzugang 1109; *siehe auch einzelne Länder*
Ipanema (Bra) 293
Iquique (Chi) 472–476, **473**
Iquitos (Per) 967–972, **968**
Isla Amantaní (Per) 907
Isla del Sol (Bol) 219–222, **220**
Isla de Margarita (Ven) 1071–1076, **1072**
Isla Isabela (Ecu) 649
Isla Navarino (Chi) 541–542
Isla Negra (Chi) 450
Isla Quinchao (Chi) 519
Isla Robinson Crusoe (Chi) 542–544, **543**
Isla San Cristóbal (Ecu) 649
Isla Santa Cruz (Ecu) 646
Isla Santa María (Ecu) 650
Islas Ballestas (Per) 884
Islas del Rosario (Kol) 767–768
Islas Flotantes (Per) 906
Isla Taquile (Per) 906–907
Itacaré (Bra) 362–363
Itaipú-Staudamm (Par) 843–844
Itauguá (Par) 836
Iwokrama Rainforest (Guy) 710–711

J
Jacumã (Bra) 376
Jatun-Sacha-Bioreservat (Ecu) 622
Javouhey (FG) 679
Jericoacoara (Bra) 383–385
Jesuitenmissionen 75, 85, 102, 256–257, 824, 840
Jesús María (Arg) 102

REGISTER (J–L)

Jesús (Par) 840
Jetlag 1131
Joanes (Bra) 396
Jones, Jim 700
Jonestown (Guy) 700
Jonestown-Massaker 700
Juangriego (Ven) 1075
Juliaca (Per) 901–902
Junín de los Andes (Arg) 139–140

K

Kaieteur-Fall (Guy) 710
Kaieteur National Park (Guy) 710
Kanu- & Kajakfahren 678
  Bariloche (Arg) 144
  Dalcahue (Chi) 519
  Foz do Iguaçu (Bra) 339
  Futaleufú (Chi) 522
  Ilha Grande (Bra) 311
  Mercedes (Uru) 998
  Paraná (Arg) 83
  Parque Nacional Pan de Azúcar (Chi) 464
  Parque Nacional Torres del Paine (Chi) 539
  Pucón (Chi) 499
  Puerto Ayora (Ecu) 646
  Puerto Natales (Chi) 536
  Tena (Ecu) 619
  Viedma (Arg) 151
  Yarinacocha (Per) 966
Kariben 660, 702, 709
Karneval 1103
  Argentinien 174
  Cajamarca (Per) 955
  Encarnación (Par) 838
  Montevideo (Uru) 991
  Olinda (Bra) 374
  Oruro (Bol) 222
  Recife (Bra) 371
  Rio de Janeiro (Bra) 298
  Salvador (Bra) 355
Karten 1110; *siehe auch einzelne Länder*
Kaw Nature Reserve (FG) 672
Kellereien *siehe* Weingüter
Kino *siehe* Film
Kitesurfen 1101
  Adícora (Ven) 1053
  Archipiélago Los Roques (Ven) 1045

000 Verweise auf Karten
000 Verweise auf Fotos

  Canoa Quebrada (Bra) 380
  El Yaque (Ven) 1075
  Ilha de Santa Catarina (Bra) 333
  Jericoacoara (Bra) 383
  Máncora (Per) 945
  Villa Gesell (Arg) 122
Klettern 1100
  Arequipa (Per) 896
  Baños (Ecu) 598
  Cordillera Blanca (Per) 948
  Córdoba (Arg) 100
  La Paz (Bol) 203
  Lençóis (Bra) 360
  Machu Picchu (Per) 926
  Mendoza (Arg) 129
  Mérida (Ven) 1058, 1060
  Parque Nacional Cotopaxi (Ecu) 592
  Parque Provincial Aconcagua (Arg) 133
  Puerto Natales (Chi) 536
  Quito (Ecu) 575
  Riobamba (Ecu) 602
  Rio de Janeiro (Bra) 298
  Roraima (Ven) 1084, 1086
  San Pedro de Atacama (Chi) 470
  Ushuaia (Arg) 167
  Volcán Chimborazo (Ecu) 604
  Volcán Cotopaxi (Ecu) 593
Klima 21, 1110–1111; *siehe auch einzelne Länder*
Koka 186–187, 723
Kolumbien 717–820, **720**
  Aktivitäten 812–813
  An- & Weiterreise 728–729
  Arbeiten 813
  Architektur 726
  Behinderung, Reisen mit 818
  Bildhauerei 726
  Botschaften & Konsulate 813
  Bücher 813
  Einwohner 724
  Essen 813
  Feiertage 814–815
  Ferien 814–815
  Festivals & Events 815
  Film 725
  Frauen unterwegs 815
  Freiwilligenarbeit 815
  Führerschein 815
  Gefahren & Ärgernisse 727, 815–816
  Geld 816–817
  Geografie 727
  Geologie 727

  Geschichte 718–724
  Gesundheit 817
  Getränke 814
  Grenzübergänge 751, 754, 773, 805, 811
  Infos im Internet 817
  Internetzugang 817
  Karten 817
  Klima 817
  Kultur 724–725
  Künste 725–726
  Kurse 817
  Literatur 725
  Malerei 726
  Medien 817–818
  Musik 725–726
  Nationalparks 727–728
  Natur & Umwelt 726–728
  Öffnungszeiten 818
  Pflanzen 727
  Post 818
  Rechtsfragen 818
  Religion 725
  Sport 725
  Strom 815
  Telefon 818–819
  Tiere 727
  Touristeninformation 819
  Unterkunft 819
  Unterwegs vor Ort 729–730
  Verantwortungsbewusstes Reisen 820
  Visa 820
  Zoll 820
Kolumbus, Christoph 29
Konsulate 1102
Kordilleren (Per) 947–954, **948**
Kosten 22–23; *siehe auch einzelne Länder und* Preise
Kourou (FG) 673–675
Kuélap (Per) 959
Kultur 30–35; *siehe auch einzelne Länder*
Kunst *siehe einzelne Kunstarten & einzelne Länder*
Kurse 1111; *siehe auch* Sprachkurse, Tanzkurse

L

Lago Agrio (Ecu) 615
Lago Calafquén (Chi) 502
Lago General Carrera (Chi) 528–530
Lago Pirehueico (Chi) 502
La Guajira (Kol) 759–760
Laguna Blanca (Par) 846–847

Lagunas Llanganuco (Per) 953
La Libertad (Ecu) 634
Lambayeque (Per) 942
Landminen 976
La Niña 1111
La Paloma (Uru) 1007
La Paz (Bol) 193–209, **196, 200–201**
  Abzocke 199
  An- & Weiterreise 208–209
  Ausgehen 207
  Essen 205–206
  Festivals & Events 203–204
  Gefahren & Ärgernisse 199
  Geführte Touren 203
  Medizinische Versorgung 198
  Notfall 198
  Sehenswertes 202
  Shoppen 207–208
  Touristeninformation 199
  Unterhaltung 207
  Unterkunft 204–205
  Unterwegs vor Ort 195, 209
La Rioja (Arg) 103–104
La Serena (Chi) 456–460, **457**
Las Huacas del Sol y de la Luna (Per) 939–940
Las Leñas (Arg) 136
Lastwagen, Reisen mit dem *siehe* Bus, Reisen mit dem
Latacunga (Ecu) 593–595, **594**
Leishmaniase 1135
Lençóis (Bra) 360–361
Leptospirose 1135–1136
Lesbische Reisende
  Argentinien 178
  Bolivien 270
  Brasilien 416
  Chile 552
  Ecuador 657
  Paraguay 853
  Peru 978
  Uruguay 1013
  Venezuela 1097–1098
Leticia (Kol) 806–812, **807**
Lima (Per) 867–882, **868–869, 874–875, 877**
  Aktivitäten 873–876
  An- & Weiterreise 881–882
  Ausgehen 880
  Essen 878–880
  Festivals & Events 876
  Gefahren & Ärgernisse 871
  Geführte Touren 876
  Geschichte 867

Internetzugang 871
Medizinische Versorgung 871
Notfall 871
Sehenswertes 871–873
Shoppen 881
Touristeninformation 871
Unterhaltung 881
Unterkunft 876–878
Unterwegs vor Ort 870, 882
Literatur *siehe auch* Bücher
  Argentinien 45
  Brasilien 280
  Chile 424
  Ecuador 562
  Kolumbien 725
  Paraguay 827
  Peru 862
  Uruguay 985
  Venezuela 1023
Loja (Ecu) 611–613, **611**
Loma Plata (Par) 848
Los Ángeles (Chi) 490–491
Los Antiguos (Arg) 158–159
Los Llanos (Ven) 1060–1061
Los Penitentes (Arg) 133
Lula 277
Lunahuaná (Per) 883

M
Macas (Ecu) 623–624
Maceió (Bra) 368–370, **368–369**
Machala (Ecu) 641
Machu Picchu (Per) 5, 923–927, **925**
Macushi 702, 711
Malargüe (Arg) 135–136
Malaria 1133–1134
Maldonado (Uru) 1003–1004
Malerei
  Argentinien 46
  Ecuador 563
  Kolumbien 726
  Paraguay 827
  Peru 863
  Uruguay 986
  Venezuela 1024
Malwinen *siehe* Falklandinseln (Arg)
Mana (FG) 679
Manaus (Bra) 400–404, **401**
Máncora (Per) 945–947
Mangroven 36–37
Manizales (Kol) 784–785
Manta (Ecu) 629–631, **630–631**
Mapuche 137, 139, 420, 491, 501, 506

Maracaibo (Ven) 1053–1055
Maracay (Ven) 1047
Mar del Plata (Arg) 119–122, **120**
Märkte
  Antiquitäten 993
  Essen 315, 321, 668, 689, 969, 1040
  Indigene Kultur 390, 403, 441, 595, 596, 668, 798, 881, 941, 969
  Kunsthandwerk 72, 147, 306, 358, 441, 574, 584, 609, 943, 993
  Lebensmittel 587, 609
  Tiere 587, 609
Maroons 660, 684, 686, 700
Márquez, Gabriel García 725
Mbyá (Volk) 826
Medellín (Kol) 776–781, **777, 779**
Medizinische Versorgung *siehe* Gesundheit
Mendoza (Arg) 128–132, **130–131**
Mennoniten 826, 847–848
Mercedes (Uru) 998–999
Mérida (Ven) 1055–1060, **1056**
Militär 1107–1108
Minas (Uru) 1002–1003
Minca (Kol) 757
Misahuallí (Ecu) 621–622
Mitad del Mundo (Ecu) 585–586
Moais 452, 544, 546; *siehe auch* Ahus
Mochima (Ven) 1066–1067
Mompiche (Ecu) 627
Mompós (Kol) 770–772, **771**
Montañita (Ecu) 633–634
Montecristi (Ecu) 629
Montevideo (Uru) 987–994, **988–989**
  Aktivitäten 991
  An- & Weiterreise 993
  Ausgehen 992
  Essen 992
  Festivals & Events 991
  Medizinische Versorgung 990
  Notfall 990
  Sehenswertes 990
  Shoppen 993
  Sprachkurse 991
  Tanzkurse 991
  Touristeninformation 990
  Unterhaltung 992
  Unterkunft 991
  Unterwegs vor Ort 990, 994
Morro de São Paulo (Bra) 361–362

Motorrad, Reisen mit dem 1120–1122; *siehe auch* Auto, Reisen mit dem
  Bolivien, von/nach 191
  Chile, innerhalb von 428
  Ecuador, innerhalb von 565
  Guyanas, innerhalb der 662
  Kolumbien, innerhalb von 729
  Kolumbien, von/nach 728
  Peru, innerhalb von 865
  Peru, von/nach 864
  Uruguay, innerhalb von 987
  Venezuela, innerhalb von 1026–1027
Mountainbiken
  Baños (Ecu) 598
  Cafayate (Arg) 109
  Cordillera Blanca (Per) 949
  Coroico (Bol) 211
  Cuenca (Ecu) 607
  Cusco (Per) 912
  Córdoba (Arg) 100
  Huancayo (Per) 934
  La Paz (Bol) 202–203
  Las Leñas (Arg) 136
  Lima (Per) 876
  Mendoza (Arg) 129
  Mérida (Ven) 1057
  Otavalo (Ecu) 587
  Pucón (Chi) 499
  Quito (Ecu) 575
  Riobamba (Ecu) 602
  San Martín de los Andes (Arg) 140
  San Pedro de Atacama (Chi) 470
  Sicherheit 203
  Sorata (Bol) 214
  Tafí del Valle (Arg) 109
  Tucumán (Arg) 106
  Tupiza (Bol) 231
  Vilcabamba (Ecu) 614
Muisca 746
Muisne (Ecu) 627
Musik 31–33, 34
  Bolivien 188–189
  Chile 425
  Ecuador 562–563
  Kolumbien 725–726
  Paraguay 827
  Peru 862–863, 885
  Uruguay 986
  Venezuela 1024

000 Verweise auf Karten
000 Verweise auf Fotos

N

Nachhaltiges Reisen *siehe* Verantwortungsbewusstes Reisen
Nariz del Diablo (Ecu) 603
Natal (Bra) 377–379, **379**
Nationalparks & Naturschutzgebiete 37; *siehe auch einzelne Parks & Schutzgebiete*
  Argentinien 47–48, 77, 128
  Bolivien 190–191
  Brasilien 284
  Chile 426
  Ecuador 564–565
  Guyanas, die 661
  Itaipú, Ökoreservat (Par) 844
  Jatun-Sacha-Bioreservat (Ecu) 622
  Kaieteur National Park (Guy) 710
  Kolumbien 727–728
  Mbaracayú, Biosphärenreservat (Par) 844–845
  Paraguay 828, 849
Parque Nacional Alerce Andino (Chi) 515–516
Parque Nacional Cerro Corá (Par) 846
Parque Nacional Chiloé (Chi) 520
Parque Nacional Conguillío (Chi) 496–497
Parque Nacional Cotopaxi (Ecu) 592–593
Parque Nacional da Chapada dos Veadeiros (Bra) 344
Parque Nacional de Aparados da Serra (Bra) 335
Parque Nacional dos Lençóis Maranhenses (Bra) 389
Parque Nacional El Cocuy (Kol) 746
Parque Nacional El Ávila (Ven) 1044
Parque Nacional Henri Pittier (Ven) 1047–1049
Parque Nacional Huascarán (Per) 953
Parque Nacional Huerquehue (Chi) 501–502
Parque Nacional Iguazú (Arg) 95–96
Parque Nacional Lanín (Arg) 140
Parque Nacional Lauca (Chi) 483
Parque Nacional Los Alerces (Arg) 150
Parque Nacional Los Glaciares (Arg) 163–164

Parque Nacional Machalilla (Ecu) 631–632
Parque Nacional Manu (Per) 964
Parque Nacional Mochima (Ven) 1065–1067
Parque Nacional Morrocoy (Ven) 1049–1051
Parque Nacional Nahuelbuta 494
Parque Nacional Nahuel Huapi (Arg) 146–147
Parque Nacional Nevado Tres Cruces 462
Parque Nacional Pan de Azúcar (Chi) 463–464
Parque Nacional Podocarpus (Ecu) 613
Parque Nacional Puracé (Kol) 799–800
Parque Nacional Puyehue (Chi) 507
Parque Nacional Queulat (Chi) 524
Parque Nacional Rapa Nui (Chi) 546–547
Parque Nacional San Rafael (Par) 841
Parque Nacional Santa Teresa (Uru) 1008
Parque Nacional Tierra del Fuego (Arg) 171
Parque Nacional Torres del Paine (Chi) 538–541, **540**
Parque Nacional Vicente Peréz Rosales (Chi) 511–512
Parque Nacional Villarrica (Chi) 502
Parque Nacional Yasuní (Ecu) 618–619
Parque Provincial Aconcagua (Arg) 133–134
Parque Provincial Ischigualasto (Arg) 135
Parque Pumalín (Chi) 521–522
Peru 864
Reserva de Producción Faunística Cuyabeno (Ecu) 615–616
Reserva Faunística Península Valdés (Arg) 155–156
Reserva Nacional Altos de Lircay (Chi) 487
Reserva Nacional Pacaya-Samiria (Per) 970
Reserva Nacional Radal Siete Tazas (Chi) 487

Reserva Provincial Esteros del
  Iberá (Arg) 86
Surinam 8, 693–694
Uruguay 986
Venezuela 1025–1026
Naturbeobachtung *siehe* Tier- &
  Pflanzenbeobachtung, Vogelbeobachtung, Walbeobachtung
Naturschutzgebiete *siehe* Nationalparks & Naturschutzgebiete
Nazca (Per) 888–891, **889**
Nebelwälder 36
Neuquén (Arg) 137–139
Nieuw Nickerie (Sur) 694–695
Nuevo Rocafuerte (Ecu) 618

O

Öffnungszeiten 1112; *siehe auch
  einzelne Länder*
Ökoreservat Itaipú (Par) 844
Ökotourismus *siehe auch* Verantwortungsbewusstes Reisen,
  Urwaldtouren, Tier- & Pflanzenbeobachtung
  Amazonasbecken (Bol) 257,
    262
  Asunción (Par) 831
  Bahía de Caráquez (Ecu) 628
  Canoa (Ecu) 627
  Chaco (Par) 847
  Chile 513
  Coca (Ecu) 616
  Floresta Nacional do Tapajós
    (Bra) 399
  Georgetown (Guy) 706
  Iwokrama Rainforest (Guy)
    710–711
  Los Llanos (Ven) 1061
  Paramaribo (Sur) 689
  Patagonien (Chi) 526
  Puerto Maldonado (Per) 962
  Puyo (Ecu) 622
  Rupununi-Savanne (Guy) 712
  Rurrenabaque (Bol) 259–260
  Surinam 693, 694, 8
  Tarapoto (Per) 959
  Tena (Ecu) 620
Olinda (Bra) 373–376, **374**
Ollantaytambo (Per) 921
Oroya-Fieber 1135
Oruro (Bol) 222–226, **224**
Osorno (Chi) 505–506
Osterinsel (Chi) *siehe* Rapa Nui (Chi)
Otavalo (Ecu) 6, 587–590, **588**
Ouro Prêto (Bra) 323–327, **324**

P

Pachacamac 873
Palomino (Kol) 760
Palumeu (Sur) 694
Pampatar (Ven) 1075
Pampastouren 259
Pamplona (Kol) 750
Panamahut 629
Pance (Kol) 800
Pan de Azúcar (Uru) 1002
Pantanal (Bra) 345–348, **346**
Pantanal, das (Par) 845
Papillon, Henry Charrière 676
Paragliding
  Bariloche (Arg) 144
  Bogotá (Kol) 736
  Canoa Quebrada (Bra) 380
  Córdoba (Arg) 100
  Cuenca (Ecu) 607
  Iquique (Chi) 474
  Lima (Per) 873
  Mérida (Ven) 1057
  Sucre (Bol) 243
  Urubamba (Per) 920
Paraguay 821–854, **823, 841**
  Aktivitäten 850
  An- & Weiterreise 828
  Behinderung, Reisen mit 853
  Bevölkerung 826
  Botschaften 850
  Bücher 850
  Essen 850
  Feiertage 850–851
  Festivals & Events 851
  Film 827
  Fotografie 851
  Frauen unterwegs 851
  Freiwilligenarbeit 851
  Führerschein 851
  Gefahren & Ärgernisse 851
  Geld 851–852
  Geografie 827
  Geschichte 822–825
  Gesundheit 852
  Getränke 850
  Grenzübergänge 821, 836, 840,
    843, 849
  Infos im Internet 852
  Internetzugang 852
  Karten & Stadtpläne 852
  Klima 852
  Konsulate 850
  Kultur 825–826
  Kunst 826–827
  Literatur 827
  Malerei 827
  Medien 852
  Musik 827
  Nationalparks & Naturschutzgebiete 828, 849
  Natur & Umwelt 827–828
  Öffnungszeiten 852–853
  Post 853
  Rechtsfragen 853
  Religion 826
  Sport 826
  Strom 853
  Telefon 853
  Tiere 827
  Toiletten 853
  Touristeninformation 853
  Unterkunft 853–854
  Unterwegs vor Ort 828–829
  Verantwortungsbewusstes Reisen
    854
  Visa 854
Paraitepui (Ven) 1085
Paramaribo (Sur) 686–692, **688**
  An- & Weiterreise 691–692
  Ausgehen 691
  Essen 690–691
  Geführte Touren 689
  Internetzugang 687
  Medizinische Versorgung 687
  Notfall 687
  Sehenswertes 687–689
  Shoppen 691
  Sicherheit 687
  Touristeninformation 687
  Unterhaltung 691
  Unterkunft 689–690
  Unterwegs vor Ort 687, 692
Páramo 36
Paraná (Arg) 83–84
Paranaguá (Bra) 330
Parasailing
  Parque Nacional del Chicamocha
    (Kol) 749
  Punta del Este (Uru) 1006
Paraty (Bra) 312–314
Parnaíba (Bra) 385
Parque Manantial (Par) 840
Parque Nacional Alerce Andino (Chi)
  515–516
Parque Nacional Amacayacu (Kol)
  812
Parque Nacional Amboró (Bol) 256
Parque Nacional Bernardo O'Higgins
  (Chi) 541
Parque Nacional Cajas (Ecu) 610

Parque Nacional Canaima (Ven) 1082–1084, **1083**
Parque Nacional Cerro Corá (Par) 846
Parque Nacional Chiloé (Chi) 520
Parque Nacional Conguillío (Chi) 496–497
Parque Nacional Cotopaxi (Ecu) 592–593
Parque Nacional da Chapada dos Guimarães (Bra) 349
Parque Nacional da Chapada dos Veadeiros (Bra) 344
Parque Nacional Da Serra Dos Órgãos (Bra) 308–309
Parque Nacional de Aparados da Serra (Bra) 335–336
Parque Nacional del Café (Kol) 787
Parque Nacional del Chicamocha (Kol) 749
Parque Nacional de Sete Cidades (Bra) 385
Parque Nacional dos Lençóis Maranhenses (Bra) 389
Parque Nacional El Ávila (Ven) 1044
Parque Nacional El Cocuy (Kol) 746
Parque Nacional Henri Pittier (Ven) 1047–1049
Parque Nacional Huascarán (Per) 953
Parque Nacional Huerquehue (Chi) 501–502
Parque Nacional Iguazú (Arg) 95–96
Parque Nacional Laguna del Laja (Chi) 494
Parque Nacional Lanín (Arg) 140
Parque Nacional Lauca (Chi) 483
Parque Nacional Los Alerces (Arg) 150
Parque Nacional Los Glaciares (Arg) 163–164
Parque Nacional Los Nevados (Kol) 786
Parque Nacional Machalilla (Ecu) 631–632
Parque Nacional Madidi (Bol) 262
Parque Nacional Manu (Per) 964
Parque Nacional Marinho de Fernando de Noronha (Bra) 375
Parque Nacional Mochima (Ven) 1065–1067

000 Verweise auf Karten
000 Verweise auf Fotos

Parque Nacional Morrocoy (Ven) 1049–1051
Parque Nacional Nahuelbuta (Chi) 494
Parque Nacional Nahuel Huapi (Arg) 146–147
Parque Nacional Nevado Tres Cruces (Chi) 462
Parque Nacional Noel Kempff Mercado (Bol) 257
Parque Nacional Pan de Azúcar (Chi) 463–464
Parque Nacional Podocarpus (Ecu) 613
Parque Nacional Puracé (Kol) 799–800
Parque Nacional Puyehue (Chi) 507
Parque Nacional Queulat (Chi) 524
Parque Nacional Rapa Nui (Chi) 546–547
Parque Nacional San Rafael (Par) 841
Parque Nacional Santa Teresa (Uru) 1008
Parque Nacional Santuario de Iguaque (Kol) 746
Parque Nacional Tayrona (Kol) 757–759
Parque Nacional Tayrona (Kol) **758**
Parque Nacional Tierra del Fuego (Arg) 171
Parque Nacional Torres del Paine (Chi) 7, 538–541, **540**
Parque Nacional Vicente Peréz Rosales (Chi) 511–512
Parque Nacional Villarrica (Chi) 502
Parque Nacional Yasuní (Ecu) 618–619
Parque Provincial Aconcagua (Arg) 133–134
Parque Provincial Ischigualasto (Arg) 135
Parque Pumalín (Chi) 521–522
Patagonien
 Argentinien 151–165, **152**
 Chile 521–529
 Reiseroute 17
Paysandú (Uru) 999
Peguche (Ecu) 590
Penedo (Bra) 367–368
Península de Araya (Ven) 1069
Pereira (Kol) 786–787
Perito-Moreno-Gletscher (Arg) 163
Perón, Juan & Eva 40
Peru 855–980, **859**
 Aktivitäten 972–973
 An- & Weiterreise 864–865

Arbeiten 973
Architektur 863
Behinderung, Reisen mit 978
Bevölkerung 861
Botschaften 973
Bücher 973–974
Feiertage 975
Ferien 975
Frauen unterwegs 975
Freiwilligenarbeit 975
Führerschein 976
Gefahren & Ärgernisse 884, 893, 939, 976
Geführte Touren 976
Geld 976–977
Geografie 863
Geschichte 856–859
Getränke 974–975
Grenzübergänge 855, 892, 905, 944, 946, 963, 971
Infos im Internet 977
Internetzugang 977
Klima 977
Konsulate 973
Kultur 860–861
Kunst 862–863
Literatur 862
Malerei 863
Musik 862–863, 885
Natur & Umwelt 863–864
Öffnungszeiten 977–978
Post 977
Rechtsfragen 978
Religion 861–862
Shoppen 978–979
Sport 861
Strom 978
Tanz 862–863
Telefon 979
Tiere & Pflanzen 863–864
Toiletten 979
Touristeninformation 979
Unterkunft 979–980
Unterwegs vor Ort 865–866
Verantwortungsbewusstes Reisen 980
Visa 980
Pest 1134
Petrópolis (Bra) 308
Pflanzen 35–37
 Brasilien 283
 Chile 426
 Ecuador 564
 Kolumbien 727
Pichilemu (Chi) 485–486

Pinamar (Arg) 123–124
Pinochet, Augusto 423
Pirenópolis (Bra) 345
Piriápolis (Uru) 1001–1002
Piribebuy (Par) 837
Pisac (Per) 919–920
Pisco (Per) 883–886
Piura (Per) 943–945
Planung *siehe* Reiseplanung &
 Reiserouten
Playa Blanca (Kol) 768–769
Playa Colorada (Ven) 1065
Playa de Oro (Ecu) 625
Playas (Ecu) 634
Poconé (Bra) 349
Politik 27–28
Polizei 1107
Ponta Negra (Bra) 378, **379**
Popayán (Kol) 795–798, **796**
Porlamar (Ven) 1073–1075, **1074**
Porto Alegre (Bra) 336–337, **337**
Porto Seguro (Bra) 364–365
Porto Velho (Bra) 407
Portugiesische Sprache 416, 1145
Porvenir (Chi) 542
Posadas (Arg) 90–92, **91**
Post 1112; *siehe auch einzelne Länder*
Potosì (Bol) 246–250, **248**
Praia da Pipa (Bra) 376–377
Praia do Forte (Bra) 359
Preise 22–23, 1103
Providencia (Kol) 768–769
Pucallpa (Per) 964–966, **965**
Pucón (Chi) 498–501, **498**
Puente del Inca (Arg) 133
Puerto Ayacucho (Ven) 1088–1091,
 1089
Puerto Ayora (Ecu) 646–649, **647**
Puerto Baquerizo Moreno (Ecu) 649
Puerto Colombia (Ven) 1048–1049
Puerto Iguazú (Arg) 93–95, **94**
Puerto La Cruz (Ven) 1063–1065,
 1064
Puerto López (Ecu) 632–633
Puerto Madryn (Arg) 153–155, **154**
Puerto Maldonado (Per) 961–963,
 961
Puerto Montt (Chi) 512–515, **512**
Puerto Nariño (Kol) 812
Puerto Natales (Chi) 534–538, **535**
Puerto Octay (Chi) 507
Puerto Puyuhuapi (Chi) 524
Puerto Varas (Chi) 508–511, **510**
Pukapukara (Per) 919
Puno (Per) 902–904, **903**

Punta Arenas (Chi) 530–534, **531**
Punta del Diablo (Uru) 1008
Punta del Este (Uru) 1005–1007,
 1005
Putre (Chi) 482–483
Puyo (Ecu) 622–623

Q
Q'enqo (Per) 918
Quebrada de Cafayate (Arg) 110
Quebrada de Humahuaca (Arg)
 117–119
Quechua 183, 861, 906
Quellón (Chi) 520–521
Quilmes (Arg) 111
Quilotoa Loop (Ecu) 595–596
Quito 567–585, **570–571, 573**
 Aktivitäten 575–576
 An- & Weiterreise 584–585
 Ausgehen 582
 Essen 579–582
 Festivals & Events 577
 Gefahren & Ärgernisse 568
 Geführte Touren 576–577
 Internetzugang 568
 Medizinische Versorgung 568
 Notfall 568
 Sehenswertes 569–575
 Shoppen 583–584
 Sprachkurse 576
 Tanzkurse 576
 Touristeninformation 568
 Unterhaltung 582–583
 Unterkunft 577–579
 Unterwegs vor Ort 572, 585

R
Radfahren 1100, 1123–1124; *siehe
 auch* Mountainbiken
 Argentinien 49
 Lima (Per) 876
 Montevideo (Uru) 991
 Puerto Ayora (Ecu) 646
 Quito (Ecu) 575
Rafting 1100
 Arequipa (Per) 896
 Baños (Ecu) 598
 Bariloche (Arg) 144
 Cajón del Maipo (Chi) 444
 Córdoba (Arg) 100
 Cusco (Per) 912
 Futaleufú (Chi) 522
 Lunahuaná (Per) 883
 Macas (Ecu) 623
 Mendoza (Arg) 129

 Mérida (Ven) 1057
 Pucón (Chi) 499
 Puerto Ayacucho (Ven) 1089
 Puerto Varas (Chi) 508
 Quito (Ecu) 575
 RaftingFoz do Iguaçu (Bra) 339
 Salta (Arg) 113
 Tarapoto (Per) 959
 Tena (Ecu) 619
 Tucumán (Arg) 106
Rancagua (Chi) 485
Rapa Nui (Chi) 544–547, **545**
Rastlose, die (Isla Santa Cruz, Ecu)
 646
Raumfahrtzentrum Guyana 674
Rechtsfragen 1112; *siehe auch
 einzelne Länder*
Recife (Bra) 370, **371**
Refugio de Vida Silvestre Pasochoa
 (Ecu) 586
Regenwälder 35–36
Regenwaldtouren *siehe* Urwaldtouren
Reisepass 1113; *siehe auch* Visa
Reiseplanung 21, 1109
 Argentinien 176
 Bolivien 268
 Brasilien 414
 Ecuador 655
 Französisch-Guyana 681
 Guyana 715
 Kolumbien 814
 Paraguay 852
 Peru 977
 Surinam 697
 Uruguay 1012
 Venezuela 1096
Reiserouten 15–20
 Amazonas 18
 Anden 16
 Guayanas 19
 Feiern 20
 Patagonien 17
Reiseschecks
 Bolivien 268
 Ecuador 655
 Venezuela 1096
Reiseübelkeit 1131
Reiten
 Baños (Ecu) 598
 Bariloche (Arg) 144
 Colonia del Sacramento (Uru) 996
 Córdoba (Arg) 100
 Coroico (Bol) 211
 Cuenca (Ecu) 607
 Las Leñas (Arg) 136

Mérida (Ven) 1058
Otavalo (Ecu) 587
Parque Nacional Torres del Paine (Chi) 539
Punta del Diablo (Uru) 1008
Salta (Arg) 113
San Pedro de Atacama (Chi) 469
Tucumán (Arg) 106
Tupiza (Bol) 231
Urubamba (Per) 920
Vilcabamba (Ecu) 614
Religion 34
  Bolivien 188
  Brasilien 280
  Candomblé 34, 280, 352, 355
  Chile 424
  Ecuador 562
  Französisch-Guyana 665
  Guyana 702
  Katholizismus 826
  Kolumbien 725
  Paraguay 826
  Peru 861–862
  Surinam 685
  Uruguay 985
  Venezuela 1023
Rémire-Montjoly (FG) 671
Reserva de Producción Faunística Cuyabeno (Ecu) 615–616
Reserva Faunística Península Valdés (Arg) 155–156
Reserva Nacional Altos de Lircay (Chi) 487
Reserva Nacional Pacaya-Samiria (Per) 970
Reserva Nacional Radal Siete Tazas (Chi) 487
Reserva Provincial Esteros del Iberá (Arg) 86
Reserva Provincial Punta Tombo (Arg) 157–158
Resistencia (Arg) 89–90
Riobamba (Ecu) 601–603, **602**
Rio Branco (Bra) 408
Río Caribe (Ven) 1069–1070
Río Catatumbo (Ven) 1053
Río Claro (Kol) 782
Rio de Janeiro (Bra) 288–307, **289, 292, 294, 296–297, 302**
  An- & Weiterreise 306
  Ausgehen 303
  Essen 300
  Festivals & Events 298
  Gefahren & Ärgernisse 291
  Geschichte 288
  Internetzugang 291
  Karneval 298
  Medizinische Versorgung 291
  Notfall 291
  Schwule & Lesben 305
  Sehenswertes 293
  Shoppen 306
  Touristeninformation 291
  Unterkunft 299
  Unterwegs vor Ort 290
  Unterwegs vor Ort 306
Río Gallegos (Arg) 164–165
Río Grande (Arg) 165
Río-Liucura-Tal (Chi) 501
Río Napo (Ecu) 617–618
Río Paraguay (Par) 845
Roraima (Ven) 1084–1085
Rosario (Arg) 77–80, **78**
Rupununi-Savanne (Guy) 712–713
Rurrenabaque (Bol) 259–262, **260**
Ruta 11 (Chi) 482–483
Ruta 119 (Chi) 501

S

Safaritouren 1060
Salar de Uyuni (Bol) 227, 230, 7
Salento (Kol) 788–789
Salinas (Ecu) 601
Salta (Arg) 111–114, **112–113**
Salto Ángel (Ven) 1081–1082, 8
Salto del Monday (Par) 844
Salto (Uru) 1000
Salvador (Bra) 352–359, **354**
Salvaterra (Bra) 396–397
Samaipata (Bol) 256
Samba 281, 305
Same (Ecu) 626–627
San Agustín de Valle Fértil (Arg) 135
San Agustín (Kol) 800–803, **801**
San Andrés (Kol) 768–769
San Antonio de Areco (Arg) 75
San Bernardino (Par) 836–837
San Cristóbal (Ven) 1061–1062
Sandboarden
  Huacachina (Per) 887
  Ilha de Santa Catarina (Bra) 333
  Nazca (Per) 889
  San Pedro de Atacama (Chi) 470
San Francisco de Yuruaní (Ven) 1085
San Gil (Kol) 746–748
San Ignacio Mini (Arg) 92–93
San Juan (Arg) 134–135
San Juan Bautista (Chi) 542–544
San Lorenzo (Ecu) 624–625
San Luis (Arg) 126–128
San Martín de los Andes (Arg) 140–141
San Pedro de Atacama (Chi) 468–472, **469**
San Salvador de Jujuy (Arg) 115–117, **115**
Santa Cruz (Bol) 250–256, **252–253**
Santa Cruz (Chi) 485
Santa Elena de Uairén (Ven) 1085–1088, **1086**
Santa Elena (Ecu) 634
Santa Fe (Arg) 80–83, **81**
Santa Fe de Antioquia (Kol) 781–782
Santa Fe (Ven) 1065–1066
Santa Marta (Kol) 752–754, **753**
Santarém (Bra) 397–398
Santa Rosa (Arg) 136–137
Santiago (Chi) 429, **432–433, 436–437**
  Aktivitäten 435
  An- & Weiterreise 441–443
  Ausgehen 440
  Essen 439–440
  Festivals & Events 435
  Gefahren & Ärgernisse 431
  Geführte Touren 435
  Geschichte 430
  Internetzugang 430
  Medizinische Versorgung 430
  Notfall 431
  Sehenswertes 431–434
  Shoppen 441
  Sprachkurse 435
  Touristeninformation 431
  Unterhaltung 440–441
  Unterkünfte 435
  Unterwegs vor Ort 431, 443
Santiago del Estero (Arg) 105–106
Santuario Nacional Lagunas de Mejía (Per) 891
San Vicente (Ecu) 628
São Félix (Bra) 359–360
São Luís (Bra) 385–388, **386–387**
São Paulo (Bra) 314–321, **316–317, 318**
Sapzurro (Kol) 775
Saqsaywamán (Per) 917–918
Saquisilí (Ecu) 596
Saraguro (Ecu) 610–611
Saraguro (Volk) 610
Saül (FG) 673

000 Verweise auf Karten
000 Verweise auf Fotos

Savannen 36
Schamanen 943, 966
Schiff, Reisen mit dem 1119–1120, 1125–1127
　Argentinien, von/nach 48
　Bolivien, innerhalb von 193
　Bolivien, von/nach 191
　Brasilien, innerhalb von 287
　Brasilien, von/nach 286
　Chile, innerhalb von 429
　Ecuador, innerhalb von 566
　Französisch-Guyana, innerhalb von 666
　Guyana, innerhalb von 703
　Kolumbien, innerhalb von 730
　Paraguay, innerhalb von 829
　Paraguay, von/nach 828
　Peru, von/nach 864
　Perus, innerhalb von 866
　Surinam, innerhalb von 686
　Uruguay, von/nach 987
　Venezuela, innerhalb von 1028
　Venezuela, von/nach 1026
Schnorcheln
　Archipiélago Los Roques (Ven) 1045
　Bonito (Bra) 351
　Búzios (Bra) 310
　Hanga Roa (Chi) 545
　Isla San Cristóbal (Ecu) 649
　Itacaré (Bra) 363
　Parque Nacional Mochima (Ven) 1065
　Parque Nacional Morrocoy (Ven) 1050
　Puerto Ayora (Ecu) 646
　San Andrés & Providencia (Kol) 768
Schwarzmarkt 1033, 1085, 1096, 1109
Schwimmen
　Iquique (Chi) 474
　Itacaré (Bra) 363
　Lençóis (Bra) 360
　Lima (Per) 873
　Maceió (Bra) 368
　Montevideo (Uru) 991
Schwule Reisende 978, 1113
　Argentinien 178
　Bolivien 270
　Brasilien 416
　Chile 552
　Ecuador 657
　Paraguay 853
　Uruguay 1013
　Venezuela 1097–1098

Sechín (Per) 938
Seengebiet (Arg) 137–150, **138**
Seengebiet (Chi) 491, **492–493**
Selk'nam 420
Shuar (Volk) 623
Sierra de la Ventana (Arg) 125–126
Sigchos (Ecu) 595
Sillustani (Per) 905
Silva, Luíz da siehe Lula
Silvia (Kol) 798–799
Sinnamary (FG) 676
Sipán (Per) 942
Skifahren 1101
　Bariloche (Arg) 144
　Chile 443
　Chillán (Chi) 488
　Coyhaique (Chi) 525
　Las Leñas (Arg) 136
　Los Penitentes (Arg) 133
　Malargüe (Arg) 135
　Parque Nacional Nahuel Huapi (Arg) 146
　Parque Nacional Vicente Peréz Rosales (Chi) 511
　Parque Nacional Villarrica (Chi) 502
　Puerto Varas (Chi) 508
　Ushuaia (Arg) 167
Sklaverei 29, 275, 660, 700, 767
Snowboarden 1101; siehe auch Skifahren
Sonnentempler 700
Sorata (Bol) 213–215
Soure (Bra) 397
Spanische Eroberung 28–29
Spanische Sprache 1140
Sport 34–35; siehe auch einzelne Sportarten
　Argentinien 44
　Bolivien 188
　Brasilien 279
　Chile 424
　Ecuador 562
　Kolumbien 725
　Paraguay 826
　Peru 861
　Uruguay 985
　Venezuela 1023
Sprache 1113, 1140–1152
　Argentinien 178
　Aymara 1151
　Chile 434
　Portugiesisch 416, 1145
　Quechua 1151
　Spanisch 1140
　Sranan Tongo 1152

Sprachführer 1113
Sprachkurse 1111
　Arequipa (Per) 897
　Baños (Ecu) 599
　Bariloche (Arg) 144
　Bogotá (Kol) 736
　Buenos Aires 59
　Cochabamba (Bol) 237
　Córdoba (Arg) 100
　Coroico (Bol) 211
　Cuenca (Ecu) 607
　Cusco (Per) 913
　Encarnación (Par) 838
　Huancayo (Per) 934
　Mendoza (Arg) 130
　Mérida (Ven) 1057
　Montevideo (Uru) 991
　Otavalo (Ecu) 589
　Pucón (Chi) 499
　Quito (Ecu) 576
　Santiago (Chi) 435
　Sucre (Bol) 243
　Tucumán (Arg) 106
　Ushuaia (Arg) 168
Sranan Tongo 1152
Stierkampf
　Ecuador 562, 577
　Peru 861, 881
St. Laurent du Maroni (FG) 676, **677**
Strände 7; siehe auch Schwimmen, Surfen
　Arraial d'Ajuda (Bra) 365
　Atacames (Ecu) 625–626
　Bahía Inglesa (Chi) 463
　Búzios (Bra) 310
　Cabo de la Vela (Kol) 760–761
　Canoa (Ecu) 627–628
　Copacabana (Bra) 293
　El Playón (Ven) 1049
　Ilha de Santa Catarina (Bra) 331, 332
　Ilha do Mel (Bra) 330
　Ilha Grande (Bra) 311
　Ipanema (Bra) 293
　Iquique (Chi) 474
　Isla de Margarita (Ven) 1076
　Itacaré (Bra) 362
　La Serena (Chi) 458
　Máncora (Per) 945
　Morro de São Paulo (Bra) 361
　Natal (Bra) 378
　Palomino (Kol) 760
　Paraty (Bra) 313
　Parque Nacional Machalilla (Ecu) 631

Parque Nacional Tayrona (Kol) 757
Plage Montjoly (FG) 671
Playa Blanca (Kol) 768–769
Playa Colorada (Ven) 1065
Playa Grande (Kol) 755
Praia da Pipa (Bra) 376
Puerto Colombia (Ven) 1048–1049
Punta del Este (Uru) 1005
Uruguay 1003
Viña del Mar (Chi) 453
Súa (Ecu) 626
Sucre (Bol) 241–246, **242**
Suesca (Kol) 741
Surama (Guy) 711–712
Surfen 1101
   Adícora (Ven) 1053
   Archipiélago Los Roques (Ven) 1045
   Bahía Inglesa (Chi) 463
   Búzios (Bra) 310
   Chiclayo (Per) 941
   El Yaque (Ven) 1075
   Huanchaco (Per) 940
   Ilha de Santa Catarina (Bra) 333
   Iquique (Chi) 474
   Itacaré (Bra) 363
   Jericoacoara (Bra) 383
   La Paloma (Uru) 1007
   La Serena (Chi) 458
   Lima (Per) 873
   Mar del Plata (Arg) 121
   Mompiche (Ecu) 627
   Montevideo (Uru) 991
   Máncora (Per) 945
   Pichilemu (Chi) 485
   Pinamar (Arg) 124 Brasilien 410
   Praia da Pipa (Bra) 376
   Puerto Ayora (Ecu) 646
   Puerto Baquerizo Moreno (Ecu) 649
   Punta del Este (Uru) 1006
Surinam 683, **685**
   Aktivitäten 695
   An- & Weiterreise 686
   Bevölkerung 684
   Botschaften 695
   Bücher 695
   Essen 695
   Feiertage 695
   Frauen unterwegs 695
   Gefahren & Ärgernisse 696

000 Verweise auf Karten
000 Verweise auf Fotos

   Geführte Touren 696
   Geld 696
   Geografie 686
   Geschichte 684–686
   Gesundheit 696
   Grenzübergänge 683, 694, 696
   Infos im Internet 697
   Internetzugang 697
   Karten & Stadtpläne 697
   Klima 697
   Konsulate 695
   Kultur 684–685
   Kunst 685–686
   Medien 697
   Natur & Umwelt 686
   Öffnungszeiten 697
   Parks 693
   Post 697
   Religion 685
   Shoppen 697
   Strom 697
   Telefon 697
   Touristeninformation 697
   Trinken 695
   Unterkunft 697
   Unterwegs vor Ort 686
   Visa 697–698
Surinam (Fluss, Sur) 693

T

Tacna (Per) 891–893
Tacuarembó (Uru) 1000–1001
Tafí Del Valle (Arg) 108–109
Taganga (Kol) 754–757
Talca (Chi) 486–487
Tambomachay (Per) 919
Tango 6, 986, 1001
   Kurse 60, 100, 121, 991
   Shows 69
Tanzen *siehe auch* Samba, Tango
   Argentinien 46, 6
   Bolivien 189
   Chile 425
   Peru 862–863
   Uruguay 986
Tanzkurse
   Buenos Aires 60
   Cali (Kol) 792
   Córdoba (Arg) 100
   Mar del Plata (Arg) 121
   Montevideo (Uru) 991
   Quito (Ecu) 576
   Rio de Janeiro (Bra) 298, 305
   Salvador (Bra) 355
Tarapoto (Per) 959–960

Tarija (Bol) 234–236
Tauchen 1101; *siehe auch* Schnorcheln
   Archipiélago Los Roques (Ven) 1045
   Hanga Roa (Chi) 545
   Ilha de Santa Catarina (Bra) 333
   Mar del Plata (Arg) 121
   Parque Nacional Mochima (Ven) 1065
   Parque Nacional Morrocoy (Ven) 1050
   Parque Nacional Pan de Azúcar (Chi) 464
   Puerto Ayora (Ecu) 646
   San Andrés & Providencia (Kol) 768
Taxi, Reisen mit dem 1108, 1125
   Argentinien 49
   Bolivien 193
   Brasilien 287
   Chile 429
   Ecuador 566
   Französisch-Guyana 666
   Guyana 703
   Paraguay 829
   Peru 866
   Surinam 686
   Uruguay 987
   Venezuela 1028
Telefon 1113–1114; *siehe auch einzelne Länder*
Tempel von Kotosh (Per) 935
Temuco (Chi) 491–496, **495**
Tena (Ecu) 619–621, **619**
Teresópolis (Bra) 308–309
Termas de Papallacta (Ecu) 586–587
Theater 46, 986
Thermalquellen
   Aguas Calientes (Per) 922
   Baños (Ecu) 598
   Chivay (Per) 899
   Los Baños del Inca (Per) 955
   Mamiña (Chi) 477
   Oruro (Bol) 222
   Puerto Puyuhuapi (Chi) 524
   Puritama (Chi) 472
   Río-Liucura-Tal (Chi) 501
   Salto (Uru) 1000
   San Salvador de Jujuy (Arg) 116
   Termas de Papallacta (Ecu) 586
   Zona Cafetera (Kol) 787
Thrombose 1131

Tier- & Pflanzenbeobachtung *siehe auch* Vogelbeobachtung, Walbeobachtung
  Amazonasbecken (Bol) 257
  Amazonasbecken (Kol) 810
  Ancud (Chi) 517
  Antarktis 170
  Cacao (FG) 672
  Capurganá (Kol) 773
  Commewijne (Sur) 692
  Fortín Toledo (Par) 848
  Georgetown (Guy) 706
  Guyana 709
  Isla Robinson Crusoe (Chi) 543
  Isla San Cristóbal (Ecu) 649
  Isla Santa Cruz (Ecu) 648
  Islas Ballestas (Per) 884
  Iwokrama Rainforest (Guy) 710
  Kaw Nature Reserve (FG) 672
  Laguna Blanca (Par) 846–847
  Leticia (Kol) 808–809
  Manaus (Bra) 404
  Misahuallí (Ecu) 621
  Ökoreservat Itaipú (Par) 844
  Pantanal, das (Par) 845
  Paramaribo (Sur) 689
  Paraná (Arg) 83
  Parque Nacional Manu (Per) 964
  Parque Nacional Pan de Azúcar (Chi) 463
  Parque Nacional Tierra del Fuego (Arg) 171
  Peru 864
  Punta Arenas (Chi) 532
  Punta del Este (Uru) 1006
  Reserva de Producción Faunística Cuyabeno (Ecu) 615
  Reserva Faunística Península Valdés (Arg) 155
  Reserva Nacional Pacaya-Samiria (Per) 970
  Río Napo (Ecu) 617
  Rupununi-Savanne 712
  Rurrenabaque (Bol) 259
  Surinam 693
  Tena (Ecu) 620
  Trésor Nature Reserve (FG) 672
  Ushuaia (Arg) 167
  Yarinacocha (Per) 966
Tiere & Pflanzen
  Bolivien 190
  Brasilien 283
  Chile 426
  Ecuador 564
  Kolumbien 727
  Paraguay 827
  Peru 863–864
  Uruguay 986
  Venezuela 1025
Tierra del Fuego *siehe* Feuerland
Tierradentro (Kol) 803–806, **803**
Tigre (Arg) 75
Tilcara (Arg) 117–118
Tiradentes (Bra) 326–327
Titicacasee
  Bolivien 215–221, **215**
  Peru 901–906, **894**
Tiwanaku (Bol) 209–210
Tiwanaku (Kultur) 183, 420
Toiletten 1114; *siehe auch einzelne Länder*
Tollwut 1134
Tonchigüe (Ecu) 626–627
Touristeninformation 1114; *siehe auch einzelne Länder, einzelne Städte*
Trampen 1127
  Argentinien 49, 111
  Bolivien 192
  Brasilien 288
  Chile 429
  Ecuador 566
  Französisch-Guyana 680
  Guyana 714
  Uruguay 987
Trancoso (Bra) 366–367
Trekking *siehe* Wandern & Trekken
Trelew (Arg) 156–157
Trésor Nature Reserve (FG) 672–673
Trevelin (Arg) 150
Trinidad (Bol) 262–264
Trinidad (Par) 840
Trujillo (Per) 936–939, **937**, **940**
Tucumán (Arg) 106–108
Túcume (Per) 943
Tucupita (Ven) 1080–1081
Tunja (Kol) 741–743, **742**
Tupiza (Bol) 231–233
Turbo (Kol) 772–773
Typhus 1134–1135

U

Umwelt 35–37
Union Südamerikanischer Nationen 27
Unterkühlung 1137–1138
Unterkunft 1114–1115; *siehe auch einzelne Länder & Orte*
Urubamba (Per) 920–921
Uruguay 981–1015, **983**
  Aktivitäten 1009–1010
  An- & Weiterreise 986–987
  Behinderung, Reisen mit 1013
  Bevölkerung 985
  Bildhauerei 986
  Botschaften 1010
  Bücher 1010
  Essen 1010
  Feiertage 1011
  Festivals & Events 1011
  Frauen unterwegs 1011
  Freiwilligenarbeit 1011
  Führerschein 1011
  Gefahren & Ärgernisse 1012
  Geführte Touren 1012
  Geld 1012
  Geografie 986
  Getränke 1010–1011
  Grenzübergänge 981, 993, 1008
  Infos im Internet 1012
  Internetzugang 1012
  Karten & Stadtpläne 1012
  Kino 985
  Klima 1012
  Konsulate 1010
  Kultur 985
  Kunst 985–986
  Kurse 1013
  Literatur 985
  Malerei 986
  Medien 1013
  Musik 986
  Nationalparks 986
  Natur & Umwelt 986
  Öffnungszeiten 1013
  Post 1013
  Rechtsfragen 1013
  Religion 985
  Sport 985
  Strom 1013
  Tanz 986
  Telefon 1013–1014
  Theater 986
  Tiere & Pflanzen 986
  Toiletten 1014
  Touristeninformation 1014
  Unterkunft 1014
  Unterwegs vor Ort 987
  Verantwortungsbewusstes Reisen 1014–1015
Urwaldtouren
  Baños (Ecu) 598–599
  Brasilien 390, 404
  Iquitos (Per) 969

Leticia (Kol) 808–809
Misahuallí (Ecu) 621
Paramaribo (Sur) 689
Puerto Maldonado (Per) 962
Rurrenabaque (Bol) 259
Río Napo (Ecu) 617
Tarapoto (Per) 959
Tena (Ecu) 620
Ushuaia (Arg) 165–170, **168**
Uspallata (Arg) 132–133
Uyuni (Bol) 7, 226–230, **228**

V

Valdivia (Chi) 502–505, **503**
Valle de Cocora (Kol) 789
Valle del Elqui (Chi) 461
Vallemí (Par) 846
Valles Calchaquíes (Arg) 110
Valparaíso (Chi) 445–450, **446–447**
Venezuela 1016–1099, **1018–1019**
 Aktivitäten 1091
 An- & Weiterreise 1026
 Arbeiten 1091
 Architektur 1024
 Behinderung, Reisen mit 1097
 Bevölkerung 1022–1023
 Bildhauerei 1024
 Botschaften 1091–1092
 Bücher 1092
 Essen 1092–1093
 Feiertage 1093
 Fernsehen 1024
 Festivals & Events 1036, 1093
 Film 1023–1024
 Frauen unterwegs 1093–1094
 Freiwilligenarbeit 1094
 Führerschein 1094
 Gefahren & Ärgernisse 1032–1033, 1094
 Geführte Touren 1094
 Geld 1095–1096
 Geografie 1025
 Geschichte 1017–1022
 Gesundheit 1096
 Getränke 1093
 Grenzübergänge 1016, 1054, 1062, 1070, 1087, 1090
 Infos im Internet 1096
 Internetzugang 1096

000 Verweise auf Karten
000 Verweise auf Fotos

 Karten 1096
 Klima 1096–1097
 Konsulate 1091–1092
 Kultur 1022–1023
 Kunst 1023–1025
 Kurse 1097
 Literatur 1023
 Malerei 1024
 Medien 1097
 Musik 1024
 Nationalparks & Naturschutzgebiete 1025–1026
 Natur & Umwelt 1025–1026
 Öffnungszeiten 1097
 Post 1097
 Rechtsfragen 1097
 Religion 1023
 Sport 1023
 Strom 1098
 Telefon 1098
 Tiere 1025
 Toiletten 1098
 Touristeninformation 1098
 Unterkunft 1098–1099
 Unterwegs vor Ort 1026–1028
 Verantwortungsbewusstes Reisen 1099
 Visa 1099
 Zoll 1099
Verantwortungsbewusstes Reisen 4, 1014–1015; *siehe auch* Freiwilligenarbeit
 Argentinien 179
 Bolivien 272
 Brasilien 417
 Chile 554
 Ecuador 658
 Guyanas 661–662
 Kolumbien 820
 Paraguay 854
 Peru 980
 Uruguay 1014–1015
 Venezuela 1099
Verhaltenstipps 24
Versicherung 1115–1116
 Autoversicherung 1122
 Krankenversicherung 1129
Vicuña (Chi) 460–461
Video 1103–1104
Viedma (Arg) 151–153
Vilcabamba (Ecu) 613–615
Villa de Leyva (Kol) 743–745, **744**
Villa Gesell (Arg) 122–123
Villa la Angostura (Arg) 141–142
Villarrica (Chi) 497–498

Villa Tunari (Bol) 241
Viña del Mar (Chi) 450–453, **451**
Visa 1116; *siehe auch einzelne Länder,* Reisepass
Vogelbeobachtung
 Chaco-Lagunen (Par) 849
 Commewijne (Sur) 692
 Ecuador 650
 Foz do Iguaçu (Bra) 339
 Isla Robinsón Crusoe (Chi) 542
 Jatun-Sacha-Bioreservat (Ecu) 622
 Mbaracayú, Biosphärenreservat (Par) 844–845
 Minca (Kol) 757
 Mindo (Ecu) 591
 Mérida (Ven) 1058
 Neuquén (Arg) 139
 Parque Nacional Machalilla (Ecu) 631
 Parque Nacional Manu (Per) 964
 Parque Nacional San Rafael (Par) 841
 Refugio de Vida Silvestre Pasochoa (Ecu) 586
 Reserva Provincial Esteros del Iberá (Arg) 86
 Reserva Provincial Punta Tombo (Arg) 157
 Salar de Atacama (Chi) 472
 Trinidad (Bol) 263
 Ushuaia (Arg) 167
 Vilcabamba (Ecu) 613
Volcán Chaitén (Chi) 525
Volcán Chimborazo (Ecu) 604
Volcán Cotopaxi (Ecu) 592
Volcán de Lodo El Totumo (Kol) 769–770
Volcán Villarrica (Chi) 499
Vulkane 1107

W

Walbeobachtung
 Parque Nacional Machalilla (Ecu) 632
 Puerto Madryn (Arg) 153, 155
 Puerto López (Ecu) 632
 Punta Arenas (Chi) 532
Wandern & Trekken 1101
 Anden (Per) 931
 Arequipa (Per) 896
 Bariloche (Arg) 144
 Baños (Ecu) 598
 Cacao (FG) 672
 Capurganá (Kol) 774

Cañón del Colca (Per) 899
Chachapoyas (Per) 958
Chulumani (Bol) 212
Cordillera Huayhuash (Per) 954
Cordilleras (Bol) 213
Cuenca (Ecu) 607
Cusco (Per) 912
Córdoba (Arg) 100
El Chaltén (Arg) 159
Humahuaca (Arg) 118
Ingapirca (Ecu) 610
Inkatrail (Per) 927–929
Isla Navarino (Chi) 541
La Paz 203
Las Leñas (Arg) 136
Lençóis (Bra) 360
Mérida (Ven) 1058, 1060
Otavalo (Ecu) 587
Paraty (Bra) 313
Parque Nacional Conguillío (Chi) 496
Parque Nacional de Aparados da Serra (Bra) 335
Parque Nacional El Cocuy (Kol) 746
Parque Nacional Huascarán (Per) 953
Parque Nacional Iguazú (Arg) 96
Parque Nacional Lanín (Arg) 140
Parque Nacional Lauca (Chi) 483
Parque Nacional Nahuel Huapi (Arg) 146
Parque Nacional Puracé (Kol) 799–800
Parque Nacional Torres del Paine (Chi) 538, **7**
Parque Provincial Aconcagua (Arg) 133
Parque Provincial Ernesto Tornquist (Arg) 126

Pucón (Chi) 499
Puerto Natales (Chi) 536
Puerto Varas (Chi) 508
Quilotoa-Loop (Ecu) 595
Quito (Ecu) 575
Roraima (Ven) 1084, 1086
San Pedro de Atacama (Chi) 470
Sorata (Bol) 213–214
Tilcara (Arg) 117
Tucumán (Arg) 106
Ushuaia (Arg) 167
Vilcabamba (Ecu) 613
Volcán Chimborazo (Ecu) 604
Wapishana 702
Wari (Huari) 930
Wasserfälle
 Foz do Iguaçu (Bra) 338
 Iguazú-Fälle (Arg) 95
 Kaieteur-Fall (Guy) 710
 Salto Ángel (Ven) **8**, 1081–1082
 Salto del Monday (Par) 844
Wasserskifahren 1006
Wayuu 759
Webkunst 189
 Bolivien 189
Websites *siehe* Infos im Internet
Wechselkurse
 Argentinien 175
 Bolivien 267, 268
 Brasilien 413
 Chile 550
 Ecuador 655
 Französisch-Guyana 680
 Guyana 715
 Kolumbien 816
 Paraguay 852
 Peru 977

Surinam 696
Uruguay 1012
Venezuela 1095
Weingüter
 Cafayate (Arg) 109
 Chile 444
 Ica (Per) 886
 Mendoza (Arg) 129
 San Juan (Arg) 134
 Santa Cruz (Chi) 485
 Tarija (Bol) 234
Wetter *siehe* Klima
Windsurfen *siehe* Surfen

X
Xapuri (Bra) 409

Y
Yaghan 420
Yaguarón (Par) 837
Yanomami (Volk) 1089
Yapeyú (Arg) 85–86
Yarinacocha (Per) 966–967
Yungas (Bol) 210

Z
Zamora (Ecu) 613
Zipaquirá (Kol) 740
Zoll 1116
Zona Cafetera (Kol) 783–789
Zug, Reisen mit dem 1127–1128
 Argentinien, von/nach 50
 Bolivien, innerhalb von 193
 Bolivien, von/nach 191–192
 Chile, innerhalb von 429
 Ecuador, innerhalb von 566–567, 603
 Peru, innerhalb von 866–867
 Peru, von/nach 865

GreenDex

UMWELTBEWUSST REISEN

In Südamerika ist nachhaltiges Reisen noch immer eine neuartiges Konzept, doch eines, dem immer mehr Beachtung geschenkt wird – nicht zuletzt dank des sich weltweit ausbreitenden Trends, vermehrt auf Umweltbewusstsein zu setzen.

Nach unserer Definiton müssen nachhaltige Projekte und Unternehmen folgende Kriterien erfüllen: umweltbewusstes Verhalten (d. h. negative Umwelteinflüsse minimieren und, wo möglich, positive Akzente setzen, z. B. durch Wiederaufforstungen), Schutz des kulturellen Erbes (indigene Kulturen und Traditionen respektieren und authentische Begegnungen zwischen Travellern und Gastgebern fördern) und ökonomischer Nutzen (die Gemeinden vor Ort finanziell zu unterstützen und nach den Prinzipien des fairen Handels vorgehen).

Die Unternehmen in dieser Liste wurden ausgewählt, weil sie z. B. die lokalen Gemeinschaften und ihre Kultur miteinbeziehen, sich in Umweltschutzfragen vor Ort engagieren, regionale, ökologisch angebaute Nahrungsmittel produzieren, erneuerbare Energiequellen nutzen oder effektive Recycling- und Müllverwertungsporgramme unterstützen. Auch Organisationen, die von Einheimischen oder indigenen Bewohnern geleitet werden, sind genannt, da diese die lokale Identität und Kultur schützen und fördern.

Wir freuen uns über Anregungen zur Ergänzung dieser Liste. Wer eine Empfehlung hat, sollte nicht zögern, uns diese auf www.lonelyplanet.com/feedback mitzuteilen. Weitere Informationen zum Thema Ökotourismus gibt's z. B. auf www.lonelyplanet.com/responsibletravel.

ARGENTINIEN
Aktivitäten
Baqueanos del Río 83
Caravana de Llamas 117

Sehenswertes
feria artesanal 147

Unterhaltung
Patio del Indio 105
Puente Pexoa 88

Unterkunft
La Vieja Estación 133

BOLIVIEN
Aktivitäten
A Day for the Communities Tours 260
Ecolodge del Lago 218
Gruta de San Pedro 213

Ausgehen
Mosoj Yan 240

Essen
Pastelería Amanecer 245

Praktisches
Fundación Amigos de la Naturaleza 251

Unterkunft
Mapajo Lodge 260
San Miguel del Bala 260

BRASILIEN
Aktivitäten
Amazonas Indian Turismo 405
Associacão de Capoeira Mestre Bimba 355
FENACAB 355
Floresta Nacional (FLONA) do Tapajós 399
Mãe Natureza 399
Parque Nacional da Chapada Diamantina 360
Parque Nacional dos Lençóis Maranhenses 389

Essen
Cozinha Aberta 361
Ekoa Café 318
Green Life 330
Rabbuni 360

Sehenswertes
Amazon Tours 398
Fundação Chico Mendes 409
Inhotim 322
Museu Dica Frazão 397
Parque Nacional de Sete Cidades 385
Parque Nacional Marinho de Fernando de Noronha 375
Projeto TAMAR 359
Santuário Ecológico 376

Shoppen
Arariba 400
Ecoshop 403
Mbara-yo 397
Mercado Municipal 403

Unterkunft
Aldeia dos Lagos 406
Amazônia Hostel 394
Jardim do Éden 396
Pousada Ventania do Rio-Mar 396
Uakari Lodge 406

CHILE
Aktivitäten
El Cañl 501
Erratic Rock 536
Escuela de Guías 525
Opentravel 513
Patragon 499
Raices Andinas 479

Essen
Cocinería La Ñaña 501
Govinda 480
Kona Yoga 546
Se Cocina 508

Praktisches
Casa del Turismo Rural 525

Sehenswertes
Puente Quilo 517

Shoppen
Artesanía Ruca Indiana 505
Fundación Chol-Chol 494

Unterkunft
Casa El Mosaico 464
Cuatro Elementos 536
Ecobox Andino 489
¡école! 499
Eco-Truly 482
Imago Mundi 532
Kila Leufu 501
La Baita 496

ECUADOR
Aktivitäten
Eos Ecuador 576
Fundación Golondrinas 576
Guacamayo Bahíatours 628
Las Grutas de Gabriel 620
Rainbow Expeditions 599
Ricancie 620
Rumi Wilco Nature Preserve 613
Runa Tupari 587
Tropic Ecological Adventures 576
Yanapuma Language School 576

Essen
Mamá Cuchara 611
Mamá Kinua Cultural Center 608

Sehenswertes
Charles-Darwin-Forschungsstation 648
Jatun-Sacha-Bioreservat 622
Museo de la Cultura Solar 586
Parque Cóndor 587
Playa de Oro Reserva de Tigrillos 625

Unterkunft
El Refugio 601
Llullu Llama 595
Pululahua Hostal 586

Río Muchacho Organic Farm 627
Rumi Wilco Ecolodge 614
Sani Lodge 618

FRANZÖSISCH-GUYANA
Sehenswertes
Naturschutzgebiete Trésor & Kaw 672

GUYANA
Sehenswertes
Iwokrama Centre for Rainforest
   Conservation and Development 710
Surama 711

KOLUMBIEN
Aktivitäten
Antonio Rengifo 808
Enrique Arés 808
Selvaventura 808

Unterkunft
El Alto de Águilas 812
Omshanty 810
Reserva Natural de la Sociedad Civil
   Tacarcuna 775

PARAGUAY
Aktivitäten
FAUNA Paraguay 831

Praktisches
Desde el Chaco 852
Fundación Moisés Bertoni 854
Guyra Paraguay 854

Sehenswertes
Fortín Toledo 848
Ökoreservat Itaipú 844
Laguna Blanca 846
Biosphärenreservat Mbaracayú 844
Parque Nacional Cerro Corá 846
Parque Nacional Defensores del
   Chaco 849
Parque Nacional Médanos del
   Chaco 849
Parque Nacional Teniente
   Agripino Enciso 849

PERU
Aktivitäten
Colca Trek 896
Explorama 969
Inkaterra Reserva Amazónica 962

Mountain Institute 953
Peru Treks 912
Yarapa River 969

Sehenswertes
Agrotourism Chichubamba 920
Kunter Journeys 959
Pantiacolla 913
Parque Nacional Huascarán 953
Parque Nacional Manu 964
Reserva Nacional Pacaya-
   Samiria 970
Reserva Nacional Tambopata
   962
Santuario Nacional Lagunas
   de Mejía 892

Unterkunft
Explorama 969
Inkaterra Reserva
   Amazónica 962
Red Psycho Llama 878
Yarapa River 969

SURINAM
Aktivitäten
METS 689
Stinasu 689

Sehenswertes
Palumeu 694

URUGUAY
Sehenswertes
SOS Rescate de Fauna
   Marina 1002

Unterkunft
Posada al Sur 991

VENEZUELA
Aktivitäten
Hato El Cedral 1061
Hato El Frío 1061

Essen
Coupa Café 1041

Sehenswertes
Chocolates Paria 1070

Unterkunft
mucuposadas 1060

DIE LONELY PLANET STORY

Am Küchentisch fing alles an – nachdem Tony und Maureen Wheeler 1972 eine lange, abenteuerliche Reise durch Europa, Asien und Australien unternommen hatten, trugen sie all ihre Informationen und Notizen zusammen. So entstand der erste Lonely Planet Reiseführer *Across Asia on the Cheap*.

Der Reiseführer wurde von Travellern geradezu verschlugen. Ermutigt durch ihren Erfolg, veröffentlichten die Wheelers weitere Bücher über Südostasien, Indien und andere Länder. Die Nachfrage war so ungeheuerlich groß, dass die Wheelers ihr Untenehmen erweiterten. Über die Jahre deckten sie mit ihrer Reiseliteratur den ganzen Globus ab und sie dehnten ihre Berichterstattung auf die virtuelle Welt von lonelyplanet.com und das Lonely Planet Messageboard Thorn Tree aus.

Lonely Planet wurde ein immer beliebterer Reisebuchverlag und Tony und Maureen konnten sich vor Aufträgen kaum mehr retten. Doch erst 2007 fanden sie einen verlässlichen Partner, bei dem sie sich sicher sein konnten, dass er dem Prinzip abenteuerlustiger, aber umweltbewusster Reisen treu blieb. Im Oktober dieses Jahres erwarb BBC Worldwide 75 % der Anteile von Lonely Planet, mit dem Versprechen, die Grundsätze unabhängiges Reisen, vertrauenswürdige Auskünfte und redaktionelle Unabhängigkeit aufrechtzuerhalten.

Heute hat Lonely Planet Büros in Melbourne (Australien), London und Oakland (USA) mit über 500 Mitarbeitern und 300 Autoren. Tony und Maureen engagieren sich immer noch aktiv bei Lonely Planet. Sie reisen mehr als je zuvor und in ihrer Freizeit widmen sie sich wohltätigen Projekten. Das Unternehmen wird nach wie vor von der Philosophie von *Across Asia on the Cheap* getragen: „Wichtig ist, dass du dich entscheidest zu gehen, dann hast du den härtesten Teil geschafft. Also, los geht's!"

Lonely Planet Publications,
Locked Bag 1, Footscray, Melbourne, Victoria 3011, Australia

Verlag der deutschen Ausgabe:
MAIRDUMONT, Marco-Polo-Str. 1, 73760 Ostfildern,
www.mairdumont.com, lonelyplanet@mairdumont.com

Chefredakteurin deutsche Ausgabe: Birgit Borowski
Übersetzung: Julie Bacher, Anne Bacmeister, Berna Ercan, Karen Gerwig, Eva-Maria Hilble, Claudia Keilig, Laura Leibold, Marion Matthäus, Marion Reuter, Dr. Christian Rochow, Dr. Frauke Sonnabend, Katja Weber
Redaktion: Stephanie Iber, Frank J. Müller, Olaf Rappold, Verena Stindl (red.sign, Stuttgart)
Satz: Neslihan Tatar (red.sign, Stuttgart)

Südamerika für wenig Geld
2. deutsche Auflage Juli 2010, übersetzt von *South America on a shoestring*, 11th Edition, March 2010 Lonely Planet Publications Pty

Deutsche Ausgabe © Lonely Planet Publications Pty, Juli 2010
Fotos © wie angegeben
Covergestaltung: James Hardy. Fotografen vertreten durch Lonely Planet Images: Holger Leue, Brent Winebrenner, Paul Kennedy, Ralph Hopkins, John Pennock, Terry Carter, Daniel Boag, John Maier Jr.; Foto im Kapitel „Verantwortungsbewusstes Reisen": Wanderer bereiten sich auf eine Besteigung des Roraima, Venezuela, vor; Krzysztof Dydynski, Lonely Planet Images. Die meisten Fotos in diesem Reiseführer können bei Lonely Planet Images, www.lonelyplanetimages.com, auch lizenziert werden.

Printed in China

Alle Rechte vorbehalten. Das Werk einschließlich all seiner Teile ist urheberrechtlich geschützt und darf weder kopiert, vervielfältigt, nachgeahmt oder in anderen Medien gespeichert werden, noch darf es in irgendeiner Form oder mit irgendwelchen Mitteln – elektronisch, mechanisch oder in irgendeiner anderen Weise – weiter verarbeitet werden. Es ist nicht gestattet, auch nur Teile dieser Publikation zu verkaufen oder zu vermitteln, ohne schriftliche Genehmigung des Herausgebers.

Lonely Planet und das Lonely Planet Logo sind eingetragene Marken von Lonely Planet und sind im US-Patentamt sowie in Markenbüros in anderen Ländern registriert.

Lonely Planet gestattet den Gebrauch seines Namens oder seines Logos durch kommerzielle Unternehmen wie Einzelhändler, Restaurants oder Hotels nicht. Bitte informieren Sie uns im Fall von Missbrauch: www.lonelyplanet.com/ip.

Obwohl die Autoren und Lonely Planet alle Anstrengungen bei der Recherche und bei der Produktion dieses Reiseführers unternommen haben, können wir keine Garantie für die Richtigkeit und Vollständigkeit dieses Inhalts geben. Deswegen können wir auch keine Haftung für eventuell entstandenen Schaden übernehmen.